1 MONTH OF
FREE
READING

at
www.ForgottenBooks.com

By purchasing this book you are
eligible for one month membership to
ForgottenBooks.com, giving you
unlimited access to our entire
collection of over 700,000 titles via
our web site and mobile apps.

To claim your free month visit:

www.forgottenbooks.com/free563493

ISBN 978-0-484-19775-5
PIBN 10563493

ENCYCLOPÉDIE

DE LA MUSIQUE

ET

DICTIONNAIRE DU CONSERVATOIRE

DEUXIÈME PARTIE

TECHNIQUE — ESTHÉTIQUE — PÉDAGOGIE

ENCYCLOPÉDIE
DE LA MUSIQUE

ET

DICTIONNAIRE DU CONSERVATOIRE

Fondateur :
Albert LAVIGNAC
Professeur au Conservatoire
Membre du Conseil supérieur d'Enseignement.

Directeur :
Lionel de la Laurencie
Ancien Président
de la Société française de Musicologie.

DEUXIÈME PARTIE

TECHNIQUE — ESTHÉTIQUE — PÉDAGOGIE
★ ★ ★

TECHNIQUE INSTRUMENTALE

INSTRUMENTS A VENT — INSTRUMENTS A PERCUSSION
INSTRUMENTS A CORDES — INSTRUMENTS AUTOMATIQUES

PARIS
LIBRAIRIE DELAGRAVE
15, RUE SOUFFLOT, 15

DES INSTRUMENTS A VENT

DE LEUR PRINCIPE

Par M.-A. SOYER

ANCIEN CHEF DE MUSIQUE DU 24e RÉGIMENT D'INFANTERIE

La légende nous représente la première manifestation musicale sous la forme d'un pasteur jouant du chalumeau ou de la flûte de Pan, comme le font encore de nos jours les bergers pyrénéens conduisant dans nos villes leur petit troupeau de chèvres.

La fable nous montre le dieu Apollon calmant les monstres de la nature, et son fils Orphée se conciliant les dieux infernaux aux doux sons d'une lyre.

Enfin le monde chrétien et israélite nous parle surtout de la puissance des divines trompettes qui résonnèrent au mont Sinaï, renversèrent les murs de Jéricho et réveilleront les morts pour les appeler au jugement suprême.

Il résulte de ces diverses traditions que les historiens et les musicologues sont assez hésitants pour fixer l'antériorité exacte de ces instruments.

Il me paraît pourtant qu'au point de vue purement musical le doute n'est pas possible et que nous devons accorder à la trompette, à la grande trompette, la gloire d'avoir été le premier instrument de musique des simples humains que nous sommes.

En effet, admettons, ce qui semblerait naturel et logique, admettons la voix humaine comme le premier instrument musical.

Sur quelle gamme, sur quel principe tonal ces premiers chanteurs ou ces premières chanteuses se seraient-ils appuyés pour émettre leurs essais mélodiques ? L'espèce humaine a-t-elle une gamme *naturelle* dans le larynx ? Consultez tous les professeurs de solfège et de chant, et ils vous répondront, avec un ensemble parfait, qu'il faut que la civilisation nous ait bien faussé ce larynx ou bien qu'il n'y paraît guère, et que nous sommes sous ce point de vue bien inférieurs au divin chanteur qu'est le rossignol.

Dira-t-on que l'homme a appris la gamme et le chant du mignon petit oiseau susdit ? Je ne sache pas que de nos jours aucun musicien soit encore parvenu à noter *exactement* le chant du rossignol ; comment croire alors que nos très éloignés ancêtres des premiers âges aient pu faire mieux?

Si le larynx humain n'a pas une gamme avec des intervalles déterminés et immuables fixée dans ses cordes vocales, ce qui nous aurait condamnés d'ailleurs à chanter toujours dans un seul et unique ton, il n'est pas plus admissible de dire que notre système auditif a cette gamme, ces intervalles, ce ton déterminés fixés dans l'oreille ; si cela était, il nous serait impossible de faire exprimer à notre larynx quoi que ce soit d'étranger à la compréhension de notre système auditif et nous serions encore réduit, de ce fait, à la musique unitonale. Si donc, notre oreille n'a pas, plus que notre larynx, une gamme fixe et unitonale imposée par la nature dans sa perception, comment nos premiers artistes auraient-ils pu calculer la distance des trous du chalumeau, chercher la longueur de chacun des tuyaux de la flûte de Pan ou préciser la tension de chacune des cordes de la lyre ? N'ayant pas de modèle, d'étalon, chaque musicien aurait construit son instrument à sa guise, suivant son caprice, au petit bonheur, et chaque son aurait suivi le son précédent à une distance, à un intervalle plus ou moins grand suivant le hasard du couteau ou la résistance de la corde ; cela n'aurait pu constituer un système musical : pas de gamme étalonnée, pas de musique. Cela me paraît incontestable.

Avec la trompette, tout change : nous avons une gamme essentiellement naturelle, une gamme précise, toujours la même, une gamme fixe sur laquelle nous pourrons construire des chalumeaux, des flûtes de pan et accorder les lyres, luths ou harpes ; nous avons un étalon sur lequel nous pourrons établir un système musical, unitonique il est vrai, mais enfin un système musical solide et capable de traverser les siècles.

Pour bien nous rendre compte du principe capital qui nous occupe et nous guidera dans toute la suite de cette étude, nous devons nous rappeler que toute corde tendue mise en vibration vibre non seulement dans toute sa longueur, mais encore dans les parties exactement divisibles de sa longueur, c'est-à-dire, en deux, en trois, en quatre, etc., faisant entendre avec des degrés divers de sonorité la fondamentale, l'octave de cette fondamentale, la douzième, la double octave, etc.[1];

Que toute colonne d'air contenue dans un tuyau ouvert, vibre d'après les mêmes lois, mais dans des conditions qui peuvent être modifiées suivant que le tuyau ou tube sera plus ou moins égal de diamètre, cylindrique ou plus ou moins conique ;

---

1. Voir : *Encyclopédie de la Musique*, 2e partie, article *Acoustique*, p. 405 et suivantes. LAVIGNAC: *La Musique et les Musiciens*. Delagrave, éditeur.

Enfin, que dans les tuyaux ou tubes fermés, la divisibilité des parties vibrantes ne se fera que sur les chiffres impairs, c'est-à-dire que la colonne d'air ne se divisera pour vibrer ni en deux, ni en quatre, ni en six, etc., et que les harmoniques d'octave, de double octave, de dix-neuvième ne se produiront pas, mais que seuls les harmoniques produits par la division de la colonne d'air en trois, en cinq, en sept, etc., pourront être observés.

*Le grand principe sur lequel reposent tous les instruments à vent, à souffle humain, en général, et les instruments dits de cuivre, ou de fanfare en particulier, est celui-ci : l'homme possède la faculté, par une pression progressive des lèvres, de faire vibrer la colonne, ou les diverses divisions de la colonne d'air des instruments à vent, de façon à émettre les sons, dans une certaine latitude et suivant l'élasticité, la souplesse et la force de ses lèvres, en éliminant à sa vo-*lonté, *d'abord le son fondamental, puis, les harmoniques graves, en remontant progressivement vers les harmoniques supéri-urs.*

Traitant cette question par extension, nous allons supposer un instrument parfait d'une longueur théorique de 5ᵐ,258 [1]. (La longueur pratique serait d'environ 4ᵐ,86, les longueurs pratiques sont toujours sensiblement plus courtes que les longueurs théoriques et varient d'un instrument à l'autre selon que le tube est d'un diamètre plus petit ou plus grand, qu'il est cylindrique ou plus ou moins conique.)

Nous supposerons également un instrumentiste parfait auquel la souplesse et la sûreté de ses lèvres permettront d'émettre les sons depuis la fondamentale jusqu'aux harmoniques les plus élevés.

La concordance de ces deux perfections nous permettra d'entendre cette suite de sons produite avec un seul et unique tube sonore :

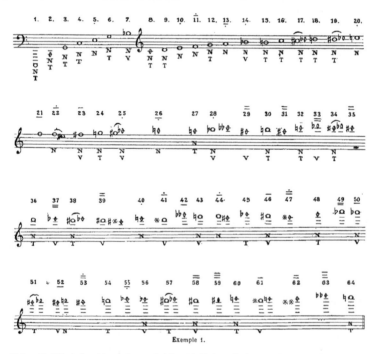

Exemple 1.

N. B. — Le chiffre placé au-dessus de chaque note indique à la fois le numéro du son, eu égard au son fondamental, et la division de la colonne d'air de l'instrument (Voir : Acoustique).

La lettre N placée en dessous indique que cette note appartient à la gamme *naturelle;*

la lettre T indique que la note fait partie de la gamme tempérée ;

la lettre V indique que la note est employée par les voix et instruments à sons variables tels que les instruments à archet ou le trombone à coulisse, comme sensible ou sous-dominante.

Enfin les petites barres horizontales ou les points placés au-dessus et au-dessous du chiffre, indiquent, à défaut d'autres signes plus clairs ou plus précis, que la note est trop basse ou trop haute approximativement d'un, de deux, de trois commas ou d'une partie plus petite que le comma eu égard à la note similaire de la gamme tempérée.

1. Nous emprunterons toutes les longueurs théoriques à l'excellent ouvrage : *Éléments d'acoustique musicale et instrumentale* par V.-C. Mahillon. Bruxelles, 1874.

NOTÉ COMPARATIVE DES LONGUEURS DE CORDE OU DES VIBRATIONS DES HARMONIQUES NATURELS
ET DES LONGUEURS DE CORDES OU DES VIBRATIONS DES NOTES TEMPÉRÉES

1. $Do = 1$.

3. $Sol = \dfrac{1}{3}$ ramené en quinte $= \dfrac{2}{3}$.

5. $Mi = \dfrac{1}{5}$ ramené en tierce $= \dfrac{4}{5}$ $\times 81 = \dfrac{324}{405}$.

   mi quinté de $la = \dfrac{2}{3} : \dfrac{16}{27}$ $= \dfrac{32}{81}$ ram. en tierce $= \dfrac{64}{81} \times 5 = \dfrac{320}{405}$ diff. $\dfrac{4}{405} = \dfrac{101,25}{1} = \dfrac{1}{12}$ ton plus bas.

7. $Si\flat = \dfrac{1}{7}$ ramené en septième $= \dfrac{4}{7}$ $\times 16 = \dfrac{64}{112}$.

   $si\flat$ deuxième quarte de do $= \dfrac{3}{4} ; \dfrac{3}{4} = \dfrac{9}{16} \times 7 = \dfrac{63}{112}$ diff. $\dfrac{1}{112}$ $= \dfrac{1}{12}$ ton trop bas.

9. $Ré = \dfrac{1}{9}$ ramené en seconde $= \dfrac{8}{9}$.

11. $Fa = \dfrac{1}{11}$ ramené en quarte $= \dfrac{8}{11} \times 4 = \dfrac{32}{44}$ diff. $\dfrac{1}{44}$ $= \dfrac{1}{5}$ ton trop haut.

    fa quarte de do $= \dfrac{3}{4} \times 11 = \dfrac{33}{44}$.

13. $La = \dfrac{1}{13}$ ramené en sixte $= \dfrac{8}{13} \times 27 = \dfrac{216}{351}$.

    la quinte du $re = \dfrac{2}{3} ; \dfrac{8}{9}$ $= \dfrac{16}{27} \times 13 = \dfrac{208}{351}$ diff. $\dfrac{8}{351} = \dfrac{1}{43,875}$ $= \dfrac{1}{5}$ ton trop bas.

15. $Si = \dfrac{1}{15}$ ramené en septième $= \dfrac{8}{15}$.

17. $Do\# = \dfrac{1}{17}$ ramené en demi-ton chromatique $= \dfrac{16}{17}$ $=$ tempéré.

19. $Ré\# = \dfrac{1}{19}$ ramené à la seconde augmentée $= \dfrac{16}{19}$ tempéré.

21. $Fa = \dfrac{1}{21}$ ramené à la quarte. $= \dfrac{16}{21} \times 4 = \dfrac{64}{84}$.

    fa quarte de do $= \dfrac{3}{4} \times 21 = \dfrac{63}{84}$ diff. $\dfrac{1}{84} = \dfrac{1}{9}$ ton $= \dfrac{1}{9}$ ton trop bas.

23. $Fa\# = \dfrac{1}{23}$ ramené à la quarte augmentée $= \dfrac{16}{23} \times 45 = \dfrac{720}{1035}$ diff. $\dfrac{15}{1035} \dfrac{1}{61,6875}$. $= \dfrac{1}{8}$ ton trop haut.

    $fa\#$ septième de sol $= \dfrac{32}{45} \times 23 = \dfrac{736}{1035}$.

25. $La\flat = \dfrac{1}{25}$ ramené à la sixte mineure $= \dfrac{16}{25} \times 256 = \dfrac{4096}{6400}$.

    $la\flat$ quatrième quarte de do $= \dfrac{162}{256} \times 25 = \dfrac{4050}{6400}$ diff. $\dfrac{36}{6400} = \dfrac{9}{1600} = \dfrac{1}{177,7777}$ $= \dfrac{1}{18}$ ton trop bas.

27. $La\natural = \dfrac{1}{27}$ ramené à la sixte majeure $= \dfrac{16}{27}$.

29. $La\# = \dfrac{1}{29}$ ramené à la sixte augmentée $= \dfrac{16}{29} \times 225 = \dfrac{3600}{4525}$ diff. $\dfrac{112}{4525} = \dfrac{1}{40,4017}$ $= \dfrac{1}{41/2}$ ton trop haut.

    $la\# 7^e$ de si ou 3° du $fa\#$ $= \dfrac{128}{225} \times 29 = \dfrac{3712}{4525}$.

31. $Si\natural = \dfrac{1}{31}$ ramené à la septième majeure $= \dfrac{16}{31} \times 15 = \dfrac{240}{465}$ diff. $\dfrac{8}{465} = \dfrac{1}{58,125}$ $= \dfrac{1}{6}$ ton trop haut.

    si quinte de mi, ou 7° de do ou 3° de $sol \times$ $= \dfrac{8}{15} \times 31 = \dfrac{248}{465}$.

33. $Ré\flat = \dfrac{1}{33}$ ramené à la seconde mineure $= \dfrac{32}{33} \times 256 = \dfrac{8192}{8448}$.

    $ré\flat$ cinquième quarte de do $= \dfrac{243}{256} \times 33 = \dfrac{8019}{8448}$ diff. $\dfrac{173}{8448} = \dfrac{48,8323}{1}$ $= \dfrac{1}{6}$ ton trop bas.

35. $Do\# = \dfrac{1}{35}$ ramené à l'unisson chromatique $= \dfrac{32}{35} \times 2187 = \dfrac{69984}{76545}$ diff. $\dfrac{1696}{76545} = \dfrac{1}{45,1338}$ $= \dfrac{1}{6}$ ton trop haut.

    $do\#$ septième quinte de do. $= \dfrac{2048}{2187} \times 35 = \dfrac{71680}{76545}$.

37. $Mi\flat = \dfrac{1}{37}$ ramené à la tierce mineure $= \dfrac{32}{37} \times 64 = \dfrac{2048}{2368}$.

    $mi\flat$ troisième quarte de do. $= \dfrac{54}{64} \times 37 = \dfrac{1998}{2368}$ diff. $\dfrac{50}{2368} = \dfrac{25}{1184} = \dfrac{1}{47,36}$ $= \dfrac{1}{6}$ ton trop bas.

39. $Ré\# = \dfrac{1}{39}$ ramené à la seconde augmentée $= \dfrac{32}{39} \times 75 = \dfrac{2400}{2925}$ diff. $\dfrac{96}{2925} = \dfrac{32}{975} = \dfrac{1}{30,4687}$ $= \dfrac{2}{9}$ ton trop haut.

    $ré\#$ tierce de si ou septième de mi $= \dfrac{64}{75} \times 39 = \dfrac{2496}{2925}$.

41. $Mi = \dfrac{1}{41}$ ramené à la tierce majeure $= \dfrac{32}{41} \times 81 = \dfrac{2592}{3321}$ diff. $\dfrac{32}{3321} = \dfrac{1}{103,7842}$ $= \dfrac{1}{12}$ ton plus haut.

    mi quatrième quinte de do $= \dfrac{64}{81} \times 41 = \dfrac{2624}{3321}$.

43. $Fa = \dfrac{1}{43}$ ramené à la quarte $= \dfrac{32}{43} \times 4 = \dfrac{128}{172}$ diff. $\dfrac{1}{172}$.

    fa quarte de do $= \dfrac{3}{4} \times 43 = \dfrac{129}{172}$. $= \dfrac{1}{24}$ ton négligeable. plus bas.

45. $Sol\,\flat = \dfrac{1}{45}$ ramené à la quinte diminuée $= \dfrac{32}{45} \times 1024 = \dfrac{32768}{46080}$ diff. $\dfrac{37}{46080} = \dfrac{1}{1245,4054}$ négligeable.

$sol\,\flat$ sixième quarte de do $= \dfrac{729}{1024} \times\ 45 = \dfrac{32805}{46080}$.

47. $Fa\,\sharp = \dfrac{1}{47}$ ramené à la quarte augmentée $= \dfrac{32}{47} \times\ 45 = \dfrac{1440}{2115}$ diff. $\dfrac{64}{2115} = \dfrac{1}{33,0468}$ $= \dfrac{1}{4}$ ton plus haut.

$fa\,\sharp$ tierce du $\mathrm{re}\,\sharp$ ou septième du sol $= \dfrac{32}{45}\cdot \times\ 47 = \dfrac{1504}{2115}$.

49. $La\,\flat = \dfrac{1}{49}$ ramené à la sixte mineure $= \dfrac{32}{49} \times\ 256 = \dfrac{8192}{12544}$.

$la\,\flat$ quatrième quarte de do $= \dfrac{162}{256} \times\ 49 = \dfrac{7938}{12544}$ diff. $\dfrac{254}{12544} = \dfrac{1}{49,3858}$ $= \dfrac{1}{6}$ ton plus bas.

51. $La\,\flat = \dfrac{1}{51}$ ramené à la sixte mineure $= \dfrac{32}{51} \times\ 256 = \dfrac{8192}{13056}$ diff. $\dfrac{70}{13056} = \dfrac{35}{6528} = \dfrac{1}{186,5142} = \dfrac{1}{24}$ ton négligeable.

$fa\,\flat$ quatrième quarte de do $= \dfrac{162}{256} \times\ 51 = \dfrac{8262}{13056}$.

53. $Sol\,\sharp = \dfrac{1}{53}$ ramené à la quinte augmentée $= \dfrac{32}{54} \times\ 405 = \dfrac{12960}{21495}$ diff. $\dfrac{608}{21465} = \dfrac{1}{35,3042}$ $= \dfrac{1}{4}$ ton plus haut.

$sol\,\sharp$ septième de la $= \dfrac{256}{405} \times\ 53 = \dfrac{13568}{21465}$.

55. $Si\,\flat = \dfrac{1}{55}$ ramené à la septième mineure $= \dfrac{32}{55} \times\ 16 = \dfrac{512}{880}$.

$si\,\flat$ deuxième quarte de do $= \dfrac{9}{16} \times\ 55 = \dfrac{495}{880}$ diff. $\dfrac{17}{880} = \dfrac{1}{51,7647}$ $= \dfrac{1}{6}$ ton plus bas.

57. $La\,\sharp\text{-}si\,\flat = \dfrac{1}{57}$ ramené en $+ 6$ ou 7 mineure $= \dfrac{32}{57}$ tempéré.

59. $La\,\sharp = \dfrac{1}{59}$ ramené en sixte augmentée $= \dfrac{32}{59} \times\ 225 = \dfrac{7200}{13275}$ diff. $\dfrac{352}{13275} = \dfrac{1}{37,7130}$ $= \dfrac{1}{4}$ ton plus haut.

$la\,\sharp$ septième du si ou tierce du $fa\,\sharp = \dfrac{128}{225} \times\ 59 = \dfrac{7552}{13275}$.

61. $Si\,\natural = \dfrac{1}{61}$ ramené à la septième majeure $= \dfrac{32}{61} \times\ 15 = \dfrac{480}{915}$ diff. $\dfrac{8}{915} = \dfrac{1}{114,375}$ $= \dfrac{1}{12}$ ton plus haut.

$Si = \dfrac{8}{15}$ $\times\ 61 = \dfrac{488}{915}$.

63. $Si\,\natural = \dfrac{1}{63}$ ramené à la septième $= \dfrac{32}{63} \times\ 15 = \dfrac{480}{945}$ diff. $\dfrac{24}{945} = \dfrac{1}{39,387}$ $= \dfrac{2}{9}$ ton plus haut.

$Si = \dfrac{8}{15}$ $\times\ 63 = \dfrac{504}{945}$.

Do	Sol	Ré	La	Mi	Si	Fa $\sharp$	Do $\sharp$	Sol $\sharp$	Ré $\sharp$	La $\sharp$	Mi $\sharp$	Si $\sharp$		
1	$\dfrac{2}{3}$	$\dfrac{8}{9}$	$\dfrac{16}{27}$	$\dfrac{64}{81}$	$\dfrac{128}{243}$	$\dfrac{512}{729}$	$\dfrac{2048}{2187}$	$\dfrac{4096}{6561}$	$\dfrac{16384}{19683}$	$\dfrac{32768}{59049}$	$\dfrac{131072}{177147}$	$\dfrac{262144}{531441}$	$si\,\sharp \atop do\,\natural$	$\dfrac{1}{9}$ ton.

Do	Fa	Si$\flat$	Mi$\flat$	La$\flat$	Ré$\flat$		Sol$\flat$	Do$\flat$	Fa$\flat$		Si$\flat\flat$	Mi$\flat\flat$	La$\flat\flat$	Ré$\flat\flat$		
1	$\dfrac{3}{4}$	$\dfrac{9}{16}$	$\dfrac{34}{64}$	$\dfrac{162}{256}$	$\dfrac{972}{1024} : 4 =$		$\dfrac{243}{256}$	$\dfrac{729}{1024}$	$\dfrac{2187}{4096}$	$\dfrac{13122}{16384} = \dfrac{6561}{8192}$	$\dfrac{19683}{32768}$	$\dfrac{118098}{131072} \atop 59849 \atop 65536$	$\dfrac{177147}{262144}$	$\dfrac{531441}{1048576}$	$do\,\natural \atop ré\,\flat\flat$	$\dfrac{1}{9}$ on.

Le premier chiffre indique le numéro de l'harmonique, puis vient le nom de la note donnée.

Après le signe de l'égalité, la fraction indique la division de la corde pour obtenir la note ou l'harmonique, le chiffre inférieur est toujours égal au numéro de l'harmonique; en renversant les chiffres on aurait le nombre de vibrations de la corde pour obtenir la note contre le nombre de vibrations de la corde pour obtenir le son initial ou premier harmonique (*do*).

La fraction qui suit le deuxième signe d'égalité indique le nombre de fractions de la corde nécessaires pour ramener la note à un intervalle compris dans l'octave du son 1.

Ainsi le n° 5 doit se lire ainsi : *mi* cinquième harmonique, est obtenu par le cinquième de la longueur de la corde totale donnant *do* (son 1) et sonne à l'intervalle de 17e; en prenant deux cinquièmes de la corde on obtiendrait le *mi* à la dixième et en prenant les quatre cinquièmes de la corde, la tierce qui donnerait ainsi cinq vibrations contre quatre du *do* initial.

En prenant le *mi* tempéré (quatrième quinte du *do* et ramené à la tierce majeure du *do* initial on aurait la fraction $\dfrac{64}{81}$ ou 81 vibra-.

tions du *mi* contre 64 du *do*; amenant les deux fractions au même dénominateur on obtient $\dfrac{324}{405}$ pour le premier *mi* et $\dfrac{320}{405}$ pour le second, soit une différence de quatre vibrations sur 405 ou, simplifiant la fraction $\dfrac{1}{101,25}$ soit sensiblement un douzième de ton.

Évidemment, il n'est pas dans la pratique d'obtenir toutes ces notes d'un seul instrument et d'un seul instrumentiste, mais au point de vue théorique cela est irréfutable, et au point de vue pratique il est parfaitement possible d'obtenir la totalité de ces sons en employant plusieurs instruments de longueur théorique, mais construits en des proportions de diamètres calculées pour favoriser l'émission des sons graves, moyens, aigus ou suraigus.

Et maintenant, examinons les conséquences que nous devons tirer de cette propriété des instruments de cuivre, de laisser émettre chacun de ces sons isolés les uns des autres d'une façon très nette et parfaitement perceptible par l'oreille la moins exercée.

Une grande trompette de 5 mètres 258 milli- | peu importe, peut aisément faire sortir les sons de
mètres de longueur théorique, droite [1] ou enroulée | 3 à 16 et nous fournir l'étendue suivante :

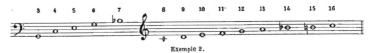

Exemple 2.

Et en voilà assez du son 8 au son 16 pour expliquer tout le système primitif grec ainsi qu'il nous a
été transmis par le plain-chant grégorien.

En effet, supprimons le son 14 et nous avons le
mode ionien ou 13e mode d'église qui est devenu
notre mode majeur type.

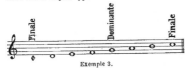

Exemple 3.

Je sais bien que beaucoup de traités de plain-chant
affirment 'sérieusement que ce 13e mode n'a pas
été admis par SAINT GRÉGOIRE lors de sa réforme du
chant dit Ambrosien ; mais je sais bien aussi qu'en
ouvrant un livre d'offices on trouve à chaque instant
des chants dits : du 5e mode avec un *si* ♭ (notre 14e
son) à la clef :

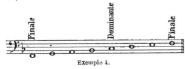

Exemple 4.

Comparez les intervalles ou appliquez les tétracordes et vous serez convaincus de la parfaite similitude de ce prétendu 5e mode, avec le 13e tout simplement transposé une quinte plus bas.

Il en est de même du prétendu 1er mode avec le
si ♭ à la clef et du 9e mode (Eolien).

Mais reprenons l'exemple n° 2 et voyez comme
tout se tient, s'enchaîne, s'explique et s'éclaire.

Voici un instrument qui nous donne d'une façon
tangible la gamme essentiellement naturelle, c'est-à-
dire, qui sera retrouvée plus tard par les physiciens à
l'état pour ainsi dire latent, partout dans la nature :
dans la cloche, dans la corde tendue, dans la cymbale, dans la voix humaine, dans la flamme même [2],
dans tout ce qui vibre et peut émettre un son appréciable et timbré.

Il nous donne aussi la raison des modes à finales
et dominantes différentes bien qu'à constitution réellement unitonale.

En effet : reprenons l'exemple (3) et examinons
l'accord des deux lyres, des deux tétracordes qui, se
succédant alternativement suivant que le dessin mélodique descend ou monte, doivent accompagner,
guider, le ou les chanteurs :

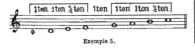

Exemple 5.

Nous voyons que chacun de ces tétracordes est
accordé de même façon ; que les tons et demi-tons
se succèdent dans un ordre parfaitement symétrique
et correspondant bien aux idées artistiques des Grecs;
idées de symétrie et de belles proportions que nous
retrouvons aussi bien en poésie et littérature qu'en
sculpture et architecture. Il semble donc logique
qu'ayant à établir un mode sur chacun des degrés
de la gamme du mode Ionien, les artistes musiciens
aient procédé par le relèvement symétrique de l'accord des lyres dans les proportions voulues, suivant
cet ordre :

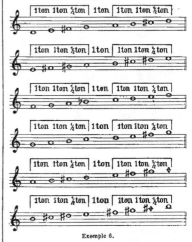

Exemple 6.

Or, il n'en est rien, et ces architectes, si respec-
tueux du parallélisme, construisent des modes d'une
constitution toujours différente l'une de l'autre ; bien
mieux, dont les deux tétracordes perdent leur similitude dans le même mode.

Si nous admettons que la trompette sert d'étalon
à l'accord des lyres, des flûtes simples ou doubles,
des syrinx, de tous les instruments dont les Grecs
disposaient, nous comprenons aisément ces constitutions de modes différents dans une gamme unitonale.

Nous nous expliquons également à cause du peu
de fixité du *si* ♮ et du *si* ♭ pourquoi ils ne voulaient point

1. C'est la longueur que devrait avoir la trompette basse préco-
nisée par R. WAGNER (dans la pratique on se sert d'une autre trompette que j'indiquerai plus loin). C'est également la longueur du
cor en *ut* grave qui possède la même étendue et peut servir aux démonstrations et à la vérification de tout ce qui suit.

2. Voyez les *Harmonies du son* par J. RAMBOSSON, page 172 (Firmin-
Didot et Cie, 1878).

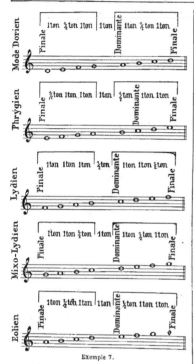

Exemple 7.

reconnaître à cette note *si* les qualités de finale ou de dominante et conséquemment pourquoi il n'y a pas de mode sur cette note et pourquoi chaque fois que sa place dans la gamme d'un mode semble l'appeler aux fonctions de dominante, elle y est remplacée par la note du degré supérieur : *do*.

Je n'ai point parlé des modes plagaux ou hypo, dont la gamme est renfermée entre deux dominantes et qui ont la même finale que les modes authentiques correspondants, les observations y seraient les mêmes.

Encore semblables seraient ces observations appliquées au second système grec par modes descendants qui paraît avoir conduit les Grecs à l'emploi des dièses, des transpositions, des genres chromatiques et harmoniques et aux fameux tiers et quarts de ton que certains musicographes paraissent tant regretter et que nous proposons de leur rendre dans quelques instants.

Enfin nous trouvons encore dans le *son* 14 l'explication de cette règle, de prendre le *si* ♭ au lieu du ♮ chaque fois que cette note se trouvait en rapport *évident* avec le *fa*.

Les arts et l'industrie se perfectionnant, il est naturel de penser que les Grecs parvinrent à construire et à jouer des trompettes, dont les tubes plus étroits, les embouchures ou bouquins plus fins leur permirent d'obtenir les sons harmoniques de plus en plus

élevés et que, dépassant le son 16, ils connurent la gamme chromatique du son 13 au son 20 ; puis les tiers et les quarts de ton du son 20 au son 40, les cinquièmes et sixièmes de ton du son 40 au son 60, et enfin les commas du son 60 au son 64. Nous voyons ainsi que les tiers et quarts de ton des Grecs, voire même des intervalles plus petits, ne sont pas perdus autant que d'aucuns semblent le croire.

Certes, je me garde bien d'affirmer que l'on soit jamais parvenu pratiquement à obtenir des sons harmoniques aussi élevés, et je doute qu'il soit possible de rencontrer des artistes dont l'oreille et les lèvres soient assez sûres pour faire quoi que ce soit de musical avec des intervalles aussi petits ; il ne serait d'ailleurs pas impossible d'obtenir dans de bien meilleures conditions de telles fractions de ton sur le violoncelle et même sur le violon, et, à part les notes attractives, le *glissando* et le port de son ou de voix qui en sont des emplois assez fréquents, les plus grands virtuoses n'ont jamais, à ma connaissance, cherché à établir ce qu'on pourrait appeler une vraie gamme ou un fragment véritablement mélodique sur une telle division du chromatisme.

Un de mes amis, M. DE SCHEPPER, compositeur de musique à Château-Gontier, m'a dit avoir construit ou fait construire un instrument donnant les quarts de ton et s'être ainsi convaincu que tout sentiment tonal disparaissait et qu'il en résultait une véritable impossibilité de réaliser quoi que ce soit de véritablement musical.

Voilà, il nous semble, des raisons largement suffisantes pour établir en faveur de la grande trompette l'antériorité comme véritable instrument de musique sur tous autres moyens de production du son ; sans doute l'homme a dû d'abord émettre des éclats de voix chantante, ne serait-ce qu'en imitation des oiseaux qu'il entendait; sans doute, il a dû souffler par hasard dans une corne ou dans un roseau et être étonné du son qu'il produisait, mais aucun système musical, aucune théorie, aucune école ne pouvait sortir de cela, et c'est pourquoi nous estimons qu'étudier le principe des instruments à vent en général et des instruments de cuivre dits de fanfare en particulier, c'est étudier le principe fondamental de la musique même.

J'ai dit (page 1405) que l'instrument sur lequel on peut faire entendre les harmoniques du son 8 au son 16 exprime la gamme naturelle.

Pourtant pour beaucoup de musiciens actuels cette gamme n'est pas juste et ils reprochent aux sons 7 et 11 d'être trop bas ou trop haut et de ne pouvoir être employés.

Examinons ce qu'il peut y avoir de fondé dans ce grief.

Le manque de justesse incriminé ne résulte évidemment que de la comparaison de la gamme qui sort naturellement (c'est-à-dire, sans le secours des pistons dont nous étudierons plus loin le mécanisme) d'une trompette ou d'un cor, seuls instruments modernes sur lesquels on puisse faire sortir des harmoniques aussi élevés, avec la gamme des instruments à sons fixes modernes à laquelle nos oreilles sont accoutumées.

Pour le son 7 (*si* ♭) la différence avec la (*si* ♭) deuxième quarte juste de *do* [(*do-fa*; *fa-si* ♭) est de environ $\frac{1}{12}$ de ton ; je dis : un douzième de ton, c'est-à-dire, moins d'un comma, y compris même les deux douzièmes de comma à céder pour le tempérament des deux quartes et si cette note est évidemment basse pour exprimer un *la♯* (elle est de très près conforme au *si♭* exprimé comme sous-dominante par tous les instruments à son variable, y compris la voix humaine; le reproche est donc exagéré pour le son 7. La différence est d'ailleurs exactement la même pour le son 5 (*mi*), qui pourtant vient souvent comme sensible de *fa* et contre lequel presque personne ne proteste.

Pour le son 11 (*fa*) la différence est plus accusée et cette note sort d'environ un comma et demi plus haut que la note correspondante tempérée, mais elle n'est pas seule dans ce cas et le son 13 (*la*) sort environ un comma et demi plus bas que la note correspondante tempérée et, chose curieuse, ce dernier écart de justesse n'est pour ainsi dire jamais signalé.

La vérité est que ces différences de diapasons n'existent que depuis deux siècles à peine. La gamme naturelle, la gamme que nous trouvons partout dans la nature a été seule employée jusqu'au milieu du xvıı⁰ siècle, c'est-à-dire, jusqu'à l'époque où l'emploi des altérations a conduit peu à peu à la transposition des 9⁰ et 13⁰ modes d'église, modes Eolien et Ionien des Grecs, devenus nos modes mineur et majeur types, à leur transposition, disons-nous, sur tous les degrés de la gamme; transpositions qui ne donnaient que de médiocres résultats avec la gamme naturelle à cause des tons et des demi-tons qui n'étaient pas égaux entre eux, à cause aussi des *fa* un peu haut surtout dans l'accord de septième de dominante devenu d'un emploi général et constant, et des *la* un peu bas. Toutes ces causes incitèrent les musiciens à rechercher l'égalité des intervalles de secondes majeures et mineures et à remplacer la gamme naturelle par la gamme tempérée, travail qui ne s'est pas fait en un jour, comme bien on pense, et n'est parvenu à maturité et à l'adoption par tous les artistes que vers la fin du xvıı⁰ siècle ou le commencement du xvııı⁰, et de 1722 à 1744. J.-S. Bach put écrire *Le Clavecin bien tempéré,* qui vint, véritable monument historique, fixer l'époque de la consécration du système.

Nous nous sommes assuré personnellement, grâce à la parfaite obligeance de l'aimable conservateur du Musée instrumental du Conservatoire national de musique de Paris, M. René Brancour, que les instruments à sons fixes, à vent ou à cordes, contenus dans la précieuse collection et construits avant l'adoption de la gamme tempérée, sont bien accordés avec la quarte haute et la sixte basse conformément aux données de la gamme naturelle telle que nous l'avons exposée en nos exemples.

Il a été dit (p. 1402), qu'un instrument et un instrumentiste *parfaits seraient* indispensables pour faire entendre toutes les notes de l'exemple 1.

Il a été également dit (p. 1404) qu'il serait possible d'obtenir toutes ces mêmes notes en employant plusieurs instruments de même longueur, mais de proportions de diamètre différentes. En voici les raisons :

Plus un instrument est de perce [1] large eu égard à la longueur de cet instrument, plus il est facile de faire sortir les premiers sons graves (fondamentale et premiers harmoniques), mais en perdant la possibité de faire sortir les sons du registre aigu ou même moyen.

Plus un instrument est de perce étroite eu égard a la longueur de cet instrument, plus il est facile de

faire sortir les sons aigus (harmoniques élevés), mais en perdant la possibilité de faire sortir les sons graves et mêmes moyens.

D'autre part, l'embouchure d'un instrument contribue aussi et dans le même sens à faciliter l'émission des sons graves ou aigus, avec la seule différence que ce qui est dénommé *perce* (diamètre intérieur) dans l'instrument est dénommé *grain* dans l'embouchure. Nous énonçons donc :

Plus le grain d'une embouchure est gros, plus l'émission des sons graves est facilitée; plus le grain d'une embouchure est petit, plus est facilitée l'émission des sons aigus.

C'est ainsi que les artistes chargés des parties de 2⁰ et 4⁰ cors, qui ont plus souvent besoin d'émettre les sons graves de l'instrument que les artistes chargés des parties de 1ᵉʳ et 3⁰ cors, se servent d'instruments de même perce que ceux de leurs camarades, mais emploient des embouchures dont le grain est plus gros que celui des embouchures employées pour exécuter les parties de 1ᵉʳ et 3⁰ cors.

Ainsi, représentons-nous quatre instruments A, B, C, D, de même longueur, mais de perces et de grains d'embouchure différents :

Fıg. 227.

L'instrument A sera convenable pour obtenir les sons de 1 à 8.

L'instrument B pourra servir pour obtenir les sons de 3 à 16.

L'instrument C permettra l'émission des sons de 8 à 32.

L'instrument D pourrait servir pour obtenir l'émission des harmoniques suraigus de la dernière octave, sons de 32 à 64.

Je pense avoir ainsi exposé à peu près complètement le principe des instruments à vent tel que nous l'a donné la nature; il nous reste à examiner le parti que l'homme a su en tirer.

Tant que l'homme n'a su que souffler dans une corne, si bien évidée qu'elle soit, il n'a guère eu à sa disposition que les sons de 1 à 8, et encore les cornes assez longues et d'une *perce* assez étroite pour permettre d'atteindre et surtout de dépasser le son 6 devaient-elles être rares; il pouvait donc concevoir un arpège, quelque chose comme les sonneries de notre clairon d'infanterie (je suppose ces ressources les plus avantageuses). Mais il ne pouvait établir une gamme. Il a donc fallu attendre que son génie industrieux le conduise à construire un tube assez long et surtout assez étroit pour lui permettre d'atteindre le son 16, pour qu'il puisse posséder une gamme et établir un système musical, et c'est ainsi que l'histoire nous montre toutes les antiquités, de même que les explorateurs nous montrent les peuples réputés les plus sauvages, en possession de la trompe ou de la trompette dès qu'ils ont un système musical si élé-

---

1. On nomme *perce*, dans la fabrication des instruments de musique, le diamètre plus ou moins grand des instruments ; on dit : perce *large*, perce *étroite* pour plus grand diamètre, petit diamètre.

mentaire qu'il puisse être; le nom de l'instrument peut changer, la matière dont il est construit peut ne pas être la même, la forme et le diapason peuvent être différents, mais le principe de l'instrument est identique et c'est toujours une trompe ou une trompette.

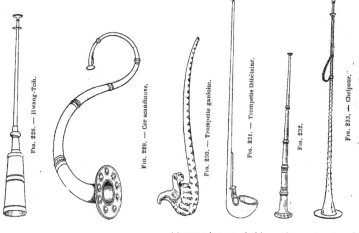

Fig. 228. — Hwang-Teih. — Fig. 229. — Cor scandinave. — Fig. 230. — Trompette gauloise. — Fig. 231. — Trompette thibétaine. — Fig. 232. — Fig. 233. — Chelpour.

Fig. 234. — Trompette du Thibet.

L'homme en possession de sa trompette que je suis tenté de qualifier non d'instrument guerrier, mais d'instrument divin, l'homme s'empresse de soumettre à la loi de la gamme type tous les éléments sonores dont il dispose et, pour nous en tenir aux seuls instruments à vent, il taille les roseaux de la syrinx, de longueurs telles que la gamme ou un fragment de la gamme sorte de la série de tuyaux embryonnaires de l'orgue sublime; il perce des trous dans le tube de bois creusé dont il avait fait un sifflet et qui devient une flûte à bec ou flûte droite, et qui par la modification du sifflet deviendra la flûte traversière; il remplace le sifflet par une anche simple ou double et, si e tube est conique, il obtient un chalumeau, ancêtre du hautbois, du saxophone ou du basson; si, au contraire, le tube est cylindrique, il obtient un chalumeau d'une espèce particulière dout la gamme se trouve interrompue par l'absence de trois notes, et ce n'est qu'à la fin du XVIIe siècle, vers 1690, que DENNER

trouvera le moyen de faire sortir ces notes et que la clarinette sera créée.

Examinons maintenant le principe de ces nouveaux instruments. Le tuyau court relativement à la largeur de la perce laisse sortir les sons 1, 2 et 3, c'est-à-dire, la fondamentale, son octave et sa douzième, et encore ces deux harmoniques sortent-ils assez difficilement sur les instruments à anche; sur les flûtes, au contraire, l'octave sort plus aisément que la fondamentale.

La ressource musicale naturelle serait plutôt légère si l'homme ne s'était aperçu qu'en perçant un trou dans le tuyau, celui-ci sonne comme s'il était raccourci de la longueur dépassant le trou; dès lors, il suffit de percer des trous le long du corps de l'instrument à des distances convenables pour obtenir les notes successives de la gamme de trompette; ces trous recouverts par les doigts laisseront sonner l'instrument dans toute sa longueur; en relevant les doigts l'un après l'autre, on découvrira les trous et le tuyau sonnera comme si l'on entendait successivement les sept tuyaux d'une syrinx, ou comme sept instruments de longueurs différentes.

Pour déterminer l'emplacement de chacun des trous, il suffira de nous rappeler la théorie des vibrations de la corde tendue ou des divisions de la colonne d'air[1].

La colonne d'air constituant l'unité sera comptée, non de la longueur totale de l'instrument comme pour les instruments de cuivre, mais de l'endroit où se produit le son initial jusqu'à la première sortie de l'air lorsque tous les doigts sont posés sur les trous.

Pour fixer les idées : la longueur totale sera comptée sur une flûte droite, non du bec, mais du biseau sur lequel le souffle vient se briser et produire le son jusqu'à la sortie de l'instrument;

1. Voir : Acoustique.

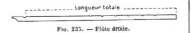

Fɪɢ. 235. — Flûte droite.

sur la flûte traversière elle sera comptée, non de la tête, mais du trou destiné aux lèvres et formant embouchure ;

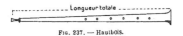

Fɪɢ. 236. — Flûte traversière.

enfin, pour les instruments à anche, elle sera comptée, non de l'extrémité de l'anche, mais de l'endroit où les lèvres maintiennent cette anche,

Fɪɢ. 237. — Hautbois.

sauf pour le cas de certains instruments primitifs où l'anche est renfermée dans une sorte de manchon en bois, ou bien encore pour les cornemuses, binious, musettes etc., où l'anche n'est maintenue que par le fil de la ligature et où la longueur devra être comptée de la base de l'anche.

Pour que le principe reste général, nous supposerons un instrument à sept trous de notes : trois pour l'index, le médius et l'annulaire de la main gauche, quatre pour l'index, le médius, l'annulaire et le petit doigt de la main droite. Ces sept trous bouchés, l'instrument, quel que soit son rapport avec le diapason normal, est réputé donner un *do*.

Numérotons les trous en partant de la production du son ; le petit doigt droit doit boucher le septième trou.

Fɪɢ. 238. — Schéma de la perce des trous sur une flûte droite.

En levant le petit doigt l'instrument devra donner un *ré*.

Les 7 trous bouchés, la longueur totale donnant *do* (son 1), si nous nous reportons à notre exemple 1, nous voyons que le *ré* sort dans la quatrième octave comme son 9, ce qui exprime que pour le produire la colonne d'air totale devra être sectionnée en neuf parties égales, ou ce, qui revient au même, qu'une neuvième partie de cette colonne d'air serait suffisante pour produire ce *ré* de la quatrième octave. En prenant le double de ce neuvième, soit 2/9, on aurait le *ré* de la troisième octave, les 4/9 nous don-

neraient le *ré* de la deuxième octave ; donc, en perçant notre septième trou aux huit neuvièmes (8/9) de la longueur totale de notre instrument, nous pourrons faire sortir un *ré* de la première octave (seconde note de la gamme que nous cherchons) en levant notre petit doigt.

Par la même suite de raisonnement, nous serons conduits à conclure que le sixième trou donnant par son ouverture un *mi* (son 5) doit être percé aux quatre cinquièmes (4/5) de la longueur totale.

Le cinquième trou, *fa* (son 11 de la gamme naturelle), devrait être percé aux 8/11 de la longueur totale, mais, comme nous vivons sous le régime de la gamme tempérée, nous déterminerons sa place aux trois quarts (9/12) de cette longueur.

Le quatrième trou ouvert devra nous donner un *sol*, quinte du son fondamental ; nous le placerons aux deux tiers (2/3) de la longueur totale.

L'ouverture du troisième trou devra produire un *la* (son 13 de la gamme naturelle), à cause de la gamme tempérée, ce trou sera percé aux seize vingt-septièmes (16/27) de la longueur totale.

Le deuxième trou devra être placé aux huit quinzièmes (8/15) de la longueur totale pour que son ouverture nous fasse entendre un *si*.

Logiquement, le premier trou devrait être percé sur tous les instruments à la moitié (1/2) de la longueur totale afin de donner l'octave du premier son (*do♮*) ; il en est ainsi pour la clarinette et le basson. Cependant, sur la flûte, le hautbois, le saxophone et le sarrusophone, ce premier trou est percé aux huit dix-septièmes (8/17) de la longueur totale, ce qui produit le *do♯*. La raison primitive de cette pratique est, qu'avant que les flûtes ne reçoivent la patte d'*ut*, il aurait été impossible d'obtenir le *do♯* du 3ᵉ interligne autrement, tandis qu'on pouvait obtenir le *do♮* avec un doigté factice.

Il demeure entendu que je n'ai donné là, de même que pour les longueurs d'instruments de cuivre, que des proportions théoriques qui peuvent être modifiées dans la pratique par la forme, plus ou moins coudée, de l'instrument, par les cônes plus ou moins prononcés ou réguliers, par la grandeur des trous et par d'autres petits détails dont nous ne pouvons pas nous occuper ici.

J'ai dit (page 1408) que l'on peut généralement obtenir dans ces sortes d'instruments les harmoniques 2 et 3 (octave et douzième) ; cela doit s'entendre non seulement du son fondamental de la longueur totale, mais encore de chacun des sons produits par les raccourcissements progressifs du tube que nous avons obtenus par le percement des sept trous, qui forment, de ce tube unique, comme sept tubes différents se succédant alternativement par le baissement ou le relèvement des doigts suivant la volonté ou le caprice de l'exécutant.

Chacune des longueurs du tube ou, pour parler le langage des exécutants, *chacun des doigtés*, devrait pouvoir donner une fondamentale, plus l'octave et la douzième de cette fondamentale.

Exemple 8.

Dans la pratique, cette règle ne se confirme pas toujours, et cela pour plusieurs raisons dont nous pouvons examiner quelques-unes sans sortir des principes généraux qui nous guident en ce moment.

D'abord, le rapport de la perce avec la longueur. C'est ainsi que certains doigtés de notes graves du basson ou de la clarinette, instruments relativement longs, peuvent, avec de très légères modifications, faire entendre jusqu'au son 7 et même 9, alors qu'un certain nombre de doigtés du saxophone, du hautbois et du flageolet ne pourront fournir plus qu'un son 2.

Ensuite, l'action du souffle a beaucoup moins d'influence sur les anches que sur les embouchures, pour faire sortir les harmoniques, c'est-à-dire pour provoquer les divisions et subdivisions de la colonne d'air; et, pour les imposer, on est presque toujours forcé d'aider la force du souffle et la pression des lèvres par l'ouverture d'un petit trou appelé, pour cette raison, trou d'octave, et le plus souvent ouvert ou fermé par le pouce de la main gauche.

Ce trou devrait toujours être placé *au nœud de vibration* de l'harmonique que l'on veut obtenir; il en faudrait donc deux pour chacune des notes formant les sons 1 (fondamentales) de la gamme de première octave, afin d'obtenir aisément l'octave et la douzième, ces trous d'octave étant percés à la moitié et au tiers de la production du son et de la sortie d'air de la note (premier trou de note qui suit le dernier doigt posé). Or, il n'est pas possible de percer tant de trous, et l'on se contente d'en percer deux au plus, qui se trouvent alors placés ou trop haut ou trop bas pour la plupart des notes, et c'est à l'aide de certains trous de notes, généralement le premier, quelquefois le second ou le quatrième, que l'on tient ouverts, ce qui facilite la formation des nœuds des divisions de la colonne d'air, que l'on peut parvenir à faire sortir les harmoniques supérieurs aux sons 2.

Une autre raison qui s'oppose à la production de certains harmoniques, notamment des sons 2 (harmoniques d'octave), dans les instruments à tube cylindrique, réside dans ce fait que, dans tous les tuyaux de cette nature, ce n'est pas un nœud d'ondulation sonore qui se forme à la naissance du son (anche), mais un ventre, ce qui a pour effet : 1° de rendre des sons d'une octave plus grave que ne semblerait le comporter la longueur théorique des instruments employés (théorie des tuyaux bouchés de l'orgue); 2° le premier ventre d'ondulation se trouvant au point de production du son et constituant le centre de la première ondulation, il ne peut jamais y avoir un nombre pair d'ondulations, et, conséquemment, il n'est pas possible d'émettre, pratiquement ou théoriquement, un son pair quelconque (son 2, 4, 6, etc.) sur les instruments de cette nature.

Enfin, plus on découvre de trous, plus l'instrument devient court et plus il serait nécessaire, même sur les instruments à embouchure que nous examinerons plus loin, d'avoir des lèvres plus minces et plus nerveuses pour pouvoir faire sortir les harmoniques aigus; or, comme on ne peut opérer d'échange de lèvres suivant les notes que l'on voudrait obtenir, force est bien à l'instrumentiste de borner son ambition dans le registre aigu, là où son travail, sa persévérance et surtout la puissance nerveuse de ses lèvres ne lui permettent pas d'aller plus loin.

Et maintenant faisons un pas en arrière, un grand pas, qui nous ramènera quasi à la naissance des instruments en bois ou d'harmonie.

Cependant, nous ne remonterons pas aux premiers essais de flûtes, essais incomplets, puisque avec deux, trois ou quatre trous, on ne peut faire que trois, quatre ou cinq notes pouvant être répétées à l'octave, mais dont les fragments de gammes ne se joignent pas.

Au surplus, l'étude de ces instruments incomplets ne nous donnerait rien d'utile musicalement parlant, pas plus que l'étude des instruments exotiques analogues que nous trouvons dans nos musées, apportés par les grands voyageurs et qui, sous les noms les plus étranges et les plus divers, comme *Serdam*, *Souronne-Mixoso-Balô*, *Tohona*, etc., etc., n'en sont pas moins des flûtes à bec à trois ou à quatre trous, conséquemment incomplètes.

La flûte, qu'elle soit double ou simple, droite et à bec, dénommée flûte douce ou flûte d'Angleterre (?), ou qu'elle soit traversière, procède toujours du même principe : le souffle se brise sur un biseau et elle reçoit six ou sept trous de notes; six lui suffisent pour joindre la gamme de sons 1 à sa gamme de sons 2; elle n'a presque jamais besoin de trou d'octave et l'intensité du souffle ou le resserrement des lèvres suffit presque toujours pour passer d'une octave à l'autre, quitte à lever le premier doigt pour obtenir l'octave du 1er son.

Comme dans le vulgaire ocarina d'origine chinoise ou la flûte en fer-blanc de nos bazars, on peut toujours obtenir de la flûte en général au moins deux octaves, le plus souvent deux octaves et une quinte :

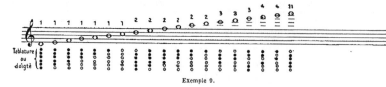

Tablature ou doigté

Exemple 9.

N'ayant pas de septième trou, le *do* grave manque, et l'on pourrait encore voir dans ce fait la raison qui fit placer, par les Grecs, le mode dorien comme premier mode et reléguer au dernier rang le mode ionien reposant sur le *do* (base de la gamme naturelle), qu'il nous paraîtrait logique, à nous, de placer au premier.

Quoi qu'il en soit, les historiens grecs et latins nous disent qu'on employait pour soutenir et accompagner les chants, des flûtes doriennes, des flûtes phrygiennes, des flûtes lydiennes, etc. Cela paraît établir pour nous, que l'on construisait des flûtes spéciales pour jouer dans chacun des modes, c'est-à-dire, des flûtes dont les trous étaient percés à des distances telles que les deux demi-tons *mi-fa* et *si-do* vinssent occuper leurs places du sixième au cinquième et du deuxième au premier trou, pour la flûte dorienne, dont les six trous bouchés donnaient un *ré*[1]; de la longueur totale au sixième trou et du troisième au second, pour la flûte phrygienne, dont les six trous bouchés donnaient un *mi*, et ainsi de suite pour chacun des modes. Cependant, nous avons vu que la flûte dispose toujours d'une étendue d'au moins deux octaves, ce qui lui permet évidemment de donner les notes nécessaires à l'exécution de la totalité des modes, et nous doutons que ces expressions, flûte dorienne, flûte phrygienne, etc., s'appliquent aux flûtes et nous doutons que ces constructions d'instruments spéciaux à chaque mode se comprennent et s'expliquent très bien, si l'on doit sous-entendre que ces expressions s'appliquent à des syrinx ou flûtes de Pan, qui n'avaient ordinairement pas plus de huit à neuf tuyaux (huit à neuf notes), ou à des *chalumeaux*, instruments à anche, qui, n'ayant pas encore de trou d'octave, ne pouvaient *octavier* et ne disposaient par conséquent que d'une étendue trop restreinte pour pouvoir servir à l'exécution de plusieurs modes sur le même instrument.

Et maintenant, grâce à la domination des premiers barbares, j'entends dire, des Romains, qui vint arrêter net le magnifique essor scientifique et artistique de la Grèce, puis à l'invasion des seconds barbares, Gaulois et Germains, nous allons nous alléger de toute l'époque romaine et de tout le moyen âge pour arriver au xv⁰ siècle.

La flûte de Pan a donné naissance à l'orgue et a cessé, sous sa forme primitive, de compter comme instrument musical (fig. 239, 240, 241, 242 et 243); elle restera désormais l'instrument du pâtre des champs ou de la montagne, à moins qu'elle ne constitue une curiosité de carrefour sous les lèvres d'un homme-orchestre.

La flûte traversière est restée telle que nous l'avons laissée chez les Grecs.

La flûte à bec s'est allongée d'un neuvième de longueur totale afin de pouvoir descendre à l'*ut* en bouchant avec le petit doigt un trou, le septième, placé à son ancienne longueur; et, comme on a remarqué que le son a

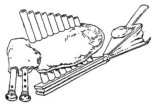

Fig. 240. — Orgue à outre ou musette tout à fait primitif.

gagné de la plénitude et du timbre à ce rallongement, on a rallongé de même les flûtes plus graves

---

1. Il est indispensable de remarquer que le trou de note est toujours d'un degré plus bas pour le constructeur que pour l'instrumentiste, celui-ci comptant pour la note le dernier trou bouché au lieu du dernier trou ouvert.

et nécessairement plus longues, *alors même que le petit doigt, trop court, ne peut l'atteindre*. Nous ne sommes pas à « l'âge » de la mécanique, et il faudra encore un siècle pour que l'on imagine de combler la distance du petit doigt au trou par l'adjonction d'une clé.

Le chalumeau à tube cylindrique est resté au même état rudimentaire, et l'absence des sons 2 le laissera presque inemployé encore pendant près de trois cents ans.

Le chalumeau à tube conique a donné naissance à toute une famille d'instruments à anches doubles qui, sous les noms de bombardes, de cromornes,

Fig. 241. — Orgue gallo-romain. — Musée d'Arles.

de tournebouts, de chalemey ou chalemelles, de pommer, etc., viendront, après des raffinements et des perfectionnements successifs, se synthétiser dans le tendre hautbois, le mélancolique cor anglais et le souple basson.

La trompe ou trompette, qui a porté les noms de chatsotserah, de schophar, de keren, de jobel, de tuba, de litus, de buccina, de corme ou corma et bien d'autres, selon qu'elle était droite, courbée, enroulée, longue ou courte, à perce large ou étroite, et employée chez les Juifs, les Grecs ou les Romains, n'a reçu d'autres changements que des noms différents : en corne ou en métal, mais en forme de corne, c'est une corne ou une trompe d'appel; creusée dans une défense d'éléphant, c'est un *olifant*, qu'on n'oublie jamais de citer dans les romans de chevalerie et qui a été immortalisé dans les mains du plus noble guerrier du moyen âge par la *Chanson de Roland*; en métal, longue et enroulée, c'est la trompette ou trompe de chasse, et enfin longue, droite ou deux fois recourbée presque dans la forme moderne, c'est la trompette guerrière, le claron ou le claronceau.

Cependant, un mariage vient de se faire; on (on représente ici un illustre inconnu dont personne ne sait ni le nom, ni la date, ni le lieu de naissance, mais dont chacun voit les produits se répandre au xv⁰ siècle où nous sommes, presque partout où il est *fait de la musique*), on, donc, vient d'imaginer d'unir l'embouchure d'ivoire de l'olifant au corps de la flûte à bec, et de cette union le cornet à bouquin et le serpent sont nés.

Le cornet à bouquin et sa basse, le serpent, sont des instruments en bois recouverts de cuir pour en assurer la solidité; ils sont évidés intérieurement en une perce légèrement conique de trompette et à l'octave l'un de l'autre; le serpent est donc deux fois

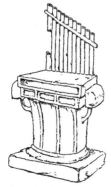
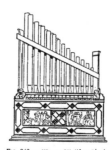

FIG. 242. — Orgue antique, musée d'Arles.   FIG. 243. — Orgue portatif ou régale.   FIG. 244. — Orgue à main.

long comme le cornet; muni d'une embouchure nommée bouquin, comme la trompette, il est percé de six ou sept trous de notes comme les flûtes, et comme ces trous seraient trop éloignés sur la basse

FIG. 245. — Cornets à bouquin.

pour que les doigts puissent les recouvrir, on a courbé et recourbé le corps de l'instrument en forme de serpent, d'où lui est resté le nom; de plus, comme les trous de notes eussent été trop écartés les uns des autres eu égard à l'écartement possible des doigts,

on a percé les premier et troisième trous de chaque main obliquement dans l'épaisseur du bois et dans le sens de la longueur de l'instrument (les premiers vers l'embouchure, les troisièmes vers le pavillon, disposition que nous retrouverons dans les bassons). Malgré toutes ces précaution, le serpent n'a jamais laissé que d'être un instrument très faux, mais nous en étudions le principe et peu nous importe que la pratique en ait été défectueuse.

Le cornet et le serpent laissent émettre dans leur longueur totale les sons de 2 à 8, ce qui devrait donner avec l'ouverture successive des trous de notes les résultats suivants :

Exemple 10.

Mais pour la raison exposée page 1407, on doit considérer le son 8 de la longueur totale comme la limite extrême des sons aigus, de sorte que la gamme obtenue dans les plus parfaits de ces instruments ne peut être que :

Exemple 11.

De même que de nos jours on considère les flûtes, les saxophones et les sarrusophones construits en métal comme appartenant à la famille des bois parce que leur principe d'émission du son est le même que

leurs ancêtres flûtes, chalumeau ou basson (tournebout), de même, nous devons considérer les cornets et serpents comme appartenant à la famille des cuivres, à cause du bouquin ou embouchure qui constitue leur mode de production du son.

De clés, il n'est toujours pas question, et les cornets seront les derniers à en recevoir; d'ailleurs, au xvᵉ siècle, la musique est encore unitonale, et en admettant que par-ci, par-là, un compositeur essaie timidement d'introduire un fa# ou un si♭ dans sa composition, l'exécutant s'en tirera par ce que l'on nomme un doigté factice, consistant à laisser un trou ouvert entre deux trous fermés (fourche), ou bien en posant le doigt de telle sorte que la moitié du trou reste ouverte; bientôt, d'ailleurs, le hautbois, élevant cette pratique à la hauteur d'une institution, portera sous les troisième et quatrième doigts, non un seul trou, mais deux petits trous placés à la même hauteur, et permettant au doigt de boucher aisément les deux petits

FIG. 246. Serpent.

trous équivalant au gros trou entier, ou l'un seulement de ces trous équivalant au demi-trou permettant de faire entendre le sol♮-la♭ ou le fa♯-sol♭, et ces doigtés bizarres subsisteront jusqu'à la moitié du xixe siècle.

Mais pendant que les instruments en bois se perfectionnent lentement, bien lentement, pendant qu'on applique leur principe aux instruments de cuivre ou de bois recouvert de cuir et à embouchure ou bouquin en les perçant de trous qui seront bouchés ou fermés par les doigts d'abord, puis plus tard par des clés, toujours à l'imitation des instruments de bois, nous voyons tout d'un coup apparaître un instrument de cuivre qui, telle Minerve sortant tout armée du cerveau de Jupiter, nous vient au seuil de la Renaissance dans un état de perfection tel, qu'il suffit encore, dans nos orchestres, à tous les besoins de la musique moderne.

Le trombone (de *tromba*, grande trompette), car c'est de cet instrument qu'il s'agit, n'a point de patrie ni d'inventeur connus. On signale son premier emploi officiel en France à l'orchestre en 1773, dans l'opéra *Les Sabines* de GOSSEC, mais il y était connu bien avant, ainsi que le prouve une quittance du 31 décembre 1518, conservée à la Bibliothèque nationale, dans laquelle il est fait mention du sacqueboute (ancien nom du trombone) et du haulxbois, employés

Fig. 217.
Fragment de trombone, d'après le manuscrit de Boulogne.

dans une fête donnée le 22 décembre 1518 par François Ier dans la cour de la Bastille. A la même époque, dix artistes, dont la réputation était européenne, le jouaient à la cour de Henri VIII d'Angleterre, et on cite même un manuscrit du ixe siècle conservé à Boulogne et qui contient un dessin ressemblant à un trombone sans pavillon.

Fig. 218. — Trombone ou sacqueboute.

Examinons maintenant le principe nouveau de cet instrument.

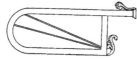

Fig. 219.

Muni d'une embouchure profonde comme celle du cor, son tube est cylindrique jusque tout près du pavillon comme la trompette; cela permet d'en obtenir les sons de 1 (fondamentale) à 10 (10e harmonique).

Fig. 250. — Trombone moderne.

Deux fois replié sur lui-même, il offre l'aspect d'une grande trompette, ce qui fut en effet son origine.

Fig. 251.
Pavillon de trombone.

L'idée géniale qu'eut l'inventeur inconnu du trombone, fut de couper le bout de l'instrument et d'emboîter les deux branches libres dans une sorte de demi-corps nommé

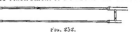

Fig. 252.

coulisse, qui ferme ainsi et complète l'instrument.

Fig. 253. — Coulisse de trombone.

Le trombone fermé, c'est-à-dire, avec la coulisse enfoncée entièrement, est dit : à la 1re position. Il donne alors les notes suivantes :

Exemple 12.

La coulisse étant mobile, il suffit de l'enfoncer moins, de la laisser glisser à de certaines distances pour donner différentes longueurs à l'instrument, ce qui, à l'inverse des instruments en bois qui donnent, par l'ouverture des trous, des fondamentales de plus en plus élevées, donnera ici des fondamentales de plus en plus graves. Chaque allongement successif est dénommé position; il y en a six (autant que de trous sur les instruments primitifs en bois), ce qui avec la 1re (coulisse entièrement enfoncée) forme sept positions correspondant aux sept fondamentales suivantes :

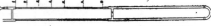

Fig. 254. — Distances auxquelles la coulisse doit être portée pour former des positions.

Exemple 13.

que l'on nomme : notes pédales. Il est à noter que les trois dernières sont très difficiles à faire « sortir » et qu'on ne doit pas les employer.

Les notes à la disposition de l'instrumentiste sont donc les suivantes :

Exemple 14.

qui se résument ainsi pour le compositeur :

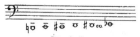

Exemple 15.

Comme la musique du xve et même du xvie siècle était unitonale, les méthodes de trombone ou sacqueboute de ce temps n'enseignaient que les positions des fondamentales naturelles.

Exemple 16

Ce qui a fait dire que les trombones de cette époque n'avaient que quatre positions, ce qui est une erreur, car le trombone a et a toujours eu autant de positions qu'il peut plaire à l'instrumentiste libre de conduire sa coulisse en un endroit quelconque compris entre la coulisse complètement enfoncée et cette même coulisse portée à l'extrémité des branches. Ce qu'on peut dire, c'est que les artistes de cette époque n'utilisaient que quatre positions.

Nous voici donc en possession d'un instrument parfait, sauf ce qu'on appelle un *trou* dans la gamme au grave. En effet cinq notes manquent

Exemple 17.

pour joindre le *si♭* pédale au *mi* grave de la 7e position. Mais pour obtenir ces notes complémentaires, il faudrait disposer de cinq nouvelles positions, ce qui est impossible avec la coulisse simple, limitée qu'elle est par la longueur et des branches de l'instrument et du bras de l'instrumentiste. On a bien essayé de doubler la coulisse, mais sans obtenir jusqu'ici de résultat pratique.

Et maintenant retournons à nos instruments à trous.

J'ai dit (page 1411) que les flûtes graves avaient un trou, le septième, que le petit doigt ne pouvait atteindre, et qu'il faudrait encore un siècle avant de trouver le moyen de fermer ce trou à l'aide d'une clé (dénommée clé à patte). C'est en effet au cours du xvie siècle que nous voyons apparaître des instruments munis de cette clé de *do* grave.

A cette époque tous les efforts tendaient à créer des familles complètes de chaque sorte d'instrument : famille de flûtes soprano et basse (la grande facilité d'octavier les sons par une simple pression des lèvres donnait à ces instruments une étendue qui permettait de se dispenser des instruments intermédiaires); famille de pommers; famille de hautbois, tournebouts et bombardes avec le hautbois d'amour intermédiaire; famille de bassons, etc. Mais la plupart des instruments à anche octaviaient plus ou moins difficilement, et pour obtenir les notes aiguës avec plus de facilité on fut conduit à percer un trou entre la production du son et le premier trou de note, petit trou réservé au pouce de la main gauche; mais, de même que le petit doigt avait été trop court, le pouce était souvent embarrassé pour atteindre le trou d'octave, et c'est ainsi que la deuxième clé fut créée.

La plus grande partie du xviie siècle s'écoule sans que nous puissions constater de changement notable malgré l'emploi des tonalités voisines d'*ut* qui nécessitent l'usage au moins du *si♭*, du *fa♯*, du *do♯*, du *sol♯* et même du *ré♯*; j'ai expliqué (page 1412) comment on pouvait obtenir certaines notes altérées à l'aide de doigtés ou de procédés factices, mais le *ré♯* et le *do♯* graves ne peuvent s'obtenir avec ces doigtés, et pour que nos instruments soient parfaits, bien des lacunes sont encore à combler.

Vers 1690, Jean-Christophe DENNER, habile luthier de Nuremberg, cherchait à perfectionner le chalumeau, lequel, au point où était parvenue la facture instrumentale, ne pouvait toujours pas joindre la gamme de sons 1 à la gamme de sons 3 (ce genre d'instrument ne possédait pas de sons harmoniques d'ordre pair).

L'étendue de cet instrument se présentait donc ainsi :

Exemple 18.

correspondant aux doigtés de l'exemple 9 répétés avec une pression de lèvres plus forte sur l'anche pour obtenir les sons 3 qui forment la deuxième gamme à la douzième de la première.

DENNER imagina d'abord d'ajouter un trou de note en dessous de l'instrument et en deçà du premier trou ordinaire. Ce trou lui donna le *ré* ; il était recouvert par le pouce de la main gauche.

Etendant son principe, il ajouta encore deux nouveaux trous de notes en remontant toujours vers l'anche, et comme il n'avait plus de doigts libres pour les recouvrir, il y suppléa en ajoutant deux nouvelles clés venant se placer, la première près de l'index de la main gauche pour pouvoir être manœuvrée par un léger déplacement de ce doigt, la seconde assez près du pouce (déjà employé par le nouveau trou de *ré*) pour pouvoir être actionnée par ce pouce même sans déplacement de ce doigt.

Ces deux trous donnant le *mi* et le *fa* achevaient de joindre les deux gammes :

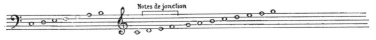

Exemple 19.

De plus, avantage considérable, ce dernier trou de *fa* tint lieu de trou d'octave (de douzième en l'espèce) et permit d'obtenir avec aisance et sûreté toute la gamme supérieure.

La clarinette était trouvée, et en même temps le principe de percer de nouveaux trous recouverts par des clés pour obtenir les notes altérées qui manquaient encore.

On acquit ainsi d'abord le *ré#* et le *do#* qui faisalent le plus défaut ; ce fut l'œuvre du XVIIIᵉ siècle.

Mais nous voici au siècle de la mécanique, et dès 1800, nous trouvons des bassons et des flûtes à 7 clés, voire une flûte basse à 15 clés. En 1811, MULLER nous donne la clarinette à 13 clés ; ADLER le basson à 15 clés en 1827 ; en cette même année, GORDON apporte des perfectionnements à la flûte, et enfin, en 1831, Théobald BOEHM apporte par son système d'anneaux mobiles, qui permet, sans gêne pour les doigts, de percer les trous à leur véritable emplacement et avec la grandeur nécessaire pour le développement normal du son, apporte, dis-je, la perfection même, non seulement pour la gamme diatonique, mais encore pour la gamme chromatique tempérée.

En 1843, les principes de BOEHM sont appliqués par KLOSÉ et BUFFET sur la clarinette, et dès lors, les artistes peuvent interpréter sur cet instrument la musique la plus compliquée.

Si les principes de BOEHM ne s'appliquent que malaisément sur le hautbois et sur le basson, l'élan n'en est pas moins donné, et THIÉBERT crée en 1863 le système à 17 clés dénommé maintenant système du Conservatoire, avec lequel il n'y a plus de traits difficiles ; BUFFET, THIÉBERT, GOUMAS et ÉVETTE et SCHAEFFERT ont fait du basson un instrument parfait.

Pendant ce temps, les instruments à trous qu'étaient les cornets à bouquins et les serpents étaient restés stationnaires, et ce n'est que tout à la fin du XVIIIᵉ siècle qu'on avait essayé d'ajouter deux ou trois clés au serpent afin de permettre de percer les

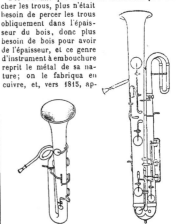

FIG. 255. — Bassons russes.

trous plus à leur place, ce que rendait impossible jusque-là l'écartement limité des doigts. Mais nous voici au début du XIXᵉ siècle, et aussitôt les premières clés du serpent, admises, on commence à modifier la forme du serpent qui n'avait de raison d'être que le rapprochement possible des trous pour les amener sous les doigts ; on redresse le corps, on le plie en deux, on orne même le pavillon en lui donnant la forme d'une tête d'ours ou d'un monstre quelconque, on met une clé à tous les trous que ne peuvent atteindre les doigts, et l'on dénomme cela : basson russe.

Dès l'instant que l'on se servait de clés pour boucher les trous, plus n'était besoin de percer les trous obliquement dans l'épaisseur du bois, donc plus besoin de bois pour avoir de l'épaisseur, et ce genre d'instrument à embouchure reprit le métal de sa nature ; on le fabriqua en cuivre, et, vers 1815, ap-

FIG. 256. — Ophicléide.   FIG. 257. — Ophicléide moderne.

parurent les premiers ophicléides (serpents à clés).

Quelques années plus tard, vers 1820, WEIDINGER opère sur les mêmes tranformations pour le cornet à bouquin, qu'il fait revivre pour quelques années encore sous les noms de clairon chromatique, cor à clés, trompette à clés, etc.

Ces instruments à trous en cuivre allaient être définitivement abandonnés quand Adolphe SAX eut l'idée, en 1841, de remplacer l'embouchure des instruments de cuivre par un bec à anche battante (genre bec de clarinette), de modifier la forme et de leur donner son nom (voix de SAX), et toute la fa-

FIG. 258. — Clairon dit aussi trompette chromatique.

mille des saxophones prit une place des plus importantes dans les musiques militaires.

FIG. 259.   FIG. 260.   FIG. 261.
Saxophones soprano, alto et ténor.

En 1863, SARRUS remplaça le bec à anche battante par une anche double (genre hautbois ou basson); GAUTROT modifia la perce du serpent-ophicléide-

FIG. 262.   FIG. 263.
Saxophone baryton.   Sarrusophone grave.

saxophone pour le rapprocher de la perce du hautbois-cor-anglais-basson, et la famille des sarrusophones fut prête à prendre une place tout aussi importante et peut-être plus caractérisée encore que

les saxophones; malheureusement, n'ayant jamais pu jusqu'ici parvenir à obtenir leur admission parmi les instruments *réglementaires* des musiques de l'armée, cette famille d'instruments est restée à peu près inconnue de la masse des musiciens.

Et maintenant, revenons au trombone pour examiner les conséquences du principe de la coulisse ou allongement progressif du tube de l'instrument.

Les sept positions de la coulisse sont évidemment l'équivalent de sept instruments juxtaposés comme une sorte de flûte de Pan ou syrinx considérée à l'inverse de ce que nous avons fait page 1411, c'est-à-dire que, alors que nous envisagions les tuyaux de la syrinx du plus long au plus court pour nous rendre compte du raccourcissement progressif du tube au fur et à mesure que les trous étaient débouchés, il nous faut ici considérer les tuyaux de la syrinx du plus court au plus long, chaque tuyau correspondant à une position plus allongée de la coulisse.

Bien que la trompette soit aussi un instrument de perce cylindrique, plusieurs essais d'adaptation de la coulisse tentés à des époques différentes ne sont jamais parvenus à rendre cette adaptation pratique ou tout au moins d'un usage courant.

Mais comme, d'autre part, la musique unitonale était abandonnée, les trompettes comme les cors, réduits à leur seule gamme naturelle, ne pouvaient être employés normalement qu'à la condition que la musique à exécuter comprît dans la tonalité la seule gamme possible à ces instruments.

Ne voulant plus s'astreindre à écrire la musique pour la tonalité des trompettes et des cors, on astreignit les cors et les trompettes à conformer leur tonalité à la musique à exécuter, et voici comment on opéra :

Ne pouvant parvenir à appliquer la coulisse mobile qui en eût fait des instruments accomplis, on leur appliqua des fragments fixes de cette coulisse, c'est-à-dire qu'on ajouta à la branche d'embouchure un fragment de coulisse ou *rallonge* correspondant à la deuxième position pour obtenir une gamme d'un demi-ton plus bas; on prit un fragment ou rallonge correspondant à la troisième position pour obtenir une gamme plus grave d'un ton entier, et, comme on peut écrire une gamme majeure sur chacun des douze demi-tons chromatiques, on construisit douze fragments de coulisse pouvant s'adapter à volonté à la branche d'embouchure et permettant ainsi de conformer toujours la gamme de l'instrument à la gamme du morceau écrit.

Mais ici, une autre difficulté se présentait :

Pour le trombone, toutes les notes sont lues dans leur intonation naturelle, et l'éloignement de la main fixant la *position* est suffisant pour permettre de différencier aisément le nom d'un harmonique d'une position, avec le nom de ce même harmonique d'une autre position.

Pour le cor ou pour la trompette, une fois le fragment de coulisse fixé, l'instrumentiste n'a plus à se préoccuper des autres fragments, et la comparaison des divers fragments (des diverses positions) lui échappe.

Dans ces conditions, on convient :

1° *Que l'instrumentiste considérerait toujours la* gamme naturelle *de son instrument comme partant de la fondamentale* ut, *quelle que soit la position de l'instrument, c'est-à-dire que l'embouchure soit posée directement sur la branche d'embouchure de l'instru-*

ment (1re *position*) *ou bien qu'elle ait comme intermé-*
diaire à cette branche d'embouchure, l'un quelconque
des douze fragments de coulisse (douze autres positions
y compris l'octave grave de la 1re position).

2° *Que l'instrument serait dit : en* ut, *en* ré♭ *en* ré,
etc., suivant que sa fondamentale naturelle correspon-
*drait pour l'oreille à la tonalité réelle d'*ut, *de* ré♭, *de*
ré, *etc.*

3° Que les compositeurs écriraient la musique destinée à ces instrumentistes dans les rapports de
tonalité mêmes où ces artistes devraient la lire, et
indiqueraient en tête ou dans le cours de leur partition la tonalité dans laquelle l'instrumentiste
devrait mettre son instrument par la mention cor
(ou trompette) en *ut*: cor en *ré* ♭; cor en *ré*, etc.

Ce principe du rapport de la gamme naturelle de
l'instrument à la tonalité réelle fut étendu à tous les
instruments en général, sauf les exceptions que je
ferai connaître plus loin.

Ainsi, il est entendu que tous les instruments à trous
donnent ut *lorsque les sept trous de la figure 238 sont*
bouchés et que tous les instruments de cuivre sans trous
donnent également ut *comme fondamentale dans leur*
position naturelle, la plus courte, autrement dit :
la 1re *position, et ces instruments sont dits en* ut, *en*
fa, en si ♭, *en* mi ♭, *etc., suivant que leur note fonda-*
mentale naturelle rend un ut, *un* fa, *un* si ♭, *un* mi ♭,
etc., eu égard à la gamme réelle déterminée par le dia-
pason normal.

Ce système a pour avantages de permettre aux
artistes qui ont appris à jouer d'un instrument d'une
certaine tonalité :

1° *De jouer presque indifféremment des divers ins-*
truments d'une même famille et de tonalités diffé-
rentes;

2° *De pouvoir apprendre à jouer d'un instrument*
d'une autre famille que celle de leur instrument pri-
mitif, avec relativement peu d'études supplémentaires,
le doigté étant le même ou n'ayant que des différences
minimes.

Mais ce système a pour inconvénients:

1° *De compliquer au delà du raisonnable le travail*
du compositeur;

2° *De gêner le chef d'orchestre qui entend des notes*
autres que celles qu'il voit écrites ;

3° *De faire, de la lecture ou de l'analyse de certaines*
partitions, un véritable casse-tête chinois.

Les exceptions à ce système sont :

1° Le trombone ténor pour lequel on lit si♭ à la
1re position (note réelle); ce qui fait que cet instrument est réputé en *ut* alors que le facteur doit le
considérer comme étant en si♭.

2° Le basson qui est appris en *ut*, c'est-à-dire en
nommant *fa* la fondamentale naturelle qui devrait
être dénommée *ut* d'après le principe général; ce
qui facilite le travail du compositeur, met à l'aise
le chef d'orchestre et rend simple la lecture et l'analyse de la partition quant à cet instrument; mais
ce qui rend rares les bassonistes; tandis que si cet
instrument était considéré comme étant en *fa*, un
flûtiste, un saxophoniste ou hautboïste surtout
ferait, aussitôt ses doigts placés, la plupart des notes
naturelles, et apprendrait à jouer convenablement de
cet instrument en un mois, deux tout au plus.

3° Le flageolet qui est appris en *ut* en nommant *sol*
la fondamentale naturelle.

4° Le violon et la contrebasse à cordes; mais ces
instruments ne sont pas de ceux dont nous avons à
parler ici.

5° La clarinette. Mais ici la question est plus complexe, car la clarinette n'est apprise ni en *ut* ni d'après
le principe général. En effet, d'après ce principe, la
fondamentale naturelle qui devrait être dénommée
ut est évidemment le son 1 obtenu avec les sept trous
baissés (les sept trous fermés). Or, ce son 1 est dénommé *fa* sur la clarinette comme sur le basson,
mais avec moins de raison, puisque la clarinette est
ce qu'on appelle un *instrument transpositeur*, c'est-
à-dire, sur lequel on ne lit presque *jamais* les notes
dans la tonalité réelle, et ce n'est qu'avec la série des
sons 3 que l'on nomme *ut* la note obtenue avec les
sept doigts baissés.

Une complication va rarement seule, et pendant
qu'on procédait ainsi que je viens de l'expliquer en
France et dans la plupart des pays européens, les
Autrichiens et les Hongrois appliquaient, eux, le
principe général aux diverses clarinettes, car la clarinette se fabrique en plusieurs tonalités différentes, ce qui est loin de simplifier la question [1].

La clarinette se construit en longueurs différentes:

1° *Petite clarinette en* mi ♭ *d'usage dans l'armée.*

Est dite en mi ♭ *d'après le son 3 et en* la ♭ *d'après le*
son 1.

2° *Grande clarinette en* ut *en usage à l'orchestre*
autrefois et presque abandonnée aujourd'hui.

Est dite en ut *d'après le son 3 et en* fa *d'après le*
son 1.

3° *Grande clarinette en* si ♭ *en usage dans l'armée*
et à l'orchestre, et qui tend à devenir la grande clari-
nette unique aussi bien à l'orchestre que dans les mu-
siques d'harmonie.

Est dite en si ♭ *d'après le son 3 et en* mi ♭ *d'après*
le son 1.

4° *Grande clarinette en* la *en usage à l'orchestre.*

Est dite en la *d'après le son 3 et en* ré *d'après le*
son 1.

5° *La clarinette alto ou cor de basset en* fa, *peu*
employée.

Est dite en fa *d'après le son 3 et en* si ♭ *d'après le*
son 1.

6° *Clarinette alto en* mi ♭, *employée dans les gran-*
des musiques d'harmonie.

Est dite en mi ♭ *d'après le son 3 et en* la ♭ *d'après le*
son 1.

7° *Clarinette basse en* ut *employée dans les grands*
orchestres.

Est dite en ut *d'après le son 3 et en* fa *d'après le*
son 1.

8° *Clarinette basse en* si ♭ *employée dans les gran-*
des harmonies.

Est dite en si ♭ *d'après le son 3 et en* mi ♭ *d'après*
le son 1.

9° *Clarinette basse en* la.

Est dite en la *d'après le son 3 et en* ré *d'après le*
son 1.

On construit encore des clarinettes contraltos (?) à
l'octave grave de la clarinette alto et des clarinettes
contrebasses à l'octave grave des clarinettes basses;
mais j'abrège, car les principes de rapport de tonalité
restent les mêmes.

Je me suis étendu plus que je ne me l'étais proposé sur cette qualité du rapport de la tonalité des
clarinettes avec le diapason, parce que je me suis
aperçu qu'il y a là pour ceux qui étudient certaines
partitions étrangères ou anciennes, ou encore qui

---

1. De nos jours les Autrichiens et les Hongrois se sont ralliés au
système de la gamme des sons 3 généralement adopté.

consultent l'histoire de la musique ou de l'instrumentation, une source de confusions ou d'erreurs qu'il est bon d'éviter.

Fig. 264. Clarinette ordinaire. Fig. 265. Clarinette alto. Fig. 266. Clarinette basse.

Il nous reste encore une extension du principe de la coulisse à examiner pour terminer cette étude générale du principe, des principes, devrais-je dire, des instruments à vent.

En 1814, Blühmel et Stœlzel, cherchant un procédé qui permît aux cornistes de changer instantanément les tons de leur instrument (c'est ainsi qu'on nomme les rallonges ou fragments de coulisse dont j'ai parlé), inventèrent le système des pistons grâce auquel on pouvait passer immédiatement d'un ton dans un autre, mais qui reçut presque aussitôt un développement considérable qui fit abandonner pour toujours le système des instruments à embouchure et à trous, et qui est parvenu de nos jours à permettre une virtuosité sur les instruments de cuivre presque égale à celle qu'on obtient sur les instruments de bois.

Le système des pistons ou cylindres consiste à souder sur le parcours du tube principal de l'instrument un certain nombre de fragments de coulisse, ordinairement trois, quelquefois quatre, rarement cinq, plus rarement encore six.

Ces fragments de coulisse sont disposés de telle sorte que, soit par une tige à bascule (cylindre),

Pompe fermée   Pompe ouverte

Fig. 267. Schéma du système à cylindres. Fig. 268. Schéma du système à pistons.

soit par une tige directe (piston), mais toujours actionnée par le doigt, un fragment de coulisse est mis en communication avec le tube principal lorsque

la tige est enfoncée ; le tube principal se trouve donc allongé de toute la longueur du fragment de coulisse ; l'effet est le même que si l'on avait ajouté un ton à l'instrument (1re conception de Blühmel et Stœlzel), mais il est aussi et préférablement le même que si l'on avait allongé la coulisse entière de la longueur du fragment en communication, ce fragment représentant une position (2e conception des artistes, qui est devenue la seule conception moderne).

L'instrument est donc considéré comme d'une tonalité fixe à l'instar du trombone, et à la 1re position lorsque, les pistons au repos, l'instrument est dans sa situation normale du tube (colonne d'air) dans sa plus courte longueur, mais, à la différence du trombone qui nomme si♭ (note réelle) sa première fondamentale, l'instrumentiste nomme ici *u* ou *do* (note fictive) cette première fondamentale quelle que soit la tonalité relative de l'instrument :

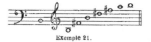

Exemple 20.

Le second piston (piston du milieu pour la main droite), correspond à la 2e position de la coulisse (allongement d'un demi-ton plus grave) fondamentale : *si*.

Exemple 21.

Le premier piston correspond à la 3e position de la coulisse (allongement d'un ton plus grave) fondamentale : *si♭*.

Exemple 22.

Le troisième piston correspond à la 4e position de la coulisse (allongement de un ton et demi plus grave ; fondamentale : *la*.

Exemple 23.

L'accouplement des premiers (1 ton) et second (1/2 ton) pistons réunis donne le même résultat comme notes.

Les deuxième et troisième pistons réunis correspondent à la 5e position (allongement de deux tons) ; fondamentale : *la♭*.

Exemple 24.

Les premier et troisième pistons réunis correspondent à la 6e position (allongement de deux tons et un demi-ton) ; fondamentale : *sol*.

Exemple 25.

Les premiers, deuxième et troisième pistons réunis correspondent à la 7ᵉ position (allongement de deux tons et deux demi-tons); fondamentale : *fa♮*.

Exemple 26.

Ces trois pistons sont généralement regardés comme suffisant à tous les besoins de virtuosité des cornets, bugles, saxhorns altos, barytons et contrebasses, trompettes et cors, et même, pour ces derniers, on remplace souvent le troisième piston *descendant* par un troisième piston *ascendant* d'un ton afin d'obtenir plus de justesse ou une plus grande facilité d'émission pour certaines notes.

Comme les sons 1 ne sortent que très difficilement sur ces instruments, on ne les utilise pas et l'étendue de ces instruments se présente ainsi :

Exemple 27.

Pour les saxhorns basses et les trombones, on ajoute le plus souvent un quatrième piston mû par un doigt de la main gauche.

Ce quatrième piston seul correspond avec plus de justesse à la 6ᵉ position (exemple 25) que nous avons vu obtenue par l'accouplement des premier et troisième pistons.

Les deuxième et quatrième pistons réunis correspondent à la 7ᵉ position (exemple 26).

Les premier et quatrième pistons réunis donnent un allongement théorique de trois tons et un demi-ton; fondamentale : *fa*.

Exemple 28.

Les premier, deuxième et quatrième pistons réunis donnent un allongement théorique de trois tons et deux demi-tons; fondamentale : *mi*.

Exemple 29.

Sur les saxhorns basses, autrement nommés aussi tubas, le troisième piston est construit le plus souvent pour donner seul la 5ᵉ position; fondamentale *la♭* (exemple 24).

Il s'ensuit que les troisième et quatrième pistons réunis donnent un allongement théorique de trois tons et trois demi-tons; fondamentale : *mi♭*.

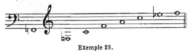

Exemple 30.

Les deuxième, troisième et quatrième pistons réunis donnent un allongement théorique de quatre tons et deux demi-tons; fondamentale : *ré*.

Exemple 31.

Les premier, troisième et quatrième pistons réunis donnent un allongement théorique de quatre tons et trois demi-tons; fondamentale : *ré♭*.

Exemple 32.

Les premier, deuxième, troisième et quatrième pistons réunis donnent un allongement théorique de cinq tons et deux demi-tons; fondamentale : *ut*.

Exemple 33.

Le système des pistons serait parfait s'il n'y avait malheureusement un défaut de justesse à combattre dès que deux pistons sont abaissés ensemble.

En effet, le trombone, avec sa coulisse libre, est entièrement à la disposition de l'oreille de l'artiste qui le joue, et c'est là son immense avantage; il peut, suivant la volonté de l'instrumentiste, donner une gamme diatonique ou chromatique *tempérée* ou *naturelle;* il peut donner des notes sensibles ou des sous-dominantes; il pourrait, comme le violoncelle, donner les fameux tiers et quarts de ton grecs tant regrettés de certains musicologues, il peut, en un mot, donner toute la musicalité que l'artiste le plus exigeant comme le plus délicat peut vouloir lui demander, et il est le seul instrument à vent qui puisse cela, mais en échange de cette possibilité de *toutes les justesses,* si je puis m'exprimer ainsi, le trombone en est réduit, au point de vue de la volubilité des traits, à ce que serait un violoncelle sur lequel on ne pourrait jouer qu'avec un seul doigt. En effet, sauf dans l'extrême aigu, il est absolument impossible de faire sur cet instrument, si parfait d'autre part, le moindre trait conjoint, ne serait-il que de deux notes, sans changement de position, c'est-à-dire sans déplacement de la main.

Avec les instruments à pistons, on peut, tout au contraire, passer d'une position à toutes les autres sans le moindre déplacement de la main ; les doigts seuls agissent et les gammes diatoniques ou chromatiques peuvent être exécutées avec la plus grande rapidité. Mais, en échange de cette facilité de mécanisme, de cette volubilité, la justesse n'est plus que très faiblement à la disposition de l'artiste exécutant, quand elle ne lui échappe pas malgré tous ses efforts. C'est qu'ici l'allongement du tube sonore, ou, plus scientifiquement, de la colonne d'air, n'a plus aucune élasticité; chacun des pistons a une longueur précise et immuable calculée sur la longueur exacte et unique de la 1re position, de telle sorte que la fondamentale de chaque position doit sortir juste suivant la gamme chromatique tempérée.

Cela nous représente donc une perfection, tempérée il est vrai, mais enfin une perfection tant qu'un seul piston est abaissé; mais qu'il y ait combinaison de deux pistons et il faut dire adieu à la justesse, les notes seront trop hautes; s'il s'agit d'une sensible, tant mieux; s'il s'agit d'une sous-dominante ou d'une tonique, tant pis.

Ceci demande une explication.

Pour rendre cette explication plus tangible, je vais supposer le cas de la combinaison des premier et quatrième pistons.

Nous savons que le deuxième degré d'une fondamentale représente les $\frac{8}{9}$ de la longueur totale (pages 1403 et 1409).

Or, une basse en si♭ donne la fondamentale do à la 1re position (ce qu'on exprime : à vide) avec une longueur pratique de 2m,710 mm.

Si nous faisons descendre la fondamentale de do à si♭ par l'abaissement du 1er piston, le do représentera évidemment le deuxième degré de la nouvelle fondamentale, soit les $\frac{8}{9}$ de la longueur que devra avoir le si♭.

Nous aurons donc :

$$do = 2\,\text{m}.710 = \frac{8}{9}\ \text{de}\ si♭$$

$$si♭ = \frac{2\,\text{m}.710 \times 9}{8} = 3\,\text{m}.0487$$

longueur du 1er piston =

3 m. 0487 — 2 m. 7100 = 0 m. 3387.

D'autre part, si nous faisons descendre la fondamentale de do à sol (4e piston seul), remarquons (exemple 1, page 1402) que la douzième est le son 3, et qu'elle représente conséquemment le 1/3 de la longueur totale.

Pour avoir la quinte de la fondamentale, il faudrait prendre le double de ce tiers, soit $\frac{2}{3}$, et enfin, pour avoir l'octave grave de cette quinte, il faut porter la longueur de l'instrument au double des $\frac{2}{3}$, soit $\frac{4}{3}$, ce qui se condense en ceci :

$$do = \frac{3}{3} = 2\,\text{m}.710.$$

$$sol = \frac{4}{3} = \frac{2\,\text{m}.710 \times 4}{3} = 3\,\text{m}.613\ 1/3$$

longueur du 4e piston =

3 m. 613 1/3 — 2 m. 710 = 0 m. 903 1/3.

Et si, maintenant, nous voulons faire descendre la

fondamentale à par l'a-

baissement du 1er piston (accouplement des pre-

mier et quatrième pistons), le sol représentera évidemment le deuxième degré de la nouvelle fondamentale, soit les $\frac{8}{9}$ de la longueur que devra avoir le fa.

Nous aurons donc :

$$sol = 3\,\text{m}.613\ 1/3 = \frac{8}{9}\ \text{de}\ fa.$$

$$fa = \frac{3\,\text{m}.613\ 1/3 \times 9}{8} = 4\,\text{m}.0649$$

longueur du 1er piston doit égaler

4 m. 0649 — 3 m. 6133 = 0 m. 4516.

Or, nous avons vu que le 1er piston qui est construit pour faire la 3e position (si♭) et non pour répondre à la 8e (fa) n'a qu'une longueur de 0 m. 3387; il sera donc trop court pour la 8e position de :

0 m. 4516 — 0 m. 3387 = 0 m. 1129.

C'est pourquoi, page 1419, j'ai qualifié d'allongement théorique toutes les positions comprenant des accouplements avec le 4e piston.

Pour compenser ce manque de longueur, on ajoute, dans la pratique, un demi-ton au doigté théorique, mais alors, l'appoint du 2e piston (1er, 2e, et 4e pistons, doigté du mi pris pour obtenir le fa) est trop fort, car ce deuxième piston a pour longueur :

$$do = 2,710 = \frac{15}{15}.$$

$$si♮ = \frac{16}{15} = \frac{2,710 \times 16}{15} = 2\,\text{m}.890.$$

longueur du 2e piston : 2 m. 890 — 2 m. 710 = 0 m. 180.

Or, comme il ne manque au 1er piston dans son accouplement avec le 4e que 0 m. 113 mm. environ et que par l'adjonction du 2e piston on ajoute 0 m. 180 mm., c'est 67 mm. de coulisse qu'on ajoute en trop et la note fa sort trop basse.

Il est clair que ce que je viens d'expliquer se reproduit dans tous les accouplements de pistons, même le moindre de ces accouplements (1er et 2e) va toujours en s'accentuant jusqu'à l'accouplement général des 1er, 2e, 3e et 4e pistons (13e position), qui devrait donner

(allongement théorique) le et ne peut

donner à peu près juste que le

Soit un manque de justesse théorique de un ton entier qui prive pratiquement les instruments à 4 pistons, non seulement du do naturel grave, ce qui n'aurait pas d'inconvénient, puisqu'on peut l'obtenir à vide (1re position) par le son 1 (toutes les notes que j'ai écrites dans ces explications sont des sons 2), mais qui prive encore ces instruments du ré♭ grave que les compositeurs écrivent quelquefois et qu'il est impossible d'obtenir à moins d'avoir le temps de tirer considérablement la grande pompe ou coulisse d'accord du 4e piston, ce qui sort des conditions pratiques de l'exécution.

Les instruments à pistons ont donc les qualités et les défauts absolument opposés aux défauts et aux qualités du trombone à coulisse.

On a cherché à maintes reprises à corriger le manque de justesse des instruments à pistons, et parmi les moyens trouvés, le système compensateur Arban-Bouvet, construit chez MM. Sudre et Cie, mériterait une meilleure fortune que celle qu'il a eue jusqu'ici.

Ce système consiste en une coulisse supplémentaire qui s'ouvre automatiquement lorsque les 1er et 3e pistons sont abaissés simultanément.

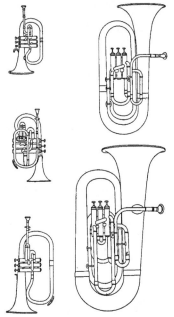

FIG. 269. — Série des instruments système Arban-Bouvet avec la coulisse supplémentaire reliant le 1er au 3e piston.

De la sorte, les 1re, 2e, 3e, 4e et 6e positions correspondant aux fondamentales *do, si, si♭, la* (avec le 3e piston seul) et *sol* et leurs harmoniques, sont aussi justes que possible ; seuls, les accouplements 1-2, 2-3, 1-2-3 restent un peu courts, mais la fondamentale *sol* et ses harmoniques devenus d'une justesse à peu

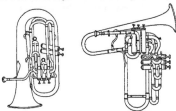

FIG. 270. — Basse à cinq pistons.　　FIG. 271. — Trompette en *si♭* à six pistons indépendants.

près absolue constituent un progrès réel très appréciable. Malheureusement l'accouplement du 4e piston n'a point été envisagé par les auteurs de ce système.

Certains facteurs ont créé, pour compenser les accouplements du 4e piston, un 5e piston, doublant le 1er ; c'est un allongement trop fixe, trop uniforme, souvent trop long, quelquefois trop court, compliquant le doigté et alourdissant l'instrument, ayant pour seul et réel avantage de permettre de faire le *ré♭* dans des conditions acceptables.

Toujours pour gagner de la justesse, Sax a créé ses instruments à six pistons indépendants.

FIG. 272. — Trombone à six pistons indépendants.

Dans ce système chaque piston correspond exactement à une position du trombone à coulisse, et l'on obtient ainsi une succession de fondamentales chromatiques tempérées absolument justes, mais l'instrument est lourd et le doigté tout à fait en dehors des habitudes des instrumentistes (cuivre).

Arban, dans sa méthode, recommande de passer le pouce dans la coulisse d'accord et de faire manœuvrer cette coulisse pour compenser le manque de longueur des accouplements de pistons, mais seule la coulisse d'accord du cornet a une disposition qui se prête à ce mécanisme, et cette manœuvre demande beaucoup d'adresse pour que le pouce n'allonge pas trop ou trop peu la coulisse d'accord.

Développant cette idée et pour donner plus de précision aux longueurs supplémentaires nécessaires aux divers accouplements, M. Alexandre Petit, professeur (décédé en 1924) à la classe de cornet du Conservatoire national de musique de Paris, a imaginé un système de bascules mues avec les doigts de la main gauche, que la maison A. Couesnon et Cie a réalisé avec une grande intelligence.

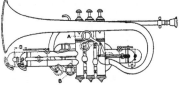

FIG. 273. — Cornet Monopole.

Malheureusement, ces deux derniers procédés sont des procédés d'artistes et, suivant la formule exprimée par mon regretté ami Guilbaut, à qui je demandais la différence qu'il faisait entre le *cornet* et le *piston* : « Les artistes, me dit-il, jouent du *cornet*, les *autres*... jouent du *piston*, » je dirai à mon tour :

ces procédés sont excellents pour les cornettistes, ils ne sont d'aucune utilité pour les pistons.

Mais il faut encore faire une réserve; ces procédés ne peuvent et ne doivent servir que dans le solo; car si un cornettiste se servait de l'un de ces procédés à côté d'un piston ou d'un bugle, les instrumentistes cesseraient d'être supportables à l'oreille à chaque accouplement de pistons, puisque l'un seulement des instrumentistes pourrait rectifier la justesse.

Le procédé Arban-Bouvet serait d'une application plus pratique : 1° parce qu'il agit automatiquement; 2° parce qu'il est applicable à tous les instruments de cuivre et qu'il offre déjà un accroissement de justesse fort appréciable, bien qu'il n'agisse point sur le 4e piston. Mais il faudrait, pour en attendre un bon effet, qu'il fût appliqué d'un coup à tous les instruments de cuivre d'un corps de musique; sans quoi, le mélange des instruments de ce système avec les instruments du système ordinaire ne pourrait que détruire toute justesse sur toutes les notes produites avec l'accouplement des premier et troisième pistons.

Pour introduire, pour imposer une telle réforme, de même que pour populariser les sarrusophones, les clarinettes altos et basses, etc., il faudrait procéder comme on fit, il y a un demi-siecle, pour le diapason normal : on le rendit exclusivement réglementaire dans les théâtres subventionnés, au Conservatoire de musique et dans toutes les musiques de l'armée; de là il se répandit partout, et bien rares sont aujourd'hui les fanfares qui ont encore des instruments à l'ancien diapason.

Si les saxhorns, si les saxophones sont aujourd'hui répandus et employés partout, c'est que Adolphe Sax disposait de la très haute influence du général de Rumigny à la cour de Louis-Philippe, comme plus tard, à la cour de Napoléon III; il put ainsi faire imposer et rendre réglementaires dans toutes les musiques de l'armée ces instruments, qui apportaient de nouvelles ressources très appréciables sans doute, mais qui auraient pu végéter comme les sarrusophones, comme les clarinettes altos et basses. Ces derniers ont des qualités tout à fait comparables à celles des saxhorns et des saxophones, mais ils n'ont pu jusqu'à présent se faire imposer réglementairement dans les musiques de l'armée.

Adolphe Sax sentait si bien cette nécessité que pour faire la place des instruments qu'il apportait, il n'hésita pas à faire proscrire, à chasser des musiques de l'armée les cors et les bassons qui y tenaient une place si artistique qu'aucun autre instrument n'a jamais pu combler le vide laissé par l'exclusion de ces instruments de tout premier ordre.

C'est encore pour une raison de changement du doigté habituel, et parce qu'ils n'ont pu être réglementés et imposés dans les musiques de l'armée, que toute la série des instruments de cuivre du système Chaussier, dits instruments en ut, bien qu'ils soient réellement en fa, mais appris en sons réels, n'ont pu parvenir à entrer dans l'usage courant.

Ces instruments, excellemment construits par la maison Millereau, avaient bien conservé le timbre des séries d'instruments qu'ils étaient destinés à remplacer : cornets, trompettes, trombones, cors ou saxhorns; ils avaient une étendue plus grande que celle des instruments actuels et offraient surtout l'immense avantage de s'écrire et de se lire en ut. L'adoption de ces instruments aurait certainement entraîné le changement de dénomination des notes de la clarinette et du saxophone qui sont aujourd'hui assez perfectionnés pour jouer dans tous les tons, et qui s'écrivent comme le basson et le trombone à être appris en sons réels.

Ce serait une véritable joie pour les compositeurs, les chefs d'orchestre, les pianistes accompagnateurs et tous les artistes qui s'intéressent à lire la partition; ce serait encore la justesse de l'oreille retrouvée pour tous les instrumentistes eu égard au diapason normal, et ce ne serait pas là un mince avantage.

Malheureusement, n'ayant pu obtenir leur introduction régulière dans les musiques de l'armée, source d'expansion universelle, ces instruments qui ont été expérimentés, dont l'excellence a été reconnue et constatée, qui ont donné tout ce que leur inventeur s'était proposé et tout ce qu'il avait promis, ces instruments ne sont plus qu'un souvenir pour ceux qui les ont entendus, et bientôt, perdus dans l'oubli, ils pourront être considérés comme n'ayant jamais existé.

Et maintenant, pour clore ce chapitre sur les principes généraux des instruments à vent, je vais essayer de donner quelques aperçus sur les conditions générales de changement de timbre des instruments de cuivre.

Un instrument de cuivre, au moins chacun de ceux que nous pouvons étudier en France, n'est jamais ni parfaitement cylindrique ni parfaitement conique.

S'il était parfaitement cylindrique, le son sortirait sans éclat, sans force, probablement sans timbre, et, dans tous les cas, serait inutilisable à l'orchestre faute de puissance; au contraire, comme il est cylindrique dans sa plus grande partie et conique d'abord par l'embouchure, puis par la partie se rapprochant de l'extrémité de l'instrument nommée pavillon, le son s'élargit, s'amplifie, se timbre dans la douceur, prend puissance et éclat dans la force; cet instrument, muni d'une embouchure à bassin curviligne surbaissé, c'est-à-dire à fond presque plat et dont le grain est très rapproché des lèvres, sera une trompette :

FIG. 274. — Trompette.   2ᵐ.05 ——— Cylindrique ———   FIG. 275.

Muni d'une embouchure conique, du genre de l'embouchure du cor, mais plus large, dont le grain sera porté relativement loin des lèvres, cet instrument deviendra un trombone.

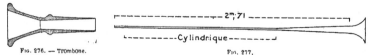

FIG. 276. — Trombone.   2ᵐ.71 ——— Cylindrique ———   FIG. 277.

Si, au contraire, l'instrument est peu mais régulièrement conique dans la plus grande partie de sa longueur, cylindrique seulement dans sa partie médiane et plus évasé vers le pavillon avec une embouchure conique très allongée, les sons auront une douceur et une pénétration infinies dans le *piano;* dans le *forte,* ces sons prendront un éclat vibrant plus batailleur que puissant : ce sera un cor.

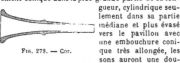

Fɪɢ. 278. — Cor.

Un tube proportionnellement plus court, dont la partie cylindrique sera presque au début comme la trompette, mais dont la partie conique commencera plus tôt et sera beaucoup plus développée, donnera des sons comme veloutés, doux et puissants avec une embouchure curviligne, c'est-à-dire dont le bassin sera creusé en demi-sphère. Cet instrument devrait être nommé *bugle,* ou mieux encore *tuba* soprano, contralto, alto, baryton ou basse suivant la longueur; en France, pour des raisons qu'il ne me paraît pas nécessaire de développer ici, mais que j'expliquerai plus loin, on persiste à désigner cet ins-

FɪɢG. 279.

trument sous le nom de saxhorn, c'est-à-dire, cor de Sax, soprano, contralto, alto, baryton, basse ou contrebasse; on dit aussi petit bugle et grand bugle pour les deux instruments les plus aigus, et l'usage se répand de dire tuba ou basse-tuba pour la basse.

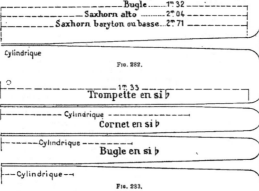

Fɪɢ. 280. — Bugle.   Fɪɢ. 281. — Petit bugle.

Enfin avec des proportions qui tiennent le milieu entre la trompette et le saxhorn contralto, on obtient l'instrument si populaire qu'on nomme cornet.

Fɪɢ. 282.

FɪɢG. 283.

J'ai cru devoir donner ces détails de construction sur toute cette série d'instruments de cuivre, qui dépendent tous des mêmes principes et qui, pourtant, sont si différents les uns des autres et de caractère et de timbre; il m'a paru utile de faire connaître les raisons ou plus exactement les causes de ces différences.

Et maintenant que nous connaissons les principes généraux des instruments à vent, nous allons pouvoir étudier chaque famille d'instruments une à une, en nous arrêtant seulement sur ce qu'elle peut avoir

de spécial, dans son caractère, dans sa construction ou dans son mécanisme.

Nous suivrons dans cette étude la classification suivante :

Les flûtes, comprenant tous les instruments sur lesquels le son est produit par le souffle se brisant sur un biseau : syrinx, flûte droite, flûte traversière.

Les chalumeaux, comprenant tous les instruments dans lesquels le son est produit par le souffle déterminant la vibration d'une anche simple ou double : hautbois, basson, clarinette, saxophone, sarrusophone.

Les trompettes, comprenant tous les instruments dans lesquels le son est produit par le souffle se brisant dans une embouchure ou bouquin : trompette proprement dite, trombone, cor. cornet, bugle dit saxhorn, saxo-tromba.

Flûtes.

Flûte de Pan. — La flûte de Pan ou syrinx est évidemment l'un des premiers instruments que l'homme ait construits; quoi de plus simple, en effet, que de couper un bout de roseau, égaliser les deux extrémités, boucher l'une avec le doigt et présenter l'autre aux lèvres à la manière des habitués du parterre qui prennent leur clé pour exprimer que la pièce qu'on leur présente ne leur convient pas.

Nos très éloignés ancêtres n'avaient point d'idées critiques aussi combatives en soufflant dans leur bout de roseau. Le son produit les amusant, ils prennent un second roseau, l'accouplent au premier, et soufflent dans chacun d'eux alternativement : la syrinx en somme est créée.

La curiosité, le goût, l'ingéniosité de chaque artiste improvisé accoupleront ainsi trois, quatre ou un plus grand nombre de roseaux avec des liens plus ou moins solides; on bouchera les extrémités inférieures avec de la cire ou tout autre produit qu'on aura sous la main, et on en réglera les longueurs suivant le hasard ou suivant l'esthétique qu'on professera, à moins que l'artiste ne veuille, par exemple, imiter le chant du coucou ou de tout autre oiseau à chant simple et à deux ou trois notes faciles à retenir.

Chaque artiste a donc sa flûte particulière, puis, plus tard, beaucoup plus tard, lorsqu'un système musical aura pu être conçu, on régularisera tous ces tuyaux jusqu'à ce qu'ils donnent la même gamme sur une seule syrinx de huit ou neuf tuyaux ou sur deux syrinx de quatre tuyaux se succédant l'une à l'autre à la manière de deux lyres à quatre cordes ou tétracordes.

Bien que la légende grecque ait attribué l'invention de cet instrument au dieu Pan, il ne semble pas avoir eu jamais une haute situation dans la hiérarchie musicale des peuples. En effet, tous les poètes, tous les récits, nous montrent la syrinx entre les mains du pâtre, et c'est encore là que nous la retrouvons de nos jours. Cependant, nous devons signaler deux exceptions modernes : 1° L'artiste ambulant spécialement dénommé « homme-orchestre » a le plus souvent une syrinx, de forme concentrique pour faciliter le jeu de l'exécutant, disposée sous les lèvres, afin de pouvoir *accompagner* sa grosse caisse, ses cymbales, son triangle, etc., d'un chant plus ou moins mélodieux; 2° Les artistes roumains se servent, paraît-il, de la syrinx, qu'ils nomment *naïon*, en remplacement de la flûte traversière, et nous avons entendu à l'Exposition universelle de Paris en 1889 plusieurs de ces artistes véritablement habiles sur cet instrument primitif, sur lequel ils trouvaient le moyen d'introduire des dièses (c'est le mot propre) avec de petites billes qu'ils glissaient dans les tuyaux, ou même produisaient les altérations nécessaires par le mouvement des lèvres, recouvrant en partie les tuyaux dont ils voulaient abaisser l'intonation.

Fig. 284. — Syrinx. (Dict. A. Rich.)

Cet instrument est alors formé d'un assez grand nombre de tuyaux bouchés dans la partie inférieure, accolés à la suite les uns des autres dans l'ordre diatonique et présentant à l'œil l'aspect d'un triangle allongé dont la partie aiguë serait tronquée.

Fig. 285, 286. — Syrinx.

Flûte droite. — Cette flûte est caractérisée par un bec conduisant le souffle sur un biseau; fermée ensuite, c'est un sifflet; ouverte, c'est-à-dire dont le biseau est suivi d'un tuyau non bouché et percé de deux ou trois trous pour être jouée d'une seule main, c'est un galoubet provençal, fig. 287;

ou un flûtet basque, fig. 288;

avec un plus grand nombre de trous pour être jouée des deux mains, c'est une flûte douce, une flûte d'Angleterre fig. 289;

ou un flageolet, fig. 290;

pour m'en tenir à la nomenclature française.

Si nous sortons de l'Europe, nous retrouvons ces instruments sous les noms les plus divers, et nous

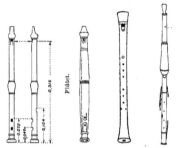

Fig. 287. — Galoubet. [Fig. 288. Fig. 289.   Fig. 290.

pouvons passer en revue dans la seule salle du musée instrumental du Conservatoire de musique de Paris, la série des flûtes inscrites sous les vocables suivants :

Nos 871. Chirimia.
      Uiacapitzlli.
873. Huayllaca.
874. Chabbâbeh (flageolet persan).
876. Souffarah (flûte droite arabe).
878. Sarala Bansi (flageolet indien).
879. Algoza (flageolet indien).
      Siyou-Teki (flûte droite).
      Koma-Fouyi (flûte japonaise).
892. Siao (flûte chinoise).
893. Benu (flûte du pays d'Orissa, Inde).
896. Guesba ou gosba (flûte arabe).
898. Djaouak (petite flûte arabe).

La flûte droite ou flûte à bec est très ancienne, et cela se comprend, étant donnée la simplicité de sa construction. Voyez notre paysan prendre son couteau, couper une branche de bouleau, tailler un bout en sifflet pour en former le bec, faire une entaille un peu plus bas, frapper l'écorce avec le manche de son couteau pour la détacher du bois, retirer ce bois, en enlever un copeau du sifflet dans l'entaille, couper le superflu, remettre son sifflet en place et percer dans le tube d'écorce, au delà de l'entaille, quelques trous destinés à être bouchés ou débouchés à volonté par les doigts; la flûte est faite. Sans doute, la justesse de la gamme faite sur cet instrument laissera fort à désirer, mais ce que notre paysan fait aujourd'hui ressemble fort au travail et à l'ingéniosité de l'homme primitif. Plus tard, des artistes se spécialisent dans la construction de cet instrument, remplacent le bouleau par du buis, de l'ébène, de l'ivoire, de l'argent même, régularisent les trous, les ajustent sur un instrument type, et nous trouvons la flûte musicale chez les Egyptiens, les Grecs, les Romains.

De la flûte égyptienne, nous ne connaissons que les reproductions sculpturales ou picturales des monuments, et comme ces monuments sont très anciens, la représentation des instruments n'a pas toute la netteté désirable pour qu'on puisse bien se rendre compte de ce qu'étaient au juste ces instruments. Au surplus, les peintres et les sculpteurs modernes nous représentent souvent des instruments sculptés ou peints « de chic », qui n'ont aucun détail exact et d'après lesquels il serait impossible de reconstituer les véritables instruments; comment prétendre alors pouvoir reconstituer exactement les anciens instruments d'après les monuments de l'antiquité ? Nous

pouvons, nous devons demander à ces monuments des idées générales desquelles nous tirons telles déductions qu'il nous plaît, mais vouloir préciser davantage c'est dépasser les limites de la saine raison.

FIG. 291. — Orchestre militaire de l'ancienne Égypte.

Pour les flûtes grecques, nous avons les reproductions des sculpteurs, et quels sculpteurs! Et nous avons en plus les textes des poètes, des historiens et des philosophes; c'est là un appoint important, moins cependant que ne le seraient les mémoires d'un luthier de ce temps, mais nous n'avons pas ces mémoires et nous devons nous contenter des seuls textes qui nous ont été conservés.

D'après ces textes, nous savons que les Grecs employaient diverses sortes de flûtes simples et

FIG. 292. — Phorbéïa servant à assujettir les deux flûtes.

doubles suivant les circonstances; ils avaient les flûtes doriennes, phrygiennes, etc., suivant le mode du chant qu'il s'agissait d'*accompagner*, car il semble bien que, officiellement, à la ville, on ne faisait point de musique d'orchestre; nulle part, il n'en est fait mention, et pourtant, on cite des marches d'ar-

FIG. 293. — Flûte double sans phorbéïa.

FIG. 294. — Flûte double avec phorbéïa.

mées, des combats dans lesquels la cadence et l'enthousiasme étaient communiqués par les flûtes; il y avait des flûtes spécialement réservées à la danse, aux

cortèges, aux funérailles, ce qui semble bien indiquer ou impliquer que la flûte était également employée comme instrument solo ou de soli indépendamment du chant humain.

Il y avait :

Des flûtes droites simples;

Des flûtes doubles indépendantes;

Des flûtes doubles accouplées se jouant avec ou sans phorbéïa (fig. 293 et 294).

La phorbéïa était une sorte de double lanière en cuir servant à mieux fixer les deux becs de la flûte double (fig. 294).

Quant aux détails spéciaux de ces diverses flûtes, nous en sommes réduits aux suppositions, et là, encore, je me permets d'émettre un doute sur l'affir-

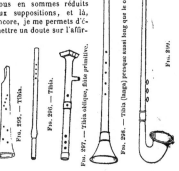

FIG. 295. — Tibia.

FIG. 296. — Tibia.

FIG. 297. — Tibia oblique, flûte primitive.

FIG. 298. — Tibia (langa) presque aussi long que le corps des musiciens.

FIG. 299.

mation générale que les Grecs, qui savaient tant de choses en physique, en mathématiques et en acoustique, ignoraient l'harmonie et ne se servaient que de l'unisson. Quel pouvait être l'usage des flûtes

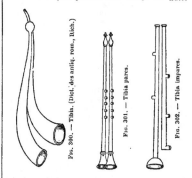

FIG. 300. — Tibia. (Dict. des antiq. rom., Rich.)

FIG. 301. — Tibia pares.

FIG. 302. — Tibia impares.

doubles si ce n'était de faire entendre deux parties à la fois?

Mais je m'aperçois que je sors de mon domaine, « l'instrument à vent », et que je touche à l'histoire même de la musique.

Les flûtes romaines ne me demanderont pas de longs développements, car les textes latins ne sont pas prolixes sur l'objet qui nous occupe, et quand j'aurai dit que les flûtes y sont connues sous le nom de *tibiæ*, parce que, dit-on, les premières flûtes étaient percées dans des os de jambes de grues, j'aurai fait connaître tout ce que nous pouvons apprendre dans cette nouvelle étape historique.

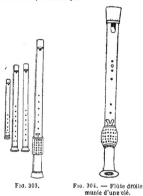

FIG. 303.

FIG. 304. — Flûte droite munie d'une clé.

De l'époque romaine, jusqu'à la Renaissance, nous n'avons plus aucun document. Nous trouvons alors les flûtes à bec constituées en famille, et encore faut-il attendre le xvi° ou le xvii° siècle pour en rencontrer la représentation iconographique.

Une seule remarque est à faire : dans la flûte grave, nous voyons apparaître la première clé protégée par une sorte de grillage en bois souvent sculpté, pour permettre au petit doigt, trop court, de fermer le septième trou (fig. 304).

Et nous voici parvenu à la suprême perfection de la flûte droite ; on en a fait depuis de plus luxueuses, et le musée instrumental du Conservatoire de Paris en contient de fort jolies, mais, au point de vue musical, il n'y a plus de progrès jusqu'à la fin du xviii° siècle, époque à laquelle elle a été définitivement supplantée à l'orchestre par la flûte traversière.

Cependant, une variété qu'on pourrait appeler le pardessus de flûte droite : le flageolet, a encore maintenu son existence dans certains orchestres de bal et a reçu les perfectionnements modernes.

Le flageolet. — Le flageolet diffère de la flûte à bec par le *bec même* qui, au lieu d'être taillé en sifflet, en bec, comme sur toutes les autres flûtes droites, a la disposition d'un petit tuyau cylindrique pour le passage du souffle et est légèrement aplati extérieurement pour la commodité des lèvres.

Une autre différence consiste en ce que les six trous de notes, au lieu d'être tous placés en dessus pour l'index, le majeur et l'annulaire de chaque main, comme sur les flûtes, sont ici placés quatre en dessus pour les index et les majeurs et deux en dessous pour les pouces.

Cette particularité est cause que les flûtistes ne sauraient jouer du flageolet qu'après une nouvelle étude complète de cet instrument, étude encore exigée par ce fait que cet instrument s'*apprend* en *ut* bien qu'il soit en *sol*, c'est-à-dire que, au lieu de suivre le doigté général des instruments à trous et de nommer *do* les sept trous fermés, l'instrumentiste

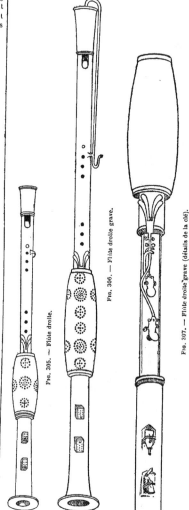

FIG. 305. — Flûte droite.

FIG. 306. — Flûte droite grave.

FIG. 307. — Flûte droite grave (détails de la clé).

nomme cette note : *sol*, intonation réelle de cette note eu égard au diapason normal (Voir fig. 311).

Les perfectionnements des diverses clés et l'application du système BOEHM sur le flageolet ayant suivi de très près les perfectionnements successifs de la flûte traversière, je renvoie à l'article suivant (*Flûte traversière*) l'énumération de ces progrès de facture.

L'étendue du flageolet moderne, système BOEHM, est celle-ci :

Exemple 34.

et rend les notes comme un jeu d'orgue de quatre pieds, c'est-à-dire une octave plus haut qu'elles ne sont écrites.

On n'écrit pas de partie de flageolet sur la partition d'orchestre, et l'instrumentiste se sert de la partie de petite flûte dont le flageolet n'est qu'un faible remplaçant qui disparaît de plus en plus.

F.-A. GEVAERT[1] parle du flageolet en *sol*, c'est-à-dire transpositeur à la quinte de celui que j'indique. Or, il s'agit du même instrument, mais appris avec le doigté normal des instruments en bois. Sans doute au temps de GLUCK et de MOZART, dont GEVAERT rapporte deux exemples, le flageolet s'apprenait ainsi, ce qui me parait tout naturel, mais l'absence des parties spéciales de flageolet dans toutes les orchestrations pour lesquelles ces instruments étaient employés à défaut de flûte a contraint les instrumentistes à changer leur mode de doigté afin de pouvoir lire directement sur les parties de petite flûte écrites sans transposition. Toujours est-il que les tablatures modernes, françaises tout au moins, enseignent les doigtés en sons réels, comme je l'ai indiqué page 1428 (fig. 316).

Les meilleures méthodes citées pour cet instrument sont celles de BOUSQUET, COURNAUD et COLLINET, qui, sauf erreur, remontent à la première moitié du XIXᵉ siècle.

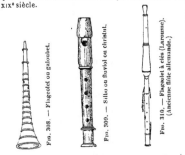

Fig. 308. — Flageolet ou gabonbet.

Fig. 309. — Silbo ou fluviol ou christul.

Fig. 310. — Flageolet à clés (Larousse). (Ancienne flûte allemande.)

Flûte traversière. — La *flûte traversière* ou oblique se retrouve sur les monuments égyptiens, grecs et romains, mais beaucoup plus rarement que la flûte droite, simple ou double, ce qui indique que son usage était beaucoup moins général.

Nous la retrouvons également dans les pays hors d'Europe sous les noms les plus divers et à un degré de construction toujours très primitif.

Le catalogue du Conservatoire les désigne ainsi :

Nᵒˢ 880. Murali.
   881. Grand Ty (Chine).
   885. Fouyi.
      Kouwan-Teki (Japon).
      Kagoura-Fouyi (Japon).
   891. Laya Bansi (Inde).

1. F. GEVAERT. *Traité d'instrumentation*, p 136

Ici, la construction est le plus souvent faite d'un bambou ou d'un fort roseau bouché d'un bout et le

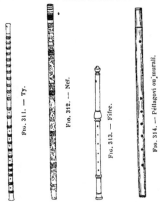

Fig. 311. — Ty.

Fig. 312. — Néf.

Fig. 313. — Fifre.

Fig. 314. — Péllagori ou murali.

long duquel on perce latéralement, d'abord, un trou assez grand et dont le bord forme biseau; c'est la bouche sur laquelle viendra se briser le souffle direct de l'instrumentiste, puis, du milieu de l'instrument à l'autre extrémité, six trous plus petits, ce sont les trous de notes.

Remarquons tout de suite à ce propos que la flûte traversière n'a reçu le septième trou de note qu'au XIXᵉ siècle et que, en dehors de la flûte BOEHM, le fait est tellement exceptionnel, qu'on désigne les instruments qui en sont pourvus sous le nom spécial de flûte *à patte d'ut*. Cette remarque a une assez grande importance au point de vue de la tonalité des instruments, car elle donne la raison de la confusion qui s'établit souvent sur ces tonalités. La flûte n'ayant que six trous ne peut donner comme première fondamentale que le *ré*  et beaucoup d'instrumen-

Fig. 315.

Paris, chez BUFFET-CRAMPON et Cie Passage du Gd Cerf 22.

TABLATURE DU FLAGEOLET BOEHM.

Manière de tenir l'instrument. Les trois premiers doigts de la main droite bouchent les trous du bas, en mettant le petit doigt dessous le flageolet et l'annulaire dans le crochet afin de soutenir l'instrument, les trois premiers doigts de la main gauche bouchent les trous du haut, en mettant l'annulaire et le petit doigt dessous. Les trous se bouchent avec le milieu de la première phalange des doigts.

Les deux clés de trille s'ouvrent avec la seconde phalange de l'index droit, la clé de sifflet avec la seconde phalange de l'index gauche, la clé de Ré♯ ou Mi♭ avec le pouce de la main droite, la clé de La♯ ou Si♭ avec le petit doigt de la main gauche, la clé de Sol♯ ou La♭, et la clé de Sol avec le petit doigt de la main droite, il y a aussi une patte correspondant aux deux clés de trille qui s'ouvre avec l'annulaire gauche.

Les points noirs (●) désignent les trous fermés, les zéros (○) les trous qu'il faut ouvrir, les zéros barrés (⊘) les trous qu'il faut boucher au trois quarts et les carrés (□) les clés qu'il faut ouvrir.

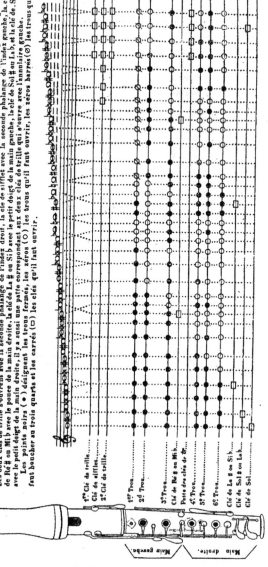

1re Clé de trille......
Clé de sifflet........
2e Clé de trille......
1er Trou..............
2d Trou...............
3e Trou...............
Clé de Ré♯ ou Mi♭
Patte des clés de tr.
4e Trou...............
5e Trou...............
6e Trou...............
Clé de La♯ ou Si♭.
Clé de Sol♯ ou La♭.
Clé de Sol...........

Main gauche.   Main droite.

FIG. 316.

tistes la dénomment pour cette raison : flûte en *ré*, bien qu'elle soit réellement en *ut*. De même, pour la flûte construite une tierce mineure au-dessus, qui est souvent dite en *fa*, alors qu'elle est réellement en *mi♭*.

Au contraire, les flûtes qualifiées en *ré♭* sont toujours réellement dans cette tonalité.

La flûte traversière, qui devait devenir au xix° siècle la flûte tout court, après s'être substituée à toutes les autres flûtes, eut une existence fort modeste jusqu'au xviii° siècle. En effet, aucun perfectionnement n'est à noter, nulle clé n'est venue faciliter le doigté des notes accidentées ; nous ne voyons que bien rarement cette flûte dans l'orchestre ou dans un milieu musical quelconque ; dans sa réduction d'octave ou petite flûte, nous la voyons accompagner les tambours dans les régiments sous le nom de fifre ou de fistule militaire à partir du xv° siècle, emploi qu'elle conserve encore de nos jours en Allemagne. Ce nom de fifre lui a été conservé lorsque la petite flûte n'a pas de clés ou qu'elle n'en a qu'une seule ; aussitôt qu'elle a plus d'une clé, on dit : petite flûte ou encore piccolo.

Peu à peu cependant, la grande flûte fait son chemin et nous la voyons, au xviii° siècle, introduite au salon et appelée à faire sa partie dans la musique de chambre.

A partir de ce moment, ses progrès et l'extension de son emploi ne s'arrêteront plus que lorsqu'elle sera devenue un instrument parfait que nulle difficulté n'embarrasse et lorsque, seule flûte désormais reconnue dans tous les orchestres, elle aura repoussé toutes ses rivales dans les bazars au seul rayon des jouets d'enfants.

La flûte traversière n'avait encore aucune clé à la fin du xvii° siècle ; dès le début du xviii°, on trouve une clé, mais, contrairement à ce qui s'est fait pour la flûte droite, ce n'est pas ce que nous avons appelé jusqu'ici le *septième trou de note* donnant la fondamentale *do* ; non, la flûte traversière ne descend toujours qu'au *ré* et cette clé, la première que nous voyons créer pour cet usage, est destinée à faire sortir le *ré♯* ou *mi♭*, que l'on ne pouvait obtenir aisément par aucun des moyens factices qui servaient pour les autres notes.

Ces moyens factices consistaient à abaisser le majeur au lieu de l'index (main droite) pour obtenir le *fa♯-sol♭*, ou bien encore à ne boucher par un repliement du doigt que la moitié du quatrième trou pour les instruments donnant le *fa♯* au quatrième trou fermé ; à ajouter l'annulaire à l'index (les deux doigts formant fourche) pour les instruments donnant le *fa♯* au quatrième trou fermé ; à ne boucher que la moitié du troisième trou pour obtenir le *sol♯* ou *la♭* ;

à ajouter l'annulaire à l'index (fourche de la main gauche) pour obtenir le *la♯* ou *si♭* ; à abaisser le majeur (main gauche) seul ou accompagné des trois doigts de la main droite pour obtenir le *do♯*.

Après cette première clé de *mi♭*, clé unique qu'on retrouve encore dans le *fifre* moderne, on en ajouta une seconde pour faire le *fa♯*, la flûte étant généralement construite alors pour donner le *fa♯* avec le quatrième trou fermé ; cette clé se prenait avec l'annulaire (main droite) et découvrait un trou intermédiaire entre le cinquième et sixième trous de note. Il y a lieu de bien remarquer ici la différence capitale entre ces clés destinées aux notes accidentées qui bouchent des trous ordinairement fermés et ouverts seulement par la pression du doigt sur la clé, d'avec les clés destinées aux trous de notes qui laissent le trou ordinairement ouvert et n'agissent que sous la pression du doigt pour les fermer.

Cette clé de *fa♮* supprimait la fourche et rendait le doigté plus facile.

On essaya alors de doubler cette clé de *fa♮* par une autre clé de *fa♮* également, mais qui se prenait avec le petit doigt de la main gauche ; cet essai fut abandonné, puis repris plus tard, sans jamais être généralisé et sans jamais donner de résultats bien appréciables.

Vers 1750, les facteurs d'instruments de bois cherchaient à compléter la famille des flûtes traversières en lui donnant une basse pour tenter de supplanter les flûtes droites graves, et l'on trouve à partir de cette époque des essais de flûtes traversières basses avec plusieurs clés *ouvertes* destinées aux trous de notes trop écartés pour être bouchés directement par les doigts.

Le musée du Conservatoire possède ainsi une basse de flûte traversière, construite vers 1800, qui n'a pas moins de quinze clés, mais qui ne fut pas plus adoptée par les artistes que les précédentes ; ces essais furent encore renouvelés depuis, et chaque grande exposition en a toujours montré quelques échantillons restés, hélas ! toujours ce que l'on appelle des *pièces d'exposition.*

Vers 1800, la flûte a acquis quatre clés ; aux clés de *mi♭* et de *fa♮* que nous connaissons, les facteurs ont ajouté une clé pour faire le *si♭* et supprimer la fourche de gauche et une clé de *sol♯-la♭* pour supprimer la gymnastique digitale, si je puis m'exprimer ainsi, qui consistait à boucher seulement la moitié du troisième trou.

Encore un effort, et l'on ajoute une cinquième clé pour faire le *do♯* du troisième interligne, et la flûte à cinq clés quasi classique est créée. (Voir fig. 318, la première à gauche et la petite flûte tout à droite.)

Cette flûte n'était pas parfaite, mais, telle quelle, elle a suffi à de grands artistes pour exécuter des œuvres de haute virtuosité.

La flûte traversière a dès lors conquis sa place partout et il n'est plus nécessaire de désigner de quelle flûte on veut parler ; il ne reste plus que la détermination de la taille ou de la tonalité ; à l'orchestre, il n'y a que la grande ou la petite flûte ; toutes deux sont en *ut* ; dans les musiques militaires ou d'harmonie, ce qui est tout un, on se sert de la grande flûte en *ut*, quelquefois en *ré♭*, de la flûte tierce en *mi♭* et de la petite flûte toujours en *ré♭*. Je donne, bien entendu, les appellations de tonalité vraies.

Cependant, étant donné le rôle de cet instrument qui était devenu tout à fait prépondérant à l'orchestre, on cherchait encore des perfectionnements nouveaux et, dès 1806, on voyait des flûtes à sept clés, dites à *patte d'ut;* cette patte d'*ut* n'était autre qu'un allongement de l'instrument permettant de faire entendre les fondamentales *ré♭-do♯-do♮* au moyen de deux clés *ouvertes* sous la dépendance du petit doigt de la main droite; c'était, en somme, le *septième trou de note* de la flûte droite retrouvé, plus un trou intermédiaire pour la note accidentée. Ce système de la patte d'*ut,* si avantageux, ne devint pourtant pas général, et la flûte à cinq clés resta la plus répandue.

En 1820, LAURENT, qui paraît être l'inventeur de la flûte à patte d'*ut* parue précédemment, ajouta une huitième clé; c'était un nouvel essai de la double clé de *fa* que j'ai déjà signalé.

En 1831, le flûtiste bavarois Théobald BOEHM, profitant des travaux et expériences du célèbre artiste anglais Ch. NICHOLSON et des recherches et améliorations apportées à la flûte par un amateur distingué, GORDON, ancien capitaine de la garde suisse de Charles X, entreprit de construire la flûte sur des bases rationnelles en modifiant la perce, en élargissant les trous et en les recouvrant d'anneaux mobiles qui permettent, par un système de correspondance, de faire ouvrir ou fermer plusieurs trous avec un se l doigt. Sur cette flûte, connue sous le nom de flûte BOEHM, le système de la patte d'*ut* devint normal; j'entends, sur la grande flûte, car la petite est restée avec la fondamentale *ré* comme note la plus grave.

Le flûtiste français Victor COCHE fut le propagandiste de la flûte BOEHM en France ; tâche aride, car beaucoup de nos artistes français, en tête desquels était le célèbre virtuose TULOU, professeur au Conservatoire de musique de Paris, ne voulaient d'aucune façon entendre parler de la nouvelle flûte.

BUFFET, fondateur de la maison EVETTE et SCHAEFFER actuelle, per-

FIG. 318. — Petites flûtes et flageolets.

a, grande flûte à cinq clés; *b,* grande flûte à huit clés; *c,* grande flûte Boehm en bois; *d,* grande flûte Boehm en métal; *e,* petite flûte Boehm en métal; *f,* petite flûte Boehm en bois; *g,* petite flûte à cinq clés.

fectionna encore la flûte BOEHM et acheva d'en faire l'instrument apte à vaincre toutes les difficultés de tonalité ou de virtuosité que l'on peut rencontrer dans la musique moderne.

Avec l'ancien système de flûte à 5 clés, on avait essayé déjà de substituer l'ivoire, le cristal et diverses autres substances au bois pour le corps même de l'instrument ; depuis l'adoption de la flûte système BOEHM, tous les artistes ont abandonné la flûte en bois pour la flûte en métal argenté, melchior ou argent.

La flûte BOEHM a l'étendue suivante :

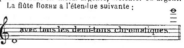

avec tous les demi-tons chromatiques.

Exemple 35.

J'ai dit que la flûte BOEHM, perfectionnée par BUFFET, était un instrument parfait permettant de surmonter toutes les difficultés de la musique. Les merveilleux mécaniciens que sont nos facteurs modernes ont fait mieux encore, ils construisent des instruments dont le mécanisme permet de *se jouer* de ces difficultés ; mais, comme cette remarque s'applique à tous les instruments modernes à trous, je vais en donner une explication générale que je n'aurai qu'à rappeler pour la conclusion des articles concernant les hautbois, les bassons, les clarinettes, les saxophones et les sarrusophones, qui tous ont reçu et reçoivent encore chaque jour de semblables perfectionnements.

J'ai indiqué plus haut l'essai en 1820 d'une double clé de *fa* sur la flûte par le facteur LAURENT pour permettre d'obtenir la même note, soit par la main droite, soit par la main gauche ; un peu plus tard, un facteur, Frédéric TRIÉBERT, je crois, appliqua le même principe sur le hautbois, mais d'une autre façon ; sous le nom de clé de *mi♭* à double effet, il imagina un mécanisme qui permettait d'agir à volonté sur cette clé *unique,* soit par le petit doigt de la main droite, soit par le petit doigt de la main gauche, ce qui rend aisés quantité de passages qui étaient fort difficiles autrefois. Ce terme de *clé à double effet* n'est pas juste, car l'effet (l'ouverture de la clé) est simple; ce qui est double, c'est la façon de le produire; aussi le terme n'est pas exact, le résultat est excellent et c'est là l'essentiel; aussi, fut-il transporté du hautbois sur la clarinette à anneaux mobiles, dite système BOEHM, par KLOSÉ et BUFFET, pour les clés ouvertes de *fa♯-do♯,* de *fa♮-do♮* et de *mi♮-si♮,* puis, plus récemment, pour la clé fermée *la♭-mi♭.* En 1863, Frédéric TRIÉBERT construisit pour son frère Charles, alors professeur au Conservatoire de Paris, un hautbois aujourd'hui au musée de cet établissement sous le n° 484, qui réunissait tous les perfectionnements désirables en utilisant dans la limite du possible le principe de BOEHM : faire ouvrir ou fermer plusieurs trous avec un seul doigt et le sien propre : faire ouvrir ou fermer un seul trou (clé) à volonté par l'un ou l'autre doigt.

Ce hautbois était si bien conçu qu'il est devenu ce qu'on appelle aujourd'hui le hautbois système du Conservatoire, et le seul système que jouent aujourd'hui tous les artistes.

Du hautbois de TRIÉBERT, les clés à double effet ont été transportées sur les saxophones, les clarinettes, les flûtes, les bassons, et le seront sur les sarrusophones le jour où ces instruments plus connus, mieux appréciés, deviendront d'un usage plus général.

Je me suis peut-être un peu attardé sur l'extension du système des clés dites à double effet, mais comme il serait impossible de suivre les perfectionnements, les *inventions* que chaque facteur s'attribue sur son catalogue pour chacun des instruments sortant de son atelier ou de sa manufacture, il n'était sans doute pas inutile d'en examiner une fois pour toute la filiation.

Les méthodes les plus réputées pour les flûtes sont celles de :

Devienne, revue par Ph. Gaubert.
Walkiers.
Tulou.
Dorus.
H. Altès.

On cite parmi les facteurs qui ont le plus contribué aux améliorations diverses de la flûte depuis la seconde moitié du xviiie siècle :

Thomas Lot.
Guillaume Lot, fils du précédent.
Delusse.
Lecler.
Martin.
Laurent.
Clair Godfroy aîné.
Tournier.
Jacques Monon, longtemps associé à Tulou, l'habile virtuose.
Adler père.
Louis Lot.
Buffet.
Barbier.
Barat.

Je m'abstiens de citer aucun nom de facteur vivant; ces facteurs, les artistes les connaissent et les apprécient pour leur grande habileté et leur conscience absolue, mais je craindrais de faire des omissions involontaires et injustifiées ou bien d'être accusé de vouloir faire de la réclame pour quelques-uns au détriment de beaucoup d'autres, ce dont je veux me garder. D'ailleurs, un excellent facteur me disait il y a déjà une dizaine d'années : « La flûte est un instrument que tous les facteurs font bien. »

Hautbois.

Le hautbois, qui ne commence guère à porter le nom sous lequel nous le connaissons qu'au xve siècle,

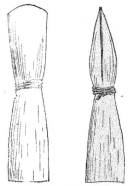

Fig. 319. — Anche primitive.

sinon plus tard encore, est un instrument très ancien si nous le considérons comme caractérisé par un tuyau conique dans lequel le son est produit par une anche double.

Cette anche double peut n'être, tout d'abord, qu'un simple fragment de tige de blé ou de graminée quelconque, aplatie et fixée sur une tige de roseau ou de bambou, ou bien en-

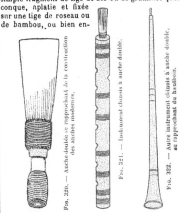

Fig. 320. — Anche double se rapprochant de la construction des anches modernes.

Fig. 321. — Instrument chinois à anche double.

Fig. 322. — Autre instrument chinois à anche double, se rapprochant du hautbois.

core sur une bande d'écorce de bouleau ou autre qui aura été enroulée en spirale pour former le corps de l'instrument.

Ces instruments primitifs, ancêtres de nos hautbois, bassons et sarrusophones, sont généralement désignés sous le nom générique de chalumeaux. Toutefois, il faut bien se garder, en lisant les histo-

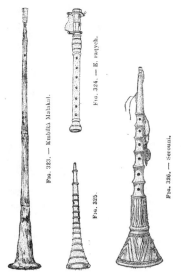

Fig. 323. — Embilta Malakat.

Fig. 324. — E. raqueh.

Fig. 325.

Fig. 326. — Serouni.

riens et surtout les poètes, d'accorder une confiance trop absolue au terme employé, pour conclure de la nature de l'instrument, car flûte, pipeau (qui n'est à proprement parler qu'un sifflet *ouvert* trempé dans un verre d'eau pour imiter le chant de certains

Fig. 327. — Waddell.   Fig. 328. — Kné. (Hautbois.)

oiseaux) et chalumeau se confondent souvent sous leur plume, et tel monument qui nous représente des Grecs peut figurer des instruments à anche; ou des Égyptiens soufflant dans des instruments, telle cohorte qui nous est décrite comme accomplissant des prouesses sous l'exaltation de l'enthousiasme produit par les musiciens et célébrant la puissance émotive des flûtes, peut très bien n'agir que sous l'influence d'instruments à anche, de chalumeaux; de même que beaucoup de bergers chantés pour avoir fait danser leurs bergères aux *doux* sons du chalumeau peuvent très bien n'avoir employé que des flûtes pour leurs doux badinages.

Fig. 329.
Heang-Taïh
8 trous.

Fig. 330.
Ancien hautbois
chinois.

Fig. 331. — Hautbois
kabyle.

Quoi qu'il en soit, le chalumeau est un instrument très primitif, donc très ancien, que nous retrouvons dans les musées et collections venant des pays extra-européens sous les noms les plus divers.

Au Conservatoire de musique de Paris, nous possédons les instruments suivants :

Nos 901. Zummarah Khamsaouia (chalumeau double égyptien).
    Arghoul (chalumeau double arabi).
903. Heàng-Teih (hautbois cochinchinois).
905. Zamr (chalumeau arabe).
    Zourna ou Zournay (Perse).
906. Kalama (Inde).
907. Shanaye ou Sanaï.
908. Shanaye ou Sanaï *double* (Perse et Inde).
    Sharana.

Dans la section européenne, nous trouvons également quelques noms étranges :

458. Piffero pastorale (Italie).
462. Rogisk (Russie).
463. Dulzaina (Espagne).

Mais tout cela n'est que noms et n'a de valeur que pour la curiosité. Au point de vue purement musical, rien n'existe avant le moyen âge, où nous retrouvons le chalumeau évolué en plusieurs types et surtout sous différents noms qui constituent diverses familles, car, nous l'avons déjà vu pour les flûtes, les musiciens ou les fabricants d'instruments d'alors s'efforçaient toujours, dès qu'un type d'instrument était trouvé ou créé, d'en construire de différents modèles pour en constituer une famille; conception qui s'accordait bien mal avec les moyens d'exécution de ce temps où, n'ayant aucune clé pour suppléer au manque de longueur des moyens doigts pour les instruments graves, on n'arrivait jamais, malgré l'obliquité du percement des trous, à produire des instruments d'une justesse convenable; c'est d'ailleurs ce manque de justesse qui conduisit à l'invention des clés ouvertes, lesquelles conduisirent elles-mêmes aux clés fermées et aux merveilles de mécanisme de nos instruments modernes, mais on reste néanmoins étonné qu'il ait fallu attendre le xvie siècle pour voir apparaître la première clé, et le xixe pour que ce système de clés prit enfin tout l'essor qu'il comportait.

Au moyen âge, nous trouvons :
La famille des chalmeys ou chalemelles (altération sans doute du nom chalumeau plus ancien).
La famille des pommers.
La famille des cromornes.
La famille des tournebouts.
La famille des bassons.
La famille des doucines.
La famille des bombardes.
Le cervelas.
Le rackett.
Pour ma part, je suis tenté de croire que les familles réelles étaient moins nombreuses et que les chalemelles et les pommers n'étaient qu'une seule famille sous deux noms différents; que les cromornes et les tournebouts n'étaient encore qu'une seule famille, si elle ne se rattachait pas même, avec une légère altération de forme, à la famille des pommers.

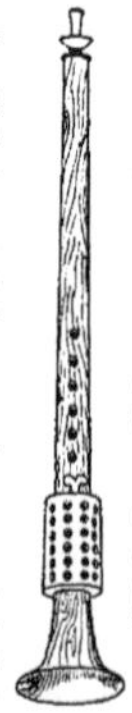

[Chalemie. — Chalumeau. — Bombarde.

Fig. 332.

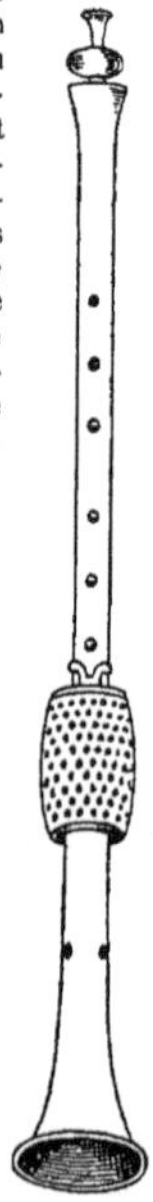

Fig. 333.

Le cervelas et le rackett me paraissent n'être également qu'un instrument unique.

Quant aux doucines ou aux bombardes, j'ai eu ·l'occasion d'entendre à Perpignan, dans un concours de sociétés musicales populaires, toute une famille

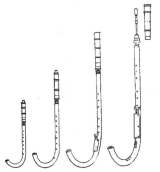

Fig. 334. — Cromornes. (Catalogue musée Bruxelles. Mahillon. p. 17.)

de hautbois primitifs, aux sons âpres et vigoureux, qui, sous le nom de jonglars, me paraissent rappeler ce que pouvaient être les instruments dont nous nous occupons.

Quoi qu'il en soit, dès le seizième siècle, la synthèse

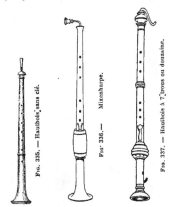

Fig. 335. — Hautbois sans clé.

Fig. 336. — Mixenharpe.

Fig. 337. — Hautbois à 7 trous ou douzaine.

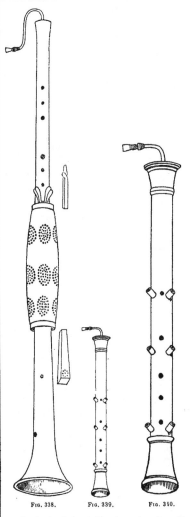

Fig. 338.   Fig. 339.   Fig. 340.

de tous ces instruments issus du chalumeau à anche double s'opère en deux familles : celle des hautbois, dont nous allons nous occuper maintenant, et celle des bassons que nous verrons aussitôt après.

La famille des hautbois, comme celle des pommers ou des bombardes d'alors, ou comme celle des jonglars qu'on peut encore entendre de nos jours dans les Pyrénées, paraît avoir été composée, dès sa constitution, de quatre ou cinq individus s'étageant en quarte ou en quinte dans l'échelle générale des sons :

1° Le dessus de hautbois qui remplace le petit chalmey et qu'on surnomme *musette* en *fa*.

(Il faut bien se garder de confondre cette petite musette avec la vraie musette, qui est une cornemuse à outre et à soufflet remplaçant le souffle humain.)

2° Le hautbois proprement dit, qui remplace le discant chalmey, en *ut*.

3° Le haute-contre de hautbois, remplaçant le pommer alto et que nous retrouverons bientôt sous le nom de cor *anglais*; en *fa*.

4° La basse de hautbois, remplaçant le pommer ténor ou basset et le tournebout : en *ut* à l'octave grave du hautbois ; reconstitué de nos jours sous le nom de *hautbois baryton.*

5° La contrebasse de hautbois, remplaçant le grand pommer ou double quinte ; en *fa.*

6° Il y avait enfin le hautbois d'amour en *la*, intermédiaire entre le hautbois et le baute-contre de hautbois, mais qui ne paraît avoir été employé que pour des solos dans des cas exceptionnels.

L'application des clés sur le hautbois a suivi une progression très lente et à peu près semblable à celle des flûtes droites, mais avec un sort final infiniment plus heureux, puisqu'il est devenu, avec la flûte et la *clarinette*, l'une des voix les plus importantes de l'orchestre.

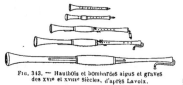

On trouve des hautbois de la fin du xviᵉ siècle porteurs d'une clé.

On en trouve avec 2 clés, à partir de 1730 ; avec 3 clés, à partir de 1750 ; avec 4 clés, à partir de 1751.

Pour obtenir plus sûrement le *fa* ♯ *sol* ♭ et le

vaillé à perfectionner le hautbois, il faut distinguer surtout DELUSSE, NONON et BUFFET. Ce dernier a, le premier, en 1843, appliqué le système d'anneaux mobiles connu sous le nom de système BOEHM, sur le hautbois, essai qui n'a jamais donné des résultats tout à fait satisfaisants.

Il appartenait à Frédéric TRIÉBERT de porter le mécanisme du hautbois à la perfection, en consacrant le labeur de toute sa vie à la poursuite de ce but[1].

De la famille des hautbois que j'ai dénombrée pages 1433 et 1434, il ne reste vraiment que le hautbois proprement dit et la haute-contre de hautbois, connu sous le nom de cor anglais[2].

La musette, qui a reçu quelques clés, n'est employée nulle part dans l'orchestre et est de même délaissée dans les musiques de l'armée où, après avoir été employée à une certaine époque, dans quelques morceaux originaux et toujours à titre exceptionnel, elle a fini par être complètement abandonnée.

Il y a bien eu des tentatives de construction de hautbois *d'amour* (hautbois en *la*, intermédiaire entre le hautbois et le cor anglais) et

Fig. 344. Musette.

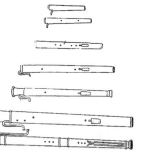

sol ♯ *-la* ♭ avec le demi-trou, on avait imaginé de remplacer le troisième et le quatrième trous de note d'une grandeur normale par deux petits trous parallèles dont il était possible de ne boucher qu'un seul en retirant légèrement le doigt en arrière ; ce sys-

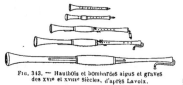

tème, pourtant bien primitif, s'est maintenu jusqu'au milieu du xixᵉ siècle, et il est encore facile d'en trouver des échantillons à la devanture des revendeurs d'instruments d'occasion.

Parmi les habiles facteurs des xviiiᵉ et xixᵉ siècles que j'ai cités page 1431, et qui, presque tous, ont tra-

1. Revoir article *Flûte* de la page 1430.
2. Le nom de *cor* vient sans doute de la forme courbe qu'on donnait autrefois à cet instrument. Quant au qualificatif *anglais*, qu'il porte en France, il n'a sans doute pas plus de raison que le qualificatif : français (*french*) qu'il porte, dit-on, en Angleterre.

de hautbois baryton en *ut* à l'octave grave du hautbois, mais ni l'un ni l'autre n'ont, jusqu'à ce jour, pénétré à l'orchestre et tous deux sont restés instruments d'amateur ou pièces d'exposition.

Le hautbois avait gagné depuis longtemps, par l'allongement du pavillon, un huitième trou de note lui donnant la fondamentale *si* ♮ grave, le hautbois moderne s'est encore allongé d'un nouveau demi-ton et sa gamme chromatique commence au *si* ♭.

Son étendue est donc :

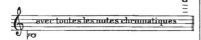

avec toutes les notes chromatiques

Exemple 36.

Les méthodes les plus réputées sont celles de : Brod, revue par E. Gillet ;
Sellner.
Barret.

Basson.

L'invention du basson, très connu aussi sous le nom italien de *fagotto*, sans doute à cause de sa forme primitive surtout, qui le faisait ressembler à un fagot, l'invention du basson, dis-je, fut longtemps attribuée au moine Afranio de Pavie avec la date de 1539. Mais il est à peu près établi de nos jours, que le basson était connu et répandu en Italie antérieurement à Afranio et dès le xvᵉ siècle.

Je ne reviendrai pas sur ses antécédents; comme le hautbois, le basson nous vient du chalumeau et il fut constitué en famille de toutes tailles et de toutes tonalités.

A l'inverse du hautbois qui s'affinait vers l'aigu, le basson a peu à peu perdu ses éléments aigus et perfectionné ses éléments graves. Les progrès du basson ont sensiblement suivi ceux du hautbois, et ces deux instruments ont reconstitué en somme une famille unique composée du hautbois, en *ut*, du cor anglais en *fa*, du basson en *ut* et du contrebasson en *fa* ou en *ut*.

A la vérité, le cor anglais n'est guère employé qu'en solo, et l'emploi du contrebasson *ut* ou *fa* est fort rare, mais le hautbois et le basson ont une étendue telle qu'ils se joignent et se complètent fort bien l'un l'autre.

Une particularité de la construction du basson est que l'adjonction des clés n'a pu faire disparaître l'obliquité des premiers et troisièmes trous de notes de chaque main. Cette particularité a été le principal obstacle à l'adoption du système d'anneaux mobiles tentée par Buffet. Il parait que cette obliquité primitive des trous est cause efficiente du timbre particulier du basson, timbre qui s'atténue très sensiblement lorsque les trous percés à leur place

normale sont perpendiculaires au corps de l'instrument.

Pour cette raison sans doute encore, les divers essais de construction métallique de cet instrument n'ont pas donné les résultats attendus. Néanmoins, la maison A. Leconte et Cⁱᵉ avait réussi, vers 1880, un modèle de basson en cuivre qui semblait devoir répondre à toutes les exigences des artistes; la disparition de cette maison a, encore une fois, maintenu le bois comme seule matière entrant dans la constitution du basson.

Fıg. 316. — Bassoniste au xvıııᵉ siècle.

Pour le contrebasson en *ut* (octave grave du basson), le métal a pu être employé. Peut-être, est-on moins exigeant sur la qualité du timbre pour cet instrument extra-grave.

Les divers perfectionnements du basson moderne sont dus à :
Savary.
Frédéric Triébert.
Buffet et ses successeurs :
Buffet-Crampon;
Goumas et Cⁱᵉ avec le concours de :
Jancourt, professeur au Conservatoire de Paris.
Evette et Schaeffert avec la collaboration de MM.
L. Letellier, artiste de la plus grande valeur;
E. Bourdeau, professeur au Conservatoire de Paris.

La suite ininterrompue des efforts et des recherches de cette succession de facteurs habiles et d'artistes toujours désireux d'un instrument plus parfait est parvenue à faire du basson et du contrebasson *en bois* deux instruments qui ne le cèdent en rien, soit pour

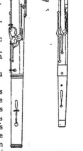

Fıg. 317. — Bassons.

la qualité des sons, soit pour la perfection du mécanisme, à leur soprano, le hautbois.

L'étendue considérable du basson est de trois octaves et une quinte :

avec toutes les notes chromatiques   ou   ou

Exemple 37.

Les méthodes les plus connues sont celles de :
Ozi.
E. Jancourt.
E. Bourdeau.

Fig. 348. — Bassons.

Clarinette.

Nous avons vu les chalumeaux à anche double et à tube conique, et il nous reste à voir les chalumeaux à anche battante et à tube cylindrique.

Ces derniers sont donc caractérisés par un tube ou tuyau assez semblable à celui d'une flûte droite, mais dont le biseau et son ouverture n'existent pas et dont surtout le bec a été modifié pour recevoir une anche battante, c'est-à-dire, légèrement plus large que l'ouverture sur laquelle elle est posée, et qui vient battre les bords du bec, provoquant la vibration de la colonne d'air de l'instrument et déterminant le son.

Comment ce dispositif relativement compliqué de l'anche battante est-il né? Nul ne le sait.

Cependant, il n'est pas impossible d'en imaginer une filiation probable, et cela nous donnera l'occasion de compléter notre étude des tubes cylindriques (tibia, tibicines romaines).

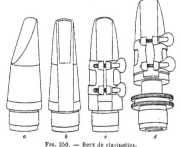

Fig. 349.
Anche
battante
primitive.

Retournons à notre paysan ingénieux de la page 1424 [1]. Il a coupé sa branche de bouleau et préparé sa flûte, mais au moment de terminer son œuvre, il s'aperçoit qu'il a taillé un trou de trop. Bast! il couvre ce trou malencontreux d'une pelure d'oignon et il invente à nouveau ou reconstitue la *flûte cunuque* dont quelques historiens nous parlent avec complaisance sans nous dire à quoi elle a jamais servi.

---

[1]. Je n'invente pas ce paysan, je l'ai connu et vu à l'œuvre.

Dans un 'autre essai, notre paysan est arrêté par un accident survenu au bois qu'il doit remettre dans l'écorce ; il jette son bois, coupe transversalement

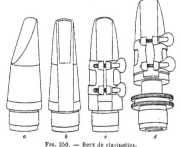

Fig. 350. — Becs de clarinettes.
a, b, becs nus ; c, bec avec anche ; d, bec spécial pour l'accord.

son écorce un peu au-dessus de l'entaille du biseau, rend l'autre bout semblable et recouvre les deux bouts d'une pelure d'oignon, et il a un *mirliton* dont un joyeux industriel du nom de Bigot fera le *bigotphone* pour la plus grande joie des cortèges de carnaval.

Mais il se peut aussi qu'ayant délaissé le bouleau pour le roseau dans la construction de sa flûte, et ayant placé un bouchon de bois pour former le bec,

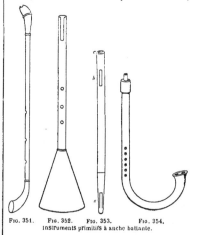

Fig. 351.　　Fig. 352.　　Fig. 353.　　Fig. 354.
Instruments primitifs à anche battante.

un coup de couteau maladroit soit venu fendre en long le bout de son roseau formant bec et que, soufflant par curiosité dans son instrument avarié, il soit surpris d'entendre un son d'une nature particulière et surtout d'une gravité qui le charme, et voici le chalumeau à anche battante trouvé ; il ne restera plus qu'à perfectionner l'anche, à la rendre indépendante du tube lui-même et à chercher un moyen d'attache, de fixation de l'anche sur le bec ; ceci est peu de chose pour l'homme industrieux.

J'ai dit : une gravité qui le charme, c'est qu'en effet ce chalumeau donne des sons d'une octave plus grave que ceux donnés par une flûte ou un chalumeau conique de même longueur, et cette qualité devait être très appréciée, alors que, n'ayant pas de clés, il était si difficile de jouer, avec le moindre semblant de justesse, les basses de flûte, de hautbois, de pommers, etc., à cause de l'écartement des trous.

FIG. 355.

Malheureusement, ce genre de chalumeau ne peut octavier, j'en ai donné la raison pages 1402 et 1410, il quintoye (c'est l'expression employée pour exprimer que le redoublement des sons se fait à la douzième ou quinte redoublée); sa gamme est donc limitée ainsi en employant les sept trous de notes classiques

Exemple 38.

et, si l'on dispose du petit trou d'*octave* qui, dans l'espèce, est un trou de *douzième*, les deux gammes sortent dans cette disposition :

Exemple 39.

Ces deux gammes ne se joignent pas, il leur manque pour cela les notes suivantes :

Exemple 40.

et de plus elles ne sont pas dans la même tonalité, puisque la première donne le *fa♮* avec le doigté normal, tandis que ce même doigté normal donne le *fa♯* dans la gamme à la douzième; mais ce trou de douzième n'a même pas dû être percé avant la fin du xvii⁰ siècle, car personne n'en parle et on ne voit figurer ce chalumeau dans aucun orchestre, à moins qu'il ne se confonde avec le tournebout qui semble

avoir été employé seulement comme basse et dont la forme paraît être cylindrique.

Quoi qu'il en soit, le chalumeau cylindrique en était encore réduit à ces simples ressources quand Jean-Christophe DENNER (né à Leipzig en 1655, mort à Nüremberg en 1707) entreprit de perfectionner le chalumeau.

Comme je l'ai déjà expliqué pages 1414 et 1415, il perça un trou de note sous le pouce gauche, ce trou lui donna le *ré,* puis, cherchant encore et n'ayant plus de doigt libre pour boucher de nouveaux trous, il perça néanmoins les deux trous qui lui étaient indispensables pour obtenir le *mi* et le *fa* qui devaient joindre ses deux gammes, et il imagina de faire boucher le premier, celui du *mi,* par une clé fermée dont la spatule venait à portée de la deuxième phalange de l'index gauche, toujours libre pour cette note; puis, remarquant que son trou de *fa* se trouvait sensiblement à la même hauteur que le trou de douzième qui lui était nécessaire, il les confondit en un seul et les deux gammes furent reliées ainsi :

Exemple 41.

DENNER présenta son chalumeau perfectionné vers 1690 et on lui donna le nom de clarinette, de *clarino* (petite trompette), aux sons de laquelle on trouvait que ressemblaient les sons du nouveau registre ou gamme supérieure. On dit encore de nos jours, « sons du *chalumeau* » pour sons de registre grave de la première gamme, et « sons du *clairon* » pour les sons de la gamme de douzième.

Les exemples 38, 39, 40 et 41 que j'ai donnés doivent paraître étranges aux clarinettistes. C'est que ils ont l'habitude de placer les noms de notes sur leurs doigtés comme si leur clarinette était pour la première gamme en *fa* et apprise en *ut* comme le basson (revoir page 1417).

Je redonne ici pour eux, les exemples transposés suivant le système moderne :

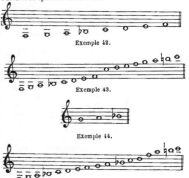

Exemple 42.

Exemple 43.

Exemple 44.

Exemple 45.

J'ignore la raison qui a fait adopter cette dénomination de fondamentales, fautive et contraire au principe général des doigtés; j'ignore également la date de cette adoption, mais la présence d'un *si♭* en bas et surtout au milieu de la gamme à une époque où la tonalité d'*ut* était presque la seule employée, suffirait à prouver que cette conception du nom des notes sur la clarinette était inadmissible, d'autant plus que le *si♮* de la troisième ligne de la portée n'existait pas et qu'il n'a été donné à la clarinette que 70 ans plus tard.

Néanmoins, comme nous étudions spécialement la clarinette, et que l'usage de nommer *fa* la note grave sortant avec les sept trous classiques bouchés est généralement adopté, je me conformerai à cet usage, dans la suite de cet article, et pour les appellations de notes et pour la notation des exemples ; je prie les lecteurs non clarinettistes de m'excuser et de me pardonner le travail de reconstitution que cela pourra leur donner dans le grave ; quant à la gamme de douzième ou de sons 3, ils n'en retireront que plus de facilités, puisque celle-ci se retrouvera conforme à ce que nous avons vu jusqu'ici pour les flûtes et les hautbois.

La clarinette resta ainsi jusqu'en 1760, date vers laquelle on trouva enfin le moyen de lui donner le *si♮* de la troisième ligne (*fa♯* de l'époque), dont l'absence paralysait les moindres tentatives de modulation.

Pour obtenir ce *si♮*, on allongea le pavillon et on perça un huitième trou de note qu'on fit boucher par une clé *ouverte*, actionnée par le petit doigt de la main gauche.

Quel est ce *on*, nous l'ignorons, et c'est dommage, car cette invention apportait un perfectionnement considérable à la clarinette ; si d'autres notes pouvaient être muées en notes diésées ou bémolisées, tant bien que mal, par des doigtés factices, cette note ne pouvait être obtenue à cette époque de nulle autre manière, et puis elle donnait une nouvelle note au grave, le *mi♮*, en même temps que cet allongement du pavillon déterminait une meilleure sonorité plus douce, plus moelleuse pour l'ensemble de toutes les notes.

Cet allongement du pavillon de la clarinette a-t-il suivi celui du hautbois, ou bien l'allongement du pavillon du hautbois donnant le *si♮* grave est-il une conséquence de celui de la clarinette ? C'est encore là un point obscur.

Un peu plus tard, on ajouta une nouvelle clé ouverte pour obtenir le *do♯* du 4ᵉ interligne et le *fa♯* grave. Sur la clarinette, toutes les modifications obtenues dans le *clairon* se reproduisent nécessairement dans le chalumeau à la douzième inférieure.

Jos. BEER (1744-1811) fit placer une clé fermée pour le *mi♭* médium et *la♭* grave ; cela portait à trois le nombre des clés actionnées par le seul petit doigt droit (*mi♭*, *do♯* et *do♮* — *la♭*, *fa♯* et *fa♮*).

X. LEFÈVRE, en 1791, mit la clé fermée de *sol♯*, *la♭* — *do♯*, *ré♭*, pour le petit doigt gauche, ce qui faisait deux clés à ce doigt avec celle de *si♮* — *mi♮*.

La clarinette avait donc sept clés et commençait à prendre une place convenable dans l'orchestre, mais à la condition expresse de ne pas avoir beaucoup d'accidents à l'armature, et dans le cours du morceau ; la gamme chromatique, notamment, lui restait interdite, par l'impossibilité de faire le *sol♯-la♭* de la deuxième ligne ; pour ne pas se priver trop souvent de cet instrument, dont on appréciait fort le timbre vibrant des notes graves et le timbre velouté du clairon, on était obligé d'employer alternativement trois clarinettes, chacune dans un ton différent (*ut*, *si♭* et *la*) afin que la partie qui lui était destinée fût toujours écrite dans une tonalité simple.

En 1811, Iwan MULLER (1781-1834) parvint à établir son système de clarinette à treize clés, et ce fut un grand progrès.

A partir de ce moment, la gamme chromatique, la plupart des tonalités devenaient accessibles à ce bel instrument, les gammes et les arpèges rapides pouvaient se faire sans de trop grandes difficultés et l'on put se passer peu à peu de la clarinette en *ut* dont les sons restaient un peu aigres.

Enfin, en 1843, KLOSÉ, professeur de clarinette au Conservatoire de Paris, et BUFFET, facteur habile que nous avons déjà vu à l'œuvre pour les perfectionnements de la flûte, du hautbois et du basson, réussirent à appliquer d'une façon parfaite le système des anneaux mobiles sur la clarinette, qu'on désigne communément depuis sous le nom de clarinette BŒHM, bien que Théobald BŒHM ne se soit jamais occupé de cet instrument, qui n'a presque rien de commun dans son mécanisme et dans son doigté avec le doigté et le mécanisme de la flûte.

Le système des clés dit à *double effet* vint à point sur la clarinette à anneaux mobiles pour donner la liberté et l'indépendance du doigté dans les notes du bout de l'instrument ; les anneaux et leurs correspondances permirent d'assurer la justesse des sons et la régularité du doigté ; des clés supplémentaires, dites clés de trilles, achevèrent de permettre l'exécution des traits les plus difficiles, et cela dans toutes les tonalités.

Pour la clarinette, comme pour tous les autres instruments, les facteurs modernes, en tête desquels les successeurs de BUFFET se sont toujours tenus, n'ont pas jugé suffisant que l'on pût tout exécuter sur la clarinette à anneaux mobiles ; ils ont voulu que l'artiste pût tout exécuter *avec facilité*, et, à côté de la clarinette classique, c'est-à-dire telle que BUFFET et KLOSÉ l'avaient créée, on trouve maintenant des clarinettes en *si♭* dont le pavillon a encore été allongé d'un demi-ton, ce qui donne un *si♭* troisième ligne plus plein, mais aussi et surtout un *mi♭* grave unisson du *mi♮* de la clarinette en *la*.

Cela permet, en transposant, ce qui n'est qu'un jeu pour les artistes dignes de ce titre, d'exécuter sur la seule et unique clarinette en *si♭* la musique écrite pour l'ancienne clarinette en *ut*, comme la musique écrite pour la clarinette en *la* ; de telle sorte que, si les artistes se décidaient à apprendre désormais la clarinette moderne en *si♭*, en sons réels, c'est-à-dire à nommer les notes non d'après la règle générale, mais telles qu'elles sont entendues par l'oreille, en lisant *mi♮* pour les sept trous de notes bouchés dans le chalumeau et *si♭* pour ces mêmes sept trous de notes bouchés dans le clairon (à la douzième), toute la musique de clarinette pourrait s'écrire en *ut* comme la musique de flûte, de hautbois et de basson, [ce qui serait un immense avantage pour tous les artistes qui écrivent ou lisent la partition, ainsi que pour l'oreille des clarinettistes, eu égard à la tonalité générale.

Aux trois clés doublées *si♮-mi♮*, *do♮-fa♮*, *do♯-fa♯*, on a encore ajouté une double clé de *mi♭-la♭*, ce qui complète l'indépendance du doigté pour les petits doigts droit et gauche quelle que soit la tonalité ; comme pour le hautbois, on a doublé pour l'index droit la clé de *sol♯* : *sol♯-do♯* pour la clarinette, mais on ne peut suivre toutes les facilités qu'on ajoute chaque jour, soit pour renchérir sur les autres facteurs dans une exposition, soit tout simplement pour répondre au désir d'un artiste qui préfère ceci à cela, à moins qu'il ne demande à la fois ceci et cela.

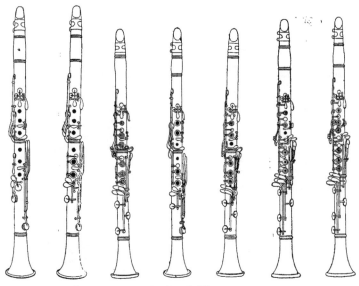

Fig. 356. — Clarinettes.

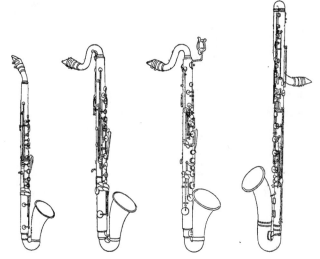

Fig. 357. — Clarinettes.

L'étendue de la clarinette est la suivante :

Exemple 46.

On a également construit des clarinettes en famille, sans oublier la clarinette d'amour.

Actuellement, la famille des clarinettes est constituée dans des conditions parfaites, mais elle est bien rarement réunie ailleurs que dans les vitrines d'exposition, et cela est bien regrettable, car elle pourrait rendre de fort beaux effets d'orchestre ou de musique d'harmonie.

Les éléments en sont :

La petite clarinette en *mi♭* ;

La grande clarinette en *si♭* ; ou en *la* ;

La clarinette alto en *mi♭* ; ou en *fa* ;

La clarinette basse en *si♭* ; ou en *ut* ;

La clarinette contralto en *mi♭* ; ou en *fa* (octave grave de la clarinette alto, et bien mal nommée, car c'est en réalité une clarinette contrebasse).

La clarinette contrebasse que certains dénomment clarinette pédale, en *ut* ou en *si♭* ;

Toutes ces clarinettes se font en système à anneaux mobiles ou en système à 13 clés.

Les méthodes les plus réputées sont de BEER, revue et complétée par M. MIMART, KLOSE, revue par GRISEZ, MAGNANI.

Saxophone.

Le saxophone a pour antécédent les cornets à bouquin, les serpents et les ophicléides, tout en procédant d'autre part des principes des chalumaux coniques. Pour ne pas me répéter, je ne puis mieux faire que de renvoyer à ce que j'ai déjà dit de ces instruments, notamment aux pages 1413 et suivantes.

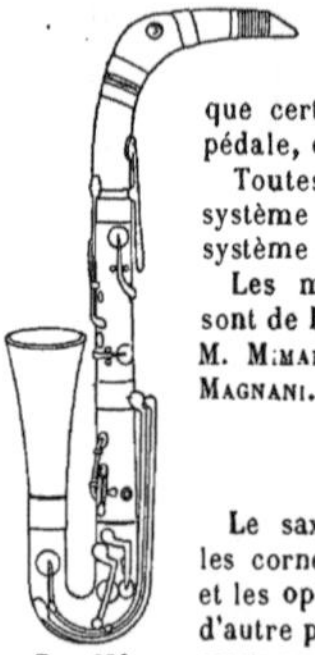

Fig. 358.
Clarinette à perce conique.

Déjà, en 1807, un horloger de Lisieux, DESFONTENELLES, avait eu l'idée d'une sorte de clarinette basse à perce conique, ou bien, plus exactement, d'un ophicléide ou serpent à clés muni d'un bec de clarinette remplaçant l'embouchure ou bouquin.

Cette invention était d'autant plus géniale qu'à cette date les instruments en bois n'avaient encore que cinq clés, six tout au plus, et que les ophicléides qui ne devaient apparaître que vers 1815 n'avaient pas encore remplacé les serpents.

Or, l'instrument de DESFONTENELLES, qu'on peut voir au musée du Conservatoire de musique de Paris, porte sept trous pour les doigts et *douze* trous fermés par des clés à tampons de cuir.

On peut se rendre compte par la figuré ci-dessus que, à part le métal (cet instrument est en bois), le principe du saxophone, la forme même, étaient trouvés trente-quatre ans avant la production du premier instrument de Ad. SAX (1841) et trente-neuf ans avant que ne soit accordé le brevet du saxophone (1846).

Je ne veux pas dire ici que Ad. SAX avait eu connaissance de l'instrument de DESFONTENELLES, ni lui retirer le mérite de son invention, mais enfin il n'est pas mauvais qu'on sache qu'un Français de France, un Normand, avait eu cette conception et l'avait exécutée près d'un demi-siècle avant l'homme qui donna son nom à cet instrument, ainsi qu'à toute une série d'autre instruments, les saxhorns, qui ne lui devaient absolument rien, ni pour le principe, ni pour le mécanisme, et dont il n'avait que légèrement modifié la forme et les proportions du tube sonore, ou plus exactement auxquels il avait donné les proportions du clairon chromatique et des ophicléides qui existaient déjà.

Le saxophone a le doigté général des instruments à trous, il en a reçu tous les perfectionnements et peut exécuter tous les traits.

Son étendue est la suivante :

(1) SOPRANO, BARYTON ET BASSE.
(2) ALTO ET TENOR

Exemple 47.

Cette étendue est très sensiblement la même, au moins pour l'alto et le ténor, que l'étendue du hautbois, et l'on peut étudier avec fruit toute la musique de hautbois sur le saxophone, comme on peut retirer avantage en travaillant certaines études de saxophone, celles de DEMERSMANN par exemple, sur le hautbois.

La famille des saxophones comprend :

Le saxophone sopranino en *mi♭* ; très peu employé ;

Le saxophone soprano en *si♭* ;

Le saxophone alto en *mi♭*, rarement en *fa* ;

Le saxophone ténor en *si♭*, rarement en *ut* ;

Le saxophone baryton en *mi♭* (c'est une véritable basse).

Le saxophone basse en *si♭* (c'est une contrebasse).

Les méthodes les plus réputées sont celles de : KLOSÉ revue par Emile DÉRIGNY.

L. MAJEUR. — A. MAJEUR.

M. DUPAQUIER, artiste de la musique de la Garde républicaine, est parvenu à faire construire par la maison COUESNON et Cie un saxophone ténor

en *ut* descendant jusqu'au *sol* grave

et montant au *sol* aigu    , étendue réelle

de trois octaves, et cela, sans changer en rien le

doigté usuel des notes de l'étendue ordinaire. C'est là un progrès considérable, qui peut fortement aider à un emploi constant de ce bel instrument à l'orchestre et qui, s'il pouvait être appliqué aux instruments d'autres tonalités, pourrait rendre les plus grands services dans les harmonies et les fanfares (Voir fig. 259 à 262).

Sarrusophones.

Pour le sarrusophone, je n'ai que bien peu de chose à ajouter à ce que j'en ai dit page 1416 où j'ai indiqué son origine et ses inventeurs.

L'étendue est de trois octaves complètes.

avec tous les demi-tons chromatiques

Exemple 48.

Le doigté est semblable au doigté du saxophone dans ses deux premières octaves et n'en diffère que dans son octave aiguë, de telle sorte qu'un saxophoniste peut en quelques jours se rendre maître du sarrusophone, surtout de l'un des sarrusophones graves, car les anches des instruments aigus, assez semblables aux anches des hautbois, offrent toutes les délicatesses et aussi les difficultés de ceux-ci.

Il existe une méthode et une tablature de sarrusophone de Coyon.

On peut aussi le travailler sur les méthodes et études de saxophones ou de hautbois.

La famille est composée comme il suit :

Soprano   Basse
Fig. 359 et 360.
Sarrusophones.

. Sarrusophone sopranino en mi♭.

Sarrusophone soprano en si♭.
Sarrusophone alto en mi♭.
Sarrusophone ténor en si♭.
Sarrusophone baryton en mi♭.
Sarrusophone basse en si♭ (octave grave du ténor).
Sarrusophone contrebasse en mi♭ (octave grave du baryton).
Sarrusophone contrebasse en ut ou en si♭ (double octave grave du ténor).

Cornemuse.

Bien que la cornemuse ne soit pas un instrument d'orchestre, elle a tenu et elle tient encore trop de place dans certains pays pour qu'il soit permis de la passer sous silence; d'ailleurs, son emploi régulier dans les troupes écossaises du Royaume-Uni, sous le nom de *Bag-pipe*, nous fait un devoir de l'examiner ici.

Nous avons vu jusqu'ici l'anche de tous les chalumeaux placée directement sous la pression des lèvres, mais on a construit et on construit probablement encore une espèce de chalumeau dont le corps est un véritable hautbois primitif, mais dont l'anche fixée

au bout supérieur de l'instrument est protégée et recouverte par une sorte de manchon percé d'un trou dans la partie supérieure comme un petit bec de flageolet. (Voir fig. ci-contre.)

Je me souviens d'avoir vu dans ma jeunesse de ces chalumeaux chez un marchand d'instruments de musique de Chartres et destinés aux bergers beaucerons.

Élargissez, étendez la capacité intérieure du manchon, et vous aurez le principe de la cornemuse (fig. 362).

Dans l'espèce, cet instrument se compose de trois à cinq tuyaux fixés sur une outre ou sac de cuir, destinée à emmagasiner le souffle de l'exécutant envoyé par le tuyau porte-vent (le plus court).

L'outre est tenue sous le bras et en reçoit la pression, ce qui précipite l'air contenu dans l'outre, avec plus ou moins de force, suivant que cette pression se fait plus ou moins sentir, dans les tuyaux-instruments dont elle est garnie.

Dans la cornemuse, deux tuyaux pourraient suffire : un tuyau porte-vent et un chalumeau percé des six ou sept trous de notes classiques. Cependant, si ancienne que nous la voyions représentée, elle porte au moins trois tuyaux : un tuyau porte-vent, un chalumeau et un bourdon; beaucoup de descriptions disent *flûte* et *bourdon*, ce qui prouve ce que j'ai dit page 1432 de la confusion de ces deux termes chez les anciens, car il s'agit bien ici d'une *flûte à anche*, battante suivant certains, double suivant d'autres, mais toujours essentiellement *anche*, ce qui constitue bien le chalumeau.

Fig. 361.

En dehors du porte-vent et du chalumeau, les tuyaux supplémentaires sont toujours des bourdons, et cela se comprend, les mains ne pouvant varier les sons que sur le seul chalumeau ; les bourdons ne

Fig. 362.

peuvent donner qu'un seul son fixe, ce que les harmonistes nomment une pédale; en conséquence, lorsqu'il n'y a qu'un seul bourdon, celui-ci est réglé pour donner la fondamentale à l'unisson, ou mieux à l'octave grave de la première fondamentale (tous les trous bouchés) du chalumeau; s'il y a deux bourdons, le plus grave donnera la fondamentale et le suivant donnera la dominante de cette fondamentale; enfin, s'il y a trois bourdons, le plus grave

FIG. 363. — Utricularium romain ou cornemuse. Bas-relief antique, cour du Palais de Santa-Croce (Rome). — Cornemuseur, XIIIᵉ siècle, sculpture de la maison des Musiciens à Reims.

donnera la fondamentale, le second donnera la dominante et le troisième donnera la fondamentale redoublée du premier, et à ce sujet, devant la cornemuse romaine du palais de Santa-

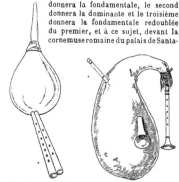

FIG. 364. — Zampogna italienne.   FIG. 365. — Cornemuse.

Croce de Rome et voyant qu'elle est à plus de deux tuyaux, je ne puis m'empêcher de remarquer que les Romains admettaient au moins le bourdon ou pédale, ce

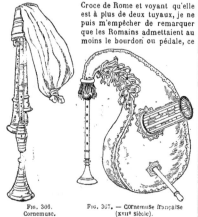

FIG. 366. Cornemuse.

FIG. 367. — Cornemuse française (XVIIᵉ siècle).

qui constituait évidemment une harmonie peu variée, mais enfin une harmonie, contrairement à l'avis des historiens qui nous affirment que les anciens n'admettaient et ne connaissaient que l'unisson ou l'octave.

Musette.

Nous voyons ci-dessous des cornemuses dont le tuyau porte-vent est remplacé par un soufflet.

FIG. 368. — Pibroch écossais.

Ce soufflet, qui évitait la fatigue du souffle humain et qui fut imaginé, paraît-il, par Colin MUSET, officier de Thibault de Champagne (d'où le nom de musette), constitue la seule différence qu'il y a entre la cornemuse et la musette; l'instrument ne varie pas, le mode de fourniture du vent, seul, est différent.

La cornemuse que nos anciens poètes ont chantée sous les noms de *pipe*, *pibole*, *chalemelle*, *chalemic*, *muse*, *musette*, *sacomuse*, *chevrette*, *vize*, *loure*, que nous retrouvons encore en Italie sous le nom de *zumpogna*, en Angleterre sous celui de *bagpipe*, et en Bretagne sous l'appellation de *biniou*, est très ancienne et pourrait bien être d'origine celtique. Le fait est qu'elle est restée très populaire en Basse-Bretagne, et que la Grande-Bretagne l'a placée en tête de chacun des bataillons de ses troupes écossaises, comme je l'ai déjà fait remarquer.

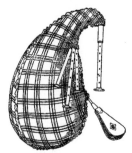

FIG. 369. — Musette.

Aux XVIIᵉ et XVIIIᵉ siècles, elle eut beaucoup de vogue, on en fit de modèles très riches et on ne dédaigna pas d'en jouer ou d'en faire jouer chez les plus grands seigneurs, même à la cour; ce fut le beau temps de la musette, c'est-à-dire de la cornemuse à soufflet, ce qui permettait même aux grandes dames l'usage de cet instrument à la mode.

L'anche n'étant pas sous l'action des lèvres, le chalumeau ne peut octavier, et se trouve limité à une étendue d'octave simple; d'autre part, la langue ne pouvant agir sur l'anche, aucun son ne peut être attaqué et on ne peut que lourer les notes par des pressions rythmiques du bras sur l'outre, d'où le nom de *loure* donné quelquefois à cet instrument.

FIG. 370. — Musette.

Il existe un *Traité de musette* par Ch. Borjon, édité à Lyon en 1672.

FIG. 371. — Musettes. Collections de MM. de Briqueville, Samary, Gilbert et Savoye.

Trompette.

La trompette est l'instrument de musique par excellence, car elle contient en elle, suivant les proportions qui lui sont données, tout le système musical de tous les peuples, depuis les quarts et les tiers de ton grecs jusqu'aux intervalles de plus en plus grands de secondes mineures et majeures, de tierces, de quarte, de quinte et enfin d'octave, nous donnant ainsi, suivant la série d'harmoniques qu'il nous plaît d'en faire sortir, le type de la gamme chromatique, celui de la gamme diatonique et, par l'ensemble de plusieurs trompettes, la constitution de tous les ac-

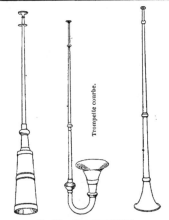

FIG. 372. — Trompettes chinoises.

Trompette courbe.

FIG. 373. — Trompette assyrienne, d'après un monument de Ninive.   FIG. 374. — Trompettes romaines, d'après Lavoix.

cords de l'harmonie naturelle qu'elle donne, en somme à elle seule, dans la forme arpégée (revoir les pages 1402 à 1405).

Il est si vrai que la trompette contient en elle le système musical universel, que l'on ne voit nulle part un peuple, ayant un système musical si rudimentaire qu'on le puisse imaginer, qui ne connaisse et n'emploie cet instrument.

On a dit et écrit que les Chinois, que les Indiens, que divers peuples ont des gammes toutes différentes de la nôtre et qu'ils emploient des intervalles que nous ne connaissons pas; c'est là une erreur; tous connaissent et emploient la

FIG. 375. — Trompette de la danse des morts, d'après Kastner.

FIG. 376. — Trompette russe.

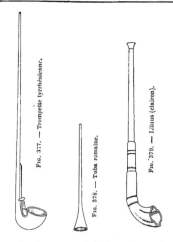

FIG. 377. — Trompette tyrrhénienne.

FIG. 378. — Tuba romaine.

FIG. 379. — Lituus (clairon).

tous les degrés. Il en était de même de nos pères qui évitaient de se servir de l'intervalle mélodique de quinte diminuée ou de son renversement la quarte augmentée qu'ils appelaient le diable en musique ; les gammes de ces peuples sont donc semblables à la nôtre, mais avec un ou deux degrés en moins, généralement l'un de ceux qui forment demi-ton ; soit en *ut* : le *mi* ou le *fa*, quelquefois le *si*, suivant les peuples ; ces notes ne leur manquent pas, ils ne les emploient pas, voilà tout.

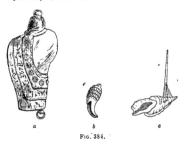

a, conque. Don du prince Henri d'Orléans ; *b*, conque des fusiliers catalans au service de la France sous Louis XIV ; *c*, trompette des îles de l'océanie.

FIG. 384.

trompette, et comme son tube sonore n'a pas deux lois de résonance suivant qu'il est employé ici ou là, il s'ensuit que tous ces peuples connaissent notre gamme. La vérité est que leur gamme est fondée comme la nôtre sur la gamme type, sur la gamme naturelle de la trompette, mais que, par habitude, par goût ou pour une raison quelconque, ils n'en emploient pas

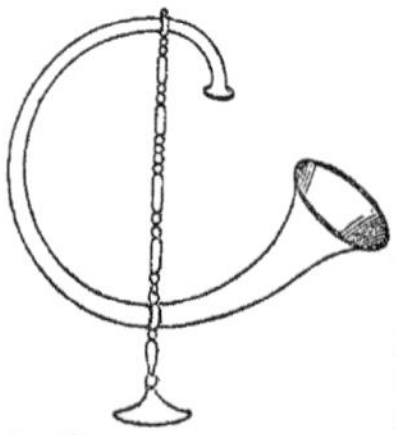

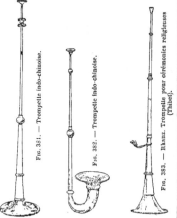

FIG. 380. — Cornu ou cor romain.

Qu'est la trompette ? Un tube conique, semi-conique ou presque cylindrique, dont la colonne d'air contenue en ses parois est mise en vibration par le choc du souffle humain sur sa plus petite ouverture nommée autrefois bouquin et maintenant embouchure.

Les premières trompettes furent, suivant les lieux ou les circonstances, une conque ou une corne, qui deviendront par la suite un cornet ou un cor en français, *horn* en allemand, mot que nous retrouverons en France dans les saxhorns; bugle, dérivé en anglais de *buffalo*, pour corne de buffle. Trompette ne doit pas être pris ici dans son sens absolu de l'instrument spécial que nous connaissons aujourd'hui, mais dans son sens général d'instrument à embouchure.

FIG. 385.
Conque servant à donner les signaux.

FIG. 386.
Trompette romaine.

FIG. 381. — Trompette indo-chinoise.

FIG. 382. — Trompette indo-chinoise.

FIG. 383. — Rkanz. Trompette pour cérémonies religieuses (Thibet).

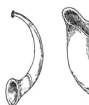

FIG. 387. — Trompettes juives, nommées *schofar*, nommées aussi *keren* (corne) et *yobel* (jubilation, retentissement).

Cette forme se maintient dans les cornes d'appel,

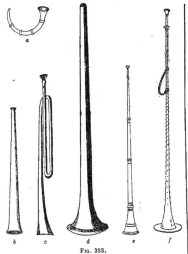

FIG. 3SS.

a, cor ou cornet des Indiens; *b*, chatzotzeroth; *c*, hagocera, trompette; *d*, hagocera, trompette droite en métal; *e*, grande trompette russe (rambosson); *f*, cheipour.

dans les cornets et cors militaires, ainsi que dans l'olifant (cor creusé dans une défense d'éléphant) du moyen âge.

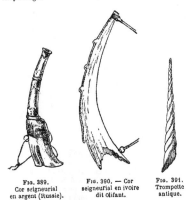

FIG. 389.
Cor seigneurial
en argent (Russie).

FIG. 390. — Cor
seigneurial en ivoire
dit Olifant.

FIG. 391.
Trompette
antique.

FIG. 392. — Olifant (xiie siècle).

Puis, la forme se modifie et s'allonge : d'une part, elle tend à s'arrondir vers la forme du cor moderne en maintenant toujours la perce conique, mais de plus en plus étroite, et, d'autre part, elle tend à se redresser et à rendre sa perce cylindrique, quitte à se replier plus tard pour devenir notre trompette ou notre trombone moderne.

FIG. 393. — Trompette en usage sur la côte de Guinée.

Au sujet de ces cors russes, dont les historiens ne manquent jamais de parler, il est une remarque importante à faire. Il est écrit partout que ces fameux cors ne donnent qu'une seule note et que les seigneurs russes qui possèdent des orchestres de cors sont obligés d'avoir autant d'instrumentistes qu'ils veulent faire entendre de notes; or, ces cors sont des instruments à embouchure, et, comme tels, capables de donner chacun au moins plusieurs harmoniques; s'il peut être vrai que les instrumentistes spéciaux de ces orchestres soient exercés à ne jamais faire entendre qu'une seule et unique note sur leur instrument, il ne peut être vrai que ces instruments ne puissent donner que la seule et unique note qui leur est attribuée.

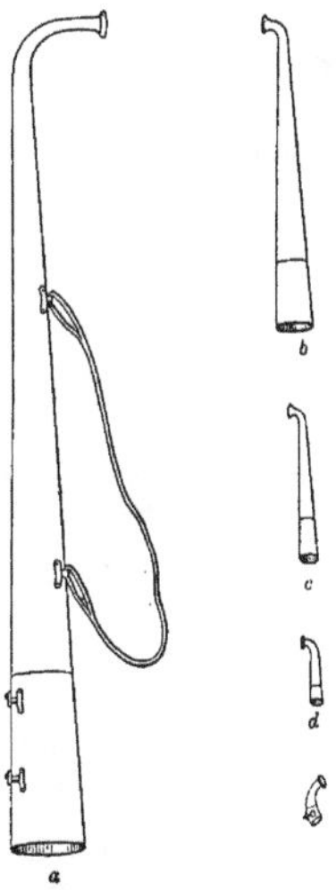

FIG. 394. — Cors russes.

a, contrebasse; *b*, ténor; *c*, alto; *d*, soprano aigu; *e*, soprano.

FIG. 395.
Trompe
finlandaise.

Paimen-Torli (écorce de bouleau).

FIG. 396.
Trompe de berger
(viiie siècle).

FIG. 397.
Trompe
finlandaise.

Lvriko (instr. à vent, de bois et d'écorce de bouleau).

Cor des Alpes. — Instrument de berger qu'on trouve en Suisse, en Suède, en Norvège, en Roumanie, en

FIG. 398. — Cors des Alpes.

Transylvanie et jusque dans les montagnes de l'Himalaya. Cet instrument, dont le principe est le même que les trompettes en cuivre, est construit en écorce de bois roulé.

FIG. 399. — Trompette militaire sous Louis XIV.

Il y a enfin les trompettes droites ou pliées à la façon moderne.

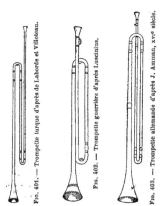

FIG. 400. — Trompette espagnole avec bannière brodée.

FIG. 401. — Trompette turque d'après de Laborde et Villoteau.

FIG. 402. — Trompette guerrière d'après Luscinius.

FIG. 403. — Trompette allemande d'après J. Amman, XVIᵉ siècle.

FIG. 404. — Trompette moderne de cavalerie.

Trompette d'harmonie. — Cette dernière trompette diffère de la précédente par la pompe-d'accord et par les tons de rechange qui lui permettent de jouer dans les différentes tonalités (revoir les pages de 1416 à 1423).

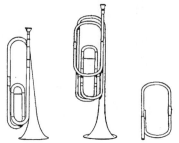

FIG. 405. — Trompettes d'harmonie.

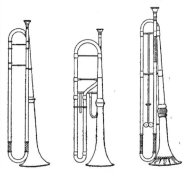

FIG. 406. — Trompettes à coulisse.

Cette trompette a été construite pendant la deuxième moitié du XIXᵉ siècle, en *sol* avec les tons de rechange de *fa*, *mi♮*, *mi♭*, *ré*, *ré♭* et *ut*; elle ne se construit plus maintenant qu'en *fa* et *mi♭* (pour le principe des pistons, revoir les pages 1418 et suivantes); d'une perce étroite eu égard à la longueur, et munie d'une embouchure à petit grain, elle est privée des sons 1, et l'on ne peut obtenir les sons 2 qu'avec difficulté. Ce n'est donc qu'à partir des sons 3 que l'on peut se servir de cet instrument avec quelque aisance; en revanche, on peut monter jusqu'au son 12, et d'habiles instrumentistes peuvent même dépasser cette limite.

L'étendue *écrite* de la grande trompette (de *sol* à *ut* grave), suivant le mode adopté pour tous les instruments à pistons lisant en clé de *sol*, sauf le cor

ne peuvent guère dépasser les sons 8 ; en conséquence‘ l'étendue en est écrite conformément au mode habituel des instruments à pistons, notamment des cornets dont la longueur pour les tons similaires, l'étendue et le mécanisme sont les mêmes.

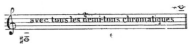

Exemple 51.

Les meilleures méthodes pour la trompette ont été celles de David Bulh, Kresser et Dauverné, mais elles ne sauraient être employées pour étudier avec la nouvelle trompette dont l'étendue n'est plus la même, et le mieux est de se servir des méthodes écrites pour le cornet.

Cor.

Nous avons vu plus haut, la trompette (corne) s'allonger, s'arrondir et être citée sous la dénomination de cor de chasse par le P. Mersenne.

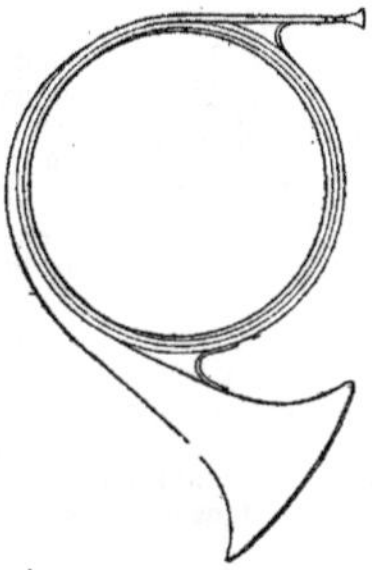

Cet instrument continua de s'allonger et, pour rester portatif, de s'enrouler, de s'enrouler encore, et nous retrouvons notre cor de chasse actuel en ré avec un tube long de 4 mètres 34 et faisant deux tours et demi entre son embouchure et son pavillon.

Fig. 411. — Cor de chasse.

Ce cor, cette trompe ou grande trompette, est de tous les instruments modernes celui sur lequel il est possible d'obtenir les harmoniques les plus élevés, et j'ai entendu le professeur de trompe H. Cléret faire sortir, jusqu'au 24e harmonique, sans aucune préparation et avec une embouchure à gros grain lui permettant d'obtenir le son 2 avec toute facilité. Nul doute qu'avec une embouchure à grain fin et quelques jours d'études dans ce but on ne puisse parvenir au moins au son 32.

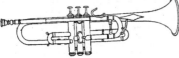

En introduisant le cor à l'orchestre, et surtout en adoptant le système des tons de rechange (revoir Fig. 412. — Tenue du cor de chasse.
les pages 1446 et suivantes), il fallut ramener la longueur du tube à la tonalité la plus aiguë de si♭ haut (2m,74), mettre une coulisse d'accord et compléter toutes les autres longueurs de tonalités par la longueur des tons de rechange ; c'est ainsi que le ton de si♭ bas doit avoir

---

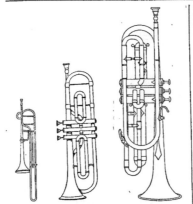

Fig. 407. Fig. 408. Fig. 409.
Trompette Trompette moderne Trompette en fa et mi♭.
à coulisse et à à trois pistons.
un piston.

pour lequel cette observation est également applicable, devrait être :

Exemple 49.

et c'est ainsi qu'il faut lire certaines partitions, notamment celles de Sellenick ; mais, pour ramener les notes le plus souvent employées dans la portée et éviter les lignes supplémentaires supérieures, on a pris l'habitude de baisser l'écriture d'une octave, et l'étendue écrite se trouve ordinairement ramenée ainsi :

Exemple 50.

Il en est tout autrement pour la petite trompette en ré, ut ou si♭, dont les artistes ont pris l'habitude de se servir depuis peu d'années avant 1900, quelles que soient les tonalités des trompettes indiquées sur les partitions.

Fig. 410. — Trompette en ut aigu.

Ces instruments, n'ayant pas une perce aussi étroite, ni un grain d'embouchure aussi fin eu égard à la longueur du tube, peuvent disposer des sons 2, mais

FIG. 413. — Cor d'harmonie.

à lui seul une longueur de 2ᵐ,71 égale à la longueur de l'instrument même; or, les tons de rechange, de même que la coulisse d'accord, sont cylindriques, de telle serte que le cor en *si♭* haut est un instrument à perce conique presque dans toute sa longueur (la coulisse d'accord seule est cylindrique), tandis que le cor en *si♭* bas est cylindrique pour plus de la moitié de sa longueur totale; c'est là la principale raison du changement de timbre des diverses tonalités du cor.

FIG. 414.
Tenue du cor d'harmonie.

La forme modifiée de ce cor ne permettait plus de le tenir comme le cor de chasse, et on prit l'habitude d'assujettir l'embouchure aux lèvres en tenant le haut de l'instrument de la main gauche et d'en soutenir le poids par la main droite placée dans le pavillon.

Le cor d'harmonie, qui est d'invention française remontant au XVIᵉ siècle, ne pouvait disposer de la gamme diatonique que dans l'aigu, et n'avait que des intervalles disjoints dans le médium et le grave.

Exemple 52.

Pour ramener les notes le plus souvent employées, dans la portée, on baisse l'écriture d'une octave, comme je l'ai expliqué pour la trompette page 1447, et l'exemple précédent devrait être ramené à ceci :

Exemple 53.

Mais, par une habitude inexplicable, ce n'est pas ainsi qu'on l'écrit. Baissant les sons 2 et 3 de deux octaves, alors que tous les autres harmoniques n'ont qu'une octave de différence, on fait apparaître à l'œil un intervalle de onzième entre les sons 3 et 4, alors qu'ils ne sont distants que d'une quarte :

Exemple 54.

Au XVIIIᵉ siècle, un corniste allemand, HAMPEL, s'aperçut que la main droite qui soutenait le pavillon pouvait, en s'enfonçant davantage ou en se pliant et en le bouchant ainsi plus ou moins, obtenir l'abaissement de chacune des notes d'un demi-ton, d'un ton ou même d'une seconde augmentée ou tierce mineure.

On parvint ainsi à compléter tant bien que mal la gamme ci-dessous :

Exemple 55.

On conçoit aisément que plus le pavillon est obstrué, bouché, plus la note est sourde, et qu'il était presque impossible de faire entendre une gamme à peu près homogène avec ce système. En effet, comme on ne pouvait éclaircir les sons *bouchés*, il fallait diminuer l'éclat des sons *ouverts* (c'est ainsi qu'on qualifie ces deux sortes de sons), et l'on ne pouvait obtenir des sons à peu près égaux que dans la nuance piano et même pianissimo, s'il s'agissait d'une gamme chromatique, mais la nuance fût seulement mezzo-forte, toute égalité de sons devenait impossible.

J'ai indiqué par des points les sons les plus sourds dont on ne pouvait presque pas se servir, sauf dans des effets de sonorité ou plutôt de timbre tout à fait spéciaux, par des noires les sons encore sourds, mais qu'on pouvait employer assez aisément, et enfin par des blanches ceux qui restaient assez sonores pour ne pas faire une trop grande disparate avec les sons ouverts.

C'est en 1814 que le Silésien BLÜHMEL, en cherchant à faire l'échange des tons du cor d'harmonie, inventa le système des pistons qui donna à cet instrument l'égalité des sons sur tous les degrés, en même temps

qu'il apporta tous les éléments de vélocité désirable' sinon de justesse absolue, à tous les autres instruments de cuivre à embouchure (revoir les pages 1418 et suivantes).

BLÜHMEL céda l'exploitation de son invention à STŒLZEL, ce qui fait souvent associer le nom de ce dernier au nom du véritable inventeur.

La construction des pistons, d'abord bien défectueuse, fut perfectionnée plus tard par les facteurs belges, puis mise définitivement au point par les facteurs français RAOUX, HALARY, PÉRINET, GAUTROT-BRÉ- OUET, GAUTROT-MARQUET, SAX, BESSON, MILLEREAU, COURTOIS, qui, tous, apportèrent leurs soins, leur talent, leur ingéniosité pour faire que l'étranglement des sons provenant des coudes nombreux nécessités par les coulisses des pistons, les différences de l'intérieur des pistons avec le tube général et quantité de détails résultant de la délicatesse même du mécanisme, s'atténuât, et enfin disparût complètement. Aujourd'hui, on ne peut constater aucune différence entre la qualité d'un son ouvert, ou autrement dit à vide (sans le secours des pistons), et la qualité du son le plus fermé, c'est-à-dire avec tous les pistons baissés. Au contraire, l'allongement factice de l'instrument par l'emploi de toutes les coulisses des pistons, malgré les détours de direction de la colonne d'air, ne fait qu'ajouter encore à la perfection du timbre de l'instrument.

Les Allemands, et surtout les Suisses et les Italiens, ont appliqué le même système de coulisses d'allongement inventé par BLÜHMEL, mais en remplaçant les pistons qui s'enfoncent verticalement, par une sorte

de noix renfermée dans un cylindre, d'où le terme : instruments à cylindres, et qu'on fait tourner au moyen d'une petite bascule sur laquelle on agit par une tige enfoncée verticalement comme la tige de notre piston; cette double transmission du mouvement rend le mécanisme du cylindre plus délicat et plus fragile que celui du piston employé dans tous les autres pays.

L'étendue du cor à pistons est celle-ci :

Exemple 56.

Toutefois, il est très difficile d'obtenir par le même instrumentiste et les sons graves et les sons aigus.

Dans la pratique, voici comment on opère : les cornistes se spécialisent soit pour l'exécution des parties élevées (1re et 3e), soit pour l'exécution des parties plus graves (2e et 4e), et pour faciliter l'émission des sons graves, les

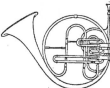

Fig. 415. — Cor d'harmonie à 3 pistons.

second et quatrième cors emploient des embouchures dont le grain est relativement gros, tandis que les premier et troisième se servent d'embouchures dont le grain est fin. Ces derniers cornistes ont encore un autre moyen à leur disposition : ils se servent de cors dont le troisième piston peut, à leur volonté, au moyen d'un mécanisme spécial, être *descendant* ou *ascendant* d'un ton, de sorte qu'avec le piston descendant, ils ne perdent au grave que le *fa♯* et le *do♯*, dont ils ont bien rarement besoin, et avec le piston ascenlant ils facilitent d'autant l'émission des sons aigus.

La pratique des cors à pistons a fait perdre peu à peu l'usage des tons de rechange, et, maintenant, les cors sont construits en *fa*, avec le ton de *mi♭* facultatif; mais ce dernier même n'est plus

Fig. 416. — Cor d'harmonie à 2 pistons, à 10 tons de GAUTROT.

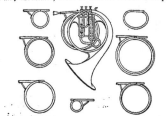

Fig. 417. — Cor à cylindres, avec tous ses tons (Kastner).

usité par les artistes, qui préfèrent transposer pour ce ton-là, comme pour tous les autres tons indiqués sur les partitions.

Les méthodes les plus réputées sont celles de : GALLAY.
GARRIGUE.

Trombone.

Nous avons vu le trombone parfait, sous le nom de sacqueboute ou saquebute, tout au début du XVIe siècle (pages 1413, 1414, 1419, 1421, 1422).

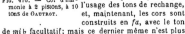

Fig. 418. — Sacqueboute.

Beaucoup d'auteurs donnent la date de 1773 pour l'introduction en France, par GOSSEC, de cet instrument; d'autres disent que le trombone fut admis pour la première fois, en France, dans les musiques militaires, en 1641, et qu'il nous venait d'Allemagne; or, nous savons (page 1413) qu'il était en usage à Paris et à la cour d'Angleterre dès le commencement du XVIe siècle, et peut-être en Flandre, comme semble le prouver le manuscrit de la bibliothèque de Boulogne, dès le IXe siècle.

Par un caprice de mode (pris dans le sens mondain), qu'on ne s'attendrait pas à trouver en pareille matière, le pavillon du trombone fut transformé en

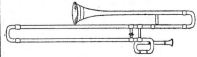

Fig. 419. — Buccin.

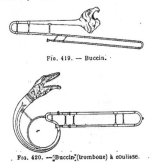

Fig. 420. — Buccin (trombone) à coulisse.

tête de serpent, à gueule ouverte naturellement,
pendant toute la première moitié du XIXᵉ siècle, et on
dénomma ce monstre buccin!

Trombone moderne. — Après l'invention du système des pistons, on adapta ce système au tube du
trombone en supprimant la coulisse.

Fɪɢ. 421. — Trombone ténor à 4 pistons, *ut* et *si* ♭.

Le trombone prit les avantages et les défauts des
instruments à pistons (vélocité et manque de justesse), et il perdit les belles qualités de timbre et
surtout de justesse musicale qui font la grande beauté
de cet instrument.

Fɪɢ. 422. — Trombone ténor à 3 pistons, *ut* et *si* ♭.

Ad. Sᴀx voulut faire mieux, et il créa son système
à six pistons indépendants dont chacun correspondait à l'une des positions du trombone à coulisse,
mais ces positions étaient immuables et ne pouvaient
correspondre qu'à la gamme chromatique *tempérée*,
il fallait donc renoncer aux sensibles ainsi qu'aux
sons-dominantes; de plus, le doigté n'avait plus rien
de commun avec celui du système général des pistons; enfin, l'instrument, surchargé de toutes ces
coulisses fixes, était trop lourd.

G. Bᴇssᴏɴ, poursuivant le même but, fit un trombone à trois pistons et un registre (lisez, un quatrième
piston descendant de deux tons) indépendants, puis
un autre système pour éviter la surcharge, dont les
pistons et le registre étaient dépendants; enfin, vers
1864, il adapta les trois pistons du système général
à un trombone dont il maintint la coulisse afin de
conserver tous les avantages de l'un et de l'autre
principe.

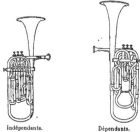

Indépendants.   Dépendants.

Fɪɢ. 423. — Trombones à registre et 3 pistons.

En 1889, M. Mɪʟʟᴇ, successeur de Cᴏᴜʀᴛᴏɪs, présenta à l'Exposition universelle de Paris un trombone à coulisse dont il avait évidé la partie épaisse
du tube allant de l'arrêt de la première position à
l'embouchure et évidé de même la branche parallèle;
on pouvait ainsi trouver une nouvelle position donnant la fondamentale *si* ♮ doublant le *si* douzième de
la fondamentale *mi* de la septième position.

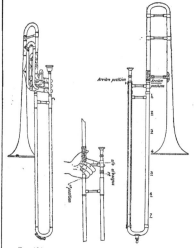

Fɪɢ. 424.
Trombone
Duplex Besson
à pistons
et à coulisse.

Fɪɢ. 425. — Trombone à coulisse Mille,
à 8 positions.

Poursuivant ses recherches de perfectionnements
et de développement de la famille des trombones, la
même maison Cᴏᴜʀᴛᴏɪs-Mɪʟʟᴇ, devenue maison Cᴏᴜʀ-
ᴛᴏɪs-Dᴇʟғᴀᴜx, présentait aux compositeurs et aux
artistes, le 9 mars 1909, salle Pʟᴇʏᴇʟ, un sextuor composé des instruments suivants (fig. 426 à 431) :

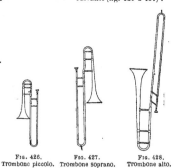

Fɪɢ. 426.   Fɪɢ. 427.   Fɪɢ. 428.
Trombone piccolo.   Trombone soprano.   Trombone alto.

De même que pour le trombone ordinaire (trombone ténor), les artistes donnent le nom de son réel
à chacune des notes de ces instruments qui, conséquemment, ne sont pas considérés comme instruments transpositeurs. Tous ces trombones doivent
donc être dits en *ut*, alors que, suivant le principe
général des instruments de cuivre, ils sont réellement dans les tonalités respectives suivantes :

Le trombone piccolo en *si* ♭;

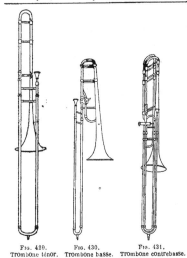

Fig. 429.   Fig. 430.   Fig. 431.
Trombone ténor.   Trombone basse.   Trombone contrebasse.

Le trombone soprano en *fa*;

Le trombone alto en *ré♭*;

Le trombone ténor en *si♭*;

Le trombone basse en *si♭* ou en *fa*, suivant qu'on laisse fermée ou qu'on ouvre la *mécanique* (le cylindre);

Le trombone contrebasse en *si♭*;

Le *trombone piccolo*, dont les notes sortent à l'octave supérieure de celles du trombone ténor, n'est pas autre chose qu'une *trompette à coulisse en si♭* aigu (unisson de la petite trompette moderne).

Le *trombone soprano* n'est également qu'une *trompette à coulisse*, unisson de l'ancienne trompette en *fa*.

Pour ces deux instruments, le grand perfectionnement est d'avoir adopté franchement la *forme* du trombone qui permet les sept positions, tandis que la *forme* trompette des essais antérieurs ne pouvait permettre que trois ou quatre positions tout au plus.

Le *trombone alto* n'est autre que l'ancien trombone alto dénommé faussement en *mi♭*.

Le *trombone ténor* est le trombone ordinaire dit en *ut*.

Le *trombone basse* est un trombone ténor auquel on a ajouté, à l'instar des instruments à pistons, un tube supplémentaire fixe que l'on met en communication avec le tube général au moyen d'un cylindre ouvert ou fermé par le pouce de la main gauche, et qui abaisse la tonalité générale de l'instrument, lorsqu'il est ouvert, d'une quarte juste.

Ce système, d'une conception très ingénieuse, a malheureusement les inconvénients pratiques suivants : lorsque la *mécanique* est ouverte (c'est le nom donné à ce système par son inventeur), la colonne d'air est allongée d'un tiers à la première position; il s'ensuit que toutes les autres positions doivent être également allongées d'un tiers, ce qui enlève toute sûreté à la main qui a des habitudes tout autres dans la direction de la coulisse; puis, comme cette coulisse n'a toujours que la longueur voulue

pour le trombone ténor, il n'est plus possible d'atteindre que la cinquième position; or, comme la première et la seconde position :

ne font que doubler les sixième et septième positions ordinaires, il en résulte que ce système ne donne vraiment que trois notes ou positions nouvelles :

3e P^{on} 4e P^{on} 5e P^{on}

et qu'il manque

encore les deux notes :

pour joindre les notes pédales du trombone ténor et compléter la gamme.

Enfin, le *trombone contrebasse* est un trombone ténor auquel on a ajouté un tube supplémentaire et une double coulisse qui, lorsqu'ils sont mis en communication avec le tube général au moyen d'un *piston*, doublent la longueur de l'instrument et font sortir toutes les notes à l'octave inférieure.

Ce dernier système serait de beaucoup préférable au système précédent, parce que la gamme est absolument complète au grave, et encore parce que la coulisse simple ou double à volonté conserve ses positions sensiblement les mêmes pour les notes de l'octave normale ainsi que pour les notes de l'octave grave; le seul inconvénient qu'il offre, et cet inconvénient est malheureusement trop appréciable, c'est que le poids de la double coulisse rompt l'équilibre de l'instrument dans la main et le rend fort difficile à tenir et conséquemment à jouer.

De toutes ces recherches de perfectionnements, il n'est resté dans la pratique que le trombone à trois ou à quatre pistons du système général des instruments à pistons, et le trombone à coulisse de nos ancêtres.

On construit le trombone à pistons dans les tons de *mi♭* (alto); *ut* (ténor)[1] et *si♭* (ténor également; ce dernier, de meilleur timbre, est très usité en Belgique et peu en France, pour la seule raison qu'il ne peut se servir des parties écrites pour le trombone à coulisse et qu'il faudrait transporter à la seconde supérieure toute la musique qui lui serait destinée), et enfin en *fa* (basse).

Le trombone à coulisse se construit en *mi♭* (alto), en *ut* (tenor) et en *fa*[2] grave (basse).

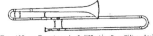

Fig. 432. — Trombone à coulisse ténor, pavillon droit avec pompe d'accord.

---

1. La maison EVETTE et SCHAEFFER construit des trombones à pistons de perces un peu plus grosses et dénommés *baryton* et *basse*. Les sons graves gagnent de l'ampleur et quelques notes sont perdues à l'aigu, ce qui n'offre aucun inconvénient pour faire les parties de troisième ou quatrième trombone.

2. Ces dénominations de tonalités sont celles employées par les artistes, mais ne sont vraies que pour le trombone basse qui est dit, également d'ailleurs, être en *sol*, mais, comme tous les artistes *lisent* sur des parties écrites en sons réels, cela n'a pas d'importance.

Le trombone alto, qui a été très employé autrefois, est presque abandonné de nos jours, et le trombone basse n'est employé que dans les très grands orchestres.

Comme le bras serait trop court pour atteindre aux positions éloignées du trombone basse, on manœuvre la coulisse à l'aide d'un manche, ce qui est loin de faciliter le jeu de cet instrument.

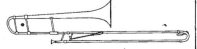

FIG. 433. — Trombone basse à manche.

Pour ramener la manœuvre de la coulisse directement à la main, on a construit des trombones à coulisse double, ce qui diminuait la longueur de la coulisse de moitié, mais, soit que l'instrument s'en trouve trop alourdi, soit que la multiplicité des coudes le rende trop dur à jouer, l'usage de ces trombones n'a pas été adopté par les artistes.

FIG. 434. — Trombone basse en sol à coulisse double.

Les méthodes les plus réputées sont celles de :
BERR (F.) et DIEPPO,
BLÉGER,
DELISSE pour le trombone à coulisse,
G. FLANDRIN,
M. BLÉGER,
SALABERT pour le trombone à pistons.

Cornet à pistons.

Après avoir étudié le principe général des instruments de cuivre, celui des pistons et la trompette, il ne reste plus rien d'essentiel à examiner, non seulement pour le cornet, mais encore pour les saxhorns, les saxotrombas, bugles, tubas, hombardons, cornons, cornophones, cor vocal, baroxyton ou tout autre nom qu'il plaira à un facteur d'inventer; il n'y a plus de différences entre tous ces instruments que dans les proportions du cône du tube principal, dans la forme, l'aspect de l'instrument ou dans le mécanisme de répartition de la colonne d'air dans les coulisses (pistons d'une forme ou d'une autre, ou cylindres); mais de nouveau principe, il n'y en a plus.

Le cornet, d'une perce légèrement plus conique que la trompette, vient de l'ancien cornet de poste auquel on a adapté les pistons; sa vogue a commencé au bal, où, chargé de la partie de chant, il constituait le dessus des cuivres; du bal, il est allé au régiment remplacer la trompette à clés ou clairon chromatique, puis, enfin, du régiment, il s'est introduit dans l'orchestre pour tenir lieu de trompette qui manquait trop souvent. On peut affirmer, sans trop de témérité, que si la petite trompette en ut ou en si♭ que l'on emploie de nos jours avait été créée dès le début, le cornet ne serait jamais sorti du bal et peut-être même n'y fût-il jamais entré.

La raison en est celle-ci : la trompette, instrument cylindrique, est le véritable dessus du trombone et forme avec lui un ensemble absolument homogène d'une très grande pureté de sons. C'est elle qui monte de l'extrême grave à l'aigu sans heurt et sans que le passage des sons d'un instrument à l'autre apporte le moindre choc à l'oreille la plus délicate.

Nous verrons plus loin que les saxhorns constituent entre eux un clavier complet formant oppo-

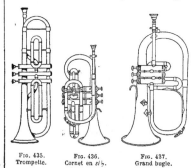

FIG. 435.
Trompette.

FIG. 436.
Cornet en si♭.

FIG. 437.
Grand bugle.

sition d'un timbre doux et comme velouté, franc et parfaitement caractérisé, au timbre vibrant et clair des trombones et trompettes.

Le cornet n'a pas de basse; il forme comme une sorte de demi-jeu d'orgue, et son timbre, insuffisamment marqué entre la trompette et le bugle (saxhorn contralto), ne le distingue pas assez de l'une et de l'autre.

Les tubes redressés se comparent ainsi :

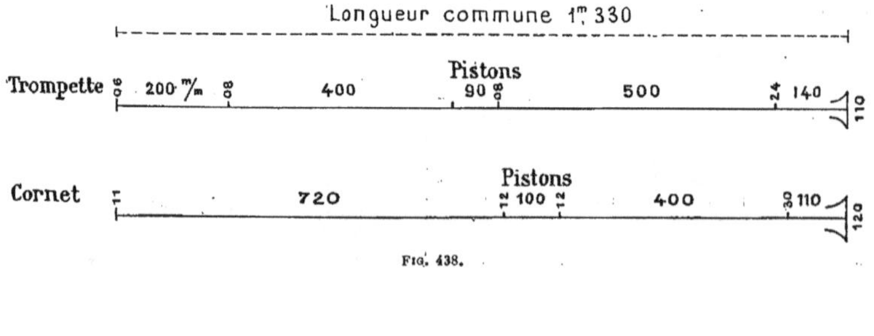

Longueur commune 1ᵐ.330

Trompette 200 ⁷/ₘ 08 400 Pistons 90 08 500 24 140 110

Cornet 1 720 Pistons 14 100 14 400 30 110 120

FIG. 438.

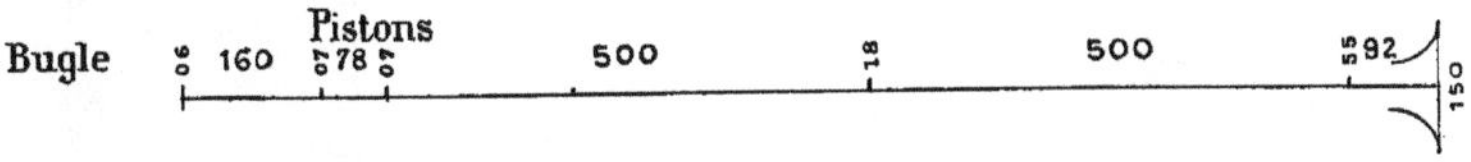

| Bugle | 90 | 160 | **Pistons** 78 | 65 | 500 | 18 | 500 | 55 92 | 150 |

FIG. 438.

Ces réserves faites, qui, à vrai dire, sont plutôt du domaine de l'orchestration que de l'étude particulière de l'instrument, mais qui n'en avaient pas moins leur place ici, à cause de la comparaison des perces différentes de trois instruments de même longueur, de mécanisme semblable et pourtant de caractères si séparés, il est juste de reconnaître que le cornet a fait le succès d'artistes de la plus haute valeur, qu'il a été l'objet des soins les plus attentifs de la part de tous les facteurs qui ont cherché pour lui tous les perfectionnements imaginables, et pour lequel on a écrit les méthodes les plus complètes de toutes celles qui existent pour les instruments à pistons.

Nous avons vu pages 1419 et 1420 les causes du manque de justesse dans les instruments à pistons, nous avons examiné pages 1421 et suivantes les procédés, les perfectionnements qu'on a cherchés pour atteindre la justesse fuyante; je n'y reviendrai pas, puisque je ne pourrais que redire ce que j'ai déjà dit et que la conclusion reste toujours celle-ci : s'il est possible d'employer ces perfectionnements ou moyens pour le solo, ils restent jusqu'à présent à peu près impraticables dès qu'on accouple plusieurs instruments ensemble.

Les méthodes les plus célèbres sont celles de :

Arban;
Forestier;
Alexandre Petit.

Saxhorn.

Ici, la question des noms devient si embrouillée qu'il me faut ouvrir une parenthèse de quelque longueur, et bien que je veuille me garder de faire aucune polémique, il me faut bien refaire un peu d'histoire moderne, sinon contemporaine, et rendre aux facteurs français et étrangers la juste part qui leur revient dans la constitution de ce que nous appelons en France la famille des saxhorns.

Nous avons vu dans la première partie de cette étude, pages 1411 et suivantes, le cornet à bouquin et sa basse le serpent. Au XVIIIe siècle, l'invention de la clarinette, ainsi que l'adaptation des tons de rechange sur la trompette, amenèrent l'abandon du cornet à bouquin, tandis que le défaut de basse cuivre laissait subsister le serpent à côté du basson, trop faible pour équilibrer les huit ou dix clarinettes qu'on employait déjà dans les musiques militaires de cette époque.

Vers 1800, Frichot, en cherchant à perfectionner le serpent, appliqua des clés pour fermer les trous de notes et, après avoir été d'abord, on ne sait trop pourquoi, le basson russe, l'instrument de Frichot paraît nous être revenu d'Allemagne sous le nom d'ophicléide.

A l'imitation des trombones, la famille des ophicléides se composait de trois individus : l'alto en *fa*, le baryton ou basse en *ut* ou en *si♭*, et la contrebasse en *fa* qui, comme le trombone basse, paraît avoir été peu employée.

Presque aussitôt, Frichot en France, Weidinger à Vienne, Joseph Holiday à Londres appliquèrent des clés au clairon allemand ou bugle anglais, et en firent le dessus des ophicléides; c'était, en somme, l'évolution du serpent reportée au cornet à bouquin dont ces nouveaux instruments de cuivre (l'ophicléide et le clairon chromatique) avaient sensiblement la perce, sauf l'évasement du pavillon.

Comme le clairon (l'ancien claron ou claronceau) n'était pas encore ou n'était plus en usage en France, on dénomma ces nouveaux instruments : *trompettes à clés*.

En 1823, au retour de la guerre d'Espagne, le ministre de la guerre demanda à Courtois de lui soumettre un instrument pour transmettre les signaux de l'infanterie, et permettant de distinguer ces derniers des signaux de la cavalerie donnés par la trompette.

Courtois présenta au ministre le clairon actuel, qui fut aussitôt adopté pour toutes les troupes d'infanterie française.

Or, ce clairon, qui existait déjà antérieurement, au moins dans les troupes piémontaises, comme le prouvent les sonneries publiées planche 34 du *Manuel général de musique militaire* de Georges Kastner et extraites de l'ouvrage *Regolamento d'esercizio per l'infanteria* (Torino, 1816), ce clairon, dis-je, avait très sensiblement la même forme et la même perce que les *trompettes chromatiques* d'alors, dont le nom fut changé en celui de *clairon chromatique*; il devint, par le remplacement des clés par le système des pistons, et toujours sans changer ni forme ni perce, le bugle actuel ou *saxhorn contralto si♭*; de même, les ophicléides alto et basse, tout en modifiant la forme, en prenant les pistons, ont conservé leur perce à peu près exacte en devenant des saxhorns alto ou basse.

Voici donc deux points bien établis :

1° La perce provenant en ligne directe des cornets à bouquin et des serpents;

2° Les pistons inventés en 1814 par Blühmel.

Un troisième point reste à établir : la forme; et ce point est déjà fixé pour le saxhorn contralto *si♭* (bugle contralto), qui a conservé la forme, perce et pavillon compris, du clairon chromatique ou non; forme qui existait déjà, mais avec une perce différente, qui reportait la place des pistons sur le tube plus loin de l'embouchure, dans le cornet à pistons.

L'ancien serpent, en recevant des clés, en échangeant son corps de bois recouvert de cuir contre un corps de cuivre, avait perdu sa forme de serpent pour se rapprocher de celle du basson, d'où son nom primitif de basson russe, bientôt abandonné pour celui d'ophicléide ou serpent à clés.

Cette appellation n'était justifiée que par l'origine, puisque la forme de serpent n'existait plus. En abandonnant ses clés pour recevoir le système des pistons, l'ophicléide devint : l'*ophicléide à pistons* alto, baryton, basse ou contrebasse, dénomination bizarre, puisque cet ophicléide n'avait plus ni forme de serpent ni clés.

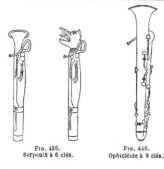

FIG. 439.
Serpents à 6 clés.

FIG. 440.
Ophicléide à 9 clés.

Cette bizarrerie ne pouvait durer, et le nom d'o-
phicléide fut bientôt abandonné; les uns adoptèrent
le mot anglais *bugle* (corne de bufle), soprano ou
contralto, alto ou ténor, baryton, basse et contrebasse, les autres composèrent le nom clavi-cor ou
clavicor (cor à clavier), nom qui sert encore à désigner tous les instruments de cette famille sous la
forme allemande *flugelhorn* (*flugel* = clavier, ou plus
exactement piano à queue, et *horn* = cor) en Allemagne et en Angleterre; puis, on imagina les neo-
cor, les neo-altos; certains même allèrent jusqu'au
corhorn, c'est-à-dire, *corcor,* ce qui indique bien
l'incohérence qui présidait à la formation de tous
ces termes, quand il eût été si simple de reprendre la
vieille appellation latine *tuba,* à laquelle il suffisait
d'ajouter la désignation du système à pistons et le
registre de l'instrument dans l'échelle des sons.

Au lieu de cela, beaucoup se contentèrent en France
de prendre le qualificatif du registre pour le nom
même de l'instrument et dirent : un alto, un baryton,
une basse, une contrebasse, ce qui n'indique nullement, en somme, la nature de l'instrument, et c'est
dans ce même ordre d'idées fausses qu'on dit et qu'on
écrit encore en France de nos jours : un *piston* pour
un *cornet à pistons.*

Cependant, tous nos facteurs travaillaient à perfectionner le mécanisme des pistons, leur perce, l'ar-
rondissement des angles, l'élargissement de la forme
des instruments, afin de favoriser de plus en plus la
bonne et franche émission des sons, ainsi que leur
ampleur et leur beauté.

Pour nous rendre compte de ces recherches vers
le bien et vers le mieux, je ne puis faire autre chose
que de reproduire ici les modifications de forme et
de perce générale]de l'*ophicléide-alto à pistons,* de
1835 à nos jours.

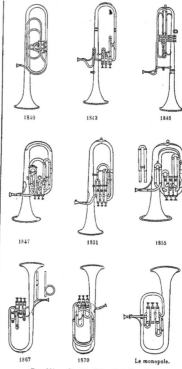

1840   1843   1845

1847   1851   1855

1867   1870   Le monopole.

FIG. 441. — Les transformations d'un alto.

Voici encore, à titre de document, la reproduction
de deux planches extraites des pièces du procès en
nullité de brevet de RIVET contre SAX et montrant
bien l'état où était parvenue la facture française des
instruments de cuivre avant la prise des fameux
brevets de SAX.

C'est alors qu'Antoine-Joseph dit Adolphe SAX, —
car ce nom même ne lui appartenait pas, comme en
témoigne son brevet du 13 octobre 1845 pris au ministère de l'Agriculture, du Commerce et des Travaux publics, — c'est alors que SAX, venu de Belgique
en France sous les auspices du général de Rumigny,
voulut inventer quelque chose pour justifier la confiance qu'avait mise en lui ce haut personnage.

La perce existait dans les clavicors, néocors, etc.,
surtout dans les néo-altos que nous avons vus.

Les pistons avaient été trouvés par BLÜHMEL trente
ans auparavant.

La forme même était fixée de telle sorte qu'elle
n'a presque pas été modifiée depuis.

N'ayant plus rien à inventer comme perce, comme
mécanisme ou comme forme, et réduit comme tous
ses confrères à chercher de simples perfectionnement, il imagina un nom générique pour tous ces
instruments, et alors que les BLÜHMEL, les STŒLZEL,

1835   1839   1840

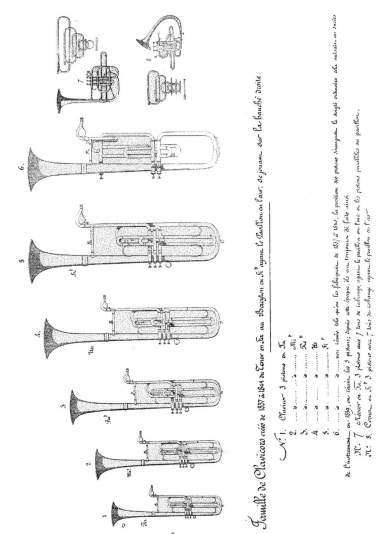

FIG. 442. — Photographies de documents du procès RIVET contre SAX.

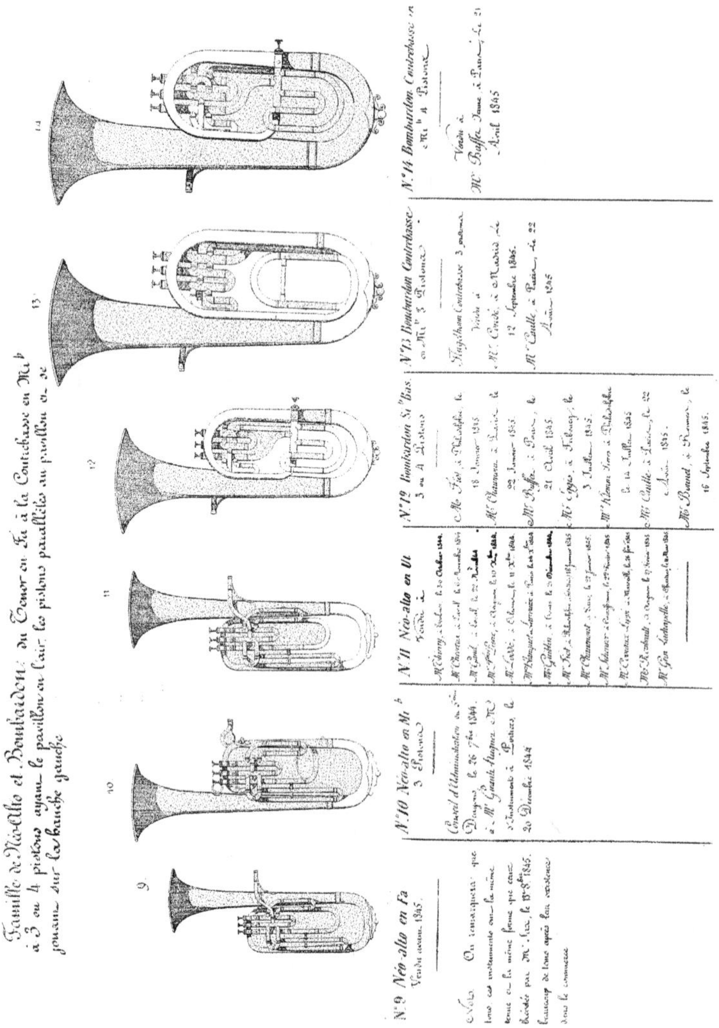

Fig. 443. — Photographies de documents du procès Rivet contre Sax.

les Kretzschman, les Halary, les Guichard, les Périnet, les Raoux, les Besson et bien d'autres que j'oublie s'étaient contentés de marquer leur passage dans la facture instrumentale (cuivre) par leurs seuls travaux, Sax accola son nom au mot allemand « horn », synonyme du mot français « cor »; tous les néo-altos ou mieux tous les bugles devinrent des *saxhorns;* quant aux clavicors, dont la perce était plus étroite et correspondait sensiblement aux trombones, et qu'il eût peut-être été utile de conserver pour constituer une famille avec les cornets, Sax les baptisa : *saxo-trombas.*

Il est à remarquer que les Belges ont continué d'appeler tous les bugles simplement des bugles, réservant le mot *tuba,* qui aurait dû logiquement devenir le nom de toute la famille, à la seule basse, et le mot *bombardon* aux contrebasses.

Quant aux saxotrombas, qui n'étaient guère autre chose que des trombones et des trompettes auxquels on avait donné la forme des saxhorns, puisque sax horns il y a, pour faciliter leur tenue et leur jeu aux cavaliers au temps des belles et excellentes fanfares de cavalerie d'autrefois, leur succès ne fut pas de longue durée, et ils furent vite abandonnés par les cavaliers mêmes pour lesquels ils avaient été créés. Aujourd'hui, personne ne sait vraiment plus ce qu'était au juste un saxo-tromba.

Pourtant, un de ces individus, le saxo-tromba alto en *mi♭*, existe encore et continuera peut-être d'exister jusqu'à la consommation des siècles. Oh ! n'allez pas le chercher chez un marchand ou chez un fabricant d'instruments de musique, vous ne le trouveriez pas; ne le cherchez pas non plus dans les mains d'un musicien militaire, vous ne l'y trouveriez pas davantage, et ce n'est cependant que dans les musiques militaires qu'il a pu conserver son existence envers et contre tous; il n'y fait d'ailleurs de mal à personne, sauf un rappel à l'ordre de temps en temps soit au chef de musique, soit au fournisseur qui se sont oubliés à indiquer sur une facture ou une demande de réparation ou de fourniture d'instruments un *saxhorn alto* au lieu et place d'un *saxotromba alto*. L'Intendance ne plaisante pas et, bien que les derniers saxotrombas, si vraiment il en existait encore, aient disparu en 1867 au licenciement des musiques de cavalerie, l'Intendance continue à exiger leur présence vivace, à l'exclusion de tout saxhorn alto, sur les nomenclatures, registres, inventaires, factures, etc., des musiques de l'armée.

Heureusement pour la bonne sonorité des musiques françaises, cette exigence ne va pas au delà du papier, mais il faut reconnaître que l'administration comprise ainsi est une belle chose !

Il reste donc bien entendu qu'en l'état actuel de la facture, il n'y a en dehors des cornets, trompettes, trombones et cors, qu'une seule famille d'instruments à perce conique et à pistons qui porte différents noms suivant les pays, mais qui reste famille unique et qui se décompose en sept registres différents allant de l'aigu au grave comme suit :

Saxhorn soprano ou sopranino en *mi♭* communément appelé petit bugle dont l'étendue est :

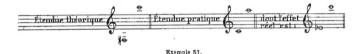

Exemple 57.

Saxhorn contralto en *si♭*, communément appelé grand bug'e ou simplement bugle, dont l'étendue est :

Exemple 58.

Saxhorn alto eu *mi♭*, communément appelé alto *mi♭*, dont l'étendue est :

Exemple 59.

Saxhorn baryton en *si♭*, communément appelé baryton *si♭*, dont l'étendue est :

Exemple 60.

Saxhorn basse en *ut* ou en *si♭*, à quatre pistons, communément appelé basse en *ut* ou en *si♭*, dési- | gné aussi dans les orchestres sous le nom de tuba, dont l'étendue est :

Exemple 61.

Saxhorn contrebasse en *mi♭* dont l'étendue est :

Exemple 62.

Saxhorn contrebasse en *si♭* dont l'étendue est :

Exemple 63.

Depuis l'admission à peu près générale des œuvres de Richard WAGNER dans les orchestres français, nos principaux facteurs construisent des basses en *ut* à cinq et à six pistons, afin de donner la possibilité d'obtenir le *ré♭* grave et d'assurer plus de justesse par des doigtés multiples plus ou moins compliqués, aux notes défectueuses des basses à quatre pistons.

Dans ces instruments, le cinquième piston est généralement d'un ton, soit descendant, soit ascendant, selon les systèmes, ou plus exactement selon le désir de l'artiste auquel est destiné l'instrument ; quelquefois ce piston n'est que d'un demi-ton et ne sert qu'à la transposition de certains passages trop chargés d'accidents.

Le sixième piston allonge l'instrument d'une quinte et permet ainsi d'avoir les *fa* graves justes ; de plus, il permet de nouveaux accouplements de pistons pour la recherche de plus de justesse dans les notes graves.

L'étendue théorique de ces instruments est :

Exemple 64.

soit quatre octaves et demie, mais il s'en faut de beaucoup que les meilleurs artistes puissent réaliser toute cette extraordinaire étendue, et si l'instrument est construit à très grosse perce et muni d'une embouchure à grain aussi large que possible, afin de favoriser l'émission des notes graves, ce seront alors les notes aiguës qui manqueront ; il est vrai que, si ces instruments conservaient tous les avantages, il n'y aurait plus lieu de se servir des contrebasses graves, qui n'ont pour elles que l'ampleur de leurs sons, puisque les simples basses à quatre pistons ont déjà une étendue théorique, au grave, supérieure à la leur.

Cependant, des essais ont été tentés, des efforts ont été faits, des progrès ont été réalisés pour rapprocher le timbre des saxhorns de celui des cors, dont on regrette toujours la voix si pénétrante et si caractéristique, sinon dans les orchestres symphoniques où le recrutement des artistes jouant ce magnifique instrument a toujours pu se faire, du moins dans les musiques militaires et dans les musiques civiles d'harmonie ou de fanfare, où l'opposition du règlement, le service à court terme et la difficulté même de l'instrument ainsi que son prix élevé, ne permettent que bien rarement de le voir figurer.

Dans ce but, on a rétréci la perce de la branche d'embouchure, on a allongé et rapetissé le grain de l'embouchure elle-même pour la rendre plus semblable à celle du cor, on a arrondi la forme de l'instrument, on a enfin, ce qui a constitué le progrès le plus appréciable, rendu la perce plus régulièrement conique et l'on a baptisé chacun de ces essais ou de ces modèles, suivant les facteurs ou les pays, des noms les plus suggestifs, sans jamais atteindre complètement le but qu'on s'était proposé.

Voici quelques-uns de ces noms :

Cor-alto,
Alto-cor,
Althorn,
Tenorhorn, quatre termes qui n'ont qu'une seule et même signification ;
Bugle-horn, en un ou deux mots, cela ne peut toujours vouloir dire que bugle-cor où saxhorn-cor.
Flicorno,
Eufonia,
Hélicon, saxhorn basse ou contrebasse, de forme ronde, permettant à l'instrumentiste de tenir son instrument enroulé autour du corps pour le jouer et le porter ;
Pelliton,
Pelitoni,
Herkulesofon,
Baroxyton,
Cornons,
Cornophones.

De cette liste bien incomplète, je le répète, et qu'on ne saurait compléter utilement, parce que toutes ces dénominations varient à l'infini suivant le caprice des facteurs ou les désinences de langage de chacun des pays, je ne retiendrai que les trois types les plus marqués pour établir les trois principaux aspects du problème, qui consiste à perfectionner les saxhorns jusqu'au point de n'avoir plus à regretter le cor.

L'*hélicon* n'a du cor que la forme ronde ; la perce et l'embouchure sont celles des saxhorns ; il est plus commode à porter pour jouer en marchant, mais, par contre, il ne peut se porter que d'une seule manière, même quand on ne joue pas, et devient ainsi bien plus incommode et plus fatigant pendant une marche un peu longue.

Il a enfin contre lui d'avoir toutes les tierces (les sons 5) beaucoup trop basses.

A ce sujet, il me faut revenir une dernière fois au principe de la *gamme naturelle.*

Fɪɢ. 444. — Hélicon. — Branche articulée mobile permettant d'amener l'embouchure aux lèvres de l'exécutant sans fausse position de la tête.

J'ai dit pages 1402, 1403, exemple 1, que le son 5 de la gamme naturelle est légèrement plus bas que ce même son 5 de la gamme tempérée.

Or cette différence, très légère sur les tubes longs et de perce étroite comme le cor ou la *grande* trompette sur lesquels on peut atteindre des harmoniques très élevés, s'accuse de plus en plus dans les tubes plus courts et de perce relativement plus large, comme la petite trompette et le cornet, qui sont presque cylindriques, puis dans les saxhorns qui, comme les précédents, n'atteignent plus qu'aux sons 8, mais sont de perce conique et de la forme ellipsoïdale ordinaire ; enfin, pour une cause qui échappe à la théorie, cette différence devient insupportable dans ces mêmes saxhorns dès qu'on leur donne la forme ronde. Ce fut la principale cause de l'abandon du *clairon chasseur* créé vers 1890 ; ce clairon, à forme ronde, avait des sons 3, 4 et 6 parfaitement d'accord avec les sons correspondants du clairon ellipsoïdal ordinaire, mais, dès qu'on attaquait les sons 5, cela devenait abominablement faux, et malgré l'avantage, très apprécié des chefs de corps, de mieux faire entendre les sonneries de marche aux troupes qui suivaient, il fallut abandonner cette forme nouvelle pour en revenir au vieux clairon avec pavillon en avant.

Fɪɢ. 445. — Clairon chasseur.

Fɪɢ. 446. — Clairon si ♭.

L'*alto-cor,* qui n'est qu'un saxhorn

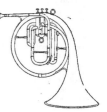

Fɪɢ. 447. — Alto-cor mi ♭.

alto à *forme ronde*, subit, quoi qu'en disent les facteurs, la même loi des sons 5 beaucoup trop bas.

FIG. 448. — Cor alto en *mi♭*.

Le cor-*alto* est encore un saxhorn alto dans le genre du précédent, mais dont on a rétréci la branche d'embouchure, sur laquelle on a fixé une embouchure se rapprochant de l'embouchure du cor; c'est toujours un saxhorn à forme ronde avec des sons moins amples.

Enfin, les *cornophones* sont des saxhorns dont on a rendu la perce plus régulièrement conique, et dont l'embouchure se rapproche de celle du cor, mais auxquels on a conservé la forme ellipsoïdale. Malgré son nom, l'alto n'a pas et ne peut avoir la *voix du cor*, et cela pour la raison capitale que la longueur du tube est, comme celle de tous les saxhorns alto *mi♭*, de moitié plus courte que la longueur d'un cor également en *mi♭* et que, alors que dans ce dernier les sons les plus employés se meuvent entre les harmoniques 4 et 12, les sons correspondants du cornophone alto vont de l'harmonique 2 à l'harmonique 6; le *timbre* ne saurait donc être le même, pas plus que la petite trompette en *ut* ne saurait prétendre à avoir le même timbre que les sons similaires de l'ancienne grande trompette en *ut*, dont la longueur et conséquemment les harmoniques étaient doubles ; la petite trompette est infiniment plus facile à jouer, c'est entendu, mais quant à avoir le timbre, la pénétration et la portée de la grande trompette, c'est tout autre chose.

Le cornophone baryton en *si♭* a la longueur de l'ancien cor en *si♭ haut*, et cela ne suffisant pas à expliquer que ses sons aigus se rapprochent du timbre des sons du cor; malheureusement, sa perce plus large ne se prête peut-être pas aussi aisément à l'émission de ces sons aigus.

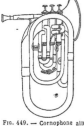

FIG. 449. — Cornophone alto *mi♭*.

En résumé, ce qui donne le caractère particulier des sons du cor, c'est surtout la série élevée des harmoniques de cet instrument, série obtenue par les proportions d'un tube très long eu égard à une perce très étroite et d'un cône extrêmement allongé; c'est aussi ce qui constitue la difficulté de cet instrument, parce qu'il est indispensable d'avoir l'oreille et les lèvres très sûres et très exercées pour se mouvoir avec quelque assurance au milieu de tous ces harmoniques de degrés conjoints.

Pour conserver le caractère du cor à un instrument dont le tube serait de moitié plus court, il faudrait que la perce de ce tube fût réduite également de moitié dans *toute sa longueur*, mais il est à craindre qu'un tel instrument ait également sa *sonorité réduite de moitié*, ce que l'on veut éviter à tout prix. Au lieu de cela, les facteurs cherchent la solution du problème en construisant des tubes de moitié plus courts pour obtenir des harmoniques du double moins élevés dont la pratique est infiniment plus aisée, mais dont la perce, partie de l'embouchure du grand cor, souvent même plus grande, va en s'élargissant dans un cône très accusé; le résultat ne peut être le timbre du cor; il ne peut logiquement aboutir qu'au timbre de saxhorn plus ou moins perfectionné, mais timbre de saxhorn toujours.

Pour conclure, je ne puis mieux faire que de rééditer cette réflexion d'un La Palisse quelconque : « Il n'y a qu'un instrument qui puisse vraiment remplacer un cor, — c'est un autre cor. »

Les meilleures méthodes pour les saxhorns soprano, contralto, alto et baryton sont celles que j'ai citées plus haut pour le cornet à pistons.

Pour les saxhorns basses et les trombones à pistons, ce sont celles de :

Michel BLÉGER;
SALABERT;
CAUSINUS.

Sudrophone.

Le *sudrophone*, ou voix de sudre, n'est pas un nouvel instrument, mais une modification imaginée par SUDRE et appliquée par lui à tous les instruments de cuivre pour leur ajouter un timbre nouveau.

Cette modification consiste en une ouverture pratiquée à la naissance du pavillon, ouverture recouverte par une membrane de soie qui vibre aux sons de l'instrument, à la manière de la pelure d'oignon du mirliton ou du bigotphone, ou plus exactement, de la flûte eunuque ; ces vibrations modifient le

MANIEMENT DE LA MEMBRANE DES SUDROPHONES.

La membrane des sudrophones se compose essentiellement d'un double cylindre, se plaçant dans un petit tube fixé à demeure sur le côté du pavillon, et dont l'un porte la soie dont la vibration modifie le timbre de l'instrument.

1) Pour jouer avec le *timbre du cuivre* ordinaire, *tourner le cylindre à droite* en le prenant par *l'anneau A*, et fermer ainsi la fenêtre de la membrane.

2) Pour faire parler la membrane et *modifier le timbre, tourner l'anneau A à gauche* et ouvrir ainsi la fenêtre de la membrane.

3) Pour obtenir *le timbre désiré*, régler la tension de la membrane par *la vis V. Pour tendre la soie, tourner la vis peu à peu à droite*, en émettant par exemple une note de façon à choisir le timbre voulu ; plus on tend, plus le son se rapproche de celui du cuivre. *Pour la détendre, tourner peu à peu à gauche*; on obtient le timbre d'*instruments à anche*; plus on détend, plus le son se rapproche de celui des instruments à cordes.

NOTA. — Il ne faut pas que l'instrumentiste se préoccupe de la vibration un peu forte qu'il entend en jouant; cette vibration disparaît entièrement à une courte distance, et le son est d'une grande pureté pour l'auditeur.

Avant de jouer avec la membrane, il est bon de la mettre à la température de l'air sonore qui va venir la faire vibrer : pour cela, respirer une ou deux fois sur la soie, sans sortir la membrane.

4) Pour *retirer* la membrane, la saisir par l'anneau A et tirer en bas, quand le taquet *t*, fixé sur le cylindre, se trouve devant la rainure du tube fixe.

5) Une fois le cylindre *retiré*, il suffit, pour sortir la membrane de soie, de saisir le cylindre de la main gauche par l'anneau A et de la droite par le bouton B, puis de tourner à droite ce bouton de façon à faire glisser le taquet *s* dans la rainure oblique ; en tirant en bas, les deux cylindres se séparent et la membrane de soie apparaît.

OBSERVATIONS. — Il faut retirer la membrane le moins souvent possible et bien faire attention, en la sortant, de ne pas la frotter contre le tube, ce qui pourrait la couper.

Quand l'instrument est au repos, avoir soin de fermer la membrane comme pour jouer en cuivre.

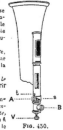

FIG. 450.

timbre de l'instrument et le rapprochent de celui des instruments à cordes ; je ne dis pas qu'elles le remplacent, mais seulement qu'elles le rapprochent, et c'est déjà beaucoup. Par une sorte de verrou, l'instrumentiste peut à volonté boucher cette ouverture et rendre ainsi le timbre primitif à l'instrument, qui possède de la sorte deux timbres bien distincts.

Quant à la forme *nouvelle*, ou plus exactement très ancienne, car elle nous ramène à la forme primitive des fameux *ophicléides à pistons* de vers 1830, quant à la forme donnée à ces instruments, elle n'influe en rien sur les timbres et n'a, je suppose, qu'un but : celui de distinguer ces instruments spéciaux, des instruments ordinaires, et d'attirer l'œil du client ou de l'auditeur. Quoi qu'il en soit, le sudrophone est une véritable invention qui peut et doit rendre de réels services, au moins dans les fanfares si pauvres en timbres caractéristiques.

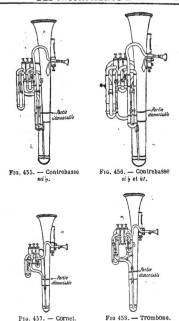

FIG. 455. — Contrebasse *mi♭*.   FIG. 456. — Contrebasse *si♭ et ut*.

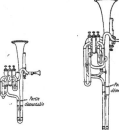

FIG. 451. — Grand bugle.   FIG. 452. — Alto.

FIG. 457. — Cornet.   FIG 458. — Trombone.

clairon avec une trompette, ou toute autre fantaisie du même genre ; les deux instruments jumeaux sont reliés à une branche d'embouchure commune et reçoivent alternativement l'action du souffle de l'instrumentiste au moyen d'une noix ou barillet, sorte de robinet de distribution employé également sur certains instruments comme le cornet, le cor ou la basse pour mettre l'instrument en *si♭* ou *la*; en *mi♭* ou *fa* ou en *ut* et *si♭*, afin d'éviter l'embarras d'un ton de rechange.

FIG. 459. — Barillet simple.   FIG. 460. — Barillet double.

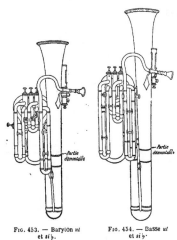

FIG. 453. — Baryton *ut* et *si♭*.   FIG. 454. — Basse *ut* et *si♭*.

Duplex.

Les *duplex* ne nous apportent aucun principe nouveau; les instruments qu'on appelle ainsi ne sont tout simplement que l'accouplement d'un cornet avec un bugle, ou d'un bugle avec un alto, ou d'un

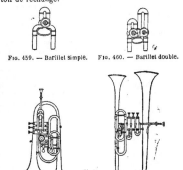

Pavillon en avant.   Pavillon en l'air.

FIG. 461. — Contralto et cornet en *si♭*.

Je n'ai pas besoin d'insister pour établir que ces instruments ne sont et ne peuvent être que des pièces d'exposition ou de vitrine. En effet, même en prenant le cas qui paraît le plus logique du clairon-trompette, pour permettre de transmettre des ordres à l'infanterie ou à la cavalerie, l'instrument est lourd, il exige deux embouchures différentes, un musicien exercé, intelligent et aux lèvres très souples. N'est-il pas infiniment plus simple de mettre à la disposition du chef commandant les troupes, un clairon et un trompette qui, bien au courant chacun de leur instrument et de leurs sonneries, ne risqueront ni l'un ni l'autre de se tromper d'intonation ou de sonnerie?

Quant aux autres instruments, n'en parlons pas; en dehors d'un artiste de music-hall, ils ne sauraient avoir aucune utilité.

Au cours de cette étude, je n'ai parlé ni des embouchures rayées de GUILHAUT, ni des embouchures concentriques de SUDRE, ni de l'amplificateur système BALAY, ni de quantité d'autres innovations pour tel ou tel instrument émanant de tel ou tel facteur; c'est que la tâche serait longue d'énumérer toutes les merveilles d'ingéniosité que l'on voit figurer dans les catalogues, et qui témoignent des efforts de chacun pour trouver de nouveaux perfectionnements, si minimes qu'ils puissent être. D'ailleurs, aucune de ces innovations ne nous apporterait un nouveau principe à étudier, une nouvelle loi à connaître, et aucune ne peut encore se prévaloir d'être devenue d'un usage général ou d'être seulement employée par tous les artistes professionnels. Dans ces conditions, j'estime qu'il n'y a pas lieu de préjuger de leur succès dans l'avenir.

DES INSTRUMENTS A PERCUSSION

Après avoir examiné les principes des instruments à vent, il nous reste à jeter un rapide coup d'œil sur les instruments à percussion formant le complément du matériel sonore de nos orchestres de symphonie, d'harmonie ou de fanfare, vulgairement appelés instruments de la batterie ou accessoires.

Nés les premiers dans l'humanité, comme éléments musicaux, ils sont aujourd'hui relégués au dernier rang, malgré leur utilité indéniable.

Je dis qu'ils sont nés les premiers comme éléments de musique. En effet, l'homme ne chantait pas encore, que son pas de marche ou de course exprimait déjà une cadence, un rythme, simple il est vrai, mais suffisamment marqué et régulier pour être envisagé musicalement; pour peu que cet homme ait des armes pendues à sa ceinture, des outils rudimentaires s'entre-choquant sur son épaule aux mouvements de osu corps, en voilà assez pour distraire son oreille amusée; n'enjolivons-nous pas encore, de nos jours, le coursier qui emmène notre charrette, d'un collier de grelots qui n'ont d'autre son appréciable qu'un bruit rythmique?

Si le pas de l'homme marquait un rythme, et le faisait marquer aux objets qu'il portait, il était bien naturel que l'idée lui vînt de renverser les rôles et que, prenant deux morceaux de bois et les frappant l'un contre l'autre, il s'en servît pour marquer le rythme de la marche, de la course et bientôt de la danse. Désormais, il est incontestable que cet homme

fait de la musique; ses deux morceaux de bois deviendront des claquebois et des castagnettes; nous en ferons même un instrument mélodique dans le xylophone; ou bien, abandonnant le bois pour le bronze, il en fera des cymbales, des grelots, des clochettes et des cloches qui formeront les joyeux carillons des Flandres; enfin, creusant son bois et le recouvrant d'une peau, il en fera un tambour, une timbale, à moins que, mettant deux peaux, il en fasse une caisse petite ou grosse.

Le principe de production du son sera ici toujours le même : on frappe l'instrument, soit avec un objet de même nature, soit avec une baguette de métal ou de bois recouverte d'étoupe, de feutre, d'éponge, de cuir, ou bien tout simplement à nu, mais, dans tous les cas, le son résulte d'un coup frappé.

Quant au son lui-même, il différera suivant la nature de l'instrument, sa construction, les matériaux employés et leur disposition.

Le claquebois fut constitué d'abord par deux morceaux quelconques de bois que l'on frappa l'un contre l'autre; puis, on en a fait un instrument spécial composé d'une lame de bois au milieu de laquelle une charnière rudimentaire fixait une deuxième lame plus courte destinée à venir frapper la première pour produire le bruit rythmique.

FIG. 462.

Cet instrument primitif est connu également sous les noms de crotale ou de platagé.

Nous le retrouvons en Italie sous cette forme très améliorée :

FIG. 463.

et en France, de nos jours, pour l'imitation du fouet, sous cette forme :

FIG. 464.

A défaut de claquebois, ou plus souvent pour le renforcer, on employait le claquement des mains, comme le prouve la figure ci-dessous provenant

Fig. 465. — Bas-relief assyrien de koyoundjik (F. Clément).

d'un bas-relief trouvé dans les ruines de Ninive et aujourd'hui au Muséum Britannique. Nous retrouvons le même instrument, perfectionné

et permettant des rythmes rapides, dans les castagnettes si populaires en Espagne et déjà connues de l'antiquité :

Fig. 466.   Fig. 467.

Pour l'orchestre, et afin d'en rendre le maniement plus facile, on construit des castagnettes à manche :

Fig. 468.   Fig. 469.

Dans certains pays, les enfants remplacent les castagnettes par deux petites lamelles de bois tenues entre les doigts et nommées claquettes ou cliquettes.

Fig. 470.

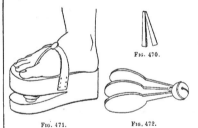

Fig. 471.   Fig. 472.

Enfin, Carmen, dansant devant don José, prend tout simplement deux tessons ou fragments d'assiette pour remplacer ses castagnettes oubliées.

En bois encore est la crécelle, jouet d'enfant ou de carnaval, employée dans un format plus grand au théâtre pour figurer la fusillade, et à l'orchestre pour imiter le craquement des arbres dans certains morceaux imitatifs d'orage.

Fig. 473.

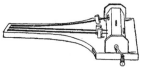

FIG. 474. — Crécelle.

FIG. 475.

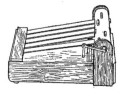

FIG. 476. — Crécelle.

En remplaçant le ressort de la grande crécelle par une bande de grosse soie enveloppant en partie la roue cannelée, on obtient l'imitation du vent. Ce n'est plus alors un instrument à percussion, mais un simple accessoire de théâtre employé exceptionnellement dans une grande fantaisie de musique imitative, qui eut autrefois une certaine vogue, ayant pour titre : Le Fremesberg, de Miloslaw KœNNEMANN.

FIG. 477. — Machine pour l'imitation du vent.

L'auteur a également employé dans cette composition une machine pour imiter la pluie et la grêle, sorte d'escalier creux en zinc, dans lequel des pois ou des haricots secs descendant ou précipités de marche à marche, font un crépitement imitatif; il y avait encore une machine pour faire les éclairs, grosse pipe contenant une lampe à esprit-de-vin, sur laquelle on souffle de la poudre de lycopode, puis enfin, une tôle mince suspendue par un de ses angles, et que l'on secoue fortement pour rendre le bruit du tonnerre (procédés employés dans les théâtres).

FIG. 478. — Machine à imiter la pluie et la grêle.

Tous ces engins ne sont et ne peuvent être des instruments de rythme ou des instruments de mélodie; pas plus que le coup de pistolet employé par MÉHUL dans l'ouverture de La Chasse du Jeune Henri, pas plus que les coups de canon employés dans certaines cérémonies solennelles par des compositeurs ou des chefs d'orchestre voulant impressionner la foule[1], ces accessoires ne doivent être considérés comme partie intégrante du matériel musical.

L'imitation de la caille et celle du coucou qui peuvent s'obtenir musicalement, se font aussi, la première avec une petite caisse de résonance de dimensions calculées pour donner la note voulue à l'aide d'un petit maillet,

FIG. 479.

la seconde au moyen d'un tube carré en bois, sorte de minuscule tuyau d'orgue percé d'un trou aux quatre cinquièmes de la longueur totale, et donnant conséquemment la tierce de la fondamentale; ce trou se bouche avec un doigt; les deux notes sont obtenues en soufflant dans le tuyau. C'est, en somme, un véritable instrument à vent.

FIG. 480. — Coucou.   FIG. 481. — Coucou.

Le xylophone ou balafo du Sénégal, au contraire, est essentiellement un instrument à percussion, composé d'un certain nombre de lames d'un bois très sonore et rendant des sons parfaitement distincts. Ces lames reposent sur deux cordons de paille, de caoutchouc ou de chanvre; on les fait vibrer avec

1. Le canon fut employé en 1615 dans l'Oloferno d'Hilaire GAUNDMANS à Dresde; en 1643, dans le Te Deum de RAUCH; en 1648, dans le Currus Triumphalis du même RAUCH, à Vienne (cette dernière œuvre avec addition de mousquets); en 1785 ou 1788 par SARTI, dans son Te Deum pour la Victoire d'Oczakov en Russie et par Carl STAMITZ dans un concert à Nüremberg.

Il fut encore employé en 1836 au camp de Krasnoïé-Selo, près de Saint-Pétersbourg; en 1867 par ROSSINI, dans son Hymne au Peuple Français, et enfin en 1869 et 1872, dans deux fêtes musicales données à Boston par M. GILLMORE.

deux petits marteaux de bois dur; le maître Saint-Saëns en a fait un emploi excellent dans la *Danse macabre*.

FIG. 482.

Le même instrument, avec des lames de verre, se retrouve sous le nom d'harmonica dans les bazars au rayon des jouets d'enfants.

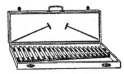

FIG. 483. — Carillon sans clavier.

Avec des lames d'acier, nous retrouvons encore le même instrument sous les noms de jeu de timbres ou de carillon.

FIG. 484.

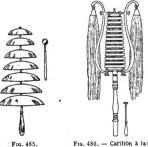

FIG. 485.   FIG. 486. — Carillon à lames d'acier, une octave chromatique.

Les lames d'acier remplacées par des cordes métalliques tendues sur une caisse sonore, nous donnent le *cembalo* ou *tympanon*[1] joué avec tant de maîtrise par les artistes tziganes.

_____
1. Voir chapitre Hongrie de Bertha.

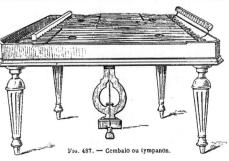

FIG. 487. — Cembalo ou tympanon.

Ces cordes, placées dans une caisse sonore et percutées par des marteaux actionnés par un système à échappement mû par les touches d'un clavier, deviennent les éléments de l'instrument de concert public ou familial par excellence : le piano.

Gardant la caisse sonore et le clavier, et renonçant aux cordes pour reprendre les lames d'acier montées sur caisses de résonance, nous avons le *Glockenspiel* employé par Mozart dans la *Flûte enchantée*, mais infiniment perfectionné par A. Mustel, et connu sous le non de célesta Mustel.

FIG. 488. — Carillon à clavier ou Glockenspiel.

En acier encore et vigoureusement *percutée*, l'enclume qui sert de pédale supérieure dans le chœur des Bohémiens du *Trouvère* (2e acte) de Verdi, ainsi que celle de l'acte de la forge de *Siegfried* de R. Wagner.

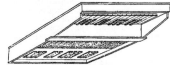

FIG. 489. — Enclumes.

Plus transportable et infiniment plus léger est le modeste triangle, simple tringle d'acier doublement coudée qu'on fait vibrer au moyen d'une petite batte, également d'acier, et qui donne une note légère dans les morceaux d'allure champêtre.

Bien que cette note soit appréciable à l'oreille, on n'en tient pas compte habituellement pour prescrire l'emploi du triangle dans des compositions d'une tonalité quelconque, et cet instrument est considéré comme donnant un son indéterminé.

FIG. 490.

Fig. 491. — Diapason.

De même ordre, et cependant considéré comme instrument à son essentiellement déterminé, fixe et éminemment régulateur, est le diapason : fourchette d'acier construite pour fournir exactement le la^3 de 870 vibrations à la seconde sous le choc d'un léger marteau ou d'un objet dur quelconque.

Ici, je ne crois pas sans intérêt de faire la remarque suivante :

Il est généralement admis que le premier son musical perceptible est fourni par un tuyau ouvert de 32 pieds ou un tuyau fermé de 16 pieds; c'est l'ut grave du grand orgue, donnant 32 vibrations simples à la seconde, indiqué en acoustique ut_2.

Le lu, son harmonique 27 de cet ut_2, est précisément le la_3 du diapason pris comme base d'accord des instruments, et il devrait donner 864 vibrations à la seconde.

En fixant à 870 vibrations le la normal du diapason, dans son arrêté du 16 février 1859, le ministre a donc rélevé très légèrement la gamme normale, et l'ut_2 du grand orgue doit donner un peu plus de 32 vibrations à la seconde (exactement 32,223), ce qui ne le rend que plus appréciable à l'oreille, mais ce qui complique fâcheusement les calculs.

Avant cette réglementation, chaque théâtre, chaque orchestre avait son diapason particulier et, comme le nombre de vibrations différait d'un diapason à l'autre, il s'ensuivait que la justesse des instruments s'en ressentait, puis que la tessiture des chanteurs se trouvait plus ou moins tendue selon qu'ils chantaient dans un théâtre ou dans un autre, ou selon qu'une œuvre était chantée dans un même théâtre, mais à des époques différentes.

C'est ainsi que les relevés scientifiques qui ont été faits du la_3 servant pour l'accord donnent. :

Pour l'Opéra	en 1700, 800 vibrations.	
la Chapelle Saint-Louis	1780, 848	—
le Théâtre Italien	1823, 848	—
l'Opéra	1828, 863	—
—	1834, 868	—
—	1836, 882	—
le Conservatoire	1855, 898	—

Fig. 492. — Marche ascensionnelle du diapason en France de 1700 à 1855. (Collection de M. Gustave Lyon.)

de telle sorte; que lorsque l'on exécute de nos jours les œuvres de Lulli (Amadis de Gaule, 1684, ou Armide, 1686), de Rameau (Hippolyte et Aricie, 1733, Castor et Pollux, 1737) ou de Campra (Achille et Déidamie, 1735),

ces œuvres sont chantées et entendues près d'un ton (environ 7 commas) plus haut qu'à leur création; pour les œuvres de Monsigny (Le Déserteur, 1769), Grétry (Les Deux Avares, 1770, Richard Cœur de lion, 1784), Gluck (Orphée, 1771, Alceste, 1776), la différence s'atténue jusqu'à un demi-ton (4 commas) ; pour celles de Méhul (Ariodant, 1798, Joseph, 1807), Boïeldieu (Le Calife de Bagdad, 1800, La Dame Blanche, 1825), Cimarosa (Le Mariage secret, 1801), Lesueur (Les Bardes, 1804), Spontini (La Vestale, 1807), Rossini (Le Barbier, 1819), le diapason remonte peu à peu jusqu'à une différence d'un peu moins de deux commas; enfin les premières œuvres d'Auber (La Muette de Portici, 1828, Fra Diavolo), de Meyerbeer (Robert le Diable, 1831), celles d'Hérold (Zampa, 1831, Le Pré aux Clercs, 1832), les dernières de Rossini (Le Comte Ory, 1828, Guillaume Tell, 1829) sont entendues presque sans changement, puis le diapason, continuant sa marche ascensionnelle, dépassa le la normal, et les œuvres d'Halévy (La Juive, 1835, Charles VI, 1843), de Meyerbeer (Les Huguenots, 1836, Le Prophète, 1849, L'Étoile du Nord, 1854), de Donizetti (La Favorite, La Fille du Régiment, 1840), de Félicien David (Le Désert, 1844), de Berlioz (La Damnation de Faust, 1848), de Victor Massé (Galathée, 1852, Les Noces de Jeannette, 1853), de Verdi (Le Trouvère, 1854, La Traviata, 1856, Rigoletto, 1857) sont entendues maintenant, au contraire, avec près de deux commas (1836) et près d'un demi-ton (1855 à 1859) plus bas qu'à leur création.

Or, pendant toute la période du xviii° et du premier quart du xix° siècle, les grandes orgues, au moins celles possédant le jeu de 32 pieds, ne pouvant laisser descendre leur ut grave à moins de 32 vibrations, puisque cet ut aurait cessé d'être perceptible à l'oreille, on était bien obligé de maintenir leur la_3 au 864 vibrations, au moins, ce qui constituait un écart parfois considérable entre l'orgue et l'orchestre, ainsi qu'entre le chant à l'église et au théâtre.

On attribue l'invention du diapason à l'Anglais John Shore, et l'on en fixe la date à 1711, mais d'autres auteurs affirment que le diapason d'acier était en usage en France dès 1700 et même 1699.

On construit des diapasons composés d'une anche libre renfermée dans un petit tube de bois ou de métal, dits diapasons de bouche à l'usage des violonistes; ils rentrent alors dans la série des instruments à vent.

Enfin, on établit des diapasons en acier, montés sur une boîte de résonance, donnant le $si\flat$, à l'usage des harmonies et des fanfares dont les instruments en $si\flat$ et en $mi\flat$, ainsi que les trombones à coulisse, quand elles en possèdent, peuvent ainsi s'accorder sur une note à vide (do, sol ou $si\flat$ obtenus sans abaissement de pistons ou sans allongement de coulisse).

Il va de soi que l'on peut construire des diapasons donnant tous les sons de l'échelle musicale; ce n'est qu'une question de dimensions. C'est ainsi que le diapason allemand donne un la de 880 vibrations, et le diapason italien donne le do au lieu du la.

Pour terminer les instruments d'acier, je suis obligé de remonter aux antiquités grecque, égyptienne et juive[1] afin de signaler le sistre, qu'il faut bien se garder de confondre avec le cistre, qui était au temps de la Renaissance un très bel instrument à cordes pincées.

Le sistre était une bande d'acier courbée en ellipse ou en hexagone allongé et traversée par plusieurs

1. Voir les articles Grèce, Égypte, etc.

barrettes d'acier également, se meuvant librement et produisant, par leur choc de droite ou de gauche, un bruit rythmique; quelquefois, on ajoutait de petits anneaux aux barrettes pour en augmenter l'effet.

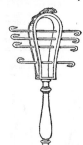

FIG. 493. — Sistre.   FIG. 494. — Ts'anât'sel, sistre.

On construisait aussi des sistres en bronze, et cela nous conduit sans heurts aux instruments rythmiques modernes qui les ont remplacés.

FIG. 495.

Ce sont d'abord les *grelots*, ordinairement cousus ou fixés sur une lanière de cuir, qu'on agite en mesure pour imiter le trot ou le galop d'un cheval, accessoire très employé au théâtre.

Ou de petites *sonnettes* qui donnent un bruit plus clair et un son mieux déterminé, donc plus tonal.

Autrefois, on réunissait grelots et sonnettes pendus en grand nombre sous ce qu'on appelait le *chapeau chinois* ou *pavillon chinois*, et un musicien agitait toute cette sonnaillerie à côté de la grosse caisse en tête de chaque régiment

Plus grosse et à son bien déterminé est la *clochette* ou petite cloche qu'on emploie seule (Prière de *Fra Diavolo*), ou groupées à trois sur un léger bâti (Ouverture des *Noces de Jeannette*).

FIG. 496.
Chapeau chinois.

FIG. 497.

FIG. 498. — Cloches des *Noces de Jeannette*.

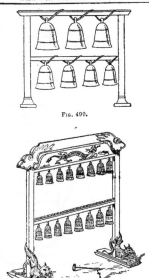

FIG. 490.

FIG. 500. — Tchoung ou tchung.

Autrefois, on employait aussi des timbres fixés les uns au-dessus des autres sur une tige, mais les notes en étaient trop aiguës et leur son trop faible (fig. 502).

Ces timbres, qui étaient très fragiles, ont été abandonnés et remplacés par les timbres d'acier indiqués page 1465.

Clochettes et timbres ne sont guère employés que par les harmonies et les fanfares qui, jouant dehors, ne peuvent se servir que d'instruments ou d'accessoires d'un transport aisé; à l'orchestre, à l'orchestre d'opéra surtout, on emploie de véritables cloches dont la gravité relative se prête mieux aux situations dramatiques.

Mais ces grosses cloches offrent plusieurs inconvénients : elles sont d'un prix fort élevé, elles tiennent beaucoup de place, employées ou non, et leurs

FIG. 501.
Timbre
d'une Octave.

FIG. 502. — Cloche.   FIG. 503. — Cloche.

vibrations dépassent quelquefois là puissance de l'orchestre.

Pour remédier à tous ces inconvénients, Jules Martin, fondateur de la maison Tournier, a imaginé vers 1867 de remplacer les grosses cloches lourdes, encombrantes et dispendieuses, par des tubes en bronze qui sont d'un prix minime, tiennent très peu de place, peuvent aisément se transporter et sont d'une musicalité plus grande (fig. 504-505).

Je dis que ces *tubes-cloches* sont d'une musicalité plus grande que les vraies cloches; cela demande une explication.

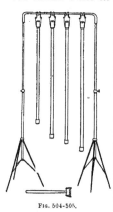

Fig. 504-505.

On a écrit (je ne me rappelle plus quel auteur) que la cloche peut donner plusieurs notes différentes suivant l'endroit choisi pour la frapper. Le fait n'est pas exact; un instant après qu'elle a été frappée, la cloche revient toujours à sa tonalité générale unique; ce qui est vrai, c'est qu'au moment du choc, certains harmoniques sortent avec une prédominance plus ou moins marquée selon l'endroit de la cloche où le coup a été donné, mais cet effet de prédominance de tel ou tel autre harmonique ne dure que l'instant qui suit immédiatement le choc, et cesse dès que toutes les parties de la cloche sont entrées dans leurs vibrations normales. D'ailleurs, il est généralement admis que la cloche doit être frappée un peu au-dessus de l'évasement du bord formant pavillon afin de donner immédiatement le maximum de sonorité par le maximum de vibrations.

Mais les vibrations de la cloche sont tellement multiples et diverses que, non seulement elles déterminent quantité d'harmoniques supérieurs, mais encore que, dans la rencontre des centres communs d'ondulations sonores des divers harmoniques, elles sont encore assez puissantes pour créer et faire entendre un certain nombre d'*harmoniques inférieurs différentiels* (voir Acoustique).

Ces harmoniques multiples sont l'une des causes qui rendent la vérification de l'accord des cloches si difficile, car ils arrivent, lorsque l'on est près de la cloche, à être si puissants, qu'ils masquent la note fondamentale réelle; ils ont encore l'inconvénient *d'entrer en conflit avec l'harmonie* de l'orchestre, lorsque cette harmonie renferme le son principal de la cloche, non comme *fondamentale* de l'accord général, mais comme note complémentaire de cet accord.

Le tube-cloche émet bien la plupart des harmoniques de la cloche, et il le faut bien puisque, sans cette condition, il n'aurait plus le même timbre et ne pourrait plus y être substitué, mais ces harmoniques sont de beaucoup moins puissants et, par cela même, moins gênants; la portée du son de la cloche peut s'étendre à un nombre respectable de kilomètres, ce-

lui du tube-cloche à quelques centaines de mètres à peine: or, il n'est nul besoin d'enfermer dans une salle de spectacle ou de concert, de dimension forcément restreintes une sonorité volumineuse, à ce point qu'elle peut paralyser et étouffer même tous les sons l'environnant, mais *n'entrant pas* dans ses divisions harmoniques propres. Le son du tube-cloche, moins puissant, mais, par cela même et puis aussi sans doute par la forme plus régulière de l'instrument qui le produit, plus pur, plus tonal, moins encombré d'harmoniques trop prédominants, se lie mieux à l'orchestre, qu'il ne domine et ne couvre pas.

Le grelot est une sorte de petit globe en bronze dans lequel une petite balle métallique produit le son. Ouvrant le grelot par le côté opposé au point d'attache, et fixant intérieurement à ce point d'attache la petite balle métallique au moyen d'une petite tige mobile, le grelot devient sonnette. Enlevant la balle métallique et sa tige, aplatissant toute la robe de la sonnette, nous obtenons le crotale, ou petite cymbale à paroi épaisse, qu'on emploie par paire en frappant l'un contre l'autre.

Fig. 506.   Fig. 507.
Crotales d'Égypte.

Je dois reconnaître pour la vérité historique que ces instruments ont étés créés à l'inverse de ce que je viens de dire, et cela se comprend aisément si l'on tient compte des difficultés de fabrication. Le crotale, pièce de bronze presque plate, forgée et battue au marteau, a été connu dès la plus haute antiquité et a, comme le claquebois, remplacé le rythme des mains frappées; en rabattant les bords toujours à la forge et au marteau, on en a fait des sonnettes et des cloches très ouvertes, puis plus tard, se rapprochant de la forme actuelle en en *rivant* les côtés rapprochés, enfin le procédé du bronze *fondu* permit de faire la sonnette, la cloche, puis le grelot modernes.

Fig. 508. — Sanfang de Sainte-Cécile (Cologne). Cloche du vie siècle.

D'autre part, le crotale subit une autre évolution par la diminution d'épaisseur de sa paroi et l'agrandissement de son diamètre; ce furent d'abord les cymbales assyriennes:

Fig. 509. — Cymbales assyriennes.

1. Voir Égypte.

et pompéiennes :

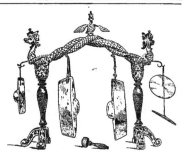

Fig. 514.

Fig. 510. — Scène de théâtre, mosaïque trouvée en 1762 près Pompéï.

puis les cymbales persanes :

Fig. 515.

Fig. 511. — Cymbales persanes.

enfin les cymbales turques, encore en usage de nos jours (fig. 512).

Fig. 512.
Cymbales turques.

En étendant encore le diamètre de la cymbale, repliant un peu le bord et faisant disparaître la bosselure du centre, les Chinois ont créé le *tam-tam* ou *gong* qui, suspendu et frappé par une batte formée d'un tampon fixé au bout d'un manche, produit un son très vibrant, se rapprochant beaucoup du son de la cloche, et pouvant y être substitué en bien des cas (fig. 513).

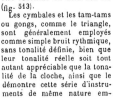

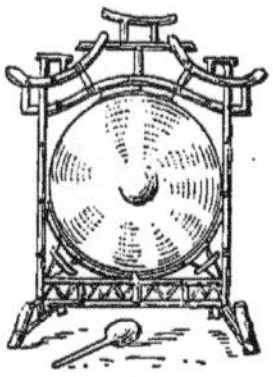

Fig. 513.
Tam-tam chinois.

Les cymbales et les tam-tams ou gongs, comme le triangle, sont généralement employés comme simple bruit rythmique, sans tonalité définie, bien que leur tonalité réelle soit tout autant appréciable que la tonalité de la cloche, ainsi que le démontre cette série d'instruments de même nature employés tantôt seuls et tantôt en série musicale.

Revenons maintenant, pour notre dernière série d'instruments à percussion, aux claquebois de la page 1462; l'homme a pris deux morceaux de bois pour les frapper l'un contre l'autre, mais ces morceaux ne sont pas toujours pareils, et l'un d'eux peut n'être qu'une branche ou une baguette pour frapper sur l'autre, qui peut être un tronc d'arbre et qui peut même être creux; un jour, le hasard peut faire qu'une peau de bête soit à sécher sur ce tronc, et l'homme remarque que la sonorité n'est plus la même; le bruit est devenu un son plus ou moins sourd,

mais un son suffisamment caractérisé quand même, et la *nacaire* ou *timbale* est trouvée (fig. 516).

Fig. 516.

Dès lors, le tronc creusé par la vétusté sera remplacé par un tronc creusé par la main de l'homme, la peau sera fixée, tendue par des lanières, puis le tronc d'arbre sera remplacé par un *tronc en bronze*, c'est-à-dire par une demi-sphère de bronze ou de cuivre ou de laiton, et ce sera le fût de timbale actuel, après avoir été le fût de la nacaire du moyen âge et de la tympana antique.

Il va de soi qu'il y a une différence considérable entre la tympana antique et la timbale moderne comme instrument musical; la peau fixée par des lanières, ou même par des clous, attachée par tous les moyens de fortune dont disposaient les peuples primitifs, ne pouvait offrir qu'un son indéterminé sans accord possible; certaines nations garnissaient même les tympana d'anneaux de fer ou de bronze à l'imitation des sistres, et ce n'était

Fig. 517.
Tympana antique.

pas fait pour ajouter de la musicalité à ces instruments, dont les formes, les dimensions, la façon de les porter ou de les installer pour les jouer étaient très différentes. Les seuls points communs sont la forme incurvée du fût, la peau recouvrant ce fû et les baguettes qui servent à frapper la peau.

Fig. 518. — Tambours persans.

Fig. 519. — Timbale très ancienne.

Fig. 520. — Petite timbale des Arabes.

Fig. 521. — Tambour des troupes chinoises.

Fig. 522. — Timbale des anciens Polonais.

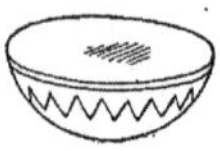

Fig. 523. — Timbale guerrière des anciens.

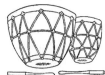

Fig. 524.

Fig. 525. Timbale antique.

Fig. 526. — Timbale indienne en fer.

Fig. 527.

Ce n'est qu'à partir de la Renaissance que nous voyons les timbales munies d'un appareil de ten-

Fig. 528.   Fig. 529.

sion de la peau, avec vis de serrage; dès lors, non seulement l'accord de la timbale avec la tonalité générale des autres instruments est possible et même facile, mais encore il devient aisé de faire varier cet accord dans l'étendue et la limite de sonorité utilisable d'une quinte, ce qui permet, les timbales étant ordinairement employées par paire (une timbale dont l'accord peu monter du *fa* au *do* et l'autre pouvant monter du *si* ♭ au *fa*), ce qui permet, dis-je, de faire entendre la tonique et la dominante d'une tonalité quelle qu'elle soit.

Fig. 530.

Fig. 531. — Timbales guerrières des Allemands (XVIe et XVIIe siècles).

Fig. 532.
Timbale d'orchestre.

Fig. 533. — Timbale de cavalerie (XVIIe siècle).

Telle qu'elles sont construites, les timbales manquent encore de souplesse dans leur mécanisme pour opérer leur changement de tonalités. En effet, si pro-

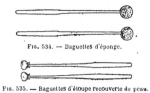

Fig. 534. — Baguettes d'éponge.

Fig. 535. — Baguettes d'étoupe recouverte de peau.

che que soit ce changement, il faut visser ou dévis-
ser six clés (vis de serrage à têtes assez semblables

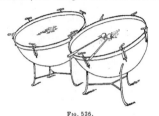

Fig. 536.

à la tête-poignée du tire-bouchon), et n'aurait-on
qu'un quart de tour à faire subir à chacune de ces

Fig. 537. — Cortège funèbre des Égyptiens.
(Peinture d'un tombeau de Thèbes.)

clés, cela demande encore un moment tel que le
compositeur est contraint, s'il veut modifier sa tona-

lité, de ménager plusieurs mesures à compter à la
partie de timbales pour permettre le changement
d'accord. On a essayé plusieurs systèmes pour obtenir ce changement rapide ou instantané, notamment
l'introduction dans la timbale, sous la peau, d'un
certain nombre de cercles concentriques qui, élevés à volonté par un jeu de pédales mues par le
pied du timbalier, viennent rétrécir la partie vibrante
de la peau et en élever ainsi la tonalité un peu à
la manière des péda-
les de la harpe. Mal-
heureusement pour
ce système, comme
pour ceux qui ten-
dent à obtenir le ser-
rage automatique des

Fig. 538. — Tambour de basque
à manche.

six clés simultanément, les diverses parties de la
peau n'ont jamais une élasticité et une égalité de sonorité assez parfaites pour se prêter à ces tensions
ou à ces rétrecissements automatiques, tout en conservant la justesse désirable, et, si égale que soit la
première tension, si parfait que soit l'accord initial,
la mise en action du mécanisme ne tarde jamais à
ne laisser que des désillusions à l'artiste qui compte
sur une progressivité absolue et de l'égalité des
tensions successives, et surtout de la pureté des
accords qui devraient en découler.

Bref, jusqu'à ce jour, aucun artiste ne s'est rallié à
aucun de ces systèmes, et les timbaliers attendent
encore la timbale moderne qui leur donnera toutes
satisfactions.

Mais retournons aux ancêtres. Nous avons vu comment la peau était venue se tendre sur un fût de bois

Fig. 539. — Musique et jeux. (Peinture égyptienne antérieure au siège de Troie.)

d'abord, de bronze ensuite; mais ce fût de bois
creusé était lourd et
embarrassant, et en
attendant, ou pendant
son évolution vers le
bronze, les peuples
anciens trouvèrent le
moyen de tendre la
peau sur la couronne
seulement du tronc
primitif; la sonorité
était moindre, mais
l'instrument devenait
essentiellement portatif. Les Égyptiens en firent de

Fig. 540
Tympanum cribi.

carrés et de ronds, d'autres y adjoignirent des anneaux, des sonnettes, des grelots ou de petites cymbales logées par paires le long du cercle, les bâguettes
furent abandonnées et remplacées par la main, voire
la tête, les genoux ou les coudes; mais le meilleur
effet en est tiré par le frottement du pouce enduit de
colophane, et c'est ainsi qu'il a traversé les siècles
et qu'il nous est parvenu sous le nom de *tambour de
basque*, après avoir été le *tympanum-cribi* (tambour-
crible) ou *tympanon* des anciens, le *toph* des Hébreux,
le *tambourin* des Chinois, le *tabor* des Bretons et
des Anglais.

Fig. 541. — Tympanum
des anciens.

Fig. 542. — Tambour de basque
à grelots (Chine).

Fig. 543. — Toph
(Hébreux).

Fig. 541.

Appliquant le principe des tambours de basque ou

FIG. 545.

tambour à une seule peau, aux timbales, Ad. Sax a eu l'ingénieuse idée de créer les *timbales sans fût*.

Ces timbales n'ont certainement pas la belle sonorité pleine des timbales ordinaires, mais elles s'accordent très bien et sont d'un transport beaucoup plus aisé; lorsque j'avais l'honneur de diriger la musique du 4ᵉ régiment d'infanterie, j'ai eu l'occasion d'employer des timbales reposant sur ce même principe, qu'avait construites la maison A. LECONTE, aujourd'hui disparue, et ces timbales m'ont rendu des services très appréciables. On peut certai-

FIG. 546. — La tablette accusatrice et le tambour à conseils de l'empereur Yao.

nement regretter que les musiques de plein air n'en généralisent pas l'emploi.

Enfin, l'évolution du tympanon se compléta de la manière suivante :

Après avoir supprimé le fond de la timbale pour en faire ce que nous appelons aujourd'hui le tambour de basque, on allongea les parois de la couronne et l'on remplaça l'ancien fond de bois ou de métal par un fond factice constitué par une seconde peau : le *tambour*, ou plutôt les tambours, étaient créés. En effet, *caisse claire, caisse roulante, tambourin, grosse caisse, tarole*, etc., ne sont toujours que des *tambours* caractérisés par un fût recouvert, d'un côté, par une *peau de batterie* (plus épaisse) destinée à recevoir la mise en vibration du choc d'une, de

deux baguettes ou d'une mailloche (tampon d'étoupe recouvert d'une peau et fixé au bout d'un manche de bois ou de jonc), quelquefois de la main, et de l'autre côté, par une *peau de timbre* (plus mince) destinée à recevoir sa mise en vibration, des vibrations de la peau de batterie *par sympathie*, ou plutôt par la pression de l'air contenu dans la caisse; les deux

FIG. 548.
Tambour des Égyptiens.

peaux sont tendues par une corde allant alternativement de l'une à l'autre autour du fût.

FIG. 549. — Concert devant une princesse dans l'Inde.

FIG. 550. — Musiciens réglant la danse.

FIG. 551. — Gros tambour persan.

FIG. 552. — Tambourin de l'Afrique centrale.　　FIG. 553. — Tambour à caisse de bois (Perse).

FIG. 547. — Instruments placés à la porte du palais pour connaître la vérité.

Comme on peut le voir par les fig. 565, 566 et 567, on remplace souvent maintenant la corde des caisses petites et grosses, par des tringles métalliques terminées, à l'un de leurs bouts, par des vis de serrage.

J'ai dit qu'on dénomme

FIG. 554.

FIG. 555. — Tambour royal
de Guinée.

les deux peaux : *peau de batterie* et *peau de timbre.* Ce dernier qualificatif n'est vraiment justifié que pour les

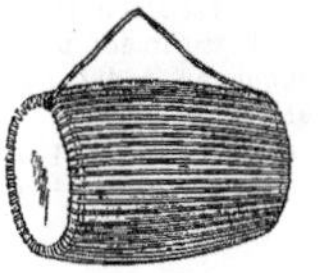

FIG. 556.
Tambour birman.

FIG. 557. — Nakarah
ou timbale des Indiens.

tambours proprement dits (*tambours militaires*) et pour les caisses claires et roulantes (*tambours de musique*). En effet, ces instruments sont les seuls qui soient munis du *timbre* constitué par une double cordelette en boyau fixée en bas du fût, passant dans de petites ouvertures ménagées à cet effet dans le cercle inférieur, et effleurant la peau, dite pour cette raison *de timbre.* Ce timbre, qui aboutit de l'autre côté de son attache à un petit appareil de tension qui le fait adhérer plus ou moins à la peau, produit l'action suivante : quand un coup de baguette frappe sur la peau de batterie, la peau de timbre en reçoit une commotion sympathique qui la fait se heurter au timbre, lequel, entrant en vibration à son tour, vient à chacune de ses vibrations frapper la peau de timbre comme une sorte de baguette réflexe, et donne ainsi un grand renforcement au son initial du coup de baguette sur la peau de batterie. Il va de soi que plus le timbre est tendu, plus son action réflexe est énergique ; plus il est détendu, plus cette action est molle, et s'il est assez détendu pour ne plus toucher à la peau, ou si on l'isole par l'interposition d'un mouchoir, par exemple, placé entre le timbre et la peau de timbre, son action sera tout à fait nulle ; et même, la peau de timbre, se trouvant paralysée par la pression du mouchoir, ne vibrera plus par sympathie, et la sonorité, se trouvant réduite à la

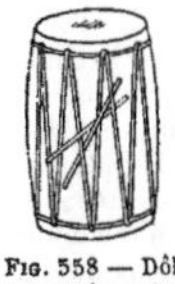

FIG. 558 — Dôle
ou grand tambour
des Indiens.

FIG. 559. — Tambour
des Allemands.

FIG. 560.   FIG. 561.
Tambours à cordes.

seule peau de batterie, sera aussi faible que possible.

La sonorité des tambours peut encore être modifiée (assombrie) par l'apposition *sur* la peau de

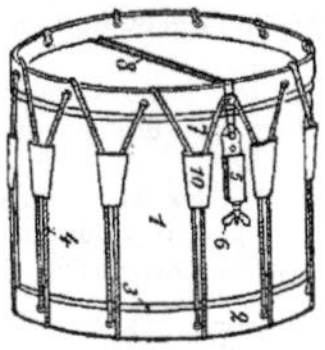

FIG. 562.
Tambour muni du timbre.

FIG. 563.
Baguettes de tambour.

batterie d'une étoffe légère (drap mince ou voile

FIG. 564.
Tarole *Grégoire.*

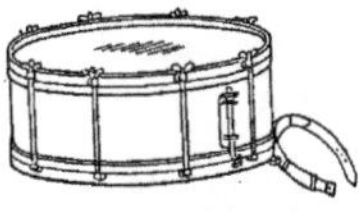

FIG. 565. — Caisse plate
en cuivre à tringles.

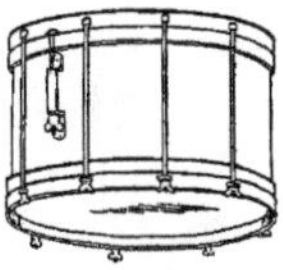

épais) qui amortit le choc des baguettes et rend le son plus sourd ; c'est ce qu'on appelle le *tambour voilé,*

FIG. 566.
Caisse claire à tringles.

FIG. 567.
Caisse roulante à tringles.

d'un emploi lugubre dans les cérémonies funèbres.

Les fûts se font en bois très mince, en tôle de fer, en cuivre ou en aluminium.

Les tambours modernes se désignent sous les vocables suivants :

Caisse plate ou *tarole* (fig. 565 et 564), tambour dont le fût est très court.

Caisse claire (fig. 560 et 566), tambour dont le fût est un peu plus long que celui de la caisse plate.

Caisse roulante, tambour dont le fût est plus long que celui de la caisse claire.

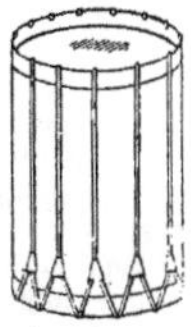

FIG. 568.
Caisse roulante
ou tambourin.

Cette expression de caisse *roulante* est assez mal choisie, attendu qu'on *roule*, qu'on fait le *roulement* (succession très rapide des coups de baguettes) tout aussi bien sur la caisse *plate* et sur la caisse *claire* que sur la caisse *roulante*, et le terme *caisse sombre* qu'on emploie quelquefois indiquerait bien mieux l'opposition de sonorité avec la caisse *claire*, mais l'usage veut que ce soit une caisse *roulante*.

Fig. 569.

A défaut de caisse roulante, on obtient un effet *approché* sur la caisse claire en desserrant légèrement le timbre; en relâchant tout à fait ce timbre, on supplée, mais plutôt mal que bien, aux effets de timbales (mais sans tonalité déterminée) ou de tambourin.

Tambourin (fig. 569), tambour dont le fût est très long et souvent sans timbre.

Grosse caisse (fig. 570), tambour très large, sans timbre, qui se porte en travers, et pour le jeu duquel les baguettes sont remplacées par une mailloche.

Fig. 570. — Grosse caisse en tôle à cordes.   Fig. 571. — Grosse caisse en tôle à tringles.

Il ne me reste plus à parler, pour terminer les instruments à percussion, que de la *simplex*.

Fig. 572. — Grosse caisse à une seule peau, dite *simplex*.

M. Schmidt, alors chef de musique du 76ᵉ régiment d'infanterie, dans le but de rendre la grosse caisse moins encombrante et moins lourde, a eu l'idée d'appliquer à cet instrument le principe du tambour de basque et de la timbale sans fût; il a donc fait fabriquer la grosse caisse à une seule peau tendue sur un fût réduit aux proportions les plus courtes (en fait ce n'est plus une caisse). La légèreté et le moindre encombrement ont donc été obtenus. Seulement, il arrive ceci : alors que, dans tous les tambours, les deux peaux qui n'ont pas la même épaisseur vibrent ensemble, mais sans donner de tonalité définie et précise, la grosse caisse à une seule peau devient une grande timbale sans fût, avec tonalité parfaitement appréciable demandant un accord convenable avec la tonalité, non seulement du morceau à exécuter, mais encore des diverses modulations de ce morceau; or, la simplex a bien des vis de tension, mais qui sont loin d'avoir la puissance des clés de timbales; il en résulte donc que, en dehors des cas où le hasard met les tonalités de l'exécution en assez bonne relation avec le ton de la simplex, il ne reste que le dilemme : ou distendre la peau pour lui faire perdre toute tonalité, et alors l'instrument ne saurait plus produire aucun effet, ou conserver une tension raisonnable et fermer l'oreille aux chocs des tonalités dissemblables.

Si l'on veut tirer un réel avantage de la grosse caisse à une seule peau, dont l'idée est excellente, il faut :

1° la construire assez solidement pour que le cadre puisse supporter les clés de serrage et une pression assez puissante pour obtenir une variation tonale d'au moins une quinte, afin que l'instrument puisse toujours faire entendre la tonique, ou, à défaut, la dominante des tonalités exécutées;

2° Prendre pour jouer cet instrument un artiste capable d'accorder sa grosse caisse comme le ferait un véritable timbalier.

DE LA CONSTRUCTION
DES INSTRUMENTS DE MUSIQUE

Instruments en bois.

Les premiers instruments de musique de la catégorie dite *bois*, bien que certains d'entre eux soient, de nos jours, entièrement en métal, furent, tout d'abord et tout naturellement, *coupés* dans des plantes creuses ou à moelle, comme le sureau, le roseau, la canne à sucre, le bambou ou même le chaume d'une forte graminée, suivant le pays et les circonstances, suivant aussi la nature de l'instrument. Il va de soi que la syrinx s'est accommodée du roseau plus longtemps que la flûte, et celle-ci plus longtemps que le chalumeau.

Quoi qu'il en soit, lorsque l'*artiste* ne fit plus lui-même son instrument, et qu'il s'adressa au menuisier ou mieux à l'ébéniste de ces temps anciens, il voulut avoir un instrument plus solide, plus résistant et plus *joli*, et le chaume, le sureau et le roseau furent abandonnés et remplacés, au moins pour l'Europe, par le buis ou l'os, comme en témoignent les noms romains de *tibiæ* et *tibicinæ* donnés aux flûtes taillées, dit-on, dans les jambes de grues.

Plus tard, l'ivoire, les bois précieux, surtout l'ébène, l'argent même furent employés pour la construction des instruments de choix.

Quant aux procédés de fabrication, ils étaient des plus simples et n'avaient rien de scientifique. On s'en rendra compte par l'état des sciences et de la mécanique aux dates que donne Constant Pierre dans son livre si documenté, *Les Facteurs d'instruments de musique; les Luthiers et la facture instrumentale*[1], pour les premiers fabricants spéciaux d'instruments de musique.

1. Paris, Ed. Sagot, 1893.

On ne trouve pas trace de *féseeurs* de trompes avant 1297 : de *faiseurs* d'orgues avant 1520, et la première communauté des *faiseurs* d'instruments de musique ne fut enregistrée qu'en 1599. Encore n'est-il pas établi que ces *féseeurs* de trompes n'étaient pas des chaudronniers qui faisaient des trompes en même temps que les autres pièces de leur état, de même que les faiseurs de flûtes, hautbois, etc., n'étaient que des ouvriers menuisiers ou ébénistes construisant également des flûtes, des hautbois, etc.; toujours est-il que les premiers faisaient partie de la communauté des *forcetiers*, d'abord, puis, plus tard, de celle des *chaudronniers*, et que, en 1741, les *tabletiers* construisaient encore des instruments de bois, et prétendaient avoir seuls le droit de les tourner et de les garnir d'ivoire ou de corne, ne reconnaissant aux *facteurs* d'instruments de musique que le droit de *finir* et de *perfectionner* lesdits instruments.

D'ailleurs, la facture suivante, extraite des comptes des bâtiments du roi sous le règne de Louis XIV[1], n'est-elle pas édifiante :

« 1668, 6 aoust, à Jean Joyeux, *facteur d'orgues*, pour plusieurs tuyaux qu'il a faits *pour conduire l'eau dans le rocher de la salle du festin* .... 77 livres. »

Quoi qu'il en soit, tabletiers ou spécialistes n'avaient pas de procédés de fabrication différents, et une flûte ou un hautbois n'était pas tourné autrement qu'un barreau de chaise ou un pied de table ; c'est sur ce que l'on appelait encore au milieu du xixe siècle un *tour en l'air* ou à perche que l'opération se faisait[2].

Ce tour différait des tours modernes par un outillage plus simple, surtout en ce que la pièce à tourner était mue par une corde partant d'une sorte d'arc en bois formant ressort et fixé au plafond (en l'air), ladite corde s'enroulant autour de la pièce à tourner, ou mieux autour du mandrin supportant cette pièce, et allant aboutir à une pédale actionnée par un des pieds de l'ouvrier.

La pièce tournait ainsi dans les deux sens : sens du travail, lorsque l'ouvrier pesait de son pied sur la pédale, sens du repos, ou du non-travail, lorsque l'ouvrier laissait remonter la pédale rappelée en l'air par le ressort de l'arc fixé au plafond.

L'on comprend aisément qu'avec un tel outillage, non seulement la moitié du temps de l'ouvrier était perdue, mais encore l'outil, *ciseau, bédane* ou *gouge*[3], continuellement déplacé par le mouvement alternatif de la pièce à tourner, ne pouvait fournir aucun travail de précision.

L'instrument, dont on faisait le fragment d'instrument, car même une petite flûte est toujours divisée en deux pièces, une grande en trois ou quatre, un hautbois en trois, etc., donc, le fragment d'instrument tourné extérieurement était fixé sur le tour en face d'une mèche ou tarière en acier nommée *perce*, qui transperçait la pièce dans sa longueur et assurait ainsi la régularité toute relative de la perce, mais toujours sans précision absolue.

Chaque fragment était et est encore relié et fixé au fragment suivant par une sorte de tenon ménagé

dans le bout inférieur du corps supérieur, et qui, garni de fil ou de filasse autrefois, presque toujours maintenant de liège, entre avec une pression suffisante pour en assurer la solidité dans une sorte de douille creusée dans l'épaisseur du bois au bout supérieur du fragment inférieur.

Fig. 573.

Les divers fragments d'un instrument étant ainsi préparés, l'ouvrier *féseeur, faiseur*, ou *facteur*, suivant l'orthographe ou le terme de l'époque, régularisait la *perce* de l'instrument, donnait la conicité voulue au moyen de diverses *perces* à main, et, c'est dans cette opération et dans les suivantes, que se révélait l'habileté du maître ouvrier.

La perce générale de l'instrument une fois bien établie et régularisée dans toute sa longueur, il s'agissait de percer les *trous de notes*.

Nous avons vu, pages 1408 et suivantes, les emplacements *théoriques* de ces trous, mais il s'en faut et de beaucoup, que la théorie soit, en cette matière comme en bien d'autres, d'accord avec la pratique.

En voici plusieurs raisons :

1° La théorie de la vibration des sons, de la division des cordes et des corps sonores était à peu près inconnue des facteurs jusqu'à ces derniers siècles.

L'on peut d'ailleurs affirmer que, de nos jours, beaucoup d'ouvriers facteurs n'en ont pas encore la moindre connaissance.

2° Pour que les trous de notes pussent être percés à leur emplacement théorique, il faudrait qu'ils eussent une dimension telle que *toute la colonne* d'air pût s'en échapper, et alors les doigts ne seraient plus assez gros pour les boucher. C'est, du reste, pour cette raison que l'on est obligé de mettre un tampon sous chaque doigt sur la flûte Boëhm, instrument qui se rapproche le plus de la perce théorique.

3°. Les trous devraient être d'une dimension proportionnelle au diamètre de la *perce* de l'instrument, de telle sorte que la flûte, qui était conique, à l'inverse des autres instruments, devrait avoir ses plus grands trous le plus près de son embouchure, ce qui, les tampons n'étant pas inventés, amènerait des pertes d'air, les doigts n'étant pas assez gros pour les couvrir entièrement; le cas échéant même, la justesse et la sonorité seraient compromises par la partie charnue du doigt qui, forcément, pénétrerait en partie dans le trou et déformerait ainsi la colonne d'air.

4° En admettant un instrument sur lequel on aurait pu percer les trous d'assez grand diamètre à leur emplacement normal, il faudrait encore que la naissance du son (anche ou biseau) pût être modifiée proportionnellement à chaque longueur de colonne d'air, afin que le nombre de vibrations de la production du son fût en rapport constant avec chaque longueur du tuyau, ce qui est impossible. La pression croissante des lèvres et du souffle tend bien à ce résultat, mais dans une mesure insuffisante.

5° Les trous qui n'ont pas tout le développement qui conviendrait ont pour effet de ralentir les vibrations, de sorte que les sons sortent plus bas qu'ils ne devraient être eu égard à l'emplacement du trou.

Il résulte de cette dernière raison que les trous doivent être d'autant plus remontés vers la tête de l'instrument (production du son) qu'ils sont d'un diamètre plus petit, afin d'obtenir des sons à peu près justes.

1. J. Guiffrey, *Collection de documents inédits sur l'Histoire de France.*

2. Voir, dans l'*Illustration* du 24 avril 1926, la gravure à gauche de la page 10 des annonces représentant un ouvrier tourneur du XVIe siècle.

3. C'est ainsi que se nomment les outils destinés à obtenir sur le tour des surfaces régulières ou évidées.

Comme il n'y avait aucune règle absolue pour la grandeur des trous, pas plus d'ailleurs que pour le ou les diamètres de la perce, chaque facteur établissait l'emplacement de ces trous d'après un gabarit spécial à chaque atelier ; les divers trous étant tracés sur l'instrument, ils étaient percés légèrement plus petits qu'ils ne devaient être, et le maître habile, souvent artiste exécutant lui-même, se réservait de les mettre au point voulu pour obtenir la justesse ; ce travail délicat se faisait par tâtonnements, en essayant chaque note (chaque trou) l'une après l'autre, et en agrandissant le trou graduellement jusqu'à ce que la note sortît avec toute la justesse désirée ; si, par un agrandissement accidentel trop fort, la note sortait trop haute, alors on rétrécissait le trou tant bien que mal, par un enduit intérieur de cire, de gomme laque ou de tout autre produit similaire, ou bien on rebouchait le trou au moyen d'une cheville de même bois fortement collée et qu'on reperçait avec le plus grand soin, à nouveau ; toutefois, cette *réparation*, plus solide, mais plus coûteuse, ne se faisait que bien rarement.

Il est à remarquer que, de nos jours, le finissage des instruments de choix ne se fait pas autrement. L'instrument, dont la perce et les trous ont été amenés par un outillage de grande précision à la justesse presque absolue, n'en est pas moins essayé, mais alors seulement qu'il est complètement monté, d'abord par un essayeur *employé* dans la maison, les maîtres facteurs travaillant eux-mêmes devenant de plus en plus rares, puis par un artiste habile *attaché* à la maison, qui fait faire par un ouvrier les modifications qu'il juge nécessaires pour obtenir un instrument parfait.

Pour donner plus de solidité aux divers corps de l'instrument, en même temps que pour l'ornementation, on mit à chacun des bouts *extérieurs* des corps de petites bagues ou viroles en corne, en ivoire, en laiton, en argent, voire même en or.

Puis vinrent les clés.

Ce fut d'abord ce que j'appellerai la clé de prolongement du petit doigt de la main droite. Il s'agissait de boucher le septième trou de note pour donner la fondamentale *ut* de la longueur totale ; il fallait donc une clé ouverte, c'est-à-dire une clé qui, au repos, fût ouverte et ne se fermât que sous la pression du doigt.

Pour obtenir ce résultat, on fixait un peu au-dessus du trou de note, soit en les vissant directement sur le corps de l'instrument, soit en les rivant sur une petite plaque métallique fixée par une ou deux vis sur le corps de l'instrument, deux petits tourillons ou supports (boules ou bornes en termes techniques).

Fig. 574.

Sur ces deux tourillons, on fixait au moyen d'un petit axe vissé dans le deuxième tourillon, une tige portant à l'une de ses extrémités une petite cuvette garnie d'un tampon d'ouate, d'étoupe ou de feutre renfermé dans une enveloppe de baudruche ou de peau très fine.

Clé   Tampon   Tampon dans l'alvéole de la clé

Fig. 575.

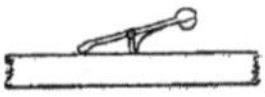

Fig. 576.

Sous cette clé, on fixait un ressort qui, s'appuyant sur le corps de l'instrument ou mieux sur la petite plaque des tourillons, maintenait la clé ouverte.

Pour faire agir cette clé, on disposait sur deux tourillons semblables, une autre tige basculant en sens inverse (fig. 577).

Cette sorte de clé à bascule, inventée pour suppléer au manque de longueur du petit doigt de la main

Fig. 577.

droite, a été employée ensuite pour le petit doigt de la main gauche (clé de *si* grave et double clé de *mi♭*). On en trouve encore des applications sur des clarinettes d'anciens systèmes et de prix inférieur.

En changeant le ressort de côté en et élargissant l'extrémité de la tige en spatule pour le doigt, on en fit une clé fermée qui fut employée pour le *mi♭*, le *si♭*, l'*ut♮*, la clé d'octave, etc.

En la courbant, on en fit une clé transversale, d'abord pour le *fa♯* ou le *fa♮*, suivant les instruments, puis pour le *sol♯-la♭*.

Fig. 579.

Cependant, la grande clé ouverte avec transmission était encombrante et peu gracieuse ; pour la rendre à action directe, on en modifia la forme ainsi :

Fig. 578.

Fig. 580.

Et pour la faire relever, on inaugura le ressort à aiguille :

FIG. 581.

De la sorte, le ressort à aiguille maintenant la clé ouverte, le doigt appuyant sur la spatule fait fermer directement la clé sans aucune transmission.

Avec ces modifications, la facture a fait de tels progrès, que non seulement les tabletiers et autres ont dû abandonner toute collaboration à la fabrication des instruments de musique, mais même que les facteurs spéciaux d'instruments de musique se scindent en facteurs d'instruments de cuivre et facteurs d'instruments de bois; puis ceux-ci se divisent encore en ouvriers *flûtiers* ou finisseurs, c'est-à-dire qui font, qui travaillent le bois des flûtes, des hautbois, des clarinettes, des bassons, qui posent les tourillons, les clés, les tampons, et en ouvriers *cleftiers* qui construisent, préparent, ajustent toutes les parties métalliques, clés, ressorts, tourillons, etc. Cependant, les *boisseliers* conservent encore la fabrication des tambours, caisses claires, caisses roulantes et grosses caisses avec fûts en bois, les fûts en cuivre et en tôle de fer ou d'aluminium ressortissant du chaudronnier.

On invente le système des anneaux mobiles qui se posent au-dessus des trous de notes et qui permettent, par des tiges de correspondance, de faire ouvrir ou fermer une ou plusieurs clés en même temps que le doigt s'abaisse; on invente les clés dites à double effet, qui permettent de faire ouvrir une clé à volonté par un doigt de la main droite ou un doigt de la main gauche; on invente notamment pour le hautbois, la clé d'octave réellement à double effet qui, par un jeu de plusieurs ressorts, les uns plus forts, les autres plus faibles et se neutralisant l'un l'autre, font que, selon les trous de notes couverts, c'est l'une ou l'autre clé d'octave qui s'ouvre automatiquement sous la spatule unique pressée par l'instrumentiste; on invente l'un ou l'autre instrument des mécanismes si compliqués, si fins, si délicats qu'il ne suffit plus d'un cleftier pour forger, limer et ajuster la clé; il faut maintenant un forgeron spécialiste, un mécanicien, et même un mécanicien habile, pour ajuster ces clés, ces anneaux, ces correspondances, équilibrer ces ressorts, etc., car le mécanisme de certains instruments est une véritable merveille de précision.

Bref, plus les instruments reçoivent de perfectionnements, plus la division du travail s'impose, et il est indispensable aujourd'hui, même au petit facteur qui s'est spécialisé dans la confection d'un seul instrument, d'avoir dans son atelier, et un outillage de précision, et plusieurs collaborateurs, spécialistes chacun dans sa partie.

Quant à l'industrialisation de la facture des instruments de musique en bois, chaque maison, j'allais dire chaque *usine*, garde jalousement ses secrets (?) de fabrication, mais il n'est pas malaisé, étant donné l'état de la mécanique et de l'outillage modernes, de se figurer quels peuvent être ces procédés.

C'est, tout d'abord, le fragile tour à perche, intermittent et sans fixité, remplacé par un solide *tour de précision*, mû par le gaz, la vapeur ou l'électricité, sur lequel le ciseau, le bédane ou la gouge tenus à la main sont remplacés par un chariot porteur d'un *outil de forme* ayant exactement le profil du fragment d'instrument à tourner, et qui achève un travail parfait en trois tours de vis qu'opère un ouvrier qui pourrait n'être qu'un simple manœuvre; ou bien encore l'emploi du *tour à reproduire*, sur lequel il suffit de placer sous une *molette* une pièce finie, pour que l'outil reproduise automatiquement un nombre infini de pièces semblables.

Pour la perce intérieure, le fragment d'instrument, toujours fixé sur le tour et soutenu par une *lunette*, reçoit une première perce d'un foret ou d'une tarière fixée sur un *support* placé *en bout*, pour assurer le dégagement des copeaux qui pourrait provoquer l'éclatement de la pièce, si le percement complet s'opérait en une seule fois, puis sur la perce définitive qui achève ainsi rapidement et avec précision cette seconde partie du travail.

Ensuite, il n'est pas impossible d'imaginer — bien que plus compliquée — une machine qui perce en une seule, ou tout au plus en deux fois, tous les trous de notes et de clés de ce fragment d'instrument, et voici celui-ci prêt à recevoir sa garniture métallique.

Il va de soi que chaque fragment d'instrument exige un outillage particulier, mais, comme ce genre de fabrication procède par milliers d'exemplaires, les frais de premier établissement sont vite récupérés.

Pour la partie métallique, les tourillons sont naturellement faits au tour.

Quant aux clés, anneaux mobiles, tiges de correspondances, etc., deux procédés sont employés pour compléter ou remplacer le travail du forgeron :

1° La *soudure* de pièces préparées à la forge avec d'autres pièces préparées au tour;

2° La *fonte*.

Ce dernier procédé n'est peut-être pas le plus solide, mais, comme il est plus radical et surtout plus expéditif, c'est le plus employé.

Je m'empresse d'ajouter que — même dans les maisons de grande production — les procédés ultra-rapides doivent être abandonnés dès que ces maisons ont à fournir de véritables instruments d'artistes, car, pour très précis que soit l'outillage, le résultat artistique n'est toujours qu'approché, et s'il peut suffire à la clientèle d'exportation, si les exécutants de nos sociétés populaires peuvent s'en contenter, à cause du bon marché de ces instruments faits en séries, le véritable artiste est plus exigeant, et ne saurait accepter pour son usage personnel qu'un instrument qui lui donne toutes les satisfactions de justesse, de solidité, de qualité de son et de perfection dans un mécanisme parfaitement égalisé; c'est pourquoi ces instruments coûtent cher aujourd'hui comme autrefois, et c'est pourquoi, malgré leur prix élevé, ces instruments d'artistes laissent, somme toute, moins de bénéfices à leurs producteurs que les instruments de facture courante.

Le buis fut longtemps employé presque exclusivement pour les flûtes, les hautbois et les clarinettes, l'érable pour les bassons; les garnitures seules étaient en bois différents, en corne, en ivoire ou en métal; plus tard, le buis et l'érable furent brunis à l'acide ou au vernis. Vers 1806, LAURENT fit des flûtes en cristal; on en fit aussi en ivoire; enfin, on fit des clarinettes en ébène, et peu à peu les flûtes se fabriquèrent aussi en ébène, en grenadille et quelquefois en palissandre, jusqu'au jour où la flûte BŒHM se fit presque exclusivement en métal, maillechort ou argent.

Pour les clarinettes, l'ébène a prévalu; on en

construit cependant en ébonite ou vulcanite, sorte de caoutchouc durci; les becs se font en ébène, en cristal, en ébonite et quelquefois, mais rarement, en grenadille..

Les hautbois et cors anglais se construisent maintenant en ébène ou en palissandre, rarement en grenadille.

Enfin, les bassons se font en palissandre et érable.

Quant aux clés et garnitures de tous les instruments de bois, il y a longtemps que le cuivre (sauf pour des instruments de prix tout à fait inférieur), l'ivoire, la corne et les bois différents ont disparu; le maillechort et l'argent sont seuls employés.

Instruments en cuivre.

Les instruments dits de cuivre ont pris naissance dans les cornes des animaux, que l'homme primitif évidait, perçait au bout pointu et dans lesquelles il soufflait, soit pour s'amuser, soit pour donner un signal de ralliement. De là les noms de corne, *cornu* romaine, cor d'appel, cor de chasse et cor, nom générique de tous les instruments de cuivre à perce conique, cor en français, *horn* en allemand et en anglais.

Une autre origine se retrouve, pour les pays maritimes, dans les *conques,* les *trompes* et les *buccins* (coquillages en spirale avec lesquels on obtenait les mêmes résultats qu'avec les cornes), d'où les noms de *buccina* romaine, trompe, trompette et trombone.

Enfin, les bergers de montagnes des pays les plus divers, comme la Suisse, la Suède et la Norvège, la Roumanie, la Transylvanie et jusqu'au Thibet, emploient l'écorce d'arbre enroulée en spirale pour en faire les trompes et trompettes connues communément sous le nom de *cor des Alpes.*

Néanmoins, dès que l'homme vit en société à peu près organisée, nous voyons apparaître l'imitation de la corne en métal, puis l'instrument s'allonge, la perce se rétrécit et le cor ou la trompette en airain, en bronze ou en argent est cité par les plus anciens historiens qui nous le présentent aussi quelquefois sous le nom de *tuba* (tube).

C'est, en effet, un tube plus ou moins long, plus ou moins conique, quelquefois cylindrique dans la plus grande partie de sa longueur, mais se terminant toujours par une partie conique appelée pavillon.

Dès lors, il est tout naturel que la fabrication de ces instruments soit devenue le monopole des chaudronniers, sauf pour les instruments en argent, d'ailleurs assez rares, qui étaient construits par les orfèvres, et cela, jusqu'à l'époque des premières recherches d'un mécanisme quelconque permettant d'obtenir ou les notes intermédiaires entre un harmonique et l'harmonique suivant (clés), ou un changement très rapide de tonalité (pistons ou cylindres). Quoi qu'il en soit, il est établi, d'après les recherches de Constant PIERRE[1], qu'en 1785, c'étaient encore les chaudronniers qui fabriquaient les instruments de cuivre.

Comme pour les instruments de bois, il faut distinguer deux genres de fabrication : la facture artistique, pour laquelle on emploie encore aujourd'hui la plupart des procédés manuels de la chaudronnerie d'autrefois, et la facture industrielle.

Examinons d'abord la facture artistique.

1° L'*embouchure.*

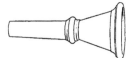

FIG. 582. — Embouchure, aspect extérieur.

FIG. 583. — Embouchure, coupe intérieure.

Tout d'abord forgée et travaillée à la main, puis au tour, l'embouchure est aujourd'hui fondue, puis percée, travaillée et finie au tour. Ce tour, autrefois actionné par la main de l'homme, est aujourd'hui mû par une machine à vapeur, par un moteur à gaz ou par une dynamo, mais le travail du tourneur est encore manuel, c'est-à-dire fait avec la plaine, le grain d'orge, etc., tenus à la main et maintenus sur le support.

L'avantage de ce travail manuel est de permettre à l'ouvrier d'apporter à l'embouchure, tout en lui conservant les proportions et la forme particulières exigées pour l'instrument auquel elle est destinée, d'apporter, dis-je, les petites modifications de détail que peut désirer l'artiste; ces modifications portent le plus souvent sur le diamètre et l'épaisseur des bords du bassin, afin que la nouvelle embouchure soit bien conforme, pour la partie adhérente aux lèvres, à celle que l'artiste a l'habitude de jouer; puis, aussi quelquefois, pour que l'artiste puisse jouer alternativement le cornet et le bugle, ou le cornet et la trompette, sans porter atteinte à la souplesse et à la délicatesse de ses lèvres; la profondeur des bassins, leurs formes, la finesse des grains sont différentes et ce qu'elles doivent être pour chacun des instruments auxquels elles sont destinées, mais les bords, les parties adhérentes aux lèvres sont identiques de l'une à l'autre, et l'artiste a l'impression d'avoir toujours la même embouchure. Les modifications peuvent aussi porter sur la grosseur relative du grain, sur la profondeur et la forme même du bassin, soit pour faciliter à l'artiste l'accession aux notes aiguës ou graves et remédier ainsi à un manque de puissance ou de souplesse des lèvres, soit pour donner plus de douceur ou plus d'éclat aux sons que l'artiste tire de son instrument.

2° Le *tube.*

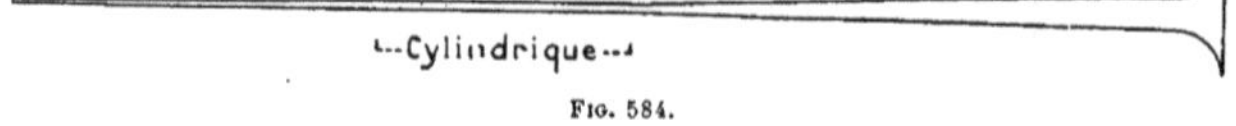

3ᵐ95

⌐Cylindrique⌐

FIG. 584.

1. Les *Facteurs d'Instruments de Musique,* Ed. Sagot éditeur.

Le tube est toujours divisé en plusieurs tronçons, et cela pour plusieurs raisons, dont les suivantes : 1° la difficulté d'avoir des feuilles de laiton de longueur suffisante pour la plupart des instruments; 2° la difficulté et même l'impossibilité de travailler à la main des tubes de si petit diamètre près de l'embouchure et de si grande longueur (le cor en *mi*♭ a tout près de quatre mètres de longueur de tube, de l'embouchure au pavillon); 3° le tube, n'étant jamais, quel que soit l'instrument, ni parfaitement cylindrique ni régulièrement conique, ne pourrait se rouler convenablement dans sa longueur totale; 4° la nécessité de placer une coulisse d'accord sur le parcours du tube, ce qui sectionne forcément ce tube; 5° enfin, le deuxième sectionnement du tube nécessite pour le placement du mécanisme : coulisse, cylindre ou piston.

Donc, pour former le tube, l'ouvrier commence par découper dans une planche de laiton une bande suivant un patron approprié au tronçon de tube qu'il veut rouler :

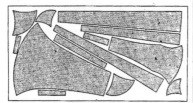

FIG. 585.

FIG. 586.
Planche de laiton dans laquelle sont découpées les diverses parties de l'instrument.

puis il l'applique sur un mandrin en acier, sur lequel il commence à former (rouler) le tube en pressant de ses mains la bande à droite et à gauche, ce qui en forme une sorte de gouttière :

FIG. 587.

ensuite, tournant cette gouttière autour du mandrin, de sorte que les deux bords ouverts se présentent en dessus, il les rabat au marteau l'un près de l'autre de façon à compléter et fermer son tube.

Quelquefois, ce travail de fermeture du tube est complété par le passage du tube dans une filière d'acier ou de plomb.

FIG. 588.

Le tube fermé est ensuite soudé, ou plus exactement brasé au laiton mélangé d'argent, ce qui le rend plus fusible.

FIG. 580.

Pour les gros tubes, ainsi que pour les fonds de timbales, on consolide encore cette soudure en *agrafant* les deux bords par des dents levées de droite et de gauche à l'aide de pinces spéciales.

Le tube soudé, il s'agit de le cintrer pour lui donner la forme voulue par la place que ce tube devra occuper dans l'instrument complet (les trompettes de mail-coach et celles employées dans *Aïda* sont les seuls instruments droits de l'embouchure au pavillon).

Pour faire cette opération sans risque de plissage ou de rupture du tube, on remplit ce tube, après l'avoir graissé, pour éviter l'adhérence, de plomb s'il est de petit ou de moyen diamètre, ou de résine s'il est plus gros; plomb ou résine refroidi, on procède

FIG. 590.

au cintrage à la main sur cheville de bois; la courbe obtenue, on plane au marteau; il va de soi que les

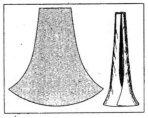

FIG. 591.

grosses culasses, les pavillons, ainsi que les fûts de timbales, reçoivent leurs courbes spéciales par le martelage exécuté par des ouvriers spéciaux.

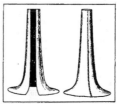

FIG. 592.   FIG. 593.

Ici se place une nouvelle opération : le bordage du pavillon.

Ce bordage est fait par l'insertion d'un cercle de fil de fer dans le bord du pavillon rabattu au marteau.

Lorsque les divers tronçons de l'instrument sont ainsi préparés, on les assemble *bout à bout*, en entourant la jonction, d'une bague ou virole qui doit en assurer la fixité, l'étanchéité et la solidité, mais là se place un détail dont on ne tient nul

Fɪɢ. 594.

compte dans la fabrication courante, et qui a, au contraire, une grande importance dans la fabrication artistique. Contrairement à la théorie qui semblerait indiquer évidemment que des tubes fabriqués sur les mêmes mandrins, avec les mêmes procédés, par le même ouvrier, doivent donner des résultats identiques et doivent être éminemment interchangeables sans la moindre différence pour la sonorité, la justesse des harmoniques et la facilité d'émission des sons, dans la pratique il en va tout autrement; si l'on considère quatre tronçons A, B, C, D, se succédant de l'embouchure au pavillon, ces tronçons doivent être essayés, *apparentés*, un à un; et si l'on construit en même temps quatre instruments semblables, ce qui donnera les quatre séries A, B, C, D ; A', B', C', D' ; A", B", C", D" ; A''', B''', C''', D''', il se pourra très bien qu'après l'apparentement, les quatre séries soient complètement mélangées et que les quatre instruments soient constitués ainsi : 1° A, B'', C''', D' ; 2° A', B''', C, D'' ; 3° A'', B', C', D''' ; 4° A''', B, C'', D; car, et c'est là le fait curieux, il ne s'ensuit pas qu'un tronçon qui ne s'apparente pas bien avec le ou les tronçons précédents, soit défectueux par lui-même; il n'offre qu'un résultat relativement médiocre avec celui-ci et il donne un résultat excellent avec celui-là. Je ne me permets pas d'expliquer les raisons de ces « convenances », mais ces faits, qui m'avaient été déjà affirmés autrefois par de véritables artistes ouvriers, m'ont encore été confirmés au moment d'écrire ces lignes.

Donc, les divers tronçons d'un instrument apparentés, assemblés et munis de bagues, on les soude et, pour assurer leur solidité, on relie les divers circuits du tube les uns aux autres par des entretoises également soudées au corps de l'instrument. Nous voici en possession d'un tube : c'est un cor *de chasse*, c'est une *trompette*, c'est un *claron*, un *claronceau* ou un *clairon*, c'est la limite de ce que pouvaient faire les chaudronniers. Tout ce qui nous reste à savoir est exclusivement du ressort de la *facture instrumentale*.

C'est d'abord la *coulisse d'accord*.

Pour établir celle-ci, on sectionne le tube à quelque distance de l'embouchure, ou, plus exactement, on interrompt le tube sur un parcours plus ou moins long selon l'instrument; on soude sur chacun de ces bouts sectionnés un tube-manchon dont le diamètre intérieur est égal au diamètre extérieur du tube sectionné; on consolide ces deux branches à l'aide d'entretoises ou de soudures sur le corps de l'instrument, puis on fait *la coulisse ou pompe d'accord* à l'aide d'un tube cintré en son milieu, et dont le diamètre extérieur est sensiblement égal à celui du tube sectionné, de telle sorte que les deux branches de la coulisse puissent entrer à frottement doux, mais un peu ferme toutefois, dans les deux manchons des tubes sectionnés.

Cette coulisse, qui a pour but de permettre un certain allongement du tube général de l'instrument pour le mettre exactement au diapason de l'orchestre, est tenue, de par son fonctionnement même, au diamètre cylindrique parfait du sectionnement A au

sectionnement A', quelle que soit la conicité théorique de l'instrument sur lequel elle est posée.

Sur les saxhorns soprano et contralto (petit et grand bugle), cette coulisse est remplacée par un simple tube sur lequel on met directement l'embouchure, et qui glisse dans un manchon fixé au bout extrême de la *branche d'embouchure*, manchon terminé par un collier de serrage servant à maintenir le *tube d'accord* à la distance voulue.

C'est ensuite le *mécanisme*.

Pour le trombone à coulisse, ce mécanisme est des plus simples; il consiste à étendre le principe de la coulisse d'accord en renversant la place des manchons; les deux branches sectionnées sont très longues (65 cm.), et les manchons très longs aussi, puisqu'ils doivent recouvrir entièrement les branches sectionnées, constituant par eux-mêmes la coulisse proprement dite.

Comme cette coulisse doit être mue à la main avec souplesse et agilité, le frottement y est tenu beaucoup plus doux, et seulement sur une longueur de quatre à cinq centimètres aux bouts des branches sectionnées par deux bagues très minces de maillechort appelées *embouts*[1] :

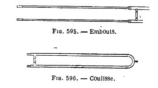

Fɪɢ. 595. — Embouts.

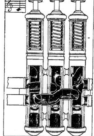

Fɪɢ. 596. — Coulisse.

Pour les instruments à pistons, le mécanisme est plus compliqué, car il s'agit, non d'allonger plus ou moins une coulisse unique, mais d'ouvrir ou de fermer instantanément à la colonne d'air du tube général, l'accès d'une, de deux ou de trois coulisses supplémentaires.

Pour obtenir ce résultat, on place sur le parcours du tube général, qu'on est encore obligé de sectionner à cet effet, le système des pistons, sortes de valves de distribution destinées à laisser passer droit la colonne d'air, lorsqu'elles sont levées, ou à la faire dévier dans les coulisses supplémentaires fixées aux pistons, lorsqu'elles sont abaissées.

Voici à titre de curiosité la coupe intérieure des pistons pour chaque note de la gamme de *do* majeur :

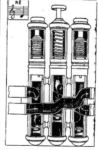

1. Ce système des embouts qui supprime le frottement de toute la longueur de la coulisse est dû à Courtois.

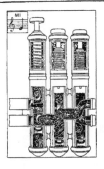
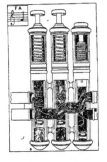
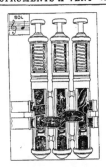

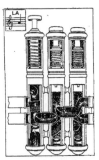
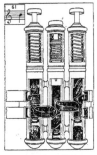
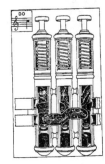

Fig. 597 et 598.

Pour construire le piston, on prend un tube cylindrique d'un diamètre un peu supérieur à celui du tube général pris au sectionnement dont je viens de parler, on le perce suivant un patron très précis, et l'on insère dans ces ouvertures des *coquilles* destinées à servir de parois à la colonne d'air, à continuer, en somme, le tube général soit pour sa traversée immédiate, soit pour son détour dans la coulisse supplémentaire afférente au piston.

Le travail de ces coquilles est tout ce qu'il y a de plus délicat, et pour l'accomplir à la main il faut des ouvriers spécialistes de la plus grande habileté; c'est pourquoi, dès qu'une *usine* prend quelque importance, on s'empresse de suppléer à ce travail par l'estampage mécanique, dont les frais de premier outillage sont bien vite couverts par l'accélération et la précision du travail.

Les coquilles posées avec soin dans les alvéoles du piston qu'elles dépassent légèrement, on les soude, puis, soudées, on les passe dans une *fraise* creuse qui les affleure au ras du piston, on ferme le haut et le bas du piston par deux petites cuvettes soudées, la cuvette supérieure supportant une tige qui, surmontée d'un bouton, viendra sous le doigt; grattage et polissage terminent le travail et le piston est prêt (fig. 599).

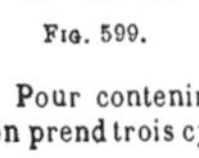

Fig. 599.

Pour contenir les trois pistons d'un mécanisme, on prend trois cylindres percés chacun différemment,

afin de laisser passer la colonne d'air dans les pistons et dans les coulisses supplémentaires, et on les insère dans une sorte de matrice en bronze appelée « *fausse coulisse* » (fig. 600), qui les maintient dans un écartement et un parallélisme absolus.

Fig. 600.

Alors, on réunit ces trois cylindres par deux petits fragments de tube continuant par les ouvertures de côté des cylindres la *perce* du tube général fig. 601),

Fig. 601.

puis, on consolide l'ensemble par de petites entretoises soudées en haut et en bas des cylindres; on soude les têtes des coulisses supplémentaires (fig. 602).

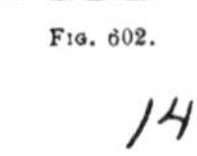

Fig. 602.

on ajuste en haut et en bas les bouts filetés (fig. 603) destinés à recevoir les *chapeaux* percés, ceux d'en haut pour laisser passer les tiges des pistons, ceux d'en bas pour laisser échapper l'air intérieur des cylindres, qui nuirait au bon fonctionnement des pistons s'il n'avait pas son libre écoulement au dehors (fig. 604).

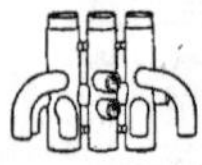

FIG. 603. 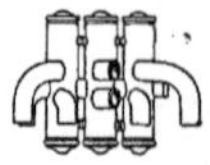   FIG. 604.

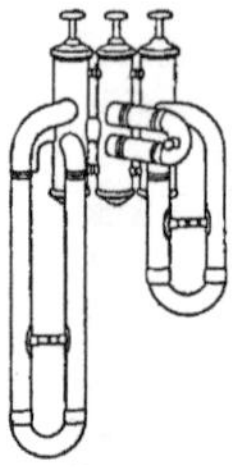

On soude aux têtes de coulisses les tubes-manchons dans lesquels viennent glisser des coulisses supplémentaires (mécanisme semblable à celui de la coulisse d'accord), on introduit un ressort à boudin dans chacun des cylindres, on loge par-dessus le ressort à boudin le piston afférent à chaque cylindre, c'est-à-dire dont les alvéoles correspondent exactement avec les seuls tubes-entretoises lorsque les pistons sont élevés par les ressorts à boudin, et avec les coulisses supplémentaires et ces mêmes tubes-entre-toises lorsqu'ils sont abaissés par la pression des doigts, on visse les chapeaux sur les cylindres et les boutons sur les tiges des pistons (fig. 605).

FIG. 605.

Le mécanisme des pistons est prêt; il ne reste plus qu'à le souder aux deux sections du tube général et l'instrument est complet.

Voici encore, à titre de curiosité, les diverses phases de construction d'un tube de saxophone alto.

FIG. 606. — Formation du pavillon.

FIG. 607. — Pavillon.    FIG. 608. — Culasse.

Dans la facture industrielle, la fabrication des instruments s'opère naturellement par séries nombreuses, avec plus de rapidité et aussi avec beaucoup moins de soin.

Comme pour les instruments de bois, les grands fabricants gardent leurs *secrets* d'usine, et je ne puis en donner que quelques idées générales.

C'est aussi le tour avec *outils de forme* ou le *tour à reproduire* qui sert à fabriquer toutes les pièces

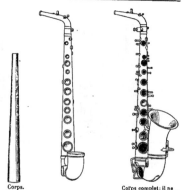

Corps.   Corps complet; il ne manque plus que les clefs.

FIG. 609.

qui peuvent être fondues ou mieux prises directement sur le cuivre en barres.

L'embouchure est ainsi tournée *automatiquement;* de même pour les chapeaux de cylindres, les entretoises, les boutons de pistons, les tourillons de saxophone et des instruments de bois, une fabrication aidant l'autre, etc.

C'est encore sur le tour que peuvent être percés, alésés les cylindres, fraisés les pistons, fileté tout ce qui se visse.

Le tour peut encore servir à pavillonner (emboutir les pavillons), à cercler les pavillons, à établir certaines coquilles de piston concurremment avec la presse à étamper.

D'autre part, l'emploi des tubes livrés sans soudure par l'industrie cuprifère ne doit pas être ignoré pour les branches d'embouchures et toutes les parties cylindriques.

Il n'est pas jusqu'au cintrage qui ne puisse s'obtenir et ne s'obtienne automatiquement sur des machines spéciales.

L'on voit par ce court aperçu tout ce que peut avoir d'accéléré ce genre de fabrication qui, pour certaines parties, offre de réels avantages, il faut bien le reconnaître, et pourrait même produire de bons résultats si *l'apparentement* était fait avec soin.

M.-A. SOYER.

ERRATA. — Fig. 231 (p. 1408), lire : *tyrrhénienne,* au lieu de : thibétaine. — Fig. 234 (p. 1431), lire : *E'raqyeh,* au lieu de : E, raqyeh. — Fig. 336 (p. 1433), lire : *Ancien hautbois, Pommer* (allemand), au lieu de Mixenharpe. — Fig. 337 (p. 1433), lire : *douçaine,* au lieu de : douzaine.

Les illustrations qui accompagnent l'étude de notre collaborateur sont empruntées, pour une part, aux ouvrages particulièrement autorisés de MM. Kastner, Lavoix, Constant Pierre, Rambosson; pour l'autre part, aux Albums des principaux facteurs. (N. des Éd.)

LA FLUTE

Par Paul TAFFANEL
PROFESSEUR AU CONSERVATOIRE NATIONAL

Et Louis FLEURY

AVANT-PROPOS

La mort est venue surprendre Paul TAFFANEL quelques mois après qu'il m'eut offert de collaborer avec lui pour la rédaction de cet article. Mme TAFFANEL et feu Albert LAVIGNAC m'ont chargé alors de l'honneur redoutable de mettre au point le travail de mon maître.

La rédaction de l'article n'était pas commencée, mais j'ai eu entre les mains tous les documents, notes, références, que Paul TAFFANEL avaient accumulés durant toute une vie de recherches et de méditations sur un sujet qu'il rêvait de traiter à fond. Il est certain que si mon maître avait vécu, nous posséderions un ouvrage définitif, qui serait, pour notre époque, ce qu'a été au XVIIIe siècle l'admirable traité de Joachim QUANTZ.

L'article qui va suivre a donc été entièrement rédigé par le signataire de ces lignes. Je tenais à le déclarer pour qu'on n'attribuât pas à Paul TAFFANEL ce qu'on pourra y trouver d'erreurs ou de faiblesses. Mais je n'en aurais jamais pu écrire une ligne si je n'avais bénéficié de la documentation de mon maître et, plus encore, de son enseignement incomparable. Si ce travail présente quelque intérêt, on voudra bien en reporter l'honneur sur le musicien éminent qui a été le plus grand flûtiste de son temps et un admirable éducateur.

La flûte est peut-être le plus ancien des instruments connus, et son origine remonte à la plus haute antiquité. Notre intention, toutefois, est de limiter notre article à l'étude de la flûte moderne et de ses ancêtres directs et de laisser de côté tous les instruments désignés à tort ou à raison sous le nom de flûtes (il ne nous appartient pas de modifier ici · des usages de plusieurs siècles) et qui, cependant, n'ont aucun rapport avec cet instrument, tel que nous le connaissons aujourd'hui.

Le mot *flûte* a été, en effet, employé de façon si large, qu'on désignait ainsi, dans l'antiquité, à peu près tous les instruments à vent. C'est ce que constate, en termes excellents, l'auteur d'un article paru dans le *Magasin pittoresque* (janvier 1868) : « Chez les anciens, dit-il, l'emploi des différentes embouchures est continuel, et ils appellent indistinctement « flûtes » des instruments que nous serions portés, d'après ce que nous croyons savoir de leur structure et de leur timbre, à classer, les uns parmi les flûtes 'proprement dites, les autres parmi les clarinettes, les autres parmi les hautbois et cors anglais, les autres parmi les bassons, d'autres même parmi les trompettes, sans attribuer toutefois à ce classement quelque chose d'absolu. »

On conçoit qu'une étude approfondie de tous ces instruments dépasserait de beaucoup les bornes que nous nous sommes fixées, et, avouons-le, celles de notre compétence. Cette étude appartient aux savants spécialistes de ces époques disparues et, qu'il s'agisse de la *flûte de Pan* ou *syringe*, de la *flûte phrygienne*, de la *flûte simple* ou *monaulos*, de la *flûte double* ou de tous les instruments à vent employés sous le nom de flûtes dans l'antiquité, nous devons nous borner à renvoyer le lecteur aux articles ayant trait à la musique dans l'antiquité grecque, égyptienne, etc.

C'est pour cette même raison que nous aurions désiré ne nous occuper ici que de la véritable « flûte » et mentionner seulement un autre instrument qui eut, sous ce nom, son heure de célébrité : nous voulons parler de la *flûte à bec*, connue également sous le nom de *flûte douce* ou *flûte d'Angleterre*. Mais certaines considérations importantes nous obligent à nous y arrêter plus longtemps que nous ne le souhaitions.

D'abord, nous sommes infiniment mieux renseignés sur cet instrument que sur les flûtes antiques. Ensuite, son usage était général à une époque relativement rapprochée de la nôtre (tout ce qui a été écrit par les compositeurs français ou italiens jusqu'au milieu du XVIIe siècle l'a été pour la flûte à bec). Puis, le son de cet instrument se rapproche beaucoup de ce qu'il est convenu d'appeler « son de flûte ». Enfin, même après que l'emploi de la flûte traversière se fut généralisé en France, on continua à jouer de la flûte à bec, et c'est seulement après une longue lutte que la flûte traversière a définitivement vaincu sa rivale.

A vrai dire, la flûte à bec n'a pas complètement cessé d'exister. Un modèle réduit de cet instrument figure encore dans nos orchestres de bals : nous voulons parler du *flageolet*, qui est à la flûte à bec ce que le *fifre* est à la flûte traversière : un type extrêmement simple et en quelque sorte synthétique de l'instrument. C'est même par la description de ces deux instruments · primitifs que nous parviendrions le mieux à donner une définition exacte et claire des deux types de flûte que nous nous proposons d'étudier.

LA FLUTE A BEC[1]

Nous traiterons sommairement ici de la *flûte à bec*, en raison de l'importance du rôle qu'elle a joué dans la musique.

Ainsi que la définit MAHILLON, la flûte à bec consiste en un instrument à souffle humain, composé d'un corps cylindrique ou conique, percé d'orifices qui permettent de modifier avec les doigts la longueur de la colonne d'air; elle comporte une bouche biseautée pour l'émission, de l'air[2].

Nous reproduisons ici deux anciennes flûtes à bec du Musée du Conservatoire de Paris.

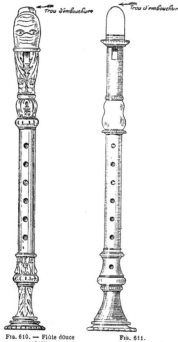

FIG. 610. — Flûte douce en ivoire.

Elle est finement sculptée. Le corps du sifflet est orné d'une tête de poisson, au-dessous de aquelle s'enroulent des feuilles d'acanthe. Le second corps est lisse, percé de 6 trous d'un côté et d'un trou à la partie supérieure du côté opposé. Le 3e corps, qui se termine en entonnoir, est supérieurement gravé et percé d'un trou.

On remarque sur le 2e corps un écusson et quelques lettres gravées à la pointe à l'état frustre. Voici les dimensions exactes de ce bel instrument; long. totale : 0 m. 30, Corps du sifflet : 0 m. 20; 2e corps : 0 m. 19; 3e corps : 0 m. 12; diamètre intérieur du 1er corps : 0 m. 019; idem à la base : 0 m. 014 (coll. Clapissant).

FIG. 611. Flûte à bec.

Elle est en bois jaune nuancé, et longue de 50 centimètres, bec compris. Le bec, et la garniture en ivoire, sont ornés de colliers de perles en ébène. Sur le 1er corps supérieur et le 2e de cet instrument du temps de Louis XIV, on lit gravé au feu, entre 4 fleurs de lis, le nom de DUPUIS, facteur, qui était établi, en 1691, carrefour de l'Étoile à Paris.

Extrait du Catalogue du Musée du Conservatoire de Paris (G. CHOUQUET).

On sait que, quelle que soit la forme du tube, un ventre de vibration se produit toujours à ses deux extrémités, et que le tube suit la loi des tuyaux ouverts donnant la série des harmoniques.

Nous n'envisagerons ici que la flûte à bec « à 9 trous », avec laquelle on n'emploie que les harmoniques 1 et 2. Le *flageolet*, le *galoubet*, les flûtes doubles à la tierce ne possédant qu'une littérature musicale insigniflante, nous ne nous en occuperons pas.

Aux XVIIe et XVIIIe siècles, la flûte à bec (*fistula* en latin) recevait les dénominations suivantes :

Plockflöte ou *Plockpfeiffe* en Allemagne.

Recorder en Angleterre.

Flûte à neuf trous, *flûte d'Angleterre* ou *flûte à bec* en France.

Flauto en Italie.

Comme tous les instruments au XVIe siècle, les flûtes à bec formaient une famille dont l'*Organographia* (1618) de PRAETORIUS nous donne le détail; elle fixe aussi l'étendue de ces diverses flûtes conformément à l'échelle suivante[3] :

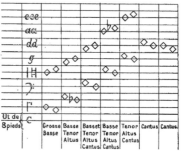

FIG. 612.

Ces flûtes sont de tailles fort différentes; alors que la petite flûte « exilent » ne compte guère que 20 centimètres de longueur, la grande basse mesure plus de 2 mètres.

En outre, si les rôles joués par la petite flûte et la grande basse demeurent constants, les modèles intermédiaires servent tantôt de basse, tantôt de ténor, suivant le groupement des voix.

Toutes ces flûtes sont construites en bois dur; leur corps comprend 1, 2 ou 3 pièces. Quand les dimensions de la flûte ne permettent pas d'atteindre facilement un ou plusieurs orifices, on obvie à cet inconvénient au moyen de clefs.

La plus grande basse connue est celle du musée d'Anvers; elle mesure 2m,62 de longueur, possède 4 clefs, et donne le *ré* de 8 pieds.

Nous remarquerons que les flûtes basses sont très difficiles à « faire parler »; il en est surtout ainsi pour celles qui sont munies de clefs; car, alors, elles donnent inévitablement lieu à des fuites d'air. Le son en est toujours très faible.

---

1. Nous devons les éléments de ce chapitre à l'obligeance de M. Le Cerf, qui s'est spécialisé dans l'étude des instruments anciens.
                   (N. D. L. D.)

2. MAHILLON : *Catalogue du Musée instrumental du Conservatoire royal de Musique de Bruxelles.*

3. PRAETORIUS : *Organographia* (1618), p. 21.

La huitième proposition traitant des instruments dans l'*Harmonie universelle* de MERSENNE (1636) qui, nous offre un intérêt véritable, est une étude des *flûtes douces* ou *d'Angleterre* (à 9 trous).

« Ces flûtes, dit MERSENNE, sont appellées douces, à raison de la douceur de leurs sons, qui représentent le charme et la douceur des voix ; on les appelle à neuf trous, parce que le huitième, qui est proche de la patte, est double, afin que cet instrument puisse servir aux gauchers et aux droitiers. »

Suit une tablature, précédée d'une explication détaillée sur la manière de poser les doigts, et concernant le modèle le plus simple d'une flûte douce. Une planche nous donne ce modèle, avec le profil de l'embouchure en biseau.

MERSENNE nous dit encore qu'il existe d'autres flûtes douces que celles-là, notamment de plus grandes. « Or, dit-il, les plus grandes ont des boëttes (boîtes) afin d'enfermer les clefs, sans lesquelles on ne peut fermer les trous, à raison que les doigts de la main ne peuvent avoir une aussi grande étendue. »

Ainsi donc, voici une première constatation d'un système de touche nouveau : des clefs destinées à suppléer à l'insuffisance des doigts ou de longueur des doigts. Ce fait a une certaine importance pour nous. En effet, nous verrons plus loin que le modèle de flûte traversière décrit par MERSENNE ne comporte pas de clefs. Pour trouver un tel système de touche sur une flûte traversière, nous devrons attendre l'apparition de l'ouvrage d'HOTTETERRE en 1707 ; et rien n'aura pu nous révéler la date et le lieu de l'invention qui sera la base de tous les perfectionnements apportés depuis à tous les instruments à vent. Nous supposons que l'invention des clefs est d'origine anglaise et qu'elles ont d'abord été appliquées aux flûtes douces. MERSENNE dit de ces *grandes flûtes douces* « qu'elles ont été envoyées d'Angleterre à l'un de nos rois ». Il est permis de supposer, toutefois, que l'application de ce système de clefs aux flûtes traversières est due à un obscur fabricant français. C'était l'opinion de QUANTZ, le célèbre flûtiste allemand, opinion qu'il a formulée dans son *Traité* (1752). Il dit que ce sont les Français qui se sont les premiers servis de cette clef, notamment PHILBERT ou PHILIBERT, et que ce perfectionnement remonte à un siècle environ. D'après lui, nous pourrions donc placer cet événement vers 1660 environ, sans cependant donner à cela rien d'absolu. Mentionnons, en passant, le passage bien extraordinaire du chapitre consacré aux flûtes douces : « Mais il faut remarquer que l'on peut sonner un air, ou une chanson sur la flûte douce, et en même temps chanter le son de la basse, sans toutefois articuler la voix, car le vent qui sort de la bouche en chantant est capable de faire sonner la flûte, de sorte qu'un seul homme peut faire un duo. »

Nous envions le bon MERSENNE d'avoir pu assister à une audition semblable !

A partir de la fin du XVIIe siècle, les flûtes sopranos en *fa*[2] comprennent presque toutes trois parties, disposition plus commode pour la fabrication et pour l'entretien. De la sorte, le deuxième trou du *fa* devient inutile, et l'instrument n'a que 8 trous, car la rotation de la pièce inférieure permet de disposer le trou du *fa* pour la main droite ou pour la main gauche.

La flûte en *fa*[2], la plus usuelle et presque la plus usitée au XVIIIe siècle, se construisait aussi en ivoire, ce qui lui donnait une qualité supérieure. Ces flûtes en ivoire sont souvent d'exquises pièces, qui, par

leur perce très régulièrement conique et par leur remarquable ajustage, témoignent du talent des facteurs des XVIIe et XVIIIe siècles. Toutefois, nous observerons que la perce des cornets d'ivoire, suivant un axe courbe, représente un travail encore plus minutieux et encore plus surprenant.

Un bouchon en bois s'ajuste dans le bec, de façon à laisser passer l'air par une lumière sur le biseau qui est laissé dans le corps de l'instrument. L'ajustage de ce bouchon constitue la partie la plus délicate de la construction ; il reste ensuite à effectuer la perce des trous, et c'est là qu'interviennent l'empirisme et les données de la pratique, car les flûtes à bec octavient rarement juste pour toutes les notes ; l'octave supérieure a des tendances à être trop haute. Mais certains facteurs parvenaient à corriger ce défaut grâce à une disposition ingénieuse du bec et de la perce des trous.

D'une manière générale, on peut appliquer aux flûtes à bec l'appréciation que QUANTZ donnait en 1750 dans son *Essai sur la flûte traversière*, et aux termes de laquelle, sur une centaine de flûtes, il en est bien peu de bonnes.

Parmi les noms de fabricants de flûtes à bec figurant dans les trois remarquables collections de ces instruments que possèdent Paris, Bruxelles et Vienne[1], nous relèverons les suivants : HOTTETERRE, HAKA, ZICK, STEENBERGEN, OBERLANDER, BŒKHOUT, B. REICH, BASSELIER, ROTTENBURG, STANESBY, HEYTZ, RIPPERT, C. RYKEL, BAUDUIN, LAMBERT, I.-C. DENNER, H. RAUCH.

A la fin du XVIIIe siècle et au début du XIXe, on a construit des flûtes à bec à plusieurs clefs pour les dièses et les bémols ; mais ces flûtes ont de vilains sons de flageolets et ne présentent aucun intérêt.

Pédagogie. — La flûte à bec est construite de manière à donner une gamme diatonique généralement dans le ton de sa note la plus grave. Mais des demitons peuvent se faire au moyen de doigtés fourchus, certains d'entre eux sortant plus facilement que d'autres.

Les tons usuels de l'écriture musicale sont ceux de *fa*, *si♭*, *ut*, *sol*. Les autres sont difficiles à réaliser de façon juste.

Que si nous examinons les méthodes de flûtes à bec, nous constatons qu'elles apparaissent en assez grand nombre à partir du XVIe siècle. Pour le XVIe seulement, nous connaissons celles de S. VIRDUNG (1511), de M. AGRICOLA (1529), de GANASSI DEL FONTEGO (1535), de PHILIBERT JAMBE DE FER (1556), auxquelles on peut joindre les intéressantes considérations pédagogiques contenues dans le *Desiderio* de BOTTRIGARI (1590).

Le XVIIe siècle voit paraître les traités pédagogiques de MERSENNE (1636) et d'HOTTETERRE (1680). En 1618, PRAETORIUS traite de manière instructive de la flûte à bec. Puis, au XVIIIe, l'*Encyclopédie* de DIDEROT fournit une tablature de l'instrument. Enfin, nous signalerons les nombreuses méthodes anglaises que WELSCH indique dans son travail intitulé : *Lectures on the Recorder*. Dès 1590, BOTTRIGARI souligne, dans la phrase suivante de son *Desiderio*, la grosse difficulté que présente l'instrument : « Le ton des flûtes s'élève ou s'abaisse en ouvrant plus ou moins les trous ou en mesurant le souffle. »

Il faut donc, pour jouer ces instruments, posséder une oreille parfaitement juste, et veiller constamment aux doigtés. Lorsque la flûte s'échauffe, lorsque le bouchon devient humide et gonfle légèrement[1] le ton varie, et c'est à l'exécutant à corriger son intonation par le moyen qu'indique BOTTRIGARI.

Littérature. — Du XVIe au XVIIIe siècle, — nous n'envisageons pas, faute de documents précis, les périodes antérieures au XVIe siècle, — la flûte à bec est un instrument très employé, dont le timbre produit de charmants effets, lorsqu'on le met judicieusement à contribution et surtout lorsqu'on n'en abuse pas. La musique religieuse et la musique profane témoignent toutes deux du fréquent usage de la flûte à bec. C'est ainsi qu'en ce qui concerne la musique religieuse, PRAETORIUS, au IIIe volume de son *Syntagma* de 1618, signale l'emploi d'ensembles de flûtes à bec dans l'exécution des motets à plusieurs chœurs[1]. PRAETORIUS prend soin de signaler l'inconvénient qui résulte de la faible sonorité des grandes flûtes à bec.

Plus tard, des symphonies sacrées de SCHÜTZ (1650) font, à plusieurs reprises, état des flûtes ténors en *ut*[3]. A la fin du XVIIe siècle, M. A. CHARPENTIER se sert fréquemment de toute la famille des flûtes à bec, et, fort judicieusement, il triple les parties de basse (en *sol*[1]). Parfois, on le voit joindre les flûtes traversières (dessus et basse en *la*[3]) aux flûtes à bec[2].

Les cantates religieuses de J.-S. BACH révèlent souvent aussi la présence de la flûte à bec; la plupart du temps, ces instruments interviennent par groupes de deux, et exécutent des dessins à la tierce qui font valoir la charmante sonorité qui leur est propre.

Ailleurs, dans la cantate *Meine Seele*, par exemple, la flûte à bec apparaît seule de son espèce, et son timbre vient s'opposer à celui du hautbois.

L'exécution des parties de flûtes à bec offre parfois, chez BACH, de grandes difficultés, car le musicien se sert, comme il l'a fait pour le *clarino*, du registre suraigu de l'instrument. Néanmoins, tout ce qu'il écrit à l'usage de la flûte se trouve parfaitement « dans les doigts » du flûtiste, et souligne la connaissance approfondie qu'il avait de la flûte à bec.

Vers 1750, la flûte à bec semble cesser de se faire entendre à l'église et au concert. C'est ainsi que QUANTZ la passe sous silence dans son magistral *Essai sur la flûte transversière*, au cours duquel il examine tous les instruments employés alors à l'orchestre.

Si nous étudions maintenant l'usage que la musique profane fait de la flûte à bec, nous remarquerons qu'au XVIe siècle, cet usage revêt deux modalités : tantôt on emploie toute la famille des flûtes à bec, tantôt celles-ci sont associées au luth et à l'épinette; elles se joignent rarement aux autres instruments à vent, combinaisons que BACH devait réaliser plus tard.

En 1588, THOINOT ARBEAU indique la flûte à bec comme susceptible d'accompagner les danses. De fait, aux XVIIe et XVIIIe siècles, cet instrument prend place dans la musique des ballets, des opéras, des *Masks* anglais; il participe à l'exécution des sonates, des concertos et des cantates profanes. Son rôle n'est pas affecté d'un caractère pastoral, comme celui de la musette et du hautbois. On attribue plutôt à la flûte à bec un caractère triste et mélancolique, et elle ne servira qu'exceptionnellement pour accompagner la danse, les violons semblant désormais chargés de ce soin.

1. *Syntagma*, tome III, p. 156.
2. Par exemple, dans le *Kyrie* du tome I, fol. 68 de l'exemplaire de la Bibl. nationale.

MERSENNE, en 1636, cite un exemple de quatuor de flûtes à bec. Si M. A. CHARPENTIER continue à joindre la flûte à bec basse à la flûte en *fa*, LULLY qui, à plusieurs reprises, introduit cet instrument, se sert dans sa *Psyché* de 1674 d'un groupe de 6 flûtes à bec, dont 3 basses. D'autres part, MONTÉCLAIR utilise la flûte à bec en *fa*, dans ses cantates profanes.

Au XVIIIe siècle, on voit de nombreuses pièces de SENALLIÉ, de NAUDOT, d'HOTTETERRE, de CORRETTE, porter la mention : « flûte à bec, ou musette, ou dessus de viole. »

En Italie, nous rencontrons dans l'*Euridice* de PERI un délicieux exemple de l'emploi de la flûte à bec sous les espèces d'un trio de 2 flûtes et d'une voix sans basse. BIANCHERI, lui, se sert de 2 flûtes à bec avec l'orgue. Quant à MONTEVERDI, son *Orfeo* laisse figurer notre instrument, dont la présence se manifeste pour la dernière fois dans l'*Alarico* de STEFFANI (vers 1700). La combinaison adoptée alors est celle d'un dessus de flûte à bec et d'une basse. Chez les SCARLATTI, on ne trouve plus trace de la flûte à bec.

En Angleterre, PURCELL se sert de la flûte en *fa*[3] et de la flûte basset placée une octave plus bas que le dessus. Les œuvres dramatiques d'HAENDEL utilisent la flûte à bec, et trois de ses sonates pour flûte sont destinées à celle-là. Un de ses concertos contient un *Andante* pour 2 flûtes à bec avec quatuor d'archets et bassons, *Andante* qui est noté sur la partie des hautbois, de sorte que les exécutants doivent alors changer leurs instruments pour des flûtes à bec. C'est là, du reste, une habitude assez répandue et qui s'explique par l'analogie du jeu du hautbois et de cette espèce de flûte.

La musique allemande profane fait également appel à la flûte à bec avec des œuvres de TELEMANN, de STÖSSIGER, de FÖRSTER, de SCHULTZE, de FINGER et de J.-S. BACH. Si ce dernier n'a pas écrit de sonates destinées à cet instrument, du moins emploie-t-il celui-ci dans deux de ses concertos brandebourgeois, où la flûte à bec joue un rôle important. De même, quelques cantates profanes du cantor de Leipzig admettent des parties de cet instrument. Nous noterons que BACH ne s'est servi que de la flûte en *fa*[3].

De nos jours, on a tenté quelques essais à l'effet de ressusciter la flûte à bec, dont la présence du timbre est indispensable pour se faire une idée exacte de la conception et de l'exécution originale des œuvres des maîtres[3].

LA FLUTE TRAVERSIÈRE

Généralités.

La flûte, telle que nous la connaissons aujourd'hui, nous apparaît au premier examen comme un tube fermé à l'une de ses extrémités, ouvert à l'autre, et percé d'ouvertures latérales de nombre variable.

A la réflexion, si nous considérons que l'une de

3. M. Arnold DOLMETSCH est parvenu à construire des flûtes en *fa* en bois, flûtes qui valent les instruments anciens et dont M. Rodolphe DOLMETSCH se sert fort habilement. En France, quelques artistes et quelques amateurs (Mlle MORLANGS, M. SYLEN) ont entrepris l'étude de la flûte à bec; d'autres efforts s'appliquent au *clarino*, aux *cornets* et au *chitarrone* (car le clavecin et le luth possèdent aujourd'hui leurs virtuoses, et M. DOLMETSCH a reconstitué la famille des Violes).

Il y a donc lieu d'espérer que, dans un délai rapproché, la musique du XVIe au XVIIIe siècle, du moins en ce qui concerne les œuvres où la reconstitution des anciens timbres n'est pas trop difficile, pourra être jouée sur les instruments pour lesquels elle fut écrite.

ces ouvertures est placée très près de l'extrémité fermée, qu'elle est destinée à être mise en usage par la bouche de l'exécutant (d'où son nom d'embouchure), que sa perce latérale est utile mais non indispensable à la production du son, et qu'elle pourrait être, à la rigueur, placée à l'extrémité du tube, on peut dire plus justement que la flûte est un tube ouvert à ses deux extrémités.

Une expérience le prouve de façon concluante : en débouchant l'extrémité fermée d'une flûte et en se servant de cette ouverture comme d'une embouchure latérale (voir ci-dessous), on arrive à produire un son.

Il s'agit là d'une expérience purement théorique ; le son ainsi produit serait d'une extrême imperfection et il ne serait d'aucun intérêt, croyons-nous (quoiqu'il y ait eu des tentatives faites en ce sens), de faire entrer ce système d'embouchure dans la pratique.

C'est cependant cette constatation qui a pu faire classer la flûte dans la catégorie des instruments dits « à tubes ouverts ». Cette catégorie ne comprend guère que la famille des flûtes, certains tuyaux d'orgue et quelques instruments exotiques.

Si donc la production d'un son unique nous paraît être suffisante à faire entrer un tel instrument dans la grande famille des instruments de musique, nous dirons qu'un tube ouvert à ses deux extrémités pourrait, à la rigueur, constituer une flûte.

Pour produire un son, il suffira que les lèvres de l'exécutant projettent à l'intérieur du tube un souffle suffisant pour ébranler la colonne d'air et mettre en mouvement les vibrations sonores. Si l'ébranlement de la colonne d'air est déterminé par le passage du souffle sur un biseau (forme du *sifflet*), nous avons le principe de la *flûte à bec*.

Si, au contraire, les lèvres mêmes de l'exécutant forment seules ce sifflet, nous aurons le principe de la *flûte traversière* (appelée ainsi parce qu'elle s'embouche par une ouverture latérale et qu'elle se tient de gauche à droite, par le travers du corps).

En ce cas, l'instrument vient se poser parallèlement aux lèvres, le bord le plus près du corps posé sous la lèvre inférieure et le trou d'embouchure découvert des 2/3 aux 3/4. L'exécutant dirige son souffle vers la paroi intérieure opposée. Pour donner de cette action des lèvres une image vulgaire, disons que cette façon de produire un son est la même que celle de siffler dans une clef.

Imaginons un instrument aussi sommaire que possible, et contentons-nous pour le moment d'un simple tube fermé à l'une de ses extrémités et muni d'une ouverture latérale que nous nommerons embouchure : nous tirons donc, par le moyen cité précédemment, un son. Ici, et relativement aux causes de la production du son, nous renvoyons pour plus de détails le lecteur à l'article de l'*Encyclopédie* traitant de l'Acoustique en général, et plus spécialement au chapitre consacré aux vibrations sonores produites dans les tubes ouverts. On y verra que, dans le tube que nous imaginons, le souffle, après avoir été projeté sur la paroi opposée du tube, se divise immédiatement en deux segments par la formation d'un nœud au milieu du tuyau. Si ce tube a les dimensions de notre flûte actuelle, c'est-à-dire 605 millimètres de longueur[1] sur 19 millimètres de diamètre, la note fondamentale produite aura 271,2 vibrations et nous donnera la note *ut*.

Continuons notre expérience. En vertu de ce principe que, si nous divisons par la force du souffle la colonne d'air en un plus grand nombre de segments, nous aurons de plus en plus de vibrations, nous allons obtenir successivement tous les harmoniques de ce son fondamental. Sur notre tube, nous obtiendrons successivement les notes suivantes :.

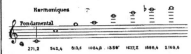

Ainsi donc, notre simple tube est capable, en tant qu'instrument de musique, de nous donner 8 notes distinctes. Remarquons toutefois que, sauf pour la fondamentale, les sons seront imparfaits, durs, d'un timbre désagréable, mais que, sauf le 7e, tous ces harmoniques seront justes.

Pour obtenir les autres notes de la gamme nous pourrions fabriquer autant de tubes de différentes longueurs qu'il existe de notes. Nous tomberions alors dans le système de la *flûte de Pan*. Mais si nous perçons notre tube d'une ouverture latérale en n'importe quel point, l'effet sera à peu près le même que si nous réduisions sa longueur, et nous obtiendrions alors un plus grand nombre de vibrations, ce qui nous donnera une autre note. Nous pouvons donc nous donner la possibilité, en perçant différents trous fermés par les doigts, de transformer à volonté ce tube unique en autant de tubes de différentes longueurs, selon que les doigts donneront passage à l'air à l'un ou à l'autre point du tube.

Or, si nous remarquons que le premier harmonique de la note fondamentale est l'octave et que cet harmonique est (pour presque toutes les notes) juste, nous constaterons que le percement de 6 trous suffit à l'émission de deux octaves complètes. Il suffira, pour produire une gamme ascendante, de boucher les six trous avec trois doigts de chaque main et de lever successivement ces doigts en commençant par le plus éloigné de l'embouchure.

C'est à quoi paraît s'être bornée l'ambition des constructeurs de la flûte primitive, et nous serions tentés d'arrêter là ce petit exposé du principe de la flûte, pour entreprendre l'historique des perfectionnements qui ont abouti à la flûte actuelle. Mais peut-être sera-t-il plus clair d'exposer encore quelques principes supplémentaires relativement à la production des notes.

Nous mettant à la place des flûtistes de la période primitive, désireux de tirer le plus grand parti possible de leur instrument, nous trouvons une flûte capable tout au plus d'être jouée dans une tonalité unique (presque toutes les flûtes à 6 trous étaient accordées en *ré majeur*[2], ne possédant que d'une étendue de deux octaves, et, par conséquent, d'une trop grande pauvreté de moyens pour ne pas appeler le perfectionnement). Les documents nous manquent pour établir quel a été le premier but des chercheurs : soit la production de la gamme chromatique, soit une plus grande étendue de la tessiture. Il paraîtrait plausible que le premier perfectionnement ait eu plus d'importance que le second, et cependant un des

---

1. La longueur du tube sonore est toujours prise du milieu de l'embouchure à l'extrémité inférieure.

2. C'est-à-dire que l'instrument donnait, comme note fondamentale, un *ré majeur* quand tous ses trous étaient bouchés.

écrits les plus anciens sur la question (l'*Harmonie universelle* du P. Mersenne) nous révèle qu'une flûte de ce genre montait jusqu'au *la* (3ᵉ octave), mais ne connaissait d'autre tonalité que celle de *ré majeur*.

Il y a eu vraisemblablement utilisation des quatrièmes harmoniques, comme en font foi les tablatures que nous avons pu retrouver ; mais ces harmoniques étaient durs, d'une justesse relative et d'une émission difficile. Soit par tâtonnements, soit par calcul, les flûtistes trouvèrent un moyen d'améliorer les sons défectueux des notes harmoniques en ouvrant un ou plusieurs trous, selon le cas, entre l'embouchure et les autres trous déjà fermés.

Il se produit, en effet, en ce cas un phénomène que nous signalons succinctement. On a vu déjà que le fait d'ouvrir un trou entre l'embouchure et l'extrémité inférieure de la flûte équivaut à peu près au sectionnement du tube. Mais ceci n'a son effet absolu que jusqu'à la production d'un certain nombre de vibrations, et dépend également de la position et du diamètre du trou incidemment ouvert.

Il arrive qu'un trou ainsi ouvert au milieu de trous fermés n'exerce pas son influence totale. Il peut élever le son d'un ou plusieurs degrés (voir tablature de la flûte à une clef), soit clarifier le son, soit faciliter la production d'un harmonique.

Dans notre instrument, nous n'avons pas de trous spécialement affectés à cet usage. Ce sont les trous servant à la production de la première octave qui peuvent ainsi, à l'occasion, modifier les notes. Nous les appellerons « trous de notes » dans le premier cas, « trous auxiliaires » dans le second.

Un dernier mot sur cet instrument sommaire : de quelle matière peut-on faire une flûte ? Nous verrons par la suite qu'il en a été fait de toutes sortes de matériaux : bois de différentes essences, ivoire, métaux, porcelaine, cristal, marbre, à base de caoutchouc, etc.

Les théoriciens de l'acoustique prétendent que seules les dimensions du tube sonore peuvent avoir une influence sur les vibrations, et que la qualité de la matière employée pour le tube n'a aucune importance.

Mais, comme nous le verrons plus tard, les théories et la pratique ont été si souvent en désaccord à propos de la fabrication des flûtes, que nous ne pouvons nous en tenir aux affirmations des théoriciens. L'expérience prouve que la matière employée, le plus ou moins d'épaisseur du tube, peuvent modifier la qualité du son dans des proportions considérables. Les flûtes ont été faites de bois, à de très rares exceptions près, jusqu'au milieu du xixᵉ siècle. A cette époque, les flûtes de métal sont venues leur disputer la suprématie.

LES TRANSFORMATIONS DE LA FLUTE

En essayant de découvrir les origines de la flûte actuelle, nous aurions ainsi remonté aussi loin que possible et nous avons tenté de le faire, mais ce n'est pas une tâche aisée. Le premier spécialiste qui nous donne des détails aussi précis sur la structure de la flûte et la façon d'en jouer, et qui peut appuyer ses dires sur une expérience personnelle, est Hotteterre,

dit le Romain. Un ouvrage de lui, paru en 1707, et intitulé *Principes de la flûte traversière ou flûte d'Allemagne, de la flûte à bec ou flûte douce et du hautbois*, nous donne des détails assez précis sur l'art de jouer des deux premiers instruments. Mais il reste malheureusement muet sur leur structure, et ne nous instruit en aucune façon des transformations qu'a subies la flûte avant d'arriver dans ses mains. Appartenant à une famille célèbre de fabricants et d'artistes, fabricant lui-même, appelé par ses talents à voyager (il alla même jusqu'à Rome, ce qui lui valut son surnom), cet artiste remarquable devait donc, selon toutes probabilités, être en possession de précieuses connaissances sur les origines et les modifications de la flûte. Malheureusement, il ne nous en dit rien.

Cette absence de documents est d'autant plus regrettable qu'au moment où Hotteterre jouissait de la célébrité, la flûte venait de subir une transformation capitale (changement de proportions de la perce intérieure), et la *flûte à bec* allait céder le pas à la *flûte traversière* (dans le traité d'Hotteterre la flûte traversière occupe déjà la première place). Il eût été bien intéressant de savoir par un homme du métier comment ces modifications furent amenées.

Nous devons donc nous contenter des renseignements vagues que nous donnent, par hasard, des écrits de pure fantaisie ou des explications que nous fournissent d'éminents auteurs, théoriciens de grand mérite, sans doute, mais dont certaines défaillances dans des détails techniques nous obligent à accepter les dires avec une grande réserve.

Nous avons dit qu'à l'époque d'Hotteterre, la *flûte à bec* allait céder le pas à la *flûte traversière*. Il ne s'ensuit pas pour cela que cette dernière fût tout à fait une nouvelle venue en France. Deux vers de Guillaume de Machaut (né vers la fin du xiiiᵉ siècle) :

> Cors sarrazinois et doussaines
> Tabours, flaustes traversaines,

tendent à prouver que, dès cette époque, les flûtes à bec (doussaines) et traversières étaient connues en France. Même remarque dans ces deux vers d'Eustache Deschamps (xivᵉ siècle) :

> Harpé, psaltérion, douçaine...
> ....
> Vielle, fleuthe traversaine...

Rabelais fait mention d'une « flûte d'Alemant », ce qui, du reste, ne prouve pas absolument qu'il s'agit d'une flûte traversière.

Un ouvrage plus sérieux de Sébastien Virdung, *Musica getutscht und ausgezogen durch Sebastianum Virdung, Preister von Amberg, etc.*, paru à Bâle en 1511, contient deux dessins qui pourraient constituer de précieux documents, si celui qui nous intéresse le plus ne nous était pas entièrement suspect par son manque évident d'exactitude. Le premier de ces deux dessins a trait à ce que nous appelons aujourd'hui *galoubet*. Il n'est d'aucun intérêt pour nous. Le second pourrait représenter une flûte traversière, mais la façon tout à fait incorrecte dont sont indiquées les places des trous et de l'embouchure rendrait injouable un instrument construit sur de telles données. Cette flûte porte le nom de *Zwerchpfeiff* (pipeau transversal).

Schwegel.

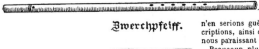

Zwerchpfeiff.

FIG. 613.

AGRICOLA, dans son *Musica Instrumentalis Deutsch* (1528), et PRAETORIUS, dans son *Theatrum instrumentorum* (1628), reproduisent une famille de quatre flûtes de différents diapasons (*discantus, altus, tenor, bassus*), dénommées *Schweytzer pfeiffen*, lesquelles sont dessinées de façon aussi rudimentaire que celle de VIRDUNG, sans aucun détail de construction et d'échelle.

Discantus.

Altus.

Tenor.

Bassus.

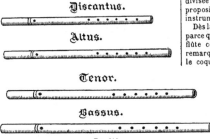

FIG. 614.

Dans ce même ouvrage, AGRICOLA nous donne un dessin destiné à servir de tablature et dont les proportions diffèrent totalement de celles des flûtes reproduites plus haut. Où est la vérité? Probablement nulle part. Nous donnons le dessin, comme les autres, à titre de curiosité :

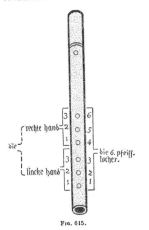

rechte hand   3   6
   2   5
   1   4
die   die 6. pfeiff. locher.
lincke hand   3   3
   2   2
   1   1

FIG. 615.

Nous pourrions citer bien d'autres auteurs, reproduire bien d'autres flûtes, et nous n'en serions guère plus avancé, toutes ces descriptions, ainsi que nous l'avons dit plus haut, nous paraissant extrêmement fantaisistes.

Beaucoup plus explicite et précis est le Père MERSENNE, dont le célèbre traité de *l'Harmonie universelle*, paru en 1636, nous fournit d'abondants documents.

La caractéristique de son travail est qu'il y donne une importance assez secondaire à la flûte traversière, au rebours des précédents qui n'en mentionnaient guère d'autre. Il faut voir là ce fait que la flûte à bec avait conquis peu à peu en France une prépondérance qu'elle ne devait garder environ que jusqu'à la fin du XVIIe ou au commencement du XVIIIe siècle.

La partie de son ouvrage qui nous intéresse est divisée en 9 propositions (ou chapitres). La première proposition contient quelques considérations sur les instruments en général.

Dès la seconde proposition, il est question des flûtes, parce que MERSENNE, ayant été tenté de considérer la flûte comme le plus simple des instruments à vent, remarque que le rocher qui reçoit le choc du vent, le coquillage, etc., sont des instruments plus simples encore.

La troisième proposition a trait à la *flûte de Pan*. La quatrième aux *chalumeaux* ou flûtes à un, deux ou trois trous. La description d'un de ces instruments ferait croire qu'il s'agit peut-être là de la *flûte à l'oignon* ou mirliton (?). La 5e proposition est une description de la *flûte à 3 trous* (à bec), la 6e de la *flûte à 6 trous* (ou flageolet).

Il a été question plus haut de la 8e proposition relative aux flûtes à bec.

Mais c'est la neuvième proposition qui est pour nous d'une importance capitale. Elle explique en effet « la figure, l'étendue et la tablature de la flûte d'Allemand et du fifre ». Or, la flûte d'Allemand et le fifre sont des types extrêmement primitifs, mais analogues, dans leur principe, à notre flûte actuelle. Bien mieux : la flûte d'Allemand que décrit MERSENNE est cylindrique, c'est-à-dire semblable en ce point à l'instrument d'aujourd'hui connu sous le nom de flûte BOEHM, alors que l'abandon par BOEHM de la perce conique, usitée du temps d'HOTTETERRE, paraissait être une innovation. Mais écoutons MERSENNE :

« Encore que j'eusse, ce semble, dû joindre cette espèce de flûte avec le flageolet, parce qu'elle a six trous à boucher comme lui, j'ai néanmoins voulu la mettre à part, à raison qu'elle ne s'embouche pas par le haut comme les autres, mais par le trou I, de sorte que la partie ABC ne sert que d'ornement. C représente le lieu où se termine le tampon dont on bouche le haut de cet instrument, de peur que le vent sorte par A et B et afin qu'il soit contraint de descendre par ED, par où il

FIG. 616.

sort, lorsque les six trous sont bouchés, d'où il s'ensuit que la longueur de cette flûte se prend seulement
de C jusqu'à F. Or, j'ai laissé la courbure dans cette
figure parce qu'elle a été prise sur une des meilleures flûtes du monde qui était courbée; c'est pourquoi
j'en marque ici la grandeur qui est d'un pied et 5/6.
Elle a 3 pouces depuis B jusqu'à son embouchure·
Or, on l'embouche en mettant la lèvre inférieure sur
le bord du 1er trou et en poussant le vent fort doucement. Du tampon C jusqu'à la lumière I, il n'y a
que 8 lignes. Elle est percée d'une égale grosseur
tout au long, ce qui n'arrive pas à toutes sortes de
chalumeaux, comme je le dirai ailleurs, et cette
grosseur est de 8 lignes.

« La longueur du 2e trou au 3e est de 13 lignes,
celle du 3e au 4e et du 6e au 7e de 12 lignes ou environ, mais il y en a 17 du 4 au 5. Quant à leur ouverture, celle du premier est la plus grande, celles du
2 au 7 quasi égales, à savoir de 3 lignes, mais celles du

3 et du 4 sont un peu plus larges, et finalement celle
du 5 à 4 lignes en diamètre. Cette flûte sert de dessus
dans les parties, et, conséquemment, les autres doivent être d'autant plus longues et plus grosses qu'elles
descendent plus bas. Par exemple, celles qui desceen-
dent d'une octave ou d'une quinzième doivent être
doubles ou quadruples de celle-ci. »

Terminons cette longue citation par ce paragraphe
concernant la matière employée : « Leur matière peut
être de prunier, de cerisier et des autres bois qui se
percent aisément, mais on choisit ordinairement du
bois d'une belle couleur, et qui reçoit un beau poli,
afin que la beauté accompagne la bonté de l'instrument, et que les yeux soient en quelque sorte par-
ticipants du plaisir de l'oreille : on les fait ordinairement de bois; elles sont aussi fort bonnes de
cristal, ou de verre, ou d'ébène. »

Nous donnons ici une tablature que nous avons
simplement adaptée à notre notation actuelle :

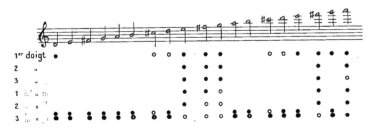

On remarquera que la gamme chromatique n'y est
pas prévue.

Il y a beaucoup à apprendre dans cette longue
description du P. MERSENNE que nous avons donnée
presque intégralement, à dessein, tellement nous y
attachons d'importance.

1° La minutie de ce travail et sa précision nous
permettraient de reconstituer une flûte exactement
semblable à celle qu'il nous décrit. Le soin qu'il
prend de nous avertir que la figure a été prise « sur
une des meilleures flûtes du monde » nous permet
de supposer qu'il s'agit là d'une sorte d'instrument
type de cette époque. Il est fâcheux, toutefois, que
l'auteur ne nous dise pas de qui il tient cette flûte
et quel était l'artiste qui en jouait.

2° Il établit que jusqu'à lui, les flûtes traversières
étaient de perce cylindrique. En effet, malgré l'imperfection du dessin, il est facile de constater dans
les ouvrages précédemment cités que les flûtes étaient percées ainsi (sauf peut-être celle de PRAE-
TORIUS).

3° Il nous signale l'existence de toute une famille
de flûtes (au moins quatre), et nous confirme ainsi
l'existence de ces « concerts de flûte » sur lesquels
nous aurons à revenir plus tard.

Nous ne nous expliquons pas, par contre, la
« courbure » de l'instrument qu'il a bien soin de
mentionner dans le texte, comme s'il prévoyait l'é-
tonnement que nous éprouverions à la vue du dessin. Nous ne voyons pas l'utilité de cette disposition
qui ne se retrouve nulle part ailleurs; et nous supposons qu'il s'agit là d'un essai du fabricant, à moins
qu'il n'y ait eu simple déformation accidentelle sans

préjudice pour la sonorité! Tout ceci n'est qu'hypothèses.

Cette flûte nous paraît être, enfin, la dernière
trace d'un type d'instrument complètement disparu.
Ainsi que nous l'avons dit précédemment, 70 ans plus
tard, nous serons en présence d'un type de flûte très
différent, sans que rien ne puisse nous éclairer sur ce
qui s'est passé pendant la période de transition.

Une dernière citation de MERSENNE. Comparant la
flûte traversière à la flûte douce, il dit qu' « il est
beaucoup plus difficile de faire parler cette flûte que
celles qui s'embouchent en haut, car tous peuvent
user de celle-ci, et peu savent sonner de celle-là, à
cause de la difficulté que l'on trouve à disposer les
lèvres comme il faut sur le premier trou qui sert de
lumière, ce qui arrive semblablement au fifre, qui
ne diffère d'avec la flûte d'Allemand qu'en ce qu'il
parle plus fort et qu'il est plus court et plus étroit ».

Une dernière conclusion à tirer du travail de MER-
SENNE est que la flûte à bec paraît être arrivée à son
point culminant (tant au point de vue de la fabrication que de l'usage qu'on en fait), tandis que la flûte
traversière est susceptible de perfectionnement.

En constatant la facilité de l'émission du son dans
la flûte à bec et en remarquant assez dédaigneusement que « tous peuvent jouer de celle-ci », il la ba-
nalise, en quelque sorte, et paraît assigner un rang
supérieur à la traversière. « Peu savent sonner de
celle-là, » et ceux-là doivent être nécessairement les
aristocrates de leur art.

Mais aussi quelle différence dans le résultat, et
que la flûte à bec paraît monotone et sourde à côté
de sa rivale ! De la première, on ne peut tirer qu'un

son, toujours le même, assurément agréable, mais bien uniforme. De la seconde, au contraire, un artiste habile peut tirer les effets les plus variés, et il ne faut pas nous étonner de voir, dans le Traité d'Hot- teterre, la flûte traversière passer au premier plan. Certes, Hotteterre continue à enseigner la flûte à bec, et même à en jouer, mais comme on voit tout de suite que c'est l'autre qu'il préfère ! Il lui donne la première place dans son livre, et, alors qu'une modeste figurine représente une flûte à bec tenue par deux mains anonymes, une superbe gravure de Picard nous montre un brillant gentilhomme (Hot- teterre lui-même, croyons-nous) jouant d'une flûte traversière à une clef qui sera l'instrument de tous les virtuoses du xviiie siècle et dont certains useront encore au début du xixe.

. .

Nous avons dit précédemment tout notre regret du mutisme qu'observe Hotteterre en ce qui con- cerne la structure de la flûte. S'il avait apporté à ce travail toute la patience et la précision de Mersenne, nous serions en possession d'un document incompa- rable. Fort heureusement, l'examen sommaire de l'instrument qu'il tient entre ses mains sur le fron- tispice de son Traité, l'étude de sa tablature, nous prouvent que cet instrument n'a rien qui le distin- gue sensiblement d'une foule de flûtes existant en- core et connues sous le nom de flûtes à une clef. La flûte à une clef est l'instrument du xviiie siècle. Quelque modification de détail qu'elle ait subie, elle n'en reste pas moins un instrument dont on possède le type à d'assez nombreux exemplaires. Les musées, et, particulièrement le Musée du Conserva- toire de Paris, en possèdent de fort beaux modèles. Dès lors, notre regret est moins vif de ne pas avoir de renseignements écrits, puisque nous pouvons nous-mêmes procéder à cette description d'après des modèles authentiques. Ceux que nous avons choisis et que nous reproduisons plus loin appartiennent au Musée du Conservatoire de Paris.

Au premier examen, une particularité nous frappe dans le premier instrument. Alors que la flûte de Mersenne était de perce cylindrique, celle-ci nous apparaît comme de perce conique (cône tronqué dont le diamètre le plus grand se trouve du côté de l'embouchure). Nous avons dit plus haut notre incer- titude au sujet de la date de cette innovation. Quelles sont les raisons qui ont déterminé l'invention de cette perce ? On a voulu y voir une question de solidité, les flûtes cylindriques étant trop fragiles si le bois était mince, trop lourdes s'il était épais. Cette opi- nion n'a pour nous aucune valeur. Il faut plutôt y voir le résultat d'expériences faites, par tâtonne- ments, par les facteurs, pour obvier à deux inconvé- nients de la flûte, décrits par Mersenne : l'écartement des trous et leur grand diamètre devaient être une gêne pour l'exécutant. Comment le fabricant de flû- tes, dont nous ignorons toujours le nom, qui mo- difia ainsi la perce arriva-t-il à trouver que la perce conique permettait de rapprocher les trous les uns des autres pour la plus grande commodité des doigts ? Nous l'ignorons, mais le fait est qu'en l'ab- sence de clefs parant à cet inconvénient, le rappro- chement des trous pouvait être considéré comme une amélioration. De même, la diminution de dia- mètre des trous, malgré qu'il en résultât une dimi- nution de puissance du son.

. .

M. Lavoix attribue cette transformation à un fabricant londonien du nom de Kunder ; mais R. S. Rockstro, auteur anglais dont le traité The Flute est ce qu'on a écrit de plus complet sur la question, et qui, Londonien lui-même, était plus près des sour- ces, ne paraît pas avoir pu contrôler cette assertion.

Ici, nous nous trouvons en présence d'un fait mys- térieux que, malgré toute notre bonne volonté, nous nous sentons impuissants — comme d'ailleurs tous nos devanciers — à élucider. Nous avons parlé de la flûte décrite avec un soin minutieux par Mersenne. Nous avons aussi fait allusion au traité d'Hotteterre, et à la planche qui lui sert de frontispice. Le flûtiste tient là, entre ses mains, un instrument parfaite- ment reproduit par le graveur, et dont nous retrou- verons aisément des semblables dans les Musées spé- ciaux. Soixante-dix ans se sont passés entre la publication des deux ouvrages. Telles sont les diffé- rences de structure entre la flûte de Mersenne et celle d'Hotteterre, qu'un profane aurait peine à les croire de la même famille. Mais par quelle suite de trans- formations a passé la construction de la flûte traver- sière ? Il nous est impossible d'en retrouver trace. Il y a là une solution de continuité que nous pouvons constater et que nous ne nous expliquons pas. Il nous faut donc franchir délibérément ce cap, et nous con- tenter d'examiner, en détail, la flûte en usage du- rant la plus grande partie du xviiie siècle, celle qui a servi aux plus grands flûtistes de cette époque, aussi bien en Allemagne qu'en France : la flûte de Blavet, de Naudot et de Quantz.

Pour cela, nous nous sommes servi de la méthode qu'avait adoptée Mersenne, et nous avons choisi, dans la riche collection du Musée du Conservatoire de Paris, une flûte traversière aussi parfaite que possi- ble. Il nous a paru que celle due au facteur Delusse présentait toutes les qualités permettant de la dé- crire comme un instrument type. Elle est le meilleur des instruments, comme le traité d'Hotteterre est le meilleur des traités.

A priori, une particularité nous frappe : la flûte de Mersenne est cylindrique ; celle-ci est conique. Pour quelles raisons les facteurs de la fin du xviie et du début du xviiie siècle ont-ils adopté cette perce ? Il est possible que ces fabricants aient été partagés entre le désir d'alléger le poids de l'instrument (car un cylindre épais eût été fort lourd) tout en lui conser- vant une certaine solidité (un cylindre très mince eût été sujet à se fendre très facilement, spécialement sous l'influence des changements brusques de tem- pérature). Il est plus vraisemblable encore que les facteurs, tous plus ou moins instrumentistes eux- mêmes, ont cherché par tâtonnements à améliorer la sonorité, et en ont remarqué que la forme conique apportait une certaine amélioration à la sonorité. Ceci n'est qu'une hypothèse.

Autre particularité encore : alors que la flûte de Mersenne paraît être d'une seule pièce, celle-ci se compose de plusieurs morceaux démontables. La raison principale est que, par l'emploi de jointures de différentes longueurs et interchangeables, il était possible à l'exécutant de modifier à volonté et assez sensiblement le diapason de son instrument. Ceci nous prouve que les facteurs n'accordaient pas une importance bien grande aux proportions, car ils n'auraient pas commis cette hérésie de modifier ainsi la longueur du tube sans que fussent modifiés en même temps les intervalles des trous !

Description de la flûte de DELUSSE. — Elle se compose de 4 morceaux. Elle est faite de bois. Sa longueur totale (en partant de l'embouchure) est de 0,624. L'embouchure est de forme plutôt ovale, de 9 mm. de longueur sur 6,5 de largeur. Les trous ont respectivement 6, 6, 5 1/2, 6, 6, 5 mm. de diamètre et l'intervalle entre eux est de 30, 29, 46, 28, 25 à 28 mm.

La clef est en cuivre. Elle bouche un trou de 20 mm. de diamètre.

Le diamètre du tube est de 0,019 à la tête, 0,012 à l'intersection entre le 3e et 4e trou, 0,019 à l'extrémité inférieure. La tête est munie d'un bouchon.

Nous avons essayé cette flûte, et l'essai nous a confirmé dans notre première impression : elle nous a paru le meilleur de tous les instruments de ce type appartenant au Musée du Conservatoire.

FIG. 617. — Flûte DELUSSE.

Nous donnons ici la tablature de la flûte à une clef telle que nous l'avons trouvée dans le Traité d'HOTTETERRE (nous avons dit plus haut pourquoi nous avions dû décrire une flûte autre que celle de ce maître). Il faut dire que cet ouvrage excellent a

fait autorité durant tout le XVIIIe siècle et, qu'à part le Traité de QUANTZ, toutes les méthodes parues au cours de ce siècle sont de simples copies, traductions, ou d'assez imprudents plagiats de l'œuvre d'HOTTETERRE.

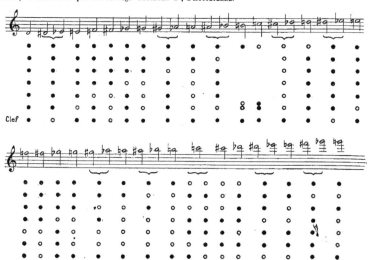

On remarquera, dans cette tablature, l'absence de fa naturel dans la 3e octave. Cette note était vraisemblablement impossible à produire.

***

A partir de ce moment, la suprématie de la flûte traversière n'est plus contestée. La flûte à bec ne fut cependant pas brusquement délaissée. Nous devons supposer qu'il se produisit pour elle ce qu'il se produisit pour la viole de gambe. On joua d'abord la viole et la flûte douce concurremment avec le violoncelle et la flûte traversière. Puis, les nécessités de l'orchestration nouvelle firent éliminer peu à peu de l'orchestre et de la musique de chambre ces instruments imparfaits, dont le plus grave défaut était la

faiblesse de sonorité. Ils ne furent plus alors pratiqués que par certains amateurs pour tomber, vers la fin du XVIIIe siècle, complètement dans l'oubli. Il est possible qu'on ait fabriqué encore des flûtes à bec vers 1777. L'Almanach Dauphin de cette date nous dit que les luthiers sont ceux qui ont l'art de faire et le droit de vendre... clavecins, flûtes traversières, flûtes à bec, etc.

Nous avons de fortes raisons de croire qu'ils n'usaient pas fréquemment de ce privilège.

***

Revenons donc à la flûte traversière. Il suffit de voir la tablature d'HOTTETERRE pour comprendre à quel point la flûte était imparfaite. L'emploi continuel des « fourches » rendait les gammes les plus simples excessivement compliquées. Quant à la justesse, elle était plus qu'approximative. On pouvait, il est vrai, corriger la justesse des notes par le moyen des lèvres, mais telle devait être la difficulté à vaincre, que de rares artistes devaient en être capables.

C'est cependant sur cet instrument défectueux qu'une série de grands virtuoses va jouer durant tout un siècle et en fera « l'instrument à la mode » de l'époque. Et son usage dure jusqu'au commencement du xixᵉ siècle ! Il ne faut pas croire, toutefois, que les chercheurs et les inventeurs restaient inactifs. Nous sommes amené à penser que les flûtistes d'un talent moyen ou médiocre, souffrant de l'imperfection de leur instrument, plus portés à rejeter la responsabilité de leur insuccès sur les défauts de leur flûte que sur leur propre insuffisance, cherchèrent à améliorer leur instrument. Mais les grands artistes, de BLAVET (1700-1768) à DEVIENNE (1759-1803) se servent uniquement de la flûte à une clef. Ecoutez DEVIENNE parlant des inventions nouvelles dans la préface de sa méthode : « Ce n'est pas cependant que je veuille blâmer les petites clefs, que des recherches justes ont fait ajouter à la flûte ordinaire, pour remédier aux sons bouchés, qui se trouvent dans le bas : tels que le *sol* ♯ ou *la* ♭ et le *si* ♭ ou *la* ♯ ; elles sont d'une grande nécessité des morceaux lents, et surtout quand les notes ci-dessus désignées sont soutenues ; quoique je ne m'en serve pas, je les approuve, mais dans ces cas-là seulement, car pour les traits elles deviennent inutiles et. ne servent qu'à ajouter à la difficulté. La manière la plus simple étant souvent la meilleure, je ne puis trop recommander aux élèves de la mettre le plus souvent en pratique. »

Il est fort heureux que tous les flûtistes de cette époque n'aient pas possédé cette grande virtuosité ou cet esprit accommodant. On verra, au contraire, que les chercheurs d'améliorations furent innombrables.

Une des premières inventions dignes de remarque est celle de deux clefs ouvertes fermant deux trous supplémentaires percés dans une extension du tube à l'extrémité inférieure. Ces clefs ont pour objet de donner à la flûte l'*ut naturel* et l'*ut* ♯ graves. Cette transformation, dit QUANTZ, a été essayée vers 1722, mais a été désapprouvée par tous les flûtistes, car l'extension du tube nuisait, prétendaient-ils, à la qualité du son. Il faudra attendre un siècle pour qu'on y revienne, et l'on entendra à nouveau les mêmes protestations.

Le même QUANTZ eut, vers 1726, lors d'un voyage à Paris, la curieuse idée de donner plus de justesse à son instrument par l'adjonction d'une seconde clef fermée à la patte. Dans son esprit, l'une des deux clefs devait produire le *ré* ♯, l'autre le *mi* ♭ (on voit par là à quel soin scrupuleux mettait QUANTZ à l'obtention d'une justesse parfaite). De plus, l'emploi de l'une ou l'autre clef devait apporter une amélioration à la production de certaines autres notes. Ce perfectionnement ne paraît guère avoir été goûté en Allemagne, et nous n'en trouvons nulle trace ailleurs.

Une autre invention que QUANTZ s'est attribuée (et on la lui a contestée) est celle du bouchon à vis permettant de modifier légèrement le diapason. Cette disposition a été conservée sur toutes les flûtes depuis QUANTZ et existe encore sur nos instruments actuels.

Fɪɢ. 618.

Il nous faut attendre jusqu'en 1774 pour nous trouver en face d'un perfectionnement vraiment sérieux. Il s'agit de la perce de trois trous nouveaux, munis de clefs fermées pour la production du *fa naturel*, du *sol* ♯ et du *si* ♭. Là encore, l'incertitude règne sur le nom de l'inventeur. Les uns attribuent l'invention à l'Anglais Josef TACET, mais W.-S. ROCKSTRO ne paraît pas vouloir souscrire à cette opinion en faveur de son compatriote. FÉTIS penche pour le flûtiste PETERSEN de Brême et pour le facteur WOLFF, mais il y a lieu de douter encore du bien fondé de cette assertion. *Quoi qu'il en soit*, cette amélioration, qui aurait dû révolutionner le monde des flûtistes par son importance, paraît, au contraire, les avoir laissés assez froids. Les grands virtuoses du temps, s'ils la connaissaient, la dédaignaient. Cependant, ces trois clefs pouvaient être d'un usage facultatif (ainsi que le fait remarquer DEVIENNE dans le passage de sa Préface cité plus haut), et ne devaient heurter en rien les habitudes prises.

La clef de *fa* ♮ était peut-être la plus nécessaire des trois, car elle donnait à la flûte une note de plus : le *fa naturel* de la 3ᵉ octave, tout en améliorant les deux autres *fa*. On se rappelle que ce *fa* ♮ n'était même pas mentionné dans la tablature d'HOTTETERRE.

Ce trou pour le *fa*, placé entre les 4ᵉ et 5ᵉ trous, mais latéralement, du côté de l'exécutant, était actionné par une clef placée en travers du corps de l'instrument. Elle devait être actionnée par le 3ᵉ doigt (annulaire) de la main droite. Pour produire le *fa* (1ʳᵉ et 2ᵉ octave), on ouvrait cette clef en gardant le doigté du *mi naturel*, et la note ainsi produite était excellente.

Le trou pour le *sol* ♯ était percé à peu près sur la même ligne que celui du *fa naturel*, mais entre le 3ᵉ et le 4ᵉ trou. Il était actionné par le petit doigt de la main gauche.

Le trou pour le *si* ♭ était placé entre les 2ᵉ et 3ᵉ trous, longitudinalement aussi, et s'actionnait par le pouce de la main gauche.

Nous avons dit que ces perfectionnements avaient été généralement dédaignés par les virtuoses ; certains artistes, cependant, en faisaient usage à une époque que nous pouvons déterminer. Un flûtiste allemand nommé RIBOCH devait les avoir adoptés en 1782, et le fabricant Richard POTTER en faisait dès 1774.

Un peu plus tard, un Italien du nom de FLORIO, flûtiste au Royal Italian Opera de Londres, fit ajouter à sa flûte les deux clefs ouvertes supplémentaires d'*ut naturel* et *ut* ♯ grave, inventées depuis longtemps, puis abandonnées. La flûte ainsi modifiée fut longtemps désignée sous le nom de flûte à 6 clefs.

Cependant, un perfectionnement réel surgit : le percement d'un trou supplémentaire pour l'*ut naturel* (médium et aigu) placé entre le premier et second trou. Primitivement, ce trou était muni d'une clef ouverte, et on le tenait fermé constamment par le pouce de la main gauche. Mais bientôt, on lui applique une clef fermée placée à côté de la clef fermée de *si* ♭ (RIBOCH s'attribue cette invention), et maniée également par le pouce de la main gauche.

Ce perfectionnement marque une étape importante dans l'histoire de la flûte. L'instrument, tel que nous l'avons décrit (mais non muni des clefs d'*ut* et d'*ut* ♯ graves), est encore connu et fabriqué de nos jours sous le nom de flûte à cinq clefs. Nombre d'artistes et d'amateurs ont fait leurs premiers essais sur cet instrument, encore en usage, d'ailleurs, en certains pays.

Malgré ses défauts, cette flûte présente une certaine homogénéité de son qui manquait à ses devancières. En effet, jusque-là, certaines notes ne s'obtenaient qu'à l'aide de doigtés spéciaux appelés fourches. Outre qu'elles étaient une gêne pour le mécanisme, elles n'avaient pas la même plénitude que les autres. Il se produisait là le même phénomène qu'on constate dans le cor simple, avec l'alternance des sons ouverts et des sons bouchés. Munie de ces cinq clefs indispensables, la flûte devenait un instrument réellement chromatique, très défectueux certes, nous dirons, plus tard, pour quelles raisons, mais bien supérieur à ses devanciers.

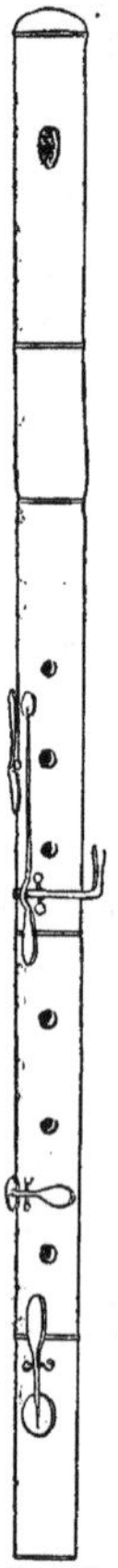

Cet acheminement vers la perfection redouble l'ardeur des chercheurs, et si nous voulions mentionner, même très succinctement, tous les changements apportés à la flûte pendant une période de cinquante ans environ après l'invention de ces clefs, un volume entier y suffirait à peine. Nous éliminons donc résolument tout ce qui n'offre pas d'intérêt de premier ordre, et nous mentionnons seulement :

1° Les inventions qui constituent une amélioration réelle de l'instrument.

2° Celles qui, sans effet immédiat, ont provoqué par répercussion des recherches plus fructueuses.

Celle du fabricant TREMLITZ, en 1786, mérite d'être signalée. — Il invente une clef dite : « longue clef de *fa* ». Cette clef, de forme longue, qui court le long de la flûte, couvrait un trou placé à la même hauteur que celui déjà existant entre les 5e et 6e trous, et, s'actionnant avec le petit doigt de la main gauche, permettait ainsi d'éviter certains glissements de doigts difficiles (notamment entre *mi* ♭ et *fa* naturel).

Plus tard, on remarque sur une flûte de LAURENT, facteur français, un trou pour *l'ut naturel* placé sur le côté intérieur du tube et fermé également par une longue clef qui s'actionnait par la phalange inférieure de l'index de la main droite.

Cette clef remplace même sur la plupart des instruments de cette catégorie la clef d'*ut* actionnée par le pouce de la main gauche.

Le Musée du Conservatoire de Paris possède plusieurs types de ces instruments. — Une de ces flûtes que nous avons essayée, qui a appartenu à TULOU et sort de sa propre fabrication, nous a paru être un excellent modèle de la fabrication de cette époque. Elle est en bois de grenadille et divisée en cinq parties. Elle possède seulement cinq clefs d'argent. TULOU en avait fait cadeau à son ami M. DENEUX DE VARENNE et la considérait comme une excellente flûte, sur laquelle il avait, d'ailleurs, joué longtemps.

La longueur totale de l'embouchure, de forme

Fig. 619.
Flûte
TULOU.

ovale, est de 12 millimètres environ sur 9 mm. de largeur. Le diamètre du tube est de 22 mm. à la tête, de 9 mm. à la jointure du milieu, et de 17 mm. à l'extrémité inférieure.

Cette flûte n'était cependant pas l'instrument connu sous le nom de « flûte TULOU ». On désignait ainsi plus volontiers une flûte munie de 8 clefs dont on trouvera la reproduction sur la tablature que nous donnons plus loin. Mais, à vrai dire, il n'y avait pas de flûte type à cette époque. Chaque flûtiste, selon ses préférences personnelles, faisait ajouter à sa flûte à 5 clefs une ou plusieurs des clefs nouvelles décrites précédemment ou prises dans les inventions suivantes.

Mentionnons encore :

L'invention d'une clef fermée couvrant un trou percé entre le trou de l'embouchure et le premier trou de note, et maniée par le premier doigt de la main droite, permettant de faire plusieurs trilles impossibles avec les doigtés ordinaires : *si*♮ à *ut*♯ (1re et 2e octave) et *ut*♯ à *ré*♮ (2e et 3e octave).

Celle d'une autre clef fermée couvrant un autre trou un peu au-dessous du précédent et permettant de faire le trille de *ut*♮ à *ré*♮ (1re octave et 4e). Ces deux inventions, attribuées à CAPPELLER en 1811, sont d'autant plus dignes d'être notées que nous nous servons encore sur nos flûtes actuelles.

Celle de NOLAN (1808) : une clef de *sol*♯ ouverte, invention qui a comme originalité de permettre à un seul doigt de fermer cette clef en ouvrant d'autre part un trou, contient un embryon du sytème de BŒHM. Nous le constaterons plus tard.

MILLER, en ayant, en 1810, l'idée de construire des flûtes en métal ; NICHOLSON, célèbre flûtiste anglais, en faisant considérablement élargir les trous, simple retour aux principes de la flûte de MERSENNE ; POTTGIESSER, trouvant, en 1824, un système de touche contenant en embryon le système des anneaux, préparent la voie à leurs successeurs. On retrouvera dans les inventions de BŒHM la trace de leurs efforts. Mais tout ceci n'obtient aucun succès immédiat et n'entrera jamais dans la pratique sous cette forme. Nous citons les noms qui précèdent à titre de noms de précurseurs.

Mentionnons, à titre de curiosité, cette fois, l'extraordinaire invention du colonel REBSOMEN, qui, ayant subi l'amputation du bras gauche, invente un mécanisme lui permettant de remplacer les doigts absents par la seconde phalange des trois premiers doigts de la main droite. Enfin, certains fabricants allemands allongent le tube et le munissent de clefs supplémentaires permettant de descendre au *si*, *si*♭, voire jusqu'au *sol* !

Un dernier mot encore : il s'agit de la matière employée. On fait les flûtes de toutes sortes de bois : buis, coco, ébène, grenadille, etc. On en fabrique d'ivoire, de porcelaine et même de cristal ! Il ne paraît pas que ces deux dernières matières aient donné d'heureux résultats. Nous avons essayé une fort belle flûte de cristal, munie de clefs d'améthyste, de la main de LAURENT (commencement du XIXe siècle), et en avons trouvé le son exécrable. Nous donnons, pour le plaisir de l'œil, la reproduction d'une flûte de porcelaine (XVIIIe siècle), qui ne nous paraît pas posséder une valeur musicale très supérieure :

Fig. 620.

La véritable flûte en usage, à l'époque que nous abordons (1831), est la flûte à 8 clefs. C'est elle (avec variantes insignifiantes) qui est l'instrument de tous les flûtistes. Elle le reste longtemps encore bien après l'apparition de la flûte Bœhm. C'est alors le modèle du Conservatoire. Au moment où un système entièrement nouveau va révolutionner le monde des flûtistes, nous croyons utile de donner ici la tablature complète, telle que nous la trouvons dans une réédition de la méthode de Devienne, faite sous la direction de Dorus :

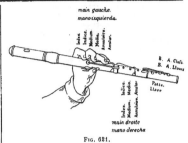

Fig. 621.

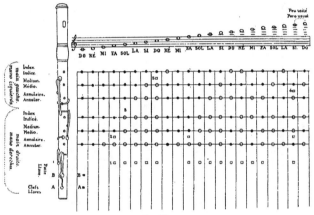

Fig. 622.

Il paraîtrait facile, au premier abord, de donner sur les recherches faites par les créateurs de la flûte actuelle, des renseignements précis. Rien au contraire n'est plus malaisé. Deux hommes ont eu, presque simultanément, l'idée de modifier, du tout au tout, la fabrication des flûtes. Tous deux ont pensé trouver, dans les principes de la science acoustique le moyen d'atteindre à la perfection. L'un a échoué, l'autre a triomphé. Mais il est arrivé ce qui arrive toujours en pareil cas : le triomphateur s'est fait des ennemis qui ont voulu reporter sur l'inventeur malheureux tous les mérites de l'invention. On sait ce qu'il advient toujours de ces sortes de querelles : un débordement d'injures et d'accusations épouvantables, et nulle lumière sur les faits. Le premier de ces deux hommes s'appellait Gordon, et le second Théobald Bœhm.

Nous avons cherché le plus consciencieusement possible à nous faire une opinion claire et sans parti pris, et nous avons, dans ce but, consulté le plus grand nombre possible de documents. Ceux concernant Gordon sont extrêmement rares : on ne trouve nulle part trace d'une de ses flûtes. Les dessins qui les représentent sont confus, et les explications données par son plus fougueux partisan (Rockstro) sont plus confuses encore.

Bœhm, au contraire, a pris soin d'expliquer lui-même dans un opuscule très complet les principes de son instrument, et ne l'aurait-il pas fait que nous avons tous sous la main la flûte qui porte son nom, et dont l'usage est devenu à peu près universel. Malheureusement, il reste muet sur le résultat de ses premiers essais, et il nous faut aller chercher ailleurs que dans ses propres écrits quelques éclaircissements sur les instruments sortis de ses mains lors de ses premières recherches.

Il nous paraît équitable de rendre hommage à la mémoire de Gordon. Ses efforts n'eussent-ils servi qu'à stimuler l'ardeur de Bœhm, qu'il faudrait lui en être reconnaissant. Mais nous ne pouvons nous empêcher de penser que ses premières études (il était capitaine aux gardes suisses sous la Restauration) l'avaient moins préparé que Bœhm, flûtiste renommé et fils d'orfèvre, à la fabrication des flûtes. Il est mort fou avant d'avoir pu mettre pratiquement en usage un seul instrument de sa seule fabrication. Véritablement, nous avons peine à nous le représenter comme le véritable père de la flûte actuelle, et, jusqu'à preuve du contraire, nous persisterons à attribuer à Théobald Bœhm le mérite de l'invention qui a complètement bouleversé l'art de la flûte.

Avant de parler des travaux qui devaient aboutir

à cette transformation, examinons pourquoi l'on en désirait avec tant d'ardeur la réalisation. Quels étaient les défauts de la flûte alors en usage, et pourquoi les nombreux changements que nous avons décrits précédemment n'étaient-ils pas suffisants à la rendre parfaite? Nous trouverons ceci exposé avec la plus grande compétence et la plus grande clarté dans le

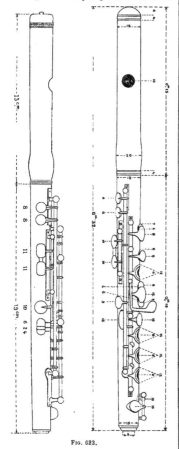

FIG. 623.

Mémoire présenté aux membres de l'Institut par le professeur V. Coche, et publié par l'auteur en 1838 sous le titre de *Examen critique de la flûte ordinaire comparé à la flûte de Bœhm*, car il commence son travail par un jugement sévère sur la flûte employée à cette époque sous le nom de flûte à 12 clefs (flûte qui réunissait toutes les clefs que nous avons mentionnées jusqu'ici).

« De tous les instruments de musique, « disait-il, la flûte est le plus ancien, c'est celui dont l'usage n'a

jamais été interrompu et qui, néanmoins, est toujours resté aussi imparfait. Aussi, les perfectionnements auxquels les facteurs ont atteint sont loin de satisfaire les artistes; ils comprennent que l'instrument s'oppose par sa construction irrégulière et sa sonorité douteuse à tous les développements que l'art et le talent pourraient obtenir. Entre la flûte qu'ils désirent et celle dont on se sert aujourd'hui, la distance est grande. Et s'il l'on prenait pour point de comparaison la flûte vulgaire à 6 trous et à une clef, on pourrait dire que la différence entre elle et notre flûte à 12 clefs est moins grande que celle qui existe entre cette dernière et la flûte de Bœhm.

« Ainsi, de tous les essais tentés par des facteurs ou des artistes, aucun n'a remédié aux vices primitifs de la construction de la flûte; ils existent encore intégralement dans l'instrument actuel, surchargé d'une foule de clefs qui nuisent à sa sonorité et compliquent les embarras du doigté.

« On peut attribuer la défectuosité de la flûte au placement inexact des trous qui, depuis l'origine de cet instrument, ont été percés d'après l'écartement naturel des doigts. Par ce système, la plupart des trous ne correspondent pas aux fractions de la colonne d'air que donnent les proportions acoustiques. De là, naissent des différences dans la grandeur et la distance des trous, et, par suite, des intonations vicieuses et inégales, telles que *ut* et *ut* ♯ de la 2ᵉ octave, dont l'un sera trop haut ou trop bas par rapport à l'autre, telles que *mi, fa* ♯*, sol, la* ♭*, la naturel* de la 3ᵉ octave qui tendent à baisser et souvent ne résonnent pas clairement, le peu de sonorité et l'inégalité de beaucoup de sons lorsqu'ils sont produits au moyen d'un doigté plus ou moins couvert, ou que les flûtes diffèrent de construction, l'embarras que produit, dans plusieurs tons, l'action de glisser les doigts par les deux clefs de *fa*, le grand nombre de trilles défectueux, telles sont les difficultés devant lesquelles les meilleurs artistes échouent toujours, parce que ces difficultés proviennent de défauts inhérents à la flûte. »

Suit une série d'exemples prouvant que, dans la gamme de *ré majeur*, considérée comme la plus sonore, les notes :

ut², *fa²* première position, *si²*, *mi³*, *fa³*, *sol³*, *la³* sont *trop basses*;

l'*ut* ♯ *trop haut* ainsi que le *fa²* avec la deuxième position ;

le *mi¹* et *mi²* *faibles*.

La gamme de *mi* ♭ est d'une sonorité beaucoup plus faible. Il relève des défectuosités pour 12 notes.

Et ainsi de suite...

Ces imperfections, que signale Coche, avaient frappé tous les artistes et facteurs, mais, jusqu'en 1828 environ, tous les efforts des inventeurs s'étaient portés sur des modifications de détail. Seul, peut-être, Pottgiesser avait eu l'idée de modifier radicalement le système en usage en ne tenant aucun compte de l'instrument existant. Mais il n'avait, en somme, abouti à rien. Un capitaine aux gardes suisse, Gordon, amateur de flûte, eut l'idée de créer une flûte entièrement nouvelle. Son point de départ était bon : il désirait construire un instrument dont les proportions seraient basées sur les lois de l'acoustique et, pour cela, percer autant de trous, les placer là où ils devaient théoriquement l'être, sans se préoccuper de la commodité des doigts. Puis, ils se proposait de trouver un système de mécanisme qui suppléât à l'insuffisance des doigts.

Médiocre technicien, il s'était adjoint des ouvriers français, avait fait la connaissance de Bœhm, travaillé chez ce dernier, et ses recherches avaient abouti à la construction d'une flûte dont aucun spécimen n'est, à notre connaissance, en circulation, mais dont il reste quelques reproductions dans des ouvrages spéciaux. C'est vers la fin de 1830 que s'était produit cet événement.

Mais que pouvons-nous tirer de l'examen de ce dessin? Rockstro, dont la malveillance à l'égard de Bœhm éclate à chaque ligne de son livre, exalte Gordon en termes lyriques, mais quand il s'agit d'expliquer clairement le système du malheureux capitaine, il perd beaucoup de son assurance. Il nous dit, il est vrai, avant de procéder à cette tâche, que le « diagramme de la planche est évidemment incomplet autant qu'inexact, une partie de l'explication accompagnante est donc conjecturale », et ailleurs : « les proportions du tube sont donc montrées inexactement ».

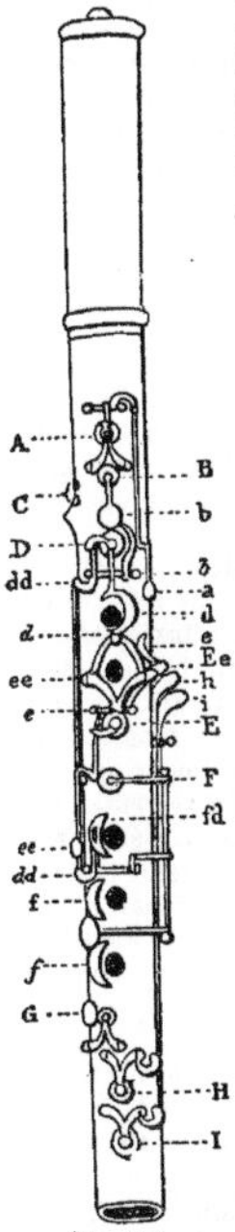

Nous croyons, nous, que le meilleur moyen de servir la cause de Gordon est de donner ici la traduction des explications de son défenseur. Nous donnons, en même temps, une reproduction de la planche. On y verra que le système de clefs apparaît extrêmement compliqué, et, dans les doigtés de la tablature générale supposée par Rockstro, il en est beaucoup de problématiques ou douteux. Le meilleur eût été d'essayer de construire une flûte d'après les dessins. On aurait réellement vu ce qui peut résulter de cet amas de clefs, de mouvements contraires, de ressorts, etc., et s'il est possible d'obtenir facilement l'occlusion des trous, et sans bruit.

A. Clef fermée du trou de *ré″*, ouvert par le 2ᵉ doigt (main gauche) à *a*.

B. Clef ouverte du trou d'*ut #″*, fermé par le 1ᵉʳ doigt (main gauche) à *b*. L'axe est à *b*.

Fig. 624.

C. Trou d'*ut″* divisé, fermé par le pouce de la main gauche. Le renflement en pointe est un guide pour le pouce.

D. Clef ouverte du trou de *si*, fermée par l'action du second doigt (main gauche) sur le croissant *d* quand il ferme le trou adjacent de *si* ♭. L'axe devait être à *d*, ou près de *d*, probablement sous le croissant, et la tige devait passer sur *b*. La note *si* ♭ était doigtée par la pression du premier doigt de la main droite sur le croissant *fd*, qui, par le moyen des deux leviers *dd* et *dd* et leur fil correspondant, fermait D, laissant le trou de *si* ♭ ouvert. D pouvait aussi être fermé par le 1ᵉʳ doigt (main gauche) agissant sur *b* et D en même temps, ou par le 2ᵉ doigt (main gauche) sans fermer le trou de *si* ♭.

'E. Clef ouverte du *sol* ♯. L'axe était à *d*, et devait être la seule pièce d'attache à la flûte. En fermant le trou adjacent *a*, le 3ᵉ doigt de la main gauche

pressait une des branches *e*, fermant ainsi E. Là étaient, naturellement, deux pièces, l'une pour soulever la pièce entière de mécanisme, l'autre pour fermer la clef de *sol* ♯. Le croissant joint à *e* devait être employé pour fermer E en laissant le trou *a* ouvert. L'axe *e* devait être au-dessous, et la tige de la clef devait être indépendante. A *ee* existait un joint. Quand les branches étaient appuyées, E était ouvert par l'action du 4ᵉ doigt (main gauche) sur le levier E*e*.

Ainsi, *sol* et *sol* ♯ étaient doigtés comme sur la flûte ordinaire et, en même temps, le son n'était pas voilé.

ee. Levier pour faire le trille *sol-la* ♭ et *fa* ♯*-sol* ♯ avec le premier doigt de la main droite.

F. Clef ouverte du trou de *sol*, reliée aux croissants *fd*, f et *f*. La clef F était fermée par la pression de n'importe lequel des croissants, et les trous de *mi*, *fa* et *fa* ♯ pouvaient être fermés en usant des croissants les plus près ou laissés ouverts si nécessaire. La note *fa* était doigtée par l'action du premier doigt de la main droite sur le croissant *fd*, fermant en même temps le trou adjacent de *fa* ♯. Le *fa* ♯ pouvait avoir été doigté par la pression de *fd*, pendant que le trou restait ouvert, ou par l'action du 2ᵉ doigt ou du 3ᵉ doigt (main droite) sur f ou *f*.

G. Clef ouverte de *ré* ♯ fermé par le petit doigt (main droite).

H. I. Clef ouverte du trou de *ré* et *ut* ♯. Les touches de ces clefs sont à *h*, *i*; les *ut* ♯ et *ut* naturel étaient donc doigtés par le petit doigt (main droite).

Après cette laborieuse explication, Rockstro déclare : « La clef ouverte du ton de *si*, et les diverses méthodes de la fermer constituent un départ extrêmement nouveau et un très important perfectionnement », dont on peut estimer la valeur par le fait qu'aujourd'hui aucune flûte à clefs ouvertes n'est faite sans elle, ou avec cette clef légèrement modifiée.

Puis, il donne une tablature — reconstituée par lui — que nous ne croyons pas devoir reproduire ici, comme étant d'un médiocre intérêt. Finissons-en avec le pauvre capitaine Gordon, qui, après d'autres essais, notamment la construction d'une autre flûte assez différente de la première, perdit tout à fait la raison et fut enfermé dans une maison de fous. Il nous faut maintenant parler des essais de Bœhm.

Th. Bœhm, né à Munich, en 1795, croit-on, était fils d'un orfèvre. Très jeune, il avait pris des leçons de flûte avec Cappeller, était devenu un excellent exécutant et occupait une belle situation de soliste, quand lui vint l'idée de perfectionner son instrument. Une édition anglaise de sa brochure donne comme date de ses premiers essais 1848, mais les autres éditions indiquent 1828, ce qui nous paraît plus vraisemblable. Ses premiers travaux n'ont guère d'autre but, semble-t-il, que d'apporter quelques améliorations de détail à l'instrument en usage. « Je réussis, dit-il, à faire quelques perfectionnements essentiels aux languettes[1], aux ressorts et aux tampons, ou petits coussins de mes flûtes, mais tous mes efforts pour établir l'uniformité et la pureté de l'accord furent sans succès tant que la lar-

Fig. 625.

[1] Le mot languette employé par Bœhm désigne les clefs, ou plateaux.

geur de tension des doigts donnait la proportion pour le percement des trous. »

· Il chèrchait donc, sans trouver, et se voyait dans l'obligation, pour vivre, de ne pas abandonner sa carrière de flûtiste. Vers 1831 (ou 1832), il se décida à livrer à la circulation un instrument modifié qu'il présenta à divers fabricants de Paris et de Londres. Nous donnons ici un dessin de cet instrument, tel qu'il a paru dans un prospectus édité par la maison GEROCH et WOLF.

Cette flûte, qui a été assez minutieusement décrite dans ce prospectus, ne contient que des promesses. On verra cependant que BŒHM avait déjà le souci de placer les trous plus en rapport avec les lois de l'acoustique; et ce système d'anneaux reliés par une tige contenait une indication pour les perfectionnements futurs. Nous ne croyons pas devoir nous ar-

rêter plus longtemps sur cette première manifestation de l'esprit inventif de BŒHM.

Si nous avons, sur l'apparition de ce premier essai, une date précise, nous n'en avons pas sur celle de la seconde tentative. Dans un opuscule, BŒHM nous dit : « Dès 1832, ma nouvelle flûte était achevée. » Ne s'était-il écoulé qu'un an entre l'invention des deux instruments? La chose est peu probable, mais, après tout, possible. Le fait est que la différence entre les deux instruments est sensible. La première était, nous l'avons dit, une promesse. La seconde est presque une réalisation. Tout le bruit fait autour de l'invention de BŒHM date, d'ailleurs, de l'apparition de cette flûte, et si BŒHM lui-même, dans son opuscule, paraît ne vouloir tenir compte que de son Invention de 1847, le public et les artistes avaient surtout été impressionnés par l'invention précédente.

FIG. 626.

C'est cette flûte que COCHE présente aux membres de l'Institut dans son Examen critique, et pour laquelle il écrit une méthode. Nous en trouvons la reproduction dans la planche de sa brochure. Malheureusement, il nous donne peu d'explications sur cet instrument. Comme il y a apporté lui-même, avec la collaboration du facteur BUFFET, quelques modifications, il ne s'étend guère que sur ces modifications-là.

ROCKSTRO, avec sa partialité habituelle, passe dédaigneusement sur cette flûte, qu'il ne nous décrit pas en détail, contrairement à ce qu'il fait pour toutes les autres inventions, même les plus incohérentes. Il ne peut cependant s'empêcher de payer un juste tribut de reconnaissance à BŒHM pour l'établissement du principe de la clef ouverte de sol♯ (c'est précisément cette invention excellente, selon nous, qui n'a pas été adoptée par les artistes français). Il remarque aussi que le mécanisme, quoique se rapprochant beaucoup de celui de GORDON, est moins compliqué.

Il n'y a en effet aucun rapport entre ce système de clefs et d'anneaux, reliés par des tringles, et qui diffère peu du système actuel, et l'extraordinaire système de touches de GORDON, de sorte que nous pouvons hardiment affirmer que BŒHM a fait là un pas en avant.

C'est à COCHE que nous devons peut-être l'adoption de la flûte BŒHM en France. Avant de passer à l'invention définitive de BŒHM, voyons ce qu'était devenue la 2ᵉ flûte de ce dernier, avec les modifications qu'il avait introduites en collaboration avec le constructeur BUFFET. La planche que nous reproduisons ici nous renseigne parfaitement sur les mérites de cet instrument.

COCHE, malgré son enthousiasme pour le nouveau système, ne cachait pas sa répugnance à adopter la clef de sol♯ ouverte. Il en donne ainsi la raison : « Je me souviens qu'en jouant du violoncelle, j'avais déjà remarqué que le petit doigt de la main gauche et l'annulaire étaient, d'après leur éloignement de la position de la main, d'une faiblesse extrême. Ma remarque s'applique si bien à la flûte que je me décidai à rétablir la clef de sol♯ fermée, telle qu'elle existe sur la flûte ordinaire, et à mettre une correspondance à la clef de sol♯ pour utiliser la main droite qui se trouve levée dans les trilles et les grup-

petti faits par l'annulaire et le petit doigt. En effet, on peut les employer avec plus de succès, puisqu'il est constant que les deux derniers doigts de la main gauche sont plus faibles que les premiers doigts de la main droite. »

C'est cette invention que BŒHM a déplorée toute sa vie, car le rétablissement de la clef de sol♯ fermée nécessitait le percement d'un trou « duplicata » de celui déjà existant et compromettait la justesse et la pureté de certaines notes que BŒHM avait eu tant de peine à établir. Ceci nous amènera à parler plus loin d'une invention, due au flûtiste DORUS, qui établissait un compromis entre les deux systèmes.

L'objection de BŒHM, qu'il avait voulu établir un système absolu de clefs ouvertes, est assez logiquement réfutée par COCHE : « Si, comme travail rationnel, BŒHM a voulu qu'en levant les doigts on fasse une progression ascendante, il aurait dû, par conséquent, placer la clef de mi♭ ouverte. »

Enfin, COCHE ajoutait à la flûte BŒHM :

1° une nouvelle clef pour obtenir sans obstacle le trille d'ut♯ sur ré♯ qui est faux et difficile;

2° un anneau sous le troisième doigt de la main gauche, tenant à la clef de si♭ et permettant, dans le passage rapide sol-si♭, d'éviter le difficile doigté ordinaire. Mais COCHE remarquait lui-même qu'il fallait l'employer « seulement dans une exécution rapide qui ne permet pas de remarquer cette intonation douteuse ». C'est peut-être cette invention qui a incité BRICCIALDI à inventer un système de clef pour la production automatique du si♭ dont nous parlerons en temps utile.

Nous entendrons plus tard les doléances de BŒHM concernant le rétablissement de la clef de sol♯ fermée. Mais il est juste de remarquer que, si l'étude du nouveau système n'exigeait pas, en général, un très grand effort des flûtistes habitués à l'ancien, le changement d'emploi du petit doigt de la main gauche était un obstacle énorme. COCHE, par cette concession, amenait au nouveau système des adhésions qui lui eussent manqué sans cela.

Louis DORUS, qui désirait vivement adopter le nouveau système, chercha à son tour une amélioration, et crut la trouver dans l'invention de la clef qui porte son nom. Nous la décrivons minutieusement, parce qu'elle a vraiment un intérêt intrinsèque, et parce qu'elle n'a jamais été abandonnée complètement. Si la majorité des flûtistes français se sert de la clef de *sol* ♯ fermée, certains ont conservé la clef Dorus, alors que personne ne se sert de la clef de *sol* ♯ ouverte, telle que l'a imaginée Bœhm.

Dorus avait saisi l'inconvénient grave du percement d'un second trou pour la clef de *sol* ♯ fermée. Il désirait conserver à la flûte de Bœhm ses qualités d'homogénéité et de justesse, que le percement de ce trou compromettait.

D'autre part, l'extrème difficulté résultant de l'usage absolument nouveau du petit doigt de la main gauche l'effrayait.

Il adopta donc un compromis entre les deux systèmes. Rockstro en a donné une description extrèmement claire que nous reproduisons ici :

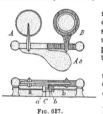

A. la clef de *sol* ♯ avec sa tige et son tube, ce dernier fonctionnant sur une tringle d'acier supportée par des vis à pointe qui passent à travers les deux piliers.

a. Ressort faible agissant sur l'arrêt *a* et tendant ainsi à fermer la clef.

B. Anneau entourant le trou de *la* relié par le tube avec le manchon *b*. Ce tube agit également sur la tringle.

FIG. 627.

b. Ressort fort, agissant sur le manchon *b* et maîtrisant le ressort plus faible *a*.

La clef et l'anneau sont tenus en l'air par la prépondérance de la force de *b* sur celle de *a*. Lorsque l'anneau B est abaissé par l'annulaire gauche, *a*, n'étant plus maîtrisé par *b*, cause la fermeture de A.

A*a.* Touche de la clef de *sol* ♯ au moyen de laquelle la clef est ouverte par le petit doigt de la main gauche, lorsque B est abaissé.

C. Saillie de la flûte qui sert d'arrêt pour les manchons.

Cette invention extrèmement ingénieuse pèche cependant par deux points :

1° Le mécanisme est extrèmement délicat et se dérange souvent;

2° Quand le ressort *b* est livré à lui-même, il est extrèmement dur, et le trille de *sol* ♯ *la* devient très difficile.

Quelques artistes français emploient encore la clef Dorus. Ce système donne incontestablement plus de clarté aux notes de la main gauche.

Cependant, Bœhm cherchait toujours. Il n'était pas satisfait de ses deux premières inventions. Si elles apportaient une amélioration réelle, spécialement sous le rapport de l'homogénéité du son, ses flûtes n'étaient guère plus justes que les flûtes de l'ancien système. Même pourvues de certains perfectionnements, elles ne répondaient pas à ses désirs. En le constatant, il nous dit, non sans quelque emphase :

« C'est pourquoi je me suis décidé d'avoir recours à la science et, après des études pendant deux années des principes d'acoustique, sous la direction bienveillante de M. le professeur docteur Carl Shaf-häutl; et après beaucoup d'expériences faites aussi exactement que possible, je réussis enfin, en 1847, à construire des flûtes d'après un système basé sur la science, pour lesquelles, aux expositions universelles

de Londres en 1851 et de Paris en 1855, les plus hautes récompenses me furent décernées. »

Ici, nous demandons la permission d'ouvrir une parenthèse.

Il semblerait, à entendre Bœhm, que sa flûte ait été construite sur des données rigoureusement scientifiques et qu'il en soit arrivé là avec une précision quasi mathématique. C'est du moins ce qui ressort de la préface de son opuscule. La suite de cette brochure démontre le contraire, et ceci n'est pas pour diminuer, loin de là, le mérite de l'inventeur. En effet, s'il lui avait suffi, pour arriver à son but, de posséder tout ce qui nous est connu des lois de l'acoustique, il n'aurait pas passé vingt ou vingt-cinq ans de sa vie à trouver les proportions exactes de l'instrument actuel. Un rigoureux calcul l'aurait conduit au succès sans coup férir. Mais il y a loin de la théorie à la pratique, et quoique Bœhm parle avec dédain des moyens empiriques, qu'il employait lors de ses premières recherches, nous constatons, en lisant son opuscule, que ce sont précisément des expériences empiriques qui lui ont permis de corriger jusqu'à la quasi-perfection ce que les données purement scientifiques sur lesquelles il était parti avaient donné d'imparfait. Là où un physicien aurait échoué, Bœhm a réussi, précisément parce qu'il ne s'est pas limité à faire des calculs sur le papier, mais que, durant des années entières, il a, par de patients tâtonnements, su trouver le « tempérament » nécessaire. Et si le mot de Buffon : « le génie n'est qu'une longue patience », peut être appliqué à un homme, c'est bien à l'opiniâtre constructeur munichois.

Les recherches pouvaient se diviser en deux parts : 1° les proportions du tube, de l'embouchure et des trous; 2° le système de touche s'y adaptant.

Dès la première page de l'opuscule, Bœhm nous initie à sa méthode de travail. C'était au début de ses recherches, alors qu'il jouait encore la flûte conique, universellement en usage. Il remarque que, seule de tous les instruments à perce conique, la flûte s'embouche du côté du plus grand diamètre. Il fabrique donc une flûte conique où l'embouchure est située à l'extrémité la plus étroite. Le résultat ne répond pas à son attente. Alors, il fabrique d'autres tubes coniques, diminue de plus en plus l'élargissement du cône pour arriver au cylindre (simple retour à la flûte traversière de Mersenne).

Il n'y a pas là que des calculs précis; l'empirisme lui fait trouver ce qu'il cherchait et, dans bien des cas, il ne triomphera que par ce moyen.

Mais le grand mérite et la force de Bœhm sont d'avoir *voulu* fortement construire son instrument sur des données scientifiques. Ç'a été une base solide pour ses travaux, et les connaissances scientifiques qu'il avait acquises, la discipline d'esprit qu'il lui avait fallu également acquérir pour mener à bien ses études, l'ont aussi fortement servi. Nous allons essayer de résumer ses travaux, seulement dans leur application pratique.

Nous avons très succinctement exposé au début de cet article la théorie des tubes ouverts. Là se trouve naturellement le point de départ des recherches de Bœhm, ainsi que la théorie des vibrations et de la division du monocorde. Nous ne le suivrons pas dans cet exposé, qu'on retrouvera dans l'article de l'*Encyclopédie* traitant de l'Acoustique générale.

Dans son opuscule, Bœhm parle, en premier lieu, de ses essais de 1846 sur la forme et les dimensions du tube. Il nous dit qu'ayant fait fabriquer des tubes coniques et cylindriques en grand nombre, et tous de dimensions et diamètres différents, le résultat pratique de ces essais fut ceci : le tube devait être cylindrique, d'une largeur de diamètre égale au 1/30 de la longueur totale, et se rétrécissant selon une certaine proportion géométrique se rapprochant de la parabole. Ce rétrécissement commençait au quart supérieur du tube pour se terminer à la fermeture de liège dans une proportion de 1/10 du diamètre.

Il remarque qu'une flûte n'exigeant que deux octaves, construite selon ces proportions, avec une longueur de 606 millimètres de colonne d'air et un diamètre de 20 millimètres, donnerait des sons qui en feraient un instrument idéal sous le rapport de la pureté, de la plénitude et de la justesse.

Mais tous ces calculs se trouvent détruits par les exigences de la musique actuelle, laquelle demande à la flûte une étendue de 3 octaves, et, pour permettre l'émission de la 3e sans gâter les deux autres, il doit, après de nombreux tâtonnements, réduire le diamètre à 19 millimètres.

Autres observations concernant la flûte idéale : le bouchon de fermeture à l'extrémité supérieure devrait être assez mobile pour pouvoir changer de position selon l'octave dans laquelle on joue. Comme il n'existe pas de moyens de rendre ce bouchon mobile en cours d'exécution, Bœhm, après tâtonnements, trouve un « tempérament » convenable, en fixant ce bouchon à 17 millimètres du milieu de l'embouchure.

En ce qui concerne la forme de l'embouchure, Bœhm donne sur la production du son des explications qu'on trouvera au début de cet article, et ses conclusions sont qu'une embouchure de forme quasi rectangulaire aux coins arrondis, de 12 millimètres de long sur 10 millimètres de large, avec une hauteur de parois de 4 mm. 2, serait une embouchure excellente convenant à la moyenne des exécutants. Notons en passant que, lors de ses premiers essais, il avait muni l'embouchure de deux parois latérales, destinées à canaliser le souffle au sortir des leviers pour l'amener directement dans la direction convenable. Cette disposition a été presque immédiatement abandonnée.

Nous arrivons à la perce des trous. Bœhm emploie là le système des tubes de différentes longueurs, donnant à chacun une note de la gamme chromatique. Pour cela, il coupe, en commençant par le bas, son tube jusqu'à ce qu'il trouve le premier degré absolument juste. Et ainsi de suite. Puis, il fabrique un tube divisé en autant de sections qu'il était nécessaire, mais s'ajoutant et se détachant à volonté.

Alors, remarquant que le percement d'une ouverture équivaut à l'établissement d'une section, il fabrique un tube muni de trous placés exactement à l'endroit des sectionnements de son tube divisé.

Théoriquement, si l'ouverture est égale au diamètre du tube, le résultat doit être le même que si le tube était sectionné. Dans la pratique, ceci se trouve encore démenti. « Même quand on pourrait faire les ouvertures assez grandes, dit-il, pour que leur coupe transversale fût égale à celle du tube, les ondulations de l'air ne sortiraient jamais rectangulairement de l'ouverture avec autant de facilité que de l'axe du tube. Elles rencontrent donc la résistance que leur oppose la colonne d'air contenue dans la partie inférieure du tube ; cette résistance est si considérable, que tous les tons s'accordent beaucoup

trop bas quand les ouvertures sont pratiquées à la place des divisions. Donc, les ouvertures de sons, surtout parce que la hauteur de leurs rebords exerce aussi une influence d'abaissement, doivent être d'autant plus rapprochées de l'embouchure, plus leur coupe est petite et plus leurs sons sont élevés. »

Un des désirs de Bœhm avait été de percer tous les trous de même diamètre, comme devant donner à toute la gamme une parfaite homogénéité de timbre et de puissance ; mais nous avons vu que ses calculs se trouvaient dérangés par la difficulté d'établir une 3e octave aussi bonne que les deux premières.

Nous ne le suivrons pas plus avant dans ses tâtonnements ou ses calculs, et nous remarquerons seulement que, dans son tube définitif, les trois premiers trous du côté de l'embouchure sont de perce beaucoup moins grande que les autres et sensiblement plus rapprochés de l'embouchure.

Un tube de cuivre, percé sur ces données et dépourvu de tout mécanisme, est encore entre les mains de M. Chambille, propriétaire actuel de la maison Louis Lot. Ces trous sont fermés à l'aide de simples bouchons. Seulement destiné aux expériences de l'inventeur, cet instrument primitif nous prouve que Bœhm avait consciencieusement cherché à résoudre le problème de la perce, sans se préoccuper des difficultés du mécanisme.

Bœhm s'est préoccupé également avec beaucoup de soin de la possibilité de changer (dans une faible mesure) le diapason de l'instrument selon les nécessités du moment. Mais, des expériences lui prouvent « qu'une flûte ne peut être accordée que dans un seul diapason le plus purement possible, et que tout raccourcissement ou prolongation au-dessus des ouvertures de sons doit exercer une influence préjudiciable sur l'intonation, parce que, dans le premier cas, les notes élevées se trouvent

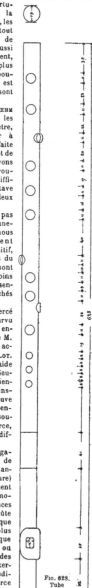

Fig. 623.
Tube
Bœhm.

trop hautes en proportion des notes plus basses, et dans le second cas, au contraire, les notes basses deviennent trop hautes en proportion des notes élevées ».

Cependant, il remarque que de petites différences de diapason peuvent être obtenues par une bonne insufflation, et il fait les pièces de tête plus courtes de 2 millimètres qu'il n'est théoriquement indiqué, pour permettre à l'exécutant de jouer un peu plus haut si cela lui est nécessaire.

L'opuscule de Bœhm, que nous continuons à examiner, contient un chapitre consacré aux matériaux. Nous avons effleuré la question dans la première partie de notre article. Bœhm émet cette théorie que « dans l'excitation des vibrations, il faut un déploiement de forces proportionné au poids de la masse; les sons d'une flûte seront émis d'autant plus facilement, et le développement plein de leur force exigera d'autant moins d'effort pour l'insufflation que le *poids* d'un tube de flûte est *mince* ».

Nous laissons à Bœhm la responsabilité de cette théorie. Ses expériences lui permettent d'affirmer qu' « on pourra donc produire sur une flûte d'argent, dont le tube est tiré mince et dur et ne pèse que 129 grammes, les sons les plus clairs et les plus forts, et on pourra jouer beaucoup plus longtemps et sans fatigue que d'une flûte de bois, laquelle, quand même elle serait tournée le plus mince possible, pèse toujours encore presque le double, à savoir 227 grammes ».

Les préférences de Bœhm vont, à n'en pas douter, à la flûte d'argent (ou de maillechort). Mais la formidable opposition qu'il rencontrera à ce sujet l'oblige à fabriquer également des flûtes de bois. Dans ce dernier cas, il préconise l'emploi du bois de coco ou du bois de grenadille.

Nous arrivons au chapitre concernant le système de touche. C'est sur l'établissement de ce système que partisans et adversaires de Bœhm ont été le plus divisés.

Pour nous, il n'est pas douteux que Bœhm ait eu connaissance des travaux de ses devanciers. Mais il n'est pas douteux non plus que, si certains d'entre eux ont eu une sorte de divination de ce qu'il était possible de faire, aucun n'a pu faire entrer quoi que ce soit dans le domaine pratique. Seul, Bœhm a « mis quelque chose debout », et c'est vraiment par là qu'il s'est montré le génial inventeur qu'il était.

Deux essais antérieurs ont pu vraisemblablement lui être utiles, s'il en a eu connaissance : la clef ouverte de *sol*♯ et son anneau le mettant en correspondance avec le trou de *sol naturel* (invention de Nolan), et le système de clef à anneau de Pottgiesser. Nous résumons ici le récit des expériences de Bœhm sur le système de touche.

Le tube percé selon les données que lui avaient fournies ses expériences, Bœhm remarque que ses ouvertures sont trop éloignées ou trop grandes pour être fermées directement par les doigts. Il songe donc à les munir toutes de clefs ou d'anneaux. Mais les ouvertures sont au nombre de 15, et il ne dispose que de 9 doigts, le pouce de la main droite étant immobilisé comme point d'appui. S'il veut éviter le système défectueux des glissements de doigts (le plus grave défaut du mécanisme de l'ancienne flûte), il lui faut donc de toute évidence trouver un système permettant d'actionner plusieurs clefs en même temps.

Les souvenirs personnels de M. Chambille lui permettent d'affirmer que Bœhm trouva en M. Villette,

ouvrier cleftier de la maison Godefroy (plus tard L. Lot), un collaborateur précieux pour l'invention du système de touche.

La traduction littérale de l'explication de Bœhm sur son système est comme suit : « J'ai atteint ce but par l'emploi d'axes mobiles auxquels les languettes sont fixées en partie, et, en partie, peuvent être ouvertes en glissant, puis être reliées entre elles aussi bien qu'avec les axes au moyen de couplages. Comme ces axes pouvaient être prolongés à volonté et que, par conséquent, les languettes qui y étaient fixées pouvaient être mises de toutes distances à portée des doigts, j'avais obtenu tous les moyens pour la construction du mécanisme de languettes. »

Cette explication ne nous paraît pas extrêmement claire, mais la difficulté est grande de donner une définition exacte et intelligible de ce système terriblement compliqué. Nous allons tenter de le faire par l'exemple, en prenant pour base de notre démonstration l'ensemble des clefs actionnées par les trois doigts du milieu de la main droite.

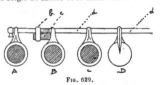

Fig. 629.

Une tige d'acier, mobile, d'une seule pièce, est montée sur deux piliers rivés à 45 degrés environ sur la paroi latérale intérieure[1] de l'instrument.

Sur cette tige, viennent s'adapter, la forme, plusieurs tubes, dont la réunion a l'apparence, quand ils sont montés, d'un tube unique. A chacun de ces tubes, est rattachée une clef en anneau destinée à couvrir un trou de note. Elle est fixée à la tige intérieure par une petite vis qui les traverse tous deux de part en part et qu'on nomme « goupille ».

Chacune de ces clefs est munie d'un ressort d'acier qui, au repos, la maintient ouverte.

Le plateau D n'est pas destiné à être actionné directement par un doigt. Indépendant, comme les autres, il n'est jamais fait usage de cette indépendance. Il est « couplé » avec chacun des trois autres anneaux. C'est-à-dire que, par le moyen de petites spatules appelées « correspondances », quand un doigt appuie sur le plateau A, le tube correspondant de A auquel est fixée cette spatule produit par le moyen de cette dernière une pesée sur une petite plate-forme reliée par une goupille à la tringle mobile. Celle-ci, s'abaissant, entraine avec elle le plateau D.

La même petite plate-forme est sous la dépendance directe du plateau B et agit de même sur la tige, partant sur le plateau D.

Enfin, le plateau C, par un autre moyen de correspondance, agit également de la même façon sur D.

En outre, la tige mobile, pouvant être prolongée indéfiniment, se prolonge, en effet, jusqu'à l'autre extrémité de la flûte et, toujours par le système des correspondances, agit sur le plateau plein couvrant le 5e trou (en partant de l'embouchure) main gauche.

1. L'expression *paroi intérieure* doit être prise dans le sens de la position de la flûte entre les mains du flûtiste.

De sorte, qu'automatiquement, les 5e et 8e trous qui se trouvent en dehors de la position naturelle des doigts, se trouvent fermés selon les nécessités par un doigt inoccupé à ce moment-là, qui ne couvre pour cela qu'un trou placé assez loin, et dont l'occlusion laisse un nombre de trous ouverts assez grand dans l'intervalle pour n'avoir aucune influence sur le diapason ou la sonorité.

Ce système de couplage et de correspondance se reproduit sur tout le mécanisme de la flûte. Nous avons tenté de le décrire aussi simplement et aussi clairement que possible, tout en ne nous dissimulant pas la difficulté de la tâche. Une démonstration « sur pièces » serait évidemment plus aisée. Il nous suffit d'avoir pu démontrer qu'il était possible, tout en gardant à chaque clef son indépendance, d'actionner simultanément deux clefs, pour faire comprendre la révolution qu'apportait ainsi Bœhm dans la fabrication des instruments. On sait que ce système de touche a été appliqué avec plus ou moins de variantes à la fabrication de tous les instruments de bois (hautbois, clarinettes, bassons, etc.).

En possession de cette invention, Bœhm imagine 3 systèmes de mécanisme complet, absolument différents, qu'il expérimente et desquels il tire son invention définitive.

Nous avons dit que, pour les 15 ouvertures, il ne disposait que de 9 doigts. Mais il se débarrasse promptement d'une partie des difficultés en laissant à sa flûte les trois clefs de l'ancien système pour l'ut♮, ut♯ graves et pour le ré♯. Quant aux clefs fermées pour les trilles ré♮ et ré♯, qui s'actionnent toujours par la main droite alors que celle-ci est complètement libre, elles ne sont pas un obstacle à l'organisation du mécanisme. Il reste, en définitive, à pourvoir à la fermeture de 10 ouvertures en disposant de 8 doigts.

Bœhm en arrive alors au choix entre les deux systèmes de clefs ouvertes ou clefs fermées. Il adopte résolument le système des clefs ouvertes.

Il en donne ainsi la raison : « Je ne choisis que des clefs ouvertes parce que celles-ci se meuvent toujours uniformément avec les doigts, et que des ressorts faibles suffisent pour les soulever promptement, tandis que les clefs fermées, pour la fermeture imperméable à l'air de grandes ouvertures de son, exigent des ressorts forts et font des mouvements opposés aux doigts. »

Nous avons dit que 8 doigts restaient disponibles pour la fermeture de 10 trous. Placés selon la position naturelle des mains, ils laissent à pourvoir les trous de sol et si.

« Pour cela, dit Bœhm, il fallait deux communications de clefs, à savoir : le couplage de la clef mi, fa et fa♯ avec l'axe mobile prolongé de la clef de sol, et les couplages de la clef de si♭ et de la clef de fa♯ avec la clef de l'axe si. »

Il suffit, en effet, d'appuyer avec le doigt du sol sur la clef du dernier trou pour fermer par le moyen d'un couplage la clef du trou de sol, et produire ainsi un fa♯, et de fermer la clef du trou de fa avec le doigt de si♮ pour fermer par le moyen d'un couplage la clef du trou de si♮ et produire ainsi un si♭. Cependant, par le moyen de leurs ressorts, ces clefs se relèvent automatiquement d'elles-mêmes quand on n'en a plus besoin.

Bœhm tenait beaucoup à son système de clefs ouvertes, mais il eut énormément à lutter pour le faire adopter, et la plus grande opposition se fit à propos

de la clef de sol♯. De tous temps, les flûtistes avaient l'habitude de laisser le petit doigt de la main gauche inemployée, sauf pour la fermeture de la clef fermée de sol♯. En leur demandant de se servir de la clef de sol♯ à rebours de ce qu'ils avaient l'habitude de faire, il trouva une résistance tellement forte que l'inventeur faillit ne rencontrer aucune adhésion chez les artistes. Pour la faire accepter, Bœhm dut donc se résigner à tolérer une modification à son système de touche, mais il ne l'accepta qu'avec les plus grandes protestations.

On remarquera que les différences de doigté entre la flûte à 8 clefs et la flûte de Bœhm sont beaucoup moins considérables qu'on ne pourrait le croire. Les ut, ut♯, ré, ré♯, mi, sol, la, si (1re octave) ut♯, ré, ré♯, mi, sol, la, si (2e octave) soit, dans le système intégral de Bœhm, quinze notes sur les trente-sept de la flûte, s'obtiennent par le doigté de l'ancienne flûte, avec la simple différence de l'interposition des anneaux en plateaux entre les trous et les doigts. L'adaptation à la flûte Bœhm du système de sol♯ fermé porte ce nombre à 16. Or, les changements sur les autres notes sont des facilités. Ceci explique l'étonnante rapidité avec laquelle un flûtiste, ayant fait ses premières études avec une flûte de l'ancien système, s'adapte au doigté de la nouvelle. Dans la gamme d'ut majeur, les doigts se lèvent tour à tour rationnellement, de l'ut à si, et, du ré″ à si″, les glissements de doigts d'une clef à une autre n'existent plus. La plupart des doigtés de la 3e octave n'offrent qu'une très légère différence avec ceux des octaves inférieures. Bref, malgré l'apparente complication de ce système de tiges, d'anneaux et de clefs, on peut hardiment affirmer que le doigté est plus simple et, en tout cas, plus rationnel, que celui de l'ancienne flûte.

Nous donnons ici un dessin de la flûte de Bœhm tel que nous le trouvons dans l'ouvrage de Rockstro, d'après un modèle de 1847.

Nous ne croyons pas pouvoir le présenter comme le type définitif de l'instrument. Plusieurs modifications y ont été apportées, et les flûtes de ce modèle ne sont plus d'usage courant aujourd'hui. Avant d'arriver à la description du modèle courant, mentionnons une invention extrêmement importante due au flûtiste Briccialdi : la clef, appelée depuis clef de si♭, permettant, par un système de correspondance ingénieux, de bémoliser tous les si par un simple déplacement du pouce de la main gauche sans changer en quoi que ce soit le reste du doigté. Nous trouverons plus tard ce mécanisme dans notre description de la flûte actuelle, car il a été universellement adopté. Ainsi, par ce système, une des rares « fourches » du doigté de la flûte Bœhm a été supprimée.

Les inventions nouvelles destinées à améliorer le système Bœhm, et qui ne l'améliorent pas toujours, sont nombreuses. Nous en citerons peu.

Fig. 630.

Remarquons simplement les changements apportés ou supportés par Bœhm lui-même à son système. Les anneaux primitifs entourant la cheminée avaient fait place à des plateaux pleins. Louis Lot, sur les conseils de Dorus, perça certains de ces plateaux malgré la désapprobation de Bœhm.

Bœhm, qui avait eu l'idée de percer ses trous de doigts selon une progression mathématique, avait dû revenir au premier système de trous de diamètres égaux. On verra plus loin que les trous de l'instrument actuel sont divisés en 4 séries de différents diamètres, s'élargissant sur l'extrémité inférieure.

Nous arrivons, du reste, à la description de cet instrument.

LA FLUTE ACTUELLE

Nous désignons ainsi la flûte de système Bœhm enseignée au Conservatoire de Paris au moment où nous écrivons cet article (1925), et en usage dans tous les orchestres français, notamment dans les théâtres subventionnés et dans les grands orchestres symphoniques. Si certains artistes usent d'un instrument légèrement modifié, leur nombre est si infime que nous ne pouvons en tenir compte. Nous ferons mention de quelques-unes de ces variantes à la fin de ce chapitre. On trouvera ici un dessin représentant une flûte. C'est la reproduction réduite d'un dessin qu'a exécuté pour nous M. Lievrin, ouvrier de la maison L. Lot, et la flûte que nous décrivons aujourd'hui est un instrument fabriqué dans cette maison.

Le tube mesure 765 mm. de longueur, de l'extrémité inférieure à l'extrémité extérieure du bouchon à vis. La longueur du tube sonore, qu'on mesure du centre de l'embouchure à l'extrémité inférieure, est de 605 mm.

Le tube se divise en trois parties démontables et qui s'ajustent au moyen de « tenons ». Il est en argent, au titre 900.

La « tête », ou partie supérieure de l'instrument, est de forme parabolique. A l'embouchure, son diamètre est de 17 mm.

Près de la jointure, il est de 19 mm. Le trou d'embouchure, qu'on peut modifier dans la forme et dans les proportions sur le désir des artistes, est généralement de forme quasi rectangulaire. Nous avons vu d'autre part que Bœhm considérait comme les meilleures les proportions de 12 mm. de long sur 10 mm. de large avec une hauteur de paroi de 4 mm. 2.

Sur les flûtes de bois coniques, dont la tête est d'un large diamètre, l'embouchure est percée à même le tube. Sur les flûtes de métal, le tube ne donnant pas, à cause de son faible diamètre, une assise suffisante au menton, une plaque, exhaussée sur le tube, reçoit la perce du trou d'embouchure qui communique avec le tube par un conduit appelé *cheminée*.

La seconde partie s'appelle le « corps ». Elle est cylindrique, d'un diamètre de 19 millimètres. Elle est percée de 13 trous.

Les deux premiers sont ouverts sur la paroi latérale intérieure (du côté de l'exécutant) ; leur diamètre est de 7 mm. Ils sont couverts par des clefs fermées.

Le 3ᵉ trou est percé sur la partie supérieure. Son diamètre est de 6 mm. Il est destiné à recevoir une clef ouverte, mais, comme il est très écarté des trous suivants, le doigt actionne cette clef par un plateau correspondant.

Le 4ᵉ trou, de 7 mm. de diamètre, est placé comme les deux premiers sur la paroi latérale intérieure. Les

5ᵉ, 6ᵉ, 7ᵉ, 8ᵉ, 9ᵉ, 10ᵉ 11ᵉ, et 12ᵉ trous sont percés à la surface supérieure. Les 5ᵉ, 6ᵉ, et 7ᵉ trous ont 8 mm. de diamètre ; les 9ᵉ, 10ᵉ, 11ᵉ et 12ᵉ, 9 millimètres.

Le 8ᵉ trou est en « duplicata ». L'un est percé à la surface supérieure, l'autre (pour la clef de sol♯ fermée) sur la paroi latérale intérieure. C'est ce dernier dont la perce a été tant critiquée par Bœhm.

L'écartement entre ces trous diminue progressivement à mesure qu'on s'éloigne de l'embouchure, et l'on voit que, presque mathématiquement, les trous s'élargissent en s'éloignant.

La 3ᵉ partie se nomme « patte ». Elle a également 19 mm. de diamètre. Elle est percée de 3 trous de chacun 10 mm. de diamètre. Le 1ᵉʳ est percé sur la paroi latérale extérieure, et muni d'une clef fermée. Les deux autres, munis de clefs ouvertes, sont percés sur la paroi intérieure.

Tout ces trous sont bordés par une paroi affectant la forme d'une cheminée, et dénommés ainsi, d'ailleurs. Ils offrent donc une surface plane au système de plateaux obturateurs que nous avons décrit d'autre part.

Pour la facile compréhension du mécanisme de la flûte, nous avons fait exécuter un double dessin représentant l'instrument sur deux faces et montrant ainsi tout le système de clefs. Nous avons donné à chaque trou, ou clef fermant directement un trou, une lettre majuscule. A chaque spatule non directement accolée à un trou, nous avons attaché une lettre minuscule. Nous espérons ainsi rendre l'explication aussi claire que possible. Il est toutefois plus aisé de jouer une gamme que de l'enseigner par ce moyen !...

N. B. — Nous désignons par trous ouverts les trous munis d'une clef ou d'un plateau qui n'obturent pas le trou au repos, et par trous fermés ceux qui sont obturés au repos par une clef.

A. Trou ouvert, muni d'un plateau plein. Ce plateau est actionné par correspondance par la spatule a, que manie l'index de la main gauche.

B. Trou ouvert muni d'un plateau plein actionné par la spatule b, destinée au pouce de la main gauche.

Le pouce peut abandonner b, en glissant jusqu'à bb. Alors, tout en fermant le trou B, bb, par le moyen d'une correspondance, ferme aussi le trou ouvert C. Le trou B peut encore être obturé par le moyen de la spatule bbb, qui est actionnée par la seconde phalange de l'index de la main droite.

Ce trou ouvert C est muni d'un plateau plein. Il ne reçoit pas le contact direct d'un doigt, et est toujours obturé par le moyen d'une correspondance.

D. Trou ouvert muni d'un plateau à jour, actionné par le majeur de la main gauche. Si C n'est pas déjà fermé par bb, ou par d'autres correspondances que nous rencontrerons plus tard, D le ferme automatiquement.

E. Trou ouvert muni d'un plateau à jour et actionné par l'annulaire de la main gauche. Il ferme automatiquement le trou ouvert F muni d'un plateau plein.

FF. Trou fermé, s'ouvre par la spatule ff que manie l'annulaire de la main gauche.

G. Trou ouvert muni d'un plateau plein, n'a pas de contact direct avec le doigt. Il est fermé automatiquement par le plateau à jour couvrant le trou ouvert H (index de la main droite).

Ce plateau (de H) n'a d'action que sur H et G quand les trois doigts de la main gauche ferment leurs trous respectifs. Mais si A et B sont seuls fermés, la ferme-

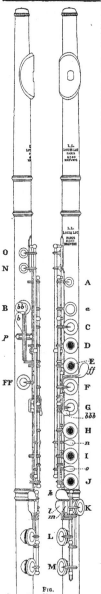

FIG. 631.

ture de H produit en même temps, par le moyen d'une correspondance, la fermeture de C.

Même action produite par la spatule cc dans les mêmes conditions.

I. Trou ouvert muni d'un plateau à jour. Ce plateau est indépendant si H est fermé. Si H est ouvert, I ferme automatiquement G. I est manié par le majeur de la main droite.

J. Trou ouvert muni d'un plateau à jour. Ce plateau de J est indépendant, si H est fermé. Si H est ouvert, J ferme automatiquement G. J est manié par l'annulaire, main droite.

K. Trou fermé par une clef actionnée par la spatule k.

L. Trou ouvert muni d'un plateau plein actionné par la spatule I.

M. Trou ouvert muni d'un plateau plein actionné par le petit rouleau m.

K, L, M, sont tous trois actionnés pas l'annulaire de la main droite. Les spatules k, l et m sont construites de telle façon que le doigt peut glisser de l'une à l'autre sans s'accrocher au passage.

O. Trou fermé par un plateau plein correspondant par une longue tige avec la spatule o, qu'actionne l'annulaire de la main droite.

N. Trou fermé par un plateau plein, corespondant par la même tige avec la spatule n, qu'actionne le majeur de la main droite.

Toutes ces clefs, spatules, correspondances ont, dans la pratique, un nom qui correspond généralement à une note de la gamme. C'est toujours une dénomination fausse, dont nous n'avons pas voulu nous servir ici, car, par leur double emploi de trous de note ou de trous auxiliaires, les ouvertures de la flûte ne sont jamais limitées à la production d'une note unique. Pour la correspondance musicale du maniement de ce mécanisme, nous renvoyons le lecteur à la tablature de la flûte Bœhm.

DIFFÉRENTS TYPES USITÉS AUJOURD'HUI

Ainsi que nous l'avons dit plus haut, la flûte Bœhm, d'argent ou de maillechort, que nous venons de décrire, est en usage aujourd'hui dans tous les orchestres français et belges, et enseignée dans tous les Conservatoires et Ecoles de musique des deux pays. On l'a adoptée également dans toutes les musiques régimentaires françaises. De plus, la grande réputation dont jouissent nos flûtistes à l'étranger a beaucoup servi à la faire adopter dans d'autres contrées. Un peu partout sur la surface du globe, on trouve des musiciens jouant de la flûte Bœhm én métal.

Chose curieuse : le pays le plus rebelle à l'adoption de ce type a été l'Allemagne, patrie de Th. Bœhm. Si la flûte Bœhm est jouée maintenant dans un grand nombre d'orchestres allemands, c'est depuis relativement fort peu de temps. Longtemps, les musiciens allemands — encouragés d'ailleurs dans cette voie par des chefs d'orchestre et compositeurs et non des moindres, puisque WAGNER était du nombre — sont restés fidèles à l'ancien système. La flûte de métal n'y a pas encore pénétré, sauf rares exceptions. Le type généralement adopté est la flûte Bœhm à clef de sol♯ ouverte, en bois, et de perce conique. La plupart de ces flûtes sont munies de la patte de si♮ grave, et quelquefois (plus rarement) de la patte de si♭.

On trouve encore, dans les orchestres secondaires et dans les petites villes, des flûtistes jouant sur des instruments d'anciens systèmes. Beaucoup se servent d'une tête d'ivoire, et ce système est généralement celui de la flûte à 8 clefs, avec adjonction de clefs de différentes sortes.

Les Russes, les Austro-Hongrois, les Suisses, tous tributaires de l'Allemagne en ce qui concerne la musique, jouent généralement les flûtes en usage dans les orchestres allemands. Nous croyons savoir que la flûte Bœhm a été jusqu'ici, cependant, peu adoptée en Russie.

En Angleterre, le système Bœhm domine. Quelques artistes d'origine française ou belge ont essayé d'y implanter la flûte de métal, mais il n'y ont pas réussi. Certains chefs d'orchestre, tel le Dr RICHTER[1], exigent formellement l'usage de la flûte en bois, seule en honneur dans tous les grands orchestres symphoniques et celui de Covent Garden.

Un autre système, dénommé « système RUDALL », est également usité en Angleterre. Il a été inventé par la maison RUDALL CARTE et Cie, la première qui ait fabriqué des flûtes du système Bœhm. C'est un compromis entre l'ancien et le nouveau système, que certains amateurs, ayant fait leurs premières études sur la flûte à 8 clefs, adoptent volontiers, parce qu'ils croient trouver moins de difficulté au changement de doigté.

S. ROCKSTRO est également l'auteur d'un système de flûte qui porte son nom et dont il existe quelques exemplaires en Angleterre. Nous le mentionnons surtout par égard pour la personnalité de l'inventeur.

---

1. Chef d'orchestre jusqu'en 1914 des Hallé Concerts de Manchester.

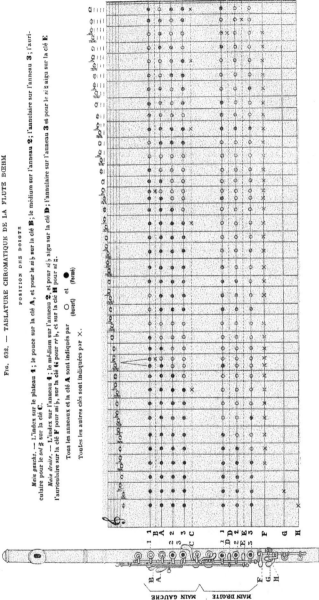

Fig. 632. — TABLATURE CHROMATIQUE DE LA FLUTE BŒHM

POSITION DES DOIGTS

Main gauche. — L'index sur le plateau **1**; le pouce sur la clé **A**, et pour le *si* ♭ sur la clé **B**; le médium sur l'anneau **2**; l'annulaire sur l'anneau **3**; l'auriculaire pour le *sol* ♯ sur la clé **C**.

Main droite. — L'index sur l'anneau **1**; le médium sur l'anneau **2**, et pour *si* ♭ aigu sur la clé **D**; l'annulaire sur l'anneau **3** et pour le *si* ♭ aigu sur la clé **E**; l'auriculaire sur la clé **F** pour *mi* ♭, sur la clé **G** pour *ré* ♭, et sur la clé **H** pour *ut* ♯.

Tous les anneaux et la clé **A** sont indiqués par ○ et ● (Ouvert) (Fermé)

Toutes les autres clés sont indiquées par ✕.

95

Dans les grands orchestres américains, il n'existei pas de règle absolue pour l'emploi de tel ou tel sys-ʹtème. Les flûtistes, presque tous d'origine étrangère, ʹjouent l'instrument de leur pays d'origine. Or, les chefs d'orchestre faisant de plus appel aux artistes français pour les pupitres de petite harmonie, la flûte Bœhm -en métal s'implante de plus en plus là-bas.

La flûte en bois est très usitée en Italie.

De l'ancienne famille des flûtes graves, grâce aux-quelles on pouvait exécuter ces fameux « concerts » dont nous parlons d'autre part, il ne reste pas grand'-chose, au moins dans la pratique courante. Mais un instrument a pris dans l'orchestration moderne un rôle important : nous voulons parler de la *petite flûte*, autrement appelée *piccolo* ou, en italien, *otta-vino*.

La petite flûte, comme son nom l'indique, est une réduction de la grande, mais construite sur les mêmes données, avec les mêmes proportions. Elle pourrait posséder 3 octaves si on n'avait pas supprimé, comme parfaitement inutile, la patte d'*ut* et d'*ut*♯ grave.

On la fait généralement en bois, de préférence en grenadille, et de perce conique. La longueur du tube de l'extrémité du bouchon à l'extrémité infé-ʹrieure est de 32 centimètres (13 cent. pour la tête et 19 cent. pour le corps). Le diamètre du tube varie entre 18 millimètres au bouchon, 20 au renflement de la tête, 18 à la jointure de la tête, 15 à l'extrémité inférieure, ceci pour le diamètre extérieur. A l'inté-rieur, le diamètre de la jointure est de 8 millimètres et de 5 1/2 environ à l'extrémité inférieure.

Le diamètre du trou de l'embouchure est de 10 mil-limètres. Celui des trous de doigts est de 6 milli-mètres.

Le système de mécanisme le plus courant est une combinaison de clefs et d'anneaux, mais on fabrique aussi des petites flûtes à plateaux pleins qui donnent d'excellents résultats.

On en construit également de maillechort ou d'ar-gent (rarement), soit à anneaux, soit à plateaux. Un essai a été tenté d'une combinaison mixte : tête de métal et corps de bois. Certains artistes s'en décla-rent satisfaits, mais il ne paraît pas que ce système ait donné des résultats particuliers et se soit beaucoup généralisé.

La petite flûte donne (comme le dit son nom et celui d'*ottavino*) l'octave supérieure de la grande flûte. Les doigtés sont les mêmes, sauf pour une seule note, le *si*″, dont le doigté est ainsi modifié : la clef de trille d'*ut*♮, *ré*♮, étant actionnée, au lieu de la clef de trille *ut*♯ *ré*♯.

La première octave est assez faible et sourde, et rares sont les petites flûtes assez réussies qui donnent du *ré* au *do* une sonorité ronde et pénétrante. La se-conde octave donne de meilleurs résultats. Dans cer-tains passages rapides, la petite flûte peut remplacer la grande assez avantageusement, quand les difficul-tés de mécanisme rendent insurmontables à cette dernière certains passages redoutables pour le doigté de la 3ᵉ octave. L'intervention du *piccolo*, jouant à la 2ᵉ octave avec des doigtés plus faciles, devient alors d'un grand secours.

Les autres variétés de flûtes plus ou moins en usage à l'heure actuelle en premier lieu :

Le *piccolo* en *ré*♭, en usage dans les musiques mili-taires. S'il est accordé un demi-ton plus haut que la petite flûte d'orchestre, c'est parce qu'il rend plus facile l'exécution de la partie de petite flûte, l'orches-tration militaire étant basée sur le ton de *si*♭ et les,

instruments en *ut* jouant toujours dans des tons moins courants.

Viennent ensuite :

La *flûte* en *mi*♭, dite *flûte tierce*, puisqu'elle est ac-cordée une tierce mineure plus haut que la flûte type. Son usage est des plus restreints. On peut même dire qu'elle est à peu près abandonnée.

La *flûte alto* en *si*♭ (également d'un usage très rare).

Enfin la *flûte basse* en *sol*, dont on a vu la réap-parition dans les orchestres depuis quelques années, et qui paraît vouloir redevenir d'un usage fréquent dans certains orchestres symphoniques (voir le cha-pitre de cet article consacré à l'emploi de la flûte dans l'orchestre). La construction de ces flûtes a sou-levé quelques problèmes quant au système de corres-pondances, car l'écartement des trous est beaucoup plus grand que sur la flûte ordinaire. Ces difficultés ont été résolues. Le problème de la sonorité était plus difficile à résoudre. Jusqu'ici, seule l'octave grave donne un résultat satisfaisant. Nous ne nous attarde-rons pas davantage à la description d'un instrument qui est encore d'un usage exceptionnel, bien qu'il faille s'attendre, comme nous le disons plus haut, à le voir réapparaître de plus en plus dans l'orchestration moderne.

LES DÉFAUTS DE LA FLUTE ACTUELLE

La flûte, telle que nous venons de la décrire, est un instrument perfectionné. Ce n'est pas un instrument parfait; mais nous croyons qu'elle approche aussi près que possible de la perfection, et, ainsi que le faisait remarquer fort justement Constant Pierre dans ses *Notes d'un musicien sur les instruments à souffle humain* (Rapport publié après l'Exposition uni-verselle de 1889) : « Depuis la découverte de Bœhm, il n'y a plus à toucher au principe de construction de la flûte. »

On y a malheureusement touché, et le plus grave inconvénient de la flûte actuelle, l'incertitude du *mi*♮‴ (manque de clarté de certaines notes de la 3ᵉ octave etc.) vient certainement de la modification ap-portée au système Bœhm par le retour à la clef de *sol*♯ fermée. Il ne faut pas espérer un retour à la clef de *sol*♯ ouverte, car les raisons qui y avaient fait renon-cer en 1838 subsistent aujourd'hui.

Mais, même pourvue de ce système Bœhm intégral, la flûte sera cependant un instrument faux. Nous avons dit pourquoi précédemment : l'étendue de trois octaves ne permet pas de percer les trous et même le tube d'une façon rigoureusement mathématique, et la flûte devient un instrument « à tempérament », comme le piano. Nous verrons plus tard que, plus heureux que le pianiste, le flûtiste peut modifier par une bonne insufflation l'intonation de chaque note, et qu'il peut ainsi, selon la gamme qu'il exécute, corriger à l'aide des lèvres ce que l'instrument pré-sente de défectueux. Et si l'on a pu dire avec raison qu'il n'y avait pas de flûte juste, on peut dire éga-lement qu'un bon flûtiste n'a pas le droit de jouer faux.

En ce qui concerne la 3ᵉ octave, diverses tentatives, dont celle de Dorus, ont été faites. Nous ne saurions passer non plus sous silence les nombreuses et lon-gues recherches du facteur français Djalma Julliot pour l'amélioration générale de l'instrument. Si nous ne pouvons le suivre dans toutes ses innovations, qui, si on les appliquait toutes à la fois, alourdiraient et compliqueraient singulièrement la flûte, on doit lui rendre justice pour la façon ingénieuse avec laquelle il a résolu le problème de la clef de *sol♯* fermée ne compromettant pas l'émission de la 3ᵉ octave. Grâce au dispositif qu'il a inventé, le plateau de l'annulaire de la main droite peut fermer le plateau de *sol♯*, tout en laissant ouvert celui de *la*. Il en revient ainsi au système préconisé par Bœнм et améliore, en même temps que le *mi³*, les *mi¹* et *mi²*, bas et cotonneux sur la flûte actuelle.

Les autres défauts de la flûte sont de ceux qu'on ne peut éviter. Malgré tout le soin apporté au choix de la matière première et à la mise au point du mécanisme, l'ensemble de clefs, tampons, ressorts, correspondances, reste assez fragile pour que le seul choc des doigts provoque de temps en temps des dérangements inévitables. Le système des correspondances est particulièrement délicat, et un plateau qui, actionné directement, ferme le trou hermétiquement, peut très bien ne pas le fermer aussi bien sous l'action d'une clef correspondante éloignée.

De même, les tampons, fabriqués d'une matière fragile et molle, subissent tous rapidement l'usure, sont sensibles aux variations de température, et laissent trop souvent un interstice se produire, au grand dommage de la pureté du son. On n'a jusqu'ici trouvé aucun remède à cela; mais on peut, jusqu'à un certain point, prévenir les accidents de ce genre en traitant son instrument avec soin et précaution. Il est bon qu'un flûtiste ne soit pas absolument ignorant de la structure de son instrument, et qu'il puisse, à la rigueur, s'il se trouve en voyage, y effectuer quelques menues réparations.

Enfin, nous ne saurions passer sous silence le grand tort causé à la musique par la hausse persistante du diapason. Les grands orchestres parisiens souffrent maintenant d'un mal qu'ils ont créé ou laissé inconsidérément se répandre, et l'on ne sait où s'arrêtera cette absurde pratique. Pour les instruments à vent en général et la flûte en particulier, la hausse inconsidérée du diapason a des résultats désastreux. A l'heure actuelle (1925), il est à peu près impossible à un flûtiste de s'accorder avec les autres instruments de l'orchestre, s'il persiste à se servir de son instrument tel qu'il lui a été livré par le fabricant. Peu à peu, les flûtistes parisiens ont été amenés à diminuer la longueur du tenon qui relie la tête au corps de la flûte.

Si le *la* initial est juste, les proportions de la flûte ayant été bouleversées par ce changement, les autres notes, principalement celles de la 3ᵉ octave, sont moins justes et moins pures. Un flûtiste exercé et habile arrive, actuellement, par le secours des lèvres, à ramener quelque justesse dans son exécution, mais il ne peut rendre à certaines notes leur pureté première. Le *fa♯³* et le *si♮³* souffrent particulièrement de cet état de choses.

EMPLOI DE LA FLUTE

Le rôle de la flûte est double. A l'orchestre, son importance est capitale, parce que son timbre ne se confond avec aucun autre. C'est aussi un instrument *soliste*. A ceux qui voudraient le confiner uniquement dans son rôle d'instrument d'orchestre, nous répondons par la longue liste de chefs-d'œuvre écrits pour la flûte solo ou pour la flûte instrument de musique de chambre. Nous examinerons tour à tour l'emploi de notre instrument dans l'une et l'autre catégorie.

Mais, avant cela, nous devons noter quelques renseignements sur l'emploi de la flûte à une époque où il est bien difficile de distinguer ce qui sépare la musique de chambre de la musique d'orchestre.

Le plus ancien témoignage que nous avons pu trouver de l'emploi des flûtes est celui de Carloix, secrétaire du maréchal de Vieilleville, qui, rendant compte de l'arrivée à Metz, en 1554, de madame de Vieilleville et de sa fille, madame d'Espinay, raconte en ces termes ce qu'il a entendu à un concert donné en leur honneur :

« Avec cinq dessus et une basse-contre il y avoit une espinette, ung joueur de luth, dessus de viole, et une fleute-traverse, que l'on appelle à grand tort fleuste d'Allemand, car les François s'en aydent mieux et plus musicalement que toute autre nation, et jamais en Allemagne n'en fust jouée à quatre parties, comme il se fait ordinairement en France. »

Sans nous arrêter à d'autres considérations, nous pouvons conclure de ce qui précède que, déjà, il existait à cette époque et, vraisemblablement, depuis un certain temps, cette forme musicale des *concerts de flûtes*, dont l'usage se conservera très longtemps encore. Si, comme il est permis de le supposer, le rôle des instruments au xvıᵉ siècle était principalement de soutenir et de doubler les voix, il était tout naturel qu'on pensât à fabriquer des familles d'instruments correspondant à la division des voix.

De là à employer cette même famille d'instruments pour des intermèdes instrumentaux, il n'y avait qu'un pas. On signale un intermède de ce genre dans le *Ballet comique de la Reyne* en 1582; le P. Mersenne, dans l'*Harmonie universelle* (1636), cite deux exemples de cette combinaison : un concert à 4 parties pour les flûtes à bec, et un air de cour à 4 parties, probablement pour flûte traversière :

Nous arrivons maintenant à une époque qui nous est mieux connue, et nous allons pouvoir fixer ici la division de ce chapitre de notre article en deux parties, dont la première sera consacrée à la *Flûte instrument d'orchestre*.

Si vagues que soient les indications des compositeurs pour la distribution des instruments dans la partition, nous avons pu démêler à peu lprès le rôle que jouaient les flûtes dans l'orchestre du xviie siècle. En général, la flûte, ou plutôt les flûtes ne sont employées à l'orchestre que pour renforcer les cordes (comme les autres instruments à vent, du reste).

Si le compositeur désire cependant produire quelques contrastes par l'emploi de divers instruments à vent, il les classe en deux catégories, et les fait alterner par paquets. Les flûtes, alliées aux instruments de timbre doux, répondent aux instruments plus éclatants. Elles gardent dans tout ceci un certain anonymat. Les parties du Persée de Lully (1682) nous donnent un excellent exemple de la manière de procéder du compositeur. Les parties de flûte et de hautbois sont sur la même ligne. Quand il n'y a pas d'indication, tous jouent (sauf dans les endroits où on se partage en grand et en petit chœur). Lorsqu'une seule catégorie d'instruments doit jouer, c'est indiqué Flûtes ou Hautbois, et après vient l'indication Tous.

Peu importe, en ces conditions, le nombre d'exécutants pour chaque instrument. Puisqu'il ne s'agit pas de donner à l'orchestration une grande variété de couleur par l'emploi calculé d'instrument à timbre particulier, personnel, on utilise les musiciens

qu'on a sous la main, et c'est ainsi que, lors de la mise en scène, au Théâtre de la Cour, en 1660, du Serse de Cavalli, nous trouvons à l'orchestre neuf flûtes, contre 6 téorbes et 30 violons.

Mais la flûte prend bientôt une plus grande importance par le retour aux concerts de flûte, dont nous parlions au début de ce chapitre. Ce retour à une forme musicale tout à fait oubliée, prend toute l'importance d'une nouveauté, et la première audition de concerts de ce genre soulève une surprise et un enthousiasme unanimes.

Saint-Evremond en signale un qu'il dit avoir entendu à la représentation de la Pastorale d'Issy de Cambert, en 1659, et il déclare que c'est le premier qui ait été exécuté depuis les Grecs et les Romains. Quoi qu'il en soit, ce concert de flûtes paraît produire grande impression, car Lully en fait entendre un dans son Ballet du Triomphe de l'Amour, représenté en 1681. Le prélude de l'Amour, dont nous donnons ici un fragment, est écrit à 4 parties pour taille, quinte, petite basse et grande basse de flûte. Cette dernière partie, chiffrée, sert de basse continue et paraît devoir être doublée :

A partir de ce moment, les flûtes prennent une réelle importance dans l'orchestre, dans nombre de partitions, on trouve des passages où elles sont tout à fait en dehors. Au 3e acte de l'Opéra Atys, le Prélude pour le Sommeil contient un dialogue entre les violons et deux flûtes à découvert. Au 4e acte de ce même opéra, 3 flûtes, à découvert également, accompagnent un chœur de fleuves.

C'est l'époque de la lutte entre la flûte à bec et la flûte traversière. Ces deux instruments sont employés simultanément. On essaye de démêler leurs qualités respectives et on les utilise du mieux qu'on peut. La flûte à bec est, par excellence, l'instrument doux et pastoral. On reconnaît à la flûte traversière plus de puissance, plus d'expression et de variété, et on lui confie les passages de pathétique tendre qui feront plus tard sa fortune, car elle y excelle.

La coexistence des deux instruments nous est donnée par l'examen de la partition d'Alcyone, de Marais (1703), et nous jugeons nettement les différences dans la façon de traiter les deux instruments. Les passages confiés à la flûte allemande sont assez en dehors, expressifs et doux. Ceux laissés à la flûte (il faut lire, évidemment, flûte à bec) sont également

dans la douceur, mais dans la douceur seulement. C'est que la flûte traversière dispose d'une échelle de nuances et d'une variété de timbres inconnus à sa devancière, et qu'elle seule peut agrandir le domaine de l'instrument.

Aussi, voyons-nous, de plus en plus, la flûte traversière faire figure de soliste à l'orchestre. Dans l'opéra de Lully Isis, la Plainte de Pan, au 3e acte, est soutenue par la flûte, dont les accents prennent alors un caractère réellement pathétique. Campra, dans le trio italien de son Carnaval de Venise (1699), emploie deux flûtes et la basse :

Nous pourrions multiplier les exemples de cet emploi des flûtes « à découvert », mais nous n'en trouverions pas de plus remarquables.

Il est extrêmement rare que la flûte joue plus haut que *la* ou *si* ; le plus souvent, on l'emploie dans l'octave grave et la première moitié de la seconde octave. Citons encore LULLY dans la marche religieuse d'*Alceste*, où le timbre de la flûte doublant les violons dans la première octave produit un effet saisissant.

Mais c'est au XVIIIe siècle que la flûte brillera de son plus vif éclat; nous trouverons, même dans la musique d'orchestre, des pages restées justement célèbres où la flûte joue un rôle prépondérant. D'éminents virtuoses tels que BUFFARDIN, BLAVET, TAILLARD, en France, QUANTZ en Allemagne, ne dédaignent pas de jouer à l'orchestre, et les compositeurs ne manquent pas d'utiliser leur présence. Jusque-là, nous n'avions que de courts passages où les flûtes se mettaient timidement *en dehors*, et les compositeurs leur confiaient toujours les mêmes effets de douceur plaintive ou de grâce pastorale. Au XVIIIe siècle, on commence à utiliser à l'orchestre les qualités brillantes de la flûte. On s'aperçoit que les bons flûtistes, plus que n'importe lesquels de l'orchestre, triomphent aisément des difficultés techniques. Les gammes, les arpèges, les trilles, qu'ils exécutent avec une grande rapidité et sans effort apparent, appellent la comparaison avec le ramage des oiseaux. La flûte devient le Rossignol de l'orchestre et si, comme le déclare ANCELET dans ce passage de ses *Observations sur la musique*, elle « n'embrasse pas tous les genres et les caractères de musique, tels que sont les airs de *Démons*, de *Furies*, de *Guerriers*, de *Tempêtes* de *Matelots* »..., elle ne peut trouver un meilleur emploi que celui de *Rossignol*, principalement quand son ramage doit répondre aux roulades de la chanteuse.

HAENDEL écrit ainsi une page qu'on peut considérer comme le modèle du genre. Tout le monde connaît l'air célèbre de l'*Allegro e Pensieroso*, que tous les soprani légers ont popularisé dans toutes les langues. Il convient de dire, tout de suite, que cette page, et surtout dans la partie qui nous intéresse, ne compte pas au nombre des inspirations les plus élevées du maître. Il est permis, sans irrespect, de trouver un peu fastidieuse cette suite de traits qui pourraient être plutôt un exercice de chant qu'un air de concert. Mais la partie de flûte y est traitée de main de maître.

Dans *Hippolyte et Aricie* (V^e acte), RAMEAU introduit un air de Rossignol (supprimé on ne sait pourquoi à la dernière reprise à l'Opéra) qui est bien une de ses plus charmantes inspirations. Là aussi, la voix et la flûte dialoguent, mais, heureusement, sans l'encombrant étalage de virtuosité de l'œuvre de HAENDEL.

Ces deux airs ont suscité de nombreuses imitations, sur lesquelles nous aurons à revenir plus tard. On doit savoir gré à RAMEAU d'avoir su résister à la tentation de faire un air *brillant*, et d'avoir, tout en produisant le maximum d'effet, gardé le sens de la déclamation juste.

Mais c'est dans GLUCK que nous trouverons les plus frappants exemples de l'emploi judicieux de la flûte.

GLUCK demande à la flûte tout ce qu'elle peut donner de force expressive et de pathétique. Il sait cependant que cette force a des limites, et s'il lui demande d'exprimer une plainte, il se souvient fort à propos que la flûte est seulement l'instrument des *tendres plaintes*. A cet égard, nulle page de musique de flûte ne convient mieux au caractère de l'instrument que l'admirable scène des Champs-Elysées, au 3e acte d'*Orphée*. BERLIOZ, qui cite cette page en entier dans son *Traité d'Orchestration*, s'exprime en ces termes : « En entendant l'air pantomime en *ré mineur* qu'il a placé dans la scène des Champs-Elysées d'*Orphée*, on voit tout de suite qu'une flûte devait seule en faire entendre le chant. Un hautbois eût été trop enfantin et sa voix n'eût pas semblé assez pure, le cor anglais est trop grave; une clarinette aurait mieux convenu sans doute, mais certains sons eussent été trop forts, et aucune des notes les plus douces n'eût pu se réduire à la sonorité faible, effacée, voilée, du *fa* naturel du médium et du premier *si* ♭ au-dessus des lignes, qui donnent tant de tristesse à la flûte dans ce ton de *ré mineur* où ils se présentent fréquemment. Enfin, ni le violon, ni l'alto, ni le violoncelle, traités en solo ou en masses, ne convenaient à ce gémissement mille fois sublime d'une ombre souffrante et désespérée; il fallait précisément l'instrument choisi par l'auteur. Et la mélodie de GLUCK est conçue de telle sorte que la flûte se prête à tous les mouvements inquiets de cette douleur éternelle, encore empreinte de l'accent des passions de la terrestre vie. C'est d'abord une voix à peine perceptible qui semble craindre d'être entendue, puis elle gémit doucement, s'élève à l'accent du reproche, à celui de la douleur profonde, au cri d'un cœur déchiré d'incurables blessures, et retombe peu à peu à la plainte, au gémissement, au murmure chagrin d'une âme résignée... Quel poète!... »

C'est encore GLUCK qui nous donne un des meilleurs exemples d'une combinaison de flûte dialoguant avec la voix, exemple d'autant plus frappant que c'est à une voix de ténor que s'allie l'instrument qu'on a coutume d'entendre rivaliser d'agilité avec le soprano. Nous voulons parler de ce délicieux air du sommeil de Renaud, au 2e acte d'*Armide* :

Flûte

etc.

« Dans la scène au bord du fleuve enchanté, la délicieuse ritournelle de flûte colorée par le timbre frais du registre moyen, exprime la langueur voluptueuse dont l'âme du héros est envahie, au milieu des séductions que l'art de la magicienne a semées sous ses pas : la beauté du paysage, le parfum des fleurs, le ramage des oiseaux, l'ombrage épais, l'herbe molle. » (GEVAERT, *Traité d'Instrumentation*.)

Enfin, GLUCK nous montre qu'il sait aussi utiliser les qualités gracieuses et enjouées de la flûte, et dans le même ouvrage, *Armide*, nous trouvons au ballet du 5e acte cette délicieuse sicilienne accompagnée par de légers accords au quatuor, et qu'une note de l'auteur recommande de jouer avec beaucoup d'expression :

etc.

On remarquera que les compositeurs profitent au fur et à mesure, dès qu'ils se présentent, des perfectionnements apportés à l'instrument, notamment en ce qui concerne la tessiture. Les parties de flûte de LULLY et de ses contemporains n'allaient jamais au delà de la deuxième octave. Dans la scène des Champs-Elysées, en plein solo, nous trouvons un *fa³*. Mais le cas n'est pas fréquent.

Nous n'avons eu à nous occuper ici que de l'orchestre d'opéra. Une autre forme de musique surgit, qui nous retiendra fortement, la symphonie, où la flûte trouve encore à s'employer au premier rang. Nous choisirons nos exemples seulement chez les grands maîtres, pour ne pas alourdir notre travail, et nous commencerons par HAYDN, MOZART et BEETHOVEN.

Dès cette époque, l'orchestration prend une place importante, presque prépondérante, dans la science du compositeur. Celui-ci dispose d'un plus grand nombre d'instruments. Il cherche des effets nouveaux imprévus et variés. Il ne laisse plus rien au hasard et multiplie les combinaisons. On ne trouve donc plus que très rarement des *soli* de longue haleine dans la musique d'orchestre, mais, en revanche, les instruments à vent ne sont plus que très rarement employés comme *doublures* des cordes, et si leur rôle change, il n'en est pas moins intéressant, au contraire.

MOZART, dans ses symphonies, emploie le plus souvent une seule flûte. Dans ses opéras, au contraire, il écrit généralement pour deux. Il maintient presque toujours la flûte dans le registre moyen. Il n'y a rien de bien saillant à citer de lui dans ses symphonies, mais il fait de la flûte un emploi extrèmement saisissant dans le finale du 2° acte de *La Flûte enchantée* :

Nous le retrouverons dans la seconde partie de ce chapitre, pour l'importante contribution qu'il a fournie à la littérature de flûte *soliste*.

HAYDN emploie, lui aussi, le plus souvent une seule flûte dans ses symphonies et, comme MOZART, il là cantonne généralement dans le registre moyen. Nombreux sont les passages où il la laisse « en dehors ». Il lui confie des traits rapides, doublant le quatuor, comme dans la *Symphonie en sol* :

de délicates broderies, comme dans la *Symphonie à la Reine* :

où encore un véritable solo, comme cet adagio de la symphonie très peu connue (en *ré*) qui porte le n° 24 :

Là, la flûte a tout à fait le rôle d'un instrument concertiste. Elle garde la mélodie (fort belle) du commencement à la fin, et, même, un point d'orgue, placé quelques mesures avant la fin, exige absolument une cadence.

Nous retrouverons également HAYDN, comme BEETHOVEN, d'ailleurs, dans la seconde partie de ce chapitre.

BEETHOVEN, dans ses symphonies, écrit généralement deux parties de flûtes. Il ajoute même un piccolo au finale de la V° et à celui de la *Symphonie* *avec chœurs*. Il profite, lui aussi, des perfectionnements apportés à la flûte et de l'habileté technique des artistes de son temps pour élargir le domaine de l'instrument. Il écrit ses parties jusqu'au *la³*, et ne craint pas de confier à la flûte des passage rapides d'une réelle difficulté. Il l'emploie avec un égal bonheur dans les différents caractères qu'elle peut emprunter. Pastorale et gracieuse dans le ballet de *Prométhée*, la flûte redevient « rossignol » dans l'Andante de la *VI° Symphonie* :

Elle entonne presque un air de bravoure dans l'*Ouverture n° 3 de Léonore* :

Elle exécute un trait spirituel et périlleux dans le finale de la *Symphonie héroïque* :

et devient pathétique dans l'adagio de la *IX⁰ Symphonie* (doublant le basson).

Nous arrivons maintenant à la période la plus brillante de la flûte, ce qui, dans notre pensée, ne veut pas dire la meilleure. L'instrument, imparfait encore, a été cependant très perfectionné. De grands virtuoses se sont fait connaître : Tulou, Drouet, en France, Nicholson en Angleterre, Furstenaü en Allemagne, exécutent dans les concerts leurs propres compositions où ils accumulent les difficultés et les casse-cou. Les compositeurs sont enclins, tout naturellement, à obéir à cette tendance, et, pendant une très longue période, ils ne confient plus guère à la flûte que des cascades. Il est juste d'ajouter que cette époque est également celle de la grande virtuosité vocale, qu'il n'y a pas d'opéra possible sans *grand air* pour le chanteur, et que la flûte est toute désignée pour lutter d'agilité avec la cantatrice. L'exemple de Haendel porte ses fruits, et c'est par

douzaines que nous pourrions citer les airs avec flûte-obligée où la mélodie disparaît sous les broderies, lesquelles broderies disparaissent elles-mêmes sous ce que la fantaisie des interprètes y ajoute. La première manifestation de cette sorte d'art est le *Rossignol* de Lebrun, totalement oublié aujourd'hui, donné pour la première fois à l'Opéra en 1816, avec Mᵐᵉ Albert Hymm comme principale interprète et Tulou comme flûtiste. En Angleterre, une mélodie avec accompagnement d'orchestre, *Lo here the gentle larke* de sir Henry Bishop (1782-1855), obtient un succès qui ne s'est pas démenti encore. Et Donizetti écrira, un peu plus tard, l'air célèbre de la Folie de *Lucia de Lamermoor*, que toutes les cantatrices de théâtre, égarées au concert, ont répandu et répandent encore à travers le monde.

Ne méprisons pas, toutefois, la virtuosité. Il est bon que le compositeur n'ait pas son inspiration limitée par la crainte d'écrire « trop difficile »; d'autre part, il serait fâcheux de se priver des ressources immenses de la flûte comme instrument d'agilité. Rossini le comprend admirablement en confiant à la flûte les délicates broderies qui courent sur le motif du Ranz des Vaches dans l'ouverture de *Guillaume Tell* :

Et nous trouverions chez les symphonistes des exemples plus frappants encore d'une bonne utilisation de la flûte « brillante ».

Mendelssohn fait grand cas de la flûte, et il l'emploie avec toutes ses ressources.

Nulle partition ne nous démontre mieux que celle du *Songe d'une nuit d'été*.

Dès les premières mesures de l'ouverture, il emploie les flûtes sous une forme absolument nouvelle en leur confiant ces accords :

dont Wagner, plus tard, fera si grand usage, et qui donnent cette sensation d'« éthéré » qu'on ne pourrait attendre d'aucun autre instrument. Dans le nocturne, la flûte dialogue poétiquement avec le cor, et, dans le scherzo, elle émerge peu à peu de l'orchestre pour terminer seule cet étincelant morceau de virtuosité orchestrale :

Nous ne pouvons citer tout ce que nous trouvons de remarquable dans l'œuvre de Mendelssohn. Nul compositeur, à notre avis, n'a tiré un meilleur parti des ressources multiples de la flûte. Regrettons qu'il n'ait rien laissé pour flûte *solo*.

Rien de bien saillant à signaler chez les Romantiques. Nous ne trouvons dans la musique de Schubert, de Liszt, de Weber aucun solo marquant.

Un court passage de la Ire Symphonie de Schumann mérite de retenir notre attention. Schumann, qu'on ne peut cependant accuser de flatter le goût frivole de son temps, introduit dans le finale de cette symphonie une cadence de flûte :

Hâtons-nous de dire que cette cadence est plutôt un enchaînement d'un motif à un autre, qu'elle est charmante et absolument dans l'esprit de l'œuvre, et qu'elle n'a ainsi aucun rapport avec le genre d'acrobatie qui sévissait dans la musique d'alors.

Ce serait mal connaître Meyerbeer, par contre, que de le croire capable de résister aux suggestions de la mode. Les Huguenots contiennent (au début du 2e acte) l'inévitable cadence de flûte que les exécutants ont accoutumé d'enrichir de ce que leur suggère leur propre inspiration.

Une utilisation beaucoup plus originale de la flûte a été faite par Meyerbeer au 2e acte du Prophète. Il se sert là, avec beaucoup de bonheur, du registre grave.

« Au-dessous des violons, dont les dessins en sourdine montent au ciel et ondulent comme des nuées d'encens, le timbre mystique des flûtes sonne comme des notes d'une trompette entendue au loin, tandis que le bruit assourdi des cymbales et de la grosse caisse évoque l'idée d'une cérémonie publique entourée de pompe et d'éclat. » (Gevaert, Traité d'Instrumentation.)

Berlioz, si enthousiaste du solo de flûte d'Orphée, n'a cependant jamais rien confié de réellement pathétique à la flûte, tout au moins rien de grande envergure. Mais il a su utiliser à merveille son caractère pastoral, dans le délicieux trio des jeunes Ismaélites de la seconde partie de L'Enfance du Christ :

Celle de Namouna, qui prend place dans la suite d'orchestre tirée de ce ballet, est une page remarquable et souvent exécutée dans les concerts symphoniques. Le fragment de ce solo que nous reproduisons ici est extrêmement difficile :

D'autres compositeurs modernes ont confié à la flûte un rôle important dans l'orchestre; nous ne pouvons songer à les citer tous, et nous nous bornerons à

pour deux flûtes et harpe. Cette pièce d'un charmant archaïsme, extrêmement poétique dans l'andante, d'un naïf enjouement dans le petit trio à 2/4, est une des rares pièces instrumentales composées par Berlioz, et c'est, à proprement parler, un petit chef-d'œuvre.

Avec Wagner, le rôle de la flûte à l'orchestre change. Il n'y a plus place (comme pour aucun instrument, d'ailleurs) pour des effets de virtuosité personnelle. Quand Wagner emploie les flûtes autrement que pour faire masse dans la sonorité générale, il leur confie spécialement ce qui peut donner, comme nous le disions plus haut à propos de Mendelssohn, une sensation d'« éthéré ». Il est un des premiers qui aient écrit pour quatre flûtes (trois grandes et un piccolo). Il en est ainsi pour un grand nombre de ses ouvrages.

Le wagnérisme ayant produit une réaction contre les effets de la virtuosité à l'orchestre, le rôle de la flûte, instrument soliste, s'est trouvé un peu diminué. Il lui reste cependant, au théâtre, une ressource : le ballet. C'est sous forme de musique de ballet que les compositeurs peuvent encore, sans trop se faire honnir, donner libre cours à leur inspiration, quand celle-ci est un peu légère. Nous trouvons dans la musique de ballet de ces dernières années de véritables soli de flûtes. Nous nous bornerons à en citer deux : la variation de l'Amour du ballet d'Ascanio de Saint-Saëns et une variation du ballet de Namouna d'Ed. Lalo.

Celle d'Ascanio utilise le double coup de langue :

quelques exemples caractéristiques. Dans le domaine expressif, il nous semble que Bizet et Debussy ont atteint au maximum de l'effet ou de l'émotion; le premier, avec ce délicieux menuet de *La Jolie Fille de Perth*, intercalé depuis dans la seconde suite d'orchestre de *L'Arlésienne* :

et plus encore peut-être avec l'émouvant morceau en forme de sicilienne qui souligne la rencontre de Balthazar et de la Renaude dans *L'Arlésienne*, et où

l'emploi des deux flûtes est particulièrement heureux :

le second, dans cette page admirable, qui suffirait à elle seule à lui assurer l'immortalité et qui restera

peut-être comme l'œuvre la plus caractéristique de son génie : le *Prélude à l'Après-midi d'un Faune* :

En ce qui concerne la flûte agile, la flûte brillante à l'ancienne mode, c'est chez les Russes, grands virtuoses eux-mêmes de l'orchestre, que nous trouverons les plus frappants exemples de ce retour à la virtuosité. Dans l'ouverture *De la Grande Pâque Russe*,

dans le *Capriccio espagnol*, RIMSKY-KORSAKOFF ne craint pas de revenir aux grandes cadences de l'opéra italien, — telles que les pratiquaient DONIZETTI et ses prédécesseurs ou contemporains :

Notons, pour terminer, un retour de faveur de l'alliance de la flûte et de la voix. Le morceau de soprano avec flûte obligée a régné durant une longue période, de HAENDEL à DONIZETTI (voir plus haut), mais paraissait à peu près abandonné. Il a subi un retour de faveur depuis quelque vingt-cinq ans. Toutefois, les compositeurs qui en ont fait usage ont plutôt recherché le caractère expressif que la virtuosité. On peut citer, dans cet ordre d'idées, la remarquable mélodie de M. GEORGE HUE : *Soir Païen*, qui pourrait bien être le modèle du genre, et qui paraît avoir incité d'autres compositeurs à entrer dans la même voie. Bien mieux, voici qu'apparaissent en nombre respectable des mélodies pour voix et flûtes seules. Le premier compositeur qui ait fait usage de cette combinaison est, à notre connaissance, M. CYRIL SCOTT, avec une *Idyllic Fantasy* pour soprano et flûte. MM. ALBERT ROUSSEL, CAPLET, ROLAND-MANUEL, J. IBERT viennent de faire paraître une série de mélodies pour la même combinaison, évidemment de ressources limitées, mais très agréables.

La petite flûte dans l'orchestration.

Dès le xviiie siècle, les compositeurs ont employé le piccolo dans l'orchestre. Ils l'ont généralement fait avec bon sens, ne demandant à la petite flûte que ce qu'elle pouvait donner, c'est-à-dire les sons stridents de son octave aiguë. Un exemple excellent

de cet emploi est celui de l'ouverture d'*Iphigénie en Tauride* de GLUCK. On en trouve un autre plus caractéristique encore dans l'ouverture de *Timoléon* de MÉHUL. « Son intervention dans l'orchestre dramatique, dit GEVAERT, a pour but principal de reproduire des sensations externes et particulièrement des bruits stridents : soit les sifflements de la tempête, soit les vociférations d'une horde barbare, soit les éclats d'une joie infernale. » Aussi, la voit-on dans plusieurs scènes d'orage (*Symphonie pastorale*, ouverture de *Guillaume Tell*, etc.), dans des scènes de joie sauvage (Danse des Scythes, de GLUCK). BEETHOVEN encore en fait un usage excellent dans l'ouverture d'*Egmont*. Les derniers accords du final sont renforcés

par le sifflement strident de la petite flûte, et leur énergie en serait singulièrement diminuée s'il n'y avait pas l'apport de ce coup de fouet extrêmement violent. De même, BERLIOZ ne craint pas de confier à la petite flûte une tenue sur le la^3 à l'accord final de la Marche Hongroise de la *Damnation de Faust*. Mais il ne se borne pas à ces effets de force, et utilise à merveille la sonorité de deux ou trois petites flûtes dans la *Danse des Sylphes* :

L'impression diabolique qui se dégage de cette curieuse combinaison de timbres atteint son maximum d'effet au ₵ suivant (déformation de la *Chanson de Méphisto*) :

WAGNER fait un large usage de la petite flûte (*Incantation du Feu*, et surtout la *Chevauchée des Valkyries*), mais toujours pour ces effets spéciaux.

Le *piccolo* peut rendre les plus grands services dans l'orchestre, lorsqu'il s'emploie à la seconde octave pour des effets que la 3e octave de la flûte rendrait avec difficulté. Le meilleur exemple de cet emploi judicieux de la petite flûte est peut-être le final de la *V*e *Symphonie* de BEETHOVEN, lorsque le trille persistant sur le *sol* est exécuté avec la plus grande aisance par la petite flûte, alors que la grande flûte, avec son mauvais trille *sol-la*, 3e octave, ne pourrait donner qu'une sonorité extrêmement défectueuse.

De nos jours, les compositeurs, à la recherche de sonorités rares, ont tendance à se servir du timbre mat et blanc de la première octave du piccolo pour des effets spéciaux. De même, emploient-ils volontiers les sons harmoniques de la contrebasse. On ne peut qu'applaudir à ces subtilités, à condition qu'elles ne deviennent pas une règle.

La petite flûte a fait même son apparition dans « l'orchestre de chambre ». Dans ce curieux *Pierrot lunaire* qui a fait couler tant d'encre, SCHŒNBERG use largement du piccolo, qu'il fait alterner avec la grande flûte, la partie devant être jouée par le même instrumentiste. Là encore, dernier reflet d'un romantisme qu'il prétend ridiculiser, la petite flûte est surtout employée pour des effets diaboliques.

Après une disparition de près de deux siècles, on voit réapparaître à l'orchestre quelques membres de la famille des flûtes qu'on croyait à jamais disparus. Nous avons fait mention ailleurs des basses de flûtes à bec et basses de flûtes traversières décrites par MERSENNE et autres. Nous n'avions jamais rencontré de traces de l'emploi de flûtes basses depuis les *concerts de flûte* de la fin du XVIIe siècle. Les Russes paraissent vouloir utiliser à nouveau cet instrument. RIMSKY-KORSAKOFF se sert d'une flûte en *sol*♮ dans son ballet *Mlada*. RAVEL, dans *Daphnis et Chloé*, s'en sert aussi. STRAVINSKY l'emploie également et lui confie une partie extrêmement importante dans sa *Symphonie pour Instruments à vent* (dédiée à la mémoire de DEBUSSY). Il est possible qu'on ait à se louer de cette rénovation, mais il conviendra, croyons-nous, de s'en servir avec tact. Seule, l'octave grave de la flûte basse possède une belle sonorité. Quand elle se confond avec l'octave grave de la flûte en *ut*, elle lui est très inférieure, et son octave aiguë est insupportable.

La flûte dans la musique de chambre.

C'est une opinion très répandue que la flûte ne peut guère sortir de son rôle d'instrument d'orchestre, parce qu'*elle manque de répertoire*.

Il y a là une profonde erreur que nous pourrons détruire par ce seul exemple : le distingué flutiste de la Chapelle royale et de l'Opéra de Berlin, M. Emil PRILL, a publié, il y a quelques années, une sorte de catalogue général de la musique de flûte. On y trouve environ « 7 500 » (sept mille cinq cents) titres de morceaux de flûte, avec ou sans accompagnement de piano ou d'orchestre, ou en combinaison avec d'autres instruments. Hâtons-nous de dire qu'on n'y trouve pas 7 500 chefs-d'œuvre ! Par contre, le catalogue est loin d'être complet.

La vérité est qu'on a beaucoup écrit pour la flûte et que, de tous les instruments à vent, c'est de beaucoup celui qui l'emporte par l'étendue et l'intérêt du répertoire.

Naturellement, ce sont les flûtistes eux-mêmes qui ont fourni la plus grande part de cette littérature. On trouvera quelques renseignements et appréciations sur leurs œuvres dans le chapitre de cet article consacré à la biographie des flûtistes célèbres. Il n'en faut pas faire fi. A défaut d'autres mérites, ces œuvres de virtuoses auraient au moins celui d'être bien écrites pour l'instrument, et l'on trouve dans la production du XVIIIe siècle, plus spécialement, nombre d'œuvres de valeur écrites par de simples flûtistes. LA BARRE, LAVAUX, BOISMORTIER, NAUDOT, LŒILLET, BLAVET, SCHICKARD, QUANTZ, FRÉDÉRIC LE GRAND, ont laissé d'innombrables cahiers de sonates, concertos, morceaux d'ensemble, qui ne le cèdent en rien aux productions des violonistes ou violistes de la même époque. La plupart de ces œuvres dorment sous la poussière des bibliothèques. Un grand nombre sont restées manuscrites, et celles qui sont gravées, écrites pour la plupart avec accompagnement de basse continue, ne sont pas réalisées.

Il suffit toutefois de jeter les yeux sur un cahier de sonates de BLAVET ou de LA BARRE, par exemple, pour constater que ces éminents flûtistes étaient des compositeurs de valeur, dignes d'être mis au rang des LE CLAIR l'Aîné, des MARAIS, des REBEL, des FRANCŒUR et autres *petits maîtres* du XVIIIe siècle.

Nous l'avons déjà dit d'autre part, le XVIIIe siècle reste l'époque glorieuse de la flûte; nous en avons donné la raison principale : l'engouement de la haute aristocratie pour cet instrument, et la nécessité où se trouvaient les compositeurs et les flûtistes, de fournir de la musique à la curiosité de leurs élèves. En outre, le timbre de la flûte convenait admirablement à l'art délicat, *sensible*, et souvent pastoral, de cette époque. Sa douceur en faisait l'instrument idéal de la musique de chambre. Aussi, les morceaux d'ensemble où la flûte joue un rôle prépondant, les sonates, suites, recueils de petits airs et brunettes, pour une ou deux flûtes traversières, avec ou sans basse, sont innombrables.

Ces sonates sont fréquemment mêlées de pièces d'un caractère plus fantaisiste (voir plus loin : *Grands virtuoses*) et autres *petits maîtres* du XVIIIe siècle. Les suites comportent généralement des airs de danse : sarabandes, courantes, gigues, menuets, rondos, etc. Il y aurait évidemment à faire un choix dans cette énorme production, mais on aurait grand tort de ne pas remettre au jour nombre d'œuvres intéressantes de cette période. En outre, les recherches qu'on entreprendrait, feraient découvrir sans doute des œuvres inconnues de véritables grands maîtres. Celles qui ont été déjà publiées suffisent à nous prouver qu'il n'est pas un maître du xviiie siècle qui n'ait écrit pour la flûte quelque œuvre importante. Pour ne pas nous répéter inutilement, nous renvoyons le lecteur au chapitre biographique pour tout ce qui concerne les œuvres de virtuoses, et nous ne mentionnons ici que ce qui nous paraîtra digne d'intérêt dans la musique des maîtres.

Il faut placer au premier rang Jean-Sébastien BACH qui, très probablement sous l'influence de FRÉDÉRIC LE GRAND, a beaucoup écrit pour la flûte. Non seulement, son œuvre prend une place considérable dans la littérature spéciale de l'instrument, mais elle occupe un rang élevé dans l'ensemble de ses compositions. BACH s'est servi de la flûte pour toutes les formes de composition : sonates, concertos, musique de chambre, accompagnement des voix, etc. Nous connaissons principalement de lui :

Trois sonates pour flûte et clavecin.
Trois sonates pour flûte et basse.
Une sonate pour deux flûtes et basse (transformée plus tard en sonate de viole de gambe.
Une sonate à trois (sol majeur) pour flûte, violon et basse.
Une autre, en *ut* mineur, qui fait partie de l'*Offrande musicale*, bâtie tout entière sur le thème imposé par FRÉDÉRIC, véritable chef-d'œuvre, d'une prodigieuse habileté d'écriture, et dont l'andante est certainement parmi les pages les plus émouvantes de BACH.

Une sonate pour flûte et basse, qu'on n'a pas osé attribuer sûrement à BACH et qui pourrait être d'un de ses fils, mériterait de prendre place à côté des autres.

Mentionnons encore les *Concertos Brandebourgeois*, où la flûte tient un rôle important : celui en *fa* pour violon, flûte, hautbois et trompette, celui en *ré* pour flûte, violon et cymbalo, le *concerto* pour violon et 2 flûtes principales, le *concerto* en *la* mineur pour flûte, violon et clavecin, la *suite* en *si* mineur, etc. Rien de tout ceci qui ne soit digne de la plume de BACH.

HAENDEL a également écrit pour la flûte. On a publié de lui, jusqu'ici, sept sur dix de ses sonates pour flûte et basse et ses trios pour flûte, violon et basse. De ses sonates, qui font partie d'une série contenant également des sonates pour hautbois et pour violon, il existe des versions différentes, des arrangements, des transpositions, des emprunts de morceaux d'une à l'autre, qui prouvent que l'auteur n'attachait pas à tout cela une importance exagérée. Certaines sont fort belles, notamment celle en *mi* mineur et en *sol* majeur.

De Benedetto MARCELLO, MARTUCCI a remis au jour et réalisé quatre sonates pour flûte et basse extrêmement intéressantes.

LECLAIR l'Aîné a laissé plusieurs sonates pour flûte et basse, et nous pourrions citer une foule de pièces de musique de chambre où la flûte tenait une partie importante, si nous n'avions le souci d'éviter les longueurs. Encore ne mentionnons-nous que pour mémoire les nombreuses cantates, religieuses ou profanes (plus de quarante), où la flûte joue un rôle important. Dans certaines d'entre elles, la flûte dévolu à la flûte est celui d'un soliste, telle la première partie de la cantate italienne *Non sa che sa dolore*, en réalité un mouvement de concerto.

Mentionnons encore les pièces en concert de RAMEAU, écrites primitivement pour 3 instruments : flûte ou violon, viole de gambe et clavecin. Elles sont d'ailleurs extrêmement populaires.

MOZART détestait la flûte, dit-on ; cependant, il a écrit pour elle deux concertos (*sol maj.* et *ré maj.*) avec orchestre et un andante également avec orchestre. Nous avons de lui aussi un concerto pour flûte, harpe et orchestre, écrit à l'intention d'une de ses élèves et de son père le duc de Guines. Ces quatre œuvres sont remarquables, et les deux premières fréquemment exécutées. Il n'en est pas de même des deux quatuors en *ré* et en *la* pour flûte, violon, alto et violoncelle, si rarement entendus dans les concerts, on ne sait pourquoi. L'andante du premier, joué par la flûte accompagnée en pizzicato par les cordes, est une pure merveille, et le menuet du second, si délicieuse bonhomie, mérite bien cette humoristique appréciation que nous avons entendu formuler par un maître : « Cette musique-là guérirait tous les neurasthéniques. »

HAYDN a laissé quelques trios pour piano, flûte et violoncelle, et une sonate en *sol majeur* pour flûte et piano, que les éditeurs, pour les besoins de la vente, ont souvent présentée comme une sonate de violon. HAYDN lui-même en a laissé une version pour quatuor à cordes. En outre, il existe ou il a existé le manuscrit de 2 concertos pour flûte et orchestre. Malheureusement, ils ont été égarés, brûlés peut-être dans l'incendie de la Bibliothèque du prince Esterhazy, et, malgré d'opiniâtres recherches, on n'a pu jusqu'ici les retrouver.

On nous a signalé dernièrement des quatuors (avec flûte) de GOSSEC, et nous ne mentionnons pas nombre d'œuvres du même genre, pour ne nous en tenir qu'aux œuvres des plus grands maîtres.

Nous arrivons ainsi à BEETHOVEN. La *Sérénade en ré*, pour flûte, violon et alto est de beaucoup ce qu'il a laissé de plus intéressant à notre point de vue. On reste stupéfié du parti que l'auteur a su tirer d'une semblable combinaison d'instruments. Malgré la quasi-absence de basse (l'alto y est en effet l'instrument le plus grave), l'œuvre comporte tous les caractères de la musique, avec son entr'acte si spirituel, son menuet à variations, si élégant, et son adagio réellement pathétique. L'œuvre est fréquemment exécutée. Au contraire, on ne joue jamais les variations sur les airs nationaux pour flûte et piano ; on pourrait croire qu'il s'agit là d'une œuvre de jeunesse, alors que ces suites de morceaux datent au contraire de la maturité de BEETHOVEN. Vraisemblablement écrites sur commande, et dans le seul but d'en tirer un peu d'argent, ces variations seraient assez insignifiantes si, de temps en temps, un accord imprévu, une variation plus originale ne portaient la griffe du lion.

Mentionnons par curiosité un petit duetto en deux mouvements pour deux flûtes sans accompagnement, écrit par BEETHOVEN en 1792, et dont le manuscrit est entre les mains du docteur Prieger, de Bonn, et une sonate (dont l'authenticité est contestée) et qui nous paraît, au contraire, contenir en germe, malgré de caractéristiques maladresses, un certain nombre de thèmes sur lesquels BEETHOVEN déploiera plus tard son génie.

Avec le xixe siècle commence une ère de décadence pour la flûte, décadence qui lui vient de son prodigieux succès. C'est l'époque de la grande virtuosité. TULOU, DROUET, BERBIGUIER, FURSTENAU, NICHOLSON et tant d'autres font carrière de virtuose, et leur réputation est si grande qu'elle n'est éclipsée par celle d'aucun violoniste ou pianiste.

Un solo de flûte est une attraction courante dans

un concert; des sociétés de concerts symphoniques se sont fondées un peu partout, et les virtuoses de la flûte trouvent fréquemment l'occasion de jouer avec accompagnement d'orchestre. Or, le répertoire de « concertos » dus à la plume des maîtres étant assez pauvre, les flûtistes jouent volontiers leur propres œuvres. Malheureusement, ils ne savent pas conserver à la flûte le caractère qui lui est propre, et ils ne craignent pas d'écrire, pour cet instrument délicat, des pages d'allure pompeuse et emphatique qui lui conviennent aussi peu que possible. Alors que MOZART avait limité au quatuor, renforcé de quelques bois, l'orchestration de ses concertos, les virtuoses compositeurs du xixᵉ siècle ne craignent pas de faire entrer la flûte en lutte avec la grosse harmonie.

On cherche le *brio*, la puissance du son. NICHOLSON ne se contente même pas de l'instrument qu'il possède. Il en fait agrandir l'embouchure et les trous pour obtenir un son plus puissant. C'est, à proprement parler, la grenouille qui veut se faire aussi grosse que le bœuf. Seul de son époque, peut-être, KULHAU écrit pour la flûte dans l'esprit qui lui convient. Sa récompense est que, seules aussi, ses compositions ont résisté à l'injure du temps. On ne saurait cependant refuser à TULOU de réelles qualités de compositeur, et ses solos écrits pour les concours du Conservatoire restent d'excellents morceaux d'étude; mais qui oserait maintenant les mettre au programme d'un concert, et que reste-t-il de ce fatras de morceaux brillants, fantaisies sur des airs d'opéra, airs variés, pots-pourris, que nous devons à sa plume trop féconde et à celle de ses émules ou rivaux? Pas grand'chose. En revanche, les innombrables séries d'études qu'ont laissées ces maîtres donnent à la flûte une des plus riches littératures d'enseignement musical qui soient. Nous les avons mentionnées dans la partie biographique de notre article.

Cette prétention des virtuoses du xixᵉ siècle de faire de la flûte un instrument de grande allure et de grand fracas a eu un résultat extrêmement fâcheux : les véritables maîtres ont délaissé l'instrument. Rien de ce qu'ils auraient pu écrire n'aurait satisfait sans doute leurs interprètes; les flûtistes cherchaient avant tout à placer leurs propres élucubrations, et nous ne possédons rien, comme musique de flûte, des maîtres qui en faisaient le plus judicieux emploi dans l'orchestre, MENDELSSOHN entre autres. Nous devons toutefois à SCHUBERT de charmantes et difficiles variations sur un thème original. HUMMEL nous a laissé quelques sonates, et il nous faut ensuite aller jusqu'à REINECKE, mort récemment, pour trouver une œuvre de flûte de réelle importance. La sonate intitulée *Undine* est, en effet, une œuvre de grand mérite, et qui convient admirablement à l'instrument.

On nous a signalé de WEBER des variations que nous n'avons jamais retrouvées, et ni SCHUMANN, ni BRAHMS, ni tant d'autres, dont nous aurions été heureux de posséder quelque chose, n'ont laissé une ligne de musique pour flûte.

Il n'est pas jusqu'à la musique de chambre, où la flûte jouait un rôle si important au xviiiᵉ siècle, qui n'ait subi le contre-coup de ce dédain. Depuis la *Sérénade* de BEETHOVEN, nous n'avons plus rien à signaler de digne d'intérêt pour les combinaisons de flûte et cordes, à la seule exception d'un trio bien connu de WEBER pour flûte, violoncelle et piano. Encore cette œuvre ne compte-t-elle pas, dans

l'esprit des amateurs d'aujourd'hui, parmi les meilleures de WEBER. Elle contient cependant de rares beautés.

Fort heureusement, une réaction s'est produite de nos jours; la flûte, qui paraissait un peu délaissée comme instrument soliste, a repris une partie de son ancien prestige, grâce au talent et à l'activité de quelques virtuoses, principalement en France. Le retour en faveur de la musique des xviiᵉ et xviiiᵉ siècles a nécessité la réapparition de la flûte sur tous les programmes de musique ancienne. Les compositeurs, auxquels on ne demandait plus de concessions à la virtuosité pure, ont tous, plus ou moins, contribué à enrichir notre répertoire. Nous ne croyons pas devoir donner un grand nombre de noms, parce que nous ne voulons pas faire de notre travail un article d'actualité; nous pourrions en citer beaucoup. Une excellente initiative de TH. DUBOIS, alors qu'il présidait aux destinées de notre Conservatoire, n'a pas peu contribué à cette renaissance. Chaque année, le morceau de concours de fin d'exercice est commandé à un compositeur nouveau. Il arrive que le morceau n'est pas un « morceau de concours » idéal, mais le répertoire s'est enrichi ainsi de quelques œuvres intéressantes, dont certaines ne disparaîtront pas de sitôt.

On écrit mieux pour la flûte. On utilise certainement ses ressources de virtuosité, mais on ne la cantonne plus dans les traits et les variations, et l'on tire grand parti de son beau registre grave, en accord en cela avec la bonne tradition du xviiiᵉ siècle.

Une autre forme de musique a beaucoup aidé la flûte à reconquérir son ancienne vogue : la musique de chambre pour instruments à vent. Des sociétés se sont fondées (la première en 1879, sur l'initiative de P. TAFFANEL) pour l'exécution de ce répertoire spécial. Les classiques avaient laissé quelques œuvres pour instruments à vent, qui, chose curieuse, ne comportaient généralement pas de partie de flûte. Pour former un véritable répertoire, les artistes ont fait appel aux compositeurs, et nous avons maintenant une littérature de musique pour instruments à vent, avec ou sans piano, assez nombreuse, très variée et d'un intérêt indéniable. La flûte y joue un rôle important, et c'est un répertoire qui s'enrichit chaque jour.

On nous permettra de mentionner, à ce sujet, que la *Société Moderne d'Instruments à vent* (fondée en 1895 par Georges BARRÈRE) a donné, depuis cette date, plus de cent trente œuvres en première audition. La plupart comportent une partie de flûte.

LES GRANDS VIRTUOSES DE LA FLUTE

La liste est longue des virtuoses qui se sont illustrés sur cet instrument, et bien que nous ayons le dessein de ne nous arrêter qu'aux noms vraiment célèbres, nous aurons à en mentionner un grand nombre. D'ailleurs, alors même que nous paraîtrions accorder une trop grande importance à cette partie de notre travail, nous nous justifierons en disant qu'il y a là comme une sorte de réparation à accorder à d'éminents artistes, dont le nom est tombé injustement dans l'oubli, par ce seul fait qu'ils jouaient d'un instrument moins populaire aujourd'hui que le piano ou le violon.

Il n'en était pas ainsi au temps où la flûte était en faveur. Le xviiiᵉ siècle et la première moitié du xixᵉ auront connu la grande vogue de la flûte. On en verra d'autre part les raisons, dont la principale a été la passion de quelques princes ou grands seigneurs pour la flûte. La flûte était l'instrument aristocratique par excellence, et l'impulsion donnée par les amateurs princiers du xviiie siècle eut sa répercussion très longtemps après.

Il semble établi maintenant que les deux grandes écoles qui se sont partagé le succès au xviiie siècle ont été la française et l'allemande. Peu après, alors que la flûte traversière pénétrait en Grande-Bretagne, l'école anglaise vint également à briller. Il faut remarquer toutefois que les Anglais, si accueillants aux étrangers, auront souvent encore été nos tributaires en ce cas, et plusieurs de leurs virtuoses furent d'origine étrangère.

Un amateur berlinois, M. Adolf GOLDBERG, qui s'intéresse passionnément à tout ce qui concerne la flûte, a publié récemment, en un luxueux volume, une longue liste biographique — avec portraits — de flûtistes plus ou moins célèbres. Par ordre d'ancienneté nous trouvons en tête de liste CONRAD VON ROOSE, mentionné comme flûtiste et fou de la cour de l'empereur Maximilien Ier en 1482. Peut-être, en cherchant bien, aurions-nous pu découvrir un nom de flûtiste français vers la même époque, mais rien ne nous indique que nous ayons des chances de réussir, et cette exhumation serait, croyons-nous, d'un intérêt restreint.

Période ancienne.

Ecole française. — Nous commencerons par l'Ecole française, et remonterons seulement à la fin du xviie siècle. A cette époque, deux artistes paraissent s'être partagé la faveur du public, et leurs noms sont familiers à quiconque s'est occupé de cette période de notre histoire. L'un deux, Philibert RE-BILLÉ, plus connu généralement sous son prénom, transformé en PHILBERT, était flûtiste à la musique royale entre 1670 et 1715. L'autre, François PIGNON, dit DESCOSTEAUX, très renommé, exerçait son art à la musique royale entré 1664 et 1670. Il ne reste rien de lui que sa réputation de virtuose et surtout de jardinier, car il a servi de modèle à La Bruyère pour son amateur de tulipes.

Vient ensuite Pierre GAULTIER, de Marseille, flûtiste et impresario d'une troupe ambulante, qui mourut vers 1697, après avoir laissé quelques pièces en duo ou en trio pour les flûtes.

Nous avons parlé, d'autre part, de la famille des HOTTETERRE, dont le membre le plus distingué, Jacques, dit le ROMAIN, fut, en même temps qu'un remarquable virtuose, un fabricant et un professeur non moins remarquable. Son *Traité* a eu, à son époque, une influence considérable, à tel point que tous les ouvrages similaires, publiés sur le même sujet pendant une période de plus d'un demi-siècle, ne sont que des copies plus ou moins adroites de cet ouvrage excellent. L'article flûte de l'*Encyclopédie* en a été directement inspiré en ce qui concerne l'exécution, et d'autres méthodes, telles que le *Newest method for learners on the German flute*, parue à Londres en 1730, ne sont, dans leur partie didactique, qu'une simple traduction du traité d'HOTTETERRE. HOTTETERRE, qui devait son surnom de *Romain* à un séjour qu'il fit en Italie dans sa jeunesse, et le *Traité* eut, de son vivant, quatre éditions (1699, 1707, 1720, 1741), plusieurs contrefaçons à Amsterdam, ainsi que des tra-

ductions anglaises et allemandes, HOTTETERRE, disons-nous, a laissé d'assez nombreuses œuvres, la plupart pour 2 flûtes avec ou sans basse. Il est mort vers le milieu du xviiie siècle, à une date encore indéterminée.

Moins populaire que celui d'HOTTETERRE, le nom de Michel LA BARRE mérite de retenir l'attention. Né en 1675, élève de PHILBERT et de DESCOSTEAUX, LA BARRE était vers 1700 membre de l'orchestre de l'Opéra, et, vers 1705, nous le trouvons aussi parmi les membres de la Musique de la chambre. Il possédait, disent ses contemporains, un remarquable talent de virtuose, mais les compositions qu'il a laissées nous intéressent davantage. Sa contribution à la littérature de la flûte est, en effet, aussi remarquable que considérable. Il publia notamment des suites pour deux flûtes traversières sans accompagnement, et de charmantes suites de pièces pour la flûte traversière avec basse continue. Son premier livre de suites contient un *avertissement* qui nous renseigne sur la conception qu'il avait de son art : « Les pièces, nous dit-il, sont pour la plus grande partie d'un caractère si singulier et si différent de l'idée qu'on a eue jusqu'ici de la flûte traversière, que j'avais résolu de ne leur faire voir le jour qu'en les exécutant moi-même. »

Les qualités d'un véritable artiste peuvent, en effet, s'y faire jour. Si les pièces vives sont de simples petits airs de danse d'un tour gracieux et spirituel, certains airs lents (la *Sarabande* de la *suite en sol majeur* en est un exemple) sont empreints d'un réel pathétique et d'une tenue musicale remarquable.

N'oublions pas J.-Ch. NAUDOT. Rien de sa vie ne nous est connu, sinon que la publication de ses nombreuses œuvres s'est faite entre 1720 et 1750. Ses morceaux pour la flûte et surtout pour des combinaisons de flûte avec d'autres instruments, sont en nombre considérable, et l'on a même de lui des sortes de symphonies à flûte, 3 violons, alto et basse qui en font un des précurseurs de la symphonie concertante fleurissant en France dans la seconde moitié du xviiie siècle. On ne saurait assigner à ce maître remarquable un rang trop élevé. Ses sonates à une ou deux flûtes avec ou sans basse le placent au rang des meilleurs parmi les *petits maîtres* de son temps.

Nous sommes tenté de rattacher à l'école française J.-B. LŒILLET, né à Gand en 1653, et qui fit la première partie de sa carrière de virtuose à Paris (certaines de ses compositions y furent publiées en 1702). Mais les Anglais peuvent le revendiquer aussi pour un des leurs, car toute la seconde partie de la vie de ce remarquable artiste se passa à Londres, où il mourut en 1728, après y avoir fait fortune. Il laissa, en effet, 16 000 livres sterling, somme considérable pour l'époque.

BUFFARDIN, né à Marseille vers 1690, est le premier de nos flûtistes qui ait fait une longue carrière à l'étranger. A la suite de l'ambassadeur de France, il séjourna à Constantinople, où il rencontra un des frères aînés de J.-S. BACH, auquel il enseigna la flûte. Entré, dès 1715, au service de l'Electeur de Saxe à Dresde, il devint là le professeur du célèbre QUANTZ; après deux voyages à Paris, où il se fit entendre avec un énorme succès au Concert spirituel, il se retira dans cette ville et y mourut en 1768. On ne connaît aucune œuvre de lui.

On en connaît, par contre, beaucoup (on pourrait dire trop) de BOIVIN DE BOISMORTIER, plus remarquable par son extraordinaire fécondité que par la valeur réelle de ses innombrables compositions (il a écrit, par douzaines, des sonates, suites, duos, trios, etc., pour tous les instruments). Arrivons au véritable maître français de la flûte au xviiie siècle, Michel BLAVET.

BLAVET était né à Besançon, en 1700, de parents de modeste condition. Jusqu'en 1723, il reste dans sa ville natale, mais se montre de bonne heure très doué pour la musique et apprend à jouer de divers instruments, notamment de la flûte et du basson. C'est sur le conseil du gouverneur de sa province qu'il quitte sa ville en 1723, et va se fixer à Paris, où le prince de Carignan l'attache à sa personne dès son arrivée. Sa grande réputation paraît dater de sa participation au Concert spirituel en 1726, où il obtient un succès considérable, fréquemment renouvelé. Il quitte ensuite le prince de Carignan pour devenir surintendant de la musique du comte de Clermont. De 1740 à 1758, il appartient à l'orchestre de l'Opéra, après avoir fait partie de la Musique de la chambre, où sa présence est signalée en 1738, et si grande est sa réputation de virtuose à ce moment que le fait d'accepter un poste de musicien à l'Opéra est regardé par ses contemporains comme un acte de condescendance.

BLAVET fit plusieurs voyages à l'étranger pendant qu'il appartenait au comte de Clermont. Sa présence en Prusse est signalée sous le règne de Frédéric Ier. Frédéric II, alors prince royal, s'efforça de le retenir auprès de lui, mais vainement.

Il se retira en 1760 et mourut à Paris en 1768.

L'œuvre de BLAVET, pour être moins considérable que celles de BOISMORTIER et de J.-B. LŒILLET, l'emporte de beaucoup par la qualité. On connaît de lui un cahier de six sonates pour deux flûtes traversières sans basse, des recueils d'airs et brunettes, de duos, etc., mais surtout trois livres de 6 sonates pour flûte et basse, publiés par BALLARD en 1728, 1732 et 1740. Ces sonates sont toutes à jouer et à retenir, et certaines sont de véritables petits chefs-d'œuvre. On y remarque les meilleures qualités de la musique française d'alors : des idées mélodiques claires et expressives, beaucoup d'esprit et d'enjouement dans les mouvements vifs, une grâce charmante dans les ariettes ou pièces de genre introduites avec beaucoup d'à-propos au milieu des morceaux traditionnels de la sonate, et, dans certains mouvements lents, ce pathétique tendre qui caractérise la musique du temps et où BLAVET, comme exécutant, devait exceller.

Après BLAVET, nous devons aller jusqu'à DEVIENNE pour trouver un flûtiste français digne de son devancier. Né à Joinville en 1759, élevé dans la musique d'un régiment, il jouait et composait dès le plus jeune âge et entrait bientôt dans la musique des Gardes suisses. Il est assez curieux de constater que, comme plusieurs de ses prédécesseurs, DEVIENNE jouait également du basson et de la flûte. C'est en qualité de bassoniste qu'il entra en 1788 au Théâtre de Monsieur, puis à l'orchestre de l'Opéra en 1796.

Entre temps, lors de l'organisation du Conservatoire national de musique en 1795, DEVIENNE était chargé de la première classe de flûte, et c'est à cette circonstance, sans doute, que nous lui devons sa *Méthode* tant de fois rééditée, remaniée et augmentée, encore aujourd'hui en usage. Cet ouvrage contient d'excellentes choses, à côté de certaines faiblesses dues à l'esprit routinier de l'auteur[1]. Il donne d'utiles conseils sur la tenue, la respiration, le phrasé, qui dénotent évidemment un artiste de valeur. Ses

─────────

[1]. Voir le chapitre premier de cet article.

compositions pour la flûte sont extrêmement nombreuses, mais tout à fait délaissées aujourd'hui.

Si nous pouvons nous permettre une légère incursion dans un domaine qui n'est pas le nôtre, rappelons que DEVIENNE a laissé un opéra, *Les Visitandines,* qui n'est pas encore tombé dans l'oubli.

Il est mort fou, à Charenton, en 1803.

Complétons la liste des virtuoses français au xviiie siècle avec quelques noms moins illustres : MAHAULT (?-1760), les frères PIESCHE, LUCAS, les PHILIDOR, LAVAUX, DE CAIX, CHALAIS, CORRETTE, BOURGOIN, MOURET, HANDOUVILLE, PIPEREAU, les SALLANTIN, RAULT, MANGEAN, REBOUT, DELUSSE, etc., et nous en aurons terminé avec les maîtres de la flûte au xviiie siècle en France.

École allemande. — Nous reviendrons de beaucoup en arrière pour parler de l'école allemande, fort brillante elle aussi. Là, nous pourrons remonter plus haut. Nous avons incidemment parlé de Conrad VAN ROOSE, sur lequel nous n'avons guère d'autres renseignements que la constatation de son existence. Vers la même époque, un nom bien imprévu dans une étude sur la flûte vient nous surprendre. Il apparaît, en effet, que le réformateur Martin LUTHER (1483-1546) fut un amateur de flûte assez distingué pour que cette particularité ait frappé ses contemporains. Nous ne sommes malheureusement pas renseigné sur l'existence de flûtistes professionnels allemands, du xvie au xviie siècle. C'est assez fâcheux, car le nom de *flûte d'Allemand* donné à la flûte traversière nous prouve que cet instrument était en vogue en Allemagne bien avant qu'il ait pénétré en France.

L'artiste dont nous trouvons en premier le nom est Johann-Christophe DENNER, né à Leipzig le 13 août 1655. Fils d'un fabricant d'instruments à vent, très doué pour la musique, DENNER mena concurremment l'étude de son art et la fabrication des instruments. Il construisit ainsi des flûtes à bec, des flûtes traversières, et inventa la clarinette vers 1690. Mort à Nuremberg, le 20 avril 1707, il laissa deux fils qui continuèrent à fabriquer et jouer les instruments selon la tradition paternelle.

Dans l'ordre chronologique, nous nous trouvons en présence du plus fameux peut-être des flûtistes du xviiie siècle, en la personne de Johann-Joachim QUANTZ.

Son talent d'instrumentiste, son ingéniosité d'inventeur, ses compositions, son célèbre *Essai*, les circonstances de sa vie, la place qu'il tenait à la cour de FRÉDÉRIC LE GRAND et dans le monde musical de son temps, mériteraient qu'on accordât à sa forte personnalité plus qu'un simple fragment d'article. Il était né à Oberscheden, en Hanovre, le 30 janvier 1697. Fils d'un forgeron, il paraissait convenu qu'il suivrait, selon l'usage du temps, le métier de son père, et ce projet reçut un commencement d'exécution que QUANTZ avait à peine neuf ans. Mais, orphelin en 1707, confié à l'un de ses oncles, il apprit de ce dernier, tailleur et musicien à la fois, les éléments de la musique. Puis, à la mort de son oncle, FLEISCHEACK devint son professeur. Ses premiers instruments furent le violon, le hautbois, la trompette, voire la viole de gambe et le violoncelle. Il étudia aussi le clavecin et les rudiments de l'harmonie. Il est assez curieux de constater que la flûte n'ait pas attiré plus tôt son attention. Ce n'est qu'après de nombreux voyages à travers l'Allemagne, coupés de séjours plus ou moins longs, notamment à Dresde, où il jouait du hautbois, que QUANTZ adopta, en 1718, l'instrument qui devait le rendre célèbre dans l'Europe entière. Son premier maître fut BUFFARDIN.

Dresde était le centre des occupations du jeune musicien, mais il voyageait fréquemment, allant en Pologne, en Silésie, en Bohême. Il était surtout fortement attiré par l'Italie. Il put réaliser son désir en 1724, et alla travailler le contrepoint à Rome avec GASPARINI. On le retrouve, en 1725, à Naples, où, sur les instances de HASSE, Alessandro SCARLATTI consent à entendre QUANTZ, malgré son aversion marquée pour les joueurs d'instruments à vent, qu'il accusait, vraisemblablement avec raison, de jouer faux. QUANTZ parvint à faire revenir le vieux maître de ses préventions.

Il visite nombre de villes italiennes et vient à Paris en 1726. Une représentation à l'Opéra paraît lui avoir laissé le plus fâcheux souvenir : il accuse notamment les musiciens de jouer faux et de mémoire. Mais il admire cependant ses confrères flûtistes, et par-dessus tous, BLAVET.

Ce long voyage se termina par un séjour à Londres, où il fit, entre autres connaissances, celle de HAENDEL, qui tenta vainement de l'y retenir. Il revint à Dresde en 1727, entra au service du roi de Pologne, et, enfin, à de magnifiques conditions, à celui de son élève, le Grand FRÉDÉRIC, peu après que ce dernier fut monté sur le trône, en 1741.

Non seulement QUANTZ ne relevait que du roi seul, mais il avait un engagement à vie de 2 000 thalers, plus ce que devaient lui rapporter ses compositions et la fabrication des flûtes. Nous mentionnons, d'autre part, ses efforts pour l'amélioration de l'instrument. Il mourut à Potsdam en 1773.

Son ouvrage le plus important est l'*Essai* qu'il publia en 1752, et qu'il dédia à son royal élève, l'ouvrage le plus complet à tous points de vue qui existe sur la flûte au XVIIIᵉ siècle. Comme compositeur, QUANTZ se distingua par une fécondité extraordinaire. Il a écrit plusieurs centaines de concertos, des sonates avec basse continue et nombre d'autres pièces non réalisées, qu'il serait bien intéressant de remettre au jour.

Johann-Georges TROMLITZ, né en Saxe vers 1730, plus remarquable comme fabricant de flûtes que comme exécutant, Georges LIEBESKIND, flûtiste du margrave de Bayreuth, méritent une mention. Mais nous arrivons, dans l'ordre chronologique, à un flûtiste dont la célébrité est indéniable. Nous voulons parler de FRÉDÉRIC LE GRAND, roi de Prusse.

Il nous est impossible de le passer sous silence, non seulement parce qu'au dire de ses contemporains, FRÉDÉRIC était un flûtiste de valeur digne d'être comparé aux meilleurs professionnels, mais encore parce que sa passion pour son instrument a donné au développement de la flûte un essor énorme. Instrument à la mode parce qu'un prince en jouait, la flûte est restée sous cette impulsion très longtemps encore.

Alors qu'il n'était que petit prince, FRÉDÉRIC aimait déjà passionnément la flûte, d'autant plus passionnément que son père, le terrible Frédéric-Guillaume, lui en avait formellement interdit l'étude. Mais la reine, se faisant sa complice, lui fit donner des leçons en secret, et QUANTZ lui-même, nous l'avons déjà dit, fit plusieurs fois le voyage de Dresde pour enseigner son art au jeune prince. Celui-ci n'eut rien de plus pressé, en montant sur le trône, que de faire

venir son maître auprès de lui et de lui donner à la cour une situation magnifique.

Il y avait tous les soirs concert au Palais. Le roi y tenait sa partie. Si certains de ses contemporains, comme Diderot, lui contestent la véritable supériorité, « quel dommage qu'un grain de sable du Brandebourg en gâte l'embouchure, » dit malicieusement le philosophe polémiste, en revanche Voltaire, non suspect de bienveillance à l'égard de FRÉDÉRIC, dit « qu'il jouait dans ses concerts aussi bien que le meilleur artiste ».

Il a laissé un grand nombre de compositions, parmi lesquelles environ 125 sonates pour flûte et basse. 25 d'entre elles, choisies et réalisées, ont été publiées par la maison BREITKOPF et HÄRTEL. La vérité nous oblige à dire que, dans les meilleures, certains passages ressemblent singulièrement aux compositions de QUANTZ, mais il n'y a peut-être là qu'une coïncidence...

Le meilleur titre de FRÉDÉRIC, à nos yeux, est d'avoir incité les compositeurs de son temps à écrire pour son instrument. Nous voulons dire ainsi, indirectement, des chefs-d'œuvre. C'est sur un thème choisi par lui que J.-S. BACH, en visite à Potsdam et honoré à l'égal d'un souverain, composa l'admirable *Offrande musicale*, dont la plus belle partie est peut-être la *sonate en trio* (*ut mineur*) pour flûte, violon et continuo. Nous n'avons pu déterminer si c'est sous la même influence que BACH a écrit ses autres compositions pour la flûte. Cela nous paraît probable.

Le margrave de Bayreuth, FRÉDÉRIC (1711-1763), était, lui aussi, un flûtiste distingué et un protecteur éclairé des musiciens, mais il est loin d'avoir atteint, même musicalement, à la célébrité de son parent. Mentionnons en passant DULON (1769-1826), remarquable artiste, aveugle, cependant, dès son plus jeune âge, et J.-CH. SCHICKARD, auquel nous devons d'intéressantes sonates. Ce sont les derniers représentants de l'école allemande au XVIIIᵉ siècle.

Autres écoles. — Nous n'avons pas, à la même époque, de flûtistes italiens bien remarquables, sauf peut-être FLORIO, dont toute la carrière s'est passée entre Dresde et Londres. Quant aux Anglais, ils ont surtout brillé dans la première partie du XIXᵉ siècle. Nous les retrouverons plus tard. Notons, toutefois, deux noms célèbres à plus d'autres titres et à des époques différentes : le roi HENRY VIII jouait de la flûte, mais il se borne à ce que nous savons de son talent. Et, beaucoup plus tard, Oliver GOLDSMITH, le délicieux auteur du *Vicaire de Wakefield*, fut, paraît-il, un amateur distingué. Un autre amateur a mérité de passer à la postérité : le général écossais REID qui, après avoir combattu en Amérique durant la guerre de l'Indépendance, se retira à Edimbourg et laissa toute sa fortune à l'Université pour la création d'une chaire de musique. Il a laissé six sonates pour flûte et basse. On exécute annuellement l'une d'entre elles au cours d'un concert donné en l'honneur de sa mémoire.

Dix-neuvième siècle.

École française. — Le premier flûtiste français qui, dans l'ordre chronologique, se présente à notre attention parmi les virtuoses de la flûte à 8 clefs est BERBIGUIER. Né en 1782, à Caderousse (Gard), d'une excellente famille, se destinant au barreau, il apprit en amateur la flûte, le violon et le violoncelle. Il quitta sa ville natale à vingt-trois ans, se fit admettre au Conservatoire de Paris, prit des leçons de WUNDERLICH pour la flûte et de BERTON pour l'harmonie. La grande levée en masse de 1813 lui fit quitter la musique pour le service militaire. Lieutenant en 1819, il démissionna pour reprendre sa carrière de musicien qu'il quitta avec Paris en 1830, après la Révolution de Juillet. Il mourut en 1838.

Ce qui caractérise BERBIGUIER est sa culture intellectuelle supérieure, sans doute, à celle de ses confrères d'alors, et qui dut lui servir beaucoup dans le professorat. On ne trouve aucune trace de son passage dans un orchestre. Il jouait, par contre, beaucoup en virtuose, et avait une grande réputation de professeur. En outre, sa production est considérable. De ses nombreux concertos, sonates, fantaisies, arrangements, bien écrits pour l'instrument, mais d'une faible valeur musicale, il n'est rien resté. Toutefois, ses Etudes, incorporées dans son excellente Méthode, sont encore en usage aujourd'hui.

La caractéristique de son jeu était, paraît-il, la force; tous ses efforts tendant à en acquérir davantage, cela ne laissait pas que de donner à son exécution quelque rudesse.

TULOU (né en 1786, à Paris), qui vivait à la même époque, mais dont la carrière s'est prolongée plus avant, est, certainement, de tous les flûtistes, celui dont le nom est resté le plus populaire, tant comme virtuose que comme compositeur.

Fils d'un musicien (son père était bassoniste à l'Opéra et professeur au Conservatoire), TULOU entra au Conservatoire à l'âge de dix ans. A cinze ans, il étudiait la flûte sous la direction de WUNDERLICH. Son jeune âge fut la seule cause pour laquelle on ne lui décerna le premier prix qu'en 1801, mais, dès lors, il se plaça au premier rang des flûtistes français. Après avoir fait partie de plusieurs orchestres (entre autres celui de l'Opéra Italien), il prit le pupitre de soliste de l'Opéra en 1813, succédant ainsi à son maître WUNDERLICH.

La première représentation de l'opéra de LEBRUN, le Rossignol, en 1816, porta au plus haut degré l'enthousiasme du public pour TULOU. Cet opéra contient, en effet, une très importante partie de flûte qui convenait spécialement aux qualités du jeune artiste (sans doute y avait-il mis lui-même un peu la main). Ce grand succès n'a pas été étranger, certainement, à la production de ces nombreux airs où la flûte et le chant rivalisent de virtuosité, et qui furent si longtemps à la mode.

Les opinions républicaines de TULOU, le peu de soin qu'il prenait de les cacher, firent qu'on lui refusa les postes officiels auxquels son talent lui donnait droit : celui de membre de la Chapelle royale, au retour des Bourbons, puis celui de professeur au Conservatoire à la retraite de WUNDERLICH, en 1819. Ces injustices révoltèrent TULOU, qui démissionna de l'Opéra en 1822, pour se consacrer à la virtuosité pure. On lui rendit justice bien tard. Il reprit son poste à l'Opéra en 1826, et fut nommé professeur au Conservatoire en 1829. Entre temps, TULOU avait voyagé (notamment à Londres, à diverses reprises).

Il garda longtemps son poste au Conservatoire, s'associa entre temps avec NONON pour la fabrication des flûtes, n'apportant guère à l'association que l'immense prestige de son nom. Cette exploitation lui laissa de fort beaux bénéfices. Il se retira en 1856, à Nantes, où il mourut en 1865.

On admirait principalement chez TULOU une belle sonorité, beaucoup de charme et une grande facilité de mécanisme. Au dire de ceux qui l'ont entendu, il était sans rival dans l'exécution de la musique un peu superficielle à la mode de cette époque.

Très démodées à l'heure actuelle, les compositions de TULOU ne servent plus guère que de morceaux d'étude. On doit, cependant, mettre à part la presque totalité de ses quinze solos, écrits pour les concours du Conservatoire, et qui sont véritablement des modèles du genre. Ils se ressemblent tous, assez fâcheusement. Cinq concertos ont une valeur musicale supérieure. On ne saurait trop en conseiller l'étude aux jeunes artistes.

DROUET, né en 1792, à Amsterdam, d'un père réfugié français et d'une mère hollandaise, a longtemps disputé la suprématie à TULOU. Comme son rival, il débuta dans la carrière en enfant prodige. S'il fallait en croire la légende, il aurait exécuté en public, à l'âge de quatre ans, le 8e concerto de DEVIENNE. Cette histoire nous paraît bien invraisemblable, mais il n'est pas douteux que DROUET, dont les premières études avaient été négligées, fut néanmoins de bonne heure un remarquable virtuose. On note son passage au Conservatoire de Paris, mais seulement comme élève de composition, sous MÉHUL et REICHA.

Nommé, en 1807 ou 1808, flûtiste du roi de Hollande (Louis, frère de Napoléon), invité par l'Empereur à jouer à la cour, gratifié de nombreuses faveurs, dont celle d'être exempté de la conscription, il continua à jouir des mêmes privilèges sous la Restauration, fut le professeur du duc de Berry, et fut nommé, en 1815, flûtiste de la Chapelle royale, alors que ce poste paraissait devoir revenir à TULOU.

Il commença peu de temps après à voyager en Europe, obtint, en 1817, d'extraordinaires succès à Londres, y établit, vers 1818, une fabrique de flûtes, puis, abandonnant cette entreprise, se remit à courir le monde, coupant ses voyages de séjours plus ou moins longs dans les pays les plus divers. Mentionnons simplement sa nomination qu'il passa à Naples, comme directeur de l'Opéra royal, sa réapparition à Londres en 1829, à Paris en 1832, son engagement comme maître de chapelle du duc de Saxe-Cobourg-Gotha en 1840, poste qu'il garda plus de treize ans, son voyage à New-York en 1854. Il mourut en 1873, à Berne, où il s'était retiré.

Il apparaît, d'après l'opinion qu'avaient de lui ses contemporains, que DROUET a dû ses grands succès plutôt à ses qualités de virtuose proprement dit qu'à ses mérites purement artistiques. FÉTIS prétend qu'il jouait faux et que son style était dénué d'expression et de majesté, mais il rend hommage à la facilité avec laquelle il exécutait les passages rapides et difficiles.

D'autres critiques mettent DROUET au premier rang des flûtistes de son époque.

Ses compositions pour flûte et piano ou orchestre sont complètement oubliées, mais il reste de lui une suite de cent études et utile de connaître.

Elles abordent à peu près toutes les difficultés de la flûte, et, par la persistance de la difficulté et la monotonie voulue qui en résulte, sont d'un excellent travail.

Comme TULOU, DROUET était un irréductible partisan de l'ancienne flûte, et joua jusqu'à sa mort la flûte à 8 clefs.

Un autre partisan distingué de cette école fut Eugène WALCKIERS, né en 1793, à Avesnes. Plus professeur que virtuose, il a laissé quelques compositions estimées, parmi lesquelles d'excellents duos pour 2 flûtes. Citons enfin Jules DEMERSSEMAN, né en Hollande en 1833 et mort à Paris en 1866. Cet artiste distingué, élève de TULOU, était resté, lui aussi, fidèle à l'ancienne flûte, dont il jouait admirablement. Il faisait partie des fameux concerts de la rue Cadet; les succès qu'il y obtenait et son évidente facilité de composition l'engagèrent, sans doute, à composer pour son propre usage des morceaux d'où la musicalité n'est pas exclue, mais qui ont cependant comme principal but de faire valoir les qualités de l'instrumentiste. Ses six grands solos de concert (le 6ᵉ est proposé quelquefois encore comme morceau de concours au Conservatoire) donnent le mieux la mesure de son mérite.

D'autres flûtistes, tels que FARRENC (1794-1865), GUILLOU (1787-1850), n'abandonnèrent jamais la flûte à 8 clefs. Plus hardis, REMUSAT, BRUNOT, CAMUS, COCHE adoptèrent l'invention de BŒHM dès qu'elle fut entrée dans le domaine pratique. CAMUS écrivit pour elle une bonne méthode et d'excellentes études, et l'on a vu, d'autre part, avec quelle ardeur COEHE se jeta dans la mêlée pour introduire la flûte BŒHM en France. Mais le plus glorieux partisan de l'invention nouvelle fut certainement Louis DORUS (né à Valenciennes en 1812 et mort à Paris en 1896), dont nous avons déjà eu l'occasion de parler au sujet de l'invention de la clef qui porte son nom.

Elève de GUILLOT au Conservatoire de Paris, où il obtint le premier prix en 1828, il entra en 1834 à l'orchestre de l'Opéra, et à celui du Conservatoire en qualité de flûte solo. Un des premiers, il résolut d'abandonner l'ancien système, dès que BŒHM eut fait connaître son invention à Paris; mais comme il ne pouvait pas, sans études préalables, se produire en public sans être sûr de lui-même sur le nouvel instrument, il travailla en secret la flûte BŒHM pendant plus de deux ans, ne paraissant sur aucune estrade de concert pendant cette période, et gardant seulement son emploi d'orchestre où il continuait à jouer l'ancienne flûte. Quand il se sentit tout à fait maître du nouvel instrument, il parut en public, et ce fut une telle révélation, que la cause de la nouvelle flûte fût gagnée. Son invention de la clef de *sol* ♯ aplanit l'obstacle qui, peut-être, eût fait échouer la flûte BŒHM, tant le nouveau doigté pour cette note révolutionnait les habitudes de tous les artistes.

DORUS prit la succession de TULOU, comme professeur au Conservatoire, en 1860, et il garda ce poste jusqu'en 1868. Ce fut lui, naturellement, qui introduisit au Conservatoire l'enseignement de la flûte BŒHM. Peu après sa démission de professeur, il donna celle de flûtiste à l'Opéra et à la Société des concerts, et vécut dans la retraite jusqu'en 1896. Frère de la célèbre cantatrice madame DORUS-GRAS, leurs deux noms furent souvent associés sur les programmes de concerts. Il a laissé la réputation d'un virtuose admirable; là perfection de son exécution et la pureté de son style sont encore présentes à la mémoire des vieux abonnés de la Société des concerts.

Il a laissé quelques compositions oubliées aujourd'hui et une excellente méthode. Son successeur au Conservatoire fut Henry ALTÉS (1826-1895), auteur d'une importante méthode. Nous donnons d'ailleurs ici la liste des professeurs au Conservatoire, depuis sa fondation, liste que nous empruntons à l'ouvrage de Constant PIERRE :

DEVIENNE (1793-1803). — SCHNEITZHŒFER (1793-1800). — HUGOT (1793-1803). — DUVERGER (1795-1802).

— WUNDERLICH (1795-1892; 1804-1816). — GUILLOU (1816-1828). — TULOU (1829-1859). — COCHE (1831-1841). DORUS (1860-1868). — H. ALTÉS (1868-1893). — TAFANEL (1893-1908). — HENNEBAINS (1908-1914) et, depuis 1919 (la guerre ayant retardé la nomination d'un professeur titulaire), M. Philippe GAUBERT.

École allemande. — Il nous faut maintenant revenir en arrière, et nous reprendrons l'Ecole allemande au début du xixᵉ siècle. La plupart des flûtistes qui se sont distingués en Allemagne sur la flûte à 3 ou 8 clefs, ont vécu à cheval sur deux siècles. Citons entre autres : Carl SAUST (1773-?). — MULLER (1767-1817). — Georg MICHEL (1775-182?). — Georg BAYR (1773-1833). — DRESSLER (1784-1835), sur la carrière desquels il serait superflu de s'étendre davantage. Un nom célèbre à juste titre nous arrêtera plus longtemps.

Nous voulons parler de Frédéric KULHAU.

Né le 13 mars 1786, à Uelzen, en Hanovre, de parents extrêmement pauvres, il apprit la musique de très bonne heure, d'abord à Brunswick, puis à Hambourg. En dehors de la flûte, du violon et du piano, il travailla dans cette dernière ville sous SCHWENKE. Il s'établit, en 1810, à Copenhague, y fut engagé comme flûtiste avec le titre de musicien de la Chambre du roi de Danemark, fit représenter avec succès plusieurs opéras (*Rœverborgen, Elisa*), et ne quitta plus le Danemark, où il mourut le 12 mars 1832, peu après l'incendie de sa maison, où il perdit tous ses manuscrits.

Fort heureusement, il nous reste une large collection de ses œuvres pour la flûte, et nous pouvons hardiment placer KULHAU au premier rang des compositeurs qui se sont spécialisés dans cet instrument. Il n'y a pas une page de ce maître qui ne mérite de prendre place dans la bibliothèque d'un flûtiste, et l'étude de ses compositions apparaît comme indispensable à tout élève sérieux.

Les plus populaires de ses œuvres sont les duos pour deux flûtes sans accompagnement, en six séries (op. 10, 39, 80, 81, 87 et 102).

Il est impossible de tirer un parti plus heureux d'une semblable combinaison. Les idées y sont le plus souvent distinguées et très mélodiques, le style reste d'une parfaite tenue, et rien n'y est sacrifié à l'effet. Les trios pour trois flûtes, le quatuor pour 4 flûtes (de même registre) sont un tour de force d'écriture musicale et resteront les modèles du genre. Notons aussi les trois solos, les six divertissements (flûte et piano), et nombre d'autres œuvres également excellentes.

A.-B. FÜRSTENAU, dont le père, Gaspard FÜRSTENAU, était lui-même un flûtiste distingué, est aussi un brillant représentant de l'école allemande. Né en 1792, il se produisit très jeune en public, parcourut l'Europe durant toute la première partie de sa vie, et fut considéré par ses compatriotes comme le premier flûtiste de son temps. De 1820 jusqu'à sa mort, il résida à Dresde, où il avait été engagé comme premier flûtiste de la Chapelle royale, sous la direction de WEBER dont il devint rapidement l'ami. Il est regrettable que cette intimité n'ait point incité le célèbre compositeur à écrire pour la flûte (à l'exception du Trio pour *flûte, cello et piano*). FÜRSTENAU lui-même est l'auteur d'un nombre considérable de compositions, peu connues aujourd'hui, sauf peut-être ses *Études* pour flûte seule. Il mourut à Dresde en 1852, sans avoir jamais abandonné la flûte de l'ancien système.

Mentionnons encore Gaspard KUMMER (1795-1870), auteur de compositions estimées.

Théobald BŒHM, même s'il n'avait pas révolutionné l'art de la flûte par l'invention qui porte son nom, aurait vraisemblablement pris place dans cette partie de notre travail. On sait, en effet, qu'il était un virtuose distingué, fort apprécié à Munich, et également connu comme virtuose dans plusieurs capitales. Évidemment, dans la seconde partie de sa vie, il abandonna quelque peu la carrière de virtuose pour ses recherches d'inventeur.

Les nécessités de sa propagande lui firent écrire des morceaux combinés de telle sorte qu'on ne pût réellement les exécuter que sur sa flûte. Ce sont, en général, d'aimables morceaux fort brillants, dont certains (surtout les *Variations sur un thème de SCHU-BERT*) témoignent d'une réelle musicalité. Il faut placer au premier rang de ses compositions ses *Etudes*, notamment les *24 Caprices dédiés aux amateurs*, indispensables à tout flûtiste.

La flûte BŒHM avait peu à peu pénétré partout en Europe. Un seul pays lui restait fermé, ou peu s'en faut : la propre patrie de l'inventeur. Faut-il voir là les raisons de l'infériorité dans laquelle se sont trouvés, depuis lors, les Allemands, vis-à-vis de leurs rivaux français, mais le fait est qu'il n'y a guère de noms à opposer aux nôtres dans la seconde moitié du XIXᵉ siècle. Nous ne voyons guère que SOUSSMANN, né à Berlin en 1796, mort à Saint-Pétersbourg, où il fit toute sa carrière, en 1848, qui mérite une mention particulière, et surtout les frères DOPPLER, Franz et Charles, excellents musiciens et virtuoses, originaires de Lamberg (Galicie), et qui se firent connaître tout d'abord en jouant des duos. Franz (1821-1883) a laissé de charmantes compositions pour flûte et piano, restées jusqu'à nos jours au répertoire des flûtistes.

Le plus remarquable des flûtistes compositeurs d'outre-Rhin de notre époque est un Danois, Joachim ANDERSEN, né à Copenhague en 1847, et mort en 1909. La première partie de sa vie est remplie par sa carrière de flûtiste. Il fut attaché à plusieurs orchestres importants, et visita successivement la Suède, la Finlande et la Russie, puis l'Allemagne. Une sorte de paralysie, ou tout au moins de « courbature » de la langue, l'obligea à abandonner la flûte vers 1895, et il retourna à Copenhague, où il dirigea divers orchestres. C'est un des seuls flûtistes de nos jours qui ait gardé la tradition de la génération précédente de composer pour la flûte. Sa production est considérable : deux concertos, un grand nombre de morceaux de concert et un plus grand nombre encore de morceaux de salon, d'une facture un peu lourde, mais admirablement écrits pour l'instrument, et témoignant de réelles qualités musicales, mériteraient déjà de lui donner une place distinguée parmi les virtuoses compositeurs. Mais il faut surtout mettre hors de pair ses *Etudes*, qui sont de beaucoup ce qu'on peut trouver de plus remarquable en ce genre depuis de longues années. Il en existe au moins 7 ou 8 séries de 24, dans tous les tons, et bâties sur un plan entièrement nouveau. Elles sont particulièrement utiles comme préparation aux difficultés de la musique moderne, et toutes ont un intérêt musical indéniable.

École italienne. —

MONZANI (1762-1839), SOLA (1786-?) furent des virtuoses italiens distingués. Le plus connu des flûtistes de ce pays fut surtout Giulio BRICCIALDI (1818-1881). La plus grande partie de sa carrière se passa à Londres; il a laissé un grand nombre de compositions dans le goût superficiel et brillant qui convenait, à cette époque, en ce pays. L'Angleterre, au XIXᵉ siècle, fut pour les flûtistes un champ d'action unique. Nulle part la flûte ne fut plus que là l' « instrument à la mode ». On nous a conté cette anecdote typique. Vers le milieu du XIXᵉ siècle, on voulut former à Oxford un orchestre d'amateurs recruté exclusivement parmi les étudiants des nombreux et aristocratiques collèges de cette ville. Dès la première réunion, on eut la stupéfaction de compter plus de cinquante flûtistes, contre 4 ou 5 violonistes seulement.

École anglaise. —

Comme toujours en Angleterre, les virtuoses d'origine étrangère prenaient le pas sur les artistes indigènes; nous avons cité leurs noms au fur et à mesure de notre énumération. Cependant, on compte de fort distingués flûtistes anglais : le plus ancien paraît être MILLER (1731-1807). Viennent ensuite ASHE (1759-1841) et GUNN (1765-1824). RUDALL, né en 1781, était un très habile flûtiste, mais il mérite surtout d'être cité comme fondateur de l'importante marque qui porte son nom.

Beaucoup plus populaire est le nom de NICHOLSON, né à Liverpool, en 1795.

Très doué pour la virtuosité, cet artiste fit une carrière extrêmement brillante et fructueuse. Il recherchait avant tout l'ampleur du son, et voulait appliquer à la flûte le *vibrato* du violon, ce qui n'était pas sans nuire à la qualité du son, et du style. Il a laissé de nombreuses compositions dans le goût de son temps.

Richard CARTE, propagandiste et fabricant de la flûte BŒHM, RICHARDSON (1814-1862), PRATTEN (1824-1868) termineraient notre liste, si nous ne nous faisions un devoir d'y ajouter le nom de Richard.-S. ROCESTRO. Ce dernier n'a pas laissé la réputation d'un grand virtuose, mais celle d'un bon professeur et d'un érudit. Son ouvrage intitulé *The Flute* (Rudall Carte, 1851) est bien certainement le plus important qui ait été publié sur ce sujet, et témoigne d'un effort considérable. Nous y avons trouvé nombre de renseignements intéressants et précieux.

Époque actuelle.

A l'heure où nous corrigeons les épreuves de cette étude, il nous paraît intéressant de dresser une liste, forcément incomplète, des flûtistes occcupant dans leurs pays respectifs des postes officiels. Les historiographes futurs de la flûte nous sauront gré de cette attention. Pour ne pas surcharger notre travail, nous nous bornons à cette simple énumération des virtuoses les plus connus :

Paris. Professeur au Conservatoire : M. Ph. GAUBERT.
Société des Concerts du Conservatoire : M. MOYSE.
Concerts Colonne : G. BLANQUART.
Concerts Lamoureux : J. BOULZE.
Concerts Pasdeloup : CRUNELLE.
Société moderne d'Instruments à Vent : LOUIS FLEURY.
Société des Instruments à Vent : Ph. GAUBERT, R. LE ROY
Opéra : J. BOULZE.
Opéra-Comique : E. PORTRÉ-MOYSE.
Londres. Philarmonic Society : A. FRANSELLA.
New Queen's Hall Orchestra : R. MULCHIE.
London symphony orchestra : D.-S. WOOD.
Bruxelles. Prof. au Conservatoire : DR MONT.
Vienne. VAN LEER : Opéra et Philharmonique.
Wiener symphonie : SCHOENFELD.
Rome. Prof. à l'Académie Sainte-Cécile : VEGGIETTI.
Berlin. Soliste à l'Opéra : Emil PRILL.

New-York. Damrosh orchestra : G. Barrère[1].
Boston. Boston symphony orchestra : G. Laurent[1].
Chicago. Thomas orchestra : Quensel.
Cincinnati. Symphony orchestra : Ary Van Leeuwen.
Monte-Carlo. Concerts symphoniques : D. Maquarre.

L'ART DU FLUTISTE

Ce chapitre n'est pas une méthode, et nous éviterons, dans les lignes qui vont suivre, tout ce qui pourrait faire double emploi avec les nombreux traités à l'usage des exécutants. Nous ne pourrions, d'autre part, passer sous silence quelques principes d'exécution qui sont le complément indispensable d'un travail qui ne s'adresse pas uniquement aux flûtistes. Nous éviterons, toutefois, d'énoncer des principes généraux que tout musicien ou amateur doit connaître.

Le son.

Nous plaçons au premier plan des préoccupations d'un flûtiste la recherche d'une bonne sonorité. On a vu, au chapitre premier de cette étude, que, de tous les instruments dits *de bois*, la flûte est de beaucoup celui dont le principe de construction est le plus simple. Entre le tube sonore et le flûtiste, nulle interposition. La flûte à bec comporte un sifflet, la clarinette une anche simple, le hautbois et le basson une anche double. Le flûtiste doit produire les vibrations de la colonne d'air par le moyen de ses seules lèvres.

La conformation physique du flûtiste joue donc un rôle important dans son exécution, et il est généralement admis que certaines formes de lèvres sont défavorables. La mâchoire inférieure proéminente, par exemple, est un sérieux obstacle à la production du son, la direction du souffle ayant tendance à se produire de bas en haut, ou bien de haut en bas. Il ne faut toutefois pas s'exagérer ces difficultés. Un flûtiste dont les lèvres sont ou trop grosses ou trop minces, rencontrera plus d'obstacles à vaincre qu'un collègue plus favorisé, mais il devra en triompher par un travail attentif et régulier.

Ce qui peut se constater facilement, lorsqu'on entend tour à tour plusieurs flûtistes, c'est que chaque exécutant possède une sonorité qui lui est personnelle. Chose curieuse, cette incroyable vérité s'affirme généralement dès le début; un professeur exercé peut, presque à coup sûr, après quelques semaines d'étude, classer son élève dans la catégorie des sonorités puissantes ou délicates. Loin de chercher à uniformiser les sonorités de ses élèves, il devra plutôt tirer parti de leurs qualités et même de leurs défauts, transformer en force ce qui était brutalité, en délicatesse ce qui était faiblesse, etc.

Il est naturellement impossible d'indiquer avec exactitude au débutant la position des lèvres par rapport à l'embouchure. C'est une question de conformation physique. Deux défauts sont à craindre : ou le flûtiste couvre exagérément l'embouchure, et il tire de son instrument une sonorité faible, voilée, qui, dès le premier essai de force, éclate en harmoniques qui, dans le langage vulgaire, prennent le nom de *couacs;* ou il la découvre exagérément, et le son devient gros, cotonneux, sans vie, avec une perte de souffle qui se traduit par le mot également vulgaire

---

[1]. Artistes français.

---

de *bavures;* dans les deux cas, la justesse est impossible à atteindre ; nous dirons pourquoi au paragraphe suivant.

L'émission idéale consisterait à utiliser entièrement le souffle projeté dans l'embouchure, mais il est à peu près impossible d'arriver à cette absolue perfection. Une certaine quantité d'air se perd toujours durant le passage du souffle. On en fera la remarque en se plaçant devant un miroir ou une bougie allumée, placés très près de l'embouchure, face à l'exécotant. Le flûtiste qui parviendrait à ne pas ternir la glace, ou sans faire vaciller la flamme de la bougie, aurait atteint le *maximum de rendement.* Un tel exercice peut servir à l'amélioration de l'émission.

La recherche du timbre, l'utilisation, dans ce but, d'un léger, presque imperceptible *vibrato,* relèvent bien plus d'un intelligent empirisme que de règles précises. Il est, d'ailleurs, bien difficile de définir avec certitude ce qu'il est convenu d'appeler un beau son. Il est plus aisé de décrire les défauts à éviter. La recherche excessive d'une grande puissance de son, surtout dans l'octave grave, présente deux dangers : le son devient *cuivré* et n'a plus de rapports avec ce qu'il est convenu d'appeler un son de flûte (ce *cuivrement,* si je puis me servir de ce terme, est parfaitement perceptible sur une flûte en bois, et c'est à tort qu'on a chargé de ce défaut l'utilisation du métal dans la construction des flûtes). L'autre danger est que, sous la pression violente des lèvres, ou le son perd de sa force au lieu d'en gagner, ou il octavie. Il ne faut pas oublier que le seul moyen d'obtenir la seconde octave est de serrer les lèvres, et que la recherche de la force aboutit toujours à un resserrement des muscles. On doit donc procéder à cette étude avec les plus grandes précautions.

Il est toutefois nécessaire d'obtenir un minimum d'intensité. Un flûtiste dont le son est trop faible perd toutes chances de se faire entendre dans la masse de l'orchestre. Mais on n'oubliera pas que le volume est peu de chose et que le timbre est tout.

La justesse.

Après avoir lu cet article, surtout le premier chapitre, le lecteur n'aura pas la tentation de classer la flûte dans la catégorie des instruments à son fixe. Si incroyable que cela puisse paraître, cette opinion est assez répandue dans le public, et l'on confond volontiers les clefs d'une flûte avec les touches d'un piano. On étonnerait beaucoup d'amateurs de musique en leur faisant entendre, sur la même note, par le moyen du plus ou moins de pression des lèvres et de l'ouverture plus ou moins grande de l'embouchure, une inflexion qui va au moins jusqu'à un $1/4$ de ton en chaque sens.

Pour les mauvais exécutants, ceci peut passer pour un inconvénient ; pour les bons, c'est un grand avantage, car ils peuvent, par le seul moyen des lèvres, arriver à la justesse absolue. Telle que nous l'avons étudiée, la flûte de Bœhm est à peu près juste, c'est-à-dire que rien dans sa structure ne s'oppose à l'obtention d'une justesse parfaite. Certaines notes, cependant, présentent sous ce rapport de légères défectuosités. Le $do_0 \sharp^2$ (tous les trous étant ouverts) est généralement trop haut. C'est un avantage dans le ton de *ré,* lorsqu'il est note sensible. C'est un grand défaut lorsqu'il devient *ré* ♭. Le *ré naturel*[3] est légèrement trop bas. Ceci est connu de tous les flûtistes exercés, qui, instinctivement, augmentent légèrement la pression des lèvres lorsqu'ils rencontrent cette note. On comprendra qu'ici, la qualité de bon musicien est inséparable de celle de bon flûtiste, et que les lèvres doivent obéir à l'oreille.

La double particularité suivante est à la base de toute sérieuse étude de la flûte.

A) Les vibrations augmentent sous la plus forte pression des lèvres et, inversement, diminuent par leur relâchement.

B) Elles augmentent également lorsque le flûtiste découvre l'embouchure et, inversement, diminuent lorsque l'embouchure est *rentrée*.

Donc, toute augmentation de puissance doit avoir comme correctif une légère avancée des lèvres sur l'embouchure, et la diminution d'intensité doit avoir comme correctif le mouvement contraire.

Il est faux de parler de positions de lèvres spéciales à chaque octave. Les lèvres doivent être constamment en mouvement, selon que la ligne musicale monte ou descend, selon que varie la nuance exigée.

Il existe des doigtés spéciaux, employés dans des cas déterminés, pour hausser ou baisser certaines notes, et tout flûtiste exercé doit les connaître et s'en servir pour plus de facilité. Mais on peut affirmer qu'avec le seul secours des lèvres, un bon flûtiste doit obtenir une justesse rigoureuse.

La respiration.

Ceci est un point capital dans l'art du flûtiste.

Le flûtiste jouit de cet immense avantage que son instrument exige rarement une dépense de souffle dépassant la normale. Le jeu des poumons se fait avec autant de facilité que dans la pratique de la conversation. Certains médecins estiment même que la pratique de la flûte est bienfaisante aux poumons, et un praticien américain la préconisait naguère comme un préventif de la tuberculose!

Sauf en des cas très rares, l'exécution d'un morceau n'exige du flûtiste aucun effort conduisant à la fatigue. Mais il est évident qu'à la base de l'art de respirer, se trouve la bonne utilisation du souffle. Nous avons traité cette question dans un précédent paragraphe.

Le flûtiste doit se convaincre, en premier lieu, que la respiration n'a pas seulement pour but le renouvellement de l'air dans les poumons, mais qu'elle est aussi un moyen d'expression : le meilleur pour la mise en valeur des phrases musicales. Quelles que soient ses nécessités physiques, il ne doit se permettre aucune respiration qui soit en contradiction avec le développement de la phrase. Bien mieux, n'aurait-il nul besoin de respirer, qu'il doit le faire si la terminaison d'une période exige un arrêt quelconque du son.

On conçoit qu'une bonne tenue est nécessaire au jeu naturel des poumons. Ceci ressort tout autant de l'hygiène que de l'art. Toute position du corps comprimant les poumons est mauvaise. Nous ne nous étendrons pas davantage là-dessus. On trouve de plus amples détails sur cette question dans les méthodes de flûte. On peut classer en 3 catégories les différentes façons de respirer. Ce paragraphe est inspiré de la *Méthode de Flûte* Taffanel-Gaubert, récemment publiée (Leduc, éd.).

1° Les respirations longues; elles sont employées dans les phrases de longue durée ou de grande intensité, et s'obtiennent par la dilatation la plus ample

des poumons. Il est utile de respirer ainsi lorsqu'une pause un peu longue s'offre au cours d'un morceau.

2° L'aspiration moyenne — la plus usuelle — qui n'exige qu'une admission d'air à peine supérieure à la normale.

3° L'aspiration brève, aspiration *de renfort*, destinée soit à combler un léger vide des poumons entre deux membres de phrase, soit à souligner la séparation de deux phrases musicales au cours d'un trait.

Il est essentiel de proportionner le volume d'air absorbé à la longueur ou à l'intensité de la phrase, sans oublier qu'à intensité égale les sons graves exigent plus de souffle que les sons aigus. En principe, il est bon d'avoir une bonne quantité d'air en réserve; l'exagération mènerait à la suffocation, et aurait pour danger de précipiter l'expiration au détriment de l'égalité du souffle.

Bref, il convient de retenir de ce qui précède que la respiration est non seulement à la base de la production du son, mais qu'elle est également un élément indispensable du style.

Mécanisme.

Un bon mécanisme est indispensable au flûtiste. Il n'est pas d'instrument auquel on demande plus de virtuosité. Traits rapides, cadences, fusées, etc., la flûte est considérée par les compositeurs comme apte à tout faire, et la musique de tous les temps et de toutes les écoles regorge de difficultés techniques qu'un bon flûtiste doit pouvoir surmonter.

La pratique quotidienne des gammes, arpèges, intervalles, généralement réunis sous le vocable d'exercices journaliers, est indispensable. On placera le souci de l'égalité avant celui de la vitesse, et on n'oubliera pas que toute pratique du mécanisme qui néglige la qualité du son est funeste.

A ces exercices doivent s'ajouter les études — dont la littérature de flûte foisonne — qui apportent un peu de variété à l'étude aride du mécanisme et parcourent un nouveau champ de difficultés. Certaines de ces études (dont celles de Bœhm et de Drouet sont les prototypes) traitent des difficultés courantes de la flûte. D'autres (celles d'Andersen, par exemple) sont plus tourmentées, modulent sans cesse et présentent au flûtiste des difficultés plus rarement rencontrées. Il sera bon de les travailler conjointement, ou de les faire alterner; on évitera de s'obstiner durant de longues périodes sur l'un des deux genres d'études.

Style.

Nous ne nous étendrons pas sur ce sujet, qui nous entraînerait trop loin et nous ferait dépasser les bornes assignées à cet article. Il prêterait, d'ailleurs, à des considérations qui ne sont pas spéciales à la flûte. Nous ferons observer toutefois que la flûte est un instrument à ressources limitées, que l'échelle de sa sonorité est restreinte, et que certains effets ou l'expression de certains sentiments devraient lui être interdits. La décadence artistique de la flûte a commencé au début du XIXᵉ siècle, lorsque les virtuoses de cette époque ont voulu aborder le style pompeux, les grandes envolées et les grands éclats. Cette école, qui débuta avec Tulou et aboutit à Demersseman, nous a valu un nombre incalculable de grands concertos et de solos brillants. Comme, là-dessus, s'est greffé le goût des fantaisies à variations et des pots-pourris sur les opéras, la musique de flûte n'a plus été qu'un prétexte à vains turlututus et à effets de mauvais goût. Une heureuse réaction s'est produite en ce dernier tiers de siècle, sous l'influence d'artistes parmi lesquels Paul TAFFANEL a occupé la première place. Il est à remarquer, d'ailleurs, que ce changement s'est produit dès que les instrumentistes — du moins en France — ont renoncé à écrire pour leur instrument.

Cette renonciation a coïncidé avec un retour de curiosité pour la musique du XVIIIe siècle, où la flûte était employée avec plus de tact et de discrétion. Il en est résulté un retour à un style plus sobre. C'est, en effet, l'extrème sobriété du style que nous nous permettrons de préconiser. Il nous parait, qu'avec une technique solide et une sonorité riche et variée, l'exacte observance des désirs de l'auteur conduit à l'interprétation idéale, celle qui met l'instrument au service de la musique, et non pas la musique à celui du virtuose. Mais il est évident que ces principes exigent plus d'art et de science, de la part de l'instrumentiste, qu'une fantaisie désordonnée.

LA BIBLIOTHÈQUE DU FLUTISTE

Un catalogue dressé par le professeur PRILL, de Berlin, il y a quelque trente ans, sorte de compilation des catalogues et prospectus d'éditeurs, prétendait offrir à l'amateur flûtiste le relevé complet de ce qui existait comme musique de flûte, et ceci aboutissait à une liste d'environ 7500 morceaux. Cet intéressant travail péchait par quelques omissions regrettables, et surtout par un excès de richesses, car la plupart des œuvres mentionnées ne méritent aucune attention. Il est plus malaisé de dresser une liste des œuvres indispensables que tout flûtiste doit posséder.

Nous essaierons de le faire, en nous en tenant au strict nécessaire.

Méthodes : TAFFANEL-GAUBERT (méthode avant tout destinée aux études supérieures).
DEVIENNE (pour les débutants). Mentionnons les méthodes ALTÈS, KOELHER, PRILL, BROOK.

Études : *18 Exercices* de BERBIGUIER.
24 Études de DROUET.
100 Études de DROUET-TAFFANEL.
24 Caprices (dédiés aux amateurs) de BŒHM.
12 Études de BŒHM.
6 Grandes Études de CAMUS.
25 Études (Extraites de la *Méthode*) de SOUSSMAN.
Toutes les *Études* (Op. 15, 21, 30, 33, 37, 41, 60, 63) d'ANDERSEN.
12 Études (avec acc. de piano) de Pierre CAMUS.
Études et Exercices techniques, de MOYSE.

Morceaux d'Étude pour flûte et piano : Quelles que soient nos préférences musicales, nous ne pouvons négliger les œuvres de flûtistes dont l'étude peut être très profitable à l'élève, sans qu'il songe plus tard à les exécuter en public. Cette observation ne s'applique pas à FR. KULHAU, dont toutes les œuvres méritent d'être jouées. Les trois SOLOS (op. 57) sont à la base de l'enseignement de la flûte.
TULOU. Solos (principalement le 5e, le 7e et le 13e). Concertos.
LINDPAINTNER. Solos.
DEMERSSEMAN. Solos (principalement le 2e et le 6e).
TH. BŒHM. Trois airs variés (principalement les *Variations sur une Valse de Schubert*).
ANDERSEN. Concertstuck (op. 3).
— Fantaisie caractéristique (op. 16).
— Ballade et danse des sylphes (op. 5).
LANGER. Concetto en sol mineur.

Classiques pour flûte et piano : J.-S. BACH. *6 sonates*.
G.-F. HAENDEL. *7 sonates*.
HAYDN. *Sonate en sol maj*.
BLAVET (Michel). *6 sonates* (principalement les nos 1 et 4).
B. MARCELLO. *4 sonates*.
HUMMEL. *Sonate en la majeur*.
MOZART. *Concerto en ré majeur* (piano réduction d'orchestre).

— *Concerto en sol majeur* (piano réduction d'orchestre).
— *Andante en ut majeur* (piano réduction d'orchestre).
SCHUBERT. *Introduction et variations*.
QUANTZ (J.). *Sonates*.
— *Concerto en sol majeur*.
MATTHESON. *Sonates*.
J. STANLEY. *Sonate*.
J.-B. LŒILLET. *Sonates*.

Classiques pour flûte et instruments divers :
J.-S. BACH. *Suite en si mineur* (flûte et cordes).
— *Sonate en sol majeur* (flûte, violon, piano).
— *Sonate en ut mineur* (flûte, violon, piano).
— *Sonate en sol maj*. (2 flûtes et piano).
— *Concertos brandebourgeois* (2, 5).
— *Concerto à 2 flûtes et violon*.
— *Concerto en la mineur* (flûte, violon, cembalo).
G.-F. HAENDEL. *Sonate en ut mineur* (flûte, violon, piano).
HAYDN. *Trios* (flûte, violoncelle et piano).
J.-PH. RAMEAU. *Pièces en concert* (flûte, viole de gambe, piano).
GLUCK. *Scène des Champs-Elysées* (*Orphée*) (flûte et cordes).
MOZART. *Quatuors en ré et en la* (flûte et cordes).
BEETHOVEN. *Sérénade* (flûte, violon et alto).
WEBER. *Trio* (flûte, violoncelle et piano).

Œuvres modernes pour lesquelles nous avons adopté le classement alphabétique : AUBERT (L.). *Introduction et Allegro*. (flûte et piano).
BENOÎT (Peter). *Poème symphonique* (flûte et piano, ou orchestre).
BERLIOZ. *Divertissement des Jeunes Ismaëlites* (2 flûtes et harpe).
BORDES (Ch.). *Suite Basque* (flûte et quatuor à cordes).
BRÉVILLE (P. de). *Une Flûte dans les Vergets* (flûte et piano).
BÜSSER (H.). *Prélude et scherzo* (flûte et piano).
CAMUS (Pierre). *Chanson et badinerie* (flûte et piano).
CAPLET (A.). *Rêverie, Petite valse* (flûte et piano).
CASELLA (A.). *Barcarolle et scherzo* (flûte et piano).
— *Sicilienne et burlesca* (flûte et piano).
CHAMINADE. *Concertino* (flûte et piano).
CŒDES MONGIN. *Suite* (flûte et piano).
DUVERNOY. *Concertino* (flûte et piano).
DOPPLER (Fr.). *Fantaisie Pastorale Hongroise. Airs Valaques*.
DEBUSSY. *Sonate* (flûte, alto et harpe).
DRESDEN (Sem). *Sonate* (flûte et harpe).
ENESCO. *Cantabile et Presto* (flûte et piano).
FAURÉ (G.). *Fantaisie* (flûte et piano).
P. O. FERROUD. *Trois Pièces* (flûte seule).
GAUBERT (Ph.). *Nocturne et Allegro scherzando* (flûte et piano).
— *1re sonate* (flûte et piano).
— *2e sonate* (flûte et piano).
— *Fantaisie* (flûte et piano).
— *Romance, Madrigal*, etc., (flûte et piano).
GERMAN (Ed.). *Suite* (flûte et piano).
GODARD (Benjamin). *Suite* (flûte et piano).
GALLON (Noël). *Suite* (flûte et piano).
HAHN (Raynaldo). *Variations sur un thème de Mozart* (fl. et piano).
HALPHEN (Fernand). *Sicilienne* (flûte et piano).
— *Noël* (flûte et piano).
HENSCHEL (G.). *Thème et Variations* (flûte et piano).
HUE (Georges). *Nocturne* (flûte et orchestre ou piano).
— *Gigue* (flûte et piano).
— *Fantaisie* (flûte et piano).
INGHELBRECHT (D.). *Esquisses Antiques* (fl. et piano ou harpe).
IBERT (Jacques). *Jeux* (flûte et piano).
JONGEN (Joseph). *Sonate* (flûte et piano).
KEMPLER. *Capriccio* (flûte et piano).
KELLY (F.-S.). *Sérénade* (flûte et orchestre ou piano).
KŒCHLIN (Ch.). *Sonate* (deux flûtes).
— *Sonate* (flûte et piano).
LEROUX (X.). *Deux Romances* (flûte et piano).
LEFEBVRE (Ch.). *Deux Pièces* (flûte et piano).
MEL-BONIS. *Sonate* (flûte et piano).
MOREAU (Léon). *Dans la Forêt Enchantée* (flûte et piano).
MILHAUD (Darius). *Sonatine* (flûte et piano).
MOUQUET (Jules). *La Flûte de Pan* (sonate) (flûte et piano).
— *Eglogue* (flûte et piano).
PÉRILHOU. *Ballade* (flûte et piano).
PILLOIS (J.). *Bucoliques* (flûte et piano).
REINECKE (Carl). *Sonate* (*Undine*) (flûte et piano).
RABAUD. *Andante et scherzo* (flûte, violon, piano).
ROUSSEL (Albert). *Joueurs de flûte* (flûte et piano).
SAINT-SAENS. *Romance en ré bémol* (flûte et piano).
— *Airs de ballet d'Ascanio* (flûte et piano).
SCHMITT (Florent). *Scherzo Pastoral* (flûte et piano).
SCOTT (Cyril). *Scotch Pastoral* (flûte et piano).
TAFFANEL (P.). *Andante Pastoral et scherzo* (flûte et piano).
TOVEY (D. F.). *Variations sur un Thème de Gluck* (flûte et quatuor à cordes).
WIDOR (Ch.-M.). *Suite*.
WOOLLETT (H.). *Sonate* (flûte et piano).

PAUL TAFFANEL

Paul TAFFANEL, que l'on peut considérer comme le plus grand flûtiste de son temps, et dont l'influence sur l'école de flûte durant toute la fin du xixᵉ siècle a été considérable et se fait encore sentir aujourd'hui, est né à Bordeaux en 1844. Son père était un assez bon musicien et jouait lui-même la flûte et le basson. En 1860, le jeune TAFFANEL entrait dans la classe de DORUS, qui venait de prendre cette année-là la succession de TULOU. Dès la première année, TAFFANEL obtenait un brillant premier prix et entrait presque immédiatement à l'orchestre de l'Opéra-Comique, qu'il devait quitter bientôt pour celui de l'Opéra. En 1864, il devenait soliste de ce théâtre, et ne devait quitter son poste, vingt-neuf ans plus tard, que pour assumer les fonctions de premier chef d'orchestre. Malgré cette lourde charge, le jeune musicien n'avait pas abandonné ses études, et il obtenait, en 1862 et 1863, les premiers prix d'harmonie, de contrepoint et de fugue.

Entre temps, il avait fait partie de l'orchestre des Concerts Pasdeloup, qu'il devait quitter bientôt pour la Société des Concerts du Conservatoire, dont il devint bientôt soliste.

En 1872, TAFFANEL avait fondé avec ARMENGAUD et JACQUARD une Société de musique de chambre pour double quintette à cordes et à vent. Mais, voulant donner une impulsion plus forte à la musique pour instruments à vent seuls, il fonda, en 1879, cette célèbre *Société de Musique de chambre pour Instruments à vent* qui a joui, durant vingt-quatre ans, d'une célébrité européenne. Cette société a été dissoute en 1893, lorsque TAFFANEL, abandonnant son activité de virtuose, prit la direction simultanée de l'orchestre de la Société des Concerts et de celui de l'Opéra. Par la suite, quelques artistes reprirent le même titre et se réclamèrent de son patronage pour fonder une Société similaire, mais il convient de noter ici que la longue interruption entre la dissolution de la première et la fondation de la seconde, à quoi s'ajoute le renouvellement presque total du personnel exécutant, nous permet de considérer la véritable Société TAFFANEL comme ayant terminé son existence en 1893.

Cette même année 1893, le professeur de flûte ALTÈS ayant été atteint par la limite d'âge, TAFFANEL prenait la direction de la classe de flûte au Conservatoire. Le hasard lui avait fait attendre trop longtemps la prise de possession d'un poste qu'il devait occuper brillamment jusqu'à sa mort. Il donna d'emblée à sa classe une impulsion remarquable, et l'on peut dire que son arrivée dans cette maison a conféré à l'enseignement de la flûte un éclat inouï. Il a tenu avec éclat le pupitre de premier chef d'orchestre à l'Opéra, depuis 1893 à 1906, et celui de premier chef de la Société des Concerts, de 1893 à 1901.

Malgré les nombreuses obligations qui le retenaient à Paris, TAFFANEL a beaucoup voyagé, tant comme directeur de sa Société d'Instruments à vent que comme soliste virtuose. A cet égard, il a joui d'un prestige ignoré avant lui. Les virtuoses flûtistes de la première moitié du xixᵉ siècle avaient, il est vrai, connu de grands succès. Il serait puéril de nier, par exemple, l'éclat de la renommée d'un DROUET, pour

ne citer que celui-là; mais c'est à TAFFANEL que revient l'honneur d'avoir assaini le répertoire des virtuoses flûtistes, et d'avoir, non pas remis, mais mis en honneur d'admirables chefs-d'œuvre, que l'incroyable manque de goût de ses prédécesseurs avait laissés dans la nuit. Les sonates de BACH, les concertos de MOZART, et, en général, tout ce qui constitue la richesse du répertoire de la flûte, étaient à peu près inconnus avant que TAFFANEL les mît en lumière. L'immense prestige qui s'attachait à son nom lui permit de rompre enfin la sorte d'interdit qui pesait sur la flûte en tant qu'instrument soliste. TAFFANEL s'est fait entendre comme soliste dans toutes les capitales de l'Europe, et à l'heure où nous écrivons ces lignes, c'est-à-dire à trente-deux ans de distance, son souvenir n'est pas effacé.

Les multiples occupations que lui donnait sa carrière d'exécutant n'ont pas permis à TAFFANEL d'écrire autant qu'il eût sans doute désiré le faire. Il a laissé d'innombrables transcriptions qui ont rendu à la cause de la vraie musique des services insoupçonnés, car le répertoire des amateurs était jusque-là d'une indigence regrettable. On connaît de lui quelques *fantaisies* brillantes sur des airs d'opéras datant de sa jeunesse, auxquelles il n'attachait pas d'importance. On lui doit, en outre, un excellent *Quintette* pour instruments à vent; une *Sicilienne-Etude*, et un morceau écrit pour les concours publics du Conservatoire : *Andante pastoral et Allegretto scherzando.* Ce bagage est mince en regard de ce qu'on pouvait espérer d'un tel musicien. Peut-être un scrupule exagéré a-t-il retenu TAFFANEL, que la fréquentation quotidienne des chefs-d'œuvre rendait trop difficile pour ses propres productions.

Ce qu'on lui doit, c'est d'avoir provoqué l'éclosion d'un nombre considérable d'œuvres pour la flûte et pour les instruments à vent. On peut dire sans exagération qu'à de rares exceptions près, toute la musique de quelque valeur, écrite entre 1870 et 1895 pour l'une ou l'autre de ces combinaisons, a été composée à son intention. Les dédicaces en font foi. Ces compositions portent, pour la plupart, comme un reflet de son style, et l'on peut croire heureux, car ses prédécesseurs immédiats, si l'on en excepte son maître DORUS, avaient donné à la flûte un caractère bien fait pour éloigner de cet instrument les véritables musiciens. L'art de TAFFANEL était essentiellement élégant, souple et sensible, et sa prodigieuse virtuosité se faisait aussi peu apparente que possible. Il détestait l'emphase, professait le respect absolu des textes, et la souplesse fluide de son jeu cachait une extrême rigueur dans l'observance de la mesure et des valeurs. Il avait consacré un temps considérable à l'étude des problèmes de l'acoustique et de l'émission du son. Sa sonorité pleine de charme était cependant très ample. Les quelques conseils de technique qui forment la dernière partie de cet article ne sont pas seulement le résumé de son enseignement. Ils visent à diriger l'étudiant flûtiste dans la voie exacte qu'avait suivie Paul TAFFANEL pour son propre compte.

Il est mort à la suite d'une longue et cruelle maladie, en décembre 1908. Il était officier de la Légion d'honneur, titulaire de plusieurs ordres étrangers et membre de l'Académie de Musique de Suède. Cette notice ne serait pas complète si nous ne disions qu'il était le plus droit et le plus bienveillant des hommes, et qu'il a laissé chez ses collègues et surtout chez ses élèves le souvenir le plus profond.

Louis FLEURY.

HAUTBOIS

Par M. BLEUZET

DE LA SOCIÉTÉ DES CONCERTS DU CONSERVATOIRE

Le hautbois est un instrument à vent et à anche. Il se compose d'un tuyau en bois et d'une anche double.

Le tuyau est en quelque sorte le moule de la colonne d'air; c'est sur lui que se percent les trous et se posent les clés. Sa perce est conique, et le bas du tube s'évase et prend à peu près la forme d'un entonnoir : c'est ce que l'on nomme le *pavillon*.

L'anche se compose de deux languettes de roseau très minces, placées horizontalement et montées sur un petit tube de métal de forme conique. La partie étroite de ce petit tube reçoit les deux languettes de roseau et la partie large s'emboîte dans l'instrument.

ORIGINE ET HISTOIRE DU HAUTBOIS

Le hautbois, c'est-à-dire l'instrument dont la colonne d'air est mise en vibration par l'anche à double languette, est un des plus anciens instruments à vent.

Les Grecs le classaient dans la catégorie des *auloi*.

Auloi était le terme dont ils se servaient pour désigner les instruments à vent (sauf les cors et trompettes) qu'ils employaient dans leurs exécutions musicales.

Les Romains se servaient, pour désigner la même classe d'instruments, du mot *tibiæ*.

Ordinairement, les écrivains Occidentaux traduisent *aulos*, et son équivalent *tibiæ* par le mot *flûte*, en entendant par là notre flûte à bec. Mais c'est là une désignation vicieuse, à la faveur de laquelle se sont perpétuées les idées les plus erronées sur le caractère et le timbre des instruments à vent employés dans l'antiquité...

écrit GEVAERT[1].

Les anciens ont bien su, en effet, indiquer dans leurs écrits deux familles, deux sortes d'instruments : des *auloi*, selon l'acception étroite du mot, et des *syringes*, ou *syrinx* (*fistulæ*).

Homère[2] mentionne les deux sortes d'instruments :

Lorsque Agamemnon se représente le camp ennemi, il est frappé du grand nombre de feux qui brûlent devant Troie, du bruit des *syringes* et des *auloi*, et des cris tumultueux des guerriers.

Hérodote également :

Quand Alyatte, roi de Lydie, fit la guerre aux Milésiens, il conduisit sur le territoire son armée, laquelle entra dans le pays au son des *syringes*, des pectis, de l'*aulos* *féminin* et de l'*aulos* *masculin*[3].

1. *Histoire et Théorie de la Musique antique.*
2. *Iliade*, chant X.
3. Hérodote : l. I, § 17.

L'anecdote suivante, relative à MIDAS D'AGRIGENTE :

Pendant qu'il était occupé à exécuter le morceau de concours, son anche vint à se casser dans sa bouche et alla s'attacher au palais; le virtuose se mit alors en devoir d'emboucher l'instrument au moyen de ses seuls tuyaux *comme une syringe*. Les auditeurs étonnés prirent plaisir à ce genre de sonorité, et MIDAS obtint le premier prix[4],

que cite GEVAERT, marque bien aussi la distinction entre la flûte (*syringe*) et l'aulos.

Plutarque, dans son *Dialogue de la Musique*, ne laisse aucun doute non plus :

TÉLÉPHANE DE MÉGARE avait tant d'aversion pour l'usage des anches, qu'il ne permit jamais aux facteurs de flûtes d'en appliquer sur ses instruments; et ce fut la principale raison qui l'empêcha de disputer le prix en ce genre aux jeux Pythiques[5].

Pollux est plus précis encore :

Les instruments à vent sont, quant à l'espèce, des *auloi* ou des *syringes*... Les parties des *auloi* sont : l'anche, les trous, les tuyaux, l'holmos et l'hypolmion[6].

La légende attribue l'invention des *auloi* à HYAGNIS, roi de Lydie vers l'an 1506 avant l'ère chrétienne; son fils MARSYAS aurait été son disciple, et c'est lui qui aurait transmis cet art à OLYMPE L'ANCIEN. Pausanias dit que c'est ARDALE de Trézène (ville du Péloponèse), fils de Vulcain.

Pindare, dans sa dernière Ode Pythique, estime que c'est PALLAS, et qu'elle fabriqua la tibia pour imiter les gémissements des sœurs de Méduse après que Persée eut coupé la tête à cette dernière.

4. Schol : *Pind. in Pyth.*, XII.
5. En commentant ce passage dans ses *Remarques*, BURETTE écrit « Xylander et Amyot ont bien conçu qu'il s'agissait ici de deux instruments et d'en appliquer l'un sur l'autre, et ils ont traduit conformément à cette idée, avec cette différence qu'Amyot rend ici par le mot hautbois αὐλός, traduisant celui-ci dans tout le reste du Dialogue par le mot flûtes...

« Σύριγξ est un chalumeau, instrument à vent, analogue à ce que nous appelons l'anche d'un hautbois d'un tuyau d'orgue, et αὐλός est ici une flûte à bec. Si l'on retranche le bec à une flûte, et qu'en la place on y adapte une anche, on fera un hautbois, dont le son, moins doux que celui de la flûte, ressemble à celui du chalumeau. »

Plutarque veut donc dire que TÉLÉPHANE avait tellement pris en aversion les chalumeaux qu'il ne permit jamais que les facteurs de flûtes (c'est-à-dire de toutes sortes d'instruments à vent) appliquassent des anches aux flûtes qu'ils fabriquaient pour son usage, et fissent de hautbois; c'est-à-dire qu'il ne voulut jamais jouer que de la flûte douce et qu'il s'abstint de paraître aux jeux Pythiques, où sans doute les flûtes transformées en hautbois avaient prévalu.

Les flûtes employées dans ces jeux s'appelaient (selon Pollux) flûtes parfaites, parce qu'apparemment elles étaient plus travaillées, plus parfaites que les autres.

6. Pollux : l. IV, section 67.

. Ovide prétend que c'est Minerve.

Mais, selon Plutarque, l'invention de la tibia doit être attribuée à Apollon :

C'est lui en effet qui a inventé, non seulement la *cithare*, mais encore la *tibia*, dont quelques-uns mal à propos font honneur à l'un des trois musiciens, Marsyas, Olympe, Hyagnis. Une preuve de ce que j'avance, c'est que toutes les danses et tous les sacrifices qui composent le culte de cette divinité, se font au son des *tibiæ*, comme divers auteurs le témoignent, Alcée entre autres, dans quelques-unes de ses Hymnes. De plus, la statue d'Apollon à Délos empoigne un arc de la main droite, de la gauche porte trois Grâces, chacune desquelles tient un instrument de musique : celle-ci une *lyre*, celle-là un *aulos*, et celle du milieu une *syringe* qu'elle embouche... D'autres assurent qu'Apollon lui-même jouait de l'*aulos*, et c'est l'opinion d'Alcman, excellent poète lyrique[1].

Nous pensons que l'origine de l'*aulos* ou *tibia* est plus simple et qu'elle doit être plutôt attribuée au hasard.

On sait à quel point nos ancêtres affectionnaient la vie champêtre. Aussi, n'est-il pas naturel de penser qu'en soufflant dans un roseau, soit pour le déboucher, ou même simplement par désœuvrement, un pasteur, un pâtre, en ait fait sortir un son?

Si Hyagnis n'est pas l'inventeur de la *tibia*, Apulée dit que, du moins, il doit être considéré comme l'inventeur d'une nouvelle espèce de tibia, tibia à plusieurs trous, ainsi que de l'art de jouer de cette tibia en la doigtant : « choses qui, avant lui, étaient restées ignorées. »

⁂

Les anciens employèrent toutes sortes de matières pour la fabrication de leurs *auloi* ou *tibia*.

Les uns les firent en roseau, d'autres en sureau dont on retirait la moelle; chez les Egyptiens les *auloi* à plusieurs trous étaient faits avec des tiges d'orge; les Alexandrins les firent avec le lotus; les Thébains avec des os de mulets ou de chevreaux; Callimaque dit que Minerve fut la première qui en fit avec l'os tibia de la jambe d'un jeune cerf en le perçant de plusieurs trous; les Scythes employèrent des ossements d'aigles ou de vautours. Les *tibiæ* retrouvées dans les fouilles de Pompéi sont en ivoire. Les Phrygiens, les premiers, les creusèrent dans du buis et les appelèrent *berecynthe*.

S'il faut en croire Pausanias et Athénée, 600 ans environ avant notre ère chrétienne, la fabrication des *auloi* était encore des plus élémentaires. Pendant longtemps les *auloi* n'eurent que quatre trous; puis, on en fit percés de trous ovales. Ensuite, on confectionna des boutons ou chevilles qu'on introduisait dans les trous dont l'exécutant n'avait pas besoin momentanément. Ces chevilles furent d'abord pleines, puis trouées, probablement pour permettre l'usage des demi-tons ou même des quarts de ton, puisque l'on prétend que les anciens Grecs connaissaient le quart de ton.

Promonos de Thèbes imagina un autre procédé : dans une *tibia* percée de beaucoup de trous (*tibia multifora*) et au moyen de douilles ou viroles en métal munies chacune d'un trou s'adaptant à celui qui était percé dans le tuyau, on pouvait, sans changer d'instrument, exécuter dans une seule octave tous les demi-tons que comportaient les mélodies en usage à cette époque chez les aulètes helléens. Selon la position de la douille, le trou était ouvert ou fermé, et l'exécutant, comme avec les chevilles pleines ou

troulées, pouvait supprimer les trous dont il n'avait pas besoin.

Le roseau que l'on employait pour la fabrication des tuyaux des *auloi* n'était pas le même que celui qui servait pour faire les anches.

Théophraste dit que, environ 400 ans avant notre ère chrétienne, le roseau que l'on employait pour les anches se coupait vers le milieu de septembre, alors que l'on *jouait sans ornements*. Le roseau coupé à cette époque ne devait être utilisé que plusieurs années plus tard. « Il fallait le jouer longtemps avant de pouvoir s'en servir, » — les languettes se contractant beaucoup, — « ce qui était utile pour le jeu ordinaire. »

Plus tard (environ 300 ans avant J.-C.), la date de la coupe eut lieu au mois de juin ou en plein été. On laissait encore reposer le roseau trois années avant de s'en servir, mais alors il n'était plus besoin de travailler longtemps les anches, car le roseau se prêtait *aux entre-bâillements nécessaires pour jouer des morceaux de virtuosité*. Les anches pouvaient s'enlever à volonté. Elles étaient alors placées dans une boîte *ad hoc* pour être préservées de toute détérioration :

Il faut aussi que les anches des *auloi* soient compactes, lisses et uniformes, afin que, grâce à elles, le souffle qui les pénètre soit de même doux, uniforme et sans intermittence,

écrit Aristote[2], et il ajoute que les anches (*zeugés*) humectées et imbibées de salive ont un son plus moelleux, tandis que, sèches, elles donnent un mauvais son.

C'est également Aristote qui prétend que l'on pince les anches avec les lèvres :

Quand les anches sont étroitement unies, le son devient dur et plus éclatant lorsqu'on les pince davantage des lèvres.

Nous pensons que, très souvent, les anciens aulètes devaient, au contraire, enfoncer complètement l'anche dans la bouche, comme le font encore de nos jours les Arabes et les Orientaux.

Cette façon de jouer donne un son extrêmement brutal, qui expliquerait les termes *retentissant, lugubre, horrible* qu'employaient fréquemment les écrivains anciens en parlant du timbre des *auloi*.

L'invention du *phorbéia*, invention que l'on attribue à Marsyas, vient encore à l'appui de notre façon de penser. En enfonçant complètement l'anche dans la bouche, les lèvres n'ont aucun point d'appui, les joues se gonflent (de là, sans doute, les expressions : *avoir les joues pleines, grosses, enflées, saillantes, protubérantes, remplies de vent; avoir les yeux écarquillés, farouches, injectés de sang*), et le visage est vraiment disgracieux à voir. Or on louait un aulète en parlant de l'absence de grimaces. C'est probablement pour éviter ces grimaces et le gonflement des joues que l'on inventa le *phorbéia*.

Pourtant, on trouve aussi les expressions suivantes : *soufflant bien; ayant un son mâle, nerveux, fort, juste, retentissant, saisissant, suave; ayant une émission douce, plaintive, gracieuse, séductrice, le son plein et continu*, etc., appliquées aux aulètes[4]. Nous pensons que les termes : *émission douce, plaintive, gracieuse* devaient surtout s'appliquer aux *auloi* de

---

1. Plutarque : *Dialogue sur la Musique.*

2. Gevaert : *Histoire et théorie de la musique antique.*

3. Le *phorbéia* était une sorte de peau que les aulètes se mettaient sur la figure. Cette peau serrait les joues et passait sur les lèvres en laissant un espace suffisant pour pouvoir introduire l'embouchure.

4. On vantait l'agilité, la dextérité, la facilité de la main, de la langue et de la bouche des aulètes.

l'espèce des *syringes*, et si les aulètes ont bien joué de l'*aulos* proprement dit en serrant les anches avec les lèvres, c'est à partir de l'époque où, le roseau étant coupé en juin, les anches *se prêtaient aux entre-bâillements nécessaires pour jouer des morceaux de virtuosité.*

.*.

Nous avons vu qu'Hérodote mentionne deux espèces d'*auloi* : les *auloi féminins* et les *auloi masculins*.

Aristoxène divise les *auloi féminins* en *auloi parthéniens*, *enfantins* et *citharistériens*, et les *auloi masculins* en *auloi parfaits* et *plus que parfaits*. .

Certains auteurs disent que les *auloi* à anche double de la famille des hautbois devaient être compris dans la catégorie des *auloi féminins* et se nommaient : *gingras*, *aulos funèbre des Phrygiens*, *tibia chorica des Romains*, *aulos embaterios et aulos dactilikos*.

Nous appuyant sur l'extrait du *Dialogue* de Plutarque et les *Remarques* de Burette, d'un autre côté, sur l'anecdote de Midas d'Agrigente, nous pensons que les *auloi* à anche double devaient également faire partie des *auloi masculins*.

N'avons-nous pas vu que Téléphane de Mégare s'abstint de paraître aux jeux Pythiques parce qu'il ne permit jamais aux fabricants de transformer sa *syringe en aulos* ?

L'anecdote de Midas peut très bien s'appliquer à l'*aulos à anche double*, car l'anche devait être bien petite pour pouvoir ainsi se cacher dans la bouche, tout en permettant à l'exécutant de continuer à souffler ; et il nous paraît certain que cette anche devait avoir la même dimension que celles des hautbois chinois et hindous, c'est-à-dire environ deux centimètres.

Ces anches, étant doubles, se posent simplement sur l'extrémité supérieure du tuyau et, la partie non aplatie du roseau doit s'adapter exactement à l'instrument. Lorsqu'il n'en est pas ainsi, on peut se rendre compte aisément qu'un certain jeu se produisant, l'anche elle-même ne fait plus corps avec l'instrument et qu'elle peut se détacher, être aspirée et se cacher dans la bouche au moment où l'exécutant aspire l'air nécessaire pour souffler.

Or l'*aulos pythique* fait partie des *auloi masculins !*

Peut-être qu'en limitant ainsi les *auloi* de la famille des hautbois aux *auloi féminins*, les auteurs avaient pensé que l'anche double exigeait le tuyau à perce conique et que, dans ces conditions, la longueur du tube eût été trop grande !

Cependant, en Europe, et particulièrement en France, aux XVᵉ et XVIᵉ siècles, on a fait un très grand usage d'instruments de perce cylindrique dont la colonne d'air était mise en vibration par les anches doubles.

M. Mahillon, dont on connaît l'autorité en cette matière, affirme que c'est l'anche double qui mettait en vibration la colonne d'air des *tibiæ romaines* et des *auloi grecs*[1] :

Notre conviction est basée sur ce fait que, lors d'un récent voyage à Rome (octobre 1892), nous avons trouvé au Musée du Capitole une mosaïque de l'époque impériale connue sous le nom de *Le Maschere Capitoline* ; elle représente des masques tragiques, et des *tibiæ* exactement semblables à celles de Pompéi. Les *tibiæ* sont munies d'anches à double languette... Cette mosaïque, trouvée en 1824 sur le Mont Aventin, a subi des restaurations, mais la partie qui intéresse notre sujet, les anches, est restée intacte et donne à ce document un caractère d'authenticité indiscutable.

1. Catalogue du Conservatoire du Musée de Bruxelles.

Et il ajoute :

Ce changement d'anche n'influe pas, du reste, sur la détermination de l'échelle.

Dans ces conditions, puisque l'anche n'influait pas sur la détermination de l'échelle des instruments, on n'avait pas à se préoccuper de donner à ces tuyaux cylindriques les mêmes dimensions que celles nécessaires pour les tuyaux à perce conique et, par cela même, les emplacements des trous à boucher avec les doigts n'avaient pas besoin d'être écartés démesurément. Nous verrons que les grands instruments (le basson moderne) a conservé cette particularité) ont eu des trous percés en biais. Ces trous étaient ainsi percés afin que, du côté extérieur du tuyau, les doigts puissent se trouver plus facilement sous les doigts, ceux-ci étant écartés normalement.

Il paraît que le *tournebout* n'est qu'un reste de l'ancienne *flûte phrygienne*[2], etc.,

lit-on dans la *Grande Encyclopédie*.

Le tournebout ne descendrait-il pas, en effet, des *tibiæ bachiques* ou *aulos bombykos* qui étaient des instruments ayant un tuyau recourbé comme le tournebout ?

.*.

Les *auloi* furent fréquemment employés. On les trouve dans toute espèce de cérémonies : que ce soit pour conduire les guerriers à l'ennemi, pour accompagner les danses, les chants, ou dans les processions aux temples des dieux, dans les cérémonies funèbres[3].

Nous avons vu plus haut que le *gingra* doit être classé parmi les *auloi* à anche double. Les Athéniens du IVᵉ siècle avant J.-C. s'en servaient parfois dans leurs banquets.

L'ardeur avec laquelle étaient cultivés ces instruments devint telle que bientôt toutes les classes de la société s'y adonnèrent.

Certains rois ne se contentèrent pas de protéger et d'encourager le développement de cet art ; un des leurs, le dernier des Ptolémées, ambitionna de s'y distinguer lui-même et en tira vanité à tel point, dit Strabon, « qu'il n'eut pas de honte d'en instituer des combats à sa cour et d'y disputer le prix aux combattants ». Cela lui valut, d'ailleurs, de la part des Grecs, le nom d'*aulète*, et celui de *Photingios* que les Egyptiens lui donnèrent par mépris.

Les biographes prétendent que Pindare, le prince des poètes lyriques grecs, ne dédaigna pas, lui-même, d'acquérir quelque habileté sur l'*instrument national*. Son père était, du reste, aulète de mérite.

A l'époque romaine, les *tibiæ* étaient également utilisées dans les sacrifices, et les joueurs de *tibia* avaient rang parmi les ministres des sacrificateurs.

Les Romains s'en servirent également dans les céré-

2. Diderot et d'Alembert : *Grande Encyclopédie*.

. 3. E. David écrit : « Il est indubitable que les Hébreux eurent encore une « flûte » spéciale pour les enterrements et cérémonies funèbres : tout fait croire que c'était la *gingras*. Praetorius l'appelle « gingris » : « La tibia des Phéniciens était longue d'une palme (environ 25 centimètres) et appelée *gingris*. Elle produisait un son strident et sinistre aux sons desquels eux et les Cariens pleuraient leurs morts. Le mot *gingris* parvint aux Athéniens par l'intermédiaire des fêtes d'Adonis, qui le transformèrent de gingris en « aulôs gingrina ». Le nom *gingrina* disparut, mais les Egyptiens, dont la langue est parente de celle des Phéniciens, conservèrent le nom de *gingra* pour une petite tibia à son grêle employée dans les solos. »

Gevaert dit que les Phéniciens l'appelaient *adonis*, du nom de certains chants mélodiques sur la mort du jeune dieu tué par un sanglier.

monies funèbres; mais ils en firent un tel abus, que l'on dut élaborer un règlement qui en fixait le nombre à dix.

Avec l'ère chrétienne, et surtout après l'abolition du paganisme, cet art cessa presque complètement d'être cultivé.

Nous avons dit que les anciens, pour jouer de leurs *auloi* ou *tibiæ*, devaient enfoncer leurs anches en entier dans la bouche!

Les Chinois, les Egyptiens et les Arabes procèdent encore de la même manière.

Les premiers ont des instruments très courts dont le corps ou tube est fait d'une seule pièce.

A quelques centimètres de l'extrémité supérieure de ce tube, est fixée une rondelle qui sert de point d'appui pour les lèvres de l'exécutant, lorsque celui-ci a l'anche entrée dans la bouche et souffle. Cette anche, qui est très courte (sa dimension varie, selon la longueur de l'instrument, entre un centimètre et demi et deux centimètres), est faite d'un seul morceau de roseau dont une simple ligature étrangle fortement le milieu. La partie du roseau qui se trouve au-dessous de cette ligature doit garder sa forme primitive afin de pouvoir s'emboîter exactement sur le haut du tube, et celle au-dessus de la ligature est aplatie juste ce qu'il faut pour pouvoir donner les vibrations nécessaires à l'émission du son.

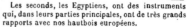

Fig. 633.
Kné
Hautbois.

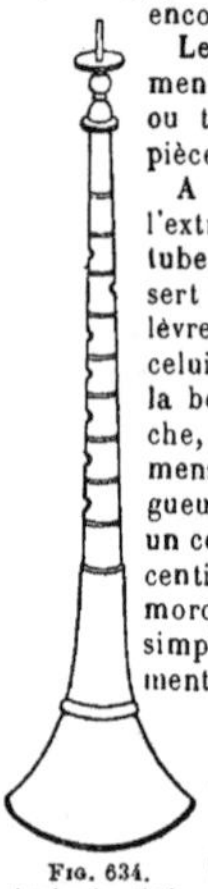

Fig. 634.
Ancien hautbois
chinois.

Le roseau que les Chinois emploient pour la fabrication de leurs anches est tellement mou, filamenteux, qu'il ne pourrait supporter la pression directe des lèvres. C'est probablement la raison pour laquelle les instrumentistes chinois enfoncent l'anche dans la bouche jusqu'à la rondelle fixée au tube.

Cette façon de jouer donne à ces instruments un son formidable et parfaitement désagréable pour nos oreilles. On pourrait décrire ce son comme étant *perçant, horrible*, ainsi que le faisaient les écrivains anciens en parlant des *auloi* et en particulier du *gingras*.

Ces hautbois sont généralement faits tout en cuivre, mais il en existe aussi avec un pavillon en bronze, d'autres avec différents ornements. Leur perce est conique et s'évase très rapidement, presque dès le milieu du tube.

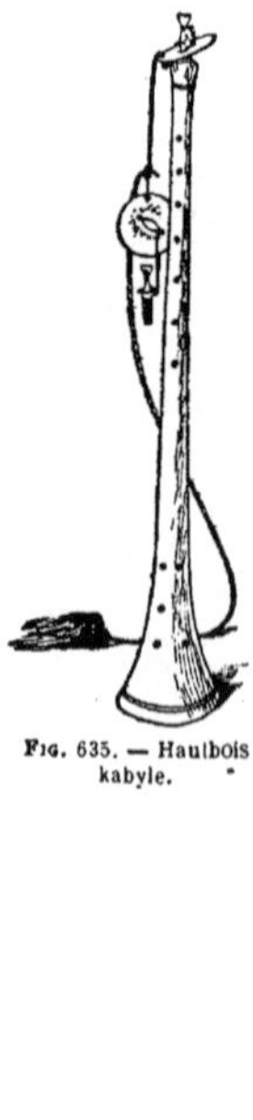

Fig. 635. — Hautbois kabyle.

Les seconds, les Egyptiens, ont des instruments qui, dans leurs parties principales, ont de très grands rapports avec nos hautbois européens.

Les écrivains orientaux ne sont pas d'accord sur le nom de ce hautbois. Villoteau dit qu'il n'y a peut-être qu'en Egypte qu'on lui donne un nom significatif : ce nom est *zamr*, ce qui veut dire, en arabe, un instrument destiné au chant. » Mais il s'empresse d'ajouter qu'il ne l'a jamais vu employé *conjointement avec le chant*, et il ne le croit pas propre à cet usage *à cause du son formidable et perçant qu'il rend*.

Ici encore, beaucoup d'écrivains orientaux ont employé le terme *flûte* pour traduire *zamr* ou *zourna*. La description des différentes parties de cet instrument ne laisse cependant aucun doute possible à ce sujet :

Le *zamr* comprend cinq parties principales : 1° le corps de l'instrument. Nous appelons ainsi la portion la plus étendue et la plus volumineuse du *zamr*; 2° la tète, qu'on nomme *fasl;* 3° un petit bocal ou tube qui porte le nom de *loulych;* 4° une rondelle appelée en arabe *sadaf madouar;* 5° l'anche, que l'on prononce *el gachab*[1].

Le corps de ce *zamr* est un tube en bois de cerisier dont la perce est conique. Vers le bas, ce tube s'élargit beaucoup et représente presque la forme d'un entonnoir renversé : c'est ce que nous appelons le *pavillon*.

Sur la portion du corps comprise entre le haut du tube et ce pavillon, et sur le devant, sont percés sept trous qui sont placés sur une même ligne et à égale distance les uns des autres. Entre les deux premiers de ces trous, en commençant par le haut du tube, et sur le derrière, se trouve également percé un autre trou de même grandeur.

La partie appelée pavillon comporte sept trous ainsi disposés : dans la même direction que ceux du tube sont percés trois trous; de chaque côté, à droite et à gauche de ceux-ci, et parallèlement à eux, deux autres trous semblables sont placés, l'un en face du premier, l'autre en face du troisième. Ces sept trous sont plus petits que ceux du tube.

La tête du *zamr* est un morceau de buis dont la partie inférieure entre dans le corps de l'instrument.

Le petit tube en cuivre est de forme conique; sa partie large s'emboîte dans la tête ci-dessus.

La rondelle est une plaque ronde en ébène, en ivoire ou en bois dur quelconque. Elle est percée vers son milieu d'un trou qui sert à laisser passer le haut du petit tube de cuivre jusqu'à sa partie saillante. Là, elle se trouve arrêtée et retenue. Cette rondelle rappelle celles que les Chinois fixent sur leurs hautbois.

L'anche est en paille de dourrah. Elle a à peu près la même dimension que celles des Chinois (environ 16 millimètres; mais la partie aplatie mesure à elle seule 13 millimètres). Naturellement, étant en paille, elle a les mêmes inconvénients que celles des Chinois; d'où vient, pour les Egyptiens, l'obligation d'enfoncer dans la bouche l'anche et le petit tube de cuivre jusqu'à la rondelle qui remplit le même office que celles fixées aux hautbois chinois.

Il y a trois sortes de *zamr* ; le grand, qui se nomme *qabâ zourna* ou *zamr-el-kébir*; sa longueur totale est de 583 millimètres; son petit tube en mesure 113.

Le moyen s'appelle *zamr* ou *zournâ*; il mesure 448 millimètres, et son petit tube 87.

1. Villoteau : *Dissertation sur les diverses espèces d'instruments de musique orientaux.*

Le petit *gourd* ou *zourna-gourd*, ou encore *zamr-el-sogahayr*, mesure 342 millimètres, et son petit tube 52.

Le grand zamr, *zamr-el-kébir*, est à l'octave inférieure du *zamr-el-sogahayr*, et le moyen en est à la quinte inférieure.

En Egypte, on le nomme aussi *zanir* au singulier et *zoummorah* au pluriel.

Les Persans le nomment *zournd*.

. .

Le hautbois, tel que nous le jouons aujourd'hui, se compose : 1° d'un tube ou tuyau en bois se séparant en trois parties : deux que nous nommons corps, et le troisième *pavillon;* 2° de l'*anche*.

Nous avons dit que le tube en bois est, en quelque sorte, le moule de la colonne d'air; c'est sur lui que se percent les trous et se posent les clés.

Les hautbois ont eu, pendant des siècles, 6 trous percés sur le devant du tube, sur la même ligne et à égale distance les uns des autres. Comme l'instrument n'avait pas de clés, l'exécutant, pour jouer, tenait indifféremment la main gauche au-dessus ou au-dessous de la main droite (en ce dernier cas il s'appelait *gaucher*). Afin de donner plus de facilité pour le changement de position des mains, les fabricants perçaient encore deux autres trous, l'un à droite, l'autre à gauche, tous deux au-dessous du dernier trou. L'exécutant n'avait plus alors qu'à supprimer celui qui ne lui servait pas. Cette façon de faire était tellement entrée dans les habitudes, que, lorsqu'on mit la clé d'*ut* grave sur les hautbois, on lui fit une double branche qui permettait de la faire manœuvrer indifféremment avec le petit doigt de la main droite ou celui de la main gauche. On laissa même cette double branche après l'addition de la clé de *mi♭*, bien qu'alors on fût obligé de mettre la main gauche au-dessus de la main droite, puisque la clé de *mi♭* ne pouvait se faire mouvoir qu'à l'aide du petit doigt de la main droite.

Le *pavillon* sert à rendre la sonorité des notes graves plus large, plus ample. Primitivement, il était orné de petits trous qui servaient à augmenter de volume la sonorité des notes graves. On diminua le nombre de ces petits trous jusqu'à deux (en 1650 les hautbois avaient encore ces deux trous au pavillon), puis on n'en laissa qu'un seul qui, jusque vers 1834, servit à ajuster l'*ut* grave.

L'*anche* se compose de deux languettes de roseau très minces, placées horizontalement et montées sur un petit tube de métal de forme conique.

Ces deux languettes, qui sont fixées sur la partie étroite du petit tube à l'aide d'un fil très fort, ordinairement du cordonnet de soie, sont réunies de façon à laisser entre elles une ouverture qui sert à introduire l'air.

Leurs bords doivent être suffisamment rapprochés pour pouvoir se fermer sensiblement à chaque vibration de l'air.

La partie large du petit tube s'emboîte dans l'instrument. Cette anche est appelée *anche double* à cause de ses deux languettes.

En comparant la description de ces deux derniers instruments (le *zamr* et le *hautbois européen*), on remarquera que le corps et la *tête* du *zamr* se trouvent contenus dans notre hautbois. Si le tube ou corps de celui-ci se divise en trois parties (les deux corps et le pavillon), c'est uniquement pour la commodité.

Notre anche renferme à la fois le *petit tube* et l'*anche du zamr*, puisque le roseau se trouve fixé sur le petit tube.

Enfin, le roseau que nous employons pour la fabrication de nos anches, ayant suffisamment d'élasticité et de résistance, permet d'avoir la pression des lèvres directement sur le roseau et supprime la rondelle.

Faut-il en conclure que le hautbois européen descend directement du *zamr?*

Ce qui est certain, c'est que la Phrygie fut le berceau de la musique instrumentale et que ce sont des aulètes phrygiens qui implantèrent en Grèce cet art que les Grecs eux-mêmes cultivèrent avec ardeur.

Lorsque ces derniers s'emparèrent des ports « les mieux situés » de la mer Méditerranée, ils furent suivis de leurs instrumentistes et, certainement, l'Egypte tient de cette émigration une grande partie de ses instruments.

Nous pensons donc que l'origine de notre hautbois est aussi l'*aulos*, et plus particulièrement celui que les Phrygiens, les premiers, creusèrent dans du buis et qu'ils nommaient *berecynthe*.

Nous avons dit qu'avec l'abolition du paganisme, l'art aulétique cessa presque complètement d'être cultivé.

Aussi, les rares écrivains qui font mention des instruments de musique se contentaient-ils, comme ISIDORE DE SÉVILLE (VII° siècle), de les classer en deux catégories; celle qui englobait les instruments à vent se nommait *organica*.

Chez CASSIODORE, écrivain latin de la fin du V° siècle, le terme *tibiæ* se retrouve encore parmi les instruments qu'il range dans la catégorie des *inflatibia*[1].

Pendant le Moyen âge, les instruments à vent s'appelaient simplement *instruments joués par sufflacion*. Et très longtemps, dans les mots *troubadours*, *trouvères*, *jongleurs*, *ménétriers*, etc., se trouvèrent réunis les joueurs de toutes sortes d'instruments :

On n'était pas un parfait ménétrier si l'on ne savait conter en roman et en latin..., si l'on ne savait jouer de tous les instruments usités[2].

Un très beau manuscrit du XII° siècle, qui provient de l'Abbaye de Limoges et que possède la Bibliothèque Nationale, *Liber Troporum*, contient deux dessins représentant tous deux un joueur de hautbois accompagnant un jongleur dans ses exercices.

En Allemagne, le *ménétrier* ou *ménestrel* qui, dans les danses allemandes, avait le nom de *pfeiffer*, jouait aussi bien du hautbois, de la cornemuse, du fifre, du chalumeau que de la flûte proprement dite.

En Belgique, les instrumentistes employés par les magistrats des grandes villes s'appelaient *Schalmeyers*[3].

Les poètes anciens employaient aussi les termes : *doussaine*, *douçaine*, *doucim*, etc.

Cors sarrazinois et doussaines
Tabours, flaustes traversaines
Demi-doussaines et flautes...

. . . .

---

1. On trouve encore au XII° siècle le terme *tibiæ* dans *Fadet joglar* de Giraud de Colençon.

2 KASTNER : *La Danse des Morts.*

3. M. MAHILLON rapporte que : « En Belgique, pendant la période de la domination espagnole, la Schalmeï constitue l'élément principal de la musique qui intervient dans toutes nos fêtes populaires; c'est à l'importance de ce rôle qu'il faut attribuer la dénomination de *Schalmeyers* que l'on impliquait d'une façon générale aux instrumentistes employés par le magistrat des villes importantes pour faire entendre aux fêtes et aux cérémonies publiques. » (*Catalogue du Musée du Conservatoire de Bruxelles.*)

Plus loin :

> Cornemuses, flajos et chevrettes,
> Douceines, simballes, clochettes[1]...

ADENIS, surnommé le Roi, ménestrel de Henri III, duc de Brabant, cite la doucine, dans son poème Cléomadès, parmi les instruments joués pendant un souper.

Le terme hautbois lui-même a servi pendant assez longtemps à désigner plusieurs sortes d'instruments en bois qui étaient employés pour jouer les parties de dessus. On l'écrivait alors haut-bois, et le pluriel faisait haulx-bois ou hautx-bois :

> Jouant des hautx-bois et musettes[2].

Dans un volume de la Collection PHILIDOR[3], on voit un Concert donné à Louis XIII en 1627 par les vingt-quatre viollons et par les douze aubois de plusieurs airs choisis de différents ballets.

Ce n'est qu'à partir du règne de François Ier, que les hautbois se trouvent mentionnés sur les registres de la cour. Ils faisaient partie à cette époque de la bande instrumentale de la cour. Cette bande était composée alors de douze membres qui s'appelaient officiellement : les hautbois, sacquebutes, violes et cornets.

Cependant, à la fin du xive siècle, Philippe le Hardi, duc de Bourgogne, avait déjà, outre les pages de sa musique, des harpeurs, des hautbois, des trompettes, etc. Dès la première moitié du xve siècle, les ménétriers, harpeurs, hautbois et trompettes du duc Philippe le Bon, étaient réputés pour les meilleurs qu'il y eût.

Le duc Charles le Téméraire avait à sa chapelle, outre les chantres, chapelains, clercs, etc., les joueurs de luth, de viole et de hautbois de sa musique de chambre.

Le hautbois en Europe eut, lui aussi, toute une famille.

PRAETORIUS donne, en les expliquant, les dessins des Klein-Schalmey, Discant-Schalmey, Pommer-alto, Pommer-tenor (nicolo et basset), Pommer-Basse et Gross Quint-Pommer.

Voici quelques extraits de son texte allemand concernant les Schalmeys et Pommer :

Les Pommers (en italien Bombardoni ou Bombardone) sont exactement les instruments que les Français appellent hautbois... tous, aussi bien les gros que les petits, sont nommés Bombard ou Pommer. En Italie, le Gross Quint Pommer (Grand Pommer de basse) est appelé Bombardone (espèce de contrebasse de hautbois) et la véritable basse : Bombardo; ils ont tous deux quatre clés. Le Pommer tenor, qui a aussi quatre clés, peut, à la rigueur, être soufflé comme une basse, parce que dans la portée le sol est marqué à la basse : il porte à cause de cela le nom de Basset. Suit le Nicolo, qui a la même grandeur et la même hauteur que le Basset (c'est-à-dire que sa note la plus aiguë est la même que celle du Basset), mais il lui est différent en ceci, qu'il n'a qu'une clé et que, par suite, il ne peut suivre le Ténor Basset que jusqu'à l'ut, mais ne peut descendre plus bas.

Le vieux Pommer alto a presque exactement la taille du Schalmey, à cette différence près qu'il n'a qu'une clé et qu'une quinte plus bas : Il est appelé Bombardo piccolo.

Mais le Discant supérieur, qui n'a pas de clé, est appelé Schalmey (en italien Piffaro, en latin Gingrina, mot tiré du cri de l'oie, cet instrument émettant des sons semblables à ce cri).

Pour ce qui est du ton, la plupart des Schalmey sont un ton au-dessus des trompettes et des trombones. De plus, il faut remarquer ceci : autrefois et aujourd'hui encore, la plupart du temps, les instruments à vent tels que flûtes, pommer, schalmeys, cors tordus, etc., sont toujours accordés à une quinte les uns des autres, afin qu'ils aillent trois par trois, l'un faisant la basse, l'autre le ténor, le troisième l'alto[4].

Nous voyons reparaître ici la confusion entre le hautbois et le chalumeau, confusion qui était déjà poussée très loin par Burette dans ses Remarques sur le Dialogue de la Musique de Plutarque à propos de TÉLÉPHANE DE MÉGARE.

D'après le texte ci-dessus, devons-nous dire que seuls les « Pommer » faisaient partie de la famille des hautbois?

M. MAHILLON écrit[5] que le Kleine Schalmey était le hautbois suraigu; le Discant Schalmey, le dessus de hautbois ou hautbois soprano, le type de l'instrument moderne; le Pommer-alto, était, d'après lui, la haute-contre que J.-S. BACH appelait oboë di caccia, que nous nommons aujourd'hui cor anglais.

Pour KASTNER aussi, le Schalmey est notre dessus de hautbois :

Au xvie siècle, les hautbois furent divisés en France en plusieurs parties, c'est-à-dire qu'ils formèrent un système sui generis composé des dessus, des hautes-contre, des tailles, etc. Le dessus, en allemand Discant Pommer, avait gardé l'ancien nom de chalumeau (Schalmey)[6].

D'après PRAETORIUS, le Pommer-alto avait une clé, et le Discant supérieur (Schalmey) n'en avait pas! Or le dessin que donne le Père MERSENNE du dessus des grands hautbois n'a pas de clé; c'est la haute-contre et la taille qui en ont une.

PRAETORIUS dit encore que le Schalmey se nommait en italien piffaro. Nous lisons dans le Voyage musical en Allemagne et en Italie de BERLIOZ :

J'ai remarqué, à Rome, une musique populaire que je penche fort à regarder comme un reste de l'antiquité, je veux parler des pifferi. On appelle ainsi des musiciens ambulants qui, aux approches de la Noël, descendent par groupes de 4 à 5, armés de musettes et de pifferi (espèces de hautbois), donner de pieux concerts devant les images de la Madone.

M. MAHILLON dit : « Italie : Piffera, sorte de hautbois grossièrement façonné. »

Le Kleine Schalmey (qui ressemble bien à notre petite musette genre hautbois) devait pou-

FIG. 636. — Hautbois et bombardes aigus et graves des xvie et xviiie siècles, d'après Lavoix.

voir évoluer entre 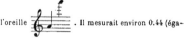, ce qui donnait pour l'oreille [♪]. Il mesurait environ 0.44 (également la dimension de notre musette).

Le Discant-Schalmey entre [♪] et mesu-

---

1. Poème sur la Prise d'Alexandrie de GUILLAUME DE MACHAULT.
2. Rabelais : Pantagruel.
3. Bibliothèque du Conservatoire national de musique.

4. Nous devons la traduction de ces extraits du texte allemand à l'obligeance de M. André FAUCONNET.
5. Catalogue du Musée du Conservatoire de Bruxelles.
6. KASTNER : Parémiologie.

rait 0.60 de long (la dimension de notre hautbois!).

Le *Pommer-alto* entre  pour l'oreille

(ce qui fait que pour ces trois instruments l'étendue

était la même : ⟨notation⟩ ; seule, la dimension du

tube modifiait la hauteur du son). Cet instrument mesurait 0.77 et avait une clé. De plus, l'anche se posait sur un petit *bocal* comme on le fait encore pour le hautbois d'amour, le cor anglais, le hautbois baryton. En 1636, le Père Mersenne dit que l'on couvrait ce bocal; qu'il nomme *petit cuivret*, par un morceau de bois que les facteurs nommaient *pirouette*. Ici encore, nous retrouvons la caractéristique de notre cor anglais : diapason, petit bocal, dimensions!

Le *Pommer-ténor*, celui qui n'avait qu'une clé et qui se nommait *Nicolo*, donnait comme étendue

⟨notation⟩ ; le Basset, qui possédait, d'après

Praetorius, quatre clés, avait en plus du précédent

⟨notation⟩ ; leur longueur était pour tous deux

1 m. 33. Eux aussi avaient le *petit cuivret* et la *pirouette*.

Le *Pommer-basse* atteignait le ⟨notation⟩ et était

long de 1 m. 82; il avait aussi quatre clés. Mersenne fait remarquer que cette basse est « si longue que la bouche ne peut atteindre jusqu'en haut, c'est pourquoi l'on use d'un canal de cuivre au bout duquel on ajoute une anche pour l'emboucher. Or ce cuivret descend aussi bas qu'il est nécessaire pour la commodité de celui qui sonne de cette partie ».

Enfin le *Grand Pommer de Basse*, qui mesurait

2 m. 94. Ses quatre clés donnaient ⟨notation⟩ .

On voit que tous ces instruments devaient faire une seule et même famille : celle des hautbois.

.·.

Avant de suivre le hautbois dans ses transformations et dans son emploi, nous allons jeter un coup d'œil sur les instruments à anche double qui avaient la perce cylindrique.

1. Le Musée du Conservatoire possède une contrebasse de hautbois qui mesure 2 m. 15 et possède neuf clés, dont cinq furent ajoutées après que l'instrument fut fait. C'est probablement le même que celui que mentionne l'Almanach de 1781 : « M. Luce a fait aussi une contrebasse de hautbois qui fait beaucoup d'effet dans un grand orchestre ; M. Lemarchand, basson de l'Opéra, s'en est servi six mois à ce spectacle. » Malgré son grand bocal recourbé qui descend sur l'instrument, il fallait se tenir debout pour jouer cette contrebasse! L'instrument du Musée du Conservatoire porte la marque « Delusse ».

D'abord les *Cromornes*, ou *Tournebouts* (le Père Mersenne dit : le *Tornebout*).

Ces instruments se composaient : 1° d'un grand corps ou tube recourbé *en forme de croce* ayant la *perce cylindrique*, sur lequel on perçait les trous et on posait les clés quand il y en avait; 2° d'un bocal de forme conique dont la partie large s'emboîtait dans le grand corps et la partie étroite recevait l'anche; 3° de l'anche qui était à double languette et se posait sur le bocal.

Généralement, on dit que pour *sonner* de cet instrument, on se servait d'une capsule qui était destinée à recouvrir l'anche et le bocal. A cette

Fig. 637. — Krom-horn ou tournebout (Hist. de la mus. F. Clément).

capsule était faite une ouverture taillée en forme de bec, et c'est cette ouverture qui se mettait dans la bouche.

Avec ce système d'embouchure *à couvert*, la pression sur les anches par les lèvres était impossible. Aussi, étant donné la perce cylindrique de ces instruments, il était impossible d'octavier, même en forçant le son et, par conséquent, un nombre de sons plus grand que le nombre de trous dont ils étaient percés.

Cette façon de jouer ne leur donne qu'une étendue d'une neuvième (sauf pour les instruments graves qui avaient plusieurs clés), ce qui correspond au son du pavillon trous et clés bouchés et son des trous.

Pierre Trichet, « Bourdelois », n'est pas de cet avis, et il prétend :

Je dis que leur garniture (aux Tournebouts) n'est guère différente de celle des hautbois : car tant aux uns qu'aux autres, il faut des anches à chacun d'eux, laquelle on met dans la bouche lorsqu'on veut sonner et après que l'on a fait, on couvre l'anche d'une boëtte, qui s'unit avec le tournebout pour empêcher que l'anche ne se gâte pas, etc.[2].

Une suite de De Grinis, faite pour M. le comte Darcours en l'an 1660, vient corroborer l'affirmation de Pierre Trichet.

Dans cette suite, qui est écrite pour 5 cromornes, De Grinis les fait évoluer : le premier entre

⟨notation⟩ ; le second ⟨notation⟩ ; le troisième

⟨notation⟩ ; le quatrième ⟨notation⟩ ; le cin-

quième ⟨notation⟩ .

On pourrait être surpris de voir une suite écrite pour 5 instruments de cette même famille; mais le Père Mersenne dit aussi qu'on en « fait des concerts entiers à 5 et 6 parties ». La famille complète comprenait : le sopranino, le soprano, l'alto, le ténor, la

2. *Traité des instruments de musique.*

basse et la contre-basse. Ces deux derniers avaient une ou deux clés, et mesuraient respectivement 1 m. 65 et environ 2 mètres.

La différence de longueur de tube entre la contre-basse de hautbois et celle des cromornes, vient de ce que ces derniers avaient la perce cylindriqne et très étroite. C'est cette différence de dimension qui fait que les cromornes furent si fréquemment employés en Europe et particulièrement en France, où ils existaient dès le xvᵉ siècle, et où ils servaient généralement de basse aux hautbois.

Mais leur sonorité étant creuse, sourde, ce qui faisait dire qu'ils sonnaient en bourdon, ces instruments furent bien vite délaissés à l'apparition des bassons pour être remplacés par eux.

Nous avons à voir maintenant les cornemuses genre cromornes que PRAETORIUS définit ainsi :

Les « Corna-musen » n'ont pas deux tuyaux, mais un seul comme les Basanelli et les Krumhorner (cors tordus ou cromornes)... Comme sonorité, ces instruments ressemblent aux cors tordus, à cette différence près cependant qu'ils jouent plus en sourdine et plus gracieusement.

Cette différence de sonorité venait de ce que l'extrémité inférieure du pavillon des cornemuses était bouchée au lieu d'être ouverte, comme cela a lieu pour tous les instruments de la famille des hautbois. Le son sortait par de petits trous qui étaient percés dans le pavillon.

Il y avait également toute une famille : le soprano, l'alto, le ténor et la basse. Aucun de ces instruments n'avait de clé.

Les Basanelli se maniaient comme les cornemuses et étaient encore plus muets. Ils avaient sept trous, et le trou du bas avait une clé.

On trouve encore actuellement en Arabie et en Egypte un instrument de perce cylindrique dont la colonne d'air est mise en vibration par l'anche double; c'est l'Eraqyeh. Cet instrument est tout en buis et se compose de trois parties : la tête, le corps, le pied.

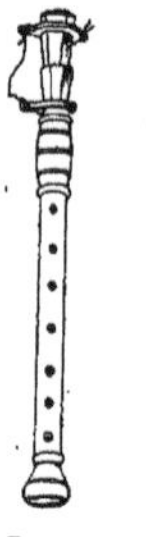

Son anche est faite d'un seul bout de tige de jonc marin aplati sur une partie de sa longueur, de façon à former les deux languettes nécessaires à l'émission du son. Cette partie aplatie est fort amincie pour faciliter cette émission.

Le jonc marin que les Arabes emploient pour faire leurs anches est tellement épais, résistant, que les exécutants sont obligés, lorsqu'ils ont terminé de jouer, de placer le bout des deux languettes dans une sorte de ligature, afin de pouvoir faire conserver à l'anche l'ouverture nécessaire pour l'émission du son (nous avons dit que cette ouverture doit être relativement étroite).

Cette ligature elle-même est faite de deux petites bandes plates de roseau aminci, qui sont liées l'une à l'autre par les deux bouts, de façon que, plus on diminue l'ouverture, plus on comprime l'anche. Une seconde ligature, semblable à la première, est mise à l'endroit où le jonc cesse d'être aplati pour maintenir cette partie inférieure dans sa forme ronde, afin qu'elle s'adapte bien exactement sur le haut du tube de buis.

FIG. 638.
Eràqyeh.
(Hist. de la
musique,
F. Clément).

Vers la fin du xvᵉ siècle, l'on fit venir à la cour de

France un groupe de bergers jouant du hautbois, de la cornemuse et de la musette de Poitou[1].

Ces hautbois de Poitou étaient semblables, dans leurs parties essentielles, aux autres hautbois.

Comme pour les cromornes, ou tournebouts, on prétend que ces hautbois de Poitou se jouaient à couvert, c'est-à-dire l'anche cachée dans une capsule. Mais le Père MERSENNE écrit : « Or, l'étendue de ces hautbois (de Poitou) est semblable à celle de nos grands hautbois. »

Nous avons remarqué, en décrivant les cromornes, que, n'ayant pas la pression directe des lèvres sur les anches, on ne pouvait avoir d'étendue supérieure au nombre des trous ou clés que possédaient les instruments. Le même phénomène se produit ici, avec cette légère différence cependant que, l'anche double étant associée à la perce conique, en forçant le son et en ouvrant légèrement le trou qui se trouve sous l'index de la main gauche lorsque l'instrument est tenu normalement, c'est-à-dire la main gauche sur le corps du haut, il est possible d'octavier les deux ou trois sons les plus graves.

La famille des hautbois de Poitou était composée du Dessus ou Soprano, de la Taille et de la Basse. Cette basse était repliée en deux (comme le basson) afin d'être plus portative et d'avoir tous les trous tellement disposés que l'on pût les boucher avec les doigts.

Ces hautbois furent très fréquemment employés; mais c'est surtout dans les fêtes champêtres, dans les réjouissances publiques que leur succès fut le plus grand. Ils furent adjoints à la bande instrumentale de la Cour au début du xviiᵉ siècle.

Mais vers le milieu du xviiᵉ siècle, cette bande, qui avait pris le nom de Grands hautbois de l'Ecurie, ne comprenait plus que des Dessus, Hautes-contre et Tailles de hautbois et des Bassons. Ces derniers avaient remplacé les basses et contrebasses de hautbois; quant aux cromornes, cornemuses et hautbois de Poitou, ils avaient été abandonnés par leurs titulaires.

A cette époque, les hautbois avaient un son puissant, violent même. Le Père MERSENNE dit qu'on les employait pour les fêtes « à raison du grand bruit qu'ils font et de la grande harmonie qu'ils rendent, car ils ont le son le plus fort et le plus violent de tous les instruments, si l'on excepte la trompette ».

C'est à cause de ce son violent que nous les voyons, jusqu'à la fin de la monarchie, comme principal élément musical dans l'armée[2]. LULLI a écrit pour les hautbois des marches à 4 parties[3].

Généralement, les hautboïstes jouaient en même temps du violon. Ces deux sonorités en vinrent à

<hr/>

1. Philippe de Commines fait le récit suivant dans son Histoire durant le règne de Louis XI : «... L'on fit venir du Poitou des bergers qui savaient jouer du hautbois, cornemuse et musette et chanter, pour réjouir le roi Louis XI sa grande maladie mélancolique; desquels tout le Limousin et la Basse Marche ne manquent pas, car il n'y a point de paroisses qu'il n'y ait nombre de telles gens qui en savent très bien sonner, même les gavottes et branles du Poitou tant simples que doubles.

« C'est une chose admirable de voir de pauvres rustiques qui ne savent point de musique, savent néanmoins toutes sortes de branles à quatre parties, soit : supérieure, taille, haute-contre et basse-contre sur leurs cornemuses, musettes, hautbois, etc. »

2. Les HOTTETERRE, PHILIDOR, PLUMET, BOUTET, etc., sont hautbois des 1ᵉ et 2ᵉ compagnies des Mousquetaires du Roi vers la fin du xviiᵉ siècle.

3. Il y a quelques années, à Versailles, M. DE BRICQUEVILLE fit exécuter quelques marches écrites à 4 parties de hautbois par LULLI. —, HAENDEL fait encore accompagner par le hautbois l'air martial de Roderigo dans Gia grida la tromba.

dominer les autres, et une sorte de rivalité s'établit entre elles.

C'est alors que, sous l'impulsion de LULLI, les violons prenant beaucoup plus d'importance, les hautboïstes (les PHILIDOR, les DESCOSTEAUX, les HOTTETERRE, etc.) cherchèrent à réaliser de leur mieux les exigences de la musique de l'époque, surtout de la musique de chambre.

Mais, bien que l'abbé DE PURES écrive vers la fin du XVIIIᵉ siècle :

... Les hautbois ont un chant élevé et de la manière dont on en joue maintenant chez le roi,et à Paris, il y aurait peu de choses à en désirer. — Ils font des cadences aussi justes, les tremblements aussi doux, les diminutions aussi régulières que les voix les mieux instruites et les instruments les plus parfaits...

malgré cet éloge, le hautbois dut céder le pas au violon, et alors il fut rapidement éclipsé aussi bien dans les ballets que dans la suite instrumentale.

.*.

Et pour mériter cet élogieux compliment, qu'étaient les instruments que possédaient ces hautboïstes?

Mon hautbois de Hotteterre est en buis très fin, teinté à l'eau-forte... Il est muni de deux clés d'argent... La clé de mi ♭ est à patte arrondie et celle d'ut naturel à double touche formant un grand V, etc.,

écrit le comte d'Adhémar.

Nous venons de voir que les HOTTETERRE étaient parmi les hautboïstes les plus en renom à l'époque qui nous intéresse. Ils furent en effet très réputés, et non seulement comme instrumentistes, mais encore comme fabricants ; un d'eux, que l'on surnomme le Romain, passe même pour être l'inventeur d'un double chalumeau ajouté à la musette, chalumeau possédant 6 clés[1]. Un HOTTETERRE a laissé beaucoup de musique écrite pour le hautbois, soit à plusieurs parties de hautbois ou musettes, ou hautbois avec d'autres instruments, et une méthode : Principes de la flûte traversière... et du hautbois dans laquelle l'ut ♯ grave n'est pas mentionné. FREILLON PONCEIN le mentionne bien dans sa Méthode, mais il dit : « Les quinze sons diésés commencent sur l'ut d'en bas, la clef « à demi bouchée ». On peut faire le si d'en bas sous la clef toute bouchée. »

On comprendra, dans ces conditions, que HOTTETERRE ait préféré ne pas en faire mention. Le hautbois avait déjà suffisamment de défectuosités de toutes sortes (les nombreuses fourches, les trous à déboucher à demi, etc.), sans ajouter encore cette clé à fermer à moitié !

. C'est avec toutes ces défectuosités ajoutées au manque total d'homogénéité dans la succession et... au manque de justesse, que les hautboïstes du XVIIIᵉ siècle essayèrent de lutter ! On voit qu'ils ne manquaient pas de courage !

L'abbé de PURES ne semble pas préoccupé par ces difficultés. Selon lui, c'est la fatigue provoquée par le souffle qui empêcha le hautbois de devenir l'égal du violon.

Ce qui surprend le plus, c'est que tous ces défauts, manque de justesse, d'homogénéité et imperfection du mécanisme existent encore au début du XIXᵉ siècle en France[2].

Pourtant, les clés pour les sons sol ♯ et la ♯ avaient été ajoutées au hautbois par Gerhard HOFMANN, dès 1727. Il est incontestable que ces deux clés étaient extrêmement importantes : non seulement, la première supprimait la difficulté de déboucher à demi-le troisième trou (celui qui se trouve sous l'annulaire de la main gauche), ou de boucher un seul des deux petits trous mis à sa place, mais surtout, elle donnait la certitude d'avoir le sol ♯ juste. Quant à la seconde, elle supprimait la fourche (1ᵉʳ et 3ᵉ doigts de la main gauche) et rendait ce son moins sourd, plus franc, plus homogène.

PRAETORIUS ne nous dit-il pas que les Grands Pommer avaient quatre clés? En 1636, le Père MERSENNE mentionne que la Musette d'Italie, que l'on nommait sourdeline, avait un chalumeau comportant 15 clés!

Même en France, un des HOTTETERRE a inventé un second chalumeau qui est ajouté à celui qui existait déjà à la musette, « ce second chalumeau a 6 clefs qui servent à faire les ♯ et les ♭ » !

On peut se demander comment il se fait que HOTTETERRE n'ait pas songé à adapter ce perfectionnement sur le hautbois.

A en juger par les fragments suivants, il semble bien que tous les artistes n'ont pas cherché à pousser les fabricants dans cette voie du perfectionnement.

Voor, qui fut un hautboïste très distingué et apprécié, professeur au Conservatoire (adjoint dès 1802 et titulaire en 1816), après avoir mentionné[3] deux clés que SALLANTIN, professeur au Conservatoire avant lui, avait fait ajouter au hautbois (l'une : notre clé actuelle de si naturel grave actuelle qui servait alors à ajuster l'ut grave toujours trop haut, l'autre appelée clé de fa ♯, qui elle aussi servait à « ajuster » le fa ♯), Voor, disons-nous, écrit :

C'est ici la place de dire un mot des hautbois dont on se sert maintenant en Allemagne et qui ont un plus grand nombre de clefs que les nôtres. Il en existe qui en ont jusqu'à 9. Les clefs ont été imaginées pour pouvoir parcourir avec plus de facilité les gammes où les accidents se multiplient, telles que mi♭, la♭, fa min., ut min., mi♭, etc. Cet avantage est trop fortement contre-balancé par l'inconvénient qui résulte des clefs en ne bouchant pas quelquefois bien hermétiquement les trous au-dessus desquels elles sont adaptées, inconvénient qui se présente assez fréquemment sur nos hautbois qui n'ont que quatre clefs(!) et à plus forte raison doit être plus redoutable sur ceux où il s'en trouve 8 à 9.

D'ailleurs, Voor ne semble se préoccuper que de la justesse, et, prévoyant qu'on pourrait lui objecter que, puisqu'on a ajouté deux clés depuis celles ajoutées par SALLANTIN, on pouvait en augmenter le nombre, il s'empresse de dire que les deux clés ajoutées en France étaient indispensables pour jouer juste et ne pouvaient pas nuire à l'exécutant (« abstraction faite, dit-il, de l'inconvénient dont je parle ci-dessus... ») par la manière dont elles sont placées, tandis que « les autres ne contribuent pas au perfectionnement de la justesse et peuvent entraver la justesse, parce qu'elles sont placées à côté des trous de l'instrument qui sont percés à des distances rapprochées, qu'il est à craindre à chaque instant qu'en voulant boucher un trou, le doigt touche à une de ces clefs, etc. ».

Certes, toutes ces clés ajoutées aux hautbois allemands n'étaient pas pratiques, et, en

---

1. M. E. THOINAN prétend que l'inventeur est Martin HOTTETERRE.
2. FRANCŒUR (L.-J.), chef d'orchestre de l'Opéra, écrit en 1772 : « Le hautbois. — Cet instrument n'est pas parfait dans tous ses tons ; il y en a une part de l'art de l'exécutant ne peut pas rendre parfaitement justes... L'ut grave est toujours faux, c'est-à-dire trop haut pour être

considéré comme naturel et trop bas pour être dièse même en forçant le vent ; pour l'avoir juste il faut lâcher les lèvres. Le fa ♯ est trop bas même en forçant le son. Le si♭ trop haut ; le si trop bas, mais on peut le faire juste en forçant le vent. Le fa ♯ qui est trop bas au grave est juste au médium, etc. »
3. Méthode manuscrite pour le hautbois.

tous cas, plusieurs d'entre elles étaient bien compliquées! Il est bien certain que, dans le modèle de
hautbois à 10 clés que donne SELLNER dans sa méthode parue à Vienne en
1825, les clés ne sont pas
toujours heureusement disposées. Il n'en est pas moins
vrai que quelques-unes d'entre elles sont absolument
indispensables.

Ces dix clés sont celles de
si naturel grave, *ut*, *ut*♯, *mi*♭
qui a un double effet; *fa* qui,
lui, a un *triple* effet; *fa*♮,
sol♯, *si*♭ à double effet, *ut*
du médium et enfin la clé
d'octave que SELLNER appelle
« clé pour couler ».

En faisant remonter jus-
qu'au pouce de la main gauche la clé de *si* grave et une
branche du double effet de
fa, le fabricant, E. KOCH, de
Vienne, alourdissait et compliquait bien inutilement le
mécanisme (ainsi pour la clé
de *si* grave qui remontait
jusqu'au milieu du corps du
haut, afin de pouvoir démonter l'instrument, il faisait
replier cette clé sur elle-
même à la hauteur de séparation des deux corps à l'aide
d'une charnière sur laquelle
on serrait une vis. Cette vis
retenait la clé droite lorsque
l'instrument était monté).

Mais, à côté de ces défauts,
il est incontestable que les
clés de *sol*♯ et la *la*♯ que nous
avons déjà mentionnées,
celles d'*ut*♯ grave, de *fa*, d'*ut* du médium et surtout
la clé d'octave étaient vraiment nécessaires. Pourquoi ne pas avoir pris les meilleures?

Cet instrument avait aussi une « pompe pour accorder ».

Fréquemment, à cette époque, les fabricants munis-
saient les hautbois qu'ils faisaient de plusieurs corps.
Ces *corps de rechange* servaient à modifier le diapason. Certains hautbois avaient jusqu'à trois corps
du haut (« corps de rechange »), ce qui donne une
différence de diapason de près d'un demi-ton entre
le plus grand et le plus petit.

Mais les hautboïstes français, contemporains de
VOGT, ne partageaient pas tous son opinion, et nous
voyons au contraire BROD, qui fut également un
hautboïste de grand talent, se plaindre que les hautbois de DELUSSE n'ont que deux clés.

Dans la notice de la seconde partie de sa *Méthode
de hautbois*, parue vers 1835 (il venait d'acheter à
DELUSSE son fonds de fabrication), il écrit qu'ayant remarqué « que beaucoup de ses élèves » éprouvaient
de la difficulté à prendre la moitié du premier trou
(index de la main gauche) « soit pour le *mi*♭ du
médium ou le *ré* et le *mi*♭ d'en haut », il a imaginé
d'adopter sur ce premier trou un plateau percé lui-
même d'un autre trou plus petit que celui qui est
dans le bois et qui, « étant juste de la grandeur convenable aux sons qu'il doit favoriser », donne une

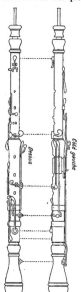

FIG. 639.
Hautbois SELLNER.

sûreté, une sécurité inconnues jusqu'alors. — Puis :

Je cherchais depuis longtemps quel serait le moyen le plus
simple d'utiliser le *si* naturel grave... J'ai enfin reconnu que le
meilleur était d'ajouter une clé au petit doigt de la main droite
qui doubla l'effet de la grande dont on se sert pour rendre l'*ut*
d'en bas juste[1].

A l'Exposition de 1839, BROD exposa un hautbois
qui fut jugé « remarquable non seulement par la
qualité du son, mais encore par la disposition de
toutes les parties qui le constituaient ». Malheureusement, BROD ne put mettre bien longtemps son expérience et son beau talent de hautboïste au service des
améliorations du hautbois, car il mourut cette même
année (1839) sans avoir seulement connu l'opinion du
jury de l'Exposition sur son instrument[2].

Celui à qui nous devons incontestablement ce pas
énorme, ce pas que l'on peut qualifier de décisif,
qui a été fait dans la fabrication des hautbois, est
Frédéric TRIÉBERT.

Son père, Georges-Louis-Guillaume TRIÉBERT (né à
Laubach, Allemagne, le 27 février 1770), vint à Paris à
pied, nous dit son petit-fils M. Raoul TRIÉBERT, ancien
hautbois-solo de l'Opéra. Son livret de la préfecture
de police, délivré à Paris, est du 11 thermidor an XII.

Il débuta à Paris chez un ébéniste, qu'il quitta
bientôt pour faire des instruments de musique.

Frédéric lui succéda en 1848, et c'est lui qui a
mené perce et mécanisme à un tel degré de perfection que FÉTIS écrivait en 1855 en parlant des hautbois de TRIÉBERT :

La qualité de son très pure est celle qui a été toujours préférée dans les hautbois français; tous les détails du mécanisme
sont terminés avec une grande perfection. La clé du demi-trou,
ajoutée au hautbois par ce facteur, est une heureuse innovation,
en ce qu'elle fait disparaître une des plus grandes difficultés du

<hr>

1. M. C. PIERRE dit à ce sujet que CUVILLIER fils aîné, de Saint-Omer,
exposa en 1834 un hautbois avec une clé de *si* grave donnant effec-
tivement ce son; cette clé, disait-il, « ne servant sur les autres hautbois qu'à corriger l'*ut* toujours trop haut ».

2. En observateur et chercheur qu'il était, BROD ne se contenta pas
de perfectionner le mécanisme du hautbois. Il savait l'importance qu'a
pour le hautboïste la fabrication des anches! aussi, le voyons-nous,
toujours à l'Exposition de 1839, présenter (voy. « machine à gouger le
roseau pour les anches du hautbois ». Puis (dans la Notice de la seconde partie de sa *Méthode*) il signale, « un outil » qu'il a confec-
tionné (imité du taille-plume). « Cet outil, dit-il, sert à donner au roseau,
lorsqu'il est gougé, la forme convenable, et à l'avantage de tailler
toutes les anches à la même largeur et à la même forme. » Nous
nommons maintenant cet outil : « taille-anches ». Ces deux inventions,
qui ont été naturellement perfectionnées depuis, ont énormément facilité la tâche des hautboïstes.

Il remarque aussi que les petits tubes sur lesquels sont fixées les
deux languettes de roseau ont une grosse importance : « La confection de ce petit tube peut influencer beaucoup sur la justesse de l'instrument. »

Quand ce petit tube est trop large de perce, il manque de justesse :
certains sons trop hauts dans le *forte* deviennent trop bas dans le
pianissimo. Et si l'anche est facile d'émission, le grave devient bien plus
difficile d'émission et même de tenue. D'après nos observations, le
modèle devrait avoir :

à la partie qui reçoit les languettes, et

à la partie qui s'emboîte dans l'instrument.

doigté de l'instrument et donne plus de sûreté dans l'exécution, etc.[1].

C'est à Frédéric Triebert, nous assure M. Raoul Triebert, que Barret, hautbois-solo de Covent Garden, venait demander conseil pour les clés qu'il désirait ajouter au hautbois qui porte son nom[2].

Frédéric Triebert mourut le 19 mars 1878.

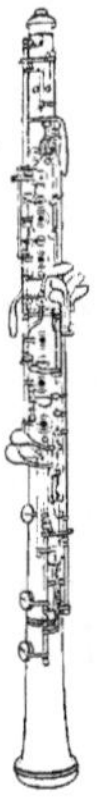

Le hautbois a progressé sans à-coups, sans transformation brusque de son mécanisme.

Une seule tentative aurait pu le lancer dans une voie nouvelle : l'application du mécanisme appelé système Bœhm.

Dans ce nouveau *système*, les dimensions du tube n'étaient plus les mêmes; la longueur totale était de : 0,543. Le pavillon à lui seul mesurait : 0,195. Le son était loin d'avoir les qualités que Fétis se plaisait à reconnaître aux hautbois français; il était très gros, vilain (on pourrait même dire qu'il y était dénaturé). La justesse laissait beaucoup à désirer. Enfin, non seulement, le doigté différait de celui du hautbois ordinaire, surtout pour la main droite, mais encore, pour le jouer, il fallait des anches plus larges de roseau!

On conçoit facilement que, dans ces conditions, les artistes n'aient pas adopté cet instrument.

F. Triebert, le premier, essaya d'en *simplifier le mécanisme*, ou plutôt, de le rapprocher davantage de celui du hautbois ordinaire; il en modifia la perce. Dans la suite, on chercha encore à lui adapter une perce plus étroite, mais cela ne donna guère le résultat attendu!

Pendant un certain temps, il fut employé, mais seulement dans les musiques militaires. Il avait, il est vrai, pour ce genre de sonorité, l'avantage du volume de son.

On fait bien encore actuellement des hautbois « système Bœhm », mais cela devient de plus en plus rare, et les chefs de musique eux-mêmes y ont renoncé depuis bien des années.

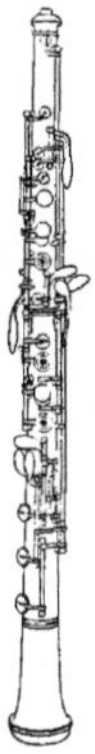

•

Tout en continuant les modifications de ce hautbois, F. Triebert ne cessait pas de chercher le mécanisme désiré.

Vers 1840, il avait trouvé un système que nous nommons maintenant n° 3. On peut dire que c'est ce *système n° 3* qui a servi de base pour toutes les améliorations qui ont suivi.

Nous aurons toujours en effet, en principe, la même disposition des clés d'*ut*, *ut♯* et *mi♭* graves par l'auriculaire de la main droite; la clé du double

Fig. 640.
Hautbois
Barret.

Fig. 641.
Mécanisme
système
Bœhm.

effet de *mi♭* (auriculaire gauche); les *si♭* et *ut* médium et aigu (index droit); le demi-trou et les deux clés d'octave.

Le n° 4 fait disparaître l'impossibilité de triller *ut♯* et *ré♯* qui existait sur le n° 3, et a de plus une clé pour la cadence d'*ut* et *ré* (médium et aigu).

Sur le n° 5, la disposition des clés de la main gauche est modifiée : toutes ces clés se trouvent réunies sur une seule tringle, et sont commandées par une seule patte descendant sous l'index droit; les trous d'*ut* et de *si♭*, au lieu d'être percés sur le côté du hautbois, se trouvent sur le dessus de l'instrument. Cette disposition donnait un peu plus de sécurité aux instrumentistes contre l'envahissement de l'eau dans ces trous.

Un plateau, placé sous la première clé d'octave, et commandé par le pouce de la main gauche, permet de faire les *si♭* et *ut* (médium et aigu) en levant simplement ce pouce, évitant ainsi les mouvements gauches que la main droite devait faire avec les n°s 3 et 4 pour passer des doigtés réguliers de *si♭* et même d'*ut* aux trous du corps du bas, dans certaines successions de notes.

Fig. 642.
Système
Triebert
n° 3.

Mais ce plateau est défectueux comme mécanisme et difficile à bien régler[3].

Enfin, un autre plateau percé d'un petit trou et mis à la place de l'anneau du majeur de la main droite, permet d'avoir le *ré* aigu plus juste.

Plus tard, on ajouta à ce n° 5 la clé de cadence pour *si* et *ut♯* médium et aigu, et en allongeant le pavillon, le *si♭* grave. On appelle ce « système » le n°

On fait encore actuellement des hautbois de ce système.

Nous arrivons enfin au hautbois n° 6, dont les principales améliorations se retrouvent exactement semblables dans le n° 6ᵃ, que M. Georges Gillet fit

| *Fig. 643.* | *Fig. 644.* | *Fig. 645.* | *Fig. 646.* |
| N° 4. | N° 5. | N° 6. | N° 6. |

1. Nous venons de dire ce qu'écrivait Brod en 1835 au sujet de ce demi-trou!

2. On peut lire, en effet, à la fin de la préface de sa *Méthode de hautbois* : « ... Je me plais à reconnaître que M. F. Triebert, par ses études relatives à la perce des hautbois et à ses connaissances en mécanique, a contribué puissamment au progrès de cet instrument. »

3. Ce plateau n'a aucun rapport avec la clé de *si* au pouce dont nous avons parlé à propos des hautbois autrichiens de E. Koch. Le mécanisme en est absolument différent et, alors que le plateau sert pour *si♭* et *ut*, la clé de Koch ne servait que pour le *si*.

adopter pour sa classe de hautbois du Conservatoire en 1881.

Dans ce système, dit *système du Conservatoire*, un anneau ajouté pour l'index de la main droite fait mouvoir, à l'aide d'une correspondance, les clés de si♭ et *ut* du corps du haut, supprimant à la fois les mouvements incommodes des n°ˢ 3 et 4, et le plateau de si♭ et *ut* du n° 5.

La clé de sol♯ a ici 2 pattes : la première garde sa place primitive (auriculaire de la main gauche), la seconde est sur le côté du corps du haut et descend sous l'index droit à la place de la patte des clés de si♭ et *ut* du n° 5. Cette clé de sol♯ est, en quelque sorte, commandée par l'anneau, ou plutôt par une petite tige reliée à cet anneau qui, lorsque l'anneau est abaissé, vient s'appuyer sur le plateau supportant le tampon qui ferme le trou de sol♯. Grâce à un ingénieux et pourtant bien simple mécanisme, tout en ayant l'index droit appuyé sur l'anneau, il est possible de conserver l'auriculaire gauche appuyé sur la première patte de la clé de sol♯, et on a ainsi le trille de *fa♯ sol♯*. Ce mécanisme simplifie les successions des notes conjointes dans lesquelles se trouvent *fa♯* et s ol♯, et permet, grâce à la seconde patte, les liaisons

♪♪♪. Enfin, il donne les deuxiè-

mes doigtés de *mi* et *fa* aigus, doigtés si utiles dans le chromatique, surtout au point de vue justesse.

Ce n° 6ᵃ, *système du Conservatoire*, possède, de même que le 5ᵃ, un si♭ grave.

Avec ce nouveau système, l'avantage ne réside pas seulement dans le perfectionnement du mécanisme. Grâce à ce perfectionnement et à l'allongement du tube provoqué par l'addition du si♭ grave, non seulement la sonorité générale de l'instrument se trouve améliorée; elle est plus moelleuse et plus ample; mais encore certains sons, le *fa♯* et le *mi♭* du médium par exemple, sortent et tiennent beaucoup mieux; les si♭ et *ut* (médium et aigu) ont le son plus homogène, moins cru (cela tient à ce que le trou de sol, sous l'index droit, se trouve bouché quand on joue ces deux notes).

La tablature que donne cet instrument est représentée fig. 647.

Des améliorations ont été successivement apportées à ce système, soit pour permettre des trilles nouveaux, soit pour en ajuster d'autres. Ainsi, *ut* et *ut♯* graves étaient impossibles à triller[2], *ré♯ mi*³, *la♯ si*³ pas justes. Maintenant, on peut dire que tous les trilles sont faisables sur le hautbois, à moins de vouloir faire triller sur les notes de l'extrême aigu, et encore!

Il y a quelques années, M. LORÉE a imaginé de substituer des plateaux à tous les anneaux existant sur le hautbois.

Bien qu'on puisse trouver un peu de complication dans le mécanisme de ce nouveau modèle, *système à plateaux*; il faut reconnaître que certains enchaînements de doigtés y sont simplifiés. Par exemple, dans la succession de notes conjointes contenant *la♭* et *si♭*, il suffit de lever ou baisser le majeur de la main gauche. Le si♭ ainsi obtenu se faisant par une four-

che (index et annulaire de la main gauche), le son en est bien un peu sourd, mais, comme ce doigté ne doit servir que dans la vitesse, cet affaiblissement du son n'a qu'une importance relative et ce doigté peut rendre de grands services.

Mais si cette *fourche* de si♭ n'a pas beaucoup d'importance, il n'en est pas de même pour celle du *fa* (index et annulaire de la main droite).

Ici, la différence du son avec le *fa* de clé est généralement assez sensible, et il est assez difficile de ne pas prendre cette fourche lorsque l'on vient du *ré* ou du *mi♭*, même dans un mouvement lent, sans risquer d'avoir un accident. Aussi, comme plus on joue fort, plus la différence entre la sonorité de ce *fa* de fourche et les notes voisines est sensible, on arrive parfois, pour remédier à cet inconvénient, à ajouter la clé de *mi♭* au doigté de *fa* de fourche.

Nous avouons ne pas aimer cette façon de faire, et cela, pour deux raisons : la première, parce que le *fa* de fourche pris ainsi est forcément un peu haut, éclatant, criard même, enfin pas homogène. La seconde, parce que, s'habituant à ce doigté et ayant le petit doigt pris constamment par cette clé de *mi♭*, l'instrumentiste finit par éprouver une telle gêne pour se servir du *fa* de fourche dans la vitesse, qu'il en arrive à redouter les passages dans lesquels ce *fa* de fourche revient souvent.

On avait pensé à ajouter au hautbois la clé de résonance qui existe sur le cor anglais, le hautbois d'amour, etc., pour le *fa* de fourche, mais cela faussait certaines notes comme le si♭ et surtout le *fa♯*, cette clé de résonance restant ouverte pour toutes les notes ne comportant pas le médius de la main droite appuyé.

En 1907, M. ROBERT trouva le moyen d'employer cette clé de résonance pour le *fa* de fourche exclusivement. Cette note a maintenant, grâce à ce perfectionnement, la même sonorité que le *fa* de clé, et il n'y a plus à redouter son influence sur les autres notes de l'instrument.

C'est ce *système Conservatoire*, qu'il soit avec ou sans plateaux, qui est à l'heure actuelle généralement employé en France. Les Conservatoires et Écoles de Musique succursales du Conservatoire de Paris l'ont également adopté.

A l'étranger, en Allemagne, en Amérique, en Italie, en Norvège, en Suède, presque partout, on le rencontre joué par des professionnels, et si beaucoup de hautboïstes étrangers ne le jouent pas encore, on commence à le voir figurer (soit exactement, soit avec quelques petites modifications) sur les catalogues des grandes maisons étrangères.

Les Conservatoires étrangers tels que ceux de Bruxelles, Liège et Gand, Rome, Milan, Bologne, Turin, etc., ont gardé leur indépendance, et chacun d'eux a son *système* (système qui diffère généralement très peu d'un Conservatoire à l'autre).

S'il n'est pas possible de dire que le hautbois est arrivé, en France, à son apogée de perfectionnement, car on ne sait pas ce que l'avenir réserve, on peut dire que le *système* n° 6ᵃ actuel est à la fois le plus simple et celui qui renferme les détails de mécanisme les plus indispensables sans en contenir d'inutiles.

EMPLOI DU HAUTBOIS

Nous avons dit que le hautbois avait été rapidement éclipsé dans la *Suite instrumentale* et dans les *Ballets*.

---

1. On a bien essayé de faire descendre le hautbois au *la*, mais on a dû y renoncer, car la justesse générale de l'instrument en souffrait beaucoup.

2. M. Lorée y a remédié en 1889.

3. MM. Robert et Sermen en 1901.

4. M. Robert en 1912.

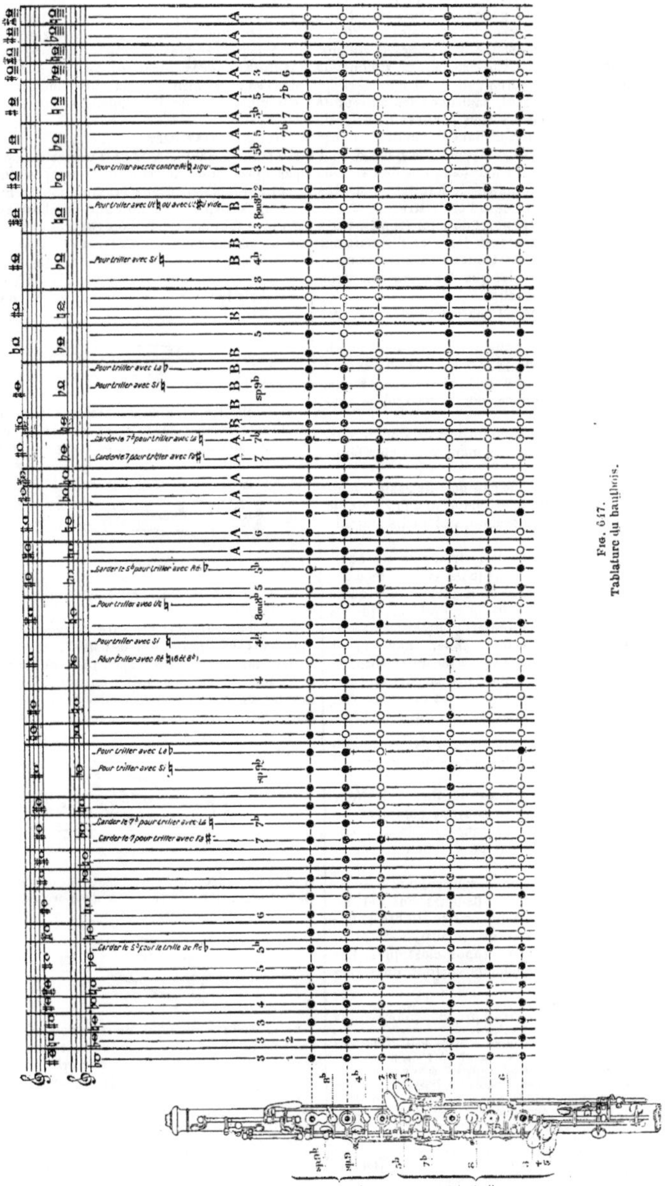

Fig. 617.
Tablature du hautbois.

Après avoir compté au ballet de *la Raillerie*, en 1659, 8 hautbois ou flûtes pour 10 violons, on trouve à celui des *Amours déguisés*, en 1664, 5 bois pour 10 violons; au *Carnaval*, en 1668, 8 bois pour 38 violons. Pourtant, à la fin du xviiᵉ siècle, pour 24 violons, on voyait de nouveau 6 hautbois.

A partir de ce moment, sauf dans les œuvres de J.-S. Bach qui écrit encore trois parties distinctes de hautbois, ou deux parties de hautbois et deux de cor anglais, deux de hautbois d'amour et deux de cor anglais, ou encore une de hautbois, une de hautbois d'amour et une de cor anglais, le hautbois n'a plus que son dessus employé dans l'orchestre.

Lully et Rameau font encore doubler (et même tripler) les parties de hautbois dans les *f¹*, mais ces instruments sont bien vite traités plus discrètement, et bientôt on ne trouve plus que deux hautbois dans les orchestres (un par partie).

Les grands classiques ont eu fréquemment recours au hautbois.

C'est à sa sonorité si franche, si captivante, que le hautbois doit d'être employé avec tant de succès, que ce soit comme élément pastoral, agreste, pittoresque, ou pour exprimer la douce joie, la naïveté, la candeur.

D'autres voient surtout en lui le côté douloureux, l'interprète immédiat du sentiment ou le côté féminin².

Avec son timbre incisif, le hautbois ne passe jamais inaperçu dans l'orchestre, et quand une fois l'oreille l'a entendu, sa sonorité mordante se détache toujours de la masse³.

Nous avons dit avec quels instruments les hautboïstes de 1650 jouaient lorsqu'ils avaient reçu les éloges de l'abbé de Pures, et il faut avouer qu'ils avaient un très grand mérite, d'autant plus que les compositeurs faisaient volontiers doubler les parties de premiers violons par les premiers hautbois et celles des seconds violons par les seconds hautbois. Il est vrai que Rameau note dans sa partition des *Talents Lyriques* où il fait évoluer les premiers violons et hautbois jusqu'au *mi³* :

« On peut n'exécuter que les ♩ et les ♪ si l'on veut, » mais généralement les parties ne comportent aucune simplification.

Et les sonates et concertos de Hændel! (Nous nous sommes demandé bien souvent comment les hautboïstes du temps de Hændel, dont le hautbois était l'instrument favori, ont pu exécuter ces morceaux.)

Les successeurs des Philidor, Hotteterre, Descosteaux surent imiter l'exemple de leurs aînés, et, au xviiiᵉ siècle, le son avait déjà pris ce timbre pénétrant et un peu douloureux qui séduisit J.-S. Bach, Hændel, Gluck et tous les grands classiques. Les efforts des hautboïstes tendaient surtout alors vers la musique de chambre.

Avec ce genre de musique, et aussi avec la façon d'orchestrer à la fin du xviiiᵉ siècle, particulièrement avec les symphonies d'Haydn et Mozart, le son s'affine de plus en plus. (Peut-être certains artistes tombent-ils dans l'exagération⁴!) Au début du xixᵉ siècle, nous sommes bien loin de l'instrument ayant le son « le plus fort et le plus violent, si l'on en excepte la trompette ».

Haydn, Mozart, Beethoven emploient presque exclusivement 2 hautbois, mais l'orchestration ne tarde pas à évoluer de nouveau, et les compositeurs reviennent graduellement aux familles d'instruments.

Depuis environ cinquante ans, l'orchestre comprend presque toujours 2 hautbois et 1 cor anglais. R. Wagner a adopté pour *Lohengrin*, *la Tétralogie* et *Parsifal* 3 hautbois et 1 cor anglais. R. Strauss écrit même dans *Salomé* 2 hautbois, 1 cor anglais et 1 heckelphone (hautbois baryton descendant au *do*, *si* ♭ ou *la*).

A l'orchestre, les grands classiques font, en général, monter le hautbois jusqu'au *ré*, mais, cependant, Beethoven n'hésite pas à lui faire atteindre le *fa* :

(*Fidelio* : air de Florestan.)

Plus tard, R. Wagner arrive au *sol* (mais seulement dans le *ff⁵*).

Maintenant, il n'est pas rare de rencontrer le *fa♯* aigu dans les parties de hautbois d'orchestre.

Dans les œuvres écrites spécialement pour le hautbois, Mozart n'a pas hésité, lui non plus, à le faire monter au *fa* ; le *sol* se rencontre dans le *Concerto* de Kaliwoda, *Concertino* de Guilhaud, *Pastorale et Danses* de M. G. Ropartz, où l'auteur le fait arriver par une gamme rapide :

et dans une pièce de M. G. Alary. M. Colomer monte au *fa♯* aigu, dans sa *Fantaisie avec orchestre* par :

Le répertoire classique du hautbois n'est, hélas! pas très varié. En voici les principales œuvres : *Concertos* et *Sonates* de Hændel; *Concerto* de Mozart⁶; 3 *Romances* de R. Schumann; *Trio pour 2 hautbois et*

---

1. Dans *Isis et Armide* les hautbois et trompettes étaient tantôt au nombre de 6, tantôt de 8 et quelquefois de 12.

2. Rien que dans l'œuvre de Beethoven, tous ces différents états d'âme sont exprimés par le hautbois. Agreste, pittoresque, oyeux dans la *Symphonie Pastorale* (scherzo), dans celui de la 9ᵉ (*Symphonie avec chœurs*) et dans l'allegro de la 7ᵉ *Symphonie*, il est tendre, touchant dans l'andante de la *Symphonie en ut mineur* lorsqu'il prépare la rentrée du thème, et devient désolé, pathétique dans la *Symphonie Héroïque* ou dans l'air de Florestan de *Fidelio* (début du 3ᵉ acte). Chez Gluck, il est plaintif, triste, douloureux dans *Iphigénie en Aulide* ou en *Tauride*, *Alceste*, *Armide*, etc.

3. Aussi, l'exécutant doit-il s'attacher à atténuer le son le plus possible, lorsqu'il n'a pas à jouer une partie prédominante ou seulement importante.

4. Lorsque l'on apprit la mort de Broo à Cherubini, celui-ci répondit simplement : « Bnoo, petit son ! » Et pourtant, Broo était un artiste de tout premier ordre!

5. Or du *Rhin* et *Siegfried*.

6. Le premier mouvement a été retrouvé, paraît-il, il y a quelques années. Ce concerto ne se trouve pas mentionné sur le catalogue général des œuvres de Mozart.

cor anglais de BEETHOVEN; *Sonates à trois* de HÆNDEL[1]; *Quatuor* de MOZART pour hautbois, violon, alto et violoncelle; *Quintettes* pour piano, hautbois, clarinette, cor et hasson de MOZART et BEETHOVEN.

Mais nous conseillons beaucoup aux hautboïstes l'étude approfondie des sonates de J.-S. BACH et HÆNDEL pour violon et piano ou flûte et piano, qui sont presque toutes dans le registre du hautbois. Et même certaines sonates pour piano et violon de HAYDN, MOZART ou BEETHOVEN, et les concertos de MOZART pour violon ou flûte (notamment celui pour flûte en *ré*). Pour les concertos de violon, on transposera d'octave les notes trop hautes ou trop basses.

PRINCIPAUX VIRTUOSES DU HAUTBOIS

Parmi les hautboïstes qui ont été les plus remarquables, nous connaissons déjà les PHILIDOR[2], DESCOSTRAUX, HOTTETERRE. En Allemagne, triomphait BARTH (Christian-Samuel), né à Glauchau en 1735. Il fut un virtuose remarquable et compositeur (élève de J.-S. BACH). Il fit partie des chapelles de Rudolstadt, Weimar, Hanovre, Cassel et Copenhague, où il mourut en 1809.

LEBRUN (Ludwig-August), né à Mannheim en 1746, fut lui aussi un virtuose célèbre en son temps. Bien que faisant partie de l'orchestre de la cour à Munich, il fit de nombreuses tournées en Allemagne et à l'étranger. Il est mort à Berlin en 1790. Il laisse des concertos pour hautbois, des trios pour hautbois, violon, violoncelle, etc.

FISCHER, né à Fribourg-en-Brisgau en 1733, mourut à Londres le 29 avril 1800, pendant l'exécution d'un solo de hautbois, des suites d'une attaque d'apoplexie.

Il devait être élève de son père, près de qui se rendit à Londres SALLANTIN, de 1790 à 1792, pour se perfectionner.

SALLANTIN naquit à Paris en 1754; attaché à l'orchestre de l'Opéra, de 1773 à 1813, il fut nommé professeur au Conservatoire en 1793.

Vient ensuite toute la lignée des professeurs, successeurs de SALLANTIN :

VOGT[3] (Auguste-Gustave), né à Strasbourg le 18 mars 1781. — 1er prix en VII. — 1er hautbois de la musique particulière et de la chapelle impériale, du 19 thermidor à 1814, et pendant les Cent-jours. Musicien de 1re classe (germinal an XI) aux grenadiers à pied de la garde impériale; à Milan, pour le couronnement, mis en congé le 1er septembre 1808; 1er hautbois de la chapelle du roi, 28 décembre 1814; réformé pour opinions bonapartistes le 1er avril, comme garde national, combattu contre l'armée étrangère lors des deux invasions; réintégré le 1er janvier 1819 jusqu'en 1830. Musicien de 1re classe à la musique de l'état-major des gardes du corps, du 1er août au 1er septembre 1822; 1er hautbois de la musique particulière de Louis-Philippe, du 1er mai 1839 à 1848. A fait partie des orchestres de l'Opéra-Comique dès 1803; de l'Opéra, de juillet 1812 au 31 mars 1834;

hautbois solo de la Société des Concerts en 1828. Professeur au Conservatoire adjoint dès 1802; titulaire de 1816 à 1853. VOGT est mort le 30 mai 1870.

VERROUST (Stanislas), né à Hazebrouck (Nord), le 10 mai 1814. 1er prix 1834. Fait partie de l'orchestre de l'Opéra en 1839 (15 mai). Chef de musique de la 2e légion de la garde nationale en 1848, 1er hautbois à la chapelle impériale en 1853. Professeur au Gymnase musical militaire, St. VERROUST est nommé professeur au Conservatoire en 1853, position qu'il garda jusqu'en 1863. Il est mort à Hazebrouck, le 11 avril 1863.

TRIÉBERT (Charles-Louis) est né à Paris le 3 octobre 1810; 1er prix en 1829, il fait partie des orchestres de l'Opéra-Comique en 1830, de l'Opéra, du 1er avril 1834 au 31 août 1839 et du 1er janvier 1849 au 31 mai 1850, puis passe au Théâtre-Italien en 1850. Fait partie de la Société des Concerts le 23 novembre 1853. Professeur au Conservatoire, de 1863 à 1867, Charles TRIÉBERT est mort à Gravelle (Seine) le 18 juillet 1867.

BERTHÉLEMY, né à Saint-Omer (Pas-de-Calais) le 4 novembre 1829; 1er prix en 1849, fait partie de l'orchestre de l'Opéra (de 1855 à 1868) et de la Société des Concerts. Professeur au Conservatoire en 1867, BERTHÉLEMY est mort à Paris le 13 février 1868.

COLIN (Charles), né à Cherbourg le 2 juin 1832; 1er prix de hautbois en 1852, d'orgue en 1855, d'harmonie et accompagnement en 1853, 2e grand prix de Rome en 1857, COLIN fut nommé professeur au Conservatoire en 1868 et y resta jusqu'en 1881. Il est mort le 26 juillet 1881.

Avant de parler du professeur actuel, M. Georges GILLET, nous allons encore donner la biographie d'une famille d'artistes dont plusieurs membres obtinrent sur le hautbois une telle habileté « qu'ils passèrent pour l'avoir inventé[4] ».

Les BESOZZI se sont fait connaître comme virtuoses sur le « hautbois », le basson, la flûte, à Turin, Parme, Dresde et Paris. BURNEY[5] écrit en 1770 qu'il a entendu un concerto de hautbois exécuté par BESOZZI, neveu du *célèbre basson et hautbois de Turin*. L'un des descendants des BESOZZI, Louis-Désiré, est né à Versailles le 3 avril 1814. Grand prix de Rome, il est mort à Paris, après une longue carrière vouée à l'enseignement, le 11 novembre 1879.

Mentionnons également SELLNER, dont nous avons parlé déjà à propos des hautbois à 10 clés; SELLNER, né à Landau le 13 mars 1887, mourut à Vienne le 17 mai 1843, après avoir été professeur de hautbois et directeur des Concerts d'élèves au Conservatoire.

N'oublions pas BROD (Henry), né à Paris le 13 mars 1799, qui obtint son 1er prix au Conservatoire en 1818 et fit partie de l'orchestre de l'Opéra de 1819 à 1839; un des fondateurs de la Société des Concerts, où il se fit très fréquemment applaudir comme virtuose[6]. Facteur de hautbois, BROD mourut le 6 avril 1839, au moment où ses efforts allaient être couronnés de succès.

N'oublions pas davantage GUIDÉ (Guillaume), professeur de [hautbois, depuis 1885, au Conservatoire de Bruxelles. GUIDÉ fut un hautboïste remarquable doublé d'un excellent musicien. Il est mort pendant la guerre, après avoir été un des directeurs du théâtre de la Monnaie de Bruxelles.

Citons enfin M. GILLET (Georges), le professeur actuel du Conservatoire de Paris.

---

1. Bien que ces « sonates » soient écrites pour « 2 hautbois » et « basse chiffrée », on les joue souvent à deux hautbois et basson. Nous pensons que cette façon de faire ne trahit pas la pensée de l'auteur, les harmonies étant dans ce cas complètes à trois parties. HÆNDEL a écrit un trio de deux hautbois et cor anglais (notamment le contralto dans *Athalie* (2e acte).

2. Anne-Danican PHILIDOR, hautboïste célèbre, fut directeur du Concert Spirituel de 1725 à 1740.

3. RIEMANN signale également PFEIFFER, « hautbois de génie, un des premiers professeurs de BEETHOVEN ». Sans autre indication!

4. H. LAVOIX.

5. Célèbre auteur anglais d'une *Histoire de la musique*. (ELWART.)

6. Il affectionnait le genre musette très pittoresque et avait une netteté d'exécution irréprochable. (ELWART.)

M. Georges GILLET est né à Louviers (Eure), le 17 mai 1854. Il obtint son 1er prix au Conservatoire en 1869 (il avait par conséquent quinze ans!), et fit successivement partie, en qualité de hautbois solo, du Théâtre Italien (salle Ventadour) de 1872 à 1874; de l'Opéra-Comique de 1878 à 1893; de l'Opéra de 1893 à 1904.

Fondateur des Concerts Colonne, il y resta de 1872 à 1876, pour entrer à la Société des Concerts, toujours comme hautbois solo, de 1876 à 1899.

M. G. GILLET est aussi un des fondateurs de la Société des «Instruments à vent». Il a été nommé professeur au Conservatoire en 1881.

On peut dire, sans crainte, que M. G. GILLET est le plus extraordinaire virtuose hautboïste qui ait existé. Sa qualité de son était délicieuse, d'une finesse, d'une limpidité qui n'excluaient cependant pas la force. Avec cela, un mécanisme parfait et une facilité d'articulation prodigieuse (nous prenons à témoin ceux qui l'ont admiré soit à la Société des Concerts, aux concerts Colonne, d'Harcourt, ou aux belles séances de la Société des « Instruments à vent »).

M. G. GILLET a non seulement rendu au hautbois cette sonorité jolie et puissante qui est actuellement la caractéristique du son du hautbois français, mais il a donné un essor formidable à cet instrument en ressuscitant, pour ainsi dire, les grands maîtres classiques.

Il n'hésitait pas, en effet, à donner l'exemple en exécutant de façon supérieure les sonates et concertos de HÆNDEL et même des fragments de _Sonates pour flûte ou violon et piano_ de J.-S. BACH, le _Quatuor_ de MOZART, le _Trio_ de BEETHOVEN, etc.

Il est arrivé ainsi à donner à la France cette pléiade de hautboïstes qui font l'admiration des chefs d'orchestre étrangers invités à venir, à Paris, diriger les grands orchestres.

MUSETTE

La _musette_ genre _hautbois_, appelée aussi _musette bretonne_, est, en quelque sorte, un petit hautbois. Elle en a la forme et se compose d'un corps et d'une anche à double languette.

Elle est généralement en _sol_, et a 6 trous latéraux sur le devant et un 7e sur la face antérieure. Son doigté est le même que celui du hautbois de modèle correspondant[1].

Son usage a été, pensons-nous, très restreint, et elle a été employée surtout pour les danses rustiques et particulièrement dans certaines contrées.

Le Musée du Conservatoire possède une _musette rustique_ en usage dans le Gers. Elle n'a pas de clé et ses trous sont percés au fer rouge. « On la fabrique dans la forêt de Jupille[2]. »

M. Raoul TRIÉBERT dit que son père a _inventé_ un hautbois _pastoral_ pour remplacer ta musette ordinaire. Cet instrument a toujours le son plus ample. Est-ce l'instrument dont parle St. VERROUST?

En créant le hautbois _pastoral_, nous nous sommes proposé d'utiliser les hautboïstes de régiments qui, presque toujours, n'exécutent dans les marches qu'une partie insignifiante.

Le charme produit par le hautbois en _ut_, employé avec discer-
nement, dans les morceaux de repos, disparaît presque entièrement au milieu de la bruyante harmonie d'un pas redoublé; c'est alors que peut très brillamment intervenir le timbre puissant de notre hautbois en _la_ b[3].

Le catalogue de F. TRIÉBERT mentionne : _hautbois pastoral en sol et la_ b _à 4 et 10 clés_.

Le Musée du Conservatoire possède aussi une _basse de musette_. Cet instrument est à perce très large et à un son considérable. L'anche double se pose sur un bocal en cuivre de forme conique; il est replié sur lui-même en forme de cercle.

HAUTBOIS D'AMOUR

Le _hautbois d'amour_ est un instrument qui se place entre le hautbois ordinaire et le cor anglais; il est en _la_.

Il se compose : 1o d'un tuyau en bois de perce conique qui se divise en trois parties : les deux corps et le pavillon, lequel, au lieu d'aller en s'évasant comme celui du hautbois, prend la forme d'une pomme; 2o d'un bocal; 3o d'une anche double.

Le hautbois d'amour doit avoir le son plus voilé, moins mordant que celui du hautbois ordinaire. Il faut s'attacher à ne pas lui laisser prendre non plus le son du cor anglais, celui du hautbois d'amour devant être plus efféminé.

Cet instrument ne semble pas avoir été usité en France, car on n'en trouve aucune trace dans les compositions musicales. Le _Mercure Musical_ de 1749 annonce : « BIZEY, inventeur de plusieurs instruments à vent, avertit qu'il travaille toujours avec succès et perfectionne plus que jamais, » et M. Constant PIERRE dit que ce fabricant a laissé un hautbois d'amour qui a figuré à l'exposition de Londres en 1890[4].

FIG. 648. Hautbois d'amour.

Faut-il attribuer à BIZEY l'invention du hautbois d'amour en France?

Si le hautbois d'amour n'était pas connu en France, par contre, en Allemagne, on l'utilisait très fréquemment. Celui qui s'en est le plus servi et lui a consacré ses plus belles pages est sans contredit J.-S. BACH. Il lui a confié « les plus pathétiques cantilènes », écrit M. WIDOR.

En effet, quoi de plus délicieux que l'air de la _Messe_ en si mineur, et nous conseillons de beaucoup travailler sur cet instrument ces pages admirables, que ce soit dans la _Messe_, le _Défi de Phœbus et de Pan_, le _Magnificat_, etc. J.-S. BACH l'emploie également à 2 et 3 parties distinctes; il emploie encore 2 hautbois d'amour et 2 cors anglais dans l'_Oratorio de Noël_, etc.

Les compositeurs modernes semblent vouloir de nouveau faire appel à son timbre : M. GÉDALGE l'emploie dans sa dernière symphonie; M. LE BOUCHER dans une suite d'orchestre au _Bois sacré_; M. R. STRAUSS dans sa _Symphonie domestique_.

COR ANGLAIS

Le _cor anglais_ est un grand hautbois d'amour. Par conséquent, il se compose également d'un tube en bois, de perce conique, d'un bocal et d'une anche

---

1. Nous avons joué une musette de COUESNON qui présente cette particularité, d'être absolument juste lorsqu'elle est jouée avec une anche de hautbois ordinaire. Elle possède quatre clés qui ont été ajoutées après coup. Elle est en _sol_ et mesure 0,35.

2. CHOUQUET, _Catalogue du Musée du Conservatoire de musique_

3. S. VERROUST, _Méthode de hautbois_.

4. Constant PIERRE, _Les Facteurs d'Instruments de musique_.

double. Son pavillon a la même forme que celui du hautbois d'amour.

Il est à la quinte du hautbois, c'est-à-dire en *fa*.

Étant au hautbois ce que l'alto est au violon, il serait plus logique de le nommer *hautbois-alto*[1].

Il devrait ce nom de cor anglais à la forme en demi-cercle que lui donna, pour en faciliter *le maniement* (!), un hautboiste de Bergame, Jean PERLENDÈS, établi à Strasbourg vers 1760. Avec cette forme en demi-cercle, l'instrument ressemblait à certain cor de chasse usité en Angleterre vers la même époque.

Si cette forme semblait à certains faciliter le maniement de l'instrument (ce qui n'est pas notre avis, car nous trouvons au contraire cette disposition très incommode pour en jouer), par contre, elle lui donnait de bien grands inconvénients : par exemple, l'impossibilité devant laquelle on se trouvait de passer une perce à l'intérieur. Or, comme le cor anglais de forme arquée était fait d'une succession de petits arceaux ou anneaux en bois ajoutés les uns aux autres, cela donnait dans la perce des aspérités, des inégalités qui en rendaient le son beaucoup moins intense. Pour cacher tous ces anneaux, et aussi pour donner à l'instrument un peu de solidité, on recouvrait ces instruments de cuir.

THIÉBERT avait imaginé de découper dans une planche de bois, d'une épaisseur suffisante, un morceau de bois de la forme du cor anglais arqué qu'il mettait dans de l'eau bouillante. Ensuite, il le faisait passer sous une presse jusqu'à ce que le morceau de bois fût devenu droit, c'est-à-dire qu'on lui donnait sa forme extérieure, et on le perçait vivement intérieurement ; enfin, on le laissait reprendre sa forme naturelle.

Cela avait au moins l'avantage d'avoir une perce bien lisse, bien égale, mais cela n'enlevait nullement l'inconvénient du passage de l'eau sur les trous de la partie tenue par la main droite[2].

On fit encore des cors anglais arqués jusque vers 1870.

En 1835, dans sa méthode, BROD écrit qu'il a trouvé un modèle « plus avantageux », et qui n'a que « 4 pouces 1/2 » de plus que le hautbois, au lieu de « 10 » comme les anciens :

> J'ai obvié à cette différence par la forme du bocal ; et il ajoute : ce hautbois-alto remplace parfaitement le cor anglais et doit, comme on le concevra sans peine, avoir une grande préférence sur lui, tant par sa justesse et la perfection que l'on peut apporter dans sa perce, que par sa forme plus présentable.

Le cor anglais descend de la *haute-contre* ou *hautbois de chasse*, oboè di coccia, selon J.-S. BACH.

Sous ce dernier nom (oboè di caccia), il fut beaucoup employé par J.-S. BACH dans ses cantates, soit en instrument soliste accompagnant la voix, soit mélangé aux hautbois, hautbois d'amour.

Dans la musique de théâtre, c'est GLUCK qui l'employa le premier dans *Alceste* (l'édition italienne publiée en 1769 mentionne : *corno englese*).

Bien qu'il fût joué pour la première fois à l'Opéra par VOGT, en 1808, dans *Alexandre chez Apelle* de CATEL, il devait être connu en France, tout au moins de nom, dès 1779.

En reproduisant, écrit Constant Pierre, d'après la *Gazette des Deux-Ponts*, quelques notes sur un instrument nouveau, appelé *Taille d'amour*, joué à Vienne par des Bohémiens, *L'Avant-coureur* de 1779 nous apprend qu'il participait du hautbois de chasse ordinaire, du *cor anglais* ou du hautbois[3].

Le cor anglais, dit Berlioz, est une voix mélancolique, rêveuse, assez noble, dont la sonorité a quelque chose d'effacé, de *lointain*, qui la rend supérieure à toute autre, quand il s'agit d'émouvoir en faisant renaître les images et les sentiments du passé, quand le compositeur veut faire vibrer la corde secrète des tendres souvenirs.

Son registre grave est aujourd'hui bien plein, bien puissant, celui du médium correspond très exactement aux belles notes d'une vraie voix de contralto, mais son aigu est un peu grêle, un peu souffreteux.

Nous ne rappellerons pas tous les ouvrages dans lesquels les compositeurs ont fait appel au cor anglais. Disons seulement que, dans ses cantates, J.-S. BACH l'écrivait en clé d'*ut* 3e ligne ; que les compositeurs italiens qui précèdent VERDI le notaient en clé de *fa* 4e ligne ; les Français antérieurs à HALÉVY en clé d'*ut* seconde. A présent, on se sert de la clé de *sol*.

Parmi les plus belles pages confiées au cor anglais, nous mentionnerons le solo de *Manfred* de R. SCHUMANN, ceux que BERLIOZ lui a confiés, soit dans l'ouverture du *Carnaval Romain*, celle de *Rob-Roy*, dans la *Damnation de Faust*, la *Symphonie Fantastique*, C. FRANCK dans la *Symphonie en ré mineur*, R. WAGNER dans *Tannhæuser*, et surtout dans *Tristan et Isolde*.

Depuis que le cor anglais a pris sa forme définitive, il a suivi tous les perfectionnements du hautbois jusqu'en 1890 ou 1900. A cette époque, M. LORÉE a trouvé le moyen de disposer les clés de telle façon que les doigts n'ont plus besoin d'un écartement plus grand que pour le hautbois ordinaire. Il le nomme *système à doigté rapproché*. Depuis, il y a adapté le mécanisme du hautbois à plateaux.

Le mécanisme reste le même pour ces deux instruments que pour le hautbois « système Conservatoire ».

HAUTBOIS-BARYTON

Le *hautbois-baryton* se compose, lui aussi, d'un tube se divisant en deux grands corps et d'un pavillon « en forme de pomme » ; d'un bocal et d'une anche double. BIZEY en a laissé un qui avait deux clés en cuivre.

FIG. 649.
Système
à doigté
rapproché.

FIG. 650.
Mécanisme
du hautbois
à plateaux.

FIG. 651.

---

1. Nous devons faire remarquer que R. WAGNER, dans *Parsifal*, a noté la partie de cor anglais *oboè-alto*. — Une notice des éditeurs des partitions de *Siegfried* et *Tristan et Isolde* dit bien que R. WAGNER trouvant le timbre du cor anglais trop faible pour l'orchestre, a fait construire un instrument spécial qu'il nomme *oboe-alto*, et qu'il désirait que les parties de cor anglais des ouvrages fussent jouées avec cet instrument. Nous avouons n'avoir jamais eu confirmation de cette allégation.

2. Le musée du Conservatoire de Bruxelles possède un cor anglais (marque CUVILLIER à Saint-Omer) dont les deux corps s'emboîtent dans un barillet coudé, de sorte qu'ils forment entre eux « pour faciliter le maniement de l'instrument » un angle d'environ 140°. — Cette disposition n'enlevait pas l'inconvénient de faire couler l'eau dans les trous du corps inférieur.

3. Constant PIERRE.

Brod en donne un modèle dans sa méthode de hautbois.

F. Triebert mentionne sur son catalogue : « Baryton... genre hautbois n° 4, plus le *si* ♭ et l'*ut* correspondance au pouce. »

M. Lorée lui a adapté le mécanisme du hautbois moderne, le rendant ainsi propre à figurer dans les orchestres modernes.

Le hautbois-baryton descend de l'ancienne taille de hautbois; il est à l'octave grave du hautbois. Il a une très belle qualité de son que Brod comparait à la voix de ténor, ou à celle dont il porte le nom.

« Ce sera une admirable basse le jour où l'on voudra grouper tous les instruments de même famille, et constituer un foyer de sonorité intense, presque agressif, au centre de l'orchestre, tout à côté des cors[1]. »

Jusqu'à présent, son emploi a été fort restreint. M. R. Strauss a fait appel à cette famille dans *Salomé* : 2 hautbois, 1 cor anglais et 1 hautbois-baryton qu'il remplace par l'*heckelphone*.

Ce nouvel instrument est un hautbois-baryton avec une perce plus large, ce qui lui donne un son plus fort, mais qui tranche un peu trop dans l'orchestre.

Il est en *ut*, et M. Heckel en fait qui descendent au *do*, *si* ♭ et même *la* grave. Ils donnent :

1. Widor, *Traité d'instrumentation.*

M. BLEUZET.

LA CLARINETTE

Par M. MIMART

ANCIEN PROFESSEUR AU CONSERVATOIRE

ORIGINE ET ÉVOLUTION DE L'INSTRUMENT

La clarinette est originaire de l'Allemagne; c'est à Jean-Christophe Denner (Leipzig, 1655; Nüremberg, 1707) qu'en est due l'invention. Les écrivains qui se sont occupés de l'histoire de cet instrument s'accordent pour en faire remonter l'apparition aux environs de 1700. Lavoix, dans son ouvrage *L'Instrumentation*, donne la date de 1680 pour les premiers essais de Denner dans la construction de son nouvel intrument, et 1701 pour l'apparition de la première clarinette.

Hugo Riemann dit :

« Denner (J.-C.), fils d'un fabricant de cors, qui, de Leipzig, vint s'établir à Nüremberg, devint très habile dans l'art de la fabrication des instruments à vent en bois; ses essais d'amélioration de l'ancien chalumeau français l'amenèrent à inventer, vers 1700, la clarinette, qui devint rapidement un des principaux instruments de l'orchestre. » (H. Riemann, *Dictionnaire de Musique*.)

L'ancien chalumeau d'orchestre dérivait de son congénère champêtre que se fabriquent encore actuellement les paysans habitant les régions où pousse le roseau.

Les Italiens prétendent que les anciens chalumeaux français étaient un perfectionnement de la *Ciaramella*, rustique instrument de musique, encore en usage dans quelques contrées de l'Italie.

La *Ciaramella* est faite d'un tube de roseau, fermé à l'un de ses orifices, percé de sept trous et fendu obliquement sur un de ses côtés, près de l'extrémité bouchée. La languette de roseau ainsi obtenue, et suffisamment amincie, constitue l'anche. En embouchant ce tuyau de manière que leurs lèvres recouvrent entièrement l'encoche, les joueurs de cet instrument, dont le souffle en passant par cette ouverture met l'anche en vibration, obtiennent des sons grossiers, il est vrai, mais qui ne sont pas sans analogie avec ceux de la clarinette.

Il est possible que le chalumeau ait été le résultat de perfectionnements apportés à la ciaramella; mais, que cela soit ou non, il est évident que ce rudimentaire instrument contient les éléments constitutifs de l'ancien chalumeau et, par conséquent, de la clarinette, l'anche battante associée à un tuyau cylindrique. Cette association remonte très loin, ainsi qu'on peut en juger par l'*Arghoul*, très ancien cha-

lumeau égyptien dont le Musée du Conservatoire de Paris possède un spécimen.

De ce que les essais de transformation du chalumeau ont eu lieu en Allemagne, il ne faut pas confondre le *Schalmey* allemand avec le chalumeau. Le schalmey était une sorte de hautbois qui, malgré son anche double, était souvent, au cours du xviie siècle, en France, désigné par le mot *chalumeau*.

Le véritable chalumeau français se composait : du corps de l'instrument, — un tube cylindrique généralement en bois de buis, — d'une anche battante (anche simple naturellement) faite d'une languette de roseau montée sur une sorte de bec placé à l'intérieur d'une boîte terminant l'instrument. Cette boîte était elle-même d'un tube servant à l'emboucher; le souffle arrivait donc sur l'anche comme dans certains jeux d'orgue; cet instrument n'avait pas de pavillon; il se terminait comme le flageolet. Son échelle des sons, très réduite, se composait uniquement de la série des sons fondamentaux obtenus par l'ouverture successive des huit trous latéraux dont il était percé :

Les chalumeaux étaient encore instruments d'orchestre pendant la seconde moitié du xviie siècle. Ils formaient une famille complète. Le soprano ou discant, l'alto ou quarte ou haute-contre, le ténor ou taille et la basse ou basse-taille. C'est dans ces différents instruments qu'il faut voir l'origine des clarinettes soprano, clarinettes d'amour, des clarinettes alto, des cors de basset et des clarinettes basses.

La façon dont l'anche de ces chalumeaux était mise en vibration ne permettait qu'accidentellement la production des harmoniques; ce sont les recherches faites dans le but de les obtenir régulièrement qui ont conduit Denner à faire du chalumeau, son nouvel instrument, la clarinette. De bonne heure, en Allemagne, on s'ingénia à perfectionner le chalumeau français. Ceux que fabriquait Denner étaient percés de huit trous. Le premier (petit doigt de la main droite) était double, c'est-à-dire formé de deux trous assez petits et réunis.

Ils étaient déjà munis de deux clés, l'une actionnée par le pouce gauche, la seconde par l'index gauche; les trous que recouvraient ces clés étaient percés en

face l'un de l'autre et de même diamètre. L'instrument, tout bouché, donnait le *fa* grave :

et, tout ouvert, le *si*♮ :   . Le *la* :

était obtenu en tenant fermée la clé du pouce et
ouverte la clé de l'index, le reste de l'instrument
ouvert. La clé du pouce servait à faire monter à la
douzième les sons fondamentaux.

L'étendue de cet instrument était de deux octaves
et une quinte à partir du *fa* grave. La longueur était
de 0ᵐ,50; il n'avait pas de pavillon.

Sur ces chalumeaux, DENNER avait déjà supprimé
la boîte enfermant le bec, et créé le mode actuel
d'embouchure et de fixation de l'anche sur le bec,
ce qui, du reste, était de toute nécessité pour aider
à la production des sons harmoniques élevés.

En définitive, l'invention proprement dite de la
clarinette se réduit à peu de chose.

DENNER reporta plus haut, vers l'embouchure, le
trou de la clé du pouce gauche, et dut, par conséquent, en diminuer le diamètre; et, pour éviter que
la salive n'envahît un espace aussi réduit, il le garnit
intérieurement d'un petit tube en cuivre dépassant à
l'intérieur de la perce. Le nouvel emplacement de ce
trou eut pour effet de faciliter énormément l'émission
des douzièmes.

Il évasa l'extrémité de l'instrument et lui donna la
forme d'un pavillon de trompette. La clarinette était
faite; le premier instrument de ce genre parut en 1701.

Dès l'origine, la série des notes fondamentales de
la clarinette porta le nom de registre du chalumeau,
en souvenir de l'instrument qui lui avait donné
naissance : il garde encore cette dénomination. Les
notes composant ce registre avaient un son mat.

La série des douzièmes prit le nom de registre de
clarine, parce que ces sons étaient éclatants, criards
même, et ressemblaient assez à ceux des trompettes.
On l'appelle aujourd'hui registre de clairon. La nature particulière de ces sons, ainsi que la forme du
pavillon, firent donner au nouvel instrument le nom
de clarinette ou petite trompette.

On sait que les trompettes sonnant dans le registre
aigu portaient, à cette époque, le nom de clarine.

Cette inégalité dans la sonorité des deux registres
de la clarinette a subsisté jusqu'à l'apparition de la
clarinette à treize clés.

Frédéric BEER, qui fut professeur au Conservatoire
en 1832, l'apprécie en ces termes : « Avant l'usage des
clés adoptées aujourd'hui, les différents registres de
la clarinette ne pouvaient se marier entre eux d'une
façon agréable. Les sons du chalumeau étaient très
sourds; par contre, ceux du clairon sortaient toujours
éclatants; ils n'étaient surpassés en intensité que par
les sons suraigus. » (F. BEER, *Méthode de clarinette*.)

Nous donnons ici l'étendue de la clarinette à deux
clés; les notes surmontées d'un zéro ne s'obtenaient
que par des doigtés dits fourchus :

Sur cet instrument, on comprendra facilement
l'absence du *si*♮ (troisième ligne); cette note n'existe
que comme harmonique troisième du *mi* grave; or
les premières clarinettes ne descendant qu'au *fa*
grave, la production du *si*♮ était donc impossible.

Intonations vicieuses résultant du percement des
trous d'après l'écartement naturel des doigts, notes
sourdes ou trop éclatantes, manque absolu d'homogénéité dans la succession des sons de ses différents
registres, tous ces inconvénients expliquent le peu
de sympathie que la clarinette obtint tout d'abord.
Elle resta assez longtemps dans cet état précaire; ce
n'est que vers le milieu du XVIIIᵉ siècle que l'on commença à l'améliorer. Le fils de DENNER allongea la
clarinette et la munit de la troisième clé permettant
de donner le *mi* grave; cette clé se prenait avec le
pouce droit. D'aucuns prétendent que ce perfectionnement doit être attribué à Fritz BARTHOLD, facteur
d'instruments à Brunswick (mort en 1766). Il est
probable que BARTHOLD a tout simplement changé la
place de la clé du *mi* grave en la mettant sous l'action
du petit doigt gauche. Cette amélioration fut capitale.
Si la clarinette demeure encore très défectueuse
sous le rapport de la justesse et de la sonorité, du
moins la succession de ses sons s'opère-t-elle sans
solution de continuité. Le nouvel instrument va
prendre son essor, il attirera de plus en plus certains
artistes qui chercheront à le perfectionner, et c'est
ainsi que, de progrès en progrès, il deviendra ce

qu'il est actuellement, un des plus riches et un des
meilleurs organes de l'orchestre.

Peu après BARTHOLD, Joseph BEER (1744-1811), fondateur de la première école allemande de clarinette,
augmente de deux le nombre des clés et obtient le
fa♯ et le *sol*♯ grave :   ainsi que

leur douzième :   Si, par l'usage de

ces deux nouvelles clés, s'enrichit l'échelle chromatique de la clarinette, nombreuses sont encore les
notes ne s'obtenant que par des doigtés particuliers à
chaque instrumentiste. Les fabricants d'instruments,
à cette époque, ne possédaient pas cette régularité
dans la production que l'on constate actuellement
chez les bons facteurs; les instruments ne sortaient
pas rigoureusement semblables des mains de l'ouvrier, et telle note qui sur une clarinette se faisait
à l'aide d'un certain doigté, sur un autre instrument
en exigeait un différent.

Née en Allemagne, la clarinette, en tant qu'instrument d'orchestre, paraît avoir été utilisée pour la
première fois en Belgique.

GEVAERT (*Traité d'orchestration*) cite la partition

d'une messe composée en 1720, dans laquelle l'auteur, Jean-Adam-Joseph FABER, maître de chapelle de la cathédrale d'Anvers, utilise le nouvel instrument.

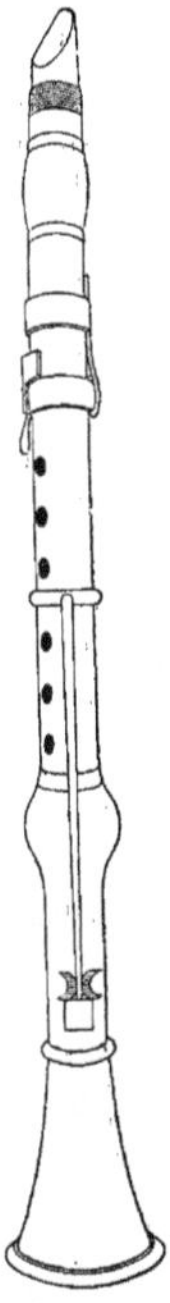

C'est le premier exemple de l'emploi de la clarinette. Elle ne fit son apparition en France que long-temps après; RAMEAU s'en sert dans son opéra *Acanthe et Céphise* (1751). Dans un de ses ouvrages, *Céline* (1756), le chevalier d'HERBAIN emploie une clarinette en *ré*; FRANCŒUR, dans *Aurore et Céphale* (1766), fait usage des clarinettes en *si* ♭. En 1770, GASPARD et SAOLER introduisirent la clarinette dans l'orchestre de l'Opéra (G. CHOUQUET, *Histoire de la musique dramatique en France*).

Ce n'est qu'en France que GLUCK connut la clarinette, puisqu'il ne l'utilisa que dans les ouvrages qu'il écrivit et fit exécuter à Paris. On peut en chercher un témoignage dans ce fait que, dans la partition de l'*Alceste* donnée à Vienne en 1757, on trouve encore les antiques chalumeaux.

MOZART, également, employa pour la première fois la clarinette dans la symphonie qu'il composa et fit exécuter à Paris en 1778.

FIG. 652. Clarinette à trois clefs.

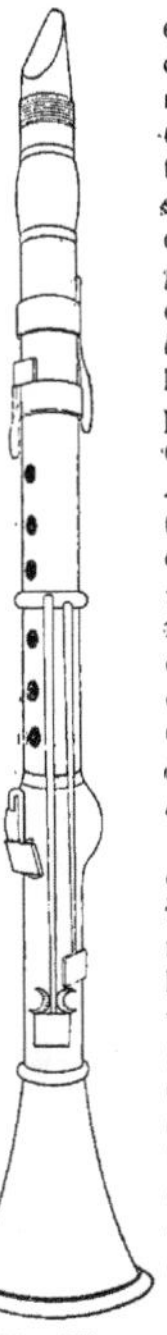

FIG. 653. Clarinette à 5 clés. BEER.

A ses débuts en France, la clarinette ne fut qu'exceptionnellement utilisée à l'Opéra; elle n'y eut sa place obligée qu'au commencement du XIXᵉ siècle, époque à laquelle, aussi bien en France qu'en Allemagne, elle devint un des éléments indispensables de l'orchestre symphonique.

Dans les musiques militaires, au contraire, les clarinettes furent introduites à la fin du règne de Louis XV, et y occupèrent le premier rang sous celui de son successeur, menaçant de se substituer aux hautbois. Cette substitution n'était point due uniquement à la beauté de leur timbre, à leur étendue et à la facilité relative pour l'époque des effets que l'on pouvait en obtenir; il faut en chercher la cause dans l'insuffisance des hautbois qui, seuls avec les tambours, exécutaient les marches guerrières et les signaux militaires. Quant aux hautbois de l'époque, la perce en était large et la construction très rudimentaire; aussi, leurs sons étaient rudes, mais ils parvenaient à dominer les tambours; plus tard, ils furent perfectionnés, et si leur timbre acquit de la finesse, en revanche, ils parurent insuffisants

pour le rôle auquel ils avaient été destinés; or les clarinettes arrivaient à point pour les remplacer.

Xavier LEFEBVRE, en 1791, ajouta la sixième clé, petit doigt de la main gauche, pour obtenir avec justesse le *do* ♯ du chalumeau et le *sol* ♯ du clairon. C'est à Ivan MULLER (1786-1854) qu'est due (1812) l'invention de la clarinette à treize clés. Cet habile artiste en confia la construction à GENTELET, fabricant d'instruments à vent à Paris. Si cet instrument laisse encore tant soit peu à désirer sous le rapport de la justesse, son apparition marqua néanmoins un progrès considérable dans l'évolution de la clarinette; il répondait dans une très large mesure aux besoins de l'époque, il réalisait sur ses devanciers des progrès tellement évidents que son succès fut immense, et, aujourd'hui encore, malgré les avantages que procure l'emploi du système BŒHM [1], la clarinette à treize clés est usitée dans la plupart des pays d'Europe et d'Amérique.

L'apparition du système MULLER opéra une révolution totale dans l'étude de cet instrument, qui fut recherché et cultivé par un grand nombre d'artistes. Le jeu des clarinettistes s'améliora considérablement, plusieurs même furent de brillants virtuoses, au premier rang desquels il faut citer Karl BAERMANN qui, en 1818, vint se faire entendre à Paris, et Frédéric BEER, professeur au Conservatoire de Paris; ce dernier, par son brillant talent, par l'étendue de ses connaissances théoriques et par la valeur de ses compositions, a vraiment droit au titre de fondateur de l'école française de clarinette. Nombreux ont été les essais d'amélioration de la clarinette à treize clés, et les citer tous serait impossible; mentionnons les principaux.

SIMIOT, facteur d'instruments à Lyon, s'occupa beaucoup de la clarinette. Parmi les inconvénients inhérents à la construction de cet instrument, l'écoulement par le trou du pouce du produit de la condensation de la vapeur d'eau contenue dans le souffle de l'exécutant, est un des plus désagréables. L'ingénieux facteur tenta d'y remédier en imaginant pour ce trou un tuyau en métal faisant saillie à l'intérieur de l'instrument. En 1823, il exposa une clarinette sans âme, dite à mécanique; en 1828, il construisit un modèle de clarinette muni de dix-neuf clés.

On sait que la différence de doigté entre la clarinette à treize clés et le système BŒHM est le principal obstacle à l'adoption de ce dernier. Beaucoup de facteurs se sont ingéniés à construire des instruments qui, tout en conservant le doigté de la clarinette à treize clés, devaient posséder les avantages procurés par le système des anneaux mobiles.

En 1845, F. LEFEBVRE réalisa la construction d'une clarinette dans laquelle il avait supprimé les notes factices de la clarinette à treize clés au moyen d'anneaux mobiles, tout en ne changeant rien à la position de la main gauche. Plus tard, ce facteur, en collaboration avec A. ROMERO, professeur à Madrid, construisit la clarinette ROMERO, d'un mécanisme merveilleux... mais très compliqué.

En 1845, le clarinettiste BLANCOU fit construire un instrument qui, sans changer les doigtés de la clarinette à treize clés, devait procurer les mêmes avantages que le système BŒHM.

En 1852, GYSSENS fit une clarinette dont les trous,

1. Voir art. *Flûte*.

les clés et les anneaux étaient disposés de manière à allier la justesse et les facilités du système Bœhm au doigté de la clarinette à treize clés.

Actuellement, à part la véritable clarinette Muller, que les facteurs construisent en grande quantité, il existe différents types d'instruments, très en usage, sur lesquels sont combinés les deux systèmes Bœhm et Muller :

1° La clarinette à quatorze clés : cette quatorzième clé (index droit) est placée sur le côté de l'instrument ; elle sert à triller *la* et *si* ♭ ;

2° La clarinette à treize clés et deux anneaux sur le corps de la main droite, pour supprimer le *fa* par la fourche ;

3° La clarinette à quinze clés et deux anneaux (cet instrument est ordinairement catalogué sous le nom de demi-Bœhm).

Les clarinettes à treize, quatorze et quinze clés, avec ou sans anneaux sur le corps inférieur, sont en usage en Angleterre, en Belgique, en Italie, en Espagne, aux Etats-Unis et dans les différents pays de l'Amérique du Sud.

Les clarinettes demi-Bœhm sont plus particulièrement employées en Allemagne, en Autriche, en Suède et en Russie. Il n'est pas inutile de dire que, dans tous ces pays, l'usage de la clarinette système Bœhm commence à se répandre. L'Italie et l'Espagne emploient à peu près également les deux systèmes Bœhm et Muller.

En France, le système Bœhm est d'un usage presque exclusif.

De son origine à l'invention du système à treize clés, l'étendue de la clarinette était, avons-nous dit, d'un chromatisme très relatif, à cause de la quantité de notes rendues bouchées par les doigtés factices qu'on était obligé d'employer pour les obtenir.

L'impossibilité presque absolue pour l'exécutant de jouer dans d'autres tons que ceux pour lesquels les clarinettes étaient établies a fait, qu'au milieu du xviii° siècle, on construisait des clarinettes dans tous les tons. Plus tard, les clarinettistes, pour éviter d'avoir à transporter un si, grand nombre d'instruments, munirent leurs clarinettes de pièces de rechange plus ou moins longues. (C'est la raison de la division actuelle de l'instrument en plusieurs parties ajustées avec des tenons.) En fait, les clarinettistes du xviii° siècle étaient dans la même situation que les cornistes jouant le cor simple ; ils devaient donc, comme ces derniers, posséder des tons de rechange.

Tous ces instruments sont tombés en désuétude ; ils ne pouvaient, avec leurs vices de construction, résister au système à treize clés qui venait précisément faire disparaître la plus grande partie de ces défauts.

Il en a été de même pour les clarinettes d'amour en *fa* et en *sol*, jouées en Allemagne dans la seconde moitié du xviii° siècle, dont le pavillon était sphérique ; pour le cor de basset en *fa*, utilisé de bonne heure en Allemagne, on commença à en construire à Passau (Bavière) vers 1750. Il descendait jusqu'à

l'*ut* : 𝄞 à l'aide d'un allongement de l'instrument ; son pavillon était souvent recourbé comme celui de la clarinette alto en *mi* ♭ actuelle.

Les instruments les plus généralement employés aujourd'hui, en France, sont : dans les orchestres

symphoniques, les clarinettes en *si* ♭ et en *la*, la clarinette alto en *fa* et les clarinettes basses en *si* ♭ et en *la*. Les musiques militaires emploient les petites clarinettes en *mi* ♭ et les clarinettes en *si* ♭. Jusque dans ces dernières années, on avait toujours attribué les premiers essais de clarinette basse à Grenser, de Dresde (1793).

Les recherches faites à ce sujet par M. Constant Pierre nous permettent de revendiquer la clarinette basse pour une invention française, dont le mérite revient à G. Lot, facteur d'instruments à vent à Paris, dans la seconde moitié du xviii° siècle. Les journaux de l'époque (mai 1772) parlent d'un nouvel instrument que le sieur G. Lot vient de construire, et qu'il appelle Basso Tuba ou basse de clarinette. Cet instrument descend aussi bas que le basson et monte aussi haut que la flûte ; il est d'une forme particulière et contient plusieurs clés pour l'usage des semitons. Les sons graves imitent de fort près ceux d'un orgue dans l'action des pédales (C. Pierre, *La Facture instrumentale*).

Egalement français sont les premiers essais de clarinette contrebasse. On les doit à Dumas qui, en 1810-11, ayant déjà fait une clarinette basse nommée basse guerrière, inventa une clarinette contrebasse qu'il appela contrebasse guerrière.

En 1839, Wieprocht imagina une clarinette contrebasse en *ut*, qu'il appela *batyphon* ; elle descendait

au *mi* : 𝄢 . Sa forme générale rappelait

8ª Bassa

celle du basson ; ses trous étaient tous bouchés par des clés. Dans ces dernières années, parurent, en France, la clarinette pédale de Fontaine-Bessou et la clarinette contrebasse Evette et Schaeffer.

La clarinette pédale est en bois avec les raccordements en métal ; celle d'Evette et Schaeffer est toute en métal, à l'exception du bec, bien entendu ; son mécanisme est le système à treize clés.

JEU DE LA CLARINETTE. — PRINCIPAUX VIRTUOSES

A ses débuts en France, la clarinette ne fut pas jouée comme elle l'était en Allemagne où, dès son origine, les clarinettistes placèrent le bec dans la bouche, l'anche en dessous.

Cette façon de jouer explique la supériorité de la première école allemande de clarinette, qui se maintint jusqu'à la réforme de l'embouchure en France, où les clarinettistes, à l'encontre de leurs collègues allemands, jouaient l'anche en dessus. Il est singulier que les nombreux avantages procurait aux exécutants la façon allemande n'aient point été immédiatement compris en France. C'est Frédéric Beer qui imposa chez nous la manière de jouer de la clarinette l'anche en dessous.

Les principaux virtuoses français ont été :

Xavier Lefebvre (1763-1829), professeur au Conservatoire de Paris, en 1795, il porta à six le nombre des clés de la clarinette.

Frédéric Beer (1794-1838), successeur de Lefebvre au Conservatoire en 1832, très habile clarinettiste, qui composa pour son instrument de nombreux solos et airs variés.

Franco Dacosta (1778-1866), premier prix en l'an VI, fit partie de la musique de la Garde du Directoire, devint plus tard chef de la musique des Gardes du corps de Charles X, fit partie de l'orchestre de l'Opéra et fut un des fondateurs de la Société des Concerts du Conservatoire. Il a laissé plusieurs fantaisies et concertos pour son instrument.

Hyacinthe KLOSÉ (1808-1880), soliste de la Société des Concerts, qui songea à appliquer à la clarinette le système des anneaux mobiles inventés par Théobald BŒHM; il fit adopter, au Conservatoire, le système de clarinette que, sur ses données, venait de construire L.-A. BUFFET. Il fut, après BEER, professeur au Conservatoire; il a écrit, lui aussi, pour l'instrument, de nombreux solos et airs variés, véritables morceaux de classe que l'on pourra toujours très utilement travailler.

Adolphe LEROY, élève de KLOSÉ, lui succéda d'abord, en 1853, comme soliste à la Société des Concerts, puis, en 1869, comme professeur au Conservatoire, fonction qu'il n'exerça que sept ans. En 1876, il dut aller demander à un climat plus clément que celui de Paris le rétablissement d'une santé chancelante; ce fut en vain, hélas! Il mourut en 1880. Son successeur au Conservatoire fut encore un élève de KLOSÉ, Cyrille Rose (1830-1903), virtuose dont la carrière fut aussi longue que brillante.

Les clarinettistes étrangers qui se sont le plus distingués, soit comme virtuoses, soit comme professeurs ou compositeurs, sont pour l'Allemagne :

Joseph BEER (1744-1814), le fondateur de la première école allemande de clarinette.

Joseph BAERMANN (1781-1854).

Hermann BENDER, auteur d'une excellente méthode pour la clarinette à treize clefs.

F. VANDERHAGEN (1753-1822), surtout célèbre par ses deux méthodes, l'une pour la clarinette à cinq clés, l'autre pour la clarinette à treize clés.

Les clarinettistes italiens sont nombreux. Nous citerons les principaux, qui furent :

. C.-B. GAMBARO (1785-1828), virtuose parfait, auteur d'un grand nombre d'études et de duos; B. GARULLI (1797-1877); J. BIMBONI (1813-1893); Luigi BASSI (1833-1871), clarinettiste très distingué, a écrit pour l'instrument principalement des fantaisies sur des airs d'opéras.

LIVERANI (1805-1874), virtuose et compositeur de grand mérite, fut le premier, en Italie, à reconnaître la supériorité du système BŒHM, et à le faire adopter dans son école, d'où sortirent les meilleurs clarinettistes de l'Italie.

Ernesto CAVALLINI (1807-1873) fut aussi remarquable comme virtuose que comme compositeur. Il se place, sans contredit, au premier rang des clarinettistes italiens du XIXᵉ siècle.

G. SPINA (1823-1893).

LE SON DE LA CLARINETTE

Avant de passer à la description de la clarinette système BŒHM, rappelons le plus brièvement possible quelques éléments d'acoustique[1]. Une vibration simple est le mouvement d'aller ou de retour d'une molécule vibrante.

Une vibration double ou complète est le mouvement d'aller et de retour de cette même molécule.

---

1. Voir art. *Acoustique.*

Les vibrations vont progressivement en décroissant d'amplitude, mais chacune d'elles conserve la même durée.

L'onde simple est la distance parcourue par le son pendant une vibration simple; l'onde complète est celle parcourue pendant une vibration complète.

Les points où les ondes animées de vitesses contraires se rencontrent sont appelés nœuds de vibration. La vitesse de l'air y est nulle, mais la densité y subit de continuelles variations; au milieu de l'onde, le mouvement vibratoire est plus grand, mais il n'y a pas de variations de densité; cet endroit se nomme ventre de vibration. La distance qui sépare deux nœuds de vibration est la même que celle qui sépare deux ventres.

Il y a deux espèces de tuyaux : ouverts et fermés ou bouchés.

Lorsqu'ils sont ouverts à leurs deux extrémités, ils se nomment tuyaux ouverts; ils ont alors un nœud de vibration au centre et un ventre à chaque extrémité.

Quand une de leurs extrémités est ouverte et l'autre fermée, ils sont appelés tuyaux fermés ou bouchés; ils ont alors un nœud de vibration contre la paroi de l'orifice fermée et un ventre à l'extrémité ouverte.

La longueur d'un tuyau ouvert est égale à celle de l'onde simple.

La longueur d'un tuyau fermé est celle d'une demi-onde simple.

Un tuyau fermé, donnant le *ré₂* de 290,2 vibrations (*mi* grave de la clarinette en si♭), aurait une lon-

Fig. 654.
Tuyaux ouverts.

gueur de 340 (vitesse du son) divisée par 290,2 vibrations, soit 1,17 représentant l'onde simple. La demi-onde simple en longueur du tuyau fermé est de 0,585. 0,585 est donc la longueur d'un tuyau fermé renforçant un son produit par 290,2 vibrations; en tuyau ouvert, cette longueur serait de 1,17. Ce qui peut se vérifier à l'aide de l'expérience suivante :

On prend un tuyau ouvert à ses deux extrémités, est, près de son orifice supérieur, on fait vibrer un diapason normal; si ce tuyau n'est pas accordé pour cette note ou si, du moins, il n'a pas la longueur voulue pour renforcer ce son, le diapason ne résonnera qu'avec sa faible intensité ordinaire; mais, si l'on donne au tuyau une longueur de 39 centimètres, qui est celle de l'onde produite par un son de 870 vibrations, et si l'on approche à nouveau de l'orifice supérieur de ce tuyau le diapason en vibration, il résonnera avec une intensité remarquable.

Si l'on bouche l'orifice inférieur de ce tuyau, en approchant le diapason de l'ouverture supérieure, on ne constatera aucun renforcement du son, mais que, dans ce tuyau, on verse progressivement de l'eau, on constatera le maximum d'intensité de résonance lorsque l'eau aura atteint la moitié de la hauteur du tuyau. (MAHILLON.)

Cette expérience, qui donne exactement l'idée d'un tuyau ouvert et d'un tuyau fermé, prouve bien que, pour renforcer un certain son, un tuyau ouvert doit avoir une longueur double de celle d'un tuyau fermé.

Les tuyaux fermés, avons-nous dit, ont toujours un nœud de vibration contre la paroi de l'extrémité bouchée, et un ventre à l'extrémité ouverte ; avec un seul nœud et un seul ventre, on a le son fondamental ou son 1.

En forçant la pression de l'air dans ce tuyau, au lieu de l'octave du son fondamental (comme cela se produit dans les tuyaux ouverts), on n'obtiendra que la quinte supérieure du son fondamental, parce que la nécessité pour les tuyaux fermés d'avoir toujours un nœud au fond et un ventre à l'extrémité opposée ne permet pas d'autre subdivision de la colonne d'air que celle représentée par la figure 656.

Les ondes sont devenues trois fois plus petites, les vibrations ont triplé, et on saute au son trois, représenté par la douzième du son fondamental (fig. 657).

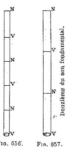

La clarinette est un tuyau cylindrique dont la colonne d'air est mise en vibration par une anche simple en roseau.

Elle se comporte acoustiquement comme les tuyaux fermés, parce que la place de l'anche est celle du maximum des variations de pression et du minimum de vitesse des molécules d'air dont les conséquences sont la formation d'un nœud de vibration à cette extrémité du tuyau.

Tout ce que nous avons dit à propos des tuyaux fermés s'applique donc à la clarinette, et explique pourquoi cet instrument est quintoyant et ne peut donner que les harmoniques impairs. Il suffit de pratiquer une petite ouverture au tiers supérieur

de la longueur du tuyau de la clarinette pour que le son fondamental saute à la douzième. L'ouverture pratiquée, mettant cette partie du tuyau en communication avec l'air extérieur, occasionne, à cet endroit, la formation d'un ventre, et on a, dès lors, le partage de la colonne d'air en trois parties et la production du son 3 ou douzième de la fondamentale.

Nous avons vu que la longueur théorique d'une clarinette en si♭ devrait être de 0m,585 en sous-entendant la perce de 0m,015, qui est généralement admise avec quelques différences légères variant d'un facteur à l'autre. (On appelle perce les proportions intérieures du tuyau des instruments à vent.) La clarinette est plus longue que cela : elle mesure, bec compris, environ 0m,71 ; l'écart entre 0m,71 et 0m,585 provient de ce que la perce, au lieu de continuer à être cylindrique, se termine par un évasement (le pavillon) ; le tuyau, en s'élargissant ainsi, nécessite, pour la production de la note la plus grave, une plus grande longueur que ne l'indique la théorie.

Le tuyau de la clarinette donne, à l'aide de certains doigtés, 18 sons fondamentaux sans les enharmoniques :

Avec les mêmes doigtés, mais en maintenant ouvert le trou de résonance, on obtient la série des douzièmes :

Les quatre dernières s'obtiennent plus régulièrement et avec plus de justesse par des doigtés différents de ceux des sons fondamentaux.

Le trou quintoyant, nécessaire au partage de la colonne d'air, doit être très petit. Une ouverture trop grande donnerait lieu à la production d'un nouveau son fondamental. À fur et à mesure que l'on gravit l'échelle des sons fondamentaux par l'ouverture successive des trous latéraux, les tiers de tuyau deviennent de plus en plus petits. Chaque son fondamental devrait donc avoir son ouverture quintoyante particulière, ou, si l'on préfère, l'emplacement de cette ouverture devrait théoriquement varier pour chaque son fondamental. On comprendra facilement qu'il serait matériellement impossible de construire un mécanisme de clarinette d'un effet si complexe. On a donc été obligé de placer cette ouverture en un point moyen. Son diamètre a été calculé de façon à pouvoir servir à donner le la♯ qui manque pour

relier le dernier son fondamental la avec la première douzième si♮.

Les conséquences de l'emplacement moyen qu'occupe ce trou se font sentir dans l'accord des clarinettes. Généralement, les sons graves sont toujours légèrement éloignés de leurs douzièmes. Les facteurs remédient, dans la mesure du possible, à cet inévitable inconvénient, en admettant dans l'accord de la clarinette un terme moyen entre ces rapports.

Cette particularité qu'offre la clarinette de ne pouvoir donner les harmoniques impairs rend son doigté très différent de ceux de la flûte ou du hautbois, qui sont, eux, des instruments octaviants ; il pourrait sembler que cela dût lui constituer une infériorité ; loin de là, elle se prête, avec la plus grande facilité, à l'expression de tous les sentiments que veut bien lui confier le compositeur.

Son étendue est la plus grande de tous les instruments à vent :

Elle peut même, selon l'habileté du virtuose, aller au delà à l'aigu. Cette étendue, jointe à son articulation rapide, est pour beaucoup dans cette richesse d'expression. Mais la diversité des timbres de ses différents régistres constitue la véritable supériorité de la clarinette.

Le chalumeau de la clarinette possède une sonorité creuse, mordante, qui devient caverneuse au bas de l'échelle. Weber a utilisé, avec un rare bonheur, l'expression menaçante, terrifiante même, dont ces notes sont susceptibles.

Le clairon possède une force, un éclat et une chaleur incomparables. Selon Berlioz (*Traité d'orchestration*), la clarinette est un instrument épique, comme les cors, les trompettes ; sa voix est celle de l'héroïque amour.

Si les masses d'instruments de cuivre dans les musiques militaires éveillent l'idée d'une troupe guerrière, couverte d'armures étincelantes, la voix des clarinettes, entendue en même temps, semble représenter les amantes que le bruit des armes exalte.

Ce caractère fièrement passionné appartient principalement à la clarinette en *si b*, qui est, par excellence, l'instrument des virtuoses. Son timbre réalise, au plus haut degré, les qualités maîtresses de cette voix instrumentale ; la plupart des solos lui sont destinés.

La famille des clarinettes est nombreuse. On construit de ces instruments en beaucoup de tonalités différentes. Les principaux, à part la clarinette en *si b*, sont :

1° La petite clarinette en *mi b*, dont la sonorité est aigre et crue ; cet instrument est principalement usité dans les musiques militaires, où il collabore très utilement au jeu des clarinettes en *si b*. Berlioz, Wagner et Saint-Saëns ont exceptionnellement introduit la petite clarinette en *mi b* dans l'orchestre symphonique ;

2° La clarinette en *ut*, qui possède un timbre tenant le milieu entre celui de la petite clarinette et celui de la clarinette en *si b*. La sonorité de la clarinette en *ut*, trop accentuée, devient très facilement vulgaire ;

3° La clarinette en *la*, a le son légèrement voilé, ce qui lui donne un caractère un peu sombre, mais tendre et élégiaque ;

4° Les clarinettes altos en *fa* et en *mi b* ont une sonorité grave, digne, qui n'exclut pas une certaine bonhomie.

Bien que la clarinette d'amour et le cor de basset ne soient plus usités de nos jours, nous savons que le timbre du cor de basset offrait les mêmes caractères que celui de la clarinette alto en *fa*. Mendelssohn, dans un *Concertstück* pour clarinette, cor de basset et piano, a tiré un parti merveilleux du caractère de cet instrument. (On joue cette pièce avec la clarinette alto en *fa*, les *ut* graves que l'on rencontre se font à l'octave supérieure.)

La clarinette d'amour possédait un timbre dans le genre de celui de la clarinette alto ; mais le pavillon sphérique dont elle était munie rendait cette sonorité encore plus voilée, plus mystérieuse.

Les clarinettes basses en *si b* et en *la*, dans leur meilleur registre, le chalumeau, ont une sonorité grave, douce, mais très puissante. La tonalité des clarinettes s'exprime par l'effet réel que produit l'*ut* écrit pour ces instruments :

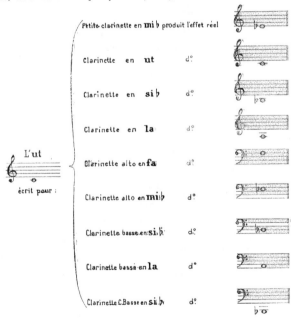

Petite clarinette en **mi b** produit l'effet réel

Clarinette   en   **ut**   d°

Clarinette   en   **si b**   d°

Clarinette   en   **la**   d°

Clarinette alto en **fa**   d°

Clarinette alto en **mi b**   d°

Clarinette basse en **si b**   d°

Clarinette basse en **la**   d°

Clarinette C. Basse en **si b**   d°

L'ut

écrit pour :

CLARINETTE EN SI♭ SYSTÈME BŒHM

En 1839, L.-A. Buffet, facteur d'instruments à vent établi à Paris, exposa des flûtes et petites flûtes Bœhm et une clarinette construite d'après le même système d'anneaux mobiles, mais que Bœhm n'avait pas cherché à appliquer à la clarinette. C'est avec le concours du célèbre clarinettiste Klosé qu'Auguste Buffet trouva le moyen de doter la clarinette des perfectionnements qui ont été adoptés par tous les facteurs français et que l'on commence à suivre à l'étranger. (C. Pierre, *Les Facteurs d'instruments de musique*.)

La clarinette se divise ordinairement en cinq parties : le *bec*, le *baril*, le *corps supérieur* ou *corps de la main gauche*, le *corps inférieur* ou *main droite* et le *pavillon*.

Nous disons se divise ordinairement, parce qu'on construit des clarinettes sans baril, principalement pour l'armée, et aussi des clarinettes dont les deux corps sont réunis. Ce sont celles du système Evette et Schaeffer descendant au *mi*♭ grave. Elles possèdent un double effet de la clé de *mi*♭ grave et un mécanisme spécial qui permet de triller très facilement et avec justesse *fa*♯ et *sol*♯. C'est, du reste, ce mécanisme qui ne permet pas la division de l'instrument en deux corps.

Autrefois, on employait principalement le buis pour la fabrication des clarinettes; cette matière est presque complètement abandonnée. On se sert actuellement de la grenadille, de l'ébonite, mais surtout de l'ébène.

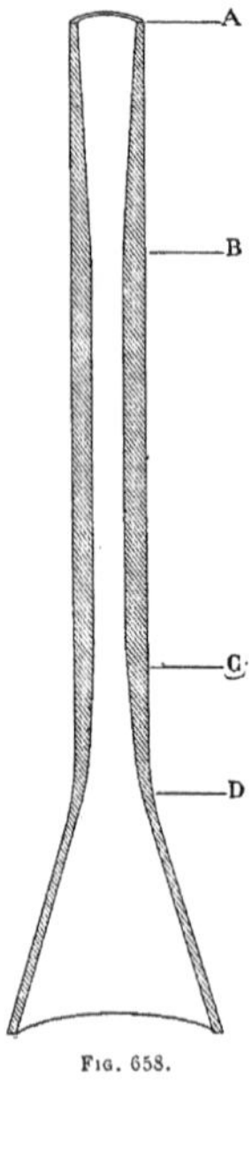

Le mécanisme et les garnitures se font en maillechort poli ou argenté; on en fait aussi en cuivre et en argent.

Les becs les plus généralement employés sont en ébonite; on en fabrique, néanmoins, en ébène, en grenadille et en cristal. Ce qui a déterminé les facteurs à employer de préférence l'ébonite pour la construction des becs, c'est l'insensibilité de cette matière aux variations atmosphériques.

La perce de la clarinette est cylindrique, du moins dans la plus grande partie de sa longueur; à ses deux extrémités, elle est conique. Deux cônes renversés reliés par un cylindre représentent la perce d'une clarinette (fig. 658).

En A, à l'extrémité supérieure du corps, près du bec, le diamètre de la perce est de 0^m,0153; c'est la base du cône dont le sommet B n'a que 0^m,0149 de largeur.

De B à C, le diamètre 0^m,0149 reste constant; c'est la partie cylindrique de la perce.

De C à D, elle redevient coni-

que, mais, cette fois, le cône est beaucoup plus prononcé. En D, le diamètre de la perce est de 0^m,0238. Cet évasement est continué par le pavillon, dont l'orifice mesure 0^m,06 de largeur.

Ces mesures, bien entendu, ne sont pas absolues; elles représentent des moyennes dont les facteurs ne s'écartent guère.

Le *baril* est une pièce qui sert à allonger le tuyau de la clarinette. Le but de cet allongement est de remettre l'instrument au diapason, lorsque celui-ci s'est élevé sous l'influence de la température ambiante, et aussi sous celle du souffle de l'exécutant. C'est sur les deux corps de l'instrument que sont percés les trous latéraux que recouvrent les doigts et les clés.

Le pavillon ne sert que pour la note la plus grave, dont il renforce la sonorité. Le *bec* muni de son anche est l'appareil producteur du son.

Dans le bec on distingue :

La table générale ABC, qui se divise en deux parties : AB, surface plane ou table proprement dite, BC, déclivité formant l'ouverture du bec. D, chambre; c'est dans cette partie du bec, sous l'anche, que se forme le nœud de vibration. E, E, points où se placent les lèvres de l'exécutant. La lèvre supérieure sur E, la lèvre inférieure sur E. F, tenon ou partie s'emboîtant dans le baril.

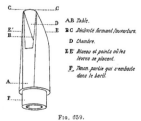

C C

AB *Table.*
BC *Déclivité formant l'ouverture.*
D *Chambre.*
E E' *Biseau et points où les lèvres se placent.*
F *Tenon, partie qui s'emboîte dans le baril.*

Fig. 659.

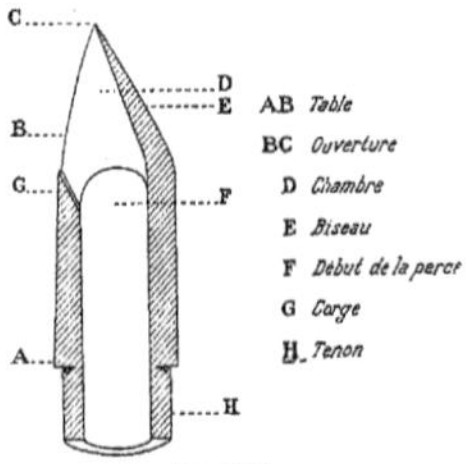

C .... D
AB *Table*
BC *Ouverture*
D *Chambre*
E *Biseau*
F *Début de la perce*
G *Gorge*
H *Tenon*

Fig. 660.

L'*anche* est une languette flexible en roseau, dont la fonction est de briser, en mouvements réguliers, un courant d'air qui, sans cet intermédiaire, s'échapperait en un souffle continu.

Sur l'anche, on distingue le talon AB et le biseau BC (partie diminuant graduellement d'épaisseur; le côté de l'anche opposé au biseau doit être rigoureusement plan. C'est une des conditions essentielles à son bon fonctionnement; les autres sont : la qualité du roseau, son degré de maturité et la finesse de l'extrémité proportionnelle à la longueur du biseau.

L'amincissement ne s'opère pas également sur

Fig. 658.

toute la surface du biseau; il est plus prononcé sur les côtés; le milieu doit former en quelque sorte un dos d'âne. Ce n'est qu'à un ou deux millimètres de l'extrémité que l'épaisseur du milieu devient égale à celle des côtés.

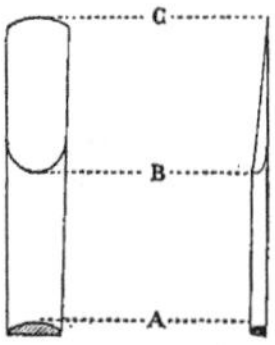

AB *Talon*
BC *Biseau*

Fig. 661. — Anche.

Une ligature en métal sert à fixer l'anche sur le bec.

Dans la clarinette, le son est produit par les vibrations de la colonne d'air engendrées par les battements de l'anche. Mais ce n'est pas l'anche qui commande à la colonne d'air; au contraire, celle-ci contraint l'anche à vibrer synchroniquement avec elle, quelle que soit sa longueur.

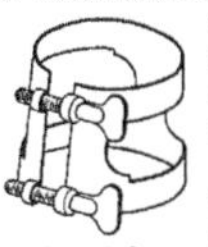

Fig. 662.
Ligature.

Les nombreux raccourcissements de la colonne d'air par l'ouverture des trous latéraux sont facilités par les propriétés que possèdent les languettes de roseau, qui sont une grande flexibilité et une extrême sensibilité à la pression du souffle.

Dans la production des notes élevées du clairon, les lèvres jouent un assez grand rôle. Par leur pression, elles diminuent légèrement la longueur de la lame vibrante, et favorisent ainsi une plus grande rapidité des battements de l'anche nécessaire à l'émission des harmoniques élevés; dans ce cas, les lèvres se comportent comme les rasettes mobiles des tuyaux à anches, dans la facture d'orgues[1].

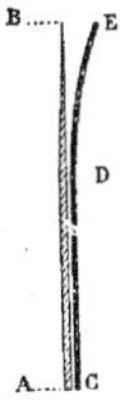

D'après ce que nous savons de l'ancienne façon de jouer de la clarinette, on peut conclure que le son actuel des clarinettistes ne ressemble plus du tout à celui qu'obtenaient les instrumentistes du commencement du xixe siècle.

Les causes de l'amélioration du son résident, d'abord, dans la qualité des anches qui sont, maintenant, beaucoup mieux faites, et ensuite, dans la façon toute différente dont les becs sont tablés.

Dans ce dessin de l'ancienne table des becs, la ligne AB représente l'anche, la ligne CDE la table. Au point D, commence

Fig. 663.

l'ouverture qui va en augmentant progressivement jusqu'à l'extrémité du bec E. Ce genre de table nécessitait des anches fortes, afin de pouvoir résister à la pression des lèvres qui agissaient avec d'autant plus de vigueur vers le point B de l'anche, que celle-ci formait levier. Il est facile de concevoir que les nuances douces étaient, dans ces conditions, interdites à un exécutant qui ne pouvait, qu'à l'aide d'un souffle puissant, entretenir les vibrations d'une anche dont chaque battements venait frapper fortement la table du bec. De là, ces sons éclatants, criards même, caractéristiques de l'anche battante.

Tout autre est le bec actuel dont la figure donne le profil de la table (les courbes ont été très exagérées dans la figure), AB l'anche, CDE la table. Au point D, se trouve le point d'appui de l'anche. Cette table, à l'encontre de l'ancienne, exige des anches très fines, très flexibles; une autre conséquence résulte de ce dispositif; le point d'appui réduit considérablement la surface de la table sur laquelle viennent frapper les battements de l'anche en vibrations, et le son gagne en rondeur et en finesse, parce que ce sont principalement les vibrations de la partie libre de l'anche qui déterminent la production du son. On peut donc dire maintenant que l'anche associée au tuyau de la clarinette, de battante qu'elle était autrefois, est devenue mixte, c'est-à-dire libre et battante. Cette belle qualité de son des clarinettistes français a été, à l'étranger, l'objet de nombreuses critiques. On a souvent reproché à nos virtuoses d'avoir dénaturé le son de la clarinette. Ces critiques ne sont pas plus fondées que celles qui consisteraient à prétendre que les machines des grands express européens ne sont plus des locomotives parce qu'elles ne ressemblent plus au type imaginé par Stephenson. Évidemment, le son de la clarinette n'est plus le même, mais les instruments ont été également modifiés. Nous croyons aujourd'hui que la clarinette a atteint son apogée; il est pourtant fort possible que des améliorations, que nous ne soupçonnons pas, lui soient encore apportées, améliorations qui modifieront encore sa sonorité. Alors comme aujourd'hui, ce sera toujours vraiment de la clarinette que l'on jouera.

Fig. 664.

ÉTENDUE DES CLARINETTES A 2, A 3, [A 5, A 6, A 13 CLÉS, ET BŒHM

Les croix placées au-dessus de certaines notes indiquent des doigtés fourchus; ces notes sont sourdes, ou trop hautes ou trop basses. T.B. = trop bas, T.H. = trop haut.
Les notes placées sur la seconde portée manquent dans l'échelle des sons de l'instrument indiqué.

Clarinette à 2 clés

1. Voir *Orgue*.

V

CONSEILS D'EXÉCUTION

Notre intention n'est pas de faire ici une méthode ; néanmoins, il nous a paru intéressant de donner quelques indications sur les moyens à employer pour obtenir un bon son de clarinette.

Tout d'abord, il faut posséder une denture régulière, des lèvres assez longues pour pouvoir se replier intérieurement sur les dents, de façon à éviter ce qui s'appelle « mordre le bec » ; soit qu'ils aient été mal commencés, soit qu'ils n'aient absolument pas pu s'habituer à replier la lèvre supérieure, il y a encore des clarinettistes qui jouent en mordant. Quelles que soient leurs qualités de virtuoses, ils ne peuvent avoir qu'un son dur, sans souplesse.

Pendant longtemps, on ne devrait que filer des sons (on entend par son filé une note qu'on attaque doucement, qu'on augmente, puis qu'on diminue), et pendant cette ingrate période, les études de méca-nisme devraient être sévèrement proscrites ; le heurt inhabile des doigts sur l'instrument déplace à chaque fois l'embouchure, qui ne peut, ainsi, se former convenablement. L'étude des sons filés devrait, à l'exclusion de tout autre travail, se poursuivre pendant au moins trois ou quatre mois. D'abord, dans le chalumeau ; ensuite, dans le clairon, les changements de doigtés se faisant pendant la respiration. Une des grosses difficultés que rencontrent ceux qui commencent l'étude de la clarinette est le passage du chalumeau au clairon. Contrairement à l'usage qui consiste à faire travailler le passage du chalumeau au clairon, il est préférable de s'exercer à aller du clairon au chalumeau ; le contraire s'obtient ensuite bien plus facilement. Toutes ces études préliminaires doivent avoir lieu en présence du professeur, le commençant ne devant même pas avoir d'instrument chez lui.

Lorsque ces premières études sont terminées, on peut, sur les conseils d'un professeur, travailler chez soi et consulter avec fruit les méthodes qui ont été faites pour la clarinette par Beer et Klosé, maîtres incontestables et incontestés.

P. MIMART.

LE BASSON

Par MM. LETELLIER

PROFESSEUR AU CONSERVATOIRE NATIONAL DE MUSIQUE

et Ed. FLAMENT

LAURÉAT DU CONCOURS DE ROME

HISTORIQUE DU BASSON

Les origines de l'instrument.

Au xvie siècle, avant l'invention du basson, les basses des instruments à anche étaient tenues par plusieurs sortes d'instruments graves appartenant à la famille des hautbois appelés *bombards* ou *bombardes*[1]. Ces instruments, qui étaient formés d'un long tuyau de dix pieds, étaient plus faciles à manier et surtout très fatigants pour l'exécutant. Ils se jouaient avec un bocal comme le basson. Ils ont entièrement disparu depuis trois siècles.

Ils possédaient quatre clefs et l'étendue suivante :

En 1539, un ecclésiastique de Ferrare, l'abbé AFRANIO DEGLI ALBONESI, né à Pavie en 1480, réunit deux des instruments dont nous venons de parler, les fit communiquer au moyen d'un système de tuyaux auxquels il adapta un soufflet, et créa ainsi le premier basson[2], qui fut construit par un certain Jean-Baptiste BAVILIUS, de Ferrare.

Il lui donna le nom de *phagotus*, parce que ces tuyaux ainsi réunis semblaient former un fagot, par opposition aux bombardes qui ne se composaient que d'un seul morceau ; l'anche n'entrait pas en contact avec les lèvres de l'instrumentiste et était introduite dans une sorte d'embouchure en forme de bassin[3]. Ce n'est que quelques années plus tard (au début du xviie siècle) qu'un facteur, Sigismond SCHELTZER, débarrassa le fagot des tuyaux du soufflet

---

[1]. En Allemagne ces instruments étaient appelés *Bomhart, Bommert* ou *Pommer*.

[2]. Cette machine a été décrite par le neveu d'AFRANIO, Ambroise THÉSÉE, dans *Introduction in Chaldaïcum lulgam* (in-4°. Pavie, 1539). Le dessin de cet instrument est représenté dans la *Grande Encyclopédie*.

[3]. Il est très difficile de pouvoir donner des indications précises sur le basson de l'abbé AFRANIO, les détails que l'on a sur cet instrument étant très restreints. En tout cas, dans le basson primitif, le son n'étant pas produit directement par le souffle humain, cet instrument tenait davantage de l'orgue que du basson actuel, dans lequel l'instrumentiste prend l'anche directement entre les lèvres et se trouve ainsi absolument maître de l'expression du son.

---

et en fit véritablement le basson connu sous le nom de *doulcine*[4], ainsi désigné à cause de son intonation très douce. Cet instrument avait sa famille complète, de la contrebasse au soprano. PRÆTORIUS (1576-1621), qui nous décrit le basson de cette époque (xvie-xviie siècle), nous donne le détail de cette famille :

1° le *Quint-fagott* ou *Doppel fagott*, à la quinte grave du 3e ;

2° le *Quart fagott*, à la quarte grave du 3e ;

3° le *Chorist-fagott*, étendue de

4° le *Fagott piccolo*, à la quinte supérieure du précédent ;

5° le *Discant fagott*, étendue de

Les bassons étaient alors formés de plusieurs pièces de bois, à peu près comme les bassons modernes ; on en comptait trois espèces.

La première avait douze trous et trois clefs.

La seconde avait le même nombre de trous, mais pas de clefs ; plusieurs de ces trous se bouchaient avec des chevilles que l'on enlevait ou mettait à volonté pour jouer dans certains tons.

Ceux de la troisième espèce s'appelaient *courtauds*, parce qu'ils étaient plus petits que les autres ; ils avaient onze trous et trois clefs, on s'en servait pour les basses de musettes. L'étendue la plus grande de ces bassons ne dépassait pas deux octaves.

Il y avait aussi le cervelas français et le racketten allemand, qui avait la forme d'un cylindre de quelques pouces de haut.

On comptait encore plusieurs fagots primitifs, tels que les *bassanelli*, les *schyari* et les *sourdines* ; ces instruments avaient à peu près le même timbre et ne tardèrent pas à être remplacés par le basson.

En France et surtout en Allemagne, le basson était fort en usage dans les musiques militaires.

En 1741, les uhlans du maréchal de Saxe et les gardes françaises avaient des bassons dans leurs musiques.

---

[4]. Ou encore *doulcine-fagotto*.

Le basson fut introduit dans les musiques militaires russes sous le règne de Pierre le Grand. On s'y servait aussi de certains instruments ayant à peu près la même forme que le basson, le serpent et le basson russe, mais ces instruments différaient du basson par leur embouchure en métal.

Vers la fin du xviiie siècle, il était d'usage en Allemagne, dans toutes les villes de garnison, que la musique exécutât pendant la parade un certain nombre de morceaux d'harmonie pour deux hautbois, deux clarinettes, deux cors et deux bassons.

Vers la même époque, certains facteurs fabriquèrent des bassons de différentes grandeurs et de diverses tonalités, donnant la tierce, la quarte, la quinte et même l'octave du basson actuel.

Ces instruments étaient d'un usage courant en Allemagne; ils servaient pour l'accompagnement des chœurs dans les églises, où chaque voix était doublée par l'un d'eux. Ils furent rarement employés en France.

Le timbre du basson tierce aurait quelque rapport avec celui du saxophone alto, le son en est doux et agréable. Cet instrument[1] fut joué en 1833, à Bordeaux, par un nommé Reickmans et ensuite par Espaignet pour remplacer le cor anglais manquant dans certains orchestres de province.

Perfectionnement du basson en France.

Les premiers et principaux facteurs qui firent des bassons au xviie siècle furent Colin Hotetterre et son fils Jean (1692), Philidor Rausselet et Roset[3], tous de la même époque. Ce ne fut guère qu'au xviiie siècle que les facteurs français construisirent des bassons de différentes grandeurs. Le perfectionnement du basson fut peu marqué jusqu'en 1751.

À cette époque, deux nouvelles clefs s'ajoutèrent aux anciennes: celle de *mi* ♭ et celle de *la* ♭.

Le *si* ♮ naturel, le *do* et le *fa* ♯ graves n'existaient pas. Pour suppléer à ce manque de clefs, on était obligé de ne boucher certains trous qu'à moitié, ce qui était fort incommode dans les mouvements vifs.

Depuis cette époque, plusieurs facteurs apportèrent quelques progrès dans la fabrication du basson. Nous en citerons que les noms des plus célèbres.

En 1752 : Thomas Lot.

En 1769 : Jacques Delusse et Christophe Delusse (1783), dont l'un fit un basson soprano à 7 clefs que possède le Conservatoire de Paris.

En 1775 : Prudent Thiénot, qui avait à cette époque une grande renommée pour sa fabrication.

En 1782 : Dominique Porthaux, inventeur d'un nouveau bocal en bois[4] et facteur de bassons à 5 et 7 clefs.

En 1788 : Savary père, et plus tard son fils Jean-Nicolas (1823).

Ce dernier s'adonna spécialement à la fabrication du basson, et acquit en son temps une grande réputation.

Il fut premier prix du Conservatoire en 1808 et inventeur d'une petite branche à coulisse mécanique et crémaillère permettant d'accorder l'instrument.

Savary jeune fit en 1827 un basson « ottavina », instrument très rare en France.

Le fonds de Savary jeune fut acheté par un nommé Galender, qui, en 1853, inventa un basson militaire en *si* ♭ portant son nom.

Cet instrument fut dénommé *Galandronome*. J.-F. Simiot, facteur à Lyon avant 1808, fut un de ceux qui s'attachèrent au perfectionnement du basson. Il ajouta à la petite branche une pompe d'accord. En 1817, il supprima le bouchon de liège fermant la culasse, par une plaque en métal glissant à volonté pour permettre l'écoulement de la salive[5].

Triebert (Guillaume), fabricant de bassons, né à Lambach, grand-duché de Hesse-Darmstadt (27 février 1770-5 juin 1848), naturalisé Français et établi à Paris, 26, rue Dauphine.

Pezé (de 1800 à 1830) fit un basson à 7 clefs, construisit également des contrebassons vers 1825.

Adler (Frédéric-Guillaume), établi à Paris vers 1808, apporta lui aussi de grandes améliorations à la fabrication du basson[6]. En 1827, il en exposa un à 15 clefs. Cet instrument était supérieur aux anciens par son timbre et sa justesse.

En 1818, Halary, facteur à Paris, construisit des bassons en cuivre.

En 1832, Winnen et son fils inventèrent une variété de basson, le *bassonore*[7].

En 1834, Georges Schubert acheta le fonds de la maison Adler ainsi que celui de Savary-Galander. Ses fils, qui furent tous premiers prix de basson au Conservatoire, ne s'adonnèrent pas à la fabrication.

Bachman fut l'inventeur d'un nouveau mécanisme pour le basson d'après les conseils du fameux virtuose Willent-Bondogni. Ce système fut perfectionné par le célèbre facteur A. Sax, qui remplaça les trous par des clefs.

En 1843, Eugène Jancourt, qui fut plus tard professeur au Conservatoire de Paris, fit de grandes modifications au mécanisme du basson, avec le concours de Buffet et Crampon, facteurs de talent.

Ces modifications furent les suivantes :

1° Transformation des anciennes clefs dites à bascules par des clefs à tringles.

2° Addition d'une clef de bocal se prenant avec le petit doigt de la main gauche et permettant de boucher le petit trou de ce bocal[8], ce qui donne aux notes graves plus de sûreté et permet de les attaquer beaucoup plus piano.

En 1850, Eugène Jancourt et le facteur Frédéric Triebert jugèrent utile de déplacer l'ancien trou du *la*, placé sur la culasse et dont la perce était mathématiquement défectueuse. Ils le remplacèrent par un plateau se manœuvrant avec l'annulaire de la main droite; ce qui donne à la note plus de sûreté et de justesse et, en même temps, évite un trop grand écart des doigts.

En 1851, Adolphe Sax construisit des bassons en métal.

Triebert (Frédéric), né à Paris le 1er mars 1843,

---

1. Le *cervelas* français était une variété du fagot ou basson; il fut principalement employé dans les églises jusque vers la fin du xviiie siècle. Il fut hors d'usage après cette époque.

2. Le musée du Conservatoire de Paris en possède un *fa*.

3. Roset (1662) est l'auteur du *cervelas*, ce curieux et rarissime instrument que possède le Conservatoire de Paris.

4. Nous ne voyons pas beaucoup pour le bocal l'usage du bois remplaçant le métal.

5. Quelques-unes de ces notes sont tirées du livre *les Facteurs d'Instrument de musique*, par Constant Pierre.

6. Bien que l'on eût augmenté le nombre de ses clefs en 1751. Ce ne fut que vers 1800 qu'Adler, facteur à Paris, et Simiot, à Lyon, améliorèrent la facture d'une manière efficace en y rajoutant différentes clefs. Almenroeder, en Allemagne, modifia aussi l'instrument.

7. Le fils Winnen présenta le *bassonore*, inventé par feu son père et lui, à l'Exposition de 1834. Cet instrument fut perfectionné en 1844.

8. Sur les anciens bassons la clef de bocal n'existant pas, le trou de ce dernier était toujours ouvert, ce qui nuisait beaucoup à la sûreté des notes graves.

fils de Guillaume Triebert, fut l'innovateur des principaux perfectionnements du basson moderne. Il apporta de grands changements dans la fabrication du basson. Il lui donna une forme plus élégante et modifia la perce en la rendant plus évasée, ce qui permet aux notes graves d'avoir plus d'ampleur. Il appliqua aussi au basson le système Bœhm (1855). Ce système, qui était complètement de son invention, bien qu'il l'ait désigné sous le nom de celui du célèbre flûtiste allemand, avait un but, celui de rendre plus facile le doigté du basson et de supprimer certaines difficultés que l'on avait avec l'ancien; malheureusement, deux points essentiels ont nui à son succès : le son, qui était métallique, et la complication du mécanisme, qui avait l'inconvénient de se déranger facilement. Le prix de cet instrument, qui était fort élevé (mille francs), avait à lui seul compromis son succès[1]

Il fut aussi inventeur d'un système à tringles avec adjonction d'un mécanisme pliant, supprimant les tenons et emboîtures, et d'une nouvelle boîte à charnière établissant une correspondance correcte entre les deux ouvertures de la culasse, ce qui en favorisait le nettoyage.

Le démontage de l'instrument était instantané, et, là division des corps étant mieux répartie, son volume se trouvait réduit et plus portatif.

Il remplaça aussi le bouchon de la culasse par une cuvette en métal, et en modifiant la perce du bocal, il obtint une homogénéité parfaite des notes graves et de l'aigu.

L'essai tenté par Frédéric Triebert en appliquant le système Bœhm au basson n'ayant pas réussi, en 1875, avec le concours de P. Goumas, successeur de Buffet et Crampon, le célèbre professeur Eugène Jancourt apporta de grandes modifications à la perce et au mécanisme du basson.

Ce perfectionnement fut le suivant :

Basson à anneaux mobiles, plateau et vingt-deux clefs (fig. 661).

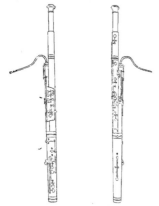

Fig. 665. — Basson Jancourt. Modèle du Conservatoire.

Une des modifications de ce système est une amé-

lioration sensible réalisée dans la perce, dont le cône est plus mathématiquement régulier dans toute son étendue. Le son n'en a subi aucune altération. Les deux anneaux de la main gauche et de la droite ouvrent ou ferment deux trous auxiliaires qui donnent bien plus de sonorité aux notes mi♭ et mi naturel du médium et si♭ de la fourche[2] aux deux octaves.

Une clef posée sur la culasse (15e clef de la tablature Jancourt) est d'une grande utilité pour certains trilles.

Une autre clef (21e), placée sur la petite branche, se manœuvrant avec le pouce de la main gauche, sert à triller le fa de la 3e octave avec le sol naturel, et également une autre (22e), placée sur la culasse, permet de triller le fa♯ et le sol♯ 2e octave.

MM. Évette et Schaeffer, successeurs de Goumas, après de longues et sérieuses études, sont arrivés à fabriquer des bassons parfaits de sonorité et de justesse. Ils ont apporté différentes modifications dans le mécanisme de l'instrument[3].

1o Une clef permettant de faire le trille de fa♯ et sol♯ à l'octave grave et médium[4]; des rouleaux ont été ajoutés aux clefs de la♮ et si♭ de la culasse comme aux clefs de fa♯ et sol♯.

2o D'après mes conseils (L. Letellier), ils firent un nouveau bocal (marque L) permettant de monter et descendre facilement, et surtout d'une grande justesse[5], tandis que l'ancien était très défectueux sous ce rapport.

3o Pour éviter l'usure de la petite branche, un tube en ébonite[6] a été introduit dans la perce[7]. Ce corps, étant dur et très lisse, permet à la salive de s'écouler facilement et donne plus de sonorité dans toute l'étendue de l'instrument, et surtout dans les notes aiguës.

Ils donnèrent à l'instrument une forme plus élégante et plus de symétrie dans le mécanisme.

Il faut encore citer MM. Lecomte et Cie, inventeurs d'un basson (1889) tout en métal, ayant la même perce, et le même mécanisme que le basson en bois; l'instrument est plus léger. Le son métallique se rapproche un peu de celui du saxophone. Cet instrument était en maillechort.

MM. Henri Selmer, Alexandre Robert, Couesnon et autres facteurs fabriquèrent également des bassons à peu près du même mécanisme que ceux que nous venons de citer.

1. Il n'y eut qu'un artiste qui en fit l'essai à l'orchestre : A. Marzoli, facteur et bassoniste au Théâtre Italien de Paris.

2. Le mot fourchée signifie l'emploi des doigtés avec les trous à la place des clefs.

3. A l'Exposition de 1889, MM. Évette et Schaeffer présentèrent trois bassons aigus (en mi♭, fa et sol), c'est-à-dire à la tierce mineure, à la quarte et à la quinte supérieure du basson ordinaire, mais ces instruments ne sont plus employés de nos jours.

4. Dans le système perfectionné de E. Jancourt, on ne peut le faire qu'à la 2e octave.

5. Avec ce bocal, on évite que le si♮ 2e octave donne un ut♯ et que cet ut même octave donne un ut♯, inconvénient de l'ancien bocal.

6. Caoutchouc durci.

7. Comme dans le basson allemand.

La fabrication du basson à l'étranger.

La Belgique (maisons Mahillon et Albert frères, de Bruxelles) et l'Italie (maisons Maino et Orsi, de Milan, Giorgi et Schaffner, de Florence) fabriquèrent des bassons à peu près du même système que le basson français[1]

L'Angleterre[2], l'Amérique et l'Espagne[3] se servent généralement de la fabrication française.

Le basson allemand[4] diffère beaucoup du basson français; la perce n'est pas la même, ainsi que le mécanisme; quelques doigtés sont différents, et la sonorité est beaucoup moins vibrante. La culasse comporte beaucoup plus de clefs, et certains instruments n'ont pas de clefs de bocal.

Le principal facteur moderne allemand est Wilhelm Heckel, de Biebrich-sur-Rhin.

Résumé rétrospectif.

Basson antique : ancien basson à 7 trous sur le côté et une clef en bas. Cet instrument appartient à la catégorie des *courtauds*, dont on se servait au xvie siècle (1580).

Basson à fusée ou **Backetten-fagott** : genre de basson, dont le tube a neuf tours de développement. Il fut inventé vers 1680 par Deuner, de Leipzig.

Bassanello (nelli) : variété du basson. On les construisait de trois grandeurs différentes, basse, taille et dessus. Ces instruments avaient été inventés par un compositeur italien, Giovanni Bassano, de Venise.

Schryari : variété de bassons appelés ainsi du nom de leur inventeur.

Chorist et **Discant fagott** : variétés de bassons aigus employés principalement en Allemagne. Ces instruments servaient à l'accompagnement des chœurs dans les églises, où chaque voix : discantus, altus, tenor et bassus, se trouvait fidèlement doublée par un basson.

Basson quarte, basson quinte : diminutifs du basson à une quarte, quinte au dessus.

Basson soprano : en *fa*, en bois, à quatre et ensuite sept clefs, datant du xviiie siècle.

Bassonore : variété de basson ayant une étendue de trois octaves et une tierce; l'anche est plus forte que celle du basson et a un son des plus volumineux. Cet instrument fut inventé par Nicolas Winnen et son fils vers 1832.

Basson russe ou **basson serpent** : instrument de bois à pavillon de cuivre ayant remplacé le serpent. Il est muni de six trous ouverts et de quatre trous bouchés à l'aide de clefs de cuivre garnies de tampons. Il fut inventé en 1780 par J.-J. Regibo, de Lille; l'on s'en servait à l'église et dans les musiques militaires, en Russie principalement.

Tritonikon : sorte de contrebasson, en cuivre, fabriqué en 1856. Cet instrument a une étendue de deux octaves; par sa tonalité en *mi*♭, il convient surtout aux musiques militaires, où il est encore en usage en Autriche-Hongrie et en Russie.

ÉTENDUE DE L'INSTRUMENT, DE SON INVENTION À NOS JOURS

Étendue des douleines (bassons primitifs).

Ces instruments formaient une famille complète allant de la contrebasse au soprano, et s'étendaient du *contre-ré* grave au *si* (clef de *sol*) au-dessus des lignes :

Depuis son origine jusque vers 1810, l'étendue du basson n'allait que du *si*♭ grave au *la* aigu. Bien que son échelle fût chromatique, certaines notes manquaient (le *si*♮ et le *do*♯ grave n'existaient pas).

De cette époque à 1845, l'étendue de l'instrument allait du *si*♭ grave au *contre-ré*♮ clef d'*ut* (4e ligne). De 1845 à nos jours, l'échelle actuelle de l'instrument va chromatiquement du *si*♭ grave au *contre-fa* aigu clef d'*ut* :

Quelques compositeurs, notamment R. Wagner, font descendre le basson jusqu'au *la*♮ grave, mais ce cas est rare. Pour obvier à cet inconvénient, les maisons Evette et Schaeffer, en France, et Heckel, en Allemagne, ont fabriqué un bonnet plus long que le bonnet actuel, permettant, sans rien changer à la sonorité et au mécanisme, de donner cette note grave par l'adjonction d'une nouvelle clef.

L'INSTRUMENT ACTUEL

Le basson en *ut*, en usage dans les orchestres, a la dimension d'un tuyau d'orgue de huit pieds, divisé en deux morceaux parallèles, de manière à pouvoir être manié plus facilement.

Il est généralement fabriqué en bois d'érable, mais on emploie aussi le palissandre. Ce bois, étant plus dur et moins spongieux que l'érable, peut se conserver plus longtemps et donne à l'instrument une sonorité plus homogène et plus puissante.

---

1. En Italie, en plus des bassons français a douze et dix-sept clefs (anciens systèmes) et ceux à vingt-deux clefs, tringles et anneaux, on compte depuis 1885 le basson de G. Crimones; adopté par M. A. Maldura au Conservatoire et à la Scala de Milan.

2. En Angleterre, MM. Silvani, Smith, Ward et fils fabriquent également des bassons, mais, de même qu'en Amérique, l'on se sert plutôt de la facture française.

3. M. Francisco Quintana, premier basson de la musique de la garde royale d'Espagne (Alabarderos), est inventeur d'un système s'adaptant sur le basson français, permettant d'exécuter certains traits infaisables avec le mécanisme ordinaire.

4. En Allemagne, Autriche et Russie, l'on joue beaucoup le basson Almenroeder à dix-neuf ou vingt-trois clefs à bascule.

La perce du basson est conique.

L'instrument se divise en cinq parties, quatre en bois et une en métal :

1° Le *petit corps* ou *petite branche* (fig. 666). — Sur cette partie de l'instrument, les trous sont percés en biais pour éviter l'écartement des doigts.

2° La *culasse*, et son *bouchon mobile* ou *cuvette* en métal que l'on retire de temps en temps pour enlever la salive contenue dans l'instrument.

De même qu'à la petite branche, les trous sont également en biais (fig. 667).

3° Le *grand corps* ou *grande branche* (fig. 668).

4° Le *pavillon* ou *bonnet* (fig. 669).

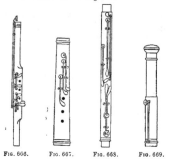

FIG. 666.   FIG. 667.   FIG. 668.   FIG. 669.

5° Le *bocal* (fig. 670), seule partie de l'instrument qui soit complètement en métal.

Le son est produit par une anche, entièrement en roseau et à double palette, qui s'adapte au bout du bocal (fig. 671).

On monte l'instrument de la manière suivante :

Prendre la culasse de la main droite; avec la main gauche :

FIG. 670.   FIG. 671.

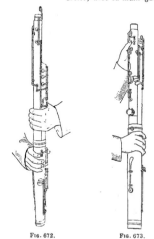

FIG. 672.   FIG. 673.

1° Placer la petite branche;

2° Mettre le grand corps et le verrou qui maintient ensemble les deux tronçons.

3° Mettre le pavillon ou bonnet et ensuite le bocal, de manière que le petit trou vienne bien en face de la *clef de bocal* qui se trouve sur la petite branche.

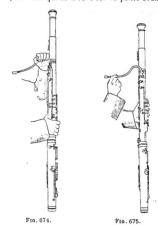

FIG. 674.   FIG. 675.

4° Adapter ensuite au bout du bocal l'anche en roseau.

Le poids de l'instrument est supporté par un cordon passé autour du col; au bout de ce cordon, se trouve un porte-mousqueton que l'on accroche à l'anneau de la culasse.

Le basson demande beaucoup de soin; il faut le démonter après avoir joué et passer un écouvillon dans le petit corps et dans la culasse; il faut aussi ne pas laisser encrasser les trous, avoir soin surtout de ne pas le laisser à l'humidité; il faut nettoyer le bocal tous les dix jours et veiller à ce que le petit trou ne se bouche pas.

L'ANCHE

L'anche est la pièce la plus essentielle et la plus délicate de l'instrument, car c'est d'elle que dépend la *qualité du son*.

Nous ne saurions trop recommander aux professeurs d'enseigner à leurs élèves ce travail si délicat et duquel dépendra la qualité maîtresse de l'instrumentiste, la *sonorité*.

Si le basson est parfois gratifié de l'appellation *instrument burlesque*, c'est que beaucoup de personnes en ont entendu jouer avec un *mauvais son*.

Une anche de mauvaise qualité sera le plus souvent *fausse;* si une anche — de bonne ou mauvaise qualité — a été mal grattée, elle donnera le plus souvent un son grêle ou souffreteux très désagréable à entendre (Voir page 1561).

Il est donc essentiellement important à tout bassoniste de savoir *arranger* une anche et même de la *construire* lui-même.

Pour construire une anche, ou prend un canon de roseau d'un *jaune éclatant*, dit *jaune-serin*, ayant le grain fin et bien serré.

On le coupe sur une longueur de 12 centimètres et on le fend en morceaux de 18 millimètres de large.

Chacun de ces morceaux sert à établir une anche.

Pour les évider, on les applique sur un *moule en bois*, creusé dans la forme du roseau et ayant la même longueur.

On doit amincir le roseau au moyen d'une gouge.

Le roseau étant diminué jusqu'à l'épaisseur d'un millimètre et demi, on emploie, pour achever de l'amincir et de le rendre égal, un *grattoir rond* dont on se sert aussi à l'effet d'affaiblir le milieu du morceau de roseau, destiné à être ployé pour rapprocher les deux parties de l'anche.

On doit laisser plus de force aux deux extrémités du roseau, afin qu'elles puissent supporter la ligature.

Cette opération finie, il faut entailler l'écorce dans la partie du milieu, ensuite faire tremper pendant une demi-heure le roseau pour le rendre plus flexible et l'empêcher de se fendre ; ce pli doit être fait bien exactement au milieu du morceau, afin que l'extrémité destinée à recevoir la ligature n'ait pas besoin d'être recoupée. Cette opération se fait très facilement si l'on emploie un moule en acier ayant la forme de l'anche.

Après avoir taillé le roseau des deux côtés pour lui donner la forme du moule, on passera deux anneaux en fil de fer.

Le premier anneau se place à peu près au milieu de l'anche, à 3 centimètres.

Le second, un peu moins grand que le premier, se place à 7 millimètres au-dessous du premier.

Il faudra faire plusieurs encoches au roseau sur la partie destinée à recevoir la ligature, puis on le fendra en cinq ou six endroits dans la partie inférieure de l'anche pour l'aider à prendre la forme ronde du bocal. Pour cela, on se sert d'un mandrin de fer dont l'extrémité doit arriver en diminuant au premier anneau au point de donner à la partie infé-

rieure de l'anche la forme circulaire et le diamètre du bocal.

Le troisième anneau se place à 8 millimètres du second, en serrant fortement sur le mandrin, afin que l'anche s'adapte bien sur le bocal sans avoir la moindre déperdition d'air ; ensuite, on fait la ligature avec de la petite ficelle que l'on enduit d'une couche de vernis.

On posera à plat la partie de l'anche destinée à faire l'embouchure sur un morceau de bois dur et uni afin de couper très net l'extrémité du roseau pour séparer les deux parties de l'anche.

Une fois l'anche montée, la partie la plus délicate est le grattage par lequel on obtient la justesse et la belle sonorité.

On doit éviter le roseau spongieux qui donne à l'anche une sonorité sourde et ne produit les notes graves qu'avec peine.

Le meilleur roseau pour la fabrication des anches est celui qui croît en France dans les départements du Var et des Alpes-Maritimes.

Celui des parties méridionales de l'Italie est aussi excellent.

Il faut nettoyer de temps à autre le bout de l'anche, car la salive forme un limon qui assourdit la vibration du roseau. Pour cela, on se sert d'une épingle.

LE CONTREBASSON

Le contrebasson est un instrument à vent, en bois ou en métal, accordé une octave plus bas que le basson. Son étendue comprend toute l'échelle chromatique d'*ut* à *sol* :

La partie du contrebasson est notée à l'octave au-dessus du son réel :

Le contrebasson est muni de six ou de quinze clefs, et a remplacé dans l'orchestre ancien la contrebasse de bombarde appelée *bombardone* en Italie.

Cet instrument est très ancien, mais son origine demeure assez vague ; d'après Michel Praetorius (1571-1621), compositeur, organiste et célèbre musicographe allemand, auteur fameux du *Syntagma musicum*, source presque unique en ce qui concerne les instruments en usage au xvie et au début du xviie siècle, le contrebasson daterait du xvie siècle, comme il l'indique dans son ouvrage. Praetorius nous dit également qu'à son époque un facteur allemand travaillait à la construction d'un *Contra-fagott* (contrebasson) à l'octave inférieure du *Chorist-fagott*[2].

Ceci indiquerait donc que cet instrument daterait bien de la fin du xvie et du début du xviie siècle, et qu'il aurait été inventé et mis en usage par les Allemands.

L'ancien contrebasson avait la forme d'un immense basson, d'après Burney (célèbre musicographe anglais 1726-1814). Cet instrument avait 16 pieds de long (c'est-à-dire un peu plus de 2 mètres de hauteur), mais bien que le contrebasson fût usité en Allemagne depuis plusieurs années, il n'existait pas encore en Angleterre, et, en cette occasion, Haendel dut en faire construire un par le facteur Stamby pour l'exécution de son *Hymne du Couronnement*.

Au commencement du xixe siècle, un facteur autrichien, G. Schuster, de Vienne, construisit un contrebasson muni de six clefs en cuivre et descendant

---

1. Certains facteurs modernes font descendre le contrebasson jusqu'au *si♭* grave.

2. Voir plus haut : *Les origines de l'Instrument*.

jusqu'au *la* grave. Cet instrument figure au musée du Conservatoire de Paris.

On suppose que le contrebasson fut introduit en France vers 1800, époque où la *Création* (de HAYDN) fut jouée chez nous ; en tout cas, cet instrument existait certainement en France en 1822, puisque à cette époque fut donnée la première représentation d'*Aladin* (de NICOLO), la partition de cet ouvrage contenant une partie importante de contrebasson.

BAUMANN (1800-1830) fabriqua des contrebassons. ADLER en fabriqua également.

THIÉBERT et A. MARZOLI en firent un dont on se sert depuis 1863 à la Société des concerts du Conservatoire de Paris.

MM. EVETTE et SCHAEFFER construisirent un contrebasson en bois descendant à l'*ut* grave, et pourvu de quinze clefs montées sur tringles. Ces trous sont remplacés par des plateaux pour éviter un trop grand écartement des doigts, inconvénient des anciens instruments. La longueur de ce contrebasson, de même que celui de MARZOLI, est la même que celle des anciens contrebassons (soit un peu plus de 2 mètres). Cet instrument appartient également à l'orchestre de la Société des concerts du Conservatoire.

Depuis plusieurs années, en Allemagne et en Autriche, pour remédier à l'emploi d'instruments trop longs et peu pratiques (peu portatifs), on fabrique des contrebassons ayant les mêmes dimensions que les bassons.

M. H. SELMER, facteur à Paris, fabrique

FIG. 676.

aussi des contrebassons en bois du même doigté que le basson et moins longs que le basson ordinaire.

MM. EVETTE et SCHAEFFER en construisent tout en métal de la longueur d'un basson ordinaire et ayant le même doigté (figure 676).

FIG. 677.   FIG. 678.

M. MARTIN THIBOUVILLE en a construit un tout en métal (fig. 677).

Il y a aussi le contrebasson du facteur CERVENY, de Böniggratz (Autriche), en métal ; son doigté est tout différent du basson (fig. 678).

A. MORTON, facteur à Londres, construisit un contrebasson en bois, il prit comme modèle un contrebasson allemand fabriqué par HASENIUS et dont il modifia la forme en le rendant moins long et plus portatif (1 m. 20 de haut). Cet instrument a été employé dans les principaux théâtres et concerts de Londres et dans différentes musiques militaires (principalement dans la garde).

En France, Fontaine BESSON, en collaboration avec MORTON (1890), modifia l'instrument de ce dernier en lui faisant donner le *si♭* grave (exactement l'octave du basson), celui A. MORTON ne s'arrêtant qu'à l'*ut* (figure 679).

En Italie, on joue le contrebasson en bois au théâtre et au concert de Milan.

Le facteur moderne allemand W. HECKEL, de Biebrich-sur-Rhin, fabrique des contrebassons en bois et d'autres en bois également avec le pavillon grave en métal. Ces instruments descendent les uns au *do* et les autres au *si♭* grave.

FIG. 679.

EMPLOI DU BASSON

Nous croyons qu'il est indispensable d'étudier ici d'une façon très documentée la manière d'employer le basson, soit en concertiste, soit à l'orchestre.

Indiquons d'abord l'étendue de l'instrument dans ces deux cas :

1º Etendue à l'orchestre ;

2º Etendue du basson en concertiste.

Emploi du basson à l'orchestre.

Il y a deux parties distinctes de basson à l'orchestre : le premier basson ou soliste, et le deuxième basson.

Le premier emploie toujours des anches plus fortes que le deuxième, à cause de la partie presque toujours chantée qu'il doit remplir, et pour laquelle il recherchera une sonorité assez forte et jolie, de façon à se mettre en dehors.

Tout différent est le rôle du second basson, qui se sert d'anches plus faibles, et dont la sonorité doit presque toujours être effacée, sa partie étant considérée comme remplissant l'harmonie ou comme doublant les violoncelles et les contrebasses. C'est aussi lui qui, le plus souvent, donnera la basse de l'harmonie; ses notes graves seront employées aussi fréquemment que le pédalier de grand orgue par un organiste.

Employons donc toujours le premier basson au point de vue expressif et le second basson comme basse du quintette à vent qui, dans l'orchestre, s'appelle « l'harmonie » (flûtes, hautbois, clarinettes, cors et bassons).

Les plus grands auteurs ont généralement employé à l'orchestre deux bassons; néanmoins, on en rencontre quelquefois davantage dans plusieurs œuvres célèbres. Citons les œuvres de WAGNER, où il y a presque toujours trois bassons, et le *Sigurd* de REYER, ainsi que *Salammbô* écrits pour quatre bassons et un contrebasson.

Dans WAGNER, l'écriture est toujours la même : le premier basson jouant tous les solos, le deuxième remplissant l'harmonie ou renforçant le premier; et le troisième, comme nous le disons plus haut, toujours employé comme basse soutenant l'harmonie, ou doublant les autres basses de l'orchestre.

Aucun doute n'est donc possible : le deuxième basson s'emploie à l'orchestre comme un *spécialiste* des notes graves.

Écrivons-le donc en employant l'étendue suivante :

Ensuite, indiquons-lui les nuances *piano* avec la gradation suivante :

1° Dans le pianissimo (*pp*) :

2° Dans le piano (*p*) :

Dans le *mezzo-forte* (*mf*)

et dans le *forte*, écrivons-le indifféremment du grave à l'aigu.

Pour écrire notre premier basson, employons le procédé contraire, et n'oublions pas que les anches fortes ne joueront jamais piano dans le grave, tandis que l'aigu sortira, au contraire, avec une grande facilité.

On écrira donc pour le premier basson comme suit :

1° Dans le *forte* (*f*) :

2° Dans le *mezzo-forte* (*mf*) :

3° Dans le *piano* (*p*) :

4° Dans le *pianissimo* (*pp*) :

Nous voilà suffisamment documentés sur l'étendue de l'instrument à l'orchestre; nous étudierons plus loin l'emploi du basson en concertiste.

Le contrebasson à l'orchestre et son histoire.

Ce furent les grands maîtres allemands qui, les premiers, employèrent le contrebasson à l'orchestre.

Ce fut probablement HAENDEL qui, pour la première fois fit entrer le contrebasson dans son orchestration. On le trouve dans l'*Hymne du Couronnement* (1727).

HAYDN l'emploie dans ses œuvres, entre autres, dans *la Création*, et en 1785, MOZART se sert du contrebasson.

Le contrebasson étant voué aux effets puissants et terribles, le maître BEETHOVEN l'emploie dans ses compositions les plus grandioses, dans la symphonie en *ut* (5e) et dans celle avec chœurs (9e). Ici, le contrebasson fait entendre sa voix lugubre et caverneuse. BEETHOVEN l'emploie également dans sa fantaisie orchestrale *La Bataille de Vitoria* (1813), œuvre écrite en l'honneur du célèbre général anglais lord Wellington.

Il le fait aussi entrer dans la composition d'une marche militaire que le maître écrivit en 1816.

WEBER fait également entrer le contrebasson dans son orchestration.

MENDELSSOHN a écrit une partie de contrebasson très importante et obligée dans sa symphonie *La Réformation*.

Pendant la Révolution française, il fut question, dans un projet sur le Conservatoire (1794), de créer une classe de contrebasson comprenant un professeur et quatre élèves, mais dans la suite, cette classe ne fut point créée.

En Allemagne, vers la fin du XVIIIe siècle, les musiques militaires comprenaient aussi des contrebassons.

En France, en 1825, le contrebasson fut également très employé; toutes les grandes musiques d'infanterie et celles de la garde royale en avaient deux ou trois. A la même époque, les musiques allemandes employaient également les bassons, contrebassons et aussi des cors-basse ou serpents (quelquefois ces trois sortes d'instruments ensemble). La musique de la garde prussienne avait deux contrefagotti, et il en était de même en Autriche, pour les musiques d'infanterie. Ces instruments, de même que les bassons, furent en usage dans les musiques militaires jusqu'à

l'époque (1846) où Sax inventa la famille des saxophones et saxhorns.

Le contrebasson à l'octave inférieure étant à l'u-
nisson de la contrebasse à cordes, le contrebasson
fut généralement plus apprécié en Allemagne que
chez nous, où il n'est
guère employé qu'à la
Société des concerts du
Conservatoire à l'O-
péra, et dans les grands
concerts, malgré le bel
effet qu'il produit dans
les œuvres des grand
maitres tel que Beetho-
ven, Weber, Mendels-
sohn, etc. Mais aujour-
d'hui, nous paraissons
revenir au système ins-
trumental qui fut en
honneurs aux XVIe et
XVIIe siècles, et l'on reconstitue les familles
sonores qui avaient été
abandonnées depuis
quelque temps ; cer-
tains instruments peu
employés depuis chez
nous, tels que le cor
anglais et le contrebas-
son, viennent aujour-
d'hui enrichir et com-
pléter les différents

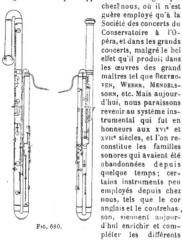

Fig. 680.

quatuors d'instruments à vent, et, depuis quelques
années, les compositeurs modernes français et
étrangers emploient le contrebasson dans leurs
œuvres.

Les représentations de Salomé du compositeur allemand Richard Strauss données à l'Académie nationale de musique de Paris nous ont valu d'entendre
pour la première fois le nouveau contrebasson de
MM. Evette et Schaeffer, instrument parfait, d'une
sonorité merveilleuse et très douce dans toute l'é-
tendue de l'instrument. Le doigté est le même
pour le basson français ; son échelle est presque de
trois octaves (du si♭ grave au sol aigu).

Dans sa partition de Salomé, Richard Strauss a
mis cet instrument tout à fait en dehors, en lui confiant un passage en solo, qui a été exécuté à l'Opéra
d'une façon remarquable par M. Marcel Couppas.

Citons les principaux compositeurs ayant fait emploi du contrebasson : MM. Ambroise Thomas, dans
Françoise de Rimini (1882); Verdi, dans Don Carlos
(1867) ; Reyer, dans Sigurd (1884), Salammbô (1890),
etc.; Saint-Saëns, dans Henri VIII (1883), Ascanio
(1890); les Barbares, les Noces de Prométhée (1867),
Etienne Marcel[1] (1879), Samson et Dalila (1877) et
autres œuvres, Massenet, le Cid (1885), Thaïs (1894),
Esclarmonde (1889), etc.; Vidal, Erlanger, et autres
ont également écrit pour le contrebasson.

Le contrebasson est très fréquemment employé
dans la symphonie moderne, et plusieurs compositeurs ont écrit pour lui des parties très importantes.
Paul Dukas, dans son Apprenti Sorcier, lui donna une
partie obligée où il joue en solo :

Richard Strauss l'emploie également en solo dans sa Salomé et dans la totalité de ses œuvres, de même
que tous les symphonistes modernes. En Allemagne, le contrebasson est également très en usage.
Voici le passage de Salomé auquel nous faisons allusion plus haut :

Plus retenu ♩.=80

CONTREBASSON
(Effet une octave
au dessous.)

Solo

CORS, BASSON
V^les, CB

Emploi du basson en concertiste.

Après nous être bien pénétrés de l'étendue indiquée p. 1562, nous allons examiner la façon d'employer le basson en soliste, soit avec piano ou avec
orchestre, soit encore avec accompagnement d'instruments divers.

Ici, aucune règle ne viendra nous gêner pour l'é-
tendue de l'instrument comparativement aux nuances, le virtuose bassoniste employant toujours des
anches très fortes qui produisent un joli son, bien en
dehors.

1. Lorsque cet ouvrage fut représenté à Lyon en 1879, le contrebasson manquant en province, sa partie fut jouée par un sarrusophone contrebasse.

Donc, dans le solo, liberté absolue, à part une légère exception que nous allons citer et qui intéresse l'étendue de l'instrument.

Dans l'aigu, à partir du *do* ♯ :

ne pas écrire les notes suivantes attaquées, c'est-à-dire avec un coup de langue sur chaque note :

écrire au contraire ces notes en les liant :

Ensuite, ne point les employer dans des traits en notes vives :

Il est entendu que ces notes ne s'emploieront que rarement dans des effets spéciaux, et toujours en intervalles chromatiques ascendants ou descendants, en commençant à partir du *do* ♯ et avec les deux nuances *forte* ou *mezzo-forte* :

Un seul point concorde avec l'emploi à l'orchestre : c'est que l'on n'écrira jamais *pianissimo* dans le grave; on se conformera donc pour le grave à ce que nous avons dit pour le basson à l'orchestre.

Il y a, dans l'ouverture du *Tannhäuser*, un passage bien curieux dans la partie de premier basson, et dont l'exécution est presque impossible : WAGNER emploie dans ce passage un *mi* aigu directement attaqué, et suivi du *mi* à l'octave inférieure :

C'est là une exception extraordinaire, et nous nous demandons quelle pouvait être la pensée de l'auteur au moment où il écrivait ces quelques mesures! Ce trait, dans tous les cas, est presque inexécutable, surtout lorsqu'on le joue avec des *anches d'orchestre*.

Dans les grands concerts, où la partie de premier est doublée par un *ripieno*, il est possible d'en donner une exécution à peu près parfaite. Voici de quelle manière :

De la respiration.

Il faut avoir une poitrine assez fortement constituée pour jouer du basson, les notes graves étant surtout très fatigantes à tenir. Aussi, à l'orchestre, bien souvent, on se voit obligé de se diviser les trop longues tenues qu'un auteur insouciant a cru devoir indiquer dans son œuvre.

Les compositeurs, pourtant, devraient y veiller; ce n'est pas en prescrivant des tenues interminables qu'ils obtiendront de bons effets.

Il devrait leur suffire, au contraire, d'arranger un peu leurs parties de basson, de façon à ne pas les rendre épuisantes : l'exécution en deviendrait bien meilleure.

Donnons la juste mesure de la respiration pour le basson :

Prenons un mouvement lent quelconque donnant, par exemple, du 72 à la noire au métronome (♩ = 72).

Partons de ce point, et commençons par dresser le tableau exact de la respiration, en partant de la note la plus grave pour aboutir à la plus aiguë (style d'orchestre) :

Comme on le voit par l'exemple ci-dessus, il est plus pénible au bassoniste de tenir une note grave qu'une note aiguë. On pourra se servir de notre tableau pour en tirer une gradation exacte du souffle, en commençant par le *si* ♭ grave, et en augmentant successivement la tenue des notes jusqu'au point extrême (*do* ♯ aigu).

Il existe à l'orchestre un moyen de donner l'illusion d'une tenue de basson interminable : il suffit simplement de faire participer le premier basson et le second à la même tenue, au moyen d'un relai intelligemment ordonné (il en est de même pour tous les instruments à vent) :

Pour tout ce qui est en dehors des tenues, détaché, arpèges, gammes, etc., on se conformera, en ce qui concerne la durée d'une respiration, au même principe et au même nombre de mesures, comme nous l'avons indiqué plus haut.

En consultant la fin de la *Symphonie pastorale*, on verra que Beethoven, lui-même, n'avait pas toujours réglé la dose de respiration pour ses instruments à vent (voyez plus loin).

Les intervalles.

Nous ne parlerons ici que des intervalles commençant à partir de la tierce, et nous réserverons les autres plus petits pour notre étude sur les trilles.

En général, du moment que l'on emploie le basson en *staccato*[1], les intervalles les plus écartés lui sont permis, à part les quelques petites exceptions que nous mentionnons sur le tableau ci-après :

Ne pas employer avec des valeurs trop petites ou des mouvements trop vifs.

La difficulté s'accroît dans les combinaisons en notes liées, et plus les intervalles sont écartés, plus difficile est l'émission du son. On évitera ici d'employer des nuances par trop *piano*, de façon à favoriser l'exécutant.

Nous donnons ci-dessous un tableau des intervalles qu'il ne faudra employer qu'avec réserve :

Ne pas employer autrement que dans des mouvements lents.

Il n'y a vraiment que dans les solos, ou que dans les concertos de basson, que l'on exécute exactement les liaisons marquées par l'auteur. Lorsque, à l'orchestre, on rencontre des liaisons difficiles à rendre, cette difficulté est surmontée en les supprimant tout simplement, et en remplaçant ces liaisons par un coup de langue dans le son ; s'il est adroitement donné, il offrira l'illusion de la plus parfaite liaison.

Le détaché.

Après la sonorité, le détaché est une des plus grandes qualités que puisse avoir un bassoniste. Aussi, tenons-nous à en parler ici, en déterminant ses effets et la manière de l'employer sans abus.

Le virtuose qui détache bien exercera toujours sur

1. Voyez ci-dessous *détaché*.

le public un grand attrait, même (comme il est forcé de le faire parfois) s'il interprète un morceau de mauvaise musique !

La syllabe *tu*, prononcée autant de fois qu'il y a de notes, donne une idée de ce qu'il faut faire; dans l'embouchure de l'instrument, pour exécuter un trait en détaché :

$$\frac{4}{4}$$ tu,tu ,tu,tu, etc.

Il existe une foule de mauvais morceaux pour basson : transcriptions de *la Norma*, pot-pourri sur *Rigoletto*; il y a même en vente chez un éditeur de Liège un morceau intitulé *Mélange de Meyerbeer* et dont la lecture produit toujours une grande sensation d'hilarité ! Et pourtant, ces morceaux ont été bien des fois joués avec un certain succès, grâce aux détachés dont ils sont remplis. Vers 1830 surtout, les vocalises et airs variés se trouvèrent fort en honneur.

Il ne faut pas abuser de ce précieux auxiliaire ; nous allons du reste donner quelques conseils relatifs à son emploi à l'orchestre ou dans les solos.

1° Dans un mouvement vif, il ne faut pas écrire pendant longtemps des traits en détaché, car, au bout de quelques notes, la langue se fatigue et l'exécution devient impossible. Dans ce cas, on atténue la difficulté en mettant une liaison sur deux ou plusieurs notes ; la langue se repose pendant la liaison, et peut reprendre ensuite la fin du trait sans en rien gâter. Exemple :

2° Dans les notes graves au-dessous du *mi* :

il ne faudra pas écrire du détaché dans un mouvement trop vif.

3° Dans les tons fortement diésés ou bémolisés, on tiendra compte de la même observation que dans le § 2°, tout en l'appliquant à toute l'étendue de l'instrument.

BEETHOVEN a merveilleusement employé les notes piquées dans son ouverture de *Léonore*, n° 3.

C'est un peu après la deuxième sonnerie de la trompette dans la coulisse que revient à l'orchestre le thème principal de l'ouverture, présenté en *sol* majeur à la première flûte, avec de petites variations, et souligné par quelques *touches*[1] de basson finissant par une gamme en détaché :

Les arpèges.

À l'encontre de ce qui se produit pour la clarinette, le basson ne se prête pas aisément à l'exécution d'arpèges compliqués ; néanmoins, on peut lui en confier quelques-uns, en ayant soin d'observer les conseils donnés ci-dessous :

Dans les tons ne renfermant pas trop d'altérations, on pourra écrire des arpèges sous différentes formes, à condition que le mouvement ne soit point trop vif. Plus il y aura d'altérations, moins on emploiera de traits rapides, que cela soit en lié ou en détaché.

Le trille.

Sur notre instrument, le trille peut bien s'employer avec facilité, et son effet peut donner à une œuvre orchestrale un cachet aussi joli qu'imprévu.

Au point de vue du basson pris en concertiste, le trille se trouve fort souvent employé ; on en remarque même un abus dans nombre de morceaux plus ou moins intéressants.

DEBUSSY en a donné un curieux exemple dans son *Prélude à l'après-midi d'un faune* ; et beaucoup d'auteurs modernes l'ont également employé avec succès :

---

1. Dans le langage d'orchestre, on appelle *touche* un petit fragment de trait venant se poser sous un autre et le soulignant spirituellement.

Qu'il nous suffise de donner ci-dessous deux tableaux renfermant les trilles défendus et ceux que l'on ne devra employer qu'avec précaution :

— Tableau des trilles impraticables —

— Trilles peu usités —

(mais possibles dans les mouvements lents)

Les notes à double doigté.

Qui pourrait se figurer que le basson, comme le cor, a ses notes bouchées et ses notes claires? Cela pourtant existe, et nous pensons qu'il est bon de parler ici de ces deux sonorités qui, malheureusement, n'existent que pour quelques notes de l'instrument. Au point de vue de la poésie orchestrale, il serait curieux pour un compositeur d'employer ces deux couleurs dans un passage quelconque de solo ; nous allons donc parler un peu de la manière de se servir des notes à double doigté.

Le bassoniste emploie toujours pour certaines notes deux manières de combinaison de clefs. La première, appelée *manière expressive*, consiste à prendre un doigté donnant le plus joli son à l'instrument ; la deuxième, au contraire, s'emploie toujours dans la virtuosité, et consiste à prendre le doigté le plus simple et le plus facile : c'est la *manière pratique*.

Plusieurs notes de l'instrument ont donc deux sonorités, résultat des deux combinaisons que nous venons d'expliquer. Nous exposons ci-dessous, en un petit tableau, le caractère et la sonorité de ces notes :

1° Les deux *si♭* :

peuvent donner deux sonorités : la première, très belle et sonore ; la deuxième, très sourde, en prenant le *doigté de la fourche*.

2° Le *fa♯* : pris avec le doigté

normal, aura un son assez joli et un peu brutal ; en prenant le doigté d'*écho*, on obtiendra une sonorité lointaine et faible.

3° Le *ré♮*, assez sourd : se fera

toujours avec un seul doigté ; néanmoins, si l'on veut lui donner une grande force, on indiquera au bassoniste de prendre la clef de *la♭* en plus du doigté ordinaire.

4° La même combinaison pour le *mi♭* :

pour lequel on prendra la clef de *mi♭* grave, afin de donner un son plus fort.

5° Le *mi♮* : est la note dont on se

sert le plus en employant deux doigtés : le premier, appelé *fourche*, aura un son très joli et expressif, tel celui du violoncelle ; le second, qui s'obtient avec deux doigts seulement, donnera un son grêle et non exempt de mélancolie.

6° Le *sol♯* aigu est employé sur le

basson au moyen d'une foule de doigtés. Qu'il nous suffise de dire que le son naturel est très fort, un peu violent même, et que le son piano pourra s'obtenir en changeant le doigté de différentes manières.

Terminons ces quelques considérations en disant que les doubles doigtés pourraient donner des effets intéressants de sonorité, à condition de ne les employer que dans des notes *tenues*.

Le coup de langue.

Très usité par les instruments en cuivre, le coup de langue peut cependant s'appliquer au basson et produire de curieux effets, à condition de n'être employé que rarement, et seulement sur quelques notes de l'instrument, du *si♭* au *si♮* aigu :

On arrive ainsi à faire du détaché avec des notes très brèves et des mouvements très vifs.

Comme exemple, voici un passage de la transcription pour le basson de la *Sonate de Grieg* en *la mineur* (pour violoncelle et piano) :

Ce fragment serait d'un rendu impossible, étant donné le mouvement trop rapide (*allegro agitato*). On résout la difficulté à l'aide du coup de langue, et au moyen de l'accentuation suivante, qui, nous l'avons dit déjà, ressemble à celle employée à tout moment par les instruments en cuivre, les pistons et les trompettes principalement :

Ce passage s'exécutera donc ainsi :

Résumons-nous en disant que le basson possède à présent une manière spéciale pour faire les notes piquées dans un mouvement très vif, à condition que ces notes soient écrites en rythme ternaire, de façon à favoriser la combinaison d'exécution et de coup de langue que nous venons de décrire.

SAINT-SAENS, dans *Phaéton*, a écrit pour le premier basson une partie en détaché qu'il est impossible d'exécuter sans l'emploi du détaché artificiel; en Allemagne, Richard STRAUSS a écrit, dans son *Don Quichotte*, des parties de hautbois et de clarinette qui, toujours au moyen du même procédé, arrivent à imiter le bêlement des brebis !

Les nuances inexécutables.

« Trop fort, les bassons, trop fort ! »

Quiconque assisterait à une répétition des grands concerts entendrait fréquemment le chef d'orchestre employer cette expression à l'égard des pauvres musiciens qui, parfois, n'en peuvent mais !

Il est difficile de jouer *pianissimo* sur un basson, et les auteurs modernes ne paraissent nullement se préoccuper de la sonorité ou de la puissance d'un instrument. Les jeunes compositeurs ont du talent, ils travaillent leur technique, mais ne se soucient guère de connaître à fond les instruments à vent; quelques études sur leur étendue et sur les doigtés défectueux leur suffisent pour se lancer de suite dans le domaine de la symphonie et de l'opéra !

Faut-il les blâmer? Non, puisque les plus grands maîtres de notre époque leur donnent l'exemple de compositions qui, pour être admirables, ne laissent pas que d'être insuffisamment réglées au point de vue de la connaissance de la sonorité des instruments.

Ouvrez donc la partition de la *Symphonie pathétique* de TCHAIKOVSKY, et observez la nuance indiquée au premier basson, à la dernière mesure de la page 36. Savez-vous comment s'y prend le pauvre soliste pour exécuter ce passage? Non, n'est-ce pas?... Eh bien, apprenez que l'obligation de rendre la nuance écrite le met dans la nécessité d'introduire dans son pavillon[1] un tampon de ouate qui, en donnant au basson un son dénaturé, lui enlève presque toute sa sonorité et favorise la nuance indiquée : *ppppppp!*

1. Cette sourdine n'a été employée que par quelques bassonistes éprouvant de la difficulté à jouer pianissimo dans le grave.

Du reste, à parler franchement, tout en reconnaissant comme chef-d'œuvre la *Symphonie pathétique*, nous sommes forcé de convenir que ce passage est tout simplement mal orchestré : il y a dans l'orchestre un instrument grave qui aurait très bien pu continuer ce dessin de la clarinette, *tout en produisant une sonorité parfaite* et un *très grand* pianissimo, c'est la *clarinette-basse*.

Dans LISZT aussi, on rencontre des nuances impossibles, et la première partie de *Faust-Symphonie* oblige encore le pauvre basson à employer sa sourdine !

La sonorité.

La plus grande partie des mélomanes ne se doute pas de ce que donne exactement la véritable sonorité de notre instrument.

Une fausse tradition lui a toujours prêté un timbre très guilleret, grotesque même, jusqu'à l'excès! Et cela tient à ce que le basson ne peut être véritablement *joué* que par de vrais artistes, et non par des amateurs; l'étude du son demandant, par elle-même, un temps considérable.

Un instrumentiste inexpérimenté jouera presque toujours un quart de ton trop bas; de plus, il ne pourra souffler que dans des anches très faibles, qui donneront une sonorité comparable à celle d'un *mirliton;* aussi, de suite, le public portera-t-il sur notre instrument un mauvais jugement.

On a dit aussi que les notes *aiguës* du basson étaient « maigres » et « souffreteuses », alors que le *grave* avait une sonorité « pleine », toute pontificale! Véritablement, il ne doit pas y avoir de différence entre le grave et l'aigu; celui qui sait jouer de son instrument aura les mêmes sons en haut et en bas.

Le public des grands centres artistiques est véritablement le seul qui entende jouer *réellement* du basson. Celui-là commence à comprendre quel admirable rôle lui est donné dans les plus grandes œuvres classiques et modernes, et combien ce rôle n'a absolument rien qui tienne du « grotesque ».

Nous croyons avoir suffisamment documenté les jeunes compositeurs pour pouvoir terminer ici notre étude sur « la manière d'employer le basson ». Une seule chose est belle dans l'instrument, c'est avant tout la *sonorité* : sonorité si difficile à obtenir pour les jeunes bassonistes, et si délicate à employer pour les jeunes auteurs.

Les jolis sons de basson sont rares; ils font prime autant que les stradivarius des violonistes, avec cette différence que c'est l'instrumentiste[1] qui fait le son, et non le luthier!

Une vieille coutume nous a appris pendant notre jeunesse à juger le basson comme un instrument *bouffon*, et beaucoup de compositeurs sont persuadés qu'il est impossible de l'employer autrement! Comme ils se trompent! Notre instrument est bien digne de figurer à l'orchestre comme le « violoncelle de l'harmonie ». Il peut être pathétique ou aimable, brillant ou triste; il peut donner à la fois la pédale de l'orgue ou le détaché de la flûte! Que dire de plus?

Eh bien! nous dirons qu'aux futurs compositeurs, la lecture de ce qui précède donnera une assurance considérable; et l'analyse des traits célèbres, que nous allons donner ci-après, sera certainement pour eux le guide le plus précieux qu'ils puissent trouver.

M. Castil-Blaze a écrit sur le basson un très intéressant article dans le *Dictionnaire de conversation*. Les qualités expressives de l'instrument y sont décrites de charmante façon.

N'oublions pas que Haydn jouait du basson, et que le grand-père de Rimsky-Korsakoff était bassoniste à l'orchestre du Conservatoire de Saint-Pétersbourg!

LE BASSON A L'ORCHESTRE

Quel est le compositeur qui, pour la première fois, employa le basson à l'orchestre?

Question bien difficile à résoudre exactement!

D'après plusieurs auteurs, il paraîtrait que ce fut Cambert qui, en 1671, l'introduisit dans l'orchestration de son opéra *Pomone*.

Nous nous permettrons de quitter un instant le sujet principal de cet article, pour remettre au point quelques malentendus que cet opéra a trop souvent suscités.

1° Contrairement à l'opinion de plusieurs auteurs, *Pomone* est bien le *premier* opéra de Cambert, et il ne reste qu'un seul exemplaire imprimé de cette œuvre à la Bibliothèque Nationale; ce seul petit livre ne contenant que le chant, les paroles et quelquefois une basse chiffrée.

Au Conservatoire, nous trouvons seulement la copie d'un acte de cet opéra; mais le manuscrit est plus complet et renferme quelques pages d'orchestration[2].

2° Dans la préface de sa méthode de basson, Jancourt nous dit : « Il était le seul, avec la flûte, des instruments en bois en usage dans les orchestres. »

Or, nous trouvons à la page 25 de *Pomone* l'indication suivante : « Bergers et *hautbois* entrent sur le théâtre, » et, à la page 26, une indication d'orchestration : « *Violons et hautbois.* »

Il y avait donc des hautbois dans *Pomone*.

Dans les quelques pages d'orchestration que nous avons trouvées, il n'est pas fait mention de la partie de basson; on ne peut donc donner une affirmation exacte.

Poursuivons nos recherches et voyons quel est l'auteur qui, immédiatement, succéda à Cambert :

Nous trouvons le grand Lully.

Il est indiscutable que ses œuvres renferment pour la plupart une partie de basson. D'après Lavoix[1], Lully faisait toujours orchestrer ses œuvres par ses musiciens, et il est probable que ce fut l'un d'eux qui, pour la première fois, eut l'idée d'employer notre instrument dans l'orchestration.

Le basson, en ce temps-là, avait seulement trois clefs : celles de *si♭*, *ré* et *fa* graves; malgré sa grande imperfection, plusieurs virtuoses s'étaient déjà distingués; citons parmi ceux-là : Jadin, Schubart et Ritter (dont les biographies n'ont pu être retrouvées pour le chapitre consacré aux virtuoses du basson).

Le nombre des bassons employés à l'orchestre fut presque toujours de deux et plus tard de quatre.

Gluck, Haydn, Mozart et Beethoven en employèrent toujours deux; ces deux derniers auteurs ajoutèrent parfois un contrebasson dans leurs œuvres capitales.

Mendelssohn, Schumann, Schubert, écrivirent pour deux bassons.

Verdi, dans ses opéras, en employa également deux, et Meyerbeer presque toujours quatre.

Quant à Wagner, il fut le véritable novateur de l'orchestration à *trois* bassons; sa manière d'instrumenter se trouva suivie par presque tous les auteurs modernes.

Pourtant, il est très curieux de parler de deux exceptions extraordinaires retrouvées dans l'orchestration de deux œuvres, l'une de Catel et l'autre de Lesueur.

1° Nous trouvons une *Ouverture* composée par le « citoyen Catel » en 1794, et comportant dans son orchestration :

4 premiers bassons;
4 deuxièmes bassons;
4 serpents.

2° Dans la copie d'un *Hymne patriotique*, musique du « citoyen Lesueur », pour le concert donné par l'Institut National de musique, le 17 brumaire, an III de la République, nous trouvons dans l'orchestre :

6 bassons d'accompagnement;
10 bassons de chœurs;
3 serpents.

En 1795[3], l'Institut, considéré sous le rapport d'exécution dans les fêtes publiques, forme un orchestre composé au minimum de 100 musiciens, instruments à vent, parmi lesquels nous trouvons 18 bassons et 4 contrebassons!

Ce sont là, du reste, de très rares exceptions qui ne furent pas suivies, car, actuellement, bon nombre de théâtres n'emploient même plus les deux bassons obligés; un seul leur suffit, pour raison d'économie. Quant aux music hall's et aux petits théâtres, la présence de trois trombones leur paraît autrement

---

1. Voyez chapitre sur les anches.
2. Rappelons toutefois que *Pomone* fut précédée de deux ouvrages lyriques de Gambert, la *Pastorale d'Issy* (1659), et la comédie en musique d'*Ariane et Bacchus* (même année). (N. D. L. D.)

2. Lavoix, *Histoire de la musique*. Voir aussi les ouvrages plus récents de M. Prunières (*Lully*) et de M. de la Laurencie (*Lully*).
3. Documents puisés dans le livre de M. Constant Pierre sur le *Conservatoire*.

nécessaire que celle de deux bassons; seuls, nos grands centres artistiques en emploient toujours le nombre imposé par les auteurs.

Nous donnons ici quelques exemples de l'emploi du basson à l'orchestre depuis Haydn jusqu'à nos jours.

Le basson dans les œuvres de Haydn.

L'orchestration des célèbres symphonies de Haydn renferme une foule de solos pour le basson.

Le côté aimable et sautillant de notre instrument se trouve toujours mis en valeur, et il n'est pas rare de voir le basson doubler à l'octave grave la partie des premiers violons.

C'était là, en effet, une habitude chez le maître que de se servir du basson pour mettre en relief un motif quelconque; aussi, beaucoup d'auteurs, notamment Beethoven, suivirent-ils son exemple. Nous donnons ci-dessous quelques fragments des symphonies où ce mode d'orchestration est le plus employé :

Symphonie « Londres » [caractère mélodique][1].

Symphonie « La Reine » [caractère aimable].

Symphonie nº 13 [caractère sautillant].

Il en est ainsi dans toutes les œuvres autres que ces symphonies, notamment dans la *Création* et les *Saisons*. Donnons maintenant un exemple très intéressant où le basson est *seul* employé : voici un thème exposé par la flûte et donné en réponse par notre instrument :

1. Un certain nombre d'indices tonaux des exemples de musique qui suivent sont gravés de façon incorrecte. (N. D. L. D.)

Le basson dans les symphonies de Beethoven.

Nous allons entrer dans la partie la plus longue de notre analyse des traits de basson; nous estimons que ce sera la plus intéressante, car jamais un instrument ne fut mieux employé que dans ces neuf symphonies dont l'incroyable clarté orchestrale brillera toujours d'un incomparable éclat.

1re Symphonie (en *ut* majeur). — Comme on l'a déjà dit bien souvent, Beethoven, à l'époque où il composait ses deux premières symphonies, était encore [sous l'impression du génie de Mozart et de Haydn. Aussi, son orchestration en subit-elle une grande influence; à ce point que l'écriture de ses instruments à vent fut, pour ainsi dire, semblable à celle de ses deux prédécesseurs.

Dans l'*Allegro con brio*, nous citerons seulement un délicat petit trait, exposé par le premier basson, auquel le hautbois et la flûte répondent aussitôt :

2e Symphonie (en *ré*). — Nous relevons dans le *Final* une formule amusante formant arpège; elle est d'abord exposée fortissimo, puis continuée par le basson jouant piano et staccato :

Nous retrouvons plus tard le même passage en *fa* majeur; il est précédé d'une phrase expressive chantée par le basson, qui rappelle ici un véritable chanteur qu'accompagne le quatuor :

3e Symphonie. — C'est avec la 3e *Symphonie* (*héroïque*) que nous entrons dans la deuxième manière de Beethoven; l'orchestration devient plus intense, le basson est employé de façon plus intéressante. .

La première partie renferme une foule de combinaisons pour les instruments à vent qui chantent tour à tour, comme en se répondant l'un à l'autre.

Mais le basson n'occupe réellement le premier rang que dans l'admirable *Marche funèbre*.

Pendant des pages entières, nous remarquons le quatuor accompagnant « l'harmonie »; citons entre autres ce dessin d'une profonde mélancolie, souli_gné par les notes brèves du quatuor :

On sait quel extraordinaire tour de force en contrepoint renferme le *Final,* où les différents thèmes sont exposés par tous les instruments à vent, dans des caractères de toutes nuances; le basson ne se trouve pas négligé, et sa partie devient ici de première importance.

Comme exemple, nous donnerons un passage délicat comportant un groupe de trois croches en détaché, et aboutissant à une formule expressive en appogiature :

4e Symphonie (en *si* bémol). — Lorsqu'un programme de concert comporte la *Symphonie n° 4* en *si bémol,* le pupitre des bassons s'agite et s'inquiète; qui se douterait qu'un simple trait de quatre mesures est la cause de tant d'émoi?

Le *Final* comprend, en effet, un solo écrit entièrement en staccato par Beethoven, et dont l'exécution est impossible, surtout avec le mouvement, par trop « réel », adopté parfois par certains chefs d'orchestre. Donnons d'abord la version écrite par Beethoven :

Impossible d'exécution, cette première version s'est trouvée transformée (de par les plus anciennes traditions) en une nouvelle accentuation que nous indiquons ci-dessous :

L'exécution en devient alors possible, tout en restant assez vétilleuse, et la légère modification passe inaperçue aux oreilles du public.

On a dit que Beethoven écrivait parfois sans indiquer d'accentuation dans les traits, laissant ainsi à l'exécutant le soin de marquer les liaisons ou les points, selon son goût personnel...

Supposez donc une pièce de Molière écrite sans points ni virgules, en somme sans aucune ponctuation, ce soin étant laissé au lecteur agissant d'après ses propres impressions! La pensée de l'auteur, dans ce cas, ne disparaîtrait-elle pas?

Il est aussi nécessaire à la musique qu'à la prosodie ou à la versification d'avoir ses phrases ponctuées selon le goût, l'inspiration, les exigences de l'auteur.

C'est donc pour ces raisons que nous sommes persuadé que l'auteur de la *4e Symphonie* a voulu, dans son final, le trait de basson complètement en détaché.

Néanmoins, comme le rendu de ce trait nous paraît impossible dans le mouvement indiqué, nous pensons que l'auteur l'a dû comprendre dans une allure un peu ralentie. Donc, à notre avis, le chef d'orchestre ferait bien de *ralentir* légèrement le mouvement 7 mesures avant, pour le reprendre 6 mesures après.

Du reste, la musicalité nous semble devoir se prêter aisément au mode d'interprétation que nous préconisons, comme il est facile de s'en rendre compte en consultant la partition d'orchestre, aux pages 72 et 73 (édition Breitkopf).

5e Symphonie (en *ut* mineur). — La *5e Symphonie* est certainement la plus connue des œuvres de Beethoven, et il n'existe aucun bassoniste qui n'ait joué cette page admirable.

Dans l'*Allegro con brio*, se trouve un dessin très énergique, ressemblant assez à une sonnerie de trompette; il est, dans la première reprise, exposé par les cors :

les bassons l'exposent à leur tour avec force, dans la deuxième partie du morceau :

L'*Andante* nous offre deux solos remarquables, et nous ne saurions trop engager les jeunes musiciens à méditer sur ces deux passages, qui leur démontreront combien le basson est un instrument éminemment expressif :

1er solo. — Le basson répond à un dessin donné par la clarinette :

2e solo. — Passage très connu, que les bassonistes exécutent souvent en « écho »[1], à partir de la fin de la 3e mesure. Cette nuance, qui n'est pas indiquée par l'auteur, n'en est pas moins du plus heureux effet :

Le morceau suivant nous donne un exemple de basson employé dans un passage très mystérieux et pianissimo, que le quatuor seul accompagne en pizzicati :

1. Expression pas très bien définie, mais que l'on emploie très fréquemment à l'orchestre.

Le premier basson continue alors seul, avec pizzicati de violoncelles, le dessin suivant, de plus en plus piano :

Puis, comme un dernier appel, il répond aux premiers violons en un dessin de trois noires, assez vétil-leux, étant donné la nuance pianissimo :

L'*Allegro* en 𝄴 qui suit, de même que celui de la 9ᵉ Symphonie, est un des plus beaux finales de BEETHO-VEN; tout y est débordant de sonorité et d'enthou-siasme. Aussi, les bassons ont-ils à jouer une partie fort importante et surtout très sonore.

Citons un solo[1] brillant, dont l'effet est toujours très grand, surtout lorsqu'il est rendu par quatre bassons, comme cela a lieu dans les grands orchestres (soit deux de plus que ne l'indique la partition) :

Il est à remarquer que presque tous les grands chefs d'orchestre font jouer les symphonies de BEETHOVEN pour quatre bassons[2], savoir :

1° Le premier, *solo*, jouant toute la partie de pre-mier basson;

2° Le premier, *ripieno*, aidant le premier solo et jouant dans les passages que l'auteur indique for-tissimo;

3° Le deuxième, *solo*, jouant toute la partie de second basson;

4° Le deuxième, *ripieno*, aidant le second basson et jouant avec lui dans les fortissimo.

Cette manière d'interpréter la symphonie est excel-lente, quoique peu praticable en dehors des grands

---

1. En termes d'orchestre, le mot *solo* veut dire passage en dehors exécuté par deux ou plusieurs instrumentistes appartenant au même pupitre.

2. Cette manière d'exécuter des œuvres orchestrales, en doublant les instruments, demande un quatuor très nombreux.

centres artistiques, dans les endroits où l'on ne dispose pas toujours d'un nombre suffisant de bassonistes.

6ᵉ Symphonie (Pastorale). — C'est l'œuvre la plus descriptive de BEETHOVEN, comme aussi la plus intéressante pour les instruments à vent. Les solos de basson y abondent, et l'on relève, dans le *Scherzo,* un solo pour le 2ᵉ basson, évoquant avec le hautbois et le cor une danse champêtre :

La fin du premier morceau nous donne un exemple du même genre entre la clarinette et le premier basson :

Comme nous l'avons dit déjà, le basson, utilisé à la manière de HAYDN et de MOZART, est ici toujours placé en solo ; sa partie n'a rien à envier à celle des premiers violons, qu'il vient souvent souligner de sa note expressive.

Du temps de BEETHOVEN, le basson n'était pas aussi perfectionné qu'aujourd'hui, et nous nous demandons parfois comment nos prédécesseurs pouvaient se tirer d'affaire à l'orchestre, et comment ils arrivaient à rendre, sur des instruments primitifs, des traits qui, de nos jours, nous paraissent encore d'exécution bien difficile.

Ouvrez la partition de la *Pastorale,* à la page 38 (138) de l'édition BREITKOPF ; considérez à la troisième mesure les arpéges du basson et de la clarinette, en accompagnement du thème exposé par la flûte, sur le bruissement des violons. L'arpège de la clarinette se termine normalement sur la note aiguë :

tandis que celui du basson est coupé à la fin, et se termine sur une note plus grave :

Cette particularité provient de ce que le basson ne possédait pas, en 1808, de clef de *si♭* aigu. Aussi, de nos jours, les compositeurs sont-ils plus heureux par suite des nombreuses ressources que vient leur offrir cet instrument perfectionné. Et les chefs d'orchestre de tout temps ne se génèrent nullement pour changer parfois une note ou deux dans une partie quelconque des œuvres classiques ; en un mot, réaliser le « désir » que les anciens n'avaient pu satisfaire, en faisant jouer par les instruments à vent les notes que les progrès de la facture moderne rendent aujourd'hui accessibles.

La partie de basson se trouve ainsi modifiée :

C'est dans le *Final* que se trouve un trait bien difficile à rendre sans respiration, et qui s'exécute dans
les grands orchestres en partageant la difficulté
entre deux instruments :

(*Passage devant être joué par les deux bassons.*)

Deux difficultés se rencontrent : 1° la longueur de
non-respiration; 2° la liaison, mesure par mesure,
qui, étant donné la vitesse, devient aussi gênante.

Nous donnons ci-dessous la manière de jouer ce
passage sans accroc[1] :

Telle est l'interprétation en usage dans les grands
concerts : l'effet, en aucune façon, ne laisse à désirer.

7ᵉ Symphonie (en *la*). — Le célèbre *Allegretto* de
cette symphonie est une des pages de BEETHOVEN que
l'on connaît le plus; sa grande simplicité a bien
souvent tenté des transcripteurs plus ou moins habiles qui l'ont arrangé pour tous les instruments, avec
ou sans piano.

JANCOURT, dans sa *Méthode de basson,* en donne
une version assez intéressante au point de vue de
l'instrument; nous regrettons que cette transcription
soit à peu près la seule, prise dans les symphonies de
BEETHOVEN, que nous rencontrions dans son ouvrage.

Nous relevons, dans ce morceau, une phrase très
mélodique, traitée en imitation entre le hautbois, la
flûte et le basson, ce dernier jouant un peu fort, de
manière à compenser la sonorité des deux instruments auxquels il répond :

8ᵉ Symphonie (en *fa*). — A part l'*Allegretto scherzando,* la *8ᵉ Symphonie* renferme pour le basson une foule
de solos des plus intéressants qui permettent au chef de pupitre de faire valoir ses qualités de virtuose.
Notons, d'abord, dans la première partie, deux passages vraiment remarquables, écrits tous deux
en notes piquées :

1. *Erratum :* la 2ᵉ note de la 1ʳᵉ mesure est un *si* et non un *la.*

et, plus tard, un autre solo des plus amusants :

Dans le *Menuetto*, Beethoven n'hésite pas à employer le basson absolument en solo avec accompagnement de quatuor :

Bien que la nuance originale soit *pp*, le premier basson devra pourtant jouer de façon à ne pas être couvert par le quatuor.

Le *Final Allegro vivace* renferme une combinaison

unique en son genre dans les annales de l'orchestration ; c'est un effet de timbales doublé par le basson, et produisant une sonorité des plus curieuses :

9e Symphonie (avec chœurs). — Il nous semble que rarement le basson fut mieux employé que dans cette œuvre gigantesque où tous les éléments de la musique sont traités avec une maîtrise absolument incomparable.

Dans le premier morceau, *Allegro ma non troppo*,

notons d'abord un effet des plus curieux de pizzicato que les deux bassons font entendre à l'octave et pianissimo, pendant que le hautbois et la clarinette exhalent un thème plaintif et douloureux (deuxième thème du morceau).

Plus loin, nous voici revenus au premier thème de la symphonie; ce thème se trouve au basson solo et doit être exécuté *forte*, quoique Beethoven l'ait indiqué *piano*; ce qui prouve que les plus grands maî-

tres n'ont pas toujours eu dans l'oreille le timbre exact et la force de sonorité que les instruments à vent sont à même de rendre dans certains cas :
Passage marqué *piano* et joué *forte* :

Le *Scherzo molto vivace* nous offre également un passage très intéressant joué piano par les deux

bassons; c'est la reprise du thème en *mi* mineur formant un effet mystérieux tout à fait joli :

Plus loin encore, nous trouvons au ¢ un contrepoint joué par les bassons, en accompagnement du chant exposé par les hautbois et les clarinettes :

Le début de l'*Adagio* suivant est célèbre; l'exécution en est assez vétilleuse, le premier basson devant jouer dans la sonorité du deuxième, et l'attaque devant se faire plutôt pianissimo :

Dans la suite de ce morceau, Beethoven, selon sa manière, emploie toujours le premier basson comme doublant les premiers violons à une ou plusieurs octaves de différence; l'effet en est toujours joli et d'une sonorité parfaite.

Dans le *Final* avec chœurs, on pourra remarquer que le souci de l'écriture vocale n'a pas empêché le célèbre auteur de soigner à tout instant la partie de l'orchestre. Le basson a toujours à exécuter une partie

de première importance, contenant des effets de sonorité à peu près semblables à ceux que nous venons d'étudier dans ces neuf symphonies, neuf chefs-d'œuvre, devant lesquels tout musicien sincère devra toujours s'incliner.

Aux jeunes auteurs commençant l'orchestration, la lecture de ce qui précède donnera une assurance énorme; elle leur fera connaître le basson mieux que ne pourrait le faire n'importe quel traité d'instrumentation.

Mendelssohn.

Mendelssohn n'a pas écrit pour le basson des solos aussi importants que ceux que nous trouvons dans Beethoven; il fait plutôt converser avec les autres instruments à vent, et le traite souvent de façon aimable :

Symphonie écossaise. — Avant l'attaque du *Final*, nous trouvons un passage très poétique, dialogué avec la clarinette et soutenu par les tenues du quatuor :

Berlioz.

La Damnation de Faust. — *Air de Méphisto :*

La Course à l'abime.

Ambroise Thomas.

Hamlet. — *Pantomime* :

Bizet.

Dans l'*Arlésienne* et *Carmen*, nous trouvons deux solos très connus; le premier, écrit pour deux bassons, paraît assez gauche d'exécution, et beaucoup d'artistes préfèrent le jouer seul, quoique la respiration soit assez pénible :

Ce solo fait toujours un amusant contraste avec la note sombre qui le précède dans le prélude de l'*Arlésienne*.

L'exécution par deux bassons ne sera jamais excellente, à cause de la différence de sonorité qui existe toujours entre deux instrumentistes.

Bien joué par un seul, basson, il fera beaucoup d'effet, à condition que de petites respirations y soient ajoutées avec goût.

Liszt.

Faust-Symphonie (l'instrument est ici employé de façon très pathétique) :

Rimsky-Korsakow.

Schéhérazade. — Le plus joli et le mieux écrit des solos de basson à l'orchestre :

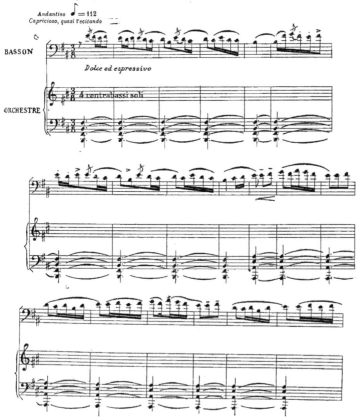

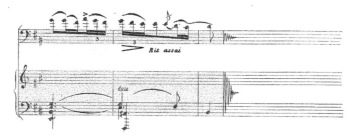

Tchaïkowsky.

Symphonie pathétique. — Ici, notre instrument se trouve employé de merveilleuse façon; le célèbre auteur russe se sert constamment de ses notes graves, comme dans le début ci-dessous :

Le dernier morceau aussi renferme un très dramatique « solo » pour les deux bassons :

Saint-Saëns.

Samson et Dalila. — Le basson imitant le cor :

Phryné (amusant accompagnement de basson-solo) :

Richard Strauss.

La Vie d'un Héros.

[La nuance *pp* est changée en *mf*
par le soliste.]

Vincent d'Indy.

Le Camp de Wallenstein (une très amusante exposition de fugue pour trois bassons) :

Charpentier.

Impressions d'Italie (A mules) :

Dukas.

L'Apprenti Sorcier.

LE BASSON ET LA MUSIQUE DE CHAMBRE

Comme nous l'avons dit dans la partie historique de cet ouvrage, les chefs de musiques militaires allemandes eurent l'idée, à la fin du xviiie siècle, de faire exécuter, pendant la parade, des morceaux pour deux hautbois, deux clarinettes, deux cors et deux bassons.

En France, les quatuors pour instruments à cordes étaient connus depuis bien longtemps déjà, lorsque, pour la première fois, on eut l'idée de grouper entre eux les instrument à vent.

C'est au Conservatoire que revient l'honneur d'avoir innové dans ce genre de musique excessivement intéressant, et voici le premier programme mentionnant la présence d'un ou de plusieurs bassons parmi leurs confrères de l'harmonie :

« Programme du concert du 7 brumaire an III (7 novembre 1794). — Théâtre de la rue Feydeau. — Exercice annuel de l'Institut national de musique. — 1re partie : 1. *Ouverture* pour instruments à vent, composée par le citoyen Méhul; — 2e partie : 1. *Ouverture* pour instruments à vent, composée par le citoyen Catel. »

Ainsi, pour la première fois, les instruments à vent sont groupés en *petit nombre* et exécutent des œuvres nouvelles composées dans le style des quatuors à archet.

Cet essai fut couronné de succès et se renouvela souvent, en variant le nombre dès instrumentistes.

Le 14 octobre 1797, à la suite de la distribution des prix de l'Institut de musique, nous trouvons au programme : « Nº 8. *Symphonie concertante pour flûte, cor et basson* de CATEL, exécutée par MM. MONDRU, DAUPRAT et DOSSION. »

Une autre symphonie, en 1799, pour flûte, hautbois, cor et basson, composée par DEVIENNE, et exécutée par MM. GRANDJEAN, GILLES, BLANGY et JUDAS.

« En 1801, l'exercice des élèves fut très remarquable ; le citoyen JUDAS y exécuta un morceau avec un tel succès, que le ministre de l'Intérieur lui envoya le lendemain un très beau basson, pour remplacer celui qu'il avait perdu à la bataille de Marengo. » (*Le Monde musical,* 1891.)

Ce même auteur composa ensuite un morceau concertant pour cor et basson, qui fut joué par MM. COLIN et HENRY le 3 septembre 1803.

Quelques années s'écoulent sans que nous ayons à enregistrer de nouveaux essais ; en 1811 et 1819, nous retrouvons aux programmes deux œuvres déjà exécutées précédemment ; et enfin, en 1822, a lieu la première exécution d'un quintette de REICHA.

Le basson a l'occasion, alors, de se faire apprécier comme le ferait un violoncelle, et les œuvres de REICHA sont le véritable « type » du genre de composition pour instruments à vent.

D'autres œuvres furent composées, à la même époque, par Alexandre MELCHIOR, un bassoniste de grand talent, doublé d'un compositeur habile ; puis vint le grand BEETHOVEN qui écrivit une partie de basson admirable dans son grand quintette pour piano, hautbois, clarinette, cor et basson, que l'on entendit pour la première fois à Paris en 1842.

La deuxième partie de ce quintette renferme la phrase dont nous donnons ci-dessous la reproduction :

L'essor était donné, puisque MOZART aussi avait composé une œuvre identique ; il ne restait plus qu'à achever la création définitive du véritable groupement des instruments à vent, qui prit le nom, en 1879, de « Société de musique de chambre pour instruments à vent », fondée par Paul TAFFANEL.

Le basson solo était M. ESPAIGNET ; puis, vinrent MM. VILLAUFRET, Ad. BOURDEAU, JACQUOT et enfin M. LETELLIER, qui s'adjoignit comme second M. Ch. BOURDEAU.

C'est à la salle Pleyel qu'eurent lieu les séances très suivies de cette société, séances au cours desquelles M. LETELLIER donna l'audition complète des œuvres célèbres pour le basson.

L'émulation artistique ne tarda pas à se produire, puisque, en 1895, M. George BARRÈRE fonda aussi

une société d'instruments à vent, dont le pupitre de basson fut composé de MM. Ed. FLAMENT et G. HERMANS.

Les travaux incessants de ces deux sociétés intéressèrent vivement les compositeurs modernes, qui se mirent à produire une grande quantité d'œuvres pour instruments à vent où les parties de basson se trouvèrent souvent traitées de façon remarquable.

Notre instrument doit à ces deux phalanges de virtuoses une grande reconnaissance pour l'avoir, en quelque sorte, fait connaître plus intimement au public ; aussi, jouit-il maintenant d'une considération semblable à celle que connaissait depuis très longtemps le violoncelle.

Que l'on prenne la partie de violoncelle d'un quintette de MOZART ou celle de basson de son quintette à vent, ou verra que leur rôle est absolument identique au point de vue des sentiments à exprimer; dans BEETHOVEN également, l'écriture est pareille.

Nous donnons ci-dessous, par ordre alphabétique, une liste complète des œuvres de musique de chambre dans lesquelles la partie de notre instrument présente le plus d'intérêt; malheureusement, les éditeurs n'ont imprimé que tort peu des œuvres modernes, que nous ne mentionnons ici qu'à titre purement documentaire :

ALARY (G.). — *Sextuor*, pour flûte, hautbois, clarinette, cor, basson et piano. V. Durdilly, éditeur.

BEETHOVEN. — *Ottetto* (op. 103), pour 2 hautbois, 2 clarinettes, 2 cors et 2 bassons, Breitkopf et Härtel, éditeurs à Leipzig.

— *Octuor*, pour 2 hautbois, 2 clarinettes, 2 cors et 2 bassons, mêmes éditeurs.

— *Sextuor*, pour 2 clarinettes. 2 cors et 2 bassons, mêmes édit.

— *Quintette*, en *mi♭*, pour piano, hautbois, clarinette, cor et basson, mêmes éditeurs.

— *Trio*, pour piano, flûte et basson[1].

BERNARD (Emile). — *Divertissement* (op. 36), pour double quintette à vent.

CAPLET (André). — *Quintette*, pour flûte, hautbois, clarinette, basson et piano.

— *Suite Persane*, pour 2 flûtes, 2 hautbois, 2 clarinettes, 2 cors et 2 bassons.

COLOMER (B.-M.). — *Caprice Moldave*, pour flûte, hautbois, clarinette, cor, basson et piano.

DESLANDRES. — *Trois Pièces en quintette*, pour flûte, hautbois, clarinette, cor et basson. Editées chez l'auteur, 69, rue Truffaut, Paris.

DUBOIS (Th.). — *1re suite*, pour 2 flûtes, hautbois, 2 clarinettes, cor et 2 bassons. Editée au Ménestrel, rue Vivienne, Paris.

— *Au Jardin*, petite Suite pour 2 flûtes, hautbois, 2 clarinettes, cor et basson, même éditeur.

DYCK (V.). — *Symphonie*, pour 2 flûtes, hautbois, 2 clarinettes, 2 cors, saxophone alto et 2 bassons [inédit].

— *Quintette*, pour flûte, hautbois, clarinette et 2 bassons [inédit].

EHRHART (J.). — *Sérénade*, pour double quintette à vent.

ENESCO (G.). — *Dixtuor*, pour double quintette à vent.

FLAMENT (E). — *Fantaisie con fuga*, septuor pour flûte, hautbois, cor anglais, clarinette, cor et 2 bassons.

— *Poème nocturne*, pour flûte, hautbois, clarinette, cor, basson et piano. Evette, éditeur, Paris.

GAUBERT (Ph.). — *Pièce Romantique*, pour flûte, basson et piano.

GOUVY (Th.). — *Suite Gauloise* (op. 20), pour flûte, 2 hautbois, 2 clarinettes, 2 cors et 2 bassons.

HAHN (Reynaldo). — *Le Bal de Béatrice d'Este*, pour 2 harpes, 2 flûtes, hautbois, 2 clarinettes, trompette, 2 cors, 2 bassons, timbales et piano. Edité au Ménestrel, rue Vivienne, Paris.

HURÉ (Jean). — *Pastorale*, pour 3 flûtes, hautbois, cor anglais, 2 clarinettes, cor, 2 bassons et piano.

INDY (Vincent D'). — *Chanson et danses* (op. 50), pour flûte, hautbois, 2 clarinettes, un cor et 2 bassons. Durand, éditeur, place de la Madeleine, Paris.

KROMMER (1760). — *Quatuor*, pour basson principal, 2 altos et violoncelle (ancienne édition devenue maintenant introuvable).

LACROIX (E.). — *Sextuor*, pour flûte, hautbois, clarinette, cor, basson et piano (inédit).

LAMPE (W.). — *Sérénade*, pour 2 flûtes, 2 hautbois, cor anglais, 2 clarinettes, clarinette-basse, 4 cors, 2 bassons et contrebasson.

LAZZARI (Silvio). — *Octuor*, pour flûte, hautbois, cor anglais, clarinette, 2 cors et 2 bassons.

LEFEBVRE (Ch.). — *Suite* (op. 57), pour flûte, hautbois, clarinette, cor et basson.

MAGNARD (A.). — *Quintette*, pour flûte, hautbois, clarinette, basson et piano.

MALHERBE (Ed.). — *Sextuor*, pour flûte, hautbois, cor anglais, clarinette, cor et basson.

MOREAU (Léon). — *Nocturne*, pour double quintette.

MOUQUET (J.). — *Symphoniette* en *ut* majeur (op. 12), pour double quintette.

MOZART. — *Quintette*, pour hautbois, clarinette, cor, basson et piano.

— *Sérénade en ut*, 2 hautbois, 2 clarinettes, 2 cors et 2 bassons.

— *si♭* (1780), pour 2 hautbois, 2 clarinettes, cor de basset, 4 cors, 2 bassons et contrebasson.

— *mi♭*, pour 2 hautbois, 2 clarinettes, 2 cors et 2 bassons.

— Ces œuvres sont éditées chez Breitkopf et Härtel à Leipzig.

PIERNÉ (G.). — *Pastorale variée*, pour flûte, hautbois, clarinette, trompette, cor et 2 bassons. Durand, éditeur, 4, place de la Madeleine, Paris.

— *Prélude et Fughetta*, pour 2 flûtes, hautbois, clarinette. cor et 2 bassons, Paris.

REINECKE (C.). — *Octette* (op. 216) pour flûte, hautbois, 2 clarinettes, 2 cors et 2 bassons.

— *Sextuor* (op. 271), pour flûte, hautbois, 2 clarinettes, cor et basson.

ROUSSEL. — *Divertissement* (op. 6), pour flûte, hautbois, clarinette, basson. cor et piano, édité chez Ponscarme. 27, boulevard Haussmann, Paris.

SEITZ (A.). — *Suite rustique*, pour flûte, hautbois, clarinette, cor et basson.

SPORCK (G.). — *Paysages normands*, pour double quintette à vent.

STRAUSS (Richard). — *Suite en si♭ majeur*, pour 2 flûtes, 2 hautbois, 2 clarinettes, 4 cors, 2 bassons et contrebasson.

WAGNER (E.). — *Suite*, pour 2 flûtes, hautbois, clarinette, basson et piano [inédit].

WAILLY (DE). — *Ottetto* (op. 22), pour flûte, hautbois, 2 clarinettes, cor, trompette et 2 bassons, édité chez Baudoux, 37, boulevard Haussmann, Paris.

WOOLLETT (H.). — *Quintette*, pour flûte, hautbois, clarinette, cor et basson.

LES VIRTUOSES DU BASSON

OZI (Etienne), né à Nimes le 9 décembre 1754, mort à Paris le 5 octobre 1813.

Débuta en 1779 dans les concerts spirituels, où le public entendait chaque année l'élite des virtuoses. Il eut un succès brillant, et acquit une réputation qu'il soutint dans les concerts du théâtre Feydeau et dans plusieurs autres donnés depuis.

Une exécution nette et précise, une expression simple et naturelle, une grande pureté de son, caractérisaient particulièrement son jeu.

Le basson conservait entre ses mains cet accent mélancolique et touchant qui appartient à son timbre.

OZI fut reçu à la chapelle du roi et y fut traité avec distinction. Sa droiture et sa bonté le rendirent toujours étranger à l'envie, et son caractère lui fit autant d'amis que son talent lui fit d'admirateurs. Devenu père d'une nombreuse famille, il n'hésita point à se livrer à un travail pénible, pour ne soutenir avec honneur, car il joignait aux qualités de l'artiste celles qui distinguent l'honnête homme.

Ayant cessé de jouer en public, il fut placé à l'orchestre de l'un des plus grands théâtres de Paris, et il ne chercha plus qu'à s'y acquitter de ses devoirs avec une exactitude et un soin qui donnaient encore plus de relief à son talent, en y ajoutant le charme de la modestie.

En 1802, il fut nommé premier basson de la chapelle et de la musique particulière de S. M. l'empereur. Il avait été membre du Conservatoire, depuis la création de cet établissement, et il y a formé des élèves qui furent connus du public.

On lui est redevable de plusieurs ouvrages[2] qu'il a composés pour le basson, et qui sont d'autant plus utiles qu'il existe fort peu de musique pour cet instrument. Il est l'auteur d'une méthode qui a été adoptée pour le Conservatoire.

OZI mourut à Paris le 5 octobre 1813.

ROOAT, né à Paris en 1755.

Musicien très précoce, gagnait déjà sa vie à l'âge de treize ans. Il occupait à Notre-Dame les fonctions d'enfant de chœur et de joueur de serpent, travailla

---

1. Ce Trio fut exécuté pour la première fois à Paris, Salle Pleyel, par MM. DIEMER, P. TAFFANEL et L. LETELLIER.

2. Ces ouvrages sont maintenant introuvables.

ensuite le basson et réussit à entrer à la musique de la garde nationale.

Son talent fut remarqué du gouvernement, qui, le 21 novembre 1793, le nommait professeur au Conservatoire dans trois classes différentes : solfège, basson et préparation au chant.

Ses élèves furent nombreux, et sa renommée ne cessa de s'accroître, lorsqu'il mourut à Paris, le 20 octobre 1817.

LAYER (Antoine), né vers 1757, musicien des plus curieux, travailla la clarinette et le basson et sut, malgré la différence considérable d'embouchure, se rendre célèbre sur chacun de ces deux instruments!

Appelé, en 1793, à la musique de la garde nationale et ensuite au Conservatoire, comme professeur de clarinette (1795).

La même année, il entre comme basson à l'orchestre de l'Opéra, et continue ces deux importantes fonctions jusqu'à l'an VIII, où il meurt le 14 brumaire.

DEVIENNE (Français), né à Joinville (Haute-Marne) le 31 janvier 1759.

Comme son collègue LAYER, DEVIENNE se fit remarquer par un talent très original, menant également de front deux instruments : la flûte et le basson.

Entre à l'Opéra en 1778, et ensuite, comme sergent, à la musique de la garde nationale en 1793.

DEVIENNE occupait déjà au Conservatoire la place de professeur de flûte depuis l'an III (1785).

Il mourut à Charenton, le 5 septembre 1803.

COURTIN, né vers 1778, remporta au Conservatoire un second prix de basson en l'an V, et n'eut pas, par la suite, la chance d'obtenir un premier prix.

Malgré cela, il se fit remarquer par son grand talent et aussi par ses grandes qualités de musicien.

Contrairement à ses collègues instrumentistes, COURTIN n'hésita pas à continuer ses études, et entreprit des travaux d'harmonie, de fugue et de composition; il s'y révéla comme un travailleur remarquable et passionné pour le professorat, et occupa au Conservatoire la place de professeur d'harmonie. Décédé vers 1806.

DOSSION, né à Paris le 10 août 1779. Travaille le basson au Conservatoire, où il remporte le premier prix en l'an V.

Se fait remarquer ensuite dans différents orchestres ; aux théâtres de l'Ambigu et de Louvois, et à l'Opéra, où il reste jusqu'en 1829.

Travailleur remarquable, il obtient ensuite la place de chef de musique de la 11e légion de la garde nationale.

Entre temps, DOSSION avait occupé la place de basson à la Société des concerts (1828) et aux Concerts Valentino (1837). Décédé vers 1841.

FOUGAS (Guillaume), né à Paris le 22 août 1780. Travaille le solfège, l'harmonie et le basson. Obtient le premier prix en l'an VII, et passe ensuite à l'orchestre du théâtre de la Porte Saint-Martin.

Admis dans la musique de la garde nationale et peu après, à l'orchestre du Théâtre Italien, il continue, malgré ces deux occupations, à travailler l'harmonie et la composition.

FOUGAS se fit remarquer par plusieurs œuvres importantes écrites pour le basson, entre autres des duos, etc.

Ces œuvres sont, malheureusement, devenues introuvables de nos jours.

Décédé à Paris le 11 janvier 1854.

SAVARY (Jean-Nicolas), né à Guise (Aisne) au mois de septembre 1786.

Se rendit célèbre par ses travaux de facture instrumentale, et apporta à la construction du basson de très importantes améliorations qui rendirent de grands services aux musiciens de son temps.

Ses instruments furent recherchés des virtuoses pendant très longtemps, et son exemple servit de modèle à tous les autres facteurs qui, après lui, continuèrent à perfectionner le basson.

Virtuose remarquable, SAVARY avait obtenu, au Conservatoire, le premier prix en 1808, et s'était fait remarquer comme instrumentiste à l'orchestre du Théâtre Italien.

Décédé vers 1850.

BARIZEL (Charles-Dominique-Joseph), né à Merville (Nord) le 3 janvier 1788.

Travaille le basson et vient à Paris, où il obtient le premier prix en 1807.

Passe ensuite le concours pour le grade de chef de musique militaire, et fait la campagne d'Espagne en 1808.

Aussitôt de retour, BARIZEL reprend son basson, et se fait recevoir comme musicien à l'orchestre de l'Opéra en 1814.

L'année suivante, il repart en campagne pour la Russie, et se fait remarquer de l'empereur; BARIZEL obtient la croix de la Légion d'honneur.

Nommé professeur de basson au Conservatoire en 1839.

Décédé en 1858.

MELCHIOR (Alexandre), né à Toulouse le 21 juin 1792.

Un des fondateurs des sociétés de musique de chambre pour instruments à vent, pour lesquelles il composa beaucoup d'œuvres, trios, quatuors, etc.

Il remporta au Conservatoire le premier prix de basson en 1810, et travailla ensuite la composition.

Ses œuvres sont, malheureusement, introuvables de nos jours.

MELCHIOR avait appartenu, comme instrumentiste, à la troupe du théâtre de l'Ambigu.

Décédé vers 1862.

REICKMANS (Adolphe), né dans la Moselle, le 22 juillet 1795.

Travaille le solfège et le basson; vient ensuite à Paris au Conservatoire, où il obtient le premier prix en 1819.

Mène ensuite une vie très mouvementée; d'abord musicien, en Espagne au régiment du comte d'Orsay, il revient en France en 1821, à Orléans, au 2e régiment de la garde suisse.

Quitte l'armée pour l'Opéra, où il reste du 6 août 1822 au 1er mars 1833.

Remporte alors de nombreux succès d'instrumentiste, notamment à la Société des concerts (1828).

La passion des voyages le reprend bientôt, et REICKMANS quitte sa situation pour entrer comme chef de musique dans un régiment hollandais à Batavia, où il finit ses jours vers 1849.

RETHALER (Auguste), né en décembre 1800.

Etudie d'abord le solfège et apprend ensuite le basson. Arrivé au Conservatoire, il obtient bientôt le second prix en 1823, et le premier l'année suivante.

Ses grandes qualités de virtuose impeccable le firent remarquer dans tous les grands orchestres où il fut engagé.

BAUMAN, né vers 1801, remporte, à Paris, le premier prix de basson au concours de 1822.

Quittant la France pour toujours, il s'engage comme soliste à l'orchestre de Haymarket (Londres).

Virtuose de premier ordre, BAUMAN ne tarde pas à se trouver très.en vue parmi les grands artistes; la place de premier basson lui est offerte au théâtre de Covent-Garden, et ce nouveau poste lui valut de suite de très beaux succès. Mort à Londres vers 1869.

CORKEN (Jean-François-Barthélemy), né à Paris le 23 janvier 1801 (3 pluviose an III).

Il rendit de très grands services à l'enseignement du basson, autant comme professeur que comme compositeur, et écrivit une méthode très célèbre et une foule de solos, duos, etc., que l'on joue encore de nos jours.

Travaille de bonne heure la musique, et entre comme engagé volontaire au 15e régiment d'infanterie légère, le 1er juin 1813; musicien gagiste au 3e régiment de la garde royale, le 31 novembre 1815, CORKEN passe ensuite aux gardes du corps de la compagnie de Noailles (1er novembre 1819), et entre comme élève au Conservatoire, où il obtient le premier prix en 1820.

Passe ensuite à l'orchestre du Théâtre Italien et bientôt à celui de l'Opéra, où il reste jusqu'en 1862.

Le chef d'orchestre PASDELOUP, en fondant ses concerts, s'adressa à CORKEN et lui confia le poste de basson solo.

Celui-ci s'y rendit tellement remarquable, qu'en 1852, le gouvernement lui offrit la place de professeur au Conservatoire, où il forma de nombreux élèves jusqu'à sa mort (1875).

CORKEN avait aussi appartenu, comme basson solo, à la Société des concerts et à la musique de la chapelle impériale.

DIVOIR (Adolphe-Joseph), né à Lille le 5 juin 1803. Arrive à Paris et se fait recevoir comme élève dans la classe de basson; après deux concours remarquables, le premier prix lui est décerné en 1827.

Aussitôt sorti du Conservatoire, DIVOIR se fait recevoir au Théâtre Italien comme premier soliste, ainsi qu'à la musique de la garde nationale.

Ces nombreuses occupations ne l'empêchent pas de travailler l'harmonie et l'orgue; il se fait recevoir maitre de chapelle de l'église Saint-Louis d'Antin, et professeur à l'institution des Frères de Passy.

Après un brillant concours, DIVOIR passe à l'Opéra le 1er mars 1833, où il occupe la place de basson solo jusqu'au 28 février 1868.

Mort à Paris le 16 mai 1881.

WILLENT-BORDOGNI (Jean-Baptiste-Joseph), né à Douai (Nord) le 8 décembre 1809.

Travaille le basson et vient se perfectionner au Conservatoire de Paris, où il remporte le premier prix; WILLENT n'avaient pas dix-sept ans et, malgré son jeune âge, il commence à donner des concerts à l'étranger, où son grand talent de virtuose est vivement apprécié.

Après quelques années passées à Londres, il se trouve rappelé à Paris à l'orchestre de l'Opéra Italien, où la place de soliste lui est offerte. WILLENT y reste jusqu'en 1834, et part pour New-York redonner avec succès des concerts.

Peu de temps après, c'est au tour de la Belgique à solliciter son grand talent; la place de professeur de basson au Conservatoire de Bruxelles lui est proposée; mais Paris le réclame bientôt, et WILLENT revient dans son pays natal avec le double titre de basson solo à l'Opéra et de professeur au Conservatoire (1849).

Une méthode de basson et de nombreuses fantaisies furent composées par WILLENT-BORDOGNI.

Décédé vers 1872.

MOLET (André-Joseph), né à Cambrai le 9 novembre 1815. Travaille le solfège et le basson et remporte à Paris un beau premier prix en 1839.

Appelé en Russie par un superbe engagement, MOLET y reste très longtemps et forme de très nombreux élèves.

Décédé à une date inconnue.

JANCOURT (Louis-Marie-Eugène), né à Château-Thierry le 15 décembre 1815, décédé à Boulogne-sur-Seine le 29 janvier 1901. Officier de l'Instruction publique.

Avant été présenté à DOSSION, qui l'engagea à travailler le basson, le jeune JANCOURT, séduit par le timbre et le caractère de cet instrument, n'hésita pas à s'y adonner, quoiqu'il fût déjà assez avancé sur la flûte. Il y avait alors pénurie de bassonistes, à cause des obstacles qu'on éprouvait à jouer d'un instrument imparfait et du peu de ressources qu'il offrait; au Conservatoire même, on recrutait difficilement des élèves; les concours de 1831 à 1833 n'eurent aucun concurrent.

JANCOURT entra au Conservatoire le 4 décembre 1834; il se mit résolument au travail et, par son application, devint bientôt l'élève favori de F. GEBAUER. Deux faits montreront l'ardeur qu'il déployait à l'étude. Non content de travailler beaucoup en dehors de ses classes, il emportait son basson au théâtre et profitait d'un acte où sa présence n'était pas nécessaire à l'orchestre pour descendre dans le troisième dessous, où il s'exerçait à dompter l'instrument rebelle. Une autre fois, ayant entendu WILLENT exécuter sa *Grande Fantaisie*, il rentra chez lui, et, pendant une partie de la nuit, sans souci des voisins, il essaya de s'assimiler les effets du maître, dans la crainte de les oublier s'il attendait au lendemain.

Ces efforts aussi persévérants ne pouvaient manquer d'être couronnés de succès; le second prix lui fut décerné au concours de 1835 après six mois d'études seulement, et l'année suivante, il obtint son premier prix. Avant d'aller plus loin, nous rapporterons un trait tout à l'honneur de F. GEBAUER. Notre élève, léger d'argent, avait acquis un mauvais basson, souvent réfractaire; son maître, pour ne pas le voir s'attarder sur un pareil instrument, lui en prêta un des siens, avec lequel il concourut en 1835 et, enchanté de ce premier résultat, lui en fit présent [1].

Jusqu'alors, le basson avait un rôle obscur, voué le plus souvent à doubler la basse; la plupart des artistes qui avaient essayé de l'élever au rang d'instrument solo avaient échoué devant des obstacles

---

1. C'est ce basson que JANCOURT a offert au Musée du Conservatoire

insurmontables; en outre, il était devenu ridicule entre les mains de médiocrités. Eugène JANCOURT comprit qu'il y avait un autre parti à tirer du basson qui, à côté de certains défauts, possédait de réelles qualités; d'ailleurs, il ne faut pas oublier que les autres instruments n'étaient pas sans reproche, et que ce n'est qu'à force d'habileté que les virtuoses les plus remarquables parvenaient à en atténuer les imperfections. Donc, dans le but de faire valoir ces ressources, autant que pour se créer une situation, il recherchait toutes les occasions de se faire entendre en public; ce fut d'abord aux concerts du Prytanée, dans des solos et duos qu'il exécutait avec les hautboïstes DELADARRE, SOLER, TRIEBERT ou VERROUST, puis aux concerts Valentino, où il réussit bientôt à se mettre en évidence.

En 1840, une place de premier basson étant devenue vacante à l'orchestre de l'Opéra-Comique par le décès de A. HENRY, JANCOURT, qui l'avait déjà remplacé lors de la première représentation de la *Double Echelle,* concourut avec succès et lui succéda. Peu après, un concert au bénéfice des inondés de Lyon fut organisé à ce théâtre; il exécuta sa *Fantaisie, op* 5, qui lui valut de chaleureux applaudissements, non seulement de la part du public, mais encore de ses nouveaux collègues.

Ayant obtenu un congé de trois mois, il se rendit à Londres, en 1841, pour les concerts de *Drury Lane.* L'année suivante, avec le concours de DECOURCELLE, VOOT, TRIEBERT, A. DUPONT, LECERF, il organisa un concert à son bénéfice dans les salons du facteur SOUFLETO, où il se voyait encore acclamé. Les témoignages ne manquent pas dans la presse, mais nous ne reproduirons que celui de BERLIOZ, habituellement peu prodigue de louanges, et qui ne passe pas précisément pour un critique complaisant :

« ... Il a fallu du courage et une véritable vocation musicale à JANCOURT pour abandonner, ainsi qu'il l'a fait, à ce qu'on nous a dit, les mystères de la pharmacopée, les charmes de la chimie, afin de mieux cultiver le basson, cet instrument ingrat et difficile, dont les sons graves, attaqués trop brusquement, donnent des intonations qui ne sont pas sans analogie avec le *mot* contraire de l'énigme que donne à deviner le précieux abbé de Beaugénie, dans le *Mercure galant.* JANCOURT chante bien sur cet instrument, et ce n'est pas la moins rare et la moins belle qualité chez la plupart de nos instrumentistes; il a dit un *Air varié* et une *Fantaisie* sur des motifs de la *Lucie de Lamermoor,* morceaux composés ou arrangés par lui, avec aplomb et d'un bon style[1]. »

Un mois après, JANCOURT était admis à se faire entendre à la Société des Concerts du Conservatoire; bien qu'il eût à lutter avec le souvenir de BARIZEL, WILLENT et COKKEN, il se tira à merveille de cette redoutable épreuve, qui, croyons-nous, ne fut pas sans influence sur son admission définitive dans la célèbre société.

Engagé à l'Opéra, il n'y resta que onze mois; des conditions plus avantageuses le firent retourner à l'Opéra-Comique, qu'il ne quitta plus qu'en 1862. A partir de cette époque, il continua à visiter la province, et, jusqu'en 1866, on le retrouve avec Charles TRIEBERT, ALARD, FRANCHOMME, LEROY, BANEUX dans les villes composant l'Association de l'Ouest, et à Epernay, Limoges, Caen, Angers, Tours, Bar-le-Duc, Nancy.

Entré comme premier basson aux Italiens, au mois d'octobre 1866, il démissionna le 1er octobre 1869, époque à laquelle il termina ses trente années de service à la Société des Concerts, dont il fut membre du Comité pendant près de dix ans.

Là se termine la carrière du virtuose; artiste consciencieux, ayant par-dessus tout le respect de son art, il estimait qu'après trente-cinq ans d'activité il devait se retirer avant que ses moyens ne vinssent à le trahir; cependant, il tint encore la partie de basson dans des quintettes de BEETHOVEN à Niort (1875), Orléans (1876) et Angers (1877).

Professeur de basson au Conservatoire royal de Bruxelles, il remplaça le célèbre COKKEN, comme professeur au Conservatoire national de musique de Paris, de 1875 à 1891.

Il nous reste à parler des œuvres de E. JANCOURT qui s'arrêtent à l'op. 115, y compris les morceaux de musique militaire. Il existe peu de compositions pour le basson, et, sans contredit, c'est lui qui a le plus écrit pour l'instrument. Cette disette de morceaux l'avait forcé à se créer lui-même un répertoire pour ses concerts, qu'il fut amené à compléter plus tard pour les besoins de sa classe. Les solos sont au nombre de cinquante; vingt-six sont faits sur des motifs d'opéras[2], les vingt-quatre autres, parmi lesquels on remarque quelques airs variés, une cantilène, une rêverie, sept solos dans la coupe moderne, lui sont propres. Ces morceaux sont presque tous publiés, six seulement sont inédits. Scrupuleusement traités, ils se distinguent par la mélodie pleine de couleur et d'expression; les traits présentent parfois des passages difficultueux, mais ils sont bien doigtés et destinés à faire valoir, sous divers aspects, la virtuosité de l'exécutant. L'harmonie en est toujours pure et soignée; on y trouve de jolis dessins et contre-chants qui ressortent plus au quatuor qu'avec le piano. Citons encore quinze duos, presque tous publiés, pour basson et hautbois, sur des motifs d'opéras, et douze sur des ouvrages classiques, puis seize transcriptions ou arrangements pour deux, trois ou quatre bassons, d'œuvres de MOZART, BEETHOVEN, KUHLAU, TULOU, BLASIUS, C. YVON, VERN, etc., restés inédits et destinés à ses élèves, tant pour leur former le goût que pour leur faire acquérir des qualités de mécanisme.

Enfin, l'ouvrage le plus important d'Eugène JANCOURT est la méthode de basson (op. 15) qu'il composa en 1845, sur la demande d'AUBER et qui est dédiée. La méthode d'OZI, longtemps employée, n'était plus en rapport avec les progrès accompli, et celle de WILLENT était insuffisante. Une nouvelle méthode était indispensable, et celle de JANCOURT est la plus complète qui ait été écrite. Elle forme un volume de 300 pages, conduit progressivement l'élève des exercices élémentaires aux sonates les plus difficiles, et se termine par 26 études mélodiques qui demandent une grande habileté d'exécution.

Le nom de JANCOURT restera attaché à l'histoire du basson, non seulement comme virtuose et comme compositeur, mais encore par les perfectionnements qu'il a apportés à l'instrument en vue de supprimer les défectuosités qu'un artiste de talent parvient bien à atténuer, mais qui l'embarrassent souvent et le forcent à perdre un temps précieux pour s'en rendre maître. Après l'essai malheureux que fit F. TRIEBERT en appliquant le système BŒHM au basson, JANCOURT reconnut qu'il ne fallait pas dénaturer le caractère de

---

1. *Revue et Gazette musicale* du 13 mars 1842.

2. Il n'en a été publié que onze chez Richault, O'Kelly ou Goumas.

l'instrument, et, désireux de lui conserver son doigté et son timbre particulier, avec l'aide des facteurs Triébert et Goumas, il chercha l'égalité de son par le déplacement de plusieurs trous et l'addition de clefs auxiliaires, mues par des anneaux, puis il ajouta une clef permettant de faire plusieurs trilles jusqu'alors impossibles. Pour mettre en lumière les avantages obtenus et familiariser avec les modifications dues aux facteurs précédents et celles qui lui sont personnelles, il publia, en 1876, une *Étude de basson perfectionné* qui forme le complément de sa méthode.

ESPAIGNET (Jean), né à Bordeaux le 31 octobre 1823, mort en 1909 à Monte-Carlo.

Travaille le basson et obtient à vingt ans le premier prix au Conservatoire de Paris.

Devenu de suite un virtuose réputé, ESPAIGNET joua dans presque tous les grands concerts et les théâtres en renom de la capitale, où son extraordinaire sonorité lui valut toujours de grands succès.

Remplace JANCOURT comme soliste à la Société des concerts et, entre temps, travaille aussi le « petit basson en *fa* », qu'il fit entendre pour la première fois à Paris.

Il a composé des études et transcrit beaucoup d'exercices pour les élèves du Conservatoire; ses études de KREUTZER [1] sont devenues indispensables à l'enseignement et favorisent énormément le travail du *staccato*.

Il se fit remarquer par la manière originale dont il grattait ses anches à *l'envers*, c'est-à-dire en retournant le roseau, qu'il remettait ensuite dans la position normale.

LINOF (Jules-Amable-Constant), né à Arras le 29 juillet 1824. Vient à Paris se présenter au Conservatoire, où il est reçu élève de la classe de basson.

Premier accessit en 1844, second prix en 1845, et enfin premier prix l'année suivante, LINOF se fit aussitôt remarquer par ses grandes qualités d'instrumentiste.

Il occupa à Paris le poste de soliste dans les concerts et les théâtres les plus réputés.

Mort le 4 novembre 1877.

VERROUST (André-Charles-Joseph), né à Hazebrouck le 27 février 1826. Travaille la musique avec son frère et vient avec lui se présenter à Paris dans les classes de hautbois et de basson.

Premier prix en 1842, VERROUST passe à l'orchestre du Vaudeville, et ensuite à l'Opéra (1er juillet 1845).

Sous-chef à la musique de la garde nationale en 1848, il se fait ensuite recevoir comme soliste à la Société des concerts (1851).

Mort à Paris le 15 janvier 1887.

GAUTIER DE SAVIGNAC (Hyacinthe), dit « JULLIEN », né à Meuvaines (Calvados) le 16 novembre 1827. Étudie le solfège et le basson et vient à Paris se perfectionner. Il remporte le premier prix en 1853. Après s'être fait remarquer dans les orchestres, comme soliste de premier ordre, « JULLIEN » se trouve appelé à Marseille comme professeur de basson à l'école de musique. Ses élèves furent nombreux et devinrent presque tous instrumentistes de grand talent.

Décédé à Marseille en 1921.

---

1. Extrait de la biographie publiée par Constant PIERRE dans *La Musique des familles* le 29 juillet 1886.
2. Transcrites d'après les études de Violon.

VILLAUFRET (François-Marie), né à Rennes le 24 mars 1833. Reçu à Paris comme élève de la classe de basson, où son tempérament exceptionnel le fit remarquer, il entre à l'orchestre de l'Opéra le 1er juin 1852, c'est-à-dire un mois avant son premier concours!

Ce brillant succès fut suivi d'un beau premier prix, et VILLAUFRET se trouva de suite consacré comme virtuose de tout premier ordre.

Le 15 octobre 1867, la Société des concerts lui offrit une place de basson solo, et ce nouveau poste lui procura encore de plus grands succès.

Fatigué par une carrière bien remplie, VILLAUFRET prit sa retraite à l'Opéra le 1er avril 1888, et n'en profita que trois mois!... — Il mourut le 28 juillet suivant.

LALANDE (Désiré-Alexis-Joseph), né à Aire (Pas-de-Calais) le 16 janvier 1847. Celui que l'on appela le *roi des bassons*.

Doué des plus grandes qualités de virtuose que l'on puisse imaginer, il obtient au Conservatoire le premier prix en 1864, et acquiert une colossale renommée comme virtuose bassoniste jusqu'en 1880, où il part pour Londres pour y donner des concerts.

Ses succès deviennent retentissants, et l'on cite des concerts où il toucha mille francs pour jouer deux solos!

A appartenu à beaucoup d'orchestres, à l'Eldorado, au Théâtre Lyrique et aux concerts PASDELOUP et LAMOUREUX, ensuite à l'Opéra-Comique, ainsi qu'aux grandes auditions de Manchester.

Un solo de basson, intercalé dans une pièce que l'on jouait alors aux Folies-Dramatiques, valut à LALANDE un succès extraordinaire; se figure-t-on le public enthousiaste applaudissant un artiste *de l'orchestre* d'un aussi petit théâtre?

On raconte aussi qu'un impresario l'engagea pour jouer « en clown » sur la scène d'un Music-hall de Londres, et que celui-ci avait imaginé de placer sur le basson, de petits pétards (?) destinés à partir pendant les variations d'un air varié!

Mais tous ces amusements acrobatiques n'ôtèrent rien de la grande réputation de LALANDE, qui ne cessa de s'accroître jusqu'en 1903, où il mourut.

BOURDEAU (Eugène), né à Paris le 14 juin 1850.

Musicien précoce, travaille le solfège, le piano et le basson.

Seconde médaille en 1865, premier prix de basson en 1868, alors qu'il était déjà à l'Opéra-Comique depuis un an, continue ses études et étudie le grand orgue; ce qui lui vaut bientôt le poste de maître de chapelle des Pères Passionnistes de l'avenue Hoche à Paris.

Devient ensuite premier basson solo de l'Opéra-Comique (où il reste jusqu'en 1902), et organiste du grand orgue de l'église Saint-Philippe du Roule.

M. BOURDEAU a été professeur au Conservatoire national de musique de 1891 à 1922. Ses qualités de musicien en font un professeur de grand mérite, et le nombre de ses élèves est grand, de même que celui de ses premiers prix.

Particularité curieuse : M. BOURDEAU fait partie d'une véritable famille de bassons, dont les premiers prix sont légion : A.-F. BOURDEAU, premier prix en 1856; C.-E.-M. BOURDEAU, en 1861; E. BOURDEAU, en 1868; C.-M. BOURDEAU, en 1877.

Parmi ses œuvres principales, nous trouvons :

plusieurs messes et motets, deux solos de concours pour basson, une méthode et des exercices.

Chevalier de la Légion d'honneur.

LETELLIER (Léon), né à Marseille le 16 mars 1859, entra au Conservatoire de cette ville en 1873, y suivit les cours de basson, ayant comme excellent professeur H. JULLIEN, obtint un second prix en 1876 et un premier prix en 1877; venu à Paris pour compléter ses études, et admis dans la classe du célèbre maître E. JANCOURT, il y remporta un premier prix en 1879. Nous le voyons soliste des concerts COLONNE de 1883 à 1889; après un brillant concours, fut reçu basson solo à l'orchestre de l'Opéra en 1887, et occupa ce poste jusqu'en 1924; il est également basson solo au célèbre orchestre de la Société des concerts du Conservatoire de 1890 à 1921.

M. Letellier fait aussi partie de la Société des Instruments à vent fondée par le regretté maître Paul TAFFANEL.

Il s'est fait fréquemment entendre, comme soliste concertiste, dans différents cercles artistiques, à Paris, en province et à l'étranger. Nommé professeur au Conservatoire national de musique en 1922. Officier de l'Instruction publique.

Son fils a également obtenu un brillant premier prix à sa première année au Conservatoire en 1904. Actuellement basson solo à la Symphonie de New-York.

FLAMENT (Edouard), né à Douai (Nord) le 27 août 1880.

Après avoir commencé ses études musicales dans sa ville natale, il arrive à Paris et se fait de suite recevoir comme élève dans la classe de basson de M. BOURDEAU. Après huit mois d'études, il remporte le premier prix, à l'âge de dix-sept ans.

Passe ensuite à l'orchestre LAMOUREUX où il reste jusqu'en 1906. Abandonne l'orchestre pour se consacrer uniquement à la virtuosité, et se fait entendre dans les grands centres artistiques, notamment à Berlin.

Basson solo de la Société moderne d'instruments à vent et de la Société des instruments anciens, il a composé un *Concerstück* pour basson et orchestre dédié à son maître M. BOURDEAU, qu'il a fréquemment joué.

Comme compositeur, a obtenu au Conservatoire un accessit d'harmonie, un second prix de fugue et une mention au concours de Rome, 1908.

Premier prix de piano (accompagnement), a fait le concours RUBINSTEIN 1905.

· ·

Les principaux bassonistes actuellement solistes dans nos grands orchestres, sont :

M. E. VIZENTINI, soliste au Grand Opéra et aux Concerts LAMOUREUX.

M. OUBRADOUS, Société des Concerts du Conservatoire.

M. G. DHERIN, Opéra-Comique et Concerts COLONNE et M. HÉNON, Concerts PASDELOUP.

Parmi les virtuoses célèbres à l'étranger, nous citerons :

Allemagne :

De 1730 à nos jours :

MM. FRÖHLICH, ARNOLD, BART, BENDER, BENDLOCB,

ALMENRÄDER, BESOZZI, BISCHOFF, BÖHMER, BRANDT, CZERWENKA, CZEYKA, DIETTER, DÜRING, EICHNER, EISLER, ERNST, HOLLMAYER, HUMANN, HUNTSCH, KUMMER, REINECKE, SCHÖNIGER, WAGNER, WEISSE, JACOBI, WESTENHOLZ, ZAHN, JOBOLI.

Et actuellement :

MM. KÖHLER, soliste à l'Opéra de Berlin, Carl SCHÖMBERG, premier basson de la Philharmonique de Berlin; FREITAG, professeur au Conservatoire de Leipzig.

Amérique :

MM. BERNHARDI, soliste à l'Opéra de New-York; Louis LETELLIER, soliste à New-York Symphony; LANS, basson solo à l'orchestre du Boston-Symphony.

Angleterre :

M. WOLFF, soliste à l'orchestre du Covent-Garden à Londres.

Autriche-Hongrie :

M. BÖHM, soliste au Théâtre de Vienne; DOLEZS, professeur au Conservatoire de Prague. WIESCHENDORFF, professeur au Conservatoire de Budapest.

Belgique :

M. BÉRAUDÉS, basson solo du théâtre de la Monnaie. à Bruxelles.

Hollande :

M. KRUSE, professeur au Conservatoire d'Amsterdam.

Italie :

MM. TORIANI et OREFICI (Turin).

Russie :

MM. CHRISTEL, professeur au Conservatoire de Moscou; HORNIK, professeur au Conservatoire d'Odessa.

ENSEIGNEMENT DU BASSON

Le basson au Conservatoire de Paris[1].

D'après les meilleurs documents, nous apprenons que c'est en 1795 que fut fondée à l'*Institut national de musique* la première classe de basson.

Cela ne veut pas dire qu'à ce moment-là on manquait de bassonistes; bien au contraire, ceux-ci devaient être très nombreux, car nous avons trouvé dans un programme de concert donné le 17 brumaire an III (7 novembre 1794) une ouverture composée par le citoyen CATEL et dont l'orchestration comportait 4 premiers bassons et 4 seconds.

Où apprenait-on le basson avant 1795 ? Voilà, certes, une énigme que nous n'avons pu résoudre encore, et, cependant, nous devons constater qu'à cette époque, la France comptait des virtuoses de premier ordre, tels que TULOU, F. GEBAUER, OZI et Th. DELCAMBRE.

Quatre classes de basson furent créées d'un seul coup[2] ! Elles se trouvèrent sous la direction des quatre virtuoses dont nous venons de parler.

Est-ce en raison du nombre considérable d'élèves que le gouvernement nomma tant de professeurs,

---

1. Tous les documents relatifs à ce chapitre ont été puisés dans l'admirable volume de Constant PIERRE sur le *Conservatoire*.

2. En ce temps, le Conservatoire avait surtout en vue la musique en plein air, et le basson était à peu près la seule basse d'harmonie existante.

ou bien par un sentiment d'égalité en faveur de ses quatre meilleurs bassonistes?

Toujours est-il que l'"on rêvait d'une quantité énorme de bassons, d'une véritable armée! Un projet que nous trouvons donne encore une bien autre idée de ces ambitions. Jugeons-en :

1795. — Projet d'organisme de l'Institut national de Musique — *Basson* : 18 professeurs et 72 élèves.
Contrebasson[1] : un professeur.

Ce projet nous paraît être un peu antérieur à la création véritable de nos classes, et nous supposons que le gouvernement aura limité ces ambitions à quatre professeurs, ce qui était déjà bien joli!

Voici donc le basson parfaitement installé. Nos quatre professeurs collaborent jusqu'en 1799, où nous constatons la disparition de TULOU.

Peu de temps après, F. GEBAUER quitte aussi l'Institut national, et l'on nomme de suite leurs successeurs : ROOAT et VEILLARD.

Nous avons donc, en 1800, toujours quatre professeurs : OZI, Th. DELCAMBRE, ROOAT et VEILLARD.

Mais ces deux derniers ne semblent guère se plaire en la compagnie de leurs anciens ; ils partent ensemble en 1802.

Le gouvernement, jugeant inutile de nommer à nouveau des professeurs, garde jusqu'en 1813 OZI et Th. DELCAMBRE.

Et nous remarquons qu'en 1808 il y avait, en plus des deux professeurs, deux répétiteurs et douze élèves pour les deux classes.

OZI meurt le 5 octobre 1813[2], et, cette fois encore, on ne donne plus de successeur au disparu.

Th. DELCAMBRE reste seul jusqu'en 1824, et, à partir de cette date, nous ne trouverons jamais plus qu'un seul professeur de basson au Conservatoire.

Voici quels furent ces professeurs jusqu'à nos jours.

De 1824 à 1838 : F. GEBAUER; probablement le fils, ou, tout au moins, un parent de F. GEBAUER nommé plus haut;

1849 à 1848 : BARIZEL;
1849 à 1872 : WILLENT;
1872 à 1875 : COKKEN;
1875 à 1891 : JANCOURT;
1891 à 1922 : E. BOURDEAU;
1922 : Léon LETELLIER.

BARIZEL fut le premier professeur ayant préalablemen obtenu une récompense au Conservatoire : premier prix en 1807, *premier concours*.

COKKEN et WILLENT eurent également des premiers prix au *premier concours*, tandis que JANCOURT mit un peu plus de temps à obtenir le même titre : il eut le second prix en 1835, et le premier prix l'année suivante.

M. Eugène BOURDEAU a également remporté le second prix en 1867, et le premier prix l'année suivante.

Et maintenant que nous avons parlé des professeurs, voyons un peu les élèves, et cherchons les noms des premiers lauréats du Conservatoire. Nous trouvons :

En l'an V, premier prix : DOSSION; second prix, COURTIN.

Si, en 1795, les élèves bassons étaient très nombreux, nous ne pouvons savoir si le nombre des récompenses se trouva en rapport avec leur effectif, car

1. Voir plus haut *Contrebasson*.
2. Voir plus haut.

aucun document ne fournit de renseignements sur ces concours avant l'an V.

En 1808, trois bassonistes seulement se présentent au concours et, en 1809, le concours n'a pas lieu, faute de concurrents!

Quelle était la raison d'un pareil abandon? Sans doute les nombreuses campagnes napoléoniennes?

L'année 1810 amène un seul concurrent; en 1811, pas d'élèves, et jusqu'à l'année 1818, nous ne trouvons plus d'indications.

Nous relevons ensuite deux concurrents en 1818, quatre en 1825, et cinq en 1826.

La classe semble alors remonter un peu jusqu'en 1831, où, brusquement, nous ne trouvons plus rien jusqu'en 1834.

De 1834 à 1846, deux à trois élèves; et jusqu'à 1854, le nombre s'accroît sensiblement, pour arriver à sept.

Les classes deviennent assez nombreuses, et les prix se disputent entre trois, quatre et cinq concurrents.

L'année 1885 nous semble être le point de départ jusqu'à nos jours d'une plus grande affluence d'élèves, qui deviennent de plus en plus nombreux jusqu'au concours de 1895, où neuf bassonistes se disputèrent les prix ; depuis l'année 1895 à l'année présente 1926, le nombre des élèves n'a fait qu'augmenter.

Nous donnons ci-après un tableau de tous les morceaux de basson composés pour les concours du Conservatoire de Paris, de 1824 jusqu'à nos jours (les morceaux des concours antérieurs à cette époque n'ont pu être retrouvés) :

1824. *Concerto de* RETHALER.
De 1824 à 1835, morceaux inconnus.
1835. *Concerto en ut* (fragments) GEBAUER.
1836. *Air suisse en sol,*
De 1836 à 1840, morceaux inconnus.
1840. *Concerto de* BERBIGUIER.
1841. *Concerto de* BARIZEL.
1842. *Concerto de* BARIZEL *et* BERR.
1843. *Concerto de* BARIZEL.
1844. —
1845. *Concerto en sol mineur de* BARIZEL *et* BERR
1846. *Concertino de* BARIZEL *et* BERR.
1847. *Concertino* inconnu.
1848. *Concerto de* BERBIGUIER.
1849. *Fantaisie de* WILLENT.
1850. *Fantaisie de* BERR.
1851. *La Mélancolie, fantaisie de* WILLENT.
1852. *Introduction et Polonaise de* COKKEN.
1853. *Concertino de* BERR.
1854. *Andante et Rondo de* COKKEN.
1855. *Concerto* (fragments) *de* BERR *et* COKKEN.
1856. *Fantaisie de* WILLENT.
1857. *Solo de* COKKEN.
1858. *Solo de* TULOU *et* COKKEN.
1859. —
1860. *Solo de* COKKEN.
1861. —
1862. *1er Solo de* COKKEN.
1863. *2e Concerto* (fragments), BERR.
1864. *Concertino de* COKKEN.
1865. *Concerto* (fragments), WEBER.

Pour la première fois, nous voyons apparaître l'admirable concerto de basson composé par C. M. de WEBER.

1866. *1er Morceau du Concerto de* WEBER.
1867. *Concerto en ut mineur de* BERR.
1868. *Concerto* (fragments), auteur inconnu.
1869. *Fragments du Concerto de* WEBER.
1870. *Fragments du Concerto de* BERR.
1871. Pas de concours, guerre franco-allemande.
1872. *Concertino de* BERVILLIERS.
1873. *Concerto en ré majeur* (fragments), COKKEN.
1874. *1er Concerto de* COKKEN.
1875. *Andante et final du Concerto de* WEBER.

1876. *3e Solo de* Jancourt.
1877. *1er Morceau du Concerto de* Mozart.

Le concerto de Mozart est, pour le basson, le plus beau joyau de son répertoire, et il est curieux de constater que c'est seulement en 1877 qu'on le joue, pour la première fois, aux concours du Conservatoire.

1878. *Concerto de* Weber.
1879. *4e Solo* (fragments), Jancourt.
1880. *2e Solo de* Jancourt.
1881. *Fragments du Concertino*, Ferd. David.
1882. *6e Solo de* Jancourt.
1883. *1er Solo* —
1884. *1er Morceau du Concerto de* Mozart.
1885. *5e Solo de* Jancourt.
1886. *7e* —
1887. *8e* —
1888. *Andante et final du Concerto de* Weber.
1889. *Concertino de* Jancourt.
1890. *4e Solo* —
1891. *9e* —
1892. *Concerto de* Weber.
1893. — Mozart.
1894. *1er Solo de concours*, E. Bourdeau.
1895. *Concerto* (Adagio et Final), Weber.
1896. *Fantaisie Hongroise de* Weber.
1897. *Andante et Rondo du Concerto*, Mozart.
1898. *Solo de Concert de* G. Pierné.

C'est à partir de 1898 que l'administration du Conservatoire décida de confier à des compositeurs connus la composition de ses morceaux de concours pour le basson, comme pour les autres instruments à vent.

Les heureux effets de cette décision ne se firent pas attendre, si l'on en juge par le Solo de Concert de M. Gabriel Pierné, — morceau remarquable et d'une charmante musicalité.

1899. *Solo de P.* Puget.
1900. *Fantaisie de* Bourgault-Ducoudray.
1901. *Solo de Concert de* Charles René.
1902. *Fantaisie Variée par* André Bloch.
1903. *Allegro de la sonate en si♭ de* H. Dallier.
1904. *Morceau de Concours de* A. Taudou.
1905. *Introduction et Rondo par* A. Bertelin.
1906. *Solo de Concert de* G. Pierné.
1907. *2e Solo de concours*, E. Bourdeau.
1908. *1er Morceau du concerto de* Weber.
1909. *Récit et thème varié de* Henri Busser.
1910. *Concertsück pour basson*, E. Cools.
1911. *Prélude et Scherzo pour basson*, E. Jeanjean.
1912. *Ballade de* Jules Mouquet.

De 1913 à 1926, les œuvres qui ont été jouées au Concours sont :

Solo de G. Pierné.
1er Solo de Bourdeau.
Pièces de Concours de H. Busser.
Concerto de Weber.
Allegro de H. Dallier.
1er morceau du Concerto de Mozart.
Sonate de C. Saint-Saens.
Cantilène et Rondeau de H. Busser.
Adagio et Rondo du Concerto de Weber.

Les premiers morceaux de cette liste sont, pour la plupart, inédits ; beaucoup parmi eux sont introuvables, depuis longtemps déjà ; on pourra trouver les autres dans le répertoire du « Virtuose bassoniste ».

RÉPERTOIRE DU VIRTUOSE BASSONISTE

Les méthodes du basson.

Beer (F.). — *Méthode de basson* (édition ancienne).
Bourdeau (E.). — *Méthode*, en un volume. Evette, éditeur, Paris.
Cokken. — *Nouvelle édition de la Méthode de Beer en deux parties.* E. Gérard, éditeur, Paris.

Jancourt. — *Méthode*, en 2 volumes. Costallat, éditeur à Paris.
Ozi. — *Méthode de basson* (édition ancienne).
Willent-Bordogni. — *Méthode complète* pour le basson. Troupenas, éditeur à Paris (édition ancienne).

Les exercices pour basson.

Bourdeau (E.). — *Gammes et Arpèges*, en 2 volumes. Evette, éditeur à Paris.
Espaignet (J.). — *Transcription pour le basson des études de :* L. Spohr, J. Mayseder, Kreutzer, Fiorillo, Rode, Mazas. Evette, éditeur, Paris.
Fuente (J.-D. H. de la). — *6 Grandes Études*. Van Eck, éditeur à La Haye.
Gambaro (J.-B.). — *18 Études*. Lemoine, éditeur à Paris.
Jancourt. — *26 Études*.
— *32 Exercices progressifs*.
— *30 Mélodies graduées*, en 2 suites.
— *20 Mélodies plus étendues*.
— *Étude du basson perfectionné*.
— *Grande Étude pour le basson*. Evette, éditeur à Paris.
Orefici (Alberto). — *10 Études*. Gustave Gori, éditeur à Turin.
Orselli. — *12 Exercices*, chez Ricordi, éditeur, Paris.

Les concertos pour basson.

Aimond (L.). — *2e Concerto* de basson avec orchestre. Frey, éditeur.
David. — *Concertino en si♭*. Costallat, éditeur à Paris.
Flament. — *Concertstück en la mineur* pour basson et orchestre. Evette, éditeur à Paris.
Haacke (Ch.). — *Concerto* pour basson et orchestre. Hummel, éditeur à Berlin.
Mozart. — *Concerto en si♭*, pour basson et orchestre. Breitkopf et Härtel, éditeurs à Leipzig.
Weber. — *Concerto en fa*, pour basson et orchestre. Richaut, éditeur à Paris.

Les solos pour basson.

Almenræder. — *Romance de Joseph* (variée). Costallat, éditeur.
Beethoven. — Op. 5, *Sonate en fa*, transcrite par E. Jancourt. Costallat, éditeur.
Bertelin. — *Introduction et rondo*.
Bloch. — *Fantaisie variée*.
Bourdeau. — *2e solo en ut mineur*.
Bourgault-Ducoudray. — *Fantaisie*.
Busser. — *Récit et thème varié*. Evette, éditeur.
Cokken. — *Douze Mélodies en 2 suites d'après* Bordogni. Costallat, éditeur.
— *Variations de* Rode. Costallat, éditeur.
Dallier. — *Allegro de la sonate* pour basson et piano. Evette, éditeur.
Demerssman. — *Introduction et Polonaise*. Costallat, éditeur.
Flament. — *Élégie* pour basson et orgue. Evette, éditeur.
Gebauer. — *Variations sur Marche de Polichinelle*. Costallat, éditeur.
— *Variations sur la Hongroise et la Tyrolienne*. Costallat, éditeur.
R. Gliere. — *2 pièces* pour basson et piano.
— *Humoresque Interlude*. Max Eschig, rue Laffitte, Paris.
Jancourt. — *Fantaisie et Thème varié en sol*. Costallat, éditeur.
— *1er air varié*. Costallat, éditeur.
— *Cavatine d'Anna Bolena*. Costallat, éditeur.
— *Variation sur la Norma*. Costallat, éditeur.
— *Allegretto de la 7e Symphonie de* Beethoven. Costallat, éditeur.
— *Variation sur un Thème de* Carafa. Costallat, éditeur.
— *Fantaisie sur la Somnambula*. Costallat, éditeur.
— *1er solo en sol*. Costallat, éditeur.
— *6e Fantaisie en ré*. Costallat, éditeur.
— *Six Mélodies faciles*. Costallat, éditeur.
— *1re et 2e Suites sur des mélodies de* Schubert, Proch, Bellini. Costallat, éditeur.
— *Air varié facile en fa*. Costallat, éditeur.
— *Souvenir d'Italie sur des motifs de* Donizetti. Costallat, éditeur.
— *Fantaisie sur Don Juan de* Mozart. Costallat, éditeur.
— *2e olo en ré*. Costallat, éditeur.
— *1er Adagio Religioso*. Costallat, éditeur.
— *2e Largo*. Costallat, éditeur.
— *3e Cantabile*. Costallat, éditeur.
— *Étude mélodique en si♭ mineur*. Costallat, éditeur.
— *Romance sans paroles*. Costallat, éditeur.
— *Étude mélodique en mi mineur*. Costallat, éditeur.
— *Fantaisie variée*. Costallat, éditeur.
— *Air varié facile en fa*. Costallat, éditeur.
— *Air varié en ut*. Costallat, éditeur.

JANCOURT. — *3e Solo.*
— *4e Solo.* Evette, éditeur.
— *5e Solo.*
— *6e Solo.*
— *8e Solo.* Machar, éditeur.
— *9e Solo.*
— *2e solo en ré majeur.* Evette, éditeur.
KŒCHLIN. — *Trois pièces* pour basson et piano.
KUMMER. — *Variation sur un mazurka.* Costallat, éditeur.
LACROIX. — *Première Tendresse.* Costallat, éditeur.
— *Suite* pour basson et piano. Costallat, éditeur.
LALLIET. — *Fantaisie brillante.* Costallat, éditeur.
— *Fantaisie sur des motifs* de CHOPIN. Costallat, éditeur.
LISTE. — *Grande Sonate en fa.* Costallat, éditeur.
MENDELSSOHN. — *Allegretto de la 2e symphonie, par* JANCOURT. Costallat, éditeur.
MOZART. — *Largo du Quintette en ré mineur, par* JANCOURT. Costallat, éditeur.
PIERNÉ. — *Solo de concert en ré mineur.* Evette, éditeur.
PIXIS. — *Duo sur un motif allemand.* Costallat, éditeur.
PUGET. — *Solo en ut mineur.*
RENÉ (Charles). — *Solo de concert.*
SAINT-SAENS. — *Sonate* pour basson et piano. Durand, éditeur.
SCHUMANN. — *Rêverie, par* JANCOURT. Costallat, éditeur.
TAUDOU. — *Morceau de concours.*
VALTER. — *Trois Thèmes variés en sol, en ut, en ut.* Costallat, éditeur.
VERROUST. — *Variations sur un thème de* BELLINI. Costallat, éditeur.
— *Variations sur un thème de* HUMMEL. Costallat, éditeur.
— *Premier Air varié sur un thème espagnol.* Costallat, éditeur.
VIDAL (Paul). — *Mélodie.* Girod, éditeur.
WEBER. — *Andante et Rondo hongrois.* Costallat, éditeur.
WILLENT-BORDOGNI. — *Solo en ré.* Costallat, éditeur.
— Op. 17, *Sonate en fa.* Costallat, éditeur.
— Op. 30, *Sonate en ut mineur* (pour piano et violoncelle). Costallat, éditeur.

CONCLUSION

Il faut véritablement se trouver en possession d'une forte dose de courage et d'aplomb pour oser exécuter en public, chez nous, un solo de basson!

C'est qu'on ne pardonne pas, en France, aux choses disgracieuses; et, quiconque aborde les planches, doit toujours avant tout paraître sympathique et gracieux.

Eh oui, pauvre virtuose! tu n'es guère rassuré lorsque tu arrives en scène avec ton grand instrument!... Déjà, les jeunes filles sourient et cachent leurs têtes moqueuses derrière les éventails; c'est alors que tous les soucis d'une exécution jamais assurée viennent mettre en désarroi le peu d'aplomb dont tu étais pourvu!... L'anche ira-t-elle? n'y a-t-il pas de l'eau dans un trou? les clefs bouchent-elles bien?... Mais l'accompagnateur a commencé le prélude, et il faut attaquer la première note du morceau : instant solennel... moment terrible!

Et pourtant, le progrès aidant, un jour viendra où le basson aura enfin conquis la place qu'il mérite, et que nos voisins lui ont, du reste, déjà réservée depuis longtemps dans leurs concerts.

Les Allemands, en particulier, aiment le basson et surtout le « virtuose bassoniste »; pourtant, chez eux, il est assez rare de rencontrer des musiciens jouant aussi bien de leur instrument que les Français : d'abord, parce qu'ils ne savent pas arranger leurs anches avec perfection (voyez *Anche*), ensuite, parce que la perce de leur basson donne une sonorité très inférieure à la nôtre.

Il appartient ici de rendre un hommage mérité à SCHILLER, qui donna souvent, au Beethoven-Saal de Berlin, des séances de musique instrumentale du plus grand intérêt, où le basson y fut fort en honneur, et les journaux berlinois s'enthousiasmèrent devant l'exécution du Concerto de Mozart.

Nous devons aussi à la Société de musique de chambre[1] d'avoir fait apprécier notre instrument en Allemagne, au cours des intéressantes séances qu'elle donna à Bonn, — au Kammermusikfest, — à Mulhouse, à Zurich et à Berlin, — salle de l'Académie de chant, ainsi que dans les principales villes de la Suisse, en Italie, à Milan, en Espagne, à Madrid, et en Portugal, à Porto, etc.

Chaque fois que les concerts COLONNE ou LAMOUREUX vont faire une tournée en Allemagne, les bassons se trouvent toujours très appréciés du public et de la presse, dont les élogieux comptes rendus ne font jamais défaut.

Les bassonistes allemands se spécialisent tous dans un seul travail, soit au concert, soit au théâtre; et il est bien rare de les voir, comme chez nous, occuper deux postes différents. Cela tient à ce que les appointements sont plus élevés qu'en France, et aussi à ce que les sociétés de concerts ne chôment jamais en été.

La Philharmonique de Berlin, par exemple, joue d'un bout de l'année à l'autre dans toute l'Allemagne, tandis que nos grands concerts parisiens ne font qu'une saison de six mois, sans presque jamais jouer le soir.

La célèbre maison BREITKOPF, de Leipzig, est presque la seule qui ait édité des œuvres pour basson et orchestre. Le Concerto de MOZART s'y trouve imprimé remarquablement, et l'on peut, pour une somme insignifiante, s'en procurer la partition complète.

Il serait à souhaiter que l'on entende à Paris cette œuvre admirable, exécutée avec orchestre, et dont les extraordinaires effets de sonorité mettent le basson sous un jour tout à fait nouveau.

Le public est trop habitué à entendre toujours, dans les concerts, soit du chant, soit du violon, violoncelle ou piano, pour qu'un jour, d'autres artistes ne viennent pas lui prouver qu'en musique tous les instruments sont intéressants.

En ce qui concerne le nôtre, il est certain que son grand perfectionnement, ajouté aux qualités remarquables des virtuoses modernes, l'affranchira bientôt des faux et grotesques préjugés dont on l'affubla toujours.

Le nord de la France nous a donné de grands encouragements, car presque tous les jeunes gens de ces contrées possèdent un instrument à vent; plusieurs jouent du basson, et figurent en bonne place aux pupitres des musiques d'harmonie justement célèbres qui font la gloire des principales cités septentrionales.

La première condition à observer pour le bassoniste de concert, c'est d'être bien accompagné au piano.

Nous ajouterons même : *accompagné d'une manière spéciale;* voici pourquoi : les notes de timbre si différent ne donnent pas toutes la même force dans la sonorité de notre instrument; le pianiste doit apporter une extrême attention, pour qu'un accompagnement trop fort ne vienne pas couvrir les sons donnés par le virtuose.

Quand, aux concours du Conservatoire, arrivait le jour mémorable du basson, le directeur, Th. DUBOIS,

1. Fondation TAFFANEL. Les membres de cette Société étaient composés de MM. P. GAUBERT (flûte), L. BAS et L. BLEUZET (hautbois), P. MIMART et H. LEFEBVRE (clarinettes), L. LETELLIER et Ch. BOURDEAU (bassons) WUILLERMOZ et J. PÉNABLE (cors) et M. Gabriel GROVLEZ (pianiste.

préparait dans son sous-main un petit billet ainsi conçu :

« Monsieur l'accompagnateur,
« Jouez moins fort, S. V. P. »

Et, tous les ans, cette même note servait invariablement à calmer l'ardeur du pianiste!

Pour bien accompagner le basson, il faut, autant que possible, supprimer la pédale « forte » et n'employer que la sonorité simple, agrémentée parfois de la pédale « sourde ». On ne doit jouer avec force que dans les « tutti », en ayant soin de voiler complètement les notes graves du piano, lorsque le bassoniste jouera dans ce registre.

Si es auteurs modernes ont composé pour l'instrument de très intéressants morceaux au point de vue musical, il est regrettable de constater que l'exécution de ces œuvres ne donne pas toujours satisfaction à l'auditoire.

En effet, le piano se trouve toujours trop important, et surtout trop concertant avec le basson ; ces deux instruments ne font pas entre eux bon ménage ; l'un d'eux doit laisser briller l'autre.

Nous voyons donc que l'accompagnement d'un morceau de ce genre devra toujours être simplement écrit, et, par conséquent, d'une manière différente du mode de composition actuel ; les immortels Concertos de Mozart et de Weber donneront aux compositeurs la ligne de conduite à suivre sur la façon d'écrire leur partie de piano.

Léon LETELLIER, Édouard FLAMENT.

LA TROMPETTE ET LE CORNET

Par M. Merri FRANQUIN

PROFESSEUR HONORAIRE AU CONSERVATOIRE NATIONAL DE MUSIQUE DE PARIS

ORIGINE DE LA TROMPETTE. SON USAGE DANS L'ANTIQUITÉ

On ne peut préciser exactement l'époque originelle de la trompette, du moins si l'on entend par ce mot un instrument ayant des sons analogues à ceux que nous lui connaissons aujourd'hui, car tout porte à croire qu'à son début, la trompette a dû se confondre avec la flûte, ou plutôt, qu'elle a été une des variétés de la flûte. Il n'est pas douteux que les premiers hommes, qui ont eu l'idée de tirer des sons des roseaux, des cornes et des coquilles, lesquels, selon toute vraisemblance, ont été les instruments primitifs, n'ont fait, au commencement, que souffler dans ces divers objets, qui rendaient des sons différents selon leur forme intérieure; ils n'ont pas cherché, tout d'abord, à perfectionner ces sons au moyen de l'émission savante que l'on a appliquée, depuis, à tous les instruments à vent en général. Nous citerons ici le passage suivant, extrait du *Précis historique de la Trompette*, par DAUVERNÉ, professeur au Conservatoire de 1833 à 1869 : *Méthode de trompette*, p. x:

« Ne semble-t-il pas que l'idée de la trompette dût se présenter naturellement à quiconque s'avisa de souffler dans une corne de bœuf ou de bélier préalablement perforée; dans un roseau percé ou dans une conque ouverte aux deux extrémités de son hélice? Qui n'eût compris aussitôt infailliblement l'utilité d'une pareille découverte, soit pour rassembler des troupeaux, soit pour appeler aux armes un peuple menacé de quelque hostilité; pour donner des signaux, ou bien encore pour se réunir en certains jours de fête, à certaines heures du jour? Les premières trompettes ont donc été, ou de gros roseaux, ou des morceaux de bois creusés, ou des cornes d'animaux[1], ou de grosses coquilles[2]. Toutes ces espèces de trompettes sont encore en usage dans plusieurs pays, comme elles l'ont été chez les plus anciens peuples de la terre. »

Il paraît évident que, dans la pensée de DAUVERNÉ, la flûte et la trompette étaient confondues et que, seuls, la grosseur de l'objet, sa longueur, le degré de puissance des sons qu'il rendait, ainsi que l'usage qui en était fait, décidaient de l'une et de l'autre appellation. Le fait que les premières trompettes ont été de gros roseaux ou de grosses coquilles prouve bien que ces mêmes objets, petits au lieu d'être gros, ayant formé les flûtes, les trompettes de cette époque, étaient de grosses flûtes, ou les flûtes

1. *Méth.* DAUVERNÉ, p. XXIII, f. 3, 4, trompette primitive.
2. *Ibid.*. p. XXVI, f. 15, trompette primitive.

de petites trompettes. Du reste, il est à remarquer que, même de nos jours, plus les sons de la trompette sont aigus, plus ils ont de ressemblance avec ceux de la flûte[3]. Si, pour appuyer cette opinion, nous observons les bas-reliefs des anciens monuments, nous y voyons des personnages jouant des instruments qui peuvent aussi bien être considérés comme des flûtes que comme des trompettes.

La trompette tyrrhénienne, assez semblable à la flûte phrygienne par le diamètre, et dont le pavillon était renversé comme celui de la plupart de nos trompettes modernes, rendait un son fort aigu; ce qui prouve qu'elle n'était pas longue. La ressemblance de cette trompette avec la flûte phrygienne, quant à la forme et au peu de longueur du tube, ainsi que ses sons fort aigus, sont une raison de plus à l'appui de la théorie de l'origine commune.

La description que fait l'historien Josèphe du *Chatzotzeroth* ou *Chatzotzra* des Hébreux, donne presque autant d'idées de la flûte ancienne ou moderne que de la trompette : « C'était un tube d'argent, droit, long d'une coudée, à peu près de la grosseur de l'ancienne *flûte* en bois; légèrement conique, avec une étroite embouchure, et peu d'évasement au pavillon[4]. »

Le *cornet* à *bouquin* était une espèce de flûte courbée. faite ordinairement de corne, employée pour appeler les vaches.

D'après toutes ces remarques, on s'explique parfaitement que les anciens auteurs aient pu confondre, selon les circonstances et l'emploi qui en était fait, les flûtes avec les trompettes et les cornets.

La trompette, pas plus que la flûte, n'a eu d'inventeur; c'est la nature qui l'a créée, et c'est l'homme qui l'a découverte et perfectionnée. Tous les noms cités par les écrivains désignent, sans doute, des personnes qui ont apporté une modification à cet instrument, quant à sa forme, à la matière employée à sa construction, à la manière de s'en servir ou à l'usage auquel on le destinait.

Les relatives inventions dont il est parlé dans toute l'histoire de la trompette n'ont été que des perfectionnements, des systèmes nouveaux, et marquant seulement des étapes dans sa carrière; mais c'est toujours la flûte, la trompette[5] et le cornet[6] qui sont le point de départ de tous les instruments à vent.

3. La trompette en si♭ suraigu (l'octave du cornet à pistons moderne pourrait s'appeler -T *trompette-flûte*.
4. Josèphe. *Ant. judaïques*, liv. III, ch. 14.
5. *Trompette*, diminutif de *trompe*, espèce de coquille de mer en spirale. — Étym. grecque : *strombos*, nom d'une coquille dont on faisait une trompette; — étym. provenç. : *tromba*, (*Trompa*; — italien, *tromba*; latin, *tuba*; — espagn., *tromba*, (*Trompo*; du latin *turbo*, toupie.
6. *Cornet*, diminutif de *corne*.

Tous les auteurs qui ont écrit sur la trompette, en parlent comme d'un instrument au son noble et majestueux, et dont les effets sont grands et sublimes. Nous pouvons ajouter que son utilité est devenue de premier ordre dans la musique d'orchestre symphonique et de théâtre, car, en même temps que la puissance et la douceur, elle exprime merveilleusement tous les sentiments.

« La trompette se trouve partout où il existe des hommes vivant en société; elle est comme l'indice de la civilisation; elle se mêle à toutes les institutions politiques et religieuses; elle préside à toutes les cérémonies et à toutes les fêtes; elle déclare la guerre, donne le signal des combats, sonne la retraite des vaincus, proclame le triomphe des vainqueurs. Dans les jeux, elle applaudit, par ses fanfares, à la victoire de ceux qui reçoivent des couronnes; elle précède les conquérants, annonce l'arrivée ou les entrevues des souverains, assiste à leurs traités, sanctionne, pour ainsi dire, leurs serments; elle annonce aussi la naissance des grands et des puissants de la terre et les accompagne encore au tombeau[1]. »

Les peuples les plus éclairés de l'antiquité eurent, pour cet instrument, la plus haute estime, comme le prouvent les emblèmes dans lesquels on voit toujours la trompette dans la main des Dieux, dans celle des prêtres, des héros et autres personnages distingués[2].

Nul instrument n'a été plus utile à l'homme, aussi bien dans la vie civile, religieuse et agricole qu'à la guerre. C'est le seul dont le nom ait été prononcé par la bouche de l'Eternel, que Dieu ait désigné à Moïse. Suivant l'Histoire sacrée, Dieu lui ordonna l'usage des trompettes et lui commanda d'en faire deux d'argent battu au marteau pour convoquer les chefs des douze tribus d'Israël, afin d'assembler le peuple hébreu et de donner le signal du départ du Sinaï; il lui prescrivit la manière de s'en servir en ces différentes circonstances, désignant les prêtres, enfants d'Aaron, pour sonner les trompettes sacrées. Dieu fit la recommandation expresse de s'en servir pour la guerre, les sacrifices religieux, les fêtes solennelles et les festins.

L'origine des trompettes du temple que conservaient dans l'Arche, est ainsi racontée dans l'Ecriture : « Les Juifs étaient encore dans le désert lorsque le Seigneur dit à Moïse : Fais-toi deux trompettes d'argent, tu les feras massives, et, avec elles, tu pourras convoquer la multitude quand il faudra partir. Un seul son avertira les chefs des milieux; un son plus long avertira ceux qui sont à l'est du camp; un second son, ceux qui seront au midi; pour assembler le peuple, un simple son, mais prolongé. Les fils d'Aaron (cohérinnes) sonneront ces trompettes; l'Eternel se souviendra de vous, et vous serez délivrés de vos ennemis; et au jour de votre joie, vous sonnerez des trompettes sur vos holocaustes et vos sacrifices pacifiques. »

Enfin, c'est le son de la trompette qui doit réveiller le genre humain du sommeil de la mort, au jugement dernier.

La fête des Trompettes était la troisième des cinq grandes fêtes juives. Elle se célébrait le jour de Tsiri, septième mois de l'année civile répondant à la lune de septembre. Cette fête était établie soit en mémoire du tonnerre qui éclata sur le mont Sinaï le jour de la promulgation de la loi, soit en l'honneur

de la création du monde. Aussi, c'était l'époque où les Juifs se souhaitaient une heureuse année.

Cette fête était la même que celle des Expiations; elle était annoncée au son du chatzotzeroth, mais pendant les huit jours que durait la fête, on n'entendait d'autres instruments que le scophar, avec lequel on proclamait encore l'année du Jubilé.

Végèce donne les renseignements suivants sur les usages de la trompette chez les Romains :

« La légion romaine a toutes sortes d'instruments, qui sont : la trompette, le cornet et le cor (cornu et buccina). C'est la trompette (tuba) qui, dans les combats, sonne la charge et la retraite. Les cors et les cornets n'interviennent que pour augmenter le bruit de guerre, exciter tout d'abord l'ardeur des combattants, et, en dernier lieu, célébrer l'action pas leurs fanfares. Hors de là, quand ces derniers instruments retentissent, ils n'indiquent rien aux soldats, et ne sonnent que pour les enseignes qui en connaissent les différents signaux. Par cette raison, quand les troupes doivent marcher sans enseignes, ce sont les trompettes (tuba) qui sonnent, et, toutes les fois que les enseignes doivent faire un mouvement, ce sont les cornets qui les en avertissent; enfin, lorsqu'il s'agit d'aller combattre, ce sont les trompettes et les cors réunis qui donnent le signal. C'est encore au son de la trompette qu'on monte et qu'on descend les gardes ordinaires et des grand'gardes hors du camp; qu'on va à l'ouvrage, que se font les revues; et les soldats se règlent sur ce que l'on sonne. Ces différents usages sont observés dans les exercices et dans les manœuvres, afin qu'en temps de guerre, les soldats accoutumés aux appels de ces instruments ne puissent se méprendre et obéissent aussi promptement aux ordres du général, soit qu'il faille charger ou s'arrêter, soit qu'il faille poursuivre l'ennemi ou battre en retraite. »

« On appelait ordinairement Æneatores ou Ahenatores (qui sonnent de l'airain) les musiciens qui jouaient des trompettes, et, en général, tous ceux qui étaient attachés en cette qualité au service des armées, quelle que fût d'ailleurs la nature de l'instrument dont ils faisaient usage. Cela n'empêchait point, toutefois, de donner aux joueurs de tuba, de lituus, de buccina et de cornu, un nom particulier en rapport avec l'espèce de trompette que chacun d'eux avait spécialement adoptée. Il y avait donc les tubicines jouant de la tuba, les liticines jouant du lituus, les buccinatores jouant de la buccina, et les cornicines jouant du cornu, qui formaient autant de classes distinctes, et qui, en raison des services importants qu'ils rendaient, jouissaient de grands privilèges parmi leurs concitoyens, et occupaient un rang élevé dans la milice. Végèce les met au rang des principaux soldats de la légion. » Leur fête se célébrait tous les ans à Rome, le 23 mai, jour appelé Tubilustrium; c'était ce jour-là qu'avaient lieu la purification et la consécration de leurs instruments.

Pendant les repas des chefs, ces musiciens intervenaient souvent pour égayer les convives par le son belliqueux des trompettes guerrières. Cet usage d'employer la musique dans les festins militaires s'est conservé jusqu'à nos jours.

En Italie, l'usage de la trompette s'est continué au moyen âge comme au temps des Romains.

L'extrait suivant du Cérémonial romain le prouve suffisamment :

« Dès qu'un pape est élu, les douze trompettes du Saint-Père, celles de la ville et des différents corps

---

1. Dauvernne, Méthode de trompette.
2. Ibid.

militaires, accompagnées de timbres et de tambours, exécutent des fanfares, ainsi que pendant la marche du conclave à l'église de Saint-Pierre, lors du couronnement du pape.

« C'était surtout au magnifique festin qui se donnait autrefois, que les trompettes se faisaient entendre. C'était la seule musique instrumentale qui figurait à ce repas, qui n'a plus lieu aujourd'hui. C'est surtout aux cérémonies du grand jubilé, lorsqu'il est annoncé au peuple romain, que les douze trompettes du pape exécutent des fanfares. Douze veneurs, avec des cors d'argent, se joignent à eux : ce qui forme un ensemble assez agréable qui ouvre le jubilé. Lorsque le pape va à l'église de Saint-Pierre, en grande cérémonie, pour faire ouvrir les portes du jubilé, il est accompagné de tout le clergé de Rome et précédé de ses douze trompettes, qui sonnent tout le temps que dure la procession. Le jubilé finit par la clôture des portes saintes, au son des trompettes qui accompagnent le cortège sacré. » (Extrait du *Cérémonial romain*.)

· Le *Cérémonial de France*, recueilli par Théodore Godefroy, avocat au parlement de Paris, et publié en 1619, dit qu'à toutes les fêtes, tournois, entrées, baptêmes, sacres, funérailles des rois et des reines de France, depuis 1464 jusqu'en 1594, les trompettes figuraient comme de rigueur; et les instrumentistes étaient assimilés au rang des officiers attachés aux maisons royales et à celles des princes. Aussi, distinguait-on l'artiste trompette de celui qui ne servait que pour attirer la foule du peuple à son de trompe et proclamer les ordonnances.

Dans les *Travaux de Mars ou de l'art de la guerre* (Paris, 1691), il est dit que le trompette doit être un homme de fatigue et vigilant, pour être prêt, à toute heure, à exécuter les commandements de sonner. Il est dit aussi que le trompette doit être « un homme discret, principalement quand il est employé dans es pourparlers, où il ne doit jamais se servir d'autres termes que ceux dont il est chargé, ne s'ingérer jamais de donner aucun conseil, afin que, dans les conférences et dans les traités, on ne trouve point d'ambiguïté, ni de sentiment contraire à ceux qu'il a proposés ». (*Cérémonial de France*.)

EMPLOI DE LA TROMPETTE DANS LES ORCHESTRES

« Le timbre de la trompette est noble et éclatant; il convient aux idées guerrières, aux cris de fureur et de vengeance, comme aux chants de triomphe. Il se prête à l'expression de tous les sentiments énergiques, fiers et grandioses, à la plupart des accents tragiques. Il peut même figurer dans un morceau joyeux, pourvu que la joie y prenne un caractère d'emportement ou de grandeur pompeuse. » (BERLIOZ, *Traité d'orchestration*, p. 191.)

Bach et Haendel (dix-huitième siècle).

Le premier emploi des trompettes dans la musique de théâtre en France remonte à 1674, dans l'opéra d'*Alceste* de QUINAULT et LULLY. Ces instruments avaient figuré déjà sur la scène, où des musiciens, vêtus de costumes de théâtre, les mettaient en jeu[1]. Mais, en 1751, ils prirent définitivement place dans l'orchestre de l'Académie royale de musique.

Dans la musique d'église, HAENDEL et BACH nous

ont légué des compositions immortelles dans lesquelles les parties de trompette ont fait, jusqu'à nos jours, l'étonnement de tous, à cause de l'élévation de leur registre, et ont donné lieu à bien des discussions.

Bien des choses, vraies ou non, ont été dites à ce sujet. Beaucoup de personnes, et même des écrivains célèbres, ont tiré des conclusions erronées du fait que, depuis cette époque, les trompettistes étaient impuissants à exécuter ces parties.

La plupart en ont conclu qu'il avait existé des trompettistes extraordinaires d'habileté, et que la race en était perdue ou l'enseignement oublié. Nous allons tâcher de réparer cette erreur, et de prouver que ni l'une ni l'autre de ces suppositions n'est fondée.

Admettons tout d'abord, si vous le voulez, que ces parties ont été jouées sur de vraies trompettes et dans le registre qu'on leur attribue.

1° Le diapason était moins élevé que de nos jours;

2° Le rôle de la trompette dans les orchestres n'avait pas encore pris beaucoup d'extension; ce qui pouvait permettre à quelques artistes, ayant le don particulier du suraigu, de se livrer à l'étude exclusive de ce registre exceptionnel. C'étaient des spécialistes, et non des trompettistes ordinaires d'orchestre tels que les professionnels modernes;

3° Il est à croire que ces parties de trompette n'étaient guère praticables et que leur exécution était loin d'être parfaite, comme on en verra la preuve plus loin.

DAUVERNÉ dit à ce propos :

« Dans ces compositions, les trompettes ne figuraient jamais qu'en *ré* ou en *ut*, alors que l'artiste, par une étude spéciale, formait ses lèvres à ce genre d'exécution, et, joint à cela, se servait d'une embouchure disposée pour faciliter l'émission des sons aigus, mais qui, en échange, en altérait la qualité. Cependant, la difficulté de pouvoir saisir ces notes aiguës avec précision fit que, plus tard, on abandonna ce genre d'exécution. »

Ce *plus tard* veut dire le jour où l'emploi de la trompette s'est considérablement développé par l'invention des corps de rechange.

« Même du temps de MOZART, la trompette avait déjà pris une autre direction ; la preuve en est que ce grand maître sentit la nécessité de modifier certains effets de cet instrument dans les oratorios du *Messie* et des *Fêtes d'Alexandre* de HAENDEL, qu'on exécuta alors en Allemagne, et auxquels il jugea nécessaire de refaire une instrumentation nouvelle, en rapport avec le goût et les ressources instrumentales de l'époque[2]. » (*Méthode de Trompette* de DAUVERNÉ.)

Cependant, les notes de ces parties existent théoriquement dans la *trompette simple* à corps de rechange, et on peut les faire entendre si on n'est pas rigoureux au point de vue de la justesse de ces notes entre

elles et de leur précision. Pourtant le :

n'existe pas et l'on ne peut le rendre qu'à la manière des cors, en son bouché; de même que les :

---

1. CASTIL-BLAZE, Appendice de l'*Académie royale de Musique de 1645 à 1855.*
2. Est-il possible que les ressources instrumentales fussent moindres qu'à une époque antérieure ?

 qui ne sont, sur la *trompette simple,*

qu'une seule et même note, ainsi que :

Il aurait fallu obtenir le *si♮* en baissant l'*ut* au moyen de la main dans le pavillon, le *fa* en baissant le *fa*, le *fa♯* en baissant le *sol*, le *sol♯* en baissant le *la*, et le *la* en baissant le *si♭*.

Ce n'étaient pas seulement les compositions de Bach et de Haendel qui étaient écrites dans ce registre élevé; il en était de même de toutes celles de leurs contemporains; il existe, de la même époque, des morceaux pour plusieurs trompettes : *Tricinium* et *quatricinium, concerti* à *VII clarini con tympani* du XVIII° siècle, dans l'ouvrage de J.-E. Altenburg (*Essai d'une instruction pour l'art héroïque et musical des trompettes*), écrits dans le même registre.

En l'absence de preuves convaincantes, et en étant réduit aux conjectures, nous préférerions la supposition suivante que nous croyons être la vraie : il n'est pas impossible, et il est même probable à notre avis, pour ne pas dire certain, que ces parties ont été jouées sur des trompettes plus basses d'une octave, de par leur construction, que celles qui ont été en usage jusqu'à nos jours, c'est-à-dire sur des trompettes de même longueur de tuyau que le cor. On pourra nous demander également où sont ces trompettes; mais nous ferons observer que nous n'affirmons pas, et que nous sommes ici, bien malgré nous, dans le domaine des suppositions. Dans celle-ci, les

notes : écrites pour la trompette

en *ré*, et qui font entendre à l'oreille :

auraient, avec cette trompette supposée, donné en

notes réelles : . On pourrait alors

s'expliquer et comprendre que le concerto pour trompette en *fa* de Bach, écrit absolument dans le même registre et la même étendue que les parties de trompette en ré (tout comme si l'élévation d'une tierce mineure, dans un pareil registre, ne comptait pour rien), ce qui, d'après la manière d'exécuter l'écriture de nos jours, donnerait, en notes réelles :

on pourrait concevoir, disons-nous, que ce concerto ait pu être exécuté du temps de Bach, quoique avec d'énormes difficultés de précision et de justesse, avec une trompette de la tonalité et de la longueur de tube du cor. Tout en exécutant l'écriture selon l'usage

moderne, la notation :  aurait

donné en notes réelles à l'oreille, avec la trompette

en *fa* :  ce qui serait infiniment

plus logique et plus compréhensible, si on n'a pas le parti pris de voir partout, dans le passé, du merveilleux et du fantastique.

Nous nous refusons absolument, pour notre part, à croire que, du temps de Bach, on ait pu exécuter ces parties dans le registre pratiqué de nos jours. C'était donc, à notre avis, une trompette en *fa* plus basse d'une octave que notre trompette simple en *fa*, une *tromba* ou *trompette de chasse* [1], ou un instrument quelconque, mais non une trompette au sens que nous attachons aujourd'hui à ce mot. Autrement, nous serions forcé de nous convaincre que, non seulement il a existé un artiste, ou plutôt une génération d'artistes, pour ainsi dire surhumains, « et nous croyons que leurs noms seraient restés à la postérité », mais que c'est l'art de la fabrication qui a rétrogradé subitement, dans l'espace de quelques années, en laissant se perdre dans l'oubli un instrument si étonnant. Le fait seul de l'existence de ce concerto est un argument de la plus haute valeur en faveur de notre théorie. Ce concerto, écrit exactement dans le même registre et la même étendue que pour la trompette en *ut* ou en *ré* (registre considéré déjà, avec raison, comme surprenant d'acuité avec le ton de *ré*), justifierait, ou du moins autoriserait notre supposition, car si la trompette en *fa* avait pu

monter jusqu'au :  note réelle :

il n'y avait pas de raison pour que la trompette en

ré ne montât pas jusqu'au :  et pour

l'oreille :  au lieu de la limiter au :

comme on l'a fait, puisque, nous le répétons, la théorie et, par conséquent, la pratique, n'ont d'autres limites dans l'aigu que celles des facultés humaines.

S'il était prouvé que les parties de trompette de Bach, de Haendel et d'autres auteurs encore, ont été jouées sur des trompettes de même longueur de tube que les nôtres et dans le registre qu'on attribue, de nos jours, à l'écriture, nous nous demanderions pour quel motif Bach, Haendel, etc., n'ont pas écrit de même, pour la trompette en *sol* (dans la même étendue) ton fondamental, c'est-à-dire le plus aigu de la trompette simple. Le résultat eût été encore plus merveilleux au point de vue de l'acuité, et on aurait eu alors les notes réelles :

1. La trompette de chasse est un cor construit dans des proportions très étroites afin d'obtenir un timbre éclatant. (Mahillon.)

Il est probable que si les compositeurs ne l'ont pas fait, c'est que le ton de *sol* n'existait pas et que la trompette la plus haute était celle de *fa;* nouvelle preuve que les trompettes de cette époque étaient différentes des trompettes simples à corps de rechange en usage dans les orchestres, de 1770 à 1891. Ces différences, avant l'invention des systèmes chromatiques, ne pouvaient porter que sur la longueur et le diamètre du tuyau, c'est-à-dire sur la tonalité fondamentale. D'autre part, il est probable que, s'il y a eu modification sur la longueur, elle a été dans le sens de l'élévation, c'est-à-dire du raccourcissement du tuyau.

Si notre supposition était vraie, comme il est probable, la modification faite par Mozart s'expliquerait d'une manière plus flatteuse pour ses contemporains, car, au lieu qu'il l'eût faite dans le sens de la facilité, comme on l'a cru, la modification aurait eu, au contraire, pour résultat d'élever le registre de l'exécution tout en abaissant l'écriture, du fait de la construction des trompettes une octave au dessus.

Il faudrait, dans ce cas, interpréter à rebours l'explication que donne Dauverné sur la modification inaugurée par Mozart dans la manière d'écrire pour la trompette; explication qui viendrait ainsi à l'appui de notre théorie. La phrase suivante : « Mozart jugea nécessaire de refaire une instrumentation nouvelle en rapport avec le goût et les ressources instrumentales de l'époque, » signifierait que, ces ressources ayant augmenté, l'orchestration devait bénéficier du progrès accompli.

On pourrait se demander, maintenant, pour quelles raisons Bach, Haendel et leurs contemporains auraient excepté, de leur écriture, les notes :

qui existent dans cette trompette supposée.

On peut trouver la raison de cette lacune dans le fait que, avant la construction de cette trompette, ou avant son emploi dans les orchestres, les trompettes généralement en usage ne devaient donner que les notes du clairon, du cornet et de la trompette moderne sans emploi des pistons :

Il est permis, dès lors, de supposer que, dans le commencement de l'emploi de cette trompette basse en trompette aiguë, on n'a pas utilisé toutes les ressources du nouvel instrument dans son emploi nouveau[1]; pas plus qu'on n'a utilisé toutes celles

---

1. Une preuve indiscutable de ce fait nous est fourni par l'absence

totale du  dans toutes les compositions de cette époque; et cependant cette note existe théoriquement, non seulement

des autres trompettes et du cornet, puisque les instruments modernes ont vu jusqu'ici s'agrandir leur étendue pratique d'une façon presque permanente. On peut admettre que, pour la trompette en question qui demandait une nouvelle étude plus développée et plus compliquée, on se soit contenté, tout d'abord, de greffer sur l'échelle pratiquée de la ou des précédentes trompettes, les notes :

ce qui donnait, en tout :

et, comme effet, quand la trompette était en *ré* :

On ne manquera pas de faire remarquer que, puisque Bach a écrit le concerto pour trompette en *fa* dans la même étendue, c'est-à-dire jusqu'au :

écrit, note réelle :   (d'après notre supposition), on ne comprendrait pas que, pour celle en *ut* ou en *ré,* il n'ait pas atteint cette même note réelle

qui serait écrite :   pour la trompette en

ut, et   pour la trompette en *ré;* ce qui

aurait donné, à ces trois différentes trompettes, la même étendue dans l'aigu, c'est-à-dire jusqu'au :

note réelle, d'après notre version; au lieu d'avoir, comme il l'a fait, limité l'écriture au :

écrit, ou   réels pour les trompettes en *ré* ou en *ut.*

Mais l'on peut répondre à cette objection que les trompettes en *ut* et en *ré* avaient le tube plus long que la trompette en *fa,* et que, plus le tube est long, plus les émissions y sont imprécises et dangereuses,

sur notre trompette supposée, mais aussi dans notre trompette simple, à corps de rechange.

principalement dans l'aigu. C'est le seul motif, à notre avis, pour lequel Bach a écrit dans la même étendue pour l'oreille les trompettes en *ut,* en *ré* et en *fa.* On a probablement pensé, avec raison, qu'en

fixant la limite, dans l'aigu, au :   ♪   écrit,

soit :   ♪   exécuté (pour nous) pour des trom-

pettes d'une telle longueur de tube, en un quelconque de ces tons qu'elles fussent, la difficulté d'émission, pour la sûreté et la précision, était assez grande[1].

Ajoutons encore que, dans la musique de Bach, les parties de *corni da caccia,* et celles de *tromba* sont écrites exactement dans la même étendue, au point qu'on pourrait les confondre. On ne peut cependant pas supposer que le cor jouait réellement dans un pareil registre, car de tels sons n'auraient plus été ceux du cor. Il exécutait donc une octave au-dessous de l'écriture, c'est-à-dire dans le registre pratiqué de nos jours. Dès lors, pourquoi n'en aurait-il pas été de même pour la tromba?

Le corno étant dans les mêmes tonalités que la *tromba* et écrit exactement dans le même registre et la même étendue, il est permis de croire qu'il était de même longueur de tube, et que ces deux instruments jouaient l'un et l'autre à l'octave au-dessous de l'écriture pour l'oreille. Leur différence était dans le genre de leur perce, dans la forme de l'embouchure, et, conséquemment, dans la nature de leurs sons. Si ces raisons ne paraissent pas encore convaincantes, rappelons que, non seulement, le même registre est appliqué au cor et à la trompette, dans l'écriture de Bach, mais que ce registre est également le même pour le hautbois et la flûte traversière[2]. Donc, si l'écriture, pour la trompette, est descendue

tout à coup du ♪ au ♪   comme limite dans

1. A l'appui de cette opinion, on peut remarquer que l'on a agi de même avec la trompette simple à corps de rechange sur laquelle on

ne dépassait pas en principe : ♪   écrit quel que fût le ton

du corps de rechange, comme il est dit ailleurs; et encore cette note n'était usitée qu'autant qu'elle ne dépassait pas le *la*[4] en note réelle, c'est-à-dire que le corps de rechange le plus aigu pour lequel cette note s'écrivait était celui de *ré;* rarement celui de *mi*♭ qui don-

nait le :   réel. Les corps de rechange plus aigus ne dépas-

saient pas le : ♪   écrit.

2. On peut voir, du reste, que le *cor* a continué jusqu'à nos jours à s'écrire dans ce même registre. Il en a été de même au sujet du cornet à pistons, jusqu'au jour où il a abandonné ses tonalités graves (les mêmes que celles de la trompette ancienne) pour les tons de *si*♭ et *la* aigus. Logiquement, c'est le contraire qui aurait eu lieu si on avait commencé par écrire dans le registre de son exécution.

l'aigu, au moment précis de l'invention des corps de rechange, c'est que l'instrument a haussé d'une octave par la construction de la nouvelle trompette (nous prenons toujours le ton d'*ut* comme point de comparaison), de sorte qu'au lieu d'avoir perdu une quinte, on aurait gagné une quarte. Ex. : trompette

de Bach : ♪   effet : ♪   Tr. à corps de

rechange : ♪   écrit et réel.

Les compositions de Lully et de Philidor pour les ensembles de trompettes datent d'une époque antérieure à celle de Bach. Elles sont écrites dans le même registre, sauf qu'elles ne dépassent pas le

 ♪   dans l'aigu, tandis que le grave se limite

au ♪   On a donc gagné en étendue dans le

cours du XVIIIe siècle jusqu'à Bach. Mais il est évident que les instruments étaient du même type, et que le progrès s'était réalisé dans l'exécution. Peut-être aussi que, de même que de nos jours, le diapason était plus élevé. Dans ce cas, on aurait abaissé du temps de Bach, et la conséquence de l'abaissement aurait été l'élévation d'une tierce dans l'écriture pour

la trompette. Enfin, nous voyons que le : ♪

est exclu, ou à peu près, des compositions de Lully et de Philidor. La partie de basse est attribuée aux timbales. Or, si ces parties de trompettes avaient été exécutées dans le registre adopté de nos jours, c'est que les instruments auraient été au moins aussi aigus que notre ancienne trompette simple à corps de rechange, et, dans ce cas, on n'aurait pas eu recours aux timbales pour remplacer la basse, la trompette y aurait suffi aisément. On n'imagine pas, en effet, un quatuor de trois trompettes et des timbales, dans lequel la troisième partie de trompette

ne dépasse pas l'*ut* : dans le grave. Im-

possible de supposer, non plus, que l'on ne possédait aucune trompette pouvant descendre facilement au

 ♪   note réelle.

Si nous rapprochons de ce fait, celui que Bach et Haendel eux-mêmes n'ont que rarement employé cette note, cela nous autorise à supposer qu'elle était trop grave, c'est-à-dire trop difficile. Or, elle ne peut être difficile que si elle fait entendre à l'oreille le :

 (ou le *la* avec la trompette en *ré*) et non

le :  Si l'on objecte que ce :

étant faisable, quoique difficile, sur la trompette en *ré*, BACH n'avait pas de raison de la supprimer totalement du concerto pour trompette en *fa* (sur laquelle il était moins difficile, puisque moins bas d'une tierce mineure), nous répondrons que les compositeurs, ne pouvant connaître à fond toutes les difficultés de tous les instruments, sont obligés de se baser sur des principes. Or, étant admis que le *sol* était difficile, il n'est pas étonnant que BACH n'ait pas fait de différence, au sujet du grave, entre la trompette en *ré* et celle en *fa*, ainsi qu'il l'a prouvé au sujet de l'aigu, et que, dans un morceau composé spécialement pour mettre en relief cet instrument, il ait évité d'écrire une note aussi basse, la croyant difficile.

Quoi qu'il en soit, le fait acquis demeure toujours,

à savoir que le *sol* : 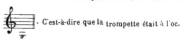 est une note facile

avec la trompette en *ré* jouant dans le registre adopté aujourd'hui, et que, cependant, BACH et HAENDEL l'ont généralement évitée, et que LULLY et PHILIDOR l'ont exclue totalement, d'où nous concluons que c'était

le :  qu'ils entendaient indiquer et, pour

l'oreille, *la* avec la trompette en *ré*, et non le :

 . C'est-à-dire que la trompette était à l'octave au-dessous de l'ancienne trompette à corps de rechange, et deux octaves au-dessous de la trompette moderne en *ré* en usage pour les œuvres de BACH.

Théorie.

Trompette de Bach supposée. — (S'écrivait une octave plus haut.)

Trompette ancienne à corps de rechange sans emploi des pistons.

Trompette moderne (en ut) sans emploi des pistons.

Pratique.

Tr. de BACH en ut   Tr. à corps de rechange en ut   id. chromatique en ut   Tr. moderne en ut

Écriture

Effet

Fondamentales

Comme on le voit, à chaque transformation, la trompette gagnait, dans la pratique, une quarte juste dans l'aigu. En revanche, la trompette simple à corps de rechange, sans pistons, perdait cinq notes du médium sur la *tromba* de Bach, mais elle avait l'avantage de pouvoir jouer dans tous les tons.

Si nous prenons, comme terme de comparaison, la trompette moderne et que nous admettions qu'elle joue dans le registre logique de sa construction, nous trouvons que l'ancienne trompette à corps de rechange joue une octave au dessus, d'après cette comparaison, et la trompette de Bach deux octaves au dessus, si elle a été celle que nous croyons.

Au sujet de la *trompette* de Bach, on voit qu'un tel écart entre le registre de construction et celui de l'écriture, tel que nous l'entendons aujourd'hui, eût été impossible; et nous croyons avoir prouvé, d'autre part, que, seule, une telle trompette comportait théoriquement cette écriture. Dès lors, une conclusion s'impose : la *trompette* de Bach était celle que nous supposons, c'est-à-dire une *trompe de chasse* (*tromba*).

Le fait, d'une part, que Bach et Haendel ont traité le *corno* et la *tromba* d'une manière identique, leur donnant le même registre et la même étendue, et celui, d'autre part, que ces deux instruments ne figurent jamais ensemble sur la même partition, si ce n'est à l'unisson ou en accolade pour doubler les parties, ou bien pour laisser la faculté de les jouer, au choix, avec les *corni* ou avec les *trombe*: ces deux constatations nous donnent la certitude que les compositeurs les considéraient simplement comme deux variétés d'un même instrument, à peu près comme il en est aujourd'hui au sujet de la trompette et du cornet; que le mot *corno* désignait une tromba aux sons plus doux ou moins éclatants; ou que le mot *tromba* était appliqué à un *corno* d'une sonorité plus claire et plus forte.

Il est probable qu'à cette époque, ces deux instruments n'avaient pas de caractère aussi distinct que le cor et la trompette modernes au point de vue du timbre, et qu'il existait encore un reste de la confusion qui avait régné, à leur sujet, dans l'antiquité. Du reste, on peut croire qu'entre les deux termes : *tromba* (trompette de chasse) et *corno* (*la caccia* (cor de chasse), la différence de signification n'était pas très grande.

Le cornet à pistons, à son origine, s'écrivait également dans le même registre que le corno et la tromba de Bach et de Haendel, et même au delà dans l'aigu. Quand il était en *ré*, par exemple, l'écriture

allait jusqu'au :  c'est-à-dire une octave

au-dessus de l'écriture usitée pour la trompette à corps de rechange, et pourtant il n'a jamais exécuté à cette hauteur.

Le cornet à pistons en *ré* était dans la même tonalité fondamentale et de même longueur de tube effectif que la trompette en *ré* à corps de rechange. Le

cornet en *ré* jouant :  et la trompette en

ré jouant :  rendaient tous deux le même

son réel :

Contrairement à la trompette qui, en élevant sa tonalité d'une octave, abaissait, en conséquence, son écriture pour obtenir les mêmes sons, le cornet à pistons, quoique ayant accompli la même ascension de tonalité, comparée au *corno* de Bach, avait conservé le principe d'écriture de ce dernier, et donnait les mêmes sons, avec un peu plus d'extension dans l'aigu, comme la trompette à corps de rechange vis-à-vis de la *tromba* de Bach.

Or donc, les deux nouveaux instruments jouant dans le même registre, quoique différant par l'écriture, il en est résulté que lorsqu'on est revenu aux exécutions des œuvres de ces anciens maîtres, on ne s'est plus rappelé que, depuis l'époque de l'invention des trompettes à corps de rechange, on avait abaissé l'écriture sans abaisser l'exécution, et on a voulu exécuter, ou l'on a voulu que l'on exécutât l'ancienne écriture d'après le même principe que la nouvelle. Le cornet à pistons n'a pas succédé directement au cor, comme la trompette aiguë a succédé à la tromba. Il n'a pas passé, comme elle, par le système des corps *de rechange* sur le cornet simple (le clairon). Le cor a conservé la longueur de son tuyau. Ce n'est que lors de l'invention du système des pistons que le cor *aigu* a été créé sous le nom de *cornet à pistons*. C'est ce qui fait que l'ancienne écriture lui a, de nouveau, été appliquée, quoique cet instrument fût construit une octave au-dessus. Voilà pourquoi la trompette et le cornet interprétaient différemment l'écriture. Lequel de ces deux instruments était dans la tradition? Lequel l'avait perdue? Pour nous, il n'y a aucun doute, c'est le *cornet*, instrument relativement nouveau, qui n'a repris. La *trompette* l'a perdue pendant le règne des corps *de rechange*. Une preuve de plus que l'écriture, pour les instruments de cuivre, était basée, non sur le registre réel de l'échelle des sons, mais sur la tonalité fondamentale de construction de l'instrument, c'est que, de nos jours encore, on voit l'écriture du cor plus élevée que celle du cornet; et, cependant, le cor est, de par sa construction, environ deux octaves plus bas que le cornet moderne[1]. C'est que le cor joue une octave plus bas relativement à l'échelle générale des sons, et une octave plus haut relativement au registre de sa construction, comparé au cornet; c'est-à-dire qu'il ne joue qu'une octave plus bas, quoiqu'il soit construit deux octaves au dessous.

Le fait que le système des corps *de rechange* a été inventé une vingtaine d'années après la mort de Bach, et environ onze ans après celle de Haendel, c'est-à-dire à l'époque de Mozart, ce fait, coïncidant avec l'abaissement du registre de l'écriture, peut peser d'un grand poids en faveur de notre hypothèse, car, indiscutablement, la fabrication réalisait, à ce moment, un progrès, auquel on ne peut raisonnablement faire correspondre une rétrogradation de l'art.

Ainsi tout s'expliquerait : l'invention du système

---

1. Pour expliquer l'apparente contradiction avec ce qui est dit plus haut, il suffira de rappeler que le cornet, à ses débuts, était construit dans les mêmes tonalités graves que l'ancienne trompette à corps de rechan

des corps *de rechange* aurait entraîné la construction
de la trompette une octave plus haut sans changer
le principe d'exécution de l'écriture; c'est-à-dire que
la nouvelle trompette à corps *de rechange* jouant, du
fait de l'élévation de sa tonalité fondamentale par la
construction, une octave au dessus, mais se limitant

au :   écrit, quel que fût le ton de rechange,

constituait un grand progrès dans le sens de l'élévation du registre d'exécution.

Notre supposition aurait le triple avantage d'être
logique, compréhensible et non humiliante pour une
génération de trompettistes et de facteurs d'instruments. L'histoire de la trompette n'aurait pas à enregistrer une période de décadence excessive, inexpli-
quée et inexplicable, qu'aucun de ces événements qui
font reculer l'humanité ne pourrait justifier ni excuser. La trompette aurait continué régulièrement,
comme les autres instruments, à marcher dans la
voie du perfectionnement. La modification faite par
Mozart aux parties de trompette du *Messie* de Haendel, ainsi que le changement subit, opéré par tous
les compositeurs, dans la manière d'écrire pour la
trompette, aurait été la conséquence du progrès.

C'est en 1751, un an après la mort de Bach et huit
ans après celle de Haendel, que la trompette fut admise définitivement dans l'orchestre de l'Académie
royale de musique, ce qui est une preuve que son
emploi y devenait de plus en plus satisfaisant. Donc,
il y avait progrès. Or, comment expliquer que, quelques années après, les compositeurs eussent modifié
l'écriture pour la trompette dans le but de diminuer
la difficulté en réduisant son étendue dans l'aigu?
que Mozart ait même jugé nécessaire de faire une
instrumentation nouvelle des *Fêtes d'Alexandre* et
du *Messie* de Haendel?

Comment supposer que les trompettistes eussent
dégénéré de la sorte aussi précipitamment? Ils auraient perdu, *tout d'un coup*, une *quinte*, et même une
septième mineure! Cela est inadmissible. A partir de
ce moment, les trompettes ne dépassaient plus le :

    réel, quel que fût le corps de rechange,

et on en évitait la fréquence, surtout en notes longues. N'était-ce pas la preuve que la trompette avait
subi une transformation dans sa construction et,
partant, une modification dans l'écriture qu'on lui
destinait?

Nous ne voyons pas, quant à nous, d'autre moyen
de résoudre la question, si controversée, de la trompette de Bach. Si ce n'est pas encore la vérité,
nous souhaitons que notre erreur contribue à la
trouver.

Dans tous les cas, on a eu tort de croire que les
trompettistes d'alors étaient d'une habileté disparue.
Nous allons maintenant donner la preuve du contraire, même en nous plaçant au point de vue le plus
flatteur pour les anciens.

Oublions donc, pour l'instant, le raisonnement
qui précède, et mettons-nous au point de vue des
contradicteurs, c'est-à-dire admettons que les parties de *tromba* ont été jouées sur des trompettes et
dans le registre usité de nos jours. Si, du temps de
Mozart, on a jugé utile d'abandonner ce genre

d'exécution, c'est, apparemment, que les résultats
laissaient à désirer, et que la difficulté en était reconnue à peu près insurmontable; car, s'il était vrai
que ces parties eussent été jouées dans le registre
réel de l'écriture, cela ne prouverait pas qu'elles l'ont
été à la perfection. Or, aujourd'hui, avec les trompettes en *ré* et *ut* aigu, avec lesquelles on obtient, à
la fois, la justesse, la précision et la sûreté, on joue
très correctement ces parties des œuvres de Bach et
de Haendel. M. Teste en a donné le premier l'exemple, en France, en 1874, comme on le verra à l'article sur la trompette aiguë; puis en jouant, en totalité, la *Messe* en *si* ♭ *mineur* de Bach, dans l'hiver de
1890 à 1891, à la Société des Concerts du Conservatoire de Paris, ainsi que d'autres œuvres du même
auteur et de Haendel. Merri Franquin et Lachanaud,
tous deux successivement premiers trompettes solos
audit orchestre, ont imité cet exemple avec le même
succès que leur prédécesseur, dans l'exécution de
cette *Messe* qui fait partie, depuis lors, du répertoire
des concerts de cette Société. On joue partout, aujourd'hui, les œuvres de Bach et de Haendel avec des
trompettes à pistons, ou à cylindres, en *ré* aigu.

Dans le but d'atténuer la grande difficulté de ce
genre d'exécution, on a essayé et on essaye encore de
nos jours l'emploi de trompettes plus aiguës : *fa*,
sol, *si* ♭ octave aiguë du cornet à pistons moderne.
Mais les sons que rendent ces instruments perdent
de plus en plus le caractère de la trompette.

Le mérite des trompettistes modernes n'est pas
diminué par l'invention des nouvelles trompettes
aiguës en *ut* et en *ré*. Nous prouverons que si la difficulté, quant à la justesse et à la précision, est presque supprimée, elle demeure égale, sinon supérieure,
au point de vue de l'émission des sons et de la force
physique.

Plus le tuyau est court (c'est le cas de la trompette
en *ré* aigu), plus le son exige de force pour se produire, attendu que la résistance de l'air extérieur
s'augmente en raison directe du raccourcissement
du tuyau. Tous les professionnels se rendent certainement compte de ce fait d'apparence illogique, à
savoir que l'aigu exige moins d'efforts sur un instrument grave que sur un aigu, et, inversement, que
le grave s'obtient plus facilement sur un instrument
d'un registre de construction élevé que sur un instrument à long tuyau [1]. (Nous donnons ici aux termes
aigu, grave, leur signification réelle à l'oreille, relativement à l'échelle générale des sons, et non relativement au registre particulier de l'instrument.) Ainsi,

on croit généralement que :   sur une trom-

pette en *ré* aigu, demande moins de force muscu-

laire que :   sur une trompette en *ut* ou que :

---

[1]. On peut se rendre compte de ce principe en donnant la onda-

mentale avec la trompette en *ut* :   puis les notes descen-

dantes au moyen des pistons; on verra que la difficulté d'émission
n'augmente que faiblement relativement au degré d'abaissement des
sons.

sur une trompette en *fa*, ou que :

sur l'ancienne trompette en *ré*, par sa construction, plus basse d'une octave que la trompette moderne, mais ce n'est qu'une erreur de l'imagination. On peut s'en convaincre et constater la loi naturelle à cet égard en donnant alternativement une note aiguë à vide et avec l'emploi des pistons. La même comparaison peut être faite au sujet du grave. Les notes :

 sont plus faciles à rendre avec

la trompette en *ut* aigu que :

avec la trompette en *fa*, surtout dans la nuance piano, mais les sons sont moins volumineux. Dans ce registre, le choc de l'air expulsé contre l'air extérieur étant beaucoup plus doux, la proximité de ce dernier favorise les émissions.

Il est évident que ce raisonnement n'est applicable qu'aux instruments jouant dans l'aigu, et non aux instruments de basse, dont la perce est trop grosse pour les sons élevés.

Alors, dira-t-on, pourquoi abandonner le système de l'instrument grave pour jouer dans l'aigu ? — C'est que si l'aigu s'obtient avec un peu moins d'efforts sur un instrument plus long de tuyau, ce registre est beaucoup plus difficile au point de vue de la sûreté et de la précision quand il est fourni par le registre supérieur d'un instrument grave que s'il représente le registre médium d'un instrument aigu. Si le trombone, malgré la longueur de son tuyau, n'offre pas au même degré ces dangers, c'est que le diamètre de sa perce est proportionné à la longueur du tuyau et à son registre d'exécution, où les harmoniques sont moins rapprochés.

L'usage des trompettes aiguës ne constitue donc pas une économie de dépense de force physique. Leur seul et suffisant avantage, au point de vue de la difficulté, est de pouvoir obtenir l'aigu avec plus de sûreté, de précision et de justesse.

Ajoutons, pour terminer ce chapitre, que l'abus des sons aigus tenus meurtrit les lèvres et épuise la poitrine ; cet abus est encore nuisible en ce sens que le public, ignorant en la matière, base trop son estime sur l'exécution de ces sons aigus, ce qui pousse quelques artistes à ne viser que ce but en négligeant l'étude des belles qualités de style, de sonorité et de sentiment musical.

Comme on ne manquera pas de nous demander la conclusion de notre théorie, ajoutons que pour exécuter les parties de trompette de BACH telles qu'elles ont été créées, nous ne voyons qu'un seul moyen, c'est de les faire jouer par des trombonistes sur la trompette basse en usage dans les œuvres de WAGNER, qui a écrit la partie de trompette basse exactement dans le même registre que les parties de trompette de BACH.

Quoique la trompette dont se servent les trombonistes[1] soit une octave au-dessus de la trompette de BACH, comme construction, elle joue dans le même

registre, tout en exécutant une octave plus bas par rapport à son registre fondamental, c'est-à-dire à son registre de construction.

LES REPRÉSENTANTS DU GENRE TROMPETTE ET LEUR EMPLOI[2]

Trompette simple ou naturelle à corps de rechange.

On appelle *trompette simple* la trompette naturelle, par opposition à la trompette chromatique, c'est-à-dire celle à pistons ou à cylindres.

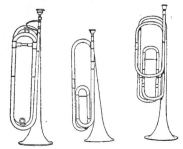

FIG. 681. — TROmpette de cavalerie et trompettes d'harmonie.

Cette trompette a complètement disparu, en France, des orchestres et des musiques militaires. Elle n'est plus en usage que dans la musique de scène, dans les fanfares spéciales, et comme instrument de guerre dans l'armée. Il en est de même en Allemagne, en Italie, en Belgique et dans toutes les autres nations civilisées. Toutefois, on l'utilise encore dans quelques écoles de musique, pour habituer les élèves à avoir une bonne attaque précise et sûre.

L'introduction en France de la trompette à corps de rechange, que l'on pouvait, en ce temps-là, appeler perfectionnée, date de 1770 ; elle fut importée d'Allemagne.

Le perfectionnement consistait simplement en ce que l'instrument, au lieu d'être d'une seule pièce, comme précédemment, était formé de deux parties dont l'une s'emboîtait dans l'autre. C'était la première, celle à laquelle s'adaptait l'embouchure, que l'on a nommée *corps de rechange*, et qui donnait, selon son développement, les différentes tonalités que l'on a appliquées, depuis, à la trompette. On en a fait usage jusqu'au moment où la trompette moderne, dite trompette en *ut*, l'a définitivement remplacée dans tous les orchestres[3].

La trompette simple a continué d'être en usage, même pendant la période de l'ancienne trompette à pistons, à laquelle le système des corps de rechange était également appliqué, et dont nous parlerons plus loin. A l'Opéra de Paris, cette période va de 1826 à

---

1. C'est notre trompette ancienne à pistons, appelée communément trompette en *fa*, et qui est en réalité en *sol*, de son ton le plus aigu.

2. Voir aussi sur cette question l'*Organographie générale des instruments à embouchure* de M. Henri SÉHA, professeur au Conservatoire de Bruxelles.

3. Dans la plupart des autres nations, la trompette moderne est en *si♭* et en *la*, tonalités du cornet à pistons moderne.

1891· Les trompettistes avaient une boîte qu'ils plaçaient devant eux aux pieds du pupitre, et qui contenait une trompette simple et une trompette à pistons avec tous les tons de rechange qui s'adaptaient indifféremment à chacune des deux trompettes, selon que c'était l'une ou l'autre qu'ils avaient en main ; c'est-à-dire selon que le passage à jouer était chromatique ou composé seulement d'harmoniques naturels simples. Un jeu unique de tons de rechange suffisait pour les deux trompettes.

En attendant l'invention du système des pistons, celui des *tons de rechange* constituait donc un réel

progrès en donnant à la trompette la faculté de jouer dans presque tous les tons, à la condition que le compositeur laissât les mesures · de silence nécessaires au changement des *corps de rechange*.

Ton de ré.   Ton de fa.

FIG. 682. — Corps de rechange.

Etendue théorique de la trompette simple en ut grave, à l'octave de la trompette moderne en ut.

Le fa est entre fa♮ et fa♯ ; le la entre sol♯ et la ♮

Toutes ces notes peuvent se faire entendre sur la trompette simple en *ut* grave, mais seulement pour confirmer la théorie. Dans la pratique, on ne doit pas dépasser cette étendue.

Exceptionnel

Le *fa* ne peut s'obtenir juste qu'au moyen de la main gauche obstruant une partie du pavillon, à la manière du cor. Le contre *ut* était très rarement employé et n'était guère praticable qu'avec les tons de si♭, si♮ et *ut*; il était très difficile et très dangereux.

Trompette à coulisse.

L'invention des corps de rechange a donné l'idée d'appliquer le système de la coulisse à la trompette comme cela se pratique sur le trombone. La coulisse servait à baisser d'un demi-ton et d'un ton[1]. Dauverné introduisit une modification à ce système en donnant à la coulisse un demi-ton de plus[2]. L'emploi de la coulisse pour la trompette n'a pas eu de durée; elle a été remplacée par les clefs, presque aussitôt abandonnées, à leur tour, pour le système des pistons ou cylindres.

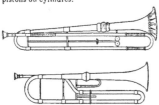

FIG. 683. — Trompettes à coulisse.

1. Trompette à coulisse, système anglais, depuis le ton de *fa* jusqu'au ton d'*ut* grave.
2. Trompette à coulisse, système français, depuis le ton de *sol* jusqu'au ton de *la*♭ grave.

La coulisse, bonne pour le trombone, exige, pour être praticable, un registre d'exécution permettant de la manœuvrer sans avoir à craindre qu'un écart inappréciable en apparence altère d'une manière sensible la justesse du son, ce qui serait le cas pour la trompette.

Cette difficulté insurmontable d'obtenir la précision et la justesse dans des successions de notes exigeant de rapides déplacements de la coulisse, sans nul avantage au point de vue du timbre, seul objectif des partisans de la coulisse, a été cause de son abandon définitif.

L'initiative de l'application de la coulisse à la trompette est attribuée à John Hide, célèbre professeur anglais.

Trompette à clefs[3].

L'idée de percer de trous les instruments de cuivre, comme on le faisait depuis longtemps pour ceux en bois, est attribuée à un Allemand nommé Weidinger. D'autres auteurs désignent l'Anglais Halliday, qui, ayant appliqué ce système à la trompette, aurait, sans le vouloir, créé le bugle ou clairon à clefs.

Cet instrument fut connu en France de 1815 à 1816, et adopté dans toutes les musiques de régiments d'infanterie et de cavalerie de la garde royale et de l'armée.

L'application de ce système à la trompette a-t-elle nécessité une forme particulière ou un pavillon plus développé ? Toujours est-il que l'instrument qui en a été l'objet, non seulement n'avait pas les sons de la trompette, mais un timbre encore plus voilé que celui du clairon[4] et rappelant celui de l'antique cornet, c'est-à-dire de la corne. (C'est sans doute parce que les cornes du buffle servaient à fabriquer les cornets primitifs, qu'on a tiré le nom de bugle de celui de ce bœuf sauvage.)

La trompette à clefs, en usage en Allemagne avant

3. Trompette à clefs dite italienne, système allemand. Méthode Dauverné, xxv, f. 3.
4. Le clairon de cette époque n'avait pas les sons du clairon moderne, qui ressemblent de plus en plus à ceux de la trompette. Ils étaient franchement voilés, comme ceux du bugle qui n'est, comme il est dit ailleurs, autre chose qu'un clairon muni du système des pistons et ayant conservé les sons voilés de l'instrument primitif.

l'emploi des pistons, celle que les frères GAINEATTÉ, trompettistes d'origine italienne, attachés à l'Opéra Italien de Paris en même temps qu'à l'Académie Royale de musique, firent entendre dans plusieurs concerts, avait la forme du bugle moderne [1]. DAUVERNÉ définit ainsi le caractère de cette trompette :

« Cet instrument a assez d'analogie avec la trompette ordinaire, sauf les clefs, mais il est beaucoup moins satisfaisant sous le rapport de la qualité du son, qui est tant soit peu nasillard. »

Bugle ou clairon chromatique [2].

Le bugle est devenu un instrument de premier ordre, quand il est bien joué, et il est de la plus grande utilité pour le solo chanté dans les musiques militaires, ainsi que dans les fanfares, où le fondu de ses sons forme un contraste heureux avec les sons clairs et mordants de la trompette et du trombone. Il est même surprenant qu'il ne soit pas encore employé dans les orchestres, où il jouerait bien mieux et plus logiquement que le cornet à pistons moderne, le rôle de cor aigu pour lequel ce dernier instrument avait été créé.

En général, le bugle, en France, n'a pas la sonorité pleine et ample qu'il devrait avoir. S'il a conservé le caractère des sons voilés, c'est grâce aux fabricants qui lui ont maintenu la perce conique et un pavillon développé, mais les sons que l'on en tire sont souvent maigres et creux. Cela tient à ce que, par une fausse compréhension de l'art, que nous avons signalée plus haut, on recherche trop l'effet dans le mérite de l'aigu. Dans ce but, on adapte une embouchure qui manque de profondeur, de creux ou d'ampleur du grain, croyant ainsi faciliter ce registre, mais c'est au détriment de la belle qualité des sons. De plus, la nécessité dans laquelle se trouvent tous ceux qui jouent du bugle en France, de jouer en même temps du piston, n'est pas non plus pour les aider à remédier à ce défaut.

Puisque le *petit bugle* existe et qu'il est créé pour l'aigu, que n'en use-t-on davantage? Et, au lieu d'avoir, comme dans certaines fanfares, un ou deux petits bugles avec 15 ou 20 bugles, et même beaucoup plus, pourquoi ne pas avoir 4 ou 5 petits bugles? On serait dispensé de faire monter le bugle jusqu'au contre-*ut* ou au contre-*ré*, comme on le fait, ce qui n'est pas du tout dans sa nature. Cet instrument, pour donner tout ce que l'on serait en droit d'attendre de ses qualités de sonorité naturelle, ne devrait

jamais dépasser le : qui devrait être une

note exceptionnelle, de même que *la* et *la* ♭.

Trompette à pistons [3].

L'adaptation du système des pistons à la trompette ne fut faite en France que vers la fin de l'année 1826. DAUVERNÉ s'exprime ainsi à ce sujet : « C'est dans les premiers jours du mois d'octobre 1826, que le cé-

lèbre SPONTINI, alors directeur général de la musique de S. M. le roi de Prusse, adressa à M. BUHL, chef de musique des Gardes du corps du Roi, ainsi qu'à moi qui faisais aussi partie de cette musique, une trompette de ce nouveau système, mais qui laissait à désirer sous le rapport de la sonorité et de la justesse dans le jeu des pistons. »

Le défaut de sa sonorité a été pendant longtemps, même alors qu'il n'existait plus, une arme aux mains des partisans de la routine, qui en prenaient prétexte pour proscrire l'emploi du système des pistons, grâce auquel les instruments de cuivre peuvent maintenant remplir, à l'orchestre, un rôle en rapport avec la richesse de leurs timbres et les nuances de leur sonorité.

La trompette à pistons fit son entrée dans l'orchestre, en 1827, dans l'opéra de *Macbeth* de M. CHELARD, ouvrage qui n'eut que peu de représentations, mais elle y reparut deux ans plus tard, en 1829, dans *Guillaume Tell*, pour la marche du 3ᵉ acte; puis dans *Robert le Diable, la Juive, les Huguenots*, etc., où, bien souvent, elle jouait les parties écrites pour la trompette simple.

L'invention en est attribuée à STOELZEL, mais on cite aussi le Silésien BLUHMEL qui serait arrivé au même résultat par des moyens différents.

Cette différence ne pouvait résulter que du nombre des pistons, ou de l'emploi d'un des deux systèmes ascendant ou descendant.

On a d'abord employé le système

Fig. 684.
Trompette
à deux pistons.

à deux pistons descendants qui, sur l'ancienne trompette, limitait la gamme, dans le grave, au

 tandis que, sur le cornet à pistons, il

excluait les notes :

Aussi, l'adjonction du 3ᵉ piston ne se fit pas attendre sur la trompette et le cornet. Le cor, pouvant substituer au piston la main dans le pavillon, a persisté davantage dans le système à deux pistons descendants, et il n'y a pas beaucoup d'années qu'il était encore en usage.

Aujourd'hui le système des trois pistons descendants est généralement adopté; si ce n'est au sujet de certaines basses ou contre-basses auxquelles on a pu adapter utilement un système mixte de quatre et même de six pistons, les uns descendants, les autres ascendants, et à la trompette à cinq pistons depuis 1916.

La trompette avait été, jusqu'ici, de tous les instruments de musique, le plus réfractaire au progrès, grâce à l'entêtement des anciens professionnels et à leur opposition à ce que les jeunes fissent usage d'instruments plus avantageux [4]; grâce surtout aux

---

1. Autre trompette à clefs. Méthode DAUVERNÉ, p. xxv, f. 9.
2. Bugle. Catal. THIBOUVILLE-LAMY, p. 149.
3. Méthode DAUVERNÉ, p. xxv, f. 10. Tr. à deux pistons.
    ID., ibid., f. 10. Tr. à trois pistons.
    ID., ibid., f. 12. Tr. à trois cylindres.
    ID., ibid., f. 13. Tr. à trois pistons.
    Autre forme de trompette en *fa*. Catal. TH.-LAMY, p. 169.

4. Le même fait se produit de nos jours au sujet de la nouvelle trompette à 5 pistons.

cornettistes, transfuges de la *trompette,* qui voulaient à tout prix que le *cornet* conservât l'avance prise sur elle et la situation qu'il lui avait ravie dans les orchestres. Le meilleur moyen d'y parvenir était évidemment de refuser tout progrès au perfectionnement de la trompette, et, par conséquent, de lui laisser le monopole des couacs. Sachant parfaitement qu'après l'invention des pistons, le seul moyen de se perfectionner et de mettre à profit ce système était d'élever les tonalités fondamentales de la trompette, ils prétendaient que seules les trompettes basses jouant dans l'aigu étaient de vraies trompettes.

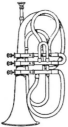 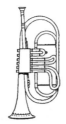

Fɪɢ. 685. — Trompette à trois pistons.   Fɪɢ. 686. — Trompette à 6 pistons.

Les autres musiciens se faisaient inconsciemment leurs complices (on trouve toujours des aides volontaires quand il s'agit de faire de l'opposition au progrès). Il est juste d'ajouter, pour les excuser jusqu'à un certain point, qu'à chaque modification de construction de l'instrument, les débuts sont difficiles et que les efforts les plus intelligents ne donnent pas immédiatement les résultats que comporte, en réalité, la modification, aussi bien du fait de la fabrication que de celui des artistes, insuffisamment familiarisés avec le nouveau système.

L'immobilité de la trompette a donc permis au cornet de mettre à profit, pour le remplacer, le nouveau système des pistons, en abandonnant ses anciennes tonalités graves pour s'élever jusqu'aux tons de la *la* et *si* ♭, qui l'éloignent de son origine en lui faisant perdre en partie le caractère des sons voilés.

Le cornet, en effet, depuis le milieu du xɪxᵉ siècle, remplace la trompette pour jouer les parties chromatiques, et même certaines parties de *trompette simple* dans les solos qui auraient exposé celle-ci à des accidents facilement évitables avec le cornet aigu.

La trompette a donc mis, grâce à la rivalité du cornet à pistons, près de trois quarts de siècle à bénéficier complètement de l'invention des pistons. Ce retard considérable sur les autres instruments à vent a été cause de sa déchéance temporaire, principalement dans les musiques militaires, où la partie la plus artistique de son rôle naturel a été attribuée

au cornet à pistons. On mettait la trompette aux mains des plus inhabiles, conformément au rôle effacé qu'on lui attribuait, ce qui n'était pas pour la relever.

A l'Opéra, la trompette, n'utilisant que fort peu le système des pistons, n'avait guère à jouer que des parties de trompette simple.

On a continué à ne l'employer que pour les appels, les annonces et les sonneries de guerre; à l'associer aux timbales pour les effets de rythme, ou au tambour et à la grosse caisse pour augmenter le bruit. C'est ainsi qu'on mettait cet instrument si difficile et d'une belle sonorité naturelle aux mains des moins habiles cornettistes, dans les musiques militaires. Nouvelle cause de défaveur pour elle et de triomphe pour le piston.

On peut dire que, en France, la trompette doit sa résurrection aux nations étrangères, ou plutôt, à la musique étrangère. Il a fallu l'admission de *Lohengrin* à l'Opéra de Paris, pour que la trompette reprit son essor en adoptant définitivement et obligatoirement, grâce à cette circonstance, les tonalités aiguës pratiquées par le cornet à pistons.

C'est ainsi que la trompette s'est laissé devancer de plus d'un demi-siècle par les autres instruments dans la voie du progrès.

Tous les instruments à vent, et même la contrebasse à cordes, n'ont-ils pas été profondément modifiés depuis un demi-siècle, ces modifications rencontrant toujours de l'opposition? La contrebasse à quatre cordes a subi le reproche, au début, d'avoir moins de son que l'ancienne à trois cordes ; d'aucuns préféraient la flûte en bois à la nouvelle flûte en métal; la multiplicité des clefs à la clarinette, au hautbois, au basson, trouvait des détracteurs, etc.

Mais aujourd'hui que la trompette a pris l'extension qu'elle comportait, qu'il en existe dans tous les registres et dans tous les tons et que les trompettistes ont acquis une habileté qui les met pleinement à la hauteur de leur responsabilité, il est regrettable qu'on ne restitue pas à la trompette, dans les orchestres, principalement à l'Opéra et dans les musiques militaires, tout au moins les parties que les compositeurs lui avaient destinées; car, indépendamment des anciens opéras de MEYERBEER, de ROSSINI, d'HALÉVY, etc., où les parties de trompette ebromatique sont encore, actuellement, tenues également par les pistons, des opéras plus modernes, tels que ceux de VERDI, de GOUNOD, de PALADILHE, de REYER, de MASSENET, etc., comportent aussi des parties de trompettes jouées également par les pistons. Cette restitution serait d'autant plus logique et équitable que, dans ces parties, quand il se trouve un passage dépassant l'étendue ordinaire dans l'aigu, les cornettistes se récusent en se déclarant impuissants, et reconnaissent, pour la circonstance, que le cornet n'est pas une trompette; d'où la nécessité de transporter le passage au pupitre des trompettes.

Etendue théorique en écriture usuelle de l'ancienne trompette à pistons en ut grave à l'octave basse de la trompette en ut moderne.

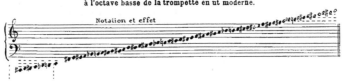

Notation et effet

Toute cette étendue peut se faire entendre sur la *trompette* à pistons en *ut grave*.

Les six notes les plus basses nécessitent une embouchure de *trombone*.

Dans la pratique, on ne donnait à cette *trompette* que l'étendue de la *trompette* en *ut moderne* :

Le contre-*ut* était généralement excepté, tandis que le *sol* : cessait d'être usité pour les tons au-dessus de *mi* ♭.

Tous les instruments de cuivre, quelle que soit leur tonalité, possèdent théoriquement l'étendue de la *trompette* en *ut grave* :

Avec le ton de *sol*, le plus aigu de la trompette ancienne, on peut faire entendre toutes les notes du grave, même avec une embouchure de trompette.

Exemple pour confirmer la théorie, mais non pour la pratique :

Tr. en *sol*

Notes réelles

Par contre, l'émission des notes les plus aiguës (toujours pour la théorie) est rendue plus difficile avec des tons plus aigus que celui d'*ut*.

Cette difficulté diminue progressivement en descendant jusqu'au ton de *sol 8e basse*, ton qui n'a jamais été utilisé, parce qu'il est impraticable pour l'usage, mais qui existe néanmoins :

L'intervalle vide de : dans la gamme chromatique de la trompette en *ut* grave, comme dans toutes les autres, ne pouvant être comblé chromatiquement ni diatoniquement avec le système actuel des trois pistons[1], sépare nettement, dans le grave, le registre praticable de celui qui, jusqu'à nouvel ordre, n'est que théorique[2].

Dans l'aigu, le registre est limité, pour la pratique, aux forces humaines qui ne permettent guère de dé-

passer : note réelle, avec les systèmes modernes, quel que soit l'instrument dont on fait usage, en exceptant la trompette en *ré* aigu employée

---

dans les œuvres de Bach qui la fait monter jusqu'au :

ce qui donne :   comme note réelle.

On peut se demander pourquoi la *trompette ancienne* en *ut* grave descendant chromatiquement, théoriquement, et, pouvons-nous dire, pratiquement aussi (puisque cette limite est atteinte avec le même instrument quand il est joué en trompette basse),

jusqu'au :   n'a été utilisée que jusqu'à :

comme la trompette en *ut* moderne qui est une octave au dessus. C'est que cette trompette basse était jouée avec une embouchure de trompette ténor, c'est-à-dire jouée dans l'aigu.

Aussi, voyons-nous aujourd'hui les parties de *trompette basse* jouées par les trombonistes avec des embouchures de même grandeur que celles dont ils font usage pour le *trombone*, seulement un peu moins profondes et à *grain* légèrement plus petit pour être en rapport avec la perce du tube de la *trompette* dont ils se servent et qui n'est autre, nous le répétons, que notre ancienne trompette dans son ton d'*ut*, qui, du rôle de trompette aiguë (qu'elle avait), est descendue à celui de trompette basse (qu'elle aurait dû toujours avoir) par le simple changement d'embouchure et d'exécutant.

On a adapté le système des pistons, naturellement, sur ce même instrument, au lieu de profiter de cette invention pour construire la trompette en *ut* aigu que nous avons aujourd'hui, et qui a eu tant de peine à se faire admettre; cependant, il est logique que, pour jouer dans l'aigu, on fasse usage d'instruments aigus, et que, puisque notre ancienne trompette remplit à merveille le rôle de trompette basse, conforme à sa construction, nous ayons une autre trompette aiguë pour jouer les parties aiguës.

La trompette en ut moderne.

Il nous paraît difficile de donner la date exacte de la première apparition des trompettes aiguës dans les orchestres. De même qu'à l'origine, avant l'emploi des métaux pour la fabrication des instruments, la trompette primitive a été, selon les circonstances, confondue avec le cornet, de même, les premières trompettes aiguës, à système chromatique, pouvaient aussi bien être prises pour des clairons, des bugles ou des cornets que pour des trompettes. On sait que c'est en voulant faire une trompette à clefs que l'on a donné naissance au bugle. Comme nous l'avons déjà expliqué, l'application du système des clefs aux instruments de cuivre aigus n'a produit que des types sans originalité. Le remplacement des clefs par les pistons ou cylindres n'a pas fait disparaître instantanément les défauts contractés avec les premières, et il s'est passé un certain temps avant que le véritable timbre de la trompette ait pu être retrouvé sur les instruments chromatiques aigus. C'est de l'époque où ce résultat a été à peu près atteint que nous faisons dater approximativement les débuts, dans l'orchestre, de la trompette aiguë à pistons en si♭ et la, puis en ut et en ré.

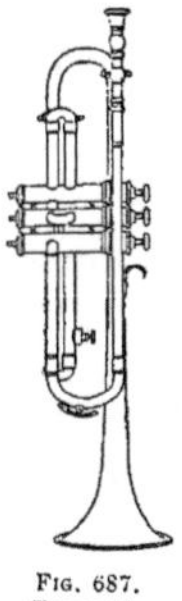

Les premières trompettes aiguës à pistons ont été fabriquées vers 1835; mais elles ne furent pas goûtées, à cause de leur sonorité sans caractère, et leur usage se fit attendre encore longtemps. Il est à remarquer que, quoiqu'elles aient été perfectionnées depuis cette époque, les trompettes d'Allemagne ont conservé comme un souvenir de cette sonorité mi-claire, mi-voilée, mais le timbre, la clarté, le mordant et l'éclat sont des qualités qui distinguent, de nos jours, les trompettes françaises.

La plus usitée, en France, des trompettes aiguës est celle d'*ut* (trompette en *ut*). Dans les autres nations, on fait plus généralement usage des tons de

FIG. 687.
Trompette
moderne en *ut*,
si♭ et *la*.

si♭ et *la*, parce que le cornet en *ut* n'y a pas été aussi répandu qu'en France où beaucoup de cornettistes, du temps d'ARBAN, et sur son conseil, l'avaient adopté, non seulement pour faciliter la transposition des parties de trompette, mais souvent encore, même pour exécuter des parties de cornet écrites pour les tons de *si♭* et *la*, et cela dans l'intérêt de la sûreté de l'exécution, c'est-à-dire pour la facilité; car le timbre de cet instrument par lequel on espérait mieux remplacer la trompette, éloigne encore plus le cornet de son caractère et de son origine.

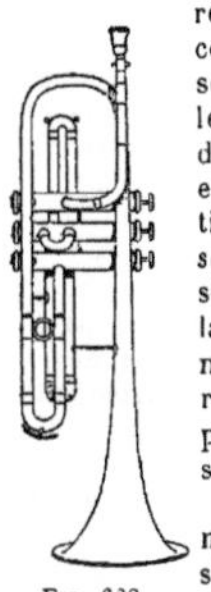

FIG. 688.
Trompette
moderne en *ré*,
ré♭ et *ut*.

La conquête des tonalités aiguës permet aujourd'hui à la trompette de s'acquitter de son rôle, quelque difficile qu'il paraisse, et de reprendre sa place usurpée par le cornet à pistons. M. TESTE l'a fait entendre le premier à Paris. Ayant à jouer la partie de première trompette du *Messie* de HAENDEL, que LAMOUREUX fit exécuter au Cirque d'Été en février 1874, et dont il donna une série de représentations, TESTE fit construire, à cette occasion, une trompette en *ré* aigu, qui, par le moyen d'un changement de *coulisse d'accord*, faisant l'effet d'un *corps de rechange*, se mettait en *ut*. Ce genre de trompette n'est pas encore entièrement abandonné[1].

Vers le même époque, GINNEN, du Théâtre Royal de la Monnaie de Bruxelles, joua également la partie de première trompette du même ouvrage, non avec la trompette en *ré* aigu, qui n'avait pas encore fait son apparition en Belgique, mais avec celle en *si♭*, beaucoup moins favorable au point de vue de la sûreté, pour l'exécution de l'œuvre en question.

Le succès de TESTE fut considérable, et, dès ce jour, il utilisa cette trompette, principalement dans la tonalité d'*ut*, et aussi dans celle de *ré*, à l'orchestre des Concerts populaires de PASDELOUP, le vulgarisateur de la musique classique en France. La sûreté et la précision qu'il obtenait sur cette nouvelle trompette lui assurèrent une telle supériorité sur tous ses confrères des autres orchestres qu'il se vit bientôt

1. Modèle dans le catalogue BESSON.

appelé à la Société des Concerts du Conservatoire, comme premier trompette, où il brilla au premier rang des solistes pendant de longues années. Peu après son admission dans cet orchestre, que dirigeait alors DELDEVEZ, chef d'orchestre de l'Opéra, TESTE se vit nommer premier trompette à ce théâtre, où il était déjà en qualité de trompette et cornet.

Son exemple fut suivi par les trompettistes des autres concerts symphoniques qui se créèrent par la suite : les Concerts COLONNE, puis les Concerts LAMOUREUX. Il a, quelques années après, récolté de nouveaux lauriers avec ce même instrument en exécutant la partie de trompette obligée de l'air de *Samson* de HAENDEL, que Carlotta PATTI vint faire entendre aux Concerts populaires de PASDELOUP.

La même exécution eut encore lieu en 1882, au même concert, avec la même interprète; cette fois, la partie de trompette obligée était jouée (toujours avec la trompette en *ré* aigu) par l'auteur de cet article, qui eut l'honneur d'être associé au triomphe de la célèbre cantatrice.

Dans cet air, le point d'orgue avait été considérablement développé par RITTER, aussi bien pour la trompette que pour le chant; ajoutons que ce développement du point d'orgue exigeait impérieusement l'emploi d'une trompette chromatique.

A cette occasion, le *Figaro* faisait paraître, le 15 février 1882, sous la signature de Ch. DARCOURT, un article duquel nous extrayons les lignes suivantes : « Tous les effets que comporte cet air de haut style, dont chaque note présente une difficulté à franchir, ont été obtenus par Mme Carlotta PATTI, avec l'autorité d'une artiste qui possède tous les secrets de l'art du chant. Aussi son succès a-t-il été très grand. Il est juste d'associer à ce succès M. FRANQUIN, qui a exécuté la partie de trompette avec une étonnante sûreté et un rare bonheur. »

L'hostilité, à l'Opéra, réunissait, contre cette nouvelle trompette, non seulement les cornettistes qui en prenaient ombrage par instinct de conservation, mais aussi les trompettistes eux-mêmes qui voyaient cette nouvelle trompette faire brèche dans la place et menacer d'en déloger les anciennes (ce qui est un fait accompli depuis 1891), et les cornets à pistons (que l'on remplace par des trompettes modernes par voie d'extinction).

Cette hostilité fut telle, de part et d'autre, que TESTE, ayant à cœur de prouver qu'il pouvait, lui aussi, continuer à jouer de l'ancienne trompette, revint à celle-ci, réservant la nouvelle pour les concerts classiques du dimanche, à la Société des Concerts du Conservatoire où il l'utilisait concurremment avec la trompette simple. De sorte que, jusqu'en 1891, on ne s'est servi, à l'Opéra de Paris, que des anciennes trompettes, simples ou chromatiques. Auparavant, on n'avait guère fait usage de la nouvelle trompette en *ut* qu'accidentellement, notamment, dans *Sigurd* de REYER, à cause de l'élévation, exceptionnelle à cette époque, des parties de trompette de cet ouvrage; et aussi dans d'autres opéras ou ballets nouveaux, qui, sans être aussi aigus pour la trompette, offraient néanmoins des difficultés d'exécution et des dangers tels qu'on jugeait prudent de faire certains traits avec la nouvelle trompette. Mais lorsqu'on a monté *Lohengrin* (en 1891), il a fallu forcément renoncer à jouer les anciennes trompettes, car on ne pouvait en faire usage dans un opéra qui exige des changements de tons (corps de rechange) excessivement fréquents, plusieurs dans une même mesure, et quelquefois un pour chaque note, c'est-à-dire sans cesser de jouer, ce qui eût été absolument impossible. Dès lors, l'adoption de la trompette moderne qui, seule, permettait de transposer les parties avec une facilité relative, s'imposait. Un de nos collègues, LALLEMENT, persistant à vouloir jouer l'ancienne trompette (3ᵉ trompette), s'est vu intimer l'ordre d'avoir à prendre la trompette en *ut* moderne par Charles LAMOUREUX qui dirigeait l'exécution de cette œuvre.

Ce qui paraît étrange, c'est que ces changements de tons paraissent n'avoir aucune raison d'être, les parties étant écrites pour trompettes chromatiques. On ne peut que supposer que cette façon d'écrire pour les trompettes a été inspirée au maître par un facteur d'instruments en possession d'un système spécial comme le serait la trompette à six pistons inventée par Ad. SAX. C'est ainsi qu'a disparu totalement, de l'orchestre de l'Opéra de Paris, l'ancienne trompette.

L'usage de la trompette moderne, en France, date donc, d'après notre appréciation, de 1874[1].

On ne pourrait blâmer les trompettistes modernes de l'abandon des trompettes anciennes, lors même que, contrairement à notre avis, il y aurait lieu de les regretter, car, au fond, ils n'en sont pas les auteurs. C'est tout le monde qu'il faudrait en accuser, notamment le progrès, c'est-à-dire l'orchestration moderne. La trompette n'avait reçu, en fait de perfectionnement, que l'adaptation des pistons, ce qui lui donnait plus de ressources, mais ne facilitait nullement son jeu. Cette adaptation augmentait, au contraire, la difficulté au point de vue du mécanisme et de l'intonation, c'est-à-dire de la précision, et autorisait les compositeurs à donner beaucoup plus d'extension à l'écriture. Tous les autres instruments à vent, étant perfectionnés dans le sens de la facilité, de la justesse, etc., mettaient trop en relief les défauts et l'aridité de la trompette. C'était, en apparence, un grand avantage de ne plus être obligé de changer de tons à chaque instant et de posséder toute la gamme chromatique; mais, au point de vue de la facilité d'exécution, nul progrès; la trompette demeurait exactement ce qu'elle était auparavant, tant pour la difficulté de son jeu, de ses dangers de couacs, que pour sa situation anormale de trompette grave jouée dans l'aigu, de *basse* jouant les *ténors*.

Ajoutons que le timbre clair, incisif et très en dehors de la trompette supporte moins que celui des autres instruments, les imperfections; et que tel défaut de justesse ou d'impureté pourra passer inaperçu sur ces derniers, ou du moins n'être pas très choquant, tandis que la même imprécision sera intolérable sur la trompette. On sera alors convaincu du mérite très réel des artistes qui ont joué passablement de ce terrible instrument pendant la longue période où l'on n'avait que la trompette ancienne (basse jouant dans

l'aigu). On conviendra, nous l'espérons, que ces raisons sont suffisantes pour en légitimer l'abandon, ainsi que l'emploi de la trompette moderne.

La trompette moderne est construite d'après les mêmes principes que l'ancienne, avec la seule différence que la longueur du tube n'est que de 1 m. 314 pour la trompette en *ut*, tandis qu'elle est de 1 m. 969 pour la trompette en *fa*. Elle est enseignée aujourd'hui dans tous les Conservatoires du monde, et presque exclusivement. Le Conservatoire de Paris maintient encore l'enseignement de la trompette ancienne avec et sans pistons, cela seulement pour initier les élèves à toutes les trompettes qui ont été en usage dans les orchestres, et aussi pour les habituer à attaquer avec précision.

Pour le service des grands orchestres, c'est le ton d'*ut* qui est préféré en France. A l'étranger, on se sert généralement des tons de *si♭* et *la*, parce que la trompette moderne y a succédé directement au cornet pour l'exécution des parties de trompette chromatiques et naturelles, tandis qu'en France, ARBAN, s'efforçant de répandre l'usage du cornet en *ut* (dont il a eu l'idée le premier) pour remplacer, de plus en plus, la trompette, a obtenu le résultat contraire en provoquant, malgré lui, la construction de la trompette moderne qui, à son tour, détrône le cornet à pistons.

Les œuvres de BACH et de HAENDEL sont jouées, dans tous les pays, comme il est déjà dit, avec la trompette en *ré* aigu.

Il devient de plus en plus indispensable aux premiers trompettes d'avoir une trompette en *ut* pouvant se mettre en *ré* et *ré♭* par le moyen de corps de rechange mobiles. Aux autres, une trompette en *ut* pouvant se mettre en *si♭* et *la* par le même moyen ou à l'aide de barillets fixes; plus une trompette basse en *ut* (même tonalité fondamentale que notre ancienne trompette à corps de rechange, c'est-à-dire une octave au-dessous de la trompette moderne), celle-ci jouée par un tromboniste.

La trompette moderne en *ut*, même avec ses tons de rechange, étant encore insuffisante pour exécuter facilement toutes les parties de trompette ancienne, l'auteur de cet article a imaginé un nouveau système (système MERRI FRANQUIN, professeur au Conservatoire national de musique de Paris) de trompette à 5 pistons dont on voit la description plus loin, et qui se met instantanément, et sans cesser de jouer, dans tous les tons utiles, grâce à l'action combinée et facultative des 4ᵉ et 5ᵉ pistons.

Ce système, en supprimant toute limite dans le grave comme il en est, naturellement, dans l'aigu, permet, au moyen de la transposition que tout trompettiste doit, de nos jours, connaître de jouer la trompette exclusivement dans son ton d'*ut*, ce qui donne le précieux avantage, au point de vue de la précision et de la sûreté, d'avoir constamment à l'oreille l'intonation réelle de chaque note, au lieu d'appeler *ré*, ou *mi♭*, ou *sol*, ou de tout autre nom, la note réelle *ut*; de transformer les notes difficiles, dangereuses ou fausses en notes faciles, sûres et justes par le choix des nombreux doigtés que le système permet d'appliquer à chaque note et à chaque trait. Le système de la trompette à 5 pistons a été imaginé en 1915, construit en 1916, inauguré au concours public du Conservatoire de Paris en 1917, 1918, 1919, 1920 avec un très grand succès. Puis, en 1920, lors de la démobilisation et du retour des anciens dans la vie civile, une vague formidable d'opposition a arrêté le développement de son expansion et intimidé les

---

1. A part les œuvres de BACH et de HAENDEL, dans lesquelles on a modernisé, pour ainsi dire, l'exécution des parties de trompette qui ne demandent, de nos jours, qu'une grande force musculaire des lèvres de la part des trompettes, jointe à la force pulmonaire, et n'exigent que très peu d'art et pas de finesse, les principales œuvres modernes où la trompette joue un rôle de premier ordre et qui soient dignes d'être citées ici se réduisent aux suivantes : 1ᵉ *Septuor* de SAINT-SAËNS pour trompette, piano et instruments à cordes; 2ᵉ *Sérénade* d'Alphonse DUVERNOY, même composition instrumentale (*septuor*); 3ᵉ *Suite en ré* de Vincent D'INDY (*septuor pour instruments à vent*); 4ᵉ *Pastorale* variée de Gabriel PIERNÉ (même composition instrumentale). Pour ces œuvres, le trompettiste, comme les autres instrumentistes, joue assis, mais nous devons mentionner (quoi qu'il soit dit plus haut) l'air de l'oratorio de *Samson* de HAENDEL, avec accompagnement de trompette obligée (le trompettiste jouant debout à côté de la chanteuse).

jeunes qui faisaient usage de cette trompette à la satisfaction de tous, compositeurs, chefs d'orchestre et public. Les jeunes ont eu peur de la mise à l'index dont ils se sont sentis menacés de la part de leurs aînés qui n'étaient pas munis de cet instrument. L'opposition a eu moins d'influence auprès des artistes professeurs de la province, où la nouvelle trompette continue doucement ses progrès.

Tous les élèves qui l'ont adopté au Conservatoire de Paris ont obtenu leur 1er prix d'excellence en deux et trois ans d'étude. Pendant cette période et comme couronnement, le dernier qui en a fait usage (jusqu'ici) au Conservatoire, M. BISCARA, a eu l'honneur d'être désigné pour exécuter le morceau de concours au concours public de la distribution des prix, en 1920 (ce qui ne s'était jamais vu pour la trompette depuis que le Conservatoire existe), accompagné par l'auteur du morceau, Théodore DUBOIS, ancien directeur du Conservatoire, membre de l'Institut.

Nouvelle trompette en ut à cinq pistons.

Système Merri Franquin, professeur au Conservatoire national de musique de Paris.

Les trois pistons primitifs sont conservés sans modification. La nouvelle trompette peut donc se jouer sans faire usage des 4e et 5e pistons.

Le 4e piston, actionné par le pouce de la main droite, hausse d'un ton. Le 5e, actionné par le pouce de la main

Fig. 689. — Nouvelle trompette à 5 pistons.

gauche, baisse d'un ton et demi ou de deux tons à volonté.

Elle se met dans les tons suivants :
1° en *ut*, ton initial, tous pistons levés;
2° en *ré*, le 4e piston abaissé;
3° en *si♭*, les 4e et 5e pistons abaissés;
4° en *si♭*, les 4e et 5e pistons, la coulisse du 5e tirée; à 2 tons par le moyen d'une crémaillère.
5° en *la*, le 5e, sa coulisse non tirée;
6° en *la♭*, le 5e, sa coulisse tirée à 2 tons.

La nouvelle trompette permet de descendre chromatiquement jusqu'au contre-*ut* au lieu de se limiter au *fa♯*. Les notes dangereuses *sol♯* et *la* aigus deviennent les notes faciles *fa♯* et *sol* par l'abaissement du 4e piston. Les notes *ré*, *la*, *mi*, d'une justesse défectueuse, de même que le *ré♭* grave et le *fa♯* grave, acquièrent une justesse parfaite. Tous les doigtés et les trilles difficiles sont simplifiés.

Tablature générale des doigtés pouvant être utilisés sur la trompette à 5 pistons indépendamment du doigté de la trompette à 3 pistons qui demeure toujours fondamental et facultatif à partir du *fa♯* grave.

Les 4e et 5e pistons peuvent n'être employés que pour corriger les défauts, diminuer les dangers d'accidents, simplifier les doigtés difficiles et suppléer à l'insuffisance d'étendue dans le grave de la trompette à 3 pistons. Ce dernier défaut est capital en ce qu'il fait obstacle à l'exécution intégrale et fidèle des parties écrites pour l'ancienne trompette qui descendent jusqu'à *ré♮* dans les œuvres des anciens auteurs classiques, et au *mi♭* dans celles des modernes classiques. Avec la nouvelle trompette en *ut* à 5 pistons, on descend facilement jusqu'au *ré♮* et, un peu moins facilement, jusqu'au *ré♭* et *ut*.

Dans la pratique, il est préférable de se limiter au *ré♮*. En résumé, avec le nouveau système, le grave comme l'aigu n'ont d'autres limites que celles des facultés humaines.

Doigtés théoriques et pratiques

Doigtés pratiques

Ordinaires   2 Ordinaires

Dans le ton d'*ut*, les coulisses sont allongées ainsi : la 1re de 13 à 15 mm.; la 2e de 1 à 2 mm., la 3e de 18 mm.

Principaux emplois des 4e et 5e pistons.

Cette nouvelle trompette, complète à tous les points de vue, a été précédée de la trompette à 4 pistons, encore incomplète, quoique constituant un grand progrès. M. FRANQUIN en a confié la construction à la maison MILLEREAU vers 1888. Après en avoir fait usage aux concerts COLONNE et à l'Opéra, il l'a délaissée parce qu'elle ne lui donnait pas une entière satisfaction au point de vue de la sonorité, défaut commun à tous les nouveaux systèmes au début de leur fabrication. Vers 1912, l'idée lui vint de faire une nouvelle tentative et d'en proposer la construction à la maison Jérôme THIBOUVILLE-LAMY, qui réussit à donner toute satisfaction.

Néanmoins, ce nouvel instrument, qui supprimait, à peu près, les dangers de couacs sur les notes difficiles *sol♯*, *la*, aigus, demeurait toujours impuissant à combler le vide causé, dans le grave, par l'élévation des tonalités des trompettes modernes. Vide préjudiciable, comme il est dit ailleurs, à l'exécution fidèle des parties de trompette ancienne et moderne. Il fallait donc compléter ce progrès. Enfin, les loisirs regrettables causés par la guerre ont permis à M. Franquin de reprendre le cours de cette étude, qui l'amena, en 1915, à la création de la trompette à 5 pistons décrite plus haut, et dont la construction a été réalisée en 1916 par la maison citée ci-dessus.

C'est peut-être le lieu ici, pour prouver, une fois de plus, la nécessité d'un perfectionnement à la trompette moderne, de signaler le *mi♭* au-dessous de la portée de la *Sérénade* (septuor) de M. Alphonse Duvernoy, qui, contrairement à celui du Septuor de Saint-Saëns, est une note *solo*, dont la transposition ferait un effet désastreux. Cependant, le hasard veut que ce qui précède et ce qui suit cette note permet d'allonger momentanément la coulisse du 3e piston (avec la trompette en *si♭* à 3 pistons) et de donner ainsi le *fa♮* (*mi♭* réel), mais c'est très difficile au point de vue de la sonorité et de la justesse, et dangereux pour ce qui précède. C'est probablement le motif qui a fait délaisser cette œuvre, qui, cependant, pour l'intérêt de la trompette, est d'une importance supérieure.

Notes et documents concernant les tonalités des trompettes d'harmonie pour la défense de l'enseignement de la trompette moderne. Toniques à deux octaves de la fondamentale.

De la trompette ancienne, de la trompette moderne, de la trompette basse, du trombone et du cornet à pistons.

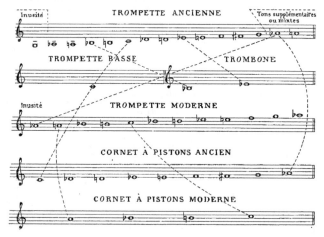

La trompette ancienne (dite en *fa*) est dans la même tonalité (même longueur de tube) que le trombone. C'est une trompette basse jouée, de nos jours, par des trombonistes.

Elle a été proscrite par Colonne et Lamoureux de leurs concerts symphoniques vers 1880. Lamoureux en a interdit l'usage à l'Opéra en 1894.

Elle était déjà abandonnée depuis longtemps dans les orchestres symphoniques des pays étrangers et dans tous les théâtres du monde entier. L'Italie a adopté un peu plus tard la trompette moderne. La trompette ancienne a, pour ainsi dire, totalement disparu des musiques militaires françaises depuis nombre d'années. Pour les mêmes raisons que tous ses confrères, l'auteur de la dernière méthode de trompette ancienne, parue jusqu'à ce jour, déclare lui-même qu'il ne joue que la trompette moderne en *ut*.

En France, dans la plupart des Conservatoires et Écoles de musique des départements, les professeurs, comme les élèves, ignorent complètement la trompette ancienne, dont ils ne possèdent aucun spécimen.

Il y a eu, et il y a encore, à la musique de la Garde républicaine, un certain nombre de premiers prix de trompettes en *fa*. Ils jouent du bugle, du petit bugle, de la trompette en *ut* ou du cornet à pistons, jamais de la trompette en *fa*.

Sur 45 premiers prix sortis de la classe de trompette, de 1896 à 1914, 15 l'ont obtenu en jouant de la trompette en *fa*, et tous les autres ont appris à en jouer, ainsi que de la trompette à corps de rechange (trompette simple). Aucun d'eux n'a jamais joué de la trompette ancienne dans les orchestres.

Réponses au questionnaire Gabriel Pierné eu 1900 sur les tons à employer de préférence.

MM. Gabriel Pierné : La trompette en *ut*.

Paul Vidal : Trompettes modernes en *ut*, sauf le cas de sonneries pittoresques.

COLONNE : Les trompettes en *ut*.

CHEVILLARD : Les trompettes s'écrivent maintenant en *ut*.

Guy ROPARTZ : Employer les trompettes en *ut* aigu.

Xavier LEROUX : Pour les trompettes et cornets, le ton d'*ut*, en attendant le jour béni où tous les instruments seront en *ut*.

P. HILLEMACHER : Depuis quelques années, les trompettes préconisent le ton d'*ut*; le Conservatoire ne s'est pas encore rendu à ce raisonnement et maintient dans ses classes la trompette en *fa*.

Gabriel PARÈS : La 1ʳᵉ trompette en *ut*.

Victorien JONCIÈRES : Pour les trompettes et les cornets, le ton d'*ut*.

LE BORNE : Trompette en *ut* et piston en *si♭*.

Georges HÜE : Il faudrait tout écrire en *ut*; c'est le ton le meilleur pour la trompette.

Georges MARTY : Celui qui donne le plus d'étendue, en tenant compte de la facilité.

PFEIFFER : Pour les trompettes, maintenant, le ton d'*ut*.

ALARY : Après expérience comparative, a choisi la trompette en *ut*.

Gaston SERPETTE : Le ton d'*ut* me paraît le meilleur.

Gabriel MARIE : Pour les trompettes, *ut*.

Camille SAINT-SAËNS : Les trompettes en *ut*.

La question n'a pas été adressée au trompettistes et aux cornettistes.

Récapitulation.

LES COMPOSITEURS.		LES CHEFS D'ORCHESTRE.	
Trompette en *si♭*.	2		
— en *ut* ..	16	Trompette en *ut*...	5
— en *ré* ..	1	— en *mi♭*..	1
— en *mi♭*.	5	— en *fa* ...	2
— en *mi♯*.	1		
— en *fa* ..	4		

Extrait d'un article du « Figaro ».

Cet article, paru le lendemain du concours publié en 1904, est signé : Gabriel FAURÉ :

« ... Durant le concours des classes d'instruments de cuivre qui clôturait hier, au Conservatoire, la longue série des épreuves publiques, les seuls concurrents qui nous aient causé une complète satisfaction sont ceux de la classe de trompette.

« ... J'ai dit combien s'était montrée supérieure la classe de trompette. Rien ne saurait mieux le démontrer que les cinq récompenses, soit une pour chacun des cinq concurrents. »

(A ce concours, on n'avait joué que la trompette en *ut*.)

Dans les réponses ci-dessus, celle de M. Ch. SILVER a été omise ; la voici : « Malheureusement, la vraie trompette n'existe presque plus dans nos orchestres. Les instrumentistes se servent d'un instrument en *ut* qu'ils appellent une trompette et qui n'est qu'une *ut* sorte de cornet à pistons meilleur que l'ancien, un peu moins vulgaire de son, mais qui ne remplacera jamais la vraie trompette, n'ayant ni son éclat, ni sa force, ni son étendue. »

Traité d'orchestration de Berlioz. (p. 193).

« C'est ici le lieu de faire remarquer, au sujet des dernières notes aiguës de ces exemples, qui toutes

produisent le même *sol* : qu'elles sont

d'une émission moins chanceuse et d'une meilleure sonorité sur les *tons hauts* que sur les *tons bas*. Ainsi,

le *si♭ haut* du cornet en *la* : le *la haut*

du cornet en *si♭* : et le *sol haut* du cor-

net en *ut* : sont incomparablement meil-

leurs et plus faciles à attaquer que le *fa haut* du

cornet en *ré* : et que le *mi haut* du cor-

net en *mi♭* : Toutes ces notes, cepen-

dant, font entendre le même : . Cette

remarque est, d'ailleurs, applicable à tous les instruments de cuivre. »

On ne saurait mieux exprimer l'utilité, nous dirions même la nécessité de l'emploi des instruments aigus pour jouer dans l'aigu. Ne pas oublier surtout que BERLIOZ, selon l'usage de son époque, traitait, forcément et à regret, le cornet comme une espèce de trompette, et que c'est à ce point de vue qu'il a écrit les lignes ci-dessus, qui résument notre plaidoyer en faveur de la trompette moderne.

En Allemagne, la trompette, dans les grands orchestres, joue non seulement toutes les parties écrites à son intention, mais même les parties de cornet des ouvrages français ; parties dont la plupart n'ont été confiées aux cornets que pour cause d'impuissance de la trompette à l'époque où ces ouvrages ont été composés, car, il n'y a pas de doute possible, ces parties sont généralement, au fond, de vraies parties de trompette.

Au sujet de la réponse de M. SILVER, nous ferons observer que si l'ancienne trompette a disparu des orchestres en même temps que l'ancienne orchestration, c'est que, pour un nouveau genre de construction il faut généralement de nouveaux outils. La trompette a suffisamment souffert de la méconnaissance de cette vérité. Du reste, on doit reconnaître que l'orchestration moderne doit bien un peu sa raison d'être aux modifications et perfectionnements apportés à une foule d'instruments et particulièrement aux instruments à vent.

Mais affirmer que la trompette moderne n'a ni l'éclat, ni la force, ni l'étendue de l'ancienne, c'est inexact : les sons sont différents, il est vrai, mais non moins éclatants et moins clairs. Ils ont plus de mordant, et la sûreté avec laquelle se font les émissions permet aux instrumentistes d'attaquer franchement et de donner toute la force nécessaire, ce dont on abuse même quelquefois. Quant à l'étendue, cette dernière objection n'a plus de raison d'être avec la trompette à cinq pistons.

On était si bien habitué aux accidents de la trompette et du cor que, à l'orchestre, l'idée de *trompette* était inséparable de celle de *couac*. Donc un instrument avec lequel on faisait peu ou pas de couacs ne pouvait être une *vraie trompette* et ne méritait que le nom de piston. Voilà, en général, quel était le mobile inconscient de l'opinion des détracteurs de la trompette moderne. Cependant, le cornet à pistons étant une espèce de trompette, il n'est pas surprenant que, dans certaines circonstances, la vraie trompette ait quelques points de ressemblance avec lui; mais alors, il faut renverser la phrase et dire : « Le piston ressemble à la trompette. » Du reste, des confusions de ce genre se font aussi au sujet d'autres catégories d'instruments, par des gens insuffisamment

FIG. 690.
Chatzotzeroth
hébreu.

FIG. 691. — Trompettes juives, nommées Schofar, nommées aussi Keren (corne) et Yobel (jubilation, retentissement).

habitués à distinguer leur genre de sonorité et même quelquefois par des personnes plus expérimentées.

Les premières trompettes et cornets que l'on a fabriqués avec les métaux étaient fort courts. On attribue au *Chatzotzeroth*[1], au *Scofar* et au *Keren* des Hébreux (p. 38), une longueur de tube d'environ un mètre, et les tonalités de *fa* ou *sol* de notre dia-

pason :　l'octave haute de nos anciennes
(Voir tonalités.)

trompettes à corps de rechange.

Nous lisons, à l'appui, les lignes suivantes (*Magasin Pittoresque*, livre I, p. 35) : « La figure 8 représente une trompette de cuivre conservée à la Bibliothèque Nationale, dans le département des antiques. Cette trompette, qui a 1 m. 17 de longueur, a été rapportée de la Colchide et donnée à la bibliothèque du roi, en 1824, par Gamba, alors consul de France à Teflitz. C'est la véritable trompette antique dont l'usage s'est perpétué dans ce pays; le son en est très perçant et porte à une très grande distance. » — Cette trompette était exactement dans la même tonalité fondamentale que notre trompette à pistons en *ré* aigu, dont on fait usage aujourd'hui pour exécuter les œuvres de BACH et de HAENDEL. Or, la trompette en *ut* (moderne) a une longueur théorique de 1 m. 314. Cependant, personne jusqu'ici n'a accusé la trompette en *ré* aigu de ne pas être une trompette[1]. Ce n'est pas à celle-là qu'on en veut; c'est à la trompette *ut, si* ♭ et *la*, celle qui dispense d'avoir recours au cornet à pistons pour jouer les parties de trompette.

Dans ce cas, la trompette n'aurait droit qu'aux tonalités ci-après :

Les tonalités de :　les plus faciles, parce que du médium, seraient réservées exclusivement au cornet à pistons. Le lecteur jugera ce raisonnement.

Le tableau donné plus loin nous montre que les tonalités des premières trompettes de métal étaient plus élevées que celle de notre trompette en *ut*. L'idée vint ensuite de tirer parti des ressources qu'offrait le cuivre pour construire des trompettes longues. Il est probable que l'expression *vraie trompette* date de cette époque.

Les premières trompettes courtes en métal sont devenues de *vraies trompettes*, lorsqu'on a fabriqué les premières trompettes longues, parvenues aussi au rang de *vraies trompettes* lors de l'invention des systèmes chromatiques et à l'exclusion de celles auxquelles on adaptait ce système. Cependant, ces dernières sont devenues, à leur tour, de *vraies trompettes* lorsque, pour mettre à profit le système chromatique, on a construit les trompettes modernes. Il n'est pas impossible que ces dernières, qui ont été les premières *vraies trompettes* de métal, moins le système des pistons (il y a si longtemps, qu'on l'a oublié!),

ne le redeviennent lorsqu'un nouveau progrès se sera réalisé.

Au sujet de la qualification de *vraie* trompette, que les adversaires de la trompette moderne voulaient ne donner qu'à l'ancienne trompette (simple ou à pistons) exclusivement, nous dirons qu'elle doit s'appliquer à tous les instruments à embouchure dits de cuivre, quels qu'ils soient, s'ils ont des sons clairs et éclatants, et s'ils sont construits selon le principe de la perce cylindrique, c'est-à-dire à toutes les trompettes anciennes ou nouvelles dont nous donnons la nomenclature. Pour mieux dire, le domaine des tonalités de la trompette n'a pas plus de limites que l'étendue du registre de ses sons, qui n'est borné lui-même que par la limite des forces humaines dans l'aigu et au *fa*♯ dans le grave pour la trompette et le cornet à 3 pistons. La trompette à 5 pistons supprime la limite dans le grave.

Il faudrait pouvoir établir une démarcation précise, dans les deux octaves de ses tonalités, entre ce qui serait de la vraie trompette et ce qui cesserait de l'être. L'ignorance ou la mauvaise foi prétend qu'il faut exclure du domaine de la trompette les tonalités pratiquées par le cornet à pistons :

---

1. Rappelons que nous avons adopté pour principe de désigner les tonalités de la trompette, non par la fondamentale de chaque ton, mais par le 4e harmonique ou son 1, soit deux octaves au-dessus.

En deçà et au delà, on accorde que « c'est de la trompette », car personne ne songe à interdire à celle-ci

les tonalités de :  dont le

cornet à pistons ne fait pas usage.

Il faudrait donc, pour contenter les détracteurs de la trompette moderne, que celle-ci s'interdise simplement les tons les meilleurs, les plus naturels, les plus logiques et les plus pratiques de l'échelle de ses tons.

On ne doit pas condamner un instrument, ni même s'en faire une mauvaise opinion parce qu'on l'aura entendu rendre de mauvais sons; encore moins s'il s'agit d'un système ou d'un type d'instrument. Il faudrait s'assurer auparavant si l'instrument est bien construit, ou si l'exécutant met en relief les qualités ou seulement les défauts de cet instrument, ce qui est souvent le cas lorsqu'il est joué par des personnes qui n'en ont pas fait une étude approfondie ou qui jouent plus souvent du cornet à pistons que de la trompette. Celles-ci ne recherchent pas la sonorité, mais seulement la facilité. Elles n'ont dans l'idée que la sonorité du piston, et lorsqu'elles font choix d'une trompette, elles donnent la préférence à celle qui leur donne satisfaction sur ce point. La question du choix de l'embouchure est elle-même viciée par la même raison. Les beaux sons de la trompette sont plus difficiles à obtenir et plus chanceux que les sons bâtards.

Il n'est donc pas surprenant que l'on ne trouve pas toujours les sons de la trompette satisfaisants. Mais nous devons ajouter, pour la défense de la trompette moderne, que tout ce qui est dit ci-dessus se rapporte également à la trompette ancienne.

Citons à l'appui le fait suivant : — Dans un concours d'admission à l'orchestre de l'Opéra, les concurrents jouant tous la trompette en *fa*, que quelques-uns d'entre eux n'avaient en main que depuis peu de temps, le directeur, président du jury, fit cette réflexion juste au moment où celui qui fut élu venait de jouer : « Mais ils ont tous des sons éraillés ! » Sur quoi le chef d'orchestre de répondre : « Oui, mais cela disparaît à l'orchestre ». — Il aurait dû ajouter : il y a une bonne raison pour cela, c'est qu'à l'orchestre on ne joue pas la même trompette.

Observons, en outre, que le cornet a eu tant de succès autrefois, c'est qu'il évoquait le souvenir de la trompette quand on s'est appliqué à lui en donner

les allures. C'est la preuve évidente que celle-ci n'a vait rien perdu, auprès du public, de la faveur dont elle avait joui dans toute l'histoire de l'humanité depuis l'origine de cet instrument.

C'était la trompette qu'on admirait dans le nouveau cornet.

L'opposition qu'il a rencontrée lui-même à ses premiers débuts, alors qu'il était cependant un véritable cornet, opposition qui s'est changée en engouement dès qu'il a eu abandonné sa famille pour s'approcher de celle de la trompette, était encore un hommage indirect du public à cette dernière.

C'est ainsi qu'ARBAN a pu dire : « Le cornet a eu des commencements plus modestes, et il n'y a pas encore beaucoup d'années que les masses l'accueillaient avec une superbe indifférence, en même temps que le bataillon sacré de la routine contestait ses qualités, et s'efforçait d'en proscrire l'application ; phénomène qui, d'ailleurs, ne manque jamais de se produire, à l'origine de toute invention nouvelle, si excellente soit-elle, et dont l'apparition du saxhorn et du saxophone, instruments plus jeunes que le cornet, a fourni une éclatante et nouvelle preuve. »

Mais si, au lieu de s'être laissé devancer, la trompette avait adopté la première les tonalités aiguës de *si♭* et *la*, personne n'aurait protesté. Dans cette supposition, il est non moins certain que l'élévation des tonalités du cornet venant après celle de la trompette, l'hostilité qu'elle aurait provoquée contre le cornet eût été plus violente et plus irrésistible que celle qu'a subie la trompette en *ut*, car elle eût été plus logique.

Pour les partisans de l'enseignement exclusif de l'ancienne trompette, reproduisons le passage suivant du discours du ministre de l'intérieur, an X, 10 nivôse (31 décembre 1801) :

« Mais c'est surtout par la perfection des instruments que la musique moderne a fait des progrès... car, jeunes élèves, les arts ne reconnaissent pas de bornes ; ils marchent de création en création, et leur horizon s'agrandit à mesure qu'on avance. »

Mais ce qui est bizarre et incompréhensible, c'est d'accepter, sans protester, les sons du cornet remplaçant ceux de la trompette et de récriminer quand celle-ci reprend possession de son rôle, sous le prétexte qu'elle ressemble au piston. Ce qui, en résumé, a de la ressemblance entre ces deux instruments, c'est la rareté des couacs ; or, dès qu'il y a progrès, il n'en faut pas davantage pour voir surgir des ennemis, et le bataillon sacré de la routine, selon l'expression d'ARBAN, ne manque jamais une occasion de faire une levée de boucliers. Pourtant, quel instrument de cuivre est plus qualifié que la trompette pour prétendre aux tonalités aiguës que l'on veut lui contester jusqu'à nos jours (au XXe siècle)?

Etendue de la trompette moderne (à pistons) en ut, si♭, si♭, et la, et en ré♯ et ré♭ ascendants :

Avec les tons de rechange de *si♭* et *la*, la difficulté, dans l'aigu, diminue proportionnellement à l'abaissement du ton (sauf le *sol♯* et le *la* qui demeurent toujours dangereux), de sorte qu'on peut, avec ces tons-là, user de l'aigu avec plus de liberté, mais en évitant toujours l'excès, c'est-à-dire la trop grande fréquence de ces notes, surtout en valeurs longues. Le grave théorique peut se faire entendre [1].

Les tonalités de toutes les trompettes connues, avec leurs tons de rechange, forment la gamme chromatique suivante :

Total 24 trompettes.

Tonalité de l'ancienne trompette à deux octaves de la fondamentale :

Tous ces tons étaient employés à la trompette simple. La trompette à pistons n'utilisait couramment que les tons de *mi♭*, *mi♮*, *fa*, *fa♯* et *sol*.

Etendue de la trompette à pistons en fa, mi♮, mi♭ :

Depuis 1875 environ, il avait été ajouté les tons supplémentaires de *la♭* et *la♮* à l'aigu.

Tonalités des trompettes modernes :

Les trompettes en *mi♮*, *fa* aigus, *sol* et *si♭* suraigus ne portent pas de ton de rechange.

Impraticables non impossibles

L'usage a toujours été de ne pas écrire plus bas que : 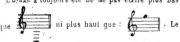 ni plus haut que : [img] . Le ton le plus grave pour lequel cet *ut* a été écrit, est celui de *mi♭*. Or, une telle partie, destinée à être transposée par une trompette en *ut* (moderne) ayant les tons de rechange de *si♭* et *la*, est jouable jusqu'à cette limite. En la supposant écrite pour la trompette en *mi♭*, cette note est rendue par le : [img] de la trompette en *la*. Mais, la transposition d'une partie de trompette en *mi♭* par une trompette en *la* offrant la difficulté d'un grand nombre d'altérations à la clef (six♯ ou six♭), il peut être préférable de tirer la coulisse [3], de manière à réaliser une longueur

de deux tons au lieu d'un ton et demi qu'elle possède habituellement, et de jouer la partie avec la trompette en *si♭* qui n'occasionne qu'un ♭ à la clef. L'abaissement simultané des trois pistons donne alors le *fa♮* au lieu du *fa♯*, ce qui, sur la trompette en *si♭*, fait entendre le : [img] ou l' : [img] de la trompette en *mi♭* [2].

Les compositeurs, qui écriraient pour cette ancienne trompette, agiront prudemment en n'usant qu'avec ménagement des notes : [img] surtout pour les tons au-dessus de *mi♭*.

1. Le ton de *sol* grave n'a jamais été utilisé à l'orchestre. Il n'est, par conséquent, que théorique.

2. Dans ce cas, le doigté est modifié de la façon suivante dans le registre inférieur seulement :

Au lieu de :

substituer :

Malheureusement, cette substitution de doigtés dans les registres moyen et grave donne des sons naturellement si faux qu'il est extrêmement difficile d'y remédier d'une façon satisfaisante au moyen de l'action des lèvres sur les instruments à 3 pistons.

Trompettes en ré aigu et au-dessus.

La trompette en *ré* aigu, indispensable pour exécuter les œuvres de l'époque de Bach et de Haendel, peut porter les tons de *ré* ♭, *ut* et même *si* ♮ et *si* ♭. Mais le ton de *si* ♮ est rarement utile et jamais indispensable. Quant au ton de *si* ♭, il est préférable qu'il soit joué sur une trompette construite dans la tonalité fondamentale d'*ut* ou de *si* ♭, à cause des proportions de la perce et de la longueur des coulisses des pistons, principalement celle du 2ᵉ piston, qui n'a pas suffisamment de développement sur une trompette en *ré* pour être accordée en *si* ♭. Cependant, si on ne possède qu'une trompette en *ré*, on peut avoir une coulisse de rechange pour le 2ᵉ piston, que l'on n'utilise qu'avec le ton de *si* ♭, ou même avec le ton d'*ut*. Cette trompette est utile à un premier trompette pour les concerts symphoniques, et le sera probablement encore davantage dans l'avenir, même à l'Opéra. La trompette en *mi* ♭ aigu :

ne possède ordinairement aucun ton de rechange; elle peut être utile dans les musiques militaires, comme le petit bugle dont elle est à l'unisson.

Son étendue est la même, théoriquement, que celle des trompettes en *ut* et en *ré* :

notes réelles : mais la difficulté d'atteindre l'extrême aigu est encore augmentée relativement au degré d'élévation de sa construction. L'usage est, comme pour le petit bugle, de rarement dépasser le : note réelle :

quoique l'aigu y exige moins de force. Les trompettes en *fa* et en *sol* aigus (chacune sans tons de rechange) ont été construites dans le but de faciliter davantage l'aigu dans les circonstances exceptionnelles; principalement pour ne pas avoir à dépasser le : note réelle : . Mais, à notre avis, elles ne sont pas nécessaires, la trompette en *ré* aigu pour l'orchestre et celle en *mi* ♭ pour les musiques militaires suffisant amplement à exploiter les forces humaines; et, les notes employant plusieurs pistons : n'étant guère plus dangereuses que les autres, dans un tuyau aussi court.

Quant à la trompette en *si* ♭ suraigu

dont on fait usage pour exécuter le concerto pour trompette en *fa*, de Bach, nous avons déjà dit qu'elle ne pouvait avoir aucune autre utilité, et cette utilité même est discutable, les sons qu'elle rend étant sans originalité. Son étendue est la même que celle de la trompette en *ut*. Bach la fait monter jusqu'au :

d'après l'exécution moderne. On parvient à jouer ces parties au moyen d'une embouchure spéciale à bassin moins creux et à grain plus petit. Il n'est pas prudent de modifier la largeur de l'embouchure à laquelle on est habitué, à moins de s'y préparer longtemps à l'avance.

Trompettes antiques.

Le *chatzotezroth*, le *schofar* et le *keren* des Hébreux et des Égyptiens étaient en *fa* ou en *sol* de notre diapason, c'est-à-dire dans les tonalités les plus élevées de l'échelle de nos trompettes modernes, et ne devaient produire, dit-on, que les notes :

Cette appréciation a été tirée de l'étendue pratique des trompettes anciennes à corps de rechange; mais nous ferons observer que les trompettes primitives sont reproduites de nos jours, du moins celles en *fa* et en *sol* dont il est question ici, avec, en plus, le système des pistons, et qu'on les fait monter, sans trop de peine, jusqu'au : qui donne à l'oreille : selon que c'est la trompette

en *fa* ou celle en *sol*. Or, dans l'antiquité, il y avait certainement aussi des trompettistes doués de force de lèvres, et nul doute que ceux-ci possédaient, comme nous, l'étendue des harmoniques :

ce qui, avec la trompette en *sol* suraigu, donnait à l'oreille : un ton de moins, dans

l'aigu, que la trompette en *ré* employée dans les œuvres de Bach telles qu'on les exécute de nos jours.

---

1. Erratum : La 3ᵉ note est *ut* et non *si*.

Cependant, on ne peut rien affirmer de précis au sujet de la note la plus aiguë.

Cette trompette devait avoir, pour être en *fa*, de 90 cm. à 1 m. de longueur de tube effectif. Or, DAUVERNÉ dit : « La plupart des auteurs s'accordent à dire que le *lituus* était plus petit que la *tuba;* il avait surtout le canal plus étroit et donnait des sons clairs, aigus et stridents. Celui qui est représenté sur un tombeau vu à Rome par Bartholin, parait cependant avoir un mètre et demi de long, mais la plupart de ceux qu'on voit ailleurs ont à peine un demi-mètre "

Une telle longueur de tuyau donne la tonalité d'*ut* ou même de *ré*, à l'octave au-dessus de nos trompettes en *ut* aigu qui mesurent 1 m. 314, et de celles

en *ré* : 1 m. 171. Cette trompette ne pouvait produire

que les notes : ... notes réelles : ... et : ... de notre diapason, si elle était en *ré*. Mais il est probable que l'on n'en tirait qu'un seul son, la note *do* ou *ré* dans la portée, étant donné l'usage que l'on en faisait.

Registre de chaque trompette spéciale en notes écrites :

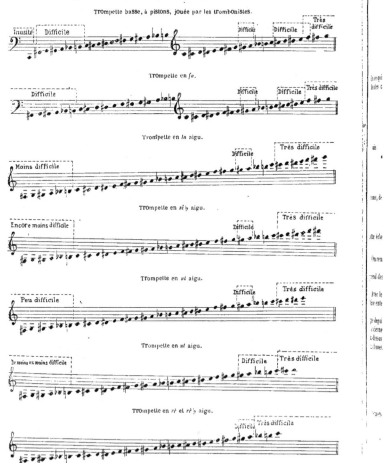

Trompette basse, à pistons, jouée par les trombonistes.

Trompette en *fa*.

Trompette en *la* aigu.

Trompette en *si* ♭ aigu.

Trompette en *ut* aigu.

Trompette en *ut* aigu.

Trompette en *ré* et *ré* ♭ aigu.

TROmpette en *mi* ♭ aigu.

Très difficile

TROmpette en *fa* aigu.

Très difficile

TROmpelte en *sol* aigu et en *si* ♭ suraigu.

Très difficile *Excessivement difficile*

En ce qui concerne la trompette, Toutes ces notes réelles sont données par le :

écrit des tons indiqués, mais seulement

depuis : Jusqu'à : Au dessous,

c'est-à-dire avec tous les tons de la trompette an-

cienne, de : les notes indiquées sur.

cette échelle sont données par le : écrit.

On remarquera que la trompette proprement dite, c'est-à-dire celle jouant dans le registre aigu, comprend des tonalités plus basses que le trombone ténor qui joue dans le registre grave.

Avec les tons graves, la fondamentale ne peut se faire entendre sur la trompette.

Nous ferons observer, sur le tableau de la page 1623, que depuis le ton de *sol* et au-dessous, le plus aigu de l'ancienne trompette, la trompette joue une octave au-dessus de l'écriture, relativement aux trompettes modernes.

Il était difficile de comprendre que le cornet en

si ♭ : ayant à transposer une partie de

trompette ancienne en *mi* ♭ : fût obligé

de jouer une quarte au-dessus de la notation. Ex.

trompette en *mi* ♭, note écrite : le cornet

qui est plus haut d'une quinte juste, devait jouer

de même que les trompettes modernes.

La trompette, comme le cornet, complète ordinairement sa dénomination par le nom de son ton le plus aigu. La trompette en *ut* et le cornet en *ut* portent les tons de *si* ♮, *si* ♭ et *la*. La trompette en *ré* aigu, ceux de *ré* ♭ et *ut*. La trompette et le cornet en *si* ♭ ne portent que le ton de *la*.

Pistons.

Le système des pistons a été inventé par Jean-Henri STOELZEL, originaire de Scheibenberg, en Saxe, où il naquit le 17 septembre 1777. Il l'appliqua d'abord au cor, son instrument particulier. Il en conçut l'idée, paraît-il, en 1806, et ce ne fut que sept ans après qu'il se fit entendre à Breslau, en Silésie, sur cet instrument. Le résultat ayant été satisfaisant, il publia sa découverte en 1814 et joua dans plusieurs concerts. Le roi de Prusse reconnut l'importance de cette découverte; il témoigna sa satisfaction à STOELZEL en l'admettant, comme premier cor, au nombre des musiciens de la chapelle royale, et en lui accordant un privilège de dix ans, dans tout le royaume, pour la fabrication des instruments de cuivre munis de son nouveau système.

On a fait beaucoup d'opposition à l'application de ce système à la trompette.

Il est incomparablement plus difficile de faire adopter une modification à un instrument ancien que de faire bénéficier un instrument nouveau d'un progrès accompli.

Une invention nouvelle nécessite un nouveau type; un nouveau type n'a souvent des chances d'être adopté que par des hommes nouveaux. Une grande partie des instruments de cuivre n'ont pris naissance qu'avec et par l'invention du système des pistons. Au sujet de ces derniers, on a trouvé tout naturel qu'ils vinssent au monde munis du système, et nulle protestation ne s'est élevée contre ce fait; mais quand il

Tableau des tonalités de la plupart des instruments de cuivre
en désignant chaque ton par l'octave redoublée du ton fondamental
c'est-à-dire par le son 4 au lieu du son 1.

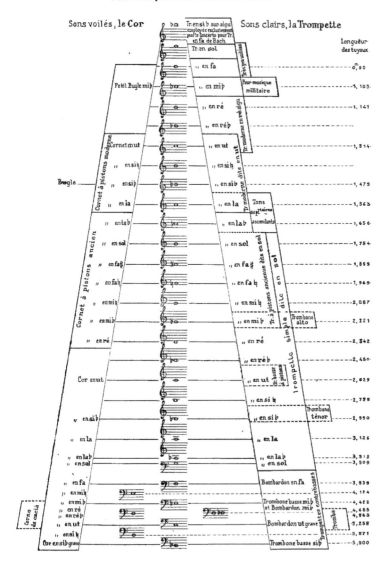

Tableau explicatif de l'écriture pour les trompettes.

s'est agi des instruments anciens, le cor, la trompette et le trombone, c'était une autre affaire; il ne fallait pas toucher à leur manière d'être qui, n'ayant jamais changé jusqu'à ce jour, devait être éternellement immuable et sacrée, comme tout ce qui est ancien. C'était un sacrilège de vouloir les dénaturer (nous appelons cela *perfectionner*). Le système des pistons était excellent pour tous les instruments de cuivre, excepté pour ceux qui avaient eu le tort d'exister avant cette invention. C'est la même contradiction qui a lieu aujourd'hui au sujet de l'élévation des tonalités de la trompette. Le cornet à pistons, étant un instrument nouveau auquel le système des pistons a donné naissance, pouvait user de tous les avantages des progrès de la fabrication, mais le cor, la trompette et le trombone, instruments anciens, devaient demeurer à jamais dans leur forme, dans leurs tonalités et dans leurs moyens mécaniques. Voilà le raisonnement qui arrête ou ralentit toute espèce de progrès. (Voir trompette à 5 pistons.)

M. Antoine HALARY adapta le système de STŒLZEL au cornet ou cor de poste (en allemand *Post-Horn*), espèce de petite trompette dont les postillons, en Allemagne, se servaient pour annoncer le départ et l'arrivée des voyageurs.

Les pistons, obéissant à la simple pression des doigts, mettent les coulisses qu'ils actionnent en communication avec le tuyau principal. Les pistons font ainsi baisser l'instrument, le premier d'un ton, le deuxième d'un demi-ton et le troisième d'un ton et demi. Par leur emploi et leurs diverses combinaisons, on obtient toute la gamme chromatique dans toute l'étendue de l'instrument. Nous ne parlons ici que du système des pistons descendants, à peu près seul usité pour les instruments de cuivre aigus. Quant au système des pistons ascendants, appliqué quelquefois aux instruments graves[1], c'est le contraire qui a lieu, le souffle suit la ligne directe, c'est-à-dire le plus courte quand ceux-ci sont abaissés. Les tuyaux additionnels ne sont parcourus que pendant que leurs pistons correspondants sont levés.

FIG. 692. — POST-HORN. Catal. THIBOUVILLE, p. 176, f. 20, 23.

Dans l'un comme dans l'autre système, chaque piston abaissé et chaque combinaison de pistons représentent exactement une nouvelle trompette simple. La trompette en *ut* moderne peut, comme l'ancienne, faire office de trompette simple. Il suffit, pour cela, de maintenir abaissés un ou plusieurs pistons, dont l'effet est absolument semblable à celui des corps de rechange mobiles. L'invention du système des pistons, qui a eu de si heureuses conséquences, a, tout d'abord, augmenté considérablement la difficulté du jeu de la trompette ancienne et, ce qui a longtemps été suffisant, pour les trompettistes, d'avoir de bonnes lèvres et de l'oreille.

S'il avait été possible de ne faire usage que d'un seul ton, celui de *fa*, par exemple, il eût été préférable de donner aux notes leurs noms réels, comme on le fait pour le trombone qui est en *si♭* par sa construction, et que l'on joue cependant comme s'il était en *ut*. La note produite avec la coulisse fermée s'appelle *si♭*, au lieu que, sur la trompette ancienne à pistons, de même longueur de tube que le trombone, et par conséquent dans la même tonalité, on nomme cette même note à vide *ut*, quoiqu'elle soit, en réalité, un *si♭*.

On aurait pu, dans ce cas, disons-nous, donner aux notes leurs noms réels, au lieu de dire : *do, ré, mi, fa, sol, la, si, do*, pendant que l'oreille entend *fa, sol, la, si♭, do, ré, mi, fa*. Cela eût diminué la difficulté dans d'énormes proportions, mais l'obligation de faire usage des corps de rechange rendait impossible une étude différente de doigté pour chacun d'eux. De cette complication inévitable résultait donc une difficulté inouïe pour s'assimiler les intonations de tous ces tons ou corps de rechange. Avec la trompette en *ut* moderne, cette très grande difficulté est fort atténuée, même avec ses tons de rechange, parce que leurs tonalités ne sont jamais éloignées les unes des autres, que leurs harmoniques praticables sont plus espacés, et que le tube est plus court, ce qui favorise la sûreté.

On est généralement revenu aujourd'hui de l'erreur qui consiste à croire que le système des pistons dénature le son des instruments de cuivre. Cette erreur a toujours été, comme beaucoup d'autres, répandue et cultivée avec soin par ceux qui avaient intérêt à la propager, et ceux qui trouvaient plus commode de condamner un système que de l'étudier.

Un examen attentif et consciencieux convaincra aisément qu'une simple adjonction de longueur de tuyau, si elle est bien faite, ne peut ni affaiblir ni dénaturer la sonorité.

Dans tous les cas, si le système des pistons pouvait porter atteinte au caractère de la sonorité, ce ne pourrait être à celle de la trompette ni à celle du trombone. Les tubes supplémentaires que comporte le système étant nécessairement à coulisse et, par conséquent, de forme cylindrique, leur adaptation aux instruments à perce identique ne peut apporter aucun trouble à l'originalité de leurs sons. Si des remarques contraires ont pu être faites, il fallait en attribuer la cause à une fabrication défectueuse, à un vice de l'embouchure ou à l'inhabileté des exécutants.

Quant aux coudes et détours que l'emploi des pistons impose au parcours du souffle, ils peuvent, dans certains cas et dans une certaine mesure, si la fabrication n'est pas perfectionnée, augmenter la difficulté d'émission des sons de la trompette, mais non en dénaturer le timbre.

LE CORNET

Le cornet, qui a tiré son nom de *corne*, l'a conservé aussi longtemps qu'il en a imité la forme, c'est-à-dire jusqu'au jour où il a été remplacé par le clairon, qui s'est appelé primitivement lui-même cornet de voltigeurs, et à qui on a maintenu une sonorité de même nature (c'est l'instrument dont on a fait le bugle en y appliquant le système chromatique).

L'histoire du cornet est tellement liée à celle de la trompette qu'elle se confond, pour ainsi dire, avec elle, pendant toute l'antiquité; nous pourrions même dire jusqu'à nos jours; car si le cornet à pistons moderne date d'un peu moins d'un siècle environ, il n'a été, au fond, qu'un ressuscité, du moins quant à son

---

1. On commence à l'appliquer aux instruments aigus depuis quelques années (1922).

nom, car, comme il est dit ci-dessus, il a continué, en réalité, d'exister sous le nom de clairon. Ce dernier, ayant donné naissance au bugle par l'adaptation du système chromatique, perpétuait la tradition de l'antique cornet, lorsque le cornet à pistons moderne a été créé dans le but de faire suite aux tonalités ascendantes du cor pour le service des orchestres.

Le cornet primitif a été, comme la flûte et la trompette, le point de départ d'instruments à vent souvent confondus sous une même dénomination. Comme eux, il a toujours été employé, tant dans la vie civile, religieuse et agricole qu'à la guerre. Les rabbins prétendent que la première trompette, ou, plus exactement, le premier cornet à bouquin, *keren*, fut une des cornes du bélier immolé à Dieu par Abraham à la place de son fils Isaac.

Le cornet a été défini de plusieurs manières selon l'usage auquel il a été employé. Ex. : Cornet : sorte de petite trompe rustique ou de petit cor ; — espèce de grande flûte d'une seule octave qui, dans les chœurs, sert à soutenir la voix. — Cornet à bouquin : instrument à vent très ancien, en bois recouvert de cuir, qui affectait différentes formes ; — trompe grossière faite d'une corne de bœuf, au son de laquelle les pâtres réunissent leurs troupeaux.

Post-Horn : cornet ou cor de poste.

Cornet de voltigeurs : instrument militaire en cuivre qui a été remplacé par le clairon.

Quelle que fût la dimension de la corne dont on a fait les premiers cornets, elle était toujours relativement très conique ; de là, la nature des sons larges et voilés ou sombres, caractère que l'on a conservé aux instruments de cuivre de la famille du cor.

Les sons de la trompette et du cornet, lorsqu'ils sont dans la même tonalité, ne diffèrent qu'à cause de la forme intérieure ou de la perce.

Leur forme extérieure n'a aucune influence sur la nature du son. La différence de longueur du tuyau effectif, elle-même, modifie la sonorité, mais ne change pas le caractère des sons de l'instrument ; ceux-ci sont clairs ou voilés selon que la perce est cylindrique ou conique. C'est surtout lorsque, dans l'emploi des métaux, on a développé la longueur du tuyau des instruments, que la différence des timbres s'est affirmée. Ici le proverbe : « Les extrêmes se touchent, » trouve son application ; c'est dans le registre médium que les instruments de cuivre diffèrent le plus entre eux. Ils sont là nettement séparés en deux classes distinctes : les sons clairs et éclatants, la trompette et le trombone d'une part ; de l'autre, le cor et ses variétés. Dans l'extrême grave comme dans l'extrême aigu, ils se rapprochent de plus en plus, au point que les oreilles insuffisamment expérimentées les confondent.

Cornet à pistons.

Avant de commencer cet article, nous nous demandons pour quel motif le cornet a besoin, pour sa désignation, d'un complément indirect. Pourquoi appelle-t-on cet instrument *cornet à pistons ?* Nous voyons que l'on dit tout court, trompette, trombone, cor, bugle, et ainsi de tous les autres instruments. On ne dit pas la *trompette à pistons*, le *trombone à coulisse*, le *cor à pistons*, le *bugle à pistons* ; le complément ne s'ajoute que lorsqu'il s'agit de la comparaison entre deux systèmes : la *trompette simple* et la *trompette à pistons* ; le *trombone à coulisse* et le *trombone à pistons* ; le *cor simple* et le *cor à pistons* ; la

contrebasse à trois cordes et la contrebasse à quatre cordes, etc. Mais pour le cornet qui, comme instrument d'orchestre, n'existe pas autrement qu'à pistons ou à cylindres (ce qui est la même chose), on ne comprend pas l'utilité de le spécifier. Le complément lui est plus inutile qu'aux autres instruments.

Cette unique exception dans la désignation des intruments de musique ne serait-elle pas due au fait que la sonorité du mot *cornet* tout court ne donnerait que très imparfaitement l'idée des sons que rend, de nos jours, cet instrument ? Et à ce que le complément est, en quelque sorte, devenu nécessaire pour dissimuler, à l'oreille, l'espèce de contradiction qui existe aujourd'hui entre le nom et la chose qu'il désigne ?

Depuis longtemps, on en est même arrivé à supprimer le nom pour ne laisser subsister que le complément. Il n'y a plus guère, en effet, que dans les documents administratifs où l'on dit encore : *cornet à pistons* ; partout ailleurs on dit : le *piston*. Le complément a pris la place du nom.

L'invention du cornet à pistons, avons-nous dit, est attribuée à SLOELZEL, l'inventeur du système des pistons ; mais le cornet chromatique existait déjà sous la forme d'un bugle à clefs, que l'on appelait cor aigu, et qui était en *si♭* comme le bugle à pistons moderne. L'application du système des pistons a fait un bugle de ce cor aigu, qui n'était autre qu'un clairon à clefs, et on a créé le cornet à pistons.

Fig. 693. — Bugle à clefs (Dauverné xxv, fig. 9).

DUPRÊNE fit entendre ce nouveau cornet à deux pistons, à Paris, en 1830, notamment dans les concerts des Champs-Élysées et dans les bals. Son succès fut immense, mais on s'aperçut bientôt que cet instrument à deux pistons n'était pas complet, et on y ajouta le 3ᵉ piston qui permettait d'obtenir toute la gamme chromatique.

Le nouveau cornet à pistons était donc un petit cor ou cor aigu. Sa forme même

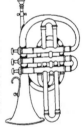

Fig. 694. — Cornet à trois pistons.

ainsi que la nature de ses sons indiquaient son origine. Comme la trompette, il était destiné à être joué dans son registre aigu, et il était construit dans les mêmes tonalités. Ses tons de rechange

étaient ceux de : $\quad$ auxquels on ajouta

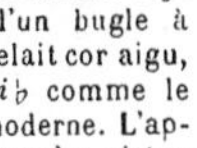

bientôt les tons supplémentaires ascendants de *la♭*, *la♮* et *si♭*.

Le cornet à pistons ne différait de la trompette ancienne que par la nature des sons et par l'écriture. Leur registre d'exécution était le même. Théoriquement, la longueur de son tuyau était la même ; mais le cornet s'écrivait une octave plus haut que la trompette. Ainsi l'*ut* :  de la trompette en *fa*

s'écrivait ainsi : pour le cornet en *fa*,

et les deux instruments donnaient :

note réelle. Il en est résulté que le cornet n'a pas eu
à changer sa manière d'écrire, en s'élevant dans les
tonalités de *la*, *si♭ ut*, tandis que la trompette l'a
élevée d'une octave à partir de ces mêmes tonalités
et au-dessus.

Tr. en *sol* écrit :　　effet :

Tr. en *la*
ou Cornet　écrit :　　effet :

Les tons supplémentaires de *la* et *si♭*, étant d'une
émission plus sûre, ont été peu après utilisés à l'exclusion de tous les autres, si ce n'est pour l'étude.
La sonorité de ces tons, plus claire et voisine de
celle de la trompette, a bientôt fait oublier l'origine du cornet et le but dans lequel il avait été créé,
et on en a fait usage pour remplacer la trompette
dans tout ce qui était trop difficile ou trop dangereux pour elle tant qu'elle conservait ses anciennes
tonalités graves. Étant, de ce fait, impuissante à s'acquitter de son rôle, la trompette s'est vu dérober
par le cornet les parties les plus intéressantes dans
les orchestres et les musiques militaires.

Néanmoins, pendant 40 ou 50 ans, le cornet avait
conservé, comme un reste de son origine, un lien de
parenté avec le cor, fils du cornet primitif et père du
cornet à pistons tout à la fois. Les premiers artistes
qui se sont livrés à l'étude du cornet à pistons étaient
des cornistes dont quelques-uns ne cessaient pas
pour cela de jouer du cor et d'exceller sur ces deux
instruments en même temps; tels SCHLOTMANN, un
des plus brillants cornettistes de cette époque, qui
était premier cor solo au théâtre des Italiens, puis,
plus tard, premier cor solo à l'Opéra; FORESTIER,
premier prix de cor du Conservatoire, professeur
de la classe de cornet à pistons au Gymnase musical
militaire; MAURY, premier prix de cor, bugle solo
et sous-chef de musique de la Garde Républicaine,
qui fut professeur de cornet à pistons au Conservatoire de 1874 à 1880. Bien d'autres encore, parmi les
plus renommés cornettistes, étaient des cornistes.

Les succès obtenus sur le cornet à pistons, à ses
débuts, par les cornistes précités, excitèrent les meilleurs des trompettistes à adopter ce nouvel instrument, que le public accueillit avec enthousiasme, dès
qu'il eut adopté le caractère de la trompette, et cette
dernière fut abandonnée à son malheureux sort.
Parmi ces trompettistes devenus, de ce fait, trompet-
tistes-cornettistes, il faut citer : ARBAN, premier prix
de trompette du Conservatoire (élève de DAUVERNÉ),
célèbre virtuose, vulgarisateur du coup de langue
composé (appelé communément : coup de langue),

professeur de la classe de cornet à pistons depuis
sa création, en 1869, jusqu'en 1874; et de 1880 jusqu'à
sa mort, en 1889. Ensuite, son brillant élève favori,
CHAVANNE, élève à la classe de trompette de DAUVERNÉ
au Conservatoire, en même temps qu'à celle de
saxhorn ou bugle d'ARBAN (alors professeur de cette
classe militaire), qui remporta, dans la même journée, en 1868, un premier prix de trompette et un
premier prix de saxhorn[1], et qui est devenu aussi
célèbre sur le cornet que sur la trompette.

FORESTIER, cornettiste avant d'être cornettiste, dirigeait ou aurait désiré diriger le cornet dans sa voie
naturelle. Il est facile de constater que, dans son
enseignement, il est entraîné, à regret, vers une
orientation qu'il désapprouve; on y trouve des
conseils qui nous confirment sa conviction et sa tendance. C'est ainsi que, dans sa méthode, à l'article
sur la formation du son, il conseille l'emploi des tons
graves pour l'étude; il ajoute plus loin : « Enfin,
comme le son des tons aigus du cornet — celui de
si♭ en particulier — est d'une nature raide et crue,
on pourra, en le reportant sur les tons graves qui
sont, au contraire, d'une nature douce, ramener le
premier, et le modifier par l'étude et l'observation,
de telle sorte qu'il acquière un charme incomparable avec sa nature primitive. »

Enfin, à l'article *Embouchure*, FORESTIER dit encore :
« Le cornet a, par sa nature, une qualité de son un
peu nasale, et l'embouchure à bassin curviligne dont
on se sert généralement ne tend pas à diminuer ce
défaut. Après bien des essais, j'ai remarqué qu'une
embouchure conique, analogue à celle des cors, mais
légèrement creusée dans le haut du bassin, donne
une qualité de son plus ronde et plus veloutée; c'est
la forme que j'ai adoptée et que je conseille. »

ARBAN, par ses brillantes qualités de virtuosité,
jointes à son audace, a rendu le cornet populaire
dans son nouveau caractère de cornet-trompette.

FORESTIER, quoique grand artiste comme ARBAN,
mais moins audacieux, a entraîné dans sa défaite le
véritable cornet.

Le cornet, en s'élevant dans les tonalités aiguës,
n'a pas, ou peu rencontré d'opposition; tandis que la
trompette, à qui appartenait cette évolution, qui ne
pouvait pas lui faire perdre son caractère et qui, au
contraire, l'affirmait de plus en plus, y a éprouvé les
plus grandes difficultés. Le motif de cette contradiction se trouve dans le fait que le cornet antique, qui
s'était perpétué sous le nom de clairon et, en dernier
lieu, de bugle, n'avait jamais été introduit dans les
orchestres. Le nom de cornet n'était plus appliqué,
depuis des siècles, qu'aux instruments employés
pour les signaux.

Le cornet à pistons étant donc un instrument nouveau dans l'orchestre, on l'a accepté tel quel sans
protestation. Lorsque la trompette a voulu faire la
même chose, on s'y est opposé : la place était occupée
par le cornet.

Toutes les parties jouées par les cornets, dans les
anciens opéras, sont des parties écrites pour la trompette. Il n'y a que dans les opéras créés depuis le
dernier quart du XIXe siècle qu'ils ne jouent que les
parties indiquées pour le cornet, lorsqu'il y en a.
Cette époque coïncide avec celle de l'admission définitive de la trompette moderne à l'Opéra de Paris.

Mais auparavant, les trompettistes, eux-mêmes, se

1. Bugle d'une forme spéciale imaginée par Sax et affecté aujour-
d'hui à tous les instruments de cuivre à pistons autres que les petits
cuivres aigus.

sont servis accidentellement du cornet à pistons pour exécuter certains solos considérés comme trop dangereux pour l'ancienne trompette (ce qui prouvait déjà la nécessité de modifier la construction de cette dernière). De là à écrire, pour le cornet à pistons, les morceaux qui, par leur caractère, appartenaient à la trompette, il n'y avait qu'un pas; ce pas a été franchi, et le cornet a accaparé de plus en plus le rôle de la trompette, jusqu'au jour cependant où les compositeurs, se départant enfin de leur modération excessive, ont écrit au-dessus du registre ordinaire. Ce jour-là, il a bien fallu avouer que, si le cornet à pistons avait cessé, depuis longtemps, d'être un cornet, il n'était pas encore une trompette. Le fait s'est produit, pour la première fois, à une répétition de *Sigurd* de Reyer à l'Opéra de Paris. Dans cet opéra, les cornets à pistons exécutent encore actuellement les parties de trompettes chromatiques. A la lecture de cet ouvrage, à l'orchestre, il y avait au pupitre des trompettes chromatiques, confié aux pistons, une rentrée solo qui monte jusqu'au si♮ (note réelle) de valeur longue. Cette note n'ayant pas été atteinte, M. Reyer en demanda la raison en affirmant qu'elle avait été rendue ailleurs[1]. On lui a alors avoué que le cornet était impuissant à remplacer la trompette en cette circonstance. A la répétition suivante, le passage était transféré au pupitre des trompettes, au moyen d'un échange momentané des parties.

A la création d'*Othello*, à l'Opéra de Paris, un fait de ce genre s'est produit de nouveau, non au sujet de l'aigu cette fois, mais à cause de l'effet qui n'était pas celui que désirait Verdi. Dans cet opéra, les parties de trompettes du deuxième pupitre étaient et ont toujours continué à être jouées, depuis, par les cornets à pistons. Sur la réclamation de Verdi, à la première répétition, on fit, à la répétition suivante, un échange des parties de trompettes et de cornets, ou plutôt, on opéra un déplacement momentané des trompettistes et des cornettistes, en faisant placer les trompettistes au pupitre affecté d'ordinaire aux cornettistes, et *vice versa*.

Arban dit dans sa *Méthode de cornet à pistons*, au chapitre. *Cornet à pistons en ut.*

« Il est indispensable de jouer le cornet à pistons en *ut* et en *si♮* aussi bien que le cornet en *si♭*, car ils peuvent rendre de très grands services dans les orchestres, surtout quand on est appelé à jouer des *parties de trompettes*. Comme instrument solo, le cornet en *ut* est des plus brillants, et possède un timbre plus distingué que celui en *si♭*. Dans les théâtres consacrés aux représentations lyriques, on ne saurait s'en passer, à cause des transpositions qui y deviennent beaucoup plus faciles que sur le cornet en *si♭*, et surtout, en raison de la sûreté avec laquelle on peut attaquer les notes les plus aigus. »

Ce passage est un nouvel hommage rendu involontairement à la trompette en *ut* aigu; car si le cornet en *ut* est préférable au cornet en *si♭*, et s'il a un timbre plus distingué, c'est uniquement par le motif qu'en élevant sa tonalité il se rapproche de plus en plus de la trompette.

Cependant, le public, et aussi, nombre d'artistes en étaient arrivés à une compréhension fausse du caractère du cornet à pistons. C'est ainsi que l'on faisait, et que l'on fait encore aujourd'hui, des réflexions comme celle-ci : *Ce piston joue bien, il a les sons clairs, sans remarquer que les jolis sons du cornet devraient être veloutés et voilés*. C'est comme si l'on disait : ce cor a des sons de trombone, ou ce hautbois a des sons de clarinette.

Pour arriver au résultat désiré, Arban avait imaginé un système de cornet qui, tout en corrigeant les défauts de justesse, donnait à l'instrument une étendue suffisante dans le grave pour dispenser d'avoir recours aux tons de rechange, sauf dans quelques rares exceptions.

Ce nouveau système exigeait une nouvelle étude du doigté; cet inconvénient et la mort prématurée d'Arban firent que l'invention fut abandonnée.

Quelques années avant sa mort, Arban exerçait ses élèves à imiter le son de la trompette sur le cornet en leur faisant employer le plus de pistons possible dans les notes tenues ou arpégées. Les notes à vide se faisaient en abaissant deux pistons; pour d'autres notes, qui s'obtiennent dans le doigté ordinaire avec un ou deux pistons, il en employait trois. Mais, au lieu de trouver ainsi le son de la trompette, il ne réussissait qu'à donner au cornet un son dur, criard, creux, sans consistance, et qui le rendait encore plus vulgaire par la raison que les coulisses qu'actionnent les pistons étant forcément de forme intérieure cylindrique, tandis que le cornet simple est de perce conique, cet abus des pistons ne pouvait donner qu'un résultat vicieux. Il faisait perdre ainsi, davantage encore, le son du cornet, sans trouver celui de la trompette.

Il n'y a pas encore bien longtemps que les trompettistes étaient considérés comme incapables de tenir un emploi de trompette même, s'ils n'avaient acquis auparavant une renommée comme cornettistes. Cette anomalie venait du fait que, dans l'étude de la trompette, on se bornait au genre soi-disant trompette, comme si un instrument de musique devait exclure de la pratique et surtout de l'étude un genre quelconque. Certains examinateurs au Conservatoire voulaient même se montrer sévères à cet égard. Mais, ce qu'il y avait de plus préjudiciable à la trompette, c'est qu'elle était le seul instrument qui fût victime de ce parti pris[2].

Les bons cornettistes admis à occuper des places de trompettes finissent quelquefois par jouer réellement bien de cet instrument, si leur organisation y est favorable; les autres restent médiocres toute leur vie, parce que leur tempérament, qui se prêtait assez bien au jeu du cornet, est insuffisant pour celui de la trompette. Ces derniers ont, généralement, sur la trompette, des sons quelquefois bruyants, mais grêles et anémiques ou ternes, parce qu'ils sont obligés de sacrifier la sonorité pour pouvoir se tirer d'affaire au moyen d'une embouchure et d'un instrument construits ou choisis spécialement dans le seul but de favoriser soit l'aigu, soit la sûreté, selon le besoin, au détriment des autres qualités.

L'étude de la trompette renferme en elle celle du cornet et du bugle, et en diminue sensiblement la difficulté.

Le cornet à pistons est exclu aujourd'hui des grands orchestres allemands. Les parties de cornets des ouvrages français y sont jouées par les trompettes, lesquelles sont aussi préférées pour les musiques militaires, et même pour la musique de danse. Cependant,

---

1. Il faisait allusion au Théâtre de la Monnaie à Bruxelles où *Sigurd* a été créé.

2. Tous les genres n'étaient-ils pas permis au cornet à pistons, même le genre trompette, puisque l'on admettait qu'il remplaçât cette dernière?

l'usage du cornet n'a pas totalement disparu en Allemagne. Il y est joué exclusivement en *si♭* et en *la;* le cornet en *ut* y est, pour ainsi dire, inconnu.

En Belgique, il est exclu des grands orchestres de musique symphonique, mais il est encore employé dans les théâtres de second ordre, dans les musiques militaires, les fanfares et la musique de danse, où la trompette a pourtant commencé à pénétrer de même qu'en France. Dans ces derniers orchestres, son importance décroît de jour en jour, au fur et à mesure des progrès de la trompette.

Jusqu'à l'époque des opéras à trois parties de trompette, c'est-à-dire jusqu'à la première représentation de *Lohengrin* en 1891, à l'Opéra de Paris, les cornets ont joué les parties des trompettes chromatiques. Depuis ce jour, le cornet n'a été considéré comme une trompette, dans la création des opéras nouveaux, que lorsque des six parties comportaient quatre parties de trompette. Mais, dans ceux à trois parties, le cornet n'était point employé; tout le pupitre avait congé. Deux artistes du pupitre des trois trompettes jouaient les deux premières parties, ce qui leur laissait leur roulement habituel des congés, et un trompette externe jouait, à chaque représentation, la troisième partie. Il a été fait, cependant, une exception, pour la *Maladetta*, ballet de M. Vidal. La partition comporte trois parties de trompette, et la troisième partie est jouée par un cornet. Dans les opéras à quatre parties de trompette, les cornets jouaient les parties chromatiques, mais lorsque l'opéra n'avait que deux parties de trompette, *quoique chromatiques*, c'étaient les trompettes qui les jouaient et qui les jouent encore.

Nous avons parlé plus haut, au sujet de *Sigurd* et d'*Othello*, de chassés-croisés, par ordre, opérés entre les trompettes et les cornets, mais des échanges de pupitres et de parties avaient déjà eu lieu volontairement dans des opéras plus anciens. *Robert le Diable*, par exemple, comportait quatre parties de trompette, dont simples et deux chromatiques; mais les deux pupitres ne jouaient qu'alternativement, jamais simultanément. Ainsi de *Faust* et d'*Aida*. Or, puisqu'il n'y avait jamais à employer que deux artistes à la fois, on considérait comme inutile d'en déranger quatre. Pour éviter cet inconvénient, on imagina la combinaison suivante : on se partagea les opéras; les trompettes furent chargés de jouer intégralement *Robert le Diable*, sans le secours des cornets, sauf le duo dans les coulisses, écrit pour deux trompettes et qui fut attribué aux cornets. Ces derniers se chargèrent aussi d'assurer le service intégralement dans *Faust* et dans *Aida*. Dans les *Huguenots* (quatre parties de trompette[1]), on fait plusieurs fois, durant la représentation, échange de cahier entre les deux pupitres de trompettes et de cornets, afin de donner toujours aux cornets les parties les plus chromatiques et les plus artistiques.

Roméo et Juliette comporte deux parties de trompette et deux de cornet. Les deux pupitres, comme dans les opéras déjà cités, ne jouant jamais en même temps, un autre arrangement eut lieu. Il fut convenu qu'un seul trompette et un seul cornet assureraient ce service et joueraient les deux cahiers.

La trompette joue la partie de 1re trompette et celle du 2e piston. Le cornet, la partie du 1er piston

et celle de la 2e trompette. Le service est combiné de façon que les troisièmes de chaque pupitre ne se trouvent jamais ensemble, afin qu'il y ait toujours au moins un soliste sur les deux instrumentistes. Lorsque, parmi eux, se trouvent un soliste et un troisième, c'est le soliste qui joue, dans tout l'opéra, la première partie de trompette et la première partie de piston, quel que soit, d'ailleurs, l'instrument que cet artiste ait en main. Il est bien évident cependant que, dans cet opéra, les parties de piston sont tout simplement, au fond, des parties de trompette chromatique (voir la marche, principalement).

Dans *Ascanio* de Saint-Saëns, ce fut une autre combinaison. Cet opéra comporte trois parties de trompette et trois parties de piston. De même que dans les opéras ci-dessus, les deux espèces ne jouaient jamais ensemble. Pour éviter le dérangement de six artistes pendant que trois pouvaient suffire, au lieu que l'entente se fasse par pupitre comme dans les autres opéras, on avait convenu que le premier trompette et le premier cornet établiraient, entre eux deux, un roulement de service à part, et qu'il y aurait toujours l'un d'eux à chaque représentation.

Les seconds-premiers de chaque pupitre agissant de même, ainsi que les troisièmes, il y avait toujours, de cette façon, les trois exécutants exigés par la partition. C'était un mélange de trompettes et de cornets. Tantôt deux trompettes et un cornet, tantôt deux cornets et une trompette. Quel que fût le pupitre indiqué sur la partition, la première partie était toujours jouée par l'instrument désigné; quant aux autres parties, c'était variable.

Jusqu'au 23 février 1880, époque où fut créé un emploi de troisième trompette, il y avait eu, à l'Opéra, un pupitre de deux trompettes et un autre de trois cornets. Le troisième cornet devait jouer la partie de seconde trompette en cas de maladie d'un titulaire de ce pupitre. Depuis cette époque, et pendant une douzaine d'années, les deux pupitres ont été composés chacun également de trois titulaires, jusqu'au jour où le troisième cornet a pris sa retraite et où on l'a remplacé par un quatrième trompette. Ce qui fait qu'il y a actuellement, à l'Opéra, quatre trompettes et deux cornets titulaires[2].

TECHNIQUE DE LA TROMPETTE ET DU CORNET

Coulisses.

L'abaissement de chacun des trois pistons détourne la colonne d'air du tuyau principal, lui fait parcourir une longueur de tuyau supplémentaire, traverser une seconde fois le piston, perforé à cet effet, pour

---

1. Meyerbeer n'a jamais écrit que pour la trompette; le solo du *Prophète* (la *Marche du Sacre*), que l'on croit généralement écrit pour le cornet, était également destiné à la trompette.

2. Actuellement (en 1926), une nouvelle modification vient d'être opérée à l'Opéra de Paris; un titulaire du pupitre des trompettes ayant pris sa retraite, on a réduit les deux pupitres, trompettes et cornets à pistons à cinq exécutants au lieu de six : trois trompettes ne jouant exclusivement que les parties de trompette et sur la trompette; et deux cornets à pistons jouant les parties de cornet à pistons sur le cornet et, de plus, des parties secondaires de trompette sur la trompette, cela conformément au roulement établi entre les cinq artistes pour les seuls congés.

On peut donc dire que, dès maintenant, le cornet à pistons a terminé son évolution en se jetant complètement dans la trompette dans la plupart des orchestres. Des expériences sont faites en ce moment même par les derniers partisans du cornet à pistons pour lui conserver sa forme extérieure, tout en imitant la forme intérieure de la trompette. Ainsi la lutte entre ces deux instruments prend fin, car Paris, imitant les nations étrangères qui l'ont devancé, ne voit plus guère de cornets dans les orchestres, même secondaires.

que le souffle reprenne son cours direct. Ce tuyau mobile, replié sur lui-même, dont les deux branches sont soudées au piston, se nomme coulisse; on l'allonge à volonté, selon le ton ou corps de rechange que l'on adapte à l'instrument. La longueur variable des coulisses est proportionnée à l'abaissement ou à l'élévation de la tonalité fondamentale de l'instrument. Elle s'augmente en raison directe de l'abaissement de cette tonalité, toutes proportions gardées.

Exemple : si, sur une trompette ou un cornet en *ut*, jouant juste avec ses coulisses fermées, nous mettons le ton de *si♭*, il nous faut, pour obtenir la justesse de toutes les notes, tirer la coulisse du deuxième piston (qui baisse d'un demi-ton) de 1 à 2 millimètres, celle du premier piston (qui baisse d'un ton) de 4 ou 5 millimètres, et celle du troisième piston (qui baisse d'un ton et demi) d'un centimètre environ. Si, au lieu du ton de *si♮*, nous mettons celui de *si♭*, ce sera de plus du double qu'il faudra tirer chaque coulisse, et ainsi de suite pour chaque ton descendant. Plus l'abaissement produit par le ton de rechange est important, plus grand doit être l'allongement des coulisses, relativement au degré d'abaissement de la tonalité. Exemple : pour la trompette en *si♭* aigu, le premier piston a une longueur réelle de coulisse d'environ 17 centimètres à l'extérieur du tube, tandis que pour la trompette en *fa*, la coulisse du même piston est d'environ 23 centimètres ; cependant, sur l'une comme sur l'autre trompette, le premier piston baisse également d'un ton. C'est pour cette cause que les notes que l'on obtient au moyen de l'abaissement simultané de plusieurs pistons sont naturellement trop hautes, parce que l'emploi de chaque piston donne, en réalité, une tonalité différente à l'instrument. Exemple : la coulisse du deuxième piston, étant accordée sur la trompette en *ut*, baisse à peu près exactement d'un demi-ton ; mais, si cette même coulisse entre en fonction en même temps que celle du premier piston qui met en *si♭* la trompette en *ut*, la coulisse du deuxième piston n'a plus la longueur suffisante pour baisser d'un demi-ton un instrument qui, du ton d'*ut* sur lequel était accordée cette coulisse, est descendu au ton de *si♭* par l'effet de l'abaissement du premier piston. D'où il résulte, disons-nous, que toutes les notes employant plusieurs pistons sont trop hautes. Tant qu'il ne s'agit que de deux pistons, les lèvres exercées remédient à ce défaut, mais lorsque les trois pistons sont abaissés simultanément, l'écart est tellement grand que les artistes les plus habiles ne rectifient la justesse qu'avec les plus grandes difficultés, et en altérant, d'une façon plus ou moins sensible, le timbre de l'instrument. Sur les instruments aigus, les deux seules notes qui emploient

obligatoirement trois pistons sont :

sur le *fa♮*, l'inconvénient n'est pas sensible à cause de sa gravité qui facilite l'abaissement par les lèvres, et dont le timbre moins clair rend les défauts moins apparents. Il ne reste donc que l'*ut♯* ou *ré♭* qui soit une note réellement défectueuse, car il n'y a pas d'autre doigté pour l'obtenir sur les trompettes à trois pistons. On a adopté, il y a quelques années, un anneau à la coulisse du troisième piston. On introduit, dans cet anneau, le petit doigt de la main gauche au moyen duquel on peut allonger la dite

coulisse sans cesser de jouer, et obtenir ainsi la justesse du *ré♭* grave. Mais ce moyen ne peut s'employer que très rarement, lorsque la note est isolée, ou dans les mouvements lents, ou encore quand cette note est la première ou la dernière d'une série.

Coulisse d'accord.

La coulisse appelée coulisse d'accord est celle qui fait partie de l'instrument simple (sans participation des pistons) ; elle sert à accorder l'instrument dans ses notes harmoniques naturelles ; elle est construite de façon à laisser à l'artiste la faculté de l'allonger à volonté jusqu'à concurrence des variations possibles du diapason dans les orchestres.

Tonalités[1].

Le nom de tonalités est appliqué ici aux différents tons de rechange que peuvent porter le cornet et la trompette.

La longueur effective du tube détermine la tonalité de l'instrument. Plus le tube est court, plus l'instrument est aigu.

Le cornet, qui possédait autrefois tous les tons de *ré* à *si♭* : n'a plus aujourd'hui, dans la pratique, que ceux de *ut* à *la* :

La trompette ancienne à corps de rechange, dont ceux en usage ont été de *sol* à *la♭* :

pour la trompette simple, n'employait, dans la pratique, comme trompette à pistons que ceux de :

Mais il y a aussi des trompettes aiguës et suraiguës jusqu'en   ; celle en *ré* aigu est principalement utile pour l'exécution des œuvres de BACH et de HAENDEL. Son emploi tend à se répandre peu à peu dans la musique moderne. Ce qui fait la

---

1. Pour désigner les tonalités nous employons, non la fondamentale ou son 1, mais la tonique à deux octaves, c'est-à-dire le son 4.

Ex. trompette ancienne en *ut*, fondamentale :

désignation :   trompette moderne en *ut*, fondamentale :   désignation :

bagatelle de 24 tonalités appartenant ou ayant appartenu à la trompette. Pour quiconque n'a jamais soufflé dans un instrument de cuivre, il existe un moyen simple et infaillible de se rendre compte de la tonalité de l'instrument que l'on a en main, quel que soit le *ton* ou *corps de rechange* qui lui est adapté. Il suffit de frapper sur l'embouchure bien à plat, avec la paume de la main, pour entendre distinctement la fondamentale (son 1) exacte et précise. Ex. : la trompette en *ut* aigu donne :

; l'ancienne trompette en *ut* donne :

Perce.

On nomme perce la forme intérieure que le facteur donne à l'instrument, ou aux proportions du tuyau. La perce est grosse, petite ou moyenne, cylindrique, conique ou mixte.

C'est par la perce que l'on obtient les différentes variétés des sons. La perce conique produit les sons voilés et doux; la perce cylindrique donne la clarté et l'éclat.

La grosse perce, c'est-à-dire à diamètre intérieur large, favorise l'émission des notes graves et donne la grosseur du son. La petite perce, à diamètre intérieur étroit, donnant des sons d'un volume plus réduit, est favorable au registre aigu.

On peut avoir des sons creux ou maigres avec une grosse perce, et des sons ronds et gros avec une petite. Cela dépend à la fois de l'embouchure, de la conformation de la bouche de l'instrumentiste et de sa manière d'émettre les sons. Les meilleures perces sont d'un diamètre proportionné au tube, attendu que l'essentiel n'est pas d'avoir de gros ou de petits sons, mais de les avoir ronds, timbrés, beaux et expressifs, c'est-à-dire vivants. La question du diamètre ou grosseur de la perce est donc, comme beaucoup d'autres, non seulement une question de construction de l'instrument, mais aussi de tempérament et de constitution de l'artiste.

Embouchure.

L'embouchure est, sans contredit, l'un des organes les plus importants, après l'instrument lui-même, de tous ceux qui composent la famille des instruments de cuivre; c'est l'espèce de bocal qui s'adapte à l'instrument et qui, posé sur les lèvres, reçoit le souffle destiné à former le son.

Elle a ordinairement la forme extérieure d'une cloche et est, elle-même, composée de quatre parties essentielles : 1° les bords; 2° le bassin; 3° le grain; 4° la queue ou canal, qui pénètre dans l'instrument pour y conduire les vibrations formées dans le bassin. Nous ne nous occuperons, tout d'abord, dans cet article, que de l'embouchure proprement dite, réservant chacune des parties qui la composent pour être traitées en détail ci-après.

Nous croyons devoir, auparavant, signaler une erreur trop répandue, et nuisible à ceux qui étudient un instrument de cuivre. Cette erreur consiste à croire que les différents degrés de l'échelle des sons s'obtiennent par une plus ou moins grande pression de l'embouchure sur les lèvres. S'il en était ainsi, comment pourrait-on concevoir qu'on ait pu jouer de l'ancienne trompette chromatique? Celle où le même doigté peut produire, outre la note voulue, toutes les notes diatoniques immédiatement voisines, s'il avait fallu donner, pour chacune d'elles, un degré de pression différent? Ç'aurait été, dans certains cas, un mouvement de va-et-vient de la main gauche qui aurait ressemblé, toutes proportions gardées, au maniement d'une coulisse. Ces chocs, répétés fréquemment sur les lèvres, quand les notes sont rapides et arpégées, auraient tôt fait de les meurtrir et de leur faire perdre toute souplesse et toute action à la formation des sons. Les lèvres joueraient, dans ce cas, un rôle passif, et se trouveraient constamment entre l'enclume et le marteau. Ce ne serait plus leur force et leur souplesse qui assureraient la supériorité à jouer dans l'aigu, mais la force du poignet jointe à la force des poumons. On devine ce que deviendraient alors les lèvres, en jouant, par exemple, la *Messe en si♭ mineur* de Bach (*Méthode de trompette moderne et de cornet à pistons*, par M. Franquin).

Les premiers qui ont émis cette idée ne se sont pas suffisamment observés ou n'ont pas assez réfléchi. Leurs successeurs les ont copiés sans réfléchir davantage. Dans l'émission des sons et leurs différents degrés d'élévation, ce sont précisément les lèvres seules qui doivent agir. La main gauche doit se borner à tenir l'instrument avec fermeté, et elle doit remplir seulement l'office d'arc-boutant. L'appui des lèvres sur les bords de l'embouchure peut varier légèrement selon que l'on joue dans l'aigu ou dans le grave, dans la nuance *piano* ou *forte,* selon la force d'expulsion de l'air, à laquelle les lèvres doivent résister pour la diriger; mais, contrairement à une opinion répandue, ce sont les lèvres qui appuient sur l'embouchure et non l'embouchure sur les lèvres. L'étude bien comprise de l'instrument consiste principalement à donner aux lèvres la force et la souplesse, afin, justement, de leur laisser plus de liberté dans leurs mouvements en atténuant de plus en plus le degré de leur appui sur les bords de l'embouchure.

Les instrumentistes les plus habiles sont ceux qui appuient le moins l'embouchure sur les lèvres, et qui, à cause de cela, obtiennent de plus beaux sons avec moins de fatigue, les lèvres n'étant pas paralysées, ni écrasées ou meurtries. Les différents degrés des sons s'obtiennent au moyen de la tension et du rapprochement relatif des lèvres l'une vers l'autre. De là, la nécessité, pour la main gauche qui tient l'instrument, de lui faire suivre ce mouvement pour que le point d'appui, le soutien, demeure toujours suffisant. Pour l'émission des sons graves, les lèvres se relâchent, pénètrent davantage dans le bassin, et, à cet effet, la main gauche est encore chargée de faire céder l'instrument afin de leur laisser toute liberté.

Cette définition pouvant paraître compliquée, hâtons-nous de dire qu'elle n'est faite qu'en vue de prévenir contre des théories erronées, car tous ces mouvements sont insignifiants et se font instinctivement. Le seul principe à observer, et celui-ci est capital, c'est d'appuyer le moins possible l'embouchure sur les lèvres. La pression ne doit s'opérer qu'en cas d'impuissance dans une exécution, quand on ne peut faire mieux, et jamais pendant l'étude. Dauverné dit, dans sa Méthode de trompette : « Pour moduler les sons, on augmente ou l'on diminue graduellement la pression de l'embouchure et le resserrement des lèvres, suivant qu'on veut donner un son aigu ou grave; c'est donc la pression proportionnelle de l'embouchure sur les lèvres qui règle les intervalles des tons sur la trompette. »

Dauverné a confondu, dans son interprétation, la cause avec l'effet. Le resserrement des lèvres ou leur tension, c'est exact, et leur degré d'appui sur l'embouchure s'augmente en raison directe du degré d'élévation des sons et de leur nuance, mais non la pression de l'embouchure, qui n'est que la conséquence. L'expulsion de l'air étant plus serrée et plus vigoureuse pour l'aigu que pour le grave, les lèvres qui la dirigent exigent un point d'appui plus solide pour empêcher la fuite du souffle au dehors. La seule fonction de la main gauche doit être à peu près de maintenir à l'instrument une résistance minimum de soutien, suffisante comme point d'appui représenté par les bords de l'embouchure; ce qui signifie que si, exceptionnellement, il y a pression inévitable, elle s'exerce par les lèvres sur l'embouchure, et non par l'embouchure sur les lèvres, ce qui est tout à fait différent.

Arban donne sur ce sujet, dans sa Méthode de cornet à pistons, la définition suivante : « Pour faire sortir les notes hautes, il est nécessaire d'opérer une certaine pression sur les lèvres, de manière à leur donner une tension proportionnée au degré de la note qu'on veut obtenir. » On ne conçoit pas bien que la pression de l'embouchure sur les lèvres leur donne de la tension; nous sommes même persuadé, au contraire, qu'elle l'affaiblit ou qu'elle l'annule. Puisqu'il faut aux lèvres une tension plus ou moins forte, il est évident, si l'on tient compte de ce qu'elles s'appuient sur les dents, qu'une pression quelconque exercée par un objet en métal, tel que l'embouchure, et par une surface étroite telle que les bords, au lieu d'augmenter cette tension, ne peut que l'affaiblir ou la supprimer, en interrompant la communication des muscles de l'extérieur à l'intérieur, c'est-à-dire avec la fraction des lèvres prisonnière dans l'embouchure. Mais il faut plutôt interpréter la définition d'Arban de la manière suivante : pour faire sortir les notes hautes, il est nécessaire d'augmenter le degré d'appui des lèvres sur l'embouchure, proportionnellement à celui de la tension plus grande des lèvres, pour résister à la force d'expulsion de l'air.

Nous lisons, d'autre part, dans la Méthode de cornet à pistons de Forestier : « Le grain de l'embouchure ne devra pas être trop étroit, ni les bords trop minces. Dans le premier cas, le son est grêle; dans le second, les lèvres se fatiguent promptement. » Et plus loin, dans la même méthode, page 45 : « Il faut aussi éviter d'exercer, sur les lèvres, une trop forte pression qui n'aurait d'autre résultat que de les paralyser et d'empêcher le son de se produire avec pureté. »

Il est compréhensible que les lèvres se fatiguent vite si c'est le degré de pression des bords sur elles qui détermine la hauteur des sons. S'il en était ainsi, on pourrait, sans inconvénient, exagérer la largeur des bords; or, précisément, cette exagération aurait pour conséquence l'obligation de faire pression; tandis qu'avec des bords trop minces, le simple appui des lèvres sur eux suffirait à les fatiguer hâtivement, comme le dit Forestier (voir plus loin, Bords). Une bonne embouchure doit être, relativement à l'instrument auquel elle est adaptée, plutôt large qu'étroite. Pour obtenir une belle sonorité, l'embouchure et l'ins-

trument doivent être construits d'après les mêmes principes. Une embouchure à bassin curviligne adaptée à un instrument à perce conique, donne des sons criards, secs et creux. Inversement, une embouchure à bassin conique adaptée à un instrument à perce cylindrique donne de mauvais sons sans caractère. On ne devrait jamais jouer du bugle avec une embouchure de cornet, surtout avec celles généralement en usage aujourd'hui pour cet instrument. Une embouchure de cornet appliquée à la trompette, ce que nous voyons souvent faire par des cornettistes qui veulent jouer de la trompette sans en avoir fait une étude sérieuse, donne naturellement de mauvais sons; mieux vaudrait encore, dans ce cas, jouer la partie de trompette franchement avec le cornet.

Le caractère de la trompette étant l'éclat, la clarté du timbre et la puissance, il est préférable de favoriser ces qualités dans le choix de son embouchure avant de s'occuper de la facilité d'émission des sons. Le cornet à pistons moderne, qui tient le milieu entre les sons voilés et les sons clairs, qui est moitié bugle, moitié trompette, doit avoir une embouchure mixte.

Attendu que l'échelle des tonalités de la trompette est excessivement étendue, et que toutes les trompettes qui la composent diffèrent énormément entre elles quant à la longueur du tube, à la grosseur de la perce, au volume d'air qu'elles absorbent, etc., pour tous ces motifs, qui ne sont, en réalité, que la conséquence de la longueur effective du tube, il est indispensable, croyons-nous, d'adopter une embouchure, sinon pour chacune d'elles, ce qui serait exagéré et inutile, mais pour chaque série de trompettes, que nous pouvons diviser ainsi : trompette en *fa*, trompette en *ut*, et trompette en *ré*, lorsque celle-ci est employée spécialement pour les œuvres de Bach. Total, pour les trompettistes, trois embouchures ne différant seulement que par la forme du bassin et le grain, et semblables quant aux autres parties.

En principe, plus le tube est court, c'est-à-dire plus l'instrument est aigu, moins le bassin de l'embouchure doit être profond. Au contraire, plus l'instrument est long de tube, c'est-à-dire grave par sa construction, plus le grain de l'embouchure doit être éloigné des lèvres, et le bassin profond, parce que, pour jouer dans le grave, les lèvres pénètrent davantage dans le bassin que pour l'aigu. L'embouchure du trombone est plus profonde (quoique conservant, ou devant conserver la forme curviligne qui distingue les embouchures de trompette), que celle de la trompette en *fa*, mi ♭, etc., parce que le *trombone* joue dans le registre grave. La trompette moderne, plus courte de tube, exige, pour tirer de cet instrument toutes les qualités qu'il comporte, une embouchure moins profonde que celle de la trompette en *fa*. La trompette en *ré* aigu, utile principalement pour les œuvres de Bach, doit porter, pour cet usage spécial, une embouchure encore un peu moins profonde, quoique cette trompette ne soit qu'à un ton de différence de la trompette en *ut*, et que la longueur de leur tube ne varie que d'environ 14 centimètres. Mais le registre extraordinairement aigu dans lequel elle joue dans ces occasions en fait une trompette spéciale; l'embouchure doit donc être spéciale aussi.

En règle générale, il faut qu'il y ait équilibre entre les proportions de longueur du tube, de son diamètre, de la profondeur et de la largeur du bassin de l'embouchure et du diamètre de son grain, etc., le tout combiné de façon que les sons qui en résultent soient ronds et gras, quels que soient leur volume et leur degré d'élévation et de puissance. Pour maintenir cet équilibre favorable à une belle sonorité, il faut que toute modification à l'un des facteurs qui composent l'embouchure (largeur des bords, du bassin, profondeur de l'embouchure, son évasement, diamètre du grain, etc.,) entraîne une modification en sens inverse à l'un ou à plusieurs des autres facteurs.

A une embouchure large il faut un grain plus petit ou un bassin moins profond ou moins creux, c'est-à-dire dont le vide soit moins grand. Les bords larges ne peuvent être bons qu'avec une embouchure à bassin étroit, etc.

On ne peut fixer des dimensions précises au sujet des différentes parties qui composent l'embouchure. Les règles que nous donnons ne sont qu'approximatives, et restent soumises, pour le plus ou le moins, à la conformation de la bouche de l'instrumentiste et à son tempérament. Par exemple, des lèvres épaisses, occupant plus de place dans le bassin, nécessitent conséquemment un peu plus de profondeur et de largeur de celui-ci que des lèvres minces. Dans le premier cas, un bassin trop plat serait trop occupé par les lèvres qui ne laisseraient pas l'espace vide nécessaire à la formation du son. Dans le second, avec un bassin curviligne trop profond, les lèvres laisseraient un vide trop grand qui leur causerait une fatigue exagérée, et les briserait.

Un instrumentiste doué d'une grande force musculaire et pulmonaire peut faire usage impunément d'une embouchure à bassin relativement large et profond, tout en conservant la forme curviligne avec un gros grain, sans perdre le timbre ni l'éclat de la trompette, mais c'est une exception. Il n'en serait pas de même d'un instrumentiste moins robuste, qui épuiserait rapidement ses forces avec une embouchure dont les dimensions seraient exagérées.

C'est donc une question assez délicate et complexe que celle du choix d'une bonne embouchure. Il est important que ce choix soit judicieusement fait de bonne heure, car il serait préférable de ne pas en changer. Cependant, l'inconvénient est moins grave qu'on le prétend, et nous sommes persuadé que l'expérience que lorsque l'on constate un obstacle invincible au progrès, et que l'on s'est assuré que cet obstacle ne vient ni de l'insuffisance ni du mauvais procédé de travail, on doit porter son observation sur l'embouchure, et vérifier si elle réunit bien toutes les conditions qui conviennent à la conformation et à la nature de l'instrumentiste.

Nous avons connu, jadis, des élèves très studieux, bons musiciens, qui, malgré tous leurs efforts, sont demeurés faibles instrumentistes, et se sont aperçus, malheureusement trop tard, et par hasard, que tout le mal venait d'une embouchure non appropriée à leur tempérament et à la conformation de leur bouche.

L'embouchure est la partie la plus délicate, celle qui a la plus grande part d'influence sur la destinée d'un instrumentiste. Son importance à cet égard est supérieure à celle de l'instrument lui-même.

Elle est elle-même un instrument. On ne saurait apporter trop de soins à son choix.

Nous disons donc, que, contrairement aux affirmations de quelques artistes qui ont eu le bonheur de réussir, au début de leurs études, à se procurer une embouchure favorable à leur nature, on ne doit pas hésiter à en changer toutes les fois qu'après une observation soignée et attentive, avec des remarques judicieuses, on aura acquis la conviction que l'on est fondé à le faire.

Plusieurs grands artistes de notre connaissance, trompettistes, cornettistes et cornistes, en ont changé nombre de fois pendant leur carrière, sans que cela ait nui à leur talent. Ajoutons cependant qu'on ne doit pas se hâter, et qu'il faut, auparavant, se rendre bien compte si la gêne qu'on éprouve n'est pas passagère et si elle ne provient pas d'une cause étrangère (suite de surmenage, insuffisance de travail, état de santé, etc.). Même dans un de ces cas, l'erreur serait sans conséquence. Il est toujours temps de revenir à la précédente embouchure : ce n'est que l'affaire de quelques jours pour s'y habituer à nouveau.

C'est ici le lieu de remarquer encore que, si le principe qui consiste à obtenir les différents degrés d'élévation des sons au moyen de la pression plus ou moins forte de l'embouchure sur les lèvres était vrai, la conséquence logique et naturelle de ce fait serait alors l'obligation de garder à perpétuité la même embouchure, lors même qu'on la reconnaîtrait défectueuse, car les lèvres étant brisées par cette pression, à l'endroit précis où appuient les bords, on ne pourrait impunément recommencer cette opération sur un autre point; on concevrait alors que tout changement de diamètre du bassin pourrait être désastreux. Heureusement, il n'en est pas ainsi; nous en donnons une preuve incontestable en disant que l'on peut obtenir les sons de toute l'échelle, de ceux de la trompette ou du cornet, en plaçant l'instrument sur une table, ou simplement sur le dos de la main, et sans autrement toucher à l'instrument. Dans cette expérience, il ne peut y avoir pression. Il est vrai aussi que les sons ainsi obtenus ne seraient pas convenables à une exécution, mais il faut reconnaître que non seulement il n'y a pas pression, mais qu'il manque même, dans ce cas, le point d'appui nécessaire qui doit permettre aux lèvres de résister à la poussée de l'air.

Nous le répétons, il est préférable, en principe, d'adopter, pour les trompettes aiguës, une embouchure relativement grande, mais peu profonde, avec un bassin de forme curviligne plus caractérisée que pour la trompette en *fa*; un peu évasée, c'est-à-dire légèrement arrondie à l'intérieur du bassin, et avec un grain plutôt large qu'étroit. Par ce moyen, le gros grain donne l'ampleur du son ; la forme du bassin donne le timbre, l'éclat et le mordant de la trompette en facilitant l'aigu; l'évasement du bassin donne au son la rondeur que le timbre métallique et l'éclat pourraient lui ôter. L'embouchure profonde et conique est propre à donner les sons voilés et doux ; elle facilite l'émission des sons, diminue les dangers de couacs, mais augmente la fatigue pour jouer dans l'aigu, dans la nuance *fortissimo;* c'est pour ce motif que son grain doit être plus petit, l'ampleur du son se trouvant obtenue par la profondeur du bassin.

C'est une erreur très répandue de croire qu'une embouchure petite, à bassin étroit, facilite l'aigu. Seuls, la forme intérieure du bassin, c'est-à-dire son peu de profondeur et le principe curviligne, combinés avec la grosseur du grain, exercent une influence à ce sujet. Quant à la largeur du bassin, elle n'a aucun inconvénient si, comme nous l'avons expliqué, il y a compensation en sens inverse sur la profondeur du bassin.

Les dimensions intérieures de l'embouchure ont une influence appréciable sur le diapason de l'instrument. La profondeur du bassin, sa largeur ainsi que la grosseur du grain, sont autant de causes qui le font baisser.

Une embouchure dont la forme intérieure n'est pas en conformité avec celle de la perce de l'instrument, non seulement dénature le son, de celui-ci, mais elle le fausse, soit dans l'aigu, soit dans le grave.

La longueur totale d'une embouchure de trompette, y compris la queue, peut varier de 8 à 9 centimètres pour les trompettes anciennes. Pour les trompettes aiguës, elle peut être réduite sans inconvénient à 7 centimètres. Pour le plus ou le moins, c'est au fabricant d'instruments à en décider, d'après les combinaisons qu'il a établies dans la branche d'embouchure.

L'embouchure du cornet à pistons possède une longueur totale d'environ 67 millimètres.

Le diamètre extérieur d'un bord à l'autre, pour la trompette comme pour le cornet, est en moyenne de 26 à 27 millimètres.

Les bords.

Les bords de l'embouchure sont la partie sur laquelle s'appuient les lèvres. Nous avons expliqué, en traitant de l'embouchure, la nature et le degré de cet appui. Les bords sont larges, étroits ou moyens. Ceux qui préconisent les bords larges se basent sur le fait qu'ils meurtrissent moins les lèvres, et, de ce fait, permettent de jouer plus longtemps.

Ils auraient raison si les divers degrés d'élévation des sons s'obtenaient au moyen d'une plus ou moins grande pression de l'embouchure sur les lèvres, mais nous avons prouvé, à l'article *Embouchure*, qu'il en est autrement. De plus, les bords larges emprisonnent trop les lèvres, leur retirent leur souplesse et exigent un appui plus fort. Ensuite, les sons obtenus ainsi manquent en général de finesse et de netteté.

Les partisans des bords minces font valoir, avec juste raison, que les lèvres se trouvent plus libres dans leurs mouvements, que leur souplesse est plus favorisée, et que les sons qui en résultent sont meilleurs. Ce serait donc parfait s'il s'agissait de jouer toujours dans le grave ou le médium; mais, pour l'aigu et la force, les lèvres, plus tendues, s'appuyant davantage sur les bords, se paralyseraient trop vite, dans les notes tenues avec force, si le point d'appui était trop étroit. Restent donc les bords moyens qui réunissent le mieux les conditions assurant l'équilibre nécessaire à une bonne exécution.

Indépendamment de la largeur des bords, il y a aussi la forme de leur surface. Celle-ci peut être ronde, plate ou mixte. De même que pour la largeur, une forme mixte est la seule pratique avec une largeur moyenne. Les bords plats paralysent l'action des lèvres, et les bords ronds ne présentent qu'une surface réelle d'appui très minime qui les rend comparables aux bords minces, quelle que soit leur largeur. Comme eux, ils briseraient les lèvres dans l'aigu et la force. Ils doivent présenter une surface mi-ronde, mi-plate, c'est-à-dire avoir l'extrémité de chaque côté légèrement arrondie, de façon qu'il n'y ait pas d'arête, et que les lèvres puissent se mouvoir et glisser librement.

Tous ces détails ne sont indiqués que comme règle générale, qui peut comporter des exceptions selon la conformation de la bouche du trompettiste. La

moyenne de la largeur des bords est de quatre millimètres pour la trompette comme pour le cornet.

Dans le but d'atténuer la dureté des bords sur les lèvres, on a inventé, il y a quelques années, des bords en caoutchouc que l'on a fixés sur des embouchures de métal ou de verre. Mais, à notre avis, les lèvres, ayant besoin de liberté pour se mouvoir à l'aise, glissent mieux sur une surface lisse et dure comme le métal que sur le caoutchouc.

Bassin.

On nomme bassin la cavité de la partie supérieure de l'embouchure de forme conique, ovale ou curviligne, qui reçoit le choc de l'air expulsé par la bouche, et dans laquelle se forment les ondes sonores.

Le bassin remplit la fonction la plus importante de toutes celles qui concourent à la qualité et à l'émission des sons. C'est de sa forme et de ses dimensions que dépendent, en grande partie, le volume, le timbre, la puissance, l'éclat ou la douceur, la clarté ou le voile des sons. Il contribue puissamment à faciliter soit l'aigu, soit le grave.

Non plus que pour les bords, nous ne pouvons donner, pour le bassin, des dimensions exactes, puisqu'elles dépendent, en partie, de la conformation et du tempérament de l'instrumentiste. Cependant, l'expérience nous a démontré que la largeur moyenne permettant de donner à la forme du bassin toutes les qualités nécessaires à la nature des sons que l'instrument doit produire, est, au minimum, celle d'une pièce de 50 centimes française (environ 18 mm.), pénétrant dans le bassin et en remplissant exactement l'orifice. C'est la largeur convenable aux lèvres minces. Les lèvres fortes se trouvent très bien d'un bassin que fermerait hermétiquement une pièce de 10 fr. française en y pénétrant. Certaines conformations peuvent s'accommoder d'une largeur encore plus grande, si elles sont associées à une constitution robuste. La largeur du bassin peut donc varier de 17 à 19 mm.

En principe, les bassins larges donnent une plus belle qualité de son, et les lèvres y sont plus à l'aise pour en varier les degrés par leurs mouvements.

Grain.

Le grain est l'endroit précis où la cavité de l'embouchure est réduite à son plus petit diamètre. Il est ordinairement à la base même du bassin; un peu plus ou un peu moins éloigné; il relie le bassin à la queue qui pénètre dans la branche d'embouchure. C'est le grain qui réunit, en les pressant, les ondes sonores formées dans le bassin, et donne au son la fermeté, la tension et le mordant. La grosseur ou la maigreur des sons dépend, en partie, du diamètre du grain, lequel est, en moyenne, de 5 millimètres, pour la trompette comme pour le cornet.

Comme toutes les autres parties qui composent l'embouchure, il doit être soumis à l'ensemble des autres proportions de forme du bassin et à la longueur du tuyau effectif de l'instrument. Un grain large ne peut s'appliquer logiquement à un bassin très profond; inversement, un bassin de faible cavité exige, comme compensation, un grain d'un diamètre plus développé. Le plus ou moins d'évasement du bassin doit entraîner également une modification du grain en sens inverse.

103

La conformation, ou plutôt la force physique de l'instrumentiste, peut permettre ou exiger une modification à ce principe. Un instrumentiste doué d'une force au-dessus de la moyenne peut et doit appliquer à son embouchure un grain plus développé, par la raison que, de même qu'un bassin d'une bonne largeur, un grain plutôt large qu'étroit favorise la belle qualité des sons; mais c'est à la condition de posséder une force physique suffisante pour utiliser ses développements et les nourrir, si l'on peut s'exprimer ainsi; sinon, les sons qui en résulteraient ne seraient que larges et gros, mais vides, creux, secs et sans portée.

Placement de l'embouchure sur les lèvres.

Il y a peu de chose à dire sur la position de l'embouchure sur les lèvres. Instinctivement, on la pose de la manière la plus avantageuse. La plupart des professeurs qui donnent des conseils à ce sujet se prennent pour modèles, et, cependant, ils n'ont pris eux-même, en général, conseil que de la nature. On doit donc choisir, avant tout, la position la plus naturelle et la plus favorable à l'émission des sons. Le plus grand nombre pose l'embouchure un tiers sur la lèvre supérieure et deux tiers sur la lèvre inférieure. Horizontalement, elle est généralement à peu près placée au milieu. Mais il y a de célèbres exceptions qui prouvent qu'il n'y a pas de règles absolues à ce sujet. FORESTIER et ARBAN ont été d'avis différents. Le premier conseille la position deux tiers sur la lèvre supérieure et un tiers sur la lèvre inférieure; le second recommande le contraire. Chacun d'eux donne naturellement la préférence à la position adoptée par lui-même.

Pour notre part, nous nous bornerons à dire que, sans nous être laissé influencer par aucun conseil, autre que celui de la nature, nous avons adopté la position indiquée par ARBAN. Par la raison, peut-être, que c'est la nôtre, cette position nous semble préférable pour une conformation de bouche ordinaire. Il nous paraît aussi que la lèvre inférieure est généralement plus agile et plus forte pour exécuter les mouvements subtils et rapides qu'exigent les divers degrés des sons. Pour ce motif, nous donnerions la préférence à la position qui laisse plus de liberté d'action à cette dernière, c'est-à-dire à la position deux tiers sur la lèvre inférieure. Mais, nous le répétons, nous n'osons en faire une règle absolue.

Lèvres.

Les lèvres, pour le jeu des instruments de cuivre, sont à la fois, concurremment avec le souffle, ce que l'archet et les doigts sont aux instruments à cordes. Ce n'est pas par erreur que nous disons les doigts. En effet, si, dans le jeu des instruments à archet, les doigts ont une part d'influence directe sur la qualité et l'expression des sons, ils n'en ont aucune sur les sons de la trompette et du cornet, et leur action se borne au fonctionnement des pistons; hors de là, leur action est nulle.

Les lèvres constituent l'élément le plus important, l'organe le plus précieux, et dont la qualité a la plus grande influence dans l'art de jouer de la trompette et du cornet.

Les lèvres sont plus ou moins douées de force et de souplesse, et cela ne dépend ni de leur épaisseur ni de leur finesse. Nous n'affirmerions pas que des lèvres minces fussent favorables au jeu des instruments de basse, mais nous pouvons assurer que des lèvres grosses ou minces peuvent être, les unes et les autres, excellentes pour jouer de la trompette ou du cornet.

Leurs qualités ne viennent pas de leur forme, mais de la force des muscles de toute la face. Cette force est plus ou moins naturelle et peut, dans une mesure importante, abréger le temps des premières études.

Les bonnes lèvres sont celles qui permettent, non seulement de jouer avec une facilité relative dans l'aigu aussi bien que dans le grave, mais qui donnent à ceux qui en sont possesseurs, la faculté de jouer longtemps sans fatigue excessive.

Intonation.

L'intonation, dans la signification que nous donnons ici à ce mot, était, sinon la plus grande, du moins une des principales difficultés du jeu des trompettes anciennes, et notamment des trompettes chromatiques anciennes (voir Pistons).

Difficulté qui, si elle avait été comprise des auditeurs de l'époque, aurait rendu ces derniers peut-être plus indulgents lorsqu'il arrivait un accident à un trompettiste. Avec les trompettes simples, on n'avait en main qu'un seul instrument à la fois, instrument ingrat au point de vue des lèvres et de leur précision; mais l'oreille pouvait, par une étude approfondie, s'habituer aux intonations de chaque ton ou corps de rechange. D'autant plus, qu'au moyen de la transposition, on pouvait toujours donner aux notes leurs noms réels, n'ayant pas à s'occuper du doigté. Par ce moyen, la difficulté de s'assimiler les intonations d'une douzaine de tons était remplacée par celle, incomparablement moindre, de la transposition.

Mais, avec les trompettes à pistons, ce moyen n'était pas applicable, ou bien il aurait entraîné l'obligation d'étudier un doigté différent pour chaque ton; ce remède eût été pire que le mal.

Soyons donc justes envers nos prédécesseurs; si, de leur temps, les parties de trompettes, comme celles des autres instruments, dans les orchestres, étaient moins compliquées que de nos jours, les difficultés étaient différentes, mais tout aussi grandes, et les accidents étaient beaucoup plus inévitables.

La trompette moderne, se jouant principalement en ut, n'offre pas la difficulté d'une intonation particulière. Quant à ses tons de rechange, ils ne s'éloignent guère du ton d'ut, et, de plus, les harmoniques utilisés de ces tons aigus étant moins nombreux et plus espacés jusqu'au : il en résulte une plus grande sûreté ou précision, tandis que, sur les trompettes chromatiques anciennes, les harmoniques se succédant diatoniquement commencent au :

en montant. En outre, les émissions se font avec plus de sûreté dans un tube court de trompette aiguë que dans un tube long, jouant dans le même registre.

Émission.

Les émissions des sons sont de deux sortes : l'attaque et la pose du son. Elles comportent chacune de telles modifications que l'on peut passer de l'attaque la plus violente, la plus dure, à la pose du son la plus moelleuse par degrés presque imperceptibles. Le mot *attaque* signifie une émission brusque, plus ou moins dure et plus ou moins violente, tandis que l'expression poser le son indique une émission chantante, c'est-à-dire plus ou moins tendre ou moelleuse, selon le sentiment que l'on veut exprimer.

Ces deux sortes d'émission sont expliquées et étudiées dans la méthode de trompette et de cornet à pistons de Merri FRANQUIN.

Doigté.

Le système des pistons est descendant sur la trompette et le cornet; il s'indique par les numéros 1, 2, 3, l'index étant posé sur le piston 1. Le premier baisse d'un ton, le deuxième d'un demi-ton, le troisième d'un ton et demi. Par leurs combinaisons, on obtient toute la gamme chromatique. Le système ne pouvant baisser, en totalité, que de trois tons, la progression descendante se limite forcément à la quinte diminuée du son 2 des harmoniques de l'instrument simple, c'est-à-dire au : sur les trompettes modernes et le cornet, et au : sur les trompettes anciennes, la fondamentale ou son 1 n'étant usitée sur aucune espèce de trompette, ni sur le cornet. (Voir tableau des tonalités.)

La plupart des notes, sur les trompettes anciennes, pouvant se produire au moyen de plusieurs doigtés différents, on avait d'abord choisi le plus simple et le plus facile. Plus tard, on modifia le doigté à l'avantage de la justesse.

A l'origine de leur invention, on évitait l'abaissement simultané de plusieurs pistons, sauf à partir du : et au-dessus. C'est ainsi que :

sur la trompette, se faisaient, l'une avec le premier piston, et l'autre avec le deuxième. Ces deux notes sont les plus scabreuses sur les trompettes anciennes, avec le doigté usuel. Elles sont plus faciles avec l'emploi d'un seul piston; mais, faites ainsi, elles sont trop basses, en leur qualité de septième harmonique, de même que le si♭ de la trompette simple.

Les trompettistes évitaient ainsi une difficulté pour tomber dans une autre. La nécessité de hausser les sons par le moyen des lèvres, à moins de se résigner à jouer faux, était une cause de couacs, tout comme l'allongement du tube actif par l'emploi des pistons, et encore, malgré l'effort des lèvres, la justesse obtenue n'était qu'approximative, la difficulté et les dangers de couacs étant plus grands pour hausser que pour baisser. Cet usage venait du début de l'invention du système, alors qu'il était à deux pistons. On a continué longtemps à employer ce doigté; on ne faisait usage du troisième piston que lorsqu'on ne pouvait faire autrement, c'est-à-dire dans le registre grave seulement :

Doigté de la trompette moderne et du cornet.

Doigté de la trompette ancienne.

Il existe encore d'autres doigtés inutilisables, soit à cause de la difficulté ou de leur manque de justesse.

Couac (accident).

L'accident que l'on nomme vulgairement *couac*, si fréquent autrefois sur la trompette et le cor, devenu rare aujourd'hui, est le résultat d'une imprécision de la tension des lèvres dans l'émission du son. Cette imprécision est souvent causée elle-même par celle de l'oreille ou par l'accord défectueux des coulisses de l'instrument. Une fausse position de l'embouchure sur les lèvres, des lèvres insuffisamment préparées, provoquent aussi le couac. Plusieurs conditions peuvent concourir à augmenter ou à diminuer ce danger : une embouchure étroite, un grain petit, une petite perce relativement à la longueur du tuyau, un son mince ou anguleux, sont des causes qui favorisent cet accident.

Coup de langue ou articulations.

L'expression usuelle *coup de langue* est inexacte. La langue ne produit pas le son; elle précise la netteté des émissions et, selon sa position dans la bouche, contribue à l'ampleur et à la qualité des sons. Elle exécute les diverses articulations, mais elle ne frappe pas.

Nous nous conformons, néanmoins, à l'usage de cette appellation qui a, du moins, l'avantage de la simplicité et qui exprime l'effet produit sur l'oreille.

Il y a deux espèces de coups de langue : le *coup de langue simple* et le *coup de langue composé*.

Le *coup de langue simple* comprend le détaché ordinaire, le staccato et le *coup de langue dans le son*, ainsi nommé parce que les sons sont allongés les uns vers les autres et presque liés; on l'appelle aussi *détaché dans le son*, ou bien détaché.

La syllabe *ta*, prononcée avec plus ou moins de sécheresse, de dureté ou de douceur, doit être uniquement employée pour la première espèce : *coup de langue simple*.

La seconde espèce, le *coup de langue composé*, est formée du *coup de langue binaire* et du *coup de langue ternaire*, appelés aussi, tous deux, *staccato*. Cette dernière appellation est insuffisante et impropre, attendu que, de même que le coup de langue simple, le coup de langue composé se fait avec plus ou moins de sécheresse ou de lié, de dureté ou de douceur; il comporte, comme le premier, le détaché ordinaire, le *staccato*, et le coup de langue dans le son ou lié détaché.

Le *coup de langue binaire* s'obtient au moyen de la prononciation des syllabes *ta* et *ka* alternativement : *ta ta ka ta*. Cette articulation permet de réaliser une grande vélocité, du fait que la langue ne vient toucher les dents que pour la syllabe *ta*, c'est-à-dire qu'elle ne fait qu'un seul mouvement en avant pour la production de deux notes, la syllabe *ka* résultant presque entièrement du recul de la langue dans la prononciation *ta*, à tel point qu'on est obligé de la retenir, pour ainsi dire, pour éviter l'inégalité. Dans son second mouvement en avant, les dents, pour la répétition de la syllabe *ta*, elle prononce alors *ka ta* d'un seul coup. De cette alternance, résulte une économie de temps qui se traduit par une grande vélocité, impossible à obtenir avec le coup de langue simple.

La syllabe *ka*, même isolée, produit le son, mais elle n'est applicable qu'intercalée entre deux *ta*. Exemple : *ta ka ta*, sinon l'émission est défectueuse; mais, en alternant les deux syllabes, on arrive, avec l'étude, à les rendre absolument égales, au point de confondre le coup de langue composé avec le coup de langue simple, ce qui, d'ailleurs, doit être le but de son étude.[1]

Le coup de langue composé était appelé, primitivement, *double* et *triple coup de langue*, selon qu'il était binaire ou ternaire :

ta ka ta ka ta   ta ta ka ta ta ka ta

puis, *staccato binaire* ou *ternaire*.

Le *coup de langue ternaire*, appelé autrefois coup de langue de trompette (on prononçait alors : *ta da ga da*) est composé des syllabes *ta* ou *da* et *ga*, avec la différence qu'au lieu d'alterner régulièrement, on prononce deux *ta* pour un *ka* : *ta ta ka ta ta ka*. La vélocité ainsi obtenue est presque égale à celle du *coup de langue binaire*. En effet, les trois syllabes *ta ta ka*, s'obtiennent avec une grande rapidité.

Cette articulation est appelée aujourd'hui, par abréviation, simplement *coups de langue*. On dit : tel passage ne peut s'exécuter qu'en *coups de langue*; ce qui signifie que, seul, le coup de langue composé permet d'atteindre le degré de vitesse voulue.

Respiration.

Expliquer tous les mouvements des organes qui concourent à la respiration serait une tâche superflue ici. Une preuve, entre autres, qu'une telle explication serait inutile, c'est que les professeurs qui en ont traité, chanteurs et instrumentistes, sont, en général, en complet désaccord entre eux. Nous ne prendrons parti ni pour les uns ni pour les autres, mais, nous basant comme eux sur notre propre expérience, nous dirons que, dans l'action de respirer, nous en pensons qu'au but sans nous occuper des moyens que la nature se charge de trouver plus sûrement que nous ne le ferions nous-même. Nous respirons à fond sans nous soucier si l'air que nous respirons va dans le diaphragme ou dans les poumons.

Il nous suffit d'en emmagasiner la plus grande quantité possible; que ce volume d'air dilate la poitrine ou agisse sur le diaphragme, peu importe, du moment qu'il s'échappe naturellement avec force, dans l'expiration, sans la moindre pression volontaire (sauf pour le *fortissimo*), par la seule tendance qu'ont les organes dilatés à reprendre leur position normale, les lèvres étant chargées de régler la sortie de l'air. (*Méthode* Franquin.)

Beaucoup de gens croient, à tort, que le jeu des instruments de cuivre est nuisible à la santé des constitutions faibles. C'est une erreur que l'expérience signale tous les jours par de nombreux exemples, car, bien des jeunes gens d'apparence chétive ont vu leur tempérament se fortifier par l'usage d'un de ces instruments. Tandis que l'effet contraire n'a jamais été constaté. S'il est arrivé, par hasard, quelque accident regrettable à l'un de ces professionnels, il n'a jamais été imputable à la pratique raisonnable du jeu de l'instrument. Comme dans toute chose, le surmenage peut, avec le concours d'autres circonstances malheureuses, contribuer sans doute à altérer la santé, mais cette conséquence est commune à tous les genres d'exercices.

Nous croyons, à ce sujet, devoir reproduire ici l'opinion de Forestier (*Méthode de cornet à pistons*) : « C'est une erreur de croire que les instruments à vent fatiguent la poitrine : c'est là un vieux préjugé qui a fait son temps, et les médecins reconnaissent aujourd'hui que l'exercice de la respiration, *bien dirigé* et *sagement* pratiqué, loin de nuire à la santé générale, peut au contraire développer une poitrine faible et lui donner la force et l'énergie qui lui font défaut. En effet, le poumon est comme un soufflet qui injecte l'air dans le sang.

---

1. Nous croyons inutile d'appeler l'attention des élèves sur les mouvements qu'exécute la langue dans ces articulations, ces mouvements étant exactement les mêmes que pour le parler.

« L'étude de l'instrument, en obligeant à prendre de longues respirations, donne aux mouvements thoraciques la force et l'ampleur qui manquent aux estomacs débiles. En un mot, cette sorte de gymnastique interne produit sur les organes respiratoires les effets bienfaisants que la gymnastique usuelle produit sur les membres. »

Armure.

Il a toujours été d'usage de ne pas mettre d'armure à la clef pour les anciennes trompettes. Ce principe était préférable par la raison que, bien souvent, ces parties étaient transposées, dans les orchestres, au moyen d'un ton plus favorable que le ton indiqué, ce à quoi n'ont, sans doute, pas pensé ceux qui comparent la trompette et le cor à la clarinette en *mi♭* et au saxhorn en *mi♭*.

Dans ces conditions, l'armure de la clef pouvait être une cause d'erreurs et aurait augmenté la difficulté.

Citons un exemple : la marche d'*Hamlet* (trompettes en *mi♮*) débute ainsi :

aucun trompettiste expérimenté n'aurait été assez imprudent pour exécuter ce solo sur l'ancienne trompette avec le ton indiqué, car, outre que le *la*, une des deux plus mauvaises notes de l'instrument, y foisonne, l'effet serait médiocre, même exempt d'accident. L'alternance du *ré* 5e harmonique (bas) du piston, avec le *la* 8e harmonique produit des pistons 1, 2, par conséquent haut, ne pouvant donner qu'un résultat défectueux et offrir de grands dangers, faisait une obligation de transposer le passage. Deux tons seuls étaient possibles à cet effet, ceux de *mi♭* et de *fa♯*. Ce dernier était préférable, puisqu'il permettait l'emploi exclusif, pour la rentrée solo, des notes de la trompette simple, c'est-à-dire sans emploi des pistons.

Ainsi donc, nous adaptons le ton de *fa♯*. Avec ce ton, nous n'avons plus qu'à nous rappeler que nous jouons en clef d'*ut* quatrième ligne avec deux bémols à la clef, et que les altérations accidentelles doivent être exécutées telles qu'elles sont écrites, sauf devant les *si* et les *mi* qui sont toujours exécutés un demi-ton plus bas que ne l'indique le signe. Quelles que soient les modulations qui se succèdent dans le cours du morceau, notre principe ne varie pas, et nous sommes dispensés du souci de nous rappeler quels ont été les changements d'armure depuis le début. Cette considération a son importance quand il s'agit de jouer sans ou avec peu de répétitions, importance qui augmente encore quand le morceau dure tout un acte, comme dans les opéras.

Sans citer d'autres cas, en voilà plus qu'il n'en faut, pensons-nous, pour justifier l'ancien principe d'écrire sans armure pour les trompettes anciennes. Quant aux parties de trompettes modernes, elles sont rarement transposées, et lors même qu'elles le seraient, l'armure n'offrirait qu'une difficulté secondaire, attendu que la difficulté de l'intonation n'a plus guère d'importance avec ces trompettes, ce qui est une préoccupation de moins, et non des moindres, permettant de porter une attention plus appliquée à la lecture.

Difficultés.

La plus grande difficulté, dans le jeu de la trompette moderne et du cornet, consiste à attaquer ou à poser le son sur les notes : [musical notation] avec précision

et pureté de son. Une attaque sur l'une ou l'autre de ces deux notes expose beaucoup plus que les autres aux couacs, de même que les notes : [musical notation]

sur les trompettes anciennes. Sur la trompette à cinq pistons, ce danger disparaît complètement et est remplacé par une sûreté d'attaque absolue, comme aussi sur la trompette à quatre pistons du même système, le quatrième piston haussant d'un ton la tonalité de la trompette.

Le registre le plus difficile est l'*aigu*. Nous pouvons même dire que c'est la principale difficulté du jeu des instruments aigus ou jouant dans l'aigu, de posséder, à la fois, les trois registres : grave, médium et aigu.

L'émission des sons *pianissimo*, dans la trompette, est plus difficile que dans le cornet à cause de la clarté et de l'éclat de son timbre, conséquence de sa perce (forme intérieure cylindrique au lieu d'être conique comme celle du cornet).

Le jeu *fortissimo* n'est pas une difficulté quand on possède la pose de son *pianissimo*. Les difficultés de doigtés sont sans importance sur les instruments de cuivre, attendu que les exercices de ce genre n'occasionnent aucune fatigue physique, et que l'on peut y consacrer tout le temps nécessaire, sans ménagement, contrairement aux exercices sonores. C'est dire que le doigté peut s'étudier, au besoin, sans avoir l'instrument à la bouche. C'est même un bon moyen d'employer utilement le repos des lèvres. (Voir la *Méthode* de Merri FRANQUIN pour trompette, cornet à pistons et bugle.)

Pour terminer ce travail concernant la trompette, nous devons ajouter que quoique, depuis les exemples donnés par WAGNER, les compositeurs du monde entier aient beaucoup développé l'usage de la trompette dans les orchestres, et en lui attribuant un rôle de plus en plus musical, au lieu de ne l'employer que pour le bruit ou les appels, les annonces, etc., les œuvres auxquelles participe cet instrument comme soliste dans la musique d'ensemble sont demeurées rares jusqu'ici. Nous prions le lecteur de se reporter à la note 1 de la page 1612.

Merri FRANQUIN.

ADDENDUM ET ERRATUM

P. 1599, 1re col., 1re ligne : lire : timbales au lieu de timbres.
P. 1606, note 2, ajouter : N. D. L. R.
P. 1608, 2e colonne, 1re ligne : lire : GAMBATTI au lieu de GAINBATTE.
P. 1612, note 1 : ajouter : Enfin, *Vision de Jeanne d'Arc* de PAUL VIDAL.

LE COR

Par M. J. PÉNABLE

DE LA SOCIÉTÉ DES CONCERTS DU CONSERVATOIRE

Le cor, ainsi le définit Larousse, est un instrument à vent, contourné en spirale.

Il existe cependant une espèce de cors, qu'on appelle cors *russes*, droits comme un porte-voix et ne possédant chacun qu'un seul ton.

Tel que nous le connaissons aujourd'hui, le cor comporte trois espèces bien distinctes : Le cor *de chasse*, le cor *d'harmonie* et le cor *à pistons*.

LE COR DANS L'ANTIQUITÉ

Déjà E.-L. Gerber, dans son *Musik Lexikon*, paru en 1790, chante l'éloge du cor de chasse, quand il dit : « Un instrument, qui, à tel moment dans le silence du cabinet, par ses sons mélancoliques, émeut le cœur tendre des belles, et, à un autre moment, ramène dans les bois et sur les montagnes le chasseur rude et insensible à son divertissement favori, — un instrument qui, entre les mains d'un maître dans la salle du concert, attire tant l'admirateur ou connaisseur et à un autre moment encourage le guerrier à la bataille sanglante, — pourrait-il être autre que le cor de chasse, que nous entendons journellement dans la plaine et dans la forêt, dans l'église et à la salle de concert? »

Avec moins d'exubérance, mais d'une façon non moins précise, J. Rühlmann écrit dans la *Nouvelle Revue pour la Musique*, année 1871 : « Le noble du cor de chasse, la particularité de son coloris riche en nuances, sa résonance abondante le rendent propre à être employé en tout genre de pièces de musique, car, non seulement le cor de chasse possède en propre le caractère joyeux de la musique de chasse, il renferme également des nuances romanesques, même mélancoliques dans son caractère musical. »

Les Romains, évidemment, avaient su tirer un parti artistique du leur : leurs armées avaient des orchestres et ceux-ci comptaient des coricines musiciens qui jouaient dans des cors en cuivre et en airain.

Alexandre avait un cor dont la grande voix de rassemblement portait à plus de 5 stades (18 km.), et si l'on en croit un jésuite allemand qui s'est amusé à reconstruire un tel monument d'acoustique, les données et la portée en seraient exactes ; l'anneau avait 2m,40 de diamètre, et il fallait trois perches pour soutenir cet instrument géant.

Le moyen âge ne semble pas avoir fait grand usage artistique de tous ces cors de dimensions si variées,

dont il s'est, par ailleurs, beaucoup servi à la guerre comme au château. Chaque guerrier avait son cor ; certains d'entre les guerriers étaient même équipés de telle sorte qu'ils pouvaient sonner du cor sans lever le heaume de leur casque ; les chefs en avaient de spéciaux, telles ces défenses d'éléphant si ornementées ; les plus hautes dames en faisaient usage, et l'inventaire d'Anne de Bretagne mentionne un cor garni d'or.

Dans les plaines, le cor appelait au combat ou à la chasse. Au manoir, il sonnait « à table » ; cela s'appelait corner l'eau, pour rappeler aux convives qu'ils devaient procéder auparavant à quelques ablutions.

Des cors de la condition la plus simple et fabriqués seulement de cornes d'animaux sont déjà mentionnés chez les peuples les plus anciens et furent appelés chez les Éthiopiens *kenet* et *keren*, chez les Hébreux aussi bien *keren* que *schofar* (fig. 695) ; chez les Indiens *nursingh* (fig. 696), chez les Grecs *kegas*.

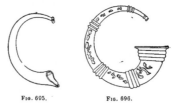

Fig. 695.   Fig. 696.

Il furent utilisés pour annoncer les sacrifices et pour la convocation du peuple.

Le cor (fig. 697) dont Alexandre le Grand (336-323 av. J.-C.) s'est, dit-on, servi pour convoquer ses guerriers à la distance importante de 100 stades (2 milles géographiques), ne sera mentionné ici que de nom, attendu, que, par suite de la grandeur requise, il saurait aussi peu être désigné comme instrument à vent, dans le sens que nous y attachons, que le cor pour signaler les brumes, employé de nos jours pour des buts analogues.

Fig. 697.

En dehors des cornes d'animaux, on a utilisé aussi, dans la suite, pour la fabrication des cors, du bois de l'écorce d'arbre, du métal (fig. 698, 699), du verre (fig. 700) de l'ivoire (fig. 701).

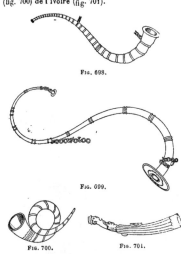

Fig. 698.

Fig. 699.

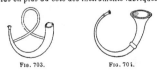

Fig. 700.   Fig. 701.

Un cor de ce dernier genre offre un intérêt historique, en ce sens qu'il aurait été la propriété de Roland, le neveu de Charlemagne (fig. 702) :

Fig. 702.

La légende rapporte que le son de ce cor (nommé *olifant*) portait tellement loin, que Charles le Grand (Charlemagne) aurait entendu l'appel de secours de Roland, étendu privé de toute aide dans les Pyrénées (778), à plusieurs milles de distance; Roland, dans son angoisse mortelle, aurait si violemment sonné du cor, que les artères du cou se déchirèrent et que le cor éclata.

Ce cor fut conservé dans le couvent de Nonnemverth, près Rolandseck, sur le Rhin, enlevé de là par Charles IV et incorporé au trésor du dôme de Saint-Guy à Prague; il s'y trouve encore actuellement [1], et non pas au Musée de Londres, comme certains le prétendent. Toutefois, tous les matériaux prénommés, utilisés pour la fabrication des cors, étaient plus ou moins fragiles et, pour cette raison, insuffisants pour l'usage quotidien. En conséquence, on se tourna de plus en plus du côté des instruments fabriqués en

Fig. 703.   Fig. 704.

· 1. Suivant communication authentique de M. Sknaur, maître de chapelle du Dôme à Prague.

---

métal, qui, au début, imitèrent seulement la corn d'animal peu courbée, mais, au cours du temps, du xiiᵉ au xviᵉ siècle (fig. 703 à 708), passèrent à la forme

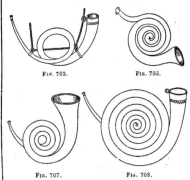

Fig. 705.   Fig. 706.

Fig. 707.   Fig. 708.

contournée, de laquelle peu à peu, au siècle suivant, sortit le simple instrument que nous dénommons « cor naturel » ou cor *d'harmonie* (fig. 709), parce qu'une grande partie des sons sur cet instrument sont produits par l'assourdissement que provoque la main droite posée dans le pavillon. Les premiers de ces cors étaient en *Es (mi bémol)* ; toutefois, on les fabriquait plus tard en diverses grandeurs (ou accords) pour pouvoir jouer en divers tons.

Fig. 709.

Ainsi donc, le cor chromatique actuel à pistons et à clefs a eu des transformations artistiques et musicales relativement peu nombreuses. Son ancêtre est la corne, devenue au xviiᵉ siècle le cor en cuivre, et, au commencement du xixᵉ, le cor simple ou d'harmonie, duquel est dérivé depuis quelques années l'instrument en usage aujourd'hui.

Ceci suffit pour dire qu'avec la flûte, le cor est assurément l'aîné des instruments employés encore de nos jours. L'industrie des premiers hommes l'inventa en se servant de quelque corne d'animal, et un tour au Musée du Conservatoire prouve la variété des bêtes auxquelles le cor fut emprunté, et plus tard, le progrès aidant, celle des métaux employés.

Voir donc nᵒ 593[2] le *schofar* si finement sculpté dans une corne de bélier (ce cor liturgique hébraïque, qui remonte à la plus extrême antiquité, est encore en usage dans les cérémonies du Grand Pardon; ajoutons, pour montrer l'analogie de la racine avec notre mot cor : « Les Latins disaient : *cornu*, et les Grecs *kéras*, » que certains scholars s'appellent *keren* : les olifants d'ivoire (nᵒˢ 594, 595, 596, 597, ce dernier très ancien) et surtout l'admirable et peut-être unique pièce (nᵒ 412) qui mesure 1ᵐ,50 de haut, et qui donne par ses dimensions un aperçu de ce que pouvait être le cor légendaire de Roland.

Citons encore un cor en fer du xviᵉ siècle. D'autres

2. Ces numéros sont ceux du catalogue du Musée du Conservatoire par Gustave Chouquet, son ancien conservateur.

n verre de Venise et en cuivre (xviie siècle), qui
nous conduisent au célèbre cor de Dauprat, en cuivre
garni d'argent donné en prix au Conservatoire, en
1798, à celui qui devait plus tard illustrer son instrument et son nom.

Enfin, un petit instrument en buis (n° 501), qui
donne le son de la trompe de chasse, — il est d'ailleurs
encore en usage chez nos chevriers des montagnes, —
finit toute la gamme de la facture du cor. Toutes
les bêtes y ont contribué : aurochs, buffles, bœufs,
béliers ou éléphants, et tous les métaux, airain, fer ou
cuivre, sans oublier le verre et le bois.

Je dois aussi parler ici du cor des vaches ou cor
des Alpes, très commun en Allemagne et en Suisse
parmi les bergers montagnards; ceux-ci s'en servent
pour charmer leurs loisirs, et aussi quelquefois pour
correspondre entre eux, s'appeler d'une montagne à
l'autre, et rassembler leurs troupeaux.

Le cor des Alpes consiste en un tuyau long d'environ trois ou quatre pieds; le col supérieur a près

d'un pouce de diamètre, puis l'instrument s'élargit
insensiblement en allant vers l'autre extrémité, et se
termine en pavillon comme la clarinette; ce tube est
ordinairement fait d'écorce d'arbre; on lui adapte
une embouchure en métal ou en corne assez semblable à celle du trombone.

Le cor des Alpes ne peut guère donner que cinq
tons pris dans deux octaves; par exemple : ut, sol, ut,

mi, sol :  ou d'autres tons en

partant d'une autre tonique; les notes plus élevées
ne pourraient s'obtenir qu'avec beaucoup de difficulté; mais les bergers savent tirer un si bon parti de
ces cinq notes qu'ils en forment des mélodies d'un
rhythme fort original, que relève encore le timbre
tout particulier de l'instrument; par exemple :

Cette mélodie, la plus répandue, est peut-être la mère
de toutes les autres; c'est celle qui a dû servir de
thème aux nombreuses variantes qu'on en a données.

L'accord du cor des Alpes dépend naturellement
de la grandeur de l'instrument. J'ai parlé de cet instrument parce qu'il est parfois d'un bon effet au
théâtre; on l'a même imité dans plusieurs opéras,
il est donc essentiel de connaître les dispositions de
ses cinq tons et le genre de mélodie auquel on les ap-
proprie. (Traité d'Instrumentation de Kastner, p. 42.)

Tous ces ancêtres guerriers, cynégétiques ou gas-
tronomiques, n'ont laissé aucun souvenir artistique,
hormis quelques sonneries de chasse, dont l'ancienneté réputée est peut-être musicalement probléma-
tique.

LE COR DE CHASSE OU TROMPE

Il consiste en un tube plusieurs fois contourné qui,
à l'embouchure, commence avec un diamètre d'environ 3/4 de centimètre, et s'élargit graduellement de
plus en plus, pour finir en un pavillon, dont le diamètre est d'environ 28 à 30 centimètres. La longueur
du tube dépend chaque fois de l'accord de l'instrument et s'élève pour le cor aigu B à environ 2 m.
75 cm., pour le cor mixte F à 3 m. 78 cm., pour le cor
basse C à 4 m. 72 cm.

Pour donner le ton sur le cor de chasse, on se sert
d'une pièce d'embouchure métallique en forme d'entonnoir avec bord étroit; certains joueurs se servent
également de pièces d'embouchure en forme de
chaudron.

Pour chaque cor de nouvelle construction, il faut
encore ce que l'on appelle des « traits ou feuilles d'accord », qui servent à modifier suivant les besoins
l'accord propre à l'instrument.

Le cor de chasse s'écrit sur la clef de sol 2e ligne et
se tient de la main droite. Cet instrument ne donne
que les notes suivantes : sol grave, do, mi, sol, si♭, do,
ré, mi, fa, sol. Les cors de chasse les plus usités sont
en ut, ré, ou mi♭. Quelque rétréci que soit le cercle
des notes qu'on puisse parcourir sur le cor de chasse,
on ne laisse pas quelquefois d'y produire des mélodies d'un très bon effet, comme par exemple celles
que Rossini a introduites dans son Rendez-vous de
chasse, où l'on remarque un chant original et merveilleusement nuancé (Traité de Kastner, p. 47).

En France, les cors de chasse sont généralement en
ré (par exemple dans les chasses royales); cependant,
il y a des amateurs qui, par fantaisie, ont adopté des
cors de chasse dans d'autres tons.

Par sa sonorité, la trompe ou cor de chasse transmet à de grandes distances, au moyen de fanfares
connues des chasseurs, toutes les péripéties de la
chasse. Elle guide et excite les chiens, et anime les
chevaux. Elle n'est usitée que dans ce qu'on appelle
la grande chasse ou chasse à courre, laquelle comprend
principalement la chasse au cerf, daim, chevreuil,
chamois, sanglier, loup et renard.

On distingue la trompe Dampierre à deux tours, ou
grande trompe, la demi-trompe à trois tours, et la
petite trompe à huit tours. La longueur totale du tube
sonore est la même pour chacune de ces trompes;
elles sont donc au même diapason.

On ne se sert guère aujourd'hui que de la demi-
trompe comme étant la plus commode.

On garnit habituellement la trompe d'un cordon
de laine afin de préserver les mains du contact du
cuivre.

Je crois bon de reproduire ici les sonneries ou fanfares de cor de chasse ou trompes les plus usitées,
et dans l'ordre où on les sonne généralement en
chasse réglée :

LE COR SIMPLE NATUREL OU COR D'HARMONIE

Le cor est peut-être l'instrument le plus romantique, son timbre, plein et vibrant comme la voix du ténor, pouvant rendre la joie, l'amour, la douleur et l'espérance. Ses tons naturels sont moelleux et nourris, et ses notes bouchées ont un caractère de mélancolie bien prononcé.

Le ton doux propre aux cors le rapproche le plus, entre tous les instruments à vent, de la voix humaine, et explique son emploi heureux dans toutes les compositions d'orchestre d'origine récente. C'est à cet emploi si étendu qu'il faut sans doute attribuer aussi les manifestations élogieuses de quelques écrivains musicaux.

Le cor, qui est presque toujours employé double, savoir : corno primo, corno secondo, s'écrit avec la clef de *sol* 2ᵉ ligne ; cependant, les sons graves, s'ils se prolongent pendant plusieurs mesures, s'écrivent quelquefois, pour le second cor, avec la clef de *fa* 4ᵉ ligne.

Les sons qu'il peut donner naturellement sont les suivants :

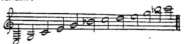

on les appelle, pour cette raison, sons naturels. Les tons et demi-tons qu'on produit en introduisant la main dans le pavillon ne doivent s'employer qu'avec précaution, et s'appellent sons bouchés.

Pour chaque ton, on a besoin d'un nouvel accord, qui s'obtient au moyen d'un corps de rechange, car les cors jouent presque toujours en *ut* majeur.

Il faut que le compositeur ait soin d'indiquer l'accord, dans la partition et dans la partie séparée ; le plus bas de ces accords est *si♭*, que l'on indique : cor en *si♭* grave. On ajoute le mot *grave* parce qu'il y a encore un autre accord en *si♭*.

Cet accord est une octave et un ton entier plus bas que le violon ou la clarinette en *ut*, et, pour cette raison, juste d'une octave plus bas que la clarinette en *si♭*.

LE COR A PISTONS

Le cor d'harmonie, si superbe de sonorité, si étonnant de ressources qu'il fût, grâce à ses tons de rechange, offrait des difficultés, des incommodités de pratique qui n'avaient échappé ni aux facteurs, ni aux virtuoses, ni aux compositeurs.

Dès les premiers temps du cor, on avait essayé de remédier à l'insuffisance de son étendue par des essais de cors à trous qui, du moyen âge au XIXe siècle, ont laissé peu de traces.

Privé, en effet, de l'avantage du doigté dont jouissent les autres instruments à vent, le cor exige de celui qui s'y destine une bonne organisation musicale et un goût artistique très développé.

Tout ce que l'on peut en dire, c'est que, pour l'époque moderne, les archives du ministère de la guerre gardent dans deux ordonnances des traces des services musicaux militaires du cor à trous.

Le 24 juin 1820 et le 22 décembre 1822, le nombre des instrumentistes jouant les cors à trous était ainsi fixé dans les musiques militaires : quatre dans la musique de la garde royale, deux dans les musiques de la ligne.

C'est, en effet, aux préoccupations musicales qui avaient fait rechercher ces cors à trous, que l'on doit, presque concurremment avec le développement artistique du cor simple, la révolution d'abord timide, puis rapidement triomphante, des cors à pistons.

Déjà, à la fin du XVIIIe siècle, un Allemand, HALTENHOLF, avait ajouté au cor de HAMPL une pompe de coulisse pour régler la justesse, quand l'intonation s'élève par les effets de la chaleur.

En 1815, un Allemand de Silésie, STÖLZEL, inventa un cor auquel les Allemands donnèrent tout de suite le nom de cor chromatique à pistons.

L'invention consistait en deux pistons placés sur la pompe du cor ordinaire, et mettant l'air en communication avec des tubes ouverts pour chaque note.

Dès lors, beaucoup de difficultés d'exécution allaient être vaincues. Après avoir passé par différentes phases dans sa fabrication, le cor fut muni de trois pistons, et, ainsi transformé, il fut définitivement adopté dans les orchestres.

C'est vers 1865, à l'apparition des œuvres de Richard WAGNER, que se fit cette adoption, et le corniste HALARY, de l'Opéra, a toujours joué du cor à pistons.

Pour compléter, qu'il soit mentionné ici que Charles CLAZGET, à Londres (né en 1751), un dilettante, réunissait ensemble un cor *Es mi bémol* et un cor *D ré* ; en réalité, il ne jouait que par une seule em-

bouchure, mais, par une clef, il amenait l'afflux d'air à celui des cors dont il lui fallait justement les sons. Toutefois, en utilisant ce cor, les deux pavillons étaient gênants.

Aussi peu de succès avait l'invention de KÖLBEL, à Saint-Pétersbourg (1760), qui adapta au cor des clefs (analogues à celles des instruments à vent en bois) pour faciliter le chromatisme ; toutefois, l'instrument manquant toujours de pureté, de même que de tons bas, la nécessité toujours encore existante de l'assourdissement et l'inégalité des sons qui en résultait, ne firent pas paraître cette invention comme un perfectionnement du cor.

Comme je le disais plus haut, en 1814 ou 1815, STÖLZEL, à Breslau (en communauté avec le hautboïste BLÜHMEL), apportait enfin un perfectionnement essentiel au cor de chasse, en y adaptant deux soupapes imperméables à l'air (soupapes de douille) (fig. 710).

FIG. 710.
Cor d'harmonie à 2 pistons.

Une des soupapes abaissait le cor d'un demi-ton, l'autre d'un ton entier, les deux en semble d'un ton et demi.

En 1819, ces inventions furent élargies par MÜLLER à Mayence et SAHLER à Leipzig, en construisant des cors de chasse avec trois pistons suivant l'idée de STÖLZEL. La troisième soupape abaissait le cor de un ton et demi et, par cette amélioration, le cor de chasse fut porté au degré de perfectionnement auquel il atteint à l'époque actuelle.

En dehors des soupapes de douille déjà mentionnées (fig. 711), on utilise encore des soupapes à

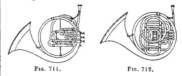

FIG. 711.   FIG. 712.

levier (fig. 712), à glissement (fig. 713), et des soupapes rotatives (fig. 714).

FIG. 713.   FIG. 714.

Ces soupapes provoquent toutes l'abaissement du ton du cor de chasse ; une idée plus récente de Oswald RÖHLICH à Vienne, consistant à élever le son du cor au moyen des soupapes, n'a pas pu s'acclimater.

La plupart des difficultés qui existent pour le cor sont donc surmontées par le cor à pistons, qui a les sons du cor ordinaire, mais auquel on a adapté deux ou trois pistons, au moyen desquels on peut donner avec plénitude et avec la plus grande précision tous les sons qui restent sourds et douteux sur le cor ordinaire, par exemple les sons :

ceux-ci, sur le cor à pistons, deviennent justes et pleins comme les autres sons naturels du cor ordinaire, excepté toutefois :

 de

l'octave inférieure.

Mais il est à regretter que cet instrument ne soit pas encore généralement adopté, parce que l'on pourrait produire avec lui de fort bons effets.

Les pistons ont la propriété de baisser l'instrument d'une tierce mineure et de donner trois tons ou corps de rechange fictifs, différents, qui, ajoutés à celui qui est sur la grande coulisse, les met au nombre de quatre. Si on a, par exemple, le corps de rechange *fa*, les autres tons seront *mi*, *mi♭*, *ré*, avec lesquels il est facile de former tous les tons (c'est ainsi qu'est construit le cor à pistons en Allemagne); mais l'expérience a prouvé qu'il était difficile de produire avec ce seul corps de rechange les tons aigus *sol*, *la*, *si♭*, et les tons graves *ut*, *si♭*, que le timbre des premiers n'était pas si brillant, que celui des seconds manquait de volume et perdait beaucoup de son caractère particulier; c'est pour cela qu'on a conservé tout les corps de rechange du cor ordinaire pour le cor à pistons, qu'on traite sous ce rapport comme le cor ordinaire; et si l'on observe cela, on peut faire toutes les modulations avec d'excellentes notes. Il faut donc se servir du corps de rechange, dans les morceaux qui seraient écrits en *sol*, *la*, *si♭* altos; *ré*, *ut*, *si♭* graves; à ces tons près, le cor à pistons en *fa* présente toutes les ressources possibles.

Comme tous les tons en sont bons, des passages tels que celui-ci produisent un très bon effet :

Les deux tableaux synoptiques ci-après aideront à faire mieux encore ressortir les avantages du cor à pistons pour aplanir les difficultés souvent insurmontables que trouvent certains cornistes dans l'emploi du cor simple.

Le 3e piston étant ascendant, il faut que l'instrument soit un ton plus haut, c'est-à-dire qu'il faut mettre sur le cor le ton de *sol*, pour jouer en *fa*. Indépendamment des avantages spéciaux qu'il possède comme doigté et facilité dans l'émission, il peut s'employer comme le cor à 3 pistons ordinaires.

L'emploi du 3e piston ascendant a l'avantage d'offrir une grande sécurité dans l'attaque du :

Pour la justesse, avoir soin de tirer la coulisse du

3e piston presque d'égale longueur que celle du 1er, e tenir la coulisse d'accord entièrement enfoncée. Si le corps sonore était trop bas, enfoncer la coulisse du 3e piston. En tirant la coulisse du 3e piston, l'effet est contraire aux autres, le corps sonore baisse, et le piston monte.

EMPLOI DU COR

Avec le cor d'harmonie, aussi bien qu'avec tous les autres, pour l'orchestre et la musique militaire, on ne peut donner avec effet que certains sons de l'accord dont on se sert, et encore quelques notes étrangères à cet accord.

Comme le cor, ainsi que nous l'avons dit, s'emploie dans l'orchestre et dans la musique militaire, par un premier et un second, il faut observer que le premier ne doit jamais descendre aussi bas que le second, ni le second monter aussi haut que le premier (*Traité* de KASTNER, p. 43).

La relation la plus ancienne de l'utilisation du cor de chasse dans l'orchestre nous est donnée par Mich. PRAETORIUS (1571-1621), qui l'introduisit sous le nom de « trompette de chasseur ».

C'est sans doute J. FUX (1690-1741) qui, le premier, a employé les cors de chasse par couples dans l'orchestre.

Le cor n'est réellement né pour la musique que le jour où un facteur inconnu, dont des historiens, plus patriotes peut-être que véridiques, ont voulu faire un Français, inventa, vers 1680, ce long tube de cuivre enroulé sur lui-même, commençant par une embouchure et finissant par un pavillon. On cite ce cor en Allemagne vers 1690; il devient alors de la grande famille artistique, puisqu'il est admis dans les orchestres d'outre-Rhin. Chez nous, on ne le voit, en toute certitude, que plus d'un demi-siècle plus tard, en 1757.

Mais ce cor, pour artistique qu'il fût déjà devenu, n'était qu'un instrument d'orchestre rudimentaire, aux ressources réduites. C'était un vulgaire cor de chasse dont l'étendue était assez restreinte.

Un heureux et artistique hasard devait tout à coup le transformer en l'un des instruments les plus riches en ressources et en beauté.

Un corniste allemand, HAMPL, — nous sommes en 1760, — espéra qu'en introduisant dans le pavillon un tampon de coton, il pourrait maîtriser la sonorité de son instrument et en obtenir des sons plus doux et plus voilés. La trouvaille donna un autre résultat : le son sortit un demi-ton plus haut. En promenant le tampon, HAMPL obtint toute une échelle : le cor devenait chromatique. Il s'aperçut plus tard que la main faisait même un meilleur office que le tampon. Ce fut une révolution dans l'art, l'orchestration et la facture. Du coup, les compositeurs reconnurent avec éclat ce nouveau et superbe collaborateur : J.-J. ROUSSEAU, dans les airs militaires qu'il a composés, a introduit des parties de cor en *sol*, MÉHUL fit accompagner par des sons bouchés les dernières paroles d'un mourant, et obtint ainsi un effet d'émotion intense.

BACH et HAENDEL, GLUCK, WEBER, BEETHOVEN firent appel au cor dans leurs pages les plus célèbres.

Dans les passages d'un mouvement lent et reposé, le cor est un des instruments les plus convenables, et des solos de cor comme ceux d'*Assur* (SALIERI) et des *Capuletti et Montecchi* (BELLINI) sont parfois d'un effet magique. Chacun a pu admirer la puissance des

TABLEAU ET TABLEAU SYNOPTIQUE DU COR A 3 PISTONS

Dont le 3ᵉ piston ascendant, avec les tons de rechange, les pistons qui les représentent et la gamme chromatique qui en résulte.

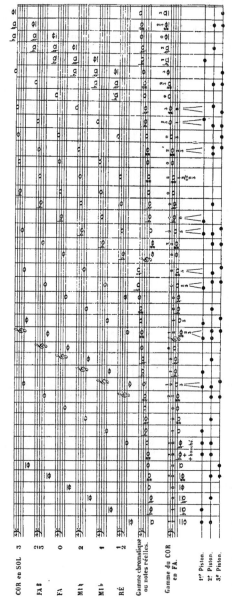

Le 3ᵉ piston étant ascendant, il faut que l'instrument soit un ton plus haut, c'est-à-dire qu'il faut mettre sur le cor le ton de *sol*, pour jouer en *fa*. Indépendamment des avantages spéciaux qu'il possède comme doigté et facilité dans l'émission, il peut s'employer comme le cor à 3 pistons ordinaires.

TABLATURE ET TABLEAU SYNOPTIQUE DU COR A 3 PISTONS

Avec les tons de rechange, les pistons qui les représentent et la gamme chromatique qui en résulte.

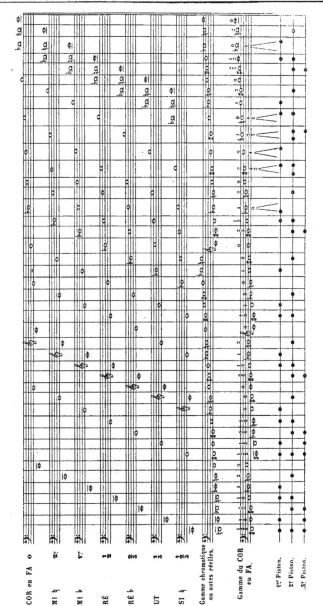

quatre cors de l'orchestre dans les chœurs des chasseurs d'*Euryante* et du *Freischütz* (WEBER).

Les facteurs d'instruments, principalement RAOUX
et son successeur LABBAYE, donnèrent au cor simple
ou d'harmonie l'étendue la plus complète en adjoignant dix corps de rechange. L'exécutant jouait toujours en *ut* pour les yeux, mais faisait entendre pour
l'oreille tous les sons naturels de toutes les gammes.

Et le cor simple traversa tout de suite un âge épique qui, pour court qu'il fût, a été singulièrement
brillant.

Le caractère mystérieux et poétique du cor fut
particulièrement mis en valeur par WEBER dans
l'ouverture du *Freischütz*, où il employa quatre cors,
par MENDELSSOHN dans le *Songe d'une nuit d'été*, par
BEETHOVEN dans sa *Symphonie pastorale*, dans la *Symphonie héroïque* et au 2ᵉ acte de *Fidelio;* on connaît
aussi le célèbre quintette du grand maître pour instruments à vent. Mais le cor n'est pas seulement l'interprète poétique du rêve et du mystère, et les maîtres
les plus illustres, reconnaissant ses qualités d'éclat,
en ont tiré des effets de terreur demeurés classiques
autant que fameux. Il suffit de citer la chasse infernale du *Freischütz*, et l'air de la haine d'*Armide* de
GLUCK. D'ailleurs, s'il fallait faire une nomenclature
complète de l'emploi qui a été fait du cor simple par
les grands compositeurs, il faudrait mentionner tout
le répertoire et tous les maîtres.

Bien qu'il n'emploie pas le cor simple, mais le cor
à pistons dont je parlerai tout à l'heure, on doit
cependant une place spéciale à RICHARD WAGNER, qui
a laissé du rôle orchestral du cor des exemples typiques et illustres; faut-il rappeler le cor de Siegfried,
la fameuse chevauchée de la *Walkyrie*, le prélude de
l'Or du Rhin, où figurent 8 cors, et le caractère voilé,
si empli de mystère, obtenu avec la sourdine dans
l'Or du Rhin, motif du Tarnhelm et, dans *Parsifal,*
le finale du 1ᵉʳ acte?

Dans l'*Africaine* de MEYERBEER, on emploie deux cors
d'harmonie et deux cors à pistons, ce qui permet, par
ces derniers, l'exécution de certains passages que ne
pourraient faire les premiers.

Notre grand compositeur REYER a écrit les quatre
cors de *Sigurd* pour cor simple avec les tons de rechange en différents tons, afin de permettre à l'un de
faire ce que l'autre ne peut pas exécuter, et pour avoir
toujours des notes à vide, c'est-à-dire les notes du
corps sonore. Avec les changements de tons, l'émission du son devient difficile, tandis qu'avec le cor à
pistons, toute difficulté disparaît. L'émission est, en
effet, la même d'un bout à l'autre du trait; il y a,
par suite, plus d'homogénéité et d'égalité dans l'exécution.

Je ne crois pas qu'il existe de difficultés plus
grandes que dans *Roméo et Juliette*, de BERLIOZ :

Les quatre cors, en effet, sont écrits dans des tons différents afin d'obtenir les meilleures notes de chacun des instrumentistes; mais cela ne suffit pas pour obtenir une excellente égalité de sons, car il faut bien tenir compte de la présence de quatre cornistes ayant chacun un son différent. Le cor à pistons, au contraire, égalise les sons dans la phrase, étant donné que le sentiment est exprimé par le même individu.

Si la musique était écrite pour tel ou tel ton, ce n'était pas voulu, comme on l'a bien souvent prétendu : c'était nécessaire, obligatoire, puisqu'on ne disposait pas d'autre moyen que des tons de rechange.

J'ai cependant entendu fréquemment des compositeurs se plaindre de cet instrument incomplet, dont les sons bouchés arrivaient à occasionner des vides dans l'orchestre. Aujourd'hui que le cor à pistons supprime les sons bouchés, et qu'il est adopté dans tous nos orchestres, il permet aux compositeurs d'écrire avec plus de facilité.

Ils en arrivent alors, pour produire des effets cherchés, à rétablir les sons bouchés dont ils se plaignaient précisément auparavant.

LES CORNISTES CÉLÈBRES

Le premier virtuose corniste, qui devait laisser comme professeur un renom si retentissant, que plus d'un siècle et demi parvint à peine à le ternir, est le fameux Rodolphe ou Rudolph. Avant d'écrire le traité de solfège qui a popularisé son nom et sa méthode, Rodolphe n'était qu'un professeur, devenu rapidement un virtuose du cor. Né à Strasbourg, selon Fétis et Riemann, le 14 octobre 1730, dès l'âge de sept ans, il jouait à la fois du cor et du violon.

A seize ans, il jouissait d'une grande réputation de corniste. En 1754, il était à Parme au service du duc, et c'est dans cette ville que le compositeur Traetta, séduit par les qualités de son du corniste, écrivit pour lui le premier accompagnement de cor obligé, dans un air chanté par la cantatrice Petraglia.

En 1765, Rodolphe, alors premier corniste de l'Opéra, fit entendre, pour la première fois, un accompagnement de cor concertant : air de Boyer, « Amour sous ce riant ombrage », chanté par Legros. En 1770, il faisait partie de la musique des appartements du roi, et en 1774, de la Chapelle royale.

Il approchait alors les grands de la terre et les voisins du trône, et put remettre au ministre Amelot le plan complet de la création d'une école royale de musique. On sait qu'en 1784, Gossec, plus heureux près du marquis de Breteuil, réalisa le rêve de Rodolphe et aida à fonder le Conservatoire, dont il fut nommé, dès sa création, professeur d'harmonie. Le virtuose corniste était un compositeur émérite qui avait appris son art de Traetta, déjà nommé, et de Jomini, lors d'un séjour à Stuttgard à la cour du duc de Wurtemberg ; quatre ballets et trois opéras comiques attestaient la valeur du choix.

Ce fut comme professeur de sa classe qu'il écrivit le plus fameux des solfèges et son traité d'accompagnement. La littérature spéciale du cor lui doit deux concertos, dix fanfares faciles pour deux cors, vingt-quatre pour trois cors; Rodolphe est mort à Paris, le 18 août 1812. Il avait été aussi premier violon aux théâtres de Stuttgard, Bordeaux, Montpellier et à Paris, à la Comédie française.

Marès ou Maresch, né à Chotieborz (Bohème), vers 1719, mort à Saint-Pétersbourg, le 30 mai 1794, fut élève de Hampl, mais, comme tous les cornistes et tous les instrumentistes de ce temps, il jouait également du violon.

En 1748, il alla en Russie, devint musicien de la Chambre impériale, et c'est là qu'il inventa, en 1754, pour les musiciens rudimentaires qui l'entouraient, la dite « musique russe de cor de chasse ».

On a vu précédemment que les cors russes sont droits et ne possèdent qu'un seul ton. Chaque artiste n'a donc sur sa partie que les pauses nécessaires et ce ton qu'il donne lorsque les notes l'exigent. Compter les pauses avec exactitude, voilà le point essentiel. Les artistes de cor russe ont acquis en la matière une telle précision qu'on serait tenté de croire qu'il n'y a qu'un seul artiste, tandis qu'ils sont au moins une trentaine pour former un chœur. Ils exécutent des symphonies entières, des concertos, marches, chorals, et en général tout ce qui peut s'exécuter au moyen de plusieurs instruments.

On a vu, dans le courant de cet acticle, que, noblesse artistique à part, les plus grands maîtres de l'art ont fait accomplir au cor d'harmonie le même tour de force.

Jean Lebrun, né à Lyon le 16 avril 1759, eut une carrière et une fortune étonnamment brillantes et rapides, dont le retentissement même fut, pour le malheureux artiste, cause de la fin la plus misérable.

Corniste virtuose de haute réputation, il devait une renommée particulière à l'éclat et à la facilité des sons suraigus. Il était premier cor à l'Opéra de Paris (1786-1792), quand le désir de fuir les jours dangereux de la Terreur et de brillantes propositions allemandes l'entraînèrent à Berlin. Il y demeura jusqu'en 1808, c'est-à-dire au delà du temps où il était permis d'espérer qu'un Français pût vivre en Prusse, et il revint à Paris. Mais là, jalousé et surtout suspect, il ne put trouver à utiliser ses talents et, ruiné, misérable, renonçant à tout espoir de trouver une situation, il s'asphyxia.

Frédéric Duvernoy, de la célèbre lignée musicale des Duvernoy, est un des cornistes qui ont laissé dans l'histoire de la littérature du cor une des traces les plus durables. Ce fut, en effet, le premier cor de l'Opéra et l'un des premiers titulaires de la classe de cor au Conservatoire. C'est lui qui dirigeait cette classe lors de la fermeture momentanée de la grande école de musique en 1815. Enfin, Duvernoy a laissé un gros bagage musical, dont quantité de concertos pour cors et pièces de musique de chambre avec parties de cor. Né à Montbéliard, le 16 octobre 1765, il est mort à Paris, le 19 juillet 1838.

Citons aussi Punto, de Vienne, pour lequel Beethoven écrivit sa fameuse sonate pour cor.

Ziring à Paris, Spandau à La Haye, Neumann à Berlin, le sonneur de cor Lietzen à Salzbourg, pour lequel Mozart avait composé ses quatre concertos pour cor de chasse, Schon, musicien de la chambre du roi de France, comptent parmi les plus réputés.

Johann Amon fut élève de Punto, et celui-ci l'avait associé à ses triomphales tournées, où il l'emmena comme second. Il était né à Bamberg, en 1768. Il occupa successivement les postes de directeur de l'école de musique de la ville d'Heilbronn et de maître de la chapelle du prince Attegen-Wallenstein. La mort le surprit en cette qualité, le 25 mars 1825. Compositeur fécond, il avait écrit quantité d'œuvres dont peu se rapportaient uniquement à un instrument. Il

devait à ses fonctions officielles d'écrire des symphonies et des messes.

A signaler aussi les deux Belloli. — 1° Luigi, né
à Castelfranco (Bologne), le 2 février 1770, mort le
17 novembre 1817, était, en 1812, professeur de cor à
Milan, où il a laissé le souvenir d'un virtuose accompli et d'un compositeur de haut mérite. Il a écrit la
musique de plusieurs opéras et une méthode de cor
(posthume).

2° Agostino, successeur du précédent à l'Opéra de
Milan, compositeur également heureux, puisque, de
1816 à 1823, la scène milanaise ne représenta pas
moins de quatre opéras de lui.

Artot, corniste franco-belge fort connu, eut une
destinée bizarre autant que brillante. Il s'appelait de
son vrai nom Maurice Montagney, et était né à Montbéliard, le 3 février 1772. Il devint chef de musique
d'un régiment français, fit diverses campagnes de la
Révolution, dont celle de la Belgique. Il demeura dans
ce pays, et occupa le premier pupitre de cor installé
à l'orchestre du Théâtre de la Monnaie.

Il était en même temps maitre de chapelle. Il mourut le 8 janvier 1829, laissant une descendance artistique singulièrement éclatante. Son fils ainé, Jean-
Désiré, qui était né à Paris en 1803, fut son successeur
au Théâtre de la Monnaie et devint premier cor solo
à la toujours célèbre musique belge des Guides; en
1843, on le trouve professeur de cor au Conservatoire de Bruxelles, et en 1849, cor solo de la chapelle
particulière royale. Artiste fort estimé, corniste agile,

il mourut à Saint-Josse-ten-Noode, le 25 mars 1887.
Ses deux collaborateurs (quoique ne relevant pas
d'une étude sur le cor) avaient eu même heureuse
fortune. Son frère Alexandre fut un violoniste virtuose fort renommé, dont l'humeur voyageuse fit
applaudir le vigoureux talent dans les deux mondes,
et sa sœur Marguerite, cantatrice experte, un instant
pensionnaire de l'Opéra de Paris, longtemps fêtée à
celui de Berlin, a épousé le célèbre chanteur espagnol Padilla.

Je puis en citer encore beaucoup d'autres tels que
Kenn, Donnisch, Dauprat, Galley, Garrigue, Mohr,
dont la méthode pour cor est assez répandue, Baneux,
Meifred (comme cor à pistons), car que doit-on entendre par virtuose? La première qualité, et qualité indispensable du virtuose, est de captiver son public, de
le mettre dans l'obligation de l'écouter en lui imposant le solo ou le concerto. Il doit lui faire constater
les difficultés d'exécution, ses qualités de conception
et son talent dans l'interprétation par la couleur, le
charme, les nuances qu'il met dans la traduction
exacte de la pensée de l'auteur. Il doit prendre le
public par son côté sensible, et cela peut arriver par
l'impression découlant d'une simple phrase, surtout
quand l'artiste a su s'imposer dès le début.

Pour terminer, je dirai qu'il existe peu d'ouvrages
théoriques sur l'étude du cor.

Je ne vois, à ma connaissance, en France, que les
méthodes de Mohr, Donnich, Dauprat, Gallay, Duvernoy, Meifred, Mengal et celle que j'ai fait paraître.

Jean PÉNABLE.

LE TROMBONE

Par M. G. FLANDRIN

DES CONCERTS COLONNE

Le trombone, parmi les instruments de cuivre à embouchure, est seul à posséder une tablature naturellement complète ; de sa structure particulière naît l'absolue justesse, son mécanisme est simple et procède des émissions successives de sept corps sonores[1] répondant tous aux lois de la résonance : le premier corps sonore, soit l'instrument dans sa plus petite longueur, établit la tonalité de construction ; les six autres déroulent du premier par demi-tons descendants au moyen d'une coulisse glissant sur deux tubes ; sa forme rappelle celle d'une trompette recourbée[2].

Construit sur divers corps sonores, le trombone a donné autant de timbres nouveaux, celui de si♭[3] a produit les meilleurs résultats, et le Conservatoire lui accorde avec raison la faveur à laquelle il a droit.

Les besoins de l'orchestration ancienne ont amené les facteurs à construire des trombones à coulisse de diverses hauteurs, ce qui créa une famille se composant de six instruments échelonnés de la façon suivante : contre-basse, basse, ténor, alto, soprano et piccolo, groupe intéressant, de plus en plus délaissé, si on en juge par l'orchestration moderne qui emploie trois trombones ténors au lieu des trombones basse, ténor et alto ; l'historique de la famille aide à se rendre compte de l'utilité des divers instruments se partageant une certaine étendue musicale ; aucun n'a le mérite du trombone ténor, mais ils le complètent avantageusement, soit dans le grave, soit dans l'aigu.

La disparition des instruments classiques (motivée d'autre part) se faisant sentir et le progrès s'imposant, on tenta de substituer au trombone à coulisse le trombone à pistons, dont la forme et le nombre des pistons varient beaucoup sans rien ajouter à l'étendue de l'instrument.

ORIGINE ET HISTORIQUE DU TROMBONE

Le trombone à coulisse apparaît à une date très reculée ; Rabelais[4] le fait remonter aux anciens Hébreux, mais aucun dessin de ce temps ne nous en est parvenu ; la trompette turque, appelée surme en Egypte, d'après DE LABORDE et VILLOTEAU, donne assez vaguement l'idée du trombone en esquissant la coulisse et le pavillon ; plus sûrement, le trombone fait

partie de la famille des tubæ (trompettes des Latins qui le nomment tuba ductilis[5]) ; les Romains connaissaient la tuba ductilis en usage chez les Hébreux[6].

L'étymologie du mot trombone paraît tirée du grec strombos ou du latin strombus, dénommant une sorte de coquille à l'imitation de laquelle on a fait la trompe; ce qui semble soutenir cette version, c'est que des trompes primitives sont nés les cors, et que le ix° siècle vit des cors recourbés à tuyaux mobiles qui sont de véritables trombones ; on a des manuscrits de cette époque où se trouvent décrits ces instruments, désignés au moyen âge sous le nom de sacquebute[7].

Voilà qui laisse à penser que le trombone serait né de combinaisons diverses appliquées successivement aux cors et aux trompettes ; son timbre si particulier occupe, en effet, en quelque sorte le milieu entre les deux, tenant sa douceur de l'un et sa puissance de l'autre ; certains auteurs prennent pour racine tromba, mot italien, qui désigne les trompettes en général ; d'autres stromboli, par ironie peut-être, pour souligner les grondements dont il est capable.

De curieuses légendes existent sur le trombone à coulisse ; dans la préface de la Méthode de NEUMANN, son invention est revendiquée par TYRTÉE, 685 ans avant J.-C. ; d'autres accordent le mérite de la découverte à OSIRIS.

En 1738, on aurait découvert, dans les ruines de Pompéi, deux trombones superbes, dit NEUMANN, dont les embouchures étaient en or, alors que les instruments étaient en bronze : le roi de Naples, ajoute-t-il, aurait donné un de ces trombones au roi d'Angleterre George II, qui était présent aux fouilles.

M. W. CHAPELL, dans une note écrite par lui il y a plus de cinquante ans, confirme cette assertion, et ajoute que l'instrument ainsi trouvé existe dans la collection de Windsor ; mais le conservateur de cette collection a nié en avoir connaissance.

Devant l'abondance d'histoires plus ou moins dignes de foi, il est préférable de s'en tenir aux documents parvenus jusqu'à nous.

On a quelques raisons de croire que la plus ancienne trace des instruments à coulisse qui soit connue, est la figure presque informe d'une sacquebute ou saquebute[8] du ix° siècle ; cette figure existe dans un

---

1. Voir structure du trombone ténor ; étymologie du mot.
2. Idem.
3. Ténor.
4. Rabelais, livre I, chap. 23.

5. Ductilis, à conduire.
6. Selon Virgile et Isidore.
7. Casimir Colomb, La Musique, p. 133.
8. Nom français de l'instrument : saquer, sacquer, mot ancien qui veut dire traîner avec soubresauts ; bouter (vieux) : pousser, d'où saqueboute, comme boute-selle.

manuscrit assez bien conservé de Boulogne-sur-Mer. L'enluminure de l'époque, or et argent, est relativement difficile à reproduire, le recto ayant traversé

FIG. 715.

le verso et *vice versa*, bien qu'imparfaite, elle représente, de façon à ne pas s'y tromper, suivant quelques chercheurs érudits, le trombone à l'état rudimentaire.

M. MAHILLON, ancien conservateur du musée du

FIG. 716.

Conservatoire de Bruxelles, à qui fut attribuée cette trouvaille, s'est défendu de cette paternité; dans une brochure intitulée : *Le Trombone, son histoire, sa théorie, sa constitution*[1]; selon lui, lesdits chercheurs

confondraient *saqubute* avec *sambute*, et l'enluminure dont il est question laisserait à supposer que la sambute est un instrument à cordes dont la structure imitait assez bien la forme du trombone.

Quoi qu'il en soit, serrons l'histoire le plus possible.

L'absence de documents marquant les xe, xie et xiie siècles est à peu près complète; cependant, on peut admettre l'existence du trombone pour cette période, en s'appuyant sur une peinture le représentant clairement; M. WIDOR dit que le xiiie siècle fait voir l'emploi du trombone dans la célèbre procession de Saint-Marc de Venise, où défilent aussi des trompettes longues dont le pavillon est supporté sur l'épaule de petits pages; cette procession très mouvementée est, paraît-il, reproduite aujourd'hui sur des panneaux d'un certain prix et assez encombrants.

La structure de l'instrument de cette époque décèle, par conséquent, une existence rétrospective.

Dans une peinture murale de l'Hôtel de Ville de Paris, fort documentée, on voit la sacquebute[2] au milieu d'un groupe de musiciens du xve siècle, où figurent harpe, trompette marine, cornet à bouquin, etc., et saluant avec la foule l'entrée de Louis XI à Paris le 30 août 1461[3].

FIG. 717. — Sacquebute du xvie siècle.

Parmi tous les admirables instruments anciens, peints sous la tribune de l'orgue, l'église de Gonesse[4] nous a conservé une forme parfaite du trombone à coulisse; la structure de l'instrument est bien celle qui subsiste aujourd'hui.

Cette figure peut avoir quelque analogie avec les *posaunen* des légendes du Nord dont il est question plus loin.

Jusqu'en 1500, l'emploi de la saquebute ne semble pas bien précis; les quelques notes qui suivent indiquent seulement sa présence dans les fêtes officielles et marquent sa progression à partir de cette époque :

« Quittance 31 décembre 1518, de Christophe PLAISANCE, joueur de saquebute du Roi[5]. »

Dans un volume publié en 1520, à Bâle, par S. VIRDUNG, le trombone est cité parmi les instruments connus en France; il y avait, dit-on, un fabricant de trombones nommé Hans MENSOEL, qui faisait des instruments de marque; le nom seul du facteur nous en est parvenu.

En 1636, le Père MERSENNE, au cours de ses recherches, croit avoir retrouvé la description du trombone dans un passage d'Apulée, écrivain latin du iie siècle, auteur du curieux roman *l'Ane d'or*, et cite la saquebute dans une liste d'instruments en usage de son temps.

Le czar Pierre le Grand, amateur de concerts bruyants, se faisait jouer des morceaux de saquebutes et cornets à bouquin pendant ses repas[6] (1682-1725).

---

1. Cette brochure, traitant des instruments à vent en général et du trombone en particulier, est très concise; elle se recommande surtout de HELMHOLTZ, natif de Potsdam (1821-1894).

2. La sacquebute de cette époque est représentée le pavillon non recourbé en avant, mais situé droit au-dessus de l'épaule gauche du musicien.

3. Tallegrain, 1892.

4. Environs de Paris, Seine-et-Oise.

5. Note conservée à la Bibliothèque nationale, ms fr. 7835.

6. Casimir COLOMB, *La Musique*, page 240.

Sous Louis XIV, dès 1693, le corps de musique de la « Grande Ecurie du Roi » célèbre des fêtes musicales, et celles de l'Epiphanie sont de grandes solennités; d'après un état de 1708, cette musique comprenait huit joueurs de fifres et tambourins, douze grands hautbois, le quatuor des cromornes, basse, ténor, alto et soprano, douze trompettes, cornets, saqueboutes, etc.; l'un des devoirs de la charge de « grand écuyer de France » était de faire servir aux entrées des rois et autres solennités lesdits instruments, pour rendre la fête plus brillante.

L'*Histoire de l'Académie des Sciences*, 1702, comprend la saquebute dans une liste d'instruments anciens.

Dans un catalogue des instruments à vendre chez J.-Reinhard Storck, facteur d'instruments de musique « Au concert des Cigognes », près le pont Corbeau, à Strasbourg, 1784, on trouve la dénomination des différents individus de la famille des *tromboni* et leurs prix ainsi définis : le premier dessus, vingt livres; le second, trente livres; pour la taille, quarante livres; et pour la basse, quarante-huit livres[1].

Ceci établit bien l'existence des trombones soprano, alto, ténor et basse; les saqueboutes du XVIe siècle, dit Casimir Colome, sont de différents calibres, et l'on en joue à plusieurs parties; il est fait mention, dans les auteurs, du premier dessus, du deuxième dessus, du bourdon et de la basse.

Chronique de Paris, 1791, p. 781. Translation du corps de Voltaire au Panthéon. — Strophes de Chénier, musique de Gossec exécutée avec des instruments antiques copiés sur la colonne Trajane : *tuba curva*, buccins, etc : cette liste pourrait s'augmenter sans gagner en intérêt.

Le plus ancien document complet et authentique de l'emploi des trombones à l'orchestre s'établit en 1607 : Monteverdi, maître de chapelle de Saint-Marc de Venise, fait entendre un groupe de cinq de ces instruments dans son *Orfeo*; M. Vincent d'Indy, dont l'érudition est si connue, a remanié en partie cette partition qui comporte des instruments aujourd'hui disparus, et l'a fait entendre à la *Schola Cantorum*, où elle fut très goûtée par les amateurs de curiosités musicales anciennes et artistiques; outre le manuscrit original, qu'il a eu entre les mains lors de la reconstitution de l'œuvre, il existe deux copies du temps identiques, et donnant les mêmes dispositions instrumentales; à l'exception du prélude, les trombones ne sont employés dans l'ouvrage que pour les scènes infernales et n'entrent qu'à l'entr'acte du troisième acte, comme il est dit dans une note manuscrite[2]. Vincent d'Indy ajoute : « Il y a cinq trombones, plus deux cornetti, que nous remplaçons par des trompettes, le cornetto étant un instrument disparu[3]. »

Dans l'entr'acte du troisième acte, les trombones sont écrits : le premier en clé d'*ut* 2e ligne, les deuxième et troisième en clé d'*ut* 3e ligne, les quatrième et cinquième en clé de *fa* troisième ligne[4] : à l'entrée d'Orfeo, scène II, il y a une *sinfonia* uniquement jouée par quatre trombones soli, le premier en clé d'*ut* 3e ligne, les autres en clé d'*ut* 4e ligne.

Les trombones paraissent également à l'entrée du

chœur d'Esprits infernaux, doublant les voix comme l'usage s'en répandit alors généralement; les trois premiers doublant les parties de ténors, les deux autres doublant les barytons et basses avec l'aide de la régale, d'un orgue de bois, de deux violes de gambe et d'une contre basse à cordes; à la 2e scène du IVe acte, ils doublent également les parties vocales avec la même disposition, puis ils observent le silence jusqu'à la fin de l'ouvrage.

Quant au prélude, il est curieux pour l'époque, parce que Monteverdi y mentionne que cette pièce doit sonner un ton plus haut, les trompettes jouant en son forcé avec sourdine[5]; cette remarque sur la manière d'écrire la trompette est intéressante; elle paraît avoir été très usitée[6], et prouve que nos compositeurs modernes n'ont rien inventé sous ce rapport; les trombones de ce prélude sont notés en clé d'*ut* 2e, 3e et 4e lignes, la deuxième trombone est désigné sous le nom de *vulgano*[7]. Ici, sans aucun doute, la partie était destinée à un trombone[8].

Il faut encore retenir l'appréciation de Vincent d'Indy sur le rôle du trombone dans la musique du XVIe au XVIIe siècle, rôle très considérable selon les écrits datant de cette époque; le trombone fut employé couramment comme la famille des violes, comme celles des hautbois et des cromornes.

Le trombone est donc l'un des plus anciens instruments à vent, par suite, des plus vénérables, par l'antiquité de sa tradition; il possède cette particularité d'avoir conservé sa forme primitive alors que tous les instruments ont subi de notables changements[9].

La forme du trombone en général a peu varié, en effet; le buccin nous offre un pavillon représentant une tête de lion, de serpent ou de dragon, sans plus d'intérêt; le rôle du buccin se réduisait, à peu de chose près, à donner la tonique et la dominante; la coulisse est lourde et grossière; en outre, l'instrument ne parle pas, manque de vibration[10]; on en trouve sans pompe d'accord[11], qui fut, du reste, appliquée assez tard par l'inventeur Riedloker (1821).

On voit le buccin en progrès dans les lutrins au commencement du XIXe siècle, et plus tard dans les musiques de cavalerie.

LA FAMILLE DES TROMBONES

Trombone Contrebasse.

Le trombone *contrebasse* fut, dit-on, employé comme accessoire guerrier servant à donner l'alarme sur les remparts; monté sur une sorte d'affût, il mesurait environ quinze pieds de longueur sans compter le tortil[12]; il n'en existe aucun spécimen ou

---

1. Constant Pierre : *Les Facteurs d'instruments de Musique, précis historique*.

2. Ici entrent les trombones, cornets et régales, et ici se taisent les Violes à bras, l'orgue de bois et le cembalo, — et la scène change.

3. Le cornetto était une sorte de chalumeau à l'ous se jouant avec une embouchure.

4. Inusitées de nos jours relativement au trombone, la clé d'*ut* 2e ligne et la clé de *fa* 3e ligne dénoncent l'existence d'instruments de diverses couleurs.

3. La sourdine des instruments de cuivre à embouchure est une sorte de cône creux en bois, carton ou métal, qu'on fixe dans l'intérieur du pavillon; elle fait donner par l'instrument des sons nasillards et comme éloignés, plus élevés que quand l'instrument est naturel; plus l'instrument est petit, plus il est sensible à la faculté de hausser le son.

6. Rappelée et établie dans la *Méthode de trompette* de Dauverné.

7. Nom qui, d'ordinaire, était affecté à la partie de trompette grave.

8. Voir sur l'*Orfeo* : H. Prunières, *La Vie et l'œuvre de C. Monteverdi* (1926), pp. 62 et suiv.

9. Les quatre trombonistes qui sont peints d'après des cartons d'Albert Durer au-dessus de la porte de la Salle Impériale de l'Hôtel de Ville de Nuremberg, peinture datant de 1616, jouent des instruments à peu de chose près semblables à nos trombones actuels, tandis que, dans la même peinture, tous les autres instruments diffèrent beaucoup de ceux que nous connaissons aujourd'hui.

10. Ancien instrument à vent, défini par Dauverné, sous forme trompette (*Méthode*).

11. Voir structure trombone ténor.

12. Tuyaux repliés en rond dans les tubes précédant le pavillon. *Méthode de trombone* par Beer et Dieppo.

dessin précis; on suppose qu'il devait produire quelques sons ou mugissements propres à donner l'éveil par leur puissance; nul doute qu'il ne soit question de cet instrument formidable au xiv° siècle, où, sous le nom de sacquebute, il servait aux signaux, de même qu'au temps des guerres d'Italie sous Charles VIII (1483-98), dont des gravures de sacquebutiers le laissent vaguement reconnaître (V. d'Indy). Il fut connu en Allemangne sous le nom de *Gross Posaune*[1]. Le trombone contrebasse, si peu avantagé pour l'art, devait disparaître, et la musique ne put, pour cette cause, le sauver de l'oubli, quand, en 1855, un facteur d'instruments, HALARY, établit et exposa un modèle de trombone contrebasse muni d'une double coulisse; ce système ingénieux pour l'époque obtint une récompense, mais il ne fut pas employé en raison de sa médiocrité de son et de la résistance de son mécanisme; c'était de nouveau l'abandon, mais l'idée de restituer l'instrument en l'établissant musicalement était éveillée et devait suivre son cours.

On est parvenu dernièrement à le rétablir à l'aide d'un nouveau système supprimant son énormité; deux modèles différents en existent aujourd'hui, très faciles à jouer; le modèle FOURNIER, récompensé à l'Exposition de 1900, et le modèle MAQUARRE (Jean), d'invention plus récente.

Le trombone contrebasse est appelé à rendre de grands services dans l'orchestration future et dans l'exécution des parties graves déjà écrites[2], mais confiées à son défaut au bombardon[3] qui nuit à l'effet des timbres clairs[4].

Tout développé, l'instrument mesure cinq mètres

Système HALARY.   Modèle FOURNIER.   Modèle MAQUARRE (Jean).

FIG. 718. — Trombones contrebasses.

treize centimètres, la longueur de ses branches divisible en sept positions par la coulisse est de soixante-deux centimètres (0 mètre 620); il est construit sur *si♭* grave[5]; il exige beaucoup de souffle et doit s'employer surtout pour ajouter aux effets d'étendue.

Exposition des sept positions avec leur armure[6].

Étendue chromatique du trombone contrebasse[7].

Trombone basse,

Le trombone *basse*[8] est parvenu jusqu'à nous, mais il est dédaigné par les instrumentistes en raison de sa lourdeur et d'un manche servant à atteindre les positions, ce qui rend aussi l'instrument insoumis à la justesse et à l'exécution du plus simple trait; on possède deux modèles de tons différents; le premier, construit sur *sol♮*, mesure tout développé

1. En Allemagne, les trombones portent le nom de *posaune* qui s'applique aussi à la trompette, plus particulièrement à celle des « Anciens », chez les historiens et les archéologues, et à celle des anges, dans les passages des théologiens et des poètes relatifs au jugement dernier (Casimir COLOMB, *La Musique*, p. 132). La *gross posaune* exécutait les parties de basses écrites en clé de *fa* 4° ligne et 5° ligne, à cause de la gravité des sons de l'instrument; on indiquait sur la musique trombone 4°, ou simplement trombone (BERN et DIEPPO).

2. WAGNER a écrit une partie pour le trombone contrebasse dans le *Crépuscule des Dieux*. VERDI, également, dans *Falstaff*.

3. Contrebasse en cuivre, octave grave de l'ophicléide.

4. Trompettes et trombones.

5. Voir structure du trombone ténor dont il est l'octave basse.

6. + Ce signe marque la place des notes pédales inexigibles.

7. Les noires indiquent les demi-tons du centre musical, auquel sont ramenés tous les instruments de la famille, c'est-à-dire comme s'ils étaient tous en *ut*.

8. En Allemagne : *Gross-Quart Posaune*.

4 m. 74 cm. ; la longueur divisible de ses branches est de 0 m. 71 cm., le manche atteint la longueur de 0 m. 31 cm. ; le second, construit un ton au-dessous, soit sur *fa* ♮, atteint les proportions ridicules de cinq

mètres quarante et un centimètres, sa longueur divisible 0 m. 84, le manche 0 m. 37.

L'étendue de ces deux instruments réunis est résumée dans celle d'un trombone basse nouveau système.

FIG. 719. — Trombone basse à manche.   FIG. 720. — Trombone basse nouveau système.

Exposition de la résonance des sept positions du trombone en sol ♮ et leur armure[1].

Étendue chromatique du trombone en sol[2].

Les maîtres anciens ont beaucoup écrit pour cet instrument, unique à l'orchestre par son timbre et son ampleur de son ; les compositeurs actuels en sont privés, et confient sa partie à un troisième trombone ténor qui ne possède ni l'étendue ni la sonorité désirables.

De nombreux essais ont été tentés pour remédier à ces inconvénients du trombone basse ; ils ont abouti à l'établissement d'un instrument réunissant les qualités de puissance, et surtout de timbre noble des trombones basses abandonnés en France.

Construit sur *sol* ♮, ainsi que son prédécesseur, le trombone basse moderne possède, outre la tablature complète exposée plus haut, quatre positions doubles, plus deux nouveaux corps sonores, *ut* ♮ et *si* ♮ graves n'existant que sur le trombone en *fa* ♮ grave[3].

Le mécanisme du nouvel instrument est très simple et ses dimensions sont ramenées à peu de chose près à celles du trombone ténor, sa virtuosité est la même ; la longueur divisible des branches est de 0 m. 62, et il bénéficie de la suppression du manche.

Exposition des neuf positions du nouveau trombone basse et leur armure.

Tuba.

Dès l'apparition des pistons appliqués à la trompette par LABBAYE (1820) et plus tard par D. JAHN au

trombone[6], on construisit un trombone basse qui fut décoré du nom de *tuba*. Cet instrument n'a du

---

1. Le signe + indique les notes pédales inexigibles.
2. Le trombone basse ne s'écrit plus, sans danger, après *sol* ♮ aigu.

3. Instrument inutilisable, mais toujours cité.
4. Le signe + marque la place des notes pédales inexigibles.
5. Les positions « appuyées » sont les produits d'un système abaissant l'instrument d'une tierce mineure.
6. Récompensé en 1834.

trombone que les tubes cylindriques égaux dans toutes les parties; il produit des sons rauques très désagréables et éprouve une grande difficulté à nuancer, aussi ne trouva-t-il place que dans les fanfares de cavalerie en servant de basse aux trompettes. Sa forme entraîna une erreur de désignation qui s'applique au tuba actuel de perce conique, remplaçant à l'orchestre l'ophicléide disparu[1]. Ad. Sax en construisit un en *mi♭* à six pistons qui n'eut pas plus de succès.

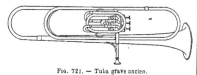

Fig. 721. — Tuba grave ancien.

Trombone ténor.

Le trombone *ténor*[2], le plus avantagé de la famille, régnant seul dans les orchestres français, doit être pris comme type pour servir à établir la structure du trombone en général; il se compose de tubes cylindriques dans toute leur longueur; ces tubes, de perce égale[3], se terminent par un évasement brusque nommé pavillon; ce pavillon, recourbé en avant et muni d'une pompe d'accord, forme la première partie de l'instrument.

La seconde partie comprend deux tubes de longueur égale portant le nom de branches, reliés par une tige nommée barrette[4], et qui sont munis chacun à leur extrémité d'un tube court en melchior[5], pour établir le glissement de la coulisse.

La troisième partie est formée par la coulisse s'adaptant avec précision sur les branches, glissant

en remontant jusqu'aux arrêts formés de deux petits tampons creux garnis de liège[6] établissant le premier corps sonore[7].

La coulisse elle-même se compose de deux tubes de perce plus grosse que les branches, reliés aussi en haut par une barrette, et en bas par un bocal[8] muni d'un siphon[9]; elle joue un grand rôle aujourd'hui par son extrême mobilité.

Finalement, une embouchure percée droite, c'est-à-dire ne formant pas cuvette

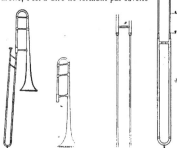

Fig. 722. — Trombone ténor ... ill et son pavillon.

Fig. 723. Branches. — Coulisse adaptée aux embouts et indications des positions.

à l'intérieur, favorisant l'émission et la pureté du son.

Le trombone ténor est construit sur *si♭* médium[10], son timbre est unique et ses moyens sont innombrables; sa longueur est, l'instrument tout développé, de 3 m. 95 cm.; la divisibilité de ses branches, des manchons à la naissance des embouts, est de 0 m. 59.

Exposition des sept positions du trombone ténor[11].

Étendue chromatique du trombone-ténor[12].

1. Le tuba actuel (sans tenir compte de l'erreur de genre) a donc usurpé le nom d'un vrai tuba essayé naguère sous une forme nouvelle; pour lors, rien de commun, comme son et moyens, entre ces deux instruments, que la forme imitée et le nom.
2. En Allemagne : *Tenor Posaune.*
3. Diamètre intérieur des tubes.
4. Terme de fabricants.
5. Ces tubes se nomment *embouts.*
6. Manchons.
7. On entend par corps sonore la succession des sons obtenus du grave à l'aigu sur un tube fixe muni d'une embouchure et d'un pavillon, soit la note fondamentale ou pédale, l'octave, la quinte, l'octave, la tierce, la quinte, la septième, l'octave, la neuvième, la dixième, etc. Or, le trombone a ceci de particulier, qu'après son premier corps

sonore, il peut s'allonger six fois chromatiquement, donnant à chaque allongement successif une série nouvelle toujours plus basse d'un demi-ton. Ce sont ces sept corps sonores que l'on nomme positions; de la combinaison de ces positions, le trombone à coulisse tire l'avantage de l'absolue justesse, la correction des intervalles bas selon les lois de la résonance n'étant qu'un jeu, grâce à l'oreille et au talent de l'instrumentiste.
8. Tube arrondi.
9. Clef automatique laissant échapper l'eau dès qu'on pose l'instrument debout.
10. Même hauteur que la Voix de ténor, le grave en plus.
11. Le signe + marque les pédales inexigibles.
12. Passé l'ut aigu, le trombone ténor ne s'écrit plus sans danger.

Ces corps sonores ou positions peuvent être pratiqués par le trombone à pistons. Cet instrument s'autorise d'un mécanisme appliqué heureusement aux perces coniques, tels le cornet à pistons, le bugle, le tuba, etc., dont l'émission du son est relativement facile, sans toutefois jouir des avantages acquis à ces instruments; sa perce cylindrique le met en état d'infériorité comparativement aux instruments ci-dessus indiqués, par la difficulté d'émettre le son et d'observer même la justesse consentie aux instruments à tempérament.

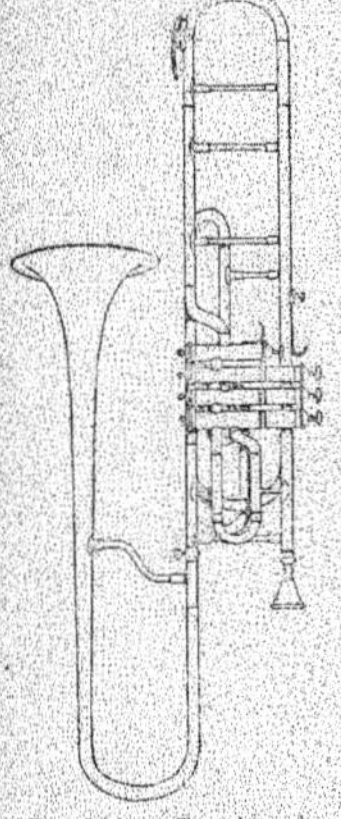

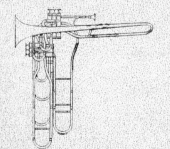

Fig. 724. — Trombone à 4 pistons ; modèle de l'armée

Or, ce qu'on exige essentiellement du trombone, c'est la justesse, ce sont la pureté du son, le timbre, la force, etc., il est incontestable que, seul, le trombone à coulisse possède ces moyens, vu sa colonne d'air interrompue et la facilité qu'il donne de distinguer dans tous les tons les intervalles à modifier.

EXEMPLE : **Damnation de Faust** (BERLIOZ) :

Le trombone à coulisse exécutera bien *fa* double dièse, tandis que le trombone à pistons donnera s l naturel déjà trop bas chez lui; le *mi* dièse subira le même sort, et sera remplacé par *fa* naturel.

Trombone à six pistons.

Le trombone SAX, *à six pistons* et à tubes indépen-

Fig. 725. — Trombone à six pistons indépendants.

dants, pour avoir été copié sur le trombone à coulisse[1],

---

[1]. Substitution des pistons aux positions, soit première position remplacée par le premier piston, ainsi de suite, la septième position représentée par l'instrument à vide sans se servir d'aucun piston.

n'est guère plus heureux; il jouit d'une sonorité relative, mais il se complique d'une préparation de doigté dont un tromboniste craint les disgrâces; en outre, les difficultés d'accord dans les modulations lui sont aussi redoutables qu'à ses congénères[2].

On a aujourd'hui des cors, des cornets, des trompettes et des trombones à pistons; ce mécanisme donne une grande égalité de son et une grande facilité au jeu; mais il faut bien avouer, dit Casimir Colonn, que, dans certains cas, le timbre primitif est altéré et dénaturé, et que c'est une faute pour un chef d'orchestre que de faire exécuter par des instruments modernes des parties écrites par les maîtres pour les anciens instruments du même nom; l'ignorance des exécutants peut trouver cela plus commode, l'insouciance du chef d'orchestre peut s'en contenter, mais le caractère d'une œuvre est absolument faussé par une pareille négligence[3].

Ces instruments[4], peu avantagés dans l'orchestre symphonique, paraissent avoir surtout rendu des services aux musiques militaires, populaires, etc., bien plus qu'à la musique elle-même, par leur facilité d'emploi comparative; les essais dont ils furent l'objet sont si nombreux qu'il serait fastidieux de les énumérer en y joignant ceux du trombone à coulisse, aucun intérêt artistique ne s'y attachant du reste.

Trombone alto.

Le complément naturel du trombone *ténor* à l'orchestre est le trombone *alto*[5], formant avec le trombone basse un trio homogène et présentant une étendue utilisée dans la musique classique.

Après l'abandon du trombone basse, le trombone alto n'avait plus guère de raisons d'exister; les compositeurs, non sans regrets, durent en prendre leur parti, se résigner à écrire des accords rapprochés et remplacer quelquefois des sonorités manquantes par des *forte* exagérés qui, peut-être, ne sont pas étrangers à l'abus qu'on fait aujourd'hui du trombone.

La disgrâce du trombone alto fut aussi motivée par la médiocre qualité de son qu'il donnait; objet de tentatives d'améliorations, il fut construit, tour à tour, sur *fa* 2, *mi* b[6] et *ré*b, sans résultats appréciables, car la

Fig. 726. Trombone alto.

structure générale de l'instrument était seule fautive; il fut doté dernièrement d'une perce spéciale demi-cylindrique, dont l'application se résume dans l'établissement d'un tube plus petit que l'autre, d'une coulisse plus longue et de l'adjonction d'un pavillon plus en rapport avec l'instrument; il apparaît aujourd'hui comme élégant, sonore et bien timbré, prêt à revendiquer sa place en s'appuyant sur de nombreux prosélytes.

Inutile de reproduire les anciens types, tous les

---

malheureusement, les pistons ne peuvent apporter la sensibilité de la coulisse et restent soumis aux lois de la résonance, malgré des combinaisons ingénieuses de doigtés factices.

[2]. SAINT-SAËNS, dans le *Déluge*, tire parti de sa faculté chromatique dans certaines tonalités.

[3]. *La Musique*, p. 138.

[4]. Les trombons à pistons, quels qu'ils soient.

[5]. En Allemagne : *Alto Posaune*.

[6]. Ambroise THOMAS a écrit un solo important pour trombone alto en *mi* b, dans l'ouverture du *Comte de Carmagnola* (1841).

trombone que les tubes cylindriques égaux dans toutes les parties; il produit des sons rauques très désagréables et éprouve une grande difficulté à nuancer, aussi ne trouva-t-il place que dans les fanfares de cavalerie en servant de basse aux trompettes. Sa forme entraîna une erreur de désignation qui s'applique au tuba actuel de perce conique, remplaçant à l'orchestre l'ophicléide disparu[1]. Ad. Sax en construisit un en mi♭ à six pistons qui n'eut pas plus de succès.

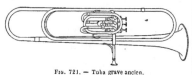

Fig. 721. — Tuba grave ancien.

Trombone ténor.

Le trombone ténor[2], le plus avantagé de la famille, régnant seul dans les orchestres français, doit être pris comme type pour servir à établir la structure du trombone en général; il se compose de tubes cylindriques dans toute leur longueur; ces tubes, de perce égale[3], se terminent par un évasement brusque nommé pavillon; ce pavillon, recourbé en avant et muni d'une pompe d'accord, forme la première partie de l'instrument.

La seconde partie comprend deux tubes de longueur égale portant le nom de branches, reliés par une tige nommée barrette[4], et qui sont munis chacun à leur extrémité d'un tube court en melchior[5], pour établir le glissement de la coulisse.

La troisième partie est formée par la coulisse s'adaptant avec précision sur les branches, glissant

en remontant jusqu'aux arrêts formés de deux petits tampons creux garnis de liège[6] établissant le premier corps sonore[7].

La coulisse elle-même se compose de deux tubes de perce plus grosse que les branches, reliés aussi en haut par une barrette, et en bas par un bocal[8] muni d'un siphon[9]; elle joue un grand rôle aujourd'hui par son extrême mobilité.

Finalement, une embouchure percée droite, c'est-à-dire ne formant pas cuvette

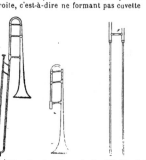

Fig. 722. — Trombone ténor ... et son pavillon.　　Fig. 723. Branches. — Coulisse adaptée aux embouts et indications des positions.

à l'intérieur, favorisant l'émission et la pureté du son.

Le trombone ténor est construit sur si♭ médium[10], son timbre est unique et ses moyens sont innombrables; sa longueur est, l'instrument tout développé, de 3 m. 95 cm.; la divisibilité de ses branches, des manchons à la naissance des embouts, est de 0 m. 59.

Exposition des sept positions du trombone ténor[11].

Étendue chromatique du trombone-ténor[12].

---

1. Le tuba actuel (sans tenir compte de l'erreur de genre) a donc usurpé le nom d'un vrai tuba essayé naguère sous une forme nouvelle; pour lors, rien de commun, comme son et moyens, entre ces deux instruments, que la forme imitée et le nom.

2. En Allemagne : Tenor Posaune.

3. Diamètre intérieur des tubes.

4. Terme de fabricants.

5. Ces tubes se nomment embouts.

6. Manchons.

7. On entend par corps sonore la succession des sons obtenus du grave à l'aigu sur un tube fixe muni d'une embouchure et d'un pavillon, soit la note fondamentale ou pédale, l'octave, la quinte, l'octave, la tierce, la quinte, la septième, l'octave, la neuvième, la dixième, etc. Or, le trombone a ceci de particulier, qu'après son premier corps

sonore, il peut s'allonger six fois chromatiquement, donnant à chaque allongement successif une série nouvelle toujours plus basse d'un demi-ton. Ce sont ces sept corps sonores que l'on nomme positions; de la combinaison de ces positions, le trombone à coulisse tire l'avantage de l'absolue justesse, la correction des intervalles bas selon les lois de la résonance n'étant qu'un jeu, grâce à l'oreille et au talent de l'instrumentiste.

8. Tube arrondi.

9. Clef automatique laissant échapper l'eau dès qu'on pose l'instrument debout.

10. Même hauteur que la Voix de ténor, le grave en plus.

11. Le signe + marque les pédales inexigibles.

12. Passé l'ut aigu, le trombone ténor ne s'écrit plus sans danger.

Ces corps sonores ou positions peuvent être pratiqués par le trombone à pistons. Cet instrument s'autorise d'un mécanisme appliqué heureusement aux perces coniques, tels le cornet à pistons, le bugle, le tuba, etc., dont l'émission du son est relativement facile, sans toutefois jouir des avantages acquis à ces instruments; sa perce cylindrique le met en état d'infériorité comparativement aux instruments ci-dessus indiqués, par la difficulté d'émettre le son et d'observer même la justesse consentie aux instruments à tempérament.

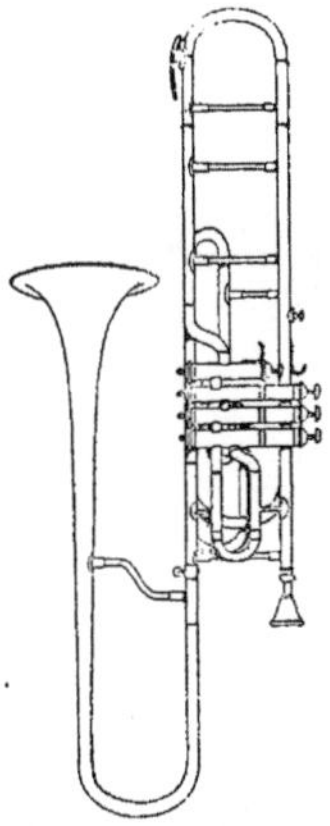

Or, ce qu'on exige essentiellement du trombone, c'est la justesse, ce sont la pureté du son, le timbre, la force, etc.; il est incontestable que, seul, le trombone à coulisse possède ces moyens, vu sa colonne d'air interrompue et la facilité qu'il donne de distinguer dans tous les tons les intervalles à modifier.

Fig. 724. — Trombone à 4 pistons : modèle de l'armée

Exemple : **Damnation de Faust** (Berlioz) :

aëstoso

.*if*   Sost: *rall.*

Le trombone à coulisse exécutera bien *fa* double dièse, tandis que le trombone à pistons donnera *s-l* naturel déjà trop bas chez lui; le *mi* dièse subira le même sort, et sera remplacé par *fa* naturel.

Trombone à six pistons.

Le trombone Sax, *à six pistons* et à tubes indépendants, pour avoir été copié sur le trombone à coulisse[1],

Fig. 725. — Trombone à six pistons indépendants.

n'est guère plus heureux; il jouit d'une sonorité relative, mais il se complique d'une préparation de doigté dont un tromboniste craint les disgrâces; en outre, les difficultés d'accord dans les modulations lui sont aussi redoutables qu'à ses congénères[2].

On a aujourd'hui des cors, des cornets, des trompettes et des trombones à pistons; ce mécanisme donne une grande égalité de son et une grande facilité au jeu; mais il faut bien avouer, dit Casimir Colomb, que, dans certains cas, le timbre primitif est altéré et dénaturé, et que c'est une faute pour un chef d'orchestre que de faire exécuter par des instruments modernes des parties écrites par les maîtres pour les anciens instruments du même nom; l'ignorance des exécutants peut trouver cela plus commode, l'insouciance du chef d'orchestre peut s'en contenter, mais le caractère d'une œuvre est absolument faussé par une pareille négligence[3].

Ces instruments[4], peu avantagés dans l'orchestre symphonique, paraissent avoir surtout rendu des services aux musiques militaires, populaires, etc., bien plus qu'à la musique elle-même, par leur facilité d'emploi comparative; les essais dont ils furent l'objet sont si nombreux qu'il serait fastidieux de les énumérer en y joignant ceux du trombone à coulisse, aucun intérêt artistique ne s'y attachant du reste.

Trombone alto.

Le complément naturel du trombone *ténor* à l'orchestre est le trombone *alto*[5], formant avec le trombone basse un trio homogène et présentant une étendue utilisée dans la musique classique.

Après l'abandon du trombone basse, le trombone alto n'avait plus guère de raisons d'exister; les compositeurs, non sans regrets, durent en prendre leur parti, se résigner à écrire des accords rapprochés, et remplacer quelquefois des sonorités manquantes par des *forte* exagérés qui, peut-être, ne sont pas étrangers à l'abus qu'on fait aujourd'hui du trombone.

La disgrâce du trombone alto fut aussi motivée par la médiocre qualité de son qu'il donnait; objet de tentatives d'améliorations, il fut construit, tour à tour, sur *fa*♮, *mi*♮[6] et *ré*♭, sans résultats appréciables, car la structure générale de l'instrument était seule fautive; il fut doté dernièrement d'une perce spéciale demi-cylindrique, dont l'application se résume dans l'établissement d'un tube plus petit que l'autre, d'une coulisse plus longue et de l'adjonction d'un pavillon plus en rapport avec l'instrument; il apparaît aujourd'hui comme élégant, sonore et bien timbré, prêt à revendiquer sa place en s'appuyant sur de nombreux prosélytes. Inutile de reproduire les anciens types, tous les

Fig. 726. Trombone - alto.

---

1. Substitution des pistons aux positions, soit première position remplacée par le premier piston, ainsi de suite, la septième position représentée par l'instrument à vide sans se servir d'aucun piston;

malheureusement, les pistons ne peuvent apporter la sensibilité de la coulisse et restent soumis aux lois de la résonance, malgré des combinaisons ingénieuses de doigtés factices.
2. Saint-Saëns, dans le *Déluge*, tire parti de sa faculté chromatique dans certaines tonalités.
3. *La Musique*, p. 136.
4. Les trombones à pistons, quels qu'ils soient.
5. En Allemagne : *Alto Posaune*.
6. Ambroise Thomas a écrit un solo important pour trombone alto en *mi*♮, dans l'ouverture du *Comte de Carmagnola* (1841).

mêmes, proportions gardées[1] ; le nouveau modèle est rétabli sur *ré♭* qui lui donne une sonorité personnelle et précieuse.

Sa longueur totale est de 3 m. 20, sa divisibilité des manchons aux embouts est de 47 centimètres.

L'écriture de sa partie, depuis GLUCK, BACH, MOZART, BEETHOVEN, WEBER, BERLIOZ, WAGNER, prouve sa valeur et son utilité.

Exposition des sept positions du trombone-alto[2].

Étendue chromatique[3],

Trombone soprano.

Peu de compositeurs ont écrit pour le trombone soprano[4] ; on trouve une partie écrite par BACH dans sa *Cantate pour tous les temps*, GLUCK en avait écrit une dans *Alceste* (Cornetto).

Les résultats obtenus naguère sur cet instrument furent sa condamnation, et les recherches se portèrent sur la trompette à coulisse, mais les mêmes raisons les firent échouer l'un et l'autre ; en effet, sur le

FIG. 723. — Trombone soprano[5].

trombone soprano, le son dégénère dès la troisième position *mi♭*[6], et la trompette à coulisse éprouve le même sort; construite à l'envers du trombone[7] et sur *fa♮* également, elle ne donne que trois demi-tons, *fa♮, mi♮, mi♭*; des combinaisons établies sur les produits de ces corps sonores ont apporté une gamme chromatique incomplète et inexploitable[8].

Fort des remarques faites et appliquées au trombone alto, on construisit sur ces données un nouvel instrument soprano, et, après de nombreux essais, on réussit à établir un instrument qui rappelle la jolie sonorité de la trompette en *fa♮*[9], muni qu'il est de sept positions parfaites et d'une sûreté de son impeccable.

Exposition des sept positions du trombone-soprano[10].

Étendue chromatique[11].

1. Le Musée du Conservatoire de Paris possède un trombone alto ancien. N° 661, RIEDLOKER.

2. Le signe + marque les pédales inexigibles.

3. Passé le *mi♭*, le trombone alto ne s'écrit plus sans danger. fivtnoven n'a pas craint d'écrire un *fa♮* aigu dans sa Symphonie en ut mineur; est-ce pour éviter un danger aux trompettes simples à changement de tons en usage alors, ou est-ce une sonorité de son choix?

4. En Allemagne : *Klein-Alt-Posaune*.

5. Il en existe un ancien dans la collection du baron de Léry.

6. Aux savants d'expliquer ces singularités.

7. Trompette anglaise construite sur trois demi-tons, la coulisse remontant au-dessus de l'épaule de l'exécutant au lieu de s'allonger devant lui.

8. *Méthode de trompette* de DAUVERNÉ.

9. Abandonnée depuis peu par le Conservatoire, pour des raisons d'emploi difficile.

10. Le signe + indique les pédales non exigibles.

11. Passé le *sol* aigu, le trombone soprano ne s'écrit plus sans danger.

Trombone piccolo.

Aucun document n'existe qui suffise à motiver la

FIG. 724. — TRombOne piccolo.

présence du trombone *piccolo*, rétabli à titre de curiosité et comme complément de la famille ; construit sur de nouveaux principes, dérivant du trombone ténor, dont il est l'octave aiguë, il possède aussi sept positions bien timbrées ; sa longueur totale est de 1 m. 96 ; sa divisibilité, des manchons aux embouts, est de 0 m. 29 ; en raison de son exiguité[1], il permet une certaine virtuosité.

Exposition des sept positions du trombone piccolo[2].

Étendue chromatique[3].

Selon les principes des anciens, ces six instruments doivent être traités en *ut* (c'est-à-dire au ton de l'orchestre), bien que pas un seul, comme on l'a vu, ne soit dans cette tonalité[4].

ENSEIGNEMENT ET EMPLOI DU TROMBONE

L'enseignement officiel du trombone en France est récent ; ce précieux instrument, relégué parmi les objets guerriers et plus tard parmi les accessoires d'orchestre, survivant malgré tout à sa disgrâce[5], fut tiré du néant par CHERUBINI, directeur du Conservatoire royal de musique, qui obtint du gouvernement la création d'une classe de trombone (1833-36). Cette classe n'enseigna et n'enseigne encore que le trombone ténor, à l'exclusion de tous les autres, ce qui explique l'absence du plus petit ouvrage d'enseignement relatif à la famille.

Le premier professeur fut VOBARON ; son enseignement apparut un peu embrouillé et incomplet, faute de principes, assez difficiles, cela se conçoit, à établir au début ; il a laissé une *Méthode* sur laquelle les débutants s'exercent encore aujourd'hui.

Son successeur DIEPPO enseigna plus clairement et produisit de nombreux élèves de valeur ; il écrivit, en collaboration avec BÉER, une *Méthode* qui ajoute peu à la théorie du trombone ; très enthou-

siaste de son instrument, il atteignit à la célébrité par une virtuosité et une maîtrise extraordinaires ; c'est sous son influence évidente que certains solos sont écrits dans les belles sonorités de l'instrument qu'il a su asservir[6], car il n'accordait (avec affectation) qu'une valeur relative à tout ouvrage ne comportant pas de solo important, ou tout au moins de partie ardue.

BERLIOZ écrivit sa *Symphonie funèbre* (aux victimes de la révolution de 1848) où le trombone brille dans un récitatif de grand caractère, précédant un solo non moins imposant ; l'opéra d'HALÉVY *Le Juif errant* (1852), comporte un grand solo ; *Guido et Ginevra* contient peut-être le plus haut et le plus dramatique solo de trombone qui existe. Ambroise THOMAS a écrit dans *Hamlet* le solo difficile du 1er acte, 2e tableau.

C'est bien sous DIEPPO, ce maître exécutant[7], que l'instrument prend un véritable essor.

Professeur par intérim au Gymnase militaire[8], il dut créer, sous l'impulsion du général Mellinet, inspecteur des musiques régimentaires, l'enseignement du trombone SAX à six pistons (1866) ; l'emploi de cet instrument, devenu obligatoire à l'Opéra, dans les musiques, etc., causa à cette époque la presque disparition du trombone à coulisse.

DELISSE, élève de DIEPPO, succéda à son professeur ; non moins brillant instrumentiste, il fit sa carrière à l'Opéra-Comique et à la Société des Concerts ; son enseignement fut solide ; homme du monde, violoncelliste agréable, peintre distingué, il eut plus d'am-

1. Trompette en *si♭*.

2. Le signe + marque les pédales inexigibles.

3. Après *si♭* aigu, le trombone piccolo ne s'écrit pas sans danger.

4. Si, selon une ancienne erreur, nous désignons le ténor par l'expression en *ut*, c'est-à-dire un ton au-dessus de son premier corps sonore, tous les autres, sans plus de raisons, devront monter d'un ton dans leur appellation ; il est donc nécessaire, pour la clarté, de s'en tenir à leurs noms respectifs, sans s'occuper d'autre chose que de l'étendue offerte par ces instruments réunis ou sectionnés selon les besoins ou la fantaisie du compositeur.

5. Dans des mains inhabiles, il est en effet ridicule à voir et horrible à entendre ; il fut donc souvent voué au dédain malgré son innocence.

6. DIEPPO était venu à Paris comme clarinettiste ; cette anomalie explique sa collaboration avec BÉER, professeur de clarinette.

7. Il ne craignait point de se rendre chez les compositeurs avec son instrument pour leur en faire connaître les ressources ; BERLIOZ, entre autres, usa souvent de cette complaisance.

8. Caserne école (disparue avec l'Empire) où les régiments envoyaient en pension pour un, deux ou trois ans des élèves solistes, suivant aussi des cours d'harmonie, de composition, et destinés à renouveler les cadres des sous-chefs et chefs de musique de l'armée.

bition pour ses élèves que pour lui-même ; sous son impulsion et grâce à ses conseils techniques, de nombreux solos de concert, airs variés, solos de concours, furent écrits par Demersmann [1] ; ces morceaux brillants et bien conçus pour l'instrument particulier qu'est le trombone à coulisse, lui ouvrirent une voie nouvelle ; il transcrivit, dans le but d'ennoblir l'étude de l'instrument, de la musique de Beethoven, Mozart, Haydn, Mendelssohn, Chopin, Schumann, etc., quatuors, trios, duos, solos, qu'il accompagnait fort bien au piano ; cela faisait sourire quelques professeurs de ses collègues : « Je supplée à ce qui manque, disait-il, et quand mes élèves auront sucé cette mamelle, ils ne sauront plus faire de mauvaise musique. »

A la suppression du Gymnase militaire, il lutta contre l'intrusion du trombone à pistons, quel qu'il fût, dans sa classe, et, par son énergie, fonda la véritable école du trombone à coulisse, dès 1873

La pénurie causée, chez les trombonistes, par l'emploi passager du trombone Sax, provoqua, dans la réorganisation des musiques militaires, le choix, comme instrument réglementaire, du trombone à quatre pistons encore en usage actuellement.

Delisse a laissé un opuscule s'adressant plutôt aux artistes qu'aux élèves proprement dits, ce qui crée une lacune dans l'enseignement [2].

Le professeur actuel est M. Couillaud ; il a succédé à Allard (Louis), élève de Delisse, qui avait remplacé ce dernier à l'Opéra-Comique et à la Société des Concerts [3].

Les virtuoses sur le trombone sont peu nombreux à citer ; aucune page de musique du reste ne fut écrite pour eux [4]. Chose curieuse et à remarquer, cet instrument si répandu dès le xviie siècle, en Italie, en Allemagne et en Angleterre, était presque inconnu en France.

Dans leur primitif emploi, les trombones formaient un chœur doublant les voix, les remplaçant au besoin, et ne trouvaient guère place que dans les solennités religieuses ou princières : « C'est ainsi, dit V. d'Indy, qu'on ne rencontre toujours à cette époque, soit à la cour des princes qui avaient assez d'argent pour se payer le luxe d'un chœur complet de tous les instruments [5], soit dans les fêtes religieuses, cantales ou sonates d'église ; ils doublent toujours littéralement les voix ou se séparent d'elles pour jouer un chœur instrumental à quatre ou cinq parties ; la musique solennelle de ce temps fourmille d'exemples de cette nature ; les compositeurs écrivaient, pour les versets de certains hymnes, des ensembles de trombones à cinq parties à la place des violes, pour varier [6]. »

L'usage de doubler les voix a prévalu longtemps ; on le retrouve chez Bach dans plusieurs de ses cantates, notamment dans celles de la *Fête de Pâques* et de *Pour tous les temps*; Beethoven lui-même, dans le *Credo* de sa *Messe en ré*, fait jouer les trombones toujours à l'unisson des voix, au cours de la fugue finale.

Les compositeurs qui ont traité avantageusement les trombones alto, ténor et basse sont légion ; tous

semblent s'être rendu compte des sonorités et de l'étendue offertes par ces instruments, car, depuis Gluck [7], mainte partition offre ce trio d'instruments traité au ton de l'orchestre.

La critique n'a pas épargné le trombone et, en 1906 [8], on pouvait lire cet aveu qui, pour être tardif, n'en est pas moins éloquent : « ... Tel instrument comme le trombone que j'avais souvent pris à la blague me semble triomphal aujourd'hui ; jadis, il me semblait aussi curieux de lire la mention : « 1er prix de trombone » sur un bristol, que de voir celle de : « garçon d'accessoires de la fabrique de la Chimère », souligner le nom d'un humble citoyen de Landerneau sur une carte de visite. » On conçoit les luttes soutenues par les défenseurs de cet instrument unique si peu considéré ou vulgaire, et resté pourtant le roi indétrônable des instruments de cuivre.

Les compositeurs contemporains, sans le défendre outre mesure, s'en servent avantageusement en tant que ténor, tout en se trompant quelquefois ; le maître Saint-Saëns, dans sa *Symphonie en ut mineur* avec orgue, semble céder à l'idée que le premier trombone est le plus habile des trois, et il lui confie un passage dont la tessiture est bien relative au trombone basse ; sa raison est certainement l'absence d'un instrument grave dans ce timbre, puisqu'il a tracé une page émouvante pour le trombone ténor dans sa *Marche Héroïque*, en lui confiant un motif plein de poésie, écrit dans la belle portée de l'instrument.

Vincent d'Indy comprend aussi que, à part les effets d'orchestre, on peut faire parler le trombone, et il le prouve en lui confiant le dernier soupir de Wallenstein, dont la délicatesse consacre les moyens de l'instrument employé absolument en solo.

Haendel a employé le trombone dans *Israël en Egypte*, et Mozart, qui semble avoir connu le rôle de chaque instrument mieux que tout autre musicien, l'appréciait hautement, comme le démontrent amplement les grands accords qui se présentent dans l'ouverture et dans l'opéra de *la Flûte enchantée;* dans *Don Juan*, il a réservé les trombones pour les scènes de la Statue [9]; il les emploie encore dans son *Requiem*, pour représenter les trompettes du jugement dernier.

Die Schöpfung (Messe de la Création) offre aussi trois trombones classiques intéressants [10].

Beethoven, ne disposant certainement pas de trombonistes aussi habiles que ceux d'aujourd'hui, qui, en plus d'une technique supérieure, possèdent des instruments parfaits, a cependant écrit des choses qui nous étonnent. Sa considération pour l'instrument sensible et nerveux qu'est le trombone lui a fait composer, étant à Linz en 1812, trois *Equali* [11], dont deux furent fondus dans le *Miserere* exécuté à ses funérailles [12]; ces morceaux paraissent, d'après les clés, avoir été écrits pour deux trombones altos, un trom-

1. Célèbre flûtiste compositeur.

2. Il n'y a pas de progression entre les premiers ouvrages d'enseignement cités et cet opuscule.

3. On consultera utilement l'excellente *Organographie générale des instruments à embouchure*, de M. Henri Séha, professeur au Conservatoire royal de Bruxelles (1925).

4. Vobaron dut faire travailler ses premiers élèves sur la musique écrite pour le basson.

5. Comme les princes de Gonzague et de Mantoue, pour lesquels Monteverdi composa son *Orfeo*.

6. H. Schütz (1585-1672), précurseur de Bach : *Dictionnaire de musique* d'Hugo Riemann.

7. La première apparition des trombones à l'Académie de musique paraît être due à l'*Orphée* de Gluck, où ils jouent seulement dans le premier chœur, doublant les parties vocales ; ce premier chœur n'ayant pas été modifié par Gluck, devait être un reste de l'*Orph'e* écrit précédemment par lui en italien : l'*Orphée* français est de 1774 ; c'est vers cette date qu'on peut placer l'introduction du trombone à l'Opéra.
On ne trouve nulle trace de trombone dans les œuvres de Lully, pas plus que dans les opéras de Rameau, de Destouches, de Campra et autres de la même époque.

8. Concours du Conservatoire. — Journal l'*Intransigeant*, 29 juillet 1906.

9. Première représentation à Prague, le 29 octobre 1787. La pièce fut reprise à Vienne le 7 mai 1788.

10. 835-838 chez Costallat et Cie.

11. Petits quatuors pour voix égales : éd. Breitkopf, Leipzig, et chez Costallat et Cie, Paris.

12. Adaptation aux paroles du *Miserere* par Seyfried.

bone ténor et un trombone basse, mais peuvent être exécutés par quatre ténors. BEETHOVEN tire un effet inoubliable des trois instruments dans sa *IX° Symphonie avec chœurs*; la *Symphonie pastorale* (finale), où il n'emploie qu'un alto et un ténor, fait supposer une recherche d'effets divers, car dans le chœur des Derviches des *Ruines d'Athènes*, on trouve le trombone basse doublé de l'alto, l'octave au-dessus.

Quelques compositeurs se sont servis seulement du trombone basse dans plusieurs de leurs ouvrages : CHERUBINI, *les Deux Journées*, WEBER, *Concertstück*, BENNETT, *les Naïades*, etc. Cette manière présente seulement l'avantage de doubler les contrebasses à cordes, dans certains passages, en leur apportant un timbre plus vibrant, et d'appuyer quelques rentrées d'orchestre. WEBER rend pleine justice à ces instruments dans le *Freischütz*.

SCHUBERT emploie trois trombones dans l'ouverture de *Teufels-Lustschloss;* ses premières symphonies offrent d'intéressants exemples de leur utilisation et, dans sa *Grande Symphonie en ut*, il n'y a pas un mouvement qui ne contienne un passage capital pour eux; ses messes sont remplies d'exemples de leur emploi magistral, notamment celle en *mi♭*.

MENDELSSOHN a confié au trombone, dans l'entrée et la terminaison du *Lobgesang* [1], une des plus grandes phrases qu'il ait écrites; l'effet des trombones dans l'ouverture de *Ruy-Blas*, contrastant avec le réseau délicat des cordes, est apprécié de tous les musiciens.

Reformation-Symphonie est aussi un modèle de clarté; la forme bizarre employée dans la musique d'*Athalie*, où le trombone-alto joue dans l'aigu et les trompettes dans le grave, fournit un champ d'observations curieuses.

SCHUMANN a produit un bel effet avec les trois parties de trombone dans le petit prélude qui précède le finale de sa *Première Symphonie*, de même que dans la troisième en *mi♭*, où l'alto exécute une partie à peu près impraticable au premier trombone ténor; il obtient des effets dans *Le Paradis et la Péri*, *Faust-symphonie*, et un grand contraste dans *Manfred*.

Tous les maîtres ont jugé le trombone noble, grand, grave, dramatique, après GLUCK qui s'en sert si heureusement dans *Alceste* (Vienne, 1776), en écrivant le cri formidable des trois trombones répondant, telle la voix courroucée des Dieux des enfers, à l'invocation d'*Alceste;* dans le deuxième acte d'*Iphigénie en Tauride* (1779), les mêmes instruments lancent une gamme mineure sur laquelle se dessine le chœur des Furies; ces modèles ont été quelque peu oubliés.

BERLIOZ désigne le trombone comme le chef des instruments épiques, avec sa sonorité remarquable et particulière, avec son énergie vibrante, solennelle, merveilleuse dans les chœurs guerriers, religieux, marches triomphales, etc.; aussi, en obtient-il des effets inattendus dans ses œuvres; sa *Symphonie fantastique* comporte trois trombones classiques, impressionnants dans la marche au supplice.

La disparition définitive des trombones classiques oblige les compositeurs à tirer parti de ce qui existe; ils écrivent une basse pour un ténor et un alto pour un autre ténor; deux instruments sur trois jouent un rôle qui leur est étranger, et les instrumentistes d'aujourd'hui sont souvent obligés d'exécuter, non sans danger, des parties hors de leurs moyens. WAGNER écrit aussi de deux manières, pour les trombones

classiques et pour trois trombones ténors; il semble quelquefois regretter les premiers en employant le bombardon pour le grave et la trompette basse pour l'aigu; à citer dans les *Maîtres Chanteurs*, un effet particulier de trombone basse solo, accompagnant les premiers mots de Hans Sachs : « Rêve, rêve; tout n'est que rêve. »

César FRANCK emploie avantageusement trois trombones ténors dans *Psyché, Rédemption, Les Béatitudes*, dans ses symphonies; mais il évite avec soin les distances offertes par les trombones basse et alto.

Notre époque, en son esprit d'art nouveau, a introduit l'abus du trombone; sauf les maîtres qui en discernent l'emploi, beaucoup de compositeurs, comptant en obtenir des effets grandioses, n'en tirent que du bruit : un de nos plus éminents chefs d'orchestre [2] adressa un jour ce mot à ses artistes distraits pendant une répétition : « Messieurs! ce qu'il y a de plus beau après la musique, c'est le silence. » Si on applique ce principe à la musique elle-même, on en déduira que, souvent, le trombone perd de ses effets de grandeur et de son coloris en raison de l'insistance à le faire entendre. L'auteur anglais d'un récent traité d'instrumentation, EBENER-PROUT, s'exprime très justement de la façon suivante : « On rencontre des exemples de l'emploi des trois trombones *forte* en pleine harmonie dans presque toutes les partitions modernes. » En effet, la tendance générale de l'époque actuelle est de beaucoup trop les employer, et il ajoute : « On peut établir comme règle générale et même sûre que l'effet produit par les trombones sera en proportion inverse de la fréquence de leur introduction dans la partition; même dans les passages pleins, on doit s'en servir avec sobriété et grande discrétion, à cause de leur puissance, car la prédominance constante de cette couleur sonore donne de la rudesse et de la vulgarité à l'orchestre, et devient bientôt fatigante pour les auditeurs. »

L'emploi des trombones peut donc se résumer ainsi : recherche des belles sonorités, rythmes de grand caractère, utilisation opportune pour en tirer des teintes particulières, des chorals, fugues, contrechants, etc. [3]; employer le médium et l'aigu en se servant du grave passagèrement; on a ainsi le moyen de faire chanter les instruments, même le trombone basse, ce qui est parfois impossible au troisième trombone ténor; même règle d'observations pour tous les instruments de la famille.

L'écriture des trois trombones ténors, fort bien conçue dans beaucoup d'ouvrages importants, peut sembler satisfaisante à nombre de compositeurs qui, n'ayant du reste entendu que celle-ci, lui trouvent une homogénéité de son parfaite. Cela ne peut toucher les classiques; la grande composition actuelle et future ne recherchera-t-elle pas toujours les diversités, l'étendue des timbres connexes, enfin tout ce qui peut apporter des effets que tant de génies n'ont point dédaignés, mais recherchés?

La restitution de la famille des trombones aidera peut-être un jour à combler une lacune dans l'orchestration future, car actuellement, les instruments de cette famille sont employés couramment à Paris; il y a là l'indice d'une évolution dans laquelle les compositeurs joueront un grand rôle.

---

1. Symphonie cantate, ou hymne de louange.

2. Edouard COLONNE.

3. ALBRECHTSBERGER, *Sämmtliche Schriften über Generalbass Harmonielehre und Tonsestkunst zu'm Selbst'unterricht. Drittet Band. Anweisung für Composition* : on indique que le trombone employé dans la musique de danse apporte à ce genre une extrême ironie.

LE SAXOPHONE

Par Victor THIELS

ANCIEN SOUS-CHEF DE FANFARE A L'OPÉRA [1]

HISTORIQUE ET DESCRIPTION DU SAXOPHONE

Jusqu'en l'année 1840, les orchestres composés d'instruments à vent et dénommés « Harmonies » ou « Musiques militaires », présentaient une anomalie grave au point de vue de la « théorie des sons », Divisés en deux catégories absolument distinctes (les instruments en bois et les instruments en cuivre), ces orchestres ne pouvaient arriver à donner l'illusion d'une homogénéité suffisante, en ce sens que la trop grande différence des timbres et de la sonorité empêchait les instruments, alors en usage, de s'unir harmonieusement.

La science de l'acoustique étant restée, jusque-là, fort peu étendue et très incomplète, on en était réduit aux tâtonnements en ce qui concerne les lois du timbre et les vibrations des ondes sonores. Une réforme, ardemment souhaitée, s'imposait dans la facture instrumentale.

Ce fut à Adolphe SAX, né à Dinant (Belgique) en 1814, que revint l'honneur de s'illustrer et de conquérir une place glorieuse dans l'histoire universelle de l'art musical, en produisant des inventions qui révolutionnèrent l'organisation des harmonies et fanfares, et servirent de point de départ à une industrie devenue essentiellement française et occupant, à l'heure actuelle, des milliers d'ouvriers. (Adolphe Sax est le créateur des saxhorns, saxotrombas et saxtubas qui furent brevetés, en même temps que les saxophones, vers 1845.)

Devenu très habile dans l'art de la facture instrumentale, par suite de son active participation aux travaux de l'atelier de son père (Charles-Joseph Sax, fabricant d'instruments de musique, établi à Bruxelles depuis 1815), excellent virtuose, en raison des études musicales entreprises et menées à bien sous la direction de BENDER, chef de la musique des Guides belges, Adolphe Sax commença, d'abord vers 1841, à se préoccuper des perfectionnements susceptibles d'être apportés aux instruments connus à cette époque. Puis, bientôt, il fut amené à conclure que s'imposait la création d'un type spécial et nouveau qui, par la nature même de son timbre et de sa sonorité, deviendrait le trait d'union entre les deux catégories existant déjà.

Doué d'une nature extrêmement énergique et essentiellement combative, Adolphe Sax, plutôt que d'être rebuté par l'insuccès des premier essais, fut, au contraire, encouragé par les grandes difficultés du problème qu'il lui fallait résoudre. Il s'efforça de découvrir les données encore inconnues de la théorie des sons, dont l'ignorance paralysait les progrès de la facture instrumentale.

Son génie, patiemment appliqué à surprendre le secret des manifestations sonores suscitées par ses expériences nombreuses et diverses, l'amena rapidement à la découverte de cette loi fondamentale d'acoustique : « Le timbre du son est déterminé par les proportions données à la colonne d'air en raison de celles du corps de l'instrument qui la contient. »

Partant de ce principe même, il conçut l'idée d'utiliser les propriétés de la parabole (auxquelles nul n'avait songé avant lui), et à les appliquer au nouvel instrument qu'il se proposait de construire. (Adolphe Sax a conçu l'idée d'appliquer les propriétés de la parabole à la construction des salles de théâtre et de concert. Des projets ont été imprimés en 1866, mais aucune réalisation n'a encore été faite.)

Ce fut donc en confectionnant un cône de forme parabolique qu'il parvint à atteindre le but qu'il poursuivait, non plus en tâtonnant comme ses prédécesseurs, mais scientifiquement, avec une sûreté et une certitude absolues qui restaient acquises pour ses inventions futures.

A cet instrument, qu'il fit breveter en 1845, Adolphe Sax donna le nom de *saxophone,* et, pour que la liaison fût absolument complète entre tous les autres instruments, de registres très différents, il créa la famille entière des saxophones.

Famille des saxophones.

La famille des saxophones se compose de sept individus dont nous donnons, ci-dessous, l'étendue et l'effet réel :

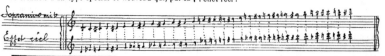

Sopranino mib

Effet réel

1. Nous adressons tous nos remerciements à M. A. LAMBERT qui a bien voulu revoir et compléter l'article de M. Thiels, décédé.

(N. D. L. D.)

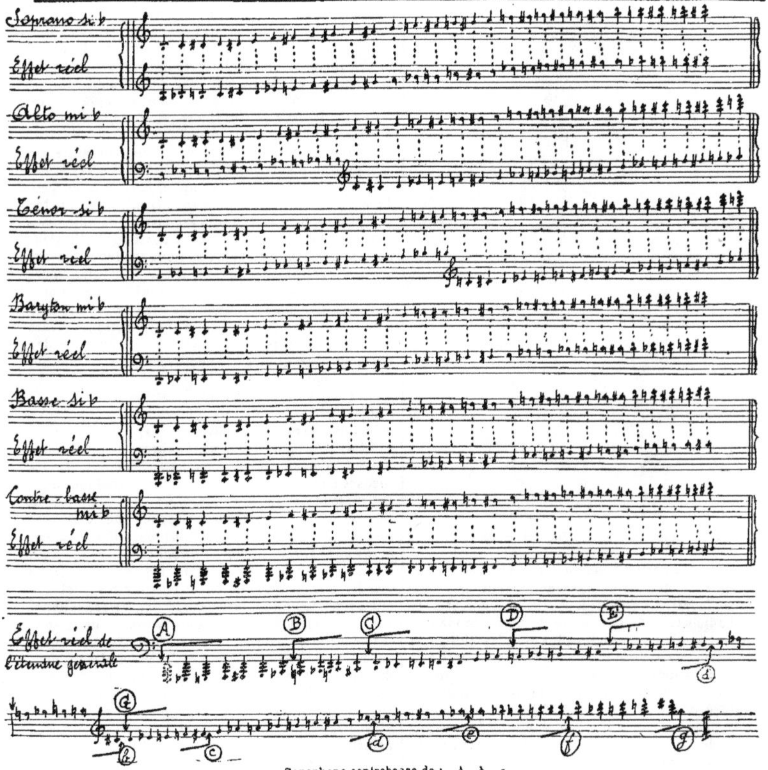

Soprano si♭

Effet réel

Alto mi♭

Effet réel

Ténor si♭

Effet réel

Baryton mi♭

Effet réel

Basse si♭

Effet réel

Contre-basse mi♭

Effet réel

Effet réel de l'étendue générale

Saxophone contrebasse de :	A	à	a
— basse	B		b
— baryton	C		c
— ténor	D		d
— alto	E		e
— soprano	F		f
— sopranino	G		g.

N.-B. — Tous les saxophones en si♭ se font aussi en ut; tous les saxophones en mi♭ se font également en fa. Dans ce cas, l'effet réel est un ton plus haut que pour les saxophones en si♭ et en mi♭. Pour les instruments possédant le si♭ grave, l'effet réel se trouve augmenté d'un demi-ton chromatique en descendant. Nous donnons ici les images des représentants modernes de la famille des saxophones, à l'exception de celles des saxophones basse et contrebasse.

A l'origine, le saxophone avait une étendue de trois octaves en partant du si♭ au-dessous de la portée. L'inventeur, ayant reconnu la sonorité défectueuse des notes aiguës, supprima celles-ci et ne laissa, à chacun des individus composant la famille, que l'étendue qu'il possède encore aujourd'hui.

Nous devons à la vérité d'indiquer que, peu de temps après l'apparition du saxophone, Adolphe Sax apporta, lui-même, tous les changements qu'il croyait

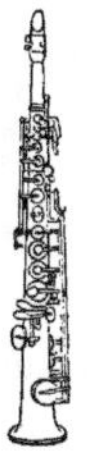

Fig. 724. Sopranino mi♭.

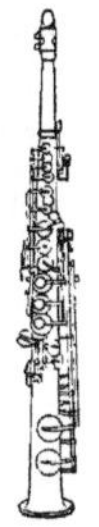

Fig. 725. Soprano droit si♭ ou ut.

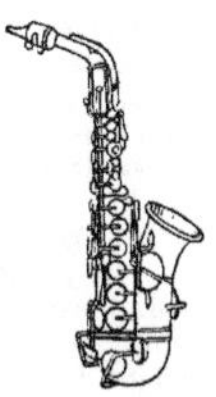

Fig. 726. Soprano forme alto si♭.

Fig. 727. — Alto mi♭.

Fig. 728. — Ténor *si♭* ou *ut*.   Fig. 729. — Baryton *mi♭*.

nécessaires au perfectionnement de cet instrument. Il fit subir au mécanisme des transformations appelées à en faciliter le doigté; il prit brevets sur brevets pour l'adjonction de clés, dites de correspondance, et devant servir à vaincre les plus grandes difficultés d'exécution, mais, bientôt, reconnaissant l'inutilité de ces complications, il en revint au système primitif, lequel sert toujours de base à la fabrication moderne.

En 1880, désireux de suppléer l'alto à cordes, manquant souvent à l'orchestre symphonique, il créa un modèle de saxophone alto descendant jusqu'au *la* (note correspondant à l'*ut* grave de l'alto à cordes). Le timbre de cet instrument (pourvu d'une membrane placée sur le tube) produisait des effets spéciaux de sonorité, tout en se rapprochant, très sensiblement, du timbre de l'alto à cordes.

La voix du saxophone.

Dans son *Histoire et théorie de la musique dans l'antiquité*, GEVAERT a écrit: « Un célèbre facteur de notre époque a trouvé un nouveau type d'instrument, « le saxophone », en adaptant l'anche simple à un tuyau conique de forme parabolique. La construction de cet instrument suppose un état beaucoup plus avancé de la facture instrumentale que celui auquel les Grecs étaient parvenus. Parmi tous les autres instruments actuellement connus, c'est là une exception unique à la règle. »

L'exception unique à la règle, dont parle GEVAERT, tient, justement, à la forme particulière donnée au tube formant le corps de l'instrument; c'est à cette nouveauté, à cette innovation dans la facture instrumentale, que le saxophone doit ses grandes qualités de timbre et sa sonorité si différente de celle de tous les autres instruments à vent.

Dans le saxophone, les vibrations de l'anche ne se comportent pas de la même façon que dans les instruments à perce conique et cylindrique, où elles suivent directement la ligne droite intérieure du tube. Le bec du saxophone, très évasé au centre, se rétrécit à la partie s'adaptant au tuyau métallique; celui-ci (dont le dessin paraissant purement conique est cependant déformé par les lignes paraboliques), oblige les vibrations, en les renvoyant d'une paroi à l'autre, à s'entre-croiser et à former comme une sorte de groupement d'anneaux d'ondes sonores qui se déroulent, en une suite ininterrompue, jusqu'aux orifices de sortie. (On croit, généralement, même parmi les saxophonistes, que le son n'est mis en communication avec l'extérieur que par le pavillon de l'instrument; c'est là une erreur que nous tenons à relever; le son s'échappe, non seulement par le pavillon, mais aussi par les ouvertures pratiquées sur le tube sonore. Ces ouvertures, surmontées des plateaux et des clés composant le mécanisme, servent aux sectionnements de la colonne d'air et donnent ainsi, à chacune des notes composant l'étendue générale, l'intonation qui lui est propre.)

BERLIOZ, dans son *Traité d'instrumentation*, s'exprime ainsi au sujet de l'invention merveilleuse d'Adolphe SAX: « Ces nouvelles voix, données à l'orchestre, possèdent des qualités rares et précieuses, douces et pénétrantes dans l'aigu, pleines et onctueuses dans le grave; leur médium a quelque chose de profondément expressif. C'est, en somme, un timbre *sui generis*, offrant de vagues analogies avec les sons du violoncelle, de la clarinette, du cor anglais, et revêtu d'une demi-teinte cuivrée qui lui donne un accent particulier. Propres aux traits rapides autant qu'aux cantilènes gracieuses et aux effets d'harmonie religieux et rêveurs, les saxophones peuvent figurer avec un grand avantage dans tous les genres de musique, mais, surtout, dans les morceaux lents et doux. Le timbre des notes aiguës, produites sur les saxophones graves, a quelque chose de pénible et de douloureux. Celui de leurs notes basses est, au contraire, d'un grandiose calme et, pour ainsi dire, pontifical. Tous, le baryton et la basse principalement, possèdent la faculté d'enfler et d'éteindre le son, d'où résultent, dans l'extrémité inférieure de l'échelle, des effets qui leur sont tout à fait particuliers et tiennent, un peu, de l'orgue expressif. »

ROSSINI, à qui fut donnée l'inappréciable satisfaction artistique d'entendre, un des premiers, les voix nouvelles mises à la disposition des compositeurs, fit ainsi l'éloge de l'invention d'Adolphe SAX: « Je n'ai jamais rien entendu d'aussi beau! »

MEYERBEER, écoutant pour la première fois le saxophone, émit cette réflexion dont le laconisme même indique, au plus haut point, le degré d'enthousiasme provoqué chez son auteur par l'audition de cet instrument: « Voilà, pour moi, l'idéal du son! »

Mais que pourrait-on trouver de plus joliment écrit et de plus poétiquement descriptif que cette appréciation, due encore à la plume de BERLIOZ, et qu'il publia dans le *Journal des Débats* du 21 avril 1849: « La voix du saxophone, dont la famille comprend sept individus de taille différente, tient le milieu entre la voix des instruments en cuivre et celle des instruments en bois; elle participe aussi, mais avec beaucoup plus de puissance, de la sonorité des instruments à archet. Son principal mérite, selon moi, est dans la beauté variée de son accent, tantôt grave et calme, tantôt passionné, rêveur ou mélancolique, ou vague comme l'écho affaibli d'un écho, comme les plaintes indistinctes de la brise dans les bois et, mieux encore, comme les vibrations mystérieuses d'une cloche longtemps après qu'elle a été frappée. Aucun autre instrument de musique existant, à moi connu, ne possède cette curieuse sonorité, placée sur la limite du silence. »

Cette définition du saxophone, exposée avec tant d'élégance, nous interdit le moindre commentaire. Nous tenons à laisser le lecteur sous l'influence du charme étrange qui se dégage de l'écriture de BERLIOZ, et nous n'oserions, sans crainte de profanation, ajouter le plus petit mot à l'éloge d'un instrument dont les qualités ont su inspirer cette page inoubliable à l'illustre et immortel génie du maître incontesté.

EMPLOI ET ENSEIGNEMENT DU SAXOPHONE

Dans les musiques militaires, dans les harmonies et les fanfares, les saxophones sont devenus des instruments indispensables; ils sont utilisés dans tous les genres de composition. Leur emploi constant, pour l'exécution du trait, du solo et de l'accompagnement, justifie pleinement les réformes prévues par l'inventeur lorsqu'il conçut l'idée de la réorganisation de ces orchestres spéciaux. Adolphe SAX est l'auteur du système d'organisation des musiques de l'armée française. Ce système comportait, à l'origine, le classement des musiciens tel qu'il existe encore, à l'heure actuelle, dans la musique de la Garde républicaine et dans les musiques des équipages de la flotte à Brest et à Toulon.

Plusieurs de nos maîtres contemporains ont, aussi, tiré des effets merveilleux de l'introduction du saxophone dans les orchestres symphoniques.

Nous citerons **L'Arlésienne** de BIZET, Ouverture, saxophone alto *mi♭* :

Hérodiade et **Werther** de MASSENET : Hérodiade, « Vision fugitive », saxophone alto *mi♭* :

Werther, « Les larmes », saxophone alto *mi♭* :

Patrie, de PALADILHE (saxophone ténor *si♭*); *Hamlet,* d'Ambroise THOMAS (saxophones alto et baryton *mi♭*); *La Vie du poète* et les *Impressions d'Italie,* de Gustave CHARPENTIER (saxophones soprano *si♭* et alto *mi♭*); *Le Fils de l'étoile,* de Camille ERLANGER (saxophone soprano); *la Symphonie domestique,* de Richard STRAUSS (*Quatuor*); Vincent D'INDY, *Fervaal* (Trio : soprano *si♭*; sax. alto *mi♭*, ténor *si♭*); *La Légende de saint Christophe* (*Sextuor* : soprano, altos, ténor, baryton, basse); *Suite de danses,* ballet arrangé par MESSAGER et P. VIDAL (saxophone alto *mi♭*); V. D'INDY a également écrit des parties de saxophone appelées à soutenir les chœurs et le résultat obtenu a été concluant, en ce sens qu'il a prouvé que le son de cet instrument (qui se rapproche sensiblement de la voix

humaine) donne beaucoup plus de puissance et d'homogénéité à l'exécution des chœurs, supprime toute solution de continuité et soutient la justesse en laissant, cependant, l'illusion que les masses chorales chantent seules.

A notre avis, cet emploi du saxophone est absolument insuffisant; sa présence à l'orchestre symphonique n'est pas assez marquante. Dans les ouvrages ci-dessus indiqués, les compositeurs ne l'ont fait apparaître que très passagèrement et, pour ainsi dire, incidemment. Nous osons prétendre que c'est là une erreur et, puisqu'il nous est permis de dire tout le bien que nous pensons de cet instrument, ajoutant notre faible appréciation à celle due aux voix autorisées de ROSSINI, de MEYERBEER, de BERLIOZ enfin, nous assurons fermement que le saxophone, employé avec toute sa famille, a sa place parfaitement indiquée dans la musique moderne, et qu'il peut et doit, avec un grand avantage, figurer dans un orchestre quel qu'il soit.

Nous devons avouer, cependant, que le recrutement des véritables artistes saxophonistes est assez difficile, et peut-être trouvons-nous là l'explication de la réserve des compositeurs en ce qui concerne l'emploi du saxophone à l'orchestre symphonique. Nous avons, personnellement, cru pouvoir remédier à cette insuffisance en publiant, chez LEMOINE, une méthode complète pour tous les saxophones. Cet ouvrage, accessible aux élèves de la première heure, est suivi de quinze grandes études mélodiques, divisées en trois séries, au moyen desquelles le saxophoniste ordinaire peut arriver à se perfectionner dans la connaissance approfondie de son instrument en se familiarisant avec les plus grandes difficultés d'exécution. Nous espérons avoir fait œuvre profitable, et, cependant, nous affirmons que le plus sûr moyen de donner au saxophone la place qui lui convient, serait le rétablissement de la classe de cet instrument au Conservatoire de Paris.

Cette classe, instituée en 1858, sur la proposition d'AUBER (alors directeur du Conservatoire), a fonctionné, avec un réel succès, pendant treize années, sous la direction d'Adolphe SAX, l'inventeur même de l'instrument. Les résultats obtenus avaient dépassé toutes les espérances, puisqu'il est dit, dans le compte rendu du concours de 1863 : « La classe de saxophone a donné des résultats exceptionnels; elle se composait de treize élèves; tous ont été récompensés. » Pourtant, cette classe n'existait que depuis cinq années! Cela ne prouve-t-il pas, indubitablement, que l'étude du saxophone est relativement facile, et que l'on pourrait, en très peu de temps, doter les orchestres d'excellents exécutants appelés à prouver que cet instrument ne doit pas être considéré comme une quantité négligeable?

En 1871. malgré les réclamations d'Ambroise THOMAS (directeur à cette époque), on prétexta d'un manque de fonds pour suspendre cet enseignement. En 1892, les membres de la commission de réorganisation du Conservatoire soumirent à l'approbation du ministre de l'instruction publique un projet d'arrêté dans lequel il était question du rétablissement de cette classe, mais aucune solution n'a encore été donnée à cette proposition.

Nous souhaitons ardemment que les compositeurs actuels, reconnaissant les qualités incontestables de l'invention d'Adolphe SAX, utilisent les timbres merveilleux qui leur sont offerts en écrivant, dans leurs œuvres, des parties pour le saxophone employé avec toute sa famille. Ils auront ainsi, tout en bénéficiant des sonorités nouvelles apportées à l'orchestre, donné une grande impulsion à cet instrument d'avenir, et, peut-être alors, en haut lieu, se préoccupera-t-on d'en favoriser à nouveau l'étude, et d'augmenter dans une notable proportion le nombre des artistes saxophonistes, en rétablissant, au Conservatoire de Paris, la classe de saxophone qu'on n'aurait jamais dû y supprimer, puisqu'elle existe, comme par une sorte de protestation, dans les Conservatoires de certaines villes de province!

Les saxophones graves (contrebasse, basse et baryton), employés successivement dans l'étendue de leur première octave, possédant, au plus haut degré, la faculté d'enfler et d'éteindre le son, offrent ainsi une sonorité et un timbre qui se rapprochent très sensiblement de l'orgue expressif, mais avec une intensité et une force incomparablement supérieures. Indépendamment de leur grande utilité dans les passages religieux ou majestueux, ces instruments, écrits en combinaison de force avec toutes les basses de l'orchestre, peuvent donner à celui-ci des effets d'une puissance extraordinaire.

Les saxophones moyens (le baryton dans ses notes aiguës, le ténor et l'alto dans toute leur étendue), présentant une qualité de son pénétrante, pleine, onctueuse et, par-dessus tout, profondément expressive, doivent être employés successivement ou simultanément pour accompagner les situations de charme, de langueur, de joie douce ou de tristesse résignée.

Les saxophones aigus (l'alto dans le haut, le soprano dans toute son étendue et le sopranino dans ses notes inférieures), employés successivement ou simultanément avec accompagnement de harpes, sont tout indiqués pour souligner les passages célestes, mystiques, vagues et mystérieux.

Les saxophones suraigus (le soprano dans ses notes élevées et le sopranino dans toute son étendue), écrits simultanément en *fortissimo*, peuvent être d'une grande ressource dans les divertissements de guerriers anciens ; leur timbre, déjà si particulier, deviendrait (par l'intensité même) mordant, âcre, barbare, et présenterait, ainsi, une certaine analogie avec la musette guerrière antique.

En résumé, le compositeur, pénétré des qualités principales de chaque individu, peut, en employant la famille entière des saxophones, arriver à des effets précieux au point de vue de l'homogénéité dans l'étendue du timbre, et cela en empruntant à chacun des instruments de cette famille les propriétés offrant les éléments les plus profitables à l'idée générale.

L'introduction du saxophone à l'orchestre symphonique nous paraît donc suffisamment justifiée en ce sens que, déjà très utile dans ses divers registres employés par catégories, il devient indispensable dans les effets d'ensemble où il est appelé, sinon à remplacer l'orgue souvent absent, du moins à donner à l'exécution plus de cohésion, plus de soutenu, plus de liaison même entre les instruments d'orchestre divisés quelque peu brutalement en deux sonorités peut-être trop nettement opposées : l'harmonie et le quatuor.

Là, comme à l'orchestre militaire, le saxophone a son rôle tout indiqué. Le méconnaître, ne pas profiter des grandes ressources qu'il peut apporter dans n'importe quel genre de musique, est une faiblesse. L'artiste qui hésite à enrichir son coloris par l'emploi de cet instrument (dont les perfections rares sont cependant si précises) écarte ainsi, de son plein gré, une des couleurs les plus captivantes de sa palette orchestrale!

VICTOR THIELS.

LE SARRUSOPHONE

Par R. LERUSTE

DE L'ORCHESTRE DE L'OPÉRA-COMIQUE

ORIGINE ET DESCRIPTION DE L'INSTRUMENT

Le sarrusophone fut construit par GAUTROT aîné, qui le fit breveter en 1856.

Ce facteur écrit, dans sa demande de brevet : « J'ai donné le nom de sarrusophone à ces instruments, voulant ainsi donner un témoignage public de reconnaissance à mon ami SARRUS, chef de musique au 13e de ligne, pour le concours qu'il m'a prêté dans ma nouvelle invention. » (Arts et Métiers, brevet 28034.)

Il est probable que l'idée, pas entièrement neuve cependant, mais reprise et mise au point, appartient à SARRUS; cependant, l'application de cette idée revient au constructeur GAUTROT.

Le sarrusophone est un instrument à vent, en cuivre, de perce conique et à anche double. Il se compose de trois pièces : le corps, le bocal et l'anche. Il a vingt trous (dont trois d'octave, un de résonance et un de trille); ils sont tous fermés par des clés mues par un mécanisme à tringles.

Son doigté est facile et ressemble à celui de la flûte dite BOEHM et du saxophone. On lui prête, à tort, celui du basson, dont il n'a aucun des inconvénients.

Sa sonorité se rapproche beaucoup de celle du hautbois pour les types aigus et du basson pour les types graves, mais elle est plus puissante.

Son étendue est de deux octaves et une sixte majeure (du $si\flat$ au sol), avec tous les degrés chromatiques, soit trente-trois sons :

Il convient d faire remarquer que, comme pour tous les instruments à vent, la totalité de l'échelle chromatique est rarement employée. Pour le sarrusophone, l'échelle des sons ne parcourt ordinairement que deux octaves et une tierce majeure de l'ut au mi :

Il existe toute une famille de sarrusophones, composée de neuf types. Ce sont : les contrebasses en $si\flat$, en ut et en $mi\flat$, la basse en $si\flat$, le baryton en $mi\flat$, le ténor en $si\flat$, l'alto en $mi\flat$, le soprano en si et le sopranino en $mi\flat$.

FIG. 730. — Contrebasse $si\flat$.
(Celles en ut et $mi\flat$ sont de même type, mais plus petites.)

FIG. 731. Baryton $mi\flat$.

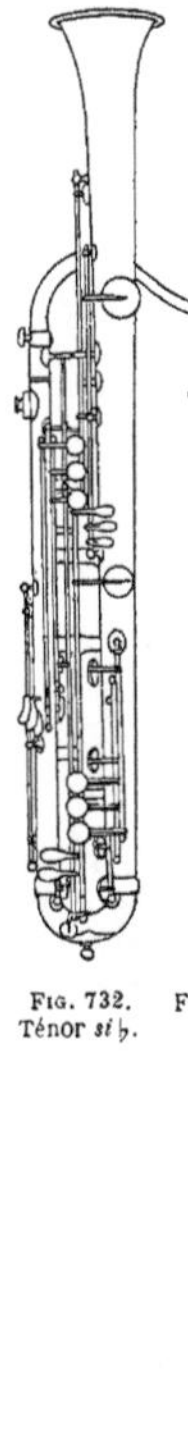

FIG. 732. Ténor $si\flat$.

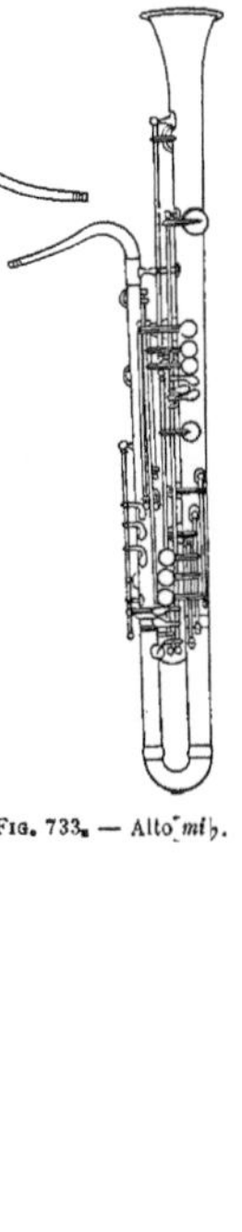

FIG. 733. — Alto $mi\flat$.

FIG. 734. Soprano $si\flat$.

FIG. 735. Sopranino $mi\flat$.

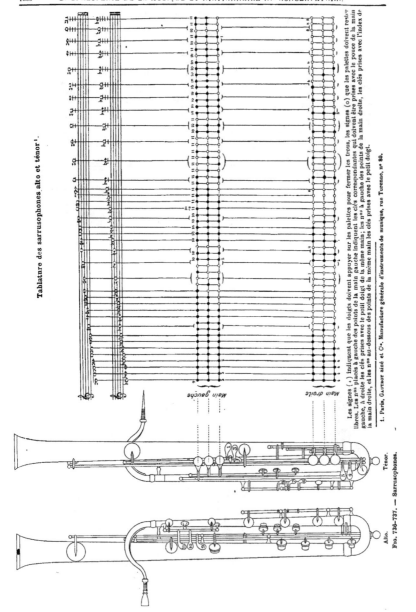

Tablature des sarrusophones alto et ténor[1].

Main gauche.

Main droite.

Les signes (.) indiquent que les doigts doivent appuyer sur les palettes pour fermer les trous, les signes (o) que les palettes doivent rester libres. Les n^os placés à gauche des points de la main gauche indiquent les clés correspondantes qui doivent être prises avec le pouce de la main gauche, à droite les clés prises avec le petit doigt de la même main; les n^o à gauche des points de la main droite, les clés prises avec l'index de la main droite, et les n^os au-dessous des points de la même main les clés prises avec le petit doigt.

1. Paris, Gautrot aîné et Cie. Manufacture générale d'instruments de musique, rue Turenne, n° 80.

Ténor.

Alto.

Fig. 736-737. — Sarrusophones.

Les contrebasses et basses ont trois clés d'octave, les autres sarrusophones n'en possèdent que deux. Seul, le sopranino n'a pas de bocal.

La famille des sarrusophones parcourt six octaves du *la♭* (en dessous de la contrebasse à cordes) jusqu'au *a♭* le plus aigu de la flûte.

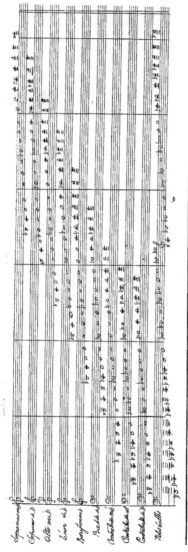

Tableau des anches des divers sarrusophones en grandeur réduite de moitié. (D'après MM. Couesnon et Cⁱᵉ.)

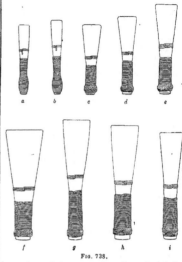

Fɪɢ. 738.

a, sopranino en *mi♭; b,* soprano en *si♭; c,* alto en *mi♭; d,* ténor en *si♭; e,* baryton en *mi♭; f,* contrebasse en *si♭; g,* contrebasse en *ut; h,* contrebasse en *mi♭; i,* basse en *si♭.*

Les sarrusophones sopranino et soprano se tiennent comme le hautbois; tous les autres se tiennent sur le côté comme le basson et sont maintenus par une courroie.

Fɪɢ. 739.   Fɪɢ. 740.

En 1856, Gautrot ne construisit que cinq sarrusophones :

La contrebasse en *si♭;*

La basse en si♭;

Le ténor en si♭;

Le mezzo-soprano en mi♭;

Le soprano en si♭.

La contrebasse et la basse parcouraient deux octaves et une sixte mineure (du si♮ au sol); le ténor, le mezzo-soprano et le soprano n'avaient qu'une étendue de deux octaves et une quinte diminuée (du si♮ au fa). Ils étaient percés de dix-sept trous, bouchés par des clés à charnière.

Les trois trous ajoutés depuis sont celui de si♭, celui de résonance et celui du trille si♮ à ut.

EMPLOI DU SARRUSOPHONE

Les tonalités choisies indiquent suffisamment que ces instruments étaient surtout construits pour les musiques militaires, en vue de remplacer les bassons et les hautbois qui venaient d'être supprimés (1845)[1].

Par leur manque d'homogénéité dans la sonorité, par les difficultés de leur doigté (aggravées encore par les tonalités chargées de bémols) et par leur peu de puissance dans l'orchestre militaire, les bassons étaient loin de rendre les services qui les font indispensables dans la symphonie. Les hautbois, eux-mêmes, n'avaient pas encore les facilités de doigté et l'égalité de son qu'ils ont acquises depuis.

La décision ministérielle ordonnant leur suppression dans les musiques militaires, toute radicale et peu raisonnée qu'elle nous paraisse soixante ans plus tard, semblait être justifiée pour l'époque.

Les sarrusophones offraient donc de grands avantages, puisqu'ils parcouraient cinq octaves et une quinte de même timbre avec une grande ampleur de son et un doigté facile. Mais l'opposition d'Adolphe Sax, alors tout-puissant, empêcha leur adoption dans les musiques militaires.

Estimant qu'il allait être lésé dans ses intérêts, Sax entreprit de présenter le sarrusophone comme une contrefaçon du saxophone. Or, il est indiscutable que ces deux instruments sont aussi dissemblables que le sont la clarinette et le hautbois. En effet, dans le saxophone, la colonne d'air est mise en vibration par une anche simple fixée sur un bec de clarinette; dans le sarrusophone, au contraire, c'est une anche double montée sur un bocal qui y remplit le même rôle. Nous ne parlerons que pour mémoire des différences de proportions dans les diamètres respectifs de ces instruments.

Sax fit un procès très long à GAUTROT, et le perdit.

Exclus des musiques militaires, les sarrusophones semblaient voués à l'oubli. Mais le sarrusophone contrebasse en ut, que GAUTROT avait construit un peu plus tard, avait éveillé l'attention des compositeurs.

GOUNOD le signalait ainsi : « Le sarrusophone est aux cuivres tempérés ce que les tubas sont aux cuivres éclatants, c'est-à-dire leur véritable contrebasse. Il remplit, en outre, d'une manière très utile, les fonctions de contrebasson. »

Dès 1867, Saint-Saëns s'en servit : « Sa partition Les Noces de Prométhée, couronnée au concours de l'Exposition universelle de 1867, comprenait une partie de contrebasson qu'il se trouvait fort embarrassé de faire exécuter par suite du défaut d'instrument. Quelqu'un lui proposa d'y substituer le sarrusophone contrebasse, dont il fut entièrement satisfait.

Plus tard, il en fit construire un à ses frais qu'il donna au Grand Théâtre de Lyon pour les représentations d'Etienne Marcel (1879), et un autre qu'il offrit à un musicien de Paris, qui s'en servit pour l'exécution des fragments de Samson et Dalila, de la Création, des cinquième et neuvième Symphonies de Beethoven, des fragments d'Etienne Marcel aux concerts du Châtelet et PASDELOUP, puis enfin au Théâtre du Château-d'Eau pour l'audition intégrale de ce dernier ouvrage (1884[2]). »

Cependant, l'instrument restait encore peu connu, quand MASSENET écrivit pour lui une partie importante dans son opéra d'Esclarmonde, représenté à l'Opéra-Comique en 1889. Il lui confia même un solo dans le quatrième acte de cet ouvrage.

Cette fois, le sarrusophone s'imposait tout à fait à l'orchestre, et Saint-Saëns écrivait quelque temps après : « Enfin, vous pouvez l'entendre en ce moment dans Esclarmonde. Je le crois définitivement installé dans l'orchestre moderne. »

Depuis, il figure dans presque toutes les partitions nouvelles, et, comme il peut jouer tout ce qui a été écrit pour le contrebasson, il est entré dans les orchestres les plus réputés : Opéra, Opéra-Comique, Concerts COLONNE et LAMOUREUX, etc.

On pourrait objecter que remplacer un instrument par un autre est, en art, un véritable sacrilège; mais il fallait opter entre deux maux. D'un côté, le contrebasson, qui est construit suivant les proportions du basson (perce étroite légèrement conique), est incapable d'instantanéité dans l'émission des sons graves; il est, de plus, d'une justesse douteuse, dont nos oreilles modernes ne sauraient plus s'accommoder, et d'une lourdeur d'exécution inadmissible dans les traits, même peu rapides, écrits pour lui. Aussi, les orchestres étrangers ont-ils adopté, sous le nom de contrebasson, une basse à anche, de perce large et fortement conique, dont la parenté avec celui-ci est fort éloignée. D'un autre côté, le sarrusophone, qui, s'il n'a pas tout à fait le timbre du contrebasson, s'en rapproche le plus et, par surcroît, possède toutes les qualités qui manquent à ce dernier.

Voici la liste des œuvres dans lesquelles le sarrusophone a été employé, soit sous son nom, soit pour remplacer le contrebasson. Quelques compositeurs écrivent « contrebasson ou sarrusophone » :

BACH : Cantate pour la fête de Pâques; BEETHOVEN : 5e et 9e Symphonies, Fidelio, Messe solennelle, les Ruines d'Athènes; BERLIOZ : Les Francs Juges; 1re, 3e et 4e symphonies, Academische Fest-ouverture; BRUNEAU : Messidor, l'Ouragan, l'Enfant-Roi; BRUNEL : Vision du Dante; CAMONDO : Le Clown, Evocation sidérale; CHARPENTIER : La Vie du Poète; COINDREAU : Le Chevalier Moine et les Diables dans l'abbaye; COOLS : Symphonie; DEBUSSY : La Mer, Ibéria, Rondes de Printemps; DUBOIS : Notre-Dame de la Mer, Xavière (partie ajoutée à la reprise 1905), Symphonie française; DUKAS : L'Apprenti sorcier, Ariane et Barbe bleue; ERLANGER : Saint Jean l'Hospitalier; FRANCK : Prélude, choral et fugue (orchestrés par G. PIERNÉ); GERNSHEIM : 1re symphonie; HAYDN : La Création, les Saisons; HUE : Jeunesse, Titania; HURÉ : Nocturne; D'INDY : Fervaal (remplaçant la clarinette contrebasse à la 3e représentation de cet ouvrage à l'Opéra-Comique); LAMPE : Sérénade pour instruments à vent; LAPARRA : Habanera; S. LAZZARI : Armor, Fête bretonne; H. LEROUX :

---

[1]. Moniteur de l'Armée, 10 septembre 1845.

[2]. C. PIERNÉ. La Facture Instrumentale

William Ratcliff, les Perses, le Chemineau; MARTY : *Le duc de Ferrare*; MASSENET : *Esclarmonde, le Mage, Brumaire, Thaïs, la Navarraise*; MENDELSSOHN : *Réformation*; MESSAGER : *Madame Chrysanthème, le Chevalier d'Harmenthal, Fortunio*; MOZART : *Sérénade pour instruments à vent*; G. PIERNÉ : *L'An Mil, la fille de Tabarin, la Croisade des enfants, les Enfants à Bethléem*; P. PIERNÉ : *Adagio*; PUCCINI : *La Tosca*; P. PUGET : *Beaucoup de bruit pour rien*; RABAUD : *Poème symphonique sur Job*; RAVEL : *Rapsodie espagnole*; SAINT-SAËNS : *Les Noces de Prométhée, Etienne Marcel, Samson et Dalila, Proserpine, 3ᵉ symphonie, Henri VIII, Hymne à Victor Hugo, Parysatis, Marche du couronnement*

d'Edouard VII, Hélène; SALVAYRE : *Solange*; SCRIABINE : *Le Divin Poème*; SOUDRY : *La Mer*; RICHARD STRAUSS : *Don Juan, Mort et Transfiguration, les Équipées de Till Eulenspiegel, Salomé, la Vie d'un héros, Symphonie domestique, Sérénade et suite pour instruments à vent, Guntram*; P. VIDAL : *Jeanne d'Arc*; WAGNER : *Grande Marche de fête, Parsifal, Rienzi* (remplaçant le serpent).

Quelques effets doivent être particulièrement signalés.

Dans **Esclarmonde**, en solo avec les contrebasses à cordes :

Dans **Titania**, pédale pianissimo dans l'extrême grave à quatre octaves de deux flûtes, deux hautbois, un cor anglais, clarinette, cors et le quatuor, finissant à la dernière mesure avec le quatuor et deux cors :

Dans **Xavière**, en solo avec la clarinette basse, avec des tenues de cors seulement :

Dans **le Chemineau**, 1ᵉʳ exemple, basse pianissimo d'une trompette de deux trombones avec sourdine :

Second exemple, basse pianissimo de trois trombones :

Dans l'An Mil, uni aux tubas dans un ensemble fortissimo de tous les cuivres :

Dans la Croisade des enfants, soutenant seul toute la masse orchestrale :

Dans le même ouvrage, appui avec les bassons de toute la masse chorale et instrumentale :

Dans le *Prélude, Choral et Fugue* de César FRANCK (orchestré par G. PIERNÉ), soutenant dans le fortissimo tout le poids de l'orchestre. A la dernière mesure pianissimo, il donne l'impression d'une basse profonde semblable au 16 pieds (fonds) d'un orgue puissant.

Signalons également :

Dans *La Fille de Tabarin*, supportant tout le poids de l'orchestre ;

Dans *La Tosca*, pédales répondant à l'orgue et reliant celui-ci à l'orchestre.

A remarquer aussi la scène de la prison dans *Fidelio*, où, remplaçant le contrebasson, il double la basse des violoncelles et contrebasses.

M. COLONNE qui, l'un des premiers, employa le sarrusophone, lui fait souvent doubler les contrebasses de son orchestre, notamment dans la *Huitième Symphonie* de BEETHOVEN et dans le *Faust* de SCHUMANN.

Ce procédé donne beaucoup de rondeur, sans être choquant cependant. Le sarrusophone, en raison du mordant de son timbre, se marie assez complètement aux contrebasses pour ne pas déceler trop ostensiblement sa présence.

M. WIDOR lui consacre un article très remarquable dans sa *Technique de l'Orchestre moderne* ; en voici quelques extraits :

« C'est l'instrument rival du contrebasson, rival avantagé, hâtons-nous de le dire, sous le double rapport de l'émission et de l'intensité dans le grave. »

« Adjoint aux violoncelles et aux contrebasses, le sarrusophone fait l'effet d'une gambe d'orgue ou d'une bombarde très douce ; il leur prête une nervosité caractéristique. Il a deux octaves d'une vraie plénitude, d'une solidité remarquable. »

« Tous les degrés du sarrusophone sont maniables comme ceux d'un hautbois ou d'un cor anglais ; on peut les attaquer *forte* ou *piano*, les enfler ou les diminuer à volonté. L'émission reste aussi nette dans le bas comme dans le haut de l'échelle. »

« Même dans un mouvement rapide, on peut écrire des traits staccato. »

« On peut traiter l'instrument relativement au basson comme le contrebasson relativement au violoncelle. »

On peut ajouter que, malgré leur extrême gravité, les notes de l'octave inférieure ont une émission prompte, instantanée, contrairement aux autres instruments graves, contrebassons, tuyaux graves des orgues.

Il s'écrit comme la contrebasse à cordes, c'est-à-dire qu'il donne l'octave grave du son écrit.

Les deux premiers sons *si* ♭ et *si* ♮ graves sont un peu durs, et ne doivent pas être employés dans le pianissimo. Au delà de la seconde octave, l'émission devient pénible ; il est vrai que les notes de cette octave trouvent rarement leur emploi.

Les tonalités qui lui conviennent le mieux sont celles d'*ut*, de *sol*, de *ré*, de *la*, de *fa*, de *si* ♭, de *mi* ♭ et de *la* ♭ majeurs avec leurs relatifs mineurs.

Les liaisons ascendantes sont faciles, les liaisons descendantes le sont moins, surtout quand l'intervalle est grand ; elles deviennent de plus en plus dangereuses à mesure qu'on descend. Cette défectuosité est d'ailleurs commune à tous les instruments placés à ce degré de l'échelle des sons perceptibles.

Tous les trilles sont praticables, à l'exception de ceux-ci : *si* ♭ à *ut*, *si* ♮ à *do* ♯, dans le grave ; *do* ♯ à *ré* ♯ dans les trois octaves, *fa* à *sol* ♭ dans les trois octaves.

Le sarrusophone contrebasse est le seul employé jusqu'à présent à l'orchestre symphonique. La basse et le baryton pourraient y donner des effets intéressants.

Jusqu'au commencement du présent siècle, le sarrusophone contrebasse en *ut* ne descendait pas au delà du *do* grave, sans doute par analogie avec le contrebasson dont c'était la note extrême. MM. COUESNON et Cⁱᵉ, les successeurs de GAUTROT, qui ne cessent d'apporter des améliorations aux sarrusophones, ont voulu faire disparaître cette anomalie. Grâce à eux, nous possédons maintenant un instrument qui donne exactement l'octave grave du basson.

Les sarrusophones soprano, baryton, basse et contrebasse *mi* ♭ sont depuis longtemps employés dans les musiques militaires espagnoles.

Le sarrusophone contrebasse, bien qu'il ne soit pas encore réglementaire, pénètre peu à peu dans les musiques militaires et dans les harmonies françaises.

MM. KARREN et FARIGOÜL, des équipages de la flotte, VERBREGGHE, du 1ᵉʳ génie ; CHOMEL, du 31ᵉ de ligne ; MASTIO, à Armentières, l'ont installé dans leur musique.

M. Gabriel PARÈS, après l'avoir essayé à la musique des équipages de la flotte de Toulon, l'introduisit, il y a quelques années, à la musique de la Garde républicaine, où il rend de grands services en continuant les basses des saxophones à l'extrême grave ; il comble ainsi une regrettable lacune. En effet, pour représenter les violoncelles et contrebasses de la symphonie, l'orchestre militaire ne possède que des saxophones barytons, qui ne descendent qu'au *ré* ♭ du violoncelle ; on est donc contraint de confier aux saxhorns contrebasses *mi* ♭ et *si* ♭ les dessins des contrebasses à cordes, ce qui alourdit considérablement l'orchestration.

Enfin, le sarrusophone contrebasse introduit à l'extrême basse de l'harmonie militaire le son *anché* qui lui manque depuis la disparition des bassons. Il y peut aussi suppléer (ou doubler, s'il y a lieu) les contrebasses à cordes, dont il a le mordant de l'archet.

La rondeur de son des saxophones graves, quelque précieuse qu'elle soit à un autre point de vue, est impuissante à produire des effets similaires.

Les saxophones basses, peu utilisés jusqu'à présent en raison de leur poids, seraient-ils améliorés et rendus portatifs par une nouvelle disposition de leur tube, qu'ils ne sauraient toujours pas procurer à l'harmonie le son *anché*, dont la rentrée dans l'ensemble instrumental des bandes militaires produit un effet de soulagement analogue à la rentrée de la contrebasse à cordes dans l'ensemble orchestral.

Le sarrusophone contrebasse en *mi* ♭ possède l'étendue effective des deux saxhorns contrebasses *mi* ♭ et *si* ♭ (il la dépasse même au grave). Il peut les remplacer momentanément ou les souder, pour ainsi dire, en donnant plus de légèreté, de douceur et de couleur aux assises de l'harmonie :

Fantaisie sur **Samson et Dalila** de SAINT-SAËNS (G. MEISTER).

Le chef de la musique de la Garde républicaine l'apprécie ainsi dans son *Traité d'instrumentation* : « Le sarrusophone contrebasse est appelé à rendre de très importants services ; il donne une basse superbe, d'un timbre très appréciable, surtout en l'absence des contrebasses à cordes. Nous recommandons son emploi, ayant acquis la certitude que cet instrument est parfait en tous points. »

Dans son ouverture de *Rollon*, M. PARÈS l'a mis en lumière avec un rare bonheur, en lui faisant doubler à l'octave grave les trombones cors et bassons :

Le sarrusophone soprano trouve son emploi dans les fanfares, pour rappeler le timbre du hautbois, instrument qui n'est pas admis dans leur composition. La fanfare parisienne « La Sirène » a adopté presque toute la famille : le sopranino, le soprano, l'alto, le ténor, la basse et la contrebasse.

Gounod a écrit un *Septuor* pour sarrusophones soprano, alto, ténor, baryton, basse et contrebasse, qui a pour titre *Choral et Musette*. Il existe aussi un *Solo* de Blauckemann pour sarrusophone basse avec accompagnement de fanfare, un *Prélude fugué* pour sarrusophone contrebasse et piano de M. Francis Casadesus, une méthode de Coyon et une méthode du signataire de cette étude.

R. LERUSTE.

LE TUBA

Par Joseph BROUSSE

TUBA SOLO DE LA SOCIÉTÉ DES CONCERTS DU CONSERVATOIRE ET DE L'OPÉRA

HISTORIQUE DU TUBA

Le tuba dérive de l'ophicléide, qui, lui-même, vient du serpent.

Dès l'année 1764, les instruments à anche, à clefs et en cuivre, parmi lesquels figurait le serpent, avaient commencé d'exister légalement dans les Gardes françaises, qui comptaient seize musiciens par régiment.

De 1785 à 1788, l'infanterie de ligne s'empara de ces instruments. En 1789, quarante-cinq musiciens des Gardes françaises, la plupart enfants de troupe de ce corps, formaient le noyau de la musique de la Garde nationale de Paris. Ils avaient été recueillis et rassemblés au moment de la Révolution par SARRETTE, capitaine à l'état-major de la capitale, qui avait obtenu à cet effet l'autorisation de M. de la Fayette, commandant général.

L'Institut musical, sous le nom de Conservatoire, qui fut créé le 12 thermidor an III, comprenait alors cent quinze artistes employés à célébrer les fêtes patriotiques, et à former des élèves pour toutes les branches de l'art musical.

Plus tard, un Allemand nommé WEIDINGER imagina de percer les tubes de certains instruments de cuivre, comme cela se pratiquait depuis longtemps pour les instruments de bois, et d'y adapter des clefs mobiles, de façon à donner aux instruments une échelle aussi étendue que possible.

Cet artiste ayant fait à l'ancien clairon l'application de son système, il en résulta l'instrument qu'on appelait alors *bugle* ou *trompette à clefs* (l'ophicléide dérive du même principe et en est la conséquence).

Vers 1814, l'invention des pistons, due au Silésien BLÜHMEL, et exploitée tout d'abord par STOLZEL et ensuite par WIEPRECHT, qui tendait au même but par des moyens différents, compléta cette heureuse révolution.

Appliqués d'abord au cor, les pistons envahirent successivement le cornet, la trompette, le trombone, etc. D'un autre côté, la création de plusieurs autres instruments de cuivre, le basson russe, le tuba, etc., vint signaler la même période.

Historiquement, l'Allemagne reçut son premier tuba en 1835, des ateliers de MORITZ, où il fut construit sur les données de WIEPRECHT, directeur général de musique.

Adopté immédiatement par le 2ᵉ régiment d'infanterie de la Garde, il ne tarda pas à se substituer,

comme en France, à ses prédécesseurs, le serpent et l'ophicléide.

Actuellement, la famille des tubas est représentée en Allemagne par quatre variétés : tubas en *ut;* en *si♭* ; en *la* et en *fa*, que renforce le tuba contrebasse.

C'est à l'active sollicitude du grand maître SPON-TINI que nous sommes redevables de l'introduction en France des instruments à pistons. C'est lui qui envoya de Berlin à Paris, de 1823 à 1831, nombre de cors à pistons, de trompettes ou cornets à 2 ou 3 pistons ou *ventilles* (les premiers connus à Paris), notamment au professeur de cor DAUPRAT, et au chef de musique des Gardes David BUBL, et c'est d'après ces exemplaires que les facteurs de Paris se mirent à fabriquer les premiers instruments à pistons.

Vers 1836, apparaissent les premiers barytons *si♭* à 3 pistons, quelques basses, *si♭* et *ut*, à 3 pistons, ces derniers limités au *fa♯* :

par conséquent incomplets, puisqu'il existait un vide de cinq notes entre ce *fa♯* et l'*ut* grave « pédale » :

Ces mêmes instruments descendaient encore de l'*ut* grave au contre-*fa♯* (pédale) :

Mais ces notes « pédales » avaient une trop faible sonorité, parce que l'instrument possédait une perce insuffisante pour alimenter ces sons graves.

En somme, c'était l'époque des tâtonnements dans la fabrication des instruments en général, et on était loin de la perfection.

Heureusement, quelques années plus tard, l'arrivée en France d'Adolphe SAX, artiste de grand talent, mécanicien et acousticien accompli, vint ouvrir à la facture instrumentale et offrir par ses inventions et ses perfectionnements les plus remarquables, le moyen d'obtenir une admirable sonorité, tout en supprimant les défauts, les vices radicaux de l'ancienne fabrication.

C'est à partir de 1840 que SAX inventa et créa plusieurs familles d'instruments, entre autres la famille complète des sax-horns et saxo-trombas, depuis le petit sax-horn *mi♭* jusqu'au sax-horn contrebasse *si♭*, où figurent les sax-horns barytons *si♭* à 3 pistons et les basses *si♭* et *ut* à 3 et 4 pistons.

En 1855, les sax-horns contrebasses *mi♭* et *si♭* bourdons figuraient à l'Exposition universelle de Paris : instruments particulièrement curieux, puisque le premier mesure 1 m. 65 de hauteur et 0 m. 80 de diamètre du pavillon, le second 2 m. 75 de hauteur et 1 m. 50 de diamètre du pavillon ; il correspond aux 32 pieds de l'orgue.

Ensuite, en 1863, ce furent les trombones à 6 pistons indépendants (ténors et contrebasses), employés depuis 1867 à la fanfare de l'Opéra, et les trombones contrebasses à 3 et 4 pistons indépendants. Le trombone contrebasse à 4 pistons indépendants a été employé pour la première fois à l'orchestre de l'Opéra en 1893, dans la *Walkyrie*, ensuite dans la *Tétralogie* de WAGNER et dans les divers ouvrages qui nécessitent l'emploi de ce merveilleux instrument.

Enfin, vers 1867, les sax-horns basses *si♭* et *ut* à 5 et 6 pistons dépendants.

Les sax-horns basses *si♭* à 3 et 4 pistons firent leur apparition dans l'armée en 1843, comme le mentionne une décision ministérielle en date du 19 août, qui déterminait la nouvelle composition instrumentale des musiques militaires.

A cet effet, un intéressant concours eut lieu le 22 avril de cette même année entre la musique de CARAFA, alors directeur du Gymnase musical, et celle de SAX qui avait motivé par ses nouveaux instruments cette épreuve de réorganisation.

Indépendamment de ces deux musiques, plusieurs autres de l'infanterie avaient été également convoquées pour le même jour, de manière à offrir un terme de comparaison entre l'ancien système et les deux nouveaux proposés par CARAFA et SAX.

Ce brillant et imposant tournoi fut exécuté au Champ de Mars.

La commission, environnée de généraux, colonels, officiers supérieurs, artistes et écrivains célèbres, était au poste d'honneur.

Après ces épreuves, vinrent celles qui concernaient l'organisation des fanfares. Dans toutes ces expériences, le système SAX triompha pleinement, et disons tout de suite que la puissance et l'ampleur des sax-horns basses et contrebasses avait surtout excité l'admiration la plus vive.

De 1843 à 1874 environ, le tuba en *ut* à 3 et 4 pistons ne fut guère employé que dans les orchestres de bal, où il remplissait les mêmes fonctions que l'ophicléide. Dans l'orchestre réduit, son rôle se bornait à jouer simplement la partie de basse, tandis que, dans l'orchestre complet, il doublait parfois le violoncelle et triomphait avec *brio* dans les rythmes ardents du *contre-chant*.

Le tuba à 4 pistons commença a être employé à l'Opéra vers 1874. En 1880, on ajouta un 5e piston venant consacrer définitivement le tuba, auquel s'adjoignit encore, en 1892, un piston supplémentaire transpositeur réalisant enfin l'instrument actuel, dont le premier est sorti des ateliers de la maison COURTOIS

Cl. Branger.

Fig. 735. — Sax-bourdon en *mi♭*.

Cl. Branger.

Fig. 736. — Tuba en *ut*, à 6 pistons dépendants.

EMPLOI DU TUBA

Voici donc une quarantaine d'années, l'exécution du répertoire qui, jusque-là, avait dû se contenter de l'étendue de l'ophicléide dont la gravité avait pour ultime limite le *si* ♭ grave :

put, grâce au tuba à 4, 5 et 6 pistons, prolonger cette étendue d'une quinte au grave :

Cette nouvelle étendue fut surtout employée au début par WAGNER, dans ses ouvrages. Depuis, de nombreux compositeurs ont suivi l'exemple de l'illustre maître, et rendu indispensable, à l'orchestre, le tuba à 6 pistons dépendants.

WAGNER, qui semble avoir eu une prédilection marquée pour les instruments de cuivre, a employé dans la *Tétralogie* jusqu'à cinq de ces instruments, comme en témoignent les deux passages suivants :

La Walkyrie (2ᵉ acte). *Le Sort.*

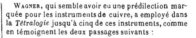

La Walkyrie (1ᵉʳ acte). *Entrée d'Hunding.*

Adolphe SAX fils a créé, spécialement pour la *Tétralogie,* 4 instruments : 2 barytons et 2 basses *si* ♭ saxo-trombas.

Cl. *Branger.*   Cl. *Branger.*

FIG. 710 et 741. — Instruments à pavillon reversible.

Ces quatre tubas, qui doivent à l'originalité de leur pavillon reversible des sonorités modifiables au gré de l'artiste, donnent, pavillon relevé, en *ff*, des notes éclatantes où passe l'appel frémissant des clameurs de guerre :

et « pavillon baissé » au ras du *sol*, en *pp*, l'impression d'une couleur de son ignorée, rêveuse et captivante dont on ne saurait se lasser, comme dans l'exemple de la *Walkyrie* (Le Sort), p. 1676.

Dans la *Tétralogie*, si les 4 tubas *si♭* et le tuba contrebasse jouent toujours ensemble, ce dernier garde pourtant le rôle prépondérant et se libère spontanément parfois de la voix de ses collègues, soit pour interpréter la colère d'Hunding, soit pour traduire l'expression massive du motif des géants, soit enfin pour rugir avec Fafner.

Le combat de Sieg'ried lui offre peut-être sa plus belle incarnation dans le personnage du dragon-serpent, sortant de sa caverne pour jeter l'épouvante au cœur de son adversaire.

L'auditoire surprend, à cette scène, une union si profondément intime de la voix et de la sonorité pour rendre une même expression de terreur, qu'il ne peut se soustraire à des réflexes commun à la menace d'un danger collectif.

Et ces phénomènes d'ordre psychique, par assimilation du sentiment au timbre, nous font bien comprendre pourquoi le tuba contrebasse, d'ailleurs construit à l'octave grave du tuba, ne possède aucun rival en puissance sonore. et peut, à lui seul, dominer un orchestre, si nombreux qu'on le suppose.

Dans les orchestres, d'harmonie ou de fanfare, il quitte son appellation de tuba pour prendre celle de sax-horn contrebasse *si♭*.

Il est alors d'un ton plus bas, par conséquent, que le tuba contre-basse, employé à l'orchestre symphonique qui, lui, est toujours en *ut*.

Le sax-horn contrebasse *si♭* remplit les mêmes fonctions que la contrebasse à cordes. La contrebasse en *si♭* ne possède, en général, que 3 pistons, bien suffisants, puisque la partie ne dépasse jamais le *fa♯* des sons graves :

Pour la contrebasse d'orchestre symphonique, les quatre pistons sont indispensables, car la partie est souvent écrite jusqu'au *mi♭* grave dans la plupart des ouvrages :

Nous pouvons voir, par les exemples suivants, les ressources diverses qu'offre le magnifique instrument qu'est le tuba :

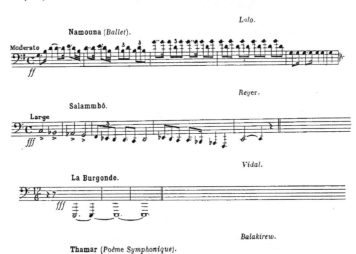

Lalo.

Namouna *(Ballet).*

Moderato

ff

Reyer.

Salammbô.

Large

fff

Vidal.

La Burgonde.

fff

Balakirew.

Thamar *(Poème Symphonique).*

Tres lent

PP   *PP*

Wagner.

Les Maitres Chanteurs.

Dans les *ff*, il triomphe sur toute l'étendue grâce à sa vigueur et à sa puissance de sonorité.

Dans les *pp*, il aborde le registre grave avec une majesté qui rappelle la sérénité souveraine du grand orgue. Enfin, le tuba à 6 pistons possède l'échelle chromatique exceptionnelle de quatre octaves :

Quant au rôle du piston transpositeur, il consiste à baisser la tonalité normale de l'instrument d'un demi-ton et devient ainsi d'un grand secours pour les traits rapides et chargés d'accidents.

C'est ainsi que, pour l'exécution d'un motif écrit dans la tonalité de *si majeur*, il suffit d'abaisser le piston transpositeur pour que le diapason de l'instrument se trouve un demi-ton plus bas (*si ♮*).

L'opération, on le devine, a pour effet de supprimer les 5 dièses de l'armature, permettant ainsi, et par simple transposition, d'exécuter le passage comme s'il était écrit en *ut*, et cela avec une grande simplicité de doigté, comme dans cet exemple emprunté au *Prophète :*

Pour tous les passages à tonalités difficiles, on opère de la même manière.

Il est à remarquer que le piston transpositeur se trouve placé entre le 4e et l'ancien 5e; ce dernier devient, par conséquent, le 6e dans la tablature générale qui suit :

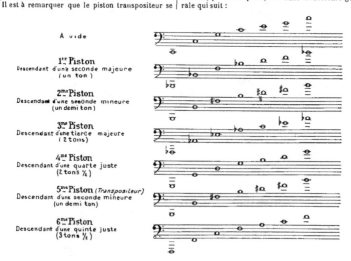

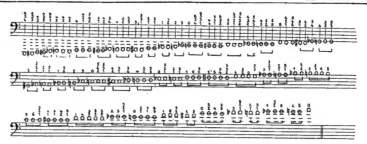

C'est une grave erreur de croire, comme beaucoup le font, que le tuba est lourd dans l'exécution et réfractaire à l'enlèvement rapide des traits. Il faut une fois pour toutes dissiper ces préventions en déclarant que, sur ce point, le tuba ne le cède en rien aux petits sax-horns, et qu'il peut les égaler en vitesse sur toute l'échelle chromatique.

Voici des exemples qui suffiront à le démontrer, encore qu'il soit possible d'en citer de plus rapides :

JEU ET ENSEIGNEMENT DU TUBA

La cause initiale de la fausse appréciation signalée ci-dessus ne peut être imputée qu'à l'artiste qui, dès le début de ses études musicales, fait mauvais choix en adoptant un instrument peu en rapport avec sa constitution.

Le tuba, surtout, réclame un sujet possédant d'excellents poumons. Pour s'en rendre compte, il suffit de considérer la robuste physionomie du cylindrage de cet instrument, « grand buveur d'air comme l'orgue ».

Ici, le souffle devient, plus que dans tout autre instrument, l'auxiliaire indispensable de l'interprétation musicale, en ce sens qu'il exige un *effort éduqué*.

Il y aurait beaucoup à dire sur ce sujet, je me bornerai à quelques notes.

Il ne suffit pas, par des expirations automatiques, de jeter l'air dans les tubes à grosse perce qui caractérisent l'instrument, ce que le premier venu pourrait faire; il faut assurer dans toute son étendue l'alimentation réglée du volume d'air considérable qui est l'agent dynamique.

On comprend bien que ce résultat est la fonction principale de la capacité thoracique de l'artiste, et que, cette capacité réalisée, il reste encore à la faire concourir normalement au but poursuivi.

C'est ce que j'entends par effort éduqué, qui prend ici figure de gymnastique ou de culture respiratoire.

L'aspiration par la gorge ou les bronches, en même temps qu'elle provoque dans l'instrument des vibrations discordantes, voue tôt ou tard l'instrumentiste aux suffocations de l'asthme.

Encore n'est-ce pas le seul risque à courir, car l'air humide ou froid appelé brusquement dans la poitrine peut déterminer les accidents redoutables de la laryngite, de la bronchite, voire de la pneumonie.

En résumé, une mauvaise respiration est préjudiciable à la santé de l'artiste, dont elle entrave l'avenir; l'insuccès et le découragement n'ont pas d'autre cause que la négligence de cette éducation absolument indispensable.

Pour parer à ces multiples dangers, il faut, autant que possible, renoncer à la respiration buccale et adopter la respiration nasale, qui, elle, ne procède que du muscle *diaphragme*, seul capable d'assurer à l'instrumentiste une complète et normale respiration.

On conçoit que, dans ces conditions, un entraînement préparatoire, puis quotidien, soit nécessaire.

Une fois toutes ces précieuses observations mises en pratique, il est aisé de comprendre que, sur le tuba, on doit acquérir le maximum de vélocité dans toute l'étendue de l'instrument, ainsi que toutes les belles qualités de l'instrumentiste qui font le « virtuose » et qui attirent inévitablement sur lui les sympathies de l'auditoire.

Il me reste à parler de l'effacement dans lequel l'enseignement officiel tient cet instrument si intéressant.

Les classes du Conservatoire, ouvertes au cornet, à la trompette, au cor, au trombone, à la clarinette, au basson, au hautbois et à la flûte, ne le sont pas encore au tuba.

Il en résulte, en particulier pour les musiques tant militaires que civiles et pour les orchestres symphoniques, une infériorité en artistes spécialisés, que le Conservatoire seul est à même de faire disparaître par la création d'une classe de tuba.

Cette classe une fois créée, on imagine aisément les services incalculables qu'elle rendrait aux orchestres symphoniques et encore plus aux orchestres d'harmonie et fanfares, en raison du plus grand nombre d'artistes jouant de cet instrument.

Non seulement, ces élèves du Conservatoire deviendraient de vrais virtuoses, mais encore ils pourraient propager leur talent dans toutes les phalanges artistiques.

En ce qui me concerne, ayant beaucoup vécu avec les chefs de musique de l'armée, puisque je fus sous-chef au 1er régiment du génie, je puis traduire leur avis unanime, qu'une classe de tuba au Conservatoire réaliserait un rêve que beaucoup, pour ne pas dire tous, caressent depuis longtemps, rêve qui ne vise qu'au souci d'une plus parfaite cohésion instrumentale et artistique.

JOSEPH BROUSSE.

NOTES SUR LE SERPENT ET L'OPHICLÉIDE[1]

Par Paul GARNAULT

LE SERPENT

Le serpent, en italien *serpentone*, basse de la famille des *cornetti*, droit, courbe ou replié sur lui-même pour mieux permettre au serpentiste d'en atteindre les neuf trous, peut-être inconnu de Praetorius, fut cependant décrit par Mersenne.

Le serpent était un tuyau en bois formé de deux fragments évidés, collés ensemble et recouverts de cuir. Il était muni d'une embouchure en forme de bassin dans le genre des embouchures de trompette (A), mais naturellement plus forte.

La note la plus grave en était le *la*−1 au-dessous de l'*ut*1 grave du violoncelle, sonnant à l'égal du trombone basse, mais le serpent était généralement en *si♭* avec une étendue de trois octaves (I, page 230), et il fut le plus grave des instruments à vent en bois jusqu'à l'invention du contrebasson (xviiie siècle).

L'abbé Lebeuf a raconté que le chanoine Edme Guillaume aurait inventé une « machine » capable de donner un nouveau mérite à l'accompagnement du chant grégorien, ayant trouvé le secret pour tourner un cornet en forme de serpent, vers l'an 1590; il résulterait, cependant, des comptes de l'archevêché de Sens, 1433, que le serpent de l'église fut réparé, et ainsi, le *Bulletin de la Société des Sciences historiques de l'Yonne*, 1850, mettrait fin à une légende (B, Préface); par ailleurs, il paraît vraisemblable que le serpent fut très connu en Italie dès le milieu du xvie siècle, autant que l'on en peut juger par les pièces originales et rarissimes que le Musée du Conservatoire national de musique à Paris présente sous les nos 634, 635 et 636 (C, page 156).

Si, d'un côté, le serpent du xviiie siècle accompagna les chantres au lutrin, aux processions et convois funèbres, d'un autre côté, il doubla longtemps les trombones des musiques militaires; ces dernières graves fonctions lui valurent l'estime et même la protection du Directoire.

Le cousin germain du grand Philidor, Nicolas-Danican Philidor (1699-1769), est signalé dans le supplément de la *Biographie des musiciens* de Fétis comme « serpentiste à la Chapelle royale de 1747 à 1769 ».

Le Conservatoire de musique de Paris, fondé en exécution de la loi du 16 thermidor an III (3 août 1795), devait, tout à la fois, former des élèves et colla-

borer à la célébration des fêtes nationales (D, p. 124), les musiciens de la Garde nationale supprimée étant astreints à faire partie du Conservatoire avec les mêmes émoluments; aussi, l'arrêté de vendémiaire an IV (21 août 1895), attribuant au Conservatoire 40 places de professeur, en réservait-il logiquement deux aux classes de serpent (D, page 128), l'enseignement se partageant également entre les instruments à cordes et les instruments à vent, comme il suit :

Violon, 4 professeurs;
Violoncelle, 2 professeurs;
Contrebasse, 1 professeur;
Clarinette, 1 professeur;
Flûte, 2 professeurs;
Hautbois, 1 professeur;
Trompette, 1 professeur;
Serpent, 2 professeurs.

Dans les projets d'organisation de l'an VII (1798 (qu'il serait trop long de reproduire ici), soit pour Paris, soit pour douze écoles spéciales de musique en province (D, p. 337), mille considérations philosophiques et politiques ayant été exposées, on arrivait à une conclusion singulière pour les lecteurs du xxe siècle :

« Sans abandonner absolument les instruments à cordes dont la pratique est d'un usage agréable dans l'intérieur des édifices, l'enseignement sera plus spécialement dirigé vers les instruments à vent, dont l'effet plus puissant et plus mâle convient davantage aux marches militaires, aux jeux qui se font en plein air et à la nature des affections qui sont propres à des républicains. Il en résultera cet avantage que l'armée, suffisamment fournie de musiciens français, n'aura plus recours aux Allemands qui remplissaient nos musiques militaires. » (*Rapport de Leclerc au Conseil des Cinq-Cents*.)

Et, le Conseil des Cinq-Cents de décider, dans la séance du 6 vendémiaire an VIII, que les classes d'instruments à vent seraient avantagées dans les proportions suivantes :

Violon, 8 professeurs;
Violoncelle, 4 professeurs;
Flûte, 4 professeurs;
Hautbois, 2 professeurs;
Clarinette, 2 professeurs;
Cor, 6 professeurs;
Basson, 6 professeurs;
Trompette, 1 professeur;
Trombone, 1 professeur.
Serpent, 1 professeur.

Sans doute, Leclerc et le Conseil des Cinq-Cents n'aimaient pas la musique du « vieil temps » et n'ap-

1. Les lettres A, B, C, etc., renvoient à la Bibliographie figurant à la fin de l'article. [N. D. L. D.]

préciaient point à sa juste valeur l'orchestration du divin Mozart, déjà mort depuis sept ans! Du moins, leurs conclusions, nettement favorables à l'enseignement intensif des instruments à vent, donnèrent-elles quelques années de survie officielle au serpent, que nous retrouvons dans quelques orchestres, comme dans les musiques jouant aux cérémonies nationales. Et nous pouvons en citer un dans des orchestrations de Gossec (D, page 98), deux dans une symphonie de Devienne, an III (D, page 98), trois dans les chants patriotiques de Lebrun et Lesueur, an III (D, page 100), quatre dans une ouverture de Catel (D, page 991), etc.

Plus tard, en 1799, Berton (1767-1844) nous en donne un bel exemple dans *Montano et Stéphanie* : la marche religieuse conduisant les époux à l'autel est accompagnée en notes tenues par le serpent, d'une harmonie (ils devaient être deux ou trois) grave et religieuse dont l'expression était ravissante, nous assure Choron (G, page 56).

Si les règlements de l'an III avaient prévu six emplois de professeur de serpent (D, page 108), du moins l'arrêté de vendémiaire an IV en avait réduit le nombre à deux, et finalement, d'après les états du personnel enseignant (D, page 107), seul, de 1765 à 1800 (an VIII), Mathieu (J.-B.), né à Billone (1762), professa le serpent au Conservatoire; s'il fut réformé en 1802 (D, page 151), nous ignorons le nom de son successeur, si toutefois il en eut un, ce qui n'est pas démontré.

Qui dit « enseignement » annonce « méthodes et élèves », la liste n'en sera pas longue.

L'arrêté de ventôse an VIII (18 mars 1800) (D, pages 139, 230), confirmant la nomination de Mathieu, établit l'unité de l'enseignement dans toutes les parties de l'art musical en imposant aux membres du Conservatoire l'obligation de former les ouvrages nécessaires à cet enseignement, et de les faire approuver par l'assemblée générale des membres du Conservatoire :

Tout le monde connaît, dans cet ordre d'idées, les méthodes suivantes :

1° Violon, rédigée par Baillot, Rode, Kreutzer, adoptée en ventôse an X (1802);

2° Piano-Forte, rédigée par L. Adam, adoptée en germinal an XII (1804);

3° Violoncelle, rédigée par Baillot, Levasseur, Catel, Baudiot, adoptée en prairial an XIII (1805), sans que nous ayons jamais pu savoir que Mathieu ait soumis une méthode de serpent à ses collègues.

Mais, en revanche, un serpentiste, J.-B. Métoyen, ex-ordinaire de la musique de la Chambre et de la Chapelle des rois Louis XV et Louis XVI de 1760 à 1792, nous a transmis les noms (F, page 139) de ses contemporains ou bien de ses meilleurs élèves, Aubert, Goubert, Lumel, Monjoie, Paulin, dans un projet de méthode de serpent qui ne fut d'ailleurs pas adopté par l'assemblée des membres du Conservatoire; ceux-ci, en effet, donnèrent la préférence à la méthode de l'abbé Nicolas Roze (1745-1819), ancien maître de musique des Saints-Innocents, alors que, d'autre part, Gossec, en l'an VIII, avait également rédigé une méthode de serpent que nos lecteurs retrouveront dans les *Principes élémentaires de musique arrêtés par les membres du Conservatoire* (B. N. Vᵐˢ 1353) (la presque totalité de l'ouvrage, que l'on peut trouver également à la bibliothèque du Conservatoire, est attribuée à Gossec).

L'ensemble de ces méthodes fut présenté, le 9 février

1806, à l'empereur (D, page 160), qui en accueillit l'hommage, « daignant encourager les travaux du Conservatoire par l'assurance de la continuation de sa protection »; mais le professeur Mathieu avait été réformé en fructidor an X (1802) et la protection impériale ne pouvait arrêter le cours des modifications qui allaient transformer le serpent à clefs en ophicléide (du grec *ophis*, serpent, et *kleis*, *eidos*, clef, d'après Larousse), avec modifications de Fichot, 1804, de Piffault, 1806, etc.

L'OPHICLÉIDE

Si l'ophicléide fut d'origine hanovrienne, comme l'assure Escudier dans son *Dictionnaire de musique*, sans en donner la moindre preuve, du moins les serpentistes français n'essayèrent point de s'opposer à son emploi, comme naguère les violistes avaient défendu la viole (1740) « contre les entreprises du violon et les prétentions du violoncel (*sic*) »; toutefois, nous pensons avec Riemann que Prospero Guivier, dont le nom n'a rien de germanique, en fut l'inventeur.

Également d'origine latine le nom d'Hermenge, ancien serpentiste de la paroisse royale de Saint-Germain-l'Auxerrois, auteur de la *Méthode* de serpent et de serpent à clefs à l'usage des églises, 1816 (H, page 65); Hermenge nous semble l'opportuniste transfuge de la vieille école du serpent à celle de l'ophicléide naissant.

1816, quelle coïncidence de dates! Est-ce que Lavoix (E, page 298) n'a pas signalé des compositions de Beethoven de cette même année 1816 pour l'ancien orchestre de sérénade que nous trouvons à l'origine de l'harmonie militaire moderne, dont les basses étaient soutenues par les contrebassons, trombones basses et serpents!

Si personne n'avait songé à défendre le serpent au commencement du xix° siècle, Berlioz nous en a nettement donné les raisons dans son *Traité d'Instrumentation*. Nous le citerons textuellement (I, page 230) : « Le timbre essentiellement barbare du serpent eût convenu beaucoup mieux aux cérémonies du culte sanglant des druides qu'à celles de la religion catholique, où il figure toujours, monument monstrueux de l'inintelligence et de la grossièreté du sentiment et du goût qui dirigent dans nos temples l'application de l'art musical au service divin. Il faut excepter seulement le cas où l'on emploie le serpent, dans les messes des morts, à doubler le terrible plain-chant du *Dies iræ* : son froid et abominable hurlement convient sans doute alors ; il semble même revêtir une sorte de poésie lugubre en accompagnant ces paroles où respirent tous les épouvantements de la mort et des vengeances d'un Dieu jaloux. C'est dire aussi qu'il sera bien placé dans les compositions profanes, lorsqu'il s'agira d'exprimer des idées de cette nature, mais alors seulement. Il s'unit mal, d'ailleurs, aux autres timbres de l'orchestre et des voix, et, comme basse des instruments à vent, le bass-tuba et même l'ophicléide lui-sont de beaucoup préférables. » (1839.)

Berlioz paraît avoir eu l'intuition de l'opinion de la Sacrée Congrégation des Rites qui n'autorisait l'emploi de l'orgue aux messes de *Requiem* que « si le genre de musique était bien d'un effet lugubre », soit dit, en latin, *organorum pulsatio tono lugubri permitti potest in missis defunctorum, in Savone*

31 Mart. 1626. (REGNIER. *L'orgue.* Nancy, 1850, page 395.)

Si l'ophicléide eut l'avantage de renaître des cendres du serpent, d'avoir ses méthodes et ses virtuoses, du moins le Conservatoire parut l'ignorer, abandonnant son enseignement aux gymnases militaires; d'ailleurs, dès 1806 (D, page 160), la suppression des classes de trompette et trombone, sans doute rendues aux mêmes gymnases, marquait un retour aux instruments à cordes précédemment sacrifiés par le Conseil des Cinq-Cents aux instruments à souffle[1].

Et la réorganisation du Conservatoire de 1817 s'inspirait fort peu des principes de la loi du 16 thermidor an III (D, page 348). « Art I. — Le Conservatoire est chargé de l'enseignement nécessaire aux élèves qui se destinent à l'exercice de l'art musical; » moins encore le règlement du 5 juin 1822 spécifiant que cet enseignement devait préparer des sujets propres à remplir les cadres des établissements royaux de musique, tels que la Chapelle du roi, l'Académie royale de musique et l'Opéra-Comique (D, page 243). La Restauration n'homologuait point les règlements du Directoire.

Quoique l'ophicléide eût pris place à l'orchestre de l'Opéra en 1817, dans l'*Olympie* de SPONTINI, — et nous le retrouverons en 1825, à Notre-Dame, dans le *Credo* de la *Messe du Sacre* de CHERUBINI, plus tard encore à l'Opéra, en 1852, dans le *Juif-Errant* d'HALÉVY concurremment avec le tuba, — le Conservatoire royal ou impérial de musique restait sourd à ses perfectionnements.

Déjà, vers 1823, à Paris, TURLOT fabriquait le serpent-basson droit ou ophy-baryton de FORVIELLE, et le même HERMENGE, déjà cité, publiait une méthode élémentaire de serpent-FORVIELLE qu'il dédiait à DELCAMBRE, pensionnaire de l'A. R. de Musique, professeur à l'École royale et premier basson de la musique du roi (H, page 65); en effet, nous connaissons Th.-J. DELCAMBRE (1762-1828) qui, de sergent à la musique de la Garde nationale (1792) (et peut-être serpentiste), était devenu, dès l'an III, professeur de basson.

Devons-nous supposer que les musiques militaires et les grandes maitrises utilisaient nombre d'ophicléidistes formés par des gymnases militaires à l'heure où les serpents de toute espèce étaient relégués dans les petites églises de campagne? Nous le pensons, en retrouvant les méthodes et les noms des exécutants qui ont eu quelque renommée, jusqu'au moment où les bass-tubas de la famille des saxhorns ont définitivement éliminé à son tour l'ophicléide des orchestres.

Cependant, BERLIOZ fut indulgent pour les ophicléides basse et alto (I, p. 226) ; il souhaita même des exécutants robustes pour l'ophicléide contrebasse, du *mi₁* au *la₂*; dame Nature lui a refusé cette joie, et cet instrument à vent monstre n'a pas eu plus de succès qu'un autre monstre, l'octo-basse à cordes, de VUILLAUME... et BERLIOZ d'écrire dans ses *Mémoires* vol. II, Paris, 1878, C. Lévy, page 2391, 5ᵉ lettre à

Ferrand, Prague, 1845) : « Nous n'avons point de classe d'ophicléide, d'où il résulte que sur 100 ou 150 individus soufflant à cette heure à Paris (1844) dans ce difficile instrument, c'est à peine s'il en est trois qu'on puisse admettre dans un orchestre bien composé[2]; un seul, M. CAUSSINUS, est d'une grande force. »

CAUSSINUS (1806-1883), avec la collaboration de BEER, directeur du Gymnase musical, a laissé, en effet, un Manuel complet de l'ophicléide, renfermant une quarantaine d'œuvres, et aussi des airs d'opéras italiens « ajustés », comme l'on disait autrefois, pour son instrument favori.

POUGIN, dans son *Supplément* à la *Biographie* de FÉTIS, consacre quelques lignes à ce PAGANINI de l'ophicléide qui se fit entendre avec succès en soliste dans les concerts MUSARD, et professa pendant seize ans au Gymnase musical. Selon le même auteur, il aurait été membre de la Société des concerts du Conservatoire à titre d'externe; de même, ELWART, dans l'*Histoire de la Société*[3], n'enregistre que les noms des ophicléidistes de 1828, PAVART, et de 1859, LAHOU.

CORNETTE (1793-1878) a dédié à AUBER, en 1836, une Méthode d'ophicléide qui renferme des variations aussi brillantes que difficiles sur la cavatine d'*Il Crociato* de MEYERBEER[4]. Combien il nous intéresserait de connaître l'opinion de MEYERBEER sur cette transcription-trahison!

En résumé, né sous le premier Empire, l'ophicléide devait disparaître des orchestres artistiques sous le second pour se réfugier dans les petites églises de la campagne ou dans l'orchestre des bals champêtres.

MEYERBEER l'avait employé dans *Robert le Diable* (1831) ; WAGNER, dans ses premières œuvres, en doublait volontiers le violoncelle au grave ; BERLIOZ en voulait cinq dans son *Requiem* (1837) ; mais, par la suite, il n'y avait plus de place que pour le tuba de la famille SAX ; mieux encore, BERLIOZ avait indiqué par corrections autographes le remplacement des ophicléides de ses premières œuvres par des tubas, des quatuors de tubas (E, 459).

Ainsi disparut complètement l'instrument, ayant vécu moins longtemps que ses virtuoses, les octogénaires CAUSSINUS et CORNETTE.

Bibliographie. — A. — RIEMANN. *Dictionnaire de Musique.* Paris, 1913, Perrin.

B. — GANTEZ. *Entretien des Musiciens,* d'après l'édition d'Auxerre de 1643. Paris, 1878, Claudin.

C. — G. CHOUQUET. *Musée du Conservatoire national de musique.* Paris, 1884, Didot.

D. — C. PIERRE. *Conservatoire national de musique.* Paris, 1900, Imprimerie nationale.

E. — LAVOIX. *Histoire de l'instrumentation.* Paris, 1878, Didot.

F. — WECKERLIN. *Dernier Musiciana.* Paris, 1899, Garnier.

G. — CHORON et J.-A. DE LAFAGE. *Manuel Roret,* 1838. Tome III. *Instrumentation.*

H. — HEGLARD. *Chronique musicale.* Tome IV. Paris, 1874, Pilon.

I. — BERLIOZ. *Traité d'instrumentation et d'orchestration.* Paris, Lemoine.

Iconographie. — DIDEROT et D'ALEMBERT. *Instruments de musique* de l'*Encyclopédie,* Pl. VII, fig. 1.

---

1. De ce terme « vieux français », est dérivée l'expression courante moderne souvent entendue dans les orchestres, les *souffleurs* désignant également les cornistes, trompettistes, tubistes aussi bien que les flutistes et instrumentistes à anche.

2. BERLIOZ envisageait l'emploi de trois ophicléides dans ses vastes orchestrations (I, p. 205), un en *ut* et deux en *si♭*.

3. Art. 4 et 5 du *Règlement de la Société des concerts* de 1828.

4. *Gazette musicale*, 1836, page 176.

PAUL GARNAULT.

LES TIMBALES, LE TAMBOUR
ET LES INSTRUMENTS A PERCUSSION

Par Joseph BAGGERS

DE L'ORCHESTRE DE L'OPÉRA COMIQUE ET DE LA SOCIÉTÉ DES CONCERTS DU CONSERVATOIRE
PROFESSEUR AU CONSERVATOIRE

ORIGINE ET HISTORIQUE DE LA TIMBALE

Voici comment un auteur de la fin du XVIIIe siècle envisage l'étymologie du mot *timbale*[1] :

« Ce mot provient du mot latin *tympanum*, qui lui-même est l'équivalent du nom grec τύμπανον, dérivant de l'hébreu *thop*, dont les Grecs ont formé le verbe τύπτω, c'est-à-dire frapper.

« *Tup*, en langue sanscrite, signifie taper, frapper.

« *Tympana*, pluriel de *tympanum*, en latin, instruments de percussion.

« *Tab*, racine romane dont on a dérivé le mot *taper, tamburel, tambour.*

« *Tambala*, expression de la vieille langue romane : *une forme tambale.*

« *Tepsti*, ancien slave, frapper, faire du bruit : instruments de percussion.

« *Tapac* ou *tupac*, en polonais, taper, battre; frapper sur un tympanon ou timbale; battre du tambour.

« *Tabar*, en irlandais, faire du tapage. Cette expression désigne les instruments de percussion, tels que le tympanon, la timbale ou le tambour.

« *Tabales* ou *atabales*, en Espagne, au Maroc, et aussi en vieux français.

« *Tambussare*, en italien, faire du bruit sur un tympanon ou timbale, battre du tambour.

« *Topati*, en langue russe, signifie taper, frapper sur un *tympanum* (on désigne aussi par cette expression un petit tympanon ou petite tymbale et un petit tambour.) »

Pour expliquer logiquement le sens du nom de *tympanon, tympanum* ou *tumpanon*, donné par les anciens peuples à tous les instruments à percussion, même si cette percussion s'effectue sur des cordes comme dans le *psaltérion*, il suffit de consulter un livre d'anatomie où il est dit que « le tympan est une membrane mince, transparente, tendue comme une cloison et séparant le conduit auditif de la caisse du tympan ou oreille moyenne ».

En latin, *tympanum* (anatomie) : concavité de l'oreille, sur laquelle est tendue une membrane vibrante.

Au figuré, lorsqu'un cri perçant se fait entendre, l'on dit : *Ce cri m'a percé le tympan.*

« Les Hébreux, dit ALTENBURG, les Egyptiens, les Assyriens, les Parthes, les Perses, etc., firent usage de tympanons, de diverses formes et de diverses grandeurs.

« Ces instruments sont composés d'un fût, ou d'un cercle de bois ou de métal, sur lequel on tend une peau que l'on frappe avec de petites baguettes[2]. »

MARTINI et VENCE donnent le modèle figuré ci-contre. PRÆTORIUS et le Père MERSENNE le donnent également.

Ce dessin se rencontre sur d'anciennes pièces de monnaie[3].

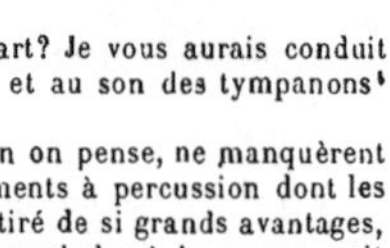

On ne peut nier l'existence des tympanons à ces époques anciennes, puisque, dans l'*Ancien Testament*, on lit : « Laban dit à Jacob : Pourquoi ne m'avez-vous

FIG. 742. — Tympanon.

pas averti de votre départ? Je vous aurais conduit avec des chants de joie et au son des tympanons[4] et des lyres[5]. »

Les Grecs, comme bien on pense, ne manquèrent pas d'utiliser les instruments à percussion dont les peuples anciens avaient tiré de si grands avantages, soit pour exhorter les peuplades à la guerre, soit pour les cérémonies religieuses.

Dans l'*Histoire de la Musique* de FÉTIS, on voit la reproduction d'un bas-relief trouvé à Koyoundjek par M. Layard, et représentant quatre musiciens, dont deux jouent des *cithares* de formes diverses, le troisième frappe sur un *tympanon* (genre de tambour de basque moderne[6]) et le quatrième fait résonner des *cymbales* (petits disques de métal).

Les Romains, qui ne voulaient en rien le céder à leurs devanciers, utilisèrent également (et cela en toutes circonstances) les instruments à percussion :

2. ALTENBURG, *loco cit.*, page 127.

3. PRÆTORIUS, *Syntagmatis musici*, t. I, planche XL.

4. SAINT ISIDORE DE SÉVILLE et PARIAS donnent la description de cet instrument d'un seul côté, à la manière d'un crible. » (SAINT ISIDORE, *Origines*, lib. II, chap. 21.)

5. *Genèse*, XX, 27. — VENCE, *Traduction de la Bible*, t. IX, pages 461 et suivantes.

6. FÉTIS, *Histoire de la Musique*, page 328, figure 10.

---

1. ALTENBURG, *Versuch einer Anleitung zur heroïsch-musikalischen Trompeter und Pauker-Kunst* (Zwei Theile, Halle, 1795).

« Il n'y avait pas de fêtes ou de danses qui ne fussent accompagnées par le son des trompettes et des tympans (timbales)[1]. »

« A la décadence de l'empire romain, on connaissait la construction d'un genre de tambour donnant trois sons[2]. » Et encore : « Les peuples de l'Inde font usage d'un grand tambour du nom de *naguar* ou *nakarah*.

« Cet instrument est fort ancien : on le reconnaît dans un groupe du temple antique de Permuttune; on y voit des chameaux, montés par des personnages jouant du nakarah (cet instrument se bat avec des baguettes)[3]. »

FÉTIS écrit : « Chez les Indiens, on nomme *naguar* une sorte de *timbale* dont le corps en bois est posé sur un pied et se bat d'un seul côté[4]. »

D'après lui, « les Malais ont des espèces de tambours de toutes formes et de toutes dimensions, dont ils font un bruit assourdissant dans certaines circonstances solennelles; quelques-uns de ces tambours ne se battent qu'avec les mains et produisent un son faible. On n'en fait usage que pour accompagner les instruments à cordes.

FIG. 743. — Naguar.

« Au bruit des tambours les Malais ajoutent le son métallique et formidable des *tams-tams* et des *gongs* ou *goungs*, semblables à ceux des Chinois, mais dont le diamètre est de quatre ou cinq pieds[5]. »

Les instruments à percussion ont donc été en usage chez tous les peuples anciens et modernes.

PRÆTORIUS, philosophe et écrivain, cite au XVIe siècle, en Pologne et en Allemagne, l'usage de grands *tympanons* (*heerpauken*).

Ces instruments firent leur apparition en France en 1457, sous le nom de *nacaires.*

Le mot *nacaire* vient du persan *nakaret*, de l'arabe *nakar*, du bas latin *nacara* et du bas grec *arrakara*; ces mots signifient : *battre le tambour et sonner de la trompette.*

Le mot *nacaire* provient du mot *nacre*, cet instrument rappelant par sa forme les coquilles de nacre rejetées par la mer[6].

En poussant plus loin nos recherches, nous voyons que le mot *sonner* était en usage dans l'ancien temps pour tout ce qui rendait un son. De plus, tous les corps sonores employés pour les instruments à percussion, et cela depuis les époques les plus reculées, rappellent, en effet, la forme des coquilles ou conques de *nacre* que rejetait la mer. C'est donc par assimilation que l'on avait donné aux timbales le nom de *nacaires*; mais, en France, on s'est rapporté à

l'expression de la vieille langue romane, où il est. fait mention de la forme *tambale*, afin de bien caractériser cet instrument, et, se basant sur son ancienne dénomination grecque *tympanon* (voir plus haut), on a écrit par la suite *tymballe* et finalement *timbale.*

Cependant, certains pays ont conservé pour désigner cet instrument l'ancienne dénomination grecque et latine, c'est-à-dire *tympana* ou *timpana.*

.·.

L'origine de la timbale remonte à la plus haute antiquité.

« Tous les peuples ont fait usage d'instruments de percussion formés, soit d'un cercle de bois ou de métal, soit d'un bassin ou cylindre creux, que l'on recouvrait d'une peau et que l'on percutait au moyen de petites baguettes[7]. »

Il est donc impossible de préciser à quels peuples nous sommes redevables de la création de la timbale, puisque, d'après les uns, ce seraient les Arabes, d'après les autres, les Indiens, les Péruviens, les Hottentots et mêmes les Nègres de différentes contrées de l'Afrique. Les Persans appellent les timbales *byk*, les Arméniens *thum-puk*, les Parthes, *tabala*, etc.

On trouve encore chez les Turcs un genre de timbale ou tambour qui se nomme *tabl*, *taebel* ou *dawail*[8].

« Ce qui est certain, c'est que les premiers instruments de musique connus à l'ère hébraïque furent la *flûte*, la *lyre*, la *trompette* et le *tympanum*[9]. »

A ces époques anciennes existaient deux genres de tympana :

1° Le tympanum léger; 2° le tympanum grave[10].

En lisant la Bible, on voit écrit, à différents paragraphes, des récits où il est fait mention des timbales ou tympana :

« Moïse ayant fait traverser la mer Rouge aux Israélites, les femmes, en signe de joie, dansèrent au son des tympana. » (*Exode*, XV, 20.) « La fille de Jephté, allant à la rencontre de son père, chantait et dansait au son des tympana. » (*Juges*, XI, p. 34.)

De même, les femmes phrygiennes célébraient les *Mystères de la mère des Dieux* au son des timbales de bronze frappées avec des baguettes d'airain et avec la main (c'est ainsi que l'on jouait de cet instrument).

On remarquera qu'à ces époques, c'étaient surtout les femmes qui se servaient de ces instruments; elles faisaient usage du *tympanum léger* (cercle de bois, avec une peau tendue seulement d'un seul côté; dans les temps modernes, ces instruments furent classifiés sous la dénomination de *tambour de basque*[11]).

Mais on voit aussi dans d'autres récits de la Bible que : « Salomé, afin d'imiter le bruit du tonnerre, entraînait après son chariot des timbales ou grands chaudrons recouverts de peau, sur lesquelles des esclaves frappaient avec des baguettes; cela rendait une sonorité telle, que le peuple croyait ainsi entendre la foudre de Jupiter[12]. »

« Ces instruments étaient ce que l'on nommait des *tympana graves*[13]. » Les Égyptiens se servaient de tym-

1. *Histoire Romaine.* Justin, hist. lat. IIe siècle.
2. J. Adrien DELA FAGE. *Hist. de la musique et de la danse*, tome I, pages 494 et 495.
3. J. Adrien DE LA FAGE, *loco cit.*
4. J. FÉTIS, *Hist. de la Musique*, livre II, p. 310 et 311.
5. J. FÉTIS. *Ibid.*, p. 92 et 93.
6. D'après divers historiens, dont G. KASTNER, dans son *Manuel général de Musique militaire*, donne nombre de citations, et suivant nos recherches personnelles, nous voyons que le mot *nacaire* est dérivé du langage de différents peuples et a été orthographié de diverses manières, mais est bien synonyme de *sonner de la trompette et battre du tambour.* Nous retrouvons dans le *Dictionnaire du vieux langage* par LACOMBE, la citation suivante :

Tambours, trompes et naquaires,
En temps de lieux çà et là sonnent,
Que toute la contrée estonnent.

7. SCHNEIDER, *Hist. de la musique*, pages 1 et suivantes.
8. SCHELLING, *Universal Lexikon der Tonkunst*, tome V, page 395.
9. ALTENBURG, *Versuch einer Anleitung zur herotsch-murikalischen Trompeter und Pauket-Kunst.* Halle, 1795.
10. KIRCHER, *Musurgia universalis*, tome I.
11. G. KASTNER. *Méthode d'Instruments à percussion.*
12. VENCE, *Traduction de la Bible*, tome IX, p. 461 et suivantes.
13. G. KASTNER, *loco cit.*

pana principalement pour les *Mystères de la grande mère des Dieux,* qu'on appelait la *Déesse Vesta*[1].

En recherchant autant que possible l'origine de la timbale, nous voyons que, dans les temps primitifs, pour fabriquer les premiers ustensiles de percussion, on faisait sécher une peau épaisse, puis on la roulait en forme de gros tube; sur les côtés, on ajustait d'autres peaux très minces, que l'on fixait à ce tube au moyen de branchages et de lianes; ensuite, avec la main ou de petits bâtons, l'on frappait dessus, ce qui rendait des sonorités stridentes.

Fig. 744.

Dans la suite, la peau séchée et roulée en forme de tube, afin de former corps sonore, fut remplacée par des troncs d'arbres que l'on creusait et sur lesquels on ajustait des peaux dont on râclait le poil; ces peaux étaient retenues au fût par des branchages et des boyaux d'animaux[2].

Plus tard, on se servit, pour former le fût, de gros potirons ou de calebasses[3] que l'on vidait et faisait sécher, après quoi, on y fixait la peau, sur laquelle on frappait à l'aide de petits bâtons.

Fig. 745.

Les peuples hébreux firent grand usage des instruments à percussion, aussi voit-on dans la Bible des récits où il est mentionné : « Pour fêter de joyeux avènements ou événements, pour accompagner les fanfares et les chants, on se servait de grands vases en or, en argent, ou en autres métaux, que l'on recouvrait d'une peau, sur laquelle on frappait à l'aide de baguettes, dont la pointe était garnie d'un tampon d'étoupe. » (BONNANNI, *Gabinnetto armonico,* p. 116.)

Fig. 746. — Timbale des Hébreux[4].

1. F. BLANCHINI, *Musica vetcrum,* p. 48.

2. G. KASTNER, dans le *Manuel général de Musique militaire,* p. 215, ivre i, chap. i, cite un article sur la musique militaire, article écrit par un auteur anglais : « Les philosophes, dit-il, en s'efforçant de distinguer l'homme des autres créatures animées, l'ont défini un animal rieur, un animal cuisinier; pourquoi n'ont-ils pas ajouté un animal qui bat du tambour? La première chose que fait un sauvage après avoir pourvu aux besoins de son estomac, c'est de creuser un tronçon d'arbre, de le couvrir d'une peau d'animal et de frapper avec un bâton sur cette ingénieuse machine. Voilà l'agréable passe-temps qui nous est arrivé, sans altération, à travers les âges : seulement, à la place d'un tronc d'arbre, nous fabriquons un barillet et nous le recouvrons d'une peau d'âne. »

3. On nomme calebasse le fruit de certaines cucurbitacées, ayant

Il était d'usage, chez les anciens Turcs, lors des mariages mahométans ou de grandes fêtes, de mettre sur le dos des esclaves deux tympana, qu'un musicien frappait avec de longues baguettes.

Joints aux instruments en usage à ces époques, les tympana servaient dans les cortèges pour rythmer les marches et les danses.

« Les adeptes de Mahomet plaçaient d'énormes timbales sur le dos des éléphants, des chameaux ou des chevaux, et les victoires s'annonçaient au son des trompettes et des timbales[5]. »

Les timbales ont donc été de tous temps en honneur et en usage, depuis les Hébreux, les Égyptiens, les Assyriens, les Turcs, les Grecs, les Romains, etc., et l'on retrouve dans certaines contrées, telles que l'Égypte, l'Algérie, etc., de petites timbales dont l'origine remonte certainement à la plus haute antiquité.

Les timbales des Péruviens étaient en bois et allongées. Celles des Hottentots étaient en terre et larges; celles des Japonais sont en forme de bouteille dont le fond est garni de peau; on les tient d'une main, on les percute de l'autre.

Les timbales, suivant les pays ou contrées dont elles sont originaires, ont été dénommées de différentes façons.

Ainsi l'on connaît :

Atzebéroscim (tambour ou timbale des Hébreux). Cet instrument est en forme d'écuelle et on le frappait avec un pilon.

Tumpanon (tympanon ou timbale des Grecs).

Les *tabalas* (instrument de percussion, timbales des Persans).

Boandah (assemblage circulaire d'instruments de percussion, qui, suivant leur grandeur, donnent des sons plus ou moins élevés (timbales de Birmanie).

Bacciociolo (tambour rustique de la Toscane, qui, comme l'atzebéroscim des Hébreux, est en forme d'écuelle et se percute avec un pilon.

Huckuelt (petite timbale ou tambour en usage chez les peuples noirs de l'Afrique et de l'Amérique; on le nomme aussi *tambour mexicain.* Cet instrument se frappe avec les doigts).

Tamburdk ou *tubir.* Instrument de percussion en usage chez les Persans.

Temburg. Timbale ou tambour d'Arménie.

Taboordd. En idiome kymrique ou celtique signifie timbale ou tambour.

Charimba des Cafres (instrument à percussion en usage encore de nos jours chez les habitants de la colonie africaine du cap de Bonne-Espérance).

Cet instrument est formé de seize calebasses de différentes grandeurs rangées entre deux planches, et dont on tire des sons en frappant avec deux petites baguettes sur des tranches d'un bois sonore placé sur leur ouverture.

D'après l'énumération de ces instruments, l'on voit que tous les peuples ont conservé la coutume de se servir d'instruments à percussion; aussi, la timbale et le tambour ont-ils été un peu confondus l'une avec l'autre; mais, dans les temps modernes, ces instruments furent divisés en catégories distinctes :

1° Les *timbales.*

la forme d'une citrouille. En laissant sécher ce fruit, après l'avoir vidé, les peuples orientaux se servirent de ces calebasses pour former le corps sonore des instruments à percussion.

4. Les Turcs copièrent ce modèle et firent usage de même de ce genre de timbales.

5. BONNANNI, *loco cit.,* p. 117.

2° Le *tambour*.

3° Le *tambour de basque*.

4° La *grosse caisse*.

La grande différence entre la timbale et les autres instruments à percussion, c'est que :

« La timbale est un instrument à percussion, donnant, à la volonté de l'exécutant, des sons de hauteur variable, mais toujours musicalement appréciables; contrairement aux autres instruments à percussion, qui ne produisent qu'un bruit d'intonation indéterminée et imprécis, c'est-à-dire instruments à timbre[1] ».

D'après divers historiens et suivant nos recherches personnelles, nous voyons que ce furent les Sarrasins, lors de l'invasion de l'Espagne, qui introduisirent les timbales dans ce pays.

Comme l'effet produit par ces instruments fut trouvé merveilleux, certains pays, tels que la Pologne et l'Allemagne, fabriquèrent des timbales à l'imitation des musiques sarrasines.

Prætorius, dans son *Syntagma musicum* de 1614-1620, cite les timbales guerrières des Polonais et des Allemands. Ce sont les *heerpauken*, en usage aux xvie et xviie siècles.

Déjà Thoinot Arbeau, dans son *Orchésographie* de 1589, vise explicitement les timbales : « Le tambour des Perses, écrit-il (duquel usent aulcuns Allemands le portant à l'arçon de la selle) est composé d'une demy-sphère de cuyvre bouchée d'un fort parchemin d'environ deux pieds et demy de diamètre, et faict bruit comme un tonnerre quand la dicte peau est touchée avec bastons[2]. » D'autre part, en relatant l'entrée de César Borgia à Chinon, en 1498, Brantôme parle d'instruments à percussion joués par trois ménétriers de ce personnage, mais, comme le remarque Kastner, il s'agit ici de *cymbales* et non de timbales[3]. On avait, du reste, appris en France à connaître les timbales, et cela dès 1457, époque où le roi de Hongrie Ladislas envoya des ambassadeurs accompagnés de timbaliers. Seulement, il est peu probable que les timbales fussent en usage dans les troupes françaises au xvie siècle; peut-être l'étaient-elles dans quelques-unes des troupes étrangères au service des rois de France, de ces troupes qui excitaient l'ironie de Brantôme en lui faisant trouver « MM. les étrangers plus prompts aux trompettes et tabourins d'argent que de cuivre[4] ».

Du reste, à cette époque, les grands seigneurs, en France, usaient d'instruments divers, tels que trompettes, timbales et cymbales, à l'imitation de la noblesse germanique qui en faisait emploi, d'après Forkel, antérieurement au xve siècle.

Toujours est-il qu'au xviie siècle, Mersenne, au cours de son livre VII, consacré aux instruments à percussion, ne traite guère que du tambour proprement dit; cependant, on relève le passage ci-après, lequel vise évidemment la timbale :

« A quoy l'on peut adjouster le *tambour d'airain* que l'on frappe du baston pour joindre son bruit aux sons des cymbales. La peau de ce tambour se bande avec les chevilles[5]. »

Nous sommes ici en présence de la véritable tim-

bale, comme celle que Mersenne décrit à l'article *Tambour* (*timbale* des Polonais).

En Angleterre, les anciens *Disguisings* comportaient fréquemment l'emploi du tambour et du fifre, et cet usage se continua dans les *Masks* où il est très souvent fait mention d'instruments à percussion désignés sous le nom de « drums »; ce sont donc des tambours, et les timbales proprement dites ne semblent apparaître que fort rarement[6].

Pourtant, Kastner assure que deux timbales figuraient dans la musique qui jouait pendant les repas de la reine Elisabeth, et que Henri VIII disposait aussi d'une musique analogue, constituée uniquement de fifres et de timbales[7].

Sous le règne de Louis XIV, les timbales furent adoptées définitivement en France, car les guerres que fit ce monarque permirent à différents corps de troupes de s'emparer de timbales prises à l'ennemi, dont, en signe de gloire, on leur donnait l'autorisation de se servir; aussi, par la suite, toute la cavalerie de la maison du roi fut-elle dotée de timbales, sauf cependant les dragons et les mousquetaires qui ne furent pas autorisés à en posséder.

Mais toutes les parades militaires et les grandes fêtes qui furent données sous le règne du Roi Soleil, virent figurer des timbales[8].

On peut lire dans l'ouvrage intitulé : *Les Travaux de Mars ou l'art de la guerre*, publié par l'ingénieur Alain Manesson, qui fut maître de mathématiques des pages de Louis XIV, les lignes suivantes, dans lesquelles l'auteur dépeint le type du timbalier et le caractère guerrier des timbales : « Le

Fig. 747.

timbalier doit être un homme de cœur, et chercher plutôt à périr dans le combat que de se laisser enlever avec ses timbales. Il doit avoir un beau mouvement dans le bras et l'oreille juste, et se faire un plaisir de divertir son maître par des airs agréables, dans les actions de réjouissance. Il n'y a point d'instrument qui rende un son plus martial que la timbale, principalement quand elle est accompagnée du son de quelques trompettes[9]. »

Sous Louis XV, la magnificence des fêtes militaires ne le céda en rien à la somptuosité du règne précédent. Les timbales furent encore, si possible, plus en honneur, et le luxe dont on les entourait ne fit que les classer davantage tout en les popularisant.

Louis XVI, subissant le même entraînement que ses devanciers, fut accusé de prodigalité. Il chercha

1. Joseph Baggers, *Méthode de timbales et instruments à percussion*, p. 1, page 7.

2. Georges Kastner, *Manuel général de Musique militaire*, liv. I, p. 94.

3. Brantôme, *Œuvres*, t. II, pp. 209-210 (Société Hist. de France), G. Kastner, *loco cit*.

4. Kastner, *loco cit.*, pp. 98-99.

5. Mersenne, *Harmonie universelle* (1626), liv. VII, p. 49.

6. Paul Reyer, *Les Masques anglais* (1909), pp. 427 et suivantes.

7. Kastner, *loco cit.*, p. 99.

8. G. Kastner, *Manuel général de Musique militaire*. Sous Louis XIV, les quatre compagnies des gardes du corps de la maison du roi avaient chacune sept trompettes et un timbalier. Il y avait par compagnie un trompette qui restait auprès du roi pour son service particulier, sous le titre de « trompette des plaisirs ». Il y avait aussi un cinquième timbalier dépendant du corps, qui restait également auprès du roi sous le même titre. Ce timbalier marchait à la tête du guet, derrière la carrosse du roi, battant de ses timbales, comme les trompettes qui marchaient au-devant du carrosse sonnaient de leurs trompettes. Le timbalier en charge à cette époque était tiré de la compagnie de Noailles. Il se nommait Claude Babelon, et recevait sur la cassette 1.200 livres par an. Voir *Etat de la France* de 1708, t. I.

9. A. Manesson, *Les Travaux de Mars*, Paris, 1671-1685.

à réduire un peu partout le luxe exagéré des temps passés; aussi, les timbales furent-elles supprimées par ordonnance royale du 25 mars 1776. Seuls les gardes du corps furent autorisés à les conserver.

Mais il faut croire que cette ordonnance de suppression de timbales ne fut pas considérée comme très sévère, puisque nous retrouvons encore l'usage de cet instrument dans tous les corps d'élite du royaume, et l'on affirme que, lorsqu'un corps de troupes passait en pays ennemi, les timbales et timbaliers étaient toujours entourés, afin que nul ne pût s'en moquer. Car, ainsi que nous l'avons mentionné, on considérait à cette époque les timbales comme « trophées d'honneur », tels les drapeaux[1].

Fig. 748.

C'est pourquoi, lorsque les troupes rentraient dans leurs casernements, les timbales étaient, ainsi que le drapeau, mises en réserve, sous la garde du colonel du régiment.

Pendant les événements qui troublèrent la fin du XVIII° siècle, prise de la Bastille, émigration, fuite et retour de la famille royale, invasion étrangère, et enfin Convention nationale, puis proclamation de la République, guerres européenne et civile, etc., la musique fut assez délaissée ainsi que les orchestres militaires, mais, pendant le Consulat et l'Empire, on rétablit les corps de troupes; aussi, retrouvons-nous à cette époque la cavalerie de la garde consulaire et de la garde impériale, possédant des timbales.

On choisissait de préférence de jeunes garçons que l'on revêtait de riches costumes. Les timbales étaient dorées ou garnies de tabliers en satin, en velours, en drap ou en damas tout brodé d'or et d'argent, portant les armoiries du prince ou du colonel qui commandait le corps de troupes.

Fig. 749.

Afin de guider le cheval et pour laisser au timbalier sa liberté de mouvement des bras, on le faisait toujours accompagner par deux militaires; aussi, par analogie, on nommait ceux-ci « les cuisiniers », car ils étaient préposés à la garde des marmites, ce qui était une plaisanterie soldatesque. On disait aussi « faire bouillir le chaudron ».

Si, dans quelques milices, on a employé des nègres pour servir de timbaliers, c'était surtout en vue de l'effet à produire sur la foule.

Les jours de parade, on voyait s'avancer, à la tête de la musique du régiment, un homme à la figure noire, habillé richement, chamarré d'or et de broderies, monté sur un beau cheval blanc ou bai, flanqué de deux timbales garnies d'étoffes brodées et dorées.

Edmond NEUKOMM, dans son Histoire de la Musique militaire (page 13), s'exprime ainsi :

« Quant aux costumes des timbaliers, ils variaient à l'infini, ne se rapportant généralement pas à l'uniforme des régiments auxquels ils appartenaient, mais se faisant toujours remarquer par une grande richesse. »

Fig. 750.

Mais toute cette tradition de costumes et de mascarades n'eut qu'un temps. Cependant, nous trouvons encore sous le règne de Napoléon III, dans les musiques de la garde impériale, des timbaliers à cheval. Naturellement, il n'est déjà plus question des anciens timbaliers guerroyant à la tête des armées, mais de simples musiciens auxquels, en vertu d'anciennes coutumes, on voulait bien encore donner un certain apparat.

Pendant la guerre franco-allemande (1870-1871), les régiments de la garde impériale furent licenciés, et avec eux disparurent, en France, les timbaliers à cheval.

Jusqu'ici, nous avons parlé uniquement des timbales et timbaliers militaires; nous allons maintenant nous occuper de la timbale dans les orchestres civils. Mais il était intéressant de constater que, de tout temps, la timbale a été en usage, d'abord chez les peuplades et dans les cohortes guerrières, puis dans les armées régulières[2].

Certains facteurs ont fabriqué (sans doute en vue de faciliter le transport) des pieds de timbales pliants.

Ce système n'est pas à recommander, car souvent, en cours d'exécution, par le mouvement que subissent les timbales du fait des changements successifs d'accords, les charnières s'amollissent, et, le pied se repliant de lui-même, la timbale perd son équilibre et tombe.

DESCRIPTION ET EMPLOI DE LA TIMBALE

La timbale est un instrument à percussion donnant, à la volonté de l'exécutant, des sons de hauteur variable, toujours musicalement appréciables. La timbale se compose essentiellement d'un fût ou bassin hémisphérique, surmonté d'une partie cylindrique. A l'extrémité ouverte du bassin est tendue

<hr/>

1. « Dans les marches et les revues, le timbalier se tenait à la tête de l'escadron, trois ou quatre pas devant le commandant. Mais pendant le combat, les timbaliers étaient postés, sur les ailes, dans les intervalles des escadrons, pour recevoir les ordres du major ou de l'aide-major. » (G. KASTNER, Manuel général de Musique militaire, livre I, p. 106 et 107.)

2. Tous ces documents sont extraits des ouvrages suivants :
Edgard Boutarie, l'Institution militaire de la France avant les armées permanentes.
L. Durieux, L'Armée en France.
A. Dally, La France militaire illustrée.
Jacquemin, L'Histoire du costume civil, religieux et militaire.
L'Épopée du costume militaire français, illustré par Job.
Pascal, Histoire de l'armée française, L'Armée à travers les âges, etc.
G. KASTNER, Manuel général de Musique militaire, etc.

une peau tannée, sur laquelle l'exécutant frappe avec des baguettes.

La tension de cette peau est réglée par des vis placées à la circonférence, ce qui permet d'obtenir une échelle graduée de sons.

Fig. 751.

1, fût en cuivre (pour une bonne timbale le fût doit être d'une seule pièce et martelé à la main. Fabrication spéciale); 2, tenon à écrou que l'on ajuste au fût; 3, cercle avec anneaux sur lequel on enroule la peau; 4, clefs à vis; 5, peau; 6, pied indépendant et stable sur lequel on pose la timbale.

L'action de faire résonner l'instrument se nomme *blouser des timbales.*

Aucune encyclopédie, ni dictionnaire, ne donne l'étymologie ou l'origine de l'expression *blouser.*

D'après des recherches et des rapprochements, en voici l'explication :

Sous le règne de Louis XII (dit le père du peuple), parmi les jeux populaires, existait celui de la blouse.

La blouse était un long vêtement en laine ou autre tissu dont étaient vêtus les gens du peuple; aux heures de récréation et pour se distraire, quelqu'un retirait sa blouse : on la tenait peu tendue par les man-

Fig. 752.

ches, et les deux autres extrémités; puis on y plaçait une boule de bois; alors, au moyen d'une baguette, on donnait un coup sec dans la blouse; suivant la façon dont le coup était porté, la boule sautait et roulait à terre dans un espace désigné; après un certain nombre de coups, on savait si l'on avait gagné ou perdu la partie, on appelait cela : *jouer à la blouse;* aussi, par analogie, étant donné la façon de frapper sur les timbales, et le fait que, pour les garnir, on les entourait d'un *sarrau* ou *blouse,* peu à peu l'expression se vulgarisa, et, finalement,

fut adoptée : *blouser des timbales* (action de frapper sur les timbales).

Pour blouser les timbales, l'on se sert de *baguettes.*

Ces baguettes se composent d'une tige dont une des extrémités de forme sphérique, ou *tête,* peut être recouverte :

1° De plusieurs épaisseurs de peau; ce modèle sert pour jouer *forte* dans les ensembles;

2° De petites éponges très fines (éponges de Venise); on s'en sert dans les passages de douceur et lorsque les timbales sont à découvert;

3° De feutre très doux ou de molleton.

L'extrémité de la baguette que tient la main de l'exécutant se nomme *manche,* la partie médiane *tige,* l'extrémité qui frappe sur la timbale, *tête.*

On fabrique des baguettes de timbales avec diverses matières :

1° En bois de frêne, d'une seule pièce;

2° En fer, d'une seule pièce;

3° En acier (manche de bois, tige d'acier, tête de bois);

4° En baleine (manche de bois, tige de baleine, tête de bois);

5° En baleine d'une seule pièce, sauf la tête qui est en bois;

6° En jonc, d'une seule pièce;

7° En jonc, avec tête de bois;

8° En jonc (manche de bois, tige de jonc, tête de bois), etc.

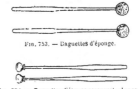

Fig. 753. — Baguettes d'éponge.

Fig. 751. — Baguettes d'étoupe recouverte de peau.

La notation des parties de timbales s'écrit en clef de *fa* 4e ligne; le son noté est le son réel donné par l'instrument et non, comme on le croit communément, l'octave supérieure de ce son.

Les compositeurs antérieurs, au début du xixe siècle, avaient l'habitude de noter uniformément les parties de timbales par la tonique et la dominante du ton d'*ut* (ces instruments ne servant alors qu'à donner la tonique et la dominante). Lorsque le ton changeait, ils indiquaient simplement au-dessus de la portée la nouvelle tonalité :

Cette notation est aujourd'hui abandonnée, mais il est bon de le signaler ici, car l'exécutant peut encore la rencontrer dans de vieilles parties d'orchestre.

Ce fut J.-B. LULLY, compositeur de musique, né à Florence en 1633, qui, ayant, en 1672, obtenu du roi

Louis XIV le privilège de l'Académie royale de musique, introduisit pour la première fois les timbales à l'orchestre de l'Opéra de Paris.

Les timbales prirent surtout une grande importance dans les orchestres symphoniques d'Allemagne. HAYDN (1732-1809), MOZART (1756-1791), BEETHOVEN

(1770-1827), etc., mirent en lumière les ressources artistiques que l'on pouvait tirer des timbales, surtout, lorsque, comme BEETHOVEN l'a désiré, « cet instrument est joué par un musicien adroit et doué d'une grande délicatesse d'oreille »; pour démontrer combien l'on pouvait obtenir de justesse sur cet instrument, il écrivit dans plusieurs symphonies des passages où les timbales se trouvent tout à coup complètement seules; il est facile alors de se rendre compte si l'instrument a été accordé avec soin.

Exemples :

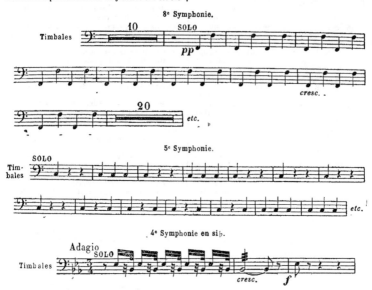

8e Symphonie.

5e Symphonie.

4e Symphonie en si♭.

A peu près à la même époque, REICHA, compositeur allemand (1770-1836), ayant à composer une ode à Schiller sur la révolution des sphères, employa dans cette œuvre huit timbales accordées ainsi :

1re paire en *mi-ré*;
2e paire en *ré♭-ut*;
3e paire en *si♭-la*;
4e paire en *la♭-sol*.

On voit par là que REICHA était un précurseur d'Hector BERLIOZ, qui, dans différents ouvrages, fit l'emploi de plusieurs timbales (blousées par différents timbaliers).

Exemples de l'emploi de plusieurs timbales par BERLIOZ :

1o Benvenuto Cellini : trois timbales blousées par deux timbaliers.

2o La Symphonie fantastique : quatre timbales blousées par quatre timbaliers.

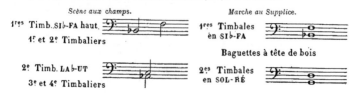

3° **La Damnation de Faust** : quatre timbales.

4° Enfin son **Requiem**, pour le *Tuba mirum*, où il fit l'emploi de huit paires de timbales accordées de différentes manières, et dix timbaliers, dont :

Deux timbaliers sur une paire de timbales en *ré ♮-fa ♮*.
Deux timbaliers sur une seule paire de timbales en *sol mi ♭*.
Une paire de timbales en *sol ♭ si ♭*.
Une paire de timbales en *si ♮ mi ♮*.
Une paire de timbales en *la ♮ mi ♭*.
Une paire de timbales en *la ♭ ut ♮*.
Une paire de timbales en *sol ♮ ré ♭*.
Une paire de timbales en *fa ♮ si ♭*.
Grosse caisse roulante en *si ♭*.
(Il faut placer cette grosse caisse debout et faire les roulements avec des baguettes de timbales.)

Une grosse caisse avec deux tampons, tam tam et cymbales (trois paires) frappées comme le tam tam avec des baguettes ou un tampon. (Notes de Berlioz sur la partition.)

On voit par là que notre immortel Berlioz tira un parti considérable des timbales, et de la batterie.

Berlioz pensait qu'il n'était pas possible à un seul timbalier de blouser simultanément plus de *deux timbales*, et il préconisait, pour les orchestres, l'emploi d'un certain nombre de timbales et de timbaliers (dans son *Traité d'orchestration*, il indique que pour un orchestre composé à peu près de 60 à 70 musiciens, il faut au moins quatre timbales, et quatre timbaliers); aussi, fut-il fort surpris lorsque Meyerbeer écrivit divers opéras, avec emploi de quatre timbales (blousées par un seul timbalier). Ce rythme de timbales, que Meyerbeer plaça au 2e acte de son opéra *Robert le Diable* (en 1831), devint même légendaire :

Tous les ouvrages de Meyerbeer comportent des parties de timbales des plus intéressantes, ce qui contribua à mettre davantage en valeur cet instrument dans la musique orchestrale.

Un seul timbalier ne peut se servir que de *deux*, *trois* ou *quatre* timbales au plus; encore est-il nécessaire que le compositeur lui ménage le temps matériellement indispensable pour modifier l'accord des timbales.

Certains traités d'orchestration (un peu démodés) parlent des timbales *voilées*, ce qui semble dire que, dans certains cas, on devrait mettre un voile sur la timbale. C'est une fausse indication, car au moyen de différentes baguettes, on peut obtenir tous les effets voulus.

Pour le *tambour*, qui est un instrument à timbre, le *voile* est employé, surtout dans les cérémonies funèbres.

On le recouvre d'un morceau de drap ou voile de crêpe, afin d'en assourdir la sonorité.

Après avoir fait l'historique de la timbale, parlé des timbaliers et de l'emploi de l'instrument, nous allons maintenant parcourir la progression ascendante en vertu de laquelle on a trouvé et obtenu la manière de varier les sons des timbales (c'est-à-dire l'accord), plaçant ainsi ces instruments au nombre de ceux qui ont un caractère musical.

MODÈLES ET FABRICATION DES TIMBALES

Les *timbales* d'Orient étaient formées d'un fût ou bassin d'or, d'argent ou de bronze sur lequel la peau était assujettie et retenue au moyen : 1° de cordes; 2° de cercles de bois; 3° de cercles de fer forgé, fixés au bassin par de petits piquets de bois.

Ces timbales n'avaient aucune tonalité définie. C'était simplement par la profondeur et le diamètre que la timbale donnait des sonorités plus ou moins hautes.

On raconte que ce fut vers l'année 1550, qu'un musicien de Pologne, dont le nom ne nous est

malheureusement pas parvenu, voulant introduire un effet spécial de timbale dans une de ses compositions, s'en vint un jour trouver un fabricant d'instruments. Il lui fit faire certains essais de sonorités, en vue d'arriver à varier le son de la timbale *sans avoir recours à un grand nombre de chaudrons;*

On imagina ainsi la timbale dont la peau se tend ou se détend à volonté au moyen d'une corde.

Fig. 755.

Ce fut le véritable point de départ de la *timbale chromatique*, c'est-à-dire de la timbale à sons variables.

Ce système de timbale à corde était assez simple : la peau était retenue par une corde qui passait dans des anneaux fixés au cercle sur lequel était roulée la peau.

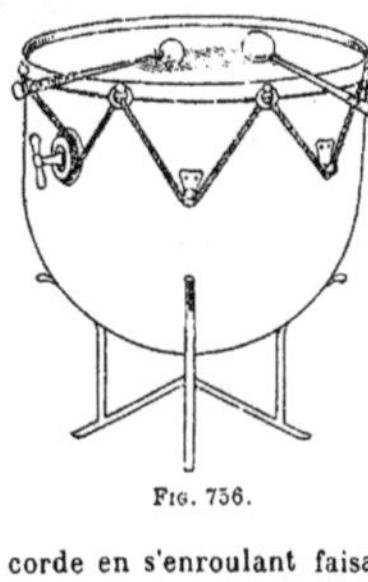

Cette corde venait ensuite passer dans des anneaux rivés au fût ou bassin de cuivre, et se terminait en s'enroulant autour d'une clef.

Fig. 756.

Plus on tournait la clef à droite, plus la corde en s'enroulant faisait tendre la peau; par le mouvement contraire elle se détendait.

Ce système avait l'inconvénient de ne pas tendre la peau également, et surtout, en raison des variations atmosphériques qui agissent sur la peau et la corde, celui de ne pas conserver l'accord.

On inventa alors le système de timbales à vis et à écrous avec clef mobile, c'est-à-dire clef unique,

que l'on posait sur les vis au fur et à mesure que l'on voulait accorder.

Ce système avait encore un inconvénient : lorsque l'accord devait se faire précipitamment, on manquait souvent la vis, et quelquefois même la clef s'échappait des mains.

FIG. 757.

On en arriva.donc à imaginer le modèle de timbale à clefs fixes.

Bien des fabricants ont amélioré ce modèle de timbale, soit au point de vue du pas de vis et de sa pose plus ou moins verticale, etc., soit pour la fabrication du fût, ou pour l'enroulement de la peau sur le cercle, *dépendant* ou *indépendant*.

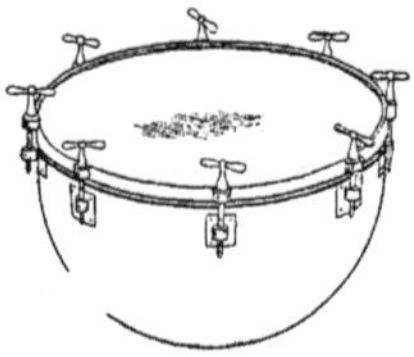

FIG. 758. — Timbale à clefs fixes.

On a imaginé beaucoup d'autres systèmes de timbales, surtout en Allemagne. Ainsi, en vue de la rapidité de l'accord, on a imaginé un modèle de timbales à pédales (dites : *timbales chromatiques mécaniques à cadran indicateur*) :

FIG. 759.

L'accord de ce système de timbales se fait de la façon suivante : le cercle sur lequel est enroulée la peau est posé sur le fût de cuivre et est retenu à l'intérieur du bassin par des tirants de fer.

Ces tirants viennent, à la base, se mêler à un système d'engrenage commandé par une roue, que l'on fait mouvoir avec les pieds. Suivant que la roue tourne à gauche ou à droite, se tend ou se détend, et, par ce fait, donne à la timbale des sons plus graves ou plus aigus.

Un autre mécanisme (toujours dépendant du système d'engrenage ci-dessus désigné) fait mouvoir une aiguille placée sur un cadran, qui se trouve sur le bord de la timbale et indique la note que l'on veut donner. Mais, par suite des lois atmosphériques qui influent sur la peau, on n'obtient pas toujours les notes que l'on désire et que marque l'aiguille du cadran; cependant, avec un réglage très attentif et très suivi, on arrive à trouver les notes voulues; mais il faut redouter à chaque instant un écart de

tonalité, auquel on doit remédier très attentivement.

Il faut convenir que ces systèmes de *timbales chromatiques mécaniques* peuvent donner des facilités pour les changements d'accords très rapides. Cependant, les compositeurs feraient bien de ne pas abuser d'une succession trop rapide de changements d'accords, car, à la longue, les fibres de la peau se détendent et l'on n'obtient plus une bonne sonorité, ni une justesse rigoureuse par suite de la fatigue de la peau.

Nous devons signaler aussi certains inconvénients des timbales chromatiques mécaniques, inconvénients qui résultent de ce que le système de l'accord change suivant les pays. Ici, l'accord s'obtient au moyen de *pédales;* là, il s'obtient par des *leviers* ou *vis d'accord;* il en résulte que certains compositeur écrivent des parties de timbales où l'exécutant doit tout en jouant, faire mouvoir ces *pédales* avec ses pieds, tandis que d'autres écrivent pour des instruments dont les *leviers* ou *vis* sont actionnés par les mains; d'où, pour un timbalier, l'impossibilité d'exécuter sa partie.

Le système des timbales ci-dessus désigné, tout en offrant des facilités, a encore un inconvénient : c'est d'être très lourd et peu commode à déplacer.

On connaît encore un autre modèle de timbales dites *timbales chromatiques à pédales;* c'est à peu près le même système que celui dont nous venons de donner la descri¡tion, mais, au lieu de se servir, pour accorder, d'une roue mue par le pied, on use d'une pédale s'accrochant à des crans (c'est à peu près le système de pédales de la harpe).

Dans un autre système de timbales, employé surtout en Hollande et en Angleterre, il n'y a aucune clef pour tendre la peau.

Le mécanisme se trouve à l'intérieur du fût de cuivre; il consiste en des tirants, rivés au cercle sur lequel est enroulée la peau et aboutissant au fond du fût ou bassin de cuivre; le pied de la timbale est surmonté d'une grosse vis; on pose le fût de cuivre sur cette vis, et en tournant la timbale, soit à gauche, soit à droite, la vis pénètre, donne prise sur les tirants qui tendent ou détendent la peau et lui font donner des sons

FIG. 760.

aigus ou graves. Nous représentons ici ce système.

Pour blouser tous ces genres de timbales, le timbalier se tient debout, contrairement à ce qui a lieu en France, où le timbalier est toujours assis.

Le facteur d'instruments Adolphe Sax, qui, sous le règne de Napoléon III, était le fournisseur attitré d'instruments de musique des armées françaises, avait trouvé un système de timbales à peaux superposées[1].

D'autres inventions encore ont été faites, ne donnant généralement que peu de bons résultats au point de vue pratique.

FIG. 761.

_____

1 Ce système ne fut que peu employé.

Le système de timbales que nous préconisons, et qui nous semble le meilleur, est celui dont nous donnons le modèle ci-dessous. Il a l'avantage de laisser le fût de cuivre entièrement libre, c'est-à-dire très sonore.

Lorsqu'on a la chance de trouver de bonnes peaux, bien égales, et pas trop épaisses, on peut obtenir une grande justesse de sons; par suite, les ondes sonores provenant des coups de baguettes peuvent se donner libre cours, elles ne sont pas interrompues par l'armature en fer et par les engrenages nécessaires dans tous les systèmes de timbales dites *chromatiques mécaniques*.

Dimensions de divers modèles de timbales à cercle dépendant ou indépendant.

On nomme timbale à cercle dépendant celle dont la peau est *perforée* à tous les endroits du cercle d'enroulage où se trouvent des écrous; ceux-ci servent à ajuster les clés au fût de cuivre.

Ce système de montage est très bon, mais il a l'inconvénient de laisser facilement dévier la peau de la timbale.

On nomme timbale à cercle indépendant celle dont la peau est montée sur un cercle d'enroulage distinct du cercle à écrous, lequel repose simplement sur la peau de la timbale et s'ajuste au fût de cuivre au moyen des clefs.

Ensemble de deux timbales.

Les mesures des dimensions de timbales se prennent en mesurant le diamètre du cercle.

1ᵉʳ Modèle.	1ʳᵉ Timbale.	64 cent.	(7 clefs).	2ᵉ Timbale.	58 cent.	(6 clefs).
2ᵉ —	—	72 —	(9 —).	—	64 —	(7 —).
3ᵉ —	—	80 —	(10 —).	—	70 —	(9 —).
4ᵉ —	—	82 —	(10 —).	—	74 —	(9 —).

Ensemble de trois timbales.

(Cet assemblage est le plus usité pour un grand orchestre.)

1ʳᵉ Timbale : 80 cent. — 2ᵉ Timbale : 70 cent. — 3ᵉ Timbale : 64 cent.

Ensemble de quatre timbales.

1ʳᵉ Timbale : 80 cent. — 2ᵉ Timbale : 70 cent. — 3ᵉ Timbale : 64 cent. — 4ᵉ Timbale : 60 cent.

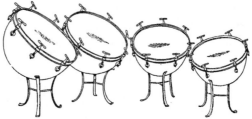

Fig. 762.

Souvent, dans les orchestres, on n'emploie que deux timbales, l'une, dite *grande timbale*, sert à exécuter les sons graves compris entre les deux suivants :

l'autre, dite *petite timbale*, exécutera les sons compris entre les deux extrêmes suivants :

On a ainsi, comme étendue totale, pour l'ensemble des deux timbales, un intervalle d'octave.

Lorsqu'on aura un ensemble de trois timbales :
1° Grande timbale, du *mi* grave à l'*ut* ;

2° Timbale moyenne, du *la* au *mi* ;
3° Petite timbale, du *si♮* au *fa♯*.

Lorsqu'on aura un ensemble de quatre timbales :
1° Grande timbale, du *mi* grave au *do* ;
2° Grande timbale, du *fa♮* au *ré* ;
1° Petite timbale ou timbale moyenne, du *si* au *fa♯* ;
2° Petite timbale, du *do* au *si♭*.

Il fut un temps où il n'y avait que peu de timbaliers. La raison en était que peu d'orchestres comportaient l'emploi des timbales; mais, avec le développement musical, les orchestres ont pris de l'importance, et presque tous se sont adjoint ces instruments.

« De tous les instruments à percussion, écrit Berlioz, les timbales me paraissent être le plus précieux, celui du moins dont l'usage est le plus général, et dont les compositeurs modernes ont su tirer le plus d'effets pittoresques et dramatiques. »

De nos jours, un orchestre où il n'y aurait pas de timbales serait considéré comme incomplet. Au XVIIIe siècle, blouser des timbales apparaissait comme un art secondaire; de nos jours, c'est un art essentiellement musical.

« Ceci, continue Berlioz, prouve qu'indépendamment du talent spécial que doit posséder le timbalier pour le maniement des baguettes, il doit être encore excellent musicien et doué d'une oreille d'une finesse extrême. Voilà pourquoi les bons timbaliers sont si rares. »

COMPOSITEURS ET CHEFS D'ORCHESTRE AYANT ÉTÉ TIMBALIERS

Nous allons, à titre documentaire, sans ordre chronologique et simplement pour mémoire, rappeler les noms des compositeurs et musiciens de valeur qui ont été timbaliers.

Schneitzhoeffer fut timbalier à l'Opéra; c'était un compositeur de talent, à qui l'on doit nombre de délicieuses partitions, notamment La Sylphide, ballet à grand spectacle, qui resta longtemps au répertoire de l'Opéra.

Comme le nom de Schneitzhoeffer était assez difficile à prononcer et surtout à retenir, il disait souvent : « Appelez-moi « Bertrand », c'est plus vite dit, et l'on s'en souvient mieux. » (Sic.)

Hérold (L.-J.-F.), célèbre compositeur français, fut aussi un remarquable timbalier, et fit, en cette qualité, partie de l'orchestre de l'Opéra-Comique.

Hector Berlioz, l'immortel compositeur, fut, dans les premières années de sa carrière musicale, timbalier au Théâtre des Italiens.

Adolphe Adam fut timbalier au Théâtre Lyrique de l'Odéon; Duprez, le fameux ténor dont le monde

1. Il va sans dire que pour ces étendues exceptionnelles, il est nécessaire d'avoir des timbales d'une fabrication très soignée. Ces exemples sont extraits de la Méthode de timbales et instruments de percussion de Joseph Baggers, Enoch, éditeur.

entier citait l'ut, après avoir quitté le théâtre de l'Opéra-Comique, où personne ne l'avait remarqué, fit ses débuts au Théâtre Lyrique de l'Odéon; aussi, plus tard, se plaisait-il à dire : « Adam était mon timbalier (sic). »

Semet (A.-E.-A) (élève d'Halévy), compositeur de La Petite Fadette, opéra-comique en trois actes (1869), fut longtemps timbalier à l'orchestre de l'Opéra.

Jules Pasdeloup, le fondateur des Concerts populaires, qu'il dirigea pendant vingt-cinq années au Cirque d'hiver, et qui fut vraiment le propagateur de la musique classique, non seulement à Paris, mais même en France, commença par être timbalier.

Ernest Guiraud fut également timbalier à l'Opéra-Comique.

Em. Paladilhe (premier prix de Rome en 1860) ne dédaigna pas de blouser les timbales.

Jules Massenet fut timbalier au Théâtre Lyrique (de la place du Châtelet, direction Jules Pasdeloup, puis Léon Carvalho).

C'est une gloire pour les timbaliers de pouvoir compter, comme ayant été un des leurs, un maître de cette valeur!

De Groot, chef d'orchestre et compositeur fort estimé, fut un timbalier des plus remarquables.

Émile Pessard (premier prix de Rome en 1866) a été timbalier à l'Opéra, où il sut se créer de si grandes sympathies, qu'une représentation fut donnée en son honneur lors de son départ de l'orchestre.

Jules Weber était un des meilleurs accompagnateurs de Paris; il fut longtemps timbalier aux Concerts populaires que dirigeait Pasdeloup au Cirque d'hiver.

Emmanuel Chabrier, compositeur de grand talent, que la mort a enlevé si prématurément, fut timbalier à la Société nationale.

Désiré Thibaut, qui fut un violoniste remarquable, membre de la Société des Concerts du Conservatoire, où il devint deuxième chef d'orchestre, fut un des derniers timbaliers à cheval aux cuirassiers de la Garde impériale.

Louis Varney fut timbalier au Théâtre des Italiens (place Ventadour); on lui doit nombre de compositions charmantes du répertoire d'opérette, entre autres Les Mousquetaires au Couvent, etc.

Vincent d'Indy a été deuxième timbalier à l'Association des Concerts du Châtelet, sous la direction d'Ed. Colonne.

Paul Hillemacher (premier prix de Rome en 1876) était timbalier à l'Opéra-Comique, où j'eus l'honneur de lui succéder.

Gabriel Marie, aujourd'hui chef d'orchestre, fut pendant quelques années timbalier aux Concerts fondés par Lamoureux.

Lucien Lambert, compositeur qui obtint le prix de la ville de Paris avec Le Spahi, opéra lyrique en trois actes (tiré du roman de Pierre Loti) et que le théâtre de l'Opéra-Comique a représenté, fut également timbalier.

F. Demarquette, compositeur, fut timbalier au Théâtre des Italiens, aux Concerts Colonne, puis à la Société des Concerts du Conservatoire, où j'ai eu l'honneur de lui succéder.

La liste de ces artistes, si justement célèbres, démontre suffisamment combien, pour être timbalier, il faut être bon musicien, car l'accord de la timbale exige, chez le timbalier, de très sérieuses qualités musicales : qualités en partie acquises (connaissance approfondie du solfège), — un peu de pratique har_ monique ne nuisant pas, — pratique d'un autre instrument, piano ou violon de préférence, — aptitude à comprendre et à s'assimiler les différents rythmes, en partie naturelle, en partie perfectionnée par l'exercice — (oreille très juste, audition interne des sons très précise, faculté de discerner immédiatement un son entre d'autres sons concordants).

Il est, en effet, nécessaire que le timbalier puisse changer l'accord tandis que l'orchestre continue à jouer, souvent dans un autre ton, ce qui est très difficile pour un exécutant qui ne serait pas naturellement doué des qualités précitées, ou qui, en étant doué, ne les aurait pas perfectionnées par une étude persévérante.

LE TAMBOUR

Le tambour est un instrument à *timbre* et n'ayant pas de son déterminé. On entend par *timbre*, une corde en boyau placée sur la peau inférieure du tambour et dont la tension plus ou moins grande permet de modifier le son de l'instrument (voir plus loin *Description du tambour*).

Sa sonorité peut être rendue plus ou moins claire mais ne prend pas d'accord.

Le mot *tambour* semble provenir de langues diverses.

D'après certains auteurs[1], il nous vient de l'élément roman et dérive de la racine *tab*, adoucissement de *tap*, dont on a formé le mot *taper*, frapper.

On le fait dériver aussi du mot hébreu *toph*, qui signifie également taper, frapper; mais on trouve aussi le mot *tumbour*, dans le persan : *tambur*, *tambûrdk*, *tambuk*, *tabir*.

Dans l'arménien, on trouve *thembug*, et l'on cite le kurde *tambur* (instrument à cordes, genre de cistre).

Dans l'irlandais, on voit *tabar*.

En langage kymrique, *tabwrdd*.

En langue sanscrite, *tup*.

En grec, *tupto*.

En ancien slave, *tepsti*.

En russe, *topati*.

En polonais, *tapac*, *tupac*.

En italien, *tambussare*, ce qui signifie faire du bruit, taper, frapper.

En vieux français, *tabourie*, *tambuire*, ce qui veut dire tapage, vacarme. On disait aussi : *tabut*, bruit, vacarme, *tabuster*; faire du tapage, frapper, etc.

C'est donc par l'assemblage de tous ces mots qu'a été formé le mot *tambour*, qui, somme toute, a la même origine que les *timbales* et le *tambour de basque*, c'est-à-dire qu'il dérive du mot *tympanon*, au sujet duquel nous avons donné des explications en traitant de la timbale (voir plus haut).

Les timbales et le tambour, ayant la même origine, furent (comme emploi) un peu confondus. Ce qui le prouve, c'est que certains auteurs citent les tambours comme ayant été en usage dans les temps les plus reculés, et les font figurer dans les descriptions des fêtes et guerres hébraïques.

1. SCHELLING, *Universal Lexikon der Tonkunst.*
ALTENBURG, *Versuch einer Anleitung zur heroisch musikalischen Trompeter und Pauker kunst.*
SCHNEIDER, *Histoire de la Musique.*
G. KASTNER, *Méthode des instruments à percussion.*
DE LYVRI, *Méthode des instruments à percussion.*

D'après nos recherches, nous voyons que les instruments à percussion employés à ces époques anciennes n'étaient ni des timbales, ni des tambours semblables à ceux de notre époque. C'étaient d'abord de simples membranes de peau, tendues sur des cercles de bois[2]; puis, on forma diverses sortes d'instruments à percussion, auxquels on donna des noms variant suivant les contrées d'où ils provenaient.

ORIGINE ET HISTORIQUE DU TAMBOUR

Le tambour est d'origine presque inconnue, puisque les civilisations les plus primitives ont employé des instruments à percussion.

Tous les peuples revendiquent l'origine du *tympanon*, qui devint par la suite : 1° les *timbales*; 2° le *tambour*; 3° *le tambour de basque*, etc. Les Grecs l'attribuent aux Phrygiens, les Romains aux Syriens, etc.

Ce que nous croyons pouvoir affirmer, c'est que ce furent les peuples d'Orient qui, les premiers, perfectionnèrent ces instruments; et nous reproduisons, à l'appui de notre opinion, certaines formations des premiers tambours connus :

Fig. 763. — Tambour en terre cuite des Égyptiens et des Chinois.

Fig. 764. — Tambour à une peau sur un chevalet.

Fig. 765. — Grand tambour chinois à deux peaux, monté sur un support.

L'usage du tambour passa donc dans les coutumes de tous les peuples, et certainement cet instrument a dû accompagner les multiples migrations des peuples aryens, venus du haut plateau de l'Asie centrale,

Fig. 766. — Tambour de l'Océanie.

Fig. 767. — Tambour égyptien à deux peaux.

2. Isidore, *Origines*, lib. II, c. 21.

à qui on attribue la souche de toutes les races orientales.

Nous avons expliqué (en traitant des timbales) comment furent formés les premiers instruments à percussion. Le seul point intéressant maintenant est de montrer les diverses formes qu'a prises le tambour, et l'usage qui en a été fait :

Fig. 768. — Tambour   Fig. 769. — Grand tambour
de l'Afrique centrale.   indien.

Ainsi que l'on peut s'en rendre compte, la forme du tambour a varié suivant les contrées d'où provenait l'instrument.

Nous pourrions citer un certain nombre de tambours de provenances diverses, mais ces instruments à percussion n'offrent rien de particulier et sont à peu près conformes à ceux que nous avons déjà indiqués en traitant de la timbale. Il nous faut arriver à l'époque où le tambour fut introduit dans les armées françaises, car, jusqu'à cette époque, l'instrument à percussion que l'on a par la suite dénommé « le tambour », suivant les anciennes coutumes, ne servait qu'à rythmer les chants et les danses, de même que les marches des caravanes, puis des bandes ou cohortes guerrières, enfin des troupes d'hommes armés. Ce n'est que vers 1515, sous le règne du roi François Iᵉʳ, que nous trouvons les premières ordonnances réglementant les tambours dans l'armée. Jusqu'à cette époque, les troupes armées, suivant qu'elles disposaient de capitaux provenant des rançons de guerre ou autres, se faisaient précéder de divers tambours ou tambourins (nom que l'on donnait aux hommes qui battaient le tambour).

Aussi, voyait-on certaines compagnies, moins heureuses, n'en pas avoir; de là, certaines rivalités entre soldats.

Pour faire cesser cet état de choses, François Iᵉʳ réglementa l'armée par des ordonnances. Il accordait *quatre tambours par mille hommes;* cela fit cesser bien des querelles, et à partir de ce moment, chaque corps de troupe eut son nombre régulier de tambours.

Fig. 770.

L'histoire des tambours ou tambourinaires ne commence vraiment que vers cette époque, et nous voyons divers faits héroïques accomplis par les tambours de régiments. Aussi, a-t-on pu dire : « Le tambour doit être un brave, car il marche à la tête du régiment, et même au milieu de la mêlée. Il doit, par son héroïsme, et sans arrêter de battre son tambour, entraîner les soldats au travers des rangs ennemis; l'on a vu souvent le tambour arriver le

Fig. 771.

premier sur le haut d'une forteresse ou retranchement et s'emparer même de trophées ou drapeaux. »

Fig. 772.   Fig. 773.

L'histoire, bien que glorifiant la bravoure des tambours, ne nous rapporte aucun fait intéressant à noter à cette époque.

Nous rappellerons seulement, pour mémoire, que sous Louis XIII, Louis XIV et Louis XV, les mousquetaires avaient des tambours dont ils étaient très fiers; aussi, lorsque dans tous les corps de troupes possédant des trompettes ou adjoignit des timbales considérées comme *trophées glorieux* (puisque c'était aux ennemis qu'on les prenait), par ordre *du roi,* les mousquetaires ne furent pas autorisés à posséder des timbales, et furent forcés de garder des tambours. en souvenir des hauts faits d'armes auxquels

Fig. 774.

ces derniers avaient contribué, illustrant ainsi ce corps d'élite.

L'usage du tambour était donc, à cette époque, complétement entré dans les coutumes militaires[1], et maintes fois le tambour joua un rôle important dans la vie politique. En effet, souvent l'on vit des trompettes et des tambours accompagner des parlementaires de guerre.

De même, certaines sommations faites, soit à l'ennemi, soit à la foule, furent exécutées par des roulements de tambour. Rappelons que lorsque Louis XVI, condamné par la Convention nationale à la peine de mort s'adressant du haut de l'échafaud à la multitude, s'écria : « Je meurs innocent, » un roulement de tambour couvrit sa voix. Edmond Neukomm, dans son *Histoire de la Musique militaire*, rapporte qu'un Anglais a pu dire avec raison : « On cherche à rendre une armée impuissante en lui coupant les vivres; moi je recommande, si jamais nous avons une nouvelle guerre avec les Français, de crever, autant que possible, leurs tambours[2]. »

La Convention nationale. le Directoire, puis le Consulat et l'Empire ne firent qu'affirmer la situation des tambours dans l'armée.

Parmi les nombreux faits de bravoure attribués à juste titre à des tambours, il nous faut citer le petit tambour qui, le premier, traversa le pont à la bataille d'Arcole.

On sait que Bonaparte, afin de récompenser des officiers ou des soldats ayant montré une grande bravoure dans les combats, avait coutume d'offrir à ces braves, soit un sabre, soit un fusil d'honneur.

Or, il en fit de même pour certains tambours qu'il honora d'un tambour d'honneur.

Il existe certainement encore d'autres actes glorieux à l'actif des tambours. mais comme ils ne se rapportent pas à des faits historiques, nous n'avons pas à les mentionner ici[3].

Les règnes de Louis XVIII, Charles X, Louis-Philippe, la République de 1848 et le règne de Napoléon III ne fournirent rien de particulier à noter sur les tambours, si ce n'est au point de vue de la transformation de l'instrument.

Après avoir fait l'historique des tambours dans l'armée, il nous reste à parler des diverses phases de la transformation du tambour, dans sa forme, son montage, etc., de son emploi dans la musique symphonique ou théâtrale et de la manière de noter toutes les batteries; nous rappellerons aussi certains proverbes se rapportant au tambour, etc.

---

1. Le P. Menestrier, *Des Représentations en musique anciennes et modernes*, Paris, 1681) : « Le tambour est non seulement d'un grand secours dans les armées pour la marche des fantassins, servant de signe pour déloger, pour marcher, pour se retirer, pour s'assembler et pour les autres commandements qu'il serait difficile de porter partout en même temps, et de les faire entendre de tant de personnes sans ce secours, mais il anime les soldats et leur donne du cœur quand il faut choquer l'ennemi et le combattre. Les trompettes, les timbales, les hautbois font à peu près le même effet. Le battement des tymbales, qui tient du trépignement et de la marche des chevaux, fait aussi que ces animaux marchent avec une fierté plus noble. »

2. E. Neukomm, *loco cit.*, Paris, 1889, pp. 7 et 8.

3. Les documents et citations faites sur les tambours proviennent des ouvrages suivants :
E. Bontaire, *L'Institution militaire de la France avant les armées permanentes.*
L. Durieux, *L'Armée en France.*
A. Dally, *La France militaire.*
Jacquemin, *Histoire générale du costume civil, religieux et militaire.*
L'Épopée du costume militaire français, illustrée par Job.
L'Armée à travers les âges.
Dubellay, *Règlement de l'armée en France.*
Pascal, *Histoire de l'armée française*, etc.

Le tambour est un instrument à timbre unique. Il ne demande qu'un apprentissage mécanique pour le maniement des baguettes, etc. Par une anomalie curieuse, en France, on dénomme celui qui bat du tambour, du même nom que l'instrument (*un tambour*); il en est de même pour certains instruments de musique et leurs instrumentistes, tels le piston, le trombone.

Nous devons reconnaître qu'il n'en est pas de même dans les autres pays; ainsi, en Allemagne, on dit en parlant de l'instrument : *eine Trommel* (un tambour), et en désignant l'instrumentiste : *ein Trommelschläger* (un batteur de tambour).

Cependant, dans les Pyrénées, on nomme *tambourinaires* ceux qui jouent du *galoubet* et frappent un genre de *tambourin,* dont il sera question un peu plus loin dans cet article.

Nous noterons que le tambour fit sa première apparition à l'Opéra en 1706, dans la fameuse tempête du 4e acte de l'opéra d'*Alcyone*, du violiste Marin Marais. On entendait là une imitation du grondement du tonnerre, réalisée par les roulements prolongés de tambours à baguettes, qui doublaient la basse d'accompagnement[4].

Différents modèles de tambours ayant été en usage dans l'armée.

Fig. 775. — Caisse en cuivre danoise, repoussée et ciselée, du règne de Christian V.

Fig. 776. — Caisse en bois d'un régiment d'artillerie sous Louis XIV.

Fig. 777. — Tambour russe pris à Sébastopol.

Fig. 778. — Caisse en bois de la milice brabançonne (1742).

Fig. 779. — Caisse roulante à tringles.

Fig. 780. — Tarole.

4. A. Choquet, *Histoire de la musique dramatique en France*, 1873, p. 123.

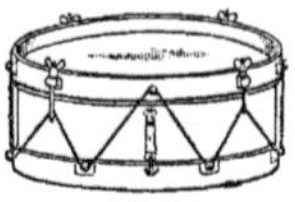

FIG. 781. — Tarolle. 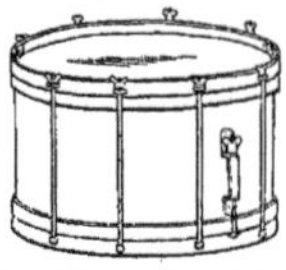   FIG. 782. — Caisse claire
                                                        à tringles.

FIG. 783.   FIG. 784. — Tambour
Tambour à timbre.   des Gardes françaises
                                        sous Louis XVI.

Si de nos jours le tambour, instrument guerrier par excellence, est toujours en usage dans l'armée, il n'en est pas moins utilisé par la musique orchestrale, et nombre de compositions musicales comportent l'emploi d'une importante partie de tambour.

Il ne suffit donc pas d'un batteur de tambour connaissant simplement les batteries en usage dans les régiments, mais il faut un mucisien sachant battre du tambour, et étant capable de battre tous les rythmes écrits musicalement.

En principe, l'artiste chargé dans un orchestre de battre le tambour doit être suffisamment musicien (s'il n'est même timbalier); il doit pouvoir jouer de tous les instruments dénommés *accessoires* d'orchestre ou de *batterie*.

DESCRIPTION DU TAMBOUR

Les parties essentielles dont se compose un tambour sont les suivantes :

1º Le fût, toujours cylindrique, en cuivre cerclé de fer, à l'intérieur, afin de résister à la tension de la corde;

2º Deux cercles en bois, placés aux extrémités des fûts par où passe le timbre;

3º Les cercles d'enroulage, plus petits, pour les peaux;

4º La corde, qui doit être de bonne qualité; elle est généralement filée en six brins;

5º Le pontet, petite pièce en cuivre où passe :

FIG. 785. — Tambour
muni du timbre.

6º Le pas de vis du pontet, qui sert à tendre le timbre;

7º Le crochet du pontet où s'accroche le timbre;

8º Le timbre, corde en boyau qui, par sa tension plus ou moins grande, donne au son du tambour un éclat différent; sans le timbre, en effet, le son du tambour est bref, sourd, et sans mordant. La corde

en boyau qui forme le timbre se plie généralement en double; quelquefois aussi, on emploie deux cordes pliées en double, ce qui en représente réellement quatre touchant la peau, et donnant une sonorité plus grande;

9º Les peaux : la peau supérieure se nomme *peau de batterie*, l'inférieure *peau de timbre*.

Les peaux employées sont généralement des peaux de veau; leur choix a une grande importance et doit être fait très soigneusement, la peau de timbre étant toujours plus fine que la peau de batterie;

10º Les tirants : ce sont des sortes de coulants tronc-coniques, enserrant la corde extérieure du fût, faits en grosse peau et qui servent à régler la tension du fût; réglementairement, un tambour comporte onze tirants.

En Allemagne et en Angleterre, on fabrique un genre de tambour que l'on désigne sous le nom de *tarolle*; cet instrument a le même diamètre que le modèle ci-dessus, mais il est moins haut. C'est pourquoi on le nomme *caisse plate*. On a essayé d'introduire ce genre de tambour dans les corps de musique français, mais la sonorité en fut trouvée trop criarde, car cet instrument a le timbre d'une crécelle.

Les meilleures baguettes de tambour se font en bois d'ébène; toutefois, on en fait en d'autres essences de bois, plus légères; ce sont là des exceptions justifiées par des préférences personnelles ou par des questions de mains.

Les diverses parties dont se compose une baguette se nomment :

1º L'olive, extrémité de la baguette avec laquelle on frappe sur la peau;

2º Le corps de baguette;

3º Embout en métal servant de garniture à l'extrémité de la baguette opposée à l'olive. (Ces embouts ne sont pas obligatoires.)

FIG. 786.
Baguettes
de tambour.

Lorsque l'on joue du tambour en marchant, on porte l'instrument à l'aide d'un collier de cuir passé en écharpe sur l'épaule droite; le tambour est fixé au collier par une sorte de petit cube en peau que l'on passe entre la corde du tambour et le cercle, ce qui maintient le fût dans la position voulue. Ce cube est lui-même fixé au collier par une petite patte en cuir appelée *lanière*, à l'extrémité de laquelle il est cousu.

Le collier porte à sa partie antérieure une pièce

FIG. 787. 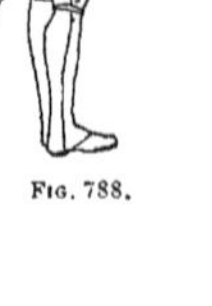   FIG. 788.

en cuivre renfermant deux douilles où se passent les baguettes lorsque l'on ne joue point.

Afin d'éviter l'usure du pantalon due au frottement produit par le mouvement répété de va-et-vient de la caisse, on se sert généralement d'une *cuissière;* cette cuissière, surtout usitée dans l'armée, se compose d'une sorte de petit tablier en cuir; on la fixe autour du corps à l'aide d'une courroie passée à la ceinture, et deux autres courroies plus petites la maintiennent sur la cuisse gauche.

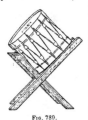

Pour les tambours en marche et afin de les reposer du poids du tambour, au cercle du timbre l'on agrafe une bride.

Cette bride permet de suspendre le tambour à l'épaule, tout comme le soldat passe son fusil en bandoulière. Dans les orchestres, le tambour se pose sur un chevalet en bois en forme d'X.

Fig. 780.

MANIÈRE DE JOUER DU TAMBOUR

Pour battre du tambour, on suspend la caisse par un crochet à un collier que l'on passe en écharpe sur l'épaule droite.

La caisse doit être placée sur le milieu de la cuisse gauche, de façon à ne pas gêner la marche.

Des baguettes. — La main droite tient la baguette à pleine main, l'embout de cuivre ressortant vers la droite, à deux ou trois centimètres au plus de la paume.

De la main gauche, on la saisit entre le pouce et les deux premiers doigts (vers la deuxième phalange en la laissant reposer légèrement sur les deux autres doigts que l'on tient à plat sur la paume de la main, de façon que l'embout de cuivre ressorte entièrement).

Le roulement étant la base de la batterie du tambour, l'exercice principal, pour arriver à l'exécuter, consiste à faire ce que l'on nomme le *papa-maman.*

En musique, la partie de tambour se note en clef de *sol.*

Le *d* placé sur la note indique que le coup doit être frappé de la main droite.

Le *g* indique la main gauche :

pa_pa·ma_man

En accélérant ce mouvement, on arrive à faire le roulement, qui, musicalement, se note ainsi :

D'après leur nature, les coups de baguette reçoivent les dénominations suivantes :

1° *coup simple;*
2° *fla;*
3° *coup de charge;*
4° *coup anglais;*
5° *ra;*
6° *rigaudon;*
7° *coups coulés ou roulés, coups ratés-sautés, coups frisés, coups frisés-sautés.*

Des batteries. — Il existe, pour l'armée, des *batteries dites d'ordonnance et réglementaires.*

Ces batteries sont l'assemblage de divers coups de baguettes donnés suivant les indications ci-dessus.

On s'habitue fort bien à les reconnaître, et les jeunes soldats même, au bout de quelques jours de caserne, ne s'y trompent pas.

C'est dans une ordonnance signée de Louis XIV, et datée du 10 juillet 1670, qu'il est question, pour la première fois, de *La Générale :* « Sa Majesté a ordonné et ordonne, veut et entend que, lorsque, dans une armée, il y aura ordre de faire marcher toute l'infanterie, on commence à battre le premier par la batterie nouvellement ordonnée par Sa Majesté, que l'on appelle *La Générale.* » Voici, maintenant, l'explication de quelques-unes des batteries en usage.

Toutes les batteries de tambour en usage dans l'armée ont été notées musicalement, et on en trouve la notation et explication dans la *Méthode de tambour* (J. BAGGERS, Enoch et Cie). Nous allons cependant, à titre documentaire, signaler les batteries les plus importantes :

La Diane ou Réveil-matin. — D'après la mythologie, Diane quittait l'Olympe dès le lever de l'aurore, pour courir à la chasse ; c'est donc par assimilation que l'on a donné le nom de Diane à la batterie qui annonce le lever du jour, ou Réveil-matin :

Le Mess. — Cercle où les officiers se réunissent et prennent ensemble leurs repas. Pour indiquer chaque jour aux officiers que l'heure de la réunion est sonnée, on fait une batterie que l'on désigne sous le nom de *mess* :

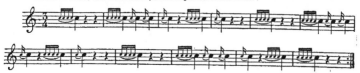

La Retraite. — Batterie que l'on exécute le soir, à l'heure du coucher, dérivant de l'expression : battre en retraite, se retirer :

Le Rigaudon ou Rigodon. — Batterie que l'on exécute dans le service militaire à l'occasion d'une réjouissance (aussi pourrait-on l'appeler Batterie de Fête).

Le Rigaudon ou Rigodon est une danse ancienne, d'un mouvement vif, sur un air à deux temps; c'est donc par similitude que l'on a donné le nom de Rigaudon à une batterie vive et animée :

La Chamade. — Batterie que l'on exécute pour avertir que l'on veut traiter avec l'ennemi, que l'on se rend, que l'on cède; de là vient l'expression populaire de : mon cœur bat la chamade, synonyme de : mon cœur se donne à celle que j'aime :

Battre la charge. — Batterie que l'on exécute pour entraîner les soldats au moment de monter à l'assaut d'une forteresse ou de remparts, charger l'ennemi, tomber sur un adversaire, afin de le mettre hors de combat :

Le Rappel. — Batterie que l'on exécute pour appeler ou rappeler les soldats à reprendre la formation de groupe ou de ligne :

Battre aux champs. — Batterie que l'on exécute pour l'arrivée d'un chef supérieur. D'après la mythologie, Mars, dieu de la guerre, disposait dans l'Olympe de vastes champs où les soldats venaient combattre ; de là vient l'expression battre aux champs, pour battre dans les champs de Mars :

Le Ban. — Batterie que l'on exécute lorsqu'un chef vient faire une proclamation. « Ouvrez le ban ! Fermez le ban ! » D'après certains auteurs anciens, cette expression serait une abréviation du mot *banquet*, qui, suivant la mythologie, signifie : le banquet des dieux, où Jupiter, le dieu des dieux, avait seul le droit de parler, et le banquet, n'était complet que lorsque Jupiter le présidait :

La Berloque ou Breloque. — Batterie dont le rythme est brisé, et que l'on exécute pour indiquer la dislocation d'un corps de troupe ; battre la Breloque, aller à la dérive, où l'on veut, comme l'on peut, sans ordre précis, au hasard :

Il existe, naturellement, d'autres batteries en usage dans l'armée, dont la dénomination est en rapport avec le commandement que l'on veut faire exécuter. Nous ne pouvons les donner toutes.

« Avoir été battu comme un tambour ! » est une expression soldatesque dont voici l'origine : le tambour sur lequel on frappe pour lui faire rendre le plus de son ou de bruit possible, ne peut s'en défendre, puisque c'est une chose ! Or, par assimilation, lorsqu'un adversaire a perdu la partie, l'enjeu ou la bataille, sans espoir de retour, on dit : « Je l'ai battu comme un tambour ! » ou : « Vous avez été battu comme un tambour ! » Cela est synonyme de « battre à plat de couture », par analogie avec deux morceaux d'étoffe que l'on coud ensemble et que l'on écrase avec un fer, afin de rendre la couture invisible : « battre à plat de couture ou à plate couture, avoir été battu à plate couture, » c'est-à-dire avoir perdu, être en déroute, etc., synonyme de il ne reste plus rien, ou l'on ne voit plus rien.

L'expression de « tambour battant » signifie mener les choses vivement, par analogie avec les multiples coups de baguettes que l'on donne en battant du tambour et avec la célérité qu'il faut apporter pour exécuter certaines batteries.

L'expression « partir sans tambour ni trompette » est synonyme de s'en aller sans être vu ni entendu.

Si le mot *tambour* a pris place dans certaines expressions de la langue française, l'instrument a été aussi employé dans certaines armoiries ; c'est ainsi que Beaumarchais, le spirituel auteur du *Barbier de Séville* et du *Mariage de Figaro*, l'avait fait graver sur son blason avec la devise : « Silet nisi percussus. »

Le tambour-major.

Chef des tambours, ayant un grade équivalent à celui de sergent-major, le *tambour-major* est toujours un homme de grande taille. L'origine de sa fonction donne la raison de cette particularité.

Avant tout, il nous faut déclarer qu'au temps des tambourins, employés dans les bandes de François Ier et de Henri II, il n'est point question de tambour-major, sauf chez Du Bellay. Son origine est donc relativement récente.

Guillaume Du Bellay, qui fut un des meilleurs généraux de François Ier, dans son projet d'organisation des armées, explique ainsi la dénomination et la fonction de tambour-major : « C'est une expression descriptive, et non une qualification légale. Le tambourin-major doit être près du colonnel (*sic*), pour crier soudainement sa volonté. »

Au XVIIe siècle, le chef des tambours portait le nom de *tambour-colonel* ou de *tambour-général*.

Si l'emploi de tambour-major (sous quelque appellation que ce soit) est relativement de création récente, en comparaison de l'origine antique du tambour, la raison en est simple. C'est que le tambour primitif ne servait qu'à faire du bruit et à accompagner par des coups répétés, afin de les rythmer, les chants, danses ou mélopées asiatiques en usage dans les caravanes ou tribus guerrières qui marchaient sans discipline.

Ce ne fut donc que peu à peu, la civilisation entrant dans les mœurs, les cohortes barbares devenant des légions, puis des armées régulières et disciplinées, que chaque compagnie d'hommes armés fut autorisée à posséder un tambour. Aussi, lorsque ces compagnies furent formées en bataillons et les bataillons en régiments, la réunion des tambours serait devenue une véritable mêlée, sans la création de *chefs tambours*, dont, selon toute apparence, l'emploi et le titre ne furent établis que vers le XVIIe siècle.

L'ordonnance de Poitiers du 4 novembre 1651 leur donna le nom de *tambour-major*.

Le bâton que les tambours-majors portaient « pour châtier leurs subordonnés » n'avait que cette seule destination.

Depuis le milieu du siècle passé, le bâton à châtier est devenu une longue canne à chaîne, à grosse pomme et à bout argenté et doré. Elle ne sert plus qu'à faire les signaux.

En 1786, les tambours-majors furent attifés de façon grotesque et surchargés de cordelières, écussons, nids d'hirondelles, galons, etc. Le luxe fut poussé encore à l'extrême sous le Directoire, ainsi que sous le Consulat et l'Empire.

Sous la Restauration, on exagéra encore davantage en faisant du tambour-major un personnage accoutré en charlatan.

Il en fut à peu près de même sous Louis-Philippe.

Avec la République de 1848, la débauche d'ornementation tomba un peu, mais, sous le règne de Napoléon III, lors de l'établissement des régiments de la Garde impériale, la frénésie des dorures et chamarrures reprit de plus belle, et, quoique la coupe du vêtement se fût modifiée, le tambour-major n'en resta pas moins un objet de parade.

La guerre de 1870 et ses conséquences entraînant la chute de l'Empire, mirent fin à tout le luxe des parades militaires.

Le tambour-major subsiste toujours, mais il est vêtu comme tous les sergents-majors du régiment; seule, la canne est restée en usage. Contrairement à ce que l'on croit, la canne n'est pas un simple objet d'apparat; elle sert au tambour-major pour guider les tambours, et leur indiquer les batteries, de même pour tourner à droite et à gauche, afin que tous les tambours et clairons marchent bien sur une seule ligne, etc.

Chaque mouvement de canne produit un changement dans la batterie et devient un signal pour les soldats.

On trouvera, dans la Méthode dont il a été parlé, toutes les instructions relatives au maniement de la canne, pour faire exécuter les différents commandements.

Le *tambour-maître*, sous-chef des tambours, a le grade de caporal. Il est chargé de dresser les élèves tambours, et prend le commandement des tambours et clairons en l'absence du tambour-major.

INSTRUMENTS DE FANTAISIE
INTRODUITS DANS LES ORCHESTRES

Tambourin.

L'étymologie et l'origine du tambourin sont les mêmes que celles du tambour.

Le tambourin ou tambour de Provence, *attabale* des Maures, adopté en Europe pour la cavalerie, est, comme forme, plus long et moins large que le tambour; on le percute de la main droite avec une petite baguette de bois en frappant sur la corde du timbre placée (contrairement au tambour) sur la peau de batterie. De cette façon, le tambourin rend une sonorité sourde un peu nasillarde; les tambourinaires de Provence jouent, en même temps, d'une sorte de flageolet (le galoubet), qu'ils manient de la main gauche.

Cet instrument, dont l'origine est des plus anciennes, est resté surtout en usage dans les pays basques et provençaux. C'est pourquoi on le désigne le plus souvent comme *tambourin provençal*, ou *tambour de Provence*.

Ainsi que pour tous les instruments à percussion, il existe des tambourins de diverses provenances :

Fig. 790. — Tambourin   Fig. 791. — Tambourin chinois
de l'Afrique centrale.   (Hing-Kou).

Parmi les genres de tambourins, on cite encore l'*huchuelt*, tambour ou tambourin mexicain; l'*omerti*, tambour ou tambourin indien, etc.

C'est en étudiant tous ces tambourins de diverses origines, que l'on est arrivé à établir le tambourin moderne, toujours en usage en Provence, et utilisé aussi dans quelques compositions musicales de caractère pittoresque :

Fig. 792. — Tambourin mauresque.   Fig. 793. — Tambourin moderne actuellement en usage.

Fig. 795. — Tambour de basque turc à manche.   Fig. 796. — Tambour de basque à grelots (Chine).

Il existe un vieux proverbe français :

« Ce qui vient de la flûte, s'en va par le tambour. »

En voici l'explication :

Au moyen âge, le joueur de tambourin battait d'une main l'instrument pendu à son côté par une courroie, et, de l'autre, tenait une flûte dont il jouait. Cette coutume était telle, que le mot *tabourin*, ou *tambourin*, exprimait l'union des deux instruments; aussi, le musicien qui jouait en même temps de la flûte et du tambourin a été successivement dénommé *tabonur*, *taboureur*, *tabourneur*, *tabourineur* et *tambourineur*.

C'est en raison de cet assemblage, qui faisait que l'on n'entendait jamais la flûte sans entendre le tambourin, et qu'un rythme commencé par la flûte repassait de suite au tambourin et *vice versa*, que le proverbe naquit par le jeu de l'analogie. On exprimait ainsi que le bien acquis trop facilement se dissipe avec la même facilité.

Le tambour de basque [1].

Le tambour dit « de basque » est de la même origine que la timbale et le tambour, ainsi que tous les instruments à percussion de cette nature, c'est-à-dire qu'il consiste en une peau tendue sur un cercle de bois (tympanon) (voir plus haut).

Le tambour de basque a cependant ceci de particulier, c'est qu'il fut employé dans les temps primitifs, et encore maintenant en Espagne, par les danseuses elles-mêmes, ou les danseurs, pour rythmer leurs danses.

Fig. 794. — Tambour dit de basque, à une seule peau, instrument de guerre des Parthes.

On retrouve le tambour de basque dans la plupart des sculptures, peintures ou allégories anciennes ayant trait à l'art de la danse. Citons les peintures antiques d'Herculanum, où l'on voit des danseuses jouant du tympanon (genre de tambour de basque).

Tabourka et Darbouka [2].

Cet instrument, très primitif, rappelle l'origine du tambour; sa sonorité est mate.

On le tient sous le bras et on le frappe avec la main.

Il est employé dans tous les orchestres des pays orientaux.

Fig. 797. Darbouka.

Grosse caisse.

La grosse *caisse* ou *tonnant* a la même origine que le tambour; c'est le plus gros des tambours. Elle fut connue dans l'antiquité, qui en avait d'énormes; elle fut adoptée par la musique turque, puis en Europe sous les noms de *bedon*, *bedaine*, *bedondaine*, et finalement, par rapport à certains tambours que l'on désigne sous le nom de caisse claire et caisse roulante (qui en réalité en sont des diminutifs), on la dénomme de nos jours grosse caisse :

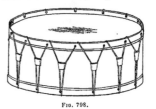

Fig. 798.

Cette caisse se bat avec une mailloche (baguette garnie à une extrémité d'un gros tampon d'étoupe).

En marche, on suspend la grosse caisse par une courroie posée sur l'épaule gauche de l'exécutant; dans les orchestres, la grosse caisse se pose sur un bâti spécial en bois.

Cymbales.

Les *cymbales* sont d'origine orientale; elles se composent de deux disques métalliques, que l'on fait vibrer en les frappant l'un contre l'autre de haut en bas.

Les *crotales* ou cymbales antiques sont de petites cymbales donnant un son aigu. Elles sont formées d'un alliage de métaux très sonores, et peuvent donner des notes très justes, et parfaitement déterminées.

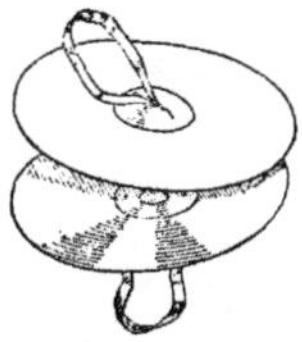

Les crotales ont deux mil-

Fig. 799. — Cymbales. Diamètre 0 m. 25.

1. Cet instrument tire son nom de l'usage fréquent qu'en firent les Ibères (peuple de l'Espagne ancienne), occupant les deux versants des Pyrénées (pays basque). Ces peuplades avaient ajouté à ces tympanons de petits grelots ou petits rondelles de cuivre, afin d'obtenir une sonorité métallique et d'étourdir les danseuses.

2. L'orthographe de ce mot varie à l'infini.

limètres d'épaisseur et 9 à 10 centimètres de diamètre.

Crotales.

Les *crotales* (fig. 800) sont souvent employées dans la musique de ballet; en variant les notes, on obtient de jolis effets.

Petites cymbales chinoises.

Les petites cymbales chinoises (fig. 801) sont en cuivre assez mince et ont 16 à 17 centimètres de diamètre. On se sert de ce genre de petites cymbales (n'ayant aucune sonorité déterminée) pour les ballets, à l'usage des danseuses.

Fig. 800.

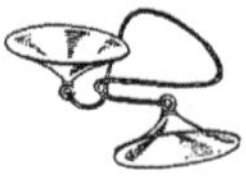

Fig. 801.

Tam-tam.

Le *tam-tam* ou *gong-gong*, d'origine chinoise, est un disque de métal forgé, formé d'un alliage d'or, d'argent, de bronze, de cuivre et d'étain; sa partie centrale est fortement concave; on le percute au moyen d'une mailloche.

On trouve des tam-tam donnant une note de musique à peu près déterminée et dont certains compositeurs ont fait usage.

On nomme aussi *gong* un instrument de provenance chinoise, dont la forme rappelle celle d'un gros tambour, dans l'intérieur duquel se trouve un fil d'acier; en frappant sur la peau de cet instrument un coup sec, on obtient un son strident et très prolongé.

Cloches.

La cloche remonte à la plus haute antiquité. Les Chinois prétendent en avoir possédé douze en l'an 2262 avant notre ère, cloches dont les sons gradués exprimaient cinq tons de la musique[1].

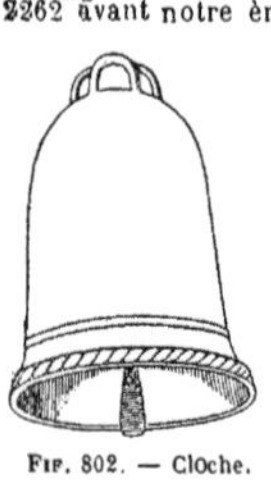

Les Grecs se servaient d'un genre de cloche comme instrument de guerre pour exciter les guerriers à la bataille; les peuples qui leur succédèrent en firent longtemps le même usage.

Dans les temps modernes, la cloche fut employée comme instrument de musique.

Les cloches d'orchestre sont, comme les cloches d'église, en bronze et en forme de coupe renversée. On les suspend à un bâti et on les percute avec un maillet en bois nu, ou recouvert de peau, suivant les cas et les indications du compositeur. Quelquefois, mais rarement et en vue d'un effet déterminé, on les fait résonner à l'aide d'un battant intérieur, comme les cloches d'église.

Fig. 802. — Cloche.

1. J. Fétis, *Histoire de la musique.*

Le *carillon* est une réunion de cloches accordées de manière à former une échelle chromatique ; aux IXe et Xe siècles, on se servait du *bombulum*, carillon de 24 cloches attachées à une colonne creuse en métal.

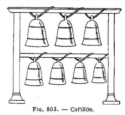

Fig. 803. — Carillon.

Plusieurs compositeurs ont employé à l'orchestre des effets de clochettes pour lesquelles on se sert d'un jeu de timbres à clavier.

Agiosymandrum.

Semantérion des anciens Grecs, cet instrument, sorte de crécelle, se compose d'un essieu denté et d'une languette fixée sur un corps sonore auquel on imprime un mouvement rotatoire.

Au XVe siècle, les Grecs se servaient de cet instrument pour remplacer les cloches interdites par les Turcs aux chrétiens[2]. Le *natraca* des Espagnols et des Mexicains appartient au même genre d'instrument que l'*agiosymandrum*.

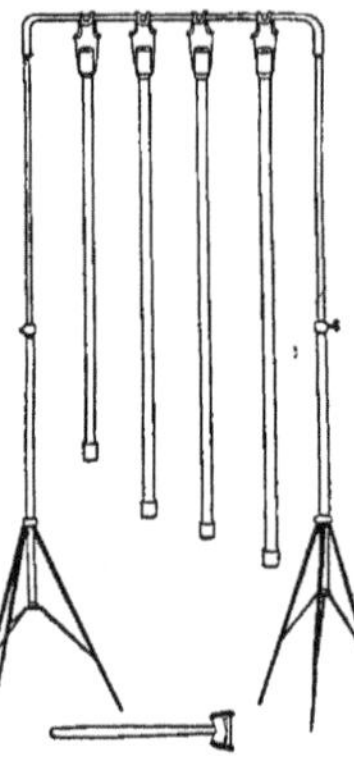

Pour remplacer les cloches, dont le prix et le poids sont excessifs, on se sert maintenant dans les théâtres d'une série de tubes en métal, donnant chacun un son déterminé; la sonorité en est moins pleine et moins vibrante que celle de la cloche; elle donne un peu la sensation d'une cloche lointaine. On suspend les tubes à un châssis de bois ou de fer facilement démontable et transportable. Pour obtenir une bonne sonorité avec ces tubes, il faut les frapper sur un point indiqué vers le haut de chaque tube, au moyen d'un marteau de métal garni de caoutchouc.

Fig. 804.

Clochettes et jeux de timbres.

Le *timbre* est une sorte de cloche ou sonnette immobile, sans battant intérieur et frappée par un marteau.

On appelle *jeu de timbres* ou harmonica une série de lames d'acier accordées au diapason et disposées sur un cadre en forme de clavier; ou les fait réson-

2. Prætorius, *Syntagma musicum*, livre 1.

ner au moyen de deux petits marteaux de cuivre à manche de baleine.

Grelots.

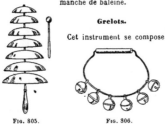

Cet instrument se compose

Fig. 805.
Jeu de timbres.

Fig. 806.

d'un collier de cuir (ou quelquefois simplement d'un fil de fer) auquel sont fixés des grelots.

Chapeau chinois.

Cet instrument, dont le nom et la forme indiquent l'origine, se compose d'un sorte de coiffure chinoise pointue dont les bords sont garnis de grelots ou de clochettes, que l'on fait tinter par des secousses imprimées au manche qui la supporte.

Il a été employé dans la musique militaire ; on ne s'en sert plus.

Triangle.

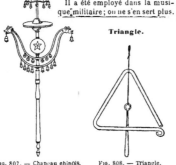

Fig. 807. — Chapeau chinois.   Fig. 808. — Triangle.

Le triangle est formé d'une baguette d'acier, pliée en trois angles.

Les coups simples s'obtiennent en frappant toujours sur le côté inférieur du triangle (côté opposé à la corde de soutien).

Les roulements se font en agitant la batte contre les deux côtés latéraux, près de l'angle supérieur.

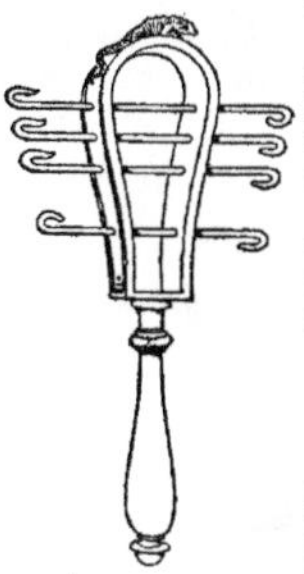

Sistre.

Le sistre antique consistait en une lame de métal recourbée en ovale, percée de trous pour recevoir des cordes ou baguettes métalliques sur lesquelles on frappait pour en

Fig. 809. — Sistre.

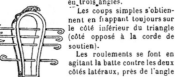

tirer des sons; il était employé à la guerre et dans les cérémonies religieuses. Cet instrument, actuellement en désuétude, fut surtout en usage chez les Égyptiens.

Les Hébreux se servaient du sistre : « David revenant de l'armée après avec frappé Goliath, les femmes sortirent de la ville en chantant et dansant avec des tambours et des sistres [1]. »

Les Grecs se servaient de cet instrument pour marquer la mesure [2].

Castagnettes.

Instrument consistant en deux petites écailles ou coquilles d'ivoire ou de bois rattachées par un cordon de soie, que l'on passe autour du pouce; on fait mouvoir les castagnettes en les frappant avec les autres doigts.

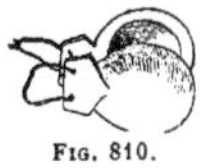

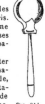

Fig. 810.

Cet instrument fut importé par les Maures, habitants de la Mauritanie (pays du nord de l'Afrique) qui, au moyen âge, firent la conquête de l'Espagne.

Ces castagnettes servaient à rythmer les danses dont ces peuples étaient très épris. Les Espagnols en gardèrent la coutume jusqu'à nos jours, et il n'est pas de danses espagnoles caractérisées sans l'accompagnement des castagnettes.

Pour les orchestres, afin de faciliter l'emploi de cet instrument, dont le maniement demande une longue habitude, on a imaginé d'emmancher des castagnettes ordinaires au bout d'une tige de bois; l'effet n'est pas tout à fait le même, mais il donne l'illusion nécessaire.

Fig. 811.

[Castagnettes en fer.

Cet instrument se joue comme les castagnettes à manche.

Fouet.

Au théâtre, on imite les claquements du fouet au moyen de deux planchettes de bois réunies d'un côté par une charnière et munies chacune d'une poignée centrale. — On tient une poignée dans chaque main, et l'on frappe vivement les deux planchettes l'une contre l'autre.

Fig. 812.
Castagnettes en fer.

Fig. 813. — Fouet.

Xylophone.

Le xylophone se compose d'une série de lames en

1. Vence, Traduction de la Bible, tome IX.
2. Prætorics, Syntagma musicum, liv. 1.

bois de sapin disposées sur des supports de paille. On les percute comme les lames d'acier des jeux de timbre, mais avec des marteaux de bois.

Le xylophone est originaire des îles africaines de l'océan Indien. Les Malgaches et les Hovas (Madagasear) nomment cet instrument *mogologondo*.

Claque-bois.

Instrument italien, qui consiste en trois marteaux de bois dur réunis et mobiles à l'extrémité des manches.

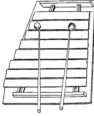

FIG. 814. — Xylophone. 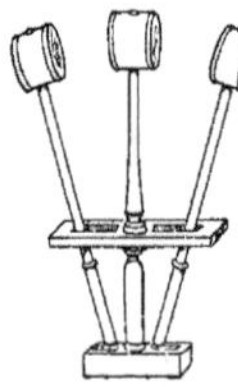 FIG. 815. — Claquebois.

En faisant avec le pouce et l'index un mouvement de va-et-vient, on obtient de cet instrument une sonorité à peu près semblable à celle des castagnettes.

Lithophone[1].

Pierres sonores suspendues et graduées suivant leur timbre; on les frappe avec un petit marteau :

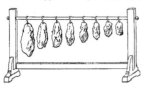

FIG. 816.

Les Chinois ont le *kin*, composé de pierres taillées ordinairement en forme d'équerre.

Rossignol.

Le chant du rossignol s'imite assez bien avec un instrument en cuivre nickelé dont la forme rappelle une petite cafetière.

Pour l'employer, on le remplit d'eau au tiers, et on souffle par le bec plus ou moins fort, selon que l'on veut triller ou produire des notes prolongées.

L'instrument ne donnant pas de notes réelles, mais un simple gazouillis, c'est par l'exercice que l'on arrive à moduler avec l'orchestre.

FIG. 817.

C'est presque un jouet d'enfant; mais il suffit qu'il ait parfois son emploi pour que nous le mentionnions.

1. Du grec λίθος, pierre; φωνώ, je chante.

Caille.

Pour imiter le cri de la caille avec le petit instrument figuré ci-contre, il faut le poser à plat sur la main gauche, et le frapper de la main droite avec le petit marteau, près de l'ouverture, en ayant soin de chercher l'endroit le plus sonore, afin de se rapprocher le plus possible du cri de l'oiseau.

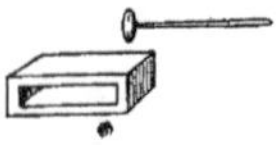

FIG. 818.

Coucou.

Pour imiter le chant du coucou, on se sert d'un petit tuyau d'orgue en bois de forme rectangulaire, et donnant certaines notes déterminées à l'aide d'une embouchure et de trous.

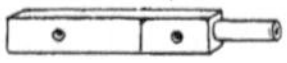

On emploie encore exceptionnellement à l'orchestre un certain nombre de petits instruments destinés à imiter divers cris d'animaux. Leur technique ne présentant rien de spécial, nous nous bornerons à les signaler. Tels sont ceux qui servent à imiter l'*alouette*, le *chien*, le *coq*, le *lion*, l'*ours*, le *cri-cri*, la *fauvette*, la *grenouille*, le *hibou*, le *merle*, la *tourterelle*, etc.

FIG. 819. — Coucou.

Canonnière (ou bouchon de champagne).

La canonnière se compose d'un tube de bois perforé aux deux extrémités; on introduit d'un côté une tige également en bois, munie à la pointe d'une garniture de cuir; l'autre extrémité du tube est close par un bouchon retenu par un fil.

En tirant la tige, on aspire l'air; en la repoussant, l'air se comprime dans le tube, et fait sauter le bouchon.

Cet instrument a été utilisé dans diverses compositions musicales.

FIG. 820.

Glokenspiel celesta.

Les jeux de timbres étant devenus d'un usage très fréquent dans la musique moderne, on a construit des instruments de divers systèmes (*glokenspiel, typophone, celesta-Mustel*, etc.), dont la forme rappelle celle d'un piano de petites dimensions; pourvus d'un clavier, ces instruments ne peuvent être utilisés que par un pianiste, leur technique étant celle du piano (voir article SOYER).

Verre-harmonica.

FIG. 821. — Harmonica de LENORMAND, composé de bandes de verre de longueurs inégales que l'on frappe avec un petit marteau de liège.

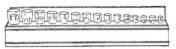

Fig. 822. — Harmonica, instrument imaginé en Allemagne, composé, dans le principe, de vases de verre contenant de l'eau à niveaux différents et rangés par demi-tons dans une caisse; on les fait résonner en passant les doigts mouillés sur les bords.

ARTIFICES DE THÉATRE EMPLOYÉS DANS LES COULISSES.

Vent.

Tambour à deux côtés en bois, reliés par des traverses, sur lesquelles est passée une toile métallique (ou une étoffe de soie).

Ce tambour est placé sur un cadre en bois portant deux supports, sur lesquels il tourne, actionné par une manivelle. Le bruit du vent est occasionné par des cordes fixes, placées à l'avant et à l'arrière du cadre, puis passant sur la toile métallique; ces cordes produisent un sifflement lors de la mise en mouvement du tambour.

Fig. 823. — Machine pour l'imitation du vent.

Pluie.

Appareil se composant d'un long « tube carré » en bois, dans l'intérieur duquel se trouvent des compartiments en zinc en forme de « zigzag »; à son extrémité, est réservé un emplacement dans lequel on met des pois secs, qui descendent en cascade le long du tube.

L'appareil est placé sur un cadre en bois, portant des supports sur lesquels il repose, et qui permettent de renverser le tube, afin de faire suivre un mouvement inverse aux pois, lorsqu'ils sont arrivés en bas de ce tube, cela pour continuer l'effet, si on le désire.

Fig. 824. — Machine à imiter la pluie.

Grêle.

La grêle s'imite par les mêmes procédés que la pluie, il existe encore d'autres systèmes d'imitation, mais ceux-ci relèvent de la machinerie.

Tonnerre.

Le tonnerre s'imite par des roulements de timbales ou de grosse caisse, avec la double mailloche.

Dans certains grands théâtres, il existe un instrument spécial pour faire cette imitation d'une façon plus réaliste; bien qu'il se rapproche plus de la machinerie théâtrale que des accessoires d'orchestre, je crois utile de le signaler et d'en indiquer l'emploi. Il consiste en une énorme grosse caisse, remplie de boules d'étoupe très serrées, reposant sur deux châssis; l'instrument tourne sur deux pivots et est actionné au moyen de cordes; dans ce mouvement de rotation, les balles d'étoupe viennent choquer la peau plus ou moins violemment, et donnent l'impression des roulements du tonnerre.

Chemin de fer.

Dans certaines compositions, on a cherché à imiter les différents bruits produits par le passage d'un train. Voici comment l'on procède : une feuille de tôle est fixée sur une timbale ou sur une grosse caisse préalablement inclinée; l'instrumentiste, tenant de chaque main un petit balai spécial, frappe sur la tôle, doucement d'abord, pour imiter les bruits de départ d'un train et son passage sur les plaques tournantes, puis le mouvement s'accélère. De temps à autre on souffle dans une corne, pour simuler les appels des gardes-barrières, on souffle dans un gros sifflet, et le tout arrive à produire l'impression causée par le bruit d'un train en marche.

Fusillade.

Cet accessoire sert à imiter le bruit de la fusillade. Ce sont des lames de bois qui s'appuient sur un rouleau muni d'aspérités; en tournant plus ou moins vite le rouleau, au moyen d'une manivelle, les lames, en se soulevant et en retombant précipitamment, produisent l'impression d'un feu de peloton.

Fig. 825.

Tels sont les principaux instruments et appareils employés pour produire des effets d'imitation. On trouvera des spécimens de tous les instruments que nous signalons dans le présent article au Musée du Conservatoire national de musique de Paris, et aussi dans les principaux musées d'instruments de musique de l'étranger.

Nous indiquerons spécialement le musée de la *Hochschule für Musik* de Berlin, qui conserve une collection des plus remarquables d'instruments à percussion.

Joseph BAGGERS.

LA FACTURE DES INSTRUMENTS A ARCHET

Par Lucien GREILSAMER

PREMIÈRE APPARITION DU VIOLON ET DE SA FAMILLE

On est unanime à considérer Bertolotti, dit Gasparo
DA SALO (* 1542 à Salo sur le lac de Garde, † 1609 à
Brescia), comme le transformateur du ténor et le
créateur du violon, dont la famille se compléta dans
l'ordre suivant : d'abord le grand ténor, joué sur les
genoux; puis le violon, joué sous le menton ; ensuite
(à moins qu'elle n'ait été la première) la petite contrebasse; quelques années après le violon, le violoncelle, suivi de la grande contrebasse. Enfin, après
un long intervalle, l'alto joué sous le menton.

Fig. 826. — Atelier de lutherie, par Amman (XVIᵉ siècle).

La principale caractéristique des instruments de
la famille du violon se trouve dans les quatre coins
et les quatre cordes. Or on connaît quelques rares
ténors de Gasparo DA SALO, montés de quatre cordes
et ne possédant que deux coins. Ils représentent la
forme la plus ancienne de la transformation.

On a tenté d'attribuer l'invention du ténor à quatre
cordes à des luthiers tels que KERLINO, DUIFFOPRU-
GCAR, LINAROLLI, DARDELLI, etc.; mais l'énorme espace
existant entre les extrémités supérieures des ff de
leurs instruments démontre nettement qu'ils étaient
construits pour posséder six ou sept cordes.

Avec plus de raison on a dit que André AMATI (1535-

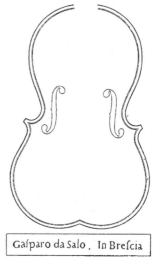

Gasparo da Salo . In Brescia

Fig. 827. — Contours, filets, ff et étiquette d'un alto
de Gasparo da Salo.(Laurent Grillet.)

1612), qui fut l'aîné de Gasparo DA SALO, aurait par
son âge autant de droits que ce dernier à une paternité dont la recherche est si difficile.

Il aurait, dit la tradition, fait son apprentissage à
Brescia, puis serait allé fonder la célèbre école de
Crémone. Outre les raisons données précédemment,
il en est d'autres qui militent en faveur de Gasparo
DA SALO.

On ne connaît pas de violon d'une authenticité
absolue antérieur aux siens. En outre, ses instruments
ont, dans le parti pris de la forme, un aspect plus
primitif que ceux de l'école de Crémone. En troisième lieu, son élève authentique Gio-Paolo MAGGINI
apporta les derniers perfectionnements à l'instrument, à un tel point que ses violons sont aussi beaux
dans la forme, aussi bien combinés quant aux épaisseurs et au volume d'air, enduits d'un vernis aussi
splendide que les mieux réussis et les meilleurs sortis des mains des plus célèbres luthiers qui vinrent
après lui.

On peut affirmer que, si Gasparo DA SALO et André AMATI furent les avant-derniers transformateurs, Gio-Paolo MAGGINI fut le dernier, et de ce fait le premier auquel on puisse attribuer la paternité non seulement du violon, mais de toute la famille du quatuor à cordes moderne.

On pourrait ajouter que sa main-d'œuvre se reconnaît déjà dans les meilleures productions de son maître.

En résumé, MAGGINI est le premier qui :

Coupa le sapin des tables sur maille et non sur couche comme ses prédécesseurs;

Fit les tasseaux des coins d'une grandeur suffisante pour assurer la solidité de l'édifice;

Remplaça les bandes de toile intérieures qui assujettissaient les éclisses, par des contre-éclisses de bois.

Il est en outre le créateur du violoncelle et de l'alto.

L'excellence de ses œuvres trouve sa confirmation dans des preuves d'un ordre différent.

STRADIVARIUS s'est inspiré de son modèle pour créer le patron dit *Longuet* et pour trouver son type d'altos ; Joseph GUARNERIUS (dit DEL JESU), le dernier des grands luthiers italiens, et le plus célèbre après STRADIVARIUS, s'en est inspiré encore davantage dans toutes ses œuvres.

En ce qui concerne la sonorité, les artistes les plus célèbres, tels que DE BÉRIOT, VIEUXTEMPS, DRAGONETTI, pour ne citer que ceux-là, avaient choisi, comme instruments de prédilection, des MAGGINI, et aujourd'hui, il n'est pas d'artiste qui ne trouve les altos de ce maître supérieurs à tous les autres.

L'ancien quatuor italien était donc composé du violon, du ténor, de l'alto et du violoncelle. La voix du ténor était la juste continuation du violoncelle allant à l'alto ; sa disparition a amené une solution de continuité regrettable dans le registre à cordes et a forcé les autres instruments à sortir de leur cadre pour suppléer à ce manque, puisque le second violon joue aujourd'hui la partie que devrait faire l'alto, et que celui-ci joue tantôt dans le registre du ténor et tantôt dans le sien.

Voici comment était accordé autrefois le quatuor à cordes :

Le ténor a complètement disparu, et les quatuors de l'époque classique furent déjà écrits pour deux violons, alto et violoncelle. Cet ensemble est resté le même jusqu'à nos jours.

Supériorité de la lutherie italienne.

Les instruments italiens du quatuor à cordes, construits dans la période qui s'étend de leur origine à la fin du xviiie siècle, époque de leur décadence, se sont vu attribuer une supériorité incontestée sur ceux fabriqués dans d'autres pays. Il faut cependant en excepter ceux du Tyrolien Jacobus STAINER, qui jouirent d'une vogue égale. Cependant, à partir du xixe siècle, alors que la lutherie italienne obtenait un regain de faveur, celle du Tyrol commença à baisser, aussi bien en ce qui concerne STAINER que ses imitateurs, contemporains ou successeurs.

Cette vogue n'a cessé de croître jusqu'à nos jours. Les grands virtuoses ainsi que les amateurs se sont disputé à coups de billets de banque les beaux spécimens des grands luthiers italiens, alors que ceux d'un ordre moins élevé augmentaient proportionnellement en valeur, à telles enseignes qu'aujourd'hui ils sont arrivés à des prix que l'on estime être extrêmes, et qui seront peut-être dépassés demain.

D'où vient cette supériorité?

Des légendes se sont formées. On a parlé d'un secret, comme si un secret pouvait être gardé pendant deux siècles, alors qu'il était connu d'un grand nombre de personnes. D'autre part, l'opinion un peu répandue partout, que c'est le temps qui a amélioré ces vieux instruments, et que le jeu les a assouplis, n'est guère soutenable, puisque les instruments étrangers à l'Italie et contemporains à ceux de ce pays ont vieilli en même temps qu'eux et ont été joués aussi longtemps. S'il n'y avait pas de secret proprement dit, il existait cependant des éléments de supériorité dont nous pouvons apprécier la valeur.

Le premier se trouve dans la main-d'œuvre, le parti pris de construction difficile à discerner une fois l'instrument terminé, et la manière de traiter les épaisseurs suivant la qualité des bois.

En second lieu, le choix des bois.

Nous avons déjà vu que les anciens luthiers ne travaillaient pas machinalement, et qu'ils étaient guidés par certaines théories précises dans la construction, en vue de la sonorité. C'est ainsi qu'au début, Gio-Paolo MAGGINI remplaça pour les tables le sapin coupé sur *couche* par celui coupé sur *maille* et employé par ses prédécesseurs.

Enfin le vernis, dont la formule n'a jamais été publiée. Une ancienne tradition veut que l'on doive lui attribuer, et à lui seul, la supériorité des instruments qu'il recouvre.

Il ne faut certes pas accorder aux traditions une valeur exagérée, mais il est prudent d'en tenir compte. Il est incontestable que, le considérant seulement au point de vue esthétique, ce vernis est d'une beauté et d'une distinction qui font des instruments qui en sont recouverts de véritables joyaux.

Ceux qui ont étudié la question d'une façon pratique et fait des expériences savent le rôle considérable que joue le vernis et l'influence qu'il a sur la sonorité. Aussi, est-ce de ce côté que les grands luthiers modernes ont dirigé leurs efforts.

C'est donc à l'ensemble des éléments que nous venons de citer que l'on peut raisonnablement attribuer la supériorité des anciens instruments italiens.

Les écoles. — En lutherie, il n'y a pas eu d'écoles, dans le sens strict du mot. Tous les instruments de notre quatuor à cordes dérivent de deux types primitifs, ceux de MAGGINI et d'AMATI. On peut, si l'on veut, y ajouter, en tenant compte de leur personnalité puissante, ceux de STRADIVARIUS et de GUARNERIUS (del Jesu), quoique en réalité le premier soit le continuateur de Nicolo AMATI son maître, et le second un génial rénovateur de MAGGINI. On peut encore ajouter Jacobus STAINER, le célèbre luthier tyrolien, dont l'influence fut si considérable encore ailleurs que dans son pays, mais qui passe pour avoir été lui aussi l'élève de Nicolo AMATI. Ainsi que nous le verrons plus tard, il est aisé de trouver aussi dans sa lutherie des détails caractéristiques, qui sont communs avec celle des luthiers vénitiens. La proximité de Venise et du Tyrol explique facilement une telle similitude de goût, et il reste à établir si c'est Venise qui a influé sur le Tyrol, ou le contraire.

Les luthiers sortis des ateliers des AMATI et de STRADIVARIUS qui sont allés s'établir dans les différentes villes d'Italie ont travaillé d'après les types de leurs maîtres, sans toutefois s'y conformer servilement, suivant les inspirations de leur génie propre, mais sans s'écarter des principes. Plus tard, leurs élèves ou leurs confrères se sont rapprochés de tel ou tel type répondant à la demande des acheteurs. C'est la raison pour laquelle on retrouve un peu partout en Italie, et aussi en France, le modèle de Nicolo AMATI, le plus répandu à l'époque où STRADIVARIUS était dans la plénitude de son talent, parce que la réputation du premier était établie, et qu'il existait pour ses instruments une sorte de publicité orale datant de loin.

Cette demande était pourtant justifiée. Les instruments du type AMATI convenaient parfaitement, par leur douceur, à la nature de la musique en usage jusqu'à la fin du xviiie siècle; mais, à partir de cette époque, la musique ayant évolué et demandant plus de puissance, le type AMATI perdit peu à peu de sa faveur, et c'est chez STRADIVARIUS et GUARNERIUS (del JESU) que l'on trouva les moyens d'expression nécessaires.

Quoique les différentes villes d'Italie ne représentent pas à proprement parler des écoles, il est indéniable que, pour une grande partie, on retrouve chez leurs luthiers un certain air de famille, au figuré comme au propre, des dynasties s'y étant formées, et l'influence du milieu s'étant fait sentir en cela comme en toutes choses. La similitude des bois employés, celle du vernis, qui, tout en restant le vernis dit italien, n'était pas figé dans sa formule (peut-être pas fabriqué par le luthier, mais par le droguiste local), et d'autres détails encore autorisent à admettre la classification par villes.

LES PRINCIPAUX LUTHIERS

Italie.

Brescia. — La lutherie de Brescia se caractérise par une forme allongée, des voûtes relativement basses, mais se soutenant insensiblement jusqu'aux bords, sans former la courbure si caractéristique du type STAINER qui s'abaisse brusquement vers les bords pour former une gorge prononcée en se relevant. Dessin des contours naïf et tenant encore des violes, coins courts, bords de la table et du fond dépassant très peu les éclisses, doubles filets, éclisses basses, volutes ayant soit un demi-tour en plus, soit un demi-tour en moins que celles de Crémone. Quelquefois à la place des volutes une tête d'animal fantastique. Les fonds sont presque toujours sur couche. Le vernis généralement brun dans toute la gamme, d'une douceur toute particulière au toucher. Son voluptueux, tirant un peu sur l'alto pour les violons; ces derniers, plus rares que les altos et les violoncelles.

BERTOLOTTI GASPARO, dit GASPARO DA SALO (*1542 à Salo, sur le lac de Garde, † 1609 à Brescia). — Le plus ancien luthier dont des violons nous soient parvenus d'une authenticité absolue. Ses instruments ont toutes les caractéristiques que nous allons retrouver chez MAGGINI, sauf les *ff* placés presque parallèlement, et la volute d'un demi-tour de plus que le type de Crémone. Parfois, des têtes sculptées en guise de volute.

Dimensions :

	Longueur.	Largeur haut.	Largeur bas.	Éclisses haut.	Éclisses bas.
	mm.	mm.	mm.	mm.	mm..
Violon (petit format).	351	160	200	27	28
Violon (grand format).	364	176	216	28	29
Alto..............	443	220	257	38	40

MAGGINI (Gio Paolo) (1581-1632). — Ce luthier a apporté les derniers perfectionnements essentiels à la facture du violon. Il est le créateur du violoncelle et de l'alto. On connaît à peine 50 instruments de sa main, et pourtant son modèle a été copié dans tous les pays jusqu'à nos jours. Sa lutherie a toutes les caractéristiques de l'école de Brescia citées plus haut, et dont il est le chef, plus encore peut-être que Gasparo DA SALO, son maître. Forme naïve, coins courts, voûtes s'abaissant insensiblement et allant jusqu'aux bords, éclisses basses. La voix grave et profonde de ses violons est due précisément à la conformation des voûtes. Comme les éclisses sont particulièrement basses (il en est qui n'ont que 25 mm.), on a essayé de les élever pour obtenir plus d'éclat dans le son. Toutes les tentatives de ce genre sont restées infructueuses, ce qui prouve que ce luthier avait fait de ses proportions une étude sérieuse.

Si l'on entre davantage dans les détails de sa facture, on peut faire les observations suivantes.

Matériaux employés excellents; main-d'œuvre de premier ordre; épaisseurs raisonnées. Le bois des fonds rarement coupé sur maille.

Les bords du fond et de la table ne dépassent presque pas les éclisses.

Les *ff* placés assez bas, découpés en biseau à l'intérieur comme dans les violes. Le trou supérieur des *ff* plus grand que l'inférieur, contrairement à ce que l'on constate chez les autres luthiers. La partie supérieure des *ff* paraît plus large que la partie inférieure, par un effet d'optique provenant de la coupe.

Doubles filets et ornements au milieu du dos, jamais les deux à la fois.

Volutes massives, avec un quart à un demi-tour de moins que les luthiers contemporains ou ultérieurs.

Sur le cheviller, à l'endroit où commence la volute, se remarque une légère protubérance (un reste des violes).

On constate, dans la facture, plusieurs manières, passant successivement de la forme très primitive à des formes de plus en plus élégantes, ce qui est particulièrement apparent dans les *ff*.

Le vernis varie de couleur dans les différentes périodes, mais non de qualité, laquelle est aussi remarquable que celle du vernis employé par les plus célèbres luthiers qui suivirent. .

Le brun plus ou moins foncé et l'orange dominent comme teinte dans tous les instruments de MAGGINI.

Dimensions :

	Longueur.	Largeur haut.	Largeur bas.	Éclisses haut.	Éclisses bas.
	mm.	mm.	mm.	mm.	mm.
Violon (grand format)	366	178	218	27	27
Violon (petit format).	360	168	208	25	25
Alto	432	208	248	36	36
Violoncelle	751	360	465	112	112

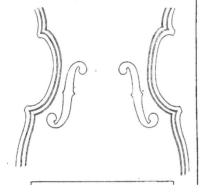

Gio: Paolo Maggini, in Brescia

FIG. 828.

cc, coins, filets, *ff* et étiquette d'un violon de G.-P. MAGGINI.
(Laurent GRILLET.)

' MAGGINI (Pietro-Santo). — Presque tous les ouvrages sur la lutherie citent ce MAGGINI, personnage probablement imaginaire.

On ne connaît ni violons, ni altos, ni basses authentiques sous ce nom, autres que ceux de Gio-Paolo MAGGINI.

NELLA (Raffaele) (XVIIᵉ siècle). — Contours d'après MAGGINI; *ff* d'après les frères AMATI. Tête fantastique sculptée à la place de la volute. Sonorité faible.

PASTA (Antonio); PASTA (Domenico); PASTA (Gaetano). (Première moitié du XVIIᵉ siècle). — Modèle de l'école de Brescia. Bons instruments.

POZZINI (Gasparo). — Modèle MAGGINI. Lutherie estimée.

RANTA (Pietro). — Style AMATI.

ROGERI (Giambattista) (* 1630 à Bologne, † vers 1730 à Brescia). — Fut élève de Nicolas AMATI en même temps que STRADIVARIUS. Voûtes élevées, coins sortis et *ff* comme dans les instruments de son maître. Volute un peu trop petite. Bois de bonne qualité. Vernis jaune doré. Les violoncelles généralement avec fonds de peuplier.

ROGERI (Pietro-Giacomo) (1680-1730). — Fils du précédent. Travail semblable à celui de son père.

SCARAMPELLA (Giuseppe) (XIXᵉ siècle). — Bonne main-d'œuvre. Excellent réparateur et imitateur. Il a travaillé à Brescia, Paris et Florence.

.VETRINI (Battista) (XVIIᵉ siècle). — Petit patron. Beau vernis jaune. Bon travail.

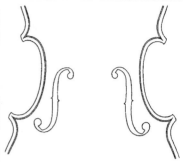

FIG. 829.

cc, coins, filets et *ff* d'un violon de J.-B. ROGERI.
(Laurent GRILLET.)

VITOR (Pietro-Paolo de), de Venise. — A travaillé à Brescia dans la première moitié du XVIIIᵉ siècle. Type de Brescia. Voûtes très élevées, vernis rouge.

VIMERCATI (Pietro) (milieu du XVIIᵉ siècle). — A travaillé d'après MAGGINI et d'après AMATI.

Crémone. — L'école crémonaise embrasse une longue période. Son fondateur, André AMATI, s'affranchit complètement du type des violes pour créer un modèle élégant qui devait être perfectionné par ses descendants et successeurs, alors que son contemporain Gasparo DA SALO continua d'en subir l'influence, ainsi que MAGGINI.

Tous les représentants de l'école de Crémone travaillèrent sur le type AMATI, en le modifiant plus ou moins, sauf GUARNERIUS (Joseph) (del Jesu), ainsi que ses imitateurs, qui revint aux formes de MAGGINI, et les rénova d'une façon géniale.

Le vernis des grands luthiers crémonais représente le *nec plus ultra* du genre. C'est pourquoi, pour désigner le vernis italien de la lutherie ancienne, on dit communément : le vernis de Crémone.

Les plus célèbres furent les AMATI, les GUARNERI et STRADIVARI. Leurs élèves essaimèrent dans toute l'Italie, et quelques-uns allèrent même dans d'autres pays.

AMATI (Andrea) (1535-1612). — Le plus ancien luthier, avec Gasparo DA SALO, qui ait construit des violons. Il s'éloigna du type primitif, et l'on peut dire à juste titre qu'il est le fondateur de l'école moderne. Voûtes élevées; *ff* primitifs, avec leurs trous supérieurs et inférieurs d'égal diamètre et très grands; vernis jaune d'or épais; petit format.

On prétend qu'il a fait un certain nombre d'instruments pour le roi Charles IX, mais aucun document n'a corroboré cette assertion. Ses instruments sont de la plus grande rareté.

AMATI (Antonio) (1555-1640). — Fils aîné d'Andrea.

AMATI (Girolamo) (1556-1630). — Second fils d'Andrea.

Les deux frères travaillèrent longtemps sous la raison sociale : AMATI (Antonius et Hieronimus), jusqu'à la mort de Girolamo. Alors, Antonius continua encore à travailler pendant de longues années.

Leur lutherie accuse un grand progrès sur celle de leur père. Les *ff* étroits, mais très élégants. Néanmoins, le patron reste petit, les voûtes élevées. Four-

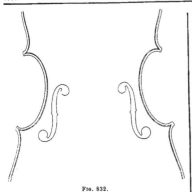

FIG. 832.

cc, coins, filets, *ff* d'un violoncelle d'Andrea AMATI.
(Laurent GRILLET.)

nitures de bonne qualité. Fonds généralement d'une pièce et sur couche. Vernis d'une teinte ambrée, parfois rouge doré, chaud et transparent. Les bords, du fond et de la table, dépassent de très peu les éclisses. Sonorité claire et d'une grande délicatesse, bien appropriée à la musique du temps. Le travail de Girolamo passe pour plus élégant que celui de son frère.

Dimensions des instruments des frères AMATI :

	Longueur.	Largeur du haut.	Largeur du bas.	Éclisses du haut.	Éclisses du bas.
	mm.	mm.	mm.	mm.	mm.
Violons.............	350-52	163-65	205-07	26 à 27	28 à 29
Altos (grand format).	452	220	270	38	40
Altos (petit format)...	415	196	245	34	35
Violoncelles........	753	332	450	118	118

AMATI (Nicolo) (1596-1684). — Fils de Girolamo, ce luthier perfectionna le modèle de son père, aussi bien au point de vue de la forme que sous le rapport de la sonorité. Il créa deux patrons. Ce sont les instruments construits dans les vingt dernières années qui sont les plus estimés. De nos jours, on recherche ses grands modèles. Dans ce type, les coins sont très sortis.

Nicolo AMATI donna plus d'élévation aux éclisses, abaissa les voûtes, ce qui adoucit la gorge près des bords, calcula mieux les épaisseurs, traça des *ff* d'une rare élégance et plus ouverts que ceux des frères AMATI, sculpta une volute de grandeur moyenne, d'une grande simplicité de forme et très gracieuse. Le choix des bois toujours excellent. Vernis depuis le jaune doré jusqu'au rouge tendre, d'une grande transparence.

Les instruments de Nicolo AMATI sont encore utilisés dans le concert comme instruments de solistes, lorsqu'ils sont de grand patron, mais, en général, ils conviennent admirablement à la musique de chambre, à cause de leur timbre et de leur souplesse d'expression.

Dimensions :

	Longueur.	Largeur du haut.	Largeur du bas.	Éclisses du haut.	Éclisses du bas.
	mm.	mm.	mm.	mm.	mm.
Violons (grand modèle, 1648).......	355	171	209	28	29 1/2
(1664)......	358	172	210	28	28
Violons (petit modèle).	352	161	201	28	29
Violoncelles........	780	365	472	113	117

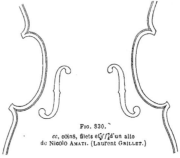

FIG. 830.

cc, coins, filets et *ff* d'un alto de Nicolo AMATI. (Laurent GRILLET.)

BALESTRIERI (Tommaso). — Travailla à Crémone jusque vers 1760, puis une dizaine d'années à Mantoue. Lutherie estimée, modèle STRADIVARIUS de la dernière manière. Ses violoncelles, peu nombreux, sont recherchés.

BALESTRIERI (Pietro) (XVIIIe siècle). — Frère du précédent, même lutherie.

BERGONZI (Carlo) (1690-1747). — L'un des plus célèbres élèves de STRADIVARIUS.

Ses œuvres sont dans le style de ce dernier, qu'il ne copia pas servilement. Les *ff* un peu plus longs et plus ouverts et les voûtes peu élevées. Vernis généralement rouge et rouge brun, qui a des tendances à craqueler. Sonorité très belle. Les violoncelles sont plus particulièrement estimés.

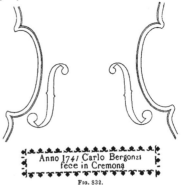

Anno 1741 Carlo Bergonzi fece in Cremona

FIG. 832.

cc, coins, filets, *ff* et étiquette d'un violon de Carlo BERGONZI. (Laurent GRILLET.)

Bergonzi (Michelangelo) (milieu du xviiie siècle). — Fils du précédent. Il s'éloigna considérablement de l'art de son père, mais ne l'égala ni pour le modèle ni pour le vernis. Il chercha surtout à imiter les instruments grand patron de Stradivarius. Ses violoncelles sont bons.

Bergonzi (Zosimo) (milieu du xviiie siècle). — Fils de Michelangelo. Fit surtout des violoncelles. Ses violons sont des imitations de ceux de son père.

Ceroti (Giambattista) (1755, jusqu'après 1800). — Elève et successeur de Lorenzo Storioni. Type de Nicolo Amati, grand patron. Vernis allant du jaune jusqu'au rouge. Bonne sonorité.

Guadagnini (Lorenzo) (Crémone et Plaisance, environ 1695-1760). — Elève de Stradivarius, il quitta Crémone vers 1730. Voûtes peu élevées genre Stradivarius, volute pleine de caractère. Bon travail, belle sonorité, vernis jaune doré. Instruments de concert.

Guarneri (Andrea) (1626-1698). — D'abord élève des frères Amati, il fut condisciple de Stradivari chez Nicolo Amati. Ses premiers travaux se ressentent de l'école de ses premiers maîtres, et surtout de Nicolo Amati; mais, plus tard, il subit l'influence de Stradivarius. C'est pourquoi, l'identification de ses instruments est difficile. Les voûtes sont parfois élevées, parfois moyennes. Le vernis orange clair jusqu'au rouge foncé. Les instruments grand modèle sont très estimés.

Guarneri (Pietro) (Crémone, Mantoue et Venise. *1655 à Crémone, † 1730 à Venise). Fils d'Andréa. — On a essayé d'établir l'existence de deux Guarneri de ce nom, le premier à Crémone et Mantoue, le second à Venise.

Les instruments de ce luthier se caractérisent par des voûtes assez élevées, une gorge profonde; la partie inférieure élargie, mouvement suivi avec beaucoup d'élégance par les ff. Bonnes fournitures, vernis transparent. On connaît de lui un alto sans coins en forme de guitare. Probablement un essai. Des instruments de cette forme datant du xviie siècle, et provenant de la collection Pietro Correr de Venise, se trouvent au musée du Conservatoire de Bruxelles.

Au xixe siècle, on a fait de nouveau quelques tentatives infructueuses dans cet ordre d'idées.

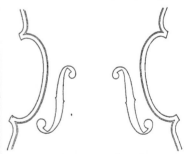

Fig. 833.
Alto en forme de guitare de Pietro Guarneri.

Guarneri (Giuseppe) (I), dénommé Guarnerius (Joseph) fils d'André (*1666, † environ 1738). Fils d'André. — Instruments remarquables par la personnalité, la perfection de main-d'œuvre et la belle sonorité. Patron moyen, coins sortis, poitrine un peu étroite, voûtes peu élevées, vernis jaune d'or, brun rouge et rouge.

Guarneri (Giuseppe) (II) dénommé Guarnerius Joseph del Jesu (1687-1742). — Neveu d'un cousin d'André, ce luthier, le plus grand de sa famille, égale presque Stradivari, le plus célèbre qui ait existé. D'après Vuillaume, il aurait été élève de ce dernier. D'autres connaisseurs dont l'opinion fait également

autorité voient dans sa manière l'influence de Joseph, fils d'André. Quoi qu'il en soit, il paraît certain qu'il s'est inspiré de Maggini. La forme des coins, la conduite des voûtes, la forme des ff et jusqu'à la petite proéminence qui se trouve des deux côtés du cheviller, à l'endroit où commence la volute, en sont pour ainsi dire des preuves. Les volutes ont un caractère et une originalité inimitables. Aucun violoncelle de lui n'est connu.

On lui attribue deux périodes, la première dans laquelle sa manière n'est pas encore dégagée, la seconde de 1730 à 1742.

Une légende veut qu'il aurait été en prison et que, pendant ce temps, il aurait fait des violons avec de mauvais matériaux et d'une main-d'œuvre grossière. Il est probable que ces instruments, dits *de la prison*, ne sont pas de lui.

Certes, ses violons offrent de très violents contrastes entre eux; autant les uns sont soignés et d'un fini parfait, autant les autres paraissent frustes et d'une main-d'œuvre négligée. Et cependant, quelques-uns de ces derniers, par la hardiesse de la coupe, aussi bien que par la qualité sonore, sont préférés des connaisseurs et des artistes.

D'ailleurs, sa production connue n'est pas grande : environ cinquante violons et dix altos.

Le premier qui le fit connaître et le mit en valeur fut Paganini, dont le violon qu'il avait surnommé le *Canon* est conservé à Gênes, ville natale du plus grand violoniste qui fut jamais.

Sur ses étiquettes figurent, à la suite du nom, les trois lettres eucharistiques I.H.S., surmontées d'une croix. De là, l'appellation *del Jesu*, sous laquelle on le désigne pour le distinguer de Joseph, fils d'André.

Dimensions :

	Longueur.	Largeur du haut.	Largeur du bas.	Éclisses du haut.	Éclisses du bas.
	mm.	mm.	mm.	mm.	mm.
Violons (petit format).	352-53	170	208	28	29
Violons (grand format).	355-56	172	210	29	30

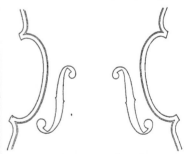

Joseph Guarnerius fecit ✠
Cremonæ anno 1741 IHS

Fig. 834.

cc, coins filets, *ff* et étiquette d'un violon de Giuseppe Guarneri. (del Jesu). (Laurent Grillet.)

108

Panormo (Vincenzo) (Crémone, Paris, Londres.* 1734 à Monréale près de Palerme, † 1813 à Londres).

On le dit élève de Carlo Bergonzi. Son modèle se rapproche, en effet, de ce maître, mais il imita aussi Stradivarius. Grand patron, voûtes peu élevées, vernis brun. Instruments d'excellente qualité.

Ruggieri (Francesco) (1650-1720). — Élève de Girolamo Amati. Style Amati, mais format agrandi. Le meilleur des luthiers de ce nom. Vernis orange allant jusqu'au rouge.

Fig. 835.
cc, coins, filets, *ff* et étiquette d'un violon d'de Francesco Ruggieri.
(Laurent Grillet.)

Ruggieri (Giacinto) (seconde moitié du xviiᵉ siècle). — Fils de Francesco. A imité son père. Les voûtes de ses instruments sont plus hautes et son vernis est généralement brun foncé.

Ruggieri (Vincenzo) (fin du xviiᵉ siècle jusque vers 1730). — Fils de Francesco. A également imité son père. Style Amati, vernis brun ou jaune-brun.

Storioni (Lorenzo) (1751-1799). — Un des derniers représentants de la grande époque. Imitateur de Joseph Guarnerius (del Jesu). Ses instruments sont très recherchés à cause de leur sonorité généralement excellente. Les fournitures peu plaisantes à l'œil, mais de bonne qualité. Vernis brun et rouge-brun.

Stradivari (Antonio) (1644-1737). — Le plus célèbre de tous les luthiers.

Stradivarius fut l'élève de Nicolo Amati, et il commença à travailler pour son propre compte en 1664. Les étiquettes de ses premiers instruments portent la mention : *Alumnus Nicolai Amati*. Le plus ancien violon connu de lui est daté de 1666. On a l'habitude de classer son œuvre en quatre périodes : 1° les instruments dits *amatisés;* 2° les *longuets; 3° l'âge d'or;* 4° la période de *décadence.*

Cette classification peut se justifier, mais dans un sens très large. Comme tous les artistes dignes de ce nom, Stradivarius ne s'est en réalité jamais répété. Son œuvre est un processus constant, le long duquel il a modifié plus ou moins son patron suivant un idéal qu'il s'était proposé, d'après les demandes de

ses clients, et même souvent pour utiliser des bois dont les dimensions ne lui permettaient pas de faire autrement.

Si l'on fait abstraction de la beauté de main-d'œuvre et de l'élégance générale de l'architecture, et si l'on considère l'instrument uniquement au point de vue de la sonorité, aucune classification de qualité ne peut être admise. La supériorité de tel instrument sur tel autre est purement affaire de goût personnel. Tout ce que l'on peut affirmer, c'est que l'œuvre énorme de Stradivarius, qui a travaillé depuis sa prime jeunesse jusqu'à l'âge de 93 ans, représente dans son ensemble le *nec plus ultra* de la lutherie, et que n'importe quel des instruments sortis de ses mains est un objet d'art de premier ordre.

Dans leur remarquable ouvrage, *Antonio Stradivari,* MM. William E. Hill and Sons, de Londres, ont suivi pas à pas, si l'on peut dire, la production du grand luthier. Leurs observations peuvent se résumer ainsi :

Violons. — Les violons les plus anciens connus de Stradivarius sont datés de 1666-1667-1669. Jusqu'en 1670, il copia le petit patron de Nicolo Amati. Jusqu'en 1684, il continua à imiter son maître, mais en y mettant déjà une certaine personnalité. Ainsi, les *ff* gardent le caractère Amati, mais sont déjà plus élégants.

Un seul instrument fait exception, c'est le *Hellier,* daté de 1679, d'une robustesse qu'on ne retrouvera que beaucoup plus tard. A ce propos, nous devons dire que les violons les plus renommés, pour une raison ou pour une autre, du grand maître crémonais, sont généralement désignés par les noms de leurs premiers possesseurs, de leurs possesseurs actuels, ou de grands artistes, de grands personnages qui les ont possédés, ou par une particularité quelconque.

Jusqu'à cette époque, les fournitures sont de bois faiblement ondés et en général pas très belles, probablement faute d'argent de la part du jeune luthier, qui venait de s'établir.

Les années 1684 et 1685 marquent un développement sensible dans la forme, qui reste toujours dans l'ensemble celle de Nicolo Amati, mais dans ses grands patrons. Beaux types : 1687, baron Erlanger. — 1687, C. Oldham. — 1687, Jean Kubelik. — 1688, Carl Derenberg.

La période pré-1700 est surtout une période d'essai, ce qui ne l'empêcha pas de changer encore bien souvent pendant le reste de sa carrière.

C'est l'espace de temps depuis les débuts jusqu'en 1690 que l'on appelle la période des instruments *amatisés.*

A ce moment, il créa le modèle appelé *longuet.* Ce nom provient de ce que les proportions de l'instrument vont augmentées dans le sens de la longueur, et diminuées dans celui de la largeur, ce qui lui donne un aspect *allongé.* On les appelle aussi des *allongés.* Il produisit jusqu'en 1699, et pas plus loin, de ces violons qui semblent un essai, et pour la création desquels il s'inspira très certainement de Gio-Paolo Maggini.

Les années 1686 à 1690 marquent une période où la main-d'œuvre est arrivée à un summum de perfection.

Le *Toscan* est daté de 1690.

Après un retour aux formes d'Amati, vers 1698, commence, vers 1700, ce que l'on appelle la *période d'or.* Les fournitures sont de premier ordre, le vernis superbe.

Beaux types :
1704, le *Betts*. — 1708, le *Régent*, puis le *Superbe*. Instrument magnifique et digne de cette dernière appellation. — 1708 (Musée du Conservatoire de Paris), ex-général *Davideff*. — 1708, le *Soil*. — 1709, le *Violti*.

De 1708 à 1725, on remarque de nouvelles formes, parfois de très grands patrons, et un changement perpétuel dans les proportions.

Beaux types :
1713, le *Sancy*. — 1713, le *Boissier*. — 1714, le *Dauphin*. — 1715, le *Gillot*. — 1715, l'*Alard*. — 1716, le *Cessol*. — 1716, le *Messie*. — 1717, le *Sasserno*.

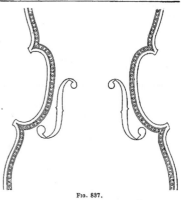

Fig. 837.

cc, coins, filets, *ff* d'un violon orné et incrusté d'A. Sradivari.
(Laurent Grillet.)

bien placer, tant les rainures sont irrégulièrement creusées.

Beaux types :
1731, le *Fletcher*. — 1732, le *Taylor*. — 1733, le *Roussy*. — 1734, le *Hackney*. — 1734, le *Ames*. — 1735, le *Lamoureux*. — 1735, le *Hartmann*. — 1737, le *White*.

Altos. — Les altos les plus célèbres sont :
Le *Grand duc de Toscane*. — Le *Oldam*. — L'*Archinto*. — Le *Macdonald*.

Violoncelles. — On ne connaît pas de violoncelle de Stradivarius avant 1684.

Beaux types :
1684, le *Général Kyd*. — 1690, le *Cosimo de Médicis*, à l'Institut musical de Florence. — 1696, le *Aylesford*. — 1697, le *Marquis de Piccolellis*. — 1689, l'*Archinto*. — 1691, le *Hollman*. — 1700, le *Christiani*. — 1700, celui de la cour d'Espagne au Palais royal de Madrid. — 1701, le *Servais*.
(Interruption de production de 1701 à 1707.)
1707, le *de Fau*. — 1707, le *Paganini*. — 1709, le *Delphino*. — 1710, le *Gore Booth*. — 1711, le *Duport*. — 1711, le *Mara*. — 1711, le *Romberg*. — 1712, le *Davidoff*. — 1713, l'*Adam*. — 1714, le *Batta*. — 1717, le *de Corberon*. — 1719, le *H. Becker*. — 1720, le *Piatti*. — 1724, le *Haussmann*. — 1725, le *Vaslin*. — 1725, le *Baudiot*. — 1726, le *Chevillard*. — 1738, le *Mendelssohn*.

La production totale des instruments de Stradivarius est estimée à onze cents.

On connaît de lui :
Violons, 540. — Altos, 12. — Violoncelles, 50.
Parmi ses œuvres, citons encore une charmante pochette qui se trouve au Musée du Conservatoire de Paris. Elle est datée de 1717.

Comme détail important de facture, sont à signaler les grandes variations dans les hauteurs des voûtes de violons. Les plus élevées sont de 20 mm. et les plus basses descendent jusqu'à 14 mm.

Stradivarius est le premier qui ait noirci les chanfreins du cheviller et de la volute de ses instruments. En cela, Guarnerius l'a imité, mais il a aussi noirci les arêtes des quatre coins des éclisses, ce qu'on ne trouve jamais chez Stradivarius. On connaît d

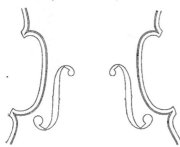

Fig. 836.
cc, coins, filets, *ff* et étiquette d'un violon d'A. Sradivarius.
(Laurent Grillet.)

De 1720 à 1725, le vernis semble moins riche. Les instruments ont plus de carrure.

Beaux types :
1722, le *Chaponay*. — 1724, le *Sarasate* (au Musée du Conservatoire de Paris). — 1725, le *Wilhelmy*. — 1722, le *Rode*.

Il convient de parler ici des instruments ornés. Ces instruments portent des incrustations d'ivoire et d'ébène en guise de filets; puis, la tête et les éclisses sont ornées d'arabesques dans le goût de la Renaissance. Ces arabesques sont ou simplement peintes en noir et recouvertes de vernis, ou légèrement gravées en creux. Dans ce dernier cas, les éclisses sont doublées d'une bande de parchemin pour les consolider.

On connaît 8 violons, 1 alto et 1 violoncelle dans ces conditions. Le plus ancien violon est celui de 1677 type *amatisé*, qui a fait partie de la collection Wilmote d'Anvers; puis vient le *Hellier*, dont nous avons parlé. Le violon de 1709 qui a appartenu au vicomte Greffuhle est aussi un bel instrument de cette catégorie, ainsi que le *Rode* de 1722, le dernier du genre. L'alto est daté de 1696.

De 1725 à 1730, la production est moins nombreuse, et, quoique très remarquable, la main-d'œuvre paraît moins sûre.

Beaux types :
1725, le *duc d'Edimbourg*. — 1727, le *Derbroucq*.

De 1730 à 1737, les instruments revêtent différents caractères, et varient de modèle. La main-d'œuvre fléchit, et, sur la fin, les filets ont de la peine à se

lui quelques tables de violons qui sont d'une seule pièce.

Pour les fonds, il a employé des bois sur couche au début, puis presque toujours sur maille, d'une ou de deux pièces. Le bel érable pour ces fonds devait être rare, car dans ses plus remarquables instruments se trouvent parfois de petites pièces ajoutées, le morceau employé étant probablement trop étroit.

Dimensions des instruments de Stradivarius.

	Longueur.	Largeur du haut.	Largeur du bas.	Éclisses du haut.	Éclisses du bas.
	mm.	mm.	mm.	mm.	mm.
Violons 1667.......	350	160	183	29	31
— 1667.......	352	167	201	32	32
— 1672.......	356	165	200	30	31
— 1677.......	350	163	205	28	30
— 1690.......	355	166	207	28	30
— 1690[1].......	362	162	210	30	32
— 1702.......	357	169	210	30	31
— 1704.......	357	170	210	30	31
— 1707.......	357	170	210	30	30
— 1708.......	360	171	210	30	31
— 1710.......	357	170	210	30	31
— 1711.......	360	170	210	30	30
— 1713.......	358 1/2	169	210	30	31
— 1714.......	356	170	210	30	30
— 1715.......	355	165	206	30	31
— 1718.......	360	170	210	30	31
— 1720.......	358 1/2	170	210	30	31
— 1725.......	354	168	208	29 1/2	31 1/2
— 1732.......	360	170	210	30	31
— 1734.......	360	170	210	32	33
— 1736.......	357	164	205	30	31

	Longueur.	Largeur du haut.	Largeur du bas.	Éclisses du haut.	Éclisses du bas.
	mm.	mm.	mm.	mm.	mm.
Altos 1690 (grand format)............	478	220	273	40	43
Altos 1690 (petit format)........	413	187	243	39	40
Altos 1691 (grand format)............	480	220	273	40	43
Altos 1701 (petit format)............	410	186	243	38	39
Violonc. 1690)	793	368	468	114	121
— 1691 } grand	797	368	471	121	121
— 1700) modèle	700	360	465	111	114
— 1701)	792	366	456	125	125
— 1689)	760	352	450	120	120
— 1710) modèle	756	346	440	117	124
— 1720) moyen.	756	346	437	124	127
— 1730)	746	320	421	117	121

Les dimensions (longueur et largeur) concernent les tables et les fonds des instruments.

Les mesures données ci-dessus ne sont pas absolument rigoureuses, elles sont en chiffres ronds. — D'ailleurs, de si minimes différences sont sans importance, étant donné l'usure des bords, et l'abaissement possible des éclisses par des détablages plus ou moins réussis. — On sait que les anciens luthiers se servaient comme mesures de pieds, pouces, lignes, qui ne correspondent pas à notre système décimal. STRADIVARI (Francesco) (1671-1743). — Fils et élève d'Antonio STRADIVARI; s'est éloigné de la tradition paternelle quant aux formes. Cependant son patron est grand et bien étudié. Les ff se rapprochent de ceux des frères AMATI. Vernis brun d'une bonne

1. Type longuet.

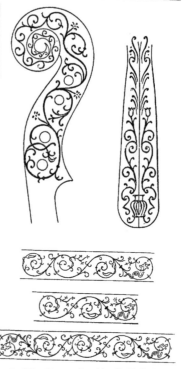

FIG. 838. — Ornements d'un violon d'A. Stradivari.
(Volute, cheviller, coulisse et éclisses.)

qualité. La sonorité est grande et belle. Il aurait placé des étiquettes de son père dans quelques-uns de ses instruments.

STRADIVARI (Omobono) (1679-1742). — Fils et élève d'Antonio STRADIVARI. A peu produit. Il semble s'être surtout occupé de réparations.

Florence. — CARCASSI (Lorenzo et Tommasso). — Les deux frères travaillèrent ensemble au milieu du XVIIIe siècle. Forme voûtée; ff courts et arrondis, vernis jaune et jaune-brun. Assez bons instruments.

GABRIELLI (Gian-Battista) (1740-1770). — Lutherie estimée surtout pour sa sonorité très en dehors. Ni le modèle ni la main-d'œuvre ne sont remarquables. Les voûtes tombent brusquement, ce qui les fait paraître plus hautes qu'elles ne sont en réalité. Vernis jaune, dur, mais transparent.

PAZZINI (Gian-Gaetano) (1630-1670). — Élève de MAGGINI, qu'il copia. Voûtes élevées, vernis sombre.

Gênes. — CALCAGNO (Bernardo) (commencement du XVIIIe siècle). — Instruments de petit patron d'après STRADIVARIUS. Bonnes fournitures. Vernis jaune d'ambre et rouge pâle.

possédant beaucoup de portée. Instruments de concert.

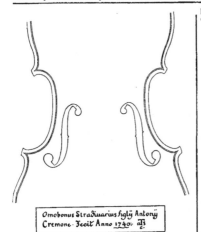

Omobonus Stradiuarius figlij Antonij Cremone Fecit Anno 1740.

FIG. 839.

cc, coins, filets, *ff* et étiquette d'un violon d'Omobono STRADIVARI.
(Laurent GRILLET.)

Livourne. — GRAGNANI (Antonio) (seconde moitié du XVIII° siècle). — Bonne main-d'œuvre. Fournitures de second choix. Vernis jaune.

GRAGNANI (Gennaro) (même époque). — Frère du précédent, même lutherie.

Milan. — GRANCINO (Paolo) (seconde moitié du XVII° siècle). — Passe pour élève de Nicole AMATI. Cependant, ses voûtes sont peu élevées. Fournitures moyennes. Excellent vernis jaune. Ses instruments sont recherchés.

GRANCINO (Giambattista [I]) (1690-1710). — Fils de Paolo, le plus célèbre luthier de la famille. Bon travail, belles fournitures, vernis allant du jaune jusqu'à l'orange. Sonorité remarquable.

GRANCINO (Giovanni) (1680-1720). — Fils de Paolo. Travailla d'abord en communauté avec son frère. Instruments petit patron, semblables comme coupe à ceux de son père. Vernis jaune et brun.

GRANCINO (Giambattista [II]) (XVIII° siècle). — Fils de Giovani. Sonorité bonne, malgré la mauvaise qualité des fournitures et du travail. Vernis d'un vilain aspect et dur.

GRANCINO (Francesco) (XVIII° siècle). — Frère du précédent. Le travail et les fournitures laissent également beaucoup à désirer, et cependant la sonorité n'est pas mauvaise.

GUADAGNINI (Giambattista [I]). Milan et Parme. (Plaisance, 1685-1770). — Frère de Lorenzo, mais ne l'égala pas, quoique ses instruments soient très estimés. Patron STRADIVARIUS, mais plus fruste. Vernis rougeâtre ou orange.

GUADAGNINI (Giambattista [II]). Plaisance et Turin. (°Crémone, 1711, † °786 à Turin). — Fils de Lorenzo et aussi élève de STRADIVARIUS, son travail est dans le style de ce dernier, mais beaucoup plus fruste, comme chez le précédent. Vernis de diverses nuances, très transparent et fort beau. Sonorité puissante, et

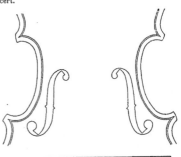

Joannes Baptifta Guadagnini ❀ Cremonenfis fecit Taurini.   GBG alumnus Antoni Stradivari 1777

FIG. 840.

cc, coins, filets, *ff* et étiquette d'un violon de J.-B. GUADAGNINI.
(Laurent GRILLET.)

GUADAGNINI (Giuseppe) (Milan, Côme, Pavie et Parme). — Né à Parme au milieu du XVIII° siècle, et travailla jusqu'au commencement du XIX°. Bonne lutherie, mais bien inférieure à celle des précédents. Il doit être le fils de GUADAGNINI (Giambattista)[I].

La famille des GUADAGNINI continua à pratiquer la lutherie jusqu'au milieu du XIX° siècle.

LANDOLFI (Carlo Ferdinando) (1714-1773). — Belle lutherie, rappelant Pierre GUARNERIUS. Bonnes f our nitures. Vernis jaune et tirant sur le rouge. Les voûtes des fonds sont généralement peu élevées par rapport à celles des tables.

MANTEGAZZA (Pietro-Giovanni) (XVIII° siècle). — Style AMATI. Vernis brun. Altos très recherchés.

MANTEGAZZA (Francesco) (XVIII° siècle). — Frère du précédent. Même lutherie.

TESTORE (Carlo-Giuseppe) (°1660 à Novara, † 1720 à Milan). — Le plus renommé de ce nom. Il fut élève de CAPPA à Saluzzo et de Giov. GRANCINO à Milan. Style Joseph GUARNERIUS (del Jesu). Vernis brun. Son très en dehors et beau.

TESTORE (Carlo-Antonio) (1688-1765). — Fils aîné de Carlo-Giuseppe, travailla sur les mêmes données que son père. On remarque à l'intérieur de ses instruments, sur le fond, une petite marque au fe, chaud représentant un aigle.

TESTORE (Paolo-Antonio) (1690-1760). — Frère du précédent. Ses instruments sont peu soignés. Généralement dans le style GUARNERIUS (del Jesu), et recouverts d'un vernis jaune foncé de vilain aspect. Les filets manquent sur les fonds.

Mantoue. — ALBANI (Nicolo) (XVIII° siècle). — Grand format. Vernis rouge. Bonne sonorité.

CAMILLI (Camillo de) (XVIII° siècle). — Bon travail d'après STRADIVARIUS. Aspect séduisant. Bonnes fournitures. Vernis brun et rouge brun. Les *ff* courts et très ouverts. Jolie sonorité.

ZANOTTI (Antonio) (première moitié du XVIII° siècle). — Bonne lutherie d'après Pierre GUARNERIUS. Vernis brun.

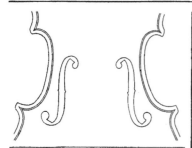

Carlo Antonio Teftore figlio maggiore
del fu Carlo Giufeppe in Contrada
larga al fegno dell'Aquila. 1740

Fig. 841.

cc, coins, filets, *ff* et étiquette d'un violon de C.-A. Testore.
(Laurent Grillet.)

Naples. — Gagliano (Alessandro) (1640-1725). —
Le plus ancien des luthiers renommés de cette ville,
et fondateur de ce que l'on appelle l'*école napolitaine,*
représentée surtout par ses descendants.
Élève de Stradivarius, la tradition veut qu'il soit
retourné en 1695 dans son pays natal. Ses instruments sont de grand patron, avec des voûtes peu
élevées. Les *ff* sont plus droits et plus ouverts que
ceux de son maître, mais ils en conservent le caractère. Les fournitures laissent à désirer sous le rapport de la beauté, mais elles sont de bonne qualité.
Il en résulte une sonorité puissante et agréable. Les
instruments de ce luthier *parlent facilement* et sont
très estimés. Vernis jaune et rouge brun. Les têtes
plutôt petites.
Gagliano (Nicolo) (1670-1740). — Fils aîné d'Ales-

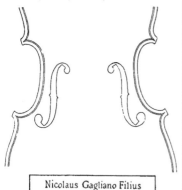

Nicolaus Gagliano Filius
Alexandri fecit Ncap. 1735

Fig. 842.

cc, coins, filets, *ff* et étiquette d'un violon de Nicolo Gagliano.
(Laurent Grillet.)

sandro, cet excellent luthier s'est rapproché dans
sa facture des Stradivari de la période *amatisée.*
Belles fournitures. Vernis généralement rouge brun.
Gagliano (Gennaro) (1700-1760). — Second fils
d'Alessandro. A peu produit, mais ses instruments
sont très estimés. Les *ff* sont plus courts et plus
ouverts que chez Stradivari, dont il a suivi les
traditions. Beaucoup de variation dans les contours.
Vernis rouge allant jusqu'au rouge cerise.
Gagliano (Ferdinando) (1706-1781). — Fils aîné de
Nicolo. A fait deux sortes d'instruments, les uns
très soignés, les autres pour être vendus bon marché.
Bons instruments dans le style de Stradivarius,
voûtes peu élevées, vernis jaune ou brun. Les violoncelles sont particulièrement estimés. Avec lui commence la décadence de la lutherie de ce nom.

Padoue. — Deconetti (Deconet, Michele). — A
travaillé à Padoue et à Venise (1750-1790). École de
Crémone. Bons instruments. Vernis brun-rouge.

Pesaro. — Mariani (Antonio) (xviie siècle). — On
connaît quelques rares instruments de ce luthier, qui
a travaillé sur le modèle de Maggini.

Rome. — Emiliani (Francesco de) (première moitié
du xviiie siècle). — Violons voûtés genre David
Techler. Jolie lutherie.
Gigli (Julio Cesare) (1700-1761). — Style Amati.
Voûtes moyennes. Très beau vernis brun-jaune et
brun-rouge.
Platner (Michele) (milieu du xviiie siècle). — Très
bonne lutherie genre David Techler. Vernis jaune
doré.
Techler (David) (1666-1743). — A travaillé à
Salzburg, à Venise et à Rome. Ses premiers instruments portent fortement l'empreinte de la tradition
allemande de Stainer. A Rome, sa facture devint
plus italienne. Aussi, les instruments datés de cette
ville, à partir de 1700, sont les plus estimés. Il conserva néanmoins les *ff* courts et ronds de Stainer,
et les voûtes élevées et conduites de la même manière que ce dernier. Ses violoncelles sont infiniment
plus appréciés que ses violons. Vernis rouge foncé et
rouge brun.

Fig. 843.

cc, coins, filets et *ff* d'un violoncelle de David Techler.
(Laurent Grillet.)

Toppani (Angello de) (1735-50). — Genre Techler,
grand patron, bonne sonorité. Vernis jaune doré.

Saluzzo. — Cappa (Goffredo) (xviie siècle). — A

travaillé à Saluzzo et à Turin. Passe pour avoir été l'élève des frères AMATI (Antonio et Girolamo). Sa lutherie n'a que de très loin le caractère de celle des AMATI. Les *ff* ont une forme très caractéristique. Vernis jaune ou rouge brun. Les altos et les violoncelles sont plus estimés que les violons.

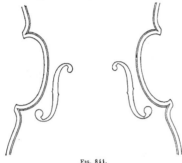

FIG. 841.

cc, coins, filets et *ff* d'un violon de G. CAPPA. (Laurent GRILLET.)

Trévise. — COSTA (Pier Antonio dalla) (1700-1768). — A travaillé à Trévise et à Venise. Beau et bon travail dans le style des frères AMATI. Vernis rouge-jaune très séduisant.

Turin. — PRESSENDA (Gian-Francesco) (1777-1854). — Les œuvres de ce luthier, quoique n'appartenant plus à la benne époque, sont très estimées. Les violons, altes et violoncelles de PRESSENDA comptent parmi les meilleurs instruments modernes. Une plaquette portant comme titre *Classica Fabricazione di violini in Piemonte*, et signée d'un de ses élèves, Benedetto-Gioffredo detto RINALDI, donne des détails sur la carrière de cet homme, qui embrassa sa profession par une vocation bien marquée.

Giovanni-Francesco PRESSENDA naquit le 6 juin 1777, de parents pauvres, à Lequio-Berria, petite commune de la circonscription d'Alba, au Piémont. Son père était violoniste de profession et c'est tout jeune qu'il se familiarisa avec les instruments à cordes. A douze ans, enthousiasmé par les récits qu'il avait entendus sur les luthiers de Crémone, il quitta la maison paternelle et se dirigea vers la ville célèbre, par petites étapes, en jouant du violon pour gagner de quoi vivre. A Crémone, il entra en apprentissage chez STORIONI, un des derniers luthiers de la bonne époque. Ensuite, il alla à Alba, où, son art ne lui rapportant pas assez pour subsister, il se fit ouvrier bijoutier.

Plus tard enfin, il alla à Turin, où Giambattista POLLEDRO, un des plus renommés violonistes du temps, ayant reconnu les mérites de sa lutherie, le protégea; grâce à ce puissant appui, il put étendre ses relations et faire connaître ses œuvres.

PRESSENDA avait choisi STRADIVARIUS comme modèle. Il employa de belles fournitures, et son vernis est fort beau, généralement jaune ou jaune brun.

ROCCA (Giuseppe-Antonio) (1800-1865). — Elève de PRESSENDA. Compte aussi parmi les meilleurs luthiers modernes. A copié STRADIVARIUS et GUARNERIUS (Joseph del Jesu). La plupart de ses fonds sont d'une pièce.

Venise. — BELLOSIO (Anselmo) (XVIIIᵉ siècle). —

Elève de SAN-SERAPHINO. Même lutherie, mais en moins beau.

CERIN (Marcantonio) (fin du XVIIIᵉ siècle). — Instruments très soignés, modèle STRADIVARIUS.

FARINATO (Paolo) (1695-1725). — Genre SAN-SERAPHINO. Vernis jaune rougeâtre.

GOBETTI (Francesco) (1690-1730). — Elève de STRADIVARI. Lutherie très estimée, d'après AMATI et STRADIVARIUS. Belles fournitures; vernis jaune ou rouge clair. Sonorité distinguée.

GOFRILLER (Matteo) (fin du XVIIᵉ siècle jusque vers le milieu du XVIIIᵉ). — Style STRADIVARIUS, mais néanmoins une certaine personnalité dans les détails. Volute bien tournée, bonnes fournitures. Bonne sonorité, quoique parfois un peu en dedans.

GOFRILLER (Francesco) (même époque que le précédent). Frère de Matteo, même lutherie, un peu inférieure à celle de ce dernier.

MONTAGNANA (Domenico) (1700-1750). — Elève de Nicole AMATI et condisciple de STRADIVARIUS. Un des plus grands luthiers de son temps, que l'on a très justement surnommé le *puissant Vénitien*.

Ses instruments rappellent STRADIVARIUS dans la période dite *amatisée*, mais le travail est bien personnel. Les *ff* participent de la coupe de STRADIVARIUS et de GUARNERIUS (del Jesu). La sonorité est également comme un mélange de celle de ces deux maîtres. Vernis admirable, orange ou rouge foncé, souvent très épais, et toujours d'une grande transparence.

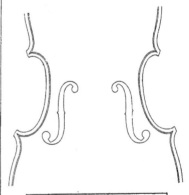

Dominicus Montagnana Sub Signum Cremonæ Venetüs 1729

FIG. 845.

cc, coins, filets, *ff* et étiquette d'un violon de Domenico MONTAGNANA. (Laurent GRILLET.)

PANDOLFI (Antonio) (première moitié du XVIIIᵉ siècle). — Bons instruments; grand patron, sonorité en dehors.

SAN-SERAPHINO (*1668, Udine; †1748, Venise). — Un des meilleurs maîtres vénitiens. Sa facture rappelle beaucoup la manière allemande et se ressent de l'influence de STAINER. C'est surtout dans les *ff* et la volute que cette influence est apparente. Les voûtes élevées la dénotent également. Superbe vernis vénitien, rouge ou jaune d'or avec une pointe de rose. Bonne sonorité, mais pas très en dehors.

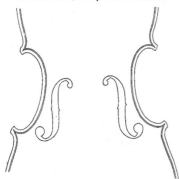

FIG. 846.

ce, coins, filets et *ff* d'un violon de SANTO-SERAPHINO.
(Laurent GRILLET.)

La décadence de la luterie italienne est achevée à la mort de J.-B. GUADAGNINI en 1786, et la même année, dans le but d'essayer de faire ressusciter un art perdu, et d'exciter l'émulation des luthiers, l'Académie des sciences, lettres et arts de Padoue décerna un prix à un luthier de cette ville, Antonio BAGATELLA, pour un mémoire intitulé : *Regole per la costruzione de violini, violi, violoncelli e violoni.*

Dans ce mémoire, BAGATELLA donne des indications très compliquées et arbitraires, pour retracer les contours caractéristiques des instruments des AMATI. Cet écrit n'a donné de résultats ni théoriques ni pratiques, et la lutherie de BAGATELLA (qui fut en réalité surtout un réparateur) ne présente aucun intérêt.

En tête des luthiers étrangers à l'Italie s'inscrit un précurseur.

TIEFFENBRUCKER (Gaspar), dont le nom fut plus tard francisé en DUIFFOPRUGCAR (aussi Dieffopruchar, Duiffobrocard, Dielfenbruger), naquit en 1514 à Freising, en Bavière. Il vint se fixer à Lyon vers le milieu du xvie siècle, où des lettres de naturalité lui furent données en 1558 par Henri II, roi de France. Il signait DUIFFOPROUCART.

On ne connaît pas de violon authentique de lui, et on peut considérer comme apocryphes tous ceux qui figurent dans des collections ou qui sont signalés dans des ouvrages.

Dans le portrait que fit de lui le célèbre graveur Woeiriot en 1562, où il est représenté entouré d'instruments de sa création, on en remarque un qui a beaucoup d'analogie avec le violon. Les quatre coins et la forme générale dénotent un des instruments de transformation qui devaient aboutir au violon. Cet admirable artiste contribua donc lui aussi à la création du quatuor moderne.

On connaît de lui plusieurs violes qui sont des merveilles de lutherie.

1° La viole de gambe du musée Donaldson à Londres, d'une forme très élégante, ornée de dessins en

marqueterie d'un goût exquis. Le format en est petit. Le corps n'a que 65 centimètres de haut.

2° La viole dite *au plan de Paris*, au musée du Conservatoire de Bruxelles.

Dimensions : Longueur du corps 700 mm. — Largeur du bas 380 mm. — Largeur du milieu des c 220 mm. — Largeur du haut 285 mm.

Le manche de cet instrument se recourbe en avant sous la forme d'une tête de cheval, et sa face postérieure est recouverte de sculptures compliquées, représentant une tête de femme, deux lions et un satyre jouant de la flûte, le tout encadré d'animaux, de fruits et d'instruments de musique. Le tire-cordes est recouvert d'incrustations où sont figurés, outre plusieurs ornements, une femme jouant du luth et un chien attaché par un collier.

Le fond est couvert de marqueterie en bois multicolore. On voit en haut saint Luc, de profil, assis sur un bœuf, s'enlevant dans les airs, vers des nuages d'où sortent des trompettes embouchées par des anges.

En bas, le plan de la ville de

FIG. 847. — Viole de DUIF-FOPRUGCAR portant en marqueterie sur le fond le sujet bien connu : *Vieillard à la chaise d'enfant.*

Paris (plus de 200 maisons d'un centimètre carré, et même des personnages microscopiques).

FIG. 848. — Violes d'après PRÆTORIUS (milieu du xvie siècle). Le n° 5 désigné *Italienische lyra de bracio*, est un instrument de transformation, où les formes du violon sont déjà nettement visibles.

3° La viole portant en marqueterie sur le fond le sujet bien connu : *Vieillard à la chaise d'enfant*. Cet instrument, également précieux, a une tête de cheval sculptée à l'extrémité du cheviller.

Il reste encore à signaler l'image d'un instrument de transition se rapprochant beaucoup du violon (les quatre coins et les *ff*). Elle se trouve sur la planche XX de Prætorius (milieu du xvie siècle) sous le n° 5 et, détail curieux, elle est désignée ainsi : *Italienische lyra de bracio*.

La reproduction d'un instrument de transition dans le portrait de Duiffoprugcar par Woeiriot, et celle que nous venons d'indiquer, sont des documents qui confirment l'idée rationnelle que l'on peut se faire de la naissance du violon.

.·.

Avant de passer aux luthiers étrangers à l'Italie, il est nécessaire d'établir que leurs œuvres ne peuvent pas être comparées aux instruments de l'époque italienne classique. A dater de la mort de J.-B. Guadagnini, en 1786, l'Italie elle-même a perdu le privilège de produire des instruments à archet qui se caractérisent par une qualité de son spéciale, dénommée le son *italien*.

Certes, il existe beaucoup d'instruments à cordes fabriqués en dehors de l'Italie, autrefois comme de nos jours, qui ne sont pas dépourvus de mérites, et qui rendent de très grand services à l'art musical.

C'est sous ce rapport qu'il est bon de les connaître. Il en est même qui ont acquis une très grande valeur commerciale; mais cela ne suffit pas pour les mettre sur le même rang que les anciens instruments italiens.

Les appréciations que nous aurons à émettre au sujet de la lutherie dont nous venons de parler ne pourront en aucun point servir de base pour établir des comparaisons avec l'ancienne lutherie italienne.

Notre aperçu sur les principaux luthiers de chaque nation s'arrêtera aux contemporains, comme cela a été fait pour l'Italie.

France.

Les luthiers français, qui s'étaient déjà signalés par leur habileté et leur goût dans la construction des violes, furent parmi les premiers qui firent des violons, altos et violoncelles. Il y a peu à dire sur les luthiers du xviie siècle. Leurs instruments sont mal connus, et sur le peu qui en reste, l'authenticité est difficile à établir.

Le xviiie siècle a vu une grande production d'instruments, en général bien faits, copiés pour la plus grande partie sur des Amati, dont ils rappellent l'esprit aussi bien que les formes, et parfois l'élégance. Plus tard, Stradivarius servit de modèle.

En dehors de la lutherie artistique, la France a vu naître et prospérer la production en gros à Mirecourt, qui est demeurée un centre important de fabrication.

Lille. — De Lannoy (N.-J.) (xviiie siècle). — Bon travail.

Deleplanque (Gérard) (seconde moitié du xviiie siècle). — Modele un peu fruste et sans élégance, mais bonnes fournitures et joli vernis jaune-rougeâtre.

Lyon. — Meriotte (Charles) (xviiie siècle). — Bons instruments, bien coupés. Vernis rouge foncé.

Silvestre (Pierre) (Mirecourt, Paris, Lyon) (* 1801 à Sommerviller, † 1859 à Lyon). — Après avoir travaillé avec François Lupot et Gand à Paris, il s'établit à Lyon avec son frère Hippolyte en 1829, association qui dura jusqu'en 1848. Lutherie très estimée. Modèle Stradivarius.

Silvestre (Hippolyte) (Paris et Lyon) (* en 1808 à Saint-Nicolas-du-Port, † en 1879 à Sommervillers). — Après avoir travaillé chez Vuillaume à Paris, s'associa avec le précédent. Instruments très estimés.

Mirecourt. — Chanet (François) (* en 1788 à Mirecourt, † en 1828 à Rochefort). — Ingénieur qui fit de nombreuses recherches sur la construction du violon. Il construisit des instruments sans coins, ayant la forme de guitare. Cette invention n'est qu'une réédition du passé. Le musée du Conservatoire de Bruxelles possède plusieurs instruments italiens du xviie siècle provenant de la collection Pietro Correr de Venise et qui ont cette forme de guitare. Nous avons cité un alto de Pierre Guarnerius ainsi construit.

Derazey (Honoré) (xixe siècle). — Grande production commerciale dans laquelle se distinguent parfois certains instruments très soignés et intéressants. Nicolas Didier, dit *le Sourd* (* 1757, † 1833). — Style Stradivarius, mais grosse et lourde lutherie.

Nancy. — Médard. — Une famille Médard représente à elle seule toute la lutherie de la région de Nancy au xviie siècle. Elle sombra, en 1636, dans un procès de fausse monnaie.

Il est au cours du xviie siècle plusieurs *vrloniers, violoniers* ou *violons* du nom de Henri, Nicolas, Claude et François. Leur lutherie est peu connue et les spécimens qui en restent sont assez rares. On dit qu'ils travaillèrent dans le style des premiers Amati.

L'un d'eux, François, passe pour avoir été chargé de confectionner des violons pour la chapelle de Louis XIV. Le musée instrumental du Conservatoire de Bruxelles possède de lui un alto couvert d'ornements peints et dorés.

Paris. — Aldric (1790-1844). — Un des meilleurs luthiers français. Bonne main-d'œuvre, fournitures de qualité; beau vernis rouge un peu épais.

Bassot (Joseph) (1763-1810). — Lutherie très irrégulière. On rencontre néanmoins de jolis instruments. Vernis rouge assez plaisant.

Bernardel (Auguste-Sébastien-Philippe (* 1802 à Mirecourt, 1820 à Paris). — Travailla chez Gand et chez Gand, puis s'établit en 1826. Lutherie estimée, particulièrement les violoncelles.

Boivin (Claude) (environ 1730-1750). — Bons instruments. Vernis jaune ou rose. Volutes bien sculptées.

Bocquay (Jacques). — Né à Lyon, travailla à Paris de 1705 à 1735 environ.

Excellente main-d'œuvre. Petit patron. Style Amati. *ff* bien découpés. Vernis brun ou rouge brun foncé. Sonorité agréable.

Castagneri (André) (première moitié du xviiie siècle). — D'origine italienne, ce luthier a travaillé sur le modèle de Stradivarius. *ff* longs et ouverts. Vernis généralement brun.

Chanot (Georges) (* Mirecourt, † 1883 à Courcelles). — Frère de François Chanot, de Mirecourt. Après avoir construit des violons sur les données de ce dernier, il travailla sur le modèle de Stradivarius. Bonne lutherie, sonorité très en dehors.

CHAPPUY (Nicolas-Augustin) (seconde moitié du XVIII⁰ siècle). — A travaillé à Mirecourt et à Paris. Grand patron; vernis jaune et brun.

FENT (François) (seconde moitié du XVIII⁰ siècle). — Excellente lutherie; bonne sonorité; vernis rouge qui a noirci par le temps; modèle de STRADIVARIUS très artistement coupé.

GAND (Charles-François) (1787-1845). — Elève de LUPOT, il imita son maitre. et ses instruments sont estimés.

GAND (Guillaume) (1792-1858). — Frère du précédent, même lutherie.

GAVINIÈS (François) (Bordeaux-Paris, seconde moitié du XVIII⁰ siècle). — Lutherie un peu lourde et sonorité nasillarde pour les violons, par suite du manque d'épaisseur des fonds. Les violoncelles sont meilleurs. Vernis brun.

GOSSELIN (1814-1830). — Amateur très distingué, dont la lutherie égale celles des meilleurs professionnels. Beau vernis rouge.

GUERSAN (Louis) (XVIII⁰ siècle). — Jolis instruments; petit patron; vernis jaune ou rougeâtre.

JACQUOT (Charles) (*1808 à Mirecourt, † à Paris en 1880). — Bonne lutherie courante.

LAGETTO (Louis) (milieu du XVIII⁰ siècle). — Bonne lutherie, modèle AMATI.

LE PILEUR (Pierre-François) (XVIII⁰ siècle). — Bonne main-d'œuvre, mais fournitures de qualité inférieure. Vernis brun.

LUPOT (François) (Lunéville, Stuttgard, Orléans et Paris) (1736-1804). — Modèle STRADIVARIUS. Bons instruments.

LUPOT (Nicolas) (Orléans et Paris) (*Stuttgard en 1758, †Paris 1824). — Fils du précédent. Le meilleur et le plus renommé de tous les luthiers français de son temps. Surnommé le *Stradivarius Français*.

Il employa toute son habileté à copier STRADIVARIUS, et ses instruments ont la même vogue que ceux de PRESSENDA. Sa lutherie, généralement plus massive que celle de son modèle, ne laisse rien à désirer. La main-d'œuvre est excellente, et la sonorité de bonne qualité, très en dehors et cependant assez ronde. Vernis rouge brun.

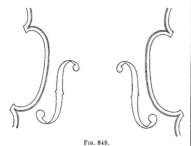

FIG. 849.

ee, coins, filets et *ff* d'un violon de Nicolas LUPOT.

PIERRAY (Claude) (première moitié du XVIII⁰ siècle). — A copié Nicolo AMATI avec succès. Jolis instruments, revêtus d'un vernis rouge clair séduisant, et possédant une sonorité sinon puissante, du moins agréable.

PIQUE (François-Louis) (1758-1822). — Lutherie déjà très estimée de son temps, égale à celle de LUPOT, mais n'ayant pas atteint la même notoriété. Et cependant il est certain que LUPOT a travaillé pour lui et lui a même fourni de son vernis. Il a peut-être aussi, en retour, travaillé pour LUPOT dans des moments de presse, ce qui expliquerait certaines variations dans la lutherie de l'un et de l'autre de ces deux remarquables luthiers.

PIROT (Claude) (1800-1833). — Bonne sonorité. Instruments voûtés. Vernis brun.

RAMBAUX (Claude-Victor) (1806-1871). — Bonne lutherie courante.

SALOMON (Jean-Baptiste) (milieu du XVIII⁰ siècle). — Ses violoncelles sont renommés. Lutherie fruste.

THIBOUT (Jacques-Pierre) (1777-1856). — Un des meilleurs luthiers français. Beau vernis rouge sur fond doré.

VUILLAUME (Jean-Baptiste) (*1798 Mirecourt, †1875 Paris). — Un des plus réputés luthiers français. Il travailla chez CHANOT, s'associa avec LÉTÉ, puis s'établit finalement pour son compte en 1828. Se fit connaître par des copies d'anciens instruments bien réussies.

Très habile ouvrier et chercheur, son œuvre est considérable : 2 999 violons portent son étiquette. Il inventa l'*octobasse*, instrument haut de 4 mètres et monté de trois cordes *ut*, *sol*, *ut*. Il a quatre notes au grave de plus que la contrebasse ordinaire. Les dimensions de cet instrument ont exigé l'invention d'un mécanisme spécial : au moyen de leviers, des doigts d'acier viennent se placer sur les cordes à la façon d'une barre, en sorte que l'exécutant, dans chaque position du doigt d'acier, a toujours à sa portée trois degrés, dont le deuxième est la quinte et le troisième l'octave de l'autre. L'appareil des leviers est fixé au côté droit de l'instrument, et l'on agit sur les bascules à l'aide d'un pédalier.

Il existe deux octobasses, l'une au Musée du Conservatoire de Paris, l'autre en Russie.

VUILLAUME fit fabriquer des archets en acier creux, qui ne donnèrent pas de bons résultats. Il inventa aussi un alto avec éclisses élevées qui n'eut pas de succès.

La lutherie de VUILLAUME a été trop vantée autrefois et est trop discréditée de nos jours. Il faut savoir choisir. Les instruments sortis des mains de cet habile ouvrier sont bons, surtout ceux du début de sa carrière. Les autres représentent la moyenne de ce que l'industrie produisait de son temps.

Strasbourg. — SCHWARTZ (Bernard) (*1744 à Kœnigsberg en Prusse, †1822 à Strasbourg).

SCHWARTZ (Georges-Frédéric) (1785-1849). — Fils du précédent.

SCHWARTZ (Théophile-Guillaume) (1787-1861). — Frère du précédent.

La famille SCHWARTZ, de Strasbourg, a produit des œuvres très honorables et appréciées. Les violoncelles sont particulièrement en faveur.

Allemagne.

De très bonne heure, l'Allemagne avait vu fleurir l'art de la lutherie entre les mains de ses célèbres faiseurs de luths et de violes. Elle ne fut cependant pas une des premières à adopter les instruments du quatuor moderne. Ce fut seulement sous l'impulsion et le prestige de Jacob STAINER, dont l'influence se fit sentir un peu partout, que les luthiers allemands se mirent à construire violons, altos et violoncelles.

C'est par le Tyrol, dont la situation géographique était tout naturellement marquée, que l'infiltration se fit.

Il est juste de signaler que le type STAINER, avec ses voûtes élevées et tombant brusquement vers les bords, les *ff* courts et très arrondis, ne resta pas le seul adopté.

A côté de luthiers qui le suivirent exclusivement, il en est d'autres qui choisirent comme modèle celui des AMATI et plus tard de STRADIVARIUS. D'autres encore, comme les maîtres de Prague, ne se contentèrent pas de copier les Italiens; ils cherchèrent, en modifiant tel ou tel type, à en créer un qui leur fût propre.

Absam. — STAINER (Jacob) (1621-1683). — Le plus grand maître-luthier d'Allemagne. — Il passe pour avoir été l'élève de Nicolo AMATI, et la chose ne paraît pas impossible, car, malgré les grandes divergences qui existent entre la lutherie de STAINER et celle de l'école italienne, on trouve certains détails chez STAINER qui rappellent Nicolo AMATI. — Chose curieuse, malgré la renommée universelle dont ont joui les violons de Jacob STAINER, on n'en trouve que très peu d'une authenticité indéniable. Aussi, beaucoup de jugements ont été portés sur cette lutherie d'après des violons tyroliens portant une étiquette apocryphe du maître d'Absam.

STAINER a fait des violons de deux patrons, l'un grand, et l'autre petit. La main-d'œuvre est égale, sinon supérieure à la moyenne de ce que l'Italie a produit. Le vernis jaune d'or est aussi chatoyant, aussi distingué que celui de Nicolo AMATI.

Malheureusement, le parti pris de structure a pour conséquence une sonorité qui est loin d'être aussi complètement belle que celle obtenue par l'architecture italienne. Les artistes et les amateurs avaient déjà porté ce jugement (devenu définitif), tout au début du XIXe siècle.

	Longueur	Largeur du haut.	Largeur du bas.	Éclisses supérieur.	Éclisses infér.
	mm.	mm.	mm.	mm.	mm.
Violon (1650)	354	162	200	30 1/2	31
Violon (1670)	356	166	222	29	30
Alto	405	198	241	46	47

Berlin. — BACHMANN (Carl-Ludwig) (XVIIIe siècle). — Violoniste de la cour et luthier habile. Ses instruments de modèle italien sont estimés.

Bozen. — ALBANI (Mathias). — On cite deux ALBANI du même prénom. L'un aurait vécu de 1621 à 1673, et l'autre de 1650 à 1710. Il est probable qu'il est question d'un seul et même luthier de ce nom.

Il travailla à Bozen et à Rome, où il alla vers 1660. Ses instruments faits à Bozen ont le type tyrolien, voûtes élevées, *ff* très ouverts. Souvent une tête sculptée à la place de la volute. Belles fournitures, vernis orange ou rouge brun. A Rome, ALBANI travailla plutôt dans le style italien. Ses instruments sont recherchés.

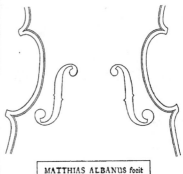

MATTHIAS ALBANUS fecit
Bulsani in Tyroli 1690.

Fig. 851.

cc, coins, filets, *ff* et étiquette d'un violon de Mathias ALBANI.

Dresde. — JAUCH (Johan) (1733-1750). — Bons violons imités des Crémonais. Les fournitures sont belles et les épaisseurs bien étudiées.

Eisenach. — HASERT (Joh.-Christian) (XVIIIe siècle). — Bonnes copies dans le style italien.

Füssen. — NIGGEL (Simpiternus) (XVIIIe siècle). — Genre STAINER, mais moins voûté. Vernis généralement brun.

Innsbruck. — SEBORN (Joh.-Paul) (1680-1716). — Instruments voûtés rappelant ALBANI. Beau vernis.

Iéna. — OTTO (Jacob-August) (1760-1829). — Lutherie estimée. A écrit sur le violon.

Langenfeld. — SCHEINLEIN (Johann-Michael) (XVIIIe

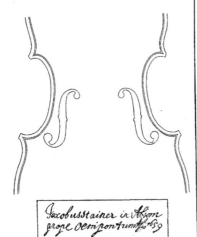

Jacobus Stainer in Absam
prope Œnipontum 1659

Fig. 850.

cc, coins, filets, *ff* et étiquette d'un violon de Jacobus STAINER.

siècle). — Bon travail style STAINER; voûtes moins élevées.

Leipzig. — FRITZSCHE (Samuel) (vers 1800). — Excellent luthier et habile réparateur.

HUNGER (Christoph-Friedrich) (1718-1787). — Un des meilleurs luthiers allemands de son temps. Violons et violoncelles sur des modèles italiens.

Mayence. — DIEHL (Johann) (1808-1843). — A travaillé d'après STRADIVARIUS. — Vernis jaune d'or. Bonne main-d'œuvre. — Estimé dans les provinces rhénanes.

Mittenwald. — HORNSTEINER. — Sous ce nom, toute une famille a pratiqué la lutherie au XVIIIe et au XIXe siècle. Mathias HORNSTEINER (1760 à 1800) passe pour le meilleur luthier de la famille.

KLOTZ. — Il en est de même pour la famille KLOTZ, dont les instruments sont assez recherchés. Mathias KLOTZ (1656-1743), le premier de la dynastie, a travaillé d'après STAINER.

Son fils Sébastien fit des instruments sur le même type, mais avec des voûtes moins élevées, tandis que d'autres, comme Egidius, travaillèrent d'après les AMATI.

Munich. — KOLDITZ (Mathias) (milieu du XVIIIe siècle). — Benne lutherie. Voûtes peu élevées.

Nurenberg. — MAUSSIEL (Leonhard) (1708-1757). — Bon imitateur de STAINER. Souvent une tête sculptée à la place de la volute.

WIDHALM (Léopold) (1760-1788). — Un des meilleurs luthiers allemands, de l'école de STAINER. Belles fournitures; vernis rouge-brun. Bonne sonorité, très en dehors.

Prague. — EBERLE (Joh.-Ulrich) (milieu du XVIIIe siècle). — A travaillé d'après les Italiens et aussi d'après STAINER. Fournitures remarquables, bonne main-d'œuvre. Sonorité plutôt faible. A construit de jolies violes d'amour.

EDLINGER (Joseph-Joachim) (1693-1748). — A travaillé dans différentes villes de l'Italie. — Style italien, voûtes basses. Bons instruments.

HELLMER (Joh.-Georg) (1687-1770). — Beaux instruments, sonnant bien.

HELMER (Carl-Joseph) (fin du XVIIIe siècle, commencement du XIXe siècle). — Elève de EBERLE. Bon travail, vernis brun. Sonorité un peu sourde.

STRNAD CASPER (1752-1823). — Type STRADIVARIUS, voûtes basses, ff un peu courts. Joli vernis brun ou rouge.

Vienne. — STADLMANN (Daniel-Achatius) (1680-1744). — Un des meilleurs luthiers viennois. Beau travail, tenant le milieu entre STAINER et N. AMATI. Vernis brun.

STADLMANN (Johann-Joseph). — Fils du précédent. Bon luthier. Instruments d'après STAINER. Voûtes très élevées. Néanmoins bonne sonorité. Vernis brun ou rouge-brun.

Angleterre.

Les luthiers anglais du XVIIe siècle se laissèrent aussi influencer par STAINER, sauf quelques-uns qui travaillèrent dans le style de Brescia. Au cours du XVIIIe siècle, le modèle allemand fut délaissé et on s'orienta d'une façon générale du côté de Crémone.

Il y eut à cette époque en Angleterre des luthiers fort habiles, détenteurs d'excellents vernis, si bien que beaucoup de leurs instruments démarqués ont passé et passent encore aujourd'hui pour des italiens authentiques.

Par suite de l'importation considérable que fit ce pays d'instruments étrangers, il posséda beaucoup moins de luthiers que son importance ne l'aurait exigé. A remarquer, toutefois, que l'Angleterre fut le pays où les produits nationaux se payèrent le plus cher. Vers le milieu du XIXe siècle, l'Angleterre devint le plus grand marché d'instruments anciens.

Brampton. — FORSTER (William) [I] (1713-1801). — Copies de STAINER et d'AMATI.

Edimbourg. — HARDIE (Matthew) (1755-1826). — Bon travail dans le style AMATI.

HARDIE (Thomas) (1804-1856). — Fils du précédent. Même lutherie.

Londres. — BETTS (John) (1755-1823). — Elève de DUKE. Bonnes copies d'anciens maîtres italiens (avec l'aide de ses ouvriers PANORMO et FENDT). Filets larges, ff ouverts.

CROSS (Nathaniel) (1700-1750). — Imitations de STAINER. Vernis jaune. Bonne main-d'œuvre.

DODD (Thomas) (1786-1819). — Excellent copiste des maîtres italiens. — A eu comme ouvriers Bern. FENDT et John LOTT. Vernis remarquable.

DUKE (Richard) (1750-1780). — Imitateur habile de STRADIVARIUS et de Nicolo AMATI. — Il fit aussi des violons dans le style STAINER.

FENDT (Bernhard) (1756-1832). — Lutherie estimée.

FENDT (Bernhard-Simon) (1800-1834). — Fils du précédent. Bons instruments, copies de GUARNERIUS. A fait des violoncelles dans le style de MAGGINI.

FORSTER (William) [II] (1789-1807). — Imitations de STAINER et d'AMATI. Beaux instruments estimés.

FORSTER (William) [III] (1764-1824). — Fils du précédent. Même lutherie.

GILKES (Samuel) (1787-1827). — Elève de Ch. HARRIS. Copies de N. AMATI. Vernis jaune brun. Instruments très estimés.

HARRIS (Charles) (fin du XVIIIe siècle, commencement du XIXe siècle). — Un des meilleurs luthiers anglais. Copies de N. AMATI et de STRADIVARIUS. Vernis d'un beau rouge. Les violoncelles sont particulièrement recherchés.

HILL (Joseph) (XVIIIe siècle). — Elève de P. WAMSLEY. Ses altos et ses violoncelles sont recherchés.

HILL (William) (1741-1790). — Fils du précédent. Bonne lutherie.

LOTT (John-Frédéric) (1775-1853). — A travaillé pour DODD. — Ses violoncelles et ses altos sont recherchés.

NORMAN (Barak) (1688-1740). — Excellent ouvrier de l'ancienne école. A travaillé d'après le type de Brescia. Son vernis est foncé. Les altos et les violoncelles sont particulièrement estimés.

PAMPHILON (Edward) (XVIIe siècle). Instrument sans valeur particulière. Petit patron; voûtes élevées; doubles filets; vernis jaune.

PANORMO (Joseph) (1773-1825). — PANORMO (Georges) (1774-1842). — Tous deux fils de Vincenzo PANORMO. Excellents instruments bien construits, modèle STRADIVARIUS.

PARKER (Daniel) (1714-1785). — Beaux violons d'après STAINER. Bonne main-d'œuvre; belles fournitures; vernis rouge tendre.

RAYMAN (Jacob) (vers 1620). — On prétend que c'est lui qui fit le premier des violons en Angleterre. Style allemand, mais avec des voûtes relativement moins élevées; *ff* courts; beau vernis brun; bonne sonorité.

TAYLOR (1770-1820). — Elève de PANORMO. Instruments estimés.

TOBIN (Richard) (1790-1836). — Ses imitations de STRADIVARIUS et de GUARNERIUS sont très estimées en Angleterre.

URQUHART (Thomas) (XVIIe siècle). — Petit patron ; voûtes élevées, vernis brun; belle sonorité.

WAMSLEY (Peter) (1727-1751). — Un maitre très estimé en Angleterre. Imitateur de STAINER.

Salisbury. — BANCKS (Benjamin) (1727-1795). — Un des meilleurs luthiers de l'Angleterre, si ce n'est le plus grand. Style Nicolo AMATI, beau vernis rougeâtre, avec tendance aux craquelures. Les violoncelles sont particulièrement recherchés.

BANKS (James et Henry) (XVIIIe siècle). — Fils du précédent. Bonne lutherie.

Belgique et Hollande.

Les luthiers de Belgique et de Hollande nous ont laissé des instruments estimables, mais ne dépassant pas une certaine moyenne. Suivant les régions, ils ont été influencés par l'école allemande ou l'école italienne.

Amsterdam. — BOURMEESTER (Jan) et BOURMEESTER (Sébastien) (XVIIIe siècle.) — Ces deux luthiers ont construit de bons instruments, grand patron, vernis jaune.

JACOBS (Hendrik) (vers 1700). — Très beau travail d'après Nicolo AMATI. Généralement grand patron. Filets en haleine comme chez presque tous les luthiers des Pays-Bas.

JACOBS (Peeter) (première moitié du XVIIIe siècle). — Probablement un fils du précédent. Beau vernis rouge foncé.

LEFEBVRE (J.-B.) (1720-1740). — Bonne lutherie, style AMATI.

ROMBOUTS (Pieter) (première moitié du XVIIIe siècle). — Instruments très voûtés. Bonne sonorité.

WEYMANN (Cornélius) (XVIIIe siècle). — Luthier estimé.

Anvers. — VAN DER SLAGH MEULEN (J.-B.) (XVIIe siècle). — Instruments d'après l'école de Brescia. Vernis brun.

Bruxelles. — DELANOY. Famille de luthiers dont quelques œuvres sont estimées.

SNOECK (Egidius) (première moitié du XVIIIe siècle). — Travail moyen dans le style d'AMATI.

La Haye. — CUYPERS (Jan) (1707-1720). — Un des meilleurs maitres hollandais. Vernis jaune.

Tournay. — COMBLE (Amboise de) (1720-1760). — Ce luthier passe pour avoir travaillé chez STRADIVARIUS. A fait des instruments d'après la dernière période de STRADIVARIUS, solidement construits, et d'un aspect un peu massif. — Vernis d'un beau rouge et rouge

brun, ayant de l'analogie avec le vernis italien. Filets étroits. Lutherie très estimée.

Espagne et Portugal.

La facture des instruments à archet en Espagne et au Portugal a subi directement l'influence italienne. — La production n'est pas grande, mais elle est d'une qualité très honorable.

Barcelone. — BOFFILL (S.) (XVIIIe siècle). — Instruments sur le type GUARNERIUS. Vernis rouge foncé.

DUCLOS (Nicolas) (XVIIIe siècle). — Jolis instruments, style italien.

GUILLAMI (Jeannes) (XVIIIe siècle). — Bonnes copies de STRADIVARIUS.

Lisbonne. — GABRAM (Joachim-Joseph) (1769-1825). — Bonne main-d'œuvre. Vernis jaune.

Madrid. — CONTRERAS [I] (José) (XVIIIe siècle). — Copies de maltres italiens, particulièrement GUARNERIUS (Joseph). Voûtes prononcées. Vernis rouge foncé translucide.

CONTRERAS [II] (fin du XVIIIe siècle et commencement du XIXe siècle). — Elève du précédent, qu'il n'a pas égalé.

LA CONSTRUCTION

C'est au moyen d'un outillage très simple, et à l'aide de procédés pour ainsi dire primitifs, que les luthiers de l'époque classique ont réalisé leurs chefs-d'œuvre. De nos jours, on a introduit dans la facture des instruments à archet quelques changements, lesquels ne peuvent être considérés comme perfectionnements qu'au point de vue de la rapidité dans la fabrication, ou de la facilité dans l'ajustement des différentes pièces qui constituent un instrument. La lutherie industrielle en a profité, mais, dans la lutherie artistique, on travaille aujourd'hui exactement de la même manière que du temps de MAGGINI, d'AMATI et de STRADIVARIUS.

L'exposé qui va suivre n'est pas un traité de lutherie. Il a pour but de suivre toutes les phases de la facture des instruments à archet et de les détailler le plus clairement possible.

Description du violon, de l'alto, du violoncelle et de la contrebasse.

Violon. — La table du dessus de la caisse sonore, appelée *table d'harmonie*, est une planchette de sapin découpée suivant le modèle adopté. Epaisse de trois à quatre millimètres et voûtée suivant la sonorité que l'on veut obtenir, elle est percée de deux ouvertures nommées *ff* et placées symétriquement, ayant pour but principal de mettre l'intérieur de la caisse en rapport avec l'air extérieur.

Le dessous, appelé *fond*, est en bois d'érable. Il est voûté, mais la forme de sa voûte n'est pas semblable à celle de la table. Il n'est pas percé d'ouvertures. Son épaisseur au centre est de quatre millimètres et demi; elle décroît jusqu'aux bords, où elle n'a plus que deux millimètres et demi, tandis que l'épaisseur de la table d'harmonie décroît dans une proportion bien moindre.

La table et le fond sont réunis par une ceinture fermée de bandelettes en bois d'érable de un millimètre fort d'épaisseur, nommées *éclisses*.

A l'intérieur, et à l'extrémité du haut et du bas, se trouvent des petits blocs de bois de sapin appelés *tasseaux,* qui servent à fixer le pied du manche et l'attache du cordier. Ces tasseaux sont collés aux éclisses et à la table du fond comme à la table d'harmonie.

FIG. 852. — Violon (STRADIVARIUS).

Outre ces deux tasseaux, il en existe encore quatre qui se trouvent fixés de la même manière aux éclisses et aux deux tables. Ils se trouvent placés aux quatre encoignures qui limitent les échancrures du milieu. Ils ont pour but de donner à l'ensemble toute la solidité nécessaire, et ils servent en même temps à assembler les éclisses formées de deux fragments se faisant suite.

Les éclisses sont renforcées intérieurement par de petites bandelettes de bois, étroites et courbées pour suivre le contour de la table et du fond. On les appelle des *contre-éclisses*. Elles sont généralement en sapin, comme les coins. On les fait aussi en bois de saule, ainsi que ces derniers.

Dans le but de consolider la table, de lui permettre de résister à la pression des cordes et d'établir une tension favorable au développement de la sonorité, on fixe à l'intérieur une petite verge de sapin passant sous le pied gauche du chevalet, et placée parallèlement à l'axe dans le sens de la longueur. Elle a les trois quarts de la longueur intérieure de la caisse, et s'arrête à distance égale des deux bouts. On l'appelle la *barre*. Son épaisseur est au milieu de 0 m. 005. Sa hauteur, de 0 m. 011 également prise au milieu, va en décroissant de manière à se terminer à 0 aux deux extrémités.

Une petite baguette de sapin de six millimètres environ de diamètre, dont les deux extrémités sont taillées de façon à s'appliquer exactement sur la surface intérieure de la table et du fond, est placée entre elles perpendiculairement, en forçant légèrement. Sa place est à une très petite distance en arrière du pied droit du chevalet. On l'appelle *âme*, à cause de l'importance considérable qu'elle a sur la sonorité.

Le manche est fixé à l'extrémité du tasseau supérieur. Au bout du manche se trouve le *cheviller*, creusé pour recevoir les *chevilles* et les *cordes*. Le cheviller est terminé par une *volute*.

Contre le manche et en dessus, se trouve la *touche*, en bois d'ébène, sur laquelle viennent se poser les doigts du joueur.

A l'endroit où le manche finit et où le cheviller commence, se trouve une petite proéminence sur la touche, appelée *sillet*. Elle a pour but de maintenir les cordes à une distance déterminée au-dessus de la touche.

L'éclisse du bas est percée en son milieu, ainsi que le tasseau qui y adhère, pour recevoir un *bouton*. A ce dernier est attaché le cordier, en bois d'ébène, lequel reçoit les cordes. Ces dernières vont s'enrouler autour des *chevilles* qui les tendent, mais en posant

sur le *chevalet*. C'est par ce dernier, petite plaque d'érable finement découpée, que se produit la pression des quatre cordes sur la table. Le chevalet a deux pieds, qui doivent reposer de part et d'autre de l'axe, à égale distance et sur la ligne des petites échancrures ou crans marqués sur les *ff*. Il pose de champ.

La table et le fond sont d'une ou de deux pièces. Elles sont creusées à la *gouge*. Les éclisses et contre-éclisses sont *courbées au feu*.

Tout autour de la table et du fond est incrusté, à une petite distance des bords, un *filet* composé d'une partie en bois naturel entre deux parties de bois noir.

Tout l'instrument, sauf le manche, est recouvert à l'extérieur d'un *vernis* dont la composition contribue à sa qualité aussi bien qu'à sa beauté.

Les dimensions des instruments à archet ne sont variables que dans une faible mesure, particulièrement pour le violon.

Ces différences, combinées avec le dessin des contours et le parti pris des voûtes, constituent les différents *patrons*.

D'une façon générale, le violon a de trente-cinq à trente-six centimètres de longueur, mesurés à l'extérieur et du haut en bas de la table ou du fond. La plus grande largeur du haut est de dix-sept centimètres, celle du milieu de onze centimètres, celle du bas de vingt et un centimètres. La plus grande épaisseur prise d'extérieur à extérieur est d'un peu plus de six centimètres. La hauteur des éclisses dépend de l'élévation des voûtes. Elle est en moyenne de trente-deux millimètres en bas et de trente millimètres en haut.

Alto. — L'alto, dans le format adopté par la majorité des artistes, a dans ses dimensions un septième de plus que le violon.

On a cependant, de tout temps, construit des altos plus petits et plus grands. Les plus petits ne sont pas estimés, n'étant que de grands violons, faciles à jouer pour de petites mains, mais manquant de la sonorité et du timbre recherchés dans l'alto. Les plus grands sont recherchés par les altistes dont la conformation physique se prête à leur maniement. Dans de tels instruments, on trouve parfois des qualités sonores tout à fait remarquables.

FIG. 853. — Alto (STRADIVARIUS).

Violoncelle. — Les tables du violoncelle ont dans leurs dimensions au moins le double de celles du violon. On en a construit de petits et de grands. Aujourd'hui, on admet comme longueur la plus favorable soixante-seize centimètres. Les éclisses ont, en bas, de onze à douze centimètres. Cette hauteur va en diminuant vers le haut, où elle a perdu environ cinq millimètres. Comme dans les altos, les proportions varient sensiblement.

Fɪɢ. 854. — Violoncelle (Sᴛʀᴀᴅɪᴠᴀʀɪᴜs).

Fɪɢ. 855. — Contrebasse à trois cordes.

Contrebasse. — La contrebasse a un peu moins du double de longueur que le violoncelle. Ses proportions et dimensions sont variables. Il est à remarquer que c'est le seul instrument qui ait gardé la forme des violes dans le haut. Les épaules formées par les éclisses et les tables, au lieu de tomber carrément sur le bas du manche, le rejoignent par deux courbes allongées dont le profil ressemble à celui du haut d'une bouteille. De plus, on construit beaucoup de contrebasses avec le dos plat. L'extrémité du dos se rabat en sifflet vers le talon. Autrefois, on a construit aussi des altos à dos plat.

L'accord. — L'accord du violon est, en montant : *sol, ré, la, mi;* le *la* correspondant au diapason normal. L'alto s'accorde une quinte plus bas, le violoncelle une octave au-dessous de l'alto.

Ces instruments s'accordent, comme on le voit, par quintes. Il n'en est pas de même de la contrebasse. La contrebasse à quatre cordes est accordée par succession de quartes, soit *sol, ré, la, mi* en descendant. C'est l'inverse du violon. Le *sol* aigu correspond au *sol* grave du violoncelle.

Dans la contrebasse à trois cordes, l'accord est variable : *sol, ré, sol,* ou *la, ré, sol.* L'accord du célèbre contrebassiste Bᴏᴛᴛᴇsɪɴɪ était *la, ré, la.*

La corde grave du violon et les deux cordes graves de l'alto, du violoncelle et de la contrebasse à quatre cordes sont recouvertes d'un fil métallique.

Telle est la description sommaire d'instruments

Fɪɢ. 856.— Violon vu en dessous et dont on aurait enlevé le fond. On distingue la barre, les tasseaux, les coins et la place de l'âme.

Fɪɢ. 857. — Violon tranché par le milieu dans le sens de la longueur. On distingue le profil de la barre.

qui, après des siècles de tâtonnements et de perfectionnements successifs, représentent ce que l'on peut considérer comme le dernier échelon vers l'idéal, qu'il soit possible d'atteindre.

Avant d'entrer dans les détails de la construction des instruments à archet, signalons, pour mémoire, deux tentatives faites, presque en même temps, dans le but, sinon de perfectionner ce qui existait, du moins d'atteindre les mêmes résultats par des formes différentes.

En 1817, M. Chanot, officier et ingénieur de la marine, tenta de faire adopter un nouveau modèle de violon. La principale caractéristique de cet instrument était la suppression des coins et la forme de guitare qui en résultait. C'était un retour en arrière, de semblables instruments ayant déjà été construits dans toutes les grandeurs aux XVIIe et XVIIIe siècles. (violes de la collection Pietro Correr, au musée instrumental du Conservatoire de Bruxelles; alto de Pierre Guarnerius).

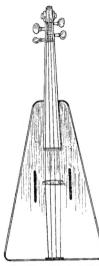

En 1819, M. Félix Savart, le savant acousticien, professeur au Collège de France et membre de l'Institut, lança à son tour un nouveau violon. Le contour de cet instrument affecte la forme d'un trapèze; la surface des deux tables est parfaitement plate à l'intérieur et légèrement convexe à l'extérieur. Les ouvertures de la table affectent la forme rectiligne. Les trous ronds du haut et du bas de ces ouvertures sont supprimés.

Ces deux instruments, qui n'ont eu qu'une apparition éphémère, sont tombés dans un juste oubli.

Les matériaux.

La colle. — Dans un assemblage, où tous les matériaux doivent être réunis les uns aux autres avec solidité et précision, uniquement au moyen de la colle, la qualité de cette dernière joue un rôle important.

En lutherie, et particulièrement quand il s'agit de lutherie artistique, on se sert de la colle dite *de Cologne*, à l'exclusion de toute autre. Elle se présente sous l'aspect de tablettes assez minces, pesant environ cinquante grammes, et de quinze centimètres de long sur sept de large. D'un aspect grisâtre, elle se brise difficilement et met assez longtemps à se dissoudre.

La supériorité de cette colle sur toutes les autres réside en ceci, qu'elle est très peu hygrométrique et qu'elle permet de joindre les pièces entre elles d'une façon si intime que les endroits où la jonction se produit sont à peine perceptibles. Il n'y a pour ainsi dire pas d'intervalle formé par la colle. Elle se prépare, comme toutes les *colles fortes*, au bain-marie.

On l'emploie aussi chaude que possible, en ayant soin, comme dans tous les travaux de menuiserie soignés, de faire chauffer légèrement, au moyen d'une lampe à alcool, les pièces à coller, et cela au moment même de l'opération.

Les fournitures. — Pour les tables d'harmonie, on emploie exclusivement le sapin. On s'en sert aussi pour les tasseaux et les contre-éclisses, mais on les fait également en bois légers tels que le saule.

Tous les traités de physique donnent des détails et des précisions sur les qualités du sapin. Outre ces qualités d'ordre général, ce bois présente, dans l'acoustique des instruments à archet, un avantage unique. Il est extrêmement rigide et ses fibres, régulières et parallèles, sont généralement écartées l'une de l'autre à une distance très favorable. .

Les tables d'harmonie sont coupées de telle sorte que les fibres se présentent en long et non en travers, c'est-à-dire qu'elles vont du haut en bas et jamais de droite à gauche. En outre, le sapin est très léger.

Ce bois se casse très facilement. Le moindre choc peut fendre une table. Aussi, c'est par elles que périssent presque tous les instruments, et s'il avait été possible de remplacer le sapin par une autre essence, on n'aurait pas manqué de le faire.

Le sapin employé en lutherie est le *pinus abies* de Linné, vulgairement appelé *epicea commun*. On emploie de préférence les bois provenant du Tyrol, de la Suisse et de la Savoie. Le sapin se débite en tronçons de quatre-vingts centimètres pour les tables de violoncelles, de quarante-cinq centimètres pour les tables d'altos, et trente-huit centimètres pour celles de violons.

La manière dont ces tronçons sont à leur tour débités est de la plus grande importance pour les tables. Elle n'a pas la même pour les fonds.

Il existe deux façons de débiter les bois : sur *maille* et sur *couche*.

Les bois sur maille sont débités dans le sens de la longueur du tronc, en tranches ayant la forme de prismes triangulaires, et dont tous les sommets se réunissent au centre.

Les bois sur couche sont débités par plans parallèles dans le sens de la longueur du tronc (coupe suivant les génératrices).

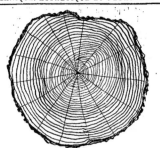

FIG. 860. — *Coupe sur maille.*

On débite généralement les tables en deux pièces. Les anciens les ont très rarement débitées en une pièce. Les tables en deux pièces offrent un avantage qui consiste en ce que, collant côte à côte les deux parties jumelles d'un même quartier, la partie la plus résistante de chaque quartier se trouve sous les pieds du chevalet, et, outre la question de solidité, cette disposition est très avantageuse au point de vue de la réaction de la table sur la sollicitation des cordes.

On emploie l'érable pour la construction des fonds, manches et éclisses. Il provient généralement de la Bohême et de la Hongrie. Autrefois la Suisse et le Tyrol en fournissaient, mais ces pays n'en possèdent plus guère. On prétend même que ces érables à ondes très petites, comme on en voit sur certains instruments italiens anciens, notamment les AMATI, provenaient d'Italie.

L'érable employé en lutherie doit être très résistant et en même temps très élastique, en ce qui concerne les fonds. Les trois espèces employées dans la lutherie moderne sont :

L'*érable plane* (*acer platanoïdes* de Linné); l'*érable sycomore* (*pseudo-platanus* de Linné); puis, l'*acer rotundifolium* et l'*acer neapolitanum*, qui se ressemblent.

Les fonds des instruments sont en érable coupé sur couche ou sur maille. Lorsqu'ils sont d'une pièce, on emploie indistinctement l'une ou l'autre de ces deux coupes; mais lorsqu'ils sont de deux pièces, c'est la coupe sur maille qui est adoptée.

Les anciens ont fait parfois des fonds de peuplier, surtout dans les violoncelles. De nos jours, on se sert

encore du peuplier pour les fonds de contrebasses. Autrefois on a aussi employé, surtout pour les basses et également pour les fonds et les éclisses, le hêtre, le marronnier et le tilleul.

L'érable est le seul bois qui convienne pour les fonds des instruments du quatuor.

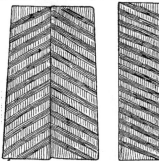

FIG. 862. — Fond de violon ☉ FIG. 863. — L'une des deux de deux pièces après l'assemblage. pièces avant l'assemblage.

Les outils.

En dehors des outils dont l'emploi est commun à la menuiserie et à la lutherie, il en est qui sont particuliers à cette dernière.

Les ciseaux. — Un jeu de ciseaux de différentes largeurs.

FIG. 864. — Série de ciseaux.

Les rabots. — Outre les rabots d'usage courant, une série de petits rabots à semelles plates et ovales dentées et non dentées, et de plus petits encore, de cinq centimètres à trois centimètres de longueur, à semelles bombées, destinés à creuser les voûtes et les gorges, et à mettre d'épaisseur.

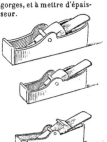

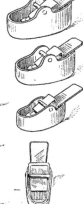

FIG. 865. — Rabots   FIG. 866. — Rabots
à semelle plate.   à semelle bombée.

FIG. 861. — Les deux pièces d'une table avant l'assemblage.

Les compas. — Le compas ordinaire, puis le compas à jambes inégales servant de traçoir.

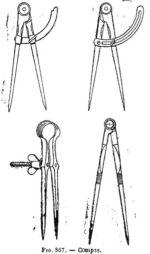

Fig. 867. — Compas.

Les compas d'épaisseur servent à vérifier les épaisseurs pendant le travail.

Les anciens se servaient de compas d'épaisseur très primitifs, et encore aujourd'hui, beaucoup de luthiers n'en ont pas d'autres. Très précis d'ailleurs,

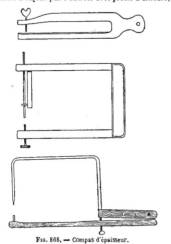

Fig. 868. — Compas d'épaisseur.

puisque l'écartement s'obtient au moyen d'une vis, ils ont le désavantage de demander un certain temps pour chaque mesure.

On se sert de plus en plus du compas d'épaisseur à cadran, inventé à la fin du xviii° siècle par le baron de PONNAT, et perfectionné depuis. Une aiguille divise un cadran en parties de ligne ou de millimètre, ce qui donne une très grande précision, et en le promenant sur un fond ou sur une table, on peut lire instantanément toutes les variations d'épaisseurs.

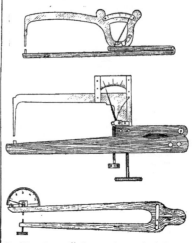

Fig. 869. — Compas d'épaisseur à cadran, système de PONNAT.

Les gouges. — Un assortiment de gouges cintrées. Elles servent à dégrossir avant de raboter.

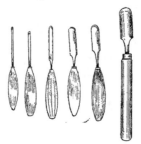

Fig. 870. — Série de gouges.

Les canifs. — Ces outils doivent être munis de lames très bien trempées. En général, ils sont emmanchés très solidement au moyen de morceaux d'érable d'une certaine largeur et peu aplatis, de manière à donner une bonne prise à la main.

Les ratissoirs. — Petites feuilles d'acier laminé; elles sont aiguisées d'un seul côté, en biseau assez court, puis le fil est renversé du côté opposé au biseau.

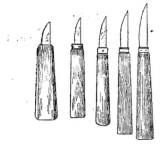

FIG. 871. — Série de canifs.

Les ratissoirs servent à enlever toutes les aspérités que les gouges ou les rabots auraient pu laisser subsister.

Le traçoir à fileter. — Cet outil est aussi d'invention moderne. Les anciens se servaient du compas à jambes inégales pour tracer les filets. Avec le traçoir à filets, qui a deux lames parallèles dont on peut régler l'écartement, le filetage exige moins d'habileté et se fait plus sûrement.

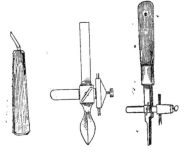

FIG. 872. — Bédane, traçoirs (Outils à fileter).

Le fer à ployer. Le fourneau à ployer. — Ces deux appareils servent à chauffer les éclisses, et les contre-éclisses, et en même temps à leur donner la forme voulue.

Le fer à ployer se chauffe à un certain degré afin de ne pas brûler le bois. Aussi, est-il nécessaire de répéter souvent l'opération, tandis que le fourneau à ployer affecte la forme d'une cheminée, dont la section perpendiculaire est représentée par une figure composée des différentes courbes pouvant être utilisées. Ce fourneau est chauffé au moyen de braises.

FIG. 873. — Fer à ployer.

La pointe aux âmes. — **Le couteau à détabler.** — La pointe aux âmes est un outil extrêmement sim-

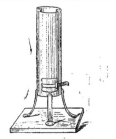

FIG. 874. — Fourneau à ployer.

ple : une tige d'acier d'une courbure particulière. Elle sert à placer l'âme.

Le couteau à détabler sert à détabler les instruments en cas de réparations intérieures. La lame doit être mince, assez large et résistante, mais il est nécessaire qu'elle soit émoussée.

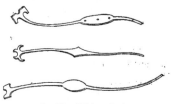

FIG. 875. — Pointe aux âmes.

FIG. 876. — Couteau à détabler.

Les vis à tabler. — Ces vis, en bois, sont pourvues à une extrémité d'une tête fixe formant saillie,

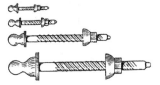

FIG. 877. — Série de vis à tabler.

et à l'autre d'un écrou permettant de serrer les bords de l'instrument contre les éclisses, et de rendre ainsi facile l'opération du tablage.

Les happes et les presses. — Ces outils servent à toutes les opérations où il est nécessaire d'opérer une pression et de maintenir des pièces en place après collage.

Les béquettes. — Petites pièces en bois destinées à maintenir les contre-éclisses après collage. Les

FIG. 878. — Série de happes.

pinces à barre destinées à maintenir la barre après collage sont de la même famille, et naturellement plus longues. On les remplace avantageusement par des presses construites spécialement pour cet usage.

FIG. 879. — Béquette.　　FIG. 880. — Presse.

Les entailles. — Outils servant à maintenir après le collage les deux pièces du fond ou de la table d'un instrument, et qui s'étaient disjoints, ou à resserrer

FIG. 881. — Serre-joints ou entailles.

dans le même but toutes autres fractures latérales d'une table ou d'un fond. Ce sont des planchettes de bois formant crochet de chaque côté.

Les louches. — Ces mèches coniques servent à percer les trous destinés aux chevilles, ainsi que

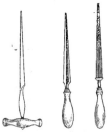

FIG. 882. — Louches.

ceux qui doivent recevoir le bouton pour le violon et l'alto, et le piquet pour le violoncelle et la contre basse.

Les modèles.

Que les modèles soient destinés à copier des antiques ou à créer des instruments originaux, il n'existe entre eux aucune différence.

Ils consistent en planchettes de bois ou plaques de métal donnant :

1° La ligne extérieure de la table et du fond;

2° Les contours des *ff* et leur place sur la table d'harmonie;

3° Le profil de la volute, du manche et du talon; le profil du cheviller avec l'emplacement des trous pour les chevilles.

Il faut encore ajouter les chablons pour vérifier les voûtes prises en largeur et en longueur, ainsi que les reliefs de la volute quand il s'agit de copier un instrument d'auteur.

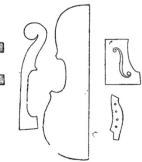

FIG. 883. — Modèles pour un violon.

Le contre-moule. — Le contre-moule est une planchette ou une plaque de métal, découpée de manière à produire par ses lignes extérieures le con-

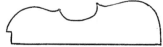

FIG. 884. — Le contre-moule.

tour intérieur de l'instrument que l'on veut construire. Le contre-moule sert à confectionner soit un moule *en dehors*, soit un moule *en dedans*.

Les moules.

Il existe deux sortes de moules, le moule *en dessus* ou en *dehors* et le moule *en dedans*.

Moule en dessus.

Ce moule est la reproduction exacte du centremoule, obtenue sur une planche de bois bien sec. Il est indispensable que la coupe des contours soit bien d'équerre par rapport aux deux faces du moule, sans ressauts ni méplats.

Comme complément du moule, il y a les contreparties. Elles doivent s'ajuster très exactement aux contours extérieurs du moule dont elles ont la même épaisseur, de deux centimètres pour le violon.

Pour terminer le moule, on trace la place des

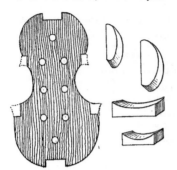

Fig. 885. — Moule en dehors ou en dessus
avec ses contre-parties.

tasseaux du haut et du bas, ainsi que des coins, et on découpe ces parties bien d'équerre. C'est dans ces vides que se placeront les six tasseaux, comme on le verra plus loin. Enfin, on perce les huit trous destinés à recevoir les griffes des happes. Les moules destinés aux gros instruments diffèrent un peu de ceux du violon et de l'alto. Comme ils seraient trop lourds et difficiles à manier, vu la largeur des éclisses, on procède ainsi : on fait deux moules de deux centimètres d'épaisseur chacun, et on les met l'un sur l'autre, en laissant entre eux un espace dont l'écartement est maintenu par des traverses.

Fig. 886.
Moule d'une ancienne basse de viole,
léger et facile à manier.

Moule en dedans.

Les anciens n'ont point connu ce moule, qui est d'invention relativement moderne, puisqu'il date seulement d'environ cent ans.

Ce moule diffère du précédent du tout au tout. Le moule en dehors peut être comparé à la forme d'un cordonnier sur laquelle on construit la chaussure, suivant la pittoresque comparaison de Tolbecque, tandis que le moule en dedans est une espèce de cadre à l'intérieur duquel s'appliquent les tasseaux et les éclisses. Ses contours intérieurs sont donc ceux du contre-moule, et les contre-parties ont une courbure contraire à celles du moule en dehors. Son épaisseur est la même que celle du précédent.

Montage du moule en dessus.

Les tasseaux et les coins doivent être d'un bois compact, liant et aussi léger que possible : saule, aulne, cèdre, bouleau, hêtre, tilleul, etc.

Après les avoir débités à la dimension voulue, on les rogne d'équerre, sans leur donner la forme définitive, puis on les place sur le moule, en les fixant avec une simple goutte de colle au centre de chaque morceau. On les maintient au moyen de happes.

Une fois secs, on découpe au moyen du contre-moule les coins de manière à leur donner la forme définitive à l'extérieur.

Les éclisses, préparées de la longueur, de la largeur et de l'épaisseur voulues, sont courbées à chaud au moyen du fer à ployer, afin d'obtenir la forme exigée.

On courbe en même temps et par le même procédé les contre-éclisses, qui seront collées plus tard.

Avant de coller les éclisses sur les tasseaux et les coins, il est indispensable de passer au savon sec toute la périphérie du moule, afin de faciliter le démoulage. On commence généralement par coller les éclisses des *cc*. Les autres viennent ensuite. On a eu soin de repérer la ligne où ces dernières doivent se rejoindre au bas de l'instrument, et qui doit être bien au milieu.

Au moyen des contre-parties et des happes, on fixe solidement le tout jusqu'à ce que la colle soit bien sèche. Comme le moule a environ deux centimètres d'épaisseur, les éclisses sont à l'affleurement du côté du moule sur lequel viendra le fond. Comme elles dépassent de l'autre côté, on pourra sans plus tarder coller les contre-éclisses qui plus tard adhéreront à la table, puis les chanfreiner comme c'est l'usage pour les instruments

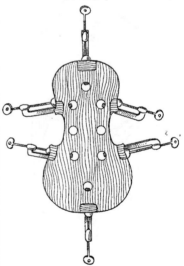

Fig. 887. — Montage d'un moule en dessus.

soignés. Un petit détail, dû à Stradivarius, consiste à faire pénétrer une partie de la contre-éclisse des cc dans chacun des coins, à la place de l'arrêter contre eux.

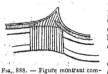

Fig. 888. — Figure montrant comment les contre-éclisses du milieu peuvent être enchâssées dans les coins.

Toutes les contre-éclisses sont serrées contre l'éclisse, jusqu'après séchage de la colle, au moyen de béquettes.

Montage du moule en dedans.

Le montage du moule en dedans se fait exactement comme celui du moule en dessus, avec cette différence que les éléments se placent à l'intérieur du moule. Les contre-parties se placent à l'intérieur, et leur pression s'exerce de l'intérieur à l'extérieur.

Le montage du moule en dedans présente des avantages réels au point de vue de l'exactitude du travail. Il permet aussi d'aller plus vite, car on peut préparer d'avance les tasseaux tout finis, les éclisses et les contre-éclisses. En un mot, on peut travailler *en série*. La main-d'œuvre est plus belle, mais incontestablement aussi l'instrument perd de sa personnalité. C'est pourquoi tous les luthiers n'ont pas adopté le moule en dedans, malgré les avantages pratiques qu'il présente.

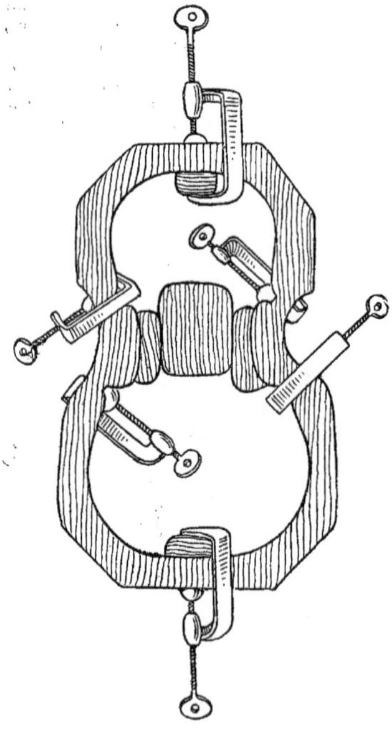

L'ébauchage et le filetage de la table et du fond. — Pour l'ébauchage de la table et du fond, il est nécessaire de connaître la ligne médiane afin de maintenir la symétrie des deux côtés. Le joint l'indique lorsque ces parties sont de deux pièces. Lorsqu'elles sont d'une pièce, surtout dans les fonds, on la trace au moyen d'une pointe.

Pour tracer les contours, on peut se servir d'un modèle fait d'avance, donnant les lignes extérieures, comme le contre-moule donne les lignes intérieures. C'est ainsi que l'on opère lorsqu'il s'agit de reproduire le patron d'un antique, par exemple. On peut aussi procéder autrement. Après avoir serré la pièce, dont les contours sont ébauchés, contre le moule, au moyen du compas à ressort auquel on a donné l'écartement nécessaire pour tracer la largeur des bords, on en détermine la ligne extrême (les anciens ne faisaient cette opération qu'après le tablage).

On n'aura plus qu'à égaliser le tout au moyen de la lime et du canif.

L'ébauchage se fait à la gouge, au moyen de laquelle on commence à donner la forme des voûtes, en laissant tout autour une surface plate qui sera creusée plus tard, en ayant soin de donner aux coins une forme régulière; puis on procède au *filetage*.

Il est entendu que les bords ont été mis d'épaisseur par l'ébauchage. Au moyen du traçoir à double lame, que l'on a ajusté à la distance voulue des bords et à l'épaisseur que l'on veut donner aux filets, on trace l'entaille. Puis, au moyen d'un canif, on approfondit le double sillon du traçoir de manière que les filets tiennent, mais en évitant d'aller trop profond.

C'est ce qui arrivait souvent aux anciens, qui filetaient sur l'instrument tablé, et qui travaillaient ainsi avec moins de sûreté. Ce défaut a exigé plus tard le doublage des bords dans beaucoup d'antiques, ces bords devenus trop fragiles s'étant brisés, ou leur faiblesse générale nuisant à la sonorité. Les

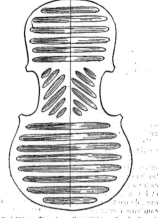

Fig. 889. — Montage d'un moule creux ou en dedans.

Fig. 890. — Ébauchage d'une table ou d'un fond.

parties coupées sont enlevées au moyen d'un petit bédane affûté en biseau. On place ensuite les trois filets, soit qu'ils aient été préalablement collés ensemble, soit qu'on les enduise de colle au moment même, dans la rainure qui leur est destinée. Cette opération est très délicate, surtout en ce qui concerne les coins.

Le finissage des voûtes. — Les voûtes se terminent aux rabots, depuis les moyens jusqu'au plus petit. Les rabots convexes servent à mettre d'épaisseur et les plus petits à s'approcher le plus possible de la gorge. Le dernier fini s'obtient au moyen des ratissoirs. Ici se présente une des opérations les plus délicates, la confection de la *gorge* et la *ragreyure*.

Il s'agit de creuser au moyen de la gouge, à une certaine distance du bord, une gorge dont la partie creuse se marie avec la courbure en relief de la voûte. C'est dans cette partie du travail que l'habileté du luthier se distingue le plus particulièrement.

L'obtention des épaisseurs. — On commence par le fond, puisqu'il sera le premier collé aux éclisses et aux tasseaux.

On trace la place des surfaces qui resteront plates (contre-éclisses, tasseaux, coins), au moyen du compas à jambes inégales. On place le fond, la partie convexe reposant sur la partie concave d'une forme préparée *ad hoc*, et garnie de feutre. L'intérieur se creuse à la gouge jusqu'à ce que l'on ait obtenu une épaisseur égale à celle que le fond doit avoir au maximum. On termine aux rabots en vérifiant de temps en temps au moyen du compas d'épaisseur.

Le collage du fond. — On applique le fond sur la place exacte qu'il doit occuper, de manière que les bords soient de même largeur partout. On le fixe au moyen de quatre vis de bois destinées au tablage. Au-dessous du talon et à l'autre extrémité du fond, et à la même distance du bord, tout près du filet, on perce un trou de deux millimètres de diamètre. La mèche dont on se sert doit traverser de part en part la table du fond et pénétrer un peu dans le tasseau. On fixe dans les deux cavités en question de petites chevilles d'érable qui serviront de point de repère pour coller la pièce en question exactement à sa place et sans tâtonnements (on en fera autant pour la table d'harmonie).

Les anciens procédaient ainsi. De nos jours, on colle les tables sans se servir de ces chevilles. Dans ce cas, le luthier est obligé de se faire aider par une seconde personne qui maintient le tout en place, pendant qu'il met les vis tout autour pour serrer convenablement les parties enduites de colle, comme dans le procédé indiqué plus haut.

La table d'harmonie. Les oníes. La barre.

La confection des voûtes et la mise d'épaisseur se pratiquent pour la table comme pour le fond. Une fois ces opérations terminées, il reste à tracer et à découper les *ff*, puis à coller la barre.

Pour tracer, les *ff*, on se sert d'un des modèles dont il a été question plus haut. Il permet, pour le patron adopté, de dessiner les *ff* et de les mettre à la place exacte qu'ils doivent occuper sur la table. Les anciens procédaient différemment. Ils déterminaient, au moyen du compas, la place des trous inférieurs et

supérieurs, puis ils dessinaient, au moyen d'un patron de parchemin ou de métal mince, le corps de ces *ff*.

Avant de découper les *ff*, on creuse, au moyen du plus petit rabot, la portion de table qui se trouve à l'extrémité inférieure de la patelette ou bique de l'*ff*, en venant terminer en mourant vers le trou du bas. Cette légère creusure vient se perdre dans la gorge du bord, vers le milieu de l'*f*.

Le découpage de l'*f* se fait au moyen d'un canif bien affilé. C'est une opération très délicate, le sapin, de par sa structure, se prêtant difficilement à ce découpage. Pour la faciliter, on encolle légèrement la partie à découper. Les anciens luthiers italiens taillaient les bords des *ff* d'équerre avec la table. Il n'a pas été toujours suivie, particulièrement par les Tyroliens, qui avaient conservé la manière usitée pour les violes, et que l'on retrouve encore chez les primitifs italiens comme GASPARO DA SALO et G.-P. MAGGINI.

La *barre* est faite d'un morceau de sapin de bonne qualité afin qu'elle puisse atteindre son but, qui est, d'une part, de soutenir la table contre la pression du chevalet, de l'autre, de maintenir l'élasticité nécessaire pour la laisser vibrer librement.

Elle se place contre la table, à l'intérieur, dans le sens longitudinal, parallèlement à la ligne médiane et passant à l'endroit où pose le pied gauche du chevalet. Elle doit épouser la forme de la table, tout en forçant dans une certaine mesure, sans exagération. C'est affaire de tact de la part du luthier.

Elle se colle au moyen des pinces à barre. Toutefois, de nos jours, on emploie des presses spéciales extrêmement pratiques.

Procédés modernes pour voûter et creuser les tables.

Au cours du xixe siècle, dans le but de produire vite et à bon marché, on a voûté les tables, de manière à obtenir à la fois le relief de la partie supérieure et le creux de la partie interne, au moyen du feu. Les pièces, après un simple dégrossissement, étaient voûtées par des presses spéciales. La mise d'épaisseur s'achevait ensuite.

Ce procédé, purement industriel et ne pouvant donner de résultats artistiques, avait de graves inconvénients. Par suite de l'humidité ou même spontanément, les parties se déformaient, se disjoignaient, et la réparation en devenait difficile et parfois même impossible.

Depuis quelques années, grâce aux perfectionnements de l'industrie mécanique, on est arrivé à traiter les tables et les fonds au moyen de machines reproduisant exactement un modèle donné.

Il y a là un très grand progrès au point de vue de la rapidité de la production. Toutefois, rien ne supplée au travail à la main, où le luthier reste le maître de sa matière. Il vérifie au fur et à mesure la résistance et l'élasticité. Son œuvre n'en est pas moins parfois imparfaite, par suite d'une erreur de diagnostic. Cela est arrivé aux plus grands des luthiers d'Italie, et les artistes qui jouent leurs instruments savent quelles différences de qualité se rencontrent dans les instruments d'un même maître ancien.

Démoulage et tablage.

Le démoulage s'opère facilement. Les parties collées

au moule tenant à peine par une goutte de colle, avec quelques coups de marteau légers elles se détachent. Si cependant on éprouvait quelque difficulté, en présentant le taillant d'un ciseau dans les joints et en frappant légèrement, on obtiendrait un résultat favorable.

On colle alors les contre-éclisses du côté où elles n'ont pas encore été posées. Puis, on donne aux tasseaux et aux coins leur forme intérieure définitive, et on procède au tablage, exactement comme on a fait pour le fond.

Le manche : poignée, chevillier, volute.

Pour confectionner le manche, on commence par dessiner le profil du talon, de la poignée du chevillier et de la volute, d'après un modèle, sur un bloc d'érable dont l'épaisseur ne doit pas être inférieure à celle qu'aura la pièce à ses deux extrémités, une fois terminée. On chantourne cette pièce en se conformant au tracé.

Après avoir dégrossi le manche et la partie inférieure, on sculpte la volute. A cet effet, on introduit une bande de papier sous la volute d'un instrument que l'on veut copier; cette bande de papier en fera le tour jusqu'au bout de la coulisse. On prendra ainsi une empreinte que l'on découpera et que l'on appliquera exactement à la même place de la volute ébauchée. On en tracera le contour, et on aura ainsi du côté de la tranche la forme que devra avoir la volute. On en fera autant pour les côtés, et la ligne tracée servira de point de repère pour sculpter la spirale.

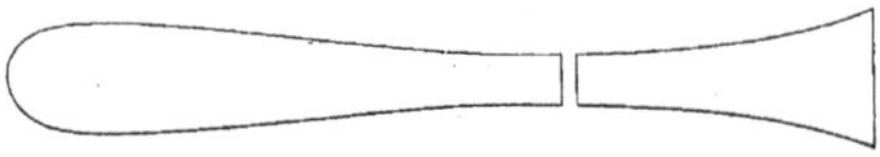

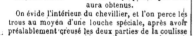

Fig. 891. — Modèle en papier ou en parchemin pour dessiner la coulisse sur le champ de la tête seulement chantournée, en vue de sculpter la volute.

Afin de ne pas perdre le trait pendant le travail, les anciens traçaient cette ligne au moyen d'une série de petits trous formés par une pointe fine. On trouve des traces de ce procédé dans beaucoup d'antiques.

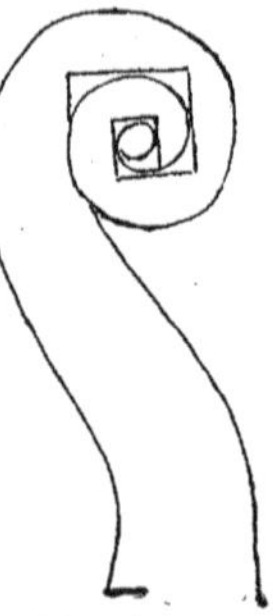

On opérera d'une façon analogue pour tracer le chevillier, et surtout pour marquer la place exacte des trous destinés aux chevilles.

Le reste du travail s'explique facilement. Guidé par ces lignes, le luthier commence par couper les joues du chevillier, jusqu'à la moitié du premier tour de la volute. Le chevillier a ainsi son épaisseur définitive. On donne ensuite quatre légers coups de scie qui entoureront le bouton et faciliteront le dégagement des spires terminales, qui seront faciles à tailler dans les deux carrés superposés que l'on aura obtenus.

Fig. 892. — Préparation des reliefs pour la sculpture de la volute.

On évide l'intérieur du chevillier, et l'on perce les trous au moyen d'une louche spéciale, après avoir préalablement creusé les deux parties de la coulisse

séparées d'une nervure, qui commencent derrière le chevillier et se terminent au bout de la volute.

L'enclavement du manche et le renversement. —

Avant de parler de l'enclavement du manche, un mot sur le renversement. Le renversement qui consiste à procurer au manche, au moment de l'enclavement, une pente en arrière, a pour but de donner aux cordes l'angle favorable à leur plus grande somme de sonorité. C'est donc le *renversement qui détermine la hauteur du chevalet*, et si l'opération est manquée, et si l'angle du chevalet est trop aigu ou trop ouvert, il se produira d'une part trop et de l'autre pas assez d'énergie, et la sonorité sera mauvaise.

Pour enclaver le manche, on coupe les bords de la table, les éclisses et le tasseau du haut, de manière à obtenir une cavité devant contenir exactement la partie inférieure du manche, dont le bout du talon s'ajustera sur la partie demi-circulaire du fond.

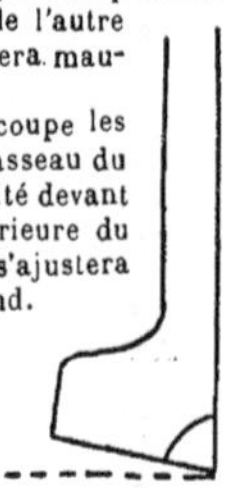

Fig. 893. — Profil du pied de manche formant un angle d'environ 85° pour le renversement.

Le pied sera coupé à l'angle de quatre-vingt-cinq degrés et non de quatre-vingt-dix, de façon que le mouvement plongeant que fera le bout du talon du manche pour donner le renversement n'affaiblisse pas le tasseau outre mesure. L'opération est délicate, et il faut que l'ajustement soit parfait.

Les anciens n'ont pas connu le renversement tel que nous le pratiquons, et n'ont pas enclavé le manche comme nous le faisons.

Les plus grands luthiers, comme STRADIVARIUS et GUARNERIUS, procédaient ainsi : ils clouaient, au moyen de trois clous assez forts et à grosse tête, le manche contre l'éclisse, après avoir eu soin d'entailler seulement la table. Les clous étaient enfoncés du côté du tasseau à l'intérieur, traversaient le tasseau et pénétraient dans le bois. La touche cunéiforme, mince au sillet et très épaisse vers le bas du manche, donnait l'inclinaison.

Le manche une fois ajusté est collé au moyen de happes et d'une contre-partie.

La touche.

La touche des instruments du quatuor est toujours d'ébène. Pour la contrebasse, on emploie parfois le palissandre ou le bois de fer. Afin de donner à la touche sa dimension et sa forme définitives, on l'insère dans une entaille en bois.

La touche doit être évidée en dessous, du côté de l'extrémité libre, pour en diminuer le poids. A cet endroit, elle est creusée en forme de cuiller. A l'autre extrémité et également en dessous, on creuse une petite gouttière, dans le but de faciliter les décollements ultérieurs, en cas de réparation.

Les touches du violoncelle et de l'alto doivent présenter dans leur section une disposition particulière. Cette section n'affecte pas, en effet, dans toute sa largeur, la forme d'un arc régulier, car on pratique un méplat sur la quatrième corde, afin d'éviter un *frisement* désagréable qui se produirait lorsqu'on joue fort, et qui serait provoqué par le frôlement de cette corde contre la touche, par suite de la grande amplitude de ses vibrations.

Fig. 894. — La touche.

Fig. 895. — Entaille pour raboter la touche.

Les sillets. — Une fois la poignée terminée, on pose les deux sillets : celui du manche que l'on faisait autrefois en ivoire, et qui a pour but de surélever légèrement les cordes sur la touche dès le début, et celui du cordier sur lequel vient s'appuyer le lien de ce dernier.

Enfin, on perce dans l'éclisse et le tasseau de derrière le trou dans lequel entrera le bouton après lequel s'accrochera le cordier. Ce bouton est en ébène ou en palissandre.

Les chevilles. — Les chevilles, en ébène ou en palissandre (autrefois on les faisait en buis), sont ajustées soit à la main, soit au moyen d'un outil modèle, qui sert à creuser les trous du chevillier et qui est muni d'une contre-partie, au moyen de laquelle les chevilles sont taillées de manière à remplir très exactement les trous, de forme conique.

Les chevilles sont percées au moyen de mèches proportionnées aux grosseurs des cordes qui doivent les traverser. Il semble établi que les Grecs et les

Fig. 896. — Chevilles.

Romains ont ignoré le système moderne de la cheville percée d'un trou autour de laquelle s'enroule la corde.

De tout temps, les contrebasses ont été pourvues d'un système de vis sans fin destiné à atténuer l'effort nécessaire à la tension des grosses cordes.

Depuis environ cinquante ans, on a inventé différents systèmes de chevilles, dans le but d'éviter les inconvénients que présentent les chevilles que nous venons de décrire. Ces systèmes ont aussi leurs inconvénients et leurs avantages, et leur usage n'est pas général. Beaucoup d'artistes et d'amateurs préfèrent l'ancienne manière.

Le bouton et le cordier. — La pose du bouton après lequel le cordier est attaché est très simple. Il est cependant nécessaire que le trou qui doit recevoir la tige légèrement conique de ce bouton soit percé bien droit, de façon que le collet du bouton porte partout sur l'éclisse.

Le cordier, d'ébène, est muni d'une corde de boyau exactement de la grosseur des trous destinés à la recevoir. Il est nécessaire que cette corde soit solidement fixée pour éviter tout accident résultant de la forte tension des quatre cordes.

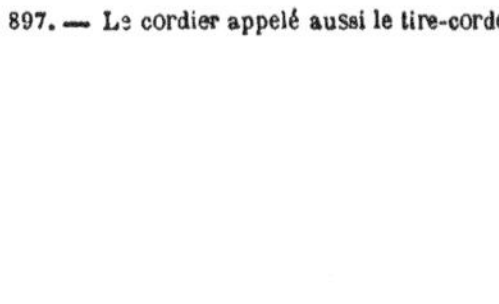

Fig. 897. — Le cordier appelé aussi le tire-cordes.

L'âme et sa pose.

L'âme est une petite tige ronde de sapin fendu ou coupé de droit fil, d'un diamètre correspondant à la grandeur de l'instrument, et d'une longueur telle qu'une fois à sa place, elle tienne sans trop forcer.

L'âme, placée pour ainsi dire perpendiculairement entre la table et le fond, l'extrémité supérieure s'appuyant sur la table, et l'inférieure sur le fond, doit être située exactement ainsi :

Le centre de l'âme se place sur une ligne parallèle à l'axe de l'instrument passant par le milieu du pied droit du chevalet, à l'opposé de la barre, c'est-à-dire à vingt millimètres environ de cet axe, et de façon que le bord extérieur de la tête de cette âme se trouve à quatre ou cinq millimètres du pied du chevalet, vers le pied de l'instrument.

Les deux extrémités de l'âme sont coupées légèrement en biais pour assurer le contact avec les tables qui ne sont pas droites, mais voûtées, en observant surtout que les fibres soient en travers de celles de la table, sans quoi l'âme traverserait cette dernière.

Pour placer l'âme, on se sert de l'outil nommé la pointe aux âmes. On pique l'âme à ajuster, dans le fil, avec la pointe, à dix ou douze millimètres de sa tête, et on l'introduit par l'*f*. Une fois à l'intérieur, sa tête doit regarder le haut de l'instrument. On la met alors, après l'avoir redressée, dans la position qu'elle doit occuper, en s'aidant des crochets situés à la partie inférieure de la pointe.

L'opération est très délicate, d'abord parce qu'on risque d'abimer les bords de l'*f*, et ensuite pour des raisons d'acoustique.

La place de l'âme n'est pas absolue, et il faut souvent s'y prendre à plusieurs fois pour trouver l'endroit exact le plus favorable à la sonorité. Il ne s'agit, bien entendu, que de quelques millimètres de différence.

Le chevalet.

Le chevalet, dont les derniers perfectionnements sont généralement attribués à STRADIVARIUS, mais qui semblent plutôt devoir être de Joseph GUARNERIUS, joue à son tour un rôle extrêmement important au point de vue de la facilité du jeu et de la sonorité.

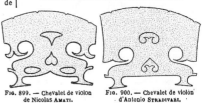

Fig. 898. — Chevalet d'alto d'Antonio STRADIVARI.

Fig. 899. — Chevalet de violon de Nicolas AMATI.

Fig. 900. — Chevalet de violon d'Antonio STRADIVARI.

Ni trop mince ni trop épais, absolument plat du côté du bas et légèrement convexe du côté qui regarde la tête, il doit être un peu plus haut du côté de la quatrième corde que de la première. Cette différence est surtout très sensible pour le violoncelle, où elle est motivée par la nécessité d'avoir assez de hauteur entre la touche et la quatrième corde pour pouvoir attaquer cette dernière sans la faire friser contre la touche.

Comme la différence de niveau donnerait pour cet instrument une attitude boiteuse au chevalet, quelques luthiers font porter la différence sur la touche.

A cet effet, on rabote le manche de manière à obtenir une pente partant du *la* et descendant vers l'*ut*, en suite de quoi la touche, une fois collée, se trouve un peu plus bas de ce côté.

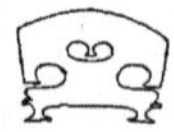

Fig. 901.
Chevalet de violon
(moderne).

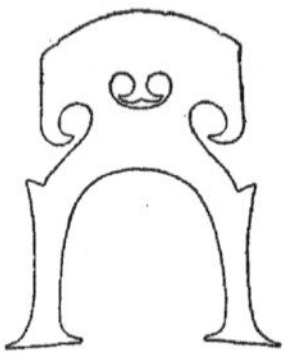

Fig. 902.
Chevalet de violoncelle
(moderne).

Les pieds du chevalet ont leur semelle taillée pour lui permettre de pencher légèrement en arrière, le chevalet ayant constamment tendance, au fur et à mesure qu'on accorde l'instrument, à pencher en avant par suite du tirage des cordes.

Les pieds du chevalet pour violon sont très bas, tandis que ceux du violoncelle sont au contraire très élevés. L'écartement devant être égal entre toutes les cordes, la distance d'un cran à l'autre est mesurée au compas avec une grande précision.

Les semelles particulièrement dans les chevalets de violons, sont taillées très minces.

Les cordes.

Les trois premières cordes du violon et les deux premières de l'alto, du violoncelle et de la contrebasse sont en boyau.

La quatrième corde du violon, la troisième et la quatrième de l'alto, du violoncelle et de la contrebasse sont également en boyau, mais autour de ce dernier s'enroule un fil métallique, d'argent, de cuivre ou d'alliage. Ce fil métallique s'appelle le *trait*.

Depuis un certain nombre d'années, on a fabriqué des troisièmes cordes de violon munies d'un trait en aluminium. Ce métal très léger se prête admirablement à la tentative, qui a pour but d'augmenter la sonorité de cette corde et de lui donner plus de souplesse sous le doigt.

Son usage est très séduisant, mais il ne s'est pas généralisé, probablement parce qu'il enlève à la corde de *ré* le timbre qui la caractérise.

Il en est tout autrement des chanterelles d'acier, dont l'usage est devenu fréquent, même pour le concert. Il est incontestable que le violon monté d'une chanterelle d'acier perd de son unité. On perçoit deux timbres différents. Sous tous les rapports, la chanterelle de boyau est incomparablement supérieure, et rien ne l'égale. Les raisons qui font adopter la corde d'acier sont la solidité et la tenue de l'accord.

Récemment, on a aussi mis dans la circulation des cordes de *la* en acier; ces cordes portent un trait métallique.

La hauteur définitive des cordes au-dessus de la touche, quoique basée sur des données précises, varie suivant le goût de l'exécutant.

Pour terminer, ajoutons que non seulement il est indispensable que les cordes soient à égale distance les unes des autres sur le chevalet, mais aussi que les cordes intermédiaires aient une saillie déterminée, afin qu'en jouant, l'attaque puisse se faire facilement sur chacune d'elles sans que l'archet atteigne les cordes voisines, mais sans toutefois que cette saillie soit trop forte, ce qui gênerait pour le jeu en doubles ou triples cordes.

La tension et la pression des cordes. — L'angle formé par les cordes sur le chevalet, le plus favorable à la sonorité, est au diapason moderne :

Pour le violon.................. 155°
Pour l'alto.................... 154°
Pour le violoncelle............ 150°

Le poids que supporte un violon monté rationnellement est d'environ 12 kil. 2 sur le chevalet, et la tension des cordes représente 28 kil. 4.

Le vernis.

Il est admis que, indépendamment de sa beauté, le vernis dont se sont servis les anciens luthiers italiens, dénommé communément *vernis de Crémone*, constitue un des éléments principaux de leurs œuvres, et qu'il contribue pour une large part à l'excellence de la sonorité.

On n'a jusqu'à présent retrouvé aucune formule, ni manuscrite ni imprimée, de ce fameux vernis, et qui plus est, les ouvrages anciens ne parlent jamais de vernis pour les instruments à cordes. C'est seulement à la fin du XVIII° siècle que nous trouvons, dans le livre de WATIN, dont la première édition a paru en 1772, une formule de vernis *pour les violons*.

Les vernis se groupent en quatre catégories :

1° Les vernis à l'huile pure; — 2° les vernis à l'essence pure; — 3° les vernis mixtes (huile et essence); — 4° les vernis à l'alcool.

Les huiles pouvant servir à la fabrication des vernis sont les huiles dites siccatives : huile de lin, huile de noix.

Les essences sont, en premier lieu, l'essence de térébenthine, puis les essences de lavande, aspic, romarin.

Les matières sèches sont plus nombreuses. On peut y faire entrer la presque totalité des résines et gommes résines.

Les colorants (abstraction faite des créations de la chimie moderne) se trouvent dans les résines colorées et dans les végétaux. Les couleurs minérales, manquant de transparence, sont naturellement éliminées.

Les teintes, pour continuer la tradition, varient suivant les goûts, du jaune d'or jusqu'au rouge-cerise ou au rouge-brun foncé, en passant par les tons intermédiaires comme l'orangé plus ou moins clair.

La formule indiquée par WATIN est très probablement une de celles qui furent adoptées par les luthiers français du XVIII° et peut-être du XVII° siècle. C'est un vernis à l'alcool ainsi composé :

Mettez dans une pinte d'esprit-de-vin :

Quatre onces de sandaraque; deux onces de gomme-laque en grain; deux onces de mastic en larmes; une once de gomme élémi.

On fait fondre ces gommes au bain-marie, à petit feu, et quand elles ont subi quelques bouillons, on y incorpore deux onces de térébenthine. On doit filtrer à travers une mousseline fine.

On peut colorer tous les vernis à l'alcool avec des gommes colorantes et des extraits. Tels sont :

L'extrait sec de bois jaune; la gomme-gutte; le cachou; les extraits de santal, de ratanhia concentrés, de sang-dragon (ce dernier est fugace).

La formule destinée aux instruments à archet, que nous trouvons immédiatement après, date de 1803; elle est donc tout à fait moderne. C'est TINGRY qui la donne dans son *Traité théorique et pratique sur l'art de faire et d'appliquer les vernis*. Elle est aussi à l'alcool :

Sandaraque...................	4 onces.
Résine laque en grains........	2.
Mastic......................	} 1 once de chaque.
Benjoin.....................	
Verre pilé	4 onces.
Térébenthine de Venise......	2.
Alcool pur mesuré...........	32.

La gomme-laque et la sandaraque rendent ce vernis solide; on peut le colorer avec un peu de safran ou du sang-dragon.

En 1834, MAUGIN, dans son *Manuel du luthier*, indique aussi une formule à l'alcool.

Faites infuser pendant vingt-quatre heures dans vingt onces d'esprit-de-vin : trois quarts d'once de curcuma; douze grains de safran oriental.

Passez cette infusion et versez-la sur un mélange bien pulvérisé de :

trois quarts d'once de gomme-gutte; deux onces de sandaraque; deux onces de gomme élémi; une once de sang-dragon en roseaux; une once de laque en grains. Faites dissoudre au bain-marie.

Comme déjà, depuis le commencement du siècle, les luthiers sont préoccupés de retrouver le vernis des anciens, et que la tradition veut que ce soit un vernis à l'huile, MAUGIN donne également une recette pour faire un vernis à l'huile destiné aux instruments de choix.

Voici ce qu'il dit à ce sujet : « Tous les luthiers célèbres de l'Italie et de l'Allemagne, tels que les AMATI, les STRADIVARI, les STAINER, se sont servis de vernis gros ou vernis à l'huile, qui sont bien plus beaux et plus durables que ceux à l'esprit-de-vin. Ils ont encore sur ces derniers un grand avantage, celui de n'avoir pas besoin d'autant de poli; de plus, deux couches appliquées à un vernis suffisent pour en couvrir le bois, aussi bien que le feraient sept à huit couches de vernis à l'esprit-de-vin.

« Les matières composant le vernis sont : 1° le succin; 2° l'huile de lin; 3° l'essence de térébenthine.

« Avant de pouvoir s'occuper du vernis, il faut préparer l'huile pour la rendre siccative, car si on l'employait naturelle, le vernis serait un temps infini à sécher.

« En voici le moyen.

« On prend une livre d'huile de lin, une demi-once de litharge, autant de céruse, de terre d'ombre et de plâtre; on fait bouillir le tout dans un pot de terre vernissée à un feu doux et égal, en ayant soin d'écumer. Dès que l'écume commence à devenir rousse et rare, on arrête le feu, et on laisse reposer l'huile pour la tirer ensuite au clair.

« Il est bon de dire que cette opération doit se faire dans un jardin, pour éviter les accidents et la mauvaise odeur qui s'exhale pendant la cuisson.

« L'huile ainsi préparée, on procède à la confection du vernis.

« On prend quatre onces de succin bien nettoyé des corps étrangers qui peuvent y être mêlés; on casse ce succin en morceaux de la grosseur de petits pois, et on les met dans un pot de fer qui n'a jamais servi; on verse sur ces morceaux de succin une cuillerée d'essence de térébentine; on couvre le pot de son couvercle, et on le met sur un feu de charbon : il faut à peu près un quart d'heure de cuisson; on remue de temps en temps la matière avec un morceau de sapin jusqu'à ce que la plus grosse chaleur soit tombée; alors vous versez avec précaution deux onces de l'huile préparée comme il est dit plus haut, en ayant soin de bien mélanger les deux matières; enfin, vous ajoutez l'essence de térébenthine (quatre onces) colorée par les gommes qu'il vous aura plu d'ajouter. »

Ce vernis est, comme on le voit, un vernis mixte à l'huile et à l'essence.

En 1859, M. MAILAND publia un ouvrage intitulé : *Découverte des anciens vernis italiens employés pour les instruments à cordes et à archet*.

M. MAILAND est d'abord partisan de remplacer l'encollage à la colle claire ou au vernis incolore, dont les luthiers se servent, et qui a pour objet, appliqué sur le bois d'un instrument, de le préparer à recevoir le vernis coloré, par une solution alcoolique de gomme-gutte ou d'aloès, ou d'un mélange des deux :

Gomme gutte..	20 grammes.
Alcool........	100 centimètres cubes.

.•.

Gomme gutte .	10 grammes.
Aloès........	8 grammes.
Alcool.......	100 centimètres cubes.

Le vernis de M. MAILAND est un vernis à l'essence contenant une faible partie d'huile de lin naturelle, n'ayant subi aucune préparation pour la rendre plus siccative.

La particularité de ce vernis consiste en ce que son inventeur choisit pour le colorer des substances qui sont insolubles dans l'essence, le sang-dragon et le santal, et, pour les y incorporer, il use d'un procédé fort ingénieux.

Sachant que l'essence de térébenthine exposée à l'air s'oxygène peu à peu, et que, dans cet état, elle se mêle complètement à l'alcool, il incorpore dans de l'essence de térébenthine passée à cet état une solution alcoolique de sang-dragon et de santal. Puis, comme l'alcool bout à soixante-dix-huit degrés et l'essence de térébenthine seulement à cent cinquante-cinq degrés, il débarrasse cette dernière de l'alcool par l'ébullition au bain-marie.

L'alcool évaporé, les matières colorantes restent comme dissoutes dans l'essence, sans se déposer. Le liquide est aussi limpide qu'une dissolution.

Ayant fait son choix parmi les résines solubles dans l'essence, il donne la formule suivante :

Mastic en larmes	10 grammes.
Dammar friable	5 —
Essence colorée suivant le procédé donné plus haut.......	100 centimètres cubes.

Le nombre des formules de vernis est considérable, et on les trouve dans les ouvrages spéciaux.

Voici cependant une formule de vernis à l'alcool

pour la lutherie, donnée par Würtz dans son *Dictionnaire de chimie* (1878) :

Alcool à 95..........	2000 grammes.
Sandaraque..........	105 —
Résine laque.........	62 —
Mastic en larmes.....	31 —
Benjoin en larmes.....	31 —
Térébenthine de Venise.	62 —
Verre pilé...........	125 —

Et enfin la recette employée fréquemment à Mirecourt pour les instruments ordinaires :

Gomme laque.....	100 grammes.
Gomme gutte.....	30 —
Benjoin..........	40 —
Alcool..........	1 litre.

Pour colorer ce vernis, on use, suivant les cas, de santal, de cachou, de safran, de rocou et de sang-dragon, ou du mélange de quelques-uns de ces produits.

La mentonnière, le piquet, la sourdine.

La mentonnière. — On ignore le pays d'origine de la mentonnière, et le nom de son inventeur. Il est possible qu'elle vienne d'Allemagne; lorsque Spohr, le célèbre violoniste et compositeur, vint à Paris en 1819, il en avait une à son violon, et aucun violoniste français ne s'en servait à cette époque.

Fig. 903.
Une mentonnière en place.

Ce petit appareil, qui a pour but d'isoler la table d'harmonie du violon et, en la surélevant, de donner plus de force au menton pour maintenir l'instrument, se construit d'après différents types, et les violonistes choisissent suivant leur goût et leur conformation physique. Elle se fait en bois d'ébène, d'érable, et en ébonite.

Le piquet. — Le piquet, dont on se sert pour exhausser et supporter le violoncelle lorsqu'on en joue, n'est pas une invention nouvelle, et on s'en servait déjà vers la fin du XVIIe siècle. Cependant, on exhaussait fréquemment le violoncelle en l'appuyant sur un tabouret plus ou moins bas. Il vint une période où les professeurs furent hostiles au piquet, et ce fut le violoncelliste belge François Servais qui le remit en faveur. Encore aujourd'hui, un grand nombre de violoncellistes et quelques virtuoses s'en passent.

Il existe une grande variété de piquets pour le violoncelle.

Les uns sont en ébène ou en palissandre tourné, munis d'une pointe métallique, et s'ajustent au trou

*Fig. 904. — Piquets de violoncelle.

du bouton au moyen d'un tenon légèrement conique. La longueur varie entre douze et trente centimètres. Il en est d'autres, en fer nickelé, qui restent à demeure, et, lorsqu'on s'est servi de l'instrument, se repoussent à l'intérieur.

La sourdine. — La sourdine est une petite pièce de bois, de métal ou de corne que l'on place à volonté sur le chevalet, et qui a pour but d'assourdir le son de l'instrument, en lui donnant un autre timbre.

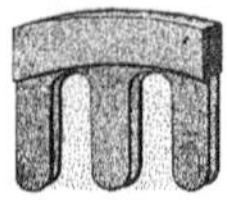

Fig. 905.
La sourdine.

LA RÉPARATION

La réparation joue un rôle considérable en lutherie, vu la valeur artistique et commerciale de la plupart des instruments anciens, ce qui faisait déjà dire en 1806 à l'abbé Sibire, dans son *Parfait Luthier* :

« Observez que la lutherie est peut-être le seul métier au monde où le vieux soit constamment plus estimé que le neuf et l'entretien plus difficile que la bâtisse. »

La réparation exige une très grande habileté de main et beaucoup de jugement.

Le nombre des cas qui sont susceptibles de se présenter est pour ainsi dire infini; mais ils peuvent se grouper en quelques catégories typiques.

Le détablage. — Dans la plupart des cas, le détablage est nécessaire. Voici comment il se pratique.

Au moyen du couteau à détabler, qui a les dimensions d'un couteau de table, on commence l'opération en introduisant la lame entre la table et l'éclisse, à la hauteur d'un flanc du haut ou du bas, parce que ces parties sont plus faciles à décoller. On continue en frottant de temps en temps la lame de savon sec, en saisissant le joint, en veillant à ce que les bords ne se dédoublent pas et que la lame ne coupe ni l'éclisse ni la table. On passe ensuite aux *cc*, aux coins, et on termine par les tasseaux du haut et du bas.

Réparations de la table. — Fractures. — Remoulage des voûtes. — Doublage.

Supposons une table qui soit dans le plus mauvais état possible : fractures, voûtes affaissées, nécessité d'en doubler la surface sur différents points.

Le collage des cassures fraîches et le décollage des anciennes, souvent nécessaires, sont des opérations délicates, exigeant énormément de tact et d'habileté de la part de l'opérateur. On commence par le lessivage à l'intérieur au moyen d'un pinceau et d'eau chaude. Pour décoller les anciennes fractures, on se sert d'un fer *ad hoc*, chauffé, mais à une température assez basse pour ne pas brûler le bois.

Plus tard, lorsque la réparation de la table aura été complètement achevée, on consolidera les fractures en collant à l'intérieur, espacés suivant les besoins, de petits rectangles de bois de sapin appelés taquets, taillés en pyramides très aplaties, de grandeur et d'épaisseur proportionnées à leur destination. On place aussi sous le joint central, lorsqu'on redoute une séparation possible des deux parties. Les anciens se servaient dans ce cas de bandes de toile ou de parchemin.

Pour le remontage des voûtes et le collage des doublures, on se sert d'un *moule de table*. On nomme moule de table des contre-parties ayant la forme entière ou partielle d'une table. Elles sont en bois tendre de quelques centimètres d'épaisseur. Elles doivent épouser la forme des voûtes, et sont, par conséquent, creusées de manière à épouser plus ou moins exactement les convexités de la table.

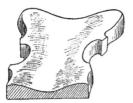

FIG. 906. — Moule de poitrine.

On installe donc la table sur le moule, et on l'imbibe d'eau dans la partie du centre. Le remontage se fera naturellement, par suite du gonflement des fibres du bois.

Lorsque la voûte aura repris sa forme normale, on placera sur le creux de la table, à l'endroit voulu, une contre-partie en relief, épousant la forme de ce creux, de sorte que la table sera en sandwich entre ces deux pièces de bois. Sur cette dernière contre-partie, on placera un sac de sable fin chauffé; puis, au moyen d'une presse, on serrera dans une certaine mesure, et on laissera le tout jusqu'à ce que la colle soit sèche et le sable refroidi.

Il faut avoir soin de bien savonner au savon sec la contre-partie sur laquelle s'applique le côté vernissé, pour éviter que le vernis ne soit endommagé.

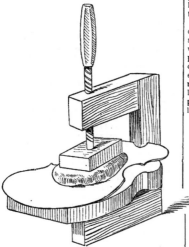

FIG. 907. — Comment on opère pour faire remonter la voûte d'une table ou d'un fond, ou pour coller une doublure en bois forcé.

Pour recoller les brisures qui ont besoin d'être serrées latéralement, on se sert de serre-joints spéciaux aussi simples qu'ingénieux.

Pour le doublage, on se sert du même appareil.

On se trouve dans la nécessité de doubler certaines parties d'une table, soit que ces parties soient trop minces, soit que, par suite de cassures, elles ne pourraient plus supporter la pression normale à la place de l'âme ou sous le chevalet, par exemple.

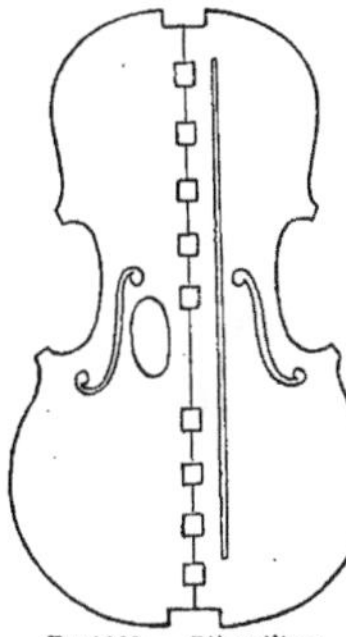

Ces doublures, qui sont en sapin pour la table, ont la grandeur proportionnée à la partie à renforcer, et la forme qui convient le mieux. Elles sont ou simplement collées, ce qui est le plus avantageux, ou collées après que l'on a creusé légèrement la place.

FIG. 908. — Pièce d'âme et taquets.

On pose parfois des doublures qui embrassent toute la surface, et qui, lorsqu'elles sont faites de vieux bois, ne sont pas perceptibles. Elles ont surtout pour but de donner une plus grande valeur à l'instrument ainsi réparé, mais, en réalité, elles sont désavantageuses parce que, pour les placer, il faut diminuer l'épaisseur de toute la table.

La doublure une fois collée, la table, placée sur l'appareil que nous venons de décrire, est pressée de la même façon que dans le remoulage, et, pour que l'opération réussisse, il est utile de laisser le tout en place pendant un temps assez long.

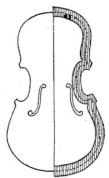

FIG. 909. — Pièce d'âme et pièces de renforcement du devant et du derrière de la table.

Il arrive fréquemment que les tables d'antiques

FIG. 910. — Partie de demi-bords mise à sa place.

ont besoin de dou-
blures de bords. Cette
réparation se fait un
peu différemment des
précédentes.

Après avoir raboté la
partie à border de ma-
nière à en diminuer
l'épaisseur, on y colle
la doublure que l'on
a préparée, puis, au
moyen de contre-par-
ties et de vis à tabler,
ou de happes, on met
le tout sous pression,
jusqu'à parfaite siccité.
On achève ensuite les
détails de la réparation.
Cette opération se
pratique aussi pour le
fond.

Fig. 911. — Comment se collent
les demi-bords.

Réparations du fond.

Le fond est moins
fragile que la table. Cependant, il y a sujet à réparations dans les trois
cas principaux sui-
vants :

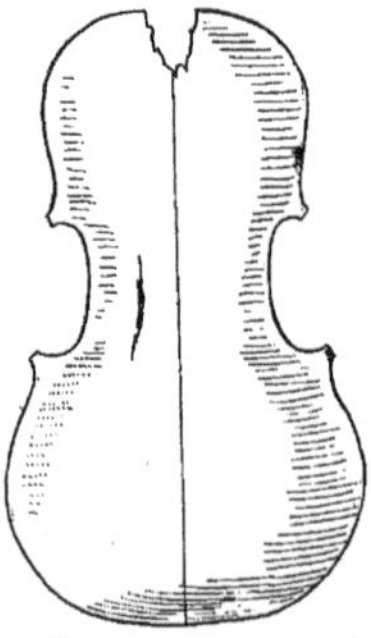

Lorsque, par suite de
la tension des cordes,
il y a décollement du
manche, et qu'une bri-
sure du talon se pro-
duit ;

Quand, par suite d'un
choc violent, l'âme a
fendu la partie du fond
où elle pose ;

Si, par insuffisance
d'épaisseur au milieu,
l'instrument a une mau-
vaise sonorité.

Ces réparations se
font par les moyens
indiqués pour la ré-
paration des tables,
et suivant la nature
ou l'importance du dé-
gât pour les cassures,
et l'insuffisance pour le manque d'épaisseur.

Fig. 912. — Fond sur lequel on
remarque le talon brisé et une
rupture à l'endroit où porte
l'âme (avant réparation).

Réparation aux éclisses. — Le remontage.

Les cassures produites aux éclisses sont souvent
difficiles à réparer, étant donné leur peu d'épaisseur.
Lorsque les recollages sont impossibles, on fait le
sacrifice de la partie brisée, et on la remplace par
un morceau neuf.

Lorsque les éclisses sont trop basses, ce qui arrive
à force de détabler des instruments et de raboter
ensuite les éclisses pour les mettre bien droites, on
est dans la nécessité de leur rendre la hauteur normale ; cette restauration se fait au moyen de bandes
d'éclisses que l'on colle sur les anciennes, tranche
contre tranche, après avoir préalablement enlevé les
centre-éclisses. On consolide le joint, et on remet les
contre-éclisses en place.

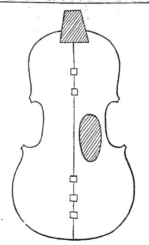

Fig. 913. — Préparation pour la réparation du talon brisé
et de la rupture du fond à la place où porte l'âme.

Réparation du chevillier et de la tête.
Enture du manche.

Les réparations du chevillier et de la tête sont souvent difficiles, et cependant elles sont indispensables,
lorsqu'il s'agit de conserver une tête d'auteur. La
solidité, qui joue un grand rôle dans cette partie de
l'instrument, nécessite une restauration qui ne soit
pas uniquement pour la vue. Aussi, parfois est-on
obligé de sacrifier le chevillier pour ne laisser subsister que la volute.

L'enture, c'est-à-dire le remplacement du manche
par un autre et l'ajustement de ce dernier à la tête
ancienne, se pratique de nos jours principalement
en cas de rupture, ou par suite du manque d'épaisseur, ou encore d'insuffisance de largeur. C'est à
VIOTTI que l'on doit l'allongement du manche du
violon de deux lignes, environ quatre millimètres, et
il s'ensuivit un diapasonnage nouveau, devenu fixe
et définitif pour tous les violons.

On appelle diapason la longueur de corde et la
manière dont elle se répartit du sillet du manche au
bord de la table, et du bord de la table au cran des
ff. Dans le diapasonnage moderne, la distance du
sillet du manche au cran d'un f est divisée en cinq
parties dont deux du sillet du manche à la table,
et trois du bord de la table au cran de l'f. L'alto, le
violoncelle et la contrebasse ont aussi leur diapason
fixe (voir le tableau des mesures principales). La
réforme de VIOTTI explique pourquoi presque tous
les violons antérieurs au XIXᵉ siècle ont leur tête
entée quand elle est originale.

Nous disons presque tous, parce que cela n'a pas
eu lieu pour les instruments qui étaient par hasard
pourvus d'un manche suffisamment long, et que,
d'autre part, quelques violons de grande valeur ont
été protégés contre cette mutilation par des luthiers
aussi ingénieux que consciencieux.

Le procédé employé consiste à allonger le manche

par le bas, du côté du talon, après l'avoir soigneusement décollé.

Pour enter une tête d'instrument, violon, alto ou violoncelle, on commence par faire l'ablation du vieux manche au ras du chevillier ; on pratique ensuite, dans chacune des joues du chevillier, à l'intérieur de la mortaise, une entaille s'arrêtant carrément au milieu du deuxième trou, et se terminant à zéro au bas de cette mortaise. Ces deux entailles, qui

Fig. 914.
Préparation des pièces
pour l'enture du manche.

Fig. 915.
Enture collée
à sa place.

doivent s'arrêter au niveau du fond de la mortaise, et respecter par suite la coulisse et le talon de la tête, constituent le logement de l'extrémité du nouveau manche.

On introduit le bloc du nouveau manche préparé à cet effet ; on creuse dans ce bloc la partie du chevillier de manière à le raccorder avec ce qui est resté, et on opère l'enclavement du manche en observant le renversement, comme s'il s'agissait d'un violon neuf.

Le recoupage et l'agrandissement.

On appelle recoupage l'opération qui consiste à diminuer les dimensions d'un instrument, en partie ou en totalité, tout en conservant les bords et les filets. Autrefois, on pratiquait le recoupage des antiques à tort et à travers, suivant le caprice des amateurs ou des luthiers. Cette opération ne se fait plus guère de nos jours qu'à bon escient et dans des cas spéciaux. Les altos et les violoncelles en sont surtout l'objet. Il arrive que des altos anciens ont la partie antérieure extrêmement développée, ce qui en rend le jeu difficile, ou impossible même pour certaines mains, étant donnés les progrès de la technique de cet instrument.

D'autre part, il existe des violoncelles anciens qui sont très grands et hors de proportion.

L'opération très délicate est la même pour les fonds que pour les tables. Comme il s'agit de conserver les bords, coins et filets, on commence par les séparer de la table au moyen d'une scie très fine dans toute la partie à recouper. On diminue ensuite de la quantité voulue, en observant des contours déterminés, et on recolle la bordure contenant les bords, coins et filets. Pour maintenir les parties pendant le séchage, on use de galons plats de largeur moyenne.

Pour éviter tout gauchissement de la table à ce moment, on a eu soin de la consolider préalablement au moyen de trois traverses.

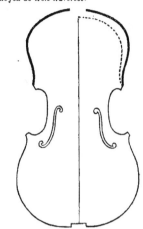

Fig. 916. — Recoupage : on voit un côté de la table recoupé, avec bord et filets conservés.

Fig. 917. — Après le recoupage : comment on colle les bords et les filets.

L'agrandissement, quand il se pratique d'une façon complète, est l'opération contraire au recoupement, dans ce sens qu'à la place d'enlever du bois sur le pourtour, on en ajoute.

Lorsque la largeur seule fait défaut, l'agrandissement se fait par le milieu. On ouvre le joint central, et on ajoute entre les deux parties la quantité de bois nécessaire.

Il arrive, surtout dans les violoncelles, que la partie du haut soit trop courte, et qu'il faille donner à l'instrument le diapason normal. On procède alors comme dans le recoupage, mais l'opération présente une difficulté de plus que dans l'agrandissement général, étant donné que la partie ajoutée est assez importante, et que la restauration doit être très solide.

L'agrandissement nécessite aussi une restauration aux éclisses devenues trop courtes.

Dans la majorité des cas, pour dissimuler un agrandissement, on ajoute un second filet. Aussi, faut-il examiner avec attention tout antique, qui n'est pas de l'école de Brescia, porteur d'un double filet. Presque toujours c'est un instrument agrandi.

. .

Les mesures indiquées dans le tableau suivant, quoique rigoureuses, ne sont pas absolues, des différences dans les patrons amenant avec elles des écarts plus ou moins sensibles dans certaines parties.

Mesures principales.

	Violon.	Alto.	Violoncelle.	Contrebasse à 3 cordes.	Contrebasse à 4 cordes.
	mm.	mm.	mm.	mm.	mm.
Longueur du corps de l'instrument sans le talon	357	400	765	1130	1130
Largeur du haut	168	185	350	500	510
Largeur du bas	209	238	440	680	680
Largeur du milieu au plus étroit	110	128	235	375	375
Hauteur des éclisses du haut	30	35	110	160	170
Hauteur des éclisses du bas	32	40	120	195	200
Épaisseur des éclisses	1	1,2	1,5	2	2
Hauteur des contre-éclisses	7	10	20	35	35
Épaisseur des contre-éclisses à leur point d'affleurement	2	2,5	4	6	6
Hauteur des voûtes de la table	15	16	22	43	45
Hauteur des voûtes du fond	15	16	22	43	45
Distance du cran de *ff* au bord de la table	195	219	417	620	620
Distance du bord de la table au sillet du manche	130	146	278	450	450
Renversement du manche sans la touche au cran de l'*f*	18	19	61	130	135
Renversement du manche avec la touche au cran de l'*f*	29	33	83	165	170
Saillie du manche	7	8	19	26	26
Longueur de la touche	270	300	575	840	840
Largeur de la touche au sillet	24	26	30	40	40
Largeur de la touche à l'autre extrémité	42	45	63	90	90
Épaisseur de la table au centre	3	4	5	9	9
Épaisseur du fond au centre	4,5	4,5	8	12	12
Épaisseur des flancs de la table au plus faible	2	2	3	5	5
Épaisseur des flancs du fond au plus faible	1,7	2	3	5	5
Écartement des *ff* en haut	41	47	102	140	150
Épaisseur des bords	3	4	6	8	8
Longueur de la barre	280	300	600	850	850
Hauteur de la barre au plus fort	11	15	22	36	36
Épaisseur de la barre au plus fort	5	6	10	25	25
Longueur des *ff*	72	80	132	216	216
Écartement des cordes extrêmes sur le chevalet	34	38	45	85	90
Écartement des cordes extrêmes au sillet	17	18	22	30	38
Espaces entre l'extrém. de la touche et les deux cordes extrêmes { 1ʳᵉ { 4ᵉ	4 / 5	4,5 / 5,5	6 / 7	8 / 13	8 / 13
Épaisseur du chevalet aux pieds	4	5	12	25	25
Épaisseur du chevalet à la tête	2	2 fort	3	7	7
Grosseur des cordes { mi { la { ré { sol { ut { sol { ré { la { mi	0,60 / 0,80 / 1,15 / 0,85	0,85 / 1,15 / 0,85 / 1,20	1,20 / 1,40 / 1,35 / 1,87	2,90 / 3,70 / 3,55	2,95 / 3,70 / 3,55 / 4,50

L'ARCHET

L'archet a mis deux siècles de plus que la caisse harmonique pour arriver à sa perfection.

Fétis, dans l'ouvrage sur Stradivarius qu'il écrivit en collaboration avec Vuillaume, explique les raisons de ce retard :

« Dans le xviᵉ siècle, l'archet commença à se perfectionner; c'est alors qu'on voit la baguette, tantôt ronde, tantôt coupée à cinq pans, s'amincir en approchant de la tête, et cette même tête s'allonger démesurément. Dans le siècle suivant, l'art de jouer des instruments à archet se perfectionne; on reconnaît la nécessité de modifier les degrés de tension du crin en raison de la musique qui doit être exécutée, et l'on satisfait ce besoin par l'invention de la crémaillère, bande de métal posée sur la partie de la baguette où se fixe la hausse, et divisée en un certain nombre de dents. Une bride mobile en fil de fer ou en laiton, attachée à la hausse, servait à l'accrochement de celle-ci à l'un des degrés de la crémaillère, ou plus haut ou plus bas, suivant la tension que l'exécutant voulait donner aux crins. A cette époque, la tête était toujours très allongée et terminée en pointe qui se recourbait un peu en arrière.

« La baguette était toujours plus ou moins bombée.

Tel·était l'archet de Corelli et celui de Vivaldi. Ces deux maîtres, qui vivaient au commencement du xviii° siècle, n'avaient pas encore reconnu la nécessité de rendre la baguette flexible, parce qu'ils n'avaient point imaginé de colorer la musique par des nuances variées : ils ne connaissaient qu'une sorte d'effet de convention, lequel consistait à répéter une phrase *piano* après qu'on l'avait fait entendre *forte*.

« Chose remarquable, la construction des instruments à archet était parvenue au plus haut point de perfection, tandis que l'archet était encore relativement à l'état rudimentaire.

« Plus varié dans son style que Corelli et Vivaldi, Tartini fit, vers 1730, d'heureuses améliorations dans cet agent duquel dépend la production des sons. Il en fit tailler de moins lourds, dans des bois plus légers que ceux dont on avait fait usage jusqu'à lui; il redressa la baguette, au lieu de la tenir bombée, fit raccourcir la tête, et fit faire des cannelures à la partie de la baguette qui est dans la main, afin d'empêcher qu'elle ne tournât entre les doigts. Ces cannelures, que l'on pratiqua ensuite dans toute la longueur de la baguette, devinrent très à la mode.

« On attribue à Tourte, de Paris, père de celui qui a porté l'archet à sa dernière perfection, la suppression de la crémaillère, et son remplacement par la vis à écrou qui fait avancer et reculer la hausse pour tondre le crin à volonté, à l'aide d'un bouton placé à l'extrémité de la baguette. »

D'une façon générale, on peut dire que l'archet primitif du xi° siècle avait la forme d'un arc. Petit à petit, la courbure s'atténua et la baguette devint droite. Enfin, François Tourte, second fils du précédent, introduisit la cambrure, c'est-à-dire la courbure en sens contraire de l'arc primitif, et cette forme devint définitive. Cette cambrure a pour objet, une fois l'archet tendu, de lui donner l'élasticité nécessaire.

N° 1. — Mersenne, 1620.

N° 2. — Kircher, 1640.

N° 3. — Castrovillari, 1660.

N° 4. — Bassani, 1680.

N° 5. — Corelli, 1700.

N° 6. — Tartini, 1740.

N° 7. — Cramer, 1770.

N° 8. — Viotti, 1790.

Fig. 918. — Processus de la transformation de l'archet.

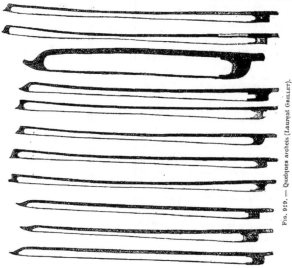

Fig. 919. — Quelques archets (Laurent Grillet).

François Tourte, dit le jeune, qu'il ne faut pas confondre avec son frère aîné, ouvrier médiocre, est à juste titre surnommé le Stradivarius français.

François Tourte porta l'archet à son plus haut degré de perfection.

Cet homme remarquable, d'une rare intelligence, ne savait ni lire ni écrire. Sa vie laborieuse et simple n'est pas sans analogie avec celle de Stradivarius. Comme ce dernier, il travailla jusqu'au moment où les forces vinrent à l'abandonner. L'un et l'autre ont rendu à l'art des services égaux.

Indépendamment de ses aptitudes naturelles, de son génie inventif, cet illettré a instinctivement appliqué la loi de diminution progressive du volume de la baguette. On est redevable au luthier Vuillaume, de Paris, de la découverte de cette loi (en 1855).

Voici comment il l'a formulée : « La longueur moyenne de l'archet, jusqu'à la tête exclusivement, est de 0 m. 700.

« L'archet comporte une partie cylindrique ou prismatique de dimensions constantes, dont la longueur est de 0 m. 110. Quand cette portion est cylindrique, son diamètre est de 0 m. 008 $\frac{6}{10}$.

« A partir de cette portion cylindrique ou prismatique, le diamètre de l'archet décroît jusqu'à la tête, où il est réduit à 0 m. 005 $\frac{3}{10}$; ce qui donne entre les diamètres des extrémités une différence de 0 m. 003 $\frac{3}{10}$ ou $\frac{33}{10}$ de millimètre, d'où se tire cette conséquence que la baguette comporte dix points où son diamètre est nécessairement réduit de $\frac{3}{10}$ de millimètre à partir de la portion cylindrique. »

Après avoir constaté sur un grand nombre d'archets de Tourte que ces dix points se trouvent toujours à des distances décroissantes, non seulement sur la même baguette, mais que ces distances sont sensiblement les mêmes et pour les mêmes points sur divers archets comparés, M. Vuillaume a recherché si les positions de ces dix points ne pourraient pas être obtenues par un procédé graphique qui permit de les retrouver avec certitude, et, conséquemment de construire des archets dont les bonnes conditions seraient toujours fixées a priori : il y est parvenu de la manière suivante.

A l'extrémité d'une ligne droite AB ayant 0 m. 700, c'est-à-dire la longueur de l'archet, on élève une perpendiculaire AC, ayant la longueur de la portion cylindrique, à savoir 0 m. 110. A l'extrémité B de la même ligne, on élève une autre perpendiculaire BD, dont la longueur est de 0 m. 022, et l'on réunit par une ligne droite CD les extrémités supérieures de ces deux perpendiculaires ou ordonnées, en sorte que les deux lignes AB et CD forment entre elles un certain angle.

Prenant avec un compas la longueur de 0 m. 110 de l'ordonnée AC, on porte sur AB cette longueur, à l'extrémité de laquelle on élève, jusqu'à la rencontre de la ligne CD, une nouvelle ordonnée EF, moins grande conséquemment que AC. C'est entre ces deux ordonnées AC et CF que se trouve la portion cylindrique de l'archet, dont le diamètre est, comme on l'a vu précédemment, de 0 m. 008 $\frac{6}{10}$.

Prenant alors la longueur de l'ordonnée EF, on la porte sur la ligne AB, à partir du point F, et l'on a

un point G sur lequel on élève une troisième ordonnée GH, dont on prend aussi la longueur pour la reporter du point C sur la ligne AB, et y déterminer un nouveau point I, sur lequel on élève la quatrième ordonnée IJ, dont la longueur, également reportée sur la ligne AB, détermine le point où s'élève la cinquième KL. Celle-ci déterminera dans les mêmes conditions la sixième MN, et ainsi des autres jusqu'à l'avant-dernière YZ.

Les points G, I, K, M, O, Q, S, U, W, Y, ainsi obtenus à partir du point E, sont ceux où le diamètre de l'archet est successivement réduit de $\frac{3}{10}$ de millimètre.

Or ces points ont été déterminés par les longueurs successivement décroissantes des ordonnées élevées sur les mêmes points, et leurs distances respectives sont progressivement décroissantes, depuis le point E jusqu'au point B.

Si l'on soumet ces données au calcul, on trouvera que le profil de l'archet est représenté par une courbe logarithmique dont les ordonnées croissent en progression arithmétique, tandis que les abscisses croissent en proportion géométrique, et qu'enfin la courbure du profil sera exprimée par l'équation :

$$y = -3,11 + 2,57 \log x;$$

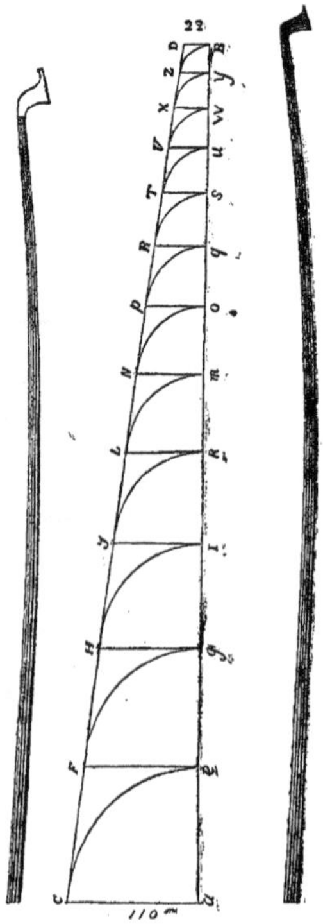

Fig. 920. — Détermination empirique
de la forme des archets de Tourte.

et, faisant varier x depuis 175 jusqu'à 765 dixièmes de millimètre, les valeurs correspondantes à y seront celles des rayons.

Ainsi se trouve formulée la théorie rigoureuse de l'archet de violon. Par un procédé graphique analogue, on déterminera sans peine les proportions décroissantes de l'archet d'alto et de l'archet de violoncelle.

La fabrication. — La fabrication des archets constitue une industrie spéciale, tout à fait distincte de celle de la lutherie. L'art de faire un archet est infiniment plus compliqué qu'on ne pourrait le supposer, et l'on peut affirmer, toute proportion gardée, que les bons archets sont aussi rares que les bons violons.

Le bois de Pernambouc est réputé comme le meilleur de tous les bois pour la fabrication des archets. Il possède à la fois la raideur, la flexibilité et la légèreté, qualités essentielles pour un bon archet. C'est celui qui est employé de nos jours, à l'exclusion de tout autre, pour les archets soignés.

Il est cependant un autre bois, que Tourte le jeune a employé avec succès : c'est le bois de fer. Les deux sortes *bois de perdrix* et *bois gris*, ou coco, sont les meilleures. Le seul défaut du bois de fer est d'être un peu lourd, ce qui explique pourquoi, à l'époque où l'on estimait plus particulièrement les archets légers, ceux de Tourte, ou tout au moins un certain nombre d'entre eux, étaient délaissés par les artistes. Aujourd'hui, beaucoup de violonistes recherchent les archets d'un certain poids, ce qui donne une nouvelle consécration au talent de Tourte le jeune, et justifie les prix élevés auxquels atteignent ses archets.

On se sert aussi du *bois d'amourette*, mais il est très irrégulier, et il faut savoir choisir.

Pour confectionner la baguette, le bois est débité en planches de quatre-vingts centimètres de longueur et douze millimètres d'épaisseur. A l'aide d'un gabarit qui a la forme légèrement agrandie du modèle que l'on veut reproduire, on trace l'archet dans le sens du fil du bois, puis on le découpe à la scie.

Certains archetiers débitent la baguette à fil droit, réservant toute la cambrure à l'action du feu, tandis que d'autres lui donnent un peu de cambrure dans le bois même, sans toutefois que le fil du bois soit tranché au point de compromettre la solidité.

Tourte le jeune procédait ainsi, mais il avait soin, pour obtenir, sans erreur possible, le fil du bois, de le fendre à la hache.

Avant d'aller plus loin, disons que la fabrication de l'archet n'est pas purement mécanique, et que la qualité des bois employés ne constitue pas à elle seule la qualité de l'archet. Le jugement et l'expérience de l'ouvrier dominent toute l'opération. De même que le luthier proportionne les épaisseurs d'un instrument à la nature du bois qu'il travaille, l'archetier doit agir en conséquence en confectionnant la baguette.

La confection de l'archet se continue ainsi.

On rabote la baguette au carré, en se servant de calibres à ouvertures différentes. Puis on passe à huit pans, et enfin on arrondit, en réservant l'extrémité de la baguette du côté de la poignée.

La forme de la tête est ensuite donnée au moyen de gabarits, et, avant de creuser la mortaise qui contiendra l'extrémité des crins, on colle les deux petites plaques minces qui serviront d'ores et déjà à lui donner de la résistance. La première de ces plaques est en ébène, et celle qui la recouvre, en ivoire.

On creuse ensuite la mortaise de la hausse, du côté de la poignée, on perce à l'extrémité de la baguette un trou dépassant d'environ un centimètre le fond de cette mortaise, qui recevra la tige à vis du bouton, après avoir préalablement réservé un petit épaulement qui s'engagera dans le bouton.

La *hausse* est la partie de l'archet qui, non seulement, caractérise les transformations successives de l'archet des instruments du quatuor, mais qui a permis, grâce à ses derniers perfectionnements, d'obtenir un rendement maximum. Elle se fait en ébène, en écaille et parfois en ivoire.

Fig. 921.
La hausse
et le bouton
d'un archet
de violon.

On distingue dans la hausse la *coulisse*, qui glissera sur l'extrémité de la baguette, suivant la tension désirée, et qui est creusée à trois pans, contre-partie en creux de la baguette. Elle est renforcée d'une plaque de métal qui en épouse exactement la forme.

A l'opposé de la coulisse, se trouve creusée la mortaise, qui devra recevoir les crins. Ces derniers sont masqués par le *recouvrement*. Il consiste en une lame d'ébène de un millimètre d'épaisseur, sur laquelle on a collé un petit placage de nacre. Ce recouvrement doit glisser dans une entaille pratiquée sur la face de la hausse destinée à le recevoir, de telle façon que les crins ne puissent la soulever lorsqu'ils seront une fois placés.

Du côté du haut, le recouvrement est encore maintenu par le *passant*, virole de métal qui prend la forme de la hausse à cet endroit, et, du côté du bas, le morceau de nacre du recouvrement est prolongé par une petite plaque de métal fixe, qui se joint à un autre morceau de métal encastré; ces deux plaques de métal sont à angle droit, rigoureusement pour le violon et l'alto, arrondi pour le violoncelle et la contrebasse.

Au milieu de la coulisse est fixé l'*écrou*, qui trouve sa place dans la mortaise de la baguette, et dans lequel vient s'engager la vis filetée du bouton à l'aide de laquelle on fait mouvoir la hausse une fois adaptée, pour obtenir la tension de la baguette.

A l'extrémité du bouton se trouve un petit rond de nacre, simple ornement. Quelquefois, le bouton est entièrement métallique, et, par conséquent, privé de cet ornement.

Les crins dont on se sert pour le violon, l'alto et le violoncelle sont blancs et de cheval, ceux de la jument n'étant pas suffisamment solides. Pour la contrebasse, on emploie des crins noirs.

La mèche d'un archet de violon contient de 120 à 130 crins; celle de l'alto, de 160 à 200; celle du violoncelle, de 200 à 230, et celle de la contrebasse, de 200 à 250.

Sa mise en place est une opération qui demande une grande pratique. Qu'il nous suffise de dire qu'après en avoir réglé la longueur, les deux extrémités sont liées avec un fil assez fort, et enduites de résine que l'on présente à la flamme d'une lampe pour tout lier ensemble.

Ces deux extrémités tiennent solidement dans leur mortaise respective par un moyen aussi simple qu'ingénieux. Après avoir introduit l'extrémité ainsi préparée dans la mortaise, on bouche cette dernière au moyen d'un petit morceau de bois; or, la mèche recouvrant ce petit bloc le maintient en place d'autant plus solidement que la tension est plus forte.

On a l'habitude de mettre une *garniture* à l'endroit où se trouvent les doigts, près de la hausse. Elle est en passé d'argent qu'on enroule autour de la baguette sur une distance de quelques centimètres. On y ajoute aussi une autre garniture étroite en cuir, que l'on place tout contre la hausse, et qui empêche la baguette de glisser des doigts. Depuis quelques années, on emploie aussi des garnitures de caoutchouc.

Poids et mesures de l'archet.

Violon. — Poids : 55 à 60 grammes, dont 35 pour la baguette et 2 à 3 pour les crins.
Le plus fort diamètre (au pied) : .6 mm.
Le plus faible diamètre (à la tête : 5,3 mm.
Longueur totale avec le bouton : 75 cm. ; la baguette seule 73 cm. 1/2 et sans la tête 70 cm.
Hauteur de la hausse : 21 mm.
Hauteur de la tête : 22 mm.
Largeur de la tête : 10 mm.
Largeur du ruban de crins : 8 à 9 mm.
Longueur du ruban de crins : 72 à 75 cm.
Centre de gravité : à environ 20 cm. du bout.

Alto. — Poids : 63 à 65 grammes, dont 40 pour la baguette et 3 grammes pour les crins.
Le plus fort diamètre (au pied) : 9 mm.
Le plus faible diamètre (à la tête) : 5 mm. 1/2.
Longueur totale avec le bouton : 72 à 75 cm.
Hauteur de la hausse : 23 mm.
Hauteur de la tête : 25 mm.
Largeur de la tête : 10 mm. 5.

Violoncelle. — Poids, 70 à 75 gr., dont 50 gr. pour la baguette seule, et 4 à 5 gr. pour les crins.
Le plus fort diamètre (au pied) : 10,6 mm.
Le plus faible diamètre (à la tête) : 7,3 mm.
Longueur totale avec le bouton : 70 cm.
Hauteur de la hausse : 24 mm.
Hauteur de la tête : 28 mm.
Largeur de la tête : 12 mm.
Largeur du ruban de crins : 11 à 12 mm.

Contrebasse. — Poids : 135 gr., dont 10 gr. pour les crins.
Le plus fort diamètre (au pied) : 15 mm.
Le plus faible diamètre (à la tête) : 10 mm.
Hauteur de la hausse : 5 cm.
Hauteur de la tête : 5 cm.
Largeur de la tête : 21 mm.

Fig. 922. — Trois différents types d'archets de contrebasse.

La colophane.

La colophane, dont on frotte les crins des archets pour leur donner le mordant, a donné lieu à une infinité de formules. Celle indiquée par TOLBECQUE, et qui lui a donné d'excellents résultats, est bien raisonnée. Elle se formule ainsi pour le violon :

Galipot, 50 grammes ; colophane blonde du commerce, 50 gr. ; térébenthine de Venise 5 gr., le tout fondu ensemble.

Pour le violoncelle :

Galipot, 100 gr. ; colophane blonde, 50 gr.

Pour la contrebasse :
Les formules varient à l'infini. Beaucoup de contrebassistes font leur colophane eux-mêmes. Voici deux formules :

1° Galipot, 50 gr. ; colophane, 50 gr. ; cire jaune, 15 gr. ; poix blanche, 40 gr.
2° Galipot, 50 gr. ; colophane, 50 gr. ; poix blanche, 30 gr. ; huile de colza, 5 gr.

LES ARCHETIERS

Les archetiers ont généralement fait quatre catégories d'archets :
1° L'archet à recouvrement maillechort ;
2° L'archet à recouvrement et garniture d'argent ;
3° L'archet à recouvrement et garniture or ;
4° L'archet à recouvrement, garni or, et hausse écaille ou ivoire.

Plus un archet est richement monté, plus on a de chances d'avoir une bonne baguette, les ouvriers mettant toujours de côté les meilleures pour les garnir ou en argent, ou mieux, en or. Généralement, les vieux archets de Paris sont garnis en argent.

* *

ADAM (Jean-Dominique) (Mirecourt, 1795-1864). — A fait d'excellents archets, surtout à huit pans, signés : *Adam*.

DODD (John) (Kew, fin du xviiie siècle, commencement du xixe). — Ses archets sont très réputés, particulièrement en Angleterre. Ils méritent cette réputation, quoiqu'on puisse leur reprocher d'être un peu courts. DODD a été surnommé le *Tourte anglais*.

EURY (Paris, vers 1830). — Excellent archetier, que l'on peut classer parmi les meilleurs. Il signait : *Eury*.

FONCLAUSE (Joseph) (*Luxeuil [Franche-Comté], 1800, † Paris, 1864). — Un des plus habiles fabricants d'archets de son temps. Il a beaucoup travaillé pour VUILLAUME. — Il signait : *Fonclause*.

HENRY (J.) (*Mirecourt, 1823, † Paris, 1870). — Travailla chez Georges CHANOT, Dominique PECCATE et s'associa en 1848 avec SIMON. En 1851, se sépara de ce dernier pour s'établir tout seul.

Il a fait beaucoup d'archets excellents, parmi lesquels un certain nombre ont des hausses d'écaille, dans lesquelles sont incrustées des fleurs en argent ou en or. Il signait : *Henry, Paris*.

KITTEL (Saint-Pétersbourg, 1845-1880 environ). — Très habile faiseur d'archets, surnommé le *Tourte russe*.

LAFLEUR (Joseph-René) (*Paris, 1812, † Maisons-Laffitte, 1874). — A produit des archets comparables à ceux de TOURTE.

LAMY (Alfred) (*Mirecourt, 1850 ; † Paris, 1915). — Ses archets sont fort beaux. Il signait : *A. Lamy*.

LENOBLE (Auguste) (*Mirecourt, 1828, † Paris, 1895). — Travailla chez PECCATE et chez VUILLAUME. Archets bien faits.

LUPOT (François) (*Orléans, 1774, † Paris, 1837). — Frère du célèbre luthier Nicolas LUPOT. Ses archets sont très recherchés. Il signait : *Lupot*. Il y a de nombreuses imitations.

PAGEOT (Mirecourt, 1791-1849). — A fait de nombreux archets excellents.

PECCATE (Dominique) (*Paris, 1826, † Mirecourt, 1874). — Travailla chez VUILLAUME et prit plus tard la succession de François LUPOT. — On le classe parmi les meilleurs archetiers de son temps. Il signait : *Peccate*.

PECCATE (François) (*Mirecourt, 1820, † Paris, 1855). — Excellent archetier, dont la facture peut se confondre avec celle de son frère. Dans la même signature : *Peccate*, les caractères sont une idée plus grands que dans la signature du précédent.

PERSOIS (Paris, 1830 environ). — Travailla chez

J.-B Vuillaume, puis il s'établit. Ses archets sont rares. Il signait : *P. R. S.*, sur le pan, sous la coulisse.

Schwartz (Georges-Frédéric) (Strasbourg 1785-1849). — Ses archets sont très estimés. Il signait : *Schwartz, Strasbourg.*

Simon (*Mirecourt, 1808, † Paris, 1882). — Travailla chez Peccate et chez Vuillaume, puis s'associa avec Henri de 1848 à 1851. Ses archets estimés sont marqués : *Simon, Paris.*

Tourte (Xavier) (dit *Tourte l'Aîné*) (Paris, seconde moitié du xviiie siècle). — Les archets qu'il fit sur le modèle de ceux de son frère sont remarquables.

Tourte (François) (dit *Tourte le Jeune*) (Paris, 1747-1835). — Frère du précédent. Sa réputation est universelle. Il travailla jusqu'à quatre-vingt-cinq ans. Tourte ne marquait jamais ses archets. Il en est quelques-uns qui portent une étiquette minuscule

TOURTE LE JEUNE,
Fait et vend toutes sortes d'archets,
Demeure quai de l'École, maison du marchand de musique, ci-devant Caffé du Parnasse, No. 10, au 4me.
A PARIS.

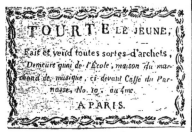

Fig. 923. — Carte d'adresse de Tourte le jeune.

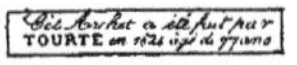

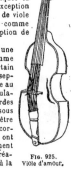

Fig. 924. — Fac-similé d'une étiquette minuscule collée dans la coulisse d'un archet de F. Tourte le jeune.

collée dans la coulisse, indiquant à quel âge il avait fait chacun de ces archets.

Tubbs (Londres). — Un des meilleurs archetiers anglais.

Voirin (François-Nicolas) (*Mirecourt 1833, † Paris, 1885). — La grande réputation de Voirin est entièrement justifiée. Après avoir travaillé chez Vuillaume jusqu'en 1870, il s'établit et se fit rapidement connaître.

Il signait : *F.-N. Voirin, à Paris.*

Vuillaume (Jean-Baptiste) (Paris, 1823-1870.) — De nombreux archets portent sa marque et ils sont en général bien faits ; il en est même d'excellents. Il est difficile de faire la part du signataire, étant donné les ouvriers remarquables qu'il employait, ainsi qu'on l'a vu plus haut.

LA VIOLE D'AMOUR. — LE BARYTON. LA POCHETTE.

L'apparition de ces trois instruments n'étant pas antérieure à celle du quatuor à archet moderne, leur description trouve ici sa place chronologique.

La viole d'amour.

Cet instrument emprunte sa forme à l'ancienne viole, et ses dimensions, qui sont variables, à l'alto et même au ténor. Les grandes violes d'amour tiennent le milieu entre les petites violes (d'épaule) et les grandes (de jambe), et elles ont beaucoup d'analogie avec les violes bâtardes qui se jouaient inclinées sur la cuisse gauche.

On a fait des violes d'amour de petit format, mais jamais, au xviiie siècle, on n'a garni de cordes sympathiques la basse de viole. On cite comme exception le *baryton*, qui serait la basse de viole d'amour. Ce n'est pas exact, comme nous le verrons dans la description de cet instrument.

Fig. 925. Viole d'amour.

La viole d'amour est donc une viole montée de six cordes. Comme pour la basse de viole, à un certain moment on en a ajouté une septième (*la* grave), plutôt nuisible au jeu et à la sonorité. Sa particularité consiste en ce que des cordes sympathiques en métal passent sous la touche et le chevalet pour être tendues à l'unisson des autres cordes. Ces cordes sympathiques ont pour effet de donner à l'instrument une sonorité particulière et agréable, mais qui paraît monotone à la longue.

La viole d'amour semble avoir été d'abord destinée à l'accompagnement du chant, le peu de courbure de son chevalet facilitant la production de triples et quadruples cordes. On n'en trouve aucune trace dans la musique de chambre ancienne. Elle jouit cependant d'une grande vogue pendant tout le xviiie siècle, aussi bien en France qu'en Italie et en Allemagne (les nombreux exemplaires qui nous restent en font foi), et elle dut, pendant cette période, faire les délices de nombreux amateurs et de quelques virtuoses dans la sonate ou le concerto. J.-S. Bach l'employa pour l'accompagnement de plusieurs mélodies.

J. Majer, dans son *Music-Saal* (Nüremberg, 1741), nous renseigne sur la nature des cordes dont la viole d'amour était garnie. Il dit que la chanterelle était en boyau, les trois cordes suivantes en acier ou en laiton, les deux dernières en boyau filé d'argent. Il donne dix-sept manières de l'accorder : c'est dire que l'accord de cet instrument variait à l'infini, suivant les besoins. L'accord normal serait celui des autres violes (du grave à l'aigu) : *la, ré, sol, do, mi, la, ré.*

Il y a peu de chose à dire sur l'étymologie du nom *viole d'amour*. Personne n'a donné d'explication satisfaisante à ce sujet, et, au surplus, il existe des instruments d'une famille toute différente qui portent la même désignation. Ce sont des flûtes, des hautbois et des clarinettes sonnant à la tierce inférieure des mêmes instruments au ton normal. Quant à l'origine, une grande obscurité règne à son sujet. Il n'y a pas là une invention à proprement parler, puisque, dans l'Hindoustan, plusieurs instruments, connus de toute antiquité portaient des cordes sympathiques de métal.

Tout ce que nous savons de positif, c'est qu'il

n'existe pas de viole d'amour antérieure aux dernières années du xviiᵉ siècle. D'après Prætorius,
l'idée d'appliquer les cordes sympathiques aux violes serait anglaise.

D'autre part, Fétis affirme qu'Attilio Ariosti fît
entendre à la sixième représentation d'*Amadis* de
Haendel, donnée à Londres en 1715, un solo de
viole d'amour, instrument alors inconnu en Angleterre, et un document anglais semble confirmer ce
dire.

Toutes ces contradictions ne laissent aucune place
quelque hypothèse que ce soit.

Le baryton.

*Baryton, bariton, pariton, paraton, barydon, viola
di bordone, viola di fagotto* sont différents noms
pour désigner un seul et même instrument. Une
étymologie, au sujet de laquelle il y a lieu d'être
prudent, veut que cette dénomination vienne du *pardon* accordé à celui qui l'inventa, alors qu'il était en
prison. *Viole du pardon* serait le nom primitif, et les
autres dérivés par corruption.

Viola di fagotto doit vouloir indiquer l'analogie du
timbre de cette viole avec celui du basson.

Quelques auteurs modernes ont voulu faire du
baryton la basse de la viole d'amour. Il n'en est rien,
car si cet instrument est muni de cordes sympathiques métalliques comme la viole d'amour, leur rôle
principal n'est pas de vibrer sympathiquement avec
les autres cordes. Ces cordes métalliques sont placées (et l'instrument est construit en conséquence)
pour être pincées avec le pouce de la main gauche,
de manière à être entendues soit alternativement,
soit simultanément avec les cordes frottées par l'archet. On remarquera que, dans la viole d'amour, le
nombre des cordes sympathiques est égal à celui
des cordes du dessus, et qu'elles sont accordées à
l'unisson de ces dernières, tandis que, dans le baryton, le nombre des cordes du dessus est de six, et
les cordes sympathiques peuvent être très nombreuses, ces cordes étant toujours accordées en gamme
ascendante, plus ou moins régulière.

Le nombre des cordes métalliques a beaucoup
varié. D'abord de sept, il s'est accru peu à peu. En
général, elles furent accordées diatoniquement jusqu'au jour où Lidl, un des virtuoses de la chapelle du
prince Nicolas Esterhazy, les accorda par demi-tons
et porta leur nombre à vingt-sept. Franz, son collègue, se servait dans ses concerts d'un baryton muni
de vingt-trois cordes métalliques.

Le baryton a la forme générale d'une basse de
viole, avec le dos plat, coupé en sifflet à la partie
supérieure. Les cordes de boyau, attachées à un
cordier, reposent sur un chevalet très élevé, placé
au-dessus de celui des cordes métalliques, et vont
retrouver leurs chevilles. La touche, d'une largeur
proportionnée au nombre des cordes, est située sur
le côté droit du manche. Ce dernier serait beaucoup trop large pour pouvoir être utilisé dans sa
totalité.

Les cordes métalliques, accrochées à une barre
fixée en travers de la table en biais, ou à une série
de tronçons de barre échelonnés dans le même sens,
vont rejoindre leurs chevilles en passant *à découvert*,
du côté opposé à la touche, dans l'intérieur de la
poignée du manche, particularité unique dans les
instruments à archet. Ces cordes sont protégées, du
côté de la touche, par une plaque généralement

incrustée d'ébène et d'ivoire. Si nous ajoutons que la
table est percée parfois de deux ff courts, doubles de
chaque côté, et ailleurs de deux ff simples, mais de
longueur normale, et d'une rosace à la partie supérieure, nous aurons décrit le baryton dans ses organes principaux.

Né en Italie ou en Angleterre, suivant que l'on
accepte telle ou telle hypothèse, l'instrument (tenant
le milieu entre la basse et le ténor, mais pouvant
monter plus haut que ce dernier), auquel les écrivains
du temps sont unanimes à accorder un timbre agréable et mélancolique, ne fut guère pratiqué qu'en
Allemagne.

Sur les étiquettes des quelques rares exemplaires

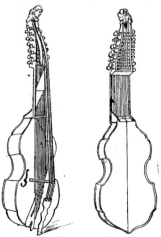

Fig. 926. — Baryton.

conservés dans les musées ou les collections privées,
nous ne relevons que des noms allemands.

Le musée du Conservatoire de Paris en possède
un remarquable de Norbert Bedler, luthier de la
cour de Bavière (Wurtzbourg, 1723). Ses mesures
principales sont :

Longueur totale......................	1 m. 400 mm.
Longueur de la caisse y compris les bords...	0 m. 690 mm.
Largeur du bas.....................	0 m. 400 mm.
Largeur du milieu...................	0 m. 250 mm.
Largeur du haut....................	0 m. 330 mm.
Hauteur des éclisses en bas...........	0 m. 133 mm.
Hauteur des éclisses en haut..........	0 m. 115 mm.
Longueur des ouïes..................	0 m. 118 mm.
Longueur de la poignée du manche	0 m. 270 mm.
Longueur de chevillier...............	0 m. 400 mm.

Cette viole est munie de six cordes de boyau et de
dix-huit cordes de laiton. Elle a deux ouïes et une
toute petite rosace au-dessous de la touche. Cette
dernière n'a pas de divisions ou cases.

Les auteurs sont en contradiction au sujet de l'accord du baryton. Or, dans le *Musik-Saal*, de Majer,
il est dit que le baryton s'accorde comme la *viola di
gamba*.

Il est probable que les joueurs de baryton ont usé,
surtout dans le solo, tant à l'égard des cordes de
boyau que des cordes métalliques, de cette liberté

d'accordature courante autrefois, qui donnait tant de facilité au jeu et de variété au timbre, et dont l'usage se continua pour le violon. PAGANINI en fit l'usage que l'on sait. Après lui, on en trouve encore des traces chez BAILLOT, VIEUXTEMPS et leurs contemporains.

La pochette.

La *pochette*, ou *poche*, est un minuscule instrument à archet dont les maîtres à danser se servirent depuis le commencement du xviiᵉ siècle jusqu'à la

FIG. 927. — La tenue de la pochette.

fin du xviiiᵉ siècle pour donner leurs leçons. Il en est qui conservèrent jusque vers le premier tiers du xixᵉ siècle cette tradition, qui finit par s'éteindre.

Les premières pochettes durent leur forme à la reproduction de celles du rebec et de la gigue. Cela s'explique ainsi. La gigue, bannie des concerts, reléguée à la danse comme le rebec, se confondit avec ce dernier et finit par disparaître avec lui. Les maîtres à danser, qui faisaient partie de la corporation des ménétriers, continuèrent à s'en servir, mais en y faisant apporter des modifications propres à leur faciliter le transport de l'instrument d'une maison à l'autre. Il en résulta un instrument nouveau, de dimensions restreintes, que le maître à danser pouvait facilement mettre dans sa poche après chaque leçon. C'est ce qui fit donner à l'ancien instrument diminué le nom de *poche*, ou de *pochette*. Son peu de sonorité lui valut aussi celui de *sourdine*.

Le père KIRCHER (*Musurgia universalis*, 16) l'appelle : *linterculus a figura lintris sic dicta*, définition indiquant clairement que les pochettes à bateau (*linter*) furent les premières en usage.

Plus tard, on fit des pochettes-violons, qui étaient simplement des violons de forme réduite, mais possédant un manche suffisamment long pour rendre possible le jeu de l'instrument.

La forme de la pochette-bateau est caractéristique. La caisse, à pans minces et allongés, ne forme qu'une pièce avec le manche court et arrondi. Munie de quatre cordes, son chevillier était rarement surmonté d'une volute. C'était, comme dans les anciennes violes, soit une tête sculptée, soit une forme ornementale. Les ouïes, différant de celles du violon, consistaient en une échancrure, longue de quatre à cinq centimètres, courbée soit en dedans, soit en dehors, et terminée par une petite ouverture arrondie.

La longueur de l'instrument variait de trente-cinq à quarante centimètres; la largeur était de quatre à cinq centimètres vers le milieu.

L'archet de la pochette avait généralement trente-cinq centimètres environ.

Quoique l'étui naturel d'un tel instrument fût la poche du maître à danser, on confectionna pour certains de ces petits instruments, qui étaient de véritables bibelots précieux, des étuis souvent fort riches, en cuir gaufré doré au petit fer comme les belles reliures, doublés à l'intérieur de velours ou de satin.

Indépendamment des deux formes classiques que nous venons de citer, les luthiers s'ingénièrent à en créer de charmantes, où la main-d'œuvre la plus délicate fut au service de la fantaisie du meilleur goût.

Aussi, les pochettes sont-elles recherchées de nos jours comme des bibelots d'art précieux, et les col-

 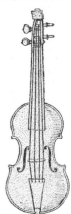

FIG. 928. — Pochette d'Antonio STRADIVARI. (Musée du Conservatoire national de Paris.)   FIG. 929. — Pochette de Giuseppe GUARNERI (del Jesu).

lections privées, aussi bien que les musées, en possèdent des spécimens remarquables.

Le musée du Conservatoire national de Paris en présente un certain nombre d'exemplaires (nᵒˢ 103 à 132).

La description de quelques-unes de ces petites merveilles, que nous empruntons au *Catalogue du Musée* par CHOUQUET, donnera une idée de ce qu'étaient les belles pochettes des xviiᵉ et xviiiᵉ siècles.

Nº 103. — Grande pochette. Cette belle pochette de la fin du XVIᵉ siècle est ornée d'une tête originale, dont le travail est ravissant. Le fond rappelle la forme d'une râpe à tabac, et de fines sculptures l'embellissent. Tout l'instrument est enrichi d'onyx et d'autres pierres dures (collection CLAPISSON).

Nº 104. — Pochette en ivoire gravé. Elle est ornée d'une tête de faune en ivoire et ébène, et l'on en doit remarquer les chevilles enrichies de grenats. Cette belle pièce, dont la table est en bois de cèdre, date du commencement du XVIIᵉ siècle (collection CLAPISSON).

Nº 106. — Pochette italienne en ébène. Le manche se termine par une tête de nègre avec boucles d'oreilles en argent. Cette pochette du temps de Louis XIII est ornée d'incrustations, dont les détails ne se reproduisent pas de chaque côté avec une exacte symétrie (collection CLAPISSON).

Nº 108. — Pochette en ébène. Le fond est à pans coupés avec filets en argent. Cette pochette élégante, ornée d'une tête de nègre, a un cachet italien, bien qu'elle soit signée d'un nom allemand devenu illisible.

Nº 113. — Pochette de grand format et en bois sculpté. La forme originale et la remarquable exécution de ce bel instrument attirent et fixent l'attention des connaisseurs. La tête d'ours qui, orne le haut du manche est finement sculptée et surmontée d'une couronne ducale (collection CLAPISSON).

Nº 118. — Pochette italienne en forme de râpe. Elle est de forme plate, en marqueterie, composée de bois de différentes couleurs, et enrichie d'incrustations en nacre de perles. À l'extrémité de la volute, on remarque une tête de femme habilement sculptée et, au milieu de la table, un cœur percé à jour. Cette pièce d'un travail délicat est tout à fait intacte (collection CLAPISSON).

Nº 117. — Grande pochette de STRADIVARIUS. A en juger seulement par la couleur du vernis, on pourrait croire que cette admirable pochette appartient à la période des premiers travaux de STRADIVARIUS, mais à la fermeté du dessin et à l'originalité de la forme de cet instrument, à la coupe merveilleuse des ouïes, à la double échancrure des bords, on reconnaît déjà que le célèbre luthier n'imitait plus AMATI. Ce bijou date en effet de 1717, c'est-à-dire de la belle époque du grand artiste de Crémone. Il fut importé en France par TARISIO, et cédé à SILVESTRE, le luthier lyonnais. M. CLAPISSON, qui fut un violoniste distingué, l'acheta en 1853 (collection CLAPISSON).

Les archets des pochettes sont souvent d'une facture très soignée. Il en est dont la hausse est sculptée avec finesse et originalité.

L'accord de la pochette. — Jamais la pochette n'a figuré dans un ensemble instrumental; aussi, son accord n'était-il pas très rigoureux. Néanmoins, en principe, elle s'accordait ainsi, en commençant par le grave :

Do, sol, ré, la,

et exigeait des cordes plus fines que celles du violon.

▨▨▨ INDEX BIBLIOGRAPHIQUE

APIAN BENNEWITZ (P.-O.). *Die Geige, der Geigenbau und die Bogenverfertigung.* — Mit einem Atlas enthaltend 14 Foliotafeln und 56 in Text gedruckten Abbildungen, Weimar.

BAGATELLA (A.). *Regole per la costruzione dei violini e violoncelli e violoni.* — Memoriale presentato all Akademia di Scienze lettere e arti di Padoua al concorso del premio dell' arti del 1782 e coronato dalla stessa Akademia, 1786.

Catalogue du musée du Conservatoire national de musique de Paris, par Gustave CHOUQUET. 1 volume et trois suppléments.

Catalogue descriptif et analytique du musée du Conservatoire royal de musique de Bruxelles, par Victor-Charles MAHILLON. 4 volumes.

COUTAGNE (Henry). *Gaspard Duiffoproucart et les luthiers lyonnais du XVIᵉ siècle.* — Paris, 1893.

De PICCOLELLIS (Giovanni). *Liutai antichi e moderni.* Note critico-biografiche. Florence, 1885.

— *Liutai antichi e moderni.* Genealogia degli Amati e dei Guarnieri secondo i documenti ultimamente ritrovati negli atti e stati d'anime delle Antiche Parrocchie di S. Faustino e di S. Donaldo Cremona. Note aggiunte alla 1ᵉ edizione. Florence, 1886.

FÉTIS (F.-J.). *Antoine Stradivari, luthier célèbre, connu sous le nom de Stradivarius;* précédé de recherches historiques et critiques sur l'origine et la transformation des instruments à archet, et suivi d'analyses théoriques sur l'archet et sur François TOURTE, auteur de ses derniers perfectionnements, Paris, 1856.

GREILSAMER (Lucien). *L'Hygiène du violon, de l'alto et du violoncelle.* — Conseils pratiques sur l'acquisition, l'entretien, le réglage et la conservation des instruments à archet, avec 50 figures explicatives et 4 planches hors texte. Paris, librairie Delagrave.

— *L'Anatomie et la Physiologie du violon, de l'alto et du violoncelle,* aperçus nouveaux, suivis du *Vernis de Crémone,* étude historique et critique (nombreuses illustrations). Paris, librairie Delagrave.

GALLAY (J.). *Les Luthiers italiens aux XVIIᵉ et XVIIIᵉ siècles.* Nouvelle édition du *Parfait Luthier* de l'abbé SIBIRE, suivie de notes sur les maîtres des diverses écoles. Paris, 1869.

GRILLET (Laurent). *Les Ancêtres du violon et du violoncelle; les luthiers et les fabricants d'archets.* 2 vol., Paris, 1901.

HART (George). *Le Violon, les luthiers célèbres et leurs imitateurs,* contenant de nombreuses gravures sur bois d'après les photographies des violons de STRADIVARIUS, GUARNERIUS, AMATI, etc. Traduit de l'anglais par A. Royer. Paris, 1886.

HILL (W. Henry). Artur F. HILL and Alfred E. HILL. *Antonio Stradivari,* his Life and Work (1644-1737), with an introductory note by lady Huggins. Drawings by Schirley Slocombe, chromolithographed by Nister of Nurenberg. London, 1902.

HILL AND SONS. *The Salabue Stradivari.* A history and critical description of the famous violin commonly called *le Messie.* London, 1891.

— *The Tuscan Stradivari.* A Short account of a violin made by Stradivari for Cosimo de Medici grand Duke of Tuscany in, 1690.

— *The Life and Work of Maggini.*

JACQUOT (E.). *Les Médard, luthiers lorrains.* Paris, 1896.

LUTGENDORFF (Willibald-Leo-Freichert von). *Die Geigen und Lautenmacher vom Mittelalter bis zur Gegenwart.* Francfort-sur-le-Mein, 1904.

MAILAND (Eug.). *Découverte des anciens vernis italiens employés pour les instruments à cordes et à archet.* Paris, 1859.

MAUGIN et MAIGNE. *Nouveau Manuel complet du luthier.* Paris, Roret, édit. Nouvelle édit., 1894.

MORDRET (Léon). — *La Lutherie artistique.* Paris, 1885.

— *Les Violons de Crémone.* Rouen, 1898.

PIERRE (Constant). *Les Facteurs d'instruments de musique, les luthiers et la facture instrumentale.* Paris, 1893.

READE (Ch.). *Readiana.* Leipzig, Tauchnitz, édit. Vol. 2109.

RINALDI (Ben.-Gioff.). *Classica fabbricazione di violini in Piemonte.*

SAVART (F.). *Mémoire sur la construction des instruments à cordes et à archet.* Paris, 1818.

SIBIRE (l'abbé Antoine). *La Chélonomie ou le parfait luthier.* Paris, 1806.

TOLBECQUE (A.). *L'Art du luthier.* Niort, 1903.

VALDRIGHI (comte Luigi-Franc.). *Ricerche sulla liuteria et violineria modenese antica e moderna.* Modena, 1878.

— *Nomocheliurgografia antica e moderna, ossia elenco de fabbricatori di strumenti armonici con note esplicative e documenti estratti dal archivio di stato in Modena.* — Modena, 1884-1888-1894. Con aggiunta, 1888.

VIDAL (Antoine). *Les Instruments à archet,* ornés de planches gravées à l'eau-forte par Frédéric Hillemacher. Paris, 1835 à 1878. 3 vol.

— *La Lutherie et les luthiers.* Paris, 1889.

WIT (P. DE). *Geigenzettel alter Meister.* Leipzig, 1901.

L. GREILSAMER.

LES VIOLES

Par Paul GARNAULT

ORIGINE DES INSTRUMENTS DU QUATUOR D'ARCHETS

Si l'origine des instruments à cordes pincées remonte, d'après le Pentateuque (*Genèse*, IV, 21), aux temps les plus reculés, « Et nomen fratris ejus Jubal : ipse fuit pater canentium, cithara et organo[1] », cependant, l'archet ne paraît en Occident qu'à la fin du VIe siècle.

D'abord employé par les joueurs de *crouth*, il passe aux mains des joueurs de lyra, rebec, gigue et vièle pendant le moyen âge ; le charme des sonorités variées et prolongées qu'il procure n'est certes pas étranger à la décadence progressive des instruments à cordes pincées. D'un autre côté, la famille des violes du XVe siècle remplace les gigues et les vièles, jusqu'au moment où elle devra elle-même disparaître devant l'invasion des violons et altos d'Italie importés en France sous le règne de Charles IX (1572), du violoncelle du XVIe siècle et des contrebasses de TODINI (1625).

Ainsi se transformait la lutherie, non sans quelque résistance des anciens violistes... Il n'est pas téméraire d'ajouter ici que LULLI, tout-puissant de 1660 à 1680, favorisa les violonistes, pendant que les violistes cherchaient encore à augmenter la sonorité de leur viole par l'adjonction de cordes sympathiques, d'où les barytons, violes d'amour, etc. Vains efforts ! car depuis BACH et HÆNDEL, ces dérivés de la viole ne sont plus que d'intéressants souvenirs, malgré les tentatives de restauration dont ils furent l'objet de la part du prince ESTERHAZY et de HAYDN, son maitre de chapelle, puis, en France, du célèbre URHAN (1790-1843).

Bibliographie. — J. FÉTIS. — *Ant. Stradivari*, in-8°, Paris, 1856, Vuillaume.
Ch. Nodier. — *Contes, Jean Sbogar.*
HART. — *Le violon.* Paris, Rouam ; Londres, 1877.
Jean ROUSSEAU. — *Traité de la viole.* Paris, 1687.
A. LAVIGNAC. — *Encyclopédie de la musique et Dictionnaire du Conservatoire.* 5 vol. in-4°. Paris, 1914.
L'abbé VIGOUROUX. — *La Sainte Bible polyglotte. Les instruments de musique.* Traduction de l'abbé Glaire. Paris, 1903.
Bible d'Osterwald. 1724.
L. GRILLET. — *Les ancêtres du violon.* 2 vol. in-8°. Paris, 1901.
Didron. — *Annales archéologiques*, in-4°. 3 vol. 1845, Paris.
E. TRAVERS. — *Les Instruments de musique au quatorzième siècle.* Paris, 1882.
MACLAUCHLAN. — *La musique gaélique*, in-8°.
South Kensington museum art. Londres, in-12.
HUCBALD. — *Ses traités de musique* par COUSSEMAKER. Paris, 1841.
TOLBECQUE. — *Art du Luthier.* Niort, 1903, in-4°.

1, P. MERSENNE. *Quæstiones celeberrimæ in Genesim*, 1623.

Abbaye de Saint-Martial de Limoges. — *Antiphonar et Responsur*, ms. latin du XIe siècle.
Edward JONES. — *Musical and poetical relicks | of the welsh bards | preserved by tradition and authentic manuscripts | from very remote antiquity | dedicated by permission | to his Royal Highness the Prince of Wales | by Edward Jones | Bard of the Prince Regent | native of Heublasmerionetshire.* London. Printed for the author, 1811.
JÉROME DE MORAVIE. — *Incipit tractatus de musica compilatus a Fratre Hieronymo Moravo, ordinis Fratrum Prædicatorum,* 1260.
A. VIDAL. — *La Chapelle Saint-Julien des menestriers et les ménestrels à Paris.* Paris, 1878.

Préliminaires. Origine de l'archet.

Si l'antiquité nous a légué de nombreuses reproductions sculpturales ou graphiques des instruments à cordes pincées et de musiciens accompagnant la déclamation et la danse[2] ou les chants sacrés, funèbres et guerriers, nous sommes en revanche très mal renseignés sur l'origine des instruments d'archet.

Laissant de côté les merveilles de l'imagination des plus illustres peintres et sculpteurs[3], nous en sommes réduits à ne connaître l'origine de l'archet que par le légendaire et schématique *ravanastron*, premier instrument d'archet, dont l'invention, attribuée à RAVANA, roi de Ceylan, remonterait à plus de 2000 ans avant J.-C.

Avec une considération que ne pouvait mériter le ravanastron[4] longtemps abandonné aux moines mendiants, la plus ancienne littérature bouddhiste (400 ans avant J.-C.) traite assez longuement des vinas, sitars et autres instruments à cordes soit pincées, soit mises en vibration à l'aide d'un plectre. Plus tard seulement, le ravanastron perfectionné, transformé même, devint *ravana, ruana, omerti, sarinda,* et plus tard *saranju* et *kunjerry*[5].

« Si nous comparons l'*omerti* indien à l'instrument arabe dit *kemangch à gouz* (de *keman*, archet, et *kah*, c'est-à-dire instrument d'archet), nous reconnaissons immédiatement que l'instrument de l'Inde a fourni le modèle de celui de l'Arabie.

« D'ailleurs, *kemangch* est persan, d'après VILLO-

---

2. Harpes égyptiennes, 3000 av. J.-C. ; cithares et guitares, 1800 av. J.-C., d'Asie importées, comme les trigones assyriens, les psaltérions persans et les kinnors syriens.

3. Raphaël avait prêté un Violon à l'Apollon du Parnasse, et des médailles antiques représentent Apollon jouant du rebec ; de même, le Dominiquin (Zampieri, 1581-1641) nous montre dans un chef-d'œuvre de peinture, au Louvre, saint Cécile, martyrisée dès le IIIe siècle, jouant de la Viole de gambe.

4. Ce ravanastron aurait été monté de deux cordes faites d'intestins de gazelle !

5. Tous instruments montés de différentes cordes, crin de cheval, métal ou soie.

6. J. FÉTIS. *Ant. Stradivari*, p. 8.

teau; puis la Perse ancienne touchait à l'Inde par l'est, et les rapports de ces deux grandes contrées se montrent partout dans l'histoire.

« Les cordes sont la partie la plus curieuse de cet instrument, car elles sont formées chacune d'une mèche de crins noirs fortement tendus; l'archet est composé d'une baguette de figuier sycomore façonnée au tour et courbée en arc, à laquelle est attachée et tendue une mèche des mêmes crins. »

En réalité, ces primitifs instruments d'archet servaient beaucoup moins à des combinaisons instrumentales, telles que nous les imaginons au xxᵉ siècle, qu'à l'accompagnement des voix et des récitations chantées, comme celle du vieillard de Ch. Nodier[1] qui promenait, dit-il, régulièrement sur une espèce de guitare garnie d'une seule corde de crin, un archet grossier, et qui en tirait un son rauque et monotone bien assorti à sa voix grave et cadencée, chantant, en vers esclavons, l'infortune des pauvres Dalmates. Comme Homère, ce vieillard était aveugle!

Dans l'Extrême-Orient, en Chine, nous trouvons le ravanastron qui s'y est conservé jusqu'à nos jours, de même que les modernes jouent encore en Turquie le *rebab* et le *kemantche*, plus ou moins perfectionnés, en Arabie le *reheb* ou *rabab*, et en Perse, le *robab* et le *kemantche* ou *kemangch*[2].

La migration de l'archet vers l'Occident fut assurément très lente, et il paraît presque impossible de tracer le chemin parcouru par les musiciens ambulants au travers de pays qui ont bien souvent changé de nom. Aucune trace précise ne nous reste de cette migration et, avec FÉTIS, nous devons croire que le crouth des bardes gallois, chanté dès 570 dans une poétique invocation à sainte Radegonde par Venance FORTUNAT, évêque de Poitiers, mort vers 609, fut le premier des instruments à cordes pincées sur lequel les Gallois essayèrent l'archet.

De RAVANA à Saint FORTUNAT s'étaient écoulés trois mille ans! Aussi, après quelques recherches dans la littérature bouddhiste[3], devions-nous demander à la Bible, la loi écrite au cours de cette longue période, quelques informations sur les mœurs musicales des Hébreux, après avoir appris que, sans même l'ombre d'un commencement de preuve, la première méthode de violon du Conservatoire (3 ventôse au X), rédigée par BAILLOT, RODE et KREUTZER, ne craignait pas « de faire connaître aux élèves tout ce qui peut donner une idée juste et les déterminer à conserver au violon le rang qui lui appartient, présumant qu'il était connu dans les temps les plus reculés! Ne connaissait-on pas des médailles antiques représentant Apollon jouant d'un instrument à trois cordes semblable au violon »?

Cependant, la Bible ne fait aucune allusion aux instruments à cordes « d'archet ».

Dans le 1ᵉʳ livre du Pentateuque (*Genèse*, IV, 21), où il est question de musique à l'époque antédiluvienne, nous apprenons que « Jubal fut le père de ceux qui jouent du *kinnor* et de l'*ougab* ». Répudiant

toute traduction littérale imparfaite[4], nous n'en retiendrons ici que la plus large interprétation des exégètes qui ont particulièrement traité la question des instruments de musique dans la Bible[5].

Ougab représente la famille des instruments à vent, et *kinnor* la famille des instruments à cordes pincées, soit avec les doigts, soit à l'aide du plectre[6], c'est-à-dire les luths, harpes de dix à vingt-quatre cordes, lyres, psaltérions, cithares, etc.

Si la musique tenait une large place dans la vie civile et religieuse[7], si les écoles des prophètes sont aussi des écoles de musique[8], si les lévites de DAVID étaient organisés en groupes jouant du kinnor et du nebel tout particulièrement affectés à l'accompagnement des chants liturgiques à l'exclusion des instruments à vent, si DAVID et Salomon ont connu un très grand nombre d'instruments de musique[9], du moins, la Bible ne nous apprend rien de leur nature et de leur forme, moins encore de l'usage de l'archet chez les Hébreux.

L'archet et le crouth.

Avec Saint FORTUNAT, nous arrivons, dès les dernières années du vıᵉ siècle, à l'emploi de l'archet en Occident, sans avoir la moindre preuve que l'archet de RAVANA fut importé par quelque ménétrier arabe dans le nord de l'Europe[10], mais avec quelques raisons de croire que les Bretons de Grande-Bretagne l'avaient imaginé, dans les premiers siècles de l'ère chrétienne, pour produire plusieurs sons simultanés et prolongés sur leur nouvelle lyre tri-corde, le crouth, chanté par Saint FORTUNAT[11].

---

1. Ch. Nodier, *Jean Sbogar.*
   Ce vieillard s'accompagnait de la « guzla » (improprement considérée comme soprano de la famille des trompettes marines), qui se jouait encore en Dalmatie au milieu du xıxᵉ siècle.

2. Notons en passant que le kemantche persan, comme le rebeb arabe, avait le manche prolongé au delà de la caisse d'un pied en fer qui fut le point de départ de la pointe des violoncelles du xıxᵉ siècle, dont on a trop généreusement attribué l'invention à SERVAIS.

3. LAVIGNAC, *Encyclopédie.*
   Inde, tome I, p. 257.
   Perse, tome V, p. 3065.

4. Les Septante ont traduit *kinnor*, cité une quarantaine de fois dans la Bible, soit par κιθάρα, la *cithara* de la Vulgate. *Et nomen fratris ejus Jubal : ipse fuit pater canentium cithara et organo*, soit par κινύρα, forme grecque du mot hébreu, qui ne traduit rien et qui témoigne de l'immense embarras des soixante-dix traducteurs grecs.
   On n'est pas moins surpris de trouver dans le *Violon de* HART des libertés plus grandes encore, soit dans l'édition anglaise (1877), *and his brother's name was Jubal : from him descended the Flute players and Fiddlers, as rendered by Luther,* soit dans l'édition française : Paroles de l'Écriture, traduites par Luther! « Et le nom de son frère était Jubal : c'est de lui que descendirent les joueurs de flûte et de violon. »
   La *Bible d'Osterwald* (1724) s'est fait l'écho de cette traduction d'autant moins vraisemblable que Luther, mort en 1546, avait entendu beaucoup plus de violes que de violons.

5. LAVIGNAC, *Encyclopédie*, Le Grand Rabbin CAHEN, tome I, p. 67.
   La Sainte Bible polyglotte. L'abbé VIGOUROUX, tome IV, p. 631.

6. Avec la même liberté que pour la traduction de *kinnor*, on a trop souvent travesti le *plectre* en archet, dont il n'avait point la forme, *arcus* en latin signifiant petit arc.
   Le plectre était une baguette de bois, d'ivoire ou d'or, qui servait à toucher, à mettre en vibration, à frapper même les cordes du *kinnor*, mieux encore, de ce luth à dix cordes dit *nebel*, dont il est fait une mention spéciale au psaumes XXXIII et XCVII de DAVID.

7. Dans Eccl. XXII, 6; XL, 20, etc., on trouve le mot μουσική, musique et, dans Apoc., XVIII, 22, l'appellation μουσικοί pour musiciens.

8. 1 Samuel, X, 5. *Sacre de Saül.*

9. Schilte Haggiborim, auteur hébreu très estimé, cité par le P. KIRCHER, assure qu'il y avait dans le sanctuaire « trente-six instruments dont DAVID trouva les jeux propres. Jean ROUSSEAU, *Traité de la Viole,* page 7.

10. Jusqu'à la fin du vᵉ siècle, l'Espagne presque entière fut au pouvoir des envahisseurs du Nord, les Wisigoths, et, si l'on a trouvé quelques vestiges d'archet dans la péninsule ibérique, à la légère attribués aux Arabes, nous devons nous demander comment les Arabes, venus d'Afrique pour prêcher la religion de Mahomet (l'hégire date de 632), apparaissent qu'au vıııᵉ siècle en Espagne d'abord, puis en France, d'où, battus à Poitiers par Charles Martel, en 732, ils repassèrent les Pyrénées.
   En admettant que leur domination ait jeté un vif éclat sur les arts et les sciences jusqu'à la fin du xvᵉ siècle (1492), du moins l'archet était connu à Poitiers et au Pays de Galles depuis bientôt neuf cents ans.

11. FÉTIS a condensé ses recherches historiques et critiques sur l'origine et les transformations des instruments à archet dans une bro-

Ecrivant en ces temps reculés (vi[e] siècle) où l'ancienne Armorique française recevait les émigrés de Grande-Bretagne, saint Fortunat donnait donc le sens le plus probable de la migration de l'archet, nord au midi, que les Gallois avaient adopté ou imaginé pour faire chanter leur ancienne lyre à cordes pincées, le crouth primitif, devenant l'ancêtre des instruments d'archet.

Le désir des Gallois avait donc créé l'organe et per-

fectionné le jeu' du crouth (d'abord tricorde, dit crouth trithant, puis monté de 4, 5 et 6 cordes), l'emploi de l'archet n'excluant pas absolument le pincement des cordes et la faculté de varier les sonorités de l'instrument, comme le font actuellement les instrumentistes du quatuor moderne par leurs pizzicati, car, dans la Bible offerte par le comte Vivien, abbé de Saint-Martin de Tours, en 850, à Charles le Chauve, magnifique manuscrit passé en 1675 de la cathédrale de Metz à la Bibliothèque Colbertine, Ethan pinçait encore du crouth.

Fig. 930.

Nous savons, d'après la miniature d'un manuscrit latin du xie siècle provenant de l'abbaye de Saint-Martial de Limoges[1], que le crouth était joué dans le centre de la Gaule en même temps qu'il demeurait chez les Britains et Welshs des pays de Galles et d'Ecosse l'instrument préféré des bardes pour l'ac-

compagnement de leurs chants[2], et s'il fut peu à peu délaissé en France, les derniers bardes se seraient pourtant fait entendre vers 1770 et 1801 sur le crouth, qui disparut avec eux[3].

Grâce aux descriptions laissées par le barde E. Jones et par Daines Barrington, la reconstitution du crouth donne un dérivé de celui du moyen âge.

Nous en reproduisons ici les formes d'après les ouvrages de cet Edouard Jones, qui se disait « barde du prince de Galles » à la fin du xviiie siècle[4].

Le dessin en est suffisamment précis pour démontrer que le crouth de Jones était bien réellement le crouth de Limoges perfectionné, c'est-à-dire un instrument à éclisses, à table d'harmonie, à manche, avec âme et cordes mises en vibration au moyen d'un archet[5].

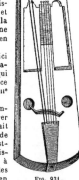

Fig. 931.

Ajoutons que, sous le n° 17145, la Bibliothèque du Conservatoire de musique de Bruxelles possède en trois volumes in-4° *Musical and poetical relicks of the Welsh Bards preserved by tradition and authentic manuscripts from very remote antiquity, dedicated to his Royal Highness the Prince of Wales by Edward* Jones, *Bard of the Prince Regent, London, 1811.*

Les six cordes, *sol*₂, *sol*₃, *ut*₄, *ut*₃, *ré*₃, *ré*₄ du crouth de Jones étaient accordées d'une manière originale :

et, à titre de curiosité, nous donnons ici un très vieil air breton qui se jouait sur le crouth, d'après Tolbecque[6] :

La mélodie se jouait du même doigt à intervalle d'octave sur les deux chanterelles, les *ut* des 3e et 4[e]

vibraient sous l'archet, de même les 5e et 6e, en dehors de la touche, grâce à la forme très plate du

---

chute devenue très large : *Antoine Stradivari*, 128 pages, in-8°. Paris, 1856, Vuillaume.

Nous y avons puisé maints enseignements, ainsi que dans l'ouvrage très détaillé et plus moderne de L. Grillet : *Les Ancêtres du violon*, 2 vol. in-8°, Paris, 1901, Schmid.

Fétis s'étend longuement (page 13) sur l'étymologie celtique du mot *crouth*, son orthographe et son origine :

Romanusque lyra plaudat tibi, Barbarus harpa,
Græcus achilliaca; chrotta Britanna canat.

(Livre VII, chant VIII. *De Lupo duce.*)

Que le Romain t'applaudisse sur la lyre, le barbare sur la harpe,
Le Grec sur la cithare, que le crouth Breton chante.

1. Fétis, *Ant. Stradivari*, pages 17 et 24.

Antiphonar et Responsur. Et, selon la tradition saxonne, le crouth serait là aux mains du roi David...

Enregistrons la légende.

2. L. Grillet. *Ancêtres du violon*, page 3.

3. Fétis. *Ant. Stradivari*, page 26.

4. Ed. Jones. { 1° *Musical and poetical relicks of the Welsh Bards.* London, 1794;

2° *The Bardic museum of primitive british litterature.* London, 1802.

3° *Édition complète des deux volumes précédents.* Londres, 1825.

5. Nous avons suffisamment traité de l'archet pour mettre fin à cette légende, trop souvent répétée, selon laquelle les croisés l'auraient rapporté de Terre Sainte ! Nous pensons que c'est précisément le contraire. D'ailleurs, la Vielle d'archet sert l'instrument des Chantres d'Amour et de Guerre, les Minnesinger de 1210 (Vidal). Et, Jérôme de Moravie, dans son manuscrit de 1260, traitant des connaissances musicales du xiiie siècle, donne l'accord et l'étendue des instruments d'archet du moyen âge.

6. Tolbecque, *Art du Luthier*, page 4.

chevalet : d'ailleurs, il ne semblait pas possible de les pincer du pouce gauche, et rien ne laisse suposer que ces bourdons aient dû être pincés, comme le seront beaucoup plus tard ceux des archi-luths et guitares[1].

Nous donnerons plus loin les transformations de l'archet de Ravana, jusqu'à Tourte (xviiie siècle).

Lyra. — Rubèbe. — Rebec. — Gigue. Vièle d'archet[2].

Si nous avons longuement traité du premier instrument à cordes frottées de l'Occident, le crouth, dont les formes modifiées conduiront peu à peu aux vièles, violes et instruments du quatuor, si nous voulons rendre à la trompette marine, trop souvent négligée, sa légitime place dans l'histoire des instruments anciens, du moins passerons-nous plus rapidement sur les lyra, rebec et gigue qui ont joué leur rôle du viiie au xve siècle, jusqu'aux vièles d'archet[3].

Les lyra, rubèbe et rebec, sans éclisses ni manche, montés de 2 ou 3 cordes, sonnaient généralement en France dans les danceries et réunions populaires ; aussi, n'est-ce pas sans surprise que nous les voyons si souvent mis aux mains des anges par les peintres et sculpteurs de tous pays.

Soit lyra, monocorde des viiie et ixe siècles précédant la gigue multicorde, soit rebec monté de 2 ou 3 cordes généralement accordées en quintes, ces instruments n'avaient pas de manche proprement dit : le prolongement de la table constituait le manche (non entouché), sur lequel la main ne pratiquait que la première position.

En forme de poire allongée, sans éclisses avec un fond bombé, importé en France d'Orient ou d'Espagne au xviie siècle, le rebec était un instrument sec et criard, surtout employé pour faire danser ou pour mener les épousées à l'église (au son du rebec et du tambourin) ; la malice populaire l'appréciait à sa juste valeur : on disait « sec comme rebec », du moins au xviie siècle, époque où il était si peu estimé parfois que les ordonnances de police n'en toléraient l'usage que dans les cabarets et autres mauvais lieux (1628).

La carrière de la gigue paraît avoir été moins vulgaire : en Allemagne, Luscinius (1487-1535) et Praetorius (1571-1621) en décrivaient un quatuor complet, gigues montées de trois cordes et accordées[4] :

1. *Annales Archéologiques* de Didron, tome III, 1845.
Essais sur les instruments de musique du moyen âge à cordes frottées, in-4°.

Tolbecque, *Art du Luthier*. Quelque respect que puisse inspirer cet auteur, également premier prix de Violoncelle et de lutherie, nous ne pouvons excuser l'anachronisme contenu dans sa représentation de l'antique crouth, page 4, au voisinage d'un archet ultra moderne.

2. **Bibliographie. — L. Grillet.** — *Les ancêtres du violon.* Paris, 1901.
O. Luscinius. — *Musurgia seu praxis musicæ.* 1536, Argentorati.
M. Praetorius. — *Syntagmatis musici tomus secundus de organographia.* 1615.
Jérôme de Moravie. — *Incipit tractatus de musica compilatus a Fratre Hieronymo Moravo, ordinis Fratrum Praedicatorum.* 1260.
V.-Ch. Mahillon. — *Catalogue du Musée Instrumental du Conservatoire Royal de Bruxelles.*
Lavignac. — *Encyclopédie de la musique.* Tome III. Paris, 1914 (Musique Instrumentale de Quittard, page 1177).
Combarieu. — *Histoire de la musique.* 3 vol. Paris, 1913.
A. Vidal. — *La Chapelle Saint-Julien des menestriers et les menestrels à Paris.* Paris, 1878.
L. Pagnerre. — *De la mauvaise influence du piano sur l'art musical.* Paris, 1885.

3. Voir dans Grillet, tome I, tous détails intéressant la lutherie du moyen âge.

Dessus..	ré₂,	sol₂,	ut₄ ;

$$Dessus : ré_2, \quad sol_2, \quad ut_4 ;$$
$$Alto : sol_2, \quad ut_3, \quad fa_3$$
$$Ténor : ut_2, \quad sol_2, \quad ré_3 ;$$
$$Basse : sol_1, \quad ré_2, \quad la_2 ;$$

Notons qu'il y avait des gigues montées de 4 cordes et même plus.

Cependant, la vièle d'archet paraît bien être le plus parfait succédané du crouth, avec ses éclisses, sa caisse de résonance et un manche indépendant de cette caisse, en résumé le manche du crouth débarrassé des montants latéraux qui soutenaient la traverse supérieure portant le chevillier.

Jérôme de Moravie, contemporain de saint Thomas d'Aquin au couvent des Dominicains de la rue Saint-Jacques à Paris, a laissé à la Sorbonne, dans un manuscrit de 1260, le résumé des connaissances du xiiie siècle touchant l'étendue et l'accord des instruments d'archet du moyen âge[5] ; Perne a traduit ce manuscrit et décrit l'accordature de la vièle d'archet montée de cinq cordes, suivant trois systèmes différents :

$$1° : \quad ré_2. \quad sol_1. \quad sol_2. \quad ré_3. \quad ré_3.$$
$$2° : \quad ré_2. \quad sol_2. \quad sol_2. \quad ré_3. \quad sol_3.$$
$$3° : \quad sol_1. \quad ut_2. \quad sol_2 \quad ré_3. \quad sol_3.$$

Systèmes donnant, aussi bien pour la mélodie que pour l'exécution, « ce qui dans l'art est le plus beau, et plus solennel, » c'est-à-dire des consonnances ; la quarte, la quinte, l'octave et leurs redoublements.

De son côté, Jean de Grocheo, vers 1300, attribuait à la vièle la prééminence sur tous autres instruments.

S'il a été impossible, jusqu'à ce jour, de retrouver une vièle du temps, du moins la reconstitution de l'instrument disparu fut-elle tentée par feu Tolbecque, après étude des peintures et sculptures des xie et xiiie siècles[6] : comme dans la guitare, les éclisses se rapprochent vers le milieu de la table pour faciliter le passage de l'archet ; le dos et la table ne sont que très légèrement bombés, le chevillier plat est traversé par les cinq chevilles dans le sens de son épaisseur[7].

Si nous trouvons, dans les poèmes des trouvères du moyen âge, nombre de pièces chantées par les mènestrels avec accompagnement de vièle, du moins la musique de leurs improvisations n'est pas mieux arrivée jusqu'à nous que celle des maîtres chanteurs allemands, et la polyphonie des primitifs semblerait encore le privilège de la musique vocale, si le célèbre manuscrit de Bamberg ne nous avait pas laissé un témoignage précieux des compositions instrumentales du xiiie siècle pour trois vièles[8], mises à jour aux premières années du xxe siècle seulement.

Marin Marais (1656-1728), présentant au public son

4. Grillet, tome I, page 162.
5. Jérôme de Moravie. *Incipit tractatus de musica compilatus a Fratre Hieronymo Moravo*, 1260.
F.-L. Perne, avant musicien (1772-1832), a publié une notice sur ce manuscrit, reproduite par Coussemaker.
6. Vièle d'archet, qu'il ne faudrait pas confondre avec la *rota* ou *viola da orbo* ou vièle à rouelin du moyen âge et la *lyra tedesca* des Italiens reléguée par Praetorius au rang des instruments de mendiants ou d'aveugles, puis appelée *chifonie*, par corruption probable de *symphonie*. De nos jours, en Auvergne, on trouve encore des fabricants de Vièle à rouleau : un clavier de huit à vingt-quatre touches pour la main gauche marque les notes sur deux cordes frottées par un rouleau colophané mis en mouvement au moyen d'une manivelle actionnée par la main du vielleur.
7. Cette reconstitution figure actuellement en deux exemplaires au musée du Conservatoire de Bruxelles, sous les nos 1330, 1331. *Catalogue Mahillon*, 1900.
8. Lavignac. *Encyclopédie*, tome III, page 1181.

IVe livre de *Pièces de Viole* (1717), pensa ne pas avoir de prédécesseur :

« La troisième partie a cela de singulier, écrivait-il, qu'elle est composée de pièces à trois violes, ce qui n'a point encore esté fait en France. »

Cependant, Claude GERVAISE avait écrit, dès 1556, des pièces de viole à 4 parties[1], que le célèbre gambiste français n'avait point connues davantage, semble-t-il.

La vièle d'archet et la ménestrandie (1407-1619)

Dès 1225, à Paris, la rue de Rambuteau actuelle porta le nom de rue des Joueurs de vièle, puis celui de rue Aux-Jongleurs, devenue plus tard rue des Mènestrels et des Ménestriers (1482); il s'y donnait de véritables concerts ambulants, pour le succès desquels les jongleurs voulurent se faire reconnaître officiellement par le prévôt de Paris, en soumettant à son homologation (1321) les statuts de leur corporation naissante[2]; réunissant fraternellement, au nom de la charité chrétienne, les membres' les plus faibles avec les plus forts; jongleurs,. trouvères. et ménestrels[3].

. Si les ménestrels eurent pendant les XIIe et XIIIe siècles la faveur des princes et. seigneurs, car il n'y avait pas un château où ils ne fussent admis et généreusement traités[4], le ménestrel, poète et musicien populaire, successeur des bardes druidiques,. n'eut point un rôle moins important, jouant de la vièle d'archet, son instrument favori, pour l'accompagnement de ses récits, prose ou plus généralement poésie[5], choisis dans.le goût de l'auditoire.

Sous le patronage de saint Julien et saint Genest, la corporation de Saint-Julien des Ménestrels fonde en 1331 un hôpital 'et en 1335 une église[6] (donnée à la Nation en 1789, puis vendue et démolie), témoignages de l'importance de la confrérie qui fait nommer, dès 1338, R. CAVERON roi des Ménestrels du Royaume de France, charge qui se conserva jusqu'en 1773, les statuts de la corporation ayant été successivement confirmés· par lettres. patentès· des rois Charles VII, Louis XI, Charles VIII, Louis XII, François Ier, Henri III, Henri·IV, jusqu'au réglement nouveau accordé par Louis XIV en 1658[7].

L'histoire de la vièle est liée à celle de la ménestrandie dont, dès 1407, des règles très strictes caractérisaient le·régime :

« Pour être admis au privilège d'exercer et d'enseigner, le ménestrier devra avoir été vu, visité et passé pour soussisant par le Roy des ménestrels ou ses députés.

« Défense aux ménestriers· non soussisants, c'est-à-dire qui n'ont pas su se faire recevoir maîtres, de jouer aux noces ou assemblées honorables.

« Pour la réception à la maîtrise, le même article fixe une taxe de 20 sols parisis.

---

1. COMBARIEU, *Histoire de la Musique,* tome II, page 194.
2. Après VIDAL, page 35, GRILLET, *Les ancêtres du violon,* t. I, p. 92, reproduit ce document *in extenso.*
3. En langage moderne, le premier syndical des musiciens et chanteurs !
4. Alors que les croisés combattaient les infidèles en·Terre Sainte, les ménestrels avaient charmé les loisirs' de leurs barons, assuré PAGNERRE (page 17),et la musique, qu'elles avaient jusqu'alors négligée, devint un de leurs passe-temps favoris.
. 5. Au lieu de *vielleur,* on·disait *menestrel.*
6. Sur l'emplacement actuel du n° 166 de la rue Saint-Martin.
7. Voir dans VIDAL, page 5, toute l'histoire si intéressante de·la ménestrandie dont nous traçons ici les grandes lignes.

« L'art. 7 fixe la durée· de l'apprentissage à six années pour obtenir la maîtrise.

« L'art. 10 défend à tout ménestrier d'ouvrir une École pour·montrer et apprendre la ménestrandie, sans autorisation du Roy· des ménestrels.

C'est sous le régime d'autorité tracé par ces règles de 1407 que s'est propagée et modifiée la vièle d'archet en France, devenant viole d'abord au XVe siècle, puis violon au XVIe siècle. D'ailleurs, la ménestrandie permettait, dès 1620, à RICHOMME de prendre le titre de Roi des Violons. Une confrérie de Saint-Nicolas à Vienne (1288) et la corporation des minstrels fondée à Londres en 1381 avaient suivi l'exemple des ménestriers de France[8].

La trompette marine[9].

Trop souvent et à tort appelée la basse d'accompagnement des mendiants joueurs de rebec du moyen âge, la trompette marine n'a pas toujours joui d'une parfaite considération.

Traitée par quelques auteurs modernes en instrument de grand chemin, sans gloire ni répertoire, si pauvre même qu'elle semblait à peine. capable de sept notes .harmoniques pour l'accompagnement des chants populaires· et religieux :

$$ut\text{-}1 \text{ à vide}, ut_1 \, sol_1 \, ut_2 \, mi_2 \, sol_2 \, ut_3,$$

elle ne méritait « qu'une simple mention en passant », écrit feu TOLBECQUE[10], n'ayant d'autre célébrité que celle que Molière lui donna (1670) en la citant dans le *Bourgeois gentilhomme.*

---

8. Voir dans le dernier *Musicana de* WECKERLIN (Paris, 1899) le fac-similé du brevet de *maistre joueur* délivré le 11 septembre 1657 à F. CROUALLIN de Paris, par Louis CONSTANTIN, Roy et maistre de tous les joueurs d'instruments tant haut que bas, par tout le royaume de France.

9. Bibliographie. — F. BONANNI. — *Gabinetto armonico pieno di Stromenti Sonori.* Roma, 1722.
A. TOLBECQUE. — *Art du Luthier.* 1903.
MOLIÈRE. — *Bourgeois gentilhomme.*
LAVIGNAC. — *Encyclopédie de la musique et Dictionnaire du Conservatoire.* Paris, 1914.
BERLIOZ. — *Grotesques de la musique.* Paris, 1859.
CASTIL-BLAZE. — *Molière musicien.* Paris, 1852.
J.-B. BRÉVAL. — *Traité du violoncelle, op. 42.* Paris, 1804.
L. de La LAURENCIE. — *École Française du. violon.* Paris, 1922-23-24.
CASSANEA de MONDONVILLE. — *Sons harmoniques, op. 4. Sonates à violon seul.* Paris, 1739.
R.-P. DECHALES. — *Soc. Jesu Claudii Franc: Milliet Dechales camberiensis e cursu seu mundus mathematicus.* 4 vol. Lyon, 1674.
Académie des Sciences. — *Mémoires,* 1666-1699. Tome IX. Paris, 1730.
— *Mémoires,* 1700-1701. *Principes d'acoustique de* SAUVEUR.
O. GUSGINIUS. — *Musurgia seu praxis musicæ.* Strasbourg, 1751.
GLAREANUS. — *Dodekachordon.* 1547.
M. PRAETORIUS. — *Syntagmatis musici Michaelis Praetorius, Theatrum instrumentorum seu sciographia,* 1619.
R. P. MERSENNE. — F. *Marini Mersenni harmonicorum libri Lutetiæ Parisorum,* 1636.
Georg Heyl MAHILLON. — *Katalog des musikhistorischen museum von Wilhelm Heyet,* Coln, 1912.
V.-Ch. MAHILLON. — *Catalogue du musée instrumental du Conservatoire Royal de Bruxelles.* 4 vol. in-12. Gand, 1893-1912.
G. CHOUQUET. — *Le musée du Conservatoire national de musique de Paris.* Paris, 1884.
De BRICQUEVILLE. — *Les ventes d'instruments au dix-huitième siècle.*
G. GROVE. — *Dictionary of music and musician.* Londres, 1889.
Ant. VIDAL. — *Instruments à archet. Faseurs et joueurs d'instruments.* 3 vol. in-4°. Paris, 1876-79.
Paul VIARDOT. — *La Trompette marine (Revue musicale,* 1903).
Léon VALLAS. — *Les Lyonnais dignes de mémoire* : J.-B. PRIN.— *Mémoire sur la Trompette marine.* Lyon, 1912.
P. GARNAULT. — *La Trompette marine,* Nice, 1926.

10. TOLBECQUE. *Art du Luthier,* 1903, page 28.

Sans aller plus avant, le seul fait de voir une trompette marine dans le milieu artistique et musical du célèbre peintre flamand David Téniers (1582-1649) démontre nettement la pauvreté de tels arguments[1], et nous devrions remercier Molière de l'avoir immortalisée depuis 1670, en voulant donner à M. Jourdain le maximum du ridicule, alors qu'il réclame de son maître de musique pour l'accompagnement du chant cette trompette marine, « instrument qui lui plaît et qui est harmonieux.[2] ».

Ainsi, M. Jourdain voulait étonner ses amis en choisissant un instrument très grand, le plus grand possible (2 mètres de haut), vanité du bourgeois gentilhomme excitant d'autant mieux le rire de l'auditoire qu'il apprécie mieux la mauvaise éducation de M. Jourdain... Et cependant, « ce brave parterre croit que la trompette marine est un horrible instrument à vent, une conque de Triton capable d'effaroucher les âmes[3] » !

Combien de générations ont entendu à la Comédie française depuis 1670 et combien d'autres spectateurs, aussi mal renseignés, entendront encore le Bourgeois gentilhomme, sans pouvoir apprécier l'ironie de Molière à sa juste valeur !

Vers la même époque, 1660, dans les airs de ballet de Xerxès, attribués à Lulli[4], opéra italien joué dans la galerie du Louvre à l'occasion du mariage de Louis XIV, on avait vu au 3e acte une entrée de ballet où un patron de navire et des esclaves portaient des singes, tandis que des matelots jouaient des trompettes marines. De l'autre côté de la Manche, des concerts étaient donnés à Londres pour quatre trompettes marines (1674).

Ces quelques renseignements suffiraient à peine pour motiver ici une histoire de ce vieil instrument, si, toujours pratiquée en sons harmoniques du pouce gauche, la trompette marine ne marquait pas dès le XVIe siècle :

1o L'origine de l'emploi du pouce sur la corde, tel que Berteau ou Bertault de Valenciennes en fera bénéficier l'Ecole française de violoncelle[5], au commencement du XVIIIe siècle.

2o La première utilisation des sons harmoniques naturels par les instruments à cordes et à archet, mieux encore le premier instrument à cordes sur lequel fut exécutée une gamme diatonique en sons harmoniques naturels[6].

3o La création d'une roue dentée et d'un cliquet pour empêcher la cheville de dévirer, système primitif d'où sont issus, après la vis sans fin d'A. Bachmann (1716-1800) pour les contrebasses (1778), tous les perfectionnements imaginés dans le même but au XIXe siècle.

Avec et depuis Mersenne (1588-1648), les savants avaient marqué quelque intérêt pour les harmoniques, et, après Dechales (1621-1678), Ph. de Lahire (1640-1719) adressait, en 1694, à l'Académie des sciences un long mémoire intitulé : Explication des différences de sons de la corde tendue sur la trompette marine.

· Si le monocorde de Pythagore a servi à quelques démonstrations relatives aux rapports de longueur des cordes, la trompette marine partageait avec lui l'honneur d'être utilisée par les savants, à l'heure même où Sauveur (1653-1716) préparait ses remarquables travaux sur les harmoniques et les systèmes tempérés, de 1700 à 1711. C'est dire combien la trompette marine méritait ici le droit d'être citée, malgré l'opinion des écrivains qui n'avaient su rechercher ni ses origines ni l'influence qu'elle avait eue au XVIIe siècle.

Après les poètes du moyen âge, Luscinius (1487-1535), Glareanus (1547), Praetorius (1571-1621) et le P. Mersenne (1636) nous ont laissé des descriptions concordantes de cet étonnant monocorde. Sans pouvoir préciser l'heure et le pays de sa naissance, précédemment appelé par les Allemands trumscheit, tympanichiza et même nonnen trumpet dans les couvents de religieuses accompagnant leurs cantiques, ou encore trompette de Marie, Marien-trumpet, d'où l'on a dû faire par corruption trompette marine, nous pensons cependant que la trompette marine avait passé le Rhin aux XVe et XVIe siècles pour se répandre aux Pays-Bas, en Angleterre et en France, également employée à l'accompagnement des chants religieux ou profanes.

On a trop souvent écrit à la légère, croyons-nous, que la trompette marine avait un emploi officiel dans les services de la marine royale britannique; le silence absolu des dictionnaires de Grove et de Grassineau à cet égard doit mettre fin à cette légende, les plus anciens manuels anglais de navigation ne mentionnent, d'ailleurs, que l'ear-trumpet ou cornet acoustique et le speaking-trumpet ou porte-voix.

En rappelant ici que tympanichiza et trompette de bouche jouissaient du même privilège des harmoniques diatoniques au delà de la 3e octave du son fondamental, ne serait-il pas logique d'expliquer la similitude nominale « trompette » par l'identité des sonorités émises en vertu des mêmes principes acoustiques ?

Trompette marine en ut$_{-1}$	ut$_{-1}$	ut$_1$	sol$_1$	ut$_2$	mi$_2$	sol$_2$	si$_2$♭	ut$_3$	ré$_3$	mi$_3$	fa$_3$♯	sol$_3$	la$_3$	si$_3$♭	si$_3$	ut$_4$
Trompette basse de bouche en ut$_1$	ut$_1$	ut$_2$	sol$_2$	ut$_3$	mi$_3$	sol$_3$	si$_3$♭	ut$_4$	ré$_4$	mi$_4$	fa$_4$♯	sol$_4$	la$_4$	si$_4$♭	si$_4$	ut$_5$.

1re octave. 2e octave. 3e octave. 4e octave.

---

1. D. Téniers et sa famille, peinture du XVIIe siècle où figure une trompette marine.

2. Molière. Le Bourgeois gentilhomme, acte II, scène I.

3. Berlioz. Les Grotesques de la musique, p. 67.

4. Xerxès, opéra de Cavalli, dont les airs de ballet ont été composés par Lulli.

5. La sonate de Bertault, insérée dans le Traité du Violoncelle de Bréval, page 164, constitue le plus ancien exemple de l'emploi du pouce au Violoncelle.

6. Cassanéa de Mondonville (1711-1773) eut le mérite de l'introduc-

tion des sons harmoniques, vers 1738, dans la technique du violon ; il en exposa l'application dans Sons harmoniques, Sonates à violon seul avec B. C., op. 4, 1739, préfaçant son œuvre dans les termes suivants : « Les intervalles les plus flatteurs sont ceux qui dérivent de la progression harmonique. Ils sont même si naturels à la trompette et au cor de chasse qu'il est impossible qu'ils en forment d'autres que la tierce, la quinte et l'octave, à moins qu'ils ne s'éloignent de vingt-deux intervalles du son fondamental : après quoi, ils peuvent varier leurs chants diatoniquement.

« Divisez la corde en deux parties égales, vous aurez l'octave du son-

Nous trouvons aujourd'hui encore de très nombreux spécimens de trompette marine dans les musées de l'Europe, représentants d'écoles diverses, fabriqués en Allemagne, Espagne, Hollande, etc., à des époques assez éloignées les unes des autres; quelques-uns, incrustés de nacre, d'ébène ou d'ivoire, ne furent pas évidemment des instruments de mendiants; d'autres avaient sans doute appartenu à des monastères, où ils ont été peu à peu remplacés par des régales, bibel-regals et harmoniums... On assure que la trompette marine était encore en usage vers 1889 dans les couvents de Mariental et Marienstern (en Saxe), où, dans les grandes cérémonies, les religieuses réunissaient quatre trompettes marines et des tambours[1]!

MABILLON décrit l'instrument comme suit[2] :

La trompette marine est constituée par une pyramide hexagonale très allongée surmontée d'un manche, dont la hauteur totale dépasse souvent deux mètres, l'une des faces plus large que les autres formant table d'harmonie; « une corde unique de boyau[3] fixée au bas de la table surmonte l'instrument et s'enroule sur une cheville de fer munie d'une roue dentée et d'un cliquet qui l'empêche de se détourner.

« La corde passe sur un chevalet dont l'un des pieds s'appuie sur la table d'harmonie, tandis que l'autre n'adhère qu'incomplètement à une petite plaque d'ivoire fixée à la surface de la même table.

« Lorsque la corde est ébranlée, il se produit une série rapide de chocs du chevalet sur la plaque d'ivoire, lesquels ont pour effet de modifier le son de la corde et de lui donner [au dire de plusieurs auteurs] quelque ressemblance avec celui de la trompette, d'où le nom donné à l'instrument. »

La main gauche parcourt la corde aux points de division déterminés pour la production des sons harmoniques, tandis que de la main droite on promène l'archet sur la partie supérieure de la corde, presque contre le sillet[4].

Le R.-P. BONANNI (1638-1725) a donné, dans le *Gabinetto Armonico* de 1722, quelques renseignements sur la trompette marine, illustrés par la gravure ici reproduite qui indique nettement la position du joueur de trompette marine.

FIG. 932.

Partant de la fondamentale ut_{-1} (de seize pieds) l'étendue de la trompette marine, toujours pratiquée en sons harmoniques, était donc la suivante :

Mais il faut bien remarquer que, jouée à la fin du XVIIe siècle, à une époque où le tempérament égal n'avait pas donné à l'oreille l'éducation et l'accommodation que nous devons particulièrement à COUPERIN et BACH (*le Clavecin bien tempéré* date de 1722-1744), MONDONVILLE et PRIN ont négligé de faire remarquer que les harmoniques de la quatrième octave ne jouissaient pas tous de la même justesse; cependant, PRIN paraît s'en être rendu compte pour le $si\,b$. Déjà le $si\,\flat_{14}$ était laissé de côté. Mais le la_{13} est toujours trop bas et le fa_{11} de 704 vibrations, sans être tout à fait un $fa\sharp$ de 711 vibrations, est bien loin du $fa\,\natural$ de 682[5].

C'est dire qu'une restauration moderne de la trompette marine serait prudemment réduite pour la satisfaction de nos oreilles aux harmoniques de la quatrième octave $ut_8\,ré_9\,mi_{10}\,sol_{12}\,si\,\natural_{15}\,ut_{16}$, et aux plus graves $ut_{-2}\,sol_2\,ut_4\,mi_5\,sol_6$. S'il y eut à Londres en 1674, à la Fleet Tavern, des concerts pour quatre trompettes marines[6], il est très possible que l'une d'elles fût accordée à la quinte, c'est-à-dire sol_{-1}, alors que la partie supérieure était confiée à une trompette marine en ut_1, donnant par conséquent l'octave diatonique ut_4-ut_8, et la basse aux trois premières octaves de la quatrième trompette, celle-ci en ut_{-1} comme la troisième.

C'est à peine si nous retrouvons trace des parties de *Xerxès* déjà cité et des pièces de J.-M. GLETLE d'Augsbourg (1674), des parties d'orchestre d'A. SCARLATTI, de rarissimes manuscrits de GALPIN (1699) et de l'Espagnol de CASTRO du XVIIe siècle que nous citons sous toutes réserves.

D'Angleterre, nous sont donc venus d'intéressants témoignages des plus anciennes musiques pour le crouth, la trompette marine et les violes, dont, en particulier, la méthode de PLAYFORD (1655) faisait

---

fondamental. le tiers formera la douzième ou quinte, le quart formera la quinzième ou double octave. le cinquième formera la dix-septième ou tierce, le sixième formera la dix-neuvième ou quinte, le huitième donnera la vingt-deuxième ou triple octave. » Après ce dernier son, le dessin indique six notes diatoniques de la quatrième octave.

1. KINSKY. *Katalog des Museum von Heyer*, Cöln.

2. MABILLON, tome I, p. 310, *Catalogue du musée instrumental du Conservatoire de Bruxelles*.

3. On a signalé, mais rarement, des trompettes marines montées d'une seconde corde de longueur vibrante égale à la moitié de la grande corde, bourdon ou corde sympathique.

4. L'harmonique 16 de la fondamentale placé au 16e de la longueur de la corde laisse entre lui et le sillet une longueur de huit à dix centimètres, suivant la longueur de corde employée, 1,25 à 1,72.

5. LAVIGNAC. *Musique et musiciens*.

6. D'après la *London Gazette* (4 février 1674), VIDAL, MABILLON et GRILLET ont cité ces « concerts rares ».

autorité trente ans avant les traités français de
J. ROUSSEAU et DANOVILLE (1687).

Encore devons-nous citer ici « l'Habit de musicien »
du graveur N. de Larmessin (1640-1725) qui nous
documente merveilleusement sur la trompette marine de l'époque lulliste, tant en grandeur qu'en
détails de construction. Voilà bien l'instrument de
grand patron, réclamé par le Bourgeois gentilhomme,
avec un manche gradué de façon si précise qu'on
relève dans la gravure de N. de Larmessin les marques des positions du pouce correspondant très exactement aux harmoniques :

$$ut_2, \quad mi_2, \quad sol_2, \quad si\flat_2, \quad ré_3, \quad la_3, \quad ut_4.$$

et, approximativement, aux harmoniques ut_3 et fa_3.
Enfin, Larmessin a placé sur le bras du musicien une
« Chanson de Trompette », en tablature, jusqu'à ce
jour inconnue, qui semble bien correspondre aux
premiers harmoniques :

$$e, \quad f, \quad g, \quad h, \quad i, \quad l,$$
$$ut_2, \quad mi_2, \quad sol_2, \quad si\flat_2, \quad ut_3, \quad ré_3,$$

de l'instrument accordé en ut_{-1}, dont PRIN augmen-
tera plus tard l'étendue de toute la gamme harmo-
nico-diatonique ut_3 à ut_4.

De la trompette marine nous ne connaîtrions que
ce vague passé, si la découverte à Lyon, en 1908,
par M. VALLAS, des manuscrits de Jean-Baptiste PRIN
(1669-1742) n'éclairait pas d'un jour nouveau l'histoire et la pratique de cet instrument au début du
XVIIIe siècle en France[1]. Né à Londres à l'heure où
Molière décidait de mettre la trompette marine à la
scène, PRIN en avait rapporté la pratique de cet instrument extraordinaire qu'il voulut enseigner et perfectionner à Lyon de 1704 à 1737; il avait légué (1742)
à l'Académie du Concert lyonnais son instrument,
aujourd'hui disparu, et un mémoire sur la trompette
marine accompagné de la musique qu'il avait composée ou transcrite pour son instrument, qui, monté
de 21 cordes sympathiques intérieures, avait, dit-il,
« la force d'une trompette de bouche, la douceur
d'une flûte et l'harmonie du clavecin ». Suivait le
plan de ce dispositif, selon lequel la lutherie lyon-
naise aurait organisé plus de cent cinquante trompettes pour ses élèves!

Ce mémoire et ces manuscrits sont aujourd'hui
classés sous les nos 133670, 133671, 133954, 133654
parmi les manuscrits rares de la réserve de la bibliothèque de la ville de Lyon.

Cette « coalition » de vibrations sympathiques donnait à la trompette marine d'amour, ainsi organisée
par PRIN, une sonorité particulière, d'où il avait pris
prétexte pour s'annoncer modestement « fameux
joueur de trompette marine »; aussi, réussit-il à se
faire entendre à Trianon, au concert des princes, le
15 juillet 1702, avec un tel succès, dit-il, que la duchesse de Bourgogne lui offrit ce livre de la musique
du roi, richement relié et fleurdelysé, retrouvé au
Palais des arts de Lyon par M. VALLAS, aujourd'hui
conservé à la bibliothèque de la ville de Lyon sous
le no 133654.

De ces manuscrits, soli, duos pour deux trompettes
marines, airs de trompettes et viollons (sic) (1718),
concerts de trompette, haubois et viollons (1742), ne
mentionnent aucun nom d'auteur. Il est cependant

de toute évidence que nombreux sont les emprunts
faits à LULLI. Doit-on supposer également que l'organisation des cordes sympathiques n'était qu'une
imitation du dispositif appliqué à cette trompette
marine qui nous est signalée au British Museum
avec quarante et une cordes sympathiques?

CASTIL-BLAZE rapporte que la musique du roi
comptait encore, en 1775, trois joueurs de trompette
marine qui avaient éventuellement charge de jouer
les cromornes de la Grande Écurie, mais le canon
du 10 août 1791 dispersa ces singuliers virtuoses de
la Chapelle du roi.

Leurs instruments ont également subi le même
sort. Il en existe certainement plus de cent dans les
musées et collections particulières; combien nous aurions eu intérêt à retrouver, à Lyon, l'une des trompettes marines organisées pour PRIN par les luthiers
IMBERT (1715), GOUTENOIRE et SERAILLAC, feseurs de
trompettes ou trompettiers qu'il s'est plu à citer!
D'une trentaine d'instruments examinés, nous avons
pu relever des dimensions variant de 2 m. 06 à 1 m.
40 pour la hauteur, et de 1 m. 72 à 1 m. 25 pour la
longueur de corde vibrant du sillet au chevalet...
Puis quelques noms de luthiers, HOUYET (1680-1702),
JACOB d'Amsterdam (1713), J. WAISS de Salzbourg
(1728), J.-U. FISCHER de Munich (1650), C. PIERRAY de
Paris (1763), DUCLOS de Barcelone, qui nous permettent de constater que la trompette marine eut encore
des adeptes en tous pays jusqu'à la fin du XVIIIe siècle ; il n'en fallait pas davantage pour assurer les
musiciens du XXe siècle que ce curieux instrument
à archet méritait mieux que la « mention en passant » de feu TOLBECQUE, ignorant sans doute que
Léopold MOZART lui avait consacré une description
de quelques lignes dans sa célèbre Méthode de violon
de 1756.

Violes et violettes[2].

Dans l'ancienne langue française, viole, violié,
violliez, violette, violier, villier se sont également

---

1. L. VALLAS. Les Lyonnais dignes de mémoire. J.-B. Prin et son
mémoire sur la trompette marine, Lyon. 1912, primitivement publié
dans le Bulletin Français de la S. I. M. (nov. 1908).

2. Bibliographie. — Séb. de BROSSARD. — Dictionnaire de mu-
sique. Paris, 1703.
J.-B. WECKERLIN. — Musiciana, 3 vol., Paris, 1877-1890-1899.
Marin MARAIS. — 5 livres de Pièces à 1, 2 et 3 violes avec 5 livres
de B. C. 1686-1701-1711-1717-1717. Les mêmes, édi-
tion posthume, 1729.
Le P. MERSENNE. — Instrumentorum libri IV. Paris, 1636.
JÉROME DE MORAVIE. — Traité de 1620.
M. PRAETORIUS. — Syntagmatis musici Michaelis Praetorius
tomus secundus de organographia. 1615.
CAIX D'HERVELOIS. — 5 livres de Pièces de Viole avec B. C. 1708-
1719-1731-1740-1748. Le 4e contenant les pièces pour
2 violes. Paris.
H. RIEMANN. — Dictionnaire de musique, 2e édition, 1913.
J.-C. MANGIN. — Manuel du Luthier, 1834, Roret.
J.-C. MANGIN et MAIGNE. — Manuel du Luthier. Paris, 1869,
Roret.
V.-Ch. MAHILLON. — Catalogue du Musée instrumental du Conser-
vatoire Royal de Bruxelles. 4 vol. Gand, 1893-1912, Hoste.
P. GARNAULT. — Le Tempérament. Son histoire. Son application
aux violes de gambe et guitares. 1924.
Ch. BOUVET. — Les Couperin. Paris, 1919.
HART. — Le violon. Londres, 1877.
A. TOLBECQUE. — Art du Luthier. 1903.
E.-R. THOINAN. — Maugars, célèbre joueur de viole. Paris, 1865.
JUDENKÜNIG. — Utilis et compendiaria Introductio, Wien, 1523.
M. AGRICOLA. — Musica instrumentalis deudsch, Wittemberg, 1529.
LUDOVICO DE NARVAEZ. — Libros del Delphin de musica de cifras
para tener vihuela. Valladolid, 1538.
Hans GERLE. — Musica Teusch auff die Instrument der Grossen und
Kleynen Geygen. 3 éditions, 1532-1537-1546.
S. GANASSI DEL FONTEGO. — Regola Rubertina, regola che insegna
a sonat de viola d'arco tastata. In Venetia, 1542.
Claude GERVAISE. — Livre de violle contenant dix chansons avec

dits des instruments de musique succédant aux
vièles d'archet, des fleurs et touffes, des graines de
violettes, des lieux où elles étaient cultivées et même
de certaines plantes potagères.

Exemples : 1° « Menestrels, trompettes, tabourins,
violliez, rebecques et autres. » (Aubrion, *Journal*,
an 1498.)

2° « Cimbales et tambours, trompettes et violettes. »
(Ph. de Vigneulles.)

3° « On vend ici d'autres graines, comme des œil-
lets d'Alexandrie, les violes matronales. » (Rabelais,
lettre 30.)

4° « Use souvent pour la nature de persil, bettes
et bourraches violiers. » (E. Deschamps.)

Le *violeur* ou *violier* était le musicien qui jouait
de la viole, en chantant généralement :

« Aveugles et violeurs pour oster aux gens leurs
douleurs chantent toujours belles chansons. » Vio-

l'introduction de s'accorder et appliquer les doits selon la manière qu'on a accoutumé de jouer. 1517-1555.

Enrique VALDERRAVANO. — 1° *Musis dicatum. Libro llamado Silva
de Sirenas.* Valladolid, 1547.
— 2° *Tratado de cifra, arpa y vihuela* 1557.

Diego ORTIZ. — *Tractado de glosar en la musica de violones.* Rome,
1553.

F. Ant. CABEZON. — *Libro de musica para tecla, harpa y vihuela.*
1578.

Thomas ROBINSON. — *School of musike or the perfect method of
fingering the Lute, Pandora and Viole de Gamba.* Londres,
1603.

Alfonso FERRABOSCO. — *Lessons for 1, 2 and 3 Viols.* 1609.

PLAYFORD. — *Introduction to the skill of music.* 8 éditions. Londres, de 1655 à 1679.

Christophe SIMPSON. — *The Division-Violist.* Londres, 1659.

Thomas MACE. — *Musik's monument* (dont la 3e partie renferme
un Traité de viole). Londres, 1676.

Jean ROUSSEAU. — *Traité de la viole.* Paris, 1687.

DANOVILLE. — *L'Art de toucher le dessus et basse de violle, contenant tout ce qu'il y a de nécessaire, d'utile on de curieux dans
cette science.* Paris, 1687.

Dr COUTAGNE. — *Gaspard Duiffoproucart et les Luthiers Lyonnais du
seizième siècle.* Paris, 1893.

FÉTIS. — *Biographie Universelle des musiciens. Supplément d'Arthur
Pougin.* 2 vol. Paris, 1881.

G. CHOUQUET. — *Ant. Stradivari.* Paris, 1884.

FÉTIS. — *Ant. Stradivari.* Paris, 1856.

J.-J. WALTHER. — *Hortulus Chelicus...* Mayence. 1688.
— *Schetzi di violino solo con il basso continuo per l'organo o cembalo; accompagniobile anche con una viola o liuto.* 1676.

A. EINSTEIN. — *Deutsche Literatur für viola di Gamba im 16 und
17 Jahrhundert.* Leipzig, 1905.

Joh. Seb. BACH. — *Œuvres. Bach-Gesellschaft.* Leipzig, 1860.

TOINON. — *Recueil de Trios nouveaux pour le violon, hautbois, flûte.*
Paris, 1699.

Roland MARAIS. — *1er vol. de Pièces de viole avec B. C.* 1735.
2e vol. de Pièces de viole avec B. C. 1738.

François COUPERIN dit le Grand. — *Pièces de violes en 2 vol.*
Paris, 1728, Boivin. — *1er vol. Sujet,* la première viole
étant traitée en soliste ; *2e vol. : les B. C. pour les pièces
de V. 2e viole, basse d'archet et clavecin.

J. BODIN DE BOISMORTIER. — *Op. 10. Sonates pour la viole.*
— *Op. 26.* 1729.
— *Op. 31. Pièces de viole.* 1730.
— *Op. 40.* 1732.
— *Op. 50.* 1734.

Ch. DOLLÉ. — *Pièces de viole.* 1737.

De BOUSSAC. — *Pièces de viole.* 1740.

Ant. FORQUERAY. — *Pièces de viole.* 1747. Édit. posthume.

Abbé HUBERT LE BLANC. — *Défense de la basse de viole contre les
entreprises du violon et les prétentions du violoncel.* Amsterdam, 1740.

Attilio ARIOSTI. — *Cantates and collection of lessons for the viol
d'amore.* Londres, 1728.

MILANDRE. — *Méthode facile de viole d'amour.* Paris, 1782.

Johann KRAL. — *Méthode pour la viole d'amour à l'usage des violonistes.* Op. 10. Vienne, C. A. Spina. (Réimpression :
Leipzig, Bruxelles, Londres. Aug. Cranz. Cette méthode
ne porte pas de date, mais elle est postérieure à 1836,
et même au traité d'Instrumentation de Berlioz, 1839.)

BERLIOZ. — *Traité d'instrumentation.* Op. 10. Paris, 1839.

DELDEVEZ. — *Art du chef d'orchestre.* Paris, 1878.

ler, c'était proprement chanter en s'accompagnant
de la viole :

1°

> Quant revenux sui en mezon,
> S'en doi bien dire par rezon
> Les vers que j'ai tant violés.

2° « Promener par la ville au son de la viole un
bœuf paré de rubans et bouquets pendant les jours
gras. »

3° « La jouayt au bœuf violé. » (Rabelais, *Gargantua*, ch. xii.)

(Extraits du *Dictionnaire de l'ancienne langue française de Godefroy*, Paris, 1892, Bouillon.)

Le *violier d'amour* n'eut point davantage l'exclusif
privilège de désigner un « joueur de viole d'amour ».

Si le *violier d'amour* des histoires romaines du
xve siècle ne ut qu'un célèbre recueil de contes et
apologues très goûtés au moyen âge, du moins la
technologie botanique, plus moderne, a utilisé tour
à tour le même vocable pour désigner la girollée ou
vulgaire matthiole, le violier bulbeux ou violier d'hiver, ainsi que diverses variétés de perce-neige, qui
n'ont évidemment aucun rapport avec la lutherie
que nous allons décrire.

Il était intéressant de signaler ici telles semblables
étymologies.

Si AGRICOLA (1486-1556) et autres historiens de ce
« vieil temps » ne nous ont laissé aucune précision sur
l'heure, le lieu et la nature des modifications réalisées
dans la lutherie des xive et xve siecles, cependant
rebecs et gigues disparaissent avec les vièles des ménestrels devant une famille d'instruments uniformément caractérisés par des éclisses, des échancrures
latérales en forme de C très ouvert, des fonds généralement plats, des manches « entouchés », des
ouies au nombre de deux, symétriquement placées
en forme de C allongé de chaque côté du chevalet,
c'est-à-dire la famille des violes : bien plus, la vièle
du moyen âge, l'instrument à cinq cordes des ménestrels, accordé, selon Jérôme de MORAVIE :

$$sol_1, ut_2, sol_2, ré_2, sol_3,$$

devenait la viole-type (gamba) de la nouvelle famille,
dans le même registre, accordée d'ailleurs pour l'accompagnement :

Selon AGRICOLA (1529) :

$$sol_1, ut_2, fa_2, la_2, ré_2, sol_3$$

Selon PRÆTORIUS (1620) :

$$ré_1, sol_1, do_2, mi_2, la_2, ré_2$$

Selon M. MARAIS (1687) :

$$ré_1, sol_1, do_2, mi_2, la_2, ré_2.$$

Par ce nom de viole, en italien *viola*, employé seul,
on entendait communément, comme dit BROSSARD, ce
que nous appelons *basse de viole*, puis de *viola*, l'aug-
mentatif *violone* fut la *contra-bassa da viola*, on *archi-
viole*, le diminutif fut *violetta* et même *violin*, tandis que le diminutif de *violone* fut *violoncelle*. Ainsi,
avons-nous une famille nettement constituée de
violes, dont ci-dessous nous donnons les accordatures
généralement admises. Il est intéressant d'en rapprocher parallèlement les instruments moins anciens,
du grave à l'aigu.

1. WECKERLIN. *Musiciana*, tome II, page 104, « la manière de bien et
justement entoucher les lucs et guiternes », Poitiers, 1556.
2. Séb. de BROSSARD, *Dictionnaire de musique*, 1703. Article *Viola
Mais, pour PRAETORIUS, le terme Viole s'applique à toutes les Violes de
gambe.

	3 cordes, sol_{-1}—$ré_1$—la_1	Contrebasse.
	4 .— mi_{-1}—la_{-1}—$ré_1$—sol_1	
	5 — ut_{-1}—mi_{-1}—la_{-1}—$ré_1$—sol_1.	
Violone.	la_{-2}—$ré_{-1}$—sol_{-1}—ut_1—mi_1—la_1—$ré_2$	
Archi-Viole.	mi_{-1}—la_{-1}—$ré_1$—sol_1—ut_2—fa_2.	
Contra-Bassa da Viola.		
Grande Viole Lorraine.	la_{-2}—$ré_{-1}$—sol_{-1}—si_{-1}—mi_1—la_1	
	sol_{-1}—$ré_1$—fa_1—mi_2	Cellone du Dr STELZNER 1891.
	ut_1—sol_1—$ré_2$—la_2	Sous basse de LÉo SIR, 1922.
		Violoncelle.
Viola di Gamba ou Basse de Viole.	la_{-1}—$ré_1$—sol_1—ut_2—mi_2—la_2—$ré_3$	
Viola di Bordone. Fagotto.	$ré_1$—sol_1—ut_2—mi_2—la_2—$ré_3$	Guitare d'amour ou
Baryton de Viole. Viola de Pardone.	mi_1—la_1—$ré_2$—sol_2—si_2—mi_3	Arpeggione de STAUFER, 1821.
Viola Pomposa.		
	ut_1—sol_1—$ré_2$—la_2—mi_3	Piccolo violoncello de RIEDEL, 1760
	sol_1—$ré_2$—la_2—mi_3	Baryton de BATTANCHON, 1847. Violetta du Dr STELZNER, 1891. Ténor de LÉo SIR, 1922.
Ténor de Viole ou Taille.	sol_1—ut_2—fa_2—la_2—$ré_3$—sol_3 ut_2—sol_2—$ré_3$—la_3	Alto.
Violetta dessus.	$ré_2$—sol_2—ut_3—mi_3—la_3—$ré_4$	
Viole d'amour.	URBAN $ré_2$—$fa\#_2$—la_2—$ré_3$—$fa\#_3$—la_3—$ré_4$ MILANDRE la_1—$ré_2$—la_2—$ré_3$—$fa\#_3$—la_3—$ré_4$	
Dessus viole à 6 cordes. Quinton.	sol_2—$ré_3$—la_3—$ré_4$—sol_4	
	sol_2—$ré_3$—la_3—mi_4	Violon.
Viola Piccola. Pardessus de Viole.	sol_2—ut_3—mi_3_3—la_3—$ré_4$—sol_4	
	sol_2—$ré_3$—la_3—$ré_4$—sol_4	Petit Violon SALOMON.
	ut_3—sol_3—$ré_4$—la_4	Piccolo Violino, 1760. Surviolon de LÉo SIR, 1922.
Violetta marina. English violet de CASTRUCCI.	la_2—$ré_3$—sol_3—si_3—mi_4—la_4	

sous réserve de l'emploi ou de la suppression de la septième corde (grave).

Les luthistes s'accordant généralement :

sol, do, fa, la, ré, sol,

devenus violistes en prenant l'archet, n'avaient aucun motif de changer la technique de la main gauche : aussi, la viole à six cordes procéda logiquement du luth par deux quartes, une tierce et deux quartes.

Dans sa Méthode de viole (1659), SIMPSON exposait déjà que la sonorité d'un instrument à cordes à archet demeure toujours en raison inverse du nombre de ses cordes, plaidant en faveur de la viole à six cordes[1], à l'heure où l'invention des cordes filées d'argent attribuée à SAINTE-COLOMBE, l'un des plus grands violistes français, encourageait pour quelque temps les violistes français à s'adjoindre une septième corde. C'est avec une viole, ainsi montée de sept cordes, que son plus illustre élève, MARIN MARAIS (1658-1728), est représenté dans un portrait actuellement au Musée du Conservatoire de Paris[2]; on devine, cependant, que les violistes ne témoignèrent pas d'un grand empressement à faire rebarrer ad hoc et changer la tête de leur instrument pour l'adjonction d'une septième corde.

Le tableau d'accordatures qui précède n'a évidemment rien d'absolu ; PRÆTORIUS (1571-1621) n'attachait aucune importance à la manière dont chacun accordait sa viole, pourvu qu'on jouât juste et bien, ce que

Jean ROUSSEAU (1687) exprimait dans son traité (chapitre IV) sous une autre forme :

« Ayant indiqué l'accordature par quartes, manière ordinaire des maîtres, on pouvait accorder la viole par quintes ou octaves et même employer d'autres accords pour jouer les pièces des étrangers. » MAÏER de Nuremberg (1741) aurait indiqué dix-sept accordatures exceptionnelles pour la viole à six cordes[3] : ce nombre aurait pu être plus grand encore sans nous surprendre, mais nous en voulons retenir ce fait que la septième corde n'était pas en faveur dans l'école allemande, sans insister davantage sur les discordatures nombreuses du violon et ses scordatures « avec cordes ravalées » de TREMAIS (1740).

Jean ROUSSEAU (1687), après Hans GERLE de Nuremberg (1532)[4] et S. GANASSI (1542)[5], a donné, dans le chapitre VI de son Traité de la viole, la manière d'accorder la viole :

« Il faut sçavoir que de chaque corde à la prochaine, il doit y avoir l'intervalle d'une quarte, excepté de la quatrième à la troisième ou l'intervalle doit estre seulement d'une tierce : que la chanterelle est en D. la, ré, la seconde en A. mi, la, la troisième en E. si, mi, la quatrième en C. sol, ut, la cinquième en G. ré, sol, la sixième en D. la, ré, et la septième en A. mi, la.

« Pour les accorder lorsqu'on n'est pas obligé de s'assujettir à un autre instrument, il faut commencer par C. sol, ut, qui est la chorde du milieu[6], et la

---

1. C'est une question de pression du chevalet sur la table, déjà étudiée par le P. MERSENNE (1636), qui proposait de réduire à trois le nombre des cordes du Violon pour augmenter la sonorité des première et deuxième, réplique toute mathématique à la conception des Violons italiens primitivement montés de cinq cordes en quartes,

la_2, $ré_3$, sol_3, ut_4, fa_4.

dont nous connaissons un spécimen dans le « Concert » de Lionnello Spada (1576-1620), sous le n° 255 du musée du Louvre.

2. Cependant, la plupart des œuvres de MARAIS peuvent être exécutées intégralement sur la Viole à six cordes.

3. Cité par RIEMANN et de BRICQUEVILLE.

4. H. GERLE, Musica Teusch auf die Instrument der Geigen (1532), réédité en 1537 et en 1546.

5. Silvestro GANASSI (dit DEL FONTEGO), Vénitien, a laissé un traité de l'art de Jouer de la viole, 1542, Regola Rubettina, regola a sonar de viola d'arco[*]tastata.

6. Cet ut était l'uta de quatre pieds du prestant. Rappelons que le Tuning Fork ou diapason, inventé par John SHORE, luthiste du roi Georges d'Angleterre, en 1711, donnait l'ut. D'un autre côté, J.-J. ROUSSEAU assure que le sifflet-choriste ou corista donnait également l'ut en Italie.

monter à un ton raisonnable, en sorte que la chanterelle ne soit pas forcée, ce qui la ferait siffler sous l'archet et la mettrait en danger de se rompre, comme aussi que la grosse chorde puisse faire entendre et distinguer facilement ses sons.

« Quand cette chorde du milieu est montée, il faut poser le troisième doigt à la quatrième touche de la mesme chorde et monter la troisième chorde à l'unisson, c'est-à-dire que les deux chordes, l'une touchée et l'autre à l'ouvert, fassent entendre le mesme son. »

« Il faut ensuite poser le petit doigt à la cinquième touche de la troisième chorde et monter la deuxième chorde à l'unisson : il faut faire la même chose pour accorder la chanterelle sur la seconde...

« Cette manière d'accorder la viole s'appelle l'accord par unissons qui est le plus facile, mais qui n'est pas toujours bien seur, à moins que les chordes ne soient parfaitement justes et que les touches ne soient bien placées »

Et, ajoute Rousseau un peu plus loin : « En avançant ou retirant un peu les touches ! » C'est ici qu'il convient d'exposer le dispositif, les avantages et inconvénients du *manche entouché.*

On n'imagine pas sans peine que ces lames d'argent ou d'ivoire aujourd'hui incrustées dans la touche des guitares, luths... n'étaient au xvie siècle que fragments de cordes de boyau entourant le manche et la touche de l'instrument, comme nous les voyons si nettement au manche de la splendide viole que Zampieri, dit le Dominiquin (1581-1641), prête à sainte Cécile dans l'une de ses plus célèbres peintures[1]. J. Rousseau ne semble pas avoir connu autre chose en 1687, quand, prévoyant que les cordes ne sont pas toujours justes, il enseigne de « remédier à ce deffaut en avançant ou retirant un peu les touches[2] ». Cette mobilité des touches n'est pas pour nous rassurer sur la justesse de l'exécution, d'autant que si le déplacement d'une touche corrige le défaut d'une corde, il en provoque plus encore pour les cinq ou six autres cordes ; nos ancêtres avaient évidemment reconnu le pour et le contre de cette pratique, car nous ne voyons plus dans les musées que des violes entouchées d'argent ou d'ivoire, et nous devons examiner le procédé employé par les luthiers pour diviser ainsi la touche en sept cases.

Le placement des divisions, appelées touches par les uns et tons par d'autres ateliers[3], était assuré par l'emploi d'un compas secret spécial de proportion « dont les deux jambes étant ouvertes de deux pieds juste, les petites cornes avaient une ouverture de seize lignes, ni plus ni moins ».

Le rapport des ouvertures des branches était donc.

$$\frac{16}{2 \text{ pieds} = 288 \text{ lignes}} = \frac{1}{18}.$$

L'ingénieux inventeur de ce compas, s'inspirant de l'école de Pythagore et de l'accord des cithares grecques, mi_2, la_2, si_2, mi_4, savait le rapport de la_2, mi_4 = quinte $\frac{3}{2}$, d'où $mi_2 = \frac{3}{4}$: par suite mi_2, si_2, quinte

$$= \frac{3}{4} \times \frac{3}{2} = \frac{9}{8}$$

En appelant 1 la longueur de la corde la_2, la corde si_2 a $\frac{8}{9} = \frac{16}{18}$ de la corde la_2, et la différence des longueurs de deux cordes sonnant à un ton diatonique l'une de l'autre $= 1 - \frac{16}{18} = \frac{2}{18}$.

Empiriquement, le premier demi-ton se trouve donc réglé par diminution de la corde initiale du $\frac{1}{18}$ de sa longueur[4]. De proche en proche, le luthier plaçait donc les sept premières touches correspondant à la quinte chromatique de la corde initiale; il est intéressant de connaître la valeur de cet empirisme dont la douzième touche marquant l'octave serait placée à 0,495 du sillet au lieu de 0,500 pour une corde d'un mètre, accusant ainsi une erreur de 3/1000 pour la septième touche et, de façon générale, des tons légèrement trop rapprochés du sillet procurant des intonations légèrement trop basses, la partie de corde vibrante étant trop longue.

Cela paraissait simple et suffisant, alors que le tempérament égal, théoriquement connu depuis le commencement du xviie siècle et particulièrement traité en Italie par Bontempi en 1690, après le Florentin P. Aaron (1490-1562) et le Vénitien Zarlino (1517-1599), en Allemagne par Werkmeister (1645-1706), n'était point sorti du domaine des spéculations théoriques (1691).

Ce tempérament égal ou à rapports constants de 12 degrés ne pénétra que lentement en France; les organistes en étaient réduits à ne jouer qu'en *do*, *sol*, *ré*, *fa* majeur, en *mi*, *ré*, *sol* mineurs, sous peine de déchaîner les « loups » du tempérament inégal avant que l'influence de Couperin et de Bach n'amenât les c'avecinistes à prendre parti pour ce tempérament égal qui nous valut (1722 à 1742) le génial *Clavecin bien tempéré;* Bach nous indiquait la voie des tonalités nouvelles où l'on pouvait à l'avenir s'aventurer, les quintes du clavier étant imperceptiblement affaiblies au détriment de la justesse des tierces majeures sans compromettre la pureté des octaves, ce qui constitue en résumé le principe du tempérament égal.

Si nous rapprochons l'observation précédemment faite concernant la justesse relative des harmoniques de la quatrième octave de la trompette de bouche en *ut*, soit la_{12} si b_7 et si b_{11}, de ce que nous connaissons des difficultés ou des fantaisies de l'accord du clavecin de tempérament inégal, nous devons reconnaître ici que l'application du compas et de la règle du 1/18 donnait une grande régularité à la division des touches des violes appelées à concerter ensemble, dans tous les tons mêmes, ce qu'elles n'auraient point fait aisément avec le premier clavecin venu, comme tout instrument à clavier moderne peut concerter avec un clavier de tempérament égal[5].

En effet, le tempérament égal, basé sur la pureté des octaves, partage celles-ci en 12 demi-tons égaux ; après Mersenne et Séb. de Brossard, Couperin recommandait l'accord du clavecin en quintes faibles dans les termes suivants[6] :

« Prendre une touche quelconque et en accorder

---

1. Le Dominiquin a laissé le souvenir d'un violiste habile... qui avait aussi son Violon d'Ingres! La sainte Cécile de Mignard (1610-1695) a auprès d'elle une viole également entouchée de cordes entourant manche et touche, quelquefois appelées *frettes.*

2. Rousseau, *Traité de la Viole*, page 37.

3. Mangin, *Manuel du Luthier*, page 185.

4. Cet empirisme paraît avoir été déjà connu de Mersenne (1636).

5. Nous avons traité complètement la question du compas secret et du tempérament égal appliqué aux Violes dont il y aurait lieu de diviser la touche suivant les indications de notre ouvrage. Le même compas servait à l'entouchement des guitares, luths et théorbes.

6. Ch. Bouvet, *Les Couperin*, page 105.

la quinte juste, puis la diminuer insensiblement; procéder ainsi d'une quinte à l'autre, toujours en montant, c'est-à-dire du grave à l'aigu, jusqu'à la dernière dont le son aigu aura été le grave de la première. »

La dernière est la douzième ; et, partant d'un *ut*, la douzième quinte *si♯* terminera la septième octave avec l'affaiblissement voulu, car douze quintes justes dépasseraient sept octaves de ce qui est appelé le comma de PYTHAGORE.

De même, six tons consécutifs de la valeur $\frac{9}{8}$, qui est la seconde majeure de PYTHAGORE, dépasseraient aussi la valeur de l'octave, puisque $\frac{9^6}{8^6} = 2.027$.

L'insertion de douze quintes égales de la tonique 1 à la septième octave 2^7, en progression géométrique, a pour raison $\sqrt[12]{2^7} = 1.4983...$, quintes évidemment faibles, puisque ce rapport, d'après PYTHAGORE, devrait être $\frac{3}{2}$, soit 1.500 [1]. De ces douze quintes, il est facile de déduire le nombre des vibrations de chaque note de la gamme chromatique, partant du *la₃* de 870.

la₃ = 870	*ut₄♯* = 1096.1	*fa₄* = 1381.0
la♯ = 921.7	*ré* = 1161.3	*fa♯* = 1463.

si = 976.5	*ré♯* = 1230.2	*sol* = 1550.1
ut₄ = 1034.6	*mi* = 1302.1	*sol♯* = 1642.2

Il nous reste à le comparer au nombre des vibrations des cordes de la viole entouchée ; par un calcul trop long à insérer ici, il est facile, connaissant le nombre de vibrations de l'*ut₂* mèse, $\frac{1034.5}{4} = 258,6$, de calculer le nombre de vibrations de la même corde diminuée sept fois du 1/18 de la longueur restante, et, partant du procédé d'accord par unissons de J. ROUSSEAU, connaissant le nombre de vibrations des troisième, deuxième, première cordes, et, par suite, de toutes les notes de la viole de l'*ut₂* au *la₃*; puis mettant dans un second tableau les nombres de vibrations des notes du clavecin de tempérament égal, il est facile de voir qu'arrivé au *la₃* de la chanterelle, le violiste, qui fut toujours trop bas, l'est encore davantage, pas moins de treize vibrations.

Cet écart, loin d'être négligeable, démontre ce que nous écrivions précédemment au sujet de l'empirisme du compas secret des luthiers qui n'ont pas voulu entoucher à nouveau violes et guitares selon le tempérament égal, et suivre les progrès de la renaissance musicale du début du xviii° siècle.

Viole

entouchée au compas 1/18.				d'après le tempérament égal.			
IV° *ut₂* 258.6	III° *mi₂*	II° *la₂*	I° *ré₃*	IV° *ut₂* 258.6	III° *mi₂*	II° *la₂*	I° *ré₃*
258.6	325	432,5	575.5	258.6	325.8	435	580.5
ut♯ 273.8	344.1	457.0	609	*ut♯* 274.3	345.2	460.8	615.3
ré 290	364.4	484.9	645.2	*ré* 290.2	365.8	488.2	651.7
ré♯ 307	386.1	513.4	683.3	*ré♯* 307.6	387.6	517.3	690.5
mi 325	408.3	543.6	723.4	*mi* 325.8	410.6	548.6	731.5
fa 344.1	432.5	575.5	765.9	*fa* 345.2	435	580.5	775.
fa♯ 364.4	457.9	609.4	811.0	*fa♯* 365.8	460.8	615.3	821.1
sol₂ 385.8	484,9	645.2	858.7 *la₃*	*sol₂* 387.8	488.2	651.7	870 *la₃*

Dans chaque tableau, nous avons souligné d'un même nombre de traits les notes qui donnent l'unisson d'accord de J. ROUSSEAU. Nous aurions pu dresser, d'après les mêmes principes, les tableaux concernant les cinquième, sixième et septième cordes et arriver aux mêmes conclusions. Voilà donc le régime acoustique sous lequel la viole se développa pendant les xvi° et xvii° siècles, sans que nous en connaissions d'autres spécimens, d'après HART, que les violes de BRENSIUS de la fin du xv° siècle et les *violoni* de GASPARO DA SALO construits de 1550 à 1609.

Les instruments décrits par GANASSI, violes à six cordes dont les coins ne formaient pas saillie, sont évidemment d'un type antérieur à ceux de GASPARO DA SALO qui faisait des violes avec deux ou quatre coins saillants : ses *violoni*, d'un bois remarquablement choisi, spécialement conservés dans les monastères d'Italie, nous sont parvenus en plus grand nombre que les altos et violons dont on lui a attribué généralement la paternité.

DRAGONETTI, l'éminent joueur de contrebasse (1763-1846), possédait trois ou quatre instruments de ce maître dont on n'a point perdu la trace, souvenirs d'une époque où les instruments d'accompagnement demeuraient plus répandus que ceux de mélodie.

Cependant, les progrès de la technique avaient peu à peu mis en vedette les ressources de la viole ; avec la touche divisée, il n'était point nécessaire de poser les doigts en des places très précises, puisque les sillets, mobiles ou incrustés, délimitaient par une légère pression du doigt la longueur de la corde nécessaire pour produire telle ou telle note, et que le doigt placé un peu plus bas ou un peu plus haut, pourvu qu'il exerçât sa pression sur la corde entre deux sillets, n'altérait en rien la justesse du son. Cette latitude permettait aux violistes les doigtés étranges de l'ancienne musique de viole, doigtés presque impraticables de nos jours, par suite de la suppression des

---

[1]. Après COUPERIN, RAMEAU proposa l'insertion de douze moyennes proportionnelles dans l'octave 1 à 2, ce qui conduit à un résultat identique au précédent; mais connaissant bien la résistance ou l'inexpérience des claverinistes, peu habiles à faire bénéficier leur clavecin du tempérament égal, il compose ses *Pièces de clavecin* (1724) en *ut*, *ré*, *mi*, *ré♯* majeur, et *ré*, *mi*, *si* mineur. Point de tons « outrez » disait DORNEL.

touches; d'où liberté pour les luthiers de faire des manches plus ou moins longs suivant leur caprice ou celui de leurs clients, sans avoir à se préoccuper de proportions fixes entre le corps et le manche de la viole, dont la longueur avait encore été exagérée lors de l'adjonction de la septième corde, qui exigeait une longueur déterminée pour se faire un peu entendre. Si cette exagération avait été profitable à la septième corde, elle était devenue fatale à la première, qui ne pouvait plus monter! *Errare humanum est.*

Marais avait dû jouer la viole à sept cordes de son maître, Sainte-Colombe[1], mais on conçoit aisément que d'autres écoles s'en soient tenues strictement à la viole de six cordes, tout en applaudissant à l'invention des cordes filées de Sainte-Colombe[2].

L'étendue et l'écriture de la viole sont indiquées dans les lignes suivantes en accordature normale :

S'il est actuellement impossible de tenir, avec Cartier[3], Corelli (1653-1713) pour le créateur de l'Ecole du violon, dont la pratique était déjà fort avancée dans la première moitié du xviie siècle, du moins les violes avaient-elles fait école depuis plus d'un siècle, école moins brillante assurément, puisque leur rôle consistait surtout dans l'accompagnement; on accompagnait la basse continue sur la viole, comme l'explique si bien J. Rousseau[4] :

« Cet accompagnement demande que l'on sçache la musique à fond et que l'on possède le manche de la viole dans tous les tons transposés, car il ne s'agit pas ici de jouer des pièces estudiées, mais de jouer à l'ouverture du livre tout ce que l'on peut présenter et de sçavoir transposer sur toutes sortes de tons.

« Il faut que celuy qui accompagne n'ait aucune manière de jouer qui luy soit affectée, car il n'est rien de plus contraire à l'esprit de l'accompagnement et du concert que d'entendre une personne qui ne joue que pour se faire paraistre; c'est une manière qui n'est bonne que quand on joue seul. »

Vu la grande rareté des clavecins perfectionnés à l'aurore du xviie siècle par Hans Ruckers (1590) et ses quatre fils, la viole paraissait donc seule qualifiée pour la réalisation des basses chiffrées[5], et n'est-ce pas au violiste « jouant les basses chiffrées à l'ouverture du livre » que doit s'appliquer particulièrement l'expression *déchiffrer*, que l'usage a étendu

à tout exécutant de musique plus moderne, où il n'y a aucun chiffre?

Les Anglais avaient montré beaucoup de goût et d'activité dans la pratique de la viole.

Si Rabelais (1483-1553) estimait que la culture des instruments de musique faisait nécessairement partie d'un programme d'éducation bien compris, « le jeune Gargantua ne se limitait pas à un seul instrument, s'exerçant en compagnie de son précepteur Ponocrates à jouer du luth, de l'espinette, de la harpe, de la flûte à 9 trous, de la viole et de la saquebute[6] »; ses admirateurs avaient trouvé bien chargé ce programme d'homme-orchestre; et, plus pratiquement, nos voisins d'outre-Manche jugeaient avec Peacham « qu'un parfait gentilhomme » devait chanter sa partie à première vue et la jouer également sur la viole ou le luth[7] ».

D'ailleurs, les encouragements officiels ne faisaient point défaut : le prince de Galles (1600-1649), devenu Charles Ier, était bon violiste, et, dès 1620, jouait particulièrement bien sa partie dans les incomparables fantaisies de son maître Coperario (15..-1627), à une époque où toute famille musicienne voulait posséder un jeu de violes, et il faut reconnaître que, passée des Italiens aux Anglais, la viole paraissait un instrument assez nouveau pour les Français qui n'en connaissaient pas encore toutes les ressources.

En cette période de renaissance de la musique en Angleterre, qui s'étend vers le milieu du xviie siècle, luthiers et compositeurs témoignent d'une égale activité pour la diffusion de la viole. On compte alors parmi les luthiers anglais Bolles, les Jaïe, les Baker, Coles, etc., à Londres et Oxford ; d'un autre côté, Th. Morley (1599), Th. Ford (1607), Hume (1608), Orlando Gibbons (1612), Gross (1616), Lock (1657), etc., réunissaient en concerts de violes les disciples des Robinson, Ferrabosco (1580-1660), Playford, Simpson (1610-1679), etc.[8] ; les quelques Latins réputés violistes avaient subi l'influence anglaise pendant des séjours prolongés en Angleterre, tels les fils d'Alfonse Ferrabosco et le célèbre Maugars qui perfectionna si bien sa technique à Londres, de 1620 à 1624, que le P. Mersenne[9], parlant de son jeu, l'exalte dans les termes suivants :

« Personne en France n'égale Maugars, homme très habile dans cet art; il n'y a rien dans l'harmonie qu'il ne sache exprimer avec perfection...

« Il exécute seul et à la fois deux, trois ou plusieurs parties sur la basse de viole, avec tant d'ornements et une prestesse de doigts qu'on n'avait jamais rien entendu de pareil auparavant par ceux qui jouaient de la viole. »

Maugars, comprenant qu'il y avait mieux à faire que de la mélodie avec un instrument monté de six cordes, et prenant modèle sur le jeu des plus habiles luthistes, fut un des premiers violistes combinant en France sur la viole la mélodie et l'accompagnement, au grand étonnement des Italiens (1639), surpris qu'un Français fût capable de « traiter et diversifier un sujet à l'improviste sur la viole, » comme Frescobaldi sur l'orgue ou le clavecin.

Quelques dignes émules de Maugars, en France, le P. André, Hottmann (16..-1663), Sainte-Colombe (1630-1690); en Allemagne, J.-F. Ahle (1625-1673), D.

1. Comme son portrait, le frontispice de ses œuvres gravées met en évidence une Viole à sept cordes (éd. posthume. 1729). De même, H. Rigaud (1659-1743) a peint, vers 1717, le célèbre Antoine Forqueray tenant une Viole à sept cordes (National Gallery).

2. L'Angleterre, l'Italie et l'Allemagne résistèrent à l'emploi de la septième corde (Tolbecque, *Art du Luthier*, page 32). J.-S. Bach, qui n'était pas un violiste, a cependant écrit l'accompagnement de l'aria célèbre n° 66 de la *Passion suivant saint Mathieu* pour la viola de gamba montée de sept cordes, tandis que les trois sonates de gambe et clavecin (1717-1723) s'exécutent sur la viole à six cordes.

3. Cartier, *Art du Violon*, Paris, an VI de la République Française.

4. J. Rousseau, *Traité de la Viole*, page 66.

5. Comme nous l'avons dit plus haut, le tempérament inégal ne permettait pas au clavéciniste de transposer dans tous les tons pour donner satisfaction aux chanteurs presque toujours peu satisfaits du ton original des auteurs.

6. Rabelais, *Gargantua*, livre I, chap. xxiii.

7. Stafford, *Histoire de la Musique*, 1830. Trad. Fétis, page 283.

8. Voir dans la Bibliographie la liste chronologique, malheureusement bien incomplète, des principaux traités de viole.

9. Mersenne, *Lib. I De Instr. harmon.*, prop. 39 (1627).

Funck (1630-1690), préparèrent la génération suivante des Jean Rousseau (1687), Danoville (1687), Demachy (1685)[1], Marin Marais (1656-1728), Forqueray (1670-1745), Caix d'Hervelois (1670-1759), qui ont laissé, sous des formes diverses, les plus éclatants témoignages de leur talent[2] à l'heure où les Anglais abandonnaient généralement aux luthiers français la construction des violes; citons parmi ces derniers Médard (1701), Baton (1710), C. Pierray (1712), Barbey (1717), N. Bertrand (1720), Dieulafait, Véron (1723), Boivin, Miraucourt, Nézot (1750), Salomon, Fleury (1760), Delaunay (1775).

Si la lutherie allemande, dans laquelle nous onglobons celle de Bavière, Autriche et Tyrol, nous a laissé de nombreuses violes construites de 1500 à 1800, du moins, les successeurs d'Amati et Gasparo da Salo en Italie se sont tout particulièrement appliqués, depuis 1600, à la lutherie du quatuor moderne[3].

. Nous n'en devons pas moins retenir le nom Tieffenbrücker ou Duiffoproucart (1514-1570), qui, né en 1514 à Freising, près de Munich, apprit à Bologne et à Venise les secrets de la lutherie italienne[4], avant de venir s'établir à Lyon, où il se fit naturaliser Français en 1558. On connaît de lui trois basses de viole de toute beauté, dont la plus remarquable, dite « au plan de la ville de Paris », fait partie, sous le n° 1427, du musée du Conservatoire Royal de Bruxelles. A Brescia, nous retrouvons Pelegrino (1547) et Gasparo da Salo dont nous avons connu en France de splendides spécimens, et, plus nombreux encore seraient-ils, si nombre de violes italiennes n'avaient été par des mains impies rognées, recoupées et transformées en violoncelles et altos pour des musiciens fort peu soucieux de la conservation des merveilles du xvi⁰ siècle.

Parmi les plus beaux spécimens échappés à ces mutilations, le musée du Conservatoire de Paris peut exposer avec quelque orgueil une contrabassa da viola de Gasparo da Salo, n° 197, datée de 1580, puis, sous le n° 170, une basse de viole (1547) de Pelegrino Zanetto, dont les instruments sont aujourd'hui rarissimes. Cette basse est en tout semblable à la viole que le Dominiquin met aux mains de sainte Cécile dans son célèbre tableau. Enfin, le même musée présente, sous le n° 169, une petite basse de viole très intéressante de Gasparo da Salo, spécimen de cette basse de viole que le père Mersenne appelle Barbitos major[5]. Ces deux derniers numéros proviennent de la collection du docteur Fau, qui déjà avait rassemblé nombre d'instruments de musique remarquables, quand, au cours d'un voyage à Venise (1869), il eut la bonne fortune d'entrer en relations avec le comte Pietro Correr qui lui permit d'examiner dans les combles de son palais les instruments que ses ancêtres y avaient relégués[6]. En dépit de la poussière séculaire qui les couvrait le savant collectionneur reconnut bien vite qu'il avait sous les yeux des tré-

sors artistiques les plus rares, pièces provenant de la succession des Contarini, et, se rappelant que Simon Contarini (1563-1633) s'était fait accompagner dans ses diverses ambassades par des musiciens distingués, il devenait évident à ses yeux que ces magnifiques instruments de musique avaient servi aux virtuoses de la chambre de l'ambassadeur. Le docteur Fau fut heureux de pouvoir acquérir une quinzaine de pièces historiques retrouvées et choisies par ses soins dans les combles du palais Correr : le n° 169 de Gasparo da Salo était au nombre de ces pièces.

L'archet.

Du crouth à la viole de Gasparo da Salo, puis, dans la suite, l'archet primitivement constitué d'un léger roseau, courbé en arc par une mèche de crins grossièrement attachée aux deux extrémités, s'est peu à peu perfectionné : une hausse fixe, écartant de toute son épaisseur les crins de la baguette, réduit d'abord la convexité de l'arc, qui devient rectiligne au xviii⁰ siècle, alors que l'adjonction d'une tête permet, avec le concours de la hausse fixe, de tendre les crins parallèlement à la baguette, tension d'abord fixe, puis graduée au moyen d'une crémaillère, jusqu'au remplacement de cette crémaillère par la vis à écrou qui permet d'avancer et reculer la hausse pour tendre le crin ad libitum à l'aide du bouton placé à l'extrémité de la baguette[7]. Au xvi⁰ siècle, la ba-

Fig. 933. — Archet de viole (xv⁰).

Fig. 934. — Archet de viole (xiii⁰).

Fig. 935. — Archet de crouth.

Fig. 936. — Archet de ravanastron.

guette se redresse peu à peu, comme nous le montre Fétis, ci-dessus[8]. Ajoutons que le dessin n'exprimerait que difficilement : la baguette est généralement cannelée, mais les mèches et les hausses fixes sont très étroites. Nous empruntons ici à Fétis ce qu'il avait emprunté lui-même à Mersenne, Kircher, etc.

Du xvii⁰ siècle, le musée du Conservatoire de Paris expose, sous les n° 148 et 183, des archets de viole à crémaillère, de 1680 environ, considérés fort justement comme des pièces rarissimes. Le musée de Bruxelles en possède quelques-uns, n° 1449, 1460, 1461.

Enfin vint Tourte (le père du célèbre François, 1747-1835) qui, fabricant d'archets lui-même, en perfectionna la tête au moyen d'entailles profondes permettant de fixer la mèche d'une manière plus solide et d'étaler les crins avec plus d'égalité; on lui a souvent attribué le remplacement de la crémaillère par la vis à écrou; cependant, Marais (1656-1728), dans un portrait fait par Bouys en 1704, tient en main un archet de viole dont le bouton est parfaitement visible, et rien ne prouve que le père Tourte fut

1. Les compositions de Demachy sont très probablement les plus anciennes œuvres qui furent gravées en France (1685) pour la Viole à sept cordes. Bibl. Nat. V_m⁷ 6264.

2. Les deux filles de Sainte-Colombe, les quatre fils de M. Marais, les fils de Forqueray, les fils et filles de Caix d'Hervelois paraissent avoir été les dignes élèves de leur père, sans s'être élevés à pareille réputation à l'heure du chant du cygne des Violes : Roland Marais fut le second fils de Marais.

3. Nous en pourrions citer une quarantaine très dignes d'estime.

4. Docteur Coutagne, Duiffoproucart, page 37.

5. Mersenne, Harmonicorum..., livre I, p. 44.

6. Nous empruntons ces détails intéressants à la biographie du docteur Fau donnée dans le supplément de la Biographie universelle des musiciens de Fétis.

7. Tolbecque, Art du Luthier, page 259.

8. Fétis, A. Stradivari, page 116.

déjà né à cette date, encore moins archetier! Tout
ceci peut paraître aujourd'hui parfaitement simple,
mais cependant, quelle double révolution dans la
fabrication de l'ancien archet convexe devenant légè-

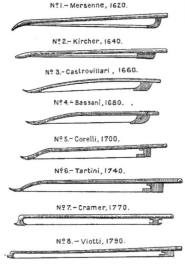

Fig. 937. — Évolution de l'archet.

rement concave, et dans la technique des instruments
à cordes, à l'heure où l'exécutant trouva dans les qualités de la baguette, dans la tension facultative des
crins, des ressources inconnues des violistes et violonistes du xvie siècle!

Jusqu'en 1775, ni la longueur des archets, ni leur
poids, ni leur condition d'équilibre dans la main
n'avaient été déterminés. Éclairé par les conseils des
artistes célèbres dont il était entouré, TOURTE jeune
fixa la longueur de la baguette (0,75, 0,74, 0,72 ou
0,73 pour le violon, l'alto et la basse); dans ces archets, dont la tête élevée devenait plus lourde
qu'autrefois, Tourte fut obligé d'augmenter d'une
manière sensible le poids de l'autre extrémité, afin
de rapprocher de la main le centre de gravité et de
mettre l'archet en parfait équilibre, le centre de gravité demeurant à 19 centimètres de la hausse, pour le
violon, et à 17,50 pour le violoncelle...

Nous avons écrit TOURTE « jeune », parce que le
frère aîné de François fut également archetier; mais
ses baguettes étaient trop minces (donc très légères),
avec des hausses si étroites que les crins se rappro-
chaient d'une manière fâcheuse, dès qu'on en tendait la mèche.

VIOTTI, de passage à Paris, vers 1783, avait demandé à François TOURTE d'étudier le moyen d'empêcher ce rapprochement des crins si nuisible à
une belle sonorité. TOURTE en trouva la solution
du problème dans la virole qui maintient le crin en
mèche plate sous la lame de nacre, et ainsi, l'archet
à recouvrement arrivait, à la fin du xviiie siècle, à un
état de perfection qui ne fut jamais dépassé depuis
lors[1].

Les violes et le violon.

Nous avons précédemment signalé que la renaissance musicale anglaise fut à son apogée vers le
milieu du xviie siècle; en effet, le violon, dont les
premiers virtuoses BALTAZARINI (1577), FARINA (1630),
MERULA (1645) avaient assuré le succès en Italie et
la réputation au delà des Alpes, avait été honoré de
la royale bienveillance de Louis XIII en la personne de
BOCAN (1580-1640), violoniste de la chambre de Charles 1, roi d'Angleterre, et de la reine d'Angleterre
Henriette (de France) (1605-1699), puis de Louis XIV,
le grand protecteur de LULLI et de son école.

La ménestrandie demeurait naturellement jalouse
du brillant avenir qui se préparait pour le nouveau
venu, ce violon déjà surnommé *vacarmini* par ses
détracteurs, d'autant que, sélectionnés et consacrés par la ménestrandie, depuis longtemps attachés
aux chambres royales ou princières, les violistes
constituaient parmi les musiciens une manière d'a-
ristocratie, le clan des instruments nobles, alors que
d'autre part Charles IV, empereur d'Allemagne, avait
accordé à ses musiciens le blason et le privilège de
l'élection de leur roi : *Rex omnium Histrionum* (d'après
WECKERLIN, *Musiciana*, 1899, p. 151).

PHILIBERT, dit JAMBE DE FER, dans l'*Epitome musical*
de 1556, définissait déjà *violes* « celles desquelles gen-
tilshommes, marchands et autres gens de vertu passent leur temps », le *violon* étant l'instrument « duquel
on use en dancerie communément et à bonne cause,
car il est plus facile à accorder, la quinte étant plus
douce à ouïr que la quarte; il est aussi plus facile à
porter, qui est chose fort nécessaire en conduisant
quelque noce ou momerie » (*momerie*, d'origine germanique, signifiant mascarade.)

Aussi, les musiciens de France ne se recrutaient
pas dans le même monde que les *violinisti*, et leur
culture intellectuelle et artistique demeurait généralement supérieure à celle de leurs frères latins.
Presque toujours compositeurs encore plus qu'exécutants, les violistes tenaient en piètre estime les
violinisti coureurs de danceries, ignorants des bonnes
règles, et refusaient toute noblesse à ces instrumentistes non contrôlés, dont l'importance aux mascarades et aux ballets augmentait cependant chaque
jour.

Saint-Evremond, dans sa *Comédie des Académistes*
(1650), signalait encore l'infériorité de la position
sociale des violonistes, mais celle-ci disparut au
xviiie siècle; de nos jours, COMBARIEU, traitant des
images musicales dans *Musique, ses lois, son évolution*, prête à Mozart l'intention d'avoir voulu pein-
dre musicalement les différences sociales :

« Dans la scène du bal de *Don Juan*, MOZART veut-
il traduire le contraste formé par des personnes très
différentes... grands seigneurs et manants... qui se
trouvent rapprochées? Il superpose, pour les faire
entendre simultanément, une valse (associée par l'auditeur à l'idée des gens et choses populaires) et un
menuet (associé à l'idée d'une vie aristocratique!). »

Il faut bien reconnaître que les violons, assez peu
considérés à l'origine, étaient tenus à l'écart par les
luthistes, clavecinistes, organistes, maîtres de chapelle ou des musiques princières; mais il n'en allait
pas de même pour les plus éminents violonistes, qui

[1]. Voir dans FÉTIS, *Ant. Stradivari*, p. 113, les détails de fabrication
de l'archet; ajoutons que les archets originaux de TOURTE ne sont jamais
signés : nous n'en dirons pas autant des imitations!

surent trouver dans l'estime de leurs contemporains une place semblable à celle des autres grands virtuoses (H. Quittard, *Encyclopédie*, I, p. 1254), et c'est précisément l'influence de ces éminents violonistes, tout à fait étrangers aux danceries et mascarades, que voulait combattre l'école violiste, bien obligée de reconnaître, *in petto*, l'éclat des sonorités du violon, nouveau venu comparé à l'ancienne et « murmurante viole de frêle beauté », selon l'expression de Mattheson (1681-1764).

Bien en avance sur l'école française du violon, Fontana (1615), tout particulièrement C. Farina (1627) et Vitali (1644-1692) en Italie, Baltzar (1630-1663), Kelz (1658), Strunck (1640-1700), le célèbre Walther, trop peu connu (1630-17..), et Biber (1644-1714) en Allemagne, avaient déjà résolu les plus grandes difficultés de la technique du simple violon à quatre cordes (car les plus habiles artistes du xixᵉ siècle n'ont pas poussé plus loin que ces derniers l'exécution de la double corde) ; les extraordinaires productions de l'école du violon s'affirmant mieux tous les jours provoquèrent une réaction d'abord sensible de l'école des violistes, qui se manifeste très nettement par la floraison des traités, méthodes et compositions que nous signalons aussi bien en Angleterre qu'en France, par l'invention des cordes filées de Sainte-Colombe (1675) et autres recherches de lutherie pour augmenter la sonorité des violes dont nous parlerons plus loin (cordes métalliques, cordes sympathiques, etc.); en outre, si Maugans fut de la génération de C. Farina, Sainte-Colombe fut le contemporain des Baltzar et Biber, comme Marais, Danoville et Rousseau furent de la génération du célèbre Walther, l'auteur de l'extraordinaire *Hortulus Chelicus* édité à Mayence en 1688.

La technique. — Les violistes.

La technique des violes du xvıᵉ siècle succédant aux vièles d'archet fut tout d'abord fort simple; le violiste, restant à la première position avec les doigts guidés par les tons chromatiques de la touche divisée, parcourait sur la viole à six cordes deux octaves et demie et sonnait l'unisson des parties des chanteurs : soit sur le violone et la viola de gamba, celle des basses et barytons, sur la taille ou le ténor de viole, celle des ténors, sur le hautcontre ou le dessus de viole, celle des enfants.

Il n'en fallait pas davantage pour soutenir les chants à deux, trois ou quatre parties[1], chants de fête et d'allégresse ou chants d'église; de ceux-ci, d'ailleurs, les voix féminines, exclues en principe, étaient remplacées par celle des enfants[2]; aux violes s'adjoignait fréquemment, en Angleterre, le luth dont nous pouvons citer les plus anciens auteurs : I. Dowland (1563-1626), *Lamentations* (1599), *Psaumes de David* (1600); *Lachrymæ* (1612), Th. Campion, *Ayres* (1600), Th. Morley, Rosseter, Bartlett, Coperario, Th. Ford, Corkine, qui ont donné de 1600 à 1610 des *Ayres to sing and play to the lute and viols;* Byrd (1537-1623), *Psaumes et chants avec violes à 3, 4 et 5 parties* (1611), etc.

Extrait des *Fantasies of three parts for viols composed by O. Gibbons, 1612.*

1 Treble

2ᵈ Treble

Bass

Si nous connaissons à peine quelques œuvres françaises ou italiennes du même genre, du moins pouvons-nous citer ici la plus ancienne estampe de la bibliothèque nationale de Paris où se trouvent réunis trois types de violes en une *Escole de Musique*, 1584. (Cote = Pd. 30 rés. 9 f°.)

Il semblerait qu'au passage de la reine de France, Louise de Lorraine (1553-1601), femme de Henri III allant du Louvre au faubourg Saint-Marceau pour poser la première pierre de la nouvelle maison, dite Maison Chrétienne, en 1584, quelque motet fût chanté en son honneur, accompagné de violes à cinq cordes, de trois formats différents, violes à quatre coins. Si le joueur de contrebassa da viola paraît tenir l'archet comme le violoncelliste moderne, tout au contraire, les violistes, qui ont un genou en terre, jouent des violes plus petites en tenant l'archet en dessous.

D'ailleurs, les fantaisies anglaises d'Orlando GIBBONS furent écrites en 1612 pour trois types de violes (à six cordes) appelées en anglais :

1° *Treble viol*, correspondant au dessus de viole, $ré_2$, sol_2, do_3, mi_3, la_3, $ré_4$.

2° *Tenor viol*, correspondant à notre taille ou *ténor de viole*, sol_1, do_2, fa_2, la_2, $ré_3$, sol_3 ;

3° *Consort viol* ou *Viola da gamba bass*, correspondant à notre *viole de gambe*, $ré_1$, sol_1, do_2, mi_2, la_2, $ré_3$.

La chanterelle du *treble viol* donnait le $ré_4$; le violon donne le mi_4, c'est bien dire que le violon à

cinq cordes de WOLDEMAR n'était qu'une imitation du *treble viol* (sans en avoir dans l'ut_3 le grave du $ré_2$), et qu'il n'était nullement besoin du violon pour augmenter l'étendue de la viole dans l'aigu.

Nous pouvons indiquer ici la moyenne des mesures que nous avons relevées sur de nombreuses violes des grands musées ;

La contrebasse de viole avait 1.95 de hauteur, la viole de gambe 1.26, la taille ou ténor de viole 0.97, le dessus de viole 0.78, le pardessus de viole à six cordes (dont nous parlerons plus loin) 0.62.

Quand BERGERAT fait exécuter un motet devant le roi Louis XIII en 1636, nous trouvons encore trois modèles de violes aux mains de la maîtrise[1], et J. ROUSSEAU nous confirmera tout autant que DANOVILLE qu'au XVIIᵉ siècle :

1° Le pardessus de viole n'était pas encore pratiqué ;

2° Toutes les violes se tenaient dans la position du violoncelle moderne.

J. ROUSSEAU consacre, en effet, au chapitre VI de son *Traité de la viole*, les termes suivants au dessus de viole[2] :

« Le dessus de viole renferme dans sa petitesse la mesme étendue que la basse de viole, à la réserve de la 7ᵉ corde ; son accord est le même que celui de la basse, et la seule différence qu'il y a entre ces deux

1. Tableau n° 317 du musée de Troyes (1636), auteur inconnu.
2. ROUSSEAU. *Traité de la Viole*, page 71.

instruments est l'élévation du son, parce que le dessus s'accorde une octave plus haut que la basse de viole.

« La manière de le tenir entre les deux genoux et la manière de porter la main est comme celle de la basse...

« Le jeu de la mélodie est son propre caractère,

c'est pourquoi ceux qui veulent parvenir à bien jouer de cet instrument doivent s'attacher à la délicatesse du chant pour imiter tout ce qu'une belle voix peut faire avec tous les charmes de l'art, comme le faisait M. LE CAMUS, qui excellait à un point dans le jeu du dessus de viole que le seul souvenir de la beauté

FIG. 938. — Concert de violes, accompagnant des chanteurs. (D'après un tableau du musée de Troyes, 1636.)

et de la tendresse de son exécution efface tout ce que l'on a entendu jusqu'à présent sur cet instrument. »

DANOVILLE n'est pas moins affirmatif[1] :

« On met le dessus de viole sur les genouils, le laissant un peu couler afin de le mieux serrer; le manche doit estre écarté de l'estomac penchant un peu sur la gauche, d'une distance toujours proportionnée à sa petitesse.

« Basse et dessus doivent être montés de cordes déliées, car on ne trouvera rien qui choque davantage l'oreille que d'entendre une basse de viole montée de grosses cordes plus propres à jouer des sérénades et au bal que dans des concerts de ruelle. Ces principes doivent servir aussi bien pour le dessus de viole que pour la basse. »

Ces « maîtres de musique et de viole », comme ils s'appelaient eux mêmes, résumaient dans leurs traités l'esprit et l'enseignement des violes du XVIIe siècle. La technique élémentaire du XVIe siècle avait singulièrement progressé à l'époque où MAUGARS surprenait les Italiens par sa science et sa virtuosité (1639).

Après avoir enseigné le « jeu des pièces de mélodie », puis « d'accompagnement », ROUSSEAU consacre le chapitre V au jeu « qu'on appelle travailler sur un sujet », ce jeu même qui avait fait la réputation de MAUGARS[2]. « Ce jeu de travailler sur un sujet est très peu en usage, à cause qu'il est très difficile et qu'il n'y a que les hommes rares qui le pratiquent, comme ont fait M. MAUGARS et le Père ANDRÉ, de l'ordre des Bénédictins, dont nous avons parlé, et comme le font encore à présent les maîtres extraordinaires.

« Ce jeu demande plus de science et d'esprit et plus d'exécution que tous les autres; il consiste en cinq ou six notes que l'on donne sur-le-champ à un homme, et sur ce peu de notes, comme sur un canevast, cet homme travaille, remplissant son sujet d'accords en une infinité de manières et allant de diminution en diminution; tantôt en y faisant trouver des airs fort tendres et mille autres diversitez

que son jeu luy fournit, et cela sans avoir rien prémédité, et jusqu'à ce qu'il ait épuisé tout ce qu'on peut faire de beau et de sçavant sur le sujet qu'on lui a donné; c'est pourquoy, pour arriver à la perfection de ce jeu, il faut sçavoir parfaitement la composition, avoir un génie extraordinaire, une grande vivacité et présence d'esprit, une grande exécution et posséder le manche de la viole en perfection. »

Nous ne pouvons mieux comparer cet ancien jeu qu'aux improvisations de l'organiste moderne, car les plus brillants archets du XXe siècle seraient certainement fort embarrassés, soit pour « travailler sur un sujet », soit pour réaliser « à l'ouverture du livre », selon la vieille formule, les accompagnements de basse continue des sonates de CORELLI, GEMINIANI, TARTINI, LECLAIR, etc., accompagnements si recommandés par SÁUZAY[3] !

On a quelque peine à juger aujourd'hui de l'importance de la littérature de la viole, dont nous signalerons plus loin les éléments intéressants. Mais, d'abord, nous voulons dresser une manière d'arbre généalogique des maîtres de musique et de viole qui forment à peu près sept générations de 1500 à 1780.

| JUDENKUNIG .... | 14..–1526 |
| Léonard DE VINCI[1] .... | 1452-1519 |

II

GANASSI[5]	1502-15..
GERVAISE[6]	1507-15..
VÉRONÈSE[7]	1528-1588
LE TINTORET[7]	1512-1594

3. E. SAUZAY. Le Violon Harmonique, Paris, 1889, page 173.
4. L. DE VINCI aurait perfectionné, dit-on, la touche de la Viole de gambe.
5. GANASSI a donné une méthode en 1542.
6. Le livre de « violle » de A. GERVAISE date de 1547 à 1555.
7. Peintres célèbres figurant dans les Noces de Cana (1562) de P. Véronèse.

1. DANOVILLE. L'Art de toucher le dessus et la basse de violle, page 13.
2. J. ROUSSEAU. Traité de la Viole, page 70.

III

IV

V

VI

VII

1. Très applaudi vers 1600, compositeur et maître de Viole du prince de Galles.

2. Le peintre de *Sainte Cécile jouant la viole de Gambe.*

3. Joueur de dessus de Viole à la chambre de Louis XIII : a laissé quelques pièces.

4. Cité par Mersenne (de *Inst. harmon.*, lib. I, prop. 30). Ft. Thoinan, p. 17, quelquefois écrit Hautman.

5. Méthode de Viole, 1659.

6. De la chambre des rois Charles Ier et Charles II d'Angleterre; ses œuvres ont été imprimées en 1660 [à Amsterdam; d'autres (1664) sont en ms. à Oxford.

7. Méthode de 1655.

8. Auteur d'un traité, 1670.

9. Inventeur des cordes filées et de la septième corde pour la gambe.

10. L'ancêtre de la famille célèbre.

11. Auteur d'un traité (1687) de musique et de Viole; élève de Sainte-Colombe.

12. A publié des suites pour gambe et continuo.

13. De la cour de Cœthen (1715-1737) : J.-S. Bach paraît avoir composé pour Ch. Abel les trois suites de v. de g; et clavecimbalo.

14. Ou Kusaïz, maître de Berteau.

15. Élève de Marais.

16. Berteau passa de la V. de gambe au Violoncelle, dont il paraît avoir été le chef d'école en France.

17. A laissé un livre de sonates pour le dessus de Viole avec b. c. Élève de Hesse.

Si ce tableau met en évidence une école française nombreuse et continue :

du moins, l'école anglaise passe dans l'ombre après H. Playford, et, seule avec l'école allemande, l'école française luttera encore jusqu'en 1740 contre l'invasion du violon [18], tant par les méthodes et l'exécution que par les compositions.

Si nous ne devons jamais rien connaître de précis au sujet des fantaisies improvisées de Maugars (1636) et de J. Rousseau (1687), « travailler sur un sujet », du moins, savons-nous l'emploi presque constant des accords réalisés par les maîtres de la viole au moyen d'un archet frottant sans peine trois ou quatre cordes à la fois, faisant résonner simultanément la mélodie et l'accompagnement; à l'heure où l'école allemande du violon (Walther, 1676 et 1688, Biber, 1676 et 1681) réalisait les plus grandes difficultés de la technique du violon, Marin Marais, son contemporain, publiait en France les compositions de viole si chargées de son premier livre (1686), qui, de 1686 à 1717, alterneront avec d'autres pièces de mélodie, alors que les violistes allemands demeureront à peu près exclusivement dans l'écriture de mélodie.

Comme exemples des deux genres, nous pouvons donner ici un prélude de Kühnel (1698) et la première pièce du premier livre de Marais (1686) :

Kühnel, Prélude (1698) :

Prélude Solo

19. Hubert Le Blanc, *Défense de la Basse de Viole contre les entreprises du Violon et les prétentions du Violoncel.* Amsterdam, 1740,

Marin MARAIS, livre I (1686), pièce I :

Autant il était donc nécessaire, dans l'école trançaise, de garnir la viole d'un chevalet très peu convexe permettant à l'archet de frotter simultanément plusieurs cordes et d'avoir une touche divisée pour assurer le placement des doigts en accords successifs, autant il était loisible à l'école allemande de se débarrasser des tons de la touche et de s'assurer de la liberté de monter aux quatrième et cinquième positions avec un chevalet plus convexe, sans avoir à craindre que l'appui du doigt sur la corde ne mît l'archet en danger d'effleurer les cordes voisines.

Généralement écrite en clef de *fa* quatrième ligne, et en clef d'*ut* troisième ligne, plus rarement en clef de *sol*, deuxième ligne[1], la musique deviole sonnait telle qu'elle était écrite pour la gambe, une octave plus haut pour le dessus de viole et une octave plus bas pour la contrebasse de viole, avec les concordances d'écriture suivantes :

Mais ce n'est pas général, et le quatuor anglais des violes ne s'écrit pas de cette manière.

Selon la tablature ci-contre, dont la demi-position fut souvent appelée *position reculée*, chaque doigt de la main gauche correspondait à un demi-ton, le violiste parcourait trois octaves chromatiques, du *la₁* au *la₃* sans changer de position avant la chanterelle, avec la viole à sept cordes, soit deux octaves et une tierce avec la viole à six cordes qui sera toujours la plus répandue, le violiste ayant toujours la faculté d'utiliser les quatrième et cinquième positions sur la chanterelle sans être exposé à effleurer d'autres cordes de son archet.

POSITIONS				VII°	VI°	V°	IV°	III°	II°	1ère
Troisième	Seconde	Première	½ Position	La −1	Ré +1	Sol 1	Do 2	Mi 2	La 2	Ré 3
			1	sib	mib	lab	réb	fa	sib	mib
		1	2	si	mi	la	ré	solb	si	mi
	1	2	3	do	l'a	sib	mib	sol	do	fa
1	2	3	4	réb	solb	si	mi	lab	réb	solb
2	3	4		ré	sol	do	fa	la	ré	sol
3	4			mib	lab	réb	solb	sib	mib	lab
4				mi	la	ré	sol	si	mi	la

1. Dans les œuvres de J.-S. Bach, on trouve des parties écrites parfois en clef d'*ut* quatrième ligne (voir la *Bachgesellschaft*).

En analysant ses œuvres, nous jugerons de l'influence extraordinaire de Marin MARAIS dans l'art de la viole vers la fin du xviiᵉ siècle.

Assez peu fixés sur la vie d'HOTTMAN ou HAUTMAN, très admiré par MERSENNE dès 1636, d'aucuns ont supposé qu'il serait mort vers 1660; si MARAIS fut son élève, cela ne fut que pour un temps bien court, et nous devons croire que Marin MARAIS, le plus célèbre violiste français, né à Paris le 31 mars 1656, acquit son talent exceptionnel à l'école de SAINTE-COLOMBE dont il écrivit le *Tombeau* en 1690, en même temps que LULLY l'avait initié aux principes de la composition dramatique. Le *Tombeau* de LULLY fut écrit en 1687 par le violoniste REBEL et inséré dans la *Sonate à 3 nᵒ 7*, en *ut* mineur.

Il n'en fallut point davantage pour que MARAIS, également bercé par ces influences, voulant faire profiter la tragédie lyrique des progrès réalisés par la musique instrumentale, nous laissât des tragédies dont l'histoire de la musique du xviiᵉ siècle a justement signalé la valeur[1] Mais précédemment, dans le premier volume des *Pièces de viole* (1686), MARAIS avait voulu rendre hommage à l'enseignement de LULLY par une longue dédicace :

« A monsieur de LULLY, écuyer, secrétaire du roi. Monsieur, je ferais une faute inexcusable, si, ayant eu l'honneur d'être un de vos élèves et vous étant attaché par d'autres obligations qui me sont particulières, je ne vous offrais les essais de ce que j'ai appris en exécutant vos scavantes et admirables compositions. Je vous présente ce recueil comme à mon surintendant et comme à mon bienfaiteur. »

Le privilège du roi est daté du 8 juin 1686, et LULLY mourait le 22 mars 1687 sans avoir connu les œuvres lyriques ou instrumentales de son élève, alors âgé de trente et un ans seulement, lequel luttait en faveur de la viole à l'heure où son maître avait réuni une foule de violonistes pour l'exécution de ses comédies-ballets. Les cinq volumes de pièces de MARAIS débutent par des avertissements au sujet de l'exécution de ces pièces, avertissements faisant bien connaître la technique de la viole; si la dédicace témoigne de son admiration reconnaissante pour LULLY et de la voie dans laquelle, maître de musique et de viole, MARAIS voulait diriger d'une main ferme l'école française des violistes, son portrait, peint en 1704 par Bouys, actuellement au musée du Conservatoire à Paris, nous montre MARAIS dans une attitude également ferme, tenant une viole à sept cordes, dont la touche porte régulièrement les sept tons graduant la quinte sans dépasser la troisième position.

L'exécution des violistes n'était pas toujours conforme aux intentions de l'auteur; et nous en jugeons par cet avertissement du premier livre :

« Pour m'accommoder à la différente portée des personnes qui jouent de la viole, j'ay jusques icy donné mes pièces plus ou moins chargées d'accords; mais, ayant reconnu que cette diversité ferait un mauvais effet et qu'on ne les jouait pas telles que je les ai composées, je me suis enfin déterminé à les donner de la manière dont je les joue, avec tous les agréments qui doivent les accompagner.

« Et, parce que les chants simples sont du goût de bien des gens, j'ay fait dans cette voye quelques pièces où il n'entre presque point d'accords : on en

trouvera d'autres où j'en ay mis davantage et plusieurs qui en sont toutes remplies pour les personnes qui aiment l'harmonie et qui sont plus avancées : on y verra aussi quantité de pièces à deux violes[2]. »

Dès ce premier livre (1686), MARAIS expose que *la délicatesse du toucher de la viole consiste en certains agréments propres à cet instrument*, dont il indique l'exécution, *tremblement, battement, pincé ou flotement, port de voix, plainte, tenue, poussé et tiré d'archet, coulé de doigt, doigt couché et port de main*, qu'il a tous marqués, témoignage d'une époque où chaque auteur, croyant posséder le secret du véritable agrément, faisait connaître la manière dont il devrait être interprété[3].

Depuis l'époque grégorienne (viiᵉ siècle), et depuis JÉROME DE MORAVIE (1260) qui définissait le trille *procellus vibratio*, la graphie et la dénomination des agréments avaient bien souvent varié.

Plus encore que la voix ou l'orgue, dispensés par leur nature de rechercher continuellement un supplément de sonorité, violes et clavecins, de gracieuse mais douce sonorité[4], avaient trouvé quelques avantages dans l'usage (et souvent même l'abus) des agréments importés de la Chapelle Sixtine en France par les *violonisti* de 1530, développés par le Romain Michel-Angelo VEROVIO (DEL VIOLINO), aussitôt combattus par ceux qui n'y voulaient voir qu'une corruption de l'art, d'où l'usage adopté par les compositeurs de faire suivre leurs œuvres d'une table donnant l'interprétation de leurs agréments, tels CHAMBONNIÈRES (1601-1674), D'ANGLEBERT (1631-1736), dont les pièces datent de 1689, musiciens qui sont les aînés de MARAIS.

J. ROUSSEAU insistait en 1687 sur l'emploi des agréments, sel mélodique qui assaisonne le chant et lui donne le goût sans lequel il serait fade et insipide : « il faut les appliquer avec modération et scavoir discerner où il en faut plus ou moins[5]... »

Après MERSENNE et les clavecinistes, les agréments de ROUSSEAU marquent une date intéressante dans l'histoire de la viole, d'abord, puis dans l'école des instruments hauts, violon, hautbois et flûte réunis en trios par TOINON (maître de pension en 1699) « sur les différents tons et mouvements de la musique, avec les propretés qui conviennent à ces instruments et les marques qui peuvent donner l'intelligence de l'esprit de chaque pièce[6]», si tard viennent-ils après les agréments de MARAIS, soit dans ses *Pièces en trios*

---

1. *Alcide* (1693), *Ariane et Bacchus* (1696), *Alcyone* (1706), *Sémélé* (1709) (*Encyclop. et Dict. du Conservatoire*, tome III, p. 1369).

Alcyone demeura longtemps célèbre à cause d'une tempête qui produisait un effet surprenant, au dire des contemporains.

2. Les *Pièces à deux Violes* avaient beaucoup de succès; signalons les auteurs les plus connus :

xviᵉ siècle. — FORSTER.

xviiᵉ siècle. — 1607, Th. FORD. — 1607, Th. HUME. — 1609, FERRA-BOSCO. — Sam. ROSSI. — 1642, Nicolas METRU. — 1653, KINDERMANN. — 1669, von KERL. — Louis COUPERIN. — 1698, Aug. KÜHNEL.

xviiiᵉ siècle. — 1700, André PHILIDOR. — 1701, HEUDELINE. — 1730. J. KÜHNEL. — 1725, François COUPERIN, LE GRAND. — 1740, CAIX D'HERVELOIS, ANTONIOTTI et CAROLI.

Rappelons ici qu'avant l'adoption du tempérament (COUPERIN-BACH), il n'existait point de duos pour clavecin et Viole ou flûte; ce qui justifie le succès des pièces concertantes pour deux Violes avec ou sans basse continue, en dehors desquelles nous pourrions citer quantité de soli d'instruments ou de Voix avec basse continue, c'est-à-dire accompagnement de Viole.

3. *Encycl. et Dict. du Conservatoire*, tome III, page 1320, donne l'exécution des agréments de MARAIS.

4. Telle était la théorie de COUPERIN écrivant, dans le *Concert Instrumental*, en faveur du claVecin : « Les instruments d'archet soutiennent le son, et au contraire, le clavecin ne pouvant les perpétuer, il faut de toute nécessité battre les cadences ou tremblements et les autres agréments très longtemps. » (1725.)

5. ROUSSEAU. *Traité de la Viole*, page 75.

6. Cité par L. DE LA LAURENCIE, *École Française du Violon*, tome I, page 38. Ce recueil de TOINON se vendait à Paris, 1699, chez Roussel, graveur.

de 1692 pour flûtes, violons et dessus de viole, soit dans son premier Livre de pièces de 1686.

Marais, procédant des premiers clavecinistes, eut à cœur d'expliquer la manière d'exécuter de l'archet les ornements avant leur emploi par l'école française du violon et, d'un autre côté avant que François Couperin (1688-1733), dit le « Théoricien des agréments », ne vînt régenter en quelque sorte, mais beaucoup plus tard (1713), l'exécution des agréments dont J.-S. Bach (1685-1750) ne craignait point de s'inspirer éventuellement.

Le Livre II (1701), dans lequel Marais nous donne un Rondo écrit mi-pizzicato, mi-col arco, ajoute quelques marques que l'auteur veut expliquer « selon leurs usages ». Parmi les plus curieuses, « les points ainsi marqués signifient qu'il faut remplir le vuide entre le sujet et la basse, afin de ne pas faire de mauvais sons ; et cela presque toujours par une tierce majeure ou mineure, ou quelquefois la quinte ou la sixième, selon l'occasion ; et quand même ces points ne seraient pas marqués aux batteries, il ne faudrait pas manquer d'observer cette règle, qui est générale et très essentielle à l'harmonie » :

« De plus, les points ainsy 1, 2, 3, 4, signifient la corde qu'il faut prendre selon le plus ou moins de points qu'il y a sur les chiffres ; c'est-à-dire que sur le chiffre 2, s'il y avait ces trois points, ce serait la troisième corde dont il faudrait se servir et, ainsy du reste ; il est encor à remarquer qu'il ne faut point confondre le doigt couché avec le premier doigt ; les points ainsi à coté 1 marquent le premier doigt couché, et lorsqu'ils se trouvent ainsi au dessus 1, cela veut dire qu'il faut placer le même premier doigt sur la deuxième corde. Le petit o qui se rencontre en plusieurs endroits signifie la corde à l'ouvert ou à vuide1 ». Ce IIe Livre renferme le Tombeau de Sainte-Colombe, le maître de Marais.

L'Avertissement du IIIe Livre (1711) n'est pas moins intéressant, mais il est facile de lire entre les lignes que les élèves trouvaient bien difficiles les compositions des précédents livres du maître! Et Marais paraît se rendre à leurs désirs.

« Ce livre III, contenant un grand nombre de pièces courtes et faciles d'exécution, est une preuve que j'ai voulu satisfaire aux pressantes instances qui m'ont été tant de fois réitérées ; cependant, j'ai cru devoir y mêler quelques pièces fortes et remplies d'accords avec plusieurs doubles pour contenter ceux qui seront le plus avancés dans la viole.

« La plupart des pièces du IIIe Livre se peuvent jouer sur plusieurs instruments, orgue, clavecin, violon, viole, théorbe, guitare, flûte traversière, flûte à bec, haubois ; il ne s'agira que d'en sçavoir faire le choix pour chacun de ces instruments. » Marais voulait contenter tout le monde, mais il était évidemment en difficultés avec son imprimeur, puisque le privilège du roi était donné le

17 octobre 1705 à Fontainebleau, alors que « l'achevé d'imprimer » n'est daté que du 15 avril 1711.

L'avertissement du IVe Livre (1717) marque un retour à la difficulté et à l'originalité :

« Ceux qui sont avancés sur la viole trouveront des pièces qui leur paraîtront d'abord d'une grande difficulté, mais avec un peu d'attention et de pratique, elles leur deviendront familières.

« La troisième partie a cela de singulier qu'elle est composée de pièces à trois violes, ce qui n'a point encore esté fait en France. En effet, celles de la fin de mon premier livre ne sont qu'à deux violes, la basse continue y ayant esté adjoutée le plus souvent de la première ou seconde viole, au lieu que celles-cy sont toujours à trois parties différentes...

« Je ne répéterai point dans ce volume les signes de mes livres précédents, estant persuadé que chacun les sçait ; je me contenterai seulement d'avertir que les nottes à double queue sont pour les unissons ; j'en ai marqué plusieurs, mais il peut s'en faire à beaucoup d'endroits que je n'ay pas marqués. On les peut faire avec discernement, en observant que ce soit toujours sur une blanche, noire ou noire pointée, et par hasard sur des croches, ce qui est assez rare. »

Cependant le Mercure Galant de 1680, d'après Brenet, avait déjà rendu compte d'un concert pour trois violes dans les termes suivants :

« On vous aura peut-être parlé d'un concert où tout ce qu'il y a icy de curieux se sont trouvez depuis quelques jours. Il estoit fort extraordinaire et le premier qu'on eust jamais fait de cette sorte. Trois basses de viole le composaient.

« MM. du Buisson, Ronsin, Pierrot sont les auteurs d'une chose aussi extraordinaire, et l'approbation qu'ils ont reçue fait connoistre avec combien de plaisir les connaisseurs les ont scoutez2. »

Vers la même époque, Sainte-Colombe donnait, d'ailleurs, avec ses deux filles d'autres concerts à trois violes, nous autorisant à conclure que si depuis 1680, c'est-à-dire depuis trente-sept ans, Sainte-Colombe exécutait en famille des concerts à trois violes, Marais fut le premier à confier au graveur de pareils ensembles ; son IVe Livre se termine en effet par deux suites d'une écriture moins chargée que les précédentes, les difficultés étant divisées entre les deux premières parties et la troisième viole étant comprise dans le volume basse continue correspondant au IVe Livre3. Ci-dessous un spécimen de sara-

---

1. La lettre o avait un sens concret ; le zéro, souvent employé, n'en a aucun si ce n'est le signe actuel du pouce au Violoncelle (Duport, 1740-1819), quand la corde à Vide était indiquée par a. Bréval (1756-1825) indique le pouce par SS (1804) dans son Traité, de quelques années postérieur à celui de Duport écrit de 1789 à 1806.

2. Michel Brenet, Les Concerts en France, p. 72.

3. Si nous ne connaissons pas et n'avons tiré 'de pièces françaises pour trois Violes plus anciennes que ce IVe Livre de Marais, du moins pouvons-nous citer quelques auteurs étrangers ayant réuni plusieurs Violes et autres instruments du XVIIe siècle. Hausman (Valentin II de Saxe) : Entrées de cinq et six parties pour violes, 1604. Orlando Gibbons : Fantaisies pour trois violes, 1612. Alfonso Ferrabosco : Lessons for 1, 2, 3 violes, 1609. Ch. Guillet (de Belgique) : Fantaisies à quatre parties, 1610. D. Becker (de Hambourg) : Sonates de Chambre pour trois à cinq violes. Kindermann (de Nuremberg) : Récréations pour violes et B. C. d'abord, puis Sonates pour une, deux, trois et quatre violes.
Plus tard, G.-L. Agricola (1643-1676) laissait des Sonates pour deux violons, deux violes et B. C. (Musikalischen Nebenstunden ou Heures musicales), quand Rosenmuller, de Saxe, écrivait en 1682 des Sonates pour 2-5 Stromenti d'arco. Encore nous citerons-nous que pour mémoire le Sacro-Profanus Concentus musicus de Schmelzer (1662) (Sonates pour Violon, violes et Trombones) et son Duodena Selectarum Sonatarum à quatre parties, 1669, Nuremberg.
Mais, après ces citations particulièrement intéressantes pour les violistes, nous devons rappeler qu'il y eut au XVIIe siècle nombre de trios, soit pour Violon, gambe et basse : S.-H. Schütz (1605), Rossi (1623), Louis Constantin (1580-1657), M. Lock (1657), Louis Baltzan (1630-1663).

bande pour trois violes dudit IV° Livre de MARAIS (1717) :

J.-H. SCHMELZER (1662), J. MOLITOR (1668), Ch. ABEL (1674), J.-J. WAL- | (1638), G. FOERSTER (1617-1673), G. AGRICOLA (1670), AnL BERTALI (1672),
THER (1676), A.-C. CLAMER (1682), J.-B. MAZZAFERRATA (1682), REINCKEN | Ch. DRÜCKENMULLER (1668), J.-M. NICOLAÏ (1675), J. THEILE (1683), S. DE
(1687), G. FINGER (1688), etc. | BROSSARD (1695), MARINI (1696), BUXTEHUDE (1696), A.-S. SCHERER (1689).
   Soit pour deux violons et gambe : Nicolas HASSE (1656), M. KELZ | Mlle DE LA GUERRE (1695), etc., énumération encore bien incomplète.

Sans remonter aux *Inventions musicales* de JAN-NEQUIN du milieu du XVIe siècle, telles le *Caquet des femmes*, le *Chant des oiseaux*, de *l'alouette* et du *rossignol*, aux fantaisies ornithologiques des claveci-nistes, tel COUPERIN, le XVIIIe siècle avait toujours le goût de la musique imitative, et le titre des pièces de MARAIS accusait les idées descriptives et modérées de l'auteur, par exemple : *Tourbillon, Labyrinthe, Sauterelle, Pougnard, Rêveuse, Minaudière*, etc. Mais, dès 1692, Jean SCHENCK, virtuose sur la gambe à la cour du Prince Electeur du Palatinat[1], avait tenté une musique imitative plus accentuée, en publiant douze *Sonates, op. 10, pour la basse de viole*, intitulées *les Bizarreries de la Goutte;* et Michel CORRETTE, à Paris, en 1737, ne craignait point d'exprimer sur le clavecin des sentiments plus violents encore en demandant à cet instrument si délicat d'imiter « la victoire d'un combat naval remportée par une frégate contre plusieurs corsaires réunis » ! En somme, toute une tragédie, dont l'auteur voulait exprimer par l'har-monie le bruit des armes et du canon, les cris des blessés, les plaintes des prisonniers mis à fond de cale, etc. !

MARAIS, présentant au public en 1717 son cin-quième et dernier volume, « dont les pièces sont partagées de manière qu'elles seront du goût géné-ral, son attention ayant eu pour objet de satisfaire un chacun », n'avait point cherché à contrarier un goût qui a duré plus d'un siècle. Nous ne savons pas si Jean SCHENCK a jamais souffert de la goutte, mais on pourrait déduire des indications de l'auteur que l'étonnante pièce *Tableau de l'opération de la taille* offerte aux violistes par MARAIS, sous le no 108 du Ve *Livre*, ne pouvait être comparée et appréciée que par des violistes ayant passé eux-mêmes par tous les temps de cette douloureuse opération, à une époque où l'anesthésie n'était pas connue[2]. Nous ne saurions mieux faire que de reproduire ici cette curieuse pièce, no 108, suivie de l'air gai des *Relevailles* donné par MARAIS sous le no 109, qui nous semble être le summum de la musique imitative :

VIOLE

Lentement

Basse Continue

Laspect de l'apareil

Frémissement en le voyant

Résolutions pour y monter

Parvenu jusqu'en haut

Descente du dit apareil

---

1. A ne pas confondre avec J. SCHENK (1753-1836), professeur d'har-monie de BEETHOVEN.

2. Plus près de nous, la musique à programme inspira successive-ment J.-H. KNECHT (1784) dans un *Portrait musical de la Nature,* aujourd'hui oublié, précédant de vingt-quatre années l'immortelle *Sym-phonie Pastorale* de BEETHOVEN ; d'un autre côté, ONSLOW (1808-1852) dédiait à NORBLIN, professeur de Violoncelle au Conservatoire, son XVe *quintette* à cordes, dit *Quintette de la Balle*. Grièvement blessé à la face de deux chevrotines, au cours d'une partie de chasse, après des alternatives de douleur et de moindre souffrance, ONSLOW voulut exprimer musicalement les sentiments éprouvés pendant cette période douloureuse dans les fragments, « douleur », « fièvre », « délire » « convalescence » et « guérison », qui constituent ce célèbre quintette, op. 38.

Rappelons ici qu'en 1825, dans des circonstances analogues, BEETHO-VEN, à la suite d'une longue maladie, inséra dans le quatuor à cordes en la mineur op. 132, dédié au prince Galitzin, un :

« Molto adagio » « canzona di ringraziamento In modo lidico Offerta alla Divinita da un guarito ».

Voir l'Étude sur ONSLOW de H. LOCUET (Clermont-Ferrand, 1890, Montlouis), p. 18.

Entrelassement des Soyes entré les bras et les jambes

Icy se fait l'incision

Introduction de la Tenette   Icy l'on tire la pière   Icy l'on pard quasi la Voix
                                                          Doux

Écoulement du sang

Icy l'on oste les soyes   Icy l'on vous transporte dans le lit

LES RELEVAILLES   *Gay*

Après les succès de l'école anglaise de viole enregistrés par Mersenne et Mauoars, nous devions exposer en bonne justice, même avec d'apparentes longueurs, l'enseignement magistral et l'œuvre de ce musicien extraordinaire, compositeur, virtuose, Marin Marais[1], ce propagandiste de la viole classique, heureux de s'adonner tout entier à son succès, de 1686 à 1727, alors qu'elle était combattue par les admirateurs du violon. Il fut soutenu par les dames de la meilleure société, qui se faisaient honneur depuis cent cinquante ans de jouer les violes, soit pour le menuet, soit pour l'accompagnement du chant à défaut de harpes et de très rares clavecins, soit même pour l'accompagnement des chants liturgiques[2], soit encore à la chambre de Louis XIV et Louis XV[3].

Marais avait voulu conserver à la viole son caractère archaïque et noble[4], alors que tant de modifications étaient tentées un peu partout pour en améliorer la sonorité, au prix même d'un changement de nom[5]. Ses élèves et successeurs, André Philidor (1674-1725), Roland Marais (1678-174 ?), Antoine

Forqueray (1671-1745), Caix d'Hervelois (1670-1759), paraissent être demeurés sourds à de telles tentatives, comme le montrent les cinq livres de *Pièces de viole* de ce dernier (le plus remarquable de tous); Caix d'Hervelois publie successivement ses œuvres en 1708-1719-1731-1740 et 1748 (le *IVe Livre* comprenant les *pièces à deux violes*); déjà, des compositeurs, profitant tout à la fois de la diffusion et du tempérament égal du clavecin, avaient créé des sonates concertantes de flûte et clavier obligé, de violon et clavier, tels Bach en 1717, Couperin en 1724, Haendel en 1732, Mondonville en 1734, Guillemain en 1740. Tout particulièrement, l'école allemande de la viole en avait considérablement simplifié la pratique, laissant au clavecin le jeu d'accompagnement, et ne donnant à la viole que le jeu de mélodie, tel que nous le trouvons nettement tracé dans les trois sonates de Bach pour clavier et viole de gambe, composées pour Ch.-F. Abel, violiste de la cour de Cœthen de 1717 à 1723. De la comparaison des écritures de Marais, J.-S. Bach et Caix d'Hervelois, son

Marais.

MARCHE TARTARE

Caix d'Hervelois.

Lent

---

1. Marais eut dix-neuf enfants, parmi lesquels l'aîné, de la chambre du roi, le cadet Roland, auteur de deux livres de *Pièces de violes* (1735 et 1738), et un troisième, Jean-Louis, ont laissé la réputation d'excellents Violistes.

2. Dès 1558, la viole de gambe était jouée par les dames à la cour de Wurtemberg et, plus près de nous, elle était jouée communément en Portugal par les religieuses pour l'accompagnement des chants liturgiques (Lavignac : *Encycl.*, tome IV, page 2412).

3. Grillet signale qu'en 1694, Mlle Hilaire, Sercamanan figuraient parmi les B. de violes de la chambre (*Ancêtres du Violon*, tome I, page 266).

4. Sa situation exceptionnelle de Viole solo de la chambre du roi,

charge qu'il occupa de 1685 à 1725, ne lui permettait pas d'avoir une oreille pour ces « Violinisti », coureurs de danceries, ignorants des bonnes règles et, du reste sans grand talent, puisque les meilleurs n'étaient pas capables de jouer des parties de ballet avant de les avoir étudiées. Ils étaient donc bien loin des violistes réalisant des basses continues à l'ouverture du livre!

Le Violiste de N. Lancret (1690-1743) joue vers la même époque de la gambe à six cordes.

5. Ainsi, allons-nous étudier plus loin l'histoire des Viola di Bordone, Fagotto, Baryton de viole, Viola di Pardoue, Viola Pomposa, Viole d'amour, Quinton, Pardessus de Viole et Violetta marina, etc., auxquels nos ancêtres ont accordé quelque attention, généralement de courte durée.

BACH.

contemporain, il est facile de conclure que l'école française continua les traditions harmoniques de la viole, quand l'école allemande, ayant supprimé les *tons* ou *touches* de la viole, inutiles ou gênantes pour l'école de mélodie, avait depuis longtemps ramené l'écriture des parties de viole au niveau des parties du violoncelle. Nous n'en voulons pour preuve que les parties de solo ou de cantate de J.-S. Bach où l'on peut remarquer qu'il n'y a pas une double note.

Grillet signale qu'en 1749, les trois filles et le fils de Caix d'Hervelois se trouvaient parmi les basses de viole de la musique de la chambre du roi : ajoutons qu'à la même époque (Nattier [1685-1766] en a laissé un portrait justement célèbre au musée de Versailles), madame Henriette de France (1739-1752), fille aînée de Louis XV, étudia la viole sous la direction de J.-B.-A. Forqueray, qui lui dédia le *Premier* (et unique) *Livre des pièces de viole de feu son père Antoine* (1671-1745)[1]. A la même époque, Maximilien II (1727-1717), de la famille des Wittelsbach, Electeur palatin de Bavière, gambiste distingué, demandait au vice-maître de ses concerts, Kronner ou de Croener (1722-1787), de lui composer chaque année six concerti pour son instrument favori.

Mis à Salzbourg au courant des goûts de l'électeur, Léopold Mozart écrivait, le 28 septembre 1717, à son fils, à Munich :

« Si tu devais faire quelque chose pour la viola da gamba de l'Electeur, M. Moschitka pourrait te dire ce que cela doit être et t'indiquer les morceaux que l'Electeur préfère. »

Mozart quitta Munich le 4 octobre, sans avoir rien composé dans cet ordre d'idées, ni à ce moment-là ni dans la suite.

---

1. Et Forqueray d'ajouter : « Ces pièces peuvent se jouer sur le Pardessus de Viole. »
Dans un tableau du célèbre Hyacinthe Rigaud (1649-1743) de la National Gallery (Londres), on voit un groupe de musiciens de la cour de France, parmi lesquels Antoine Forqueray, tenant en mains une Viole de gambe à sept cordes. Ce tableau paraît avoir été peint vers 1715.

Le barytou.

Depuis un siècle, les violistes connaissaient le point faible, très faible même de leur viole, de « douce et murmurante sonorité ». Dans sa méthode de viole (1659), Simpson exposait, cent ans après l'introduction à la chapelle de Charles IX des 24 violons d'Amati de 1572, que la sonorité d'un instrument à cordes et à archet demeure toujours en raison inverse du nombre de ses cordes ; aussi, l'invention des cordes filées d'argent de Sainte-Colombe (1675) ne sembla réaliser un progrès qu'à la condition de ne pas aller jusqu'à la création d'une septième corde. Logiquement, en prenant texte de la proposition de Mersenne (1636), de réduire à trois le nombre des cordes du violon, les violistes pouvaient essayer d'augmenter la sonorité des violes en réduisant à quatre, par exemple, le nombre de leurs cordes.

Si nous ne trouvons point trace d'un essai de ce genre, du moins savons-nous qu'en conservant généralement les six cordes de leur instrument, les violistes du xviie siècle demandèrent d'abord un accroissement de sonorité des violes à l'emploi de cordes métalliques frottées, « cordes de laton (sic) indiquées par les lettre es »[3].

Cet essai aurait vu le jour en Angleterre, d'après le Père Kircher, qui assure que ces « chordes font un méchant effet sous l'archet et qu'elles rendent un son trop aigre », ajoutant que « les Français ne se sont jamais servy de pareilles chordes[4] »!

Cette monture métallique, tout à fait oubliée aujourd'hui, coupait merveilleusement les sillets et chevalets des violes, comme les doigts et les crins des archets des violistes anglais rapidement désenchantés, qui, reprenant leur monture (boyau et cordes filées), utilisèrent leurs fils de laiton, comme ceux du clavecin, ou même d'acier sous la touche, en cordes

---

3. J. Rousseau, *Traité de la viole*, pages 21 et suivantes.
4. Nous y reviendrons plus loin au sujet du Dessus de Viole, dit Viole d'amour.

« sympathiques[1], d'où la *viola bastarda*, qui devint sur le continent *baryton de viole, viola di bordone, fagotto* ou simplement *baryton*, de mélancolique sonorité, en réalisant un nouvel instrument.

Les xviᵉ et xviiᵉ siècles nous en ont laissé quelques rares spécimens, conservés dans plusieurs musées, parmi lesquels il faut citer en première ligne celui de Vienne. Le musée du Conservatoire royal de Bruxelles, sous les nᵒˢ 486 et 487, présente deux instruments catalogués basses de viole (erreur selon nous) qui sont d'intéressants barytons, le nᵒ 487, d'originale facture anglaise (Francis BAKER, 1696), et le nᵒ 486, copie de l'école italienne, reconstituée par feu TOLBECQUE d'après GASPARO DA SALO (1550-1610), tous deux montés de six cordes d'archet et de douze cordes sympathiques; le nᵒ 231 du même musée, dit *viola da fagotto, di bordone*, ou *baryton* du xviiiᵉ siècle, paraît en tout semblable à la viola bastarda décrite par PRÆTORIUS, et portant six cordes d'archet et seize cordes sympathiques[2].

Le musée de Nice (collection GAUTIER) possède un baryton de la même époque (six cordes frottées plus douze sympathiques) que VIDAL n'hésite pas à dater de 1650, l'attribuant à William TURNER.

D'autres barytons sont attribués à Jacob STAINER (1658), à Andréas STAINER d'Absam (1660), à Simon SCHÖDLER (1692, et d'ailleurs, tous les écrivains ont cité la splendide viole di bordone de Joachim TRIKLE (1687), montée de vingt-quatre cordes sympathiques! La Société des amis de la musique de Vienne conserve quelques barytons du xviiiᵉ siècle[3], alors que le musée du Conservatoire de Paris présente, sous le nᵒ 168, un baryton bavarois de Norbert BEDLER (1723) monté de six cordes frottées et dix-huit cordes sympathiques[4].

Si les musées nous ont conservé précieusement quelques spécimens des instruments du xviiᵉ siècle, nous n'avons en revanche jamais trouvé la moindre composition ni le nom d'un virtuose de ce baryton dont jouaient les violistes, toujours en quête d'une sonorité meilleure, et protestant d'autre part contre la septième corde, selon la théorie de SIMPSON.

Bien oublié eût été le baryton si des mélomanes magnifiques comme les Médicis, les princes Paul et Nicolas Esterhazy, ne l'avaient remis à la mode dans la seconde moitié du xviiiᵉ siècle. Ces princes hongrois réussirent à entraîner le célèbre HAYDN qui, di-

rigeant leur chapelle de 1761 à 1804, fit du baryton son instrument favori, appelant à la chapelle princière nombre de virtuoses barytonistes et compositeurs : Ant. LIDL (1740-1789), F.-J. WEIGL (1740-1820), PICHL (1741-1805), TOMASSN (1741-1818), auteur de vingt-quatre *Divertissements*, Ant. KRAFT (1752-1820), auteur de douze *Concerti*, K. FRANTZ (1758-18..), dont le baryton possédait quatorze cordes sympathiques, F. PAER (1771-1839), HAUSCHKA (1766-1840) qui a laissé un quintette, J. EYBLER (1765-1846), élève et ami de MOZART, puis de HAYDN.

Parmi ceux-ci, les plus féconds furent PICHL et HAYDN; PICHL composa 148 quatuors et 25 quintettes dans lesquels le baryton occupait le premier pupitre!... Qui se rappelle aujourd'hui le nom de ce prolifique barytoniste?

HAYDN ne le fut guère moins, entraîné qu'il était d'ailleurs à la production par sa charge de maître de chapelle des princes; on assure même qu'il prit à tel point goût au baryton que sa virtuosité ne manqua point d'exciter la jalousie de son protecteur : Paul Esterhazy lui intima l'ordre de ne plus composer qu'à l'intention de son archet princier, toute tentative de virtuosité aux dépens du protecteur n'étant plus de l'art, mais une faute grave! De ce jour, HAYDN ne joua plus du baryton, en public du moins[5].

Toujours est-il que, rédigeant lui-même le catalogue de ses œuvres (déc. 1805), reproduit dans le *Dictionnaire* de CHORON[6], et où les compositions sont vraisemblablement classées dans l'ordre d'importance préféré par l'auteur, HAYDN cite :

1ᵒ 118 symphonies;

2ᵒ 125 divertissements pour baryton, violoncelle et alto;

3ᵒ 6 duos pour baryton principal;

4ᵒ 12 sonates pour baryton et violoncelle;

5ᵒ 17 nocturnes pour baryton et violoncelle.

Il place seulement au 20ᵉ rang les célèbres 83 quatuors pour archets qui font l'admiration des musiciens des xixᵉ et xxᵉ siècles.

Le rang de faveur attribué par HAYDN aux œuvres pour baryton ne les a malheureusement sauvées ni de l'oubli ni du feu. L'incendie du château d'Eisen (1775) en détruisit la plus grande partie; on en connaît encore quelques-unes qui subsistent en manuscrit dans les papiers de la famille Esterhazy, et d'autres, moins nombreuses encore, à la bibliothèque des *Amis de la musique* à Vienne[7].

Les princes Esterhazy avaient stipulé, dans le contrat de leur maître de chapelle, que HAYDN s'interdisait de conserver et de donner copie de ses œuvres de baryton[8].

En écrivant précédemment que, pour devenir baryton, la viole avait été montée d'un jeu de sept à quinze cordes de laiton ou d'acier passant sous la touche, nous nous réservions de donner ici quelques détails de lutherie au sujet de cet essai. Les violistes commencèrent à tendre les cordes mé-

---

1. PRÆTORIUS attribue nettement aux Anglais l'adaptation d'un jeu de sept à quinze cordes sympathiques à leur viole, qui changea ainsi et d'état et de nom : DE BRICQUEVILLE assure que les Violes de gambe n'ont jamais été montées de cordes sympathiques; il n'avait pas tort; elles changeaient alors d'état civil, et devenaient des barytons.

2. V.-Ch. MAHILLON, *Catalogue du Musée instrumental du Conservatoire royal de Bruxelles*, tome I, pages 324, 325.

3. Le baryton fut en grande faveur chez les princes Esterhazy sous l'archet des musiciens de leur chapelle, HAYDN (1732-1809), etc.

4. D'après le *Musik-Saal* de J. MAÏER, le baryton s'est appelé primitivement « viola di pardon » ou « perdono », parce que l'inventeur, condamné à mort, avait obtenu sa grâce à la suite de cette invention! Telle est la gracieuse légende rapportée par MAHILLON (*Cat. du musée du Conserv. de Bruxelles*, tome I, page 325).

Ajoutons-nous ici que la Vina de Bénarès et le Tamourah, autrefois montés de cinq cordes pincées avec six cordes de résonance harmonique, de même que la Saryngie, moins ancien (4 cordes d'archet + 2 cordes sympathiques), seraient, d'après FÉTIS, les ancêtres du baryton d'abord, puis du dessus de Viole monté de cordes sympathiques devenu la Viole d'amour, dont nous parlerons plus loin? Il est bien difficile de savoir la route suivie par ces instruments importés de l'Inde en l'Angleterre, soit via Perse, Constantinople et Hongrie, soit par les Croisés revenant de Terre Sainte, soit encore par les Vaisseaux marchands anglais trafiquant avec l'Inde. Selon la théorie chère à FÉTIS, c'est de l'Orient que nous vint le progrès.

5. Georges AVRIL, *Les Quatre Ages de la musique*, page 70.

6. A. CHORON et F. FAYOLLE, *Dictionnaire historique des musiciens*, Paris, 1817, tome I, page 322.

7. Société créée en 1814, sous la présidence du prince F.-M. LOBKOWITZ (1722-1816), l'un des protecteurs les plus ardents de BEETHOVEN, qui lui dédia ses premiers quatuors (op. 18), les symphonies IIIᵉ (miᵇ, 1804), Vᵉ (ut mineur, 1807) et VIᵉ (pastorale, 1808), ainsi que le Xᵉ quatuor d'archets (miᵇ, op. 74). Nos neveux trouveront peut-être les compositions d'HAYDN pour baryton dans l'édition complète en préparation des œuvres d'HAYDN (analogue à la *Bach-gesellschaft*).

8. Le père de la célèbre danseuse Fanny ESSLER, mort en 1843, fut le copiste des œuvres d'HAYDN chez les princes Esterhazy (*Gaz. musicale*, 1843, page 380).

talliques (accrochées au bord de la table, sous la touche), au travers du chevalet[1] percé de sept à quinze trous, jusqu'à un système de petites clefs disposées près du bouton pour en assurer l'accord. Ce dispositif de fortune des plus simples n'exigeait aucune modification du manche et de la tête de l'instrument, laissant au barytoniste la faculté de revenir assez facilement à son ancienne viole... Et c'est ainsi que fut décrit le baryton de DELSART par GRILLET[2].

Mais d'autres barytonistes ont préféré l'instrument spécialement construit *ad hoc*, témoins le baryton BEDLER (n° 168 du musée du Conservatoire) cité précédemment, et d'autres encore, dont l'élégant chevillier se terminait souvent par une tête, comme dans l'exemple ci-contre[3].

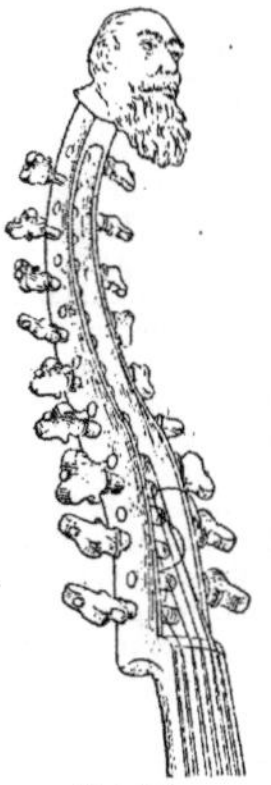

FIG. 939.

En résumé, le baryton du XVIIe siècle, connu sous différents noms, *viola bastarda, viola di bordone, di fagotto, di paredon*, ne fut qu'un essai des gambistes en quête d'une sonorité plus intense, et serait tout à fait oublié :

1° Si le même essai n'avait pas été tenté au XVIIIe siècle en faveur du dessus de viole, qui deviendra la *viole d'amour* et la *violetta marina ;*

2° Si les princes Esterhazy n'avaient pas remis à la mode le baryton du siècle passé, inspirant ainsi les très nombreuses compositions des barytonistes de leur chapelle, de 1761 à 1804 (HAYDN, PICHL, etc.).

La viole d'amour.

Comme le ci-devant baryton, le dessus de viole fut monté de « chordes de laton »[4], sous le nom de viole d'amour, antérieurement à 1687, d'après Jean ROUSSEAU. Séb. DE BROSSARD confirme en 1703 cette définition dans les termes suivants[5] :

« Viola d'amor, c'est-à-dire viole d'amour. C'est une espèce de dessus de viole, qui a six chordes d'acier ou de laitton comme celles du clavessin et que l'on fait sonner avec un archet à l'ordinaire. Cela produit un son argentin qui a quelque chose de fort agréable. »

Cette définition est reproduite dans le *Dictionnaire des Beaux-Arts* de LACOMBE (Paris, 1766) et dans l'*Encyclopédie des sciences et arts* (Neufchâtel, 1775). A l'appréciation près de l'effet produit par l'archet sur des cordes métalliques frottées, ce qui est une pure affaire de goût, ces définitions confirment, de façon concordante :

1° L'appellation de *viole d'amour* pour un *dessus de viole* monté de quatre à six cordes métalliques frottées[6].

2° La recherche continue d'un supplément de sonorité avec des cordes de laiton avant 1687, puis avec des cordes d'acier de 1687 à 1703, et même dans la suite[7]. Mais il est excessivement intéressant de constater que compositeurs, virtuoses et luthiers de viole d'amour de 1700 à 1760 n'appartenaient pas à l'école française de la viole de MARAIS, FORQUERAY et CAIX D'HERVELOIS[8].

Compositeurs : J. ROSENMULLER (Wolfenbuttel) (1620-1684), BIBER (Salzbourg) (1644-1704), ARIOSTI (Londres) (1666-1740), GUZINGER (1740), J. WILDE (1741) (Bavière), J. STAMITZ (1717-1757) (Mannheim), HUBERTI (1760) (Vienne)[9], KRUMLOWSKY (17..-1768) (Bohême), HRAZECK (1725-1777) (Bohême), KOESCHER (1719-1783) (Bohême), C.-G. TOESCHI (1724-1788) (Mannheim) et son fils (1745-1800).

Luthiers, de 1710 à 1756 : GAGLIANO, GOBETTI, GUIDANTUS, GUDIS, SCHORN, THIELEE, HOFFMANN, WEIGERT, GRIESSER, RAUCH, ALLETSEE, OSTLER, EBERLÉ, KLOTZ, JAUCK, STADLMANN, tous d'Allemagne et de Bohême.

La littérature de viole d'amour est aussi rare que disséminée dans toute l'Europe et, trop souvent, les artistes désireux d'intéresser le public à cet instrument, non pas ancien[10], mais abandonné, invoquent l'autorité d'ARIOSTI et de ses sonates qu'ils n'ont jamais connues dans leur originalité[11]. Nous leur devons une attention d'autant plus spéciale qu'elles constituent le premier ouvrage didactique de la viole d'amour définie par ROUSSEAU et Séb. DE BROSSARD, montée de cordes métalliques sur lesquelles frottait « l'archet à l'ordinaire », telle la viole de

---

1. Nous connaissons des barytons dont les cordes métalliques ne traversent pas le chevalet ; elles passent sur un petit chevalet *ad hoc* placé entre les jambes du chevalet, ou bien sur un plus grand chevalet dépassant lesdites jambes.

2. GRILLET, *Ancêtres du violon*, II, page 251.

3. Constatons, sans aller plus loin, la parfaite logique des violistes et des luthiers du XVIIe siècle qui avaient compris la nécessité d'un minimum de 12 cordes sympathiques accordées diatoniquement pour assurer les résonances des demi-tons chromatiques. Nous verrons plus loin que la même logique n'a pas toujours guidé les luthiers du dessus du viole à cordes sympathiques, quand ils ont ramené à six le nombre de ces cordes symphathiques.

4. J. ROUSSEAU, *Traité de la viole*, 1687, page 22.

5. S. DE BROSSARD, *Dictionnaire de musique*, 1703, au mot *viola*. Nous ne pouvons décider des raisons qui ont valu au dessus de viole transformé le nom de *viola d'amore*. Les musicographes du passé n'ont rien affirmé à ce sujet. Dans la période de renaissance musicale qui commence à l'aurore du XVIIIe siècle, nous trouvons, sans plus de raison, le cembalo d'amore de G. SILBERMANN, le hautbois d'amour (1720) en *la* très employé par BACH, la flûte d'amour en tierce mineure et, plus près de nous, la clarinette d'amour en *la*♭ (1795), la guitare d'amour ou arpeggione (1828) et le violon d'amour (quelque peu apparenté à la viole d'amour) de SALOMON (1740 à 1770), dont le musée du Conservatoire de Bruxelles présente, sous les n°s 358 et 481, deux échantillons, montés de cinq cordes frottées (*sol*$_2$, *ré*$_3$, *la*$_3$, *ré*$_4$, *sol*$_4$) et de six cordes sympathiques. De la même époque, on connaît le violon d'amour norvégien de HARDANGER, monté de quatre cordes frottées (*ut*$_3$, *fa*$_3$, *do*$_4$, *sol*$_4$) et quatre cordes sympathiques (76). (V.-CH. MAHILLON, *Catalogue du musée du Conservatoire de Bruxelles*, t. I, page 332.)

Le violoniste NARGEOT (1800-1891) voulut perfectionner ces dispositifs, si nous en jugeons par son violon d'amour de 1830 (qui portait logiquement douze cordes sympathiques diatoniques), que l'on voit au musée du Conservatoire de Paris, sous le n° 136.

NARGEOT concourut en même temps que BERLIOZ (1828) pour le prix de Rome : il fut classé second. Son violon d'amour, accordé *mi, la ré, la*, ne lui a point conféré l'immortalité. Le dessus de viole monté métalliquement parait bien être le premier des instruments dits « d'amour ».

6. Au maximum six cordes, la viole de gambe de l'école française seule ayant adopté la septième corde sous l'influence de son inventeur SAINTE-COLOMBE.

7. L'adoption moderne des chanterelles d'acier aux violons n'est donc qu'une simple imitation des violistes de 1690 ! *Nil sub sole novi !* On en attribue la diffusion en France à Marie TAYAU, brillante violoniste de l'école d'ALARD (1er prix, Paris, 1867).

8. Auteurs qui n'ont rien laissé pour la viole d'amour.

9. HUBERTI a publié, en 1740, à Vienne, une *Neue Methode musige für Viola d'amor*, après le *Museum musicum* de MAÏER, édité d'abord en 1732 à Halle, puis en 1741, à Nuremberg.

10. Le violon était son aîné de cent ans et plus.

11. Seulement dans les transcriptions modernes... trop souvent surchargées d'accompagnements intéressants, mais étrangers aux intentions de l'auteur.

l'orchestration de Bach : c'est dire que les six leçons d'Ariosti ne seront d'aucun secours aux violistes du xixe siècle!

Ariosti, dans sa langue maternelle, fait hommage de son œuvre au roi Georges II : puis, en douze pages, viennent les noms de 825 souscripteurs, tout l'armorial de la Grande-Bretagne et du Parlement, succès d'édition plus politique qu'artistique et tirage probable de mille à douze cents exemplaires, sans qu'aucun nom français, italien, ou austro-allemand ne figure dans cette longue liste de souscripteurs.

Après six cantates, commencent, à la page 34, les six *Lezzioni* de deux pages chacune, précédées d'un avis au lecteur[1] :

« A vous, messieurs les souscripteurs, sont destinées les accordatures suivantes pour vous encourager à ma méthode de viole d'amour que vous me demandiez de vous faire connaître.

« Il vaut mieux appeler ces compositions *Lezzioni :* leur pratique vous facilitera l'exécution des œuvres pour viole d'amour que je vous donnerai sous peu[2], et alors vous reconnaîtrez que c'était bien la nécessité et non caprice de vous avoir fait connaître la viole d'amour par la pratique du violon sans laquelle vous n'auriez pu réussir qu'au prix de beaucoup de peine[3]. »

En effet, chaque leçon indique une accordature différente de la viole d'amour qu'il eût été difficile d'obtenir avec des cordes de boyau que l'on aurait

fait tour à tour monter et descendre d'une tierce; voici les accordatures :

1re leçon en	mi♭	si♭♭	mi₃♭	sol₃	si₃♭	avec simple accompagnement de violoncelle ou gambe sans basse continue.
2e —	la	la₃	ut₃♯	mi₃	la₃	
3e et 5e —	mi mineur	si₂	mi₃	sol₃	si₃	
4e —	fa	la₂	do₃	fa₃	do₄	
6e —	ré	la₂	ré₃	fd₃	la₃	

Dans un avertissement trop long pour prendre place ici, Ariosti explique que, s'il ne reste rien dans ses leçons de la clef et de l'accord du violon, du moins, les clefs :

servent de guide à la main, ce qui justifie leur usage. Nous nous contenterons, à titre de spécimen, de reproduire ici la première phrase de la première leçon, page 34, en pensant que la noblesse anglaise dut accueillir assez fraîchement cette combinaison extraordinaire de solfège, d'écriture et de technique de violon qui devait faire naître, dans l'esprit d'Ariosti, la fortune de la viole d'amour, telle que l'a décrite Séb. de Brossard; nous croyons, au contraire, que l'originalité d'Ariosti dut atteindre les confins de la folie, quand il essaya d'accréditer cette combinaison extraordinaire chez nos voisins d'outre-Manche. Les violistes modernes pourraient bien l'oublier parmi les morts du xviiie siècle qu'il faut encore tuer au xxe siècle.

Accordatura
Chiave di G. Sol. Ré. Ut.

Lezione 1ª

Allegra

1. Nous n'en donnons ici qu'une traduction abrégée.

2. Il n'est pas à notre connaissance qu'Ariosti ait jamais publié les œuvres annoncées en 1728 pour viole d'amour. Il n'est mort qu'en 1740.

3. Ariosti (Attilio) (1666-1740), moine de l'ordre des Servites, a composé quelques oratorios, une *Passion* et 25 opéras. Ayant séjourné à Londres en 1716, puis, de 1720 à 1727, il y eut quelques succès

avec Buononcini ; l'opéra italien traversa une période particulièrement brillante à Londres, de 1720 à 1728.

A Haendel, favori d'une cour impopulaire, la noblesse opposa, dès 1720, un autre italianisme, dont Ariosti qui fit applaudir son *Coriolan*. Ce succès ne fut sans doute point étranger à l'empressement des 825 souscripteurs pour les *Cantates and collection of lessons for the viol d'amore,* de 1728.

Réalisation sur le Violon accordé

L'école allemande de 1660 à 1740 avait cependant apprécié la sonorité de ce *dessus de viole* monté de cordes métalliques « que l'on fait sonner avec un archet à l'ordinaire ». Quelques auteurs, tout à fait indépendants du système ARIOSTI, nous ont laissé des œuvres où la viole d'amour prend rang : citons ROSEN-MULLER (1620-1684)[1], BIBER (1644-1704)[2], STROBACH (16..-1725)[3], J-P. GUZINGER (1740), d'Aichstett, et Jean WILDE (1741), de Bavière, etc., pour parler plus longuement de S. BACH, qui avait appelé la viole d'amour à l'orchestre des cantates 152 (1715) et 205 (*Eole satisfait*, 1723), ainsi qu'à celui de la *Passion selon saint Jean* (1724).

Une instrumentation délicieuse réunit dans la cantate 152 (t. XXXII de la *Bachgesellschaft*), flûte et hautbois, viole d'amour et viole de gambe, et, avec M. PIRRO, nous pensons que cette viole d'amour devait être tendue de quatre cordes métalliques et d'une corde ordinaire[4]. Nous ignorons le dispositif du ma-

nuscrit de BACH, mais nous trouvons, dans l'aria II de la cantate 205, l'accompagnement de *Zephyrus* confié aux violes d'amour et violes de gambe, avec continuo ; ces violes ne font pas entendre un seul accord, la partie de viole d'amour, s'étend de l'*ut*#$_2$ à l'*ut*$_4$ en *si* mineur, et rien ne prouve qu'il fallut des violes à six cordes frottées et sympathiques pour cette exécution[5] (voir le tome XI de la *Bachgesellschaft*). Dans la *Passion selon saint Jean* (tome XII), l'arioso de la basse, en *mi*♭, accompagné par deux violes d'amour, luth et B. C., les parties de viole d'amour s'étendant du *sol*$_2$ au *la*♭$_4$...

L'accompagnement de l'aria n° 3 en *ut* min. pour ténor est infiniment plus chargé pour les deux violes d'amour et le continuo, sans cependant dépasser les limites du violon (c'est-à-dire *sol*$_2$ à *ut*$_4$), qui pouvait être appelé, le cas échéant, à remplacer la viole d'amour manquant : il semblerait que BACH avait redouté cette éventualité! — Mais, combien de difficultés avait-il accumulées dans cette pièce, aussi bien pour les violes que pour l'orgue et le ténor, sans que les parties de viole continssent cependant aucun accord ni même une double note...! Tout ceci confirme parfaitement l'opinion précitée de M. PIRRO,

1. *Concerto* (1667) de Viole d'amour avec luth et deux Violons : *Sonate antérieure* à 1680 pour Violon, Viole d'amour et basse, ms. *Sonates* 1682, Nuremberg B.N. : Vm⁷. 1483.

2. *Duos* pour deux Violes d'amour, 1693, Vienne.

3. *Concerto* de Viole d'amour, 1698, avec Viole de gambe, luth, mandoline, B. C.

4. Rien ne prouve que BACH ait écrit pour un dessus de Viole monté de cordes sympathiques. M. PIRRO est tout à fait partisan de cette monture intermédiaire, et MATTHESON (1671-1764) signale qu'il en résultait une sonorité argentine extrêmement agréable convenant d'ailleurs aux

sujets tendres et languissants (A. PIRRO, *Esthétique de Bach*, Paris p. 219).

5. En 1734, BACH fit jouer cette cantate pour fêter l'avènement de l'électeur de Pologne.

car, logiquement, il était bien inutile d'avoir un instrument de polyphonie à six cordes pour n'en tirer que des notes simples[1].

En dehors de ces œuvres de l'école allemande, il faut bien reconnaître que toute l'ancienne musique de viole ou dessus était immédiatement exécutable pour les violes garnies de cordes sympathiques, violes d'amour et baryton, de sonorité nouvelle ; les musiciens partisans de cette résonance métallique avaient ajouté des cordes sympathiques à leur dessus de viole, soit à titre provisoire (sans modifications du chevillier, comme nous l'avons exposé pour le baryton), soit à titre définitif avec chevillier et tête *ad hoc*, souvent une tête sculptée de femme portant sur les yeux le bandeau de l'amour.

Contrairement à toute logique[2], ces violes d'amour avaient en général sept cordes frottées et six ou sept cordes sympathiques ; quelques-unes de ces violes nous sont parvenues cependant avec douze et quinze cordes sympathiques, dont celle de M. Griesser (Insprück, 1727), portant douze cordes sympathiques (d'après Vidal), celle de J. Thielke (n° 160 du musée du Conservatoire de Paris), garnie de quatorze cordes sympathiques, celle de J.-U. Eberlé (Prague, 1743), celle de Mathias Klotz, n° 154, l'un des plus curieux instruments du musée du Conservatoire de Paris ; elle porte sept cordes principales et quinze cordes sympathiques (1732) aboutissant à une double tête en poirier d'une exécution remarquable (longueur de corde du sillet au chevalet, 0,38).

Le P. Bonanni nous donne dans son *Gabinetto armonico*, édité à Rome en 1722, p. 110, une précision intéressante sur ces montures sympathiques dont nous ignorions l'origine. On peut fixer maintenant cette dernière à la période comprise entre 1703 et 1722, pour le dessus de viole d'amour.

« Un altro simile istrumento si usa d'alcuni, si chiama viola d'amore, ne ho potuto indagare la cagione, per cui gli sia stato imposto tal nome.

« In altro non differisce dal sopradetto, che nelle corde, perche sotto le corde d'intestini ve ne sono altrettante di metallo, le quali benche non toccate d'all arco, rendono un suono assai dolce, che accresce l'harmonia delle altre. »

Il paraît bien évident que des violes de longueur totale de 0,85 (Thielke) et de 0,77 (Klotz), avec têtes et manches aussi lourds, se jouaient *sur les genouils*[3], ne pouvant être tenues quelque temps à bout de bras gauche.

Faut-il supposer que, pour répondre au désir des violonistes, les luthiers avaient allégé la tête de la viole d'amour en réduisant le nombre des cordes sympathiques? Les spécimens ci-dessous connus le feraient supposer : Partl, 7 cordes frottées + sept cordes sympathiques (1746), Kempter (7 + 7) (1746), Wolters (6 + 6) (1749), M. Gagliano (6 + 6) (1750), Salomon (7 + 6) (1756), Socquet (7 + 7) (1765), Storioni (6 + 6) (1773), T. Eberlé (7 + 7) (1774), Delcplanque (1773), etc. ; ce type illogique de viole d'amour était bien fait pour intéresser quelque temps les violonistes, à l'heure où les princes Esterhazy tentaient la restauration du baryton. Mais, pratiquant la politique du moindre effort, la viole d'amour répudie l'accordature classique des violes qui convenait si bien à toutes les tonalités et à la technique des violoncellistes pour adopter l'accordature en *ré* majeur et l'exécution perpétuelle en *ré* majeur ou *si* mineur et la technique des violonistes.

L'histoire ne nous a pas laissé le nom du créateur de cette nouvelle classe de violistes, peut-être bien issue de Mannheim, si l'on en juge par le talent et l'origine du virtuose compositeur Johann Stamitz[4] (1719-1757), qui jouait une sonate de viole d'amour de sa composition au Concert spirituel, le 8 septembre 1754.

Cependant, la *Méthode pour la viole d'amour* de Milandre (1782) nous semble résumer les tendances des violonistes-violistes, ses aînés et ses contemporains : J. Stamitz (1719-1757), Toeschi (1724-1788), C. Stamitz, fils de Johann (1746-1801), de l'école de Mannheim, Krumlowsky (17..-1768), le Père Irène Hrazeck (1725-1777), Kœscher (1719-1783), Eberlé (1735-1772), de l'école de Bohême, plus Aug. Weber (1753-1806), de Heilbronn, plus didacticien qu'exécutant, auteur d'une méthode et d'une dissertation sur la viole d'amour avec les améliorations qu'on peut y faire[5], Huberti (1760), de Vienne[6]. Milandre expose tout son enseignement en quatre lignes :

Accordature de la Viole d'amour

Le doigté de la Gamme diatomique { à viole avec sans épée

VIe   V^e   IVe   IIIe   IIe   Ire

Le Doigté Chromatique

1. A. Pirro, *J.-S. Bach*, Paris, 1913, Alcan, 1906.

2. Au XIXᵉ siècle en France, on n'entendait plus la Viole d'amour autrement que sous les espèces de la Viole des *Huguenots* dont Meyerbeer agréa l'emploi sur la proposition d'Urhan (1836) ; nous en traiterons plus loin.

3. Voir les notes précédentes.

4. M. Brenet, *Les Concerts en France*, Paris, 1900, p. 225, et *Mercure* d'oct. 1754.

5. *Gazette musicale* de Spire (1789).

6. Milandre, musicien et compositeur à Paris, avait fait partie de la chambre de Louis XV, pour la viole d'amour, à partir de 1740, et conserva cette charge jusqu'en 1774.

Il avait fait graver en 1770 une sonate à 7 voix pour le Concert spirituel et publia en 1782 sa *Méthode facile pour la viole d'amour*, op. 5 (*Dict.* de Choron et Fayolle, 1817).

Cette méthode renferme des pièces de viole d'amour avec accompagnement de Violoncelle, une polonaise pour Viole d'amour, Violon et basse, et un trio pour les mêmes instruments.

Huberti a publié en 1760, à Vienne, en 3 vol., *Neue Methoden-massige für viola d'amor* (*Dict.* de Choron et Fayolle).

appliquant les doigtés du violon (quatre premières positions) à sa viole d'amour, dont les six cordes à vide sonnent l'accord de ré majeur, et les six cordes sympathiques sont généralement accordées diatoniquement dans le même ton.

Il aurait fallu *ajuster* certaines pièces des Marais et des Caix d'Hervelois en *ré* majeur ou *si* mineur pour cette nouvelle violé. Milandre et quelques autres en ont composé, qui n'atteignent pas la quantité de musique écrite chez les princes Esterhazy pour la restauration de la viole d'amour, dont la viole d'amour, tendue de cordes sympathiques, était en réalité le soprano, spécialement mis à la disposition des violonistes (au détriment des gambistes et violoncellistes) voués au *ré* majeur perpétuel.

En résumé, le xviiie siècle connut cinq écoles de viole d'amour [1] :

1º Dessus de viole monté de six cordes métalliques d'accordature normale selon Rousseau et Brossard ;

2º Le même monté de six cordes boyau de frottées avec cinq à quinze cordes sympathiques ;

3º Viole d'Ariosti montée de quatre cordes métalliques frottées, d'accordatures variées, sans cordes sympathiques ;

4º Viole d'amour d'orchestration de Bach (quatre cordes métalliques plus une corde filée frottées, sans cordes sympathiques) ;

5º Viole d'amour de Milandre (six cordes frottées avec cinq à quinze cordes sympathiques et l'accordature de Milandre en *ré* majeur).

Cependant, nous connaissons partie des œuvres du

---

1. N'ayant pu analyser toutes les œuvres ci-dessous, nous ne pouvons savoir pour quelle viole elles sont écrites, et nous laissons aux chercheurs de l'avenir le soin de préciser ce point :

Johann Stamitz (1719-1757) de Mannheim. *Sonate.*

Le P. Irène Hrazeck (1755-1777) de Prague. *Sonates, trios, concerti.*

C.-G. Forschi (1754-1788) de Mannheim. *Soli* (1758).

Paul Koescher (1719-1783) de Bohême. *Concerti.*

J.-F.-G. Wencel ou Werkel (1734-1794) de Nordhausen. *Concerti.*

Bods (1730-1793) de Weimar. *Soli.*

F.-G. Rust (1739-1796) de Dessau. *Sonates et aria.* Berlin, *Sonates pour viole d'amour et violon.* Berlin, ms. 1910-97. *Sonate pour viole d'amour et cello.* Berlin, ms. (1910-1908).

F.-G. Rust. *Trio pour viole d'amour et deux flûtes.* Berlin, 1910.

G.-B. Toeschi (1746-1800) de Mannheim, ms. 19345 de la *Société des amis de Vienne.*

Karl Stamitz (1746-1801) de Mannheim. *Sonates,* ms. 21135, Berlin.

Deux *Concerti. — Sonate pour viole d'amour et basse* (Société des amis de Vienne).

Dr F.-A. Weber (1753-1806) d'Heilbronn, un *Concerto* et divers.

Gansvind (1775-18...). *Concerti,* 1807.

Citons encore des pièces de musique de chambre comportant la participation de la Viole d'amour :

J.-J. Schnell (1734) d'Augsbourg. *Trios pour viole d'amour, flûte et basse,* op. 5.

Gottlob Harrer (1750?). *Trios et divertimenti pour viole d'amour et divers.*

Kruhlowsky (1765?). *Quatuors pour deux violes d'amour, violon et basse.*

L. Hoffmann (1730-1793): *Quintettas pour deux violes d'amour et divers.*

Dr Weber (1753-1806), 9 *Trios, quatuors et quintettes.*

J.-A. Fehre (1760-18...). *Quintettes.*

J. Pfeiffer (1790-1849). *Trios, sextuors.*

James Zeart (1892-19...) de La Haye. *Septuor, viole d'amour et viole de gambe deux violons, alto, cello, contrebasse,* 1921.

Dans cette musique, on devine sans peine des effets analogues aux sonorités variées obtenues par Boccherini dans ses *quintettes à cordes* (5, 11, 13) en faisant entendre partie des exécutants *con sordini* et les autres *senza sordini.* Musique moderne que nous citons ici à titre exceptionnel comme exemple de l'emploi de la Viole d'amour dans la musique de chambre du xxe siècle.

Tout ceci n'est évidemment qu'une énumération bien incomplète d'œuvres généralement manuscrites et éparpillées sur la rive droite du Rhin.

Les *Concerti* du xviiie siècle n'étaient pas des soli de virtuosité au sens moderne du mot, mais seulement des pièces en concert jouées souvent par plusieurs instruments, dont la viole d'amour tenait la partie principale.

---

célèbre Rust (1739-1796), contemporain de Milandre, et nous ne signalerons pas sans étonnement que, soit dans le *Duetto per la viola d'amore e violoncello,* soit dans la *sonatina per la viola d'amore col basso o viola accompagnata,* la sagacité du violiste est encore mise à l'épreuve presque autant que dans les *Leçons* d'Ariosti.

Ces œuvres se jouent sur une viole accordée, selon Milandre, *ré₂, la₂, ré₃, fa₃♯, la₃, ré₄,* et, si le violiste doit lire en clef de *fa* tout ce qui est écrit ainsi (mais une octave au-dessous de la réalité), il doit, en revanche, lire en clef de *sol* deuxième ligne ce qui est écrit en clef d'*ut* troisième ligne, et, de plus, jouer réellement en clef de *sol* ce qui est écrit en clef de *sol.* Pourquoi tant de rébus ?

Si Milandre avait résumé dans sa méthode les tendances de la fin du xviiie siècle, des compositeurs tels que Boccherini, Haydn, Mozart ou leurs successeurs paraissent avoir tout à fait oublié cette viole d'amour dont Kral (de Vienne) enseigne les principes dans une méthode du xixe siècle.

Il appartenait à Urhan de réaliser une double résonance de viole d'amour avec une nouvelle accordature, pour laquelle étaient *ajustés* les soli du *Paradis de Mahomet* et de *Zémire et Azor,* exécutions qui lui valurent d'ailleurs des salves d'applaudissements trois fois répétées [2].

J. Kastner a publié sur Ch. Urhan [3] une très longue notice nécrologique, dont nous reproduisons ici les grandes lignes en faveur du seul artiste qui se soit consacré, en France, à la viole d'amour du xixe siècle :

« Chrétien Urhan (1790-1845), enfant prodige du violon, chaudement recommandé (1805) par l'impératrice Joséphine au célèbre Lesueur, alors maître de chapelle de l'empereur, prit dans l'intimité du maître, qui le traitait comme un fils, le goût des arts à un point tel qu'il songeait à concourir pour le prix de Rome, quand survinrent les événements de 1814 entraînant une subite révolution dans les affaires sociales.

« Cette catastrophe, qui changeait brusquement la position d'Urhan, réveilla dans son cœur les idées religieuses vers lesquelles il s'était senti porté de tout temps. Son caractère se modifia, son existence s'enveloppa de singularités et de mystère !

« Premier alto à l'Opéra en 1816, successeur de Baillot et premier violon en 1823, soliste de la Société des concerts du Conservatoire, où il se fit entendre sur un violon-alto monté de cinq cordes (*ut₂, sol₂, ré₃, la₃, mi₄*) [4], dont il tirait des effets aussi neufs que ravissants, il employa d'une manière remarquable la viole d'amour qu'aucun autre virtuose n'a cultivée de nos jours [5].

« Il accordait son instrument : *ré₂, fa♯₂, la₂, ré₃, fa♯₃, la₃, ré₄* [6].

---

2. *Le Paradis de Mahomet,* dû à la collaboration de Ch.-P. Kreube (1777-1846) et de Rodolphe Kreutzer (1766-1831), fut joué à la salle Feydeau, le 23 mars 1822. D'un autre côté, G.-M. Schneitzhoffer (1785-1852) (généralement appelé Bertrand) composa la musique du ballet-pantomime de A.-J. Deshayes, *Zémire et Azor,* joué à l'Opéra le 20 octobre 1824.

3. *Revue et gazette musicale de Paris,* Maurice Schlesinger, année 1845, nos 47 et 48.

4. Dispositif dont on a souvent attribué la paternité à Woldemar (1750-1816), élève de Lolli, qui a laissé un *concerto* pour le Violon alto.

5. Ceci était écrit en 1845. Urhan a laissé quelques compositions : *Solo,* joué à la Société des concerts du Conservatoire le 7 mars 1830, et des *Souvenirs* (1833) pour *viole d'amour.*

6. Ainsi, revient à la mode la viole à sept cordes

« Bon harmoniste, organiste, lecteur irréprochable, URBAN voulut vivre loin des vicissitudes politiques et des tristes choses de ce monde, en continuelle contemplation des perfections de principe divin. Il a laissé pour ses élèves une fort curieuse lettre (20 mai 1836)[1] qui constitue une véritable profession de foi d'artiste et de chrétien ; à la charité la plus ardente il unissait les pratiques d'une·dévotion mystique ; mais il avait obtenu de son directeur spirituel la permission d'occuper son emploi à l'Opéra, sous condition qu'il ne lèverait jamais les yeux sur la scène[2]. » (30 novembre 1845.)

Dans son *Dernier musiciana*, page 321, WECKERLIN laisse entendre qu'URBAN fut un pseudonyme, qu'il en avait reçu la confidence de la bouche même du célèbre violiste... Sous toutes réserves ! Il aurait emporté son secret d'une si tombe !

Mais encore, nous devons ajouter qu'URBAN fut un critique musical du journal *le Temps*. Le numéro du 25 janvier 1838 donne, en effet, sous la rubrique « Premier concert du Conservatoire », une longue analyse-commentaire de la *Symphonie avec chœurs* de BEETHOVEN, qui venait d'y être dirigée, le dimanche 14 janvier, par HABENECK, et ce commentaire pourrait bien être l'un des articles les plus importants qu'on ait écrits sur la *XIe Symphonie*, non seulement en français, mais dans toute la littérature musicale, pensait J.-G. PROD'HOMME (1906), en·reproduisant ce commentaire *in extenso* dans son ouvrage[3], sans méconnaître la valeur des feuilletons de FÉTIS et BERLIOZ sur le même sujet. Combien de violonistes modernes seraient capables d'analyser avec le même succès un œuvre géniale comme la *IXe Symphonie* ?

Un graveur français, A.-E. Legentil, nous a laissé (Bibliothèque nationale,. cab. des Estampes, n° 2449) le portrait d'URBAN. Musicien et traducteur en français des notices allemandes de WEGELER et RIES sur BEETHOVEN (Paris, 1852, Dentu), Legentil fut, sans doute, pour la musique, l'élève du maître dont il reproduisit les traits (1852) en « gravure à la pointe par le moyen de l'électricité », nouvelle technique de son invention[4].

Revenons à la technique de la PAGANINI de la viole d'amour, dont BERLIOZ nous donne le secret dans les termes suivants[5], dès 1839 :

« La viole d'amour est presque partout tombée en désuétude, et sans M. URBAN, le seul artiste qui en joue à Paris, cet instrument ne nous serait connu que de nom. Il a sept cordes de boyau dont les trois plus graves sont recouvertes d'un fil d'argent ; au-dessous, sept autres cordes de métal accordées à l'unisson des premières pour vibrer avec elles sympathiquement et donner, en conséquence, à l'instrument une seconde résonance pleine de douceur et de mystère.

« On l'accordait autrefois de plusieurs manières bizarres :

$$ré_2,\ fa_2\sharp,\ la_2,\ ré_3,\ fa_3\sharp,\ la_3,\ ré_4.$$

« Les sons harmoniques sont d'un admirable effet... La disposition en accord parfait de ses sept cordes à vide donne toute facilité à la viole d'amour pour produire assez rapidement les arpèges de son accord en *ré* majeur à l'octave et à la double octave supérieure, ceux de l'accord de *la* majeur à la douzième supérieure, et ceux de l'accord de *fa*♯ majeur à la dix-septième supérieure...

« Comme ces trois accords ne suffiraient pas, sans doute, pour accompagner sans interruption un chant un peu modulé, il n'y aurait aucune raison pour ne pas avoir une partie des violes d'amour accordées d'une autre manière, en *ut* par exemple, ou en *ré*♭, selon les accords dont le compositeur aurait besoin pour son morceau.

« Le charme extrême de ces harmoniques ou arpèges sur les cordes à vide mérite bien qu'on prenne tous les moyens possibles pour en tirer parti.

« La viole d'amour a un timbre faible et doux ; elle a quelque chose de séraphique qui tient à la fois de l'alto et des sons harmoniques du violon ; elle convient surtout aux sons liés, aux mélodies rêveuses, à l'expression des sentiments extatiques et religieux !

« *Quel* ne serait pas, dans un andante, l'effet d'une masse de violes d'amour chantant une belle prière à plusieurs parties, ou accompagnant de leurs harmonies soutenues un chant d'alto et de violoncelle ou de cor anglais ou de flûte dans le médium mêlé à des arpèges de harpes ! Il serait vraiment bien dommage de laisser se perdre ce précieux instrument, dont tous les violonistes pourraient jouer après quelques semaines d'étude. »

Et plus loin (page 295), BERLIOZ, esquissant la composition d'un vaste orchestre (quatre cent soixante-sept instrumentistes et trois cent soixante choristes), envisageait « la réunion de cent vingt violons et quarante altos, dont dix au moins joueraient à l'occasion de la viole d'amour, quarante-cinq violoncelles et trente-sept contrebasses ».

Si BERLIOZ nous donne le secret de cette accordature réalisant le maximum des résonances harmoniques (en *ré*, *la*, *fa*♯), on trouvait, du moins, dans l'écriture du solo de *Zémire et Azor* que nous reproduisons ci-dessous (en marquant pas des blanches les notes à vide et résonances sympathiques), les raisons du succès d'URBAN, témoignage de l'admiration des spectateurs émerveillés d'entendre pour la première fois des résonances généralement insoupçonnées.

Adagio

1. Au lendemain de la représentation des *Huguenots*.
2. ELWART assure qu'URBAN ne jeta pas une seule fois les regards sur la scène pendant les trente années qu'il passa dans l'orchestre de l'Opéra.

Voici à son sujet une épigramme qui courut dans le temps :

　　D'un simple drap posé sur une échelle
　　L'altiste Urban se composait un lit :
　　Pendant trente ans il feline sa prunelle
　　Dans un orchestre ou maint d'ulfe l'ourrit.

(ELWART, *Hist. de la Société des concerts*, p. 138.)

3. J.-G. PROD'HOMME, *Symphonies de Beethoven*, Paris, 1906, p. 458.
4. Renseignements dus à l'obligeance de M. Courboin, le distingué conservateur du Cabinet des Estampes de la Bibl. nationale (1924).
5. BERLIOZ, *Traité d'instrumentation*, op. 10. Paris, 1839, pages 38 à 40.

En 1839, BERLIOZ ne connaissait ni ARIOSTIS, ni la viole d'amour dans BACH, que MENDELSSOHN commençait à répandre ; d'ailleurs, BERLIOZ est mort (1869) bien longtemps avant que la *Bachgesellschaft* ait mis au jour l'œuvre monumentale du célèbre cantor.

Voici donc les méthodes de Milandre et Kral pour viole d'amour à six cordes, $ré_2$, la_2, $ré_3$, $fa\sharp_3$, la_3, $ré_4$, démodées et remplacées par la viole à sept cordes d'Urban en $ré_2$, $fa\sharp_2$, la_2, $ré_3$, $fa\sharp_3$, la_3, $ré_4$, sauvée de l'oubli par les *Huguenots* de Meyerbeer au premier acte, pour l'accompagnement de la *Romance* de Raoul (création à l'Opéra de Paris, le 29 février 1836). Nous en arrivons chronologiquement au point toujours discuté de l'histoire de la viole d'amour au XIXe siècle.

Après Berlioz et Kastner, Tolbecque n'a pas craint d'assurer, dans son *Art du luthier*, que Meyerbeer avait écrit un prélude de viole d'amour suivi d'un soi-disant accompagnement pour la célèbre *Romance*[1], ajoutant «qu'il était impossible de trouver un violiste, que l'alto solo prenait une viole accordée suivant Milandre et n'avait qu'à passer l'archet sur les cordes à vide, reprenant la même chose à l'octave en sons harmoniques, en terminant par un accord parfait.

« Puis, l'alto-solo substituait immédiatement à la viole son alto et accompagnait la *Romance* avec cet alto, car il lui aurait été absolument impossible, avec l'accord bizarre de Milandre, de jouer autre chose que des pièces en *ré* majeur, tandis qu'avec l'accord ancien, la_1, $ré_2$, sol_2, do_3, mi_3, la_3, $ré_4$, cet accompagnement très modulant eût été facile; mais, il aurait fallu travailler la viole !

« Cette petite supercherie a toujours été pratiquée, et le public ne cesse d'être persuadé qu'il a entendu jouer et accompagner sur la viole ancienne !

« Cela serait peine perdue que de vouloir lui prouver le contraire[2] ! »

Ceux qui ont lu Berlioz, Kastner, Tolbecque et bien d'autres écrivains sont encore persuadés que Meyerbeer écrivit logiquement prélude et accompagnement pour la viole des ménestrels du XVIe siècle, puisque les ménestrels suivaient leur seigneur même en captivité, comme il advint à ceux de Jean le Bon (1356), fait prisonnier. D'ailleurs, le poète du temps nous en a bien indiqué la tradition :

Faut-il pas qu'un servant son seigneur accompagne,
Fidèle à sa fortune, et, qu'en adversité
Luy soit autant loyal qu'en la félicité !
(P. de Ronsard, 1524-1585[3].)

1. Tolbecque a commis une erreur impardonnable pour un Violoncelliste, sinon élève de Norblin pour lequel fut écrit l'accompagnement de la *Romance*, du moins élève de la classe concurrente de Vaslin (1845) au Conservatoire. Trop jeune pour avoir jamais entendu Urban, Tolbecque avait connu ses élèves et les traditions d'Urban.
2. M. de Bricqueville s'exprime encore plus sévèrement dans sa plaquette, *La Viole d'amour*, Paris, 1908, Fischbacher, à l'égard du public de l'Opéra.
3. Ronsard, *Épitre à Rémy Belleau*.

Berlioz, rendant compte de la première représentation des *Huguenots*[4], écrivait en effet ceci :

« La romance est plus remarquable par la manière dont elle est accompagnée que par le chant lui-même; la viole d'amour y fait merveille et l'entrée de l'orchestre retardée jusqu'aux vers « ô reine des amours » est une heureuse idée. »

Elwart (1784-1871) confirme ceci :

« C'est Urban qui, le premier, a joué le solo de viole d'amour qui accompagne la romance « Plus blanche que la blanche hermine[5]. »

Nous ne pouvons douter de l'affirmation de ce témoin auriculaires! Mais faudrait-il en conclure que Meyerbeer écrivit prélude et accompagnement à l'intention d'Urban ou du ménestrel de la suite de Raoul?

Attendons et entendons un troisième témoin, Deldevez, qui fut tout à fait à même de préciser d'intéressants détails dans un ouvrage devenu rare[6], sans contredire d'ailleurs ni Berlioz ni Elwart.

« Les *Huguenots* ont été montés pour la première fois, en 1836, sous Habeneck.

« Pendant les vingt-sept ou vingt-huit répétitions générales de l'ouvrage, les modifications apportées par l'auteur sont les suivantes:

« La romance était, dès l'origine, accompagnée par un violoncelle solo. La viole d'amour d'Urban vint remplacer le violoncelle de Norblin (violoncelle solo en 1836). »

Deldevez ne manquait pas d'autorité pour faire connaître ces modifications: premier prix de violon de 1833, et entré à l'orchestre de l'Opéra la même année, il était bien placé pour savoir que Meyerbeer avait écrit la romance pour le ténor Nourrit avec accompagnement du violoncelle de Norblin.

L'archaïque imagination d'Urban, mieux au courant de l'accompagnement des ménestrels par les violes que Scribe et Meyerbeer lui-même, l'avait peut-être amené à proposer à Meyerbeer l'emploi de viole d'amour... et Norblin s'était sans doute laissé démissionner !

Toujours est-il : 1° que Berlioz a entendu la viole d'amour dès la première représentation; 2° que Norblin n'a jamais joué l'accompagnement[7] de la

4. *Revue et gazette musicale* du 13 mars 1836.
5. Elwart, *Histoire de la Société des concerts*, Paris, 1860, p. 138.
6. Deldevez, *Art du chef d'orchestre*, Paris, 1878, p. 196.
7. Nous croyons savoir que l'éditeur Schlesinger a publié, vers 1840, un tirage à part de la Romance pour baryton et Violoncelle. Nous n'avons pas connaissance qu'il en ait jamais publié pour ténor et Viole d'amour.

romance qu'aux premières répétitions générales; 3° qu'Urhan l'a joué, probablement avec deux violes d'amour, l'une accordée en *ré*, la seconde en *si♭*, dans le ton de la romance, sans que la tradition en ait été maintenue après sa mort (1845) par le chef d'orchestre Girard, succédant à Habeneck, et par Duponchel, reprenant la direction de l'Opéra en 1847[1].

La bibliothèque de l'Opéra possède quatre éditions de la partition d'orchestre des *Huguenots*[2] :-

A. 7 vol. in 4°, la partition manuscrite A indique l'alto-solo.
B. 5 vol. in-folio Brandus.
C. 3 vol. Brandus Dufour.
D. 3 vol. Schlesinger.

Dans aucune d'elles ne figure la « viole d'amour » :

en faut-il davantage pour démontrer que Meyerbeer n'y avait jamais songé? Quand Berlioz consacrait six pages d'une longue lettre à Habeneck pour lui rendre compte de l'exécution des *Huguenots* à Berlin sous la direction de Meyerbeer, il n'écrivait pas une ligne pour Raoul et la viole d'amour! Il est à croire qu'elle n'avait pas traversé le Rhin[3]. Et pourtant, cette représentation dut être préparée et dirigée par l'auteur avec le plus grand soin (1842), puisqu'elle décida Frédéric-Guillaume IV à nommer Meyerbeer grand maître de sa musique[4].

Ci-dessous le *Prélude de la Romance* pour alto solo, suivi des indications de cordes à vide et harmoniques de la réalisation sur la viole d'Urhan, $ré_2$, $fa2♯_2$, la_2, $ré_3$, $fa♯_3$, la_3 $ré_4$:

Réalisation avec l'accordature d'Urhan

Lorsque l'archet passait sur les sept cordes, faisant vibrer sympathiquement les sept cordes d'acier, Urhan en tirait d'éblouissants arpèges de sons harmoniques. Ces gerbes de doux sons jaillissaient du pur instrument, étincelaient en quelque sorte à l'oreille, comme fait aux yeux le scintillement des lumières[5]. Que nous en est-il resté de plus que le souvenir? Nous serions bien en peine de signaler quelques lignes de vraie musique pour cette viole à

sept cordes, quoique Gevaert n'ait pas manqué de vanter l'admirable effet des sons harmoniques de la viole d'amour[6]. Il aurait pu ajouter que si Urhan avait fait un heureux emploi de cet instrument poétique dans le premier acte des *Huguenots*, il n'eut point d'imitateurs sacrifiant leur temps à la viole d'amour pour la satisfaction d'entendre applaudir Raoul, si Nargeot, altiste et violoniste à l'Opéra de 1820 à 1839 (en même temps qu'Urhan), n'a pas imaginé, pour répondre à la viole d'amour du chef de pupitre ou bien au goût du jour, le *violon d'amour* (douze cordes sympathiques), dont nous avons parlé précédemment.

Cependant, le xx° siècle a vu reparaître la viole d'amour à l'orchestre de l'Opéra-Comique (1902), sous une forme plus marquée que dans les *Huguenots*.

Dans le *Mystère du Jongleur de Notre-Dame*, la scène se passant au xiv° siècle, Massenet, voulant imiter la viole d'archet décrite par Jérôme de Moravie (1260), a mis aux mains de Jean le Jongleur une viole d'amour à sept cordes... non point celle d'Urhan, mais celle de Milandre, recul d'un siècle!

1. Mais Duponchel n'avouait-il pas qu'il n'était pas musicien? Duprez, *Souvenirs d'un chanteur*, Paris, 1888, C. Lévy, page 142.

2. De Lajarte, *Catalogue de la bibliothèque musicale de l'Opéra*, Paris, tome II, page 152.

3. Berlioz, *Mémoires*, t. II, page 106.

4. Schumann n'avait point disposé l'Allemagne à faire bon accueil à l'opéra de Meyerbeer, dans lequel il n'était question, selon lui, que de débauche, assassinat, prière... (*Ecrits sur la musique*, traduits par de Curzon).

5. Tout nous donne à penser que la Romance elle-même était accompagnée, sinon par l'alto-solo, du moins par une viole d'amour accordée en si♭, ou même une viole d'amour d'accordature normale (la_1, $ré_2$, sol_2, si_2, mi_3, la_3, $ré_4$) montée de sept cordes frottées et d'une douzaine de cordes sympathiques. Avant de se laisser démissionner, Nargeot aurait proposé à Meyerbeer le baryton, s'il avait joué cet instrument. Mais il est très malaisé de s'assimiler au instrument dont l'accordature et le nombre des cordes diffèrent de celui qu'on pratique journellement; le baryton d'Haydn ne l'intéressait pas.

6. Gevaert, *Traité d'instrumentation*, Gand et Liège, 1863.

On peut avoir tout le génie de MASSENET sans posséder à fond la technique des instruments anciens ; si MASSENET avait lu MARPURG (1718-1795), il aurait su que, pour être connus des savants et des joueurs de trompette marine, les sons harmoniques ne furent introduits dans la technique du violon que vers 1735 par MONDONVILLE... MEYERBEER avait trompé MASSENET... qui adopta l'accordature :

$$la_1, ré_2, la_2, ré_3, fa\sharp_3, la_3, ré_4,$$

pour les cordes frottées et les cordes sympathiques, à l'heure où il eût été si intéressant de jouer la viole d'amour selon ROUSSEAU, KIRCHER et BROSSARD, montée de sept « chordes d'acier que l'on fait sonner avec un archet à l'ordinaire ». En somme, les parties du *Jongleur* sont très intéressantes ; mais il ne faudrait pas jouer trop académiquement le troisième acte, alors que Jean le Jongleur est en état de folie !

Tant que le *Jongleur* tiendra l'affiche, les altistes seront bien obligés de posséder le jeu de la viole (MILANDRE), car nous ne citerons que pour être complet les parties de viole du quatrième acte de *Louise* de CHARPENTIER (1900) et du deuxième acte de *Madame Butterfly* de feu PUCCINI (1904) : elles ne comportent que quelques lignes en *sol* mineur ou en *si* b, sans un arpège, ni une double note, rien en somme qui rappelle le style de la viole du passé.

Cependant, nous devons une mention spéciale à une œuvre assez peu connue en France, dans laquelle Ch.-M. LŒFFLER a mis la viole d'amour tout à fait en évidence avec *La mort de Tintagiles*, poème dramatique d'après le drame de Maeterlinck. Musique de Ch.-M. LŒFFLER (1905) pour grand orchestre et viole d'amour [1].

Nous devons à l'extrême obligeance des éditeurs [2] la communication de la partition complète de l'œuvre, dans laquelle la viole d'amour concourt à la cinquième partie de l'exécution, tantôt chant, tantôt arpèges, devant jouer à un pupitre spécial « à l'intérieur et à côté des premiers violons », en un style dérivant tout à la fois de l'écriture des KRAL et de VAN WAEFELGHEM, que nous citons ici comme ceux des violistes en *ré* qui ont publié aux XIXe et XXe siècles les principales œuvres transcrites ou originales pour la viole d'amour,... toujours, hélas ! en *ré* majeur ! Car il faut bien avouer que l'on ne connaît que de la musique écrite par les exécutants pour leur propre instrument et accordature, répertoire évidemment restreint.

En résumé, le véritable violiste d'amour devrait étudier la viole à six ou sept cordes, d'accordature normale :

$$la_1, ré_2, sol_2, do_3, mi_3, la_3, ré_4,$$

montée de douze cordes sympathiques, sur laquelle tout est jouable, du XVIIe siècle à nos jours, aussi bien la musique de viole que de baryton [3]. Ainsi, pourrait-il présenter en public de la musique « ancienne » pour instrument « ancien », ou plutôt

démodé. Tout le reste n'est que transcription... Et cela n'est point la même chose de jouer de la viole ou de jouer sur la viole d'amour [4]. Quel artiste oserait faire entendre en public une pièce de flûte transcrite au violoncelle ou réciproquement ? Les pseudo-violistes n'y regardent pas de si près, un chant sur les deux premières cordes... et le tour est joué !

Enfin, nous signalerons aux artistes en tournée à Constantinople qu'ils auront souvent la surprise d'y entendre la viole d'amour qui, sous le nom de *sinékéman*, paraît être l'instrument le plus estimé des amateurs de musique classique turque.

Introduit en Turquie, vers le milieu du XVIIe siècle, par la Valachie et la Serbie, selon toutes probabilités, le *siné-kéman* devint d'un usage courant dans la musique de chambre des Turcs, musique très douce qui emprunta rapidement le timbre poétique et mélancolique de cette viole d'amour.

L'*Encyclopédie de la musique* relate que la plupart de ces instruments sont importés de Vienne ; elle donne comme spécimen une viole d'amour, montée de sept cordes frottées et sept cordes sympathiques, attribuée à Mathias THIR, qui travailla de 1780 à 1900 à Vienne, et accordée :

$$ré_2, fa\sharp_2, la_2, ré_3, fa\sharp_3, la_3, ré_4.$$

Nous nous trouvons ici en présence de l'accordature d'URHAN, sans que l'auteur de la note dont nous reproduisons ici les principales lignes nous indique l'origine de cette accordature... Ce fut peut-être une coïncidence !

Nous ne pouvons terminer cet aperçu de l'histoire des violes sans étudier le calibrage qui ne saurait être indifférent pour les cordes de chacune des accordatures. Le violiste devra posséder soit un palmer [5], soit une filière de précision graduée en dixièmes de millimètre, car nous compterons ici les diamètres en dixièmes de millimètre et nous adopterons pour toutes chanterelles le *mi* d'acier des violonistes = 2, en rappelant qu'à longueur et tension égales, pour le parfait équilibre de la viole), l'octave inférieure de la chanterelle devra mesurer deux fois son diamètre, soit quatre, et la double octave huit ; d'où, il est facile de conclure :

1° Dessus de viole (ROUSSEAU, BROSSARD), 6 cordes métalliques frottées :

$ré_2$	sol_2	do_3	mi_3	la_3	$ré_4$
8	6	4	3.5	3	2 de diamètre.

2° Dessus de viole. Cordes boyau frottées :

$$ré_2, sol_2, do_3, mi_3, la_3, ré_4$$

12 sympathiques chromatiques :

$ré$	$ré\sharp$	mi	fa	$fa\sharp$	sol	$sol\sharp$	la	$la\sharp$	si	do	$do\sharp$
4	3	3.5	3.5	3.5	3	3	3	2.5	2.5	2.5	2

3° Viole d'ARIOSTI, 4 cordes d'acier frottées :

6	5	4	3

4° Viole de BACH, 4 cordes métalliques frottées et une filée :

filée 5	4	3	2

---

1. Ch. LŒFFLER, né à Mulhouse en 1861, élève de LÉONARD, MASSART et JOACHIM pour le Violon, s'est entièrement voué à la composition depuis une vingtaine d'années. Il réside aux États-Unis.

2. G. SCHIRMER, *Music Publishers*. New-York.

3. Le répertoire serait intéressant et très varié.

Nous croyons savoir, d'après M. E. Mandyczewski, que la prochaine édition complète des œuvres d'HAYDN comprendra : un duo en *sol* maj. pour deux barytons et 99 divertissements pour baryton, alto et basse, savoir sept en *ut*, 36 en *ré* maj., un en *ré* min., deux en *fa* maj., vingt-quatre en *sol* maj., dix-sept en *la* maj., deux en *si* min. et un en *la* min. Vraisemblablement composés après l'incendie du château d'Eisen (1774).

4. La *Gazette musicale* de 1836, page 178, raconte qu'un virtuose de l'ophicléide, CORNETTE (1795-1878), avait donné dans sa méthode des variations brillantes sur la cavatine d'*Il Crociato* ! Il serait intéressant de connaître l'opinion de MEYERBEER sur celle... création.

5. M. YEKTA BEY, *Encyclop. de la musique et Dictionnaire du Conservatoire*, t. V, page 3014.

6. Le palmer à friction divise le millimètre en cent parties égales ; comme il ne comprime pas l'objet qu'il mesure, il ne peut y avoir d'écrasement, ce qui rend le calibrage parfait, même pour des cordes en boyau (TOLBECQUE, *Art du luthier*, page 129).

5° Viole de MILANDRE, six cordes frottées[1] :

rè la rè fa♯ la rè

Six sympathiques, accord diatonique :

mi fa♯ sol la si do♯ rè
4 3.5 3.5 2 3 25 2

Ou à l'unisson des cordes frottées :

8* 9* 4 3.5 3 2

avec remplacement avantageux des forts calibres 6
et 8 par des cordes fines de mandoline ou de guitare
filées sur acier.

6° Viole d'URHAN, sept cordes frottées :

rè fa♯ la rè fa♯ la rè

Et 7 sympathiques à l'unisson :

8* 9* 6* 4 3,5 3 2

en remplaçant également 6, 7, 8 par les cordes fines
filées sur acier de mandoline et guitare.

Un calcul analogue donnerait le calibre des cordes
de baryton :

rè sol do mi la rè

pour l'octave chromatique $ré_2$-$ré_3$,

rè rè♯ mi fa fa♯ sol sol♯ la la♯ si do rè♯
8 8 7 7 7 6 6 6 5 5 5 4

ou pour l'octave r_3-r_4,

4 4 3.5 3.5 3 3 3 3 2.5 2,5 2.5 2.

L'histoire ne nous a point fait connaître la tradition d'HAYDN et des princes Esterhazy à ce sujet;
encore dans ce cas, nous pensons qu'il y aurait avantage à remplacer les cordes de sept et huit dixièmes
d'acier par des cordes plus fines filées sur acier,
analogues à celle de guitare.

Violetta marina. — Pardessus de viole.

Si la famille des violes s'est essentiellement composée, jusqu'à l'aurore du XVIIIe siècle, des trois types,
contrebasse de viole, gambe et dessus correspondant
aux voix, nous n'en devons pas moins quelques lignes
aux derniers types de violes, *violetta marina* et *pardessus de viole*, derniers vestiges de la lutte des violistes « contre les entreprises du violon », en même
temps qu'instruments de sonorités nouvelles dans les
orchestres où ils prenaient chaque jour plus d'importance. HÆNDEL (1685-1759) et BACH (1685-1750) cherchaient, celui-ci en Allemagne, celui-là en Angleterre, à étendre les limites de l'orchestre et à en
varier les sonorités[2]. Le violoniste CASTRUCCI (1689-
1782), élève de CORELLI et chef des violons de l'orchestre d'HÆNDEL à Londres, avait imaginé une petite
viole, dite *english violet* ou *violetta marina*[3], accordée

la_2, $ré_3$, sol_3, si_3, mi_4, la_4

montée de quatorze cordes sympathiques.
HÆNDEL réservait une partie importante à cette vio-

---

1. Les six cordes de Viole étaient appelées en Italie :
La chanterelle I, Canto; la IIe, Sotana; la IIIe, Mezzana; la IVe,
Tenore; la Ve, Bordone; la VIe, Basso. Fétis, *Notice sur Paganini*,
Paris, 1851.
2. Nous ne citerons ici que le double basson de l'*Hymne du couronnement* d'HÆNDEL, 1714; ce double basson existait cependant dès 1610.
PRÆTORIUS l'appelle *Doppelfagott.*
Voir la violetta dans les Cantates 5 et 16, le Violino piccolo accordé
ut_2, sol_2, $ré_3$, la_3 dans les Cantates 96 et 102, le cello piccolo accordé
sol_1, $ré_2$, la_2, mi_3 dans les Cantates 6, 41, 49, 68, 85, 115 de BACH, et
la viola pomposa dans la musique de chambre de BACH, dont nous
parlerons plus loin.
3. Ernest DAVID, *G.-F. Hændel*, Paris, 1884, page 172.

letta dans son nouvel opéra de 1733, *Orlando*, pour
l'accompagnement de l'air de Senesino, où, dès l'entrée, deux violettes, soutenues par les violoncelles
en pizzicati, étaient jouées par les frères CASTRUCCI
(Pietro et Prospero)[4].

D'après LAVOIX, HÆNDEL aurait encore employé
ladite violetta dans *Parthénope* (1730) *Sosarme* (1731)
et *Déborah* (1733).

D'un autre côté, les violistes français avaient imaginé le pardessus de viole ou viola piccola, avec l'accordature que donne CORRETTE au chapitre X de sa
Méthode de pardessus de viole :

sol_3, ut_3, mi_3, la_3, $ré_4$, sol_4,

qui leur permettaient, tout en restant à la première
position, d'atteindre du troisième doigt le fameux
ut_5 du violon (gare à l'*ut*) et le mi_5 sans dépasser la
deuxième position, toutes facilités de technique à
une époque où les sons harmoniques et les quatrième,
cinquième, **sixième** et septième positions n'étaient
pas communément pratiqués.

Le pardessus de viole consistait en un petit dessus
de viole. Il est bien certain que la violetta marina et
le pardessus, sonnant plus haut que la viole d'a-
mour et le dessus de viole, étaient d'un patron plus
petit, et, pour ne pas introduire dans les appréciations les erreurs provenant de la distance du chevalet au bas de la table (bouton d'attache du cordier),
nous ne voulons considérer que la longueur de corde
frottée vibrant du chevalet au sillet.

Cette longueur est de 0m,360 ou plus pour les dessus de viole et violes d'amour. Au-dessous de cette
longueur de corde, nous sommes en présence d'un
pardessus de viole[5]. Généralement, les éclisses du
pardessus étaient beaucoup plus hautes que celles
du dessus de viole, ce que l'on aurait quelque peine
à justifier.

ROUSSEAU, DANOVILLE et Séb. DE BROSSARD n'ont pas
une ligne pour ce pardessus de viole, dont le musée du
Conservatoire à Paris expose bien cinq types (137,
138, 138 *bis*, 145 à six cordes et le 139 à sept cordes),
tous du XVIIIe siècle, alors que les plus anciennes
compositions connues pour pardessus de viole ne
semblent pas antérieures à 1739[6]. Quoique la *Méthode de pardessus de viole* de CORRETTE ait paru
avant cette date, quelques dames, à cette époque,
prennent goût pour l'instrument. Mais, d'après COR-
RETTE, celles-ci jouent surtout du pardessus à cinq
cordes; ce sont :

Mlle HILAIRE, SERCAMANAN, Mlle LÉVI (1745-1757),
Mme HAUBAUT (1740) sa sœur, Mlle LAFFONT (1762),
Mme DE GENLIS sous la direction de ZIMMERMAN (1761)
et puis DECAIX et DOUBLET, encore signalés dans l'Almanach de 1783 comme maîtres de pardessus... Ces
rares violistes ne pouvaient pas plus arrêter les pro-

---

4. *Loco cit.*, p. 172 et 173.
5. Cette longueur 0m,360, est nettement confirmée dans la méthode
précitée de KRAL; et l'on est quelque peu surpris de voir, dans les
musées, nombre de pardessus qui, garnis de cordes sympathiques
sans modification du chevillier primitif, ont été catalogués « Violes
d'amour ».
6. C'est à peine si l'on peut citer :
Nicolas VIBERT (1710-1772), op. 2, *1re Suite d'airs gracieux pour
deux pardessus de viole*, 1739 (Bibliothèque du Conservatoire de
Paris, recueil 20).
De CAIX D'HERVELOIS, *VIe Livre de pièces de viole écrites pour
pardessus à cinq et six cordes*, 1748.
Ant. FORQUERAY (premier livre posthume) et J.-B.-A. FORQUERAY
(1780). *Pièces de viole pouvant se jouer également sur le pardessus.*
FORQUET (probablement organiste à Paris, 1780) : *Duos faciles pour
deux pardessus.* V. BRUON (de Lyon) : *Airs variés pour violon et par
dessus*.

grès du violon triomphant qu'ils n'auraient arrêté le mouvement du soleil! Mais ils jouaient courageusement le chant du cygne des violes!

En terminant ici tout ce qui concerne les violes montées de cordes sympathiques, nous devons appeler l'attention des luthiers sur l'intérêt de régler la position du grand chevalet (au cas où il serait traversé) ou du petit chevalet portant les cordes sympathiques, de telle façon qu'elles soient divisées par le chevalet dans le rapport précis de deux à un, le petit chevalet ne fût-il pas exactement sous le grand.

La corde ainsi partagée en deux longueurs à l'octave l'une de l'autre vibrerait sympathiquement dans les deux parties, et donnerait doubles sonorités harmoniques.

Quinton et viola pomposa.

D'aucuns avaient imaginé en France de réduire à cinq le nombre des cordes du pardessus de viole en accordant les trois cordes graves par quintes, la troisième de celles-ci et les deux cordes aiguës par quartes, ainsi que l'indique CORRETTE dans sa *Méthode* de pardessus de viole (chap. III):

$$sol_2 — ré_3 — la_3 — ré_4 — sol_4,$$

d'où le nom de *quinton*. C'était, comme le dit CORRETTE, un instrument « androgyne », tenant du pardessus de viole et du violon (p. 4).

Les luthiers français, GILBERT, SALOMON, GÉRARD, LEJEUNE et particulièrement GUERSAN nous en ont laissé de nombreux spécimens : on peut voir au musée du Conservatoire de Paris des GUERSAN de 1747 (n°s 140 et 141), de 1752 (n° 142), d'autres encore (n°s 143 et 146), tous instruments dont la sonorité, que CORRETTE qualifie de ravissante, ne fut pourtant pas jugée digne par les compositeurs de valoir au quinton du milieu du XVIIe une place à l'orchestre[1].

De même, la petite viole de gambe à cinq cordes, imaginée par J.-S. BACH, construite par Martin HOFFMANN de Leipzig, avec une accordature spéciale :

$$ut_1, sol_1, ré_2, la_2, mi_3,$$

sous le nom de *viola pomposa*, ne paraît pas avoir traversé le Rhin.

Au point de vue lutherie, il était très difficile d'avoir une chanterelle en boyau de bonne sonorité pour cette viole.

Devons-nous supposer que BACH se soit rendu compte de cette difficulté en ne composant qu'une seule œuvre pour cette viola pomposa, la *Sixième Suite* ? Le commentaire de la *Bachgesellschaft* à ce sujet (page XXXVI de la préface du tome XXVI) est assez peu explicite :

« Soit que BACH en composant cette suite l'ait écrite pour un violoncelle à cinq cordes, forme ancienne de cet instrument, soit qu'il l'ait composée pour sa « viola pomposa », ceci a d'autant moins fait l'objet de nos recherches, que le manuscrit original ne fournit aucun renseignement permettant de résoudre l'alternative dans un sens ou l'autre ! »

GERBER a pensé que cette « viola pomposa » pouvait être un grand alto auquel on aurait ajouté une chanterelle mi_4; cette hypothèse est en contradiction absolue avec l'accordature, $ut_1, sol_1, ré_2, la_2, mi_3$ donnée par la *Bachgesellschaft*. Nous ne suivrons pas GERBER dans cette voie, malgré les encouragements

de quelques autorités musicales qui nous ramèneraient au violon-alto de WOLDEMAR ou d'URHAN.

Viole d'Orphée.

Après les succès du violon et du violoncelle à l'orchestre de l'Opéra et l'inutile plaidoyer d'Hubert LE BLANC (1740) contre leurs entreprises et prétentions, après le jugement des aréopages féminins abandonnant le violon aux audiences publiques pour mieux réserver aux violes de gambe le privilège des séances privées, la cause eût été entendue, si le violon n'avait fait appel de cette humiliante demi-victoire en produisant deux valeureux champions, SOMIS (1676-1763) et GEMINIANI (1667-1762), contre le célèbre M. MARAIS (1656-1728)[2].

« Quand SOMIS parut, il étala le plus majestueux et beau coup d'archet de l'Europe, surmontant l'écueil où l'on s'échoue, venant à bout du grand œuvre sur le violon, la « tenue d'une ronde » »! Un seul tiré d'archet dura si longtemps que le souvenir en fait perdre haleine. »

La tenue de l'archet, fortement pincé entre le pouce et l'index, assurait, dans l'attaque de la corde et avec une dépense d'archet minima, le maximum de vibration de cette corde, alors que le même archet dépensait presque une quart de sa longueur pour n'obtenir, par frottement, qu'une sonorité alanguie de la viole de gambe, sonorité qu'on a malicieusement qualifiée de « sonorité pour chambre de malade », alors qu'elle avait bien son charme et sa poésie, pastel de Watteau comparé aux peintures d'écoles plus modernes! Dans cette lutte de sonorités, les dames de l'auditoire marquèrent à nouveau leurs préférences pour la gambe charmeuse, et Michel CORRETTE s'en souvint quand il essaya de remettre la gambe à la mode (1780) sous le nom de *viole d'Orphée*[3], à l'heure où MILANDRE publiait sa méthode de viole d'amour.

CORRETTE suppose qu'Orphée, pour mieux charmer la cour infernale à l'heure où il voulut retirer des Enfers sa chère Eurydice, choisit l'instrument le plus mélodieux, le plus touchant, le plus analogue à la voix, tel que la *viole d'Orphée*, sur laquelle, ajoutait-il, « on pouvait jouer non seulement la basse continue, mais encore des sonates, sans avoir l'embarras de démancher à tout moment !

« Les dames en jouant de notre viole d'Orphée n'en paraîtront que plus aimables, l'attitude étant aussi avantageuse que celle du clavecin, » et, toujours flatteur, M. CORRETTE assure que, si les dames n'ont point adopté le violoncelle, c'est la difficulté de démancher pour exécuter les clefs d'*ut* et la dureté des cordes qui en sont cause; aussi, les instruments agréables comme clavecins, harpes, viole d'Orphée sont plus analogues à la douceur de leur caractère que les hautbois, bassons, trompettes... Nous ne contredirons point M. CORRETTE, mais nous sommes obligés de reconnaître que la plus belle moitié du genre humain n'a point répondu à ses espérances; et que la viole d'Orphée ne paraît avoir été appréciée ni par les compositeurs ni par les contemporains de CORRETTE.

2. FÉTIS, *Revue et gazette musicale*, année 1843, p. 376.

3. *Méthode pour apprendre à jouer de la contrebasse à trois, quatre et cinq cordes, de la quinte ou alto et de la viole d'Orphée, nouvel instrument ajusté sur l'ancienne viole, utile au concert pour accompagner la voix et pour jouer des sonates... par M.* CORRETTE, *1780*. Voir WECKERLIN. *Musiciana*, t. 1, p. 103.

1. Le quinton est en principe de la grandeur du pardessus de Viole.

Heptacorde de Raoul et Vuillaume.

Quelques années plus tard (1810), J.-M. RAOUL (1766-1837), avocat à Paris et violoncelliste amateur, conçut le projet de tirer, à son tour, la basse de viole de l'oubli où elle était tombée. Devenu possesseur d'une excellente basse[1], construite en 1521 par DUIF-FOPROUCART pour le roi de France, François Ier, il se livra à l'étude du manche et du doigter de cet instrument, dont il voulut changer les proportions en se rapprochant de celles du violoncelle moderne, et, conformément à ce désir, J.-B. VUILLAUME, de Paris, construisit en 1827 une basse de viole à sept cordes qui figura, sous le nom d'heptacorde, à l'exposition de la même année : il lui avait donné l'accordature ancienne : la_1, $ré_1$, sol_1, ut_2, mi_2, la_2, $ré_2$.

Pour assurer le succès de cet instrument, il eût fallu, à défaut du patronage d'un grand compositeur, le concours d'éditeurs réimprimant les œuvres de MARAIS, des CAIX D'HERVELOIS et des FORQUERAY, sans lesquelles personne ne pouvait utiliser ledit heptacorde... enfant mort-né de la lutherie française !

Arpeggione ou guitare d'amour.

Vers la même époque, en Autriche, Joannes Georgius STAUFER de Vienne imaginait (1823), sous le nom de guitare d'amour, la guitare-violoncelle, instrument d'archet, propre au jeu d'arpèges. C'était un petit violoncelle de la forme de la guitare, monté du même nombre de cordes, avec la même accordature, avec un manche également entouché, en somme une invention rappelant le siècle où les Gallois avaient imaginé l'archet pour faire chanter leurs lyres à cordes pincées, le crouth primitif, un des ancêtres des instruments d'archet.

Les six cordes :

$$mi_1, \ la_1, ré_2, sol_2, \ si_2, \ mi_3,$$

quelquefois écrites en clef de sol, sonnaient alors à l'octave au-dessous des notes figurées.

En 1825, parut chez Diabelli (1781-1858), à Vienne, un traité pour l'enseignement du nouvel instrument[2], dont l'auteur était tout désigné pour faire connaître en public (1824) la Sonate de SCHUBERT pour arpeggione [qui n'a été éditée qu'après sa mort (1828)].

Il est assez curieux de constater que cette longue sonate écrite pour la guitare d'amour ne contient pas un seul passage en arpèges, ni en accords semblables aux accords fréquemment employés par les guitaristes[3].

Aeolipolyka.

Aussi oubliée que les précédentes inventions, nous devons rappeler celle du chevalier BENIEHZI (musicien amateur hongrois du XIXe siècle), qui tenta de remettre en honneur la viole de gambe sous le nom

d'aeolipolyka, sorte de violoncelle à six cordes qu'il voulait jouer comme un instrument chantant avec l'archet, ou pincer en arpèges comme la guitare.

BENIEHZI visita Paris, Vienne et Munich en 1842, avec son instrument, persuadé qu'artistes et amateurs s'empresseraient de l'adopter et d'en répandre l'usage. Mais, comme il arrive à nombre d'inventions, l'aeolipolyka fut aussi rapidement oubliée.

Baryton de Battanchon.

Dans la composition du quatuor d'archets[4], souvent critiquée du fait de l'identité des timbres et de l'étendue des premier et second violons, dont l'alto n'est séparé que d'une quinte, alors que le violoncelle est à distance d'octave de ce même alto, on chercha souvent à introduire un instrument tenant le juste milieu entre l'alto agrandi et le violoncelle.

Sous le nom d'Handbass, petite basse plus grande que l'alto, mais plus petite que le violoncelle[5], de viola pomposa ou piccolo violoncello, qui eut son heure de célébrité de 1755 à 1775 sous l'influence de RIEDEL, la lutherie allemande essaya vainement de combler cette lacune, quoique des compositeurs de l'époque tels GRAUN (1698-1781), SPEER, SCHWABLE, GŒRNER (1697-1778), WIEDNER, après la mort de BACH[6], aient donné une place importante audit violoncello piccolo dans leurs œuvres de musique de chambre (Revue et gazette musicales du 17 mars 1835). Reprenant la même idée, un distingué violoncelliste français, BATTANCHON (1814-1893), fit construire en 1847 par C. HENRY, luthier à Paris, un baryton accordé : sol_1, $ré_2$, la_2, mi_3, qui n'avait d'ailleurs que le nom de commun avec le baryton des princes Esterhazy, que nous avons vu précédemment aux mains d'HAYDN.

A Paris, SAUZAY fit entendre le baryton de BATTANCHON à la salle Sax (1854) dans ses propres compositions[7] : Sérénade pour violon principal, piano, violon, alto, baryton et basse; Chanson de Malherbe (quatuor d'accompagnement), sans réussir à intéresser les musiciens à cette nouvelle invention[8].

En Allemagne le docteur STELZNER (1891), en France Léo SIR (1922) ont essayé de varier les sonorités du quatuor à cordes par des inventions similaires, violetta allemande et ténor de Léo SIR. L'avenir décidera de la valeur de ces dernières inventions.

Piccolo violino docteur Stelzner et Léo Sir.

Au début de la renaissance musicale de XVIIIe siècle,

---

1. « Basse de Viole dite au Plan de la Ville de Paris », avec manche sculpté en forme de tête de cheval, une des plus belles pièces du musée du Conservatoire royal de Bruxelles, n° 1427 (v. Ch. MAHILLON, t. III, page 47).
Voir dans le tome II de la Revue musicale (pages 56-61) une notice de RAOUL sur cet heptacorde signalée par FÉTIS.

2. Introduction à l'enseignement de la guitare violoncelle inventée par M. Georges STAUFER, par Vincent SCHUSTER, avec la reproduction exacte de l'instrument, 1825.

3. Ce SCHUBERT n'était point un homonyme, c'était bien le célèbre Franz Peter SCHUBERT (1797-1828).

4. Quatuor devenant quintette par l'adjonction d'un second violoncelle ou d'une contrebasse (BOCCHERINI, ONSLOW), ou d'un second alto (MOZART, BEETHOVEN, MENDELSSOHN).

5. J.-S. BACH employa le piccolo violoncello dans ses cantates d'église n° 6, 41, 49, 68, 85, 115.

6. Dans cette période, HAYDN et BOCCHERINI ont réellement mis au point le quatuor d'archets devenu classique; sans faire la moindre place au piccolo cello.

7. Notice de G. GUÉROULT sur SAUZAY, non mise dans le commerce.

8. Eugène SAUZAY (1800-1901), élève de BAILLOT et premier prix de violon de 1817, entra, le 24 janvier 1832, dans le quatuor de son maître. « Dans cette noble compagnie, nous dit-il dans ses mémoires selon l'expression de Dante, car ce quatuor était un véritable sanctuaire, autant par le petit nombre et le choix des auditeurs que par la majesté du prêtre qui officiait ».
Les plus admirables œuvres, quatuors de MOZART et BEETHOVEN, étant à peu près ignorés du public français et parisien, HADENECK et BAILLOT avaient entrepris de les faire connaître... ils y ont vraiment réussi. BAILLOT avait confié à SAUZAY le rôle si intéressant dans sa discrétion de deuxième violon ou d'alto. Bien plus, en 1835, SAUZAY épousait la fille de son maître et continuait les traditions d'art de son illustre beau-père.

l'orchestre, bénéficiant de la polyphonie dont le chant s'était longtemps réservé l'apanage, avait cherché à reculer les limites de sa sonorité : les instruments hauts ou bas avaient collaboré à cet effort par divers moyens.

Particulièrement, dans la famille des instruments à cordes, le pardessus de viole, la viola piccola, la violetta marina avaient monté la chanterelle du $ré_4$ au sol_4 et la_4, le violone était descendu du mi_{-1} au la_{-2}. Le petit violon de SALOMON en sol_4, le piccolo violinô ou kleine violin allemand en la_4, avaient monté la chanterelle d'une tierce ou d'une quarte, de façon à dépasser, sans effort technique, l'ut_6 que les violonistes n'atteignaient jamais sans quelque appréhension.

Après BACH employant le piccolo violino dans les cantates d'église 96 et 102, la musique de chambre à cordes des aînés d'HAYDN et celle de BOCCHERINI donne place audit piccolo violino ; citons :

FOESTER (de Rudolstadt) (1693-1748). *Symphonies* pour petit violon, hautbois d'amour, 2 violons, alto, et basse;

J. Fred. DOLES (1715-1797). *Trios* pour petit violon, violon et basse.

KRAUSE (de Zittau). *Sonates* pour petit violon, 2 violons et basse;

ROSETTI. *Sonates* pour petit violon, 2 hautbois et basse;

Jean PFEIFFER. *Quintettes* pour petit violon, 2 violons, et basse;

HARRER, en 1761. *Quintettes* pour les mêmes.

Associé ou opposé aux autres instruments du quatuor, le petit violon mit en faveur le piccolo violoncello, dont nous avons parlé précédemment, imité d'abord en France par le baryton de BATTANCHON, puis en Allemagne par le luthier de Wiesbaden et Dresde, le docteur STELZNER (18..-1906) qui, dès 1891, attirait l'attention du monde musical en s'efforçant de répandre, avec assez de logique, deux formats nouveaux :

1° La violotta, accordée sol_1, $ré_2$, la_2, mi_3;

2° Le cellone, grand violoncelle en sol analogue à l'ancienne basse de cathédrale accordée sol_{-1}, $ré_1$, la_1^1, mi_2.

Après avoir introduit ses instruments dans l'orchestration de ses propres œuvres (1902-1903), STELZNER réussit à décider quelques compositeurs à tenir compte de ses inventions dans leur musique de chambre, tels :

DRAESEKE (1835-19..), dans son *Quintette à cordes* avec une partie de violotta (demeuré ms.);

Arnold KRUG (1849-1904), dans son *Preis-Sextett* en *ré majeur*, op. 64, pour 2 violons, alto et violoncelle, violotta et cellone;

Alex. DENÉRÉAZ (1875-19..), dans son *Quatuor* pour 2 violons, violotta et cellone.

La mort tragique du docteur STELZNER, survenue en 1906, mit fin à ses essais; d'ailleurs, quel musicien ferait l'acquisition d'un cellone uniquement pour prendre part à l'exécution de ces deux derniers ensembles? Combien y a-t-il de violoncellistes français à posséder la basse à cinq cordes (viola pomposa)

nécessaire à l'exécution de la *VIe Suite* de BACH?

De ces essais des xviiie et xixe siècles, il ne resterait que le souvenir, si un luthier français, LAURENT, dit Léo SIR, de Marmande, n'en avait tenté une manière de réplique en associant au quatuor de STRADIVARI, sous le nom de *Dixtuor*, les six instruments de son invention, que nous énumérons ci-dessous[1] :

1° Un **sur-violon sur-soprano** : ut_3, sol_3, $ré_4$, la_4, de même accordature que le Klein violon allemand du xviiie siècle. L. SIR garantit sa « sonorité fluide aérienne et puissante, qui n'a pas la sécheresse du violon à l'aigu ».

2° Un **sous-violon mezzo-soprano** : sol_2, $ré_3$, la_3, mi_4, timbre différent du violon, ce mezzo tenant du violon et de l'alto. « A la fois sonore et mélancolique, » dit l'auteur.

3° Un **sous-alto contralto** : ut_2, sol_2, $ré_3$, la_3, mêmes cordes que l'alto. Sonorité vibrante et généreuse, selon l'auteur « se joue sur une pique ».

4° Un **ténor** : sol_1, $ré_2$, la_2, mi_3, rappelant le piccolo violoncello et la viola pomposa. « Le ténor est puissant, violent même, » nous assure L. SIR.

5° Un **baryton** : sol_1, $ré_2$, la_2, mi_3, rappelant le nom et le baryton de BATTANCHON, comme la violotta du Dr STELZNER. L'auteur nous dit « qu'il se rapproche beaucoup du violoncelle, mais que, contrairement à celui-ci, l'aigu est vibrant et sonore ».

6° Une **sous-basse** : sol_{-1}, $ré_1$, la_1, mi_2, qui paraît analogue au cellone du Dr STELZNER.

L. SIR a voulu combler « le vide qui sépare le violoncelle de la contrebasse »; cette sous-basse, jouée par un violoncelliste, est très accessible à la virtuosité.

Réunis aux violon, alto, violoncelle et contrebasse, ces nouveaux instruments intéresseraient des compositeurs cherchant des oppositions de sonorité bien marquées. Mais, depuis la mort d'ONSLOW (1852), auteur de soixante-dix quatuors et quintettes à cordes, les plus grands maîtres français ne nous ont laissé qu'exceptionnellement un ou deux quatuors ou quintettes; c'est un genre d'écriture difficile et presque abandonné; à fortiori, en est-il ainsi pour l'octuor et le double quintette ou dixtuor, si bien, qu'en dehors de quelques œuvres de circonstance écrites par des modernes (D. MILHAUD, ROSENTHAL, HERMITTE, MARIOTTE, HONEGGER) pour la présentation du *Dixtuor*, il est fort à craindre que l'audition du 21 septembre 1921 n'ait pas de nombreux lendemains !

Il nous a paru indispensable, cependant, de rappeler ici une toute dernière et intéressante tentative de la lutherie française de 1921 en faveur de cette musique de chambre pour les instruments d'archet, dont les premiers essais, trios pour trois violes d'Orlando GIBBONS, à Londres, remontent à plus de trois siècles.

1. Le nouveau Dixtuor à cordes « Léo Sir » fut présenté en première audition à Paris, le 27 octobre 1921, par l'auteur, André LAURENT, qui avait indiqué, dans une notice pour les auditeurs, les accordatures et effets de sonorité réalisés par ces six instruments.

PAUL GARNAULT.

LE VIOLON

Par MM. A. LEFORT

PROFESSEUR AU CONSERVATOIRE

et Marc PINCHERLE

ORIGINES DU VIOLON[1]

Le violon est une création du XVIe siècle. A ce moment, la multitude d'instruments à cordes qu'avait connue[1] le moyen âge s'est ordonnée, hiérarchisée. Gigues et rebecs restent en partage aux ménétriers de basse condition.

Les violes, réduites à quatre types principaux, à l'imitation du quatuor vocal, monopolisent l'attention des dilettanti et des luthiers. On les perfectionne sans cesse, et c'est d'elles que le violon naîtra entre 1500 et 1530, après une longue période de recherches et de tâtonnements.

Le moment même de son apparition, ses antécédents immédiats, son pays d'origine nous sont mal connus. Des ouvrages considérables, qui échafaudent sur ses origines lointaines des théories solidement étayées d'arguments, et consacrent des volumes à la description minutieuse d'ancêtres hypothétiques comme le rebab maure ou le ravanastron hindou, escamotent littéralement les derniers stades de l'évolution.

Un seul exemple : L. GRILLET étudie, en 290 pages, le crouth, les lyre, viole, rebec, rote, trompette marine, violes, instruments d'Orient. Après quoi, le problème qui nous occupe est résolu en trois lignes[2] : « C'est en cherchant à donner du brillant et de l'é-

1. **Bibliographie.** — Pour ce qui est de la lutherie, on se réferera au chapitre : *Facture des instruments*. Je me borne à signaler les recueils bibliographiques généraux : Luigi TORRI, *La Costruzione ed i costruttori degli istrumenti ad arco..., bibliografia Ilustratica storico-tecnica*, Padova, s.-d., in-8°; E. HERON-ALLEN, *De fidiculis bibliographia*, 2 vol. gr. in-8°, Londres, 1891-1893, complétée pour la période 1893-1912 par Curt SACHS, *Real-Lexicon der Musik instrumente*, Berlin, in-4°, 1913 (article *Violon*).

Sur le violon en général, l'art du violon et les violonistes, cf. les divers chapitres de l'*Encyclopédie de la musique et Dict. du Conservatoire, première partie*; W. SANDYS et S.-A. FORSTER, *The history of the violin*, Londres, 1864; W.-J. VON WASIELEWSKI, *Die Violine und ihre Meister*, Leipzig, 1869 (4e éd., 1904); A. VIDAL, *Les instruments à archet*, Paris, 1876-1878; E. FOLEGATTI, *Storia del violino*, Bologne, 1873-1874; G. DUBOURG, *The Violin*, Londres, 1836 (5e éd. 1878); G. HART, *The Violin and its music*, Londres, 1881; H. STARCKE, *Die Geige*, Dresde, 1884; L. GRILLET, *Les Ancêtres du violon et du violoncelle*, 2 vol., Paris, 1901; P. STOEVING, *The Story of the violin*, Londres, 1904; A. UNTERSTEINER, *Storia del violino*, Milan, 1906; M. PINCHERLE, *Les Violonistes*, Paris, 1922. Pour les diverses écoles, cf. *Encyclopédie de la musique*, passim. L. DE LA LAURENCIE, *L'École française de violon*, 3 vol. in-8°; Paris, 1922-1924.

clat à la sonorité du pardessus de viole, ou *violino piccolo alla francese,* que la forme définitive du violon fut trouvée. »

Ce qui reviendrait à dire que l'on découvrit le violon en cherchant à perfectionner le violon, si le *violino piccolo alla francese* désignait bien l'actuel soprano orchestral. Mais il se trouve que l'expression, qui figure pour la première fois sur la partition de l'*Orfeo* de MONTEVERDI en 1607 (soit un demi-siècle après l'apparition incontestée du violon), n'a pas encore été tirée au clair : on ne sait si MONTEVERDI entendait par là des violons de format plus petit que la normale, sortes de pochettes ou de sur-soprani, ou s'il voulait simplement désigner le dessus de violon, par opposition avec l'alto, le ténor et la basse de la même famille.

Le premier, sinon le seul, M. A. HAJDECKI[3] s'est appliqué à serrer de près la question, et il semble bien qu'il l'ait résolue. Selon lui, il faut rejeter absolument l'hypothèse qui fait du violon un diminutif de la viole de gambe. Les gambes, d'un côté, les violes à bras de l'autre répondent à des conceptions toutes différentes, présentent dans leur construction des dissemblances multiples (fond plat, bords plats, manche compartimenté, tête trifoliée, ouïes en C, accord par quartes et tierces, pour les gambes; pour les violes à bras, précurseurs immédiats du violon, accord par quintes, tables bombées, bords relevés, manche non compartimenté, volute, ouïes en *f*, etc.). Tandis que les violes de gambe arrivaient, par la création nécessaire de modèles de plus en plus petits, à former une famille instrumentale complète, on voit entre 1490 et 1520 naître et se préciser un *type* différent, à fond bombé, accord par quintes, ouïes en *f*, bref les principales caractéristiques du violon. C'est la *lira da braccio,* ainsi nommée, sans rapport aucun avec la lyre grecque, en simple hommage au souvenir des civilisations anciennes. Raphaël en donne vers 1503 d'excellentes représentations[4], et l'on se rend compte, à la considérer, qu'il suffira de bien peu de chose pour amener le violon à sa forme définitive. Les seules différences qui subsistent sont dans le nombre de cordes (cinq, plus deux en bour-

2. *Les Ancêtres du violon et du violoncelle*, Paris, 1901, t. II, p. 2; Les ouvrages de VIDAL, RUHLMANN, ENGEL, SCHLESINGER, etc., ne sont guère plus explicites sur ce point précis.

3. *Die Italienische Lira da braccio*, in-8°, Mostar, 1892.

4. Reproduites in : J. RUHLMANN, *Geschichte der Bogeninstrumente*, Braunschweig, 1882, Atlas VIII, 21, 22 et X, 7.

don) et la forme du chevillier, semblable encore à celui des anciennes violes.

A partir de là, les témoignages se multiplient, et l'on pourrait construire un instrument tout semblable à ceux des facteurs de Mirecourt en élaguant ou en modifiant à peine quelques traits de ceux que nous représentent, par exemple : en 1516, un bois gravé d'auteur anonyme[1] ; vers 1530, la marque du libraire bâlois Oporinus[2], et cent autres.

C'est d'ailleurs le moment où le mot *violon* apparaît, dans le vocabulaire français d'abord. M. H. Pru-nières le signale, pour la première fois, dans une pièce d'archives de 1529[3]. Il est peu probable qu'il faille tenir compte de la mention, datée de 1490, qu'en fait M. Albert Jacquot dans son livre sur *la Musique en Lorraine*[4] : il reproduit le texte, publié d'abord par M. H. Lepage[5], d'un arrêté de René II pris contre les mauvais ménétriers, à Bar-le-Duc ; mais le manuscrit où il. Lepage avait puisé son information (n° 189 de la bibliothèque municipale de Nancy) se trouve être la copie tardive d'un original aujour-d'hui disparu, et dont les altérations sont désormais incontrôlables. L'équivalent italien de violon, *violino*, n'est pas antérieur à 1562[6], tandis que *violonista* se rencontrerait dès 1462[7]. Enfin, les Anglais adoptent en 1555 l'orthographe *violon*, remplacée par *violin* à partir de 1558[8].

On a parfois émis des doutes sur l'exacte qualité de l'instrument que l'on désignait alors de ces divers noms. Il existe cependant à ce sujet un texte décisif. Dans son *Epitome musical des tons, sons et accords*, en 1556, le Lyonnais Philibert Jambe de Fer consacre un chapitre à la description *de l'accord et ton du violon*. Il dit, entre autres choses : « Le violon est fort contraire à la viole. Premier, il n'a que quatre cordes, lesquelles s'accordent à la quinte de l'une à l'autre... Il est en forme de corps plus petit, plus plat et beaucoup plus rude en son, il n'a nulle taste (sillet), parce que les doigts se touchent quasi de ton en ton en toutes les parties. Ilz prennent leur (sic) tons et accords tous à l'unisson. Assavoir le *dessus* prend le sien à la plus basse corde à vuyde. Le *bas* prend le sien à la chanterelle à vuyde, les *tailles* et *haute*-contres prennent le leur à la seconde corde d'embas près du bourdon. »

On le voit, le mot violon désigne, dès ce moment, une famille complète d'instruments, qui persistera jusqu'à la fin du xvii° siècle, moment où les types intermédiaires s'effaceront au profit du dessus (1er et 2e violon), de l'alto et du violoncelle. J. Ecorehe-ville a étudié[9] d'assez près l'équilibre de l'ancienne « bande » des violons, à l'époque où Domanoir la dirige, et où Mersenne la décrit, soit vers 1640. « Les vingt-quatre formaient à eux seuls un orchestre divisé en cinq parties : *dessus, haute-contre, taille, basse* et *quinte*. A ces différentes voix n'était pas affecté un nombre égal d'instrumentistes. Mersenne indique six dessus et six basses, et quatre musiciens à chacune des autres parties, soit moitié pour les voix extrêmes, moitié pour les intermédiaires. Dans les états, nous trouvons ordinairement dix dessus, trois ou quatre haute-contres, trois ou quatre tailles, six basses et deux quintes. Enfin au siècle suivant, les quintes disparaissent et nous aurons : douze dessus, huit basses et quatre parties intermédiaires... Selon la hiérarchie habituelle de cette époque, le dessus correspond à notre soprano, la haute-contre au contralto, la taille au ténor, la quinte occupe la place que notre registre lui désigne. Mais si l'on en croit Mersenne, il n'en était pas ainsi dans l'orchestre des vingt-quatre. D'après l'*Harmonie universelle* (liv. IV des Instruments, page 189), les violons du roi avaient placé la quinte immédiatement après le dessus, puis, cédant à l'habitude, ils lui avaient laissé le nom de haute-contre. La haute-contre réelle devenait ainsi une taille, et la taille s'appelait quinte. Pour Mersenne, la cinquième voix serait donc un mezzo-soprano écrit en clef d'*ut* première, tandis que pour les vingt-quatre elle était un ténor... Mais — et ceci est remarquable — lorsque les vingt-quatre jouent en quatuor, ce n'est plus la quinte de Mersenne ni la leur qui disparaît. La voix qui s'efface alors est le contralto, qui est appelé ici haute-contre, là taille. Il reste alors deux dessus, un ténor et une basse... On pourrait donc prétendre que l'orchestre des violons du roi offre un équilibre harmonique assez justement semblable à celui de notre quatuor moderne. L'ensemble des registres s'étend sur quatre octaves environ. La basse a le diapason du violoncelle, et la taille celui de l'alto. Les dessus sont semblables à nos violons. Enfin, le contralto occupe une situation intermédiaire ; il se limite v.-s le bas au *la*, descend parfois au *sol*... Il a donc l'étendue d'une treizième et dépasse à la fois le grave du dessus et l'aigu de la taille. Cette voix était-elle confiée à un instrument particulier rappelant la violetta italienne ? On ne sait. Le format de l'alto a toujours été assez variable pour permettre ici plusieurs hypothèses. »

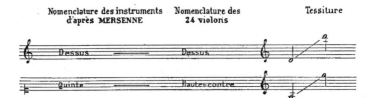

Nomenclature des instruments d'après MERSENNE	Nomenclature des 24 violons	Tessiture

1. Illustration de Sébastien Champier. *Symphonia Platonis cum Aristotele.*
2. Reproduits par Sandys et Forster, *Hist. of the violin*, Londres, 1864, fig. 47.
3. *La Musique de la Chambre et de l'Ecurie sous le règne de François Ier*, in *Année musicale*, 1911, p. 214.
4. Paris, 1882, p. 22.
5. Les archives de Nancy, 1865.

6. Federico Sacchi, *La Prima Comparsa della parola violino nei documenti del secolo XVI. Gazetta musicale di Milano*, 6 sept. 1891.
7. A. Rossi, cité par L. Villanis, *Encyclopédie du Conservatoire*, p. 757.
8. Ch. van den Borren, *Les Musiciens belges en Angleterre*, Bruxelles, 1913.
9. *Vingt Suites d'orchestre du dix-septième siècle français*, Paris-Berlin, 1906, I, p. 93-94.

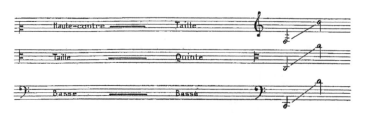

L'instrument fixé, comme on l'a vu, dans sa forme et dans son accord, quelques dérogations auront encore lieu au cours des siècles.

Tandis que la suppression des sillets transversaux, qui barraient le manche de la viole, permettait aux habiles d'accroître vers l'aigu la tessiture du violon, des maîtres timorés les rétablissaient, espérant pallier ainsi les défaillances de leur oreille. Dans ses *Instructions for the Treble violin*[1], publiées en 1654 et sans cesse rééditées jusqu'à 1730, John PLAYFORD donne leur emploi comme facultatif, en ajoutant que les élèves qui n'y recourent pas parviennent rarement à jouer juste. Ailleurs encore, Henry PLAYFORD insiste sur le fait — sujet d'ailleurs à caution[2] — que « les meilleurs maîtres de Londres » les préconisent. Ce système des sillets se complète par l'emploi de la tablature, sorte de code de vulgarisation dans lequel à chaque sillet correspond une lettre ou un chiffre qui se trouve ainsi préciser la place du doigt sur la corde; la lecture se trouve facilitée lorsqu'il s'agit d'un texte élémentaire, amenée au contraire à un degré de complication inextricable dès qu'on aborde des figurations rapides et chargées. Semblable méthode ne pouvait prétendre à une vaste diffusion : en fait, elle végète en Angleterre sans jamais retrouver sur le continent le succès des anciennes tablatures de luth, mortes en même temps que la vogue des cordes pincées.

L'accord par quintes du violon ne resta pas non plus tout à fait immuable. On imagina pour retrouver l'aisance que donnait à l'exécution, sur la viole, l'alternance des quartes et des tierces, de la reproduire, plus ou moins fidèlement. Après quoi, on chercha dans cet artifice un moyen, non de simplifier le jeu, mais de l'enrichir de ressources nouvelles. C'est le violon *discordé* ou à cordes *ravalées* de MERSENNE, la *scordatura* italienne, la *Verstimmung* allemande. L'école polyphonique de WALTHER, WESTHOFF, BIBER, devait en faire le plus large usage, suivie en cela jusqu'à nos jours par CASTRUCCI, TARTINI, BARBELLA, LOLLI, CAMPAGNOLI, BÉRIOT, BAILLOT, PAGANINI, etc. :

chez TARTINI   BARBELLA LOLLI   PAGANINI   BAILLOT

Mais, discordé ou muni éventuellement de sillets, le violon n'a pas subi, dans ses traits essentiels, de changement vraiment notable, depuis l'époque à laquelle PHILIBERT JAMBE-DE-FER nous en donne la première description détaillée. Resterait à savoir à qui revient l'initiative des premiers instruments qui répondent exactement à cette description : on n'a jamais pu émettre, sur ce point, que des hypothèses ou des affirmations risquées[3]. Sans doute, une part dans la découverte peut être attribuée à des facteurs de violes connus, de la fin du xve et du début du xvie siècle, comme Girolamo BRENSIO[4], de Bologne, Venturo LINAROLI, de Venise, G. KERLIN, de Brescia, Pellegrino ZANETTO, Morglato MORELLA, Dorigo SPILMAN. Une légende extrêmement tenace désigne à notre reconnaissance Gaspard DUIFFOPRUGCART : au moins nous est-il mieux connu, grâce surtout aux travaux du docteur Henry COUTAGNE[5]. A l'exception du consciencieux GERBER[6] qui n'indiquait que la date de la naissance de DUIFFOPRUGCART, 1514, et, par allusion, son portrait dû à Woeiriot, la plupart des biographes, CASTIL-BLAZE, C.-B. BERNHARDT, le prince YOUSSOUPOFF, J. GALLAY, SANDYS et FORSTER, REISSMANN, VIDAL, WASIELEWSKI, CHOUQUET, HART, et bien d'autres, ont suivi CHORON et FAYOLLE[7], inspirés eux-mêmes par J.-C. ROQUEFORT-FLAMÉRICOURT, collaborateur de la Biographie Michaud. Pour ce dernier, Gaspard DUIFFOPRUGCART était né dans le Tyrol italien vers la fin du xve siècle, avait voyagé en Allemagne, puis en Italie, s'était fixé à Bologne au commencement du xvie siècle. C'est là que François Ier, venu en 1515, pour établir le concordat avec le pape Léon X, l'avait enrôlé dans sa suite. Installé à Paris, l'artiste, incommodé par le climat froid et nébuleux de la capitale, aurait demandé la permission de se retirer à Lyon, où il serait mort.

M. H. COUTAGNE a fait justice de ce roman : se basant, d'une part, sur des documents inédits, de

1. Deuxième partie de *An introduction to the skill of musick.*
2. *Apollo's Banquet,* 1690 (sixième édition).
3. On trouvera des renseignements détaillés sur la biographie des facteurs d'instruments à l'article « Lutherie ». Nous ne nous occupons ici que de ce qui a trait aux origines.
4. Cf. GRILLET, op. cit., I. 235; HAJDECKI, op. cit., pp. 54-62.
5. *Gaspard Duiffoproucart et les luthiers lyonnais du seizième siècle,* Paris, 1893.

6. *Neues historisch-biographiches Lexicon,* I, Leipzig, 1812.
7. *Dictionnaire historique des musiciens,* I, 1810.

l'autre, sur une analyse serrée du beau portrait de DUIFFOPRUGCART (M. H. C. adopte l'orthographe DUIF-FOPROUCART, et l'on trouve encore une demi-douzaine d'autres variantes) par le graveur lorrain Pierre Woeiriot, il établit que notre luthier naquit vers 1514, à Freising, en Bavière, habitait Lyon en 1553 (et peut-être longtemps auparavant), reçut en 1558 ses lettres de naturalité, fut exproprié en 1566 pour des raisons d'intérêt général, et, ne recevant aucune indemnité, mourut dans la misère vers 1570. Ses héritiers devaient, en réparation de cette injustice, obtenir du roi Charles IX une rente annuelle et perpétuelle qui leur fut, d'ailleurs, servie fort irrégulièrement.

On a attribué à DUIFFOPRUGCART un nombre assez considérable d'instruments actuellement conservés dans des musées ou dans des collections particulières, lyre da braccio, basses de viole, violons. Je ne reproduirai pas ici la critique très judicieuse que M. COUTAGNE fait de ces attributions[1], qui semblent erronées au moins pour ce qui est des violons. Un autre violon de DUIFFOPRUGCART, non connu de M. COUTAGNE, aurait appartenu jadis au grand virtuose Auguste WILHELMJ. Du moins, WILHELMJ aurait déclaré à E. VAN DER STRAETEN[2] que son père avait jadis découvert l'instrument en question dans le grenier d'une maison sise à Geisenheim, sur le Rhin, autrefois propriété de l'électeur de Mayence. Daté d'une époque postérieure à 1500, c'était bien un violon et non une viole recoupée. Après réparation, ce violon avait révélé de jolies qualités de sonorité, — mais le virtuose avait perdu sa trace, et le considérait comme disparu à jamais.

Il faut arriver à GASPARO BERTOLOTTI, dit GASPARO DA SALO, à Giovanni-Paolo MAGGINI, aux AMATI enfin, pour se trouver en présence de luthiers dont le travail nous soit connu, et avec qui cesse de se poser l'irritant problème des origines.

11

EMPLOIS DU VIOLON

Pour se faire une juste idée des premiers emplois du violon, et de la condition des violonistes à leur début, il faut, de toute nécessité, perdre de vue leurs succès de l'âge classique. Quelque progrès que représente le nouvel instrument, — si merveilleusement « au point » qu'on ne l'a pour ainsi dire pas perfectionné depuis lors, il conquiert peu de suffrages à son apparition, et des moins choisis. « Le violon est fort contraire à la viole, écrit PHILIBERT JAMBE-DE-FER[3]... beaucoup plus rude en son... Nous appelons *violes* celles desquelles les gentils hommes, marchantz, et autres gens de vertuz passent leur temps... L'autre s'appelle *violon*, et c'est celuy duquel on use en dancerie communément et à bonne cause... Il se trouve peu de personnes qui en use (*sic*) sinon ceux qui en vivent par leur labeur. »

De même, en Angleterre, à cette époque, au dire de lord Roger NORTH[4], « le violon était peu connu, bien qu'il soit maintenant universel, et si d'aven-

ture on le rencontrait, c'était entre les mains d'un vieilleux de campagne, à cause de sa maniabilité ».

Ainsi le violon joue au regard de la viole et du luth le même personnage que jadis le rebec : on le juge éclatant, criard, bon tout au plus à faire danser. Le goût des amateurs va aux sonorités discrètes, voilées, et s'effare devant ce brusque accroissement de puissance. Tous les progrès dans l'ordre de la dynamique sonore suscitent des réactions forcénées : semblable aux critiques qui, de nos jours, reprochent à WAGNER son tumulte, en plein XVIIIe siècle HUBERT LE BLANC, l'auteur resté fameux de la *Défense de la basse de viole*[5], marquait encore en termes véhéments son regret des sonorités distinguées d'antan.

Mais surtout, la technique engoncée d'un instrument tout neuf, et fort difficile en soi, faisait obstacle à sa diffusion. Rudimentaire comme elle était, elle le condamnait à ne valoir que dans les ensembles, où il exécutait sa partie avec moins de souplesse que les autres dessus instrumentaux ou les voix. Quel moyen de soutenir la comparaison avec le luth et la viole, que leur plus grand nombre de cordes, leur accord plus facile rendaient capables de formules ornementales variées, d'accompagnements soutenus, voire de pièces polyphoniques, et qui, se suffisant à eux-mêmes, conféraient à qui les jouait l'individualité du virtuose?

Instrument de ménétriers, le violon n'était pas autre chose, même à la cour. Chez les souverains français du XVIe siècle, il n'appartenait pas à la musique de la chambre, composée surtout de solistes, dont quelques-uns, luthistes surtout, comme Albert DE RIPPE ou Hubert D'ESPALT, ont titre d'officiers domestiques. Sa place était dans la bande de l'Écurie, dont les fonctions ont été excellement définies par M. Henry PRUNIÈRES[6] : « Les musiciens de l'Écurie jouent un rôle très différent de celui des artistes de la Chambre. Ils ne font pas admirer comme ceux-ci leur virtuosité individuelle, ils se produisent toujours en troupe. Ils ne brillent pas devant un auditoire attentif, mais égayent de leurs airs joyeux les festins, les bals, les joutes, les défilés. En un mot, ce sont des musiciens d'orchestre, non des solistes.

« Leur vie est dure, ils accompagnent le roi dans ses voyages continuels à travers la France. La même année, on les trouve à Lyon, à Nice, à Marseille, à Aigues-Mortes, à Montpellier et à Compiègne. Il est fort probable que ces modestes instrumentistes cheminaient le plus souvent à pied pendant que d'imposants sommiers les accompagnaient à pas lents, le dos caparaçonné de luths, de sacquebutes et de violes. Cependant parfois la générosité du roi leur octroyait une gratification « pour leur aider à avoir ung cheval ». Ils pouvaient alors chevaucher tout comme Albert DE RIPPE lui-même. »

Cette condition subalterne s'améliorera quelque peu lorsque les violons passeront de l'Écurie à la Chambre, à une date que l'on n'a pas exactement déterminée, antérieure toutefois à 1582. En 1609, on comptera vingt-deux *violons ordinaires de la Chambre du roy*, et, portés au nombre de vingt-quatre, ils s'acquerront bientôt une réputation européenne. A ce moment même, aussi tard que le règne de Louis XIV, ils seront encore tenus pour bien inférieurs en dignité aux joueurs de théorbe ou d'épinette.

1. *Op. cit.*, pp. 33-42.
2. E. VAN DER STRAETEN, *The Romance of the fiddle*, Londres, 1911 p. 3.
3. *Op. cit.* (1556).
4. *Memoirs of musick*, 1728. Ed. Rimbault, Londres, 1846, p. 80.
5. Amsterdam, 1740. Cf. M. PINCHERLE, *La Condition sociale des violonistes*, in *Revue musicale*, II, 4 février 1921.
6. *Op. cit.*, p. 236.

Ce sera insulter quelqu'un que de le traiter de *violon*. « Le peu de réputation de Chabot (le duc de Chabot) pour la bravoure, raconte Tallemant des Réaux[1], sa gueuserie et la danse dont il faisait son capital, faisoient qu'on en disoit beaucoup plus qu'il n'y en avoit... Le marquis de Saint-Luc, un jour au Palais-Royal, à je ne sçais quel grand bal, comme on eust ordonné aux violons de passer d'un lieu dans un autre, dit tout haut : « Ils n'en feront rien, si on « ne leur donne un brevet de duc à chacun, » voulant dire que Chabot, qui avoit fait une courante, et qu'on appeloit *Chabot la courante*, car il avoit deux frères, *n'estoit qu'un violon*. »

Les violons du roi ont rang de domestiques; cela comporte un certain nombre de privilèges : exemption de certains impôts, émoluments franos de saisie, gratifications diverses. En revanche, ils sont astreints à une rude discipline, surtout lorsque LULLI les prend sous sa férule. Outre leur service régulier pendant les repas, aux danses, « entrées de villes, mariages et autres solennités et réjouissances », ils peuvent avoir à revêtir eux-mêmes un déguisement pour prendre part à quelque figure de ballet, comme dans le *ballet de Flore* (1669), où ils représentent « six hommes affriquains, six femmes affriquaines », et des naturels des quatre autres parties du monde, ou dans celui des *Doubles Femmes*, dans lequel « l'entrée fut faite par des violons habillés en sorte qu'ils paraissaient toucher leurs instruments par derrière[2] ». LULLI lui-même, avant de parvenir aux honneurs, avait, en 1653 et 1654, dansé des personnages burlesques de gueux grattant ses puces, de Furie, de sauvage indien.

La mode fut bientôt pour chaque noble maison d'entretenir une bande de violons[3], ou, plus économiquement parfois, d'engager des laquais à double fin, capables de servir et de faire danser, comme ce comte de Montbrun, « qui avait quantité de domestiques pour le servir, et n'en prenait aucun qui ne sût jouer du violon[4].

On trouverait, dans d'autres pays d'Europe, d'exactes répliques de cette situation plutôt humble. Il n'est question que de violons « appartenant » à tel ou tel prince[5], de leurs maigres gages[6], de leurs livrées, des châtiments qu'ils encourent pour indiscipline, excès de boisson, des menues dettes qu'ils contractent chez leurs logeurs, des leçons qu'on leur paye en nature[7], bref d'existences qui se passent en marge de celle de la bonne société, dont il semblerait que l'accès leur soit à jamais interdit.

Les choses changeront à partir de la fin du XVIIe siècle, en raison du caractère nouveau que prend la littérature du violon.

Longtemps confiné dans les obscures besognes de

---

1. *Historiettes* (écrites avant 1657). Ed. Monmerqué, Paris, 1854, III, p. 438.
2. M. de MAROLLES, cité par J. ECORCHEVILLE, *Vingt Suites d'orchestre du xviie siècle français*, Paris, 1906, I, à voir pour tout ce qui concerne la situation matérielle des 24 Violons.
3. Cf. M. BRENET, *Les Concerts en France sous l'ancien régime*, Paris, 1900, pp. 67 et suiv.; A. PIRRO, in *Revue musicale*, 1er mai 1920, pp. 14-16.
4. ECORCHEVILLE, *op. cit.*, p. 31.
5. Signior RAMPONY, belonging to the prince of Vaudemont, joue à Londres le 28 mars 1698; E. VAN DER STRAETEN, *The Romance of the fiddle*, Londres, 1911, p. 158.
6. On trouvera une mine de renseignements sur la condition des violonistes en Angleterre, particulièrement sous Charles II, qui, féru d'admiration pour les 24 Violons français, s'applique à copier leur organisation, dans le livre de M. H. CART DE LAFONTAINE, *The King's musick*, n-4°, Londres, Novello, s. d. (1909).
7. Cf. MAIGNIEN, *Les Artistes grenoblois*, Grenoble, 1887, p. 360.

l'orchestre, la *sonate* va lui donner, en peu de temps un relief de soliste qu'il ne connaissait pas, et qui l'égalera aux instruments jadis tenus pour nobles. Grâce à elle, il pénétrera, par lents degrés, chez les « honnêtes gens ». On l'y admettra, sous réserves, au début du siècle suivant. LECERF DE LA VIEVILLE écrit en 1705[8] : « Cet instrument n'est pas noble en France... on voit peu de gens de condition qui en jouent... *Mais enfin un homme de condition qui s'arise d'en jouer ne déroge pas.* » En 1738, le *Mercure de France* sera obligé de morigéner les grands seigneurs qui, non contents d'en jouer, font étalage de leur savoir et rivalisent avec les professionnels[9] : « L'art de la musique est un art libéral qu'il n'a jamais été honteux aux honnêtes gens de cultiver... Mais ce ne doit être qu'avec modération et seulement pour se procurer un délassement des occupations plus sérieuses, auxquelles nous nous devons tous, selon notre état et nos talents personnels. Car c'est une erreur, selon moi, d'imaginer, comme on le dit ici, que le violon ait été ennobli parce que plusieurs grands seigneurs, qu'on n'ose avec raison citer ici que par des lettres initiales, s'y sont adonnés et y ont réussi; ce sont, j'ose le dire, des talents déplacés, et qui, sans contribuer à l'honneur de l'instrument, ne servent qu'à dégrader ces messieurs qui sont faits pour honorer et protéger les arts par leurs applaudissements et leurs bienfaits, et non pour en faire, pour ainsi dire, profession. »

Ce qui n'empêche que la vogue du violon va croissant, que les concerts privés ou publics, les académies de province le recherchent, et que les caprices de la mode qui lui suscitent de temps en temps des concurrents — vielle, musette, flûte, harpe — ne peuvent rien contre les succès de GUIGNON, d'ANET, de GAVINIÈS, de VIOTTI. Il inspire, après la sonate, la forme du concerto, prend une prééminence indiscutée dans l'orchestre symphonique et la musique de chambre, offrant à chaque genre des ressources considérables et toujours renouvelées.

Sans entreprendre ici l'histoire détaillée des diverses formes où il trouve son emploi, nous étudierons brièvement son apport à chacune d'elles[10].

Tout d'abord, nous l'avons dit, le violon, aux XVIe et XVIIe siècles, a un rôle prépondérant dans le ballet. Tant que se maintenait la hiérarchie entre les instruments réputés nobles — qui sont précisément les instruments « doux », violes, luths, théorbe — et les sonorités plus éclatantes des violons et hautbois, les intermèdes symphoniques sont réservés aux premiers, aux seconds l'accompagnement des chanteurs. Le violon régit simplement les danses. Mais ses richesses ne resteront pas longtemps inconnues, et tandis qu'en Italie il s'introduit dès MONTEVERDI, GRANDI, LANDI, dans l'orchestre d'opéra, il s'acheminera en France vers la musique pure, par le truchement même des danses, élevées peu à peu en dignité, jusqu'à se détacher parfois de la chorégraphie pour servir d'intermèdes[11]. J. ECORCHEVILLE, qui a retrouvé et publié le plus important recueil connu de danses

---

8. *Comparaison de la musique italienne.*
9. *Mercure de France*, août 1738, p. 1722.
10. Le lecteur voudra bien se reporter, pour plus ample information, à l'article *Formes* de l'Encyclopédie d'une part, d'autre part, dans le présent article, au chapitre consacré à la technique et à la pédagogie du Violon.
11. On trouvera d'autres précisions sur les danses qui s'incorporent à la Suite et plus tard à la Sonate de chambre dans J. ECORCHEVILLE, *op. cit.*, pp. 47 à 70, et L. DE LA LAURENCIE, *L'École française de violon* I, Paris, 1922, pp. 49-53.

françaises de l'époque (1640-1670)|(*Vingt Suites d'or-chestre du dix-septième siècle français*. Paris, 1906), conservé à la bibliothèque de Cassel, marque à merveille ce moment de l'évolution[1] : « L'école de 1650 ne connaissait pas encore ce triple partage entre la danse proprement dite, la chorégraphie de théâtre et la musique pure. La division du travail esthétique, à laquelle le grand siècle a tant contribué, commençait seulement à se faire sentir dans le domaine des sons et des mouvements harmonieux, et DOMANEIR plaidait encore éloquemment en faveur du mariage de la musique avec la danse. Les œuvres que le manuscrit de Cassel nous a conservées n'entrent donc pas volontiers dans une de ces catégories où nous sommes habitués à faire tenir les productions modernes. Elles se recommandent tout aussi bien du concert que du bal ou du ballet; elles sont propres à la danse en maintes occasions, mais elles conviennent aussi à l'*auditeur sédentaire*. Parfois, elles suivent attentivement le mouvement des corps et des jambes; parfois, elles s'en éloignent tout à fait, au risque de perdre toute contenance; elles tombent alors dans l'imprécision d'une polyphonie embarrassée. En un mot, ces œuvres, comme les musiciens qui les ont conçues, relèvent de la *Chambre*, région imprécise, officielle et privée à la fois, lieu d'apparat et de *particulier*, de divertissements domestiques et de somptuosités mondaines ». L'allemande, en particulier, est de très bonne heure traitée comme une introduction orchestrale, qui module parfois, transforme son thème, conclut (chez MAZUEL) par une sorte de strette. H. QUITTARD cite même[2], dès 1619, un fragment du ballet *Tancrède dans la forêt enchantée*, où, disait le programme, « les violons sonnaient un air mélancolique », s'élevant fort au-dessus de leur rôle ménétrier.

Les danses qui constituaient le répertoire n'allaient pas tarder à s'organiser en *suites*, analogues à celles que connaissait déjà le luth. L'allemande, la sarabande, la courante et la gigue en formeront le fond, de plus en plus stylisées et éloignées de leur destination première. L'unité tonale y règne, parfois même une certaine unité thématique annonçant de loin la forme cyclique (en Allemagne, par exemple chez PEURL, 1611). Bientôt, on tentera de grouper des mouvements de caractères différents, alternativement lents et rapides, et ce seront les premières sonates, écrites généralement pour deux violons et basse, par Biagio MARINI, Paolo QUAGLIATI, O.-M. GRANDI, Massimiliano NERI, Salomon ROSSI, Tarquinio MERULA.

Œuvre des violonistes, destinée à offrir à leur art tout neuf, en pleine émancipation, un libre champ d'activité, la sonate primitive ne présente pas, jusqu'à 1700, un très gros effort d'organisation. Chaque mouvement en est monothématique, et sa puissance de séduction vient non de l'ingéniosité des développements, mais de la suavité des mélodies, et surtout de l'agilité de doigts et d'archet à laquelle elle s'efforce. A peine distingue-t-on plus de gravité, une écriture plus soignée, plus proche du style polyphonique vocal, dans la sonate d'église, dont les mouvements portent des désignations agogiques, *adagio*, *grave*, *allegro*, *presto*, tandis que la sonate de chambre emprunte à la *suite* ses danses, précédées cependant d'un prélude, et substituant souvent à la sarabande le *grave*

de la sonate d'église, ou même l'*aria* venu de la musique dramatique[3].

Mais, dès cette période d'élaboration, à côté des formes classiques qui s'esquissent, le violon se livre aussi à des recherches de virtuosité pure. Nous les retrouverons lorsque nous étudierons le développement de la technique : citons seulement Carlo FARINA et son *Capriccio stravagante* de 1627, et l'Ecole allemande, extrêmement riche en virtuoses, qui va de Mathias KELZ à Nicolas STRUNCK, Thomas BALTZAR, J.-J. WALTHER, H. von WESTHOFF, Heinrich von BIBER enfin, de qui les œuvres présentent, de nos jours encore, pour les exécutants les plus habiles, de très réelles difficultés. Dès ce moment aussi, on trouve, dans la littérature allemande pour les cordes, des suites et des sonates à *violon seul*, sans basse d'aucune sorte, comme celle de WESTHOFF que le *Mercure galant* publia en 1683.

Enfin, une forme également due aux violonistes combine heureusement, du moins à ses débuts, l'effort constructif auquel nous devons la sonate, et l'individualisme virtuose : c'est le *concerto*.

De même que les mots de sonate[4] ou de symphonie devancent largement la création des genres qu'ils qualifient de nos jours, de même, le mot concerto s'applique d'abord à des compositions de GABRIELI, de VIADANA, de MELLI, qui n'ont aucun rapport avec le concerto préclassique, dont les premières ébauches ne sont pas antérieures à 1680.

Les véritables créateurs du concerto sont CORELLI (op. 6, publié en 1712, mais composé, dit-on, longtemps auparavant) et Giuseppe TORELLI (op. 8 surtout, publié après sa mort, en 1709).

Nous noterons qu'à ses débuts il hésite — comme la sonate, primitivement conçue pour le trio — à mettre réellement en relief le soliste. Les premiers concertos, de l'espèce dite « de chambre », ne sont pas autre chose que des trios où la basse, jadis concertante, est déchue de ce rôle pour laisser en pleine lumière les deux violons.

Beaucoup plus importante est la forme du *concerto grosso*, à laquelle tous les compositeurs du XVIIIe siècle, au moins jusqu'à 1760, ont apporté une contribution parfois fort importante, non seulement les violonistes comme CORELLI ou GEMINIANI, mais encore des maîtres de premier plan comme BACH et HAENDEL.

Dans le *concerto grosso*, deux groupes entrent en jeu : l'orchestre d'accompagnement, ou grand concert (concerto grosso), et le *concertino*, sélection de trois ou quatre instrumentistes qui se répartissent l'essentiel de l'œuvre, parfois dominés par un troisième élément, le violon principal.

Enfin, le concerto de soliste donne à un seul violon

---

1. P. 45.

2. *Encyclopédie de la musique*, p. 1239.

3. La sonate pénètre en France assez tardivement, avec François COUPERIN (1692), BROSSARD, J.-F. REBEL, etc. Son développement ultérieur n'est plus l'œuvre des Violonistes, mais celle d'« clavecinistes et des pianistes. Les grands classiques créent une forme dans laquelle l'intérêt musical est également réparti entre le violon et le piano. De ce moment, date une série ininterrompue de chefs-d'œuvre. Citons, pour mémoire, après HAYDN, MOZART et BEETHOVEN, les sonates de MENDELSSOHN, SCHUBERT, SCHUMANN, BRAHMS, GRIEG, FAURÉ, STRAUSS, REYER, César FRANCK, LEKEU, A. MAGNARD, SAINT-SAËNS, D'INDY, DEBUSSY, Albert ROUSSEL, Guy ROPARTZ, H. SCHMITT, G. ENESCO, etc.

4. Rappelons que *sonata* apparaît aux environs de 1600 pour désigner la musique destinée aux instruments à cordes par opposition avec la *cantata* vocale, et la *toccata* réservée aux instruments à clavier. Bien avant cette date *sinfonia* désigne un ensemble musical analogue à celui que l'on qualifie aussi bien de *concerto*, sans qu'il faille entendre par là rien d'autre qu'une pièce, soit instrumentale, soit vocale, soit mixte, d'essence polyphonique. Encore certaines pièces en trio portent-elles parfois ces divers noms, avant 1750.

la prépondérance absolue, l'opposant à la masse orchestrale, le *tutti*, avec laquelle il dialogue, en tirant
à lui tous les éléments d'intérêt, — larges mélodies,
traits brillants, cadences imprévues, — tandis que son
partenaire se borne à de brefs exposés ou à des
répétitions en écho.

Les premières ébauches du concerto de soliste sont
dues à TORELLI. Mais c'est VIVALDI qui, le premier,
en fixe la forme, — et il est à remarquer que cette
forme — tripartite — un *adagio* encadré par deux
allegro — est d'une architecture beaucoup plus ferme,
beaucoup plus proche des futures formes classiques,
que la sonate sa contemporaine, souvent composée
de cinq ou six mouvements.

C'est encore au violon que doivent leur naissance
le trio, le quatuor à cordes et la plupart des formes
de musique de chambre[1]. Enfin, son importance,
considérable dans l'orchestre dès la création de
l'opéra lulliste, n'a fait que croître, qu'il s'agisse de
la symphonie ou de l'orchestre dramatique, avec les
maîtres de la fin du xviiie siècle et des temps modernes. Après avoir analysé toutes ses ressources
techniques, BERLIOZ conclut ainsi le paragraphe qu'il
lui consacre dans son *Traité d'instrumentation et d'orchestration* : « Les violons surtout peuvent se prêter
à une foule de nuances en apparence inconciliables.
Ils ont (en masse) la force, la légèreté, la grâce, les
accents sombres et joyeux, la rêverie et la passion.
Il ne s'agit que de savoir les faire parler. On n'est
pas obligé, d'ailleurs, de calculer pour eux, comme
pour les instruments à vent, la durée d'une *tenue*,
de leur ménager, de temps en temps, des silences; on
est bien sûr que la respiration ne leur manquera pas.
Les violons sont des serviteurs fidèles, intelligents,
actifs et infatigables.

« Les mélodies tendres et lentes, confiées trop souvent aujourd'hui à des instruments à vent, ne sont
pourtant jamais mieux rendues que par une masse de
violons. Rien n'égale la douceur pénétrante d'une
vingtaine de chanterelles mises en vibration par
vingt archets bien exercés. C'est là la vraie voix féminine de l'orchestre, voix passionnée et chaste en
même temps, déchirante et douce, qui pleure et crie
et se lamente, ou chante et prie et rêve, ou éclate
en accents joyeux, comme nulle autre ne le pourrait
faire. Un imperceptible mouvement du bras, un sentiment inaperçu de celui qui l'éprouve, qui ne produirait rien d'apparent dans l'exécution d'un seul
violon, multiplié par le nombre des unissons, donne
des nuances magnifiques, d'irrésistibles élans, des
accents qui pénètrent jusqu'au fond du cœur. »

La conception wagnérienne de l'orchestre, l'importance formidablement accrue des bois et des cuivres — et l'exploitation des ressources des diverses
familles instrumentales va chaque jour s'intensifiant
— a quelque peu ébranlé la domination du quatuor
et celle du violon en particulier; il n'en reste pas
moins, pour ce qui est du présent, l'élément essentiel,
vital, en quelque sorte, de l'orchestre.

Il faudrait, pour rendre compte de tous ses emplois, citer encore toute une littérature soliste qui vit
et se développe en marge des grandes formes classiques : le *solo* à proprement parler, le morceau de
genre. Ses racines sont aisées à discerner : on les
trouve dans les premiers essais de FARINA, dans les
Variations upon a ground des violonistes anglais

de la fin du xviie siècle. Son objet est, de toute
évidence, la conquête du public, soit par un abon-
dant étalage de virtuosité, soit par l'amorce de mélodies faciles, dont la compréhension ne soit pas
obscurcie par un développement thématique plus
ou moins malaisé à suivre.

Par une assez curieuse rencontre, la pièce de
genre, en France au moins, reste pendant toute la fin
du xviie siècle et une notable partie du xviiie l'apanage des instruments à cordes pincées : le violon
n'intervient guère que comme le champion des nouvelles formes italiennes, sonate et concerto. On ne
s'en étonnera pas si l'on songe qu'à ce moment
sonate et concerto sont précisément, pour une très
large part, des œuvres de virtuosité, de structure très
simple, très abordable, où l'exécutant peut briller,
dans les mouvements rapides, par la vivacité des
traits, le brillant des cadences, dans les adagios par
la qualité expressive du son et les dons d'imagination qu'exige la broderie dont il est tenu de les orner. Vienne l'époque classique, où la sonate prend
une tenue plus austère, alors commencera à fleurir
la variation de virtuosité, « l'air varié » qui, de
déchéance en déchéance, cédera le pas, au début du
xixe siècle, à la fantaisie sur des airs d'opéra, faite
d'airs connus et de traits stéréotypés, sans effort de
construction, sans raffinements harmoniques d'aucune sorte, et telle que l'auditeur le moins musicien y
trouve son compte. Mais, à côté de ces formes dégra-
dées, auxquelles, par malheur, de très grands artistes
sacrifièrent longtemps, le siècle dernier a vu naître,
parallèlement au lied romantique, des pièces de con-
texture simple, mélodies, berceuses, romances[3], que
des compositeurs d'immense valeur n'ont pas dédai-
gnées, auxquelles, tels BEETHOVEN, SCHUMANN, de nos jours Gabriel
FAURÉ. Quand l'écriture orchestrale du violon s'éloigne
sans cesse de ses bases techniques, elles vont du moins
le mérite de lui rappeler que sa plus pure gloire, à
l'apogée de l'école classique italienne et française,
consistait avant toute chose à « bien chanter ».

III

TECHNIQUE ET PÉDAGOGIE[4]

Mon dessein est d'étudier ici la technique du violon et sa pédagogie, en m'appuyant sur l'examen
simultané des œuvres et des méthodes. On remarquera, une fois pour toutes, que les auteurs de méthodes, pendant de longues années, nous rendent
imparfaitement compte du niveau de virtuosité de
leur temps. Jusqu'au milieu du xviiie siècle, la plupart visent à former des maîtres à danser ou des
joueurs de petits airs. Ceux mêmes qui s'adressent,
à des élèves plus ambitieux, comme GEMINIANI ou
Léopold MOZART, ne leur mettent entre les mains
qu'un matériel de pratique courante, que leur enseignement oral devait dépasser sur bien des points.

C'est seulement à partir des GALEAZZI, des BAILLOT,
des SPOHR, que la concordance devient plus stricte.
De nos jours, enfin, des Traités comme ceux de
JOACHIM, de CAPET, de ŠEVČÍK, de FLESCH, vont plus
loin, et, poussant à l'extrême l'analyse des problè-

---

1. Cf. article consacré à la musique de chambre.
2. Op. 10, Paris, Schonenberger, s. d., p. 33.

3. On trouverait au xviiie siècle quelques exemples clairsemés de
ces petites pièces, une berceuse (*Ninna nanna*) de FERRARI, citée par
BURNEY, des romances (GAVINIÉS), mais le plus souvent (cf. JARNOWICK)
servant de mouvement lent à un concerto ou à une symphonie.
4. La rédaction de ce chapitre est due uniquement à M. Marc PIN-
CHERLE. (N. D. L. D.)

mes techniques, jalonnent bien souvent les chemins de la virtuosité à venir.

J'examinerai successivement la tenue et l'accord du violon, la technique de main gauche, la techni que d'archet, la double corde, certains artifices de virtuosité acrobatique. Qu'on veuille bien n'en pas attendre un exposé complet, ni surtout équilibré ; il a semblé préférable de sacrifier ce sur quoi toutes les méthodes modernes tombent d'accord, pour insister sur les points obscurs et les périodes moins bien connues. J'ai laissé de côté — trille excepté — la question des ornements qui intéresse l'interprétation, non la technique, et exigerait à elle seule un chapitre[1].

Tenue et accord du violon.

Tenue. — Elle n'a pas été fixée avant le début du siècle dernier. On admet aujourd'hui que le violon doit être maintenu entre la clavicule gauche et le menton, qui pose sur le côté gauche de la table d'harmonie, près du cordier ; presque horizontal, la volute légèrement surélevée par rapport à l'autre extrémité ; la table inclinant son côté droit vers le sol (de quelques degrés à peine, bien que BAILLOT[2] indique «environ 45 degrés»); le coude gauche rentré à l'aplomb du milieu de l'instrument ; « l'extrémité du manche, en ligne directe du milieu de l'épaule gauche » (BAILLOT, ib.), plus ou moins déviée de cet axe selon la taille de l'exécutant.

On trouve bien cette position réalisée aux époques les plus reculées ; même chez des joueurs de rebec, tel celui que représente au xe siècle une enluminure du Psautier de Notker Labeo (Saint-Gall), tel l'Ange musicien d'une peinture de Fra Angelico aux Offices de Florence (début du xve.s.); chez des violistes comme celui que peignit au xve siècle un anonyme de l'école rhénane[3], ou cet autre qui nous est figuré, vers 1550, au frontispice de la *Violina con la sua Risposta*[4].

Mais c'est pur effet du hasard. On voit communément même les violonistes appuyer leur instrument contre le milieu de leur poitrine (*Trois Musiciens* de Velasquez au musée Kaiser-Friedrich de Paris[5]; musiciens qui encadrent la page de titre des messes à plusieurs voix d'Andreas HAMMERSCHMIDT[6]). Plus libre encore est la tenue de ceux qui illustrent le titre des *Musæ Sionæ* de Michel PRAETORIUS[7] : l'un a son violon à demi engagé, comme une guitare, entre son coude droit et sa hanche, et l'on imagine la liberté d'archet qui en peut résulter! L'autre le maintient presque vertical, le cordier au menton, la volute à hauteur de ceinture.

---

1. Chaque source bibliographique est citée en son lieu. On trouvera des renseignements particulièrement abondants en se reportant à E. VAN DER STRAETEN, *The Romance of the fiddle*, Londres, 1911; Dr Gustave BECKMANN, *Das Violinspiel in Deutschland vor 1700*, Leipzig, 1918; Andreas MOSER, *Geschichte des Violinspiels*, Berlin, 1923; enfin et surtout au tome III du monumental ouvrage de M. Lionel DE LA LAURENCIE, *l'École française de violon de Lully à Viotti*, Paris, 1924. Si ces ouvrages ne sont pas plus souvent mentionnés, c'est que ces recherches parallèles, amorcées dans *La Technique du violon chez les premiers sonatistes français* (S. I. M., 1911) et poursuivies depuis, devaient dans bien des cas m'amener aux mêmes documents et aux mêmes conclusions. Je n'ai pu avoir connaissance d'une étude de M. Karl GEHRARTZ intitulée : *Zur älteren Violintechnik* (*Zeitschrift für Musikwissenschaft*, octobre 1924).

2. *Art du violon*, Paris, 1834, p. 11.

3. Musée Wallraf Richartz, Cologne. D'après Max SAUERLANDT, *Die Musik in fünf Jahrhunderten der europäischen Malerei*, Leipzig, 1922, page 8.

4. Brescia et Ferrare. Cf. E. VAN DER STRAETEN, *op. cit.*, p. 4.

5. SAUERLANDT, *op. cit.*, p. 87.

6. Dresde, 1663.

7. *Neundter Theil*, *prima vox*. 1610.

Les méthodes sont à peine plus strictes. D'après John PLAYFORD, en 1654, « la partie inférieure du violon doit reposer contre la poitrine, à gauche, un peu au-dessous de l'épaule[8] ». John LENTON, en 1702, engage l'élève à ne tenir son violon ni sous le menton ni aussi bas que la ceinture, comme on le fait parfois, «à l'imitation des Italiens[9] ». Selon BROSSARD, « pour tenir ferme le violon, on en appuye fortement le gros bout où est le bouton contre l'épaule gauche, un peu au-dessous de la joue *ou plus bas, selon qu'on le trouvera plus commode*[10] ». CORRETTE, dans son *Ecole d'Orphée* (1738), admet que l'élève pose son menton sur le violon lorsqu'il veut démancher, tandis que BORNET l'Aîné, en 1786, l'en dissuade[11]. Le plus singulier est que de nombreux traités préconisent l'appui du menton *à droite* du cordier. Je citerai, entre autres, LÉOPOLD MOZART (1756), Stéphen PHILPOT (Londres, 1767), Johann-A. HILLER (Gratz, 1795), J.-A. FENKNER (Halle, 1803). WOLDEMAR évite de prendre parti : « Il est indifférent de poser le menton sur la partie droite ou sur la gauche du violon, puisque TARTINI, FRANZ (FRAENZL), et CRAMER le plaçaient sur la droite, et que LOCATELLI, JARNOWICK et VIOTTI le posent sur la gauche. Cette dernière manière est la plus générale[12].) On peut enregistrer la protestation motivée par G.-S. LÖHLEIN, déclarant qu'en plaçant le menton à droite du cordier, comme beaucoup le font, on détermine une fausse position[13]. Mais il est curieux de constater qu'en 1831, lorsque SPOHR expose dans sa Méthode l'invention de la mentonnière, la figure explicative ne la place pas à gauche du cordier, mais au-dessus, très exactement dans l'axe du violon ; et que BAILLOT conseille, lorsqu'on enseigne le violon à des enfants qui n'ont pas à leur disposition d'instrument assez petit, de leur faire appuyer leur menton du côté de la. chanterelle[14].

Accord. — L'instabilité du diapason, pendant longtemps plus élevé à l'église qu'à l'orchestre dramatique, en plein xviiie siècle différent à Rome non seulement de ce qu'il était à Paris, mais à Venise, devait rendre assez délicat l'accord des instruments à archet, et les condamner à un empirisme tenace. Pourtant, une fois déterminée la note qui servait de point de départ, l'accord se faisait en quintes, cela dès l'origine. Nous l'apprenons de façon très nette de PHILIBERT JAMBE-DE-FER en 1556[15].

Il se peut qu'on ait, en Italie, fabriqué des violons à cinq cordes montées par quartes, comme LECERF DE LA VIÉVILLE l'affirme à plusieurs reprises[16]. Déjà, MERSENNE avait émis l'idée qu'un violon à cinq cordes « feroit quasi-bien quitter les ordinaires à quatre chordes, comme on a quitté le rebec qui n'en avoit que trois[17] ». J'avoue n'avoir trouvé nulle trace d'un tel instrument, et les catalogues des collections publiques ou privées restent muets en ce qui le concerne.

---

8. *An introduction to the skill of musick. Instructions for the treble violin.*

9. *Useful instructor of the violin.*

10. *Fragments mss. de sa méthode, s.d.* (Vers 1712). p. 12. Bibl. Nat. Rés. Vmsc 1.

11. *Nouvelle Méthode pour le violon.* Paris, s.d. (1786).

12. *Grande Méthode... pour le violon*, Paris, Cochet, s.d. (vers 1800).

13. *Anweisung zum Violinspielen*, deuxième éd., Leipzig, 1781, p. 12.

14. *Op. cit.*, p. 14.

15. *Op. cit.*, p. 61.

16. *Réponse à la défense de la musique italienne et de la musique française*, éd. de 1726, in BONNET-BOURDELOT, *Histoire de la Musique*, II, 84.

17. *Harmonie universelle*, 1636, *livre IV des Instrumens*, p. 482.

Tout au plus rencontre-t-on, périodiquement réinventé, deux ou trois fois par siècle, un instrument à cinq cordes, accordées par quintes, qui vise à cumuler les ressources du violon et de l'alto.

Scordatura. — Il arrive fréquemment, au XVIIe siècle surtout, que l'on modifie de façon occasionnelle l'accord normal du violon. C'est la Scordatura des Italiens, en allemand Verstimmung, en français jeu à cordes ravallées ou à violon discordé. M. BECKMANN a signalé[1], dès 1629, chez Biagio MARINI, le curieux exemple de l'op. VII, sonate 2, où l'exécutant doit profiter d'un silence de sept mesures pour baisser sa chanterelle d'une tierce, et rétablir, un peu plus loin, l'accord normal, à la faveur d'un nouveau silence. Mais le procédé est relativement peu employé à cette époque par les Italiens ; bien davantage par

les Allemands, férus de polyphonie, que la scordature facilite étrangement (luthistes et violistes l'avaient adoptée longtemps auparavant pour ce motif). On se souvient du récit, laissé par J.-G. WALTHER[2], de la façon dont Nikolaus-Adam STRUNGK stupéfia CORELLI en jouant sur un violon discordé. C'était monnaie courante en Allemagne[3]. J.-E. KINDERMANN[4] en usait ainsi, largement, en 1653, et, de même, la plupart des auteurs dont le chanoine ROST nous a conservé les œuvres, recueillies dans les trois précieux volumes transmis plus tard par BROSSARD à la Bibliothèque Royale[5], et qui vont, chronologiquement, de 1640 à 1688 environ. Mais Heinrich VON BIBER les dépasse tous en ingéniosité dans ses divers recueils de sonates[6], où il utilise un nombre considérable de combinaisons, telles que :

Scordatura chez BIBER

En Angleterre, la faveur de la basse de viole devait déterminer des scordatures de violon capables d'évoquer son accord. On en trouve en abondance dans le Division Violin de J. PLAYFORD[7] (Readings ground) :

Les succès à Londres du Lubeckois BALTZAR, maître dans l'emploi de cet artifice, furent certainement pour beaucoup dans sa vulgarisation.

En France, MERSENNE (1636) en constate implicitement l'usage quand il écrit : « Le violon n'a que quatre chordes dont l'accord à vuide est ordinairement de quinte en quinte, »[8] et de façon catégorique dans le passage équivalent de l'édition latine, beaucoup moins écourtée, où il déclare que le violon peut engendrer d'autres consonances que la quinte si l'on touche à la fois trois ou quatre cordes, « surtout quand on a changé l'accord initial ». Il faut attendre jusqu'à la méthode de CORRETTE[9] un exposé systématique, avec les exemples :

[music notation]

Après quoi, on relèvera dans les œuvres de Jean LE MAIRE, BERTHEAUME, etc., des emplois assez fréquents. Les Italiens, de leur côté, se remettent à discorder parfois leurs violons. Ex. : CASTRUCCI, TARTINI, BARBELLA, LOLLI. Mais c'est désormais un procédé exceptionnel, destiné à piquer la curiosité des auditeurs. C'est ainsi que l'entend B. CAMPAGNOLI lorsqu'il consacre un paragraphe de sa méthode à l'imitation de la viole d'amour, manière extraordinaire d'accorder et de jouer du violon, qui augmente le prix de l'art par sa variété[10]. L'exemple musical adjoint comprend un nocturne, un scherzo et un finale dans l'accord (du grave à l'aigu) la, ré, fa dièse, do dièse. De même, BAILLOT, DE BÉRIOT, etc. Quant à PAGANINI, écrivant en ré majeur le violon principal du concerto en mi bémol, en la seule des variations en si bémol Di tanti palpiti, il vise à rendre plus brillante la sonorité de son violon haussé d'un demi-ton, et, non sans charlatanisme, à donner l'impression d'une difficulté d'intonation que l'orchestre seul, écrit dans la tonalité réelle, doit surmonter.

Clef. — La clef de sol deuxième ligne est, dès l'origine, employée par les violonistes. Cependant, la clef d'ut première ou deuxième permet d'éviter les lignes supplémentaires dans le registre grave. Les Français en usent avant 1715, et MONTÉCLAIR, dans sa Méthode, le leur conseille[11]. Plus fréquente et plus caractéristique est l'adoption en France, au XVIIe siècle, de la clef de sol première ligne, communément appelée clef française. DUVAL ose, en 1705, rompre avec cette tradition, bientôt suivi par REBEL, SENAILLÉ, HUGUENET, etc. Mais CORRETTE, dans son École d'Orphée (1738), indique toujours la clef de sol première « pour jouer la musique françoise » et la clef de sol deuxième « pour jouer l'italienne ». J.-Ph. RAMEAU conserve l'ancienne clef dans presque toutes ses partitions jusqu'à l'édition de 1754 de Castor et Pollux. Bien des méthodes, celle même d'HABENECK, vers 1835, en font mention, la donnant, il est vrai, pour désuète.

Jusqu'à 1700, on comprend que les violonistes français, peu habiles à démancher, se soient accommodés d'une clef qui leur permettait d'atteindre la limite de leur tessiture à l'aigu (ut5) sans user de lignes supplémentaires. D'autant qu'ils échappaient à l'inconvénient correspondant dans le grave, du fait de leur aversion à l'endroit de ce registre.

Les deux cordes graves, le sol surtout, longtemps

1. Op. cit., p. 24, et ex. 5. Sur la scordature, cf. LA LAURENCIE, op. cit., II, 37, III, 19, 21, 109 ; PINCHERLE, op. cit., p. 4 : BAILLOT, op. cit., p. 229 sqq. ; GROVE, Dictionary of music : scordatura, par E.-J. PAYNE ; A. MOSER, die Violin-Skordatur, in Archiv für Musikwissenschaft, I, 4, 1919.

2. CORELLI, in Musikalisches Lexicon, Leipzig, 1732.

3. Cf. J. QUANTZ, Essai d'une méthode pour apprendre à jouer de la flûte traversière, Berlin, 1752, p. 330 : « Ils (les anciens Allemands) composaient beaucoup de pièces, où il fallait accorder autrement les Violons, de sorte que, suivant que le compositeur l'exigeait, les cordes étaient accordées au lieu de quintes, en secondes, tierces ou quartes, pour pouvoir prendre d'autant plus facilement les accords : ce qui causait, en revanche, des difficultés très grandes dans les passages. »

4. Canzoni, Sonatæ, una, duabus, tribus et quattuor violis cum basso generali. Cité par BECKMANN, p. 49.

5. Bibl. Nat., Réserve Vm7 673.

6. Denkmäler der Tonkunst in Oesterreich, XII, 2, 1905.

7. Londres, 1685. John READING était un organiste du Winchester College.

8. Op. cit., Livre IV des Instrumens, p. 181 ; éd. latine, p. 39.

9. L'École d'Orphée, 1738, p. 39-41.

10. Leipzig, s.d. (1824), cinquième partie, p. 35. CAMPAGNOLI a, d'autre part, fait éditer chez Breitkopf et Härtel l'Illusion de la viole d'amour, sonate notturna, op. 16.

11. Méthode facile pour apprendre à jouer du violon, Paris, l'auteur, s.d. (1711 ou 1712), p. 18.

appelé hourdon[1], comme les cordes supplémentaires de certaines violes, avaient été négligées, à l'origine, tant à l'étranger qu'en France. PRAETORIUS, par exemple, les juge impropres à donner « une harmonie régulière[2] ». Mais tandis que de nombreuses exceptions se font jour, de bonne heure, chez Tarquinio MERULA, O.-M. GRANDI, Biagio MARINI, Mattias KELZ, BIBER, J.-S. WALTHER, etc., cette proscription se maintient longtemps dans les œuvres de nos violonistes. Des recueils considérables, comme ceux de VÉRON[3] ou de PHILIDOR[4], n'emploient jamais la quatrième corde.

Sur les motifs de cette réserve on peut invoquer le goût de l'époque qui, d'après MERSENNE, « prise d'autant plus chaque instrument qu'il faut plus de variétez avec moins de chordes[5] ». Il est vrai aussi, et nous avons le témoignage de RAGUENET et de LECERF DE LA VIÉVILLE, que l'on n'apprécie pas chez nous les sonorités du grave au même degré que celles du médium et de l'aigu. Je cite, pour sa singularité, l'opinion émise par MARTINELLI dans ses *Lettere famigliari c critiche* : « Dans un concert d'instruments, que l'on peut regarder comme une espèce de conversation, les sons aigus qui caractérisent la voix de la jeunesse doivent (donc) se faire entendre rarement, parce qu'il ne convient pas à la jeunesse de parler trop souvent. Il est encore de la bienséance que les personnes qui représentent sachent se taire à propos : *aussi les sons graves ne doivent pas non plus dominer*[6]. » Une explication autrement plausible serait la tenue défectueuse des violonistes qui rendait le jeu sur la quatrième corde beaucoup plus ardu que sur les autres. *Quoi* qu'il en soit, la France tardera à entreprendre la conquête du registre grave ; Allemands et Italiens auront déjà conçu des chants expressifs[7], *Sul g* (HAENDEL, PORPORA) avant que nous y venions avec GAVINIÉS, BARTHELEMON, VACHON, LE DUC, CAPRON, VIOTTI enfin, qui, le premier, en tirera les plus beaux effets d'émotion et de couleur.

Tablature, sillets. — On a cherché de tous temps à alléger l'étude de la théorie musicale et du solfège en remplaçant la notation traditionnelle par divers systèmes de lettres et de chiffres. C'est l'esprit des inventions du P. SOUHAITTY et de J.-J. ROUSSEAU ; c'était déjà celui des tablatures, dont chaque signe, lettre dans le système français, chiffre dans le système allemand, correspond non à un son déterminé, mais à un doigté, comme on le verra un peu plus loin. Universellement adoptée par les luthistes, la tablature a eu chez les violonistes des fortunes diverses. En France c'est l'échec à peu près complet.

MERSENNE écrit : « Quant à la tablature des violons et des violes, elle n'est pas différente des notes ordinaires de la musique, encore que ceux qui n'en sçavent pas la valeur puissent user des nombres, en de tels caractères qu'il leur plaira pour marquer leurs leçons et leurs conceptions, et pour écrire des tablatures particulières, comme sont celles du luth et de la guiterre, quoy que les notes valent mieux que les lettres[8]... » L'usage en est beaucoup plus répandu hors de France. BECKMANN étudie longuement les tablatures primitives allemandes, en particulier celle de Johann WOLFF GERHARD de Nuremberg (1613)[9]. On apprend là, entre autres choses, que la technique de main gauche est confinée dans la première position, et que l'on n'use même pas du quatrième doigt. Il va sans dire que la tablature n'intéresse qu'une catégorie inférieure de violonistes, aussi éloignés des virtuoses leurs contemporains que peuvent être aujourd'hui de SAMMONS ou de MARY HALL les adeptes du *Tonic sol fa*. L'Angleterre a cultivé avec application le système de la tablature. Sans parler de celles qui s'adressent au luth et à la basse de viole, John PLAYFORD en destine une au violon dans son *Introduction to the Playing on the Treble-violin*[10], vingt fois rééditée entre 1654 et 1730. Chaque lettre y exprime, dans l'ordre alphabétique, un demi-ton ascendant (les lignes représentant non une portée, mais les quatre cordes de l'intrument) :

First string, or treble (chanterelle)

Second, or small mean (la)

Voici la transcription en tablature de l'air *Maiden fair*. Les notes qui surmontent la tablature indiquent les valeurs rythmiques : la même valeur affecte les lettres consécutives tant que l'on ne trouve pas de nouvelle indication de rythme :

1. De Philibert JAMBE-DE-FER, *op. cit.*, 1556, jusqu'à DEMAR, *Nouvelle Méthode de violon*, Wurtzbourg, 1808.

2. *Syntagma Musicum*, 1619, III, p. 124 de la réédition BERNOULLI.

3. Recueil ms. Bibl. Nat. Vm6 5, contient des ballets de la plupart des compositeurs français, de 1661 à 1691.

4. Bibl. nat., : *Suite de danses pour les violons...*, 1712 (pièces de LULLY, FAVIER, PÉCOURT, LALOUETTE, etc.).

5. *Op. cit.*, livre IV des Instrumens, p. 183.

6. Librement cité par F. FAYOLLE, *Notice sur Corelli, Tartini*, etc. Paris, 1810, pp. 8-9.

7. Cf. LA LAURENCIE, *op. cit.*, III, 106.

8. *Op. cit.*, loco cit., p. 180.

9. *Op. cit.*, pp. 5-7.

10. Livre II de l'*Introduction to the Skill of Musick*, Londres, 1664. On cite ici d'après la quinzième édition de 1703.

A l'emploi de la tablature (destinée aux violonistes peu exercés) correspond presque toujours celui de sillets ou frettes[1] qui divisent matériellement la touche du violon en demi-tons, et, déterminant l'emplacement assigné à chaque lettre de la tablature, donnent au doigté une absolue sécurité, sinon une justesse infaillible. Ces divisions étaient communément marquées, comme sur le luth, par un ou deux tours de corde à boyau enroulés autour du manche aux points correspondant à chaque demi-ton; parfois obtenues à l'aide d'incrustations. C'est le dispositif adopté par Martin AGRICOLA[2], tandis que Hans GERLE[3], qui l'accepte pour les violes de grand format, le proscrit pour les petites : « Ceux, dit-il, qui sont capables de leur ajuster des sillets, ont assez d'oreille pour s'en passer. »

Malgré le dangereux automatisme que les sillets donnent au doigté, et la proscription qu'ils entraînent d'effets comme le *glissando*, leur usage se prolonge bien au delà du xvi° siècle; Henry et John PLAYFORD le preconisent[4], et même TESSARINI, du moins dans l'édition anglaise de sa méthode[5], et F. GEMINIANI[6], qui, donnant la figure du manche de violon divisé en demi-tons, ajoute : « Je trouverais très nécessaire qu'un écolier fît marquer le manche de son instrument de cette manière, ce qui doit lui faciliter beaucoup les moyens de toucher juste. » En 1769, l'*Avant-Coureur*[7] annonce une invention des sieurs TURPIN et GOSSET d'Amiens, pour donner plus de justesse à la détermination de l'emplacement des sillets, tant pour le violon que pour les instruments à cordes pincées : si les sillets gênent, on pourra toujours les limer et se contenter de leur trace. Une mention, peut-être la dernière, dans le piètre ouvrage de John PAINE[8], vers 1825; après quoi, nous en retrouverons, hors des méthodes, une survivance obstinée dans ces bandes de papier à coller sur la touche, avec de belles divisions en couleur, qu'emploient souvent encore des maîtres d'imagination courte.

Manière d'accorder le violon. — L'accord du violon est considéré de nos jours comme une opération délicate, qui exige des débutants beaucoup d'application et d'étude ; mais on leur demande seulement d'affiner leur sens auditif jusqu'à percevoir l'intervalle de quinte par lequel est régi cet accord.

Les anciens maîtres avaient des visées plus ambitieuses : comme ils déterminaient les doigtés au moyen des sillets, de même ils rêvaient d'un mode, ou plutôt d'une recette scientifique, qui permît à l'élève de réaliser l'accord par quintes, pour ainsi dire automatiquement. La manœuvre le plus souvent prescrite, de Hans GERLE[9] à John PLAYFORD et au delà, consiste à monter la corde la plus aiguë « aussi

haut qu'elle le pourra supporter sans se rompre ». Puis, selon PLAYFORD[10], l'accord par octaves étant plus facile que par quintes, l'élève posera son troisième doigt sur le *la* de la chanterelle et accordera la seconde corde une octave plus bas. Il posera alors son troisième doigt sur le *ré* (2° corde) et accordera la troisième une octave plus bas. Ainsi de la quatrième :

Sébastien DE BROSSARD[11] ajoute à ce procédé celui qui consiste à garnir le manche du violon de sillets, et ayant mis le bourdon au *sol* « avec quelque sifflet ou quelque cloche que l'on aura remarqué exprimer ledit son le *g ré sol* », à poser le quatrième doigt à l'emplacement du sillet qui marque le *ré* quatrième corde, à accorder le *ré* (troisième corde) à l'unisson, et ainsi de suite.

A l'extrême fin du xviii° siècle. Francesco GALEAZZI, de qui la technique est cependant fort avancée, empruntera des expédients hasardeux, papiers de la longueur de la corde à replier selon des données mathématiques pour obtenir l'emplacement des doigts, fourni jadis par les sillets ; ce qui n'évite pas l'emploi d'un « zufoletto di legno, o di metallo detto volgarmente *Corista*[12] », que nous appellerions diapason. Le seul diapason a subsisté jusqu'à nos jours comme adjuvant, et il semble établi qu'un débutant incapable, la hauteur du *la* lui étant donnée, d'en déduire celle de *mi*, *ré*, *sol*, sera bien inspiré en renonçant à la musique.

A moins qu'il n'ait recours à l'artifice naïvement prescrit par Johann ADAM HILLER[13], et qui consiste, faute d'un bon piano ou d'un pipeau de l'élève, à lui faire chanter le début de l'hymne « Wir glauben all an einen Gott ». *Wir* donne le *ré* sur la troisième corde, *glau* le *la* sur la deuxième corde; puis l'hymne « Lobt Gott ihr Christen », où *Gott* donnera le *mi* de la chanterelle, puis « Nun sich der Tag », où *sich* fournira le *sol* quatrième corde.

Technique de la main gauche.

Tenue de la main. — On est de très bonne heure fixé sur la nécessité de ne point trop éloigner la main de la touche du violon. MERSENNE[14] écrit (1636) : « Il faut mettre les trois doigts de la main gauche, c'est-à-dire l'index, celuy du milieu, et l'annulaire si près de la chorde qu'on veut toucher, qu'il ne s'en faille que d'une demi-ligne qu'ils n'y touchent, afin que ce petit esloignement n'empesche point la vitesse du toucher et des tremblemens. » Un peu plus tard, BROSSARD[15] : « On pose la partie du manche qui est la plus proche des chevilles et du sillet, et qu'on nomme le colet, contre le pouce et le doit suivant, sans cependant trop serrer ledit *colet*, de manière que les côtés extérieurs de ces deux doigts, qui sont du côté de la teste du violon, soient tout proches du sillet,

1. Anglais *frets*, italien *tasti*, allemand *Bünde*.
2. *Musica Instrumentalis Deudsch.*, Wittemberg, 1528, pp. 46, 48 et 49.
3. *Musica Teusch auf die Instrument der grossen und kleynen Geygen*, 1532.
4. Henry PLAYFORD, *Apollos banquet*, sixième édition, 1690 : « C'est une manière de faîre que l'on sait être adoptée par les meilleurs maîtres de Londres et alentours ». John PLAYFORD (*op. cit.*) restreint, il est vrai, leur efficacité à l'enseignement des débutants.
5. *An accurate method to attain the art of playing ye violin*, s. d. (vers 1750).
6. *L'Art de jouer le violon*. Édition anglaise et française (1751-1752).
7. 13 novembre 1769. M. L. DE LA LAURENCIE, *op. cit.*, III, p. 74, l'etrouve à Reims, en 1770, ces deux mêmes inventeurs.
8. *A Treatise on the violin ; shewing how to ascertain the true degree of time*. Londres, J. Reynolds (vers 1825).
9. *Op. cit.*, édition de 1537, p. 6.

10. *Op. cit. Directions for tuning the violin.*
11. *Op. cit.*, chap. III.
12. *Elementi teorico-pratici di musica*, Rome, 1791, p. 82.
13. *Anweisung zum Violinspielen*, Gratz, 1795. Cité par E. VAN DER STRAETEN, *op. cit.*, p. 254.
14. *Livre IV des Instrumens*, p. 183. La ligne vaut 2 mm. 25.
15. *Op. cit.*, p. 12.

et que les côtés qui sont au dedans de la main ne touchent point au bourdon ny à la chanterelle, affin qu'ils n'empeschent on n'altèrent point le son de ces deux chordes, quand on voudra les faire parler à l'ouvert. » Enfin, GEMINIANI apporte aux pédagogues un procédé qui est resté en vigueur pour obtenir le placement tout à fait correct de la main[1] : « On pose le premier doigt sur la chanterelle, le second sur le *do* de la corde *la*, le troisième sur le *sol* troisième corde, le quatrième sur le *ré* quatrième corde. On laisse les doigts baissés jusqu'à ce qu'ils soient tous placés; puis on les relève à une petite distance de la corde touchée; cela fait, la position est parfaite. » GALEAZZI insiste[2] sur la nécessité de ne pas appuyer plus qu'il n'est indispensable pour empêcher que la vibration de la corde ne se communique à la portion comprise entre le doigt et le sillet; la force donnée par surcroît est inutile, engendre raideur et fatigue.

La seule précision introduite dans les méthodes plus récentes consiste à proscrire (MARSICK) l'appui du manche du violon *au fond* de la fourche formée par le pouce et le premier doigt. Entre ce fond et le manche doit rester un espace d'un centimètre au moins : on évite ainsi que le pouce ne se referme sur les cordes, au détriment de la mobilité de la main. Il n'en allait pas de même dans l'usage ancien, où l'on utilisait parfois le pouce dans certains passages en double corde :

"Le pouce"

(FRANCŒUR aîné, arpèges de la sonate VIII, 1715.)

Les professeurs sont presque unanimes à recommander la plus grande économie de mouvements des doigts, à l'exemple de PAGANINI, de qui « les doigts, toujours d'aplomb et parfaitement placés, ne se levaient que quand il le fallait absolument[3] ». Pourtant BAILLOT[4] entend que, dans les mouvements lents, et pendant les notes longues de tous les mouvements, lorsqu'un seul doigt est employé, les trois autres soient levés, plus ou moins haut, pour leur permettre d'articuler ensuite avec plus de netteté.

Gamme. — La main gauche placée, l'exercice le plus élémentaire qu'on impose aujourd'hui aux débutants est celui de la gamme. Les traités anciens ne semblent pas avoir soupçonné l'importance et la fécondité d'un tel travail. Antérieurement à GEMINIANI, on ne voit intervenir les gammes qu'appliquées, par séries, à l'étude des positions du démancher. Exceptionnellement, quelques traces précoces, comme

dans un recueil daté de 1627, où figure cet exercice[5] :

Il est assez curieux que ce soit là précisément un fragment de la gamme de *sol* majeur. Plus ou moins systématiquement, la plupart des méthodes l'ont adoptée comme gamme-type du violon (GEMINIANI, L'ABBÉ le Fils). Le premier, cependant, GALEAZZI[6] insiste avec vigueur sur la nécessité de commencer par elle : d'abord, parce qu'elle a pour point de départ le son le plus grave de l'échelle du violon; et surtout, parce que les alternances des tons et demi-tons se reproduisent symétriquement sur les quatrième et troisième, et sur les deuxième et première cordes. De même VIOTTI, dans le fragment autographe reproduit en fac-similé par HABENECK[7]. Et VIOTTI ajoute, pour ce qui est du mode de travail : « Le maître et l'élève joueront cette gamme (*sol*) ensemble, deux, trois, quatre fois, plus ou moins jusqu'à ce que le pupile (*sic*) en ait une idée suffisante, après quoi le maître le laissera jouer tout seul : 1° afin de ne point déranger (*sic*) son oreille encore informe, par deux sons à la fois, presque jamais d'accord dans ce premier début; 2° de l'aider à soutenir et conduire régulièrement l'archet sur les cordes en lui faisant observer la gradation de force nécessaire; et 3° enfin de guider ses doigts à leur propre place. »

Positions : A) *D'après les méthodes.* — Les théoriciens de la première moitié du XVIIe siècle connaissent déjà la possibilité d'étendre vers l'aigu la tessiture du violon. MERSENNE l'indique clairement, dans un passage bien connu[8] : « Les excellens violons qui maistrisent cet instrument peuvent faire monter chaque chorde jusqu'à l'octave par le moyen du manche. » Et le P. KIRCHER lui donne une étendue de quatre octaves, soit un emploi du *sol* sixième position sur la chanterelle[9]. En Angleterre, où BALTZAR venait d'introduire la pratique du démancher[10], John PLAYFORD écrit, dans ses *Instructions for the treble Violin*, édition de 1666 : « Quand vous avez à atteindre des notes aiguës, qui vont plus bas (vers le chevalet) que vos sillets habituels, il faut démancher. S'il y a seulement deux de ces notes, faites la première avec le troisième doigt; s'il y en a trois, faites la première avec le second doigt, et les suivantes avec les autres. » Daniel MERCK donne[11] des exemples précis de doigtés :

(A)  (B)

1. *The Art of playing on the Violin*, Londres, 1751, p. 1.
2. *Op. cit.* (1791), p. 90.
3. Ch. DANCLA, *Notes et Souvenirs*, 1893, p. 10.
4. *Art du violon*, p. 14 et fig. 20 à 23.
5. Ms. allemand anon. n° 360 de la collection J. ÉCORCHEVILLE. Acquis par le signataire de la présente étude.
6. *Op. cit.*, p. 49.
7. FT. HABENECK, *Méthode théorique et pratique de violon*, Paris, Canaux, s. d. (vers 1840), p. 24.

8. *Loco cit.*, p. 179.
9. *Mursurgia*, Rome, 1650, I, p. 486.
10. ANTHONY A WOOD conte (*Diary*, 24 juillet 1658) avec quel étonnement il le vit, chez Will ELLIS, promener ses doigts jusqu'au bout de la touche et revenir parfaitement en mesure, « ce que ni lui ni personne n'avait encore vu en Angleterre ».
11. *Compendium Musicæ, instrumentalis chelicæ,* Augspurg, 1695, chap. VIII.

Un procédé analogue se retrouve, longtemps après, chez Tessarini[1], qui passe sans transition de la première à la troisième, puis de la troisième à la septième position :

De même, T. Wodiczka[2], vers 1757, n'envisage que trois principaux « démanchements » de tierce, de quarte, et d'octave (deuxième, troisième et septième positions). Beaucoup plus scrupuleux est l'ordre suivi par Geminiani[3], qui, lui, donne l'échelle complète des sept premières positions, et les pratique sur les quatre cordes. Il note ainsi la septième, indiquant par des notes noires celles qui sont à intervalle de demi-ton, par des notes blanches celles que sépare un ton entier :

Deux remarques compléteront ce rapide exposé. D'une part, la deuxième et la quatrième position, plus délicates parce qu'elles n'offrent pas à la main gauche d'aussi sûrs points d'appui que la troisième par exemple, ont tardé à entrer dans l'usage courant. Longtemps, jusqu'à G.-S. Löhlein[5] (1781), et même jusqu'à John Paine[6] (1825), la deuxième position conserve le nom de demi-position, half-shift, halbe Applicatur.

D'autre part, ce que nous appelons aujourd'hui demi-position, le premier doigt à un demi-ton du sillet, le deuxième à un demi-ton du premier, reste longtemps ignoré. Léopold Mozart, qui pourtant connaît les doigtés par régression d'un ou deux doigts, la main restant en place, n'en fait pas mention. Et il indique comme suit :

un passage qui, dans un mouvement rapide, se doigterait plus aisément :

VIOL.º I

VIOL.º II

Il exerce aussi son élève à doigter une même note de toutes les façons possibles, de façon à lui en rendre l'attaque aisée en quelque position qu'elle se présente. Après lui, l'ascension vers l'aigu marquera un temps d'arrêt, du moins dans les méthodes; quand Léopold Mozart aborde, en 1756, la septième position, ou l'Abbé le Fils, en 1761, la neuvième, il y a beau temps que la musique pratique a dépassé ces altitudes. La contradiction la plus typique est peut-être fournie par B. Campagnoli, qui n'énumère que onze positions, mais, donnant dans sa méthode même « l'Echelle parfecte du violon », la doigte jusqu'à la treizième[1] :

Au contraire, l'Abbé le Fils use de cette ressource[7], et doigte :

en ajoutant : « Tous les doigts qui servent à faire cette gamme sont doigts d'emprunt, c'est-à-dire que ces doigts sont employés à faire d'autres notes que celles qu'ils font ordinairement. » Après lui, Bornet l'aîné[8], Durieu[9], Woldemar[10] usent de la demi-position et en enseignent le doigté correct.

B) D'après les œuvres. — A examiner, maintenant, les œuvres, on trouve, bien avant que les méthodes n'en portent trace, l'affirmation d'une technique fort avancée des positions, au moins chez les Italiens et les Allemands. M.-C. von Winterfeld[11] cite un fragment orchestral de Monteverdi, en 1610, où les violons jouent à la cinquième position, ou à la quatrième avec extension :

1. An acurate Method to attain the Art of playing ye Violin. Londres, Welcker, vers 1750.

2. Instruction pour les commençants. Amsterdam, Olofosen, s. d. (vers 1757).

3. Op. cit. (1824), p. 1.

4. Op. cit. (1824), p. 112.

5. Anweisung zum Violinspielen, 2e éd., Leipzig, p. 39.

6. A Treatise on the Violin, Londres, vers 1825.

7. Principes du Violon, Paris, s. d. (1761), p. 5.

8. Nouvelle Méthode de Violon, Paris, s. d. (1786).

9. Méthode, Paris, 1796.

10. Grande Méthode, Paris, Cochet, s. d. (vers 1800).

11. Johannès Gabrieli, Atlas, p. 115, Berlin, 1834.

La sixième est atteinte, en 1649, dans ce trait de Marco Uccellini[1] :

En 1701, Scarlatti proposera au violon solo de l'orchestre d'opéra, dans *Laodicea e Berenice*, ce trait qui affronte la huitième position, et mit, dit-on, Corelli en défaut :

En Allemagne, Matthias Kelz, dans son *Epidigma harmoniæ novæ, variæ, raræ ac curiosæ* (1669), monte à la sixième positon sur la chanterelle. C.-H. Abel, Westhoff, Biber sont également adroits. Quant à Johann-Jacob Walther, il n'hésite pas à se tenir dans le registre suraigu, compliquant ses traits de brisures qui impliquent l'emploi de deux cordes[2] :

En France, on en est encore, à cette époque (1688), à une technique de main gauche fort modeste. Sans doute, quelques virtuoses doivent démancher en improvisant ou en brodant. Les textes se confinent dans la première position. A partir de 1659 (chez Mlle de Laguerre, puis chez Jean Fery Rebel, Duval et leurs émules), on se risque jusqu'au *ré* et au *mi* de la chanterelle. Enfin, en 1716, nous trouvons chez Senaillé (sonate X du troisième livre) une progression qui atteint la septième position :

Le premier chez nous, J.-M. Leclair l'aîné saura écrire des traits qui utilisent trois cordes dans des positions délicates comme (sonate III du premier livre, 1723) :

Désormais, l'Ecole française se montrera particulièrement hardie en matière de figurations sur plusieurs cordes aux positions élevées. On en peut juger par ces traits de Guillemain (premier livre de sonates, son. II, 1734) :

1. Cf. Beckmann, *Das Violinspiel vor 1700*, Berlin, Simrock, cahier 1 des exemples musicaux.
2. *Hortulus chelicus*, sonate XXIV, Moguntiæ, 1688.

ou, même livre, sonate XII :

Cet art sera porté à son summum dans les œuvres de GAVINIÈS, magistralement étudiées par M. DE LA

LAURENCIE[1], où l'on trouve (*Matinées*, 1800) des écarts et des croisements de doigts tels que :

(2º corde)   (4º corde)

Pour ce qui est de l'exploitation systématique du registre suraigu, les Italiens, dès 1733, avec l'op. III de LOCATELLI, atteignent des hauteurs que PAGANINI

ne pourra, pour cause, dépasser. Ex. (caprice qui suit le 11º concerto) :

De même, les sauts brusques du grave à l'aigu, et *vice versa* (même op., concerto XII) sont d'une virtuosité difficilement surpassable :

On verra plus loin (arpèges) comment LOCATELLI pratique couramment les extensions les plus hardies.

Contre cette prépondérance du registre aigu, souvent irritante pour l'auditeur, quand l'exécution n'était pas confiée à un LOCATELLI ou un GUILLEMAIN, BOLLIOUD-MERMET proteste avec quelque aigreur dans son mémoire *De la Corruption du Goust dans la Musique Françoise*[2]. Et J. QUANTZ[3] ne marque pas moins énergiquement sa réprobation : « Ils (les joueurs de violon italiens) cherchent la plus grande beauté où elle ne se trouve pas, sçavoir dans la hauteur la plus extrême, au bout du manche ; ils grimpent toujours dans la hauteur comme les lunatiques sur les toits, et négligent en attendant le vrai Beau, privant l'instrument de sa gravité et de l'agrément que les grosses cordes sont capables de donner. »

L'assouplissement de la main gauche (indépendamment des harmoniques et des doubles cordes dont il sera question plus loin) n'est cependant pas au bout de son progrès. LOLLI développe la pratique de l'extension dans des traits comme :

(Sonates à deux violons, op. IX, vers 1779-80);

le démanché sur une seule corde :

(Ibid., fragment intitulé « *Russa* »).

La quatrième corde, en particulier, si longtemps proscrite de façon même épisodique, se voit confier des phrases chantantes et des traits de virtuosité :

(Ibid., allegretto de la sonate 2.)

1. *Op. cit.*, II, 317-332.
2. Lyon, 1746. Sur ce mémoire, cf. Léon VALLAS, *La Musique à Lyon au dix-huitième siècle*, Lyon, 1908.
3. *Essai d'une Méthode*, etc., Berlin, 1752, p. 315.

On trouverait dans l'Ecole française de la même époque, chez GAVINIÈS, LE DUC, CAPRON, VACHON, l'abbé ROBINEAU, des emplois analogues, au moins dans les chants soutenus[1]. Depuis lors, B. CAMPAGNOLI, dans sa méthode précitée (1824), a consacré à ce genre de difficulté, qu'il appelle *jeu à monocorde*, trois pages d'études d'exécution transcendante. Les prouesses de PAGANINI sont bien connues : là, comme en tant d'autres domaines, on doit reconnaître les mérites évidents de plus d'un devancier. Parmi ses successeurs, H. WIENIAWSKI est de ceux qui ont usé le plus largement des ressources de la quatrième corde, comme dans ces deux passages de la *Fantaisie*, op. 20 :

Une autre complication de la technique de main gauche intervient à partir de l'époque 1730-1740, où l'on commence à se risquer hors des tonalités de tout repos dans lesquelles les écoles précédentes restaient confinées, tonalités fortement appuyées sur l'accord à vide du violon, avec un maximum de trois bémols ou quatre dièses à la clef. Les Italiens CASTRUCCI (dans son op. II), LOCATELLI (op. VIII), en France J.-M. LECLAIR l'aîné, dans ses derniers livres de sonates, n'hésitent plus à employer en modulant, même dans l'allegro, des *mi dièse, la dièse, si dièse, ré bémol, sol bémol*. Mais il appartiendra aux grands classiques allemands, moins violonistes que pianistes, BEETHOVEN surtout, d'imposer couramment à l'exécutant l'emploi des tonalités les plus accidentées. Après quoi SPOHR, par un usage systématique du chromatisme, stabilisera pour un temps cette nouvelle technique. Elle se trouve insuffisante, à la fin du siècle dernier, où l'évolution harmonique accélère son mouvement, où la modulation devient de plus en plus souple et fuit, autant qu'elle le peut, les formules toutes faites. Après le *Poème* de CHAUSSON, écrit pour la plus grande part en *mi bémol mineur*, la musique de chambre ou les traits d'orchestre de DEBUSSY ou de STRAUSS, on conçoit qu'un matériel pédagogique nouveau devienne nécessaire. D'où les études d'Intonation de CHAUMONT, PARENT, HERWEGH, celles d'Arnold DRILSMA[2] qui proposent aux apprentis des assouplissements tels que :

Pédagogie. — On a vu, dans ce qui précède, se dessiner une pédagogie du violon, en ce qui concerne la main gauche. Il n'est peut-être pas inutile d'en distinguer plus clairement les phases.

Pendant une première période, assez longue, qui va jusqu'au milieu du XVIIIe siècle, les traités se contentent d'envisager les éléments techniques qui se peuvent rencontrer dans les pièces ou les sonates (gammes, traits, arpèges), d'en passer en revue le plus grand nombre possible, d'en approvisionner l'élève pour qu'en toute circonstance il se retrouve en présence de fragments familiers d'un puzzle maintes fois démonté.

Beaucoup plus intéressante est la pédagogie de GEMINIANI, lorsque, au lieu de soumettre platement à l'élève le trait qu'il devra ressasser, elle pose, si l'on peut dire, la question *comment*, et fixe une méthodologie véritable. Nous avons déjà donné l'exemple typique de sa façon de placer la main du violoniste débutant, en imaginant un accord de quatre notes qu'il ne s'agit nullement d'exécuter, mais qui est là comme un guide, un contrôle, et un assouplissement. La même conception a dicté à TARTINI la fameuse lettre adressée de Padoue le 5 mars 1760 à Maddalena LOMBARDINI, plus tard Mme de SIRMEN[3] : « ... A l'égard de la main gauche, et du manche, je n'ai qu'une étude à vous recommander, elle renferme toutes les autres, la voici : prenez une partie de violon quelconque, soit de premier, soit de second, d'une messe ou d'un concerto, tout est bon. Posez la main, non pas à sa place ordinaire, mais à la demi-position du démanché (2e position), c'est-à-dire, le premier doigt sur le *sol* de la chanterelle, et, tenant la main toujours dans cette position, jouez toute votre partie sans jamais changer la main de place, à moins que vous n'ayez à toucher le *la* sur la quatrième ou le *ré* sur la chanterelle ; mais remettez-vous tout de suite à votre demi-position, et jamais à la position naturelle... »

Même procédé, aux troisième, quatrième, cinquième positions : on conçoit la fermeté et la netteté d'intonation qui peuvent résulter d'un tel travail. A telles enseignes que VIOTTI, pour l'exécution même, observait cette sage économie de mouvements[4].

1. LA LAURENCIE, *op. cit.*, III, 106-107.
2. *Moderne Tonladder en Accord-œfeningen*, Amsterdam, s. d. (1915), p. 19. L'ouvrage de M. HERWEGH, *Le Pupitre du Violoniste musicien*, Paris, 1925, étudie de très près ce genre de difficulté.

3. Publiée en 1770 dans *l'Europa litteraria*, V, 2. p. 74, traduite en 1773 dans le *Journal de musique*. M. Ch. BOUVET l'a reproduite et commentée dans *Une Leçon de Giuseppe Tartini*, Paris, 1918.
4. Cf. BAILLOT, *op. cit.*, p. 146.

On a cherché depuis plus d'un moyen de systématiser et de simplifier l'étude des positions et du passage de l'une à l'autre. La littérature de ce sujet est considérable. Je citerai seulement, comme l'un des plus curieux, le système analogique enseigné par BEDRICH VOLDAN au Conservatoire de Prague, et exposé dans sa *Nouvelle Ecole des positions*[1]. Il est basé sur le fait que, pour une mélodie déterminée, chacune des positions élevées reproduit strictement le doigté d'une des positions inférieures. Et, se reportant au tableau ci-après, on constate que le fragment de gamme joué à la première position sur les cordes *ré, la, mi* (D, A, E) se doigte de façon identique à la cinquième position sur les cordes *sol, ré, la* (G, D, A). Même rapport entre la deuxième et la sixième position, la troisième et la septième, la quatrième et la huitième, etc. Ayant apris un exercice facile à la première position, l'élève le reproduira facilement à la cinquième, l'oreille aidant, puisque le ton, la tessiture, le doigté restent les mêmes :

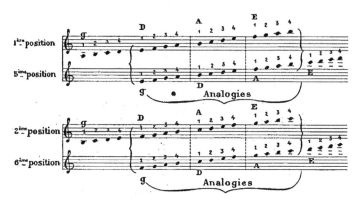

Analogies

Analogies

Le procédé et les déductions qu'en tire B. VOLDAN peuvent être discutés, mais on voit là l'ordre des recherches vers lesquelles s'orientent bon nombre d'éducateurs. A l'étude des positions se rattache encore, mi-technique, mi-esthétique, celle du *doigt-guide*, dans le démanché. On a fort justement remarqué que tout changement de position s'exécute avec une fermeté beaucoup plus grande si l'on adopte comme guide le doigt qui se trouvait sur la corde immédiatement avant le démancher. Je ne puis vous renvoyer, pour plus de détails, aux ouvrages de D.-C. DOUNIS[2], et surtout de Carl FLESCH[3], de qui l'*Art du Violon*, combinant les données de l'enseignement pratique français (FLESCH est premier prix du Conservatoire de Paris) et se réclame ouvertement de l'Ecole franco-belge) et les résultats des recherches de KLINGLER, STEINHAUSEN, A. VON DER HOYA, etc., semble le seul équivalent moderne de l'admirable *Art du Violon de* BAILLOT. Au sujet du doigt guide, il faut remarquer que le *glissando* n'est pas autre chose que la mise en évidence de cet artifice, plus ou moins strictement employé : on peut, pour des raisons d'accentuation ou d'expression[4] qui dépassent le cadre de cette étude, poser sur la corde avant de démancher, et

utiliser comme guide le doigt qui jouera la note terminale (ex. B). Ainsi procèdent assez souvent les disciples d'AUER :

Il faudrait, pour être complet, insister plus qu'on ne peut le faire ici sur une catégorie d'ouvrages qui, délaissant délibérément l'étude de tel ou tel élément mélodique ou harmonique pris comme tel, ne le considèrent qu'en fonction de sa valeur gymnastique.

C'est ainsi que le travail des doubles cordes figure, à titre d'assouplissement, dès les premières leçons, dans plus d'une méthode moderne; que les études chromatiques (extrêmement développées dans l'enseignement de SEVCIK) sont employées moins pour affiner le sens auditif que pour affermir la main; partant de cette constatation que le doigt qui se porte en glissant d'une note à une autre doit appuyer sur la corde avec force, Pierre MARSICK a écrit toute une série d'études qui ne sont qu'assouplissement[5] :

1. *Nova Skola poloh*, op. 14, Prague, Neubert, 1924, texte en tchèque, serbe, anglais et allemand.
2. *La Technique d'artiste du violon*, Leipzig, s. d. (1921).
3. *Die Kunst des Violinspiels*, Berlin, 1923.
4. Déjà BAILLOT, op. cit., p. 146 et suivantes, distingue : 1° le doigté le plus sûr; 2° le doigté le plus facile pour les petites mains; 3° le doigté *expressif*, caractéristique de chaque auteur, et que l'on doit s'efforcer de reproduire en exécutant ses œuvres.
5. *Eureka, Mécanisme nouveau*, Paris, Fromont, 1906.

*. Encore plus nettement gymnastiques sont les formules des *Urstudien*[1] de FLESCH, faites pour être travaillées sans archet (les notes blanches représentent les doigts qui restent fixés sur les cordes, les note noires, les doigts mobiles) :

ou ses exercices de démanchés, avec glissando aller et retour :

Les recueils de S.-Joachim CHAIGNEAU[2], d'HERWEGH[3], pour ne parler que des plus récents, contiennent des exercices analogues : par leur forme ramassée et schématique, ils se situent, on le voit, à l'opposé des non moins célèbres travaux de SEVCIK ou de SCHRADIECK, où sont épuisées toutes les modalités de chaque problème technique envisagé.

On trouve l'aboutissant extrême de cette tendance dans les précis de gymnastique digitale sans instrument, destinés à « faire les doigts » du virtuose ou de l'élève avant qu'il n'aborde ses études musicales quotidiennes[4]. Des machines ont même été créées pour procurer en un minimum de temps un maximum d'assouplissement ou de dislocation des muscles : telles celle du Russe OSTROWSKI, ou l'*Ochydactyl* de l'ingénieur RÉTIF. Les doigts s'y trouvent isolés dans des gaines fixées à des leviers auxquels on peut, au moyen d'un volant, imprimer des mouvements d'ampleur et de rapidité variables. Ainsi, résultat attristant, mais réconfortant aussi pour l'avenir de la musique, on peut, pour ainsi dire, assurer mécaniquement la vitesse et la souplesse de la main gauche, tandis que sa justesse n'a pas trouvé, jusqu'à ce jour, d'autre adjuvant que le pauvre système des sillets.

L'archet.

Tenue de l'archet. — Il est peut-être opportun de rappeler que l'archet, dont la longueur est actuellement fixée à 0m,72, n'atteignit ses proportions et son équilibre définitifs qu'à la fin du XVIII° siècle, grâce aux recherches conjuguées de TOURTE et de J.-B. VIOTTI. Jusque-là, son poids, sa longueur, sa courbure ne cessent de varier, partant d'une forme très arquée, ramassée, lourde vers le talon, la pointe effilée en tête de brochet, et fort légère, pour s'allonger progressivement, mais de façon tout empirique. MERSENNE[5] note, à propos d'un archet de basse, « il importe fort peu qu'il soit plus long ou plus court, pourvu qu'il soit propre à toucher les cordes comme il faut pour en tirer l'harmonie, » et, parlant de celui qui accompagne la pochette sur une des figures de son ouvrage[6] : « J'ay fait son archet fort grand, afin de faire remarquer que les archets sont d'autant meilleurs qu'ils sont plus grands, pourvu qu'ils ne soient pas incommodes. » On nous dit[7] que, vers 1700, l'archet *de sonate,* celui dont se servaient les Italiens sur lesquels s'émerveille l'abbé RAGUENET[8], n'a que 0m,61, et que l'archet ordinaire, dont se servent les maîtres à danser, est encore plus court. Soit, à condition d'admettre des exceptions, dues précisément à l'empirisme de cette branche de la lutherie pendant les deux premiers siècles de l'histoire du violon.

La tenue de l'archet est, encore aujourd'hui, objet de discussions. Dans l'ensemble, elle obéit cependant à des principes acceptés par tous, et qui semblent fixés bien avant ceux qui régissent la tenue de la main gauche. Le violon n'est pas encore créé, que des monuments figurés du moyen âge et de la Renaissance nous montrent des joueurs de viole à cet égard fort corrects : tel celui que nous représente un ivoire du XIII° siècle conservé au Louvre[9], ou ceux de Fra Angelico ou du Pérugin au XV° siècle[10], anges musiciens au poignet délié, au coude correctement rapproché du corps, sans exagération ni contrainte, aux doigts infléchis selon les bons principes.

Là encore, les premières méthodes se contentent de directives sommaires, beaucoup moins explicites que les vieux maîtres. Pour John PLAYFORD[11], « l'archet est tenu de la main droite, entre l'extrémité du pouce et des trois premiers doigts, le pouce posé sur les crins et la hausse, les trois doigts sur la baguette ». Nulle question du petit doigt. Daniel MERCK, en 1665, est encore plus simpliste : il s'en remet au génie de l'élève.

1. *Urstudien für Violine,* Berlin, s. d.
2. *Aperçus modernes sur l'art d'étudier,* Paris, Eschig, 1924.
3. *Op. cit.*
4. Cf. G. DEMENY, *Physiologie des professions. Le Violoniste,* Paris, Maloine, 1905. Cette question comporte en Allemagne une littérature extrêmement abondante, dont on trouvera la bibliographie détaillée dans W. TRENDELENBURG, *Die Natürlichen Grundlagen der Kunst des Streichinstrumentspiels,* Berlin, 1925.

5. *Op. cit.,* p. 193.
6. *Ibid.,* p. 185.
7. SANDYS et FORSTER, *The History of the violin,* Londres, 1864, p. 159. Cf. aussi HAWKINS, *A General History of music,* Londres, 1853, II, p. 782 ; PINCHERLE, *op. cit.,* p. 20 ; M. L. GREILSAMER, *l'Hygiène du violon et du violoncelle,* Paris, 1910 ; H, SAINT-GEORGE, *The Bow,* Londres, 1909.
8. *Parallèle des Italiens et des Français,* Paris, 1702, p. 104.
9. Cote A. G. 2029,
10. Max SAUERLANDT, *op. cit.,* pp. 30-36.

Il y a cependant, dès cette époque, deux écoles différenciées, l'une franco-allemande, l'autre italienne. « La plupart des violons d'Allemagne, écrit G. Muffat[1], pour joüer les dessus ou les parties du milieu, tiennent l'archelet comme les François en serrant le crin avec le pouce, et appuyant les autres doits sur le dos de l'archet. Les François le tiennent aussy de même pour joüer de la basse ; dont les Italiens diffèrent pour les parties d'en haut, veu qu'ils ne touchent point au crin. » Ainsi, les premiers règlent au moyen du pouce la tension de la mèche ; les autres négligent cette ressource, vraisemblablement parce qu'ils ont déjà bénéficié des perfectionnements successifs de la hausse : crémaillère, puis vis intérieure de rappel. Toujours est-il qu'en 1738 Corrette, dans son Ecole d'Orphée, fait encore état de ces différences de tenue. Il accompagne la figure (fig. 940)

Fig. 940.

du commentaire suivant[2] : « Je mets icy les deux manières différantes de tenir l'Archet. Les Italiens le tiennent aux trois quarts en mettant quatre doigts sur le bois A, et le pouce dessous, B, et les François le tiennent du côté de la hausse, en mettant le premier, deuxième et troisième doigt dessus le bois, C, D, E, le pouce dessous le crin F et le petit doigt à côsté du bois G. Ces deux façons de tenir l'Archet sont également bonne (sic), cela dépend du maître qui enseigne. »

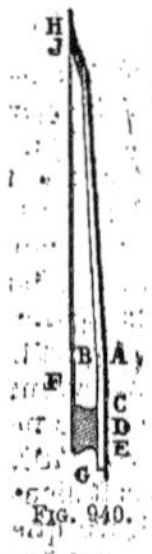

Le premier en France, l'Abbé Le Fils[3] définit en termes clairs une position tout à fait correcte : « Il faut poser le bout du petit doigt sur la partie de l'Archet qui tient à la Hausse ; l'Index doit être placé de façon que l'Archet se trouve au milieu de la seconde phalange de ce doigt, lequel, pour avoir plus de force, doit être un peu éloigné des autres. Le Pouce doit être vis-à-vis le doigt du milieu et soutenir tout le poids de l'Archet. » L'Ecole italienne persiste longtemps à tenir l'archet assez loin du talon. En 1824, B. Campagnoli[4] prescrit que le petit doigt se trouve « la pointe vis-à-vis de la hausse » ; la figure qui illustre son texte montre, en effet, le seul petit doigt au niveau du bord interne de la hausse, les autres reposant seulement sur la baguette, bien en deçà.

La tenue considérée comme classique de nos jours a été définie par Lucien Capet[5] : la main posée « de façon à ce que la baguette passe tout près de la deuxième phalange du second doigt (index) et aboutisse sous le cinquième doigt (auriculaire). Placer le premier doigt (pouce) en face du troisième (médius) ; ces deux doigts devront être comme un anneau fixe, ou point central, autour duquel les autres doigts évolueront. »

Dans l'application, quelques différences à signaler : les Allemands de l'école de Joachim ont tendance à moins engager l'index sur la baguette (le contact s'établissant à la jointure des première[6] et deuxième phalanges), tandis que les Russes, élèves d'Auer (Elman, Heifetz, etc.), enroulant pour ainsi dire davan-

tage leur main, font passer la baguette sous la troisième phalange de l'index. La tradition franco-belge tient ici la moyenne entre ces deux extrêmes.

Maniement de l'archet. Rôle des diverses articulations[7]. — Dans ses intéressantes Réflexions sur la musique[8], Brijon faisait remarquer l'indifférence de la plupart des méthodes à l'endroit de l'archet, alors que les grands artistes « n'ont une exécution supérieure que parce qu'ils ont senti de bonne heure cette vérité » que, de l'archet « dépend toute l'expression du jeu ». Le fait est que, jusqu'à 1750, la conduite d'archet (non point l'alternance des tirés et poussés, réglée au contraire avec minutie, mais la meilleure utilisation des articulations du bras et de la main qui tient l'archet) est à peu près passée sous silence. On s'en tire généralement comme fait Corrette dans son Ecole d'Orphée (1738) : « Pour tirer du son du violon, il faut tirer et pousser de grands coups d'archet, mais d'une manière gracieuse et agréable. »

Encore une fois, cet escamotage ne signifie pas que l'on ne se soit pas avisé de bonne heure de certains principes essentiels. Si les violonistes négligent de les formuler tout au long, Jean Rousseau, plus méticuleux, donne aux joueurs de viole de gambe des directives intéressantes, malgré la gaucherie de l'expression : « Pour conduire l'archet, il faut que le poignet soit avancé en dedans, et, commençant à pousser l'archet par le bout, le poignet doit accompagner le bras en obéissant ; c'est-à-dire que la main doit avancer en dedans, et quand on tire il faut porter la main en dehors, toûjours en accompagnant le bras sans tirer le coude ; car on ne doit pas l'avancer quand on pousse, ny le porter en arrière quand on tire[9]. »

Au milieu du XVIIIe siècle, dans la même décade, Geminiani, Léopold Mozart, l'Abbé Le Fils[11] édictent enfin des règles que les modernes ont continué d'appliquer, plus ou moins strictement. La meilleure rédaction est peut-être celle de l'Abbé Le Fils[11] : « L'archet doit être tenu avec fermeté sans cependant roidir les doigts, toutes leurs jointures doivent être au contraire fort libres, en observant cela, les doigts feront naturellement des mouvements imperceptibles qui contribuent beaucoup à la beauté des sons ; le poignet doit être aussi très libre, il doit conduire l'archet droit, et le diriger toujours sur les ouïes du violon. L'avant-bras doit seulement agir et suivre le poignet dans toutes ses opérations ; le bras proprement dit ne doit se prêter que dans les cas où l'on emploie l'archet d'un bout à l'autre ; le coude doit toujours être détaché du corps. » Quelques années plus tard, on rognera sur cette dernière tolérance : Italiens et Allemands surtout exigeront l'immobilisation quasi complète du bras. Galeazzi[12], qui entre dans le plus grand détail, veut que la main, l'avant-bras et le bras droit soient sur un même plan ; il admet quelques déplacements de haut en bas ou de bas en haut, à la condition que le mouvement ait son origine dans l'avant-bras et non dans le bras. Campa-

---

1. Florilegium secundum, Passau, 1698. Première observation de l'auteur : V. De la manière de conduire l'archelet.
2. Ecole d'Orphée, ch. ii, p. 7.
3. Op. cit. (1761), p. 1. Déjà, Léopold Mozart, dans sa Méthode (1756), avait donné des éclaircissements à peu près analogues. Tandis que Geminiani, excellent guide pour ce qui est de la conduite d'archet, ne dit presque rien de la façon dont on doit le tenir.
4. Op. cit., 5e partie, p. 2.
5. La Technique supérieure de l'archet, Paris, 1916, p. 9.
6. Première en commençant par l'extrémité du doigt.
7. Nous ne tenons ici à l'analyse des Méthodes. Pour l'examen physiologique du mécanisme d'archet, on en trouvera les éléments dans G. Demeny, op. cit. ; J. Lallement, La Dynamique des instruments à archet, Paris, 1925, et surtout W. Trendelenburg, op. cit., qui fournit la bibliographie à peu près exhaustive de la question.
8. Paris, 1763, p. 14.
9. Traité de la Viole, Paris, 1687, p. 33.
10. Op. cit.
11. Page 1.
12. Op. cit., 1791, p. 95.

TABLEAU GÉNÉALOGIQUE DES COUPS D'ARCHET (D.C. Dounis)

GNOLI[1] imagine de fixer le bras de l'élève par un cordon enroulé au-dessus du coude, et attaché à l'autre extrémité à un bouton de son habit. Ainsi, Léopold MOZART recommandait, lorsqu'un débutant n'observait pas l'immobilité prescrite, de le placer le bras droit contre un mur : « Quand il se sera cogné le coude en tirant l'archet, il apprendra à le faire correctement[2]. » Ainsi, encore, quelques attardés placent sous le coude de leur élève un livre qu'il s'agit de ne pas laisser tomber. D'où, immanquablement, contraction et raideur du poignet et des doigts. Il faut remarquer que les Italiens tenant leur archet, pendant tout le XVIIIe siècle, assez loin de la hausse, ne l'employent pas dans son entier. GALEAZZI le dit expressément[3] : à la hausse, le son serait trop brutal, à l'extrême pointe, il serait trop faible, presque nul.

Les travaux contemporains sur la *conduite d'archet* sont trop nombreux et trop développés pour que nous puissions en donner même un résumé. Force est de renvoyer notre lecteur aux ouvrages déjà cités de CAPET et de FLESCH, qui l'étudient avec une admirable perspicacité. Constatons seulement que l'École allemande qui, entre 1850-1880, préconisait une tenue d'archet du bout des doigts, les doigts raides, toute la souplesse dans le poignet, le coude très abaissé, semble perdre du terrain : les franco-belges accordent plus de souplesse aux doigts et plus de liberté au bras, que certains virtuoses tiennent dans un plan rapproché du plan horizontal. De graves controverses les divisent encore sur la question de savoir si l'on doit, en certains points du trajet de l'archet, creuser le poignet pour obtenir plus de force (HAYOT) ou, évitant ce procédé, garder le poignet haut, la main

comme suspendue à l'avant-bras (THIBAUD). L'exemple de ces maîtres, celui de KREISLER, exception parmi les exceptions (en ce qu'il ne craint pas de jouer « du bras » et de lui demander souvent certaines accentuations que d'autres localisent dans le poignet), prouve l'inanité d'une réglementation trop absolue. Les principes généraux une fois posés, à chaque nature individuelle correspondent des modalités différentes : telle est l'orientation de la pédagogie d'aujourd'hui. BAILLOT l'annonce en termes excellents quand il écrit[4]. « Nous avons travaillé de bonne foi à empêcher les élèves confiés à nos soins de devenir prisonniers d'une école, cherchant à donner à l'école elle-même la plus grande extension possible et à laisser aux élèves la plus grande liberté d'essor. »

Classification des coups d'archet. — Il ne semble pas que l'on ait songé avant BAILLOT à établir une classification méthodique des divers coups d'archet, capable : *a*) de renseigner sur leur filiation ; *b*) de faciliter ainsi leur étude. BAILLOT distingue[5] parmi les *détachés* : des coups d'archet *mats, élastiques* ou *traînés*, qui se subdivisent de la façon suivante :

1° Coups d'archet *mats : Grand détaché* (milieu). — *Martelé* (pointe). — *Staccato.*

2° Coups d'archets *élastiques : Détaché léger* (milieu). — *Détaché perlé* (milieu, avec moins d'archet). — *Détaché sautillé* (milieu, tout à fait sur place). — *Staccato à ricochet*, ou *jeté*, ou *rebondissant.*

3° Coups d'archet *traînés : Détaché plus ou moins appuyé* (milieu ou pointe, s'emploie dans le trémolo d'orchestre). — *Détaché flûté* (traîné avec légèreté).

Une des plus intéressantes classifications modernes est celle que propose D.-C. DOUNIS[6], basée sur deux coups d'archet fondamentaux, *détaché simple* et *détaché accentué*, le second différant du premier en ce que les changements d'archet, *tiré* ou *poussé*, sont marqués par une attaque vigoureuse au début de chaque note. À l'appui, M. DOUNIS donne le tableau ci-dessus, que nous n'acceptons point sans réserves (le *sautillé* en particulier se rattacherait aussi bien aux coups d'archet accentués), mais qu'il était intéressant de reproduire.

L'étude systématique de ces coups d'archet a été

---

1. *Op. cit.*, 5e partie, p. 5 et pl. I, fig. 3.
2. *Op. cit.*, p. 57 de la 5e édition.
3. *Op. cit.*, p. 99.

4. *Op. cit.*, 1834.
5. *Ibid.*, p. 100.
6. *Op. cit.*, 1921, p. 70.

faite récemment, dans tous les travaux spéciaux déjà allégués; nous nous contenterons de voir ici ce que les écoles anciennes en pouvaient connaître, en respectant l'ordre d'étude traditionnel.

Legato. — La brièveté de l'archet jusqu'à l'époque de CORELLI et au delà, son équilibre incertain, la tenue « à l'italienne » qui raccourcissait encore la portion utilisable de la mèche, faisaient des coups d'archet longs et soutenus une des plus grandes difficultés de l'art du violon à l'origine. On a souvent cité la phrase d'HUBERT LE BLANC[1] à propos de J.-B. SOMIS : « Il franchit la borne où l'on échoue, en un mot vint à bout du grand œuvre sur le violon, la tenue d'une ronde. Un seul tiré d'archet dura tant que le souvenir en fait perdre l'haleine quand on y pense. » La nouveauté n'est cependant pas aussi grande que le pourrait faire croire cet exemple. MER-

SENNE[2], en 1636, nous dit que l'on peut, en un seul coup d'archet, « sonner une courante et plusieurs autres pièces de musique ». Longtemps auparavant, Giovan-Battista GIACOMELLI (vers 1580) était surnommé *Battista del Violino* à cause de son coup d'archet long et suave[3]. On savait même filer des sons, comme l'indique, dans le *Combattimento di Tancredi e Clorinda* de MONTEVERDI (1624), cette observation : « en faisant mourir l'archet »[4]. Les sons filés deviendront par la suite d'usage courant. CORRETTE les recommande en ces termes[5] : « Dans les sarabandes, adagio, largo, et autres pièces de goût, il faut faire les rondes, blanches et noires avec de grands coups d'archet et enfler les sons sur la fin A. B. Mais pour les finales et terminaisons de chants, il faut commencer le coup d'archet avec douceur, le fortifier au milieu et le finir en mourant C. D. E. Ce coup d'archet fait un très bel effet » :

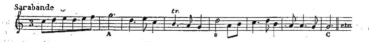

Sarabande

On verra plus loin comment l'enseignement utilise les sons filés pour assouplir et stabiliser l'archet.

Grand détaché. — Un coup d'archet par note, et tout l'archet, dans les mouvements rapides : nous n'aurons point à y insister longuement. La transformation de l'archet à la fin du XVIIe siècle, et surtout la modification de sa courbure, manifestent assez l'impatience où étaient les violonistes d'utiliser les crins sur la plus grande longueur possible. COR-RETTE[6], en 1738 (et l'on sait que ce n'était pas précisément un novateur), nous dit que « pour tirer du son du violon, il faut tirer et pousser de grands coups d'archet ». Sans alléguer les méthodes, la plupart des mouvements rapides, en noires ou en croches égales, supposent un large emploi de ce coup d'archet.

Détaché bref, sautillé. — Dans l'extrême rapidité, le détaché bref s'impose, presque toujours joué de la pointe de l'archet : « Les croches et les doubles croches se jouent du bout de l'archet[7]. » C'est un peu une spécialité française. QUANTZ nous le confirme quand il écrit[8] : « Il faut remarquer en général que dans l'accompagnement, surtout dans les pièces vives, un coup d'archet court et articulé, tel comme il est en usage chez les Français, fait un bien meilleur effet qu'un coup d'archet à l'italienne long et traînant. Les *allegro*, *allegro assai*, *allegro di molto*, *presto*, *vivace*, demandent un coup d'archet vif, très léger, court et bien détaché. »

Il va de soi que, dans l'extrême vitesse, l'archet

tendait à quitter la corde, et que l'élasticité de la baguette trouvait son emploi dans le *sautillé*. PIANI l'indique nettement[9] en 1712 :

et ajoute, à titre d'explication, que ce coup d'archet se fait « en noltes égales articulées et un peu détachées ». Depuis lors, l'usage du sautillé s'est généralisé. On notera seulement son étrange proscription par SPOHR, qui n'en fait aucune mention dans les 196 pages de sa méthode[10], et le bannissait également de ses interprétations. Ainsi, de nos jours, L. CAPET tient pour une certaine hiérarchie des coups d'archet et juge le *ricochet* « en quelque sorte négligé et de mauvaise éducation[11] ». Le *martelé*[12], détaché un peu rude, très accentué, de la pointe ou du talon, et le *spiccato* pour lequel l'archet est enlevé après chaque note, sont également d'usage ancien. Les textes du début du XVIIIe siècle en fournissent des exemples nombreux, comme ces *Variations dans le goût de la trompette* (1708) :

ou cette gigue de SENAILLÉ (livre V, sonate IV, *gigue*) :

Staccato. — On sait que ce terme désigne un coup d'archet dans lequel chaque *tiré* ou *poussé* englobe

1. *Défense de la basse de viole*, Amsterdam, 1740, p. 25.
2. *Loco cit.*, p. 183.
3. « Pe la soavo e lungha sua arcata. » (P. SEVERO BONINI, *Discorsi e Regole sopra la Musica* [1er quart du XVIIe siècle], cité par AD. DE LAFAGE, *Essais de Diphthérographie musicale*, Paris, 1864, p. 176.)
4. « Questa ultima nota va in ipsata morendo. » Cf. C. VON WINTER-FELD, *Johannes Gabrieli*, III, Berlin, 1834, p. 111.
5. *École d'Orphée*, 1738, p. 34.
6. *Op. cit.*, p. 7.
7. *Ibid.* De même, en 1740, Robert CROME (cité par E. VAN DER STRAETEN, *op. cit.*, p. 204) recommande à l'élève « d'avoir soin de ne pas trop approcher du Violon la main qui tient l'archet, mais de jouer plutôt à la pointe, à moins qu'il ne s'agisse de prolonger une note ».
8. *Op. cit.*, 1752, p. 203 de l'édition française.
9. Premier livre de sonates. M. DE LA LAURENCIE (*op. cit.*, I, 426) signale un exemple analogue de MONDONVILLE, op. IV, Sonate IV, *spirituoso*, 1738.
10. Édition française, 1834.
11. *Op. cit.*, p. 57.
12. Cette terminologie n'est pas encore très nettement fixée : la confusion est constante dans les traités, entre *martelé* et *spiccato*.

plusieurs notes, nettement séparées par de brefs silences, en sorte que l'impression auditive se rapproche de celles que donnerait un *sautillé* ou un *martelé* très net. On l'indique de la façon suivante[1] :

Cette notation désigne, selon le mouvement et le caractère du passage, une des nombreuses variétés de staccato déjà décrites par Dounis (voir sa classification), et dont l'étude, au point de vue pédagogique, a été fort bien faite par L. Capet, Flesch et la plupart des maîtres contemporains[2].

Pour la période ancienne, jusqu'au milieu du XVIIIe siècle, il n'est pas toujours aisé de déterminer l'espèce de staccato voulue par les auteurs, d'autant que les méthodes sont presque toutes muettes à ce sujet. Seul Muffat[3] définit le *pétillement*  en nous disant qu'il « diffère du *coulement* (legato) en ce qu'il exprime les notes distinctement, en les faisant craqueter sous un même trait d'archet ».

G. Beckmann[4] fait remarquer avec juste raison que les exemples fournis par les œuvres de Schmelzer, Biber, J.-J. Walther devaient être plutôt staccato rebondissant que staccato à la corde. Certains d'entre eux atteignaient en tous cas une ampleur considérable, tel ce fragment de J.-J. Walther (*Hortulus Chelicus*, 1688, Sonate XXIIII, *presto*) :

Parmi les Italiens, Nicola Matteis s'était déjà signalé par son staccato merveilleux, qui fit sensation à Londres vers 1675[5]. C'est encore en Angleterre que Pietro Castrucci, ayant annoncé, lors d'un concert à Londres (Hickford Rooms, 21 février 1731), un staccato de vingt-quatre notes, fut parodié le lendemain par le Goodman's Field's playhouse, qui promettait que son dernier violon exécuterait, lui, un staccato de vingt-cinq notes[6]. Toujours est-il que les œuvres de Castrucci contiennent des exemples d'un staccato rebondissant fort délicat. Ex. : Op. II, 1734, sonate III, *gavotte* :

Ibid., sonate VIII, *all°gro giusto* :

Locatelli, Leclair, Guillemain, ont une parfaite maîtrise de ce coup d'archet[7].

Tartini, que l'on interprète souvent, sous prétexte de classicisme, avec un archet uniformément large et pesant, pratique et le staccato mordant, à la corde (Op. V, sonate VI, *andante varié*) :

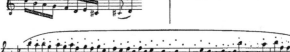

et un staccato rebondissant, proche parent du ricochet (*Arte del arco, variation 32*) :

Alors que le staccato s'exécute beaucoup plus commodément en poussant l'archet, Tartini l'emploie ici dans les deux sens. Il semble que l'Abbé Le Fils ait été le premier à prescrire dans une méthode un staccato à la corde, aller et retour, qu'il appelle *coup d'archet articulé*, en ajoutant : « Pour bien faire ce coup d'archet, le poignet doit être très libre, et doit seul articuler avec une parfaite égalité chacune de ces notes, soit en les poussant, soit en les tirant[8] »

1. A de très rares exceptions près, la Méthode de Durieu (1796, p. 11) se contente de points, sans liaison.

2. Une des analyses les plus complètes est celle de J. Winkler, *Die Technik des Geigenspiels*, Vienne, 1923, II, p. 9-48.

3. *Florilegium secundum*, 1698, chap. V (*des Agrémens*).

4. *Op. cit.*, pp. 57-58.

5. Cf. The Honorable Roger North, *Memoirs of Musick* (1728), éd. E. F. Rimbault, Londres, 1846, p. 121.

6. Cf. Burney, *A General History of music*, IV, 1789, p. 331.

7. Voici encore dans l'école française Tremais. Cf. la Laurencie, *op. cit.*, II, p. 40.

8. *Principes du violon* (1761), p. 54.

Au XIXᵉ siècle, PAGANINI (Caprice n° 7), WIENIAWSKI (Fantaisie op. 20, polonaises, etc.), VIEUXTEMPS (Concertos). empruntent au staccato des effets très brillants. Il s'agit, la plupart du temps, d'un staccato extrêmement rapide, obtenu par une sorte de tétanisation du bras, grâce à laquelle on obtient un état vibratoire qui rapproche et éloigne tour à tour l'archet de la corde; c'est ainsi que l'on peut exécuter un staccato de 64 notes en poussant et 46 en tirant (H. VIEUXTEMPS, *Air varié*, op. 22, *variation 3*) :

On peut considérer comme un staccato rebondissant le coup d'archet improprement appelé *trémolo* et noté ⌢ ou ⌢ ⌢, qui utilise de façon régulière, dans le tiré et le poussé, le rebondissement de la baguette. Très différent du trémolo d'orchestre (petit détaché rapide, employé par MONTEVERDI en 1624[1], TARQUINIO MERULA[2] en 1639), ce coup d'archet ne diffère pas de ricochets déjà employés par l'ABBÉ Le Fils (livre I, Sonate V, *Menuet*, 1748) :

ou LOCATELLI (op. 8, vers 1735). Mais les notes qu'il affecte sont répétées deux par deux, ou par trois, rarement par quatre ou cinq. DE BÉRIOT en avait fait une spécialité. Son *Trémolo* op. 30 reprend à cet usage le thème varié de la *Sonate à Kreutzer* :

C'est avec cet arrangement, nous dit-on, que VIEUXTEMPS réussit, à Constantinople, en 1848, à intéresser Abdul-Medjid[3]. Et c'est à une variation analogue que la fameuse *Mélancolie* de PRUME devait une part de sa séduction, définitivement évanouie.

Enfin la *saccade* n'est pas autre chose qu'un staccato accentué. BAILLOT la définit ainsi[4] : « La *Saccade* est une secousse d'archet rude et prompte que l'on donne aux notes, généralement deux en deux, de trois en trois, etc., et quelquefois irrégulièrement, c'est-à-dire sans symétrie » :

(Tous les *sf* sur les 1ʳᵉˢ et 3ᵐᵉˢ notes doivent être faits moëlleusement, en allongeant un peu l'archet.)

Batteries et brisures. — J.-J. ROUSSEAU, dans son *Dictionnaire de musique*[5], définit la batterie « un arpège continu, mais dont toutes les notes sont détachées au lieu d'être liées comme dans l'arpège ». Le type le plus simple est celui qui emprunte deux cordes voisines. C'est un assouplissement d'archet que les auteurs de la fin du XVIIᵉ et du début du XVIIIᵉ siècle ont prisé spécialement, et qui, aux yeux des clavecinistes[6], caractérise avant toute autre chose le jeu du violon. La plupart des passages de virtuosité des œuvres de CORELLI consistent en batteries de formes variées, comme (Concertos, œuvre six, n° V, *allegro*) :

Toute l'école italienne, l'école allemande (cf. concertos de J.-S. BACH, sonates de HAENDEL), l'école française (DUVAL, SENAILLÉ, FRANCŒUR aîné, LECLAIR, AUBERT[7], emploient les nombreuses variétés possibles de cette figuration. Non moins employées sont les

1. *Combattimento di Tancredi e Clorinda*.
2. *Canzon a tre*, in WASIELEWSKI, *Instrumentalsätze*, Berlin, Liepmannssohn, s. d. (M. PIRRO en signale aussi des emplois chez SCHÜTZ en 1647, *Schütz*, 1913, BUXTEHUDE en 1674, *Dietrich Buxtehude*, 1913.)

3. Cf. J.-Th. RADOUX, *Vieuxtemps*, Liège, 1891, p. 75.
4. *Op. cit.*, p. 126.
5. Paris, 1768.
6. Cf. COUPERIN, *L'Art de toucher le clavecin*, édit. 1716, p. 35.
7. Cf. PINCHERLE, *La Technique du violon*, p. 25-27.

brisures, sorte de batteries dans lesquelles l'archet emprunte deux cordes non voisines. Italiens et Allemands du XVIIe siècle y recourent de bonne heure (nous tenons compte ici de toutes les séquences

symétriques comportant des sauts de cordes et assimilables aux brisures) :

Tarquinio MERULA : *Canzon a tré,* 1639 (Wasielewski, *Instrumentalsätze,* page 29) :

BIAGIO MARINI : *Diversi generi di Sonate,* op. XXII, 1655, sonata per due violini :

Mathias KELZ, *Epidigma harmoniæ novæ,* 1669. *Aria capriciosa :*

On peut citer pour mémoire BASSANI, les VITALI, CORRELLI (la *Follia*), dépassés de beaucoup par VIVALDI qui ose écrire :

Op. 8, concerto II, *Presto* (vers 1725) :

Concerto *ré* mineur. Ms. Cx, 1045, Bibliothèque Dresde :

passage exécutable soit par des sauts de cordes fort délicats, soit par une régression du premier doigt dont peu d'exécutants sont capables (intervalle de douzième). TARTINI (op. V, sonate V), LOCATELLI (pas-

sim, dès 1730), DE GIARDINI, FERRARI, vont plus loin, rejoints sinon distancés par l'école française, avec J.-M. LECLAIR : Livre II (vers 1728), sonate VI :

ou GUILLEMAIN, op. I (1734), sonate II :

PAGANINI, *Caprice* no 2 :

Le XIXe siècle poussera plus loin la hardiesse, et l'on arrivera à des formules comme :

W. ERNST, *Carnaval de Venise,* Op. 19 :

RODE, 3e concerto (vers 1804), *Polonaise :*

PAGANINI, *Caprice* no 2 :

Bariolage. — « On donne le nom de *bariolage* à une espèce de passage qui présente une apparence de désordre et de bizarrerie en ce que les notes n'en sont point faites de suite sur la même corde; ou en ce que les notes *mi, la, ré* sont faites alternativement avec un doigt appuyé et avec la corde à vide, ou bien enfin en ce que l'on fait entendre la note à vide dans une position qui demanderait qu'on la fît avec un doigt[1]. »

On trouve d'ingénieux bariolages dans BIBER :

Sonate I (1681), *Presto :*

Dans les Suites de J.-S. BACH :
Suite en *mi majeur* (vers 1720) pour violon seul, *Prélude :*

De nombreux passages analogues chez TELEMANN (*Six Quatuors à viollon, flûte, viole ou violon de celle* (sic) *et basse continue,* Concerto II, *vivace* (1736), MOSSI (op. I, sonate IV, *allegro,* vers 1725), GEMINIANI, LO- CATELLI (passim). L'ABBÉ Le Fils se montre particu- lièrement audacieux dans une cadence de son œuvre I (1748), sonate IV, *andante :*

Franz LAMOTTE[2] risque ce bariolage « aller et retour » :

dont la difficulté s'aggrave, chez H.-W. ERNST (op. 19, *variation 14*), du fait qu'un seul coup d'archet englobe sept de ces triolets :

Variété d'archet. — La technique de l'archet, à ses débuts, est restée longtemps régie par des principes dont la rigueur simpliste est pour nous bien surpre- nante. Il s'agit surtout de ce qu'on a appelé la *règle du tiré,* de par laquelle l'archet devait être tiré sur la première note de la mesure, quels que fussent le rythme, le temps, le caractère du morceau. Elle est déjà exposée par MERSENNE en 1636[3] : « Il faut consi- dérer que l'on doit tousjours tirer l'archet en bas sur la première note de la mesure, et qu'il faut le pous- ser en haut sur la note qui suit, par exemple si la mesure est de 8 croslûes (croches), on tire l'archet en bas sur la première et sur 3, 5 et 7; lequel on pousse en haut sur la 2, 4, 6 et 8 : de sorte qu'il se tire tousjours sur la première note de chaque mesure

composée d'un nombre pair de notes, mais si elle est composée d'un nombre impair, comme il arrive quand il y a quelque point après l'une des notes, l'on tire l'archet en haut sur la première note de la me- sure qui suit, afin de le tirer encore sur la première note de la 3e mesure, ce qu'il faut semblablement dire de toutes les notes et mesures. » Encore admet- il, pour la seconde mesure ternaire, une tolérance

$$\left(\begin{array}{ccc} t & p & t \\ p & t & p \\ t & p & t \end{array} \right)$$

que la Méthode de DUPONT[1] ne connaîtra plus, d'après qui, « lorsqu'il y a trois noires dans la mesure à trois

1. BAILLOT, *Art du violon* (*op. cit.*), p. 126.
2. Fragment de concerto (s. d.) cité par BAILLOT, *op. cit.*, p. 209.
3. *Loco cit.*, p. 185.

4. 1713, *t* = *tiré*, *p* = *poussé*.

temps, il faut tirer la première et pousser les deux autres » :

ou encore, « lorsqu'on trouvera un point après une barre (c'est la manière d'écrire les syncopes), au commencement de la mesure, il faut pousser la première note, parce que ce point tient lieu de la première note qu'il faut supposer avoir tirée » :

. Ce formalisme était surtout français, s'il en faut croire MUFFAT[1], selon qui « pour ce qui concerne les règles de le tirer (l'archet) en bas, ou de le pousser en haut, ny les Allemans, ny les Italiens ne se sont guère accordez ensembles jusqu'icy (1698), et ne se sont rencontrez que. rarement, et fortuitement par cy par là avec les Français » : A l'appui ces exemples[2], le premier à l'allemande ou à l'italienne, le second à la française. Les signes | *tiré* et \/ *poussé* et le point qui signifie une seconde note poussée dans le même coup d'archet (en sorte que \/.équivaut à notre moderne $\underset{\vee}{\frown}$), sont de l'invention de MUFFAT. Très antérieurs, par conséquent, à ceux qu'imagina VERACINI dans ses *Sonate accadèmiche* de 1744 : ⊍ *tiré* et ⊕ *poussé :*

Menuet

MUFFAT préconise, dans les mouvements lents des mesures ternaires, la disposition :

dans les mouvements rapides :

Il semble que cette manière lulliste ait vivement impressionné les autres nations, car non seulement MONTECLAIR, CORRETTE, l'ABBÉ Le Fils[3] s'y tiennent, au moins comme règle générale, susceptible d'exceptions, mais WODICZKA[4] donne cet exemple assez gauche :

Et Léopold MOZART[5] celui-ci :

(l = *herabstrich : tiré*).

Il faut remarquer que ces règles, dans l'esprit des maîtres, sont susceptibles d'exceptions. DUPONT l'avait déjà noté dans sa méthode dialoguée[6] :

· Demande : « Est-on obligé d'observer (*sic*) toutes les règles du coup d'archet? »

Réponse : « Ouy, lorsque l'on aprend, parce que cela vous facilite de trouver le goût des airs; mais quand l'on sçait, on prend t'elle lissence et libertés que l'on juge à propos. »

Et cette reprise d'archet n'est pas forcément principe de raideur et de discontinuité. « La plus grande adresse des vrays lullistes, dit encore MUFFAT[7], consiste en ce que parmy tant de reprises de l'archet en bas, on n'entend néantmoins jamais rien de désagréable ni de rude; mais au contraire on trouve une merveilleuse conjonction d'une grande vitesse à la longueur des traits (tirés d'archet); d'une admirable égalité de mesure à la diversité des mouvements; et d'une tendre douceur à la vivacité du jeu. » Et le *Traité de la viole* de Jean ROUSSEAU[8] nous explique que l'on ne reprend pas l'archet en entier à chaque *tiré* ou *poussé* : « Quand on tire deux fois, il faut soulever l'archet à la moitié environ de son coup, et le remettre aussitôt en continuant le même coup, et non pas en recommençant à tirer. » C'est ce que nous notons ⌒⌒ ou ⌒, staccato ou notes légèrement articulées. On peut d'ailleurs, dans ce cadre un peu étroit, donner carrière à une certaine fantaisie. CORRETTE[9] indique des liaisons comme :

etc.

1. *Op. cit., Observations de l'autheur*, II.
2. *Ibid.*
3. *Op. cit.*
4. *Instruction pour les commençans*, Amsterdam, vers 1757, p. 2.
5. *Op. cit.*
6. *Op cit.*
7. *Op. cit., loco cit.*
8. Paris, 1687, p. 110. Même explication dans CORRETTE (*op. cit.*, p. 8).
9. *Ecole d'Orphée*, p. 34-35.

Mais les œuvres échappent bien vite à cette *tyrannie du tiré*, ou s'y conforment avec assez de souplesse pour le faire oublier. G. Mossi indique dans une simple *Corrente* (op. I, vers 1725, sonate VII) ces liaisons :

Geminiani écrit (op. VI, 1739, sonate VIII, *finale*) :

Vivaldi (op. II, concerto V, *finale*) :

Au milieu du siècle, la variété d'archet est devenue l'un des principaux éléments de la personnalité musicale des grands exécutants. Il y aura bientôt une technique d'archet de Cramer, une de Jarnowick, une de Viotti, etc. Et Burney peut raconter sans invraisemblance le trait suivant[1] : « Je me rappelle mon plaisir et mon étonnement en entendant Giardini dans un solo de l'oratorio joué en 1769, exécuter, à la fin, un air varié dans lequel, répétant chaque phrase avec un coup d'archet différent, sans changer une seule note de la mélodie, il lui donnait tout l'effet et toute la nouveauté d'une véritable variation. »

Pédagogie. — Comme en ce qui concerne la main gauche, les auteurs de méthodes n'ont songé pendant fort longtemps, pour l'archet, qu'à indiquer les principales difficultés à résoudre, sans nous mettre au courant de leur manière de les affronter et de les résoudre, de leurs procédés de travail.

Sans exposer à ce sujet des vues très détaillées, Geminiani indique le premier[2] des exercices de gammes dérythmées qui sont de merveilleux assouplissements :

Mais la lettre déjà citée de Tartini (1760) à Maddalena Lombardini fixe, pour la première fois, une méthode que l'on n'a pas cessé d'employer : « Attachez-vous d'abord à poser l'archet sur la corde avec tant de légèreté, que le commencement du son que vous tirez soit comme un souffle, et que la corde ne paroisse pas être ébranlée : cela consiste dans la légèreté du poignet, et à continuer tout de suite le coup d'archet en renforçant autant qu'on veut ; car, quand on a commencé à l'appuyer légèrement, on n'a plus à craindre des sons aigres ni durs.

« Assurez-vous de cette manière d'appuyer l'archet dans toutes les situations, soit que vous le preniez au milieu ou aux extrémités, et dans les *tirés* comme dans les *poussés*. Pour ne s'y prendre qu'une fois, commencez ces sons filés sur une corde à vuide, la seconde, par exemple, qui est l'A mi la (*la*).

« Commencez très doux, et que votre son augmente peu à peu jusqu'à ce qu'il soit très fort, faites cet exercice également en tirant comme en poussant. Employez à cette étude au moins une heure par jour, mais pas de suite, un peu le matin, un peu le soir ; et souvenez-vous bien que c'est là l'étude la plus importante et la plus difficile de toutes... Pour acquérir cette légèreté de poignet, d'où naît la rapidité de l'archet, il sera très bon de jouer tous les jours quelque fugue de Corelli, toute composée de doubles croches.

---

1. *A General History of Music*, III, 1789, p. 558.
2. *Op. cit.*, exemple VIII.

Jouez-en peu à la fois, de plus en plus vite, jusqu'à ce que vous en soyez venue à les exécuter avec la plus grande rapidité. Mais il faut vous avertir de deux choses : la première, de détacher l'archet, c'est-à-dire de perler si bien chaque. note, qu'il paraisse y avoir un vide entre une nòte et l'autre.

« Elles sont écrites ainsi :

jouez-les comme si elles l'étoient ainsi :

vous pourrez en faire ainsi à volonté tant qu'il vous plaira, dans tous les tons, et cela est véritablement utile et nécessaire. »

L'*Art de l'Archet*[1] de TARTINI, avec ses cinquante variations, prouve l'excellence de la méthode. On nous dit, par ailleurs[2], que le maître de Padoue pratiquait la division d'archet si fort en honneur aujourd'hui : « TARTINI avait deux archets, l'un marqué sur la baguette de la division à quatre temps, l'autre de celle à trois temps. C'est dans ces divisions qu'il obtenait toutes les subdivisions de l'infiniment petit; et comme il lui était prouvé que le poussé vertical était plus bref que le tiré perpendiculaire, il faisait jouer la même pièce en tirant comme en poussant, avec les mêmes inflexions. »

Cette division est admise par BAILLOT, comme

de façon à ne vous servir d'abord que de la pointe de l'archet; ensuite, quand vous serez sûre de les bien faire de cette manière, commencez à les faire avec cette partie de l'archet qui est entre la pointe et le milieu, et quand vous serez assurée de cette nouvelle situation de l'archet, étudiez alors de même à les faire du milieu, observant surtout, dans chacun de ces exercices, de commencer les fugues tantôt en poussant, tantôt en tirant; gardez-vous de vous habituer à les commencer toujours en tirant.

Pour acquérir cette légèreté d'archet, il est très bon de sauter une corde et d'exécuter des fugues de doubles croches faites de cette manière :

base d'étude, mais il s'en tient à trois parties qu'il définit :

Pointe	Milieu	Talon
Faiblesse	Équilibre	Force

« Les divisions trop multipliées et imposées comme règles nécessaires, ajoute-t-il[3], ne feraient qu'embarrasser ou refroidir l'exécutant et donner à l'étude une tendance à la subtilité qu'il faut éviter dans les choses de sentiment. » Il compte cependant sur l'instinct de chacun pour pousser plus loin ces subdivisions. La pédagogie moderne est plus exigeante, et Lucien CAPET prévoit l'étude de tiers, de quarts, de huitièmes d'archet[4]. VIOTTI a laissé quelques notes[5], excellentes, sur l'importance de la gamme dans le travail de l'archet, appuyé sur les sons filés

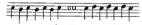

Il note, au préalable, l'intérêt qu'il y a à exercer l'élève à poser son archet au milieu de l'espace compris entre le chevalet et la touche, pour obtenir la meilleure qualité de son. Déjà, Francesco GALEAZZI[6] avait, à ce point de vue, discerné trois zones : la première près du chevalet, où le son est sifflant et strident; la seconde au niveau de l'extrémité des ouïes, région de la bonne sonorité; la troisième sur la touche, où le son est terne et mou.

Ornementation. Trille, vibrato.

Nous ne pouvons qu'indiquer ici l'important problème des *accentuations* d'archet, qui appartient plutôt à l'interprétation. On se reportera utilement au travail déjà mentionné de BAILLOT, dont bien des

éléments ont gardé toute leur valeur. FLESCH et CAPET fourniront les compléments nécessaires.

Nous n'aborderons pas en elle-même la question des ornements. Ils ne nous intéressent qu'en ce qu'ils mettent en jeu des éléments techniques nouveaux. Ainsi considérés, les coulés, ports de voix et analogues peuvent s'intégrer dans l'étude du démancher, à moins que, pratiqués à la position, ils s'empruntent d'autres ressources que celles des gammes ordinaires. Reste, avec le vibrato, le trille[7], qui est bien, spécifiquement, un artifice technique différencié de tous les autres. Indiqué généralement par une croix +, pendant toute la période ancienne jusqu'à la fin du XVIIIe siècle, il se ramène toujours à l'une des variétés cataloguées par TOINON, en 1699, dans son *Avertissement pour les Trios nouveaux pour le violon, hautbois et flûte,* et qui, sous des noms divers, sont des trilles à la seconde inférieure ou supérieure :

1. L'édition la plus complète est celle que donne J.-B. CARTIER dans l'*Art du violon*. Il la transcrit, nous dit-il dans sa Préface, d'après le manuscrit autographe, donné par TARTINI au père de J.-B. PASSERI, qui l'a remis à CARTIER. L'édition de LE DUC ne comporte que trente-huit Variations; celle de KREISLER en comporte trois : une *imitée* de la quinzième variation de TARTINI, les deux autres apocryphes.

2. FR. FAYOLLE, *Paganini et Bériot,* Paris, 1831, p. 26.

3. *Op. cit.,* p. 92.

4. *Op. cit., passim.* Voir aussi, pour les divisions d'archet, Alfeo BUVA, *Nuovo Metodo per Violino,* Milan, 1923.

5. *Op. cit.,* pp. 33-35.

6. *Op. cit.,* p. 101.

7. Pour l'étude *esthétique* du trille, voir les méthodes déjà citées, en particulier PLAYFORD, CORRETTE, GEMINIANI, Léopold MOZART, L'ABBÉ Le Fils, QUANTZ, le *Traité des Agrémens* de TARTINI, traduit par DENIS (1771). Les travaux plus complets sont ceux de E. BOREL, *Contribution à l'interprétation de la musique française,* Paris, 1914, et LA LAURENCIE, *op. cit.,* I, 35-42; III, passim.

.Les violonistes emploient de bonne heure ce genre de figuration, soit qu'ils l'indiquent par une croix ou un *t*, soit qu'ils le notent expressément. Ex. Fontana (vers 1630)[1] :

Il est d'usage courant, dès le début du XVII° siècle, de triller même sur des notes qui ne portent aucune indication. Dans la *Sfera armoniosa* (1623), Quagliati,

proscrivant toute ornementation parasite, autorise cependant les trilles[2]. On a de tout temps recherché les mêmes qualités d'égalité et de netteté. Mersenne est seul[3] à faire mention d'un trille assez particulier, où chaque battement correspondait à un coup d'archet détaché. Après lui, il n'est plus question que de trilles ordinaires, d'autant plus prolongés que le violoniste est capable d'un coup d'archet plus ample. Quant au mode de travail, Tartini[4] engage son élève à posséder des trilles de toutes vitesses, du plus lent au plus vif, et, pour cela, de s'exercer en graduant comme suit :

Il n'est pas nécessaire de donner ici des exemples d'emplois du trille : les œuvres anciennes en sont pour ainsi dire semées, plus particulièrement à partir de 1720-1730. On voit alors se multiplier les petits trilles sur des valeurs brèves (croches et doubles croches), les chaînes de trilles analogues à celle qu'emploie Vivaldi dans son œuvre VIII (Concerto 3, *l'Automne, allegro*) :

chaînes que Léopold Mozart étudiera spécialement, en proposant ces trois doigtés :

Les virtuoses du début du XIX° siècle useront largement de cet ornement. C.-P. Lafont multiplie dans ses concertos des formules telles que (3° Concerto, vers 1815-1820) :

On l'a pour ainsi dire renouvelé de nos jours en lui demandant des effets impressionistes, comme dans

la conclusion bien connue du *Poème* de Chausson, op. 25, ou le finale du concerto op. 19 de Prokofieff :

Le paragraphe consacré à la *double corde* traitera du *double trille* et du trille en combinaison avec un chant soutenu.

Pour la pédagogie moderne du trille, on en trouvera un excellent exposé dans l'ouvrage déjà cité de M. Herwegh[5], qui arrive à ces conclusions, que l'on doit :

« 1° Imprimer le mouvement flexionnel à la première phalange du doigt qui trille;

« 2° Laisser les dernières phalanges flottantes et folles; »

« 3° Fléchir le poignet au minimum compatible avec l'exécution de la note. »

Il est à remarquer que nombre de virtuoses, pour exécuter un trille longtemps soutenu, modifient plusieurs fois la flexion du poignet et par conséquent l'aplomb des doigts, trouvant là un préventif contre la fatigue et la crampe.

Le *vibrato*, dont le rôle est surtout expressif, et qui affecte aujourd'hui, dans le jeu de bien des violónistes, non seulement les valeurs longues et les éléments mélodiques, mais jusqu'aux traits de pure virtuosité, a longtemps été considéré comme un ornement au même titre que les divers trilles.

On a parfois prétendu que le vibrato était d'une invention relativement récente. Bien à tort, car Mersenne l'annonce déjà en termes suffisamment explicites. Si l'édition française de l'*Harmonie universelle* parle, à propos du talent de Bocan et de Lazarin, de « certains tremblemens qui ravissent l'esprit[6] » et de « tremblemens qui se font sans marteler », elle précise, par ailleurs, qu'il faut pour atteindre à la perfection « adoucir les cordes par des tremblemens, que l'on doit faire du doigt qui est le plus proche de celuy qui tient ferme sur la touche du violon, afin que la corde soit nourrie »[8]. L'équivoque qui peut subsister ici entre le vibrato et le trille est bannie de l'édition latine dans le passage : *Dum arcu nervi verruntur*,

1. Wasielewski, *Instrumentalsätze*, ex. XIII.
2. *A-vertimento per il Violino :*« Nell'... opere concertate con il violino, il suonatore ha da sonare giusto come sta adornando con trilli, o senza passaggi. »
3. *Loco cit.*, p. 182.
4. *Lettre à la signora Lombardini, op. cit.*

5. Page 8.
6. *Op. cit.*, livre I, p. 11.
7. *Ibid.*, livre IV, p. 182.
8. *Ibid.*, p. 183.

digitus saepe vibrandus est in scapo, ut concentu suo rapiat aures, et animum [1]. Il se peut que le mot *tremolo*, souvent employé postérieurement dans le sens de vibrato chez les Italiens, doive être ainsi interprété dans une *Canzon* de MERULA [2] (1639) :

Au XVIIIe siècle, GEMINIANI conserve dans les exemples de sa méthode [3], le mot tremolo, et le signe ⌇⌇.

On trouve aussi . Mais il définit dans le corps du livre, sous le nom de *Close Shake*, un vibrato authentique : « Cet ornement ne peut se figurer comme les autres au moyen de notes. Pour l'exécuter, il faut appuyer fortement le doigt sur la corde, et déplacer le poignet du dedans au dehors et *vice versa* lentement et également. » Il distingue trois espèces, l'une plus serrée exprimant la majesté, la dignité, l'autre plus lente, pour la douleur ou la crainte, la troisième, qui n'affecte que des valeurs brèves, pour en embellir la sonorité. Il en recommande l'emploi aussi souvent que possible. De même, les théoriciens français (CORNETTE [4]) et allemands (Joh. QUANTZ, Léopold MOZART [5], LÖHLEIN [6], etc.) ; ces derniers, spécifiant qu'il n'en faut pas abuser. TARTINI, dans son *Traité des agrémens de la musique* [7], traduit par DENIS, le décrit longuement : « On produit artificiellement sur le violon, sur la viole et sur le violoncelle ce tremblement avec un doigt qu'on tient sur la corde, en imprimant ce tremblement à ce doigt par la force du poignet, sans que ce doigt quitte la corde quoiqu'on le soulève un peu. Si le tremblement du doigt est lent, l'ondulation qui est le tremblement du son sera lente. S'il (p. 29) est vif, l'ondulation sera vive. On peut donc augmenter la vitesse de l'ondulation en la commençant lentement et en la rendant par degrés plus vive. On verra dans un exemple cette augmentation marquée par de petits demi-cercles dont la grandeur et la petitesse marqueront la lenteur et la vitesse et, par conséquent, l'augmentation.

« Exemple d'une ondulation lente, mais égale :

« d'une vive, mais égale :

---

1. *Harmonicorum Libri IV*, p. 39 : « Tandis que les cordes sont parcourues par l'archet, il faut imprimer au doigt des vibrations répétées, pour que les oreilles et l'âme en soient ravies. »

2. *Canzon detta la Cancelliera*, in WASIELEWSKI, *Instrumentalsätze*, p. 29.

3. Édition anglaise, 1751, p. 8, et pl. XVIII, n° 14.

4. *L'Art de se perfectionner dans le violon*, s. d., p. 4.

5. *Op. cit.*

6. *Anweisung zum Violinspielen*, 1774, p. 51. CAMPAGNOLI, *op. cit.*, V, 25, reprendra exactement la définition de Léop. MOZART.

7. Paris, La Chevardière, s. d. (1771), pp. 28-32.

« et d'une qui passe par degrés de la lenteur à la vitesse :

« (30) Cet agrément ne s'employe jamais dans les demi-sons (tons) qui doivent imiter non seulement la voix humaine, mais encore de la nature de la parfaite intonation jusqu'au point mathématique, c'est-à-dire que l'intonation ne doit point être altérée, dans les demi-sons, et elle le serait par le tremblement... Cet agrément fait un très bon effet à la note finale d'une phrase musicale, quand cette note est longue... (31) Il fait pareillement un fort bon effet sur les notes longues de tel chant que ce soit et quelle que soit la mesure, quand les notes sont arrangées de la manière suivante :

SPOHR donne aussi du vibrato une étude détaillée [8]. Il distingue quatre degrés de vitesse.

1° Tremolo (vibrato) rapide, pour les notes fortement accentuées.

2° Tremolo plus lent, pour les notes traînées, dans les passages d'un chant passionné.

3° Tremolo qui commence lentement, et qui augmente graduellement.

4° Tremolo qui commence rapidement, et qui se ralentit peu à peu.

Pour l'étude physiologique du vibrato, on se reportera aux ouvrages modernes déjà cités de M. HERWEGH, LALLEMENT, FLESCH, EBERHARDT, TRENDELENBURG, etc. La diversité des opinions émises quant à l'origine du mouvement (avant-bras, poignet, doigts), sa direction (d'avant-arrière et *vice versa*, ou de haut en bas), sa rapidité, nous en interdit l'examen dans une étude nécessairement abrégée.

Double corde.

Nous traitons naturellement, sous ce titre, de la polyphonie du violon, qu'elle soit à deux, trois ou quatre parties. On devra se reporter aussi à ce qui concerne l'*arpège* [9], qui ajoute à la difficulté de la double corde celle d'un maniement d'archet spécial.

Malgré les objections de quelques grincheux, comme AVISON, d'après qui [10] la double corde, « même

---

8. Édition française, pp. 147-149.

9. Voir en outre ce qui a été dit plus haut de la *scordature*.

10. *An essay upon musical expression*, Londres, 1753, p. 108 : « In the hands of the greatest Masters, they only deaden the tone, spoil

entre les mains des plus grands maitres, tue la sonorité, fausse l'expression et fait obstacle à l'exécution, en un mot contrecarre le talent du virtuose et ravale un bon instrument à la condition de deux instruments sans relief », les violonistes de tous temps en ont fait le plus large emploi.

Parmi les préclassiques du XVII° siècle, les Allemands surtout, KELZ, WESTHOF, WALTHER, BIBER, SCHMELTZER, BALTZAR, pour ne citer que les principaux, sont des maitres ès polyphonie. Parmi les Italiens, Carlo FARINA, Biagio MABINI (qui tous deux ont pu être influencés par les Allemands), UCCELLINI, O. M. GRANDI, plus tard BASSANI, VITALI, etc., sans les égaler, ne manquent ni d'audace ni d'ingéniosité. Les Français, nettement retardataires, jusqu'à 1720 environ, pour ce qui est de l'exécution des difficultés, n'ont pourtant pas attendu J.-M. LECLAIR, comme on l'a écrit fort longtemps, pour pratiquer la double corde. Le témoignage de MERSENNE en 1636 est formel : « Encore que l'on puisse quelquesfois toucher deux chordes de violon en mesme temps pour faire un accord, » dit l'édition française [1], et l'édition latine [2] est plus explicite, comme il advient assez souvent : « Des quels (doigts) n'importe lequel peut toucher à la fois deux cordes, en sorte qu'il produit une quinte sur (avec) la même division (en immobilisant une même longueur sur les deux cordes). » C'est de cette façon élémentaire que procède l'Italien Biagio MARINI [3], lorsqu'il discorde son violon en abaissant la chanterelle d'une tierce, ce qui lui permet d'obtenir en employant pour chaque double corde un seul doigt, comme on ferait pour des quintes sur un instrument normalement accordé :

On ne peut prétendre donner ici une idée très complète des ressources que les différentes écoles ont trouvées dans la double corde. Nous nous contenterons de quelques exemples significatifs, rangés chronologiquement, des principaux problèmes résolus.

Tierces (difficulté croissant avec les positions les plus élevées).

J.-P. WESTHOFF. *Sonate, 1694, allegro* (éd. G. BECKMANN, Simrock) :

CORELLI. Op. V, 1700. *Sonate III, allegro* :

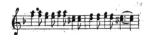

the expression and obstruct the execution. In a word, they baffle the Performer's art and bring down a good instrument to the state of two indifferent ones. » GALEAZZI (*op. cit.*, pp. 177-178) fait au contraire de la double corde un panégyrique en forme ; mais il est Violoniste.

1. 1636. *Loco cit*, p. 184.
2. *Harmonicorum Libri IV*, 1636, p. 39 : « Quorum unusquisque (digitus) duos nervos eodem tempore simul tangere potest, ut Diapente faciat super eadem melatione. »
3. *Sonata seconda per il violino d'inventione* (1629), citée par G. BECKMANN, *op. cit.*, exemple n° 5.

GEMINIANI. XII Sonates, Londres, 1716. *Sonate II, allegro* :

LOCATELLI. *4° caprice, 1733* :

GUILLEMAIN. Op.   e II, *allemande* :

GUILLEMAIN. *Ibid.* :

P. GAVINIÈS. Op. I (1760). *Sonate VI, adagio* :

N. PAGANINI. *Caprice n° 4, maestoso* :

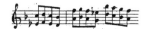

Chaînes de Sixtes.

CORELLI. Op. V, 1700. *Sonate II, allegro* :

A. VIVALDI. Op. 8 (vers 1725). *Concerto VII, allegro* :

Octaves. — Voir plus haut les brisures, plus loin les formules d'accords de trois et quatre sons, ainsi que les arpèges, ceux surtout de LOCATELLI. La difficulté des octaves s'accroit dans le registre suraigu : le summum semble atteint avec ce trait du septième caprice de PAGANINI :

Dixièmes. — La difficulté s'accroît dans le grave, l'écart des doigts augmentant (au contraire des octaves qui à la première et à la deuxième position représentent pour la main un écart d'abord normal, qui va se resserrant dans l'aigu). Voir aussi, plus loin, les arpèges.

J.-B. Cupis. Op. 1 (1738). *Sonate II*, allegro non troppo. Avec un intervalle de onzième :

TREMAIS, op. 1 (1736). *Sonate IX* (double trille en extension) :

Joh. GOTTLIEB GRAUN, *Concerto*, s. d. (avant 1771)

PAGANINI, *Caprice IV* :

Accords de trois et quatre sons. Accords *plaqués.*

Biagio MARINI (1629) (cité par G. BECKMANN, *op. cit.*, exemple 5) :

J.-P. WESTHOFF. *Suite pour violon seul* (1683). (Publiée par le *Mercure galant;* janvier 1683.) Prélude :

LECLAIR, livre I (1723). *Sonate XII.* Allegro (avec emploi du pouce) :

PAGANINI, *Caprice I* :

(cité par A. SCHERING, *Geschichte des Instrumental-konzerts*, Leipzig, 1905, p. 112) :

A. LOLLI, *Sonates à deux violons*, op. IX (vers 1780) (1er violon) :

P. BAILLOT, *XII Caprices*, op. II (1803) (sur les deux cordes graves) :

GUILLEMAIN, op. I (1734). *Sonate II.* Allemande :

LOCATELLI, op. III (1733). *Caprice V* :

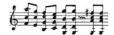

LE BLANC, *La Chasse*, menuet (vers (1745) :

Vieuxtemps, *Concerto*, op. X. Allegro :

Ibid. :

J. Hubay, *Cinq Études de concert*, op. 115 :

Style polyphonique.

C. Farina, *Capricio Stravagante*, Dresde (1627) :

Baltzar, *Division on a ground : John come kiss me* (Division violin, Londres, 1685, p. 12) :

Ibid. :

Ibid. :

Geminiani (1776) (XII sonates) :

J.-S. Bach, *Adagio.* Sonate III. *Sonates à violon seul* vers 1720 :

Ibid. :

Fugue. Sonate I :

Fugue. Sonate III :

B. Campagnoli, *6 Fugues pour violon seul.* Op. 10 (vers 1815) :

J. Joachim. *Deuxième cadence pour le concerto de* Beethoven :

Unisson sur deux cordes. — Exemples à partir de Piani, op. I, 1712, *prélude de la 1re sonate;* G. Mossi, op. I (vers 1725), *sonate IV,* allegro; exemples nombreux après 1750 : Nardini, *sonate dixième* (1760), 112 de *l'Art du violon de* Cartier; L'Abbé le Fils, *chaconne: Principes du violon,* 1761.

Chant soutenu accompagné en valeurs uniformes.

J.-S. Bach. *Sonate III,* vers 1720, Andante :

P. Nardini (attribuée à). *Sonate énigmatique,* nº 148 de *l'Art du violon* de Cartier (Résolution) :

J. Stamitz (*Exercices à violon seul qui doivent imiter deux instruments par leurs exécutions.* Paris, Sieber, s. d. (vers 1775), I :

Même procédé employé par Hubert Léonard dans son op. 2, *Souvenir d'Haydn,* et, à partir de 1850, dans de nombreuses cadences de concertos.

Chant soutenu accompagné par un trémolo. — Vivaldi est probablement l'un des premiers virtuoses qui se soient avisés de placer sous un chant un accompagnement en battements rapides de tierces ou de quartes, tel que celui-ci (Op. VIII, concerto II, *l'Été*) :

C'est le même effet que recherche J.-M. Leclair, et qu'il obtient avec une richesse accrue au début de la *sixième sonate* du livre IV (1738) :

« Pour que le trait du commencement de cette sonate fasse son effet, il faut, à chaque accord, faire entendre la note d'en haut la première, et tenir les trois cordes sous l'archet; les petites notes indiquent une espèce de tremblement continuel qui doit sortir de l'accord et se battre le plus viste et le plus fort qu'il se pourra. La petite marque < signifie les deux sons qu'il faut battre l'un contre l'autre. » (Note de Leclair.)

Leclair avait d'ailleurs esquissé cet effet dans la *sonate IV* du même livre, où il écrivait :

Le même procédé a été employé par Baillot pour sa cadence du 1er concerto, op. III (vers 1800), par Fr. Prume, dans sa *Mélancolie*, op. 1, variation 1, Paganini, dans le *Caprice n° 6*, Mendelssohn, dans le milieu de l'andante du concerto en *mi mineur*. On en trouvera plus loin une variante dans la combinaison du trille et d'un chant.

Double trille. — On l'emploie généralement sur l'intervalle de tierce. Dès 1688, J.-J Walther en donne dans l'*Hortulus chelicus*, sonate *XXVIII*, cet exemple, précédé de sa préparation :

Ce trille à la tierce sera fréquemment employé dès le début du xviiie siècle, même dans l'école française (Marchand le fils. Suites de pièces, 1707. *Quatrième suite;* J.-M. Leclair, B. Anet, Guillemain, etc.) Plus tard, l'Abbé le fils le risquera même aux positions élevées, comme dans l'op. VIII (vers 1765), sonate *II* :

Il précise, ailleurs, dans la méthode déjà citée (p. 65), le doigté à employer lorsqu'une corde à vide se présente : en ce cas, il n'emploie pas le premier doigt, jugé trop faible, mais le deuxième et le quatrième :

De nos jours, on a poussé la technique du double trille à des limites que les œuvres de Paganini n'avaient pas atteintes : l'emploi qu'en fait en particulier Kochanski (cadence pour le concerto, op. 35 de K. Szymanowski) dans l'extrême registre aigu est tout à fait digne de remarque. Le double trille *à la sixte* est employé depuis Leclair (livre I, 1723). Le doigté

qu'indique Léopold Mozart (Méthode, 1756) atteste de la part de qui l'employait une dextérité surprenante :

Baillot (op. cit., p. 81) résout le problème plus élégamment au moyen des doigtés : 3 2 3 2, etc.
1 0 1 0

Le *trille à l'octave* nécessite une extension en même temps qu'un resserrement des doigts qui trillent contre les doigts fixes : difficulté abordable à peu de violonistes. On en a déjà trouvé une ébauche chez Tremais (op. I, 1736, sonate *IX*, citée plus haut) : en l'espèce, il ne s'agissait peut-être que d'un court battement. Mais Paganini écrit (*Caprice n° 3*) :

On peut aussi ne triller que sur la note inférieure ou supérieure : Ch. Prokofief, *concerto op. 19* :

Enfin, depuis fort longtemps on a songé à faire mouvoir un chant ou un contour mélodique quelconque au-dessus ou au-dessous d'un trille soutenu. L'exemple le plus connu est celui du *Trille du Diable* de Tartini (1713)[1] :

1. Daté d'après le récit de La Lande, *Voyage en Italie*, IX, Paris, 1786, p. 55.

Locatelli use de ce procédé dès son œuvre III (1733, *Caprices V et VIII*). Dans l'œuvre VIII (menuet varié de la *sonate VI*), il trille alternativement au grave et à l'aigu de la mélodie :

Les méthodes de Léopold Mozart, de Woldemar [1], Bornet l'aîné, l'étudient systématiquement. On en trouvera des applications plus délicates au xixe siècle, chez Wieniawski (*Souvenir de Moscou*, etc.), ou Joachim (première cadence pour le *concerto* de Beethoven) :

Pédagogie. — Ainsi qu'il a déjà été indiqué plus haut, l'étude de la double corde, jadis reléguée à la fin des études de main gauche, est pratiquée maintenant beaucoup plus tôt, et considérée à la fois comme un élément technique nécessaire en soi, comme un précieux assouplissement de la main gauche (cf. plus haut Geminiani se servant de la double corde pour contrôler le placement correct de la main), et même (cf. Capet, *op. cit.*, p. 26 et suivantes) comme un exercice propre à développer le mordant, l'équilibre et la souplesse de l'archet. A telles enseignes que, dans certaines méthodes tout à fait récentes, comme celle d'Alfeo Buya (Milan, 1923), le débutant est presque immédiatement entraîné à conduire son archet sur deux cordes, en utilisant des intervalles

simples, quinte (à vide); octave (une corde à vide), unisson (une corde à vide). Une pédagogie minutieuse régit ces premiers exercices. De même, dans la méthode d'Armand Parent (en cours de publication, mars 1926), les doubles cordes, à la première position, sont ainsi préparées :

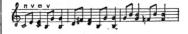

Pour les changements de position, en double corde, on en a également analysé le mécanisme, et Flesch (*op. cit.*, p. 29) propose les préparations suivantes :

Il faudrait également tenir compte ici des études adaptées aux exigences de l'harmonie moderne : Armand Parent (*20 Études de virtuosité*, 1917), M. Herwegh (*op. cit.*), Chaumont, nombre d'autres maîtres contemporains s'efforcent d'assouplir et de codifier des formules harmoniques dont les compositeurs non violonistes ont généralement pris l'initiative, et qui posent aux exécutants des problèmes parfois délicats. A la base, subsistent toujours les recueils considérables de Dont, Schradieck et Sevcik, et, sur un plan plus reculé, les travaux déjà cités de Baillot et de Spohr.

Arpège.

L'arpège (accord dont les notes, au lieu d'être frappées simultanément, sont égrenées comme sur la harpe) fait partie intégrante de la technique de la viole, dont les six ou sept cordes disposées en accords consonants en impliquent nécessairement l'emploi. On conçoit que le violon l'ait de bonne heure adopté.

Il est probable que le *Capriccio* de Biagio Marini (1629) cité plus haut, est déjà arpégé. Aux environs de 1670, l'école allemande (Schmelzer, Walter, Biber,

Westhoff) nous offre un choix considérable de formules arpégées. J.-J. Walther, dans ses *Scherzi* (1676), distingue des arpèges liés et détachés [2].

En France, il n'est pas possible que l'on n'ait pas accepté très volontiers les coups d'archets légers, variés, fantaisistes auxquels prête l'arpège. Les gambistes montaient une garde sévère autour de leurs arpégements sérieux, « à la corde »; le passage suivant de Jean Rousseau [3], dans le chapitre consacré au dessus de viole, semble attester, chez les violonistes, le même esprit conservateur : « Il ne faut jamais pratiquer ces passages du haut en bas, et du bas en haut à coups d'archet, ce que l'on nomme des *ricochets*, et que l'on ne souffre mesme qu'avec peine dans le jeu du violon. » Une certaine variété se fait jour cependant chez nos premiers auteurs de sonates; Duval, Marchand, écrivent des pièces « par accords », où l'on trouve, dès 1715 (Duval, 5e livre, *sonate VI*, 1715) des arpèges aller et retour tels que :

2. Cf. Beckmann, *op. cit.*
3. *Traité de la viole*, 1687, p. 72.

La palme revient encore aux Italiens, du moins pour ce début du xviii° siècle. CORELLI, de qui la virtuosité, ennemie des effets acrobatiques, semble se cantonner dans les limites de la technique courante, arpège sur ces accords (op. V, *sonate I*, 1700) :

Bon nombre de ses arpèges sont alternativement sur 4 ou 3 cordes, ou sur 3 et 2, comme (ibid. *sonate II*) :

qui doit se résoudre ainsi :

TORELLI l'égale au moins en ingéniosité, et VIVALDI les dépasse tous deux avec des formules telles que A (op. VIII, *concerto 8*), B (op. VI, *concerto 5*), C (ms. Dresde, Cx, 1025), D (ib.), E (ib., Cx, 1045), dont la disposition, avec le *mi* à vide, est de celles qu'affectionne J.-S. BACH.

La plupart des contemporains de VIVALDI inventent à plaisir des figures qui combinent arpèges, bariolages et brisures. CASTRUCCI, avec son op. II (vers 1734), est parmi les plus féconds novateurs. Il le cède cependant en richesse à LOCATELLI, à cet égard l'un des plus grands techniciens de son siècle. Je citerai seulement quelques mesures A du fameux *Laberinto armonico* (op. III, *caprice XIV* 1733) et de l'op. VIII, *sonate V* (vers 1735-40) :

GEMINIANI, le premier, donne dans sa Méthode (op. cit., édition anglaise, pp. 28-29) le tableau détaillé des différents coups d'archet applicables aux arpèges ; il en énumère dix-neuf. Mais on ne peut dire que cette liste représente un niveau de virtuosité aussi élevé que celui des Caprices de LOCATELLI. Au contraire, l'ABBÉ Le Fils (op. cit., pp. 1761. 50-51), s'il n'est pas très inventif en matière de coups d'archet, pratique, à la main gauche, de périlleuses escalades, où l'extension du quatrième doigt est systématisée. GUILLEMAIN, dans son *Amusement pour le violon seul*, op. XVIII, *caprice XII* (1762), imagine un nouvel effet de tenue accompagné d'un arpège, assez voisin de celui que PAGANINI exploitera dans son *sixième caprice* :

Ce sera l'une des plus puissantes originalités de GAVINIÈS d'avoir à la fois assimilé les trouvailles de LOCATELLI, de l'ABBÉ Le Fils et GUILLEMAIN, d'Allemands comme PISENDEL, J.-S. BACH, J.-H. GRAUN, TELEMANN, et ajouté à leur si riche répertoire. Exemples tirés des *Matinées*, op. VI, 1794 ou 1800) :

Si difficiles que soient les problèmes posés par LOCATELLI et GAVINIÈS[1], PAGANINI a pu renchérir encore sur eux en arpégeant à l'extrême registre aigu et en exigeant tout à la fois une légèreté et une précision accessibles à peu de virtuoses, comme dans son *premier caprice*, sur la formule :

H. VIEUXTEMPS (*Les Arpèges*, op. 15), WIENIAWSKI, ERNST, ont développé autant qu'il se pouvait cette technique. Plus près de nous, la difficulté s'est accrue du fait de la constante évolution vers une tonalité plus mobile. Cette nouvelle orientation des formules d'arpèges est déjà indiquée dans BRAHMS, qui use volontiers de schèmes asymétriques (*Finale du concerto*, op. 77) :

SCHRADIECK et surtout SEVCIK ont donné aux violonistes un énorme choix d'études d'arpèges. On les peut compléter utilement par l'assouplissement ultra-moderne que constituent les *Modernes-Toonladder* d'Arnold DRILSMA[2], et le recueil déjà cité de M. HERWEGH.

Pédagogie. — Nous avons vu que GEMINIANI, l'ABBÉ Le Fils, et il faudrait ajouter la plupart des auteurs de traités théoriques, ont accordé à l'arpège une certaine attention. Mais, en raison même de la prodigieuse variété des traitements qu'il peut subir, on n'en trouvera nulle part le commentaire très détaillé des divers modes d'exécution. Les remarques de BAILLOT[3] sont partiellement périmées : on ne proscrit plus aussi sévèrement qu'il le fait la participation du bras, et on n'arpège guère de la moitié de l'archet qui va vers le talon. La plupart des pédagogues contemporains préconisent un mouvement auquel participent poignet, avant-bras, arrière-bras. Quelques conseils judicieux chez C. FLESCH[1], qui recommande l'usage d'une fraction aussi courte que possible; un mouvement du bras aussi régulier et continu que possible; une coïncidence exacte, dans les arpèges détachés, entre les mouvements de l'avant-bras et de l'arrière-bras; dans le legato, l'archet tiré pour l'arpège ascendant, et poussé pour l'arpège descendant, si le mouvement est rapide; dans les mouvements lents, licence d'adapter le coup d'archet aux nécessités de l'expression.

Harmoniques.

Les ressources des sons harmoniques, dont on a parfois attribué la découverte à PAGANINI, étaient bien connues dès le XVIIe siècle, et probablement de longue date déjà, des joueurs de trompette marine. Deux savants, Philippe DE LAHIRE[5] et Joseph SAU-

---

1. On ne peut citer les recueils classiques d'études de KREUTZER, RODE, FIORILLO : ils sont entre toutes les mains, et les principaux éléments de la technique y sont traités de façon presque exhaustive.

2. *Op. cit.*, Amsterdam, s. d. (1915).

3. *Op. cit.*, pp. 122-123.

4. *Op. cit.*, p. 63.

5. *Explication des différences de sons de la corde tendue sur la trompette marine*, 1694.

veur[1], sans parler de l'Hon. Francis Roberts[2], dont le mémoire nous est cité de façon assez vague, en ont exposé la théorie.

La première application au violon, portée parfois au crédit de Domenico Ferrari, sur la foi sans doute de l'historien Burney (III, p. 562), revient de façon certaine à J.-J. Cassanéa de Mondonville, qui l'expose tout au long dans son œuvre IV : *Les Sons Harmoniques, Sonates à violon seul avec la Basse Continue*, Paris et Lille, s. d. (vers 1738). Ce recueil a été étudié de très près par M. de la Laurencie dans l'ouvrage souvent cité[3], auquel on se reportera. Notons seulement que Mondonville ne va pas au delà des harmoniques produits au moyen d'un seul doigt effleurant la corde à intervalle de quarte, de quinte ou d'octave, qu'il indique ainsi :

Il lui arrive souvent de noter, en l'affectant du même signe, la note réelle, produite par l'effleurement de la corde :

Il n'use d'harmoniques doubles qu'à intervalle de quinte, et ne connaît pas les harmoniques produits avec deux doigts, l'un servant de sillet mobile.

Après lui, Chabran (op. I, sonate V, entre 1750 et 1760), Giardini (op. I, sonate IV, vers 1750) emploieront les harmoniques doubles avec plus de hardiesse.

L'Abbé Le Fils[4] complète l'expérience de Mondonville et de Giardini. Sa méthode expose toute la série chromatique des harmoniques qui se font au moyen soit d'un doigt, soit de deux (le second effleu-

rant la tierce ou la quarte du doigt fixe). Il les indique ainsi :

le doigt appuyé désigné par la note carrée, le doigt effleurant par la note ronde surmontée d'un O. Il sait même triller en sons harmoniques : il faut pour cela « ne point appuyer le doigt de la note que l'on emprunte pour la Cadence ». On n'ira guère plus loin dans cette voie jusqu'à Paganini. C'est en effet lui qui, ayant développé comme on sait l'usage des harmoniques simples, les employa en double corde de la façon la plus ingénieuse, la plus délicate aussi. L'exposé de ses découvertes demanderait un volume : on l'a écrit, et nous y renvoyons le lecteur. C'est le traité de Charles Guhr sur *l'Art de jouer du Violon de Paganini*, paru en allemand en 1831, traduit en français peu après chez Schonenberger (voir surtout les pp. 17 à 47)[5]. Jacques-Féréol Mazas a également donné, vers 1832, une *Méthode de violon*, suivie d'un *traité des sons harmoniques en simple et double corde* (Paris, Frey; Bonn, Simrock). Baillot *op. cit.*, pp. 217-222) étudie assez brièvement les harmoniques, mais il décrit une sorte de *flautato* non signalée avant lui[6]. : « Il est encore un moyen d'obtenir des sons harmoniques que le hasard nous a fait découvrir : en posant les doigts un peu plus que pour effleurer la corde et toutefois beaucoup moins que pour les sons ordinaires, et en excitant vivement la vibration de la corde par l'archet, chaque note (autre que les harmoniques naturels *la, ré, sol*) devient alors à l'octave, si l'on a soin de placer l'archet au-dessus de l'extrémité de la touche en jouant sur la deuxième et la troisième corde, et de l'en éloigner, lorsqu'on joue sur la quatrième.

« Jusqu'à présent, ce moyen ne nous a paru praticable qu'à la première position sur les cordes *la, ré, sol*, et dans les traits suivants » :

A la vérité, il ne semble pas que l'on soit allé beaucoup plus loin, dans cette branche de la technique, que ne l'avait fait Paganini. Ernst, Sivori, Wieniawski, restent plutôt en deçà de leur modèle. De nos jours, si la musique pratique n'enregistre pas non plus de progrès notable, il faut du moins signaler les recueils d'études, extrêmement abondants et fouillés, parmi lesquels ceux de Sevcik occupent une place de choix.

Pizzicato.

L'emploi du pizzicato doit être aussi vieux que le violon : il semble impossible qu'on n'y ait pas songé dès l'origine, ne fût-ce que par analogie avec la technique du luth. On en trouve en tous cas l'indication positive dans le *Combattimento di Tancredi e Clorinda* (1626), où Monteverdi note : « qui si lascia l'arco, e si strappano le corde con duoi ditti », et plus loin « qui si ripiglia l'arco ». Johann Jacob Walther, dans l'*Hortulus Chelicus* (1688), écrit en pizzicati tout un *Lento harpeggiante*. L'orchestre

1. *Principes d'acoustique et de musique* (1701-1702).

2. Auteur d'un mémoire sur la trompette et la trompette marine, inséré dans les *Philosophical Transactions for* 1692. D'après les Mémoires M. R. North, édit. Rimbault, 1846, p. 193.

3. I, pp. 426-430.

4. *Op. cit.*, pp. 73-78.

5. Heron-Allen, *De Fidiculis bibliographia*, 1890-1893, signale sous

le n° 217b un ouvrage anonyme : *Paganini's Method of producing the Harmonic Double Stops*, London, s. d. (1840).

6. Sinon peut-être par Galeazzi (op. cit., p. 172).

dramatique (*Adonis* de Reinhard KEISER, 1697, etc.) en usera constamment. Sur l'exécution du pizzicato, les maîtres du XVIIIᵉ siècle ne sont pas d'accord. LECLAIR (*Scylla et Glaucus*, 1746, acte V. p. 151) désire que l'on pince les cordes avec le pouce. J.-J. QUANTZ[1] accepte cette pratique au seul cas (c'était, il est vrai, celui du passage précité de LECLAIR) où l'on doit pincer un accord de trois sons. Dans les autres cas, il préfère l'emploi de l'index. LÖHLEIN[2] autorise les deux procédés. Pour le premier, on prend le violon sous son bras comme une guitare; pour le second, on garde l'instrument placé comme dans le jeu *coll'arco*. BAILLOT[3] n'est pas moins libéral : « On fait généralement le *pizzicato* avec la partie charnue du pouce, en tenant le violon comme une guitare,

c'est-à-dire en travers sous l'avant-bras droit. Lorsqu'on a peu de notes à faire, ou lorsque le mouvement ne laisse point le temps de mettre le violon dans cette position, on pince la corde avec l'index ou avec le pouce de la main droite, principalement dans les accords, tenant alors la hausse de l'archet avec les deux derniers doigts pliés. En plaçant le pouce vers le milieu de la touche, on obtient des sons doux. » BERLIOZ, dans son *Grand Traité d'Instrumentation*[4], souhaite que l'on adopte des doigtés de guitare qui permettraient un pizzicato rapide et la pratique de notes répétées : (P = pouce de la main droite; 1, 2, 3 : index, médius et annulaire de la main droite) :

C'est chose faite aujourd'hui, et la plupart des violonistes d'orchestre ont à leur disposition un pizzicato nuancé de l'extrême *pp* au *ff*, et aussi agile que le demandait BERLIOZ.

Pizzicato de la main gauche. — BAILLOT (*loco cit.*, p. 224) définit avec netteté les inconvénients de ce pizzicato : « La corde ne vibrant pas aussi librement auprès du sillet que dans les endroits où elle est plus éloignée de la touche, le son est sec. Ce défaut ne peut être corrigé comme avec la main droite qui met la corde en vibration vers le milieu de la touche pour en tirer des sons moelleux. Les doigts de la main gauche ne peuvent d'ailleurs, à cause de leur position, avoir la même force que le pouce et l'index de la main droite, et s'ils ont plus d'agilité en raison du secours qu'ils se prêtent mutuellement, en pinçant la corde l'un après l'autre, ils ont moins d'empire sur elle. »

Le premier exemple certain de cet artifice aeroba-

tique (car certains passages de l'*Hortulus chelicus* de WALTHER en laisseraient supposer l'emploi) a été signalé par M. DE LA LAURENCIE[5] chez le curieux et mystérieux violoniste qu'est M. DE TREMAIS (la difficulté s'aggrave là du fait que l'instrument est discordé) :

Les STAMITZ, Johann, s'il en faut croire WOLDEMAR[6], et à coup sûr son fils Antoine[7], ont usé du pizzicato de la main gauche. De même MESTRINO, au dire de GUHR. Mais PAGANINI se montre singulièrement plus hardi que ses devanciers. Témoin ces quelques mesures de la quatrième variation de *Nel cor più non mi sento* :

GUHR (*op. cit.*, p. 14-15) a donné des exemples accompagnés de commentaires qui n'ajoutent aux indications déjà acquises que celle-ci : « Il faut toucher les cordes (pour les notes non pincées) seulement avec une petite partie de l'archet presque en sautant. » M.-O.-C. DOUNIS[8] a imaginé, pour l'étude de ce pizzicato, des exercices dans lesquels on immobilise deux doigts (notes blanches), tandis que les deux autres travaillent :

Enfin, reste à signaler la combinaison du chant *coll'arco* et du pizzicato simultané de la main gauche. H. W. ERNST en a usé dans son *Carnaval de Venise* (op. 19, variation 15) :

A. LÉONARD, dans son *Souvenir de Haynd* (op. 2), ponc-

1. *Op. cit.*, p. 208.
2. *Anweisung zum Violinspielen*, 1774, pp. 96-97.
3. *Op. cit.*, p. 223. SPOHR (p. 131 de l'éd. française) partage l'opinion de BAILLOT.
4. Pp. 28-29.

5. *Op. cit.*, III, 1924, p. 109. Le passage en question est extrait de l'op. IV de TREMAIS (vers 1740), sonate II, *Andantino*. Dans la même sonate, l'allegro contient d'autres passages ana logues.
6. *Nouvel Art de l'archet*, 13ᵉ variation.
7. *Six Sonates pour violon et basse*, Paris, Boffelly, s. d. Sonate I, Menuet.
8. *Op. cit.*, pp. 68-69.

tue d'un pizzicato la note supérieure d'un arpège sautillé. JOACHIM écrit (première cadence pour le *concerto* de BEETHOVEN) :

sans imaginer cependant rien de plus hardi que l'exposition de la troisième variation de *Nel cor piu* ou le *Duo pour violon seul* de PAGANINI.

Glissando, imitations, artifices acrobatiques.

Reste à parler de divers procédés de virtuosité un peu extérieure, destinés à produire des effets spéciaux, et que la technique traditionnelle n'étudie pas. Par exemple, certains glissandos, en général chromatiques, que l'on ne semble pas avoir exploités avant le XIXe siècle, avec, soit un staccato d'archet qui en facilite l'exécution, soit un legato qui oblige la main gauche à produire elle-même des demi-tons exacts séparés par un arrêt bref du doigt qui glisse. M. HERWEGH, qui appelle ce glissando *glissando à crans*, écrit[1] : « On l'obtient en utilisant, pour passer au cran suivant, l'effet réactif de la corde qui repousse légèrement le bout du doigt dans le sens inverse du trait, à chaque cran. Cet effet réactif lui sert aussi d'instant d'arrêt et de point de rebondissement pour sauter au cran suivant. Cette partie du mécanisme utilise donc un réflexe automatique du doigt vis-à-vis d'une rapide réaction mécanique de la corde. On le facilite en orientant le doigt le moins obliquement possible à la corde et en opérant la pression de la pulpe assez verticalement, conditions qui facilitent l'accrochement et le ressaut. » Exemples : PAGANINI, *Caprice en si ♭*, BÉRIOT, *Concerto* II, op. 32 (premier *allegro*), SAINT-SAENS, *Havanaise*, LALO, *Symphonie Espagnole* (point d'orgue de l'andante). L'op. 35 de SZYMANOWSKI propose cette formule :

Peut-être, le fameux « couler à la MESTRINO », dont nous n'avons d'autre échantillon que celui de la méthode de WOLDEMAR (p. 33), était-il un glissando de cette sorte; mais il avait, de toute évidence, des fins expressives.

Il est d'autres ressources, encore plus exceptionnelles, auxquelles les violonistes ont recours parfois pour enrichir de façon plus ou moins éphémère, plus ou moins heureuse, la palette sonore dont ils disposaient. BAILLOT lui-même, que l'on nous présente comme un puriste austère (voir plus haut), donne, dans son *Art du violon*[2], une étude de sa propre composition, où il s'agit pour l'exécutant de profiter de ce que le *sol* grave est joué à vide pour le baisser au *fa dièse* sans s'interrompre :

"En tournant la cheville "
(Note de Baillot)

Ailleurs[3], se défendant par avance du reproche de charlatanisme, il enseigne la manière de faire entendre des quadruples cordes continues en démontant l'archet, et en passant la baguette sous la table inférieure du violon, la convexité de la mèche la faisant porter sur les quatre cordes à la fois. C'est ainsi qu'Alexandre BOUCHER[4], prié, en 1801, de toucher l'orgue de Ségovie, en fournit un équivalent qui, dit-il, fit illusion.

On est ici, malgré les dénégations de BAILLOT, à proximité immédiate de l'imitation charlatanesque. Il n'est besoin que de rappeler le *Capriccio Stravagante* de Carlo FARINA (1627), si souvent cité, pour retrouver les racines profondes de cet art d'amusement, tantôt résolument antimusical, tantôt côtoyant de fort près la musique ou s'y mêlant assez intimement pour qu'on ne puisse sans difficulté faire le départ. FARINA[5] reproduit, non sans fierté, la lyre, le coq et la poule, le fifre militaire, la trompette, le miaulement du chat, que l'on obtient, explique-t-il, « en tirant légèrement en arrière le doigt qui produit la note écrite; aux croches, on doit tirer et pousser l'archet furieusement, tantôt en avant, tantôt en arrière du chevalet, comme les chats lorsqu'ils se sont griffés et mordus l'un et l'autre, et qu'ils se sauvent. » Il sait aussi battre les cordes avec le bois de l'archet, comme BOÏELDIEU le fera, quelque deux siècles plus tard (1800), dans l'ouverture du *Calife de Bagdad*. Les qualités imitatives du violon sont d'ailleurs prônées avec le plus grand sérieux par MERSENNE[6], qui lui sait gré d'évoquer parfaitement tous les sons, le chant des oiseaux, « la douceur du luth, la gaieté et la véhémence de la trompette militaire, l'admirable diversité de l'orgue, jusqu'au braiment de l'âne, et à tout ce que le violoniste peut désirer imiter ». Chez les Allemands, J.-J. WALTHER va plus loin

---

1. *Op. cit.*, p. 10.
2. P. 241, mesures 15 et 16 de l'exemple.
3. P. 227.
4. G. VALLAT, *Études d'histoire, de mœurs et d'art musical*, 1890, p. 105.

5. Cf. BECKMANN, *op. cit.*, pp. 15-17 et exemple 3. Cf. aussi WASIELEWSKI, *Instrumentalsätze*.
6. Édition latine : *Harm. Instr. libri IV*, 1636, p. 39. Ce passage est tronqué, comme bien d'autres, dans l'édition française.

dans l'acrobatie pure, quand il donne[1] une pièce pour un seul violon joué par deux violonistes, une autre qu'il intitule : Sérénade pour un ensemble de violons, un orgue (organo tremolante), une guitare, une cornemuse, deux trompettes et tambours, une vielle en guitare (lira tedesca), une harpe en sourdine, par un violon seul. (Quoi qu'en dise le titre, ces effets sont évoqués successivement, et demandent moins de virtuosité qu'on ne serait tenté de le croire.) Des contemporains de MOZART, comme JACOB SCHELLER ou Michel ESSER, s'amusaient : le premier, à parodier le chant de vieilles religieuses en posant sa tabatière sur son violon en guise de sourdine; le second, à imiter le psaltérion[2], en battant les cordes du bois de son archet à la manière de FARINA, continuent cette tradition. Moins excentrique est l'imitation de la viole d'amour, assez souvent tentée par les violonistes, en particulier CASTRUCCI, qui indique[3] : « Les sonates V et VIII à l'imitation de la viole d'amour, Avec une sourdine ad. lib. » B. CAMPAGNOLI écrit aussi une *Sonate notturne : l'Illusion de la viole d'amour*, op. 16, où il combine la scordatura et l'usage de la sourdine.

Enfin BAILLOT, que nous avons déjà vu tenter, en matière de sonorités nouvelles, quelques expériences risquées, ne s'en est pas tenu là. Et voici d'autres suggestions (*Art du violon*, op. 140) : « Indépendamment du timbre qui appartient au violon en général, et de celui qui dépend de la facture de chaque violon en particulier, il est une variété de timbre que chacune de ses cordes est susceptible de recevoir de l'exécutant, et au moyen de laquelle on peut donner au violon le caractère du *Hautbois*, celui de la *Flûte*, du *Cor*, de la *Trompette*, de l'*Armonica*, et, sous le rapport de son harmonie, le caractère de la *Harpe*, du *Piano*, et même de l'*Orgue*. — P. 14 : Timbre du *Hautbois* : Appuyer l'archet un peu plus qu'à l'ordinaire, le rapprocher du chevalet, et que l'on sente que les aspérités du crin retiennent, pour ainsi dire, les vibrations de la corde (sur la deuxième corde). — P. 142 : Timbre de la *Flûte* (troisième corde surtout) : On promène l'archet sur la touche très légèrement et avec rapidité afin de laisser à la corde la plus grande liberté possible. — P. 143 : *Cor* (quatrième corde) : Il suffit d'appuyer assez fortement les doigts et l'archet pour donner à ces sons de la franchise et du mordant lorsque le mouvement est vif, et beaucoup de rondeur lorsque le mouvement est lent, et de rapprocher l'archet du chevalet lorsque la force de vibration rende plus fidèlement les sons nobles et touchans du cor. — P. 143 : On produit également sur la quatrième corde les sons de la *Trompette* en montant jusqu'aux notes très élevées, et en donnant plus de force et de mouvement à l'archet. »

Et BAILLOT, ayant (pp. 223-226) expliqué le phénomène du *troisième son* et indiqué un moyen de l'observer aisément, en posant sur le violon une « clef de quatre à cinq pouces de longueur » du côté de la quatrième corde, près du chevalet, écrit une courte pièce qui permette d'exploiter cet effet, et la commente ainsi : « Si l'on veut essayer de rappeler sur le violon une partie de la puissance de l'orgue, on y réussit d'autant mieux par le procédé dont nous venons de parler, que le roulement occasionné par le mouvement de la clef sur la table du violon

imite le ronflement de l'orgue, et que cette imitation peut faire illusion. pendant quelques instans, surtout si l'on joue dans une salle un peu retentissante. »

On peut supposer, sans témérité, que ces essais de coloris ont été suggérés à BAILLOT par l'audition de PAGANINI, pour le talent de qui on sent chez lui de l'admiration, un peu de méfiance, et le désir de ne point se laisser abuser par certains procédés qu'il peut, à l'expérience, analyser. De ces procédés ou des inventions qu'ils suggérèrent à BAILLOT, les uns (imitation de l'orgue, quadruple corde continue) ont fait faillite et font désormais les beaux jours des clowns musicaux[4]; la plus grande part s'est incorporée tout naturellement à la technique sinon de l'instrument soliste, du moins du violon d'orchestre. A ce titre, et en raison, aussi, de l'assouplissement de main gauche et d'archet qu'elle impose à qui s'en rend maître, cette virtuosité, un peu charlatanesque dans ses manifestations extrêmes, méritait qu'on ne la passât pas sous silence.

MARC PINCHERLE.

LES VIRTUOSES DU VIOLON

Les virtuoses ont été étudiés dans la première partie de l'Encyclopédie; on y trouvera en particulier d'abondantes notices sur les maîtres des XVIe et XVIIIe siècles italiens (pp. 757-787, jusqu'à VIOTTI inclusivement), allemands (pp. 986-1009 et 1014 sqq.), français (pp. 1512-1525).

Nous ne pouvons songer à entrer dans le même détail pour ce qui est du XIXe siècle : les talents y sont en telle abondance que M. Andréas MOSER, dans son livre déjà cité[5], n'a pu fournir, en quelque cent cinquante pages compactes, qu'une documentation succincte, encore qu'excellente.

Nous nous sommes donc bornés à indiquer l'évolution des diverses écoles après 1800, en groupant autour de chaque maître ses principaux disciples, nous aidant pour cela des tableaux synoptiques déjà dressés par MOSER[6], P. STOEVING[7], A. BONAVENTURA[8], P. DAVID[9], etc., et des biographies particulières.

Il va sans dire que ces listes n'ont qu'une valeur indicative, nullement absolue : la plupart des violonistes ont eu plusieurs maîtres, et il n'est pas toujours aisé de déterminer celui de qui l'influence a été le plus marquante : de plus, au fur et à mesure que l'on s'approche des temps modernes, la technique, sinon le style, tend à s'unifier. Entre la façon dont un élève d'AUER et un élève de CAPET tiennent leur archet, il y a beaucoup moins de différence qu'entre la façon dont en usaient respectivement un Français

---

1. *Hortulus Chelicus*, 1688, sonates XVII et XXVIII.
2. Cf. WOLDEMAR, *Nouvel Art de l'archet*, Paris, Cochet, s. d. (vers 1800) p. 6.
3. Op. II. vers 1734.

4. Il faut cependant noter que le désir d'interpréter de façon aussi polyphonique que possible la musique destinée au violon seul, en particulier par l'ancienne école allemande (BIBER, WALTHER, WESTHOFF, J.-S. BACH), a récemment encore suscité des recherches intéressantes. Le violoniste Hermann BERKO-SKI a construit, à cet effet, un archet dont la courbure est calculée de manière à lui permettre de s'appliquer à la fois sur les quatre cordes. Cf. *Zeitschrift für Musik*, juillet et novembre 1926.
5. *Geschichte des Violinspiels*, Berlin, 1923.
6. *Op cit.*
7. *The Story of the violin*, Londres, s. d.
8. *Storia del violino*, Milan, 1925 (Manuel HOEPLI).
9. GROVE's, *Dictionary of Music and Musicians*, V, 1914 (article *Violin Playing*).

et un Italien, tout proches voisins, au début du XVIIIᵉ siècle. D'où la sécurité toute relative de ce genre de filiations.

Élèves de Jean-Baptiste Viotti (1753-1824).

ALDAY (Paul), dit ALDAY le jeune (1764-1835).
BAILLOT (Pierre-Marie-François de SALLES) (1771-1842), élève aussi de POLLANI.
CARTIER (Jean-Baptiste) (1765-1841).
DURAND (Auguste-Félix), dit DURANOWSKI (c. 1770 + post 1834).
LIBON (Philippe) (1775-1838).
MORI (Nicolas) (1796-1839).
PIXIS (Friedrich-Wilhelm) (1786-1842), élève aussi de FRAENZL.
ROBBERECHTS (André) (1797-1860).
RODE (Jacques-Pierre-Joseph) (1774-1830).

Élèves de Baillot (⟶ Viotti).

DANCLA (Jean-Baptiste-Charles) (1818-1907).
HABENECK (François-Antoine) (1781-1849).
MAURIN (Jean-Pierre) (1822-1894), maître à son tour de Henri BERTHELIER (né 1856) et Lucien CAPET (1873).
MAZAS (Jacques-Féréol) (1782-1849).
MEERTS (Lambert-Joseph) (1800-1863), élève aussi de HABENECK et LAFONT. Maître de Hugo HEERMANN (né 1844).

Élèves de Pixis (⟶ Viotti).

KALLIWODA (Johannes Wenzeslaus) (1801-1866).
MILDNER (Moritz) (1812-1865).

Élèves de Robberechts (⟶ Viotti).

BÉRIOT (Charles-Auguste de) (1802-1870).
RAMACCIOTTI (Tullio) (1819-1910), chef de la jeune école romaine, de SANCTIS, MONACHESI, PINELLI, etc.

Élèves de Rode (⟶ Viotti)

BOHM (Joseph) (1795-1876).
GUÉNÉE (Luc) (1781 + ?).
LAFONT (Charles-Philippe) (1781-1839), élève aussi de R. KREUTZER.
RIETZ (Eduard) (1802-1832).

Élèves de Habeneck (⟶ Baillot ⟶ Viotti).

ALARD (Delphin) (1815-1888).
CUVILLON (Jean-Baptiste de) (1809 + ?).
LÉONARD (Hubert) (1819-1890).
PRUME (François-Hubert) (1816-1849).
SAINTON (Prosper-Philippe-Catherine) (1813-1890).

Élèves d'Alard (⟶ Habeneck ⟶ Baillot ⟶ Viotti).

GARCIN (Jules-Auguste) (1830-1896).
SARASATE (Pablo-Martin Meliton) (1844-1908).
TUA (Teresina) (née 1866), aussi élève de MASSART.

Élèves de Léonard (⟶ Habeneck ⟶ Baillot ⟶ Viotti).

DENGREMONT (Maurice) (1868-1893).
MARSICK (Martin-Pierre-Joseph) (1848-1924).
MARTEAU (Henri) (né 1874).
MUSIN (Ovide) (né 1854).
THOMSON (César) (né 1857).
VIARDOT (Paul) (né 1857).

Élèves de Marsick (⟶ Léonard ⟶ Habeneck ⟶ Baillot ⟶ Viotti).

ENESCO (Georges) (né 1881), aussi élève d'HELLMESBERGER.
FLESCH (Carl) (né 1873), élève aussi de GRÜN.
R-BNER (Adolf) (né 1876).
THIBAUD (Jacques) (né 1880).

Élèves de de Bériot (⟶ Robberechts ⟶ Viotti).

LAUTERBACH (Johann-Christoph) (1832-1918).
MILANOLLO (Maria) (1832-1848).
MILANOLLO (Térésa) (1827-1904), élèves aussi de CALDERA et MORRA.
MONASTERIO (Jésus) (1836-1903).
SAURET (Emile) (1852-1920), maître de Tor AULIN (1866-914).

VIEUXTEMPS (Henri) (1820-1881), maître d'Eugène YSAYE (né 1858), maître lui-même, avec KEFER, de CRICKBOOM (Mathieu) (né 1871).

Élèves de Bœhm (⟶ Rode ⟶ Viotti).

DONT (Jakob) (1815-1888), maître de Léopold VON AUER (né 1845), élève aussi de RIDLEY KOHNE et JOACHIM.
ERNST (Heinrich-Wilhelm) (1814-1876), élève aussi de G. HELLMESBERGER.
GRÜN (Jakob) (1837-1916).
HELLMESBERGER (Georg) (1800-1873), maître de son fils Joseph (1828-1893), de ERNST, de HAUSER.
JOACHIM (Joseph) (1831-1907).
RAPPOLDI (Eduard) (1831-1903).
REMENYI (Eduard Hoffmann, dit) (1830-1898).
STRAUSS (Ludwig) (1835-1899).
SINGER (Edmond) (1830-1912), maître de Hans BECKER (1860-1917).

Élèves de Jos. Hellmesberger senior (⟶ Bœhm ⟶ Rode ⟶ Viotti).

BRODSKY (Adolf) (né 1851).
KNEISEL (Franz) (né 1865), élève aussi de GRÜN.

Élèves de Auer (⟶ Dont ⟶ Joachim ⟶ Bœhm ⟶ Rode ⟶ Viotti).

ELMAN (Mischa) (né 1894).
HARRISON (May) (née 1890).
HEIFETZ (Jascha) (né 1901).
ZIMBALIST (Effrem) (né 1890).

Élèves de Joachim (⟶ Bœhm ⟶ Rode ⟶ Viotti.)

ARBOS (E. Fernandez) (né 1863), élève aussi de MONASTÉRIO et VIEUXTEMPS.
BURMESTER (Willy) (né 1869).
ELDERING (Bram) (né 1865), élève aussi de HUDAY, maître de Adolf BUSCH (né 1891).
GREGOROWITSCH (Charles) (né 1867), maître de BRONISLAW.
HUBERMANN (né 1882), élève aussi de LOTTO et de JOACHIM.
HALIR (Karl) (1859-1909).
HESS (Willy) (né 1859).
HOLLAENDER (Gustav) (1855-1915), élève aussi de Ferdinand DAVID.
HUBAY (Jenö) (né 1858).
KLINGLER (Karl) (né 1879).
KRUSE (Johann) (né 1859).
MOSER (Andréas) (né 1859).
PETRI (Henri) (1856-1914).
POWELL (Maud) (née 1868), élève aussi de SCHRADIECK, DANCLA, etc.
SOLDAT-RÖGER (Marie) (née 1864).
WIETROWETZ (Gabrielle) (née 1866), élève aussi de GEYER et CASPER.

Élèves de Hubay (⟶ Joachim ⟶ Bœhm ⟶ Rode ⟶ Viotti).

GEYER (Stefi).
ELDERING (Bram) (né 1865), élève aussi de JOACHIM.
SZIGETI (Joseph) (né 1892).
VECSEY (Franz von) (né 1893).

Élèves de Ludwig Spohr (1784-1859) (⟶ Franz Eck ⟶ J.-F. Eck ⟶ Danner-Franzl).

BARGHEER (Karl-Ludwig) (1831-1902).
BLAGROVE (Henry-Gamble) (1811-1872).
BOTT (Jean-Joseph) (1826-1895).
DAVID (Ferdinand) (1810-1873).
KÖMPEL (Auguste) (1831-1891).
HOLMES (Henry) (1839-1905).
MAYER-FILIPPOWICZ (Elise) (1794-1841).
MOLIQUE (Wilhelm-Bernhard) (1802-1869), élève aussi de ROVELLI, maître de John Tiplady CARRODUS (1838-1895).
RIES-Hubert (1802-1866).
SAINT-LUBIN (Léon de) (1805-1850), élève aussi de POLLEDRO.

Élèves de Ferdinand David (⟶ Spohr ⟶ Franz Eck).

HILF (Arno) (1858-1909).
SCHRADIECK (Henry) (né 1846), élève aussi de LÉONARD.
WILHELMJ (Auguste) (1845-1908).

Élèves de Rodolphe Kreutzer (1766-1831)
(—→ Antoine Stamitz).

ARTOT (Alexandre-Joseph d') (1815-1845).
LAFONT (Ch.-Philippe (1781-1839), élève aussi de BERTHEAUME et de RODE.
MASSART (Lambert-Joseph) (1811-1892).
ROVELLI (Pietro) (1793-1838), maître de MOLIQUE et de TÄGLIS-CHBECK (1799-1867).

Élèves de Massart (—→ R. Kreutzer).

HAYOT (Maurice) (né 1862).
KREISLER (Fritz) (né 1875).
LOEFFLER (Charles-Martin) (né 1861), élève aussi de LÉONARD et JOACHIM.
LOTTO (Isidor) (né 1840).
ONDRICEK (Franz) (1859-1922).
RIES (Franz) (né 1846).
TUA (Teresina) (né 1867, élève aussi d'ALARD.
URSO (Camilla) (1842-1902).
WIENIAWSKI (Henry) (1835-1880).

Élèves de Pixis. Friedrich-Wilhelm (1786-1842)
(—→ Viotti —→ Franzl).

KALLIWODA (Jean-Wenzel) (1800-1866).
MILDNER (Moritz; (1812-1865).
SLAVIK (Joseph) (1806-1833).

Élèves de Mildner (—→ Pixis —→ Viotti).

BENNEWITZ (Anton) (né 1883).
HRIMALY (Johann) (1844-1915), maître de Michael PRESS (né 1872) et d'Alexandre PRTSCHNIKOFF (né 1873).
LAUB (Ferdinand) (1832-1875), maître de Stanislas BARCEWITZ (né 1858).
WIRTH (Emmanuel) (né 1842), élève aussi de KITTL.

Élèves de Bennewitz (—→ Mildner —→ Pixis —→ Viotti).

HALIR (Karl) (né 1859-1905), élève aussi de JOACHIM.
HOFFMANN (Karel) (né 1872).
ONDRICEK (Franz) (1857-1922), élève aussi de MASSART.
SEVCIK (Ottakar) (né 1852).

Élèves de Sevcik (—→ Bennewitz —→ Mildner —→ Pixis
—→ Viotti).

HALL (Mary) (née 1884), élève aussi de KRUSE, MOSSEL et WILHELMJ.
KOCIAN (Jaroslaw) (né 1883).
KUBELIK (Jan) (né 1880).

PETITS GROUPES

Élèves de Mayseder (Joseph) (1789-1863)
(—→ A. et P. Wranitzky et J. Schuppanzigh).

DE AHNA (Heinrich) (1835-1892), élève aussi de MILDNER.
HAUSER (Miska) (1822-1887), élève aussi de R. KREUTZER et SECHTER.

Léopold Jansa (1795-1875).

NORMAN-NERUDA (Wilma) (1839-1911).

Antonio Lolli (1730-1802).

JARNOWICK (Giornovichi M.) (1745-1804) a lui-même pour élèves BRIDGETOWER (George Polgreen) (1779(?)-1860), et Franz CLÉMENT (1780-1842).
WOLDEMAR (Michel) (1750-1806) a lui-même pour élève Alexandre BOUCHER (1778-1861), élève aussi de NAVOIGILLE.

Écoles italiennes.

Toscane : GIULIANI (1730 - ?) (—→ NARDINI), maître de GIOR-GETTI (Ferdinando) (1796-1867), maître à son tour de GIOVACCHINO (Giovacchino) (1825-1906).

Bologne : VERARDI (Carlo) (1831-1870), maître à son tour de SARTI (Federico) (1858-1921), qui a pour élève SERATO (Arrigo) (né 1877 —), et de FRONTALI (Raffaello) (1849-1916), maître de De GUARNIERI (né 1867) et FRINCIPE (Remigio) (né 1889).

Gênes : PAGANINI (Niccolò) (1784-1840), élève de SERVETTO, COSTA et A. ROLLA), a pour élève SIVORI (Camillo) (1815-1894), maître à son tour de SCALERO (Rosario) (né 1870).

Verceil : FERRARA (Bernardo) (1810-1882), élève de ROLLA, a pour élèves ARDITI (Luigi) (1822-1903), RAMPAZZINI (Giovanni) (1835-1903).

Brescia : CAMISANI (Faustino) (1772-1830), a pour élève BAZ-ZINI (Antonio) (1818-1897).

L'ENSEIGNEMENT DU VIOLON AU CONSERVATOIRE
DE PARIS[1]

Dates d'enseignement.

F.BLASIUS (1793-1801); P.BLASIUS (1783-1802); GUÉNIN (1795-1800); GAVINIÈS (1795-1800); LA HOUSSAYE (1795-1802); GUÉ-RILLOT (1795-1802); RODE (1795-1810); GRASSET (1800-1816;) HABENECK, adjoint (1808-1816); R. KREUTZER (1793-1825); À KREUTZER (1826-1832); ALARD (1843-1875); MAURIN (1875-1894); BERTHELIER (1894 —); BAILLOT (1795-1842); MASSART (1843-1890); GARCIN (1890-1896); REMY (1896 —); HABENECK (1825-1848); GUÉRIN (1852-1860); Ch. DANCLA (1860-1892); LEFORT (1892-1925); GIRARD (1847-1860); SAUZAY (1860-1892); MARSICK (1892-1900); NADAUD (1900 —); BOUCHERIT (1919 —).

Classes préparatoires pour les précédentes : CLAVEL (1822-1831 — 1837 — 1846); GUÉRIN (1822-1852).

Classes préparatoires[2] : CHAINE (1875-1882); BÉROU (1882-1892); A. TURBAN (1892-1894); HAYOT (1894-1896); A. BRUN (1896-1926); LOISEAU (1926 —); GARCIN (1875-1890); DESJAR-DINS (1890-1910); TOUCHE (1910 —).

---

1. Jusqu'à 1900, d'après Constant PIERRE, *Le Conservatoire national de musique et de déclamation*, Paris, 1900, p. 607.
2. *Ib.*, p. 612.

L'ALTO

Par Th. LAFORGE

PROFESSEUR AU CONSERVATOIRE

L'alto est un instrument un peu plus grand que le violon et qui se tient comme lui sous le menton.

Cet instrument doit être joué par des violonistes, car il faut toujours commencer par jouer du violon avant d'entreprendre le jeu de l'alto.

On peut débuter néanmoins par l'alto, mais le travail sera plus lourd et le sujet aura la virtuosité pénible. Les deux instruments peuvent être cultivés en même temps; l'un et l'autre s'aidant réciproquement, contrairement à l'idée préconçue, que l'on se fait souvent, que, l'écartement des doigts de la main gauche étant différent sur les deux instruments, ces deux études menées de front peuvent se nuire l'une à l'autre au point de vue de la justesse. L'expérience et la pratique prouvent qu'il n'en est rien.

Par sa taille,.son timbre et l'étendue de son registre, l'alto est, dans la famille du violon, l'intermédiaire entre le violon et le violoncelle. Il est aussi appelé quinte, parce qu'il est accordé à la quinte inférieure du violon.

Il portait également le nom de taille (la taille du violon), viola di braccio, et celui de viole, parce qu'il a remplacé tous les instruments à cordes du registre moyen nommés vièles ou violes qui, pendant le moyen âge et jusqu'au XVIIIe siècle, exécutaient les parties intermédiaires dans le chœur des instruments à cordes; ces parties ont été confiées à l'alto depuis la simplification de l'orchestre des violons[1].

On donne encore le nom de viola à l'alto, en Italie; cette dénomination ne devrait plus s'employer.

En allemand, on l'appelle bratsche, ténor, alto-viola.

L'alto est monté de quatre cordes accordées de quinte en quinte; les deux cordes aiguës sont en boyau, les deux plus graves sont filées. La construction de l'alto est absolument semblable à celle du violon, sauf les dimensions qui sont toutes plus grandes et qui varient sensiblement. Les chevilles, la touche, le chevalet, le cordier, sont plus grands que sur le violon, et les épaisseurs des tables et des éclisses plus fortes.

On voit des altos de 38 centimètres, 38 et demi, 39, 39 et demi, 40, 40 et demi, jusqu'à 42 centimètres (nous entendons par ces mesures la longueur de la table de résonance); cela montre les tâtonnements des luthiers jusqu'à ce jour. L'instrument était peu en honneur autrefois et très peu travaillé; comme on le verra plus loin, on n'était donc pas fixé sur ses proportions définitives. La longueur de table de 40 centimètres semble être parfaite (der-

1. Voir l'article Violes.

nier modèle officiel du Conservatoire); c'est le juste milieu. Le timbre est bien caractérisé, l'émission du son remarquablement facile, et, qualité indispensable et très appréciable pour l'exécutant, on peut jouer dans ces conditions l'alto avec facilité; le démanché est plus pratique et se rapproche davantage du démanché du violon; on peut encore faire sortir avec plus de clarté les traits de l'instrument qui, de sa nature, est un peu sourd. Voici l'accord de l'alto :

la   ré   sol   do

L'alto s'écrit en clef d'ut troisième ligne, et en clef de sol pour les notes élevées.

Cet instrument a un timbre mélancolique et rêveur qui lui est particulier, et qui se détache bien des autres instruments dans l'orchestre et le quatuor.

La sonorité de l'alto est grave et sérieuse; sombre quelquefois, elle a quelque chose de profond et d'émouvant; c'est pour faire dominer ce sentiment dans sa partition d'Uthal que Méhul, retranchant les premiers et les seconds violons, a confié aux seuls altos les parties supérieures de l'orchestre à cordes. Le procédé était ingénieux, mais il devait engendrer la monotonie.

Berlioz, dans son Harold en Italie, a écrit une partie concertante principale pour l'alto, partie d'un effet bien caractéristique; celle-ci était destinée à Paganini, qui, dit-on, n'eut pas l'occasion de l'exécuter en public; elle fut jouée successivement par Sivori aux Concerts Pasdeloup, et par Massart à la Société des Concerts du Conservatoire, etc.

En résumé, les compositeurs n'ont malheureusement pas assez écrit pour l'alto, qui offre pourtant de bien grandes ressources. Cela tient certainement à ce fait qu'il a été longtemps joué par des violonistes médiocres, et qui considéraient l'alto comme un instrument de sauvetage ou de pis-aller.

Quand un violoniste était incapable de tenir convenablement la partie de second violon, on l'engageait à se mettre à l'alto, et il se mettait à l'alto, d'où il résultait que cet instrument était tenu par le rebut des violonistes.

Pourtant, des violonistes célèbres tels que Paganini, Vieuxtemps, Sivori, Alard, et j'en passe, ont montré que l'on pouvait avoir de la virtuosité sur cet instrument. Ces grands artistes se plaisaient à faire, à tour de rôle, la partie d'alto dans leurs qua-

.tuors[1]. Vieuxtemps transportait son auditoire quand il manifestait sa belle sonorité sur son admirable alto de Maggini. Il a écrit quelques œuvres pour cet instrument.

Il y eut aussi un violoniste et altiste célèbre du nom d'Alexandre Rolla (né à Pavie en 1757, mort en 1837), qui a laissé des œuvres intéressantes. Cet artiste avait tellement le don d'émouvoir, quand il jouait de l'alto, qu'il faisait quelquefois tomber des auditeurs en syncope.

La chronique du temps raconte qu'en raison de son pouvoir si fortement émotif, on lui avait interdit de jouer de l'alto en public. Il y a peut-être un peu d'exagération dans tout cela !

Depuis l'année 1894, une classe d'alto a été créée au Conservatoire de Paris, ce qui a fait prendre un grand développement à l'étude spéciale de ce bel instrument.

Il est déjà sorti de cette classe une pléiade de premiers prix doués d'une virtuosité remarquable, et qui ne craignent pas maintenant de démancher avec la même hardiesse que les violonistes ; ce n'est peut-être pas indispensable, mais c'est souvent commode pour l'exécution de la musique moderne, car la façon de traiter la partie d'alto dans certaines œuvres de nos jours, dans celles de Wagner, Berlioz, d'Indy... (entre autres), exige de la part des exécutants des qualités de tout premier ordre. On est bien loin de la partie d'alto des anciens opéras. C'était alors le règne du contre-temps perpétuel et des doubles cordes de remplissage ; mais l'instrument a enfin pris la place qui lui est due.

La sonorité de l'alto a plus de parenté avec celle du violon qu'avec celle du violoncelle, comme on le croit assez souvent à tort.

Il ne faut pas oublier que l'alto ne descend que cinq notes plus bas que le violon, c'est-à-dire jusqu'à l'*ut*. Par conséquent, le *sol*, le *ré* et le *la* sont pareils, au point de vue de l'accord, aux notes correspondantes du violon et donnent le même son à l'oreille (timbre à part). L'alto étant donc un violon plus grave d'une quinte que le violon ordinaire, et devant se jouer avec la même tenue que celui-ci, c'est une erreur d'assimiler la sonorité de l'alto à celle du violoncelle (qui a, il est vrai, le même accord que l'alto, mais une octave *au-dessous*).

En dehors du quatuor à cordes, où, au moins depuis Beethoven, le rôle de l'alto a une importance égale à celle des autres instruments concertants, son répertoire est regrettablement restreint ; nous pouvons mentionner pourtant quelques grandes et belles œuvres :

Beethoven. — *Sérénade en trio pour flûte, violon et alto*, dans laquelle la partie d'alto, formant la basse, est traitée d'une façon spéciale.
Mozart. — *Duo pour violon et alto*.
Schumann. — *Contes de fées pour piano, clarinette et alto*.
— *Contes de fées pour alto et piano*.
Mozart. — *Trio pour piano, clarinette et alto*.
Rubinstein. — *Sonate pour piano et alto*.
Vieuxtemps. — *Rêverie*. ·
C. Chevillard. — 4 pièces,
Hans Sitt. — *Feuillets d'album* (six ravissants petits morceaux d'alto).
Glazounow. — *Elégie*.

Et dans le répertoire d'orchestre :

Berlioz. — *Harold en Italie*, symphonie en 4 parties avec alto-solo.
Mozart. — *Symphonie concertante pour violon, alto et orchestre*.

On a connu et pratiqué en Italie et en Allemagne, au xviiie siècle, un instrument ressemblant à un petit violoncelle et d'un diapason plus aigu que le violoncelle connu. Cet instrument s'appelait le *violoncello piccolo*, que l'on trouve dans un assez grand nombre d'œuvres de Bach. Dernièrement, il a fait une brève réapparition sous le nom de *violoncellin* ; intermédiaire entre le violoncelle et l'alto, il était accordé comme le violon, mais une octave en *dessous*. Ceci montre bien la vraie sonorité de l'alto, qui ne doit pas ressembler à celle du *violoncello piccolo*, et encore moins à celle du violoncelle ordinaire.

L'étendue de l'alto est égale à celle du violon, mais, ses notes élevées n'étant pas très agréables à entendre, on se contente de trois octaves et demie :

La technique de cet instrument est la même que celle du violon ; il faut seulement un peu plus de force, de pression de l'archet sur la corde, et de même à la main gauche pour appuyer fortement les doigts sur les cordes, afin d'obtenir toute la plénitude du son.

Le détaché doit moins s'allonger que sur le violon, mais il faut enfoncer davantage l'archet dans la corde.

Les doubles cordes et accords praticables sont les mêmes que sur le violon à une quinte au-dessous (sauf les cas ou les extensions de doigts seraient déjà difficiles au violon ; elles deviendraient impossibles sur l'alto).

L'archet.

On jouait autrefois l'alto avec un archet de violon lourd.

On adopta ensuite un archet d'alto plus court que l'archet de violon et plus lourd. On fabrique maintenant des archets spéciaux qui sont parfaits, car la mèche de l'archet d'alto doit être plus large que celle de l'archet de violon ; la baguette, de la même longueur que ce dernier, mais plus forte, plus lourde et plus résistante. Le poids total de l'archet d'alto doit être de 65 grammes, poids minimum, à 70 grammes, poids maximum.

Th. LAFORGE.

---

1. Il y a pourtant ici une distinction à établir : c'est que, s'il est vrai qu'un grand virtuose violoniste, s'emparant occasionnellement de la partie d'alto, s'y trouve à son aise et exécute même avec facilité sur cet instrument les plus intrépides tours de force, la réciproque n'est pas vraie ; en ce sens que, si un altiste de profession veut accaparer momentanément le rôle du premier violon, il n'aura pas à sa disposition l'agilité de la main gauche et la souplesse d'archet qui constituent la virtuosité transcendante du violoniste, qualités qui seraient superflues dans sa pratique habituelle.

Paganini, Sivori, Vieuxtemps et Alard, cités ci-dessus, étaient des violonistes et non pas des altistes.

En fin de compte, on peut dire que, si l'étude du violon est favorable à celle de l'alto paraît, lorsqu'elle est poussée à fond, l'être moins vis-à-vis de celle du violon, en ce qu'elle alourdit toujours un peu le mécanisme.

LE VIOLONCELLE

Par Georges ALARY
COMPOSITEUR DE MUSIQUE

LA QUESTION DES ORIGINES

L'état actuel des sciences historiques ne permet pas de déterminer exactement l'origine des instruments à archet. L'avenir, très probablement, n'apportera pas beaucoup de lumière sur cette obscure question, tous les documents qui s'y rapportent, ouvrages d'histoire, archives, traités, manuscrits enluminés, peintures, sculptures, légendes et chansons, ayant été, dès maintenant, consciencieusement fouillés par de zélés et intelligents chercheurs. Ces travaux considérables et poussés dans des voies différentes ont démontré, cependant, que l'usage des instruments, où le son est obtenu par la mise en vibration d'une corde fixée à un résonateur, remonte à une antiquité très reculée. Certain célèbre joueur de viole du XVIIᵉ siècle, nommé Jean Rousseau, va même plus loin. Emporté par l'ardeur de ses recherches et par son enthousiasme pour son art, il admet, dans son traité, que les instruments à cordes ont dû naître en même temps que l'humanité, et nous dépeint Adam se promenant dans le paradis terrestre en jouant de la viole. De là à supposer Eve munie d'un clavecin, et à placer dans l'Eden l'origine des cours de musique d'ensemble, il n'y a qu'un pas bien facile à franchir.

Nous serons plus sages, je crois, en nous représentant certains hommes des époques reculées adaptant, par désœuvrement ou poussés par un obscur instinct musical, une ou plusieurs cordes à des écailles de tortues ou à tout autre corps capable de vibrer, et les mettant en mouvement, soit en les pinçant, soit en les frappant, puis plus tard, cherchant à obtenir une sonorité plus prolongée en frottant ces cordes avec quelque embryonnaire archet. Un tel fait a pu se produire sous diverses latitudes, à des époques différentes, sans que les inventeurs aient eu réciproquement la moindre connaissance de leurs travaux. Ces grossiers instruments ont dû être les premiers ancêtres de nos violons et violoncelles, mais, entre ces deux points terminaux, que de siècles écoulés, que d'ingénieux perfectionnements apportés à la construction des boîtes sonores ! L'instrument à archet moderne, merveille de calcul et d'ingéniosité, aussi digne de l'admiration des hommes que bien des machines en apparence plus compliquées, est donc l'œuvre d'une longue suite de générations, et si les documents que le moyen âge nous a transmis nous permettent de suivre du regard la lente évolution de ces formes vers le violon définitif, nous devons regretter que le passé garde, dans une ombre impénétrable, les noms de tant d'audacieux et habiles chercheurs qui ont contribué, avant les grands luthiers italiens, à ces précieux perfectionnements.

En compulsant les nombreux documents exhumés par les chercheurs, nous voyons que le *ravanastron,* instrument à archet, encore en usage chez les Hindous et en Chine, aurait été inventé par Ravanon ou Ravana, roi de l'île de Ceylan, il y a cinq mille ans environ ; mais c'est là une légende ne pouvant mener à aucune certitude historique. Cette légende est, pourtant, une des principales bases de l'hypothèse qui attribue aux Orientaux l'invention des instruments à archet. Si nous franchissons allégrement quelques milliers d'années, pendant lesquels les violons et violoncelles ne font guère parler d'eux, nous arrivons à des ouvrages en langue sanscrite datant de deux mille ans environ et dans lesquels se trouve, d'après Fétis, la description d'instruments à cordes et à archet. Fétis fait remarquer qu'il existe dans le Bengale un instrument nommé *saranjy* ou *saremgie,* monté de quatre cordes de boyau et de onze cordes métalliques, et il conclut de cet ensemble de faits que l'idée des instruments à archet et à double espèce de cordes appartient à l'Hindoustan. Il dit : « La viole d'amour était très anciennement connue à Constantinople, où l'on la retrouve encore. Il paraît que c'est de cette ville que l'instrument a pénétré en Hongrie par la Valachie et la Serbie... » Gustave Chouquet, ancien conservateur du musée instrumental du Conservatoire de Paris, et plusieurs auteurs très compétents, croient, comme Fétis, à l'origine asiatique de la famille des violons, mais il y a divergence au sujet de la voie de pénétration.

Un grand nombre de ces auteurs croient plutôt voir l'origine de l'instrument à archet, plus spécialement du violon, dans le *rebab* ou *rebeb* des Arabes, qui serait devenu le *ribeca* des Italiens et le *rebec* des Français. Ce petit instrument, qui était joué avec un archet, fut, d'après l'*Histoire de la Musique* de Sir John Hawkins, importé en Espagne par les Maures, qui, eux-mêmes, l'auraient reçu des Egyptiens, en même temps que leur initiation à l'art musical. Les Egyptiens le tenaient peut-être des Persans, qui pouvaient l'avoir reçu des Hindous... Qui nous le dira ?

Il existe encore des rebabs à deux et trois cordes en usage chez les Maures ; mais sont-ils absolument semblables à l'ancien rebab d'où paraît dériver le rebec ? Il est probable que, s'ils en diffèrent, c'est fort peu, car l'esprit de progrès et de modification de formes n'est guère répandu dans la race arabe. Il est donc vraisemblable que le rebec français descend du rebab introduit en Espagne par les Maures au viiie siècle, mais ce n'est pas certain, car, si nous en croyons M. George HART, l'histoire de l'Espagne jusqu'au xiie siècle ne fournit aucune preuve de la culture des instruments à archet, alors qu'à la même époque, on constate l'usage de ces instruments en Allemagne et en Angleterre.

Donc, le ravanastron indien, le rebab arabe et les autres instruments à cordes d'origine indubitablement asiatique ont des analogies plus ou moins éloignées avec la famille européenne du violon, mais leur qualité d'ancêtres directs ne peut être démontrée.

L'hypothèse de l'origine orientale, bien que très accréditée, a trouvé pourtant d'éminents contradicteurs.

M. George HART attribue plutôt aux instruments à cordes une origine scandinave, et appuie ses intéressantes déductions sur des manuscrits à enluminures, sur des bas-reliefs, sur des faits transmis par les chants des ménestrels ou par des traditions et des légendes. Roger NORTH prête à la *viola da braccio*, *qui devint le violon*, une origine gothique. M. Paul LACROIX écrit dans les *Arts du moyen âge :* « Les instruments à cordes qui se jouent avec l'archet ne furent point connus avant le ve siècle, et appartenaient aux races du Nord. » Certains partisans de la même opinion ont tiré un argument du très vieux mot allemand *geige*, encore usité pour désigner le violon, et qui serait, suivant eux, d'origine teutonique; mais, suivant d'autres, ce même mot serait provençal et dériverait tout simplement, par extension, du nom de la *gigue*.

Les documents qu'on a pu rassembler sur l'origine des instruments à archet ne nous fournissent donc aucune version certaine, mais seulement d'ingénieuses hypothèses, entre lesquelles on peut choisir suivant ses sympathies, et sans crainte d'être démenti avec preuves à l'appui.

Ce qui paraît beaucoup plus sûr, c'est que la *geige* ou tout autre instrument à cordes et à archet ne servit, en France, jusqu'au règne de Henri IV et même plus tard, qu'à faire danser.

Vers le milieu du xvie siècle, l'étude de la musique fit en Allemagne et dans les Pays-Bas de rapides progrès, qui eurent une notable influence sur la fabrication des instruments à cordes. On commença, dès lors, à les associer aux voix, et la nécessité d'avoir des registres sonores différents pour soutenir les différents organes vocaux, donna naissance à cette extraordinaire variété de violes qui, peu à peu, s'est fondue et condensée dans les quatre types modernes, le violon, l'alto, le violoncelle et la contrebasse.

Nos aïeux connurent successivement ou simultanément le *pardessus de viole* ou *quinton* (qui est l'instrument le plus aigu de la famille des violes), la *taille de viole*, la *viola bastarda*, la *viola da spalla* (ou viole d'épaule), la *viola da braccio* ou viole de bras, qui, par ses dimensions, se rapproche beaucoup du violon; la *viole d'amour*, le plus précieux individu, selon nous, de cette intéressante famille, le seul qu'il soit indispensable de sauver de l'oubli, la *viola pomposa*, inventée, dit-on, par BACH, la *viola di bordone*, la *viole-lyre,* le *baryton,* à double jeu de cordes, la *basse de viole* ou *viola di gamba* (viole de jambe), dont nous aurons à parler plus longuement, et, enfin, le *violone* ou contrebasse de viole, ancêtre de la contrebasse actuelle[1].

1. Voir l'article *Violes.*

M. Laurent GRILLET, qui, il y a quelques années' avait remis en honneur l'antique vièle, s'exprime ainsi dans son intéressant ouvrage sur *Les Ancêtres du violon et du violoncelle :* « Les violes étaient le résultat des améliorations successives apportées aux vièles. La caisse de résonance est généralement (mais pas toujours) plate, avec des éclisses assez hautes en font le tour et relient les deux tables. Les échancrures pratiquées sur les côtés sont en forme de C très ouvert. La table d'harmonie est légèrement voûtée, tandis que celle du fond est presque toujours coupée en sifflet du côté du manche. Les ouïes, régulièrement fixées au nombre de deux, sont percées de chaque côté du chevalet à la hauteur des échancrures, elles représentent le plus souvent des C. La division des cordes était marquée sur la touche des violes, comme cela se pratique encore sur la mandoline et 'i guitare; il y avait sept cases faites avec de la corde à boyau. Cet usage fut abandonné lorsque les exécutants devinrent plus habiles. Les basses de viole sont généralement munies d'un cordier de coupe élégante. Les têtes sont sculptées et représentent parfois des têtes de cheval ou de lion, parfois des têtes de rois ; » d'autres fois encore, d'après certains auteurs, la tête du propriétaire de l'instrument, ce qui est un bon moyen de léguer sa figure à la postérité.

A certaines des violes primitives, il fut ajouté un second jeu de cordes en métal, dites harmoniques, en même nombre que les cordes frottées par l'archet, accordées à l'unisson de celles-ci et vibrant sympathiquement. L'instrument connu sous le nom de viole d'amour est celui auquel l'application de ce système apporta les plus heureuses modifications. A qui revient l'honneur de cette invention? FÉTIS l'attribue à l'Hindoustan, avons-nous dit, mais PRAETORIUS soutient que ce sont les Anglais qui ont eu l'idée d'ajouter des cordes sympathiques à la viola bastarda. Contentons-nous d'enregistrer ces opinions considérables, et n'affirmons rien, ce sera prudent.

La vraie basse de viole à six cordes n'avait pas, d'après les opinions les plus autorisées, de jeu de cordes harmoniques, et ce n'est qu'à une époque relativement rapprochée de la nôtre que cette addition lui fut faite. La plupart des viola di gamba que l'on voit aujourd'hui sont munies de cordes sympathiques, mais il faut souvent l'attribuer à la fantaisie de ceux qui en sont ou qui en ont été récemment propriétaires, et qui ont voulu leur donner ainsi un aspect et une sonorité plus caractéristiques. Ces cordes harmoniques sont attachées, sur le tasseau au bas du cordier, à des petites chevilles de métal qu'on fait tourner au moyen d'une clef pour les accorder; elles passent sur le chevalet dans une ouverture pratiquée au-dessous des cordes que doit frotter l'archet, et viennent s'accrocher sous la touche, près de la naissance du manche, à des petits clous de métal. L'adjonction des cordes harmoniques n'augmente pas sensiblement la puissance de sonorité de l'instrument, mais elle prolonge la résonance, et rend le timbre plus doux et plus pur.

L'accord des basses de viole variait suivant leur nombre de cordes. Le type qui se rapproche le plus du violoncelle était monté de six cordes, et accordé sur les notes suivantes :

La basse de viole à sept cordes donnait, en plus, le *la* grave au-dessous de la portée.

Le musée instrumental du Conservatoire de Paris possède une dizaine de basses de viole, dont une de Gasparo DA SALO (n° 169 du catalogue) et une de Pelegrino ZANETTO, Brescia, 1547 (n° 170 du catal.); il y a aussi un beau baryton à double jeu de cordes.

Nous signalons également aux curieux une belle basse de viole de BOIVIN dont certaines parties, et notamment la tête, sont finement sculptées; elle appartient actuellement à MM. CARESSA et FRANÇAIS, luthiers du Conservatoire.

FIG. 941. — Baryton allemand à double jeu de cordes.

FIG. 942. — Basse de viole de Pelegrino ZANETTO.

FIG. 943. — Basse de viole de Gasparo DA SALO.

FIG. 944. — Basse de viole de BOIVIN.

L'étude des violes fut fort négligée, pour ne pas dire complètement abandonnée, après le triomphe définitif de leurs rivaux, le violon, l'alto et le violoncelle. Cet abandon parut, à juste titre, regrettable à FÉTIS, lorsqu'il était bibliothécaire au Conservatoire de Paris, vers 1832, et lui donna l'idée de reconstituer des séances de musique ancienne avec les instruments de l'époque. Mais cette tentative ne réussit pas. De nos jours, un certain nombre d'artistes distingués ont remis en honneur le quinton (qui a une corde de plus à l'aigu que le violon), la viole d'amour, la viola di gamba, le clavecin, et ont formé des sociétés pour l'exécution de l'ancienne musique, telle qu'elle a été écrite par les maîtres des siècles passés. Il ressort des auditions qu'ils nous donnent un précieux enseignement et des impressions quelquefois gracieuses et tendres, quelquefois mélancoliques, avec ce charme un peu éteint des anciens pastels et des vieilles tapisseries.

Parmi les virtuoses modernes qui ont contribué à faire reparaître les anciens instruments, il convient de citer Jules DELSART, professeur de violoncelle au Conservatoire de Paris, artiste prématurément disparu, qui avait fait une étude spéciale de la viola di gamba, à laquelle il a dû bien des succès. Mais, étant admis l'intérêt et même le plaisir qu'il peut y avoir à entendre jouer de la viola di gamba, il faut se hâter de proclamer sa grande infériorité par rapport au violoncelle. Combien celui-ci, avec des moyens plus simples, est apte à exprimer des sentiments plus profonds et plus variés! C'est une vérité qui ne nous paraît pas avoir besoin de démonstration.

Il n'est pas douteux que le moderne violoncelle ne soit un descendant direct de la basse de viole, mais, malgré la supériorité du nouvel instrument, ce n'est pas sans une lutte longue et acharnée qu'il triompha de l'ancien. La famille des violes et celle des violons ont vécu parallèlement pendant plusieurs générations; elles avaient chacune leurs partisans convaincus, leurs exécutants habiles, et la lutte était vive. « Pour s'en convaincre, nous dit TOLBECQUE, il suffit de dire un pamphlet d'un certain Hubert LE BLANC, intitulé : *Défense de la basse de viole contre les entreprises du violoncelle et les prétentions du violoncelle*, 1740, Amsterdam. » S'il est acquis que le violoncelle nous vient de la viola di gamba, nous ne pouvons dire *avec une rigueur scientifique* à quel moment précis se fit cette transformation, mais toutes les recherches et toutes les présomptions, l'opinion à peu près unanime des luthiers, aboutissent à deux noms illustres :

FIG. 945. Viole de gambe de DUIFFOPRUGCAR.

ceux de Gasparo DA SALO, qui vécut à Brescia de 1550 à 1610, et de Paolo MAGGINI (Brescia, 1590-1640).

Gasparo DA SALO fut le premier grand luthier italien; son influence dans le perfectionnement des instruments à archet fut considérable. On lui attribue, quoique sans certitude absolue, l'invéntion du violon à quatre cordes accordées en quintes, tel qu'il est aujourd'hui, le perfectionnement du violone ou contrebasse de viole, et enfin la création du violoncelle, œuvre à laquelle paraissent avoir collaboré MAGGINI et peut-être même Andréa AMATI, chef de l'illustre famille de luthiers de ce nom. Cette triple transformation devait avoir sur l'art musical une profonde influence, que leurs auteurs ne soupçonnèrent probablement pas; il eût été, en effet, bien difficile à ces luthiers, quelque bien inspirés qu'ils fussent, de pressentir avec exactitude les immenses ressources chantantes et expressives des instruments qu'ils venaient de créer, du violoncelle surtout, car, à cette époque, les basses de viole ne servaient qu'à soutenir le chant dans les églises, ou à faire la basse d'accompagnement aux sonates de violon qui commencèrent à être de mode en Italie dans la première moitié du XVIIᵉ siècle. Les premiers spécimens authentiques du violoncelle étaient un peu plus grands que le violoncelle actuel, mais, plus tard, le grand luthier STRADIVARIUS reconnut que le modèle le mieux approprié à la main de l'homme devait être un peu plus petit, et en fixa définitivement les dimensions et les formes.

Nous donnons ici le dessin et les mensurations prises avec le plus grand soin par M. le docteur Déku et M. le capitaine Cadroy, les proportions d'un des beaux spécimens de l'espèce; il s'agit du STRADIVARIUS ayant appartenu au renommé violoncelliste russe DAVIDOFF et qui est aujourd'hui la propriété de M. Gabriel Gaupillat, de Paris :

FIG. 946. — Violoncelle de STRADIVARIUS.

VIOLONCELLE DE DAVIDOFF

Longueur totale de la caisse	758 mm.
Largeur maxima en haut	341 —
— minima entre les C	228 —
— maxima en bas	437 —
Largeur d'ouverture des C	164 —
Diapason du haut de la table au cran des ff	407 —
Ecartement des ff en haut	94 —
— au cran	156 —
— en bas (extérieurement)	253 —
Hauteur des éclisses en bas	118 —
— aux coins	114-115 —
— en haut	112 —
Épaisseur de la caisse au niveau du chevalet	164 —
Flèche de l'arc de la voûte pour la table, environ	27 —
— pour le fond, environ	23 —

Les proportions et les formes des instruments laissés par STRADIVARIUS n'ont cessé, depuis sa mort, de servir de modèle à ses successeurs; on a cependant essayé, à diverses reprises, des modifications dans la forme ou dans la matière des instruments à archet, mais ces essais, demeurés infructueux, ne pouvaient provenir que d'une tendance maladive de certains esprits à *n'être jamais satisfaits*, car les différents types laissés par STRADIVARIUS donnent des résultats tellement parfaits qu'on ne voit pas à quoi il pourrait servir de les modifier d'une façon quelconque. Il serait difficile de faire aussi bien (en admettant que certains secrets de la lutherie ne fussent pas perdus), et il serait impossible de faire mieux.

Après STRADIVARIUS, ses deux principaux élèves, Domenico MONTAGNANA et Carlo BERGONZI, firent de beaux et bons instruments. Les violoncelles de MONTAGNANA sont très estimés et atteignent de nos jours un grand prix.

Quant à ceux de BERGONZI, il faudrait, paraît-il, se refuser à en admettre l'authenticité. D'après MM. CARESSA et FRANÇAIS, luthiers du Conservatoire et de l'Opéra, Carlo BERGONZI n'aurait pas fait de violoncelles, et les instruments (d'ailleurs très beaux et très bons pour la plupart) qu'on attribue à ce maître auraient pour auteur Matteo GOFRILLER, luthier à Venise, de 1700 à 1740. Les lettres M. G., initiales de Matteo GOFRILLER, auraient été retrouvées, marquées au fer chaud dans le bois de l'instrument, sous des étiquettes portant le nom de BERGONZI, placées là dans un but de spéculation facile à comprendre. Cette opinion, que M. CARESSA affirme pouvoir appuyer de preuves irréfutables, est de nature à susciter des discussions passionnées dans le monde des artistes et des amateurs de lutherie. J'ai cru devoir la faire connaître, car elle touche à un point intéressant de l'histoire du violoncelle, mais j'en laisse toute la responsabilité à son auteur.

Parmi les luthiers illustres qui ont laissé des violoncelles, il faut citer les AMATI, les GUARNERIUS (à l'exception du plus célèbre d'entre eux, Joseph GUARNERIUS DEL JESU, qui n'a pas fait de violoncelles), MONTAGNANA, GAGLIANO, David TEKLER, GRANCINO, etc.

Le nombre des violoncelles de STRADIVARIUS est très restreint. C'est à peine si l'on en peut compter actuellement vingt-quatre ou vingt-cinq dans le monde entier, et on ne suppose pas qu'il puisse y en avoir beaucoup d'inconnus, car, depuis longtemps déjà, mais surtout dans ces dernières années, la chasse aux vieux instruments a été faite avec une *furia* qu'expliquent les prix exorbitants, et tendant toujours à s'élever, qu'atteignent ces instruments.

Le nombre des AMATI, GUARNERIUS, MONTAGNANA, etc., est plus élevé, mais encore bien minime, si on le compare à celui des artistes, amateurs ou collectionneurs qui désireraient en posséder. Ceux-ci sont légion et leur foule croîtra, sans doute, proportionnellement au développement formidable du goût de la musique dans le monde. Nous voyons le besoin de musique s'accentuer de plus en plus; des peuples entiers exigent maintenant, à doses pantagruéliques, des jouissances qui étaient autrefois le privilège de quelques délicats. Il en résultera, au point de vue spécial qui nous occupe, que les très beaux instruments anciens, poussés par la loi de l'offre et de la demande à des prix accessibles aux seuls milliardaires, deviendront la propriété de quelques puissants capitalistes, qui peut-être n'en joueront pas très bien, et ainsi, ces nobles voix cesseront peu à peu de se faire entendre dans de bonnes conditions. Mais il faut se garder, à notre avis, d'en conclure que les virtuoses de l'avenir seront privés d'instruments aussi bons que ceux de leurs devanciers. Il y a, dans l'engouement auquel nous assistons, une grande part de fétichisme. L'adoration de certains amateurs ou artistes pour les vieux instruments signés d'un nom illustre touche souvent au grotesque. (N'est-on pas allé jusqu'à comparer les courbes d'un violon aux gracieux méandres d'un ruisseau dans la prairie...!) Pour ces emballés, ce qui a été façonné par la main des vieux luthiers italiens est et doit rester inimitable et *inégalable;* il suffit qu'un violon soit moderne pour qu'ils en détournent leurs yeux avec dédain. Nous croyons plus juste de penser qu'il a pu exister, depuis STRADIVARIUS, et qu'il existera dans l'avenir, des maîtres luthiers capables d'égaler leur modèle dans l'art de choisir les bois et de les couper. Le secret du vernis de Crémone est perdu, il est vrai, et c'est là un point délicat, car s'il était démontré qu'aucun des vernis employés depuis le XVIIIe siècle ne peut avoir les qualités de l'ancien, il serait prouvé du même coup que les violons de l'avenir ne pourront équivaloir à ceux du passé; mais cela est loin d'être un fait établi; il faut aussi, et peut-être surtout, faire entrer en ligne de compte l'*action du temps*. Déjà, certains instruments datant d'un siècle, ou moins, ont pris une magnifique coloration ancienne et une sonorité plus ample et plus belle. Pourquoi cette amélioration ne continuerait-elle pas à mesure que les années, les siècles peut-être, s'écouleront? Les instruments des grands luthiers français LUPOT, VUILLAUME, GAND, pour ne citer que ceux-là, ont suivi cette progression vers le beau et le bon; il est très permis d'espérer qu'ils ne perdront pas cette louable tendance.

A ceux qui pourraient croire que j'exagère en parlant de *fétichisme*, je recommande une petite expérience qui ne leur laissera aucun doute sur sa réalité : qu'ils réunissent dans une salle quelques amateurs *éclairés* et quelques artistes; puis, qu'ils fassent jouer alternativement dans une pièce voisine, mais où l'exécutant ne pourra être vu, des violons ou violoncelles anciens et modernes, des instruments de 30.000 francs et plus et des instruments de 1500 fr., *par le même artiste;* qu'après chaque exécution, ils consultent les auditeurs sur la nature de l'instrument, et ils seront émerveillés... de la divergence des appréciations et de l'énormité des erreurs commises. Cette expérience a été faite, sur une grande échelle, par M. A. MANGEOT.

Il y a aussi un procédé employé par le renommé violoncelliste TOLBECQUE, et qui ne laisse pas que d'être instructif.

TOLBECQUE avait joué, devant un public où brillaient bon nombre de connaisseurs et d'amateurs réputés, sur un violoncelle qu'il affectionnait particulièrement, mais qui ne payait ni de mine ni de signature. L'artiste eut du succès, mais il fut vivement critiqué de mettre au service de son talent un instrument aussi médiocre et on lui conseilla d'en changer.

Quelque temps après, TOLBECQUE reparut devant le même public, non sans avoir informé lesdits connaisseurs qu'après mûres réflexions il s'était décidé à suivre leur conseil, et qu'il jouerait cette fois sur un Carlo BERGONZI. Il se présenta, en effet, devant le public avec un violoncelle dont les formes et le magnifique coloris ancien amenèrent sur les lèvres des

amateurs des sourires de satisfaction et des hochements de tête significatifs. L'artiste joua et l'enthousiasme des amateurs s'épanouit magnifiquement. TOLBECQUE fut chaudement félicité, non seulement pour son talent, mais aussi pour son changement d'instrument, l'ancien, affirmaient ces messieurs, ne pouvant supporter la comparaison avec le BERGONZI. L'artiste reçut les compliments sans révéler à ces admirables connaisseurs que les deux violoncelles n'en faisaient qu'un, qu'il avait habilement *maquillé* pour le rendre méconnaissable.

Cette anecdote est rapportée par TOLBECQUE, aussi habile luthier qu'éminent violoncelliste, dans une brochure intitulée *De l'Influence du de visu sur le de auditu.* Cela pourrait s'appeler aussi « de l'autosuggestion chez les amateurs de vieux violons ».

CARACTÈRE ET TECHNIQUE DU VIOLONCELLE

Le caractère général du violoncelle est la noblesse dans l'expression. Ses sons moelleux et pleins peuvent se prêter à la traduction de sentiments très divers, mais dont il faut excepter à peu près complètement ceux qui se rapprochent de la gaieté pétillante, de l'*esprit*, de tout ce qui se caractérise en musique par le mot *brillant*. Même lorsqu'il exécute des traits rapides ou des notes répétées, le violoncelle conserve une allure sévère ou sentimentale; s'il cherche à aborder la fine plaisanterie et les joyeux propos, il ressemble à un orateur de tempérament grave et passionné qui, tout à coup, se mettrait à dire des gaudrioles. *Cela ne lui va pas.*

Dans son *Traité d'orchestration,* BERLIOZ dit : « Les violoncelles, unis au nombre de huit ou dix, sont essentiellement chanteurs; leur timbre sur les deux cordes supérieures est un des plus expressifs de l'orchestre. Rien n'est plus voluptueusement mélancolique et plus propre à bien rendre les thèmes tendres et langoureux qu'une masse de violoncelles jouant à l'unisson *sur la chanterelle.* »

D'autre part, nous lisons dans le *Traité d'Instrumentation* de GEVAERT : « De tous les instruments aptes à interpréter une idée mélodique, aucun ne possède au même degré du violoncelle l'accent de la voix humaine, aucun n'atteint aussi sûrement les fibres intimes du cœur. Pour la variété des timbres, il ne le cède guère au violon. Il réunit les caractères des trois voix d'hommes : la juvénilité ardente du ténor, la virilité du baryton, la rudesse austère de la basse-taille. Sa chanterelle vibrante est appelée à traduire les effusions d'un sentiment exalté : regrets, douleurs, extase amoureuse. »

Ce caractère général du violoncelle étant défini, il faut reconnaître qu'il se modifie sensiblement dans les différentes régions de son échelle sonore. L'instrument, dont les quatre cordes donnent (à vide) les

sons :   possède quatre

registres bien distincts.

Le registre grave :   correspond

à la voix de basse profonde et même très profonde

l'octave suivante ou registre moyen :

correspond à la voix de baryton; les notes fournies par la chanterelle, dans sa première octave :

(registre aigu ou plutôt *chantant*), correspondent excellemment aux plus belles notes du ténor et constituent la partie la plus précieuse, la plus inimi-table des sonorités du violoncelle. Au-dessus de ces notes, se trouve un registre suraigu dont l'étendue est théoriquement illimitée et qui, dans la pratique, permet d'atteindre aux notes du registre chantant du violon, mais avec un timbre et un caractère bien différents. En effet, tandis que, dans les trois premiers registres, le violoncelle chante ou accompagne avec une sonorité pleine et facilement émise, il prend, dans les notes du registre suraigu, un accent tour à tour poignant, douloureux, violent, qui lui est spécial. Cet effet provient de la grande tension des cordes sur lesquelles joue alors l'exécutant; on comprend que l'attaque de cordes raccourcies de moitié, des trois quarts, et quelquefois plus, devienne progressivement plus difficile et ne puisse donner, si l'exécutant n'est pas d'une magistrale habileté, qu'une sonorité contrainte, grêle et trop souvent grinçante. Exception doit être faite pour les notes *harmoniques*, qui sont produites par le doigt effleurant la corde aux points dits *nœuds harmoniques*. Ces notes, impropres à l'expression, puisque l'exécutant ne peut leur donner la vibration qu'il désire par la pression de son doigt, ont une sonorité pure et cristalline pleine de charme. Elles sont souvent employées avec bonheur pour terminer à l'aigu un trait arpégé.

L'étendue du violoncelle à l'aigu est donc impossible à délimiter d'une façon précise. Un des exemples les plus significatifs que nous connaissons de l'emploi de cette énorme étendue se trouve dans le Concerto en *la mineur* de C. SAINT-SAËNS.

Voici ce passage :

Ritenuto poco a poco ad libitum

L'auteur a écrit aussi une *facilité* :

Facilité

que nous avons vu bien des artistes choisir de préférence, peut-être, dans certains cas, parce que, faute d'une attention suffisante, la première version leur avait paru inexécutable.

Elle est pourtant parfaitement possible, et même d'une difficulté modérée, eu égard à l'acuité des sons à produire. Il suffit, pour l'exécuter, de suivre

la gamme jusqu'au son : par les doigtés

ordinaires, puis de redescendre à la première position, d'appuyer le pouce sur le *si*♭ et d'effleurer du quatrième doigt le *mi*♭, ce qui nous donne la double octave du *si*♭ appuyé, et de continuer avec le même doigté jusqu'à la fin du trait.

On voit, par ce passage, que l'écriture du violoncelle emprunte trois clefs : la clef de *fa* quatrième ligne, la clef d'*ut* quatrième ligne et la clef de *sol*. De plus, la clef de *sol* n'est pas toujours employée à son diapason réel. BERLIOZ dit à ce sujet : « Quand on l'écrit dès le début d'un morceau ou immédiatement après la clef de *fa*, elle présente aux yeux l'octave haute des sons réels. Elle n'a toute sa valeur que si on la fait succéder à la clef d'*ut* quatrième ligne; alors seulement, elle représente les sons réels et non point leur octave supérieure. » BERLIOZ blâme cet usage que rien ne justifie et qui amène souvent des erreurs dans l'exécution. Nous affirmons qu'on pourrait, sans aucun inconvénient, simplifier l'écriture du violoncelle, en supprimant la clef d'*ut* (écueil des amateurs, des mauvais amateurs, veux-je dire!), et en employant toujours la clef de *fa* et la clef de *sol* à leur valeur réelle.

De cette façon, l'*ut* de la clef de *sol* :

viendrait tout naturellement se confondre avec l'*ut* de la clef de *fa :* , comme cela se pratique

pour le piano, sans aucune ambiguïté possible, et sans nuire à la clarté de la lecture, au contraire. Nous proposons cette réforme, qui est une simplification, aux compositeurs présents et à venir.

Toutes les formes de traits en usage sur le violon et l'alto sont accessibles au violoncelle, mais presque toujours avec une plus grande difficulté d'exécution. Un coup d'archet, principalement *le détaché*, présente sur le violoncelle des difficultés particulières. Il faut le travailler longtemps, sous ses diverses formes, avec beaucoup de patience, aidée de raisonnement et de volonté, pour arriver à bien; mais, même dans ce cas, les violoncellistes ne réussissent pas à produire un détaché aussi net et aussi vigoureux que celui des violonistes. Nous avons entendu accuser, à ce propos, les violoncellistes d'avoir mal ou insuffisamment travaillé leur instrument. C'est une imputation dont il y a lieu de les défendre. Il y a parmi les violoncellistes des artistes aussi bien doués et aussi travailleurs que n'importe quels autres, et l'infériorité relative de leur détaché ne

provient pas d'eux, mais de la nature même de leur instrument. La longueur et la grosseur des cordes, en rapport direct avec la gravité des sons à produire, exigent une amplitude de vibration qui ne permet pas que ces cordes soient mises en mouvement et ramenées à l'immobilité avec la même rapidité que s'il s'agit de cordes beaucoup plus courtes et plus minces. Le détaché sera forcément d'autant plus lourd et confus qu'il se produira sur un registre plus grave. La même observation peut, d'ailleurs, être faite avec un piano dont l'appareil de percussion est également parfait d'un bout à l'autre de l'échelle. Un trait rapide exécuté dans les octaves graves ne se détachera jamais avec la même netteté que dans le registre aigu. Il y a là une loi physique que l'on ne peut supprimer, mais que les violoncellistes parviennent à tourner en partie, à force de travail et d'ingéniosité.

Les passages liés, ainsi que les mélanges de notes liées et de notes détachées, quoique plus difficiles que sur le violon, sont d'un bon effet sur le violoncelle, mais il est une forme de trait, d'ailleurs exécutable sur tous les instruments à archet, qui emprunte au violoncelle un charme tout spécial, c'est l'accord arpégé.

Un passage de ce genre :

exécuté avec liberté et souplesse du poignet, donne une impression de grâce parfaite et peut accompagner de façon exquise certaines phrases chantantes.

La double corde est d'une belle sonorité, mais elle doit être écrite avec beaucoup de circonspection pour être exécutable et donner l'effet que l'auteur en attend. Le compositeur, en ce cas, doit, s'il n'est pas

violoncelliste lui-même, avoir une notion très exacte du mécanisme spécial de l'instrument.

Aussi, la double corde est-elle peu employée à l'orchestre et même dans la musique de chambre; son emploi dans le solo peut être d'un très beau caractère.

Voici un exemple tiré du *Concerto* de SCHUMANN :

Lentement

p Dolce..

Dans ce passage, *toutes les notes sont chantantes* et doivent être exécutées avec style et expression; il y faut une belle sonorité et une justesse irréprochable; cela n'est pas facile à réunir, quoique le passage soit fort bien écrit pour l'instrument.

Les doubles notes en tierces, en sixtes et en octaves

peuvent être exécutées dans les traits d'une assez grande rapidité, grâce à l'emploi du pouce comme sillet mobile, et à la condition que ces successions de doubles notes soient par degrés conjoints. Des passages comme ceux-ci :

Sons réels.

sont exécutables et d'un bon effet, mais une succession de tierces disjointes écrite ainsi :

serait à peu près injouable, même dans un mouvement modéré, et l'auteur courrait grand risque de ne l'entendre jamais reproduire avec justesse.

Les accords de trois et de quatre notes ont, sur le violoncelle, un vigoureux et beau caractère, mais on ne doit pas les faire se succéder trop rapidement, et les précautions que doit prendre tout compositeur qui écrit pour le violoncelle autre chose qu'une simple partie de basse, sont ici plus nécessaires que jamais. Tout accord de trois ou de quatre sons n'est pas possible; il faut que les notes à faire entendre se trouvent sur des cordes différentes (une même corde ne pouvant évidemment faire entendre plusieurs sons), et il faut encore que les doigtés devant les produire ne dépassent pas l'écartement possible des doigts.

Il est à remarquer que l'archet ne peut attaquer d'une façon *absolument simultanée* trois et à plus forte raison quatre cordes, à cause de la forme convexe du jeu de cordes, mais le temps qui s'écoule entre la mise en vibration des différentes notes est si bref que l'impression de l'accord est bien franche, et qu'il résulte même de ce rapide cinglement un accent très énergique qui est spécial aux instruments à archet.

Pour l'étude en doubles notes et accords exécutables sur le violoncelle, ainsi que pour d'autres détails d'une technicité aride, nous ne pouvons que renvoyer aux méthodes spéciales et aux traités d'instrumentation qui les indiquent avec les développements nécessaires.

Certains virtuoses-compositeurs ont trouvé, par suite de leur connaissance approfondie de l'instrument, des formes de traits qui, sans aller jusqu'au véritable brillant, présentent le violoncelle sous un aspect léger, rapide, sautillant, dont on ne le croirait pas capable au premier abord.

Voici un trait du *Cinquième Concerto* de ROMBERG, qui entremêle d'une façon très heureuse les tierces et les octaves :

En voici un, tiré de la *Fantaisie caractéristique* de SERVAIS, qui emploie avec beaucoup d'art les arpèges et les notes harmoniques :

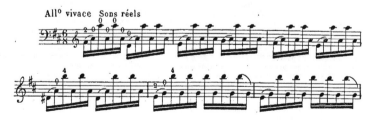

Le passage suivant est extrait du *Concerto en la mineur* de A. CHEVILLARD, ancien professeur au Conservatoire de Paris :

Ce trait, que l'on dirait écrit pour le piano, est difficile, mais parfaitement exécutable sur le violoncelle, *dans le ton d'ut majeur;* il cesse d'être possible si on le transpose dans un autre ton.

Ces divers passages nous obligent à admirer l'ingéniosité de l'auteur et l'habileté de l'exécutant, ils nous donnent une impression à la fois de virtuosité et de musique, mais combien d'autres pourrions-nous citer qui nous causeraient des sensations toutes différentes et nous rapprocheraient du sentiment de Fontenelle à qui on faisait remarquer combien une œuvre qu'il venait d'entendre était difficile : « Plût au Ciel qu'elle fût impossible! » s'écria-t-il. Cette boutade contient en germe tous les principes de la vraie critique.

Nous devons tirer des exemples cités plus haut une autre conclusion : c'est que les passages de véritable virtuosité ne peuvent être écrits, sauf de bien rares exceptions, que par des virtuoses, et nous conseillerons aux compositeurs qui voudraient créer pour le violoncelle une œuvre sortant des données habituelles de la symphonie, du quatuor ou de la sonate (encore l'écriture de la sonate moderne confine-t-elle à la virtuosité!), de consulter un violoncelliste pour les passages difficiles. Ils arriveront ainsi, au prix de modifications quelquefois très légères, à une version bien écrite pour l'instrument, qualité qui peut influer plus qu'on ne le croit sur les destinées d'une œuvre.

Le *pizzicato*, ou son produit par la corde pincée, est, sur le violoncelle, d'un très bon effet; à l'orchestre, les violoncelles, unis aux contrebasses, donnent, par le pizzicato, des notes fondamentales pleines de rondeur et de force. Dans la musique de chambre, le pizzicato est fréquemment employé. (Voir la seconde reprise du premier morceau du *Trio à l'Archiduc* de BEETHOVEN, où le violon et le violoncelle reproduisent, en dialogue avec le piano, d'importants fragments et développements du thème principal.) Pour obtenir la meilleure sonorité possible, l'exécutant doit pincer la corde, non en la soulevant et en l'éloignant de la touche, car, dans ce cas, elle reviendrait frapper le bois avec un claquement désagréable, mais en la déplaçant dans un plan parallèle à la touche; de cette façon, il peut donner à la corde la plus grande amplitude de vibration sans avoir à craindre de claquement.

La qualité la plus séduisante du violoncelliste, celle qui différencie l'artiste de race de l'instrumentiste sans vocation, c'est la beauté et la tenue du son. La qualité du son émane de la constitution de l'artiste; il ne sait lui-même quel procédé il emploie, ni en quoi ce procédé diffère de celui des autres instrumentistes; cela s'est formé intuitivement, au début des études, par l'appropriation intime de l'artiste à son instrument; c'est le sentiment personnel, impossible à analyser, comme le parfum d'une fleur ou la couleur d'un regard. C'est par la beauté du son et par sa flexibilité, correspondant aux nuances les plus variées du sentiment, que le grand virtuose prendra les foules et pourra les émouvoir jusqu'aux larmes, jusqu'au délire. Cette qualité primordiale ne s'acquiert pas, mais elle peut être largement développée par l'étude. Le son expressif et souple s'obtient, ou plutôt se perfectionne, par le travail du *son filé*. On nomme ainsi un son commencé pianissimo à une des extrémités de l'archet, enflé le plus possible jusque vers le milieu de la baguette, et diminué ensuite jusqu'à l'autre extrémité, en donnant à ce son le plus de durée possible[1]. L'artiste doit s'appliquer à ce que son archet reste en contact intime avec la corde dans le *piano*, comme dans le *forte*, sans trépidation. C'est ce qu'on appelle avoir *l'archet à la corde;* cette qualité précieuse est l'apanage des exécutants bien doués, et, pour être conservée dans toute sa pureté, elle exige non seulement du travail, mais une foule de soins qui sont d'un domaine différent, et dont nous aurons l'occasion de dire quelques mots à la fin de cette étude.

On a quelquefois reproché aux violoncellistes d'être des lecteurs médiocres, ou du moins de se montrer, sous ce rapport, très inférieurs aux violonistes, pianistes, flûtistes, etc. Il est certain qu'on rencontre assez souvent des violonistes capables de déchiffrer bien, quelquefois très bien, une sonate, même difficile. Quand un violoncelliste est soumis à la même épreuve, il est rare qu'il s'en tire brillamment. On voit même des artistes, d'ailleurs considérés comme habiles et en possession d'une technique solide, hésiter ou se tromper dans des traits relativement faciles qu'ils rencontrent en déchiffrant un quatuor ou une sonate. Ces imperfections ont leur véritable cause dans la nature même de l'instrument. En examinant le doigté du violoncelle, nous voyons que l'exécutant est obligé de passer du premier doigt au troisième pour couvrir l'intervalle d'un ton, la dimension de cet intervalle étant trop grande pour qu'une main de taille moyenne puisse contenir l'espace d'un ton entre chacun de ses doigts. Il en résulte que dans la plupart des cas, pour les gammes exécutées aux quatre premières positions (qui sont de beaucoup les plus usuelles), le second et le troisième doigt sont tour à tour inutilisés, *perdus*, ce qui diminue d'autant la facilité d'exécution de ces gammes et surtout *le nombre des doigtés possibles*. Pour la même raison (la dimension des intervalles), le violoncelliste ne peut, à la première position, atteindre de son quatrième doigt l'unisson de la corde suivante, comme le fait le violoniste, qui tire de ce fait, ainsi que de l'utilisation de tous ses doigts dans une gamme quelconque, un énorme avantage sur le violoncel-

liste. Celui-ci a *comme un doigt de moins*. Il faudrait, pour qu'il pût avoir des facilités égales à celles du violoniste, que la dimension de sa main fût, par rapport au violoncelle, comme celle du violoniste par rapport au violon, c'est-à-dire hors de toute proportion humaine.

Un trait de violoncelle n'a généralement qu'un ou deux sons doigtés qu'il est souvent difficile ou impossible d'apercevoir du premier coup d'œil; un trait de difficulté égale pour le violon a un beaucoup plus grand nombre de doigtés possibles, et le violoniste qui déchiffre peut, grâce à son cinquième doigt, se rattraper tant bien que mal et arriver au bout du trait, tandis que le malheureux violoncelliste qui, dès le début, a manqué le bon doigté, en est réduit à garder momentanément le silence.

Pourtant son œil, aussi exercé que celui du violoniste, a lu le passage, mais ses doigts, mal engagés, n'ont pu suivre son esprit, et les auditeurs, qui constatent la faute, peuvent, très innocemment, l'attribuer à une cause qui n'est pas la vraie.

A ces difficultés quelquefois insurmontables, qui se présentent dans la lecture à vue sur le violoncelle, il convient d'ajouter les complications qui proviennent de l'emploi des trois clefs et du changement fréquent de ces clefs.

En résumé, la technique du violoncelle est des plus difficiles, *sinon la plus difficile qui existe*, car cet instrument est appelé, par la beauté de ses sons et l'étendue de ses registres, à attirer et à subjuguer l'attention, tandis que la complication de sa mise en œuvre, sa lourdeur naturelle, la pauvreté relative de ses doigtés sont autant d'obstacles à son essor vers les hautes sphères de l'exécution.

EMPLOI DU VIOLONCELLE

Le violoncelle à l'orchestre.

Ainsi que nous l'avons remarqué à propos des basses de viole, les ancêtres du violoncelle et le violoncelle lui-même ne servirent pendant des siècles qu'à soutenir le chant dans les églises, et même dans les processions hors des églises, malgré le caractère peu portatif de l'instrument. Les exécutants de cette époque avaient imaginé de perforer le dos de leur instrument et d'y adapter une cheville de bois qui, fixée d'autre part à leurs vêtements, leur permettait de jouer en marchant et d'accompagner la voix des chantres. On trouve encore fréquemment des violoncelles sur lesquels la trace des anciennes chevilles se voit très bien, quoique les trous aient été soigneusement bouchés. Chose curieuse, ces mutilations ont plus nui à l'aspect qu'à la sonorité de l'instrument. Il faut se féliciter, cependant, que les beaux violoncelles italiens n'aient pas subi de pareilles dépréciations.

Suivant la juste observation de A. TOLBECQUE, « un des documents les plus exacts sur l'emploi et la forme des instruments du xvie siècle nous est fourni par le célèbre tableau de Paul Véronèse représentant les *Noces de Cana* (1562), et au centre duquel se trouve groupé un petit orchestre où le quatuor des violes est parfaitement disposé : basse, ténor, alto et pardessus de viole ». C'est là, évidemment, le noyau générateur de l'orchestre moderne. Plus tard, ce groupe homogène se mêla aux voix et devint peu à

---

1. Les sons filés ne peuvent être obtenus d'une façon parfaite qu'à l'aide d'un bon archet. Disons, à ce propos, que les principes qui président à la construction des archets de violoncelle sont les mêmes que pour les archets de violon. Dans l'archet de violoncelle, la baguette est un peu moins longue et un peu plus grosse que dans l'archet de violon, la mèche est plus fournie, l'ensemble de l'instrument est calculé de façon à pouvoir transmettre une pression plus énergique. Les meilleurs archets de violoncelle ont été faits par TOURTE jeune, ÉURY, LAFLEUR, PECCATE, VOIRIN, etc.

peu la base indispensable de tout concert. M. Jourdain voulut des violons et des violes pour recevoir les gens de qualité ; il eut même l'idée, peut-être un peu malencontreuse, d'y ajouter une trompette marine, mais cet instrument n'ayant d'une trompette que le nom, puisqu'il était formé d'une longue boîte de résonance et d'une corde mise en vibration par un archet, l'idée de M. Jourdain n'était pas en somme aussi barbare qu'elle le paraît au premier abord. Dans ces combinaisons orchestrales primitives, les parties réservées aux basses de viole et aux violoncelles ne furent que des parties d'accompagnement.

Les rapides progrès de la musique ne tirèrent pas le violoncelle de l'injuste oubli dans lequel le laissaient les compositeurs. Dans la musique, si polyphonique, si riche d'écriture, de Sébastien Bach, nous ne connaissons pas d'exemple de l'emploi des facultés chantantes du violoncelle à l'orchestre. Les basses sont réunies sous la dénomination générale de *continuo ;* elles sont symphoniques, mais non mélodiques.

Le maître réserve ses phrases d'expression aux hautbois, hautbois d'amour, aux flûtes, etc., et ne tire pas de parti spécial de la chanterelle du violoncelle. L'œuvre de Haydn, de Mozart, nous offre peu ou point d'exemples du violoncelle employé à l'orchestre comme instrument de chant ; il est permis de s'en étonner, car ses qualités caractéristiques paraissent convenir à la sincérité touchante du vieil Haydn, et, plus spécialement encore, aux idées tendres et poétiques du maître de Salzbourg.

A Beethoven revient l'honneur, parmi beaucoup d'autres, d'avoir donné au violoncelle son véritable rôle dans l'orchestre symphonique et d'avoir mis en lumière toutes ses ressources expressives. Beethoven s'est emparé du violoncelle tout entier, comme d'un trésor découvert, et n'a laissé dans l'ombre aucune de ses qualités. C'est ainsi que le génie procède, par intuitions globales et imprévues. Les neuf symphonies, les ouvertures, les concertos et les messes contiennent de nombreux passages dans lesquels le violoncelle atteint aux plus hauts sommets de l'expression. Nous ne pouvons citer tous ces exemples, bien qu'ils soient tous d'un haut enseignement ; il faut nous borner à signaler quelques-uns des plus caractéristiques.

Le thème de l'*Andante con moto* de la *Cinquième Symphonie (ut mineur)* est exposé par les violoncelles, auxquels l'auteur a adjoint les altos, non pour modifier le timbre des premiers, qui, ainsi que le remarque Berlioz, reste *absolument prédominant*, mais pour ajouter de la rondeur et de la sonorité à l'exposé du motif :

Plus tard, dans la *Neuvième Symphonie*, c'est aux violoncelles unis aux contrebasses que l'auteur donne le thème formidable qui, par ses développements et ses transformations, doit exprimer toutes les formes de la joie et de l'enthousiasme humains. Aussitôt après l'exposition de ce thème, on l'entend une seconde fois par les violoncelles, *dans leur registre chantant par excellence.* Cette répétition du thème, adoucie par la sonorité moelleuse de la chanterelle, et encore poétisée par la guirlande fleurie que le basson enroule autour de ce thème, est d'un charme inexprimable :

Dans le *Scherzo* de la même symphonie, la phrase en *ré* majeur des altos et violoncelles :

emprunte à la voix de ces derniers un caractère généreux et franc.

BEETHOVEN a utilisé avec un égal génie tous les registres et tous les caractères de l'instrument. Le trait de l'ouverture de *Coriolan* exprime les sentiments tumultueux du principal personnage. Ce passage, d'exécution difficile, n'est pas toujours rendu purement par les violoncellistes; on y constate souvent un peu de confusion, mais, quand il est bien exécuté, son effet est plein de grandeur et d'âpreté.

Le registre grave des violoncelles a fourni au grand symphoniste, par son association avec l'octave inférieure des contrebasses, des effets d'un magnifique caractère et d'une grande variété. Dans cet ordre d'idées, le scherzo de la *Symphonie en ut mineur* est à citer en première ligne. Le premier thème murmuré pianissimo par les basses :

saisit l'auditeur par sa mystérieuse grandeur et le transporte dans un monde inconnu où il pressent des choses graves ou terribles; son esprit est, dès les pre- mières mesures, enchaîné et palpite plus profondé- ment à chaque réapparition du thème, jusqu'à ce qu'enfin éclate le majeur saccadé et formidable :

et plus loin :

puissante étreinte du plus novateur des génies.

WEBER a donné au violoncelle un rôle très noble dans son orchestre; dans l'ouverture du *Freyschütz,* nous le voyons caractériser le personnage fantastique de Samiel :

Dans celle d'*Obéron*, il chante une mélodie pleine de grâce et de fraicheur. MENDELSSOHN, doué d'une merveilleuse habileté technique dans l'art de l'orchestration, a souvent employé le violoncelle avec bonheur.

L'ouverture de *Ruy-Blas* contient une phrase large et passionnée, qui, écrite dans le registre moyen de l'instrument, est d'un beau et grave caractère :

SCHUMANN a exprimé, par les accents du violoncelle, bien des sentiments poétiques ou poignants;
l'ouverture de *Manfred*, d'une inspiration si amère et
si grandiose à la fois, contient des passages de
violoncelle qui nous émeuvent profondément, celui-
ci par exemple :

qui traduit si bien les plaintes désespérées du sombre héros de Byron.

L'emploi du registre grave du violoncelle au point
de vue *expressif et chantant* est plus rare. Nous en
trouvons cependant un bel exemple dans BERLIOZ,
au commencement de la deuxième partie de la *Damnation de Faust* :

Dans ce passage, le violoncelle traduit la douloureuse rêverie de Faust. Ses notes profondes et voilées, après les éclats de la *Marche Hongroise*, nous transportent dans le cabinet d'études du malheureux docteur, toujours en proie à ses ardentes aspirations. Au cours de cette scène, les violoncelles, auxquels répondent les altos dans l'interprétation du principal motif, s'adaptent admirablement aux sentiments du personnage, et forment la base de cette riche trame orchestrale au-dessus de laquelle Faust déclame son désespoir et sa volonté d'en finir avec une vie qui ne lui apporte que désenchantement et tortures...

Berlioz a confié en grande partie au violoncelle l'expression de l'amour de Roméo; dans l'*Adagio* de la symphonie *Roméo et Juliette,* que l'auteur estimait être une de ses meilleures pages, nous voyons le violoncelle jouer la grande phrase de tendresse passionnée qui s'échappe des lèvres de Roméo entrant dans le jardin de Juliette :

Au cours du morceau, dans la pénombre de cette nuit shakespearienne, la voix grave des violoncelles reparaît souvent, exprimant l'ardeur pressante de Roméo ou redisant la phrase d'amour initiale.

WAGNER et, plus généralement, tous les compositeurs modernes ont conservé au violoncelle la grande place que lui avaient donnée leurs devanciers. Qui n'a remarqué, au troisième acte des *Maîtres chanteurs*, dans la valse des étudiants, l'entrée délicieuse des violoncelles, apportant une note de tendresse émue au milieu de la joie légère des écoliers?

A l'acte précédent du même ouvrage, c'est encore le violoncelle qui, dans son registre moyen, prélude à la profonde rêverie de Hans Sachs. WAGNER n'a-t-il pas encore choisi le violoncelle pour lui faire exprimer les phrases débordantes de passion, qui sont les principaux thèmes du *Prélude* de *Tristan et Yseult?*

     117

On voit, par ces exemples de caractères très divers, qu'aucun des sentiments graves, passionnés ou nobles du cœur humain n'est inaccessible à la voix pénétrante du violoncelle.

Dès que le timbre de ses deux cordes supérieures se fait entendre à l'orchestre, il s'impose à l'attention, *un peu comme la voix humaine*, et prépare l'auditeur à des impressions d'un ordre élevé.

Certains auteurs ont tiré un admirable parti des violoncelles divisés à l'orchestre. Nous citerons le quintette du commencement de l'ouverture de *Guillaume Tell*, où Rossini a su mettre un beau coloris, à la fois grave et agreste, qui convient fort bien au sujet du drame, beaucoup mieux certes que le style sautillant ou même galopant des motifs qui terminent cette ouverture.

Un bel exemple de la puissance expressive des violoncelles divisés nous est fourni par Wagner dans la *Walkyrie* (acte I, scène I) :

Dans ce magnifique passage, les violoncelles traduisent, par une des plus belles mélodies que nous ait données le génie de WAGNER, l'amour pénétrant au cœur de Siegmund et l'emplissant bientôt tout entier.

Les œuvres orchestrales de FRANCK, LALO, BRAHMS, SAINT-SAËNS, contiennent de nombreux exemples d'un bel emploi des ressources du violoncelle, mais c'est plus spécialement encore dans leurs œuvres de musique de chambre que nous trouverons à citer des passages caractéristiques de ces maîtres.

Le violoncelle dans la musique de chambre.

Les qualités et les ressources diverses de l'instrument que nous nous efforçons de décrire ici trouvent leur application complète dans la musique de chambre, et s'augmentent par le rôle dévolu au violoncelle d'accompagner à découvert le chant des autres instruments. Le violoncelliste qui joue à l'orchestre se sent soutenu par la masse de ses collègues; il n'a pas, de ce fait, à prendre de précautions trop minutieuses pour l'attaque et la sonorité de ses notes, mais il n'en est pas de même pour celui qui exécute une œuvre de musique de chambre. Il faut ici le tact le plus fin, la musicalité la plus profonde, le style le plus pur, joints à une technique très complète. Si nous prenons, comme type de l'œuvre de musique de chambre, le quatuor à cordes qui en est l'expression la plus homogène, la plus indiscutablement belle, nous voyons que le rôle du violoncelle est, après celui du premier violon, le plus important de l'ensemble. Il forme la base de l'édifice sonore, et a, pour cette raison, une importance *harmonique* qu'aucune autre ne surpasse; mais ce qui rend l'exécution de la partie de basse très délicate, c'est que, malgré cette importance fondamentale, elle doit conserver une souplesse absolue et se prêter aux fantaisies et aux nuances infinies de la partie mélodique. Le violoncelliste de quatuor doit deviner les moindres intentions du violon ou de l'alto qui chante au-dessus de lui, et s'y plier avec une docilité parfaite, même quand les intentions de celui-ci ne concordent pas complètement avec son sentiment.

Le volume *juste* du son à donner doit être dans un rapport exact avec la sonorité de la partie chantante (nous ne disons pas *doit l'égaler*), et c'est ce rapport exact que peut seul sentir le musicien expérimenté, ayant une connaissance profonde de l'œuvre exécutée et de la *valeur harmonique* de chacune des notes qu'il joue. Cette valeur peut varier d'une note à l'autre, ou dans la durée d'une même note, et il faut, pour apprécier ces différences, des qualités musicales qui sont le propre des artistes de haute envergure. Nul exécutant ne peut donner la mesure d'un goût et d'un style élevés mieux qu'un violoncelliste de quatuor; nul ne peut, non plus, trahir l'insuffisance de sa nature ou de son éducation plus complètement que ce même artiste par certaines erreurs d'accompagnement, telles que l'emploi du *vibrato* où il n'en faut pas, ou encore la recherche d'un effet spécial à sa partie dans un passage où l'auteur n'en a conçu aucun. Le violoncelliste de quatuor doit donc déployer dans les passages *accompagnants* de sa partie les qualités qui sont celles du fin et solide musicien; il lui reste les passages où cette partie devient prépondérante, pour faire montre de ses qualités expressives et quelquefois de sa virtuosité. Ces passages sont nombreux, surtout dans la musique écrite de-

puis un siècle. Ils doivent être joués non seulement avec le style qui leur convient, mais encore sous l'empire du sentiment général de l'œuvre où ils se trouvent; nous voulons dire par là que le violoncelliste, même lorsqu'il prend la parole et devient principal, ne doit pas oublier qu'il a près de lui trois voix solidaires, desquelles il ne doit jamais se désunir. Sa sonorité doit être en rapport constant avec celle de ses acolytes. Il en résulte, dans certains cas, qu'une phrase écrite dans la partie de violoncelle d'un quatuor ne doit pas être exécutée de même que si elle faisait partie d'un concerto avec accompagnement d'orchestre ou de piano. Ce sont là des nuances très délicates que peuvent seuls comprendre les professionnels de la musique, et qui montrent combien doit être souple et intuitif le talent du violoncelliste de quatuor. Aussi, y a-t-il eu de tout temps et y a-t-il encore aujourd'hui un très petit nombre d'exécutants dignes d'une admiration sans réserve dans cette difficile spécialité. Il faut dire cependant, à la louange du monde musical moderne, que l'étude du quatuor s'est prodigieusement répandue depuis une vingtaine d'années, et que nous voyons maintenant nombre de violoncellistes de talent dédaigner les stupides airs variés sur des thèmes d'opéra ou autres qui, pendant plusieurs générations, ont diverti les salons, et mettre leur bonne ambition à devenir d'excellents interprètes de la musique de chambre.

Nous ne trouvons pas d'emploi du violoncelle dans la véritable musique de chambre avant BOCCHERINI, compositeur italien (1740-1806) et virtuose renommé, qui passe pour avoir fait progresser la technique de son instrument. BOCCHERINI a laissé un nombre considérable de compositions, parmi lesquelles des sonates, des concertos, et surtout des quintettes pour instruments à cordes, avec deux parties de violoncelle, dont la première renferme, en même temps que d'aimables idées d'un caractère maintenant suranné, de véritables difficultés de mécanisme. Il faut, pour les interpréter, beaucoup de sûreté, de justesse et de goût, de ce goût spécial qui consiste à bien tourner une fioriture et à faire une belle révérence. Les quintettes de BOCCHERINI furent encore exécutés dans le dernier quart du XIXᵉ siècle par des artistes fervents admirateurs des grâces du XVIIIᵉ, mais ils paraissent aujourd'hui complètement abandonnés. Ce qui peut paraître regrettable à bon nombre d'esprits éclectiques.

BACH a laissé des sonates pour violoncelle, mais elles sont d'un style peu aimable et d'une exécution difficile. On les joue peu ou point.

Les quatuors d'HAYDN nous montrent le violoncelle dans son rôle d'indispensable base de la musique de chambre à cordes; bien que ces parties soient souvent d'un beau dessin et d'un grand intérêt harmonique, le violoncelle n'y apparaît pas avec ses multiples ressources expressives. Il y est presque uniformément confiné dans l'accompagnement des phrases données aux autres instruments, surtout au premier violon, qui a, dans les quatuors d'HAYDN, un rôle prépondérant. Ce caractère est moins accusé dans MOZART, où nous voyons quelquefois l'alto et le violoncelle prendre la parole, mais timidement encore, et pour des phrases ou des membres de phrase de peu de durée. Cependant, la polyphonie est devenue plus riche, les notes de basse ont pris, par leur valeur dans la trame harmonique, une plus grande expression, et certaines parties de violoncelle de MOZART, bien que ne renfermant pas de chant proprement dit, sont très intéressantes à jouer et exigent chez l'exécutant de profondes qualités de style et de tact. Il faut être un artiste de haute valeur pour jouer la musique de Mozart avec la touchante simplicité, et, par moments, avec la sublime émotion que contient l'inspiration de ce grand maître.

De même que pour la musique d'orchestre, c'est dans l'œuvre de musique de chambre de Beethoven que le violoncelle trouve son complet épanouissement et l'emploi caractéristique de toutes ses ressources. Les quatuors à cordes de Beethoven nous offrent le modèle le plus parfait du dialogue mélodique des quatre parties essentielles de l'harmonie. L'union de ces voix, soutenue par la plus souveraine des inspirations, est si profonde qu'on doit les trouver à peu près aussi belles l'une que l'autre. La sève mélo-dique qui anime les parties du deuxième violon, de l'alto et du violoncelle n'est pas moins riche que celle du premier violon, et, si ce dernier, de par son rôle nécessaire, doit traduire un plus grand nombre de formes mélodiques, il n'en est pas moins vrai que chaque note des autres parties, tour à tour accompagnantes et chantantes, renferme aussi une pensée et une expression. L'exécution exacte en est d'une grande difficulté, principalement dans les derniers quatuors, où la complexité des idées et de l'harmonie, la beauté étrange des rythmes, la mise en œuvre des ressources les plus secrètes de chaque instrument, dépasse tout ce qui a été fait en ce genre de la hauteur d'un immense génie.

Voici un passage du *Dixième Quatuor* qui exige chez l'exécutant d'assez rares qualités :

et plus loin :

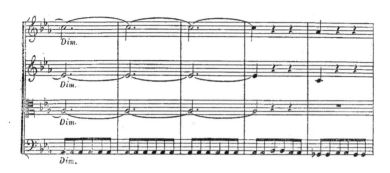

Dans le premier de ces exemples, le violoncelle, complètement à découvert, propose un thème nouveau qui doit être joué avec force et netteté. C'est ici un cas où la faiblesse du *détaché* produirait le plus mauvais effet, le passage exigeant un *grand détaché*, *l'archet à la corde,* avec le maximum de son et de vigueur possible. Le premier violon, jouant le même passage aussitôt après le violoncelle, et le jouant toujours (avec raison) dans la manière que nous venons d'indiquer, il en résulterait, si le violoncelle n'avait pas tout d'abord exposé le thème comme il convient, un effet disparate qui ne serait rien moins qu'une trahison. — Le second passage exige un petit détaché,

qui, selon nous, doit aussi être fait *à la corde,* avec beaucoup de netteté, chose difficile dans un registre aussi grave. C'est dans la partie de violoncelle que réside l'effet magnitique de cette progression. Il n'y a pourtant point là de mélodie; l'auteur nous subjugue par la seule puissance de ses successions harmoniques et rythmiques, et c'est au violoncelle que revient le devoir (pas très facile à remplir) de faire sentir cette puissance avec toute sa beauté.

Le début du *Septième Quatuor* nous offre l'exemple d'une phrase largement chantée dans le registre moyen du violoncelle :

On raconte à ce sujet qu'un violoncelliste, non des moindres, *mais insuffisamment pénétré du style des grands maitres*, exécutait *d'instinct* un *si*♮ au commencement de la troisième mesure, le trouvant sans doute plus *gentil*, plus *mondain* que le *si*♭ de l'auteur.

Comme il venait de faire un jour son déplorable *si*♮, le premier violon, excellent musicien celui-là, lui répondit en faisant un *ut*♯ à la troisième mesure de sa phrase correspondante :

L'histoire ne dit pas si cette grotesque perversion de la phrase beethovénienne corrigea l'erreur du violoncelliste.

Le *Septième Quatuor* contient de nombreux passages, tantôt rythmiques, tantôt mélodiques, où le violoncelle prend une importance capitale. Citons les traits caractéristiques de l'*Allegretto*, la phrase mouillée de larmes de l'*Adagio* et le thème russe du final. L'œuvre, dans son ensemble, est fort difficile à bien jouer; on peut dire qu'un violoncelliste qui joue le *Septième Quatuor* sans faiblesses et avec le style qui convient, est un artiste d'autorité.

Dans les derniers quatuors (qui commencent au n° 12 de l'édition Peters), l'auteur, emporté par la sublimité de ses pensées, ne paraît plus se préoccuper de la technique des instruments; on dirait que, s'étant élevé au-dessus des sphères musicales explorées jusqu'alors, il écrit pour la seule satisfaction de son cœur, et sans s'inquiéter de savoir si des moyens humains pourront jamais traduire ses sentiments si profonds et si nouveaux. Aussi, pendant bien des années, ces œuvres gigantesques furent-elles traitées de conceptions baroques et inexécutables. Hélas! c'est nous, faibles disciples, insuffisants chercheurs, qui étions les grotesques! Non seulement, les derniers quatuors sont exécutables dans leur intégrité, mais ils atteignent au summum de l'expression musicale par la mise en action de toutes les ressources des instruments à cordes. Ils sont l'œuvre qu'on n'a pas égalée, et qu'on ne peut dépas-

ser, probablement le dernier mot de la musique L'initiation du public fut lente et laborieuse. Il fallut l'opiniâtreté, la foi inébranlable dans le génie du maître, qui anima quelques artistes vers le milieu du siècle dernier, pour qu'un petit groupe d'amateurs passionnés de musique de chambre en vint à écouter, avec étonnement d'abord, puis avec une compréhension grandissant peu à peu jusqu'à l'enthousiasme, ces œuvres d'une essence si prodigieuse. Une grande partie de l'honneur de cette initiation revient à la *Société de quatuors* fondée par Maurin et Chevillard, qui, au mépris de tout intérêt pécuniaire et même de tout succès mondain, eut le courage de consacrer de longues heures d'étude et de recherches aux derniers quatuors avant de les faire entendre en France et en Allemagne. Que sa mémoire en soit honorée. Grâce à son initiative, le monde musical est maintenant en possession de ces inestimables joyaux, et toutes les sociétés de quatuors leur consacrent les plus ferventes études.

Les parties de violoncelle des derniers quatuors diffèrent de celles écrites jusqu'alors par une utilisation plus complète des richesses de l'instrument, et par l'importance plus grande que leur donne l'écriture de plus en plus polyphonique du compositeur. L'exécutant, tantôt complète l'harmonie par une double corde imprévue, tantôt quitte brusquement le registre où il joue pour prendre un pizzicato dans une gamme éloignée et revenir à son premier registre, tour à tour, il accompagne et chante, passant de l'une à l'autre fonction, pour deux ou trois notes quelquefois, et devant, à chaque instant, modifier sa sonorité; il faut que son mécanisme soit toujours prêt à exécuter des traits souvent difficiles et gauchement doigtés, cela, sans lourdeur, avec la même sûreté que les instruments auxquels il répond. De plus, il doit connaître à fond tous les thèmes et toutes les répliques des autres parties, ne plus être obligé de compter ses mesures, avant de se risquer à jouer en public une de ces œuvres redoutables. La moindre erreur de mesure, un mouvement mal pris au début, peuvent entraîner ici des désastres irréparables, car les exécutants n'ont pas, comme dans les quatuors d'Haydn par exemple, la ressource de se remettre dans la bonne voie d'après les harmonies d'un sens usuel et évident qu'ils entendent.

Nous citerons deux exemples de l'écriture des derniers quatuors, qui, dans des genres différents, montrent jusqu'où allait l'audace du compositeur, lorsqu'il avait besoin des ressources les moins usitées du violoncelle :

Le premier de ces exemples nous montre le violoncelle passant brusquement d'un extrême à l'autre de ses registres et jouant, en quelque sorte, les parties de deux instruments. Aucun des prédécesseurs de BEETHOVEN n'eût osé écrire un tel passage.

Le second exemple nous donne une phrase de chant (et quelle phrase !) écrite dans le registre suraigu, habituellement réservé aux œuvres de virtuosité. Cette phrase ne comporte pas de très bon doigté ; il faut la jouer pourtant avec une aisance et une passion que rend plus pénétrante le timbre des notes les plus tendues de la chanterelle ; c'est *possible*, mais c'est fort difficile, et l'artiste le plus solide éprouve un certain soulagement lorsqu'il arrive sans accident à la fin du dangereux passage.

En dehors de ses quatuors à cordes, BEETHOVEN nous a laissé de magnifiques exemples de la puissance expressive du violoncelle. Quel musicien n'a été profondément ému par le dialogue entre les deux instruments à cordes à la fin de l'*Andante* du *Trio à l'archiduc* ? Après avoir parlé séparément, ces deux voix, également expressives, s'unissent dans la plus grandiose des péroraisons. Dans tout ce merveilleux *Andante*, la partie du violoncelle est aussi *profondément mélodique* et intéressante que celle du violon ou du piano.

L'œuvre de BEETHOVEN contient quelques sonates piano et violoncelle, brillamment écrites pour l'instrument, mais d'un intérêt musical relativement médiocre. Elles ne peuvent être mises en comparaison avec les sonates de piano et violon, et nous paraissent être une partie secondaire de l'œuvre de BEETHOVEN, si toutefois il est permis d'employer un pareil mot à propos d'un tel maître. Exception doit être faite pour l'*Andante* de la *Sonate en ré majeur*, page d'un sentiment douloureux et intime qui se rattache à la grande manière de l'auteur. Malheureusement, ce bel *Andante* (qu'on ne joue jamais en public !) s'enchaîne avec un *Allegro fugato* d'un style particulièrement ingrat, et qui ressemble plus à un exercice d'élève qu'à un morceau destiné à charmer le public, infime point d'ombre dans une immense et lumineuse fresque !

Les trios, quatuors et quintettes de SCHUMANN contiennent de magnifiques pensées admirablement appropriées à la voix du violoncelle. Les trois *Andantes* des trios avec piano sont des merveilles mélodiques où les instruments ont une part à peu près égale de chant et d'intérêt. La partie de violoncelle y est traitée de la façon la plus noble, à l'exemple de BEETHO-

ven, et avec toutes les séductions, toute la poésie qui caractérisent SCHUMANN. Quoique difficiles, ces admirables trios sont accessibles aux instrumentistes d'une bonne technique, et le violoncelliste peut y révéler les qualités les plus exquises, si la nature lui en a fait don. Dans le *Quatuor* et le *Quintette avec piano* de SCHUMANN, les phrases généreuses et passionnées abondent, et l'exécution de la partie de violoncelle, d'une difficulté modérée, est toujours d'un grand intérêt pour l'interprète. A la fin de l'*Andante* du *Quatuor*, SCHUMANN fait descendre la corde *ut* du violoncelle jusqu'au *si* ♭ de façon à pouvoir faire entendre

simultanément les deux sons

qui donnent une belle pédale grave par laquelle se termine le morceau. L'auteur a eu le soin de laisser préalablement au violoncelliste un nombre suffisant de pauses pour qu'il lui soit possible de faire descendre sa corde un ton au-dessous de son diapason habituel. Le procédé qui consiste à changer l'accord d'un instrument à cordes au cours d'un morceau est très périlleux. L'exécutant est, en effet, obligé de prendre ce nouvel accord pendant que ses partenaires jouent des notes différentes dont l'audition le trouble ; s'il veut se rendre compte en touchant sa corde, de façon tant soit peu sonore, il risque d'être entendu des auditeurs et d'apporter une note discordante dans l'harmonie ; s'il se contente d'appuyer son oreille à une cheville de son instrument et d'effleurer la corde (procédé souvent employé), il risque de ne pas entendre *assez bien* et d'attaquer une note fausse quand le moment sera venu de jouer. Il y a des dangers de tous côtés, et nous recommandons d'éviter autant que possible ce procédé ; si l'on tient à l'employer cependant, par une exception qui peut être justifiée, que ce soit *pour une seule note*, aussi voisine que possible du ton habituel. Il ne faudrait pas écrire un passage de plusieurs notes sur une corde ainsi désaccordée, car l'instrumentiste, ne pouvant plus se servir de ses doigtés ordinaires, risquerait de se tromper à chaque instant.

Dans les quatuors à cordes de SCHUMANN, il y a de charmants passages de violoncelle ; nous citerons la belle phrase de l'*Andante* du *Quatuor en la mineur*, dans laquelle l'exécutant peut obtenir le plus légitime succès personnel s'il sait la jouer avec la poésie qu'elle contient :

Adagio.

Les œuvres de SCHUBERT nous présentent de nombreuses et belles applications des facultés chantantes et accompagnantes du violoncelle. Les trios avec piano sont d'une écriture extrêmement mélodique et séduisante, mais souvent bien difficiles de doigté et d'archet. Le *Trio en si♭*, notamment, est fort scabreux; il faut, pour le jouer, un violoncelliste très solide et doué de beaucoup de charme dans le chant. Le *Quatuor à cordes en ré mineur* (œuvre posthume) est une magnifique page dans laquelle le violoncelliste attire souvent l'attention sur lui, et qui exige, de sa part, de nombreuses qualités, beauté du son et puissance dans les premières parties, légèreté, netteté, précision de l'archet dans le difficile *Presto* final. Mais c'est dans le *Quintette à deux basses* que SCHUBERT a le plus remarquablement employé les différents caractères du violoncelle. Les phrases sentimentales, ou pleines d'expansion du premier morceau, sont rendues par les deux basses, ou par le premier violon et le premier violoncelle dialoguant de la façon la plus mélodieuse. Dans le célèbre *Adagio*, les deux violoncelles ont, tour à tour, un rôle capital. La modulation en *fa mineur* amène un passage où le violon et le premier violoncelle chantent à l'octave une lente et pathétique mélodie, pendant que les parties accompagnantes font entendre dans le grave des rythmes tragiques. Plus loin, au retour du thème en *mi majeur*, le second violoncelle et le premier violon ornent des plus exquises broderies les mélopées soutenues des instruments intermédiaires. Ce passage étonnant est à citer tout entier pour la fraîcheur de l'inspiration, l'habileté de l'écriture et le rôle tout spécial qu'y joue le violoncelle. Le voici :

L'exécution de la partie de basse est difficile à cause des quatre dièses de la tonalité, de la gaucherie des doigtés et de l'obligation où se trouve le violoncelliste de jouer à la fois très nettement et très légèrement, en respectant la sonorité des autres parties, et en donnant, cependant, à chacune de ses notes, un style, un accent qui ne sont pas ceux de l'accompagnement ordinaire. Quand toutes ces nuances sont observées, il résulte de l'ensemble de cet *Adagio* une des plus complètes impressions que puisse donner la musique de chambre.

Les trios et quatuors de Mendelssohn sont fort bien écrits pour le violoncelle, mais c'est surtout dans trois pièces spéciales, la *Sonate en si♭*, le *Grand Duo en ré majeur*, et le *Thème et Variations*, que l'auteur a fait preuve d'une connaissance approfondie de toutes les ressources de l'instrument; il est impossible de mieux écrire au point de vue technique, et si la sincérité et la variété des idées étaient en rapport avec l'habileté de la mise en œuvre, ces compositions resteraient comme des monuments impérissables; malheureusement, il n'en est pas ainsi, et nous voyons ces œuvres, très remarquables à certains égards, déjà délaissées par le monde musical moderne.

La musique de Brahms, si géniale et si injustement repoussée en France par quelques esprits dont l'erreur s'explique mal, alors que cette musique a déjà conquis le reste du monde, et entre dès maintenant dans l'immortalité, nous donne de magnifiques exemples de la beauté du violoncelle dans la musique de chambre. Brahms a écrit des quatuors à cordes et avec piano, des quintettes et des sextuors, dans lesquels abondent les phrases mélodiques ou les traits, dont le caractère convient parfaitement au violoncelle. Citons d'abord une belle application de l'arpège d'accompagnement dans le *Quatuor en la majeur* (avec piano). Vers la fin de la première reprise, le violon et l'alto d'abord, le piano ensuite, jouent un thème que le violoncelle soutient, la première fois par des notes répétées, et en second lieu par des arpèges d'un effet gracieux et enveloppant

Ce passage doit être exécuté par le violoncelle avec précision et *discrétion*. Il faut rester dans la sonorité de l'accompagnement, tout en jouant nettement et avec un rythme parfait.

Dans le magnifique *Adagio* de la même œuvre, le violoncelle a un rôle des plus expressifs, soit qu'il chante à la double octave du violon la phrase sereine du début, soit qu'il s'unisse au violon et à l'alto pour traduire les clameurs tragiques du passage en *si mineur*. Les autres quatuors avec piano et à cordes réservent au violoncelle un rôle plein d'ampleur et d'expression; il en est de même des quintettes avec

piano, à cordes, et de celui avec clarinette; mais c'est surtout dans ses deux sextuors à cordes que Brahms a tiré un parti éclatant de la réunion des deux violoncelles. Ces œuvres donnent au premier violoncelle la plus magnifique partie mélodique qu'un interprète bien doué puisse désirer. Son rôle contre-balance au grave celui du premier violon; l'un propose une phrase que l'autre répète ou développe; d'autres fois, ils jouent à l'octave des mélodies d'une intense expression, revêtues de la riche draperie harmonique que leur font les autres instruments.

Citons la phrase en *fa♮majeur* du *Premier Sextuor*:

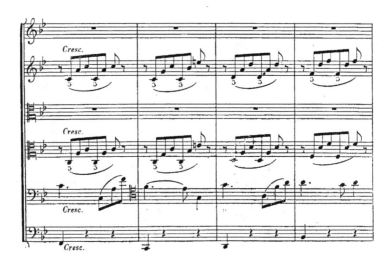

dans laquelle l'instrumentiste peut mettre sa plus belle flamme de passion sans crainte de se tromper, et le final, si gracieux et simple, où le violoncelle expose le thème principal repris ensuite par le violon.

Il existe deux sonates de BRAHMS pour piano et violoncelle. Leur trame musicale n'est pas de la même valeur que celle des quatuors, quintettes et sextuors. La partie du violoncelle, techniquement difficile, ne rend pas, dans certains passages, un effet complètement satisfaisant; il y a même, dans la deuxième sonate (en *fa majeur*), un passage de basse inexécutable et d'ailleurs dépourvu d'intérêt musical. L'archet de l'instrumentiste ne peut faire avec régularité les changements de cordes dans le mouvement indiqué; il en résulte un bruit confus, mal rythmé, qui reste sans signification, car la partie de piano ne lui apporte pas une lumière suffisante. C'est là, très certainement, une erreur de l'auteur. On trouve cependant, au cours de la même sonate, bien des pensées délicates et des harmonies distinguées, mais la nature généreuse et sincère du grand maître, sa puissance expressive et son coloris ne s'y révèlent pas avec la même abondance que dans ses autres œuvres.

LALO a laissé des trios, une sonate et un *Allegro* pour piano et violoncelle qui contiennent des pages de haute valeur. Les facultés expressives et caractéristiques de cet instrument y sont admirablement mises en valeur; il est aisé de voir, à première lecture, que l'auteur connaissait parfaitement la technique du violoncelle, et qu'il écrivait pour cet instrument avec une sorte de prédilection. Sa *Sonate* est certainement une des meilleures que nous ayons, et l'*Andante* de cette sonate, en particulier, est d'une inspiration parfaitement belle et soutenue. On le joue peu cependant, et il nous est impossible de comprendre pourquoi, car ce morceau, qui pourrait à la rigueur être séparé du reste, est d'un effet certain;

nous n'admettons pas qu'on puisse le bien jouer sans produire chez l'auditeur une émotion de l'ordre le plus élevé. L'*Allegro de Concert*, tendant à la virtuosité, est aussi plus critiquable dans son essence, mais il reste, malgré quelques passages où l'idée et la conduite apparaissent un peu vagues, une bonne œuvre de musique de concert, dans laquelle les deux virtuoses peuvent faire montre des plus belles qualités.

La partie de violoncelle du *Trio en la mineur*, traitée de la façon la plus moderne, joue dans l'ensemble son rôle hautement expressif, et contribue, pour une grande part, à la traduction des belles pensées qui animent cette œuvre.

Les trios, quatuors et sonates de C. SAINT-SAËNS nous offrent de parfaits modèles de l'emploi du violoncelle dans la musique de chambre. L'auteur y joint à une grande connaissance des ressources mécaniques de l'instrument, le sentiment le plus juste de ce que doit être son emploi, au point de vue de l'expression, dans un bel ensemble. Le *Trio en fa* est écrit de façon éminemment mélodique et spirituelle. Toutes les notes du violoncelle sont intéressantes à jouer à divers titres; tantôt, elles traduisent de belles phrases de chant, comme dans l'*Andante*, tantôt des rythmes pleins de caractère, dans le premier morceau ou le *Scherzo*.

Le final de cette œuvre, d'un fini irréprochable, est un gracieux et léger badinage; les trois instruments babillent, se répondent, disent des choses différentes, mais toujours spirituelles, et qui s'arrangent très bien ensemble; il en résulte une impression générale de fraîcheur et de grâce à laquelle l'esprit, captivé dès les premières mesures, se laisse aller sans jamais éprouver de fatigue. — Voici un passage qui peut donner une idée de la virtuosité de plume qui se rencontre dans cette œuvre :

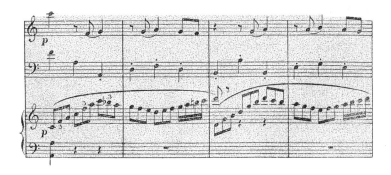

SAINT-SAËNS a publié deux sonates pour piano et violoncelle, dont la plus ancienne, celle en *ut mineur*, magnifiquement traitée, a remporté le plus complet succès; les idées en sont larges et magistralement développées; on la joue très souvent, et elle reçoit toujours l'excellent accueil qui lui est dû...

La deuxième sonate, moins connue et moins accessible à la foule par la nature abstraite des idées, est aussi d'une écriture plus complexe et ne peut être abordée que par deux artistes de valeur, ayant pris la peine de la travailler sérieusement et d'en approfondir le sens. On a beaucoup remarqué, dans cette sonate, un *Scherzo avec variations*, qui est d'une forme très nouvelle et très heureuse. Les quatuors de SAINT-SAËNS, avec piano et à cordes, son quintette, etc., sont écrits avec la même maestria que les autres œuvres et font partie de ce répertoire que tout violoncelliste voué à la musique de chambre doit connaître très complètement.

Il faut citer encore, parmi les œuvres modernes où le violoncelle joue un rôle digne de remarque, une sonate d'Émile BERNARD qui contient un *Adagio* d'une grande beauté, et les *Variations Symphoniques* de Léon BOELLMANN, dans lesquelles la musique et la virtuosité s'allient étroitement sans se nuire. Ces deux compositeurs, morts jeunes, n'ont pu donner toute la mesure de leur réelle valeur ; nous devons le regretter très sincèrement.

LE VIOLONCELLE DANS LE SOLO
LES VIOLONCELLISTES CÉLÈBRES

Le nombre des instruments pouvant aborder avec chances de succès le grand *Solo* accompagné par l'orchestre est fort restreint. Les deux héros de ce genre de musique sont incontestablement le violon et le piano, qui, par la variété de leurs ressources, traduisent avec un égal bonheur toutes les nuances de l'inspiration humaine.

Immédiatement après eux, vient le violoncelle, mais avec des chances sensiblement moindres. S'il a, autant ou plus que ses confrères en virtuosité, la beauté du son et les facultés expressives, il lui manque la variété du coloris et l'aisance parfaite à se mouvoir dans les registres élevés, qualités si utiles dans une œuvre de longue haleine. L'écueil redoutable pour lui entre tous, c'est la monotonie. Autant ses premières phrases chantantes ont un charme exceptionnel, autant la continuation un peu prolongée des mêmes sonorités risque de devenir lassante, si le compositeur n'a su les varier par une écriture extrêmement souple et par les ressources infinies de l'orchestration. Il n'est pas impossible *a priori*, croyons-nous, d'écrire un concerto pour violoncelle et orchestre, dans lequel l'intérêt musical et l'intérêt de virtuosité puissent s'allier et tenir l'auditeur en suspens jusqu'à la conclusion de l'œuvre, mais c'est là une tâche tellement difficile qu'elle n'a peut-être pas été complètement réussie jusqu'à présent, bien que de nombreux compositeurs de talent et même de génie s'y soient appliqués. Le timbre du violoncelle ne domine pas l'orchestre comme celui du violon, son agilité n'est pas comparable à celle du piano, enfin le nombre des formes mélodiques, ou des traits qui peuvent donner un bon effet dans ses registres, est beaucoup moins grand que dans les deux autres instruments ; la fantaisie du compositeur se heurte donc, dans tous les

sens, à des limites rapprochées, et sa verve s'en trouve amoindrie. Il faut beaucoup de tact pour ne pas étouffer par l'orchestration la voix du violoncelle dans son registre moyen ; quant aux traits écrits dans le registre grave, ils ne donnent le plus souvent qu'une impression pénible ; le public voit le virtuose s'efforçant courageusement de faire parler avec netteté les grosses cordes de son instrument; la tête de l'artiste se penche vers la boîte sonore, son bras s'agite avec vigueur, sa sueur coule, mais l'auditeur ne distingue rien, à moins que ce ne soit quelques vagues rumeurs d'un caractère plus zoologique que musical. Cependant, le public applaudit quelquefois de tels passages, parce qu'il voit que l'artiste s'est donné bien de la peine, mais ce n'est pas cet applaudissement-là que le virtuose doit désirer.

Les passages au registre moyen ou grave ne doivent, cependant, pas être complètement proscrits, car ils peuvent donner de très bons effets s'ils ne sont pas trop rapides, et si l'accompagnement est disposé de façon à laisser percevoir facilement la voix du violoncelle ; mais c'est surtout par les phrases chantantes, et par les traits d'un caractère mélodique joués sur les deux cordes supérieures, que le virtuose pourra impressionner vivement son public.

Il résulte de ce qui précède que l'histoire des grands solistes du violoncelle et des œuvres de concert pour cet instrument est sensiblement moins riche que celle du violon ou du piano.

En remontant à la fin du XVIIe siècle, nous trouvons un virtuose florentin, BAPTISTINI, né en 1690, à qui paraît revenir l'honneur d'avoir importé le violoncelle à Paris vers 1727, et d'avoir grandement contribué, par ce fait, à la disparition de la viole de gambe dans les orchestres français. Le nouvel instrument eut bientôt une grande vogue, et de nombreux artistes virtuoses le firent apprécier du public, mais aucun d'eux, pendant la première moitié du XVIIIe siècle, n'atteignit à une grande renommée. Un peu plus tard, vint BOCCHERINI, dont nous avons parlé comme compositeur, et qui fut aussi un exécutant remarquable; il a laissé des concertos et des sonates qui firent école pendant un temps, mais dont il ne reste guère aujourd'hui que le souvenir.

A Paris, il faut citer DUPORT l'aîné, virtuose distingué, mais qui n'avait pas le style large et expressif de son frère Jean-Louis, dont il fut le professeur. DUPORT l'aîné a laissé diverses pièces pour le violoncelle, des duos pour deux violoncelles, et des sonates pour violoncelle et basse.

Jean-Louis DUPORT, né en 1749, est le premier violoncelliste français qui ait laissé un grand nom. Très supérieur à son frère par l'habileté technique et par la beauté du son, il fut professeur au Conservatoire de Paris et fit de nombreux élèves. Ses compositions, concertos, sonates, duos, airs variés pour violon et violoncelle sont marquées du caractère de l'époque et remplies de formules. Elles n'ont pas une grande envolée musicale, mais sont précieuses au point de vue de l'enseignement. Ses études et sa méthode sont d'excellents ouvrages techniques auxquels il sera toujours bon d'avoir recours. Les difficultés caractéristiques du violoncelle, traits détachés, doubles cordes, etc., y sont fort bien traitées.

Bernard ROMBERG, le plus célèbre des violoncellistes allemands et chef de l'école allemande, naquit vers 1770 à Dincklage (Oldenbourg). Il vécut d'abord à Bonn, puis à Hambourg, mais une grande partie de son existence se passa en voyages, qui furent pour lui l'occasion de magnifiques succès.

Il donna d'abord des concerts en Italie, et y excita une vive sensation ; puis il visita Londres, le Portugal, l'Espagne et Paris en 1800 ; il'y fut nommé professeur au Conservatoire, mais n'y resta que deux ans, et revint à Hambourg, puis entreprit de nouveaux voyages dans toute l'Europe, avant de se fixer à Berlin, en 1827, comme violoncelle solo du roi de Prusse.

La renommée de ROMBERG et son influence sur l'art du violoncelle furent, et sont, encore aujourd'hui, considérables, car ses compositions, après avoir révélé toute une nouvelle technique de l'instrument, n'ont cessé de servir, dans tous les conservatoires du monde, à la formation des jeunes virtuoses. ROMBERG a laissé huit concertos, des polonaises, airs variés, caprices sur des thèmes nationaux, rondos, quatuors et trios à cordes, etc.

Cette œuvre musicale ne révèle pas de véritable originalité, elle abonde en formes mélodiques et harmoniques très usitées et dépourvues de caractère personnel ; ce qui fait sa valeur, c'est la pureté classique de ses lignes, sa tenue correcte et sérieuse, et, par-dessus tout, l'invention d'une multitude de traits parfaitement appropriés au violoncelle, et dont l'étude est indispensable à tout soliste voulant acquérir une technique complète. Certains passages de ROMBERG sont parmi les plus difficiles qui existent ; l'auteur les exécutait, dit-on, avec une grande perfection pendant la première moitié de sa carrière, mais il eut le tort, commun à beaucoup de grands solistes, de vouloir se faire entendre encore à une époque où son magnifique talent s'était presque évanoui.

Voici un trait assez caractéristique de la manière de ROMBERG :

L'école allemande s'enorgueillit encore de DOTZAÜER, né en 1783, qui travailla avec ROMBERG et devint un très remarquable exécutant. Il a laissé de nombreux concertos, des sonates, variations, exercices, une messe et un opéra, *Graziosa,* exécuté à Dresde.

Un des plus illustres, parmi les virtuoses de toutes sortes, fut le Belge François SERVAIS, né en 1807. Elève de PLATEL, à Bruxelles, il obtint ses premiers grands succès à Paris, puis à Londres en 1834. Il revint alors en Belgique, consacra deux nouvelles années à ses études, et atteignit alors l'apogée de son talent. A partir de ce moment, sa carrière fut une succession de triomphes ; il joua de nouveau à Paris, en Hollande et partit pour Saint-Pétersbourg, puis, plus tard, se fit entendre à Varsovie, Prague et Vienne. Il fut partout accueilli avec la même faveur. SERVAIS a imaginé des traits d'une nouvelle forme, qu'il exécutait avec

une grande beauté de son et une incomparable virtuosité. Il a laissé trois concertos et seize fantaisies.

La musique de SERVAIS est essentiellement une musique de virtuosité et de fantaisie. Elle vise à l'effet et y arrive par des moyens qui n'appartiennent pas toujours au style le plus pur. On doit pourtant y reconnaître une certaine verve mélodique. Il est bon de travailler la musique de SERVAIS pour augmenter son mécanisme, mais il pourrait être dangereux de la produire devant certains publics modernes, habitués à des œuvres d'une trame musicale plus sérieuse. Les auditeurs des grands concerts symphoniques tendent à dédaigner de plus en plus la pure virtuosité, celle qu'aucune raison esthétique ne soutient, et il faut bien que les solistes suivent cette direction nouvelle et, d'ailleurs, très justifiée. Il leur reste un rôle plus beau à tenir, c'est de jouer des œuvres sincèrement senties et écrites, ce qui n'exclut pas l'emploi de leurs facultés de virtuoses, mais leur donne une meilleure direction.

Exemple d'un trait d'une forme familière à la technique de Servais :

Au temps où l'école belge du violoncelle était représentée par la personnalité brillante de Servais, la France avait Auguste Franchomme, né à Lille en 1809, artiste doué de grandes qualités de charme, et dont la réputation égale presque celle de son collègue belge. Franchomme fut élève de Norblin au Conservatoire de Paris. Il obtint de grands succès aux séances de la *Société des concerts,* où il se fit apprécier pour sa belle qualité de son, sa justesse et sa grâce dans l'expression.

Il a laissé beaucoup de compositions pour son instrument : variations sur des thèmes originaux et autres, caprices, romances, nocturnes, concertos, etc. Il fonda avec Alard des séances de quatuor à cordes qui obtinrent un grand succès, et collabora avec Chopin pour l'écriture d'un *Trio* (piano, violon et violoncelle), œuvre fort difficile et rarement exécutée, ainsi que d'une *Polonaise de concert* (violoncelle et piano), remarquablement brillante et mélodique.

Franchomme devint professeur au Conservatoire de Paris, et y forma de nombreux élèves dont plusieurs sont aujourd'hui parvenus à la célébrité.

Les compositions de Franchomme ont de la valeur au point de vue technique, et certaines d'entre elles se distinguent par une gracieuse ligne mélodique. Il fut possesseur d'un des plus beaux Stradivarius connus, qui avait précédemment appartenu à Duport.

En même temps que ce maître, le plus illustre de l'école française, il y avait, comme professeur au Conservatoire de Paris, un virtuose distingué, Alexandre Chevillard, artiste d'une musicalité supérieure, qui joignait à son talent personnel un fervent amour des grands maîtres, et qui partagea avec Maurin, ainsi que nous l'avons dit plus haut, l'honneur indiscutable d'avoir fondé la société pour l'exécution des derniers grands quatuors de Beethoven. Chevillard, homme d'un caractère modeste et d'une santé délicate, n'occupa pas toujours la place à laquelle son talent eût pu lui donner droit. Il consacra la plus grande partie de ses forces au professorat, qui lui valut de beaux succès, et à la composition d'œuvres techniques, parmi lesquelles nous citerons une méthode et des concertos de violoncelle. Ces dernières œuvres sont fort difficiles, et excellentes à travailler pour tout violoncelliste déjà en possession d'un beau mécanisme; de plus, elles présentent de l'intérêt musical, notamment le *Concerto en la mineur,* dont le final est écrit avec une tenue de style et une richesse harmonique bien supérieures à ce qu'on trouve généralement dans les œuvres de cet ordre.

A ces deux maîtres ont succédé Jacquard et Delsart, remarquables à des titres divers, le premier par son exécution correcte et impeccable, mais un peu froide, le second par un joli son et des qualités de charme, soutenues par ses facultés de bon musicien et d'homme intelligent.

Parmi les maîtres étrangers modernes, il convient de citer : le Russe Davidoff, qui fut directeur du Conservatoire de Saint-Pétersbourg, et dont la grande virtuosité le fit connaître et apprécier par toute l'Europe; le Viennois Popper, auteur d'un assez grand nombre de compositions, qui présentent le violoncelle sous un aspect tout particulier de légèreté et de rapidité; et enfin l'Italien Piatti, né à Bergame en 1822, et qui passa une grande partie de sa vie à Londres, où il fut un célèbre musicien de quatuor.

Outre les œuvres laissées par les virtuoses, la littérature du violoncelle compte quelques grands concertos écrits par des compositeurs non violoncellistes, et ces pages ne sont certes pas les moins intéressantes du genre.

Il faut citer, tout d'abord, le Concerto de Schumann, dont la première partie contient de belles idées mélodiques et des traits d'une exécution ardue, mais d'une bonne sonorité. L'Andante est agréablement chantant dans les jolies notes de l'instrument; le virtuose peut y déployer ses qualités les plus persuasives et s'y faire justement applaudir, quoique l'idée principale ne soit pas de celles qui émeuvent profondément une foule. Cet Andante, peu développé, s'enchaîne avec un final qui ne répond pas à ce que les deux premiers mouvements font espérer. Il est ingrat à jouer et à entendre. Un accord brisé, répété à satiété dans tous les tons, fatigue l'auditeur sans lui apporter de signification bien arrêtée. De l'avis de tous les virtuoses, ce final dépare l'œuvre de Schumann, et empêche qu'on ne l'exécute plus souvent dans les concerts symphoniques. Ce qu'il faut louer sans réserve, dans ce concerto, c'est l'abandon des vieilles formules et des traits écrits pour faire briller l'instrumentiste. Schumann a rénové la forme usée du concerto de violoncelle, en y introduisant sa sève symphonique et en y laissant déborder sa sincérité et sa poésie. Pouvait-il en être autrement dans une œuvre venant d'un tel maître?

Le Concerto de Lalo nous offre un bel exemple de la façon de traiter le solo de violoncelle avec orchestre. Les trois parties de cette œuvre sont bien pondérées comme proportions et comme diversité de caractère. Le premier mouvement débute par un récitatif bientôt suivi d'un vigoureux Allegro, dans lequel de jolies phrases de chant alternent avec des traits bien appropriés à l'instrument et au style de l'œuvre. Le second morceau, bien réussi et très personnel dans sa forme, obtient toujours un vif succès. Après quelques mesures d'une lente et mélancolique mélodie jouée par le soliste, l'orchestre fait entendre un dessin vivement rythmé sur quelques notes, toujours les mêmes, sorte de tic tac de moulin, au-dessus duquel le violoncelle déroule les périodes d'une vive et agreste mélodie. Le contraste est charmant et plein de fraîcheur.

Le final du Concerto est brillant, autant que peut l'être un morceau symphonique où le violoncelle joue le principal rôle. Il a de la verve et de l'entrain, et termine, sans faiblesse, cette œuvre importante, une des meilleures que nous trouvions dans la littérature du violoncelle solo.

C. Saint-Saëns a publié deux concertos, dont le plus ancien et le plus connu (celui en la mineur) est aussi magistralement conçu au point de vue technique qu'au point de vue musical.

Bien qu'il contienne plusieurs mouvements et un assez grand nombre de thèmes, il se joue sans arrêt, et cette forme, adoptée par le sagace compositeur, peut avoir, entre autres avantages, celui d'éviter la sensation de longueur si à craindre dans un concerto en trois parties, lorsque l'instrument solo ne dispose pas d'une immense variété de ressources et de timbres. Le premier mouvement, d'allure rapide et brillante, se calme peu à peu, et aboutit à une sorte d'intermezzo, murmuré pp sempre par l'orchestre en notes détachées, auquel le violoncelle vient bientôt ajouter une mélodie douce et lente en notes liées; ces deux pensées conjointes et de caractères différents sont d'un très heureux effet, et ce passage amène toujours un mouvement de satisfaction dans le public. Le thème du commencement revient ensuite, suivi d'un autre plus lent qui se développe en de brillantes paraphrases, jusqu'à un dernier et chaleureux motif qui condense et termine l'œuvre. L'orchestration (est-il besoin de le dire lorsqu'il s'agit de Saint-Saëns?) fait admirablement valoir toutes les intentions réservées à l'instrument principal.

Parmi les œuvres du même maître que nous n'avons pas analyser en détail, nous tenons à citer la Suite en cinq morceaux pour piano et violoncelle, dans laquelle se trouve une délicieuse Sérénade, et la Romance en ré majeur, d'un style délicat, et qui semble faite pour être jouée dans un cercle intime de dilettantes.

Brahms a écrit un Concerto pour violon et violoncelle qui serait, croyons-nous, le seul exemple de l'association des deux grands types d'instruments à archet dans une œuvre de virtuosité, s'il n'existait pas un précédent dans un Concerto de Beethoven pour piano violon et violoncelle avec accompagnement d'orchestre. Cette œuvre, dont le style appartient complètement à la première manière, n'a été que peu jouée, malgré le nom de son auteur. Elle est aujourd'hui oubliée ou ignorée de la plupart des virtuoses. Le Concerto de Brahms, quoique d'une écriture beaucoup plus moderne, n'a pas été présenté souvent au public. Il nous serait impossible de l'apprécier avec quelque exactitude, et nous devons nous borner à souhaiter que de nouveaux interprètes s'appliquent à le faire entendre dans de bonnes conditions ; c'est d'ailleurs un devoir de ne pas laisser de parti pris dans l'ombre une conception de forme nouvelle, émanant d'un grand maître.

QUELQUES OBSERVATIONS SUR L'ÉTUDE DU VIOLONCELLE

Le jeune artiste qui se voue au violoncelle doit se bien persuader qu'il entreprend une longue et laborieuse tâche. Pour des raisons que nous avons exposées plus haut, à propos de la technique de cet instrument, le mécanisme à acquérir est des plus compliqués, et exige de nombreuses qualités physiques, en même temps que les belles dispositions musicales dont nous supposons, a priori, notre jeune artiste doué. Il est évident, par exemple, qu'une main petite, avec des doigts fluets, convient beaucoup mieux au violon qu'au violoncelle. De même, il est à souhaiter que le futur virtuose ait une assez grande taille et beaucoup de force physique, car la dépense dynamique est, dans certains cas, assez considérable. Il existe cependant des organismes, d'apparence et de proportions chétives, qui recèlent de la puissance, et qui peuvent suppléer par la tension nerveuse aux moyens physiques qui leur manquent, mais c'est l'exception ; en général, les grands virtuoses sont des hommes grands et forts. La longueur des doigts permet au violoncelliste de faire facilement des extensions et d'éviter quelquefois, par ce moyen, des changements trop fréquents de positions; la grosseur des doigts, généralement en rapport avec leur longueur, ne peut ici causer aucune gêne, car les intervalles ne sont jamais assez rapprochés pour que de gros doigts ne puissent se placer sans difficulté, comme cela peut arriver pour le violon. La puissance de la main droite, des muscles du bras et de l'épaule sont des facteurs importants, l'exécution d'un passage en grand détaché, par exemple, devant être d'autant plus facilement fournie (sans fatigue, chose essentielle!) que l'instrumentiste disposera d'une plus ample provision de force. Cela paraît démontré par l'exécution des violoncellistes-femmes qui, sauf de bien rares exceptions, est molle et insuffisante dans les passages de vigueur. Ajoutons à ces prédispositions naturelles un système nerveux bien trempé, un cœur aussi peu enclin que possible aux palpitations inutiles, et voyons quel emploi pourra faire de ses facultés l'élève violoncelliste.

Tout d'abord, nous ne croyons pas qu'il soit utile de faire commencer l'étude de cet instrument au sortir de la première enfance, et cette idée découle chez nous d'un principe plus général, qui est qu'on ne doit pas chercher à faire de petits prodiges, mais, au contraire, éviter d'en faire. L'étude d'un mécanisme instrumental et, conjointement, des principes de la musique, ne doit être demandée qu'à un organisme ayant déjà un commencement de formation morale et physique, entre dix et treize ans, suivant l'avancement du sujet. Encore, à cet âge, ne doit-on exiger qu'une somme de travail très modérée, une heure par jour environ pour l'instrument, et autant pour la théorie, en plusieurs reprises. Faire étudier le piano, ou un instrument à cordes, quatre ou cinq heures par jour à un enfant de dix ans, nous le voyons trop souvent, est un acte barbare qui devrait être défendu par les lois. Pendant l'adolescence, période où la poussée puissante de la vie résiste à tant d'absurdes dépressions, les effets de ce surmenage sont quelquefois éblouissants ; on voit éclore des fruits mûrs sur des plantes qui ne devraient encore porter que des bourgeons, on crée le *petit prodige*, mais on a tari les sources de l'inspiration naturelle, et, quelquefois, celles de la vie. L'homme qui continuera le petit prodige déclinera, presque toujours, vers le dégoût de son art et une irrémédiable médiocrité. Quelques années d'éclat fulgurant, payées par toute une vie d'épuisement et de déchéance, voilà quel sera le résultat obtenu, à moins... qu'on n'ait eu affaire à un enfant de génie pour lequel la conquête de la science n'était pas un travail, mais une assimilation naturelle. Dans ce cas unique, l'éclat pourra durer et grandir, mais n'oublions pas que le génie est rare, et que les règles qu'on peut édicter ne sont pas faites pour lui. Le génie s'élève par ses moyens propres, et ses méthodes de formation échappent à notre analyse.

L'élève bien doué et travailleur, à qui seul peuvent s'appliquer nos observations, devra être placé, dès le début, dans les mains d'un professeur habile; nous voulons désigner par là un artiste connaissant bien son instrument, possédant un solide savoir musical, et d'un esprit suffisamment pénétrant pour pouvoir juger rapidement le tempérament de son élève. L'enseignement qu'il donne devra, en effet, varier suivant les dispositions de chaque élève, et telle méthode de travail, excellente pour un tempérament calme et concentré, ne vaudrait rien pour un naturel plein de flamme. Lorsque le professeur aura affaire à un tempérament de cette dernière catégo-

rie, et c'est un cas fréquent, nous croyons qu'il sera beaucoup plus utile à son élève en le modérant, qu'en activant son ardeur. Il n'est de nulle nécessité qu'un virtuose soit en possession d'un talent accompli avant vingt ou vingt-deux ans (nous parlons, bien entendu, au point de vue de l'art pur, et sans tenir compte des nécessités matérielles de la vie), mais il est essentiel qu'il donne à son talent futur une base solide et lentement construite. C'est ce qui lui assurera, pour plus tard, des moyens mécaniques qui permettront à sa virtuosité naturelle, à *son inspiration*, de se manifester dans toute sa grâce, et sans fatigue malsaine. Nous engageons donc le professeur à maintenir l'élève assez longtemps sur les gammes, surtout sur celles des tonalités comportant plus de trois accidents; car ces gammes n'ont généralement qu'un bon doigté, *qui est peu ou point connu d'un grand nombre de violoncellistes*. C'est singulier, mais c'est ainsi. On trouve, dans les cahiers d'études publiés jusqu'à ce jour, un grand nombre d'exercices bien faits sur ces tonalités. L'élève devra les travailler lentement, patiemment, en recherchant la parfaite justesse et la beauté du son. Pour acquérir cette dernière qualité, nous recommandons le son filé étudié avec un archet *modérément tendu*, l'exécutant ne devant *jamais*, selon nous, se servir d'un archet très tendu, ce qui enlève au son la tenue et la souplesse, absolument nécessaires à une belle expression. Il faut que l'élève ait le courage de s'en tenir assez longtemps à ces travaux arides, et, *autant que possible*, sous l'œil du maître, afin d'éviter les habitudes défectueuses qui sont bien les mauvaises herbes les plus difficiles à extirper que l'on connaisse. On ne peut cependant exiger d'un jeune cerveau une application continue à de rebutantes études, et il sera bon que le professeur les varie par l'exécution de petits morceaux choisis dans la musique bien écrite pour l'instrument, et non dans des arrangements d'opéras ou autres adaptations de mauvais goût. Il y aura avantage à initier le plus tôt possible l'élève aux beautés de la musique d'ensemble, en lui faisant travailler des morceaux concertants ou des solos accompagnés par le piano ou par la basse du professeur. Dans ce cas, le maître fera bien de les jouer d'abord lui-même devant l'élève, plusieurs fois si c'est nécessaire, pour lui en faire bien comprendre le sens et le style. Nous tenons à dire, à ce sujet, que, contrairement à l'idée que se font bien des gens du monde, ce n'est pas toujours le plus illustre virtuose qui donnera les meilleures leçons. Emporté par les séductions brillantes de sa carrière, il peut trouver fastidieuses les heures consacrées aux travaux de l'enseignement, ou même n'être pas doué pour l'art tout spécial d'infuser la science à ses élèves. C'est assez compréhensible, et on ne doit pas lui en faire un crime, mais il ne faut pas lui donner, à la légère, un jeune talent à former. Plus tard, lorsque la technique de l'élève sera déjà très avancée, sa méthode de travail assurée, les leçons d'un grand virtuose pourront lui être fort utiles.

Nous ne croyons pas qu'il y ait d'inconvénient à initier l'élève aux *positions du pouce*[1], presque dès le début de ses études; il se familiarisera ainsi de bonne heure avec l'exécution dans le registre suraigu qui offre toujours de si grandes difficultés. La lecture à vue ne doit pas être négligée, et le professeur

---

1. On appelle *positions du pouce* celles dans lesquelles le Violoncelliste quitte le manche de l'instrument et se sert de son pouce comme d'un sillet mobile.

pourra, par un choix de morceaux gradués et bien écrits, intéresser l'élève et faire l'éducation de ses facultés musicales. Enfin, nous sommes d'avis que l'enseignement du violoncelle doit comporter une partie complètement négligée jusqu'ici, c'est *l'art d'accompagner*. Lorsqu'un professeur et son élève jouent une sonate avec accompagnement d'un second violoncelle, par exemple, l'élève joue toujours la première partie. C'est un tort, la seconde peut être aussi difficile, voire plus difficile que la première, mais dans un autre genre. Que l'on intervertisse les rôles, et on verra un élève, qui se tirait assez bien de la partie principale, accompagner pitoyablement cette même partie. Que sera-ce donc quand on le chargera de faire la basse d'un quatuor, s'il n'a été de bonne heure façonné aux difficultés toutes spéciales de l'accompagnement?

C'est par suite de cette lacune habituelle dans l'enseignement que nous voyons souvent de jeunes virtuoses sortir des écoles avec un brillant mécanisme et des récompenses non moins brillantes, ce qui ne les empêche pas de se montrer mauvais musiciens, dès qu'on les prie de faire la simple basse d'un trio ou d'un quatuor. Ils ne savent ni compter leurs pauses, ni donner à un passage d'accompagnement la signification qu'il doit avoir. On objectera qu'il y a, dans les écoles, des classes d'ensemble instrumental; cela ne suffit pas, il faut que l'art de l'accompagnement soit enseigné à l'élève par un professeur *violoncelliste*, qui, à chaque instant, puisse d'exemple, et puisse indiquer à l'élève les moyens techniques d'obtenir la sonorité voulue; il faut aussi qu'il explique les raisons esthétiques qui le font jouer de telle ou telle façon suivant les cas.

Ces indications spéciales, données à l'élève pendant ses premières années d'étude, doivent le préparer à tenir une partie d'accompagnement, mais elles ne peuvent, en aucun cas, remplacer l'expérience personnelle que le jeune artiste acquerra en faisant de la musique d'ensemble. Il est donc très indiqué de lui ménager des occasions de jouer du quatuor, dès que son mécanisme lui permettra d'exécuter une partie. Quel meilleur moyen pourrait-on trouver de développer ses facultés, et d'affiner son sentiment du style? Même pour un artiste qui compte se vouer à la virtuosité, cela nous paraît indispensable.

Ces remarques s'appliquent à l'élève sous la tutelle d'un professeur; mais il viendra une période, soit qu'il prenne encore des conseils de quelque maître, soit qu'il travaille seul, où son raisonnement devra intervenir d'une façon continue dans ses études. Il faut que sa méthode de travail soit l'objet d'une surveillance constante, car, lorsque le virtuose commence à prendre son essor vers les hautes régions de l'exécution, lorsque sa personnalité se développe, il peut très facilement, s'il n'y prend garde, contracter de fâcheuses habitudes qu'il lui sera difficile de déraciner plus tard. L'artiste doit alors veiller à ce que son archet ne passe, *habituellement*, ni trop près ni trop loin du chevalet, à ce que la pointe ne tende pas à s'incliner vers la terre, ou à remonter vers le manche; il doit éviter de jouer avec un trop petit nombre de crins et, nous le répétons, *tendre peu son archet*. La position du corps doit rester droite, mais sans raideur, et il faut éviter, à tout prix, ces mouvements de tête et d'épaules qui prêtent à rire. Jusqu'au dernier tiers du XIXᵉ siècle, le violoncelliste devait soutenir son instrument par la pression de la face interne des jambes, et il en résultait quelquefois

une fatigue ou une gène dans les mouvements qui pouvaient rendre une belle tenue difficile à conserver, mais l'adjonction de la pique, généralement adoptée aujourd'hui, supprime en grande partie ces difficultés. Cette simple cheville, munie d'une pointe de fer, qui fixe le violoncelle au parquet et l'empêche de glisser, tout en laissant à la main de l'exécutant la liberté de le déplacer par en haut, constitue un réel progrès. Dans l'exécution au registre suraigu, on ne doit se pencher que tout juste assez pour permettre à la main d'atteindre les positions élevées, et non se coucher de façon grotesque sur les éclisses de son instrument. L'attaque des notes aux positions du pouce comporte souvent de très grandes difficultés; il faut, même dans les passages de vigueur, y mettre certaines précautions pour éviter de fâcheux grincements. La corde devra, en raison de sa tension, être fortement appuyée contre la touche et, pour la même raison, il sera dangereux de l'attaquer brusquement et très près du chevalet. Un *sforzando* énergique, sans aucun danger dans les positions du manche, est périlleuse dans le registre suraigu, et nous conseillons de l'exécuter avec une souplesse relative de l'archet, pour ne pas risquer d'en détruire l'effet singulièrement pénétrant. Il faut beaucoup d'habileté et d'expérience pour n'avoir pas, dans le registre suraigu, un son *malheureux* et gêné. La chose est possible cependant, et devra faire l'objet des constantes études du virtuose.

Quand le mécanisme de l'exécutant est formé, sa principale préoccupation doit être d'assouplir diversement son talent, suivant les œuvres à interpréter. Se faire le très humble serviteur du maître à exécuter, le traduire fidèlement dans ses moindres intentions, sans y rien ajouter de son cru, tel est le rôle du parfait interprète. Cela d'ailleurs n'annihile nullement sa personnalité. Il lui reste, pour la manifester, la beauté du son et certaines grâces naturelles de style et d'expression, qui, s'adaptant parfaitement à la pensée de l'auteur, ne laissent non plus aucun doute sur la valeur artistique de l'exécutant.

Pour ce qui concerne l'exécution à l'orchestre, un seul principe contient tous les autres : faire exactement ce que demande le chef d'orchestre qui assume la responsabilité de l'interprétation.

Dans la musique de chambre, au contraire, l'initiative de l'artiste concertant est entière. Nous lui conseillerons de faire, d'abord, une bonne lecture de l'œuvre à jouer, et de l'étudier ensuite en partition, si, comme nous aimons à le supposer, il est assez musicien pour se rendre compte d'un quatuor par les yeux. L'étude de la partition lui révélera des intentions, des accents expressifs, des effets d'harmonie, qui lui échapper à la seule exécution. Ce genre de travail contribuera largement à former son goût en le faisant pénétrer dans la trame intime des œuvres symphoniques, et lui facilitera ses études dans l'art d'écrire, si ses facultés le poussent à la composition.

Une des difficultés de la musique de chambre consiste dans l'exécution de certains passages *pianissimo*.

Peu de sociétés de quatuors savent rendre cette nuance, souvent voulue par les maîtres, et leurs erreurs viennent de deux causes principales : ou les exécutants ne sentent pas avec justesse à quel point ils doivent éteindre leur sonorité, ou, le sentant, ils n'atteignent pas ce point, *parce qu'ils emploient trop d'archet*. Le son produit, en effleurant, sur la touche, *avec beaucoup d'archet*, ne donne pas le véritable *pp* de quatuor ; c'est un son *qui porte*, et qui est à sa place dans une phrase chantante, jouée avec douceur au cours d'un concerto ou d'une sonate, mais le *pp* de quatuor, surtout s'il s'agit d'un passage plus harmonique que mélodique, doit être fait *avec peu d'archet*. Nous avons vu souvent des exécutants, à qui on reprochait de jouer trop fort, répondre très sincèrement : « Je ne peux pas jouer plus piano. » C'était vrai, eu égard à la longueur d'archet employée ; si le même artiste avait joué le passage incriminé avec deux fois moins d'archet, il aurait obtenu, sans effort, la sonorité *pp* désirée par le compositeur.

Dans l'exécution d'un solo, le virtuose doit faire ressentir aux auditeurs les émotions et sentiments contenus dans l'œuvre interprétée, en ne les éprouvant lui-même que d'une façon très affaiblie *au moment où il joue*. Son cœur et ses nerfs doivent rester calmes, condition indispensable de la virtuosité. L'artiste, par une sorte de dédoublement de sa nature, a dû apprécier toutes les beautés d'une œuvre lorsqu'il en a pris connaissance, en sentir toutes les émouvantes inspirations, mais, quand le moment sera venu de les traduire, il faut qu'il reste absolument maître de lui et, en quelque sorte, inaccessible aux vives émotions ! Sa sensibilité doit sommeiller pour laisser agir sa volonté. Nous conseillons de lire, à ce propos, le *Paradoxe sur le comédien* de Diderot, où cette thèse est étudiée avec une admirable sagacité.

De même que le comédien qui, sur la scène, pleurerait de vraies larmes, deviendrait aussitôt ridicule, de même le virtuose qui se laisserait gagner par l'émotion de l'œuvre qu'il interprète, ne tarderait pas à jouer faux et avec un son tremblé, ce qui lui enlèverait toute action sur l'auditeur. Il suffit de voir les déplorables effets produits par la peur nerveuse, par le *trac*, puisque c'est l'expression consacrée, pour se rendre compte que toute émotion, fût-elle de l'essence la plus noble et la plus artistique, *et surtout dans ce cas,* doit être sévèrement refoulée. La haute virtuosité est à ce prix, et les artistes qui ne se sentiront pas capables d'opérer le dédoublement dont nous parlions plus haut, feront sagement de renoncer au solo ; il leur restera la possibilité de briller autrement, en étant, par exemple, d'excellents musiciens de quatuor.

La belle virtuosité naturelle est une qualité innée. Elle provient, à ce qu'il semble, d'une harmonie préétablie entre les mouvements du cœur, l'action du système nerveux et du cerveau, existant conjointement avec le sentiment musical dans un tempérament d'ordre impulsif. Le parfait virtuose est un mécanisme admirablement réglé, mais de structure délicate, et, par conséquent, facilement altérable. Combien n'a-t-on pas vu de jeunes talents, pleins de promesses, avorter dans la médiocrité sans causes apparentes à tous les yeux ? C'est que des poisons subtils étaient venus, à l'insu de tous et du virtuose lui-même, paralyser certaines parties de son action. Aussi, ne saurions-nous mettre trop soigneusement en garde le jeune artiste, possesseur de la précieuse faculté, contre les dangers qui le menacent.

Sa première sauvegarde réside dans une sévère hygiène. Nous ne pouvons ici passer en revue les mille causes de dépression physique et morale qui peuvent influer sur les facultés d'un virtuose, ni écrire un traité de morale à l'usage des jeunes artistes, mais il peut ne pas être inutile d'indiquer quelques dangers particulièrement redoutables : le virtuose devra éviter les veilles fréquemment répétées, et se soustraire, par tous les moyens, aux nombreuses formes du surmenage ; cela peut être fort difficile, car le surmenage, fâcheux produit de notre intense civilisation moderne, devient l'ennemi commun de tous ceux qui s'adonnent aux choses de l'esprit ; il faut pourtant que le grand instrumentiste arrive à l'éviter, sous peine de voir décliner son talent. Certains artistes croient pouvoir réparer les brèches faites à leur force naturelle en augmentant le nombre de leurs heures de travail. C'est, selon nous, une grande erreur : l'excès de travail est aussi nuisible qu'un excès quelconque ; il engendre des développements anormaux, inutiles, de certaines facultés de mécanisme, au détriment de cette fleur de virtuosité naturelle dont rien n'égale le charme. On voit des artistes travaillant leur instrument six à huit heures par jour, et qui n'en valent pas mieux pour cela, au contraire. Leur jeu est forcé, tendu, pénible souvent, et fait deviner un système nerveux allant à l'épuisement. Par contre, on constate chez les artistes qui travaillent peu ou point, des séductions spontanées qui, si elles n'étaient déparées quelquefois par des insuffisances de mécanisme, obtiendraient tous les suffrages. La vérité est dans une dose de travail modérée, n'allant jamais *jusqu'à la grande fatigue*.

Nous croyons devoir recommander encore aux jeunes virtuoses d'user avec la plus grande circonspection des excitants du système nerveux, et de proscrire de leur vie, aussi complètement qu'ils auront le courage de le faire, ces deux poisons perfides : l'alcool et le tabac.

En résumé, leur règle de conduite devra être dominée par cette idée que la pure virtuosité naturelle est une faculté rare et de nature délicate, qu'on la perd facilement, et qu'on ne la retrouve jamais dans sa beauté primitive, quand ses sources ont été atteintes et troublées.

Le virtuose idéal est un héros ; il doit réserver toutes ses forces et toute son inspiration à l'expression du beau par les moyens qui lui sont propres ; sa tendance devrait donc être de se rapprocher d'un type de héros simple et pur.

Quand verrons-nous un Parsifal de génie se vouer à l'étude du violoncelle ?

Nous avons cru devoir consigner ici ces quelques observations.

Elles n'ont pas la prétention de codifier l'art et de révéler des méthodes inconnues ; on pourrait dire sur ce sujet bien d'autres choses et, sans doute, de bien meilleures ; nous les avons écrites, cependant, parce qu'elles nous sont suggérées par une expérience déjà longue, et en souhaitant qu'elles puissent être de quelque utilité aux jeunes artistes. C'est par l'expression de ce vœu que nous terminerons cette étude sur l'un des plus riches organes de la polyphonie moderne.

GEORGES ALARY.

LA CONTREBASSE

Par Adolphe SOYER

ANCIEN MEMBRE DE LA SOCIÉTÉ DES CONCERTS DU CONSERVATOIRE
ET DE L'ORCHESTRE DE L'ACADÉMIE NATIONALE
DE MUSIQUE

ORIGINE ET ÉVOLUTION DE LA CONTREBASSE

Certaine légende attribue l'invention de la contrebasse à Michel Todini, luthier établi à Rome en 1676.

D'après Michel Prætorius, la contrebasse, dans sa forme actuelle, succéda au *violone*, ou *contrebasse de viole*, en 1620.

La contrebasse de viole avait six cordes accordées de la manière suivante, soit une tierce entre deux groupes de quartes :

A propos du violone, nous lisons dans la *Méthode de Contrebasse* que Michel Corrette publia vers la seconde moitié du XVIIIᵉ siècle :

« La contrebasse, que les Italiens nomment violone, est à l'octave au-dessous du violoncelle, et à l'unisson du bourdon de seize pieds de l'orgue. Les anciennes basses de viole à six cordes avaient à peu près la même figure et, au rapport de Mersenne, Livre 4, Garnier, de la musique du roy, avoit une viole de quatre pieds et demi de long, dans laquelle il mettoit un jeune page qui chantait le dessus, et Garnier la basse taille, pendant qu'il jouait la basse sur la viole ; il donnait souvent ce petit concert burlesque devant la reine Marguerite[1]. »

L'autre contrebasse (1620) avait cinq cordes accordées par quintes :

Cette dernière était munie de chevilles en bois qu'on faisait tourner au moyen d'une clef.

Ce n'est qu'au milieu du XVIIIᵉ siècle que les che-

---

1. *Méthodes pour apprendre à jouer de la Contrebasse à 3, 4 et 5 cordes, de la Quinte, ou Alto et de la viole d'Orphée*, par Michel Corrette. p. 1 (s. d.). Il s'agit ici de Marguerite de France, femme de Henri IV.

villes à mécanique furent inventées par Carl-Ludwig Bachmann, luthier habile et virtuose de la contrebasse, né à Berlin en 1716. Ce musicien faisait partie de la musique de la chambre du roi de Prusse. Il fut nommé luthier à la cour de Berlin en 1765.

Mais, déjà vers la fin du XVIᵉ siècle, Gasparo da Salo et Maggini contruisaient des contrebasses pour les églises.

Daniel et Théodore Verbruggen, luthiers à Anvers, en firent aussi pour la cathédrale de cette ville, en 1635 et 1641.

D'après M. de Keuster, professeur de contrebasse au Conservatoire d'Anvers, la cathédrale d'Anvers en possède une à trois cordes très bien conservée, qu'on emploie journellement et même de préférence à toute autre.

Cette contrebasse a été construite par Pierre Borlon (et non Porlon comme certains le prétendent) en 1647. C'est en effet ce qui résulte de l'étiquette (en flamand) qu'on peut lire à l'intérieur de cet instrument.

Le célèbre contrebassiste Dragonetti, dont il sera question plus loin, possédait deux contrebasses, dont une de Gasparo da Salo. Il l'avait reçue en cadeau des moines de Saint-Marc, de Venise, et s'en servait de préférence dans ses concerts. Lorsqu'il mourut, elle retourna, selon le désir qu'il avait exprimé dans son testament, aux moines de Saint-Marc.

Elle est encore exposée actuellement dans une vitrine à quatre faces dans le chœur de l'église. — L'autre contrebasse était d'un des Amati.

A mesure que la musique eut plus d'éclat, il fallut songer à donner plus de force à la basse ; c'est pour atteindre ce but qu'on construisit, au commencement du XVIIIᵉ siècle, en Italie et en Allemagne, des contrebasses à quatre cordes accordées par quartes.

Les trois contrebasses de la musique du roi, à Versailles, étaient de ce nombre. Il reste encore un de ces instruments au Musée du Conservatoire National de Musique. Celle dont on se servait à la chapelle du roi, à Versailles, a été construite, en 1755, par François Lejeune, luthier, rue de la Juiverie, à Paris.

Michel Pignolet de Montéclair, compositeur français, né non pas à Chaumont en Bassigny, en 1666, mais à Andelot (Haute-Marne) en 1667, mort près de Saint-Denis, en 1737, fut admis à l'orchestre de

l'Opéra un peu avant 1700; il y introduisit la contrebasse, à une date qui n'est pas déterminée[1].

Voici comment s'exprime, à cet égard, Michel Corrette, dans sa *Méthode de contrebasse* : « Monteclair
et Sagioni sont ceux qui ont joué les premiers de la

Fig. 947. — Contrebasse à 4 cordes.

contrebasse à l'Opéra de Paris; du temps de Lulli,
cet instrument était inconnu à l'Opéra. La contrebasse
servoit dans les tempêtes, dans les bruits souterrains
et dans les invocations; elle gardait le *tacet* assez
mal à propos dans le reste. »

Lorsque Corrette écrivait sa méthode, la contrebasse « jouait tout excepté le récitatif[2] ».

En 1757, l'Opéra ne comptait encore qu'un seul de
ces instruments, et encore ne s'en servait-on que le
vendredi, qui était le jour de grand spectacle.

Gossec en fit ajouter un second; Philidor, compositeur français, en mit un troisième et, successivement, le nombre de ces instruments s'augmenta
jusqu'à huit. Depuis 1892, on en compte dix.

Le nombre des cordes de la contrebasse a beaucoup varié. De cinq, au temps de Praetorius, il est
descendu à trois; puis on y a ajouté une quatrième.
Mais, à l'époque où Corrette écrivait sa méthode,
il y avait des contrebasses à 3, 4 et 5 poids; ces dernières s'accordaient de quarte en quarte, de la façon
suivante :

1. Cependant, dès 1706, la contrebasse figurait dans l'orchestre de
l'opéra d'*Alcyone*, de Marin Marais.
2. *Loco cit.*, p. 1.

Fig. 948. — Contrebasse à 4 cordes et archet
de la Méthode Corrette.

La contrebasse à trois cordes s'accordait de façon
différente dans divers pays. En Italie, on l'accordait
par quintes :

tandis qu'en Angleterre et en France, l'accord procédait par quartes :

Dans sa *Grande Méthode complète de contrebasse*, le
célèbre virtuose contrebassiste Bottesini s'élève contre
l'accord par quintes, lequel rend les sons durs et
entraîne un changement continuel de position, d'où
une exécution incertaine et décousue. Il n'admet
que l'accord par quartes[3].

3. Giovanni Bottesini, *Grande Méthode complète de contrebasse
divisée en deux parties*, Paris, Escudier (s. d.).

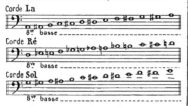

Fig. 949.

comme instrument d'orchestre, est la suivante :

Corde La

Corde Ré

Corde Sol

Montée de quatre cordes, avec l'accord :

la contrebasse a, sur celle munie de trois cordes accordées par quintes, l'avantage de donner trois notes de plus au grave, et surtout de permettre une lu grande facilité d'exécution.

MM. Gand et Bernardel, habiles luthiers, imaginèrent une cinquième corde, car, depuis quelques années, les compositeurs réclamaient un *contre-ut* (seize pieds) ; seulement, la difficulté de mettre ces cordes en vibration fit échouer cette tentative ; plus tard, vers 1895, Viseur, l'éminent professeur du Conservatoire, tenta de modifier l'accord :

en

mais il n'avait pas compté avec les difficultés du

Bottesini discute, dans les termes suivants, les avantages et les inconvénients de l'adjonction d'une quatrième corde : « Quiconque connaît la nature de la contrebasse ne peut nier que l'addition d'une nouvelle corde ait été faite uniquement pour enrichir cet instrument de quelques notes plus graves, ce qui, d'ailleurs, est assez important pour le compositeur, et assez utile surtout dans les notes tenues.

Mais si la contrebasse acquiert, par cette quatrième corde, une plus grande extension dans les sons graves, cette extension ne s'obtient qu'au détriment de la sonorité qui, naturellement, diminue d'autant qu'on augmente le nombre des cordes[1]. »

L'étendue de la contrebasse à trois cordes

---

doigté, cause de l'accord irrégulier ; cependant, il était parvenu à faire admettre ce nouveau système au Conservatoire et à l'orchestre de l'Opéra, système qui eut le même sort que la contrebasse à cinq cordes, car une cruelle maladie vint emporter Viseur en quelques jours.

Après lui, un artiste d'une non moins grande valeur fut appelé à lui succéder au Conservatoire, H. Charpentier, contrebassiste solo à la Société des Concerts du Conservatoire et à l'orchestre de l'Opéra, qui, comprenant tout l'intérêt qu'il y avait pour les exécutants de rétablir l'accord primitif, n'hésita pas à le faire adopter une seconde fois.

Malgré cela, il y avait certainement un moyen de satisfaire les compositeurs et de leur accorder le *contre-ut* ; ce moyen a été trouvé par M. Max Poike, contrebassiste de l'Opéra de Berlin, et de la musique de la chambre de l'Empereur d'Allemagne, qui inventa un système pour allonger la grosse corde ; la contrebasse doit être accordée comme d'habitude, mais, au moyen d'un déclenchement qui se produit par l'action d'une légère pesée sur la deuxième clef (le *mi* devient alors un *contre-ut*), on descend chromatiquement par le système de 4 clefs, qui donnent *mi*, *mi♭*, *ré*, *ré♭*, et le *contre-ut* à vide.

Pour remettre l'accord primitif, il suffit d'appuyer le pouce de la main gauche sur une petite plaque mobile en fer posée en

Fig. 950.
Contrebasse à 3 cordes construite par J.-B. Vuillaume. (Église Saint-Ferdinand des Ternes.)

haut du manche, et de l'amener délicatement près du sillet ; une fois là, l'*ut* redevient *mi*, la corde s'accrochant d'elle-même.

Ce système est très ingénieux et d'une pratique facile. Aussi, espérons-nous le voir adopter sous peu par les directions de nos grands théâtres et de nos grands concerts. Le 6 novembre 1905, M. Ad. Soyer s'en servit à l'Opéra, pour la reprise de *Freischütz*, et la musique de la Garde républicaine possède une contrebasse de ce système.

Actuellement, la contrebasse à cinq cordes est de nouveau pratiquée ; elle s'accorde par trois quartes et une tierce[2] :

---

1. *Ibid.*

2. Voir : *Enseignement complet de la contrebasse à 4 et à 5 cordes* par Édouard Nanny. *Méthode complète en 2 parties* (1920-1923). [N. D. L. D.]

Octobasse.

Cet instrument, haut de quatre mètres, imaginé par J.-B. Vuillaume en 1849 et perfectionné par lui en 1851, est monté de trois cordes, *ut, sol, ut*; il a quatre notes au grave de plus que la contrebasse ordinaire. Les dimensions de l'octobasse ont exigé l'invention d'un mécanisme spécial ; au moyen de leviers, des doigts d'acier viennent se placer sur les cordes à la façon d'une barre, en sorte que l'exécutant, dans chaque position des doigts d'acier, a toujours à sa portée trois degrés, dont le deuxième est la quinte et le troisième l'octave de l'autre ; l'appareil des leviers est fixé au côté droit de l'instrument, et l'on agit sur la bascule à l'aide d'un pédalier.

Il n'existe plus qu'une octobasse comme celle qui se trouve actuellement au musée du Conservatoire ; elle est en Russie. Cet instrument n'est du reste pas employé, et ne relève plus que de la curiosité.

L'archet.

En ce qui concerne l'archet de la contrebasse, il faut avouer qu'en France, jusqu'en 1884, les contrebassistes n'ont pas été très favorisés.

Il suffit de jeter un coup d'œil sur les anciens archets pour être fixé sur leur valeur. De 1820 à 1827, on se servait d'archets plus ou moins bien construits, ayant la forme d'une arbalète. Rossini chargea le célèbre Dragonetti d'en faire fabriquer un à Londres, qu'il envoya à l'Ecole de Musique ; mais ce n'était pas l'archet rêvé.

C'est qu'en effet, l'archet à la Dragonetti, très

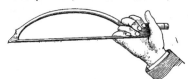

Fig. 951. — Archet à la Dragonetti.
(Méthode de Bottesini.)

court et courbé en arc, présentait le grave inconvénient d'étouffer le son ; sa faible longueur le rendait peu propre à l'exécution des sons liés. Par contre, il permettait une excellente attaque des notes en *staccato*. Un autre archet, plus long, ressemblait à celui des violoncellistes.

Gand père, luthier au Conservatoire, en confectionna deux modèles qui servirent pendant nombre d'années : le premier, avec une tête présentant quelque analogie avec celle du violoncelle ; l'autre, avec une baguette droite et une tête ressemblant quelque peu à celle de Dragonetti.

Le grand défaut de ces archets était :

1° le manque de longueur ;
2° le manque de largeur de la hausse ;
3° le manque de cambrure.

Je parle naturellement des archets employés dans les orchestres en général. Il est bien évident que certains artistes en possédaient de bons, mais ils étaient très rares.

L'archet était traité avec une indifférence regrettable ; cependant, vers 1883, M. Verrimst, alors professeur au Conservatoire, commanda à MM. Gand et

Bernardel un archet un peu plus long, avec une hausse en biais, de façon à ce que la base en tombât perpendiculairement sur le chevalet ; il espérait que

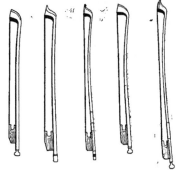

Fig. 952. — Anciens archets.

le contrebassiste aurait ainsi plus de facilité pour attaquer la corde ; seulement, la main se trouvant déplacée, le contrebassiste jouait du bras.

Or il fallut abandonner cet archet : la longueur en fut, jusqu'à cette époque, de soixante-quatre centimètres environ, et la hausse d'un centimètre et demi de largeur, au plus.

Comme dimensions, ce n'était vraiment pas suffisant. Lamoureux, l'éminent chef d'orchestre, exigea que les contrebassistes se servissent d'archets plus grands. C'est ici que commença l'amélioration presque complète des archets français. Un archettier habile, Arthur Vigneron, qui venait de s'établir, proposa à quelques-uns d'entre nous d'en fabriquer

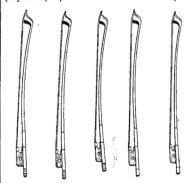

Fig. 953. — Archets modernes.

selon le désir de Lamoureux ; immédiatement, cette proposition fut acceptée, et nombreuses furent les commandes.

Malgré cette amélioration, nous n'étions satisfaits qu'à moitié, car Vigneron se refusait à faire des archets pesant moins de 135 grammes et, pour exécuter la musique moderne, on était vite fatigué.

Enfin, vers 1903, un autre archettier comprit les réclamations des contrebassistes : je veux parler d'un jeune, M. Thomassin, qui n'hésita pas un seul instant à se conformer au goût des instrumentistes.

Dès l'apparition de son premier archet, qui mesurait 67 centimètres de longueur avec une hausse d'une largeur de 22 millimètres, et qui pesait 120 grammes, M. Charpentier, alors professeur au Conservatoire, lui en commanda plusieurs. Depuis, l'usage de cet archet s'est généralisé à l'Opéra et dans les grands concerts.

Citons aussi l'habile archettier qu'est M. Sartory.

EMPLOI DE LA CONTREBASSE

La contrebasse est le plus gros des instruments à cordes et celui qui rend les sons les plus graves ; il est comme le support et la base d'une pièce de musique ; toute l'harmonie prend son point d'appui sur la contrebasse, qui tient le même emploi dans une composition que les fondements dans un édifice. Il faut donc qu'elle fasse toujours entendre, du moins autant que possible, la véritable note de la basse, et cela d'une manière bien nette et perceptible ; c'est aussi pour cela qu'on la double par le violoncelle.

La contrebasse offre, en outre, un très grand avantage : c'est de bien dessiner le rythme, à tel point qu'elle peut suppléer le chef d'orchestre, donner aux exécutants l'aplomb nécessaire, et déterminer le mouvement des morceaux d'une manière précise. En un mot, elle est le régulateur de l'orchestre ; il faut donc la confier à des artistes d'un talent éprouvé.

Voici quelques exemples de l'emploi de la contrebasse à l'orchestre, où, le plus souvent, elle vient renforcer les basses en les doublant à l'octave grave. Dans l'Orage de la Symphonie pastorale, Beethoven suscite l'impression d'un vent violent, de sourds grondements de rafales, en accentuant par les contrebasses la première note de groupes à peine articulés ; la scène du creusement de la tombe de Florestan dans Fidelio comporte, au-dessous de la partie des violoncelles, des dessins de contrebasse entrecoupés de silences, qui viennent préciser l'harmonie[1]. Berlioz divise les contrebasses dans sa Cantate du Cinq Mai, et, de la sorte, évoque un silence lugubre par les longs accords pianissimo que ces instruments glissent sous le decrescendo de l'orchestre[2].

Comme le remarque Berlioz, au sujet du tremolo continu, qui rend l'orchestre menaçant, les contrebasses ajoutent à l'effet produit par le tremolo des violoncelles des répercussions précipitées d'un effet saisissant. L'association des contrebasses aux violoncelles empêche les premières de manquer de netteté et allège leurs sons graves qui tendent à devenir pâteux ; d'où une basse souple et puissante[3].

Les fusées, en petites notes précédant des notes ordinaires, produisent souvent une impression dramatique, telle la « furieuse secousse » donnée à l'orchestre dans la scène infernale de l'Orphée de Gluck par les contrebasses attaquant le fa haut que préparent quatre petites notes. On peut encore citer l'emploi de ce moyen puissant dans l'Armide de Gluck, dans la Symphonie en ré de Mozart, etc.[4]

Le pizzicato de la contrebasse fournit de bons effets expressifs, comme dans l'ouverture du Freischütz où le fameux la en pizzicato est gros de menaces. Mais il convient d'éviter le pizzicato dans les mouvements rapides, à moins qu'on ne divise les musiciens de façon à les faire alterner[5].

Ajoutons qu'on ne se sert plus de la sourdine pour les contrebasses, ce qui se pratiquait au temps de Berlioz[6].

Si nous examinons les œuvres classiques dites de musique de chambre, nous remarquons que la contrebasse y joue un rôle secondaire ; cependant, elle trouve encore son emploi, comme partie d'accompagnement, dans les Septuors de Beethoven, de Saint-Saëns et de Duvernoy, dans le Quintette de la Truite de Schubert, dans le Carnaval des Animaux de Saint-Saëns, et dans quelques morceaux de Bach, Hummel, etc.

Tel n'est pas le cas dans nos opéras modernes comme Salomé de R. Strauss, le Crépuscule des Dieux de R. Wagner et même l'Otello de Verdi, où la contrebasse a souvent à exécuter des passages d'une grande difficulté.

ENSEIGNEMENT ET VIRTUOSES
DE LA CONTREBASSE

Nous donnerons ici un bref aperçu de l'enseignement de la contrebasse au Conservatoire de Paris.

En 1827, Cherubini créa à l'École Nationale de Musique la première classe de contrebasse, dont le titulaire fut Chénier, à qui succéda, en 1832, Lami, emporté par le choléra au cours de la même année.

Ces deux professeurs enseignaient la méthode à trois cordes. Rappelons, à ce propos, que Bottesini préconisait l'étude de la contrebasse à trois cordes, celle de la contrebasse à quatre cordes n'exigeant pas un enseignement différent.

Après Chénier et Lami, Schafft introduisit la méthode à quatre cordes, et professa de 1835 à 1852. Puis les titulaires de la classe furent :

Charles Labro (1853-1882). Auteur de la Méthode de contrebasse à quatre cordes qui est la plus employée en France, en Allemagne, en Angleterre et en Belgique ; on lui doit dix concertos, cinq morceaux de concert, etc.

V.-F. Verrimst (1882-1893), auteur d'une Méthode de contrebasse à quatre cordes (1865) ; il obtint un grand succès avec les cinq concertos qu'il composa tout spécialement pour les concours de fin d'année du Conservatoire.

Puis ce furent Viseur (1893-1902), H. Charpentier et enfin Edouard Nanny, le titulaire actuel, en même temps que l'auteur d'une Méthode complète pour la contrebasse à quatre et cinq cordes (en deux parties, 1920-1923).

Nous citerons encore les méthodes de Bottesini, de Sturm, de Simandl, de Bernier, de Gouffé, de Durier et de Gasparini.

Pour terminer cette étude rapide, nous devons ajouter que la contrebasse, bien que ne paraissant pas être un instrument pouvant se prêter à l'exécution d'un solo, a cependant rencontré des artistes de haute valeur, qui ont su en tirer des effets tout à fait inattendus.

Le premier en date des virtuoses de la contrebasse

---

1. H. Berlioz, Grand Traité d'instrumentation et d'orchestration modernes, p. 57.
2. Ibid., p. 69.
3. Ch.-M. Widor, Technique de l'orchestre moderne, p. 247.

4. H. Berlioz, loco cit., p. 55. — Ch.-M. Widor, loco cit., p. 247.
5. Ch.-M. Widor, loco cit., p. 213.
6. Ibid., p. 248.

fut le Hongrois Josef KAEMPFER, qui, entré à la chapelle du prince Esterhazy à Vienne, s'attacha tout spécialement à cultiver les sons harmoniques de la contrebasse. Ensuite, nous trouvons Domenico DRAGONETTI, né à Venise en 1763, mort à Londres en 1846. Véritable enfant prodige, d'abord guitariste et violoniste, il travailla la contrebasse avec BERINI, qu'il remplaça au chœur de Saint-Marc à Venise, après avoir été admis, dès l'âge de treize ans, à l'orchestre de l'opéra buffa de cette ville, puis à celui de l'opéra seria. Il se jouait de toutes les difficultés qu'il accumula dans ses œuvres, concertos, sonates et caprices, et il lui arrivait d'exécuter sur la contrebasse la partie de violoncelle des quatuors à cordes. Fixé à Londres, à partir de 1794, il put, un an avant sa mort, prendre part aux fêtes données à Bonn, en 1845, pour l'inauguration du monument BEETHOVEN, en qualité de chef d'attaque des contrebassistes dans la *Symphonie en ut mineur.*

Mais entre tous, le célèbre Giovanni BOTTESINI, véritable PAGANINI de la contrebasse, mérite une place d'honneur. Né à Créma en 1821, il mourut en 1889, à Parme, où il dirigeait le Conservatoire de musique. Elève de ROSSI au Conservatoire de Milan, BOTTESINI se fit entendre dans le monde entier avec le plus éclatant succès. Pendant deux ans, il fut chef d'orchestre du Théâtre Italien à Paris ; plus tard, il fonda à Florence la société *del Quartetto.* Dans les dernières années de sa vie, toujours alerte et voyageur, il fit des tournées en Angleterre avec le violoniste SIMONETTI, tournées aux cours desquelles les deux artistes se livraient à de véritables matches de virtuosité.

BOTTESINI consacre la deuxième partie de sa *Méthode* à la contrebasse considérée comme instrument soliste, et voici l'étendue (en notes réelles, sans transposition à l'octave supérieure) qu'il confère, dans ce cas, à l'instrument (contrebasse à trois cordes) :

Il donne ensuite la série des sons harmoniques sur les trois cordes de l'instrument[1] :

Sons harmoniques

Corde Sol

Corde Ré

Corde la

BOTTESINI estime que, sur une bonne contrebasse, les sons harmoniques, se prêtant à une vigoureuse pression de l'archet, produisent un effet excellent et s'adaptent parfaitement au caractère de l'instrument.

Il excellait dans l'exécution du *Carnaval de Venise,* d'une *Tarentelle en la mineur* de sa composition et dans une *Fantaisie* sur la *Somnambula* de BELLINI, dont il avait effectué un arrangement hérissé de difficultés.

BOTTESINI était, en outre, un chef d'orchestre des plus habiles et un compositeur distingué.

1. *Grande Méthode...,* 2e partie, p. 86 et suiv.

AD. SOYER.

LA HARPE

DES ORIGINES AU COMMENCEMENT DU DIX-SEPTIÈME SIÈCLE[1]

Par Marc PINCHERLE

« De tous les instruments à cordes que l'on a possédés et que l'on possède encore, il n'y en a pas dont la forme soit plus connue que la harpe et dont l'origine le soit moins. » Cette prudente affirmation de Kastner[2] reste en deçà de la réalité. La harpe n'a pas toujours été si clairement définie qu'on ne l'ait confondue[3] avec des instruments — lyre, cithare, psaltérion — de principe tout différent. Disons, pour délimiter une bonne fois notre sujet, qu'elle comporte essentiellement *un plan de cordes d'inégale longueur*,

tendues en progression régulière entre *une caisse de résonance et une console d'accroche, et destinées à être pincées à vide, ou, exceptionnellement, jouées au plectre.* Ni le nombre de cordes, ni le format ne peuvent fixer davantage cet essai de définition[1] : on compte de trois cordes sur certains exemplaires anciens, à quatre-vingts et au delà pour la triple harpe galloise[5]. De nos jours, la harpe à pédales est en général montée de quarante-six cordes, la harpe chromatique de soixante-seize. Le format, sauf exceptions assez nombreuses, est proportionné au nombre de cordes.

On trouve dès la plus haute antiquité des instruments d'un tel type. La très réelle obscurité de leur origine n'a pas empêché les historiens de leur assigner des inventeurs. Très sérieusement, à grand renfort de textes, Kircher nomme Mercure[6], Cerone, Amphion fils de Jupiter[7], d'autres Tubal, ou Toth, l'Hermès Trismégiste des Grecs, ou les Mysiens, ou les Syriens. S'il n'est pas plus digne de foi, le récit de Censorinus présente du moins l'intérêt d'un symbole heureux : Apollon, charmé du son que rendait, en se détendant, l'arc de Diane, aurait imaginé d'y ajouter d'autres cordes, construisant ainsi la première harpe[8]. De fait, on ne saurait guère concevoir la harpe que comme un perfectionnement du monocorde. Toutes les civilisations extrême-orientales (Inde, Chine, Japon) nous offrent des traditions qui rejoignent celle que relate Censorinus, mais aussi les théories évolutionnistes du début de ce siècle[9].

Le passage de l'arc à la harpe primitive ne s'est

---

1. **Bibliographie.** — Histoires de la harpe : Aptommas (Th. Thomas), New-York, 1859 (anglais). — Giov. Caramiello, 1888 (italien). — Es. Cervantes, Gotha, 1889 (allemand). — L. Cochen, Gand, 1923 (français). — Froio, Padova, 1873 (italien). — Gandolfi, Firenze, 1887 (italien). — W.-H. Grattan Flood, Londres, 1905 (anglais). — Maria-V. Grossi, Bologna, 1911 (italien). — Joh.-Fried.-Wil. Herbst, *Ueber die Harfe*. Berlin, 1792 (allemand). — Gelsomina Naclerio, Napoli, s. d. — M. Rua, Roma, 1898-1902-1913 (italien). — R. Ruta, Aversa, 1911 (italien). — L. Schneider, Paris, 1903 (français). — John Thomas, London, s. d. (anglais). — A part l'ouvrage de W.-H. Grattan Flood, excellent pour ce qui concerne les Iles-Britanniques, ces histoires s'appuient sur une documentation déjà ancienne et en grande partie controuvée. Quelques études d'ensemble sous le même titre, dans le *Magasin Pittoresque*, 1850 (anonyme) ; la *Neue Musik Zeitung*, Stuttgart, XXII (par Elsa Glass) ; le *Courrier Musical*, novembre-décembre 1903 (R. Doire) ; les *Proceedings of the Musical Association*, 1908-1909 (A. Kastner), etc. Parmi les innombrables articles de dictionnaires ou d'encyclopédies, on consultera avec profit, pour la France : l'*Encyclopédie* de Diderot, VIII, 1765 (par le comte Oginski) ; l'*Encyclopédie méthodique*, II, 1818 (Ginguené) ; le *Dictionnaire de l'Ameublement et de la Décoration*, 1894 (Havard) ; la *Grande Encyclopédie* (H. Lavoix) ; pour l'étranger : la *Cyclopaedia* d'Abraham Rees, 1805-1819 (Burney) ; l'*Encyclopædia Britannica*, 1910 (M. Schlesinger et A.-J. Hipkins) ; le *Dictionnaire* de Grove, II, 1919 (A.-J. Hipkins) ; l'*Allgemeine Encyclopédie* de Erasch et Gruber, 2e série, t. II, 1827 ; le *Musikalisches Conversations-Lexicon* de Mendel, IV (C. Billert) ; le *Musijkaal Kunst Woordenboek* de J. Verschuere Reynvaan, Amsterdam, 1795. On ne peut songer à énumérer ici tous les ouvrages d'organographie qui consacrent un chapitre à la harpe (histoires, dictionnaires et surtout catalogues). Mentionnons seulement les bibliographies fournies par Curt Sachs, *Real-Lexicon der Musikinstrumente*, Berlin, 1913. — G. Kinsky, *Cat. Museum von Wilhelm Heyer*, Cöln, II, 1912. — R. Brancour, *Histoire des instruments de musique*. Paris, 1921. — J. Geo Morley, *Catalogue of M. Morley's library of harp music... and list of books and portraits*, London, 1895. — J. Snoer, *Die Harfe als Orchesterinstrument*, Leipzig, 1898 (pp. 80-81, bibliographie historique).

N.-B. On ne s'est pas résigné sans regret à donner à la bibliographie, dans toute cette étude, un développement qui peut sembler bien pédantesque : l'étendue du sujet, étalé à travers tant de siècles et de civilisations, nous contraignait à voyager sans béquilles. D'autre part, l'histoire de la harpe comporte trop de contradictions, d'imprécisions (on ne se flatte pas de les avoir toutes résolues, ni dissipées) pour qu'on ne les combatte pas de son mieux. Orphée, Éole, ni David, ne sont menacés d'en voir diminuer leur clientèle poétique.

2. G. Kastner, *Parémiologie musicale de la langue française*, Paris, s. d., p. 381.

3. Des théoriciens de la valeur de Galilée, par exemple : « La harpe qui n'est pas autre chose qu'une cithare ancienne à cordes nombreuses. » (*Dialogo della musica antica e della moderna*, Florence, 1581, p. 143). Et bien d'autres.

4. Juan Bermudo, *Declaracion de instrumentos musicales*, 1555, liv. IV, ch. LXXXVII : « Il n'y a pas pour cet instrument de nombre de cordes déterminé. »

5. La harpe italienne n° 1511 du musée de Bruxelles (Cat. Mahillon, p. 105) a même 94 cordes.

6. *Musurgia*, Rome, 1650, I, pp. 44, 47, 70.

7. *El Melopeo*, Naples, 1613, p. 247.

8. Ed. Teubner, Leipzig, 1867 ; Fragment XII, p. 66. Censorinus écrivait au IIIe siècle de notre ère.

9. Sur l'arc origine des instruments à cordes, cf. surtout H. Balfour, *The Natural History of the musical bow*, Oxford, 1899 ; J. Deniker, *Les Races et les peuples de la terre*, Paris, 1900, p. 248, et Frances Morris, *Cat. of the Crosby Brown collection*, Metropolitan Museum, N. Y., 1914, pp. 267-268 : *Bibliography of the Musical bow*.

peut-être pas opéré sans transitions. Villoteau, dans sa *Description de l'Egypte*[1], émettait l'idée que l'on aurait songé tout d'abord à juxtaposer des monocordes de tons différents : c'est la légende japonaise du *Yamato-goto*, formé primitivement de six arcs liés côte à côte, et dont le type moderne garde trace (au bout de sa table d'harmonie) de l'encoche de ces arcs. Actuellement encore, un curieux instrument de l'Afrique occidentale nous retrace à merveille les tâtonnements des premiers inventeurs, confirmant l'hypothèse de Villoteau. Le *Wambee*, ou *Kissumba*, ou *Valga* (fig. 954) se compose de plusieurs baguettes, cinq en général, tendues chacune d'une seule corde, et fixées à leur base sur une boîte de résonance assez rudimentaire[2]. Certains de ces *Wambee* réalisent un progrès important, en ce que les cinq baguettes y sont réunies par des liens jus-

Fig. 954. — Wambee Congo.

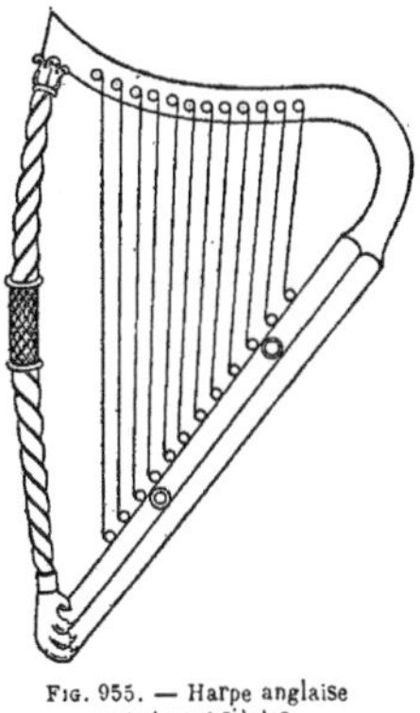

Fig. 955. — Harpe anglaise xii° et xiii° siècles.

qu'à leur extrémité; après quoi force est bien de s'apercevoir qu'une seule baguette, plus robuste, peut résister à la tension de toutes les cordes, — et c'est la harpe.

Il faut convenir que l'histoire pure et simple ne permet pas de contrôler le bien fondé de ces hypothèses. Tandis que les petites harpes égyptiennes, analogues aux instruments primitifs nègres, ne se rencontrent guère qu'à partir du Nouvel Empire, on trouve, dès la quatrième dynastie, quelque trente-cinq siècles avant Jésus-Christ, des harpes — les premières qui nous soient connues — d'un modèle déjà fort évolué.

Peu de secours à attendre de l'étymologie : le mot *harpe* est de création récente, relativement à la haute antiquité de son objet. On a proposé le grec

ἁρπεῖν, *resonare, sonum edere, quia harpa non clamat, nec auscultat, sed resonat*[3]; l'hébreu *arbaim* (quarante, du nombre des cordes! le latin *arpi* du nom d'un peuple exterminé au cours de la deuxième guerre punique; l'allemand *haren :* appeler ; *horchen :* écouter; *harff* ou *herp*, d'une peuplade germanique; enfin Kastner cite Nodier selon qui « ce mot est fait par onomatopée du son des cordes de la harpe, rassemblées sous les doigts et ébranlées simultanément », mais il adopte l'hypothèse plus généralement admise du grec ἁρπάζειν : saisir violemment.

Il se peut que la racine ἁρπ soit la bonne, — onomatopée, ou allusion à la technique de l'instrument. Reste une difficulté : comme on le verra plus loin, c'est d'abord dans les dialectes des peuples germaniques qu'apparaît le mot *harfner*, désignant tout musicien jouant d'un instrument à cordes. Harpe a donc vraisemblablement englobé, à l'origine, comme *cithara* en bas-latin, n'importe quel instrument à cordes pincées. Littré, proposant le haut-allemand *harfan*, saisir, et le rapprochant du vieux français *harper*, prendre et serrer violemment avec les deux mains, indique assez bien la filiation entre ἁρπάζειν et les formes germaniques *harapha, harfa, harf*.

Quant au latin *harpa*, on le trouve de façon certaine — et désignant notre harpe — au vi° siècle, dans le vers souvent cité de Venantius Fortunatus :

Romanusque lyra plaudet tibi, barbarus harpa[4].

On trouve bien, deux siècles auparavant, dans le *Satyricon* de Marcianus Capella[5], la vierge Philologie *arpis bombisque perterrita*, mais ici, le sens n'a pas encore été complètement élucidé.

A partir même du vi° siècle, le mot *harpe* s'implante assez laborieusement. *Cithara, sambuca, psalterium* persistent, dans les textes savants ou religieux, et désignent des harpes véritables; et l'allemand *harfe* gardant à travers tout le moyen âge sa signification vague d'«instrument à cordes», le *cruit* irlandais, le *crwth* gallois, le *harpu*[6] finnois, prêtant à d'autres confusions, la plus extrême prudence s'imposera longtemps en matière d'identifications anciennes[7].

LA HARPE DANS L'ANTIQUITÉ ORIENTALE

Égypte[8].

Lorsque Burney publia, dans son *Histoire de la*

---

1. 2° édition, Paris, VI, 1822, p. 414.
2. On ne peut qu'indiquer ici l'intérêt que présenterait l'étude des instruments des peuples sauvages. On trouvera tous les éléments de recherche dans les musées ethnographiques et organographiques. Bibliographies copieuses in J.-F. Rowbotham, *History of Music*, Londres, I, 1885, pp. 156-160. — R. Wallaschek, *Primitive Music*, Londres, 1893. — C. Stumpf, *Die Anfang der Musik*, Leipzig, 1911, et surtout G. Knosp, *Bibliographia musicæ exotica, Revue S. I. M.*, Paris, 15 mai 1910 à 15 juin 1911. et Frances Morris, pp. 287 à 309 du *Cat. of the Crosby Brown collection*, op. cit. Pour le Wambee en question, il est curieux de le voir représenté, identiquement, pareil, dans Praetorius, *Theatrum instrumentorum*, 1620, pl. xxxi, fig. 1 (*Indianische instrument am Klang den Harffen gleich*).

3. Cf. du Cange, *Glossarium mediæ et infimæ latinitatis*. — J. et W. Grimm, *Deutsches Wörterbuch*, IV, 474-478; J. Muffay, *A new english dictionary*. 1901 ; et surtout G. Kastner, op. cit. et E. Crosson, *Notes sur l'onomatopée, Revue S. I. M.*, Paris, 15 juillet 1911.
4. Ven. Fortunatus, *Carmina*, VIII, viii, 63, d'un poème adressé en l'an 570, à Loup, duc de Champagne.
5. Lib. III, édit. Kopp, 1836.
6. *Harpu*, en finnois, une Viole à trois cordes (Dom. Comparetti, *Il Kalevala*, Rome, 1891, p. 49). Pour mémoire, un tambour employé par les Nègres de la Nouvelle-Guinée porte aussi le nom de *harpa* (Stearns Collection, Michigan, n°° 274, 275, 277).
7. Sur ces difficultés d'identification, cf. M. Pincherle, *Autour d'une histoire de la harpe*, in *Actes du Congrès d'histoire de l'Art*, et K. Schlesinger, *The Precursors of the violin family*. Londres, 1910, pp. 329, 332, 441, 451, Paris, 1924, III, pp. 742 sqq.
8. Le copieux chapitre de Fétis (*Hist. de la Musique*, I, 1869, pp. 257-281) ne peut plus guère être pris en considération. M. V. Loret a apporté des données neuves et abondantes dans le 1er fascicule de l'*Encyclopédie de la Musique*, 1913, pp. 24-57 : on complétera avec Kinsky, op. cit., II, 9; Curt Sachs, *Die Musikinstrument des alten Aegyptens*, Berlin, 1921. Pour l'iconographie, voir, outre ces deux ouvrages, les recueils généraux de J.-G. Wilkinson, *The*

Musique, la lettre, datée du 11 octobre 1774, où James Bruce lui annonçait la découverte des harpes représentées sur les fresques du tombeau de Ramsès III (Thèbes-Byban el Molouk), il se heurta à une incrédulité quasi générale[1]. On n'admettait pas que, onze siècles avant notre ère[2], la facture instrumentale eût réalisé de tels chefs-d'œuvre. Or, si l'on peut reprocher à Bruce quelques inexactitudes vénielles, il était bien en deçà de la vérité en donnant pour les premières du genre les harpes thébaines. Dès les débuts de l'Ancien Empire, dans les nécropoles memphites de la quatrième dynastie, la harpe apparaît déjà fort différenciée du monocorde primitif. Selon les Egyptiens, elle leur serait connue depuis le règne terrestre de Toth, le dieu à tête d'ibis, sous la seconde dynastie.

Elle est caractérisée dans les textes, par les deux consonnes *b. n.*, que les égyptologues vocalisent de différentes façons : *bent*, *bint*, *banit*, *batnit*, cette dernière forme adoptée par M. V. LORET. Selon M. CURT SACHS[3], la harpe est déterminée de façon plus précise, à partir de la dix-huitième dynastie, par le mot *zazat*, le mot *bent* ayant perdu de sa précision et désignant aussi bien les lyres.

Les harpes égyptiennes peuvent se ramener à trois types principaux : une harpe de grandes dimensions dont le corps est curviligne; une harpe curviligne portative; une harpe triangulaire, le troisième côté du triangle étant figuré par la corde la plus grave, car aucune de ces harpes — et c'est la caractéristique de la harpe orientale ancienne — n'a de colonne.

Contrairement à l'opinion de PONTÉCOULANT[1], qui croit que la harpe égyptienne aurait d'abord été triangulaire et qu'on l'aurait cintrée par la suite pour lui donner plus de grâce, les trois types apparaissent dans l'ordre de l'énumération ci-dessus : le

premier dès la quatrième dynastie d'Egypte[5], le second vers la dix-huitième (Nouvel Empire), le troisième à peu près en même temps, avec son plein développement à partir de l'époque saïte et au delà (700 avant Jésus-Christ).

Je reprends ici la description que donne M. V. LORET de la harpe de l'Ancien Empire. « Elle n'est, dit-il[6], ni très grande ni très riche en notes (fig. 956-7-8)[7]. Dépassant le plus souvent d'assez peu la tête d'un homme accroupi à terre, elle ne devait guère ordinaire mesurer plus d'un mètre et demi de hauteur; on en rencontre pourtant quelques-unes qui peuvent aller jusqu'à deux mètres environ. Le corps

FIG. 956.

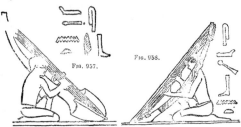

FIG. 957.   FIG. 958.

FIG. 956-958. — La harpe sous l'Ancien Empire.

sonore, qui reposait sur le sol, était tout juste assez long pour donner place à six ou à huit cordes. De là s'élevait en arc une longue tige dont l'extrémité portait un certain nombre de chevilles. Le corps sonore est tantôt figuré comme s'il était vu de haut (fig. 957), tantôt de profil (fig. 958), tantôt de manière à faire voir à la fois le profil et le plan (fig. 959)[8]. En réunissant ces diverses données, on constate que le corps sonore était une cavité en forme de losange mi-concave et mi-convexe, creusée peu profondément dans une pièce de bois et traversée d'un bord à l'autre dans le sens du grand axe, par un bâton où venaient s'attacher les cordes. Un morceau de parchemin recouvrait et fermait la cavité, et comme il était tendu en passant par-dessus le bâton d'attache des cordes, celles-ci devaient traverser par de petits trous le parchemin pour pouvoir être attachées au bâton. On remarquera (fig. 956) le système au moyen duquel les Egyptiens empêchaient leur harpe de glisser en avant. C'est un petit plancher de bois terminé en arrière par une sorte de dossier à

Manners and Customs of the ancient Aegyptians, Londres, 3 vol., 1837 (t. II). FR. Caillaud, *Recherches sur les Arts et Métiers des anciens peuples de l'Egypte*, atlas, 1831 ; les collections de Champollion, Prisse d'Avesnes, Lepsius, Brugsch. Capart, Rosellini et surtout les mémoires de la *Mission archéologique française au Caire* et de l'*Egypt Exploration Fund*, Londres, en cours de publication. (Pour le détail, V. Seymour de Ricci, *Bibliogr. égyptienne*, in *Rev. archéologique*, 1917, t. II, 1918, t. VIII.)

1. BOBNEY, t. I, Londres, 1776, p. 213. Cf. aussi J. Bruce, *Travels to discover the source of the Nile*, 5 vol., Edinburgh, 1790, tome I, pp. 127 sqq.

2. La Vingtième dynastie règne entre 1220 et 1080 avant notre ère. Pour les dynasties antérieures au Nouvel Empire, les chronologies ne sont pas d'accord. Celles de Maspero et de Borchardt font remonter la première dynastie à plus de quatre mille ans avant Jésus-Christ. Eduard Meyer, H, Breasted, F.-G. Fleay la ramènent autour de l'an 3000. La chronologie adoptée par M. V. LORET la rapprocherait davantage des premières citées (première à troisième dynasties : 4000 à 3500 environ avant Jésus-Christ; quatrième à cinquième de 3500 à 3000).

3. *Op. cit.*, p. 67. Le mot *bint* s'est progressivement affaibli, a perdu la voyelle finale en copte, pour devenir *boïne*, avec l'article : *ti'boine*, d'où la lecture fautive *tebuni* que la plupart des égyptologues ont assignée comme nom à la harpe.

N.-B. — Il est possible que le nom *bania* donné en Sénégambie à un instrument à cordes pincées ne soit pas sans rapports avec le bint, devenu *boïne* des Egyptiens.

4. *Organographie*, I, 1861, p. 218. E. Naumann, dans son *Histoire* (I, 1885, p. 47) attribue faussement la priorité à la seconde espèce.

5. Lepsius, *Denkmäler*, II, pl. xxxvi, c (Gizeh).

6. *Loco cit.*, pp. 24-25.

7. Fig. 46 = R. Paget et A. Pirie, *The tomb of tah-hetep*, Londres, 1898, pl. xxxv. — Fig. 47 = W.-M. Flinders Petrie, *Deshasheh*, Londres, 1898, pl. xII. — Fig. 48 = E. Grébaut, *le Musée égyptien*, in-fol., Caire, t. I, 1890-1900, pl. xxvi (note de M. V. LORET).

8. D'après V. GARDNER WILKINSON, *op. cit.*, t. I, p. 437 (M. V. L.).

angle·droit où vient s'appuyer la tige de la harpe, et en avant par un petit lion sculpté qui semble arrêter l'instrument avec sa patte. Il y a là (comme on l'a fait remarquer déjà pour les barres des portes), un calembour qualificatif ingénieux, le lion, en égyptien, ayant la valeur *schnâ*[1], et ce mot justement signifiant « arrêter, empêcher de passer... » Sur les quatre harpes figurées ici, trois ont sept cordes, ou plus exactement, deux ont sept cordes et une a sept chevilles[2] (fig. 956 à droite), les cordes, peintes autre-

Fɪɢ. 959. — Le corps sonore.

fois, ayant disparu depuis longtemps. Mais la quatrième harpe (fig. 956 à gauche) à dix chevilles. En faut-il conclure qu'elle avait dix cordes? J'en doute, car elle n'est pas plus large que la harpe de droite, et l'on peut penser que le sculpteur a placé dix chevilles, qu'il avait représentées trop petites, uniquement pour remplir tout l'espace compris entre le haut de l'instrument et la tête du harpiste.

Fɪɢ. 960. — La harpe sous le Moyen Empire.

Jamais je n'ai remarqué plus de sept cordes[3] sur les harpes de l'Ancien Empire, et, en tenant compte

du bas-relief de Deir el Gebraoui[4] qui nous montre sept harpistes rangés côte à côte, on est en droit de se demander si le choix de sept instrumentistes dans ce cas n'avait pas, précisément, pour raison d'être, le désir de représenter au moyen d'un harpiste chacune des sept cordes de la harpe en usage à cette époque. »

On peut ajouter à cette minutieuse description que les Égyptiens connaissaient déjà l'art de fabriquer des cordes en boyaux de chat ou de poisson[5]. Au point de vue de la technique (nous réservons la question de la tonalité), on remarque, dans la scène de festin retracée sur le Mastaba d'Akhouthotep (cinquième dynastie, Sakkarah, au Louvre, salle du Mastaba), un harpiste dont les deux mains semblent actionner au moins six cordes; et, tandis que le pouce de la main droite pince une corde, celui de la main gauche semble l'effleurer seulement. Un harpiste de la quatrième dynastie[6] a l'épaule gauche placée à droite du corps sonore de la harpe; il fait passer sa tête vers la gauche entre les cordes et le bois de la harpe, comme on le fera plus tard avec la harpe portative.

Sous le Moyen Empire, la harpe semble être d'un usage moins courant : notre documentation se raréfie. M. V. Loret remarque[7] que le nombre de cordes demeure stationnaire, tandis que le format de l'instrument s'agrandit, et que le butoir (cf. fig. 50, harpe de Beni-Hasan, tombe 2, douzième dynastie) prend des proportions considérables. Nulle part cette sorte de sabot n'est mieux discernable que dans la statuette de harpiste jouant sur un navire en réduction, déposée dans la tombe de Mehenkwetre quelque mille ans avant Jésus-Christ et rapportée par la mission H.-E. Winlock en 1921 au Metropolitan Museum de New-York.

C'est pendant cette période[8], vers la onzième dynastie, que l'extrémité supérieure de la harpe commence à s'orner de sculptures représentant des têtes d'homme.

Le Nouvel Empire verra se développer encore ce genre d'ornementation. Dans une harpe de la dix-huitième dynastie[9] conservée au British Museum, la caisse de résonance affecte la forme d'une poitrine de femme, que surmonte tout naturellement la tête portant la couronne du Nord et du Sud. Les plus magnifiques spécimens de cet art sont, de toute évidence, les harpes du tombeau de Ramsès III à Bihan-el-Molouck (vingtième dynastie).

On comprend, et l'étonnement de James Bruce et le scepticisme de ses contemporains. Qu'il me suffise de rappeler le récit — tiré par J.-J. Wɪʟᴋɪɴsᴏɴ des *Walpoliana* — d'un dîner auquel Bruce était présent. Quelqu'un demanda : « De quels instruments de musique se sert-on en Abyssinie? » Bruce hésita,

1. Contesté par M. C. Sᴀᴄʜs, *op. cit.*, p. 61.

2. M. C. Sᴀᴄʜs, *op. cit.*, p. 60, remarque à juste titre qu'il ne faut pas prendre *cheville* au sens de cheville mobile, à la moderne : ce sont là de simples fiches plantées dans le col de la harpe, et auxquelles viennent s'attacher les cordes.

3. Deux harpes d'une tombe de Gizeh (quatrième dynastie), publiées par G. Gᴀʀᴅɴᴇʀ Wɪʟᴋɪɴsᴏɴ (*loco cit.*, t. I, p. 487), ont chacune sept cordes. (Note de M. V. Lᴏʀᴇᴛ.)

4. N. de G. Dᴀᴠɪᴇs, *The rock tombs of Deir el Gebrawi*, Londres, t. I, 1002, pl. xɪɪɪ (id.).

5. Wɪʟᴋɪɴsᴏɴ, *op. cit.*, II, 373, parle de cordes de catgut. — M.·J. Hᴇɴʀʏ, l'*Egypte pharaonique*, Paris, II, 1846, p. 263, rapporte que M. le Baillif, examinant au microscope les cordes d'une harpe rapportée par Passalacqua, les trouva composées de deux brins distincts, eux-mêmes formés de filaments ronds, forts, transparents, analogues à ce que pourraient fournir les boyaux de poisson.

6. Tombe de Ur-ari-en Ptah, pl. ɪx de E.-A. Wallis Budge, *A guide to the egypt. coll. British Museum*, 1909.

7. *Loco cit.*, p. 25.

8. C. Sᴀᴄʜs, *op. cit.*, p. 62. — J. Cᴏᴍʙᴀʀɪᴇᴜ croit pouvoir assigner à ces têtes humaines sculptées un sens religieux (la *Musique et la Magie*, 1909, passim).

9. Du tombeau d'Ani, à Thèbes, Brit. Mus., *A guide to the third and fourth eg. rooms*, London, 1904, n° 24564.

n'ayant pas prévu la question, — et finit par répondre : « Il me semble que j'ai vu une lyre. » Sur quoi un convive dit à l'oreille de son voisin (jouant sur l'homophonie lyre et liar = menteur) : « Oui, et il y en a un de moins depuis son départ[1]. »

Il est juste d'ajouter que l'adaption par Bruce aux types égyptiens de modes de la fin du xviiie siècle, les coiffures frisotées, les guillochages et les ruchages imprévus des instruments, n'étaient pas pour rendre aisée la foi en un tel miracle rétrospectif. Et il a fallu attendre Champollion[2] pour avoir de ces deux harpes des représentations correctes, avec l'exact nombre de cordes : onze pour l'une, treize pour l'autre. A cette époque, on en peut trouver davantage, jusqu'à vingt, sans que l'ancien type à sept ou huit cordes soit abandonné.

On emploie de plus en plus, dans la construction, les matières précieuses : ébène, argent, or, lapis-lazuli, turquoise[3]. La forme générale varie de diverses façons, tantôt se recourbant, en sorte que l'on devra poser l'instrument sur un chevalet plus élevé que l'ancien butoir[4], tantôt au contraire diminuant sa courbure et allongeant les cordes; la harpe devra être jouée en ce cas par un instrumentiste debout[5].

Je mentionne seulement pour mémoire des harpes étranges qui ont provoqué des commentaires imprudents : il s'agit de deux instruments du Temple des Rois à Abydos (dix-neuvième dynastie) représentés avec deux plans de cordes, l'un vertical, l'autre oblique, ayant à leur partie supérieure des points d'attache communs. M. M.-A. St.-G. Caulfeild[6], qui les signale pour la première fois, les décrit : « Deux rangs de cordes, apparemment destinés à être joués un par chaque main; cette forme avec des cordes croisées est tout à fait inconnue jusqu'ici. » M. M.-C. Sachs[7] n'a pas de peine à montrer qu'il s'agit tout simplement, non d'une harpe chromatique avant la lettre, mais d'un instrument fantaisiste, ou plutôt d'une négligence d'exécution du peintre égyptien, qui, ayant dessiné ses cordes tout d'abord trop obliquement, les a rétablies dans le plan vertical, sans prendre la peine d'effacer son premier dessin.

Harpes curvilignes et portatives. — Ce type de harpe (fig. 961), qui comporte en général trois ou quatre cordes[8], n'intervient dans les monuments

figurés qu'à partir du Nouvel Empire. De nombreux musées (Paris-Louvre, Berlin, Londres, etc.) en possèdent des vestiges exhumés des tombeaux. De plus, on trouve actuellement encore chez de nombreux peuples d'Afrique des types presque semblables. Le para[9] des nègres du Niger n'est pas autre chose. Rien de surprenant si l'on se souvient que, dès la cinquième dynastie (environ trois mille cinq cents ans avant Jésus-Christ), les rois Pepi et Assa faisaient déjà venir à Memphis des pygmées danseurs. M. V. Loret remarque que cette petite harpe pourrait;être l'origine de la guitare apparue précisément vers;la dix-huitième dynastie : il suffit de redresser la tige dans le prolongement du corps sonore et de faire décrire un quart de cercle au bâtonnet où s'attachent les cordes. Cette petite harpe figure la plupart du temps dans des ensembles assez nombreux, parfois à côté de harpes de grand modèle jouées à genoux ou debout.

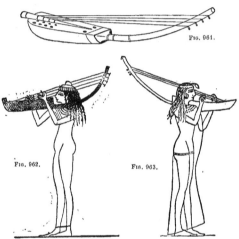

Fig. 961.

Fig. 962.

Fig. 963.

Fig. 961-963. — La harpe portative.

A mentionner encore un modèle assez exceptionnel de harpe curviligne de petit format, qui apparaît quelque deux siècles avant l'ère chrétienne. Cette harpe[10], dont le corps sonore, semi-circulaire, est d'épaisseur presque constante, à peine moins gros au sommet qu'à la base, se termine généralement par une tête humaine. Les exemplaires trouvés sur les sculptures des temples de l'île de Philae comportent neuf et dix cordes. On joue cette harpe placée sur un socle aussi élevé qu'une table. Nous la retrouverons en Etrurie.

1. Op. cit., II, 1837, p. 231. — W. Beauford, in J. Walker, Historical Memoirs of the Irish bards, London, 1786, appendice VIII, se prétend au courant de l'imposture de Bruce; et Walker renchérit sur lui.
2. Monuments de l'Egypte et de la Nubie, III, 1845, pl. ccxxi.
3. V. Loret, loco cit., p. 25.
4. F. Caillaud, Recherches sur les arts et métiers des anciens peuples de l'Egypte, Atlas, 1831, pl. LXIV (El Kab. dix-huitième dynastie). — Egypt Exploration Fund, Abydos, par W.-F. Petrie, II, pl. xxix (Abydos, dix-neuvième dynastie).
5. V. Scheil, Tombeau de Rat'eserkasenb (dix-huitième dynastie), Mission arch. Caire, V, 1889, pl. II.
6. The Temple of the Kings at Abydos, London, Egyptian Research account, 1902, p. 19 et pl. xx, 3.
7. Op. cit., p. 64.
8. Cinq dans une scène de la dix-neuvième dynastie reproduite par

Caillaud, op. cit., pl. XXXV, et dans les instruments conservés au British Museum, Eg. R, armoire A.
9. Cf. C.-R. Day, Appendice à A.-F. Mackler-Ferriman, Up to the Niger, Londres, 1892, ch. xiii. — Hortense Panum, Middelalderens Strengeinstrumenter' og deres Forløbere, Copenhage, 1915, p. 57, souligne la ressemblance en juxtaposant une harpe de ce modèle, et une harpe nègre de Bahr el Abiad.
10. Description de l'Egypte, I, 1809, pl. xv, fig. 14, et xxiii, 2 et 3. Bénédite, Description et histoire de l'île de Philae, Mission archéol. au Caire, XIII.

Harpes triangulaires (trigones). — Ainsi qu'il a déjà été dit, nous désignerons sous ce nom des instruments formés en réalité de deux branches formant entre elles un angle plus ou moins aigu, le troisième côté du triangle limité par la corde

Leyde et surtout du Louvre, dont M. V. Loret a donné un dessin et une description également minutieux [6]. Ce trigone « mesure 1 m. 125 de hauteur, le corps sonore est recouvert de maroquin vert orné çà et là de découpures de cuir de diverses couleurs. L'instru-

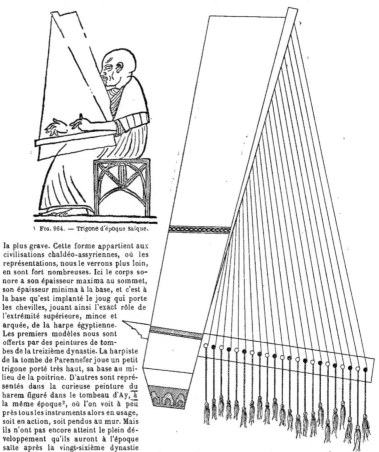

\ Fig. 964. — Trigone d'époque saïque.

Fig. 965. — Le trigone du Musée égyptien du Louvre.

la plus grave. Cette forme appartient aux civilisations chaldéo-assyriennes, où les représentations, nous le verrons plus loin, en sont fort nombreuses. Ici le corps sonore a son épaisseur maxima au sommet, son épaisseur minima à la base, et c'est à la base qu'est implanté le joug qui porte les chevilles, jouant ainsi l'exact rôle de l'extrémité supérieure, mince et arquée, de la harpe égyptienne. Les premiers modèles nous sont offerts par des peintures de tombes de la treizième dynastie. La harpiste de la tombe de Parennefer joue un petit trigone porté très haut, sa base au milieu de la poitrine. D'autres sont représentés dans la curieuse peinture du harem figuré dans le tombeau d'Ay, à la même époque [2], où l'on voit à peu près tous les instruments alors en usage, soit en action, soit pendus au mur. Mais ils n'ont pas encore atteint le plein développement qu'ils auront à l'époque saïte après la vingt-sixième dynastie (700-525 av. J.-C.). Ici, des modèles parfaitement clairs nous sont offerts, non pas tant les sculptures comme celles du musée d'Alexandrie [3] ou les petites statuettes du musée Britannique et du musée de Berlin [5], que les instruments originaux du musée de

ment est pourvu de vingt-deux cordes, dont la plus grande mesure 0 m. 258 de partie vibrante.

« Ces cordes sont montées sur des chevilles qui sont alternativement en ébène et en bois clair. »

1. N. de G. Davies, *The Rock tombs of Tel el Amarna*, VI, 1908, pl. VI.

2. *Ibid.*, pl. XXVIII, déjà reproduit par Lepsius, *Abth.*, III, pl. CVI; Prisse d'Avesnes, *Hist. de l'Art égyptien d'après les monuments*, I, 1878, pl. XLI.

3. Cf. V. Loret, *loco cit.*, p. 28-29.

4. Egyptian room 4. N° 48.658 : une statuette de harpiste debout, en bois peint rouge et noir.

5. Curt Sachs, *op. cit.*, p. 70 (lettres cuites d'époque hellénistique).

6. *Loco cit.*, pp. 29-30, et fig. 60.

Comme sur les modèles assyriens, les cordes se terminent en bas par des floches. Il est probable que le trigone souvent reproduit du dieu Bès[1], avec ses vingt-deux cordes, ses sept floches et surtout ses deux branches qui semblent articulées par une charnière, comme une lame de couteau et son manche, en est une représentation stylisée.

Dans tout ce chapitre, on aura parlé de la construction de la harpe et nullement de la musique qu'elle pouvait exécuter. Il se faut résigner. Pendant la majeure partie de son histoire, la harpe reste pour nous comme un beau visage muet. Une iconographie riche à remplir des volumes — et pas une note de musique. Nous n'avons même pas l'accord de la harpe égyptienne. Sans doute, BURNEY, décrivant les harpes de Bruce, leur donne (inexactement d'ailleurs) quinze cordes, « soit deux octaves complètes[2] ». WILKINSON parle de demi-tons[3]. ROWBOTHAM[4], avec un aplomb imperturbable, évalue l'échelle égyptienne à quatre octaves et demie en se basant sur le nombre des cordes, en quoi il a été maintes fois imité. La vérité est qu'en l'absence de toute notation égyptienne, on n'aura de chance de déterminer l'échelle de la harpe que par analogie avec celle des flûtes retrouvées dans les tombeaux. L'étude a été amorcée par SOUTHGATE et M. V. LORET[5] : il se peut qu'elle fournisse un jour des résultats certains.

Ce que nous savons, par la place qu'elle tient dans les représentations figurées, c'est le rôle de premier plan joué par la harpe dans l'orchestre égyptien[6], dont elle forme le fond, avec la flûte, la lyre et le tambourin. Elle joue dans les festins, elle accompagne les voix, elle est aussi dans l'intérieur de la maison (cf. plus haut, le harem du tombeau d'Ay). Elle prend part aux plus graves cérémonies religieuses: c'est un harpiste qui prononce pour la mort un chant rituel, que Maspero a traduit dans ses *Études égyptiennes*[7] (sur le thème de la mort, fatalité inévitable, sans rien de terrifiant pour le juste). Au temps d'Auguste, un harpiste nommé HOROUDJA a assez d'influence pour fomenter une révolte des Thébains, qu'il trahira au dernier moment, pour sauver sa vie[8].

Enfin, parodiant les humains, les animaux s'improvisent harpistes : l'âne, dans le fameux papyrus satirique de Turin[9] ; le singe dans la demi-douzaine de statuettes en calcaire, beaucoup moins connues, du musée de Berlin[10], qui datent pour la plupart du Moyen Empire. Le moyen âge reprendra ce thème plus d'une fois.

Chaldée. — Assyrie.

Nous ne reproduirons pas les excellentes pages que le chapitre *Assyrie-Chaldée* de la première partie

de l'Encyclopédie consacre à l'histoire des civilisations sumérienne, élamite, chaldéenne, assyrienne[11]. Il va sans dire qu'on aura grand intérêt à s'y reporter. Ce qu'il faut marquer à nouveau, c'est l'influence de la musique dans toute cette partie du continent asiatique. C'est à Babylone qu'un certain Annarus, suivant l'historien Ctésias, égayait un festin de la présence d'un orchestre de cent cinquante femmes[12]. Et, dans tous les orchestres, les instruments à cordes pincées ont un rôle prépondérant. A vrai dire, la civilisation chaldéenne ne laisse pas de témoignages figurés très nombreux, tandis que les textes littéraires abondent : incriptions[13] (où le mot *balag* semble désigner les instruments à cordes pincées) et, à partir de la captivité de Babylone, textes hébraïques que M. J. STAINER a habilement exploités[14]. La seule représentation de la harpe prébabylonienne qui nous soit connue, est celle que M. E.-J. Banks a reproduite, d'après une sculpture d'un vase de lapis-lazuli trouvé dans les ruines du temple de Bismya[15]. C'est un petit instrument à sept cordes, dont le corps sonore, arqué comme la petite harpe égyptienne portative, est tenu horizontalement, l'extrémité la plus épaisse au niveau de la hanche. Les cordes, dont l'extrémité supérieure au delà de son point d'attache sur le manche pend librement, sont pincées de la main gauche. Pour la forme et le mode d'emploi, c'est à peu de chose près ce que l'on retrouvera plus tard sur les stûpas hindous.

A part ce témoignage isolé, un seul instrument, non pas harpe, mais son proche parent, est ce que l'on a appelé la *harpe de Sarzec* (fig. 966). Elle figure sur un bas-relief de calcaire blanc trouvé en 1880 par E. de Sarzec dans les ruines de Telloh (rive gauche du Chatt-el-Haï), actuellement au Louvre, dans la salle de la Chaldée, et que l'on date de l'époque sumérienne, plus de trente siècles avant notre ère. De la harpe, cet instrument possède les cordes nombreuses (onze) et de longueur inégale ; mais il se rapproche bien plutôt de la cithare par la façon dont elles sont attachées à la caisse de résonance[17]. Le taureau qui orne sa base a piqué la curiosité des commentateurs. COMBARIEU lui assigne naturellement une signification religieuse, voire magique[18]. Léon Heuzey[19] voit plus simplement « une tentative s'efforçant de caractériser pour les yeux, par une image sensible, la sonorité particulière d'un instrument. « L'interprétation, ajoute-t-il, a pu paraître tout d'abord quelque peu hasardée. Je suis heureux de dire qu'elle se trouve aujourd'hui confirmée de tous points par un texte de Goudea dont M. Thureau-Dangin a donné la tra-

1. Pronaos du Temple de Dakké, in Champollion, *Monuments de l'Égypte et de la Nubie*, I, 1835, pl. LI, fig. 2 (II° siècle avant Jésus-Christ).

2. *Hist. mus.*, I, 1776, p. 223.

3. *Op. cit.*, II, p. 277.

4. *Hist. mus.*, I, Londres, 1885, p. 205.

5. Cf. Loret, *loco cit.*, 17-22, et *Les flûtes égyptiennes*, Paris, 1890.

6. Cf. Wilkinson, *op. cit.*, II, pp. 232-240 : composition de l'orchestre égyptien d'après les monuments.

7. Des chants funèbres analogues in Pb. Virey, *Le Tombeau de Rekhmara*, Mém. mission arch. franç. au Caire, V, 1889, pl. XLII, et p. 162 sqq.

8. Eug. Revillout, *l'Ancienne Égypte*, I, Paris, 1907, p. 37.

9. B. Lepsius, *Auswahl der wichtigsten Urkunden des aegyptischen Alterthums*, Leipzig, 1842, pl. XXIII, A (époque des Ramessides, dix-huitième, vingt-deuxième dynastie).

10. C. Sachs, *op. cit.*, fig. 77 à 83.

11. I, pp. 35 sqq. Les informations rassemblées par Fétis (*Hist. mus.*, I, 1869, pp. 342 sqq.), Carl Engel (*The Music of the most ancient nations*, 1864, réimprimé 1909) ; Hermann Smith (*The world's earliest music*, London, s. d.) ne peuvent être acceptées sans contrôle.

12. G. Rawlinson, *The five great monarchies of the ancient eastern world*, London, III, 1871, p. 20.

13. Cf. Fr. Thureau-Dangin, *Les Inscriptions de Sumer et d'Akkad*, Paris, 1905, pp. 106, 123, 143.

14. *The Music of the Bible*, éd. revue par F.-W. Galpin, Londres, s. d. (1914).

15. E.-J. Banks, *Bismya*, London, 1912, cité par C. Sachs, *loco cit.*, p. 45 et fig. 47.

16. Cf. E. de Sarzec et L. Heuzy, *Découvertes en Chaldée*, 1887, pl. XXIII. — L. Heuzey, *Cat. des antiquités chaldéennes du Louvre*, 1902, p. 153 et pl. XXXIII.

17. Cf. cithare hétéenne in Humann et Puchstein, *Reisen in Kleinasien*, Berlin, 1890, Atlas, pl. XLVII.

18. Cours du Collège de France, in *Rev. Mus.*, 4 er octobre 1908, et *Hist. mus.*, I, 1913, p. 29.

19. *Revue d'Assyriologie*, IX, 3, p. 89 (1912).

ᵈuction suivante : « Le portique de la lyre (*balag*) « était comme un taureau mugissant[1]. »

Fig. 966. — Cithare sumérienne.

Nous possédons pour l'Assyrie une iconographie beaucoup plus riche. En dehors de la petite harpe (fig. 77[2]) déjà notée par Fétis, et dont le dessin semble fantaisiste, existent deux modèles très nettement caractérisés, dont la sculpture assyrienne, si précise, nous donne des images tout à fait satisfaisantes. L'un est de petit format, le corps sonore est porté horizontalement, le joug vertical (fig. 967). On en trouve de nombreux spécimens au IXᵉ siècle avant l'ère chrétienne sur les bas-reliefs d'Assurnasirpal (885-860 av. J.-C.), aujourd'hui au British Museum, Nimroud Gallery[3]. De tels instruments comportent de neuf à onze cordes et sont généralement frappés au plectre.

Fig. 967.
Harpe assyrienne.

Un instrument analogue (fig. 87) a fait couler beaucoup d'encre[4]. Il se peut que l'artiste ait voulu figurer dans le plan vertical les cordes disposées, en réalité, comme dans le psaltérion, parallèlement à une table d'harmonie horizontale. Mais les explications les plus ingénieuses se trouvent compromises, du fait que l'extrémité de l'instrument « a été restaurée avec quelque maladresse dans le bas-relief du British Museum (d'où l'on tire ce spécimen unique) : en rejoignant les pierres, on a omis une partie du chevalet (ou joug)[5] ».

, La grande harpe assyrienne, employée aussi par les élamites (fig. 968) est extrêmement caractéristique. Elle correspond à peu près à la harpe égyptienne inversée, le corps sonore transporté en haut, le joug en bas. Le joug est détaché du corps sonore et forme avec lui un angle droit. Elle est toujours jouée debout, par des personnages — hommes et femmes — qui la portent suspendue par une sorte de baudrier, et pincée des deux mains, sans le secours du plectre. Elle a en général un grand nombre de cordes, vingt à vingt-cinq, terminées en bas par des floches. Le corps sonore est percé d'ouïes qui n'étaient pas figurées sur les grandes harpes égyptiennes. Le plus magnifique exemple de l'emploi de ces harpes nous est représenté dans un des bas-reliefs du British Museum[6]. C'est, au VIᵉ siè-

Fig. 968.
Harpe assyrienne.

cle avant l'ère chrétienne, le trône d'un roi assyrien qui vient remplacer un roi élamite vaincu. Tout un orchestre susien (mais sculpté par un artiste ninivite) se porte à sa rencontre. On y trouve, avec deux joueurs de flûte double, une petite harpe horizontale (psaltérion?) et seize chanteurs ou chanteuses, sept joueurs de ces grandes harpes. Nous reverrons, fort loin dans le temps et l'espace, des instruments dont la forme est nettement inspirée de celle de la harpe assyrienne. A commencer par l'instrument saïte décrit au chapitre précédent, emprunt que les Egyptiens, vainqueurs des Assyriens vers 1800 av. J.-C., firent au peuple vaincu. Tout l'Orient, l'Extrême Orient même l'adopteront et le conserveront longtemps après que seront mortes les civilisations qui l'avaient inventé. Et l'on ne verra pas sans quelque surprise au XIIIᵉ siècle, en Espagne, entre les mains il est vrai d'une

Fig. 969. — Musicienne mauresque du *Libro de los juegos*.

musicienne mauresque[8], une harpe sans colonne, de pur style assyrien.

Non plus que les Egyptiens, nous ne savons ce que

1. MM. Virolleaud et Pélagaud (*Encycl.*, I, 37) préfèrent la traduction : « Le corps du balag était comme un taureau mugissant. »

2. *Encycl.*, I, p. 40, d'après Rawlinson, *op. cit.*, I, 531.

3. E.-A. Wallis Budge, *Assyrian sculptures in the Brit. Mus.*, London, 1914, pl. XIX. D'autres sous le règne d'Assourbanipal (661-625 avant Jésus-Christ), Brit. Mus., Assyrian saloon, n° 118.

4. *Encycl.*, I, p. 46.

5. Cf. Engel, *op. cit.*, éd. 1909, note, p. XI.

6. *Encyclopédie*, I, p. 47. Ce bas-relief, trouvé à Koyundjïk, a été décrit par A.-H. Layard, *Discoveries in the ruins of Nineveh*, London, 1853, ch. XX, p. 454. — Pl. XLIV de *A new series of the monuments of Nineveh*, Londres, 1852.

7. Sur les relations entre l'Egypte et l'Assyrie ancienne, cf. Bonomi, *Nineveh and its palaces*, 2ᵉ éd., 1853, *passim*, J. Goddard, *the Rise of Music*, Londres, 1908, p. 79. — M. Dieulafoy, *L'Art antique de la Perse*, 3ᵉ partie, 1885, p. 32.

8. Ms. de la bibl. de l'Escurial : *Libro de los juegos... que mandar escribir el rey Alonso el Sabio* (1283), in Juan F. Riaño, *Critical and bibliographical notes on early spanish music*, Londres, 1887, p. 122.

les artistes assyro-chaldéens exécutaient sur leurs instruments. Il se peut que ce doute soit prochainement levé. D'après une récente communication du professeur Sтuмpf à l'Académie des sciences de Prusse [1], M. C. Sаcнs aurait déchiffré des plaques en terre cuite provenant d'Assur et conservées au Musée de Berlin. Au milieu se trouverait le texte original sumérien (3000 ans av. J.-C.), à droite sa traduction assyrienne, à gauche des idéogrammes musicaux représentant le chant et l'accompagnement de harpe, souvent en accords de quarte, de quinte ou en consonances d'octave. La gamme serait basée sur le système pentatonique avec des modulations développées, et rappellerait la musique chinoise. Nous n'avons pas eu d'autre confirmation de cette découverte, et nous nous interdirons toute anticipation aventurée.

Orient et Extrême Orient.

On a fait remarquer, M. S. Reinach plus nettement que quiconque [2], le rayonnement beaucoup plus grand, dans l'antiquité, de l'art assyro-chaldéen que de l'art égyptien. Nous en aurons la preuve en étudiant brièvement les migrations, à travers l'Asie, des deux types de harpe : l'égyptien, curviligne et sans joug indépendant pour l'attache des cordes, et l'assyrien, pourvu de ce joug qui forme avec le corps sonore un angle droit. Nous nous contenterons d'indications brèves : la première partie de cette Encyclopédie abonde, à ce sujet, en renseignements précis; d'autre part, nous nous proposons, examinant l'évolution de la harpe à travers les principales civilisations, de nous cantonner en Europe, dès le moment où elle détiendra à son tour le flambeau.

Inde. Chine. Japon. Birmanie. — Considérons d'abord l'expansion vers l'Extrême Orient. L'Inde nous inflige temporairement un démenti. Ici, la harpe, curviligne, s'inspire manifestement de l'Egypte. Jusqu'au mot *vina* qui la désigne est d'origine étrangère, et vraisemblablement parent du *bainit* égyptien, ou du petit instrument prébabylonien cité plus haut [3], égyptien lui-même d'inspiration. Une chronique ceylanaise la mentionne en 161 avant Jésus-Christ, mais sans grande précision [4], et nous ne retiendrons pas les témoignages antérieurs, encore plus vagues. On commence à rencontrer des documents figurés sur les sculptures de Sanchi [5] au 1er siècle de l'ère chrétienne (jouées au plectre) de Amravati [6], au VIIe siècle; de Bharhut près d'Allahabad [7]. Cunningham conte, à propos de cet instrument, la faveur dont il jouissait au temps de Bouddha : selon la légende de Indra-sàla-guha, il aurait envoyé la

1. 22 mai 1924, d'après Mme Alice Simon, in *Revue Musicale*, juillet 1924.
2. *Apollo*, 6e éd., 1910, p. 28.
3. Cf. p. 1898.
4. *Mahawanso*, ch. xxx, cité par J. Emerson Tennent, Ceylon, Londres, I, 1860, p. 471.
5. J. Fergusson. *Tree and serpent worship*, Londres, 1873, pl. xxiv et xxvii (très petit format, 3 à 5 cordes).
6. C.-R. Day, *The music and musical instruments of southern India*, London, 1891, p. 99. James Burgess les date faussement du ii e siècle de l'ère chrétienne (*The Buddhist Stupas of Amaravati*, London, 1887, pl. xvii et xx et p. 53); Fergusson, du ive siècle (*op. cit.*, p. 73).
7. A. Cunningham, *The Stûpa of Bharhut*, London, 1879, p. 126, datées assez arbitrairement du ii e siècle *avant* Jésus-Christ. Les harpes, selon lui, s'appellent *parivâdini*. J. Burgess les reporte au ii e siècle avant Jésus-Christ (*The ancient monuments, temples and sculptures of India*, London, I, 1897, en avance encore de plusieurs siècles).

harpiste Pancha Sikha pour jouer devant le dieu. Un vase du cuivre bouddhique [8] du II e siècle nous fait voir une harpe toute semblable, très nettement gravée, avec six cordes. Il semble qu'après le VIII e siècle ce type d'instrument disparaisse; les orchestres indous n'en gardent pas trace dans leurs compositions, pourtant variées à l'extrême.

Chine. — La harpe n'est à aucun degré un instrument chinois. Le *kin* (harpe chinoise) [9] du musée de Bruxelles (décrit à la page 352 de l'Encyclopédie, première partie) est seul de son espèce, ni daté ni identifié, en tout cas d'époque probablement moderne et sans racine dans le passé, à moins qu'il ne le faille apparenter au très ancien instrument dont nous parle M. M. Courant [10]. On connaissait, nous dit-il, au temps de l'empereur Ling (167-189), qui l'appréciait beaucoup, une sorte de harpe à vingt-deux cordes, au corps courbé et allongé, nommé *chou-khŏng-heou* ou *pĕkhŏng-heou*, qui correspondrait assez bien au *kin* précité monté de vingt et une cordes. Ces harpes de l'empereur Ling étaient d'origine septentrionale, comme toutes celles qui figurent dans les orchestres chinois jusqu'au VI e siècle. Après quoi, la disparition semble définitive. Lorsque le Frère Gonzalès de Mendoça raconte que les Pères Augustins virent des harpes parmi les instruments de l'orchestre chinois au XVI e siècle, il n'y a pas lieu de faire grand cas de son récit, car il ajoute : « C'étaient des instruments analogues à ceux dont nous nous servons, *avec quelques différences de forme et de façon*. » On trouve seulement dans le Turkestan chinois, au XVI e siècle, des traces de la harpe curviligne portative [12], et un type modifié et stylisé dans un sens fort gracieux se trouve jusqu'à nos jours en Birmanie. Le *soung* ou *saun* (dont les Siamois ont une variante, le *soum* à cordes métalliques) a un corps sonore en forme de bateau, de l'extrémité duquel s'élance un manche recourbé où viennent s'attacher treize cordes de soie; on les accorde en les avançant ou en les reculant sur le manche, et en assurant leur tension *avec quel*ques différences de cordes de coton. Le corps, en bois évidé, est recouvert de peau de buffle. L'échelle est la suivante :

Échelle du Soung

Cette harpe est jouée par les jeunes gens, qui la tiennent le manche reposant sur le bras gauche, la main droite pinçant les cordes [13]. L'ornementation de ces *soung* atteint parfois à une richesse prodigieuse. La collection Crosby Brown au Metropolitan Museum de New-York en possède un (n° 1465), dont le corps, et jusqu'au socle qui le supporte, sont ornés d'or et de pierreries.

8. G.-C.-M. Birdwood, *The Industrial arts of India*, London, s. d., II, pl. xii.
9. V. Mahillon, *Cat. Conservatoire de Bruxelles*, I, 2e éd., Gand, 1893, p. 141.
10. *Encyclopédie*, I, pp. 176-193.
11. *Historia de las cosas mas notables... del gran Reyno de la China*, Rome, 1580, p. 121. ·
12. Grunwedel, *Alt-buddhistische Kultstätten in Chinesisch Turkistan*, Berlin, 1912, p. 124 (harpe à six cordes).
13. M.-E. Brown et W.-A. Brown, *Musical instruments and their homes*, N.-Y., 1888. Cf. aussi G. Knosp, in *Encyclopédie*, p. 3095, et C. Sachs, *Die Musikinstrumente Birmas und Assams* (*Sitzungsb. der K. bayer Ak. der Wissenschaften*, 1917, Abhandl. 2, p. 29).

Corée. Japon. — En remontant encore vers le nord-est, nous retrouvons — à de plus rares exemplaires — la forme de la harpe assyrienne. Le *shira-gikoto* de Corée la reproduit trait pour trait[1]. Et c'est encore la harpe assyrienne pure que conservent, au Japon, les trésors du Shô-sô-in, à Nara. Des renseignements que j'ai pu obtenir du savant Père Aurientis à Kyoto, cet instrument serait venu à Nara avec le bouddhisme, arrivant de l'Inde par la Chine au VIIIe siècle. A cette époque, une colonie chinoise importante avait été appelée pour enseigner les arts. L'instrument — qui aurait été restauré il y a environ trente ans — comporte la place de vingt-trois cordes qui se terminaient en bas par autant de floches. On en peut voir une photographie au musée des Arts Décoratifs[2]. Cet instrument ne s'est jamais acclimaté au Japon.

Perse. — Le type assyrien, de toute rareté en Extrême Orient, devient beaucoup plus commun lorsqu'on revient vers l'Occident. Sous les Sassanides (226 à 641 de notre ère), pendant les règnes desquels M. Huart relève le nom du harpiste SAKISÁ[3], on trouve représentée, datant du règne de Chosroès II, une curieuse scène de chasse : le roi et ses compagnons sont montés sur des bateaux et deux autres bateaux sont remplis de femmes, cinq dans l'un, quatre dans l'autre, qui amusent la compagnie en jouant de petites harpes triangulaires[4]. Je croirais volontiers que de telles harpes sont déjà représentées sur un cylindre de fondation du temple de Chouchinak (1800 ans av. J.-C.), bien que M. R. de Mecquenem ne voie dans les personnages figurés que des hommes aux bras croisés[5]. Toujours est-il que le *tcheng* (nom persan de la harpe) reste en vogue des premiers siècles de l'ère chrétienne jusqu'au XVIe siècle, soit monté de sept cordes, soit de vingt-quatre ou vingt-cinq. Tantôt il est joué en soliste (presque toujours par des femmes), tantôt il fait partie d'orchestres comme celui que nous montre la belle miniature de la collection HUART, figurée dans la première partie de cette Encyclopédie[6].

Turquie. — Les Turcs emploient un instrument dont la forme et le nom (*tchenk, tchang, chang*) sont identiques à ceux de la harpe persane. La description qu'en donne au XVe siècle Ahmed Oglou Chukroullah[7], la figuré dont il l'appuie, sont les mêmes que fournit en 1434 le Persan Emir Kidr Mali[8]. Enfin, le vieux modèle assyrien, fidèlement imité par les Persans et les Turcs, n'aura jamais été porté à des proportions aussi formidables que dans la harpe, deux fois haute comme la femme qui en joue, dessinée d'après nature à Constantinople, en 1557-1559, par Melchior Lorich[9].

Hébreux. — C'est ici l'un des points les plus déconcertants de cette étude : des centaines de pages ont

été consacrées aux instruments hébraïques, et l'on ne tient pas à leur sujet de certitude absolue. Une mode quasi épidémique a sévi aux XVIIe et XVIIIe siècles, particulièrement en Allemagne, de dissertations *de cithara davidica*. Je n'en reproduirai pas la bibliographie donnée presque au complet par LICHTENTHAL. Il me suffit de signaler les deux principales sources anciennes, VAN TIL et UGOLINI, et quelques-uns des ouvrages modernes qui ont apporté du nouveau[10].

La difficulté vient de ce que nous ne possédons aucun document iconographique contemporain du peuple hébreu. On s'est donc ingénié, soit à tirer des Livres Saints, où abondent les nomenclatures, des renseignements que l'imprécision des textes rend hasardeux, soit à proposer des analogies avec les instruments en usage chez les Egyptiens, les Assyriens et les Grecs. C'est seulement au XIXe siècle qu'on a pu, par la combinaison des deux méthodes, appliquées avec plus de rigueur, serrer de plus près la vraisemblance. Deux exemples seulement de la confusion qui, si longtemps, a empêché toute recherche d'aboutir. Je les tire d'écrivains réputés sérieux. C'est le Père MENESTRIER[11] fulminant contre un auteur qui, selon lui, « ne s'est guère donné la peine de lire l'Ecriture Sainte et ses anciens interprètes pour dire quelle était la musique des Hébreux dont on parle si décisivement sans la connaître ».

Là-dessus, le père MENESTRIER établit le plan d'une exécution musicale ancienne où interviennent avec les luths et les harpes, des *clavecins!*... Et c'est DU CONTANT DE LA MOLETTE[12] qui proteste contre les traductions arbitraires (mieux vaudrait, selon lui, conserver les noms primitifs sans les faire passer par le canal de la traduction) et, sans autre référence, traduit :

Nebel ou psaltérion antique;

Asor ou cithare antique;

Kinnor ou symphonie antique.

Il est probable que des nombreux termes qui peuvent dans les livres saints désigner la harpe, il faut en premier conserver le mot *nebel*, probablement aussi la *sabecha;* tandis que le *kinnor*, de l'avis des historiens les plus autorisés (MILLAR, GASTOUÉ, WEISS, STAINER, GALPIN) serait l'équivalent de la cithare antique[13].

---

1. F.-T. PIGGOTT, *The Music and musical instruments of Japan*, London. 1909, p. 122.

2. Collection Maciet, vol. 322-10.

3. *Encyclopédie*, p. 3066.

4. Cf. HUART, *Ibid*. De ces bas-reliefs de Tagh-i-Bostan, souvent décrits, le Louvre possède un moulage, salle Morgan.

5. *Mémoires de la délégation en Perse*, VII, pl. XXII, fig. 2, et p. 92.

6. Cf. p. 3072 (HUART), la description très minutieuse du *Tcheng* au XVe siècle.

7. *Ibid.*, 3012.

8. *Ibid.*, 3072.

9. *Wolgerissene und geschnittene Figuren*, s. l., 1619. Réédité à Hambourg en 1626 : *Figures dessinées et gravées*.

10. LICHTENTHAL, *Dizionario e bibliografia della musica*, Milano, III, 1836, pp. 45 sqq. — Salomon VAN TIL, *Digt-Sang-en Speel Kunst, soo der Ouden, als bysonder der Hebreen*, Dortrecht, 1692. — UGOLINI, *Thes. antiquitatum sacrorum*, Venise, 1744-1762 : au tome XXXII, quarante dissertations sur la musique et les instruments hébraïques. — J.-A. DE LA FAGE, *Hist. mus.*, II, Paris, 1844, pp. 288-324. — John KITTO, in *Cyclopaedia of biblical literature*, Edinburgh, II, 1861, pp. 369 sqq. — A.-W. AMBROS, *Gesch. der Musik*. Breslau, I, 1862. — FÉTIS, *Hist. mus.*, I, 1869, pp. 383-393. — R. MUSIOL, *Musik und musikalische Instrumente der alten Hebraer und musikalisches Wochenblatt*. Leipzig, 1871. — E. DAVID, *La Musique chez les Juifs*, Paris, 1873, ch. III. — J. WEISS, *Die musikalischen Instrumente in den Heiligen Schriften*, Graz, 1895. — J. MILLAR, in *Hasting's Dictionary of the Bible* (art. Music), Edinburgh, 1900. — F. VIGOUROUX, *Les Instruments de musique dans la Bible*, in *Bessarione*, Rome, 1902. — Hugo GRESSMANN, *Musik und Musikinstrumente im alten Testament*, Giessen, 1903. — I. BENZINGER, in *Jewish Encyclopædy*, N. Y., 1904 (art. *Harp*). — A CAHEN, in *Encyclopédie* musicale, I, 1913. — J. STAINER, *The Music of the Bible*, nouv. éd. par F.-W. Galpin, London, 1914. — A. GASTOUÉ, *Les Instruments de musique dans l'Ancien Testament*, in *Tribune de Saint-Gervais*, 1920.

11. *Des représentations en musique anciennes et modernes*, Paris, 1681, p. 18.

12. *Traité sur la Poésie et la musique des Hébreux*, 1781. chap. XV.

13. Dans l'*Encyclopédie*, I, p. 74, le grand rabbin A. CAHEN s'e tient cependant à *Kinnor* = harpe.

Nebel. — Ces mêmes autorités s'accordent à reconnaître dans le *nebel* la harpe véritable. On a abandonné, comme vraiment risquées, les explications basées sur la ressemblance entre *nebel* et l'égyptien *nefer*, qui portait à le traduire par luth, guitare ou mandoline, et celles qui, s'autorisant de la racine hébraïque *nebel* (outre ou flacon), l'ont assimilé au *bag-pipe*.

La traduction *cymbales*, de Spon [1], reste un cas isolé et singulier. Le *nebel* n'est pas mentionné dans la Bible avant le Livre de Samuel (I, x, 5), ce qui, selon STAINER, ajoute du poids à l'hypothèse d'une origine phénicienne, car c'est précisément l'époque où Israël et la Phénicie entrent en plus étroits rapports. Les Grecs le traduisent souvent par ψαλτήριον, qui signifie : pincé directement sans les doigts l'intermédiaire du plectre comme pour la cithare), et ναϐλίον, νάϐλα, ναύλα (Septante); les Latins, par *nablium, nablum, nabla*.

Autre raison. Les écrivains des premiers siècles de l'ère chrétienne ne manquent jamais d'assimiler harpe et *nebel* : « *Nablum quod græce appellatur Psalterium ... ad similitudinem est citharæ barbaricæ in modum deltæ litteræ* [2] ». Comme cette cithara barbarica est par ailleurs décrite à l'exacte ressemblance de la harpe assyrienne, on en conclut que le *nebel* correspondrait à ce type instrumental.

Le mot *asor* est souvent accolé à *nebel*. On le considère soit comme un autre instrument de la même famille, soit comme un simple qualificatif signifiant : monté de dix cordes [3]. M. GALPIN émet l'idée que *azor* ou *asor* pourrait être une corruption de *ashor* (assyrien). La démonstration serait ainsi parachevée [4].

Sabecha. — Ce terme, qui n'intervient qu'à partir du Livre de Daniel (III, 5), a subi les fortunes les plus diverses : ISIDORE DE SÉVILLE [5] y voit une sorte de flûte; les traducteurs anglais de la Bible, un trombone (*sabbecha = sackbut !*). CHAPELL [6] a pu faire remarquer que l'on a prêté à la *sabecha* la forme de tous les instruments connus. Beaucoup plus probable est l'identification avec la σάμϐυξ ou σαμϐύκη des Grecs. Encore faut-il se résigner à hésiter en ce cas entre la sambuque, « harpe de grandes dimensions et de sonorité puissante »[7], et une petite harpe à sonorité aiguë, destinée à accompagner les voix de femmes [8].

Grèce et Rome [9],

Les instruments de la famille harpe n'apparaissent pas de façon vraiment suivie sur les monuments grecs. Leur place dans la vie musicale hellène ne

peut être comparée à celle qu'y tiennent la lyre et la cithare; il en sera de même à Rome [10]. M. TH. REINACH a fait observer que ces instruments ont joui d'une vogue limitée et passagère, d'abord de 530 à 430 av. J.-C., puis de nouveau à l'époque alexandrine. Au temps où le sentiment national battit son plein en Grèce, au temps de Périclès et de Démosthène, ils furent proscrits; les philosophes en signalent le caractère voluptueux, sensuel, dangereux pour les mœurs.

Nous considérerons d'abord les différentes représentations figurées qui nous sont parvenues, avant d'essayer de déterminer leurs appellations.

C'est par Chypre et les îles Égéennes que la harpe s'introduisit en Grèce, selon toute vraisemblance. On a souvent attribué une origine hellénique [11] à de curieuses statuettes de harpistes trouvées à Tera (Santorin), à Kéros, près d'Amorgos, dans diverses sépultures de Chypre. Ces statuettes, généralement en albâtre, de facture très grossière, représentent l'instrumentiste assis, sa harpe posée sur le genou droit (cf. fig. 970, harpe de Kéros). La harpe, triangulaire, présente cette particularité remarquable que

Fig. 970. — Harpe de Kéros.

son cadre est fermé et comporte trois côtés se raccordant l'un à l'autre. Ni l'Égypte ni l'Assyrie n'avaient encore réalisé ce perfectionnement.

H. PANUM [12] croit que le sculpteur n'a pas prétendu représenter un troisième côté, mais la corde la plus grave et la plus épaisse. Nous ne reproduirons pas son argumentation, qui, à vrai dire, n'est pas très probante, et nous verrons d'ici peu que cette harpe à cadre fermé n'est pas absolument une exception avant l'ère chrétienne.

Ce qui semble exact, c'est que ces statuettes ne

1. *Recherches curieuses d'antiquité*, Lyon, 1683, p. 418, à propos des *nablia genialia* d'Ovide (*Art d'aimer*, III). Trente ans auparavant Comenius, dans son *Orbis sensualium pictus*, 1658, p. 204, traduit très correctement : *Nablum = die Harffe*.
2. Saint Eucher (mort en 450), *Instructionum ad Salonium libri duo*, liv. II, ch. III (Migne, *Patrologie*, t. L).
3. Cf. STAINER, *op. cit.*, p. 43.
4. Notes additionnelles à l'*op. cit.* de STAINER, p. 44.
5. *Sententiæ de Musica*, VIIe siècle, in GERBERT, *Scriptores ecclesiastici de musica*, I, 1784, p. 22.
6. *Hist. mus.*, 1874, p. 255.
7. STAINER, *op. cit.*, p. 50.
8. WEISS, *op. cit.*, p. 47.
9. L'essentiel de la bibliographie ancienne de la question se trouve dans LICHTENTHAL, *op. cit.*, III, pp. 61 sqq. Plus près de nous, FÉTIS a accumulé (*Hist. mus.* III, 1872, pp. 267 sqq.) des matériaux copieux, mais hétéroclites. On trouvera une bonne bibliographie des instruments in H. GLEDITSCH, *Rhetorik und Metrik der Griechen und Römer*, 1901, p. 328 (contient entre autres choses la liste des ouvrages de K. von Jan). En fait, toute cette documentation, y compris celle de

GEVAERT, *Histoire et théorie de la Musique dans l'Antiquité*, II, 1881, p. 243 sqq., est résumée et dépassée par l'article *Lyra* de M. TH. REINACH, in Daremberg et Saglio, *Dict. des Antiquités grecques et romaines*, résumé dans sa *Musique grecque*, Paris, 1926, pp. 126-127.
10. En réalité, la musique romaine sera presque toujours une simple adaptation de la musique grecque. Cf. L. Friedländer, *Civilisation et mœurs romaines du siècle d'Auguste*, traduction Ch. VOGEL, Paris, 1874, III.
11. Chr. Walz, *Über die Polychromie der antiken Sculptur*, Tubingen, 1853, pl. I, fig. 2 : harpe de Théra, intitulée : « Ancienne statue grecque. » Le musée de Carlsruhe possède deux statuettes semblables, provenant de Théra; le musée de Bonn en a une, de provenance inconnue. Cf. Dümmler, *Mittheilungen der deutschen Institutes in Athen*, 1886, p. 89; Blinkenberg, *Antiquités pré-mycéniennes*, trad. Ch. Beauvois, Copenhague, 1897.
12. *Op. cit.*, p. 68. Selon Mme H. PANUM (*Ibid.*, p. 69), ces statuettes représentent des suivantes de la déesse phénicienne Astarté.

sont pas grecques. Il s'agit là d'une civilisation ca-rienne, antérieure à l'hellénisme, et que l'on date de douze siècles et au delà av. J.-C. Elles pourraient être le produit d'une industrie locale, d'après des proto-types cariens-assyriens. La découverte au cap Crios de statuettes toutes semblables renforce cette hypo-thèse [1]. Les Syro-Phéniciens avaient probablement emprunté eux-mêmes leurs modèles aux Assyro-Chaldéens, les perfectionnant par l'addition d'un troisième côté au cadre de la harpe. Mais l'Égypte, elle aussi, a pu leur fournir des inspirations. On a constaté entre les civilisations égyptienne et égéenne,

avant même l'âge mycénien, des rapports assez étroits, quelque jaloux que les Pharaons se soient montrés de fermer leur royaume aux étrangers [2]. Mais voici qui est cette fois authentiquement grec, au moins pour la facture, car l'artisan continue à s'inspirer de modèles orientaux. Un des vases trou-vés au Dipylon (cimetière d'Athènes), que les archéo-logues datent de la première moitié du VIIᵉ siècle [3] av. J.-C., montre une femme agenouillée sur une sorte d'escabeau et qui, de la main droite, brandit une petite harpe triangulaire [4]. Le cadre est nette-ment fermé, et comporte la colonne, à moins qu'il

Fig. 971. — Harpe (trigonon?) à XI cordes, dont le cadre, trian-gulaire, impose aux cordes des longueurs différentes. La main gauche est active (psallei). La droite tient le plectre (krekei). — Vase en forme de lécythe aryballesque à figures rouge-orangé, avec rehauts de blanc; style lourd; IVᵉ siècle av. J.-C. — Cabi-net des Médailles; catalogue de Ridder, nᵒ 1048.

Fig. 972. — Harpe triangulaire, qui comportait peut-être deux rangs de cordes parallèles : il semble en effet qu'il y ait en bas deux bras distincts. La musicienne, en costume oriental, a les deux mains actives, sans plectre. L'instrument paraît être de provenance exotique. Les cordes ont été ajoutées sur le dessin, et leur nombre est conjectural. — Amphore à volutes; figures rouge-orangé; style lourd; IVᵉ siècle av. J.-C. Publiée par Gerhard (Apulische Vasen, pl. XVI, E). — Musée de Berlin.

ne s'agisse d'une fantaisie du dessinateur, entraîné par le besoin de stylisation géométrique qui régit l'art de cette période.

Toute hésitation disparaît devant les échantillons, peints avec un soin extrême, que nous offrent les va-ses du Vᵉ siècle av. J.-C. Une hydrie de Cyrénaïque, conservée au British Museum, nous montre un dieu pinçant une petite harpe dont le cadre triangulaire est complet [5]. L'instrument a huit cordes, chaque main semble en toucher plusieurs à la fois. Nous possédons un nombre assez considérable de spéci-

mens semblables à celui-ci pour le format, mais avec des corps sonores plus larges, incurvés légèrement, et qui, n'était la présence du troisième côté, rappel-leraient d'assez près la harpe assyrienne. Tel celui que représente la figure 972 (les cordes ont été rajoutées) d'après un vase apulien du IVᵉ siècle av. J.-C. [6]. Il comporte, en bas, un double joug que l'on a interprété de diverses façons. Selon M. M. Emmanuel [7], peut-être y attachait-on un second rang de cordes. H. Panum [8] rapporte l'opinion de Jan, qui voit là une sorte de capotasto analogue à celui dont on se sert pour hausser l'accord des guitares. Aucun texte ne permet de trancher la question.

Ainsi qu'il arrivera au moyen âge, ces harpes, le plus souvent pincées directement, sont parfois frap-pées au plectre, comme dans l'exemple de la fig. 971.

1. Cf. J.-Th. Bent, Discoveries in Asia Minor, in Journal of helle-nic studies, IX (1888), p. 82. Sur ces statuettes, cf. encore U. Koehler, in Mittheil. des deutschen Inst. in Athen, 1884, p. 156, et pl. VI; M. Collignon, Hist. de la sculpture grecque, I, 1892, p. 19.
2. Sur ces rapports, cf. A.-E. Evans, the Palace of Knossos in its Egyptian relations, London, 1900. — V. Bérard, les Phéniciens et l'Odyssée, Paris, II, 1903, pp. 592 sqq.
3. Cf. W. Helbig, Les Vases du Dipylon, Paris, 1898.
4. Reproduit in Mittheil d. deutschen arch. Inst. in Athen, 1893, fig. 113, et Perrot et Chipiez, Histoire de l'Art, VII, fig. 96. L'ins-trument peut avoir d'inspiration carienne ou phénicienne : dans la même série de vases sont figurés de nombreux combats, sur mer, entre Athéniens et pirates de Carie et de Phénicie (Helbig).
5. Third Vase Room, vitrine 30. Cf. Cat. of the greek and etruscan Vases, III, 1896, pl. IX, nᵒ E. 228.

6. Musée de Berlin, reproduit par Gerhard, Apulische Vasenb., E. 8. — K. von Jan, De fidibus Græcorum, Berlin, 1859, fig. 8, etc. Cf. aussi Brit. Mus., F. 313 ; Paris, cabinet des médailles, nᵒ 1048 du cat. de Ridder.
7. Encyclopédie, I, 439.
8. Op. cit., p. 71.
9. Comptes rendus du Congrès internat. d'archéologie classique, 2ᵉ session, le Caire, 1909, p. 205.

Une récente communication du Dr STAÏS a confirmé l'existence, dès l'époque homérique (IXe - Xe siècle av. J.-C.), de plectres en forme de main.

Dans un format plus petit, et que l'on rencontre plutôt chez les Romains, on trouve des harpes triangulaires de forme sèchement géométrique, à cadre incomplet, et qui ressemblent, en plus petit, au trigone du dieu Bès[1]. Tels les trigones relevés à Herculanum par Willemin[2], H. Roux et L. Barré[3], ou ceux que portent gravés les monnaies de Calpurnius Piso Frugi, de Julius Bursio et de Roscius Fabatus au Ier siècle avant l'ère chrétienne[4].

Un autre genre de harpe est celui qui, beaucoup plus volumineux, se rapproche tout à fait de la harpe assyrienne. Un spécimen caractéristique en est donné par la peinture du vase étrusque de Ruvo conservé à la Pinacothèque de Munich[5]. Avec son corps qui va se développant de bas en haut, ses dix-huit à vingt cordes, les floches qui pendent au joug placé à la partie inférieure, il suit avec exactitude le modèle consacré.

Moins pures, mais assez proches parentes de cette harpe de Ruvo, sont les harpes de Vulci[6], ou la peinture du jardin Farnèse, reproduites par Th. REINACH[7], ou celle d'Herculanum que joue une jeune fille assez négligemment allongée[8].

Enfin quelques types isolés s'apparentent à des modèles égyptiens tardifs. Un cithariste du musée de Naples[9] joue un instrument qui est, trait pour trait, la petite harpe portative du nouvel Empire; et la harpe étrusque du cratère de Chiusi[10] est l'exacte réplique de celle du temple de Philæ. Telle semble être encore celle que joue la femme représentée par une statuette de la nécropole de Hadrumète (Sousse)[11].

Ainsi donc, inspirées soit d'Assyrie, soit d'Egypte, et certaines d'entre elles perfectionnées par l'addition du troisième côté du cadre (colonne), d'assez nombreuses variétés de harpes ont été connues en Grèce. La difficulté est de déterminer leurs noms respectifs. Nous n'entrerons pas ici dans une discussion qui a été laissée sans résultat définitif : les listes imposantes qui ont été laissées par Athénée[12], Pollux[13], ne comportent pas d'éléments précis de définition. Nous nous en tiendrons aux résultats qu'expose, sous réserves, après un examen de textes qu'on ne saurait pousser plus loin ici, M. Th. REINACH[14] : le mot τρίγωνος, trigone, désignerait la petite harpe triangulaire fig. 970; la σαμβύκη, sambuque, les harpes du type fig. 972; peut-être, faudrait-il voir des instruments de même famille dans le πολύφθογ-

γον, le νάβλας phénicien, le σιμίκιον à trente-cinq cordes, l'ἐπιγόνειον qui en avait quarante, la μάγαδις, la πηκτίς et le βάρβιτος.

Ainsi que le fait remarquer Strabon[15], le seul mot de τρίγωνος est grec, tous les autres marquent l'origine étrangère de l'instrument qu'ils désignent. Les Grecs et les Romains en laissent d'ailleurs la pratique aux femmes. Tite-Live raconte comment ses compatriotes ramenèrent, au IIe siècle avant J.-C., de leurs expéditions militaires d'Asie, les pitres et les sambucistriæ. Rome était déjà en décadence lorsque la vogue des cordes obliques remonta. Vers la fin du IIe siècle de notre ère, un Egyptien joueur de trigone du nom d'ALEXANDRE, s'y tailla d'énormes succès de virtuose. Athénée, de Naucratis, son compatriote, raconte, non sans ironie[16], comment son talent tourna la tête aux Romains, les rendant fous de musique (μουσομανεῖν), au point que la plupart des auditeurs se rappelaient par cœur tous les airs qu'il avait joués.

Pendant toute cette période, la musique même des harpistes nous reste encore lettre morte. Ce que nous savons du jeu de la cithare peut suggérer, par analogie, des hypothèses dont la vérification reste interdite. On pourra, du moins, se faire une claire idée de la technique cithariste dans l'ouvrage déjà cité de GEVAERT[17], et dans son complément La Mélopée Antique dans le Chant de l'Eglise Latine[18].

HAUT MOYEN AGE[19] (JUSQU'A 1100)

Légendes.

L'histoire de la harpe, pendant les dix premiers siècles de notre ère, présente la même obscurité qui dissimule, alors, toute activité intellectuelle ou artistique. Nos connaissances sont loin d'atteindre, pour cette période, la précision qu'elles avaient en ce qui concerne, par exemple, le Moyen Empire égyptien.

A cela plusieurs raisons, que nous tenterons de neutraliser, au moins en partie : l'imprécision, déjà signalée, du vocabulaire[20]; le vague ou l'ambiguïté de certaines représentations figurées; l'absence prolongée de vestiges d'instruments réels (alors que l'Egypte ancienne nous en livre en abondance); plus que tout, l'amour-propre national ou local d'historiens qui cherchent à se créer des origines aussi flatteusement reculées que possible; ce, au prix de légendes étayées de chronologies fantaisistes, où la musique joue son rôle. C'est ainsi qu'on attribue la première apparition, en Occident, de la harpe, aux Scandinaves[21] ou aux Germains; aux Celtes, aux Anglo-Saxons, avec plus de vraisemblance cette fois[22],

---

1. Cf. plus haut.
2. Choix de costumes civils et militaires des peuples de l'antiquité, II, pl. vi, fig. 21.
3. Herculanum et Pompéi, Paris, 1875, t. IV, pl. xii.
4. E. Babelon, Description des monnaies de la République romaine, I et II, 1885. Cf. encore Brit. Mus. Catalogue of the roman pottery, 1908, fig. L, 103.
5. Ch. Lenormant et J. de Witte, Elite des monuments céramographiques, Paris, 1867, pl. lxxxvi.
6. Brit. Mus. Cat., III, E. 271.
7. Loco cit., fig. 4730.
8. H. Roux et L. Barré, Op. cit., IV, pl. cviii.
9. Chefs-d'œuvre de l'art antique, Paris, Lévy, série II, t. III, 1867, pl. xii.
10. Noël des Vergers, L'Etrurie et les Etrusques, Paris, 1862, 64. Atlas, pl. xvi.
11. Du Coudray, la Blanchère et P. Gauckler, Cat. du Musée Alaoui (Tunis), Paris, 1897, pl. xxxii, n° 74.
12. Δειπνοσοφισταί, éd. G. Kaibel (Teubner, 3 vol.), particulièrement aux livres IV et XIV.
13. Onomasticon, ed. Wettstein, Amsterdam, 1706 bis, IV, ch. ix, x., περὶ χρονόμβων ὀργάνων.
14. Loco cit., pp. 1448-1450.

15. Ed. Didot, 1853, ch. xvii. Cf. aussi Juvénal, Satire III, 63; Macrobe, Sat III (cités par Th. Reinach); Plaute, Stichus, II, 2, etc.
16. Op. cit., IV (éd. Knibel, p. 400).
17. Op. cit., II, pp. 253 sqq.
18. Gand, 1895, ch. ii : La Citharodie sous l'Empire romain.
19. Pour la bibliographie générale, on se reportera à celle qui a été donnée au début de cette étude : quelques travaux relatifs au moyen âge seront indiqués en tête de chaque chapitre suivant, auquel ils ont trait plus spécialement.
20. Cf. plus haut p. 1893 et M. Pinchenle, Actes du congrès d'histoire de l'art, loco cit.
21. Cf. plus loin p. 1910.
22. Encore Mariano Soriano Fuentes (Historia de la musica española, I, Madrid, 1885, p. 71) affirme-t-il que les Irlandais tenaient leur science musicale de l'Espagne. Sa démonstration n'est pas convaincante.

mais en passant toute mesure en ce qui concerne la date probable de cette remise en usage (donnée la plupart du temps pour une invention véritable). Cela ne va pas sans conflits : dans les seules Iles-Britanniques, « nous voyons BUNTING injurier MOORE et STEVENSON pour truquage d'anciennes mélodies, PETRIE sacrifier BUNTING, O'CURRY tancer PETRIE, WALKER et SEDWICK, tandis que SULLIVAN les condamne tous, ou les accable en les louant avec une retenue trop marquée [1] ».

Cette lutte pour la plus haute antiquité se circonscrit surtout entre Irlandais, Gallois et Anglais. Pour l'Irlande, O'Curry, de qui l'enseignement a été longtemps révéré, raconte[2] comment, en 1800 avant Jésus-Christ, les ancêtres des Irlandais, les Tuatha Dé Dannan, ayant battu les corsaires Fomorians, ceux-ci prirent la fuite. Alors, « Lugh (le roi des Tuatha Dé Danann), le Daghda (leur grand chef et druide) et Ogma (leur plus grand héros) suivirent les Fomorians parce qu'ils avaient capturé UAITHNE, harpiste du Daghda. Ils atteignirent vite la salle dans laquelle banquetaient les Fomorians... et là, ils virent la harpe suspendue au mur. C'était une harpe dans laquelle la musique était retenue par un sortilège, si bien qu'elle ne répondait pas aux sollicitations. Jusqu'au moment où le Daghda l'éveilla en disant : Viens, Durdabla (ici des formules d'incantation intraduisibles)... La harpe se décrocha du mur et vint, tuant neuf personnes au passage; elle vint vers le Daghda, et il joua pour eux tous les trois modes qui classent un harpiste, c'est-à-dire le *Suantraighe*, le *Gentraighe*, le *Goltraighe*[3]. Il leur joua le Goltraighe jusqu'à ce que leurs femmes fondissent en larmes; il leur joua le Gentraighe jusqu'à ce que femmes et adolescentes éclatassent de rire; il leur joua le Suantraighe jusqu'à ce que tous fussent endormis. Grâce à quoi, les trois héros échappèrent aux Fomorians qui voulaient leur mort. »

A ces ancêtres vénérables, les Gallois opposent BLEGYWRYDD AB SEIFYLL, qui régna un peu plus tardivement il est vrai, mourut deux mille soixante-neuf ans après le déluge, ou environ cent quatre-vingt-dix ans avant l'ère chrétienne, et qui était en ce temps-là, disent-ils, supérieur à tous les musiciens[4]. Il est dépassé par certains de ses compatriotes qui se croient assurés de descendre d'Adam en ligne directe. En effet, « le premier enfant qu'Eve mit au monde fût appelé Caïn; or, en Gallois, *cain* signifie : j'ai un fils » !

Transportées dans le domaine musical, ces méthodes permettraient les plus brillantes démonstrations. Avec plus de loisirs on pourrait, à bien des légendes de cette sorte, trouver des origines orientales ou helléniques. Lorsque, d'après le manuscrit irlandais, *Les Aventures de la grande Société bardique*, O'CURRY raconte l'invention de la harpe[5], il est difficile de n'y pas voir une adaptation du mythe grec

de la naissance de la lyre : c'est le frère du roi Guaire qui expose, en l'an 592, comment Canoclach Mhor, femme de Cuil, ne pouvant plus supporter son mari, s'enfuit. Arrivé à la plage de Camas, elle trouve un squelette de baleine. Le vent, en passant à travers les tendons, en tire des sons qui endorment la fugitive. Son mari, lancé à sa poursuite, la trouve, comprend la cause de son sommeil, va dans la forêt prochaine, taille une forme d'instrument, y place les cordes faites des tendons de la baleine, et c'est la première harpe.

Prémoyen âge.

J'ai évoqué cet exemple d'emprunts aux civilisations antérieures à l'ère chrétienne, parce qu'il suffirait à rappeler qu'il n'y a pas eu — comme on l'écrit parfois, en abusant des mots — cassure absolue entre les civilisations anciennes et celle du moyen âge occidental. Des éléments de tous ordres sont passés des unes aux autres, identifiables dans les langages, les mœurs, les rites. Comment la musique, et plus spécialement les instruments, eussent-ils fait exception, si l'on songe surtout à la mobilité que leur confèrent leur taille exiguë et leur faible poids, au fait que les musiciens sont de bonne heure des voyageurs intrépides[7], qu'un instrument nouveau frappe en tous pays l'attention des envahisseurs ou des migrateurs, bien avant les institutions civiles et religieuses!

Il est, en tout cas, une longue chaîne de témoignages qui fournit, du IVe au VIIIe siècle et au delà, un élément de continuité assez appréciable. C'est la série des écrits laissés par les Pères de l'Eglise; presque tous, commentant les Psaumes, ont été amenés à parler des instruments. Ils l'ont fait en termes obscurs, non point impénétrables, et leurs textes attestent la connaissance qu'ils avaient d'instruments venus de l'antiquité classique (cithare), ou de l'actualité barbare (harpe).

Négligeons une Epître à Dardanus, dont l'attribution à saint Jérôme est douteuse[8]. Dès saint Augustin (né 354, mort 430) apparaît une comparaison entre cithare et psaltérion[9], qui sera reproduite à peu près textuellement par Cassiodore (C. 477-C. 570), ISIDORE DE SÉVILLE (mort en 636), puis Notker Labeo, Acgidius Zamorensis, beaucoup plus tard Gerson, etc. Il y est dit : « Illud locum unde sonum accipiunt chordæ, illud concavum lignum quod pendet et tactum resonat, quia concepit aerem, Psalterium in superiore parte habet. Cithara autem hoc genus ligni concavum et resonans in inferiore parte habet. Itaque in Psalterio chordæ sonum desuper accipiunt : in Cithara autem chordæ sonum ex inferiore parte accipiunt. Hoc interest inter Psalterium et Cithara. »

Ces définitions ont découragé certains commenta-

---

1. C. N. Mac Intyre North, *The book of the club of true Highlanders*, I, Londres, 1892, chap. VI.

2. Eugen O'Curry, *Lectures on the Manners and Customs of the ancient Irish... with an introduction* by W.-K. Sullivan, 3 vol., Londres, 1873. Ce passage au tome III, p. 213.

3. La connaissance de ces trois modes, plaintif, hilarant, soporifique, était exigée en Irlande des musiciens de la catégorie la plus élevée, les *Ollamhs of music*.

4. Edward Jones, *Musical and poetical relicks of the welsh bards*, Londres, 1794, p. 1.

5. A. Erny, cité par Ernest David, *Études historiques sur la poésie et la musique dans la Cambrie*, Paris, 1884, p. 14.

6. *Lectures*, III, 236. Le mot *cruit*, que O'Curry traduit par *harpe*, est, nous le verrons, de signification encore incertaine à cette époque.

7. On a conservé deux lettres écrites vers l'an 505 de notre ère par Cassiodore, questeur (ministre) du roi ostrogoth Théodoric, la première à Boèce pour lui demander un cithARÈde, Clovis, roi des Francs, ayant exprimé le désir d'en avoir un; la seconde à Clovis, pour lui annoncer la mise en route du citharède demandé. Cf. *Cassiodori senatoris variae*, éd. Th. Mommsen, Berlin, 1894, pp. 70-73, et Th. Hodgkin, *The letters of Cassiodorus*, Londres, 1886, introduction, p. 24. Pour les migrations des instruments eux-mêmes, voyez plus haut ce qui a été dit (p. 1809) du type de harpe assyrien.

8. *Epistola ad Dardanum de diversis generibus musicorum*, Patrologie de Migne, XXX, col. 213. Cette épître serait, d'après A. Hughes, *Hughes (Cat. of ms. music British Museum*, III, 372), d'un Jérôme du VIIIe ou IXe siècle.

9. Saint Augustin, *In Psalm. LVI*.

teurs. Elle sont beaucoup plus claires si on les rapproche de celle que donne, au ve siècle, l'évêque EUCHÉRIUS de Lyon (mort en 450)[1] : « *Nablum*, quod græcæ appellatur Psalterium, quodque a psallendo dictum est. Ad similitudinem est *citharæ barbaricæ* in modum deltæ litteræ. » Son intérêt n'est pas tant dans l'équivalence proposée entre *nablum* et *psalterium* : on sait combien, et durant combien de siècles, les lexicographes jonglent sans précaution avec des mots dont le sens a cessé de leur être connu. Ce qui est de plus de poids, c'est le recours au témoignage d'un instrument contemporain, une *cithara barbarica* triangulaire, dans laquelle il est bien difficile de ne pas reconnaître la harpe[2]. L'épithète barbare s'accolera de semblable façon au mot *harpe*, au siècle suivant, dans le vers déjà cité de Venantius Fortunatus, qui, lui aussi, réside en Gaule, à Poitiers.

Reste à savoir qui désigne l'épithète *barbare*. C'est pour Venantius Fortunatus, comme pour EUCHÉRIUS, ce qui n'est pas romain, et nous ne serions pas très avancés si des raisons nombreuses ne donnaient aux Iles-Britanniques toute apparence d'avoir introduit en Europe l'usage de la harpe (Cf. p. 1908). D'abord, la place qu'en ce pays tient la harpe dans l'histoire et la légende; puis son apparition sur les monuments figurés bien postérieurement aux dates proposées par les textes, mais antérieurement à toute manifestation analogue dans le reste de l'Europe; enfin le fait que, dans un manuscrit donné par GERBERT[3] pour fort ancien (VIIIe siècle?), une représentation de harpe (fig. 955) est accompagnée de la mention *cithara anglica*, tandis qu'un instrument, non harpe, mais cithare, porte l'étiquette de *cithara teutonica*. Nous verrons plus tard que Germanie et Scandinavie sont pendant plusieurs siècles hors de question.

Chez les Britanniques mêmes existe un conflit latent autour de l'événement historique assez mince qu'est cette résurrection de la harpe, entre Irlandais, Gallois, Anglais, Écossais. Nous commencerons par l'Irlande, non que sa priorité soit certaine, mais pour la seule raison que c'est elle qui, le plus tôt, semble avoir tiré de la harpe un parti hautement artistique.

Avant d'entrer dans le domaine historique proprement dit, il est juste de rappeler les rapports qui existent de toute antiquité entre Erin (avant que les Celtes n'y soient installés) et l'Orient. Dès la VIe dynastie, on savait l'existence de ses mines d'étain, dont les Égyptiens, s'ils ne les exploitaient eux-mêmes, se faisaient apporter le produit[4]. Festus Avienus a

raconté, dans ses *Oræ Maritimæ*, le voyage d'Himilcon, au VIIe siècle avant Jésus-Christ, aux Iles Cassitérides (Scilly) et en Hibernic (Irlande). D'autre part, les Celtes, antérieurement à leur immigration en Irlande, n'ignoraient pas l'ancienne Égypte, aussi loin que l'âge de pierre, s'il en faut croire M. Cartailhac[5] ; et pour aborder des événements historiques plus sûrs, il y a, à partir du IVe siècle avant l'ère chrétienne, un mouvement d'émigration qui met en rapports étroits Celtes et populations de l'Asie Mineure[6]. De ces constatations nous ne tirerons pas de conclusions forcées : il nous suffit de remarquer que l'Irlande et les Celtes qui s'y vinrent fixer avaient eu des contacts répétés avec les civilisations orientales, et que l'adoption d'un instrument oriental à un moment quelconque de leur histoire est on ne peut plus plausible.

Irlande[7].

Avant les sources littéraires et historiques nous examinerons : 1° le vocabulaire, 2° les monuments figurés.

Les premiers monuments qui nous soient restés sont des croix de pierre sur lesquelles des scènes de l'Écriture sainte, assez grossièrement sculptées, mettent en scène le roi DAVID, ou quelque autre pieux musicien. Les renseignements qu'elles nous apportent ne sont malheureusement ni simples ni clairs : fantaisie de sculpteur, imprécision due à l'usure du temps, enfin, dans les désignations qui en sont données par les historiens, difficulté spéciale de vocabulaire qui s'ajoute à toutes les autres.

La harpe, en gaélique irlandais, se dit *clairseach ;* en gaélique écossais, *clarsach;* en dialecte de l'île de Man, *claasagh;* d'une racine *clar*[8] : en gaélique, planche, table, table d'harmonie.

Mais ces divers termes n'apparaissent pas avant le XIIe siècle. Les instruments à cordes sont désignés, auparavant, dans les textes irlandais, dès le Ve siècle au moins, par le mot *cruit* ou *crot* (*Seanchus Mor*, d'après M. F.-W. GALPIN, *Musical Times*, 1er février 1912).

Les historiens irlandais en déduisent que *crot*, ou

---

1. *Instructionum ad Salonium libri duo*, liv. II, ch. III, (MIGNE, *Patrol. lat.*, L, p. 815). Sur l'identité de *nablum* et de *psalterium*, EUCHÉRIUS se rencontre avec un lexicographe du siècle précédent, Hesychius. *Cf. Encyclopédie*, I, 54, note 7.

2. Ou va intermédiaire entre la harpe et le psaltérion triangulaire comme on en voit au moyen âge de nombreux exemplaires. A coup sûr pas le psaltérion-type, de forme quadrangulaire, qui n'apparaît pas en Europe avant les Croisades.

3. *De Cantu et musica sacra*, saint Blaise, II, 1774, pl. XXXII, fig. 19 et 17. Je ne sais pourquoi la plupart de ceux qui ont cité cette planche en datent l'original du IXe siècle, tandis que M. F.-W. GALPIN (*Old english instruments of music*, Londres, 1910, p. 8) le reporte au XIIe ou XIIIe. Le texte de GERBERT n'est pas si explicite. Il déclare (pp. 152-153) emprunter quelques figures d'instruments à un manuscrit de saint Blaise dont il avait pris copie avant qu'il ne fût détruit par un incendie, et qui datait du VIIe siècle; et d'autres à un autre manuscrit de saint Blaise *paulo recentior :* rien de plus. La *cythara teutonica* représentée à côté de la *cythara anglica* et de même provenance, présente des analogies avec un instrument figuré sur la planche XXVI, fig. 3, que Gerbert date : *anno DC* (affirmation que le style desdites enluminures fait paraître assez risquée).

4. *Cf.* Jean Capart, *Les Grands Voyages à l'époque égyptienne*,

---

Bruxelles, 1903. W. Boyd Dawkins, *Early man in Britain*, Londres, 1880.

5. *Congrès de l'Association française pour l'avancement des Sciences*, Cherbourg, 1905, p. 694 sqq.

6. *Cf.* A. Bertrand, *Archéologie celtique et gauloise*, 1889, p. XXV, et Léon Joulin, *les Celtes*, in *Rev. Archéologique*, VIII (1918).

7. Sur la harpe irlandaise. *cf.* J. WALKER, *Historical memoirs of the Irish Bards*, Londres, 1786 (avec, en appendice I : Rev. Edw. Ledwich, *Inquiries concerning the ancient Irish harp*, app. VII : William BEAUFORD, *An Essay on the construction and capability of the Irish harp*). — Samuel FERGUSON, in BUNTING, éd. 1840, p. 37 sqq. — H. O'NEILL, *Fine arts of ancient Ireland*, Dublin, 1863. — HERSART DE LA VILLEMARQUÉ, *La Harpe irlandaise et les Fenians*, in *Correspondant*, 25 janvier 1866. — Comte de Montalembert, *Les Moines d'Occident*, 4e éd., 1868, II, 483, sqq., et III, 204-211. — R.-B. ARMSTRONG, *Musical instruments*, I, Edinburgh, 1904 (p. 27 bibliogr. Iconographique de la harpe irlandaise). — W.-H. Grattan FLOOD, *Irish musical bibliography*, in *Report of the 4th congress of the internat. mus. society*, Londres, 1912, p. 359. — J. Romilly ALLEN, *Celtic art in pagan and christian times*, Philadelphie, s.d.

8. *Encyclopædia Britannica*, Cambridge, 1910 (art. *Harp*, par K. SCHLESINGER et A.-J. HIPKINS). Selon E. Ledwich (*Antiquities of Ireland*, Dublin, 1803, p. 253), le seul mot qui se rapproche, en irlandais, de la racine harp est beaucoup plus récent : *oirpheadach*. En irlandais moderne, le dérivé *oirpheadach*, harpiste, a été conservé. Je ne reproduirai pas les longues dissertations de Bunting sur ce vocabulaire, d'autant que sa science est mise en doute par O'CURRY (*op. cit.*, III, 302), contesté lui-même par de plus récents.

cruit, signifie harpe[1], et le dictionnaire gaélique d'ARMSTRONG admet que le *cruit* serait une harpe à cordes de boyaux, et le *clarseth*, une harpe à cordes métalliques[2].

Leurs contradicteurs leur opposent la parenté étymologique évidente qui existe entre *cruit*, ou *crot*, et le bas latin mélangé d'influences germaniques *chrotta*, ou *rotta*, ces deux derniers mots constituant évidemment un doublet. Or, ces mots, dans leur acception la plus générale, qualifient presque toujours une sorte de cythare oblongue, légèrement étranglée[3] au milieu, celle même dont l'évolution ultérieure donnera, avec adjonction d'un archet, le *cruth* gallois[4]. Autre argument, Venantius Fortunatus, dans le poème déjà cité de l'année 570, attribue expressément la lyre aux Romains, la harpe aux barbares, et la chrotta aux Bretons (*chrotta brittanna canat*).

M. F.-W. GALPIN[5] voit dans ces barbares s'opposant aux Irlandais et aux Celtes, déjà christianisés, les envahisseurs anglo-saxons et normands qui auraient ainsi introduit la harpe sur le sol britannique.

L'argument n'est pas sans réplique. Il se peut que le barbare soit germain; rien en ce cas n'indique que le mot harpe désigne bien, au vi[e] siècle, le même instrument que de nos jours : *harfe* a gardé dans les langues germaniques, pendant tout le moyen âge, un sens général d'instrument à cordes pincées (cf. plus haut, p. 1893).

Ensuite, le mot *rotta* a désigné longtemps des instruments du genre harpe[6]. Il y avait une *rotta* triangulaire, à cordes par conséquent inégales, et qui s'apparentait de ce fait à la harpe, comme tous les psaltérions triangulaires dont l'image nous a été transmise en abondance dès le ixe siècle[7] : un tel instrument, sculpté sur un chapiteau du cloître de Moissac, porte l'inscription *Eman cum Rotta*[8]. C'est bien là cette « cithara barbarica in modum deltæ litteræ », dont nous parlaient les Pères de l'Église, l'assimilant soit au *nable*, soit au *psaltérion*.

Tandis que cithare et harpe obéissent, comme nous l'avons déjà répété, à des principes de construction tout différents, il y a communauté de principe et probablement d'origine (les deux instruments coexistent déjà en Assyrie) entre la harpe, où les cordes sont tendues entre deux branches d'un cadre

évidé, et le psaltérion triangulaire, où le plan de cordes est tendu au-dessus d'une table d'harmonie; en fait, les deux types sont souvent combinés, et il arrive qu'une harpe possède, en plus de son cadre normal, une sorte de fond imité de la table du psaltérion et parallèle aux cordes : telle sera la *spitzharfe* ou *arpanetta* du moyen âge et de la Renaissance. Les deux types admettent d'être pincés directement ou joués au moyen du plectre.

Le vague des textes correspond au peu de fixité des types d'instruments. Le curieux manuscrit connu sous le nom de « Psautier d'Utrecht[9] » illustre le mot *psaltérion* du psaume 107 par une figure de harpe triangulaire véritable, à six cordes, sans colonne, semblable par conséquent aux modèles asiatique et égyptien anciens. Cette absence de colonne mérite de retenir un instant l'attention : correspond-elle à un type contemporain de l'enlumineur qui la traça? est-elle, au contraire, une réminiscence d'un art au delà, pharaonique? Pas complètement isolée en tous cas. Un manuscrit anglais du xie siècle en reproduit de semblables[10], et, de nos jours, on trouve encore chez les Ossètes du Caucase une harpe à deux branches et douze cordes[11], beaucoup plus proche du *trigone* du dieu Bès que des instruments barbares des nègres africains d'aujourd'hui.

Monuments. — Cette question de la présence ou de l'absence de la colonne (*fore-pillar* ou *front-pillar*) est précisément, pour l'Irlande, un sujet de controverses non encore taries. Dans le comté de Kilkenny, à Ullard, se trouve une croix que l'on date

FIG. 973. — Croix d'Ullard, d'après BUNTING.

de la première moitié du ixe siècle (843), sur laquelle est sculpté un musicien. Edward BUNTING, le premier, en donna un croquis dans lequel l'instrument représenté est une sorte de harpe sans colonne qui a fait

1. *Cf.* W.-H. GRATTAN FLOOD, *The story of the harp, op. cit.*, p. 25.
2. H. PANUM, *op. cit.*, p. 117. Ajoutons qu'il n'y a aucun éclaircissement à attendre du sens de la racine gaélique : elle désigne, d'après O. CORRY (III, 302), un oiseau du genre héron ou courlis !
3. On en connaît d'excellentes représentations dès le viiie siècle, par exemple dans le ms. du British Museum *Cott. Vesp. A. i.* reproduit par J.-O. Westwood (*Fac-Similes*, Londres, 1868, pl. III, datée par erreur du viie siècle). En France, une des premières images, la première peut-être, en est donnée par le Psautier carolingien de Montpellier (*Univ. H. 409*, fol. 1, verso), reproduite in Ph. Lauer, *Le Psautier carolingien du Président Bouhier*, 1925, pl. III. M. Joseph Bédier concilie, à dessein ou non, les interprétations rivales quand il écrit (*Les Lais de Marie de France*, *Revue des Deux Mondes*, 1891, p. 844) : « Les jongleurs s'accompagnaient sur une petite harpe, la rote. »
4. Sur le *cruth* à archet, *cf.* C. ENGEL, *Researches into the early history of the violin family*, Londres, 1884, p. 24.
5. *Op. cit.*, pp. 9-10.
6. H. PANUM, *op. cit.*, p. 110.
7. *Cf.* Notker Balbulus : « Postquam illud (psalterium) symphoniaci quidam et ludicratores, ut quidam ait, ad usum opus traxerant, formam utique ejus et figuram commoditati suæ habilem fecerant et plures chordas annectentes et nomine barbarico Rottam appellantes, mysticam illam trinitatis formam transmutando. » Cité par E. de Coussemaker, *Hucbald*, 1841, p. 360.
8. F. NOULET, *Notice sur le luth* (*Mémoires de la Société archéol. de la Corrèze*, 1895).

9. Sur ce Psautier, l'ancien *Claudius, C. 7* de la Bibl. cottonienne, que la plupart des spécialistes attribuent à un artiste de l'école de Reims, qui, vivant au début du ixe siècle, se serait inspiré de modèles alexandrins du vi[e] ou viie siècle, voir surtout : J.-J. Tikkanen, *Die Psalterillustration im Mittelalter*, III, Helsingfors, 1900; — K. Schlesinger, *The Utrecht Psalter*, in *Musical antiquary*, octobre 1910. — Reproduction en fac-similé par la Palæographical Society (Londres, 1873).
10. British Museum, *Harl. 603, ff. 24 b. 27*. Reprod. in WESTWOOD (*op. cit.*).
11. *Cf.* C. ENGEL, *Musical instruments in the South Kensington Museum*, London, 1869, pl. II, fig. 1.

travailler son imagination[1] : « C'est le premier spécimen, écrit-il, de harpe sans colonne, qui ait été
découvert hors d'Égypte ; et si ce n'était la récente
confirmation des assertions de Bruce, au sujet de
ses prototypes, il serait peut-être accueilli avec la
même incrédulité ; car, à la difficulté originelle qu'il
y avait à croire un tel instrument capable de supporter la tension des cordes, s'ajoute maintenant l'é-
tonnante hypothèse que les Irlandais tiendraient
leur harpe de l'Égypte. »

Bon nombre d'historiens ont suivi BUNTING, ren-
chérissant parfois (O'neill, Sculptured crosses, 1857)
sur l'inexactitude de la figure donnée par lui, jusqu'au moment où Mlle Hortense PANUM, après s'être
rendue à Ullard, déclara[2], avec calque à l'appui,
que l'on ne pouvait affirmer si la colonne existait
ou non, l'usure de la pierre ne le permettant pas ;
d'autre part, il se pouvait que l'artiste, faute de
place, ait confondu la colonne avec le bord de la
croix qui limitait son sujet.

Entre temps, M. W.-H.-GRATTAN FLOOD[3] avait repris
en 1905 la même position que BUNTING ; le Rév. F.-W.
GALPIN le contredit vigoureusement[4] : pour lui l'instrument a bel et bien un cadre complet, il est quadrangulaire et ce n'est pas une harpe, mais bien une
sorte de grand cruit. Nouveau démenti de M. W.-H.
GRATTAN FLOOD[5] : je ne puis prendre parti entre deux
spécialistes éminents qui, tous deux, ont vu, et je
laisserai le débat ouvert.

Si la croix d'Ullard est d'interprétation douteuse,
à quelques milles de là, la croix de Castledermot[6]
(fin VIIIe ou début IXe siècle) offre certainement un
cadre complet ; de même celle d'Iona, en Écosse. On
peut les concevoir comme des instruments hybrides,
dont le format se rapproche de celui de la cithare,
mais qui, par l'irrégularité de leur cadre, évoquent
également la harpe.

Au reste, les types intermédiaires foisonnent : tel
celui de la croix de Monasterboice (IXe siècle[7]), semblable à un triangle dont on aurait tronqué l'angle
inférieur ; celui de Durrow[8], qui a le cadre d'une
harpe triangulaire, mais dont les cordes passent sur
un chevalet avant de s'attacher en bas au corps sonore, disposition analogue à celle de la cithare[9].

Tel est donc pour l'Irlande primitive l'état de la
question en ce qui concerne les monuments figurés :
dès le VIIIe siècle, les représentations peuvent être
interprétées, soit comme des harpes sans colonne,
soit comme des harpes quadrangulaires, soit comme
des cruits (famille cithare) ; mais, à des époques encore
voisines, la forme de la harpe est déjà nettement
évoquée (Monasterboice, Durrow). Edward Ledwich
fait bien remarquer[10] que la harpe ne figure pas sur
les monnaies bretonnes du temps des Romains, où
sont, au contraire, gravées des lyres : cela peut signi-
fier simplement que l'influence romaine prime, à ce
moment-là, les traditions nationales.

En tout cas, la châsse de saint Moedhoc, conservée au Musée de Dublin, que M. W.-H.-Grattan Flood
date du IXe siècle, et M. R.-B. ARMSTRONG du XI[e][11],
représente un joueur de harpe dont l'instrument,
cette fois, est déjà d'un type très moderne et très
complet. Nous le retrouverons encore plus caractérisé dans la harpe de BRIAN, qui nous servira au
chapitre suivant de modèle-type.

Nous en aurons fini avec la préhistoire quand
nous aurons parlé des premiers bardes irlandais.

C'est une habitude prise de leur donner la harpe
comme attribut distinctif.

Il est vrai que DIODORE DE SICILE, se basant sur des
historiens encore plus anciens[12], mentionne, pour
l'Irlande, les bardes qui chantent « sur des instruments semblables à des lyres ». A sa suite, l'habitude a été prise d'associer régulièrement le bardisme
à la pratique musicale ; M. ARMSTRONG réagit là
contre[13]. Selon lui, les diverses professions intellec-
tuelles ou artistiques, poètes, musiciens, historiens,
constituaient en Irlande autant d'ordres différents,
spécialisés, divisés à leur tour en catégories ou degrés.
On appelait bardes des gens capables d'improviser
des poèmes, mais sans la culture approfondie des
poètes professionnels : « Un ollamh de poésie (poète
du premier degré) se serait cru aussi injurié d'être
appelé barde que le plus grand chirurgien actuel le
serait d'être nommé rebouteux, et l'appellation de
barde n'aurait pas moins indigné un ollamh de musique ou de harpe. » (ARMSTRONG).

Parmi ces harpistes (pour autant que leur instrument ait été la harpe et non le cruit), choisis dans
les familles les plus illustres, l'histoire a conservé le
nom de CRAFTINÉ, situé par O'CURRY en 541 avant J.-C. ;
et voici comment un manuscrit ancien décrit les
neuf harpistes du roi Conaire Mor, tué l'an 33 avant
J.-C. : « Je vis neuf autres musiciens, avec neuf che-
velures bouclées, neuf vêtements bleu clair flottants

1. Op. cit. (1840), pp. 46 sqq.
2. Op. cit., p. 102 et fig. 112.
3. Op. cit., pp. 12-13 et fig. 6. M. W.-H. GRATTAN FLOOD, a lui aussi,
procédé, en 1888, à un examen sur place.
4. Old english instruments of music, Londres, 1911, p. 287, et
The origin of the clarseth or irish harp, in Musical Times, Londres,
1er février 1912.
5. Musical Times, 1er mars 1912.
6. Margaret Stokes, The High crosses of Castledermot and Durrow,
Dublin, 1898. reprod. aussi par GALPIN, op. cit., pl. 1, fig. 1 ; H. PA-
NUM, op. cit., fig. 114.
7. H. PANUM, op. cit., fig. 97. Un moulage au musée Victoria and
Albert à Londres, Salle 46. A.
8. M. Stokes, op. cit., p. 10 ; PANUM, fig. 104.
9. Il faudrait de trop longues pages pour citer tous les hybrides de
harpe-psaltérion. Voici seulement quelques-unes des variétés le plus
souvent représentées. A) Instruments triangulaires d'interprétation
douteuse, soit harpes sans colonne, soit harpes-psaltérions, le plan
de cordes doublé d'une table d'harmonie parallèle : British Museum,
ms. Arundel, 16, fol. 3 (XIIe siècle). Antiphonaire salzbourgeois reproduit in H. Tietze, Die Illuminierten Handschriftenin Salzburg,
Leipzig, 1905, pl. V (XIIe siècle) ; A. Martin et Ch. Cahier, Mongra-
phie de la cathédrale de Bourges, Paris, 1841, pl. XXIII (XIIIe siècle).
— B) Harpes-psaltérions triangulaires caractérisées : COUSSEMAKER,
Mémoire sur Hucbald, 1841, p. IV, fig. 1 (IXe siècle) ; Psautier de
Folchardus, Saint Gall, in K. SCHLESINGER, op. cit., II, pl. VIII (IXe siècle), Ms. Brit. Mus. Arundel, 60, fol. 13 (XIe siècle), Hortus deliciarum de Herrad von Landsberg, fol. 221, reproduit par M. VOGELEIS,
Die Musikinstrumente im Hortus Deliciarum, Revue Alsacienne,
1904, p. 68 (XIIe siècle) ; et la plus belle de toutes, reproduite par
Luise von Kobell, Kunstvolle Miniaturen und Initialen aus Handschriften, etc., Munich, 1890, pl. XIX, d'après le ms. lat. Bibl. Munich-
3900 (XIIIe siècle). — C) Instruments rigoureusement quadrangulaires
appartenant à la harpe, en ce qu'ils n'ont ni le corps sonore placé à la
base, comme les lyres et cithares, ni la table d'harmonie parallèle aux
cordes du psaltérion, mais des cordes nombreuses, que les mains pincent
dans une position analogue à celle des mains des harpistes : Ms. Vatican gr. 752, fol. 448, in Tikkanen, op. cit., 1 (XIe siècle), G. Millet,
Peintures de ms. grées du Mont Athos, Paris, 1898, fig. 130 (XIe siècle), BUNTING, op. cit., p. 47 (d'après un ms. du XIe siècle).
10. Antiquities of Ireland, Dublin, 1803, p. 251.
11. W.-H. GRATTAN FLOOD, op. cit., p. 32, Armstrong, op. cit., p. 27.
12. Hécatée de Milet par exemple. Cf. DIODORE DE SICILE, éd. Didot.
Müller, Fragmenta hist. græcorum, III, 259 ; Athénée, IV, ch. XLIX ;
Ammien Marcellin mentionne aussi (XV, 9) les bardes et leurs lyres.
13. Op. cit., pp. 8-10 (développe une opinion déjà exprimée par
O'CURRY). On a tenté de légitimer l'association de la musique et de
la poésie chez les bardes en cherchant en Orient des analogies. Pour
ce faire, on utilise la dissertation du capitaine F. Wilford, An essay
on the sacred isles, in Asiatic researches, IX, 76, dans laquelle il
dérive le mot barde d'une racine sanscrite Varia et établit un parallèle entre les fonctions des Vardai hindous, poètes et musiciens, et
celles de leurs prétendus descendants.

parés de neuf broches d'or. Neuf anneaux de cristal aux mains, un anneau d'or au pouce de chacun d'eux. Des boucles d'oreilles d'or aux oreilles, un collier d'argent au cou de chacun d'eux. Neuf boucliers aux blasons d'or au-dessus d'eux, pendus au mur. Neuf baguettes d'argent dans leurs mains. Je les connais, dit Ferrogain, ce sont les neuf harpistes du roi, nommés SIDE et DIDE, DULOTHE et DEICBRINNI, CAUMUL et CELLGEN, OL et OLENE, et OLCHOI[1]. » Telles étaient, en ce temps, les splendeurs du métier de musique.

Anglo-Saxons et Angleterre propre.

J'ai déjà cité la harpe anglo-saxonne, *cythara anglica*, de haute époque, reproduite par GERBERT (cf. plus haut). C'est un bel instrument monté de douze cordes, avec un corps sonore percé de deux ouïes, les chevilles indiquées, ainsi que, à l'endroit où s'attache l'extrémité inférieure des cordes, les petits renflements destinés à les protéger contre les frottements, que les anciens Anglais nommaient *shoes of strings* (souliers des cordes). Les caractéristiques de ce type de harpe, comparées à celles des harpes irlandaises, sont : la rectitude relative de la colonne, à peine infléchie, sa minceur, le peu de volume de l'instrument.

Telles sont les harpes du VIIIe ou du IXe siècle, représentées dans le manuscrit du Musée britannique *Claudius B. IV*[2], ou au Xe siècle dans le *Junius XI* de la Bodleian library[3], ou au XIe siècle dans le *Tiberius C. VI* (fol. 30, b) du Musée britannique.

Ainsi l'iconographie nous mène positivement jusqu'au VIIIe siècle. Les historiens remontent en deçà : ils nous content l'histoire de Caedmon, moine en 680, d'après Bède[4], qui la relate au siècle suivant : « Parfois, dans les festins, on décidait pour se divertir que chaque assistant, à tour de rôle, chanterait ; lorsque Caedmon voyait s'approcher la harpe, il se levait brusquement et regagnait son logis ; » ou encore l'épopée de Beowulf[5], roi des Jutlandais au VIe siècle, dans laquelle la harpe est souvent évoquée, ainsi que dans bien d'autres textes anciens. Il faut, toutefois, se garder d'affirmations trop tranchées.

Le texte de BÈDE donne simplement *cythara*, et c'est par analogie avec ce qui nous est connu des mœurs anglaises quelques siècles plus tard, que nous pouvons traduire harpe avec assez de vraisemblance. Pour le Beowulf et les autres poèmes anglo-saxons, le mot *hearpan* ne signifie rien de plus que le germain *harpfen*, ou le latin *citharisare*. Les mots qui semblent désigner plus spécialement la harpe sont *gligbeam*[6] (joy wood : bois qui cause de la joie) et *gomenwudu* (wooden musical instrument : instrument de musique fait en bois) ; rien, en somme, qui puisse imposer une conviction absolue. M. F.-W. GALPIN[7] tient cependant pour l'antériorité des Anglo-Saxons sur les Celtes d'Irlande. Mais il se base surtout sur l'origine nordique de la harpe, qui, on le

verra plus loin, n'est rien moins que prouvée. Et, d'autre part, on sait que les missionnaires irlandais, dès les Ve et VIe siècles, circulaient à travers toute l'Angleterre, fondant les monastères de Lindisfarne, Ripon, Durham, Lichfield, etc.

Saint MAILDUFF passe pour avoir été un harpiste de talent, comme son élève saint ALDHELM, qui lui succéda en 675 comme abbé de Mailduffsburgh (Malmesbury)[8]. Les Anglais curieux de belles-lettres et d'art à la même époque gagnaient l'Irlande, « comme une Mecque des études tant profanes que sacrées[9] », et Mlle Hortense PANUM a fait remarquer[10] que, de bonne heure, la harpe en Irlande prend des formes variées, tantôt grande, tantôt petite, tantôt très arquée, tantôt moins ; tandis que la harpe anglo-saxonne reste légère, portative, de type uniforme : ce qui indiquerait chez les Irlandais l'initiative du maître, chez les Anglo-Saxons la timidité du disciple.

Pays de Galles.

Un troisième compétiteur. Le peuple Kimry, assez proche parent des Celtes d'Irlande, mais fort différent d'eux par les mœurs et la culture, et non moins qu'eux particulariste, a également cultivé le jeu de la harpe dans des temps anciens, que ses historiens éprouvent, eux aussi, une grande fierté à reculer jusqu'aux plus extrêmes limites.

J'ai déjà cité le champion produit par Edward JONES, BLEGYWRYDD, qui régnait en 190 environ avant J.-C. et jouait de la harpe mieux qu'homme du monde. Sur lui et les autres héros mythiques, il n'en faut rapporter aux enthousiasmes de leurs biographes, car la ressource des sculptures et des miniatures n'intervient pas ici. La linguistique pas davantage. Le mot *telyn*[11], qui caractérise l'instrument en gallois, n'apparaît que vers le Xe siècle (en breton *telen*, en dialecte de Cornouailles *telein*) ; l'origine en est contestée. M. E. DAVID semble, avec Henri Martin, croire ce mot de racine gaélique ; LEDWICH le dérive de l'irlandais *teadhloin* (*tead* : corde), l'*Encyclopædia britannica* déclare que la première syllabe, qui est indubitablement « vieux gallois », avait une signification de tension. Pour Edward JONES, « l'antiquité du mot *telyn* est singulièrement fortifiée par cette circonstance que la côte française où se trouve Toulon était anciennement appelée le promontoire des Citharèdes, et la ville même Telo Martius[12] » !

Des témoignages de plus de valeur[13] font remonter au roi Cadwaladr, VIIe siècle, l'emploi artistique de la harpe : dès cette époque, les Gallois subissaient, il est vrai, l'influence irlandaise. A la fin du siècle précédent, le roi des Welsh, Roderic, avait reçu à sa cour un jongleur irlandais, dont le talent de harpiste l'avait charmé et qu'on avait comblé de présents[14], et Caradoc de Lhancarvan, mort vers 1147, un Gallois cependant[15], convient que les Welsh empruntaient

---

1. O'CURRY, III, 146.
2. Reproduite par J. Strutt, *Angleterre ancienne*, trad. française, II, Paris, 1789, pl. XVII, fig. 3 (avec sept cordes au lieu de douze).
3. Oxford. Repr. par GALPIN, *op. cit.*, p. 11.
4. *Hist. eccl.*, IV, 24, éd. J.-B. Giles, 1848, 112.
5. Vers 1065, 2108, 2263, de la *Bibliothek der angelachsische Poesie*, C.-W.-M. Grein. R.-P. Wülker, Cassel, 1883 (la rédaction primitive serait du VIIIe siècle).
6. *Cf.* F.-M. PADELFORD, *Old english musical terms*, Bonn, 1899, pp. 77-80.
7. *Op. cit.*, pp. 9-10.

8. W.-H. GRATTAN FLOOD, *op. cit.*, p. 28.
9. Padelford, *op. cit.*, p. 6. Sur les missions irlandaises, cf. P. le Prieur, in André Michel, *Histoire de l'Art*, I, 1905, p. 397.
10. *Op. cit.*, p. 106.
11. Cf. Ernest DAVID, *Études historiques sur la poésie et la musique dans la Cambrie*, Paris, 1884, p. 150 ; — *Encyclopædia britannica*, art. Harp, par K. SCHLESINGER et A.-J. HIPKINS ; — Edw. LEDWICH, *op. cit.*, p. 253 ; — Edw. JONES, *Musical and poetical relicks of the welsh bards*, 2e éd., London, 1794, p. 113 ; — Fétis, *Hist. mus.*, *op. cit.*, IV, 374 sqq.; Mary L. LENVÈS, *The lore of the welsh harpe* (*Musical Times*, juin-oct. 1924).
12. *Op. cit.*, p. 113.
13. *Ibid.*, p. 26, et Edw. LEDWICH, *op. cit.*, p. 251.
14. ARMSTRONG, *op. cit.*, p. 10, d'après BUNTING, coll. 1809, p. 15.
15. O'CURRY, *op. cit.*, III, 353.

tous leurs airs de musique instrumentale à l'Irlande.

Cependant, un témoignage nous est donné, tout à fait probant, de l'importance qu'avait, dès le xe siècle, la harpe dans la vie publique et privée des Gallois. C'est à cette époque que Howell le Bon (Howell dda, roi d'Aberfraw, dans la partie méridionale du pays de Galles), qui règne de 907 à 948, donne à son peuple un code nouveau [1]. Ayant reconnu l'insuffisance des anciennes lois de Moelmud (cinq cents ans avant J.-C.), il réunit, en 920, un conseil de cent soixante-dix évêques et huit cent seize délégués laïques de tous les cantons de Galles; ceux-ci élurent un collège restreint de douze membres et un rapporteur, après avoir, ainsi que le roi, jeûné et prié pendant quarante jours. La compilation du code terminée, Howell s'en fut à Rome le faire approuver par le pape Athanase.

Ces lois fixaient, entre autres choses, le rang hiérarchique du barde du Palais, huitième officier de la maison du roi, qui recevait de son souverain, après l'élection, une harpe (telyn) et un échiquier d'ivoire, et de la reine un anneau d'or. Dans les banquets, lors des grandes fêtes, il prenait place auprès du majordome, qui seul avait le droit de lui présenter sa harpe. « Aux noces du roi, ou d'un prince du sang, il allait rendre ses devoirs à l'auguste fiancée... et pendant le festin, il était obligé de découper adroitement toutes les pièces de volailles que les maîtres d'hôtel plaçaient devant lui. Quelque étrange que puisse sembler cette prescription, il paraît qu'au moyen âge elle faisait partie de l'éducation d'un chevalier [2]. » Il accompagnait le roi à la guerre et choisissait son butin immédiatement après lui. La harpe était instrument de gentilhomme. Seuls le roi et les nobles avaient le droit de détenir une telyn et d'en jouer. La telyn d'un noble était insaisissable, sous quelque prétexte que ce fût : « Trois choses, disent les lois de Howell, sont indispensables à un gentilhomme ou baron, savoir : sa telyn, son manteau, et son échiquier; » et ailleurs : « Trois choses sont nécessaires à un noble : une épouse vertueuse, un coussin sur sa chaise, et une harpe bien accordée. »

Cette considération se maintiendra longtemps et nous en retrouverons trace dans la nouvelle législation promulguée au xie siècle.

Écosse.

L'Ecosse revendique aussi, sous la plume de certains écrivains, le privilège d'avoir importé d'Orient, à une époque reculée, la musique et les instruments. John Gunn [3] avait projeté de démontrer la relation qui existait : 1° entre la harpe et les institutions religieuses de l'ancienne Asie; 2° entre le faid des Ecossais et le Prophète [4] des anciens peuples orientaux, lequel avait la harpe pour attribut. On

sait seulement de façon certaine que lorsque, en 80 av. J.-C., Agricola pénétra en Ecosse, une civilisation existait déjà avec des lois civiles et religieuses assez poussées. Mais rien, musicalement, ne nous est parvenu de cette préhistoire.

Au cours du moyen âge, il semble avéré que les Ecossais commencèrent par emprunter leur musique, et plus particulièrement la harpe, à l'Irlande. Giraldus Cambrensis le dit en propres termes au xiie siècle [5]. Cependant, pour ce qui est des monuments figurés, l'Ecosse ne tarde pas à nous présenter des spécimens fort intéressants. La croix de Nigg, dans le Rosshire (côte Est de l'Ecosse), que Dalyell datait du viie siècle et que l'on recule maintenant jusque vers le ixe ou x[e], est d'une forme triangulaire très nette, avec cinq cordes, un corps sonore qui va s'évasant vers le bas à l'exacte ressemblance de la harpe égyptienne, colonne en plus [6].

D'autres croix sculptées, comme celle de Dupplin (Perthsire), ou celle de Monifieth (Forfar) [7], toutes deux du xie siècle, sont également triangulaires. Celle d'Aldbar (Forfar) plus ancienne, s'il est vrai qu'on la puisse dater du ixe siècle, comme le fait M. Galpin, est légèrement tronquée, et rappelle celle de Monasterboice. Les historiens non Irlandais ont parfois tiré de ces similitudes la conviction que l'Irlande avait imité les Ecossais, et la croix de Nigg se trouvant sur la côte Est de l'Ecosse, que la Scandinavie avait été le premier modèle. Il ne semble pas que l'on doive se ranger à cette opinion.

Nord primitif.

C'est que, malgré le parti pris surtout littéraire qui attribue la harpe aux populations scandinaves primitives, les faits d'une part, de l'autre l'examen des textes, donnent des résultats tout différents. Les premières harpes triangulaires que l'on trouve sculptées dans le Nord sont, en Norvège, celle de l'église d'Opdal, du xiiie siècle (il est vrai qu'on l'a parfois datée du xie), en Suède, celle qui ornait les fonts baptismaux de l'église de Lockne, et qui est actuellement au Musée Nordique de Stockholm. Toutes deux, représentées dans des scènes qui ont trait au roi légendaire Gunnar, sont nettement inspirées de l'Irlande [8].

Pourtant, des historiens de la valeur de Montelius [9] font de la harpe l'instrument par excellence des Vikings aux ixe et xe siècles. D'autres l'attribuent aux Finnois [10] : pour ces derniers, c'est confondre avec la harpe l'instrument national finnois, le kantele, sorte de petit psaltérion joué au plectre, tenu sur les genoux, et presque toujours, dans la légende, attribué à Wäinamoinen [11].

A la vérité, la première mention d'un instrument à cordes, d'ailleurs non précisé, nous est fournie

1. Cf. G. Peignot, Tableau de mœurs au dixième siècle ou la Cour et les Lois de Howel le Bon, Paris, 1832; — W. Probert, The ancient Laws of Cambria, London, 1823; — The Myvyrian archaiology of Wales (par Owen Jones, Edw. Williams, William Owen), 2e éd., London, 1870; — E. David, op. cit., pp. 64 sqq. — Le texte a été donné, traduit en latin, par M. Wotton, Leges Wallicæ Hoeli Boni, London, 1730.

2. E. David, op. cit., p. 67.

3. Prospectus d'une enquête sur la harpe, à la fin de An historical inquiry respecting the performance of the harp in the Highlands of Scotland. Edinburgh, 1807. — Cf. encore J.-G. Dalyell, Musical memoirs of Scotland, Edinburgh et London, 1849, chap. viii; — C. N. Mac Intyre North, The book of the Club of the true Highlanders, London, 1892; — D. Baptie, Musical Scotland, Paisley, 1894; — F.-W. Galpin, op. cit., p. 305.

4. Hume Brown, Hist. of Scotland, I, Cambridge, 1902, p. 2.

5. Topographia hibernica. III, 11, éd. J.-F. Dimock, I, Londres, 1867, p. 154 : « Notandum vero quod Scotia et Wallia, hæc propagationis, illa commeationis et affinitatis gratia, Hiberniam in modulis æmula imitari nituntur disciplina. »

6. Reproduite dans Dalyell, op. cit., pl. xxxvii, fig. 1. Un moulage au Musée Victoria and Albert, Londres, salle 46 A.

7. Hortense Panum, op. cit., fig. 93.

8. Hortense Panum, op. cit., p. 95 et fig. 102, 103. J'emprunterai beaucoup, dans ce chapitre, à cet excellent ouvrage.

9. Oscar Montelius, Les temps préhistoriques en Suède, trad. S. Reinach, Paris, 1895, p. 265. — Cf. aussi P. du Chaillu, Cf. The Viking age, II. London, 1889, p. 274.

10. J. Cundariiu, La Musique et la Magie, 1909, p. 98. — D. Comparetti, Il Kalewala, Rome, 1891, pp. 191-194.

11. H. Panum, op. cit., p. 145.

pour la Scandinavie, par la relation d'un auteur arabe, Ibn Fadhlan, qui nous rapporte qu'un chef suédois avait été enterré avec, dans sa tombe, un instrument à cordes, des boissons enivrantes, et des fruits pour soutenir son âme pendant le chemin qui va au pays des morts. Le mot harpe ne se présente que dans les *Eddas* au x⁰ siècle, à propos du héros Gunnar[1].

Là encore, il ne signifie rien de précis. Harpe désigne un instrument à cordes pincées : les sculptures qui représentent Gunnar lui attribuent, cinq fois sur six, une lyre arrondie. J'ai déjà noté plusieurs fois ce vague du vocabulaire. Mlle Hortense PANUM remarque fort justement que, au xviᵉ siècle encore, Sebastian VIRDUNG écrira (1511) : « Ce que l'un appelle harpe, l'autre l'appelle lyre », et que Peder Syv, dans ses proverbes (début du xviiᵉ siècle), donne le nom de *Harper* à un joueur de violon[2].

Lorsque le jeu de la harpe entre dans les mœurs scandinaves, il faut encore se garder d'une opinion lancée surtout par les poètes allemands du xixᵉ siècle, voire des savants comme P.-E. MULLER et P.-A. MUNCH, d'après qui la harpe était l'instrument des *Skaldes*, ou bardes scandinaves[3].

M. FINNUR JÖNSSON s'est attaché à démontrer que c'est leur prêter abusivement les mœurs mêmes que l'on attribuait, avec plus de vérité, aux Anglo-Saxons. Les plus anciens poèmes scandinaves, les *Eddas*, ne parlent pas de *skaldes* harpistes. La *Voluspa*, par exemple, nous montre le pâtre Egther assis sur une colline et jouant de la harpe : d'une part, il n'est pas *skalde;* de l'autre, il n'accompagne pas un chant, mais joue. Pour les *skaldes*, aucune mention dans leurs poèmes avant le xiiᵉ siècle, et le seul skalde, ROON-VALDR KALI (mort en 1158) qui se targue de jouer de la harpe et de savoir chanter, nous présente ces deux talents comme différents et non complémentaires l'un de l'autre.

La harpe jouera, d'ailleurs, à dater de ce temps, un rôle de plus en plus considérable dans les légendes nordiques. Déjà Saxo Grammaticus, dans son Histoire du Danemark[5], conte l'histoire du musicien qui, sous Eric le Bon, se prétendit capable d'agir avec sa harpe sur les sentiments des hommes. Le roi lui en ayant demandé la preuve, le musicien fit mettre sous clef toutes les armes; puis il commença à jouer. Il provoqua alors dans l'auditoire une tristesse profonde, puis une gaieté exubérante, enfin une fureur générale. Le roi lui-même, pris de démence, courut aux armes et tua quatre hommes avant qu'on eût pu le maîtriser.

Nous sommes ici assez près des trois *Modes* de la musique irlandaise primitive. On trouverait d'autres analogies en confrontant les Sagas des xiiᵉ, xiiiᵉ, xivᵉ siècles avec les légendes d'Irlande et du Pays de Galles : harpes aux coffres géants, capables d'a-

briter un enfant ou une jeune fille[6], harpes qui émeuvent ou irritent soit le cœur humain, soit les éléments.

Au xivᵉ siècle la harpe aura un répertoire. La Saga de HERROD et de BOSE nous a conservé les titres des morceaux que BOSE joue au festin nuptial de la sœur du roi : *Le Morceau de la géante Jaette, Morceau de forfanterie, Chanson de Hjarrandah*[7]. C'est un récital véritable, avec, autant qu'on en peut juger, ce mélange des styles qui est encore la loi du genre.

Germains.

Pour les motifs linguistiques déjà exposés, on a longtemps cru que les anciens Germains connaissaient la harpe avant les Bretons et la leur avaient transmise. C'est une des interprétations du *barbarus harpa* de Venantius Fortunatus[8]. Du même Fortunatus, F.-A. GEVAERT cite d'autres vers, tirés du récit de son voyage sur la Moselle[9] ; la métaphore du poète *aerea tela* lui semble désigner les cordes métalliques de la harpe des riverains. Si les Mosellans possédaient cet instrument, rien d'impossible à ce que les Irlandais le leur aient révélé : leurs missions commençaient déjà à circuler à travers le continent, et elles étaient particulièrement actives en Germanie.

Il est certain que les Germains, de bonne heure, avaient des instruments à cordes pincées. Procope[10] raconte que le roi des Vandales Gelimer (533), enfermé dans une forteresse des monts de Numidie, fit demander à Bélisaire qui l'assiégeait, un pain pour manger, une éponge pour laver ses yeux rongés à force de larmes, et un instrument à cordes pour accompagner un chant qu'il venait de composer.

Mais, se remémorant la confusion de vocabulaire déjà signalée, on a de bonnes raisons de croire que l'instrument en honneur chez les Germains pendant le moyen âge est la cithare, ou *rotta*. On n'a trouvé aucun dessin, aucune sculpture, aucun vestige de harpe germanique[11]. Tandis que la tombe d'un guerrier enterré à Lupfen, entre le viᵉ et le viiᵉ siècle, renfermait une cithare[12] semblable au *cruth* gallois, que l'on peut encore voir à Berlin, au Museum für Volkskunde. Si l'on rapproche cette trouvaille de celle faite près de Oedenburg, en Hongrie, d'une urne[13] (actuellement au Musée de Vienne) sur laquelle est représenté un joueur de lyre, et que l'on date du viiiᵉ au vᵉ siècle avant l'ère chrétienne, on concevra assez clairement la filiation de la *cythara teutonica* de GERBERT, — remontant par tous les chaînons vers la Thrace et l'Asie Mineure, où la cithare avait toujours été en grande faveur.

1. *Ibid.*, p. 113. Et FINNUR JÖNSSON, *Das Harfenspiel des Nordens in der alten Zeit.* Recueil *I. M. G.*, 1908.

2. *Ordsprog*, I, 373, cité par H. PANUM, p. 111.

3. *Cf.* FINNUR JÖNSSON, *op. cit.*, et aussi E. de Laveleye, *La Saga des Niebelungen dans les Eddas*, Paris, 1866, pp. 271, 279, 311.

4. J'achève ici, pour n'y point revenir, d'indiquer le rôle de la harpe au moyen âge dans les pays scandinaves : par la suite, son évolution se modèle sur celle des instruments de l'Europe occidentale.

5. Livre XII, cité par F. JÖNSSON (Saxo Grammaticus vécut entre 1140 et 1206).

6. *Volsungasaga :* Heimer dissimule dans sa harpe la petite Aslog, des vêtements précieux et de l'or. — *Saga de Herröd et Bose :* ici la colonne de la harpe est si grande qu'un homme s'y tiendrait debout. Bose y cache les beaux gants brodés d'or qu'il mettra pour le festin nuptial.

7. H. PANUM, *op. cit.*, p. 116.

8. Celle de Fétis en particulier. *Hist. mus.*, IV, 1874, p. 387. Voir aussi Oskar FLEISCHER, *Die Musikinstrumente des Altertums... in germanischen Ländern in* Helm. Paul, *Grundriss der germ. Philologie*, III, 1900.

9. *La Mélopée antique*, Gand, 1895, p. 413, note 5 :
   Vocibus excussis pulsabant organa montes,
   Redilebantque suos pendula saxa tropos.
   Luxabat placida mox aerea tela susurros.
   Respondit cannis rursus ab alpe frutex...

10. *De Bello Vand.*, II, 6. Cité par H. PANUM, *op. cit.*, p. 111.

11. Car l'attribution de la curieuse plaque de reliure du Louvre (Ivoire, A. G. 2003, fin ixᵉ ou début xᵉ siècle) n'est pas certaine. Un joueur de petite harpe triangulaire y est représenté avec exactitude; mais tandis que M. E. Molinier, qui l'a publiée (*Gazette archéol.* 1884, p. 33 et pl. vi), la tient pour allemande, d'autres, dont Pierre AUBRY, hésitent entre Allemagne et Italie.

12. H. PANUM, fig. 76 et p. 82.

13. *Ibid.*, fig. 75 et p. 81.

Lorsque, vers l'an 738, l'archevêque de Canterbury, Cuthbert, demande à Lullus, évêque de Mayence, de lui envoyer un *cytharista* capable de jouer de la cithare appelée *rotta*[1], il nous fournit un nouveau témoignage de la pratique déjà courante de la *rotta* en pays germanique, tandis que les Iles-Britanniques n'en ont encore qu'une idée vague.

Gaule. — France primitive,

On ne sait rien de précis de la musique à l'époque gauloise : les phrases bien connues de DIODORE DE SICILE[2] sur les bardes accompagnant leurs louanges ou leurs imprécations avec des instruments semblables aux lyres, celles d'AMMIEN MARCELLIN, qui tient au IVe siècle des propos analogues, sont à peu près inutilisables pour notre objet. L'iconographie, qui va prendre chez nous, au cours du moyen âge, un si magnifique développement, est, jusqu'au XIe siècle, d'une rare indigence. La Bible de Charles le Chauve (850)[3] représente un instrument stylisé qui peut être une harpe trigone, semblable à celle du psautier de Notker Labeo (Saint-Gall, Xe siècle). Quant aux petites harpes du psautier d'Utrecht, qui sont, à ce que l'on croit, l'œuvre d'un artiste de l'École de Reims vers le IXe siècle, on ne peut dire si leur forme correspond à une réalité contemporaine ou à une simple réminiscence alexandrine. Le bassin émaillé, trouvé près de Soissons et conservé au Cabinet des Médailles[4], que les archéologues ont longtemps daté du VIIIe siècle, est du XIIIe pour le moins : ainsi, la petite harpe qui y est figurée perd toute signification. Quelques sculptures sur des chapiteaux des églises du centre de la France (Verneuil[Nièvre], Sainte-Marie-des-Dames, Saintes[5], etc.), quelques enluminures, comme celles du psautier carolingien de la Bibliothèque de Boulogne-sur-Mer, ou la petite harpe triangulaire à neuf cordes d'un psautier latin du XIe siècle, d'origine peut-être catalane[6], constituent à peu près l'essentiel de ce que l'on possède antérieurement au milieu du XIIe siècle.

C'est vers cette extrême limite qu'apparaît, dans toute sa clarté, la petite harpe française du moyen âge, sculptée sur le chapiteau de l'église Saint-Georges-de-Bocherville, en Normandie : dans un groupe de douze musiciens et jongleurs, le dixième personnage assis tient de la main gauche une petite harpe qu'il accorde de la droite avec une clef; l'instrument a moins de dix cordes (l'imperfection de la sculpture rend illusoire un décompte plus précis), il présente le dessin général de la *cythara anglica* de GERBERT, avec la corde sonore beaucoup plus développé qui caractérise à ses débuts la harpe irlandaise.

Comme partout ailleurs, il est fort probable que la harpe a été en usage bien avant qu'on en donnât des représentations convenables. Ce qui nous est dit des bardes bretons et gaulois des premiers siècles, les définitions d'Eucherius qui résidait à Lyon, ou de Cassiodore, évêque de Poitiers, nous fournissent un faisceau de présomptions : l'ambiguïté *cythara-harpa* nous interdit de les transformer en preuves. Mais, lorsqu'une charte, donnée à Nantes en 1079, nomme CADIOU, *citharista*[8] du duc Hael de Bretagne, la harpe nous sommes à peu près sûrs qu'il s'agit là d'un harpiste. Au siècle suivant, Raoul de Cambrai le précise : « Harpent bretons et viellent jougler[9]. »

On peut sans témérité admettre que, si la harpe avait laissé chez les érudits, les gens d'église, un souvenir en quelque sorte traditionnel, son usage est ranimé par les missionnaires irlandais, qui le transmettent aux Bretons du continent, d'où il se répand à travers la France et l'Europe occidentale. M. Édouard FARAL cite au Xe siècle, dans l'*Ecbasis Captivi*[10], l'épisode du hérisson qui prend la *cithare* pour chanter les triomphes de Rome. Dans ce cas, on peut traduire à peu près à coup sûr, tant sera fréquente pendant tout le moyen âge l'évocation, par les imagiers et sculpteurs, d'animaux jouant de la harpe.

MOYEN AGE (1100 A 1450)

Irlande.

Dès le début de cette période[11], les Irlandais possèdent deux sortes de harpes, de formats différents : l'une très petite, à l'usage des missionnaires religieux; la grande, à l'usage des harpistes de métier. M. R.-B. ARMSTRONG détermine de la façon suivante les caractéristiques de la grande harpe : le corps sonore (*box* ou *trunk*) est invariablement creusé dans un morceau de bois massif; à l'origine, la table d'harmonie est plate, par la suite elle est légèrement renflée le long de la ligne médiane, à l'endroit où s'insèrent les cordes, protégées des frotte-

---

1. « Delectat me quoque cytharistam habefe qui possit cytharizare in cythara, quam nos appellamus Rottæ (*sic*), quia cytharam habeo et artificem non habeo. » *In* Migne, *Paffol. lat.*, t. XCVI, col. 839.

2. DIODORE DE SICILE, V, 31. — AMMIEN MARCELLIN, XV, 25.

3. Offerte en 850 à Charles le Chauve par le comte Vivien, abbé de Saint-Martin de Tours. Elle est reproduite dans A. de Bastard, *Peintures et ornements de mss*, VIII, pl. CLXVI; H. LAVOIX, *La Musique dans l'Ymagerie du moyen âge*, Paris, 1875, pl. I.

4. Vitrine VIII, n° 33. *Cf.* L'Evesque de la Ravallière, *Poésies du Roy de Navarre*, I, Paris, 1882, p. 251. — Ch. BURNEY, *Hist. mus.*, II, 1782, p. 264 et pl. II. 3.

5. Reproduite dans *Musée de Sculpture comparée du Trocadéro*, Alb. grand in-fol. s. d., pl. XI.

6. Bibl. nat. *Ms. lat. 11550*, fol. 7 verso (fin XIe début XIIe siècle).

7. Reproduite dans A. DeVille. *Essai historique… sur l'église et l'abbaye de Bocherville*, Rouen, 1827, pl. III bis, fig. 2. — BOTTÉE DE TOULMON, *Instructions du Comité historique des arts et monuments*, avril 1839, pl. VI. — C. DE COUSSEMAKER, *Mém. sur Hucbald*, 1841, pl. III, 5.

— Abbé Cochet, *Catal. du Musée d'antiquités de Rouen*, Rouen, 1868, p. 58.

8. La Borderie, *Hist. de Bretagne*, III, p. 29.

9. Ed. FARAL. *Les Jongleurs en France au moyen âge*, Paris, 1910, p. 283. *Cf.* aussi, *ib.* 100 (Merlin).

10. Ed. FARAL, *in* J. Bédier et F. Hazard, *Hist. litt.*, *op. cit* , I. p. 29.

11. **Bibliographie.** — B. de Roquefort-Flaméricourt, *De l'État de la poésie française dans le douzième et treizième siècles*, Paris, 1816, pp. 112-116. — F. FERNE, *Sur les instruments de musique au moyen âge* (*Rev. mus.*, FÉTIS, II, pp. 457-481). — BOTTÉE DE TOULMON, *op. cit.* et *Dissertation sur les instruments de musique au moyen age* (*Mém. Société roy. des antiquités de France*, 1838-1844). — C. DE COUSSEMAKER, *Essai sur les instruments de musique au moyen âge* (*Annales archéol.* de Didron, t. III). — R. VON RETBERG, *Zur Gesch. der Musikinstr.* (*Sammlung mus. Vortrāge*, P. Gräf WALDERSEE, 4e Série, 1882), et *Gesch. der Spielmanuszunft in Frankreich*, Berlin, 1884. — O. FLEISCHER, *Die Musikinstr. des Altertums und Mittelalters* (Hermann Paul's *Grundriss der germ. Philologie*, III, 567 sqq.). — H. LEICHTENTRITT, *Was lehren uns die Bildwerke…* (*Sammelb. I. M. G.*, VII, p. 315).

ments par les petites pièces métalliques appelées : souliers des cordes (*shoes of strings*). A la base du corps sonore est une sorte de talon de bois destiné à en supporter le poids et à le garantir des chocs; deux ouïes sont percées dans la table, vers la gauche par rapport au harpiste jouant[1].

La colonne est garnie de bandes de cuivre ou d'argent qui la renforcent et l'ornent à la fois. Il arrive que la tension des cordes la dévie vers la gauche : on rajoute, en ce cas, de nouvelles bandes de métal.

La console est robuste, présente souvent une section en forme de T; on la surélèvera au XVIIe siècle, et on la raccordera à la console par une courbe beaucoup plus hardie.

Les chevilles sont en métal, en bronze la plupart du temps, presque toujours ciselées et ornées; elles traversent la console de droite à gauche et sont percées à gauche. Pas de sillets pour mettre rigoureusement les cordes sur un plan.

Les cordes sont métalliques. « Ils se servent de cordes d'airain et non de cuivre, » dit Giraldus Cambrensis au XIIe siècle[2], parfois même d'argent, d'après un poème de la même époque allégué par O'Curry[3].

Seuls, les harpistes de second ordre usaient de cordes de cuir (*leather thongs*[3]).

Le raffinement de la construction était extrême. Un artiste dessinait la forme de l'instrument, un menuisier la découpait, un orfèvre fournissait les ornements d'or, un décorateur achevait d'embellir le tout. Un spécimen magnifique a été conservé et reste

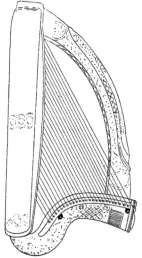

Fig. 974. — Harpe de Brian.

exposé au Musée de Dublin, sous le nom de Brian Boru's harp; on a, en effet, longtemps supposé

qu'elle avait appartenu au roi Brian Borumha, tué en 1014 à la bataille de Clontarf. Il semble établi que cette harpe, dont les vicissitudes sont excellemment racontées dans l'ouvrage de M. W.-H. GRATTAN FLOOD[4], date de 1220 environ, et fut envoyée d'Irlande en Ecosse par le roi de Thomond, comme rançon de son barde, détenu en captivité.

Elle a 30 cordes; elle mesure environ 72 centimètres de haut; le corps sonore est fait de saule rouge, la colonne de chêne. La console est recouverte presque entièrement d'argent ciselé. Un cristal taillé y est enchâssé dans l'argent; une autre pierre, enchâssée de même jadis, a disparu. La console se termine par une bosse blindée d'argent, destinée à la protéger en l'ornant. Les trous de la table d'harmonie, par lesquels sortent les cordes, sont entourés de figures de lions (ou d'ours). Les ouïes sont également ornementées.

On jouait la harpe irlandaise, selon son format, maintenue sur les genoux, ou posée à terre; le corps sonore appuyé contre la poitrine, face à l'épaule gauche; les cordes étaient pincées entre l'ongle et la chair[5], méthode graduellement abandonnée à partir du XVIe siècle environ. LYNCH, décrivant les harpistes du XVIIe siècle, écrit : « Les joueurs les plus accomplis pincent les cordes avec l'extrémité du doigt, non avec leur ongle, au contraire de l'habitude commune en Irlande. Cette coutume est aujourd'hui, sinon tout à fait bannie, du moins adoptée seulement par les plus grossiers exécutants, dans leur désir de tirer des sons plus puissants et de faire résonner toute la maison avec leurs mélodies[6]. » Lors du meeting fameux tenu à Belfast en 1792, le célèbre Denis HEMPSON jouait encore ainsi avec ses ongles, seul de tous les concurrents.

La harpe irlandaise s'accordait selon un procédé décrit par BUNTING (*op. cit.*, p. 23), en utilisant successivement unisson, quinte, octave, ainsi de proche en proche. L'échelle de la harpe à vingt cordes s'étendait de l'*ut* deuxième ligne supplémentaire au-dessous de la portée en clef de *fa*, au *ré* deuxième ligne au-dessus, clef de *sol*; elle était, en général, accordée en *sol* majeur; le premier *fa* dans le grave manquait.

La chronologie assignée par BUNTING aux pièces qu'il reproduit est sujette à caution. On peut cependant admettre que, de longue date, la mélodie irlandaise présentait les caractères qu'il lui assigne : deux sortes d'airs, les uns avec omission systématique de la quarte et de la septième, les autres qui possèdent ces deux degrés. On a tiré argument de la première espèce pour émettre l'idée que la harpe aurait été construite tardivement, à l'imitation d'un instrument défectif comme le bagpipe. Ces omissions, d'après BUNTING[7], ne sont pas caractéristiques. Ce qui l'est, c'est le rôle important joué par l'intervalle de sixte majeure qui se rencontre dans toute musique irlandaise ancienne. Voici, tiré de son recueil de 1840 (p. 89), un prélude intitulé : *Feaghan Geleash*, ou *Vois si elle est accordée*.

1. R. B. ARMSTRONG, *op. cit.*, pp. 27-29.
2. *Topographia hibernica*, éd. Dimock, V, p. 154.
3. Vallancey, *Collectanea de rebus hibernicis*, II, 235.

4. *Op. cit.*, pp. 39-48 et fig. 15. Nombreuses descriptions de cette harpe, dans LEDWICH, *op. cit.*, p. 253 et pl. XXIV; BUNTING, p. 40 et pl. XXXVII, XL, XLIII; O'CURRY, III; R. B. ARMSTRONG, I, p. 55 et pl. I à III; GALPIN, *op. cit.*, pl. IV, *Proceedings of the Society of antiquaries of Scotland*, 1880-81, p. 23; *Zeitschrift der I. M. G.*, 1903-1904, p. 246.
5. John GOOD (1566). GALILÉE (1551), STANYHURST (1584), cités par ARMSTRONG, I, 36.
6. ARMSTRONG, I, 36.
7. *Op. cit.*, pp. 13 sqq.

L'authenticité de ces textes est peut-être assurée : leur pureté l'est moins : l'enseignement des harpistes était transmis dans le plus grand secret, confié seulement à la mémoire. On n'a commencé que tardivement à recueillir les œuvres traditionnelles.

Giraldus Cambrensis a prôné très haut l'art des harpistes irlandais de son temps (xiiie siècle), louant la vivacité — qui n'excluait pas la douceur — de leur jeu, comparé à la lourde et triste musique des autres instruments britanniques; et, dans la plus grande vitesse, l'égalité de la mesure, la pureté de la mélodie à travers toutes les modulations et les accords les plus complexes, le dosage adroit des diverses sonorités, un art dont le summum semblait être de se dissimuler [1].

La harpe, dès ce moment, joue dans la vie sociale irlandaise un rôle important; on en trouvera de nombreux traits dans l'ouvrage de M. W.-H. GRATTAN FLOOD [2]. Je noterai seulement, d'après lui, que l'introduction de la harpe dans les armoiries et sur

les monnaies irlandaises ne date pas, comme on l'a souvent dit, du règne de Henri VIII, mais bien des rois Jean et Edouard Ier, au xiiie siècle. La harpe avait d'abord figuré dans le blason particulier de la province de Leinster.

Deux des noms les plus illustres de cette période sont ceux de MAELROONEY O'CARROLL, chef des harpistes irlandais, tué le 10 juin 1329 à la bataille de Bragganstown, et de CARROL O'DALY, mort en 1405, l'auteur de l'air célèbre : *Eibhlin a Ruin*, composé pour la jeune fille qu'il enleva, Eileen Kavanagh.

Pays de Galles. — Angleterre. — Écosse.

La *telyn* du pays de Galles ressemble assez à la harpe irlandaise. La principale différence est dans les dimensions beaucoup plus grandes de la colonne, qui donnent à l'instrument un aspect plus élancé. Les représentations anciennes de la *telyn* nous montrent le dos de son corps sonore percé de quatre ouïes rectangulaires, qui l'ouvrent sur presque toute sa largeur; elles étaient évidemment closes par des couvercles, ou tendues de cuir, car une harpe ouverte ainsi n'aurait pas eu de son.

L'une des plus anciennes qui subsistent est celle du Musée de Dublin. Elle remonte à peine au xviie siècle, mais sa ressemblance avec la harpe de la croix de Nigg donne à croire qu'elle correspond bien au type primitif [3]. Cette harpe n'est pas équilibrée de façon à

---

1. *Op. cit.*, III, 91, éd. Dimock. t. V, p. 153-154 : « Non enim in his, sicut in britannicis quibus assueti sumus instrumentis, tarda et morosa est modulatio, verum velox et præceps, suavis tamen et jocunda sonoritas. Mirum quod, in tanta tam præcipiti digitorum irapacitate musica servatur proportio; et arte per omnia indemni, inter crispatus modulos, organaque multipliciter intricata, tam suavi velocitate, tam dispari paritate, tam discordi concordia redditur et completur melodia... Tam subtiliter modulos intrant et exeunt; sicque, sub obtuse grossioris chordæ sonitu, gracilium tinnitus licentius ludunt, latentius delectant, lascivius demulcent, ut pars artis maxima videatur artem velare, tamquam : « Si lateat, prosit; ferat ars depressa pudorem (Ovide). »

2. *Op. cit.*, pp. 52 sqq.

3. Cf. H. PARUD, *op. cit.*, p. 94 et fig. 101.

rester debout; elle devait être posée contre un mur, ou suspendue par une cheville, d'où l'usure de son pilier (ARMSTRONG). Les *Leges Wallicæ* [1] nous apprennent déjà que les *telyn* des harpistes de basse classe étaient montées de crin; quand l'un d'eux, pour devenir un musicien plus achevé, échangeait sa *telyn* contre une harpe à cordes de métal, il payait une redevance de vingt-quatre pence au maître joueur.

La harpe galloise ancienne avait de douze à dix-sept cordes sur un rang, accordées diatoniquement. Plus tard, au xviie siècle, elle en possédera trois rangs; mais l'hypothèse formulée par Edward JONES [2] que cette innovation daterait du xive siècle, ne repose sur rien.

Quelle musique exécutait cette harpe? Les réponses données sont extrêmement variables. On a publié à Londres, de 1801 à 1807, sous le titre de *Myvyrian Archaiology of Wales* [3], un curieux manuscrit du British Museum (add. 14905) intitulé : « *Musica neu Beroriaeth... la musique des Bretons telle que la régla un congrès ou assemblée des maîtres de musique, par ordre de Gryffydd ap Cynan, prince de Galles, vers l'an 1100.* » Ce manuscrit renferme de la musique galloise ancienne, transcrite sous le règne de Charles Ier, vers 1630, d'après un original exécuté un siècle auparavant par le harpiste William PENLYNN [4].

La forme de la transcription est étrange : c'est une tablature sans les traits horizontaux qui caractérisent les tablatures de luth et de viole, et avec une séméiographie également particulière. On ne peut ici en reprendre l'examen détaillé, qui a été fait par M. Ernest DAVID (loco cit.). Bien que BURNEY ne soit pas parvenu à la lire d'une façon satisfaisante, et que les transcriptions faites, dit-on, par le violoniste français BARTHELEMON [5], aient disparu dans un incendie en 1809, il est certain que c'est là un système inspiré des tablatures d'orgue ou de luth de l'époque de la Renaissance, et non une séméiographie antique comme le veut John PARRY [6], ni même datant du vie siècle, comme le prétend John THOMAS [7].

L'antiquité du contenu, transmis, par conséquent, par tradition non écrite, jusqu'aux xve, xvie siècles environ, est variable et presque toujours incertaine. Quelques fragments peuvent avoir un passé fort lointain; ceux, en particulier, qui indiquent les vingt-quatre *mesures*, dont nous donnons ici un extrait. Ces vingt-quatre *mesures*, dont chacune comporte vingt-quatre variations, se distinguaient par la position différente des accords, les variations portant sur la rythmique; ainsi, chaque harpiste, qui était tenu de les posséder à fond, avait à sa disposition une abondance considérable de clichés techniques et — si l'on peut ainsi parler — harmoniques :

Pour les airs, il en va autrement.

John THOMAS a donné, dans la deuxième édition de la *Myvyrian Archaiology* [8], une transcription du prélude du *Gosteg yr Halen* qu'il date du vie siècle. On pourra juger ici de son parfum archaïque. Mais, comme John THOMAS ne donne aucune raison appréciable, que d'autres exemples sont bien faits pour inciter à la prudence [9], on se gardera d'accepter sans réserves cette chronologie toute sentimentale.

Gosteg yr Halen

1. Voyez plus haut, p. 1910.
2. *Musical and poetical Relicks of the Welsh bards*, éd. 1794, p. 104 (Il s'appuie sur un texte extrêmement obscur du barde SION EOS).
3. Du nom de Myvyr, nom gallois d'Owen Jones, l'éditeur principal. La *Myvyrian Arch.* a été rééditée en un seul volume, en 1870 (Londres), avec un chapitre additionnel par John Thomas.
4. Sur ce ms. et ses transcriptions cf. E. DAVID, *op. cit.*, chap. IX.
5. E. DAVID, *op. cit.*, p. 139.

6. *The Welsh Harper*, Londres, 1839.
7. *Myvyrian Arch.* (1870), p. 1238.
8. P. 1119.
9. Par exemple, les Gallois (DAVEY, *Hist. of english music*, 1895, p. 8) attribuent à l'air *Morva Ruddlan* une antiquité à peu près aussi haute que celle de la bataille de Rhuddlan, en 795. Or M. W.-H. GRATTAN FLOOD y voit une simple adaptation, par Moore, d'un air irlandais du xviie siècle (p. 34).

Ce que l'on sait avec certitude, c'est la prédilection des Gallois pour leur *telyn*. Elle apparaît dans le soin que prend, vers 1100, le roi Gryffydd ap Cynan[1] de donner de nouvelles lois à la musique de son pays. Irlandais par sa mère, élevé en Irlande après que son père eut été dépossédé du royaume de Galles par un usurpateur, il réorganise à son retour les assemblées de poésie et de musique, appelées *eisteddfodau* (singulier : *eisteddfod*), dont la coutume remontait au moins au vi[e] siècle. Il préside en 1100 l'*eisteddfod* de Caerwys, et c'est là qu'il arrête le canon des vingt-quatre mesures, règle la hiérarchie des bardes, et le détail de leurs attributions. Trois classes de bardes : poètes, hérauts, musiciens. Parmi les musiciens, trois classes : première, les harpistes ; deuxième, les joueurs de *crwth;* troisième, les chanteurs.

L'*eisteddfod* devait être triennal[2], annoncé un an et un jour à l'avance, à des jours de fête déterminés ; réunir des candidats sévèrement sélectionnés et jugés par des maîtres éprouvés. Les aspirants bardes n'arrivaient au degré suprême de leur hiérarchie, n'étaient nommés *pencerdd* (docteur) qu'après trois cycles de trois ans, précédés d'un noviciat de trois ans. Le *pencerdd* qui, lors de l'*eisteddfod*, remportait le prix du concours, était nommé chef-barde et avait droit à un siège d'honneur et à une chaine d'or. Chaque barde avait des revenus, terres, émoluments,

lors des cérémonies publiques, et *tournées de Cléra* (triennales, suivant chaque *eisteddfod*, selon un circuit déterminé à l'avance).

Gryffydd avait, dit-on, pris conseil des harpistes irlandais qu'il avait pu apprécier sur place. L'amour-propre gallois a parfois tenté de le nier[3] : c'est aller contre le témoignage de Gerald Barry (Giraldus Cambrensis)[4], que sa naissance galloise, l'époque à laquelle il vivait (C. 1147-1223), ses voyages et sa culture rendent particulièrement plausible. Or, il écrit dans sa *Topographia Hibernica* (III, II) : « Il faut noter que l'Ecosse et le Pays de Galles, l'une à cause de sa parenté, l'autre grâce à des relations communes et à l'affinité de goûts, rivalisent d'émulation dans l'imitation de la musique irlandaise. »

Il rend d'ailleurs justice à l'art des harpistes gallois en leur appliquant les termes exacts (*mirum; quod*, etc.) qu'il avait employés pour évoquer l'art des Irlandais[5].

Quant à la place que tient la harpe dans la vie privée des Gallois, il en donne un aperçu fort sug-

1. Cf. E. David, *op. cit.*, p. 72, et surtout Edw. Jones, *op. cit.*, pp. 28-31.

2. Sur la prédilection des Gallois pour le chiffre 3, cf. Edw. Jones, p. 105.

3. Par exemple Thomas Stephens (*The Litterature of the Kymry*, 2e éd., Londres, 1876, p. 61) s'efforce de limiter l'influence de Gryffyd à son entourage personnel : il n'aurait eu qu'une faible action sur la musique galloise telle qu'elle préexistait à son arrivée, déjà solide et organisée.

4. A son sujet cf. A. Joly, *Etudes anglo-normandes, Gérald le Gallois*, 2 vol., Caen, 1888-1891 ; Henry Owen, *Gerald the Welshman*, Londres, 1904 ; Ed.-W. Llewelyn Williams, introduction à *The Itinerary of Wales*, Londres, 1908. Textes dans la Roll's edition : *Topographia Hibernica*, V, 1867, et *Descriptio Kambriæ*, VI, 1868 (J.-F. Dimock).

5. *Descript. Kambriæ*, I, 12 (Dimock, VI, 186).

gestif lorsqu'il écrit[1] : « Les voyageurs qui arrivent chez eux dans la matinée sont récréés jusqu'au soir par la conversation des jeunes femmes et les sons de la harpe. Car il y a dans chaque maison, à cet effet, des jeunes filles et des harpes. D'où l'on peut conclure deux choses : que la jalousie est aussi peu développée en Galles qu'elle est excessive en Irlande; et que tous les hommes, dans chaque tribu ou famille, mettent au-dessus de toute science l'habileté au jeu de la harpe. » L'usage d'avoir dans chaque maison des harpistes domestiques survivra jusqu'au xixe siècle dans la haute société galloise[2].

Pour la pratique de l'instrument, on aura une idée de sa constante faveur en consultant les copieuses listes de harpistes que donne Edward Jones dans son recueil[3], fort intéressant au point de vue biographique, sinon d'une chronologie toujours certaine.

A la cour des rois d'Angleterre, les harpistes sont, dès le xiie siècle, mentionnés à chaque instant. Je n'en reproduirai pas la liste, qui exigerait des pages. Je signalerai seulement le harpiste de Richard Ier, Blondel de Nesle (C. 1150-C. 1200), un Français, comme il s'en trouvera plusieurs en 1306, lorsque Édouard Ier tiendra une cour plénière : à cette occasion sont nommés Guillaume le Harpour, qui est avec le patriarche Anthony Beck, Gillot le Harpour, Hugetoun le Harpour, Richard le Harpour, qui est avec le comte de Gloucestre, Matheu le Harpour, William de Grymesar's le Harpour, Adinet le Harpour[4]. La plupart de ces noms indiquent une origine française, tandis que l'on verra en France les harpistes anglais en particulière faveur[5].

Écosse.

Une harpe sculptée sur un monument du xive siècle à Kiels[6] est à l'exacte ressemblance de l'instrument irlandais dit *Brian's harp*. C'est aussi le cas des deux magnifiques harpes écossaises, actuellement existantes, connues sous le nom de *Queen'a Marry's harp* et *Lamont harp*.

La première[7], antérieure au xve siècle, a appartenu à Marie de Lorraine, mère de Marie reine d'Écosse. Elle est aujourd'hui au musée d'Édimbourg. Ses dimensions sont à peu près celles de la Brian's harp. Elle était montée de vingt-neuf cordes en cuivre jaune que l'on faisait résonner avec les ongles[8]. L'accord

était basé sur la gamme diatonique avec septième mineure; on la jouait posée sur le genou gauche, appuyée contre l'épaule gauche, la main gauche touchant les cordes supérieures (Hipkins et Gibb). Tout dans cet instrument indique l'origine irlandaise. De même dans la Lamont harp, aussi ancienne, sinon davantage, car elle passe pour avoir été apportée du comté d'Argyle, en 1464, par une jeune fille de la famille de Lamont.

Elle devait avoir, à l'origine, trente-deux cordes; sa console actuelle, raccourcie, n'en comporte plus que vingt-neuf. Sa hauteur est, à quelques centimètres près, celle de la harpe de Brian. Elle a, à la façon des harpes irlandaises, sa caisse de résonance creusée dans une pièce de bois massive[9].

Inspirés d'abord de leurs modèles d'Irlande, les harpistes écossais, au dire de Giraldus Cambrensis[10], non seulement égalaient de son temps leurs maîtres, mais encore les surpassaient. Ils usaient, d'ailleurs, au xvie siècle encore, de harpes ordinaires et de *clarischoes* (c'est-à-dire harpes irlandaises), les premières montées de cordes de boyau, les autres de cordes de laiton[11].

Pays germaniques.

La harpe, apparue assez tardivement, va connaître à partir des *minnesänger* une vogue toujours croissante. A dater du xiie siècle, les représentations figurées abondent, concordant presque toutes pour nous donner les traits d'un petit instrument très portatif, muni de neuf à vingt-cinq cordes. Il faut, cependant, excepter celui qui est attribué à une jeune femme (*Musica*) dans le *Hortus deliciarum* de Herrad von Landsberg, abbesse du couvent de Hohenburg à Sainte-Odile d'Alsace[12]. Bien que neuf cordes seulement soient représentées, le format est intermédiaire entre celui de la harpe portative et celui de la grande harpe irlandaise, ou galloise, dont l'influence est ici très nette, dans le corps sonore, beaucoup plus développé, et certains détails comme les *shoes of trings*, qui viennent manifestement d'outre-mer.

On trouve aussi, parfois, des intermédiaires entre le psaltérion et la harpe : un manuscrit allemand de 1148[13] montre un instrument dont le dessin général est celui de la harpe, avec en plus une table de psaltérion doublant les cordes. Mais le type de beaucoup le plus répandu est celui de la harpe légère; la colonne formant une courbe convexe par rapport au corps sonore, réduit à une très faible épaisseur. Un spécimen direct en est conservé au Musée national bavarois de Munich. Il est ainsi décrit, sous le nº 126 du catalogue[14] : « Harpe à vingt-deux cordes (actuellement absentes), marquetée d'ébène et d'ivoire. Hauteur, cinquante-neuf centimètres. Provenance, Frei-

---

1. *Ibid.*, 10 (VI, 183).
2. John Rhys and D. Brynmor Jones, *The Welsh people*, Londres, 1906, p. 514.
3. *Op. cit.*, pp. 48-49.
4. Beriah Botfield, *Manners and Household expenses of England in the thirteenth and fifteenth centuries*, Londres, 1841, p. 141. D'autres listes de harpistes en Angleterre, in W.-H. Grattan Flood, *op. cit.*, *passim*, et *The english Chapel Royal under Henry V* (*Sammelb. I. M. G.* 1909), *Musical entries in the english patent Rolls* (*Musical antiquary*, July 1913, p. 226 sqq.). — J.-G. Dalvell, *Musical memoirs of Scotland*, Edinburgh, 1849, chap. VIII.
5. Ed. Faral, *op. cit.*, p. 314, scène de noces dans *La Prise de Cordres* (milieu xiiie siècle) :

> De la grant joie que il voient entr'ox.
> Tubent ces gualtes, chantent cil jugleor,
> Lais de Bretagne chantent cil vieleor,
> Et d'Iugleterre i ont des harpeors...

6. H. Panum, fig. 94.
7. *Cf.* A.-J. Hipkins and W. Gibb, *Musical instruments, historic, rare and unique*, Edinburg, 1888, pl. II et pp. 3-4. — Dalvell, *op. cit.*, p. 240. — John Gunn, *An historical inquiry respecting the performance of the harpe in the Highlands of Scotland*, Edinburgh, 1807, pl. II, et pp. 13-17. — Armstrong, *op. cit.*, I, 168.
8. John Gunn raconte (*op. cit.*, p. 19) la mésaventure du harpiste écossais O'Kane (xviiie siècle), à qui, pour le châtier de son insolence, de jeunes seigneurs rognèrent les ongles.

9. G. Hipkins and Gibb, *op. cit.*, pl. iii et pp. 5-6. — Armstrong, *op. cit.*, I, 158. — *Proceedings of the Society of antiquaries of Scotland*, XV, 10. — W.-P. Grattan Flood, *op. cit.*, p. 61.
10. *Topograph. Hib.*, III, ii (Dimock, V, 154).
11. Armstrong, I, 139-140.
12. Ce précieux manuscrit, reproduit pour la première fois par Ch. Engelhardt en 1818, a été détruit en 1870 par l'incendie de la bibl. de Strasbourg. M. Martin Vogeleis en a donné une étude détaillée : *Die Musikinstrumente im Hortus Deliciarum* (*Revue alsacienne*, 1904, p. 68) et *Quellen und Bausteine zu einer Geschichte der Musik in Elsass*, Strasbourg, 1911. Le manuscrit portait la date de 1180. La harpe représentée au fol. 18 y était appelée *cithara* et *citharœdus*, dans le texte, traduit par *Harpfaere*.
13. Brit. mus. *Harl.*, 2804, fol. 3 b.
14. K.-A. Bierdimpfl, Munich, 1883, p. 48.

sing. Type usité du xɪᵉ·au xvᵉ sièc'e aux processions, et joué surtout à cheval. » Le Musée du Conservatoire de Bruxelles en possède un *fac-simile*[1], pour lequel on a reconstitué le jeu de cordes, accordées diatoniquement en *fa-majeur,* et couvrant trois octaves à partir du *fa* quatrième ligne en clef de *fa*.

De tels instruments sont représentés à profusion[2] dans les manuscrits et sur les sculptures du temps. Leur nom, dans les textes, est *harfe*, ou *harpe*: On trouve parfois aussi le mot de *swalwe*, qui semble désigner une harpe d'origine anglaise (à ce qu'indiquent les lexiques hauts allemands)[3].

Pour la place que tient la harpe dans la société, ses rapports avec les poètes et les chanteurs, toute la littérature du moyen âge est là pour en donner une juste idée : nous éviterons les redites en examinant cette question à propos des trouvères et des jongleurs français. C'est, en effet, entre les influences britanniques et françaises qu'oscille encore, pour un temps, la vie musicale de l'Europe.

France et Flandres.

La harpe qui se répand à travers la France, dans tous les milieux musicaux, des jongleurs aux musiciens princiers, est semblable à celle des *Minnesänger;* comme elle influencée, quant au format, par la petite harpe anglo-saxonne, mais avec, assez souvent, le corps sonore plus développé et inspiré des modèles irlandais. Au reste, aucune mesure précise, aucun « canon ». De nombreux instruments nous sont représentés avec six, sept et neuf cordes, mais le poète Huon de Bordeaux, au xɪɪᵉ siècle, montre le jongleur qui « à trente cordes fait sa harpe sonner[4] ».

Si petite, elle ne peut avoir grande sonorité. C'est ce que nous confirme un curieux passage de la *Ballade du métier profitable* d'Eustache Deschamps (xɪvᵉ siècle), dans lequel un jongleur examine les mérites et inconvénients des divers instruments entre lesquels il hésite pour se comparer :

> Les haulx instrumens sont trop chers.
> La harpe tout bassement va,
> Vielle est jeu pour les moustiers.
> Aveugles chifonie aura,
> Choro bruit, rothe ne plaira,
> Et la trompe est trop en usaige.

Un superbe spécimen de ce modèle délicat et discret est conservé au Louvre. C'est la harpe d'ivoire, travail franco-flamand de la fin du xɪvᵉ siècle, ou du début du xvɪᵉ siècle, offerte au Musée par la mar-

quise Arconati - Visconti. La caisse de résonance, reconstituée tardivement, est sans intérêt. Mais la console et la colonne, par le fini de leurs ciselures, justifient le renom de cette œuvre d'art[6]. La décoration se compose de fleurs de lys et de sujets religieux, Nativité, Adoration des Mages, Massacre des Innocents, avec l'inscription flamande : *en Bethléan*. Un monogramme, A.-Y., a été diversement interprété : première et dernière lettre de la devise de Philippe le Bon, « aultre n'aray »; ou initiales d'Antoine de Bourgogne et de sa seconde femme Ysabelle de Luxembourg, ou bien d'Amédée de Savoie et Yolande, fille de Charles VII.

L'instrument est de très petit format; sa hauteur ne dépasse pas quarante-deux centimètres, sa largeur vingt-trois centimètres. C'est bien là, avec un raffinement de présentation qu'on ne peut prétendre habituel, — mais la forme et les dimensions courantes, — la harpe des *ménestrels* et des *jongleurs* dont les miniatures et les sculptures du moyen âge nous fournissent des milliers de répliques[7].

La harpe au moyen âge est intimement liée aux faits et gestes des *jongleurs* d'abord, puis des *ménestrels* et *harpeurs* spécialisés. On ne peut prendre, pour toute cette période, de meilleur guide que M. Ed. Faral, dont le livre, paru en 1910 (en résumé dans l'*Histoire Littéraire*, déjà citée, de Bédier et Hazard), annule un nombre considérable de travaux antérieurs, dont je renonce à surcharger la bibliographie de cet article.

Les *jongleurs*, héritiers, non des *bardes* ni des *scóps* (chanteurs anglo-saxons qui, à partir du vɪᵉ siècle, allaient d'une cour princière à une autre chanter les louanges des grands), mais des *mimes* latins qui envahirent l'Europe occidentale dès le début du moyen âge, — ne sont pas seulement gens de théâtre, mais baladins de carrefours. On les trouve de façon certaine (*joculares* ou *joculatores*) au ɪxᵉ siècle, ce qui ne signifie pas qu'ils n'aient pas existé antérieurement. Ils prendront le titre de *ménestrels* (à l'origine qualificatif de tous les bas officiers, gens de maison), quand les seigneurs, non contents d'accueillir les *jongleurs* errants, en conserveront à demeure, attachés à leur service[9].

Le nom de *ménestrel* bientôt ne s'appliquera plus qu'au *jongleur* (xɪɪɪᵉ siècle), et finira par désigner toute la corporation, le titre se dégradant par là même sensiblement. Au xvᵉ siècle, la *Rue aux Jongleurs* (emplacement de la rue Rambuteau) devient la *Rue des Ménétriers*.

Le *harpiste* pendant longtemps n'est pas étroitement spécialisé : « L'industrie du *jongleur* est extrê-

---

1. N° 1498. — On aura une idée de la difficulté qu'il y a à renseigner exactement en comparant la harpe de Munich et ses deux *fac. simile*. L'original a 0ᵐ.59 de haut et 22 cordes, la copie de Bruxelles (Catalogue V. Mahillon, III. p. 95) 0ᵐ.56, une autre copie, à Copenhague (Cat. Angul Hammerich, trad. E. Bobé, 1911, n° 261), 0ᵐ,52 et 20 cordes.

2. Cf. J. de Heffner-Alteneck, *Trachten, Kunstwerke... vom frühen Mittelalter,* 2ᵉ éd., Francfort, 1889. — P. Ruberl, *Die illuminierten Handschriften in Steiermark,* Leipzig, 1911 (harpes des xɪɪᵉ-xɪɪɪᵉ siè. cles, en général de petit format, à 10 cordes); cf. aussi les recueils de reproductions de miniatures, de A.-V. Oechelhauser, G. Swarzenski, F. Wickhoff, etc.

3. « Die Herfe heizet *swalwe* », in *Titurel,* V. 2946. On trouve aussi les formes *Swalbes, svaluwa,* etc. (O. Schade, *Altdeutsches Wörterbuch,* Halle, 1872). Sur les Minnesänger et leur musique, cf. Alwin Schütz, *Das höfische Leben zur Zeit der Minnesänger,* I, Leipzig, 1879, pp. 429 sqq. — A. Schubiger, *Musikalische Spielegion,* Berlin, 1876. — E. Michael, *Gesch. des deutschen Volkes,* IV, Fribourg-en-Brisgau 1906, pp. 375 sqq.

4. Faral, *op. cit.,* p. 281 (au vers 7811).

5. Eustache Deschamps, *Poésies morales et historiques* publiées par G.-A. Crapelet, Paris, 1832.

6. Fig. 116 de E. Molinier, *Cat. des Ivoires du Musée du Louvre,* 1896. *Cf.* aussi E. Molinier, *Un Don récent...* (*l'Art*, LIII, p. 182). — A. de Champeaux, *La Harpe d'ivoire du Musée du Louvre* (*Chronique des Arts et de la Curiosité,* 1895, n° 12). — A. Maskell, *Ivories,* Londres, 1905, pp. 361-363. — F. Valdrighi, *Memorie della reg. acc. in Modena,* 2ᵉ série, t. X. 1304, p. 46.

7. Pour l'iconographie de la harpe au moyen âge, *cf.* les ouvrages déjà cités de Coussemaker, Bottée de Toulmon, H. Lavoix fils, H. Lein. Tenhnt, les recueils et *fac-simile* déjà cités, plus ceux de Durrieux, Omont, W. de Gray-Birch, H.-H. Humphreys, Willemin, *Monuments français inédits,* 3 vol., Paris, 1839. — M. A. Racinet, *Le Costume historique,* Paris, 1888. — A.-J. Hopkins, *The Musical Instruments of the Angels represented in the early italian paintings in the National Gallery* (*The Hobby Horse,* Londres, 1893, n° 1). — Scheurleer, *Iconographie des instr. de musique,* La Haye, 1914. — M. Sauerlandt, *Die Musik in fünf Jahrh. der europaischer Malerei,* Leipzig, 1922. — Cort Monick, *Die Musik in der Malerei,* Munich, 1924.

8. *Les Jongleurs en France au moyen âge.*

9. Ed. Faral, passim.

mement complexe et mêlée. Celui qui chante de geste saura aussi conter un fabliau : le *tombeur* (acrobate) chantera des lais d'amour. Le musicien sera acrobate; le harpeur considère de son métier de jouer aux dés ou aux échecs[1]. » Dans le *Roman des deux bourdeurs ribauds* (fin du XIIIe siècle), l'un des deux compères expose ses divers talents :

Je suis jugleres de viele
Si sai de muse, et de frestele
Et de harpe, et de chifonie,
De la gigue, de l'armonie ;
E del salteire et en la rote
Sai ge bien chanter une note.

De nombreux passages développent ce même thème de l'universalité des talents du *jongleur*.

De même, dans ses rapports avec le *trouvère*, il y a des modalités différentes. En général, le *trouvère* compose le poème, le *jongleur* est chargé de l'exécution, chant et accompagnement. Mais il arrive que le *jongleur* soit capable de composer aussi, s'élevant au-dessus de la classe des simples bateleurs. Il apporte sa harpe à la fin des festins :

Quand les tables ostées furent
Cil jugleor en piés esturent
S'ont vielles et harpes prises
Chansons, sons, lais et reprises
Et de gestes chanté nos ont[2].

Au contraire de la plupart des instruments, le sien est agréé des nobles. Dans le *Roman de Horn* (XIIe siècle), un épisode rappelle singulièrement l'histoire de CAEDMON :

A GUFER en après fu la harpe baillée
Et del lai qu'il fit fu la note escotée
Loez l'unt quant il vint jeke a la finée
Tut en reng en après fu la harpe liverée
A chescun pur harper fu la harpe commandée,
Chescuns i harpa, vileins seit qu'il devée
En cel tens surent tuit harpe bien manier,
Cum plus ert curteis hom, tant plus sot des métier[3].

L'instrument en reçoit un grand prestige. Et l'on voit dans le *Roman de Perceforêt*, les lais accompagnés par la harpe dévolus au seul roi des *ménétriers* PAUSTONNET[4]. Dans *Daurel et Beton*, le harpeur DAUREL reçoit de son seigneur, à titre héréditaire, le château de Montclar[5]. Dans le *Roman d'Alexandre*, c'est la ville de Tarse qui échoit en présent à un harpeur[6]. Aussi, n'est-on pas surpris de voir, dans *Aucassin et Nicolette*, le harpeur en brillante compagnie, lorsque Aucassin exprime son désir d'aller en enfer plutôt qu'au ciel :

« Et s'i vont les beles dames cortoises, que eles ont deux amis ou trois avec leur barons, et s'i va li lors et li argent et li vairs et li gris, et si i vont harpeor et jogleor et li roi del siècle[7]. »

Au XVe siècle, nous verrons à plusieurs reprises les

chroniqueurs et les poètes exalter la gloire de virtuoses particulièrement estimés. Dans son *Champion des Dames*, Martin le Franc s'exclame avec orgueil :

Ne face mention d'Orphée
Dont les poètes tant descripvent :
Ce n'est qu'une droicte faffée
Au regard des harpeurs qui vivent,
Qui si parfaictement avivent
Leurs accors et leurs armonies,
Qu'il semble de fait qu'ils escripvent
Aux angéliques mélodies[8].

Guillebert de Metz, vers le même temps, regrette déjà une splendeur qu'il considère comme révolue · « Grande chose étoit à Paris... quand y conversoient Guillemain DANCEL et PERRIN de SENS, souverains harpeurs, CRESCEQUES, joueur de rebec; CHYNEDUNY le bon corneur à la turelurette et aux fleutes, etc.[9]. » D'autres noms, antérieurs même à ceux-ci, nous ont été conservés. Celui de COPIN DE BREQUIN, roy des menestereulx, qui reçoit 13 s. 4 d., en mai 1360, pour une harpe achetée au commandement du roi Jean pendant son séjour en Angleterre; en 1403, de COLIN JULIENNE, harpeur, qui reçoit 40 s. « pour sa peine et salaire d'avoir mis à poinct la harpe de la royne d'Angleterre qui estoit toute rompue, et y avoir mis des chevilles et encordé tout de neuf[10] ».

Philippe le Hardi a des harpistes à son service, à partir de 1375 : GAUTIER L'ANGLAIS, puis BAUDENET FRESNEL, qui reçoit en une seule fois trente francs « pour avoir une harpe », et vingt francs « pour un chevaul pour lui monter[11] »; il fait de temps en temps un présent à des harpeurs de passage.

Charles d'Orléans a pour la harpe la même prédilection que sa mère Valentine, qui en jouait fort bien : il a à son service JEAN DE JONDOIGNE et JEAN PETIT GAY[12]. On a conservé deux curieuses quittances du luthier de Valentine Visconti, du 17 janvier 1400 et du 29 mars 1401. Dans la première, Lorens DU HEST, faiseur de harpes à Paris, reconnaît avoir reçu de son trésorier la somme de trente-deux sous parisis « pour avoir rappareillé et mis à point deux des harpes de Madame la Duchesse, esquelles il a fait et mis broches et ycelles toutes neufves, et ycelles recollées là où mestier estoit; et en l'une d'icelles, fait, taillé et assis un fond tout neuf ». Dans la seconde, trente-six sous parisis « pour avoir rappareillé et reffaicte, et mise à point la belle harpe de Madame la Duchesse. C'est à savoir recolé le bel baston qui estoit rompu en deux lieux, et avoir taillé, mis et assis en icellui une pièce de bois, et avoir reffait tout neuf le fond d'icelle qui avoit esté tout froissiez et rompus, et ycelle avoir garnie de broches et de cordes[13] ».

1. FARAL, op. cit., p. 83.
2. Hugues de Berçy, *Tournoiement d'Antechrist* (milieu du XIIIe siècle), cité par A. DINAUX, *les Trouvères cambrésiens*, 1834. p. 18. Des épisodes analogues dans *Durmar le Gallois, Erec, le Bel Inconnu, le Roman de Brut, Aymeri de Narbonne* (FARAL, passim). — Cf. aussi le passage célèbre de la *Prise d'Alexandrie*, de GUILLAUME DE MACHAUT (XIVe siècle, aux vers 1140-1170 de l'éd. Mas-Latrie, Genève, 1877), auquel E. TRAVERS a consacré une étude (Vieille) : *Les Instr. de mus. au quatorzième siècle d'après Guillaume de Machaut*, Paris, 1882. Une récente thèse soutenue sur le même sujet à l'École des Chartes (D. PARENT) n'a pas encore été publiée.
3. Cité par A.-W. AMBROS, *Gesch. der Musik*, II, Leipzig, 1880, p. 26.
4. BOTTÉE DE TOULMON, *Dissertation sur les instr. de mus.*, op. cit. (1844).
5. FARAL, p. 83 (XIIe siècle).
6. *Ibid.*, p. 112.
7. FARAL, p. 283.

8. *Champion des Dames*, f° 272. L'ouvrage, composé vers 1440, est édité à Lyon vers 1485. Cf. Arthur Piaget, *Martin le Franc, prévôt de Lausanne*, Lausanne, 1888. Le passage a été cité, avec un commentaire hasardeux, par V. der STRAETEN, *La Musique aux Pays-Bas*, IV, 1878, p. 117. — Cf. aussi A. GASTOUÉ, *La Musique à Avignon* (*liv. mus. ital.*, 1904, p. 278). — *Faffée* : plaisanterie, sornettes.
9. *Description de la Ville de Paris*, édit. LeFoux de Lincy, 1895, p. 84 (cité par M. BRENET, *Les Concerts en France sous l'ancien régime*, p. 9). Le ms. de Guillebert est de 1434, mais il a trait au début du siècle.
10. L. DOUËT d'ARCQ. *Comptes de l'Argenterie des Rois de France au quatorzième siècle*, Paris, 1851, pp. 248 et 382.
11. M. BRENET, *Musique et musiciens de l'ancienne France*, 1911, p. 9. — Cf. aussi R. Pfost, *Liste des artistes mentionnés dans les États de la maison du roi* (Archives historiques, artistiques et littéraires, I, 1889) : nombreuses mentions de harpistes attachés à de nobles personnages.
12. Pierre Champion, *Vie de Ch. d'Orléans*, Paris, 1911, pp. 477 sqq.
13. H. BERNHARD, *Recherches sur la corporation des ménétriers Bibliothèque de l'École des Chartes*, IV, 1842, p. 530).

Charles VII, en 1413, achète cent livres tournois « une belle harpe bien ouvrée à notre devise, que nous avons voulu avoir et icelle faire acheter pour nous esbattre et faire jouer devant nous[1] ». Isabeau de Bavière, en cela du moins, partage ses goûts[2].

On pourrait allonger à l'infini la liste des harpeurs princiers, à partir du xve siècle, tant en France que dans les Pays-Bas, où la harpe tient de plus aux processions une place particulièrement importante[3], qu'en Italie, où Dante la cite déjà dans son *Paradis* (XIV, 118), où les facteurs d'instruments la fabriquent avec un art consommé[4], où les tableaux de maîtres la représentent à l'envi. Elle intervient peut-être comme cause efficiente dans les amours de la malheureuse Parisina d'Este et de son beau-fils Ugo qui, après s'être détestés, furent pris de passion l'un pour l'autre, et, surpris ensemble, décapités le 21 mai 1425 par ordre du mari offensé. La musique, la harpe en particulier, était, jusqu'à la veille du drame, leur distraction quotidienne : ce n'est pas l'imagination des romanciers qui nous livre ce détail, mais la comptabilité de la cour d'Este, où M. F. Valdrighi a relevé[5] les payements faits aux luthiers, d'ordre de Ugo et de Parisina.

Placée à la jonction des civilisations française et italienne, la cour de Savoie n'est pas moins férue de harpe. On y voit employer, entre 1375 et 1475, avec un Donato de Venise, des Franco-Belges comme Reynaud, Jean d'Ostende, Guillaume le Parisien, François de Larpe, Janin de Larpe[6].

En Espagne, le magnifique portail de la Gloire, de l'église de Santiago de Compostelle, en Galicie, sculpté par Master Mateo en 1188, nous présente déjà, avec sa clef à accorder, une petite harpe du modèle courant. Ce qui redouble l'intérêt de cette œuvre fameuse, c'est la réunion en orchestre — analogue à celle de Saint-Georges de Bocherville — de tous les instruments connus, harpe, psaltérion, vielle pincée, chifonie, etc. La harpe revient dans plusieurs motifs sculptés de la même église, parfois associée à la flûte double. J'ai déjà cité (page 1899), au xiiie siècle, l'instrument de type assyrien si surprenant figuré dans le *Libro de los juegos* d'Alphonse le Savant.

A partir de cette époque, outre de nombreuses mentions anonymes conservées dans les pièces d'archives[1], nous voyons à la cour d'Aragon un *toccador de arpa*, Hanequi, probablement venu de Flandre[8], en 1388; en 1437 un Italien, Piero da Gaeta[9]. C'est d'ailleurs en Catalogne surtout que fleurit l'art de la harpe. On y cite au xive siècle, outre Hanequi, les

ministrers de harpe Armer, Fontenya, Martinet, etc. En 1394, Juan Ier d'Aragon, demandant à l'un de ses organistes de lui envoyer des instruments d'Allemagne, lui enjoint d'excepter les *orgues, échiquiers, rotes, harpes*, dont il a à profusion[10].

Les peintures des églises catalanes, Barcelone, Vic, etc., confirment pleinement les témoignages des archives. Les instruments représentés sont semblables, soit à celui de Santiago de Compostelle, soit, avec un développement plus grand du corps sonore, à la harpe irlandaise dite de Brian.

Tenue et technique primitives.

Nous pouvons, en rassemblant les documents de toute sorte que nous fournit le moyen âge, nous faire une idée approximative de la tenue et de la technique primitives de l'instrument. Les représentations figurées nous montrent la harpe jouée debout (c'est le cas surtout lorsqu'elle est jouée en orchestre dans les cortèges, en France et dans les Flandres; en Allemagne, il arrive même qu'on l'attribue à des cavaliers). Elle est parfois pendue au cou de l'exécutant, comme le montrent, outre les miniatures, ces vers du *Roman de Brut* (vers 1155) où BalduIf, pour pénétrer dans une ville assiégée, se déguise en jongleur :

> Al siege ala cOmme joglere
> Si fainst que il estoit harpere
> . . . .
> Une harpe prist à son col[11].

Plus souvent encore, on la joue assis, appuyée sur les genoux. Dans de nombreuses miniatures, elle est représentée sortie à moitié de la gaine d'étoffe souple dans laquelle on l'enveloppait pour la transporter « comme quelque chose que l'on emporte avec soi tous les jours, en manière de *vade-mecum*[12] ».

On en voit un excellent exemple dans un manuscrit du *Roman d'Alexandre* (xiiie siècle), reproduit par MM. J. Bédier et Hazard dans leur *Histoire de la Littérature française*[13].

Le *Harpiste s'accordant* est un des poncifs de l'imagerie du moyen âge. Nous le voyons sur le chapiteau de l'église de Saint-Georges de Bocherville, dans les miniatures des xe au xve siècle, en abondance[14]. La clef d'accord dont il se sert est généralement massive, ornée vers l'extrémité qui sert de poignée soit de fleurs de lys (*Brit. Mus. harl.* 745 interprété à tort par M. Hughes-Hughes comme un plectre), soit de têtes d'animaux ou de monstres.

Comme l'accord empirique de la harpe était chose assez délicate, on lui donnait une extrême importance. *La Lumière as lais*, un manuscrit français du xive siècle dans lequel la science du temps est vulgarisée à l'usage des laïcs ignorants du latin[15], contient un curieux paragraphe :

1. *Chartes royales*, XIII, 699. Cité par H. Lavoix, *Hist. de l'instrumentation*, 1878, p. 15.

2. *Cf.* B. Bernhard, *op. cit.*, p. 530.

3. *Cf.* V. der Straeten, *Musique aux Pays-Bas*, IV (1878), pp. 140, 197, 246, 256, etc. : harpes aux processions de Grammont, Termonde, Audenarde, Bruges, etc.

4. A Ferrare, en 1424, Rinaldo d'Iacopo da Comini, *in* L.-F. Valdrighi, *Nomochelinopografia* (*Mem. acc. Modena*, 2e série, t. II, 1884, p. 238). — *Cf.* aussi Em. Motta, *Musici alla corte degli Sforza* (*Archivio storico lombardo*, 2e série, t. IV, 1887, p. 56).

5. *Op. cit.*, pp. 119, 235-240.

6. *Cf.* A. Dufour et F. Rabut, *Les Musiciens, la musique et les instr. en Savoie* (*Mém. de la Société savoisienne d'hist. et d'archéologie*, XVII, 1878, p. 13 sqq.). — G. Borghezzio, *La Fondazione del Collegio nuovo puerorum innocentium del Duomo di Torino* (*Note d'archivio per la storia musicale*, Rome, I, 3).

7. Cf. *Encyclopédie de la Musique*, chap. relatif à l'Espagne (M. Mitjana) et Portugal (A. Lambertini). — F. Fedrell, *Emporio científico e histórico de organographía antigua española*, Barcelone, 1901.

8. V. der Straeten, VII (1885), p. 73.

9. L.-F. Valdrighi, *op. cit.*, p. 242.

10. F.-A. Barbieri, appendice à *La Musica en Gerona*, de Julian de Chia, Gerone, 1886. — Higini Angles, *Els ministrers* (*Revista musical catalana*, XXII, 1925, p. 258.

11. Ed. Faral, *op. cit.*, p. 147 (vers 9336 sqq. du *Roman*).

12. P.-Ch. Cahier, *Caractéristiques des saints dans l'art populaire*, II, Paris, 1867, p. 568.

13. *Op. cit.*, I, 4. C'est le ms. français 24364, Bibl. nat. — De semblables fourreaux représentés dans les ms. anglais du British Museum, add. 24686, fol. 11 (vers 1280), add. 21926, fol. 26 (xiiie), ou français, 15, D. ii (*ibid.*).

14. Edw. Buhle, *Die Musikinstr. in den Miniaturen des frühen Mittelalters*, I, Leipzig, 1903, pl. xiv. — 9. Warner, *Reproductions from illuminated ms.*, London, 1910, pl. x, 1re série; xi, 2e série; xix, 3e série.

15. *Brit. Mus.*, 15, D. ii, fol. 51. Cf. P. Meyer, in *Romania*, VIII, 1879, p. 325.

Coment lem deit harpe temprer (accorder)
De ceus qui mulement temprent la harpe ;
L'une corde trop haut trerra (haussera)
Et l'autre trop avalera (baissera).

Et l'auteur anonyme conclut :

Si meuz ne prenge la temprure
Dieu de son harpeur n'aura cure.

L'exécutant se servait parfois, du plectre, comme il appert de ce passage du *Roman de Brut* :

De le forel (fourreau) ad sa harpe saké
E son *plectrum* ad empoyné
Se cordes a ben atempréz
Si ke ben se sunt accordez[1].

L'ancien anglais a, d'ailleurs, une profusion de termes pour désigner le plectre : *hearpenaegl, hearpslege, naegl, sceacel, scearu, slegel*[2]. Selon Good[3], les plus grandes harpes irlandaises ont été très tardivement jouées au plectre, mais la technique usuelle n'en comporte pas l'emploi, sauf rares exceptions. On la pince des deux mains, la gauche dans le registre aigu, la droite dans le grave. L'ordre inverse (dû probablement à une maladresse du peintre ou du sculpteur) ne se présente pas une fois sur dix. Jusqu'au XIIᵉ siècle, il semble que l'exécutant ne se serve que du pouce, de l'index et du médius de chaque main, cette position est remarquablement indiquée dans une enluminure du XIIᵉ siècle de la Bible de Souvigny[4]. Plus tard, la position se complique : un retable du XIVᵉ siècle, conservé jadis dans la collection Dalman, à Barcelone, montrait la main qui jouait à l'aigu pinçant c_i n_q cordes, tandis qu'une seule corde était ébranlée dans le grave : ce qui correspondrait à une position d'accords singulièrement moderne.

Ce que pouvait exécuter un instrumentiste de cette forme, le *Roman de Horn* nous en donne un aperçu assez flatteur :

Lors prend la harpe a sei, si comence à temprer,
Deu ! Qui donc l'esgardat, cum la sout manier,
Cum ses cordes tuchot, cum les faisoit jramler,
Asquantes fet chanter, asquantes organer,
De l'armonie del ciel li poreit remembrer.
Quant ses notes ai fet, si la prist à munter,

Et par tut autres tons fet les cordes soner.
Kant il ot issi fait, si cumence à noter
Le lai d'unt or ai dit de Batolf, haut et cler,
Si cum funt cil breton de tel fait custumer.
Après en l'estrument fait les cordes chanter
Tut issi cum en vois l'aveit en premier ;
Tut le lay lor a dit, n'en vot rien retailler.

« Voilà bien, dit M. H. LAVOIX, l'exécution d'un véritable morceau de concert, avec prélude, chant et ritournelle. GUDMOD, avant de chanter, essaye sa harpe, plaque les accords, puis change de ton, prélude encore et attaque enfin le morceau ; à peine a-t-il fini son lai que la harpe répète la mélodie sous forme de ritournelle ; c'est complet[5]. »

Un manuscrit italien du XVᵉ siècle, exploité, sinon découvert, en 1913 seulement, a beaucoup ajouté aux connaissances antérieures. Dom. Ferretti et Santore Debenedetti en ont donné le texte, M. A. SCHERING l'a interprété musicalement, et on se reportera utilement à leurs travaux[6]. En bref, il s'agit d'une suite de sonnets de Simone Prudenzani d'Orvieto (C. 1367-C. 1440) intitulés *Il saporetto*. Au treizième sonnet apparaît un certain Pierbaldo, noble, riche, adonné aux arts. Son meilleur ami, Buonare, a un fils nommé SOLLAZO, qui, comme son nom l'indique de façon non équivoque, est un boute-en-train ; de si haute valeur que, voulant divertir ses hôtes pour la semaine de Noël, Pierbaldo supplie Buonare de le lui envoyer. Buonare consent. SOLLAZO se rend chez Pierbaldo et prend la haute direction des fêtes qui vont se dérouler sans arrêt pendant huit jours ; poésie et musique en seront les deux éléments alternés. SOLLAZO va se révéler chanteur, joueur de luth, d'orgue, de psaltérion, de hautbois, de harpe, en somme, de tous les instruments alors en usage.

Chaque sonnet porte, outre son titre, mention de l'instrument qui intervient comme accompagnement, et parfois, en intermède, comme soliste. Nous voyons ainsi SOLLAZO exécuter, dans *Agnel son bianco*, de JOH. DE FLORENTIA ; et *La Douce Cère* de BARTOLINO DE PADUA, de véritables soli de harpe. On en trouvera ci-joint des exemples reconstitués par M. A. SCHERING, à l'aide de textes musicaux conservés par ailleurs et mis au jour par M. Johannes WOLFF[7].

Joh. de Florentia   Agnel son bianco.

1. C. 1155. Cité par J. SITTARD, *Vierteljahresschrift fur Musikwissenschaft*, 1885, p. 175.
2. F.-M. PADELFORD, *Old english musical terms*, Bonn, 1899, p. 79.
3. In Camden's *Britannia*, 1586.
4. Musée de Moulins. C'est le David du *Beatus vir*.
5. H. LAVOIX, *La Musique au siècle de saint-Louis*, op. cit., p. 303.
6. Cf. Dom. Ferretti, *Il codice palatino parmense 286 e una nuova Incatenatura*, Parme, 1913. — Santore Debenedetti, *Il Sollazzo e il Sapotetto con alttre l'ame di Simone Prudenzani* (*Giorn. storico della letterat. ital.*, Supplément nᵒ 15, Turin, 1913). — A. SCHERING, *Studien zur Musikgesch. der Frührenaissance*, Leipzig, 1914, pp. 64 sqq.
7. *Agnel son bianco* in *Sammelb. der I. M. G.*, III ; p. 633, et la *Douce Cère*, in *Gesch. der Mensuralnotation*, Leipzig, 1904, nᵒ 46.

A quelques conventions près, M. Schering suit le texte ancien authentique. Il faudrait se garder de lui donner trop d'importance quant à la technique de la harpe; le transcripteur fait très justement observer[1] que les virtuoses enrichissaient sans doute leur partie selon leurs' possibilités : c'est l'évidence même, la fidélité au texte étant une exigence toute moderne, et son contraire, jusqu'au xviiie siècle pour le moins, tenu pour indispensable à toute exécution instrumentale, preuve d'ingéniosité et de science. Tel quel, ce texte, avec ses hoquets, la marche déjà indépendante des deux parties, laisse présumer un art assez proche de celui des luthistes, qui auront tôt fait, il est vrai, de le dépasser et de l'éclipser.

Symbolisme de la harpe.

Si la harpe a, pendant tout le moyen âge, un rôle musical important, sa forme gracieuse, les attitudes décoratives auxquelles elle prête inspirent, non seulement les arts plastiques ou la poésie, où nous l'avons maintes fois rencontrée, mais aussi et de façon plus surprenante la symbolique religieuse et profane. Les Pères de l'Eglise assimilent couramment sa forme triangulaire à celle du cœur humain, les sept cordes dont on la montait à l'origine aux sept vertus cardinales[2]. Ils ne reculent pas, pour corser l'analogie, à de pieux calembours, transmis de leurs premiers écrits au Traité de Gerson[3] en plein xive siècle, et jusqu'au xvie au Thoscanello de la musica, de Pietro Aaron[4].

Dès le viie siècle, Isidore de Séville amassait en un paragraphe toutes ces trouvailles : « Forma citharæ initio similis fuisse traditur pectori humano, quod uti vox, ita ex ipsa cantus ederetur, appellataque eadem de causa. Nam pectus dorica lingua χιθέρα vocatur.... Veteres autem citharam fidiculam vel fidem nominaverunt quia tam concinunt inter se chordæ ejus, quam bene conveniunt inter se quos fides sit... Chordas autem dictas a corde, quia sicut pulsus est cordis in pectore, ita pulsus chordæ in cithara[5]. »

Cette symbolique atteint parfois à une subtilité qui finit par voisiner de fort près avec une extrême candeur. L. Delisle et P. Mayer ont publié, d'après un manuscrit français du début du xiiie siècle, une Apocalypse illustrée de miniatures nombreuses où sont souvent représentés les Anges harpistes. Les gloses du texte indiquent à diverses reprises l'idée de pénitence attachée à la harpe. La phrase « ils avaient tous des harpes » est commentée ainsi qu'il suit (je respecte la forme naïve, facilement accessible, du texte original) : « Ceo ke aveint harpe signefle ke il mortifierunt sagement lur char en croiz de penaunce, si com la corde est tendue e atemprent al fust de la harpe pur bien soner[6]. »

Chez les poètes, l'idée de pénitence s'efface : au xve siècle, Molinet, avec son art d'un verbalisme as-

sez creux, file de longues[']comparaisons entre la harpe à sept cordes et les sept vertus, les sept planètes, tout ce qui peut s'accommoder d'un nombre aimé des dieux[7]. Son devancier Guillaume de Machault employait, à des évocations plus terrestres, un nombre plus élevé de cordes :

Je ne puis trop bien ma Dame comparer
A la Harpe et son corps gent parer
De vingt-cinq cordes que la Harpe ha
Dont Roi David par maintes fois harpa[8].

Là-dessus, il énumère vingt-cinq cordes, dont la première est bonté, la seconde gaieté, la troisième douceur, la quatrième humilité; l'extrême étirement de ce jeu d'esprit en dévoile l'artifice. Il n'y a plus rien là de mystérieux : une fantaisie rhétoricienne, et c'est tout.

Il est encore une attribution de la harpe au moyen âge, assez singulière celle-là, dont l'explication n'a pas été trouvée, telle du moins qu'on puisse l'accepter de confiance : c'est celle qui en est faite aux bêtes. Comme les Egyptiens et les Syriens (cf. p. 1898) nous ont laissé de nombreuses représentations de singes harpistes, le moyen âge français figure fréquemment dans le même emploi deux animaux choisis parmi les moins nobles : le porc et l'âne. Le xiie siècle abonde en représentations de « l'Ane à la harpe ». Les églises de Sainte-Parize le Châtel, dans le diocèse de Nevers, de Saint-Cosne-sur-Loire[9], de Saint-Nectaire[10] (où l'on se demande, à la vérité, si l'animal représenté est un âne ou un bœuf), la cathédrale de Chartres (portail sud), un chapiteau de l'église de Meillet[11], la porte du transept méridional de l'église Saint-Pierre à Aulnay (reproduite au Musée de sculpture comparée du Trocadéro), mainte enluminure de manuscrits, nous le montrent tantôt béat et fier d'un talent peu commun, tantôt humble, avec un air de pénitence profonde.

Ces deux « expressions » peuvent déterminer deux interprétations divergentes, probablement exactes toutes les deux. Fondée ou non en raison, la réputation de stupidité, d'amusicalité de l'âne, est vieille comme le monde. Les Grecs et les Latins avaient pour désigner la sotte présomption de nombreux dictons, tels que : l'âne n'aime pas entendre résonner la lyre, qu'a de commun l'âne avec la lyre[12]? Dans le haut allemand, donner une harpe à un âne (der Esel ein Harpffen geben), est le comble de l'absurdité. Ce qu'expriment encore ces vers de Flore et Blanceflor, dans lesquels un sorcier réalise des miracles :

En canteyres estoit moult sage
Les bues (bœufs) faisoit en l'air voler
Et les ânes faisoit harper[13].

Aussi peut-on voir, avec l'abbé Crosnier et d'autres, dans plusieurs sculptures précitées, la satire de l'orgueil des sots qui les pousse à s'élever

---

[1]. Op. cit., p. 115.
[2]. Isidore de Séville, Originum sive etymologiarum libri XX, au livre III, ch. xxii (Patrologie de Migne, t. lxxxii).
[3]. Œuvres complètes, éd. Anvers, 1706, t. III, p. 626.
[4]. Venise, 1523, fol. ii.
[5]. Loco cit. Ce passage a été repris presque textuellement par la plupart des théoriciens du moyen âge, parfois avec des fioritures additionnelles. John Maulburne, dans son Rosetum exercitium spirituálum, 1491 (sorte d'aide-mémoire à l'usage des prédicateurs à court de sujets) : « Cithara... quod cita iteratione percutitur. »
[6]. L. Delisle et P. Mayer, L'Apocalypse en français, Paris, 1900, 1901 (d'après le ms. fr. 403 de la Bibl. nat., fol. 8, v°). Les éditeurs signalent treize manuscrits d'inspiration analogue.

[7]. Chant royal, au fol. 103 v. des Faictz et dictz de feu de bône mémoire maistre Jehan Molinet, Paris, 1531. Sur ce symbolisme de la harpe, cf. H. Lavoix, op. cit., pp. 422-423, 432.
[8]. Bibl. nat., ms. fr. 7221 (ancienne cote), fol. 163 sqq.
[9]. Etudiées toutes deux par l'abbé Crosnier, Iconographie chrétienne (Bulletin monumental, XIV (1848), p. 252, et XVI (1850)), p. 492.
[10]. Abbé G. Rochias, Les Chapiteaux de l'église de Saint-Nectaire, ibid., 1900 (tirage à part, Caen, 1910, p. 29). Sur les animaux et la harpe, cf. aussi F. Clément, l'Ane au moyen âge (Annales archéol. de Didron, XVI, 1856, p. 26). — le P. Ch. Cahier, in Nouveaux Mélanges d'archéologie, III, 1874, p. 247.
[11]. K. Storck, Musik und Musiker in Karikatur und Satire, Oldenburg, 1910, fig. 272.
[12]. Cf. Kastner, Parémiologie, op. cit., pp. 181 et 272.
[13]. Cités par La Curne de Sainte-Palaye, Dict. histor. de l'ancien langage, français, VII, 1880.

au-dessus de la condition dans laquelle la Providence les a placés. Mais, dit le comte de Bastard[1], la symbolique chrétienne se plaît aux contrastes, et « il nous sera permis aussi de prendre en bonne part l'âne musicien ». Selon lui, il faut y reconnaître le roi David ; comme parfois l'ânesse représente ou bien sainte Eve notre première mère, ou les moines laborieux, ou les diacres, les pécheurs repentants, l'Eglise chrétienne, le genre humain tout entier.

C'est ainsi que dans le psautier latin du XIIe siècle, n° 143 de la Bibliothèque de Copenhague, manuscrit d'origine probablement anglaise, si David est montré sous les traits du bon animal aux longues oreilles, symbole injuste de la stupidité, c'est que lui-même s'est représenté comme une bête de somme en présence du Seigneur : *ut jumentum factus sum apud te* (psaume LXXII.)

Pour le « porc à la harpe », l'intention caricaturale seule semble de saison : à part l'exemple de l'église de Bruyères (Aisne, XIe, XIIe siècle)[2], où l'on voit, placidement assis et pinçant d'un instrument triangulaire, le représentant habituel de passions plus dangereuses, on le rencontre davantage au début de la Renaissance. Dans une copie célèbre des *Chroniques* de Froissart, exécutée vers 1473 et actuellement au British Museum[3], une truie-harpiste est représentée juchée sur des échasses, allusion probable à de trop hauts talons, et coiffée d'un hennin à longs voiles flottants : Th. Wright rapporte cette charge avec beaucoup de vraisemblance à la réprobation que soulevèrent, chez les personnes pieuses, les coiffures au clocher :

« En ces temps où les passions n'étaient assujetties à aucune contrainte, les belles dames étalaient un tel luxe et une telle licence que le personnage choisi comme pouvant le mieux les représenter est une truie. »

La sculpture de Notre-Dame-de-l'Epine (Marne), contemporaine de cette miniature, bien qu'elle soit sans hennin, voiles, ni échasses, précise par la présence de l'aumônière coquettement pendue à la ceinture, qu'il s'agit encore de prêter à l'animal pervers les apparences d'une noble dame, ou inversement.

RENAISSANCE (C. 1450-C. 1500)

Iles Britanniques.

On trouve en Irlande, à l'époque de la Renaissance, nombre de harpistes distingués, dont les noms nous ont été transmis dans les ouvrages déjà cités de MM. R.-B. Armstrong et W.-H. Grattan Flood, tels : Donogh Mac Creedan, Thady Creedan, Bryan Mac Mahon, James O'Harrigan, Donal Mac Namara, Donal O'Heffernan. Il faut accorder une mention particulière à Richard Cruise qui a pu fléchir l'historien assez sévère qu'est Stanyhurst[4]. Tandis qu'il avait

peint le harpiste aveugle jouant, au festin, avec ses ongles crochus, grattant les cordes sans égard pour la mesure ni l'accent, offensant les oreilles des initiés, Cruise le ravit, et il le déclare sans comparaison le plus éminent harpiste dont on puisse garder la mémoire, « non pas le premier, mais le seul qui soit au monde ».

Quelques boutades comme celle-ci n'empêchent pas que les Irlandais continuent à jouir d'une primauté à peu près universellement reconnue, et à laquelle Galilée, à la fin du XVIe siècle, rend hommage[5].

En Ecosse, où le goût de la harpe est si vif que la Cour en fait son passe-temps favori[6], continuent à coexister la harpe ordinaire et la clarscha, d'origine irlandaise. J.-G. Dalyell mentionne par exemple, en 1502, des payements faits à :

Pate, harper on the harp XIV s.
Pate, harper on the clarscha XIV s.
James Milson, harper, XIV s.
To the *Ireland*, clarscha, XIV s.
To the *Inglis*, harper, XIV[7] s.

Les hauts personnages ont leurs harpistes : on connaît ceux de l'évêque de Ross, du Laird Balnacownis, du comte de Sutherland (un Donald Maclean, à son service, meurt en 1602 dans une tempête de neige), etc.

Le roi James IV fait à plusieurs reprises, en 1502, par exemple, des largesses à des joueurs de clarscha. Quand la reine Anne, sa femme, entre à Edimbourg, le 19 mai 1490, elle est accueillie par un orchestre où la harpe figure en bonne compagnie entre les orgues et les luths[8]. En 1497, le nombre des harpistes est porté à trois ; en 1505, la musique de la Cour possède « cinq harpistes et quatre clarschas ».

Des dames de la haute société ne dédaignent pas de s'improviser virtuoses.

A Londres, sans parler des harpistes au service de grandes familles, les comptes de la Trésorerie sont pleins de pareilles mentions : en 1450, un don de dix marcs annuels fait par Henri VI au barpeur de la reine John Turges, « Harpour with our moost dere and bestbelovyd wyf the Quene[9] ».

Dans la maison de Henri VII, en 1501, figure un harpiste gallois : un autre Gallois, Blind More, sera au service de la princesse Mary, fille de Henri VIII[10]. L'apogée est peut-être atteint pendant le règne de l'implacable Henri VIII (1509-1547) qui, devenu vieux, « s'efforce à se récréer le plus fort qu'il peut, allant jouer tous les soirs sur la Tamise avec harpes, chantres, et toutes autres sortes de musiques »[11].

---

1. *Etudes de symbolique chrétienne. Rapport sur les crosses de Tiron et de Saint-Amand de Rouen*, Paris, 1861.

2. Ed. Fleury, *Antiquités et monuments du département de l'Aisne*, III, 1879, p. 61. — A. de Florival, in *Réunion des Sociétés des Beaux-Arts des départements*, 1882, p. 191.

3. *Harleian ms.* 4379. Reproduite par J.-G. Dalyell, *op. cit.*, XXI ; K. Storck, *op. cit.*, fig. 276 ; Th. Wright, *Hist. de la caricature*, trad. Sachet, Paris, s. d., p. 102. — C.-A. Hannis, *Musical animals in ornament* (*Musical Quarterly*, VI, 3, pl. II).

4. *De Rebus in Hibernia gestis*, 1584, p. 38 sqq. On trouve une note analogue dans Raphael Holinshed, *Firste volume of the Chronicles of England, Scotlande et Irelande*, 1577 (cité par Armstrong, I, 20). Il n'est pas moins dédaigneux pour ces musiques des festins irlandais : « And when the harper twangeth or singeth a song, all the companie

must be whist, or else he chafeth like a cutpurse, by reason his harmonie is not had in better praise. »

5. *Dialogo della musica antigua e della moderna*, Florence, 1631, p. 143 (1re édit. 1581) : « Ce très ancien instrument (déjà commémoré par Dante) où fut apporté d'Irlande... les habitants de cette île s'y sont exercés depuis des siècles et l'ont adopté comme emblème de leur royaume. »

6. Cf. *The Dethe of the Kynge of Scots*, 1436, cité par Dalyell, *op. cit.*, chap. VIII.

7. *Ibid.* Nombreuses mentions en 1491-92-97-95, 1505, etc.

8 Bunel, cité par E.-F. Rimbault, *The Piano forte*, London, 1860, p. 61.

9. *Rolls of Parliament*, V, Londres, s. d., p. 196, a.

10. F. Madden, *Privy Purse Expenses of the Princess Mary*, London, 1881.

11. Kaulek, *Négociations de M. de Marillac*, 1539 (p. 103), cité par P. Reyher, les *Masques anglais*, Paris, 1909, p. 425. Sur Henri VIII musicien, cf. N. Harris Nicholas, *The Privy Purse Expenses of King Henry the Eighth*, Londres, 1827. — R. North, *Memoirs of Musick*, (1728), éd. Rimbault, Londres, 1846, p. 97.

Un certain Barnard DEPONT (Bernard DUPONT?)[1], à son service le 20 février 1546, et dont on conserve la trace jusqu'à 1555, pourrait bien être Français, en vertu de ce snobisme avant la lettre, qui faisait apprécier très fort en Angleterre nos compatriotes, en France les Anglais.

Pendant le règne d'Élisabeth, se succèdent WILLIAM MOORE, Edward LAKE[2], et bon nombre d'anonymes connus seulement par des états de payements. Nous savons ainsi que, vers le milieu du règne, deux harpistes étaient payés dix-neuf livres, moins que les luthistes qui en touchaient quarante, les virginalistes avec trente, le rebec avec vingt-huit, plus que les flûtistes appointés seulement à dix-huit livres[3].

Dans la littérature anglaise, la harpe continue à tenir une place importante. Entre Shakespeare et Milton, toute une littérature légendaire, souvent imitée des romans français, fait d'elle l'accessoire obligé des amours chevaleresques[4], sans qu'elle cesse pour cela d'accompagner les chants des mendiants aveugles[5].

Il n'est pas inutile de rappeler enfin que, malgré les progrès croissants de la harpe sur le continent, elle est encore considérée, au XVIe siècle, comme l'instrument insulaire par excellence. Une preuve, parmi bien d'autres, en est fournie par ces vers de Jodelle, dans *l'Epithalame de Madame Marguerite, sœur du roi Henri II* :

> Mon angloys qui chez moy, m'a cent fois de sa harpe
> Recréé les esprits, l'ayant ore en escharpe
> Contrefait Arion, sur les flots chevauchant
> Son Dauphin, et sauvant sa vie par son chant[6].

France, provinces d'influence française.

Les modifications territoriales qui affectent pendant ces deux siècles le royaume de France nous obligeraient à morceler ce paragraphe de façon fastidieuse. Nous nous bornerons à constater la vogue à peu près constante de la harpe dans toutes les provinces d'influence française. C'est seulement à la fin du XVIe siècle que le fléchissement s'indiquera, dû au rapide progrès des autres techniques instrumentales, — luth, épinette, violons, — plus souples, et plus aptes à moduler. Parlant des demi-tons, un petit traité anonyme de l'an 1557 le constate : « Aussi (se) font-elles ès instruments musicaux, et plus aisément au luc et guiterne qu'en la harpe et quelques autres[7]. » Nous verrons que cette décadence est toute relative. Elle est précédée d'une époque de véritable splendeur. En Bourgogne, Philippe le Hardi, Jean sans Peur, Philippe le Bon aiment la harpe : Philippe le Hardi et son successeur n'ont pas moins de six harpeurs dans leur orchestre[8]. Dans les Flandres, on en rencontre des mentions nombreuses. En 1424 un Jean HANELET se qualifie : roi des ménestreux du pays de Haynau. C'est le même qui avait reçu le 22 février

1421 une donation de Jacqueline de Bavière : « A nostre amé Johannès, nostre harpeur, en récompensation des agréables services qu'il nous puet avoir fait, la somme de douze couronnes d'or, pour faire un voyage vers Saint-Jacques en Galisse[9]. » En 1450, un GHERAM prend part à la procession du Saint-Sacrement à Louvain[10], selon une habitude ancienne et qui se conservera longtemps. La harpe est également présente aux réceptions des souverains, aux fêtes populaires, aux mascarades : les ouvrages déjà cités de GREGOIR et de VAN DER STRAETEN abondent en témoignages précis.

Il en va de même à Paris et dans les provinces : Jehan GUY est aux gages de Marguerite de Rohan, comtesse d'Angoulême (1467-1474), avec un salaire de 23 livres[11]; LEGRANT touche, le 6 juin 1476, 60 sols tournois pour avoir joué devant madame d'Orléans[12]. Jehan DE LA VILLE en 1490 reçoit de Charles VIII dix livres d'étrennes, et la même année, 21 livres tournois « pour soy entretenir plus honnestement au service dudit seigneur[13] ». Ici encore force est de se borner, en renvoyant, pour plus amples détails, aux monographies spéciales[14]. On ne peut cependant ne pas indiquer d'un mot la prédilection que marquait à la harpe le roi René (René d'Anjou, roi de Sicile et duc de Lorraine), qui en achète une, en 1448, à Veri de Médicis, pour harpiste en 1466 l'Angevin Guillaume BOUETARD, et fait à mainte reprise des cadeaux d'argent à des joueurs de son instrument favori[15].

J'ai parlé de décadence vers la fin du XVIe siècle : encore ne faut-il pas se l'exagérer. Si les souvenirs mythologiques motivent sa présence (jouée par Orphée) lors de l'entrée de Henri II à Rouen en octobre 1550, ou dans des ballets comme *Circé* (1581) ou le *Balet comique de la Royne* (1582), François Ier a bel et bien à son service, dès 1543, le harpiste Bertrand FAILLERT, qui plus tard, lors de ses obsèques, marchera dans le même groupe que le fifre et les deux tambourins; et passera après 1547 au service de Henri II[16]. Le luthier DUIFFOPRUGCAR fabrique encore des harpes à Lyon en 1562, ainsi que le prouve le scrupuleux portrait de Woeiriot : comme, à Amiens, le maître luthier Jean LE POT, auquel Alphonse II d'Este avait payé, en 1558, la somme considérable de 106 livres tournois[17].

Dans la littérature, l'envahissement du luth laisse encore la place assez belle. Rabelais fait apprendre la harpe à Gargantua, comme le luth, l'épinette, la flûte, la viole et la sacquebute[18]; Pontus de Thiard

---

1. H. CART DE LA FONTAINE, *The King's Musick*, Londres, s. d. (1909), pp. 6-9.
2. *Ibid.*, pp. 7-12. — Cf. aussi *The Musical antiquary*, Oxford, octobre 1909, p. 57 ; avril 1913, p. 179.
3. W. BARCLAY SQOIRE in *Musical antiquary*, janvier 1910, p. 126.
4. Cf. Edw.-W. NAYLOR, *Shakespeare and music*, Londres, 1896. — S.-G. SPAETH, *Milton's Knowledge of music*, Princeton, 1913. — J. Rhys, *Studies in the arthurian legend*, Oxford, 1891, p. 357.
5. Putenham, *Art of english Poesie*, 1589, II, 9.
6. 1559. Cité par H. QUITTARD, *Bulletin de l'I. M. G.*, 1907, p. 469.
7. *Discours non plus mélancolique que divers...*, Poitiers, chez Enguilbert de Marnef, p. 100.
8. V. Cf. Ch. BEAUQUIER, *Les Musiciens franc-comtois*, Dôle, 1887, p. 2. — V. DER STRAETEN, *op. cit.*, IV, pp. 111-112.
9. Alexandre Pinchart, *Archives des arts, sciences et lettres*. Série I, tome III. Gand, 1881, pp. 154-155.
10. Ed. GREGOIR, *Documents hist. relatifs à l'art musical*, IV, Bruxelles, 1867, p. 95. D'autres harpistes aux processions en Flandre, in V. DER STRAETEN, II, 372 ; IV, 239, 240.
11. H. PRUNIÈRES, *La Musique de la Chambre et de l'Écurie* (Année musicale, 1911, p. 218).
12. B. nat. ms. fr. 7835, cité par R. de Lespinasse, *Les Métiers de Paris*, III, 1897, p. 575.
13. A. Jal, *Dictionnaire critique*, 1867, p. 680.
14. Cf. pour la Savoie, DUFOUR et RABUT. *op. cit.*, pp. 45, 56, 59 sqq ; — pour l'Orléanais, Ch. COISSARD, *Études sur la musique dans l'Orléanais*, Orléans, 1886, pp. 59, 69 ; — pour l'Anjou, C. PORT, *Les Artistes angevins*, Paris, 1881, p. 48 ; — pour la Lorraine, A. LACQUOT, *Essai de répertoire des artistes lorrains*, 5e suite, Paris, 1904, p. 27, et *La Musique en Lorraine*, Paris, 1882, pp. 9, 34, 57.
15. Cf. A. Lecoy de la Marche, *Le Roi René*, Paris, II, 1875, pp. 136, 368, 369. — *Gages des organistes, etc., de René duc d'Anjou* (*Revue des sociétés savantes*, 4e série, t. IV, p. 505).
16. Henry PRUNIÈRES, *La Musique de la Chambre, loco cit.*, p. 221.
17. F.-L. VALDRIGHI, *Fabbricatori di strumenti armonici*, n° 1811, in *Memorie della r. acc. di Modena*, II, 2, 1884.
18. *Gargantua*, I, 23, et *Quart livre*, ch. 6. Cf. J. CARLEZ, *La Musique et les musiciens dans Rabelais*, Caen, 1871 ; A. MACHABEY, *Rabelais et la musique*, S. I. M., septembre 1913.

dit sur le mode lyrique à Pasithée combien l'a transporté sa voix « accommodée au son de sa harpe, ou épinette »[1]. C'est au cours du siècle suivant que la disparition s'opèrera, presque complète au moment ou MERSENNE écrit.

Pays germaniques.

Si la harpe est en grande faveur en Allemagne à l'époque de la Renaissance, ses virtuoses sont rarement nommés. On sait que la musique des princes de Bavière en comprend un[2] en 1468, sous Albrecht IV. Vingt ans auparavant, il est possible qu'il en faille reconnaître un autre dans ce Nicolo D'ALEMAGNA, ou Nicolas TEUTONICUS, « pulsator optimus », mentionné à diverses reprises dans les archives de la cour d'Este, et qui reçoit en 1445 six ducats pour prix « unius cytharini[3] » : une fois de plus, le vague de la terminologie ne permet pas d'affirmation catégorique. Ce qui est sûr, c'est que Conrad PAUMANN, beaucoup plus célèbre comme organiste, avait pour la harpe une inclination assez marquée pour qu'après sa mort, en 1473, on en fit figurer une dans l'ornementation de sa tombe[4]. La cour de Brandebourg, de 1542 à 1545, s'assure des services d'un certain LENHART, de 1572 à 1605, un autre harpiste nommé LANG figure sur les contrôles[5]. Un Bruxellois, Jean TROITLING (TROITLIN, TREUTLIE), semble avoir fait de l'Allemagne son pays d'adoption[6] : on le trouve en 1559 à Heidelberg, de là à Stuttgart (1560-1563), où il instruit dans son art Hieronimus VETTERLIN. Il quitte Stuttgart le 13 septembre 1563, et n'est à nouveau signalé qu'en 1590, comme troisième organiste, instrumentiste et harpiste de la cour à Dresde. C'est à Stuttgart aussi qu'un Petrus PEZ (ou PEY) est mentionné en 1581, à l'occasion — extra-artistique — d'une rixe avec un de ses collègues[7].

Dès les premiers ouvrages didactiques de VIRDUNG, AGRICOLA, LUSCINIUS OTTOMARUS[8], la harpe est cataloguée en excellente place, et soigneusement représentée. Dans leurs divers traités, celui de LUSCINIUS OTTOMARUS reprenant les planches mêmes de VIRDUNG, elle affecte la forme de l'instrument des Minnesänger, petit, monté de peu de cordes, avec un fond très plat. Le nombre de cordes est de vingt-trois chez les uns, vingt-six chez l'autre (AGRICOLA), ce qui indique une tessiture allant du fa^1 à ut^5, diatoniquement, l'accord étant celui de fa majeur.

La figure fournie par GLAREAN, dans son Dodecachordon[9], est beaucoup plus poussée. La caisse de résonance y est représentée avec les dimensions normales que l'on retrouve, par exemple, dans l'instrument authentique du XVIe siècle conservé au musée germanique de Nuremberg et copié à Bruxelles[10]

---

[1]. Solitaire second, Lyon, 1555, p. 116.
[2]. A. SANDBERGER, Beiträge zur Geschichte der bayerischen Hofkapelle unter Orlando di Lasso, I, Leipzig, 1894, p. 9.
[3]. L.-F. VALDRIGHI, Cappelle, concerti e musiche di Casa d'Este, loco cit., pp. 440-441.
[4]. SANDBERGER, Op. cit., p. 13, et pl. face page 10.
[5]. CURT SACHS, Musik und Oper am Kurbrandenburgischen Hof, Berlin, 1910, pp. 27, 31, 135, 141.
[6]. Cf. G. BOSSERT, Die Hofkantorei, etc., in Monatshefte für Musikgesch., 1899, p. 10, Furstenau, I, 36.
[7]. J. SITTARD, Zur Gesch. der Musik... am württembergischen Hofe, Stuttgart, II, 1891, p. 24.
[8]. Séb. VIRDUNG, Musica getutscht und ausgezogen, Bâle. 1511, p. 12. — Martin AGRICOLA, Musica instrumentalis deudsch, Wittemberg, 1528, fol. 53. — Luscinius OTTOMARUS, Musurgia, Argentorati, 1536, p. 13.
[9]. Bâle, 1547, pp. 58 et 59.
[10]. MAHILLON, op. cit., III, p. 101.

---

sous le n° 1506. L'accord, reconstitué d'après MERSENNE, va du sol^1 au sol^5, par degrés diatoniques, avec cependant les si bémol et bécarre. Le mode d'attache des cordes présente la même complète analogie : en haut, de petites chevilles fichées dans la console; en bas des crochets en forme d'équerre. GLAREAN constate autour de lui la désaffection qui commence à atteindre la harpe, qu'il juge due à sa difficulté d'une part, de l'autre à sa faible sonorité, « le vulgaire préférant plus de son et moins d'art ». La raison est bien plutôt dans le diatonisme strict de la harpe, qui l'empêche de moduler au moment où les modes anciens perdent leur stabilité accoutumée, où les instruments à clavier et à archet d'une part, le luth et la guitare de l'autre, explorent curieusement des domaines harmoniques nouveaux. Mais la harpe, qui avait à son époque en Suisse une tradition glorieuse (ZWINGLE, le réformateur en jouait fort bien, au rapport des historiens[11]), continue à être pratiquée par le musicien amateur Félix PLATTER, dont l'autobiographie à cet égard est curieuse[12], et par le Bâlois AMERBACH[13].

L'Italie.

Comme ils l'ont fait pour le violon, les Italiens ont les premiers apprécié à sa valeur le timbre délicat et rare de la harpe, incorporée dès l'abord à l'orchestre dramatique : d'où la nécessité pour l'instrument de s'assouplir, de se perfectionner assez pour pouvoir moduler, sinon avec la même aisance que les violons, du moins de telle sorte que toutes les tonalités usuelles lui soient accessibles, au moins dans les mouvements lents. D'où l'invention, dont nous parlerons un peu plus loin, de la harpe double. Une complète énumération des virtuoses dont les noms nous ont été transmis par les documents d'archives serait fastidieuse : Je me contenterai de citer, en renvoyant, pour plus ample information, aux monographies[14] spécialement consacrées aux XVe et XVIe siècles italiens, les plus réputés, comme ZANNINO DALL' ARPA (C. 1450), JACOMO DE BOLOGNA (1452), au XVIe siècle ABRAMO et son néveu ABRAMINO, Giovan LEONARDO, Giulio CACCINI, et surtout le fameux Giovan Battista JACOMELLI, dit DEL VIOLINO, qui excellait dans le jeu de tous les instruments, y compris la harpe. Sans atteindre à la gloire de la belle Adriana BASILE au siècle suivant, des femmes, comme, à la cour d'Este, la signora LAURA, et surtout Tarquinia MOLZA, l'unica, qui chantait, jouait de la harpe et dirigeait l'orchestre, ont vivement frappé les musiciens et les poètes de leur temps.

Ici se pose un problème difficile à résoudre, comme dans presque toute l'histoire de ce singulier instrument; si vieux, et dont l'origine reste mystérieuse; si répandu, et dont les migrations, en grande partie, nous échappent; si riche quant au répertoire,

---

[11]. G. WEBER, H. Zwingli, Seine Stellung für Musik, Zürich, 1884. — K. NEF cite à Zurich, avant le milieu du XVIe siècle, le harpiste Hans BLOCHHOLZ (Die Collegia Musica, Saint-Gall, 1897, p. 19).
[12]. Voir sur ce PLATTER, fils du pédagogue Thomas P., l'étude de W. MÉRIAN (Sammelb. I. M. G., XIII, pp. 262 sqq.).
[13]. K. NEF, Die Musik in Basel, Sammelb. I. M. G., 1909, p. 542.
[14]. Voir surtout L.-F. VALDRIGHI, op. cit. — A. BERTOLOTTI, Musici alla corte dei Gonzaga in Mantova, Milan, 1890. — P. CANAL, La Musica in Mantova (Mem. del R. Istituto Veneto, XXI, 1881-82). — A. CAMETTI, Orazio Michi dell'Arpa (Riv. mus. ital., XXI, 2). — R. MARENBAL, Giulio Caccini (Revue Musicale, 1er février 1925). — Em. MOTTA, Musici alla corte degli Sforza (Archivio storico lombardo, 1re série, t. IV, 1887). — E. Müntz, Les Collections des Médicis au XVe siècle, Paris, 1888. — A. SOLERTI, Ferrara e la corte estense, Città di Castello, 1900.

sans qu'il nous en reste de vestiges pendant plus de quarante siècles). Dans les dernières années du xvi⁰ siècle italien, il n'est plus question, sauf exceptions rares, tant chez les théoriciens et historiens[1] que chez les compositeurs eux-mêmes, que de l'*arpa doppia*, la harpe double[2].

De quand date cette harpe double destinée, nous le verrons, à fournir à l'exécutant une échelle chromatique complète, et à lui permettre de quitter désormais la tonalité unique fixée par l'accord initial de la harpe? Je donne pour mémoire un témoignage assez vague des *Irish annals* rapporté par M. W.-H. GRATTAN FLOOD, selon lequel un chef harpiste irlandais du xiv⁰ siècle, O'CARROLL, tué en 1329 à la bataille de Bragganstown, jouait de la « harpe double[3] ». On ne peut tirer de là des conclusions très solides. Mais il est à peu près certain que l'initiative en revient bien aux Irlandais. Vincent GALILÉE le déclare positivement : selon des renseignements recueillis par lui auprès d'un noble insulaire, l'instrument de grand format, avec double jeu de cordes dont certains Italiens, ses contemporains, s'attribuent l'invention, n'est qu'une imitation et une redite[4]. C'est Gian Battista DEL VIOLINO (GIACOMELLI) qui l'introduisit à Rome vers 1588, au témoignage de

GIUSTINIANI[5] : il avait été devancé en Italie par le très célèbre Giovanni LEONARDO, antérieurement à 1581. Ledit LEONARDO, à qui GALILÉE fait probablement allusion, car il se disait « inventeur » de la harpe double, entourait l'instrument nouveau d'un impénétrable mystère. L.-F. VALDRIGHI a reproduit[6] la curieuse série de lettres écrites de Rome au duc de Ferrare, en février-juin 1581, par son homme de confiance Giulio Masetti. Il s'agit d'une harpe du modèle nouveau, commandée depuis plusieurs mois, et dont Masetti promet merveilles au duc. Seulement, lorsqu'elle touche à son achèvement, Giov. LEONARDO[7], qui en a dirigé la construction, refuse de livrer par écrit le mode d'accord, prétendant que c'est là son invention, et qu'il le déprécierait et se déprécierait en la rendant publique. Masetti propose de chercher lui-même le secret, avec le concours du luthier qui a établi cette harpe.

Ces harpes, telles que les construisaient les Giovanni CRICCA, les Bastiano DA VERONA, que cite VALDRIGHI, quelle en était la forme exacte?

Force bien d'avouer qu'on est, sur ce point, réduit aux conjectures. L'accord nous est connu. Le voici, reconstitué par M. A. CAMETTI[8] d'après les indications très précises de GALILÉE :

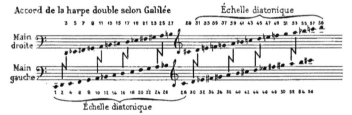

Accord de la harpe double selon Galilée — Échelle diatonique

On remarquera que le rôle des deux mains est inversé dans le medium : la main gauche a en partage dans le registre grave les tons de l'échelle diatonique, la droite les demi-tons intercalaires. Dans l'aigu, ces demi-tons sont attribués à la main gauche, la droite dès lors chargée de l'échelle diatonique. On notera aussi que certaines notes, réunies dans ce dispositif par une ligne brisée, sont redoublées aux deux mains (*ré* et *la*, du bas au haut de l'échelle).

Mais divers modèles de harpes doubles nous sont parvenus, réels ou figurés, entre lesquels il est bien difficile de faire un choix. L'un est cet énorme instrument conservé au South Kensington Museum de

Londres (fin xvi⁰ s.), haut de 1 m. 75, large à la base de 1 m. 10, dans lequel les deux plans de cordes sont tendus sur deux consoles séparées, les colonnes se croisant en forme d'X, l'ensemble correspondant en somme assez nettement à la figure que donne, en 1620, Michel PRÆTORIUS[9], sous le titre de *Gross-Doppel-Harff*.

A vrai dire, ce doit être un type peu répandu, car les tableaux des xvi⁰ et xvii⁰ siècles, si riches en représentations instrumentales, n'en portent pas trace. Au contraire, on y rencontre à mainte reprise des harpes d'un modèle plus réduit, avec l'aspect général de la harpe simple, un double rang de chevilles, et les boutons auxquels viennent s'attacher les cordes à leur extrémité inférieure, disposés en deux rangs parallèles sur le corps sonore. Un magnifique échantillon de ce genre d'instrument, connu sous le nom de *harpe d'Este*, est conservé à la Galleria Estense de Modène[10]. C'est une harpe ornée sur toute sa surface de peintures et d'incrustations, dues probablement à un certain Giulio Marescotti.

1. Ercole BOTTRIGARO, *Il Desiderio*, Bologne, 1599 (1ʳᵉ édition 1594), p. 3. — Gio. Maria ARTUSI, *L'Artusi overo delle imperfettioni della moderna musica*, Venise, 1600, fol. I, v⁰. — GALILÉE (*cf.* plus loin), etc. Exception pour Aurelio MARINATI (*Somma di tutte le scienze...*, Rome, 1587, p. 94), qui n'envisage que l'accord de la harpe simple.

2. Luca MARENZIO, Giulio CACCINI, C. MALVEZZI, etc. *Cf.* Hugo GOLDSCHMIDT, *Studien zur Gesch. der Ital. Oper im 17 Jahrhundert*, I, Leipzig, 1901.

3. *Op. cit.*, p. 57.

4. *Dialogo di Vincentio Galilei nobile Fiorentino della musica antica e della moderna*, Florence, 1582, p. 145 (1ʳᵉ édition 1581).

5. *Discorso sopra la musica de suoi tempi*, 1627, cité par P. CANAL (*Mem. del R. Istituto Veneto*, XXI).

6. *Fabbricatori di strumenti armonici*, *op. cit.*, pp. 270-271.

7. Ce Giovan LEONARDO était déjà réputé en 1553 (Luigi DENTICE, *Due Dialoghi della musica*, Rome, 1553, p. 1 du 2⁰ dialogue). On le cite encore en 1601 à Naples comme le meilleur harpiste avec Domenico GALLO et Scanio MAJONE (CAMETTI, *Orazio Michi dell'arpa*, in *Rivista mus. ital.*, XXI, 2, p. 211).

8. *Loco cit*, p. 215, d'après GALILÉE, *op. cit.*, pp. 143-144.

9. *Theatrum instrumentorum*, Wolfenbüttel, pl. XIX. La figure est stylisée, mais on retrouve les principaux linéaments de la harpe de Londres. Un facteur des États-Unis, H. GREENWAY, de Brooklyn, a construit, à la fin du siècle dernier, des harpes semblables à celle du South Kensington. Le Metropolitan Museum de New-York en possède une (Crosby Brown Collection, n⁰ 1235). Un type dérivé de celui-ci au musée du Conservatoire de Bruxelles, n⁰ 1511 (MAHILLON, III, 105); hauteur, 1ᵐ,48; largeur, 0ᵐ,60; monté de 94 cordes.

10. Décrite longuement par VALDRIGHI, *loco cit. Cf.* aussi G. Gruyer, *L'Art ferrarais à l'époque des princes d'Este*, II, Paris, 1897, p. 418.

Peut-être, faut-il supposer que c'était là la harpe double ordinaire, et qu'à l'instrument géant de South Kensington était réservé le nom d'*arpa doppia grande* employé par exemple par AL. BENELLI [1].

Espagne et Portugal.

La harpe est en usage en Espagne et en Portugal pendant toute la période de la Renaissance; employée parfois à faire danser. Le livre de chevalerie *Tirant lo Blanch* (1460) nous montre, dans les grandes salles, les luths et harpes marquant la mesure des pas que dansaient gracieusement courtisans et leurs dames [2]. Ou, dans la musique des festins (*Triunfo de Amor*, de Juan DEL ENCINA, 1496) [3]. Ou encore, dans les processions et autres cérémonies religieuses [4].

Les ordonnances de la corporation des luthiers de Séville en 1502 exigent que le candidat soit capable de construire, entre autres instruments, une harpe [5]. F. PEDRELL et R. MITJANA ont cité, en Espagne et en Portugal au XVIe siècle, de nombreux virtuoses, Héliodore DE PAÏVA, le Néerlandais Philippe ROGIER, etc., des compositeurs pour la harpe, tels que COMES, et surtout CABEZON [6], avec ses *Obras de musica para tecla arpa y vihuela* (Madrid, 1578).

C'est en Espagne que la première méthode de harpe apparaît, dans la *Declaracion de instrumentos* de Juan BERMUDO [7]. Le livre IV, sous le titre général *Arte de entender y tañer la harpa*, lui consacre six paragraphes assez développés, d'inégal intérêt : il ne nous apprend rien de bien nouveau lorsqu'il déclare que la harpe n'a pas un nombre de cordes déterminé, qu'elle est accordée diatoniquement dans l'ordre : deux tons, un demi-ton, trois tons, un demi-ton (notre gamme majeure). Mais il touche plus loin au problème qui n'a pas cessé d'exercer l'ingéniosité des constructeurs, celui du chromatisme de la harpe. « La harpe, dit-il au chapitre 190, est actuellement imparfaite, parce qu'elle est diatonique, et que la musique d'aujourd'hui est semi-chromatique. » On ne peut jouer dans les tons accidentés qu'en accordant à nouveau l'instrument : certains virtuoses usent de subterfuges divers pour obtenir une note diésée. L'un d'eux, nommé LOUIS, raccourcit à cet effet, en la

pinçant près de son extrémité, la corde qu'il veut hausser. BERMUDO reconnaît l'imperfection de tels artifices. Il préconisé divers moyens d'ajouter positivement à chaque octave les cinq cordes qui fourniraient les demi-tons manquants. On pourrait colorer les cordes chromatiques afin de les distinguer des autres. Il y a là une intuition réelle de l'avenir de la harpe, et ces suggestions ont été plus d'une fois reprises.

La musique de harpe à la fin de la Renaissance.

On est réduit, là encore, à déplorer l'absence de textes précis. La plupart du temps, la harpe soliste est l'instrument par excellence des improvisateurs. Dès qu'on l'associe au chant, le compositeur note (comme pour le clavecin ou l'orgue) une simple basse chiffrée où la technique particulière des harpistes ne transparaît en aucune façon. Il en sera ainsi pendant fort longtemps encore. Lorsque HÆNDEL écrira, vers 1733 (édité en 1738), son sixième concerto de l'op. IV, pour harpe ou orgue, qu'il destinera au virtuose POWELL, on ne peut supposer que le harpiste s'accommodera exactement des figurations convenables à l'orgue, et négligera les ressources particulières (arpèges, brisures, etc.) de son propre instrument. Le droit aux fioritures, à l'ornementation personnelle, à la libre transcription, dont les autres virtuoses usent pour des raisons bien différentes, se renforce, pour les harpistes, des nécessités créées par la facture de l'instrument. Il ne faut donc pas conclure, de l'indigence de certains accompagnements attribués à la harpe dans les partitions, à une constante pauvreté d'exécution : le niveau d'exécution, dans la plupart des cas, dépendait uniquement de l'acquis et du bon vouloir de l'interprète. Mais il y avait, à coup sûr, chez les musiciens de la fin du XVIe siècle, une compréhension du caractère et des possibilités de la harpe qui ressort, et de scrupules comme ceux de BERMUDO, et des rares textes dans lesquels le compositeur a noté intégralement sa pensée : c'est le cas, dans l'*Orfeo* de MONTEVERDI (1607), pour la partie spéciale de harpe qui accompagne au 3e acte le chant d'Orphée, et la ritournelle qui suit :

Quelque idée que l'on se fasse du génie de MONTEVERDI, ce court fragment nous le montre beaucoup plus moderne et conscient des ressources de la harpe que la plupart des compositeurs qui s'évertueront, pendant la deuxième moitié du XVIIIe siècle, à faire d'elle un mauvais succédané du clavecin.

1. *Il Desiderio*, op. cit., p. 3.
2. F. PEDRELL, *Emporio cientifico... de organografia musical antigua española*, Barcelone, 1901, p. 123.
3. R. MITJANA, in *Encyclopédie de la Musique*, p. 2031.
4. A Gérone, par exemple, en 1452. Cf. Julian DE CHIA, *La Musica en Gerona*, Gérona, 1886, p. 28.
5. *Examen de Violeros*, publié par VAN DER STRAETEN, op. cit., VII, 259 ; F. PEDRELL, op. cit., p. 90 ; R. MITJANA, loco cit., p. 1958.
6. Cf. F. LLURAT, in S. I. M., 15 nov. 1910, pp. 605 sqq.
7. Grenade, 1555 (la 1re édition est de 1549).

MARC PINCHERLE.

LA HARPE ET SA FACTURE

par M. A. BLONDEL

DIRECTEUR DE LA MAISON ÉRARD

ORIGINE DE LA HARPE

La harpe, le plus poétique de tous les instruments actuellement en usage, semble être un de ceux dont l'origine remonte à la plus haute antiquité ; on la trouve figurée sur les monuments les plus anciens de l'Egypte et de l'Assyrie ; elle était, sous forme d'instrument portatif, très répandue chez les Perses, les Hindous et les Hébreux ; elle semble avoir été connue des Grecs, mais les Romains ne paraissent pas en avoir

Fig. 975. — Musique et danse égyptiennes d'après un papyrus du *South Kensington Museum* de Londres.

fait usage ; on la trouve chez les Anglo-Saxons, surtout chez les Irlandais et les Gallois, dont elle fut toujours l'instrument préféré.

Les bardes gallois excellaient à s'en servir : dans leur pays, non seulement elle figurait à toutes les fêtes publiques et privées, mais elle était aussi employée à accompagner les chants de guerre et à exciter pendant les batailles l'ardeur des combattants.

Rien ne prouve mieux l'honneur dans lequel elle fut tenue en Angleterre que le fait d'être devenue, sous le règne de Henri VIII, un emblème national, et de figurer depuis lors sur les écussons et sur les monnaies du Royaume-Uni.

Des pays du Nord, la harpe pénétra peu à peu chez les peuples d'Europe.

Au moyen âge, elle était très en faveur. Au XVII⁰ siè-cle et surtout au XVIII⁰, sa vogue fut considérable.

Les toutes premières harpes ne portaient que peu de cordes, mais leur nombre s'accrut rapidement, ainsi que les dimensions de l'instrument lui-même.

Les monuments égyptiens nous montrent des harpes garnies de trois, sept, neuf, onze, treize et même vingt cordes.

La harpe des Hébreux, appelée *Kinnor*, était pourvue de neuf cordes ; celles des Anglo-Saxons en comptaient onze et parfois treize, et les anciennes harpes galloises de neuf à dix : ce nombre augmenta jusqu'à vingt-huit au XVI⁰ siècle, nous dit M. Raphaël Martenot, dans la notice historique qui sert d'intro-duction à sa remarquable *Méthode* de harpe[1].

Au XV⁰ siècle, apparaissent des harpes garnies de deux rangées de cordes parallèles, et au XVI⁰ siècle, des harpes chromatiques pourvues de trois rangées de cordes, la rangée du milieu se composant des notes altérées, les deux autres des notes naturelles.

La figure ci-contre montre une de ces harpes qui fait actuellement partie de la célèbre collection du Kensington Museum à Londres.

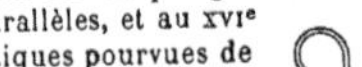

Au début du XIX⁰ siècle, nous voyons se produire de nouveaux essais de harpes chroma-tiques dus au Saxon Pfranger et à l'Américain de Lehman.

Les instruments ainsi construits comptaient deux rangées de cordes se croi-sant en X sans se toucher, et répondant l'une aux touches blanches du piano, l'autre aux touches noires ; mais ces tentatives ne don-nèrent pas les résultats espérés.

On reprochait à ces instruments la difficulté que présentaient pour l'exécutant leur double armature de cordes, le manque d'es-pace entre chaque note, qui empêchait d'attaquer les cordes avec vigueur, de

Fig. 976.
Harpe chromatique
à trois rangs de cordes.

1. Cette méthode est éditée chez MM. Enoch et Cⁱᵉ, 27, boulevard des Italiens, à Paris.

craint de les faire s'entre-choquer, et la pauvreté de
leur sonorité, conséquence de l'excès de tirage exercé
sur la table d'harmonie par ces cordes trop nombreuses.

Mais, revenons un peu en arrière.

Au xviⁱᵉ siècle, la harpe avait une étendue de quatre
octaves, du *do* immédiatement au-dessous de la portée
de la clef de *fa* au *do* immédiatement au-dessus de la
portée de la clef de *sol*, et ne présentait que des intervalles diatoniques.

Des facteurs tyroliens, dont les noms ne sont pas
parvenus jusqu'à nous, voulant remédier à cette insuf-

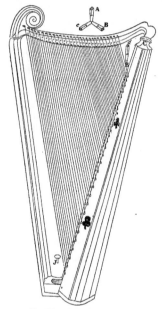

Fig. 977. — Harpe du xviⁱᵉ siècle
(Mersenne, *Harmonie universelle*, 1636).
ABc, clef pour tourner les chevilles; Bd, cheville métallique;
J, bouton de fixation.

fisance et mettre l'instrument en état de moduler,
imaginèrent, vers 1660, de fixer à la console des crochets appelés parfois *sabots*, qu'à l'aide de la main on
faisait appuyer contre les cordes et qui, en raccourcissant d'un dix-septième environ la partie vibrante
de celles-ci, les faisaient hausser d'un demi-ton.

Cette disposition avait, entre autres incommodités,
celle d'obliger l'exécutant à cesser de jouer d'une main
lorsqu'il fallait faire agir ou faire cesser d'agir ces
crochets, et elle ne modifiait le ton que d'une seule
note de l'instrument, sans que les répliques par octave
subissent la moindre altération.

Suivant l'opinion la plus généralement répandue,
ce fut vers 1720 que Hochbrucker, originaire de Donauwerth, conçut et réalisa le premier mécanisme à
pédale qu'on ait appliqué à la harpe pour la rendre
propre à moduler, en faisant, au moyen des pieds,

monter à volonté et instantanément chaque corde
d'un demi-ton.

Il opéra ainsi une révolution très remarquable dans
l'exécution musicale dont la harpe est susceptible.

Les sept pédales, placées à la base de l'instrument,
étaient les pièces extérieures de sept leviers doubles,
dont les pièces intérieures tenaient à autant de tringles renfermées dans la colonne. Une équerre, placée
au sommet de chaque tringle, transmettait le tirage
à une vergette à articulation infléchie suivant la
courbe de la console et attachée par son autre extrémité à un ressort qui la rappelait quand on lâchait
la pédale, ou qu'on la faisait échapper du cran dans
lequel elle était arrêtée.

La vergette courbe tenait à autant d'équerres qu'il
y avait de cordes d'une même dénomination, et
lorsqu'elle était tirée par la pédale, chacune des
équerres faisait mouvoir, perpendiculairement à la corde
à laquelle elle se rapportait,
une tige portant un crochet
qui saisissait la corde et la
faisait reposer sur un sillet
fixé à la console au-dessous
du crochet.

La distance entre le sillet
et le bouton sur lequel passait la corde avant de s'enrouler sur la cheville était
déterminée de manière à faire
hausser d'un demi-ton la
corde accrochée.

Ce mécanisme, qui mar-
quait un grand progrès par
la propriété qu'il avait de
rendre chaque note représentative de deux sons, présentait des inconvénients, dont
se plaignaient les musiciens.

Lorsque la corde était atti-
rée par son crochet, elle sortait du plan des autres cordes, ce qui gênait le doigté,
et il arrivait fréquemment

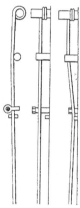

Fig. 978.
Mécanique à crochet.

qu'elle était trop ou trop peu serrée sur son sillet :
dans le premier cas, elle se coupait; dans le second,
la vacillation de son point d'attache supérieur donnait au son cette mauvaise qualité que les harpistes
appellent *frisement*.

La figure ci-dessus représente ce système ; elle
indique la position de la corde vue de front, celle de
la corde vue de côté et celle de la corde amenée par le
crochet contre le sillet.

A Hochbrucker et au facteur français Gaiffre, auquel
certaines personnes, notamment Mᵐᵉ de Genlis, attribuent plutôt qu'à Hochbrucker la première application
des pédales à la harpe, succédèrent plusieurs autres
facteurs habiles, parmi lesquels nous citerons : Louvet,
Salmon, Holtzmann, Lépine, Naderman, et Cousineau ;
ces deux derniers surtout s'acquirent, à l'époque, une
renommée considérable et justement méritée par la
perfection de leurs instruments, et par le degré
d'élégance auquel ils en poussaient la décoration.

La figure ci-après, qui représente une harpe
exécutée par Naderman pour S. M. la reine Marie-
Antoinette, donnera une idée de la richesse d'ornementation à laquelle atteignaient parfois les instruments de cette époque.

Cette harpe appartient au Conservatoire de musique et de déclamation de Paris, et fait partie de sa collection d'instruments anciens.

Pour remédier aux inconvénients inhérents au système des crochets dont nous venons de parler, il fut fait de nombreuses tentatives, dont deux seulement méritent d'être retenues.

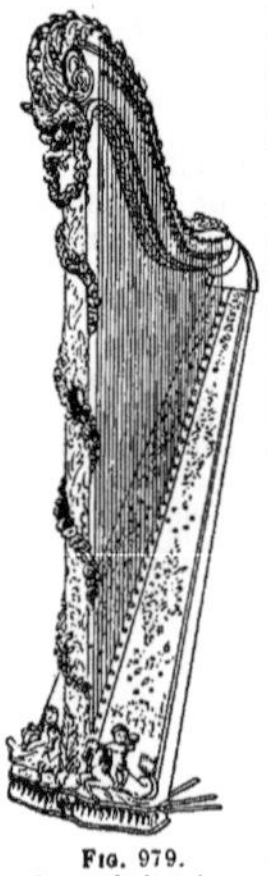

La première consistait à augmenter la tension de la corde de manière à la hausser d'un demi-ton, résultat qu'on obtenait en faisant tourner, par le moyen de la pédale, l'axe d'une pièce ronde sur laquelle la corde était enroulée. Cette disposition avait l'avantage de conserver les cordes dans un même plan, de ne point faire varier les longueurs, de supprimer les sillets et d'éviter les frisements et les étouffements de sons auxquels l'emploi de ces sillets donnait lieu; mais ces avantages étaient annulés par la prompte altération de l'accord de l'instrument, provenant de la fatigue qu'éprouvaient les cordes successivement tirées et lâchées lorsqu'on faisait jouer les pédales.

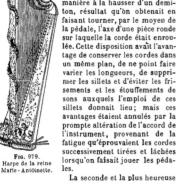

Fig. 979.
Harpe de la reine
Marie-Antoinette.

La seconde et la plus heureuse de ces tentatives fut faite par les frères Cousineau : elle comportait le raccourcissement de la corde par le moyen de sillets mobiles, sur lesquels la corde était pincée et raccourcie sans subir de mouvement latéral. A cet effet, il faisaient passer la corde entre deux petites pièces de cuivre placées au-dessous du bouton d'arrêt supérieur, qui remplit l'office de chevalet. Ces petites pièces avaient la forme de béquilles (d'où le nom de système à béquilles donné à cette disposition), et se tenaient dans une position parallèle à la corde lorsque la pédale était décrochée. Le jeu de ces pédales leur faisait faire à chacune, en sens contraire, à peu près un quart de révolution; les cordes se trouvaient ainsi serrées entre les pièces représentant les manches des béquilles et raccourcies de la quantité convenable. Le double mouvement de rotation qui faisait mouvoir les béquilles s'opérait à l'aide d'une vergette à articulation épousant la courbe de la console; cette vergette était commandée par la pédale.

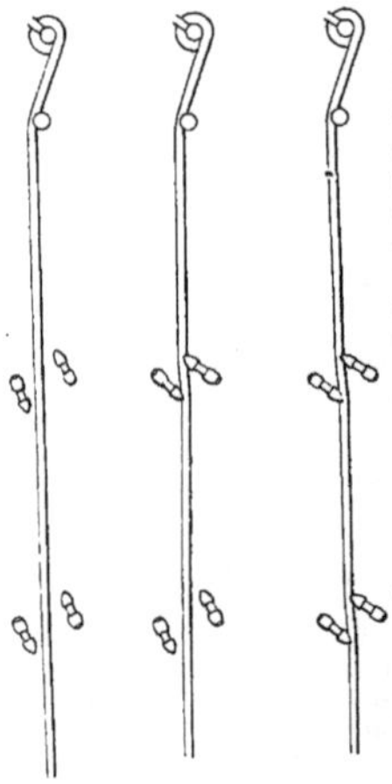

Fig. 980. — Mode d'action d'une mécanique à béquilles.

Ce système marquait un progrès sur le système à crochets, et sur celui qui consistait à raccourcir la corde au moyen de la pièce tournante dont nous venons de parler; mais il était entaché encore de nombreuses imperfections.

Vers 1810, Sébastien Erard, qui s'était déjà acquis comme facteur de pianos une renommée universelle, et que le célèbre harpiste Krumpholz sollicitait depuis longtemps d'appliquer à la harpe ses facultés inventives, imagina pour cet instrument un système de mécanique dit *à fourchettes,* dans lequel il substituait aux crochets et aux béquilles, dont il a été parlé plus haut, des disques en cuivre armés de deux boutons en saillie entre lesquels passait la corde.

Ces disques, parallèles à la face de la console, répondaient par leur axe à l'axe de la corde; deux boutons de cuivre poli étaient fixés à ces disques perpendiculairement à leur plan. Lorsque la pédale était décrochée, ces deux boutons se trouvaient placés de chaque côté de la corde, sans la toucher; quand on voulait élever la note d'un demi-ton, la pédale sur laquelle on appuyait imprimait un mouvement de rotation au disque, les deux boutons saisissaient la corde en sens contraire et la raccourcissaient sans la déranger de sa position normale, en laissant au son toute sa justesse.

La pression exercée par les boutons des fourchettes avait l'avantage de ne pas couper ou érailler les cordes, comme cela se produisait avec les autres systèmes.

Quant au fonctionnement du mécanisme, il était des plus simples.

La rotation de chaque disque s'opérait par celle d'un axe d'acier auquel le disque tenait par son centre. Ces axes pivotaient entre deux plaques de cuivre contenant tout le mécanisme et s'appuyant de chaque côté de la console.

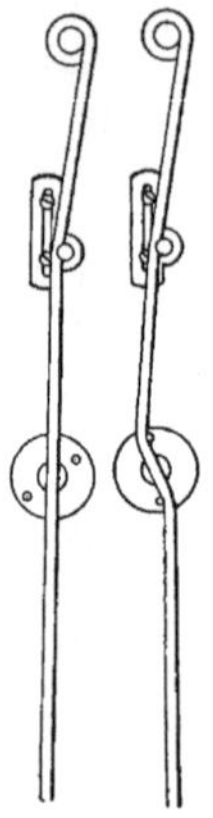

Fig. 981.
Mécanique
à fourchettes
à simple
mouvement.

Chacun de ces axes était mis en mouvement par un levier relié à une vergette qu'actionnait la pédale correspondante par l'entremise d'une des tringles passant par la colonne.

Toutes les pédales étant levées, on accordait cette harpe en *mi* bémol; par ce moyen, on avait les *mi, si, la* bémols, et en faisant intervenir les pédales, on avait les bécarres; les *ré, sol, ut, fa* étaient bécarres sans l'intervention des pédales, et dièses avec les pédales; mais on était privé des *mi, si, la* dièses et des *ré, sol, ut, fa* bémols : d'où il suit que toutes les modulations n'étaient pas possibles en certains tons, et que, bien qu'il fût déjà considérable, le résultat acquis laissait encore beaucoup à désirer.

Le problème qui s'imposait aux recherches de tous les facteurs parut un instant avoir été résolu par MM. Cousineau, dont nous venons de parler, lesquels imaginèrent, en 1812, d'ajouter à leur harpe une seconde rangée de pédales, et de doubler le mécanisme de l'instrument à l'aide d'un jeu supplémentaire de mouvements et de béquilles.

L'accord de cette harpe se faisait en *ut* bémol.

Le rang inférieur de pédales répondait aux sept renvois de mouvements qui haussaient les cordes à vide d'un premier demi-ton; le rang supérieur était lié à sept autres renvois qui haussaient d'un second demi-ton les cordes déjà accrochées par le rang inférieur. Mais la difficulté que comportait le jeu de ces quatorze pédales, le poids plus considérable de l'instrument, la complication inhérente aux moindres réparations, enfin et surtout le principe défectueux des béquilles, que leur doublement rendait plus manifeste encore, firent bientôt délaisser les harpes construites d'après ces nouvelles données.

Entre temps, Sébastien Erard, que ne rebutait aucune difficulté, quelque insurmontable qu'elle parût être, poursuivait ses travaux et, plus heureux que MM. Cousineau, réussissait, au cours de la même année 1812, à produire une harpe à double mouvement qui, par son ingénieuse disposition, non seulement combla, mais dépassa toutes les espérances.

Le mécanisme de cette nouvelle harpe est identique, comme principe, à celui de la harpe à simple mouvement que nous avons décrit plus haut, sauf que l'étendue du mouvement de va-et-vient des tringles intérieures a été augmenté, de manière à faire faire successivement une portion de révolution non plus à un, mais à deux disques munis des fourchettes dont nous avons déjà expliqué la disposition, le premier de ces disques servant à raccourcir la corde pour le premier demi-ton, le second la raccourcissant pour le second demi-ton.

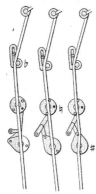

Fig. 982. — Mécanique à fourchettes et à double mouvement.

Deux crans superposés, auxquels la pédale peut être accrochée, permettent à cette pédale de produire sur la même corde le double effet que nous venons d'exposer; accrochée au premier cran, elle fait décrire au disque inférieur une révolution partielle qui, en se répercutant à l'aide d'un renvoi sur le disque supérieur, produit le premier demi-ton; la continuation de ce mouvement, quand on accroche la pédale au second cran, donne le second demi-ton.

Sept pédales suffisent ainsi pour rendre chaque corde représentative de trois sons, le bémol, le son naturel et le dièse.

Sauf le cas de doubles dièses et de doubles bémols, ces harpes permettent d'exécuter toute la musique; l'artiste n'ayant jamais à remplacer l'un par l'autre le bémol d'une corde ou le dièse de la corde inférieure, le morceau à exécuter peut porter depuis sept dièses jusqu'à sept bémols.

De treize gammes que l'on obtenait avec la harpe à simple mouvement, on en obtint désormais vingt-sept avec la harpe à double mouvement, et il devint possible avec elle de moduler rapidement et d'exécuter des suites ininterrompues de demi-tons.

Voici comment M. F. Maignien, le délicat écrivain et le très distingué harpiste de l'Opéra de Paris, s'exprime sur ses avantages :

« Cette grande invention du système à double mouvement permit à la harpe de jouer dans tous les tons et modes, avec ce réel avantage sur le piano que le doigté est toujours identiquement le même, quels que soient les tons et modes, ce qui est une grande facilité et une notable économie de travail. »

Et plus loin :

« J'ai essayé de noter harmoniquement les divers accords exécutables et de les chiffrer.

« On peut obtenir avec les pédales à double mouvement tous les accords de septième diminuée; ceux de septième de dominante sont possibles dans dix tons différents, les accords de septième se font sur dix-huit sons distincts, ceux de septième de sensible sur douze sons, plus deux accords de septième de dominante avec quinte augmentée. Tous les accords de neuvième sans exception, en majeur et en mineur, sont facilement exécutables en *glissandi*, et cela très vivement, car il y a rarement plus de deux pédales à mouvoir pour obtenir la combinaison de ces accords. Il y a aussi divers accords de quintes et sixtes augmentées et des gammes de tons entiers. »

Pour toute simple que paraisse aujourd'hui cette disposition du double mouvement de la harpe, elle constitue une œuvre de mécanique prodigieuse qui, après avoir fait, en 1815, l'admiration des Académies des Sciences et des Beaux-Arts réunies, auxquelles elle fut présentée, n'a cessé depuis lors de susciter le même sentiment admiratif chez toutes les personnes capables d'en comprendre et d'en apprécier le rare mérite[1].

Les facteurs de harpes qui ont marqué à côté d'Erard au xixe siècle sont :

Plane, auteur d'un mécanisme permettant d'exécuter les doubles demi-tons (1813).

Gilles, inventeur d'un système à peu près analogue (1814).

Pierre Chaillot, qui imagina de transporter les cordes du côté gauche au côté droit de la console, afin de rendre plus facile le jeu de la main droite, disposition qui ne rencontra d'ailleurs aucune faveur (1820).

Camille Pleyel, qui, vers 1834, fabriqua d'après les plans de Dizi, harpiste compositeur et virtuose de valeur, des harpes à simple et à double mouvement imitées de celles d'Erard.

Domény, qui s'acquit à la même époque une réputation de facteur consciencieux par ses instruments à simple et à double mouvement.

De 1835 à 1838, Pierre Erard, neveu et successeur de Sébastien Erard, dont nous venons d'exposer les travaux et la géniale invention, apporta à son tour de notables perfectionnements à la harpe, en faisant opérer dans le corps de l'instrument une partie du mouvement des pédales qui s'opérait jusque-là dans la cuvette seule, ce qui lui permit de réduire la hauteur de la cuvette, d'augmenter les proportions du corps sonore et de la table d'harmonie, et, par suite, d'enrichir la sonorité de l'instrument en employant des cordes plus fortes et en les espaçant davantage.

Aujourd'hui, l'ensemble de la harpe et les détails de ses différents organes semblant avoir atteint le plus haut degré de perfectionnement possible, nous allons décrire la fabrication de ce gracieux instrument, telle qu'elle se pratique dans les ateliers de la maison Erard.

Chacun sait que la harpe affecte une forme triangulaire, et qu'elle se compose de trois parties essen-

---

1. Nous avons fait intentionnellement, au cours de cette étude, de fréquents emprunts au rapport présenté sur la harpe de Sébastien Erard aux Académies des Sciences et des Beaux-Arts par le baron de Prony, dont la compétence en pareille matière fait autorité.

tielles qui sont : le corps sonore, la console qui reçoit le mécanisme et les chevilles, et enfin la colonne qui réunit le corps sonore et la console.

Dans les instruments modernes, le corps sonore et la colonne reposent et viennent se joindre sur une petite table que l'on appelle cuvette, et sous laquelle sont placées les pédales.

Le corps sonore, qui affecte la forme d'une gouttière allant en se rétrécissant à sa partie supérieure, supporte une table d'harmonie qui est percée, dans le sens de sa longueur et suivant une ligne médiane, de petits trous destinés au passage des cordes, lesquelles sont en boyau dans les octaves supérieures et dans le médium, en soie ou en acier, mais toujours recouvertes d'un fil de laiton, pour les notes graves.

Dans les harpes modernes, les cordes sont fixées à leur extrémité inférieure au moyen de boutons, généralement en bois d'ébène, que l'on insère dans les mêmes trous que les cordes, et qui appuient celles-ci contre la table d'harmonie; elles s'enroulent à l'autre extrémité sur des chevilles en fer traversant la console; ces chevilles servent à les tendre et à les accorder.

Le corps sonore.

Le corps sonore, composé de trois forts placages de hêtre, d'érable ou de palissandre, collés l'un sur l'autre dans un moule de fonte, est renforcé à l'intérieur par une légère charpente en forme de demi-cerceaux, qui le consolide et lui conserve sa forme; il est fermé à sa partie supérieure par une table de résonance faite, comme les tables de résonance des pianos, en bois de sapin de Hongrie (épicéa) choisi, appareillé, séché, appareillé, préparé et collé avec un soin extrême.

FIG. 983.
Corps de harpe
non encore tablé.

FIG. 984.
Corps de harpe
tablé.

Cette table, dont le profil comporte la plus grande précision, ses qualités acoustiques dépendant essentiellement de la rigoureuse observation de ce profil, est percée de trous garnis à leur partie supérieure d'un épaulement d'ivoire, et en nombre correspondant au nombre de cordes que comporte l'instrument.

Les cordes passent par ces trous; elles y sont maintenues par des boutons d'ébène qui les appuient contre l'épaulement d'ivoire dont il vient d'être question, lequel a pour principal objet d'empêcher la corde tendue de s'imprimer dans le bois de la table de résonance, ce qui ferait rendre à cette table un son sourd et cinglant.

La partie inférieure du corps sonore est percée de larges ouvertures permettant au son de s'épanouir aisément.

La console.

La console est formée de plusieurs épaisseurs de bois de sycomore et de cormier, dont le fil est disposé en sens contrariés, pour lui donner plus de solidité et l'empêcher de se fendre; elle est percée de trous permettant le passage des pivots de la mécanique, et des chevilles à accorder sur lesquelles s'enroulent les cordes.

La colonne.

La colonne, faite en bois de sycomore, est creuse en forme de tube, et c'est par ce tube que passent les tringles d'acier qui relient les pédales à la mécanique; elle est légèrement cintrée dans le sens opposé au tirage des cordes, afin de mieux résister à l'action de cette traction; elle se relie à la console par un collage que viennent consolider de fortes vis.

La cuvette.

Ainsi que nous l'avons dit, la cuvette forme le pied de la harpe.

C'est dans cette partie de l'instrument que sont fixés et que fonctionnent les pédales et leurs ressorts.

Chaque pédale se meut dans un créneau pourvu de crans d'accrochage destinés à la retenir dans ses différentes positions de bémol, bécarre et dièse.

L'ouvrier harpiste, après avoir moulé le corps sonore, y colle les cerceaux, la table de résonance, assemble la console avec la colonne, et ajuste la cuvette au moyen de vis permettant un démontage facile en cas de remplacement nécessaire des ressorts ou du cuir graissage; puis, il pose les ornements de la colonne et de la cuvette, dont les plus fragiles ou les plus exposés aux chocs sont en aluminium ou en cuivre estampé.

Le bois ainsi terminé passe à l'atelier du vernissage, où il reçoit les couches nécessaires et successives de vernis qui doivent être appliquées à intervalles éloignés et, de l'atelier du vernisseur, arrive à la gravure, puis à l'atelier de dorure, où les ornements sont repassés et dorés.

Le monteur y ajuste ensuite les chevilles à accorder, la mécanique qui a été, au préalable, montée de toutes ses pièces, place les cordes de boyau et de métal et pose les pédales.

La mécanique.

La mécanique, qui est faite par des mécaniciens

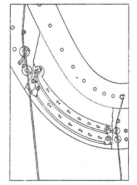

FIG. 985. — Mode d'action d'une mécanique d'ÉRARD
à fourchettes et à double mouvement.

spécialistes à l'aide d'un outillage de précision, exige le plus grand soin. Chaque pièce en est soignée comme une pièce d'horlogerie, et chacune de ses articulations ajustée et réglée avec la plus extrême justesse. Elle est composée intérieurement, comme nous l'avons expliqué, de tringles ou petites bielles d'acier se reliant sur des équerres de cuivre, montées elles-mêmes sur les pivots des disques porteurs des fourchettes, qui pincent et raccourcissent la corde lorsque ces disques sont actionnés par les pédales.

Ces pivots tournent entre deux plaques de cuivre récrouies au marteau, dans le but de les rendre aussi dures et aussi résistantes à l'usure que possible.

Ce sont ces deux plaques de cuivre qui forment les joues de la mécanique.

La harpe étant ainsi montée est accordée progressivement au diapason, où elle est

FIG. 986. — Harpe finie.

maintenue pendant un mois, puis arrive aux mains du finisseur, qui règle les demi-tons; ce réglage s'obtient au moyen des sillets mobiles, que l'on fait monter ou descendre suivant que les notes sont trop au-dessous au au-dessus de leur point juste.

Cette dernière opération terminée, l'instrument est considéré comme complètement achevé et prêt à entrer en service.

DE L'ACCORD DE LA HARPE A DOUBLE MOUVEMENT D'ERARD

Ainsi que nous l'avons expliqué au cours de cette étude, la harpe à double mouvement d'ERARD présente cet avantage de faire produire trois sons différents à chaque corde, au moyen de deux fourchettes agissant sur la même corde et mises en mouvement par la même pédale.

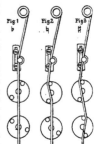

Lorsque la corde est libre, c'est-à-dire lorsqu'elle n'est pas pincée par l'une des fourchettes, elle donne le bémol (I); elle donne le son naturel lorsquelle est pincée par la fourchette supérieure (II), et le dièse lorsqu'elle est pincée par les fourchettes supérieure et inférieure (III).

Par conséquent, toutes les pédales étant levées, toutes les cordes sont bémolisées, et la harpe se trouve en *ut* bémol;

FIG. 987. — Les trois positions de la corde.

toutes les pédales étant accrochées au premier cran, toutes les cordes donnent le son naturel, et la harpe se trouve en *ut* naturel; toutes les pédales étant accrochées au deuxième cran, toutes les cordes donnent le dièse, et la harpe est en *ut* dièse.

La harpe à double mouvement s'accorde donc en *ut* de la manière suivante :

Toutes les pédales étant levées, accorder cet *ut* à l'unisson d'*ut* bémol ou de *si* naturel, ce qui est la même chose sur le piano; accorder ensuite par quintes et par octaves de la façon suivante :

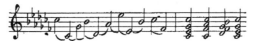

Cette partition étant bien faite, accorder par octaves dans le haut et par octaves dans la basse.

Pour monter la harpe au ton, cette méthode d'accorder est la seule qu'on doive employer, car, dans ce cas, toutes les cordes qui sont à vide se tendent plus aisément; mais, lorsque la harpe est au ton, et lorsqu'il s'agit simplement d'en repasser l'accord, on peut accrocher toutes les pédales au cran du milieu, et accorder en *ut* naturel comme il suit :

Des bémols.

Pour mettre la harpe dans le ton d'*ut* naturel, accrocher toutes les pédales au premier cran; pour passer dans les tons bémols, décrocher ces mêmes pédales; pour passer dans les tons dièses, les accrocher toutes au second cran.

Des dièses,

Pour mettre la harpe en *la* bémol, par exemple, il faut lever les quatre pédales *mi, si, la, ré;* pour les quatre cordes bémolisées, et laisser les pédales *sol, ut, fa* accrochées au premier cran, pour les trois cordes naturelles.

Pour mettre la harpe en *si* naturel, par exemple, il faut accrocher au second cran les cinq pédales *fa, ut, sol, ré, la,* pour les cinq notes dièses, et laisser les pédales *mi, si* accrochées au premier cran, pour les deux cordes naturelles.

Tel est sommairement décrit dans ses origines, ses progrès successifs et son état actuel, qui semble avoir atteint le plus haut degré de perfection auquel il pouvait être amené, le gracieux instrument dont la voix céleste a inspiré tant de poètes, tant de compositeurs, qui a ému et charmé tant de générations, et dont une pléiade de fervents admirateurs a pieusement entretenu le culte depuis les temps les plus reculés jusqu'à nos jours.

Après avoir principalement servi pendant des siècles à accompagner les chants de guerre, les mélopées nationales, et plus tard, les improvisations des minstrels et des troubadours, après avoir été et être demeuré l'instrument favori de virtuoses émérites, dont certains ont conquis une renommée universelle, la harpe, grâce aux ressources dont l'a enrichie la géniale invention de Sébastien ERARD, a pris dans l'orchestre moderne une place de plus en plus importante, elle y joue déjà un rôle essentiel, et il n'est pas téméraire de prévoir que, dans ce vaste domaine, une faveur plus grande encore lui sera réservée dans un très prochain avenir.

A. BLONDEL.

LA HARPE ET SA TECHNIQUE[1]

Par Alphonse HASSELMANS

ANCIEN PROFESSEUR AU CONSERVATOIRE

ÉVOLUTION ET TECHNIQUE DE L'INSTRUMENT

La harpe, jusqu'au xive siècle, était formée d'un cadre en bois sur lequel on tendait les cordes; on conçoit qu'un tel système était réfractaire aux modulations; aussi, la musique se transformant peu à peu et les autres instruments subissant les lois de cette progression, la harpe ne tarda pas à tomber en désuétude jusqu'à la fin du xviie siècle.

A ce moment (1660), des Tyroliens, dont les noms sont restés inconnus, imaginent les *sabots*, sortes de crochets actionnés par la main dans le but de modifier d'un demi-ton les cordes correspondantes; ce mécanisme n'eut aucun succès[2].

En 1720, un luthier de Donauwerth, nommé HOCHBRUCKER, invente la pédale[3]; COUSINEAU et NADERMAN bénéficient de cette découverte et construisent des harpes à sept pédales[4], chacune de celles-ci pouvant hausser d'un demi-ton, dans toute l'étendue de l'instrument, une des notes de la gamme diatonique[5].

Vers la fin du xviiie siècle, la harpe prend un essor considérable; on lui fait accompagner les romances en vogue, et l'exemple en est donné par la reine Marie-Antoinette elle-même; les virtuoses commencent à se produire; parmi eux, KRUMPHOLZ et le vicomte DE MARIN se font particulièrement remarquer; enfin, nous voyons apparaître les premières parties de harpe à l'orchestre : *les Bardes*, de LESUEUR; *Uthal, Joseph*, de MÉHUL; *Orphée*, de GLUCK; *la Vestale*, de SPONTINI; *Wallace*, de CATEL; *Prométhée*, de BEETHOVEN; *Manfred*, de SCHUMANN, etc.

Cependant, la harpe avait encore de nombreux défauts : les crochets actionnés par les pédales se brisaient très rapidement; les cordes et les ressources générales de l'instrument s'opposaient encore à l'exécution des modulations rapides; c'est alors que le génie de Sébastien ERARD s'en empare; il substitue les fourchettes aux crochets, puis il crée, en 1811, une merveille d'ingéniosité et de précision : *la harpe à double mouvement*[6].

Depuis, certains facteurs, voyant dans l'usage des pédales une source de difficultés dont ils s'exagéraient l'importance, cherchèrent le moyen de les supprimer; c'est ainsi qu'un nommé PFEIFFER imagina, en 1820, une harpe ditale, dans laquelle le mécanisme des pédales était placé sous les doigts de l'exécutant; en 1843, un facteur de pianos, PAPE, prit un brevet pour une harpe chromatique à deux rangées de cordes croisées en X et formant un total de soixante-dix-huit cordes environ[7].

La harpe ERARD est accordée en *ut*♭ majeurs; elle a une étendue de six octaves et demie, du au et est munie de sept pédales qui peuvent, au gré de l'exécutant, être employées, soit passagèrement par une simple pression du pied, soit fixées. Un ressort, agissant de bas en haut, les ramène à volonté.

Chacune de ces pédales correspond à une des notes de la gamme diatonique et porte son nom; elle agit simultanément sur toutes les notes de même nature que comporte l'instrument; ainsi, la pédale de *do* agit sur tous les *do*, celle de *ré* sur tous les *ré*, etc. L'action de ces pédales sur les cordes a pour effet de les hausser de deux demi-tons successifs, ce qui

---

1. Nous adressons nos vifs remerciements à M. TOURNIER, professeur au Conservatoire, qui a bien voulu revoir le manuscrit de son maître HASSELMANS. (N. D. L. D.)

2. Ce système est appliqué sur quelques harpes galloises.

3. L'invention de HOCHBRUCKER ne fut connue en France qu'en 1749.

4. COUSINEAU fut l'auteur d'un projet de harpe à quatorze pédales.

5. On appelle cet instrument *harpe à simple mouvement*; on l'accordait en *mi*♭ majeur.

6. Sébastien ERARD commença par appliquer la *fourchette* à la harpe à simple mouvement, celle qu'on construisait alors; dans cette harpe, l'intonation de chaque corde pouvait être modifiée d'un demi-ton (au

lieu de deux actuellement); la console ne supportait qu'une rangée de *sabots* (remplacés plus tard par les *fourchettes*), et les pédales n'évoluaient que dans un cran, d'où le nom de *harpe à simple effet, simple mouvement*. On l'accordait en *mi*♭, et un grand nombre d'altérations ne pouvaient s'obtenir qu'à l'aide de synonymes; le champ d'action de cet instrument était naturellement très restreint.

7. La notice publiée en langue anglaise par l'inventeur de ce système dit textuellement : « Pour éviter la confusion, j'ai disposé les tons d'un côté de la console, et de l'autre côté les demi-tons. » Ce ne peut être qu'un lapsus, et par cela même qu'une semblable disposition serait en fait impraticable, dès que la tonalité d'*ut* majeur serait abandonnée; il faut admettre que PAPE qui, dans la facture instrumentale, était loin d'être le premier venu, a voulu dire : « J'ai placé d'un côté de la console les cordes correspondant aux touches blanches du piano, et de l'autre, celles qui correspondent aux touches noires. »

8. La nécessité pour l'exécutant d'accorder sa harpe l'oblige à posséder une oreille musicale très sûre; il en est de même pour le Violon, le Violoncelle et tous les instruments dont la justesse dépend du virtuose. Cette nécessité crée, de prime abord et du fait même de la nature, une sélection; on peut le regretter, mais seulement au point de vue de la démocratisation de l'art, ce qui est, en somme, une théorie très discutable.

revient à dire que chaque corde peut produire trois sons différents : le ♭, la corde étant à vide, le ♮, après un premier mouvement de la pédale, et le ♯ après un second mouvement de la même pédale.

Pour la clarté de cette démonstration, nous supposons que les sept pédales ont subi un premier mouvement, et que toutes ont été accrochées au ♮; la succession naturelle des cordes donnera la gamme d'*ut* majeur. Il suffit alors, si l'on veut obtenir celle de *fa* majeur, de décrocher la pédale du *si*, ce dernier reprenant sa place au ♭, tous les *si* redeviennent ♭, et la succession naturelle des cordes produit la gamme de *fa* majeur.

En agissant de la même façon pour le *mi*, on se trouve en *si* ♭ majeur; si alors on ramène ces deux pédales de *si* et de *mi* au ♮, il suffira d'une nouvelle pression sur la pédale du *fa* pour que, cette dernière opérant son second mouvement, tous les *fa* deviennent ♯ et que l'on obtienne ainsi la tonalité de *sol* majeur.

Tous ces mouvements de pédales se font facilement et rapidement; ils deviennent très vite familiers, et sont tellement logiques à l'égard des principes mêmes de la musique, qu'en une seule leçon ils sont compris des élèves, pour lesquels la vraie difficulté de bien jouer de la harpe réside toujours dans le mécanisme des doigts[1].

Une des particularités du doigté de la harpe est qu'il n'est pas fait usage du cinquième doigt. Cependant, un de nos prédécesseurs au Conservatoire, s'inspirant de la méthode de Mme de GENLIS et d'une conformation de main exceptionnelle, préconisa et enseigna l'utilisation de tous les doigts. Sous une apparence de logique, cette innovation cachait une tare qui devait conduire l'art de la harpe à un effacement presque absolu; le petit doigt étant normalement de beaucoup le plus court, il fallait, pour lui permettre d'atteindre les cordes, modifier de telle façon la position des mains, que la qualité du son en était altérée de très sensible et désastreuse manière. Cette vérité, cependant si évidente, n'empêcha pas la nouvelle méthode de prévaloir.

Ce fut le signal d'une période de décadence qui dura quarante-six ans, après laquelle le bon sens reprit enfin ses droits.

On aurait aujourd'hui quelque peine à retrouver une demi-douzaine d'adeptes de ce système qui, pendant un temps, passa pour être celui de l'avenir.

Comme conclusion à ce qui vient d'être dit, la bonne position des mains est la condition essentielle d'une belle sonorité et d'une virtuosité de bon aloi.

En outre des sons naturels, la harpe possède la faculté de produire des sons artificiels qui viennent très heureusement varier, par des timbres différents, le jeu de l'exécutant : il s'agit des *sons harmoniques*, des *sons étouffés*, et de ceux qu'il peut obtenir en rapprochant les mains de la table d'harmonie (*sons de guitare*).

Les sons harmoniques s'indiquent par un zéro placé au-dessus de la note à jouer, et produisent l'octave supérieure de cette même note. Un son harmonique (le son 2 en l'occurrence) est le résultat de deux opérations distinctes, lesquelles s'effectuent en même temps : 1° mise en vibration de la corde, 2° séparation de cette corde en deux parties strictement égales au moyen d'un sillet artificiel; à la harpe, les sons harmoniques sont doigtés par le pouce, et le sillet artificiel est constitué à la main droite par l'index replié sur lui-même, à la main gauche par le côté extérieur de la paume, la main étant allongée en forme de coupe. Cette différence dans la position respective des mains est nécessitée par une question de sonorité, et aussi par l'exiguïté de la partie supérieure de l'instrument, laquelle ne permet pas le développement de la main pour la production de ces sons; elle explique, en outre, pourquoi la main droite ne peut obtenir qu'un son harmonique à la fois, alors qu'on en peut produire deux et même trois à la main gauche (pourvu toutefois que ces différents sons ne soient pas trop distants les uns des autres). Les sons harmoniques s'indiquent de même que pour la main droite, en mettant autant de zéros superposés que cela peut être nécessaire.

On peut faire alterner les deux mains comme dans l'exemple suivant :

Fantaisie sur un motif d'Obéron (PARISH-ALVARS) (Lemoine, éd.).

La région la plus favorable pour les sons harmoniques est comprise entre le [notation] et le [notation] ; passé cette note, ils peuvent encore se faire; mais l'exécution en est dangereuse et produit parfois un son mat dont l'effet est à éviter.

1. Afin d'éviter la confusion qui résulterait pour les yeux de la succession parallèle des quarante-sept cordes de la harpe, les *fa* sont teintés en bleu et les *do* en rouge.

On peut aussi obtenir une double octave d'une seule main, de la façon suivante :

(On remarquera que les sons harmoniques se font

ici, dans la partie supérieure de la main gauche seulement.)

Les sons étouffés se font également des deux mains; mais seulement en montant, pour la main droite, et en succession de gammes ou fragments de gamme. On les indique par la mention : *sons étouffés*, placée au-dessus ou au-dessous des notes à exécuter. Pour la main gauche, ils se font dans les deux sens.

Exemple de sons étouffés de la main gauche :

Variations de bravoure sur des motifs italiens (PARISH-ALVARS, op. 57) (Lemoine éd.).

Les sons étouffés sont souvent employés à la main gauche afin d'éviter le frisement qui se produit dans l'enchaînement de deux ou plusieurs sons graves, — les cordes graves ayant un champ de vibration assez étendu. — On joue les sons destinés à être étouffés avec le pouce, en ayant soin de laisser les autres doigts à plat sur le plan des cordes; l'opération s'effectue automatiquement, en ce sens que les vibrations d'un son quelconque sont étouffées au moment précis où le pouce (et par conséquent l'ensemble de la main) se place sur le son suivant.

Dans les enchaînements ascendants, les sons sont étouffés par les 2e, 3e, 4e et 5e doigts réunis, et dans les successions descendantes, par la partie inférieure du pouce.

On rencontre rarement les sons étouffés de la main droite; on les joue avec l'index en avançant la main du côté de la colonne de l'instrument ; les notes sont étouffées par la phalangette de ce doigt quand il se pose sur la corde suivante.

Un des avantages les plus précieux du système de pédales en usage pour la harpe, est de rendre uniforme le doigté de toutes les gammes majeures et mineures; elles peuvent aussi se *glisser*, toujours dans tous les tons, avec un seul doigt, non seulement en notes simples, mais encore en tierces ou en sixtes dans les deux sens, en octaves et en dixièmes en descendant.

Les gammes glissées en tierces, sixtes (voire octaves) ne sont possibles qu'en descendant, car la partie supérieure de ces gammes seule est glissée par le pouce, — lequel ne pourrait opérer de même en montant, — la partie inférieure étant doigtée par les 2e, 3e et 4e doigts, qui jouent à tour de rôle, comme dans une gamme simple (sans pouce).

Ceci nous conduit à parler d'un genre de trait tout à fait personnel à notre instrument, et qui en constitue une des ressources les plus curieuses. Il s'agit du *sdrucciolando*, incorrectement appelé *glissando*.

L'orchestration moderne s'en est emparée, et ces traits offrent de multiples combinaisons, d'un intérêt sans cesse renouvelé.

Voici la théorie de ces *sdrucciolandi* (un de nos anciens élèves, M. Fernand MAIGNIEN, en a compté deux cents espèces) : elle est basée sur ce principe qu'en faisant entendre, toujours dans leur ordre régulier, les notes qui composent l'échelle de la gamme, il est possible de les altérer de telle façon qu'elles forment, non plus une gamme, mais un accord, soit régulier, soit agrémenté de notes de passage qui peuvent produire le plus piquant effet, et en tout cas, un effet qu'aucun autre instrument ne saurait réaliser.

La harpe ayant la faculté de hausser ou de baisser à volonté d'un demi-ton chacune des notes de la gamme diatonique d'*ut majeur*, ou de la gamme chromatique possèdent leur synonyme, ou mieux leur *homophone;* en un mot, la harpe dispose d'un *ré♭* et d'un *ut♯* distincts, d'un *mi♭* et d'un *ré♯*, d'un *mi♮* et d'un *fa♭*, etc.; elle est donc en*harmonique* dans la plus grande partie de son échelle. Les trois seules notes ne possédant pas d'homophones sont : le *ré♮*, le *sol♮* et le *la♮*.

C'est ainsi que l'on peut obtenir des traits glissés sur toutes les gammes diatoniques majeures et mineures, ainsi que les gammes de tons entiers; tous les accords de 9e majeure et mineure et tous les accords de 7e diminuée sont également praticables; les « glissando » sont aussi possibles sur 5 accords de 7e de dominante, 5 accords de 7e seconde espèce, 5 accords de 7e troisième espèce et 4 accords de 7e quatrième espèce; il faut, en outre, ajouter beaucoup d'accords (de 7e) qui ne sont pas compris dans cette nomenclature, mais qui sont exécutables malgré l'adjonction forcée d'une note de passage.

Accord de 7e, 2e espèce, indiqué ci-dessus :

même accord écrit un demi-ton plus bas :

Cet accord n'a pas été classé plus haut, car il possède une note de passage ; il garde néanmoins toute sa musicalité, l'emploi de la note de passage peut d'ailleurs être utilisé dans toutes les combinaisons de synonymes.

L'enchaînement de deux ou plusieurs « glissando » d'espèces différentes est souvent possible par le déplacement d'une ou deux pédales :

Les glissades de cet exemple peuvent être jouées naturellement sur toute l'étendue de la harpe. Disons aussi qu'en dehors des accords connus et classés, certaines combinaisons produisent des effets tout à fait curieux, si l'on en juge par l'exemple suivant extrait d'une pièce pour harpe (*La Mandoline*) composée par PARISH-ALVARS :

Effet produit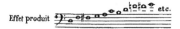

Exécution

D'après ce court aperçu, il sera facile d'imaginer le nombre incalculable de combinaisons qu'il est possible de réaliser, et on comprendra que le côté personnel et pittoresque de leur emploi ait séduit les compositeurs modernes — lesquels furent d'ailleurs devancés en cela par WAGNER, LISZT (qui, croyons-nous, a été le premier à employer les « glissande ») et les musiciens de l'école russe.

ACCORDS DE 9ᵉ MINEURE

Dans tous les tons.—Exemples :   en la♭ min.   en la♮ min.   en la♯ min.

ACCORDS DE 7ᵉ DIMINUÉE

Dans tous les tons.—Exemples :   en ré min.   en la min.   en mi min.

Exemples de combinaisons.

L'écriture de la harpe a une certaine analogie avec celle du piano, surtout du piano tel que l'entendaient Liszt et Thalberg, avec des intervalles espacés et des croisements de mains fréquents[1].

Sa région grave est pleine d'ampleur et de richesse ; ses basses ont une puissance et une rondeur trop ignorées, bien des artistes n'en utilisant qu'exceptionnellement ou trop discrètement les ressources.

Le médium convient aux parties chantantes ; son timbre se prête parfaitement aux sons soutenus ; habilement exploité, il en donne du moins l'illusion.

La partie supérieure est exclusivement brillante et convient aux traits rapides[2].

Dans son ensemble, la sonorité de la harpe dégage une impression de fluidité, de poésie en quelque sorte hiératique, dont le charme est tout-puissant.

Si l'écriture de la harpe est la même que celle du piano, il en est tout autrement de sa technique, qui a pour base une position de mains absolument différente.

Pour s'en rendre compte, il suffit de placer sur un clavier la main gauche dans sa position normale, tandis que la main droite se tiendra renversée la paume en l'air au-dessous de ce même clavier ; les pouces se trouveront alors à la partie supérieure de chaque main, ce qui est le cas pour le harpiste.

A noter aussi, qu'à l'encontre de ce qui se passe pour le piano, c'est seulement lorsque le doigt quitte la corde qu'elle résonne.

Parmi les parties d'orchestre les mieux écrites pour l'instrument, il faut remarquer en première ligne toutes celles de Meyerbeer, celles de la *Dame Blanche*, de *Faust*, de *Tannhäuser* (gauche parfois, mais très en dehors), celles des poèmes symphoniques de Liszt, de Saint-Saëns, et de la nouvelle école russe, de Wagner, Berlioz, Bizet, Thomas, Chabrier, Massenet, Dubois, Pierné, Debussy, Vincent d'Indy, Humperdinck, Puc-

cini, Ravel, Paul Dukas, etc. Enfin, nos jeunes compositeurs donnent chaque jour à la harpe une importance plus grande en utilisant, parfois avec un rare bonheur, les effets dont il a été parlé plus haut à propos du *sdrucciolando*.

Bien avant ces auteurs, et quoique les ressources de la harpe fussent encore restreintes, les maîtres classiques en avaient déjà fait usage. Il existe un *Concerto* pour flûte, harpe et orchestre de Mozart ; Gluck fait accompagner par la harpe une scène d'*Orphée*, et Beethoven s'en sert dans un ballet de *Prométhée*.

ENSEIGNEMENT ET VIRTUOSES DE LA HARPE

La fondation de la classe de harpe au Conservatoire de Paris date de 1825.

C'est Naderman qui en fut le premier professeur ; A. Prumier lui succéda en 1835 ; Labarre occupa ensuite ce poste, de 1867 à 1870 ; C. Prumier fils, de 1870 à 1884 ; puis, à partir de cette date, A. Hasselmans, l'auteur de cette notice, auquel a succédé le professeur actuel, M. M. Tournier.

Les principaux ouvrages adoptés pour l'enseignement sont :

La *Méthode* de R. Martenot (Enoch et Cie), celle de Labarre (Leduc), les sept cahiers d'*Études* de Ch. Bochsa (Maisons Lemoine et Costallat), les *Études* de Naderman, extraites de son *École de Harpe* (Costallat) ; les huit *Caprices* de Labarre (Joubert), les *48 Études* de Dizi (Noël), celles de Zabel (Zimmermann) ; les *Études de perfectionnement* de Bérens, transcrites par Vizthum ; les six grandes *Études de virtuosité* de M. Schüecker, les huit *Grandes Études* de M. Wilhelm Posse.

Entre tous les harpistes qui illustrèrent la harpe, il convient de placer au premier rang les noms de Ch. Bochsa fils, de Dizi, de Th. Labarre, des frères Jules et Félix Godefroid, et, tout à fait hors de pair,

---

1. Il va sans dire, cependant, que les notes répétées en succession un peu rapide sont inexécutables, à moins que l'on ne puisse, pour les réaliser, recourir à cet artifice dont il est parlé précédemment, et qui permet de disposer à la fois des deux sons homophones (ré♯ et mi♭ ou bien si♯ et do♮ par exemple). En ce cas, la note répétée pour l'oreille est en réalité une sorte de trille exécuté soit par une main, soit par les deux, sur des cordes voisines. — Fort en usage d'abord dans les morceaux de virtuosité, cette ressource est utilisée maintenant aussi à l'orchestre :

Ballet d'*Ascanio*, C. Saint-Saëns
(Durand et fils éditeurs).

2. Il est bon de se prémunir à ce propos contre une erreur assez fréquente, qui consiste à croire écrits à l'octave supérieure des passages qui, tout en paraissant suraigus, n'appartiennent cependant qu'à l'avant-dernière octave..

celui de PARISH-ALVARS, qui fut non seulement un grand virtuose, notre PAGANINI, mais aussi le véritable créateur de la technique moderne de la harpe, aussi différente de l'ancienne que peut l'être pour le piano celle de LISZT ou de RUBINSTEIN comparée avec celle de FIELD ou de CLEMENTI, par exemple.

PARISH-ALVARS (Elias), né à Londres, le 28 février 1808, mourut à Vienne le 25 janvier 1849, en pleine maturité d'un talent demeuré jusqu'ici sans rival, et dont la disparition prématurée fut une irréparable perte pour la harpe.

Voici en quels termes BERLIOZ, dans ses mémoires, s'exprime à son sujet : « J'ai fait la connaissance à Dresde du prodigieux harpiste anglais PARISSH-ALVARS, dont le nom n'a pas encore la popularité qu'il mérite. Il arrivait de Vienne. C'est le LISZT de la harpe! On ne peut s'imaginer tout ce qu'il est parvenu à produire d'effets gracieux et énergiques, de traits originaux, de sonorités inouïes avec son instrument. Cet homme est sorcier, sa harpe est une sirène au beau col incliné, aux longs cheveux épars, qui exhale des sons fascinateurs d'un autre monde, sous l'étreinte de ses bras puissants. »

S'il ne fut pas un virtuose de la même envergure, Charles BOCHSA, né à Montmédy en 1789, n'en fut pas moins un musicien de valeur, connaissant à fond son instrument. Fils d'un hautboïste, qui s'était établi marchand de musique à Paris en 1806, Ch. BOCHSA entre à cette époque au Conservatoire, où il obtient la même année un premier prix d'harmonie (Classe CATEL).

Il fut pour la harpe l'élève de NADERMAN, puis de M. DE MARIN.

Peu d'artistes laissèrent une œuvre aussi féconde, bien que portant naturellement la trace du temps; il en reste une centaine d'études qui, à l'heure actuelle, constituent encore la base de notre enseignement.

L'invention du double mouvement, qui n'était, en somme, que le développement du système alors en usage, le compta parmi ses plus chauds partisans, et il écrivit à son intention de nouvelles études dédiées à Sébastien ERARD[1].

En outre de ses compositions pour harpe, parmi lesquelles figurent plusieurs concertos, il produisit nombre de morceaux d'ensemble et plusieurs opéras qui furent représentés sur la scène de l'Opéra-Comique : *Les Héritiers de Paimpol, Alphonse d'Aragon, Les Héritiers Michau, Les Noces de Gamache, Le Roi et la Ligue, La Lettre de Change, Un mari pour étrennes.*

A l'un de ses concerts, très suivis par la haute société du premier Empire, il disparut, raconte-t-on, emportant une moisson de riches cachemires déposés au vestiaire. Poursuivi et condamné en 1816 pour différentes aventures du même genre, il se réfugie à Londres, y enlève, en 1839, Mᵐᵉ Bishop, et parcourt avec elle l'Europe et l'Amérique.

Fixé enfin en Australie, il fut chef d'orchestre à Melbourne et mourut à Sydney, en 1856, après une longue maladie.

A côté de cette existence si déplorablement accidentée, celle de DIZI paraîtra peut-être bien terre à terre; elle offre cependant, à son début, un épisode qui vaut d'être conté ici.

DIZI (François-Joseph), né à Namur le 14 janvier 1780, fit, sous la direction de son père, professeur de musique en cette ville, de sérieuses études musicales, mais c'est à lui seul qu'il dut son talent de harpiste, personne ne pouvant à Namur lui enseigner la technique de son instrument.

A l'âge de seize ans, se trouvant en Hollande où il donnait une série de concerts, le désir lui vint de se rendre en Angleterre.

Rempli d'espérances, la bourse un peu légère, il est vrai, le jeune virtuose s'embarque.

Peu d'heures après, le navire ayant fait relâche dans un des petits ports de la côte, un matelot tombe à la mer; sans songer seulement qu'il ne sait pas nager, DIZI se précipite au secours du naufragé, se débat, perd connaissance et, sauvé à son tour par des pêcheurs, se retrouve auprès d'un grand feu allumé pour le ranimer. Pendant ce temps, et sans plus s'inquiéter de son passager, le navire continuait sa route, emportant tout ce que DIZI possédait : ses vêtements, ses lettres de recommandation, son argent, sa harpe, tout enfin. Ses habits séchés, grâce à quelques florins retrouvés au fond de ses poches, il prend passage sur un nouveau bâtiment, espérant retrouver à Londres celui qui l'avait abandonné, *et dont il ignorait même le nom.* Après plusieurs jours de recherches infructueuses, le malheureux DIZI, sans ressources aucunes, errant dans les rues de Londres, perçoit tout à coup les sons d'une harpe; sans hésiter, il frappe à la demeure d'où s'étaient échappés les accords providentiellement sauveurs. C'était celle de Sébastien ERARD, qui le fit jouer, lui vint en aide de toutes manières, et contribua puissamment à lui créer une situation tout à fait avantageuse en Angleterre.

Très doué pour la mécanique, DIZI chercha à perfectionner son instrument; il crut en avoir trouvé le moyen en disposant l'attache supérieure des cordes à l'intérieur de la console, où elles se trouvaient subir l'action de la mécanique dans une position exactement verticale, d'où le nom de harpe perpendiculaire.

Cette innovation avait malheureusement pour inconvénient de rendre le remplacement des cordes excessivement compliqué; de plus, la mécanique était sujette à de fréquents dérangements. DIZI lui-même y renonça au bout de quelque temps, et construisit une nouvelle harpe se rapprochant davantage de celle d'ERARD.

En 1830, il quitte Londres pour s'établir à Paris et y forme, avec la maison PLEYEL, une association pour l'établissement d'une fabrique de harpes, mais cette entreprise n'eut aucun succès. (FÉTIS.)

A son arrivée en France, DIZI avait été nommé professeur de harpe des princesses de la famille royale.

Quelques mots encore à propos du marquis d'ALVIMARE, très remarquable harpiste né en 1770; c'est à son talent qu'il dut d'échapper aux rigueurs de la

---

1. Comment ne pas l'emarquer, en présence de l'accueil fait au double mouvement par BOCHSA, par LABARRE, PARISH-ALVARS, DIZI, les frères Jules et FÉLIX GODEFROID, l'attitude hostile de NADERMAN leur contemporain; NADERMAN était lui-même facteur de harpes; le brevet d'ERARD ruinait son industrie, et cette seule constatation donne à ses critiques (préface de l'*École de harpe*) leur juste valeur. Pourquoi sans cela cette opposition ?

La harpe nouvelle se prêtait admirablement, aussi bien pour le mé-

canisme des pédales que pour celui des doigts, à l'exécution de la musique écrite jusqu'alors, et cela sans étude préalable et sans changement de technique d'aucune sorte; elle n'apportait à l'exécutant que des facilités, une sonorité sensiblement enrichie et lui laissait l'entière faculté de se borner, si tel était son bon plaisir, aux seules ressources de l'ancienne harpe. Si l'outillait qu'ait pu être l'esprit de NADERMAN, il est donc difficile d'admettre que les motifs qu'il invoque pour essayer de justifier son mauvais vouloir aient été bien sincères.

tourmente révolutionnaire auxquelles le désignait sa naissance.

Admis en l'an VIII à l'orchestre de l'Opéra, sa nomination définitive date de fructidor an IX. DALVI-MARE (c'est ainsi qu'on l'appelle désormais) fait partie de la musique particulière de Napoléon; en 1807, il devient maître de harpe de l'impératrice Joséphine, et se retire à Dreux, en 1812; il y vivait encore en 1837, et ses descendants, qui ont repris leur titre, y sont toujours fixés.

La période comprise entre 1820 et 1845 fut extrêmement brillante pour la harpe. L'invention du double mouvement (1811) venait de développer si heureusement les ressources de l'instrument, en lui conservant son caractère propre et en facilitant le mécanisme de l'exécutant, qu'elle fit surgir des virtuoses de premier ordre. En Allemagne et en Angleterre, PARISH-ALVARS et DIZI; en France, Th. LABARRE, Léon GATAYES, BOCHSA, Xavier DÉSARGUES, et les frères Jules et Félix GODEFROID.

Mais, à cette époque, les progrès du piano, ses succès de plus en plus envahissants, ses maîtres, l'importance et la valeur des compositions écrites à son intention, submergèrent bien vite tout ce qui n'était pas lui. Th. LABARRE crut pouvoir suivre ce courant; ses compositions marquent une tendance évidente à vouloir assimiler la harpe au piano; ce fut une faute. Félix GODEFROID sut mieux comprendre son instrument, et, ne lui demandant pas plus qu'il ne peut donner, il se contenta de mettre en valeur ses qualités exquises de finesse et de sonorité. C'est donc à lui, en grande partie, que revient le mérite d'avoir conservé en France le goût d'un instrument dont le timbre, tantôt moelleux et doux, tantôt argentin et clair, se fond toujours si artistiquement dans la polyphonie de l'orchestre.

ALPH. HASSELMANS.

LA HARPE CHROMATIQUE ET SA FACTURE

Par Gustave LYON

DIRECTEUR DE LA MAISON PLEYEL

LA HARPE « CHROMATIQUE SANS PÉDALES » PLEYEL (SYSTÈME G. LYON)

Origine.

C'est en août 1894 que deux des plus grands et des plus illustres harpistes de l'époque[1], aussi célèbres par leur enseignement que par leurs brillants succès de virtuoses et de compositeurs, vinrent faire visite à M. Gustave Lyon, alors gérant de la Société Pleyel, Wolff et Cie, pour lui demander que la maison Pleyel fabriquât à nouveau des harpes à double mouvement comme elle l'avait fait autrefois.

M. Gustave Lyon répondit à ses interlocuteurs qu'il n'en avait nullement l'intention, pour la simple raison que son beau-père, M. Auguste Wolff, qui avait été le collaborateur de Camille Pleyel jusqu'en 1855, date de la mort de ce dernier, avait lui-même décidé, en prenant la gérance de la Société Pleyel, Wolff et Cie, de cesser la fabrication et même la séparation des harpes à pédales à double mouvement, dont il avait pu, avec son esprit judicieux et critique, mesurer les imperfections incorrigibles et, pour ainsi dire, organiques. Et c'est pour donner à cette décision, longuement mûrie et rationnellement voulue, force de loi que M. Auguste Wolff fit brûler dans la cour de l'immeuble Pleyel de la rue Rochechouart, en 1855, en autodafé, pour plus de deux cent mille francs de matériel de harpes, de harpes en cours et même de harpes terminées, des marques Pleyel-Dizi et Naderman, que la Société possédait encore.

M. Gustave Lyon ne voulait pas recommencer en 1894 une expérience que son prédécesseur avait par avance condamnée en 1855, mais il s'intéressa à la question posée par ses éminents visiteurs. Il fit une enquête approfondie sur les causes de la demande, sur les griefs invoqués contre les fabricants de l'époque. Il puisa dans les documents qu'il put réunir les éléments constitutifs des raisons simultanées de ces désirs et de ces oppositions, et constata ceci.

La harpe ancienne, qui comportait sept notes par octave et qui avait une étendue d'environ six octaves, avait été, pendant longtemps, dans l'impossibilité de produire les demi-tons compris entre les notes de la gamme diatonique de *do* majeur par exemple; à partir du xviiie siècle, une série d'inventeurs imaginèrent des systèmes destinés à raccourcir, soit avec

la main, soit avec une transmission par pédales, chacune des cordes de la longueur nécessaire pour hausser cette note d'un demi-ton. Ces harpes étaient dites à *simple mouvement*.

En 1787, Sébastien Erard eut l'idée très remarquable de la harpe à double mouvement. Cette harpe était caractérisée par ce fait que la tonalité de chaque corde pouvait être élevée, d'abord d'un demi-ton, puis d'un second demi-ton, par deux raccourcissements successifs de la partie vibrante de la corde, obtenus à l'aide de fourchettes solidaires correspondantes, mises en mouvement par des pédales à deux crans d'arrêt.

La première harpe de ce système ne fut livrée terminée qu'en 1811, après avoir paru une première fois en 1797, soit quatorze ans après son invention. Le problème était aussi bien résolu que possible, étant donné qu'on acceptait les défauts inhérents à la harpe à pédales ordinaire, même à double mouvement. Et cependant, en 1844, elle n'était pas encore adoptée au Conservatoire de Paris, où le célèbre professeur Naderman n'enseignait et ne voulait enseigner que la harpe à simple mouvement. Voici ce qu'il écrivait dans sa méthode:

« Comme maître de harpe, j'ai été en position de juger les talents de ceux qui, dans les deux pays, avaient abordé la harpe à double mouvement, et que de fois j'ai reconnu que le succès ne répondait pas à la peine et à la fatigue qu'ils s'étaient données! Est-ce leur intelligence ou leur talent que j'en accuse? Non; sur la harpe à simple mouvement, ce talent eût brillé de tout son éclat; mais ils se sont pris à un instrument rebelle qui les a trahis. Que faudrait-il de plus qu'une si triste expérience pour les ramener à cette harpe à simple mouvement, si belle, si harmonieuse, si riche, si facile et qui, comme on le verra dans le dictionnaire des transitions qui fait suite à cet ouvrage, peut, dans la main des artistes, se prêter à toutes les combinaisons dont l'autre harpe les a flattés si vainement?

« Pour rendre plus sensible ce qui vient d'être dit, supposons que le premier inventeur de la harpe eût créé tout d'abord la harpe à double mouvement, et que, fatigué de tout ce mécanisme, un artiste eût cherché les moyens de s'en affranchir sans appauvrir son instrument: qu'eût-il fait? Il se fût rendu familier l'emploi des synonymes, il eût trouvé sur sa harpe ces séries de transitions dont je donne les tables et le dictionnaire; et, ramenant la double harpe à la simple, il eût fait évanouir tous les inconvénients de la première, et concentré dans la

---

1. Alphonse Hasselmans et Félix Godefroid.

seconde tous les avantages de l'une et de l'autre[1]. »

NADERMAN ajoutait cette prédiction, désormais réalisée par l'invention de la harpe chromatique sans pédales :

« Si, entraîné par ce premier succès, il eût tenté de le porter plus loin, et *découvert le moyen d'ôter à la harpe ses pédales*, en lui conservant les mêmes ressources et la même richesse, avec quelle chaleur eût été applaudie cette découverte? *Rendue ainsi à toute sa perfection, la harpe ne serait-elle pas devenue le premier de tous les instruments?* Perfection dont il faut malheureusement désespérer[2]. »

L'opposition de NADERMAN fut vaine. Tous les harpistes de qualité adoptèrent la harpe à double mouvement, malgré les critiques que certains lui faisaient, et qui peuvent se résumer ainsi :

A. — Impossibilité de savoir instantanément quelle note doit donner une corde déterminée, puisqu'il faut, en même temps, se rendre compte de la position de la pédale correspondante.

B. — Impossibilité d'un accord stable, puisqu'une corde parfaitement bien choisie pour une certaine note sera successivement raccourcie de deux fractions différentes pour obtenir les deux demi-tons supérieurs, et que ce raccourcissement est obtenu par une torsion produite par les deux tiges de la fourchette, qui détermine une variation dans le tirage de la corde et, par suite, un léger allongement, en même temps qu'un écrasement de cette même corde aux deux points de contact.

D'ailleurs, le moindre jeu ou le moindre retard qui se produira dans les rotations de sa fourchette modifiera aussi l'accord de cette corde, et comme ce mécanisme est très compliqué et comporte un très grand nombre de centres, on doit, de ce chef encore, prévoir des variations fatales dans l'accord de ces harpes à pédales.

C. — On conçoit, d'autre part, les difficultés qu'on peut avoir pour l'exécution des passages chromatiques, par exemple, où une même corde peut être appelée à donner, dans des intervalles de temps très courts, les trois demi-tons successifs de la même corde et dans un ordre quelconque.

La complication est encore plus grande lorsque le virtuose a, comme dans le trait de l'*Incantation du feu,* de la *Walkyrie,* par exemple, des mouvements de pédales extrêmement fréquents.

C'est en août 1894 que, pour essayer de corriger les inconvénients de la harpe à pédales et de satisfaire les exigences de la musique nouvelle, M. Gustave LYON eut l'idée de réaliser une harpe *chromatique sans pédales* à accord stable, et qui permît d'aborder la plupart, pour ne pas dire la totalité des œuvres écrites par nos grands musiciens anciens ou modernes.

Les directives de ce projet résultaient des demandes des chefs d'orchestre, ainsi que l'a dit M. LALOY dans la *Revue Musicale :*

« L'orchestre moderne a besoin, pour rester limpide, de s'incorporer les paillettes lumineuses que sont les sons de la harpe, et la musique moderne a besoin, pour développer sa richesse, d'user de plus en plus de la gamme chromatique. »

Dans son *Traité d'instrumentation et d'orchestration modernes* (1844), BERLIOZ écrit : « Quand une mélodie, déjà exécutée par d'autres instruments, vient à être reproduite par la harpe, et contient des passages chromatiques impossibles ou seulement dangereux, il faut la modifier adroitement en remplaçant une ou plusieurs des notes altérées par d'autres notes prises dans l'harmonie. Ainsi, au lieu de donner à la harpe le chant suivant, tel que viennent de l'exécuter les violons :

l'auteur a dû l'écrire de la manière suivante :

La nature du mécanisme de la harpe indiquait ce sacrifice des quatre demi-tons successifs de la 3e mesure[3]. »

Cet exemple montre que la harpe chromatique sans pédales est un progrès pour l'exécution des musiques, pensées comme dans le premier exemple, alors que, sans son concours, cette musique, pensée chromatique par BERLIOZ, devait, pour être jouable, devenir diatonique comme dans le second exemple.

Ce projet de harpe chromatique sans pédales, une fois formé, a pris corps rapidement, et a conduit peu à peu M. G. LYON à une série d'études et de recherches qui lui ont permis de résoudre finalement la question posée.

PRINCIPE

Le principe de la nouvelle harpe est sa constitution à l'aide de deux plans de cordes correspondant l'un aux notes blanches, et l'autre aux notes noires du clavier du piano, avec croisement de ces deux plans l'un par rapport à l'autre. Ce croisement a lieu vers la région moyenne des cordes, et il est effectué de manière que les cordes ou notes noires passent entre les cordes ou notes blanches de la même façon que les notes blanches du clavier du piano encadrent les notes noires du même instrument.

Lorsque M. G. LYON voulut prendre un brevet en Allemagne et en Amérique, il fut surpris d'apprendre qu'en 1843, PAPE, le célèbre facteur de pianos, avait eu une idée de même genre.

A l'analyse, il ne fut pas difficile d'établir que son principe était tout différent, et que l'invention de M. G. LYON était bien nouvelle.

1. *Ecole ou Méthode raisonnée pour la harpe adoptée par le Conservatoire,* par François-Joseph NADERMAN. Paris, 1re partie, op. 91 (s. d.), p. VI.

2. *Ibid.*

3. *Loco cit.,* p. 77. Il s'agit du célèbre thème de la valse de la *Symphonie fantastique,* de BERLIOZ.

PAPE, en effet, voyant le défaut que présente, dans les harpes à pédales, leur dissymétrie, avait pensé qu'on pourrait ramener l'équilibre dans ces instruments en munissant le sommier du haut de leviers placés alternativement vers la partie droite et vers la partie gauche, et en faisant descendre, des extrémités de ces leviers, des cordes venant s'accrocher alternativement dans la région gauche, puis dans la région droite de la table d'harmonie. Ces notes devaient se succéder par demi-tons, si bien qu'on devait avoir, pour un des plans de cordes, par exemple, la succession des notes : *do* naturel, *ré* naturel, *mi* naturel, *fa* dièse, *sol* dièse, *la* dièse, et pour l'autre plan de cordes, la succession des notes : *do* dièse, *ré* dièse, *fa* naturel, *sol* naturel, *la* naturel, *si* naturel.

Or le principe du croisement des cordes est connu depuis fort longtemps, car il existe, au Musée du South-Kensington, une harpe écossaise à cordes croisées qui date (sauf erreur) du xvᵉ siècle. L'idée de PAPE compliquait ce système, voilà tout.

Cette harpe proposée par PAPE n'a d'ailleurs jamais été réalisée, et n'avait été indiquée par lui qu'incidemment.

Somme toute, l'idée nouvelle de M. G. LYON n'emprunte rien à l'idée de PAPE, et présente cet avantage d'amener la netteté là où la solution de PAPE aurait

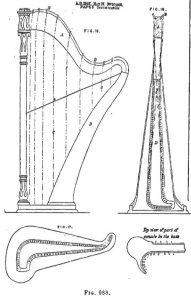

FIG. 988.

amené un chaos épouvantable, ceci étant dit au point de vue purement historique et afin d'écarter l'idée de plagiat. La copie du dessin du brevet de PAPE, en face d'une des premières réalisations de la harpe chromatique sans pédales système LYON, montre bien la différence.

En somme, si l'on place les basses de la harpe

vers sa gauche et les dessus vers sa droite, on constate que les cordes blanches et noires se succèdent de telle façon que les cordes blanches, qui sont à peu près équidistantes les unes des autres, se suivent en donnant les sons que, dans le piano, donnent

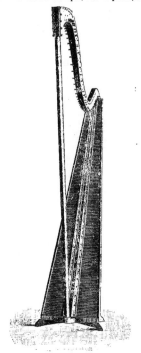

FIG. 989. — Harpe sans pédale nº 1.

les notes blanches du clavier, et que les cordes noires inclinées sur le plan des blanches, apparaissent groupées par deux et par trois comme les dièses du clavier du piano. Il en résulte que, pour n'importe qui, la corde noire du milieu d'un groupe de trois représentera un *sol dièse* ou un *la bémol,* que la corde blanche qui la précédera à gauche sera un *sol naturel,* et que la corde blanche qui la suivra à droite sera un *la naturel.*

La première réalisation de cette idée a été faite dans la harpe nº 1, dont les deux clichés ci-joints (fig. 989, 990) donnent l'aspect vu de face et d'arrière.

Cette harpe était, ainsi qu'on peut s'en rendre compte, construite d'après les idées généralement admises pour la construction des harpes à pédales, c'est-à-dire constituée avec un sommier supérieur en bois enclavé entre deux plaques d'acier vissées et boulonnées; la table était collée sur les bords de la caisse faite en trois épaisseurs de bois contreplaqués et sans ouvertures; les cordes étaient fixées à la table à l'aide d'un bouton, et venaient s'enrouler sur les chevilles placées dans le sommier du haut.

TIRAGE DES CORDES

Or cette harpe présentait ce défaut capital de ne pas tenir l'accord et de se déformer énormément.

L'effort que le tirage des cordes imposait à la table d'harmonie était trop fort ; M. G. LYON a donc été amené tout d'abord à préciser cet effort, qui devait être conditionné par la résistance à la rupture des cordes employées.

On sait qu'étant donné une note à produire par une corde de longueur déterminée et de poids connu, il est facile par la formule des vibrations transversales des cordes de sa-

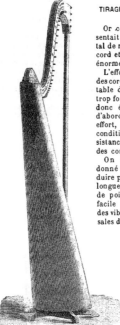

FIG. 990. — Harpe sans pédale nº 1.   FIG. 991.

voir quelle tension il faut donner à cette corde. Cette formule est en effet :

$$P = \frac{n^2 lp}{g}$$

où P représente le poids tenseur en kilos appliqué à la corde,

n le nombre de vibrations simples par seconde,

l la longueur de la corde en mètres,

p le poids en kilos de la portion vibrante de la corde,

g l'accélération due à la pesanteur.

On sait aussi, par la loi de SAVART, qu'une corde vibre d'autant mieux que sa tension est plus voisine de sa limite de résistance à la rupture.

Le problème consistait donc :

1º à trouver exactement jusqu'à quelle limite de tension on peut employer avec sécurité une corde de grosseur donnée ;

2º à connaître le poids par mètre courant d'une corde tendue à cette limite, et dont le diamètre avant tension est connu. Ces variations de diamètre sont fonctions des allongements considérables constatés à première vue sur une corde en boyau qu'on tend de plus en plus.

Pour résoudre ce problème, M. G. LYON imagina un appareil destiné à enregistrer les allongements

successifs que prend une corde en boyau sous la tension d'un poids croissant d'une manière continue.

Cet appareil (fig. 992), construit à l'usine PLEYEL, WOLFF et Cie, est basé sur le principe de l'enregistrement simultané des allongements et de la tension sur une même feuille d'inscription placée sur un cylindre enregistreur tournant de Richard. La tension est obtenue par l'écoulement de l'eau provenant du réservoir R, dans un récipient S suspendu à la corde.

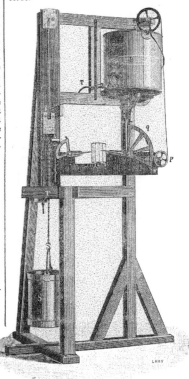

FIG. 992.

La corde *ab* est attachée, d'une part à un point fixe *a*, de l'autre à une cheville *b* fixée dans une pièce à laquelle est suspendu le récipient S au moyen d'une chaîne. Cette pièce appuie par un taquet réglable sur une petite plate-forme reliée par un fil à un secteur circulaire portant une plume ; celle-ci enregistre sur le cylindre la variation de hauteur de la petite plate-forme, et, par suite, les allongements de la corde.

Le réservoir R est cylindrique et de diamètre connu. — Un flotteur relié par un fil à un secteur *q*, portant aussi une plume, permet à celle-ci d'inscrire sur le même cylindre, mais du côté diamétralement opposé.

à la première plume, les variations du niveau de l'eau du réservoir et, par suite, le poids de l'eau écoulée dans le seau S.

Les plumes portent des encres de deux couleurs pour faciliter la lecture des feuilles d'inscription.

Huit cent trente-cinq expériences furent faites sur une quantité de cordes de tous diamètres et de toutes provenances.

La première conclusion fut que les boyaux pouvaient être employés avec sécurité jusqu'à 18 kilogrammes par millimètre carré de section. Cette loi est vraie pour toute la lutherie à cordes (violons, violoncelles, guitares, etc.).

Les autres conclusions furent résumées au moyen de courbes, dont les variables sont les tensions absolues et les longueurs sous tension, lues sur les diagrammes, et les diamètres sous tension mesurés au cours des expériences, à cela près que les longueurs sous tension sont remplacées par le poids du mètre sous tension qui s'en déduit en divisant le poids du mètre courant au repos par la longueur sous tension, en admettant, ce qui est évident, que le poids de l'échantillon ne varie pas pendant l'expérience.

On a constaté d'abord qu'à *un diamètre donné correspond une valeur unique du poids par mètre courant, la même quelle que soit la tension.* Les points représentatifs sont en effet groupés le long d'une même parabole dont l'équation est $D^2 = 96P$ (D étant le

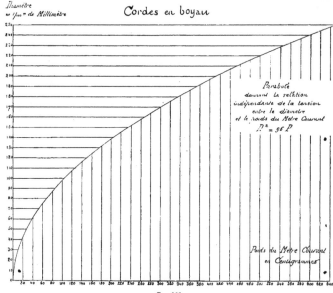

Fig. 993.

diamètre en centièmes de millimètre, et P le poids par mètre en centigrammes).

Cette courbe est représentée fig. 993.

On a construit ensuite les courbes des diamètres sous tension, d'après lesquelles on a conclu, par exemple : qu'une corde de 180 centièmes au repos, n'a plus que 164 centièmes sous 65 kilogrammes de tension; puis on a déduit de ces courbes celles des poids par mètre sous tension d'après la parabole.

D'après ces dernières courbes, on a reconnu, par exemple : qu'une corde pesant 4 grammes par mètre au repos ne pèse plus, sous la tension de 67 kilogrammes et pour une longueur d'un mètre, que 3 gr. 27. Si donc on a besoin, pour produire une note donnée sous une tension de 67 kilogrammes, d'une corde pesant 3 gr. 27 par mètre, il faut prendre une corde pesant 4 grammes par mètre au repos, et dont le diamètre donné par la parabole serait 195 centièmes.

Le calcul permet d'arriver à quelques conclusions.

Soient P le poids en centigrammes du mètre courant sous une tension donnée;
D le diamètre en centièmes de millimètre à la même tension.
d la densité correspondante.
l l'allongement en millimètres de 1 mètre de corde au repos soumis à cette tension ;
De même, P' le poids du mètre courant sans tension et par suite le poids à une tension quelconque d'un échantillon ayant primitivement 1 mètre;
D' le diamètre initial ;
d' la densité initiale ;
A la tension où le diamètre est D, la section en millimètres carrés est :

$$\frac{\pi}{4}\left(\frac{D}{100}\right)^2$$

et le volume en millimètres cubes

$$1000\,\frac{\pi}{4}\left(\frac{D}{100}\right)^2$$

Le poids est donc en milligrammes pour 1 mètre de corde sous tension :

$$1000 \frac{\pi}{4} \left(\frac{D}{100}\right)^2 d$$

et on a par suite : $10\,P = 1000 \frac{\pi}{4} \left(\frac{D}{100}\right)^2 d$

ou $P = \frac{\pi D^2}{400} \times d.$

Sans tension, on a de même :

$$P' = \frac{\pi}{400} D'^2 d'.$$

Or, nous avons vu que $D^2 = 96\,P$ et $D'^2 = 96\,P'$;
on en conclut que $\frac{D^2}{P} = \frac{D'^2}{P'}$, d'où :

$$d = d' = \frac{P}{D^2} \times \frac{400}{\pi} = \frac{400}{\pi \times 96} = \frac{400}{301,6} = 1,3262.$$

La densité des cordes de boyau reste donc constante sous tension et = 1,3262.

Ce résultat vérifie pleinement les mesures directes de densité effectuées par M. Gustave Lyon.

Un point était aussi très intéressant à étudier, celui de l'action de l'humidité sur les cordes de boyau.

Si l'on soumet une corde de boyau tendue à l'action d'un mouillage, en l'entourant de coton imbibé d'eau, le poids tendeur restant d'ailleurs constant, elle s'allonge ; si on la laisse s'allonger jusqu'à refus, et qu'on enlève le coton pour la laisser sécher, elle continue à s'allonger pendant le séchage. A partir de ce moment, si on soumet ultérieurement la corde à des mouillages et à des séchages, les phénomènes ne sont plus les mêmes ; *tout mouillage autre que le premier cause un raccourcissement*, et un séchage consécutif à ce mouillage donne un allongement qui compense sensiblement le raccourcissement précédent.

Le premier mouillage a sur la corde une action importante qui fait glisser les fibres les unes sur les autres et permet ce premier allongement considérable. Cet effet ne se produit pas par l'humidité atmosphérique ordinaire, dans laquelle une corde n'ayant pas subi le premier mouillage déformant, se comporte comme celle-ci pour le second mouillage. L'humidité telle que celle d'une salle de concert, par exemple, tend donc à raccourcir les cordes, et les instruments ne changeant pas de dimensions, les cordes subissent de ce fait un supplément de tension que l'appareil a permis de mesurer facilement.

Les instruments à cordes dans un orchestre ont donc une tendance à monter et à suivre le mouvement des instruments à vent, qui montent, eux, pour une tout autre raison, qui est l'échauffement de la colonne d'air vibrant et la diminution de sa densité.

Au moyen de ces résultats, et en admettant, à la suite d'un essai avec des longueurs de cordes à peu près bonnes, une série de diamètres donnant la raideur à laquelle les doigts des harpistes étaient habitués, il fut facile de calculer la longueur exacte à donner à chaque corde, dans les meilleures conditions de tension.

Une des extrémités de chaque corde étant fixée sur la table d'harmonie par bouton sur une ligne droite, on en déduit la courbe de la tête de la harpe.

Il n'en restait pas moins certain que l'ensemble des tirages des cordes sur la table dépassait la force de résistance de celle-ci. M. G. Lyon chercha donc à faire traverser la table par les cordes, en les accrochant, en arrière de cette table, à un sommier fait

d'abord en bois, et que l'on pourrait armer de façon aussi énergique que l'on voudrait pour résister à la traction totale de toutes les cordes.

La harpe n° 2 (fig. 994) représente l'essai fait dans cette voie ; les cordes ont pu être accrochées à deux sommiers placés en arrière (fig. 995), et la harpe a été construite de façon à ce qu'on pût se rendre compte si le fait d'accrocher la corde au sommier d'arrière, au lieu de l'accrocher à la table, correspon-

Fig. 994. — Harpe n° 2.

dait ou non à une diminution des qualités sonores de l'instrument.

Le résultat de l'expérience ayant amené à reconnaître *qu'il n'y avait aucun dommage à supprimer l'attache des cordes sur la table, par bouton, le principe des sommiers d'attache en arrière de la table fut considéré comme opérant.*

Cependant, il était assez naturel de penser que des cordes ne faisant que traverser avec deux coudages une table d'harmonie, ne donneraient pas toujours le même timbre que des cordes tirant directement sur cette table; des essais furent tentés qui modifiaient les dimensions de la table en largeur et en épaisseur, ainsi que les longueurs des portions de cordes en dessous de la table, jusqu'aux sommiers d'accroche : ils donnèrent d'utiles indications. *La table n'était pas assez souple, les longueurs de cordes en dessous de la table étaient trop faibles*, et celle-ci se trouvait, pour ainsi dire, bridée par ces liaisons non élastiques.

On substitua alors à ces portions de cordes des ressorts à boudin fixés aux pointes d'accroche et auxquels étaient attachées les cordes. On vit alors la

FIG. 995. — Harpe n° 2.

table reprendre toute sa souplesse, et le timbre redevenir celui auquel on était habitué dans les harpes à pédales, avec la grande sonorité coutumière.

Mais quels ressorts fallait-il employer? Les cordes, coudées à leur passage dans la table, n'y glissent pas facilement, et si le ressort a un allongement trop considérable, les cordes, en entraînant la table, lui donnent un bombement trop grand, et lui font reprendre de la raideur par bombement. Il fallait donc des ressorts qui, sous les tensions des différentes cordes, variant de 3 à 50 kilogrammes, eussent un allongement faible, constant, ne dépassant pas 3 millimètres environ.

Pour la commodité de la fabrication, et vu l'emplacement disponible dans la harpe, on choisit un type de ressorts enroulés sur un mandrin de 4 mm. de diamètre. Les ressorts furent essayés sur l'appareil qui avait servi déjà aux cordes de boyau. Les courbes d'inscription donnèrent toujours une ligne d'abord sensiblement droite, puis s'infléchissant assez brusquement. Le point d'inflexion brusque correspond à la tension à partir de laquelle les allongements ne sont plus proportionnels aux tensions, et indique la limite d'élasticité jusqu'à laquelle le res-

sort peut être employé. En mesurant sur la feuille l'allongement total correspondant, et en le divisant par le nombre de spires et par le nombre de kilogrammes qui l'a produit, on obtient l'allongement par spire et par kilogramme caractéristique du ressort employé.

On sait, en effet, que, pour les ressorts à boudin, l'allongement par unité de tension est proportionnel au nombre des spires, et que l'allongement total est proportionnel à la tension, tant qu'on ne dépasse pas la limite d'élasticité.

Une petite modification dut être apportée à l'appareil pour obtenir un débit uniforme de l'eau, afin d'assurer la rectilignité de l'inscription des allongements. L'eau, au lieu de s'écouler par le robinet placé au bas du réservoir R, passait par un siphon porté par le flotteur, et dont l'orifice se trouvait alors suivre exactement les variations du niveau de l'eau dans le réservoir.

Il existe pourtant, dans l'interprétation de ces inscriptions, une cause d'erreur tenant à l'allongement permanent des ressorts. Cet allongement est dû à deux causes : la première se manifeste assez rapidement, et provient de la déformation des bouclettes, qui terminent le ressort; cette déformation a lieu progressivement pendant l'inscription rectiligne, et, une fois produite, ne se répète plus; l'autre commence à partir de l'inscription infléchie, c'est-à-dire au moment où la limite d'élasticité est dépassée.

Quand cette limite fut établie par les moyennes d'un nombre suffisant d'expériences, on dut, pour étudier les allongements proportionnels, arrêter les expériences à la tension limite, puis décharger le ressort; l'aiguille traçait alors l'allongement dû à la déformation des bouclettes qu'on n'avait qu'à retrancher de l'allongement total.

Ces résultats, contrôlés par un grand nombre d'expériences entreprises, sous la direction de M. G. Lyon, sur des ressorts en fils d'acier de Firminy (cordes de piano), ont été condensés sur la forme des deux courbes indiquées sur la figure 996 ci-contre et donnant :

L'une, en trait plein, la tension en kilogrammes au delà de laquelle on ne peut employer un ressort fait avec un fil de diamètre donné, quel que soit d'ailleurs le nombre de ses spires;

L'autre, l'allongement par spire et par kilogramme de traction d'un semblable ressort.

Connaissant la tension de chaque corde, on peut facilement calculer le diamètre du fil d'acier à employer pour chaque ressort, et le nombre de spires à lui donner pour obtenir l'allongement désiré.

Dans la harpe suivante, n° 3, une série de perfectionnements consécutifs à ces décisions fut réalisée : suppression des attaches des cordes à la table par bouton, leur remplacement par des systèmes d'attaches à la caisse elle-même au delà de la table, emploi de la cheville Alibert à vis micrométrique, en remplacement de la cheville ordinaire aux nombreux inconvénients; les dessus étaient montés avec des chevilles ordinaires, et la partie basse avec des chevilles Alibert. Dans un autre exemplaire de ce modèle, M. G. Lyon avait fait l'inverse, montant avec des chevilles Alibert les dessus de la harpe, et avec des chevilles ordinaires les cordes de la basse.

On voit naître dans cette harpe n° 3 (fig. 997, 998) également un étouffoir, car, cette harpe devant être jouée chromatiquement, il devenait nécessaire de la munir d'un étouffoir comme en possède le piano.

Cet étouffoir comportait deux bandes de feutre et, par un mouvement oscillatoire autour d'un axe placé dans le plan de symétrie incliné de 15° sur la table, et commandé par pédale, ce feutre venait s'écraser contre les cordes blanches vers le haut, et contre les cordes noires vers le bas.

M. G. Lyon établit donc les harpes suivantes, représentées par les figures 999, 1000, 1001, d'après les longueurs de cordes précises que le calcul lui avait fixées, en adoptant pour traction le maximum de 18 kilogrammes par millimètre carré de section.

La harpe n° 5 (fig. 999) était à deux colonnes fines,

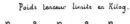

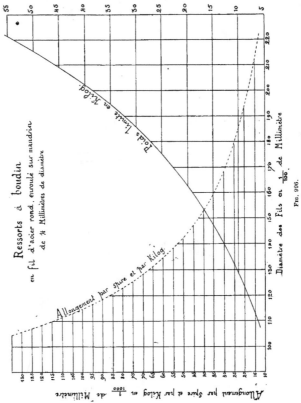

Fig. 996.

et ce modèle bien équilibré aurait été adopté s'il n'avait, pour le début, trop modifié l'aspect habituel de la harpe.

L'image de la harpe n° 7 (fig. 1001) permet de se rendre compte de la construction du sommier du haut, qui était fait en plusieurs épaisseurs de hêtre contrecollées, et des sommiers d'accroche de l'intérieur, qui étaient également en hêtre, avec des arcs-boutants formés de trois cordes de piano tendues à 100 kilogrammes chacune, et qui devaient s'opposer au cintrage possible de ces sommiers sous l'action du tirage des cordes.

A peu près convaincu qu'il devait avoir ainsi une harpe très solide, dont les cordes ne casseraient pas, M. G. Lyon transportait cette harpe au bord de la mer, à Villers-sur-Mer, au mois d'août 1895. Il a donc fallu un an pour arriver à ce résultat.

Contrairement à ses prévisions, il s'aperçut avec étonnement que cette harpe ne tenait pas l'accord du tout, que les cordes cassaient sans arrêt; le résultat, en somme, était inquiétant, puisqu'il y avait plus de cordes dans cette harpe que dans la harpe à pédales, et que ces cordes cassaient à peu près aussi vite que dans ladite harpe. Fort, cependant, des con-

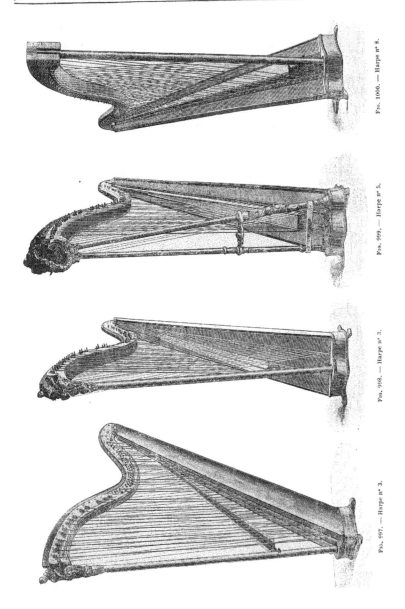

Fig. 1000. — Harpe n° 8.

Fig. 999. — Harpe n° 5.

Fig. 998. — Harpe n° 3.

Fig. 997. — Harpe n° 3.

clusions que lui avait données son appareil d'étude sur les cordes, il fut obligé d'admettre que les ruptures de cordes ne provenaient pas seulement de l'action des variations hygrométriques de l'air sur les cordes, mais qu'une autre cause sérieuse devait produire ces ruptures.

Il fut induit à chercher si la carcasse même de la harpe n'était pas capable de mouvements tels que ces ruptures de cordes fussent obligatoires.

Il construisit donc un appareil portant six cylin-

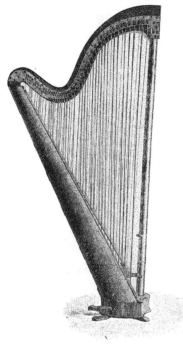

Fig. 1001. — Harpe nº 7.

dres tournants‘ et sur lesquels marquaient leurs traces trois plumes fixées aux deux bouts et au milieu de la partie supérieure de la harpe, puis trois autres plumes qui occupaient des places analogues sur les sommiers d'accroche intérieurs de la harpe.

Au bout de huit jours d'expériences, il fut obligé de constater, avec stupéfaction d'ailleurs, que la harpe, ainsi que le violon pour lequel il a pu le vérifier également, semble respirer pendant les différentes heures de la journée, se déforme très énergiquement à certains moments pour reprendre sa position d'équilibre à d'autres moments. Selon qu'il faisait du soleil et de la chaleur, ou de l'ombre et de l'humidité, la harpe paraissait s'épanouir ou se resserrer sur elle-même.

M. G. Lyon a pu vérifier ainsi que la partie cintrée du sommier du haut pouvait présenter des va-

riations de niveau atteignant trois millimètres, ce qui, une fois les calculs faits, l'a amené à conclure qu'il n'y aurait jamais de cordes de boyau capables de résister aux variations de traction que cela représentait.

Il était donc porté à attribuer les ruptures de cordes à la déformation des pièces composant la harpe.

Pour en avoir le cœur net, il prit la décision de faire une harpe toute en acier. Ce fut la harpe nº 9 (fig. 1002, 1003, 1004).

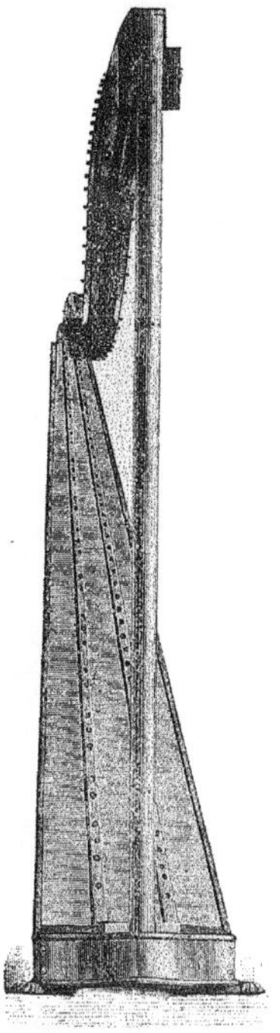

Les clichés de la harpe nº 9 permettent de voir le sommier du haut, tout en acier coulé, qui avait été calculé comme on l'aurait fait pour une poutre de pont. Cette pièce s'arc-boutait à une extrémité sur la colonne en acier étiré, et venait s'encastrer à la partie opposée entre deux joues que portait le sommier d'attache des cordes, sommier qui, lui aussi, était en acier coulé et placé à l'intérieur de la caisse en bois de la harpe.

En même temps, comme les harpes précédentes avaient donné la preuve que la cheville à mouvement micrométrique était supérieure à la cheville ordinaire, cette harpe nº 9 fut munie de ces nouvelles chevilles, genre Alibert, sur toute son étendue; puis, cette harpe fut montée de cordes dont les longueurs avaient été calculées par M. Lyon pour la limite de sécurité.

C'est au mois d'avril 1896 que cette harpe fut terminée, l'étude, le dessin, la fabrication des modèles, la fonte de ces modèles, les retouches, etc., ayant exigé beaucoup de temps.

Fig. 1002. — Harpe nº 9.

Cette harpe fut placée à côté d'une grande harpe gothique, à pédales et à double mouvement, de fabrication récente, et d'une petite harpe Pleyel du même système, datant de 1840 environ.

Ces trois harpes ayant été montées avec des cordes achetées chez le même fabricant, le même jour, furent transportées de conserve au bord de la mer, encore à Villers-sur-Mer, et là, la nuit même de leur arrivée et de leur déballage, elles eurent à supporter un terrible cyclone qui abattit plus de vingt gros arbres dans la propriété où se trouvaient les instruments.

C'est grâce à ce cyclone, cependant, que M. G. Lyon put constater le lendemain matin, que s'il manquait quinze cordes à la harpe ancienne Pleyel, quatorze cordes à la grande harpe gothique à pédales, par contre, il n'en manquait pas une à sa harpe d'acier.

La démonstration était faite, et sa conviction assise que la solution était dans l'adoption d'un sommier du haut indéformable, donc métallique, d'un sommier d'accroche intérieur métallique, d'une colonne métallique encastrée entre les deux sommiers, et dans l'emploi de chevilles à vis micrométriques pour le réglage de l'accord.

Cette harpe avait pourtant un défaut très grave : elle pesait plus de 60 kilos, et ce n'était pas sans une appréhension bien naturelle que M. G. LYON se

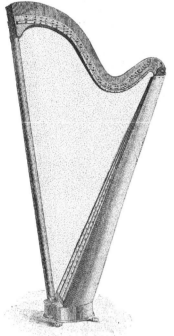

FIG. 1003. — Harpe n° 9.

FIG. 1004. — Harpe n° 9.

demandait comment cet instrument si lourd pourrait être manié par de gracieuses et charmantes mains féminines.

Pour pallier tout d'abord un peu ce défaut de mobilité, il munit cette harpe de roulettes cachées sous les griffes de lion, à la partie antérieure du socle, de sorte qu'il suffisait de pencher légèrement la harpe en avant pour bien la faire poser sur ses roulettes, et pour la transporter facilement par roulement d'un endroit à un autre, malgré ses 60 kilos.

D'ailleurs, les progrès que faisait au même moment la métallurgie de l'aluminium amenèrent M. G. LYON à entreprendre des essais sur l'emploi de cet alliage pour les harpes. Après un certain temps de recherches, couronnées de succès d'ailleurs, il put réaliser en aluminium le sommier du haut, le sommier d'accroche et même la colonne.

Les clichés ci-après (fig. 1005, 1006) représentent la première harpe en aluminium qu'il a pu construire.

Le sommier d'accroche de l'intérieur a été calculé d'une façon rationnelle en forme de double T. Les pointes d'accroche ont pu être reportées à la partie externe, et par suite, les ouvertures des fenêtres du cintre ont pu être reportées hors de l'arête postérieure, position irrationnelle dans les anciennes harpes, puisque les robes ou la poitrine des exécutantes les fermaient complètement.

Cette harpe ayant montré :

1° Sa parfaite tenue d'accord;

2° Sa résistance à la rupture des cordes;

3° Ses bonnes qualités sonores, le modèle fut adopté en principe, et une forme plus convenable fut réalisée dans la harpe n° 11, modèle de mai 1897, (fig. 1007 et 1008).

Étouffoir. — L'étouffoir rotatif, appliqué dans la harpe n° 2, modifié, une première fois, dans la harpe n° 5 en devenant ascensionnel, était placé au-dessus de la table d'harmonie; dans la harpe n° 11, cet étouffoir est transporté sous le sommier du haut, et son mouvement vertical est descendant, pour permettre aux deux bandes de feutre de se coincer entre les deux plans de cordes, lesquels sont inclinés sur la verticale; ce mouvement est très peu visible.

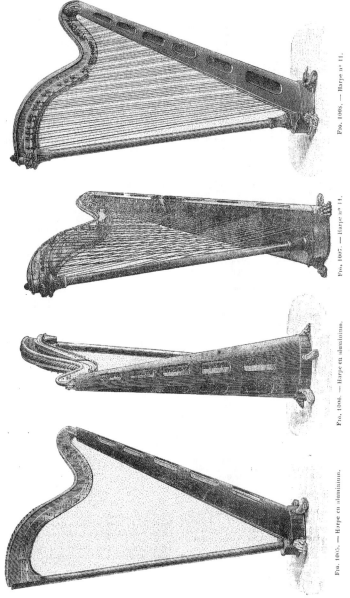

Cette harpe tient très bien l'accord et, pour les raisons d'équilibre indiquées, casse très peu de cordes : en quatre-vingt-trois jours, treize ruptures de cordes se sont produites. La harpe à pédales qui servait de témoin en cassait vingt-huit en trente-six jours, ce qui fait qu'alors que la nouvelle harpe possède près de deux fois plus de cordes, il lui faut à peu près cent soixante-dix jours pour casser autant de cordes que la harpe ordinaire en trente-six jours.

ACCORD TEMPÉRÉ DE LA HARPE

Une difficulté qui aurait pu arrêter bien des personnes désirant travailler la harpe, consistait dans l'accord de cette harpe, qui doit s'effectuer suivant la gamme chromatique du piano, c'est-à-dire avec le tempérament égal.

Ce qui a été dit relativement à l'impossibilité, pour une harpe, de tenir l'accord d'une façon sérieuse, ne fût-ce que pendant quelques minutes, montre déjà quelle est l'erreur des harpistes qui prétendent accorder leur harpe à pédales au comma près, convaincus très honnêtement, il faut l'espérer du moins, qu'ils peuvent facilement établir exactement la différence entre le *ré dièse* et le *mi bémol*, par exemple.

M. G. LYON rappelle, à ce propos, que tous les essais qu'il a eu l'occasion de faire avec les appareils de mesure, diapasons étalonnés, en particulier, l'ont amené à conclure que, toutes les fois qu'un musicien très fin veut montrer la différence qui doit exister entre ces deux sons, il exagère, malgré lui, inconsciemment, et arrive à quadrupler sans la moindre hésitation l'écart qu'il aurait dû réaliser; d'ailleurs, la harpe à double mouvement serait d'un emploi parfaitement incommode si l'on ne pouvait pas, avec la corde du *do bémol,* arriver à faire un *do dièse* qui ne pût pas se confondre avec le *ré bémol* donné par la corde voisine. Le double mouvement n'avait de raison d'être que si cette substitution pouvait être obtenue, et, par conséquent, M. G. LYON a conclu de tout cela que l'accord de sa nouvelle harpe avec le tempérament égal présenterait un avantage incontestable.

Une objection majeure qui se présentait à l'esprit, était qu'il y aurait une très grande difficulté pour tous les harpistes à faire la partition, c'est-à-dire à diviser l'octave en douze demi-tons, le nombre de vibrations d'une corde étant égal à celui du demi-ton précédent multiplié par le nombre $\sqrt[12]{2}$ ou 1,05946, etc.

On sait, en effet, combien il est difficile de faire un bon accordeur de pianos, et l'on ne pouvait pas décemment exiger de chaque élève de harpe l'obligation d'un travail de six mois pour établir exactement cette partition.

M. G. LYON a donc placé, au début, dans la partie creuse du sommier du haut, une partition de douze lames d'acier admirablement accordées avec les demi-tons d'une octave entière.

Il en résulte qu'en frappant sur les boutons qui font vibrer ces lames, le harpiste entendait le son exact qu'il devait faire rendre à la corde du même nom, et en choisissant la note à l'octave correspondante à celle de la lame d'acier, il n'avait qu'un unisson à faire, ce que toute bonne oreille peut réaliser en trois minutes d'étude; pour l'octave immédiatement inférieure, il n'avait plus qu'à accorder à l'octave grave et, en immobilisant le point milieu de cette nouvelle corde, il lui était loisible d'obtenir l'harmonique n° 1, qui devait donner l'unisson de la corde à l'octave supérieure. Pour obtenir cet accord, M. G. LYON employa définitivement la nouvelle *cheville à vis micrométrique* dont la fig. 1009 fera comprendre exactement l'emploi.

Échelle chromatique des sons musicaux. — Pour repérer la place des notes d'un instrument dans l'échelle chromatique des sons, M. G. LYON a adopté, en particulier pour les harpes de sa construction, le numérotage chromatique proposé par lui et par M. MAHILLON, alors Conservateur du Musée du Conservatoire de Bruxelles, au Congrès de Musique tenu à Paris en 1900.

Cette numération part des idées fondamentales suivantes :

Le son musical le plus grave perçu par l'oreille humaine est l'*ut* de 32 pieds qui, avec le *la* normal de 870, en comporte 32,318 vibrations simples par seconde, et avec le diapason de 864, en comporterait 32,0886.

Ce son sera dénommé son 1 : il est produit par un tuyau de trente-deux pieds, et donne presque exactement trente-deux vibrations simples par seconde à 15 degrés centigrades; la montée chromatique s'établirait ainsi :

Le *son* dit *origine* dénommé *ut* de 32 pieds sera numéroté . .   1
L'*ut dièse* qui le suit	2
Puis le *ré*	3
ré dièse	4
ut	5
fa	6
fa dièse	7
sol	8
sol dièse	9
la	10
la dièse	11
si	12

Ces douze premiers sons ont un nombre de vibrations égal au nombre de la note précédente multiplié par $\sqrt[12]{2}$ ou 1,05946, et constitueront ce qui, en langage populaire (d'organiste et de claveciniste), est appelé octave de trente-deux pieds.

Les douze notes de l'octave dite de seize pieds comporteront ainsi le deuxième *ut* de l'échelle chromatique, soit le son 13, puis le deuxième *ut dièse* de la même échelle, soit le son 14, etc.

Pour conclure, chaque note sera numérotée en multiples de douze correspondant aux octaves complètes qui la précèdent, à partir du son 1, *ut* de trente-deux pieds, plus son rang de nom dans la première octave.

C'est ainsi qu'on peut savoir quel est le nom et l'octave du son cinquante-trois : 53 — 48 = 5. Donc, c'est une note de la cinquième octave (au delà de 4 fois 12) et c'est la cinquième, puisque après quatre douzaines, il reste cinq notes à franchir. C'est donc le *mi* de la cinquième octave.

De même, si on veut savoir le rang de l'échelle chromatique du *sol dièse* de la sixième octave, on fera le simple calcul suivant :

5 octaves complètes valent . 60 notes.
Le *sol dièse* a rang   9
                                      ———
Le *sol dièse* est le son . . . . . .   69 de l'échelle chromatique des sons.

La 1re Octave, allant du son 1 au son 12 est dite de 32 pieds.

2e	—	—	13	—	24	—	16	—
3e	—	—	25	—	36	—	8	—
4e	—	—	37	—	48	—	4	—
5e	—	—	49	—	60	—	2	—
6e	—	—	61	—	72	—	1	—
7e	—	—	72	—	85	—	6 pouces.
8e	—	—	85	—	96	—	3	—

Tempérament égal. — Il a été noté ci-après, pour faciliter le travail des expérimentateurs ou des chercheurs futurs, les valeurs des puissances successives de $\sqrt[12]{2}$ et de leurs inverses qui conditionnent les nombres de vibrations ou les longueurs des différentes notes d'une octave :

$$\sqrt[12]{2} = n = 1,0594632 \qquad \frac{1}{n} = \frac{1}{\sqrt[12]{2}} = m = 0,948593$$

$$\left(\sqrt[12]{2}\right)^2 = n^2 = 1,1224621 \qquad m^2 = 0,890898$$

$$n^3 = 1,1892071 \qquad m^3 = 0,840896$$
$$n^4 = 1,2599211 \qquad m^4 = 0,793635$$
$$n^5 = 1,3348399 \qquad m^5 = 0,749153$$
$$n^6 = 1,4142136 \qquad m^6 = 0,707106$$
$$n^7 = 1,4983071 \qquad m^7 = 0,667419$$
$$n^8 = 1,5874011 \qquad m^8 = 0,629960$$
$$n^9 = 1,6817926 \qquad m^9 = 8,594605$$
$$n^{10} = 1,7817975 \qquad m^{10} = 0,561231$$
$$n^{11} = 1,8877487 \qquad m^{11} = 0,529731$$
$$n^{12} = 2. \qquad m^{12} = 0.5.$$

Sur la table de la harpe, à hauteur de chaque trou de passage d'une corde, est marqué en noir le rang de la note sur l'échelle chromatique des sons; on peut donc monter la corde voulue à la place voulue, et, pour l'accord, faire vibrer la lame correspondante au rang de la note, les boutons de frappe des lames d'accord étant numérotés de la même façon.

Dans la suite, il a paru plus pratique de mettre en une petite boîte légère les douze lames d'accord pour les douze notes de la sixième octave, dite de un pied.

CRÉATION DE L'ENSEIGNEMENT
DE LA HARPE CHROMATIQUE SANS PÉDALES
RÉSULTATS ARTISTIQUES ACQUIS

Dès le mois d'octobre 1900, M. GEVAERT, l'éminent directeur du Conservatoire Royal de Belgique, fondait une classe de harpe chromatique au Conservatoire de Bruxelles, dont fut chargé M. Jean RISLER professeur titulaire de cette classe.

C'est le 18 avril 1903 que, par décret du gouvernement de la République Française, une classe de harpe chromatique sans pédales est instituée au Conservatoire National de Musique et de Déclamation de Paris. Mme TASSU-SPENCER fut chargée du cours.

Au point de vue des résultats acquis dès 1903, les trois lettres ci-dessous, parmi tant d'autres, qui sont dues aux fameux chefs d'orchestre et compositeurs Hans RICHTER, Félix MOTTL et Edouard GRIEG, tous trois, hélas! aujourd'hui décédés, en donnent la mesure indiscutable.

Lettre de Hans RICHTER à M. Gustave LYON :

Bowdon (Cheschire), 14 janvier 1903.

Depuis longtemps déjà, je voulais vous écrire au sujet de vos excellentes harpes chromatiques; mes voyages et mes obligations professionnelles m'ont empêché de réaliser immédiatement ce projet.

Avec votre instrument, il n'y a plus maintenant aucun obstacle dans l'exécution même des parties les plus difficiles des œuvres magistrales de R. WAGNER; j'ai pu m'en convaincre en conduisant le *Crépuscule des Dieux*, à Paris : c'était une grande joie pour moi d'entendre les quatre harpistes femmes jouer sur vos instruments.

Les avantages principaux de votre instrument me paraissent se résumer en ceci : 1° la sonorité irréprochable ; 2° la constance de l'accord, parce que les cordes ne sont ni trop tendues ni trop flasques; 3° la complète absence de bruit pendant le jeu, car, dans les harpes à pédales, le bruit de l'enfoncement des pédales, pendant les rapides changements d'harmonie, est absolument inévitable. J'ai été complètement satisfait du son de la harpe chromatique.

Dans l'espérance que votre amélioration recevra bientôt sa consécration de tous côtés, je reste votre très amical.

Signé : Hans RICHTER.

Lettre de Félix MOTTL au même :

Carlsruhe, le 25 janvier 1903.

La harpe chromatique construite d'après les idées de M. LYON rend possible une exécution minutieuse et consciencieuse des parties les plus difficiles écrites pour cet instrument dans les partitions modernes.

Le bruit qu'occasionnait l'ancienne harpe, et qui est inévitable par le changement rapide des pédales, disparaît complètement.

La sonorité obtenue par M. LYON est tellement réussie que je ne puis pas admettre les reproches qui ont été faits à la harpe chromatique de n'avoir pas la sonorité caractéristique de la harpe.

Nous devons donc reconnaître avec grande joie que nous sommes ici en présence d'une invention absolument parfaite et pratique qui ne tardera pas à être adoptée partout, et cela dans un temps très prochain.

Signé : Félix MOTTL.

Lettre de Ed. GRIEG au même :

Très honoré Monsieur LYON,

Je partage tout à fait l'opinion exprimée par M. le docteur Hans RICHTER.

Votre harpe chromatique est une invention de la plus haute importance au point de vue technique. Maintenant, presque tout peut être écrit pour la harpe.

Je suis convaincu que de cette innovation tout à fait réussie résultera pour vous une grande satisfaction.

Permettez-moi de vous en exprimer mes meilleures félicitations.

Signé : Ed. GRIEG.

Ce nouvel instrument répond donc à une véritable nécessité, puisque, comme nos instruments modernes les plus perfectionnés (le piano, l'orgue), il enrichit la musique de ses nouveaux effets chromatiques qui sont innombrables, indéfinis.

Gaston CARRAUD, Prix de Rome de composition, écrivait à ce sujet dans *Musica* :

Elle triomphera un jour fatalement, inéluctablement, parce qu'elle répond aux besoins vrais de la musique à son effort actuel qui est d'étendre les limites de la tonalité, et parce qu'il est une loi qui régit le monde : celle du progrès, de la simplification, du beau et du bon mis aux mains du plus grand nombre.

Possibilités d'exécution et de composition.

La harpe chromatique sans pédales fournit à l'artiste la possibilité de tout exécuter. Possédant les mêmes ressources que le piano, l'orgue et le clavecin, elle est capable, en principe, d'exécuter toutes les œuvres écrites pour ces instruments. Quelques œuvres de piano particulièrement touffues peuvent toujours être transcrites intégralement pour deux harpes; de même, les œuvres pour deux pianos pourront se jouer sur deux harpes, ou être transcrites sans modifications pour trois et quatre harpes :

Exemples : scherzo de Saint-Saëns pour deux pianos, Bourrée Fantasque de Chabrier,

Danse Macabre de Saint-Saëns.

Les élèves peuvent ainsi recevoir une éducation musicale complète, puisque, au lieu de devoir se cantonner dans la seule musique spéciale de la harpe (Fantaisies et Concertos de Parish-Alvars, d'Oberthur, de Bochsa, etc.), dans laquelle la virtuosité tient lieu le plus souvent de sens artistique, ils apprendront (en plus de cette musique de harpe) le répertoire complet des œuvres des grands maîtres, les clavecinistes : Rameau, Couperin, Scarlatti, Daquin, Haessler, en passant par Haendel, J.-S. Bach, Ph.-Em. Bach ; les classiques : Haydn, Mozart, Beethoven; les romantiques : Mendelssohn, Schumann, Schubert, Chopin, pour arriver, après Lizst et Wagner, aux contemporains : Saint-Saëns, Widor, Charpentier, d'Indy, Fauré, Bruneau, Richard Strauss, Claude Debussy, etc., dont la pureté de l'écriture, la profondeur du sentiment, l'art et le génie, élèvent le goût, le style et l'âme même des interprètes.

Le compositeur n'a plus actuellement qu'à écrire sa pensée musicale sans se demander avec angoisse si l'œuvre qu'il a conçue sera jouable ou non. Il peut laisser planer librement sa fantaisie, son imagination et s'oublier complètement dans ses rêveries sonores. La harpe chromatique sera toujours sa fidèle interprète et ne lui laissera jamais une déception, un regret. Il ne risquera plus de devoir supprimer, mutiler, modifier, refaire, simplifier les traits et les modulations qui semblent être parfois les plus simples du monde.

« Grâce à la harpe chromatique sans pédales Pleyel, dit à son tour Reynaldo Hahn, les compositeurs n'auront plus besoin de se casser la tête pour répandre de la lumière et de la gloire sur l'ensemble de l'instrumentation, ni de se demander dans ces moments de belle folie, si le sol bémol est possible, ou si le si à temps de devenir bécarre. »

De même, une cantatrice peut désormais s'accompagner elle-même à la harpe, et cela dans les œuvres les plus modernes. La harpe chromatique, en effet, ne s'appuie pas sur l'épaule, mais sur les genoux. La poitrine reste libre et haute. Tout le corps reste dégagé et complètement détaché de l'instrument. La respiration n'est donc plus gênée par une mauvaise position, et, n'ayant plus la préoccupation continuelle des pédales, la chanteuse peut se laisser aller tout entière à son inspiration et à l'interprétation de l'œuvre qu'elle désire chanter.

Grâce à leurs accords faciles et durables, des ensembles de harpes chromatiques sans pédales ont pu se constituer :

à Paris : Quatuor Marie-Louise Casadesus,
Sextuor Lina Cantelon,
à Bruxelles : Quatuor Germaine Cornélis,

qui ont obtenu en France, Suisse, Espagne, Belgique, les succès les plus éclatants.

Un groupe de seize harpistes chromatiques sans pédales a pu, à Vevey, participer à l'exécution de l'œuvre de Gustave Doret : La Fête des Vignerons.

A Béziers, douze harpistes chromatiques sans pédales, Groupe Lina Cantelon, ont participé à l'exécution dans les arènes (21.000 auditeurs) :

En 1922, de Penthésilée, de Marc Delmas ;
En 1923, de Déjanire, de Camille Saint-Saëns ;
En 1924, de Dieu sans couronne, de Marc Delmas ;
En 1925, de Zorriga, de Francis Bousquet ;
En 1926, de Zorriga, de Francis Bousquet ;

à la complète satisfaction des auteurs, de l'organisateur de ces festivités musicales, M. Castelbon de Beauxhostes, et des spectateurs qui ont exigé, chaque année, le lendemain de la dernière représentation, un concert dans les arènes, les douze harpistes chromatiques sans pédales figurant seules au programme. Le triomphe sans précédent de ces séances fut la preuve des qualités pratiques des instruments et de la perfection artistique des interprètes.

Avantages artistiques et pratiques.

La harpe Pleyel « chromatique sans pédales », au point de vue des qualités d'interprétation, présente les avantages artistiques suivants :

I. — La suppression des pédales élimine la préoccupation d'esprit de l'exécutant et lui rend son indépendance absolue. L'emploi des pédales demande un effort considérable de mémoire, dans la musique moderne, où il peut y avoir à chaque mesure la nécessité d'abaisser plusieurs pédales et d'en remonter plusieurs autres. Cette préoccupation constante de l'esprit est aux dépens de l'interprétation, de l'inspiration, de l'émotion de l'exécutant.

Dans la harpe chromatique sans pédales, les harmonies les plus compliquées, les traits les plus chromatiques ne sont pas plus difficiles que les passages les plus simples et les plus diatoniques. Aussi, cet instrument permet-il une interprétation vraiment artistique, dans le sens large et complet du mot.

II. — La harpe chromatique sans pédales a une corde indépendante par note, de tension et de longueur constante. Elle possède donc seule l'unité, l'égalité dans la sonorité, la constance de l'accord et la suppression du bruit des manœuvres de pédales.

Félix Mottl constate que « le bruit qu'occasionnait l'ancienne harpe, et qui est inévitable par le changement rapide des pédales, disparaît complètement avec la harpe chromatique sans pédales ».

Le frisement des cordes dans les fourchettes, dès qu'on manœuvre les pédales, n'existe plus, ni, par suite, les coulées du son qui résultent de la modification de la tension des cordes dont les pédales sont actionnées.

La harpe chromatique sans pédales présente, en plus, les avantages d'ordre matériel et pratique suivants :

I. — L'accord de la harpe chromatique sans pédales est plus facile, plus stable que celui des autres harpes. Il se fait d'après le tempérament égal, comme pour le piano, le clavecin, l'orgue.

Il est très simple, très facile, même pour les élèves les plus jeunes (dix à douze ans); cinq minutes par jour suffisent pour l'entretien de l'accord de la harpe.

II. — L'accord tempéré de la harpe chromatique

.sans pédales correspond à l'accord de l'orchestre moderne. Il doit et peut être précis, car la justesse de l'instrument est constante.

III. — Les cordes de la harpe chromatique sans pédales se rompent moins souvent. Et cela :

1° Parce qu'elles ne sont pas écrasées, tordues et, par conséquent, usées continuellement par les fourchettes;

2° Parce que la tension des cordes est toujours la même, celles-ci gardant toujours la même longueur.

IV. — La harpe chromatique sans pédales, de construction simple et robuste, est d'un entretien peu coûteux.

V. — La cheville Alibert, perfectionnée par M. G. Lyon, à mouvement de vis micrométrique, ne peut se dérouler au milieu de l'exécution d'un morceau.

VI. — La harpe chromatique sans pédales repose sur les genoux et non sur la poitrine, ce qui, au point de vue de la santé, de l'hygiène, surtout au moment de la croissance des jeunes filles, est de la plus grande importance.

Bocsa, dans sa Méthode de harpe, disait à ce sujet : « Beaucoup de mères se refusent à donner à leurs filles un maître de harpe, malgré la juste préférence que mérite ce bel instrument sur tous les autres, par la seule raison qu'appuyé constamment sur l'épaule droite, il exige un effort permanent qui, agissant constamment d'un même côté, peut devenir capable de tourner la taille des jeunes personnes[1]. »

C'est un reproche qu'on ne peut faire à la harpe chromatique sans pédales.

CRITIQUES DE LA HARPE CHROMATIQUE

Différentes critiques ont été formulées concernant la harpe chromatique sans pédales, critiques dont une expérience de près de vingt ans a fait complète justice.

Première critique. — L'on a dit que si la harpe pouvait être chromatique, elle ne devrait pas l'être, c'est contraire à son génie.

C'est exact, mais seulement pour les harpes à pédales; le chromatisme est contraire au génie de la harpe à pédales, parce que celle-ci présente des inégalités dans la sonorité ; un état de désaccord continuel, des bruits de pédales incorrigibles, des frisements contre les fourchettes à leur entrée en action, des sons étrangers et coulés pendant le serrage des fourchettes, des arrêts dans l'épanouissement de la vibration; une impossibilité absolue d'exécuter rapidement des gammes chromatiques, des successions d'accords chromatiques et tous traits chromatiques (que ce chromatisme soit apparent ou caché), etc.

Donc, ou bien le chromatisme est inexécutable sur la harpe à pédales, et c'est la majorité des cas, ou, quand il l'est, il est d'un effet détestable, insupportable.

Voilà les seules raisons qui ont fait dire à Berlioz et à Gevaert que la harpe à pédales est un instrument *essentiellement antichromatique.*

Mais si, comme cela a lieu pour la harpe chroma-

tique sans pédales, la sonorité dans le chromatisme est aussi belle que dans le diatonisme, si on y retrouve la même pureté de jeu, la même égalité, la même unité, la même justesse d'accord, et si l'instrument permet dans l'interprétation le même abandon, dans l'inspiration la même tranquilité d'âme, il faut dire au contraire que le chromatisme est aussi bien dans le génie de la harpe qu'il l'est dans celui du piano, du clavecin, de l'orgue, et qu'il l'emporte sur le diatonisme par sa nouveauté, sa variété, son piquant, sa couleur, sa possibilité de pouvoir exprimer tous les sentiments humains, tous les états d'âme.

Deuxième critique. — L'on a dit que les fugues de Bach n'étaient pas faites pour la harpe, et la harpe pour les fugues de Bach, que c'était un sacrilège de jouer sur la harpe les morceaux de piano.

Les préludes et fugues du clavecin bien tempéré de J.-S. Bach ont été écrits pour le clavecin, mais on ne les joue presque plus aujourd'hui que sur le piano et l'orgue. Est-ce un sacrilège? Saint-Saëns affirme que non, et quelle voix était plus autorisée que la sienne en matière de musique ancienne?

« La musique des époques anciennes, dit-il à propos de Rameau (dans sa préface à l'édition Durand des œuvres de Rameau), tire toute sa valeur de la forme (les nuances alors étant impossibles que nous pouvons réaliser sur nos pianos modernes), et la sensation, qui est parfois tout, ou presque tout, dans la musique moderne, n'est rien ou presque rien dans l'ancienne. D'après ce principe, Hændel a pu écrire un concerto pour orgue ou harpe, dont la partie concertante peut être exécutée indifféremment par l'un ou l'autre de ces instruments, et pouvait l'être également par le clavecin. »

Rien de plus clair et de plus juste; c'est dire que la musique ancienne de clavecin convient aussi bien à la harpe qu'au clavecin, et c'est la même raison qui permet qu'on la joue sur le piano et l'orgue.

Dans cette même préface, Saint-Saëns dit en parlant des nuances sur le clavecin : « Il était impossible sur le clavecin de passer graduellement du *piano* au *forte*, et de pratiquer cet art savant des nuances infinies et variété du toucher qui donne au piano moderne son plus grand attrait. »

Eh bien, ces avantages, la harpe chromatique sans pédales les possède au même titre que le piano, et c'est ce qui fait que les morceaux de piano peuvent très bien s'interpréter sur la harpe, sans pour cela faire crier au sacrilège. En effet, ces instruments sont tous deux à sons courts, si on les compare au violon, à l'orgue ou au chant, et la différence entre la prolongation de leurs vibrations est insignifiante.

D'ailleurs, tous les auteurs ont transcrit leurs œuvres pour différents instruments : il a été fait, du *Cygne* de Saint-Saëns, cette célèbre et ravissante page extraite du *Carnaval des Animaux :* 16 transcriptions réalisées ou autorisées par l'auteur.

Il est indiscutable qu'un beau morceau de musique restera beau aussi bien sur la harpe que sur le piano, et qu'un mauvais morceau de harpe sera toujours un mauvais morceau de musique, même sur la harpe.

C'est ce qui a fait dire un jour à M. Gevaert, en entendant Mlle Lenars jouer une chaconne de Hændel sur la harpe chromatique sans pédales :

« Je n'avais jamais jusqu'ici entendu jouer, sur une harpe, un beau morceau de musique. »

Ce qui voulait dire évidemment que les harpes autres que la harpe chromatique sans pédales ne permettaient pas de jouer les œuvres musicales

---

1. *Nouvelle Méthode de harpe en deux parties...* par M. Charles Bocsa fils, harpiste de la Musique particulière de S. M. l'Empereur... Op. 60, Paris (s. d.). Schonenberger. Robert-Nicolas-Charles Bocsa, né à Montmédy le 9 août 1789, mourut à Melbourne (Australie) en janvier 1856.

tenues universellement pour belles (Haendel, Bach, Beethoven, etc.), et que les morceaux que l'on pouvait y exécuter ne l'intéressaient pas (Oberthur, Bochsa, Parish-Alvars, etc.).

TECHNIQUE DE L'ÉCRITURE POUR HARPE CHROMATIQUE SANS PÉDALES

Certaines particularités sont à observer dans la façon d'écrire pour la harpe chromatique sans pédales :

1° Inutilisation du cinquième doigt.
2° Règles pour les batteries.

a) Les batteries doivent donc être de trois ou quatre notes au plus :

Prélude, Valse et Rigaudon, de Reynaldo Hahn (pour harpe chromatique et double quatuor) :

Allegro-Fantaisie, de Jean Risler (pour harpe chromatique et double quatuor) :

b) Si les batteries sont écrites avec plus de quatre notes, elles doivent pouvoir se faire des deux mains, à moins que le mouvement ne soit très modéré d'allure :

Pièce de Concert, de P.-L. Hillemacher (pour harpe chromatique) :

·3° **Accords.** — Les *accords prévus plaqués* ne doivent pas comporter plus de quatre notes·pour chaque main, soit huit pour les deux mains. S'il y a plus de huit notes, il faut prévoir l'arpège, afin d'avoir le temps de faire un déplacement de mains :

Ouverture des Maîtres Chanteurs, de Richard WAGNER (partie d'orchestre) :

Fantaisie (Études artistiques), de Benjamin GODARD :

4° **De la virtuosité.** — Les traits qui ne peuvent être faits que d'une seule main doivent être écrits dans un mouvement assez modéré, et ne doivent pas dépasser l'*Allegro moderato*, à raison de trois ou quatre notes par temps :

Prélude, Valse et Rigaudon, de Reynaldo HAHN (pour harpe chromatique et double quatuor) :

Au contraire, les traits qui peuvent se faire en se servant des deux mains peuvent être exécutés avec la plus grande *vélocité* :

Prélude, Valse et Rigaudon, de Reynaldo HAHN (pour harpe chromatique et double quatuor) :

5° Effets particuliers de la harpe. — Les divers effets spéciaux à la harpe à pédales se rendent avec la même facilité sur la harpe chromatique sans pédales, tels sont :

a) Les notes *harmoniques* :

Barcarolle, de Mario van OVEREEM (pour harpe chromatique) :

Allegro-Fantaisie, de Jean Risler (pour harpe chromatique et double quatuor) :

b) *Les sons étouffés :*

Ronde des Archers, Th. Dubois (transcription pour harpe chromatique par Mlle L. Delcourt) :

du même morceau :

c) *Les sons près de la table :*

Petite Fantaisie, de Jean Risler (pour harpe chromatique) :

d) *Les notes répétées :*

Sonate, d'Emanuel Moor (pour harpe chromatique) :

e) Les trilles :

f) Les mordants :

6° **Style fugué.** — Le style fugué convient très bien aux harpes chromatiques.

L'exécution en est aussi aisée qu'au piano. L'on obtiendra même d'heureux effets par le mélange de ce style fugué au style familier à la harpe (arpèges, batteries, traits, accords, notes harmoniques, sons étouffés, notes répétées).

Sonate, d'Emanuel Moor (pour harpe chromatique) :

6° **La harpe à l'orchestre.** — L'emploi de la harpe à l'orchestre, surtout dans les passages touffus, sonores, puissants, demande, pour être entendue, un gros flot de notes, des paquets de notes :

a) Arpèges :

Danses, de Claude Debussy (pour harpe chromatique et double quatuor) :

Allegro-Fantaisie, de Jean Risler (pour harpe chromatique et double quatuor) :

La Walkûre, de Richard Wagner (partie d'orchestre). Wagner prévoit l'emploi à l'orchestre de trois harpes I jouant à l'unisson :

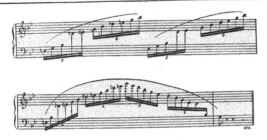

et de trois harpes II, doublant à l'octave inférieure les trois premières.

b) Fusées :

Traits tirés du Tannhäuser, de Richard WAGNER (partie d'orchestre) :

c) Accords :

Maîtres Chanteurs, de Richard WAGNER (partie d'orchestre) :

7° **Emploi de la harpe chromatique en solo.** — Employée en solo, ou dans un passage d'orchestre extrêmement doux, la partie de harpe, au contraire, pourra être beaucoup plus simple. Dans ce cas, le style fugué conviendra très bien aussi, surtout si l'on y introduit les effets spéciaux à la harpe.

Œuvres d'écriture facile à exécuter sur la harpe chromatique sans pédales. — Voici une liste de morceaux pouvant servir de modèle aux compositeurs sur la façon d'écrire pour la harpe chromatique :

Fantaisie chromatique	J.-S. BACH.
Concerto en *ré* mineur (1re partie).	J.-S. BACH.
Chaconne en *sol*	HAENDEL.
Fantaisie	Th. DUBOIS.
Choral et Variations...........	WIDOR.
Andante et Scherzo	Florent SCHMITT.
Sonate	Emanuel MOOR.
Danse sacrée et danse profane....	DEBUSSY.
Prélude, Valse et Rigaudon......	R. HAHN.
Impromptu Caprice	PIERNÉ.
Impromptu	CIARLONE.
Fantaisie-Ballade	PFEIFFER.
Scherzo	PÉRILHOU.
Les Trois Valses	NERINI.
Concerto	Mario von OVEREEM.
Parties d'orchestre	WAGNER.
Etc.	

Facilité des études.

Il va sans dire que la harpe chromatique sans pédales ne se joue pas toute seule, et que, pour être un bon virtuose, il faut, comme pour tous les instruments, beaucoup de travail pour acquérir une égalité parfaite de jeu, un beau son, de la virtuosité; mais ce qu'on peut dire, c'est que les modulations, le chromatisme, qui constituaient la grosse difficulté de la harpe à pédales, ne sont pas une difficulté pour la harpe chromatique sans pédales. Au contraire, le plus souvent, ce chromatisme rend l'exécution plus facile, plus aisée. La gamme chromatique, par exemple, est certainement plus aisée à jouer que la gamme d'*ut* majeur, laquelle ne se joue cependant que sur le plan des cordes blanches, tout comme dans la harpe à pédales.

Il en résulte que les commençants peuvent jouer facilement au bout d'un, deux, trois mois, de petites pièces de nos grands maîtres (anciens ou contemporains), dont l'exécution sur la harpe à pédales, quand elle serait possible, ne serait abordable que par les meilleurs virtuoses.

Une bonne musicienne, quelque peu pianiste, peut ainsi, après quelques mois de travail, faire déjà une partie à l'orchestre sur la harpe chromatique, grâce à la disposition des cordes rappelant le clavier du piano, à l'analogie du doigté et de la façon d'écrire et de lire la musique de piano ou de harpe chromatique sans pédales, et par le fait de l'assouplissement et de l'indépendance dans le *mécanisme des doigts.*

Cette facilité à s'initier à la harpe chromatique sans pédales est d'une grande utilité pour les théâtres, surtout les théâtres de province, qui, pour la plupart, ont été privés de harpes jusqu'ici, et réduits fâcheusement à en confier la partie au piano qui, cependant chromatique, n'a point le timbre, le velouté et les ressources spéciales de la harpe.

Quant à la lecture à vue et à la transposition, elles sont toutes deux aussi faciles sur la harpe chromatique sans pédales que sur le piano.

Les ouvrages didactiques concernant la harpe chromatique sans pédales sont les suivants :

Ouvrages didactiques.

1° *Méthode de harpe chromatique sans pédales* (faite en 1898) écrite par l'inventeur M. G. LYON, avec la collaboration de Mme TASSU-SPENCER (alors professeur au Conservatoire National de Paris), de Mlle Madeleine LEFEBURE et de M. Jean RISLER (professeur au Conservatoire Royal de Bruxelles).

2° *Méthode de harpe chromatique* faite par Mme TASSU-SPENCER, professeur au Conservatoire National de Paris. Chez LEMOINE, à Paris.

3° *Méthode de harpe chromatique* (1907) de Mme WURMSER-DELCOURT, chez A. LEDUC, à Paris.

4° *Etudes* de BOCHSA doigtées pour *la harpe chromatique sans pédales* par Mme TASSU-SPENCER, chez LEMOINE, à Paris.

5° *Exercices et études* de LABARRE, LARIVIÈRE, *transcrits pour la harpe chromatique sans pédales* par Mlle L. DELCOURT. Chez A. LEDUC, à Paris.

6° *Méthode de harpe pouvant servir à la harpe chromatique sans pédales,* par M. SNOER. Chez SNOER, à Leipzig.

7° *Méthode de harpe chromatique sans pédales,* système G. LYON, par HILPERT. Chez M. HILPERT, à Hanovre.

LA HARPE-LUTH

La harpe-luth, dont nous donnons ici une reproduction en photogravure, inventée également par M. Gustave LYON, est construite sur les mêmes principes que la harpe chromatique sans pédales; seulement, toutes les cordes sont en métal.

Elle permet l'interprétation des pièces anciennes de clavecin (RAMEAU, DAQUIN, SCARLATTI, HAENDEL, BACH).

Rien de plus délicieusement joli, et de plus émotionnant que d'entendre jouer sur cette harpe-luth ces anciennes pièces de clavecin. On a dit même que ce fut une révélation, parce que le toucher subtil et expressif de l'artiste leur donne un attrait, une vie, une poésie, une émotion, qu'elles ne peuvent pas avoir sur le clavecin.

En effet, SAINT-SAENS disait :

« Sur le clavecin, il était impossible de passer graduellement du *piano* au *forte,* et de pratiquer cet art savant des nuances infinies et la variété de toucher, qui donne au piano moderne son plus grand attrait. »

Mais cet *art savant des nuances infinies,* la harpe-luth le permet au même titre que le piano, et grâce à elle, RAMEAU, HAENDEL, BACH, ont trouvé un instrument qui fait revivre leur âme, leurs joies, leurs tristesses, leurs douleurs, avec une intensité, une vérité d'expression inconnues même à l'époque où vivaient ces grands maîtres, car le clavecin, pour eux, n'a jamais pu être qu'un froid et inexpressif interprète.

Voici, en effet, ce que dit le savant docteur Albert SCHWEITZER, dans son admirable monument : *J.-S. Bach, le musicien poète* :

« De l'autodidacte, BACH avait l'esprit inventeur. Autant les théories lui répugnaient, autant tout ce qui était expérience pratique l'attirait. Il connaissait à fond la structure de tous les instruments et réfléchissait sans cesse à la façon de les perfectionner. De là, sa sympathie pour SEHEIBE, le facteur d'orgues qui, lui aussi, avait le goût des essais et des inventions. BACH dut l'encourager plus d'une fois à pousser ses recherches et à pénétrer plus avant dans les secrets de son art. »

M. SCHWEITZER dit encore :

« La question du perfectionnement du clavecin le préoccupa de tout temps. Il vit bien les commencements du piano moderne, car, dès 1740, Gottfried SILBERMANN construisait des hammerclaviere (clave-

FIG. 1010. — La harpe-luth.

cins à marteaux). Frédéric le Grand avait toute une collection de fortepianos sortant de sa fabrique. Mais, tout en encourageant SILBERMANN à poursuivre ses essais, BACH ne se déclarait satisfait ni du mécanisme ni du son du nouvel instrument. Il rêvait un instrument à sonorité aussi souple, aussi flexible que possible, et se fit, en 1740, construire, par le facteur d'orgues Zacharias HILDEBRAND, un clavecin-luth, qui devait remplir ces conditions.

« Pour prolonger le son, il avait imaginé deux rangs de cordes de boyau et, de plus, un rang de cordes métalliques en octave. »

Ainsi, BACH voulait un instrument à cordes pincées, mais à sonorité prolongée, souple et flexible.

La sonorité sèche, courte et raide d'un jeu de clavecin est fonction du mode d'ébranlement de la corde par sautereau.

En effet, il est une loi d'acoustique pratique, qui peut se résumer sous une forme imagée, mais qui répond très exactement à la réalité.

La sonorité perçue est de l'ordre et de la forme de l'ébranlement vibratoire produit. Si on pince la corde avec un bec dur, sec, raide, le son est dur, sec et raide. Un marteau dur et plat donnera un son dur et plat; un marteau rond et souple déterminera une sonorité ronde et souple, etc.

Or, le sautereau du clavecin ne peut être élargi. Le plectre, plume ou cuir, chargé de soulever la corde jusqu'à ce qu'elle lui échappe, ne peut être que fort étroit, pointu pour ainsi dire; la forme initiale de la vibration sera pointue, le son sera pointu, sec et court.

Pour le corriger dans le sens rêvé par BACH, l'emploi de la corde de boyau qui, toutes choses égales d'ailleurs, donne un son plus rond, à cause même de la constitution plus large de la corde pour le même poids de celle-ci, n'est pas la bonne solution, en raison des défauts de stabilité d'accord et de justesse de la corde de boyau, et, ensuite, à cause de l'insuffisance de la force du plectre pour soulever la corde, ou de l'impossibilité d'obtenir une course suffisante pour le sautereau.

On comprend donc pourquoi l'essai ne satisfit pas BACH qui, dit M. SCHWEITZER, dut continuer à se servir du clavicorde simple, et pourquoi M. G. LYON a pensé à remplacer le plectre étroit et pointu du sautereau du clavecin par la partie arrondie et large de l'extrémité du doigt humain; seulement, puisque les cordes du clavecin, si elles étaient pincées ainsi, devraient donner un son de corde pincée, mais gras, rond, souple et flexible, en même  temps que plus prolongé, l'étude paraissait raisonnable d'une harpe montée avec des cordes de clavecin, ou s'en rapprochant tout au moins, et l'adoption s'imposait du système permettant le chromatisme si cher à l'illustre BACH.

Et voilà comment est née la harpe-luth.

Une réduction de cet instrument à cinq octaves, avec monture spéciale de cordes et table d'harmonie modifiée, a réalisé le timbre voulu par WAGNER pour l'accompagnement des sérénades de Beckmesser dans les *Maîtres Chanteurs* à l'Opéra de Paris, à Bayreuth,

FIG. 1011.

à l'Opéra de Mannheim, à ceux d'Amsterdam, La Haye, Venise, au Théâtre de la Scala de Milan.

Extrait d'une lettre adressée par Mᵐᵉ WAGNER à M. G. LYON à propos de la « harpe-luth » :

Bayreuth, 2 juillet 1899.

MONSIEUR,

Le luth que vous avez eu l'extrême obligeance de destiner aux représentations de Bayreuth a été produit en présence des trois maîtres de chapelle et des harpistes de notre orchestre. Il n'y a qu'une voix sur la beauté, l'avantage et le mérite de votre invention.

Cet instrument, ravissant par la forme autant que par le son, décorera notre salle de musique, et je ne saurais vous dire, Monsieur, combien je suis sensible à votre aimable attention.

Recevez, Monsieur, avec mes remerciements et ceux de mon fils, l'assurance de ma considération bien distinguée.

C. WAGNER.

Il y a lieu d'ajouter que l'emploi de la harpe-luth a permis de satisfaire :

1° Aux concerts symphoniques, les vœux des chefs d'orchestre dans les œuvres de BACH (concert de la Schola sous la direction de M. Vincent D'INDY, concerts du Conservatoire de Nancy sous la direction de M. Guy ROPARTZ, concerts du Conservatoire de Liège sous la direction de M. RADOUX).

2° Au théâtre, les desiderata de M. Gustave CHARPENTIER dans *Louise*, à l'Opéra-Comique de Paris et à celui de Berlin, de M. MANCINELLI, dans *Françoise de Rimini*, en 1907, à la Scala de Milan, au Théâtre de Venise, au théâtre Reggio de Turin, au Théâtre de Bologne, et en 1908, aux Théâtres de Lisbonne et de Buenos-Ayres.

LA HARPE INTÉGRALE

La harpe chromatique sans pédales ne peut pas faire le « glissando »; on a pu, à la demande de certains auteurs, remplacer ces effets par des arpèges rapides et des gammes roulées. Pour le théâtre, si la nécessité s'en faisait sentir, rien ne peut empêcher le harpiste chromatique d'avoir à l'orchestre, dans ces rares occasions, un instrument à glissando, soit la harpe à pédales, soit même un instrument construit spécialement à cet effet, et qui pourrait permettre de glisser, non seulement des accords de septième, mais des accords de trois notes.

Néanmoins, pour donner satisfaction à certains directeurs de théâtres, qui préféreraient utiliser la harpe chromatique sans pédales et avoir dans cet instrument les effets coutumiers de la harpe à pédales, M. G. LYON a réalisé la harpe intégrale en s'inspirant de toutes les conclusions indiscutables où l'avaient conduit les études et la construction de la harpe chromatique sans pédales.

La nappe des cordes blanches a été établie de façon à constituer une surface plane; les cordes ont été allongées, par rapport à leur longueur dans la harpe chromatique sans pédales, de la quantité voulue pour que, sous la même tension, elles fussent baissées d'un demi-ton.

Un mécanisme à double mouvement tout nouveau permet, par des commandes mues par des pédales ordinaires des harpes à pédales, de raccourcir chacune des cordes de deux demi-tons successifs, chaque pédale commandant en même temps toutes les cordes de même nom de la harpe; le plan des cordes blanches donne donc normalement la gamme diatonique d'*ut* bémol.

Toutes les pédales étant abaissées jusqu'au premier cran, ces cordes blanches donnent, alors, la gamme diatonique d'*ut* naturel, si bien qu'à ce moment, l'ensemble de ces cordes blanches et des cordes noires qui les croisent constitue la harpe chromatique sans pédales coutumière.

Les cordes traversent la table sans coudage, s'enroulent en haut, au delà du sillet, aux chevilles Alibert perfectionnées par M. Gustave LYON, et s'accrochent au delà et au-dessous de la table à un sommier d'accroche en duralimin qui, avec la colonne en magnésium et le sommier du haut en duralimin et magnésium, constituent un tout indéformable.

Pendant le repos, ces cordes, qui sont libérées de la table, ne la déforment donc pas; quelques minutes avant le jeu, on pousse vers le centre de la table des boutons de pression qui appuient la corde contre la table, lui permettant ainsi de répandre dans l'espace les vibrations de la corde.

Le mécanisme des pédales, très perfectionné, permet un réglage immédiat et durable, particulièrement utile aux harpistes.

Enfin, les recherches pour la harpe intégrale ont amené M. G. LYON à réaliser des montures de cordes sur axe d'acier *filé en boyaux*, qui assurent un accord absolument stable et une durée d'utilisation extraordinaire à ces cordes; d'où, économie fort importante pour les harpistes, et sécurité absolue pour l'exécution.

GUSTAVE LYON.

LA HARPE CHROMATIQUE ET SA TECHNIQUE

Par Madame Renée LÉNARS

PROFESSEUR AU CONSERVATOIRE

LA HARPE CHROMATIQUE SANS PÉDALES

La harpe, sous les divers aspects qu'elle prit dans le passé, et sous la forme qu'elle présente de nos jours, a toujours été un instrument essentiellement caractérisé par une très pure sonorité, empreinte d'un charme particulier, qui en fit, dès la plus haute antiquité, un instrument auréolé d'idéal.

Tous les instruments anciens se rapportant à la famille de la harpe, il est curieux de le constater sont d'origine orientale. Les Occidentaux s'inspirèrent dès instruments créés par les Orientaux, et les modifièrent peu à peu en conformité avec leurs conceptions musicales.

Description de l'instrument.

La harpe, qui, au XVIIIᵉ siècle, fut successivement dotée de crochets, puis de pédales, se trouva perfectionnée, au commencement du XIXᵉ siècle, par la harpe à sept pédales de Sébastien ERARD.

Laissant à la harpe son aspect général, M. Gustave LYON, ingénieur, directeur de la Maison PLEYEL, supprima les pédales et imagina un second plan de cordes. Ces deux plans sont croisés au milieu de la longueur des cordes, correspondant ainsi aux touches blanches et noires du piano. Ils donnent une succession chromatique de six octaves et demie, allant du ré grave au sol suraigu, soit un total de soixante-dix-huit cordes (les cordes des 5 premières octaves sont en boyau, et en métal pour les basses). C'est donc vers la fin du XIXᵉ siècle que la harpe dite chromatique sans pédales vit le jour. (Voir fig. 989.)

Écriture et technique de l'instrument.

Cette harpe s'accorde en ut comme le piano. Son écriture est semblable à celle de la harpe à pédales, et plus encore à celle du piano. Le chromatisme devient donc facile à exécuter, d'où liberté absolue pour les compositeurs d'écrire les enchaînements et traits chromatiques, puisqu'ils n'ont plus à se préoccuper du jeu délicat des pédales.

Les gammes chromatiques simples, en tierces, en sixtes, en octaves, en dixièmes, en sens contraire, toutes praticables seulement à deux mains, sont d'une exécution aisée. En voici quelques exemples :

Prélude, Valse et Rigaudon, de Reynaldo HAHN. (pour harpe chromatique et double quatuor) :

Sonate, op. 68, nº 1, d'Émanuel MOOR (pour harpe chromatique) :

Allegro de Concert, de Georges ENESCO (pour harpe chromatique) :

Romance sans paroles, de Ch. LEFEBVRE (pour harpe chromatique) :

Pièce de Concert, de L.-P. HILLEMACHER :

Les enchaînements chromatiques d'accords de trois ou quatre notes sont facilement exécutables, à con-dition que les intervalles ne soient pas trop espacés et ne dépassent pas l'octave. Voici quelques exemples :

Réminiscence, de Jean RISLER (pour harpe chromatique) :

Pièce de Concert, de P.-L. HILLEMACHER (pour harpe chromatique) :

Fantaisie, de Samuel ROUSSEAU (pour harpe chromatique) :

Les successions chromatiques d'accords brisés sont aussi d'exécution facile :

Improvisation et Allegro, de Noël GALLON (pour harpe chromatique) :

Prélude, Valse et Rigaudon, de Reynaldo HAHN (pour harpe chromatique et double quatuor) :

Les sons harmoniques se font, soit par la main gauche, soit par la main droite, ou par les deux mains ensemble. Le meilleur registre sonore pour les sons harmoniques se trouve compris entre le *sol*[1] et le *mi*[1].

Ceux-ci s'écrivent au moyen d'un *o* surmontant la note; l'effet produit est, comme pour la harpe à pédales, à l'octave de la note écrite.

Les sons étouffés sont praticables, soit à une main (gauche ou droite), soit à deux mains.

Les « glissando » ne sont possibles qu'en *ut* majeur, *ut* ♯ *majeur* (ou *ré* ♭), comme sur le piano.

Les méthodes de harpe chromatique usitées sont celles de Mmes TASSU-SPENCER et WURMSER-DELCOURT. Les études employées sont celles de BOCHSA, DIZI, SCHÜCKER, etc.

Parmi les œuvres les plus intéressantes écrites spécialement pour la harpe chromatique, nous devons mentionner celles de Samuel ROUSSEAU, Claude DEBUSSY, P.-L. HILLEMACHER, BÜSSER, Florent SCHMITT, FÉVRIER, Noël GALLON, MIGNAN, ENESCO, etc.

En 1900, une classe de harpe chromatique a été créée au Conservatoire Royal de Bruxelles (professeur M. Jean RISLER).

Le Conservatoire National de Paris suivit cet exemple, et en 1903 (date de la création), il fit appel à Mme TASSU-SPENCER, remarquable professeur de harpe chromatique.

Depuis 1912, l'auteur de cette brève notice a l'honneur de diriger la classe de harpe chromatique.

RENÉE LÉNARS.

LE LUTH

Par Madame Adrienne MAIRY et par M. Lionel de LA LAURENCIE

LE PROBLÈME DES ORIGINES DU LUTH
ÉVOLUTION DE L'INSTRUMENT[1]

Question complexe et confuse, l'origine du luth a, depuis longtemps, attiré l'attention des historiens et des commentateurs, non sans provoquer, de leur part, des explications fantaisistes. Nous voudrions essayer ici, en nous appuyant sur les travaux modernes, de montrer comment se pose actuellement le problème de la généalogie de l'instrument.

Ce problème, qu'on a dégagé des brouillards étymologiques dont nombre d'auteurs se complaisaient à l'entourer, se délimite d'abord avec une certaine rigueur d'un point de vue organographique. Le luth, en effet, est un instrument à cordes, avec un corps bombé portant une table plate, et muni d'un manche sur lequel sont tendues les cordes. La présence d'un manche le distingue donc nettement des instruments à cordes libres tels que la harpe et la lyre[2], et le cantonne dans un groupe spécial qui ne saurait admettre des types instrumentaux spécifiquement dissemblables. Ce manche suppose une technique très différente de celle des instruments à cordes libres, technique fondée sur le raccourcissement des cordes, lequel permet de produire un grand nombre de sons avec un minimum de cordes.

1. **Bibliographie** (ouvrages modernes). — Fr. Behn : *Die Laute im Altertum und frühen Mittelalter (Zeitschrift für Musikwissenschaft*, nov. 1918); — Bottée de Toulmonn : *Dissertation sur les instruments de musique employés au moyen âge*, Paris (1844). — G. Branzoli : *Ricerche sullo studio del liuto*, Rome (1889); — M. Brenet : *Notes sur l'histoire du luth en France*, Turin (1899); — M. R. Brondi : *Il Liuto e la chitarra*, Turin (1926); — G. Chouquet : *Le Musée du Conservatoire national de musique*, Paris (1884); — E. de Coussemaker : *Essai sur les instruments de musique*, Paris (1856); — Curt Sachs : *Real-Lexikon der Musikinstrumente*, Berlin (1913); *Handbuch der Musikinstrumentenkunde*, Leipzig (1920); — Fr. Gevaert : *Histoire et théorie de la musique de l'Antiquité*, Gand (1875-1881); — G. Kinsky : *Katalog der Sammlung alter Musikinstrumente. Musikhist-Museum von W. Heyer in Cöln*, Leipzig (1913); — O. Körte : *Laute und Lautenmusik bis zur Mitte des XVI Jahrhunderts*, Leipzig (1901); — W. von Lütgendorff : *Die Geigen und Lautenmacher vom Mittelalter bis zur Gegenwart*, Francfort (1904); — V. Ch. Mahillon : *Catalogue descriptif et analytique du musée instrumental du Conservatoire royal de musique de Bruxelles*, Gand (1893-1912); — F. Noulet : *Notice sur le luth* (*Mém. de la Société archéolog. de la Corrèze*, 1895); C. Pierre : *Les Facteurs d'instruments de musique, les luthiers et la facture instrumentale*, Paris (1893). — K. Schlesinger : *The Precursors of the violinfamily*, Londres (1910).

2. Il convient toutefois de remarquer qu'au xvᵉ siècle, on désignait encore le luth par le mot lyra. C'est ce qui résulte, notamment, du traité de J. Tinctoris : *De Inventione et usu musicæ* (1484), où on lit : « Quid sit lyra popular**it**er leutum dicta » et « nunc vulgus eam ubique leutum appellat. » (*Ex libro quarto*, cf. *Riemann-Festschrift* [1709], p. 269, 271.)

Les recherches sur l'origine du luth doivent donc porter avant tout sur les instruments à manche. Malheureusement, la rareté relative du matériel documentaire remontant à l'antiquité laisse subsister encore beaucoup d'obscurité autour du problème.

Quoi qu'il en soit, M. Friedrich Behn[3] discerne en Asie Mineure trois types primitifs lesquels peuvent passer pour les lointains ancêtres du luth. C'est d'abord celui qui domine sur les bas-reliefs babylobyniens et assyriens, et qui présente un petit corps, de

Fig. 1012. — Instrument assyrien à manche.

forme ovoïde, auquel est fixé un long manche; cet instrument se rapproche nettement du type *tanbura* (bas-relief babylonien du Musée de Philadelphie et bas-relief assyrien de Koujoundjik, British Museum (fig. 1012).

Au même type appartiennent les instruments que l'on relève sur des bas-reliefs égyptiens de l'époque

Fig. 1013. — Instrument égyptien à manche de Tell el Amarna.

3. Fr. Behn, *op. cit.*, pp. 89 et suiv.

du Nouvel Empire, comme celui de Tell el Amarna (fig. 1013)[1], instruments importés d'Asie Mineure. Disons, à propos de l'hiéroglyphe *nefer*, que les égyptologues ne s'accordent pas sur sa signification : pour les uns, il représente le luth dont il reproduit

Fig. 1014. — Type de luth du Bas Empire, Musée d'Arles (K. Schlesinger, *The Precursors*, pl. II).

la forme; pour les autres, il figure un gouvernail, à moins que ce ne soit le cœur avec la trachée-artère. Enfin, des instruments du type *tanbura* se rencontrent chez les Grecs, contrairement à l'assertion de Gevaert, selon laquelle ceux-ci ne connaissaient pas les instruments à manche[2]. Un des compartiments d'un triptyque remontant à quatre siècles avant l'ère chrétienne, et découvert à Mantinée, montre une muse jouant d'une façon de luth analogue aux instruments de Mésopotamie et d'Egypte[3]. De même, deux sarcophages romains, dont l'un du Bas-Empire, donnent des images d'instruments à manche se rapprochant du type *tanbura*, encore que celui du Bas-Empire, provenant du monument d'un musicien d'Arles, rappelle singulièrement la forme du luth classique de la Renaissance[4]. Enfin, les instruments à manche indiens et mogols se rattachent, eux aussi, au *tanbura*.

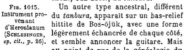

Fig. 1015. Instrument provenant d'Herculanum (Schlesinger, *op. cit.*, p. 26).

Un autre type ancestral, différent du *tanbura*, apparaît sur un bas-relief hittite de Bos-öjük, avec une forme légèrement échancrée de chaque côté, et semble annoncer la guitare. Mais au point de vue de la généalogie du luth proprement dit, la présence, en Egypte, à l'époque alexandrine, d'instruments du type *rebab*, si abondamment représenté sur les vases persanssassanides, offre une importance de premier ordre[5].

Le *rebab* se caractérise par un corps en forme de poire, s'amincissant progressivement pour donner lieu à un manche qui ne se sépare pas nettement de lui, et que termine un chevillier renversé. Cet instrument porte de trois à quatre cordes que l'on pince, soit à l'aide d'un plectre, soit directement avec les doigts; le *rebab*, dès son apparition, avait fait une poussée vers l'Occident; il en fit une seconde à l'époque carolingienne, en même temps qu'il s'insinuait jusqu'en Chine[6]. C'est incontestablement lui qui a exercé la plus forte influence sur la constitution du luth européen, tout en évoluant, sous le nom de rebec, vers un type d'instrument à archet, preuve que

Fig. 1016. — Luth du type rebab des vases Sassanides (*Zeitschrift für Musikwissenschaft*, nov. 1918, Leipzig, Breitkopf et Härtel.)

Fig. 1017. — Archétype de luth-rebab. Terre cuite grecque de l'époque postmycéenne. (Schlesinger, *op. cit.*, pl. XIII).

les diverses modalités de la mise en vibration des cordes n'offrent qu'une importance secondaire.

1. C'est, en effet, sous le Nouvel Empire que des instruments analogues au luth apparaissent en Egypte à côté des harpes et des flûtes.
2. Gevaert, *Histoire et théorie de la musique de l'Antiquité*, vol. II, p. 242.
3. Behn, *loco cit.*, p. 95.
4. Espérandieu, *Recueil général des bas-reliefs de la Gaule romaine*, tome I (1907), p. 146. Ce sarcophage provient de Saint-Honorat.
5. Cf. Curt Sachs, *Handbuch der Musikinstrumentenkunde*, Leipzig, 1920, p. 214.

6. Fr. Behn, *loco cit.*, p. 107.

Déjà, un psautier du VIIIᵉ siècle, envoyé à Charlemagne par le pape Adrien, montre, sur sa couverture d'ivoire, un luth apparenté à l'instrument du sarcophage d'Arles, alors que le *Psautier de Lothaire* (IXᵉ siècle) fournit un échantillon très analogue et monté de trois cordes[1], et que le *Psautier d'Utrecht*

Fig. 1018. — Luth du *Psautier de Lothaire*
(Schlesinger, *op. cit.*, pl. V).

(vers 850 apr. J.-C.) figure, à côté de sortes de luths à très long manche, rappelant l'aspect du *tanbura*, les premiers instruments européens à archet[2].

Si nous passons au Xᵉ siècle, nous rencontrons dans le *Psautier d'Ivrée*, parmi les musiciens du roi David, un joueur de luth qui, au moyen d'un plectre, touche un instrument dont le corps a la forme d'une lentille, et dont le manche, comme chez le *rebab*, se raccorde insensiblement au corps; ce luth est garni de trois cordes et porte un chevillier[3].

Ainsi que l'observe M. Behn[4], une hybridation a pu se produire en Orient entre les deux types *tanbura* et *rebab*, et a donné naissance à l'*aleoud* arabe, qui associe le corps bombé et le col coudé du *rebab* au manche du *tanbura*. C'est ce luth arabe qui, grâce aux relations toujours plus actives établies, aux environs de l'an 1000, entre l'Europe et l'Orient, établissement des Maures en Espagne et croisades, pénétra en Europe, où il se modifia pour devenir le luth de la Renaissance. C'est ce que constatait en 1765 le président DE BROSSES, lorsqu'il écrivait : « Les Arabes ont porté en Espagne un instrument à cordes pincées

dont ils se servent habituellement pour accompagner leurs voix, et qu'ils appelaient *al-laûd*. Nous le tenons des Espagnols, qui l'appellent aussi *laud* et que nous nommons *luth*[5]. » En effet, ce qu'on a appelé le « chant au luth » remonte à une époque extrêmement reculée. A ce point de vue, le *Livre des Chansons* (*Kitab al Aghani*) du chroniqueur arabe Al Isbahani (Xᵉ siècle) apporte d'intéressantes indications en précisant le rôle de premier plan que jouèrent les Persans dans la musique arabe. Cette dernière, ainsi que l'a remarqué M. ROUANET[6], n'est pas autogène, mais résulte d'infiltrations persanes et syriennes, et ce fait vient à l'appui de la filiation de l'*eoud* arabe qui dérive du luth sassanide. Si ce dernier ne porte pas de touches sur le manche, ainsi qu'on en peut juger par les figures de joueurs de luth des vases d'argent de l'époque sassanide (IIIᵉ, VIIᵉ siècles), l'*eoud*, contrairement à l'assertion de certains auteurs[7], en compte quatre, et ceci, AL FARABI nous le dit explicitement dans son *Livre de la Musique* (Xᵉ siècle). Monté, à l'origine, de quatre cordes, dont chacune, de l'aigu au grave, symbolise un des quatre éléments, le luth arabe ne comporta d'abord que quatre touches, mais FARABI indique une division du manche en six touches, qui enrichit le potentiel musical de l'instrument[8]. Quoi qu'il en soit, l'*eoud* arabe est devenu *laud* en Espagne, *alaud* en Portugal, *liuto* en Italie, *laute* en Allemagne, *lute* en Angleterre, *luth* en France.

Installé en Europe, le luth arabe y a subi d'importantes modifications relatives au rattachement du manche au corps de l'instrument, au nombre des touches et des cordes. Dès le Xᵉ siècle, le *Psautier de Stuttgard* lui donne cinq cordes, mais pas de touches; au XIIᵉ, il prend une signification symbolique, et les sculptures mutilées de l'abbaye de Cluny en font le représentant du sixième ton grégorien[9]; au XIIIᵉ, les vitraux de l'abbaye normande de Bon-Port précisent sa forme, qui est celle d'une poire coupée en deux, dans sa longueur; le dos est bombé, la table d'harmonie porte, dans sa partie centrale, une ouïe ou rose rappelant les ouvertures pratiquées dans celle du vieil *eoud*; enfin, le manche se termine par un chevillier renversé et placé presque en potence de celui-ci. Le nombre des cordes demeure très variable, à en juger par les monuments figurés; il est de quatre (ms. 9002 de la Biblioth. royale de Bruxelles), de six (ms. fr. 782 de la Bibliothèque nationale), ou de cinq (tombeau à Lynn, Norfolk). Mais les représentations du luth restent assez rares et clairsemées jusqu'au XIVᵉ siècle, où nous retrouvons le luth à quatre cordes, qui paraît alors le plus répandu [figurine d'ivoire du musée de Cluny, sculpture dans la cathédrale d'Amiens, *Lectionarium* de Cuno von Falkenstein (vers 1380), *Evangéliaire* de Johann von Troppau (vers 1368)]. Déjà, en pratique le système des cordes doubles, ou chœurs, qui renforcent la sonorité de l'instrument (ms. 9025 de Bruxelles); déjà aussi, la littérature mentionne le luth : Dante parle du *liuto* dans son *Enfer*, et Juan Ruiz, archiprêtre de Hita, signale *el corpudo laud* dans son *Libro de buen amor*[10]. De plus, certains monuments

1. Cf. Schlesinger, *Instruments of the modern orchestra*, et Behn, *loco cit.*, p. 101, 102.
2. Behn, pp. 102, 103.
3. *Paléographie musicale* (Solesmes), Behn, *loco cit.*, pp. 103, 104.
4. Behn, p. 107.

5. *Mécanisme du langage* (1765), chap. IL.
6. *Encyclopédie de la Musique*, 1ʳᵉ partie, t. V, p. 2689 et suiv.
7. C'est ainsi que M. Curt Sachs assure que le Vieil *ud* ne portait pas de touches (*Handbuch der Musikinstrumentenkunde*, I, 214).
8. J. Rouanet, *La Musique arabe* (*Encyclopédie de la Musique*, t. V, p. 2713).
9. M. Brenet, *Notes sur l'histoire du luth en France*, p. 3.
10. *Libro de buen amor*, II, strophe 1251 (réédition de 1913). Cf.

figurés marquent l'évolution de la forme de l'instrument, suivant laquelle le manche tend à se détacher nettement du corps de résonance. C'est ainsi que le triptyque du *Couronnement de la Vierge* à Santo-Ansono, près Florence (1373), affecte au luth un corps allongé avec un manche bien distinct de celui-ci, et quatre cordes doubles [1].

Dès le XIIᵉ siècle, le luth donne naissance à des instruments dérivés, telle la *citole*, de forme analogue à la guitare, que cite Giraud de Calenson, dans un sirvente, telle la *mandore*, qui devait devenir la *mandoline*, et qui consiste en un petit luth monté au XVᵉ siècle de quatre cordes. On trouve dans un manuscrit français du XIVᵉ siècle (ms. 7378ᵃ de la Bibl. nationale) une description de la *mandole;* cet instrument a un corps bombé, un manche non détaché de celui-ci, un chevillier courbé et porte le nom de *guisterna*. VIRDUNG (1511) et AGRICOLA (1528) représentent, dans la première moitié du XVIᵉ siècle, la *mandole* comme un petit luth, portant un chevillier renversé et dénommé *quintern* en Allemagne. Déjà, au XVᵉ siècle, TINCTORIS, dans le traité visé plus haut (*De Inventione et usu musicae*), tenait le petit luth pour une *ghiterra* ou *ghiterna* montée de quatre cordes [2]. La *Musurgia seu praxis musicae* de VIRDUNG (1536) traduit par *lutina* le nom primitif de *quintern*. Enfin, le *Dictionnaire* de Roth (1571) décrit la *quintern* comme un luth monté de neuf cordes, alors que le luth proprement dit en avait onze [3]. La mandore comptait cependant encore quatre cordes au commencement du XVIIᵉ siècle, lorsque PRAETORIUS la définissait dans son *Organographia* [4].

Au XVᵉ siècle, les représentations du luth se multiplient, pendant que celui-ci prend une importance musicale considérable. D'une manière générale, l'instrument va évoluer rapidement vers sa forme classique, non sans rappeler ce qu'il doit à l'ancien *eoud*. C'est ainsi que souvent le nombre des ouvertures de la table d'harmonie témoigne d'influences ancestrales. La Madone d'Ottaviano Nelli à Gubio (1404) présente un luth avec deux roses, et plus tard, Konrad Fyol adjoint à l'ouïe centrale trois ouvertures triangulaires [5]. De même, le luth que tient Terpsichore (ms. des Adages, Bibliothèque de l'Arsenal) est percé d'une rose et d'une seconde ouverture placée près du col. L'existence de touches sur le manche ne se manifeste point de façon constante. D'après M. SACHS, dans la moitié des cas, le manche est démuni de frettes [6]. Lorsque celles-ci sont représentées, leur nombre apparaît extrêmement variable, mais avec une tendance à l'accroissement, particularité dont témoigne également le nombre des cordes. Si les anges musiciens de Stephan Lochner (Wallraf-Richartz Museum de Cologne) se servent de luths à 4 cordes et à 5 touches, le luth de Terpsichore,

cité plus haut, est monté de quatre cordes doubles et son manche porte sept touches. Les luths peints par Giambellino et par André Mantegna montrent que le nombre des cordes augmente; sur les tapisseries de Charles le Téméraire, il est de six cordes doubles, et une constatation identique peut se faire sur les fresques de Coucy-la-Ville.

Durant la seconde moitié du siècle, Melozzo da Forli place aux mains de ses anges de la Basilique de Saint-Pierre des luths qui revêtent la forme et la monture classiques. La table est percée d'une rose unique, artistiquement ouvragée; le manche se divise en sept touches, et l'instrument comporte onze cordes divisées en cinq chœurs (groupes de deux cordes) et une seule corde représentant la chanterelle. Melozzo précise même, de la façon la plus exacte, la position du luth sous le bras droit de l'exécutant, alors que les doigts de la main droite pincent directement les cordes un peu en arrière de la rose, tandis que, précédemment, les peintures représentaient l'instrument actionné tantôt avec un plectre, tantôt avec les doigts [7]. C'est encore le luth à onze cordes qui apparaît sur le beau plafond peint par Ercole Grandi dans le palais Scrofa-Calcagnini à Ferrare [8], où un bien un luth sera figuré de face, disposition qui permet d'étudier tous ses détails extérieurs [9].

Citons également les représentations de l'instrument par Memling et par les maîtres de l'Ecole flamande [10]. Ce n'est pas à dire que la morphologie du luth reste complètement fixée. Quelques variantes surgissent encore çà et là, chez Carpaccio, par exemple, dans la « Présentation au Temple » de Vérone, ou chez Bassani (palais Pitti à Florence), sans que l'on puisse affirmer que ces figurations correspondent à des types réels de l'instrument, ou qu'elles résultent simplement de la fantaisie des peintres; en tout cas, elles expriment sans conteste la vogue extrême dont jouissait alors le luth [11].

Le XVIᵉ siècle fournit sur le luth une abondante documentation qui provient, à la fois, des monuments figurés et des ouvrages des théoriciens, car c'est l'époque qui voit paraître les premières tablatures et les premiers traités concernant l'instrument. Parmi les peintures, BRANZOLI cite celles du Carrache, d'Il Domenicchino, d'Il Gessi. Valentin de Coulommiers représente un joueur de luth, et Gabriel Metzu une luthiste accordant son instrument [12].

Mais voici, avec la *Musica getutscht* de Sébastien VIRDUNG (1511), publiée à Bâle [13], un important traité théorique qui apporte une description complète du luth, tout en relatant l'incertitude qui règne encore à l'égard du nombre des cordes dont il est monté. VIRDUNG explique que certains luthistes jouent sur un instrument portant neuf cordes groupées en cinq chœurs, alors que d'autres adoptent six chœurs (onze cordes), et que quelques-uns jouent sur des luths montés de treize ou quatorze cordes. D'après VIRDUNG, le nombre de neuf cordes semble insuffi-

---

CURT SACHS, *Handbuch der Musikinstrumentenkunde* (1920), p. 215, et M. R. BRONDI, *loco cit.*, p. 81.

1. CURT SACHS, *loco cit.*, p. 215. A la fin du XIVᵉ siècle, certaines figurations, comme les figurations murales du château de Runkelstein, près de Bozen, donnent six cordes au luth.

2. *Riemann-Festschrift*, p. 271.

3. Voir : GEIRINGER : *Der Instrumentenname Quinterne und die mittelalterlichen Bezeichnungen der Gitarre, Mandola und des Colascione* (*Archiv. für Musikwissenschaft*, 6ᵉ année, mai 1924, pp. 104-105).

4. *De Organographia*, vol. II, du *Syntagma* de 1615-1619, chap. XXVII. Comme MERSENNE, WALTHER, dans son *Lexikon* (1732), dit que la mandore prend le nom de « mandore inthée » lorsque le nombre de ses cordes dépasse six. Elle figure encore dans l'*Anweisung zur Composition* de J.-G. ALBRECHTSBERGER (1790).

5. CURT SACHS, *loco cit.*, p. 216.

6. *Ibid.*, p. 216.

7. G. BRANZOLI, *Ricerche sullo studio del liuto*, Rome, 1889, p. 38. On trouvera dans cet ouvrage d'abondantes citations de représentations du luth par les peintres. Voir aussi : MAX SAUERLANDT, *Die Musik in fünf Jahrhunderten der europäischen Malerei* (1450-1850), Leipzig, 1922.

8. *L'Arte* (Adolfo Venturi, Rome, 1903), fig. 7 (*Soffitto nel palazzo Scrofa Calcagnini*).

9. *Ibid.*, p. 140.

10. M. BRENET, *loco cit.*, p. 4, 5.

11. BRANZOLI, *loco cit.*, p. 39.

12. BRANZOLI, *loco cit.*, p. 40.

13. Sébastien VIRDUNG, *Musica getutscht und aufgezogen*. Bâle, 1511.

sant, et l'élève luthiste devra travailler sur le luth à onze cordes.

Les cordes de basse, au nombre de trois, sont doublées, la seconde corde sonnant à l'octave supérieure de la première ; Virdung leur donne les noms de *Grosprummer*, *Mittlerprummer*, *Klainprummer* ; les deux autres chœurs, accordés à l'unisson, s'appellent *Grossancksait* et *Klainsancksait*, et la chanterelle, corde simple, prend la dénomination de *Quintsait*. L'instrument, ainsi monté, reçoit un accord comportant deux groupes de quartes séparés par une tierce majeure ; c'est l'accord que Mersenne désignait par l'expression de « vieil ton[1] ».

Quant au manche, il se divise en sept cases délimitées par des liens (*Bünde*) ; c'est donc encore le système des sept touches déjà en usage durant la seconde moitié du xve siècle. Les liens, constitués par des cordes de boyau, tracent sur chacun des chœurs une gamme chromatique, la note fournie sur la septième touche donnant la quinte aiguë de la corde touchée à vide. Ces frettes que, d'après Kiesewetter, on remplaçait, déjà au xive siècle, par des sillets fixes[3], restèrent en pratique jusqu'au xviiie siècle[3]. Elles présentaient le double avantage d'une pose plus facile, et, en raison de leur mobilité, elles assuraient une plus grande justesse[4].

L'octaviation des cordes de basse permettait d'obtenir une sonorité plus claire, et celle des chœurs accordés à l'unisson devenait plus pleine. Les figures de Virdung font voir que le manche s'est un peu allongé, en même temps qu'il s'élargissait à mesure que le nombre des cordes s'accroissait.

C'est encore sept touches, et incidemment huit, que Martin Agricola donne au luth, dans son ouvrage de 1528[5], alors que Hans Judenkünig parle de huit touches[6], comme Pierre Attaingnant, dans sa *Très brève et familière Introduction* (1529)[7]. Par contre, Hans Gerle, en 1532, revient au système des sept touches, et le Parmesan Lanfranco fait de même, dans sa *Scintille di Musica* de 1533. Comme Gerle, il ne s'occupe que du luth à onze cordes, qu'il déclare être le plus parfait de tous. Lanfranco désigne les chœurs de basse, accordés à l'octave, par les noms de *Bassi*, *Bordoni*, *Tenori* ; ces chœurs sont suivis des *Mezzanelle* et des *Soltanelle*, accordées à l'unisson, et enfin d'une corde simple, la chanterelle, appelée *Canto*[8].

Une modification apportée pour la première fois au luth par Hans Newsidler, en 1536, consiste en l'adjonction d'un nouveau chœur aux cinq dont l'instrument est monté depuis la fin du xve siècle[9]. De plus, en 1556, Jacques Pelletier, du Mans, fournit des précisions sur la façon de disposer les ligatures du manche ; après avoir déploré, dans son petit ouvrage : *La Manière de bien et justement entoucher les lucs et guiternes*[10], l'empirisme qui règne à cet égard,

---

et les « grandes fautes » qui en résultent, il expose un procédé, un « compassement », lequel permet de diviser le manche en douze demi-tons.

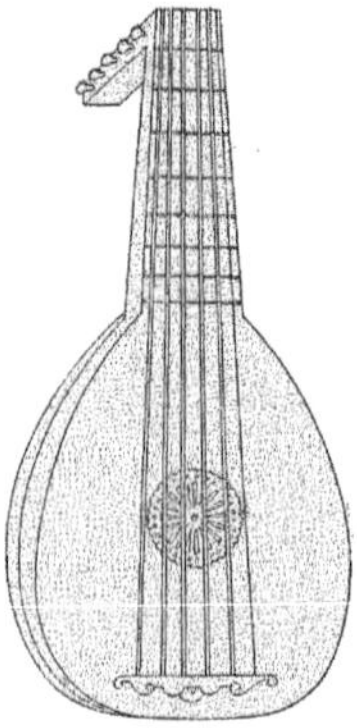

Si la tablature publiée par Sébastien Ochsenkuhn en 1558, n'envisage que huit touches sur le manche, elle admet onze ou treize cordes pour la monture du luth, et donne de curieuses explications symboliques de l'accroissement progressif du nombre de ces cordes[11].

Cet accroissement, qui n'a point l'assentiment de Vincenzo Galilei, le père du célèbre astronome, aux yeux duquel la multiplication des cordes de basse semble inutile[12], se laisse discerner sur les monuments figurés de la fin du xvie siècle. En outre, le luth se trouve alors représenté par une famille d'instruments, dont Michael Prætorius, au cours de son *Syntagma musicum* (1615-1619)[13], fournit des descriptions et des images ; ces instruments, l'*octavlaut*, le *discantlaut*, l'*altlaut*, le *tenorlaut*, le *basslaut* et le *grossoctavbasslaut*, diffèrent par les dimensions et par la tessiture. Comme la pratique du chant au luth poussait à multiplier les cordes de basse, on élargissait le manche, ce qui rendait plus difficile le jeu de l'instrument. Aussi, fut-on conduit à construire des luths munis de cordes tendues

Fig. 1019. — Luth à onze cordes (Mersenne, *Harmonie universelle*, Traité des instruments à cordes.)

Fig. 1020. — Théorbe, d'après Mersenne.

L'opuscule en question se trouve à la fin d'un petit volume intitulé : *Discours non plus mélancoliques que divers de choses mêmement qui appartiennent à notre France*, Poitiers, 1556.

Le petit traité de luth a été attribué sans preuves à Bonaventure Despériers.

La question de la division du manche du luth a été étudiée par Mersenne (*Harmonie universelle*, livre II, proposition iii, pp. 54 et suiv.).

11. Sébastien Ochsenkuhn, *Tabulatur-Buch*,... 1558, Heidelberg ; *Præfatio operis sui*.

12. Vincenzo Galilei, *Fronimo* (Veniso, 1584). Voir O. Kinkeldey, *Orgel und Klavier in der Musik des 16 Jahrhunderts*, p. 68, en note.

13. M. Prætorius, t. II, *De Organographia*, ch. xxiv, p. 51.

---

1. Voir plus loin au chapitre *Technique et Pédagogie*.

2. Kiesewetter, *Die Musik der Araber*, Leipzig, 1842, p 31. Sur les frettes, voir l'article *Bünde* dans le *Musikalisches Conservations Lexikon* de Mendel (1870), t. II, pp. 227 et suiv.

3. Oswald Körte, *Laute und Lautenmusik bis zur Mitte des 16 Jahrhunderts*, p. 47, d'après Baron.

4. Mersenne, *Harmonie universelle*, livre II, p. 52.

5. Martin Agricola, *Musica instrumentalis deutsch*, Wittemberg, 1528 (chap. V).

6. Judenkünig, *Utilis et compendiaria introductio*, 1523. Cf. O. Körte, loco cit., p. 44.

7. O. Körte, loco cit.

8. G.-M. Lanfranco, *Scintille di Musica* (1533), IV° partie : *Del Liuto*, pp. 140 et suiv.

9. H. Newsidler, *Ein neugeordnet Künstlich Lautenbuch*, Nüremberg, 1536.

10. Voir Weckerlin, *Nouveau Musiciana* (1890), pp. 103 et suiv.

hors manche et touchées à vide, d'où de nombreux dérivés du luth primitif, dont nous ne retiendrons ici que les plus importants, à savoir le *théorbe*, le *chitarrone* et l'*archiluth*.

Le *théorbe*, vraisemblablement inventé par Antonio NALDI, dans les dernières années du xvi° siècle[1], et dont PRÆTORIUS donne une description dans son *Organographia*[2], consiste en un grand luth monté de quatorze ou de seize cordes, tantôt de boyau, tantôt de métal, et muni de deux manches, l'un portant les cordes, à l'ordinaire, et l'autre, beaucoup plus long, se terminant par un chevillier auquel sont fixées les cordes basses, touchées à vide.

Quant au *chitarrone*, muni, lui aussi, de deux manches et de deux chevilliers éloignés l'un de l'autre, PRÆTORIUS le tient pour la forme romaine du théorbe ; il a seulement un aspect plus élancé que ce dernier. Un passage de l'*Intavolatura di liuto* d'Alessandro PICCININI (1623) souligne la parenté étroite qui le rattache au théorbe : PICCININI écrit, en effet : « Tiorba ovvero chitarrone[3]. »

En outre, PICCININI explique que l'*archiluth* ne diffère pas du *luth théorbé*; l'un et l'autre n'ont point de

FIG. 1021. — Chitarrone, d'après PRÆTORIUS.

FIG. 1022. — Luth théorbé ou archiluth, d'après PRÆTORIUS.

second manche élancé; ils portent seulement un second chevillier destiné aux cordes à vide et légèrement déplacé vers l'extérieur. Ces instruments dérivés du luth et munis de cordes touchées à vide sont, on le voit, des instruments hybrides, partie à manche, partie à cordes libres. Quant au luth proprement dit, sa monture ne subit guère de modifications au cours du xvii° siècle. Celui qui est représenté dans l'*Harmonie universelle* de MERSENNE admet neuf chœurs et la chanterelle, alors que le manche est divisé en neuf touches. TRICHET s'élève d'ailleurs contre la multiplication des cordes qui détermine une surcharge susceptible de briser la table de l'instrument[4]. Aussi,

ne dépasse-t-on pas dix rangs de cordes, chanterelle comprise. Cependant PERRINE, en 1679, ajoute aux neufs chœurs habituels deux cordes simples[5].

Sans doute, l'instrument ne va pas sans subir quelques fantaisies, d'ailleurs sans lendemain. Ainsi, Jean LEMAIRE, sous prétexte de faciliter l'exécution

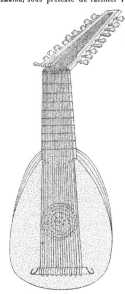

FIG. 1023. — Luth à neufs chœurs et la chanterelle d'après MERSENNE. Dans ce dessin, la chanterelle est mal placée; elle doit se trouver à droite des chœurs et non à gauche.

des ornements, substitue aux touches de petits ressorts que l'exécutant actionne avec son pouce « par dessous[6] ». D'autres adjoignent au luth des tuyaux d'orgue placés dans le corps ou sous le manche; c'est là ce que MERSENNE appelle le « luth organisé[7] ». On s'attaquait surtout au théorbe, auquel on donnait trois, quatre et même cinq chevilliers.

Les facteurs de luths les plus anciens sont Allemands. Ambros Heinrich HELT vivait à Nüremberg en 1413[8] ; puis ce sont Andres DER BILDEHOUVER, à Strasbourg, en 1427, et Hans MEISINGER, à Augsbourg, vers 1447. En Italie, Laux ou Lucas MAHLER, à Bologne, taille une immense réputation, et en 1650, les instruments construits par lui valaient de quarante à soixante pistoles[9].

Au xvi° siècle, on peut citer Hans NEWSIDLER (1553), Sébastien RAUGLER (1594), A. MÜNTZER, HIEBER, A.

1. Antonio NALDI, dit il Bardella, était au service du duc de Toscane. Les *Nuove musiche* (1601) de CACCINI lui attribuent l'invention du théorbe.

2. Au chapitre xxv de son *Organographia* (1619).

3. Alessandro PICCININI, *Intavolatura di liuto e di chitarrone*, Bologne, 1623, cité par M.-A. BRONDI (*Il Liuto e la chitarra*), pp. 60-61.

4. Pierre TRICHET, *Traité des Instruments*, p. 92.

5. Dans son *Livre de Musique pour le lut*, non plus en tablature, mais en notation ordinaire. Ce livre contient une *Méthode nouvelle pour apprendre à toucher le lut sur les notes de la musique.*

6. MERSENNE, *Harmonie universelle* (éd. de 1637), p. 91.

7. *Ibid.*

8. KÖRTE, *loco cit.*, p. 78.

9. D'après la *Correspondance* de HUYGENS. Laux MAHLER a dû mourir vers 1528, car une lettre du luthiste Jacques GAULTIER à HUYGENS datée de 1648 déclare que MAHLER était mort « il y a six-vingt ans » (LÜTGENDORFF, *Die Geigen und Lautenmacher...*, p. 402).

Köler. Vers 1553, le Bavarois Tieffenbrücker, dit Duiffoproucart, vint s'établir à Lyon, où on relève, à partir de 1557, d'autres fabricants de luths, dont Pierre Lejeune, Jehan Helmu, Philippe Flac, Pierre Le Camus et maître Simon.

Au xviie siècle, nous trouvons, parmi les luthiers allemands et italiens les plus réputés, Buchenberg, A. Cortaro, les frères Rochi, G. Sella, M. Hartung, et cet Eberle ou Heberle de Padoue qui travailla avec Alessandro Piccinini, dans les dernières années du xvie siècle, à la construction de l'archiluth[1].

Les premiers luthiers parisiens apparaissent au xviie siècle avec Paul Belaui (1612), Doué, si vanté par Huygens, Claude Colin, Estienne Flament et Antoine Hudot. Au siècle suivant, de nombreux facteurs s'emploient encore à la construction d'instruments de la famille du luth; on connaît des archiluths de l'Italien Storino (1725), de l'Allemand Jauck (1746), et du Français Laurent (1775). A Leipzig, J.-Ch. Hoffmann construit des luths en 1716; par contre, le goût alors grandissant en France pour la guitare et la vielle incite des luthiers comme Voboam et Baton, de Versailles, à transformer luths et théorbes en guitares et en vielles, profanation dont s'indignait l'abbé Carbasus[2]. On entendit bien encore, au Concert spirituel de Paris, en 1763 et 1764, le luthiste Kohault jouer avec le violoncelliste Duport des duos de luth et de violoncelle; dix ans plus tard, un musicien de l'Opéra, Van Hecke, imaginait une nouvelle espèce de luth, le *bissex*, qui fut accueillie avec indifférence. Ce bissex marque le dernier état des transformations du luth, qui meurt à la fin du xviiie siècle.

II

EMPLOI DU LUTH. — LES PRINCIPAUX LUTHISTES

Dès les xie, xiie et xiiie siècles des textes littéraires signalent l'emploi du luth ou d'instruments à cordes pincées analogues. C'est ainsi que Donizo Monachus (*Vita Mathildis*, I, 9, xie siècle) écrit :

« Timpana cum citharis, stivisque, lyrisque, sonant hic ; »

Qu'on lit dans *Le Bel Inconnu* (xiie siècle), à propos des fêtes du couronnement du roi Arthur :

« Li autres la citole maine[3]. »

Giraud de Calenson et Jehan de Garlande parlent aussi de la citole dont on joue chez les riches[4]; le *Livre de la taille* de 1292 mentionne trois citoleurs[5]; Jean de Meung, dans son *Roman de la Rose*, cite la guiterne et le « leüs », et Adenet, ménestrel du comte de Flandre, énumère, dans son *Roman de Cléomades*, les quintarieurs, les « bons leuteurs » et les « flauteurs ».

L'association du luth et des instruments à vent et à percussion se trouve figurée sur quelques enluminures de manuscrits du xive siècle. Le *Lectionarium* de Cuno von Falkenstein, conservé à Trèves, contient un concert d'anges où le luth voisine avec la harpe, le psaltérion, des instruments à archet, des flûtes, des trompettes, etc.[6]. Les peintures donnent aussi

des images des groupements instrumentaux les plus fréquents. Lippo Memmi, Jacopo Avanzi, montrent le luth joint à la flûte, à la vielle, à la trompette, au psaltérion. Eustache Deschamps, dans sa ballade sur la mort de Guillaume de Machaut, évoque les mêmes instruments, et n'omet point les *leuths*, que Machaut lui-même appelle *leus*, au cours de son roman de *La Prise d'Alexandrie*[7]. Mais il y a plus, car un poème du xive siècle, dû à Jean Lefèvre, assure que la vielle, le luth, la guiterne et la rebèbe concordent souvent[8]; donc, on nous confirme l'association luth et instruments à archet, si souvent représentée par les monuments figurés. Les théoriciens, comme Jean de Grocheo, dans la seconde moitié du xive siècle, indiquent, en outre, quelles sont les pièces que l'on confie à ces instruments. Grocheo cite les chants royaux, les ducties et les estampies, ces deux dernières consistant en pièces instrumentales[9]. Or, si on observe, avec Quittard, qu'aux xiiie et xive siècles, la musique se renferme dans une étendue de deux octaves et une sixte, le luth de cinq cordes, alors assez répandu, comprend sensiblement cette étendue.

D'autres textes du xive siècle précisent les fonctions musicales du luth. Ainsi, le *Comte d'Anjou* de Jean Maillart, daté de 1316, contient ce passage :

> Li autres dient en vielles
> Chançons royaux et estampies
> Dances, notes et baleries
> En leüt, en psaltérion,
> Chascun selonc s'entencion,

qui énumère, comme instruments d'exécution des chants royaux, des estampies et baleries, la vielle alors prédominante, le luth et le psaltérion. Les monuments figurés représentent d'ailleurs fréquemment l'association vielle-luth; citons les deux anges musiciens de la Vierge d'Andrea del Verocchio, dont l'un joue de la vielle et l'autre du luth, les peintures de Cima da Conegliano, à Venise, ou de Francia, à Bologne. De même, on rencontre souvent le groupement flûte-luth, représenté par G. Bellini aux Frari de Venise; dans ce cas, comme dans le cas de la vielle, il semble que l'instrument à vent se charge de la partie mélodique, tandis que l'accompagnement reste dévolu au luth.

Mais les ensembles auxquels participe le luth ne sont pas toujours purement instrumentaux. Souvent, en effet, ces ensembles comportent un groupe de chanteurs et revêtent, par conséquent, un aspect mixte, mi-partie instrumental et mi-partie vocal. Une image de la Vierge due à Nicolo da Foligno, et conservée à la Pinacothèque de Bologne, associe des anges chanteurs à des anges jouant du luth, de la harpe et d'instruments à percussion; au xve siècle, Lorentino d'Arezzo nous fera voir trois chanteurs accompagnés d'une viole, d'un chalumeau, d'un luth et d'un tambourin; de même, le Christ de

1. A. Piccinini, *Intavolatura di liuto e di chitarrone* (1623). Chap. XXXIV. — Cf. M.-R. Brondi, *op. cit.*, pp. 63, 64.
2. *Lettre de M. l'abbé Carbasus... sur la mode des instruments de musique*, Paris, 1739, p. 18.
3. Edmond Faral : *Les Jongleurs en France au moyen âge*, Paris (1910), p. 290.
4. Lavoix, *La Musique française* (1891), p. 45.
5. Constant Pierre, *Le Livre de la lutherie*, p. 392.

6. Cf. Hugo Leichtentritt, *Was lehren uns die Bildwerke des 14-17 Jahrhunderts über die Instrumentalmusik ihrer Zeit?* (*Sammelbände de l'I. M. G.*, avril-juin 1906, pp. 315 et suiv.)
7. Guillaume de Machaut, *La Prise d'Alexandrie* (vers 1307) publiée par M. de Mas Latrie, p. 33 (1877).
8. *La Vieille*, citée par M. Brenet, *loco cit.*, p. 3.
9. Dans son ouvrage théorique, commençant par les mots : *Quoniam quidam juvenum amici mei...* (Ms. 2663 de la Bib. de Darmstadt) publié par M. Johannès Wolf (t. I des *Sammelbände de l'I. M. G.* (1899), pp. 66 et suiv.) sous le titre : *Die Musiklehre des Johannes de Grocheo*.
10. Jean Maillart, *Le Comte d'Anjou* (1316), cité par E. Droz et G. Thibault dans la Préface (p. 5) de *Poètes et Musiciens du quinzième siècle* (1924).

Memling à Anvers s'entoure de deux groupes d'anges chanteurs et instrumentistes. On admet que les compositions polyphoniques du xv° siècle n'étaient que partiellement vocales, et l'étude de M. Leichtentritt, citée plus haut, fait ressortir la rareté relative dans les monuments figurés, de représentations de concerts *a capella*, alors que celles d'exécutions mixtes sont beaucoup plus nombreuses[1].

La participation possible du luth à de semblables exécutions annonce les transcriptions pour cet instrument, transcriptions que nous verrons fleurir au xvi° siècle. Nous savons d'ailleurs que, dans la polyphonie à trois parties du xv° siècle, ces trois parties étaient rarement attribuées aux voix. Ainsi, la *Chronique* de Mathieu d'Escouchy[2] rapporte que, lors de la fête du Faisan à Lille, en 1453, « fut joué d'un leux avec deux bonnes voix ». Voici donc du chant au luth, et plus loin, d'Escouchy indique la combinalson voix, violes et luth. D'ailleurs, dès le xiv° siècle, les chansons admettaient un accompagnement instrumental. Dans les chansons de Guillaume de Machaut, une seule partie porte des paroles, les autres pouvant être confiées à des instruments; un passage de son Livre du *Voir Dit* indique nettement 'la participation de ceux-ci[3]. A la cour de Pierre d'Aragon, Minuccio d'Arezzo, nous dit Boccace, était à la fois chanteur et joueur de viole[4], et si l'on en juge par les allégories, on pratiquait déjà le chant en solo accompagné au luth. C'est ainsi qu'un bas-relief du Campanile du Dôme de Florence, datant des environs de 1350, figure Orphée chantant et s'accompagnant du luth[5]. C'est encore ainsi que, plus tard, Hartman Schedel décrit une peinture représentant l'agriculture et figurant, en un beau jardin, deux couples amoureux, dont l'un fait de la musique, l'homme, la tête couronnée de roses, chantant au luth, la femme chantant aussi en jouant de la cithare[6].

On voit donc que le luth, aux xiv° et xv° siècles, est employé soit dans la musique purement instrumentale, et, en particulier, dans la musique de danse, soit dans la musique vocale, à titre d'instrument d'accompagnement. Il y a là l'annonce des principales modalités que manifestera plus tard la musique du luth, à savoir les transcriptions de pièces vocales, les airs de danse et le chant au luth. La vogue dont jouissait l'instrument s'affirme chez les poètes, chez les princes, et dans les corps de musiciens attachés aux villes. Nombre de poètes cultivent le luth, tels le Dante et Pétrarque, tels Francesco di Vannozzo et Boccace[7]. En Allemagne, Gottfried de Strasbourg, Eberhard Cersne, Sébastien Brant, le citent dans leurs œuvres[8]. Les ducs de Saxe, d'Au-

triche, entretiennent des luthistes, comme ceux de Lorraine et de Bourgogne, comme la reine Anne de Bretagne, et Jacques IV d'Ecosse touche lui-même du luth[9]. A la cour de Provence et à celle de Savoie, l'instrument est en grand honneur au xv° siècle[10]. Auprès des princes, les luthistes jouent dans l'intimité, durant les fêtes et pendant les repas; ils suivent leurs protecteurs en voyage, et lorsque, en 1454, Philippe le Bon traversa la Bourgogne et la Suisse pour se rendre à la diète de Ratisbonne, il fut fêté partout par des luthistes attachés à des grands seigneurs ou à des villes[11]. Les cours italiennes font briller le luth d'un éclat incomparable; la maison d'Este, à Ferrare, ménage aux musiciens qui en jouent un accueil fastueux, et Isabelle d'Este cultive personnellement l'instrument cher aux poètes; elle avait appelé auprès d'elle la luthiste Testagrossa. De même, les Sforza, les rois de Naples, les Bentivoglio et les Médicis s'entourent de joueurs de luth[12].

En France, les souverains comptent des luthistes parmi les musiciens de leur chambre à partir de Charles VIII, qui prend à son service le luthiste Antoine Her[13].

Enfin, les villes suivent l'exemple des princes, surtout aux Pays-Bas et en Allemagne, et il n'est pas rare de voir des joueurs de luth appartenir à leurs corps de musique. Tel est le cas pour Malines, dont les ménestrels municipaux comptaient des luthistes, dans la seconde moitié du xiv° siècle[14]. On rencontre de ces musiciens, au xv° siècle, à Nüremberg, à Augsbourg, à Francfort, et le comte de Würtemberg acquiesçait à l'association des luthistes et des « pfeifer », ou joueurs d'instruments hauts[15].

Mais c'est seulement au début du xvi° siècle que paraissent les premières œuvres de luth, avec les publications de tablatures faites à Venise par O. Petrucci[16]. A partir de ce moment, la pratique du luth prend, par toute l'Europe, un grand essor, et l'instrument donne naissance à une littérature d'une importance extraordinaire. Cette littérature groupe quatre types de pièces dont les esquisses se dessi-

---

1. Leichtentritt, *loco cit.*, p. 329.
2. Société de l'Histoire de France. vol. II, chap. cix. Voir H. Quittard, *France, Musique instrumentale jusqu'à Lully* (*Encyclopédie*, tome III, pp. 1190 et suiv.)
3. Machaut écrit en effet, à sa « dame » Peronnelle : « Je vous envoie mon livre de *Morpheus* que on appelle *la Fontaine amoureuse*, où j'ai fait un chant à votre commandement... Si vous supplie que vous le daignez oyr et savoir la chose ainsi comme elle est faite, sans mestre ne ostel. Et se porroit mettre sur les orgues, suz cornemuses ou autres Instruments, c'est sa droite nature. » (*Voir Dit*, éd. de 1875, p. 69.)
4. *Décaméron*, X, p. 7.
5. Leichtentritt, *loco cit.*, p. 345.
6. *Ibid.*, p. 346.
7. Sur le Dante, Voir A. Bonaventura, *Dante e la musica* (1904); sur Pétrarque, E. Levi, *Fr. di Vannozzo e la lirica nelle corti Lombarde durante la seconda meta del secolo XIV* (1908), et M.-R. Brondi, *loco cit.*, p. 41; sur Boccace, M.-R. Brondi, *ibid.*, p. 43.
8. Gottfried de Strasbourg, dans son *Tristan und Isolde*, parle d'une espèce de luth, le « Sambiut » (H. Sommer, *Die Laute* (1920),

p. 41. Sur l'épopée *Der Minne Regel* (1404) d'Eberhard Cersne, Voir Curt Sachs, *Die Musikenstrumenten der Minne Regel* (*I.M. G.*, juillet-sept. 1913, p. 484); sur le *Narrenschiff* de Séb. Brant, Voir H. Sommer, *Die Laute*, p. 42.
9. Sur les luthistes des ducs de Saxe et d'Autriche, voir R. van Aerde, *Musicalia*, Malines, 1925. Sur ceux des ducs de Lorraine, cf. A. Jacquot, *La Musique en Lorraine*, p. 21; sur ceux de Bourgogne, cf. Van der Straeten, *La Musique aux Pays-Bas*, t. II, p. 368. Anne de Bretagne avait à son service le luthiste Pierre Yvert [4]. Brenet, *loco cit.*, p. 9, et Leroux de Lincy, *Vie de la reine Anne de Bretagne*, t. IV, p. 9.)
10. Sur les luthistes de la cour d'Aix-en-Provence, Voir Arch. B.-du-Rh., B. 2491, B. 2512, B. II, 488. Sur ceux de la cour de Savoie (Turin), Voir : *Note d'archivio per la Storia musicale* (juillet-décembre 1924), Dufour-Rabut, *Les Musiciens, la musique et le théâtre en Savoie* (*Mém. Société Savoisienne d'hist. et d'archéolog.*, XVII, 1878).
11. Van der Straeten, *La Musique congratulatoire en 1454, De Dijon à Ratisbonne* (1889), pp. 13 et suiv.
12. Voir, sur la musique dans les cours italiennes, les études de MM. Bertolotti, Frati, Motta, Valdrighi, etc.
13. M. Brenet, *Notes sur l'histoire du luth en France*, p. 8. On se reportera à cet ouvrage pour tout ce qui concerne les luthistes des rois de France.
14. R. Van Aerde, *loco cit.*, passim.
15. Sur les luthistes dans les villes allemandes, Voir C. Valentin, *Geschichte der Musik in Frankfurt am Main* (1906), pp. 29, 30; J. Sittard, *Monatshefte für Musikgeschichte*, 1887, t. I, pp. 4 et suiv.; K. Nef, *Die Stadtpfeiferei und die Instrumentalmusik in Basel* (*I. M. G.*, avril-juin 1909, p. 396); O. Körte, *Laute und Lautenmusik bis zur Mitte des 16 Jahrhunderts*, p. 78; Vogeleis, *Quellen und Bausteine zu einer Geschichte der Musik im Elsass* (500-1800) (1911), passim.
16. De 1501 à 1511, Ottaviano dei Petrucci fit l'impression musicale à Venise, en vertu d'un privilège du Conseil de cette ville, daté de 1498.

nalent déjà au siècle précédent : les transcriptions de pièces vocales, les airs de danse, les pièces libres, telles que fantaisies et ricercari, enfin les airs accompagnés au luth. Elle emploie encore le luth en concert, soit avec d'autres luths, soit avec des instruments à archet. Nous l'étudierons rapidement dans les principales écoles européennes : l'école italienne, l'école allemande, l'école française, l'école néerlandaise, l'école anglaise, l'école polonaise, et durant sa période de floraison qui comprend les xviᵉ et xviiᵉ siècles.

École italienne [1],

Le premier auteur italien de pièces de luth semble être Francesco SPINACCINO, dont, dès 1507, PETRUCCI publiait un livre de luth, après avoir mis au jour des recueils de *Frottole* à quatre voix, qui admettaient une exécution mi-partie vocale, mi-partie instrumentale [2]. SPINACCINO transcrit intégralement pour le luth des pièces polyphoniques vocales, mais il réduit et déforme la polyphonie en n'en conservant que la ligne mélodique, et en éparpillant des fragments des autres parties. Les airs de danse constituent comme un embryon de *suite*, dont le principe se trouvait déjà inclus dans la *Basse Danse* du xvᵉ siècle. SPINACCINO écrit de petites suites en trois parties, *pavane, saltarello, piva*, les deux dernières découlant de la première. Il écrit aussi des *ricercari*, mais de forme mal dégrossie. Après lui, nous citerons J.-A. D'ALZA et Fr. BOSSINENSIS (1509). Le dernier pratique des arrangements de pièces vocales, dans lesquels le luth se charge du ténor et de la basse; il y joint des ricercari flottants et indécis. Puis c'est, en 1536, la première tablature du célèbre Francesco DA MILANO qu'on appelait « il divino » [3]; de 1536 à 1563, Francesco donne sept livres de luth qui lui valurent, conjointement avec son magnifique talent d'exécutant, une réputation européenne. Par son ingéniosité, son infatigable imagination, sa science du maniement des parties, il apparaît comme un des maîtres du ricercare et, surtout de la fantaisie. Un autre remarquable virtuose du luth, P.-P. BORRONO, qui s'était associé à Francesco, poursuit l'évolution de la *suite* de luth; et c'est aussi de ce côté que se dirigent A. ROTTA, M.-A. DEL PIFFARO, J.-M. DA CREMA, D. BIANCHINI. Les deux derniers portent surtout leur effort sur les ricercari, dont la forme se précise et dont le tissu s'organise. Avec G. ABONDANTE (1548) et Melchior BARBERIS, l'école italienne confirme, consolide ses conquêtes; elle mettra son art au point durant la seconde moitié du xviᵉ, par les soins de DRUSINA (1556), de G.-C. BARBETTA (1564) et surtout de G. GORZANIS [4] qui fait des emprunts à l'art allemand.

En 1568, Vincenzo GALILEI [5] donne un traité théorique, son *Fronimo*, puis G. FALLAMERO (1584) cultive l'air au luth; c'est le moment où l'art du luth atteint son point culminant. Vers 1590, d'habiles luthistes, G.-M. RADINO, A. TERZI, S. MOLINARO [6] font état d'une

harmonie raffinée, améliorent le système de la variation et perfectionnent la suite de luth. TERZI écrit des sonates et des pièces à deux luths. Le luth, au début du xviiᵉ siècle, tend à jouer un rôle d'accompagnement, mais se voit préférer, à cet effet, le théorbe, et c'est ce qui se produit dans les œuvres de S. D'INDIA; il devient aussi de plus en plus concertant avec P.-P. MELIO, Al. PICCININI; S. CRESCENTIO joue de l'archiluth, et BAGLIONI du théorbe. A la fin du xviiᵉ siècle, le luth tombe en décadence; on ne l'emploie plus que dans la musique d'ensemble, et comme intrument d'accompagnement.

Écoles allemande et autrichienne [7].

La plus ancienne tablature allemande est celle d'Arnold SCHLICK (1512) [8]; puis nous voyons (1523) Hans JUDENKÜNIG, dans des ouvrages à intentions pédagogiques, s'inspirer des précédents italiens, mais l'emporter de beaucoup sur SPINACCINO, par exemple, en matière de ricercari. Hans GERLE cultive le *preambel* et les arrangements de lieder, tout comme JUDENKÜNIG, mais Hans NEWSIDLER (1508-1563) l'emporte de beaucoup sur tous les luthistes précédents par la puissance et la poésie de ses compositions. Ses *suites* s'ouvrent par un *preambel*, après lequel se disposent des couples de danses lentes et vives [9]. NEWSIDLER a fait de nombreuses transcriptions. A côté de lui, S. GINTZLER (1547) apparaît sous un aspect italien des plus marqués et jette les premières indications du style *lié* [10].

En Allemagne, le luth concertant se fait jour avec Wolffen HECKEL qui, en 1556, publie des pièces à deux luths; puis, c'est S. OCHSENKUHN qui transcrit savamment des lieder pour voix seule et luth [11]. La suite allemande de luth se compose alors de trois morceaux, à l'italienne (SCHMID, J. WECKER, etc.). Avec WAISSELIUS, apparaît (1592) le *Deutscher tanz* ou *Allemande*; la suite comporte alors quatre airs de danse [12]. Citons encore Sixte KARGEL, A. DENSS, M. REYMANN.

1. On se reportera, pour plus de détails, à l'article d'O. CHILESOTTI : *Notes sur les tablatures de luth et de guitare* (*Encyclopédie de la Musique*, t. II, pp. 636 et suiv.). Voir aussi : E. ENGEL, *Die Instrumentalformen in der Lautenmusik des 16 Jahrhunderts* (1915), passim. — L. FRATI, *Liutisti e liutai a Bologna* (*Riv. mus. it.*, fasc. I, 1919).

2. A. PIRRO, *Les Frottole et la Musique instrumentale* (*Revue de Musicologie*, mars 1922).

3. O. CHILESOTTI, *Francesco da Milano* (*I. M. G.*, 1903, fasc. 31).

4. O. CHILESOTTI, *Jacopo Gorzanis* (*Rivista musicale italiana*, 1914).

5. O. CHILESOTTI, *Il Primo Libro di liuto di Vincenzo Galilei* (*Rivista musicale italiana*, fasc. 4, 1903).

6. Sur TERZI et MOLINARO, voir ENGEL, *loco cit.*, pp. 22-25.

7. **Bibliographie.** — H.-D. BRÜGER, *Alte Lautenkunst aus drei Jahrhunderten* (1923). — J.-S. Bach's *Kompositionen für die Laute* (1925); — O. CHILESOTTI, *Da un Codice Lauten-Buch del Cinquecento*, Leipzig (1890); — *Lautenspieler des XVI Jahrhunderts*, Leipzig (1891). — *Di Hans Newsidler e di un antica intavolatura di liuto* (*Riv. mus. ital.*, fasc. 1, 1894); — E. ENGEL, *loco cit.*, passim. — W. GURLITT, *Ein Beitrag zur Biographie des Lautenisten Esnyas Reussner* (*I. M. G.*, 1912, 1913); — O. KINKELDEY, *Orgel und Klavier in der Musik des XVI Jahrhunderts*, Leipzig (1910). — A. KOCZIRZ, *Oesterreichische Lautenmusik im XVI Jahrhundert*. — *Oesterreichische Lautenmusik zwischen 1650 und 1720* (*Denkmäler der Tonkunst in Oesterreich*, 2ᵉ partie, 1911-1919); — O. KÖRTE, *loco cit.* (1901); — T. NORLIND, *Zur Geschichte der Suite* (*I. M. G.*, janvier-mars 1906); — *Zur Geschichte der polnischen Tänze* (*I. M. G.*, juill.-oct. 1911); — E. RADECKE, *Das deutsche weltliche Lied in der Lautenmusik des XVI Jahrhunderts* (*Vierteljahresschrift VII*, 1891); — H. RIEMANN, *Zur Geschichte der deutschen Suite* (*I. M. G.*, juillet-septembre 1905); — A. SIMON, *Die Lautenmusikbestände der Kön. Bibliothek in Berlin*, Leipzig (1909); — H. SOMMER, *Die Laute*, Berlin (1920); — W. TAPPERT, *Die Lautenbücher des Hans Gerle* (*M. F. M.*, 1886); — *Sebastian Bach's Kompositionen für die Laute*, Berlin (1901); — *Sang und Klang aus alter zeit*, Berlin (1906); — W. VON WASIELEWSKI, *Geschichte der Instrumentalmusik im XVI Jahrhundert*, Berlin (1878).

8. Voir G. HARM, *Tabulaturen etlicher Lobgesang uff die Orgel und Lauten* (l'édition d'A. SCHLICK, 1924).

9. KOCZIRZ, *loco cit.*, 2ᵉ partie, pp. xxvi et suiv. = E. ENGEL, *loco cit.*, pp. 15, 16. A Augsbourg, on imprime à NEWSIDLER la direction de la « Stille Musik » (KINKELDEY, *loco cit.*, p. 185).

10. KOCZIRZ, *loco cit.*, 2ᵉ partie, pp. 29 et suiv.

11. OCHSENKUHN a traduit, notamment, le lied célèbre d'Heinrich ISAAC : « Innsbruck ich muss dich lassen ». Voir l'art. de M. Adolf THÜRLINGS, in *Festschift* du IIᵉ Congrès de l'*I. M. G.*, à Bâle. pp. 54 et suiv.

12. Voir le *Deutscher Tanz* publié par M.-D. BRÜGER (*Alte Lautenkunst*, Heft I).

L'influence italienne continue à se manifester en Allemagne au commencement du xvii⁰ siècle, où RUDE et HAINHOFER emploient, pour leurs œuvres, la tablature d'outre-monts. A cette'époque, le Strasbourgeois E. MERTEL passait pour posséder sur le luth un talent hors de pair; il excellait dans les transcriptions (1615). G.-L. FUHRMANN emploie, lui, les tablatures allemande et française (1615), et publie, comme l'avait déjà fait WAISSELIUS, des danses polonaises. Si, vers 1620, le luth proprement dit était encore très cultivé en Allemagne, comme c'est le cas pour MYLIUS et LŒLIUS, le théorbe n'en réalisait pas moins des progrès certains. En 1640, J. STEFAN jouait du théorbe à Francfort.

Dans l'Allemagne du Nord, nous rencontrons Esajas REUSSNER (1636-1679), dont le recueil de 1667 révèle d'incontestables influences francaises, et présente des *suites* disposées comme celles des GAULTIER. De même, l'Autrichien J.-G. PEYER adopte le style français. Par contre J. BITTNER associe à celui-ci le style *legato* des Italiens. Au xvii⁰ siècle, les luthistes sont innombrables par toute l'Allemagne : GUMPRECHT, STROBEL, KREMBERG cultivent le lied, la pièce à plusieurs luths, et soulignent par là la tendance qui, comme en Italie, incline le luth et ses dérivés au « concerto ». Tel est le cas pour STROBACH (1698) et pour F.-I. HINTERLEITHNER [1]. Au reste, alors que le luth se voit délaissé en Italie et en France, à la fin du xvii⁰ siècle, cet instrument conserve sa vitalité en Allemagne où nous le trouvons représenté par F. LE-SAGE DE RICHÉE (1695) et par le comte LOGI (1641-1721) qui, à côté de pièces concertantes, écrit des *partite* à luth seul. Parmi les luthistes germaniques du xviii⁰ siècle, J. HEROLD (1702) adopte encore le cadre de la suite française, et R. BERHANDIZEI écrit des « Tombeaux »; tous deux s'adonnent à la pièce pour luth seul, tandis que J.-G. WEICHENBERGER, RADOLT, KÜHNELL, composent de la musique concertante qui associe au luth le violon et la basse d'archet. En 1727, Ernest Gottlieb BARON donne, à Nüremberg, son *Untersuchung*, historique et théorique; il a laissé, en manuscrit, quelques morceaux de luth [2].

Vers 1750, on rencontre encore des pièces pour luth seul sous la plume de A. FALKENHAGEN, et de D. KELLNER. S.-L WEISS fut un des plus remarquables luthistes du xviii⁰ siècle allemand; il a dû connaître J.-S. BACH, à la Chapelle de Dresde; celui-ci a écrit diverses pièces pour luth et a employé l'instrument dans sa *Johannes Passion* (1723), comme dans la *Trauer-Ode* (1727). Déjà, en 1708, la *Résurrection* d'HAENDEL comportait l'usage du théorbe; le musicien le pratique encore dans *Jules César* (1724) et dans *Parténope* (1730) [3].

A partir de 1760, environ, le luth trahit, en Allemagne, des symptômes de décadence; on ne le joue plus guère en solo. Citons les noms des derniers luthistes germaniques : PICHLER, BLEDITSCH, BLOHM,

LAUFENSTEINER, MEUSSEL, SEIDLER, BEYER, KROPFFGANS, KOHAULT, enfin Ch.-G. SCHEIDLER, mort en 1815⁴. J. HAYDN, vers 1770, écrivait des pièces de luth en concert [5].

École française [6].

La première tablature française parut en 1529. Due à Pierre ATTAINGNANT, elle contient des transcriptions totales ou partielles de chansons polyphoniques et des airs de danse organisés en une suite primitive provenant de la *Basse Danse*, avec sa recoupe ou *tourdion*. Le Mantouan Albert DE RIPE OU DE RIPPE, luthiste de François I⁰ʳ et de Henri II, jouissait d'une grande réputation. Son élève G. MORLAYE publia quelques pièces de lui (1551), et en 1553, A. LE ROY et R. BALLARD faisaient de même, en donnant un autre recueil de DE RIPPE. MORLAYE a laissé de bonnes transcriptions de chansons, de psaumes et de cantiques [7]. Quant à A. LE ROY, il a publié, en 1571, un important recueil d'airs de cour mis sur le luth [8], alors qu'en 1552-53, Pierre PHALÈSE, à Louvain, faisait paraître son remarquable *Hortus musarum*, contenant des transcriptions, des airs de danse, des airs avec luth et des pièces pour deux luths[9]. Le xvii⁰ siècle, qui, dans sa première moitié, à l'époque la plus brillante du luth en France, s'ouvre (1600) avec le *Trésor d'Orphée* de FRANCISQUE, contenant surtout des airs de danse et des préludes, tablature bientôt suivie (1603) du *Thesaurus* de J.-B. BESARD, qui

---

4. W. TAPPERT donne, dans son *Sang und Klang*, le portrait de Christian Gottlieb SCHEIDLER « le dernier luthiste » qui, vers 1790, mis au luth et varié le Champagner lied du *Don Juan* de MOZART (TAPPERT, *loco cit.*, pp. 127-129).

5. D'après POHL, HAYDN aurait écrit, vers 1770, deux *Cassations* pour luth obligé, violon et violoncelle. La Bibliothèque d'Augsbourg possède en manuscrit un quatuor en *ré majeur* d'HAYDN pour luth, violon, alto et violoncelle.

6. Bibliographie. — L. BAILLE, *J.-B. Besard, luthiste Bisontin* (*Revue de Franche-Comté*, 15 février 1925); — M. BRENET, *Notes sur l'histoire du luth en France*, Turin (1899); — H.-D. BRUGER, *Alte Lautenkunst aus drei Jahrhunderten*, Berlin (1923); — A. CASTAN, *Notes sur J.-B. Besard de Besançon, célèbre luthiste* (*Mém. de la Société d'émulation du Doubs*, 1876); — O. CHILESOTTI, *Di G.-B. Besardo e del suo Thesaurus harmonicus*, Milan (1888); — *Airs de cour* del Thesaurus harmonicus de J.-B. Besard, Rome (1903); — *Villanelle a tre voci del Thesaurus harmonicus de J.-B. Besard* Leipzig (1909); — J. DODGE, *Les Airs de Cour d'Adrien Le Roy* (S. I. M., 15 nov. 1907); — J. ECORCHEVILLE, *Le luth et sa musique* (S. I. M., 15 fév. 1908); — O. FLEISCHER, *Denis Gaultier* (*Vierteljahresschrift für Musikwissenschaft*, II, 1886); — Th. GEROLD, *L'Art du chant en France au dix-septième siècle*, Strasbourg (1921); — L. DE LA LAURENCIE, *Essai de chronologie de quelques ouvrages de luth de l'école française du dix-septième siècle* (*Bulletin de la S. F. M.*, déc. 1919); — *Un Maître de luth au dix-septième siècle : Jehan Basset* (*Revue musicale*, juillet 1923); — *Quelques Luthistes français du dix-septième siècle* (*Revue de Musicologie*, nov. 1923); — *Le Luthiste Jacques Gaultier* (*Revue musicale*, janv. 1924); — *Les Femmes et le luth en France aux seizième et dix-septième siècles* (*Correspondant*, mai 1925); — *Les Luthistes Ch. Bocquet, A. Francisque et J.-B. Besard* (*Revue de Musicologie*, mai, août, 1926); — G. LINDGREN, *Ein Lautenbuch von Mouton* (M. f. M., t. XXIII, 1891); — C. PROTIADÈS, *Besard et son luth*, Paris (1925); — H. PRUNIÈRES, *Documents pour servir à la biographie des luthistes R. Ballard et Er. Pinel* (I. M. G., juillet-sept. 1914); — H. QUITTARD, *Le Trésor d'Orphée de Francisque*, Paris (1906); — *L'Accompagnement au théorbe* (S. I. M., avril-juin, 1910); — *Encyclopédie de la Musique*, t. III, pp. 1188 et suiv.; — D.-F. SCHEURLEER, *Het Luitboek van Nicolaus Vallet* (*Tijdschrift der Vereeniging voor Noord Nederlands Musickgeschiedenis*, 5⁰ partie); — W. TAPPERT, *Zur Geschichte der französischen Lautentabulatur* (*Allg. Deutsch. Musikzeitung*, 1886).

7. De 1553 à 1558, MORLAYE publia des pièces d'Albert DE RIPPE (5 livres).

8. Voir l'article de Miss DODGE cité plus haut.

H. QUITTARD, *L'Hortus musarum de 1552-53 et les arrangements de pièces polyphoniques pour voix seule et luth* (I. M. G., janv.-mars 1907).

---

1. Le D⁰ BRÜGER a publié le gracieux menuet pour violon, luth et basse du *Lauten-Concert IX* d'HINTERLEITHNER (1699) (*Alte Lautenkunst*, Heft II). Le menuet a été publié également par M. KOCZIRZ.

2. Ernst Gottlieb Baron's *historisch, theoretisch und practische Untersuchung des Instrumentes der Lauten*, Nüremberg, 1727. Il existe deux compléments à ce traité dans le 2⁰ vol. de MARPURG (*Historisch-Kritische Beyträge*, pp. 65 et 119).
Le fonds FÉTIS de la Bibl. royale de Bruxelles possède, sous la cote 2912, quelques pièces manuscrites de BARON.

3. Dans la *Résurrection*, le théorbe est associé à la flûte, à la Viole de gambe et au quatuor d'archets. Le D⁰ BRÜGER a reproduit (*Alte Lautenkunst*, Heft II) l'air de saint Jean de cet oratorio : « Così la tortorella. » Dans *Jules César* (1724), le théorbe s'associe à la gambe, à la harpe, au hautbois et au quatuor d'archets.

apporte un raccourci de la production européenne, en matière de musique de luth.

Plus solide musicien que Francisque, Besard cultive tous les genres de la musique de luth. Vers 1611, R. Ballard donne une tablature contenant surtout des pièces destinées aux ballets de cour [1]. A ce moment, s'illustre une brillante pléiade d'auteurs d'airs de cour avec luth, G. Bataille, Guédron, A. Boësset, Auget, Vincent, Fr. Richard, Fr. Chancy [2], pendant que Nicolas Vallet, ou Valet, publiait, aux Pays-Bas, à partir de 1615, plusieurs éditions d'un livre de luth en deux parties qui, comme le *Thesaurus* de Besard, présente un caractère nettement international. Vers 1630, l'école française, très fortement constituée, compte de nombreux luthistes groupés autour des Gaultier, Ennemond, dit le Vieux, et Denis, dit le Jeune; malheureusement, exception faite pour ce dernier, aucun des autres luthistes n'a laissé de tablature imprimée, et leurs pièces sont éparses dans des recueils manuscrits. La vogue d'Ennemond Gaultier s'est prolongée jusqu'à la fin du xviie siècle; quant à Denis (1603-1672), il a donné un recueil imprimé et un autre recueil manuscrit datant de la seconde moitié du siècle, la *Rhétorique des Dieux* [3]. Les deux Gaultier cultivent le portrait en musique; leurs airs de danse n'ont plus de fonction chorégraphique; leur style est haché, syncopé, contre-pointé. Parmi les contemporains et les élèves des Gaultier, il convient de mentionner René Mézangeau, Mercure, Merville, les Du But, Du Fault, auteur de remarquables préludes et ingénieux transformateur d'airs de danse, G. Pinel, musicien à l'art ferme et savoureux; mais de ces luthistes, il ne subsiste pas de recueils imprimés.

Au contraire, Jacques Gallot apporte des documents précis sur l'état de la musique de luth en France vers la fin du xviie siècle, avec sa tablature de 1673 [4]. Ici, nous voyons la suite française de luth définitivement constituée, et la substitution du menuet au branle qu'on employait depuis Francisque; Gallot dessine lui aussi de fines miniatures musicales auxquelles il affecte des titres psychologiques ou pittoresques. Un des derniers représentants du luth en France, Charles Mouton (vers 1699), entraîne les mêmes observations [5]. Dès la seconde moitié du siècle, l'emploi du théorbe se généralise pour l'exécution de la basse continue, avec M. Fleury, Bartholomi, Grénerin et Delair. La tentative faite par Perrine (1679) pour faciliter l'usage du luth, en abandonnant la tablature, n'eut pas de succès. Au commencement du xviiie siècle, on ne jouait plus de luth en France.

École des Pays-Bas [6].

Nous avons cité parmi les éditeurs de musique de luth aux Pays-Bas, le nom de Pierre Phalèse, dont

l'*Hortus musarum* (1552-1553) contient des transcriptions de chansons, des airs au luth, des danses, puis des pièces à deux luths. En 1559 J. Matelart publie des ricercari ou fantaisies, dont plusieurs comportent également l'emploi de deux instruments, pendant que Phalèse continue ses éditions de recueils de luth. On peut encore citer, parmi les luthistes des Pays-Bas, S. Vreedman (1569), E. Adriansen (1589) [7], qui organise des pièces pour trois et quatre luths et ordonne les airs de danse par tonalités, puis Van den Hove, de 1601 à 1616, J. Vermeulen, dont le fils Philippe était théorbiste. En 1626, A. Valerius faisait paraître une collection d'airs nationaux accompagnés au luth; enfin un excellent virtuose, Jacques de Saint-Luc, qui jouait du luth, du théorbe et de la guitare, et dont la production s'étend jusqu'aux premières années du xviiie siècle, pratique le *legato* italien et écrit des pièces de style galant qui, le plus souvent, associent le luth au violon.

École anglaise [8].

En Angleterre, où, dès 1574, parait une traduction de l'*Instruction* d'A. Le Roy, et où W. Barley publie (1596) un traité pédagogique, une brillante école de chant au luth se développe sous l'action de l'éminent luthiste qu'était John Dowland (1562-1626) [8]. Son premier recueil (1597) lui valut une immense réputation, et fut suivi de trois autres livres d'airs accompagnés au luth. Dowland possède des qualités de mélodiste et d'harmoniste qui lui assurent une des premières places parmi les luthistes européens; c'est un musicien sobre, émouvant, concentré; il adjoint souvent au luth d'accompagnement une viole de gambe. A côté de lui, nous citerons Th. Campian, qui, postérieurement à 1612, donne des airs pour voix et luth, dont le caractère diffère de ceux de Dowland par un enjouement galant, puis des madrigalistes, comme Th. Morley (1600), Ph. Rosseter (1601), Th. Ford (1607) qui approche du style récitatif, Robert Jones (1609), Fr. Pilkington, M. Cavendish, J. Bartlet, J. Maynard, J. Attey. Le fils de Dowland, Robert, dans son recueil de 1610, manifeste, en traitant les airs de danse, de tendances qui le rattachent aux virginalistes. D'autres luthistes, comme Al. Ferabosco et J. Cooper ou Coprario, travaillent à la musique des *Masks*, où une toute grande part est faite au luth [10]. C'est Walter Porter (1632) qui marque la fin de l'école anglaise de chant au luth. Ses madri-

---

1. M. Brenet, *Notes sur l'histoire du luth*, pp. 44 et suiv.; H. Prunières, *Le Ballet de cour en France avant Benserade et Lully*, Paris (1914), pp. 222 et suiv.

2. Sur ces divers auteurs voir H. Prunières, *op. cit.*, et Th. Gerold, *op. cit.*, pp. 4 et suiv.

3. O. Fleischer, *Denis Gaultier* (loco cit.) et M. Brenet, *op. cit.*, pp. 67 et suiv.

4. Un luthiste du nom de Gallot mourut à Vilna en 1647; il était au service de Wenceslas IV de Pologne (Sowinsky, *Les Musiciens polonais*, Paris [1857], p. 207.

5. Lindgren (op. cit., pp. 4 et suiv.) a transcrit sept pièces de Ch. Mouton. Brüger en a transcrit deux dans le deuxième cahier de son *Alte Lautenkunst*.

6. **Bibliographie.** — H.-D. Brüger, *op. cit.*, Heft I; — J.-P.-N. Land, *Het Luitboek van Thysius*, Amsterdam (1889); —

Ch. Van den Borren, *Les Origines de la musique de clavier dans les Pays-Bas*, Bruxelles (1914); — E. Van der Straeten, *La Musique aux Pays-Bas*, Bruxelles (1867-1888); — *Jacques de Saint-Luc, luthiste Athois du dix-septième siècle*, Bruxelles (1887).

7. Une pièce d'Adriansen est transcrite dans le IIe cahier de l'*Alte Lautenkunst* de H.-D. Brüger.

8. **Bibliographie.** — H.-D. Brüger, *John Dowlands Solo-stücke für die Laute*, Berlin (1923); — J. Dodge, *On Lutenists and Lute Musik in England* (*Euterpe*, vol. 7, 1908); — É.-H. Fellowes, *The English School of Lutenist Songwriters*, Londres (1920); — A. Hammerich, *Musical relations between England and Denmark in the Seventeenth century* (*I. M. G.*, oct.-déc. 1911); — W. Nagel, *John Dowland's Necessarie Observations belonging to Lute-playing* (*M. f. M.*, 1891); — Norlind, *La musique anglaise de luth au temps de Shakespeare*, Londres (1911); — H. Riemann, *Handbuch der Musikgeschichte*, Leipzig (1914). — Ch. Van den Borren, *Les Origines de la Musique de clavier en Angleterre*, Bruxelles (1912). — *La Musique anglaise du temps de Shakespeare* (*Revue musicale*, juin 1923).

9. É.-H. Fellowes, *op. cit.*, pp. 304-326.

10. Sur le rôle du luth dans les *Masks* anglais, voir : P. Reyer, *Les Masques anglais*, Paris (1909), pp. 427 et suiv.

gaux à plusieurs voix admettent la participation d'un véritable orchestre comprenant, notamment, le luth et le théorbe. Durant la seconde moitié du xviie siècle, Thomas MACE (vers 1613-1709) donne, après l'ouvrage pédagogique de Th. ROBINSON (1603), une importante méthode, *Musick's Monument* (1676), dont la deuxième partie se consacre au luth. Celle-ci contient des « Lessons » comportant des préludes, des fantaisies et des danses dont plusieurs sont spécifiquement anglaises[1].

École polonaise[2].

En Pologne, durant le xvie siècle, la musique de luth prend, comme dans toute l'Europe, un développement considérable. Le Transylvain Valentin GREFF, dit BAKFARK (1507-1576), qui s'était formé auprès du Padouan ROTTA, résida en Pologne à plusieurs reprises; il jouait du luth de façon incomparable, et donna, en 1552 et en 1565, deux livres de luth, notés en tablature italienne. Ses transcriptions de compositions vocales témoignent de sa nature impérieuse par les transformations souvent radicales qu'il fait subir aux textes originaux. Il publie des chansons polonaises, avec des séries de « mordants » caractéristiques, des ricercari et des fantaisies où s'affichent son intransigeante personnalité, son goût du chromatisme et ses innovations harmoniques. Un autre luthiste, Albert DLUGORAY, représenté dans le *Thesaurus* de BESARD, imprime à ses danses un facies nettement national, comme Diomedes CATO, et comme JACOB POLONAIS, dont les pièces dispersées dans divers recueils sont entraînantes et fortement rythmées. Les danses polonaises figurent fréquemment dans les tablatures allemandes de la fin du xvie siècle.

Enfin, nous rappellerons ici l'école espagnole de *vihuela*, si remarquable au xvie siècle, et qui, contrairement à l'assertion de Rafaël MITJANA, doit être comptée au nombre des écoles européennes de luth[3].

LIONEL DE LA LAURENCIE.

III

TECHNIQUE ET PÉDAGOGIE

Le Père MERSENNE déclare, en 1636[4], « qu'encore que plusieurs habiles hommes aient cultivé l'art de jouer du luth avec adresse et dextérité, il n'y a néanmoins qu'Adrien LE ROY[5] qui ait donné par écrit

---

1. J. HAWKINS, dans sa *General History of Music* (1776), donne (t. IV, pp. 459, 461) deux pièces de luth de MACE.
2. **Bibliographie.** — A. CHYBINSKI, *Polnische Musik und Musikkultur des 16 Jahrhunderts (I. M. G. 1911-1912)*; — A. KOCZIRZ, *Denkmäler der Musik in Oesterreich*, 18e année; — T. NORLIND, *Zur Geschichte der polnischen Tänze (I. M. G.*, juillet-oct. 1906); — H. OPIENSKI, *La Musique polonaise*, Paris (1918); — *Jacob Polonais et Jacob Reys (Riemann Festschrift*, Leipzig (1909); — A. POLIUSKI, *Geschichte der polnischen Musik in l'm'tiss*, Lemberg (1907); — A. SOWINSKI, *Les Musiciens polonais et slaves*, Paris (1857). — E. PUJOL, art. *Guitare* (V. plus loin).
3. Sur les vihuelistes espagnols, voir: R. MITJANA, *Encyclopédie de la Musique*, t. IV, pp. 2017 et suiv. — G. MORPHY, *Les luthistes espagnols du seizième siècle*, Leipzig (1902); — H. RIEMANN, *Das Lautenwerk des Miguel de Fuenllana* (1554) (M. f. M., 1895); — E.-M TORNER *Coleccion de vihuelistas españoles del siglo XVI*, Madrid (1923).
4. *Harmonie Universelle*. Livre second (Instruments à cordes).
5. *Instruction pour jouer toute musique des huit tons en tablature de luth*. In-4e obl., Paris, 1557. Adrien LE ROY et Robert BALLARD. On ne possède actuellement aucun exemplaire de cet ouvrage, men-

---

quelques préceptes de son instruction. Ils ont peut-être cru, dit-il, acquérir plus de gloire à tenir cet art caché qu'à le divulguer, de là vient que les pièces qui sortent de leurs mains ne sont jamais touchées selon leur intention, si premièrement elles n'ont été ouïes ou apprises d'eux-mêmes. »

Il semble, en effet, que les luthistes, jaloux de conserver les procédés d'exécution propres à chacun d'eux, n'ont guère enseigné la pratique de leur instrument qu'en particulier. Dans un petit livre de tablature de luth, intitulé poétiquement *Le Secret des Muses*[6], Nicolas VALLET reconnaît que « tant de capables, suffisants et graves auteurs » ont donné des préceptes pour l'étude du luth en termes si peu accessibles, « que la Jeunesse ni la plupart des amateurs de cet art n'y peuvent mordre ». Nicolas VALLET essaye d'être plus intelligible que ses prédécesseurs, mais son discours de trois pages est vraiment trop sommaire pour nous éclairer d'une façon satisfaisante sur « la vraye congnoissance du vray maniement du luth », ainsi que l'annonce le titre prometteur.

On peut toutefois arriver à reconstituer la technique du luth en réunissant les éléments théorico-pratiques épars dans les ouvrages des luthistes, malgré leur obscurité parfois déconcertante. Une trop longue énumération serait nécessaire pour signaler tous ces ouvrages. Nous en citerons seulement quelques-uns parmi les principaux :

D'abord, le précieux livre de tablature de Pierre ATTAINGNANT, imprimé à Paris en 1529, dont un seul exemplaire connu appartient actuellement à la Bibliothèque de Berlin. En voici le titre : *Très brève et familière introduction pour entendre et apprendre par soy mesme à jouer toutes chansons reduictes en la tablature de lutz, avec la manière d'accorder ledit lutz. Ensemble XXXIX chansons dont la plupart d'icelles sont en deux sortes, c'est assavoir à deux parties et la musique, et à troys sans musique. Le tout achevé d'imprimer le VI jour d'Octobre 1529 par Pierre* ATTAINGNANT, etc. » — (Voir WASIELEWSKI, *Geschichte der Instrumentalmusik*, etc., page 126, exemple n° 5. Berlin, 1878.)

Un traité allemand de Jean GERLE[7], luthiste à Nüremberg, édité en 1537, nous livre les secrets de la tablature allemande. La quatrième partie contient de nombreux renseignements sur le luth à six et sept cordes, et indique la façon d'en jouer, ainsi que de reconnaître les bonnes et les mauvaises cordes, d'accorder, de chiffrer le manche, etc.

Une autre méthode, imprimée à Louvain en 1545, par Jacques BATHEN et Reynier VELPEN[8], pour Pierre

---

tionné par FÉTIS dans sa *Biographie Universelle des Musiciens*, tome V, page 280. Une traduction anglaise en fut publiée en 1574 : *A briefe and plaine Instruction to set all Musicke of eight divers tunes in Tablature for the lute. Whit a brief Instruction how to play on the lute by Tablature, to conduct and dispose thy hand unto the lute, with certaine easies lessons for that purpose. And also a third booke containing divers new excellent tunes. All first written in French by Adrian LE ROY, and now translated into English by J.-K.* (KINGSTON) *gentleman. Inprinted at London by James Rowbos tham, and are to be sold in Pater Noster Row at the signe of the lute. Anno* 1574.
6. Nicolas VALLET (1618-1619).
7. Jean GERLE : Traduction du titre qu'on trouve dans la *Biographie des Musiciens de Fétis : Musica* en allemand pour les instruments, les grandes et les petites Violes, aussi les luths, indiquant la manière de l'ordonner (la *musica*) et transcrire selon les principes, etc. Hans GERLE, luthiste à Nüremberg, 1537.
8. *Des Chansons réduictz en tablature de lut à deux, trois et quatre parties. Avec une brefve et familiaire Introduction pour entendre et apprendre par soy-mesme et jouer dudict lut. Livre premier. Tout nouvellement imprimé à Louvain par Jacques* BATHEN *et Reynier* VELPEN, aux dépens de Pierre PHALEVS, Libraire. L'an de-

PHALÈSE, prétend initier les amateurs aux délices de la musique de luth. On y apprend (en quels termes !) que « ces doux accords et prolations peuvent au lieu de médecine guarir et réparer le corps, rendre force et vertu », etc. Après un discours d'une touchante naïveté adressé au « Béning lecteur », l'auteur se débat dans des explications follement compliquées pour essayer d'exposer les principes rudimentaires de son art :

1° pour savoir les voix ou les sons;
2° pour savoir trouver les tons;
3° s'ensuit du temps ou des mesures et pauses;
4° pour savoir mettre les doigts ;
5° pour savoir tendre et accorder les cordes.

On trouve, à la fin du *Discours non plus mélancolique que divers*, d'un auteur anonyme, paru en 1557[1], *la manière de bien et justement entoucher les lucs et guiternes*. Ce discours a été reproduit par M. WECKERLIN dans le nouveau *Musiciana*, p. 104 à 119, 1890. Il explique comment on doit monter le luth à cinq ou six cordes, et diviser le manche en demi-tons.

Jean-Baptiste BESARD nous donne l'explication des signes de tablature contenus dans son *Thesaurus Harmonicus*[2], et indique quelques doigtés d'accords.

Le maître de luth Jean BASSET publie enfin, dans l'*Harmonie Universelle* du Père MERSENNE[3], une véritable méthode de luth, qui n'a d'équivalente que celle de Thomas MACE[4].

Ces deux derniers ouvrages sont, à proprement parler, les plus sérieux et les plus documentés. Nous y reviendrons plus longuement tout à l'heure.

Les luthistes faisaient souvent précéder leurs compositions d'une introduction dans laquelle ils donnaient quelques conseils pratiques. Les recueils de pièces gravées de Nicolas VALLET[5], Denis GAULTIER[6], PERRINE[7], etc., nous fournissent quelques exemples.

Nous ne pouvons entreprendre ici la bibliographie de tous les ouvrages ayant traité du luth; nous nous efforcerons seulement de résumer l'ensemble des connaissances acquises à leur étude.

Il a été question, plus haut, de l'origine du luth et de son évolution, nous ne présenterons donc l'instrument, dans ce chapitre, qu'à partir du moment où sa technique a pris quelque consistance, c'est-à-dire vers la fin du xv° siècle. Monté primitivement de quatre, cinq et six chœurs[8] de cordes, il arriva à en

compter jusqu'à douze et même davantage à la fin du xvii° siècle. La chanterelle était simple, les autres cordes étaient doubles et ne comptaient que pour une; ainsi, le luth dit à cinq cordes en comprenait réellement neuf, celui à six cordes, onze, etc.

Le luth à cinq cordes fut usité, comme on l'a vu, jusqu'à la seconde moitié du xv° siècle; vint ensuite celui à six cordes employé jusqu'au xvii° siècle; mais, en vérité, il y avait une grande variété d'instruments, et le nombre des cordes n'était pas fixé d'une façon absolue. Le manche du luth était divisé en neuf cases pour indiquer les demi-tons. Ces cases étaient formées par des barres de cordes nouées.

On accordait souvent la chanterelle à une octave inférieure, parce que la corde ne supportait pas une plus forte tension; quelquefois même, on était obligé de baisser également le second rang; en effet, la grosseur des cordes devant être proportionnelle à la longueur comprise entre le chevalet et le sillet, il arrivait qu'on ne pouvait trouver de cordes assez fines pour les grands luths.

Mais, ainsi que le fait judicieusement observer MACE[9], « faute d'une petite corde de dessus, la grâce et la légèreté des pièces s'évanouit tout entière et les airs sont fort altérés ». — Le montage de l'instrument était difficultueux, le choix des cordes délicat. PRÆTORIUS donne à ce sujet une quantité de renseignements précieux et d'une justesse remarquable (*Syntagma musicum... De Organographia*, cap. XXV). MERSENNE également, quoiqu'il soit moins clair et moins précis[10]. BARON traite aussi longuement cette question dans son livre intitulé : *Examen historique, théorique et pratique des instruments*[11]... Il parle des préjugés qui discréditent l'emploi du luth : l'accord continuel et désagréable, la grande dépense pour l'entretien des cordes dont le prix était si élevé que MATTHESON[12] disait : « Il en coûte autant d'entretenir un luth en bon état que de nourrir un cheval. » Le même MATTHESON prétendait aussi qu'un luthiste de quatre-vingts ans aurait bien passé soixante ans de sa vie à s'accorder, « et ce qui est pire, ajoutait-il, c'est que sur cent joueurs, il est difficile d'en rencontrer deux capables de le faire convenablement »...

Thomas MACE se chargeait de tenir des luths toujours prêts pour l'exécution, moyennant trois shillings par trimestre. Pour les monter la première fois de cordes, il prenait dix shillings[13].

Il nous dira avec quelle sollicitude un amateur devait entretenir son luth en bon état[14] : « Vous ferez bien, si vous le mettez de côté pendant le jour, de le placer dans un lit qui soit en constant usage, entre les couvertures, mais jamais entre les draps, parce qu'ils pourraient être moites. C'est la plus sûre et la meilleure place pour le conserver. Il y a beaucoup de grands avantages à faire ainsi : vous empêcherez vos cordes de se rompre; vous conserverez votre luth en bon ordre, de sorte que vous aurez peu de dérangement dans son accord; il résonnera plus brillamment et plus agréablement; si vous avez une occasion extraordinaire de mettre votre luth à un diapa-

<hr>

grâce MDXLV. In 4° obl. (Bibliothèque de la ville de Besançon).
VAN DER STRAETEN a cité une autre édition de cet ouvrage chez Pierre PHALÈSE à Louvain en 1575, dans la *Musique aux Pays-Bas*, tome II, page 401. M. BRENET supposait que ce volume était une réimpression, de celui d'ATTAIGNANT. (Voir *Notes sur l'histoire du luth en France*, p. 14.)

1. Attribué successivement à Bonaventure Despériers, Elie Vinet et enfin à Jacques Pelletier du Mans, par A. Chenevière (*Bonaventure des Périers*, etc., 1885, p. 241).

2. *Thesaurus harmonicus divini Laurencini Romani, necnon praestantissimorum musicorum qui hoc sæculo in diversis orbis partibus excellunt, selectissima omnis genetis cantus in test.*, etc., per Joannem Baptistam BESARDUM, Vesontinum,... MDCIII.

3. *Harmonie Universelle* du Père MERSENNE, 1636. Second livre des instruments. Proposition IX.

4. *Musick's Monument*, 1676. Thomas MACE (Bibliothèque du Conservatoire de Paris et nombreuses Bibl. étrangères).

5. Nicolas VALLET : *Le Secret des Muses* (1618-1619).

6. *Pièces de luth* de Denis GAULTIER *sur trois modes nouveaux*, in-12).

7. PERRINE : *Livre de musique pour le lut*, Paris, 1679, in-fol. obl. *Pièces de luth en musique avec des règles pour toucher parfaitement sur le luth et le clavecin*, in-3° obl.

8. Un « chœur » sur le luth est la réunion de deux cordes à l'unisson ou à l'octave.

9. *Musick's Monument*, 1676.

10. MERSENNE, *Harmonie Universelle*, 2° livre. Propositions I, II et III.

11. Titre en allemand, traduit, in-8°, Nüremberg, 1727, etc.

12. *Das neu eröffnete Orchester*, 1713.

13. Henri QUITTARD, *Le Théorbe*, *Revue S. I. M.* du 15 avril 1910 (page 228).

14. Thomas MACE, *Musick's Monument*, 1676. Seconde partie, traité du luth.

son plus élevé, vous pourrez le faire sans accident, tandis que vous ne sauriez y parvenir sans mettre en danger votre instrument et vos cordes; ce sera une sûreté pour votre luth, qui sera préservé du délabrement; vous éviterez beaucoup de dégât en empêchant les barres de se rompre, et la table de s'enfoncer; et ces six avantages réunis doivent en produire un septième qui est de faciliter certainement le jeu du luth et de le rendre beaucoup plus délicieux. Seulement, il ne faut pas être assez étourdi pour se jeter sur le lit pendant que le luth y est, car j'ai vu quelques bons luths abîmés par un tel coup... »

Accord du luth.

Au xvi° siècle, « le vieil ton » était l'accord classique servant de base à tous les autres: on employait aussi couramment l'accord dit « à cordes avalées ». Plus tard, au milieu du xvii° siècle, ce fut l'accord « nouveau ou extraordinaire » qui prévalut, mais on discordait facilement le luth pour jouer dans le ton de la chèvre, dans celui des Juifs, dans le ton enrhumé[1], etc., et on modifiait les cordes de basse suivant la tonalité du morceau.

On trouvera ci-dessous une table des différents accords les plus courants :

On pouvait accorder les chœurs à l'unisson ou à l'octave, selon le gré de l'exécutant.

Parmi les instruments dérivés du luth nous citel'*archiluth*, comprenant deux chevilliers, dont l'un, en dehors du manche, ne comptait que des cordes pouvant être jouées à vide; le nombre des touches sur le manche était le même que celui du luth, son accord identique; seul, son long chevillier le différenciait. Il était monté de quatorze cordes; la chanterelle était généralement simple, les cinq cordes suivantes doubles, et les cordes de basse, en dehors du manche, simples.

Le *théorbe*, employé surtout pour l'accompagnement, était un instrument dont l'aspect était à peu près semblable à celui de l'archiluth, sauf que le manche était beaucoup plus long. Le nombre des touches sur le manche était également de neuf; les cordes du premier chevillier étaient généralement simples.

DELAIR[2] fixe le nombre total des cordes du théorbe

---

1. Antoine FRANCISQUE, *Le Trésor d'Orphée*, Paris, 1600, in-fol.

2. DELAIR, *Traité d'accompagnement pour le théorbe et le clavecin*, Paris, 1690.

à quatorze. Prætorius[1] nous dit que le théorbe padouan avait huit cordes sur la touche, et le théorbe romain six, les autres cordes en dehors : six, pour le prémier, huit, pour le second.

Il explique aussi que les théorbes fabriqués à Rome et appelés *chitarroni* possédaient de si longs manches qu'ils arrivaient à atteindre avec le corps de l'instrument jusqu'à six pieds et demi et deux pouces.

L'accord du théorbe était ainsi fixé :

L'*angélique* était une sorte de théorbe, qui comptait dix-sept cordes simples accordées par degrés conjoints, ce qui simplifiait beaucoup son jeu; le manche était divisé en dix touches.

Accord :

Il existe une table dé rapport de l'étendue des voix et des instruments de musique comparés au clavecin, dans le *Mémoire sur l'Acoustique* de J. Sauveur publié en 1767[2].

Notation.

La musique de luth était écrite en tablature. Les luthistes, qui avaient emprunté ce procédé aux organistes, le trouvaient si commode qu'ils ne voulurent jamais y renoncer, malgré les récriminations des musiciens de leur temps. Agnicola prétendait que la tablature avait été inventée par un aveugle[3]; « cette malice ne m'étonne pas de sa part, disait-il, quand les clairvoyants ont assez de peine pour apprendre avec leurs deux yeux grands ouverts[4]. »

Vers 1680, Perrine[5] fit paraître son premier volume de pièces de luth mises en musique, mais il était trop tard pour réagir contre l'habitude de la tablature, et, d'autre part, l'usage du luth se perdait déjà.

La tablature différait selon les pays. On peut en compter quatre principaux systèmes :

1° La tablature française, qui s'écrivait sur cinq lignes auxquelles on ajouta une sixième à partir du XVIIe siècle. Ces lignes représentaient les cordes du luth, en faisant partir la chanterelle de la ligne supérieure :

Les cases, qui devaient être touchées par les doigts de la main gauche, étaient figurées par des lettres placées sur ou entre les lignes : *a*, pour la corde à vide; *b*, pour la première case ; *c*, pour la deuxième case, etc. Par exemple, un *b* sur la troisième ligne indiquait qu'il fallait peser le doigt sur la première case de la troisième corde, un *c* sur la quatrième ligne, poser le doigt sur la deuxième case de la quatrième corde :

Tablature française, avec partie vocale.

Tablature française employée en Angleterre. — *Lord Zouche's Mask* (British Museum).

1. *Syntagma Musicum. De Organographia*, cap. XXV.

2. Inséré dans le recueil de l'Académie des Sciences.

3. Il s'agissait de Konrad Paumann, qui naquit aveugle à Nüremberg au commencement du XVe siècle (Kiesewetter, *Geschichte der europæisch-abendlændischen, oder unserer heutigen Musik*, 1834,

p. 59). Voir [Fetis : *Biographie des Musiciens*, tom VI, page 468.

4. Agnicola Martin, *Musique instrumentale* en allemand. Wittemberg, 1582.

5. Perrine, *Livre de Musique pour le lut* (Biblioth. Nationale, Paris).

La mesure était indiquée au-dessus de la portée. A partir du xviie siècle, les cordes de basse supplémentaires ajoutées au luth étaient indiquées au-dessous des lignes de la façon suivante :

2° La tablature italienne, qui comptait six lignes dès le xvie siècle, devait se lire de bas en haut. La chanterelle était représentée par la ligne inférieure. De plus, les lettres étaient remplacées par des chiffres : 0 pour la corde à vide, 1 pour la première case, 2 pour la deuxième, etc. :

Le 0 sera la chanterelle à vide, le 2 de la deuxième ligne indique qu'il faudra poser un doigt de la main gauche sur la deuxième case de la deuxième corde, et le 3 de la troisième ligne sur la troisième case de la troisième corde.

3° La tablature espagnole était semblable à la tablature italienne, et se lisait de haut en bas ou de bas en haut, suivant les auteurs. Quand la tablature de luth contenait une partie de chant, celle-ci était indiquée par une lettre rouge.

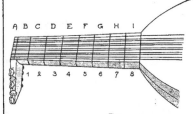

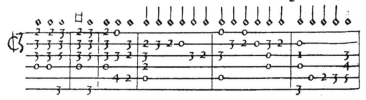

Tablature espagnole.

4° La tablature allemande différait totalement des systèmes précédents. Pas de lignes. Chaque corde et chaque case étaient représentées par une lettre ou par un chiffre.

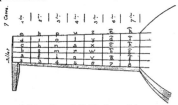

Tablature allemande (division du manche).

Tablature néerlandaise. Recueil Bathen et Veipen, 1545.

Jusqu'au xviiᵉ siècle, les tablatures étaient exemptes de signes d'ornementation; on trouvait seulement un ou deux points placés au-dessous des lettres pour indiquer que les notes devaient être pincées avec l'index ou le médius de la main droite; une petite étoile signifiait que la lettre sous laquelle elle se trouvait devait être tenue par la main gauche. Point de place pour les tirades, les pincées, les liaisons, dont l'usage fut si répandu par la suite. Le jeu du luth devait être alors sec et précis comme celui de l'épinette. A partir de la seconde moitié du xviiᵉ siècle, les ornements d la musique de luth deviennent innombrables, le tablatures sont surchargées de signes hiéroglyphiques, dont il faut connaître l'interprétation spécial à chaque auteur pour exécuter les œuvres écrites cette époque.

Le tableau ci-dessous donnera une idée des signe le plus couramment employés :

Les nombres qui précèdent les lettres de la tablature signifient quels doigts il faut poser. Les tenues de main gauche sont représentées par de grandes lignes droites ou courbes : — ou ⌣; ne pas lever les doigts de la main gauche avant la lettre où elles aboutissent. Nicolas VALLET indique aussi les doigtés de main gauche, non par des chiffres, mais par des points placés avant la lettre :

1°   1ᵉʳ doigt   2ᵉ doigt   3ᵉ doigt   4ᵉ doigt

2°   4ᵉ doigt, 2ᵉ d., 3ᵉ d.

3° Un trait devant l'accord signifie qu'il faut coucher le 1ᵉʳ doigt   ex:

4° Coucher le 1ᵉʳ doigt jusqu'à la fermeture de la parenthèse

5° Coucher le doigt ✳

6° Note tenue depuis le commencement de la barre jusqu'au moment ou elle prend fin.   ex:

Tenue de l'instrument. — Position des mains.

Le luth, posé sur les genoux ou sur une table, était soutenu par le bras droit, la main gauche au bout du manche, le poignet un peu élevé, afin que la pointe des doigts soit proche des cordes, le pouce au bord du manche au-dessous de la première touche; la main droite à plat, le petit doigt posé près du chevalet, les autres doigts prêts à jouer, au-dessus des cordes, le pouce vers la rose. On faisait sonner les cordes en les touchant du bout des doigts. Les cordes graves étaient touchées par le pouce étendu, qui devait toujours se reposer sur la corde suivante, lorsqu'il n'avait pas d'autre note à jouer immédiatement après. BASSET recommandait tout spécialement de n'en jamais plier la jointure.

Les notes simples des cordes hautes étaient touchées alternativement par l'index et le médius, jamais deux fois de suite avec le même doigt, sauf indication. Les accords de trois notes pouvaient être pincés par les premier, deuxième et troisième doigts; les accords de quatre notes par le pouce et les trois autres doigts; les accords de cinq et six notes par le pouce et l'index ou par le pouce et les autres doigts. Enfin, toutes les combinaisons possibles étaient employées pour varier les effets de sonorité.

BASSET nous dit encore que chaque luthiste avait sa façon particulière de toucher les pièces, et grandement différente. Après avoir indiqué quelques façons de faire les accords, il ajoute qu'il faudrait un volume de plus de cent feuilles pour les comprendre tous.

Doigtés de main droite.

Après l'accord, ⌐ index, en relevant.

Après l'accord, ⌐ l'index en baissant.

Après l'accord, ⌐ pouce.

Accord de deux lettres : pouce et médius.
Accord de plusieurs lettres : pincer avec le pouce et plusieurs doigts.
Sous un accord de plusieurs lettres, ne pas y mettre le pouce.
Cinq lettres, en jouer deux du pouce, les autres des autres doigts.
Six lettres, en jouer trois du pouce les autres des autres doigts.

Une corde du pouce, et les autres de l'index ⌐

ou ⌐ après l'accord.

Index = sous une lettre seule.
Médius = sans signe, de la chanterelle à la 4ᵉ.
Pouce = sans signe, après la 4ᵉ, ou bien avec un *p*, sous une lettre qui est avant la 4ᵉ.
Passages du pouce et index alternés *p* sous la première lettre et — sous la seconde seulement, suivez de même. Exemples :

1°   2ⁱᵉᵐᵉ doigt   2° Pouce   3° Pouce tout seul.   4° Pouce et 1ᵉʳ doigt ensemble.   5° Pouce et 1ᵉʳ doigt ensemble.
1ᵉʳ doigt

6° Pouce la 4ᵉ et 1ᵉʳ et 2ᵉ doigts les deux autres.   7° Pouce la 6ᵉ et 5ᵉ et les 3 autres des doigts suivants.   8° 1ᵉʳ doigt. Rabattre en relevant. du 1ᵉʳ doigt.   9° Pouce la 5ᵉ, 2ᵉ la chanterelle.

Pouce et   Relever du   1er doigt la 3e et   10º 1er doigt la 3e et lies   11º   12º Pouce et 1er doigt
2e doigt.   1er doigt.   2e la chanterelle.   2 autres 2e et 3e doigts.   2e doigt 1er doigt 3e doigt   l'un après l'autre.

(MERSENNE.)

Index = Lettre surmontée de ·

Médius = Lettre surmontée de ¨

Annulaire = Lettre surmontée de ∴

(MACE, VALLET, MERSENNE, etc.).

Doigté de GALLOT :

Pouce |, s'il ne pince qu'une seule note. Dans l'exemple suivant, les autres notes sont pincées avec l'index et le médius :

Pouce T, s'il pince deux notes, soit ensemble, soit séparément :

Index ·, ou ＼. le point se met sous la lettre :

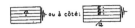

ou à côté :

Quand le point est avant les lettres, on les frappe avec le revers de l'index :

une diago-

nale placée ainsi :

ou ainsi :

indique deux notes frappées en traînant par l'index.

Médius = sans aucun signe.

1º Séparer les   2º Les deux 1eres lettres   3º 1ere lettre touchée de la main droite,   S'indique   4º Index les 3 premières
deux lettres.   de l'index.   la 2e tirée par la main gauche.   aussi :   notes, pouce la 4e.

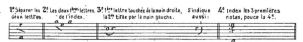

5º D'abord la basse du pouce et les 3   6º Arpégement.
autres lettres arpégées, 2e et 1er doigts.

(Denis Gaultier, Mouton, Gallot.)

Les doigtés de main gauche étaient souvent très compliqués, mais ils s'appliquaient aisément à l'usage, puisque l'emplacement des notes sur le manche était indiqué par la tablature. On a vu précédemment comment ils étaient chiffrés avant la lettre.

Il était recommandé aux luthistes de travailler lentement, doucement, en s'écoutant bien, afin de ne pas brouiller les parties (Nicolas VALLET, Denis GAULTIER, etc.). « La mesure précipitée n'étant pas très bien reçue parmi les gens qui ont les oreilles délicates et qui se connaissent à ce charmant roi des instruments. » (MOUTON.)

On peut voir, d'après ces quelques notes, combien l'étude du luth était chose complexe. Mais de quelles nobles satisfactions n'était pas comblé l'heureux et patient musicien qui avait réussi à pénétrer les arcanes de la tablature !

« ... Un joueur de luth pourra faire tout ce qu'il voudra par le moyen de son instrument : par exemple, il pourra représenter les deux moyennes proportionnelles, la quadrature du cercle, la proportion des mouvements de tous les cieux et de leurs astres, celle de la vitesse des poids qui tombent, et mille autres choses par les sons, et les airs de son instrument, s'il comprend tout le contenu de cet œuvre[1]. »

1. MERSENNE, *Harmonie universelle*, proposition IX.
Des extraits étendus de la méthode de Basset ont été reproduits par Jonckbloet et Land ; introduction de la Correspondance de HUYGENS, page ccixXi et suivantes (Michel BRENET : *Notes sur l'histoire du luth en France*, page 61).

ADRIENNE MAIRY.

LA MANDOLINE

Par M. Silvio RANIERI

ORIGINE ET DESCRIPTION DE LA MANDOLINE

La mandoline, du point de vue de sa forme constructive, est un dérivé presque intégral du luth.

Le luth, en effet, ce souverain déchu de la musique, revit encore dans la *mandole* qui en est une réduction, et dans la *mandoline* très répandue au xviiie siècle.

La mandole, un peu plus grande que la mandoline, a très probablement pris son nom de l'espagnole *bandol-ira*, dû à la façon dont les ménestrels la portaient au cou, car, en Espagne, elle s'appelait *bandola*.

Elle avait à peu près la forme de la mandole actuelle, mais le manche en était plus court et plus large, la caisse de résonance aplatie et formée par quelques éclisses alternativement en bois clair et foncé. La tête se trouvait presque à angle droit avec le manche, et les touches étaient représentées par des ficelles, système qu'on retrouve également dans le luth.

Ainsi, la famille du luth est unie à la mandoline qui fut avec raison considérée comme le soprano de la famille, et dont on trouve déjà l'origine dans le *tambour arabe*.

A l'époque de Farabi, musicien arabe, en 900 avant notre ère, on distinguait le *tambour* de Koracan de celui de Bagdad. Ensuite, les formes de cet instrument se multiplièrent, et on eut le tanbour Kebir-Tourki ou grande mandoline turque, le tanbour Khargi ou mandoline orientale, dérivant

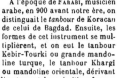

Fig. 1024. — Tanbour arabe ou mandoline arabe.

très probablement directement des primitives formes égyptiennes, puis également le tanbour Boulgary, le tanbour Bourzouk très répandu en Perse, et finalement le tanbour Bagmalha ou mandoline des enfants.

Tous ces types ont une grande ressemblance avec l'actuelle mandoline romaine ou napolitaine, et certains d'entre eux n'en diffèrent que par les dimensions.

A l'encontre des autres instruments arabes, le tambour avait des cordes métalliques, et, dans certains types, tel le tanbour d'Algérie, les quatre cordes sont doublées comme dans la mandoline actuelle, ce qui confirme l'hypothèse qu'elle doit être la descendante directe du tanbour arabe introduit par les Sarrasins pendant leur domination dans l'Italie méridionale, tandis que la mandoline lombarde ou milanaise à six cordes simples doit être considérée comme un dérivé direct du luth.

En effet, on a construit des demi-luths et même des quarts de luth, et le luth moyen produit justement à vide l'accord de la mandoline milanaise.

La partie principale de la mandoline est le corps (1), qu'on a coutume d'appeler *caisse de résonance*.

C'est cette partie qui exerce la plus grande influence sur la qualité du son produit par le frottement du *plectre* ou *médiator* sur les cordes.

Le dessus de l'instrument est formé par la *table d'harmonie* (2) (ordinairement en bois de sapin), percée d'un trou circulaire appelé *rosace* (3) et destiné à faire sortir le son de l'intérieur de la caisse de résonance.

Le *manche* (4) est fixé au haut du corps de l'instrument, et il en forme pour ainsi dire le prolongement.

Le *clavier* (5) se trouve inséré sur le manche; ordinairement en bois d'ébène, il est divisé dans toute sa longueur par des lamelles de cuivre ou de ruolz qu'on appelle *touches* (6).

L'espace compris entre chaque touche se nomme *case* (7). A l'extrémité supérieure du clavier, se trouve fixé un petit morceau d'os ou d'ébène qui s'appelle *sillet* (8).

La *tête* (9) de la mandoline est formée par le prolongement de la partie supérieure du manche.

La *mécanique* (10) est adaptée à la tête de la mandoline et se compose de huit petites *chevilles* (11) en os, placées quatre de chaque côté de la tête, et qui servent à régler la tension des cordes.

L'*écu* (12) est une plaque en écaille ou en ébène adaptée sur la table d'harmonie pour la préserver du frottement du plectre.

Les huit cordes sont portées par le *chevalet* (13) en ébène; elles aboutissent à la mécanique d'une part, et de l'autre à de petits clous ou *boutons* (14)

Fig. 1025. Mandoline actuelle.

cachés par le couvre-cordes (15), destiné à garantir le vêtement de l'exécutant du frottement contre les cordes.

EMPLOI DE LA MANDOLINE DANS LA MUSIQUE

La fabrication de la mandoline était, au début du xviiie siècle, assez primitive. Le format était beaucoup plus petit que le format actuel. Le clavier n'arrivait pas au delà de la quatrième ou cinquième position.

C'est très probablement à cause de cela que la musique écrite à cette époque-là pour cet instrument, quoique souvent bien appropriée, présente toujours un caractère de simplicité; c'est de la musique aimable, élégante et convenant à un instrument qui s'adressait surtout à une aristocratie dilettante.

Grétry, dans la célèbre sérénade de l'*Amant jaloux*, « Tandis que tu sommeilles », et Mozart, dans celle de *Don Juan*, ne dédaignaient pas d'introduire la mandoline à l'orchestre, et cela d'une façon tout à fait heureuse.

Cette sérénade, dit Gounod dans une étude critique sur *Don Juan*[1], est une perle d'inspiration, d'élégance, de mélodie, d'harmonie et de rythme, avec son dessin d'accompagnement confié à la mandoline. Elle est destinée à la mandoline et non à tout autre instrument semblable.

Berlioz, dans son *Traité d'orchestration*, s'est donné la peine de le remarquer avec sa coutumière amertume :

« Bien qu'au bout de quelques jours d'études, écrit-il, un guitariste ou même un violoniste ordinaire puisse se rendre familier le manche de la mandoline, on a si peu de respect, en général, pour les instruments des grands maîtres, dès qu'il s'agit de déranger en le moindre chose de vieilles habitudes, qu'on se permet presque partout, et même à l'Opéra (le dernier lieu du monde où l'on devrait prendre une pareille liberté), de jouer la partie de mandoline de *Don Juan* sur des violons en pizzicato ou sur des guitares.

« Le timbre de ces instruments n'a point la finesse mordante de celui auquel on le substitue, et Mozart savait bien ce qu'il faisait en choisissant la mandoline pour accompagner l'héroïque chanson de son héros. »

Beethoven lui-même n'échappa pas à l'engouement de son temps, et, à Prague, dans la bibliothèque des comtes Clam Gallas, on a trouvé plusieurs intéressantes compositions pour mandoline et clavecin dédiées à la comtesse Joséphine Clary, œuvres qui appartiennent bien à la série des compositions réalisées par l'auteur de *Fidelio*, au cours d'un séjour à Prague qui doit se situer en 1796.

Des tentatives d'emploi de la mandoline au théâtre ont été faites également dans la musique moderne, mais, disons-le franchement, ces tentatives n'ont pas toujours été heureuses au point de vue mandolinistique.

Ainsi Verdi, dans sa sérénade de l'*Otello*, malgré la beauté de cette page musicale, digne du grand maître qu'il était, n'a pas tiré de la mandoline le parti auquel on aurait pu s'attendre, s'il avait mieux connu les ressources inimitables de cet instrument.

Dans le même défaut est tombé le compositeur

allemand Mahler (*Das Lied von der Erde*) qui, en faisant trémoler par-ci par-là une faible note dans un plein rendement instrumental, ou en accentuant par un simple coup de plectre la première note de l'arpège des harpes, n'est arrivé qu'à jeter quelques lueurs presque imperceptibles et insignifiantes.

Pareille pauvreté dans la mise en valeur de l'instrument résulte, il est douloureux de le constater, de l'absolue ignorance que les orchestrateurs, même les plus grands, ont des plectres et de leur rendement instrumental si typique, soit dans les solos, soit dans le jeu d'assimilation avec les autres timbres.

Cependant, si nous examinons quelques partitions, même parmi les plus modernes, nous ne pouvons pas nous empêcher de relever, de temps en temps, des fragments de musique qui, par leur forme, par leur intime signification, sont essentiellement mandolinistiques. Combien de passages pétillants seraient plus efficacement mis en lumière par les plectres, combien de *staccati*, de *pizzicati* seraient mieux exécutés par les mandolines que par les archets.

Et, de même, quelle merveilleuse valeur prendrait dans l'orchestre le *tremolo*, qui est la caractéristique de la mandoline, s'il était traité par un musicien génial et compétent en la matière!

C'est ainsi que le compositeur napolitain Mario Costa, dans l'exquise sérénade de sa pantomime *Histoire d'un Pierrot*, et que Vittorio Monti, dans une autre pantomime, *Noël de Pierrot*, de même que P.-A. Tasca dans l'opéra *A Santa Lucia*, et Spinelli dans *A basso porto*, ont écrit des pages vraiment merveilleuses pour mandoline solo avec accompagnement d'orchestre.

Plusieurs autres, comme, par exemple, Giordano, dans l'opéra *Il voto*, Sernagiotto, dans *A Cannaregio*, Coronaro, avec *Festa a Marina*, Braron, avec *Dolores*, Laparra, dans *Habanera*, Montilla, dans *Dramma Zingaresco*, Wolff-Ferrari, avec *Donne Curiose*, et dans *Les Joyaux de la Madone*, Manuel de Falla, dans la *Vie brève*, Verdi, dans *Otello* et *Falstaff*, et puis encore Andreoli, dans le ballet *La Fata d'oro*, Valverde, avec la *Zarzuela*, *I Cuochi*, Alfano, dans *L'Ombre de Don Juan*, se sont servis, plus ou moins efficacement, de la mandoline ou de la guitare, pour obtenir des effets de situation scénique; mais, en réalité, exception faite pour *Les Joyaux de la Madone* de Wolff-Ferrari, ces tentatives sporadiques figurent, non pas comme élément de grand orchestre, mais bien comme élément à part.

On ne peut pas dire que le xviiie siècle ait donné des virtuoses extraordinaires pour la mandoline, et, si quelques-uns comme Sody, Fuochetti, Vimercati, Vailati, surnommé l'aveugle de Crema, se sont distingués des autres, il est certain que les instruments, d'une construction assez primitive et d'une sonorité plutôt grêle, dont ils se servaient, ne leur permirent pas de se montrer dans la plénitude de leur talent.

Mais voici que la fabrication subit peu à peu une heureuse évolution; Vinaccia de Naples agrandit le format de l'instrument, et obtient ainsi une sonorité plus grande; il allonge également le clavier jusqu'au *la* de la septième position.

C'est le système de la mandoline *napolitaine*, qui a été adopté et imité ensuite par les principaux luthiers italiens et étrangers, et qui est encore actuellement en vogue chez les amateurs.

L'accord est le même que celui du violon, c'est-à-dire :

---

1. Discours sur le *Don Juan* de Mozart, lu à l'Institut, le 25 octobre 1882. [N. D. L. R.]

Une heureuse évolution nous vint ensuite de Rome, où les frères DE SANTIS, Luigi EMBERGHER, et toute une pléiade d'élèves révolutionnèrent complètement l'art de la fabrication de la mandoline en construisant la *mandoline romaine*, qui est, de nos jours, considérée comme l'instrument des virtuoses.

La principale différence technique entre la mandoline napolitaine et la mandoline romaine consiste dans le clavier qui, dans cette dernière, est d'une octave plus haut que celui de la première, plus étroit et généralement plus élevé du côté des basses.

Si on ajoute à cela la qualité du son, tour à tour d'une puissance extraordinaire, et d'une douceur qui rappelle presque celle du violon dans les phrases chantantes, on peut, sans crainte d'exagération, estimer que ces grands artistes sont comparables aux AMATI, aux GUARNERIUS et aux STRADIVARIUS, et qu'ils ont donné au monde mandolinistique des instruments analogues aux célèbres violons fabriqués par leurs illustres ancêtres.

Qu'ici, il me soit permis d'adresser un éloge spécial à Luigi EMBERGHER, ce grand artiste italien qui n'a cessé pendant toute son existence de travailler à l'amélioration de la fabrication, et qui, par son talent hors de pair, a puissamment contribué à l'éclat tout particulier dont jouit la mandoline de nos jours.

Il est en fait qu'au fur et à mesure que les instruments se perfectionnent, les virtuoses surgissent, comme par enchantement; si le répertoire de la mandoline n'existait pour ainsi dire pas, il y a quelque cinquante ans, actuellement il est doté d'œuvres d'un intérêt technique et musical incontestable.

Au surplus, la mandoline étant semblable au violon par l'accord et par l'étendue de son clavier, une grande quantité d'œuvres écrites pour le violon s'adaptent admirablement à la mandoline.

D'autre part, une bonne école peut transformer un *tremolo* dur et désagréable en une sonorité veloutée presque susceptible de se confondre avec celle produite par l'archet le plus habile.

C'est là, d'ailleurs, la spécialité de cette belle école romaine qui a donné au monde mandolinistique des virtuoses extraordinaires, tels que CONTI (père), CARRARA, MALDURA, FEROCI, CURTI, MORELLI, BERTUCCI, BRANZOLI, TARTAGLIA, MAGRINI, CALZOLETTI, MACIOCCHI, CONTI (fils), et tant d'autres parmi lesquels j'ai quelques droits à me placer aussi; tous, avec les virtuoses venus d'autres villes italiennes, tels que Rocco et CALACE de Naples, GRIMALDI de Bologne, Léopoldo FRANCIA de Milan, Carlo MEUNIER et Luigi BIANCHI de Florence, Marcelli GARCANO, ARIENZO, MEZZACAPO, SILVESTRI, COTTIN, ou parmi les jeunes, Frans DE GROODT et César COSTERS d'Anvers, DE BREMACKER, DE GREEF, LISON, BAUMANN, ARNAUTS, VANDEVELDE de Bruxelles, STIENON de Liège, et tant d'autres issus de mon école en Belgique, ont formé une foule de concertistes dont les programmes mettraient à dure épreuve des violonistes de tout premier ordre.

ORCHESTRE A PLECTRE

Je crois utile maintenant de consacrer quelques lignes à la composition instrumentale des orchestres à plectre et à l'efficacité de certains instruments appartenant à d'autres groupes que ceux qui, jusqu'à ces derniers temps, avaient uniquement constitué nos ensembles.

Il n'y a pas encore longtemps que les *Estudiantinas* (c'est de ce nom qu'on appelle ordinairement les groupements mandolinistiques) se composaient exclusivement de premières et secondes mandolines, de mandoles (accordées une octave plus bas que la mandoline), et de guitares; et c'est à ces faibles moyens que les transcripteurs devaient consacrer toutes les ressources de leur ingéniosité, en répartissant entre ces quatre instruments les multiples parties dont se compose généralement un morceau d'une certaine importance.

Car les compositions originales pour orchestre à plectre, bien que très nombreuses, nous devons le constater avec regret, présentent rarement une réelle valeur musicale; de sorte que, de même que le soliste, pour des raisons analogues, doit puiser dans le répertoire du violon, de même, nos groupements sont obligés de se former un répertoire au moyen de morceaux écrits à l'origine pour l'orchestre symphonique pouvant s'adapter au caractère de nos instruments.

C'est ainsi que, dès le premier concours organisé en Italie, en 1892, dans la ville de Gênes, un groupe de mandolinistes romains se présenta hardiment avec l'ouverture de *Zampa* d'HÉROLD.

C'était là un fait nouveau, car, jusqu'à ce moment, le répertoire des *Estudiantinas* se limitait à des morceaux de moindre importance. Le succès éclatant que remporta ce groupe, en gagnant d'ailleurs la médaille d'or et les félicitations du jury dont faisait partie l'illustre violoniste Camillo SIVORI, encouragea les mandolinistes à élargir les moyens dont ils disposaient.

C'est vers cette époque qu'EMBERGHER fit un premier essai de luth à cinq cordes doubles, *mi, la, ré, sol, do* :

qui, tout en ayant l'avantage de réunir en un même instrument une *mandole* et un *cello*, à l'instar des luths anciens, était d'un maniement assez ingrat à cause de la largeur du manche. De là, son idée de créer le *mandoliola* et le *mandoloncello*, ayant la même tessiture que l'alto et le violoncelle.

C'est en 1897 que se fit entendre à Rome, pour la première fois, le nouveau quatuor appelé « classique », et qui était composé de deux mandolines (première et seconde), *mandoliola* et *mandoloncello*. Ces deux nouveaux instruments furent adoptés par les *Estudiantinas*, et le désir de se consacrer à un genre de musique plus relevé, fit que la musique classique devint le répertoire courant des meilleurs orchestres italiens et étrangers.

VINACCIA, de son côté, fabriqua le *quartini* accordé une quarte plus haut que la mandoline, tandis que n'EMBERGHER introduisait le *terzini*, plus haut d'une tierce.

Ces deux instruments, qui jouent le rôle de flûte, à cause de leur sonorité aiguë, sont, au point de vue pratique, d'une utilité relative, car le clavier de la mandoline étant actuellement aussi étendu que celui du violon, l'emploi de ces instruments est, pour ainsi dire, nul, d'autant qu'ils ne possèdent pas une sonorité qui puisse servir à des effets d'opposition.

Malgré les progrès réalisés, une grande lacune restait à combler, celle de la création d'un instrument capable de faire fonction de contrebasse. En effet, au fur et à mesure que les orchestres abordaient des morceaux de plus en plus importants, la faiblesse des instruments graves se faisait sentir, surtout si l'on considère que les quatrièmes cordes du *mandoloncello* n'ont pas une puissance de sonorité proportionnée à celle des autres cordes.

Deux fabricants tentèrent alors des efforts certainement louables, mais qui, à mon avis, n'ont pas donné de résultat définitif.

Je veux parler ici de Monzino de Milan, qui, en 1890, inventa l'*archichitarra*, connue plus communément sous le nom de *chitarrone*; celle-ci, tout en ayant l'accord de la contrebasse à archet, est en réalité un instrument qui doit se jouer en pizzicato, à moins d'essayer de réaliser la note tenue par un *tremolo* fait alternativement avec l'index et le medius de la main droite, selon le système employé pour la guitare ; mais l'*archichitarra* est loin de pouvoir soutenir toute une masse orchestrale, surtout actuellement, où certaines *Estudiantinas* comptent jusqu'à quatre-vingts exécutants.

En outre, cet instrument, qui peut être d'une certaine efficacité dans des notes tenues exécutées en *pianissimo*, ou dans des passages détachés lents, devient d'un rendement presque nul lorsqu'il s'agit d'un *fortissimo*, ou d'un passage rapide.

Plus heureux fut Vinaccia de Naples, avec le *mandolone*, qui est une sorte de sous-basse du *mandoloncello*, et dont l'accord est *do, sol, ré, la :*

avec, comme effet réel :

Mais ici également, si l'instrument peut être utile dans un orchestre à plectre, en ce sens qu'il peut aider le *mandoloncello*, surtout dans les notes graves, c'est un tort de le considérer comme la contrebasse de l'*Estudiantina*, parce que, tout d'abord, il lui manque une quarte dans les notes basses, et qu'en second lieu, de même que pour le *cello* et la *mandole*, la quatrième corde ne possède pas une sonorité comparable à celle des autres cordes.

En outre, en raison de sa structure et de la position qu'on doit employer pour l'exécution, l'instrument étant assez difficile à manier, il est évident que maint passage de technique de contrebasse, même si la tessiture le permet, ne sera pas exécutable dans le mouvement réel, et cela, malgré l'habileté de l'exécutant.

C'est pour ces différentes raisons que de nombreux orchestres, parmi les meilleurs d'Italie et même de l'étranger, se sont décidés à employer la contrebasse à archet.

Si, d'abord, on s'était contenté de la jouer uniquement en pizzicato, ce qui réduisait son rôle à celui du *chitarrone*, et ce qui, par suite, l'entraînait aux mêmes défauts, on a fini par rompre avec les vieux préjugés, et nombreux sont les orchestres mandolinistiques qui emploient la contrebasse à archet sans restriction aucune.

Cette intrusion, comme certains l'appellent, a déjà fait couler beaucoup d'encre, avec plus ou moins d'exagération et, le plus souvent, d'incompétence.

Qu'il me soit permis ici de dire que, si l'orchestre à plectre possédait un instrument capable de remplacer efficacement la contrebasse à archet, il ne serait certes venu à l'idée de personne d'introduire un instrument à archet parmi les instruments à plectre, quoique, de tout temps, on ait assimilé les plectres aux archets; de plus, les mandolinistes demandent pourquoi ils devraient se priver d'un instrument qui est la base typique de n'importe quel groupement musical, et dont se servent même les harmonies et les fanfares, qui en ont certainement moins besoin qu'eux.

Une catégorie de parties dont on ne se sert pas assez est, à mon avis, celle de troisième mandoline. Cette partie, à laquelle on pourrait donner le nom d'*harmonie*, peut rendre un service énorme pour produire un effet de *tutti*, ce qui s'obtient à l'orchestre par l'entrée des hautbois, flûtes, clarinettes, bassons, cuivres, etc. Dans un orchestre mandolistique, on pourra obtenir un effet comparable (toute proportion gardée) par l'entrée des troisièmes mandolines, secondes mandoles, guitares, timbales, etc.

Par des notes tenues, les troisièmes mandolines pourront être d'une grande utilité pour soutenir des traits d'agilité exécutés par les premières et deuxièmes mandolines.

Si, comme je l'ai dit précédemment, les œuvres écrites pour orchestre à plectre, et qui présentent un intérêt musical digne de la valeur incontestable de maint groupement moderne, sont plutôt rares, je suis heureux de signaler toutefois quelques compositeurs qui, par leur talent et leur compétence technique de l'instrument, ont produit des œuvres tout à fait recommandables.

Je citerai ici Carlo Munier, auteur de plusieurs quatuors et pièces de concert pour mandoline, dont la musique, si elle n'est pas toujours absolument distinguée, est toutefois bien écrite pour l'instrument et de grand effet. En outre, on ne peut pas lui enlever le mérite d'avoir été peut-être le premier à comprendre que la musique de mandoline devait s'élever au-dessus des vulgaires valses, sérénades et marches dont était infestée, il y a trente ou quarante ans, la littérature mandolinistique; son œuvre n'a pas peu contribué à développer chez les mandolinistes le désir d'élever l'instrument à un niveau d'art qui aurait pu paraître inaccessible jusque-là.

Nous avons également Amedeo Amadei, dont la musique fine, élégante, d'une mélodie et d'une facture toujours distinguées, est très appréciée par le monde mandolinistique. La *Suite Marinaresca*, en quatre parties, œuvre primée, est vraiment délicieuse.

Mario Maciocchi est également un des compositeurs les plus féconds de l'école moderne.

Ses innombrables œuvres pour orchestre à plectre sont sur tous les pupitres, et l'on peut dire que cet artiste de talent a, depuis plus de vingt ans, beaucoup contribué au développement de l'art mandolinistique et par ses œuvres, et par l'activité déployée avec son journal *L'Estudiantina*, qu'il fonda à Paris en 1906; ce journal est actuellement l'organe qui relie les sociétés mandolinistiques du monde entier.

Je puis également citer S. Falbo, auteur d'une très belle suite en quatre parties, *Spagna*, d'une facture très moderne, mais dont la technique n'est malheureusement pas toujours bien appropriée aux plectres; Giuseppe Milanesi, H. Gouard, N. Lavoas, Mellana Voot, U. Bottachiari, Ezio Redeghieri, A. Cappelletti, C. Cannas, J.-B. Kok, Gargano, Amoroso, et tant d'autres auteurs féconds, auxquels j'ajoute modestement mon nom comme auteur d'un *Concerto en ré majeur* pour mandoline et orchestre ou piano, de *Souvenir de Varsovie*, d'une *Fantaisie originale*, de *Canto d'Estate* pour mandoline seule, et de mainte autre pièce, ainsi que d'une méthode, *L'Art de la mandoline*.

TECHNIQUE ET PÉDAGOGIE

Une des lacunes les plus déplorables de l'enseignement de la mandoline c'est, qu'à l'encontre des autres instruments, il n'existait anciennement aucune véritable école servant de base au développement de la technique de cet instrument.

Chaque exécutant jouait un peu comme bon lui semblait et, disons-le franchement, le plus souvent en dépit du bon sens, à l'encontre des principes les plus élémentaires de l'expression musicale.

C'est, d'ailleurs, la raison principale pour laquelle l'instrument, qui a joui de tout temps d'une popularité indiscutable, a cependant été renié jusqu'à nos jours et même dénigré par des musiciens de valeur, ainsi que par les amateurs de bonne musique; tous ne voyaient dans la mandoline qu'un instrument inapte à rendre la pensée musicale.

Fort heureusement, comme je l'ai dit précédemment, depuis quelques années, grâce aux progrès réalisés par les facteurs, et, par conséquent par les exécutants, la technique de la mandoline, si l'on en juge par les programmes des orchestres et des solistes qu'il nous est donné d'entendre, peut être considérée comme arrivée, à l'instar de celle des autres instruments, au point culminant de son développement.

Les maîtres ont fait école, et celui qui veut obtenir actuellement un résultat satisfaisant ne manque ni de bons exemples, ni des moyens indispensables.

Toutefois, sachant combien les bons principes peuvent avoir une importance capitale pour l'étude de la mandoline, je terminerai cet exposé en énonçant quelques règles tirées de ma méthode *L'Art de la mandoline*, règles qui constitueront les éléments aptes à former des mandolinistes d'un talent comparable à celui de tous autres instrumentistes.

Le plectre. — Pour obtenir une belle sonorité, il faut, avant tout, savoir choisir un bon plectre, qu'on appelle aussi *médiator* ou encore *plume*. Les meilleurs plectres sont ceux d'écaille ayant une des formes ci-contre.

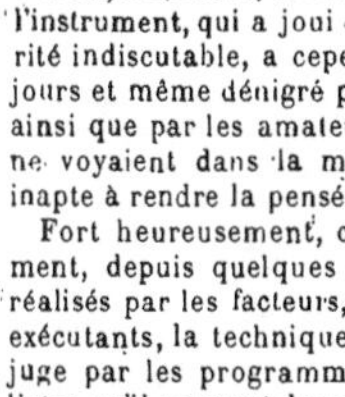

Au début, il sera préférable que l'élève se serve d'un plectre assez flexible. Il évitera, de la sorte, de rencontrer une certaine difficulté en apprenant le *tremolo*.

Fig. 1026. — Le plectre.

Toutefois, lorsque le poignet aura acquis un certain degré de souplesse, l'élève pourra se servir d'un plectre un peu plus dur, et obtenir ainsi une sonorité plus grande et plus agréable.

Tenue de la mandoline. — La position assise est la position préférable, car elle donne plus de stabilité à l'instrument. Le haut du corps devra être dans sa position naturelle, sans que le dos soit courbé. La jambe droite doit être croisée sur la jambe gauche, ou bien reposer sur un tabouret haut de quinze à vingt centimètres environ. Le côté droit de la caisse doit s'appuyer sur la cuisse droite, et le côté gauche contre la poitrine. l'avant-bras droit et la main gauche devront assurer à la mandoline une stabilité complète.

Fig. 1027. — Tenue de la mandoline.

L'élève portera son attention à bien obtenir ces résultats, parce qu'autrement, il ne pourra jamais avoir un jeu sûr, notamment en passant d'une position à l'autre.

La table d'harmonie doit être inclinée aux trois quarts vers la jambe droite.

Tenue du plectre. — Le plectre sera tenu entre le bout de l'index et la première phalange du pouce, de façon que le pouce dépasse l'index d'un centimètre environ. L'index doit être courbé, afin de ne pas exercer de pression sur le plectre, et le pouce sera allongé pour la même raison. Les autres doigts doivent prendre la même position courbée que l'index.

Le bout du médius reposera sur la première phalange de l'index; celui de l'annulaire sur la première phalange du médius, et finalement, l'auriculaire, étant plus court que les autres, reposera sur le milieu de la deuxième phalange de l'annulaire.

Fig. 1028. Tenue du plectre.

Ainsi que je l'ai fait remarquer pour le pouce et l'index, il faut éviter toute pression des autres doigts, condition essentielle si l'on veut obtenir une belle sonorité.

Le plectre doit pouvoir osciller librement, et conserver toujours la plus grande élasticité.

En jouant, il devra former un angle droit avec les cordes. Il est absolument nécessaire d'attaquer les cordes par le côté plat du plectre.

Le bras droit. — L'avant-bras droit se placera un peu à gauche des cordes, de façon qu'en jouant sur la corde du *sol*, le plectre reste à plat et n'attaque pas la corde de biais.

Ainsi que pour les autres instruments à cordes, un des plus grands défauts de l'élève est de prendre l'habitude de jouer du bras.

Dès le commencement de ses études, l'élève devra

absolument prêter la plus grande attention à ce que 'avant-bras droit reste immobile, en laissant agir le poignet avec souplesse et sans raideur.

Fig. 1029. — Position du bras droit.

Le bras gauche. — Le bras gauche doit rester appuyé contre le corps, de façon à donner à la main une position naturelle. Il doit élever le manche de la mandoline à peu près à la hauteur de l'épaule

Fig. 1030. — Position de la main gauche.

gauche et éloigné de celle-ci de vingt-cinq centimètres environ.

Du doigté. — La main gauche soutiendra le manche de la mandoline sans le serrer entre la première phalange du pouce et la troisième de l'index. Il faut empêcher que le manche touche la partie de la main qui joint le pouce à l'index. On doit laisser là un petit espace vide.

L'élève devra tenir la paume de la main dans une position naturelle, sans la rapprocher ni l'éloigner du manche, et sans raidir le poignet.

On aura toujours soin de faire tomber le bout des doigts sur la touche comme de petits marteaux frappant perpendiculairement les cordes, mais de telle sorte que le milieu de l'extrémité de chaque doigt touche ces dernières avec une certaine pression élastique; on veillera à ne jamais étendre les doigts sur les cordes.

Il est nécessaire que les doigts se trouvent constamment maintenus en ligne au-dessus du clavier.

Il est également nécessaire que le doigt qui vient de faire une note ne la quitte pas pendant que le suivant en fait une autre. Pour obtenir une sonorité pure, les doigts doivent s'appuyer assez fortement entre les deux touches, au milieu de la case. Le pouce n'a pas d'emploi dans l'exécution, et l'on aura soin de le tenir toujours bien droit.

Conclusion. — La conclusion que nous pouvons tirer de l'exposé qui précède sera plutôt un vœu en faveur de l'extension de la mandoline, et surtout en faveur de son étude.

Ici, une grande lacune serait à combler, en ce sens qu'il faudrait que son enseignement fît partie de l'enseignement instrumental des Conservatoires, car, du fait que tous les éléments en sont aujourd'hui complètement mis au point, il n'y a pas de raison pour que cet instrument, digne de bien d'autres à plusieurs titres, soit exclu des grandes écoles de musique. La suppression de cette exclusion serait non seulement la consécration définitive qui lui revient, j'oserai dire de plein droit, mais aussi un bienfait pour ceux qui veulent, au même titre que tous autres élèves musiciens, pousser l'étude de la mandoline à un point de perfectionnement tel que celle-ci figure dignement dans la phalange des instruments d'élite.

Silvio RANIERI.

LA GUITARE

Par Emilio PUJOL

APERÇU HISTORIQUE ET CRITIQUE DES ORIGINES ET DE L'ÉVOLUTION DE L'INSTRUMENT

L'homme porte en lui-même
le principe de ses chants...
Fétis.

L'univers étant vibration, la nature porte en elle-les principes de la musique instrumentale.

L'arc de nos primitifs ancêtres fut peut-être plus qu'un instrument de chasse et de combat, sa corde, une fois mise en vibration, portant en elle la genèse des instruments à cordes pincées. L'instinct auditif humain, devenu plus tard sentiment esthétique, créa sur ces données embryonnaires des principes de musique instrumentale.

Les diverses mythologies trouvent les origines de la lyre dans Hermès pour les Grecs, dans Thoth-Tris-mégiste pour les Egyptiens, et dans Jubal pour les Hé-breux. Ainsi, l'arc de Diane chasseresse crée le monocorde cher à Apollon.

D'après l'*Odyssée*, Ulysse s'exerçait à l'arc devant les prétendants de Pénélope. La corde, pincée de sa main droite, produisit un son vibrant et clair, « tel la voix d'un oiseau ».

Mais laissons ces mythes aimables.

S'appuyant sur d'incontestables données scientifiques, l'histoire enseigne que les instruments à cordes pincées, connus dans le fond des plus lointaines civilisations de l'Orient, appartiennent à deux familles principales : il y a ceux dont les cordes vibrent librement dans toute leur longueur, et ceux dont la longueur des cordes est susceptible de raccourcissement par la pression des doigts sur un manche.

Les instruments du premier groupe ont un nombre de cordes variant de trois à onze au plus. Ils sont généralement reproduits sur les sculptures et bas-reliefs assyriens, égyptiens[1], représentant des scènes

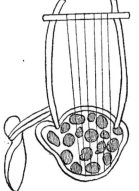 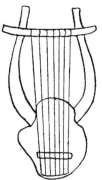

Fig. 1031. — Chelys Testudo-Lyre, vᵉ siècle av. J.-C. British Museum.

Fig. 1032. — Lyre du vᵉ siècle av. J.-C. British Museum.

Fig. 10'3· — Lyre d'Apollon. Musée Borbonico, Naples.

(*The Precursors of the violin family*, K. Schlesinger. — William Reeves, à Londres.)

---

1. Fétis, *Histoire de la Musique*.

Les captifs de Mésopotamie portant des cithares, appartiennent à une époque antérieure à toute documentation sur l'histoire de la musique. Mais ce genre d'instruments à cordes est très différent de ceux qui sont représentés sur les autres monuments de l'Egypte.

Parmi les innombrables représentations d'instruments qu'on y voit, il en est qui appartiennent à la civilisation propre de l'Egypte, mais il en est d'autres où l'on reconnaît dans la forme une origine étrangère, et que la conquête introduisit dans le pays.

musicales, ainsi que la lyre ancienne, kithare égyptienne, chetharah des Chaldéens ou ketharah assyrienne (semblable à la pectis ou magadis, devenue kithara des Grecs en passant par la Thrace), ainsi que le tanboura, le kinnor et le nable des Hébreux, le trigonon et le sambuke des Syriens, la cithare, la rotte, le psaltérion des Romains, et une grande diversité de harpes de taille et de monture variées.

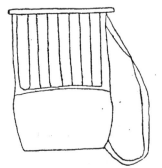

FIG. 1034. — Primitive Ketharah asiatique.
Botta, Monuments de Ninive, vol. II, pl. 162.
(The Precursors of the violin family, K. SCHLESINGER.)

FIG. 1035. — Cithare.
Rome, Museo Capitolano. (The Precursors of the violin family. K. SCHLESINGER.)

Ces instruments étaient mis en vibration de deux manières, soit par l'impulsion des doigts, soit au moyen d'un plectre.

Dans les instruments du second type figurent le monocorde, le nefer que CHAMPOLLION appelle luth, ou guitare, puis le nebel phénicien à deux cordes, le tanboura assyrien et la chelys des Hébreux. Au moyen âge, on trouve la knitra et l'eoud des

FIG. 1036. — Nefer égyptien. Champollion, tome II, pl. cvii.
(The Precursors of the violin family, K. SCHLESINGER.)

Arabes, plus tard, le théorbe, l'archiluth, la mandore, puis la vihuela, la guitare, et finalement tous les instruments modernes à archet.

Les instruments à manche appartiennent à la famille de la guitare apparaissent souvent sur les inscriptions égyptiennes de l'Ancien Empire[1], mais certains

FIG. 1037. — Ancienne guitare égyptienne, 1700 à 1200 av. J.-C., Voyage in Egypt, Denon. London, 1807, pl. 55.
(The Precursors of the violin family, K. SCHLESINGER.)

historiens leur attribuent une origine chaldéo-assyrienne, étant donnée l'influence qu'ils exercèrent sur les autres peuples de l'Asie Mineure et de l'Egypte.

Le musée de Leyde possède un bas-relief, tiré de la tombe du roi de Thèbes, représentant un instrument dont les incurvations extérieures ressemblent à celles de la guitare (3762-3703 av. J.-C.). Il existe aussi un bas-relief hittite d'Euyuk, en Cappadoce, remontant à 1000 ans avant Jésus-Christ. Il y est figuré un instrument de l'ancienne Egypte semblable à la guitare par sa forme, avec éclisses, et manche muni de touches.

La plupart des musicologues basent leurs convictions à l'égard de l'origine de la guitare sur deux hypothèses principales : selon la première, la guitare serait un instrument original, créé de toutes pièces ou dérivé du luth chaldéo-assyrien qui, passant par la Perse et l'Arabie, conquit l'Europe et se fixa spécialement en Espagne sous la domination des Maures de 711 à 1469[2].

La deuxième hypothèse, sans infirmer la première, attribue à la guitare d'autres précédents historiques. Elle dériverait de la cithare romaine d'origine assyrienne et grecque, et aurait été importée en Espagne avant l'invasion musulmane, sous le nom de fidicula[3].

Cette théorie, énergiquement défendue par Kathleen SCHLESINGER dans son ouvrage : Instruments of

1. Dans RAMBOSSON, Les Harmonies du son et l'Histoire des instruments de musique, Firmin-Didot et Cie. Paris, 1878, nous lisons : « On en trouve la figure sur des monuments égyptiens. Plusieurs voient dans le kinnor des Hébreux une espèce de guitare. »
2. Hugo RIEMANN, Dictionnaire de Musique.
JACQUOT, Dictionnaire pratique et raisonné des instruments de musique.
Sorbano FERTIS, Historia de la musica espanola, vol. IV, chap. XXVIII, p. 195 à 217.
Maria-Rita BRONDI, Il Liuto e la Chitarra.
3. RAMBOSSON, Op. cit.
GRILLET, Les Ancêtres du violon.
Salvador DANIEL, La Musique arabe.
SCHLESINGER, The Instruments of the modern orchestre.

the modern orchestre and early records of the precur-

Fig. 1038. — Psautier d'Utrecht, ixᵉ siècle. Reproduit du facsimilé autotype qui se trouve au British Museum (*The Precursors of the violin family*, K. Schlesinger).

sors *of the violin family*, s'appuie sur l'autorité d'un manuscrit unique, le *Psautier d'Utrecht*, chaque psaume y étant agrémenté par de remarquables illustrations et dessins à la plume et à l'encre de Chine.

L'évolution de la cithare, devenant guitare en passant par la rotte, s'y démontre dans ses modifications successives[2].

Fig. 1039. — Cithare ou rotta du xivᵉ siècle (Bibl. royale, Dresde).

Fig. 1040. — Cithare ou rotta à ses premiers stades.

Fig. 1041. Cithare à quatre cordes.

Cithare comme l'antérieure, différant de la rotta par les incurvations extérieures et par la base soutenant les cordes.

Fig. 1043. — Cithare on a laquelle on a ajouté un manche (deuxième transition).

Fig. 1044. — Cithare au deuxième stade. Elle comporte un manche démesurément long, trois cordes et trois chevilles.

Fig. 1045. — David avec une cithare au deuxième stade, un psaalterium et une longue épée. La cithare, ici, est munie du chevalet, d'une queue, et de trois chevilles.

Fig. 1046. — Cithare au troisième stade vue de dos. Ses incurvations se rapprochent de celles de la Vielle du xiiiᵉ siècle.

Fig. 1047. — Cithare au troisième stade, jouée en position horizontale.

Fig. 1048. — Cithare avec touches ou cases.

D'après la théorie de K. Schlesinger, la généalogie de la guitare se trouverait comprise entre la *kithara* égyptienne, son aïeule, et d'ultérieurs instruments à cordes dont elle serait le précurseur.

Tableau synoptique.

KITHARA ÉGYPTIENNE
KETHARAH ASSYRIENNE
CITHARE GRECQUE

CITHARE ROMAINE OU FIDICULA. CITHARE EN TRANSITION OU ROTTE.		KITHARA PERSANE ET ARABE. KINNOR.	
Vihuela à archet.	Guitare latine.	Vihuela à plectre.	Kuitra mauresque.
Viole.	Vihuela à main.	Laud.	Guira ou kuitra.
Violon.	Guitare espagnole.	Bandurria.	Guitare mauresque.

1. Edité par William Reeves, Londres, (Bibl. du British Museum).
2. D'après Jacquot, ce serait un instrument d'origine orientale et | fort ancien qui aurait donné, à force de perfectionnements, la guitare moderne. Il dérivait de la cithare et de la rotte.

Etymologiquement, le mot *guitare* dérive de *cithara* ou *kithara*; il devient *ketharah* en assyrien, *chetharah* en chaldéen, *kuitra* ou *quitra* chez les Arabes. En France, la guitare s'appela au moyen âge *guitere*, *guiterne*, *guinterne*, *guitarne*, *guisterne* et *guistarne*; en Italie, elle s'appelle *chitarra*; en Angleterre et au Danemark, *guitar*; en Allemagne, *gitarre*; en Espagne, *guitarra*; en Hollande, *gitaar*; en Suède, *guitarr*; en Russie, en Pologne et en Serbie, *gitara*; en Bohême et en Tschécoslovaquie, *kitara*.

Les traces de la guitare proprement dite n'apparaissent pas avant les miniatures du célèbre manuscrit espagnol du XIIIᵉ siècle, *Cantigas de santa Maria*, attribué au roi Alphonse X le Sage (Bibliothèque de l'Escurial, J, 6, 2), les miniatures, soigneusement dessinées, déterminent la forme de la guitare mauresque et de la guitare latine auxquelles fait allusion Juan Ruiz, archiprêtre de Hita au XIVᵉ siècle, dans son *Libro del Buen Amor*. Au même siècle, elle est également citée par Guillaume de Machault dans *Le Temps Pastour*:

> Là je vis tout en un cerne
> Viole, rubabe *guiterne*...

Dans la *Prise d'Alexandrie*:

> Orgues, Vielles, micanon,
> Rubebes et psaltérion,
> Leus, morâches et *guiternes*
> Dont on joue par ces tavernes

Et aussi par Eustache Deschamps dans cette ballade :

> Plourez, harpes et cors sarrazinois,
> La mort machault la noble réthorique
> Rubebes, leuths, vielle, syphonie,
> Psalterions, tous Instruments coys,
> Rothes, *guiterne*, flaustes, chalemie
> Traversaines et vous nymphes de boys
> Timpane aussi mettez en œuvre dois;
> Et le choro n'y ait nul qui le réplique
> Faicies devoir plourez, gentils galois
> La mort machault la noble réthorique.

La guitare mauresque a une caisse de résonance ovale et le fond convexe (demi-poire) comme les instruments dérivés du luth; un manche long, et à

Fig. 1049. — Guitare mauresque. *Cantigas de Santa Maria*, XIIIᵉ siècle (Bibl. de l'Escurial).

l'extrémité opposée de la caisse de résonance, une pièce en forme de demi-lune où s'amorcent trois cordes[1]. La caisse de la guitare latine présente des incurvations latérales (en forme de 8), une table d'harmonie plate et un fond plat également unis entre eux par ces incurvations; son manche est moins long et porte quatre rangs de cordes.

Dans la strophe 1251 du *Libro del Buen Amor* de l'archiprêtre de Hita, on lit :

Fig. 1050. — Guitare latine du même manuscrit, XIIIᵉ siècle

> Allí sale gritando la guitarra morisca
> De las boces agudas é de los puntos arisca
> Et corpudo laud que tyene punto à la trisca
> La guitarra latyna con esos se aprisca.

De la subtilité qui caractérise l'esprit de ce poète, considéré en Espagne comme le premier écrivain de son époque, on déduit que la guitare mauresque avait une sonorité criarde et rebelle aux points (notes). On peut aisément conclure qu'elle était jouée, non pas « punteada » (note par note), mais « rasgueada » (en arpégeant d'un seul trait toutes les cordes avec le dos des doigts).

> Aravigo non quière la vihuela de arco
> Cinfonia, guitarra, non son de aqueste marco.

C'est pourquoi la guitare (latine sans doute), par opposition à la précédente, ne se prêtait au goût musical du peuple arabe ni par la disposition de ses cordes, ni par sa sonorité intime, ni par l'usage qu'on en faisait.

Ces déductions permettent de croire que la théorie de K. Schlesinger, partagée aussi par d'autres auteurs, a toute l'apparence d'un jugement sûr, et que l'existence simultanée de deux aspects dans la guitare depuis le moyen âge, l'un populaire, l'autre musical, s'adapte bien à la supposition d'une guitare d'origine arabe et d'une autre d'origine gréco-romaine.

Guitare et vihuela.

D'après le livre *Declaracion de Instrumentos* du P. Juan Bermudo (Ossuna, 1555)[2], la guitare ne porte plus au XVIᵉ siècle l'épithète de *mauresque* ou de *latine*; elle est simplement appelée guitare.

Sa forme est celle de la guitare latine des *Cantigas*, comportant quatre rangs de cordes doubles, sauf le premier rang, dont la corde est généralement simple, plus dix touches formées par d'autres bouts de cordes de boyau enroulés autour du manche aux

1. Julian Ribera, *La Musica de las Cantigas*, Madrid, Real Academia Española.
2. Bibl. Nat., Rés., V. 601.

distances correspondantes, pour produire les notes[1]. Certains instrumentistes la jouaient en pinçant, mais elle était principalement réservée à la musique « frappée » (*rasgueada*) servant au peuple pour accompagner ses danses et ses vieilles romances.

Salvador DANIEL[2], décrivant « la guitare de Tunis », que les Maures appellent *kuitra*, affirme qu'elle avait le fond convexe et qu'elle comportait trois rangs de cordes. Puis elle adopta (on ne sait quand) le fond plat, et acquit une corde de plus. D'insuffisants détails dans sa description empêchent de l'assimiler à la guitare décrite par le Pere BERMUDO : mais on peut supposer que le contact de plusieurs siècles entre Arabes et Espagnols (Mozarabes) mélangea les caractères distinotifs des instruments comme ceux des autres arts. Si les Espagnols « s'arabisèrent » au contact des Maures, ceux-ci subirent l'influence européenne et surent adapter leur goût à la forme et à la sonorité des instruments espagnols.

FIG. 1051.

Ce progrès du peuple se refléta chez les musiciens. Le luth, primitivement à quatre cordes, en prit une cinquième en Espagne pour se perfectionner en Europe. L'influence exercée par la civilisation arabe sur la musique européenne devait avoir une répercussion sur les instruments de l'époque; c'est ainsi que la *vihuela* ou *vigola* comporte une disposition de rangs, techniquement égale à celle du luth, sans renoncer en essence au caractère latin.

La *vihuela* n'est qu'une guitare plus grande dans sa taille, sonorité et étendue. BERMUDO dit : « Si vous voulez transformer une *vihuela* en guitare, enlevezlui la première et la sixième corde, les restantes sont celles de la guitare. Pour transformer une guitare en *vihuela*, ajoutez-y une sixième et une première corde. »

Le nom *vihuela* est la corruption du nom *fidicula, fithele, vigola, vihuela, vielle, viol* et, selon SAINT ISIDORE, équivaut à cithare (Voir son *Etymologiarium*, livre III, chap. XXII. Trois genres de *vihuela* existaient à là même époque : à main, à archet et à plectre, selon qu'on les touchait avec les doigts, avec un archet ou avec un plectre.

Il y eut simultanément une grande variété de vihuelas à main : la vihuela commune comportait six doubles cordes en boyau et dix touches. On l'accordait par quartes en deux groupes de trois rangs à une distance de tierce majeure. En voici la disposition :

Le Père BERMUDO (livre IV, chap. XII) décrit aussi

<hr />

1. Au Musée de Vich (Espagne), on peut voir une vieille guitare à quatre rangs de cordes avec dix touches formées par des cordes de boyau.

2. Salvador DANIEL, *La Musique arabe.*

une *vihuela* à sept rangs, avec une corde au-dessus

FIG. 1052. — Vihuela de BERMUDO et division de son manche.

de la première, c'est-à-dire ayant un rang de plus dans le registre aigu que la vihuela commune. Son accord est :

Cordes: VII° VI° V° IV° / III° II° I°

Il cite encore une autre *vihuela* employée en Italie, qui a six rangs de cordes, mais avec l'accord suivant (livre IV, chap. XXX) :

Cordes: VI° V° IV° III° / II° I°

c'est-à-dire qu'on augmente d'un demi-ton la distance entre le 4° et le 3° rang, et qu'on diminue d'autant la distance entre le 3° et le second.

Dans la guitare, la disposition des cordes du grave à l'aigu correspondait aux intervalles suivants :

Cordes: IV° III° II° I°

Cet accord, le plus courant, était appelé *a los nuevos o a los altos* (nouvelle façon), et celui-ci :

Cordes: IV° III° II° I°

a los viejos o a los bajos (vieille façon). Ce dernier, dit BERMUDO, s'emploie plus spécialement dans les vieilles romances et dans la musique *frappée* que dans la musique de son époque : la bonne musique pour guitare devait être chiffrée dans la *nouvelle façon*.

126

En même temps que la guitare à quatre cordes, il en est décrit une autre à cinq comportant une corde supplémentaire à l'aigu, à distance de quarte, que l'on nomme première dans la vihuela. Voici son accord :

Bermudo parle aussi d'un autre instrument plus ancien, qu'il appelle guitare de Mercure[1]; elle avait quatre cordes ainsi accordées :

on y remarque l'écart d'octave entre ses cordes extrêmes.

Dans le prologue de son ouvrage, le même auteur s'attribue l'invention d'une disposition calculée des touches ainsi que celle d'une vihuela à sept cordes, avec un accord différent de celui employé par les autres vihuelistes (notamment le célèbre Guzman).

Toute la musique de vihuela et de guitare est écrite en tablature jusqu'au début du xviiᵉ siècle.

La tablature de vihuela indique par des nombres les touches où il faut placer les doigts pour obtenir les notes. La portée sur laquelle figurent ces nombres comprend six lignes; les nombres placés sur chacune d'elles indiquent la touche et la corde correspondantes.

Certains auteurs considèrent la ligne supérieure comme la sixième corde, et la ligne inférieure comme la première[2]. Dans le livre intitulé *El Maestro*, de Luis Milan (le plus ancien), l'ordre des lignes correspondant aux cordes est :

```
1ᵉ —————————————
2ᵉ —————————————
3ᵉ —————————————
4ᵉ —————————————
5ᵉ —————————————
6ᵉ —————————————
```

et l'accord est le suivant :

Par contre, dans la *Lyra Orphenica* de Miguel de Fuenllana, et dans le *Libro de Musica de vihuela* de Diego Pisador, l'ordre des lignes correspondant aux cordes est renversé :

```
6ᵉ —————————————
5ᵉ —————————————
4ᵉ —————————————
3ᵉ —————————————
2ᵉ —————————————
1ᵉ —————————————
```

Dans les œuvres pour chant et vihuela, certains auteurs écrivent la mélodie sur une portée séparée[3].

correspondant à l'autre; d'autres la font ressortir au moyen de nombres à l'encre rouge placés parmi ceux qui forment la partie de vihuela.

La tablature de guitare comporta d'abord quatre lignes en raison de ses rangs de cordes :

```
1ᵉ —————————————
2ᵉ —————————————
3ᵉ —————————————
4ᵉ —————————————
```

Fuenllana et Mudarra écrivirent, en 1554 et 1546, diverses fantaisies pour guitare de même que pour vihuela à cinq rangs. En 1551, Ballard, imprimeur du roi Henri II, publia cinq *Livres de tabulature de guiterre*, composés par son beau-frère Adrien Le Roy. Les premier, troisième et quatrième de ces livres, écrits en tablature de quatre lignes, comportent plusieurs fantaisies, pavanes, gaillardes, allemandes, branles et psaumes; les deuxième et cinquième contiennent plusieurs mélodies pour chant et guitare[3]. Dès la fin du xviᵉ siècle, toute la tablature de guitare comporta cinq lignes.

En Espagne comme en Italie, la ligne supérieure de la tablature de guitare correspondait à la corde grave; la ligne inférieure, à la plus aiguë :

```
5ᵉ —————————————
4ᵉ —————————————
3ᵉ —————————————
2ᵉ —————————————
1ᵉ —————————————
```

Par contre, en France, la ligne supérieure indique la corde la plus haute; la ligne inférieure, la corde grave.

Les tablatures espagnoles et italiennes se distinguent par d'autres particularités de la tablature française : dans les premières, les touches ou notes sont indiquées par des chiffres; dans la seconde, par des lettres, exemple :

Parmi les accords employés pour la guitare à quatre cordes, le plus commun était :

et pour la guitare à cinq cordes :

On attribue à Girolamo Montesardo, guitariste italien du début du xviiᵉ siècle, l'invention d'un sys-

---

1. Il fait probablement allusion à la lyre qui était en vogue parmi les Grecs jusqu'au moment où Terpandre arriva de Lesbos, avant la 35ᵉ Olympiade.

2. Nous sommes obligé de faire remarquer l'erreur qui se trouve dans le travail du docteur Chouquet dans la 1ʳᵉ partie de l'*Encyclopédie*, p. 646 et 647, au sujet de la tablature de Luis Milan.

3. A la Bibliothèque du British Museum (K. 2. h. 12), Londres. C'est l'ouvrage le plus ancien que nous connaissions de musique écrite pour la guitare. En voici le titre : *Premier Livre de Tabulature de guiterre, contenant plusieurs chansons, fantaisies, paranes, gaillardes, allemandes, Branles, tant simples qu'autres : le tout composé par Adrian Le Roy. A Paris. De l'imprimerie d'Adrian Le Roy et Robert Ballard, rue Saint-Jean de Beauvais, à l'enseigne Sainte-Geneviève, 12 septembre 1551. Avec privilège du Roy pour neuf ans.*

tème indiquant en abrégé les accords tonaux. Tout accord, dans ce système, était représenté par une ettre majuscule de l'alphabet. Ce procédé fut vite généralisé; on l'employa surtout dans ce que BERMUDO appelle la musique frappée pour accompagnements *rasgueados* (sorte de brusques arpèges), simplement destinés à marquer les rythmes et les tonalités.

Les rythmes sont indiqués par de petits traits perpendiculaires à une seule ligne horizontale. Si le trait est au-dessus de cette ligne, le coup ou arpège doit se donner de bas en haut ; si au contraire il est au-dessous, le coup se donne de haut en bas. Cela s'appelait en français « relever ou rabattre l'accord », et la prolongation du son par ces deux traits, alternativement répétés, se nommait « chaudronnement ».

Certains musicologues ont confondu et confondent la vihuela et le luth, en raison de leurs affinités communes, erreur qui est admise par le vulgaire. On arriva à croire, et beaucoup le croient de nos jours, que guitare et mandoline sont synonymes. La nature du luth et de la vihuela dérive d'un même principe de physique instrumentale. L'affinité de ces deux instruments se prolonge dans l'histoire et le développement général de la musique. Le contour de leur caisse harmonique établit entre eux une différence marquée. La construction devenue traditionnelle avantagea la vihuela, plus riche en moyens sonores. De cet instrument naquirent les instruments à archet. La vihuela, représentant jadis l'esprit musical de tout un peuple, est à l'actuelle littérature musicale de l'Espagne ce que le luth et le théorbe sont à celles de la France, de l'Italie, des Flandres et de l'Allemagne.

L'œuvre des vihuelistes, qui nous a été conservée, appartient à la période comprise entre 1535 et 1578 ; elle se compose des œuvres suivantes :

Libro de musica de vihuela de mano intitulado El Maestro compuesto por Don Luys MILAN. *Dirigido al muy alto é muy poderoso é invictissimo principe Don Juan, por la gracia de Dios, rey de Portugal y de las Yslas.* Valencia, 1535 (Bibl. Nat., Paris)[2].

Los seis libros del Delfin de musica de cifras para tañer vihuela. Hecho por Luys DE NARBAEZ. *Dirigido al muy ilustre señor el señor Don Francisco de los Covos.* Valladolid, 1538 (Bibl. Nacional, Madrid)[3].

Los tres libros de musica de cifra para vigñela... Alfonso MUDARRA. Sevilla, 1546 (Bibl. Nacional de Madrid. Legs Barbieri)[4].

Libro de música de vihuela intitulado Silva de Sirenas. Compuesto por Enriquez DE VALDERRABANO. Valladolid, 1547 (Bibl. Nacional, Madrid)[5].

Libro de musica de vihuela agora nuevamente compuesto por Diego PISADOR, *vecino de la ciudad de Salamanca, dirigido al muy alto y muy poderoso señor*

Don Philippe, principe de España, nuestro señor. Salamanca, 1552 (Bibl. Nat. de Paris)[6].

Libro de musica para vihuela intitulado Orphenica Lyra, compuesto por Miguel DE FUENLLANA. *Dirigido al muy alto y muy poderoso señor Don Philippe, principe de España, rey de Inglaterra, de Napoles, nuestro señor...* Sevilla, 1554 (Bibl. du Conservatoire de Paris)[7].

El libro llamado Declaracion de instrumentos del Padre Juan BERMUDO. Ossuna, 1555 (Bibl. nat., à Paris, et Orféo Catalá, Barcelona...)[8].

Libro de cifra nueva para tecla, harpa y vihuela por Luys VENEGAS DE HINESTROSA. Alcala, 1557[9].

Libro de tañer fantasia assi para tecla como para vihuela por Fray Tomás DE SANTA MARIA. Valladolid, 1565[10].

Libro de musica en cifra para vihuela intitulado El Parnasso. Compuesto por Don Esteban DAZA, *de Valladolid. Dirigido al muy ilustre señor licenciado Hernando de Havalos de Soto-mayor del Consejo Supremo de S. M. Impreso por Diego Fernando de Cordoba, impresor de S. M.* Valladolid, año de 1576 (Bibl. Nacional de Madrid)[11].

Obra de musica para tecla, harpa y vihuela, por Antonio de CABEZON. Madrid, 1578[12].

Bien que l'importance de ces ouvrages ait été mise en relief par Raphaël MITJANA dans son étude sur la musique en Espagne (*Encyclopédie de la Musique*, vol. IV, Espagne-Portugal), nous nous permettons d'ajouter quelques remarques capables de contribuer à affermir leur valeur artistique.

Albert SOUBIES dit, dans son *Histoire de la musique* : « Ils ont, en somme, une très grande importance à trois points de vue. Tout d'abord, c'est là qu'il faut chercher la première ébauche de l'orchestre moderne, fait absolument reconnu par GEVAERT et bien d'autres. Ensuite, ils apportent une contribution considérable pour l'étude du folklore musical. Non contents de s'approprier tout ce qui, dans les œuvres de polyphonie vocale, était à leur convenance, les vihuelistes prenaient, en vue d'amuser les rois et les grands dans l'entourage desquels ils vivaient, des thèmes populaires, toute une musique naïve qui, grâce à eux, nous apparaît claire, charmante, pleine de couleur. Enfin, littérairement, les collections, dans les textes des chansons qu'elles groupent, nous offrent les spécimens d'une poésie fort caractéristique qui, sans cette circonstance, serait demeurée inconnue. »

Pedro CHAVARRI (Eduardo) dit, dans son *Histoire de la musique* : « Bien qu'ils adoptent fréquemment des motifs populaires comme thèmes de leurs com-

1. A. GRILLET. Au Catalogue de l'hôtel de Cluny par E. du SOMMERARD, Paris, 1884, p. 560 : « Mandoline incrustée d'ivoire avec manche orné d'arabesques en incrustations signée par Alexandre Roboam (sic) (VOBOAM, fin du XVIIIe siècle, à Paris, en 1862. Donnée par M. Chabanne à Paris, en 1872. » Cet instrument est une guitare française, comme en fait foi la signature mentionnée au catalogue.

2. *Livre de musique pour vihuela à main intitulé « El Maestro »* (Le Maître). composé par Don Luis MILAN, dédié au très haut, très puissant et invincible prince Don Juan, roi du Portugal des Iles, par la grâce de Dieu. Valence, 1535.

3. *Les Six Livres du Dauphin de Musique pour vihuela. Ecrit par Luys* DE NARBAEZ *et dédié au très illustre señor Don Francisco de los Covos.* Valladolid, 1538.

4. *Les Trois Livres de musique chiffrée pour vihuela. Alphonse* MUDARRA, Séville, 1546.

5. *Livre de musique de vihuela intitulé « Silva de Sirenas » composé par Enriquez* DE VALDERRABANO. Valladolid, 1547.

6. *Livre de musique de vihuela nouvellement composé par Diego* PISADOR *de Salamanque, dédié au très haut et très puissant seigneur Don Philippe, prince d'Espagne, notre seigneur.* Salamanque, 1552.

7. *Livre de musique pour vihuela intitulé « Orphenica Lyra », composé par Miguel* DE FUENLLANA. *Dédié au très haut et très puissant seigneur Don Philippe, prince d'Espagne, roi d'Angleterre, de Naples, notre seigneur.* Séville, 1554.

8. *Le livre appelé Déclaration d'instruments par le Père Juan* BERMUDO. Ossuna, 1555.

9. *Livre de notation nouvelle pour instruments à touches, harpe et vihuela par Luys* VENEGAS DE HINESTROSA. Alcala, 1557.

10. *Art de jouer la fantaisie sur les instruments à touches et sur la vihuela, par Fray Tomás* DE SANTA MARIA. Valladolid, 1565.

11. *Livre de musique chiffrée pour vihuela intitulé « El Parnasso »,* composé par Esteban DAZA, de Valladolid. Dédié au très illustre seigneur licencié Hernando de Havalos de Soto, président du Conseil suprême de S. M. Imprimé par Diego Fernandez de Cordoba, imprimeur de S. M. Valladolid, 1576.

12. *Œuvres de musique pour instruments à touches, harpe et vihuela, par Antonio* DE CABEZON, Madrid, 1578.

positions, ils appliquent à leur art le contrepoint dans toute sa rigueur et ils recherchent, d'autre part, la prédominance d'une mélodie sur les autres; ils abrègent la polyphonie des autres voix en la ramenant, dans l'écriture et dans la pratique, à de simples accords; ils découvrent ainsi des harmonies caractéristiques, et délivrent des entraves sévères du contrepoint le chant mélodique longtemps avant la *Camerata Florentina*, qui créa l'opéra. »

Ils créent la monodie accompagnée, la fantaisie et les variations. Antonio de CABEZÓN écrivit des variations bien définies avant le virginaliste anglais BYRD. La forme *variation* procède, non pas des vihuelistes eux-mêmes, mais des guitaristes populaires, leurs prédécesseurs, en raison de la musique qui accompagnait les vieux *romances* hispaniques. Le *romance* consistait en une sorte de poésie populaire où étaient narrées plus ou moins longuement les aventures chevaleresques, les amours, les guerres, les faits religieux ou les aventures comiques. Il se chantait sur une courte mélodie avec accompagnement de guitare ou de vihuela, et la répétition fréquente du chant fit rechercher d'instinct ce qui pouvait éviter la monotonie musicale. Ainsi naquit la variation, d'abord simple morceau instrumental, et qui ouvrit depuis un horizon nouveau et illimité.

Tous les vihuelistes écrivirent de nombreuses variations. Une romance populaire, *El Conde Claros*, fournit à NARVAEZ le thème de vingt-deux variations, de douze à MUDARRA, de trente-sept à PISADOR. Dans la romance *Guardame las vacas*, apparaît déjà un effet d'écho.

Le maître PEDRELL dit, dans *Musicalerias* : « Le musicographe rencontre dans les livres des vihuelistes les formes natives et originelles de la monodie accompagnée, et, par extension, toutes ou presque toutes les formes de l'orchestre symphonique moderne. »

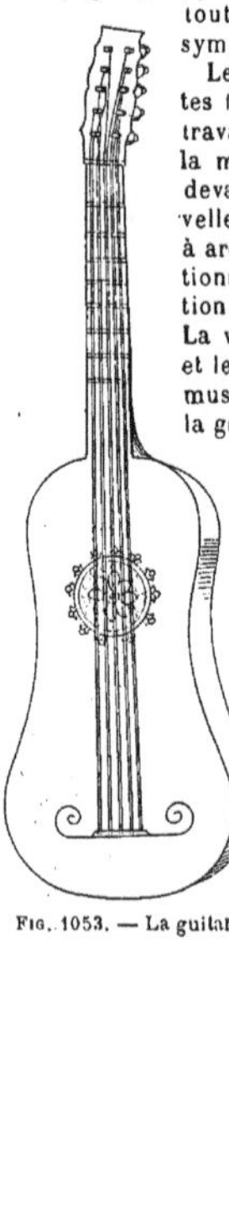

Le siècle de l'apogée des vihuelistes fut, en général, une période de travail si intense et si décisif pour la musique instrumentale, qu'elle devait forcément marquer de nouvelles orientations. Les instruments à archet et à touches, en se perfectionnant, attirèrent sur eux l'attention des musiciens et des artistes. La vihuela partageait avec le luth et le théorbe la prédominance de la musique profane; elle avait relégué la guitare à l'humble rôle d'accompagnateur routinier aux mains du peuple; mais elle disparaît après la dernière œuvre des vihuelistes (1578).

La chute de la vihuela correspond au relèvement de la guitare. L'instrument est le même, mais il est différemment monté. Comme vihuela, il a un rang en moins; comme guitare, un rang en plus. Ce qui oblige surtout à le considérer comme une guitare, c'est son caractère essentiellement populaire. Tandis que les musiciens limitaient le contrepoint, le peuple s'efforçait

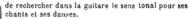

FIG. 1053. — La guitare.

de rechercher dans la guitare le sens tonal pour ses chants et ses danses.

Les premiers promoteurs de la guitare furent le génial poète Vicente ESPINEL et J.-Carlos AMAT, docteur en médecine.

Le premier, baptisé à Ronda le 28 décembre 1550, fut l'auteur de la rime appelée *espinela*, le maître de littérature de Lope de Vega et l'ami intime de Cervantes, qui écrivit dans sa *Galatea* :

Del famoso ESPINEL cosas diria
Que escedan al humano entendimiento
De aquellas ciencias que en su pecho cria
El divino de Febo sacro aliento,
Mas pues no puede la lengua mia
Decir lo menos de lo mas que siento,
No digo mas sino que al cielo aspira
Tiene la prima y en el raro estilo.

Et dans le *Viaje al Parnaso* :

Este aunque tiene parte de Zoilo
Es el grande ESPINEL que en la guitarra
Tiene la prima y en el raro estilo.

Lope de Vega, dans sa *Dorotea*, et DOIZI DE VELASCO dans son *Nuevo Modo de cifra para tañer la guitarra*, attribuent à ESPINEL l'addition d'une cinquième corde, faite une octave au-dessus de la plus aiguë correspondant à la première de la vihuela. On peut croire qu'il n'a fait qu'en adopter et répandre l'usage. BERMUDO déclare avoir vu auparavant des guitares à cinq cordes, FUENLLANA (*Orphenica Lyra*) et MUDARRA (Trois livres de musique pour vihuela) ont publié des fantaisies pour guitare ou vihuela de ce genre.

L'instrument ainsi adopté fut nommé, hors d'Espagne, *guitare espagnole*, épithète qui le distinguait de son congénère, la guitare à quatre cordes, employée jusqu'alors dans divers pays.

On attribue aussi à ESPINEL l'accord la-ré-sol-si-mi définitivement adopté et qui subsiste encore pour ces cinq cordes.

En 1586, parut le premier traité pour guitare, publié à Barcelone sous le titre :

Guitarra española y Vandola en dos maneras de guitarra Castellana y Cathalana de cinco ordenes la qual enseña de templar y tañer rasgado todos los puntos naturales y bemolados, con estilo maravilloso. Y para poner en ella qualquier tono, se pone una tabla con la qual podra qualquier sin dificultad cifrar el tono y despues tañer y cantarle por doce modos. Y se haze mencion tambien de la guitarra de quatro ordenes. Gerona por Joseph Bró Impresor (sans date ni nom d'auteur)[1].

L'édition de ce traité que nous avons sous les yeux contient une lettre du P. Leonardo de San Martin datée de Saragosse, le 30 avril 1639, adressée à l'auteur, Juan CARLOS AMAT, docteur en médecine; elle nous apprend que la première édition parut à Barcelone en 1586, que l'auteur est âgé de soixante-sept ans, qu'à l'âge de sept ans il chantait et jouait de belle manière, qu'il avait publié divers petits traités sur la musique, l'arithmétique, l'astrologie, la poésie (*Quatre cents Aphorismes catalans* imprimés plus de vingt fois), un *Traité sur la peste* imprimé à

---

1. *Guitare espagnole et vandola* (mandore?) *d'après les deux modes de la guitare castillane et catalane à cinq rangs de cordes, où l'on apprend à accorder et à jouer «rasgado», tous les tons naturels et bémolisés avec un style merveilleux. Et pour qu'on puisse jouer tous les tons, il y a un tableau avec lequel on peut sans difficulté chiffrer le ton et après le jouer et le chanter de douze façons différentes. On traite aussi de la guitare à quatre cordes, Gérone, imprimé par Joseph Bro.*

Fig. 1054.

Barcelone, et un *Fructus Medicinæ*, édité à Lyon (France), trois fois depuis 1623.

Ce traité, comme l'expose l'auteur, n'a d'autre but que d'enseigner la manière de jouer et de toucher en *rasgueado* la guitare à cinq cordes, appelée espagnole parce quelle est plus répandue dans ce pays que dans les autres; il enseigne aussi la manière de s'en servir dans n'importe quel ton. Suivent trois sonnets célébrant la guitare et l'auteur, puis le traité commence; il comprend neuf chapitres.

Le premier dit que la guitare est montée de neuf cordes, une au premier rang et deux aux autres rangs; les cordes des deuxième et troisième rangs sont accordées à l'unisson, celles des quatrième et cinquième rangs, à l'octave :

Cordes Vᵉ   IVᵉ   IIIᵉ   IIᵉ   Iᵉ

Cet accord montre un intervalle de quarte entre le cinquième et le quatrième rang, le même intervalle entre le quatrième et le troisième, entre le deuxième et le premier, puis une tierce majeure entre le troisième et le deuxième rang.

Dans le deuxième chapitre, il explique la formation des accords qu'il appelle *puntos*, constitués par trois voix, *bajete, alto y tiple* (basse, baryton, ténor). Il explique la différence entre les accords majeurs et mineurs (naturels et bémolisés), le nombre qu'on en peut former (douze de chaque manière) et la désignation de chacun d'eux par un chiffre.

Le troisième chapitre expose tous les accords majeurs en précisant les cordes, les touches et les doigts au moyen desquels on les obtient :

Le quatrième chapitre décrit de la même manière les accords mineurs ou bémolisés :

Le cinquième présente un tableau très ingénieux sur lequel figurent tous les accords disposés de façon facilement transposable. Les numéros 1, 2, 3 et 4 servent à indiquer les seules touches employées pour la formation des accords; les lettres *a, e, i, o* indiquent les doigts de la main gauche, index, médius, annulaire, auriculaire.

Le chapitre VI montre comment les accords précédents renferment toutes les tonalités, et la manière de s'en servir pour passer à des tonalités différentes.

Le chapitre VII explique la façon d'appliquer ces accords à des airs connus, tels que *vacas, paseos, gallardas, villancicos, italianas, pavanillas,* etc., et comment, par transposition, ces accords peuvent s'adapter au ton le plus convenable. Il donne comme modèle un *paseo* (espèce de petit prélude tonal) formé par la succession des accords majeurs, tonique, sous-dominante, dominante et tonique :

Il indique aussi, en se servant du tableau précédent, la façon de transposer facilement le même *paseo* dans des tons différents par progression de quarte ascendante. Il justifie l'utilité de la transposition en disant que « les voix humaines ne peuvent pas s'accommoder à toutes les notes, que les guitares sont d'ordinaire très hautes ou très basses, et que ceux qui ne peuvent jouer que d'une seule manière un morceau le chanteront forcément très haut ou très bas »; enfin, connaissant ces règles, on peut, en même temps, jouer de douze guitares, chacune dans sa tonalité, et toutes auront une même consonance.

Le chapitre VIII donne une table permettant à

quiconque de chiffrer le ton et de chanter de douze manières. Ce système ingénieux prouve les facultés didactiques de l'auteur et concourt au développement de la théorie exposée dans le chapitre précédent.

Le chapitre IX traite de la guitare à quatre rangs, avec le même accord; celle-ci possède le même nombre d'accords naturels et bémolisés, et peut être

jouée en n'importe quel ton. On peut déduire, d'après les indications, que le mouvement à donner aux airs découle du ton lui-même.

En guise de suite, un autre traité plus court, en catalan, expose les accords en chiffres, et indique les doigts au moyen de points :

Naturels (Majeurs)   **Avec bémols (Mineurs)**

Une page de vingt-quatre dessins, appelés Manechs y Mans (manches et mains), représente les positions des doigts sur les cordes pour chaque accord. Bien qu'il y ait douze accords, on n'y voit figurer que dix manches : les accords de sol bémol ou fa dièse, en majeur et mineur, se forment comme leurs accords respectifs naturels, sur une touche plus avancée, donnant un demi-ton plus haut.

Chacun de ces dessins porte une lettre majuscule indiquant la façon de réaliser les divers accords sur l'ensemble des cordes. En 1606, Montesardo emploie le même alphabet, qu'il altère légèrement.

Le dernier chapitre est consacré à la manière d'accorder la vandola, instrument à six rangs de cordes, dont la position et la tessiture donnent du grave à l'aigu la, ré, sol, si, mi, la.

Cet ouvrage, plagié par Andrés de Sojo (ou Soto) en 1764, et imité par Minguet & Irol en 1752 à Madrid, contribua grandement à la diffusion de la guitare dans toute l'Espagne.

Dix-septième siècle.

Le premier ouvrage paru au XVIIe siècle est celui de Girolamo Montesardo intitulé : Nuova Inventione

d'Intavolatura per sonare li balletti sopra la chitarra Spagnola senza numeri e note, 1606, Bologna (Lic. Mus. Bibl. Musikfreund. à Vienne). Quoique l'on attribue à cet auteur l'invention de l'alphabet italien, le fait qu'un alphabet figure dans l'ouvrage de J. Carlos Amat, publié vingt ans auparavant, diminue l'importance de son invention. D'ailleurs, dans l'alphabet de Montesardo, tous les tons ne sont pas indiqués; par contre, on y trouve l'inversion d'un même accord, et les valeurs indiquées au moyen de majuscules et de minuscules précisent bien mieux les rythmes.

Tous les guitaristes italiens postérieurs à Montesardo, et même certains guitaristes espagnols, ont adopté son alphabet.

En 1626, parut à Paris une Méthode très facile pour apprendre à jouer de la guitare espagnole, composée par Luis de Briceño, et dédiée à Mme de Chales; on y trouve des choses curieuses sur les romances et les séguedilles, une soixantaine de chansons différentes, une méthode pour jouer, le tout dans un ordre facile et agréable. Imprimé à Paris par Pierre Ballard, imprimeur du roi, 1626[1].

L'auteur, cité avec éloge par le P. Mersenne[2], dans son Harmonie Universelle, présente les accords suivants comme les plus nécessaires :

Arrojome las mançanitas
Por ençima del mançanar,
Arrójomelas y arrojomelas
Y tornómelas a arrojar.

Si jamás duermen mis ojos,
Madre mia que harán
Que como amor los desvela
Pienso que se morirán.

Quien dixo muerte al amor
Libre de pesares era
Mejor dixera dolor
Y más natural le fuera.

Una mora me enamora
Por ser mora de nacion,
Mas no es mora, porque mora
Dentro de mi coraçón

1. Meto lo muy facilissimo para aprender à tañer la guitarra a lo Español compuesto por Luis de Briçeño y presentado a Madama de Chales en el qual se hallaran cosas curiosas de Romances y Seguidillas. Juntamente sesenta liçiones diferentes, un Metodo para templar, otro para conoçer los acuerdos, todo por una horden agradable y facilissima. Impreso en Paris por Pedro Ballard, impresor del Rey. 1626.

2. A la Bib. Nat., V. 2804.

3. La note grave du 7e accord est si et non la; 8e accord, lire do♯ fa♯, la, do♯, fa♯; 15e accord, la note supérieure est la♭ et non sol♭.

Vers la même époque, Nicolas Doizi de Velasco, d'origine portugaise, élevé en Espagne, musicien du roi et du cardinal don Fernando, adjoint au duc de Medina de las Torres, agissant dans le même sens en Italie, fit paraître à Naples sa *Nouvelle Méthode chiffrée pour guitare* (1630)[1].

Antérieurement à lui (quoique après l'œuvre de Montesardo), parurent en Italie divers ouvrages de Orazio Giaccio (Naples, 1618), Giovanni Ambrosio Colonna (Milan, 1620 et 1637)[2], Milanuzzi et Benedetto Sanseverino[3] (1622), Ludovico Monte (1620), Pietro Milioni[4], Faurizio Costanzi et G.-B. Abattessa (Venise, 1617)[5], Foriano Pico, Bartolotti[6], Roncalli[7] et autres[8], ainsi que des ouvrages spécialement écrits pour *chitarriglia*, mot qui n'indique pas un instrument, mais plutôt une façon de jouer équivalente au rasgueado de nos jours. Lesdites œuvres spécifiant la *chitarriglia* sont basées sur des accords à tonique rudimentaire, sans indication de temps. Les cordes étaient toutes frappées à la fois sans pincement, en mouvements alternatifs, vers le haut ou le bas, suivant l'indication des mouvements. Ceux-ci étaient indiqués par des lettres placées en dessus ou en dessous d'une ligne unique horizontale[9] :

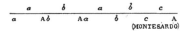

(MONTESARDO)

Quelques auteurs indiquent les accords par de petits traits verticaux, au lieu d'employer des lettres :

(ACADEMICO CALIGINOSO)

(GASPAR SANZ)

Sous le titre de *I Quatro Libri d'lla Chitarra spaynuola nelli qualli si contengono tutte le Sonate ordinarie,* Foscarini (l'*Academico Caliginoso, detto il furioso*) publie, en 1629, un volume employant, pour la première fois, le procédé du pincement (*punteado*) ajouté à l'ancien *rasgueado*[10].

Ce volume contient la première tablature comportant des accords dissonants, et, où, d'ailleurs, le doigté de la main gauche est indiqué comme dans le traité de J.-C. Amat :

Cet ouvrage et ceux d'Antonio Carbonchi[11], Lorenzo Fabbino, Domenico Pellegrini[12], Coriandolli, Acioli, Pesori, Granata[13], ainsi que ceux du fameux Corbetta ou Corbera, donnent une grande impulsion à la valeur musicale de la guitare, améliorent

1. *Nuebo Modo de cifrar para tañer la guitara con variedad y perfecion y se muestra ser instrumento perfecto y abundante por* Nicolas Doizi de Velasco, *musico de S. M. y del Sr. Infante Cardenal y al presente del Duque de Medina de las Torres, virrey de Napoles.* Napoles por Egidio Longo, 1645 (Bibl. Nacional Madrid). Cet auteur déclare, dans son ouvrage, que la guitare était appelée espagnole en France et en Italie depuis qu'Espinel lui avait ajouté la 5ᵉ corde.

2. *Intavolatura di chitarra alla spagnola.* Giovanni Ambrosio Colonna (Bibl. du British Museum).

3. *Il Primo Liuro d'intavolatura per la chitarra* (British Museum, K. 1, g. 13).

4. *Vero e facil modo d'imparare a sonare et accordare da se medesimo La Chitarra Spaynuola non solo con l'Alfabetto et accordatura d'ordinaria ma anco con un altro Alfabetto et accordatura straordinaria nuovamente inventato da* Pietro Milioni *e* Ludovico Monte. *Compaynicon una regola per imparare il modo d'accordare sei chitarre, per poterle sonare insieme in concerto, ciascuna per differente chiave. In* Venetia MDCXXXVII *per Domenico Louisa a Rialto* (Bibl. du Conservatoire et au Musée historique de musique de D.-W. Scheurleer à la Haye).

5. *Corona di vaghi fiori... Venetia, 1617* (British Museum, K. 1, a. 7.)

6. Angiolo-Michele Bartolotti. *Libro primo di chitarra spagnuola.* Florence, 1640 (Au British Museum K. 8, i. 2).

7. Ludovico Roncalli. *Caprici armonici sopra la chitarra spagnuola.* Bergame, 1692 (British Museum. K. 2. c. 12).

8. Voir Johannes Wolf, *Handbuch der Notationskunde,* Leipzig, Breitkopf et Härtel, 1919.

9. Maria-Rita Brondi, op. cit. Oscar Chilesotti, *Rivista musicale Italiana.* Vol. XIV, fasc. 4ᵉ, Fratelli Bocca editori, Torino.

10. A la Bibl. Nat., Rés. Vm 8-u, 2.

11. *Le Dodici Chitarre spodale inventate del cavaliere* Antonio Carbonchi. Firenze, 1639, réédité en 1643 sous le titre *Libro Secondo di chitarra spagnuola con due alfabetti uno alla francese e l'altro alla spagnuola, dedicato alla Illustriss. Sig. Marchese Bartolomeo Corsini.* L'auteur, né à Florence, fut nommé chevalier de l'ordre de Toscane, en hommage à ses actions heroiques pendant la guerre contre les Turcs. Il fut le premier guitariste qui donna plusieurs harmonisations à une même mélodie. (Philip-J. Bone, *Guitar and Mandolin,* Augener, Londres.)

12. *Armonici Concerti sopra la Chitara spagnuola di* Domenico Pellegrini Bolognese, *Accademico Filomuso.* In Bologna, per Giacomo Monti, 1650 (Bibl. du Conservatoire).

13. *Caprici armonici sopra la chitarriglia spagnuola di* Gio Battista Granata *da Torino da lui co tempi musicali composti e dedicati al Serenis. Principe D. Lorenzo di Toscana,* Bologna, 1646 (Bibl. Nat. Rés. ; Vmⁱ, 59⁴) et *Armoniosi toni di varie sonate musicali,* Bologna, 1664 (British Museum K. 4. b. 3).

sa technique, augmentent le nombre de ses effets instrumentaux et les indiquent par les signes suivants :

martèlements (trilles continus)   𝄐

miolements (vibratos)   **T.**

tremblements (mordants)   ⟶   vers la note.

cheutes (liés montants) ⌢ , tirades (liés descendants) ⌣

arpèges en sens double

L'apogée de cette époque si intéressante pour la guitare est marqué par Francisco CORBERA, musicien espagnol selon LICHTENTAL, qui lui attribue le traité *Guitarra española y sus diferentes sones, dedicado à Felipe IV;* d'autres musicologues soutiennent qu'il est né à Pavie, en 1615, et s'appelait CORBETTA [1]. Très jeune encore, on le tenait pour le meilleur guitariste de son temps. Après avoir été pendant quelques années musicien à la cour d'Espagne, il voyagea en Allemagne et en France, où la protection du duc de Mantoue le fit nommer musicien de la chambre du roi Louis XIV, charge qu'il occupa pendant plusieurs années. Durant cette période, il publia *La Guitare Royale* [2] (Paris, H. Bonneuil, 1671, Bibl. du Musée Historique de Musique de D.-W. SCHEURLEER, à la Haye, et British Museum, K. 7. i 4), précédée d'un discours aux amateurs de cet instrument. Il leur dit qu'il a publié divers autres ouvrages composés dans le style propre aux pays visités par lui. Il fait allusion à un travail paru deux années auparavant, et enseignant les différentes manières de jouer de la guitare. Dans ce même ouvrage, il se plaint de son collègue GRANATA, qui fut quelque temps son élève, et qui publia plus tard, sous son propre nom, plusieurs de ses compositions. De la cour de France, CORBETTA passe à celle d'Angleterre, où il est nommé musicien de la reine par le roi Charles II, lors de son avènement au trône. L'enthousiasme qu'il suscita dans ce pays fut si extraordinaire qu'il obtint non seulement la faveur du roi, mais celle de toute la cour, où il devint du meilleur ton d'apprendre la guitare. Il eut pour élèves le duc d'York, lord Arran, lady Closterfield; parmi ceux qui furent ses meilleurs

disciples, figurent VABRAY, MÉDARD et Robert de VISÉE, l'un des plus grands maîtres de cet instrument à la fin du XVII° siècle et au commencement du XVIII°.

Son œuvre de précurseur est transcendante. Il est sûrement le premier de son temps à annoncer les ultérieures polyphonies des guitaristes. Son style est personnel et puissant. Sa musique, de coupe populaire et surtout galante, soutient aisément la comparaison avec celle de ses meilleurs contemporains, LULLY et autres.

CORBETTA mourut à Paris durant l'été de 1681, ainsi que l'annonce le *Mercure* dans son numéro d'août 1681, page 132.

On attribue à MÉDARD cette épitaphe, dédiée à son maître :

> Ci-gît l'Amphion de nos jours,
> Francisque cet homme si rare
> Qui fit parler à la guitare
> Le vrai langage des amours.
> Il gagna par son harmonie
> Le cœur des princes et des rois,
> Et plusieurs ont cru qu'un génie
> Prenait le soin de conduire ses doigts.
> Passant, si tu n'as pas entendu ses merveilles,
> Apprends qu'il ne devait jamais finir son sort,
> Et qu'il aurait charmé la mort.
> Mais, hélas! par malheur, elle n'a point d'oreilles.

Le succès de CORBETTA contraste avec le fait rapporté par Jacques BONNET dans son *Histoire de la Musique.* Un mathématicien, ayant inventé le moyen de faire jouer automatiquement une guitare placée dans les mains d'un squelette, fut accusé de sortilège, puis pendu et brûlé avec l'instrument en 1664, sur une place publique d'Aix-en-Provence.

De tous les traités parus au XVII° siècle, le plus important fut certainement celui de Gaspar SANZ : *Instruccion de musica sobre la guitarra española y metodo desde sus primeros rudimentos hasta tañerla con destreza.* Il comprend deux labyrinthes ingénieux, plusieurs airs et quelques danses en arpèges (*rasgueado*) et en pincé (*punteado*) dans les styles espagnol, italien, français ou anglais, plus un court traité d'accompagnement pour guitare, harpe et orgue. Ce traité d'accompagnement se résume en douze règles avec les principaux exemples du contrepoint et de la composition. On l'édita à Saragosse chez les héritiers de Diego Dormes, en 1674 (Bibl. Nationale de Madrid; Bibl. du Conservatoire de Paris et Musée hist. de musique de D. W. SCHEURLEER à La Have). Les airs espagnols et italiens qu'il renferme sont des *folias, gallardas, marianas, pasacalles, pavanas, jucaras, españoletas, marizapalas, granduques,* etc. En dehors de sa valeur artistique, il présente le plus grand intérêt didactique.

SANZ emploie l'abécédaire italien, le meilleur de tous selon lui, et donne un tableau, qu'il nomme *labyrinthe,* pour transposer les passacailles et les autres airs *rasgueados* dans n'importe quel ton. Huit règles suffisent, d'après lui, pour apprendre à jouer de l'instrument dans la manière populaire.

La première règle enseigne à choisir les cordes et à les placer sur la guitare selon leurs diverses grosseurs.

La seconde : Comment il faut les accorder.

La troisième : Disposition des notes sur leurs touches respectives.

La quatrième : Explication de l'alphabet italien.

La cinquième : Manière de s'en servir.

La sixième : Transposition.

La septième : « Barré » (*Ceja*).

---

1. Philip-J. BONE, *Guitar and Mandolin*, Londres, édit. Augener.

2. *La Guitarre Royalle,* dédiée au Roy de la Grande-Bretagne, composée par Francisque Corbett, gravée par H. Bonneüil, rue au Lard, proche la Boucherie de Beauvais, au-dessus de la halle aux cuirs. Avec privilège du Roy, 1671. Cet ouvrage contient plus d'une centaine de compositions, parmi lesquelles plusieurs Préludes, Sarabandes, Allemandes, Gavottes, Gigues, Courantes, Doubles, Rondos, Menuets, Passacailles, Folies, Chaconnes, dont une Allemande a été faite lors de l'emprisonnement du duc de Buckingham, une autre sur la mort du duc de Glocester; une troisième composition est intitulée : *Le Tombeau de madame d'Orléans.*

Un autre ouvrage antérieur à celui-ci : *Varii capricci per la ghittara spagnuola di Francesco Corbetta Pavese, Milano, 1643,* existe à la Bibl. du British Museum, K. 10. a. 4. Il contient un portrait de l'auteur, plusieurs passacailles et différents airs de danses traités en « rasgueado » et « punteado », à la manière des guitaristes italiens de l'époque.

La huitième : Explication du labyrinthe des accords dissonants, avec des modèles pour s'exercer dans les arpèges (*rasgueados*), sona*las* (airs) français et italiens.

Pour ceux qui désireraient pousser plus loin leurs études, il donne « les règles essentielles dont se servent les maitres de Rome ». C'est après avoir fréquenté ceux-ci et concouru avec eux dans de nombreuses académies, qu'il prit le meilleur de chacun d'eux, surtout de Lelio Colista, qu'il nomme l'Orphée de son temps.

Ces règles sont les suivantes :

I. — Manière de produire le son ; doigts à employer pour les différents accords ; mouvement alterné des doigts de la main droite pour les notes consécutives.

II. — Manière d'employer le pouce de la main droite.

III. — Conseils pour le mécanisme de la main gauche.

IV. — Manière de faire le trille (indiqué par ⊤)).

V. — Manière de faire le mordant (indiqué par ⊥) ;).

VI. — Manière de faire le *vibrato* (indiqué par ✶)).

VII. — Manière d'exécuter le *extrasino* (plusieurs notes liées par un seul trait).

VIII. — Manière de lier une note donnée sur une corde avec une autre donnée sur une touche quelconque de la même corde. Ce procédé s'appelle *apoyamiento* ou *esmorsala*.

IX. — Explication de l'arpège de trois ou de quatre doigts. On l'indique par le signe ⌐⎯⎯ ou ⌐⎯⎯ ; il est conseillé de placer tous les doigts de la main gauche qui forment une même position[1] comme on les placerait pour produire des accords.

X. — Sanz recommande la simultanéité d'action des deux mains ; les doigts de la main gauche ne doivent pas quitter les notes tant que les suivantes ne sont pas préparées par d'autres doigts : le contraire choque l'oreille.

XI. — Les mesures binaire et ternaire expliquent les valeurs des notes indiquées par les chiffres et le mouvement approximatif. L'ouvrage contient, en outre, une grande quantité de commentaires, une série de règles pour le contrepoint et la composition.

Gaspar Sanz naquit à Calanda (Aragon), on ne sait à quelle date. Dans sa jeunesse, il étudia à l'Université de Salamanque, où il obtint successivement le grade de bachelier en théologie et de licencié en philosophie. Il cultiva à Naples ses facultés musi-

cales. Outre ses succès comme organiste, il acquit une grande virtuosité sur la guitare. De retour dans sa patrie, il fut nommé professeur de guitare de Don Juan d'Autriche, fils naturel de Philippe IV et de la célèbre artiste Maria Calderon. Son œuvre fut dédiée à son royal élève. Il mourut à Madrid, en 1710.

Ce volume renferme toute l'œuvre connue de Gaspar Sanz, comportant des airs de cour et populaires, des plus simples aux plus compliqués, tous du plus pur caractère national, richement varié. Leur caractère instrumental s'y marie à la construction artistique. Ces morceaux subissent l'influence des qualités austères inhérentes aux polyphonies liturgiques d'œuvres vocales ou pour orgue. L'appoint instrumental donné à la guitare par Gaspar Sanz revêt, pour ces raisons, une austérité insolite pour l'époque.

Pendant que Gaspar Sanz recueillait, dans son œuvre, l'esprit du peuple, Robert de Visée, successeur de son maitre Corbetta dans la charge de guitariste de la cour de Louis XIV et renommé théorbiste, produisait d'autres œuvres reflétant toute la grâce courtoise de son temps et de son milieu.

La biographie de cet illustre artiste est encore bien incomplète. Son *Livre de guitare*, dédié à Louis XIV (Bibl. Nat.), parut à Paris en 1682, et fut réédité en 1686[2]. Il contient une grande profusion de danses, menuets, allemandes, gigues, sarabandes, courantes, passacailles, bourrées, gavottes, etc. En outre, il renferme divers préludes et une allemande en *do* mineur, appelée *Tombeau de monsieur Francisque*, morceau sans doute dédié à son maitre Corbetta. Le docteur Chilesotti met en relief la curieuse analogie qui existe entre les premières mesures de cette œuvre et celles du second temps de la marche funèbre de la *Symphonie héroïque* de Beethoven.

Dans son prologue, de Visée déclare s'inspirer de Lully, auteur qu'il affectionne grandement. Il affirme, en outre, avoir composé une suite basée sur un accord nouvellement découvert par lui (*si, ré, sol, ré, sol*)[3].

L'œuvre de Robert de Visée reflète une aristocratie spirituelle digne de son haut rang social. Ayant été attaché à la personne du dauphin, il approcha le roi plus tard, ne manquant jamais aucune des brillantes réunions privées de Mme de Maintenon et de la cour.

Trois ans après l'ouvrage de Sanz, parut en Espagne le livre : *Luz y norte musical para caminar por las cifras de la guitarra española y harpa*, etc., composé par le prêtre don Lucas Ruiz de Ribayaz, Madrid, Melchor Alvarez, 1677 (Bibl. Nacional Madrid et Bibl. Royale de Bruxelles), renfermant des *pavanas, gallardas, danza del hacha* (danse de la hache), *chaconas, rugeros, paradetas, sarabandas, españoletas, folias, jacaras, torneos, galeria de amor, marionas, musetas, matachines, turdiones, pasacalles, vacas, villanos, canarios, zambeques*, etc.

Ruiz de Ribayaz naquit à Santa-Maria de Ribarredonda, dans les montagnes de Burgos ; il fut prébendier de l'église collégiale de Villafranca del Bierzo. Son œuvre est consacrée à la reine des anges, Maria Santissima de Curiñego.

Le dernier des traités espagnols du xviie siècle a pour titre : *Poema harmonico compuesto de varias*

---

1. Sur le sens du mot « position », voir plus loin, p. 2022 (Main gauche). Il s'agit ici de l'arrangement, de la disposition des doigts, nécessaire pour produire un accord.

2. *Livre de pièces pour la guitarre, dédié au Roy, composé par R. de Visée, Gravé par Bonneuil. Et se vend à Paris chez le dit Bonneuil, proche la halle aux cuirs, vers les SS. Innocens, et chez A. Letteguine, rue Dauphine, à la Pucelle, vis-à-vis la rue d'Anjou.*

3. D'après le Dr Oscar Chilesotti, *Rivista Musicale Italiana*, vol. XIV, fasc. 4 (Fratelli Bocca, editori, Torino).

cifras por el temple de la guitarra española, dedicado à la sacra católica y real Majestad del rey nuestro señor don Carlos II, que Dios guarde, por su mejor capellan y mas afecto vasallo, Franscisco Guerau, presbistero musico de su Real Capilla. Madrid. Imprenta de Manuel Ruiz de Murgia, 1684 (British Museum). Cet ouvrage présente dans son contenu une grande analogie avec celui de Ruiz de Bibayaz.

En 1699, Nicolas Derozier publiait à Paris ses Nouveaux Principes pour la guitare (édition Ballard). Il est le premier à traiter la guitare comme instrument d'ensemble. Trois ans auparavant, nommé, à La Haye, musicien de chambre de l'Electrice Palatine, il édite douze ouvertures pour guitare seule (Bibl. Nat., Paris, et Musée de D.-W. Scheurleer, La Haye).

Dix-huitième siècle.

Les Nouvelles Découvertes sur la guitare de François Campion, maître de théorbe et de guitare à l'Académie royale de musique, parurent à Paris en 1705; l'ouvrage expose les accords infiniment variés que l'on pratiquait à cette époque :

La même année Campion donnait : Version de tablature en musique de pièces de guitare, et en 1716, Traité d'accompagnement et de composition selon la règle des octavs de musique.

Sous le titre : Resumen de acompañar la parte con guitarra por Santiago de Murcia, fut éditée, en 1714, la dernière œuvre en tablature (British Museum).

Une période de décadence succède à ce livre. Les sonorités éminemment délicates de la guitare sont sacrifiées à celles plus bruyantes d'autres instruments; la guitare en arrive à être désavantagée et traitée souvent inhabilement en instrument d'ensemble par les Boccherini, Bomberg, Hummel, Pleyel, J.-Baptiste Bérard, etc.

En cette lointaine époque, les vraies ressources et l'extraordinaire potentiel de la guitare restaient insoupçonnés.

Des musiciens de grand talent, manifestement attirés vers elle, n'arrivent pas à percer son mystere, faute d'une compréhension adéquate et de moyens techniques.

Ses richesses demeurent inopérantes, puisque ignorées; on écrit pour elle d'une façon sommaire, empirique et souvent maladroite. Et cet instrument si riche est traité en parent pauvre.

Il s'éclipse bientôt.

Vers le dernier tiers du même siècle, paraît, en Espagne, la figure la plus marquante dans la renaissance de la guitare : c'est celle de don Miguel Garcia, devenu plus tard le Père Basile, moine de l'ordre de Saint-Basile (de Citeaux), organiste du couvent de Madrid et auteur de nombreuses œuvres de caractère religieux. Il fut le maître de Moretti et d'Aguado, qui, avec Sor, activèrent la renaissance guitaristique du xviiie siècle.

Cette période engendra dans tous les pays de l'Europe des guitaristes de plus ou moins grande valeur. Les plus fameux, fixés a Paris, firent de cette capitale le centre guitaristique le plus important de l'époque.

Citons : en France, Bérard, Guichard, Gouglet, Labarre, Doisy, Aimon, Gatayes, Gilles, Buttignot, Baillon, Magnien, Boulley, etc.,

En Italie, Carulli, Carcassi et Giuliani prédominaient; à côté d'eux, Legnani, Gragnani, Molino, Albaneze, Giardini, Bevilaqua, Boccomini, Merchi, Dragonetti Mussini, Calegari, Geminiani, Rolla, Ferranti (Zani di), etc.; même le grand Paganini composa douze sonates, op. 2 et op. 3, en deux séries pour guitare et violon, publiés par Ricordi de Milan et Richault de Paris, en plus de nombreux morceaux pour guitare seule.

En Allemagne, Chrysander, Camerloher, Baumbach, Amon, Arnold, Ehlers, Call, Blum, Benzon, Diabelli, Dotzauer, Kunze, Kuffner, Gande, Korner, Kraus, Hauptmann, Lincer, Henkel, Köhler, Glaeser, Held, Gollmick, Pratten, Straube, etc.

En Autriche, Ignace Pleyel, Ernst, Ambrosche, Held (Theobald), Klingenbrunner, Gruber, Bayer, Gansbacher, Knize, Leidesdorf, Merk, Jansa, Graeffer, Cornet, Licel, Petzmayer et Mertz, le plus célèbre d'entre eux.

En Angleterre, Harder, Lorenz, Marchsner, Call, Mounsey, Merrie, Pelzer et Ellis.

En Hollande, Boom, Rudersdorff, Prager, Droüet, Craeijvanger.

En Belgique, Schindlocker et Molitor.

En Danemark, Berggreen et Wilhelm Gade.

En Russie, Syrra, Sczopanowski, Wyssotzel, Sokolowski, Lebedeff, etc.[1].

Des musiciens susnommés, Fernando Carulli, né à Naples en 1770, apprit seul la guitare et parvint à une grande virtuosité. Fixé en 1797 à Paris, il donna de nombreux concerts. Intimement lié avec les musiciens les plus éminents de son temps, il eut pour disciples Filippo Gragnani et le célèbre organiste Guilmant.

Ses œuvres, nombreuses et variées, sont écrites soit pour guitare seule ou sous forme de concerto pour guitare et orchestre, quintettes, quatuors, trios, duos, etc. (ensembles d'instruments divers toujours avec guitare). On en fit l'édition à Vienne chez Haslinger; à Bonn chez Simrok; à Mayence chez Schott; à Leipzig chez Hoffmeister et chez Breitkopf et Härtel.

Ces œuvres, d'un classicisme strict, témoignent d'une grande habileté technique et instrumentale. Malgré ces enviables qualités, des idées trop amenuisées y poussent la mièvrerie jusqu'à l'indigence.

Sur la fin de sa vie, Carulli écrivit pour son fils une méthode dans laquelle se trouve un traité d'harmonie appliqué à la guitare. Carulli est mort à Paris, en 1841.

Matheo Carcassi (Florence, 1792) fut un des plus célèbres guitaristes de l'école italienne. Son nom est familier aux amateurs, en raison de la popularité de sa Méthode et de ses Études. Il vécut à Paris, donnant des concerts et voué à l'enseignement; il voyagea souvent à Londres et en Allemagne. Malgré le prestige de son compatriote Carulli, les Parisiens firent de Carcassi leur enfant gâté. Sa Méthode, publiée d'abord par la maison Schott de Mayence, fut traduite en allemand, en français, en espagnol et en anglais. Cet ouvrage, en dehors de ses nombreux exercices, a comme pièce saillante vingt-cinq études récemment doigtées par Miguel Lloret (édition Bowies, Paris).

1. Pour les biographies et bibliographies se référant à ces artistes, voir le volume de Philip-J. Bone, Guitar and Mandolin, Augener, Londres.

On attribue à Carcassi environ quatre-vingts compositions, sans ordre de classement. Il écrivit aussi de nombreuses transcriptions d'airs d'opéras alors en vogue, mais qui sont tombées dans un juste oubli.

Mauro Giuliani naquit à Bologne vers 1790. C'est une des plus importantes figures des guitaristes de son époque. A la fin de 1807, il s'installa à Vienne, où, en dehors de nombreux concerts, il se voua à la composition et à l'enseignement. Parmi ses disciples, figurèrent l'archiduchesse d'Autriche, la princesse de Hohenzollern, le duc de Sermonetta, le comte Georges de Waldstein, ainsi que les virtuoses polonais Horrowicz et Horetzki. De 1807 à 1821, la presse viennoise commenta ses fréquents succès, ne lui ménageant pas les éloges. Il fut l'ami intime de Hummel, Moscheles et Mayseder. Il attira l'attention de nombreux musiciens de valeur, ignorants de l'importance que peut acquérir la guitare dans les mains d'un véritable artiste. A l'admiration de ces musiciens de talent, s'ajouta celle d'autres musiciens portés à écrire de nouvelles œuvres pour guitare. Les commentateurs de Giuliani disent qu'il acquit l'estime de Haydn, de Beethoven et de Spohr. On doit aussi à Giuliani l'invention d'une terz guitare, plus petite que les autres, de cordes plus courtes, accordée une tierce majeure plus haut. Il composa pour cet instrument des œuvres avec accompagnement de quatuor à cordes et d'orchestre.

Le style de ses compositions primait dans le goût douteux d'un public alors plus friand de virtuosité audacieuse que d'interprétations austères.

Giuliani prit part aux Concerts Dukaten simultanément avec Hummel et Mayseder. Son succès fut très grand. On l'entendit ensuite aux concerts du Jardin Botanique Royal de Schoenbrunn, donnés devant la famille royale. Puis, il parcourut l'Italie, la Hollande et la Russie; dans ce dernier pays il obtint le plus grand triomphe de sa carrière, et s'y fixa pour plusieurs années.

En 1832, il fut à Londres le rival de Sor, que le public, injustement, lui préféra souvent. Pour maintenir son prestige, on vit paraître, sous le titre The Giulianiad, une revue mensuelle dont le premier numéro fut publié le 1er janvier 1833, et le dernier au mois de décembre de la même année.

Les œuvres de Giuliani sont classées en trois groupes : 1º concertos; 2º compositions pour guitare avec ensemble instrumental; 3º œuvres pour guitare seule.

Concertos pour guitare, op. 30, 36, 70 et 103 (Artaria et Diabelli, Vienne, et Johanning, Londres). Le concerto 36 fut transcrit pour piano et publié par Richault, de Paris. Les op. 20, 43, 65, 93, 101, 102 et 103 sont des compositions concertantes éditées pour la plupart à Vienne.

Le second groupe comprend les Duos op. 23, 52, 76, 77, 81, 85, 126 et 127, qui ne représentent pas tous ceux qu'il écrivit, et les œuvres 66, 116, 130, 137, 68, 104 et 113, qui furent publiées simultanément par Ricordi à Milan, Simrok à Bonn, et Hoffmeister à Leipzig.

Dans le troisième groupe, on trouve op. 18, Grande Sonate héroïque; op. 20, 31 et 42, sont des pots-pourris; op. 119 et 120, Rossinianas; op. 30, Papillon; op. 46, Album de dix mélodies, publié par Clementi, à Londres, op. 83, Six Préludes pour guitare. En 1798, la maison Richault édita Trois Rondos, op. 8, et l'op. 1, qui est une Méthode de pratique pour guitare, en quatre parties, parut chez Ricordi, de Milan, et Peters, de Leipzig, en français, en italien et en allemand. La Bibliothèque des Musikfreunden de Vienne possède plusieurs manuscrits du même auteur.

En Espagnol, le Père Basilio, professeur de la reine Marie-Louise et du prince de la Paix, propagea par son enseignement le meilleur goût de la guitare. Ses nombreux et intéressants manuscrits ont, pour la plupart, disparu. Ses disciples complétèrent l'œuvre du maître en fixant et en ordonnant les principes d'une nouvelle école. Ils publièrent plus tard des œuvres didactiques fondées sur ces principes, œuvres qui présentent le plus haut intérêt.

Federico Moretti, d'origine napolitaine et naturalisé Espagnol (voir sa biographie dans l'Encyclopédie de la musique, 1re partie, pages 2192 et 2193), fut le premier à établir les règles principales qui servirent de base aux traités postérieurs. Son œuvre a pour titre : Principios para tocar la guitarra de seis ordenes precedidos de los elementos generales de la musica, dedicada á la reina nuestra señora, por el capitan don Federico Moretti, alférez de Reales Guardias Walonas en Madrid, Imprenta de Sancho, año de 1799.

Cet ouvrage, dans sa deuxième édition revue et corrigée par l'auteur, contient une partie de théorie appliquée à la musique, ainsi qu'une autre consacrée à des principes instrumentaux.

La première comprend deux sections : la deuxième se présente en vingt-quatre tableaux.

Il est dit dans ce traité que la guitare comporte des cordes simples au lieu des cordes doubles du siècle précédent. Pour la première fois, on mentionne la sixième corde que l'on trouve antérieurement chez le maître de l'auteur, le Père Basilio, qui passe, peut-être à tort, pour en être l'inventeur. Chaque pays revendique pour la guitare le créateur d'une sixième corde, mais l'absence de documents remontant à cette époque rend difficile toute conclusion ferme.

Les seules vraies preuves qui nous restent sont les compositions du Père Basilio (Encyclopédie de la musique, vol. IV, Espagne et Portugal, page 2192).

Dans le premier tableau de la méthode de Moretti nous lisons : « Les Français et les Italiens emploient des cordes simples sur leurs guitares, ce qui permet de les accorder plus rapidement; les cordes durent plus longtemps sans se fausser, car il est très difficile de rencontrer deux cordes égales donnant exactement la même note. Je suis ce système et ne puis que le conseiller aux amateurs de guitare, en ayant reconnu la grande utilité. »

Il distribue le diapason ou manche en trois mains (positions)[2]. La première va jusqu'à la cinquième touche; la seconde, de la cinquième à la dixième; la troisième, de la dixième à la dernière.

Entre ces trois positions, il forme les gammes chromatiques, diatoniques et par octav s de chaque ton majeur et mineur; les accords consonants et dissonants de septième, appartenant à chaque ton, sont formés avec les six cordes dans chacune des trois positions, ainsi que les accords enharmoniques consonants et dissonants. Les cadences pour chaque ton et chaque position, les résolutions de l'accord de septième diminuée, et 196 exemples dif-

---

1. Principios pour jouer de la guitare á six rangs, précédés d'éléments de musique générale, dédiés á la Reine notre dame, par le capitaine Federico Moretti, porte-enseigne à la Garde Royale Wallonne de Madrid. Imprimerie de Sancho, 1799. Une traduction de cet ouvrage fut éditée à Naples en 1804, et une nouvelle édition est publiée à Madrid chez Sancha, en 1807.

2. Ici le mot position a le même sens que dans la technique du violon.

férents d'exercices pour la main droite en forme d'arpèges complètent la méthode.

On peut déduire de ce résumé que l'ouvrage de Moretti présente, à son époque, un intérêt capital pour l'exposé si complet qu'on y trouve de la théorie musicale appliquée à l'instrument. Bien que le même auteur ait produit d'autres œuvres de caractère didactique et des compositions pour la guitare, rien ne contribua autant que cet ouvrage à l'expansion de la guitare. D'autres traités, parus presque en même temps, furent bien moins appréciés. Citons celui d'Antonio Abreu (Le Portugais), revu et corrigé par le Père Victor Prieto de Salamanque, et celui de Fernando Ferrandière de Zamora, parus en 1799. On réédita, en 1816, le traité de ce dernier, qui fut un élève distingué du Père Basilio

Ces travaux ont guidé les éminents virtuoses de cette époque, Ballesteros, Avellana, Francisco Tostado, Jaime Ramonet, Francisco de Tapia, Miguel Carnicer et les deux grands artistes vraiment dominateurs Sor et Aguado.

Dix-neuvième siècle.

Au début de ce siècle, Ferdinand Sor (José-Macario-Fernando Sors y Sors de son vrai nom), né à Barcelone, croit-on, le 14 février 1778, ouvrit de nouveaux horizons à la guitare, relevant le prestige de cet instrument, en même temps qu'il traçait dans l'histoire de l'art un sillon bien personnel. (Pour sa biographie, voir *Encyclopédie de la musique*, vol. IV, Espagne-Portugal, pages 2345, 2346, ou le *Diccionario d'Efemerides de musicos españoles* de Baltasar Saldoni.)

Son œuvre musicale, la plus personnelle qui soit dans la littérature de la guitare, marque l'apogée de la période classique. On y rencontre pour la première fois la mélodie harmonisée à trois ou quatre voix libres en une polyphonie équilibrée, traitée par les procédés les plus avancés de la technique musicale et instrumentale de l'époque. Sor a sûrement subi l'influence de Haydn et de Mozart.

Sa production est la plus riche par le nombre et la diversité des œuvres directement créées pour la guitare, sonates, thèmes variés, fantaisies, divertissements, études, rondos, menuets, valses, thèmes populaires; elle présente aussi de nombreux morceaux pour deux guitares.

L'abondante imagination de Sor se complaît dans le genre *Variation*, très goûté à l'époque. Des thèmes de Corelli, Mozart, Paisiello, et souvent des motifs de sa propre invention, lui permirent de mettre en évidence son génie créateur et les ressources infinies de l'instrument, sans parler de l'extrême habileté du virtuose exécutant.

Le genre *Variation*, disséminé dans la plus grande partie de son œuvre, n'est probablement pas le plus apte à marquer sa puissante personnalité. La création de Sor se distingue plus spécialement par sa force émotive associée à une forme parfaite. Son œuvre gagne d'autant plus en beauté qu'il arrive souvent à se libérer des préjugés techniques inévitables chez un virtuose de cette envergure. Son idée musicale est toujours de la plus haute distinction; dans ses œuvres les plus instrumentales, prime toujours le sens élevé de la musique. Ses *Sonates*, son *Elégie*, les *Douze Menuets*, les *Etudes* 9, 11, 14, 16, 22, 23, 24, 25 de la *Méthode*, publiée par Coste, et certaines *Fantaisies* constituent la partie saillante de sa

production. Jusqu'à son époque, cette œuvre est de loin la plus importante qu'on ait confiée à la guitare. Ces exquis joyaux guitaristiques ont tous une valeur aussi musicale qu'instrumentale, de par leur mélodie, leur pureté de forme et leur originalité harmonique.

L'œuvre de Sor est toute conçue dans l'esprit d'indépendance polyphonique caractéristique du quatuor et, par extension, de l'orchestre. Elle condense en miniature tous les effets d'orchestre compatibles avec les ressources de l'instrument. Il est par cela aisé d'induire que Sor puise sa force créatrice aux sources les plus pures de la musique.

Son œuvre didactique est le résumé de ses nombreuses études, et embrasse tous les procédés techniques des plus simples aux plus complexes. Le *Traité pour la guitare* (texte français), publié à Paris en 1832, presque à la fin de sa vie (1839), résume et synthétise ses expériences de son talent et de son labeur. Sor y traite de tous les aspects de l'instrument : construction, choix des cordes, production et qualité du son, placement de la main, action des doigts, manière de considérer le diapason dans le sens des intervalles, doigté, conseils en forme de proverbes, manière de transcrire pour la guitare les œuvres écrites pour d'autres instruments. Tout cela est exposé avec un sens critique rationnel, avec des démonstrations basées sur des principes scientifiques qui donnent une logique incontestable à cette œuvre, malheureusement presque épuisée, mais qui constitue un vrai modèle du genre.

Les exécutions de Sor devinrent une révélation en France, en Russie et en Angleterre. Elles contribuèrent à raffermir le prestige de la guitare.

Sor devint la figure la plus saillante dans l'histoire de la guitare. Pour les fidèles de cet instrument, son nom, à l'instar de ceux des plus grands musiciens de son époque, fut et demeure le plus vénéré de tous ceux des guitaristes.

Habitant Paris pendant de nombreuses années de sa vie, il y mourut le 8 juillet 1839.

Dionisio Aguado, né à Madrid le 8 avril 1784 (Voir sa biographie dans l'*Encyclopédie de la musique*, vol. IV, Espagne-Portugal, pages 2346-48; *Diccionario de Efemerides de musicos españoles* de Saldoni, est aussi une des figures les plus importantes dans l'histoire de la guitare.

Ce virtuose, doué de facultés extraordinaires, obtint à Paris des succès brillants et sut gagner l'admiration de Rossini, Bellini, Herz, Paganini et autres grands artistes; il s'adonna surtout à l'enseignement.

Grâce aux connaissances acquises sous la direction du Père Basilio, ainsi qu'à l'étude de l'œuvre de Moretti, et surtout grâce à sa propre expérience, Aguado publia à Madrid, en 1819, sa première *Colección de Estudios* (collection d'études), rééditée dans la même ville, en 1825, sous le titre *Escuela de guitarra* (École de guitare). M. de Fossa, musicien guitariste qui fut l'ami et l'admirateur d'Aguado, traduisit en français cet ouvrage, auquel il prêta un concours puissant en lui adjoignant l'invention (qu'il s'attribue) des harmoniques à l'octave, et un abrégé des règles dans l'art de moduler, appliqué à l'instrument (traduction éditée à Paris, en 1827, chez Richault).

Il faut joindre à cet ouvrage une collection très importante de compositions de genres variés: fantaisies, variations, rondes, contre-danses, menuets, boleros, etc., habilement traités et d'un bel intérêt musical et instrumental. Les études d'Aguado cons-

tituent néanmoins la partie de son œuvre la plus intéressante pour les guitaristes.

L'œuvre de Sor est considérée comme supérieure à
celle d'Aguado, en tant que valeur musicale et portée
artistique. Par contre, l'œuvre didactique de ce dernier est supérieure, en thèse générale, à tout ce qui
la précéda. On pourrait même ajouter que, de nos
jours, il n'existe pas d'œuvre résumant les principes de la guitare moderne; on en est, la plupart
du temps, réduit, le cas échéant, à s'en référer à
Aguado, dont l'influence pédagogique persiste de nos
jours et doit sûrement se prolonger.

Les personnalités de Sor et d'Aguado furent foncièrement distinctes. Le caractère humble et doux
de ce dernier contrastait avec le tempérament fougueux et exubérant de Sor. Leurs œuvres devaient
forcément refléter cette diversité de caractères. L'exécution d'Aguado était plus brillante (Sor écrivit le
duo pour guitares *Les Deux Amis* pour mettre en
relief l'extrême virtuosité d'Aguado). Par contre, Sor
surpassait Aguado en profondeur et en émotion.
Aguado recherchait le son clair, brillant, obtenu avec
l'ongle; Sor s'efforçait, au contraire, de l'éviter; sa
sonorité pure et veloutée provenait du contact direct
de la chair et des cordes.

Aguado fut l'inventeur d'un trépied sur lequel se
plaçait la guitare afin d'en obtenir de plus amples
sonorités. La distance mise entre l'exécutant et l'instrument en augmentait le son, mais elle détruisait,
par contre, tout contact pourtant si nécessaire. L'artiste ne se sentait pas identifié avec son instrument.
Cet appareil n'eut, par la suite, aucun succès.

Rentré dans sa patrie en 1843, Aguado fit paraître
la troisième et dernière édition de son traité, sous le
titre de *Nuevo Metodo* (nouvelle méthode); il y ajouta
un grand nombre d'exercices, en en supprimant d'autres qui n'étaient pas sans valeur. En 1839, peu de
temps avant sa mort (20 décembre), il fit imprimer
un *Appendice* destiné à étendre cette nouvelle méthode
dans le but d'amener à la perfection le toucher de la
guitare. La mort le surprit pendant la correction des
épreuves. Suivant ses dernières volontés, ses héritiers
publièrent cet *Appendice*, qui fut joint à la *Méthode*.

Si l'on accorde à Sor un patrimoine de la plus
grande valeur artistique, Aguado laisse, par contre,
un héritage de haut enseignement qui a contribué
à la gloire du premier.

Trinidad Huerta, né à Orihuela en 1803, était d'un
esprit audacieux et aventureux, aux nobles inspirations; doué d'une géniale intuition guitaristique, où
se mêlaient l'esprit populaire et l'esprit artistique,
qui donnaient un intérêt spécial à l'ensemble de ses
qualités personnelles, il obtint les plus brillants succès auprès des publics de Paris et de Londres, grâce
à la protection de Manuel Garcia (père de la célèbre
Malibran) et du général Lafayette; celui-ci fut l'un
de ses admirateurs, ainsi que Victor Hugo, Mme de
Girardin (Delphine Gay), la princesse Victoria, les
ducs de Kent, de Sussex, de Devonshire, et des artistes
comme Rossini et Paganini.

Dans le *Diccionnario d'Efemerides de musicos españoles* de Baltasar Saldoni, au milieu de notes bibliographiques, nous lisons une lettre élogieuse de Victor
Hugo et la poésie suivante de Mme de Girardin :

> Heureux pays d'Andalousie,
> Garde ta joie et ta fierté,
> Ta noble part si bien choisie :
> Honneur, amour et poésie,
> Vaut mieux qu'argent et liberté.

> L'avez-vous entendu, ce troubadour d'Espagne,
> Qu'un art mélodieux aux combats accompagne ?
> Sur sa guitare il chante et soupire à la fois ;
> Ses doigts ont un accent, ses cordes une voix.
> Tout ce que l'on éprouve, on rêve qu'il l'exprime ;
> La beauté qui l'écoute, heureuse en souvenir,
> S'émeut, sourit et pleure et croit entendre
> Ce qu'on lui dit jamais de plus doux, de plus tendre.
> Sa guitare, en vibrant, vous parle tour à tour
> Le langage d'esprit, le langage d'amour,
> Chacun y reconnaît l'instrument qui l'inspire :
> Pour le compositeur c'est un orchestre entier ;
> C'est le tambour léger pour le Basque en délire ;
>   C'est le clairon pour le guerrier ;
>   Pour le poète, c'est la lyre.

Les œuvres imprimées qui nous restent de Huerta,
fantaisies sur des airs populaires (Bibl. du Conservatoire), expliquent sa nature de musicien intuitif et
d'exécutant audacieux. Doué d'une nature trépidante,
dépourvue d'une base musicale solide, il en imposait
par des qualités extérieures, obtenant l'admiration
du grand public fasciné. Pendant que Sor, qui vé-
gétait ignoré des foules, se complaisait à l'appeler
généreusement le *sublime Figaro* (sublime barbero),
Aguado disait, par contre, *qu'il déshonorait la guitare*.

Tout autre est l'intérêt musical de Napoléon Coste,
né le 28 juin 1806 dans le Doubs. C'est le guitariste
français le plus éminent. On l'entendit pour la première fois, comme soliste, aux Concerts Philharmo-
niques de Valenciennes, âgé à peine de dix-huit ans.
Venu à Paris en 1830, il étudia à fond la composition.
Ses premières œuvres datent de 1840. Dans la préface de son grand solo *La Chasse des sylphes*, on lit ceci :
« En 1856, un concours a été ouvert à Bruxelles par
M. Makaroff, noble seigneur russe; tous les guitaristes de l'Europe y ont été conviés : vingt-quatre
concurrents ont présenté soixante-quatre pièces. Le
jury s'est réuni le 10 décembre 1856. J. Mertz, de
Vienne, mort depuis l'envoi de ses œuvres, a obtenu
quatre voix pour le premier prix, contre trois qui
ont été données à Napoléon Coste, de Paris, et lui ont
valu le deuxième prix. Par le fait du décès de Mertz,
Napoléon Coste est donc resté l'unique lauréat de ce
concours européen. »

Quelques années plus tard, se rendant à un concert, Coste eut le malheur de tomber dans un escalier et de se casser le bras droit : cet accident fit
perdre à la main l'élasticité nécessaire, l'empêchant
à tout jamais de jouer en public.

Sa guitare à sept cordes, construite sous sa direction, est conservée au Musée du Conservatoire. Coste
publia soixante-dix compositions, caractérisées par
leur correction harmonique et par leur solide structure; on y trouve des fantaisies, valses, aubades,
menuets, marches, préludes, rondes, divertissements,
études et récréations. La plupart sont épuisées. Quelques-unes ont été rééditées à Paris chez Costallat,
revues par Alfred Cottin, et d'autres se trouvent à la
Bibliothèque du Conservatoire.

A la demande des éditeurs de Sor, Coste ajouta
aux vingt-cinq études de ce dernier un court texte
explicatif, une collection d'exercices, d'études progressives, quelques transcriptions des œuvres en
tablature de Robert de Visée, et une notice sur la septième corde. Cette édition fut publiée par Lemoine et
rééditée plus tard par Schoonenberger, de Paris, avec
quelques additions.

Une autre collection de vingt-cinq études originales fut doigtée par Alfred Cottin, et publiée par la
maison Costallat.

A ces œuvres, on doit ajouter *Le Livre d'or*, dédié au Club des guitaristes de Leipzig, contenant la transcription assez libre d'un groupe d'œuvres de R. DE VISÉE et de divers fragments de sonates des meilleurs auteurs classiques.

COSTE mourut le 17 janvier 1883.

A la même époque, nous trouvons en Italie, marchant sur les traces de CARULLI et de GIULIANI, deux artistes distingués : REGONDI et MERTZ, celui-ci, Autrichien de naissance, mais formé d'après les procédés italiens. Ensuite, parait en Espagne un groupe de guitaristes formés à l'école d'AGUADO, parmi lesquels nous signalerons BROCA, VIÑAS, COSTA y HUGAS, José de CIERRA, BOSCH, BASSOLS, FERRER, Antonio et Federico CANO, Miguel MAS et d'autres encore, parmi lesquels se détachent José PARGAS et Julian ARCAS, artistes admirables qui appliquent la technique de leur temps à l'esprit de la musique populaire.

José PARGAS, bien qu'inférieur au second par sa musicalité, produisit une collection d'œuvres qui ne se signalent peut-être pas par leur valeur purement musicale, mais qui offrent, par contre, un grand intérêt instrumental, parce qu'elles tendent à traduire les traits les plus caractéristiques de l'âme du peuple.

Julian ARCAS naquit à Maria, bourgade de la province de Malaga, en 1833; il fut le plus célèbre des guitaristes de son époque, en même temps qu'un musicien de génie qui contribua au développement de la musique nationale. Sa musique, d'une grâce spontanée et caractéristique, exprimée en ses *Soleares* et *Pinaderos*, dépassa les frontières de l'art guitaristique pour s'incorporer au répertoire national. Ses œuvres de guitare mettent en relief toutes les ressources de l'instrument.

ARCAS mourut à Antequera, le 18 février 1884.

TARREGA, qui le connut et l'entendit dans sa jeunesse, eut le talent d'assimiler le meilleur de son art, qu'il appliqua à ses propres qualités, tout en gardant toujours pour le maitre inoubliable une profonde admiration et un grand respect.

Francisco TARREGA EIXEA naquit à Villarreal (Castellon, prov. de Valence), le 29 novembre 1854. Il obtint le premier prix de piano et d'harmonie dans les classes GAGLIANA et HERNANDO, au Conservatoire de national de Madrid. A Castellon, il reçut, très jeune encore, ses premières leçons d'un guitariste populaire aveugle, appelé *Lo c'go de la Marina*. Ses parents étant de la plus modeste classe sociale, il ne put poursuivre ses études musicales que grâce à la protection d'un riche propriétaire de Burriana, don Antonio Conesa. Celles-ci terminées à Madrid, il donna au théâtre Alhambra un concert de guitare dont le succès décida pour toujours de sa carrière. Il parcourut triomphalement toutes les villes d'Espagne et les plus importants centres de l'Europe.

La vie de TARREGA fut celle d'un grand mystique, une vie de passion pour l'art, dépourvue d'ambitions étrangères à la recherche de son idéal; il dédaigna honneur, fortune et gloire pour se consacrer à son art, corps et âme.

A la période si brillante des CARCASSI, CARULLI, GIULIANI, AGUADO et SOR, succéda une nouvelle décadence de la guitare, que l'incontestable valeur de COSTE et d'ARCAS n'arrivèrent pas à enrayer.

La carrière de guitariste, à l'époque de TARREGA, supposait le renoncement aux biens de ce monde. La noble guitare était mésestimée dans ses possibilités artistiques, les musiciens en étant arrivés à la juger inapte aux manifestations élevées. La faveur du public allait aux virtuoses acrobates, ainsi qu'aux formes musicales de vastes dimensions. Le wagnérisme triomphait; un mépris pour toute expression par trop populaire englobant la guitare, contribua à répandre chez les amateurs le dédain de cet instrument et de ses exécutants.

TARREGA dut lutter contre cette atmosphère hostile. Ainsi qu'ESPINEL et le Père BASILIO, il revêtit la guitare d'un nouvel aspect artistique et porta le culte de l'instrument à son apogée. La guitare lui doit sa renaissance et sa splendeur.

L'activité créatrice de cet auteur s'étant vouée au culte exclusif de l'instrument, son œuvre renferme la quintessence de l'esprit instrumental. Du premier élément jusqu'aux détails les plus immatériels, tout y fut par lui étudié, résolu, et ordonné, souvent au prix d'énormes sacrifices. Si la guitare actuelle doit sa raison d'être à TARREGA, celui-ci vivifia ses caractérisques individuelles. Jamais un objet vibrant et un être ne se compénétrèrent mieux, l'un parlant par l'autre. Vibration d'âme, sens débordant de la vie, générosité sonore, tout leur était commun. TARREGA est éminemment un auteur de guitare. Il a condensé sur ses six cordes le plus pur romantisme du XIXe siècle. Son œuvre ne peut pas passer à d'autres instruments; par contre, nombreux sont les morceaux de guitare d'auteurs fameux qui gagneraient à être confiés à d'autres instruments.

Il connut BACH, les classiques et romantiques, dont il transposa les œuvres pour la guitare, moins par le désir d'être un transcripteur que pour puiser dans ces transcriptions un moyen d'élévation et d'ennoblissement de l'instrument. Certaines œuvres des classiques de l'époque, bourrées, fugues, menuets, etc., conçues dans l'esprit du luth, l'incitèrent à réaliser certaines adaptations pour son instrument dans cet ordre d'idées. Il eut la clairvoyance de ne choisir que des œuvres adéquates; ses transcriptions, sortes de réintégrations du luth à la guitare, retrempent les œuvres dans leur vraie nature.

Les fils du peuple crut devoir éloigner autant que possible l'art de son sens « plébéien ». Il consentait à jouer des *Jotas* populaires et des *Fantaisies* souvent banales, pour prêcher plus efficacement l'évangile de BACH, MOZART et BEETHOVEN. Le classicisme de ces « purs » le fascina; tout chez lui en suit l'influence : écriture, technique instrumentale, matière sonore et interprétation. Les qualités intrinsèques de la sonorité primitive, universellement goûtée du public, évoluèrent de la sorte vers une uniformité plus affinée et austère. Ce changement fut réfléchi et voulu.

TARREGA, dans son désir de perfectionner la musicalité de son instrument, se heurta à des difficultés qui engendrèrent les procédés d'une technique longuement épurée. L'école moderne naquit, tendant à la mise en valeur de l'œuvre passée, présente et future, tout en améliorant à l'infini la portée artistique et musicale de l'instrument.

ALBENIZ, séduit autant par l'exécution de ses œuvres que par le charme de son caractère, devint un de ses intimes.

PRORELL disait de TARREGA, dans une de ses quinzaines musicales de *La Vanguardia* (journal de Barcelone) : « Pour l'élévation de son art TARREGA étudiait sans trève ni repos, jour et nuit, au mépris de la fatigue, non comme un artiste dominant supérieurement la technique et tout ce que réclamait le culte de son instrument favori, mais comme un

débutant qui étudie et déchiffre à tâtons. L'art sti-
mulait l'esprit du compositeur en ouvrant des horizons
plus larges à son inspiration ; il l'éprouva lui-même
dans l'étude des classiques, par exemple dans celle
de Ferdinand Sor ; c'est pourquoi, le développement
du classique dans les compositions de caractère
moderne acquiert, dans son œuvre, les qualités qui
l'exaltent et la mettent en valeur. Joint à l'inspiration du créateur, l'art réclamait de lui le concours
de l'enseignement ; l'impérieuse nécessité de former
une phalange de disciples nous valut un groupe d'é-
lèves qui, quoique restreint, fut apte à continuer son
œuvre. Autre chose encore nous étonne dans l'œuvre
de Tarrega : l'amplitude de conception qu'il donna
à la musique destinée à ce modeste instrument, si
frêle, presque insignifiant, mais dont l'âme sonore
est si admirablement expressive. »

Se dépensant durant toute sa vie en une insolite
tension spirituelle et physique pour réaliser sa mission d'artiste, ses jours en furent abrégés. Il mourut
prématurément, à l'âge de cinquante-cinq ans, sans
trouver les instants de sérénité propice au parachè-
vement de son œuvre. Ses principes didactiques, aujourd'hui épars, demeurent inédits. Il est à regretter
qu'une main bienfaisante ne réunisse et ne publie
pas ces trésors, pour la gloire de la guitare et de
son apôtre.

Quoique une grande partie de l'œuvre de Tarrega
demeure encore inédite, les maisons Antich y Tena
de Valence, Vidal, Llimona y Boceta de Barcelone,
Allonso Alier, Orfeo Tracio de Madrid, et Romero
y Fernandez de Buenos-Aires, ont publié, en des collections diverses, des préludes, études, gavottes, sérénades, menuets, danses, aubades, trémolos, valses,
mazurkas, caprices et fantaisies sur des thèmes populaires, une série de transcriptions de Bach, Haendel,
Haydn, Mozart, ainsi que des auteurs espagnols.

Ses jours finirent à Barcelone, le 15 décembre 1909.
Cinq ans après, Castellon, la ville aux luminosités
méditerranéennes, réclama ses restes. Un monument y fut érigé à la gloire du grand artiste qui,
jadis enfant indigent, ensorcelait par ses accords
vibrant dans l'arome des orangers un public enthousiaste.

L'aveugle andalou Antonio-Gimenez Manjon, technicien très habile, contemporain de Tarrega, fut
applaudi tant en Europe qu'en Amérique du Sud, ou
il passa la moitié de sa vie, contribuant avec Juan
Alais et Garcia Tolsa à la diffusion de la guitare
dans le nouveau continent.

LA GUITARE ACTUELLE

Avec Tarrega disparaît le meilleur interprète de la
guitare de tous les temps. Mais son enseignement
n'a pas été perdu, car il a généreusement fructifié
pendant les premiers lustres de ce xxᵉ siècle, si pro-
digues en vulgarisations artistiques. L'abus du piano
et des instruments à archet, ainsi que la redite de
certaines sonorités, provoquèrent une lassitude qui
devint profitable à l'expansion de la guitare.

D'autre part, un renouveau d'intérêt vers la musique et les instruments anciens, l'inclination du
peuple vers la poésie musicale et l'existence de guitaristes de grand mérite ont définitivement relevé
le prestige de la guitare.

Miguel Llobet, artiste complet, d'universelle renommée, parcourt constamment l'Europe et les Amé-
riques. Acclamé par tous les publics et prisé par les
plus prestigieux compositeurs, il est le plus puissamment et le plus diversement doué de tous ses
contemporains.

Quoique jeune encore, il fut de loin le premier à
révéler les orientations modernes de la guitare.
Llobet fut, en Espagne, moins un élève qu'un « disciple » du grand Tarrega. Fixé à Paris dès 1904, il se
lia intimement avec Albeniz, Ravel et Debussy. La
fréquentation de ces novateurs, ainsi que l'atmosphère
d'art raffiné dans laquelle il vivait, eurent une em-
prise décisive sur son esprit. Son œuvre et son talent
d'interprète ne tardèrent pas à en subir le plus bienfaisante influence. La technique instrumentale déjà
prodigieuse de Miguel Llobet fut portée aux réalisations les plus conscientes. Il en arriva à tout subor-
donner à la musique.

Le premier parmi les maîtres contemporains, il
imposa la guitare à l'admiration des auditeurs les
plus réservés. La société nationale, La Trompette,
la Schola Cantorum et d'autres cercles et cénacles de
Paris donnèrent droit de cité à l'instrument, jadis
plébéien, mais du coup anobli.

Parmi ses œuvres, figurent d'exquises harmonisations de mélodies populaires ; *El Mestre* en est la
plus remarquable. Ce morceau marque un point de
départ vers de nouvelles orientations, renfermant le
germe d'ultérieures polychromies instrumentales.
Grâce à Llobet, la guitare révèle un nouveau verbe
esthétique : elle s'éveille à la couleur et à la polyphonie.

Manuel de Falla, attiré par ces nouvelles ressources, écrivit l'*Hommage à Debussy* [1] ; le chef-d'œuvre
d'un tel maître est aussi un hommage à la guitare.
La bonne semence fructifie : une pléiade d'auteurs
modernes écrivent à l'heure actuelle pour la guitare,
mais c'est grâce à Miguel Llobet que l'on ose lui
demander tout ce qu'elle peut donner.

Entre autres, nous citerons le tout moderne compositeur uruguayen Alfonso Broqua, dont les œuvres
nombreuses nous semblent apporter une nouvelle
contribution à l'écriture pour guitare. Cet auteur est
un des premiers Américains Latins pour qui cet instrument soit devenu un puissant moyen d'expression
de la race.

Identifié à la guitare moderne et aux nouvelles
musiques du Sud-Amérique, Broqua met en relief
toutes les ressources sonores de l'instrument. Son
esthétique, très personnelle, puise à la source populaire et s'exprime en de vigoureuses touches, sans
jamais perdre de vue la musique ; elle sait demander
à l'instrument de ces polychromies latentes, si rarement révélées, par crainte des difficultés instrumentales.

Cet auteur écrit plus pour la guitare que pour les
guitaristes.

Daniel Fortea perpétue la tradition de Tarrega.
Exécutant de premier ordre, il jouit du meilleur
prestige parmi les musiciens. Sa production abondante et diverse est réalisée, telle l'œuvre de son
maître, en vue de l'exclusive spécialité de l'instrument.

Quoique donnant de nombreux concerts, il dirige
spécialement son activité vers la production et l'enseignement.

André Segovia est un des artistes les plus admirés

---

1. Le signataire de cet article eut l'honneur d'être le premier à
Paris à jouer l'*Hommage à Debussy* pour guitare, Salle du Conservatoire, le 2 décembre, 1922.

de nos jours. Virtuose aux dons exquis, il connut, très ieune encore, un succès universel. Son art expressif et remarquablement chantant, aux timbres délicats, possède un étrange pouvoir de fascination sur l'âme du public. Les interprétations de ce virtuose extraordinaire portent toujours en elles le germe du rêve musical. La guitare doit à sa propagande zélée et infatigable une des meilleurs raisons de son prestige actuel.

Ainsi que LLOBET, il possède un ascendant décisif sur les meilleurs compositeurs modernès, récemment acquis à la cause de la guitare. Ses compatriotes TURINA, CHAVARRI, Moreno TORROBA, SALAZAR, ARREGUI et l'Hispano-Argentin Carlos PEDRELL lui ont dédié des œuvres. A cet appoint hispanique s'ajoutent des essais, souvent réussis, de musique dans le caractère espagnol, des Français ROUSSEL, SAMAZEUILH, COLLET, etc. D'autres œuvres de caractère non régional sont dues à PONCE, MIGOT, PETIT, TANSMANN et autres.

Begino SAINZ DE LA MAZA, le plus jeune des guitaristes espagnols, doué d'éminentes qualités, parcourt triomphalement les principales capitales de l'Europe et de l'Amérique, continuant de façon intensive la propagande inaugurée par ses prédécesseurs.

Sa naissante personnalité, agrémentée de dons inventifs, laisse présumer, en plus de l'interprète, un auteur de brillant avenir. L'école espagnole de guitare moderne lui doit déjà plusieurs essais d'un haut intérêt.

Pour clore la série des artistes espagnols, nous mentionnerons Josefina ROBLEDO, célèbre en Espagne et en Sud-Amérique, Mathilde CUERVAS à Paris, Pepita ROCA, Quintin ESQUEMBRE, Alfredo ROMEA, critique musical à Barcelone, NOGUÈS y PON (critique et professeur à l'Ecole Municipale de Musique de Barcelone), José CIRERA, S. GARCIA FORTEA, etc.

On compte en France un certain nombre de guitaristes distingués : Lucien GÉLAS, David DEL CASTILLO, Madeleine COTTIN, Mlle DORÉ, ZURFLUH, Marcelle MÜLLER, etc. Alfred COTTIN, décédé en 1923, est auteur d'œuvres assez répandues, et fut un des plus zélés propagateurs de la guitare dans ce pays.

En Italie, mentionnons Maria-Rita BRONDI, auteur d'un volume récemment édité, Il Liuto e la Chitarra, et le célèbre MOZZANI, qui est le plus estimé par ses compatriotes.

En Allemagne, Heinrich ALBERT, F. BUEK, TEMPEL, Hans BISHOP, MUNCHEN, Georg MEIER de Hambourg, Schwarz REIFLINGEN, G. TUHOLSKI à Berlin, Margarethe MULLER à Dresde, et d'autres.

En Autriche, Jacob OHTNER, professeur au Conservatoire de Vienne; Joseph ZUTH, Victor KOLON et l'admirable virtuose Louise WALKER.

En Hollande, Pierre VAN ES.

En Argentine, au Chili, en Uruguay et autres républiques sud-américaines, Domingo PRATI, Antonio SINOPOLI, Adolfo LUNA, H. LELOUP, J. SAGRERAS et autres, parmi lesquels se détache nettement la forte personnalité de Mlle Maria-Luisa ANIDO, laquelle est en train de conquérir la plus juste célébrité, pour la plus grande gloire de l'art musical de son pays.

Parmi les instruments d'origine ancienne, la guitare est le plus typique, le plus complet, celui qui ne fut pas surpassé. Ses racines populaires l'acheminent vers les expressions les plus musicales, loin de l'en écarter. Toutes les musiques lui sont accessibles, des plus simples aux plus complexes, des plus ingénues aux plus savantes.

Les Conservatoires de Barcelone et Valence ont l'exclusif privilège en Espagne d'enseigner officiellement cet instrument. Ils perpétuent les traditions des anciens maîtres. Les principales régions d'Espagne continuent de garder à la guitare son aspect populaire.

Des influences arabes, en s'insinuant en Andalousie, produisirent l'art dit flamenco, dérivation du cante jondo, dont l'influence fut si bienfaisante à la musique espagnole moderne[2]. On doit à cette musique populaire une série d'interprètes de mérite, qui, souvent, furent de modestes illettrés, mais fortement intuitifs et admirablement doués. N'ayant pour règle qu'un sentiment musical inné, ils transmirent de génération en génération les couleurs, rythmes et cadences dont s'enrichit le folklore andalou.

Le classique parmi les flamencos fut le maître PATINO (élève du célèbre PAQUIRRI[3]). On doit à PATINO des falsetas du style le plus pur. D'autres suivirent : EL MELLIZO, auteur dela Malagueña flamenca (1850), Paco EL DE JEREZ et le plus célèbre de la pléiade, Paco EL DE LUCENA. Ensuite, le Niño DEL CARMEN, Francisco CORTÉS, Angel BAEZA, Manuel ALVAREZ (Niño de Moron), etc. De nos jours, on compte Pepe EL ECIJANO, HABICHUELAS, José CAREZA, Javier MOLINA, le prodigieux MANOLETE dit : « Niño de Huelva », et Ramon MONTOYA, Miguel BORRULL, Amalio CUENCA, José CIRERA, le peintre gitano Fabian DE CASTRO, Roman GARCIA, son élève Hernando VINES, peintre aussi, etc.

L'Amérique latine acquit des Espagnols le culte de la guitare. La guitare y devint la compagne et la confidente du gaucho solitaire, des mornes « pampas » aux « punas » escarpées des régions andines.

Le folklore sud-américain, révélé avec un art exquis au public d'Europe par l'Argentine Mme Ana S. DE CABRERA, relève à peine des primitives influences espagnoles. Cette musique provient d'un lointain foncièrement indigène, où les modalités indiennes s'amalgament à un art populaire plus récent, formé par le travail de plusieurs siècles. Le chant et la guitare en sont les principaux soutiens. Il est à présumer que l'Amérique latine réservera la surprise d'une future école qui, dérivant de la guitare espagnole, sera complètement autochtone. L'avenir est des plus brillants et laisse discerner d'immenses perspectives.

Notre guitare actuelle revêt, ainsi que celle du moyen âge, un double aspect : l'aspect populaire, sans fard, et un autre affiné et savant dérivant de la guitare latine.

Les hommes célèbres et la guitare.

Le Piémontais Rizzio devint, en Ecosse, le dépositaire des secrets de Marie Stuart et l'âme du Conseil, grâce à son habileté à jouer de la guitare. Durant quatre années, il fut le véritable roi de ce peuple; victime d'une conspiration, il fut assassiné dans la chambre de Marie Stuart, et mourut dans les bras de cette reine (Alfonso Torres del Castillo, Histoire des persécutions politiques et religieuses, t. IV, p. 324 et 325).

---

1. Domingo PRAT, élève de Miguel LLOBET, et Josefina ROBLEDO, élève de TÁRREGA, furent les premiers à répandre en Amérique du Sud l'école moderne espagnole.

2. Voir La Musique espagnole par Edgar NEVILLE dans la revue L'Esprit Nouveau, n° 18, Éditions de l'Esprit Nouveau, 3, rue du Cherche-Midi, Paris.

3. PAQUIRRI fut le premier tocaoff qui accompagna sur la guitare les Seguiriyas, Serranas, Soleares, Polo y la Caña, les seuls airs du Cante jondo admettant l'intervention de la guitare.

Louis XIV fut aussi un grand amateur et protecteur de la guitare. Bonnet dit dans son *Histoire de la Musique* (1715) : « La guitare était son instrument favori, et en dix-huit mois, il avait, dit-on, égalé un maître que le cardinal avait fait venir d'Italie (probablement Francisco Corbetta). » On lit dans les *Mémoires* de Mᵐᵉ de Motteville : « Il adorait la musique et faisait des concerts de guitare quasi tous les jours. » (Collection Petitot, vol. XXIX, p. 408.) *L'Estat général des officiers du roi*, 29 avril 1651, prouve que Louis XIV avait un maître de guitare (maistre pour enseigner le roi à jouer de la guitare : Bernard Jourdan, sieur de la Salle).

Mˡˡᵉ de Nantes, fille de Louis XIV, joua aussi de la guitare. (Voir Constant Pierre, page 67.)

Maurice de Raoulx fut professeur de guitare de la duchesse de Berry et auteur d'un grand *Duo* concertant pour deux guitares, édité par Louis Bresler.

Le comte de Lowendhal, la marquise de Marbeuf, le prince de Conti, lord Kerby, la marquise de Lassalle et autres personnalités laissèrent aux mains des révolutionnaires leurs guitares avec d'autres objets d'art.

Pour certains grands musiciens, la guitare fut comme un petit bréviaire leur permettant de puiser les premiers éléments d'une idée orchestrale.

Monteverdi, dans l'orchestration de son opéra *Orfeo*, chanté devant la cour de Mantoue (1607), ajoutait deux guitares à son orchestre.

D'après Lecerf de la Viéville, Lully aurait appris d'un vieux cordelier, à toucher de la guitare, en même temps que les premiers principes de la musique.

Weber et Schubert écrivirent aussi des mélodies qu'ils accompagnaient eux-mêmes sur la guitare. Ce dernier composa, dans sa jeunesse, un quatuor pour instruments à archet et guitare.

Diabelli (Antonio) (1781-1858), pianiste connu surtout par son œuvre didactique, fut professeur de guitare à Vienne pendant plusieurs années.

Beethoven aimait entendre les deux sœurs Malfatti interprétant diverses musiques et la sienne propre sur la guitare et le cymbalum.

La célèbre sérénade du *Barbier* de Rossini s'accompagne en principe sur la guitare, qu'employaient aussi Grétry dans *L'Amant jaloux*, Auber dans *La Neige*, Weber dans *Oberon*, Spohr dans *Zémire et Azor*.

On raconte que Paganini électrisait ses auditeurs autant avec sa guitare qu'avec son violon. Parmi ses nombreuses compositions pour guitare seule, on remarque deux sonates (op. 2 et 3, édition Ricordi, Milan, et Richault, Paris), une collection abondante de menuets et fantaisies, puis trois « grands » quatuors pour violon, alto, violoncelle et guitare, des variations de bravoure sur un thème original pour violon et guitare et neuf quatuors pour violon, alto, violoncelle et guitare (Ricordi, 1865).

Berlioz fut toute sa vie passionné pour la guitare. Dans son *Berlioz intime*, Edmond Hippeau dit : « Il emporte sa guitare et l'*Enéide*, et improvise sur ces vers, enfouis dans sa mémoire depuis son enfance, une étrange mélopée sur une harmonie plus étrange encore. Sous l'influence combinée des souvenirs de la poésie et de la musique, il atteint le plus incroyable degré d'exaltation. » Berlioz avait appris la guitare

avec un musicien de la côte Saint-André, Dorant[1].

Dans la correspondance inédite de Berlioz, figure un fragment de lettre adressée à Ferdinand Hiller, datée de Rome (17 décembre 1831), où on lit : « Je vais retourner dans le mien (ermitage) à Subiaco; rien ne me plaît tant que cette vie vagabonde dans les bois et les rochers, avec ces paysans pleins de bonhomie, dormant le jour au bord du torrent, et le soir dansant la saltarelle avec les hommes et les femmes habitués de notre cabaret. Je fais leur bonheur par ma guitare; ils ne dansaient avant moi qu'au son du tambour de basque; ils sont ravis de ce mélodieux instrument. »

Dans son *Traité d'instrumentation*, Berlioz s'occupe longuement de la guitare; à son avis, elle n'est pas destinée aux ensembles, puisque, au contraire des autres instruments, elle perd l'effet exquis de sa sonorité. Il considère au surplus qu'il est impossible d'écrire pour la guitare sans savoir en jouer.

Paraphrasant Berlioz, lorsqu'il appelait la guitare « un petit orchestre », Wagner affirmait que l'orchestre était « une grande guitare ».

Charles Malherbe raconte que Gounod essaya sur la guitare l'esquisse de *Mireille*[2].

Massenet disait : « C'est l'instrument le plus complet; » pour Debussy, c'est « un clavecin expressif ».

Marie Malibran, Adélaïde Ristori, le ténor Tamberlik, le fameux agitateur italien Mazzini lui-même, eurent la passion de la guitare.

Glinka, pendant son séjour à Grenade, recueillit des « toques » du Murciano, les sonorités et les procédés qui influèrent sur l'orchestration moderne.

Verdi employa la guitare dans *Falstaff*, Donizetti dans *Don Pasquale*, Scarlatti dans son ballet *Les Joyeuses Commères de Windsor*.

Entre autres, Boccherini écrivit un quintette pour violon, alto, violoncelle et guitare (op. 46, chez Pleyel, 1780).

Manuel de Falla emploie la guitare dans *La Vie Brève*, Breton dans *La Dolores*, Raoul Laparra dans *La Habanera*, Schœnberg dans un de ses quatuors, et d'autres musiciens modernes dans quelques-unes de leurs œuvres.

Le « bardo » Iparraguirre composa l'hymne basque *Guernikako Arbola* sur sa guitare.

Dans tous les temps, les poètes, les écrivains et presque tous les peintres aimèrent la guitare. On dit que Cervantes jouait de la vihuela et connaissait parfaitement la musique. (Voir Soriano Fuertes, *Historia de la musica española*, cap. xv, p. 171 et 172.)

Schopenhauer s'assimila toutes les sciences : minéralogie, botanique, météorologie, physiologie, ethnologie, etc., hormis la guitare, et dut, après bien des années de stériles efforts, suspendre à un clou de sa chambre l'instrument rebelle.

Le poète saxon Shelley écrivit un poème dédié à la guitare. Eugenio d'Ors, connu sous le pseudonyme de *Xénius*, disait dans un de ses *Glossaires* : « Le chant de la harpe est une élégie; le chant du piano est un discours; le chant de la guitare est un chant. »

Laparra dit : « On pourrait appeler les six cordes de la guitare six âmes différentes dans un corps harmonieux, tant est grande leur indépendance d'expression. »

---

1. Hippeau, *loco cit.*, p. 189. Voir aussi : Adolphe Boschot, *La Jeunesse d'un romantique* (1906), pp. 66 et suiv. (N. D. L. D.)

2. Voir aussi : S. G. Prod'homme et A. Dandelot, *Gounod* (1911). p. 41. (N. D. L. D.)

Ruben Dario définissait lyriquement la guitare :

> Urna amorosa de voz femenina,
> Caja de musica de dolor y placer,
> Tiene el acento de un alma divina,
> Talle y caderas como una mujer[1].

Les facteurs.

Parmi les facteurs de guitare de tous les temps, la place d'honneur revient à Antonio de Torres. Ses instruments, non encore catalogués, n'ont pas tous les mêmes qualités; ils furent construits à deux époques distinctes : ceux de la première époque, à Séville, datent de 1850 à 1869; ceux de la seconde furent construits à Alméria, où Torres était né, et datent de 1880 et au delà.

Élève du célèbre luthier J. Pernas, il introduisit dans la construction des innovations qui furent conservées par la suite. Il modifia les dimensions de la guitare, obtenant ainsi un plus joli timbre et une sonorité plus ample. Torres sut concilier la solidité avec la beauté des lignes, la délicatesse et la sobriété dans l'ornementation. Il inventa un tube de résonance qui, placé à l'intérieur de la caisse, autour de la rosace, renforçait la sonorité des cordes graves. Néanmoins, il n'employa pas ce procédé d'une façon générale.

Fig. 1055.
Guitare Torres
(2ᵉ époque).

On raconte de Torres cette anecdote curieuse. Il discutait avec plusieurs constructeurs des causes qui agissaient sur la sonorité de la guitare. A l'appui de ses théories, Torres promit de construire une guitare en carton, sauf la table d'harmonie qui serait en sapin. Il tint parole, à la grande admiration de ses collègues. Cette guitare, qui appartint d'abord à Tarrega, figure aujourd'hui dans la belle collection du guitariste Miguel Llobet.

Les instruments de Torres sont ceux qui ont obtenu, après la mort de l'artiste, les prix les plus fabuleux, surtout ceux de la première époque, tenus pour les meilleurs.

Les prédécesseurs de Torres furent les facteurs Pagès, père et fils, José Benedict, Cadix, Récio, Muñoa, de vers la fin du XVIIIᵉ siècle et le début du XIXᵉ siècle, et plus tard, Altimira, de Barcelone, en 1850.

Ont continué Torres dans la maîtrise de la facture, Vicente Arias, de Ciudad Real, et Manuel Ramirez, de Madrid; ce dernier a eu pour élèves les luthiers les plus réputés d'aujourd'hui, Santos Hernandez et Domingo Estéso, de Madrid, et Enrique Garcia, décédé en 1923 à Barcelone, dont le brillant successeur est Francisco Simplicio.

Parmi les luthiers espagnols modernes, citons Ribot y Alcaniz, Sanfeliu, Flix, Marchuet et Serratosa, de Barcelone; Soto, de Séville; Zubia, de Logroño; Luis Soria, de Gijon; Llorente, Pau, Pascual Roch, Ibanez, Ponce, de Valencia; José Ramirez, Rojas et Gonzalez, de Madrid.

Au début du XIXᵉ siècle, on appréciait beaucoup les guitares de François Lacôte, de Paris, instruments admirables d'élégance et de solidité, construits et perfectionnés sur les avis de Carulli, Carcassi et Sors, admirateurs et amis du célèbre luthier. On appréciait aussi les instruments de Panormo[2].

Parmi les luthiers italiens du siècle passé, se distinguérent G. Guadagnini, Melegari, Tadolini, Rovetta, Volpe; Manzini, Silvestri, Manni, Malagoli, Reggiani, Giacopo Rivolta, etc.; parmi les modernes, Mozzani est le plus célèbre.

Antonio Stradivarius (1644-1737) construisit, à ses débuts, deux guitares dont l'une figure au Musée du Conservatoire de Paris.

Actuellement, tandis que J. Gomez Ramirez construit à Paris selon les traditions de la facture espagnole, L. Gelas, inventeur d'un nouveau système basé sur des théories acoustiques différentes, a récemment créé un type d'instrument à deux tables harmoniques : l'une oblique et inférieure, sur laquelle est monté le chevalet, l'autre parallèle aux cordes à travers la rosace et qui se termine à mi-chemin entre celle-ci et celui-là. Bien que ce procédé ait donné d'appréciables résultats quant à l'intensité sonore et soit excellent pour les grands ensembles, on peut douter qu'il possède le charme des instruments construits dans la forme classique.

Certains vieux instruments de notre civilisation, tels le violon et la guitare, atteignent un degré de perfection où ils ne sont osent vouloir dépasser au risque d'en altérer le charme immanent. Ils sont comme des dogmes chers à l'âme collective, inaccessibles à l'évolution. En modifier la construction, c'est altérer leur essence, toucher à leur âme. Ceci n'empêche que l'on construise d'autres instruments similaires sur des données physiques modernes, et susceptibles de plus amples sonorités; mais ce sont d'autres instruments.

Les transcriptions.

La haute autorité du critique Emile Vuillermoz nous confirme dans une opinion personnelle lorsqu'il accepte, en principe, que les œuvres conçues pour des instruments déterminés soient détournées de leur but primitif, pourvu que les transcriptions se réalisent avec un haut discernement.

L'essor indéniable pris par la guitare en ces derniers temps serait moindre sans l'aide des transcriptions (souvent si systématiquement combattues) qui contribuèrent à enrichir sa littérature. Le génie transcripteur d'un Tarrega et de plusieurs de ses émules a imposé la guitare à tous les instrumentistes et aux musiciens.

Il est aisé de montrer qu'elle améliore certaines musiques qui ne lui étaient pas destinées; les transcriptions de certaines œuvres pour piano d'Albéniz et Granados en font preuve. Jamais la couleur immanente dans l'âme musicale espagnole ne fut mieux révélée que par la guitare.

Douée d'une étrange faculté de mimétisme, la guitare sait aussi s'adapter au sens archaïque des instruments anciens; elle chante dans toutes les langues : d'abord, dans le vieil idiome des vihuelistes,

---

1.   Urne amoureuse à la voix féminine,
     Boîte à musique de douleur et de plaisir,
     Elle a l'accent d'une âme divine,
     Taille et hanches comme une femme.

2. Dans l'inventaire d'objets abandonnés par la noblesse française à l'époque révolutionnaire figuraient plusieurs guitares construites par Salomon, Pierre Louvet, Saunier, Guillaume, Peron, Fleury, Couyen, Rémy, Alexandre Voeeant le jeune (1673) et autres (M.-Rita Brondi, *Il Liuto e la Chitarra*, Torino, 1926).

ancêtres des guitaristes, puis, dans HAENDEL, BACH et MOZART, elle s'humanise au point de faire oublier qu'elle traduit des pensées qui ne lui étaient pas destinées. Mieux que tout autre instrument, elle s'adapte sans effort au classicisme, au romantisme, au modernisme, embellissant tous les genres.

On ne doit pas craindre d'accepter les transcriptions lorsqu'elles sont réussies. Cela est aisé à obtenir si le transcripteur possède une haute conscience de sa mission, tous les moyens techniques nécessaires, et l'intuition de discerner quelles sont les œuvres n'ayant rien à perdre à la transcription, mais plutôt à y gagner.

Considérations générales.

La guitare, étant l'âme de la musique espagnole, a donc contribué à la floraison des œuvres aujourd'hui les plus répandues. Ses cadences typiques, ainsi que ses systèmes d'harmonie, ne proviennent pas toujours d'une raison purement esthétique, mais d'une raison plutôt physiologique : ce sont les doigts intuitifs des *tocaores* (joueurs populaires) qui en sont souvent la cause.

L'esprit de la guitare se trouve naturellement chez tous les auteurs espagnols de toutes les époques ; dès le XVIᵉ siècle, on le voit agir sous l'influence des vihuelistes MILAN, FUENLLANA, CABEZON, etc. ; au XVIIᵉ, les guitaristes SANZ, RIBAYAZ, au XVIIIᵉ, les compositeurs ESTÉVE, le Père SOLER, MATEO ALBENIZ, etc. s'en inspirent.

Les vihuelistes et guitaristes des XVIᵉ et XVIIᵉ siècles portèrent à l'étranger le germe des influences espagnoles. La France, l'Angleterre et l'Italie en profitèrent d'abord ; l'irradiation devint ensuite plus universelle. Les formes des danses anciennes espagnoles, sarabandes, passacailles, pavanes, folies, gaillardes et autres sont empruntées au peuple par la guitare, qui les passe aux ultérieures musiques instrumentales. Les musiciens de tous les pays en profitent : la pléiade des BACH en Allemagne, SCARLATTI en Italie, les clavecinistes français et anglais, les classiques, les romantiques, puis les modernes. Entre autres, nous citerons GLINKA, RIMSKY KORSAKOFF, CÉSAR CUI en Russie, BOCCHERINI et le moderne ZANDONAÏ en Italie, puis le groupe des illustres Français BIZET, LALO, CHABRIER, SAINT-SAËNS, DEBUSSY, RAVEL, et, naturellement, en Espagne, les créateurs ou continuateurs de la typique *zarzuela española*, BARBIERI, BRETON, CHAPI, VIVES, enfin, parmi les maîtres contemporains, ALBENIZ, GRANADOS, FALLA, TURINA, etc. ; tous rendent hommage aux rythmes espagnols, souvent fils de la guitare.

Cet instrument plus que latin, méditerranéen, exprime mieux qu'aucun autre le sens de l'*intimisme* musical, en opposition avec le jazz tonitruant. La guitare éveille et accentue chez l'auditeur le goût de la qualité sonore. Mais pour bien percevoir ses sonorités, il est indispensable d'écouter à distance, — ce qui peut paraître étrange à l'égard d'un instrument confidentiel par excellence ; — l'éloignement permet aux ondes de s'amplifier, de s'épurer et de se fusionner.

Peut-être, la guitare n'est-elle pas toujours traitée dans toute son ampleur par certains compositeurs modernes. On la considère un peu trop comme un instrument exclusivement chantant, féminin et frêle, inapte à un rôle plus vaste, aux polychromies et aux élans audacieux. Nous croyons que la guitare (même

dans son accord actuel susceptible d'ultérieures modifications), s'adapte aux genres d'expression les plus opposés. C'est affaire d'entente entre compositeurs et interprètes.

On la croit souvent incapable d'évoquer des musiques autres que celles d'Espagne... (De l'avis de certains puristes de nos jours, elle ne serait qu'un instrument arabisé du sud de l'Espagne, voué à l'art *flamenco*, et même elle ne devrait jamais quitter ce rôle.) C'est ignorer ses facultés universelles et son pouvoir d'adaptation à tous les genres.

Les compositeurs modernes dont la nationalité n'est pas espagnole ne veulent presque jamais écrire pour la guitare sans se croire obligés de faire de la musique espagnole. Étrange pouvoir d'hypnose qui crée des œuvres souvent d'une grande valeur, mais forcément déracinées, d'un hispanisme qui ne peut être qu'extérieur.

Cela porte souvent à regretter que les compositeurs sous-estiment les moyens expressifs de la guitare... Que ne donnerait l'esprit de la musique française dûment adapté à cet intrument !

La guitare, de tous temps animatrice de l'esthétique, a supérieurement enrichi la musique moderne. C'est maintenant à la musique moderne d'enrichir davantage l'écriture de la guitare.

EXPOSÉ DE LA TECHNIQUE DE L'INSTRUMENT

La technique doit s'apprendre directement sur l'instrument, et les dissertations pédagogiques nous semblent la plupart du temps oiseuses. Nous croyons cependant devoir compléter ce travail sur la guitare en exposant quelques-uns des procédés techniques qui aident à sa compréhension.

Pour plus de concision dans l'exposé, nous avons dû omettre les exercices pratiques, mais nous nous proposons de faire un jour un travail plus étendu sur ce sujet.

Nomenclature des parties qui composent l'instrument.

La guitare usuelle se compose essentiellement d'une caisse de résonance, d'un manche et de six cordes.

La caisse de résonance est formée par deux surfaces planes et parallèles qui constituent le dessus et le dos. Les courbes formées par les contours de cette caisse offrent symétriquement deux convexités extérieures, l'une plus grande que l'autre, unies chacune par une courbe concave qui détermine les deux parties supérieure et inférieure de la caisse.

La surface supérieure, invariablement en sapin, s'appelle table d'harmonie, et constitue la partie la plus importante pour la sonorité de l'instrument. Au centre, vers la partie supérieure, se trouve une perforation circulaire de 8 centimètres et demi de diamètre environ, ayant pour but de prolonger les sons ; on l'appelle *rosette* ou *rosace*. Les luthiers ont toujours donné libre cours à leur habileté et à leur fantaisie en incrustant autour d'elle des mosaïques de bois, de nacre ou d'autres matières ornementales.

Au centre de la partie inférieure de la table d'harmonie, se trouve une pièce de bois rectangulaire de 19 à 20 centimètres de long sur 3 de large. On l'appelle *chevalet*. Ce chevalet est plus épais au centre sur une longueur de 84 millimètres ; cette partie surélevée est divisée en deux autres (antérieure et postérieure) par une rainure longitudinale. La partie antérieure supporte une petite pièce rectangulaire d'ivoire ou d'os appelée *sillet*. Ce sillet a pour objet : 1° de soulever les cordes au-dessus de la table d'harmonie; 2° de fixer une des extrémités de vibration des cordes, et 3° de transmettre les vibrations à la caisse de résonance par le contact avec la table d'harmonie.

La partie postérieure du chevalet contient six trous transversaux par lesquels l'extrémité inférieure de chaque corde s'attache solidement au chevalet.

Ce système de chevalet, inventé par AGUADO[1], se substitua aux anciens systèmes, moins pratiques.

Le *fond* de la caisse de résonance est généralement en palissandre, parfois en érable ou en cyprès; il a les mêmes dimensions et contours que la table d'harmonie. Ces deux surfaces sont reliées entre elles dans leurs contours par deux bandes de bois assez minces de 9 à 10 centimètres de haut, nommées *éclisses*. L'ensemble de toutes ces pièces constitue la caisse de résonance.

Une pièce de bois de 32 centimètres et demi de long sur 5 à 6 de large, plate sur le dessus, convexe par-dessous, part du bord supérieur de la caisse, perpendiculairement au chevalet ; c'est le manche (généralement en cèdre). Sa partie plate supporte une planchette de bois, plate aussi, appelée *diapason, clavier* ou *plaque des touches*, qui est en ébène ou en palissandre.

La *plaque des touches* est divisée par 19 filets transversaux en métal ou en argent, qui dépassent légèrement sa surface[2]. Les filets sont placés à des distances calculées de telle sorte qu'ils correspondent aux demi-tons de la gamme.

Les dix-neuf espaces entre les filets sont appelés *cases* ou *touches*.

Le diapason est limité à sa partie supérieure par un second sillet légèrement plus court que celui du chevalet. Il est sillonné par six rainures transversales sur lesquelles viennent s'appuyer les six cordes. Le sillet du diapason correspond au sillet du chevalet en ce que chacun d'eux fixe une des extrémités de vibration des cordes. La partie inférieure du diapason s'arrête à la rosace. Cette partie inférieure s'appuie donc sur la partie supérieure de la caisse; il en résulte que les douzes premières divisions, formant une gamme complète, sont sur le manche, et les sept autres sur la caisse de résonance.

En prolongation du manche et le terminant, se trouve une pièce en cèdre généralement recouverte de palissandre, qui s'élargit et s'in-

cline vers le dos de l'instrument. On la nomme *tête* : elle contient six chevilles, trois de chaque côté.

Les chevilles ont un double but : assujettir les cordes fixées à leur extrémité sur le chevalet, et obtenir la tension nécessaire pour les accorder. Anciennement, elles étaient en bois; aujourd'hui on emploie un système mécanique à vis sans fin.

De nos jours, la guitare a six cordes simples[3]; les trois premières (*mi, si, sol*) sont en boyau, les trois autres (*ré, la, mi* grave) sont en soie recouverte de laiton; on les appelle *cordes filées*.

Les cordes.

Le meilleur instrument, muni de cordes médiocres, perd ses plus précieuses qualités sonores. Les cordes doivent être avant tout de bonne facture, de justesse parfaite et dûment calibrées au préalable.

L'industrie si délicate des cordes de guitare a dernièrement souffert les effets de la grande guerre, et rend difficile le choix des guitaristes quelque peu exigeants.

Les anciennes marques réputées ayant aujourd'hui disparu, nous connaissons parmi les meilleures marques actuelles, cordes en boyau, celles de PIRASTRO[4] : *Elite*[5], *Double diapason*[6], *El Maestro*[7], etc.

Pour les cordes filées, nous inclinons à recommander celles de M. Herm. HAUSER, de Munich, et de M. Manuel DURA, de Valence.

Nous croyons personnellement que le calibre des jeux de six cordes devrait être choisi en rapport avec la grosseur de chaque table d'harmonie, celle-ci étant variable.

Préférence aussi toute personnelle, entre deux cordes similaires, nous choisissons toujours celles dont la sonorité est la moins métallique.

Accord.

Les six cordes de la guitare actuelle s'appellent sixième, cinquième, quatrième, troisième, seconde et première ou *chanterelle* du grave à l'aigu.

L'écart entre la 6e et la 5e, la 5e et la 4e et la 4e et la 3e, la 2e et la 1re, correspond à un intervalle de quarte; entre la 3e et la 2e corde, il n'y a qu'une tierce majeure :

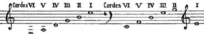

La tradition veut qu'on n'écrive pour la guitare qu'en clef de *sol*, alors que sa tessiture réelle demanderait aussi la clef de *fa*. Ceci faciliterait la tâche du compositeur, souvent gêné par trop de lignes supplémentaires.

Remarquons que la musique écrite en clef de *sol* pour la guitare sonne une octave plus bas :

Notes figurées en clef de sol

1. Voir son *Nuevo Metodo para guitarra*, chap. VI, p. 5.
2. Anciennement, les cases ou touches étaient délimitées par des cordes de boyau enroulées autour du manche aux distances nécessaires pour établir les demi-tons. Ces cordes furent remplacées par des filets en métal ou en argent dont RUIZ DE RIBAYAZ s'attribue l'invention.
3. D'après F. de FOSSA, la guitare à cordes simples fut adoptée en France bien plus tôt qu'en Espagne. Cf. sa traduction de la *Méthode complète d'AGUADO*, p. 31.
4. Gustav PIRAZZI, *Offenbach*.
5. *Ibid.*
6. *Ibid.* Maison Jombard, 37, rue de Rome, Paris; R. Parramon, Barcelone; Santos Hernandez, Madrid.
7. *Ibid.* Hug. Zurich.

Ceci serait évité par l'écriture avec deux clefs :

Notes réelles

Le procédé le plus ancien pour accorder la guitare est de chercher sur la corde grave l'unisson de la corde aiguë voisine. Cet unisson se trouve sur la cinquième touche pour les cordes ayant entre elles un écart de quarte, et sur la quatrième touche pour celles n'ayant qu'un écart de tierce.

La 6ᵉ corde sur la   Vᵉ touche donne le son de la 5ᵉ à vide.
La 5ᵉ —   —   Vᵉ —   —   4ᵉ —
La 4ᵉ —   —   Vᵉ —   —   3ᵉ —
La 3ᵉ —   —   IVᵉ —   —   2ᵉ —
La 2ᵉ —   —   Vᵉ —   —   1ᵉ —

On peut aussi accorder par octaves.

La 5ᵉ corde à vide a pour octave la 3ᵉ sur la IIᵉ touche.
La 5ᵉ corde sur la IIᵉ touche a pour octave la 2ᵉ à vide.
La 5ᵉ corde à vide a pour octave la 2ᵉ sur la IIIᵉ touche.
La 4ᵉ corde sur la IIᵉ touche a pour octave la 1ʳᵉ à vide.
La 1ʳᵉ corde et la 6ᵉ à vide sont à la distance juste d'une octave double.

Il est loisible, parfois, de descendre la 6ᵉ corde d'un ton (le *mi* devient *ré*); ceci donne une tonique grave dans le ton de *ré* majeur et mineur. Ex. :

Et une dominante grave en *sol* majeur et mineur. Ex. :

Dans ce ton (majeur ou mineur), la cinquième et la sixième baissées d'un ton donnent la tonique et la dominante à vide, ce qui favorise les sonorités de l'exécution. Ex. :

Pour le ton de *fa*, la sixième peut, au contraire, monter d'un demi-ton. Ex. :

Le guitariste Andrès Segovia émet la thèse d'un éventuel changement d'accord qui doterait la guitare d'une disposition d'intervalles plus adaptée aux complexités de l'écriture moderne.

Tous les principes novateurs en pédagogie instrumentale méritent d'être sérieusement considérés. Mais nous persistons à croire, jusqu'à preuve du contraire, que le vieil accord traditionnel, basé sur des principes physiques et physiologiques, n'entrave pas l'adaptation de la guitare aux plus nouvelles modalités expressives.

Ce nouvel accord proposé, que nous ignorons, sera le bienvenu s'il doit contribuer à l'expansion de l'instrument.

Étendue et ressources de l'instrument.

L'étendue totale de la guitare est de trois octaves plus une quinte. Tout dessin mélodique compris dans ces limites y peut être réalisé.

Elle admet une écriture comportant un nombre de voix allant de une à six. On n'en emploie généralement que trois ou quatre.

La guitare montre une prédilection pour les tons basés sur les cordes à vide de son accord naturel (*mi, la, ré, sol, si*) majeurs ou mineurs. Si les fondamentales sont à vide, le son en est amplifié, et la liberté de la main gauche accrue. Toutes les tonalités sont possibles.

Les accords les plus étendus proviennent généralement d'une note donnée sur la corde à vide. Pour obtenir une tonalité en s'appuyant sur une touche, l'étendue maxima des voix doit être circonscrite entre cinq touches embrassant les six cordes, soit une étendue totale de deux octaves et une tierce majeure; il faut éviter de dépasser cette étendue, sauf dans le cas où la note grave peut être donnée par une corde à vide. La meilleure étendue est celle qui se circonscrit entre deux octaves; elle offre la plus grande liberté pour la formation de tous les intervalles et de tous les mouvements des voix.

Cette étendue permet les passages allant du diatonisme au plus subtil chromatisme, les polyphonies souvent complexes, voire des polytonies... On doit néanmoins penser qu'elle n'est pas indéfiniment extensible; l'exécutant ne dispose que de six cordes et de quatre doigts. La guitare est un instrument qui donne souvent plus qu'on n'en attend, mais auquel il ne faut pas demander plus qu'il ne peut donner.

1. Il faut un bécarre devant le *si*. (N. D. L. D.)

Position de la guitare.

Le guitariste doit s'asseoir, et appuyer le pied gauche sur un tabouret de 12 à 15 centimètres de haut. Pour le parfait repos du pied, la surface du tabouret penchera de quelques centimètres vers le talon. Les dames se servent généralement d'un tabouret plus élevé.

La cuisse gauche doit former avec le corps un angle légèrement aigu, tandis que la droite s'écarte pour faire place à la partie inférieure de l'instrument. Les dames ont l'habitude d'incliner davantage le genou droit et de le rapprocher de la jambe gauche, au lieu de l'écarter.

La guitare doit s'appuyer par sa courbure concave inférieure sur la cuisse gauche, le fond de la caisse tourné vers la poitrine. Le buste sera légèrement incliné en avant, pour permettre à la guitare de s'y appuyer. Les épaules tomberont naturellement, l'avant-bras droit s'appuiera sur l'arête de la table d'harmonie, au sommet de la courbe de la partie inférieure de la guitare, en sorte que la main tombe entre la rosace et le chevalet. L'avant-bras gauche se pliera pour permettre à la main d'atteindre le manche de la guitare au niveau des cordes.

Main droite.

Le poignet courbé, la main s'inclinera vers la rosace perpendiculairement aux cordes. Les doigts réunis et recourbés effleurent les cordes de leur extrémité. Aucune contraction inutile ne doit altérer la souplesse de la main. Dans l'attaque des cordes, la force des doigts doit être concentrée vers leur extrémité.

Le sens normal de l'impulsion de l'index, médius et annulaire, en agissant séparément, est perpendiculaire aux cordes et va vers l'intérieur de la caisse. La résistance de la corde ne doit pas ouvrir l'angle des articulations. La corde roulée sous le doigt, celui-ci vient s'appuyer légèrement sur la corde suivante.

Pour les accords, l'impulsion se donne de la même façon et dans la même direction. Néanmoins, au lieu de se reposer sur les cordes suivantes, les doigts se replient légèrement vers l'intérieur de la main.

Dans certains cas spéciaux, qui même doigt peut glisser d'un seul mouvement sur plusieurs cordes.

Le pouce agit indépendamment des autres doigts. Il peut aussi toucher la corde de diverses façons. Il a pour mission spéciale de produire les notes graves; parfois, il peut alterner avec les autres doigts dans des passages mélodiques. Le plus souvent, dans l'attaque de la corde, le pouce se plie sur sa phalange extrême vers l'extérieur de la caisse. Pour donner les notes accentuées, il s'appuie sur la corde voisine sans plier sa phalange.

Dans d'autres cas, on peut toucher deux cordes et plus d'un seul trait. Alors, la direction du doigt est parallèle au plan des cordes.

Pour les accords où l'intervention du pouce est nécessaire, ce doigt rejoint l'index par sa dernière phalange après avoir produit la note.

Tous les doigts doivent s'habituer à toucher avec égalité toutes les parties de la corde.

Les doigts de la main droite s'indiquent, dans l'écriture pour guitare, par leurs lettres initiales : $p =$ pouce, $i =$ index, $m =$ médius, $a =$ annulaire.

Dans les notes consécutives, il faut éviter la répétition d'un même doigt : alterner l'index et le médius, le médius et l'annulaire.

Dans certains passages, le doigté dépend de la disposition des cordes, mais on ne doit jamais l'abandonner à l'improvisation.

Main gauche.

Le poignet courbé, la main gauche est en contact avec le manche par la partie charnue de la phalange extrême du pouce, ainsi que par la pointe des autres doigts lorsqu'ils touchent les cordes. La paume de la main doit donc être écartée du manche et parallèle à celui-ci, les doigts également distants du plan des cordes, ouverts et recourbés, de façon à embrasser quatre touches consécutives. En touchant les cordes, les doigts doivent se placer près du filet qui sépare la touche de sa voisine aiguë. L'index, le médius, l'annulaire, l'auriculaire s'indiquent respectivement par les numéros 1, 2, 3 et 4.

Le pouce, placé vers la moitié inférieure et postérieure du manche, doit contre-balancer la pression des autres doigts sur les cordes.

Les doigts de la main gauche agissent en deux sens : perpendiculaire et parallèle aux cordes. L'effort doit être porté par les doigts tout en évitant les contractions du bras ou de la main. Bien que la pression des doigts s'exerce sur les cordes les plus éloignées (5ᵉ ou 6ᵉ), la dernière phalange doit toujours marteler la corde. Quand ils agissent sur les cordes plus rapprochées (1ʳᵉ et 2ᵉ), le poignet reste toujours immobile, mais la courbe des doigts s'accentue.

Il faut habituer les doigts à s'exercer aisément à n'importe quelle hauteur du manche. Pour passer les doigts d'une partie du diapason à une autre partie rapprochée ou lointaine, la main doit agir avec souplesse. Le pouce accompagne tous les déplacements de la main. Lorsque les doigts s'exercent sur la région située au-dessus de la XIIᵉ touche, le pouce se glisse vers la partie externe et inférieure du manche, d'où il oppose la résistance nécessaire à la pression des autres doigts.

La disposition des doigts pour appuyer sur les diverses notes d'un accord, s'appelle position. Celle-ci doit se former dans un mouvement simultané de tous les doigts qui la composent. En quittant chaque position, les doigts s'écarteront le moins possible des cordes. Tenir les doigts écartés et éloignés des cordes constitue un effort inutile, ainsi qu'une perte de temps.

La pression des doigts sur les cordes doit toujours durer autant que la note voulue. Cette prescription est aussi établie pour les notes simultanées en accords ou en arpèges.

Lorsque l'on passe d'une position à une autre sans arrêt prescrit du son, il convient d'éviter l'interruption de la sonorité. Cela s'obtient par une gradation subtile de l'effort, tout en maintenant les doigts sur les cordes le temps voulu.

Il faut veiller à ce que l'action de la main gauche et celle de la main droite soient indépendantes, mais simultanées.

Afin d'obtenir les sons les meilleurs, les plus intenses, les plus prolongés et clairs, il est indispensable de douer chaque main de son maximum de force, se réservant d'employer l'effort strictement nécessaire.

L'index de la main gauche a une fonction plus complexe et d'une utilité essentielle. Etendu et appuyé horizontalement sur les cordes, parallèlement aux touches, il agit comme un *sillet* artificiel et mobile, qui réduirait l'étendue du manche. Pour cela, il est nécessaire de développer, par des exercices répétés, la force de ce doigt, dont la résistance contribue grandement à la bonne exécution du guitariste. Ce procédé s'appelle *barré*, et s'indique par un B suivi des chiffres 1, 2, 3, 4, 5, etc., ou bien I, II, III, IV, V, etc., qui indiquent la touche sur laquelle il faut placer l'index.

Production du son.

Le timbre (qualité sonore) dépend non seulement du son de l'instrument, mais aussi du corps qui le produit et de la façon dont l'attaque est réalisée.

Une même corde, suivant qu'elle est attaquée près ou loin du chevalet, donne un timbre différent.

Deux procédés sont employés pour produire le son : l'un se pratique avec l'ongle, l'autre avec la chair : ces deux procédés donnent des sonorités distinctes et parallèles.

L'ongle provoque un timbre clair, brillant, parfois métallique, d'une inévitable dureté dans les accords forts. Ce procédé est, par contre, riche en gradations timbrées.

L'attaque sans ongle donne un son plus pur et humain : la qualité du timbre est mate, voilée, immatérielle; le volume de sonorité s'agrandit et devient plus mâle. Ce système de pulsation est aussi varié que l'autre, mais les effets en sont peut-être moins perceptibles, offrant, en outre, des effets de sonorité pour lesquels l'ongle deviendrait un embarras, La pulsation sans ongle donne la sonorité la plus pure et la plus sobre, celle qui convient le mieux au caractère musical de l'instrument.

Quelques guitaristes ont prétendu allier les deux procédés en attaquant d'abord avec la chair et glissant ensuite avec l'ongle, mais inutilement, puisque l'action de l'ongle ne peut être dissimulée. Il est à regretter, surtout pour l'expression de la musique moderne, que les deux procédés ne puissent être employés simultanément.

On suppose que l'origine de l'emploi de ces deux procédés remonte à l'époque où la guitare adopta les cordes simples (fin du XVIIIᵉ siècle). AGUADO soutint la théorie de la pulsation par l'ongle, que SOR proscrivait; il a écrit : « Je n'ai jamais pu supporter un guitariste qui joue avec les ongles. » (*Traité de guitare* par Ferdinand SOR.) Il fit cependant une exception en faveur de son ami AGUADO, étant donné sa technique prodigieuse. Pensons que les bons guitaristes n'abondaient pas à cette époque, sans oublier qu'en tout temps tous les procédés sont bons, s'ils sont épurés par le travail.

CARCASSI, MEISSONNIER, préconisèrent le son sans l'emploi de l'ongle. TARREGA, qui, pendant vingt-cinq années, se servit de l'ongle sans grande conviction, en abandonna le procédé. (On a attribué ce changement à des causes d'impossibilité physiologique. C'est à tort : TARREGA avait déjà adopté ce procédé lorsque je fis sa connaissance, en 1901, cinq années avant sa première attaque d'hémiplégie.)

La pulsation « par l'ongle » offre à l'exécutant l'avantage d'exiger un moindre effort d'impulsion et moins de résistance de la main gauche. L'agilité y gagne, peut être au détriment de la sécurité et de l'unité.

Disposition des notes.

La touche correspond à un demi-ton dans l'étendue de chaque corde. La première et la sixième corde comportent 19 touches, les autres 18 :

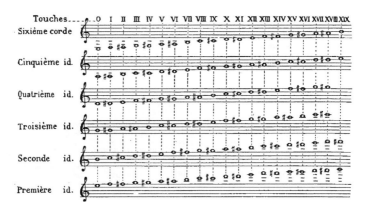

En se basant sur les unissons du tableau, l'échelle chromatique qui embrasse l'étendue de la guitare peut se réaliser par différentes distributions de cordes. En voici la réalisation générale :

Les cordes étant toutes accordées par intervalles de cinq demi-tons (5 touches), excepté la troisième (*sol*), qui n'est séparée de la deuxième corde (*si*) que par quatre touches, cette étendue plusieurs fois incluse dans le diapason permet d'obtenir une même note sur différentes cordes. La note propre d'une corde reproduite sur une autre corde s'appelle *équissonant* ou *équisson* (unisson).

Les cinq notes les plus graves et les six plus aiguës n'ont pas d'unissons :

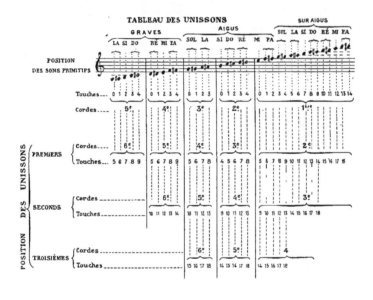

Si le demi-ton se trouve sur une même corde dans des touches voisines, le ton composé par deux demi-tons se trouvera sur la même corde à la distance de deux touches.

Si nous considérons la note d'une corde à vide comme tonique de son ton respectif majeur ou mineur, nous aurons sur la 6e corde *mi*, sur la 5e *la*, sur la 4e *ré*, sur la 3e *sol*, sur la 2e *si*, sur la 1re *mi*.

Les degrés diatoniques qui s'appuient sur chacune de ces toniques seront disposés sur la longueur de chaque corde en proportion d'une touche par chaque demi-ton :

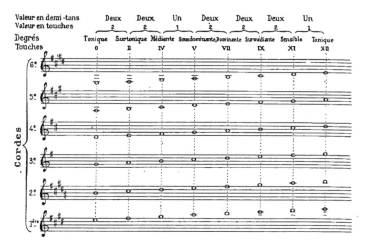

Le même procédé pour les tons mineurs donne le tableau suivant :

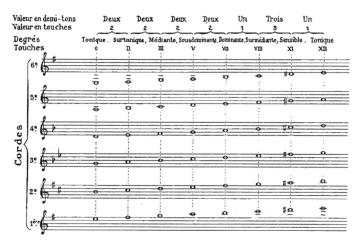

A partir de la douzième touche, les degrés continuent dans la même proportion de touches, comme si nous considérions l'octave comme la tonique à vide jusqu'au point où finit l'étendue de la corde sur les touches.

Chaque note pouvant être considérée séparément comme un degré distinct d'autres tons, si nous prenons la note produite par chaque corde à vide, et si nous la considérons comme tonique, supertonique, médiante, sous-dominante, dominante, sous-médiante et sensible de son ton respectif, nous pourrons distribuer sur chaque corde les degrés correspondant à sept tons différents majeurs et mineurs :

Degrés		T	S.T.	M.	S.D.	D.	S.M.	S.	
Cordes	6e	MI	RÉ	DO	SI	LA	SOL	FA	MAJEURS
		MI	RÉ	DO#	SI	LA	SOL#	FA	MINEURS
	5e	LA	SOL	FA#	MI	RÉ	DO	SIb	MAJEURS
		LA	SOL	FA#	MI	RÉ	DO#	SIb	MINEURS
	4e	RÉ	DO	SIb	LA	SOL	FA	MIb	MAJEURS
		RÉ	DO	SI♮	LA	SOL	FA#	MIb	MINEURS
	3e	SOL	FA	MIb	RÉ	DO	SIb	LAb	MAJEURS
		SOL	FA	MI♮	RÉ	DO	SI♮	LAb	MINEURS
	2e	SI	LA	SOL	FA#	MI	RÉ#	DO	MAJEURS
		SI	LA	SOL#	FA#	MI	RÉ#	DO	MINEURS
	1e	MI	RÉ	DO#	SI	LA	SOL	FA	MAJEURS
		MI	RÉ	DO#	SI	LA	SOL#	FA	MINEURS

Si, au lieu de prendre comme point de départ la note de chaque corde à vide, nous prenons celle qui se forme sur la première touche de chaque corde, nous aurons :

Degrés		T.	S.T.	M.	S.D.	D.	S.M.	S.	
Cordes	6e	FA	MIb	RÉb	DO	SIb	LAb	SOLb	MAJEURS
		FA	MIb	RÉ♮	DO	SIb	LA♮	SOLb	MINEURS
	5e	SIb	LAb	SOLb	FA	MIb	RÉb	DOb	MAJEURS
		SIb	LAb	SOL♮	FA	MIb	RÉ♮	DOb	MINEURS
	4e	MIb	RÉb	DOb	SIb	LAb	SOLb	FAb	MAJEURS
		MIb	RÉb	DO♮	SIb	LAb	SOL♮	FAb	MINEURS
	3e	LAb	SOLb	FAb	MIb	RÉb	DOb	SIbb	MAJEURS
		LAb	SOLb	FA♮	MIb	RÉb	DO♮	SIbb	MINEURS
	2e	DO	SIb	LAb	SOL	FA	MIb	RÉb	MAJEURS
		DO	SIb	LA♮	SOL	FA	MI♮	RÉb	MINEURS
	1ère	FA	MIb	RÉb	DO	SIb	LAb	SOLb	MAJEURS
		FA	MIb	RÉ♮	DO	SIb	LA♮	SOLb	MINEURS

Une gamme diatonique dépassant l'étendue d'une seule corde doit se prolonger forcément sur deux ou plusieurs cordes.

Dans ce cas, pour produire tous les degrés, du plus grave au plus aigu ou *vice versa*, on peut le faire à volonté, en partant d'un degré déterminé sur la corde convenant le plus à un bon doigté, ou à une qualité de timbre voulue.

On doit prévoir ces éventualités et les résoudre à l'avance; il convient, pour cela, de combiner les dispositions tonales de chaque corde par rapport à chacune des autres cordes.

Si l'on prend le mi de la 6e corde à vide, l'étendue de la gamme dans ce ton sur la même corde, sera :

il n'est pas aisé pour la libre action de la main, ni flatteur pour la sonorité, d'employer les notes aiguës de cette corde; il est préférable de continuer la gamme sur la suivante dans une partie du diapason où la main agit plus naturellement, ce qui donne une sonorité plus franche, par exemple :

L'étendue d'une gamme commencée et suivie sur une même corde conduisant les doigts trop loin de la première touche, on devra passer à la corde voisine avant que la main croise la douzième touche.

Pour cela, il est nécessaire de connaître et d'avoir pratiqué les dispositions des différents degrés de la gamme appartenant à chaque ton, dans l'étendue de chacune des cordes.

Gamme diatonique de trois octaves exposée dans son aspect le plus employé :

Disposition des intervalles.

L'étendue chromatique et diatonique peut s'obtenir soit dans la longueur de chacune des cordes, soit dans un sens transversal parallèle aux touches.

Les intervalles entre notes consécutives se trouvent dans les deux sens, ceux des notes simultanée se forment en combinant les deux sens de l'étendue. Chaque corde, par elle-même, contient dix-huit | demi-tons, à l'exception de la 6e et de la 1re qui en ont dix-neuf :

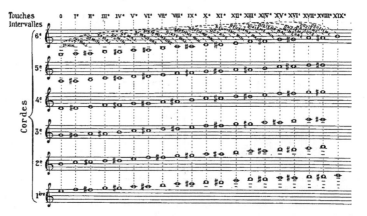

Certains intervalles simultanés peuvent se former sur deux cordes, soit voisines, soit séparées.

Entre les notes simultanées, qui peuvent s'exécuter sur deux cordes voisines incluses dans un espace de cinq touches, on peut trouver tous les intervalles, depuis celui de seconde jusqu'à celui de septième mineure.

Si l'on produit avec le 4e doigt de la main gauche le *ré* de la cinquième corde (Ve touche), on peut produire, en même temps, le *mi bémol* frappé par le 1er doigt sur la quatrième corde (Ire touche). Ces deux notes donnent l'intervalle de seconde mineure.

Si l'on maintient le 4e doigt sur le même *ré* de la cinquième corde, et si l'on avance d'une touche le doigt placé sur la première touche de la quatrième corde, soit jusqu'au *mi* naturel, on obtient l'intervalle de seconde majeure. Puis, si l'on avance d'une touche sur la même corde en y plaçant le 2e doigt, il en résultera l'intervalle de tierce mineure. Si le 3e doigt occupe la touche suivante, soit le *fa* dièse, il se formera avec le *ré* gardé par le 4e doigt sur la Ve touche de la cinquième corde, une tierce majeure. Exemple :

En déplaçant la main, si nous faisons le barré sur la touche correspondant au *ré* de la cinquième corde (Ve touche), nous aurons une quarte entre les deux notes formées par le barré. Si nous avançons de touche en touche sur la quatrième corde, sans abandonner le *ré* de la cinquième, chaque nouvelle avance donnera une augmentation d'intervalle, jusqu'à ce que nous arrivions à la séparation de six touches.

Ceci nous donnera l'intervalle de septième mineure, distance maxima qu'une main normale peut embrasser aisément :

Il serait peu utile de pouvoir embrasser une plus grande distance, puisque l'intervalle qui serait produit entre les deux cordes sur un plus grand nombre de touches, est offert par la corde voisine supérieure :

En employant le même procédé sur des cordes alternes, accordées à distance de quarte, il en | résultera une série d'intervalles comprise entre la quarte augmentée et une dixième mineure. L'intervalle de septième mineure sera pour ces cordes ce qu'est l'intervalle de quarte pour les cordes voisines :

Exemples :

Si nous appliquons ce procédé à des cordes de séparation graduellement progressive, il en résultera une série d'un nombre égal d'intervalles partant de la septième majeure et s'élevant d'un demi-ton par touche.

Le même procédé, employé sur les troisième et deuxième cordes, en modifiera la proportion, étant donné leur distance de tierce majeure. Les intervalles que nous obtiendrons avec la même disposition de doigts auront une étendue moindre d'un demi-ton. Le barré donnera la tierce majeure; la séparation graduelle des doigts dans le sens de la diminution des intervalles donnera l'unisson dans sa distance maxima, et la séparation graduelle contraire à partir du barré donnera une sixième majeure dans son plus grand écart.

La disposition des intervalles entre ces deux cordes peut être formée proportionnellement sur n'importe quel degré compris sur toute l'étendue de ces cordes, mais pas en dehors d'elles, car elles sont les seules accordées en tierce majeure.

On doit tenir compte de la disposition des inter-

valles sur ces deux cordes pour la formation des intervalles composés compris dans un espace qui embrasse lesdites cordes.

Tout intervalle formé sur deux cordes quelconques peut se répéter sur les mêmes cordes. On doit, pour cela, conserver la même disposition de touches à n'importe quel degré.

La même disposition des doigts dans la même disposition des touches et des cordes donnera toujours le même intervalle, quoique de tessiture différente, à n'importe quelle hauteur du manche.

Les intervalles les plus aisés à réaliser sont : la quarte, que l'on obtient sur une même touche; la tierce majeure, qui se donne ensuite sur touches voisines; la tierce mineure, sur touches alternes; la seconde majeure, sur la distance embrassée par quatre doigts, et la seconde mineure avec adjonction d'une touche.

Il en est de même pour les intervalles plus étendus à partir de la quarte. L'intervalle le plus proche de la quarte est le plus facile à obtenir. Ceux de quinte majeure, de sixième, sixième augmentée et septième correspondant à l'éloignement et à la séparation des doigts, en proportion au sens inverse de la quarte. Ainsi, nous observons que les distances des doigts diminuent à mesure qu'on approche de la quarte; elles augmentent, par contre, quand on s'en éloigne.

L'intervalle compris entre une note sur corde à vide et une autre note quelconque sur une autre corde a, pour la main gauche, la valeur d'une note simple, puisqu'il n'y a qu'une corde à presser.

Ci-joint un aperçu graphique de la formation des intervalles, tendant à faciliter la compréhension de sa disposition sur le manche en vue d'une application systématique.

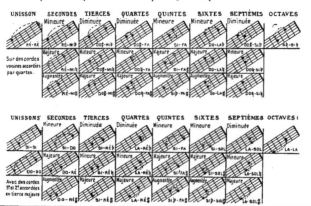

Accords.

Les accords étant, la plupart du temps, des notes superposées, il est aisé de les réaliser lorsqu'on en connaît les intervalles.

Deux cordes voisines peuvent produire les intervalles de tierce majeure, et deux cordes alternes ceux de quinte. On peut obtenir l'accord parfait en formant sa tierce majeure sur deux cordes se trouvant à la distance d'une quarte; la quinte de cet accord se trouve sur la corde voisine supérieure.

Si l'on prend *la bémol* sur la 6ᵉ corde (IVᵉ touche), on formera sa tierce majeure, *do naturel,* sur la IIIᵉ touche de la 5ᵉ corde, et sa quinte, *mi bémol,* sur la Iʳᵉ touche de la 4ᵉ corde; ainsi sera réalisé l'accord tonique de *la bémol* majeur.

Trois cordes voisines permettent les renversements de l'accord.

Si nous prenons la même tierce (*do naturel*) du même accord (*la bémol*) comme fondamentale sur la VIIIᵉ touche de la 6ᵉ corde, puis si nous donnons la quinte de l'accord (*mi bémol*) placée à distance de tierce mineure sur le *do naturel* donné sur la 6ᵉ corde, nous occuperons la VIᵉ touche de la 5ᵉ corde; si, sur ce *mi bémol,* nous produisons la tonique à la distance supérieure de quarte, nous aurons le *la bémol* sur la 4ᵉ corde et sur la même touche, ayant ainsi complété le premier renversement de l'accord parfait.

Si ensuite l'on prend *mi bémol* sur la XIᵉ touche de la 6ᵉ corde et si l'on forme sa quarte *la bémol* sur la même touche de la 5ᵉ corde, et sa sixte *do naturel* sur la Xᵉ touche de la 4ᵉ corde, on obtient le second renversement de l'accord parfait.

Il est donc démontré que, sur trois cordes voisines, on peut réaliser les accords de tierce et quinte, de tierce et sixte et de quarte et sixte, c'est-à-dire l'accord parfait et ses renversements. Nous avons vu que la disposition des intervalles se reproduit sur les mêmes cordes à une distance tonale proportionnelle au nombre des touches qui les séparent; nous en conclurons que, sur les mêmes cordes, on pourra facilement réaliser les accords de tonique, dominante et sous-dominante de tous les tons :

Le même procédé régit les accords de quatre notes :

Lorsque l'on connaît les principaux accords d'un ton, il est facile d'obtenir les accords correspondants dans les douze tons, grâce à la disposition des touches et des cordes :

1. Erratum : lire *si* et non *do.*

Ainsi, successivement, un ton dans chaque position distincte.

On agit de la même manière pour les tons mineurs :

La même théorie peut être appliquée à chaque renversement des accords, même de ceux composés de cinq ou six notes. Il suffira d'éviter les notes à vide.

TECHNIQUE DE LA MAIN GAUCHE

Doigté de la main gauche.

Un même passage peut se doigter de diverses façons en ayant recours aux unissons. Comme le calibre différent des cordes produit diverses qualités de son, un même passage, réalisé sur certaines cordes ou sur d'autres, peut produire une sonorité différente. Le doigté doit donc être d'accord avec l'effet à obtenir. Pour cette raison, il n'y a pas de doigté fixe pour tel ou tel passage, mais un ordre systématique dans l'action respective des doigts pour que ceux-ci correspondent aux notes dans un ordre logique et naturel.

Deux facteurs principaux régissent le doigté : la note de départ et la note terminale.

Dans les passages à notes simples, où chaque doigt peut occuper une touche différente, chaque note doit être occupée par le doigt correspondant à l'ordre proportionnel des touches; donc, pas de sauts brusques sur des cordes séparées. Dans ce cas, bien que la séparation des touches soit limitée, il convient d'employer un autre doigt qui ne soit pas voisin; la séparation des cordes doit se considérer comme une séparation des touches dans un sens perpendiculaire.

Dans les passages où la main doit forcément se déplacer, un même doigt peut presser deux notes consécutives sur une même corde, que ces notes soient proches ou éloignées. Dans les passages ascendants, il est conseillé d'employer, de préférence, le premier doigt, et dans les descendants, le quatrième.

Dans les cas où la main doit se déplacer, il convient de conserver, autant que possible, un doigt commun à deux notes consécutives sur une même corde, pour la continuité des sons.

Il ne faut pas, surtout dans les passages rapides, presser avec un même doigt plus de deux notes consécutives; la raison en est que chaque mouvement d'un même doigt, sur une même corde, exige un déplacement de la main, donc un danger d'insécurité dans l'exécution.

Il faut éviter les sauts brusques d'un doigt posé sur une corde allant vers une autre, pour ne pas briser le prolongement du son primitif. Dans le cas où un silence se trouverait entre les deux notes, ce procédé pourrait être indiqué.

Lorsqu'une gamme se termine sur la note d'un accord, on réglera l'ordre des doigts de façon que celui qui donne la dernière note de la gamme soit le même que celui qui doit donner la note correspondante dans l'accord.

Éviter les sauts de la main non justifiés par un effet voulu.

Certains passages sont susceptibles de deux systèmes d'exécution; le premier oblige à se mouvoir dans des extensions des touches d'étendue normale; le deuxième porte la main à se désaxer par rapport au manche. Il est préférable, autant que possible, de se servir du premier moyen, plus propice à la sûreté d'exécution et à la bonne sonorité.

Éviter aussi les écarts exagérés entre les doigts. Tout ce qui dépasse la mesure de trois touches voisines pour deux doigts voisins est violent et forcé. Néanmoins, il est recommandable d'exagérer un peu la pratique de ces écarts dans le travail quotidien du guitariste, afin que la séparation normale devienne en pratique une position naturelle. La séparation de trois touches avec deux doigts voisins peut s'obtenir par n'importe quels doigts : 1 et 2, 2 et 3, 3 et 4.

Éviter autant que possible les notes à vide, pour les raisons suivantes : 1° dans le changement de tonalité, les vibrations continues peuvent constituer des dissonances par rapport au nouveau ton; 2° elles sont inaptes à être vibrées au moment nécessaire; 3° la qualité de timbre de la corde libre peut ne pas convenir, à certains moments, à la nature du passage. Parfois, il est nécessaire de ne pas s'en servir, mais parfois elles sont tout indiquées. C'est une question de discrétion et d'adresse.

S'il convient d'éviter les notes à vide, on peut toutefois les employer lorsqu'elles relient des positions distantes entre elles.

Quand un doigt se pose sur une corde précédemment occupée par un autre doigt placé sur une touche plus basse, on doit maintenir celui-ci sur la touche. Le fait de lever un doigt et d'en laisser tomber un autre par mouvement simultané, peut interrompre la continuité du son.

Dans les passages à plusieurs voix, le doigté dépend des mesures du début et de la fin : les premières, à cause de la disposition qu'elles offrent aux doigts, les deuxièmes, par la disposition qu'elles exigent.

Un bon doigté facilite l'exécution et améliore la sonorité.

Notes coulées.

On appelle *notes coulées* celles qui proviennent du seul jeu de la main gauche.

Elles sont indiquées par un trait courbe allant d'une note à l'autre s'il n'y en a que deux. Pour lier plus de deux notes, il suffit d'une seule courbe les embrassant toutes.

Lorsqu'elles sont ainsi liées, la première s'attaque toujours par la main droite; toutes les autres sont produites par la main gauche.

Les notes coulées peuvent être *ascendantes* ou *descendantes,* soit qu'elles aillent d'une note basse à une autre moins basse, ou d'une aiguë à une autre plus haute (ascendantes), ou bien qu'elles marchent en sens contraire (descendantes).

Les coulées ascendantes se produisent en laissant tomber sur la note voulue un des doigts libres de la main gauche. Les descendantes exigent que les doigts soient placés à l'avance sur les notes à couler; la première note une fois attaquée par la main droite, le doigt de la gauche, qui maintenait cette note, déclanche brusquement la deuxième coulée; ainsi de suite.

Une note coulée, musicalement égale à une coulée descendante, peut être réalisée comme ascendante :

dans ce cas, ces notes coulées se trouvent sur des cordes distinctes.

Pour couler des notes successives en mouvement direct ascendant ou descendant sur une même corde, on répète le même procédé autant de fois qu'il y a de notes. Dans l'attaque de la 3e corde (sol) à vide, nous laisserons tomber avec force le premier doigt sur la première touche de cette corde, d'où résultera un *sol dièse* plus doux que s'il était attaqué par la main droite; cette note une fois produite, sans attendre la fin de ses vibrations, nous laisserons tomber le second doigt avec une force égale, sur la 2e touche, obtenant le *la;* le troisième doigt sur la 3e touche donnera le *la dièse,* et l'autre doigt le *si* naturel :

Mais, si nous plaçons les quatre doigts sur la même corde occupant quatre touches voisines, et si nous frappons la note occupée par le quatrième doigt et tirons fortement la corde avec ce quatrième doigt, on entendra la note donnée par le troisième doigt sur la touche précédente; en répétant cette manœuvre avec le troisième doigt, nous obtiendrons la note suivante, et ainsi de suite :

Un même passage peut comporter des coulées ascendantes et descendantes. Une coulée en préparant naturellement une autre, les deux procédés peuvent également alterner. Le *ré* de la deuxième corde (III° touche) produit par le second doigt permet de couler un *mi* naturel (V° touche) sur la même corde avec le quatrième doigt (coulée ascendante); celui-ci étant placé en position, pincer autre avec le même doigt la corde que le second doigt tient encore, et le *ré* sera de nouveau produit (coulée descendante); le premier doigt, placé au préalable sur la II° touche de la même corde, produira le *do dièse* si on retire le second doigt; le second doigt, frappant de nouveau la corde sur la III° touche, produira encore le *ré*. De l'ensemble de ces mouvements successifs aura résulté :

Les notes coulées peuvent être doubles et simultanées, genre le plus souvent employé dans les mouvements ascendants. Les mouvements descendants sont moins courants et se limitent à deux notes :

Ils peuvent être aussi doubles et combinés, c'est-à-dire comporter simultanément un mouvement ascendant et un descendant :

Trilles.

Le trille est la répétition alternée de la note coulée ascendante et descendante; sa durée est égale à la valeur de la note trillée.

Il est inhérent à chaque corde, et se réalise généralement entre deux notes séparées par un ton ou un demi-ton ; tous les doigts de la main gauche peuvent pratiquer le trille, mais le doigté doit être discerné selon le cas.

Le trille double ne s'emploie guère sur la guitare.

Glissés.

Le *glissé*, nouvel aspect de la note coulée, tend à produire, comme celle-ci, une seconde note non frappée, par le déplacement du doigt qui a donné la première : la pression est maintenue sur la corde et le doigt glisse jusqu'à la touche où se trouve la deuxième note qu'il s'agit de couler.

Le glissé ne peut s'appliquer qu'à deux notes consécutives sur une même corde. Il peut être *ascendant*

ou *descendant*, lent ou rapide; dans ce cas,

l'accent se porte sur la note d'arrivée. Quand il est lent, l'accent se porte sur la note de départ.

Le glissé s'indique par une ligne droite allant de la note de départ à la note d'arrivée.

Portamento.

Le *portamento* est composé de notes glissées (mouvement initial) et coulées (terminaison).

Le *portamento* entre le *do dièse* (2° corde, II° touche, premier doigt) et le *la* (2° corde, X° touche, quatrième doigt) se produit par glissement du premier doigt sur la 2° corde après l'attaque du *do dièse,* jusqu'à ce que le quatrième doigt arrive à hauteur de la X° touche; alors, le quatrième doigt frappe le *la* dans le sens de note coulée.

Le *portamento* descendant se fait de la même façon, mais, la note coulée devant être descendante, il faut prendre soin de placer le doigt de la note d'arrivée à la fin du glissé pour que le *portamento* se termine par la note coulée.

Généralement, les *portamentos* se réalisent entre deux notes d'intervalles tonaux. Ils excluent implicitement les notes à vide, sauf pour leur terminaison. Ils sont indiqués par un trait courbe comme les notes coulées.

Notes données exclusivement par la main gauche.

On peut exécuter des passages sans intervention de la main droite par l'emploi des notes coulées.

A partir d'une note donnée, les suivantes non interrompues se considèrent comme notes coulées.

Le début d'un passage sur cordes à vide se fera en pinçant la première note d'un doigt de la main gauche vers la corde à tessiture plus haute, telles les coulées descendantes sur une même corde. Cette note initiale peut aussi se produire par le procédé de coulée ascendante sur un de ses unissons.

Pour éviter la sonorité vague d'une corde vibrant sous la brusque pression du doigt, on doit presser la même corde avec un autre doigt sur une des touches antérieures.

Les passages pour la main gauche sont parfois indiqués par un trait courbé, ainsi que les coulées de plusieurs notes.

On peut aussi produire des sons harmoniques sans intervention de la main droite. Le quatrième doigt forme l'harmonique, et le premier doigt pince la corde dans l'espace compris entre le quatrième doigt et le sillet.

Le barré.

Quand il faut jouer en même temps sur plusieurs cordes dont les notes doivent être pressées sur une même touche, on place sur elles l'index de la main gauche étendu en les embrassant d'un seul effort.

Le doigt ainsi placé peut embrasser soit les six cordes, soit seulement celles qu'il convient de presser : cela est réalisable sur chaque touche, de la I° jusqu'à la IX° ou la X° au plus. Quand le *barré* embrasse seulement les trois cordes aiguës, on l'appelle *petit barré*, et on peut l'employer jusqu'aux touches les plus aiguës.

Il existe un petit appareil spécial, fréquemment employé par les guitaristes populaires, appelé *cejuela* en Espagne et *capotasto* en Italie. Le but de cet appareil peut équivaloir au *barré*, quoiqu'il ne puisse être déplacé pendant l'exécution d'une même œuvre. L'utilité de cet appareil ingénieux est manifeste pour les accompagnements du chant; il peut être placé par demi-tons dans toute l'étendue de l'instrument, ainsi qu'un sillet mobile. Cela permet de transposer facilement l'accord de la guitare à la tonalité nécessaire pour la tessiture de la voix que l'on doit accompagner.

Les guitaristes italiens ont employé le pouce de la main gauche pour remplacer le *barré*. Ce doigt glisse derrière le manche, et vient presser la 6ᵉ corde sur la même touche que le ferait le *barré*. Cela oblige la main à faire un violent mouvement en arrière, et réduit l'extension des doigts en les privant de la liberté nécessaire pour presser les notes convenables.

Fig. 1056. — *Cejuela* ou *cupotasto*.

Ces deux appareils de *barré artificiel* correspondent aux deux systèmes employés. Le premier est en acier nickelé ; une vis l'assujettit mécaniquement contre le manche par sa partie postérieure. Le second est en bois, attaché au manche par une corde fixée par une de ses extrémités au *barré artificiel*, et, par l'autre extrémité, attaché à une cheville qui, en tournant, enroule la corde et presse l'appareil contre les cordes.

Vibrato (notes vibrées).

Le *vibrato* était anciennement appelé *tremulo*, qu'il ne faut pas confondre avec l'actuel *trémolo*. La main gauche peut prolonger les sons en leur donnant plus d'intensité par le *vibrato*.

Soit une corde martelée par un doigt de la main gauche sur n'importe quelle touche ; si on balance ce doigt sans quitter la corde, le son en sera prolongé par de minimes ondulations. Cet effet s'indique par le mot *vibrato*.

Pour l'obtenir, il faut agiter le doigt à l'instant précis où la corde est frappée, profitant des premières vibrations, les plus intenses, sans omettre toutefois de maintenir le même degré de force que dans la première impulsion. Ces mouvements ne doivent pas être trop vifs, ni s'étendre au delà du poignet. Certains exécutants pratiquent le vibrato en écartant le pouce du manche; AGUADO conseille d'éviter ce défaut, afin de mieux équilibrer les résistances éventuelles.

La bonne exécution du *vibrato* dépend moins de la force de pression en elle-même, que de la façon dont on l'exerce. Il faut appuyer sur la corde la dernière phalange des doigts, mais remarquons que la force d'inertie de la main soutient et prolonge les vibrations, mieux que la force excessive qu'on prétendrait donner au moyen du bras.

Le *vibrato* peut s'obtenir sur toutes les cordes, sur chaque touche et par chacun des doigts, pourvu que la note à faire vibrer soit isolée. Les notes simultanées ne peuvent pas toujours être vibrées.

TECHNIQUE DE LA MAIN DROITE

Doigté de la main droite.

Les accords consécutifs seuls autorisent la répétition d'un même doigt sur la même corde. Dans les autres cas, le même doigt ne doit jamais frapper deux fois de suite la même corde, excepté le pouce.

L'action des doigts de la main droite admet un ordre alterne entre deux doigts, et consécutif entre divers doigts.

Dans les gammes simples, on peut alterner l'index et le médius ou *vice versa*, ou le médius et l'annulaire, ou le contraire.

Dans les accords, il faut répartir les doigts de telle sorte que chacun s'occupe de pincer la corde qui lui correspond, la corde grave pour le pouce, la suivante pour l'index, l'autre pour le médius, la plus aiguë pour l'annulaire. Si l'accord comprend cinq cordes, le pouce glisse simultanément sur les deux graves; s'il est de six notes, le pouce frappe de la même façon les trois cordes lliées.

Dans les mouvements où deux ou trois notes simultanées alterneraient avec des notes simples, les premières seront produites par des doigts conjoints, et la note d'après par le doigt libre qui se trouvera le plus rapproché.

Dans les accords arpégés, le pouce peut frapper quatre cordes, et plus.

En principe, éviter autant que possible les croisements de doigts. Néanmoins, on ne considère pas comme tel le passage d'une corde à la voisine en mouvement alterne continué, comme dans les gammes. L'action des doigts peut ainsi se définir : que celui qui est voisin du pouce n'aille pas frapper les cordes aiguës, pendant que les doigts éloignés viennent frapper les cordes graves.

Toute ordonnance des doigts sur une seule corde est admise. Si on lève le doigt d'une corde déterminée (3ᵉ) et si la note suivante est plus aiguë, on la produira avec un doigt voisin de l'annulaire, ou bien avec celui-ci. Par contre, s'il faut toucher une corde plus grave, on la frappera avec un doigt voisin du pouce, voire avec celui-ci. S'il s'agit d'un arpège de quatre notes consécutives descendantes, allant de l'aigu au grave, la première note sera donnée avec l'annulaire, et la dernière avec le pouce, quelle que soit la disposition des cordes. Si l'arpège est d'ordre inverse, le pouce donnera la première note, et l'annulaire la dernière.

Le passage d'une corde grave à une corde aiguë se fera dans le sens de la main correspondant à l'ordre des doigts : index, médius, annulaire; le passage contraire, de l'aigu au grave, se fera dans le sens inverse : annulaire, médius, index.

Le pouce, qui servait jadis à donner seulement les notes basses, s'emploie aujourd'hui sur toutes les cordes. On l'intercale au besoin, en alternant avec les autres doigts, dans les passages différents, fussent-ils en gammes ou arpèges.

Arpèges.

En eux-mêmes, les arpèges ne sont que des accords. Au lieu de donner les notes simultanément, ils les donnent successivement. Comme les accords, ils sont composés de trois, quatre, cinq notes et plus.

L'arpège peut être ascendant ou descendant, simple, double, ou composé; il peut être formé de notes appartenant à des cordes voisines ou séparées, et réalisé par l'emploi de différentes combinaisons de doigts.

Pour les arpèges dont l'étendue embrasse trois cordes, on emploie généralement le pouce, l'index et le médius de la main droite; si l'étendue embrasse un plus grand nombre de cordes, on emploie quatre doigts : pouce, index, médius, annulaire. (Voir les différentes formules d'arpèges de la *Méthode* de F. MORETTI.)

Pour la main gauche, le groupe de notes d'un arpège est considéré comme un accord; les différents doigts qui pressent les cordes de l'arpège ne le quittent pas pendant toute la durée de ces notes. Cette règle n'est pas absolue et comporte des exceptions.

Trémolo.

Le *trémolo* est un arpège de quatre doigts obtenu par l'annulaire, le médius, l'index sur une corde chantante, cependant que le pouce fait résonner librement les cordes plus basses. Ce *trémolo* tend à prolonger la note par de rapides répétitions de celle-ci. On produit habituellement le *trémolo* par la triple répétition d'une même note; on le réalise dans ce cas par les doigts a. m, i, ou i, m, a, de la main droite. Parfois, on le réalise sous la formule d'une quadruple répétition a, m, i, m, ou i, m, a, m. On pourrait le donner par autant de notes qu'il est possible d'en employer dans les différentes formules d'arpèges habituels aux quatre doigts.

Le *trémolo* peut être réalisé sur n'importe quelle corde; pour le produire sur des notes graves, il faudrait des formules de doigté exceptionnelles.

Pizzicato.

La paume de la main, par son bord inférieur et extérieur, se place sur les cordes graves que frappe le pouce, près du chevalet, pendant que l'auriculaire, étendu, s'appuie sur la table d'harmonie pour contre-balancer la pression du bas de la main sur les cordes graves. Les autres doigts forment pont par-dessus les cordes de boyau libres du contact de la main, pour que les cordes puissent donner leur son naturel.

La main ainsi placée, le pouce étendu frappera les cordes vers l'intérieur de la caisse d'harmonie, jusqu'à ce qu'il trouve la corde suivante. Le son est étouffé par le contact de la main avec la corde, s'assombrit et prend une teinte de sourdine, sans altérer son volume. Le médius et l'index, destinés à pincer les notes élevées, opèrent comme dans les accords, mais en sens diagonal, étant donné la position de la main. Il en résulte un son piqué, saccadé,

différent du son ordinaire, semblable au *pizzicato* des instruments à archet.

Pour le *pizzicato* strident (effet réservé à des sonorités spéciales et de caractère humoristique), il suffit de placer la main plus près de la rosace, où la corde présente moins de résistance. Elle vibre ainsi sous la main avec laquelle elle est en contact, et produit un timbre spécial.

Dans les passages où le pouce doit agir sur les cordes de boyau, la partie charnue de la main appuyée sur les cordes filées glisse par-dessus ces cordes jusqu'à se placer au-dessus des autres. Donc, cette partie de la main doit toujours se placer sur la corde frappée par le pouce pour en étouffer les vibrations.

Dans certains cas, on laisse vibrer librement les notes basses, en élevant le bord de la main.

SONORITÉS SPÉCIALES

Sons harmoniques.

Ils se trouvent sur les différents nœuds de vibration de la corde, c'est-à-dire à la moitié, au tiers, au quart de sa longueur et aux autres subdivisions afférentes au corps sonore. Ils correspondent, sur le manche, aux touches XII, IX, VII, V, IV et III.

Pour les obtenir, il suffit de placer le doigt étendu dans le sens perpendiculaire à la corde et en simple contact avec elle, sur la touche correspondant à la note à donner. Le doigt doit ne faire d'autre effort que d'empêcher légèrement l'oscillation de la corde et cesser le contact sitôt le son obtenu, afin que les vibrations se prolongent le temps nécessaire.

Plus on se rapproche du sillet, plus les sons harmoniques augmentent d'acuité : ce qui prouverait que c'est la partie entre le doigt et le sillet qui produit le son. Le même phénomène se répète sur l'autre moitié de la corde : plus on éloigne la main gauche de la XIIᵉ touche, tout en la rapprochant du chevalet, plus les sons deviennent aigus.

De ces sons harmoniques, les plus clairs sont ceux qui s'obtiennent sur les touches XII, V et VII; ceux de la IXᵉ touche sont moins clairs, et ceux des touches IV et III sont bien plus vagues encore.

Les anciennes méthodes recommandent l'emploi du troisième doigt pour donner les harmoniques. De nos jours, ce procédé est devenu accessible à tous les doigts, qui doivent librement s'y exercer.

Tableau des harmoniques naturels :

TABLEAU DES HARMONIQUES NATURELS

Les harmoniques naturels se résument ainsi :

ÉTAT DE TOUS LES HARMONIQUES NATURELS

Les touches XVI et XIX, équidistantes de la moitié de la corde, ainsi que les touches IX et VII, en sens inverse, produisent les mêmes harmoniques. A partir de la moitié de la corde, toutes les distances qui produisent des harmoniques, dans un sens de la corde, peuvent le reproduire, en sens inverse, sur des distances proportionnelles.

Les harmoniques s'écrivent généralement en sens figuré, c'est-à-dire que l'on écrit la note produite par la corde à vide où se forme l'harmonique désiré; sur cette note, un chiffre indique la touche qui doit le produire.

Certains auteurs écrivent les notes réelles, puis ajoutent un chiffre indiquant la touche; un autre numéro entouré d'un rond indique la corde. Sor employait ce procédé.

Harmoniques à l'octave.

On attribue à M. DE FOSSA l'ingénieuse invention du procédé de ces sons, qui ont pris tant d'importance dans la technique moderne de la guitare. Il exposa cette théorie au début de l'*Ouverture du jeune Henri* de MÉHUL, arrangée pour deux guitares.

Si nous considérons que la corde à vide donne son octave harmonique sur la XII⁰ touche, la délimitant en deux parties égales, il nous faut conclure que la même corde pincée sur la Iʳᵉ touche aura son octave harmonique sur la XIII⁰; pincée sur la II⁰ touche, elle aura son octave harmonique à la XIV⁰, et ainsi de suite.

Comme dans ces cas les doigts de la main gauche sont distraits par leur jeu habituel, il faut que les doigts de la main droite remplissent deux fonctions simultanées : former et pincer l'harmonique.

A cet effet, on étend l'index en sorte que la partie intérieure de la phalange extrême vienne se poser légèrement sur la corde et sur la touche correspondant à la note voulue; ensuite, on pince simultanément avec l'annulaire, comme pour les accords.

Lorsque l'harmonique est seul et sur une corde grave, il peut être préférable de le donner avec le pouce de la main droite.

Pincer l'harmonique avec l'annulaire offre l'avantage de pouvoir donner simultanément une partie de basse (avec le pouce), et une autre partie intermédiaire (avec le médius), généralement sur la corde inférieure voisine de celle de l'harmonique. Il se produit un accord de trois notes dont l'aiguë sonne en harmonique.

Ce procédé permet de jouer des mélodies harmonisées à trois voix dont la supérieure est en harmoniques : mélodies doubles ou en tierces, sixtes, octaves et en mouvement direct ou contraire; la partie la plus aiguë est la seule susceptible d'être donnée en harmoniques.

Les harmoniques naturels, compris même sur des cordes différentes dans l'espace que peut embrasser la main gauche, peuvent se donner en accords ou en arpèges.

Différentes qualités du son sur une même corde.

Le point normal, où doit être frappée la corde pour en obtenir une qualité de son moyenne entre les contrastes de ses divers timbres, est situé vers l'extrémité de la courbe formée par la rosace du côté du chevalet, à cause de la proportion entre la résistance de la corde et la force d'impulsion du doigt. Remarquez la différence graduelle obtenue en frappant la même corde depuis ce point jusqu'à l'extrémité opposée. Vers les touches, le timbre obtenu est plus doux et plus pur; il a une nuance indiquée pour certains effets spéciaux ; dans le sens opposé, chaque rapprochement vers le chevalet produit une qualité de son plus ouverte, plus nasillarde, indiquée dans les effets qui contrastent avec ceux de l'extrémité opposée.

On obtient ces effets en déplaçant la main dans le sens voulu, sans contraction du bras ni perte d'équilibre.

Campanelas (effet de sonorité vive et cristalline).

Procédé rarement employé. Effet du jeu d'une ou deux cordes à vide de notes souvent étrangères à un accord exécuté en arpège. (Voir la *Méthode* d'AGUADO traduite par M. de FOSSA.)

Tambora (effet de percussion).

Effet de son à obtenir sur les cordes donnant un accord, au moyen d'un coup sec produit par le pouce de la main droite étendu perpendiculairement aux cordes, près du chevalet. On l'obtient par un demitour de la main sur le poignet portant vers l'extérieur, afin que le pouce tombe, de toute sa longueur, sur les cordes qui doivent vibrer. Le poignet ne doit pas être contracté; au contraire, il permettra à la main de se mouvoir aisément pour que le son soit produit par son propre poids.

Cet effet peut encore s'obtenir par l'index et le médius. Ces doigts tendus perpendiculairement sur les cordes, les frappent en mouvements alternatifs, rapides, comme pour le trille. Cet effet s'adapte à tous les rythmes et à toutes les tonalités.

Effet de roulement de tambour.

On l'obtient en croisant la V⁰ corde par-dessus la VI⁰ sur une même touche, tout en les maintenant avec force par un seul doigt (généralement le premier), pendant que l'index ou le médius touche les deux d'un même effort avec des rythmes de tambour.

Effets lointains.

Procédé consistant, pour la main droite, à frôler doucement plusieurs cordes avec le bout charnu des doigts en allant de l'aigu au grave, pendant que les doigts de la main gauche forment les accords auxquels sont soumis les rythmes de la main droite.

Rasgueado (effet spécial de caractère populaire).

La main droite tourne sur le poignet, en se levant jusqu'à ce que le petit doigt (seul employé sur la guitare pour ce procédé) soit placé sur les cordes graves (bourdons); le dos des quatre doigts auriculaire, annulaire, médius et index, glisse immédiatement sur l'ensemble ou sur une partie des cordes (suivant les indications spéciales). Il se produit un accord arpégé plus ou moins intense et prolongé.

Le *rasgueado* s'exerce en double sens : l'un ascendant de la VI⁰ à la Iʳᵉ corde, au moyen de quatre doigts indiqués, l'autre, de la Iᵗᵉ corde vers les cordes graves, seulement avec le pouce ou l'index. On indique le *rasgueado* par une flèche allant dans les deux sens voulus.

Le premier mouvement est pour les accentuations fortes, le deuxième pour les parties faibles.

L'alternance prolongée de ces deux mouvements contribue à maintenir pendant le temps nécessaire la sonorité d'un groupe de notes simultanées.

Parfois, on mélange le *rasgueado* amoindri, obtenu seulement avec l'index sur quelques cordes aiguës, avec un petit coup sec donné en même temps sur le chevalet par le bout du médius ou de l'annulaire. L'index doit se replier complètement avant d'attaquer les cordes en s'ouvrant, tandis que le médius, levé à distance prudente du chevalet, tombe recourbé d'un coup sec sur la partie inférieure du chevalet, dont il s'éloigne aussitôt l'effet produit[1].

QUELQUES CONSEILS AUX DÉBUTANTS

L'éclosion de nouveaux instruments, tels le violon le clavecin, puis le piano, affina le goût collectif et par reflet releva l'écriture pour la guitare. (Nous dirons à nouveau qu'à notre avis, la guitare exerça une décisive influence sur le développement de la musique instrumentale moderne.)

Dans l'ensemble des œuvres didactiques pour guitare se détache lumineusement la méthode d'AGUADO (1843). Un siècle cependant ne s'est pas écoulé en vain. Des esprits de haute valeur ont su tirer des six cordes classiques de décisives promesses pour l'avenir.

Il est à regretter que l'œuvre didactique renfermant tous les principes de la technique moderne n'existe pas encore. La faute peut en être imputable au manque de toute protection officielle dont, un peu partout, souffre la guitare.

Cet instrument, d'un passé si glorieux et voué à un si grand avenir, en passe de s'imposer aux publics de tous les continents, n'a malheureusement pas la place qu'il mérite dans les plus importants Conservatoires. Son enseignement se pratique même de nos jours d'une façon par trop empirique, d'où le nombre si restreint de virtuoses et de professeurs éclairés.

Il est à souhaiter que la connaissance approfondie de cet instrument, l'un des plus organiquement complets, cesse d'être l'apanage de certains élus de la musique. Sa technique doit être divulguée.

Pour tâcher, dans une faible mesure, de remédier à cet état de choses, nous nous permettrons quelques conseils sous forme de plan d'études.

Distribuer d'abord l'étude de la guitare en deux parties : théorique et pratique.

Obtenir autant que possible le *summum* de connaissances musicales en dehors de la guitare, tout en approfondissant son étude théorique.

Envisager l'étude pratique sous trois aspects :

I. Développer le mécanisme graduellement (pratique de gammes, arpèges, accords, trémolos, notes coulées, trilles, effets et traits instrumentaux inhérents aux œuvres[2]).

Tout débutant devant choisir un des deux procédés indiqués pour la production du son, il nous faut signaler que la plupart des virtuoses les plus réputés se servent des ongles.

II. Mettre le mécanisme acquis au service d'œuvres créées musicalement.

Une sélection préalablement ordonnée parmi les études d'AGUADO, de SOR, CARCASSI, COSTE, TARREGA, LLOBET, FORTEA et de quelques autres encore renfermerait toute la matière demandée.

III. La vraie technique une fois acquise, s'initier dans la connaissance des vihuelistes et guitaristes depuis MILAN et CORBETTA jusqu'à SOR et TARREGA. Se préparer ensuite à aborder les auteurs modernes les plus complexes.

La guitare portant en elle l'esprit de toutes les musiques, nous pensons que l'intelligence du guitariste doit être toujours en éveil, ainsi que son désir de se raffiner et d'élargir ses vues.

---

1. Au sujet du genre *flamenco* auquel appartient surtout cet effet, voir la *Méthode* de Rafael MARIN (Madrid, vers 1800).

2. Nous recommandons spécialement les exercices manuscrits de TARREGA, les *Escalas y Arpegios* de Domingo PRAT, édités à Buenos-Aires, les exercices de notes coulées dans la *Méthode* d'AGUADO et les différentes formules d'arpèges de l'ancienne méthode de MORETTI susceptibles d'êtres appliquées à des harmonies diverses.

EMILIO PUJOL, 1926.

LE CLAVECIN

Par André SCHAEFFNER[1]

Un préjugé tenace fait encore du clavecin une ébauche assez primitive de notre piano moderne : l'usage désormais généralisé, la supériorité admise du piano plaideraient donc l'inutilité pour nous de vouloir entendre un instrument aussi désuet, aussi avantageusement *remplacé* que le clavecin. Or si, *en fait*, le piano se substitua au clavecin dans nos salles de concert comme dans nos habitations, ne fut-ce pas au même titre que l'orchestre d'un Wagner succédant à celui d'un Beethoven, ou que l'orchestre d'un Strawinsky à celui d'un Wagner? Succession qui n'implique pas forcément équivalence, ni même filiation entre les deux termes. Pas plus que nous ne dirons que Schumann *remplaça* Bach parce que *supérieur* à celui-ci, nous ne dirons que, si les concerts modernes ont vu le piano chasser le clavecin, c'est que celui-ci avait sur le piano des désavantages plus durables que celui de ne répondre plus aux nouvelles exigences instrumentales des musiciens. Cette fausse idée du progrès, que Wanda Landowska nous exhorte à chasser de nos comparaisons entre musiciens anciens et modernes[2], il nous faut encore la détruire sous la forme plus insidieuse qu'elle revêt lors de nos jugements à l'égard de tels ou tels instruments. Sans doute, le clavecin a-t-il été la victime du goût d'une certaine époque pour le *forte-piano* et pour tous les modes d'expression que représentait cet instrument, mais un peu de même que le luth a été la victime d'une préférence collective pour le style cursif et pour le volume sonore du clavecin[3], ou de même que, depuis Wagner, nous a vu l'orchestre déplacer son centre de gravité en s'annexant de nouveaux instruments à vent, en leur prêtant un rôle de choix, et cela de plus en plus au détriment des cordes. Autant en cette matière qu'ailleurs, Nietzsche nous gardera d'estimer que, si une chose a disparu, c'est qu'elle avait tort : « l'idolâtrie des faits »[4] a toujours profondément nui à la compréhension de la musique ancienne.

Rien ne permet de dire que le piano ait remplacé le clavecin. Le règne si absolu du piano n'a point su combler — on le voit maintenant — la disparition du clavecin. Les analogies avec d'autres instruments qui pouvaient se trouver à la base de ce dernier se dessinent selon deux directions différentes : le clavecin, avec ses cordes d'une part, avec ses jeux ou registres d'autre part, tient tout autant de l'orgue que du piano. Cet orgue à cordes, auquel ni le piano ni l'orgue ne se devaient pleinement substituer, répondait à un usage instrumental vraiment particulier. Cet usage n'était donc pas appelé à se perdre au profit de l'emploi du piano plutôt que d'un autre instrument. On ne voit d'ailleurs dans le passé aucune marche inéluctable du clavecin vers le piano. Les premiers instruments à cordes et à clavier partageaient le sort de beaucoup d'autres instruments anciens : ils étaient bien plutôt l'œuvre même des musiciens qui en jouaient; et, si ceux-ci ne pouvaient pas toujours se faire leurs propres luthiers, les facteurs de leurs instruments ne semblent pas avoir cédé au désir d'atteindre à un type uniforme et prétendu immuable, tel notre piano moderne; de sorte que leurs instruments, tout en obéissant à une certaine évolution générale, tout en appartenant collectivement à telle ou telle famille aisément discernable, se distinguaient encore les uns des autres par petites différences de construction, par de petites modifications où se marquait, sinon toujours l'individualité de chaque amateur ou interprète, du moins un vaste esprit de recherche étendu à tout ce qui était de l'ordre de la sonorité, du timbre, de la technique. Esprit de recherche qu'il faut bien dire très atténué de nos jours, inconnu de la plupart des maîtres actuels du piano qui ignorent le mécanisme de leur instrument et demeurent incapables, comme d'ailleurs insoucieux, de suggérer la moindre amélioration possible de facture. Or, s'il n'est pas prouvé que ces différents exemplaires de clavecins ou d'épinettes se soient ajoutés les uns aux autres pour se rapprocher de plus en plus du futur piano, et s'il est en outre probable qu'aux origines du piano aient également présidé des instruments autres que le clavecin, nous ne devons considérer le piano que comme une simple variété de l'espèce des instruments à cordes et à clavier, et non comme le but vers lequel tous auraient tendu. Variété au sort plus heureux, quoique peut-être appelée elle-même à disparaître, à ne survivre plus que comme interprète de la musique romantique et impressionniste.

HYPOTHÈSES SUR LES ORIGINES

Sur les origines communes au clavecin, au clavicorde et au piano, nous sommes réduits à de vagues

---

1. Les pages de cet article ont été rédigées en très grande partie grâce aux documents communiqués par Mme Wanda Landowska.
2. « On ne dépasse pas l'*Oratorio de Noël* de Bach : on ne dépasse pas une petite pièce de Couperin. Bach l'a essayé dans ses *Suites françaises* sans y arriver, tout en créant des beautés nouvelles. » (W. Landowska, *Musique ancienne*. Paris, Senart, 1921, pp. 25-26.)
3. La Fontaine, *Épître à M. de Niert* (1677) :

Il faut vingt clavecins, cent violons pour plaire,
On ne va plus chercher, au fond de quelques bois,
Des amoureux bergers la flûte et le hautbois;
Le théorbe charmant qu'on ne voulait entendre
Que dans une ruelle avec une voix tendre...

4. Nietzsche, *Unzeitgemässe Betrachtungen*, II.

hypothèses. Mais qu'il s'agisse de cordes frappées, de cordes pincées ou des deux systèmes combinés en le même instrument, ne trouverions-nous pas toujours à l'origine de cette corde tendue sur une table d'harmonie la corde du psaltérion que l'on touchait à l'aide de la main, d'un plectre ou d'une baguette? C'est du moins l'hypothèse qui nous est proposée en l'un des plus anciens ouvrages que nous ayons sur l'histoire et sur la facture des instruments, la *Musica getutscht...* de l'abbé VIRDUNG (publiée à Bâle en 1511) : nous y lisons en effet que le « virginal », ou l'instrument nommé comme tel par VIRDUNG, a pu naître du psaltérion [1]. Si donc à l'origine de la corde tendue du clavecin et du clavicorde se décèle la corde du psaltérion, nous devrons tenir compte des diverses manières dont elle pouvait être mise en vibration, les unes annonçant plus précisément le clavecin, les autres le clavicorde. Les psaltérions conservés à Newhaven [2] sont ou triangulaires, ou carrés, ou incurvés, ou de la forme d'une harpe. Le père MERSENNE prêtait aux psaltérions le type unique de triangle tronqué [3]. Type que nous retrouverons à peu près identique sur cette enluminure d'un manuscrit français de la Bibliothèque nationale (*Histoire de la conqueste du noble et riche thison d'or*, ms. fr. 331), reproduit par M. André PIRRO dans ses *Clavecinistes* [4], et qui, selon déjà BOTTÉE DE TOULMON (dans sa *Dissertation sur les instruments de musique employés au Moyen âge* [5]), représenterait « un clavecin » tout en n'étant « pas autre chose qu'un *psaltérion* à touche ». La figure pentagonale irrégulière que le clavecin constitue normalement se trouve apparaître presque définitive dès ce manuscrit du moyen âge : sorte de harpe couchée horizontalement, à laquelle serait joint un clavier. Cette identité de forme, maintenue à travers plusieurs siècles entre certains psaltérions et le clavecin, ne laisse pas que d'être troublante : si elle ne résout point à elle seule le problème des origines du clavecin, elle ne constitue pas moins une présomption en faveur du rôle initial du psaltérion. Ajoutons, en outre, que le psaltérion décrit par le père MERSENNE comporte treize rangs de cordes, chacun ayant deux cordes à l'unisson ou à l'octave [6], — ce qui déjà nous rapproche des registres que l'on trouve dans le clavecin.

Un autre instrument dont l'action mérite d'être envisagée est le *dulcimer* ou *dulce melos*, que BOTTÉE DE TOULMON hésite à assimiler au tympanon [7]; cet instrument ne semble avoir rien eu de commun avec le psaltérion à clavier figuré sur le manuscrit médiéval que signalent BOTTÉE DE TOULMON et M. André PIRRO. Un autre manuscrit latin du XVᵉ siècle, produit également par BOTTÉE DE TOULMON, ainsi que par FÉTIS [8], et qui traite conjointement de la construc-

tion des luths et de la facture du *dulce melos*, en donne une figure en laquelle notre auteur croit voir celle d' « un piano », c'est-à-dire d'un instrument à clavier qui, sans être proprement « un piano à marteau libre », n'en illustrerait pas moins « le principe du piano ». Autrement dit : instrument à cordes frappées. Mais, était-ce bien déjà notre clavicorde auquel le même manuscrit fait allusion en ces termes : *Etiam posset fieri clavicordium quid sonaret sicut dulce melos. Similiter etiam posset fieri quod clavicordium sonoret ut clavicembalum cum simplicibus cordis vel duplicibus* [9]...?

Aussi énigmatique que le *dulcimer* est demeuré pour nous l'*échiquier*. Curt SACHS, dans l'article *Echiquier* du *Real Lexicon der Musikinstrumente*, et M. André PIRRO, dans son volume sur les *Clavecinistes*, citent tous deux divers textes du XIVᵉ siècle, empruntés pour la plupart à des sources diplomatiques, et où il est question de l'échiquier. Instrument dont le nom paraîtra encore plus fréquemment dans les textes poétiques du XVᵉ siècle, mais sans que jamais — comme le remarque M. PIRRO — une figure quelconque en soit reproduite [10]. Faut-il voir en cet échiquier un type déjà du clavecin, ainsi que le présumerait assez M. PIRRO d'après l'examen de deux manuscrits enluminés de la Bibliothèque nationale, et d'après ce mot du roi Jean d'Aragon en 1388 que l'*exaquier* ressemble à l'orgue bien qu'il sonne avec des cordes (*instrument semblant d'orguens qui sone ab cordis*), définition parfaite du clavecin [11]? Mais comment expliquer que sur un texte d'archives remontant à 1511 — et que cite toujours M. PIRRO — l' « eschiquier » soit distingué nommément de l' « espinette » au même titre que de l'orgue et de la « flucte [12] »?

Alors que le psaltérion revêt pour nous un type d'instrument assez précis, qui ne semble pas devoir être confondu avec un autre, et qui n'a pu se rapprocher du clavecin ou du clavicorde que par l'adjonction d'un clavier, nous nous trouvons avec le dulcimer et avec l'échiquier en face d'instruments très mal décrits, mais que les témoins de l'époque semblent distinguer encore l'un de l'autre, et derrière lesquels ont pu se cacher les premiers exemplaires du clavecin. Le dulcimer et l'échiquier furent-ils la double étape qui conduisit du psaltérion au clavecin ou à l'épinette, hypothèse que rien ne vient soutenir ni interdire nettement? Nous demeurons donc ici les victimes d'une terminologie assez flottante ou devenue pour nous à peu près obscure. Comme le remarque VAN DER STRAETEN à propos de l'échiquier, « la confusion dans les dénominations d'instruments, au moyen âge, est trop considérable pour n'être point un sujet d'équivoques constantes. Que d'appellations diverses pour une simple boîte sonore, et que de boîtes ou de tuyaux sonores pour une simple appellation [13]! »

1. *Aber ich glaub-und main, daz daz virginale erstmals von dem Psalterio erdacht sey zemachen, daz man nun jetzund mit schlüsseln gryffet, und schlecht und mit federkilen gemacht ist wie wol daz selbig doch auch in ein lange laden wirt verfasset, glich einem clavichordio, so hat es doch vil ander eigenschaften, Die sich mer mit dem psalterio vergleichen, dann mit dem clavicordio, Syt daz man doch zu ietlichem schlüssel eine besunderliche saiten muss haben, Eine ietlichem Saite muss auch höher dann die ander zogen sijnd, Darumb auch ein ietliche saite lenger dann dye ander muss syn, Dardutch will dann auss dem abbrechen vnd verkurtzen der saiten, gleich als ein drianget in der Laden.*

2. Cf. catalogue de Moriss STEINERT (Newhaven, 1893).

3. *Harmonie universelle*, l. III, proposition XXV, pp. 173-175.

4. Paris, Laurens (s. d.), collection *Les Musiciens célèbres*.

5. Extr. du XVIIᵉ vol. des *Mémoires de la Société royale des antiquaires de France* (1844).

6. *Loco cit.*, pp. 173-175.

7. *Loco cit.*, p. 63.

8. Ms. latin 7295 de la Bibliothèque nationale; — Cf. FÉTIS, *Histoire générale de la musique*, t. V, p. 201.

9. Le dulcimer demeura assez longtemps en usage en Allemagne comme en Angleterre. Le *Musical dictionary* de James GRASSINEAU (Londres, 1740) dit que la vogue du dulcimer tomba en Angleterre vers le commencement du XVIIIᵉ siècle et que l'instrument ne fut plus employé que pour les spectacles de marionnettes.

10. *Loco cit.*, p. 6.

11. *Loco cit.*, pp. 6-7.

12. *Ibid*.

13. VAN DER STRAETEN, *La Musique aux Pays-Bas*, t. VIII (Bruxelles, 1885), pp. 43-44. — Cf. sur l'échiquier, *ibid.*, pp. 46-45. — Cf. en outre, sur le problème des origines, le début de l'étude de Carl KREBS, *Die besaiteten Klavierinstrumente bis zum Anfang des 17. Jahrhunderts* (*Vierteljahresschrift für Musikwissenschaft*, fév. 1892).

Le monocorde, l'un des instruments qui remontent le plus haut dans l'antiquité, se place également à l'origine du clavicorde. Servant d'ordinaire à mesurer la hauteur du son, tel le sonomètre de nos laboratoires d'acoustique, le monocorde se composait d'une boîte sonore montée d'une corde et ressemblant — comme le remarque HIPKINS[1] — à une harpe éolienne. Il est cité à deux reprises par Guillaume DE MACHAULT, d'abord dans le fameux *Poème sur la prise d'Alexandrie* :

> ... monocorde
> Qui à tous instruments s'accorde,

puis, dans le *Temps Pastour* :

> ... monocorde
> Où il n'y a qu'une seule corde[2].

Cette corde unique fut par la suite doublée, triplée, quadruplée, etc., de manière à permettre la production d'accords entiers[3]. Comme dans le sonomètre, les diverses notes étaient obtenues en déplaçant sous la même corde un chevalet mobile, afin de diviser celle-ci selon des nombres fractionnaires plus ou moins simples. Jean DE MURIS (celui de Paris) signale dans sa *Musica speculativa* (1323)[4] l'existence d'un « monocorde » de dix-neuf cordes[5]. Le nom de *monochordum* donna celui de *manichordion* (xvᵉ siècle) : faut-il voir là un exemple de cette logique populaire qui, ne saisissant plus le sens originel d'une expression (*monochordium*), la déforme pour rejoindre ce qui tombe plus aisément sous le sens commun (*mani* = avec les mains)[6] ? Il est à noter que, dans l'ouvrage de théorie musicale paru chez l'imprimeur parisien Gaspard Philipe sous le titre de l'*Art, science et pratique de pleine musique*, le monocorde simple est également désigné sous le terme de *manicorde*. Il est donc possible que le monocorde sans clavier, qui par la suite devait pratiquement subsister sous les termes de *trompette marine* ou de sonomètre, ait prêté son nom ou un nom voisin (*manicordion*) au clavicorde, du fait que les cordes de celui-ci étaient divisées en même temps que mises en vibration[7]. C'est que le procédé de division de la corde, pareil en les deux cas, qui entraîna une similitude de nom. Mais remarquons encore que

dans le poème didactique d'Eberhardt CERSNE de Minden, *der Minne Regel* (1404), se trouvent désignés à quelques vers de distance le *schachtbret* (peut-être l'échiquier), le *monocordium*, puis le *clavicordium*, au même titre que le *psalterium* y est distingué du *clavicymbalum*[8]. Il est donc, une fois de plus, assez difficile d'établir là une ligne de partage quelconque.

Il faut noter enfin le rôle important joué par le *pantaleon* de HEBENSTREIT, sorte de dulcimer perfectionné par les soins mêmes de ce dernier. Comme le dit Carl ENGEL[9], le dulcimer, longtemps en usage en Allemagne, était généralement de forme trapézoïdale et mesurait deux pieds sur quatre. Or l'instrument de Pantaleon HEBENSTREIT mesurait le double de largeur et de longueur, avec deux tables d'harmonie face à face, l'une armée de cordes métalliques, l'autre de boyaux couverts de fils métalliques. C'est en entendant le jeu de Pantaleon HEBENSTREIT que Christoph-Gottlieb SCHRŒTER eut l'idée, au xviiiᵉ siècle, de construire une sorte de clavecin à marteaux[10]. Ainsi, comme le remarque ENGEL, le dulcimer, après avoir pu engendrer le clavecin, aurait aidé à l'invention du piano-forte; il se trouverait donc à l'origine de ces deux instruments.

FACTURE

Instruments à cordes pincées.

Le clavecin est un instrument de forme longue, le clavier occupant l'un des côtés d'une figure pentagonale irrégulière, assez semblable à une aile d'oiseau étendue. L'épinette, de dimensions plus restreintes, plutôt oblongue, tiendrait du rectangle ou du trapèze[11]. Tous deux, avec leurs formes respectives et avec certaines particularités techniques qui les distinguent encore l'un de l'autre, n'en offrent pas moins de multiples analogies de facture. Instruments à cordes pincées tous deux, il est logique que leur construction s'appuie sur les mêmes principes. Le père MERSENNE, dans son *Harmonie universelle* (1636-37), livre III des « instruments à chordes », prend comme point de départ la facture de l'épinette commune, qu'il complète ensuite par celle d'une épinette plus petite, et celle de ce qu'il appelle le « double clavecin ». Les textes de MERSENNE nous paraissant posséder en cette matière le plus d'autorité, nous leur emprunterons de multiples citations et fixerons ainsi quelle était au xviiᵉ siècle la facture exacte des épinettes et clavecins, tout en prenant plutôt pour base la facture de ces derniers.

Le père MERSENNE commence par dire que n'importe quel instrument est toujours « divisible en corps, table et manche ». Ici le corps de l'épinette, comme du clavecin, c'est le coffre en bois. Il faut —

---

1. *Introduction to the Catalogue of the Metropolitan Museum of Art* (New-York, 1903).
2. Vers déjà cités par BOTTÉE DE TOULMON et par KASTNER (*Parémiologie musicale*; Paris, Brandus), et desquels il est curieux qu'on n'ait pas rapproché ceux de Marguerite DE NAVARRE :

> ... monocorde
> Où il n'a c'une seule corde.

3. Cf. l'écrit de Simon TUNSTEDE, *De quatuor principalibus musicae* (xivᵉ siècle), reproduit par COUSSEMAKER, t. IV des *Scriptores*.
4. Cf. GERBERT, *Scriptores*, t. III.
5. Il faut tenir compte avec Carl KREBS de la réserve suivante, exprimée par VIRDUNG et par CERONE (*El Melopeo y maestro*; Naples, 1613), que le terme de monocorde a bien pu désigner non le nombre de cordes, mais le rapport d'unisson existant entre les cordes. (Cf. Carl KREBS, *op. cit.*, pp. 97-98).
6. Le catalogue de MAHILLON (t. V, nº 3173) signale l'existence d'un monocorde à clavier de construction moderne. Il est dû à un luthier de Meurthe-et-Moselle, du nom de POUSSOT, et qui prit un brevet le 8 mars 1886 pour un instrument qui, de genre qui, selon lui, devait tenir lieu d'harmonium dans les églises. La corde de cet instrument est accordée au *fa* (₄) avec octave réel à l'octave grave; l'amplitude de ce monocorde comprend deux octaves chromatiques et deux demi-tons.
7. Le clavicorde n'est pas autrement désigné, aussi bien par le père MERSENNE, qu'au xviiiᵉ siècle dans le *Dictionnaire de Trévoux*. Et, ainsi que KREBS (*op. cit.*) le remarque également, dans le *Dictionnaire universel de commerce* des frères Savary (nouvelle édition, t. II, Copenhague, 1760, art. *Faiseurs d'instruments*), la trompette marine est nettement distinguée du manicordion qui, lui, se trouve cité à la suite de l'épinette et du clavecin, en place du clavicorde.

8. Vers 408-414, d'après la réédition de Franz X. WŒBER et d'AMBROS (Vienne, 1861). — De même beaucoup plus tard, dans une des préfaces à son poème macaronique (*Ad suos compagnones, qui sunt de persona friantes, bassas Dansas et Branlos practitantes*, Paris, 1574). Antonius DE ARENA distinguera l'épinette simple de l'épinette *organisée*, du manicordion et du clavicorde.
9. *Descriptive catalogue of the musical instruments in the South Kensington Museum* (Londres, 1870).
10. Cf. MARPURG, *Kritische Briefe über die Tonkunst*, t. II, nº 139 (Berlin, 1764). — *Supplément de 1776* à l'*Encyclopédie* de d'ALEMBERT, art. *Pantaléon* : « Quelques uns appellent *pantalon* le clavecin à cordes et à marteau que les Italiens et les Allemands appellent *forte-piano*, à cause que le son en est susceptible; probablement le nom de *Pantalon* a donné lieu à cette dénomination, tout comme l'instrument paraît avoir occasionné le *forte-piano*. »
11. Cf. PRAETORIUS et MERSENNE.

écrit MERSENNE[1] — « que l'ouvrier ait esgard à deux choses quand il fait les Instrumens, à sçavoir à l'harmonie ou resonance de l'Instrument, et à la force et solidité, qui sont deux choses qui demandent le bois contraire en qualité, car l'harmonie le demande délié, et conséquemment fragile, et sujet à se dementir, et la solidité le demande épais et grossier, or ce qui est grossier est lourd. Et les ouvriers qui donnent beaucoup de son aux épinettes, les rendent de peu de durée, de là vient qu'il y faut perpétuellement travailler; et ceux qui les font trop massives, les rendent sourdes et incommodes. » D'où l'existence de deux barres de traverse et des sommiers excessivement durs, ordinairement en bois de hêtre; enfin quatre ais plus délicats en bois blanc[2]. Le fond même des grandes épinettes — ajoute MERSENNE — est de sapin[3].

La *table d'harmonie* est de bois résineux : cyprès, cèdre, sapin, — nous dit MERSENNE, — et de l'épaisseur d' « une ligne environ ». Quand « elle est bien collée et appuyée sur les tringles ou sommiers, c'est elle proprement qui compose l'instrument; car si l'on tend des chordes sur une table de sapin de cette espaisseur, elle rend du son, encore qu'il n'y ait derrière ou dessus nulle boëte, nul coffre, ou corps d'instrumens [...] Toutefois les parois d'alentour en augmentent le son, et lui donnent quelque qualité, en le rendant plus doux, plus aigre, plus perçant, plus creux, ou plus sec, et mieux prononçant qu'il ne seroit autrement. » Du reste, les clavecins et épinettes n'étaient en réalité que des caisses que l'on mettait dans d'autres caisses : celles-ci ayant des pieds et servant de supports ainsi que de cadres; celles-là étant en rapport intime avec la qualité du son produit. Les clavecins et les épinettes avaient leur table d'harmonie percée d'une *rose* en ivoire ou en quelque métal noble et qui était toujours finement ciselée, sorte de *vaporisateur sonore* (l'expression est de Wanda LANDOWSKA), qui permettait à chaque constructeur d'y dessiner son monogramme particulier[4].

C'est sur cette table d'harmonie que se trouvent directement tendues les cordes. MERSENNE écrit à ce propos qu' « il faut que les chordes ayent la force d'ébranler la table de l'instrument, et l'air qui est au derrière, pour rendre du son; par conséquent, si la table est bien solide, il faut que la chorde soit bien forte »... Mais alors que, sur les luths, guitares et violons, les cordes s'étendent hors de la table de l'instrument, le long d'une proéminence qui excède le corps de celui-ci et qui est le *manche*, « l'épinette semble manquer de manche; sa figure était toute d'une venuë et uniforme, et n'ayant aucune prœminence, néantmoins si nous considerons l'usage du manche, nous treuverons que le sommier qui reçoit les chevilles fait le mesme office que la queuë du manche fait au luth; et les clavecins ont une queuë quasi toute semblable; finalement ledit sommier a deu estre un manche continu et uniforme à la table, à raison de la multitude des chordes[5] ».

Du temps du père MERSENNE, on usait de sept à huit grosseurs de cordes. Sur les quarante-neuf cordes de l'épinette commune, celle qui correspond « aux seize pieds », c'est-à-dire à l'octave inférieure de la note, est plus épaisse et filée; tandis que la corde qui correspond aux « quatre pieds », c'est-à-dire à l'octave supérieure, est courte et plus fine. Ces diverses cordes s'entortillent autour de plusieurs rangs distincts de chevilles.

L'élément actif du clavecin et de l'épinette est le *sautereau* (en allemand : *Holzdocke*). Comme son nom l'indique, c'est une petite règle de bois, plus rarement de métal[7], qui, par le mouvement de la touche faisant bascule, *saute* et vient ainsi brusquement pincer la corde. Au repos, le sautereau est posé par son extrémité inférieure sur l'un des bords de la touche, perpendiculairement à celle-ci; son extrémité supérieure, traversée, à la hauteur d'une petite entaille, soit d'une plume de corbeau, soit d'une languette de cuir ou de métal, vient passer assez près de la corde pour que la plume ou la languette heurte celle-ci[8]. Lorsque le sautereau retombe, grâce à la pression de la corde et à un petit ressort (en soie de sanglier), languette et plume fléchissent et se replient sur le sautereau. Au repos, les sautereaux sont logés dans des « petits trous », écrit le père MERSENNE, « dont on perce une règle de bois qui s'appelle *mortaise* ». Les mortaises ne sont autre chose que des rails mobiles et que viennent déplacer des tirasses, des genouillères, des pédales, à moins qu'ils ne soient en liaison même avec le retrait ou l'avancement du clavier, dispositif dont nous expliquerons plus loin l'usage. Toujours selon MERSENNE, « chaque sautereau a deux morceaux d'escarlate ou d'autre drap, afin d'étouffer et d'amortir le son »... Ce drap amortisseur est placé tout à l'extrémité supérieure du sautereau, de sorte que, dans le saut de celui-ci, le drap touche par deux fois la corde, d'abord en montant, puis en redescendant, lorsque la corde est en vibration et afin d'en étouffer le son. Une barre horizontale, doublée de laine et placée au-dessus des rangs de sautereaux, permet d'amortir le bruit de ceux-ci[9].

Le clavier est, comme au piano, l'ensemble des touches. Son étendue est assez variable. Le père MERSENNE donne la moyenne, pour les clavecins et les grandes épinettes, de quarante-neuf *marches* ou touches, dont vingt-neuf « principales » et vingt « feintes », et de trente et une touches pour les petites épinettes[10]. Les octaves, d'ordinaire au nom-

---

1. *Op. cit.*, liv. III, p. 101.
2. *Ibid.*, p. 102.
3. L'*Encyclopédie* de d'ALEMBERT, à l'art. *Clavecin* (t. III, 1753), ajoute le détail suivant : les côtés de la caisse du clavecin, nommés *éclisses*, sont ordinairement de tilleul et assemblés les uns avec les autres « en peigne et en queue d'aronde ». Le même article parle de sommiers en chêne et de près de trois pouces d'épaisseur.
4. Les plus belles « roses » se trouvaient sur les clavecins de provenance vénitienne.
5. *Ibid.*, p. 103.

6. *Ibid.*, pp. 103-04.
7. L'emploi de métal permettait de résister plus à l'humidité : l'essai en fut fait dans le clavecin dit *brisé* et servant pour le voyage.
8. « Les plumes les plus estimées étaient celles de corbeau; les becs se taillaient dans la partie qui occupe le bas de la tige. immédiatement au-dessus du tube corné. On n'utilisait guère que deux ou trois centimètres de la tige; au delà, elle perdait ses qualités. » (MAHILLON, t. II, Gand, 1909, 2e éd., n° 630). Jakob ADLUNG dit avoir employé, mais assez vainement, des baleines ou des plumes d'autruche et leur avoir préféré la plume de corbeau graissée avec de l'huile d'olive (*Musica mechanica organœdi*, 2e vol., p. 512; Berlin, Birnstiel, 1768). L'emploi du buffle figure parmi les caractéristiques des instruments de Pascal TASKIN (voir plus loin).
9. Cf. l'*Encyclopédie* de 1753, art. *Clavecin*.
10. Il faut remarquer que dans beaucoup de clavecins, à l'inverse de nos pianos, les touches diatoniques étaient noires et les touches chro-

bre de quatre ou cinq, n'étaient pas toutes égales. Il existait ce que l'on appelait l'*octave courte*, procédé qui permettait d'épargner la place sur un clavier, en rétrécissant la première octave grave d'un certain nombre de notes, par exemple de quatre sur douze. Ainsi, dans une épinette fabriquée à Paris en 1709, et qui est signalée au n° 1582 au catalogue de Mahillon[1], la première touche du grave, à gauche immédiatement de l'*ut₂*, donne un *sol₁* qui est à la quarte inférieure de cet *ut₂*, tout en paraissant n'être qu'un *si₂*. Ou bien, dans d'autres instruments, les cinq premières touches étaient apparemment *mi, fa, fa♯, sol, sol♯*, — alors que le *mi* n'était en réalité qu'un *ut* et que les deux touches faussement chromatiques donnaient *ré* et *mi*, de sorte qu'on avait la disposition suivante :

$$\begin{array}{cccccccc} & R\acute{e} & & Mi & & Si\flat & & Ut\sharp \\ Ut & Fa & & Sol & & La & Si\ Ut & R\acute{e}, & etc\ ^2.\end{array}$$

Ou bien encore, on pouvait trouver ceci :

$$\begin{array}{ccccccc} & & Ut & & R\acute{e} & & Si\flat \\ Mi & Fa & & Sol & & La & Si\ Ut.\ etc.\end{array}$$

Toutes ces dispositions d'*octave courte* s'expliquent si l'on songe que, jadis, on modulait peu à des tons très éloignés, et qu'*ut♯, ré♯, fa♯* et *sol♯* étaient rarement employés comme notes fondamentales ; certaines de ces notes pouvaient donc être supprimées. Plus tard, lorsqu'on fut obligé de réintroduire un *fa♯* et un *sol♯*, on coupa par moitié les *ré* et *mi* placés en guise de touches chromatiques, la moitié supérieure donnant *fa♯* et *sol♯*, la moitié inférieure continuant à produire *ré* et *mi* :

$$\begin{array}{ccccccc} & & Fa\sharp & & Sol\sharp \\ & R\acute{e} & & Mi & & Si\flat \\ Mi & Fa & & Sol & & La & Si,\ etc.\end{array}$$

C'est ce qu'on appela au XVIIe siècle l'*octave brisée*[3]. Mais il ne faudrait pas confondre ce système de deux touches sectionnées dans la première octave grave avec un autre procédé qui, ne tenant point compte du *tempérament égal*, essaye de produire, par exemple, le *ré♯* séparément du *mi♭*. Ainsi le clavecin n° 1603 du catalogue de Mahillon, et qui fut fabriqué en Corse en 1619, comporte, d'une part, une première octave *courte* et *brisée* et, d'autre part, au cours des deux octaves qui suivent, deux touches noires divisées chacune en deux parties pour être accordées enharmoniquement à *ré♯* et *mi♭*, ainsi qu'à *sol♯* et *la♭*[4]. Deux procédés distincts, quoique réunis parfois dans le même instrument, et qui — comme nous le verrons — ont eu cependant ceci de commun qu'ils tentaient de pallier certaines difficultés du tempérament égal[5].

Le *ravalement* était une opération, fréquente au cours du XVIIIe siècle, qui consistait, au contraire de l'octave courte, à agrandir l'étendue d'un clavier.

Beaucoup de clavecins anciens ne nous sont parvenus qu'après avoir ainsi subi cette transformation. Tel instrument qui avait eu une étendue primitive de quatre octaves, dont une *courte*, comportait dès lors quatre octaves complètes et une quarte ou une quinte en plus[6].

La position du clavier à l'égard du reste de l'instrument offrait quelque importance. Ainsi que le remarque le père Mersenne[7], le clavier d'alors se trouvait « à l'une des extrémités du clavecin », tandis qu'il se plaçait au milieu des épinettes et des manichordions (ou clavicordes), comme encastré dans un coffre rectangulaire qui le venait déborder à gauche et à droite, ou d'un côté seulement. De plus, les clavecins pouvaient avoir double et même triple clavier. C'est à un facteur flamand, Hans Ruckers le Vieux, que Hullmandel, ainsi que d'autres, attribuait d'avoir fait « à l'imitation de l'orgue un second rang de touches[8] ». Les trois plus anciens instruments connus qui soient, en effet, l'œuvre de cet Hans Ruckers ont deux claviers ; ils datent tous trois de 1590[9]. Mais des recherches d'archives ont permis de découvrir l'existence antérieure (vers 1530 notamment) de *virginals* à deux claviers ; enfin, la collection Heyer renferme un *clavicytherium* italien à double clavier (ou *spinetta verticale a due tastiere*), du début du XVIe siècle[10]. Certaines épinettes comportaient aussi deux claviers : il en existe une au Rijksmuseum d'Amsterdam ; elle date de 1640 et est due à Jean Couchet, le facteur anversois[11] ; une autre, de fabrication italienne et de la première moitié du XVIIIe siècle, appartient à la collection Heyer[12]. Quant aux clavecins à trois claviers, le père Mersenne se borne à en noter simplement l'existence[13] ; le Metropolitan Museum of New-York en contient un, aux armes de Florence, mais d'une authenticité assez douteuse[14].

Touchant encore ces questions de clavier ainsi que de ravalement, nous signalerons le cas d'un clavecin à double clavier, construit à Florence en 1683, et qui, au XVIIIe siècle, fut mis en ravalement, c'est-

6. Mahillon, *ibid.*, t. IV, n°⁸ 2926 et 2934. — Cf. aussi Kinsky, *op. cit.*, n°⁸ 74, 81, 86, etc. — Hullmandel cite parmi les auteurs de ces ravalements le facteur Blanchet qui, en France, « refit des claviers à un grand nombre de *clavecins* des Ruckers, auxquels il ajouta quatre notes graves et autant d'aiguës » (*Encyclopédie méthodique, Musique*, publiée par MM. Framery et Ginguené, t. I, Paris, Panckoucke, 1791). Pascal Taskin, l'élève de Blanchet, fut également l'auteur de nombreuses mises « à ravalement » et « à grand ravalement » (lorsqu'il s'agissait d'atteindre une étendue de cinq octaves) : cf. l'étude de Closson dans le *Sammelb. d. I. M. G.*, janv. 1911.

7. *Loco cit.*, p. 107.

8. *Loco cit.* — M. Ernest Closson trouve cette « attribution d'autant plus plausible que le maître s'employait également à la facture de l'orgue, auquel les registres du clavecin sont évidemment empruntés » (*Biographie nationale* [de Belgique], t. XX, art. Ruckers).

9. Cf. Grove, *Dictionary*, vol. IV (Londres, 1908), art. Ruckers, p. 185. Deux de ces exemplaires sont au Conservatoire de Paris et au château de Pau ; celui de Paris a eu son clavier agrandi par Blanchet.

10. Kinsky, *Loco cit.*, pp. 81-87.

11. *Zeitschrift* d. I. M. G., 4ᵐᵉ année, p. 30.

12. *Ibid.*, pp. 74-76.

13. Mersenne, *ibid.*, p. 112. — Marpurg cite une lettre d'un Strasbourgeois, Mathias Koch, qui présente un clavecin à trois claviers, dont le clavier inférieur sert à préluder et à accompagner, celui du milieu à « concerter » et à jouer en solo ; le clavier supérieur est un *écho* (« *das unterste zum Präludiren u. Accompaniren, das mittelste aber zu Concerten, Solos, etc. gebraucht wurden kann. Das oberste enthält ein Echo* »). Cet instrument possède trois jeux de 8' et un de 4', un simple ou double jeu de luth ; d'où quinze combinaisons possibles. (Cf. Marpurg, *Historich-Kritischen Beyträge*, III, 4 ; Berlin, 1757, p. 367).

14. Selon Wanda Landowska. — La collection Heyer renferme un clavecin à 3 claviers de fabrication moderne (1909) ; il est dû à Seyffarth, de Leipzig. (Cf. Kinsky, *ibid.*, pp. 112-114.)

matiques étaient blanches. (Cf. le clavier figuré dans la méthode de Saint-Lambert, *les Principes du clavecin*, Paris, 1702, p. 6.)

1. Tome III (Gand, 1900).

2. De même dans l'instrument du musée de Bruxelles cité plus haut, l'on devrait avoir :

$$\begin{array}{cccccc} & & La & & Si & & Fa\sharp \\ & Sol & Ut & & R\acute{e} & & Mi\ Fa & Sol,\ etc..\end{array}$$

3. Cf. le précieux catalogue, élaboré par M. Georg Kinsky et auquel nous aurons souvent recours, du *Musikhistorisches Museum* de Wilhelm Heyer à Cologne (Cologne, 1910 ; t. I, p. 20 et pp. 34-33). L'admirable collection-même de ce musée vient d'être dispersée (1927).

4. Mahillon, op. cit., t. III. (Gand, 1900).

5. Les clavecins et les clavicordes n'étaient d'ailleurs pas les seuls instruments à clavier qui continuent une octave courte. Les régales par exemple pouvaient offrir la même particularité. (Cf. Kinsky, op. cit., pp. 232-3, n° 310 ; p. 335, n° 312.)

à-dire : ent les octaves de l'un de ses claviers complétées par les touches de l'autre, celui-ci étant transféré sur le plan du premier. Cet instrument, appartenant à la collection Heyer, a été rétabli depuis lors dans son état primitif[1]. De telles dégradations — auxquelles nous devons la perte de très précieux instruments — se faisaient en outre dans un sens inverse : ainsi Van der Straeten cite la plainte suivante d'un théoricien du xviiie siècle, Quirijn Van Blankenburgh, auteur d'une *Elementa musica* (La Haye, 1739) : « ... Les clavecins (qui pendant la vie du facteur [Ruckers] se vendaient vingt livres flamandes, les petites queues douze livres et les carrés six livres) sont devenus d'un prix si élevé que certains entrepreneurs, pour tromper le public, ont fait avec les petites queues qu'un n'avaient qu'un clavier, deux registres et quarante-cinq touches, des instruments à deux claviers, avec quatre registres complets [...] On les nomme alors des clavecins de Ruckers à deux claviers. Mais c'est un abus, car ce n'est là qu'un instrument forcé, dont le son sera peut-être agréable, mais faible[2]. »

Le grave problème d'alors, celui du *tempérament égal*, qui devait tant passionner les théoriciens, les physiciens et les luthiers, ne laissa naturellement pas que de beaucoup préoccuper les clavecinistes. En le *Clavecin bien tempéré* de J.-S. Bach retentit encore un dernier écho de discussions que cette œuvre a, en quelque sorte, closes par son autorité même : nous pourrions presque nous demander si Bach n'avait pas glissé quelque ironie en ce titre si lourd de problèmes. Mais, du temps de Zarlino, la question du tempérament se posait moins pour aboutir à une division de chaque ton en deux demi-tons strictement égaux que pour rechercher à rendre sensible sur un clavier la différence, par exemple, d'un ré♯ et d'un mi♭. Il y a donc deux aspects opposés du problème.

Tout d'abord, on veut traduire cette non-équivalence du ré♯ et du mi♭, — et par là même faire que l'instrument à clavier ne soit pas en désaccord avec l'instrument à archet lorsqu'ils jouent tous deux ensemble, bref remédier à la fausseté du genre que sera la future sonate pour piano et violon. Zarlino écrit dans ses *Istituzioni harmoniche* (1558) qu'il fit construire à Venise en 1548 par Dominico (de Pesaro) un *Gravecembalo*, où, non seulement, les secondes majeures, mais aussi les secondes mineures étaient partagées en deux; de sorte que, sur deux octaves, les touches diatoniques et les touches chromatiques étaient toutes coupées en deux, afin que chaque ton entier fût divisé en quatre[3]. Zarlino allait donc au delà même de la question, alors que Praetorius, dans son *De Organographia* (1619), parle d'un *Clavicymbalum universale seu perfectum* que possédait un organiste de Prague et qui aurait été construit à Vienne vers 1590, avec tous les demi-tons « brisés », — soit soixante-dix-sept demi-tons à quatre octaves[4]. Dans le même sens que Zarlino, l'abbé Nicola Vicentino se serait fait construire à Venise un *arcicembalo* ainsi

qu'un *arciorgano* produisant les cinquièmes de ton[5]. Plus modeste est le *cembalo* de 1683, dû au facteur Girolamo Zenti et que renfermait la collection Heyer : six touches seulement (un fa♯, trois sol♯ et deux ré♯) s'y trouvent « brisés[6] ». Mais le plus bel instrument enharmonique qui nous reste est au Liceo musicale de Bologne. Il remonte au xvie siècle et est l'œuvre du Vénitien Alessandro Trasuntino. Orné de trois roses, le *clavemusicum omnitonum modulis diatonicis cromaticis enharmonis* ou *archicembalo* porte la trace de cent vingt-quatre chevilles et d'un même nombre de sauteraux; ses touches sont sur quatre rangs. Chacune des quatre octaves se trouve divisée en trente et un intervalles. Il est accompagné d'un monocorde (*trectacordo*) pour permettre de l'accorder[7].

A l'encontre de ces tentatives isolées et un peu monstrueuses, où l'abstraction des recherches mathématiques l'emportait trop sensiblement sur le caractère pratique et purement musical des résultats, se rangent toutes les méthodes dont on usa pour atteindre, par un accord rationnel, à ce *tempérament égal*, faussement égal, — dirions-nous plutôt, — où les la♯ et les si♭ se confondent respectivement avec les si♭ et les ut naturels. Brièvement, nous rappellerons d'abord ici quel est le principe du tempérament : si nous prenons la succession des quintes strictement justes ut, sol, ré, la, mi, si, fa♯, do♯, sol♯, etc., nous aboutissons au si♯; or, pour que ce si♯ se confonde avec un ut, il nous faut nécessairement diminuer d'un peu chacune des quintes, — à moins que nous n'altérions les octaves, ce qui paraîtrait intolérable à nos oreilles; de même, si nous prenons la suite des tierces strictement majeures, nous avons ut, mi, sol♯, si♯; ce ce dernier si♯ est différent, non seulement du l'ut naturel (un peu au-dessous duquel il se trouvera), mais aussi du premier si♯, produit de la succession des quintes; d'où nécessité, pour que ce si♯ se confonde comme le premier avec l'ut naturel et pour que le sol♯ (ou la♭) soit à deux tons de l'ut, d'augmenter en général toutes les tierces; il faudra donc en conclusion diminuer chaque quinte d'environ 1/876e et augmenter chaque tierce majeure d'environ 1/100e[8]. Opération à laquelle il est laleurs difficile de ne donner point un caractère empirique. « Or le *secret du tempérament* — écrit le père Mersenne — consiste à sçavoir quelles consonances l'on doit tenir justes, fortes ou faibles, afin de temperer tout le Système, ou le Clavier : c'est pourquoy chaque note, ou chaque son qu'il faudra fortifier, ou diminuer, ou tenir juste, aura pour marque l'une de ces trois dictions, fort, iuste ou foible[8]. » D'où une méthode d'accord de l'épinette que nous propose le père Mersenne : « Premièrement il faut commencer à la première touche ou chorde de la seconde octave, accorder les dix ou douze chordes qui suivent en montant de quinte en quinte : de sorte que l'on approche le plus près de la juste quinte qu'il sera possible pour treuver les autres accords. Puis il faut tellement diviser les quintes en tierces majeures et mineures, que les maieures soient un peu affoiblies, et les mineures un peu plus fortes que ne désire leur iustesse : et ces dix ou

1. Kinsky, *op. cit.*, pp. 94 et 97.
2. Vander Straeten, *loco. cit.*, t. I, p. 63.
3. *Istituzioni harmoniche* (Venise, 1558, in-fol.), l. II, chap. 47, pp. 163-4. Cf. aussi Van der Straeten, *La Musique aux Pays-Bas*, t. I, p. 286. — On voit que Zarlino précède de quatre siècles les recherches actuellement en cours dans les jeunes écoles tchèque et russe afin de réaliser la division exacte du ton en quarts de ton.
4. *Organographia*, chap. xl, — cit. par Kinsky, *op. cit.*, t. I, p. 427.
5. *L'Antica musica e l'idotta alla moderna pratica...* (Rome, 1555) et *Descrizione dell' arciorgano* (Venise, 1561.)

6. Cf. Kinsky, *ibid.*, p. 95.
7. Engel, *op. cit.*, pp. 377-8.
8. Lire à ce sujet l'excellent chapitre que d'Alembert a consacré au tempérament dans ses *Elémens de musique* (chap. vii). — On verra que le père Mersenne propose plutôt que l'on diminue les tierces majeures et augmente les tierces mineures, — ce qui, dans l'ensemble du système, revient au même.
9. *Loco cit.*, p. 105.

douze touches estant d'accord l'on doit mettre les autres à leurs octaves[1]. » RAMEAU et, à sa suite, D'ALEMBERT, réagirent contre l'habitude qu'on avait à leur époque d'affaiblir plutôt les quatre premières quintes (sol, ré, la, mi) pour pouvoir former une tierce ut mi absolument juste, d'affaiblir moins que les précédentes les quatre autres quintes (si, fa♯, ut♯, sol♯) pour n'aboutir qu'à une tierce à peu près juste mi sol♯, et ainsi de suite[2]. D'où l'inégalité des différentes échelles diatoniques (l'une ayant une quinte plus juste que celle de l'autre, etc.), à quoi RAMEAU et D'ALEMBERT voulurent remédier : « On doit être convaincu que, suivant l'intention de la nature, l'échelle diatonique doit être parfaitement la même dans tous les modes; l'opinion contraire, dit M. RAMEAU, est un préjugé de musicien[3]. » Un nouvel avantage du système d'accord préconisé par RAMEAU et D'ALEMBERT était de se conformer à celui que pratiquent les violonistes, ceux-ci préférant « la justesse des quintes et des quartes à celle des tierces et des sixtes[4] »... Procédé d'ailleurs infiniment répandu depuis presque toujours, l'accord par quintes n'a pas laissé que de revêtir dans l'histoire une sorte de caractère sacré et magique. Mais — comme le remarque M. MAHILLON — les lacunes de l'octave courte pouvaient aussi aider à la réalisation parfaite d'un tempérament : « C'est sur les notes supprimées que les accordeurs rejetaient toutes les imperfections du système[5]... » L'augmentation du nombre de notes sur toute l'étendue du clavier ne fit donc que rendre plus délicat le problème du tempérament.

Maintenant intervient l'analyse d'un des procédés qui particularisèrent le plus le jeu du clavecin : soit l'usage des registres et des combinaisons. Si l'on appelle nuances « dynamiques » celles qui consistent en l'accroissement ou en la diminution, soit brusque, soit progressive, de la sonorité des notes, afin d'atteindre ainsi à une certaine diversité d'expression, il ne serait pas juste de dire que le clavecin n'y prête nullement, mais il faudrait cependant reconnaître qu'il n'y prête que d'une façon limitée, et qui est la sienne propre. L'action du sautereau sur la corde qu'il vient pincer conserve, sans doute, quelque chose d'autonome à quoi la manière même d'enfoncer les touches n'ajouterait guère. Et pourtant, dans son Art de toucher le clavecin (1717), François COUPERIN parle d'une dureté de jeu à laquelle il faut remédier par une « douceur du toucher ». Et de même, RAMEAU, dans la méthode qui précède ses Pièces de clavessin (1724), écrit qu' « il faut que les doigts tombent sur les touches, et non pas qu'ils les frappent »... Il y a là déjà la preuve que les maîtres du clavecin réprouvaient tout jeu qui fût sec et inexpressif. Mais de semblables recherches d'un style chantant (cantabile) — et qui formaient, comme nous le verrons, l'objet d'une pédagogie particulière — ne faisaient plus que couronner par des nuances de tracé mélodique tout un art de combinaison et de registration, tel qu'il était déjà pratiqué à l'orgue, et où d'assez subtils rapports de piano à forte étaient produits par des doublements automatiques à l'unisson ou à l'oc-

tave de la note frappée, soit par des variations de timbre. Du fait que chaque touche pouvait ébranler un ou plusieurs sautereaux à la fois, une ou plusieurs cordes de timbres semblables ou différents, du fait aussi que la même touche pouvait exister sur deux claviers superposés du même instrument, le clavecin trouvait là des ressources expressives se suffisant par elles-mêmes.

Dans une lettre provenant des archives de Modène et citée par Carl KREBS[6], Giacomo ALVISI signale au duc de Ferrare (Padoue, 3 mars 1595) un instrumento da penna de sa propre invention, et qui, avec deux rangs de cordes, pouvait donner pour la même note trois sons différents. Du reste, des instruments à deux rangs de cordes existaient en Italie déjà au début du XVIe siècle : ainsi, le clavicytherium ou spinetta verticale de la collection HEYER, et qui remonterait à la première moitié du XVIe siècle, possède deux claviers et de deux à quatre rangs de cordes suivant les différentes octaves; dans la même collection et de la même époque, un cembalo de fabrication italienne a deux rangs de cordes pour un seul clavier[7]. Les trois plus anciens instruments que nous ayons de Hans RUCKERS le Vieux, et qui datent tous trois de

FIG. 1037. — Clavecin à deux claviers, construit à Dresde en 1774. (Coll. HEYER, n° 91.)

1590, disposent de deux claviers pouvant commander à trois rangs de cordes, d'où HULLMANDEL tire la remarque suivante : « L'objet fut de produire des

1. Ibid., p. 105.
2. Cf. RAMEAU, Génération harmonique (1737) et D'ALEMBERT, loco cit. Mais, comme le remarque cet écrivain, RAMEAU avait d'abord commencé, dans son Nouveau Système de musique (1726), par se rallier au procédé ordinaire de tempérament.
3. D'ALEMBERT, loco cit. Nouvelle édition (Lyon, 1766), p. 57.
4. Ibid.
5. Loco cit., t. I, p. 369.

6. Die besaiteten Klavierinstrumenten bis zum Anfang des 17. Jahrhunderts (Vierteljahresschrift für Musikwissenschaft, VIII, 1892, p. 91).
7. KINSKY, op. cit., pp. 84-85 et p. 89 (n° 68).

nuances en faisant entendre trois cordes sur un clavier et une seule sur l'autre[1]. » Signalons encore que PRAETORIUS, dans la deuxième partie du *Syntagma musicum* (1619), parle d'un *clavicymbel* à quatre rangs de cordes[2]. Enfin, c'est à l'*Harmonie universelle* (1636-37) du père MERSENNE que nous emprunterons une analyse des *jeux* grâce auxquels les clavecins de son époque offraient une assez riche variété de nuances instrumentales : à la base de tout se trouve le jeu commun qui est « le fondement des autres » ; c'est à ce jeu qu'on « adiouste quelquefois un semblable jeu à l'unisson, ou un autre à l'octave, afin de le rendre plus remply d'harmonie, et afin qu'il ayt un plus grand effet dans les concerts et sur les auditeurs[3] » ; ainsi — pour éclaircir le texte de MERSENNE — on pouvait augmenter la sonorité en doublant la corde principale d'une autre corde à l'unisson de celle-ci (c'est le *8 pieds* double), ou encore d'une autre corde à l'octave supérieure de la première (soit le *4 pieds* ou petite octave, *spinetta*), ou enfin d'une corde à l'octave inférieure (soit le *16 pieds* ou jeu grave, *bourdon*)[4]. Une telle disposition, — 16 *pieds*, deux 8 *pieds*, 4 *pieds*, — où le *8 pieds* se trouvait ainsi doublé dans la profondeur comme à l'aigu, avait l'avantage du meilleur équilibre; nous songerions ici à un orchestre avec son fort médium et avec la doublure de ses contrebasses ou de sa flûte piccolo. MERSENNE parle encore de jeux de tierce ou de quinte « dont les uns pourront avoir des chordes de luth, et les autres de leton ou d'acier » : ces jeux ne furent que l'éphémère copie de ce que l'orgue possède toujours sous le nom de jeux de *mutation*. En ce qui concerne l'emploi général des jeux, MERSENNE précise qu'ils « se jouent tous ensemble, ou séparément comme l'on veut, en les ouvrant ou fermant par de certains ressorts et registres que l'on tire, ou que l'on pousse selon la volonté du facteur et du musicien ». Le procédé consiste donc à déplacer les divers rangs de sautereaux afin de les mettre à la portée d'un ou de plusieurs rangs de cordes, ou au contraire de les mettre hors de portée de celles-ci. Mais ces jeux de 4, 8 et 16 pieds au timbre uniforme n'étaient pas les seuls : très vite on y adjoignit d'autres timbres, et ainsi, le père MERSENNE parle de ces « jeux differens, que plusieurs ont essayé d'introduire dans l'épinette, comme l'on a fait dans l'orgue, afin qu'elle comprint toutes sortes d'instrumens à chorde, comme l'orgue contient toutes sortes d'instrumens à vent, mais l'un n'a pas réussi comme l'autre, quelques Panodions et autres instrumens que l'on ayt inventé pour ce sujet »; MERSENNE cite pourtant le *jeu des violes* « le plus excellent de tous ceux que l'on y peut augmenter », ainsi que celui des *luths et harpes* que l'épinette « imite assez, lors qu'elle est montee de chordes à boyau », et remarque d'autre part que les « Allemans [...], pour l'ordinaire plus inventifs et ingénieux dans la mechanique que les autres nations, » avaient su parfaitement adapter le jeu des violes au clavecin.

Instrument polyphonique, — comme l'orgue, — le clavecin ne devait-il pas naturellement développer ce caractère polyphonique, non seulement dans le sens d'un nombre plus ou moins grand de voix ou de *parties,* mais aussi dans le sens d'une multiplicité de timbres? L'idée d'être par soi-même un petit concert d'instruments variés, le clavecin ne laissa pas que de la nourrir. D'où, à côté du pincement des cordes par les sautereaux, l'introduction d'archets, de roues semblables à celles des vielles, de marteaux même, tout cela entraînant la confusion de plusieurs instruments à l'intérieur d'un seul, comme nous le verrons plus loin dans l'étude des *instruments combinés.* Mais certaines différences de jeux pouvaient être produites simplement par des cordes de matière ou de grosseur différentes (ainsi ce jeu des luths et harpes avec des cordes à boyau, dont parle MERSENNE), par le pincement des cordes à des points divers de celles-ci, soit encore en armant les sautereaux, au lieu de plumes de corbeau, de « matières les plus propres à rendre l'intention[5] », soit enfin en rendant plus mat le son des cordes par le contact de fragments de feutre ou de buffle à l'une des extrémités de ces dernières. Ainsi, abordant l'étude du « double clavecin », MERSENNE écrit que « l'on fait maintenant des clavecins, qui ont sept ou huit sortes de jeux, et deux ou trois claviers »; « ces jeux se varient et se tirent, se joignent, mêlent ensemble comme ceux de l'orgue, par le moyen de plusieurs petits registres, chevilles et ressorts, qui font que les sautereaux ne touchent qu'un seul rang de cordes, ou qu'ils en touchent deux ou plusieurs[6]... » Plus tard, HULLMANDEL parlera de « clavecins qui [eurent] plus de vingt changemens pour imiter le son de la harpe, du luth, de la mandoline, du basson, du flageolet, du hautbois et d'autres instruments ».

Lorsque le clavecin n'a qu'un clavier et deux rangs de cordes, le mécanisme en est des plus simples à saisir. Mais, lorsqu'on a deux claviers et trois ou quatre rangs de cordes, selon quel genre de rapports les derniers étaient-ils liés aux premiers? Le cas le plus simple est le suivant : un clavier commande à deux rangs de cordes, l'autre clavier à un troisième rang; par exemple, le clavier supérieur commande au jeu de « 4 pieds » et le clavier inférieur au double « 8' »; soit exactement l'inverse; ou encore, le clavier inférieur commande le 8' et le 16', alors que le 4' dépend du clavier supérieur[7]. Mais il peut arriver qu'un même rang de cordes soit touché par deux rangs de sautereaux, ceux-ci mus par deux claviers différents; nous en avons un exemple dans un clavecin de Hans RUCKERS, daté de 1610 et appartenant au musée de Bruxelles (n° 276) : le clavier inférieur commande à un double 8' et au 4'; le clavier supérieur agit également sur un double 8', mais l'un en déjà dépendait du clavier inférieur. Un clavecin de HASS, construit à Hambourg en 1734 et appartenant à la même collection (n° 630), nous montrera à quelle complexité le système de ces registres

1. *Encyclopédie méthodique...*, art. *Clavecin.* Cf. aussi la Dictionnaire de GROVE, art. *Ruckers* (t. IV, p. 183).

2. ll, 63. — « Wie ich dann eins gesehen, welches 2 Aequal, eine Quint und ein Octavlin von eitel Saiten gehabt hat : Und gar wol lieblich und prächtig in einander geklungen. » Cf. aussi ADLUNG, *Musica mechanica organœdi*, p. 516.

3. MERSENNE, *op. cit.*, p. 106.

4. Afin d'éviter une confusion possible, il est bon de signaler ici l'emploi en allemand du mot *chor* dans le sens spécial de *corde;* d'où les expressions *einchörig, zweichörig*, etc., pour : à un rang de cordes, à deux rangs de cordes, etc.

5. *Encyclopédie méthodique,* ibid.

6. *Loco cit.,* p. 112.

7. Cf. KINSKY, *op. cit.*, pp. 76, 94 et 108. — Dans le cas de deux unissons et d'une octave supérieure (4'), on peut avoir les cinq combinaisons suivantes : un 8' seul, un 4' seul, les deux 8', un 8' et le 4', les deux 8' et le 4'.

8. Cf. MAHILLON, *op. cit.*, t. I (Gand. 1893). — Dans une lettre adressée à Constantin HUYGENS (15 oct. 1648), LA BARRE cite un facteur français qui construisait des clavecins à deux claviers « un pas à la mode de Flandre qui ne jouent que les mesmes chordes » mais différens en ce que ceux-ci font sonner différentes chordes sur chaque clavier ».

pouvait parfois atteindre : le clavier inférieur commande à quatre rangées. de sautereaux ; la première, armée de pointe de buffle, pince le 8′ (jeu de *cymbalum*) ; les trois autres rangées, armées toutes trois de becs de plume, agissant sur le 4′ (jeu de *spinetta*), sur un autre 8′ (*unisonus*) et sur un 16′ (*bourdon*) ; le clavier supérieur commande à deux rangées de sautereaux, mais dont l'une est déjà commune au clavier inférieur, et l'autre seule est particulière au clavier supérieur, toutes deux venant attaquer la même corde au vrai ton, l'une avec une pointe de buffle, l'autre avec un bec de plume et à une plus petite distance du sillet (timbre dit de *luth*). Ajoutons que les quatre rangs de sautereaux du premier clavier dépendent de quatre registres, qu'un cinquième et un sixième registre font approcher un fragment de buffle tout à l'extrémité des cordes de l'*unisonus* et du 16′ (effet d'assourdissement, dit *de harpe*) et que c'est un septième registre qui commande au jeu de luth[1]. Une disposition différente, mais plus simple, nous sera donnée par un clavecin de Hans Ruckers conservé au même musée (n° 2510) : deux claviers, trois rangs de cordes (8′, 4′ et 16′), quatre registres, puisque le 8′ peut être également pincé près du sillet (jeu de *luth*) ; ce 8′ dépend, par deux rangs de sautereaux (jeu ordinaire de *cymbalum* et jeu de luth), du clavier supérieur ; le clavier inférieur agit sur les trois rangs de cordes[2].

A ces combinaisons qui permettent les registres pour faire entendre soit une corde, soit deux ou trois cordes à l'unisson ou à l'octave les unes des autres, soit des cordes pincées à des points différents et avec des matières dissemblables, il faut ajouter la possibilité encore, en accouplant les deux claviers, d'agir d'un seul clavier directement sur les divers rangs de sautereaux auxquels commandent les deux claviers. Le mécanisme de cet accouplement s'explique par la mobilité du clavier inférieur qui peut être tiré en avant ou repoussé, suivant que l'on veuille que l'extrémité interne des touches, limitée par des tiges verticales, appuie sur le dessous des touches du clavier supérieur ou au contraire que ces tiges frappent dans le vide, au delà de l'extrémité des touches supérieures[3]. En accouplant ainsi les claviers, — procédé dont il est inutile d'ajouter qu'il dérive de la technique de l'orgue, — on obtient le maximum d'intensité sonore, les quatre cordes d'unissons et d'octaves d'une même note pouvant être pincées ensemble : effet de *tutti* dont le déclenchement subit et la puissance d'ordre mécanique créent des sforzandos assez particuliers au clavecin, permettant de violents contrastes avec la sonorité grêle, par exemple, d'une voix monocorde.

Autant pour accoupler les deux claviers que pour commander à tel registre, il fallut songer à un dispositif spécial de tirasses, placées soit sous le devant de la caisse, soit sur le côté, afin d'être mises en action par une seconde personne. Puis on imagina l'emploi de genouillères, enfin, de pédales. Les genouillères, déjà employées à l'orgue comme les tirasses, étaient faites de tiges de fer venant de dessous l'instrument dont elles avaient traversé le sommier. Constant Pierre, dans son ouvrage sur les *Facteurs d'instruments de musique*[4], et Ernest Closson, dans son étude très documentée sur Pascal Taskin[5], signalent, vers 1765, des clavecins à genouillères dus aux facteurs Berger et Virbès, ainsi qu'un clavecin de Ruckers datant de 1612, mis « à grand ravalement » par Pascal Taskin, et dont les *Affiches*, annonces et avis divers de janvier 1777 disent qu'il « est composé de six mouvements *que l'on échange avec le genou*, sans retirer les mains de dessus le clavier ; ce qui donne le *piano*, le *forte*, le *crescendo* de la manière la plus nette et la plus sensible[6] ». C'est d'ailleurs afin d'obtenir avec plus de commodité le jeu de ces nuances, le contraste rapide des divers timbres, que l'on songea à faire commander registres, combinaisons, accouplement par des pédales, — ce qui ne nécessite aucun déplacement superflu des mains. Un instrument du nom de *Pedal-Harpsichord* et attribué à John Hayward exista à Londres, au XVIIe siècle : « instrument — écrit John Mace[7] — convenant fort bien aux ensembles, *mieux que tous les clavecins et orgues* [...] Cet instrument a la forme et les dimensions du clavecin. Mais il en diffère en ceci : sous le clavier, près du sol, se trouve une sorte de placard ou caisse qui s'ouvre avec deux petites portes et où le musicien met ses pieds reposant sur le talon (la pointe relevée) et ne touchant rien jusqu'au moment où il lui plaît de s'en servir ; ceci de cette manière : il y a sous la pointe de ses pieds quatre pommes de bois, deux sous chaque pied. Il peut faire agir chacune de ces pommes comme il lui plaît. La pression du pied se transmet à un ressort et donne à l'instrument un son doux ou fort suivant qu'il appuie sur l'une ou sur l'autre [...] Le bord extérieur du pied droit agit sur une pomme et le bord intérieur sur une autre, si bien qu'en appuyant le pied un peu de travers, soit vers la gauche, soit vers la droite, il varie à son gré de registre ; et s'il pose le pied à plat, il appuie sur les deux en même temps (troisième combinaison — son plus fort). Sous le pied gauche, se trouvent aussi deux autres pédales différentes, et par les mêmes mouvements qu'avec le pied droit, il peut produire trois autres combinaisons plus douces ou plus fortes. Vous voyez donc qu'il a plusieurs variétés de registres à son gré, tous rapides et manœuvrant aisément grâce aux mouvements du pied [...] J'en fis construire un chez moi qui a neuf autres combinaisons différentes (vingt-quatre en tout), obtenues par un jeu (manœuvré à la main) que mon inventeur appelle le *jeu de théorbe*, et en effet cela lui ressemble... » Un autre usage de la pédale apparaît, toujours au XVIIe siècle, dans les instruments de Couchet, le facteur anversois qui succéda aux Ruckers : le musée de Bruxelles renferme un clavecin à deux claviers et qui a, en plus des registres ordinaires mis à la main, une pédale agissant sur une espèce d'étouffoir[8]. L'un des instru-

1. *Ibid.*, t. II (Gand, 1909, 2e éd.). Notice rectifiée par Wanda Landowska.

2. Mahillon, *op. cit.* Cf. plus loin, p. la note 2047, concernant le clavecin moderne de la maison Pleyel.

3. Cf. les articles *Clavecin* et *Clavier* dans le t. III de l'*Encyclopédie* (éd. de 1753), ainsi que les figures dans le t. IV des planches (fig. 8 de la pl. XVI) : « Les touches du clavier inférieur font hausser dont, lorsque le clavier est tiré, sous les talons qui sont au-dessous des queues des touches du second clavier. Elles cessent de se mouvoir, lorsque le clavier est poussé ; parce que le pilote passe au delà du talon, ou de l'extrémité de la touche du second clavier aux touches duquel répond le premier rang de sautereaux... » Cf. aussi Jakob Adlung, *Musica mechanica organœdi*, p. 818.

4. Paris, Sagot, 1893.

5. *Sammelb. d. I. M. G.*, janv. 1911, pp. 255-6.

6. Il faut citer encore les clavecins à genouillères dus au facteur anglais Kirkmann.

7. *Musick's monument*, 3e part. (Londres, 1676), pp. 235-6. — Cf. aussi l'art. de Quittard dans le bulletin de l'*I. M. G.*, oct. 1909.

8. *Catalogue* de Mahillon, t. I, n° 276.

ments de KIRKMANN (de Londres), qui figurèrent à une exposition d'instruments anciens[1] et dataient de la fin du XVIII° siècle, possédait une jalousie vénitienne s'ouvrant et se fermant au moyen d'une des pédales, comme la boite expressive employée à l'orgue; du reste, ainsi que le rappelle ENGEL, un facteur londonien, du nom de Burkat SHUDI ou Burckhardt TSCHUDI, avait pris un brevet en 1769, concernant l'invention d'une certaine sorte de jalousie vénitienne (*venitian swell*) : HULLMANDEL parle de cette invention anglaise comme d' « un couvercle placé au-dessous des cordes et divisé en lattes bien jointes, qu'une pédale écarte et rapproche à tous les degrés, pour faire sortir ou pour renfermer le son[2] ». En France, bien qu'il pût y avoir quelques précédents[3], le clavecin à pédales apparaît surtout comme l'œuvre de Pascal TASKIN. Ainsi nous voyons ce facteur, ayant d'abord adapté un système de genouillères à des clavecins anciens, y placer des pédales : témoin ce clavecins de COUCHET « mis à grand ravalement par P. TASKIN » et avec « mécanique au pied pour varier le jeu de dix à douze manières », que DE BRICQUEVILLE signale parmi des inventaires du XVIII° siècle[4]. Mais cet instrument à pédales apparaît à une époque où le désir de « faire sentir toutes les variations possibles[5] » du *forte* au *piano*, selon un assez fin dégradé, se trouve déjà réalisé par le *piano-forte*, ou ancêtre direct du piano. Comme le remarque CLOSSON, on cherchera de plus en plus à doter le clavecin « du nuancement dynamique propre à son rival », le piano; d'où émulation entre les deux instruments, et dont il résulta « ce fait curieux que les pianos du temps, avec leur timbre grêle, évoquent encore le clavecin, tandis que ce dernier se rapproche de plus en plus du piano, non seulement dans sa forme, plus rigide et plus lourde, mais aussi dans ses qualités essentielles, la plénitude sonore et un nuancement relatif, — comme dans ces clavecins de BROADWOOD dont les cordes robustes, à la sonorité profonde, et la *venitian swell*, font presque un piano[6] ». Du reste, — comme le remarque encore CLOSSON — il semble que les genouillères ou pédales n'aient eu que peu de succès auprès des contemporains de TASKIN : « Au point de vue du nuancement, le système en question ne pouvait donner que des résultats médiocres. Le principe du clavecin, et non l'art du facteur, en était cause. Un *jeu* fonctionne ou ne fonctionne pas, suivant que les dards de ses sautereaux sont à portée des cordes ou non; un fonctionnement intermédiaire ne peut s'imaginer que sous forme d'un effleurement qui risque fort de rester silencieux[7] ». Une aisance dans l'exercice des registres, le clavecin pourra sans doute l'acquérir au plus haut degré, grâce à ce système de pédales, mais au moment où l'on ne songe qu'à en user pour obtenir un gonflement progressif du *crescendo* ou un déclin insensible du *diminuendo*, — toutes choses avec quoi le futur piano nous saura charmer plus, pour d'ailleurs nous en lasser par la suite. Mélancolique destinée d'un instrument à la veille d'atteindre à sa perfection mécanique, lorsqu'un rival l'emporte sur lui.

Ainsi que le note Constant PIERRE, dans son ouvrage sur les *Facteurs d'instruments de musique*, longtemps en France, on nomma ceux-ci des *faiseurs d'instruments* : de l'un, l'on dit qu'il est « faiseur d'espinettes » ou de « manicordions », de l'autre, « faiseur de clavessins[8] ». Outre les roses qui portaient en quelque sorte le monogramme du facteur, une inscription sur le devant du clavecin ou de l'épinette donnait la date de fabrication de l'instrument, à côté de laquelle pouvait être répété le nom du facteur; cette formule était d'ordinaire en latin : *Andreas Ruckers me fecit Antverpiæ 1613; Hieronymus Albre Hass fecit Hamburg anno 1734...* Le plus ancien clavecin que l'on connaisse ainsi daté provient d'un facteur bolonais installé à Rome et appartient actuellement au South-Kensington-Museum de Londres : *Hieronymus Bononsiensis faciebat Romæ MDXXI* [1521]. Ensuite, vient un instrument d'Alessandro TRASUNTINO, daté de 1531; et actuellement au musée Donaldson de Londres. Puis, dans la collection HEYER à Cologne, un *cembalo* de Dominicus PISAURENSIS, datant de 1533, mesurant quatre octaves et une quarte (avec une octave courte au grave), et n'ayant qu'un seul rang de cordes pour un clavier unique[9]. Ces trois clavecins seraient donc postérieurs aux premières épinettes dont la date nous soit connue : l'épinette qui est à Pérouse date de 1493, celle de Milan remonte encore à 1520. Si nous ne tenions compte aussi des instruments qui furent détruits et des documents manuscrits ou iconographiques qui témoignent de leur existence, il semblerait que l'Italie fût l'unique berceau des premiers facteurs de clavecins ou d'épinettes. Aux trois noms italiens déjà cités, on n'aut encore ajouter ceux de Johannes Antonius BAFFO, très célèbre facteur de clavecins à Venise et dont le Conservatoire de Paris possède un instrument, de Benedetto FLORIANO, auteur d'un clavecin (1572) actuellement au Conservatoire des Arts et Métiers de Paris.

Puis vient l'illustre famille des facteurs anversois RUCKERS. Si, comme le rappelle KINSKY[10], ce n'est plus aux RUCKERS que la science actuelle attribue « l'invention » des registres de clavecin, du second clavier, l'introduction d'un réseau de cordes à l'octave supérieur (4 pieds), ainsi que la création du claviorganum (instrument composite qui tient de l'orgue et du piano), les RUCKERS, par la beauté extérieure de leurs clavecins (que décoraient de grands maitres de l'art flamand), par la perfection technique de ces instruments et par leur renommée universelle au XVII° siècle, ont attaché leur nom à la diffusion, dès cette époque, du type de grand clavecin à deux claviers et à plusieurs registres. Hans RUCKERS, dit HANS le Vieux, né à Malines vers 1555, était fils d'un Fran-

---

1. Catalogue d'ENGEL, p. 352.

2. *Encyclopédie méthodique* de FRAMERY et de GINGUENÉ, art. *Clavecin.*

3. *Cf.* l'étude déjà citée de CLOSSON, pp. 256-7.

4. DE BRICQUEVILLE, *Les Ventes d'instruments au XVIII° siècle.*

5. Abbé TROUFLANT, *Lettre sur le clavecin en peau de buffle inventé* par M. Pascal TASKIN (*Journal de musique*, 1773).

6. CLOSSON, *loco cit.*, p. 249.

7. *Ibid.*, p. 258.

8. Dans les archives de la ville de Lyon, COUTAGNE relève en 1516 le nom d'un Nicolas BONTEMPS, « faiseur de manicordions », et en 1523 celui d'un Honoré de LŒUWIE, « faiseur d'espinettes » (COUTAGNE, *Gaspard Duiffoproucart et les luthiers lyonnais du XVI° siècle*; Paris, Fischbacher, 1893). L'*Encyclopédie* de D'ALEMBERT parle encore de « l'art du *faiseur* d'instrument ». Le terme de *facteur* est donc assez récent.

9. De même DOMINICO de PESARO est l'auteur du plus vieux *clavicorde* lié que nous connaissions (1543); il vécut jusque vers 1580. — Pour toute cette question de l'histoire des facteurs de clavecins et d'épinettes, cf. le Dictionnaire de GROVE aux articles *Cristofor*, *Ruckers*, etc.; cf. aussi le catalogue de KINSKY, t. I, pp. 53-4 et 211-284 (avec la reproduction des divers monogrammes, noms ou signatures); cf. DE BURBURE, *Recherches sur les facteurs de clavecins et les luthiers d'Anvers* (Bruxelles, 1863) et l'art. *Ruckers* par CLOSSON dans la *Biographie nationale* de Belgique (Bruxelles, 1908-10; t. XX, pp. 382-386); cf. aussi VAN DER STRAETEN, *passim*.

10. KINSKY, *op. cit.*, p. 257.

çois Buckers, lui-même facteur d'instruments; Hans commença par être menuisier, puis devint facteur d'orgues et de clavecins. Les clavecins qui nous ont été conservés de lui datent de 1590 et des années suivantes. Hans le Vieux fut le père de quatre fils, Franz, Hans, Andreas et Anton, dont deux construisirent des clavecins : Andreas, dit André le Vieux, de 1610 à 1651; Hans, dit Hans le Jeune, de 1617 à 1642[1]. André le Vieux eut un fils, André le Jeune, ce dernier facteur de la famille des Ruckers, né en 1607, et dont les clavecins datent de 1655 à 1659. Aux quatre Ruckers, il faut joindre le facteur anversois Jean Couchet, neveu de Hans le Jeune et mort en 1655[2].

Au xviie siècle, l'Italie eut pour principaux facteurs de clavecins : Vincenzo da Prato, Giovanni Pertici[3], Luigi Fani, Abel Adam, Bartolomeo Cristofori (1655-1731) qui fut l'inventeur du piano à marteaux, Zenti Girolamo, l'un des plus célèbres facteurs romains, Lorenzo Magniai, etc. Puis au xviiie, ce furent Giovanni-Francesco Franco, Giovanni Giusti, Vincenzio Sodio. Après la disparition des Ruckers, Anvers n'en continua pas moins à construire d'excellents instruments, dus à des facteurs comme Simon Hachens au xviie siècle, Heinemann et Bull[4] au xviiie. A Bruxelles, ce fut Dulcken[5]; à Strasbourg, Jean-André Silbermann, neveu d'un célèbre facteur d'orgues et constructeur, comme son père, de pianos à marteaux; à Hambourg, les Hass père et fils[6]; à Berlin, Osterlein; en Angleterre, un ami de Haendel, Burkard Shudi, associé avec Joannes Broadwood et les Kirkmann[7].

En France, c'était Richard, puis Blanchet, dont Hullmandel vante « la légèreté extrême de ses claviers, qui contribua beaucoup aux progrès de cet instrument en France ». C'est à Blanchet et à son élève Pascal Taskin que l'on doit la mise en ravalement d'un grand nombre de clavecins flamands. L'é-

tendue du clavier, qui avait atteint chez les Ruckers quatre octaves, passe, par l'adjonction de quatre notes environ dans l'aigu et dans le grave, à cinq octaves. Jean Marius, qui chercha en même temps que Cristofori et que Schrœter dans la direction du clavecin ou piano à marteaux, fut l'inventeur de plusieurs instruments démontables. Son clavecin brisé, pour lequel il prit un privilège le 18 septembre 1700, se démontait en trois parties; la plus petite venait se placer dans le prolongement de la partie médiane et toutes deux se poser sur la plus longue[8].

De Wallonie vint à Paris, très jeune, le célèbre Pascal Taskin, pour y construire ses clavecins « à buffle » et ses pianos. Son premier clavecin « à buffle », c'est-à-dire aux sautereaux pourvus non plus de plumes de corbeau, mais de pointes de cuir, pour permettre un pincement plus doux de la corde, remonte à 1768[9]. Du vivant même de Taskin, puis, chez des auteurs d'ouvrages d'organologie, cette invention lui fut contestée : « Toujours est-il que ce dernier, qui s'était livré à des expériences méthodiques en vue d'améliorer le timbre de l'instrument (il avait essayé pour les dards de ses sautereaux jusqu'à la corne de sabot de cheval), régularisa et généralisa le système du registre de buffle[10]. » Cette innovation — qui, comme le remarque Wanda Landowska, conduisait non à « une augmentation de sonorité », mais à un pincement plus doux qui caressait la corde[11], c'est-à-dire à des recherches d'intensité sonore juste en sens inverse de celles que semblait marquer la superposition abrupte des unissons et de leur double octave — fut très vite adoptée par ceux-là mêmes qui allaient abandonner le clavecin pour le pianoforte : le jeu de buffle se retrouve dans le clavecin mécanique de Sébastien Erard (1776), dans les premiers piano-forte, où il s'obtenait en abaissant deux pédales sur trois (la troisième étant du reste nommée : jeu de buffle), enfin dans les clavecins modernes édités par les maisons Erard ou Pleyel[12].

Ce n'est sans doute que peu à peu que l'usage du clavecin se perdit devant le succès grandissant du piano-forte. Rossini recommandait encore cet instrument, plutôt que le piano, pour l'enseignement du chant[13]. Mais les divers dictionnaires de Fétis et de Schilling montrent bien que le clavecin avait cédé entièrement la place vers le début du xixe siècle. Ce ne sera que plus tard que, du rang de vieux meuble, le clavecin passera à celui de témoin archéologique : on songera un jour à regarder du même œil cet ins-

---

1. Le plus ancien clavecin connu d'André le Vieux (1610), appartenant à une collection particulière de l'Essex, n'a qu'un clavier de quatre octaves. (Cf. Grove.)

2. De Jean Couchet, le musée de Bruxelles contient un clavecin de 1646, à double clavier et à quatre registres; le clavier supérieur agit sur deux 8'; le clavier inférieur sur l'un de ces deux 8' et sur un 4'; de plus une pédale agit sur un étouffoir (n° 276 du catalogue de Mahillon, t. I).

3. De ce facteur florentin, la collection Heyer possédait un clavecin de 1683 à deux claviers et à trois rangs de cordes (4', 8' et 16') dont le 4' est commandé par le clavier supérieur (n° 74 du catalogue de Kinsky).

4. Le musée de Bruxelles possède de Joannes-Petrus Bull un clavecin de 1789, à deux claviers, sur une étendue de cinq octaves complètes, avec quatre registres pour deux 8' et un 4'; le clavier inférieur agissant sur les deux unissons et sur l'octave, alors que le clavier inférieur n'agit que sur l'un des 8' dont le timbre « pouvait se modifier par l'emploi du registre basson » (n° 2936 du catalogue de Mahillon, t. IV). Un autre clavecin de 1776 de mêmes caractéristiques n'a que trois registres (n° 1601, t. III).

5. Le musée de Bruxelles renferme un clavecin de Johannes-Daniel Dulcken, de 1769, ayant cinq octaves, trois rangs de cordes (deux 8' et un 4'), d'où cinq registres (n° 2512 du catalogue de Mahillon).

6. Voir plus haut la description du clavecin d'Albert Hass de 1734 (n° 630 du catalogue de Bruxelles); ajoutons que l'étendue des deux claviers est de quatre octaves et d'une sixte (du solo au mi si). — La collection Steinert à Newhaven contient un instrument de J.-A. Hass, datant de 1710 : cinq octaves, deux claviers (dont les touches sont en ivoire et en écaille), avec deux jeux de 8', un de 16', un de 4' et un même de 2'.

7. Au musée de Bruxelles, un clavecin (n° 1604) signé Burkat Shudi et Johannes Broadwood Londini fecerunt 1773 à deux claviers de cinq octaves et demie; le clavier supérieur commandant à trois rangs de sautereaux (deux 8', un 4'), le clavier inférieur à deux jeux de 8' sur le 4' précédent un autre comme jeu de luth sur l'un des 8' du clavier inférieur; en tout, cinq registres et deux pédales. Un hapsichord du à Shudi, de la collection Stein (n° 822), à deux claviers, cinq octaves, cinq registres dont deux de 8', un de 4', un jeu de luth et un jeu de harpe. Des Kirkmann (Jacobus et Abraham), Engel cite un clavecin de 1773, à deux claviers, six registres et deux pédales (Op. cit., p. 354).

8. Plusieurs clavecins brisés conservés à Berlin avaient appartenu à Frédéric le Grand; ces instruments que l'on retrouve encore à Bruxelles, au Conservatoire de Paris et au musée Heyer, pouvaient avoir une étendue de quatre octaves et d'une sixte (avec octave courte) et trois rangs de cordes dont deux de huit pieds et un de quatre. Cf. Recueil des machines approuvées par l'Académie royale des sciences (t. I, année 1700, pp. 193-4 et pl. n° 58); Mémoires de Trévoux (1703, p. 1292); Kinsky, op. cit. (pp. 98-100). Il est curieux de noter que, dans le tome II du ce Recueil des machines, on voit que Marius inventa en outre plusieurs modèles de tentes brisées, de parapluies, de parasols (pp. 87-97, 145-8, 161-2).

9. Closson, Pascal Taskin (Sammelb. d. I. M. G., janv. 1911, pp. 234-267).

10. Closson, loco cit., p. 251.

11. Musique ancienne (éd. Senart), p. 210.

12. Ibid. et Closson, loco cit., p. 252. — Le clavecin « mécanique » d'Erard avait quatre jeux dont trois de plume et un de buffle; deux pédales, attachées aux deux pieds du clavecin, permettaient de retirer ou d'avancer un ou deux registres de plume, celui de buffle, d'accoupler tous les jeux sur un seul chevalet qui, divisant les cordes en deux, donnait l'octave supérieure de chaque note (ou 4'); cf. Fétis. Biographie universelle, t. III, art. Erard.

13. Cf. Les lettres publiées par Guido Biagi (in : Onoranze florentine a Gioachino Rossini, Florence, 1902).

trument et la musique qui fut écrite pour celui-ci; des expositions d'instruments donneront l'idée d'exécutions d'œuvres anciennes au moyen de ceux-ci; enfin des facteurs songeront à construire des clavecins modernes sur des modèles anciens ou perfectionnés. Ainsi, le clavecin PLEYEL n° 1598 du catalogue de MAHILLON sera à double clavier et à six pédales, pour deux jeux de 8′, un de 4′, un jeu de luth et une sourdine. Le clavecin PLEYEL dont jouera Wanda LANDOWSKA, également à deux claviers mais à sept pédales, possédera un 16′[1]. Nous entrerons alors en pleine période de renaissance du clavecin, celle où des chefs d'orchestre feront réaliser la basse continue ou accompagner les récitatifs par le clavecin, et où un compositeur comme Manuel DE FALLA fera figurer une partie de clavecin au milieu d'un petit orchestre[2].

L'*épinette* exige ici un complément d'indications. De dimensions moindres que celles en général du clavecin, cet instrument a moins d'octaves, et plutôt un système unique de cordes. Il forme une caisse oblongue de type rectangulaire ou trapézoïdal, plus rarement pentagonal, les cordes étant disposées presque parallèlement au sens du clavier, comme le montre MERSENNE. Son nom viendrait soit du latin ou de l'italien *spina* (épine)[3], soit du nom d'un facteur vénitien de la fin du xvᵉ siècle, Giovanni SPINETTI ou Joanes SPINETUS[4]. Ce nom d'*épinette* se répandit très rapidement : de 1508, la réserve de la Bibliothèque Nationale à Paris possède un long poème d'un Simon BOUGOUYN intitulé *l'Espinette du ieune prince Conquerant Le royaulme de bonne renommee...*

La plus vieille épinette datée qu'on ait conservée est de 1493 et se trouve à Pérouse; elle a cinq côtés. Puis viennent des épinettes de 1520 et de 1523, dues au Milanais Anibale Rosso et au Véronais Francesco DE PORTALUPO, la seconde appartenant au Conservatoire de Paris. Au Musée de Bruxelles, une épinette de 1550 due à Antonio PATAVINO mesure quatre octaves[5]. La collection de HEYER renfermait, sous le n° 33, une épinette de Benedetto FLORIANI, datée de Venise 1571, et qui a six côtés irréguliers; le clavier offre une étendue de quatre octaves et une

quarte, avec une octave courte : c'est en général l'étendue maxima des épinettes[6]. Deux autres exemplaires assez curieux d'épinette se trouvaient aux

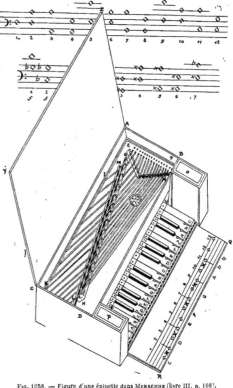

FIG. 1058. — Figure d'une épinette dans MERSENNE (livre III, p. 108).

n°ˢ 53 et 56 de cette même collection[1] : le premier, dû au fameux CRISTOFORI et daté de 1613, est à doubles cordes pour un seul clavier; le second, non daté, à double clavier et à trois systèmes de cordes, dont deux jeux de 8′ au clavier supérieur et un de 4′ au clavier inférieur.

Il existe une variété plus petite de l'épinette, du nom d'*Oktav-Spinett, Ottavino, Spinetta da serenata* ou *Spinettina*. La collection de HEYER en renfermait plusieurs, la plus ancienne (1610) de Vincentius DE PRATO; certaines atteignent une étendue de quatre octaves, dont la première est courte; la plus curieuse, construite en 1677 par Israël GELLINGER de Francfort-sur-Mein, possède deux claviers de deux octaves, et une sixte. Selon ENGEL[8], il est probable que l'aigu des

---

1. Dans ce dernier clavecin PLEYEL, le clavier supérieur commande à un seul réseau de cordes pincées de deux façons différentes (8′ et jeu de *luth* où le sautereau vient toucher la corde plus près du sillet) ; le clavier inférieur commande à un jeu de 8′ (placé sur le même plan que le précédent 8′), à un jeu de 4′ et à un jeu de 16′ (cordes filées). De gauche à droite, les trois premières pédales ont pour effet de supprimer successivement les jeux de 16′, 4′ et 8′ ; la quatrième pédale amène un étouffoir sur le 8′ du clavier supérieur (*sourdine*) : la cinquième pédale accouple les deux claviers ; la sixième amène le jeu de luth; la septième supprime le jeu ordinaire.

2. Dans *El Retablo* et dans un *Concerto*.

3. SCALIGER écrit à ce sujet : « *Me puero Clavicymbalum et Harichordum, nunc ab illis mucronibus Spinetam nominant.* » (Poelices, I, 48, Lyon, 1561.)

4. D'après un manuscrit de BARCHIRI, *Conclusioni del suono d'organo*, cité par KREBS.

5. Catalogue de MAHILLON, n° 272 (t. I, 3ᵉ éd., p. 368).

6. La petite épinette décrite par MERSENNE (*op. cit.*, prop. II) a trente et une touches, près de trois octaves.

7. Cf. KINSKY, *op. cit.*

8. ENGEL *op. cit.*, pp. 270-272.

ottavinos sonnait à une octave ou à une quinte plus haute que ne l'indiquait le clavier : ces instruments auraient donc été partiellement transpositeurs.

Quant au *virginal*, son nom désignait un instrument voisin de l'épinette, de forme rectangulaire, oblongue, et dont on usait en Angleterre du xve au xviiie siècle[1]. Cet instrument n'était pas forcément de fabrication anglaise, puisque les RUCKERS, par exemple, en construisaient à Anvers. Documents diplomatiques et textes poétiques le citent dès la fin du xve siècle comme très en honneur à la cour d'Angleterre. SHAKESPEARE le nomme à plusieurs reprises et notamment dans un de ses sonnets. Enfin, tout prouve qu'il fut très populaire en Angleterre aux xvie et xviie siècles. Mais son nom désigna-t-il toujours le même instrument? Il est difficile de l'assurer. La *Musica getutscht* de l'abbé VIRDUNG (1511) donne la figure d'un petit virginal rectangulaire de trois octaves, le clavier faisant saillie sur le bord de la caisse. Le virginal représenté en frontispice du premier recueil imprimé de virginalistes, la *Parthenia* de 1611, a son clavier encastré dans la boîte rectangulaire, comme en maintes épinettes[2]. A cet égard, VAN DEN BORREN conclut ainsi : « Le terme *virginal* a servi, en Angleterre, à désigner toutes espèces de claviers à cordes pincées, à partir de la fin du xve siècle jusqu'à la fin du xviie. A partir du xviiie siècle, son sens se restreignit peu à peu et il ne fut bientôt plus appliqué qu'aux petits instruments à forme rectangulaire, par opposition aux instruments à queue, qui reçurent le nom de *harpsichord*. Dès lors, *spinet* (épinette) et virginal deviennent entièrement synonymes[3]. » Le nom lui-même de *virginal* reste d'origine obscure; il semble pourtant qu'on doive se rallier à l'idée d'un instrument domestique et réservé aux jeunes filles : Carl KREBS signale à ce propos une œuvre à quatre chœurs de Heinrich SCHÜTZ, un *Veni Sancte Spiritus*, où le 3e chœur est accompagné d'un instrument nommé « Frauenzimmer » qui serait peut-être une traduction germanique du mot *virginal*[4]. En certains cas, la distinction entre le virginal et l'épinette (spécialement l'*ottavino*) est fort difficile. La collection HEYER contenait, sous les nos 35, 37 et 51 du catalogue KINSKY, trois virginals de Hans RUCKERS le Vieux ou de fabrication italienne (xviie siècle), et qui ont la forme d'une petite boîte à ouvrage, de trente-sept à trente-huit centimètres de longueur, de vingt à vingt et un de largeur, et ayant tous trois la même étendue de deux octaves et une sixte, — soit bien les caractéristiques de l'*ottavino*. Un quatrième virginal (no 36), dans la manière de Hans RUCKERS le Vieux, donne trois octaves et une quinte. Les virginals du musée du Conservatoire de Bruxelles sont de trois octaves et une sixte à un peu plus de quatre octaves, la première octave grave étant courte[5]. Comme ce sont les instruments antérieurs au xviie siècle qui offrent les claviers de moindre étendue, et que ce sont les virginals de 1613 et de 1628, dans la même collection, qui atteignent et dé-

passent quatre octaves, on suit assez nettement l'extension progressive du clavier, ce que d'ailleurs vient confirmer l'examen des pièces des virginalistes[6]. MAHILLON remarque que, dans la plupart des virginals, comme les épinettes, fabriqués par les RUCKERS,

FIG. 1059. — Virginal de construction flamande et du début du xviie siècle (coll. HEYER, no 36).

la corde est pincée vers le milieu de sa longueur : nouveau trait commun entre ces deux genres d'instruments, dont d'autre part ENGEL notait aussi la ressemblance, tel virginal, ayant appartenu à la reine ÉLISABETH, pareil à des épinettes italiennes d'Annibale DEI BOSSI[7].

Aux facteurs de clavecins déjà cités et qui durent également construire des épinettes et des virginals, ajoutons les noms d'Italiens du xviie siècle, comme Abel ADAM, Luigi FANI, Valerius PERIUS, ainsi que d'un Allemand de la même époque, Israël GELLINGER, et d'Anglais comme Thomas HITCHCOCK, puis, au xviiie siècle, comme Thomas BARTON et William PETHER, tous construisant des épinettes; le même nom de Valerius PERIUS et ceux de Johannes GRAIWELS, John LOOSEMORE, Lodovicus GROVVELUS, etc., comme facteurs de virginals.

Instruments à cordes frappées.

Le *clavicorde* est le plus primitif des instruments à clavier et à cordes frappées[8]. Il se distingue essentiellement du clavecin, de l'épinette et du virginal en ce que ses cordes, faute d'être pincées, sont heurtées selon un dispositif qui permet en même temps de les diviser. Il ne s'agit donc là d'un emploi de sauvereaux, ni même encore de marteaux pareils à ceux du piano. La corde, placée horizontalement, est heurtée par en dessous, grâce à de « petits crampons » métalliques[9] ou *tangentes* fichés sur les queues des touches. Ce procédé de division des cordes apparente le clavicorde au monocorde, à l'actuel sonomètre où seul un chevalet mobile aide à produire des sons de différentes hauteurs; il semble d'ailleurs probable que le clavicorde ait dérivé organologiquement du monocorde. C'est ce qu'écrit DE CASTILLON fils, dans le supplément de 1776 à l'*Ency-*

1. Cf. GROVE, *Dictionary*, art. *Virginal* par Hipkins (t. V, pp. 340-1 de l'éd. de 1910); KINKELDEY, *Orgel und Klavier in der Musik des 16. Jahrhunderts* (Breitkopf, 1910); Carl KREBS, *Die Besaiteten Klavierinstrumente...* (Vierteljahresschrift für Musikwissenschaft, 1892); VAN DEN BORREN, *Les Origines de la musique de clavier en Angleterre* (Bruxelles, 1912) et les *Virginalistes anglais* (S. I. M., nov. 1912).
2. Cf. les illustrations accompagnant l'article de M. VAN DEN BORREN dans S. I. M. de novembre 1912.
3. *Les Origines de la musique de clavier en Angleterre*, p. 4.
4. KREBS, *op. cit.*
5. MAHILLON, *op. cit.*, t. III, nos 150-1 et 1597; t. IV, nos 2926 à 2933.

6. VAN DEN BORREN montre pour des pièces datées de 1510 à 1620 environ l'étendue s'élever de trois octaves et une tierce à 4 octaves et une tierce (*op. cit.*, pp. 231-232).
7. *Op. cit.*, pp. 271-272 et 349-350.
8. Nous renvoyons une fois pour toutes à la thèse de F.-A. GOEHLIZDVA, *Geschichte des Klavichords* (Bâle, 1910).
9. *Dictionnaire de Trévoux*, nouvelle édition, t. V (Paris, 1771), art. *Manicordon*.

lopédie de D'ALEMBERT : « La preuve que le *clavicorde*
tire son origine du monocorde, c'est qu'on avoit
des monocordes où, au lieu de transporter le chevalet, il y avoit des sautereaux[1] à chaque division;
de plus, les premiers *clavicordes* n'avoient qu'une
seule et même corde pour tous les tons qui n'en-
troient pas dans le même accord, et alors l'harmonie étoit fort bornée[2]... » Principe, mais porté à
l'absolu du clavicorde dit *lié*.

Une des premières citations du mot *clavicorde* apparaît, en 1484, dans une traduction anglaise du *Livre
du chevalier de la Tour Landry*, où le terme *instrument* est rendu par celui de *clavicorde*[3]. De la même
époque environ, un manuscrit de la bibliothèque de
Gand, signalé par VAN DER STRAETEN[4], donne le dessin d'un clavicorde : « De forme trapézoïde ou plutôt
rectangulaire, cet instrument est monté de huit
cordes, auxquelles correspondent autant de touches.
Ces touches font mouvoir huit languettes de bois ou
de cuivre, huit *claves*, destinées à frapper les cordes
sous lesquelles elles sont placées. [...] L'instrument
— continue VAN DER STRAETEN — n'apparaît point
dans le manuscrit comme un spécimen de la facture du temps, mais comme un exemple de l'application de la division du monocorde au système des
polycordes à clavier L'auteur a emprunté son modèle à un clavicorde qu'il avait à la main, et il ne
juge pas opportun de dire qu'il fait chose insolite
en traçant sa figure. » Ce manuscrit porte d'ailleurs
comme titre : *De diversis monocordis, tetracordis,
penthecordis, extacordis, eptacordis, etc. Ex quibus
diversa formantur instrumenta musica*[5]... Dans la
Musica getuscht (1511) de l'abbé VIRDUNG, aucun détail sur la provenance du *clavicordium*; mais l'auteur
cite déjà des clavicordes de trente-huit touches et
même plus, celles-ci venant frapper chacune deux
ou trois cordes à l'unisson : il s'agit donc là d'instruments assez évolués, de plus de trois octaves,
avec des cordes triplées, soit — comme le dit VIR-
DUNG lui-même — pour qu'il en reste toujours une
ou deux en cas de rupture de l'une d'elles, soit —
comme le supposerait Carl KREBS — pour obtenir
de plus fortes intensités de son[6]. VIRDUNG nous apprend, de plus, que les parties des cordes qui ne devaient pas vibrer étaient assourdies par des bandes
de drap[7]. Ce clavicorde apparaîtra en France sous
le nom de *manicordion* : témoin, en 1529, le titre
d'un recueil d'ATTAIGNANT : *Quatorze gaillardes, neuf
pavanes..., le tout reduict de musique en la tabulature
du jeu d'orgues, d'espinettes,* manicordions *et tels semblables instrumens musicaux;* témoin aussi deux
passages de Rabelais, où quelqu'un est présenté « mo-
nochordisant des doigtz », tandis qu'ailleurs « Eus-

thènes sur une longue couleuvrine jouait des doigtz
comme si feust un monochordion[8] ». Ce terme de
manichordion, nous le retrouverons en France, au
XVIIe siècle, chez le père MERSENNE, et au XVIIIe siècle,
jusque dans le *Dictionnaire de Trévoux*. Il fut cause
de bien des confusions modernes, par suite de la
similitude entre monocorde et *manichorde* ou *manichordion*[9]. A cette même époque, en 1543, était construit le plus ancien clavicorde que nous eussions encore en notre possession et qui fût daté : figurant en la
collection HEYER, ce clavicorde de Pesaro
offre un peu la forme rectangulaire de l'épinette; il
mesure une étendue de quatre octaves, dont la première est courte; ses quarante-cinq touches viennent frapper seulement vingt-deux cordes doubles,
plusieurs touches ayant donc la même double corde
en commun. Il s'ensuit que les crampons ne heur-
tent pas à la même hauteur de chaque corde : pareille caractéristique répondra à la première époque
du clavicorde, celle du *clavicorde lié (gebundenes Clavichord)*[10]. Un exemple de clavicorde nous est encore
offert au XVIe siècle sur le frontispice d'un traité de
musique anversois, composé en dialogues entre
maître et élève, comme l'avait été la *Musica yetuscht*
de VIRDUNG et comme le seront plus tard les *Leçons
de clavecin* de BEMETZRIEDER : ce traité anonyme,
intitulé *Dit is ee. seer schoo boecxke om te leere make
alderhande tabulatuere uuten discante. Daer duer men
lichtelyck mach leere spelen op clavicordiu,* est donc
précédé d'un frontispice qui représente un joueur de
luth surmonté d'un clavicorde et encadré de deux
flûtes[11]. Le traité de Pedro CERONE, *El Melopeo y
maestro,* paru à Naples en 1613, reproduit le clavier
d'un *monachordio* atteignant trois octaves et une sixte,
la première octave étant apparemment courte[12].

PRAETORIUS et MERSENNE parlent du clavicorde dans
leurs grands ouvrages. Dans la proposition IV du
livre III des « Instruments à chordes », MERSENNE
traite du *manichordion* : l'instrument qu'il décrit a
quarante-neuf ou cinquante touches, — comme le
clavecin, ajoute-t-il; sauf onze touches de l'aigu,
toutes répondent à des rangs particuliers de cordes;
il n'y a donc que cinq cordes liées[13]. La figure de
l'instrument montre une caisse rectangulaire assez
longue, le clavier étant encastré à gauche du manichordion, les cordes s'étendant sur toute la longueur. L'extrémité gauche des cordes est couverte
de morceaux d'*escarlate* » ou d'autre drap, la
sonorité n'étant produite qu'entre la ligne des crampons au-dessus du clavier et la ligne de chevalets à
droite : la partie qui reste entre les crampons et
l'escarlate ne sonne point : de là vient qu'une même
corde peut servir à plusieurs crampons, dont chacun
fait un son différent selon la distance du point où il
touche la corde, jusqu'au chevalet de ladite corde. »
L'étouffement produit par les morceaux d'écarlate

1. Ici *sautereau* est manifestement employé dans le sens de crampon ou tangente.
2. *Supplément aux Dictionnaires des sciences...* (1776), art. Clavicorde.
3. Cf. FARRENC, le *Trésor des pianistes*. Préliminaires (Paris, 1861). Cf. plus haut sur les origines possibles du clavicorde.
4. *La Musique aux Pays-Bas...*, t. I (Bruxelles, 1867). pp. 278-280.
5. Ajoutons que le clavicorde de celle figure porte une grande rose au milieu et quatre petites sur les côtés.
6. « *Aber gmainlich macht man drey saiten vff einen Kor, darum ob einen zu zyten ein saiten absprünge, a/s dann etwan geschicht das er danndarum nit vff muss hören zu spillen.* « (VIRDUNG, cité par Carl KREBS, op. cit. p. 102.)
7. « *Das nympt den saiten das Kessels, odet die grobe onfreuntliche Hallun oder thonung. Das dye selben nit lenger clyngen, dann dye weil er vff dem schlüssel ongeferlich eins tempus lang nit hailtet, aber nit lenger, so bald er aber ymet abgebrechen mag, auch in den lauffün, so schnell hört auch dye saiten vff zu lauten, das mäckan dye laichlein.* « (*Ibid.*)

8. Rabelais, *Gargantua*, l. I, ch. VII; *Pantagruel*, l. IV, ch. LXIII. — Aujourd'hui nous dirions : *pianoter*.
9. L'*Encyclopédie* de 1751 donnera comme autre synonyme de mani. cordion : *clavicorde*.
10. KINSKY, op. cit., cf. l'instrument n° 1. Pour celui-ci, le rapport entre nombre de touches et nombre de cordes doubles se répartit ainsi : 3 cordes doubles répondent chacune à 4 touches; 6 cordes à 3 touches chacune; les 13 autres cordes à 1 ou 2 touches.
11. Il existe un exemplaire de cet ouvrage rarissime, paru en 1568, à la bibliothèque de la Haye. Le frontispice et des fragments en ont été reproduits par VAN DER STRAETEN, op. cit., t. II, pp. 111-115.
12. Cf. p. 932. — A la page 1063 de son traité, CERONE cite comme instruments à clavier l'orgue, le clavicembalo, l'arpycorde, le monocorde, la régale, le claviorgano.
13. Cf. pp. 111-116.

ajoute encore à la douceur du son; d'où le nom parfois d'*épinette sourde* ou *muette*[1].

Beaucoup de clavicordes *liés* du temps de Mer-

senne et de Praetorius révèlent une disproportion entre le nombre des touches et celui des cordes, bien plus forte que ne le marque Mersenne. Le cla-

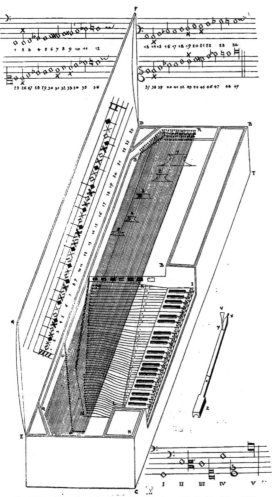

Fig. 1060. — Figure donnée par le père Mersenne du *manichordion* (livre III, p. 115).

vicorde de 1543, décrit plus haut, avait trois cordes sur chacune desquelles venaient frapper quatre tou-

ches différentes, six cordes qui correspondaient à trois touches chacune, treize cordes à une ou deux touches : soit un rapport de quarante-cinq touches sur vingt-deux cordes. PRAETORIUS parle de quatre touches par corde, ce qui — comme il le remarque — réduisait le nombre de dissonances possibles[1]. Un clavicorde de fabrication italienne, qui appartint à la collection HEYER, n'avait que dix-neuf doubles cordes pour répondre à quarante-cinq touches; aussi, une corde y était-elle déjà heurtée par cinq touches[2]. Deux clavicordes, appartenant à une collection de Berlin, offrent un rapport de quarante-cinq touches sur vingt-six à vingt-huit cordes : l'un d'eux

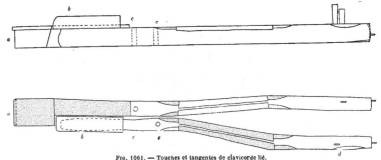

FIG. 1061. — Touches et tangentes de clavicorde lié.

a, touche blanche; *b*, touche noire; *c*, ouvertures par où passent les pointes qui retiennent les tangentes; *d*, crampons qui viennent frapper *la même corde* à une distance d'un demi-ton.

a deux touches brisées afin de produire des sons enharmoniques (*fa♯* et *sol♭*, *sol♯* et *la♭*); sept touches seulement ont leurs cordes particulières. D'autres instruments comportent vingt-huit et vingt-neuf cordes pour le même nombre de quarante-cinq touches[3]. On voit ainsi le nombre de cordes augmenter, de vingt-trois à vingt-neuf au XVIIe siècle, passer à trente-huit et jusqu'à quarante-deux au XVIIIe[4]. En général, la répartition des cordes *libres* et des cordes *liées*, c'est-à-dire de celles qui répondent chacune à une seule ou à plusieurs touches, reste assez variable; mais les cordes *liées* prédominent plutôt dans le médium ou vers l'aigu de l'instrument. Nous donnerons ici quelques exemples empruntés à des clavicordes du Musée de Bruxelles[5]. Deux clavicordes du XVIIe, d'origines italienne et allemande (n°ˢ 1620 et 1621), ont pour leurs 23 et 27 cordes les touches suivantes :

1	2	3	4	5	6	7	8	9	10
ut	ré	mi	fa	sol	la	si♭ et si♮	ut ut♯	ré	mi♭ mi♮
ut	ré	ré♯ mi	fa	fa♯	sol		sol♯	la	la♯ si

11	12	13	14	15
fa-fa♯	sol-sol♯	la	si♭-si♮	ut-ut♯
ut-ut♯	ré-ré♯-mi	fa-fa♯-sol	sol♯-la-la♯	si-ut-ut♯

16	17	18	19	20
ré	mi♭-mi♮	fa-fa♯	sol-sol♯	la
ré-ré♯-mi	fa-fa♯-sol-sol♯	la-la♯	si-ut-ut♯	ré-ré♯-mi

21	22	23	24	25
si♭-si♮	ut-ut♯	ré-mi♭-mi♮	fa-fa♯-sol-sol♯	la-si♭-si♮
fa-fa♯-sol	sol♯-la-la♯	si-ut		

26	27
ut-ut♯-ré-mi♭	mi-fa

Un clavicorde (n° 634), provenant du couvent de Saint-Nicolas à Prato, offre la disposition suivante, — les octaves allant de *mi* à *mi* :

1	2.	3	4	5	6	7	8	9	10	11
mi	fa	fa♯	sol	sol♯	la	si♭	si♮	do-do♯	ré	ré♯-mi

12	13	14	15	16	17	18	19
fa-fa♯	sol-sol♯	la	si♭-si♮	do-do♯	ré	ré♯-mi	fa-fa♯

20	21	22	23	24	25	26	27
sol-sol♯	la	si♭-si♮	do-do♯	ré	ré♯-mi	fa-fa♯	sol-sol♯

28	29
la-si♭	si♮-do

Un clavicorde de trente-huit cordes doubles et de quatre octaves et une quarte (n° 1619) répartit ainsi ses cordes et ses touches :

1	2	3	4	5	6	7	8	9	10	11	12
ut	ut♯	ré	ré♯	mi	fa	fa♯	sol-sol♯	la	la♯	si	ut-ut♯

13	14	15	16	17	18	19	20	21
ré	ré♯-mi	fa-fa♯	sol-sol♯	la	la♯-si	ut-ut♯	ré	ré♯-mi

22	23	24	25	26	27	28	29
fa-fa♯	sol-sol♯	la	la♯-si	ut-ut♯	ré	ré♯-mi	fa-fa♯

30	31	32	33	34	35	36	37	38
sol-.ol♯	la	la♯-si	ut	ut♯	ré	ré♯	mi	fa

Ce dernier instrument, manifestement postérieur aux autres, montre le nombre de cordes liées en diminution, seize pour un total de trente-huit cordes, et aucune de ces cordes liées ne répondant à plus de deux touches à la fois. C'est alors que le clavicorde va entrer dans une nouvelle période, celle du *bundfreies Clavichord*, qui, vers la seconde moitié du XVIIIe siècle, succédera au *gebundenes Clavichord* : chaque touche ayant sa corde correspondante, celle-ci pouvant être naturellement doublée ou triplée[6].

1. *Syntagma musicum* (1618), t. II, p. 61 : «...*dass allezeit zween, drei, bisweilen auch wol vier' Claves (welche ptopter dissonantiam zugleich auf einmal nicht angerührt werden müssen) zu einem Chosaiten gebraucht werden.* »

2. KINSKY, *op cit.*, n° 3.

3. Carl KNESS, *op. cit.*, pp. 100-101 et Oskar FLEISCHER, *Führer durch die Sammlung aller Musikinstrumente* (Berlin, 1892), p. 96.

4. KINSKY, *op. cit.*, p. 28.

5. MAHILLON, t. II et III, n°ˢ 634, 1619, 1620 et 1621.

6. ADLUNG déclare n'avoir jamais rencontré de clavicorde n'ayant aucune corde doublée à l'unisson (*Musica mechanica organædi* p. 580). Il spécifie de plus qu'on entoure parfois les cordes intérieures de fil d'argent pour leur donner une *gravité* particulière; on peut ainsi mêler les cordes entourées d'argent aux cordes non filées, soit que les premières forment de 16', ou soit qu'elles donnent l'unisson des secondes; si à la basse les cordes se trouvent triplées (*dreichörig*), deux seulement d'entre elles sont filées, tandis que la troisième, non liée, sonne à l'octave supérieure des premières (4').

Un des plus beaux exemplaires de clavicorde « libre » se trouve actuellement au Musée de Bruxelles, après avoir été au Musée historique de musique de Copenhague : fabriqué par HIERONYMUS HASS de Hambourg en 1744, ce clavicorde a une étendue de cinq octaves, du *fa₀* au *fa₅*; toutes les cordes sont doubles, sauf pour les vingt-deux premiers degrés qui possèdent en plus une troisième corde à l'octave grave des deux autres (16′).

Le principe qui avait conduit à faire *lier* chaque corde à plusieurs touches répondait au désir d'éco-

nomiser de la place. Les clavicordes étaient des[8] instruments éminemment portatifs. On en construisit même au début du XVIIIᵉ siècle de minuscules, comparables par leurs dimensions exiguës aux petits virginals en forme de boîtes à ouvrage dont nous avons parlé; comme ces derniers, l'*Oktavo-Clavichord* ou clavicorde « bible » pouvait ne mesurer que trente-sept centimètres de longueur, pour vingt-huit de largeur et sept de hauteur[1]. Le clavicorde bible nᵒ 13 de la collection HEYER offrait ainsi une étendue de deux octaves et une quarte, quinze

FIG. 1062. — Clavicorde lié du XVIIᵉ siècle (coll. Wanda LANDOWSKA).

doubles cordes seulement répondant à vingt-sept touches, et la dernière touche étant brisée.

Mais, qu'on ait été amené peu à peu à faire commander une corde entière par une seule touche, comme cela avait lieu sur les clavecins et sur les épinettes[2], on s'est trouvé dès lors avoir accru les dimensions d'un instrument dont la sonorité ne pouvait que rester faible, — et à un moment où un autre instrument à cordes frappées, le piano, allait remplir toutes les qualités expressives demandées au clavicorde sans en offrir les défauts. HULLMANDEL disait du clavicorde : « Sa seule méchanique est une languette de cuivre attachée à l'extrémité de chaque touche au-dessous de la corde qu'elle doit frapper. L'avantage de cette languette est d'augmenter et d'adoucir le son en appuyant du doigt plus ou moins fort sur la touche, et son inconvénient est de le hausser ou de le baisser en même temps[3]. » D'où la valeur pédagogique du jeu de clavicorde : « L'exercice du clavicorde est très propre à perfectionner le tact. La plus légère différence de force dans les doigts y est sensible, et la moindre irrégularité peut faire un mauvais effet[4]. » C'est ce que DE CASTILLON fils, dans son article *Clavicorde* du supplément à l'Encyclopédie, dit également : « Cet instrument vaut

beaucoup mieux pour les commençans, que le clavecin : 1ᵒ parce qu'il est plus aisé à toucher; 2ᵒ parce que, comme il est capable de *piano*, de *forte*, et même de tenue, quand on sait bien le ménager, on peut s'accoutumer à donner de l'expression à son jeu. Un célèbre musicien allemand nommé BACH, présentement directeur de musique de la ville de Hambourg[5], ne juge d'un joueur de clavecin qu'après l'avoir entendu toucher du clavicorde[6]. » Moins d'un demi-siècle plus tard, au « clavecin, trop automate », DE MOMIGNY opposera « le précieux avantage du *marteau* [de piano] d'être aux ordres de celui qui sait le maitriser. Il reçoit du tact du pianiste une sorte d'animation magique qui fait que le son prend successivement tous les caractères[7] ». Le piano triomphera par la raison même qui faisait adopter l'exercice préalable du clavicorde en vue du jeu de l'orgue ou du clavecin : par cette sensibilité extrême de l'instrument aux moindres différences de toucher. Mais, comme le remarque Carl KREBS, combien plus direct que tout autre aura été le contact du clavicordiste avec ses cordes, grâce à la simplicité même de son instrument et dont ni le clavecin ni le piano n'offre l'équivalent. Ainsi que sur les instruments non tem-

---

1. *Fermé*, ce clavicorde avait à peu près l'aspect d'une bible, comme ces régales de voyage surnommées bibles-régales. (Cf. KINSKY, *op. cit.*, nᵒ 13.)

2. Un avantage du clavicorde *lié* était, outre de permettre certains intervalles chromatiques irréalisables sur les cordes *liées*, d'éviter qu'une seule corde se faussant rendît plusieurs notes fausses à la fois. (Cf. ADLUNG, *Musica mechanica organœdi*, page 579.)

3. Art. *Clavecin* dans l'*Encyclopédie méthodique* publiée par FRAMERY et GINGUENÉ, t. I (Paris, 1701).

4. *Ibid.*

5. Il s'agit donc de *Karl-Philipp-Emanuel* BACH.

6. KREBS cite ce passage de VIRDUNG, également en faveur de l'étude du clavicorde : « *Dann was du vff dem clavichordio lernest, das hast du dann gut vnd leichtlich spilen zu lernen vff der Orgeln, vff dem Clavitzymmel, vff dem virginal, vnd vff allen andern clavierten instrumenten.* » Même conseil donné par PRÆTORIUS, ainsi que par MAEREL lui-même (d'après une conversation avec Grenville) : « *but the claviohord must be made use of by beginners instead of organ or harpsichord.* » (Reproduit par ENGEL, *loco cit.*, p. 356). WALTER fait du clavicorde une *erste Grammatika* (*Musikalisches Lexicon*, 1732).

7. Art. *Piano* dans le t. II de l'*Encyclopédie méthodique* de FRAMERY (Paris, 1818).

pérés, une légère altération des notes était possible sur le clavicorde : le moindre tressaillement du doigt se répercutait sur la corde, sous forme d'un vibrato assez particulier[1]. C'était la fameuse *Bebung*, ornement tout spécial au clavicorde[2].

L'instrument, fabriqué par des MIDDELBURG, des FLEISCHER, des KRÄMER, des HASS, des HUBERT, des Carl LEMME, etc., devait être l'objet d'un usage plus prolongé en Allemagne « à cause — comme HULLMANDEL le remarque en 1791 — de sa commodité, du

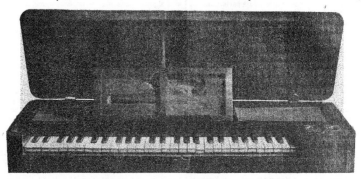

FIG. 1063. — Clavicorde avec écritoire de compositeur (Conservatoire de Paris).

peu d'entretien qu'il exige, et parce que dans ce pays [...] l'on a plus qu'ailleurs fait des recherches sur l'art de toucher du *clavecin*[3]... » Il y eut d'ailleurs en Allemagne bien des variantes du clavicorde : la *symphonia* dont parle KREBS[4]; le *Pedal-clavichord* construit en 1760 par un facteur d'orgues, Johann-David GERSTENBERG, mesurant quatre octaves et une tierce, et ayant deux claviers qui commandaient à deux rangs de cordes de 8' et un pédalier qui agissait sur quatre rangs de cordes de 8' et de 16'[5]; le *Tangentenflügel*, inventé au XVIIIe siècle par Franzen SPÄTH[6], et qui tenait déjà de ce piano à marteaux

dont le succès allait nuire au clavicorde plus irrémédiablement encore qu'au clavecin.

Instruments combinés.

Il est à remarquer que les premiers *piano-forte* avaient un son très inférieur à celui du clavecin. Cela était dû en grande partie à la minceur des cordes de clavecin qu'on utilisait encore, faute d'autres « plus tendues, plus fortes et plus courtes », susceptibles de « souffrir les coups de marteaux[7] ». Cette supériorité sonore du clavecin sur le piano fut constatée au XVIIIe siècle par des QUANTZ, des MARPURG, des Philipp-Emanuel BACH. D'où aussi, en tout temps, l'excessive rareté des « tentatives de renforcer la sonorité du clavecin », les inventions d'alors n'ayant tendu surtout qu' « à augmenter la variété des sonorités ou à prolonger le son[8] ». D'où, ces combinaisons d'instruments, vrais monstres parfois de l'organologie, mais qui trahissent sous leur extravagance, sous leur fantaisie laborieuse, la poursuite d'une toujours même idée, celle de réunir en un instrument unique les qualités diverses, inconciliables presque, de plusieurs instruments rivaux. Esprit de synthèse, toujours prêt à reparaître jusque dans la facture et dont l'intermittence explique tantôt ce désir de resserrer le champ musical entre les limites d'un seul instrument, tantôt cet effort vers une confusion orchestrale de plusieurs instruments en un seul. Ainsi aux côtés du clavecin naquirent de ces instruments combinés — qu'il faudrait savoir distinguer aussi de telles autres *fantaisies* éphémères

1. « KREBS, op. cit., p. 115 : « *Durch den höchst einfachen, Anschlagsmechanismus stand der Spieler immer in einem direkten, innigen Konnex mit der Saite, er hatte sie sogar mehr in der Gewalt, ab dies bei den jetzigen Klavieren mit freier Hammerauslösung möglich ist. Auch nach dem Anschlag war noch eine Modifikation des Tons möglich ; ein leises Anschwellenlassen durch vermehrten Druck und jede Bebung des Fingers klang in dem Vibrato der Saite wieder.* »

2. « En pressant la touche du clavicorde, on peut obtenir l'effet le plus caractéristique pour cet instrument, d'ailleurs exquis, une sorte de vibrato, de battement redoublé sur une même note que nous pouvons obtenir aussi sur notre piano en répétant les coups de pédale en pressant la touche sans la quitter, mais qui était inexécutable sur le clavecin. Les clavicordistes employaient fréquemment cet ornement appelé *Bebung*, les clavecinistes, bien entendu, jamais. » (WANDA LANDOWSKA, *Le Clavecin chez Bach*, S. I. M., 15 mai 1910). Cf. dans ce même article, la réfutation de cette vieille erreur qui remonte à SPITTA et à FORKEL, et d'après laquelle J.-S. BACH aurait écrit pour le clavicorde « bien tempéré » : alors que maints passages de BACH étaient inexécutables sur un instrument à un seul clavier, dont les cordes liées ne permettaient pas certains intervalles de seconde et, du reste, dont l'ornement essentiel, la *Bebung*, ne trouvait guère d'emploi auprès du style de BACH.

3. Art. *Clavecin* dans l'*Encyclopédie méthodique* de FRAMERY. — GOEHLINGER, dans sa thèse sur *Geschichte des Klavichords*, dit que ce clavicorde fut « aux XVIIe et XVIIIe siècles un instrument allemand par excellence; il était construit de préférence par des facteurs allemands » (p. 33). Il donne, en appendice à son ouvrage, une liste de facteurs de clavicordes et de clavecins (pp. 45-64), ainsi que de nombreuses citations empruntées à la poésie allemande du XVIIIe siècle (pp. 38-43).

4. KREBS, op. cit., pp. 112-113.

5. KINSKY, op. cit., nº 23. — Ludwig GERBER, l'auteur du *Lexicon der Tonkünstler* (Leipzig, 1790), dit que son père, l'organiste Heinrich Nicolaus GERBER avait inventé vers 1742 un clavicorde de cette espèce de forme pyramidale (cf. KINSKY, p. 43).

6. CURT SACHS, *Real-Lexicon der Musikinstrumente*, p. 356.

7. Art. *Piano* par de MOMIGNY, dans l'*Encyclopédie méthodique* de FRAMERY, t. II.

8. Wanda LANDOWSKA, *Musique ancienne* (p. 208 de l'édition Senart).

de luthier — et à l'intérieur même desquels se superposent, voire se compénètrent plusieurs instruments comme le clavecin, le piano-forte, le violon ou l'orgue, afin de varier ou de prolonger les diverses sonorités.

A la rigueur, le *clavicytherium, arpichord* ou *épinette italienne*, dont nous avons déjà parlé, pourrait être considéré comme un type d'instrument combiné. Il s'agirait ici du mélange de harpe et d'épinette, les cordes étant verticales comme celles d'une harpe, donc perpendiculaires au plan du clavier. Les sautereaux y vont d'arrière en avant. Ainsi disposées, les cordes « font une très douce harmonie — écrit Mersenne — quand le vent vient à les frapper, et qu'il aide aux sons naturels que font les plumes des sautereaux [1] ». Cette parenté du clavicytherium avec la harpe avait été saisie par Banchieri, dans ses *Conclusioni del suono d'organo* (1609) [2]. Mais un très curieux exemplaire de clavicytherium ou *spinetta verticale*, du début du XVIe siècle et de fabrication italienne, l'un des plus précieux instruments qui nous restent de cette époque, décèle une origine plus particulière. Cet instrument — n° 66 de la collection Heyer — est à double clavier, pour une étendue de quatre octaves et d'une tierce [3] : sur quarante-neuf cordes, quinze sont doubles, douze sont triples et vingt-deux quadruples. Comme le remarque Kinsky [4], il s'agit ici de l'exacte superposition de deux psaltérions à clavier, — nouvel argument en faveur de l'origine commune des instruments « à plumes » (*Kielinstrumente*) en le psaltérion. Praetorius note la ressemblance qui existe entre le clavicytherium et le clavicembalo, avec cette différence que le premier résonne comme une harpe, grâce à des crochets de laiton qui pincent des cordes [5]. Adlung différencie le clavicytherium du clavecin par le fait que les cordes du premier montent perpendiculairement au clavier, et tandis que les cordes du second s'étendent dans le sens horizontal [6]. De Castillon fils, dans l'article *Clavecin vertical* du Supplément de 1776 à l'*Encyclopédie*, dit que cet instrument ou *clavicitherium*, « que quelques-uns appellent mal à propos *pantalon* », a un corps plus étroit que le clavecin et « comme ici les sautereaux ne sont pas verticaux, ne peuvent pas retomber d'eux-mêmes, ils sont repoussés par un fil élastique [7]. » Tandis qu'Hullmandel écrit dans l'*Encyclopédie méthodique* de Framery et de Ginguené : « L'espace que les *clavecins* occupent en a fait construire autrefois dont le corps élevé perpendiculairement. forme un angle avec le clavier. Dans ces instruments, *le clavier et le sautereau tiennent ensemble*. La foiblesse de leur son a toujours fait préférer les *clavecins* horizontaux. »

Les clavecins ou épinettes *organisés*, tels que le *claviorganum*, composite de clavecin et d'orgue, offrent une illustration frappante de ces instruments combinés. Les exemples en sont malheureusement rares. Nous en trouvons au Musée de Douai, à celui du Conservatoire de Bruxelles, au Metropolitan Museum de New-York. La collection Heyer possédait bien cinq instruments de ce genre, mais ce sont des combinaisons d'orgue et de pianos à marteaux [8]. Nous

voyons apparaître l'épinette organisée chez Rabelais : son personnage de Quaresmeprenant ayant des « orteilz... comme une épinette orguanisée » [9]. Dans un inventaire du mobilier du cardinal de Granvelle, décédé en 1550, figure une « espinette organisée de cinq jeux, les deux soufflets au dessoubz... ». Praetorius signale, dans son *De Organographia* de 1619, l'existence de pareils instruments où une série de tuyaux d'orgue se trouvent mêlés à un réseau de cordes [10]. Engel parle d'un claviorganum qui porte comme inscription : « *Lodowicos Threwes me fecit, 1579,* » et note que, dans ces instruments, une tirasse ou une pédale permettait d'unir ou de séparer les jeux de clavecin et d'orgue [11]. Le claviorganum du musée de New-York est dû à un facteur d'orgues de Hanovre, Brock, et date de 1712 : il a une étendue de quatre octavos, d'*ut* à *ut*, le premier *ut* ♯ manquant ; à l'origine, cet instrument se composait d'un harpsichord et d'un orgue, et fut plus tard transformé en un piano avec un jeu d'octaves ; tel quel aujourd'hui, le clavecin inférieur commande l'orgue, avec ou sans piano, tandis que le clavecin supérieur joue l'octave ; les deux claviers, de plus, peuvent être accouplés [12]. Le clavecin organisé du Conservatoire de Bruxelles fut construit en 1585 par Alexandre Bortolotti ; le clavier d'orgue (du *sol* à l'*ut₅*) peut, grâce à trois registres, agir sur trois jeux, l'un de flûte (8′), l'autre de quinte en bois, le dernier de prestant (4′) ; le clavier de clavecin (du *si₀* à l'*ut₅*) peut, grâce à deux registres, commander à deux jeux, l'un de 16′, l'autre de 4′ ; les deux claviers sont susceptibles d'un accouplement [13]. Nous ignorons à quelle fin sonore répondait ce mélange de cordes et de tuyaux : qu'on ait cherché sur un même instrument à reproduire tour à tour l'orgue et le clavecin, nous nous l'expliquerions, mais qu'on ait fait entendre simultanément des timbres de cordes pincées et de tuyaux d'orgue nous demeure assez étrange.

L'existence des clavecins à roues ou à archets se comprend plus aisément. Il s'agissait là de prolonger indéfiniment la sonorité de la corde, de même qu'on prolonge indéfiniment le son émis par un tuyau d'orgue. Ces instruments étaient comme des violons à clavier ; leurs cordes se trouvaient non plus frappées ou pincées, mais frottées. Il est donc naturel que ces instruments se soient plutôt inspirés de la vielle qui constituait déjà une étape intermédiaire. Célèbre fut à cet égard, au début du XVIIe siècle, le *Geigenwerk* inventé par un Nurembergeois du nom de Hans Haiden : cet instrument, ou plutôt un autre absolument similaire, dont de Castillon fils parle encore dans le *Supplément aux Dictionnaires des sciences* de 1776, appartient aujourd'hui au musée du Conservatoire de Bruxelles [14]. Cette « fantaisie », où l'on cherchait

---

[1]. Mersenne, *op. cit.,* liv. III, p. 113.
[2]. D'après Krebs, *op. cit.,* qui place l'invention du clavicytherium avant 1515.
[3]. Une des octaves étant courte.
[4]. Kinsky, *op. cit.,* p. 84.
[5]. Praetorius, *Syntagma musicum,* t. II, et Engel, *op. cit.,* p. 351.
[6]. Adlung, *Musica mechanica organædi,* p. 505.
[7]. Cf. dans ce supplément la figure 8, planche I de Lutherie.

[8]. Cf. Kinsky, *op. cit.,* n° 228-232.
[9]. *Pantagruel,* IV-31.
[10]. *Syntagma musicum,* chap. XLII.
[11]. *Loco cit.,* pp. 375-6.
[12]. N° 2741 du catalogue du Metropolitan Museum of art, intr. par Hipkins (New-York, 1903).
[13]. Cf. catalogue de Mahillon, t. II, n° 1132. — Cf. aussi des épinettes organisées signalées en 1492 et en 1511 par André Pirro, *les Claveci-nistes* (Paris, Laurens, s. d.), pp. 7 et 14.
[14]. Cf. l'article sur le *clavecin à roue* dont probablement l'inventeur a tiré l'idée de la vielle «. (*Supplém. aux Dictionnaires des sciences,* 1776) : « Comme le *clavecin* ordinaire n'a ni tenue, ni piano, ni forte, ou du moins, point de différens degrés de *piano* et de *forte*, plusieurs personnes ont cherché à remédier à ces défauts. Ces recherches ont mené un bourgeois de Nuremberg, nommé Jean Hayden, qui vivait au commencement du XVIIe siècle, à l'invention de l'instrument suivant. » Suit une description, après quoi il est question d'un autre instrument de ce genre vu à Berlin.

à combiner la continuité du coup d'archet avec la vélocité du jeu sur le clavier, a été minutieusement décrite par l'inventeur même, cité par PRAETORIUS et, de nos jours, par Ernest CLOSSON[1]. L'instrument de HAIDEN est — selon PRAETORIUS — « muni, au lieu de tangentes, de cinq à six roues d'acier très également recouvertes de parchemin enduit de colophane ou d'huile de spic, comme les archets. Ces roues sont actionnées par l'organiste lui-même au moyen des pieds, par l'intermédiaire d'une roue plus grande et de poulies situées sous la caisse de résonance, ou bien encore latéralement, par le souffleur. Dès qu'on abaisse une touche, la corde correspondante s'appuie sur la roue qui tourne en dessous et entre en vibration, comme si elle était frottée par un archet[2] ». Sur son *Geigenwerk*, HAIDEN dit lui-même qu'on peut « nuancer les sons et tout à la fois les prolonger à volonté,... — ce qui n'est même pas réalisable sur les violes, vu les dimensions restreintes de l'archet »; « on peut y reproduire l'effet du registre *trémolo* de l'orgue, mais sans registre, et réaliser, par le seul secours de la main, un tremblement lent ou rapide »; on peut encore y imiter l'écho, le luth, la vielle, la cornemuse, le hautbois, la cithare, la viole bâtarde, etc.[3]. L'instrument de Bruxelles décrit par CLOSSON et par MAHILLON, porteur de la légende suivante : *Fray Raymundo Truchado inventor, 1625*[4], est mû par une manivelle placée à l'arrière de l'instrument[5]; il nécessite donc la présence d'une seconde personne, comme dans cet *organistrum*, sorte de vielle géante figurée sur un tympan du xie siècle à l'abbaye de Saint-Georges-Boscherville, et que nous voyons posée sur les genoux de deux personnes, l'une tournant la manivelle, l'autre touchant le clavier[5]; de plus, MAHILLON remarque que le clavier de ce *geigenwerk* « ne se trouve qu'à une hauteur de 0m,34 du sol, ce qui prouve à toute évidence que l'instrumentiste s'en servait à la façon orientale, assis sur un coussin... » Ce clavier s'étend sur quatre octaves d'*ut* à *ut*, la première étant courte suivant les coutumes de la facture d'alors. Les quatre roues disposées verticalement agissent respectivement sur treize, douze, onze et neuf cordes, soit au total quarante-cinq cordes, toutes de boyaux, alors que l'instrument de HAIDEN avait des cordes d'acier, les plus grosses entourées de parchemin. CLOSSON note que le son de cet étrange instrument « ne rappelle en rien, comme on pourrait le croire, celui des archets, mais *bien plutôt celui de l'orgue*, — à cause probablement de sa prolongation et de son égalité[6] ».

Un troisième type d'instrument nous est signalé par DE CASTILLON fils dans son article sur le *Clavecin à*

roue du *Supplément aux Dictionnaires des sciences* (1776) : instrument vu à Berlin et ayant également des cordes de boyaux, mais où les roues parcheminées se trouvent remplacées par une sorte d'archet — « large bande formée par un assemblage de nombre de crins de cheval, noués à un bout; cette bande de crins, qui formait un anneau, passait sur deux cylindres ». « A une des extrémités de l'archet — ajoute DE CASTILLON — était un petit sachet de mousseline ou de quelque autre tissu clair, plein de colophane, qui frottait continuellement les crins. » C'était l'instrument de HOHLFELD, nommé *Hohlfeldtischer Bogenflügel*, et qui connut une grande vogue en Allemagne vers la fin du xviiie siècle [7]. D'autres essais de clavecins à archet apparurent encore, tant en Allemagne qu'en France[8].

La combinaison du clavecin avec le luth, avec le théorbe ou avec la guitare fut également tentée. Ainsi, J.-S. BACH commanda au facteur HILDEBRAND un clavecin-luth (*Lautenclavicymbel*) pour lequel il composa même des œuvres (*Prélude, fugue et allegro*); cet instrument était composé de trois rangs de cordes dont deux de boyaux et un fil de laiton. ADLUNG remarque que cet instrument rappelait tantôt le théorbe, tantôt le luth proprement dit[9]. De même, Johann Christoph FLEISCHER construisit un *Theorben-Flügel* et un *Lauten-Clavessin*, ayant (comme dans le *Lautenclavicymbel*) deux rangs de cordes à boyau et un rang de cordes métalliques[10]. Mais, en réalité, ces instruments ne sont pas plus que des variantes de clavecins, où la variété des effets se trouve obtenue par des cordes de matières différentes. Seul mérite d'être cité à part le clavicorde inventé par D.-T. FABER vers 1725, et qui pouvait sonner tantôt comme un luth, tantôt comme un glockenspiel assourdi ou non[11].

En dernier lieu, nous signalerons la superposition de deux épinettes dans le même instrument, ou d'une épinette au clavecin. Mais là, il s'agit d'un instrument double pouvant être joué à la rigueur par deux personnes à la fois. Ainsi les deux clavecins-épinettes, dus à RUCKERS et que possèdent le Conservatoire de Bruxelles et le Musée Plantin d'Anvers, ont trois claviers, deux superposés pour le clavecin sur l'un des petits côtés du rectangle, un autre clavier pour l'épinette encastré dans l'un des grands côtés; les claviers du clavecin offrent une étendue de quatre octaves et un degré (du *si*0 à l'*ut*5), le clavier de l'épinette a moins de quatre octaves, la première étant courte (de

1. Cf. HAIDEN, *Musicale instrumentum reformatum* (Nuremberg, 1610); PRAETORIUS, *De Organographia* (in : *Syntagma musice*, t. II, 1618-20); DOPPELMAYER, *Historische Nachricht von den nürnbergischen Mathematicis u. Künstlern* (1730, p. 212, pl. IV, fig. 1); Ernest CLOSSON, *Le Geigenwerk au Conservatoire de Bruxelles* (« Guide musical », 3, 10, 17, 24 avril et 1er mai 1904); MAHILLON, *op. cit.*, n° 2485 (t. IV, Gand, 1912).
2. PRAETORIUS, cité par CLOSSON, *op. cit.* — DE CASTILLON fils reproduit cette description.
3. HAIDEN, cité par PRAETORIUS et par CLOSSON. — A noter que MERSENNE, parlant du même instrument, ne cite que « des jeux entiers de violes » (*Harmonie universelle*, liv. III, p. 106).
4. CLOSSON remarque que si le mécanisme est d'invention bavaroise, la peinture de la table est flamande, la signature et l'extérieur portent une origine espagnole.
5. FÉTIS, *Histoire générale de la musique*, t. IV, pp. 504-505.
6. Remarquons, avec CLOSSON, que si la vielle a elle aussi un petit clavier, l'action de celui-ci est assez différente : dans le *geigenwerk*, à chaque touche correspond un anneau, dans lequel passe une corde qui, lorsque la touche s'abaisse, vient frotter contre l'une des roues; dans la vielle, les touches ne servent qu'à changer l'intonation des cordes.

7. Cet instrument fut présenté à Frédéric II en 1754 (cf. les *Principes du clavecin* de MARPURG, IX-6, et dictionnaires de SCHILLING et de FÉTIS). — Était-ce déjà un instrument de ce genre que « l'instrument à clavier... offert par l'électeur duc Auguste de Saxe au grand Albert de Bavière » dont parle Vincent GALILÉE dans son *Dialogo... della musica antica et della moderna* (Florence, 1581, dial. II, p. 48) : des cordes, « semblables à celles du luth, sont ébranlées comme celles de la viole, au moyen d'un écheveau ingénieusement fabriqué avec des soies employées pour les archets de viole; cet écheveau, facilement mis en mouvement par l'instrumentiste au moyen d'une pédale, touche les cordes sans interruption en passant sur une roue, aussi longtemps qu'on obtient la touche abaissée » (cité par CLOSSON, *op. cit.*).
8. Cf. l'article *Bogenclavier* dans l'*Encyclopädie* de SCHILLING (t. I). Cf. aussi le clavecin de CUISINIÉ, dans le *Recueil des machines...*, t. II, 1708 (pp. 155-6, pl. 127) : vielle perfectionnée posée sur une table, la manivelle étant tournée à l'aide d'une pédale semblable à celle d'un rouet (comme dans l'instrument à roues décrit par MERSENNE); la corde y est frappée par-dessus à l'aide de petits maillets pareils à des tangentes de clavicorde. Cf. aussi les instruments signalés par CLOSSON : l'épinette à archet de RENAUD (1745), l'*orphéon*, etc.
9. ADLUNG, *Musica mechanica organœdi*, p. 562.
10. WALTHER, *Musik-Lexicon* (Leipzig, 1732), p. 248. — Cf. dans le même dictionnaire (pp. 170 et 284) les *Clavicr-Gamba* et *Lauten-Clavier* de Georg GLEICHMANN.
11. WALTHER, *op. cit.*, p. 235.

l'ut_1 à l'ut_8); au clavecin, quatre rangs de sautereaux viennent pincer trois rangs de cordes (deux 8' et un 4'); l'épinette a son réseau de cordes distinct : il s'agit donc bien de deux instruments indépendants l'un de l'autre[1]. Les doubles épinettes de la collection STEIN et du Metropolitan Museum of Art, fabriquées par Ludovicus GROVVELUS et par Hans RUCKERS, rappellent le mot de PRAETORIUS disant que l'on peut mettre les ottavinos sur de plus grandes épinettes, comme de petites tourelles sur de grandes tours[2]. Ces petites épinettes accordées, à une octave plus haut, pouvaient d'ailleurs être retirées, comme un tiroir d'un meuble, et posées sur une table. Le vis-à-vis du musée de Naples oppose un piano-forte à un clavecin, placés face à face; tandis que le clavecin à maillets et à sautereaux de MARIUS *combinait* les deux, — les jeux de marteaux et les jeux de sautereaux pouvant être directement accouplés[3]. On saisira par là toute l'amplitude des combinaisons qui ont pu se produire sur les frontières du type commun de clavecin : tantôt il s'agit de mêler intimement deux instruments, ou du moins de réunir les propriétés du plus grand nombre d'instruments en un seul, tantôt il s'agit de loger matériellement deux instruments dans un coffre unique.

RÔLE DE CES INSTRUMENTS ET PÉDAGOGIE

Carl-Philipp-Emanuel BACH, dans son ouvrage théorique, *Versuch über die Wahre Art das Clavier zu spielen*[4], après avoir dit que « l'orgue, le clavecin [*Flügel*], le *fortepiano* et le clavicorde sont les instruments à clavier les plus usités pour l'accompagnement », spécifie exactement le rôle dévolu à chacun : « L'orgue est indispensable dans les offices religieux, à cause des fugues, des chœurs puissants et surtout pour aider à la liaison. Il appelle le faste et maintient l'ordre. » Mais, « dès qu'à l'église interviennent des récitatifs et des airs, surtout ceux où les voix intermédiaires laissent à travers un simple accompagnement toute latitude à des changements, alors le clavecin devient nécessaire. On a encore trop souvent l'occasion d'observer combien froide est une exécution sans l'accompagnement du clavecin ». Ce dernier instrument est, de plus, indispensable pour les airs et pour les récitatifs au théâtre et dans la musique de chambre. Quant au forte-piano et au clavicorde, « ils conviennent le plus à ce qui exige de grands raffinements de goût. Certains chanteurs préfèrent être accompagnés par le clavicorde ou par le clavecin, plutôt que par tout autre instrument ». Il est assez remarquable que ces lignes aient été écrites à un moment où le piano-forte commence à être substitué au clavecin, et alors que les seules qualités pour lesquelles on recommandait encore, un demi-siècle auparavant, l'usage du clavecin se retrouvent dans le piano à marteaux : l'étendue du clavier et les possibilités polyphoniques de l'instrument. « Entre tous les Instrumens qui sont en usage aujourd'huy, — lit-on dans les *Principes du clavecin* de SAINT-LAMBERT parus en 1702[5], — il n'y en a point après

l'Orgue de si parfait que le clavecin, puisqu'il a plusieurs avantages qu'aucun autre n'a tout à la fois comme luy. Il contient généralement tous les tons de la Musique, qui ne sont distribuez aux autres Instrumens que par portions. Il est propre à joüer toutes les parties à la fois, et il peut toujours produire une Harmonie parfaite. Il garde son accord très longtemps. Il est d'une extrême facilité à toucher, ne fatiguant point ceux qui en joüent, et n'exigeant point comme quelques autres une posture contrainte, qui même bien souvent ne convient pas aux personnes modestes. » En préface à son premier livre de *Pièces de clavecin* (1713), François COUPERIN le Grand écrit de même : « Le clavecin est parfait quant à son étendue... »

Ce qu'on apprécie donc tout d'abord dans le clavecin, c'est de pouvoir embrasser plusieurs octaves : pareille ampleur de registre le met au centre des instruments d'alors; d'où son rôle harmonique d'accompagnateur ou de « basse continue » que déjà, mais avec des possibilités moindres, le luth et le théorbe avaient rempli[6]. « L'*Épinette* — écrivait en 1636 le père MERSENNE — tient le premier, ou le second lieu entre les Instrumens qui sont harmonieux, c'est-à-dire qui expriment plusieurs sons ensemble, et qui chantent plusieurs parties, et font diverses consonances; je dis *le premier ou le second lieu*, parce que si on la considère bien, et si l'on juge de la dignité des Intrumens de Musique par les mesmes raisons que l'on jugerait de la bonté des voix, sans doute on la preferera au Luth, qui est son Compediteur; mais la commodité du Luth, sa bonne grâce et sa douceur luy ont donné l'avantage[7]. » Le même auteur ajoutait plus loin : l'épinette « a cela d'excellent qu'un seul homme fait toutes les parties d'un concert, ce qu'elle a de commun avec l'orgue et le luth : mais ses accords et ses tons approchent plus pres de la juste proportion de l'harmonie qu'ils ne font sur le luth; et l'on fait plus aysément plusieurs parties sur l'Épinette, que sur ledit luth »; et MERSENNE concluait : l'épinette « représente sans beaucoup de bruit tout ce qui se fait sur l'orgue »; de même, elle peut « se meler avec toutes sortes d'instrumens, comme enseigne l'expérience, et même avec les voix, qu'elle règle et qu'elle maintient au ton[8]... » Or, à s'en tenir simplement au nombre de traités parus, il semble que ce caractère d'accompagnateur ou de réalisateur harmonique (soit à l'égard du chant, soit à l'égard de tout ensemble d'instruments) ait été plus particulièrement envisagé. Ainsi, les *Leçons de clavecin et principes d'harmonie* de BEMETZRIEDER[9] ne sont en réalité qu'un double traité de solfège et d'harmonie à l'usage des élèves d'accompagnement. De grands clavecinistes qui composent pour cet instrument solo, tels COUPERIN, RAMEAU, Philippe-Emmanuel Bach, songent seuls à analyser la technique du clavecin pur; les autres auteurs de traités, comme BOYVIN, CORRETTE, DANDRIEU, Alexandre FRÈRE, L'AFFILARD, etc., écrivent des « principes » d'accompagnement au clavecin[10]. Le caractère centralisateur de cet instrument, sa force centripète dans l'orchestre ne devaient cesser qu'avec le déclin de la *basse con-*

1. MAHILLON, *op. cit.*, n° 2935 (t. IV, Gand, 1912). Une photographie de cet instrument a été reproduite dans le même ouvrage, t. V (Bruxelles 1922), p. 150.

2. Cité par HIPKINS, intr. au catalogue du Metropolitan Museum of Art (1903, p. 18, n° 1198). Cf. aussi le catalogue de la collection STEIN, pp. 26-27.

3. Cf. *Recueil des machines approuvées...*, t. III (1700, pp. 83-90).

4. 2e part., 2e éd. (Berlin, 1762), intr., p. 1-6.

5. Paris, Christophe Ballard, 1702. Préface.

6. Cf. dans la 1re part. du présent ouvrage, t. III, l'étude de QUITTARD, p. 1210).

7. MERSENNE, *op. cit.*, liv. III, p. 101.

8. *Ibid.*, p. 107.

9. Paris, Bluel, 1771.

10. Cf. dans la 1re part. du présent ouvrage, t. III, l'étude de Lionel DE LA LAURENCIE, pp. 1491-1512.

tinue. Le piano à marteaux, dont les qualités propres d'expression allaient attirer à lui presque tous les compositeurs romantiques et modernes, ne retrouverait cependant pas un rôle aussi privilégié ou — si l'on veut — un pareil caractère d'universalité ; sauf comme instrument concertant ou, plus rarement, comme effet rare de timbre [1], le piano ne jouerait plus dans l'orchestre au milieu duquel il reste « insoluble [2] ». Il conserverait cependant cet avantage de laisser *réduire* pour le clavier toute œuvre destinée à un ensemble de plusieurs instruments : réduction pour piano de quatuors, de symphonies ou d'opéras, et dont l'idée se trouvait déjà dans ces adaptations au luth de pièces chorales de la Renaissance, dans ces recueils de danses et de chansons transcrites afin d'être conservées à l'usage de l'orgue ou du clavecin [3], dans ces transcriptions d'ouvertures de LULLY par D'ANGLEBERT [4] ou d'airs à la mode dans le *Journal de clavecin* que fondait CLÉMENT en 1762 [5].

Instrument polyphonique, le clavecin, avant même que d'être autonome et de jouer en solo, et par le fait d'être à l'unisson de tous les instruments composant un orchestre, se mêle à celui-ci pour en former comme la base, — « colonne sur laquelle — écrit MATTHESON — s'appuie tout l'ensemble [6] ». Le clavecin est un petit orchestre dans l'orchestre, soit qu'il constitue la somme harmonique de l'orchestre (*continuo*), soit qu'il s'oppose à celui-ci dans son rôle, d'instrument concertant. Dans certaines œuvres, le même clavecin peut jouer tour à tour ces deux rôles qu'il faut savoir distinguer avec précision : ainsi, dans le *Concerto en ré majeur* de J.-S. BACH pour clavecin, flûte et violon, l'auteur indique tantôt que le *cembalo* est *concertato*, tantôt qu'il est *accompagnamento ;* les huit premières mesures, par exemple, de l'Allegro offrent une basse chiffrée que le claveciniste doit réaliser, alors que, dans les dix mesures suivantes, le clavecin *concerte* avec les autres instruments ; le mouvement lent est composé de cinq groupes de quatre mesures, durant lesquelles le clavecin « accompagne » le violon solo et la flûte traversière, pour concerter avec eux entre temps [7].

Instrument de la basse continue, le clavecin dirigeait aussi l'orchestre : en tant que principe de cohésion parmi les instruments, son rôle était de marquer la mesure et d'entraîner dans son exact sillage harmonico-rythmique l'ensemble de l'orchestre ou

des chœurs. « L'épinette — écrit MERSENNE — peut etre melée avec toutes sortes d'instrumens, comme enseigne l'expérience, et même avec les voix, qu'elle règle et qu'elle maintient dans le ton ; mais elle se mesle particulièrement avec les Violes, qui ont le son de resonnement et de resonnement comme l'Epinette. » De même : « si l'on demande quel instrument est le plus propre pour régler un concert, et pour tenir les autres instrumens d'accord et les voix en leurs justesses, afin qu'elles ne haussent ny ne baissent de long temps, je crois qu'on peut répondre que de tous ceux qui sont connus c'est l'Epinette, ou la Harpe, mais plutôt l'Epinette que la Harpe [8]... » La direction par le clavecin offrait une qualité concrète que n'a pas la direction silencieuse avec une baguette. « Au dix-septième siècle et encore du temps de la jeunesse de BACH, les maîtres de chapelle dirigeaient, qui, en battant la mesure du pied, qui, en faisant des mouvements de la tête, du bras, des deux bras, qui, avec un rouleau de musique ou avec un bâton ; ceux qui jouaient du violon battaient la mesure avec leur archet. Mais à partir de 1730, nous voyons le clavecin devenir le vrai chef d'orchestre. On dirigeait jusque-là debout, on dirigera maintenant durant un siècle assis, jusqu'au jour où les chefs d'orchestre se recruteront principalement parmi les violonistes. L'Opéra de Paris avait son maître de musique qui dirigeait en battant la mesure armé d'un gros bâton, ce qui a fait dire au grand détracteur de la musique française, à ROUSSEAU, que l'Opéra de Paris est le seul théâtre de l'Europe où l'on bat la mesure sans la suivre, tandis que partout ailleurs on la suit sans la battre. On s'y servait cependant des clavecins d'accompagnement. En Italie et en Allemagne, le compositeur d'un opéra dirigeait lui-même l'exécution, non pas en battant la mesure, mais au clavecin. On se servait de cet instrument déjà au dix-septième siècle, dans l'église. SPITTA en cite quelques cas du temps de KOHNAU et avant. FRESCOBALDI et BUXTEHUDE l'employaient aussi, mais je ne saurais dire si c'était pour diriger ou pour accompagner... Pour les opéras, on avait d'habitude deux clavecins, l'un pour accompagner, qui se trouvait placé à côté, et l'autre au milieu de l'orchestre, qui servait pour diriger. Pour les concerts, un seul instrument remplissait les deux rôles en même temps. HAENDEL en avait deux dans son orchestre, pour lesquels il écrivait fréquemment deux basses différentes. Vers 1681, on avait parfois à l'Opéra des orchestres d'accompagnement pour les voix, composées de plusieurs clavecins, épinettes, théorbes et violons [9]. » Et Wanda LANDOWSKA conclut : « Le rôle d'accompagnement du clavecin a été plus important encore que celui de la direction de l'orchestre, car nous voyons assez souvent, vers la fin du dix-huitième siècle, quand le batteur de mesure devenait à la mode, le cembalo d'accompagnement persister [10]. »

---

1. Dans des œuvres comme la *Symphonie en ut mineur* de SAINT-SAËNS, le *Prométhée* de SCRIABINE, *Petrouchka* de STRAWINSKY, la *Suite scythe* de PROKOFIEFF, etc.

2. LAVOIX, *Histoire de l'instrumentation.* Cf. Wanda LANDOWSKA, *Musique ancienne*, 4e éd., pp. 165-167 : (« Le clavecin dans l'orchestre ancien ne constituait pas une matière particulière, bien au contraire, *sa sonorité de cordes pincées* se joignait merveilleusement aux autres instruments et formait un ciment harmonieux pour lier les voix dispersées et pour remplir les vides des cadences... » (C'est nous qui soulignons.)

3. Cf. PIRRO, *les Clavecinistes,* notamment pp. 19, 21, 26, etc.

4. *Pièces de clavessin..., diverses chaconnes, ouvertures et autres airs de M. de Lully mis sur cet instrument* (Paris, 1689).

5. Ce journal était mensuel et parut de 1762 à 1765. Son éditeur avait publié auparavant un *Essai sur l'accompagnement du clavecin* et un *Essai sur la base fondamentale* qui en formait le supplément.

6. Cité par Wanda LANDOWSKA, *op. cit.*, p. 162. — Cf. le mot de QUANTZ : « Le clavecin est indispensable pour toute musique, grande ou petite. »

7. D'après l'édition de la *Bach-Gesellschaft.* De même, dans la cantate profane *Amore traditore,* Wanda LANDOWSKA remarque que une partie de clavecin obligé « figure, « c'est-à-dire que le *cembalo* n'y joue point là seulement la basse, en improvisant une harmonie d'après des chiffres marqués, mais exécute avec la basse un accompagnement formé de motifs organisés. » (*Musique ancienne,* p. 164.) Cf. PIRRO, l'*Esthétique de J.-S. Bach.*

8. MERSENNE, *op. cit.*, pp. 107 et 116 du t. III. — Cf. Carl-Philipp-Emmanuel BACH, *Versuch über die wahre Art das Clavier zu spielen,* I, 7 : « Le clavecin, auquel nos prédécesseurs ont confié la direction peut non seulement remplir les basses, mais encore tenir tout ensemble dans la mesure et dans la justesse. Le son du clavecin tombe dans l'oreille de tous les instrumentistes. Et je sais que les instruments les moins accordés, composés de musiciens médiocres, peuvent être cependant tenus grâce aux sons du clavecin. »

9. LANDOWSKA, *op. cit.*, pp. 162-164. — Romain ROLLAND, dans ses *Origines du théâtre lyrique moderne* (ch. V), dit que l'orchestre de l'*Aretusa* de VITALI, jouée à Rome le 8 février 1620, comprenait deux *cembali* pour deux théorbes, deux Violons, un luth et une Viole de gambe. L'*Orfeo* de MONTEVERDI employait deux *gravicembali*.

10. LANDOWSKA, *op. cit.*, pp. 164-5.

Des trois rôles que le clavecin remplissait tour à tour vis-à-vis d'un orchestre, — rôles d'accompagnateur, de concertant, de directeur, — c'est donc celui de concertant qu'il saura transmettre à son héritier, le piano. De même, pour les combinaisons dans lesquelles il entrait avec un violon ou avec un violoncelle (sonates en duo, en trio). La littérature romantique de piano ne retiendra pas cette forme instrumentale si fréquente aux xvii° et xviii° siècles, et où le clavecin réalisait la basse continue; elle ne gardera qu'une autre forme moins ancienne où le clavecin et plus tard le piano ont un rôle concertant égal à celui du violon, — qui pour ainsi dire les *accompagne*. Il s'est donc fait ici un renversement dans les rapports : le clavecin, qui ne réalisait, comme dans l'orchestre ou vis-à-vis du chant, qu'une basse harmonique, devient personnage mélodique de premier plan, au même titre que le violon. En 1703, le *Dictionnaire de musique* de Sébastien DE BROSSARD signale, à l'article *Suonata,* qu'« ordinairement » les sonates « sont à violon seul ou à deux violons différons, avec une Basse-continue pour le Clavessin, et souvent une Basse plus figurée pour la Violle de gambe, le Fagot, etc. [1] ». Or, comme le remarque Lionel DE LA LAURENCIE [2], les sonates en trio de François COUPERIN le Grand, quoique écrites en effet en trio « avec deux dessus de violon et la basse », forment en réalité des quatuors, puisque la basse se dédouble et « est confiée à la fois au clavecin et à une basse d'archet ». Les sonates à peu près contemporaines de DANDRIEU vont même plus loin, admettant parfois « quatre parties distinctes, puisqu'un violoncelle vient s'ajouter aux deux violons et à la basse continue, sans doubler cette dernière [3] ». Mais, à l'inverse de ces sonates, les *Pièces de Clavecin en Sonates, avec accompagnement de Violon,* de J.-J. CASSANÉA DE MONDONVILLE, et les *Pièces de clavecin en concert* de J.-P. RAMEAU introduisent, entre 1734 et 1741, dans la littérature de musique de chambre un genre nouveau de sonate où « d'abord employé *ad libitum* avec le clavecin, le violon deviendra peu à peu un instrument *obligé,* d'où la sonate de piano et violon moderne [4] ». Avec HUGO RIEMANN, L. DE LA LAURENCIE admet que ce genre de sonate « vise surtout à préciser, à fixer le texte musical, et à faire respecter les intentions du compositeur, en imposant un terme aux fantaisies de réalisation de la basse continue ». Ici finit donc le règne de cette basse continue. « Mais le violon ne se résigne pas toujours au rôle de personnage sacrifié; le principe *concertant,* qui rencontre son expression dans les symphonies concertantes alors à la mode, tend à placer les deux instruments sur un pied d'égalité [5]... » Il y a donc eu dans la sonate *en trio,* employée aussi bien en Italie qu'en France et en Allemagne, *élimination* d'une partie intermédiaire, celle de second dessus, qui s'est trouvée '« transférée à la main droite du claveciniste [6] ». On pourrait dire que l'importance mélodique du clavecin, si on évoque encore telles sonates en trio à basse dédoublée, n'a fait que croître en raison de la disparition progressive de ces parties intermédiaires qui gonflaient

la sonate aux dimensions d'une symphonie [7]. Le clavecin et le violon sont alors entrés dans une rivalité réciproque où le violon a perdu parfois beaucoup de son importance : car, comme le remarque L. DE LA LAURENCIE, MOZART et BEETHOVEN dans les titres de leurs sonates font précéder du mot *Klavier* le mot de violon; avant eux, J.-S. BACH avait surtout écrit soit des sonates ou des suites pour violon solo ou concertant et violon, pour *clavecin* et violoncelle (*sonata a cembalo e viola da gamba*), pour *clavecin* et flûte; tandis qu'il ne laissa que deux sonates pour un ou deux violons *avec accompagnement de basse chiffrée,* quatre sonates pour une ou deux flûtes et basse chiffrée. On peut donc conclure que le clavecin, dans la sonate à plusieurs instruments comme dans la symphonie concertante, lègue au piano-forte une place culminante, hors de comparaison avec celle que lui-même occupait à ses débuts, obligé qu'il était de pourvoir d'abord à ses besognes de basse continue, de remplissage harmonique ou de simple direction.

François COUPERIN, dans son *Art de toucher le clavecin* (1717), recommandait d'étudier le clavecin deux ou trois ans avant d'apprendre l'accompagnement : « La main droite dans l'accompagnement, n'étant occupée qu'à faire des accords, est toujours dans une extension capable de la rendre très roide; ainsi les pièces qu'on aura aprises d'abord, serviront à prévenir cet inconvénient. » De plus, « la vivacité avec laquelle on se porte à exécuter la musique à l'ouverture du livre entraînant avec soi une façon de toucher ferme, et souvent pesante, le jeu coure risque de s'en ressentir, à moins qu'on n'exerce les pièces alternativement avec l'accompagnement [9] ». Sans doute, l'accompagnement constitue « les fondemens d'un édifice qui... soutiennent tout », mais l'étude pratique n'en doit être faite qu'au moment où l'élève a un jeu suffisamment formé pour que celui-ci n'en souffre pas. Or quel est donc ce jeu de clavecin dont COUPERIN et Philippe-Emmanuel BACH nous veulent enseigner le « véritable art » ? « Le Clavecin — écrit COUPERIN [10] — est parfait quant à son étendüe, et brillant par luymême; mais comme on ne peut enfler, ny diminuer ses sons, je sçauray toujours gré à ceux qui par un art infini, soutenu par le goût, pouront ariver à rendre cet instrument susceptible d'expression : c'est à quoy mes ancêtres se sont apliqués, indépendamment de la belle composition de leurs pièces... » Quatre ans plus tard, COUPERIN, dans son *Art de toucher le clavecin,* écrit : « Les sons du clavecin étant décidés, chacun en particulier; et par conséquent ne pouvant être enflés, ny diminués, il a paru presque insoutenable jusqu'à présent, qu'on put donner de l'âme à cet instrument... » D'où des qualités d'ordre physique et d'un ordre plus intellectuel. Tout d'abord, il existe un « beau-Toucher du clavecin [11]. » Il faut au préalable « que le dessous des coudes, des poignets, et des doigts soit de niveau » et que l'on tienne « ses doigts le plus près des touches qu'il est possible » afin d'éviter la sécheresse des coups [12]. On devra —

1. Paris, 1703, p. 139.
2. *L'Ecole française du violon de Lully à Viotti,* t. I (Paris, Delagrave, 1922), p. 64.
3. *Ibid.,* p. 158. Cf. l'exemple musical reproduit à cette même page.
4. *Ibid.,* t. II (Paris, Delagrave, 1923), p. 160.
5. *Ibid.,* II, pp. 412-413.
6. *Ibid.,* III (Paris, Delagrave, 1924), p. 120.
7. Cf. Sébastien DE BROSSARD, *op. cit.,* et LA LAURENCIE, *op. cit.,* t. III, p. 121.

8. *Ibid.,* t. III, p. 152.
9. COUPERIN va même jusqu'à dire que les enfants ne doivent pas apprandre à jouer d'abord avec la partition sous les yeux : « Ne commencer à montrer la tablature aux enfants qu'après qu'ils ont une certaine quantité de pièces dans les mains. Il est presque impossible, qu'en regardant leur Livre, les doigts ne se dérangent; et ne se contorsionnent... » (*L'Art de toucher le clavecin.*)
10. *Pièces de clavecin...* 1er livre (Paris, 1713), préf.
11. COUPERIN, *l'Art de toucher le clavecin,* préf.
12. *Ibid.*

comme l'écrit RAMEAU — rechercher la « souplesse des doigts à leur racine[1] » : on s'asseoit « auprès du Clavessin, de façon que les coudes soient plus élevés que le niveau du clavier, et que la main puisse y tomber par le seul mouvement naturel de la jointure du poignet. [...] La jointure du poignet doit toujours être souple : cette souplesse qui se répand pour lors sur les doigts, leur donne toute la liberté et toute la légèreté nécessaires : et la main qui par ce moyen se trouve, pour ainsi dire, comme morte, ne sert plus qu'à soutenir les doigts qui lui sont attachés, et à les conduire aux endroits du clavier où ils ne peuvent atteindre par le seul mouvement qui leur est propre. Le mouvement des doigts — continue RAMEAU — se prend à leur racine, c'est-à-dire, à la jointure qui les attache à la main, et jamais ailleurs; celui de la main se prend à la jointure du poignet, et celui du bras, supposé qu'il soit nécessaire, se prend à la jointure du coude. [...] Il faut que les doigts tombent sur les touches, et non pas qu'ils les frappent, il faut de plus qu'ils coulent, pour ainsi dire, de l'un à l'autre en se succedant : ce qui doit vous prevenir sur la douceur avec laquelle vous devez vous y prendre en commençant. [...] N'appesantissez jamais le toucher de vos doigts — recommande encore RAMEAU — par l'effort de votre main; que ce soit au contraire votre main qui en soutenant vos doigts, rende leur toucher plus léger : cela est d'une grande conséquence[2] ». D'où nous voyons que ce jeu sec et monotonement égal, par quoi certains pianistes croient de nos jours rendre l' « esprit » de la musique ancienne, était pleinement réprouvé à cette époque. Aussi COUPERIN recommande-t-il de ne se servir d'abord que d'une épinette ou d'un seul clavier sur le clavecin, cette épinette ou ce clavecin étant même « emplumés très faiblement » (« la belle exécution dépendant beaucoup plus de la souplesse, et de la grande Liberté des doigts, que de la force[3]...»); de même RAMEAU spécifie-t-il : « Le clavier sur lequel on exerce ne sçauroit être trop doux : mais à mesure que les doigts se fortifient dans leur mouvement, on peut leur opposer un clavier moins doux, et arriver ainsi par degrez à leur faire enfoncer les touches les plus dures[4] »; tandis que Carl-Philipp-Emmanuel BACH ne craindra pas de trop recommander au jeune élève de s'exercer sur un clavicorde[5]. L'article du *Versuch über die wahre Art das Clavier zu spielen* concernant le jeu de clavicorde est très important à citer à cet égard : « Chaque joueur de clavier (*Clavierist*) doit de toute conséquence avoir un bon clavecin (*Flügel*), ainsi qu'un bon clavicorde, afin qu'il puisse jouer alternativement sur les deux toutes sortes de choses. Celui qui sait bien toucher du clavicorde, pourra de même venir à bout du cla-

vecin, mais non l'inverse. On doit donc employer le clavicorde pour l'étude de la bonne expression, et le clavecin pour acquérir dans les doigts la force nécessaire. » Mais le défaut du jeu de clavicorde est de vous accoutumer à des effets de délicatesse hors de propos sur le clavecin et de faire perdre de la force dans les doigts. Inversement, le défaut du jeu de clavecin est de vous accoutumer à ne vous servir que d'une couleur et d'ignorer ces différences de toucher chères au bon clavicordiste[6]. On voit donc que les deux espèces de jeu sont complémentaires, et qu'il y aurait préjudice à n'user que d'une seule au détriment de l'autre.

Une autre recommandation de C.-P.-E. BACH va mieux préciser encore l'idée que nous devons avoir du jeu parfait du clavecin ou du clavicorde : il faut étudier le chant, ou écouter au moins avec soin les meilleurs chanteurs[7]. De même, MATTHESON écrivait dans sa *Grosse General Bassschule* (1731) : « Celui qui ne connaît point l'art de chanter ne sera jamais capable de jouer[8]... » Il s'agit donc de ce « jeu chantant et expressif », dont J.-S. BACH parle en tête de ses *Inventions* de 1723, de ce « Cantable Art » qui, en composition comme en interprétation, signifiait — selon Wanda LANDOWSKA — « une manière propre de mettre en évidence la beauté et l'indépendance d'une ligne mélodique, l'expression soumise au contrôle de l'esprit, l'art de phraser une ou plusieurs voix, en leur donnant simultanément et indépendamment à chacune d'elles, un relief différent[9] ». Cet art du *chant*, dont le claveciniste devait tenter de ravir le secret sur la bouche des chanteurs ou dans la mystérieuse intimité du petit monde sonore formé par le clavicorde[10], devait se poursuivre auprès de l'étude de la musique à deux voix, base rationnelle de la polyphonie de cette époque[11], par l'étude préalable de chacune des deux mains séparément (où chacune en effet devient comme une voix de violon ou de violoncelle dans une sonate en solo[12]), par la connaissance enfin des ornements ou *agréments* employés par chaque auteur, — non pas de ces « *ornemens arbitraires* au moyen desquels l'exécuteur substitue son goût à celui du compositeur; mais de ces *ornemens essentiels*, qui font valoir à la fois celui qui a fait la pièce et celui qui l'exécute. Les agrémens arbitraires diminuent souvent de la beauté de l'air; les essentiels y en ajoutent ». Étude qui va

---

1. RAMEAU, *Piéces de clavessin* avec une méthode pour la mécanique des doigts (Paris, 1724). — Le jeu des pièces de clavecin sur un piano moderne défra s'inspirer de pareille forme d'attaque digitale.
2. DE SAINT-LAMBERT écrit de son côté : « Le poignet à la hauteur du coude... ne levant point les doigts trop haut en jouant, et n'appuyant point aussi trop fort sur les Touches. » (*Les Principes du clavecin*, Paris, 1702, ch. XIX, p. 42.)
3. COUPERIN, *l'Art de toucher le clavecin.*
4. RAMEAU, *op. cit.*
5. MARPURG, *Principes du clavecin* (Berlin, Haude et Spener, 1756), I, 3 : « En Allemagne on se sert communément du *Clavicorde* pour l'usage de la première jeunesse. En d'autres pays c'est l'Épinette qui tient lieu de cet instrument. Cette Épinette ne doit avoir le Clavier ni trop dur ni trop mou. Cela fait forcer les mains aux jeunes personnes; les nerfs prennent un mauvais pli par les contorsions que les mains sont obligées de faire; ceci les empêche d'acquérir un jeu rond et net. L'élève contracte un jeu traînant et pesant; c'est toujours comme s'il avoit de la glu aux doigts. »

6. *Versuch über die wahre Art das Clavier zu spielen*, 2º éd. (Berlin, 1759), par. 15. — Au cours du par. 11, C.-P.-E. BACH dit préférer pour l'exercice du toucher le clavicorde au nouveau *fortepiano*, ce dernier instrument n'y offrant pas les tenues et les vibratos de l'autre.
7. *Ibid.*, par. 20.
8. Cité par Wanda LANDOWSKA : *Sur l'interprétation de la musique à deux voix de Jean-Sébastien Bach* (« Monde musical », sept. 1922).
9. *Ibid.*
10. Sur l'art du clavicorde, — musique de chambre et l'expression pure par excellence, — cf. dans GERHLINGER, *Geschichte des Klavichords*, deux curieuses citations de SCHUBART, tirées des *Musikal. Rhapsodien* de 1786 et des *Ideen zur Aesthetik der Tonkunst*.
11. Cf. là-dessus les idées de Wanda LANDOWSKA exprimées dans l'art. cité plus haut.
12. RAMEAU (*Pièces de Clavessin* de 1724) recommande l'étude des mains séparées « jusqu'à ce qu'on reconnaisse que les mains soient dans une si bonne habitude, qu'il n'y a plus lieu de craindre qu'elles se gâtent ». — Wanda LANDOWSKA (*op. cit.*) écrit que « la ligne mélodique de BACH est perpétuellement vivante, agitée comme une onde semble s'assoupir. Cette animation intérieure, qui n'a rien de fébrile, dérive de la vitalité débordante de l'inspiration de BACH. Exubérante et fougueuse, pénétrante et incisive, elle creuse des sillons si profonds, qu'elle en délivre chaque note, à elle seule, polyphonique. Les Suites pour Violoncelle ou les Sonates et Partitas pour *Violon solo, senza Cembalo,* le prouveront à celui qui les a étudié de près une des voix, prise séparément, dans son œuvre chorale ou instrumentale ».

de l'expérience physique, intelligemment contrôlée, du toucher jusqu'à cet art du chant, sous toutes les formes que celui-ci peut supposer, puisqu'il réside aussi bien dans le sens expressif de la ligne mélodique que dans ces *expressions* mêmes, prévues avec netteté par l'auteur, les *ornements*. Mais est-il l'exercice d'aucun autre instrument qui n'exige pareil ensemble de qualités chantantes, pareille progression de l'une à l'autre? Chant toujours le même, mais que chaque instrument atteint selon un biais particulier.

André SCHAEFFNER.

1. Marpurg, *op. cit.*, XII, art. II.

LE PIANO ET SA FACTURE

Par M. A. BLONDEL

DIRECTEUR DE LA MAISON ÉRARD

« Le piano, hôte de la Maison, couvert d'habits de fête, ouvre à tous son facile vêtement, et, comme il se prête aux passe-temps les plus frivoles aussi bien qu'aux études les plus sérieuses, comme il recèle en son sein tous les trésors de l'harmonie, il est de tous les instruments celui qui a le plus contribué à répandre le goût de la musique et à en faciliter l'étude. Popularisé par de grands artistes, il habite toutes les demeures; sous ses formes variées, il force toutes les portes. S'il est quelquefois voisin insupportable, il offre du moins à l'offensé une vengeance facile et des représailles toujours prêtes. Il est le confident, l'ami du compositeur, ami rare et discret, qui ne parle que quand on l'interroge et sait se taire à propos. »

Ainsi s'exprimait, au sujet de l'instrument qui fait l'objet de l'étude qui va suivre, le célèbre auteur de *la Juive*, Fromental HALÉVY, dans les pages consacrées à l'œuvre d'ONSLOW.

Puisse une si flatteuse appréciation éveiller l'intérêt du lecteur sur un sujet qui n'est pas indigne de retenir son attention, et que nous nous sommes efforcé de traiter avec autant de sincérité que de simplicité.

LES ANCÊTRES DU PIANO

L'ancêtre le plus lointain dont puisse se réclamer le piano semble être le *monocorde*, constitué par une planchette de bois sur laquelle était tendue une corde que l'on pinçait avec le doigt, dont un petit chevalet mobile permettait de raccourcir à volonté la partie vibrante, et dont on tirait ainsi des sons variés.

Le *monocorde* ne tarda pas à être remplacé par des instruments moins rudimentaires, munis d'un plus grand nombre de cordes que l'on faisait vibrer soit en les pinçant avec le doigt, soit en les frappant avec des plectres ou des petits maillets. Ce fut l'origine du *tricorde*, de la *lyre*, du *psaltérion*, du *tympanon*.

L'idée vint ensuite d'augmenter les ressources musicales et de faciliter le jeu de ces instruments primitifs en y adaptant un clavier et un mécanisme; c'est ainsi que des cordes pincées de la *lyre* naquirent le *clavicorde*, l'*épinette* et le *clavecin*.

Plus tard encore, les cordes frappées du *tympanon* firent penser à remplacer, dans le *clavecin*, les becs de plume ou de cuir qui pinçaient les cordes par des marteaux qui les frappaient; de cette modification naquit le *piano*, dénommé à l'origine *piano-forte*;

parce que ce nouvel instrument avait la prétention, justifiée depuis, de produire ces deux nuances d'intensité du son.

Avant d'aborder la description du *piano*, disons quelques mots de ses devanciers immédiats : le *clavicorde*, l'*épinette* et le *clavecin*.

Le clavicorde.

Le *clavicorde*, appelé aussi *clavicytherium*, auquel certains érudits assignent une origine angle-normande, d'autres une origine flamande et qui semble remonter à la fin du XIIIe ou au commencement du XIVe siècle, était au début un petit instrument rectangulaire d'une étendue habituelle de deux octaves trois quarts à trois octaves.

La caisse supportait une table d'harmonie sur laquelle étaient tendues des cordes de métal; elle était

Fig. 1064. — Clavicorde et son mécanisme.

munie sur un des grands côtés d'un clavier formé de touches portant à leur extrémité une petite lamette de cuivre qui, en venant frapper la corde, la mettait en vibration, système bien défectueux, car, une fois la corde frappée, si le doigt de l'exécutant ne quittait pas de suite la touche, la lamette de cuivre restait en contact avec la corde, dont elle paralysait les vibrations.

D'ordinaire, deux et parfois même trois touches frappaient la même corde, mais à des points différents, produisant ainsi des sons de hauteur différente.

Du XIVe au XVIIe siècle, de nombreux perfectionnements furent apportés au clavicorde; son étendue fut augmentée jusqu'à cinquante notes, voire davantage; à chaque touche fut attribuée une corde isolée, et un étouffoir fut finalement ajouté à l'instrument qui, dès lors, fut souvent dénommé *sourdine*.

Au début, le clavicorde n'était pas supporté par des pieds, il se posait sur une table; il fut muni de pieds lorsque ses dimensions agrandies le rendirent moins facilement maniable.

Les facteurs de clavicordes qui ont laissé quelque trace sont : LEMME, WILHELMI, KRAMER, tous les trois Allemands, les Français RICHARD et Philippe DENIS, qui ont fabriqué également des épinettes d'une exécution très soignée.

L'épinette[1].

L'*épinette*, contemporaine des XVe, XVIe et XVIIe siècles, parfois de même forme que le clavicorde, par-

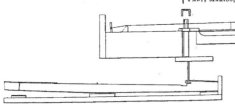

FIG. 1065. — Épinette et son mécanisme.

fois aussi de forme triangulaire ou pentagonale, mais de proportions plus grandes que le clavicorde, puisqu'elle comptait habituellement quatre octaves, offrait à l'intérieur l'aspect d'une harpe couchée sur une table d'harmonie; elle était, comme le clavicorde, garnie de cordes métalliques.

Son mécanisme consistait en sauteraux, dont la partie supérieure portait une languette mobile pourvue d'un ressort de crin de cheval et armée d'un bec de plume, de cuir, d'écaille ou de bois qu'actionnaient les touches d'un clavier.

La touche étant frappée. le sautereau montait, le bec de plume pinçait la corde et faisait, en retombant, reculer la languette, que son ressort de crin remettait en place, en ramenant le bec de plume sous la corde.

Au moyen d'un petit morceau de drap dont on garnissait le bord du sautereau, les vibrations de la corde se trouvaient étouffées lorsque, le doigt de l'exécutant quittant la touche, le sautereau retombait.

Combien fragiles et sujets à se déranger étaient ces délicats organes!

1. Probablement ainsi appelée du nom du premier constructeur, le Vénitien Giovanni SPINETTI.

Dans l'épinette, chaque note n'était représentée que par une seule corde.

En dehors de RICHARD et de Philippe DENIS déjà nommés, il convient de citer, comme constructeurs d'épinettes, les Français RENAUD et BERGER, et les deux RUCKERS d'Anvers.

Le clavecin,

Le *clavecin*, sorte d'épinette agrandie, présentait généralement deux cordes à l'unisson pour chacune de ses notes; sa longueur et sa forme étaient approximativement celles des pianos à queue modernes, son mécanisme à sauteraux était analogue à celui de l'épinette.

Son étendue de clavier était d'ordinaire de cinq octaves, parfois de cinq octaves 1/4; il était monté en cordes métalliques; on trouve cependant trace de quelques clavecins montés en cordes de boyau, mais cette disposition n'a constitué que de rares exceptions.

De nombreux facteurs de talent se distinguèrent dans la fabrication de cet instrument, auquel on prodigua parfois une décoration extrêmement riche.

Les plus réputés de ces facteurs furent en Angleterre : ZUMPE, BURCKHARDT-TSCHUDI; en Allemagne : STEIN, SCHRŒTER, SILBERMANN, le Florentin CRISTOFORI, les Anversois HANS et Andréa RUCKERS; en France : FABY, MARIUS, les BLANCHET, dont trois générations successives s'adonnèrent à la fabrication du clavecin, Pascal TASKIN, plus près de nous John BROADWOOD de Londres, élève de BURCKHARDT-TSCHUDI, et enfin Sébastien ERARD, né à Strasbourg, mais dont toute la carrière active se déroula à Paris.

De notables perfectionnements furent apportés au clavecin par Hans RUCKERS, qui le dota d'un double clavier et, afin d'obtenir une sonorité plus forte, adjoignit au plan de cordes habituel, com-

FIG. 1066. — Clavecin à deux claviers.

portant deux cordes par note accordées à l'unisson, un deuxième rang de cordes-plus fines et plus courtes accordées à l'octave au-dessus, cordes que faisait parler le second clavier et qui venaient amplifier le son du rang fondamental.

On pouvait, au besoin, actionner les trois cordes à la fois, à l'aide du même clavier, ce qui permettait de varier les effets de sonorité.

Ces diverses combinaisons étaient réglées par un système de pédales, de genouillères et de boutons.

Conjointement aux cordes de fer pour les notes

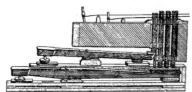

Fig. 1067.— Sautereaux d'un clavecin à deux claviers.

moyennes et aiguës, Ruckers employa des cordes de cuivre pour les notes basses, ce qui leur donna une sonorité plus ronde.

De leur côté, certains facteurs anglais, pour mieux permettre au son de s'épanouir, formèrent le couvercle de leurs instruments de jalousies à lames mobiles que l'on pouvait ouvrir et fermer à volonté.

Si nous ajoutons que le clavecin était parfois accouplé à un petit orgue, que parfois aussi on lui ajoutait des rangs supplémentaires de sautereaux qui, au lieu d'être armés comme d'habitude de petits coins de cuir ou de becs de plume, étaient garnis de buffle, de baleine, de parchemin ou d'autres matières, en vue de leur faire produire un son imitant celui du luth, de la harpe ou d'autres instruments, on se rendra compte des recherches auxquelles se livrèrent les facteurs de l'époque et des efforts qu'ils firent pour donner le plus possible satisfaction aux exigences sans cesse croissantes des artistes auxquels les ressources du clavecin ne suffisaient plus.

Ce fut en 1711 que le Florentin Bartolomeo Cristofori construisit un clavecin dans lequel les sautereaux qui pinçaient les cordes étaient, pour la pre-

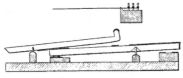

Fig. 1068. — Mécanique de Cristofori.

mière fois, remplacés par de petits marteaux qui les frappaient.

En 1716, le facteur parisien Marius, qui semble ne pas avoir eu connaissance des essais de Cristofori et qui visait aux mêmes résultats, produisait de son côté un clavecin dit « à maillets », qui fut à ce point remarqué qu'il fit l'objet d'une communication à l'Académie des Sciences. En Allemagne, vers la même époque, Schrœter de Dresde et, un peu plus tard, Silbermann de Freyberg fabriquèrent des clavecins à

marteaux, dont la mécanique pouvait jouer piano et forte, ce qui marquait un nouveau progrès.

Enfin, en 1772, Sébastien Erard, en construisant

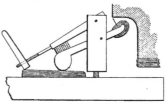

Fig. 1069. — Mécanique de Schrœter.

pour M. de la Blancherie son célèbre clavecin mécanique, portait l'instrument au plus haut point de perfection qu'il eût atteint jusqu'alors.

Malgré toutes ces améliorations, qui n'allaient malheureusement pas sans comporter de très grandes complications et, par suite, de trop nombreuses chances d'accidents, le clavecin ne répondait plus aux besoins du monde musical, qui réclamait un autre instrument.

Ce nouvel instrument était le piano, entrevu et ébauché par Cristofori, Marius, Schrœter et Silbermann.

LES DÉBUTS DU PIANO

Si le piano était demeuré ce qu'il était à son origine, il n'aurait probablement jamais remplacé le clavecin ; inégal de son, lourd de toucher, laissant entendre le coup du marteau, paresseux de mécanisme, forçant l'exécutant à être attentif pour atteindre sûrement la corde et ne pas laisser le marteau s'y coller en étouffoir, le piano primitif fit douter pendant longtemps qu'on en pût jamais faire autre chose qu'un médiocre instrument d'accompagnement.

Que d'efforts patients et intelligents il a fallu aux ingénieux facteurs qui s'occupèrent de la construction de ces instruments, que d'essais cent fois renouvelés pour établir le corps sonore et lui donner à la fois la force et la résistance nécessaires pour ne pas se déformer sous l'action du tirage des cordes, pour choisir la table de résonance la plus sensible, pour déterminer la longueur et la grosseur relative des cordes, le nombre qu'il en fallait attribuer à chaque note afin d'obtenir la puissance et l'égalité du son, que de tâtonnements enfin, avant de trouver le point juste où le marteau doit frapper pour produire la sonorité la plus franche !

Que d'efforts également pour réaliser cette mécanique à la fois solide et docile au toucher, au moyen de laquelle l'artiste rend les nuances les plus délicates, bref, pour arriver au piano tel qu'il se fabrique aujourd'hui !

C'est en Allemagne que furent construits, au commencement du XVIIIe siècle, les premiers pianos en forme de clavecin.

Les auteurs les plus connus de ces premiers instruments sont Schrœter, Silbermann, Frederici, Stein, Stræicher. Les mécaniques employées par ces facteurs étaient des plus rudimentaires. On en jugera par la figure ci-dessous représentant l'une d'elles, dénommée « mécanique à pilote ».

En 1796, un jeune facteur français, originaire de

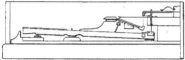

Strasbourg, Sébastien ERARD, que ses travaux et ses inventions devaient bientôt rendre célèbre, et qui s'était déjà signalé par le clavecin de M. de la Blancherie dont il a été parlé plus haut, produisit une nouvelle mécanique dite « à échappement », qui marquait sur sa devancière un notable progrès.

Dans cette mécanique, que représente la figure ci-après, le marteau poussé par le pilote échappait automatiquement à deux millimètres de la corde ; en échappant, il faisait sortir de son cran la pièce par laquelle la touche commandait le marteau, et il fallait que la touche reprît sa position première pour que le mécanisme pût de nouveau soulever le marteau.

Malgré cet inconvénient, ce système avait sur le mécanisme à pilote la supériorité d'une plus grande précision du coup de marteau, ce qui permettait à l'exécutant de mieux nuancer son jeu. Il y avait

Fig. 1071. — Mécanique à échappement d'ÉRARD.

progrès, mais le résultat acquis était encore insuffisant.

Stimulés par les succès de Sébastien ERARD, les plus habiles facteurs de l'époque rivalisaient d'efforts pour résoudre le difficile problème qui s'imposait à leurs communes préoccupations ; des essais sans nombre étaient tentés dans ce but en Allemagne, en Autriche, en Angleterre aussi bien qu'en France, mais tous demeuraient stériles.

La mécanique réunissant à la fois la précision du fonctionnement, la facilité du toucher et la rapidité de la répétition, semblait introuvable, lorsque, par sa géniale invention de la « mécanique à double échappement » ou « mécanique à répétition », Sébastien ERARD fit du piano un instrument pouvant satisfaire l'exécutant le plus difficile.

Cette invention, qui marque le plus grand progrès qui ait été réalisé dans la facture du piano, mérite d'être expliquée.

Dans la mécanique à double échappement ou mécanique à répétition, l'action de la touche sur le marteau s'exerce à tout point de la course de celui-ci, et il n'est pas besoin, par conséquent, de laisser la

touche se relever, lorsqu'elle a été abaissée, pour faire de nouveau agir le marteau ; il s'ensuit qu'avec ce système, la rapidité de la répétition est beaucoup plus grande et que la dépense de force physique de l'exécutant se trouve de beaucoup diminuée.

Voyons de quelle manière s'opère le fonctionnement de cette mécanique.

La touche, dont le point de bascule est en A, agit sur le mécanisme par l'intermédiaire du pilote B, articulé en B' dans la touche et en C dans le grand levier. Ce grand levier, mobile en D, porte à son extrémité antérieure un échappement en forme d'équerre GEF, mobile en E.

Lorsque la mécanique est au repos, la branche F de cet échappement qui traverse le petit levier vient

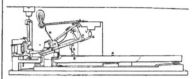

Fig. 1072. — Mécanique à double échappement d'ERARD (1823).

porter sous le rouleau qui se trouve sous le manche du marteau.

Sur la pièce H est fixée l'attrape N, laquelle traverse le manche du marteau près de la tête, et a pour fonction d'empêcher le flottement de celui-ci au moment où il vient d'attaquer la corde.

De la même pièce H, part un ressort à deux branches, dont l'une maintient à sa place le petit levier, et l'autre l'échappement.

Que se produit-il au moment où l'on a frappé la touche pour faire parler la note ?

Le grand levier soulevé par le pilote BC s'est relevé et, avec lui, l'échappement GEF, dont la branche F a poussé le marteau vers la corde, mais, la tête du marteau étant parvenue à trois millimètres de cette corde, la branche G de l'échappement a rencontré le bouton V, et l'équerre a basculé, abandonnant le marteau qui a continué seul sa course, poussé par la force acquise.

Au même moment, un petit organe métallique en forme de T renversé, vissé sous la tige du marteau, près du rouleau, est venu s'appuyer sur l'extrémité du petit levier, soutenant le marteau, de sorte que, si peu que l'on laisse la touche se relever, fût-elle presque à fond, l'échappement est ramené sous le rouleau, et l'on peut faire parler et répéter la note avec une grande rapidité.

Lorsque, en abaissant la touche, on fait monter le grand levier, l'extrémité postérieure de celui-ci appuie sur le vilebrequin P dans lequel est vissée la tige qui porte la tête de l'étouffoir ; ce vilebrequin descend, débarrassant la corde de l'étouffoir et la laissant vibrer librement ; dès que la touche remonte et que le grand levier descend, le vilebrequin, poussé par son ressort, remonte, et l'étouffoir vient reprendre sous la corde sa place antérieure.

Telle est, sommairement décrite, cette capitale invention qui, en portant d'un seul coup le piano à un point de perfection inespéré, devait en faire en peu de temps le plus populaire et le plus répandu des instruments.

Ce fut à l'Exposition de Paris, en 1823, que le premier piano pourvu de cette mécanique fut présenté au public.

Les autres parties de l'instrument ne tardèrent pas à être mises en harmonie avec l'admirable mécanisme dont ERARD venait de le doter.

La table de résonance en fut agrandie et fortifiée ; on augmenta la longueur et la grosseur des cordes, ainsi que la force de résistance du barrage, de la caisse et des sommiers ; aux cordes de cuivre de la basse, on substitua des cordes d'acier recouvertes d'un fil de cuivre ou de laiton d'une sonorité plus forte et plus franche ; enfin, les marteaux, autrefois garnis de cuir ou de peau qui avaient l'inconvénient de durcir assez rapidement, furent garnis d'un feutre spécial faisant rendre à la corde un son plus rond et plus harmonieux.

De ces améliorations successives, dues aux efforts persévérants d'une pléiade de facteurs émérites, résulta le piano moderne qui, en raison de sa puissance de son, de son jeu facile et de ses multiples ressources, est promptement devenu l'instrument de prédilection des virtuoses et des compositeurs.

Le piano, tel qu'il se fabrique aujourd'hui, se compose d'un corps sonore formé d'une table de résonance dite « table d'harmonie », s'appuyant sur une charpente nommée « barrage » ; à cette table est fixé un chevalet sur lequel sont tendues des cordes d'acier ; chaque corde est fixée par l'une de ses extrémités à une pointe, et enroulée à l'autre extrémité sur une cheville de fer servant à l'accorder ; ces cordes sont mises en vibration au moyen de marteaux actionnés par un mécanisme auquel correspondent les touches d'un clavier.

Ces divers organes sont enfermés dans une caisse qui affecte une forme et des proportions différentes, suivant que le piano est « à queue » ou « droit ».

Lorsque le marteau en frappant la corde la met en vibration, cette corde entraîne à la fois dans son

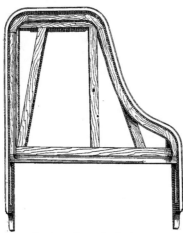

    FIG. 1073. — Barrage d'un piano à queue.

mouvement d'oscillation le chevalet sur lequel elle s'appuie et la table d'harmonie sur laquelle est collé le chevalet ; l'ébranlement de la table d'harmonie déplace la couche d'air en contact avec elle et propage les ondes sonores que perçoit notre oreille.

Le *barrage* d'un piano doit présenter une grande solidité ; il est formé d'un cadre de forts barreaux de

FIG. 1074. — Barrage d'un piano droit.

sapin réunis par des entretoises qui en maintiennent l'écartement ; il supporte :

1° la table de résonance ;

2° le sommier d'accroche, — plaque de métal ou cadre métallique, — muni des pointes auxquelles sont accrochées les cordes par l'une de leurs extrémités ;

3° le sommier de chevilles ; pièce de bois dur, hêtre ou érable, dans laquelle sont enfoncées les chevilles sur lesquelles viennent s'enrouler les cordes à leur autre extrémité.

C'est à l'aide de ces chevilles que les cordes sont tendues et accordées.

La corde s'appuie sur le chevalet entre deux pointes métalliques contre lesquelles elle dévie successivement et, avant d'aboutir à la cheville, passe par un sillet qui la coude légèrement : la partie vibrante de

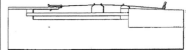

FIG. 1075. — Corde tendue sur le chevalet.

la corde se trouve, par suite, comprise entre le chevalet et le sillet.

Le nombre des cordes dans un piano varie suivant l'étendue du clavier ; la plupart des notes comportent trois cordes, d'autres deux, d'autres enfin une seule ; ce sont celles de l'extrême basse.

Ces cordes sont de longueur et de diamètre différents, suivant la hauteur de la note qu'elles doivent produire. Autour de celles de la basse, est enroulé un fil de cuivre ou de laiton destiné à augmenter leur sonorité.

Les touches blanches du clavier correspondent aux notes qui composent la gamme d'*ut* majeur, les touches noires représentent les demi-tons complémentaires ; la succession des touches blanches et des touches noires forme la gamme chromatique, dont toutes les notes successives sont à un demi-ton les unes des autres.

La mécanique met en mouvement un marteau qui

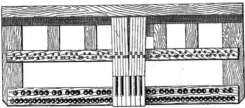

Fig. 1076. — Une octave de touches.

frappe la corde; cette mécanique doit remplir différentes conditions indispensables, entre autres la légèreté, la précision et le fonctionnement sans bruit.

Le marteau doit frapper la corde aussitôt que le doigt a enfoncé la touche, se retirer de lui-même quand il a été mis en contact avec la corde, et rester suspendu tout le temps que le doigt demeure sur la touche.

Il faut, de plus, qu'un organe destiné à étouffer le son et que l'on appelle « étouffoir » quitte la corde par le seul fait de la percussion, et se replace sur ou sous la corde pour l'empêcher de vibrer lorsque le doigt quitte la touche.

Le piano possède aussi, sous forme de *pédales*[1], le moyen de modifier à volonté l'intensité du son.

Les pédales constituent un double levier actionné par les pieds, d'où leur nom; l'une d'elles, dite « pédale douce », soit en faisant glisser un peu le clavier, comme dans le piano à queue, de manière que le marteau ne frappe plus que deux cordes au lieu de trois, soit en interposant un morceau de drap ou de feutre entre la corde et le marteau, soit en diminuant la force du coup de marteau, soit encore en faisant faire au marteau un petit mouvement de côté pour qu'il ne frappe plus la troisième corde, comme dans le piano droit, permet d'obtenir une diminution plus ou moins sensible du son.

L'autre, dite « pédale forte », produit un effet inverse en laissant vibrer à la fois toutes les notes débarrassées de leurs étouffoirs.

Ainsi que nous venons de le dire, les pianos se classent aujourd'hui en deux types principaux :

les pianos à queue;
les pianos droits.

Le piano à queue est, de toute évidence, celui dont la supériorité s'impose; il le doit à l'étendue plus grande de sa table d'harmonie, à la perfection de son mécanisme répétiteur, à la longueur de ses cordes, à la façon normale dont elles sont attaquées par les marteaux et à leur horizontalité qui fait qu'une fois frappées, elles ne demandent qu'à continuer leurs amples vibrations, ne reprenant l'état de repos que par la résistance de l'air et de leurs points d'at-

1. Pour apprécier à toute sa valeur le rôle des pédales dans le piano, lire le très remarquable ouvrage d'Albert Lavignac, professeur d'harmonie au Conservatoire de Musique, intitulé *l'École de la Pédale*, qui représente ce qui a été écrit de plus complet et de plus judicieux sur la matière.

tache, tandis que les cordes verticales ou plus ou moins obliques des pianos droits tendent, au contraire, à retrouver beaucoup plus vite l'aplomb qui leur est naturel, et rendent par conséquent un son plus court.

A tous les points de vue, le piano à queue demeure donc l'instrument par excellence, et c'est à lui qu'iront toujours les préférences de tous les musiciens.

Du piano carré, ainsi nommé en raison de sa forme qui rappelle celle d'un table à écrire, et qui, après avoir connu une période de vogue, est aujourd'hui complètement délaissé, nous ne dirons que quelques mots.

Dans le piano carré, comme dans le piano à queue, les cordes sont tendues horizontalement, mais se présentent obliquement à la ligne des marteaux ; le mécanisme employé dans ces instruments a été d'abord la mécanique à pilote, ensuite la mécanique

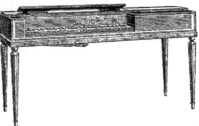

Fig. 1077. — Piano carré.

à échappement, parfois même la mécanique à répétition.

D'une puissance de son moindre que le piano à

Fig. 1078. — Intérieur d'un piano carré.

queue, moins robuste aussi de mécanisme, à cause de la disposition beaucoup plus resserrée de ses organes, d'une forme à la fois peu gracieuse et encombrante, il ne constitua qu'un instrument de transition et disparut graduellement vers le milieu du XIXe siècle, à mesure que grandissait la faveur accordée par le public au piano droit.

Le piano droit.

C'est au facteur anglais William Southwell que revient le mérite d'avoir construit, vers 1807, le premier piano droit, dont l'idée lui fut vraisemblablement suggérée par le harpsichorde droit du Florentin Ricoli (1620), ou par le piano à queue verticale de Stodart (1795).

En 1826, Robert Wornum, de Londres, et, en 1837, Roller, de Paris, construisirent des instrument qui s'inspiraient du même principe, mais plus perfectionnés; ceux de Roller surtout se distinguaient par des qualités spéciales qui les firent considérer à l'époque comme des modèles du genre, et qui popularisèrent rapidement le nom de leur auteur. Ce type d'instrument, aujourd'hui très répandu à cause de

Fig. 1079. — Piano droit.

ses proportions restreintes, et de son bon marché relatif, a complètement supplanté le piano carré.

Dans le piano droit, dont la figure ci-dessus indique la forme générale, la table d'harmonie se présente verticalement; elle est fixée sur un fond composé de forts barreaux de sapin disposés dans le sens des cordes, lesquelles sont tendues tantôt dans une direction verticale, tantôt dans une direction demi-oblique ou oblique, d'où les noms de *piano vertical, piano demi-oblique, piano oblique* donnés à ces divers types d'instruments.

La mécanique du piano droits affecte une disposition appropriée à la forme de l'instrument.

Cette mécanique, comportant obligatoirement des ressorts destinés à renvoyer les marteaux en arrière une fois qu'ils ont frappé les cordes, est moins agréable au toucher que celle du piano à queue, dans laquelle les marteaux retombent d'eux-mêmes par leur propre poids; son attaque est également moins énergique, en raison de la résistance qu'opposent les ressorts, résistance qui, si bien compensée qu'elle soit, demeure toujours un peu sensible.

La direction plus ou moins oblique des cordes permet d'en augmenter la longueur et favorise en même temps leurs vibrations.

Les deux systèmes de mécaniques les plus généralement employés dans les pianos droits sont la mécanique dite *à lames* et celle dite *à baïonnettes*.

Dans la mécanique *à lames*, que

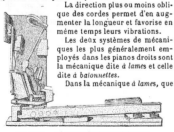

Fig. 1080. — Mécanique de piano droit à lames.

représente la figure ci-dessus, l'étouffoir s'applique au dessous de la *ligne du frappé* des marteaux, sur un point de la corde où les vibrations sont plus amples, et où son action est, par suite, plus efficace, tandis que, dans la mécanique *à baïonnettes*, l'étouffoir, fixé au bout d'une broche de laiton coudée en forme de baïonnette, va porter au-dessus du point frappé par le marteau, dans un espace étroit où il rencontre généralement les pointes du sillet, et où il produit naturellement un effet moins efficace.

A ce titre, la mécanique à lames présente donc

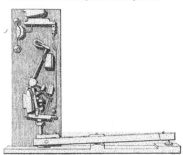

Fig. 1081. — Mécanique de piano droit à baïonnettes.

une supériorité; elle tend du reste de nos jours à se répandre de plus en plus.

Le mode d'action de la pédale douce varie aussi dans les pianos droits.

Tantôt, la diminution du son s'obtient à l'aide d'une bande ou d'une série de languettes de feutre ou de flanelle venant s'interposer entre les marteaux et les cordes, tantôt en faisant faire aux marteaux un léger mouvement de côté, de manière à ne leur laisser frapper que deux cordes sur trois, tantôt en diminuant la course du marteau et, par suite, la force de son attaque.

Ces deux systèmes ont leurs partisans, mais les plus généralement adoptés sont les deux derniers.

Nous ne pouvons malheureusement évoquer ici les noms de tous les facteurs qui, par leurs inventions ou par les perfectionnements dont ils l'ont doté, ont porté le piano à son état actuel; l'énumération en serait trop longue; nous nous bornerons à mentionner, dans l'ordre chronologique, les plus marquants d'entre eux.

Aux premiers inventeurs dont nous avons déjà cité les travaux : Christofori, Marius, Schroeter, Silbermann, Frederici, Stein, Séb. Erard, il convient d'ajouter :

Johannès Zumpe qui, en 1765, construisit à Londres le premier piano carré.

Burckhardt-Tschudi et son collaborateur John Broadwood, également de Londres, qui commencèrent, en 1767, à construire des instruments de même type, mais plus perfectionnés.

Robert Stodart, de Londres, qui construisit en 1777, d'après un brevet acheté à Allen et Thom, un piano à queue présentant cette particularité que le barrage en était constitué par des barres tubulaires, et plus tard, en 1795, un piano à queue verticale.

Hillebrand, facteur allemand fixé en France, qui fabriqua, vers 1783, des pianos avec marteaux frappant au-dessus des cordes, comme l'avait déjà fait Marius, système au moyen duquel le son devenait plus doux et le toucher plus sensible. Hillebrand est considéré comme ayant construit, vers 1790, le premier piano dans lequel les cordes se croisaient.

Wilkinson, de Londres, inventeur d'arches en fer reliant le sommier de chevilles à la traverse servant de support à la table d'harmonie, afin de contrebalancer le tirage des cordes.

John Broadwood, de Londres, imagina, en 1808, de remplacer les arches de fer de Wilkinson par des barres de fer plus résistantes, ce qui lui permit de monter ses pianos en cordes plus fortes. John Broadwood est de tous les facteurs anglais celui qui contribua pour la plus large part aux progrès réalisés en Angleterre dans la construction des pianos au commencement du xixe siècle.

Camille Pleyel, de Paris, fils et successeur d'Ignace Pleyel, auteur d'un piano unicorde (1825), dans lequel une seule corde, de diamètre naturellement plus fort qu'une corde ordinaire, était destinée à produire l'effet des deux ou trois cordes habituellement employées; ce même facteur imagina, en 1826, un cadre en fonte de fer, fit breveter, en 1832, une table d'harmonie revêtue d'un placage à contre-fil, et produisit, en 1844, une mécanique permettant d'obtenir plusieurs sons à la fois.

La Maison Pleyel a inventé, depuis, un piano pédalier, une pédale tonale permettant de prolonger le son de certaines notes, un clavier transpositeur pouvant s'adapter à tous les pianos et, plus récemment, une pédale harmonique qui laisse vibrer à volonté un accord frappé, alors que les doigts ont quitté les touches.

Par l'ensemble de leurs travaux, la qualité et le fini des instruments sortis de leurs ateliers, les Pleyel et leurs successeurs furent, avec les Erard et Henri Herz, les facteurs qui contribuèrent le plus à établir, à maintenir et à propager la légitime réputation des pianos français.

Babcock, de Philadelphie, établit, en 1825, un piano carré avec cadre en fer fondu d'une seule pièce, qui est habituellement considéré comme le premier piano construit avec cette disposition.

Cette même invention a été parfois attribuée à Petzold, mais le brevet que prit ce facteur ne datant que de 1829, il semble bien que ce soit Babcock qui ait eu, le premier, l'idée du cadre métallique fondu d'une seule pièce.

De son côté, J.-N. Pape, d'origine allemande, mais fixé à Paris, fabriqua, en 1826, un piano pourvu d'un cadre en fer fondu avec ses pointes, et innova la même année en France l'emploi du feutre pour la garniture des marteaux, disposition adoptée depuis par tous les facteurs.

Pape, qui se distinguait par un esprit inventif et une ingéniosité remarquable, donnait volontiers à ses pianos les formes les plus diverses, forme table, forme guéridon, forme ronde, forme console, forme ovale, etc.; il essaya aussi de remplacer les cordes par des ressorts d'acier, afin d'éviter autant que possible les variations de l'accord.

En 1827, Roller et Blanchet, facteurs parisiens, produisirent un piano vertical, qui semble avoir été le premier instrument de ce genre construit en France, et qui éveilla sur ce nouveau type, qui devait rapidement se populariser, l'attention des facteurs et du monde musical.

On doit à ces mêmes facteurs un piano à queue à double table d'harmonie et double rang de cordes.

Pierre Erard, de Paris, neveu et successeur de Séb. Erard, créa, en 1839, la barre harmonique qui donna aux notes hautes du piano une plus grande pureté et une plus grande intensité de son; il produisit, en 1850, un nouveau système de barrage en fer dans lequel un sommier de bronze, parallèle aux chevilles, formait, avec le sommier d'accroche un châssis en métal d'une grande solidité; il est également l'auteur d'agrafes perfectionnées et d'un piano à queue avec clavier de pédales, dans lequel le clavier des mains et celui des pieds agissaient sur les mêmes marteaux.

J.-L. Boisselot, de Marseille, inventeur en 1839 du piano Cledi-harmonique, en 1843, du piano à double son dans lequel les marteaux frappaient à volonté cinq cordes, trois à l'unisson et deux à l'octave au-dessus, et finalement du piano Plani-corde, dans lequel les cordes étaient remplacées par des lames d'acier.

Kriegelstein, Alsacien fixé à Paris, auteur d'agrafes de précision (1841) et d'une mécanique à double échappement très appréciée (1844).

A. F. Debain, de Paris, inventeur fécond qui imagina, en 1848, un piano mécanique qu'actionnait une manivelle.

Mercier, de Paris, élève de Roller, auteur d'un piano transposant au moyen de touches brisées agissant sur plusieurs leviers suivant le déplacement du clavier (1851).

Claude Montal, facteur aveugle, qui imagina en 1851 une mécanique à échappement continu, et produisit, en 1858, un piano à sons soutenus.

Wolfel, auteur d'un piano avec clavier en forme d'arc de cercle permettant aux petits bras d'en atteindre plus facilement les extrémités; auteur également d'une cheville à vis pour faciliter et assurer l'accord.

Mangeot frères, de Nancy, auteurs, en 1878, d'un piano à queue à deux claviers renversés.

Cet instrument était formé de deux pianos superposés, de façon que la note la plus grave du premier se trouvât en face de la note la plus aiguë du second, disposition ayant pour but de supprimer l'écartement des bras pour atteindre aux limites extrêmes de l'étendue du clavier et les croisements de mains.

Beaucoup de ces inventions, pour la plupart très ingénieuses, n'ont laissé qu'une trace purement documentaire, soit que leur utilité ne se soit pas suffisamment affirmée, soit qu'elles aient présenté dans l'application des difficultés hors de proportion avec les avantages poursuivis; il était intéressant cependant de les mentionner, ne fût-ce que pour montrer les recherches se sont livrés leurs auteurs, et les efforts de toute nature qui ont été faits pour compléter et améliorer l'instrument qui nous occupe.

Parmi les facteurs qui, dans les différents pays, ont le plus marqué dans leur industrie, nous citerons, en dehors de ceux déjà nommés :

Pour l'Allemagne :

Bechstein, Blüthner, les Ibach, Kaps, les Sehieomayer.

Pour l'Amérique :

Baldwin, Chickering, Knabe, Mason et Hamlin, les Steinway, Weber.

Pour l'Angleterre :

Brinsmead, Chappel, Collard, Hopkinson.

Pour l'Autriche-Hongrie :

Les Bösendorfer, Ehrbar, Schweighofer.

Pour la Belgique :

Berden, Gunther, Vogelsangs.

Pour la Russie :

Becker, Schröder.

Pour la France :

Eloke, Gaveau, Wolfel.

C'est des efforts combinés de ces inventeurs, de ces chercheurs infatigables, toujours en quête d'un perfectionnement, d'un progrès ou d'une simple amélioration, qu'est résulté le piano moderne, — dont l'Académie des Beaux-Arts dans sa séance du 13 juillet 1861 a pu dire à si juste titre « qu'il est de tous les instruments celui dont l'étude a exercé la plus grande influence sur le développement de l'art musical à notre époque ».

Il n'est pas sans intérêt de dire maintenant quelques mots de deux questions qui, surtout depuis l'Exposition Universelle de Paris en 1867, ont suscité de nombreuses controverses, le croisement des cordes et le châssis de fer, double disposition adoptée aujourd'hui par la presque généralité des facteurs.

Le croisement des cordes.

Dans la pensée d'amplifier la sonorité de leur pianos en augmentant l'écartement des cordes, et en rapprochant le plus possible les chevalets du centre de la table d'harmonie, la plupart des facteurs ont adopté une disposition consistant à tendre leurs cordes sur deux plans différents, superposés du côté opposé au clavier, et affectant chacun une forme en éventail ainsi que le démontre la vue ci-après.

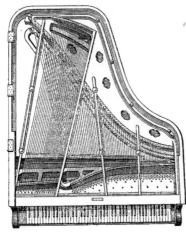

Fig. 1082. — Intérieur d'un piano à queue à cordes croisées.

S'il est vrai que cette disposition ait pour effet de favoriser la sonorité générale de l'instrument, elle a pour conséquence de rendre cette sonorité un peu

moins nette; ce que l'on gagne d'un côté, il semble qu'on le perde de l'autre, et on peut, par suite, se demander si le résultat obtenu n'est pas acquis au prix d'un trop grand sacrifice.

Le châssis de fer.

Quant au châssis de fer, c'est-à-dire au cadre en fonte de fer ou en fonte aciérée d'une seule pièce faisant former un tout au sommier de chevilles et au sommier d'accroche, que presque tous les facteurs ont également introduit dans leurs pianos, et sur lequel sont tendues toutes les cordes de l'instrument, il présente l'avantage de fournir à la corde deux points d'attache inébranlables, ce qui lui permet de mieux conserver son accord ; cet avantage est surtout appréciable dans les pays où il se produit de grandes et brusques variations de température, ou dans lesquels on fait communément usage de moyens de chauffage intensifs, dont les effets sont éprouvants pour les bois et auxquels les instruments qui ne sont pas pourvus de ce châssis demeurent plus sensibles ; mais, il en est du châssis de fer comme du croisement des cordes, la supériorité dont il peut se réclamer au point de vue de la tenue de l'accord a une contre-partie; la masse de fonte introduite dans l'instrument lui donne, en effet, un timbre plus métallique, et, ici encore, la question est de savoir si ce que l'on gagne d'un côté compense bien ce que l'on perd de l'autre.

Les deux opinions sont également soutenables, et chacune d'elles compte des partisans aussi bien parmi les artistes que dans le monde des dilettantes; nous devons toutefois reconnaître que la théorie du châssis de fer et du croisement des cordes tend de plus en plus à prévaloir, et que c'est aujourd'hui dans cette voie que se sont engagés la presque généralité des facteurs.

CONSTRUCTION DU PIANO

Voyons maintenant comment se construit un piano.

Il entre dans la fabrication d'un piano les matériaux les plus variés, tels que le fer, l'acier, le cuivre, le drap, le feutre, le molleton, la soie, l'ivoire, le cuir, la peau, etc. Mais celui qui, dans sa construction, joue le rôle le plus important, est avant tout le bois.

Sans parler des essences qui servent surtout au placage et à l'ornementation extérieure, telles que le palissandre, l'acajou, le citronnier, le thuya, l'amboine, le noyer, etc., il entre dans la fabrication de tout piano du sapin, du hêtre, du chêne, de l'érable, du tilleul, du charme, du sycomore, de l'ébène, de l'épicéa.

Ces différentes sortes de bois ne s'emploient pas indistinctement, mais suivant les qualités qui dominent dans chacune d'elles et qui conviennent le mieux aux différentes parties de l'instrument

Le *sapin*, raide, résistant, est plus indiqué que tout autre pour le barrage.

Le *chêne*, dur, robuste, peu sujet à être attaqué par les insectes, se recommande pour la caisse et les barres minces qui réclament beaucoup de solidité.

Le *hêtre* et l'*érable*, durs et compacts, peu sujets à se fendre, sont généralement préférés pour les sommiers; les chevilles y conservent mieux qu'elles ne le feraient dans tout autre bois l'adhérence nécessaire à la bonne tenue de l'accord.

L'*épicéa*, à la fibre régulière, élastique et sonore, fournit la meilleure table d'harmonie.

Le *tilleul*, tendre, léger, rigide, tourmentant peu, se coupant admirablement, fournit les meilleures touches.

Dans la mécanique, entre également de l'acajou, du charme, du sycomore, du cèdre, du cédra, de l'ébène; ce dernier bois est employé pour les dièses ou touches noires du clavier.

Du choix de ces bois, de leur minutieuse préparation, de leur long séchage et de leur judicieux emploi, dépend en grande partie la qualité de l'instrument.

Sans entrer dans tous les détails de la fabrication d'un piano, nous allons indiquer sommairement, et dans l'ordre où elles s'accomplissent, les différentes opérations dont elle se compose.

Ces opérations sont :

la construction du barrage;
le tablage;
la construction de la caisse;
le montage des cordes;
le vernissage;
l'exécution, la mise en place, le réglage de la mécanique et du clavier;
l'égalisation et l'accord.

Le barrage, qui est le point de départ de l'instrument, consiste, ainsi que nous l'avons dit, en un nombre variable de forts barreaux de sapin réunis par des entretoises qu'encadre le châssis intérieur sur lequel sera collée la table d'harmonie.

Ce « fond », comme on l'appelle en terme de facture, est la pièce de résistance qui doit supporter l'effort parfois très considérable de la tension des cordes.

Le tablage. — La table d'harmonie est faite en planches de sapin de Hongrie ou de Galicie (Épicéa) débitées bien sur maille, appareillées et collées avec un soin extrême et rabotées ensuite à une épaisseur déterminée; une fois rabotée, elle est pourvue des barres qui doivent la raidir et lui permettre de mieux résister à la pression des cordes.

Sur la table ainsi préparée, le tableur colle le chevalet qui doit supporter les cordes et en communiquer les vibrations à celle-ci, puis il colle la table sur le châssis, visse et boulonne sur le barrage soit la plaque d'accroche que réunissent au sommier de

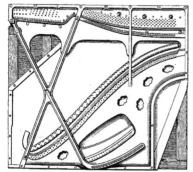

Fig. 1083. — Fond de piano droit tablé, muni de son cadre.

solides barres de fer, soit le châssis métallique, lorsqu'il s'agit d'un instrument à cadre en fer; à cette plaque où à ce châssis, pourvu au préalable des pointes nécessaires, viendront plus tard s'accrocher les cordes; il perce dans le sommier formé de plusieurs épaisseurs de hêtre ou d'érable, collées l'une sur l'autre à fil contrarié, les trous destinés à recevoir les chevilles, et fixe dans le chevalet les pointes entre lesquelles viendront passer et se couder les cordes.

Le fond une fois tablé, pourvu de son chevalet, de son sommier de chevilles, de sa plaque d'accroche ou de son châssis métallique, est remis aux mains du caissier.

Le caissier revêt ce fond de son enveloppe extérieure, dont toutes les parties ont été plaquées au préalable; la caisse ainsi montée passe alors à l'atelier du monteur de cordes, où sont posées les chevilles et les cordes.

Chaque corde, tordue à son extrémité en forme de boucle, est accrochée par cette boucle à l'une des pointes de la plaque ou du châssis métallique dont il vient d'être parlé et, en passant entre les pointes du chevalet contre lesquelles elle s'appuie, vient se fixer par son autre extrémité à la cheville qu'elle traverse et autour de laquelle elle s'enroule.

La cheville est enfoncée à force dans le sommier

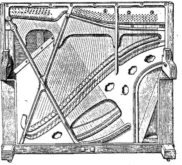

Fig. 1084. — Fond de piano droit monté en cordes.

préalablement percé par le tableur, ainsi qu'il a été dit plus haut.

Une fois montée en cordes et en chevilles, la caisse arrive à l'atelier du vernisseur, où elle est raclée, poncée, vernie ou cirée, garnie de ses charnières et de ses roulettes.

C'est alors que l'instrument reçoit le premier pinçage, accord sommaire fait sans le secours de la mécanique ni du clavier.

La mécanique et le clavier. — Nous ne pouvons songer à entrer ici dans tous les détails d'exécution de la mécanique, des étouffoirs, des marteaux, du clavier, de ce travail complexe et délicat qui se divise et se subdivise en une foule d'opérations de sciage, de perçage, de garnitures, d'ajustages, de collages, de façons des touches d'ivoire aux joints imperceptibles; disons simplement qu'un ouvrier spécial, appelé monteur, assemble et met en place les pièces composant la mécanique, le clavier et l'étouffoir de chaque instrument, règle le clavier, pose et ajuste les pédales.

L'*égalisation* constitue la dernière des opérations.

Fig. 1085 — Piano droit tablé, monté en cordes, avec sa mécanique.

L'égaliseur règle définitivement la mécanique, le jeu des étouffoirs, le clavier et les pédales ; au moyen d'un peigne à aiguilles, il pique et assouplit le feutre des marteaux, de manière à en régulariser l'élasticité et à obtenir une parfaite homogénéité des sons, sans mélange de notes sourdes ou éclatantes, cette homogénéité étant la principale qualité d'un bon piano.

Avant l'égalisation, l'instrument a été plusieurs fois accordé à intervalles réguliers ; il l'est encore plusieurs fois après avoir été égalisé, et c'est alors seulement qu'il est considéré comme achevé.

DE L'ACCORD DES PIANOS

La question de l'accord des pianos, sa théorie, sa pratique, ont été exposées et développées par de nombreux spécialistes.

Un de ces traités, signé du nom très autorisé de M. Albert DOLMETSCH, a particulièrement retenu notre attention ; nous croyons ne pouvoir mieux faire, pour donner de l'art de l'accordeur un aperçu exact, que de citer ces pages qui traitent de ce délicat sujet avec autant de simplicité que de compétence :

'Les anciens instruments à cordes et à clavier tels que l'épinette, le clavicorde, le clavecin, étaient accordés par tierces, quintes altérées et une quinte juste, combinées avec les octaves des basses et des dessus, ce qui donnait un résultat harmonique plus que précaire.

L'harmonisation des sons du piano, c'est-à-dire l'art d'accorder le piano d'après la partition à *tempérament égal* employée aujourd'hui, ne date que du commencement du XVIIIe siècle.

Bien que les intervalles de cette partition ne soient pas rigoureusement exacts dans leurs rapports entre eux, ils arrivent à le paraître suffisamment dans un instrument bien accordé pour devenir très acceptables, même à l'oreille la plus exercée.

L'impossibilité d'obtenir un justesse plus rigoureuse provient de ceci :

Le son musical que l'on appelle *ton* se divise idéa-

lement en neuf parties égales dénommées *commas*, quatre de ces parties forment le demi-ton diatonique, et cinq le demi-ton chromatique, ce qui fait par exemple que le *do♯* est plus haut d'un *comma* que le *ré♭*.

Cette différence peut se traduire très exactement sur les instruments à cordes et à sons fixes tels que le violon, mais elle est impossible à exprimer sur les instruments à clavier et à sons fixes, qui n'ont qu'une seule note pour rendre ces deux altérations, d'où nécessité de recourir au tempérament pour équilibrer à peu près les demi-tons entre eux dans toute l'étendue des gammes majeures et mineures.

Comment on accorde un piano.

Pour devenir bon accordeur, il faut tout d'abord être doué d'un grande finesse d'ouïe. On arrive à développer cette faculté chez les élèves accordeurs en leur faisant accorder les instruments en cours de fabrication, d'après une méthode qui consiste, non pas à faire vibrer la corde au moyen du marteau, mais à la façon des harpistes, à cette différence près que le harpiste ébranle la corde avec le doigt, tandis que l'élève accordeur l'ébranle avec un morceau d'ivoire ou de bois mince.

Le débutant cherchera d'abord à entendre l'unisson de la première corde du cinquième *la* marqué *A* en partant des basses, qu'il accordera en se servant, comme point de repère, du diapason normal (870 vibrations à la seconde), puis, ayant accordé l'unisson de cette note, c'est-à-dire accordé les deux autres cordes de ladite note au ton de la première, il cherchera à accorder le *la* de l'octave inférieure ; il sentira qu'il y a réussi quand les vibrations des deux *la* se marieront parfaitement ensemble.

Il essayera ensuite d'entendre le demi-ton, puis la quinte, la quarte, la tierce, etc., en un mot, les intervalles qui composent la partition, et accordera en conséquence les notes correspondantes. Ces premières difficultés surmontées, le débutant accordera un piano pourvu de sa mécanique et de son clavier, mais, comme alors les trois cordes de la même note seront mises simultanément en vibration, il sera obligé de se servir d'un *coin* pour étouffer deux de ces cordes. Lorsque la première sera mise au ton du diapason, il retirera le coin pour le placer entre la troisième corde de cette note et la première corde de la note voisine ; il accordera la seconde corde à l'unisson de la première et procédera de même pour la troisième.

Les *coins* employés pour l'accord des pianos droits consistent généralement en une tige de bois aplatie et effilée aux extrémités. Ils sont garnis de peau dans le but d'assourdir le bruit que produirait le contact du bois avec les cordes.

Pour les pianos à queue, on se sert de coins affectant une forme rectangulaire, mais plus courts, plus larges et plus épais que ceux employés pour les pianos droits.

Il existe plusieurs façons d'établir une partition, et comme chaque accordeur peut en combiner une différente, nous nous bornerons à en indiquer deux à simple titre d'exemples.

La première procède par *quinte*s et *octaves* :

Cette partition se termine sur le *ré* naturel qui vient former deux quintes, une avec le *la* du diapason, *la*, *ré*, et l'autre avec le *sol inférieur*, *ré*, *sol*. Ces deux quintes étant bonnes, la partition est jugée exacte.

La seconde, procédant par *quintes* et *quartes*, est celle que nous préférons :

Dans cette seconde partition, les quintes et les quartes ont, comme preuve essentielle de leur justesse, la tierce et la sixte.

En effet, les corps sonores produisent des vibrations parfaitement sensibles à l'oreille exercée, et avec la pratique, on arrive à percevoir ces vibrations ou *battements*, qui deviennent alors la preuve indéniable de la justesse d'un son par rapport à l'autre.

Ainsi, les tierces et les sixtes seront considérées comme justes lorsqu'elles auront toutes des *battements précipités;* par contre, les quartes et les octaves ne devront avoir aucun battement.

La quinte doit être accordée avec battements lents, toujours au-dessous de la quinte juste.

Cette petite différence entre la quinte juste et la quinte altérée, répétée dans l'ensemble des quintes que comporte la partition ci-dessus, suffit pour compenser le *comma* qui existe entre le demi-ton diatonique et le demi-ton chromatique, et, par conséquent, pour ramener l'équilibre entre les demi-tons.

Pour établir cette partition au point de vue pratique, nous conseillons de procéder de la manière suivante : Accorder :

1° Le *la* du diapason ou *5e la* en partant des basses, à l'unisson du diapason normal.

2° L'*octave inférieure* du *la* précédent, sans battements.

3° La *quinte la mi* faible.

4° La *quarte inférieure mi, si*, sans battements.

5° La *quinte si, fa*♯ faible. Preuve de la justesse : la sixte *la, fa*♯ avec des battements précipités.

6° La *quarte inférieure sol♭, ré♭*, sans battements. Preuves : la tierce *la, do*♯ avec battements précipités et l'accord *la, do*♯*, mi, la*.

7° La *quinte ré♭, la♭* faible. Preuves : la tierce *mi, sol*♯ avec battements précipités, égale à la tierce *la, do*♯, la sixte *si, sol*♯ égale à la sixte *la, fa*♯ avec battements précipités et l'accord *si, mi, sol*♯.

8° La *quarte la♭, mi♭* sans battements. Preuves : la tierce *si, ré*♯ avec battements précipités, égale à la tierce *la, do*♯ et l'accord *si, ré*♯*, fa*♯.

9° La *quarte inférieure mi♭, si♭* sans battements. Arrivé à cet intervalle, nous conseillons d'accorder l'octave supérieure *si♭* qui donne comme preuves : la tierce *sol♭, si♭* avec battements précipités, égale à la tierce *si, ré*♯, la sixte *ré♭, si♭* égale à la sixte *si, sol*♯, avec battements précipités et les accords *ré♭, sol♭, si♭* et *mi♭, sol♭, si♭*.

10° La *quinte si♭, fa* faible. Preuves : la tierce *ré♭, fa* avec battements précipités, égale à la tierce *la, do*♯.

11° La *quarte inférieure fa, do*, sans battements. Preuves : les tierces *la, do* et *do, mi*, avec battements précipités, la sixte *do, la* et l'accord *do, fa, la*.

12° La *quinte do, sol* faible. Preuves : la tierce *mi♭, sol*, la sixte *si♭, sol* avec battements précipités, et les accords *do, mi, sol* et *si♭, mi♭, sol*.

13° La *quarte inférieure sol, ré*. Preuves : les quartes *la, ré* et *ré, sol* sans battements, les tierces *si♭, ré* et *ré, fa*♯ avec battements précipités. Intervalles égaux [1] et les accords *la, ré, fa*♯, — *si♭, ré, fa*, — *si, ré, sol*.

Enfin, accorder les octaves des basses et des dessus parfaitement justes, c'est-à-dire sans battements.

C'est par la *quinte* et les *accords parfaits majeurs* que nous conseillons de vérifier la parfaite justesse de l'octave.

Une fois la partition accordée bien également, les dessus et les basses formant un tout bien juste, la sonorité du piano devient harmonieuse et acquiert un charme qui met en pleine valeur les qualités naturelles de l'instrument.

OBSERVATIONS IMPORTANTES

Le piano étant construit, comme nous l'avons vu, en bois d'essences variées, et se composant de nombreux organes dans lesquels entrent du métal, du drap, de la peau, du feutre, etc., est très sensible aux variations atmosphériques et hygrométriques, auxquelles on doit, par conséquent, s'efforcer de le soustraire.

Il importe surtout de le garantir contre l'humidité qui a pour effet de faire gonfler le feutre des marteaux et de rendre le son mat et sourd, d'oxyder les cordes, qui sont alors beaucoup plus sujettes à se rompre, de rendre aussi la mécanique et le clavier paresseux, et parfois même de provoquer dans l'instrument de graves désordres dont la réparation peut être très coûteuse.

Il faut, autant que possible, éviter de poser sur le couvercle des objets quelconques dont le moindre inconvénient est d'assourdir les sons et qui, en vibrant par sympathie, peuvent produire des frisements désagréables.

Il importe enfin de tenir toujours l'instrument en bon état d'accord, en le faisant accorder en moyenne trois ou quatre fois par an, et en évitant de le placer dans le voisinage trop immédiat d'une cheminée, d'une conduite ou d'une bouche de chaleur, surtout d'un radiateur.

C'est sur ces quelques conseils dictés par l'expérience que nous terminerons cette étude, laissant à une plume plus autorisée le soin d'apprécier le piano au point de vue de ses ressources musicales.

1. *N.-B.* Le nombre des battements augmentant progressivement à mesure qu'on avance vers les sons aigus, nous n'entendons par les mots *tierces égales* et *sixtes égales* que l'égalité approximative perçue par l'oreille.

A. BLONDEL.

LE PIANO ET SA TECHNIQUE

Par MM. L.-E. GRATIA et Alphonse DUVERNOY

PROFESSEUR AU CONSERVATOIRE

ÉVOLUTION DE L'INSTRUMENT

L'*artiste* écoute chanter en lui toutes les voix de la nature. Rires et sanglots, espoirs et souvenirs vibrent dans sa sensibilité; il est le grand miroir qui reçoit toutes les impressions humaines. Le talent laborieusement acquis lui permettra de donner une forme à ces échos multiples, de muer ces émotions en œuvres d'art, qui, à leur tour, impressionneront les autres hommes, heureux de puiser en elles une joie, un plaisir, une tendresse, une douceur, une vie plus intense ou plus profonde.

La science du facteur d'instruments aidera évidemment l'artiste; l'outil dont celui-ci a besoin pour extérioriser ses sensations, pour les rendre perceptibles aux autres, sera sans cesse perfectionné. Grâce à ce corps, créé pour lui, l'œuvre du compositeur se modifiera suivant les degrés de perfection de l'instrument.

Des génies tels que BEETHOVEN écrivirent des œuvres dépassant de beaucoup les moyens d'interprétation des instruments de leur époque : ils ont prévu. Ce n'est plus le savant constructeur qui incita le compositeur, c'est ce dernier, au contraire, qui devança les inventeurs de son temps. Le mécanisme instrumental améliorera donc ses ressources afin de faciliter la tâche de l'exécutant et de servir plus fidèlement les volontés du compositeur, ses désirs, ses rêves, sa pensée.

C'est ainsi que deux colonnes soutiennent le temple de l'art : *la Science, l'Artiste*.

Il est alors nécessaire, avant de parler du piano tel qu'il est à notre époque, de dire quelques mots sur ses *ancêtres*, sur ses origines.

Nous examinerons ensuite le *rôle de l'instrument sur la musique et sur les musiciens* passés et présents, ainsi que sur les œuvres musicales qui furent écrites à son usage.

Nous *citerons les principaux virtuoses*, et dirons enfin *quelques mots sur la Pédagogie ancienne et moderne* de l'instrument.

Origine du piano.

Le piano est un instrument à cordes frappées; c'est donc en recherchant parmi les instruments de cette famille que nous trouverons ses vieux parents.

Le monocorde antique me semble être le premier ancêtre du piano.

Le monocorde remonterait au ve ou au vi^e siècle avant J.-C. « On attribue son invention à Pythagore. Il était composé d'une règle de bois divisée en plusieurs parties, sur laquelle on mettait une corde de boyau ou de métal, tendue par deux chevalets, et au milieu de laquelle se trouvait un troisième chevalet mobile[1].

Le psaltérion, ou psalterium. En allemand *psalter*, en italien *salterio*, en anglais *dulcimer* et *psaltery*. Instrument à cordes fixes et pincées ayant habituellement la forme d'un triangle tronqué en haut. A part les psaltérions égyptiens, on ne sait pas exactement quelle était la nature et la forme du psaltérion.

Au ixe siècle, il était carré ou triangulaire; ensuite, il admit une caisse plate percée d'ouïes comme dans le *tympanon* (voir plus loin). A l'exemple des Égyptiens, au xiie siècle, on le suspendit au cou de l'exécutant; les cordes étaient mises en vibration par les mains ou avec un plectre, — bâtonnet pointu ou crochu aux deux extrémités. On appela le psaltérion : *saltérion*, *saltère*, *salteire*, à cause sans doute de sa ressemblance avec le *santir* ou *pisantir* de l'Inde ou de l'Egypte. Il y en eut de six à trente-deux cordes[2].

Souvent, il y avait deux cordes à l'unisson, et son étendue variait de trois à cinq octaves.

Le tympanon. En anglais *dulcimer*, en italien *timpano*, en allemand *hackbret*. C'est une sorte de harpe horizontale, dérivant du *santir* (psaltérion oriental), montée de cordes métalliques se frappant avec deux plectres. Souvent, il y avait deux cordes à l'unisson, et son étendue variait de trois à cinq octaves. On joue encore beaucoup du tympanon en Hongrie[3].

Cet instrument donna naissance au **clavicitherium.** Instrument à cordes verticales du xve siècle; les cordes les plus longues se trouvaient à droite, et les plus courtes à gauche. On l'appelait aussi cithare à clavier; c'est la combinaison du psaltérion, du tympanon et de l'antique monocorde[4].

Le clavicorde. — Nous lisons dans le catalogue de la maison GAVEAU :

'Le clavicorde est, sans nul doute, le premier en date de tous les instruments à cordes et à claviers.

1. *Dictionnaire pratique et raisonné des instruments de musique anciens et modernes*, par Albert JACQUOT. Paris, édit. Fischbacher, 1886, p. 147.
2. *Loco cit.*, Albert JACQUOT, p. 186.
3. *Ibid.*, p. 252.
4. *Ibid.*, p. 52.

Son mécanisme est extrêmement simple : les cordes en laiton reposent, à l'une de leurs extrémités, sur un chevalet faisant corps avec la table d'harmonie ; l'autre extrémité reste indéterminée et se perd dans des entrelacements de feutre. Quand on appuie sur une touche, la *tangente*, petite lame de laiton, va toucher la corde et en même temps l'ébranle et la fait vibrer. La tangente mesure donc la longueur de la corde nécessaire pour obtenir le son voulu, en même temps qu'elle la fait naître : son rôle est donc à la fois celui des doigts et de l'archet du violoniste.

Le son du clavicorde est faible, mais il est pur, tout en étant coloré. Il obéit au toucher d'une façon merveilleuse et peut nuancer les phrases les plus délicates. Il est, et c'est là une qualité qui n'appartient qu'à lui seul, doué du vibrato comme le violon et la voix.

L'émission du son au clavicorde étant débarrassée de presque tous bruits mécaniques, rien ne vient interrompre la continuité de la phrase ; c'est pour cette raison que la musique ancienne, souvent écrite en contrepoint, est si facile à comprendre au clavicorde, qui permet de donner à chaque partie l'expression qui lui est propre.

L'audition d'une fugue au clavicorde est une véritable révélation ; on comprend que J.-S. Bach lui ait consacré ses plus belles œuvres.

Gaveau a reconstitué cet instrument ; le petit modèle possède quatre octaves et deux notes, du *do* au *ré*, le grand modèle est de cinq octaves.

C'est bien là le véritable ancêtre du piano, car c'est le premier instrument à clavier et à cordes frappées par un petit marteau. Nous sommes encore loin du marteau du piano garni de peau et plus tard de feutre. Dans le clavicorde, le marteau de laiton est épais comme une lame de couteau[1].

C'est vers le commencement du XVIIIe siècle que les facteurs cherchèrent à remédier aux sons secs, dépourvus de nuances. On va laisser les sautereaux — petits becs de plumes d'oiseaux — qui pinçaient la corde, pour leur substituer des petits maillets frappant cette corde. Voici, de ce fait, créé un nouveau type « d'instrument à cordes frappées ». C'est le piano qui est né : l'enfant sera robuste ; chaque jour il grandira et acquerra de la puissance.

Marius avait inventé le **clavecin à maillets** — embryon du piano — dès 1716, année durant laquelle il soumit cette innovation à l'Académie des Sciences. « Il fallut que l'idée en revînt d'Angleterre, où elle avait été portée, dit-on, en 1760, par l'Allemand Zumpe, pour décider nos facteurs à s'occuper de cet instrument[2]. »

Parmi les facteurs qui imaginèrent cette modification de l'épinette et du clavecin, il faut citer l'Italien Bartolomeo Cristofori ou Cristofali, qui inventa vers 1711, suivant les uns, vers 1718, suivant les autres, des clavecins dans lesquels les becs de plume pinçant les cordes étaient remplacés par de petits marteaux qui les frappaient pour les faire résonner, après avoir été mis en mouvement par la touche du clavier abaissée par le virtuose. Cristofori donna à cet instrument le nom de **gravicembalo con piano e forte**, c'est-à-dire clavecin avec nuance douce et forte[3].

Cet instrument nouveau détrôna le clavecin qui occupait une place prépondérante sous Louis XIV et Louis XV ; on l'appela **forte-piano** ou **piano-forte**, de deux mots italiens : *forte*, éclatant, fort, et *piano*, doux, faible, pour exprimer que, sur ce nouvel instrument, on pouvait à volonté jouer fort ou doux. Peu à peu, on abandonna *forte* pour ne plus garder que le nom actuel : **piano**.

Ces instruments possédaient de réels avantages sur leurs ancêtres, mais, néanmoins, étaient loin d'approcher du perfectionnement de ceux d'aujourd'hui. La sonorité n'en était sans doute pas toujours des plus agréables, si on en juge par une lettre que Voltaire écrivit à Mme du Deffand, en 1774, appelant le *forte-piano* un instrument de chaudronnier comparé au clavecin.

Suivant une affiche signalée par la *Gazette musicale* (1851, p. 212), dont l'original est actuellement, selon M. Lavoix, entre les mains de M. Broadwood, la première audition publique du *piano-forte* eut lieu à Londres en 1767. L'importation ne tarda pas ; en 1770, il était connu à Paris.

Virbès, organiste de Saint-Germain-l'Auxerrois, en 1766, avait déjà essayé de donner au clavecin le *piano* et le *forte* au moyen de bascules actionnées par les genoux. Dumontier, en 1775, avait aussi tenté d'obtenir ce résultat, nous dit l'*Histoire de l'Académie des Sciences* (p. 161). — Virbès persista dans ses recherches et opposa un instrument de sa façon à celui venu d'Angleterre ; l'entrefilet suivant, découpé dans l'*Avant-Coureur* du 2 avril 1770, en fait foi :

« Le même soir (3 avril), le sieur Virbès fils, âgé de 9 ans et demi et élève de son père, fera entendre plusieurs morceaux de musique sur un *instrument à marteaux* de la forme de ceux d'Angleterre. Cet instrument a été exécuté en Allemagne suivant les principes de M. Virbès. Il rend les sons beaucoup plus forts et plus nets que ceux d'Angleterre, et l'harmonie en est plus agréable et d'un meilleur effet[4]. »

Silbermann (Jean-Henri), né et mort à Strasbourg (1727-1799), s'occupa spécialement de la construction des pianos, d'après les principes de son oncle Godefroid.

Ce sont ses instruments qui, semble-t-il, furent les premiers munis de mécanique à marteaux. Silbermann en expédia dès 1775.

Zumps — ouvrier allemand — s'établit à Londres, où il lança ses petits pianos carrés, en 1760.

Frederici, facteur d'orgues à Sera, en Thuringe, avait déjà créé le piano carré en 1753.

Français, Allemands, Anglais apportent chacun une amélioration. Ce furent l'Allemagne et l'Angleterre qui commencèrent. Frederici ayant inventé le piano carré au XVIIIe siècle ; Stein, d'Augsbourg, le perfectionna et inventa un piano appelé *vis-à-vis*. En Angleterre, les plus célèbres facteurs furent Broadwood et W. Mason.

Hildebrand, de Berlin, fit des pianos carrés avec marteaux frappant les cordes au-dessus, mécanisme conçu par Marius et perfectionné par Stricher, Petzold et Pape, Americus Backers, l'inventeur de la mécanique anglaise ; citons les Allemands Zumpe, Pohlman, Kirkmán, Gieb.

Mercken est peut-être le premier qui construisit régulièrement des *forte-piano* à Paris. Il y a, aux Arts et Métiers, un de ces instruments, de forme

---

1. Voir l'article de M. Blondel : *Le Piano et sa facture.*
2. *Les Facteurs d'instruments de musique et la facture instrumentale. Précis historique.* Constant Pierre, édit. Sagot, 1893, p. 136.
3. *Piano et Pianiste*, par Rougnon, édit. J. Damgon, 1895.

4. *Loco cit.*, Constant Pierre, p. 136.

rectangulaire, marqué « Johannes-Kilianus MERCKEN, Paris, 1770 », et CASTIL-BLAZE a cité celui de 1772 [1].

BECKERS, gendre de MERCKEN, lui succéda vers 1825. A partir de 1777, d'autres facteurs se firent recevoir dans la communauté : FOUCAULT, Nicolas HOFFMANN, François DUVERDIER.

En 1783, de nouveaux facteurs de pianos s'étaient installés à Paris, presque tous étrangers, si l'on s'en rapporte à leurs noms : Jaccas KLEIN; Mathieu NELLESSE; Jean SCHWER.

HILLEBRAND reprend l'invention de MARIUS (1716) consistant à mettre les marteaux au-dessus des cordes; le mécanisme de ce fait devient plus sensible au toucher et les sonorités plus douces (1783). On peut voir cette mécanique au musée du Conservatoire. ZIMMERMANN (1783-an VIII), dont une harpe est aux Arts et Métiers, vendait des pianos anglais, — Guillaume ZIMMERMANN et un troisième facteur, Joannes ZIMMERMANN.

KORWER, en 1788, fournisseur de l'Opéra, dont nous avons vu un mémoire pour cinquante-trois accords de clavecins faits du II thermidor an IV au 28 brumaire an V, à raison d'une livre dix sous [2].

De 1783 à 1789, nous trouvons les noms de WOLFF, BOSCH, DAICKVILLER, DANJARD, Eberhard LANGE, SCHMIDT, TIBLES, STIRNEMANN, SYSTERMANS.

Les tentatives plus ou moins timides de ces nombreux facteurs n'auraient pu lutter contre la protection étrangère si n'était survenu Sébastien ERARD.

Je ne citerai à partir d'ici que les principaux facteurs, en suivant l'ordre chronologique. Je ne les citerai pas tous, car les facteurs du XIX⁰ siècle sont nombreux [3] : 169 pour 135 maisons [3].

Sébastien ERARD, né à Strasbourg le 5 avril 1752, mort à Passy, 1831, s'exerça de bonne heure aux travaux manuels dans l'atelier d'ébénisterie de son père, et vint à Paris en 1768, peu après la mort de ce dernier.

L'industrie du piano en France ne date réellement que d'ERARD. C'est lui qui sut, dès le début, perfectionner la facture de manière à pouvoir lutter contre les instruments allemands et anglais, et ensuite à les surpasser.

Dès son arrivée à Paris, il entra comme ouvrier chez un facteur de clavecins, mais y resta peu de temps, son désir de tout connaître ayant déplu à son maître inquiet et soupçonneux. Son second maître fit appel à son adresse pour construire un instrument particulièrement délicat.

Peu après, il exécuta, pour le duc de la Blancherie, un clavecin mécanique qui fit sensation ; l'*Almanach musical* de 1783 mentionne ce clavecin à « trois registres de plumes et un de buffle », munnis de plusieurs pédales, et constate qu'ERARD est le premier facteur qui ait trouvé le moyen de faire parler les quatre sauteraux au moyen du grand clavier seul.

La duchesse de Villeroy offrit l'hospitalité à ERARD, qui commença chez elle la fabrication du piano.

« Bientôt, la vogue arriva, et S. ERARD dut faire venir son frère Jean-Baptiste pour lui confier la direction de son atelier, pendant qu'il se livrait à ses recherches et expériences (1780). [4] »

La Révolution interrompit ses travaux ; il partit pour l'Angleterre, revint en France, repartit encore, et, enfin demeura en France à dater de 1813. C'est à cette époque qu'il fit subir une transformation complète à la fabrication du piano.

Les facteurs du XIX⁰ siècle étaient déjà en grand nombre. Constant PIERRE, après de laborieuses recherches, nous donne les chiffres suivants [5] :

En 1821 : 30 facteurs ; 1837 : 75 ; 1847 : 80 ; 1855 : 120 ; 1873 : 80 ; 1892 : 55.

Ces chiffres sont ceux de la statistique faite par la Chambre de Commerce de Paris : ils ne se rapportent qu'aux facteurs de cette ville.

ERARD construisit un instrument à deux claviers : l'un pour le piano, l'autre pour l'orgue. Il imagina un clavier mobile permettant de transposer en dessus et en dessous d'un demi-ton, ou d'un ton et demi.

« Dès le début (1790), il dota le piano du faux-marteau à double pilote; quatre ans après, il faisait breveter l'échappement simple, à l'aide duquel on obtenait une grande précision du coup de marteau, avantage qui, malheureusement, faisait perdre la légèreté et la facilité de répétition que donnait la mécanique à pilote fixe, laquelle pourtant n'était pas · exempte d'inconvénients, tels que le manque de fixité du coup de marteau, le rebondissement lorsque la touche était fortement attaquée, etc. Malgré la satisfaction des artistes, S. ERARD ne considéra pas sa nouvelle invention comme complète, et il continua ses recherches [6]. »

Il remplaça la pointe du sommier des chevilles par une agrafe donnant à la corde une assiette ferme, indispensable aux notes aiguës (1809). Il imagina ensuite le piano à deux claviers en regard (1811), le piano à sons continus (1812), et construisit des instruments de diverses formes : piano clavecin (1809), piano secrétaire à deux jeux de marteaux, et piano en forme de colonne (1812) ; puis, en 1821, il fit connaître son piano à deux claviers indépendants placés vis-à-vis l'un de l'autre [7].

Enfin, en 1822, ERARD acquiert toute sa renommée en inventant le double échappement. Ce perfectionnement de la mécanique est adapté à tous les pianos à queue; il offre au virtuose un grand avantage, puisqu'il permet au marteau de revenir à sa position de lancement avant que l'étouffoir soit retombé, et que le doigt ait laissé la touche remonter complètement. Non seulement, les notes répétées avec rapidité sont d'une exécution plus facile, mais il est possible, grâce au toucher de près, d'obtenir de beaux effets de sonorité, liés, soutenus.

THALBERG considère que ce nouveau mécanisme permet de communiquer aux cordes tout ce que la main la plus habile et la plus délicate peut exprimer.

« Une autre innovation importante fut le barrage métallique au-dessus du plan des cordes, assurant à la caisse la plus grande solidité et permettant l'emploi de cordes d'un plus fort diamètre, laquelle innovation fut complétée peu après (1830) par la substitution aux cordes de cuivre, jusqu'alors employées pour les basses, de cordes filées en acier. Alors, le piano acquit une sonorité particulière n'ayant plus aucune analogie avec celle du clavecin. »

Sébastien ERARD meurt le 5 avril 1831, après une année de terribles souffrances. Jean-Baptiste, son frère, étant mort le 10 avril 1826, ce fut le fils de ce dernier, Jean-Baptiste-Pierre-Orphée, né à Paris en 1794, qui succéda à son oncle.

1. Constant PIERRE, p. 39.
2. *Ibid.*, p. 144.
3. *Ibid.*, p. 163.
4. *Ibid.*, p. 141.

5. *Ibid.*, p. 158.
6. *Ibid.*, p. 164.
7. *Ibid.*, p. 165.
8. *Loco cit.*, ROUGNON, p. 7.

En 1834, Pierre Érard introduisit un perfectionnement à la mécanique à double échappement; en 1838, il imagina la barre harmonique donnant aux sons aigus une pureté et une intensité inconnues à cette époque, enfin il appliqua, en 1843, le double échappement au piano carré.

On peut encore citer parmi les autres inventions de ce facteur : le clavier de pédales adapté au piano à queue (1848), le sommier de bronze formant avec le sommier d'attache un châssis augmentant la puissance de l'intrument, sans avoir les inconvénients du châssis en fer fondu d'une pièce (1850), et diverses améliorations de détail (1853-55)[1].

P. Érard mourut au château de la Muette, le 16 août 1855. Sa veuve, secondée par son beau-frère, M. Schœffer, conserva la maison, dont la prospérité s'intensifiait chaque année. C'est lorsque M. Schœffer mourut (17 janvier 1873) que Mme Érard confia l'administration de la manufacture à M. Blondel (Albert-Louis), situation qu'il conserva après le décès de Mme Érard (13 octobre 1889).

En 1880, la disposition de la pédale douce fut modifiée dans les pianos droits. L'ancien système de languettes de feutre s'interposant entre les marteaux et les cordes n'était pas exempt de reproches. Non seulement, son emploi était difficile pour les personnes peu exercées, mais l'usure entraînait rapidement des inégalités de sonorité. Le système de déplacement des marteaux de droite à gauche n'était pas beaucoup meilleur; il fatiguait le mécanisme et produisait une usure inégale des feutres des marteaux. Le nouveau système n'a plus ces inconvénients, la diminution d'intensité de la sonorité est la résultante du rapprochement des marteaux vers les cordes. Leur lancement est plus ou moins court, et ils frappent avec plus ou moins de vigueur suivant qu'ils sont plus ou moins près des cordes.

D'autres facteurs avaient déjà employé ce système, mais, malheureusement, le dispositif permettant de diminuer la course du marteau entraînait, lorsqu'on s'en servait, une altération du toucher; il fallait y ajouter un mécanisme compensateur pour éviter une perte de poids sous les doigts.

La maison Érard mérite encore une des premières places parmi les manufactures françaises de pianos. Les goûts des grands virtuoses sont différents suivant leurs mains, les œuvres qu'ils affectionnent particulièrement et leur tempérament; ils s'accordent néanmoins à reconnaître que les pianos Érard sont des instruments soignés et agréables à jouer, principalement pour faire valoir les traits rapides et des doigts bien exercés.

Ayant demandé à M. Blondel quelles étaient les dernières modifications apportées à la fabrication et en quoi elles consistent, M. Blondel a bien voulu m'écrire ce qui suit :

« Depuis 1889, nous nous sommes surtout appliqués à porter au plus haut degré possible la qualité de son de nos modèles à cadre en fer et cordes croisées, créant successivement un type nouveau de quart-de-queue, de demi-queue et un grand modèle de concert.

« La tâche entreprise et heureusement menée à bien consistait à atténuer, au point de la rendre insensible, l'influence qu'exerce sur la sonorité d'un piano la masse de métal que constitue son cadre, et à atténuer de même les inconvénients inhérents au croisement des cordes.

«« Le résultat cherché était difficile à atteindre; il a nécessité de longues recherches, de nombreux essais, mais nous avons été assez heureux pour voir nos efforts couronnés de succès, et les suffrages des plus célèbres virtuoses et des amateurs les plus éclairés nous ont amplement récompensés de nos sacrifices et de nos peines.

« Aujourd'hui, chacun de nos types semble avoir atteint son apogée, ce qui ne nous empêche pas de continuer à mettre tout en œuvre pour ajouter encore, si faire se peut, à leurs qualités acquises, et pour justifier toujours davantage la considération que nous ont value dans le monde des musiciens cent quarante-trois ans d'existence et les nombreuses inventions dont nous avons enrichi le patrimoine de la facture française et mondiale. »

(Voir article : *Le Piano et sa facture*.)

Moins ancienne de quelques années, mais non moins justement célèbre, sera la maison Pleyel.

Pleyel (Ignace), qui donna son nom à la manufacture de pianos, naquit à Ruppersthal, près Vienne, le 1er juin 1831.

Compositeur, virtuose et éditeur, sa facilité d'assimilation et sa puissance de travail l'incitèrent à fabriquer des pianos en l'année 1808.

« Ayant remarqué la prompte détérioration des pianos provenant de la fatigue que le tirage des cordes faisait éprouver à la table d'harmonie, et que l'action continue de ce tirage la faisait presque toujours enfoncer, bomber ou fendre, nous avons remplacé l'ancienne construction par un barrage en fer fondu, qui offre une résistance invincible à l'action des cordes, et donne un plus grand volume de son, en laissant la table d'harmonie à découvert. Cet avantage nous a permis de garnir les marteaux de manière à donner au son ce moelleux et cette rondeur qu'on n'avait pu obtenir jusqu'ici. Ces pianos tiennent l'accord bien plus longtemps que les autres, et la longueur des cordes est si bien calculée qu'il est presque impossible qu'elles cassent[2]. »

Le cadre en fer augmentant la résistance à la traction des cordes, il devient possible d'augmenter leur volume et leur tension; le son, par conséquent, s'accroîtra, acquerra une plus grande puissance. La virtuosité gagnant ainsi un son plus prolongé, plus rond, n'aura plus besoin d'avoir recours à autant de volubilité; la rapidité des notes sera moins recherchée (à moins d'effets spéciaux); on préférera une chose qu'une dentelle de notes, qu'une cascade de perles; le jeu brillant pourra persister, mais le jeu émotif sera possible. Le piano de 1927 n'est pas semblable au piano de 1832 joué par Chopin.

Il faut pourtant constater que des génies, tels Bach, Beethoven, Liszt, ont, par leurs compositions, dépassé les ressources des instruments de leur époque. L'homme de génie, comme l'homme de science, est un précurseur qui voit au delà de son siècle.

Ignace Pleyel était aussi éditeur de musique, et s'il joignait à ses travaux d'édition ceux de facteur de pianos, ce n'était pas sur les encouragements de sa femme, qui s'en plaignait souvent, considérant qu'au lieu de « tous ces pianos, harpes, guitares et luths, il ferait bien mieux de graver toutes sortes de petites œuvres demandées tous les jours, qui n'exigent pas grandes avances et dont la rentrée est sûre[3] ».

---

1. C. Pierre, p. 170.

2. Circulaire que MM. Pleyel et Cie adressèrent à leur clientèle en 1832, pour annoncer l'introduction du barrage en fer.

3. Lettre de Mme Pleyel; *L'Art Décoratif*, mai 1909, p. 178, article de M. L.-G. Maxniel.

C'est elle qui enseigna le piano à ses quatre enfants. L'un d'eux, Camille, est devenu un éminent virtuose, compositeur et facteur de pianos. C'est lui qui, lorsd'un voyage en Allemagne, écrivait à sa mère : « On nous a menés chez BEETHOVEN. C'est un petit trapu, le visage grêlé et d'un abord très malhonnête. Cependant, quand il a su que c'était PLEYEL, il est devenu un peu plus honnête; mais comme il avait affaire, nous n'avons pu l'entendre. » Puis, sur une autre lettre envoyée quelques jours après, nous lisons : « Enfin j'ai entendu BEETHOVEN, il a joué une sonate de sa composition, et LAMARE l'a accompagné. Il a infiniment d'exécution, mais il n'a pas d'école, et son exécution n'est pas finie, c'est-à-dire que son jeu n'est pas pur. Il a beaucoup de feu, mais il tape un peu trop; il fait des difficultés diaboliques, mais il ne les fait pas tout à fait nettes. Cependant, il m'a fait grand plaisir en préludant. Il ne prélude pas froidement comme WOLFF : il fait tout ce qui lui vient dans la tête et il ose tout. Il fait quelquefois des choses étonnantes. D'ailleurs, il ne faut pas le regarder comme un pianiste, parce qu'il s'est totalement livré à la composition, et qu'il est très difficile d'être en même temps auteur et exécutant[1]. »

Deux ans après cette visite, BEETHOVEN écrit à PLEYEL pour lui demander de s'intéresser à l'édition de ses œuvres.

MÉHUL l'aida à fonder une fabrique de pianos en lui prêtant 40.000 livres. Le 28 octobre 1808, Ignace PLEYEL s'installe boulevard Bonne-Nouvelle. La maison avait du mal à prendre sa place, car en 1817, à la mort de MÉHUL, il fallut rembourser les 10.000 livres, et cela causa un ralentissement marqué dans l'achat des œuvres à éditer. Ce fut le succès croissant des pianos PLEYEL qui détourna peu à peu le facteur de la composition et de l'édition.

KALKBRENNER devint son associé.

Camille PLEYEL continue à faire progresser la facture ainsi que l'élégance des formes. En 1834, la fabrique occupait plus de 200 ouvriers, faisant près de 1000 pianos par an.

Dans la salle de concerts nouvellement édifiée, on entendit : RUBINSTEIN, Franz LISZT, CHOPIN.

En 1855, à la mort de Camille PLEYEL, les ateliers de la rue Cadet occupaient 350 ouvriers et produisaient 1400 pianos par an. Depuis quelques années, Auguste WOLFF, neveu d'Ambroise THOMAS, premier prix au Conservatoire, professeur de 1842 à 1847, était l'associé de la maison; durant trente années, il y fut administrateur.

Son gendre et successeur fut M. Gustave LYON; sa grande réforme fut l'introduction du cadre en métal. A l'heure actuelle, l'usine fabrique 147.000 pianos par an.

H. HERZ, né à Vienne en 1802, fut aussi virtuose avant d'être facteur; il fit ses études au Conservatoire de Paris, où il obtint un premier prix de piano en 1818; il y fut professeur de 1842 à 1866; il débuta comme facteur vers 1825, époque à laquelle les ateliers furent transportés de Lyon à Paris. HERZ, plus virtuose que commerçant, avait confié la direction de la facture à KLEPFER, dont la gestion fut déplorable. Rompant avec son associé, il ne fut pas plus heureux en choisissant comme successeur un étranger; les résultats pécuniaires ne furent pas meilleurs. En 1844, il faisait quatre cents pianos par an, instruments justement appréciés. Ses

pianos à queue, ses pianos carrés à deux ou trois cordes, et principalement son piano droit à cordes obliques lui firent obtenir une médaille d'or, et le classèrent au premier rang. De 1845 à 1851, il donna une série de concerts à l'étranger. En 1849, un brevet est pris à son nom pour une mécanique reposant sur le parquet du clavier. C'est à dater de cette époque que cette manufacture fit de rapides et importants progrès, et s'éleva au rang des meilleures maisons françaises.

Agé de quatre-vingt-six ans, H. HERZ mourut le 5 janvier 1888. Mme HERZ présenta en 1889, à l'Exposition de Paris, les derniers instruments préparés par son mari. Enfin, le 3 juillet 1891, Mme veuve HERZ cède à MM. A. THIBOUT et Cie le commerce et le matériel, qui se réunissent à la maison fondée par M. Amédée THIBOUT père, que nous citerons plus loin.

Nous ne pouvons parler ici d'un grand nombre de facteurs plus modestes qui, quoique disparus actuellement, jouirent pourtant d'une certaine notoriété et firent accomplir divers progrès dont nous recueillons maintenant les fruits. Citons rapidement : PFEIFFER, en 1806; obtient une mention pour un piano vertical fait en collaboration avec PETZOLD; en 1807, soumet à l'Académie des Beaux-Arts un piano à caisse triangulaire, et en 1827, un piano transpositeur par le moyen d'une pédale.

SCHNEIDER, en 1827, fait plaquer en argent les cordes de piano.

J.-Henri PAPE, d'origine allemande, mais formé par PLEYEL, fonde une maison en 1818. Ce facteur fait de nombreuses innovations; le chiffre de ses inventions se monte à 137. Si, parmi elles, il faut en considérer comme négligeables (tels les pianos en forme de tables, de meubles divers, le piano rond, 1834, le piano console, des pianos dont les cordes étaient remplacées par des ressorts, 1840), il convient de retenir comme remarquables : le système de marteaux placés au-dessus des cordes (1827-35), le piano vertical d'un mètre de hauteur (1828), un système de montage des cordes propre à diminuer le tirage (1838), et particulièrement l'heureuse idée d'employer du feutre pour garnir les marteaux; depuis 1826, on adopta universellement cette matière.

PAPE eut comme contremaître, de 1826 à 1831, Jean-Georges KRIEGELSTEIN, un de nos plus célèbres facteurs actuels, dont nous parlerons un peu plus loin.

Guillaume-Lebrecht PETZOLD, que nous avons déjà cité comme collaborateur de PFEIFFER, naquit à Lichtenstein (Saxe), le 2 juillet 1784, et s'établit à Paris vers 1805. Il resta l'associé de PFEIFFER jusqu'en 1814; c'est ensuite qu'il modifia la table d'harmonie en la rendant indépendante (1823), et qu'il présenta, en 1829, un piano carré à cadre en fer fondu.

ROLLER et BLANCHET furent les premiers qui exposèrent un piano droit en 1827. D'un mètre trente de large sur un mètre de hauteur, le nouveau-né allait bientôt faire disparaître le piano carré. En 1829, ils firent un piano qui pouvait changer de ton à volonté, au moyen du déplacement des marteaux qui, entraînés par le clavier, frappaient sur différentes cordes suivant le désir de l'exécutant.

Ils tentèrent aussi d'augmenter la puissance de la sonorité, d'abord par l'emploi d'une table renversée et l'utilisation d'une plus grande force donnée aux marteaux, ensuite à l'aide d'une double queue doublant ainsi le nombre des cordes (1839). Ils simplifièrent leur invention en se servant d'un double rang de cordes et d'une double table d'harmonie (1844).

---

1. *Ibid.*, p. 179.

Ils inventèrent aussi une mécanique à point de contact mobile (1852), et en 1829, le *chromamètre* facilitant l'accord du piano, supprimant pour l'accordeur le soin d'établir la partition. Le chromamètre dut son insuccès à son prix relativement trop élevé, quatre-vingts francs!

En 1851, ROLLER se retira de l'association. P.-A.-C. BLANCHET (ancien élève de l'Ecole Polytechnique) succéda à son père. Il participa pour la dernière fois à une Exposition, en l'année 1867, avec quatre instruments intéressants : le premier, par son tablage; le deuxième, par ses dimensions très réduites : 80 centimètres de hauteur; le troisième, par un mécanisme; le quatrième se démontant comme les pièces anatomiques, construit par emboîtements, et destiné à l'école normale de Cluny.

GAIDON aîné et GAIDON jeune créèrent une manufacture en 1820, inventèrent en 1849 un mécanisme donnant presque les mêmes avantages que le double échappement et, en 1878, un grand piano vertical pouvant instantanément se transformer en piano à queue.

Séb. MERCIER, en 1844, présenta un piano droit à cordes verticales permettant de transposer de cinq demi-tons. Plus tard, toujours pour faciliter la transposition (1851), il fabriqua un instrument muni de touches brisées agissant sur divers leviers, suivant le déplacement du clavier. A la même époque, il ajouta une pédale expressive.

Claude MONTAL, facteur aveugle de naissance et pourtant étonnamment adroit, débuta en 1836. « Il inventa un système de mécanique à répétition (1842), deux modèles de pianos transpositeurs (1846-50), une mécanique à échappement continu (1851), un piano dont le corps sonore était renversé sur la mécanique (1848); un autre à sons soutenus (1858)[1]. » Il présenta aussi, à Londres, en 1862, un piano dont le clavier s'abaissait au moyen d'une pédale pour modifier la force de la sonorité. Il publia un volume ayant pour titre : *L'Art d'accorder soi-même son piano*. Il fut professeur à l'Institution des jeunes aveugles, et mourut, le 7 ou le 8 mars 1865, dans sa 65e année.

TESSEREAU lui succéda ; ensuite, ce fut DONASSON.

WOLFEL fonda sa maison vers 1837, fit subir de nombreuses modifications à différentes parties du piano. C'est lui qui exécuta des claviers en forme d'arc de cercle, et c'est, je crois, cette même invention qu'exploitait encore en 1914 la maison ZEITTER et WINKELMANN de Braunschweig (Allemagne). Il inventa aussi (en 1846) un mécanisme répétiteur et sa cheville mécanique à vis, permettant de passer du *forte* au *piano* sans variation dans la touche, mécanisme parfait comme précision, mais malheureusement d'un prix trop élevé pour qu'on en généralisât l'emploi. LAURENT, professeur de piano au Conservatoire, fut quelque temps l'associé de WOLFEL.

SCHOLTUS, établi en 1848, construisit en 1856 un piano de voyage de 82 notes, du poids très réduit de 60 kilos, et mesurant 1 m. 10 de largeur. « Il imagina aussi une pédale douce par le rapprochement des marteaux et des crampons, contre le tirage des cordes, qui porte son nom[2]. »

FRANCHE obtint des récompenses en 1849-1855, 1867-1878, pour divers perfectionnements.

SOUFLETO créa sa maison en 1828 et accomplit de nombreux perfectionnements, entre autres celui de l'échappement anglais (1836), le mode d'ajustement de la touche (1840), un système de compensation dans la charge des cordes sur la table d'harmonie (1853), un piano droit à table bombée, pour éviter la détérioration subie par les tables planes (1855), un piano de concert à cordes parallèles et des pianos droits dont les cordes étaient disposées en éventail sur la table d'harmonie, dans le but d'intensifier la sonorité (1878).

De nombreux facteurs ont contribué aux progrès; il serait trop long de les citer tous ici. Les lecteurs qui auront besoin de plus de renseignements pourront consulter utilement l'ouvrage très documenté de Constant PIERRE : *Les Facteurs d'instruments de musique* (Sagot, édit., 1893).

Parmi les grandes maisons françaises de vieille date et dont les usines subsistent encore, il convient de citer au premier rang l'établissement de la maison KRIEGELSTEIN.

Jean-Georges KRIEGELSTEIN, natif de Riquewihr (Haut-Rhin), arrivant à Paris en 1826, entra comme contremaître chez PAPE, où il resta jusqu'en 1831, année où il fonda sa manufacture de pianos qui devait acquérir une si belle renommée. KRIEGELSTEIN n'avait alors que 30 ans; deux ans après, il faisait breveter, en collaboration avec ARNAUD, un piano carré avec mécanisme et marteaux au-dessus des cordes (1834), qui lui valut une médaille d'argent à l'Exposition de la même année; en 1839, ce fut un piano à queue à sillet, contre-sommier et marteaux frappant les cordes contre le point d'appui, avec étouffoirs perfectionnés, récompensé d'une nouvelle médaille d'argent; puis, en 1841, ce sont des agrafes de précision pour faciliter l'accord, et, en 1844, le système de double échappement qui porte son nom (« chef-d'œuvre de simplicité et de précision » adopté par beaucoup de facteurs et perfectionné plus tard par son fils), bientôt suivi d'un mécanisme à répétition pour le piano droit, également simple et précis (1846). L'année précédente avait été marquée par l'apparition du piano *demi-oblique* de 1 m. 07 de hauteur, — véritable et précieuse innovation, — dont l'exécution et la sonorité étaient en tous points remarquables; la médaille de première classe qui fut décernée en 1855 à son auteur, déjà titulaire de deux médailles d'or (1844-49), était donc parfaitement méritée. Modifiant les plans primitifs, M. KRIEGELSTEIN a résolument adopté le système à cadre tout en fer et cordes croisées[3].

Aujourd'hui, la maison KRIEGELSTEIN, qui eut toujours le mérite de chercher la première les améliorations et les adaptations, ne fabrique plus que des pianos de 7 octaves 1/4 et supprime tous les modèles de pianos à 7 octaves. C'est là une heureuse décision, car l'emploi des notes dans les registres élevés est devenu de plus en plus fréquent dans les nouvelles œuvres musicales. Ces instruments possèdent une sonorité étendue et profonde, qui en fait des pianos de qualité très supérieure. Tous ces pianos sont à cordes croisées. Finis les pianos à cordes obliques! ·

Le premier grand prix fut donné à la maison KRIEGELSTEIN en 1900, pour un piano à queue format *extraréduit*. Ce fut elle la première qui créa ce genre d'instrument. Elle n'est pas restée en route depuis 1900, et je dois signaler ici un modèle parti-

1. Constant PIERRE, p. 187.
2. *Ibid.*, p. 189.

3. *Ibid*, p. 194.

culièrement remarquable : piano à queue modèle *Bijou*, qui, quoique possédant 7 octaves 1/4, ne mesure que 1 m. 50 de longueur sur 1 m. 35 de largeur. Cordes croisées, cadre métallique, mécanique à double échappement. C'est le plus petit piano à queue du monde. Je ne connais que cet instrument aussi petit et merveilleusement réussi, non seulement comme clavier et sonorité, mais aussi comme meuble. On a bien souvent regretté que l'ancien piano dit « crapaud » fût si lourd, si disgracieux ; ce petit modèle *Bijou* mérite son nom, autant comme meuble que comme instrument. C'est plaisir que de visiter la fabrique nouvellement construite à Droittecourt (Oise) ; elle répond bien à toutes les exigences de l'industrie moderne, dirigée qu'elle est actuellement par M. BOULÉ KRIEGELSTEIN, l'arrière petit-fils du fondateur de la maison.

Chronologiquement, c'est ici que prend place la maison BURCKHARDT, fondée en 1839. En 1883, M. MARQUA, neveu de M. BURCKHARDT, devient son associé. En 1889, cette maison expose un piano à queue muni d'une pédale sourdine, ne laissant vibrer qu'une seule corde, réalisant ainsi l'*una-corda* qui, en réalité, est exécuté sur deux cordes à l'aide de la pédale douce ordinaire. « Dans ce système, contrairement à l'usage courant, le clavier et la mécanique restent en place, — ce qui évite l'usure causée par le va-et-vient. — Ce nouveau jeu d'étouffoirs est fixé au delà du frappé du marteau, et les feutres en forme de coins viennent se placer entre deux cordes, de façon à n'en laisser vibrer qu'une[1]. »

BLONDEL (Alphonse-Philippe-Alfred), né à Douai, le 4 février 1813), fonde également son établissement en 1839. Il se fait remarquer par l'invention d'une mécanique indépendante du clavier (1841), et par son « piano-octave » (1853-55) muni d'un appareil permettant d'ajouter à chaque note de basse son octave grave et à celles du dessus leur octave aiguë. Il invente aussi une baïonnette d'étouffoir détachée du levier d'échappement dont l'usage s'est généralisé. En 1881, il présente un système de double échappement pour piano droit, dit « mécanique BLONDEL », qui donne la répétition des notes quelle que soit la distance du marteau ; il présente aussi au jury de l'Exposition, la même année, un piano à clavier mobile, se relevant de manière à supprimer la saillie ; ce piano fut inventé par ROGEZ (en 1838), chez qui il travaillait à cette époque.

« S'inspirant d'une disposition de ce clavier mobile qui, en s'abaissant, fait ouvrir un volet fermé d'une partie du panneau placé au-dessous du clavier, afin d'augmenter la sonorité comme cela a lieu avec les jalousies de la boîte expressive du grand orgue[2]. » Le *piano-orgue*, à un seul clavier permettant de jouer simultanément ou séparément des deux instruments, ou encore de n'employer que l'orgue pour les basses, le piano pour l'aigu, ou le contraire, est aussi une de ses ingénieuses découvertes. M. A. BLONDEL meurt le 26 mars 1893 ; son fils, Alphonse-Alexandre-Ferdinand, né à Paris le 14 avril 1852, son collaborateur depuis vingt-quatre ans, lui succède.

THIBOUT (Amédée-Benoit) s'établit en 1840, après avoir fait son apprentissage chez MUSSARD et travaillé quatre ans chez PAPE ; Mme veuve THIBOUT, comme nous l'avons dit précédemment, acquit le fond HERZ en 1891.

BORD (Antoine-Jean-Denis) commence à fabriquer en 1843. Il s'applique spécialement à produire des pianos d'un prix aussi réduit que possible, et n'imagine guère qu'un mécanisme à double échappement, en 1851. En 1889, il présente des pianos de petit format avec barrage de bois, du prix modique de 450 fr. Il poursuit, aidé de son neveu, Antonin BORD, diverses améliorations : prolongation du son, nouvelle division du travail permettant à l'ouvrier d'acquérir une plus grande habileté. Ses pianos droits sont munis de la mécanique à lames ERARD et d'une pédale douce par rapprochement des marteaux.

PROUW-AUBERT (1844) eut l'idée de la vente à tempérament, ce qui fut une des causes contribuant à répandre le piano dans la classe bourgeoise.

AUCHER frères participent pour la première fois à l'Exposition de 1849. Ils inventent, en 1850, un système de barrage mixte et d'agrafes mobiles posées sur le chevalet pour compenser la charge des cordes.

ELKÉ (Frédéric) fonde sa maison en 1846, construit des pianos droits bon marché.

GOUTTIÈRE, en 1878, prend la direction de la maison et fabrique aussi des pianos à queue.

GAVEAU (Jos.-Gab.), né à Romorantin en 1824, fonde sa maison en 1847 ; il n'accumule pas les brevets, mais pourtant apporte différentes modifications dans la construction, et prend à son compte la mécanique adoptée par divers facteurs. Il tente d'obtenir l'amplification du son par réflexion, en plaçant une glace à quelques millimètres de la table d'harmonie (1889). Il s'adjoint ses six fils, qu'il place à la tête de différents services de son usine.

Depuis vingt-cinq ans, M. Étienne GAVEAU dirige la maison de la rue de la Boétie. Plus de 70.000 pianos furent fabriqués depuis la fondation de cette maison.

M. Gabriel GAVEAU, frère du précédent, continue de son côté la fabrication ; ses instruments sont des plus remarquables au point de vue de la sonorité ; quelques artistes désireraient un clavier plus léger ; quelques-uns une modification relativement facile à faire.

Gabriel GAVEAU, aidé de Marcel TOURNIER, exploite un appareil appelé le *canto*, rappelant le *pianor* (voir plus loin). Le canto offre l'avantage de pouvoir s'adapter sans aucune modification à tous les pianos. Il permet d'obtenir la prolongation du son. Un courant électrique ordinaire, alternatif ou continu, suffit à l'actionner.

L'ASSOCIATION OUVRIÈRE : *Société des facteurs de pianos*, fut fondée en 1849, et à dater de 1867 prit la raison sociale VOT, SCHRECK et Cie ; ce dernier, remplacé par M. HAMEL vers 1872, représenta l'association avec M. BÉNARD. Cette association construit de bons pianos à prix raisonnables.

PAUVOST, établi en 1850, cède en 1880 sa maison à son fils Henri, qui adopte le cadre en fer, l'allège et compense la diminution d'épaisseur par des nervures qui en augmentent la résistance.

Victor PAUVOST, oncle du précédent, dont la manufacture date de 1852.

GERVEX, dont la maison fut fondée en 1850, a l'idée de faire périodiquement une loterie entre ses locataires de pianos, le gagnant ayant droit à un instrument de son choix.

FOCKÉ frère, dont la fabrique remonte à la même époque, s'associe avec son fils aîné vers 1877-78. Ce dernier, en 1889, présente un essai de piano à queue à double table d'harmonie à divisions formant boîtes sonores pour renforcer toutes les notes.

---

1. Constant PIERRE, p. 195.
2. *Ibid*, p. 196.

ANGENSCHEIDT-EVERHARD, manufacture devenue par la suite la propriété de MM. ANGENSGBEIDT frères, présente, en 1889, un piano vertical démontable par pièces de 40 kilos, un piano oblique à double table d'harmonie.

RUCH, originaire d'Alsace, dont la manufacture date de 1869, fut l'un des premiers à adopter le système à cordes croisées et cadre en fer forgé avec mécanique à double échappement d'ÉRARD pour les pianos à queue, et celle à lames pour les pianos droits.

Je ne saurais terminer cette longue énumération des principaux facteurs parisiens — j'en passe de nombreux — sans citer quelques manufactures de province.

BOISSELOT (Jean-Louis) s'établit à Marseille en 1830; il fournissait déjà 200 à 300 pianos par an en 1839. Il invente, entre autres, le piano cledi-harmonique (1839), lequel permet de monter à la fois deux cordes à l'unisson parfait.

Le piano à double son (1843), dont les marteaux frappaient à volonté cinq cordes, trois à l'unisson et deux à l'octave haute; le planicorde dont les cordes étaient remplacées par des lames d'acier. BOISSELOT mourut en mai 1847. Louis-Constantin, son fils, lui succéda; il fut à son tour remplacé à sa mort (juin 1850) par son frère, Dominique-François-Xavier, né à Montpellier (3 déc. 1811), grand prix de Rome pour la composition musicale en 1836, qui fit représenter, en 1847, un opéra-comique, Ne touchez pas à la reine, et qui abandonna la composition pour donner tout son temps à la fabrication des pianos. Il augmenta la longueur et le volume des cordes. Il mourut le 8 avril 1893.

SCHULTZ, après avoir travaillé quelque temps à Paris, se fixe également à Marseille, obtient une mention en 1844 et une médaille de bronze en 1849.

MANGEOT (Pierre-Hyacinthe) s'établit à Nancy en 1830. Ses fils Alfred et Edward-Joseph lui succèdent en 1859. Il est impossible de ne pas signaler une très originale tentative, dont l'idée revient au célèbre pianiste WIENIAWSKI, professeur à cette époque au Conservatoire de Bruxelles et qui, en 1877, disait aux frères MANGEOT combien il regrettait qu'aucun facteur n'eût essayé de réaliser son désir consistant à construire un piano à deux claviers renversés. Ce sont en réalité deux pianos à queue, superposés de telle sorte que la corde la plus grave du premier soit placée sous la plus aiguë du second. L'avantage escompté par cette disposition spéciale consistait dans la suppression de l'écartement des bras pour atteindre aux limites extrêmes du clavier; facilité aussi pour les croisements de mains. Les frères MANGEOT envoyèrent un piano de ce genre à l'Exposition de 1878; ils en fabriquèrent six, dont un est au Conservatoire de Bruxelles, un autre au Conservatoire de Varsovie; le prix en était de 5000 francs. Les avantages offerts par cette disposition n'étaient pas en rapport avec les difficultés d'exécution — paraît-il. Avec une plus grande difficulté encore, MM. MANGEOT frères parvinrent à faire quelques pianos droits du même système au prix de 2500 francs.

M. A. MANGEOT est aujourd'hui directeur du journal le Monde Musical.

J. STAUB, également à Nancy, dès avant 1855, était le gendre de WARNECKE, qui eut une médaille de bronze en 1878 et auquel son fils a succédé.

WIRTH (Samuel), à Lyon en 1830. Produit en 1840 un piano doucino de forme et de mécanisme différents des pianos ordinaires, frappe en dessus, nou-

veau jeu d'étouffoirs, double échappement. Son successeur en 1889 est M. AURAND-WIRTH.

BARUTH, facteur de Lyon, présente, en 1878, des pianos droits d'un travail soigné.

POL-LOUIS, à Nîmes, imagina, en 1854, d'employer la pression angulaire au moyen d'une cheville à vis, qui avait pour effet de rendre la corde sensible au moindre effort.

Au musée KRAUS, à Florence, on peut voir un piano de POL-LOUIS, dont la table d'harmonie a la forme de celle d'un violon; il fut fabriqué en 1854.

MAURY et DUNAS, deux facteurs de Nîmes, obtiennent une mention en 1853.

LODDÉ (J.-Ch.), établi à Orléans, se distingue en 1854 par divers perfectionnements, notamment par l'adjonction au piano droit d'un clavier de vingt-sept notes, faisant vibrer des cordes indépendantes du clavier à mains.

LÉTÉ, à Nantes, en 1827, marchand de pianos et fabricant en 1847.

MARTIN fils aîné, à Toulouse, vers 1840, et dont le frère, Casimir MARTIN, est l'inventeur du Chirogymnaste.

Comme on le voit, si le nombre des facteurs est considérable, le nombre des inventions diverses ne l'est pas moins. Nous ne pouvons citer tous les essais de pianos divers qui furent abandonnés; ils sont en trop grand nombre et il serait fastidieux de les énumérer tous.

Le Dictionnaire pratique et raisonné des instruments de musique anciens et modernes d'Albert JACQUOT, (éditeur Fischbacher), publié en 1886, en cite 117, et depuis, il y eut encore de nombreuses tentatives.

La fabrication des pianos atteint à présent un chiffre considérable.

En 1914, la situation de la production des pianos dans le monde entier pouvait être à peu près la suivante :

France, 20.000 pianos par an ;
Angleterre, 60.000 ;
Allemagne, 120.000 ;
États-Unis, 360.000.

Parmi les derniers perfectionnements méritant de retenir l'attention, il faut citer le piano à double clavier d'Emmanuel MOOR, que M. Gustave LYON vient de réaliser. M. E. VUILLERMOZ, dans le numéro d'Excelsior du 14 janvier 1924, écrit :

« Les facteurs d'orgues peuvent modifier à leur gré la couleur de l'échelle sonore en permettant à chaque série de touches de commander plusieurs jeux différents. Et pourtant, malgré ces nombreuses possibilités, ils n'ont pu se passer, non seulement du double, mais du triple, quadruple ou quintuple clavier. Par quel étrange souci d'ascétisme le piano qui, lui, ne dispose que d'une seule couleur par note, s'est-il volontairement privé jusqu'ici de la ressource d'un clavier supplémentaire ?

« La présentation du nouveau piano a été faite par la femme de l'inventeur, Mme Winifred CHRISTIE, pianiste écossaise de la plus haute valeur, qui possède en particulier une compréhension de l'écriture de BACH, d'une intelligence, d'une finesse, d'un équilibre et d'une clarté que j'estime tout à fait inégalables. Sur n'importe quel piano, une telle artiste est capable de nous enchanter. Mais, sur l'instrument à deux registres, sa maîtrise s'est affirmée d'une façon plus irrésistible encore.

« L'accouplement des claviers et l'adjonction des

octaves graves ou aiguës, sont, en effet, dans la polyphonie de Bach, des ressources sonores extrêmement précieuses. Ce sont précisément celles que les compositions fuguées trouvent dans l'orgue. Dans le nouveau piano, les associations de cordes créent un scintillement, un éclat, une vibration lumineuse et une vie frémissante du son qui font songer au rayonnement des « jeux de fournitures ». En même temps, les plans sonores prennent de l'indépendance et de la variété : l'interprète peut souligner une « entrée », sans en déformer le volume et rompre l'équilibre de la composition comme sont, trop souvent, obligés de le faire les pianistes. Tout est ici le triomphe de la souplesse, de la délicatesse et des résonances subtiles. Les doigts dirigent un orchestre composé de fines voix métalliques, dont les harmoniques frissonnent et chatoient. L'austérité traditionnelle du pianiste s'évanouit. Le sévère instrument, en retrouvant la registration délicate du clavecin, a vu augmenter à la fois sa puissance et sa sensibilité. Il a maintenant un système nerveux comparable à celui de la viole d'amour ou de la harpe éolienne.

« L'expérience est tout à fait concluante. Le piano à deux rangées de dents est un type d'instrument nouveau doué d'une forte personnalité. Il doit rendre à la musique des services d'une importance exceptionnelle. Il est impossible que les compositeurs modernes ne comprennent pas immédiatement tout le parti qu'ils pourront tirer de cette richesse inattendue. Les progrès enregistrés par l'histoire de notre art ont toujours été conditionnés par le perfectionnement du matériel sonore. L'apparition du piano à deux claviers marque une date dans l'évolution musicale, car il ne peut manquer d'y jouer un rôle décisif. Il ne reste plus à nos facteurs qu'à découvrir la formule industrielle et commerciale de cette démonstration, qui ne sort pas actuellement du domaine de la curiosité de laboratoire.

« J'imagine que cette étape sera bientôt franchie. Dans la réduction à deux mains de son magnifique *Psaume*, Florent Schmitt, ne pouvant obtenir une transcription exacte, a introduit une variante pour le pauvre instrument qu'il désigne, dans une note méprisante, sous le nom de piano dix-neuvième siècle. On sent qu'il attend impatiemment la création d'un outil plus perfectionné. Emmanuel Moor commence à nous l'offrir. Son initiative a une importance considérable : ce piano éclaire et rend persuasives les écritures les plus enchevêtrées. En tout cas, je mets au défi n'importe lequel de nos virtuoses de premier plan d'exécuter certaines pages de Bach sur un piano ordinaire immédiatement après l'interprétation que Mme Winifred Christie en aura donnée sur ses deux claviers. Quel que soit le talent de l'exécutant, la comparaison sera écrasante. On ne saurait faire du nouvel instrument un éloge plus précis et plus complet. »

Le plus important progrès des horizons nouveaux est certainement celui constitué par le *Pianor*.

En voici la démonstration telle qu'elle fut faite à la réunion de la Société des Ingénieurs civils de France le 3 juillet 1914.

C'est M. Bevierre qui effectua la démonstration de ce nouveau piano, construit par MM. Maitre et Martin, de Rouen.

Dans tous les essais qui ont été tentés en vue de l'emploi de l'électricité comme agent de sonorité, on a fait usage d'un électro-aimant placé en regard

de la corde, et actionné de telle sorte que toute demi-vibration consécutive à l'attraction magnétique soit suivie, par un procédé de rupture approprié, d'une demi-vibration due à la réaction élastique de la corde.

Pour que la corde vibre en donnant la note qui la caractérise, il faut procéder à des interruptions et à des reprises successives de courant en nombre identique au nombre de vibrations propre à la note considérée.

Exemple : l'*ut* 6 donne, à la seconde, 4.176 vibrations ou demi-vibrations : il faut, pour le produire, 2.088 reprises et 2.088 interruptions de courant.

Ce n'est pas tout : il faut que l'appareil d'interruption, quel qu'il soit, soit en phase avec la vibration de la note considérée. Il faut que le contact s'établisse au moment où la corde passe à sa position d'équilibre, et cesse au moment où elle y revient.

Tout retard ou toute avance dans l'excitation provoque des troubles dans la sonorité de la corde et, dans son soutien, des irrégularités pouvant aller jusqu'à l'extinction.

Tout le problème réside dans cette proposition ; elle est assez complexe, vous le concevez, pour avoir hanté le cerveau des chercheurs et troublé leur sommeil.

Pour régler le rythme de l'interruption, on utilisa d'abord le dispositif bien connu de la trembleuse ou sonnerie électrique, mais la nécessité de ne pas altérer la sonorité des cordes, comme aussi l'exiguïté de la vibration au voisinage de leurs extrémités, conduisirent à employer des contacts si délicats que les étincelles de rupture et les déformations mécaniques entraînaient un perpétuel déréglage.

On eut ensuite recours à un vibreur auxiliaire, sorte de diapason synchronisé avec la corde à faire chanter ; mais il était difficile de réaliser un accord absolu, et le fonctionnement fut si irrégulier qu'on dut y renoncer.

De 1888 à 1894, le docteur Eisenman, de Berlin, imagina d'utiliser comme organes interrupteurs des microphones disposés sur la table d'harmonie. C'était le piano électrophonique. Il eut son entrée à la cour de Berlin et il remplit l'Allemagne de tels échos que « les gens compétents en musique, a-t-on écrit, ne savaient plus à quels saints se vouer ». Et pourtant, il disparut dans l'oubli.

C'est que la phase de la table d'harmonie n'étant pas exactement celle de la corde, l'intensité du son est amoindrie, le timbre dénaturé, la corde assourdie ; c'est que le piano électrophonique comportait quatre microphones seulement, et que si l'interruption fournie par chacun d'eux convenait à certaines notes, elle ne convenait pas à d'autres. Et puis, il semble bien difficile d'obtenir rigoureusement avec un microphone la rupture théorique correspondant à chaque note.

Il fallut donc revenir à l'interruption individuelle par la corde elle-même et trouver, dans ce but, des contacts aphones, indéréglables, et en synchronisme constant avec celle-ci.

C'est ce que firent avec succès MM. Maitre et Martin, en imaginant un procédé que nous allons décrire très succinctement, sans autre prétention que celle d'exposer un principe, à l'exclusion de tout détail de construction.

Le schéma 1086 indique sommairement la disposition qu'ils ont adoptée pour la mise en vibration d'une corde.

51

A est la corde,

B l'électro qui l'actionne ou électro principal.

b, un électro auxiliaire d'excitation qui actionne le bras mobile C d'une pièce de contact c' pivotant autour du point c et formant avec le corps vibrant interrupteur de circuit.

F un ressort de rappel, qui tend constamment à ramener celle-ci sur le corps vibrant.

Les deux électros sont disposés dans le même circuit.

Le courant suit le trajet B, b, C et c', A et regagne la source.

Lorsque le circuit est fermé, l'électro B attire la corde, et l'électro b attire l'armature c du bras mobile C et rompt le courant entre celui-ci et la corde. La corde et l'armature sont alors brusquement abandonnées à elles-mêmes; la corde vibre, C n'est plus soumis qu'à l'action du ressort de rappel, d'où nouveau contact, nouvelle attraction de la corde, et ainsi de suite.

L'expérience ayant montré qu'il convient, pour produire instantanément un son pur et le maintenir tel pendant toute la durée du passage du courant, de réduire dans la plus large mesure possible l'amplitude d'oscillation de la pièce de contact, on a adjoint à celle-ci un dispositif spécial de freinage dont l'effet est de neutraliser les mouvements oscillatoires propres que pourrait prendre par inertie le bras mobile C, mouvements qui nuiraient à la netteté et à la régularité des ruptures. Ce dispositif agit à la façon d'un amortisseur ne troublant en rien la délicatesse indispensable des mouvements.

Pour en faciliter la description, sans sortir du cadre de cette communication, je prendrai comme exemple l'amortisseur du timbre, car l'invention de MM. MAITRE et MARTIN est d'un caractère très général et trouve son application dans la mise en vibration de tout corps sonore.

Entre les deux branches d'une pince 1 (fig. 1087) pivote, par l'intermédiaire de deux pointes, un volant II. Une lame flexible G, portée par le bras mobile B,

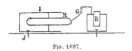

Fig. 1087.

s'appuie sur la périphérie du volant H. Une vis J permet de régler la pression que la lame G exerce sur la surface du volant. Le fonctionnement du dispositif est le suivant : lorsque le bras mobile B oscille sous l'influence de l'électro-aimant d'interruption et du ressort de rappel F, la lame flexible G tend à entraîner le volant H, mais, par suite de son inertie, celui-ci oppose une résistance à cet entraînement. L'oscillation de la lame G se trouve donc freinée. Quand le bras mobile est entraîné d'un mouvement lent par son ressort de rappel, par exemple, le volant tourne en accompagnant la lame G, mais si le mouvement du bras mobile est rapide, l'entraînement ne peut se produire, la lame G glisse sur le volant, d'où amortissement.

Revenons au schéma 1086 : le bras mobile étant ainsi amorti, il arrive très rapidement, instantanément peut-on dire, que la corde, par ses oscillations successives, devient seul agent de l'interruption. A partir de ce moment, les ruptures se succèdent avec une telle rapidité que l'attraction de l'armature par l'électro auxiliaire est constamment dominée par la réaction du ressort de rappel; l'armature devient inerte, la corde est auto-excitatrice.

En résumé, la pièce de contact est rendue mobile pour assurer les premières ruptures; elle se fixe spontanément aussitôt après.

D'où ces conséquences remarquables : réglage facile au montage, mécanisme indéréglable dans le fonctionnement.

Ajoutons : durée de fonctionnement pratiquement illimitée, car la rusticité des organes est telle qu'ils sont mis à l'abri des altérations ou oxydations résultant du passage du courant et n'ont rien à redouter des transports. L'expérience a prouvé que des contacts d'un quart de millimètre carré de section permettent de jouer de l'orgue une heure par jour pendant dix ans : or ils sont, dans le piaoer, de 6 à 8 milimètres carrés, ce qui donnerait, dans les mêmes conditions d'usage, si ces règles mathématiques étaient applicables, une durée de deux cent cinquante ans.

Mais un pareil instrument, pour être complet, doit se prêter à toutes les exigences de l'expression, et particulièrement : à la variation de l'intensité de la note du forte au pianissimo, au chant expressif et au chant frissonnant.

Pianissimo. — Le pianissimo, conséquence de la réduction de l'amplitude des oscillations de la corde, s'obtient par adjonction d'une résistance de circuit. On conçoit combien il devient indispensable de compenser par un dispositif particulier la diminution d'activité de l'organe auxiliaire d'interruption, qui ne manquerait pas, sous l'influence d'un courant trop faible, de provoquer des difficultés d'arrachement de la lame.

Le schéma 1088 indique l'un des moyens de réalisation : à la suite de l'électro B_1, est placé dans le circuit un second électro auxiliaire B_2, enroulé dans le même sens et monté sur le même fer doux que B_1. Cet électro B_2 est construit de telle sorte que :

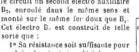

1° Sa résistance soit suffisante pour produire le pianissimo désiré;

2° Le nombre des ampères-tours de B_1 et B_2 réunis, pendant le pianissimo, soit sensiblement égal à celui de B_1 pendant le forte, afin que l'activité de l'électro d'interruption soit la même dans les deux cas.

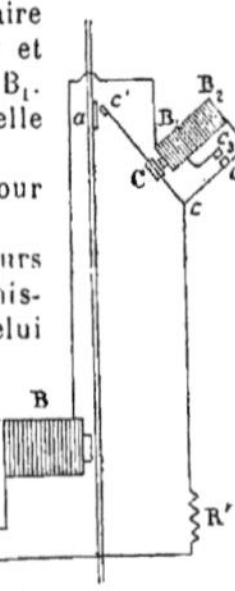

Pendant le pianissimo, les contacts c^2 et c^3 sont séparés, et B_2 est mis en court-circuit.

Pendant le forte, les contacts c^2 et c^3 se touchent, et B_2 est mis en court-circuit.

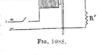

Fig. 1088.

Une pédale permet la manœuvre simultanée des contacts c^2 et c^3, soit pour tout le clavier, soit pour un demi-clavier.

Une résistance R' est placée en dérivation au travers de la rupture pour supprimer l'étincelle d'extra-courant.

Fig. 1086.

Chant expressif. — Le principe de la réalisation du chant expressif consiste dans une interruption rythmique du chant ordinaire, de manière à produire l'effet d'expression que donne le violoniste ou le violoncelliste en faisant trembler le doigt sur la corde, et que fournit, dans les grandes orgues, le remous du vent. Ce résultat s'obtient en interrompant le courant du circuit général au moyen d'un interrupteur spécial, suivant un rythme large et régulier. Le nombre des interruptions par seconde est de l'ordre de quelques unités, cinq par exemple.

Chant frissonnant. — Il consiste à interrompre rapidement le courant du circuit général, de façon que le rythme de l'interruption ne puisse jamais être en phase avec les vibrations de l'une des cordes du piano et ne puisse fausser les notes en développant des résonances harmoniques. Le meilleur mode consiste à découper le courant principal suivant un rythme rapide et irrégulier. On conçoit aisément qu'une vibration de l'interrupteur rapide et régulière doive provoquer dans les cordes un mouvement en synchronisme avec le sien, et augmenter, par suite, l'intensité de certains harmoniques au point de dénaturer le son fondamental. On conçoit également que, grâce à l'irrégularité de l'interruption, le rythme de l'interrupteur ne sera jamais en phase avec la vibration de l'une quelconque des cordes du piano, les notes ne seront pas faussées par les résonances harmoniques et toutes les cordes murmureront avec la même intensité. L'adjonction d'un rhéostat dans le circuit général permet de régler l'intensité du murmure obtenu.

Tous ces dispositifs ont été brevetés ou reconnus brevetables dans les pays à examen.

Nous terminerons ce court exposé d'une grande invention, en faisant observer que le courant nécessaire au fonctionnement du piano s'emprunte à une canalisation d'éclairage, que la consommation de l'instrument en plein jeu est à peu près celle d'une lampe de cinq bougies à filament ordinaire, entraînant une dépense de 0 f. 05 à l'heure.

Cet instrument obtint le plus grand succès à la foire de Paris en 1924. — Nul doute que bien mis au point, l'usage rendu pratique grâce à quelques améliorations indispensables, il n'arrive à donner au piano les qualités qui — jusqu'à ce jour — lui manquèrent totalement: prolongation du son, augmentation d'un son après que le marteau frappe la corde en réalité: sons filés[1].

LE ROLE DU PIANO

Supprimer le piano serait nous priver de la plus grande partie des œuvres musicales. Unique en son genre, aucun autre instrument ne peut le remplacer. Zélateurs et indifférents s'accordent à lui consentir une place prépondérante. Artistes, amateurs, tous ont recours à lui. Nul autre, en effet, ne possède cette riche échelle à laquelle est jointe une docilité expressive que le talent du facteur et de l'artiste grandit chaque jour. Nul n'est si réellement utile. Enfin, son évolution bien avancée n'est pas terminée, et nous avons le droit d'espérer lui voir acquérir encore des richesses nouvelles.

Le piano est actuellement l'instrument le plus com-

plet, le plus intime dispensateur d'art musical. Confident des plus belles pensées de nos grands compositeurs, son clavier ami, toujours prévenant, peut exhaler les plus douces consolations, pleurer nos douleurs, chanter nos joies, apaiser nos souffrances aussi bien que se prêter aux sentiments plus légers, égayer nos loisirs, babiller des riens qui fleurissent la route de nos jours, aider aux réunions de famille et d'amis. Par un invisible lien, il harmonise nos sensations, procure distractions, consolations, plaisirs. Aucun instrument ne réunit, en même temps qu'une échelle sonore musicale si complète (88 notes), cette docilité expressive: la moindre modification de pression modifie sa sonorité. Il se suffit à lui-même, étant capable de faire entendre un chant et son accompagnement, plusieurs parties simultanément. Une mélodie privée de ses harmonies a vite fait de nous lasser. Aussi, une de ses primordiales qualités résulte-t-elle de ce qu'il est l'instrument polyphonique par excellence; il devient en réalité le prolongement du corps et de la pensée de l'être sensible, c'est notre voix qui chante lorsque nos doigts le sollicitent.

Son rôle est immense; sa longue vie lui a déjà permis de grandir, et presque chaque année il gagna en beauté; savants, techniciens, ingénieurs, mécaniciens, artistes, tous ont participé à son éclosion. Le voici devenu presque adulte, mais ce grand enfant qui suivit nos générations successives est encore en croissance; il est beau et fort, il sera plus encore, et nos enfants seuls le connaîtront peut-être en sa toute-puissance.

Il aide l'homme à vivre, il développe chez lui la finesse de l'ouïe, de la vision, — par la lecture, — l'indépendance des muscles, l'ordonnance du système nerveux, l'esprit d'observation, la mémoire, l'intelligence, la suite dans les idées dans le travail. Il est très exigeant, nécessite une grande fidélité, des soins quotidiens: l'oublie-t-on quelque temps, aussitôt les doigts moins habiles ne retrouvent plus les belles sonorités. La satisfaction ressentie en jouant du piano n'est pas toujours en rapport avec la somme de talent, elle est peut-être plutôt dans la joie éprouvée lorsque nous gagnons un petit progrès. Elle est donc illimitée, puisque, dans le domaine de l'art, on chemine sur une route aux aspects multiples; verdoyante, caillouteuse, fleurie, épineuse, on y cueille des fruits, des fleurs, on s'y blesse aussi, mais cette route est sans fin. Le piano se prête à toutes les fantaisies. Dans le tableau ci-dessous sont réunis ses différents emplois.

Il est instrument : *soliste, d'ensemble, accompagnateur, d'orchestre*. Voici ses diverses attributions :

Soliste...........	*Morceaux de genre : Romances, Nocturnes, etc.*
	Danses.
	Transcriptions. *Concertos.*
	Concerts. *Opéra, opéra-comique, etc.*
	Symphonies.
	Ballets.
Ensemble........	*Trios.*
	Quatuors.
	Quintettes, etc.
	Deux pianos.
	Piano et orgue, etc.
Accompagnateur.	*Chanteurs.*
	Instrumentistes.
Orchestre........	*Accompagnement des récitatifs.*
	Remplacement d'instruments faisant défaut.
	Étoffer orchestre trop réduit (remplissage).
	Au même titre que les autres instruments de l'orchestre.

1. Voir ci-dessus GAVEAU (Gabriel) pour invention similaire : *Le Canilo*, appareil à dispositif électrique permettant également d'obtenir la prolongation du son.

Duvernoy dit fort bien : « que le piano est par excellence l'instrument traducteur de la pensée musicale. Mais il n'est pas que cela, ajoute-t-il, il est aussi l'instrument qui a le plus contribué à la diffusion de la musique, à l'éducation musicale de la foule. Par lui, ce n'est pas seulement *sa musique* qui est connue : ce sont les symphonies les plus symphoniques, les opéras, les drames lyriques, la musique de chambre qu'il vulgarise. Tout par lui est donné; tout par lui est accessible à tous.

« Si nous ne craignions pas d'employer une expression triviale, nous dirions que le piano est un « commis voyageur de musique » incomparable.

« C'est ici que le virtuose intervient et prend le rôle d'éducateur, rôle dont l'importance est indiscutable et capitale. C'est le virtuose qui, par son talent, par le choix de son répertoire, porte la bonne ou la mauvaise parole; c'est lui qui va évangéliser les publics réfractaires à la musique des maîtres, aux œuvres fortes et saines. La tâche est digne et bien faite pour tenter les vrais artistes : ceux qui ont le respect d'eux-mêmes et qui ne se sont abreuvés qu'aux pures sources de l'art. Cette tâche, ils la remplissent par devoir, et aussi par reconnaissance envers les génies divins dont l'imagination nous transporte loin des réalités vulgaires et bien souvent douloureuses, dont les inspirations nous charment, nous consolent et nous font aimer la vie. Ils servent ainsi la plus noble des causes : celle de l'art, de l'art qui survit à tout, de l'art immortel.

> Tout passe. — L'art robuste
> Seul a l'éternité. »

TECHNIQUE ET PÉDAGOGIE

L'étude du piano joue un rôle des plus importants dans l'éducation générale. Ce serait une erreur de croire que ses résultats sont simplement musicaux. Cette étude — bien conduite — développe considérablement la somme d'attention de l'enfant, elle habitue les yeux à voir juste et vite, à diviser rapidement une courte étendue; elle affine l'ouïe et, mieux encore, elle est un puissant moyen pour coordonner les impressions visuelles et tactiles. Elle fait naître l'indépendance des muscles, canalise l'effort de la pensée, par un travail psycho-physiologique spécial, elle contribue puissamment à l'évolution de l'intelligence[1].

On peut dire que l'étude du piano est nécessaire à trois points de vue : *éducatif, artistique, récréatif.*

Il est presque indispensable de savoir jouer du piano, même si l'on désire apprendre à jouer de tout autre instrument, ou s'y l'on désire se livrer à des études vocales. La lecture obligée de deux portées, des deux clefs, d'un nombre simultané de notes et d'accords, est un excellent moyen pour se perfectionner en solfège et pour être capable de déchiffrer facilement, je dirai même pour *entendre intégralement,* car on entend mieux la musique quand on la sait bien lire.

L'enseignement — bien compris — développe diverses facultés précieuses. Malheureusement, il n'existe pas de cours de pédagogie musicale au Conservatoire ; ceci est d'autant plus regrettable qu'il n'est délivré, par cette école, aucun diplôme certifiant que son bénéficiaire soit apte à donner un bon

enseignement. Ce témoignage ne conférerait aucun droit à son possesseur et n'empêcherait nullement ceux qui en seraient privés de faire du professorat, mais il constituerait une garantie précieuse aux parents qui, ne connaissant rien en musique, sont soucieux de choisir un maître réellement capable de guider leurs enfants.

Savoir bien jouer d'un instrument ne prouve pas toujours que l'on *soit qualifié* pour s'intituler professeur. La science nous fournit suffisamment de données précises pour faciliter la rapidité des progrès chez les élèves. Il est souhaitable de savoir quels sont les moyens les plus efficaces pour réduire les heures d'étude, afin de disposer du temps nécessaire à l'enseignement général et aux sorties indispensables au maintien de la santé, de la vigueur corporelle, du bon fonctionnement de notre organisme.

Si le travail est rationnellement ordonné, si on n'augmente pas inconsidérément les heures d'étude, sachant en obtenir le maximum de rendement, — ne se contentant pas du procédé dangereux consistant en de multiples répétitions « identiques », si préjudiciables tant à l'intelligence qu'au développement du sentiment artistique, — il reste des loisirs pour acquérir, conjointement à la virtuosité, des notions indispensables d'harmonie, de contrepoint et d'analyse musicale.

La tâche du professeur s'embellit encore s'il développe le goût artistique de ses élèves, ne se bornant pas à faire de ceux-ci des perroquets plus ou moins mal appris.

Il s'appuiera sur des bases solides, pour former le jugement musical de chacun de ses adeptes, sans tomber dans l'erreur trop répandue d'imposer ses préférences personnelles.

Tous les professeurs comptent parmi leurs élèves des natures privées de sentiment artistique, n'aimant que la musique vulgaire. Pour faire l'éducation de ces derniers, il est prudent de ne pas combattre de front leur déviation de goût par des affirmations toujours discutables. Ce n'est que peu à peu qu'il sera possible de former des êtres sensibles à la saine beauté. Il sera même recommandable de vaincre ses répugnances et de faire travailler la musique préférée par l'élève, ayant grand soin de lui donner simultanément, comme études, des œuvres méticuleusement choisies parmi celles des maîtres incontestés. Il sera bon de les analyser sommairement, de signaler les passages les plus saillants, et de ne pas craindre de faire jouer comme exercices les plus belles pages appropriées au degré de force du sujet. Si le professeur sait patienter et bien mener son œuvre, il est certain qu'arrivera le jour où, ayant donné le titre d'un morceau sans valeur, succès de café concert... ou autre..., l'élève exprimera le désir d'étudier une œuvre réellement artistique, considérant qu'il est fastidieux de jouer des mélodies sans saveur, mal posées sur des harmonies banales et peu variées; il se plaindra de l'absence de polyphonie, de contre-chant. Ce jour-là le résultat sera obtenu. Le maître méritera son titre.

Il est évidemment indiscutable qu'on ne peut bien jouer du piano si l'on ne possède pas un mécanisme suffisant. Cette vérité engendra toute une pléiade de pianistes inconsidérés, prenant le *moyen* pour le *but,* l'outil pour le *chef-d'œuvre!*

Le premier, l'unique objectif n'est-il pas de créer des *musiciens?* L'homme s'attribuant de nombreuses qualités qui l'élèvent au-dessus des animaux, ne

---

1. *L'Étude du Piano,* L.-E. Gratia, p. 7. Delagrave, éditeur.

peut-on pas légitimement prétendre aussi que celui qui vibre par l'émotion d'art s'élève au-dessus de lui-même, communie plus intensément avec ce qu'il y a de plus estimable dans la nature? N'est-ce pas là trouver le breuvage de l'esprit, une raison de vivre supérieure, un apaisement aux douleurs humaines, une joie sereine ou bien encore une simple distraction reposante...! Qu'importe, si la vie en est agrandie.

Pour gravir cet idéal Thibet, pour vaincre les découragements, les difficultés toujours nouvelles, il faudra le guide sûr qui dirige nos pieds trébuchants et inhabiles sur la route au sol ferme. Le travail quotidien apportera lentement, mais sans défaillance, le petit progrès qui, par sa répétition, grandira sans cesse.

La paresse, l'indécision seront plus facilement domptées, grâce à la discipline imposée d'un effort régulièrement reproduit.

Le bon travail, sans déchet, ne peut résulter du surmenage, mais il implique une attention puissante et toute portée sur un point unique. L'ensemble de nos facultés étant orienté vers le même but, nous évitons l'éparpillement de nos forces; nous créons ainsi une sorte de centre attractif aspirant toutes les idées connexes.

La mise en route, parfois difficile, sera facilitée si nous prenons soin de nous mettre au travail *chaque jour à la même heure;* l'habitude résultant de cette régularité entraînera le besoin du travail, sans que la volonté soit obligée d'intervenir[1].

Le professeur qui n'aime pas enseigner, prétendant qu'il est ennuyeux de donner des leçons, est généralement plus nuisible qu'utile. Sa mission consiste à donner du courage, à stimuler l'énergie, la volonté persévérante. Il doit être animateur. Or de quel pauvre enthousiasme peut-il faire vibrer ses élèves si lui, le maître, baille d'ennui?

On ne luttera jamais trop non plus contre l'erreur, si répandue, qui consiste à croire qu'une expérience et un talent médiocres sont suffisants pour diriger de jeunes enfants. Cette tâche particulièrement délicate exige non seulement beaucoup de tact, de prudence, de psychologie, mais de très sérieuses connaissances jointes à beaucoup de pratique. On ne peut apprendre aux autres que ce que l'on connaît parfaitement. Si les premiers conseils sont mauvais, les habitudes contractées seront mauvaises, plusieurs années de pénibles efforts ne suffiront pas toujours pour se débarrasser complètement des défauts enregistrés. C'est souvent le prix modique des leçons qui tente les parents, mais c'est là une économie aussi trompeuse que dangereuse. Le prix des leçons nécessaires pour détruire avant de reconstruire dépasse celui qu'eût demandé, dès le début, un professeur de valeur. Encore est-on heureux que l'élève découragé par un mauvais départ aime encore la musique.

Il n'y a pas *une* méthode, *une* manière, *un* secret, *une* recette pour apprendre à jouer du piano.

La technique se modifie suivant les élèves, leur âge, leurs désirs, leurs aptitudes, le temps dont ils disposent, leur intelligence et l'évolution mécanique de l'instrument.

Le piano moderne est autre que celui de CHOPIN, celui de CHOPIN très différent de celui de BEETHOVEN. La mécanique n'étant plus la même, la manière de

jouer doit aussi se transformer. Malheureusement, l'esprit de routine est si ancré chez l'homme que de nombreux professeurs continuent de recommander des positions, des doigtés qui étaient excellents pour toucher le clavecin et qui sont nuisibles pour l'obtention des qualités pianistiques recherchées. « La *tradition* est respectable, elle est un précieux héritage, une véritable richesse du savoir humain, tandis que la *routine* — d'où le raisonnement est absent — n'est qu'une fausse science, un préjugé néfaste qui, tel un frein, vient arrêter l'élan des plus beaux efforts, des plus saines audaces, qui érige comme des dogmes des erreurs d'observateurs inhabiles et de vulgaires conventions résultant d'une mode ou même d'un défaut[2]. »

Si quelques professeurs — qui ne raisonnent pas, ou qui raisonnent mal, — perpétuent des idées devenues fausses et sont cause ainsi de la lenteur des progrès de leurs élèves, il en est d'autres — trop modernes — qui, perchés sur un socle de bluff, inventent des procédés de travail ridicules et préjudiciables. D'autres enfin manquent de la virtuosité nécessaire pour donner des exemples, ou — ce qui est aussi grave — ignorent comment ils procèdent, et sont par conséquent totalement inaptes à enseigner.

Le professorat est une science exigeant des qualités autres que des qualités musicales. En plus de la connaissance très complète de l'instrument et de l'art musical en général, des acquis de psychophysiologie, des dons d'observation, une élocution claire, du tact, de la douceur, de l'énergie et une patience illimitée, sont nécessaires.

« L'attention est à la base de tous progrès. Augmenter l'attention est un moyen d'augmenter la volonté[3]. » L'attention — comme toutes nos facultés — se développe par l'exercice et s'atrophie faute d'usage. S'imposer chaque jour une tâche, un travail, sera d'une méthode d'éducation fort productive, dépassant comme résultat des progrès pianistiques. Sans l'attention, il est peut-être plus nuisible qu'utile de fatiguer l'instrument. On doit rejeter comme absolument mauvaise la « méthode » (!) qui consiste à faire agir les doigts durant des heures, tandis que la pensée est absente, occupée ailleurs. Les résultats dépendent plus de la qualité du travail que de sa quantité. On peut dire que le progrès est *proportionnel à la somme d'attention dépensée*[4].

HÉBERT n'hésite pas à écrire : « Le travail qui n'est pas soumis à l'attention devient improductif, inutile, dangereux pour la santé comme pour le piano.

« Jeu réfléchi = progrès;

« Jeu machinal = recul, déformation[5]. »

MARMONTEL insiste également : « Les progrès de l'élève dépendent plus du soin consciencieux apporté aux études que du nombre d'heures passées au piano. La volonté et la réflexion donnent de meilleurs résultats que de longues heures employées sans discernement... Il faut concentrer toute son attention, s'observer, s'écouter pour éviter des défauts que la force de la routine rend plus tard si difficiles à corriger[6]. »

---

1. *Le Trac et la Timidité*, L.-E. GRATIA, p. 171. Marcel Rivière, éditeur.

2. *Ibid.*, p. 91.

3. *Ibid.*, p. 232.

4. *L'Étude du piano*, L.-E. GRATIA, p. 16, édit. Delagrave. Voir aussi : *Moyens de travail pour l'étude du piano. Comment réaliser un maximum de progrès dans un minimum de temps*, par L.-E. GRATIA.

5. HÉBERT, *L'Art de développer le sentiment musical chez l'enfant*, p. 26.

6. *Conseils d'un professeur*, MARMONTEL, p. 79 et suiv., édit. Heugel.

Tous les auteurs, tous les techniciens sont d'accord sur ce point. Remuer les doigts tandis que la pensée s'évade, c'est les agiter en pure perte. Evidemment, il est indispensable d'avoir des muscles bien nourris, fonctionnant aisément, mais ce n'est là qu'une faible partie du travail. Il sera tout aussi sinon plus important de rechercher et d'utiliser les moyens capables de maintenir l'attention afin d'agir sur les cellules nerveuses, sur la pensée, et d'obtenir rapidement : la vélocité, la mémoire des distances, des formes d'accords, des pressions, des mouvements, des attaques. L'adresse des doigts, des mains, la souplesse des poignets, des avant-bras, des bras, des pieds se développe par l'exercice, par les répétitions lentes ou vives, variées et multiples. Aucun mouvement — dans l'étude — ne doit être exécuté qu'après avoir été pensé; ce n'est qu'ensuite, lorsque l'automatisme sera créé, que l'on pourra peu à peu accélérer le mouvement et réaliser en toute rapidité, et sans que la pensée intervienne, les agencements les plus délicats, les plus complexes. Apprendre, c'est enregistrer, c'est localiser à l'aide de toute notre conscience une infinité prodigieuse de mouvements, c'est créer des réflexes que, par la suite, notre automatisme déroulera fidèlement[1].

Méthodes de piano.

Le nombre des méthodes, études et exercices écrits pour l'enseignement, est des plus considérables; il serait fastidieux de les citer ici. Parmi les nombreux cahiers, il en est de remarquables, beaucoup offrent de l'intérêt, quelques-uns sont presque nuls, mais en réalité, la manière de travailler importe plus encore que ce que l'on travaille! Les ouvrages de didactique étant peu nombreux et moins connus, il nous semble plus utile de donner ci-après la liste des principaux de ceux-ci. Ils sont d'un grand attrait tant pour les élèves que pour les professeurs.

Nous citons par ordre alphabétique de noms d'auteurs.

Breithaupt (Rodolphe). — I. *Manuel pratique du pianiste.* — II. *Les Fondements de la technique pianistique.* Traduction française par Ernest Closson. Edit. Durdilly.

Delioux (Ch.). — *Cours complet d'exercices pour piano.* Durand, édit. Résumant les difficultés du mécanisme, donnant de précieux conseils sur la méthode de travail.

Demeny (G.). — *Le Violoniste.* Maloine édit.

— *Education et harmonie des mouvements.* Librairie des *Annales.*

Dumor (Eschmann). — *Guide du jeune pianiste.*

Falkenberg. — *Les Pédales du piano.*

Fétis. — *Méthode des Méthodes de piano.*

Fischbacher. — *Conseils aux jeunes pianistes.*

Gratia (L.-E.). — *L'Étude du piano* (Comment réaliser un maximum de progrès à l'aide d'un minimum de travail). Préface de Ch.-M. Widor, de l'Institut. 60 figures, 4 planches hors texte, Delagrave, édit., 4e édition.

— *Le Trac et la Timidité.* Conseils de pédagogie et d'éducation. 16 illustrations hors texte, 2e édition. édit. Marcel Rivière.

— *Moyens de travail pour l'étude du piano.* Recueil d'exercices développés d'après des fragments d'œuvres, montrant de quelles manières différentes il faut jouer un même passage pour réaliser un maximum de progrès dans un minimum de temps.

Hébert. — *L'Art de développer le sentiment musical chez l'enfant.*

Jaell (Marie). — *La Musique et la Psychophysiologie.* Félix Alcan, édit.

— *Le Mécanisme du toucher.*

Kalkbrenner. — *Méthode pour apprendre à jouer du piano-forte à l'aide du guide-main.*

---

[1]. On a proposé de nombreux appareils pour aider à l'amélioration du mécanisme. Le plus recommandable est l'appareil de mécanothérapie inventé par Rénif : l'ochydactyl. Huit minutes d'exercices mécanothérapiques remplacent indiscutablement une heure d'étude faite sur le clavier. Cet appareil est fabriqué à Sancoins (Cher)

Krczcynski. — *Trois Conférences faites à Varsovie.*

Kufferbath, d'après Boschorzeff. — *Traité de la pédale ou méthode de son emploi au piano.* Avec exemples cités des concerts historiques donnés par Antoine Rubinstein, Bosworth, édit.

Kurpinski. — *Exposé systématique de la musique pour piano.*

Lavignac. — *L'Éducation musicale.* Delagrave, édit.

Lebert et Starck. — *École de piano.*

Levacher. — *De l'Anatomie de la main, considérée dans ses rapports avec l'exécution de la musique instrumentale.* (Élaboré sur les conseils du docteur Augias de Turenne, professeur à la faculté de médecine, ouvrage recommandé par Thalberg.)

Malwina-Brée. — *Base de la méthode* Leschetizky.

Marmontel (A.). — *Conseils d'un professeur sur l'enseignement technique et l'esthétique du piano.* Edit. Heugel.

— *Vade-mecum du professeur. Catalogue gradué et raisonné.* Edit. Heugel.

Monod, professeur au Conservatoire de Genève. — *La Sonorité du piano.*

Parent (Hortense). — *L'Étude du piano.*

Philipp (L.). — *De l'Enseignement du piano* (simple causerie). Édit. Janin frères, à Lyon.

Praeger. — *Conseils sur l'exécution des œuvres de* Chopin.

Quidant (Alfred). — *L'Âme du piano. Essai sur l'art des deux pédales.* Edit. Ch. Maquet.

Rameau. — *Code de musique pratique.*

Romeu. — *L'Art du pianiste.*

Scharwenka. — *La Méthodique du jeu de piano.*

Schiffmacher. — *La Main et l'âme du piano.*

Selva (Blanche). — *L'Enseignement musical de la technique du piano* (3 vol. Édit. Rouart et Lerolle).

Steinhausen (F.-A.). — *Les Erreurs physiologiques et la transformation de la technique du jeu de piano,* traduit de l'allemand par Mme Émile Javal. Édit. Rouart et Lerolle.

Wartel. — *Leçons écrites sur les sonates de* Beethoven.

Wassili (Safonoff). — *Nouvelle Formule. Quelques pensées pour le professeur de piano.*

Weber. — *Lettre au directeur de musique de Leipzig.*

Weingartner. — *L'Art de diriger* (traduction d'Émile Heintz). (Conseils d'interprétation.)

COMPOSITEURS ET VIRTUOSES

Littérature du piano.

Le XVIIe siècle fut la dernière époque de la vogue du clavecin avant sa transition au piano. Les derniers grands maîtres du clavecin furent : Frescobaldi, Scarlatti, Jean-Sébastien Bach et son fils Emmanuel Bach, Haendel, de Chambonnières, François Couperin, Rameau.

Puis, presque contemporains, nous trouvons : Haydn, Mozart, Clementi, Dussek, Steibelt, qui sont les maîtres de la nouvelle école du piano, les précurseurs du plus grand de tous, Beethoven.

Il est remarquable que presque tous les grands compositeurs ont été plus ou moins pianistes et composèrent pour le piano. On verra par les pages qui vont suivre que le nombre des compositeurs ayant contribué au répertoire de cet instrument est considérable.

Dès la construction du piano-forte, les musiciens accommodèrent leurs œuvres — au moins par le titre — au nouvel instrument. Le plus ancien exemple que nous ayons trouvé de cette adaptation — nous ne disons pas qu'il ait existé — est dû à Mlle Branche et à Romain de Brasseur, qui faisaient annoncer, à la date du 22 avril 1771 : la première, *des Ariettes choisies mises en sonate pour le clavecin ou forte-piano;* le second, *Trois Sonates pour clavecin ou forte-piano,* le 13 mai suivant, paraissaient *Six Concertos pour le clavecin ou le forte-piano* par J.-C. Bach (Op. VII).

Nous allons citer chronologiquement les grands compositeurs et les grands virtuoses.

Les premiers maîtres du piano au Conservatoire de Paris furent Boieldieu, Pradher et Louis Adam.

Joseph Haydn, né à Rohran (Autriche) en 1732, mort à Vienne en 1809.

En 1784, la direction des concerts de la Loge Olympique de Paris lui demanda d'écrire pour elle six symphonies; il accepta. Ces six symphonies comptent parmi les plus belles de ce maitre.

Quelques années plus tard, il dirigea les concerts de Hanover-Square, à Londres, puis il se fixa définitivement à Vienne.

Il composa plus de 30 *sonates* pour *piano-forte*, 20 *concertos de pianos*, 4 *sonates pour violon*, 9 *concertos de violon*, 6 *pour violoncelle*, 16 *pour flûte*, cor, *clarinotte*, *orgue*, *baryton*, *contrebasse*, 6 *duos pour violon et alto*. 175 *compositions pour baryton*, etc., environ 100 *symphonies*, 77 *quatuors pour instruments à cordes*, 30. trios pour diverses combinaisons d'instruments. Enfin 24 *opéras*, 3 *oratorios* : *la Création*, *les Saisons*, *le Retour de Tobie*, des *cantates*, des *lieder*, de nombreux morceaux de chant, des *messes*, des *Te Deum*, un *Stabat Mater*, de nombreux chants d'église.

Haydn donna des leçons d'harmonie à Beethoven, mais il ne semble pas qu'il pressentit. — même faiblement — le futur génie de son élève.

« Sur trois cents devoirs environ que Beethoven dut remettre à Haydn, nous en possédons deux cent quarante-cinq : ce sont les fautes n'y manquent point, et ce sont celles de tous les élèves, quintes, et octaves découvertes ou cachées, unissons, dissonances défendues, erreurs dans l'accompagnement des appogiatures, etc. Cette liasse de documents montre, avec les fautes du disciple, les négligences du maître :
Haydn a corrigé à peine un cinquième des devoirs écrits par Beethoven[1]. »

On ne peut qu'admirer l'architecture correcte, sage, riche, la grandeur du style de Joseph Haydn. Les œuvres pour piano sont des modèles de forme gracieuse, de finesse. Elles eurent une influence considérable sur la musique de piano.

Rust (Friedrich-Wilhem), né à Wœrlitz, près de Dessau, le 6 juillet 1739, mort à Dessau même, le 28 février 1796.

On connait peu de chose sur cet artiste, et nous empruntons le fond et le détail de notre texte à M. Vincent d'Indy qui a publié une belle édition des douze sonates de ce maitre avec un portrait (Rouart édit., 1913).

Comme la plupart des musiciens de son temps, Rust commença par étudier le droit à Leipzig, en 1762. Le prince régnant d'Anhalt, Léopold III, favorisa la vocation du jeune Frédéric et l'envoya travailler le violon à Zerbst sous la direction de Hoeck. Il alla ensuite à Berlin étudier la composition avec Franz Benda (1764), mais il est probable que c'est Ch.-Ph.-Emmanuel Bach qui fut son maître.

En 1765, Rust accompagne son prince en Italie, où il séjourne deux ans. Dans son style, l'influence italienne se retrouve mêlée au sérieux des musiciens allemands. Rentré à Dessau, il devient directeur de la musique, et écrit un grand nombre d'œuvres pour piano, violon et chant.

Il connut Gœthe de passage à Dessau, en 1776.

Après la mort accidentelle de son fils (1795), Rust n'écrivit plus.

M. Vincent d'Indy estime que chez aucun compositeur de ce temps on ne rencontre, dans l'ordre de la sonate, les audaces et les innovations qui foisonnent dans l'œuvre de Rust, tant au point de vue de

l'écriture de l'instrument à clavier qu'à celui de la disposition architecturale des pièces. Figurations espacées; traits d'agilité, non pas indifférents, comme chez la plupart de ses contemporains, mais tendant toujours à l'expression mélodique; emploi des octaves aux deux mains; croisements dans le but de varier la sonorité; sons harmoniques, etc.

Dans sa troisième période (1792), il établit délibérément la sonate à deux mouvements, forme qu'on ne retrouvera que dans les dernières œuvres de Beethoven; bien mieux, il adopte pour quelques-unes de ses sonates le *thème unique*, générateur des principales parties mélodiques de l'œuvre... C'est alors qu'il devient un véritable précurseur de Beethoven, non seulement par la similitude des idées qui est flagrante, mais par la manière même de disposer les diverses parties de l'œuvre musicale.

Mais son rôle de précurseur mis à part, Rust mériterait quand même d'attirer l'attention de ceux qui aiment l'art, parce que, dans toutes ses œuvres, on trouve *de la musique*, et parfois, dans sa dernière époque surtout, de la très belle musique.

Ce que l'on connaît de l'œuvre de Rust comprend : 17 *sonates* écrites spécialement pour le piano (*pianoforte o clavicembalo*); 28 *sonates pour violon*; 1 *sonate pour violoncelle*; 8 *sonates pour alto* ou viole d'amour; 3 *sonates pour harpe*; 6 compositions de musique de chambre (*trios*, *quatuors*, etc.); 10 *pièces diverses* pour piano ou pour violon (variations, suites pour violon seul); 2 livres de *lieder* (gravés de son vivant), au milieu desquels on rencontre l'admirable. *Todtenkranz*, élégie avec chœur sur la mort d'un enfant; 1 recueil de *cantates* pour une voix avec orchestre; enfin des *divertissements dramatiques* pour l'Opéra de Dessau : *Pyrame et Tisbé*, *Enkle et Yariko*, *Krylas et Lalage*, une opérette allemande : *Le Lundi bleu* (1777), de nombreuses cantates de fête et d'église.

La revue *Die Musik*, du 1er mars 1913 et *passim*, a donné d'intéressants articles du Dr Erich Prieyer, de Bonn. Ce dernier, érudit musicologue, a publié en brochure des études critiques sur F.-W. Rust.

Paesiello ou Paisiello (Giovanni), né à Tarente en 1741, mort à Naples en 1815. A ses nombreuses œuvres dramatiques, environ 94 opéras, il faut ajouter un *oratorio*, une quarantaine de *messes*, 2 *Te Deum*, une soixantaine de *motets*, un *Requiem*, 12 *symphonies*, des *concertos*, *sonates* et *caprices pour piano*. On dit que son caractère était loin d'égaler son talent, et qu'il s'efforça d'entraver les débuts de Rossini. Il fut membre de l'Institut en 1809.

Boccherini (Luigi), compositeur et violoncelliste italien, né à Lucques en 1743, mort à Madrid en 1805. Il étudia la composition à Rome, puis alla à Paris, où il composa un recueil de *trios*, un autre de *quatuors* et un de *sonates pour piano et violon*. Il mourut presque sans ressources, après avoir eu la douleur de perdre sa femme et ses deux filles. Son œuvre est considérable (366 œuvres de musique de chambre et 20 *symphonies*), originale, toute de grâce; elle comprend des *sonates*, des *duos*, des *trios*, des *quatuors*, des *quintettes*, des *sextuors*, des *symphonies*, des *motets*, une *messe*, des *menuets* dont un célèbre, etc. Son style rappelle beaucoup celui de Hayon, son célèbre contemporain.

Clementi (Muzio), né à Rome en 1752, et mort à Londres en 1832. C'est bien lui qui édifia les bases de l'enseignement du piano. Ses premières années vécues en Italie lui conférèrent le style mélodique de l'Ecole italienne, mais ses études avec les grands

1. Constant Pierre, p. 130.

maîtres de l'Ecole allemande, Bach et Haëndel, solidifièrent sa science musicale. Il composa de très belles *sonates*, des *fugues, caprices, sonatines* et le très connu *Chemin du Parnasse, le Gradus ad Parnassum ou l'art de jouer du Piano-Forte, démontré par des exercices dans le style sévère et dans le style élégant*, composé et dédié à Mᵐᵉ la princesse Wolkousky par Muzio Clementi, membre de l'Académie Royale de Skockholm ; recueil de 100 pièces, intitulées : *Exercices*, et comprenant des morceaux de tous genres, y compris des fugues. Ces études intéressant tout le mécanisme : indépendance des doigts, exécution des diverses difficultés, gammes, arpèges, doubles notes, etc., étant bien travaillées, entraînent un progrès sensible. Le monument pédagogique est ici commencé magistralement. En plus de ses *sonates*, au nombre de cent six, que Beethoven préférait à celles de Mozart, il a composé divers morceaux, deux *symphonies*. Il a publié, en quatre volumes, une collection superbe de pièces choisies d'orgue et de clavecin des plus grands maîtres.

Dès l'âge de neuf ans, il obtenait au concours une place d'organiste. Il avait quatorze ans lorsqu'un Anglais voyageant en Italie, émerveillé par son talent sur le clavecin, l'emmena en Angleterre, où il acquit une grande réputation, et fut, par la suite, accompagnateur de l'Opéra Italien. Il composait et enseignait, lorsqu'une banqueroute lui fit perdre une somme considérable ; c'est à cette époque qu'il fonda une maison de commerce de musique et de fabrication de pianos qui fut rapidement prospère.

Ambroise Thomas, qui l'avait entendu dans sa prime jeunesse et qui jouait lui-même du piano avec une pureté et un charme exquis, nous a répété souvent, dit A. Duvernoy, qu'il n'avait jamais connu un mécanisme plus complet que celui de Clementi. Pour Clementi, il n'y avait pas de difficultés. Tout lui était aisé. Sa tenue, au piano, était parfaite, impeccable de mesure, immobile de main ; seuls, ses doigts bien arrondis agissaient et rendaient avec une netteté, une clarté incomparables les traits les plus compliqués. Il possédait aussi une belle sonorité, et cherchait dans son jeu à imiter l'orchestre, comme il le disait. Il va de soi qu'il connaissait le maniement et les ressources des pédales et qu'il s'en servait avec sobriété. Bref, c'était le digne chef de cette belle école de piano dont se réclamaient les virtuoses fameux du siècle qui vient de finir !

Amédée Méreaux dit que Clementi consacrait huit heures par jour au clavecin, et que si un jour ce chiffre d'heures n'avait pu être atteint, le lendemain le déficit était comblé.

Rubinstein le nomme : « le père de la nouvelle virtuosité. » Il ajoute : « Clementi, le premier représentant de la pédagogie pour piano, reste pour nous jusqu'à ce jour, avec son *Gradus ad Parnassum*, le meilleur guide du virtuose [1]. »

Kalkbrenner (Chrétien), né à Minden en 1755, mort à Paris en 1806, pianiste et compositeur, fut chef de chant à l'Opéra de Paris, où il fit représenter : *Olympie* (1798) ; *La Descente des Français en Angleterre* (1798) ; *Saül*, oratorio (1805), et la *Prise de Jéricho*, oratorio (1805) ; *Don Juan*, travestissement du chef-d'œuvre de Mozart ; *le Mort par spéculation* (1800). Il écrivit aussi *Œnone*, et, pour le prince Henri de Prusse, plusieurs opéras français : *La Veuve du Malabar*, *Démocrite, les Femmes* et |*le secret, Lanassa*,

1. Rubinstein, *loco cit.*, p. 81.

deux scènes lyriques : *Pygmalion* et *Ossian*, et un chant funèbre pour la mort du général Hoche (1797). Il publia aussi un recueil de romances d'*Estelle* (de Florian), et trois suites de *sonates pour piano et violon* ainsi qu'une *Histoire de la musique* (1802).

Il fut le père de Frédéric-Guillaume Kalkbrenner (1784-1849), le très distingué pianiste (voir plus loin).

Mozart (Wolfgang-Amédée), fils de Johann-Georges-Léopold, né à Salzbourg en 1756, et mort à Vienne en 1791. Cet admirable artiste mourut dans un état presque voisin de la misère et fut enterré dans la fosse commune. Le nombre de ses ouvrages est de six cent vingt-six. Il aborda tous les genres : composition dramatique, religieuse, symphonique, oratorio, musique de chambre, lieder, cantates. Il laissa une inépuisable collection de pièces pour piano : *Sonates, Fantaisies, Airs variés*, etc. Il joua du violon, du clavecin, du piano-forte, de l'orgue et remporta de grands succès comme compositeur et comme virtuose.

En 1767 (âgé de onze ans), il composa deux petits opéras : *La Finta simplice* et *Bastien et Bastienne*. Puis : *Mithridate, re di Ponto*, des messes, des oratorios. Parmi ses œuvres pour le théâtre, les plus renommées sont : *L'Enlèvement au sérail*, opéra-comique (1781), *Les Noces de Figaro* (1785), *Don Juan* (1787), *Cosi fan tutte* (1790), *La Clémence de Titus* (1791), *La Flûte Enchantée* (1791).

Mozart est le musicien dont le nom est le plus connu. Il est une des colonnes du grand édifice de l'Art musical.

Adam (Jean-Louis), né le 3 décembre 1758 à Müttersholtz, en Alsace, dans le département du Bas-Rhin, mort en 1848, à Paris, fut peut-être considéré comme un des premiers maîtres de l'Ecole française du piano. Comme professeur au Conservatoire, de 1797 à 1842, il forma nombre d'élèves remarquables, parmi lesquels il faut citer : son fils, Adolphe-Charles Adam, l'auteur du *Chalet*, de *Si j'étais roi*, du *Postillon de Longjumeau* ; Hérold, l'auteur de *Zampa* et du *Pré aux Clercs* ; Frédéric Kalkbrenner (voir plus loin), et Mᵐᵉ Massart, qui devint un des plus renommés professeurs du Conservatoire.

Jean-Louis Adam a publié une grande quantité de sonates et d'airs variés, des romances nombreuses et deux ouvrages d'enseignement : 1° *Méthode ou principe général du doigté* (avec Lachmith) ; 2° *Méthode nouvelle pour le Piano*.

Dussek (Jean-Louis), né à Czazlau (Bohême) en 1791, mort à Saint-Germain-en-Laye en 1812, est le fils d'un organiste. Il fut élève des Jésuites, organiste à Malines, à Berg op Zoom et professeur du Stathouder de la Haye. Après avoir beaucoup voyagé, donnant des concerts, comme pianiste et compositeur, à Berlin, Saint-Pétersbourg, Paris, Milan et enfin à Londres, il s'installa dans cette dernière ville et y fonda un commerce de musique qui fut désastreux et l'obligea à fuir ses créanciers. Il s'en alla d'abord à Hambourg, puis au Danemark et enfin à Paris, en 1808, où il dirigea les concerts du prince de Talleyrand. Il devint si gros, durant ses dernières années, qu'il ne quittait presque plus le lit. Pour vaincre cette torpeur, il absorba de nombreux stimulants de tous genres qui entraînèrent sa mort. Il fut très remarqué comme pianiste au style ample et au jeu délicat. Ses compositions eurent une grande vogue, méritée du reste. Parmi ses œuvres, douze *concertos* et cent quarante-deux *sonates* pour piano seul ou accompagné, des trios, des *quatuors*, des *quintettes*, des *fantaisies*, des *airs variés*, etc. Il composa plusieurs oratorios allemands, deux opéras joués en Angleterre, mais sans succès, une *Messe solennelle* et enfin une *Grande Méthode de piano*. Il eut un frère : François-Benoît Dussek, né à Czaslau en 1766, également talentueux comme organiste, violoniste, maître dè chapelle.

Actuellement, on joue encore fréquemment la musique de Jean-Louis Dussek, particulièrement des *sonates*, des *sonatines*, des *rondos* et *variations*. La *Canzonetta, Les Adieux, La Matinée*, etc., sont au répertoire des jeunes pianistes.

Steibelt (Daniel), né à Berlin en 1765, mort à Saint-Pétersbourg en 1823, élève de Kirnberger (compositeur et théoricien allemand, 1721-1837). Quoique la musique de Steibelt mérite plus d'attention que celle qu'on lui accorde aujourd'hui, on a peine à comprendre par suite de quelle aberration le public viennois, en 1799, l'opposait à celle de Beethoven! Il composa pour le piano : quarante-six *sonates*, sept *concerts*, de la musique de chambre, parfois d'une réelle valeur, et remporta de grands succès comme virtuose. Il fut l'introducteur en France (sinon l'inventeur) du genre *Fantaisie* — *pot-pourri* — sur des motifs d'opéras, genre heureusement tombé en désuétude. Il fit jouer à Paris, au théâtre Feydeau, en 1793, *Roméo et Juliette*, opéra en trois actes, qui obtint un succès éclatant. La grossièreté de son caractère l'obligea, en 1798, à fuir Paris. Il voyagea en Angleterre, en Allemagne, où il entra en lutte avec Beethoven, puis revint à Paris pour faire représenter à l'Opéra une traduction de la *Création* de Haydn et un ballet, *le Retour de Zéphir*, dont il était l'auteur de la musique. A Londres, ensuite, il fit jouer deux ballets : la *Belle Laitière* et le *Jugement de Páris*. De retour à Paris, il donna à l'Opéra un intermède de circonstance, *Austerlitz*, puis partit pour la Russie, où il obtint la succession de Boïeldieu comme directeur de la musique à l'Opéra de Saint-Pétersbourg. Il fit représenter dans cette ville : *Sargines, Cendrillon* et la *Princesse de Babylone*.

Beethoven (Ludvig Van), né à Bonn, le 16 décembre 1770, mort à Vienne, le 26 mars 1827.

N'existerait-il que les sonates de Beethoven pour le piano, que l'étude de cet instrument mériterait les efforts de toute la vie. Beethoven, musicien, penseur, artiste, composa trente-deux *sonates* pour le piano. Cette musique dépasse la musique; elle est le plus merveilleux moyen d'exprimer l'inexprimable, elle est le langage de l'Etre à l'Etre. Beethoven arracha dans l'immensité un bouquet de vibrations; il les ordonna de telle sorte que, par leur impalpable manifestation, l'Esprit touche l'Esprit. Il est puéril de chercher ce qu'exprime une sonate. Il faut la subir. Soyons l'organisme vivant et vibrant qui recueille l'harmonie de ces ondes, nos blessures, de joie, de douleur, d'inquiétude, toutes nos cellules seront atteintes, mordues et pansées. Ne cherchons pas si c'est un accord, une harmonie, une mélodie qui nous fait vibrer, Beethoven est un Titan, la musique son moyen. Elle est la plus ardente prière de l'incroyant, un torrent qui passe avec fracas, la petite source murmurante, le feu qui dévore et qui purifie. Beethoven est le plus imposant « phénomène » que la nature ait produit. Son œuvre pour piano est immense par le nombre et par la valeur.

Le catalogue des œuvres de Beethoven est donné de façon très complète dans *La Jeunesse de Beethoven* par J.-S. Prod'homme (Delagrave, édit.). On compte plus de cent trente-cinq compositions (celles de jeunesse, non numérotées) écrites avant l'op. 20 (1800). Le remarquable ouvrage *Les Symphonies de Beethoven*, également par J.-G. Prod'homme (édit. Delagrave), donne la liste des œuvres de Beethoven de 1800 à 1827.

Disons donc seulement ici que l'ensemble de ses productions comprend :

Pour le piano : trente-huit *sonates*, si nous y adjoignons les *sonatines; fantaisies*, op. 77; *variations*, vingt et un motifs; *bagatelles, rondos, préludes*, seize pièces; *danses*, treize cahiers; *Quatre-mains*, quatre pièces.

Chant avec accompagnement de piano, cent pièces, dont l'*Adélaïde*, poèmes à la Bien-Aimée lointaine; avec accompagnement d'orchestre, six pièces;

Piano et violon, dix *sonates; piano et violon ou violoncelle, Variations*, quatre motifs; *piano et violon ou flûte*, seize pièces; *piano et violoncelle*, cinq *sonates; piano et cor*, une *sonate; trios* pour piano, dix et deux motifs variés pour piano, violon et violoncelle, dont l'un original; *Quatuors*, seize.

Quintettes pour instruments à cordes, deux et une fugue pour deux violons, deux altos et violoncelles. *Quintette* pour instruments à vent, un, op. 16. *Sextuors*, deux, op. 71 et 81. *Septuor*, un, op. 20. *Octuors*, deux, *piano et orchestre, rondo.* — *Fantaisie* pour piano, orchestre et chœurs. *Concertos* pour piano, cinq; pour violon, trois; pour piano, violon et violoncelle, un. *Pièces symphoniques*, marches à grand orchestre; *ouvertures*, onze; *symphonies*, neuf; *cantates*, deux; *ballet*, un, *Prométhée; opéra*, un, *Fidelio*; oratorios, un, *Le Christ au jardin des Oliviers; messes*, deux, dont la gigantesque *Messe en ré*.

Enfin, les *ouvertures* du *Roi Etienne*, d'*Egmont* et de *Coriolan*.

L'éditeur Joseph Williams, à Londres, a publié une belle édition des trente-deux sonates avec analyse et doigtés par Stewart Macpherson.

Georges Sporck a aussi publié une édition des sonates avec analyse et annotations.

On écrivit de nombreux volumes sur Beethoven, dans toutes les langues, près de deux cents ouvrages. On trouvera une bibliographie en citant environ soixante-dix, dans *Beethoven et ses trois styles*, de W. de Lenz; dans *Beethoven* par Jean Chantavoine (Alcan édit.).

Cramer (Jean-Baptiste), né à Mannheim en 1771, mort à Kensington en 1858, fils aîné de Wilhelm Cramer, violoniste de premier ordre et compositeur, dont le père Jacques Cramer (1705-1770) était également musicien : flûtiste habile.

Jean-Baptiste, fils et petit-fils des précédents, se faisait entendre en public dès l'âge de treize ans ; sa renommée, comme pianiste, était universelle. Il joua en Italie, en Autriche, en Allemagne, en Angleterre, où il enseigna, tout en s'occupant de composition. Il se fixa à Paris de 1832 à 1845, puis retourna en Angleterre.

Il composa cent cinq *sonates*, sept *concertos*, deux recueils de *nocturnes*, deux suites d'*études*, quantité de morceaux de genre pour piano, plus des *duos*, un *quintette* et un *quatuor* pour piano et instruments à cordes, et enfin une grande *Méthode de piano*. Ses œuvres sont encore très appréciées : ses études, principalement, sont considérées comme des chefs-d'œuvre en leur genre.

Boïeldieu (François-Adrien), né à Rouen en 1775, mort à Jarcy en 1834, mérite en cet article une place prépondérante, car il est un des premiers maîtres de l'Ecole française du piano. L'*Institut National* de musique (appelé plus tard Conservatoire de Musique, créé par la Convention nationale, le 8 nov. 1793) eut comme professeurs à son début : BOÏELDIEU, PRADHER et Louis ADAM.

Les études musicales de BOIELDIEU commencèrent sous la direction d'un excellent artiste, BROCHE, organiste de la cathédrale de Rouen, qui avait étudié en Italie.

BOÏELDIEU écrivit presque uniquement pour le théâtre, sauf quelques mélodies et pièces instrumentales tombées aujourd'hui dans l'oubli.

En 1793, son premier opéra-comique, *La Fille coupable*, dont le livret lui fut fourni par son père, était donné à Rouen, au Théâtre des Arts, et obtenait un vif succès. *Rosalie et Myrza* (1795) fut aussi bien accueilli. C'est alors que BOÏELDIEU revint à Paris. Accueilli dans la maison ERARD, il s'y lia avec KREUTZER, CHERUBINI, MÉHUL, JADIN, GARAT, RODE, LAMARE, etc. C'est à cette époque qu'il écrivit ses plus jolies mélodies, ainsi que plusieurs morceaux pour piano; vinrent ensuite de petits ouvrages en un acte : *La Famille suisse* et *L'Heureuse Nouvelle* (1797), *Le Pari* (1797), *Zoraïme et Zulnare*, *La Dot de Zuzette* (1798), *Les Méprises espagnoles* (1799). Reprenant son éducation musicale avec CHERUBINI, il écrit avec ce maître : *Emma ou la Prisonnière* (1799), *Beniowski* (1800), *Le Calife de Bagdad*.

HUMMEL (Jean-Népomucène) naquit à Presbourg, le 14 novembre 1778, et mourut à Weimar, le 17 octobre 1897. Il reçut des leçons de MOZART dès l'âge de sept ans, étudia la composition avec ALBRECHTSBERGER, qui compta BEETHOVEN parmi ses élèves, puis avec SALIERI, compositeur italien. Il fut grand admirateur de CLEMENTI.

« La régularité de plan dans l'agencement des éléments qui forment ses morceaux, la richesse du style et l'élégance des traits font, des œuvres de ce maître, une source précieuse d'enseignement solide à laquelle toute école de piano pourra toujours puiser avec profit, » nous dit Paul ROUGNON[1]; et plus loin : « HUMMEL, disciple de MOZART, admirateur de HAYDN, était un classique d'une imagination poétiquement douce, mais toujours régulier. Il écrivait dans un esprit de soumission complète aux règles et aux principes de l'art. Au contraire, la nature indépendante et impétueuse de BEETHOVEN l'entraînait au delà des limites prescrites. » Malgré ces différences, des rivalités de succès entraînèrent des altercations entre ces deux artistes. HUMMEL, apprenant la maladie de BEETHOVEN (1827), courut se réconcilier avec lui.

Comme exécutant, HUMMEL a transformé l'école pianistique en Allemagne. Il fut improvisateur de premier ordre.

Il composa comme œuvres maîtresses : sa grande *Méthode de piano*, des *études*, des *sonates*, celle en *mi bémol* particulièrement, la *Belle Capricciosa*, fantaisie dédiée à Mme Pleyel. Ces différentes œuvres méritent d'être travaillées avec soin par tous les élèves. Il composa aussi des opéras : *Le Vicente d'Amore*, *Mathilde de Guise*, *Maison à vendre*, *Le Retour de l'Empereur*; deux *cantates* avec chœurs et orchestre, *Eloge de l'amitié* et *Diana ed Endimione*; plusieurs ballets, *Hélène et Pâris*, *Sapho de Mitylène*, *Le Tableau parlant*, *L'Anneau magique*, *Le Combat magique*; trois *messes*, deux *motets*, des *ouvertures*, *concertos*, *septuors*, *quatuors*, *trios*, etc.

---

[1]. *Piano et pianistes*, p. 11.

PRADHER (Louis-Barthélemy), compositeur et pianiste, né à Paris en 1781, mort à Gray en 1843.

A vingt ans, il quitta le Conservatoire pour épouser la fille de PHILIDOR. Il fut nommé ensuite professeur de piano (1802), puis appartint, comme accompagnateur, à la Chapelle de Louis XVIII et de Charles X; fut directeur du Conservatoire de Toulouse, enfin se retira définitivement à Gray. Sa seconde femme, Félicie MORE, née à Carcassonne en 1800, morte en 1873, cantatrice renommée, fut de l'Opéra-Comique.

Le premier ouvrage de PRADHER, *Le Voisinage*, composé avec quelques-uns de ses camarades du Conservatoire, fut représenté au Théâtre Favart en 1800.

PRADHER fit représenter à l'Opéra-Comique : *Le Chevalier d'Industrie* (1804), *La Folie musicale ou le Chanteur prisonnier* (1807), *Jenne et vieille* (1811), *L'Emprunt secret* (1812); *Les Enlèvements impromptus* (1824); *Jenny la bouquetière* (1823).

FIELD (John), né à Dublin en 1782, mort à Moscou en 1837. Il fut l'élève de CLEMENTI et l'inventeur de charmante pièces nommées *Nocturnes;* il en composa dix-huit qui jouirent d'un légitime succès. Les romanees de MENDELSSOHN. et surtout les nocturnes de CHOPIN, firent oublier les œuvres du même genre dont FIELD était le créateur.

Excellent musicien, d'un jeu souple et élégant, la nature de ce talent se reflèta dans ses compositions; sonates, rondeaux, fantaisies, morceaux de genre, et enfin concertos de piano aux mélodies gracieuses et aux traits brillants.

Il fut certainement le plus célèbre pianiste anglais, irlandais devrions-nous dire; malgré ses origines, il se rattache presque autant à l'Ecole italienne qu'à l'Ecole allemande.

AUBER (Daniel-François-Esprit), né à Caen en 1782, mort à Paris en 1871.

Elève de LADURNER pour le piano et de CHERUBINI pour la composition. Il remplaça GOSSEC à l'Institut en 1829. En 1830, directeur des Concerts de la cour et directeur du Conservatoire succédant à CHERUBINI de 1842 à 1871; il meurt pendant la Commune.

Comme son librettiste Scribe, il fut extrêmement fécond. On retrouve dans toutes ses œuvres les mêmes procédés, les mêmes combinaisons. Ce sont des traits d'esprit en musique, de petits airs enjoués et faciles, la grâce et la distinction n'y sont jamais absentes. Une fois pourtant, il modifia ses habituels procédés : ce fut en écrivant *La Muette de Portici*, où l'on trouve un entrain, un enthousiasme extraordinaires et une chaleur italienne. Cette pièce fut jouée à l'Académie de Musique de Paris en 1828, et sa vogue devint européenne. Le duo « Amour sacré de la Patrie » fut, à Bruxelles, le signal de la Révolution.

AUBER commença par composer des *quatuors*, divers essais lyriques, des *concertos* pour basse; puis donna pour violon, leçon du Conservatoire, attira l'attention sur lui. C'est à cette époque qu'il fut remarqué par CHERUBINI, avec lequel il refit ses études musicales. Il débuta au théâtre avec un opéra en un acte : *Le Séjour militaire* (1813). Divers morceaux de musique religieuse, parmi lesquels l'*Agnus Dei*, qui devint plus tard la prière de *La Muette*, précédèrent, en 1819, les opéras-comiques : *Le Testament et les Billets doux*, *La Bergère châtelaine*, qui commencèrent une série de succès; *Emma ou la promesse imprudente* (1821); *Leicester* (1823), premier ouvrage écrit en collaboration avec Scribe, *La Neige* (1824); *Le Concert à la Cour*, *Léocadie* (1824); *Le Maçon* (1825); *Le Timide et Fiorella* (1825).

AUBER avait donné à l'Opéra, en 1823, en société avec HÉROLD, un officiel : *Vendôme en Espagne*, pour le retour du duc d'Angoulême, à Paris. *Le Dieu et la Bayadère*, opéra-ballet (1830), succéda à *La Muette*. Vinrent ensuite : *Le Philtre* (1831); *Le Serment* (1832); *Gustave III* (1833); *Le Lac des Fées* (1838); *L'Enfant prodigue* (1850); *Zerline ou la corbeille d'oranges* (1851); *Les Premiers Pas ou les Deux Génies*, avec HALÉVY, CARAFA et ADAM. Il remportait en même temps une série de succès à l'Opéra-Comique, scène plus en rapport avec son genre, très à la mode à cette époque; il donnait : *La Fiancée* (1829); *Fra Diavolo* (1830); *La Marquise de Brinvilliers*, en société avec BATON, CHERUBINI, PAËR, BLANGINI, HÉROLD, CARAFA, etc., neuf compositeurs ! *Lestoc* (1834); *Le Cheval de Bronze* (1835), donné par la suite à l'Opéra; *Actéon*, *Les Chaperons blancs*, *L'Ambassadrice* (1836); *Le Domino Noir* (1837); *Zanetta* (1840); *Les Diamants de la Couronne* (1841); *Le Duc d'Olonne* (1842); *La Part du Diable* (1843); *La Sirène* (1844); *La Barcarolle* (1845); *Haydée* (1847); *Marco Spada* (1853); *Jeanny Bell* (1855); *Manon Lescaut* (1856); *La Fiancée du roi de Garbe* (1863); *Le Premier Jour de bonheur* (1863); et enfin *Rêves d'amour* (1869).

Un monument funéraire lui a été élevé au cimetière du Père-Lachaise.

RIES (Ferdinand), né à Bonn, le 28 novembre 1784, mort à Francfort, le 13 janvier 1838. « Élève de son père Franz (1755-1846) et de ROMBERG, passa à Munich en 1801, puis à Vienne (octobre 1801), où il devait être, avec l'archiduc Rodolphe, le seul élève de BEETHOVEN. Celui-ci l'attacha d'abord comme pianiste à l'ambassadeur de Russie, comte Browne, et au comte Lichnowsky. — Il vécut à Stockolm (1801), Pétersbourg (1810), Londres (1813), se retira à Godesberg, près Bonn (1824), puis à Francfort (1830), où il resta jusqu'à sa mort, sauf deux années (1834-36) passées à Aix-la-Chapelle, où il fut appelé comme chef d'orchestre de l'Académie de chant[1]. »

RIES eut peu d'originalité, plus de talent que de génie, mais de l'élégance et du brillant. Son style tient beaucoup de BEETHOVEN et un peu de HUMMEL, dit LAVIGNAC[2]. — Il fut certes un des artistes les plus distingués de son temps, aussi bien comme pianiste que comme compositeur. On lui doit deux oratorios, l'*Adoration des Rois* et le *Triomphe de la foi*; six symphonies : ouvertures de *Don Carlos* et de *La Fiancée de Messine*, *La Fiancée du brigand* (1830), *Liska ou la sorcière de Gellenstein*.

Il publia, avec le docteur WEGELER, un volume de souvenirs : *Notice biographique sur Ludwig VAN BEETHOVEN* (1838). Son frère Hubert (1802-1886) fut un violoniste distingué.

KALKBRENNER (Frédéric-Guillaume), né à Cassel en 1784, mort à Paris en 1849, d'abord élève de son père, Chrétien KALKBRENNER, compositeur et écrivain (voir plus haut), puis, pour le piano, d'Ad. ADAM au Conservatoire de Paris où il obtint un premier prix, et de CATEL pour l'harmonie. Il passa quelques années à Vienne, où il modifia son jeu dans le sens et la manière de CLEMENTI. Son talent était plein de puissance, d'éclat et de distinction. En 1814, il se fixa à Londres, y resta dix années, et s'associa avec LOGIER pour l'exploitation du Chiroplaste, que celui-ci venait d'inventer; c'était un « plateau en bois verni, sur lequel

se trouvaient neuf petits appareils différents destinés à assouplir et à écarter les doigts[3] ».

Lui-même inventa le « guide-main », qui consiste dans une double barre horizontale placée au-dessus du clavier. Cette sorte de double règle s'étend d'un bout à l'autre du piano et maintient le poignet à une hauteur déterminée. Les mains, ainsi soutenues à une élévation arrêtée par le professeur, peuvent parcourir le clavier ou rester en place, en laissant aux doigts toute leur liberté d'action, et sans réagir sur eux par un mouvement d'abaissement devenu impossible[4] ».

Il entreprit ensuite un voyage artistique avec DIZI, harpiste, en Allemagne et en Autriche.

De nouveau de retour à Paris, il s'associa avec Camille PLEYEL. Mme PLEYEL fut une de ses meilleures élèves, ainsi que STAMATY (voir ce nom). Il devint — peut-on dire — le chef de l'École française de piano.

Il composa un grand nombre d'œuvres : quatre concertos, une grande quantité de sonates, des rondeaux, des fantaisies, des études, des fugues, soit plus de cent vingt œuvres diverses. Une *Méthode de piano* devenue célèbre et un *Traité d'harmonie du pianiste*.

FÉTIS (François-Joseph), né à Mons (Belgique) en 1784, mort à Bruxelles en 1871. Élève, pour le piano, de BOÏELDIEU, au Conservatoire de Paris, de REY, de CATEL et de PRADHER, pour l'harmonie et la composition. En 1821, il est nommé professeur de contrepoint et fugue au même Conservatoire, qu'il abandonne en 1833 pour accepter la direction du Conservatoire de Bruxelles. Comme compositeur, il montra plus de science que d'inspiration, et l'emploie le grand nombre de ses œuvres, c'est surtout par ses écrits de musicographe qu'il est resté célèbre. Il est l'auteur de la *Biographie universelle des musiciens* (1834 et 1860-1863), ouvrage auquel Arthur POUGIN a ajouté un supplément en deux volumes, et de nombreux ouvrages didactiques et historiques. Il a donné à l'Opéra-Comique : *L'Amant et le Mari* (1820); *Les Sœurs jumelles* (1823); *Marie Stuart en Écosse* (1823); *Le Bourgeois de Reims* (1824); *La Vieille* (1826), *Le Mannequin de Bergame* (1832). Il a publié de la musique religieuse et de la musique de chambre. La *Méthode des méthodes de piano* parut en 1837.

Son *Histoire générale de la musique depuis les temps les plus anciens jusqu'à nos jours* est restée inachevée, sa mort étant survenue avant qu'il l'ait terminée.

ZIMMERMANN (Pierre-Joseph-Guillaume), né et mort à Paris (1785-1853). Fils d'un facteur de pianos. Élève de BOÏELDIEU au Conservatoire, pour le piano, de CATEL, pour l'harmonie, se perfectionna ensuite sous la direction de CHERUBINI. Devenu professeur de piano au Conservatoire en 1817, il y fut remarquable et forma un grand nombre d'élèves dont les noms devinrent célèbres : Ambroise THOMAS, C.-V. ALKAN, (César FRANCK, Emile PRUDENT, GORIA, RAVINA, Louis LACOMBE, LEFÉBURE-WELY, MARMONTEL; ce dernier son successeur en 1848.

ZIMMERMANN, en plus d'un artiste distingué ayant composé des sonates, des concertos, des rondeaux, des fantaisies des fantaisies, un opéra, six recueils de romances, un opéra, *L'Enlèvement*, représenté à l'Opéra-Comique de Paris en 1830, un grand opéra, *Nausicaa*, qui n'a pas été joué, fut aussi un écrivain didactique de valeur. ·

En 1848, il devint inspecteur des études musicales

1. Jean. CHANTAVOINE, *Correspondance de Beethoven*, p. 49-59, édit. Calmann-Lévy.

2. *La Musique et les Musiciens*, édit. Ch. Delagrave.

3. *L'Étude du piano* (comment réaliser un maximum de progrès à

l'aide d'un minimum de travail), L.-E. GRATIA, p. 134. Édit. Ch. Delagrave.

4. MARMONTEL, *Conseils d'un professeur*, p. 97 (Heugel édit.).

(Conservatoire). Il publia aussi une *Méthode élémen-taire de piano* et une *Encyclopédie du pianiste*.

BOÉLY (Alexandre-Pierre-François), né à Versailles en 1785, mort à Paris en 1858. Pianiste, organiste et compositeur, élève de son père, puis du Conservatoire, acheva seul ses études musicales. Il tint durant plusieurs années l'orgue de Saint-Germain-l'Auxerrois avec beaucoup de talent. Ses compositions pour orgue, piano et harmonium sont écrites dans un style sévère et classique.

WEBER (Charles-Marie-Frédéric-Ernest, baron de), né à Eutin (duché de Holstein) le 18 décembre 1786, mort à Londres en 1826. Dans sa jeunesse, il travailla le dessin et la peinture, fit aussi de la lithographie, dont il perfectionna le procédé inventé par Senefelder (1772-1834). Il abandonna de bonne heure pinceaux et crayons pour se livrer uniquement à l'étude de la musique. Il suivait son père, directeur d'une troupe lyrique nomade.

Son maître de piano fut HEUSCHKEL, pour le chant, Michel HAYDN (frère du grand François-Joseph HAYDN, voir plus haut), organiste et compositeur de valeur, KALCHER et l'abbé VOGLER pour la composition. Ce dernier, né à Wurtzbourg en 1749, mort à Darmstadt en 1814, établit à Mannheim, en 1775, une école de musique très réputée qui attira un grand nombre d'élèves; il inventa un orgue appelé *orchestrion*, sorte d'orgue portatif à quatre claviers.

WEBER est le premier en date et l'un des plus grands compositeurs allemands de l'école romantique. R. WAGNER lui a emprunté une partie des qualités de son orchestration riche et colorée, avec emploi fréquent des bois. Avant R. WAGNER, il demanda ses livrets d'opéra aux légendes populaires allemandes, à la poésie panthéiste indo-germanique. En 1804, il était chef d'orchestre au théâtre de Breslau. Deux ans plus tard, intendant de la musique du prince Eugène de Wurtemberg et professeur de ses fils, puis secrétaire du prince Louis de Wurtemberg.

Il était connu comme excellent pianiste à Berlin et à Vienne. Directeur de la musique de l'Opéra allemand à Prague, en 1813, il acquit une telle renommée qui lui valut d'être appelé à l'Opéra royal de Dresde. C'est là qu'il déploya toutes ses facultés. Il fit représenter avec un éclatant succès *Le Freischütz* (à Berlin, 1821), *Preciosa, Euryanthe* (1823). Déjà miné par la phtisie, il travaillait à la partition d'*Obéron* sur un livret qu'on lui avait envoyé de Londres, et dut interrompre ce travail à diverses reprises. Il s'en alla diriger la mise en scène à Londres, passant par Paris, où il fut accueilli avec enthousiasme, en 1826. Il mourut dans cette dernière ville, après avoir fait représenter *Le Freischütz* et *Obéron*, qui n'obtinrent un réel succès que beaucoup plus tard. Voici la liste de ses œuvres : deux petits opéras, *La Fille des Bois* (1800) et *Pierre Schmoll et ses voisins* (1801), puis *Rubezahl, Silvana*, jolie œuvre qui est l'amplification de *La Fille des Bois*, *La Premier Son* et *Abu-Hassan*, *Le Freischütz* (1821), *Preciosa, Euryanthe* (1823), enfin *Les Trois Pintos*, opéra qui ne fut représenté à Leipzig qu'en 1888, soixante ans après sa mort.

Il composa, en outre, de nombreuses œuvres pour le piano : trois concertos, le troisième porte le titre de *Concertstück* ou le *Retour du croisé*, quatre belles sonates, des *airs variés*, deux polonaises, un *rondo* en mi bémol, l'*Invitation à la valse*, des *allemandes*, des *écossaises*.

Deux concertos pour clarinette; un grand *duo* et des *variations* pour piano et clarinette; un *trio*.

Pour l'orchestre, il écrivit deux symphonies, *ouverture et marche* pour *Turandot, La Jubelouverture*.

Pour le chant : *Combat et victoire*, cantate; *Lyre et glaive*, chants de guerre sur des poésies de Théodore Kierner; *Nature et Amour*, cantate; *Hymne à quatre voix*; scènes et air pour *Athalie* et *Ines de Castro*, des messes, des chœurs, des chansons, etc.

Les pièces pour piano, ainsi que toutes ses œuvres, sont pleines de verve, de fougue et de poésie. L'exécution en est souvent malaisée, sauf pour la clarinette qu'il semble préférer comme timbre, et qu'il sait merveilleusement employer. Un de ses amis — je crois — était clarinettiste de talent, et a peut-être eu quelque influence sur son goût et sa bonne écriture pour cet instrument.

HÉROLD (Louis-Joseph-Ferdinand), né et mort à Paris (1791-1833). Élève de FÉTIS, pour le solfège, de CATEL, pour l'harmonie, de KREUTZER, pour le violon, d'Ad. ADAM, pour le piano, de MÉHUL, pour la composition. Prix de Rome en 1812, dit prix de l'Institut. Il mourut jeune, à quarante-cinq ans, en plein épanouissement de son beau et charmant génie, et son œuvre, malgré sa vie relativement courte, est importante par le nombre et la valeur. Ses plus célèbres ouvrages sont trois opéras-comiques : *Marie* (1826), *Zampa* (1831), et le *Pré-aux-Clercs* (1833), œuvres de grâce, de tendresse et en même temps vigoureuses et pathétiques.

Il composa, en outre, avec BOÏELDIEU : *Charles de France* pour l'Opéra-Comique (1816). HÉROLD fut accompagnateur au Théâtre Italien de 1820 à 1823 environ, puis il donna à l'Opéra-Comique : *Le Muletier*, dont le succès fut complet (1823). La même année, un ouvrage de circonstance : *Vendôme en Espagne*, écrit avec AUBER, reçut du public un bon accueil. Devenu chef de chant à l'Opéra, il composa pour ce théâtre une série de ballets : *Astolphe et Joconde* (1827); *La Somnambule* (1827); *La Fille mal gardée* (1828); *La Belle au Bois dormant* (1829).

Ajoutons à cela sept opéras et cinq opéras-comiques, des chœurs pour un drame de l'Odéon : *Le siège de Missolonghi, La Marquise de Brinvilliers*, œuvre collective de dix compositeurs, et un opéra inachevé : *Ludovic*, terminé par HALÉVY.

CZERNY (Charles), né à Vienne en 1791 et mort dans cette même ville en 1856, reçut des leçons de BEETHOVEN et en donna à son neveu Carl; il eut, comme élève en piano, l'extraordinaire Franz LISZT, dont les formidables dispositions se développèrent sous sa direction, ce n'est pas là un mince titre de gloire! Citons aussi comme un de ses meilleurs élèves le Polonais SOWINSKI (1803-1880) (voir ce nom).

Charles CZERNY fut un des plus grands maîtres du clavier; dès l'âge de quatorze ans, il commença à donner des leçons; son succès fut si rapide comme professeur que, malgré son rare talent de virtuose, il se produisit relativement peu. Il composa avec une telle fécondité qu'on ne compte pas moins de huit cent cinquante productions écrites par lui pour le piano. Il faut encore y ajouter sa *Grande Méthode de piano*, un *Traité de composition*, vingt-quatre Messes avec orchestre, quatre Requiem, trois cents *graduels*, *motets*, etc. Son catalogue complet contiendrait au moins douze cent cinquante numéros d'œuvres. Tous les pianistes connaissent ces renommés exercices journaliers, la vélocité, l'art de délier les doigts, son *Ecole de la main gauche*. Les compositions sont fort belles, bien inspirées, offrent un réel intérêt et sont propres à faire briller le talent de l'exécutant.

Les œuvres d'enseignement destinées à former le mécanisme sont excellentes, d'une utilité incontestable, toutes recommandables; il sera pourtant bon de bien comprendre ses conseils, lorsqu'il écrit : répéter vingt fois, trente fois, ce qui est productif à la condition de varier chaque fois la manière de jouer afin de maintenir l'attention, facteur essentiel au progrès. (Voir plus haut *Technique et pédagogie*.)

MEYERBEER (Giacomo), né à Berlin en 1791, mort à Paris en 1864, de son véritable nom Liebmann BEER; les deux premières syllabes furent ajoutées en souvenir et selon le désir de son grand-père maternel Meyer, qui lui légua, dans sa jeunesse, et sous cette condition, une fortune considérable. Ce fut un grand bien pour le talent de MEYERBEER, car il avait le travail lent, surtout dans sa dernière manière, et il est peu probable qu'il fût parvenu au complet épanouissement de son génie s'il avait été obligé de sacrifier du temps pour gagner de quoi.subvenir à ses besoins d'existence.

Élève de LAUSKA, puis de CLEMENTI, pour le piano, il était à l'âge de dix-neuf ans un très habile pianiste, improvisateur extrêmement doué, très remarqué déjà. Ce n'est que vers 1810 qu'il fit ses premières études de composition à l'école de l'abbé VOGLER, à Darmstadt; il avait écrit déjà bon nombre de morceaux de piano et chant, et reçu quelques leçons de Bernard-Anselme WEBER, chef d'orchestre à l'Opéra de Berlin. A peine sorti de l'école VOGLER, il fait représenter son premier opéra à Munich : *La Fille de Jephté* (1813). La musique italienne jouissant des faveurs des Viennois, MEYERBEER part pour l'Italie où ROSSINI recueille les plus grands succès. Il modifie sa manière un peu sévère, et fait représenter à Padoue son premier opéra italien : *Romilda e Costanza* (1818). Il remporte de brillants succès avec plusieurs autres ouvrages à Milan, Venise, puis vient à Paris, écrit, sur un livret de Scribe, *Robert le Diable*, qui obtient un réel triomphe à l'Opéra, le 22 novembre 1831. *Les Huguenots* lui succèdent (1836). MEYERBEER quitte la France pour l'Allemagne, où il est occupé à Berlin comme premier maître de la Chapelle du roi. Il écrivit une grande cantate : *La Festa nella Corte di Ferrara* (1843), et un opéra, *Le Camp de Silésie* (1840); ses belles marches aux flambeaux, *Struensée*, partition pour le drame de son frère Michel BEER. Il revint à Paris pour donner *Le Prophète* (1849), *L'Étoile du Nord*, jouée à l'Opéra-Comique en 1854, *Le Pardon de Ploërmel*, donné au même théâtre en 1859, et il mourut avant d'avoir vu représenter l'*Africaine*, qui ne fut gravée et jouée qu'en 1865.

.En outre, MEYERBEER écrivit un oratorio : *Dieu dans la nature*, un monodrame avec chœur, *Les Amours de Thécelinde*, un opéra-comique en deux actes, *Abimelech ou les deux Califes*, sept autres opéras, sept *cantates religieuses*, des *hymnes*, un admirable recueil de *quarante mélodies françaises*, et pour la musique instrumentale, entre autres choses de valeur : quatre *marches aux flambeaux; Schiller marche, Marche du couronnement*, pour deux orchestres, etc.

MEYERBEER est le premier qui ait su avec autant d'habileté employer toutes les ressources de l'orchestre pour souligner les mouvements de la passion. Ses opéras furent une révélation, une porte ouverte; il fallait des artistes comme MEYERBEER pour préparer l'heure wagnérienne. Il fut un de nos plus grands compositeurs dramatiques. L'Institut l'élut membre associé en 1834.

ROSSINI (Gioacchino), né à Pesaro (Italie), en 1792, mort à Paris en 1868. Fils d'un pauvre chanteur et corniste forain et d'une chanteuse obscure. « Dans sa vieillesse, il a composé une quantité de pièces pour piano, que ses pianistes de prédilection, DIÉMER principalement, faisaient entendre chez lui à ses invités du samedi[1]. »

C'est presque seul qu'il apprit la musique. Il jouait du piano et se fit admettre au Lyceo de Bologne en 1807, où il devint élève de P. MATTEI. Leçons bien insuffisantes, qui eurent moins de valeur que son intuition et ses observations. « Je tiens de lui-même, écrit LAVIGNAC[2], — et il ne se faisait par faute de le répéter, — que c'est en mettant en partition les quatuors de HAYDN qu'il a appris l'harmonie. » Il avait à peine dix-huit ans lorsqu'il fit ses débuts à la scène, en donnant, à Venise, une opérette : *La Cambiale di matrimonio* (1810). La liste complète de ses opéras sérieux ou bouffes est de quarante, dont nous ne citerons que les principaux : *L'Inganno felice* (1812); *Tancrède* (1813); *L'Italienne à Alger*, qui le fit considérer comme le premier compositeur de l'Italie; *Le Turc en Italie*, bouffe (Milan, 1814); *Le Barbier de Séville*, écrit en dix-sept jours (Rome, 1816); *Othello; La Cenerentola*, bouffe (Rome, 1817); *La Gazza Ladra*, bouffe (Milan, 1817); *Mose*, sérieux (Naples, 1818); *La Donna del Lago*, sérieux (Naples, 1819); *Bianca e Faliero*, sérieux (Milan, 1820); *Maometto II*, sérieux (Naples, 1820); *Matilda di Sabran*, demi-sérieux (Rome, 1824); *Semiramide*, sérieux (Venise, 1823). Blessé de l'accueil froid du public italien pour cette œuvre très belle, il accepte un engagement pour Londres, où il donne avec grand succès et pendant cinq mois une série de concerts. Après quoi, il quitte Londres pour Paris, où il donne, entre autres œuvres remarquables : *Le Siège de Corinthe* (arrangement pour la scène de l'Opéra de son *Maometto II*) (1826); il fit de même pour son *Mose* qui devint *Moïse* (1827), précédé (1826) du *Siège de Corinthe;* le succès éclatant de ses ouvrages et aussi celui du *Comte Ory* (1828), qui était une adaptation de son *Viaggio à Reims*, l'encouragèrent à écrire enfin une de ses plus belles œuvres : *Guillaume Tell* (1829). On y trouve la plus splendide manifestation de son génie, une prodigieuse transformation de son style. Il ne voulut plus écrire ensuite, redoutant de faire moins bien. Douze ans plus tard, pourtant, il écrivit un beau *Stabat Mater*, une *Petite Messe solennelle*, diverses compositions, dont de nombreux morceaux de piano, mais plus rien pour le théâtre.

Définitivement installé en France depuis 1853, il était officier de la Légion d'honneur depuis 1864, et membre de l'Institut. Il laissa par testament la plus grande partie de sa fortune à la Ville de Paris, pour la fondation d'une maison hospitalière (villa ROSSINI), en faveur des vieux musiciens.

ROSSINI offre un des plus beaux exemples d'énergie, de persévérance et de courage inlassables; sa jeunesse indigente eut à subir des luttes toujours renouvelées, aboutissant à l'opulence gagnée enfin par son travail et son génie.

.JAUCH dit IAUCH (Jean-Népomucène), pianiste et compositeur, né à Strasbourg, le 25 janvier 1793. SPINDLER lui enseigna la composition. En 1814, JAUCH fut nommé professeur à l'école normale primaire de Strasbourg. Les élèves de cette école étaient au

---

1. LAVIGNAC, *Musique et Musiciens*, p. 507.
2. *Loco cit.*, p. 506.

nombre de cent à cent cinquante : le professeur établit pour eux une méthode d'enseignement simultané pour le piano, l'harmonie et l'accompagnement du chant des cultes catholique et protestant sur l'orgue. En 1830, il ouvrit dans la même ville un cours de piano simultané, divisé en huit degrés de force, dont chacun exigeait un travail de six mois. Il avait un cours d'ensemble de dix à douze pianos. Cette entreprise eut du succès, et le cours eut une existence de plusieurs années. Iauch a formé de bons élèves. Lui-même était pianiste habile et s'est fait entendre avec succès dans les concerts à diverses époques.

Il est auteur de plusieurs *concertos* pour piano, de *sonates à trois mains*, de *fantaisies* et de *variations* pour piano seul ou avec accompagnement de clarinette et de flûte, dont la plupart ont été gravés à Paris chez Richault et chez Pacini. Iauch a écrit aussi un *Concerto de piano* et une *Fantaisie avec orchestre* qu'il a exécutés dans ses concerts à Strasbourg, en 1820 et 1822.

On a entendu de ses compositions à la cathédrale de Strasbourg, en 1846 et 1848, des pièces d'offertoires composées pour des instruments à vent. Enfin, on connaît un *Recueil de pièces d'orgue* composées par J.-N. Iauch, op. 40, en six cahiers.

Son fils, Marie-Louis-Ferdinand Jauch dit Iauch, également pianiste et compositeur, né à Strasbourg en 1820, mort à Besançon en 1881, fut professeur de piano à la cour de Napoléon III et chef d'orchestre du Théâtre Royal de Bruxelles[1].

Voici la liste de ses principales œuvres :

Op. 9. *Variations et trio* (piano, violon et alto; piano, flûte et clarinette; piano, flûte et alto).
Op. 16. *Douze pièces récréatives pour harmonium* (éditeurs Mustel et Costallat.
Op. 18. *4 polonaises pour piano*.
Op. 20. *54 versets pour orgue expressif*.
Op. 22. *12 préludes et cadences; 6 interludes et 12 petites pièces pour harmonium*.
Op. 26. *1er livre : 4 pièces pour harmonium*.
Op. 27. *2e livre : 6 pièces pour harmonium*.
Op. 28. *3e livre : 8 pièces pour harmonium*.
Op. 35. *4e livre : 6 pièces pour harmonium*.
Op. 36. *5e livre : 9 pièces pour harmonium*.
Op. 38. *Préludes brillants pour orgue*.
Op. 40. *Fantaisie et 7 pièces pour harmonium*.
Op. 41. *4 pièces pour harmonium*.
Op. 43. *Variations sur des airs irlandais : violon et piano, flûte et piano*.
Op. 44. *100 versets pour orgue*.
Op. 46. *Promenade sur le lac, pour piano*.
Op. 50. *Impromptu, pour piano*.
Op. 62. *Alternative, pour piano*.
Op. 63. *L'Écho, pour piano*.
Op. 65. *Scherzo, pour piano*.
Op. 70. *Les Regrets, pour piano*.
Op. 72. *Duettino, pour piano*.
Op. 73. *Solo pour enfants, pour piano*.
Op. 76. *Adagio pour orgue expressif*.
Domine salvum pour soprano (ténor), contralto, baryton, avec orgue et harmonium.

Toutes ces œuvres éditées par Costallat.

Moschelès (Ignace), né à Prague en 1794, mort à Leipzig en 1870. Il fut un des fondateurs de l'école classique du piano qui vit briller les Clementi, Cramer, Dussek, Hummel. Les œuvres de Moschelès, de belle forme, correctes et élégantes, quoique bien délaissées de nos jours, méritent d'être travaillées par tous les pianistes.

Il parcourut les grandes villes d'Europe, où il obtint de grands succès comme pianiste, improvi-

sateur et compositeur. Il fut professeur de piano au Conservatoire de Leipzig. Il traduisit en anglais, et publia à Londres la *Vie de Beethoven* de Schindler (1841). L'histoire de sa vie fut publiée par sa veuve : *La Vie de Moschelès racontée par sa veuve* (1872).

Ses œuvres sont principalement écrites pour piano ou instruments à cordes. Il faut citer ses sonates, ses concertos et un recueil d'*Études* encore célèbres. La franchise et la netteté de rythme ainsi que l'intérêt de l'harmonie donnent une valeur à ses compositions.

Il fut ami de Beethoven, qui lui écrivit : « Votre noble conduite restera pour moi inoubliable... Votre ami qui vous apprécie fort[2]. »

Schubert (Franz-Peter), né à Lichtenthal (Autriche) en 1797, mort à Vienne en 1828. Fils d'un maître d'école, il écrivit ses premiers *lieder* à quatorze ans. Bien que la mort l'ait frappé à trente et un ans, le nombre de ses compositions s'élève à près de 1.200, dont 603 *lieder* à une ou deux voix, dont la plupart sont de réels chefs-d'œuvre.

Il fut un pianiste distingué; ses œuvres pour piano, les *sonates*, les *moments musicaux*, les *impromptus*, *valses*, etc., méritent l'admiration de tous. Toutes ses compositions sont pleines de charme, de poésie, d'une inspiration spontanée, abondante.

Parmi ses lieder les plus célèbres, où sont traduites la grâce la plus touchante, la rêverie mélancolique, pathétique, et la tristesse profonde qui fut la marque personnelle de son génie musical, nous ne citerons que quelques titres : *Le Roi des Aulnes*, *La Truite*, *La Plainte de la jeune fille*, *Marguerite au rouet*, le cycle de *La Belle Meunière*, etc. Citons aussi un peu au hasard 7 *symphonies*, 6 messes, le xxiiie *psaume*, 20 quatuors pour instruments à cordes, 18 *opéras* dont deux ou trois seulement furent représentés après sa mort, et dont 3 restèrent inachevés, 24 *sonates*, une multitude de morceaux divers, 24 *sonates*, pour le piano, extrêmement remarquables, des marches, des polonaises, des valses nobles pleines de charme.

Écoutons ce que dit de lui Rubinstein[3] :

« Je considère Beethoven comme au faîte de la seconde époque de l'art musical et Schubert comme le générateur de la troisième... À tous les autres, même aux plus grands, on peut découvrir des prédécesseurs; lui seul surgit spontanément... il crée le romantisme lyrique dans la musique. Avant lui, on ne connaissait que la chanson naïve, en couplets, ou la ballade, œuvre sèche et tendue, avec récitatif et cantilène, de forme scolastique et d'accompagnement insignifiant. Schubert a créé le chant de l'âme, la poésie musicale sur une poésie littéraire, la mélodie qui commente les paroles... Il est encore un novateur dans ses petites pièces pour piano, où il se montre, selon moi, inimitable. Schubert, qui a vécu au même temps que Beethoven et dans la même ville, est resté dégagé de toute influence, aussi bien dans la symphonie que dans la musique de chambre et même dans ses œuvres pour piano! Il n'y a qu'à comparer ses *Moments musicaux* ou ses *Impromptus* avec les *Bagatelles* de Beethoven. Il n'a pas son égal dans le *lied*, non plus que dans la *Rapsodie hongroise*, dans les marches à quatre mains,

1. Ces deux artistes sont le grand-père et l'arrière-grand-père de notre collaborateur L.-E. Gratia. [N. D. L. D.]

2. Lettre écrite par Beethoven à Vienne, le 18 mars 1827. *Correspondance de Beethoven* par Chantavoine, p. 292.

3. *La Musique et ses représentants*. Entretien sur la musique par Antoine Rubinstein, traduit du manuscrit russe par Michel Delines, p. 42. Édit. Heugel, 1892.

dans les *valses* ou *fantaisies*, enfin dans toute son œuvre. — En un seul genre, il n'a pas atteint les sommets, c'est dans la *sonate*... Cette forme épique était contraire au caractère lyrico-romantique du génie de SCHUBERT.

« Même dans ses créations les plus belles et les plus élevées, il reste le joyeux habitant du faubourg de Lerchenfeld; c'est ainsi qu'il se révèle dans les dernières parties du *quintette* en *ut* majeur pour instruments à cordes, de la *sonate* en *ré* majeur et de la *Fantaisie* en *sol* majeur pour piano. — Quelle variété dans son talent! A côté des *lieder* : le *Corbeau*, *Tu es le repos*, *Atlantis*, l'*Arrêt*, le *Roi des Aulnes* et autres, nous trouvons ses valses; à côté des *quatuors* en *ré* mineur et en *la* mineur pour instruments à cordes, sa *Rapsodie hongroise*; à côté du *Moment musical* et des *Impromptus*, sa *Symphonie* en *ut* majeur, etc.

« Encore une fois, répétons que BACH, BEETHOVEN et SCHUBERT sont les plus hautes cimes de l'art musical! »

BERTINI (Jérôme-Henri), pianiste français, fils d'un musicien établi à Londres, naquit en cette ville en 1798, et mourut à Meylan, près de Grenoble, en 1876.

De bonne heure, il eut un remarquable talent de virtuose; son père et son frère furent ses professeurs.

. Son jeu sobre, élégant et son style solide lui valurent de grands succès. Il fut aussi apprécié comme compositeur, le nombre de ses œuvres dépasse deux cents.

Actuellement, de nombreux et bons professeurs font particulièrement travailler ses œuvres d'enseignement, dont voici les principales citées dans l'ordre de leur difficulté :

Enseignement élémentaire. Œuvres pour le piano à deux mains. Op. 84. *Rudiment, réunion des exercices nécessaires pour obtenir un mécanisme parfait*, 1er livre. *La gymnastique des doigts*. Op. 166, lettre A. *25 Etudes élémentaires pour les petites mains*. Op. 175, lettre C. *25 Etudes préparatoires*. Op. 176, lettre D. *25 Etudes intermédiaires*. Op. 29, *25 Etudes*.

Enseignement secondaire : Op. 32. *25 Etudes*. Op. 177, lettre E. *25 Etudes spéciales, trille, vélocité, main gauche*. Op. 84. *Rudiment, réunion des exercices nécessaires pour obtenir un mécanisme parfait*, 2e livre. Op. 134. *25 Etudes, introduction aux Etudes caractéristiques*. Op. 178, lettre F. *25 Etudes classiques et normales*. *24 Etudes*, 5e cahier de la collection de BERTINI. Op. 141 et 142. *50 Etudes mélodiques précédées chacune d'un prélude*, deux cahiers.

Enseignement supérieur : Op. 66. *Etudes caractéristiques, dédiées au Conservatoire*. Op. 94. *25 Caprices Etudes, Complément des études caractéristiques*. Op. 122, lettre G. *Premier livre*. *Etudes artistiques*. Op. 122, lettre G. *second livre*, *Etudes*. Le tout édité par Lemoine.

Enseignement élémentaire : Pour le piano à 4 mains. Op. 100, lettre H. *L'Art de la mesure*, 25 leçons à 4 mains, à l'usage des commerçants — Op. 149, lettre J. *25 Etudes très faciles à 4 mains*. Op. 150, lettre K. *25 Etudes faciles à 4 mains*.

Enseignement secondaire : Op. 97. *Etudes musicales à 4 mains*. Op. 179, lettre E. 1e suite, *25 Etudes à 4 mains*. Op. 179, lettre E. 2e suite, *25 Etudes à 4 mains*.

Enseignement supérieur : Op. 133. *25 Etudes musicales à 4 mains* (rythme et phrase). Le tout édité par Lemoine.

ADAM (Adolphe-Charles), né et mort à Paris (1803-1857). Élève de son père Jean-Louis ADAM (voir plus haut.) BOIELDIEU fut son maître pour l'harmonie et la composition. En 1825, il obtint le second prix de l'Institut.

Il a laissé de nombreuses compositions pour le piano, pour musique militaire, un *Noël* très connu, devenu en quelque sorte le chant traditionnel de cette fête mondiale, des *messes*, *cantates*, des ballets représentés à l'Opéra : *Giselle* (1841), *La Jolie Fille de Gand* (1842), *Le Diable à quatre* (1845), *La Filleule des Fées* (1849), *Orfa* (1852), *Le Corsaire* (1856).

Il commença, dès l'obtention de son prix, par se faire connaître en écrivant de la musique pour de nombreux vaudevilles représentés à ce théâtre, au Gymnase et aux Nouveautés (*Le Baiser au porteur, Le Mal du pays, La Dame jaune, M. Batte*, etc.). Il donna vingt-six ouvrages à l'Opéra-Comique, et obtint de retentissants et prolongés succès avec : *Pierre et Catherine* (1829), *Le Chalet* (1834), *La Marquise* (1835), *Le Postillon de Longjumeau* (1836), *Le Brasseur de Preston* (1838), *Régine* (1839), *La Reine d'un jour* (1839), *La Rose de Péronne* (1840), *Le Roi d'Yvetot* (1842), *Cagliostro* (1844), *Le Toréador* (1849), *Giralda* (1850), *Le Sourd* (1853).

En 1847, il eut la malencontreuse idée de prendre la direction de l'Opéra National (devenu plus tard le Théâtre Lyrique), et y perdit tout son argent. Il donna ici ce théâtre plusieurs ouvrages : *La Poupée de Nuremberg, Si j'étais roi* (livret de Brésil). *Le Bijou perdu, Le Muletier de Tolède*, etc.

Il fut nommé membre de l'Académie des Beaux-Arts en 1844, et professeur de composition en 1848.

Il acquit aussi de la réputation comme écrivain musical, fut critique au *Constitutionnel* et à l'*Assemblée nationale*. Ses écrits et critiques sont en partie réunis en deux volumes ayant pour titre : *Souvenirs et Nouveaux Souvenirs d'un musicien*.

A. POUGIN écrivit un intéressant ouvrage sur ADAM : *Adolphe Adam, sa vie, sa carrière, ses mémoires artistiques*. Paris, 1877.

GLINKA (Michel-Ivanovitch), né à Novospasskoé (gouvernement de Smolensk) en 1803, mort à Berlin en 1857.

Dans les deux sens du mot, il est le premier des musiciens russes. Il reçut une forte instruction scientifique et littéraire puis travailla le piano avec FIELD et Ch. MAYER, l'harmonie et le contrepoint en Allemagne, avec DEHN, qui fut également le maître des deux RUBINSTEIN. Il étudia aussi le chant et le violon avec des maîtres italiens.

Il travailla à la rénovation intellectuelle de son pays avec Gogol, Pouschkine, Pletnef, Koukolnik.

Il puisa largement ses inspirations dans les chants populaires russes, en employa même quelques-uns, et traça lui-même les grandes lignes du poème *La Vie pour le tsar*, son chef-d'œuvre le plus connu, joué, pour la première fois, le 9 octobre 1836. Ce fut un réel triomphe. Prenant ensuite comme sujet l'un des premiers poèmes de Pouschkine : *Rousslan et Liudmila*, il obtint un nouveau succès retentissant avec cette œuvre toute différente, qui prouve le complet épanouissement de son talent.

Parmi ses autres ouvrages, il faut connaître sa musique pour : *Le Prince Kholmsky*, drame de Koukolnik, une *Jota Aragonesa* et *Nuit d'été à Madrid*, construite sur des motifs espagnols recueillis lors d'un voyage en Espagne, *La Kamarinskaïa*, morceau symphonique, sur des airs populaires russes, deux

2096 ENCYCLOPÉDIE DE LA MUSIQUE ET DICTIONNAIRE DU CONSERVATOIRE

polonaises, une *tarentelle* pour orchestre, etc., de nombreuses mélodies vocales.

Son orchestration est riche, colorée, ainsi que ses harmonies. En plus de ses connaissances musicales, il fut très érudit en histoire naturelle et en géographie.

Sowinski (Albert), né à Ladyzyu (Ukraine) en 1803, mort à Paris en 1880. Un des plus remarquables élèves pianistes de Czerny qui fut aussi compositeur. Parmi ses œuvres les plus saillantes, on peut citer : *Saint Adalbert*, oratorio; une *symphonie*, deux messes, les ouvertures de *La Reine Hedwige* et de *Mazeppa*. Il publia un recueil de chants populaires et nationaux de son pays (1830), et un ouvrage sous ce titre : *Les musiciens polonais et slaves anciens et modernes* (1857).

Herz (Henri), né à Vienne en 1806, mort à Paris en 1888. Il vint très jeune en France et fut élève du Conservatoire, où il remporta un premier prix de piano. Il se fit entendre dans l'Europe entière, obtint beaucoup de succès, et écrivit bon nombre de compositions ayant également la faveur du public. Il donna de nombreux concerts en Amérique, où il refit sa fortune détruite par de mauvaises affaires de commerce. Il s'était — nous l'avons dit — associé avec le facteur de pianos Klepfer. Nommé professeur au Conservatoire à cette même époque (1842), ses occupations artistiques lui prirent tout son temps et causèrent grand préjudice à son entreprise commerciale. De retour en France, il reprit néanmoins la direction de sa fabrique de pianos, sa classe au Conservatoire, et fit éditer de nouvelles compositions. Ses œuvres pour piano sont très nombreuses; on lui doit une *Méthode complète de piano* et un volume intitulé : *Mes Voyages en Amérique*.

Il est l'inventeur d'un appareil muni de ressorts auxquels sont suspendus des anneaux dans lesquels se place le bout des doigts; ceux-ci opérant ainsi des tractions, peuvent, grâce à cette gymnastique, gagner de la force.

« Sa *Grande Méthode*, ouvrage de vif intérêt justement recherché, doit être consultée par tous ceux qui apprécient les qualités si variées de ce virtuose compositeur[1]. » Nous ne citerons ici que quelques-unes de ses compositions pour piano, dans leur ordre de difficulté : Op. 151. *Vingt-Quatre Etudes très faciles*. Op. 152. *Vingt-Quatre Etudes très faciles*. Op. 28. *Variations sur la Gavotte de Vestris*. Op. 182. *Fantaisie sur la Favorite, Le Bijou, Polacca, Sur mes chers Amours*. Op. 168. *L'Ecume de mer, marche et valse*. Op. 198. *Guirlande de Fleurs, valse de concert*. Op. 163. *Nouvelle Tarentelle*. Op. 211. *Perles animées*. Op. 43. *Air Tyrolien*. Op. 60. *Variations sur la Cenerentola*. Op. 118. *Les trois sœurs : la gracieuse, la sentimentale, l'enjouée*. Op. 171. *La Tapada*. Op. 177. *Rêve d'enfant*. Op. 191. *Thème original varié*. Op. 119. *Quinze Etudes de moyenne force*. Op. 76. *Variations brillantes sur le Trio favori du Pré aux Clercs*. Op. 23. *Variations sur le Crociato*. Op. 98. *Variations sur la Double échelle*. Op. 98. *Fantaisies et Variations sur l'Ambassadrice, la Dernière pensée de Weber, la Part du Diable, les Diamants de la couronne, le Domino noir, la Romanesca, la Figurante*. Op. 8. *Introduction, variations et polonaises*. Op. 21. *Préludes dédiés à Hummel*, sept concertos (les cinq premiers sont particulièrement à recommander). Op. 163. *Fantaisie sur la Fille du Régiment, Fantaisies et Variations sur le siège de*

Corinthe. Op. 30. *Grande Polonaise*. *Variation sur divers opéras*. Op. 153. *Dix-huit grandes Etudes*. *Les Contrastes, trois Etudes*. A quatre mains : Op. 48. *La Violette*. Op. 70. *Variation sur le Philtre*. Op. 50. *Variations brillantes sur Guillaume Tell*, etc.

Mendelssohn-Bartholdy (Félix) naquit à Hambourg, le 28 février 1809, et mourut à l'âge de trente-neuf ans, succombant en plein épanouissement de son génie à une apoplexie nerveuse en 1847, à Leipzig. Pianiste et organiste de grande valeur.

Petit-fils du philosophe Moses Mendelssohn, et fils d'un banquier. A seize ans, il fit représenter à Berlin un opéra, *les Noces de Gamache*. A dix-sept ans, il publiait une traduction en vers allemands de l'*Andrienne* de Térence. A vingt ans, il entreprend une tournée en Angleterre, en Italie et en France. C'est à Londres qu'il fit exécuter sa première symphonie et l'ouverture du *Songe d'une nuit d'été*. Il fonde un conservatoire à Leipzig, en 1843.

Il est le créateur des : *Romances sans Paroles*, *lieder pour piano*, qui forment un recueil de quarante-huit délicieux tableaux de genre, de poèmes tendres, d'un sentiment toujours délicat. Toutes ces romances sont belles. Trois recueils pour piano contiennent : *Caprice*, op. 5. *Caractéristique*, op. 7. *Rondo capriccioso*, op. 14. *Fantaisies ou Caprices*, op. 16. *Caprices*, op. 33. *Pièces d'enfants*, op. 72. *Andante cantabile e Presto agitato*. — *Fantaisie*, op. 28. *Prélude et Fugue*, op. 35. *Variations sérieuses*, op. 54. *Andante avec Variations*, op. 82. *Variations*, op. 83. — *Etude*, op. 104. *Etude en fa mineur*, *Scherzo en si mineur*, *Scherzo et caprice*. *Sonate*, op. 6, *en mi majeur*. *Fantaisie sur une chanson irlandaise*, op. 15. *Trois Préludes*, op. 104. *Sonate*, op. 105, *en sol mineur*. *Sonate*, op. 106, *en si majeur*. *Pages d'Album*, op. 117. — *Caprice*, op. 148. *Perpetuum mobile*, op. 119. *Prélude et Fugue*. *Gondellied*. *Deux pièces pour piano en si majeur et sol mineur*.

A citer aussi : quatre *symphonies*, les quatre *ouvertures des Hébrides*, de *la Mer calme*, de *la Belle Mélusine* et de *Ruy Blas*; la musique pour le *Songe d'une nuit d'été*, pour *Athalie*, *Œdipe à Colone* et pour *Antigone*. Les oratorios : *Paulus* et *Elie*. Un concerto de violon, deux concertos de piano avec orchestre; dix quatuors, deux trios, avec ou sans piano; des chœurs, des hymnes, cantates d'église; neuf recueils de lieder, *Les Noces de Gamache*, *Le Retour de voyage*, opéras, etc.

Il eut un fils, Charles, historien, né à Leipzig en 1838, mort à Brugg (Suisse), en 1897.

Chopin (Frédéric-François), né à Zelazowa-Wola, près Varsovie, le 1er mars 1809, mort à Paris à l'âge de quarante ans, le 19 octobre 1849. Il était d'origine française par son père. Ce dernier avait été précepteur dans une famille attachée à la cour, du temps du roi Stanislas. La mère était Polonaise. Il fut un des plus grands pianistes virtuoses et compositeurs. Toutes ses œuvres sont écrites pour le piano, sauf un trio et une polonaise pour piano et violoncelle, dont cette dernière partie fut arrangée par Franchomme, et sauf aussi des mélodies pour chant avec accompagnement de piano.

Il eut pour maîtres Albert Zywny et Joseph Elsner. Très patriote, la révolution de 1830 lui rendit insupportable le séjour à Vienne; c'est alors qu'il vint à Paris et se lia avec Balzac, Berlioz, Meyerbeer, Heine... Il se produisit pour la première fois en public à l'âge de neuf ans. Il remportait plus de succès dans les concerts intimes que dans ceux donnés dans de grandes salles. Il se consacra également à l'enseignement et à la composition; on peut citer, parmi ses

1. Marmontel, *Vade-mecum du professeur de piano*, p. 11. Heugel édit.

élèves : Georges MATHIAS (voir ce nom). Atteint d'une maladie de poitrine qui l'emporta, il alla se soigner, en 1838, à l'île Majorque, en compagnie de George Sand. En 1849, il donne une série de concerts à Londres, visite l'Écosse et revient mourir à Paris.

« Une grande date dans l'histoire de la virtuosité propre au piano est marquée par l'apparition de Frédéric CHOPIN, qui, comme exécutant et comme compositeur, a été l'un des plus étonnants artistes de notre siècle et de tous les temps. A vrai dire, à l'égard de la virtuosité, il y avait en lui quelque chose de si capricieux, de si imprévu, qu'il déconcerta plusieurs des représentants de la tradition, par exemple FIELD, qui le jugeait irrégulier, incohérent, maladif, et KALKBRENNER, qui croyait surprendre en son jeu une foule d'incorrections et de lacunes[1]. »

C'est à tort que certains pianistes se permettent des libertés excessives, en jouant sa musique. De nombreux exécutants s'imaginent produire plus d'effet, et dénaturent les œuvres de CHOPIN avec des exagérations de sonorités, de rubato; ce sont, quoi qu'ils puissent paraître, des artistes de second plan, ignorant que la beauté ne réside pas dans de grossières affectations, dans des contorsions de sentiments. On peut se convaincre que ce n'est pas là une « opinion » personnelle, mais une vérité indiscutable, en lisant l'œuvre de LISZT : F. Chopin (1852), ainsi que : Chopin (La Rochelle, 1861), par H. BARBEDETTE; Friedrich Chopin (Dresde, 1877), par Moritz KARASOWSKI; Frédéric Chopin, sa vie et ses œuvres (Paris, 1880), par Mme A. AUDLET; Frédéric Chopin (Londres, 1884), par Joseph BENNETT; Les Trois Romans de Frédéric Chopin (Paris, 1886), par le comte WOLZINSKI; Frédéric Chopin (Londres, 1890), par Frédérick NIECKS; Histoire de ma vie (Paris, 1854-1855), par George Sand; Conseils aux jeunes pianistes, où FISCHBACHER cite Mme Charles Picquet, nièce de FRANCHOMME, et enfin L'Étude du Piano[2].

Il écrivit deux grands Concertos, op. 11 et op. 21, quatre Sonates en ut, op. 4 (1828); en si♭, op. 35 (1840), et en si, op. 58. (1845) pour piano seul et une en sol, op. 65 (1847) pour violoncelle; un recueil de vingt-sept Études qui, tout en étant d'un excellent travail, sont chacune de réels et splendides chefs-d'œuvre; cinquante et une Mazurkas, dix-neuf Nocturnes; quatre Ballades, op. 23, 38, 47, 52, dix Polonaises, quatre Scherzos, une superbe Fantaisie, op. 49, vingt-cinq Préludes, quatorze Valses renommées, des Rondeaux, plus de quatre-vingts numéros, une Berceuse, op. 57; Barcarolle, op. 90; Bolero, op. 19; Tarentelle, op. 43; Allegro de Concert, op. 46; Variations brillantes, op. 12; Variations sur un air allemand, op. posthume; Marche funèbre, celle de la sonate ut une autre op. posthume (72, n° 2); trois Ecossaises, op. posthume (72, n° 3); trois Impromptus, op. 29, 36, 51; Fantaisie impromptu, op. 66, posthume. N'oublions pas non plus seize mélodies vocales.

SCHUMANN (Robert), né à Zwickau (Saxe), le 8 juin 1810, mort à Endenich (Prusse Rhénane), le 29 juillet 1856.

Destiné au droit, ses études musicales furent retardées de ce fait. Élève de Henri DORN et de Frédéric WIECK, voulant regagner le temps perdu, accroître rapidement l'indépendance des annulaires, il imagina un système d'attache, immobilisant le médius; il employa ce moyen avec tant d'exagération qu'il

contracta une paralysie des doigts (impotence fonctionnelle)[3]. Cet accident fut cause qu'il se livra presque uniquement à la composition, en même temps qu'à la critique.

Il fonda à Leipzig, en 1834, un journal intitulé Neue Zeitschrift für Musik et le dirigea durant dix années. Il contribua largement par cet organe à faire connaître CHOPIN et BRAHMS. Il épousa, en 1840, Mlle Clara WIECK, excellente pianiste, séjourna à Dresde en 1844, puis à Dusseldorf (1850), où il fut directeur de la musique. C'est en cette ville qu'il fut frappé d'une grave affection cérébrale, dont les premières atteintes s'étaient manifestées en 1823, et en 1845. L'impotence fonctionnelle de ses mains était peut-être occasionnée par un état morbide général. Il semblait en meilleure santé lorsque, revenant de Dusseldorf, il se jeta dans le Rhin; transporté chez lui, puis interné, il mourut au bout de deux années.

Après sa mort, sa femme, afin de pourvoir à l'entretien de ses huit enfants, continua à se produire comme virtuose et se livra à l'enseignement. Elle composa des morceaux pour piano et se chargea de la révision des œuvres de son mari.

C'est principalement dans ses lieder pour chant et piano et dans ses compositions légères pour piano que SCHUMANN donne toute la mesure de son génie.

Les Amours du poète, Les Amours d'une femme, cycles de mélodies, et d'autres lieder sont d'une valeur artistique incomparable. Parmi les œuvres pour piano, il faut connaître : les Études symphoniques, Études sous forme de variations, Scènes de bal, Le Carnaval, op. 9 ; Le Carnaval de Vienne, op. 26, Kreisleriana, huit morceaux, Les Novellettes, trois Romances, les Albumblätter, Arabesque, Blumenstück, Dans la forêt (neuf tableaux); Fantaisies (huit pièces), Bunte Blätter (Leaves of different colours); Toccata; Nachtstücke (op. 23, quatre numéros); Trois Fantaisies; le délicieux recueil pour débutants : Album pour la jeunesse, op. 68, qui renferme 43 pièces progressives de l'art le plus délicat; Scènes d'enfants (op. 15), treize délicieux petits morceaux d'inspiration pure.

Parmi les œuvres d'orchestre et chœur : Le Paradis et la Péri, La Vie d'une Rose, Manfred, Scènes de Faust, et son opéra Geneviève, quatre symphonies, quatre ouvertures : La Fiancée de Messine, Jules César, Hermann et Dorothée, Ouverture de Fête, l'Adventlied, Le Fils du roi, le Requiem pour Mignon, La Malédiction du chanteur, le Bonheur de l'Eden, des ballets et de nombreuses compositions de musique de chambre.

Ses critiques sont réunies et publiées sous ce titre : Écrits sur la musique et les musiciens (1854).

STAMATY (Camille), né à Rome en 1811, mort à Paris en 1870. Élève de Frédéric KALKBRENNER.

STAMATY forma d'excellents pianistes, parmi lesquels il faut citer : GOTTSCHALK, auteur d'œuvres élégantes, et Camille SAINT-SAËNS, un des plus grands musiciens pianistes et compositeurs français.

Entre autres œuvres, il composa des études pour les petites mains, chant et mécanisme (25 Études, 1er livre); des pièces faciles : La Petite Fileuse, Marche Hongroise, 20 Études, 2e livre. Abrégé du rythme des doigts. Morceaux de salon plus difficiles : L'Ecossaise, gigue, Les Farfadets, Trois mélodies, op. 5, Romance dramatique, op. 14, Rondo, Caprice, op. 15; Sicilienne dans le genre ancien; Valse des oiseaux; Tarentelle, op. 23; le fameux Rythme des doigts, résumant toute l'école du mécanisme du piano, op. 36 ; Souve-

1. Albert SOUBIES, loco cit., p. 212.
2. L.-E. GRATIA, p. 55, 145, 167, 168, 173, 187, 188, 210. Edit. Delagrave.
3. L.-E. GRATIA, loco cit., p. 156.

nirs du Conservatoire. Douze transcriptions habilement faites; *Plaisir d'Amour, Chœur de Castor et Pollux, Transcriptions, Douze esquisses,* op. 17; *Douze études pittoresques,* op. 21; *Etudes caractéristiques sur l'Obéron de* Weber. Enfin, les *Etudes concertantes spéciales et progressives,* à quatre mains, op. 46 et 47. « Ce remarquable ouvrage est le complément obligé des excellentes études de chant et de mécanisme des deux mains, publiés en trois livres, op. 37, 38 et 39[1]. »

LISZT (Franz) est né le 22 octobre 1811, à Raiding, petit village de Hongrie. Il succomba, atteint d'un catarrhe pulmonaire, dans la petite maison qu'il occupait à Bayreuth, le 31 juillet 1886. Il avait assisté à la dernière représentation de *Tristan et Yseult*, le 25 juillet. Ses dernières paroles furent : « Adieu Tristan! »

Les prodigieuses dispositions musicales de ce PAGANINI du piano se développèrent sous la direction de Charles CZERNY. Durant ses premières années, de six à neuf ans, son premier maître fut son père, Adam LISZT, qui jouait du piano et de plusieurs instruments à archet.

« LISZT resta deux ans à Vienne; il y parut pour la première fois en public le 1er décembre 1822 (âgé de 11 ans), jouant un concerto de HUMMEL, et pour la dernière fois, le 13 avril de l'année suivante. Il a raconté lui-même qu'à l'issue de ce concert d'adieu, BEETHOVEN déjà bien vieux et souffrant toujours de son incurable surdité, vint à lui et l'embrassa avec enthousiasme. Il avait pressenti le premier le génie de ce petit prodige[2]. »

L'Italien CHERUBINI fut moins perspicace, car il refusa d'admettre au Conservatoire de Paris le petit LISZT, présenté par son père, sous prétexte qu'il était étranger!

Dès l'âge de quatorze ans, il écrivit un ouvrage en un acte pour l'Opéra, *Don Sancho ou Le Château d'Amour.* Il se fit applaudir par l'Europe entière dans les œuvres de BACH, HAENDEL, BEETHOVEN, ainsi que dans les siennes, écrites magistralement pour l'instrument et propres à faire valoir son extraordinaire mécanisme. De retour en France, il collabore à la *Revue et Gazette musicale,* et se lie intimement avec Richard WAGNER (qui devint son gendre en épousant Cosima LISZT, divorcée d'avec Hans de BÜLOW), lequel bien souvent, lui empruntera de ses motifs pour les développer et les incorporer dans ses opéras, ce qui était accepté par Liszt quand il lui écrivait : « Grâce à toi, ce thème connaîtra l'immortalité. »

Il se fixa à Weimar, où il accepta, du grand-duc, l'emploi de maître de chapelle, et se fit recevoir franc-maçon dans la loge Charles Guillaume, de Weimar, dont Gœthe faisait partie. C'est alors qu'il composa de très nombreuses œuvres et qu'il employa toute son autorité pour faire connaître les opéras de Richard WAGNER, dont il fit représenter *Lohengrin* (1850). Les idées mystiques du jeunesse le hantent à nouveau, il se rend à Rome, se fait tonsurer au Vatican, est reçu dans les ordres mineurs et ne se fait plus appeler que « l'abbé LISZT », renonçant à son union, désirée depuis quinze années, avec la princesse Sayn-Wittgenstein.

Le nombre de ses compositions est immense; parmi ses œuvres pour piano il faut citer : 14 *Rhapsodies hongroises,* la 15e, *Rakoczy marche; Les Légendes de*

saint François d'Assise préchant aux oiseaux; Saint François de Paule marchant sur les flots.

Les *Années de pèlerinage,* 1re année, 9 nos, *Suisse,* 2e année, 10 nos, *Italie,* 3e année, 7 nos. *L'Arbre de Noël,* 12 pièces *faciles. La Transcription* pour piano deux mains des *Symphonies de Beethoven.* « Je crois avoir écrit 4.000 à 5.000 pages de musique de piano, » écrit-il d'Italie à Clara WIECK à la fin de 1839[3].

De 1847 à 1859, il compose ses grandes œuvres pour orchestre : les *Poèmes symphoniques, Faust, Dante; Le Christ, Sainte Elisabeth, La Messe de Gran* et d'innombrables pièces pour piano[4].

LISZT fut un des premiers à pressentir le génie de FRANCK; son caractère d'une bonté rare, inépuisable, presque surhumaine, s'ingénie à ne faire montre d'aucune supériorité devant tous ceux qui s'approchent de lui. Il dédaigne les critiques haineuses, injustes, ironiques : « Je continuerai fermement mon chemin jusqu'au bout, sans prendre d'autre souci que de faire ce que j'ai à faire, et ce qui sera fait, je vous le promets[5]. »

LISZT ayant été émerveillé par le talent de PAGANINI écrit à M. Pierre Wolff le 2 mai 1832 : « Voici quinze jours que mon esprit et mes doigts travaillent comme des damnés. Homère la Bible, Platon, Locke, Byron, Hugo, Lamartine, Chateaubriand, Beethoven, Bach, Hummel, Mozart, Weber, sont tous à l'eutour de moi. Je les étudie, les médite, les dévore avec fureur; de plus, je travaille quatre à cinq heures d'exercices (tierces, sixtes, octaves, trémolos, notes répétées, cadences, etc.). Ah! pourvu que je ne devienne pas fou, tu retrouveras un artiste en moi!... » Plus loin : « Et moi aussi, je suis peintre, » s'écria Le Corrège la première fois qu'il vit un chef-d'œuvre... Quoique petit et pauvre, ton ami ne cesse de répéter ces paroles du grand homme; quel violon, quel artiste! Dieu, que de souffrances, de misère, de tortures dans ces quatre cordes[6]! »

Parmi ses poèmes symphoniques, nous citerons : *Le Tasse, Orphée, Mazeppa, Hamlet, L'Idéal;* des *symphonies avec chœur* et plusieurs pièces orchestrales : *Valse de Méphisto, Marche de Fête.* Plusieurs messes, un *Requiem,* plusieurs *cantates,* dont celle de *Jeanne d'Arc au bûcher;* environ 60 *lieder,* des *mélodies françaises,* plusieurs recueils de *chœurs* pour 4 voix d'hommes.

Enfin, LISZT a publié plusieurs écrits : *Lohengrin et Tannhäuser de Richard Wagner* (1851); *Chopin* (1852); *Des Bohémiens et de leur musique en Hongrie* (1861); *Robert Franz* (1872) ; sa correspondance a été publiée par Mme LA MARA (Marie Lipsius) à Leipzig.

THOMAS (Ambroise-Charles-Louis), né à Metz en 1811, mort à Paris, le 12 février 1896, commence l'étude du solfège à quatre ans sous la direction de son père, et vers sept ans celles du piano et du violon.

Quelques jours avant sa mort, il fit encore entendre à ses amis, dont était Charles DELIOUX (voir plus loin), le 4e *Nocturne* en *fa majeur,* op. 15, n° I, de CHOPIN. C'est, je crois, la dernière fois qu'il posa les mains sur un clavier.

En 1828, il fut admis au Conservatoire où il travailla le piano sous la direction de ZIMMERMANN, l'harmonie avec DOURLEN, et la composition avec LESUEUR. Il considérait pourtant comme ses vrais maîtres : KALKBRENNER pour le piano et BARBEREAU pour le contre-

1. MARMONTEL, *Vade-mecum,* p. 123.
2. *Portraits d'hier, Franz Liszt,* par J.-G. PROD'HOMME, p. 3, n° 43.
3. *Liszt's Briefe,* I, p. 32, l. 23 de Pesth, 26 décembre 1839.
4. *Franz Liszt, Portraits d'hier,* n° 43, p. 13. J.-G. PROD'HOMME.
5. Loco cit., l. p. 268. L. de Weimar, 24 mars 1857.
6. *Liszt's Briefe,* I, L. 5, M. Pierre Wolff à Genève, de Paris.

point et la fugue. Il obtint le grand prix de l'Institut en 1832, avec la cantate *Hermann et Ketty*.

Il fut professeur d'harmonie et de composition au Conservatoire, de 1856 à 1870, et directeur après SPONTINI, de 1871 jusqu'à sa mort. Membre de l'Académie des Beaux-Arts en 1851. Il est le premier musicien auquel on a la grand'croix de la Légion d'honneur, le 16 mai 1894, à l'occasion de la millième représentation de *Mignon* à l'Opéra-Comique.

Théodore DUBOIS nous apprend, dans le numéro du 22 octobre 1911 de la revue *Les Annales*, qu'Ambroise THOMAS rompit avec les traditions en orientant ses élèves vers la musique pure, alors qu'il était d'usage de diriger tous les efforts, non pas sur la symphonie et la musique de chambre, mais sur le théâtre.

« Il nous jouait souvent (et fort bien, car il était excellent pianiste) des fragments de MOZART, BEETHOVEN, HAYDN, etc., qu'il savait par cœur, et il y ajoutait des morceaux de CHOPIN, qu'il avait beaucoup connu, et dont il aimait particulièrement les œuvres. »

Il forma de bons élèves tels que : MASSENET, BOURGAULT-DUCOUDRAY, LENEPVEU, Ch. LEFEBVRE, SALVAYRE et Théodore DUBOIS, qui fut le premier de ses élèves obtenant le grand prix de Rome.

Il composa vingt-trois œuvres pour le théâtre, ballets, opéras-comiques, grands opéras, dont nous ne citerons que les plus connus : *La Double Échelle*, opéra-comique en 1 acte (1837); *Le Caïd*, opéra-comique en 2 actes (1849) ; *Le Songe d'une nuit d'été*, opéra-comique en 3 actes (1850); *Psyché*, opéra-comique en 3 actes (1857); *Mignon*, opéra-comique en 3 actes (1866); *Hamlet*, grand opéra en 5 actes (1868); *Françoise de Rimini*, grand opéra en 5 actes (1882); *La Tempête*, ballet en 2 actes (1889)[1].

Ajoutons des *messes*, des *cantates*, marche *religieuse* pour grand orchestre (1865), des *motets*, une très grande quantité de *mélodies*, de *romances*, de grands *chœurs orphéoniques*, des morceaux de piano. MARMONTEL aimait à faire travailler : *Valse de salon* (pas difficile) et dix transcriptions du ballet *La Tempête : Danse des bijoux, Mousses et matelots, les Abeilles, la Captive*, etc. (assez difficiles).

Je terminerai cette trop courte biographie en disant que c'est sur la proposition d'Ambroise THOMAS que le ministre nomma César FRANCK professeur d'orgue au Conservatoire; ceci vient quelque peu détruire une légende qui veut que Ambroise THOMAS lui ait été hostile.

THALBERG (Sigismond), pianiste et compositeur allemand, né à Genève le 7 janvier 1812, mort à Naples en 1871.

Il était le fils du prince Maurice Dietrichstein et de la baronne Wetzlar.

Il eut presque autant de succès que LISZT. Ses fantaisies sur *Don Juan*, *La Straniera*, *La Muette de Portici*, *Les Huguenots*, *Moïse* obtinrent une longue vogue grâce à des combinaisons nouvelles de mécanisme, grâce à l'usage adroit des pédales, à des formes nouvelles d'arpèges qui donnaient l'illusion d'une grande difficulté d'exécution et d'une grande ampleur de son. En réalité, ces procédés étaient des moyens faciles d'effet; les trop nombreux imitateurs de cette manière entraînèrent vite la lassitude et le mépris, la *mode* passa vite! « Nous recommandons cependant aux amateurs (dit ROUGNON dans *Piano et Pianistes*, p. 22) et aux élèves sérieux la lecture consciencieuse

des *Soirées du Pausilippe*, recueil où THALBERG a réuni 24 pièces charmantes, quoique de dimensions exiguës. Elles sont d'une rare distinction de forme et de pensée. » Nous pensons, comme M. ROUGNON, qu'il ne faut pas un mince mérite pour savoir mettre ces qualités dans des morceaux de courte haleine.

A l'âge de 15 ans, THALBERG donnait ses premiers concerts à Vienne; à 16 ans, il publiait ses premières compositions (1828).

Ses œuvres sont de genres différents : *fantaisies, variations sur des thèmes d'opéras*. Il composa aussi *Florinda* (1851) et *Cristina di Svezia* (1865), deux opéras qui n'eurent pas grand succès.

On a considéré sa *Prière de Moïse*, brillant morceau de concert, comme son chef-d'œuvre de compositeur.

RUBINSTEIN, dans son livre sur *La Musique et ses représentants*, écrit : « Mais tout à coup, voici trois nouveaux personnages qui surgissent, et, cette fois encore, tous en même temps; ce sont THALBERG, LISZT et HENSELT. Ils donnent au piano un caractère tout nouveau, en substituant au roulement de la gamme et aux fusées des traits le chant proprement dit avec accompagnement d'arpèges (THALBERG), le caractère orchestral (LISZT), la polyphonie et l'harmonie largement étendue (HENSELT).

« THALBERG et LISZT bannissent la variation sur un seul thème et introduisent la « fantaisie » sur plusieurs thèmes d'opéras, non plus avec la simplicité de MOSCHELÈS, mais avec une richesse de virtuosité inconnue jusqu'alors; ils vont jusqu'à faire résonner trois thèmes à la fois.

« Nos trois compositeurs inaugurent pour le piano l'époque de la virtuosité transcendante[2]. »

DARGOMIJSKI (Alexandre-Serguiévitch), considéré en Russie comme un chef d'école, né dans un village du gouvernement de Toula en 1813, mort à Saint-Pétersbourg en 1869.

Sa famille était riche et lui fit donner une instruction et une éducation soignées. Il est inconnu en France; en Russie, de nombreux amateurs jouent ses morceaux pour piano, danses, mélodies, etc.

Il mit en musique le livret français *La Esmeralda*, que Victor Hugo avait écrit pour Mlle Louise Bertin.

Il écrivit aussi : *Le Triomphe de Bacchus* (opéra-ballet); une suite de romances; la *Roussalka* (l'Ondine) de Pouschkine, représentée en 1856 à Saint-Pétersbourg; cette légende l'avait heureusement inspiré et rendit son nom populaire.

Le Convive de Pierre, opéra que la mort interrompit, fut achevé par César CUI et RIMSKY-KORSAKOW.

ALKAN (Charles-Valentin Morhange), connu sous le nom d'ALKAN aîné, né à Paris en 1813, mort en cette ville en 1888.

« Virtuose admirable dans le style classique sur le piano et le piano-pédalier.

« Ses nombreuses compositions, pour le piano, sont d'un style aussi élevé qu'original[3]. »

L'un des maîtres du piano au XIXe siècle et compositeur de premier ordre pour cet instrument.

Il obtint le premier prix de piano au Conservatoire, à l'âge de dix ans, élève de ZIMMERMANN, et à treize ans le premier prix d'harmonie.

Ses pièces pour piano les plus réputées sont : *Les Omnibus* (variations); *Variations sur l'Orage* de STEIBELT; vingt-cinq *Préludes*; douze *Études*; *Marche*

---

1. Voir pour le catalogue intégral : *La Musique et les Musiciens* par Albert LAVIGNAC.

2. Antoine RUBINSTEIN, *La Musique et ses représentants*. Entretien sur la musique traduit du manuscrit russe par Michel DELINES. Paris, 1892. Heugel édit., page 83.

3. LAVIGNAC, *loco cit.*, p. 542.

funèbre; Marche Triomphale; un recueil d'*Impromptus; Etudes-Caprices;* le *Chemin de fer, Bourrée d'Auvergne,* le *Preux,* études de concert; les *Mois,* douze morceaux; un concerto, une sonate. etc.

Napoléon-Alexandre, son frère, né à Paris en 1826, obtint un second prix de Rome (1850). Professeur au Conservatoire depuis 1847, il composa quelques bonnes pièces pour piano.

Le Couppey (Félix), né à Paris en 1811 et mort en cette ville en 1887. Il obtint au Conservatoire un premier prix de piano en 1825, et un premier prix d'harmonie en 1828.

Nommé professeur de solfège au Conservatoire en 1837, puis professeur d'harmonie en 1843, et ensuite professeur de piano d'une classe de femmes, où il forma de nombreuses et excellentes pianistes.

On lui doit des ouvrages d'enseignement de tout premier ordre. Des *Etudes primaires,* op. 10; *L'Alphabet,* op. 17; *L'Agilité,* vingt-cinq *études,* op. 20; *De l'Enseignement du piano* (1865); *Ecole du mécanisme du piano* et diverses compositions pour piano, *Répertoire de l'enfance* (facile).

Il a publié une édition ayant pour titre : *Les Classiques du Piano,* œuvres choisies des grands maîtres, revues, doigtées avec beaucoup de soin et classées par ordre de difficulté, comprenant cent vingt morceaux (édité par Hamelle). Ce beau travail rend aux élèves et aux professeurs de très appréciables services.

Henselt (Adolf von), né à Schwabach (Bavière), le 12 mai 1814, mort à Warmbrunn (Silésie), le 10 octobre 1889.

Henselt, avec Liszt et Thalberg, donne au piano un caractère tout nouveau. Liszt et Henselt affectent à l' « Etude » un caractère esthétique, la faisant sortir de sa sphère artistique; ils en font quelque chose comme ce qu'on appelle une « étude » en peinture; ils donnent à chacune d'elles un titre, par exemple : *Si oiseau j'étais, A toi, je volerais,* etc.

Henselt se créa un jeu personnel, analogue à celui de Liszt, mais basé davantage sur un legato rigoureux.

Il attribuait une très grande importance à l'extension de la main, et inventa pour son usage de nombreux exercices d'extension.

Stephen-Heller, pianiste et compositeur, né à Pesth, en Hongrie, le 15 mai 1814, mort à Paris en 1888.

« L'un des rares compositeurs de haute valeur qui n'aient jamais écrit que du piano. Ses œuvres sont remplies d'un charme poétique tout particulier, et parfois étrange; il faut les connaître. Autant que Chopin tout au moins, il mérite le surnom de poète du piano[1]. »

Il étudia l'harmonie avec Chelard et se fixa à Paris.

Il composa plus de cent cinquante morceaux : *sonates, sonatines,* de remarquables *études, préludes, scherzos, ballades, romances sans paroles, valses tyroliennes, mazurkas, variations,* les *Promenades d'un solitaire, tarentelles, caprices, arabesques,* etc. Deux livres, op. 154, d'*Etudes techniques pour préparer à l'exécution des œuvres de Chopin.* — Op. 126, n° 1, *Ouverture pour un drame,* arrangée à quatre mains par Herbert. — Op. 126, n° 3, *Ouverture pour un opéra-comique* également arrangée à quatre mains par Henguet.

Marmontel (Antoine-François), pianiste, professeur

et musicographe, né à Clermont-Ferrand en 1816, mort à Paris en 1898.

Remportant comme élève de brillants succès au Conservatoire, il succéda, en 1848, à Zimmermann comme professeur de piano.

Compositeur, il se fit remarquer par des œuvres nombreuses, dépassant la centaine. Ses ouvrages d'enseignement sont particulièrement appréciés : *L'Art de déchiffrer,* cent *études,* sept recueils d'*études; Ecole du mécanisme,* une sonate, des *nocturnes, sérénades, menuets, rêveries, polonaises, morceaux de salon, pièces caractéristiques,* etc.

Il publia : *Vade-mecum du professeur de piano; Les pianistes célèbres* (1878); *Conseils d'un professeur* (1890); *Symphonistes et virtuoses* (1881); *Virtuoses contemporains* (1882); *Eléments d'Esthétique musicale et considérations sur le beau dans les arts* (1884); *Histoire du piano et de ses origines* (1885).

Son fils Emile - Antoine - Louis Marmontel, né à Paris en 1850, mort en cette ville en 1907, fut son élève au Conservatoire. Il remporta le premier prix de piano en 1867, fut professeur de solfège au Conservatoire en 1875, chef des chœurs à l'Opéra en 1878, et professeur de piano au Conservatoire en 1901. Il composa une sonate pour piano, un concerto pour violon et un grand nombre de morceaux de genre pour piano.

Il publia : *La Première Année de musique* et *La Deuxième Année de musique.*

Prudent (Emile-Racine-Gauthier), né à Angoulême en 1817, mort à Paris en 1863, premier prix de piano du Conservatoire, élève de Zimmermann.

Il a été, en quelque sorte, le continuateur de la manière de Thalberg, employant fréquemment de grands traits d'arpèges et accentuant la mélodie au milieu de ces tourbillons de notes, procédé plus brillant que réellement difficile.

Il composa un *concerto* pour piano et orchestre, un *trio* avec piano, un grand nombre de morceaux d'un style élégant et brillant dont le succès fut longtemps considérable : des *fantaisies* sur *Lucie, Rigoletto;* des *variations; La Danse des Fées, Le Rêve d'Ariel,* op. 64; *Souvenir de Beethoven* et de *Schubert,* de nombreux morceaux de genre : *Canzonetta, Scherzo impromptu, Air de grâce* (Robert), op. 38; *Deux Impromptus,* op. 44; *Allegro pastoral,* op. 36; *Chant du Ruisseau; Solitude; Barcarolle,* op. 44; *Les Naïades,* op. 45; *Les Lutins* (scherzo), op. 471, etc.

Lefébure-Wely (Louis-James-Alfred Lefebvre, dit), né et mort à Paris (1817-1870), organiste pianiste et compositeur. Il obtint au Conservatoire les deux premiers prix d'orgue et de piano en 1835. Il fut organiste à Saint-Roch, à la Madeleine (1847) et à Saint-Sulpice. Elève de Zimmermann pour le piano, de Berton, d'Adam et d'Halévy pour la composition, de Benoist et Séjan pour l'orgue.

Il fut un remarquable improvisateur. Ses œuvres appartiennent au genre gracieux et mélodique, tout comme celles de Prudent, de Goria, de Ravina. Il écrivit beaucoup pour orgue, pour harmonium, pour piano.

On lui doit aussi trois messes, trois *symphonies,* des *études,* des *morceaux de genre.* Un opéra-comique en trois actes : *Les Recruteurs* (1861), une *cantate : Après la victoire.*

Pour le piano, de nombreuses pièces : *Les Binioux de Naples, Le Rêve de Graziella, La Fête des Abeilles;* plus difficiles : *Le Rêve de Chérubin,* op. 176, *Esmeralda,* caprice brillant, op. 177; *Titania,* caprice; *Les*

---

1. Lavignac, *loco cit.,* p. 493.

Lagunes, Cantabile, op. 108; *Les Babillardes,* op. 117; *La Beryère* (scène champêtre), op. 138; *Larmes du Cœur,* op. 84; *L'Heure de l'Angelus* (pastorale), op. 136.

GADE (Niels-Wilhelm), compositeur et violoniste Danois, né et mort à Copenhague (1817-1890).

Il est considéré, dans son pays, comme le véritable représentant de l'art romantique scandinave.

Quoique son style possède un caractère personnel, on y retrouve l'influence de MENDELSSOHN; il remplaça ce dernier après sa mort comme chef des concerts du Gewandhaus de Leipzig.

Il retourna à Copenhague après la guerre du Sleswig-Holstein, en 1848.

Maître de chapelle de la cour, il fut nommé directeur de l'orchestre royal de Copenhague.

Ses œuvres sont nombreuses. « Je n'en connais bien que deux sona*tes* pour piano et violon, l'*Arabesque* pour piano, et un recueil de charmantes petites pièces de piano, *Noël,* d'un caractère analogue aux *Souvenirs d'Enfance* de MENDELSSOHN, aux *Scènes d'Enfants* de SCHUMANN, ou aux *Jeux d'Enfants* de BIZET [1]. »

Il composa aussi des ouvertures, parmi lesquelles : celles d'*Ossian,* d'*Hamlet* et de *Michel-Ange*; des *Novelettes,* des *symphonies*; des *cantates,* dont *Comala, Canatus, Sion, Psyché;* des *chœurs;* des *lieder*; quelques compositions religieuses, etc.

LACOMBE (Louis), de son vrai nom Louis BROUILLON, né à Bourges en 1818, mort à Saint-Vaast-la-Hougue en 1884.

Elève de ZIMMERMANN, de CZERNY et de BARBEREAU. Ses œuvres ont une valeur incontestable.

Tout pianiste devrait connaître son recueil pour piano : *Les Harmonies de la nature,* sa *Grande étude d'octaves, Etude*s *de salon,* op. 38; *Marche Turque,* op. 55, de nombreux morceaux : *nocturnes, sonates,* pièces de genre. On lui doit aussi des œuvres plus considérables : *Manfred, Arva ou les Hongrois, Epopée lyrique,* une ouverture : *Minuit.* De jolies mélodies telle que : *L'Ondine et le Pêcheur,* ont été très répandues, un grand nombre de romances et de chœurs.

Sapho, scène lyrique ; *L'Amour,* drame lyrique, représenté vers 1855; et en 1860 un opéra en un acte, *La Madone.*

Après sa mort, on a donné à Genève un grand opéra en quatre actes : *Winkelried* (1892); et, en Allemagne, un opéra-comique : *Le Tonnelier de Nuremberg.*

Il écrivit un recueil de vers : *Dernier Amour,* et un volume : *Philosophie et Musique,* publiés après sa mort (1896).

LITOLFF (Henri), né à Londres en 1818, mort à Bois-Colombes en 1891.

Grand virtuose, pianiste, compositeur. Son père était Français, et sa mère Anglaise. Son tempérament fougueux n'est pas sans analogie avec celui de LISZT, et ses qualités d'élan et d'inspiration nuisirent quelquefois à sa correction, mais en firent néanmoins un pianiste remarquable.

Ses compositions appartiennent nettement au genre romantique. Il séjourna en France, en Belgique, à Varsovie, où il fut durant trois années chef d'orchestre au Théâtre National.

Il fit représenter en Allemagne (à Brunswick) un opéra : *La Fiancée de Kynast,* y composa les deux ouvertures de *Robespierre* et des *Girondins* pour deux drames de Griepenkerl. C'est à cette époque qu'il

épousa la veuve de l'éditeur de musique MEYER et commença la publication de classiques à bon marché qui porte encore son nom. Quittant sa femme, il retourna en Hollande, en Belgique, à Gotha et enfin à Paris, en 1858, où il obtint de grands succès; c'est alors qu'il épousa Mlle Louise de La Rochefoucault.

Il écrivit pour l'orchestre des symphonies, plusieurs concertos où l'orchestre et le piano sont magistralement traités, *Héloïse et Abélard,* opérette, son seul ouvrage qui réussit complètement (1872). A citer aussi : *Le Chevalier Nahel,* opéra français joué à Bâle (1863); deux opérettes données aux Folies-Dramatiques : *La Boîte de Pandore* (1871); *La Fiancée du Roi de Garbe* (1874), peu après un opéra-ballet, *La Belle au bois dormant,* représenté au Châtelet; *La Mandragore,* opérette jouée à Bruxelles (1876); dans cette même ville, à la Monnaie : *Les Templiers* (1886), drame lyrique.

MONIUSZKO (Stanislas), né à Ubiel dans le gouvernement de Minsk en 1819 (Pologne), mort à Varsovie en 1872. Il commença ses études avec FAEVER, organiste de Varsovie. De 1837 à 1839, il fut élève de RUNGENHAGEN à Berlin.

Son œuvre est considérable et comprend à peu près tous les genres : vingt *morceaux divers* pour piano, huit *sonates* sur des motifs de la Crimée.

Une multitude de chansons; trente-sept ouvrages de musique religieuse, presque tous avec orgue; il était lui-même un organiste remarquable. Il donna en outre vingt et un opéras et opéras-comiques, trois ballets, la musique de six drames et de trois mélodrames, plusieurs grandes cantates : *Kroumine, La Madine, Madame Twardowska, Milda, Niola; Halka* est généralement considéré comme son meilleur opéra, et obtint plusieurs centaines de représentations.

Dans ses nombreuses productions, MONIUSZKO «s'est montré harmoniste instruit, ingénieux; mais il est avant tout un original et fécond mélodiste. Ses nombreuses petites pièces vocales détachées sont en particulier, pour la plupart, de précieux bijoux sertis avec un art très délicat. Il y a là, avec infiniment de fraîcheur et de variété, quelque chose d'un peu étrange et de fort attrayant, une curieuse et physionomique note personnelle [2] ».

PASDELOUP (Jules-Etienne), chef d'orchestre, créateur des concerts populaires portant son nom, né à Paris en 1819, mort à Fontainebleau en 1887.

Il remporta un premier prix de piano au Conservatoire.

Il fonda, en premier, un orchestre symphonique, sous le titre de « Société des jeunes artistes du Conservatoire », avec lequel il donna, pendant plusieurs années, des concerts à la salle HERZ. Ce fut cet essai qui l'entraîna à la fondation de ses « Concerts populaires de musique classique », grâce auxquels la population parisienne put entendre les chefs-d'œuvre des maîtres anciens et contemporains.

PASDELOUP voulut aussi fonder, dans une salle aujourd'hui disparue, rue Scribe, des concerts permanents, avec chœurs et orchestre, mais ce fut un échec.

Il dut y renoncer, ainsi qu'à la direction du Théâtre-Lyrique (1868), qui ne fut pas pour lui une entreprise heureuse.

RAFF (Joseph-Joachim), né à Lachen (Suisse) de parents wurtembergeois, en 1822, mort à Francfort-

---

1. LAVIGNAC, *loco cit.*, p. 495.   2. Albert SOUBIES, *loco cit.*, p. 208.

sur-le-Mein en 1882. Jusqu'à dix-huit ans, ses études furent purement scientifiques. Il joua de l'orgue, du violon et du piano. Il fut encouragé par MENDELSSOHN; LISZT, dont il était l'accompagnateur à Cologne, fut aussi son maître ou conseiller.

Il donna son premier opéra en quatre actes à Weimar : *Le Roi Alfred* (1850). En 1853, il épouse une jeune actrice, Mlle Genast, et part avec elle pour Wiesbaden (1855), où il s'installe. C'est en 1877 seulement qu'il prend la direction du Conservatoire HOCH à Francfort.

Il écrivit huit *symphonies*, portant presque toutes des noms distinctifs : *Dans la forêt, A la Patrie, Dans les Alpes*, etc., deux *suites d'orchestre*, une petite symphonie (*Sinfonietta*) pour instruments à vent, diverses œuvres symphoniques, de la musique d'église en grande quantité. Deux œuvres dramatiques : *Dame Kobold*, un acte (1870); *Samson* et la musique de scène pour le drame *Bernard de Weimar*. Pour le piano, entre autres : trois *sonatines*, op. 99; deux *sonates*, op. 14 et op. 68, de nombreux morceaux et des pièces légères comme sa *Polka de la Reine*. Cinq *sonates pour violon*, op. 73, op. 78, op. 128, op. 129 et op. 145, enfin une *sonate pour violoncelle* op. 183. A citer aussi, op. 185, *Concerto en do mineur* (difficile); *Suite de pièces* suivies d'une *fugue*, op. 91; *Trois pièces*, op. 125, et enfin, très difficiles : *Suite en sol majeur*, op. 163; *Suite de pièces sérieuses*, op. 91; *Caprice* (pièce de style), op. 92. Ces suites sont du plus haut intérêt musical, dit MARMONTEL, dans son *Vade-mecum* (p. 120).

FRANCK (César-Auguste), né à Liège, le 10 décembre 1822, mort à Paris, le 9 novembre 1890. Il vint en France en 1835, et se fit naturaliser Français.

Elève de ZIMMERMANN pour le piano, de LEBORNE pour le contrepoint, au Conservatoire de Paris où il fut professeur d'une classe d'orgue de 1872 à 1891. Ch.-M. WIDOR lui succéda.

Organiste de Sainte-Clotilde vers 1858, il fut un merveilleux improvisateur. Il forma de nombreux et fervents disciples, et il doit être considéré comme un grand chef d'école.

Comme compositeur, il excella dans tous les genres; ses œuvres pour piano, d'une exécution difficile, procèdent de BACH, de GLUCK et des romantiques allemands; elles sont toujours intéressantes; si on osait critiquer, on dirait que les développements en sont parfois un peu longs, et que le succès obtenu n'est pas toujours en rapport avec les difficultés à vaincre pour arriver à jouer ces belles pages.

Voici la liste de ses œuvres, recueillie par M. Vincent d'INDY :

Pour piano. — 1842, *Eglogue*. 1843, *Grand Caprice* (édit. Lemoine). *Souvenir d'Aix-la-Chapelle*.

1844, *Quatre mélodies de Schubert*, transcrites :

1° *La Jeune Religieuse*,
2° *La Truite*,
3° *Les Plaintes de la jeune fille*,
4° *La Cloche des agonisants*.

Ballade. Première fantaisie sur Gulistan, de DALAYRAC. *Deuxième fantaisie sur l'air et le Virelay*, « le point du jour » (les deux éditées par Costallat). *Fantaisie pour piano* (introuvable).

1845, *Fantaisie pour piano sur deux airs polonais* (Costallat). *Trois Petits Riens* :

1° *Duettino*,
2° *Valse*,
3° *Le Songe*.

1863, *Les Plaintes d'une poupée* (Mangeot). 1869-

1879, *Les Béatitudes* (réduction de l'orchestre). 1872, *Rédemption*, réduction pour piano. 1881, *Rébecca*, transcription (Joubert). 1884, *Prélude-Choral et fugue* (Enoch). 1885, *Danse lente* (Schola Cantorum). 1886-1887, *Prélude, aria et final* (Hamelle).

A quatre mains. — 1842, *Duo sur le « God save the King »*. 1846, *Duo à quatre mains sur Lucile de Grétry*. 1876, *Les Eolides*, arrangement (Enoch). 1882, *Le Chasseur maudit*, arrangement original (L. Grus).

Pour deux pianos. — *Les Djinns*, poème symphonique pour piano et orchestre, arrangement par l'auteur (Enoch). 1885, *Variations symphoniques*.

Trios. — 1841, trois *trios concertants*, et en 1842, *Quatrième trio concertant*, pour piano, violon et violoncelle (Schuberth, à Leipzig).

Pour grand orgue. — 1859, trois *Antiennes* (Heugel). 1860, six *Pièces*. 1878, trois *Pièces* (Durand). *Andantino* (Costallat). 1889, *Préludes et Prières de Ch.-V. Alkan* (en 3 livraisons) (Costallat). 1890, trois *Chorals* : 1° en *mi*, 2° en *si*, 3° *la mineur*.

Pour harmonium. — 1862, *Quasi marcia* (Leduc). 1863, cinq *Pièces*. 1863, quarante-quatre *petites pièces* (Enoch). 1871, *Offertoire sur un air breton*.

Ajoutons : 1843, *Andante quiestoso* pour piano et violon (Lemoine). 1844, *Solo de piano*, avec accompagnement de quatuor à cordes. 1846, *Ruth*, transcription pour piano (Heugel). 1879, *Quintette en fa mineur*, pour piano, deux violons, alto et violoncelle (Hamelle). 1886, *Sonate* pour piano et violon. 1889, *Quatuor en ré majeur* pour deux violons, alto et violoncelle (Hamelle).

Œuvres vocales. — 1843, *Souvenance, Ninon, L'Emir de Bengador, Le Sylphe, Robin Gray*, avec accompagnement de violoncelle (Costallat). 1846, *L'Ange et l'Enfant* (Hamelle). 1852, *Les Trois Exilés*, chant national pour baryton et basse. 1858, *O Salutaris* (duo pour soprano et ténor), Noël, trois *motets* (Heugel). 1863, *La Garde d'honneur*, cantique, neuf couplets (Noël). 1863, *Ave Maria*, pour soprano, ténor et basse (Bornemann). 1870, *Paris*, chant patriotique pour ténor avec orchestre (texte en prose). 1871, *Le Mariage des roses* (Enoch). 1872, *Veni Creator*, duo pour ténor et basse; *Passez, passez toujours* (Costallat). 1872, *Roses et papillons* (Enoch). 1873, *Lied* (Enoch) 1879, *Le Vase brisé* (Enoch). 1884, *Nocturne* (Enoch). 1888, *Hymne pour quatre voix d'hommes* (Hamelle), *Cantique avec cor* (A. Leduc), *La Procession* (Leduc). *Les Cloches du soir* (Leduc), six *duos*, pour chœur à voix égales (Enoch), *Le Premier Sourire de mai*, chœur pour trois voix de femmes (Hamelle).

Vers 1846, *Le Sermon sur la montagne*, symphonie; *Ruth*, églogue biblique en trois parties, pour soli, chœur et orchestre (Heugel). 1852, *Le Valet de ferme*, opéra-comique en trois actes. 1858, *Messe solennelle* pour basse solo et orgue. 1860, *Messe à trois voix*, pour soprano, ténor et basse, avec accompagnement d'orgue, harpe, violoncelle et contrebasse. 1863, *La Tour de Babel*, petit oratorio pour soli, chœur et orchestre. 1871, trois *offertoires*. 1871, *Domine non secundum*. 1872. *Panis Angelicus*, pour ténor, orgue, harpe, violoncelle et contrebasse (Bornemann). *Offertoire pour le Carême*, soprano, ténor et basse (Bornemann), *Quasi fremuerunt gentes*, offertoire pour la fête de sainte Clotilde, chœur à trois voix, orgue et contrebasse (Bornemann).

1872, *Rédemption*, poème symphonique en trois parties pour soprano solo, chœur et orchestre (Heugel).

1881, *Rébecca*, scène biblique pour soli, chœur et orchestre (Heugel). 1882, *Le Chasseur maudit*, poème symphonique pour orchestre (L. Gruss). 1884, *Les Djinns*, poème symphonique pour piano et orchestre (Enoch). 1885, *Hulda*, opéra en quatre actes et un épilogue, légende scandinave (Choudens). 1885, *Variations symphoniques* pour piano et orchestre (Enoch). 1888, *Psyché*, poème symphonique pour orchestre et chœur (Bornemann), réduction pour piano par l'auteur. 1888, *Symphonie en ré mineur* pour orchestre (Hamelle) (avec orgue); cette œuvre compte parmi les plus géniales. 1888, *Le Premier Sourire de mai*, chœur pour trois voix de femmes (Hamelle). 1890, *Ghisèle*, drame lyrique en quatre actes (inachevé) (Choudens[1]).

Schuloff (Jules), virtuose et compositeur tchèque, né à Prague en 1825, mort à Berlin en 1898. Élève de Tedesco et de Tomoscheck. Ses premiers succès furent à Dresde et à Leipzig; venu de bonne heure à Paris, il y resta quarante ans; il reçut des conseils de Chopin, et fit de brillantes tournées en Angleterre, en Allemagne, en Espagne et en Russie.

Il termina sa carrière à Dresde, puis à Berlin.

Il composa beaucoup pour le piano, plusieurs de ses morceaux eurent une véritable vogue : *Galop, Valses en la bémol et en ré bémol, Polonaise, Fantaisie sur les chants populaires de la Bohême, Chant des Bergers*, etc.

Delioux (Jean-Charles), né à Lorient (Morbihan) le 17 avril 1825, et décédé à Paris, âgé de plus de quatre-vingt-dix ans, le 12 novembre 1915.

Pianiste compositeur, professeur des plus distingués. Son père, commissaire de la marine, lui fit faire ses premières études musicales. On devina vite la vocation artistique du jeune prodige qui, dès l'âge de neuf ans, se fit entendre à Paris, aux Tuileries et, lors de son voyage à Londres, se fit applaudir à la Cour d'Angleterre.

Élève de Barbereau pour l'harmonie, il entra au Conservatoire dans la classe de composition d'Halévy. Il obtint le premier accessit de contrepoint et fugue le 9 novembre 1845. Admis à concourir pour le prix de Rome, il compose la cantate de *L'Ange et Tobie*. En 1852, il fait jouer au Gymnase *Yvonne et Loïe*, opéra-comique en un acte, poème de Michel Carré. Le succès de cette paysannerie bretonne faisait bien augurer de l'avenir théâtral du musicien, mais les élèves déjà nombreux, une mère devenue aveugle et deux sœurs décidèrent le bon et charitable Ch. Delioux à se vouer entièrement au professorat. Il y occupa une des premières places; ses œuvres sont toutes élégantes, séduisantes, bellement écrites. Son enseignement fut des plus remarquables.

Il fut un des premiers maîtres de Castillon (Alexis), ainsi que de M. Victor Gille et L.-E. Gratia qui continuent son bel enseignement à citer aussi son élève Marcou et d'autres que nous nous excusons d'oublier.

Le 7 juillet 1875, il était nommé commandeur de l'ordre royal d'Isabelle la Catholique, et le 14 juillet 1884, officier d'Académie. Dès juillet 1884, Ambroise Thomas le réclamait comme membre du jury au Conservatoire.

Resté célibataire, pour mieux secourir sa vieille mère et sa famille, il fut l'artiste au bon et beau caractère.

Voici la liste de ses œuvres pour piano :

Op.   5 *Rêverie*, M. F.[2].
       6 *Tarentelle*, M. F. (édités chez Richault).
       7 *Deux à deux*, nocturne, M. F.

---

1. Voir les *Maîtres de la musique : César Franck*, par Vincent d'Indy (Alcan, édit., 1906).

       8 *Galop di Bravura*, M. F. (édit. Gregh).
       9 *Guarache*, air de danse espagnol, M. F.
      10 *Caprice*, nocturne, D. (édit. Benoît).
      11 *Danse napolitaine*, D. (Gregh).
      12 *Valse brillante*, en ré ♭. D. (Heugel).
      13 Deux *Nocturnes*, M. F. : 1. *L'Adieu*, 2. *Mélancolie* (Gregh).
      14 *Marche hongroise*, M. F. (Durand).
      15 *Un Dimanche en Bretagne* (deux esquisses villageoises): 1. *A l'Église*, M. F. 2. *Dans les champs*, F.
      16 *Confidenza*, romance sans paroles, M. F. (Gregh).
      17 *Étude-Carillon*, 1re étude de salon, M. F.
      18 *Chanson créole*, M. F.
      19 *Souvenir*, M. F. (Em. Benoît).
      20 *Grenade*, souvenirs espagnols, M. F.
      21 *Valse Élégante*, M. F.
      22 *Deux Mazurkas*, 1er livre, M. F. (E. Benoît).
      23 *Une Fête à Séville*, boléro, M. F. (Heugel).
      24 *Rêverie au l'eau*, barcarolle, M. F. (Grus).
      25 *Le Ruisseau*, 2e Étude de salon, D. (E. Benoît).
      26 *Le Forgeron*, 3e Étude de salon, M. F. (Gregh).
      27 *La Brise*, 4e Étude de salon, M. F. (Choudens).
      28 *Mandoline*, sérénade, M. F. (Durand).
      29 *Cantilène*, mélodie nocturne, M. F. (Grus).
      30 *Cri de guerre*, marche caractéristique, D. (Gregh).
      31 *Feuillet d'Album*, M. F. (Durand).
      32 *Deux Mazurkas*, 2e livre, D. (Legouix).
      33 *Le Tournoi*, marche-étude, D. (Legouix).
      34 *Le son du Cor*, chasse, D. (Mathieu).
      35 *Chant du matin*, aubade, M. F.
      36 *Loin du pays*, styrienne, M. F. (Gallet).
      37 *Chant du Nord*, mazurka, M. F. (Gregh).
      38 *Carnaval espagnol*, caprice de concert, D. 38 bis, le même à quatre mains. 38 ter, à deux pianos (Gallet).
      39 *Les Bohémiens*, morceaux de genre, M. F. (Gregh).
      40 *Les Matelots*, scène maritime, M. F. (Gregh).
      41 *Sous le Balcon*, sérénade italienne, M. F.
      42 *Orientale*, M. F. (Gallet).
      43 *Le Hamac*, berceuse, M. F. (inédit).
      44 Trois *Romances sans paroles*, M. F. : 1. *Regrets*, 2. *Méditation*, 3. *Chant d'Amour* (Gregh).
      45 *Départ et Retour*, 2 duettinos. M. F.
      46 *Invocation*, M. F. (Gallet).
      47 *Sara la baigneuse*, M. F.
      48 *Fandango*, D. (Durand).
      49 *La Coupe*, chanson à boire, M. F. (Gregh).
      50 *Venise*, barcarolle, M. F.
      51 *Souvenirs du Tyrol*, M. F.
      52 *Les Travestissements*, caprice napolitain, M. F. (Gallet).
      53 *Chanson du matin*, M. F. (Fromont).
      54 *Fantaisie sur Faust*, de Gounod, F. (Choudens).
      55 *Fantaisie sur Herculanum*, Opéra de F. David, D. (Gallet).
      56 *Murmures du soir*, rêverie, étude, M. F. (Giraud).
      57 *Les Abmées*, air de ballet, M. F. (Girod).
      58 *Partous*, souvenir de voyage, M. F.
      59 *Réminiscences d'Orphée*, de Gluck, M. F.
      60 *Deux Impromptus*, M. F. : 1. *Berceuse*, 2. *Scherzo*.
      61 *Arabesques*, M. F. (Gallet).
      62 *Sous la feuillée*, valse de salon, M. F. (Gregh).
      63 *La Fête du Sacre*, duo à quatre mains, D. (Gallet).
      64 *Garde à vous*, ronde de nuit, M. F. (Durand).
      65 *Deux Sérénades*, M. F. (Heugel).
      66 *Souvenir de la Vendéenne*, Opéra de Maillot, M. F.
      67 *L'Angélus*, F. 67 bis, *Farandole*, F. (Klein).
      68 Deux *Transcriptions sur la Mule de Pedro*, Victor Massé, M. F. : 1. *Chanson de la mule*, 2. *Couplets du Lutin* (Legouix).
      69 *Kalamaïka*, danse hongroise, D.
      70 *Bonheur passé*, rêverie variée, M. F. (Gallet). Recueil (un volume in-8°). La plupart de ces morceaux sont édités séparément (Durand).
      71 *Souvenirs d'Italie*, D.
      72 *Tableau pastoral*, M. F.
      73 *Presto*, D.
      74 Trois *Romances sans paroles* : 1. *Fleurs*, M. F. 2. *Chanson napolitaine*, M. F. 3. *Cheval et Cavalier*, D.
      75 *Allegro de Concert*, D.
      76 *Sérénade*.
      77 *Thème varié*, D.
      78 *Deux Valses*, M. F. : 1. *Valse Expressive*. 2. *Valse en fa*.
      79 *Andante*, D.
      80 *Le Retour du Chevalier*, 2e poème symphonique, D.
      81 *Impressions de voyage*; 1. *Chanson aragonaise*, F. 2. *Chanson toscane*, F. (Gregh).

---

2. Les lettres M. F. signifient : moyenne force.
La lettre D. signifie : difficile.
La lettre F. signifie : facile.

82 Deux *Romances sans paroles* : 1. *Chant des oiseaux*, M.F.
  2ᵉ *Sérénade*, M. F.
83 *Les Sirènes*, D. (Choudens).
84 *Soir d'été*, Idylle, M. F.
85 *Naples*, Scène italienne (Lesigne).
86 Le très remarquable : *Cours complet d'exercices*,
  1ᵉʳ livre, M. F. (adopté par le Conservatoire).
87 *Patrie*, polonaise, D.
88 *Le Lac*, rêverie, M. F.
89 *Pensées musicales*, M. F. : 1. *Menuet dans le style
  ancien*, 2. *Scherzetti*, 3. *Capricio*, 4. *Villanelle*, 5.
  Chanson russe, 6. *Valse en la mineur*. 7. *Gavotte*,
  8. *Gavotte*, 9. *Notre-Dame d'Auray*, 10. *Pavane*, 11.
  Rêve, 12. *Souvenance*, 13. *Rafale*.
90 *Eleganza*, M. F.
91 *Idylle*, M. F.
92 *Caprice hongrois*, M. F.
93 *Chanson bohémienne*, M. F.
94 *Allegro agitato*, D.
95 *Etudes de mécanisme*, 1ᵉʳ livre, M. F. (travail spécial des
  quatrième et cinquième doigts), 2ᵉ livre, M. F. (travail spécial du passage de pouce) (Durand).
96 *Havanaise* (Loret).
97 *Chœur des Pèlerins de Tannhäuser*, D. (Durand).
98 *Trois Feuillets d'Album*, M. F. : 1. *Barcarolle*, 2. *Prélude*, 3. *Styrienne* (Hamelle).
99 *Cours complet d'exercices*, 2ᵉ livre, D. (Exercices de
  perfectionnement) (Durand).
100 *Fantaisie sur Lakmé*, D. 100 *bis*, *Andante extrait de la
  Fantaisie*.
101 *Lamento*, D.
102 *Cheval et Cavalier*, D.
103 *Aragonaise* (Heugel).
104 *Ballade*, D.
105 *Marche guerrière* D. (Quinzard).
106 *Tourment !* D. (Du Wast).
107 *Chanson norvégoise*, M. F. (Heugel).
108 *Mazurkas*, M. F. (Grus).
109 *Le Petit Berger*, M. F. (Heugel).
110 *Marche funèbre*, D.
111 *Caprice*, D. (Du Wast).
112 *Marina*, M. F.
113 *Danse russe*, M. F. (Gallet).
114 *Tristes Pensées*, nocturne, M. F.
115 *Motif varié*, M. F.
116 *Fantaisie danse*, D. (Heugel).
117 *Allegro en ré mineur*, D. (Quinzard).

Ajoutons quatre recueils de transcriptions diverses, huit transcriptions sans numéros d'œuvre et
dix-neuf mélodies avec accompagnement
de piano ; parmi les plus connues : la fameuse *Chanson de Ronsard* (devenue populaire et souvent prise
à tort pour un air ancien), *Le Retour*, *Le Rhin Allemand*, chanté par Faure en 1870. *Les Filles de Cadix*,
Rappelle-toi, *Le Géant*, etc.

MATHIAS (Georges-Amédée SAINT-CLAIR, dit), virtuose et compositeur français, né à Paris en 1826 et
mort en cette ville en 1910, compte parmi les artistes ayant eu le bonheur de recevoir des leçons de
CHOPIN.

Second prix de Rome en 1848, il fut, depuis 1862,
professeur de piano au Conservatoire, où il professa
durant vingt-cinq ans et forma des pianistes de
talent : MM. AUZENDE, Paul CHABEAUX, FALKENBERG,
I. PHILIPP, Raoul PUGNO, etc.

Parmi ses compositions, nous citerons : deux poèmes dramatiques, *Prométhée enchaîné* et *Olaf* ; une
fantaisie dramatique, *Le Camp des Bohémiens* ; des
ouvertures : *Hamlet*, *Mazeppa*.

Ajoutons un grand nombre de compositions pour
piano, entre autres : trois caprices, op. 38, 39, 40 ; *Le
Retour des Champs*, pastorale, op. 48 ; *Andante de
Concerto*, op. 34 ; *Marche Croate*, op. 2 ; *Polonaise*,
op. 7 ; *Ballade*, op. 31 (moyenne force) ; *air de ballet* ; *Etudes spéciales
de style et de mécanisme* (plus difficiles), trois morceaux
de concert : *Le Rouet*, op. 45 ; *Les Songes*, op. 46 ; *Sylphes
et Lutins*, op. 47 ; *Douze Pièces symphoniques*,
op. 58 ; trois *sonates* et notamment la première ; *Allegro appassionato*, op. 20 ; *Allegro symphonique*, op. 5 ;

Deuxième Scherzo, op. 63. Et enfin, très difficiles :
Grandes Etudes, op. 10 ; *Etudes symphoniques*, op. 58.

GOTTSCHALK (Louis-Moreau), pianiste virtuose et
compositeur américain, né à la Nouvelle-Orléans en
1828, mort à Rio-de-Janeiro en 1869.

Elève de Camille STAMATY, qui fut également le
maître de SAINT-SAËNS.

Ses œuvres essentiellement originales, étranges
parfois, poétiques et mélancoliques, méritent encore
d'être étudiées. Quelques-unes d'entre elles devinrent
célèbres : *La Bamboula*, *Le Bananier*, *La Savane*, *La
Danse Ossianique*, *Minuit à Séville*, *Les Yeux créoles*,
Le Banjo, *La Valse poétique*, *La Marche de nuit*, *La
Jota aragonesa*, etc.

MARMONTEL, dans son *Vade-mecum* du professeur,
recommande : *Bergère et Cavalier*, *Printemps d'amour*,
Pasquinade (assez difficiles), *Polonia* et paraphrase
du *Trovator*, *Chasse du jeune Henri*, op. 10 (difficile).

RUBINSTEIN (Antoine), né à Wechwotynez (Moldavie)
en 1829, mort à Saint-Pétersbourg en 1894.

Ses professeurs furent VILLOING, à Moscou, pour
le piano, et DEHN, à Berlin, pour la composition. Les
conseils de LISZT aidèrent à son développement artistique et musical. VILLOING l'avait amené en 1840 à
Paris, où il excita au plus haut degré l'admiration de
tous par son étonnante précocité.

Il fonda le Conservatoire de Saint-Pétersbourg, qu'il
dirigea depuis 1862, et dirigea également pendant
quelque temps celui de Vienne.

Il fut un extraordinaire pianiste. « Le plus inspiré,
comme le plus merveilleux et le plus profond des
pianistes modernes, RUBINSTEIN, se rattache, autant
par la nature de sa virtuosité, à la grande école allemande et, évoque le souvenir de BEETHOVEN, avec
lequel il n'était pas sans une certaine ressemblance
physique. C'est un artiste colossal, un génie de la
plus haute envergure, mais peut-être plus russe de
naissance que par ses tendances artistiques[1]. »

Le nombre de ses œuvres est immense. Les principales œuvres dramatiques, écrites sur textes russe,
allemand ou français, sont nombreuses ; nous n'en
citerons que les principales : *Dimitri Donskoï* (1852) ;
Tom l'Idiot (1853) ; *Les Enfants des Landes* (1861) ;
Feramors (1863) ; *Le Démon* (1875) ; *Les Macchabées*
(1875) ; *Néron*. Cet opéra en quatre actes et sept
tableaux était, dès l'origine, destiné à l'Opéra de
Paris, mais ce fut le Stadttheater de Hambourg qui
en eut la primeur, le 1ᵉʳ novembre 1879. Depuis,
Néron a été joué à Anvers (en français) (1884), puis
en Italie et enfin à Rouen, en 1894 (livret de Jules
Barbier) ; ce fut un grand succès. RUBINSTEIN était
venu pour diriger les dernières représentations, et
fut longuement acclamé ; *Le Marchand Kalachnikoff*
(1880) ; *La Sulamite* (1882) ; *Moïse* (1894).

En 1875, RUBINSTEIN fit entendre au Théâtre Italien
deux compositions importantes : un *concerto* et *La
Tour de Babel*, symphonie.

Il composa plusieurs oratorios, des *quintettes*, des
quatuors et *trios* pour piano et instruments à cordes,
deux *concertos de violon* et un *concerto de violoncelle*
pour orchestre.

Pour le piano : cinq *concertos* avec orchestre, des
sonates, des *valses*, des *barcarolles*, *tarentelles*, *romances sans paroles*, *air de ballet*. Choudens édita un
volume : *Classe supérieure de piano* (1ᵉʳ volume), contenant vingt et un morceaux, un merveilleux recueil
de six *Etudes* (édité en France par Noël).

---

1. LAVIGNAC, *loco cit.*, p. 569.

Il faut encore ajouter plus de deux cents morceaux de chant : *mélodies persanes, lieder* à une ou deux voix, duos, etc.

Six *symphonies pour l'orchestre,* entre autres *L'Océan,* plusieurs *ouvertures.*

Correspondant étranger de l'Académie des Beaux-Arts depuis 1873.

Il est le fondateur d'un double prix international pour les compositeurs et les pianistes.

Sa grande bonté était légendaire; lorsqu'il faisait des tournées de concert, partant avec plus de deux cents morceaux dans la mémoire, il donnait généralement un ou plusieurs concerts gratuits pour les artistes et amateurs de musique peu fortunés. De retour en Russie, il versait une forte somme pour doter une jeune fille pauvre.

Son tempérament d'artiste sensible et fougueux était cause que, parfois, il lui arrivait des accidents pianistiques; il pataugeait, mais son grand sentiment artistique faisait vite oublier les quelques fausses notes entendues. Il écrivit un volume intéressant : *La Musique et ses représentants, Entretien sur la musique,* traduit du russe par Michel DELINES, édité à Paris en 1892 par Heugel.

Il eut un frère, Nicolas RUBINSTEIN, né à Moscou en 1835, mort à Paris en 1881, qui fut aussi un artiste remarquable, mais qui ne publia que peu de compositions.

Dans sa jeunesse, il paraissait avoir plus de facilités qu'Antoine RUBINSTEIN, au dire d'Antoine lui-même.

Il se livra de bonne heure à l'enseignement, qui l'absorba bientôt totalement, et obtint de grands succès de virtuose en Russie, mais, contrairement à son frère, il voyagea peu en dehors de son pays.

Il fut pourtant connu à Paris comme chef d'orchestre, pianiste et compositeur, en 1878, où il dirigea les concerts russes au Trocadéro pendant l'Exposition.

Il fonda les concerts symphoniques de Moscou en 1859, et le Conservatoire de cette ville en 1864.

« On a écrit sur A. RUBINSTEIN toute une littérature biographique et critique, en russe, en allemand, en anglais, en français, etc. Mentionnons en ce sens les livres ou articles de MM. LISSOWSKY, LAROCHE, SOLOVIEW, ROUBETS, BASKINE, LEVENSON, ZVEREW, IVANOW, SAINT-SAËNS, A. POUGIN, MENDEL, KIEMANN, Bernhard VOGEL, LA MARA, EHRLICH, ZABEL, CHRYSANDER, MAC ARTHUR, Mᵐᵉ CASTEIN, etc.[1]. »

A citer aussi une bonne monographie de M. HALPÉRINE-KAMINSKY, dans la *Revue Encyclopédique* du 15 juillet 1895.

RUBINSTEIN a publié ses *Mémoires* en langues russe et allemande.

LALO (Edouard) (1830-1892), né à Lille. A écrit d'abord de la musique de chambre et deux *symphonies* qui eurent peu de succès, ensuite un opéra : *Fiesque,* en 3 actes; on en parla beaucoup, on ne le joua jamais; une *Symphonie espagnole* pour violon et orchestre, que SARASATE joua souvent et toujours avec le plus grand succès; une *Rapsodie norvégienne,* un *Concerto* pour piano; *Namouna* (ballet); de nombreuses mélodies, un *Divertissement,* très remarquable, pour orchestre.

Ce n'est qu'à la fin de sa vie que LALO eut la satisfaction de voir jouer son célèbre opéra-comique *Le*

Roi d'Ys, 3 actes et 5 tableaux, qui était écrit depuis longtemps et qui ne fut donné par l'Opéra-Comique de Paris qu'en 1888, — quatre ans avant la mort de son auteur. Il eut au moins la joie de voir apprécier ses efforts et admirer sa belle œuvre par ses contemporains.

BÜLOW (Hans-Guido de), né à Dresde en 1830, mort au Caire en 1894.

Ses maîtres pour le piano et la technique musicale furent Frédéric WIECK, LITOLFF et LISZT; EBERWEIN et Maurice HAUPTMANN pour la composition.

Il joua un rôle important dans l'évolution de la musique allemande, tant par ses écrits que par son talent de virtuose et de capellmeister.

Il épousa une des filles de son maître LISZT, laquelle, par la suite, divorça pour devenir la femme de Richard WAGNER. Ceci du reste n'apporta aucun refroidissement dans les relations amicales de ces deux maîtres.

Pianiste incomparable, au jeu coloré et plein de grandeur, chef d'orchestre de premier ordre, il remporta de grands succès en Allemagne, en Belgique, en Hollande, en France et en Russie.

Chef d'orchestre du Théâtre Royal de Munich et, en même temps, directeur du Conservatoire de cette ville, il contribua amplement à faire connaître les œuvres de Richard WAGNER, qu'il aimait profondément, sans que cette admiration vînt pourtant altérer son éclectisme.

Il composa, entre autres ouvrages : *Nirwana,* tableau symphonique, musique de *Jules César* de Shakespeare, deux *concertos* et divers morceaux pour le piano.

Son père, — Charles-Edouard de Bülow, — écrivain allemand (1803-1853) de valeur, lui avait fait mener de front les études littéraires et musicales, si bien qu'âgé d'à peine vingt ans, tandis qu'il se faisait entendre en public, il écrivait déjà des articles vifs et spirituels pour défendre la nouvelle école représentée par LISZT et SCHUMANN.

BRAHMS (Johannes), né à Hambourg en 1833, mort à Vienne en 1897.

Elève d'Edouard MARSEN, un excellent maître, qui commença de bonne heure son éducation musicale, et en fit un pianiste remarquable.

Il entreprit une série de concerts à travers l'Allemagne avec le pianiste hongrois RÉMÉNYI, obtint de grands succès et eut l'avantage de se rencontrer avec JOACHIM, avec SCHUMANN, qui avait pour lui la plus grande admiration, et avec le célèbre LISZT.

Il jouait les œuvres des maîtres, mais aussi les siennes, qui devaient devenir nombreuses.

Il aborda tous les genres, sauf celui du théâtre.

Il composa beaucoup de musique d'église, dont un superbe *Requiem.* Plusieurs *cantates* pour voix seule et pour chœur et orchestre : *Rinaldo, Nænie, Lied de la Destinée, Chant des Parques;* plusieurs *symphonies,* des *concertos* et *sonates pour piano,* deux *sextuors* pour instruments à cordes, des *quintettes, quatuors* et *trios* pour divers instruments, un *recueil de chansons populaires d'enfants* et plus de deux cents *lieder* pour différentes voix.

Enfin son *Triumphlied,* chant de triomphe à la gloire des armées allemandes, et ses fameuses *Danses hongroises* pour orchestre.

Il est justement considéré comme un des chefs de l'école allemande actuelle.

BORODINE (Alexandre-Porphyriewitch), né et mort à Saint-Pétersbourg (1834-1887).

---

[1]. *Histoire de la musique en Russie,* par Albert SOUBIES. Edit. L. Henry May. S. Française d'éditions d'art, p. 194.

Savant et musicien russe. Professeur de chimie à l'Académie de médecine et de chirurgie de Saint-Pétersbourg, conseiller d'Etat, auteur de nombreux mémoires scientifiques publiés dans des recueils russes et allemands.

Il aima toujours la musique, et se passionna pour son étude.

Il écrivit deux symphonies, deux quatuors pour instruments à cordes, un poème symphonique : *Dans les steppes de l'Asie centrale*, un certain nombre de romances, des morceaux de piano, dont *Petite Suite* et *Scherzo*.

Pour le théâtre, un seul opéra : *le Prince Igor*, scénario dû à M. Stassow, représenté à Saint-Pétersbourg, en 1890, trois ans après la mort de Borodine. Cet opéra, demeuré inachevé, fut terminé par Rimsky-Korsakow et Glazounow. L'ouverture et le troisième acte sont de Glazounow, d'après les notes et les esquisses originales de l'auteur.

Il fonda à Saint-Pétersbourg, avec le professeur Rudniew et Mme Tarnowskaïa, l'école de médecine pour femmes, y enseigna lui-même la chimie à dater de 1872, et s'occupa de cette œuvre jusqu'à la fin de ses jours.

Les mélodies vocales de Borodine sont en petit nombre, mais toutes intéressantes. L'emploi fréquent de l'accord de seconde et du chromatisme y est généralement des plus heureux.

La Belle au bois dormant est un remarquable spécimen de cet usage. Citons encore la *Sérénade de quatre galants à une Dame*, quatuor comique pour voix d'hommes, et deux *quatuors*, en *la* et en *ré*, pour instruments à archet.

Cui (César) est né à Vilna, en 1835, et fut militaire et compositeur russe. Il est pourtant d'origine française, car son père était notre compatriote, et combattit avec la grande armée ; blessé et laissé en arrière lors de la retraite, il se fixa en Russie, où il devint précepteur, puis professeur de français au gymnase de Vilna. Il épousa une Lithuanienne : Julie Goutséwicz.

César Cui eut pour maitres Hermann, Dio et Moniuszko. Comme un grand nombre de compositeurs et de musiciens russes, il appartint à l'armée, et fut un remarquable officier général et professeur de fortification dans les trois académies militaires de Saint-Pétersbourg. Il écrivit un *Précis de l'histoire de la fortification permanente* et un *Manuel de fortification volante*.

Il avait à peine vingt-deux ans lorsqu'il écrivit son premier opéra : *Le Prisonnier du Caucase*, qui fut représenté vingt ans plus tard, en 1883. Deux autres furent joués auparavant : *William Ratcliff* (1869), et *Angelo* (1876). Il écrivit aussi un opéra français, sur le texte d'une comédie de Jean Richepin : *Le Flibustier*, joué à l'Opéra-Comique le 22 janvier 1894, mais sans succès. César Cui n'eut jamais de chance au théâtre.

Il composa de nombreux morceaux de piano et des transcriptions d'opéras pour piano, des *valses*, des *polonaises*, des *suites*, *miniatures*, etc. ; de nombreux morceaux de chant, qui sont de véritables modèles de prosodie, divers recueils, douze *mélodies*, *Vignettes musicales*, vingt *Poèmes de Jean Richepin*.

Il faut indiquer aussi (nous dit Albert Soubies, dans son *Histoire de la Musique en Russie*) la part qu'il a eue dans la composition d'un recueil de paraphrases pour le piano à trois mains, suite de variations et de petites pièces de tous genres écrites sur un thème

obligé, et qui trahit une remarquable souplesse contrapunctique.

A citer aussi : une *Marche Solennelle*, des *Danses Circassiennes* pour orchestre, deux *Scherzos*, une *Tarentelle* transcrite pour piano par Liszt, un quatuor pour instruments à archet, beaucoup de morceaux pour le violon, *Suite Concertante* dédiée à Marsik, le *Kaléidoscope* (contenant vingt-quatre numéros), dix-huit *chœurs à capella*, dont six religieux.

Doué d'un tempérament d'ardent polémiste, il n'a pas donné seulement l'exemple de la forme moderne, mais il a défendu ses théories avec une grande âpreté en différents journaux, sous forme d'articles.

Il est, avec Rubinstein et Tchaïkowsky, l'un des musiciens russes les mieux connus en France.

Saint-Saëns (Charles-Camille), se prononce Saint-Sanss, né à Paris en 1835, décédé le 16 décembre 1921.

Il eut pour maitre Stamaty pour le piano, Maleden et Halévy pour l'harmonie et la composition, Benoist pour l'orgue.

Musicien virtuose très précoce, il donna son premier concert de piano à la salle Pleyel étant à peine âgé de dix ans, et il avait seize ans lorsqu'il fit exécuter sa première symphonie à la société Sainte-Cécile.

Il fut extraordinaire comme enfant, extraordinaire aussi comme vieillard ; à quatre-vingt-sept ans, il possédait encore un esprit vif et jeune.

Doué d'une musicalité des plus rares, d'une oreille prodigieusement sensible, il fut l'objet de mille anecdotes ; on vantait sa facilité pour transcrire spontanément au piano une partition d'orchestre qu'il réduisait en déchiffrant.

Saint-Saëns est un des plus grands compositeurs et virtuoses pianistes français. De style classique, formé par la lecture des maîtres, il n'aborda le théâtre que relativement tard, à l'âge de trente-sept ans, avec un opéra-comique : *La Princesse jaune* (1872) ; *Samson et Dalila* (1876) ; *Le Timbre d'argent* (1877) ; *Etienne Marcel* (1879) ; *Henri VIII* (1883) ; *Proserpine* (1887) ; *Ascanio* (1890) ; *Phryné* (1893) ; *Frédégonde* (ouvrage resté inachevé d'Ernest Guiraud et dont Saint-Saëns écrivit les trois derniers actes) (1895) ; *Javotte*, ballet (1896-1897). Ajoutons à ces œuvres : de la musique pour *Antigone* de Sophocle (1894) ; celle de *Déjanire* et de *Parysatis*, représentés à l'Amphithéâtre de Béziers ; musique de scène pour *Andromaque* (1902) ; puis, M. Gavault, directeur de l'Odéon, voulant faire représenter intégralement : *On ne badine pas avec l'Amour* de Musset, œuvre qui exige de nombreux changements de décors, considéra que la musique devenait indispensable pour faire patienter le public, et eut l'idée heureuse de prier Saint-Saëns de composer de la musique, dite de scène, avec chœurs, orchestre et orgue. Saint-Saëns, malgré ses quatre-vingt-deux ans, s'acquitta merveilleusement de cette tâche et, le 7 février 1917, l'Odéon donnait la dernière partition du maitre. Cette œuvre obtint un grand succès ; on ne peut que déplorer que le nouveau directeur, M. Gémier, ait supprimé la partition de Saint-Saëns.

Saint-Saëns écrivit aussi un grand nombre de poèmes et scènes lyriques : *Ode à sainte Cécile*, *Le Déluge*, *Les Noces de Prométhée*, *La Lyre et la Harpe*, *Nuit persane*, *La Fiancée du Timbalier* (adaptation musicale sur un poème de Victor Hugo), *Scènes d'Horace*, *Hymne à Victor Hugo*.

Pour l'orchestre : quatre *symphonies*, dont la dernière, en *ut mineur*, est un chef-d'œuvre ; une *Suite d'orchestre* ; une *Suite Algérienne* ; *Ouverture de Spartacus* ; *La Jota Aragonese* ; une *Rhapsodie d'Auvergne* qu'il a lui-même magistralement transcrite pour le piano); une *Rhapsodie Bretonne;* une *Marche héroïque* (très belle transcription pour deux pianos huit mains); quatre poèmes symphoniques : *Phaéton,* le *Rouet d'Omphale, la Danse Macabre* (dont il existe une brillante transcription pour piano par Liszt), et la *Jeunesse d'Hercule.*

A citer également parmi les compositions les plus importantes : une *Messe solennelle* à quatre voix; une *messe de Requiem;* le XVIIIᵉ *Psaume;* un *Oratorio de Noël,* etc.

Enfin, ses œuvres pour piano sont nombreuses et difficiles : très remarquables *études,* au nombre de *six,* éditées par Durand, qui offrent des difficultés dont l'étude perfectionne le talent des virtuoses; elles sont à travailler au même titre que celles de Chopin, Rubinstein, Liszt.

Quatre *concertos pour piano* et un pour violon; le nombre des morceaux pour le piano deux mains, quatre mains, deux pianos est considérable, ainsi que celui de ses mélodies.

Sa facilité d'écriture était prodigieuse.

Il fut membre de l'Institut en 1881. Saint-Saëns s'est aussi beaucoup occupé de littérature, fit de nombreux articles et critiques dans plusieurs journaux, revues, recueils. La plus grande partie de ses articles est réunie en volumes. Il écrivit aussi des vers, des comédies, et aborda même les questions philosophiques et l'astronomie.

Voici la liste de ses ouvrages littéraires : *Harmonie et Mélodie* (1885); *Note sur les décors de théâtre dans l'antiquité romaine* (1886); *La Crampe des écrivains,* comédie (1892); *Problèmes et Mystères* (1894); *Portraits et Souvenirs* (1900); *Rimes familières* (1891).

Ritter (Théodore), né à Paris en 1836, mort en 1886. Il fut, en quelque sorte, le pianiste attitré de Pasdeloup, le créateur des Concerts populaires; son interprétation des concertos de Beethoven était particulièrement remarquable. (Voir Pasdeloup.)

Il obtenait grand succès non seulement en jouant les œuvres des autres, mais aussi les siennes, quoiqu'il ait peu produit.

Il fut surtout très applaudi comme virtuose et comme compositeur, avec sa *Sonate pour deux pianos,* ses *Courriers,* son *Chant du Braconnier* (extrait de son opéra-comique *Marianne),* sa *Zamacueca, Impressions poétiques,* etc.

Delibes (Léo), né à Saint-Germain-du-Val (Sarthe), en 1836, mort à Paris en 1891.

Il fut élève au Conservatoire, pour le piano, de Le Couppey, pour l'harmonie et la composition, de Bazin et d'Adolphe Adam.

Professeur de composition au Conservatoire jusqu'en 1891, élu membre de l'Académie des Beaux-Arts en 1884.

Son début comme compositeur fut une opérette en un acte : *Deux Sous de charbon* (1855).

Il fit représenter avec succès : *Deux Vieilles Gardes* (1855); *Six Demoiselles à marier* (1856); *Maître Griffard* (1857); *L'Omelette à la Follembuche* (1859); *Monsieur de Bonne-Etoile* (1860); *Les Musiciens de l'orchestre,* en collaboration (1861); *Le Jardinier et son Seigneur* (1863); *La Tradition* (1864); *Le Serpent à Plumes* (1864); *Le Bœuf Apis* (1865); deux opérettes pour le Kursaal : *Mon ami Pierrot* (1862) et *Les Eaux d'Ems.* Nommé chef des chœurs à l'Opéra, il écrit pour ce théâtre une cantate officielle : *Alger* (1865); un ballet : *La Source* (1866), en collaboration avec un jeune compositeur, Minkous. Son célèbre ballet *Coppélia* (1870), un des succès de l'Opéra, qui, pour Léo Delibes, fut le point de départ d'une série d'œuvres enthousiasmant le public : *Le roi l'a dit* (1873); *Sylvia ou la Nymphe de Diane,* ballet (1876); *Jean de Nivelle* (1880); *Lakmé* (1883) ; et enfin *Kassya,* qui ne fut représenté qu'après sa mort, en 1893.

Ajoutons à ces œuvres des opérettes : *Malbrough s'en va-t-en guerre,* en collaboration (1867) ; *L'Ecossais de Chatou* (1869) ; *La Cour du roi Pétaud* (1869).

Quantité d'autres compositions... Musique de scène pour la reprise de *Le roi s'amuse,* à la Comédie française, deux recueils de mélodies vocales, une scène lyrique : *La Mort d'Orphée;* une messe pour voix d'enfants, divers morceaux de musique religieuse, une série de chœurs pour voix de femmes avec accompagnement d'orchestre, un grand nombre de chœurs orphéoniques d'un caractère remarquable : *Au Printemps, l'Echeveau de fil, les Lansquenets, Avril, Marche des soldats, C'est Dieu! les Piffari, Trianon, Pastorale,* etc.

Dubois (Théodore-Clément-François), né à Rosnay (Marne) en 1837, décédé à Paris le 11 juin 1924, à la suite d'une maladie dont il souffrait depuis longtemps. Fit toutes ses études au Conservatoire sous la direction de Marmontel, Bazin, Benoist, Ambroise Thomas; obtint le premier prix d'harmonie (1856), de fugue (1857), d'orgue (1859), et enfin le premier grand prix de Rome en 1861.

Maître de chapelle à l'église Sainte-Clotilde, puis à la Madeleine, il fut nommé professeur d'harmonie au Conservatoire en 1871, professeur de fugue et de composition en 1891, en remplacement de Léo Delibes, et enfin directeur de cet établissement, où il succéda à Ambroise Thomas en 1896. Il fut relevé de ces fonctions en 1905. Membre de l'Institut en 1864.

Ses œuvres les plus importantes sont : *Les Sept Paroles du Christ* (1867); *Messe des Morts* (1874); *La Guzla de l'Emir* (1873); *Le Pain bis* (1879) ; *La Farandole* (1883); *Aben Hamet* (1884) ; *Suite Villageoise* pour orchestre (1877); *Ouverture symphonique* (1878); *Ouverture de Frithiof* (1879); *Le Paradis perdu* (1878); *L'Enlèvement de Proserpine* (1879); trois *Petites Pièces d'orchestre* (1883); *Fantaisie triomphale,* pour orgue et orchestre (1889) ; *Hylas,* scène lyrique (1890); deux recueils de *Pièces d'orgue* (1886-1890) ; deux recueils de vingt *mélodies* chacun (1884-1886), dont la grande cantatrice Fédia Litwinne est la plus belle interprète. *Notes et Etudes d'harmonie* (1889); quatre-vingt-sept *Leçons d'harmonie* (1891); un traité de contrepoint et fugue; deux opéras : *Circé* et *Xavière* (1893) ; etc.

Pour le piano, il composa entre autres choses : deux *concertos, Poèmes Sylvestres* (1893), *Poèmes Virgiliens,* deux recueils de petites pièces une *sonate pour piano et violon,* etc.

Il quitta la direction du Conservatoire en 1905 (laissant la place à Gabriel Fauré), dans le but de consacrer tout son temps à la composition musicale.

Balakireff (Mily-Alexeivitch), né à Nidjni Novogorod en 1836, mort en 1910. « Plus encore que Glinka, il est l'apôtre de la musique patriotique russe, mais il est venu après lui, n'a été que son disciple, et Glinka reste le chef de file incontesté de l'Ecole russe [1]. »

Ce fut Alexandre Oulibicheff, musicien amateur très distingué, qui lui donna les premières connaissances musicales, qu'ensuite il développa presque seul, en prenant seulement quelques conseils de Glinka.

Pianiste habile, il composa de nombreux morceaux

---

1. Lavignac, *loco cit.,* p. 570.

pour le piano : *Islamey, Fantaisie orientale*, quelques *mazurkas*, une vingtaine de *romances*.

« Dans sa musique de piano, nous signalerons de jolies mazurkas, et surtout la fantaisie orientale intitulée *Islamey*, d'un travail délicat et ingénieux. En parlant de cet ouvrage, dont l'exécution exige un mécanisme très exercé, M. Cui n'a pas hésité à l'appeler « une œuvre capitale dans la littérature du piano[1]. »

Il composa : *Ouverture*, marche et quatre entr'actes pour le *Roi Lear, Ouverture sur un thème martial espagnol; Thamar*, poème symphonique inspiré d'une poésie de Lermontov; *La Russie*, autre poème symphonique; très enthousiasmé par les *mélodies populaires* de son pays, il en publia un recueil intéressant.

Il fut directeur des chantres de la Chapelle impériale. Esprit indépendant, rêvant une révolution dans la musique dramatique, il déconsidérait tout ce qui ne rentrait pas dans la forme dont il s'estimait être un des créateurs. Comme il arrive à quelques novateurs, les tendances nouvelles l'empêchaient de voir les beautés des autres écoles, et il ne cessa de poursuivre de ses sarcasmes des artistes tels que le bon et grand Rubinstein, Tchaïkowsky. Il oubliait qu'il est possible de construire de nouvelles statues sans pour cela détruire ni tenter de salir celles dont, volontairement ou non, on est bien obligé de procéder.

Wieniawski (Joseph), né en Pologne en 1837. Virtuose pianiste et compositeur, frère de Henri Wieniawski, un des plus grands violonistes de l'école moderne.

Il fit ses études au Conservatoire de Paris. Ses maîtres furent : Alkan pour le solfège, Zimmermann et Marmontel pour le piano, Le Couppey pour l'harmonie.

Virtuose de haute valeur, il a beaucoup composé pour le piano, et son style rappelle ceux de Chopin et Schulhoff.

Marmontel, dans son *Vade-mecum*, recommande parmi les morceaux de moyenne force : op. 12, *Souvenir de Dublin*, et parmi les pièces modernes difficiles : op. 15, *Six Morceaux caractéristiques, Pensée fugitive*, op. 21, *Polonaise triomphale*.

Chauvet (C.-A.)(1837-1871), né à Marines (Seine-et-Oise). Elève d'Ambroise Thomas et répétiteur bénévole de sa classe pour le contrepoint et la fugue.

Lavignac nous dit : « Chauvet était à la fois le plus savant et le plus charmant des improvisateurs. Mort à trente-deux ans d'une affection de poitrine, il a pourtant laissé un bon nombre de pièces d'orgue et de piano qui sont un régal de gourmets.

« Il fut de 1869 à 1871 organiste de la Trinité[2]. »

Guiraud (Ernest), compositeur et pianiste français, né à la Nouvelle-Orléans le 23 juin 1837, mort à Paris le 6 mai 1892.

Il obtint le prix de Rome en 1859, fut nommé professeur d'harmonie au Conservatoire en 1876, et professeur de composition en 1880.

Elu membre de l'Académie des Beaux-Arts en 1891.

Il fit jouer, à son retour d'Italie, trois petits ouvrages en un acte : *Sylvie* (1864); *En Prison* (1869); *Le Kobold* (1870). L'Athénée donna de lui : *Madame Turlupin*, opéra-comique en deux actes (1872); l'Opéra : *Gretna-Green*, ballet (1873); puis un ouvrage plus important : *Piccolino* (1876).

Les concerts populaires firent entendre une ouverture, une suite d'orchestre dont l'un des morceaux : *Carnaval*, devint célèbre.

1. *Histoire de la musique en Russie*, par Albert Soubies. Edit. L.-Henry May. Société Française d'Editions d'Art, p. 194.
2. Lavignac, *loco cit.*, p. 515.

Enfin l'Opéra-Comique donnait : *Galante Aventure* (1883).

Guiraud publia, en 1890, un *Traité pratique d'instrumentation*. Son opéra *Frédégonde*, interrompu par sa mort, fut terminé par Saint-Saëns et joué le 18 décembre 1895.

Il composa de nombreux morceaux pour piano.

Bizet (Georges-Alexandre-César-Léopold), né à Paris le 25 octobre 1838, mort à Bougival le 2 juin 1875.

Son père donnait des leçons de chant, sa mère était sœur de Mme Delsarte, pianiste de grand talent, premier prix du Conservatoire; elle lui apprit les notes à l'âge de quatre ans.

Marmontel l'admit à fréquenter sa classe de piano alors que Bizet, n'ayant que neuf ans, ne pouvait encore être admis. Il eut à cette époque un premier prix de solfège.

Ce fut par Zimmermann, ce grand éducateur de toute une génération, que le jeune Bizet fut initié aux mystères du contrepoint. Gounod remplaça souvent Zimmermann.

Bizet ne négligeait pas ses études de piano avec Marmontel. En 1851, il obtint le second prix, et en 1852 le premier prix avec son camarade Savary; il avait quatorze ans.

Marmontel écrit dans son livre *Symphonistes et Virtuoses* : « Bizet, virtuose habile, intrépide lecteur, accompagnateur modèle. Son exécution, toujours ferme et brillante, avait acquis une sonorité ample, une variété de timbres et de nuances qui donnait à son jeu un charme inimitable. On subissait sans résistance la séduction de ce toucher suave et persuasif. »

Berlioz, dans les *Débats* du 8 octobre 1863, écrit : « Son talent de pianiste est assez grand d'ailleurs pour que, dans ses réductions d'orchestre qu'il fait ainsi à première vue, aucune difficulté de mécanisme ne puisse l'arrêter. Depuis Liszt et Mendelssohn, on a vu peu de lecteurs de sa force. »

En 1854, il obtint le second prix d'orgue (élève de Benoit) et de fugue; l'année suivante, âgé de dix-sept ans, on lui décerne les deux premiers prix.

Zimmermann étant mort en 1852, Bizet entra dans la classe de composition d'Halévy. Il se voit décerner par l'Académie des Beaux-Arts le premier grand prix de Rome en 1857.

Son œuvre est considérable. Deux opéras : *Les Pêcheurs de perles*, en 3 actes (Théâtre-Lyrique, 1863); *La Jolie Fille de Perth*, en 4 actes (Théâtre-Lyrique, 1867); deux opéras-comiques : *Djamileh*, un acte, et *Carmen*, 3 actes (1875); *L'Arlésienne*, musique de scène pour le drame d'Alphonse Daudet (Théâtre du Vaudeville, 1er octobre 1872).

Pour orchestre : *Patric* (ouverture), *Petite Suite d'orchestre*. Pour chant et piano : un recueil de vingt *mélodies* (Choudens, édit.) et *Feuilles d'Album* (6 mélodies) (Heugel, édit.).

Pour piano (œuvres originales) : *Les Chants du Rhin*, 6 morceaux (Heugel, édit.); *Venise* (Choudens); *La Chasse fantastique*, caprice (Heugel), *Marine, Variations chromatiques, Nocturne* (Hartmann, Heugel).

De nombreuses transcriptions éditées par Heugel et Choudens. Piano à quatre mains (œuvres originales), *Jeux d'enfants*, 12 pièces (Durand, édit.) *Six Etudes en forme de canon* (de Schumann). Œuvres posthumes, *Noé*, opéra en 3 actes, en collaboration musicale avec Halévy.

Mélodies (2e recueil); *Vasco de Gama*, ode symphonique pour orchestre; *Roma*, symphonie; *Marche funè-*

bre (orchestre); prélude de *la Coupe du roi de Thulé;* et enfin, *Don Procopio,* opéra-bouffe en 2 actes, récitatifs de Ch. Malherbe.

Bizet est mort quatre mois après la première représentation de *Carmen;* l'accueil en fut glacial. La millième représentation fut donnée le 21 avril 1883.

On a peu écrit sur Bizet; à citer pourtant : *Georges Bizet, souvenirs et correspondance,* de Edmond Galabert, étude intéressante, quoique bien incomplète; une autre étude de Marmontel dans son ouvrage : *Symphonistes et Virtuoses.* Enfin, un très intéressant volume dans lequel on trouvera la liste complète des œuvres de Bizet par Charles Pigot : *Georges Bizet et son œuvre* (Delagrave, édit.). Cet ouvrage très sincère, très soigneusement composé, fait connaître le compositeur, le pianiste, l'homme et ses œuvres.

Voir aussi le *Ménestrel* (juin 1875), *Etude sur Bizet,* par Victor Wilder.

Planté (Francis), né à Orthez le 2 mars 1839. Dès sa huitième année, il se faisait entendre avec succès en public. A onze ans, — après moins d'un an de séjour dans la classe de Marmontel au Conservatoire, — il obtenait le premier prix de piano (2 mars 1850). Il suivit les cours d'harmonie de Bazin.

Malgré son grand âge, il donna, pendant la guerre (1914-18), quarante-deux concerts de charité. On l'entendit encore en 1927, à Mont-de-Marsan, donnant un concert pour sauver d'une détresse financière l'orchestre symphonique montois.

« Je représente, dit-il à André Gresse qui l'interviewait, soixante-quinze ans de piano à huit heures par jour. » Pour lui, toute la technique du piano se résume dans la souplesse. Il ne comprend pas pourquoi tant de pianistes s'entêtent à jouer si vite et si fort. C'est à lui que Pierre Erard, dans une soirée chez le comte de Nieuwerkerke, ministre des Beaux-Arts sous Napoléon III, en 1850, disait : « Mon cher enfant, vous venez de réaliser mon plus grand rêve d'inventeur, le piano sans marteau. »

Planté composa quelques œuvres pour piano et diverses transcriptions.

Moussorgsky (Modeste-Petrovitch), compositeur russe né à Toropetz (gouvernement de Pskov) en 1839, mort à Saint-Pétersbourg en 1881.

« Un charmant et fécond mélodiste, chez lequel l'habileté d'harmonisation est remplacée par une hardiesse d'un goût parfois douteux[1]. » Il prit quelques leçons du pianiste Guerre. Son opéra de *Boris Godounow* (1874) n'a pu très probablement être exécuté que grâce aux retouches et mise au point de Rimsky-Korsakow.

Il en fut de même du poème symphonique : *Une Nuit sur le Mont-Chauve,* joué après sa mort (1886). Il laissa un opéra inachevé : *Khovantschina,* qui fut également terminé et orchestré par Rimsky-Korsakow.

A citer encore un chœur avec orchestre : *La Défaite de Sennacherib;* des œuvres posthumes; des *Souvenirs d'enfance* : 1° *Ninia et moi;* 2° *Première punition; Impromptu passionné.*

Parmi ses pièces vocales, le *Dit de l'innocent,* sur des paroles en prose écrites par lui, le célèbre *Trépak,* chant et danse de la mort, scène lyrique à une voix avec accompagnement d'un poème du comte Golenistchef-Kutusow, le *Cantique des cantiques,* la *Berceuse d'une poupée,* la *Chambre des enfants, A cheval sur un bâton,* la *Prière.*

Parmi les pièces pour piano : le *Chariot,* la *Baba,*

Yaga, la *Danse persane.* « Compositeur éminemment vocal, supérieur dans la déclamation, Moussorgsky présente, de ce côté, des analogies avec Dargomijsky. Son humour plein de sève passe aisément du plaisant au tragique. Insuffisant par sa technique, immodéré dans ses aspirations, il a pour caractéristique d'avoir, en dépassant les limites du goût pur et sévère, poussé parfois la vérité dramatique jusqu'au plus âpre naturalisme[1]. »

Tchaïkowsky (Pierre-Ilitch), musicien russe, né à Voltkinsk, province de Viatka, en 1840, mort à Saint-Pétersbourg en 1893. Sa mère descendait d'une famille de réfugiés français lors de la révocation de l'Edit de Nantes. Comme plusieurs musiciens russes, il ne s'est complètement livré à l'étude musicale qu'après avoir travaillé les lettres. Il débuta par des études de droit, puis entra au Conservatoire de Saint-Pétersbourg et fut élève de Rubinstein.

Par suite, il devint professeur au Conservatoire de Moscou.

Il fut reçu docteur en musique, à Cambridge, en même temps que Saint-Saëns et Boïto. Il eut Fundinger comme maître de piano.

« Comme compositeur, c'est peut-être ailleurs qu'au théâtre qu'il a démontré de la façon la plus décisive ses réels mérites d'imagination, de savoir, d'expérience dans le maniement de la plume[2]. » Il a déployé beaucoup de puissance, des dons véritablement exceptionnels d'invention mélodique dans ses six grandes symphonies[3], ses quatre suites d'orchestre, ses concertos, marches, ouvertures... poèmes symphoniques dont *La Tempête,* le *Concerto pour piano en si bémol;* on lui doit : un sextuor, *Sérénade mélancolique* pour violon, de la musique religieuse, des chœurs, et des pièces pour piano particulièrement favorables pour faire valoir la virtuosité, de la musique de chambre, des mélodies vocales.

Il donna au théâtre *La Dame de Pique* (tirée de la nouvelle de Pouchkine), *Eugène Onéguine, Fille de neige, Snegourotchka* (ce dernier n'est pas un opéra, mais de la musique de scène pour la pièce d'Astrowsky). Sur un livret de Gogol : *Yakoula le Forgeron, Opritschnik, L'Enchantement, Mazeppa, Jeanne d'Arc, Iolanthe* (outre de la musique de plusieurs ballets, *La Belle au bois dormant, Le Casse-Noisettes, le Lac aux Cygnes.*

Tausig (Charles), né à Varsovie en 1841, mort à Leipzig en juillet 1871. D'abord élève de son père, il eut ensuite la chance d'avoir comme professeur le fameux Liszt; il sut en profiter, car il compta parmi les virtuoses du piano les plus étonnants de l'Allemagne; son mécanisme était extraordinaire.

Il fit différents séjours à Dresde, à Vienne, et surtout à Berlin, où il fonda une école pour l'enseignement du piano.

Il composa quelques morceaux pour le piano, mais s'est surtout fait connaître par un excellent recueil de trois *Cahiers d'exercices journaliers pour le piano,* dédiés à Franz Liszt. Cet ouvrage comprend toute la technique du piano, depuis les moyennes difficultés jusqu'à la haute virtuosité.

Chabrier (Alexis-Emmanuel), né à Ambert en 1841, et mort à Paris en 1894. Son père lui fit perdre du temps en l'obligeant à étudier le droit; il fut docteur en droit à vingt ans, puis attaché quelques années au ministère de l'intérieur. Ses études musicales

---

1. Lavignac, *loco cit.,* p. 370.

1. *Histoire de la musique russe,* p. 160.
2. Id., p. 180.
3. Id., p. 183.

entravées furent celles d'un amateur. Il eut pour professeur Aristide HIGNARD (second prix de Rome en 1850).

Son premier ouvrage, L'Etoile, une opérette jouée en 1877 au théâtre des Bouffes - Parisiens, remporta un certain succès. L'Education manquée, un acte (non orchestré). Nommé chef des chœurs aux Concerts LAMOUREUX, il y fit un éclatant début comme symphoniste avec España (1883), Le Credo d'amour pour chant. Bruxelles donna, le 10 avril 1886, Gwendoline, opéra en trois actes. L'Opéra de Paris le joua quelques mois avant la mort de CHABRIER.

L'Opéra-Comique représentait Le Roi malgré lui en 1887, puis ce fut La Sulamite (1885), scène dramatique pour mezzo-soprano et chœur de femmes, diverses compositions symphoniques : Habanera, Joyeuse marche, Suite pastorale, Marche des Cipayes, prélude et marche française, Chanson pour Jeanne, mélodie, 1886.

Plusieurs ouvrages dramatiques : Briséis ou La Fiancée de Corinthe, Les Muscadins, Le Sabbat, etc., Credo d'amour pour chant.

Pour le piano : 10 pièces pittoresques (1881); 3 Valses romantiques pour deux pianos (1883), Habanera (1885); Bourrée fantasque.

Pour chant et piano : L'Ile heureuse, Toutes les fleurs, les Cigales, la Villanelle des petits canards, la Ballade des gros dindons, la Pastorale des Cochons roses (1890). Enfin : A la musique, chœur pour voix de femmes (1891), termine très probablement la liste complète de ses œuvres.

GRIEG (Hagerup-Edward), né à Bergen (Norvège), le 15 juin 1843, mort en 1909.

Compositeur, chef d'orchestre, pianiste, le maître le plus original, le plus poétique de l'Ecole du Nord.

Il fit ses études musicales au Conservatoire de Leipzig, où ses maîtres furent MOSCHELÈS, HAUPTMANN, RICHTER; il travailla aussi à Copenhague avec NIELS-GADE.

Il fonda une société de musique à Christiania en 1867, et la dirigea jusqu'en 1880.

La diète norvégienne lui servait une pension dans le but de lui permettre de se consacrer uniquement à l'exercice de son art de compositeur et de pianiste.

Il voyagea en Italie, où il connut LISZT, en Allemagne, et vint plusieurs fois en France; d'abord, en décembre 1889, il donna deux séances chez COLONNE, conduisant lui-même la partition de Bergliot, la suite de Peer Gynt et le Concerto pour piano, joué par Arthur DE GREEF. Il revint en avril 1894, et fit entendre : la Suite du temps de Holberg, des mélodies nouvelles et le Concerto pour piano joué cette fois par Raoul PUGNO. Lors de sa troisième visite, en plus des œuvres pour orchestre, il fit entendre de nombreux morceaux pour le piano, qu'il joua lui-même : Sonate en ut mineur pour violon et piano; ses Pièces lyriques, L'Oisillon, Dans mon pays, le Poème des roses, la Marche de paysans norvégiens, puis la Berceuse.

Ses œuvres pour piano sont nombreuses : on en compte plus de soixante, parmi lesquelles celles que nous venons de citer et auxquelles nous ajoutons les plus connues : La Marche des nains, Au printemps, Marche nuptiale, Ballade, Scènes populaires, etc.

Des morceaux à quatre mains, pour deux pianos à quatre mains, pour violon et piano, une sonate pour violoncelle et piano, op. 36, trio, quatuor, flûte et piano, un très grand nombre de lieder pour chant et piano.

GRIEG fut toujours très fêté par le public parisien, qui aime sa musique originale, limpide, dans laquelle on trouve un séduisant écho des chants populaires scandinaves.

DIÉMER (Louis), né à Paris en 1843, mort dans cette même ville le 23 décembre 1919, fils de Philip HENRY, né à Bedford (d'origine allemande), qui fut organiste de la Trinité à Paris, auteur de cantates, anthems, chœurs, lieder, pièces pour le piano.

DIÉMER (Louis) fut un grand pianiste très renommé pour son mécanisme.

Premier prix de piano à l'âge de treize ans, d'harmonie et de fugue et second prix d'orgue au Conservatoire.

Il succéda à MARMONTEL (1888) comme professeur d'une classe de piano au Conservatoire.

La série de concerts qu'il organisa lors de l'Exposition de 1889, dans le but de faire connaître les œuvres écrites pour le clavecin, eut un tel succès qu'il entreprit la reconstitution de la musique des XVIIe et XVIIIe siècles et qu'il fonda la Société des instruments anciens.

Il composa deux trios pour piano et instruments à cordes, deux concertos (op. 31) et un Concerto en ut mineur (op. 32) pour piano et orchestre, un Concerstück (op. 33) pour violon et orchestre, deux sonates pour piano et violon, de nombreux morceaux de genre pour piano, ainsi qu'un recueil de mélodies, etc.

A publié aussi un Recueil des clavecinistes français, 2 volumes.

RIMSKY-KORSAKOFF, né à Tichwine en 1844. Ecrivit peu de morceaux de piano, mais son grand renom comme compositeur russe suffit pour qu'il soit mentionné ici.

Il composa pourtant un très beau Concerto de piano en ut dièse mineur, une Sérénade pour violoncelle et piano; « tous ses morceaux pour le piano sont d'une écriture très serrée, notamment le Prélude et Fugue, sur le nom de BACH, l'auteur donnant aux lettres de ce nom la valeur des notes qu'elles ont selon l'usage adopté en Allemagne[1]. »

Il fut d'abord dans la marine avant de se consacrer uniquement à l'art musical. Il devint directeur de l'Ecole gratuite de Saint-Pétersbourg, et enseigna au Conservatoire de cette ville la composition et l'instrumentation; en 1896, il célébra le vingt-cinquième anniversaire de son professorat.

Il donna au théâtre : La Pskovitaine, et était âgé de moins de trente ans quand il fit représenter cette œuvre importante, La Nuit de mai, Snegourotchka (1882), La Fille de neige, Mlada (1892), La Nuit de Noël (1895).

« RIMSKY-KORSAKOFF est l'un des contemporains qui ont montré, dans le genre de la musique proprement dite ou du grand « poème symphonique », le plus de facultés inventives et aussi le plus de dextérité technique. Sadko et Antar sont des pages lumineuses. Sa troisième symphonie mérite d'être spécialement désignée à l'attention. Le scherzo à cinq temps est un modèle de grâce et de spirituelle fantaisie[2]. »

Ajoutons encore un petit acte, Mozart et Salieri, sur le texte de Pouchkine. La Sinfonietta et l'Ouverture sur des Thèmes russes, son Capriccio espagnol, sa Fantaisie sur des motifs serbes, son Conte féerique pour orchestre, sa suite intitulée Schcherazade.

---

1. ID., loco cit., p. 178.
2. Albert SOUBIES, loco cit., p. 178.

Enfin, il consacra une partie de son talent aux œuvres des autres. Il instrumenta *Le Convive de pierre*, *la Khovantschina*, *Boris Godounow*, termina et orchestra le *Prince Igor*.

Mme RIMSKY-KORSAKOW (Nadejda-Nicolaiewna Pourgold), élève de DARGOMYSKY, fut aussi une artiste remarquablement bien douée. On lui doit une sonate pour piano, différentes transcriptions d'orchestre pour piano à quatre mains et une *fantaisie* pour orchestre d'après le récit de Gogol, la *Nuit de la Saint-Jean*.

WIDOR (Charles-Marie), né à Lyon le 24 février 1845, d'une famille alsacienne, d'origine hongroise. Élève de FÉTIS et de LEMMENS à Bruxelles, puis de RENINI à Paris. Organiste de Saint-François à Lyon, il est nommé en 1869 organiste à Saint-Sulpice à Paris. Professeur d'orgue au Conservatoire en 1890, succédant à César FRANCK, puis professeur de composition en 1896. Il est élu à l'Institut le 29 octobre 1910, au fauteuil de Ch. LENEVEU; à la mort de Henry ROUJON, il est nommé secrétaire perpétuel de l'Académie des Beaux-Arts, en juillet 1914.

Œuvres pour piano.

Airs de Ballet. Hamelle.
Petite Suite italienne : La Barque Coricolo. Durand.
Caprice. Hamelle.
Impromptu. Id.
Morceau de salon. Id.
Prélude, andante et final. Id.
Scène de Bal. Id.
Valses (2 vol.). Id.
Pages Intimes. Id.
Suite polonaise. Id.
Suite en si mineur. Id.
Carnaval. Id.
Suite écossaise. Williams, Londres.
Six duos pour piano et orgue; harmonium. Schott.
Six duos arrangés en quatre petits trios (piano, violon, violoncelle). Id.
Trio en si ♭. Hamelle.
Suite pour violoncelle et piano. Heugel.
Suite flûte et piano. Id.
Introduction et rondo. Clarinette et piano. Id.
Suite florentine. Violon et piano. Hamelle.
Sonate piano et violon en *ut*. Id.
Sonate piano et violon en *ré mineur*. Heugel.
Sonate pour piano et violoncelle. Id.
Trio en si ♭ pour piano, violon et violoncelle. Hamelle.
Trio : Soirs d'Alsace. Id.
Quatuor en la. Durand.
Quintette en ré mineur. Hamelle.
Quintette en ré majeur. Schott.
Quintette-sérénade en si ♭. Hamelle.
Quintette-sérénade, piano, cordes et flûte. Id.
La même, pour orchestre. Id.

Œuvres pour orchestre.

Suite d'orchestre : Conte d'Avril. Heugel.
Ouverture écossaise. Id.
Première Symphonie. Durand.
Deuxième Symphonie. Hamelle.
Troisième Symphonie. Schott.
Sinfonia Sacra, orgue et petit orchestre. Hamelle.
Symphonie Antique avec Chœur. Id.
Premier Concerto pour piano et orchestre. Hamelle.
Choral et Variations pour harpe et orchestre. Id.
Concerto pour violoncelle et orchestre. Id.
Fantaisie pour piano et orchestre. Durand.
Deuxième Concerto en ut mineur pour piano et orchestre. Heugel.
Walpurgis-Nacht, Suite d'orchestre. Id.

Théâtre.

La Korrigane, ballet. Première représentation à l'Opéra, 1er décembre 1880. Heugel.
Conte d'Avril, musique de scène. Première représentation à l'Odéon, 22 avril 1885. Id.
Maître Ambroise, drame lyrique. Première représentation à l'Opéra-Comique, 6 mai 1889. Id.
Les Pêcheurs de Saint-Jean, scène maritime de H. Cain, 26 décembre 1905. Id.
Nétto, opéra joué à l'Opéra. Id.
Jeanne d'Arc, pantomime lyrique. Hamelle.

Orgue.

Huit Symphonies. Hamelle.
Neuvième Symphonie gothique. Schott.
Dixième Symphonie romane. Hamelle.
Salvum fac populum tuum, orgue et cuivres. Heugel.

Chant.

Deux volumes. Hamelle.
Soirs d'été (recueil). Durand.
Chansons de la Mer (recueil). Heugel.
Chant Séculaire (solo, chœur et orchestre). Hamelle.
Ave Maria au sol. Id.
Ave Maria en mi ♭. Id.
Six Duos pour soprano et contralto. Id.
Au Bois joli, duo, soprano et baryton. Id.
Salutaris, ténor. Id.
Regina Cœli (chœur). Id.
Tantum ergo (chœur). Id.
Trois motets, chœurs avec deux orgues. Id.
Messes pour double chœur avec deux orgues. Id.
Salutaris, ténor, violoncelle et orgue. Id.

Œuvres littéraires.

Technique de l'orchestre moderne. Lemoine.
Initiation musicale. Hachette.
Grande édition de l'œuvre d'orgue de J.-S. Bach avec commentaire, analyse et conseils d'exécution. Schirmer, New-York.
École d'orgue, préface du 1er volume de l'œuvre ci-dessus. Id.

FAURÉ (Gabriel), né à Pamiers (Ariège), le 13 mai. 1845, décédé à Paris, le 4 novembre 1924. Entre à l'école Niedermeyer en 1854, où il travaille sous la direction de NIEDERMEYER et de DIETSCH, puis de SAINT-SAËNS, de 1861 à 1864.

Il fut organiste de l'église Saint-Sauveur à Rennes (1866), de Notre-Dame-de-Clignancourt à Paris (1870).

Après avoir combattu en 1870-71, comme voltigeur de la garde, il devient professeur à l'Ecole NIEDERMEYER, organiste à Saint-Honoré d'Eylau, puis maître de chapelle à Saint-Sulpice, suppléant de SAINT-SAËNS à la Madeleine depuis 1875, maître de chapelle en 1877.

Inspecteur des Beaux-Arts en 1892, nommé organiste de la Madeleine en 1896, professeur de composition, fugue et contrepoint au Conservatoire en juin 1896, et enfin directeur du Conservatoire de 1905 à 1920. Il fut nommé membre de l'Institut en 1909, succédant à REYER, et grand officier de la Légion d'honneur en 1920.

Sa musique de piano lui assure une place spéciale. Citons : *Romances sans paroles*, onze *Barcarolles*. cinq *Impromptus*, onze *Nocturnes*, quatre *Valses-Caprices* et neuf *Préludes*.

Ses mélodies sont des plus remarquables et jouissent d'une vogue méritée : *Nella*, *Les Roses d'Ispahan*, *Le Cimetière*, *Automne*, *Notre Amour*, *Aurore*, *Le Pays des Roses*, *Le plus doux Chemin*, *Nocturne*, *Les Présents*, *Dans la Forêt* de septembre, *Arpèges*, *Soir*. *La Chanson d'Eve*, *Clair de Lune*, *En Sourdine*, *Mandoline*, *C'est l'Extase*, un recueil intitulé : *La Bonne Chanson*, (1891-1892) comptent parmi les plus connues.

Ses premières *Mélodies* datent de 1863, *La Chanson du pêcheur* fut interprétée à la Société nationale de musique le 8 février 1873, puis viennent : la *Suite d'orchestre en fa* (1874); *Première sonate* en *fa* pour piano et violon (1876); *Concerto* de violon (1879); *Deux quatuors* avec piano, cordes, en *ut* mineur et en *sol* mineur. Une grande *Messe de Requiem* (1887); une *Symphonie en ré mineur*, exécutée aux Concerts Colonne (15 mars 1885); une *Ballade*, pour piano et orchestre (1881), quelques motets et chœurs religieux.

Musique de scène pour la tragédie d'Alexandre Dumas : *Caligula* (Odéon, 8 novembre 1888) ; *Shylock*, d'Edmond Haraucourt (Odéon, 17 décembre 1889); *Pelléas et Mélisande,* de Maeterlinck (Londres, 1898); *Le Voile du Bonheur,* de Georges Clémenceau (Renaissance, 4 novembre 1901); *Prométhée,* donné aux Arènes de Béziers (27 août 1900).

Enfin, treize années après, le 4 mars 1913, son opéra *Pénélope* (poème de René Fauchois) est représenté à Monte-Carlo, puis au théâtre des Champs-Elysées, le 10 mai 1913, et à l'Opéra-Comique.

GODARD (Benjamin-Louis-Paul), né à Paris en 1849, mort phtisique à Cannes, en 1895.

Élève de HAMMER pour le violon, et de REBER pour l'harmonie, au Conservatoire.

Magnifiquement doué, GODARD écrivait presque des improvisations; en réalité, il mûrissait peu ses œuvres, se laissant aller à l'inspiration du moment, d'où une grande inégalité dans ses productions.

En 1878, il donne son œuvre maîtresse : *Le Tasse.* Il a vingt-huit ans, et obtient le prix de la Ville de Paris; viennent ensuite : *Scènes poétiques,* pour orchestre; *Diane,* scène mythologique pour chœur et orchestre; *Symphonie-ballet, Symphonie en mi bémol.*

En 1884, il donne à Anvers un grand opéra : *Pedro de Zalaméa,* qui reçoit un accueil bien froid; se succèdent alors : *Symphonie orientale, Symphonie gothique, Symphonie légendaire, Jocelyn,* représenté à Bruxelles, 1888; *Dante,* à l'Opéra-Comique de Paris, 1890, sans succès.

Deux concertos, l'un pour violon, l'autre pour piano. De la musique de chambre intéressante, des *mélodies* vocales. Une quantité étonnante de morceaux pour piano; *Le Duo symphonique* pour deux pianos, *La Sonate fantastique, Vingt-quatre Etudes artistiques, La Kermesse, Marcel, Le Huguenot, Les Hirondelles,* etc.

La Vivandière, opéra-comique en trois actes, représenté à Paris le 1ᵉʳ avril 1895, fut sa dernière partition; l'orchestration en a été terminée par Gaston VIDAL.

En 1887, GODARD fut nommé professeur d'ensemble instrumental au Conservatoire.

MATTA JUNIOR (João Eduardo DA), professeur de piano du cours supérieur du Conservatoire de Lisbonne, technicien, compositeur, né le 17 déc. 1850.

Élève au Conservatoire de Lisbonne, où, à seize ans, il remporte les premiers prix avec félicitations du jury.

On peut dire que, depuis cette époque, DA MATTA JUNIOR consacra tout son temps à l'amélioration de l'enseignement du piano. Il entreprit la revision des doigtés et annotations sur les études de CRAMER, CLEMENTI, les complétant par des préparations en forme d'exercices pour les passages difficiles. Il transcrit des études de main droite pour la main gauche, afin d'égaliser la vélocité des deux mains. Dans une *Ecole du mécanisme,* il développe graduellement et d'une manière originale tous les genres de gammes, d'arpèges, doubles notes, etc. Toutes ses œuvres sont adoptées par le Conservatoire de Lisbonne.

En 1883, DA MATTA présente un très intéressant travail sur la réforme de la notation musicale, permettant la suppression des accidents : dièses, bémols simples et doubles, fixant la gamme sonore en une série de douze sons. Il modifie le clavier du piano par une série de touches blanches et noires. DA MATTA, en proposant ces diverses réformes, a droit de priorité sur les travaux de LOQUIN (1901), LENORMAND, MENCHACA, FRUGATTA, HYARD.

Il transcrit de nombreuses œuvres, en compose

également de nombreuses pour chant, piano. Il esᵗ *Comendator* de l'Académie des Sciences du Portugal.

Vincent D'INDY (Paul-Marie-Théodore), né à Paris, le 27 mars 1851, élève de DIÉMER, MARMONTEL, LAVIGNAC, puis de César FRANCK. Il entra en 1873 à la classe d'orgue du Conservatoire, où FRANCK venait d'être nommé professeur. Deux ans plus tard, il est organiste à Saint-Leu (près Paris), puis chef des chœurs de l'association des concerts COLONNE, où il était déjà timbalier. Il fut en relations intimes avec LISZT dès 1873. Il refusa la place de professeur de composition au Conservatoire.

Il fonda la *Schola Cantorum* en 1896, avec BORDES et GUILMANT.

C'est lui qui dirigea en 1887 les études chorales qui aboutirent à la représentation de *Lohengrin* du 3 mai, sous la direction de LAMOUREUX.

Voici la liste de ses œuvres :

Op. 1 *8 Romances sans paroles,* pour piano. 1870. Schott.
   2 *La Chanson des aventuriers de la mer* (V. Hugo). 1870. Schott.
   3 *Attente,* mélodie (V. Hugo). 1872. Société nationale, 1876. Hamelle.
   4 *Madrigal* (R. de Bonnières). 1872. Soc. nat., 1876. Hamelle.
   5 *Jean Hunyade,* symphonie en 3 parties (orchestre). 1873-1875. Budapest, 1924. Inédit.
   6 *Ouverture pour Antoine et Cléopâtre* (orchestre). 1876. Pasdeloup, 1877. Inédit.
   7 *Quatuor* pour piano, violon, alto et violoncelle, en 3 parties. 1878. Soc. nat., 1879. Durand.
   8 *La Forêt enchantée,* poème symphonique pour orchestre. 1878. Pasdeloup, 1878. Heugel.
   9 *Petite Sonate,* pour piano. 1880. Hamelle.
  10 *Plainte de Técla* (R. de Bonnières). 1880. Hamelle.
  11 *La Chevauchée du Cid* (R. de Bonnières). 1880. Colonne, 1883. Hamelle.
  12 *Wallenstein,* trilogie pour orchestre. 1873-1881. Lamoureux, 1888. Durand.
  13 *Clair de lune* (V. Hugo). 1872-1881. Soc. nat., 1881. Hamelle.
  14 *Attendez-moi sous l'orme,* opéra-comique en un acte. 1876-1882. Opéra-Comique, 1882. Enoch.
  15 *Poème des montagnes,* suite pour piano, en 3 pièces. 1882. Soc. nat., 1886. Hamelle.
  16 *4 Pièces pour piano.* 1882. Hamelle.
  17 *Helvetia,* 3 valses pour piano. 1882. Hamelle.
  18 *Le Chant de la Cloche,* lég. dramatique en 7 tableaux, pour soli, chœur et orchestre. 1879-1883. Lamoureux, 1886. Hamelle.
  19 *Lied,* pour violoncelle et orchestre. 1884. Soc. nat., 1885. Hamelle.
  20 *L'Amour et le Crâne* (Baudelaire). 1884. Schott.
  21 *Saugefleurie,* légende pour orchestre. 1884. Lamoureux, 1885. Hamelle.
  22 *Cantate Domino,* chœur à 3 voix. 1885. Durand.
  23 *Sainte Marie-Magdeleine,* petite cantate. 1885. Durand.
  24 *Suite en ré,* pour trompette, 2 flûtes et cordes, en 5 parties. 1886. La Trompette, 1887. Hamelle.
  25 *Première Symphonie,* pour orchestre et piano, sur un chant montagnard, en 3 parties. 1886. Lamoureux, 1887. Hamelle.
  26 *Nocturne,* en sol♭ pour piano. 1886. Hamelle.
  27 *Promenade,* pour piano. 1887. Id.
  28 *Sérénade et Valse,* pour petit orchestre. 1887. Angers, 1889. Id.
  29 *Trio,* pour piano, clarinette et violoncelle, en 4 pièces. 1887. Soc. nat., 1888. Id.
  30 *Schumanniana,* 3 pièces pour piano. 1887. Soc. nat., 1888. Id.
  31 *Fantaisie,* pour orchestre et hautbois principal. 1888. Lamoureux, 1889. Durand.
  32 *Sur la mer,* chœur pour voix de femmes. 1888. Les XX Bruxelles, 1889. Hamelle.
  33 *Tableaux de voyage,* 13 pièces pour piano. 1889. Soc. nat., 1890. Leduc.
  34 *Karadec,* musique de scène pour un drame (A. Alexandre). 1890. Th. moderne, 1892. Heugel.
  35 *Premier quatuor,* pour instruments à cordes, en 4 parties. 1890. Les XX Bruxelles, 1891. Hamelle.
  36 *Tableaux de voyage,* suite pour orchestre, 6 pièces. 1891. Angers, 1891. Leduc.
  37 *Pour l'inauguration d'une statue,* cantate orchestre, chant. 1893. Valence, 1893. Inédit.
  38 *Prélude et petit canon,* pour orgue. 1893. Durand.

39 *L'Art et le peuple* (V. Hugo), chant à 4 voix d'hommes. 1894. Lyon, 1894. Hamelle.
40 *Ferreat*, action musicale en 3 actes et un prologue. 1889-1895. Monnaie, 1897. Durand.
41 *Deus Israel*, motet en 2 parties, à 4 et 6 voix. 1896. Schola Cant.
42 *Istar*, variations symphoniques, orchestre. 1896. Conc. Ysaÿe, Bruxelles, 1897. Durand.
43 *Lied maritime*, mélodie. 1896. Lerolle.
44 *Ode à Valence*, solo et chœur. 1897. Inédit.
45 *Deuxième quatuor*, pour instruments à cordes, en 4 parties. 1897. Soc. nat., 1898. Durand.
46 *Les Noces d'or du sacerdoce*, cantique (Delaporte). 1898. Schola Cant.
47 *Médée*, musique de scène pour le drame de Cat. Mendès. 1898. Th. Sarah Bernhardt, 1898. Durand.
48 *La Première Dent*, mélodie. 1898. Id.
49 *Sancta Maria*, petit motet à 2 voix. 1898. Schola Cant.
50 *Chansons et danses*, divertissement pour instruments à vent. 1898. Soc. Mimart, 1899. Durand.
51 *Vêpres du Commun d'un martyr*, 8 antiennes pour orgue. 1899. Schola Cant.
52 *90 Chansons du Vivarais*. 1900. Durand.
53 *L'Étranger*, action musicale en deux actes. 1898-1901. Monnaie, 1903. Id.
54. *Marche du 76e régiment* d'infanterie, pour musique militaire. 1903. Id.
55 *Choral varié*, pour saxophone et orchestre. 1903. Soc. nat., 1904. Id.
56 *Mirage*, mélodie (Gravollet). 1903. Hamelle.
57 *Deuxième symphonie*, pour orchestre, en 4 parties. 1902-1903. Lamoureux, 1904, Durand.
58 *Les Yeux de l'aimée*, mélodie. 1904. Gramophone.
59 *Sonate*, pour piano et violon, en 4 parties. 1903-1904. Durand.
60 *Petite Chanson grégorienne*, à 4 mains. 1904. Schola Cant.
61 *Jour d'été à la montagne*, pour orchestre, en 3 parties. 1905. Colonne, 1966. Durand.
62 *Souvenirs*, poème pour orchestre. 1906. Soc. nat., 1907. Durand.
63 *Sonate en mi*, pour piano, en 3 parties. 1907. Soc. nat., 1908. Durand.
64 *Vocalise*, pour voix et piano. 1908. Coll. Hettich.
65 *Menuet*, sur le nom de Haydn, pour piano. 1909. Durand.
66 *Pièce en mi ♭ mineur*, pour orgue. 1911. Durand.
67 *La Légende de saint Christophe*, histoire sacrée, en 3 actes. 1908-1915. Opéra, 1920. Lerolle.
68 *13 Pièces brèves*, pour piano. 1903-1915. Heun, Genève.
69 *12 Petites Pièces faciles*, pour piano. 1908-1915, Heun, Genève.
70 *Troisième Symphonie* (de bello gallico), pour orchestre en 4 parties. 1915-1918. Soc. nat., 1919. Lerolle.
71 *100 Thèmes d'harmonie*, en 2 livres. 1907-1918. Roudanez.
72 *Sarabande et menuet*, pour instruments à vent et piano. 1886-1919. Hamelle.
73 *7 Chants de terroir*, pour piano à 4 mains. 1918. Lerolle.
74 *Pour les enfants de tout âge*, 24 pièces pour piano, en 3 livres. 1919. Lerolle.
75 *Pentecosten*, 24 cantiques grégoriens. 1919. Art catholique.
76 *Veronica*, musique de scène pour un drame (Ch. Gos). 1920. Inédit.
77 *Poème des rivages*, suite pour orchestre, en 4 tableaux. 1919-1921. New-York orch., 1921. Lerolle.
78 *2 Scholar's songs*, pour deux voix. 1921.
79 *Ave Regina cælorum*, motet à 4 voix. 1922.
80 *Le Rêve de Cinyras*, comédie musicale, en 3 actes (X. de Courville). 1922-1923. Sénart.
81 *Quintette*, pour piano et quatuor à cordes, en 4 parties. 1924. Sénart.
82 *3 Chansons françaises*, pour chœur à 4 voix. 1924. Lerolle.
83 *2 Motets*, à 2 et 3 voix. 1925. Art catholique.

Raoul PUGNO, né le 23 juin 1852 à Paris, décédé en 1913, à Moscou, lors d'une tournée de concerts en Allemagne et Russie, fut d'abord élève de son père. Entré au Conservatoire, dans la classe de piano de M. MATHIAS, au mois de janvier 1866, il obtenait le 1er prix de piano à l'unanimité et une 2e médaille de solfège.

Il remporte successivement, dans les années suivantes, tous les premiers prix, celui de solfège en 1867 (classe de M. DURAND), d'harmonie, même, (classe de BAZIN), d'orgue en 1869 (classe de BENOIT) et enfin premier prix de fugue et contrepoint en 1869 (classe A. THOMAS).

En 1871, il fut nommé maître de chapelle et organiste à Saint-Eugène, où il resta jusqu'en 1892. Il quitta Saint-Eugène en 1892, pour prendre les fonctions de professeur d'harmonie au Conservatoire. Le 24 décembre 1893, il exécuta au concert du Conservatoire de Paris le Concerto en *la* mineur de GRIEG qui fut le point de départ de sa magnifique carrière de virtuose.

En 1896, il quitte la classe d'harmonie pour diriger une des classes de piano à la mort de H. Fissot, et le 31 juillet 1897, il est nommé chevalier de la Légion d'honneur.

Ses nombreuses tournées, tant en France qu'à l'étranger, l'obligèrent à donner sa démission de professeur au Conservatoire, le 1er février 1901, pour se consacrer exclusivement au virtuosisme.

La Fée Cocotte, opérette (Marol, Ph. Bourgeois). Palace Théâtre. 1881.
Ninetta, opéra-comique. Renaissance. Déc. 1882. Heugel.
Viviane, ballet, en collaboration avec LIPPACHER (Gondinet). Eden. Déc. 1886. Heugel.
Le Sosie, opéra bouffe (Valabrègue-Kéroul). Bouffes-Parisiens. Oct. 1887. Heugel.
Valet de Cœur, opérette (Ferrier, Clairville). Bouffes-Parisiens. Mai 1888. Heugel.
Le Chevalier aux Fleurs, ballet, en collaboration avec MESSAGER (A. Sylvestre). Folies-Marigny. Mai 1897.
La Danseuse de corde, pantomime (A. Scholl, Roques). Nouveau Théâtre. Fév. 1892. Heugel.
La Petite Poucette, opérette (Ordonneau-Hennequin). Renaissance. Mars 1891.
Pour le drapeau, pantomime (Henri Amic). Ambigu. Fév. 1895. Leduc.
Le Retour d'Ulysse, opéra bouffe (E. Carré). Bouffes-Parisiens. 1889. Heugel.
La Vocation de Marius, opéra bouffe (Debelly). Nouveautés. Mars 1890. Heugel.
La Ville Morte, en collaboration avec Nadia BOULANGER, opéra (G. d'Annunzio). 1913. Heugel.

Œuvres religieuses.

Ave rerum à 2 voix.
Benedictus, Agnus Dei populi meus.
La Résurrection de Lazare. Scène biblique. Heugel.

Mélodies.

Pages d'Amour, poème d'A. Silvestre. Heugel.
Roman de la Marguerite, Heugel.
Cloches du Souvenir, poésie de Maurice Vaucaire. Heugel.
Amours brèves, poésies de Maurice Vaucaire. Heugel.
Les Heures claires, en collaboration avec Nadia BOULANGER, poésies d'Émile Verhaeren.

Œuvres pour piano.

Trois Airs de Ballet : 1° Valse *lente* ; 2° *Pulcinella* ; 3° Farandole AD.
Deux Valses AD.
Impromptu AD.
Grande Sonate D.
Caprice badin AD.
Libellule AD.
Première Mazurka MD.
Trois pièces : 1° *Romance* AD ; 2° *Landler* MD ; 3° *Humoresque* MD.
Valse de concert AD.
Pikella AD.
Première Gavotte en la mineur AD.
Marivaudage.
Feuillets d'album : 1° *Petite pièce en forme de canon* MD ; 2° *Scherzetto* AD ; 3° *Orientale* MD ; 4° *Cri de guerre* AD.
Les Soirs. Quatre pièces romantiques AD : 1° *Soir de Printemps. Au bord d'un Ruisseau* ; 2° *Soir d'Été. Sérénade à la Lune* ; 3° *Soir d'automne. Causerie sous bois* ; 4° *Soir d'Hiver. Conte fantastique*.
Paysages AD : 1° *Brumes matinales* ; 2° *Tintements de clochettes* ; 3° *Bruits de fête* ; 4° *Quand tout dort*.
Troisième Mazurka de concert AD.
Petite Valse AD.
Tricotets AD.
Air à danser AD.
Concertstück TD.
Impromptu Valse AD.
Pantomime MD.
Valse mineure AD.

133

LIADOW (Anatole), né en 1856 (Russie).

Pianiste virtuose, écrit avec beaucoup de succès pour le piano. « La série des *Biroulki* a infiniment de grâce. Ses chœurs, ses mélodies vocales, ses *Intermezzos*, *Préludes*, *Etudes*, *Scherzo*, *Mazurka* d'orchestre, sa grande scène, avec chœurs et orchestre, pour le dénouement de la *Fiancée de Messine*, de Schiller, ont une réelle valeur[1]. »

SACHS (Léo), né à Paris le 3 avril 1856.

Ses premières leçons lui furent données par César GALEOTTI. Il composa des œuvres de tous genres, dont voici la liste :

Piano.

Etude modulante, op. 150. Sénart.
Pastorale norvégienne.
Pages faciles (6 morceaux). Gallet.
Pages d'album (6 morceaux). Enoch, Astruc.
Deux novellettes. Hamelle.
Rieuses. Id.
Babil d'oiseaux.
Lied. Mathot.
Nocturne. Id.
Clair de lune. Rouhier.
Trois pièces : Jamin.
Papillons. Durand.
Prélude. Sénart.
Etude modulante. Id.
Deux Recueils de 12 préludes (3 ou 4 pour orgue). Ricordi.
Deux Pièces. Id.
Près du ruisseau. Pegat.
Intermède. Id.
Caprice. Id.
Sur l'eau. Enoch, Astruc.
Doux souvenir. Id.
Jeux des nuages. Eschig.
Orientale. Id.
Deux Mélodies. Id.
Le Silence. Id.
Il pleut des pétales de fleurs. Id.
Chanson de Lison.
Larmes et ris. Id.
Chanson triste. Gallet.
Le Coucou. Id.
Invocation au soleil. Id.
A une fleur. Léduc.
L'Oiseau bleu. Id.

Opéra.

Les Burgraves, 1re audition au théâtre des Champs-Elysées le 18 juin 1924, 1re audition à l'Opéra le 24 février 1927.

Orchestre.

Les Trois Sorciers.

Chant.

Premier Recueil de 12 mélodies. Sénart.
Chanson du Nil. Id.
Chant d'Alsace. Id.
Duo l'Amant et le mort, paroles de Samain. Id.
1 recueil 12 mélodies. Épuisé. Hamelle.
Duo. Le Jour et la Nuit pour deux voix de femme. Id.
Venise. Léduc.
Sérénade à l'enfant mourant. Id.
Automne. Id.
L'Adieu du marinier, contralto. Eschig.
Qui veut de mon cœur. Id.
Promenade. Enoch, Astruc.
Mélodie solitude. Id.
Il pleut, bergère. Id.
Va-t'en, prince. Id.
Vespero. Id.

PADEREWSKI (I.-J.-Ignace), né en Podolie (Pologne) en 1859. Pianiste et compositeur.

Il fut élève du Conservatoire de Varsovie, où il retourna en qualité de professeur de 1879 à 1888, et se fit applaudir comme remarquable virtuose dans le monde entier.

Il composa un opéra en trois actes, *Manru*, qui fut représenté à Dresde, en 1901, au Théâtre Royal, où il obtint un bon succès, mais l'empereur Guillaume II en arrêta les représentations, mettant à l'index

  1. Albert SOUBIES, loco cit., 247.

toute l'œuvre de PADEREWSKI, parce que ce dernier, indigné des brutalités endurées par ses compatriotes, prenait part à une manifestation en leur faveur, manifestation dirigée contre le gouvernement prussien.

PADEREWSKI fut, après la guerre de 1914-18, nommé président de la République polonaise.

Pour piano. — Op. 1, deux morceaux : n° 1, *Prélude et Caprice;* n° 2, *Minuetto.* Op. 4, *Elégie;* op. 5, *Danses polonaises* (trois). Op. 5, *id.* pour quatre mains. Op. 6, *Introduction et Toccata.* Op. 8, *Chant du Voyageur.* Op. 8, n° 3, *Mélodie.* Op. 9, *Danses Polonaises,* deux cahiers. Op. 10, *Album de Mai, Au Soir, Chant d'Amour, Scherzino, Barcarolle, Caprice, Valse, Scènes romantiques.* Op. 11, *Variations et fugue* sur un thème original. Op. 14, *Humoresques de Concert,* cahier I (à l'antique) : n° 1, *Célèbre Menuet;* n° 2, *Sarabande;* n° 3, *Caprice;* cahier II (moderne) : n° 4, *Burlesque;* n° 5, *Intermezzo Pollaco;* n° 6, *Cracovienne fantastique.* Op. 15, *Dans le Désert,* tableau musical en forme de toccata. Op. 16, *Miscellanea ;* série de morceaux : n° 1, *Légende 1;* n° 2, *Mélodie;* n° 3, *Thème varié;* n° 4, *Nocturne;* n° 5, *Légende 2;* n° 6, *Un Moment musical;* n° 7, *Menuet en la.* Op. 21, *Sonate.* Op. 23, *Variations et fugue* sur un thème original. Canzone (chant sans paroles).

Quatre mains, deux pianos quatre mains. — *Concerto en la mineur, Fantaisie Polonaise.* Op. 5, *Danses Polonaises,* cahiers I et II. Op. 9, n° 5, *Krakowia* pour violon et piano. Op. 14, *Sonate.*

Piano et orchestre. — Op. 17, *Concerto en la mineur.* Op. 19, *Fantaisie Polonaise* sur des thèmes originaux.

Chant et piano. — Op. 7, *Quatre Mélodies,* paroles polonaises, anglaises, allemandes et françaises. Op. 18, *Six Mélodies.* Textes anglais, polonais, allemand et français (Max Eschig, éditeur).

PHILIPP (Isidor), pianiste et pédagogue remarquable, né le 2 septembre 1863. Elève de Georges MATHIAS et de TAUDOU au Conservatoire, où il obtint un premier prix de piano en 1883. Travailla plus tard avec SCHELLER jusqu'à sa mort, puis avec C. SAINT-SAËNS. S'est fait entendre aux Concerts COLONNE, LAMOUREUX et du Conservatoire. A fondé une société de musique de chambre avec LOCLE, RÉMY et BERTHELIER, à laquelle s'est jointe — après la mort de TAFFANEL — la Société des instruments à vent (HENNEBAINS, TURBAN, GILLET, LETELLIER et REINE); douze ans de séances. Premières auditions de SAINT-SAËNS, WIDOR, LEFEBVRE, P. LACOMBE, Emile BERNARD, etc. Nombreux concerts en Allemagne, Angleterre, Suisse, Espagne, etc.

PHILIPP est nommé, en 1903, professeur au Conservatoire, où il forme une série de très remarquables artistes. Parmi les élèves, il faut citer M. MOTTE-LACROIX, professeur au Conservatoire de Boston; M. TRILLAT, professeur au Conservatoire de Lyon; M. Maurice DUMESNIL, M. Paul SILVA HÉRARD; M Noël GALLA, professeur au Conservatoire de Paris, etc. Mlle RADISSE, professeur au Conservatoire de Strasbourg, Mlle Madeleine BONNET, professeur au Conservatoire de Nîmes, Mlle FONTRAIS, professeur au Conservatoire de Toulouse, Mlles Guiomar NOVAES, Marcelle HERRENSTMIHT, Youra GULLER, Jeanne-Marie DARRÉ, Madeleine DELAVRANCIA, Cella DELAVRANCIA, Madeleine GROVLEZ, Raymonde BLANC, Madeleine PELTIER, Ania DORFMANN (femme du virtuose violoncelliste), Renée GOUM, Maria-Antonia DE CASTRO, etc.

M. Philipp est membre du Conseil supérieur d'enseignement, membre des académies de Bologne et de Florence, chevalier de la Légion d'honneur. Ses ouvrages d'enseignement sont adoptés dans la plupart des Conservatoires.

Exercices. — *Exercices progressifs* de J. Pischna. La *gamme chromatique, exercices, doigtés, exemples. Exercices de tenues* pour développer l'agilité des doigts. *Exercices* pour développer l'indépendance des doigts (suite du précédent). *Ecole des arpèges* (suivie de deux études originales de Ferrucio Bosoni. *Problèmes techniques et leur solution. Exercices de virtuosité. Exercices, études et morceaux* dans tous les tons majeurs et mineurs. *Exercices techniques quotidiens. Exercices* d'Antoine Robinstein, tirés de la méthode de Villoing. *Exercices progressifs* de Pischna. *Exercices journaliers* de J.-M. Hummel. *Exercices universels*, tirés de l'œuvre technique de Czerny (Heugel, éditeur. *Cent soixante-dix-neuf exercices d'extension* pour les doigts. *Dix exercices, études en doubles notes.* (Alph. Léduc, éditeur). *Etudes techniques* pour servir à l'enseignement supérieur du piano, deux volumes (Ricordi, éditeur). *Exercices préliminaires*, 1er cahier, dédié à Mlle Hortense Parent. *Exercices préparatoires*, 2e cahier, dédié à Mathias. *Etudes et exercices*, revus par Philipp (Hamelle, éditeur). *Exercices pratiques*, introduction aux exercices journaliers (Durand, éditeur). *Exercices élémentaires rythmiques* pour les cinq doigts. *Ecole du mécanisme* (Janin frères, éditeurs).

Études. — Trois *Études de Concert* en doubles notes (Durand, éditeur). *Anthologie Pianistique.* Collection d'études séparées pour le travail technique et pour le concert, choisies, revues, doigtées et annotées. *Vingt Études de vélocité* de moyenne force pour les deux mains. *Le Petit Pischna*, études préparatoires aux exercices progressifs de J. Pischna (Heugel, éditeur). *Nouveau Gradus ad Parnassum.* Choix de cent études des principaux maîtres, revues, doigtées avec additions de notes pour le travail technique et classées par ordre de difficulté, moyenne force à très difficile (Alphonse Léduc, éditeur). *Etudes classiques* tirées des grands maîtres (Alphonse Léduc). *Etudes d'octaves* d'après J.-S. Bach, Clementi, Cramer, Chopin (Durand, éditeur).

Œuvres transcrites. — Toccata en *fa* des pièces d'orgue. J.-S. Bach (Hamelle, éditeur). *Œuvres d'orgue* de J.-S. Bach, transcrites pour deux pianos quatre mains (Ricordi, éditeur). *Vingt-Cinq Canons* de Bach, Beethoven, Clementi, Hummel, Klengel, Weber (Janin, éditeur). *Concerto pour orgue* de Friedmann Bach. *Concerto no 11* de J.-S. Bach (Durand, éditeur). *Toccata, adagio et fugue* des pièces d'orgue de J.-S. Bach. *Transcription de concert. Prélude et fugue en ut majeur* des pièces d'orgue de J.-S. Bach (Hamelle, éditeur). *Le Petit Pianiste*, bibliothèque classique à l'usage de la jeunesse publiée sous la direction de I. Philipp. *Vingt-Quatre Pièces choisies*, en deux livres (Janin, éditeur). *Morceaux. Féerie, petite suite* de six pièces. *Pastels*, huit pièces. *Fantasmagories*, six pièces (Heugel, éditeur). *Caprice* (Hamelle, éditeur).

Ajoutons encore de nombreuses pièces revues, doigtées, annotées ou publiées sous la direction de Philipp, inlassable travailleur et le plus grand de nos techniciens; terminons en disant que I. Philipp obtint le grand prix aux Expositions de Paris 1900, Saint-Louis, Milan [1].

Moreau (Léon), né à Brest, le 13 juillet 1870. Après de solides études classiques, couronnées par les diplômes de bachelier ès lettres et de bachelier ès sciences, il entra au Conservatoire, où il fut lauréat d'harmonie et prix de Rome en 1899, chevalier de la Légion d'honneur (janvier 1913).

Pianiste-virtuose-soliste des Concerts Lamoureux, — où il joua un concerto dont il est l'auteur, — il se fit entendre et applaudir dans de nombreux concerts, et fit plusieurs tournées en Europe et en Amérique.

Son œuvre comme compositeur est des plus considérables et des plus variées : théâtre, musique de scène, œuvres d'orchestre, musique de chambre, piano et mélodies. Littérateur et poète, il écrit le plus souvent lui-même ses livrets de théâtre et les paroles de ses mélodies. Parmi les dernières, nos lec-

1. La plus grande partie de ces notes biographiques a été empruntée au *Dictionnaire américain* de Baker.

teurs nous sauront certainement gré de leur rappeler cette pièce émue et délicate intitulée *Jour d'Eté* :

De ma barque fixée aux ramures penchantes,
Que caresse en passant une onde nonchalante,
J'écoute la chanson des oiseaux, et je vois
Le soleil embellir chaque feuille des bois.

Effleurés par le vent, les arbres et la rive,
En longs reflets mouvants, se mirent dans l'eau vive.
Là haut, l'azur du ciel révèle sa splendeur
Au-dessus des grands prés tout émaillés de fleurs.

Rien ne peut consoler de l'absence mon âme
Qu'anime uniquement une lointaine flamme,
Et mes yeux éblouis ont doucement pleuré
D'être seul à t'aimer loin d'elle, ô jour d'été !

Ce talent poétique a permis au musicien de produire des œuvres d'une originalité absolue, comme *Myrialde*, pièce en cinq actes et six tableaux, dont il écrivit lui-même le poème et la musique, et qui fut créé, en 1912, au théâtre de Nantes. Le dernier tableau a été repris, en 1916, à l'Opéra, à Paris. Notons encore parmi ses œuvres théâtrales : *Invocation à Bouddha*, ballet créé au Casino de Vichy, en 1909 ; *Pierrot décoré*, pantomime, en collaboration avec M. Jules Lévy pour le livret, créée à la Comédie française (représentation de retraite de Prudhon) en 1914 ; *Dionysos*, musique de scène pour le drame de J. Gasquet, avec l'orchestre Lamoureux, dirigé par C. Chevillard, créé à l'Œuvre en 1903 ; *L'Amour de Késa*, musique de scène pour le drame de R. d'Humières, créé à l'Œuvre en 1910 ; *L'Agonie de Byzance*, opéra cinématographique, en collaboration avec M. Henri Février, créé à Gaumont en 1913.

Les morceaux d'orchestre les plus connus de Léon Moreau ont été exécutés aux Concerts Lamoureux : *Sur la Mer lointaine*, poème symphonique (1900) ; *Suite symphonique en quatre parties* (1903) ; *Concerto pour piano et orchestre* (1903). Citons aussi une *Pastorale en trois parties* pour saxophone en *mi* bémol ou violon, et orchestre (S. M. I., 1912) ; et de nombreuses œuvres de concert, notamment : pour piano, deux *Impromptus ; Barcarolle ; Variations à danser ; Valse vive*, etc. ; pour piano et chant : *Cœur solitaire ; Câlinerie ; Pedro ; Mon rêve ; La Grotte ; Prière païenne*, etc. ; pour piano et flûte : *Dans la Forêt enchantée*, morceau de concours du Conservatoire en 1912 ; pour violon et piano : *Pastorale ; Berceuse ; Mauresque ;* pour violoncelle et piano, une remarquable *Ballade ;* enfin des chœurs importants, tels que : *Sous bois, L'Ile fortunée ; Chanson galante ;* le *Bouquet de la mariée ;* *Hymne à la Vérité ;* et enfin, le *Salut aux Morts*, que la plupart de nos lecteurs ont dû entendre aux Concerts Pasdeloup en 1919.

Son œuvre considérable est la suivante :

Chant et piano.

La Lune blanche. Eschig.
Berceuse. Id.
Au bord de la mer. Rouart et Lerolle.
Câlinerie (*mi* b-*sol-la*). Id.
Fiancée (*ut-mi* b). Id.
La Grotte. Id.
La Vache. Id.
L'Escargot. Id.
L'Ecureuil. Id.
L'Eternelle Histoire (cycle de six mélodies sur l'amour, créé par Jeanne Montfort à la S. M. I.).
Pourquoi chante un poète (trois parties), Hachette.
Roses dans la Nuit.
Retour. Léduc.
La Nuit. Robert, à Béziers.
A un Vainqueur.
Jour d'Eté. Carl Selva.
Sérénade. Grus.

Pedro (*la-sol-mi*♭). H. Gregh.
Sérénité. Id.
Mon Rêve. Id.
Cœur solitaire (*mi-fa-sol*). Costallat.
Prière païenne. Id.
Pleure, à mon âme (*do* ♯-*si* ♭). Id.
Souhait. Id.
L'Eternelle Histoire (six mélodies). Id.
Aubade. Llobert (Barcelone).
Complainte. Maquaire.

Piano deux mains.

Ballade des dramatiques Amours. Eschig.
Bercement sur l'eau. Id.
Impression de Midi dans le Nord. Id.
Nostalgie. Id.
Printemps de mon Cœur. Id.
Promenade sentimentale. Id.
Tristesse. Id.
Deuxième Humoresque. Rouart et Lerolle.
Esquisse. Llobert (Barcelone).
Premier Impromptu. Maquaire.
Nocturne. Id.
Dans la Nuit. Id.
Chanson dansée. Pujol (Barcelone).
Romance. Costallat.
Valse vive. Id.
Valse caprice. H. Gregh.
Deuxième Impromptu. Id.
Barcarolle. Id.
Troisième Humoresque. Id.
Variation à danser. Leduc.
Le Petit Sportsman (six pièces.) Id.
Exercices quotidiens. J. Vuillemin (Nantes).
Journée de vacances (six pièces). Id.

Piano à quatre mains.

Suite symphonique. Costallat.
Dionysos (musique de scène). Id.
Les Joueuses de Flûte. Id.

Violoncelle et piano.

Ballade. Costallat.

Violon et piano.

Pièce en mi majeur. Mercier.
Mauresque. Costallat.
Adagio de la douzième sonate de LECLAIR (transcription). Id.
Berceuse. Gallet.
Pastorale (trois pièces). Évette et Schœfer (transcrit par
E. MENDELS).

Saxophone et piano.

Pastorale (trois pièces). Évette et Schœfer.

Deux pianos quatre mains.

Sur la Mer lointaine (poème symphonique). Hachette.
Premier Concerto. Costallat.

Flûte et piano.

Dans la Forêt enchantée. Évette et Schœfer.
Les Joueuses de Flûte (une flûte et piano, deux flûtes et piano).
Costallat.

Flûte, chant et piano.

Sérénade. Grus.

Chœurs ou quatuors vocaux.

Chanson galante. Rouart et Lerolle.
Sous Bois. Hachette.
L'Ile Fortunée. Id.
Salut aux Morts. Jean Jobert.
Hymne à la Vérité. Id.
Les Voix de la Mer. Id.
Le Bouquet de la Mariée. Carl Selva.

Duo.

Rêverie. Rouart et Lerolle.

Adaptations musicales.

Devant la Mer (A. Samain). Carl Selva.
Pannyre aux Talons d'Or. Id.

Partition piano et chant.

Myriade (opéra en six tableaux). Costallat.

Ballet.

Invocation à Bouddha. Costallat.

Orchestre seul.

Sur la mer lointaine. Hachette.
Suite symphonique. Costallat.
Invocation à Bouddha. Id.

Piano et orchestre.

Premier Concerto. Costallat.

Saxophone et orchestre
ou musique militaire.

Pastorale. Évette et Schœfer.

Violon et orchestre.

Pastorale. Évette et Schœfer.

Chant et orchestre.

Câlinerie. Rouart et Lerolle.
La Grotte. Id.
Rêverie (duo). Id.
Pedro. H. Gregh.
Cœur solitaire. Costallat.
Pourquoi chante un jade. Hachette.

Partition d'orchestre.

Myriade (opérette en six tableaux). Costallat.

L.-E. GRATIA et ALPHONSE DUVERNOY.

LES INSTRUMENTS AUTOMATIQUES

Par M. Robert LYON

On désigne sous le nom d'automatiques les instruments reproduisant la musique par le moyen d'un dispositif mécanique.

Les uns sont des instruments de musique déjà existants, usuels, où la mécanique remplace l'exécutant (pianos automatiques, orgues automatiques, violons automatiques).

D'autres, comme les phonographes, n'existent, en tant qu'instruments, qu'à l'état automatique.

Un historique même sommaire des instruments automatiques ne peut passer sous silence certains automates célèbres, mais qui se rattachent peu ou point à la musique; leur construction révèle parfois une incomparable maitrise et dont on pouvait attendre toutes les réalisations. C'est dans Homère que se trouve peut-être la plus ancienne allusion à une machine automatique. Vulcain serait l'inventeur de tripodes mus par des roues. Dédale créa des statues ambulantes, et Archytas, quatre cents ans avant Jésus-Christ, construisit une colombe merveilleuse.

Un androïde ou automate à forme humaine, fait par Albert le Grand au XIIIe siècle, ouvrait la porte de la cellule de son maitre et prononçait quelques paroles.

Descartes fabriqua un automate auquel il donna figure de demoiselle et qu'il appelait sa fille Francine. Si l'on en croit l'histoire ou la légende, un capitaine de navire jeta par-dessus bord cet objet, incarnation de Satan.

Il existe de nos jours, dans la collection Durand-Ruel, un minuscule oiseau, construit au XVIIIe siècle, et qui, sortant de sa boite, bat des ailes, agite le cou, la tête, le bec, puis disparait après avoir chanté son air. L'animal n'a guère plus d'un centimètre de haut, et ce fut pour l'horloger suisse qui réussit à réparer cette pièce un travail de longue patience et d'extrême précision.

Vaucanson, en 1738 et 1741, exposa à Paris trois automates qui sont restés célèbres et méritent quelques lignes : un joueur de flûte, un joueur de tambourin et un canard. Ce flûteur automate représentait un faune jouant de la flûte traversière sur le modèle de la belle statue de Coysevox. Il exécutait douze airs différents avec beaucoup de précision.

Le joueur de tambourin tenait d'une main un flageolet et de l'autre une baguette avec laquelle il frappait son tambourin. Il jouait sur le premier instrument une vingtaine de contredanses, et battait sur le tambourin des coups simples ou doublés, des roulements variés qui accompagnaient en mesure les airs que le flageolet faisait entendre.

Le canard artificiel fut considéré comme le chef-d'œuvre de la mécanique. Cet animal nageait, mangeait, barbotait et imitait à s'y méprendre tous les actes accomplis par un animal vivant.

Citons encore, parmi les pièces historiques, une claveciniste créée par le Suisse Maillardet, et le joueur d'échecs de Kempelen.

L'abbé Mical, Frédéric de Knauss, les frères Droz, Léonard Moelze, Fabermann de Vienne, s'illustrèrent dans la création des automates.

Les carillons et les horloges à carillons s'apparentent plus directement aux instruments de musique automatique. Ils sont une réalisation, parfois grandiose, de la boîte à musique populaire.

Les carillons furent à l'origine uniquement automatiques et jouaient des airs commandés par de puissants cylindres à pointes. La Belgique possède les plus nombreux et sans doute les plus célèbres, celui de Bruges en particulier. Les premières cloches en ont été fondues en 1299.

L'horloge astronomique de Saint-Jean à Lyon semble être la plus vieille de France et MM. Chateau, qui en réussirent la restauration en 1894, ont publié sur cette pièce des documents qui en révèlent toute la complexité.

Ce n'est qu'au XVIIIe siècle que fut adjoint, dans certains carillons, le clavier à main au système purement automatique.

L'intérêt des instruments automatiques actuels réside moins dans leur précision ou l'élégance des solutions appliquées que dans leur côté vivant. Aux objets de vitrine ou de musée, voués à la seule curiosité admirative, ont succédé, depuis la fin du XIXe siècle, une série d'instruments dont la valeur a pu déjà être mesurée au double point de vue documentaire et didactique et qui ouvrent de plus à l'activité créatrice des musiciens un champ prometteur.

Les inventeurs, dès le milieu du XIXe siècle, s'orientèrent nettement vers la réalisation automatique des instruments usuels et particulièrement du piano. Les recherches du docteur Bedard de Lille concernant en particulier les appareils automatiques capables de jouer du piano à l'aide d'un rouleau perforé, établissent nettement que le premier appareil pneumatique pour jouer à l'aide d'une feuille de papier perforé sur les pianos carrés de l'époque, date de 1842, brevet du 24 janvier. C'est l'autopanphone de

Claude-Félix Sevtre, de Lyon, qui agissait par des petits moteurs pneumatiques sur les notes du piano et obtenait par variation de pression des variations d'intensité.

En 1863, sous le brevet 60702, Nestor Fourneaux, de Paris, décrivait le pianista pneumatique, mécanisme destiné à exécuter automatiquement toute musique de piano.

On trouve aux Arts et Métiers, dans la description illustrée de cet appareil, la preuve que les plus importants perfectionnements modernes datent de cette époque : attaque, fonction de l'intensité du pédalage, soufflet régulateur permettant de fixer la pression et, par la simple action d'une manette, de donner des accentuations subites, modification de la pression de ce soufflet régulateur par l'action d'un levier, disposition connue de nos jours sous le nom de piani progressifs.

Ainsi se trouve détruite la légende de l'origine transatlantique des pianos automatiques.

C'est en 1866 seulement que l'on trouve trace des brevets de perfectionnements qu'Américains, Anglais et Allemands apportèrent, et qui ont donné à l'automatique sa forme actuelle : déroulement et enroulement automatique du papier perforé par un moteur pneumatique, sensibilité d'attaque par double relai, etc.

En 1889, Jules Carpentier, le grand savant qui s'illustra en particulier dans la fabrication des appareils de mesure, réalisait le mélotrope, appareil automatique à jouer le piano, à commande mécanique et utilisant des cartons perforés caractéristiques.

Ceux-ci, établis grâce au « Mélographe » dû au même ingénieur, recevaient l'impression directe du jeu d'un pianiste, et inversement reproduisaient rigoureusement ce jeu.

DISPOSITIONS GÉNÉRALES DES APPAREILS AUTOMATIQUES

Tout instrument automatique comporte deux parties principales : un mécanisme qui fournit la force et un « organe traducteur », qui porte les éléments de l'exécution musicale (rouleau perforé, disque de phonographe, etc., cylindre de boîte à musique).

L'établissement cet organe traducteur peut être entièrement mécanique si le transport des éléments de la musique gravée sur cet organe ne supporte aucune fantaisie, si les notes figurent chacune à leur place sur l'échelle des sons, et si le temps d'attaque et la tenue de chacune répond rigoureusement aux ordres de la mesure écrite.

Il sera semi-mécanique si, les notes elles-mêmes étant déterminées par la musique gravée, leur espacement relatif reproduit l'interprétation d'un exécutant humain (rouleaux perforés, émission radio...).

Une fois cet organe traducteur de la musique établi, l'appareil automatique exécutera et cette exécution elle-même pourra prendre des formes très différentes. Elle peut être entièrement mécanique si aucune volonté extérieure n'intervient ; telle est, par exemple, l'exécution d'un disque de phonographe, d'un cylindre de boîte à musique. Au contraire, elle pourra être influencée lorsqu'une personne y participera en modifiant les mouvements ou les nuances dans un piano automatique, ou le registre des jeux dans un orgue automatique.

On peut également procéder à une autre classification tenant compte non point de la façon dont l'organe traducteur a été établi ou dont l'exécution a été faite, mais de l'instrument lui-même.

Dans les instruments de musique usuels qui sont transformés en automatiques, nous pouvons distinguer trois classes :

1° Les appareils comme l'orgue qui produisent des sons sous une action purement mécanique. Le doigt, en appuyant sur une touche, fait ouvrir, par l'intermédiaire de cette touche, une soupape, et les sons émis dépendent uniquement du moment auquel cette soupape est ouverte et nullement de la façon dont le doigt agit sur la touche. Les sons émis dépendent également des jeux mis en action, et cette mise en action est purement mécanique. On conçoit, dans ces conditions, qu'un instrument comme l'orgue puisse être joué ou à la main ou par un dispositif mécanique et que l'impression produite par les deux jeux puisse être rigoureusement la même.

2° Une seconde classe d'instruments s'apparente au piano. Dans celui-ci, le son émis par une note garde le même caractère, quelle que soit la façon dont cette note a été attaquée, mais l'exécutant dispose d'une échelle infinie d'intensités. Le piano présente donc, par rapport à l'orgue, un degré supérieur d'expression.

3° La troisième classe des instruments comporte rait les instruments à archet dans lesquels l'exécutant est maître non seulement de l'intensité du son émis, mais du caractère de ce son. La façon dont le doigt appuie sur la corde, l'intensité et la vitesse du vibrato, la manière dont l'archet est tenu sont autant de facteurs qui caractérisent le jeu. C'est donc dans cette classe d'instruments que nous trouverons le maximum de possibilités expressives.

Nous avons parlé tout à l'heure de l'organe traducteur qui, ayant reçu l'impression de la phrase musicale, a pour mission de la faire exécuter par l'instrument. Sans entrer dans des détails techniques qui sortiraient de l'objet de l'Encyclopédie, nous donnons ci-dessous schématiquement la description du rouleau de papier perforé, qui a des possibilités extrêmement étendues, et dont l'emploi semble de ce fait devoir se généraliser à tous les instruments de musique automatiques.

Il est toujours possible avec des commandes soit mécaniques, soit électriques, soit pneumatiques, d'agir sur la note d'un instrument ou sur un organe de nuance. Le principe des instruments automatiques est que cette action, qui exige la mise en œuvre d'une certaine énergie, soit déclenchée par un servo-moteur. Le contact électrique, par exemple, qui par lui-même a besoin, pour être établi, d'une puissance extrêmement faible, peut déclencher un organe dont la mise en action exige une grande puissance. La transmission pneumatique par le vide permet également à l'ouverture d'un trou extrêmement petit de mettre en action des soufflets dont la puissance n'est théoriquement pas limitée.

Ceci étant, tous les instruments automatiques comporteront :

1° Une source d'énergie et des organes d'exécution qui auront pour mission soit d'appuyer sur des touches, soit de mettre en mouvement les organes accessoires (pédales, etc.).

2° Un dispositif de commande faisant fonction de servo-moteur, et qui est l'organe traducteur dont il a été parlé ci-dessus.

La simple description du papier perforé, tel qu'il est employé dans les pianos ou les orgues automatiques, permettra d'entrevoir immédiatement toutes ses ressources. Une bande de papier, de largeur constante L, enroulée sur un rouleau supérieur R, est tirée par un rouleau inférieur R′, en s'appuyant sur un organe dit flûte de Pan F. Le rouleau supérieur et la flûte de Pan sont parallèles. La flûte de Pan est percée d'une ligne de trous et, dans son déplacement, le papier obture la totalité de ces trous. Dès qu'un trou T, percé sur le papier qui se déplace dans le sens de la flèche, se présente devant le trou T′ de la flûte de Pan, la note ou l'organe correspondant au trou T′ est mis en action.

L'examen de la figure montre que l'on peut per-

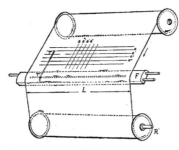

Fɪɢ. 1089.

cer sur un semblable papier autant de trous qu'on le désire et aux places qui conviennent. Par conséquent, il est possible d'écrire sur un papier perforé un texte musical quelconque. Les abscisses *a, a′, a″,* etc., déterminant la hauteur de la note sur l'échelle des sons, les ordonnées o, o′, o″ fixant le moment de l'attaque de chaque note et, par conséquent, sa position par rapport à la mesure.

Si les recherches des inventeurs se sont exercées dans toutes les branches de la musique, nous nous bornerons ici à décrire plus particulièrement les instruments dont la réalisation est entrée ou peut entrer aisément dans le domaine de la pratique, c'est-à-dire le piano, l'orgue, le violon. De ces trois instruments, l'un, le piano, mérite une étude spéciale.

Le fait que le piano est le plus répandu des instruments de musique et qu'il se prête mieux que tout autre, hors de sa propre littérature, à la réduction des œuvres musicales les plus diverses, d'orchestre, de chant, de musique de chambre, etc., lui a donné dans l'échelle des instruments une place prépondérante, et c'est sur lui que s'est tout naturellement porté l'effort des techniciens. Nous diviserons en trois parties cette étude, en considérant le piano automatique :

1° Comme reproducteur d'œuvres pianistiques. C'est à ce premier usage qu'il a été tout d'abord destiné.

2° Comme traducteur d'œuvres d'orchestre ou autres transcrites spécialement pour lui, en dehors de toutes considérations de jeu manuel.

3°. Comme instrument de musique proprement dit, qui a déjà et aura de plus en plus sa littérature musicale propre.

LE PIANO AUTOMATIQUE REPRODUCTEUR D'ŒUVRES PIANISTIQUES

On ne peut envisager la reproduction d'une œuvre pianistique sans définir nettement l'interprétation. Dans ses rapports avec la compréhension musicale, l'intelligence ou la sensibilité, l'interprétation a été le sujet de nombreuses études où la littérature tenait une grande place. Nous nous bornerons ici à définir techniquement ses caractères.

L'exécution d'une pièce pianistique comporte quatre éléments distincts :

1° Le jeu des notes telles qu'elles sont tracées par la musique gravée sur l'échelle des sons et en durée.

2°. Une altération du mouvement théorique qui varie soit avec les indications de l'auteur, soit avec la personne qui exécute, et qui se traduit matériellement par l'allongement de tenue de chaque note, ou les ritardandos et accelerandos dans l'attaque de chaque note, par rapport à son exécution métronomique théorique[1]. Ceci constitue l'interprétation-mouvement.

3° L'interprétation-force.

Dans le piano en particulier, l'intensité d'une note, contrairement à une idée souvent très répandue, dépend seulement de la vitesse avec laquelle le marteau arrive à la corde, vitesse qui dépend elle-même de la force vive imprimée à la touche par le doigt. Dès que la touche a été mise en action, le marteau se trouve lancé vers la corde et tous les mouvements de vibrato du doigt ou les formes que les pianistes donnent à leurs mains, ne changent pas la sonorité. L'interprétation-force consiste uniquement dans la valeur relative des intensités de chaque note.

En un mot, on peut théoriquement donner d'une exécution pianistique une reproduction absolument fidèle et aussi humaine que l'exécution elle-même, si l'on peut conformer mécaniquement la vitesse des marteaux des différentes notes à la vitesse que le pianiste lui-même a donnée.

4° L'emploi des accessoires (pédales).

L'étude sur le piano automatique, reproducteur d'œuvres pianistiques, doit comprendre tout naturellement quatre parties :

1° L'inscription des notes et les différents moyens de reproduction de ces notes.

2° L'interprétation dans le mouvement, c'est-à-dire l'altération du mouvement théorique soit par l'action de l'exécutant mécanique, soit au contraire par la captation d'une exécution de l'artiste et sa traduction fidèle.

3° L'interprétation dans la force ou nuance.

4° La mise en action des accessoires.

Les notes.

La figure 1089 montre que l'on peut, sur le papier, percer autant de notes que l'on veut et là où l'on veut. Ainsi, en se déroulant, semblable papier perforé peut exécuter tout texte musical qui lui a été confié.

Un phénomène bien connu de tous les amateurs était la déformation de la feuille de papier perforée sous l'influence de la traction du rouleau R′, et de trous longs et très voisins l'un de l'autre. Ce qui fai-

---

1 Exécution pianistique parfaite au métronome.

sait « goder » le papier en découvrant une série de trous voisins sur la flûte de Pan, et mettait ainsi en action des notes ne figurant pas sur le texte musical.

Ce phénomène, qui interdisait en particulier l'emploi des notes tenues longtemps, a été éliminé grâce à la création de la perforation cloisonnée qui substitue à un trou T (fig. 1090) une série de trous T', T'', T'''… séparés par des ponts p, p' p''… moins longs que la perforation de la flûte de Pan, et qui, par conséquent, n'empêchent pas la note de rester en action.

Fig. 1090.

Ce système fut inauguré par PLEYEL sous le nom de perforation comète.

Le mouvement.

Il existe deux méthodes pour altérer le mouvement métronomique :

1° Si, sur le papier perforé, les mesures ou fractions de mesures égales occupent des longueurs égales et que la vitesse de déroulement soit modifiable, le mouvement d'exécution se modifiera dans le même sens.

Dans la figure 1091, par exemple, une série de notes

Fig. 1091.

se suivant sur l'échelle des sons ont leurs origines également espacées dans le sens du mouvement du papier. Au déroulement constant donnera l'exécution d'une gamme chromatique parfaite, l'accélération du mouvement du papier donnera un accelerando et inversement.

2° Si, comme sur la figure 1092, les origines des notes vont en s'espaçant, le déroulement uniforme du papier produira un rallentando, mais, en accélérant convenablement le mouvement du papier, le jeu redeviendra régulier.

Dans la figure 1093, il y aura accelerando pour

déroulement uniforme, mais en ralentissant le mouvement du papier l'accelerando cessera.

On peut donc altérer le mouvement théorique soit

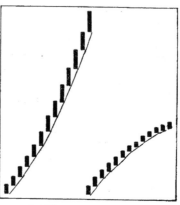

Fig. 1092.   Fig. 1093.

par inscription sur le papier perforé, soit par altération du mouvement de ce papier.

Quant à l'inscription des notes sur le papier, elle peut être faite mécaniquement en partant du texte musical et en utilisant des instruments de mesures linéaires.

Elle peut au contraire reproduire le jeu d'un exécutant. Il suffit qu'un papier perforé *mère*, dit le « type », se déroulant d'un *mouvement uniforme*, reçoive l'inscription d'une série de pointes mises en action par les touches du piano. Le passage de ce « type » ou d'une de ses reproductions sur un appareil automatique, avec déroulement uniforme, déterminera une exécution identique « dans le temps » à celle du pianiste. Tel est le principe de la musique enregistrée.

Les nuances.

L'audition purement objective de l'exécution d'un pianiste appelle la remarque suivante :

Il peut exister une différence plus essentielle entre les exécutions d'une même œuvre par deux artistes qu'entre chacune de ces exécutions et celle que définit la musique gravée, celle par exemple que l'auteur en pourrait donner ; cependant, les exécutions de ces deux artistes pourront être aussi « musicales » l'une que 'autre. Ces] interprétations ne sauraient mieux se comparer [qu'aux [répliques libres que feraient deux peintres de l'œuvre d'un maître. Or, il existe, pour chaque œuvre musicale, une interprétation « mécanique » qui, si elle est déterminée par un bon musicien, peut être musicale et satisfaire aux intentions de l'auteur.

Nous donnerons brièvement l'état des ressources dont dispose l'exécutant mécanique sur les appareils automatiques tels qu'ils sont actuellement « standardisés » dans le monde entier. Il s'agit ici de l'exécution avec pédalage et mise en action des nuances par les pédales ou les manettes.

a) **Intensité générale.** — Celle-ci est proportionnelle à l'intensité du pédalage exactement comme l'intensité des harmoniums lorsque l'exécutant organiste utilise la pédale d'expression. Il est donc loisible à l'exécutant qui possède bien l'emploi de son piano de faire des crescendos et decrescendos, et même, avec les appareils sensibles, de marquer nettement l'attaque d'un accord ou de telle partie de phrase.

b) **Nuance piano.** — L'emploi de deux manettes dites de piani, agissant l'une sur la moitié « basses » du piano, l'autre sur la moitié « dessus », permet d'imposer à chaque moitié de l'instrument une dépression faible, constante et indépendante du pédalage; on peut donc, par conséquent, donner à l'un ou à l'autre registre une intensité de jeu piano et fixe.

La suppression de l'action des manettes redonne immédiatement l'intensité forte correspondant au pédalage.

c) **Mise en évidence du chant.** — Cette suppres-sion brusque de l'action des manettes de piani, ramenant brusquement l'intensité forte, peut être obtenue par le passage sur la flûte de Pan d'un trou figurant sur le papier perforé lui-même; il suffit que ce trou, dit de « chanteur », soit situé sur la ligne même de la note que l'on veut mettre en évidence.

La manœuvre est la suivante :

L'exécutant pédalant normalement donne à l'aide des manettes de piani une nuance piano à toute la phrase musicale (accompagnement); l'action du trou chanteur situé sur la ligne de la note de « chant » fait jouer cette note forte. Le trou ayant passé et son action étant suspendue, l'accompagnement continue piano.

L'exécutant peut fixer l'intensité du chant, en pédalant plus ou moins fort. Cette action peut se reporter sur toute l'étendue du piano, ou seulement sur l'une ou l'autre de ses moitiés.

La figure 1094 permettra de saisir cette manœuvre.

Avant l'action de la manette de piani, le chant et

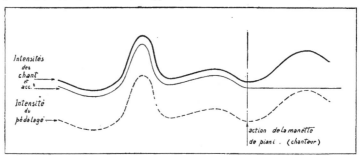

Intensités des chant et acc.

Intensité du pédalage

action de la manette de piani . (chanteur)

Fig. 1094.

l'accompagnement sont confondus et leur force varie comme le pédalage. A l'action des manettes, l'accompagnement prend une teinte constante, le chant suivant fidèlement les ordres du pédalage.

Les figures 1095 et 1096 donnent de cette manœuvre une variante que permettent deux dispositifs connus sous le nom de piauis progressifs et de pianis compensés.

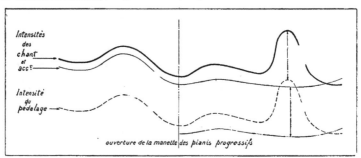

Intensités des chant et acc.

Intensité du pédalage

ouverture de la manette des pianis progressifs

Fig. 1095.

Dans la figure 1095, la manette de piani permet à l'exécutant de faire varier progressivement la nuance piano de l'accompagnement et ce entre certaines limites qui la maintiennent constamment en dessous du jeu mezzo normal. Le chant sort alors *parallèle* au pédalage, l'accompagnement *parallèle* à l'ouverture de la manette des *pianis progressifs*.

Dans le cas de la figure 1096, la dépression de la

nuance piano est fonction de l'intensité du pédalage; au crescendo du chant provoqué par un crescendo du pédalage, correspond un crescendo, mais beaucoup plus faible de la nuance piani, c'est-à-dire de l'accompagnement, ce qui est logique et constant dans une exécution musicale.

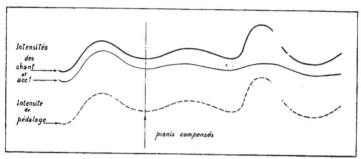

Fig. 1096.

Il semble que cette solution fort simple permette les exécutions mécaniques les mieux équilibrées.

Les accessoires.

Tout automàtique comporte un jeu de manettes qui actionne les pédales fortes et douces du piano. La première permet à l'exécutant d'obéir aux indications de la musique gravée, la deuxième offrant une ressource nouvelle dans la gamme des nuances.

Solutions électriques.

Il existe de toutes ces ressources une exploitation purement mécanique; un jeu de moteurs et de pompes substitué au pédalage, la création sur le rouleau perforé de trous commandant les opérations que l'exécutant mécanique confiait aux manettes permettent d'excellentes exécutions, totalement mécaniques, grâce en particulier à la possibilité de corriger avec tout le soin désirable le rouleau établi théoriquement.

Les effets de volubilité et d'opposition de nuances, impossibles à atteindre dans une exécution manuelle, la fidélité au texte et à l'interprétation, donnent aux musiciens et spécialement aux auteurs des satisfactions qui suffiraient à classer les automatiques parmi les instruments de caractère artistique.

TRANSCRIPTIONS SPÉCIALES

Mais, puisque l'appareil automatique est évidemment affranchi des servitudes de l'écriture pianistique, donc de ses dispositions souvent creuses, ou sourdes ou simplement illogiques, les musiciens ont songé à le considérer comme un instrument de musique nouveau, à transcrire, puis à écrire spécialement pour lui.

Les premières tentatives de ce genre (celles entreprises du moins pour des fins uniquement musicales, car il se fit un peu partout des essais d'amplifications sonores destinés à des expériences physiques) furent tentées chez PLEYEL, au mois de mai 1919, par M. Jacques LARMANJAT, au cours d'études concernant l'établissement des rouleaux perforés. Elles furent reprises peu de temps après par le célèbre compositeur Igor STRAWINSKY.

Celui-ci, étant venu fortuitement à connaître le piano pneumatique, aperçut les ressources nouvelles que lui apportait cet instrument. Il comprit que la réalisation d'une œuvre par le moyen de la musique perforée lui procurait une sécurité, une précision, une ampleur sonore, une fidélité aux mouvements que lui refusait le piano. Le rouleau enregistré sous son jeu constituait à ses yeux un document d'une incontestable autorité, propre non seulement à vulgariser son œuvre ou à assurer le service de répétitions de danse ou de chant, mais encore à faciliter largement l'étude d'une partition nouvelle. On l'a bien vu, maintes fois, aux Ballets russes de Serge de DIAGHILEW, aux concerts KOUSSEWITZKY, où à Bruxelles, quand M. RULBMANN fit entendre à ses musiciens les rouleaux du Sacre du Printemps avant de leur faire déchiffrer cette partition difficile.

Igor STRAWINSKY se consacra donc pendant plusieurs années à des recherches sévères pour établir une réduction spéciale d'après l'orchestre de son œuvre entier. Il a formé ainsi une collection unique au monde dans laquelle sa pensée est intégralement conservée, où rien ne manque, et que cet homme impitoyable avoue préférer souvent à l'orchestre le plus docile et le plus précis.

Les débuts de cette forme nouvelle de la musique ont été forcément empiriques; la première idée qui se présentait était d'amplifier d'abord les réductions de piano par de simples doublures, puis de reporter sur le rouleau perforé les éléments les plus nombreux qu'il était possible de la partition d'orchestre.

La possibilité très tentante de superposer un nombre considérable de voix, la liberté d'accumuler les notes ont un peu égaré les recherches initiales. Le rendement n'est pas forcément fonction du nombre des notes des parties. Les contrepoints, d'autre part, pour être aisément discernables, et tout en se mouvant sous le climat sonore qui leur convient le mieux, doivent éviter de croiser leurs chemins et souvent même de se frôler.

On a donc fait intervenir d'autres éléments, on a altéré la disposition des voix (STRAWINSKY a été parfois jusqu'à modifier les basses). On a utilisé largement la faculté d'obtenir des tenues effectives, ce qui a notamment permis de réaliser des gammes de sonorité impossibles à retrouver sous le jeu humain, et, par conséquent, de créer des timbres nouveaux. Il s'est, en somme, institué un style de la musique automatique, de même qu'il existe une écriture spécifique du piano, ou du violon ou de l'orchestre.

Il est assez difficile de définir avec précision cette seconde manière, parce que la technique en est encore jeune, parce qu'en musique tout échappe au procédé et qu'il n'existe guère que des cas d'espèce. Il semble cependant que l'on puisse dès maintenant distinguer deux méthodes générales; la première est objective, elle procède par extension, par transcrip-

tion directe et simpliste de la partition, en en conservant les dispositions organiques, sous réserves des précautions dont nous avons indiqué quelques-unes tout à l'heure. La seconde, au contraire, est en quelque sorte impressionniste ou prothétique, par conséquent subjective.

Elle traduit, elle transpose, elle évoque, elle cherche des équivalents, en substituant, pour ne citer qu'un exemple élémentaire, la volubilité[1] aux carences inévitables d'un instrument à couleur unique. Elle réalise, en définitive, une réorchestration totale; les exemples qui suivent le feront clairement comprendre :

Symphonie pastorale (Beethoven) (réduction pour piano à quatre mains).

Symphonie pastorale (Beethoven) (transcription spéciale pour le Pleyela).

1. La vitesse d'un trait sur l'appareil pneumatique est pratiquement illimitée, et en tous cas très supérieure aux nécessités ordinaires de la musique; les notes d'une gamme ou d'un arpège peuvent se succéder à la distance de 1,64ᵉ de seconde, c'est-à-dire que, dans ces conditions, une agrégation de cinq notes se présente sous la forme d'un accord à peine arpégé. La répétition d'une même note se fait pratiquement à raison de huit battements à la seconde.

La citation qui représente deux mesures de la transcription spéciale de la *Symphonie pastorale* montre, par comparaison avec la citation (réduction à 4 mains), un exemple assez simple de ce genre de réalisation, notamment les accents syncopés des bois transportés pour l'intelligence musicale du texte à l'octave supérieure. Des tenues ont été établies, et l'on remarquera, en passant, qu'elles l'ont été dans le registre le plus favorable du piano, c'est-à-dire le médium.

Le contrepoint des violoncelles (*ré, ré, do, si, sol, fa, mi,* etc.) a été doublé en octaves pour rester perceptible dans l'écheveau assez touffu des voix. Les notes piquées des contrebasses, au contraire, ne comportent plus de doublures d'octave, afin, précisément, de ne pas nuire au dessin descendant des violoncelles.

Les Noces de *Igor* STRAWINSKY (partitions pour piano et chant) (1).

La citation (1) empruntée aux *Noces* de *Igor* STRAWINSKY est le commentaire de la page 104 de la partition.

Les Noces de *Igor* STRAWINSKY (transcription spéciale pour le Pleyela).

Il y a lieu de remarquer le *glissando* ajouté, dont le rôle est évidemment de suppléer à l'absence de « port de voix », et les arpèges des mesures à 4/8 et à 3/8 dont le rôle est de renforcer l'attaque des ac-cords en syncopes par un artifice que nous ne saurions mieux comparer, comme principe et comme effets, qu'à un procédé employé dans les chemins de fer, et qu'on nomme « démarrage en revolver [1] ».

L'Oiseau de Feu de *Igor* STRAWINSKY (réduction pour piano) (2).

61

1. On sait que ce procédé consiste à comprimer les attelages d'un convoi très lourd, de façon que l'effort de traction ne s'exerce que progressivement sur les éléments du train.

L'Oiseau de Feu de Igor Strawinsky (transcription spéciale pour Pleyela) (3).

La citation (3), qui est la transcription pour piano automatique des huit mesures de la citation (2) (partition de piano), montrera mieux qu'aucun autre exemple à quel point les modifications peuvent être profondes, tant au point de vue des superpositions de rythme dont le piano ne laisse rien soupçonner qu'au point de vue des parties ajoutées.

La comparaison entre deux documents choisis au hasard parmi des centaines de pages de musique montre bien l'importance de cette technique nouvelle, et combien elle a lieu d'être précieuse aux musiciens.

Tous les compositeurs de l'école moderne : Manuel de Falla, D.-E. Inghelbrecht, Darius Milhaud, Roland-Manuel, Gustave Samazeuilh, Florent Schmitt, et tant d'autres, se sont engagés avec enthousiasme dans la voie fraîchement ouverte par l'auteur russe. On peut augurer très favorablement de la fécondité de ce mouvement.

Plus importante encore sera, dans l'avenir, la création d'œuvres nouvelles écrites entièrement pour le piano automatique, mais elle suppose chez l'auteur la connaissance profonde de cette technique nouvelle.

L'orgue automatique.

Tous les procédés que nous venons de décrire peuvent être aisément appliqués à l'orgue. Le fait que cet instrument revêt des formes extrêmement différentes a naturellement interdit toute extension aux solutions appliquées; mais, comme nous l'expliquions plus haut, le caractère même de l'instrument a permis des réalisations parfaites.

Le violon automatique.

Nous ne citerons que pour mémoire les solutions qui cherchent un équivalent au violon ou aux instruments de cette famille dans la gamme des tuyaux sonores. Les recherches minutieuses comme les réglages les plus complexes ne semblent pas devoir réaliser la similitude de deux sources sonores si différentes.

L'emploi du violon lui-même exige le concours de l'archet; pratiquement, c'est l'archet circulaire et tournant créé en Allemagne et sur lequel viennent se poser les quatre violons montés chacun d'une des quatre cordes qui a donné le résultat le plus heureux.

La complexité de cet objet, les difficultés d'accord, comme aussi le caractère essentiellement virtuose du violon, ont jusqu'à ce jour maintenu à cet automatique le caractère d'un instrument de laboratoire.

L'orchestre automatique.

En supposant réalisées pratiquement les solutions automatiques des instruments d'orchestre, leur ensemble exigerait avant tout un synchronisme parfait. Une infinité de solutions de synchronisme provoquées en particulier par l'apparition du cinéma, ont été proposées. Il en existe de simples et de robustes, et l'on entrevoit dès maintenant les ressources immenses d'un tel ensemble : faculté de recueillir, en l'enregistrant, la volonté de tel auteur ou de tel chef d'orchestre; ressources nouvelles provenant d'instruments à volubilité infinie et absolument dociles; libération de toute contrainte de l'écriture de chacun de ces instruments.

Tel est, brièvement résumé, l'état actuel de la question. Nous pouvons dire que le piano automatique à pédales ou électrique a atteint un point de développement parfaitement suffisant pour en faire un instrument de musique nouveau; que les instruments automatiques à archet sont encore à l'état expérimental, et que l'orchestre automatique n'en est encore qu'aux premiers balbutiements.

Les études poussées actuellement dans tous les pays, et qui, pouvant bouleverser d'ici peu les notions qui sont familières aujourd'hui dans le domaine du gramophone et des émissions radiophoniques en particulier, donneront peut-être du problème des automatiques une solution très nouvelle, nous obligent à clore ici le champ de nos investigations.

ROBERT LYON.
